Gusto

DEUTSCHLAND

2023

Gusto

DEUTSCHLAND

2023

Der kulinarische Reiseführer

Inhalt

Liebe Leserinnen und Leser, liebe Gourmets,

ein Jahr des nahezu uneingeschränkten Genusses liegt hinter uns. Zwölf oder mehr Monate, in denen wir wieder das machen konnten, was wir doch eigentlich am liebsten tun: gute Restaurants besuchen, uns entspannt zurücklehnen, und uns von den vielen ambitionierten Köchen und Gastgebern des Landes nach Strich und Faden kulinarisch verwöhnen zu lassen. Nach einer langen Zeit des Abholens und des ausgiebigen heimischen Selberkochens haben wir uns an eine neue gastronomische Normalität gewöhnt, die zwar einige Veränderungen mit sich brachte, uns aber wieder ermöglichte, Gast zu sein und vor Ort zu genießen.

Zwar blieb die Hotellerie- und Gastronomiebranche in den zurückliegenden zwölf Monaten, während denen wir für diese Ausgabe recherchiert haben, von weiteren Schließungen verschont – dennoch beherrschen aktuelle Geschehnisse und das Virus, vor allem aber bestimmte Langzeitfolgen den Markt. Auch im dritten Jahr nach Ausbruch der Coronapandemie und dem ersten großen Lockdown im März 2020, der die Gastronomie so hart wie nur wenige andere Branchen getroffen hat, sind die unterschiedlichen Auswirkungen fast überall dramatisch zu spüren.

Das beginnt bei den regelmäßigen Stornierungswellen, die aufgrund der jetzt auch während der Sommermonate steigenden Infektionszahlen dazu führen, dass selbst lang im Voraus ausgebuchte Spitzenrestaurants wie beispielsweise das Victor's Fine Dining by Christian Bau derzeit mit zuverlässiger Regelmäßigkeit über die sozialen Medien kurzfristig frei gewordene Tische offerieren. Und es endet noch lange nicht bei überraschenden Schließungen prominenter Institutionen wie aktuell der des Gourmetrestaurants Français im Steigenberger Frankfurter Hof, die noch nicht mal unmittelbar mit wirtschaftlichen Folgen aufgrund der Krise zu tun haben müssen, zu denen aber meist ein Umdenken bei den jeweiligen Verantwortlichen geführt hat, das eben durch die veränderte Situation nach Corona angestoßen wurde.

Das größte durch die Krise entstandene Problem für die Branche, das sie jedoch erst etwas verzögert mit voller Wucht getroffen hat, ist die in manchen Regionen bereits dramatische Personalknappheit. Haben doch in den Jahren 2020 und 2021 etliche Menschen der Gastronomie den Rücken zugekehrt und sind in andere, „krisensicherere" Bereiche abgewandert. Jetzt würden sie händeringend gebraucht. Doch auch dieses Problem ist in gewisser Weise hausgemacht. Denn solche Betriebe, die ihre gesamte Belegschaft – etwa durch eigene Aufstockung des Kurzarbeitergelds – zusammenhalten konnten, stehen aktuell gut da und können die hohe Nachfrage von Gästeseite adäquat bedienen. Andere, die ihre Mitarbeiter mehr oder weniger sich selbst überlassen, während der Lockdown-Monate in Kurzarbeit sich vielleicht noch nicht mal bei ihnen gemeldet haben, suchen jetzt händeringend, aber nahezu aussichtslos Personal. Mit der Folge, dass sie oft das angestrebte Niveau in Küche und Service nicht halten oder ihr Restaurant nur an wenigen Tagen öffnen können.

Es wird noch ein mühsamer und langer Weg, wieder vermehrt Menschen für die Gastronomie zu begeistern und die Branche attraktiver für junge Leute zu machen. Zahlreiche Initiativen, die bei der Vier-Tage-Woche beginnen, über unterschiedlichste Mitarbeiterförderungsmaßnahmen reichen und bei überraschend hohen Ausbildungsvergütungen für Azubis enden, sind erste gute Signale. Die Sensibilisierung und eine langsam, aber stetig steigende Wertschätzung für wirklich gute, professionelle Gastronomie und Hotellerie innerhalb der Bevölkerung ist ein weiterer Aspekt, der dazu führen wird, dass die Hotelfach- und Restaurantfachberufe wieder an Attraktivität gewinnen. Zu Letzterem werden wir weiterhin engagiert versuchen, unseren bescheidenen Beitrag zu leisten.

Wenngleich auch unsere tägliche Arbeit mit den ständig neuen Herausforderungen und sich verändernden Vorzeichen nicht einfacher, geschweige denn lukrativer geworden ist. Nehmen wir nur die Senkung der Mehrwertsteuer in der Gastronomie von 19 % auf 7 %, die der

Branche sehr zugute gekommen ist, die richtig und wichtig war, und für die wir uns auch eingesetzt haben – in unserem Fall hat sie ein großes Loch in die Kasse gerissen. Denn aus jedem Bewirtungsbeleg ist bei den Speisen, die ja den überwiegenden Teil unserer betriebsbedingten Spesen auf der Restaurantrechnung ausmachen, plötzlich 12 % weniger Vorsteuer an uns zurückgeflossen. Bei unveränderten, bisweilen sogar deutlich erhöhten Preisen in den Restaurants war dies für uns ein erhebliches Defizit. Und auf das konnten wir auch nur sehr verzögert reagieren, zumal es sich bei dieser Mehrwertsteuersenkung zunächst auch nur um eine temporäre Maßnahme von Seiten der Politik gehandelt hatte, die dann wiederholt verlängert wurde.

Die jüngsten Preisexplosionen beim Treibstoff sind für Vielreisende wie uns – allein ich lege pro Jahr rund 75.000 Kilometer mit dem PKW zurück – ein weiterer nicht unerheblicher Faktor, der drastisch zu Buche schlägt. Und die massiven Veränderungen und Verknappungen der Öffnungszeiten vieler Restaurants tragen überdies dazu bei, dass wir unsere Touren ab einem gewissen Zeitpunkt während einer Testsaison nicht mehr rentabel organisieren können. Denn wenn irgendwann erst mal all die Betriebe, die heute noch Mittagsservice bieten oder auch an anderen Tagen als Donnerstag, Freitag oder Samstag geöffnet wurden, reduziert sich unser Aktionszeitraum zwangsläufig ausschließlich auf die Abende und auf die „starken" Tage vor und an den Wochenenden. Das hat dann zur Folge, dass wir pro Arbeitstag nur noch ein Restaurant testen können oder manchmal auch auf einer Tour einen kompletten Tag Leerlauf haben, was ja trotzdem bezahlt werden muss.

Ein weiteres, langsam ernst zu nehmendes Problem entsteht für uns dadurch, dass die Lokale mit ihren reduzierten Öffnungszeiten an diesen wenigen Tagen, an denen die Küche nicht kalt bleibt, meist so stark nachgefragt sind, dass es teilweise fast aussichtslos oder zum nervenaufreibenden Geduldspiel mutiert, dort einen Tisch zu bekommen. Immerhin reservieren wir grundsätzlich anonym und unter falschem Na-

men, also wie ganz normale Gäste – können allerdings nicht wie normale Gäste geduldig zu Hause warten und uns flexibel danach richten, wann es mal freie Plätze gibt, oder spontan über die Warteliste nachrücken. So ein Testbesuch will immer in eine eng getaktete Tour integriert werden, was auch in der vergangenen Saison wieder zu teils chaotischen Planänderungen geführt hat. Absagen der von uns reservierten Tische wegen kurzfristiger Schließungen aufgrund von Corona-Ausbrüchen unter der Belegschaft taten ihr Übriges.

Bis auf ganz wenige Ausnahmen haben wir es trotzdem auch in diesem Jahr wieder geschafft, alle Restaurants aktuell zu besuchen. Und bei der Handvoll, bei denen es beispielsweise wegen Betriebsurlaub auch auf den letzten Drücker nicht geklappt hat, sie bis zum Redaktionsschluss dieser Buchausgabe aktuell zu testen, finden Sie bereits bei deren Erscheinen oder zeitnah das Update in unserem Online-Guide oder der App, wo wir das ganze Jahr über permanent aktualisieren.

Einen aktuellen und repräsentativen Guide mit einer Übersicht der attraktivsten Genussziele vom engagierten Streetfood-Stand bis zum Spitzenrestaurant garantieren wir ihnen auch auf den folgenden rund tausend Seiten. Und zusätzlich ganz exklusiv an dieser Stelle die Laudationen für unsere Sonderauszeichnungen vom Koch des Jahres bis zu den Gastgebern des Jahres, angereichert durch zehn Top-10-Listen, mit denen wir uns auf bewusst subjektive Art verschiedenen Themen widmen.

Wir hoffen, Ihnen wieder eine Vielzahl an Anregungen für genussreiche Erlebnisse geben zu können!

Mit kulinarischen Grüßen,

Markus Oberhäußer

Markus Oberhäußer, Redaktionsleiter

Wer wir sind, wie wir arbeiten und was wir unter guter Restaurantkritik verstehen

Anfang der Nullerjahre als regionaler Restaurantführer in Bayern gegründet, hat sich Gusto binnen kurzer Zeit in der gesamtdeutschen Restaurant- und Feinschmeckerszene einen sehr guten Namen gemacht und ist zum bundesweit viel beachteten Gourmetführer avanciert. Dabei hat der jüngste unter den einschlägigen Guides schnell einige der sogenannten etablierten, alteingesessenen Größen dieses Genres hinter sich gelassen, denn er brachte seinerzeit viel frischen Wind in das seit Jahrzehnten recht statisch von einer Hand voll Publikationen beherrschte Feld der Gourmetkritik – nicht zuletzt durch offene Worte und Transparenz. So war Gusto seinerzeit auch der erste Guide, der seine Bewertungskriterien für die einzelnen Auszeichnungsstufen klar definiert und offengelegt hat.

Von Anfang an stand bei Gusto fachlich versierte, nachvollziehbare, möglichst objektive Restaurantkritik im Mittelpunkt. Basis hierfür sind regelmäßige, unangemeldete Testbesuche, die zugleich den größten Kostenfaktor darstellen. Es liegt auf der Hand, dass sich ein seriös recherchierter, repräsentativer Restaurantführer aufgrund der hohen Testkosten nicht allein durch den Buchhandelsabsatz und ein wenig Anzeigenwerbung finanzieren lässt. Daher generieren mittlerweile ausnahmslos alle Guides auf dem deutschen Markt zusätzliche Einnahmen entweder durch Anzeigenwerbung von den Restaurants, kostenpflichtige Fotos, Internet-Premiumeinträge oder sonstige Promotion-Pakete. Ein legitimes Prozedere, sofern die damit erzielten Umsätze tatsächlich in Restauranttests investiert werden und die redaktionelle Unabhängigkeit nicht darunter leidet. Leider scheint beides nicht immer der Fall zu sein.

Deshalb hat sich Gusto seinerzeit im Austausch mit führenden Gastronomen dazu entschlossen, im Vorfeld eine Art freiwillige „Anmeldegebühr" oder „Kostenpauschale" (aktuell in Höhe von netto 329 Euro) zu erheben, die allen Restaurants, die sich offiziell für die jeweils neue Testsaison anmelden, nicht nur einen anonymen Testbesuch garantiert, sondern auch eine deutlich umfangreichere Darstellung in der Buchausgabe, im GUSTO Online-Guide und in der GUSTO-App mit ausführlichem Text und Fotos. Aber natürlich nur den Restaurants, die nach Gusto-Kriterien tatsächlich auch zur Aufnahme in den Guide infrage kommen. Und um noch mehr Transparenz zu schaffen, können sich die teilnehmenden Restaurants nach Veröffentlichung der Jahresausgabe die entsprechende Kopie des Rechnungsbelegs per Mail zukommen lassen: der unumstößliche Beweis, dass tatsächlich getestet wurde. Das einzig akzeptable Zeugnis sauberer Recherche, welches in dieser Form derzeit kein anderer Restaurantführer in Deutschland bietet.

Dass vonseiten der Gastronomen mit dem Entrichten der Anmeldegebühr auf Text und Bewertung keinerlei Einfluss genommen werden kann, ist ebenso selbstverständlich wie die Tatsache, dass dem Anspruch auf eine sorgfältige und fachgerechte Herangehensweise durch die Gusto-Tester Rechnung getragen wird. Natürlich werden bei Gusto zugunsten der Vollständigkeit auch Häuser getestet, bewertet und in den Guide aufgenommen, die sich nicht an diesem Prozedere beteiligen möchten. Diese werden ebenso objektiv und unvoreingenommen geprüft, können allerdings nur in Form eines Grundeintrags mit Kurztext und ohne Foto dargestellt werden.

Wie wird getestet und wer sind die Tester?

Die im GUSTO-Führer empfohlenen Restaurants und Landgasthäuser werden von den erfahrenen Testern anonym, ohne vorherige Absprache als ganz normal reservierende und zahlende Gäste besucht. Unsere testenden Mitarbeiter haben allesamt ein fundiertes fachliches Hintergrundwissen und viel Erfahrung mit der Top-Gastronomie im In- und Ausland gesammelt. Manche haben eine gastronomische Ausbildung und haben selbst schon als Koch oder Servicemitarbeiter in guten Häusern gearbeitet, manche sind einfach nur gastroverrückte Quereinsteiger, professionelle Hobbyköche, Weinexperten, Journalisten mit Schwerpunkt Reise und Genuss. Ein Teil des Teams arbeitet Vollzeit und fest angestellt für den Guide, der andere Teil besteht aus freien Mitarbeitern, die aber nicht hauptberuflich in der Gastronomie tätig sein oder geschäftlich mit der Gastronomie verbunden sein dürfen. Alle Tester eint die teils jahrzehntelange Begeisterung für ambitionierte Gastronomie und Kulinarik und die Passion, möglichst objektiv, detailliert und fundiert darüber zu berichten.

Unsere genauen Kriterien beim Bewerten der Restaurants und beim Einstufen der Küchenleistung:

Hier gibt es zwei Kategorien, die getrennt voneinander stehen: zum einen die Küchenleistung und zum anderen die gesamte Ausstattung, das Ambiente, die Servicequalität oder das Wein- und Getränkeangebot des Restaurants. Eine gehobene, auszeichnungswürdige Küchenleistung wird mit unserem Pfannensymbol und Punkteskala von 5 bis 10 Pfannen ausgezeichnet und eingestuft – für alle anderen Kriterien stehen die Bestecksymbole von 1 bis 5, was sinnbildlich vom einfachen Landgasthof bis zum Luxusrestaurant steht.

Die Gusto-Pfannen

Mit den Gusto-Pfannen wird ausschließlich die Küchenleistung des jeweiligen Restaurants bewertet. Die mit Pfannen ausgezeichneten Betriebe bieten eine in ihrer Kategorie besonders erwähnenswerte Küche. Die imaginäre Bewertungsskala von eins bis zehn Pfannen wird von uns ganz bewusst erst ab fünf Pfannen genutzt, denn hier liegt nach unserer Auffassung die Schwelle von einfacher, ordentlicher und solider Küche zu überdurchschnittlicher Küche, also zu einer in ihrer jeweiligen Kategorie beachtenswerten Küchenleistung. Das „Pfannen-Niveau" soll Auszeichnung und zugleich Ansporn sein – die ausgezeichneten Restaurants sollen sich durch dieses Symbol und eine Bewertung von den anderen Adressen abheben. Zum anderen halten wir es für müßig und eigentlich auch überflüssig, die Küchenleistung im Bereich unter dem 5-Pfannen-Niveau ebenfalls zu differenzieren.

In jedem Fall gilt jedoch: Auch in einem ohne Pfannen aufgeführten Haus lässt sich gut speisen. Je nach Anlass, Erwartungshaltung und unter Berücksichtigung des jeweiligen Preisniveaus sind also auch die nicht mit Pfannen ausgezeichneten Häuser empfehlenswert.

Harmonie der Speisen steht für uns grundsätzlich vor Kreativität, sorgfältige Zubereitung und gute Produkte vor optischer Finesse. Im besten Fall ergeben jedoch all diese Kriterien ein harmonisches Ganzes.

Die genaue Bedeutung der Kategorien

10 — 10↑

Zehn Gusto-Pfannen

- Perfektion in allen Bereichen, keine Qualitätsschwankungen
- Klarheit und Intensität der Kreationen trenn- und tiefenscharf bis aufs Letzte ausgereizt
- eigener, unverwechselbarer Stil
- entweder virtuose Kreativität, gepaart mit höchstem handwerklich-technischem Niveau, oder eine bis ins letzte Detail perfektionistisch dargebotene, höchst aufwendige klassische Küche in zeitgemäßer Ausführung
- entweder wirken Aromentiefe, Komplexität, Spannung und Ausgewogenheit auf den Tellern eindrucksvoll zusammen, oder man hat es mit ausgefeilt puristischen Kreationen zu tun, bei denen man im Grunde nichts mehr weglassen kann, aber auch absolut nichts hinzufügen möchte
- es kommen hier, im nationalen Vergleich, ausschließlich die allerbesten Produkte zum Einsatz, deren Charakter dann auf den Tellern optimal zur Geltung kommt.

9 — 9↑

Neun Gusto-Pfannen

- Konstant herausragende Küchenleistung
- erstklassige, sehr harmonische Kreationen
- nur beste, erlesene Produkte, herausragend in Frische und Eigengeschmack
- handwerklich und technisch perfekte Umsetzung
- natürlich intensive (Eigengeschmack, nicht Würze!), klar und trennscharf herausgestellte Aromen in allen Komponenten
- extrem feinfühlig und pointiert abgestimmt
- komplexe, nach klassischen Gesichtspunkten harmonische (balancierte) und ausdifferenzierte Geschmacksbilder oder auch genial umgesetzter Purismus
- eigener Stil erkennbar
- Kochkunst auf Top-Niveau, die sich zur höchstbewerteten Spitze nur durch minimale Schwankungen, nicht immer ganz schlüssige Kompositionen oder auch etwas weniger Originalität auszeichnet.

8 — 8↑

Acht Gusto-Pfannen

- Handwerklich und geschmacklich hervorragende, oft auch sehr kreative Kochkunst
- konstant ausgezeichnete Produkte ohne größere Qualitätsschwankungen
- handwerklich-technisch tadellose, präzise Umsetzung
- natürlich intensive (Eigengeschmack, nicht Würze!), klare, fein abgestimmte Aromen
- es wird entweder ein hoher Grad an Kreativität geboten, und das Kulinarium überrascht mit viel Esprit und unkonventionellen Ideen (auch bei der Präsentation), oder eine mit Feingespür interpretierte klassische Küche, die durch starke Substanz und Ausdruckskraft beeindruckt.

7 — 7↑

Sieben Gusto-Pfannen

- Handwerklich und geschmacklich hervorragende, oft auch kreative Küche
- sehr weit über dem Durchschnitt
- sehr gute, seltene oder edle Produkte
- kaum Qualitätsschwankungen
- handwerklich exakte Umsetzung, akkurat gearbeitete Komponenten
- klarer, natürlicher und deutlicher Geschmack
- wenig Schwächen bei geschmacklicher Feinabstimmung
- gute, eigene Ideen, im besten Fall auch Überraschungsmomente
- detailgenaue Küche, die entweder mit kreativen Akzenten aufwartet oder klassische Rezepturen akkurat interpretiert
- es ist nicht alles Gebotene fehlerfrei, aber das Bemühen um Perfektion deutlich erkennbar.

Sechs Gusto-Pfannen

- Sehr gute, handwerklich sorgfältig zubereitete Küche aus überdurchschnittlichen Produkten
- wenig Qualitätsschwankungen, handwerklich exakt (Garzeiten, Saucen …) und pointiert gewürzt
- harmonischer, gut austarierter Geschmack
- ein gewisses Maß an Komplexität
- eine leicht individuelle Note bei der Umsetzung (Stil, Kreativität …)
- es wird klar auf überdurchschnittlichem Niveau gekocht – handwerkliche Unebenheiten sind hier selten
- die Proportionen sind meist stimmig arrangiert.

Fünf Gusto-Pfannen

- Überdurchschnittliche, frische Produkte
- handwerklich sorgfältige Zubereitung (saubere, geschmacklich natürliche Saucen etc.) und ein gewisses Mindestmaß an Feinabstimmung
- klarer, natürlicher Geschmack
- es wird auf sehr solidem Niveau gekocht – handwerkliche Unebenheiten können aber dennoch vorkommen.

Restaurant fast & slow

„Fastfood" in gut. Unabhängig und außer Konkurrenz von unseren Restaurantempfehlungen führen wir unter diesem Label ausgewählte Lokale oder Verkaufsstände auf, die Einfaches und Unkompliziertes in guter Qualität bieten.
Von authentischer Pizza über gute Burger aus frischen, ausgewählten Produkten, bis zu asiatischem Streetfood. Ohne Anspruch auf Vollständigkeit und lange Texte, einfach als nützliche Ergänzung zu den normalen Restaurants.

Restaurant ohne Auszeichnung

- Interessante Gasthäuser oder Restaurants, die sich vom Durchschnitt abheben
- Produkte über dem allgemeinen Gasthaus- und Bistrodurchschnitt
- frische, handwerkliche Zubereitung
- natürlicher, ausgewogener Geschmack
- angemessene Preise.

Restaurant Der Bonus-Pfeil

Die Küchenleistung in den zusätzlich mit einem Pfeil gekennzeichneten Restaurants hebt sich unserer Ansicht nach erkennbar von den anderen Restaurants der gleichen Bewertungsstufe ab.

Restaurant aktuell nicht bewertet

Wenn ein Restaurant zum Beispiel wegen eines Küchenchefwechsels oder eines veränderten Konzepts noch nicht getestet werden konnte, führen wir es bis zum nächstmöglichen Testbesuch als Empfehlung „ohne Bewertung".

Die Besteck-Symbole

Die Kategorisierung der Restaurants mit den Besteck-Symbolen hat nichts mit der Küchenleistung zu tun, sondern bezieht sich auf Ambiente, Ausstattung (z. B. Weinangebot), Service und folglich meist auch auf die Preiskategorie des Hauses.

luxuriöses Restaurant mit höchstem Komfort und formvollendetem Service, edler Ausstattung und einer Weinkarte, die höchsten Ansprüchen genügt

elegantes Restaurant mit hohem Komfort und exzellentem Service, sehr gute Ausstattung, hervorragende Weinkarte

gehobenes Restaurant mit gutem Komfort und versiertem Service, umfangreiche Weinkarte

besser ausgestattetes Restaurant mit ordentlichem Service, ausgewählte Weine

schlichtes Restaurant, Gasthof oder Bar

Die Hoteleinträge

Da unsere Leserinnen und Leser auf ihren Genussreisen auch immer wieder auf der Suche nach einer adäquaten Übernachtungsmöglichkeit sind oder sogar ganz gezielt den besonderen, ausgedehnten Hotelaufenthalt avisieren, haben wir Gusto um entsprechende Hoteleinträge erweitert. Hier besteht kein Anspruch auf Vollständigkeit, denn der Eintrag ist für die Hotels kostenpflichtig. Die Hotels werden nicht von Gusto getestet und bewertet!

Da wir unsere fachliche und redaktionelle Kompetenz weiterhin ausschließlich den gastro-kulinarischen Bereichen widmen wollen und selbst keine Hotelinspektionen und -bewertungen anstreben, haben wir für diesen Bereich ganz bewusst eine Vereinbarung mit der Deutschen Hotelklassifizierung geschlossen. So nehmen wir für die Hotelsparte innerhalb der jeweiligen Städtekapitel nicht nur ausschließlich die vom DeHoGa inspizierten Häuser auf, sondern führen auch bei jedem eingetragenen Hotel die Deutschen Hotelsterne als Klassifizierungsmerkmal und Anhaltspunkt für unsere Leser.

★★★★★ S

Superior

Für die Spitzenbetriebe innerhalb der einzelnen Kategorien, die sich dadurch auszeichnen, dass sie ein besonders hohes Maß an Dienstleistung bieten, wurde der Begriff „Superior" eingeführt. Betriebe, die neben den Sternen diesen Zusatz führen dürfen, erreichen bei der Gesamtpunktzahl die erforderlichen Punkte der nächsthöheren Kategorie, können aber dort nicht eingestuft werden, da sie die Mindestkriterien der nächsthöheren Kategorie nicht erfüllen. Betriebe, die den Zusatz „Superior" auf der Urkunde führen und in der Werbung entsprechend herausstellen dürfen, haben also die für die jeweilige Kategorie notwendige Wertungspunktzahl deutlich überschritten.

★★★★★

Unterkunft für höchste Ansprüche

- 24 Stunden besetzte Rezeption, mehrsprachige Mitarbeiter
- Doorman- oder Wagenmeisterservice
- Concierge, Hotelpagen
- Empfangshalle mit Sitzgelegenheiten und Getränkeservice
- Personalisierte Begrüßung mit frischen Blumen oder Präsent auf dem Zimmer
- Minibar und 24 Stunden Speisen und Getränke im Roomservice
- Körperpflegeartikel in Einzelflakons
- Internet-PC auf dem Zimmer
- Safe im Zimmer
- Bügelservice (innerhalb einer Stunde), Schuhputzservice
- Abendlicher Turndownservice
- Mystery-Guesting

★★★★

Unterkunft für hohe Ansprüche

- 18 Stunden besetzte separate Rezeption, 24 Stunden erreichbar
- Lobby mit Sitzgelegenheiten und Getränkeservice, Hotelbar
- Frühstücksbuffet oder Frühstückskarte mit Roomservice
- Minibar oder 24 Stunden Getränke im Roomservice
- Sessel/Couch mit Beistelltisch
- Bademantel, Hausschuhe auf Wunsch
- Kosmetikartikel (z. B. Duschhaube, Nagelfeile, Wattestäbchen), Kosmetikspiegel, großzügige Ablagefläche im Bad
- Internetzugang und Internetterminal
- À-la-carte-Restaurant

★★★

Unterkunft für gehobene Ansprüche

- 14 Stunden besetzte separate Rezeption, 24 Stunden erreichbar, zweisprachige Mitarbeiter (deutsch/englisch)
- Sitzgruppe am Empfang, Gepäckservice
- Getränkeangebot auf dem Zimmer
- Internetzugang auf dem Zimmer oder im öffentlichen Bereich
- Heizmöglichkeit im Bad, Haartrockner, Papiergesichtstücher
- Ankleidespiegel, Kofferablage
- Nähzeug, Schuhputzutensilien, Waschen und Bügeln der Gästewäsche
- Zusatzkissen und -decke auf Wunsch
- Systematischer Umgang mit Gästebeschwerden

★★

Unterkunft für mittlere Ansprüche

- Frühstücksbuffet
- Leselicht am Bett
- Schaumbad oder Duschgel
- Badetücher
- Wäschefächer
- Angebot von Hygieneartikeln (Zahnbürste, Zahncreme, Einmalrasierer etc.)
- Kartenzahlung möglich

★

Unterkunft für einfache Ansprüche

- Alle Zimmer mit Dusche/WC oder Bad/WC
- Tägliche Zimmerreinigung
- Alle Zimmer mit Farb-TV samt Fernbedienung
- Tisch und Stuhl
- Seife oder Waschlotion
- Empfangsdienst
- Telefax am Empfang
- Dem Hotelgast zugängliches Telefon
- Erweitertes Frühstücksangebot
- Getränkeangebot im Betrieb
- Depotmöglichkeit

Unterkunft ohne Sterne-Klassifizierung

- Bei den mit dem Bett-Symbol gekennzeichneten Hotelempfehlungen handelt es sich um Häuser verschiedenster Kategorien, die nicht Mitglied der Deutschen Hotelklassifizierung sind und somit keine Hotelsterne tragen.

Die genauen Definitionen der Fünf-Sterne-Kategorien finden Sie auf der Internetseite der deutschen Hotelklassifizierung unter: www.hotelstars.eu

Preise (in Euro)

Hauptgerichte: minimaler und maximaler Preis für Hauptgerichte in Euro

Menüs: minimaler und maximaler Preis für Menüs in Euro

Einzelzimmer oder Doppelzimmer: minimaler und maximaler Preis für die Zmmer in Euro

Die Symbole

🅿 gute Parkmöglichkeiten

🅿 Hotelgarage

♿ barrierefreie Hotelzimmer

❄ klimatisierte Zimmer

📶 WLAN-Zugang

🏊 Hallen- und/oder Freibad im Haus

🧖 mit Wellnessbereich

🛗 mit Fahrstuhl zu den Hotelzimmern

🐕 Hunde im Hotel nicht erlaubt

🌳 mit Garten oder Terrasse

Bezahlkarten-Symbole

⊙ Mastercard

EC-Maestro

Ⓞ Diners

American Express

VISA Visa

Der erfolgreichste Weinführer der Welt

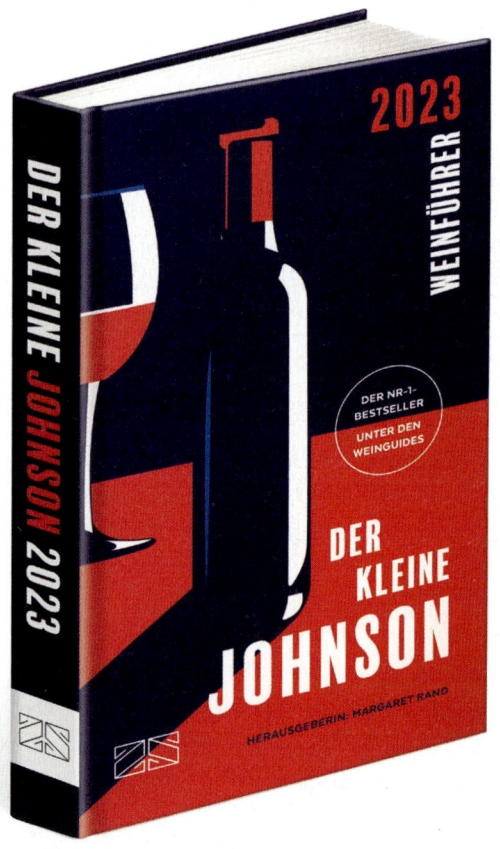

Margaret Rand und
Hugh Johnson
Der kleine Johnson 2023

22,99 € [D]
ISBN 978-3-96584-253-3

Knapp, präzise und aktuell.

Foto: Ketschauer Hof

Koch des Jahres

2022

Daniel Schimkowitsch

L.A. Jordan, Deidesheim

_____ Vom Newcomer zum Spitzenkoch: Daniel Schimkowitsch zählt für uns seit seiner Zeit im Münchener Tramin zu den ganz großen Talenten, weil er unabhängig von Trends und Moden mit spannenden individuellen Ideen seinen eigenen Weg geht. Wir hatten das früh erkannt und ihn 2010 zu unserem Newcomer des Jahres ausgezeichnet. In der Pfalz hat der inspirierte Chef schließlich eine ideale Umgebung gefunden, um sich auf beeindruckende Weise weiterzuentwickeln und zu steigern. Weiterhin basierten seine Gerichte auf klassischer Grundlage, die aber in den letzten Jahren immer weiter in den Hintergrund getreten und einem bemerkenswerten Mut zu sehr markanten, puristisch angelegten Kreationen gewichen ist. Dabei spielt der Umgang mit japanischen Produkten, Ideen und Aromen eine entscheidende Rolle, ist bei weitem aber nicht das einzige und entscheidende Merkmal seiner Küche. Noch bemerkenswerter ist, wie es Daniel Schimkowitsch gelingt, mit einem radikal hohen Anspruch an das jeweilige Hauptprodukt und der klugen Ergänzung durch wenige Komponenten – oft nur einer ausgefeilt eleganten Sauce und einem weiteren konzentriert kickenden Effekt – zu spektakulär spannungsgeladenen Ergebnissen zu kommen. Und genau dafür zeichnen wir ihn zu unserem diesjährigen „Koch des Jahres" aus.

Aufsteiger des Jahres

2022

René Stein

Tisane, Nürnberg

_____ Die Wirkungsstätte von René Stein, das stylische Tisane mit seinem neo-brutalistischen Chef's-Table-Tresen, hat zwar erst während unserer letzten Test-saison neu eröffnet – die enorme Weiterentwicklung, die der besonnene Küchen-chef hier im Vergleich zu seiner vorherigen Station auf den eigens für das Restaurant designten Tellern unter Beweis stellt, macht aus ihm dennoch einen würdigen Aufsteiger des Jahres. Reduziert und hochpräzise präsentieren sich die vielen originellen Gerichte, die hier im Rahmen seines etwa zehngängigen Menüs überraschende Geschmackserlebnisse bescheren und sich nicht selten direkt ins kulinarische Langzeitgedächtnis einbrennen. Stein beschränkt sich selbstbewusst meist auf zwei, drei stichhaltige Aromen und kommt damit zu beeindruckenden Ergebnissen, lässt seine Kompositionen weitaus vielschichtiger und dynamischer wirken, als es viele seiner Kollegen mit einer ganzen Armada an Komponenten und technischem Aufwand je zustande bringen. Viel wichtiger als das Was er-scheint das Wie: Komplexität und Tiefenschärfe generiert er auf eindrucksvolle Weise über Prägnanz, nicht durch Vielfalt. Genial ist auch René Steins Einsatz von Gewürzen – gerade deshalb, weil er kaum welche verwendet. Doch wenn, dann mit maximaler Treffsicherheit!

Foto: Restaurant Intensiü

Newcomer des Jahres

2022

Lukas Jakobi

Intensiü, Hilden

_____ Nach einer sehr klassisch fundierten Ausbildung im Victorian in Düsseldorf und prägenden Stationen etwa bei Jonnie Boer im DeLibrije in Zwolle und bei Christian Bau im Victor's fine dining in Perl, ist unser Newcomer des Jahres Lukas Jakobi gleich im ersten Jahr seiner ersten Küchenchefstelle im neuen Intensiü in Hilden voll durchgestartet. Und hat mit seinen sehr spannenden und erfreulich unkonventionellen Tellern sogar schon jetzt das Potenzial für eine noch höhere Bewertung aufblitzen lassen! Die sympathisch frech und „punkig" daherkommenden Teller und Schüsseln, für die sich der Chef oft (aber nicht nur) von der asiatischen Aromenwelt inspirieren lässt und die fast immer von einem ausgeprägten Spiel mit Säure und Schärfe geprägt sind, gibt es im stylisch modernen Ambiente seiner Wirkungsstätte bei groovenden Beats in Form zweier unterschiedlicher Menüs, von denen eines rein vegetarisch ist. Lukas Jakobi lässt seine Gerichte zwar zupackend und durchaus fordernd wirken, schießt damit aber nie zu forsch übers Ziel hinaus. Vielmehr bleibt er auch bei voll aufgedrehtem Power-Level souverän im geschmackssicheren und mehrheitsfähigen Bereich und schafft damit gleichsam originale wie harmonische Erlebnisse.

Foto: Restaurant Alte Liebe

Sommelier des Jahres

2022

Peter Karl

Alte Liebe, Augsburg

—— Dass Peter Karl noch mitten im Sommelier-Lehrgang steckt und er sich selbst so lange gar nicht als Sommelier bezeichnen möchte, hält uns kein bisschen davon ab, ihn zu unserem Sommelier des Jahres auszuzeichnen. Auch weil die Prämierung Peter Karls ein Stück weit stellvertretend für das gesamte Getränkekonzept in der Alten Liebe zu verstehen ist. Man setzt hier nicht nur auf Wein, sondern auch auf Bier verschiedener kleiner Brauereien aus der Umgebung und auf Cocktails; besonders mittwochs, wenn sich die Alte Liebe in eine Bistro-Bar verwandelt und Negroni aus bayerischen Zutaten zu feinen Snacks serviert. Die Weinkarte ist trotzdem bestens mit aufstrebenden Weingütern wie Wasenhaus, Kai Schätzel oder Alex Foillard besetzt. Und da stört es uns kein bisschen, dass man darin keine namhaften Flaggschiffe findet. Denn ausgefallene Weine, spannende Pairings und nicht zuletzt der fachkundige, fröhliche und trinkanimierende Weinservice auf Augenhöhe machen für uns viel eher einen Sommelier des Jahres aus, als eine kapitalgebundene Doppelhaushälfte im Keller.

Foto: Restaurant Dorfwirt & Friends

Gastgeber des Jahres

2022

Brigitte und Thomas Zwink

Dorfwirt & Friends, Unterammergau

_____ Ganz ohne jede Hotelfachschul-Perfektion, sondern mit gelebter Selbstverständlichkeit, dennoch auf ausgesprochen professionelle Art, bespielen Brigitte und Thomas Zwink ihre wunderbar individuelle Vision eines Genussortes. An dem wird der behagliche und von authentischer Herzlichkeit getragene Wohlfühlcharakter eines bayerischen Wirtshauses vor allem von spürbarer und selbstbewusster Begeisterung für die eigene Sache getragen. Dass hier in bayerischer Selbstverständlichkeit alle Gäste geduzt werden, wirkt niemals aufgesetzt jovial, sondern einfach authentisch, und ändert nichts daran, wie souverän die unterschiedlichsten Gästetypen abgeholt und mitgenommen werden. Im Gegenteil: In den besten Momenten kann hier sogar ein von heiterer Genussfreude getragenes Gemeinschaftsgefühl und lockerer Austausch über die Gastgeber und Tische hinweg entstehen. Und wenn Thomas Zwink von seinen Wiesen-Wollschweinen schwärmt oder Brigitte Zwink entspannt darauf besteht, sie einfach mal machen zu lassen und dann spannende individuelle Weine in die Gläser zaubert, springt der Funke ganz automatisch über. Am besten bucht man einfach das „Rundum-Sorglos-Paket", und ein einzigartiges Genusserlebnis ist garantiert!

19

Foto: Syrlin Speisewelt

Syrlin Speisewelt

Mit den Restaurants KOSTBAR und MARKOS

——— Das gibt es selten: eine ambitionierte Neueröffnung, die nicht nur mit sehenswert originellem Ambiente aufwartet, sondern mit gleich zwei unterschiedlichen Restaurants, die beide eine Küchenleistung auf sehr hohem Niveau bieten. Ambitioniert bespielt werden diese von Nadine und Marco Akuzun, die zuletzt im top air am Stuttgarter Flughafen reüssierten und nun in den zwei räumlich mehr oder weniger nahtlos ineinander übergehenden Konzepten samt schickem Outdoorbereich der großzügig, modern und individuell gestalteten Syrlin Speisewelt anspruchsvollen Genuss für unterschiedliche Bedürfnisse bieten. In deren Aushängeschild, dem dezidierten Gourmetrestaurant MARKOS, geschieht das mit klarem Fine-Dining-Anspruch und einer sehr aufwendig, vielgestaltig und feingliedrig interpretierten Küche, die voller guter Ideen und Überraschungen steckt und für uns in ihrer niveauvollen Art vom Start weg wieder zu den Besten in Baden-Württemberg zählt. Im größeren Bereich, der KOSTBAR, gibt's eine ebenfalls erfreulich einfallsreiche Küche, die ein bemerkenswert hohes Qualitäts- und Genusslevel bietet.

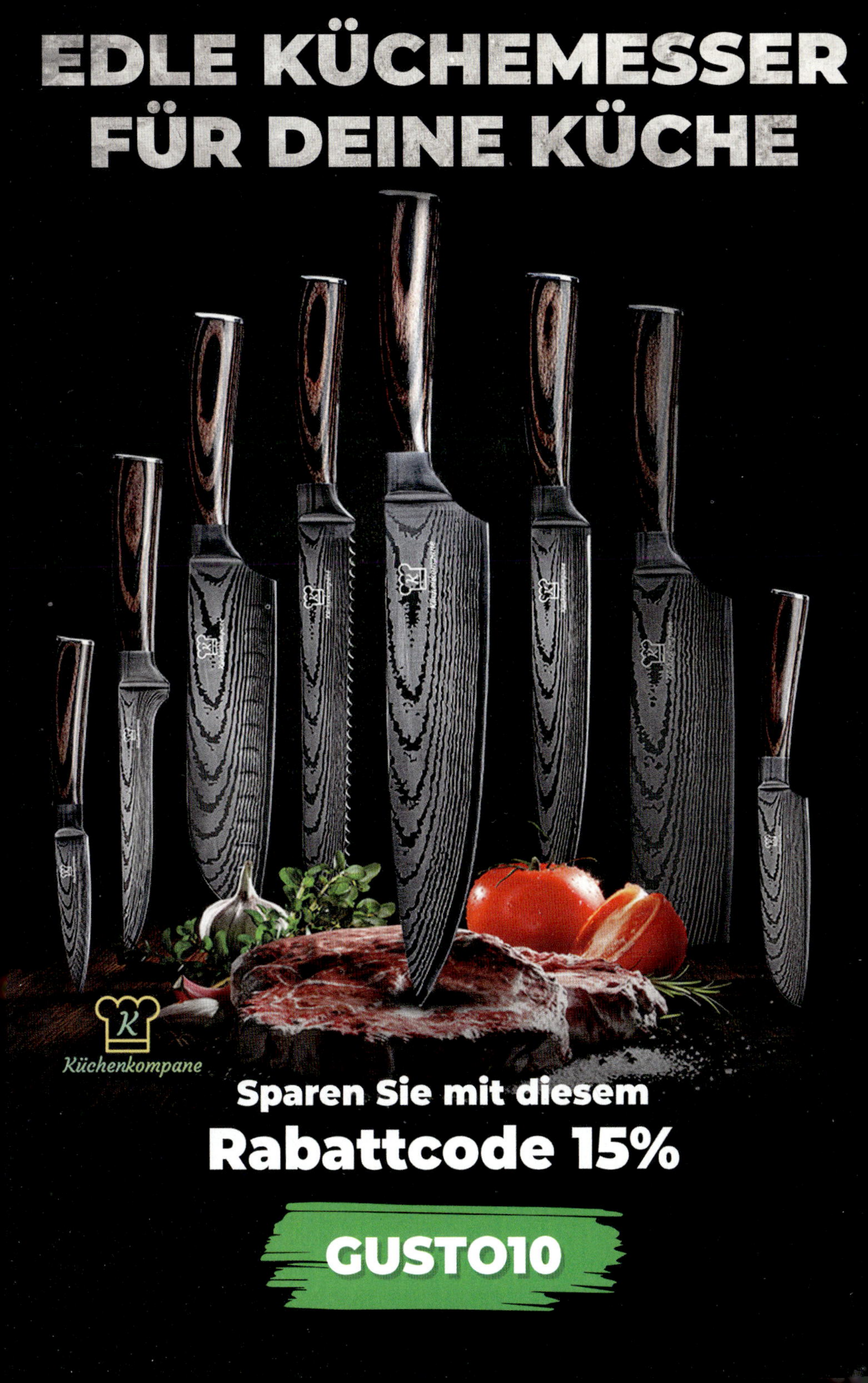
EDLE KÜCHEMESSER
FÜR DEINE KÜCHE
Küchenkompane
Sparen Sie mit diesem
Rabattcode 15%
GUSTO10

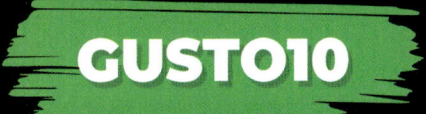

Alkoholfreie Getränkebegleitung

——— Die Vielfalt in der Getränkebegleitung von Gourmetmenüs steigt. Nicht nur der Trend zu Natur- oder Orangeweinen, sondern auch der völlige Verzicht auf alkoholische Produkte sorgt für Abwechslung in den Gläsern. Und das wird wirklich von Jahr zu Jahr mehr, wie wir in der vergangenen Testsaison wieder erfreut feststellen durften. Überall, wo sich eine originelle alternative Begleitung jenseits von fertig gekauften Säften oder alkoholfreien Weinen interessant macht, probieren wir, wenn möglich. In dieser Liste zeichnen wir auch in diesem Jahr wieder die originellsten „rauschfreien Geleitzüge" aus, die uns während der vergangenen Testsaison untergekommen sind. Also im besten Fall selbst hergestellte, leichte, bekömmliche und intelligent auf die Speisen abgestimmte Getränkebegleitungen. Hier ist kein Verzicht gefragt, sondern idealerweise eine Horizonterweiterung und echte Alternative.

Foto: Restaurant Rutz

Auch in diesem Jahr unter den alkoholfreien Top 10: Rutz

Votum, Hannover

Mit spannenden Getränken wie dem auf Basis von Kakao, Grüntee, Mandarine und Rauchöl zur Gänseleber oder einem Trauben- und Sauerkrautsaft mit Speckaromen zum Wolfsbarsch „Winzer-Art" direkt in unsere diesjährigen Top 10.

Rutz, Berlin

Kaum weniger Aufwand und Akribie als in den Kreationen von Marco Müller steckt in den alkoholfreien Getränken von Nancy Großmann, die mit Säften, Kräutern und Infusionen oder mit selbst angesetzten Kombuchas nicht nur kreative, sondern auch perfekt korrespondierende Alternativen zum Wein darstellen.

Schanz.restaurant., Piesport

Sommelier Aleksandar Petrovic kreiert abgefahrene und sehr anspruchsvolle alkoholfreie Begleiter wie ein Getränk von Rose, Aprikose und Johannisbeere oder aus Earl Grey Tee, Mango, Orangenzeste und geröstetem Reis, die spannend mit Thomas Schanz' Gerichten korrespondieren.

Jante, Hannover

In Hannovers Gourmet-Hotspot gibt es auch ohne Alkohol maximalen Spaß im Glas: alle Drinks sind selbst gemacht, sehr leicht und animierend und stets so originell wie die Küche selbst.

Hannappel, Essen

Ein mit Wacholder und grünem Pfeffer aromatisiertes Getränk auf Basis von Rote-Bete-Saft zum Rehtatar oder die Mixtur aus Malz, Apfel und Soja zum Nackenkern vom Iberico-Schwein machten mächtig Eindruck!

Horváth, Berlin

Das Team um Sebastian Frank ist mit den Drinks auf komplex cuvetierter Obst-/Gemüse-Basis zweifelsohne ein Vorreiter im alkoholfreien Genre und setzt mit den schlanken, spannenden Drinks noch immer Benchmarks.

Victor's Fine Dining by Christian Bau, Perl-Nennig

Die alkoholfreie Getränkebegleitung aus den Händen von Nina Mann bietet individuelle, mit Säften, Tees, Kräutern und Gewürzen bekömmlich leicht und gekonnt auf die Gerichte abgestimmte Drinks. Eine lohnende Alternative!

Essigbrätlein, Nürnberg

Das Essigbrätlein wäre nicht eines der individuellsten Restaurants der Republik und virtuos im Umgang mit Gemüse, wenn es nicht auch in den Gläsern abseits des Mainstreams bleiben würde. Die spannenden korrespondierenden Getränke kommen auch ohne Promille voll auf den Punkt.

Cœur D'Artichaut, Münster

Wenn neben Wein ohnehin auch individuelle Cocktails in der Getränkebegleitung stehen, ist der Schritt zu alkoholfreien Varianten nur ein kleiner – und wird hier unter anderem mit Kräuterinfusionen, Gewürzen und spritzig geschäumten Konsistenzen sehr souverän beschritten.

100/200, Hamburg

So viel Aufwand wie das Team um Thomas Imbusch in Vorratshaltung und Fermentation steckt, wundert es nicht, dass auch die alkoholfreien Getränke nicht nur originell, sondern auch leicht, frisch und kaum mit Fruchtzucker sättigend daherkommen. Ein Versuch lohnt sich!

Foto: Restaurant Hannappel

Die alkoholfreie Begleitung bei Knut Hannappel (r.) und Tobi Weyers

Einzelkämpfer am Herd

—— Die meisten Restaurants, die Küche auf hohem Niveau bieten, benötigen für ihre aufwendigen Kreationen viele Hände. Da stehen mindestens zwei oder drei Leute an den Herden, eher noch mehr, um das Mise-en-place vorzubereiten und später die Kreationen in der nötigen Perfektion anzurichten, ohne die Gäste über Gebühr warten zu lassen oder kalte Teller zu schicken. Es gibt aber auch ein paar unerschrockene Cuisiniers, die Entemetier, Gardemanger, Poissonier, Rôtisseur, Saucier und Pâtissier in Personalunion am eigenen Herd sind und mit entsprechender Organisation und der Konzentration auf eine überschaubare Anzahl an Gerichten und Gängen trotzdem erstaunlich hohes Niveau schicken. Die folgenden zehn Akteure haben uns in den vergangenen Jahren als kochende Ich-AG immer wieder in besonderer Weise durch die Klasse und die Konstanz ihrer Küchenleistung beeindruckt. Ob da jetzt hier und da doch mal eine Küchenhilfe mit zur Hand geht, können wir nicht in allen Fällen gesichert sagen – grundsätzlich gelten sie aber als Einzelkämpfer in ihrer Restaurantküche.

Anna und Joannis Malathounis in ihrem
gleichnamigen Restaurant in Kernen-Stetten

Foto: Restaurant Malathounis

Mathias Luiz

Kocht im Ambiente in Staufen und hat verinnerlicht, wie man das Maximum auch aus vermeintlich simplen Produkten herausholen kann.

Danny Riewoldt

Scheut in der Mühle in Jork keinen Aufwand und beschickt das originelle Windmühlen-Restaurant mit detailreichen, kreativen Menüs.

Enrico Dunkel

Beeindruckend, wie er im Alten Haus in Braunschweig souverän das hohe Niveau hält und auch noch genug Inspiration findet, seinen Küchenstil weiterzuentwickeln.

Dieter Grubert

Auch nach dem Umzug des Titus in Hannover kann man weiter staunen, was er so alles in wohlproportionierter und durchdachter Form auf die Teller zaubert.

Joannis Malathounis

Das Restaurant in Kernen im Remstal trägt schlicht seinen Familiennamen und seine „Modern Greek Cuisine" hat Alleinstellungsmerkmal.

Thomas Zwink

Nicht nur Teil unserer Gastgeber des Jahres, sondern mittlerweile auch inspirierter bodenständiger Alleinkoch seines Dorfwirts in Unterammergau.

Dominique Champroux

Das kulinarische Programm des Rebstocks in Heilbronn, das immer als festes Menü offeriert wird, ist von der südfranzösischen Heimat des gebürtigen Provençalen inspiriert.

Andreas Hettinger

Ein Koch, fünf Gänge, sechs Tische: Unter der Gewölbedecke des Stuttgarter Delice kocht nur er – und legt dabei ein beachtliches Niveau an Präzision und Qualität vor.

Foto: Restaurant Hugenhof

Klaus Ditz bekocht allein den Hugenhof in Simonswald

Klaus Ditz

Es sind nur vier, maximal fünf Gänge, die man in dem von ihm bekochten Hugenhof in Simonswald allabendlich erwarten kann, aber die stecken voller Substanz und Feinheiten.

Pierantonio Maritan

Bei dem Aufwand, den der Chef des Restaurant Rauchfang in Bad Orb allein bei der Vorbereitung seiner kreativen italienischen Küche betreibt, fragt man sich, ob er irgendwann auch mal schläft.

Foto: Restaurant Ambiente

Mathias Luiz vom Ambiente in Staufen

TOP 10

Highlights des Jahres

—— Es ist natürlich äußerst schwer, zehn aus zehntausend Gerichten auszuwählen, die wir zur Recherche dieser Ausgabe binnen der vergangenen zwölf Monate vermutlich gegessen haben und von denen uns natürlich mehr als nur ein gutes Dutzend schwer begeistert hat. Wenn man dann allerdings die Testsaison Revue passieren lässt und das kulinarische Langzeitgedächtnis aktiviert, wo sich solche Lieblings- oder Favoritengerichte ja fest verankert haben sollten, sind da doch nicht allzu viele Götterspeisen, an die man sich auch ohne Durchsicht des Fotomaterials sofort erinnert. Nachfolgend also zehn Gerichte, die uns besonders geflasht haben und als Highlights des Jahres in Erinnerung blieben.

Foto: GUSTO

Challans-Ente im Facil in Berlin

Rotbarbe im Tantris in München

Poltinger Lamm, bei Tohru in der Schreiberei in München

Intensive Lammaromatik umspielt von Rettichschärfe und statt klassischer Jus ein schlotziges Linsenragout im Oma-kocht-Linsen-mit-Spätzle-Stil sowie à part ein Sensations-Milchbrötchen. Die Kombination aus Bodenständigkeit und Fondhandwerk auf Weltklasseniveau ist ein heißer Kandidat fürs kulinarische Langzeitgedächtnis.

Rotbarbe, Tantris in München

Grandiose Rotbarbe, mit den unterschiedlichen Bitteraromen dreierlei aromatisierter Butter (Olive, Rotbarbenjus und Salzzitrone) überschmolzen und auf Fenchelragout angerichtet. Ein Ausbund an harmonischer Spannung und markanter Ausdruckskraft!

Pastrami vom Salzwiesenlamm, Söl'ring Hof in Rantum

Zarte Pastrami-Röllchen mit elegantem Lammgeschmack, aromatische Steinpilze und glasierte Schalotte in einem grünen Umfeld aus verschiedenen Bohnen, Zuckerschoten und Grünkohl auf einem Saucenspiegel von kräftigem Bohnensud und purer Lammjus. So einfach, so göttlich!

Kotelett vom Pata-Negra-Schwein, Die Brasserie in Pirmasens

Zum saftspitzenden Kotelett erzeugte die knackige Säure des in Spätburgunder geschmorten Sauerkrauts mit Rosinen und Nüssen in Kombination mit der natürlichen Süße und dem einlullenden Schmelz eines fließend cremigen Pastinakenpürees Gänsehaut.

Schwammerl mit gekrustetem Safterl, Horváth in Berlin

Die fleischige Hälfte der Kappe eines bei 75 Grad in Mandelöl confierten Portobello mit vegetarischem „Schweinebratengewürz" und wildem Majoran auf gerösteter Hefe und Mandelöl-Pilzsud war das absolute Highlight unter vielen an diesem Abend.

Kalbszunge, Stadtpfeiffer in Leipzig

Die rauchig-zarte Kalbszunge mit Rübchen, Rettichgewächsen und Hopfenspargel schmeckte wie ein langer Grillabend irgendwo am Mittelmeer. Was für eine Kraft, was für eine Tiefe, was für eine angenehme Rauchigkeit und Fleischigkeit, aber auch Eleganz, Spannung, Säure, Rotweinfrucht…

Gulasch von der Rinderbacke, Villa Kellermann in Potsdam

Mit einer pikanten Jus mit feuriger roter Schärfe und Kümmelwürze nach Gulasch-Art glasierte Backe vom Wagyu-Rind nebst geschmorter roter Paprika und Süßkartoffel sowie Zwergorangen und einer mit Kreuzkümmel und Honig abgeschmeckten Sauerrahmmousse.

Challans-Ente, Facil in Berlin

Der umwerfenden Brust von der Challans-Ente und ihrer formidablen Sauce wurde nur mit Salz und keinerlei anderen Würzzutaten auf wunderbare Weise ein Maximum an Eigengeschmack entlockt. Mit Café-de-Paris-Schaum und einer mit Zwetschgengemüse, Zucchini und Basilikum applizierten Aubergine eine Geschmackssensation!

Duroc-Schweinerippchen, Jante in Hannover

Für 24 Stunden sous-vide gegart und dann mit einer Glasur aus Whiskey und Apfelhonig gegrillt. Mit einem Topping aus zitronig-frisch-grünen Kräuterspitzen, angedörrten Apfeljuliennes und Holunderkapern sowie Honigjus mit Liebstöckelasche eine kreative und sehr elegante Interpretation des Barbecue-Themas.

Thunfisch, Victor's Fine Dining by Christian Bau in Perl-Nennig

Sashimi aus dem Rücken und Tatar aus dem Bauchlappen in einer floral duftigen und zugleich erdig kantigen Holunderblütenvinaigrette mit Périgord-Trüffel. Dazu zart schmelzendes Eis, Creme und geeiste Flocken von Foie gras sowie Edamame und ein Hauch von Wasabi. Grandios!

Individuellste Handschrift

—— Eine unsere Top-10-Listen, die sich im Laufe der Jahre kaum bis gar nicht oder nur sehr langsam verändern wird. Denn auch im internationalen Vergleich sind die deutschen Spitzenköche meist mehr als Perfektionisten denn als Trendsetter bekannt. Nur wenige haben es bislang mit einem völlig eigenen Stil oder zumindest einer sehr markanten persönlichen Handschrift zu einer Strahlkraft gebracht, die bis weit über die Landesgrenzen hinaus reicht. Es gibt es in Deutschland einige Protagonisten, die nicht nur ausgesprochen modern und kreativ kochen, sondern sich über die Jahre einen unverkennbaren Stil angeeignet haben. Manche von ihnen haben bereits unzählige Kolleginnen und Kollegen beeinflusst, manche kochen so innovativ, dass sie quasi unkopierbar sind. Hier sind die nach unserem Empfinden derzeit herausragendsten aktiven Köche mit eigener Handschrift.

Foto: GUSTO

Ein typischer Teller aus der Hand von Marco Müller aus dem Rutz

Peter Maria Schnurr (Falco, Leipzig)
Die verrücktesten und spannendsten Aromen-kombinationen – immer mutig, immer verblüffend neuartig. Bei „PMS" kommt harmonisch und genial zusammen, was vermeintlich überhaupt nicht zueinander passt.

Christian Bau (Victor's Fine Dining by Christian Bau, Perl)
Er war hierzulande der erste Spitzenkoch, der die Aromen und die Perfektion japanischer Küche mit den Grundtugenden der französischen Haute Cuisine gepaart hat und zu einem völlig neuen Stil hat werden lassen: dem „Bau-Stil".

Tim Raue (Restaurant Tim Raue, Berlin)
Keiner treibt das Spiel mit Schärfe, Säure, Süße und Frucht so gekonnt und prononciert auf die Spitze wie Tim Raue mit seiner von der asiatischen Küche im Allgemeinen und der chinesischen im Besonderen inspirierten Kochkunst.

Andree Köthe & Yves Ollech (Essigbrätlein, Nürnberg)
Die Pioniere der Gewürz- und Gemüseküche stehen für hintergründige, eher subtile Finessen und bieten in Nürnbergs Altstadt seit Jahrzehnten außergewöhnlichen Gaumenkitzel für erwachsene Gourmets, der gänzlich ohne die typischen Edelprodukte auskommt.

Christian Jürgens (Überfahrt, Rottach-Egern)
Sein Kulinarium ist zwar zweifellos das klassischste und dieser Liste, doch Christian Jürgens entwirft am Tegernsee die markantesten Tellerbilder und hat damit schon etliche Signature-Dishes geschaffen.

Joachim Wissler (Vendôme, Bergisch-Gladbach)
Stilprägend war und ist Joachim Wisslers Mut, Bezüge seiner bodenständig-bäuerlichen schwäbischen Herkunft in die hochstilisierte Gourmetküche zu integrieren. Er ist der Meister der verfeinerten Rustikalität!

Marco Müller (Rutz, Berlin)
Spannend unkonventionelle Gerichte voller hintergründiger Finessen aus vorwiegend regionalen Produkten. Müller hat ein untrügliches Gespür für originelle, aber gar nicht unbedingt besonders avantgardistische Aromenbilder, die neuartig und doch vertraut schmecken.

Sebastian Frank (Horváth, Berlin)
Jenseits aller Normen der traditionellen Haute Cuisine, mit starkem österreichischem und osteuropäischem Einschlag. Sebastian Frank ist einer, der mit seiner unangepassten Art zu kochen ebenso inspiriert wie polarisiert.

Felix Schneider (etz, Nürnberg)
Von Skandinavien inspiriert und mit fränkischen Viktualien perfektioniert: Felix Schneiders Kulinarium steht für eine extrem puristische, in ihrer Konsequenz einzigartige Produktküche, die er jetzt in seinem neuen Restaurant etz mit seinem langjährigen Team weiter perfektioniert.

Eric Menchon (Le Moissonnier, Köln)
Der weltoffene Franzose begeistert mit einem sprudelnden Quell an guten, originellen Ideen und kontrastreichen, aromendichten Geschmacksbildern, so dass er pro Gang meist mehrere Satelliten ins Rennen schicken muss, um sie alle unterzubringen.

Foto: GUSTO

Typisch Essigbrätlein: angedörrte Gurken mit Dillblüte, Schnittlauch und Duftreis

Moderne und traditionelle Klassik

—— Wenn man hierzulande im Zusammenhang mit Kulinarik von der Klassik spricht, ist eigentlich immer die Mutter aller Hochküchen, also die französische Haute-Cuisine gemeint. Doch innerhalb dieses Genres gibt es durchaus große Unterschiede: die frankophile Klassik kann mal opulent buttrig und sahnig und mal mediterran leicht sein, kann sehr modern interpretiert werden oder ganz altmeisterlich. Wir führen hier die nach unserer Wahrnehmung derzeit zehn besten Protagonisten der traditionellen sowie der modernisierten Klassik auf. Mit Andreas Krolik und Dirk Hoberg tauchen in diesem Jahr zwei neue Namen auf.

Foto: GUSTO

Ein großer Klassiker: der „Lièvre à la royale" aus der Schwarzwaldstube in Baiersbronn

Klaus Erfort
(GästeHaus Klaus Erfort, Saarbrücken)
Wohlfahrt-Schüler Klaus Erfort steht mittlerweile wie kein zweiter Koch in Deutschland für die modernisierte französische Klassik: Tiefe, Kraft und Opulenz bei moderner Präsentation, schlanker Linienführung und viel Tiefenschärfe.

Thomas Schanz
(schanz.restaurant., Piesport)
Er hat sich längst freigeschwommen und ist mit seinen hochpräzisen Meisterwerken voll in der modernen Klassik angekommen. Thomas Schanz hat mit seinem immer kreativer werdenden Stil langsam das Zeug dazu, in die Liste der Köche mit eigener Handschrift zu wechseln!

Claus-Peter Lumpp (Bareiss, Baiersbronn)
Schwelgerische französische in Klassik in ihrer schönsten Opulenz und Kraft: Claus-Peter Lumpp kocht im besten Sinne barock und gehaltvoll. Besonders eindrucksvoll sind seine à-la-carte-Gerichte, die sich oft über mehrere Teller erstrecken.

Heinz Winkler
(Residenz Heinz Winkler, Aschau)
Er ist der letzte echte Altmeister in unserer Top-10-Liste. Heinz Winklers Maxime: ein Gericht ist erst dann perfekt, wenn man nichts mehr weglassen kann. Sein Stil steht für puristische Klassik und hohe Saucenkunst.

Torsten Michel
(Schwarzwaldstube, Baiersbronn)
Größte Präzision, höchste Qualität, enorme Tiefe: kraftvolle, millimetergenaue französische Klassik alter Schule, die auch noch konsequent Klassik sein darf. Torsten Michel komponiert seine Kreationen nicht auf moderne, aber dennoch auf zeitgemäße Art.

Andreas Krolik
(Lafleur, Frankfurt)
Auch wenn er sich mit seiner veganen Menüvariante auf höchstem Niveau überregional einen Namen gemacht hat, ist sein Küchenstil schon sehr stark von der französischen Klassik geprägt. Er interpretiert ihn sehr beschwingt, elegant und eher modern.

Dirk Luther
(Meierei Dirk Luther, Glücksburg)
Direkt am Ufer der Flensburger Förde kredenzt Dirk Luther eine zeitgemäß leichte und bisweilen nordisch verschlankte französische Klassik, die auch oft mit kreativen Aromenakzenten aufwartet.

Clemens Rambichler
(Sonnora, Dreis)
Des Altmeisters Küche jugendfrisch: als würdiger Nachfolger von Helmut Thieltges renoviert Clemens Rambichler die Hausklassiker seines viel zu früh verstorbenen Mentors nur ganz behutsam und mit beeindruckender Perfektion.

Dirk Hoberg
(Ophelia, Konstanz)
Wir hatten ihn bereits 2018 zu unserem Koch des Jahres gekürt und zeichnen sein konsequent klassisches, aber voll auf der Höhe der Zeit präsentiertes, hochelegantes Kulinarium seither mit der Höchstbewertung von 10 Pfannen aus.

Christoph Rüffer
(Haerlin, Hamburg)
Christoph Rüffer versteht es, der französischen Klassik nicht nur viel Regionalbezug, sondern auch einen originellen Touch zu verleihen und sie immer up to date wirken zu lassen.

Bretonischer Hummer und dreierlei von der Erbse bei Dirk Luther in der Meierei Dirk Luther

Die spannendsten Neuzugänge

—— Egal ob Neueröffnung, Wiedereröffnung oder Neuentdeckung: in dieser Top-10-Liste finden Sie die interessantesten Neuzugänge in diesem Guide, zu denen selbstverständlich auch unsere „Neueröffnung des Jahres", die Syrlin Speisewelt in Weingarten, zählt. Es war wieder mal keine leichte Entscheidung, zehn Restaurants zu definieren, denn auch in diesem Jahr eröffneten wieder überraschend viele spannende neue Lokale, und wir haben etliche Neuzugänge zu verzeichnen. Dass wir hier nur zehn davon unterbringen, ist schade – alle anderen Neuen, die hier ungenannt bleiben mussten, erkennen Sie an der Kennzeichnung „Neu" im Übersichtsregister.

Foto: Restaurant Werneckhof

Sigi Schelling in ihrem
neu eröffneten Werneckhof

Neustart mit zwei Restaurants
unter einem Dach: Tantris

Sahila – The Restaurant, Köln
Nach dem Weggang aus dem rechtsrheinischen Lokschuppen kocht Julia Komp jetzt in ihrem eigenen Restaurant auf, das im ehemaligen „L'Accento" untergebracht ist, und zu dem auch ein zweites Restaurant, die „Yu*lia Mezze Bar", gehört.

The Stage, Dortmund
Die Erfolgsgastronomen Michael Dyllong und Ciro de Luca haben mit ihrem neuen Restaurant in der 7. Etage des Dula-Komplexes einen stylischen Ort geschaffen, der perfekt dafür geeignet ist, modernes Ambiente und die kreative Küche des Chefs zu verbinden.

Tantris Maison Culinaire, München
Legende 2.0: Im Zuge des großen Umbaus und Relaunch im vergangenen Jahr wurde die Ikone auf Links gedreht, und es entstand neben dem Tantris-Hauptrestaurant auch noch ein zweites, separates Restaurant mit dem Namen Tantris DNA.

Werneckhof Sigi Schelling, München
Die ehemalige Sous-Chefin von Hans Haas im Tantris hat es mit der Übernahme und Wiedereröffnung des Werneckhofs ganz in der Nähe ihrer einstigen Arbeitsstätte geschafft, viele alte Stammgäste mitzunehmen und weiterhin mit feinster Klassik zu begeistern.

Tawa Yama fine, Karlsruhe
Das Tawa Yama ist ein zeitgemäßes junges Gastro-Konzept mit anspruchsvollem Gourmetrestaurant und einem etwas zugänglicheren kulinarischen Restaurantkonzept – beide mit hohem Coolness-Faktor und hohem Anspruch an die asiatisch inspirierte Küche.

Ontra, Regensburg
Mitten in der sich verschärfenden Coronalage hat Peter Grasmeier (ehem. Goldener Krug in Mintraching) sein neues ambitioniertes Gastroprojekt gestartet: Moderner, urbaner und stylischer. Und hat damit vom Start weg großen Erfolg!

Tisane, Nürnberg
Die nächste spannende Neueröffnung in der Frankenmetropole Nürnberg, die sich immer mehr zum individuellen kulinarischen Hotspot entwickelt. Tonangebender Mann am Herd hinter dem Chef's-Table-Tresen ist unser Aufsteiger des Jahres René Stein.

Pink Pepper, Düsseldorf
Das Düsseldorfer Hotel Steigenberger hat mittlerweile in Sachen Fine Dining aufgerüstet: Mit Benjamin Kriegel steht ein alter Bekannter (ehemals Fritz's Frau Franzi) am Herd des neuen, schicken Gourmet-Etablissements in glänzendem Gold und zartem Rosé.

Syrlin Speisewelt, Weingarten
Dieser Neuzugang ist zugleich unsere „Neueröffnung des Jahres": Mit gleich zwei hoch bewerteten Restaurants unter einem Dach starteten Nadine und Marco Akuzun ihr neues, eigenes Gastronomieprojekt im beschaulichen Weingarten bei Ravensburg.

Solo DU, Bischofswiesen
Mit dem Kulturhof Bayern in Bischofswiesen ist das Berchtesgadener Land um ein spannendes kulturelles und gastronomisches Ziel reicher geworden. Für den kulinarischen Bereich wurde dabei mit Norman Beitz ein ebenso erfahrener wie fähiger Kopf gewonnen.

„State of the art": Präzision, Perfektion und Design

—— Jeder Cuisinier aus der vordersten Riege bietet ein hohes Maß an Präzision und Perfektion und ist daran interessiert, seine Kompositionen auffällig gut aussehen zu lassen. Doch es gibt auch an der Spitze gerade in diesem Punkt gewisse kleine und sogar recht große Unterschiede. Während das eine Kulinarium mehr mit Originalität und Innovation punkten kann, überzeugt das andere umso stärker durch enormen Detailaufwand und millimetergenaue Konstruktionen. Die folgenden Kochkünstler zeichnen sich ganz besonders durch handwerkliche Akkuratesse und elaboriert-filigrane Arbeitsweise aus. Sie sind die Architekten unter den Spitzenköchen, die Maßschneider und Perfektionisten. Sie tüfteln so lange an ihren Kreationen, bis wirklich alles zu einhundertzehn Prozent passt. Auf ihren auffällig modern angerichteten, kunstvoll abgezirkelten Tellern bleibt nichts dem Zufall überlassen, jede noch so kleine Komponente erfüllt ihre genau kalkulierte Aufgabe, nichts ist zu wenig, nichts wirkt zu viel.

Foto: GUSTO

Die Apero-Parade bei Christian Bau

Joachim Wissler
(Vendôme, Bergisch-Gladbach)

Noch vor gut zehn Jahren war Joachim Wissler der unangefochtene Innovations-Champion, Inspirationsquell und Benchmark für ambitionierte Köche. Und auch wenn mittlerweile einige zu ihm aufgeschlossen haben oder vorbeigezogen sind, spiegelt seine Küche nach wie vor den State of the art der internationalen Kochkunst wider.

Michael Kempf & Joachim Gerner
(Facil, Berlin)

Der Name Facil ist eigentlich irreführend, denn „einfach" hier gar nichts. Das große Team um die beiden Masterminds arbeitet höchst aufwendig, mit ganz feinem Pinselstrich, und setzt die bildschönen Tellergemälde in großer handwerklicher Perfektion um.

Kevin Fehling
(The Table Kevin Fehling, Hamburg)

Hier bleibt rein gar nichts dem Zufall überlassen. Für die weltoffenen Kreationen, die in seinem „Chefstable-Restaurant" in der Hamburger Hafencity im Rahmen eines allabendlich einheitlichen Menüs offeriert werden, wird so präzise gearbeitet wie in einem Labor.

Sven Elverfeld (Aqua, Wolfsburg)

Ausbalanciert bis in Letzte: für viele Gourmets gilt Sven Elverfeld als der größte Perfektionist und Ästhet unter den Spitzenköchen. Wir ziehen ebenfalls den Hut vor seinen bis ins letzte Detail ausgefeilten Kreationen. Jeder Teller ist ein genau kalkulierter Balanceakt zwischen Ausdruckskraft und Subtilität.

Christian Bau (Victor's Fine Dining
by Christian Bau, Perl-Nennig)

Nicht nur ein Qualitätsfanatiker vor dem Herrn, sondern auch ein technisch versierter Perfektionist. Für seine außergewöhnlich eigenständige Mischung aus japanischer Perfektion und französischer Opulenz geht Christian Bau keine Kompromisse ein.

Christoph Rainer
(Luce d'Oro, Elmau)

Vielteilig, filigran, facettenreich und elegant wirkt jede einzelne von Christoph Rainers Kompositionen, die zumeist eine spannende Verbindung moderner französischer Klassik mit fernöstlichen, speziell japanischen Einflüssen sind.

Marco Müller (Rutz, Berlin)

Er fährt nicht nur einen unfassbaren Aufwand zur Beschaffung und Veredlung seiner fast ausschließlich regionalen Produkte, sondern auch beim Komponieren und Finalisieren seiner bisweilen sehr komplexen, millimeter- und milligrammgenau ausgetüftelten Gerichte.

Tohru Nakamura
(Tohru in der Schreiberei, München)

Der Sohn eines japanischen Vaters und einer deutschen Mutter ist ein unermüdlicher Tüftler, der äußerst diszipliniert und strukturiert arbeitet. Für das perfekte Finish seiner Küche beschäftigt er sich akribisch mit den kleinsten Details wie etwa mit den jeweils optimalen Schnitttechniken.

Thomas Schanz
(schanz.restaurant., Piesport)

Bei Thomas Schanz waren wir in diesem Jahr ganz besonders beeindruckt davon, wie extrem feinmotorisch er und sein Team mittlerweile handwerklich unterwegs sind und wie trennscharf sie die unterschiedlichen Aromen und Texturen der vielschichtigen Kompositionen gegenüberstellen.

Torben Schuster
(Gut Lärchenhof, Pulheim)

Wie besonders fein und elegant auf seinen präzise wie filigran angerichteten Tellern die Aromenkonstrukte mittlerweile abgestimmt und scharfgestellt sind, ist beeindruckend. Schuster hat nicht nur ein handwerklich bemerkenswert hohes Niveau etabliert, sondern auch eine recht eigenständige, kreative Handschrift.

Traditionelle Küche

— Eine Sache, die uns seit jeher besonders am Herzen liegt, ist traditionelle Küche auf Feinschmeckerniveau. Also im Idealfall vollkommen „unverbastelte" und unverfälschte, ohne Kreativitäts- und Gestaltungswillen auf ganz gegenständliche und handfeste Art auf die Teller gebrachte Gerichte. Die können entweder regionaltypisch daherkommen oder eine bzw. mehrere bestimmte Länderküche(n) repräsentieren, sind jedenfalls immer ganz konsequent auf Handwerk und Produkt fokussiert und grundsätzlich aus einfacheren, bodenständigen und trotzdem überdurchschnittlich guten Viktualien zubereitet, nicht aus den einschlägigen Luxusprodukten. Also dezidiert keine Gourmetküche und trotzdem auf Gourmetniveau. Für alle Freude von „echtem Essen", für erwachsene Fein-Schmecker, die auch das exzellente Bodenständige zu schätzen wissen. Manche der von uns für diese Kategorie ausgesuchten Lokale bieten zwar neben dieser traditionellen Küchenlinie auch forciertere Gerichte oder Menüs an, doch ihr Herz schlägt genauso für das Unverfälschte, Authentische wie das unsere. Dass diese Küchen nicht neben den Darbietungen der Wisslers, Baus und Elverfelds landen, ändert nichts an der großen Wertschätzung, der wir ihnen (mit ebenfalls respektablen Bewertungen) entgegenbringen.

Foto: GUSTO

Traditionsgerichte in der Cocotte im Restaurant Artischocke in Wilhelmshaven

Bauernstuben, Tiefenbronn
Die Bauernstuben in der 1694 errichteten Ochsen-Post sind für uns mit ihrer teils rustikalen Traditionsküche mit hohen Produktqualitäten und handwerklicher Substanz ein echter Sehnsuchtsort.

Dorfstuben, Baiersbronn
Schwäbische Kutteln, hausgemachte Maultaschen, gefüllte Kalbsbrust, badisches Rahmschnitzel, Bauernente aus dem Rohr: die Dorfstuben im Hause Bareiss zelebrieren den traditionellen Geschmack der Heimat.

Fischereihafen-Restaurant, Hamburg
Räucheraal auf Kräuterrührei, Hummerfrikassee, Labskaus und Kutterscholle: neben ein kein bisschen großer weiter Welt steht die Traditionsadresse für feinste gutbürgerliche norddeutsche Küche.

Meyers Keller, Nördlingen
Vom eigenen Culatello bis zu knusprig gebackenem Krautwickel, „Blutwurstg'röscht'l", Kaiserschmarrn: Joachim Kaiser kann zwar hochkreativ, aber eben auch ganz bodenständig und zupackend – und ist in beiden Bereichen top!

Wielandshöhe, Stuttgart
Die Küche von Vincent Klink ist eigentlich der Inbegriff für die Kategorie. Er mag es gegenständlich, pragmatisch und steht für eine unaufgeregte substanzstarke Küche, die Traditionsgerichte mit Hingabe weiterdenkt, ohne sie zu verfremden.

Widmann's Löwen, Königsbronn-Zang
Saure Lemberger-Kutteln, geschmälzte Maultaschen, Schwäbisches Festtagsessen: Dass die Widmanns mit dem Löwen nicht nur in dieser Liste vertreten sind, sondern auch unter den besten Zweitrestaurants, kommt nicht von ungefähr…

Berggasthaus Niedersachsen, Gehrden
Im Menü exklusiver und forcierter, à la carte aber mit Dingen wie Kalbsleber mit Apfel, Salbei und Kartoffelpüree oder dem Hannoverschen Zungenragout auf sehr delikate und sehr feine Art bodenständig und regionalbetont.

Foto: GUSTO

Pappardelle „cú sucu di sasizza"
im Gude Stub – Casa Antica in Bühl

Pfälzer Stuben, Herxheim-Hayna
Pfälzer Saumagen, Rinderrouladen und Freiland-Gänsekeule mit Kastanien, Rotkohl und Kartoffelknödel in traditioneller Bestform: Fabio Daneluzzi und sein Team haben längst nicht nur ein Faible für aufwendig verspielte Gourmetkost.

Artischocke, Wilhelmshaven
Wir würden behaupten, dass man Klassiker wie Coq au vin, Bœuf bourguignon oder Ragout fin, die hier auch im Tapas-Format in der Mini-Cocotte angeboten werden, kaum besser machen kann.

Gude Stub – Casa Antica, Bühl
Die traditionelle Italianità dieser rühmlichen Ausnahme unter den ambitions- und ehrlos auftischenden Ristoranti hierzulande könnte auch in Italien vor heimischem Publikum locker bestehen.

Foto: GUSTO

Gänsekeule mit Kastanien, Rotkohl und
Kartoffelknödel in der Pfälzer Stube

Zweitrestaurants

—— Sie werden umgangssprachlich als „Zweitrestaurants" bezeichnet, obwohl sie oft mehr Tische haben und Umsatzstärker sind als die „große Schwester": gemeint sind die in ihrer Ausstattung etwas einfacher gehaltenen, kulinarisch bodenständiger bespielten und in der Regel deutlich preisgünstigeren Lokale im Schatten eines namhaften gastronomischen Aushängeschilds mit hohen Bewertungen – beispielsweise in exklusiven Hotels oder unter dem Dach des Gourmetrestaurants eines namhaften Küchenchefs. Gelegentlich werden sie von einem eigenen Team aus einer separaten Küche heraus bespielt, oft aber werden diese Restaurants auch von ein und derselben gut organisierten Brigade „mitbekocht". In jedem Fall aber sind sie unter der Ägide eines renommierten Chefs oder unter der Flagge eines sehr guten Hauses geführt, die mit dem Vorzeigerestaurant auf allen kulinarischen Landkarten vertreten sind. Und im besten Fall profitieren sie in besonderem Maße von der Expertise oder sogar von Mise-en-place und Wareneinkauf des „Erstrestaurants". So wie die nachfolgend aufgeführten zehn…

Foto: Restaurant Maximilian Lorenz

Maximilian Lorenz vom weinlokal
heinzhermann in Köln

Kaminstube, Bad Peterstal-Griesbach

Im Ferienhotel Dollenberg im Schwarzwald ist das Le Pavillon der Magnet für Gourmets. Die Kaminstube schafft es mit hoher Qualität und starker Substanz ebenfalls auf ein respektables Niveau.

Poststuben, Bad Neuenahr-Ahrweiler

In Steinheuers Restaurant Zur alten Post wird parallel die große kulinarische Oper geboten, doch auch die etwas niedrigschwelligeren Post-stuben sind mit ihrer sehr guten Küche ein ve-ritables Ziel für Feinschmecker.

Kostbar, Weingarten

Unter dem Dach der Syrlin Speisewelt, unserer Neueröffnung des Jahres, bekocht die Brigade nicht nur das mit 8+ Pfannen hoch bewertete Markos – Das Restaurant, sondern auch das mit stolzen 7 Pfannen ausgezeichnete Kostbar.

Turmstube, Neunburg vorm Wald

Eisvogel heißt das Gourmetrestaurant mit überregionaler Strahlkraft und einer Bewer-tung von 8+ Pfannen. Die Turmstube hält seit Jahren respektable 6 Pfannen und ist täglich sogar mittags geöffnet!

Schwane 1404, Volkach

Küchenchefin Cornelia Fischer und ihr Team sorgen nicht nur im Gourmetrestaurant Wein-stock im ersten Stock des Romantik Hotels Zur Schwane für hohes Niveau, sondern bekochen auch die nostalgischen Stuben im Erdgeschoss sehr engagiert.

Widmann's Löwen, Königsbronn-Zang

Während Jeune Restaurateur Andreas Wid-mann in seinem Restaurant Ursprung eine be-sonders moderne und elaborierte Spielart der Regionalküche zelebriert, wird nebenan im Löwen traditioneller, aber ebenfalls sehr an-sprechend aufgetischt.

Siebzehn84, Sylt (Tinnum)

Neben dem nach Patron und Küchenchef Hol-ger Bodendorf benannten Gourmetrestaurant unter gleichem Dach etwas bodenständiger und breiter aufgestellt, kann aber trotzdem hohen Ansprüchen genügen.

Doppelspitze zweier Restaurants: Hans Stefan Steinheuer (l.) und Christian Binder

weinlokal heinzhermann, Köln

In dem nach den Großvätern des Chefs benann-ten bodenständigeren Abteil von Maximilian Lorenz' gastronomischer Basis in Köln gibt's eine Küche, die so gar nichts Altvorderes hat.

Zum Staudenwirt, Finning

Das Dreigespann aus Veronika und Konrad Wolfmiller und Dominik Schmid lässt das populäre große Hauptrestaurant neben dem Fine-Dining-Refugium Kaminzimmer nicht alt aussehen.

PASTIS Bistro, Saarlouis

Neben dem hochdekorierten LOUIS restau-rant macht unter dem Dach des LA MAISON hotel auch die Küche des traditionell franko-phil ausgerichteten Bistro-Konzepts großen Spaß.

Bieten hohe Qualität auch in der Kaminstube: Patron Meinrad Schmiederer und Chefkoch Martin Herrmann

Foto: Restaurant Steinheuer

Foto: Hotel Dollenberg

Vegetarische Spitzenküche

—— Bis auf drei Ausnahmen sind unsere zehn Highlights des vergangenen Jahres im Bereich vegetarische Spitzenküche keine rein vegetarischen Restaurants. Aber allesamt bieten sie permanent ein vegetarisches Menü oder eine größere Anzahl an solchen Speisen an. Und zwar im bundesweiten Vergleich auf Top-Niveau! Das heißt, dass hier Restaurants wie etwa das Essigbrätlein in Nürnberg, das 100/200 in Hamburg oder das Horváth und das Nobelhart & Schmutzig in Berlin, die uns in der Vergangenheit ebenfalls mit ganz herausragenden fleisch- und fischlosen Gerichten begeistert haben, unberücksichtigt bleiben, denn dort wird entweder nur temporär vegetarisch gekocht, oder es sind nur jeweils Teile des Menüs reine Gemüsegänge. Ziel war es aber, eine Top-10-Liste mit Restaurants zu erstellen, in denen man ständig und ausschließlich vegetarisch essen kann und die uns während der vergangenen Testsaison gerade mit ihren vegetarischen Gerichten ganz besonders begeistert haben. Also kein Ranking der ultimativ Besten, in der dann Koryphäen auf diesem Gebiet wie Andreas Krolik oder Nils Henkel nicht fehlen dürften, sondern die zehn Restaurants, die uns in der vergangenen Testsaison mit ihren vegetarischen Gerichten besonders begeistert haben.

Foto: GUSTO

Mit Eigelb und Kräuteröl gefüllter
Artischockenboden im Bootshaus Bingen

etz, Nürnberg (Felix Schneider)

Im neuen Restaurant etz bietet das einstige So-sein-Team auch ein komplettes Menü ohne Fleisch und Fisch an. Mit den vegetarischen Gerichten ihrer innovativen fränkischen Heimatküche haben sie uns schon immer begeistert.

Tian, München (Viktor Gerhardinger)

Ende 2022 ist im Münchner Tian-Outlet, in dem ausschließlich vegetarisch gekocht wird, leider Schluss. Nachhaltig begeistert haben uns die spannend kreativen Gerichte in der vergangenen Saison trotzdem nochmal.

Ammolite, Rust (Peter Hagen-Wiest)

Neben dem omnivoren Menü begeistert das Ammolite in der vegetarischen Speisefolge „Green Forest" mit raffinierten Gängen wie Blumenkohl mit Vadouvan, Salzzitrone und Nussbutterschaum.

Heimatjuwel, Hamburg (Marcel Görke)

Entscheidet man sich in dem auf charmante Art kiezigen kleinen Restaurant im kreativen Menü beim Hauptgang statt „entweder" für „oder", hat man eine rein vegetarische Speisefolge.

Stadtpfeiffer, Leipzig (Detlef Schlegel)

Auch die Gerichte des vegetarischen Menüs schmecken so vielseitig und farbenfroh, wie sie aussehen, sind dabei aber nie beliebig bunt, sondern beeindruckend pointiert und aromatisch präzise scharfgestellt.

Green Beetle, München (Felix Adebahr)

Hier wird nicht nur glaubhaft ein sehr nachhaltiges Konzept gelebt, sondern auch sehr gut und sogar überdurchschnittlich kreativ und raffiniert vegetarisch gekocht.

Bootshaus, Bingen (Nils Henkel)

Nils Henkel zählt für uns seit vielen Jahren zur Riege der besten vegetarischen Köche und bietet auch im Bootshaus in Bingen zahlreiche hochklassige Gemüsegerichte an.

Cookies Cream, Berlin (Stephan Hentschel)

Seit 15 Jahren zeichnet er in morbider Hinterhoflage mit Eingang zwischen Müllcontainern

Foto: GUSTO

Cima di Rape mit Polenta, Salzzitrone und Spitzmorcheln im Ammolite in Rust

und Laderampe für die beste rein vegetarische Küche der Landeshauptstadt verantwortlich.

Zeik, Hamburg (Maurizo Oster)

Bereits in seinem regulären „Zeik-Mahl" kann man immer bei zwei oder drei Gängen schmecken, wie raffiniert der Chef mit Gemüse umgehen kann. Parallel dazu gibt's auch eine rein vegetarische sechsgängige Alternative.

Cordo, Berlin (Yannick Stockhausen)

Yannick Stockhausen schert sich weder um Konventionen noch um selbstauferlegte Dogmen und lässt im Berliner Cordo auch ein weltoffen, kreativ und ausdrucksstark komponiertes vegetarisches Menü kredenzen.

Foto: GUSTO

Dreierlei Chicorée im Heimatjuwel in Hamburg

Ranking von 10↑ bis 6

10↑ Gusto-Pfannen

Aqua, Wolfsburg
Schwarzwaldstube, Baiersbronn (Tonbach)
Sonnora, Dreis

Vendôme, Bergisch-Gladbach (Bensberg)
Victor's Fine Dining by Christian Bau,
   Perl (Nennig)

10 Gusto-Pfannen

Facil, Berlin (Tiergarten)
Falco, Leipzig
GästeHaus Klaus Erfort, Saarbrücken
Haerlin, Hamburg (Neustadt)
Horváth, Berlin (Kreuzberg)
Meierei Dirk Luther, Glücksburg

Ophelia Konstanz
Restaurant Überfahrt, Rottach-Egern
Rutz Restaurant, Berlin (Mitte)
schanz. restaurant., Piesport
The Table Kevin Fehling, Hamburg
   (Hafencity)

9↑ Gusto-Pfannen

bianc, Hamburg (Hafencity)
Dichter, Rottach-Egern
Lafleur, Frankfurt am Main
Luce d'Oro, Elmau
Restaurant Bareiss, Baiersbronn (Mitteltal)

Söl'ring Hof, Sylt (Rantum)
Stadtpfeiffer, Leipzig
Tim Raue, Berlin (Mitte)
Tohru in der Schreiberei,
   München

9 Gusto-Pfannen

AMMOLITE –
   The Lighthouse Restaurant, Rust
Atelier, München
August, Augsburg
Der Butt, Rostock (Warnemünde)
Ernst, Berlin (Wedding)
Esplanade, Saarbrücken
Essigbrätlein, Nürnberg
EssZimmer, München
etz, Nürnberg
Gut Lärchenhof, Pulheim (Stommeln)
Hirschen, Sulzburg

Jante, Hannover
L.A. Jordan, Deidesheim
Lamm Rosswag, Vaihingen/Enz
   (Rosswag)
Le Moissonnier, Köln
Le Pavillon, Bad Peterstal (Griesbach)
Lorenz Adlon Esszimmer, Berlin (Mitte)
Nagaya, Düsseldorf
PURS, Andernach
Steinheuers Restaurant Zur Alten Post,
   Bad Neuenahr-Ahrweiler (Heppingen)
Tantris, München

8↑ Gusto-Pfannen

100/200 Kitchen, Hamburg
   (Rothenburgsort)
BODENDORF'S, Sylt (Tinnum)
Coda Dessert Dining, Berlin

Eisvogel, Neunburg v. Wald (Hofenstetten)
Friedrich Franz, Bad Doberan
   (Heiligendamm)
Goldberg, Fellbach

8↑ Gusto-Pfannen

Gustav, Frankfurt am Main
Klassenzimmer, Fürstenhagen
Lakeside, Hamburg (Rotherbaum)
LOUIS restaurant, Saarlouis
MARKOS – Das Restaurant, Weingarten
Nobelhart & Schmutzig, Berlin (Kreuzberg)
Opus V, Mannheim
Orangerie, Timmendorfer Strand
ÖSCH NOIR, Donaueschingen
Ox & Klee, Köln
Piment, Hamburg (Eppendorf)
Restaurant 360°, Limburg an der Lahn
Restaurant Alexander Herrmann
  by Tobias Bätz, Wirsberg
Restaurant Residenz Heinz Winkler,
  Aschau im Chiemgau
Schlossberg, Baiersbronn
  (Schwarzenberg)
SKYKITCHEN, Berlin (Lichtenberg)
Speisemeisterei, Stuttgart (Hohenheim)
Tantris DNA, München
The Stage, Dortmund
Tisane, Nürnberg
Werneckhof Sigi Schelling, München

8 Gusto-Pfannen

[maki:'dan] im Ritter, Durbach
1789, Baiersbronn (Tonbach)
1876 Daniel Dal-Ben, Düsseldorf
5 Gourmetrestaurant, Stuttgart
Adler, Lahr
Alte Liebe, Augsburg
Apicius, Bad Zwischenahn
Bandol sur mer, Berlin (Mitte)
Beckers Restaurant, Trier (Olewig)
Bembergs Häuschen, Euskirchen
  (Flamersheim)
Carmelo Greco, Frankfurt am Main
Clara, Erfurt
Cœur D'Artichaut, Münster
Cordo, Berlin (Mitte)
Das Grace, Flensburg
Das Maximilians, Oberstdorf
Der Zauberlehrling, Stuttgart
Die Brasserie, Pirmasens
es:senz, Grassau
fine dining RS, Salach
Friedrich Restaurant, Osnabrück
Gourmetrestaurant Münchhausen, Aerzen
Halbedel's Gasthaus, Bonn (Bad Godesberg)
Hannappel, Essen (Horst)
Haus Stemberg Anno 1864, Velbert (Neviges)
Hofstube Deimann, Schmallenberg
  (Winkhausen)
Huberwirt, Pleiskirchen
Hugos, Berlin (Tiergarten)
Iuma by Dyllong & De Luca, Dortmund
Jellyfish, Hamburg (Eimsbüttel)
Kulmeck, Heringsdorf
La Société, Köln
La Vallée Verte, Herleshausen
Le Cerf, Zweiflingen (Friedrichsruhe)
Le Gourmet, Heidelberg
Les Deux, München
Maerz – Das Restaurant, Bietigheim
Merkles Restaurant, Endingen a. K.
Meyers Keller – Jockl Kaiser, Nördlingen
Mühle, Schluchsee
Oben, Heidelberg
Philipp, Sommerhausen
Philipp Soldan, Frankenberg
Raub's Landgasthof, Kuppenheim
Rebers Pflug, Schwäbisch Hall
Roter Hahn, Regensburg
Rüssels Restaurant, Naurath
Schiller's Manufaktur, Koblenz
Schote, Essen (Rüttenscheid)
Schwarzer Adler, Vogtsburg (Oberbergen)
Schwarzer Hahn, Deidesheim
Schwingshackl ESSKULTUR, Bad Tölz
Schwitzer's Restaurant, Waldbronn
  (Reichenbach)
Seestern, Ulm
Sparkling Bistro, München
Sterneck, Cuxhaven (Duhnen)
Storstad, Regensburg
taku, Köln
The Izakaya, Wachenheim
TIAN, München
Tulus Lotrek, Berlin
Villino, Lindau (Bodolz)
Volt, Berlin (Kreuzberg)

Ranking

▒ 8 Gusto-Pfannen

Votum, Hannover
Werner's Restaurant, Gernsbach
Wolfshöhle, Freiburg im Breisgau

Zeik, Hamburg
 (Winterhude)
ZweiSinn Fine Dining, Nürnberg

▒ 7↑ Gusto-Pfannen

Acquarello, München
Agatas Restaurant, Düsseldorf
Ahlmanns, Kiel
Alte Baiz, Hamberg
Anima, Tuttlingen
Aska, Regensburg
astrein, Köln
bachofer, Waiblingen
Balthasar, Paderborn
BjoernsOx, Dermbach
BOK – Brust oder Keule, Münster
Camers, Hohenkammer
Casala, Meersburg
Cheval Blanc, Illschwang
Da Vinci, Koblenz
Eckert, Grenzach-Wyhlen
Eichhalde, Freiburg im Breisgau (Herdern)
einsunternull, Berlin
Eisenbahn, Schwäbisch Hall (Hessental)
Ente, Wiesbaden
Erbprinz, Ettlingen
Ess Atelier Strauss, Oberstdorf
Esszimmer, Schwendi
ESTIMA by Catalana, Erfurt
Faelt, Berlin
Freustil, Rügen (Binz)
Gambero Weinbar, Bad Schwartau
Gasthof zum Bad, Langenau
Genießer Stube, Friedland
Golvet, Berlin
Gourmetrestaurant Nico Burkhardt,
 Schorndorf
Grammons Restaurant, Dortmund
Hämmerle's Restaurant Barrique, Blieskastel
Hegel Eins, Stuttgart
Jacobs Restaurant, Hamburg (Nienstedten)
Johanns, Waldkirchen
Jungborn, Bad Sobernheim

KAI3, Sylt (Hörnum)
Kaminzimmer im Staudenwirt, Finning
Kesselhaus, Osnabrück
Kochzimmer, Potsdam
L'étable, Bad Hersfeld
Malathounis, Kernen
maximilian lorenz restaurant, Köln
Mountain Hub Gourmet, Freising
 (Flughafen München)
Mural, München
Oettingers Restaurant, Fellbach (Schmiden)
Pavo, Pfronten (Meilingen)
Petit Amour, Hamburg (Ottensen)
Pink Pepper, Düsseldorf
Pur, Berchtesgaden
Reisers am Stein, Würzburg
Restaurant auf Schloss Filseck,
 Uhingen
Rosin, Dorsten (Wulfen)
Schloss Niederweis, Niederweis
sein, Karlsruhe
showroom, München
St. Andreas, Aue
Storchen Restaurant Hotel, Bad Krozingen
 (Schmidhofen)
Tawa Yama fine, Karlsruhe
The NOname, Berlin
THE O'ROOM, Heringsdorf
Traube, Efringen-Kirchen (Blansingen)
Troyka, Erkelenz
ursprung – das Restaurant,
 Königsbronn-Zang
Waidwerk, Nürnberg
Weinsinn, Frankfurt am Main
YOSO, Andernach
Yunico – Japanese fine dining, Bonn
 (Oberkassel)
Zur Post, Odenthal

▒ 7 Gusto-Pfannen

136 Restaurant, Berlin
959 Heidelberg Stadtgarten, Heidelberg
Acetaia, München

Alfredo, Köln
Alte Feuerwache Bistro-Restaurant, Würselen
Alte Pfarrey, Neuleiningen

7 Gusto-Pfannen

Alte Überfahrt, Werder an der Havel
Am Kamin, Mülheim a. d. Ruhr
Atelier Sanssouci, Radebeul
Berens am Kai, Düsseldorf
Berggasthaus Niedersachsen, Gehrden
Berlins Krone, Bad Teinach (Zavelstein)
Bidlabu, Frankfurt am Main
Bootshaus, Bingen am Rhein
Bricole, Berlin
Brockel Schlimbach, Nideggen
Buchner Welchenberg, Niederwinkling
  (Welchenberg)
C'est la vie, Leipzig
Chairs, Frankfurt am Main
Christian & Friends Tastekitchen, Fulda
Christians Restaurant, Kirchdorf
Clostermanns Le Gourmet, Niederkassel
  (Uckendorf)
Cookies Cream, Berlin (Mitte)
Cornelia Poletto, Hamburg (Eppendorf)
Das Alte Haus, Braunschweig
Das garbo im Löwen,
  Eggenstein-Leopoldshafen
Das Marktrestaurant, Mittenwald
Délice, Stuttgart
Der Schneider, Dortmund
die burg, Donaueschingen (Aasen)
Die Mühle Jork, Jork
Die Mühlenhelle, Gummersbach
  (Dieringhausen)
Die Reichsstadt, Gengenbach
die.speisekammer, Oberstaufen
Dorfwirt & Friends, Unterammergau
Dr. Kosch, Düsseldorf
Edelwirtshaus Zur Golden Kron,
  Frankfurt am Main
Elements, Dresden
Entenstuben, Nürnberg (Wöhrd)
erasmus, Karlsruhe
Ernos Bistro, Frankfurt am Main
Falconera, Öhningen (Schienen)
Fässle le restaurant, Stuttgart (Degerloch)
Favorite, Mainz
Field, Lüchow
Gabelspiel, München
Gasthaus Jakob, Perasdorf
Gasthaus zum Raben, Horben
Gasthof Krone, Waldenbuch
Gasthof zum Kranz, Lottstetten (Nack)
Genussschmiede, Pirk
GenussWerkstatt, Mainz (Finthen)
Goldener Anker, Dorsten
Goldener Hahn, Finsterwalde
Gourmet Restaurant im Karner, Frasdorf

Gregor's Fine Dining, Rötz (Hillstett)
Haco, Hamburg (St. Pauli)
Haebel, Hamburg (St. Pauli)
Handwerk, Hannover
Haubentaucher, Rottach-Egern
Haus am See, Nonnenhorn
Heimatjuwel, Hamburg (Eimsbüttel)
Helbigs Gasthaus, Johannesberg
Henrich Höers Speisezimmer, Idstein
Höptners Abendmahl, Bielefeld (Schildesche)
Hugenhof, Simonswald
Ich weiß ein Haus am See, Krakow am See
intensiū, Hilden
Jean, Eltville
Juwel, Kirschau (Schirgiswalde)
Kaupers Restaurant, Selzen
Keidenzeller Hof, Langenzenn (Keidenzell)
Koch & Kellner, Nürnberg
KOSTBAR, Weingarten
Kronenschlösschen, Eltville (Hattenheim)
KUNO 1408, Würzburg
La Becasse, Aachen
La Cuisine Rademacher, Köln
Landgasthof Adler, Rosenberg
Landhaus Feckl, Ehningen
Landhaus Scherrer, Hamburg (Ottensen)
Landwerk, Wallerfangen
Laudensacks Gourmetrestaurant,
  Bad Kissingen
Laurentius, Weikersheim
Le Chopin, Boppard
Le Corange, Mannheim
Le Flair, Düsseldorf
Le Frankenberg, Weigenheim
Le Jardin de France im Stahlbad, Baden-Baden
Le Temple, Neuhütten
Lodner Genusswerkstatt, Lauingen
Lohninger, Frankfurt am Main
Maître, Köln (Müngersdorf)
Meisenheimer Hof Restaurant, Meisenheim
Michael's Leitenberg, Frasdorf
NeoBiota, Köln
Nose & Belly, Augsburg
Orania.Berlin, Berlin
Ostseelounge, Ostseebad Dierhagen
PHOENIX Restaurant & Weinbar, Düsseldorf
PIETSCH, Wernigerode
POTS – Dieter Müller, Berlin
Pottkind, Köln
Prism, Berlin (Charlottenburg)
rays restaurant, Köln
Redüttchen, Bonn
Restaurant Weinhaus Uhle, Schwerin
Restaurant zur Krone, Neupotz

Ranking

7 Gusto-Pfannen

Reuter, Rheda-Wiedenbrück
Rolin, Pinneberg
Rutz Zollhaus, Berlin (Kreuzberg)
Sahila – The Restaurant, Köln
Sandhof Gourmetrestaurant Dirk Maus, Ingelheim (Heidesheim)
Scharffs Schlossweinstube, Heidelberg
Schattbuch, Amtzell
Schloss Loersfeld, Kerpen
Schlossrestaurant Victoria, Kronberg
Schnüsch, Büsum
Seehalde, Uhldingen (Mühlhofen)
Setzkasten, Düsseldorf
Seven Swans, Frankfurt am Main
Solo DU, Bischofswiesen
SoulFood, Auerbach i. d. OPf.
Spielweg, Münstertal (Obermünstertal)
Spitzner Restaurant, Münster
St. Benedikt, Aachen (Kornelimünster)

Steins Traube, Mainz (Finthen)
Taverna & Trattoria Palio, Celle
Titus im Röhrbein, Hannover
Urgestein, Neustadt a. d. Weinstraße
Villa Kellermann – Tim Raue, Potsdam
Villa Merton Gourmet, Frankfurt am Main
Villa Mittermeier, Rothenburg o. d. Tauber
Voit, Kassel
Wein- & Tafelhaus, Trittenheim
Weinstock, Volkach
Wielandshöhe, Stuttgart
Wilde Klosterküche, Neuzelle
Wintergarten, Baden-Baden
Wonka, Nürnberg
Wullenwever, Lübeck
Yoshi by Nagaya, Düsseldorf
Zeit Werk – by Robin Pietsch, Wernigerode
Zirbelstube, Freiburg im Breisgau
Zur Weinsteige, Stuttgart

6↑ Gusto-Pfannen

Ambiente, Staufen
Aureus, Frankfurt am Main
Bachstelze, Erfurt (Bischleben)
Backmulde, Ladenburg
Berchtesgadener Esszimmer, Berchtesgaden
Bieberbau, Berlin (Wilmersdorf)
Das kleine Lokal, Bremen
Dobler's, Mannheim
eins44 Kantine Neukölln, Berlin (Neukölln)
esskunst, Schwarzenfeld
EssZimmer, Weinheim
Freihardt, Heroldsberg
Gams & Gloria, Schwangau
Gasthaus Lege, Burgwedel (Thönse)
Gasthof Alex, Weißenbrunn
Genuss-Atelier, Dresden
Genussapotheke, Bad Säckingen
Gourmetrestaurant im Wappensaal, Hohen Demzin
Gourmetrestaurant Kunz, St. Wendel (Bliesen)
Green Beetle, München
Grill Royal, Berlin (Mitte)
Gruber's Restaurant, Köln
Gude Stub – Casa Antica, Bühl
Gute Stube, Herne
handiɔap., Künzelsau
Henne. Weinbar & Restaurant, Köln
Heritage Berlin, Berlin

Hirsch – Genusshandwerk, Bad Liebenzell (Monakam)
ITO Japanese Cuisine, Köln
Johannas, München (Großhadern)
Juliette, Potsdam
KOS fine dining, Kiel
Krone, Weil am Rhein
Kucher's Gourmet Restaurant, Darscheid
Lamm, Maselheim (Sulmingen)
Landgasthaus zur Linde, Pliezhausen (Dörnach)
Landgasthof Adler, Rammingen
Landgasthof Hirsch, Remchingen (Wilferdingen)
Landhaus Halferschenke, Dieblich
Landhaus Rössle, Bretzfeld-Brettach
Lou, Cottbus
maiBeck, Köln
Maltes „hidden kitchen", Baden-Baden
Marly, Mannheim
Masters, Blankenhain
Meister Lampe, Stuttgart
MUN Restaurant, München
Nihonryori KEN, Frankfurt am Main
NIKKEI NINE, Hamburg (Neustadt)
ONTRA, Regensburg
OX casual fine dining, Darmstadt
Papageno, Konstanz
Pfälzer Stuben, Herxheim (Hayna)
Poisson, Köln

46

6↑ Gusto-Pfannen

Ponyhof Stammhaus, Gengenbach
Pure White, Köln
Rebstock-Stube, Denzlingen
Restaurant JM, Sylt (Westerland)
Richard, Berlin (Kreuzberg)
Rive, Hamburg (Neustadt)
Sartory, Augsburg
Schillingshof, Friedland (Groß Schneen)
Schlossrestaurant Hohenstein, Ahorn
Schwabenstube, Asperg
Sgroi, Hamburg (Harvestehude)
Speiseberg, Halle (Saale)
Sticky Fingers, Regensburg
Tante Fichte Speiselokal, Berlin

Trattoria Enoteca, Bergisch-Gladbach
  (Bensberg)
Vecchia Lanterna, München
Veles, Nürnberg
Weinschänke Schloss Groenesteyn,
  Kiedrich
Würzhaus, Nürnberg
Zöllners Weinstube, Forchheim
Zur Goldenen Esche, Hinterzarten
  (Alpersbach)
Zur Malerklause,
  Bescheid
Zur Waage M.E.B., Leer
  (Ostfriesland)

6 Gusto-Pfannen

12seasons, Berlin (Charlottenburg)
Adler Wirtschaft,
  Eltville (Hattenheim)
Almer Schlossmühle, Brilon
Alte Schule, Siek
Ambiente Italiano, Kelsterbach
Andreas Scholz, Weimar
Arens Restaurant, St. Martin
Artischocke, Wilhelmshaven
Atable im Amtshaus, Freinsheim
Atelier Tian, Ravensburg
August und Maria, Aying
Bachmaier, Heilbronn
Bachmeier Genussfreuden, München
Bastian's Restaurant, Friedberg (Dorheim)
Bavarie, München
Bernstein, Heringsdorf
Bob & Thoms, Berlin
Bonvivant Cocktail Bistro, Berlin
Brasserie Colette Tim Raue, Berlin
Brasserie Colette Tim Raue, München
Broeding, München
Büffelhof Beuerbach, Beuerbach
CALLA, Bad Wörishofen
Caroussel Nouvelle, Dresden
Christopher's, Berlin
Christophorus, Stuttgart (Zuffenhausen)
Der Schafhof, Amorbach (Otterbachtal)
Der Steinort, Harrislee
Dorfstuben, Baiersbronn (Mitteltal)
Due Fratelli, Bremen
Ederer, München
Egerner Bucht, Rottach-Egern
Einzimmer Küche Bar, Nürnberg
Emma Metzler, Frankfurt am Main

Essence, München
Fährhütte 14, Rottach-Egern
Forsthaus Strelitz, Neustrelitz
Forsts Landhaus, Riedenburg
Fürstenhof, Landshut
Garden, München
Gasthaus Egertal, Weißenstadt
Gasthaus Goldener Stern, Rohrbach
Gasthaus Weißenbeck, Dachau
  (Unterbachern)
Gasthof Bärwalde, Radeburg
Gasthof Widmann, Maisach (Überacker)
Gasthof zum Hirsch,
  Neukirch (Goppertsweiler)
Gasthof Zum Rebstock,
  Kappelrodeck (Waldulm)
Gioias Restaurant, Rheinau
Giverny, Münster
Gourmetrestaurant Aubergine, Starnberg
Gutsküche Wulksfelde, Tangstedt
Hanse Stube, Köln
Hardy's Restaurant, Sylt (Westerland)
Hasenklee, Senden
Heimat, Frankfurt am Main
Heldenplatz, Hamburg (Speicherstadt)
Heldmann & Herzhaft, Remscheid
Henri-Philippe, Grainau
Hippocampus, München
Hirsch, Schramberg
Hirsch, Sonnenbühl (Erpfingen)
Hofgut Hohenkarpfen, Hausen ob Verena
Holzfellas, Wiesau
Horizont, Timmendorfer Strand
Huber, München
Hygge, Hamburg

🍳 6 Gusto-Pfannen

Il Barcaiolo, Rottach-Egern
Il Teatro², Karlsruhe
Irma la Douce, Berlin (Schöneberg)
Ivy, Karlsruhe
Jan's Restaurant, Detmold
Jin, München
Käfer-Schänke, München
Kaminstube, Bad Peterstal (Griesbach)
Kaminstube, Baiersbronn (Mitteltal)
Kesselhaus, Karlsruhe (Grünwinkel)
Kin Dee, Berlin
Kings & Queens, Schweinfurt
Kitchen Library, Berlin (Charlottenburg)
KOOK 36, Moos
Kraftwerk, Oberursel
KRasserie, Krefeld
Kräutergarten, Bonn (Wachtberg-Adendorf)
Kuro Mori, Freiburg im Breisgau
La Fenice, Stuttgart
La Rock Wohlfühlrestaurant, Hannover
Landgasthaus Schuster, Freyung
Landgasthof am Königsweg,
 Kirchheim/Teck (Ohmden)
Landgasthof Löwen, Oberopfingen
Landhaus Köpp, Xanten (Obermörmter)
Landhaus Tanner, Waging am See (Aglassing)
Le Stollberg, München
Lindenhof, Emsdetten
Löwengrube, Freiburg im Breisgau
Matsuhisa Munich, München
Max'es, Langenhagen
Menge, Arnsberg
Michaelis, Leipzig
Morellino, Hamburg
Müllers auf der Burg by Nelson Müller,
 Geisenheim (Johannisberg)
Mussumer Krug, Bocholt
Oberländer Weinstube, Karlsruhe
Pageou, München
Pankratz, Mainz (Hechtsheim)
Plaisir by Hamid Heidarzadeh, Aachen
Pospisils Gasthof Krone, Bühl (Oberbruch)
Poststuben, Bad Neuenahr-Ahrweiler
 (Heppingen)
Ratsstuben, Haltern am See
Rauchfang, Bad Orb
Rebstock la petite Provence,
 Heilbronn (Böckingen)
Restaurant Kevin Gideon, Oldenburg

restaurant|271, Burghausen
Rindenmühle,
 Villingen-Schwenningen (Villingen)
Rubens – Das Östereichische Restaurant,
 Düsseldorf
SchauMahl, Offenbach
Schlossanger Alp, Pfronten (Meilingen)
Schmidt Z & KO, Berlin
Schneider, Dernbach
Schorse im Leineschloss, Hannover
Schranners Waldhorn, Tübingen
 (Bebenhausen)
Schwarzreiter, München
Schweizers Restaurant, Stuttgart
Schwögler, Bad Abbach
Seehof, Immenstaad
SIEBZEHN84, Sylt (Tinnum)
Sophia's Restaurant & Bar, München
Speisemeisterei Burgthalschenke,
 Vöhringen (Thal)
Strandhaus, Bonn
The Duchy, Düsseldorf
TIM's KITCHEN, Fürth
Tomatissimo, Bielefeld
Tschebull, Hamburg (Neustadt)
Turmschänke, Eisenach
Turmstube, Neunburg v. Wald
 (Hofenstetten)
Ursprung, Presseck (Wartenfels)
Valentin, Lindau
Verbene, Koblenz
VIDA by Dyllong & De Luca, Dortmund
Villa Hammerschmiede, Pfinztal (Söllingen)
VINCE, Hannover
Vinothek by Geisel, München
Vlet, Hamburg (Hafencity)
Weinhaus Anker, Marktheidenfeld
Weinhaus Neuner, München
Weinhaus Stern, Bürgstadt
Wine & Dine, Reil
Wolfs Junge, Hamburg (Uhlenhorst)
Zeit | Geist, Weingarten
Zirbelstube, Nürnberg (Worzeldorf)
Zucker – Restaurant in der Raffinerie,
 Braunschweig
Zum Riesen, Kandel
Zur Glocke, Höchstädt
Zur Iphöfer Kammer, Iphofen
Zur Tant, Köln (Porz)

Von
Aachen
bis
Zwingenberg

Aachen (Nordrhein-Westfalen)

La Becasse

Hanbrucher Str. 1, 52064 Aachen
☎ 0241-74444
www.labecasse.de
⏱ Di–Sa von 12–14 Uhr u. ab 18 Uhr,
So u. Mo RT
Hauptgericht: 32–59 €,
Menüs: 40–125 €

EC (D) ⬤ VISA

Der große Klassiker für kulinarischen Genuss in Aachen bietet seinen Gästen in schlicht-modernem Ambiente beste französische Bistro-Kultur, wie sie im Mutterland der Haute Cuisine in den meisten Großstädten auch den Ansprüchen erfahrener Feinschmecker gerecht wird, hierzulande aber Seltenheitswert hat. Das Team setzt voll auf hohe Produktqualitäten in unkomplizierter klassischer französischer Façon, also mehr aromendicht und harmonisch-rund als filigran oder kreativ. Das gibt es nicht geschenkt, aber mit reichlich guten Edelprodukten als reellem Gegenwert. Und dazu versierten, aufmerksamen Service.

Plaisir by Hamid Heidarzadeh

Schlossstr. 16, 52066 Aachen
☎ 0241-89464514
www.plaisiraachen.de
⏱ Mi–Sa ab 18 Uhr, So–Di RT
Hauptgericht: 30–36 €, Menüs: 65–115 €

EC ▬ ⬤ VISA ⊞

Inhaber und Küchenchef Hamid Heidarzadeh nennt einen der schönsten Innenhöfe Aachens sein Eigen. Zu einer Seite findet sich eine komplett bewachsene Hauswand, die im Sommer für Schatten und angenehme Kühle sorgt. Bis 22 Uhr darf man hier sitzen, dann heißt es ins Innere wandern, das bewusst reduziert in Weiß und Schwarz eingerichtet ist, nur mit einigen Highlights wie ungewöhnlichen Vasen oder Kissen, um die Konzentration voll auf die kulinarischen Kreationen zu lenken. Diese sollen ein „Vergnügen" sein, wie die Übersetzung des französischen „Plaisir" lautet. Ein solches ist

die sehr kleine Weinkarte leider nicht. Gerade einmal dreizehn Flaschenweine finden sich dort, dazu kommen aber immerhin 17 offene, alle mit sensorischen Beschreibungen versehen. Unter den Bouteillen, die fast ausnahmslos aus Deutschland und Frankreich stammen, findet sich für den echten Weinconnaisseur kaum etwas. Noch dazu werden die Weine in etwas zu kleinen Gläsern serviert.

Heidarzadeh bietet zwei Menüs mit vier bis sechs Gängen an, eines für „Pflanzenfresser", was man beim ersten Lesen despektierlich anmutet, bis man sieht, dass jenes für alle Gäste, die auch Fisch und Fleisch verzehren, als „Fleischfresser" bezeichnet ist. Dabei werden beim vegetarischen Angebot die nicht-vegetarischen Elemente des komplementären Menüs einfach ersetzt, und kein eigenständiges konzipiert. Vor dem Hintergrund, dass hier ein sehr kleines Küchenteam tätig ist, eine verständliche, wenn auch kulinarisch nicht in allen Fällen sinnvolle Entscheidung.

Vegetarisch und leicht süßlich ist der erste Gruß aus der Küche: Tatar (mit schönem Biss) und Sorbet von der Cantaloupe Melone, mit Sauerampferöl, Ziegenmilchcreme und fermentiertem Ziegenmilchschaum kombiniert. Ein subtiles Spiel aus Frucht und Säure ergibt sich hier, das den Gaumen für das Kommende angenehm animiert.

Vegetarisch geht es weiter, wobei Heidarzadeh geflämmten weißen Spargel auf Zwiebelsud ins Zentrum stellt, dazu sternförmig gespritzt eine Koriander Hollandaise, eine Nocke Hüttenkäse mit Chili, und auf dem Spargel drei kleine Koriander-Sponges, die auf der Zunge sofort zergehen. Aromatisch ist der Gang nah beieinander und baut seine Spannung durch die verschiedenen Texturen auf. Einzig der Hüttenkäse mit Chili sticht, vielleicht ein bisschen zu gewollt, heraus – so betont die Schärfe, so überstrahlen ihr Effekt. Was sich bereits mit diesem Gericht abzeichnet: Heidarzadehs Küche ist leichtfüßig, aromatisch nicht überfordernd, und setzt stark auf Gemüse-Komponenten.

Das zeigt auch der nächste Gang, bei dem mit Miso-Lack versehener Rücken vom Iberico-Schwein, auf dem sich Schnittlauch und gepoppter Schweinebauch befinden, von einer Miso-Aubergine begleitet wird, die vor Saftigkeit schier platzt und mit feiner Süße punktet – aber auch von einem Grillpaprika-Ragout, das dieser eine feine, röstige Herbheit gegenüberstellt. Bei dem spanisch-japanischen Treffen sind die Gemüse-Komponenten so die eigentlichen Stars.

Das große Stück Kabeljau-Rücken, glasig gegart, lässt sich im folgenden Gang dagegen nicht die Butter vom Brot nehmen – aber auch hier strahlen die vegetabilen Elemente. Ein in Salzteig gebackenes Stück Sellerie, geräucherte Sellerie-Creme, gepickelter Sellerie, Selleriesaft und als Säure-Kick dunkelgrünes Gel vom Apfel. Augenzwinkernd setzt Heidarzadeh ein kleines Stück warme Blutwurst dazu, eher trocken am Gaumen und stark gewürzt. Es erdet den sonst sehr leichten Gang und verleiht Gegengewicht.

Einer klassischen Kombination huldigt man mit dem nächsten Gang. Von unten nach oben finden sich im Teller: Spinatcreme, Kartoffel-Espuma mit Muskatnuss, Trüffelschaum, Pâté von der Foie gras, die eine andere Art Schmelz addiert und die einzige kühle Komponente darstellt, pochiertes Eigelb, salzige Kartoffelchips und gehobelte Trüffel. Schwachpunkt bei diesem schlotzigen Wohlfühlgang ist die aromaschwache Trüffel, die von der Muskatnuss in die Ecke verwiesen wird. Vor dem Hauptgang wird Minzsorbet mit knusprigem Maldon-Salz in einem kleinen Kelch gereicht, in dem sich sehr viel Olivenöl befindet – das aber sicher niemand auslöffelt. Ein schöner, mild erfrischender Dreiklang. Und selbst dieser mit vegetabilem Element…

Beim Rinderfilet überrascht es dann nicht mehr, dass Heidarzadeh statt einer klassischen, schweren Jus einen Sud von Roter Bete angießen lässt. Wie beim Sellerie zum Kabeljau dekliniert er dieses Gemüse dann noch in weiteren Formen durch: glasiert, als Creme und auch beim Rot damit eingefärbten Quinoa. Das zweite Gemüseelement ist die Zwiebel, die sich als Creme wiederfindet, aber auch in Form von eingelegten Perlzwiebeln. Süße und leichte Schärfe sind so gut aufeinander abgestimmt, dass es das Fleisch kaum bräuchte. Und obwohl von guter Qualität, ist es nicht das Highlight auf dem – leider etwas zu kalten – Teller.

Zum Finale wird ein echter Hingucker ein halber, mit Himbeerpulver gepuderter Donut serviert, in dem sich auf einem knusprigen Boden Ganache und Gelee vom Rhabarber sowie Ricottamousse finden. Als Begleitung gibt es Kleckse von Karamell und Schokolade sowie ein Himbeersorbet. Rhabarber und Himbeeren wirken etwas gezähmt hinsichtlich ihrer Säure, aber gehen eine angenehm harmonische Verbindung ein.

Fazit: Hamid Heidarzadeh gelingt ein Menü, dessen moderner, gemüsebasierter Ansatz aufgrund der sehr zugänglichen Gerichte kaum auffällt. Und der auf dem besten Weg ist, eine ganz eigene kulinarische Handschrift zu entwickeln.

St. Benedikt

Benediktusplatz 12,
52076 Aachen (Kornelimünster)
☎ 02408-2888
www.stbenedikt.de
⏱ Di u. Mi von 11.30–14.30 Uhr,
Do–Sa von 11.30–14.30 Uhr u. ab 19 Uhr,
So u. Mo RT
Menüs: 28–172 €

Das dunkelrote denkmalgeschützte Haus im historischen Ortskern von Kornelimünster wirkt auf Anhieb einladend. Und auch drinnen, im schmalen, schlicht und modern gestalteten Restaurant, das nach der verheerenden Flutkatastrophe zerstört, aber umso schöner und zeitgemäßer wieder aufgebaut und neugestaltet wurde, fühlt man sich sofort wohl. Der junge, ambitionierte Chef Maximilian Kreus blieb derweil seinem aufgeräumten klassischen Stil treu, kocht leicht, originell und zugänglich. Alles auf seinen hübsch und akkurat, aber nicht allzu verspielt angerichteten Tellern kommt klug auf das Wesentliche reduziert in moderner Optik und mit schmissigen Akzenten daher. Seine beiden Menüs (mittags gibt es nur ein einfaches Lunchprogramm) strotzen vor beherzten Aromen und ausdrucksstarken Akkorden.

Die Symbole

🅿 gute Parkmöglichkeiten

🅿 Hotelgarage

♿ barrierefrei

❄ klimatisierte Zimmer

📶 WLAN-Zugang

🏊 Hallen- und/oder Freibad im Haus

👐 mit Wellness-Bereich

🛗 mit Fahrstuhl zu den Hotelzimmern

🐕 Hunde im Hotel nicht erlaubt

🏡 mit Garten oder Terrasse

Chez Georges

im Hotel Schwarzwälder Hof
Kirchstraße 38, 77855 Achern
☏ 07841-69680
www.hotel-sha.de
⚐ Di–Sa ab 17 Uhr, So u. Mo RT
Hauptgericht: 12–35 €, Menüs: 30–47 €

Gastgeber und Chefkoch Jean-Georges Friedmann macht kein Geheimnis aus der Tatsache, dass er Elsässer ist: gern spricht er am Tisch ein paar Worte Französisch. In seinem Chez Georges genannten Restaurant im Schwarzwälder Hof – es existiert im gleichen Haus auch noch das eher gutbürgerlich aufgestellte Kächele – kocht er eine fröhliche Mischung aus badischen, elsässischen und mediterranen Speisen. Die Klassik lässt sich niemals verleugnen, was im Zusammenspiel mit dem leicht nostalgischen Ambiente zu einem eigenständigen Retro-Gourmeterlebnis führt.

Die ausliegende Speisekarte ist vergleichsweise umfangreich – sie reicht von „Knoblauch-Chili-Garnelen" über Medaillons vom schottischen Seeteufel mit hausgemachten Gnocchi bis zur geschnetzelten Leber mit handgeschabten Spätzle. Hier erinnert noch vieles an die Gastronomie der Achtziger und Neunziger, die ja bekanntlich längst vom Aussterben bedroht ist. Auch ein Blatt mit Weinempfehlungen liegt aus; es handelt sich allerdings nur um einen Auszug des durchaus beachtlichen Weinprogramms.

Baguettescheiben der guten, aber nicht herausragenden Art und Butter stehen schnell auf dem Tisch. Das Carpaccio von der deutschen Färse besteht aus erfreulich dünnen Scheiben, die recht üppig mit einem Salat aus Wildkräutern und Blüten sowie gerösteten Pinienkernen

angereichert wurden. Dazu gesellen sich Scheiben von schwarzer Trüffel, die mäßig aromatisch ausfallen; ein paar Flocken zu viel Fleur de Sel verleihen dieser Vorspeise einen leicht salzigen Grundgeschmack, aber das Fleisch bleibt dennoch präsent.

Die überbackene Badische Schneckensuppe, die es auch in kleiner Portion gibt, ist dann perfekt ausgewogen abgeschmeckt und die Schnecken sind darin reichlich in geschnetzelter Form zu finden. Dass im Chez Georges generell kraftvoll gewürzt und großzügig dekoriert wird, kann man auch beim gebratenen Kotelett vom Bauernkalb beobachten. Das ist tadellos gegart, innen noch schön rosa, außen mit Rosmarinsalz und Bergpfeffer verfeinert. Dass hier jemand in der Küche steht, der sein Handwerk versteht, zeigen die Trüffelnudeln, denn die sind ohne Frage selbstgemacht, mit Trüffeln und Rahm abgeschmeckt, auch die glasierten Karotten und die akkurat gegarten Zuckerschoten machen viel Spaß.

Dass die Portionen großzügig sind, bemerkt der Gast recht schnell am Sättigungsgefühl – spätestens, wenn sich die Frage nach einem Dessert stellt. Doch es lohnt sich, dafür noch etwas Platz zu lassen. Auch die Crème brûlée mit Valrhôna-Schokolade ist von der Menge her mehr als ausreichend und so zubereitet, wie man sie nicht mehr überall bekommt: Cremiges Inneres, eine hauchdünne, gleichmäßig karamellisierte Kruste, dazu ein Cassissorbet, das zwar nicht den Eindruck erweckt, hausgemacht zu sein, aber trotzdem weit überdurchschnittlich gut schmeckt. Ein karamellisiertes Ananasragout gehört ebenfalls zu diesem sehr überzeugenden Dessert, auf das im Anschluss ein sehr ordentlicher Espresso folgt.

Im Zusammenspiel mit der moderaten Preisgestaltung und der sehr persönlichen, herzlichen Betreuung bleibt ein sehr guter Gesamteindruck und es gibt auch in diesem Jahr von uns eine uneingeschränkte Empfehlung!

Hotelempfehlung

★★★ S

Hotel Schwarzwälder Hof

Kirchstr. 38, 77855 Achern
☎ 07841-69680
www.hotel-sha.de
Einzelzimmer: 59–88 €
Doppelzimmer: 89–125 €

Das Hotel Schwarzwälder Hof in Achern erwartet seine Gäste in ruhiger zentraler Lage. Die stilvoll eingerichteten Zimmer bieten mit „Terca"-Matratzen erstklassigen Schlafkomfort und sind mit Dusche, WC, modernem Bad mit Fön, einer Aufenthaltsecke, kostenlosem Internetzugang sowie Sky-Fernsehen ausgestattet. Manche Zimmer verfügen auch über einen Balkon. Das Frühstücksbuffet ist im Zimmerpreis inbegriffen; Kinder bis einschließlich 8 Jahre übernachten kostenlos im Zimmer der Eltern. Die Region bietet viele Sehenswürdigkeiten und interessante Ausflugsziele. Aktivitäten wie Wandern und Radfahren, aber auch Baden in einem der vielen Seen und Schwimmbäder sowie viel Kultur, Museen und Veranstaltungen machen den Schwarzwälder Hof in Achern zu einem idealen Ausgangspunkt für den Urlaub. Der schöne eigene Garten des Hotels lädt zwischen Blumen und Kräutern zum Entspannen und Genießen ein, im gemütlichen Restaurant serviert man Spezialitäten aus Baden und dem Elsass sowie ausgewählte Weine. Restaurant Chez Georges separat erwähnt.

8

Gourmetrestaurant Münchhausen

Schwöbber 9, 31855 Aerzen
☎ 05154-70600
www.schlosshotel-muenchhausen.com
Di–Sa ab 18 Uhr, So u. Mo RT
Menüs: 130–190 €

Das hübsche Wasserschloss westlich von Hameln ist ein gebührender Rahmen für die zeitlos interpretierte klassische Küche von Achim Schwekendiek, der hier schon seit vielen Jahren die Fahne des guten Geschmacks und zugleich das Niveau hochhält. Er bekocht mit seinem Team nicht nur den kleinen Gourmetableger „1570 – Petit Gourmet" mit unkomplizierter Bistro-Atmosphäre und spannenden, kreativen Gerichten, sondern auch das Gourmetrestaurant Münchhausen, ein aristokratisch wirkendes Schlossrestaurant mit Parkett, Stuck, Kristalllüster. Hier steht die behutsam kreativ aufgelockerte französische Haute-Cuisine im Mittelpunkt und wird als bis zu achtgängiges Menü offeriert. Das ist stets akkurat und aufwendig aus sehr guten, überwiegend internationalen Produkten zubereitet und ebenso weltoffen wie ausdrucksstark komponiert. Im Schlosskeller lagern viele gute Gewächse aus ganz Europa.

Ahorn (Bayern)

61 🍴🍴🍴

Schlossrestaurant Hohenstein

im Romantik Hotel Schloss Hohenstein
Hohenstein 1, 96482 Ahorn
📞 09565-9393151
www.schlosshotel-hohenstein.de
🕐 Mi–Sa ab 18 Uhr, So von 12–13.30 Uhr
u. ab 18 Uhr, Mo u. Di RT
Hauptgericht: 29–36 €, Menüs: 57–81 €

EC 💳 VISA P 🏧 🗝

Vom Großstadtdschungel in die oberfränkische Beschaulichkeit: Alexandra und Andreas Rehberger, beide in der Berliner Gastro- bzw. Weinszene keine Unbekannten, wechselten während der Corona-Zeit aus der Hauptstadt in die Nähe von Coburg, wo sie die Möglichkeit hatten, das Romantik Hotel Schloss Hohenstein zu übernehmen, welches seit dem Weggang von Tobias Dittrich Ende 2019 gastronomisch brachlag. Und so hat das Restaurant im historischen Gemäuer mit Ausblick in den romantischen Innenhof der Anlage mittlerweile wieder den Reiz, um gezielt auch nur wegen des Essens hierher zu kommen. Denn Andreas Rehberger, der zuletzt einige Jahre Küchenchef in Paco Perez' Cinco im Hotel Das Stue war und richtig was auf der Pfanne hat, bietet hier eine zeitgemäße und einfallsreiche, weltoffene Regionalküche mit Bezügen aus Franken, aber auch dezenten Anklängen aus seiner österreichischen Heimat.

Nun findet man in der Speisekarte, die ein fünfgängiges Menü und zusätzliche Gerichte à la carte offeriert, von denen auch einige vegetarisch sind, mehrheitlich heimische Produkte und Aromen – und im Brotkorb die Erzeugnisse des wahrscheinlich besten fränkischen Bäckers, die sich vollkommen zurecht auch über-

regional großer Bekanntheit und Beliebtheit erfreuen: Arnd Erbel aus Dachsbach. Auf den Tellern bekommt man es mit solch attraktiven Vorspeisen wie den Tranchen vom gebeizten Saibling zu tun, die nebst sautierten knackigen Kohlblüten und säuerlich eingelegten Bärlauchknospen auf einer getreidig-nussigen Einkorncreme angerichtet waren.

Auch eine andere Vorspeise, nämlich von Scheiben der dünn aufgeschnittenen, zunächst gebeizten und dann kurz ringsum angebratenen Kalbshüfte, die mit verschiedenen Spielarten von Zwiebel und Schalotte sowie einer paprikalastigen roten Schmorgemüsecreme auf Kapernvinaigrette angerichtet waren, konnte vollauf überzeugen. Wenngleich wir in der Gesamtschau der Ansicht waren, dass die Kalbshüfte sogar noch besser mit den etwas zupackenderen Mitspielern des Saiblings korrespondiert hätte und sich umgekehrt der Saibling im Kreise der vegetabil-frischen Eskorte vom Kalbfleisch noch etwas wohler gefühlt hätte – aber das ist letztendlich Geschmackssache…

Wer weder Fleisch noch Fisch isst, bekommt mit einfallsreichen Vorspeisen wie der von Fenchel, Gurke, Tettauer Limette und Roggenbrot oder Hauptgerichten wie den geräucherten schwarzen Linsen mit Rosenkohl und Petersilienwurzel im Cidrelack weitaus mehr Kreativleistung geboten als in den meisten anderen Lokalen. Verpasst dann im Umkehrschluss aber natürlich den maximal saftig-zarten Waller, den der Chef zusammen mit Wurzelgemüsestreifen und frisch gehobeltem Kren in einem feinsäuerlich abgeschmeckten Krensud schwimmen ließ. Der bekam von ein paar Tropfen Kürbiskernöl auch noch eine nussige Note mit auf dem Weg, die wiederum die Brücke zum getreidigen Aroma des à part dazu gereichten Grünkern-„Risotto" schlug.

Handwerklich voll auf dem Punkt und auch als Kreation pointiert kam der Hauptgang um ein Zweierlei vom Bauernhendl daher, dessen saftiges und festes Brustfleisch sich unter einer perfekt krossen, goldbraunen Haut auf Vin-Jaune-Sauce und die butterzarte Keule unter einer satten Glasur mit dunklerer, schmorwürzigerer Jus facettenreich von der besten Seite präsentierten. Als reduzierte originelle Begleitung hatte das Duett nur eine scharf angebratene Scheibe von der Puntarella auf einem Bett aus Topinamburcreme an seiner Seite – eine attraktive Kombination aus Bitteraromen, Röstnoten und nussigen Tönen, die perfekt mit dem dazu empfohlenen Spätburgunder von Holger Koch harmonierte. Überhaupt trifft Alexandra Rehberger mit ihren unkonventionellen und spannenden Weinvorschlägen wie auch dem Furmint vom Sandstein des österreichischen Weinguts Herrenhof Lamprecht zumeist voll ins Schwarze.

Originell sind hier sogar die Nachtische wie eine in verschiedenen Aggregatzuständen von Eis bis Gelee und von cremig bis knusprig aufgefächerte Kreation aus Bitterschokolade, Earl-Grey-Tee, Minze und Zitrusaromen oder das eher kompakt und cremig als Törtchen präsentierte Dessert von Sanddorn, Süßholz und karamellisierter weißer Schokolade. Ersteres wirkte zwar etwas sperrig, Letzteres war aber umso homogener und bot ein harmonisch kontrastreiches Spiel der Aromen und Texturen. Wer sein Mahl lieber herzhaft abschließt, kann das mit unterschiedlichen Rohmilchkäsesorten aus dem Hause Waltmann machen und wer etwas zu tief ins Glas geschaut hat, kann komfortabel in einem von 15 historischen Zimmern mit moderner Ausstattung nächtigen.

Hotelempfehlung

Romantik Hotel Schloss Hohenstein

Hohenstein 1, 96482 Ahorn
☎ 09565-9393151
www.schlosshotel-hohenstein.de
Einzelzimmer: ab 125 €
Doppelzimmer: ab 155 €

WLAN, einige Zimmer bieten eine Pantryküche, eine Minibar und Blick auf den Wald. Apartments mit gehobener Ausstattung haben außerdem ein separates Wohnzimmer. Die Zimmer sind auf das Schloss und auf das Gästehaus „Meierei" verteilt, zwei sind nur über einen historischen Turm erreichbar. Zum Hotel zählen zwei Restaurants mit unterschiedlicher Küche und eine Bar, ein Wintergarten und eine Terrasse im Innenhof, die von den Schlosswänden umgeben ist. Das Romantik Hotel Schloss Hohenstein ist ein idealer Ausgangspunkt zum Wandern, Radfahren und Reiten. Der Golfclub Coburg und der Wildpark Schloss Tambach sind acht, die historische Domstadt Bamberg 50 km entfernt. Schlossrestaurant Hohenstein separat erwähnt

Alzenau (Bayern)

Krone
im Hotel Krone
Hahnenkammstr. 37, 63755 Alzenau
☎ 06023-94720
www.krone-alzenau.de
◔ Mo–Mi u. Sa ab 17 Uhr,
So von 12–14 Uhr, Do u. Fr RT
Hauptgericht: 19–33 €, Menüs: 45–79 €

Dem 1863 gegründeten familiengeführten Haus im nordwestlichsten Zipfel Bayerns merkt man an, dass das Wohl der Gäste hier an erster Stelle steht. Und das gilt nicht nur für den gut aufgestellten Hotel- und Tagungsbetrieb, sondern auch für das sich über mehrere Räume erstreckende Restaurant, das Küchenchef Peter Reising mit seinem Team bespielt. Und egal ob man in der urig-holzigen Stube oder im schmucken Kaminzimmer Platz nimmt: kulinarisch geht es hier fast immer hei-

Zwischen Frankenwald im Norden sowie der Metropolregion Nürnberg im Süden, umgeben von Wiesen und Wäldern und nicht weit von Coburg, liegt das Romantik Hotel Schloss Hohenstein. Dieses gehobene, traditionell anmutende und zugleich modern ausgestattete Hotel residiert sich in einem romantischen Schloss mit Turm aus dem 13. Jahrhundert. Die 15 historischen Zimmer mit individuellen Grundrissen verfügen über Kabel-TV und kostenfreies

matverbunden und bodenständig zu. So features viele Teller gute (Bio-)Produkte aus der Region, während vereinzelte Anleihen, vor allem aus der mediterranen Küche, das Bild vervollständigen. Gerade der persönliche Draht zu den Erzeugern wird auch prominent auf der Karte vermerkt und unterstreicht den gelebten „Farm-to-table"-Ansatz des Traditionsbetriebs. Nicht wirklich regional, aber sehr schmackhaft starteten wir dann beim letzten Besuch mit einem fein abgeschmeckten Vitello tonnato nebst gebackenem Kapernapfel und Sardellen, das mit saftig-zartem Kalbfleisch und einer seidigen, glattcremigen, feinaromatischen Thunfischsauce den Klassiker rezepttypisch und schnörkellos interpretierte. Genauso unverbastelt, und gerade deswegen überzeugend, erschien auch der hausgebeizte Lachs, der mit dillwürziger Senfsauce getoppt und mit außen herrlich röschkrustigen, innen schön schlotzigen Reibekuchen ebenfalls ganz althergebracht und souverän daherkam. Natürlich keine kochtechnische Herausforderung, aber eben durchaus Ausdruck der qualitativen Produktansprüche der Küche.

Ein gutes Erzeugnis war sicherlich auch Ausgangspunkt für das blütenweiße Zanderfilet im Anschluss, das allerdings mit einer geschmacklich eher neutralen und etwas lätscherten Senfkruste aufgetragen wurde und zudem recht uninspiriert mit einem Klacks Rahmlauch und einem aufdringlich plakativen, fast schon bitteren Hummerschaum ergänzte wurde. Ebenso wenig eindrucksvoll gerieten auch die beiden Fleisch-Hauptgänge, bei denen vor allem das Wiener Saftgulasch handwerklich allenfalls passabel war. Das sehr uneinheitlich geschnittene, flechsig-trockene Fleisch bekam es da nämlich mit einer nahezu gelierten Zwiebelsauce zu tun, die zudem noch vom sehr spartanisch gewürzten Gurkensalat und einem teilweise angebrannten Serviettenknödel unschön ergänzt wurde.

Und auch das Kahlgründer Cordon bleu vom Schwäbisch-Hällischen Schwein lieferte wenig Fleisch, dafür umso mehr Käseeindruck, der übermächtig nahezu alle anderen Elemente aromatisch überdeckte. Die Begleitung in Form von ölig-buttrigen Kartoffelhälften und einem wiederum recht rumpelig drapierten Klecks Rahmwirsing war auch kein kulinarisches Hochamt.

Sehr süß geriet letztlich der übermäßig puderzuckrige Abschluss in Form eines Rhabarber-Erdbeercrumble, den eine Kugel Vanilleeis und ein wenig Erdbeersauce noch recht dröge und wenig überzeugend einrahmten. Das Serviceteam agierte derweil sehr freundlich und empfahl passende Tropfen aus der Weinkarte, die mit regionalem Schwerpunkt, unter anderem auch Weinen vom hauseigenen Weinberg, passende Begleiter listet.

Hotelempfehlung

★★★ S

Hotel Krone

**Hahnenkammstr. 37,
63755 Alzenau
☎ 06023-94720
www.krone-alzenau.de
Einzelzimmer: 78–98 €
Doppelzimmer: 110–125 €**

Zwei traditionsreiche Häuser in einer Hand verbindet die Familie Reising seit fünf Generationen zu einem beliebten Ziel für Erholungs- und Businessgäste: das Hotel Krone mit 30 Betten und das benachbarte Hotel Krone am Park mit weiteren 50 Betten. Die Umgebung mit Wäldern und Weinbergen bietet vielfältige Freizeitmöglichkeiten und trotz der idyllischen Lage ist es nicht weit nach Frankfurt und Aschaffenburg. Im Hotel warten neben den komfortablen Zimmern ein Wohlfühlbereich mit Sauna, Solarium und Fitnessraum, sowie zwei Kegelbahnen auf die Gäste. Für Geschäftsreisende stehen fünf Tagungsräume mit moderner Ausstattung zur Verfügung. Und kulinarisch steht das Hotel als „Slow Food"-Förderer für die Nähe zur Region und handwerklichen Anspruch. Restaurant Krone separat erwähnt.

Amorbach (Bayern)

6

🍴🍴🍴

Der Schafhof
im Hotel Der Schafhof
Schafhof 1,
63916 Amorbach (Otterbachtal)
📞 09373-97330
www.schafhof.de
⊙ Mo–Fr ab 18 Uhr,
Sa u. So von 12–14 Uhr u. ab 18 Uhr,
kein RT
Hauptgericht: 24–42 €,
Menüs: 69–79 €

🔲🔲 💳 **VISA** P ⛟

Auf die gediegene französische Klassik der Schafhof-Küche mit teils regionalbetonten Zügen, aber auch harmlosen Ausflügen in mediterrane oder asiatische Gefilde, ist seit vielen Jahren Verlass. Dafür steht Küchenmeister Achim Krutsch, der hier auf sorgfältig-fundiertes Handwerk setzt und kühne Experimente meidet. So sind dem Gast in den beiden Räumlichkeiten süffige, kraftvolle Geschmacksbilder mit viel Substanz und Tiefe sicher, für die entweder ganz traditionelle Edelprodukte konsequent im Mittelpunkt stehen, aber auch mal eher bodenständige Viktualien aus der Region, die unter der Hand des Routiniers gekonnt verfeinert werden. Der Weinkeller ist sehr gut sortiert, hat seinen Schwerpunkt bei fränkischen Gewächsen, aber auch genügend internationale Alternativen zu bieten.

Amtzell (Baden-Württemberg)

7

🍴🍴🍴

Schattbuch
Schattbucher Str. 10,
88279 Amtzell
📞 07520-953788
schattbuch.dehome/
⊙ Di–Fr von 11.30–14 Uhr u. ab 18 Uhr,
Sa ab 18 Uhr, So u. Mo RT
Hauptgericht: 22–69 €,
Menüs: 85–105 €

🔲🔲 💳 **VISA** P ⛟ ♿

Das umliegende Industrieareal mag als Standort für ein Gourmetrestaurant ungewöhnlich erscheinen, doch sollte man sich davon nicht beirren lassen. Denn das großzügig und lichtdurchflutet im Erdgeschoss eines dieser hier zwischen Lagerhallen und Produktionsstätten angesiedelten Geschäfts- und Bürogebäude untergebrachte Schattbuch überrascht nicht nur mit einem stilvollen Ambiente, sondern auch mit ambitionierter Küche. Zur Mittagszeit tendenziell etwas einfacher und unkomplizierter in Gestalt großzügig dimensionierter Bistrogerichte und am Abend als anspruchsvolles sechsgängiges Tasting-Menü – wobei man das auch zum Lunch haben kann, wenn man vorher Bescheid sagt. So oder so hat die Küche von Sebastian Cihlars und Nico Lanz aber nichts Kompliziertes oder Verkopftes an sich, sondern ist grundsätzlich immer sehr zugänglich.

Das konnte man zuletzt auch schon beim kleinen Dreierlei von Topinambur auf dem Löffel schmecken, das von einer harmonischen Rauchnote das gewisse Etwas verliehen bekam. Aber insbesondere auch beim Küchengruß, einem ebenso saftigen wie zarten Stück Lammfilet, das nebst einer kleinen Rolle Dattel im Speckmantel, etwas Erdnusscreme und sehr reizvoll mit knackigen Erdnusskernen vermengtem Couscous einen leicht orientalischen Touch ins Schälchen brachte und in seiner pragmatischen und dennoch einfallsreichen Art schon sehr gut zu erkennen gab, wie die Küche tickt.

Dass die Bewertung unter der Ägide der Doppelspitze Cihlars/Lanz im zweiten Jahr in Folge ein Stück höher ausfällt, liegt daran, dass die Kreationen nun handwerklich noch genauer und geschmacklich noch pointierter ausfallen. So wie beispielsweise beim Bachsaibling mit Kichererbse, Paprika und Avocado, für die Dill das Leitaroma war. Und zwar als Dillsaat auf dem gebeizten und dann unter der Cloche kurz à la minute angeräucherten Fisch und als Dillgrün in einer herzhaft würzigen Schlange aus Schmandmousse. Die dezenten Raucharomen des Bachsaibling harmonierten erwartungsgemäß gut mit der angenehm weich geschmorten und sauber von ihrer Haut befreiten roten Paprika, die zudem auch als Creme auf dem Teller zugegen war. Ein eher kraftvoller als subtiler Auftakt.

Ein gutes Gespür für Aromen und Proportionen bewies das Team dann auch beim Zwischengang, der sich um nach unserer Definition perfektes Kalbsbries drehte: die Nuggets in genau der richtigen Stärke, mit schön röstwürziger Bratkruste und zartem Biss, also nicht wie zu oft fast pastös, waren mit Nashi-Birne, Pistazienespuma, Pastinakencreme und Estragongelee zu einem sehr stimmig proportionierten, süffigen Schichtwerk kombiniert. Da griff alles gut ineinander, da kam jedes Produkt schön zur Geltung. Selbst der Estragon kam als Gelee noch schön duftig und feinwürzig durch. Dem folgte pikant abgeschmeckter Hummerschaum à la Bisque als flüssige und geschmacklich tonangebende Umgebung für ein auf Gurkenspaghetti drapiertes Taschenkrebstatar. Darauf thronte ein großer, sepiagefärbter Tapiokachip, auf den ein Gurkengel mit Verbenearoma und etwas Möchsbart drapiert waren, die auch noch genügend grüne Frische ins Spiel brachten. Man weiß hier einfach, wie ausgewogene Geschmacksbilder funktionieren. Und das zeigte insbesondere auch der Gang um saftig-fleischigen Rochenflügel mit Artischocke, geschmortem Salatherz, Olive und Belper Knolle, bei dem gekonnt mit Bitteraromen gespielt wurde, die man mit Hilfe der Frucht und Säure in der Schaumsauce und dem Schmelz der pfeffrigen Käsetrüffel harmonisch in die richtigen Bahnen lenkte.

Vom Maisstubenküken wurde beim Hauptgang nicht nur eine perfekte gebratene Brust mit Saft, Eigengeschmack und Struktur dargeboten, sondern auch – im Grunde noch attraktiver! – eine Art Stubenküken-Galantine, zart und mit viel Produktgeschmack. Mit deren Begleitprogramm in Form von verschiedenen Mais-Komponenten sowie scharfer grüner und milder roter Paprika (und Semmelstoppelpilz) wurde thematisch ein wenig in Richtung Barbecue gearbeitet, jedoch aber in eine allzu plakative oder deftige Richtung zu tendieren, was für das feine Geflügel auch etwas zu viel geworden wäre. So blieb ein für alle Beteiligten harmonischer Gesamteindruck, der auch von der ausgewogenen Thymianjus nicht torpediert wurde.

Sorgfältiges Handwerk mit Fingerspitzengefühl dann auch beim Quarksoufflé, das unfallfrei gestürzt in homogener luftiger Konsistenz auf dem Teller lag und mit Piemonteser Hasel-

nuss als Kerne, Creme und Crumbles sowie Amalfizitrone als Confit und Sorbet durchaus akzentuiert begleitet wurde. Die Rote Bete (als Lack, Gel und Baiser) zeigte sich dazu eher von der fruchtigen als von der erdigen Seite und fügte sich damit gut ins Geschmacksbild. Ein sehr schöner Abschluss, der die verdienten 7 Pfannen nochmal dick untermauern konnte.

Zum runden Gesamtpaket des Schattbuch zählt nicht nur der sympathische, natürlich und unverkrampft auftretende Service, sondern auch das stimmige Angebot im besten Wortsinn preiswerter Weine.

Andechs (Bayern)

Bernhardhof
Andechser Str. 32, 82346 Andechs
📞 0170-4411222
🌐 www.bernhardhof.de
🕐 Do–Mo von 11.30–14 Uhr
u. ab 17.30 Uhr, Di u. Mi RT
Hauptgericht: 12–25 €

EC ⬤ VISA P ⌂ ♿

Der Bernhardhof von Familie Holzinger ist ein alter Bauernhof am Fuße von Kloster Andechs, der heute ein modern und schnörkellos gestaltetes Restaurant nebst kleinem Hotelbetrieb mit zehn komfortabel ausgestatteten Suiten beherbergt. Seit drei Generationen ist die Familie nun schon im Auftrag des Gastes unterwegs und der eigene Geflügelhof liefert nach wie vor Eier, Nudeln und Mastgeflügel aus Freilandhaltung. Nachmittags gibt es eine frische Auswahl an hausgebackenen Kuchen und Torten und davor und danach zeichnet Juniorchef Julian Holzinger für die warme Küche verantwortlich. Das ist ein ansprechender Mix aus solider Bodenständigkeit und maßvoller Kreativität – letztere wird vor allem am Abend und insbesondere im Rahmen des viergängigen Menüs erlebbar. Ansonsten gibt es auf einer erfreulich übersichtlich gehaltenen Speisekarte neben Steaks aus dem Big Green Egg – etwa Dry Aged Roastbeef von John Stone oder Koteletts von Berkshire-Schweinen – zum Beispiel auch ein Wiener Schnitzel mit Kartoffel-Gurkensalat oder geschmortes Ochsenschwanzragout mit hausgemachter Pasta.

Wer sich für „Julians Menü" entscheidet, bekommt vorneweg kleine Grüße: In unserem Fall als Löffelhappen ein erfrischend säuerlich, ansonsten aber etwas karg und unterwürzt schmeckendes Cevice von der Bachforelle mit Tomate und Gurke und ein handgewürfeltes asiatisches Rindertatar mit einer nicht nur angenehmen Schmelz sondern auch Pep bringenden Mayonnaise mit Soja- und Sesamaromen. Der dritte Küchengruß in der Eierschale, etwas Karoffelcreme mit flüssigem Wachteleigelb und Croûtons, blieb aromatisch wieder etwas blass, machte aber trotzdem Spaß.

Von der Wildgarnele gab's danach ein Zweierlei, von dem das gebratene Exemplar relativ lange Zeit in der Hitze verbracht hatte und deshalb sehr fest und trocken daherkam – das roh marinierte Tatar indes begeisterte durch feine glasige Textur, süßlich-klaren Eigengeschmack und eine zurückhaltende und trotzdem prononcierte asiatisch angehauchte Würzung. Die Komposition selbst fiel mit einer marinierten sehr knackigen weißen Spargelstange, nahezu ungewürztem Tomatenconcassé und winzigen Tupfen einer leicht zitrisch angehauchten Mayo allerdings denkbar simpel aus.

Etwas aufwendiger und auch aromatischer war die Begleitung zum sehr schön saftigen, qualitativ ebenfalls überzeugenden und gekonnt kross auf der Haut gebratenen Wolfsbarsch: ein Streifen geschmorter oder confierter roter Spitzpaprika, darauf harmonisch abgeschmeckter Safran-Bulgur und am Tisch angegossen ein sehr milder, heller, leicht rahmig gebundener Krustentierfond.

Ähnlich wie die Riesengarnele bei der Vorspeise war auch die ohne Haut- und Fettschicht gebratene, aber an jener Stelle mit einer Cerealien-Kräuter-Mischung überflockte Entenbrust im Hauptgang etwas übergart und nur noch im Kern leicht rosa. Weil man aber dem Fleisch genügend Ruhezeit gegönnt hatte, war der Saft gleichmäßig im Fleisch verteilt. Scharf angerösteter wilder Brokkoli, geviertelte Brombeeren und kleine Kartoffelflan-Zylinder, die sich prima als Saucenschwamm für die angenehm natürliche Entenjus eigneten, komplettierten einen schmackhaften Hauptgang auf gutem 5-Pfannen-Niveau.

Eher knapp erreichte dieses Level das relativ süße Dessert, in dessen Mittelpunkt ein fast cremiges, jedenfalls sehr zartes und schmelziges zweischichtiges Parfait von Zitrone und Basilikum stand, welches von marinierten Erdbeerstücken, kleinen Baiser-Makronen, Erdbeergel und Tupfen von Basilikumpüree eskortiert wurde. Hier fehlte es nach unserem Dafürhalten etwas an Frische und markanterem herbem Zitronenaroma. Ansonsten aber auch das eine harmonische, natürlich schmeckende Sache.

Beim Wein setzt der Bernhardhof weiterhin und ausschließlich auf die Erzeugnisse der Cantina Endrizzi aus dem Trentin. Daneben gibt es fast schon selbstredend die Biere der berühmten benachbarten Klosterbrauerei, verschiedene teils hausgemachte Saftschorlen und zum Beispiel verschiedene Ronnefeldt-Tees.

✗ ❚❚ ❚❚
Zum Queri

Georg-Queri-Ring,
82346 Andechs (Frieding)
📞 **08152-91830**
www.queri.de
🕐 **Mi–Sa ab 17 Uhr, So u. Fei ab 12 Uhr**
durchgehend, Mo u. Di RT
Hauptgericht: 12–27 €

Das gepflegte bayrische Gasthaus in Frieding nahe Andechs ist ein empfehlenswerter und vor allem sehr zuverlässiger Anlaufpunkt im Fünf-Seen-Land, wenn traditionelle bodenständige bayrische Küche auf gutem Niveau gefragt ist. Hier wird noch richtig gekocht und Wert auf solide Produktqualität gelegt. Dass die Küche auf Hilfsmittel verzichtet, schmeckt man an jeder Zubereitung; dass sie stets gute Rindfleischqualität bietet, dafür garantiert die eigene Angus-Rinderzucht im Nachbardorf. Außerdem: gepflegte Hotelzimmer im modernen ländlichen Stil.

Ai Pero

Schafbachstr. 20–24, 56626 Andernach
02632-9894060
aipero.de
Do–Mo von 12–14 Uhr u. ab 18 Uhr,
Di u. Mi RT
Hauptgericht: 16–28 €

Fast bis zum Ende unserer vergangenen Testsaison verbargen sich hinter dem Namen Ai Pero noch zwei konzeptionell sehr unterschiedliche Konzepte. Hier die Ai Pero Trattoria mit augenscheinlich eher traditionell gehaltener Cucina casalinga und Pizzen aus dem holzbefeuerten Steinbackofen – dort das Ai Pero Ristorante mit einem originell klingenden Menü in sieben Gängen, das unter der Federführung von Nicolas Hahn kreative italienische Gourmetküche zelebrierte. Damit ist nun Schluss und es gibt nur noch die bodenständigere der beiden Varianten, für die jetzt als Küchenchef Normen Eller verantwortlich zeichnet.

Wir wissen nicht, ob das Gourmetrestaurant über den Haufen geworfen wurde, weil der talentierte Nicolas Hahn gegangen ist, oder ob dieser gegangen ist, weil die Umstrukturierung beschlossen wurde – muss uns auch egal sein. Wir können jedenfalls nach unserem ersten Besuch unter neuer Küchenleitung konstatieren, dass die Grundrichtung der klassischen italienischen Trattoriaküche zwar unverändert blieb und der große, aber gemütliche Gastraum mit windgeschütztem Freisitz und offen einsehbarer Pizza-Backstube hinter Glas nach wie vor ein Hort attraktiver Italianità ist, sich die Speisekarte aber ein ganzes Stück konventioneller und weniger ideenreich präsentiert.

Das fällt vor allem bei den Vorspeisen auf, die zumindest bei unserer Visite nicht über ein handelsübliches Rindercarpaccio oder Melone mit Parmaschinken und Grissini hinausreichten. Wir wählten unter anderem die Zuppa di Pesce und bekamen eine zwar eher milde, leicht rahmig gebundene, aber durchaus schmackhafte Version auf Basis von Fischkarkassen, Schalen und Krusten, in der auch verschiedene kleinere Fischfilet-Stücke sowie Garnele, Pulpo und Sepie und einiges an Fenchel schwammen. Durchaus solide.

So wie die Orecchiette, die relativ simpel und ohne überbordende Detailsorgfalt umgesetzt, aber ebenfalls natürlich und schmackhaft, zusammen mit gebratener Fenchel-Salsiccia, geschmortem Chicorée und ganzen Birnenscheiben als durchaus ansprechender Pasta-Gang mit kurzer Buttersauce serviert wurden. Das ging nicht zuletzt durch sehr viel Birne in eine etwas zu liebliche Richtung und man hätte es mit einem etwas längeren Ansatz beim Fond und ein paar weiteren Aromen spielend noch ausbauen können.

Und das traf im Endeffekt auch auf die gebratene Dorade mit Ratatouille und Rosmarinkartoffeln zu. Ein eigentlich sehr sorgfältig zubereitetes Drei-Komponenten-Gericht mit qualitativ sehr ordentlichem Fisch, etwas zu weichem und auch recht schmortomatenlastigem Ratatouille-Gemüse und dunkel angerösteten, aromatisch aber eher unauffälligen Rosmarinkartoffeln – als solches aber auch recht uninspiriert. Was man da alleine mit frischen aromatischen Kräutern, Zitronenschale, Pinienkernen, Kapern und gutem Olivenöl hätte noch rausholen können…

Wer lieber Fleisch zum Hauptgang isst, bekommt mit Klassikern wie Piccata Milanese, Ossobucco oder Saltimbocca ebenfalls recht traditionelle Sachen, was ebenfalls für die konventionellen Dolci wie Tiramisu oder hausgemachtes Eis und Sorbet gilt. Das aufgrund der soliden Umsetzung knapp für 5 Pfannen. In der Weinkarte finden sich dazu zahlreiche gute und vor allem bezahlbare Flaschen aus Deutschland und Italien und selbst glasweise lassen sich brauchbare Tropfen finden.

PURS

Steinweg 30–32, 56626 Andernach
☎ 02632-9586750
www.purs.com
◉ Mi–Sa ab 18.30 Uhr, So–Di RT
Menüs: 165–195 €

Das von der ambitionierten RD Hotel- und Gastronomiegruppe geführte und vom renommierten Interior-Designer Axel Vervoordt gestaltete Kleinod in den Altstadtgassen Andernachs könnte man als kleine und sehr exklusive Dependance des großen Bruders Hotel am Ochsentor bezeichnen, das nur wenige Schritte entfernt seine Gäste empfängt. Denn das Purs ist nicht nur Restaurant – hier kann man in einem der luxuriös und individuell gestalteten Zimmer und Suiten auch sehr komfortabel nächtigen. Und eben in dem von Chefkoch Christian Eckhardt und seinem Team kreativ bekochten Gastraum im Erdgeschoss mit seinem monumentalen, aber dennoch leichten Ambiente, ganz hervorragend essen.

Hier ist alles überaus großzügig angelegt und so hat man nach der Begrüßung die Wahl, ob man seinen Aperitif samt den ersten Kleinigkeiten aus der Küche lieber in der Bar oder in der dem Restaurant vorgelagerten Lounge zu sich nehmen möchte. Im Sommer auch wahlweise gerne im lauschigen Innenhof. Wir wählten bei drückend heißen Temperaturen die angenehm klimatisierten Innenräume und blieben in der hellen Lounge, wo drei Apero-Snacks serviert wurden, die alle sehr klar und fokussiert auf einen Leitgeschmack abgestellt waren: als erstes Brandade, dann Zwiebelgewächse und zuletzt Kalbfleisch. Letzteres eine Art rechteckige „Praline" von Kalbskopf, Kalbszunge und Bries, die als brutzelnder Spieß auf einem kleinen Räuchergrill serviert wurde, obenauf ein Stück Kräutercreme, das langsam auf dem saftig-rauchigen Fleisch dahinschmolz. Derlei

völlig unkomplizierte und dennoch aufwendig zuzubereitende Dinge, die unmittelbar eingängig sind und mit ihrem Wohlgeschmack direkt vom Gaumen die Seele erreichen, wünschen wir uns viel öfter im Aufwärmprogramm ambitionierter Restaurants.

Als Küchengruß folgten dann im Restaurant selbst am Tisch einige dünne Scheiben der Tristan-Languste als Topping eines mit Passionsfrucht, grüner Papaya und weiteren Fruchtkomponenten auf exotisch gedrehten Perlgraupensalat, der von einem dezent pikanten Sud von Pimientos de Padrón und Ingwerbier umgeben war. Das war dann schon etwas komplexer, aber immer noch angenehm ruhig und in sich ruhend, ließ jedoch bereits erkennen, was sich fast wie ein roter Faden durchs Menü zog und letztlich auch diesmal als einziger Kritikpunkt auf hohem Niveau zu konstatieren blieb: Für eine noch höhere Bewertung fehlt es den allermeisten Kreationen an klaren und scharfen Konturen. Von der Grundidee her sind sie immer vorhanden, aber viele Geschmacksbilder wirken ein klein wenig unscharf, in sich verschwommen, die Pointen noch nicht so klar und deutlich herausgearbeitet, wie es im besten Fall möglich wäre. Das ist bei einer Bewertung von (auch diesmal wieder sehr knappen) 9 Pfannen natürlich Kritik auf höchstem Niveau, beschreibt aber sehr genau, was hier unserer Ansicht nach zur Optimierung noch fehlt.

Einer der besten Gänge des Menüs, bei dem das klare und fokussierte nach unserem Gusto fast am besten funktionierte, war mit dem offiziellen Auftakt des Menüs ein sehr spannender Entenleber-Gang, bei der die marinierte Foie gras, die sich unter einer mit gehobelten Gänselberflocken bedeckten dünnen Scheibe von der Kaki-Frucht versteckte, hauptsächlich durch Löwenzahn in einen bitterherben Kontext gestellt wurde. Die Bitteraromen kamen als marinierte Blätter und entsaftet, in einem Sud mit Kaki und Zitronenmelisseöl in Spiel. Das war alles eher fruchtig-würzig und kaum süß – lediglich das à part statt der obligatorischen Brioche gereichte kleine Plunderteig-Croissant mit Nusskrokant ließ hier entfernt an das typische Geschmacksbild einer kalten Foie-Gras-Vorspeise denken. Und so funktionierte das auch mit dem vom leider scheidenden Chefsommelier Marian Henss dazu empfohlenen trocken ausgebauten 2009er Gelben Muskateller vom Wachauer Nikolaihof ganz ausgezeichnet.

Etwas diffus, nicht ganz so klar und trennscharf ging es mit dem confierten Aal weiter, dessen kleine, fast etwas trocken und matt wirkende Medaillons je mit Rhabarber und Kaviar sowie einem Kohlrabi-Dim-Sum mit einer Füllung von Kohlrabisalat (Mandel, Senfsaat, Ei...) getoppt waren. Angerichtet auf einer säuerlich-fruchtigen Vinaigrette, in der unter anderem nochmal alle Komponenten integriert waren. Der nächste Zwischengang, bei dem sich Hummer als Scheiben vom Schwanz und dem klein gewürfelten, als eine Art Tatar angemachten Scherenfleisch zusammen mit fermentiertem weißem Spargel unter Schuppen von säuerlichen weißen Erdbeeren versteckte und von Nussbutterschaum sowie einem grünen Öl umgeben war, erinnerte uns ein klein wenig an eine Kreation von Marco Müller aus dem Berliner Rutz, ohne jedoch an dessen Ausdruckskraft und Klarheit heranzureichen. Das war ein bisschen nussig, ein bisschen säuerlich, ein bisschen fruchtig – durchaus balanciert, aber eben ohne die präzise herausgearbeitete geschmackliche Aussage.

Deutlicher und pointierter wurden Christian Eckhardt und sein Team dann beim St. Pierre. Der mit dreierlei knackigem Rettich (grün, schwarz, weiß) und ein wenig von einer mayonnaiseartigen Creme getoppte exzellente Fisch dockte auf geschmortem Kopfsalat und wurde von einem Duett aus solo recht intensiver, grenzwertig salziger Sauce von grünem Rettich und Kopfsalat sowie einer diesen Überhang harmonisch abmildernden Beurre blanc mit Ochsenmark und weißem Rettich umflutet. Ein kraftvolles, durch die Ätherik und Frische des Rettichs aber elegant aufgebrochenes Geschmacksbild.

Etwas dichter wirkte dann wieder der Morchel-Gang, bei dem die saftig aufgesogenen Pilzhüte im Verein mit kleinen Kalbsbries-Nuggets, eingelegten Trauben und einem Sträußchen aus Kräutern und Frisée auf einer dünnen Schicht aus zart und fluffig gestocktem japanischem Eierstich thronten, welche wiederum auf einem winzig gewürfelten Kalbszungenragout mit kraftvoller Sherrysauce lag. Ein herzhaftes, süffiges, aber elegantes „Wohlfühlgericht" mit Tiefgang.

Im Hauptgang, der nach unserem Gusto zugleich auch das Menü-Highlight war, gab es bayrisches Reh, als rosa gebratener Rücken in Perfektion und saftiges Schmorkompott von der Rehschulter im Wirsingblatt dargeboten. Daneben eine ziemlich spannende Liaison aus Rote Bete, Kirsche und Rehschinken, deren Aromen sich in den laktischen Fluten einer flüssigen geräucherten Crème fraîche kongenial vermählten, die sich als Sphäre darunter versteckte. Auf der anderen Seite aber auch eine sehr intensive, pure Haselnusscreme, die wiederum mit der Wildjus eine spannende, fast

kongeniale Verbindung einging. Und weil hier nicht nur alle Aromen präzise herausgearbeitet und alle Komponenten laserscharf freigestellt waren, sondern alles natürlich auch im Gesamten perfekt zusammenspielte, tendierte das fast schon in Richtung 10 Pfannen.

Nicht ganz dieses Level erreichten die süßen Sachen wie ein Pré-Dessert von Melone, Sauerklee und Feta mit raffinierter Salzigkeit bei balancierter Frucht und Säure, oder der eigentliche süße Abschluss, eine angenehm klar umrissene Kreation von Amalfi-Zitrone mit Pistazie und Zitronenmelisse als ein mit Sorbet gekröntes Bisquit-Törtchen. Dennoch war das ein sehr feiner Abschluss auf hohem Niveau, der unterm Strich der Bewertung gerecht wurde. Zusammen mit den perfekt auf die Gerichte abgestimmten Weinempfehlungen wie etwa einem erstaunlich straighten und eleganten Chardonnay von Arnot-Roberts aus dem Napa Valley zum Hummer oder einem nicht minder atypischen, nämlich straffen und kühlen Syrah aus dem Mendocino Valley zum Reh, hatten wir im Purs auch diesmal wieder ein sehr anspruchsvolles kulinarisches Gesamterlebnis in einzigartiger Atmosphäre.

YOSO

Schafbachstr. 14, 56626 Andernach
☎ 02632-4998643
yoso-restaurant.de
⊘ Di–Sa von 12–14 Uhr u. ab 18 Uhr,
So u. Mo RT
Hauptgericht: 24–36 €, Menüs: 86–98 €

Asiatisch wirkende Gestaltungselemente unterstreichen die kulinarische Ausrichtung dieses warm und wohnlich anmutenden Restaurants, das eines von vier anspruchsvollen Gastronomiekonzepten unter dem Dach der RD-Gastro Gruppe von Unternehmer Rolf

Andernach — A

Doetsch ist. Die betreibt auch das angrenzende Hotel am Ochsentor und das nahegelegene PurS. Hier im Yoso wird unter der Federführung der Deutsch-Koreanerin Sarah Henke in lockerer Atmosphäre eine anspruchsvoll und kreativ interpretierte fernöstliche Küche kredenzt, deren Inspirationsradius, ausgehend von Korea, über Japan und China bis nach Indien reicht. Neben Sushi und Sashimi sowie einfacher gehaltenen Mittagsgerichten à la Poke-Bowl gibt es an den Abenden und Samstagmittag die anspruchsvolle Aromenküche der Chefin in Menüform.

Obwohl sich die Gerichte grundsätzlich sehr unkompliziert und zugänglich präsentieren, hat man es teils mit überraschend fein ausdifferenzierten Aromen- und Texturenbildern zu tun, die nicht nur hohes Niveau haben, sondern bisweilen auch recht originell und eigenständig wirken. Die Küche grüßte bei unserer jüngsten Visite zunächst wie immer im Zeichen der vier Elemente, zunächst mit zwei Kleinigkeiten zu Wasser und Erde, die von einem im Ceviche-Stil scharf-säuerlich marinierten Lachstatar und einer ebenso saftigen wie würzigen Entenpraline repräsentiert wurden. Dann ein mit pikanter roter Sauce lackierten Nackenstück vom Iberico-Schwein nebst eingelegter Gurke, stellvertretend für das Element Feuer und ein ebenfalls mit sehr präsenter, aber angenehmer Schärfe ausgestattetes Kürbis-/Kokossüppchen, das die Luft darstellen sollte.

Wie feinsinnig und vielschichtig hier die Gerichte trotz oft vergleichsweise plakativer Aromen gezeichnet sind, zeigte sich auf beeindruckende Weise gleich die Vorspeise um ein mit cremigem Misoschaum überzogenes und mit kleinen, sehr zarten Spinatknäueln bestücktes Rindertatar, das gleich durch seine sehr gute Fleischqualität äußerst positiv auffiel. Es wurde von perfekt wachsweichem gebeiztem Eigelb, den Tupfen einer pikanten Creme und süßsaurer eingelegten Zucchiniröllchen begleitet, die so knackig, saftig und glatt waren, dass sie eher an Gurke erinnerten.

Von der Fjordforelle folgte ein augenfällig angerichtetes „Ying & Yang", dessen zwei unterschiedliche Seiten von einer mit Sepia geschwärzten Sauce auf Basis von Shiitake-Pilzsud und von einer weißen Kaffirlimettensauce gestaltet waren. Getrennt von einem transparenten Reisessig-Gel, das hier mit seiner fruchtigen Süße auch geschmacklich eine wichtige Aufgabe innehatte, begegneten sich auf Schwarz und Weiß etwas Tatar sowie ein sanft gegarter und mit knuspriger Quinoa beflockter Zylinder aus dem klar und frisch schmeckenden Fleisch des Fischs.

Im Geleit scharf angerösteter und dezent mit Soja aromatisierter Bimi-Stängel, kleinen Blumenkohlröschen und Mango kam im nächsten Gang ein schön fleischig-saftiges Medaillon vom Seeteufel daher. Eine aus weißen Linsen hergestellte, mit Kalamansi und Yuzu zitrisch herb erfrischte Creme zwischen den Kohlgewächsen und einige Passionsfruchtkerne mit etwas Fruchtfleisch auf dem Fisch brachten in das kohlig-gemüsige Geschmacksbild säuerliche und fruchtige Akzente und damit einen stark belebenden Kontrast ein.

Beim ersten Fleischgang „Ente – Quitte – Pak Choi" war das Geflügel nicht nur als ein mit Pak-Choi-Blatt umhüllter Riegel aus saftigem gezupftem Keulenfleisch zugegen, sondern auch in Gestalt einer intensiven Essenz als Füllung eines gedämpften Wan-Tan-Täschchens, die sich erst beim Anschneiden auf dem Teller ergoss. Und dort für den aromatischen Background dieses Gerichts verantwortlich war, der von winzigen Quitten-Komponenten wieder genau die richtige Dosis Frucht und Süße vermittelt bekam. Keine Frage: das Yoso-Team hat es drauf, ebenso dynamische wie harmonische Geschmacksbilder entstehen zu lassen.

Mit ihrer fernöstlichen Interpretation des heimischen Klassikers Tafelspitz mit Wurzelgemüse und Meerrettichsauce rückte die Chefin das eigentlich sehr gediegene Traditionsgericht mit Hilfe von fruchtiger Säure an den knackig und cremig auf den Teller gebrachten Gemüsen sowie maßvoller ätherischer Wasabischärfe an der Sauce in ein ganz anderes Licht. Dem hier nicht gesotten, sondern rosa gebratenen Kalbfleisch waren zudem noch saftig-zarte Röllchen von der Kalbszunge gegenübergestellt, die das Ganze von der Produktseite her noch facettenreicher gestalteten.

Helles Mandelparfait, dunkles Nougat und eine gelbfruchtige Süße (mutmaßlich von Quitte) mit deutlich rauchigen Noten in einem Schwarztee-Granitee erzeugten als Vordessert einen unerwartet spannenden Dreiklang. Etwas erwartbarer, aber als Dessert nicht minder reizvoll, war zuletzt der eigentliche süße Abschluss zum Thema Piña Colada, bei dem in der Hauptsache ein Schichtwerk aus Ananas, Rummousse und Kokosschaum den für den Cocktail-Klassiker typischen Dreiklang auf den Teller brachte.

Die Weinkarte hat ihren Schwerpunkt bei deutschen Gewächsen, listet aber auch international bis nach Übersee eine schöne Auswahl, ergänzt um verschiedene auch glasweise ausgeschenkte Sake-Varietäten oder japanischen Gin.

63

Ansbach (Bayern)

5

La Corona

Joh.-Seb.-Bach-Platz 20, 91522 Ansbach
☎ 0981-9090130
www.lacorona.de
⊙ Do–Sa ab 18 Uhr, So–Mi RT
Hauptgericht: 14–30 €

Die idyllisch versteckte Innenhoflage in Ansbachs Altstadt, die sympathische und begeisterungsfähige Art des Besitzerehepaars Gerg, die gemütlichen, mit vielen guten Flaschen und vinophilem Dekor (Etiketten, Kisten…) gestalteten Räumlichkeiten, in denen man den Eindruck hat, mitten im Weinladen zu speisen – all das hat schon das Zeug zum Lieblingslokal. Hinzukommen aber noch die persönlichen und immer sehr individuellen Weinempfehlungen von Donat Gerg und natürlich nicht zu vergessen die gänzlich unkomplizierten und schnörkellosen Gerichte aus der Hand seiner Frau Sigrun, die bei aller Schlichtheit immer viel Substanz und Finesse haben. Man könnte von anspruchsvoll gekochter Hausmannskost sprechen, käme mit dem italienischen Begriff Cucina casalinga aber etwas charmanter auf den Punkt.

Wobei das auch etwas irreführend wäre, denn auch wenn hier durchaus des Öfteren auch mediterran und sogar traditionell italienisch gekocht wird, so steht das Konzept doch seit Jahren für in regelmäßigen Abständen wechselnde thematische Schwerpunkte. Mal steht Sylt im Focus, mal Fernost, mal eben Spanien oder Italien – oder, wie zum Zeitpunkt unseres letzten Besuchs, der Süden Afrikas mit der Regenbogenküche vom Kap. Da gibt es dann so originelle Dinge dünne Tranchen vom im Ofen gegarten Kudu-Rücken, zur Vorspeise mit einer Creme von Ananas und Passionsfrucht, Gra-

natapfelkernen und angebratenen Speckwürfeln serviert. Oder einen auf „Peri-Peri-Art" mit einem Potpourri aus Radicchio, Chicorée und Feldsalat auf Zitrusfrüchte-Vinaigrette angerichteten Langustenschwanz.

Sigrun Gerg gehört ganz im positiven Sinn zur alten Schule und kommt deshalb nicht mal ansatzweise in Versuchung, mit kreativen Mätzchen und Showeinlagen beeindrucken zu wollen. Dass die Ergebnisse dann auch entsprechend einfach bleiben, stört nicht im Mindesten, denn die wesentlichen Feinheiten stimmen. So auch bei dem zusammen mit knackigem mariniertem weißem Spargel, Orangenfilets, Rucola und roten Zwiebeln zum aparten Salat arrangierten Felsenoktopus. Und erst recht bei der warmen Vorspeise um sautierte Garnelen und Milchkalbs-Zunge, denn die glaubhaft aus Wildfang stammenden Krustentierchen, die wunderbar glasig und zart-knackig und dabei so sauber und klar im Geschmack waren, so wie man es sich nur wünschen kann, thronten auf einem süchtig machenden Ragout aus butterzarten Zungenwürfeln in opulentem, perfekt ausgewogenem Morchelrahm. Einzig das etwas ungleiche Verhältnis zwischen zwei kleinen Krustentierchen und proportional relativ viel Ragout war hier nicht ganz optimal.

Ähnlich schlicht und schmucklos – Fleischstreifen, ein paar karamellisierte Schalotten und ein Berg Kartoffelstampf auf reichlich Sauce – kam auch der Hauptgang um Herz vom Hohenloher Weidekalb nach „Buren-Art" daher. Doch auch hier stimmte jedes Detail, begeisterte nicht nur das zart und saftig grillierte Herz, sondern auch das ebenso brüchige wie kartoffelige Püree und die konsistente rahmige Sauce mit ihrem natürlichen, komplexen Geschmack. Mit Ashanti-Rub (verschiedene Pfeffersorten, Gewürznelke, Muskatnuss, Zimt, Kardamom…), einer relativ dichten, mit Pflaume und Tamarinde abgeschmeckten Jus und Harissa-Möhren noch mal ein ganzes Eck expressiver war der gegrillte Rücken von der Kudu-Antilope mit Kartoffelgratin – und korrespondierte trotz ausladender Aromen sehr gut mit der dazu empfohlenen österreichischen 2017er-Rotweincuvée „Kreos" vom Weingut Tesch aus dem Burgenland.

Auch zum Dessert bleibt Sigrun Gerg ihrem schlichten Stil treu und kredenzt ganz simpel ein Stück Käsekuchen mit marinierten Erdbeeren. Doch beides hat es in sich: der formidable „Fanschhoek-Cheesecake" gehörte in seiner perfektionierten Art mit nussigem Boden und fast schon schmelziger Frischkäsemasse zum Besten, was man sich diesbezüglich vorstellen kann und auch die vollaromatischen Erdbeeren mit natürlich-intensiver Erdbeersauce und genügend ausgleichender Säure machten großen Spaß.

So wie überhaupt ein Abend bei den Gergs immer ein großes kurzweiliges Vergnügen ist. Und das liegt eben längst nicht bloß an der rund tausend hochwertige Positionen umfassenden Weinauswahl, aus der der Gastgeber – ein sympathischer Charaktertyp, der seine Begeisterung und Expertise in Sachen Wein auf ansteckende Art weitergibt – kompetent empfiehlt.

Gasthof Engel
im Hotel Gasthof Engel
Dorfstr. 43,
77767 Appenweier (Nesselried)
☎ 07805-919181
gasthof-engel.de
🕐 Fr–Di von 12–14 Uhr u. ab 17.30 Uhr,
Mi u. Do RT
Hauptgericht: 14–27 €,
Menüs: 19–29 €

Das sind die bodenständigen badischen Gasthäuser, die man hier an jeder Ecke glaubt, aber tatsächlich auch nicht mehr so oft findet! Wo zu moderaten Preisen und ohne überhöhten Anspruch eine traditionelle Küche ohne Verfeinerungsanspruch, dafür aber mit klassischer Substanz geboten wird. Der Engel in der recht ruhig und idyllisch zwischen Weinbergen und Obsthainen bei Appenweier gelegenen Ortschaft Nesselried ist so ein selbst im Südwesten nicht selbstverständliches Exemplar eines Gasthauses, in dem gutbürgerlich, pfiffig und frisch gekocht wird.

Besonders angenehm lassen sich die Badischen Klassiker wie etwa eine gehaltvoll rahmige, aber nicht plumpe überbackene Schneckensuppe mit dem charakteristischen mildnussigen Aroma oder ein geduldig zart geschmortes Ragout vom Nesselrieder Reh mit säuerlichen Preiselbeeren, Rahmpilzen und Spätzle auf der Gartenterrasse zwischen Obstbäumen und Kräutern genießen. Aber auch drinnen in den schlichten, aber gemütlichen Räumen herrscht eine einladende, heiter-lebendige Atmosphäre. Neben tatsächlich sehr regionalbetonten Gerichten auf der einen und mediterranen Zubereitungen wie Rindercarpaccio mit Parmigiano oder den mit Pesto marinierten Seeteufelmedaillons nebst Ratatouille und Bandnudeln auf der anderen Seite, gibt es hier auch allgemeine Klassiker der deutschen Küche wie Cordon bleu vom Kalbsrücken oder eine gebratene Kalbsleber mit Äpfeln und Zwiebeln, die zum Zeitpunkt unseres Besuchs mit Kartoffelgratin und saisonalem Gemüse auf der Karte stand. Alles handwerklich und geschmacklich absolut solide umgesetzt.

So wie auch das zusammen mit ausgestochenen und in Calvados marinierten Apfelkugeln und Cashewkernen um ein Salatbouquet herum drapierten Wachtelbrüstchen, die schön saftig unter ihrer kross angebratenen Haut viel Aroma in sich trugen. Die mit Tannenhonig glasierte und ganz ohne Sous-Vide tadellos gleichmäßig rosa gebratene Entenbrust, die ganz unspektakulär zusammen mit reichlich Maronen auf reichlich Sauce angereichert war, machte mit ihrer Begleitung aus Apfelrotkraut und Kartoffelgratin ebenfalls einen absolut stimmigen und schmackhaften Eindruck.

Am besten und irgendwie auch originellsten fanden wir aber beim letzten Besuch die butterzart auf Spätburgundersauce servierte Ochsenzunge – auch wenn das bunte Begleitgemüse (gebratene Zucchinischeibe, Mandelbrokkoli, Blumenkohl in Buttersauce, Brechbohnen und Karotten) so oldschool wie aus einem deutschen Kochbuch der Zeit vor dem Küchenwunder ausgesehen hat. Aber auch für ansprechenden Nachtisch hat das Küchenteam ein Händchen: das Parfait vom hausgebrannten Schwarzwälder Kirsch nebst satt und fruchtig glasierten Kirschen mit schöner Säure und tiefem Aroma war jedenfalls ein sehr schmackhafter Abschluss.

Und weil man in der Weinkarte gute regionale Gewächse findet, flott bedient wird, und es zudem mit einem ausgesprochen stimmigen Preis-Leistungs-Verhältnis zu tun hat, ist hier einfach gut sein.

Hotelempfehlung

★★★

Hotel Gasthof Engel

Dorfstr. 43,
77767 Appenweier (Nesselried)
☎ 07805-919181
gasthof-engel.de
Einzelzimmer: ab 64 €
Doppelzimmer: ab 92 €

 VISA

Dieses familiengeführte Fachwerk-Hotel in der Landschaft Ortenau am Rande des Schwarzwalds liegt inmitten von malerischen Weinbergen im Weinbauort Nesselried. Zahlreiche Wanderrouten durch das Rebland und die Ausläufer des Schwarzwalds haben hier ihren Ursprung und auch sonst gibt es hier viel zu entdecken: Das historische Schloss Staufenberg erreichen Sie nach einer 45-minütigen Wanderung, Radfahrer können zwischen bequemen Radwanderwegen in der Rheinebene oder sportlichen Mountainbike-Touren durch den Schwarzwald wählen und Straßburg ist nur eine halbe Autostunde entfernt. Die hellen, ländlich-gemütlichen Zimmer sind unter anderem mit Flachbildfernseher, Schreibtisch und kostenlosem WLAN ausgestattet. Die Suiten haben zusätzlich ein Wohnzimmer und die mit gehobenerer Ausstattung außerdem ein Ausziehsofa. Das Hotel verfügt über einen Garten mit Spielplatz, eine Terrasse, ein Restaurant und einen Weinkeller mit badischen Spezialitäten. Restaurant Gasthof Engel separat erwähnt.

Arnsberg (Nordrhein-Westfalen)

Menge

Ruhrstr. 60, 59821 Arnsberg
☎ 02931-52520
www.hotel-menge.de
◗ Di–Sa ab 18 Uhr, So u. Mo RT
Hauptgericht: 22–36 €, Menüs: 39–73 €

Es ist das berühmte sprichwörtliche erste Haus am Platz einer größeren Mittelstadt, denn die Familie Menge in Arnsberg hat mit ihrem gepflegten Restaurant und Hotel schon seit vielen Jahren einen sehr guten Ruf in der gesamten Region. Und dank der gekonnt verfeinerten Küche von Christoph Menge, die es zu den besten kulinarischen Adressen im Sauerland macht, auch über die Grenzen der Region hinaus. In den weitläufigen, wohnlich-eleganten Räumlichkeiten oder auf der Terrasse hinter dem Haus sitzt es sich gediegen und angenehm, während die Speisekarte mittlerweile gar nicht mehr so deutlich zwischen ganz traditionellen deftigen Gerichten und gehobener Kochkunst changiert, wie noch vor ein paar Jahren, sondern – bei insgesamt gestrafftem Angebot – eher den Anspruch etwas höher ansetzt.

Eine klare Brühe vom Bio-Ochsen mit einer Einlage von Tafelspitzstreifen, Eierstich und Wurzelgemüse oder ein paniertes Schnitzel vom Duroc Schweinerücken mit Delbrücker Spargel sind noch die Offerten, die am ehesten dem Genre „gutbürgerlich" entsprechen. Und die Beilagen der meisten Hauptgerichte wie „Gemüse, Drillingskartoffeln" oder „Kartoffel-Schupfnudeln" legen die Vermutung nahe, dass ein Großteil des Publikums schon auch etwas Handfestes auf dem Teller wünscht. Ansonsten aber scheint die Experimentierlust und Offenheit der Gäste mit den Jahren zugenommen zu haben, so dass auch das fünfgängige Individualmenü mit Dingen wie Burrata, Tomatenchutney und Kräutersalat oder Seeteufel mit Apfel und grünem Spargel durchaus großen Anklang findet.

Die feine Hand, mit der das über weite Strecken alles zubereitet ist, lässt schon der erste Teller erahnen, der zudem auch klar zu erkennen gibt, dass der Chef ein gutes Gespür für Gemüse hat: ein mit einer dünnen Schicht aus klarem Kräutergelee überzogener Quader aus zarter, aromatischer Kräutermousse, die mit Auberginencreme getoppt und von dezent mit Safran abgeschmecktem komprimiertem Apfel flankiert ist. Ein attraktiver Start!

Die Beize mit Soja und Miso unterstrich der herrlich festfleischigen Lachsforelle aus dem Hellefelder Bachtal nur ihren Eigengeschmack mit dezenter Umamiwürze und drückte ihr sonst keine weiteren Aromen auf. Die nicht zu dünn geschnittenen Tranchen waren auf schwarzem Schiefer locker-flockig nebst marinierter (oder komprimierter) aber ziemlich naturell schmeckender Gurke, einem deutlich interessanteren Gurkenrelish, eingelegten Radieschen, Frisée und rahmig abgemilderten Wasabicreme-Tupfen eine sehr leichte und frische Vorspeise, die generell mit sehr zurückhaltender Würze daherkam. So waren die vereinzelten, auf dem schwarzen Untergrund fast unsichtbaren Tupfen Sojasauce letztendlich gar nicht so unbedeutsam für einen gänzlich runden, geschmackstiefen Eindruck.

Vom attraktiven Wechselspiel aus Fleisch- und Röstaromen knusprig angebratener Scheiben eines bei Niedertemperatur sous-vide gegarten Bauchs vom Duroc Schwein sowie einer angenehm leichten, feinwürzigen Jus auf der einen Seite und der säuerlichen, knackigen Frische von mariniertem Rhabarber und grünem Spargel nebst ein paar Kräuterspitzen auf der anderen Seite, lebte unser Zwischengang. Und auch der war wieder mit viel Sorgfalt und Fingerspitzengefühl arrangiert, so dass sich wie von selbst immer die richtige Menge von allem auf der Gabel wiederfand. Einziger kleiner Schönheitsfehler war in unseren Augen die zu geringe Dicke des Fleischs, weil so durch das scharfe Anbraten leider auch die Saftigkeit etwas verloren ging.

Sehr viel Licht, aber auch ein klein wenig Schatten bei rosa gebratenem Rehrücken von der Wicheler Höhe, der mit Gemüseallerlei und fluffig zarten, saftigen Kartoffel-Schupfnudeln serviert wurde, wie man sie auch in Schwaben meist nicht besser serviert bekommt. Obwohl das naturell gebratene, einmal längs durchgeschnittene Rückenstück auf dem ersten Blick wirklich perfekt aussah, offenbarte sich beim ersten Bissen leider das Problem, das unserer Ansicht nach durch ein Vorgaren unter Vakuum im Wasserbad entstanden sein muss: Das Fleisch hatte eine breiig-mürbe Konsistenz und deutlich weniger Saft, als es die makellose Optik vermuten ließ. Unser Highlight auf dem Teller war (neben einer köstlichen, leichten Wildjus) aber ohnehin das Gemüse: In seiner bunten Vielfalt zwar etwas zusammenhanglos, aber jedes für sich ein Gedicht: von zweierlei prononciert mit orientalischem Hauch gewürzter Karotte über gerösteten Spitzkohl bis hin zu sehr feinem, zart knackigem Kohlrabi mitsamt Kohlrabigrün war da sehr viel vegetabile Ausdruckskraft auf dem Teller vereint.

Einen schmackhaften und (fast) harmonischen süßen Abschluss bescherte das Dessert rund um etwas kompakte, leicht karamellisierte Topfenküchlein in Cannelés-Form, Mousse von weißer Schokolade und Ananas, wenngleich das sehr (!) erfrischende Limettensorbet mit etwas arg ruppiger Säure ums Eck kam. Wer lieber herzhaft abschließt, kann das sehr adäquat mit einer Auswahl an Rohmilchkäsen von Affineur Wolfgang Hofmann vom Tölzer Kasladen samt Früchtebrot tun. Und der herzliche Service sowie die ausgesprochen fair kalkulierte Weinkarte, in der zwar hochpreise große Namen fehlen, dafür aber viel Lohnendes im mittleren Segment zu finden ist, sind weitere gute Gründe dafür, dass das erste Haus am Platz seinem Status weiterhin mehr als gerecht wird.

Hotelempfehlung

★★★S

Hotel Menge
Ruhrstr. 60, 59821 Arnsberg
☎ 02931-52520
www.hotel-menge.de
Einzelzimmer: 69–91 €
Doppelzimmer: 89–126 €

Seit vielen Generationen führt die Familie Menge bereits ihr Hotel in Arnsberg, das einst von Engelbert Menge als „Bauernkneipe" eröffnet wurde und als einziges Gebäude auf der Ruhrstraße den ersten und zweiten Weltkrieg unbeschadet überlebt hat. Heute sorgen Monika und Christoph Menge für familiären und persönlichen Service in ihrem Nichtraucherhotel mit inzwischen 18 Zimmern, die wohnlich eingerichtet und komfortabel ausgestattet sind. Direkt am Ruhrtalradweg und am Fuße der historischen Arnsberger Altstadt gelegen, ist das Hotel (mit E-Bike Tankstelle) auch der perfekte Ausgangspunkt für Wanderungen auf der Sauerland-Waldroute, der Arnsberger Aussichtsroute oder im kurfürstlichen Thiergarten. Besonders groß wird im Hause Menge der kulinarische Genuss geschrieben. Restaurant Menge separat erwähnt.

8↑ 🍴🍴🍴🍴🍴

Restaurant Residenz Heinz Winkler

im Hotel Residenz Heinz Winkler
Kirchplatz 1, 83229 Aschau im Chiemgau
📞 08052–17990
www.residenz-heinz-winkler.de
🕐 Mo–Sa ab 18.30 Uhr, So von 12–14 Uhr u. ab 18.30 Uhr, kein RT
Hauptgericht: 42–90 €,
Menüs: 125–205 €

Es gibt hierzulande nicht mehr viele echte Altmeister klassisch französischer Haute Cuisine, vor allem solche, die nach wie vor selbst aktiv am Herd stehen. Tatsächlich lassen sie sich leicht an einer Hand abzählen und schon allein deshalb ist ein Besuch in der schmucken Resi-

denz Heinz Winkler im malerischen Aschau im Chiemgau eigentlich ein Pflichtprogramm für alle kulinarisch Interessierten. Aber auch ganz unabhängig von dem „historischen" Wert, den die Küche Heinz Winklers bietet, lohnt sich ein Besuch immer wieder aufs Neue. Denn die reduzierten, klaren Gerichte, die in der Regel konsequent auf ein hervorragendes Produkt plus Sauce und ein, zwei weitere Akzente abgestellt werden, sind handwerklich und qualitativ einfach richtig gut.

Und neben den beiden Menüs (eins davon vegetarisch) hält das Küchenteam auch nach wie vor reizvolle Optionen à la carte bereit, inklusive aufwendiger Zubereitungen für zwei Personen – und wird damit dem Duktus eines klassischen „Genusstempels" nach französischem Vorbild, in dem Flexibilität und unterschiedliche Gästewünsche einen hohen Stellenwert haben, noch mehr gerecht! Dazu kommt das großzügig noble Ambiente des Venezianischen Salons, die romantisch-malerische Terrasse mit Springbrunnen und Bergblick, die fraglos zu den entspanntesten Genussplätzen nicht nur im Alpenraum gehört, und natürlich der zuvorkommende, gut eingespielte Service guter alter Schule unter der Leitung von Alexander Winkler.

Dass Heinz Winkler, der durch den Weggang seines letzten Küchenchefs Steffen Mezger unverhofft wieder selbst die Exekutive am Herd leitet, ganz im positiven Sinn konservativ seine Klassiker zelebriert, und Änderungen nur im minimalen Randbereich sichtbar werden, gehört ebenfalls fest zum Gesamtbild des oberbayerischen Genussorts. Und macht letztendlich auch irgendwie dessen besonderen Charme aus.

Eine der wenigen kleinen Neuerungen gab es zuletzt beim Brotgedeck: Anstelle einer Auswahl verschiedener Sorten wurde diesmal ein einziges, dafür sehr gutes Roggensauerteigbrot nebst Butter serviert, das mit seinem urwüchsigeren kraftvollen Charakter ganz ausgezeichnet in die alpenländische Umgebung passte. An dem dreiteiligen Amuse-Bouche hatte sich dagegen nichts geändert, da kam wie gehabt auf dem unterteilten Glasteller und präsentierte die schmelzend-kross gebackene Avocado-Gemüsepraline genauso souverän wie ein qualitativ hervorragendes Thunfisch-Sashimi auf Koriander-Mayonnaise und als obligatorisches Süppchen diesmal eine tiefschürfende Waldpilz-Essenz mit Klarheit, Eleganz und hochfeiner Pfeffrigkeit im Abgang.

Obgleich ebenfalls bereits ein Klassiker, gehörte der erste Gang wegen seiner starken Kontraste zu den gewagteren Offerten der Winkler-

Küche. Das Team stellte hier eine nicht weniger als perfekte kross gebratener Entenleber (homogen, fest und cremig zugleich…) neben Aubergine als zarte Creme und etwas kraftvollere glasig confierte Stücke, die von dem vibrierend fruchtig-säuerlichen Kontrast einer hellen rotfruchtigen Vinaigrette auf Spannung gebracht wurden. À part noch eine handwerklich und aromatisch ebenfalls perfekte Brioche mit flaumiger Krume und üppigem Buttergeschmack und fertig war ein Auftakt nach Maß, wie man ihn sich hier gerne gefallen lässt.

In Top-Form erlebten wir die Küche auch bei der hochkonzentrierten Safranschaumsuppe mit à point gegarten Edelfischen und Muscheln, die mit ihrer straffen Säure, dem dichten Geschmack und der seidigen Textur mit zu den besten liquiden Kostproben der letzten Zeit gehörte – und diesmal übrigens ganz ohne an dieser Stelle überflüssige Trüffelölnoten auskam. Tatsächlich haben wir das in Säure und Substanz bis aufs Letzte ausgereizte Konzentrat auch hier noch nie besser genossen. Das sind die ganz starken Momente der Küche, in denen sie sich klar auf 9-Pfannen-Niveau bewegt.

Da hatte es der Black Cod danach direkt ein bisschen schwer. Zwar begeisterte der weißfleischige Tiefseebewohner dank perfekter Produktbehandlung mit glasig-festem Fleisch und hauchzarten Röstnoten vom Abflämmen. Allerdings lieferten dazu ein runder, kraftvoller Dashifond, sautierter Blattspinat und eine (leicht klebrige) Reiscreme vor allem viel Umami, Salz und Power – daneben aber wenig Kontrast und Frische. Außerdem wurde das Ganze durch die tendenziell schwierige Kombination von Cremes mit viel Sauce auf dem Löffel zwangsläufig ein bisschen undifferenziert. Da hätte mit einer etwas anderen Anrichtweise oder leicht verschobenen Proportionen mutmaßlich ein noch überzeugenderes Ergebnis erzielt werden können.

Aber apropos Klassiker: Der Winkler'sche Lammrücken in knallgrünem Kräutermantel hätte eigentlich einen Sonderpreis für die ausdrucksstärkste und saftigste Kräuterkruste des Landes verdient. Was andernorts schnell zu massig oder matt gerät, akzentuiert hier prägnant, wohldosiert und auch diesmal perfekt ausgeführt. Mit exakt gegarten Speckbohnen, zarten Artischocken, Auberginencreme und Kartoffelgratin gab es dazu im ersten Moment vielleicht bieder wirkende, aber extrem fein ausgeführte und wohlproportionierte Beilagen. Einzig die Auberginencreme, die gemeinsam mit der röstwürzigen Lammjus das Gesamtbild ein wenig zu sehr in eine dunkel-dumpfe Richtung bewegte, wäre verzichtbar

gewesen oder hätte durch eine noch leichtere Mousseline ersetzt werden können.

Den einzigen wirklichen (und irgendwie rätselhaften) Ausrutscher erlebten wir zuletzt beim Dessert. Dass diese hier eher einfach gehalten werden, ist nichts Neues und gerade die schlichte Perfektion schafft im Kontrast zu den aufwendig gebastelten Petitessen anderer Kollegen in der Regel einen besonderen Reiz. Bei der glasig pochierten Birne mit vanilleduftiger heller Mousse, Karamellsauce und Lavendeleis allerdings war die Dosierung des allzu leicht an bitteren Badezusatz erinnernden Lavendels – selbst in Kombination mit allen anderen Bestandteilen – leider an der absoluten Schmerzgrenze. Mit einer subtileren Lavendelnote wäre das ein durchaus spannender Abschluss gewesen. So erinnern wir uns lieber daran, wie souverän hier noch jedes Mal die Crêpes mit Grand-Marnier-Schaum und Orangenfilets oder die Crème brûlée mit Tahiti Vanille auf den Tisch kamen.

Serviert und moderiert wird das Ganze von einem eher jungen Serviceteam rund um Alexander Winkler, was den traditionsreichen noblen Rahmen angenehm auflockert. Und auch die Beratung zu dem beachtlichen Weinfundus fällt gleichermaßen unkompliziert-flexibel wie kompetent aus, so dass sicher jeder in der viele gute und teils seltene Flaschen auflistenden Karte etwas Passendes findet. Und wenn eine ganze Flasche zu viel ist, gibt es einerseits viele reizvolle halbe Flaschen und andererseits auch glasweise hohes Niveau.

Die Besteck-Symbole

❚❚❚❚❚ luxuriöses Restaurant mit höchstem Komfort und formvollendetem Service, edler Ausstattung und einer Weinkarte, die höchsten Ansprüchen genügt

❚❚❚❚ elegantes Restaurant mit hohem Komfort und exzellentem Service, sehr gute Ausstattung, hervorragende Weinkarte

❚❚❚ gehobenes Restaurant mit gutem Komfort und versiertem Service, umfangreiche Weinkarte

❚❚ besser ausgestattetes Restaurant mit ordentlichem Service, ausgewählte Weine

❚ schlichtes Restaurant, Gasthof oder Bar

Hotelempfehlung

★★★★★

Hotel Residenz Heinz Winkler

Kirchplatz 1, 83229 Aschau im Chiemgau
☎ 08052–17990
www.residenz-heinz-winkler.de
Einzelzimmer: 225–425 €
Doppelzimmer: 250–450 €

Eingebettet in eine bayerische Bilderbuchlandschaft liegt die stattliche Residenz Heinz Winkler inmitten der Chiemgauer Bergwelt am Fuße der imposanten Kampenwand. Eine wunderbare Mischung aus elegantem Luxus und lokalem Charme, große kulinarische Genüsse und saisonale Arrangements laden hier zum Genießen und Entspannen ein. Mit ganz eigener Handschrift hat sich der Patron persönlich um die Renovierung und Erweiterung des einstigen „Hotel zur Post" bemüht. Die insgesamt 32 Zimmer und Suiten haben teilweise einen Balkon, eine Terrasse oder einen Garten und sind mit jeglichem Komfort ausgestattet. Im Residenz Vital-Resort kann man die Seele baumeln lassen. Restaurant Residenz Heinz Winkler separat erwähnt.

Schwabenstube

im Hotel Adler
Stuttgarter Str. 2, 71679 Asperg
☎ 07141-26600
www.adler-asperg.de
◷ Mi–Sa ab 18 Uhr, So–Di u. Fei RT

Der Adler in Asperg ist ein Haus mit langer Familien- und Gourmettradition. Seit vier Generationen lenkt die Familie Ottenbacher das Geschehen und stellt sicher, dass im gesamten Haus der Komfort und das Niveau gleich hoch bleiben. Das gilt selbstredend auch für die Schwabenstube als kulinarisches Aushängeschild, wo in gehobenem gemütlichen Fachwerkambiente sowohl internationale Gourmetküche aus einschlägigen Edelprodukten mit kreativen Aromenakzenten als auch die traditionellen gutbürgerlich-schwäbischen Hausklassiker à la Zwiebelrostbraten vom trockengereiften Rinderrücken serviert werden. Die Produktqualitäten sind durchgängig überdurchschnittlich, das Handwerk fundiert und die Präsentation eher gegenständlich als übermäßig verspielt. Auf die Weinempfehlungen des langjährigen Restaurantleiters und Sommeliers Marco Hünicke, der gerne die Gewächse von Spitzenerzeugern aus Württemberg empfiehlt, ist stets verlass.

Spitzer

Lohweg 10,
84072 Au i. d. Hallertau (Osterwaal)
☎ 08752-7455
www.gasthaus-spitzer.de
◷ Do u. Fr ab 17 Uhr,
Sa u. So ab 11 Uhr durchgehend,
Mo–Mi RT
Hauptgericht: 18–30 €,
Menüs: 49–99 €

Ein traditionsreiches Gasthaus mitten im ländlichen Nirgendwo, in diesem Fall zwischen den allgegenwärtigen Hopfenranken der Hallertau, in dem mit hohem Anspruch und pfiffigen Ideen aufgekocht wird. Und es wundert uns nach unserem ersten Besuch nicht, dass die sowohl von Stammgästen aus der Umgebung als auch von weiter anreisenden Besuchern, die gezielt wegen der tollen Qualität der Küche und dem guten Preis-Genuss-Verhältnis hierherkommen, stark nachgefragt wird. Reservieren ist also geboten! Außer bei schönem Wetter, denn in dem großzügigen Biergarten findet sich fast immer noch ein Plätzchen…

Das Team um Stefan und Gitti Spitzer bewegt sich klug zwischen leicht zugänglichen Evergreens und unkompliziert kreativen Gerichten und bietet damit ein breites Spektrum für unterschiedlichste Gästeklientel und Anlässe. Auf der einen Seite stehen so beispielsweise das unverzichtbare Schnitzel, das hier (in perfekter Ausführung!) vom Naturschwein nebst Bratkartoffeln und Preisebeeren auf den Teller kommt, abwechslungsreich kreativ gestaltete Bowls, oder auch ausgesuchte Rindfleisch-Cuts vom japanischen Holzkohlengrill.

Auf der anderen Seite gibt es aber auch Gerichte, die im Grunde ebenfalls leicht zugänglich und verhältnismäßig schlicht daherkommen, denen aber mit know-how und cleveren Drehs das gewisse Etwas verliehen wird. Bestes Beispiel des letzten Besuchs war das handgeschnittene und à la minute am Tisch geräucherte Beef Tatar, das mit kräftigem Eigengeschmack und markanter, aber nicht zu plakativer süß-saurer Aromatik sowie einer angenehmen Hintergrundschärfe mit ätherischen Kressen und der wachsigen Würze gebeizten Eigelbs kombiniert wurde. Und das auf diese Art einen gelungenen Auftritt hatte, der noch von fluffiger Pfeffer-Focaccia reizvoll ergänzt wurde.

Eher traditionsbewusste Fleischesser könnten danach mit dem über lange 36 Stunden geduldig butterzart geschmorten Böfflamott mit Kartoffelknödel, einem eigenaromatischen Gemüse-Potpourri und wuchtig-kraftvoller

Schmorjus nochmal nachlegen und werden damit garantiert glücklich. Für neugierige Gäste mit mehr Lust auf Frische und Leichtigkeit empfiehlt sich dagegen so etwas wie das tipptopp gebratene Saiblingsfilet von Premiumzüchter Nikolai Birnbaum in der einfallsreichen Kombination mit einem durch Marille und Rauchmandel pfiffig akzentuierten Gerstenrisotto, zart knackigem grünem Spargel und einem feinsäuerlichen Buttermilchschaum – eine sehr gelungene Kombination, die qualitativ und kompositorisch fast schon eine Bewertungsstufe höher lag, als die zum Einstand verliehenen 5 Pfannen.

Dafür, dass auch am Ende noch das Niveau hochgehalten wird, sorgt Pâtissière Ramona mit dem gleichen sicheren Gespür für pfiffige Kombinationen, von dem auch die meisten herzhaften Gerichte geprägt sind. Zu schmecken war das zuletzt beispielsweise bei einer Erdbeer-Tartelette mit knusprigem, nur etwas dickem Mürbteig in Kombination mit duftiger Vanillecreme, Buttercrumble und einem frischgrünen Kräutereis. Das ist weder pseudokreativ überdreht noch einfallslos und bieder, sondern einfach pfiffige Regionalküche mit Niveau.

Dazu gibt's ein flottes und gut organisiertes Serviceteam, einfallsreiche Cocktails, frisch gezapftes Bier und offen- wie flaschenweise spannende Weine, zwar nicht unbedingt die ganz großen Granaten (die man hier auch nicht erwartet), aber dafür fair kalkuliert und individuell.

Aue (Sachsen)

St. Andreas
im Hotel Blauer Engel
Altmarkt 1, 8280 Aue
☏ 03771-5920
www.hotel-blauerengel.de
◷ Mi–Sa ab 17.30 Uhr, So–Di u. Fei RT
Hauptgericht: 45–55 €,
Menüs: 84–135 €

Dass es Benjamin Unger mit seinem ambitionierten Gourmetprojekt im tiefen erzgebirgischen Aue generell nicht leicht hat, konstatieren wir schon länger – und sind umso erstaunter und begeisterter, wie sich der engagierte Chef und Jeune Restaurateur hier über die Jahre immer weiter steigern und sein Profil schärfen konnte. So wunderte es auch nicht wenig, dass die Corona-Pause in Aue deutlich länger ausfiel als in den meisten anderen Destinationen. Die leichte Sorge, dass das kleine mit viel Holz und Regionalbezug elegant gestaltete Gourmet-abteil wirtschaftlichem Pragmatismus zum Opfer fallen würde, war aber zum Glück unbegründet. Benjamin und Claudio Unger waren im Herbst wieder am Start und das mit dem gleichen Eifer und den gleichen Ambitionen wie zuvor.

Dabei hat auch Claudio Unger, der seit einigen Jahren mit seinem Bruder zu gleichen Teilen die unternehmerische Verantwortung für das gesamte Haus trägt, eine erfreuliche Entwicklung zu mehr Souveränität in seiner Rolle als Gastgeber hingelegt. Die lockere und zugleich professionelle Art, mit einer angenehmen Prise Humor und authentischem Dialekt macht schon beim Check-in Spaß. Außerdem wurde hier über die Jahre eine beachtliche, überwiegend deutsche Weinkarte zusammengestellt, in der sich nicht nur aus Sachsen viele teils gereifte Flaschen zu auffallend fairen Preisen finden. Für Spaß auch im Glas ist also gesorgt. Aber auch die Küche garantiert mit einem beachtlichen Aufwand, der schon in den sechs Kleinigkeiten zur Einstimmung deutlich wird, sehr genussvolle Unterhaltung. Vom regionalen Büffel-Mozzarella mit konzentriertem Tomaten-Confit und Basilikum-Öl als verdichtete, leicht angeschärfte Umami-Bombe über ein mildes schlankes Kürbissüppchen mit Kernöl als etwas harmlos ruhigerer Part bis zum gebeizten Faröer Lachs in fantastischer Qualität mit Kürbis-/Orangen-Confit und Koriandercreme zeigten die ersten Miniaturen viel Fingerspitzengefühl.

Gekonnt abgeschmeckt war auch das Tatar vom Pommerschen Rind, das auf einem dünnen Treberbrot-Taler kräftig und markant mit Cornichons, Senf und Brotcrumbles akzentuiert wurde – genau wie die knusprig-glasige Jakobsmuschel in einem schaumigen Sauerkrautsüppchen, dessen vibrierendes Säurespiel durch die intensivierte Fruchtsäure- und Süße eines zarten Apfelkompotts katalysiert und durch gebackene Blutwurst kraftvoll kontrastiert wurde. Verfeinerte Rustikalität at it's best – und schon beinahe ein eigener kleiner Gang. Genau wie die knusprige, leicht rosa gehaltene Wachtel auf feinbitterem Treviso, dunkel geschmortem Knoblauch mit eher milder, runder Würze und einer leichten Parmesan-Velouté.

Richtig los ging es dann dramaturgisch unkonventionell, aber souverän mit einem warmen Fischgang in Form von soft gegartem Weißem Heilbutt auf Blumenkohl-Creme und -Crum-

ble sowie einer gekonnt gestrafften Beurre blanc. Akzente brachten vor allem das Topping aus Ossietra-Kaviar und Salzzitronen-Streifen. Und solange diese auf der Gabel oder dem Löffel ausreichend proportioniert werden konnten, entstand ein spannender Eindruck. Abseits davon – und unter dem Strich – überwogen allerdings die hellen cremig-weichen Seiten ein wenig zu sehr. Auch durch die Konsistenz des (eventuell sous-vide gegarten?) Fischs…

Und apropos „Proportionen versus Idee": das Konzept des in Salz herrlich pur herausgestellten Selleries in der Kombination mit Petersilie und einer roten Trauben-Reduktion war super: konzentrierte und differenzierte Gemüse-Würze neben herbalen grünen Noten und der intensivierten Trauben-Frucht, die das Ganze entscheidend aufbrach. Nur: die Menge an Traubenreduktion drehte den Gesamteindruck zu sehr in eine markant fruchtige Richtung, mit der diese Kreation an anderer Stelle – etwa am Tresen des Coda in Berlin – auch als avantgardistisches Gemüse-Dessert durchgegangen wäre. Was allerdings alles beinahe kleinliche Kritik auf sehr hohem Niveau ist und den hohen Fun- und Genussfaktor des Tellers nicht in Abrede stellen soll.

Dass Benjamin Unger und sein Team vieles auch absolut auf den Punkt bringen, zeigte im Anschluss zum Beispiel ein begeisterndes Türmchen aus verschiedenen nussig-klarfruchtigen Topinambur- und Birnenkomponenten rund um ein saftig gegartes und leicht koloriertes Rondell vom Kalbstafelspitz und einer ebenfalls rund geformten Scheibe aus zartem Kalbsbries – üppig bedeckt von schwarzer Trüffel und unterfüttert von einer meisterhaften Trüffelsauce auf Kalbsjus-Basis mit viel Druck und erdiger Würze, aber auch lebendiger Säure und Eleganz. Top! Locker 8 Pfannen!

Ein Prädikat, das durchaus auch den Hauptgang rund um Reh, schwarze Olive, Steinpilze und Johannisbeeren verdiente. Neben saftstrotzend rosa gegartem Rehrücken mit zarter dünner Olivenkruste brachten unter anderem gelierte Pralinen von Steinpilz und Johannisbeere, ein konzentrierter Steinpilz-Ketchup und säuerlich fokussiertes Johannisbeer-Gel viele Facetten auf engem Raum zusammen. Neben kleinen gebratenen Steinpilzen lieferte dabei insbesondere eine kühle prägnante Pilz-Panna Cotta einen spannenden Kontrast, während mustergültig saftig geschmorte und glasierte Rehschulter gemeinsam mit einer elegante Jus den Charakter des Hauptdarstellers verstärkten. Wie bei vielen anderen Tellern auch, würde es sich das Team zwar nicht nur leichter machen, sondern auch noch eine stärkere Wirkung erzielen, wenn nicht jedes Produkt in gefühlt mindestens drei Varianten präsentieren würde. Die Ergebnisse sind zwar meist dennoch harmonisch, aber eben auch recht kleinteilig und nicht so klar in der Aussage, wie es im besten Fall möglich wäre…

Einen optisch äußerst markanten Eindruck gab es dann beim Dessert mit einem knallgrünen Fake-Apfel neben Granny-Smith-Sorbet und verschiedenen Komponenten aus Buttermilch und weißer Schokolade als Süße- und Säure-Pole. Der täuschend echt imitierte Apfel selbst brachte trotz der frischgrünen (gelierten) Schale eher warme, bratapfelige Noten aufs Porzellan, die aber ganz prima mit den beinahe nussbuttrigen Akzenten eines karamellisierten weißen Schokoladensands zusammengingen. Wer dazu nicht aus der reizvollen Auswahl an Flaschen wählen will, kann sich getrost auch an die gut korrespondierenden offenen Weine halten – auch hier gibt es immer spannendes zu entdecken und hohes Niveau.

Die Besteck-Symbole

𝄇𝄇𝄇𝄇𝄇 luxuriöses Restaurant mit höchstem Komfort und formvollendetem Service, edler Ausstattung und einer Weinkarte, die höchsten Ansprüchen genügt

𝄇𝄇𝄇𝄇 elegantes Restaurant mit hohem Komfort und exzellentem Service, sehr gute Ausstattung, hervorragende Weinkarte

𝄇𝄇𝄇 gehobenes Restaurant mit gutem Komfort und versiertem Service, umfangreiche Weinkarte

𝄇𝄇 besser ausgestattetes Restaurant mit ordentlichem Service, ausgewählte Weine

𝄇 schlichtes Restaurant, Gasthof oder Bar

Hotelempfehlung

★★★★

Hotel Blauer Engel

Altmarkt 1, 8280 Aue
☎ 03771-5920
www.hotel-blauerengel.de
Einzelzimmer: 80–110 €
Doppelzimmer: 110–180 €

Im Hotel Blauer Engel im Herzen der Stadt Aue im Erzgebirge werden seit 1663 Gäste bewirtet. Traditionen und die Historie der Region spielen für die Gastgeberfamilie Unger daher eine große Rolle. Mit viel Sorgfalt im Detail und der Liebe für die kleinen Dinge wurde das erste Haus am Platz mit seinen 39 Zimmern und Suiten gestaltet, um seinen Besuchern einen angenehmen Aufenthalt zu bereiten. Es handelt sich ausschließlich um Nichtraucherzimmer, die allesamt komfortabel und modern eingerichtet sind und in drei verschiedenen Kategorien zur Auswahl stehen. In der Wellnesslandschaft „Kaskade" laden zudem finnische Sauna, Dampfbad und Whirlpool zum Relaxen ein. Stilvolle Gastlichkeit wird in den beiden Restaurants St. Andreas und Tausendgüldenstube geboten; außerdem gibt es eine hauseigene Brauerei und ein kleines Biermuseum mit Kegelbahn. Gourmetrestaurant St. Andreas separat erwähnt.

Auerbach i. d. OPf. (Bayern)

SoulFood

Unterer Markt 35,
91275 Auerbach i. d. OPf.
☎ 09643-2052225
www.restaurant-soulfood.com
🕐 Mi ab 17.30 Uhr, Do–So von 12 bis
13.15 Uhr u. ab 17.30 Uhr, Mo u. Di RT
Hauptgericht: 19–35 €, Menüs: 89 €

Hier können wir uns nur wiederholen, denn in dem von außen unscheinbaren, innen aber einladend schlicht-elegant gestalteten Restaurant von Christine Heß und Michael Laus mitten am Marktplatz in Auerbach in der Oberpfalz passt einfach alles bestens zusammen! Vom schnörkellosen Wohlambiente über den herzlichen und sehr persönlichen Service bis zur ambitionierten Küche zu unverändert einladenden Preisen zeigt das SoulFood, wie man auch ganz ohne größeres Hotel oder sonstige Querfinanzierung im Hintergrund mit Fine Dining erfolgreich sein kann.

Das Geheimnis? Statt preistreibendem und fehleranfälligem Großaufwand setzt das Team auf gute individuelle Ideen und markige Akzente, die mit vergleichsweise einfachen Mitteln aufs Porzellan gebracht werden können und hinterlässt damit bei jedem Besuch aufs Neue einen inspirierten Eindruck. Wobei „einfach" in diesem Zusammenhang natürlich sehr relativ ist, denn schon der erste kleine Appetizer zuletzt in Form eines knusprigen Cornettos mit Füllung aus Entenfleisch mit spicy Paprika und Blutorange erfordert neben der guten Idee natürlich schon einige Handgriffe und Know-How. Das galt genauso für das originelle „Sushi zum Löffeln", das auf einer Basis aus zartem Reis (die einzige Schwachstelle, weil etwas mild, ohne die typische Sushireis-

Säure) mit Avocadocreme, Mango (als Gel und Stücke) sowie einem kräftigen Soja-Fond und Streifen von der Nori-Alge optisch wie geschmacklich ansprechend farbenfroh daherkam. Apropos Optik: nicht nur ausgesprochen ästhetisch, sondern auch aromatisch überraschend feinsinnig und komplex richtete das Team abgeflämmte Jakobsmuscheln in top Qualität neben geschmortem und rohem Pfirsich an. Dazwischen blitzen die salzig-säuerliche Frische eines Ayran-Fonds, eine zarte Spur Schärfe und die ätherischen Noten von Kaffirlimettenöl auf und machten spätestens hier überdeutlich, wie genau und durchdacht das Team jede einzelne Komponente einzusetzen weiß. Da braucht es definitiv keine hochtechnisierten, komplexen Einzelzubereitungen für spannende Ergebnisse!

Genau die gleiche Kompetenz sorgte auch bei dem rund um Karotte angelegten nächsten Gang für einen dynamischen Eindruck: neben der Süße einer im Ganzen geschmorten Karotte standen hier unterschiedlich stark gegarte und geschnittene Stücke neben einem vibrierend frischen Karotten-/Curry-Schaum. Keine Spur von Eintönigkeit, stattdessen differenzierte und zugleich harmonisch verbundene Aromen und erneut ein gekonntes Spiel mit Süße, Säure und Schärfe.

Im ersten Moment eher auf wohligen dichten Geschmack angelegt kam dagegen der festfleischig-zarte weiße Heilbutt mit rahmigen Kohlrabiwürfelchen und einem dichten, ebenso kraftvollen wie säurefrischen weißen Trüffelschaum daher. Der Clou war hier aber das Topping aus hauchdünn gehobelter Nashibirne und intensiver Trüffel, das mit seiner klaren knackigen Frucht und dem Pilz-Parfum perfekt an den Kohlrabi anschloss! Super!

Und auch die knusprig-zarten glasierten Kalbsbries-Stückchen auf geröstetem Graubrot demonstrierten nicht nur hohe Qualität, sondern bekamen mit perfekten winzigen Pfifferlingen, frisch gepulten Erbsen und Salzzitrone (als Gel und Streifen) ein spannungsgeladenes Umfeld, bei dem wieder jedes Detail an genau der richtigen Stelle saß.

Tatsächlich zeigte sich das Team beim letzten Besuch bis zu diesem Moment so stark wie noch nie. Und das, obwohl wir den typischen Soulfood-Stil schon seit langem sehr schätzen. Dass das Dessert mit einem kompakten Pekannuss-/Schokoladen-Riegel neben dunkelfruchtig-frischem Brombeersorbet und einem Topping aus marinierten Brombeeren, Beerengel und karamellisierter Nuss nicht ganz mit den herzhaften Gängen mithalten konnte, änderte nichts am weiterhin absolut stimmigen Gesamteindruck und an der Tatsache, dass vereinzelte Gerichte durchaus auch an eine noch höhere Bewertung denken lassen.

Zum Gesamteindruck gehören natürlich auch gut gefüllte Gläser, was durch eine kleine, aber feine Auswahl offener Weine, deutlich mehr (auch höherwertige) Flaschen, sowie die kompetente Beratung durch das Serviceteam genauso garantiert wird wie das hohe Niveau auf den Tellern.

Augsburg (Bayern)

Alte Liebe

Alpenstr. 21,
86159 Augsburg
☏ 0821-65057850
www.alte-liebe-augsburg.de
⏱ Mi–Sa ab 18 Uhr, So–Di RT
Hauptgericht: 26–34 €,
Menüs: 85–120 €

Wir empfehlen Benjamin Mitscheles Restaurant seit Jahren und waren schon von seiner Küche begeistert, als er noch in der Ludwigstraße hinterm Herd stand, wo sowohl räumlich als auch kulinarisch alles ein wenig kompakter war. Spätestens nach dem Umzug in die neuen Räumlichkeiten ist aus der Alten Liebe ein echtes Fine-Dining-Restaurant und die Küche zunehmend anspruchsvoller geworden. Die unverkrampft heimelige Art hat man sich aber zum Glück beibehalten. Immer mittwochs schütteln Mitschele und sein äußerst charmantes Serviceteam unter der Leitung von Peter Karl ein lässiges Bar-Konzept aus dem Ärmel: Man kann hier bestens in der hervorragenden Weinkarte stöbern oder ein frisch Gezapftes von der in Craft-Bier-Kreisen gerade sehr gefragten Brauerei Frau Gruber trinken. Für ver-

hältnismäßig schmalen Euro serviert das Küchenteam dazu attraktive Gerichte zum Teilen. Einige davon fanden wir in leicht abgewandelter Form auch im Donnerstag bis Samstag servierten siebengängigen Gourmetmenü wieder, die zum Aperitif gereichten exzellenten Stabmuscheln zum Beispiel, die perfekt gegart Biss mit Schmelz verbanden. Auch in den Genuss des hervorragenden Sauerteigbrots mit würziger Koji-Butter kommen sowohl Bar- als auch Menü-Gäste.

Obwohl die Gerichte vordergründig nie übermäßig gewitzt wirken, wird bereits bei der ersten Gabel deutlich, wie präzise und überlegt Benjamin Mitschele und sein Team kochen. Das verdeutlichte bei unserem Testbesuch auch der erste Gang mit Adlerfischtatar, Yuzu, geröstetem Reis, Rettich und Ingwer aus dem eigenen Garten, in dem die studierte Gartenbauerin Ines Mitschele alte und neue Gemüsesorten kultiviert. Nicht nur der Rettich und der marinierte Ingwer waren hocharomatisch, knackig mit subtiler Schärfe, auch der Adlerfisch präsentierte sich in hervorragender Qualität. Diese trat besonders gut zu Tage, weil das Küchenteam den Fisch grob würfelte und er so seinen festfleischigen Charakter besonders gut zeigen konnte. Der Clou und ein sehr elegant austarierter Gegenpol zur süß-säuerlichen Frische waren die gerösteten Reiskörner, die dem Gericht eine ganz natürlich anmutende Rauchigkeit vermittelten, die es dezent rauchig, aber eben nicht geräuchert schmecken ließ.

Ähnlich schlicht aber genauso durchdacht war der Fischgang mit Kabeljau, Schwarzkohl, Birne, Haselnuss und Beurre Blanc mit weißem Pfeffer. Das Gericht lebte dabei besonders vom Kontrast des schmelzig gedämpften Fischs und dem knackigen Schwarzkohl. Dass weißer Pfeffer hier ausdrücklich auf der Karte erwähnt ist, mag für manche redundant klingen und die Frage aufwerfen, ob eine Beurre Blanc denn nicht standardmäßig mit weißem Pfeffer gewürzt sei. Hier machte diese Hervorhebung aber durchaus Sinn, weil der Pfeffer deutlich wahrnehmbar war und mit seinen typischen Fermentierungsnoten die Spannung auf den Teller brachte, die dem von Natur aus eher mildaromatischen Kabeljau qua DNA fehlt. Nur ein Beispiel dafür, wie feinsinnig Mitschele und sein Team ihre Gerichte komponieren.

Auch der Hauptgang mit Reh, Schwarzwurzel und Traube konnte durchweg überzeugen, besonders aufgrund des tollen Hauptdarstellers: Das rosa gebratene Rückenstück erwies sich als sehr saftig und eher mild, fast wie ein gutes Entrecôte vom Rind. Damit harmonierten kross frittierte sowie zart gegarte Schwarzwurzel-zubereitungen ganz hervorragend, gerade ob des eher filigranen Wildgeschmacks des zu begleitenden Hauptdarstellers.

Auch die – niemals zu unterschätzende! – Kunst der komplexen Wohlfühlgerichte beherrscht die Küche der Alten Liebe exzellent. Intuitiv frivol-lecker war zum Beispiel ein wunderbar süffiger Zwischengang mit Waldpilzen, Lardo und Eigelb, aber auch das köstliche Dessert mit Apfel und Mandelmilch. Beide Gerichte generierten ihre Komplexität daraus, dass ständig in irgendeiner Ecke des Tellers neue Aromen aufploppten. Hier mal ein anderer Pilz oder ein kross gerösteter Brotchip, da ein anders gewürztes Stück Apfel oder ein fast unverschämt buttriger Crumble.

Zwischendurch kommen zwei Gäste zur Tür rein, trinken ein Bier an der Bar, essen dazu ein paar Häppchen und gehen nach einer Dreiviertelstunde wieder, als sei es das normalste der Welt, in einem Spitzenrestaurant ein Bier an der Bar zu trinken. In der Alten Liebe ist alles wundervoll!

✗

ANNA Café

Im Annahof 4,
86150 Augsburg
📞 **0821-4550780**
www.das-anna.de
🕐 **Mo von 12–18 Uhr, Di–Sa ab 12 Uhr**
durchgehend, So RT
Hauptgericht: 12–25 €,
Menüs: 25–45 €

EC 💳 VISA P hhh ♿

Hier können wir uns nur Wiederholen, denn wenn man bedenkt, dass dieses zentral in Augsburgs Innenstadt im ruhigen Annahof gelegene

Lokal kein Restaurant, sondern eher eine unkomplizierte Mischung aus Café und Bistro ist, wirkt die gebotene Qualität gleich nochmal so bemerkenswert. Auch, oder gerade weil das auf einer Schiefertafel notierte Angebot hier stets sehr klein ist und obwohl man im Grunde nur wenige klassische Tellergerichte im Sinne von Vorspeisen, Zwischengerichte oder Hauptgänge bekommt.

Hier gibt's meist einige Salate mit verschiedenen Toppings wie etwa gegrilltem Lachsfilet oder „Lendenfetzen", ein paar vegane Optionen wie ein Süßkartoffel-Gemüsecurry oder eine Bowl mit in Ponzu eingelegten Pilzen, Kirschtomaten, Emmer, mariniertem Feta und Karotten-Hummus und auch einen oder zwei Burger-Varianten. Und drumherum meist noch drei, vier andere Offerten, wie zuletzt hervorragende Schlutzkrapfen nach klassischer Südtiroler Art: mit dünnem Teig um die herzhafte Spinatfüllung, in reichlich Nussbutter angeschmälzt, mit geschmorten Kirschtomaten und Kräutern angerichtet und hauchdünn mit gereiftem Hartkäse überhobelt. Mit solchen Gerichten erreicht die Küche 5-Pfannen-Niveau! Etwas simpler und rustikaler wirken da im Vergleich Sachen wie die Beef-Ribs mit Avocadodip und Süßkartoffelchips, zumal das Fleisch zwar mit einer sehr guten Barbequesauce mariniert war, aber nach unserem Geschmack deutlich zu wenig Zeit in der Hitze verbracht hatte – also nicht wie von selbst von den Rippenknochen fiel, sondern ziemlich zäh und widerspenstig war. Geschmeckt hat's trotzdem sehr gut. Genau wie der Burger, für den ein saftiges Patty mitsamt aromatischem Coburger Brie, Essiggurken und Zwiebeln zwischen die zwei Hälften des Buns aus einer ortsansässigen Bäckerei geklemmt waren – und der dicke Belgische Fritten an seiner Seite hatte. Da bleiben dann kaum Wünsche offen, die man an einen guten Burger haben kann…

Außerdem gibt es eigentlich immer auch ein, zwei süße Sachen auf der Tafel, die stets einen Versuch lohnen. Zuletzt zum Beispiel ein hausgemachtes Eis aus Banane, Schokolade und Nüssen, das in cremiger Konsistenz harmonischen und natürlichen Geschmack an den Gaumen brachte und zusammen mit einem etwas grob und groß geschnittenen Obstsalat serviert wurde. Die Wein- und Getränkekarte listet neben den Gewächsen seriöser Weinerzeuger verschiedene Cocktails und auch ansprechende alkoholfreie Getränke.

August

Johannes-Haag-Str. 14,
86153 Augsburg
📞 0821-35279
restaurantaugust.de
⊘ Do–Sa ab 18 Uhr, So–Mi RT

Im ersten Stock einer neoklassizistischen Villa wird in zwei von großformatiger moderner Kunst geprägten Salons eine ebenso naturverbundene wie avantgardistische Freistilküche geboten, die zum Kreativsten und Eigenwilligsten gehört, was Deutschlands Fine-Dining-Szene zu bieten hat. Deren Schöpfer Christian Grünwald, der durchaus (und ausschließlich positiv gemeint) als kulinarischer Querdenker und Freigeist bezeichnet werden kann, war schon einst am alten Standort des Restaurants in der Frauentorstraße seiner Zeit immer zwei Schritte voraus und hat auch mit dem Umzug in die neuen, noch repräsentativeren Räumlichkeiten vor ein paar Jahren nicht nachgelassen, seine Gäste mit raren Produkten, genialen Kombinationen und abgefahrenen Aromenakzenten zu verblüffen. Und auch nachhaltig zu begeistern, denn bei aller Experimentierlust sind Grünwalds Kreationen nie bloß experimentell, sondern immer sehr geschmackssicher und – ein wenig Aufgeschlossenheit vorausgesetzt – klar nachvollziehbar. Wer stark klassisch gepolt ist und einfach nur gut und gediegen auf hohem Niveau essen gehen will, ist hier am falschen Ort. Man muss schon bereit sein, sich auf ein mehrstündiges, forderndes, in jedem Falle außergewöhnliches Gesamterlebnis für alle Sinne einzulassen, das mehr den Charakter einer künstlerischen Aufführung als den eines normalen Restaurantbesuchs hat. Wesentlicher Teil dieser Inszenierung sind die eigens für das Restaurant entworfenen, von innen illuminierten Tische mit Glasplatten, auf und unter die sich das Geschehen von den Tellern aus immer wieder ausweitet.

Beißer Burger

Dominikanergasse 13,
86150 Augsburg
📞 0821 24412582
beisserburger.de
⊘ Mo–Sa ab 11.30 Uhr durchgehend,
So RT

Abwechslungsreiche handgemachte Brioche Beef-Burger mit frisch gewolftem Fleisch aus artgerechter Haltung und als Vollkorn-Veggie-Burger mit hochwertigen regionalen Zutaten.

Die Ecke

Elias-Holl-Platz 2,
86150 Augsburg
📞 0821-510600
www.restaurantdieecke.de
⊘ Mi–So von 11.30–14 Uhr
u. ab 17.30 Uhr, Mo u. Di RT
Hauptgericht: 30–45 €,
Menüs: 48–90 €

Schon seit Jahrzehnten gelten die „Ecke-Stuben" als eines der gastronomischen Aushängeschilder der Fuggerstadt und schon seit damals ist diese als „Künstler- und Schlemmerlokal" allen Feinschmeckern in der Region bekannte Institution auch und ganz besonders für seine Wildspezialitäten bekannt. Der heutige Patron Ronald Dachs und sein langjähriger Küchenchef Paul Seiler haben immer an dieser Tradition festgehalten und so gilt das verwinkelte Restaurant mit seinem nostalgischen Retro-Flair und wechselnder Kunst nach wie vor als gute Adresse für Reh, Wildschwein und Hase aus heimischer Jagd – mal in klassischer französischer Façon dargeboten, mal regionalbetont im gutbürgerlichen Stil, aber immer fundiert und mit klar gehobenem Anspruch an Produkt und Handwerk. In anderen Bereichen und vor allem bei Fisch, Schalen- und Krustentier tendiert die Küche oft ins mediterrane Fach, arbeitet dort ebenso zuverlässig wie routiniert und bedient eher konservativen Geschmack als die Lust auf Innovationen. In der international sortierten Weinkarte findet man für jeden Anlass das Passende.

Gasthaus Settele

5

Martinistr. 29,
86179 Augsburg (Haunstetten)
☎ 0821-84086
www.gasthaus-settele.de
⊘ Mi–So von 10–14 Uhr u. ab 18 Uhr,
Mo u. Di RT
Hauptgericht: 13–32 €,
Menüs: 20–60 €

EC ⬤ VISA P ⌂ ♿

Immer gut besucht und immer solide: Es wundert uns nicht, dass das zeitgemäß gestaltete und gar nicht mal so kleine Gasthaus von Familie Settele in Haunstetten selbst unter der Woche nicht selten bis auf den letzten Platz ist. Denn hier haben nicht nur die Architekten ganze Arbeit geleistet und trotz der weitläufigen Fläche ein gemütliches, modernes Ambiente geschaffen, in der man sich wohl fühlt – auch die Küche bietet gleichbleibend gute Qualität und spricht stilistisch ein breites Publikum an. Das gelingt Inhaber und Küchenchef Stefan Settele seit vielen Jahren mit einem bunten Mix aus bodenständigen Traditionsgerichten bis hin zu weitläufigeren Dingen, also einem Spagat zwischen Wiener Schnitzel und Zwiebelrostbraten auf der einen Seite und einem mit Sesam und Pfefferkruste gebratenen Ikarimi-Lachs auf Spinatsalat und Avocadosalsa nebst Chili-/Limonensauce auf der anderen.

Weil das Eine nicht dröge und das Andere nicht experimentell daherkommt, gelingt beides ansprechend. Es liegt aber natürlich auch daran, dass das Team die Basics beherrscht, auf Frische Wert legt und gut abschmecken kann. So sind hier beispielsweise Suppen, an denen man die Substanz einer Küche ja immer recht genau erkennen kann, stets eine erfreuliche Sache. Und zwar ganz egal ob traditioneller Art, wie bei der schön natürlich kraftvoll schmeckenden Brätstrudelsuppe, oder eben etwas unkonventioneller, wie bei der prononciert mit Limone und Minze aufgefrischten Erbsencreme, die mit Eismeergarnelen auch noch eine attraktive Einlage intus hatte.

Leider bot die Karte bei unserem letzten Besuch neben diesen Suppen als weitere Alternative für ein Voressen nur noch drei verschieden bestückte Salatteller, so dass sich die Möglichkeiten einer etwas umfangreicheren Speisefolge in engen Grenzen hielten. Tendenziell essen die Gäste hier wahrscheinlich mehrheitlich nur einen Hauptgang und vielleicht ein Dessert, weshalb die Portionen dann auch recht stattlich bemessen sind. Von einem schön gleichmäßig rosa gebratenen Lendensteak vom Rind, das in unserem Falle mit kraftvoller mittelbrauner Rahmsauce, sautierten Waldpilzen und sehr guten Kässpatzen mit milden Röstzwiebeln und aromatischem rahmigem Käse aufgetischt wurde, wird man als Normalesser definitiv satt.

Qualitativ sehr gut und ebenfalls großzügig portioniert fanden wir die zahlreichen Tranchen vom Rücken eines Rehbocks aus dem nahen Siebentischwald, die nicht nur auf den Punkt gegart, sondern auch wirklich schön saftig und mit zartem Biss auf dem Teller lagen. Über die milde Currynote am knackigen Spitzkraut kann man vielleicht diskutieren – grundsätzlich war die Begleitung des Wilds, zu der neben locker-saftigen Kartoffel-/Pilzplätzchen auch noch eine sehr ausgewogene, mit Johannisbeere feinsäuerlich abgeschmeckte Jus gehörte, eine runde Sache.

Innereien-Fans wollen wir unbedingt auch die Kalbsleber ans Herz legen, die hier oft und gern in klassischer Kombination mit Äpfeln, Röstzwiebeln und Kartoffelpüree auf der Karte steht und immer eine sichere Bank ist. Genau wie die trocken-knusprigen und nicht etwa fettriefenden Apfelküchle aus adäquat säuerlichen Äpfeln mit Sauerkirschen und Vanilleeis. Beim letzten Mal gab's zudem ein intensiv nussiges Pistazieneis mit erfrischend säuerlichem Pfirsich-/Aprikosenragout und puffernd rahmiger Mascarponecreme. Ebenfalls ein feiner und unkomplizierter Abschluss auf solidem 5-Pfannen-Niveau.

In der kleinen Weinkarte finden sich ansprechende Tropfen bekannter Erzeuger aus Europa und auch glasweise hat der routinierte und flinke Service immer den einen oder anderen lohnenden Wein in der Hinterhand – zuletzt beispielsweise einen Sauvignon blanc vom Weingut von Winning aus der Pfalz.

Hamburgerei

Ludwigstr. 8, 86152 Augsburg
📞 0821-50824494
www.hamburgerei.de
⊘ So–Do von 12–21.30 Uhr,
Fr u. Sa von 12–22 Uhr, kein RT

Kreative Burger-Varianten aus hochwertigen Produkten teils regionaler Herkunft mit hausgemachten Saucen sowie diverse Salate und Chili con Carne.

Kahn

im Feinkost Kahn
Annastr. 16, 86150 Augsburg
📞 0821-312031
www.feinkost-kahn.de
⊘ Mo–Sa von 11–15 Uhr, So u. Fei RT
Hauptgericht: 19–29 €, Menüs: 29–59 €

Eine Feinkosthandlung, die nicht nur Schlaraffenland-Feeling und viele Köstlichkeiten für daheim bietet, sondern auch die Möglichkeit, direkt vor Ort hochwertige Produkte in souveräner Machart zu genießen, kann eigentlich nur ein Erfolg sein. Und entsprechend sind Thomas Abele und sein Team auch nicht mehr aus der zweiten Etage des Feinkost Kahn in Augsburg wegzudenken. Angepasst an die Öffnungszeiten des Ladengeschäfts hat auch das Restaurant – abgesehen von speziellen Veranstaltungen außer der Reihe – im Grunde nur untertags geöffnet und ist dennoch fast immer gut besucht.

Kein Wunder, denn das Angebot pendelt sehr geschickt zwischen Bodenständigkeit und Noblesse, schlichteren Traditionsgerichten und exklusiveren Offerten. Die Grundausrichtung in dem in kräftigem weiß-rotem Kontrast gestalteten Restaurant bleibt dabei verhältnismäßig klassisch und leicht zugänglich, wird aber durch gute Ideen und clever gesetzte Akzente auch anspruchsvollen Gaumen gerecht. Schon bei dem als Einstimmung servierten Rote-Bete-Couscous zeigte sich, wie gekonnt die Küche mit einfachen Mitteln gute Effekte zu erzielen weiß. Hier waren das eine deutliche Kreuzkümmelwürze, die säuerliche Frische von griechischem Joghurt und getrockneten Cranberries sowie nussige Kicks durch Pinienkerne die gut abgestimmt zusammenspielten – ein unkompliziert aromenstarker Einstieg!

Auch beim rosazarten Roastbeef vom milden Hirsch aus Neuseeland zeigte die Kombination aus cremig-herbsäuerlicher Preiselbeer-Remoulade, kleinen Marillengel-Tupfen und knusprigen Pastinakenchips eine gut durchdachte Idee und klare aromatische Konturen. Nur die Proportionen waren dabei nicht optimal gewählt, weil die sehr üppig eingesetzte Remoulade den Hirsch nicht ganz so zur Geltung kommen ließ, wie dieser es verdient hätte und so den Gesamteindruck in eine eher rustikale Richtung bewegte.

Dafür stimmte beim Kalbsbeuscherl aus Zunge, Lunge und Herz wieder alles: super, zart und doch mit Biss, viel Geschmack und knackigen Brunoises zeigte dieses eine feine Säure im eleganten Weißweinschaum – und sogar noch mehr als das. Denn die Ergänzung mit Räucheraal warf direkt die Frage auf, warum Beuscherl nicht immer mit diesem kombiniert wird, war doch der rauchige Schmelz des Fischs eine wunderbare Bereicherung und machte das Gesamtbild deutlich komplexer und spannender. Überhaupt wagt sich das Team aufgrund des hohen Qualitätsstandards bei den Produkten erfreulicherweise öfter (mit Erfolg!) auch an ausgefallenere Sachen und Innereien von Wagyu-Herz bis Rehleber.

Und auch, wenn mal nicht alle Details hundertprozentig gelingen, wie beim etwas trocken geratenen Kabeljau mit Linsen und Kürbis, bleiben die Qualität und der Gesamteindruck auf klar überdurchschnittlichem Niveau. Denn trotz etwas zu viel Hitze erfreute der Kabeljau in einer harmonischen Umgebung durch das Zusammenspiel von erdigen Linsen, einer duftigen Kürbisschaumsauce und der klaren nussigen Kante von intensivem Kernöl.

Zum Abschluss gibt's je nach Appetit und Vorlieben ebenfalls bodenständige Klassiker wie einen mustergültigen Kaiserschmarrn mit Apfelkompott und Vanillerahmeis, aber auch aufwendigere Alternativen wie eine Tonkabohnen-Crème-brûlée mit dreifach schokoladigem Kontrast durch Schokocrumbles, Schoko-Sponge mit Chilischärfe und Schokoladeneis, sowie eine sehr stimmige dunkelfruchtige Ergänzung durch Rumpflaumen. Abgerundet wird ein Besuch von dem aufmerksamen Serviceteam um Priska Kahn, einer gut sortierten Weinkarte und auch glasweise lohnenden Empfehlungen, passend zu den verschiedenen Gerichten.

Magnolia

Beim Glaspalast 1, 86153 Augsburg
☎ 0821-3199999
www.magnolia-restaurant.de
◐ Di–Fr von 11.30–14 Uhr u. ab
18.30 Uhr, Sa ab 18.30 Uhr,
So u. Mo RT
Hauptgericht: 13–35 €,
Menüs: 27–88 €

Das Magnolia könnte als Restaurant auch in jeder Metropole bestehen, denn der denkmalgeschützte Industriecharme des Augsburger Glaspalasts, der auch das Lokal mit seinen hohen, lichtdurchfluteten Räumen nebst moderner Kunst zeichnet, wirkt cool und urban wie kein zweites Restaurant in der Fuggerstadt. Kulinarisch setzt Gastgeber Mario Volanti auf ein breit aufgestelltes Programm für ein heterogenes Publikum vom Museumsbesucher bis zum Feinschmecker und legt eine Karte vor, die von schwäbischen Leibspeisen über asiatisch inspirierte Gerichte bis zu einfallsreicher Italianità reicht. In der Weinkarte findet man viele fair kalkulierte Tropfen arrivierter Erzeuger aus ganz Europa.

maximilian°s

im Hotel Maximilian's
Maximilianstr. 40,
86150 Augsburg
☎ 0821-5036650
www.maximilians-augsburg.de
◐ Mo–Sa von 12–14 Uhr u. ab 18 Uhr,
So RT
Hauptgericht: 13–69 €,
Menüs: 52 €

Als unbestritten erstes Haus am Platz hat das Hotel Maximilians in Augsburg mit dem Restaurant Maximilian's ein passend urban-schickes und adäquat anspruchsvolles Hotelrestaurant in modernem, geschmackvoll schlichtem Design installiert. Gegenüber der offenen Küche sitzt man an großen blanken Holztischen und bequemen Polsterstühlen, durch Wein-Vitrinen und luftige Raumteiler entsteht ein aufgelockertes Raumgefühl und auch bei dem teils durchaus quirligen Treiben zwischen Hausgästen, Businesslunch-Essern und externen Besuchern kein Gefühl von Hektik.

Das Team rund um Executive Chef Simon Lang geht einen cleveren Mittelweg zwischen urbaner Leichtigkeit, schlichteren Traditionsgerichten und ambitionierteren Sachen bei durchgängig hohem Anspruch an Produkt und Handwerk – das ist absolut mehrheitsfähig, hält aber zugleich stets gute Ideen und intensive Aromen bereit, so dass verständlicherweise keineswegs nur Hausgäste auch zum ausgiebigeren Genießen zu Gast sind.

Besonders gut nachvollziehbar wurde das Konzept zuletzt beispielsweise bei der gebeizten und sanft temperierten Fjordforelle, die als ganzes Stück unter nussigem Amaranth-Topping auf den Teller kam. Ergänzt von chili-scharfer Avocadocreme, einer sehr zurückhaltenden, milden Kalamansi-Note, herbfrischer Frühlingszwiebel und einem duftigen Kräutertopping ergab das ein ausgewogenes und schlüssiges Geschmacksbild mit klaren Aromen.

Aber auch die folgende Entenbrust mit dünner, kräftig kross gebratener Haut und markant pfeffrig-pikantem Gewürzsalz zeigte den gekonnten Umgang mit schlagkräftigen Akzenten. Hier passten die prononcierten Gewürzaromen ausgezeichnet zum knackigen und abwechslungsreichen Gemüsemelange mit Sprossen und Shiitake-Pilzen und wurden von der eher hellen Entenjus gespiegelt, die ebenfalls von solchen warmen pfeffrigen Noten geprägt war. Insgesamt entstand daraus ein markiger, eher plakativer als filigraner Eindruck, aber eben auf wohlproportionierte elegante Art und damit wohlgelungen.

Der in einer kleinen Springform servierte karamellisierte Cheesecake wirkte im Vergleich zu den herzhaften Gerichten ein wenig „hausbackener", mit einem nahezu 50/50 aufgeteilten Verhältnis von Crumbleboden und (eher trocken-kompakter) Frischkäsemasse. Durch das Topping aus Quittengel, Minze und Quittenrahmeis wurde das Gesamtbild allerdings etwas aufgelockert und der rustikale Charakter des Cheesecakes gekonnt gebrochen. Sehr üppig und massiv blieb das Ganze dennoch, allein auf aufgrund der gewählten Proportionen.

Sicher ist aber in jedem Fall, dass die moderne urbane Linie nicht nur den Zeitgeist und ein breites Publikum trifft, sondern auch einfach ein stimmiges Gesamtkonzept präsentiert, das sich vor dem dezidierten Gourmetprogramm nebenan im Sartory keineswegs verstecken muss. Dazu gehören auch ein flotter, gut organisierter Service und eine lohnende Weinauswahl mit der einen oder anderen spannenden Entdeckung.

---

nineOfive

**Fuggerplatz 9,
86150 Augsburg**
℡ 0821-50814365
www.nineofive.de
**So–Do von 17–22 Uhr,
Fr u. Sa von 12–22 Uhr, kein RT**
Hauptgericht: 10–16 €

Original neapolitanische Pizza mit perfektem Teig und qualitativ hochwertigen Toppings aus dem Spezialofen stehen hier im Fokus. Es gibt aber auch Lasagne, das eine oder andere Pasta-Gericht sowie italienische Snacks und Vorspeisen, die sich ebenfalls über die hohe Qualität der Grundprodukte definieren. Nicht zu vergessen eine sensationelle Weinkarte mit Schwerpunkt Riesling!

Bezahlkarten-Symbole

- Mastercard
- EC-Maestro
- Diners
- American Express
- **VISA** Visa

Nose & Belly

**Heilig-Kreuz-Str. 10,
86152 Augsburg**
℡ 0821-50895791
www.noseandbelly.de
Do–Sa ab 18 Uhr, So–Mi RT
Hauptgericht: 24–37 €,
Menüs: 78–120 €

Noch so ein ambitioniertes junges Restaurant, das zuletzt viel frischen Wind in die Gastroszene der Fuggerstadt gebracht hat! Der kreative Geist hinter dem Nose & Belly ist Hendrik Ketter, der neben seinem neuen Augsburger Projekt schon seit einigen Jahren einen ebenfalls ambitioniert bespielten Gasthof im beschaulichen Gundelfingen an der Donau betreibt.

Obwohl der Küchenstil durchaus vom Regionalen inspiriert ist, muss man das Nose & Belly unweit der Augsburger Innenstadt als Gourmetrestaurant auffassen, das mit intelligent und kreativ komponierten Gerichten überzeugen kann. Den verspielten Umgang mit der schwäbischen Hausmannskost brachte bei unserem jüngsten Besuch besonders der Fastnachtskrapfen auf den Punkt, der als Zwischengang serviert mit seiner wunderbar deftigen Füllung aus Schweinefüßen begeistern konnte. Ähnlich gestrickt war die gestockte Kartoffelsuppe mit Ei und geräucherter Butter, die eine spannende Brücke zwischen süddeutschen Kindheitserinnerungen und japanischem Chawanmushi baute.

Ausgesprochen loben möchten wir den hervorragenden Weinservice. Nicht nur weil sich der Restaurantleiter in Sachen Wein als äußerst sattelfest erwies und weil die Flaschenweinkarte mit allerlei gefragten aufstrebenden Produzenten wie Peter Wagner oder Wasenhaus bestückt ist. Auch hat man hier verstanden, dass man in einem Spitzenrestaurant kaum mit jahrgangsaktuellen Gutsweinen von allseits bekannten Weingütern punkten kann. Stattdessen kamen wir in den Genuss nicht ganz alltäglicher Tropfen wie einem angereiften 2015er Einzellagen-Veltliner aus der Wachau oder einem autochthonen kroatischen Rotwein zum Hauptgang.

Dass Ketter und sein Team durchaus für die ein oder andere gewitzte Kreation zu haben sind, zeigte vor allem das Dessert, bei dem weiße Schokolade eine ungewöhnliche aber am Gaumen völlig schlüssige Kombination mit Ingwer und Chicorée einging. Aber auch die gewohnteren Aromen weiß man im Nose & Belly in

Szene zu setzen. Sehr gut umgesetzt war in diesem Sinne zum Beispiel der Hauptgang mit Kalbs-Entrecôte, Bacon und Champignons, der uns besonders dank zweier à parts mit Zunge und Bries voll und ganz abholen konnte.

Ab und an mussten wir diesmal über die ein oder andere unpräzise gekochte Komponente hinwegsehen, um die Bewertung unangetastet lassen zu können. Grobe Schnitzer sind das aber sowieso nie, eher Kleinigkeiten. Jedoch tauchten sie für unseren Geschmack beim jüngsten Testbesuch etwas zu häufig auf. Sei es aufgrund einer zu massigen Creme beim Apero-Cracker, einem nicht ganz kross frittierten Tobinamburschalenchip, einem nahezu breiigen Forellenfilet, dem es eindeutig an Biss fehlte, einem hausgemachten und zu schwefeligen Senf zum Krapfen oder einem nicht zu Ende durchgebackenen Strudel als Petit Four: in sich geschlossen perfekt präsentierte sich bei unserem jüngsten Besuch kaum ein Gang.

Auch das Saucenhandwerk wirkte auf uns diesmal erstaunlich blass. Den Trend, Saucen nicht mehr übermäßig fettig zu gestalten, befürworten wir ja grundsätzlich, jedoch wünschten wir uns hier und da etwas mehr aromatische Tiefenschärfe, sei es bei der Fischbouillon zur Forelle mit Rettich und Liebstöckel oder bei der Kalbsjus.

Ein äußerst kurzweiliges Unterfangen ist ein Menü im Nose & Belly aber so oder so. Nicht zuletzt aufgrund der lässigen Gangart und der schlüssigen und aromatisch immer sehr zusagenden Aromenkombinationen, die Hendrik Ketter und sein Team mit tollen Produkten schmücken. Denn wo bekommt man heutzutage schon noch eine Kalbszunge serviert?

6↑ / 🍴🍴🍴

Sartory

im Hotel Maximilian's
Maximilianstr. 40,
86150 Augsburg
📞 0821-50360
www.sartory-augsburg.de
◉ Mi–Sa ab 18 Uhr, So–Di RT
Hauptgericht: 32–45 €,
Menüs: 108–165 €

In einem wintergartenähnlichen, hell und elegant eingerichteten Seitenflügel des Hotel Maximilians hat schon seit geraumer Zeit dessen ambitioniertestes kulinarisches Angebot seine Heimat. Und genau wie das Hotel selbst ganz klar den Status „Erstes Haus am Platz" beansprucht, sind auch in dessen Gourmetabteil die Ambitionen hochgesteckt. Sowohl das Ambiente als auch das Konzept setzten auf zeitgemäß entspannten Luxus, mit Kronleuchtern an der Decke, chilligen Jazz- und Soul-Sounds aus den Lautsprechern und aufwendig gestalteten Arrangements auf den Tellern.

Das Angebot beschränkt sich auf ein einziges Menü in maximal sechs Gängen, hat damit gute Voraussetzungen für hohe Qualität bei Produkt und Mis en place und bietet immer wieder neue individuelle Ideen. So weit so gut. Bei den vergangenen Besuchen wurde allerdings die Umsetzung der auf dem Papier vielversprechenden Ideen und den geweckten Erwartungen nicht immer gerecht. Umso gespannter waren wir auf einen neuen Eindruck nach den verschiedenen Corona-Zwangspausen.

Dieser blieb bei den ersten Snacks zum Aperitif auch erstmal noch unbestimmt, weil ein kleines geräuchertes und gebratenes Makrelenstück mit Radieschen und Rauch-Mayonnaise als Reminiszenz an „Steckerlfisch", eine aromatisch verblüffend derbe Tartelette mit Kalbslebercreme und Trüffel sowie ein prägnant geschärftes Karottenconfit in einem weichen Gemüse-Taco als einleitendes Fingerfood zwar durchaus gelungen ausfielen, aber andererseits auch noch nicht so viel verrieten.

Anstelle weiterer Grüße startete das Menü danach direkt mit einer vielversprechenden Kombination aus Bachforellentatar mit Brathuhn-Mayonnaise, ätherischen Buddhas-Hand-Scheiben, mildem Forellenkaviar, gebackenen Kapern und einem leichten Dillfond auf Basis von Buttermilch. Die Idee war dabei ebenso interessant wie nachvollziehbar – nur in der Umsetzung schwächelte das Ganze dadurch, dass das Tatar so stark salzig abgeschmeckt war, dass es regelrecht rustikal wirkte und den eleganteren Toppings nicht die Möglichkeit ließ, als feinere Akzente zur Geltung zu kommen.

Besser gelang das Feintuning beim von vornherein kompakter und harmonischer angelegten Zwischengang vom Skrei, der sanft in Umami-Butter confiert auf feinwürzigem Garum-Kartoffelpüree, geflämmten Borettane-Zwiebeln und einer ätherisch lebendigen Bergamotte-Beurre-Blanc angerichtet wurde. Als Topping setzten Roggenchips und filigrane Sepia-Korallen knusprigen Kontrast, nur die Jasminreis-/Mandelcreme dazwischen war eigentlich ein cremiges Element zu viel und kam nur begrenzt zur Geltung. Dennoch souveränes 7-Pfannen-Niveau!

Wieder einfacher und etwas gröber wurde es beim im Ganzen im Salzteig gegarten Fenchel: Dessen komplexes, feines Aroma wurde einerseits durch einen zarten „Salat" aus Amalfizitrone und Artischocke ätherisch feinbitter und sehr stimmig ergänzt, andererseits aber unnötigerweise durch überreichlich proportionierte Creme von geschmorter roter Paprika, die mit ihrer schmorwurzig-gemüsefruchtigen Art rabiat alle sonstigen Feinheiten überbügelte, dominiert. Ein Vergleich mit einer der Versionen von Thomas Kellermanns „Phoenix aus der Asche" drängte sich da geradezu auf – zeigte aber letztlich nur, was für feinsinnige Kombinationsmöglichkeiten schonend gegarter Fenchel im Idealfall bieten könnte…

Dafür bereitete der kühle Verveine-Tee tatsächlich angenehm leicht neutralisierend auf den Hauptgang vor und war eine gelungene Alternative zum traditionellen Sorbet. Und danach ging es bei der gefühlten kulinarischen Achterbahnfahrt des Menüs auch wieder rasant bergauf: bei hocharomatisch an der Karkasse gebratener Taubenbrust, die – abgesehen von ein paar Salzflocken zu viel – mit einer durch Harissa befeuerten Taubenjus, herbem Quittenchutney und genau dosiert puffernder Selleriecreme in ein gut balanciertes Spannungsfeld gestellt wurde. Und wieder klar in Richtung siebte Pfanne zeigte!

Auch der süße Part mit einem einleitenden Cornflakes-Eis nebst karamellisierter Milch und Milchschaum als „Frühstück-Deluxe" und der Abschluss mit aufwendig variierten Bete-Komponenten, die – gestützt von herber Schokolade – mal heller und fruchtiger, mal dunkler und erdiger in einem dicht arrangierten Dessert zusammenfanden, gelang souverän.

Fazit: die Diskrepanz zwischen Ambition und Umsetzung ist deutlich geringer als bei den letzten Besuchen. Wenn das Team beim Abschmecken und Feintuning noch konstanter arbeitet, sind 7 Pfannen fraglos wieder drin. In greifbarer Nähe sind sie schon jetzt. An der gut sortierten Weinkarte und den engagierten Damen im Service wird es sicherlich nicht scheitern – auch wenn beim Thema elaborierter Weinberatung ebenfalls noch Entwicklungspotenzial erkennbar ist.

Studio Napoli

Maximilianstr. 67, 86150 Augsburg
☎ 0821-81549940
studionapoli.de
◷ Di–So von 12–22, Mo RT
Hauptgericht: 10–17 €

Im originellen Ambiente mit südländischem Hinterhof-Flair oder auf der Terrasse vor dem Lokal wird authentische Pizza nach Art der „Verace Pizza Napoletana" geboten. Mit Teig aus vernünftigem Mehl, der 72 Stunden lang ruhen darf und dann – mit hochwertigen Zutaten belegt – sekundenkurz im Steinofen in luftiger Perfektion gebacken wird. Außerdem: diverse Kleinigkeiten wie mit ausgesuchten Produkten bestückte Antipasti-Teller oder Fleischküchlein alla Nonna.

Aying (Bayern)

August und Maria

im Brauereigasthof Hotel Aying
Zornedinger Str. 2, 85653 Aying
☎ 08095-90650
www.august-und-maria.de
◷ Do–Mo von 11.30–14.30 Uhr
u. ab 18 Uhr, Di u. Mi RT
Hauptgericht: 22–38 €, Menüs: 52–77 €

Wer bei dem Namen „Brauereigasthof Aying" an ein rustikales, bodenständiges Wirtshaus oder an die Schankwirtschaft einer Brauerei denkt, wird bei diesem stattlichen und überaus fein herausgeputzten Anwesen mit komfortablen Zimmern im Herrenhaus und den nicht uneleganten Gasträumen des zugehörigen Restaurant August und Maria staunen. Auch die Küche des Gastronomiebetriebs, der gehobene und behagliche ländliche Gediegenheit ausstrahlt, hat weniger mit Schweinsbraten, Blaukraut und Knödel als vielmehr mit sanft geschmorter Short-Rib auf Trüffeljus nebst Brokkoli und Lyoner Kartoffeln zu tun, tischt also über weite Strecken deutlich exklusiver auf, als man es in einem Brauereigasthof gemeinhin erwartet.

Einen hervorragenden Schweinsbraten gibt es dennoch. Er stammte zum Zeitpunkt unseres Besuchs vom sanft in Dunkelbierjus geschmorten Bauch eines Bio-Schweins und wurde mit geröstetem Spitzkohl und kleinen Semmelknödeln in äußerst aparter Version serviert. Davor könnte man sich beispielsweise ein tatsächlich schön mild und sanft warmgeräuchertes Filet von der heimischen Forelle schmecken lassen, die als Gourmet-like angerichtete Vorspeise zusammen mit zartem geflämmtem Lauch, einer würzigen Lauchcreme und einer herbe, fruchtige Frische vermittelnden Quittenvinaigrette auch kompositorisch und handwerklich einen guten Eindruck hinterließ.

Für all das zeichnet als Küchenchef seit geraumer Zeit Tobias Franz verantwortlich, der es seinem Vorgänger Mario Huggler gleichtut und das hohe Niveau der vergangenen Jahre locker halten kann. Sehr gut war nämlich auch eine andere Vorspeise, die sich um eine klassische Pastete vom Hirsch und Scheiben von dessen gebeiztem und zur Rosenblüte drapiertem Filet drehte – beides mit feinem Wildaroma, die Pastete handwerklich tadellos umgesetzt. In Kombination mit einer aus den Ingredienzen des Waldorfsalats gefertigten Creme, Walnusskernen und Preiselbeerpüree, war auch dies eine attraktive Sache. Einziges Manko: für eine à la carte bestellte Vorspeise relativ spärlich portioniert.

Umso größer war allerdings die Vorfreude auf das Reh aus heimischer Jagd, dessen korrekt rosa gebratener Rücken schön saftig, fleischig und nicht eben mürbe auf dem Teller lag und mit einer raffinierten Haube aus Pinienkernen und Spekulatiusbröseln gratiniert war. Das verlieh dem Wild eine adäquate unaufdringliche Süße nebst eleganter weihnachtlicher Würze

und Nussigkeit, was selbstredend auch sehr gut mit dem fruchtbetonten Blaukraut und einem fluffigen Topfenknödel mit animierender Säure korrespondierte.

Von ähnlichem Kaliber war der Hauptgang vom Wildhasen, dessen überraschend saftige geschmorte Schulter und rosa gebratener Rücken sich in ihrer ausdrucksstarken Art prima mit der tiefgründigen, beherzt mit Grand-Cru-Bitterschokolade verfeinerten Jus vertrugen. Etwas gerösteter Blumenkohl, eine relativ säuerlich (Balsamico?) abgeschmeckte Blumenkohlcreme und fruchtig auflockernde Püreesauce aus Mandarinen gaben auch auch diesem Wildbret ein ausgewogenes Finish.

Nichts als Freude machte zudem das als Pâte à Choux annoncierte Dessert, denn das mit Vanillemousse gefüllte Brandteigkrapfen kam nebst Mandarinengelee, in Grand Marnier marinierten Orangen und würzigem Glühweinsorbet als ausgewogener Nachtisch mit weihnachtlichem Gout daher, was zum Zeitpunkt unseres Besuchs saisonal schon bestens passte. Auch wenn der Service zuletzt zugegebenermaßen etwas unaufmerksam und überfordert gewirkt hat: aus der Vergangenheit wissen wir, dass das vielköpfige Team normalerweise nicht nur herzlich und zugewandt, sondern auch flott und zuverlässig agiert. Das Weinangebot kann sich, offen wie flaschenweise, sowieso sehen lassen. Doch als gastronomisches Aushängeschild der bekannten familiengeführten Ayinger Brauerei spielt hier natürlich auch Bier eine gewichtige Rolle. So gibt es eine eigene Karte, in der auch saisonale Hopfenspezialitäten aufgeführt sind spezielle Empfehlungen zu den einzelnen Gerichten.

Die Hoteleinträge

★★★★★S	Superior
★★★★★	Unterkunft für höchste Ansprüche
★★★★	Unterkunft für hohe Ansprüche
★★★	Unterkunft für gehobene Ansprüche
★★	Unterkunft für mittlere Ansprüche
★	Unterkunft für einfache Ansprüche
⇨	Unterkunft ohne Sterne-Klassifizierung

Hotelempfehlung

★★★★ S

Brauereigasthof Hotel Aying

Zornedinger Str. 2, 85653 Aying
☎ 08095-90650
www.brauereigasthof-aying.de
Einzelzimmer: ab 100 €
Doppelzimmer: ab 121 €

EC ⬛ ⬤ VISA P P 🛜 ᴴᵀᴴ

Schwögler

Stinkelbrunnstr. 18,
93077 Bad Abbach
☎ 09405-962300
www.schwoegler.de
⊙ Mi–Sa ab 17.30 Uhr, So von 11–14 Uhr,
Mo u. Di RT
Hauptgericht: 16–35 €,
Menüs: 37–78 €

EC ⬤ VISA P ᴴᵀᴴ

Der historische Brauereigasthof mit einem Haupthaus und einem angrenzenden Herrenhaus wurde erstmals anno 385 als Taverne mit Übernachtungsmöglichkeit erwähnt und blickt mittlerweile auf über 600 Jahre Gasthof-Kultur zurück. Im Haupthaus befinden sich 34 geschmackvoll eingerichtete Zimmer, die keinen modernen Komfort wie schnelles WLAN oder moderne Flat-TVs vermissen lassen. Das denkmalgeschützte Herrenhaus, ehemaliges Zuhause der Familie, verfügt über 14 Hotelzimmer, die größtenteils mit offenem Kamin oder historischem Kachelofen ausgestattet sind. Jedes der 14 Zimmer ist nach einem Familienmitglied aus sieben Generationen benannt und ebenso individuell gestaltet wie deren jeweilige Charaktere. Neben fünf Konferenzzimmern für private Feiern, Firmenfeiern, Tagungen und Seminare bietet der Gasthof auch ein gehobenes Restaurant, eine traditionelle bayerische Gaststätte mit Biergarten, eine Privatbrauerei und eine historische Kegelbahn. Außerdem verfügt das Hotel über einen Fitnessraum und einen Wellnessbereich mit finnischer Sauna. Rund um den Brauereigasthof gibt es zahlreiche Wanderwege, Radwege (Fahrräder können im Hotel geliehen werden) und Langlaufloipen zu entdecken. Skigebiete und Golfklubs erreicht man bereits nach einer kurzen Autofahrt. Restaurant August und Maria separat erwähnt.

Der direkt vor den Toren Bad Abbachs und dort unmittelbar neben dem Kurpark gelegene Landgasthof von Familie Schwögler ist seit vielen Jahren eine feste Anlaufstelle für all jene Genießer, die unkompliziert-niveauvolle Gastkultur und eine ebenfalls gleichermaßen bodenverhaftete wie einfallsreiche Küche suchen und schätzen. In dem von außen eher unscheinbaren Anwesen überrascht beim Betreten das großzügige Restaurant mit eher modernem und klarem Design, bei dem neben blanken dunklen Holztischen markante Weinfässer und der chillige Weinverkostungsbereich eine genussfreudige Atmosphäre schaffen.
Genussfreudig ist aber auch die von Helmut Schwögler und seiner Küchenchefin Anna Gabelsberger gebotene Küche, die mit einfallsreichen und weltoffenen Kreationen, vielen kreativen Ideen und erfreulichem Mut zu deutlichen Aromen aufwartet – ohne dabei zu kompliziert zu werden. Es geht nicht unbedingt um Perfektion bis ins letzte Detail, eher um eine schwungvolle, heitere Küche auf handwerklich und qualitativ deutlich überdurchschnittlichem Niveau.
Ein „echter Schwögler" war dann auch gleich zum Beginn unseres letzten Besuchs ein op-

tisch markant angerichtetes Arrangement aus zarter Kürbis-Panna-Cotta als Ringhälfte, die gekonnt aus der breiten milden Ecke in eine eher konzentrierte, leicht fruchtige Richtung bewegt wurde. Dazu ergänzten zarte Roastbeef-Röllchen mit Tomatenfüllung, ein prägnantes stückiges Pesto und kräutrige Ziegenkäsebällchen den ebenso farben- wie aromenfrohen Einstieg auf ansprechende Art und Weise.

Ein von Cremigkeit getragenes Wohlfühlgericht folgte mit den Pfifferlings-Cannelloni, deren luftige Farce in einer grünen Erbsencreme seine erdige Fortsetzung fand, von sautierten Pfirsich-Scheiben, knackigen Erbsen und röstigen Mini-Pfifferlingen aber auch gekonnt mit Säure und Knackigkeit aufgebrochen wurde. Gemeinsam mit zusätzlichem Umami-Boost durch frischen Parmesan obenauf ergab das perfektes Soulfood mit abwechslungsreichem Aufbau.

In eine ähnliche Richtung ging es dann auch beim sanft gegarten Lachsforellenfilet, dessen zart aufblätterndes Fleisch neben leichten Röstnoten eine „polnische" Umgebung aus Blumenkohl (stückig und cremig) sowie wachsweichen Wachtelei-Hälften und üppigerem Schmelz verliehen bekam. Das wirkte harmonisch und durch knusprige Lotus-Chips auch texturell aufgelockert, insbesondere nach dem Gang vorab wäre hier aber ein schneidigerer Kontrast durch mehr Säure noch ein willkommenes i-Tüpfelchen gewesen.

Weil aber auch die Desserts regelmäßig überzeugen und locker mit dem sonstigen Niveau mithalten – sei es bei einem zarten Schokoladensoufflé nebst frisch kontrastierenden Erdbeer- und Rhabarber-Zubereitungen oder den intensiv-natürlichen Sorbetvarianten – bleibt es bei der aktuellen Bewertung und einem unverändert positiven Gesamteindruck. Und zu dem tragen auch der gut organisierte Service und die vielen guten und fair kalkulierten Weine bei. Die Karte listet offen gute Basisweine und flaschenweise oder auf Empfehlung auch glasweise höherwertige und etwas reifere Tropfen aus Deutschland, Österreich und Italien.

Bad Ditzenbach (Baden-Württemberg)

Gasthof Restaurant Hirsch

Unterdorfstr. 2,
73342 Bad Ditzenbach (Gosbach)
☎ 07335-96300
www.hirsch-badditzenbach.de
◔ Mo u. Do–Sa von 11–13.30 Uhr
u. ab 18 Uhr, So ab 11 Uhr durchgehend,
Di u. Mi RT
Hauptgericht: 16–40 €,
Menüs: 30–120 €

Im Hirsch von Familie Kottmann in Gosbach bei Bad Ditzenbach, einer Gegend, die seit Jahrhunderten für Obstbau bekannt ist, vermutet man weder von außen noch beim Betreten der ländlich-rustikalen Stuben irgendwelche lukullischen Besonderheiten, sondern eher bodenständige Vesper und traditionelle schwäbische Klassiker, die dann im besten Fall auch noch ganz gut zubereitet sind. Die gibt es hier zwar auch, daneben offeriert die Karte aber mindestens genau so viele einfallsreich und kreativ klingende Gerichte aus internationalen Produkten, die ob der guten Qualität und der Souveränität der Zubereitungen immer wieder positiv überraschen. Die Armada verschiedenster Brände auf dem großen Digestif-Tisch zeugt vom Faible der Gastgeber für Hochprozentiges und die Weinkarte hat ebenfalls einiges zu bieten.

Bad Doberan (Mecklenburg-Vorpommern)

Friedrich Franz

im Grandhotel Heiligendamm
Prof.-Dr.-Vogel-Str. 6,
18209 Bad Doberan (Heiligendamm)
☎ 038203-7400
www.grandhotel-heiligendamm.de
◔ Mi–Sa ab 18 Uhr, So–Di RT
Hauptgericht: 45–95 €,
Menüs: 149–243 €

Das aristokratische Grandhotel Heiligendamm bietet nicht nur eine selbst für Kurbadverhältnisse exklusive Lage direkt am Ostseestrand, sondern mit dem nach Großherzog Friedrich Franz benannten Gourmetrestaurant auch seit vielen Jahren eine feste Instanz für Genießer, die konstant zu den besten an der deutschen Ostseeküste zählt. Verantwortlich dafür ist mit Ronny Siewert ein ebenso perfektionistischer wie unaufgeregter Chef, der die klassischen Tugenden der Haute Cuisine bis aufs Letzte verinnerlicht hat und sie in einer sehr akkuraten, fein gezeichneten und doch kraftvollen Art interpretiert.

Dass ausgerechnet eine Kaviar-Degustation (kombiniert unter anderem mit Rindertatar und Rauchaal) sowie die saisonal variierten Gänseleber-Zubereitungen als Signature Dishes geführt werden, ist durchaus bezeichnend für das klar auf exklusive Luxusprodukte ausgerichtete Konzept – steht aber eher für ihn für den Qualitätsanspruch und das klassische Selbstverständnis als dafür, dass hier an irgendeiner Stelle marktschreierisch mit Luxusprodukten herumgeworfen werden würde. Im Gegenteil: was Ronny Sieberts Küche auszeichnet, ist neben den Produktqualitäten vor allem deren aromatisch genaue und komplex aufgebaute Inszenierung.

Bereits angedeutet wurde das mit einer luftig krossen Backkartoffel mit Schälhappen (marinierter Hering) sowie Scheiben vom Ostseelachs mit mariniertem Kopfsalat, grünem Apfel und einem herbal-frischen Fond als akkurate Miniaturen. Noch ein bisschen deutlicher wurde es bei der ganz sanft und ohne nennenswerte Röstnoten gebratenen Jakobsmuschel mit wunderbar klar reintönigem Geschmack und einem bestens dazu passenden, weil zartaromatischen Umfeld aus einem leicht gebundenen klaren Spargelfond, der mit Kräuteröl marmoriert und von milder Spargel-Panna-Cotta und anisduftigem Estragonsorbet elegant ergänzt wurde.

So richtig klar, wo die Stärken der Küche liegen, wurde dann aber tatsächlich bei der das

Menü offiziell eröffnenden kalten Gänseleberbervariation. Das kraftvoll markante Grundprodukt in exzellenter Qualität bekam hier kontraststarke Akzente von grünem Pfeffer, Holunderblüte und Périgord Trüffel, die nicht nur auf antiquierte Süße, sondern auch auf Würze und dunkle, tiefe Töne setzten. Neben einer eher puren Terrine mit schwarzer Trüffel, die fein durch kleine Birnenwürfel mit Ingwergel ergänzt werden konnten, beeindruckte unter anderem eine filigrane Installation aus Krokant, Holunderblütensorbet (unter Gänseleberschaum) und reichlich schwarzer Trüffel, die wunderbar zwischen Wucht, Tiefe und Leichtigkeit pendelte. Und eine kleine geschichtete Tranche aus Gänseleber, Pfeffergel und Holunderblüte mit markanter Schärfe und pointierter Säure zeigte wieder andere Facetten auf, was ein wunderbares Kreuz-und-Quer-Probieren durch die verschiedenen Komponenten ermöglichte.

Kompakter aufs hervorragende Produkt ausgerichtet, aber ebenso fein gezeichnet, präsentierte das Team knackig-glasigen dänischen Kaisergranat, dessen nussige Süße erfreulich klar neben frischgrünen halbierten Erbsen (nebst etwas Erbsencreme und -sprossen) stand. Eine helle Nage mit Noten von Zitronengras und Koriander schmiegte sich sanft daran an, während warme kleine Ananaswürfel mit würzig süß-säuerlichem Umeboshigel für deutlichen Kontrast und eine röstwürzige Krustentiervelouté für Kraft und Tiefe sorgte.

Die einzige nicht ganz so überzeugende Idee hatte das Team mit einer Dillblütensalz-Beize für den folgenden Steinbutt, die vor allem für eine etwas festere Konsistenz und eine salzige Grundwürze sorgte, den Plattfisch dabei aber ein klein wenig anstrengender und plakativer wirken ließ, als es bei der erkennbar erneut ausgezeichneten Qualität notwendig gewesen wäre. Die sehr klassische, aber ebenso substanzstarke und präzise Begleitung mit saftigen Morcheln, weißen Spargelspitzen und einem duftig-komplexen Morchelschaum, bis hin zu den säuerlich marinierten Spargeljuliennes auf dem Steinbutt, spielten dagegen exakt abgezirkelt und perfekt balanciert zusammen.

Und auch bei dem straff-zarten Lammrücken mit milder feiner Eigenwürze unter einer dünnen saftigen Kräuterkruste, der von einer glänzend tiefen Lammjus ergänzt wurde, die ebenfalls hintergründige Kräutrigkeit und ebenso viel Kraft wie Eleganz zeigte, war wieder alles im Lot. Ein auf grünen Bohnenstreifen platzierter Artischockenboden mit Hummuscreme wirkte dazu vor allem als (ein wenig simpler und breiter) Ruhepol, während ein Rondell aus gepresster Schmorhaxe mit dünnem Gelee aus gestockter Bohnenkrautvelouté, Kaperncreme und confierten Zitronenzesten mit komprimierter Kombination aus tiefer Power, lebendiger Säure und ätherischer Süße ordentlich Schwung in das Gericht brachte.

Auch mit dem süßen Abschluss zeigte das Team gewohnt hohes Niveau. Mit betont knackig-säurefrisch gehaltenem Himbeer-Rhabarber als pochierte Stücke, die pfiffig mit hauchdünnen rohen Scheiben noch mehr aufgefrischt wurden, sowie einer von ihrer weißen Schokoladenhülle gezähmten Rhabarbersorbet-Kugel, die durch ihre Kombination mit präsenter „grüner" Frische von Sauerklee sowie Mandel als nussig konzentrierte Creme und Mandelmehl-Crumbles unter mildcremig abpuffernddem Milcheis einen erfrischenden und doch vollmundigen Abschluss bescherten. Das Arrangement wirkte zwar ein klein wenig zergliedert, lag aber in der Präzision und Feinabstimmung schon eher bei 9 als bei 8 Pfannen.

Kaum weniger wie auf die Küche von Ronny Siebert freuen wir uns bei jedem Besuch auch auf Restaurantleiter und Sommelier Norman Rex, der mit seiner ruhigen, humorvollen und kompetenten, teils fast flüsterleisen Art das Restauranterlebnis bereits seit 2003 entscheidend mitprägt – konnten aber zuletzt feststellen, dass auch in seiner Abwesenheit das junge hochmotivierte Serviceteam den Abend inklusive lohnender Weinempfehlungen sehr angenehm zu gestalten weiß und dabei gut die Balance zwischen vornehmer Zuvorkommenheit und Lockerheit trifft.

Jagdhaus Heiligendamm

Seedeichstr. 18b,
18209 Bad Doberan (Heiligendamm)
☎ 038203-735775
www.jagdhaus-heiligendamm.de
◕ Mo u. Do–Sa ab 17 Uhr, So mittags nach Vereinbarung u. ab 17 Uhr, Di u. Mi RT
Hauptgericht: 17–36 €, Menüs: 55–75 €

Das Idyll im Grünen, das nicht weit von der Uferpromenade und dem Grandhotel Heiligendamm entfernt liegt, wird schon seit vielen Jahren von ebenso ambitioniert wie zuverlässig von Alexander Ramm und dessen Team mit überdurchschnittlich guter, meist regionalbetonter weltoffener Küche bekocht. Gleicher-

maßen bodenständigen wie einfallsreich präsentieren sich die Gerichte auf den hübsch und akkurat, aber nicht allzu detailaufwendig arrangierten Tellern. Große Wirkung mit einfachen Mitteln lautet hier das Motto – und das gelingt immer wieder sehr überzeugend. Man sieht und schmeckt einfach auf jedem Teller, dass hier mit Fingerspitzengefühl, Expertise und Fantasie substanzreich gekocht wird. Dazu gibt es fair kalkulierte Weine deutscher Erzeuger und auch eine angemessene Kalkulation bei den Speisen.

Bad Dürkheim (Rheinland-Pfalz)

ohne
Bewertung

Savarin ...
die Gesundheitsküche

„naturreine Gesundheitsküche –
Bio-sattvisch-ayurvedisch"
Weinstraße Nord 12,
67098 Bad Dürkheim
☎ 06322-7908925
www.savarin.de
◕ Mo u. Di ab 17 Uhr (nur mit Res.), Mi–So u. Fei ab 11 Uhr durchgehend, kein RT (1.12. bis 27.02. geschlossen)
Hauptgericht: 18–49 €

Ausgerechnet in Bad Dürkheim, das ja mitten im Epizentrum der pfälzischen Saumagenverwurstung liegt, betreibt Familie Terzi ihr Restaurant mit ayurvedischer, beziehungsweise sattvischer Küche in Bio-Qualität. Und das schon seit mehreren Generationen und – wie man als Gast des kleinen, gepflegten und sehr persönlich geführten Lokals sofort unschwer erkennen kann – aus voller Überzeugung. Diese alternativ-medizinische Küche, die hier auf Basis von über zweihundert verschiedenen

Heil- und Gewürzpflanzen sowie diverser Heilöle und natürlich handverlesener Bio-Produkte zubereitet wird, zielt natürlich auf den Genuss, aber primär auf die umfassende Erholung für Körper, Geist und Seele ab. Und sie erfordert daher eine ganz besondere Art des Kochens, die sehr viele Zubereitungsarten, die in einer herkömmlichen anspruchsvollen Küche Standard sind, von vornherein ausschließt.

Gerne hätten wir das sympathische kleine Lokal auch in der vergangenen Testsaison wieder besucht, aktuell beschrieben und neu bewertet, aber der Restaurantbetrieb wurde im Zuge der Corona-Pandemie vorübergehend eingestellt und soll dem Vernehmen nach erst Ende des Jahres 2022 wieder aufgenommen werden. Wir freuen uns auf die Wiedereröffnung und setzen die Bewertung bis dahin aus.

Bad Herrenalb (Baden-Württemberg)

Restaurant Lamm
im Hotel Restaurant Vinothek LAMM
Mönchstr. 31,
76332 Bad Herrenalb (Rotensol)
☎ 07083-92440
www.lamm-rotensol.de
◷ Di–So von 12–14 Uhr u. ab 18 Uhr, Mo RT
Hauptgericht: 15–38 €, Menüs: 38–60 €

Über die meisten vermeintlichen „Traditionshäuser", die sich schon nach wenigen Jahrzehnten gerne selbstbewusst so bezeichnen, kann Gastronom und Küchenchef Karl Schwemmle mit Verweis auf die mehr als 200-jährige Geschichte seines Hotels wohl nur milde lächeln. Doch dass er auch nicht nur mit Tradition punkten möchte, zeigt sich gleich beim Blick auf die Speisekarte des Restaurants, die neben

drei Menüvorschlägen auch mit einem recht umfangreichen Angebot an Gerichten à la carte aufwartet – und damit ganz weltoffen in mediterrane oder exotische Aromenregionen schielt.

Ganz und gar heimatlich-traditionell geht es dagegen im herrlich urwüchsigen Gastraum mit viel patiniertem Holz und Herrgottswinkel zu, was jedoch nicht der Grund dafür ist, dass wir hier am ehesten zu den Wirtshaus-Evergreens wie den bodenständig-rustikalen Zwiebelrostbraten, die geschmälzten Maultäschle oder Rehkrautwickel in Preiselbeer-Pfeffersauce mit Kartoffelpüree tendieren. Die stehen nämlich nicht nur beim schon mittags zahlreich vertretenen Stammpublikum hoch im Kurs, sondern sind auch ganz eindeutig die Stärke der Küche, die derlei Schmankerl zukünftig vielleicht noch fokussierter in Szene setzen sollte. Denn im Gegensatz zum übrigen, in Summe vielleicht doch etwas zu ambitionierten Programm, das uns heuer nur in einigen wenigen Details überzeugen konnte, machen diese Dinge nahezu uneingeschränkt Spaß.

In der Gesamtschau rechtfertigte die Gesamtküchenleistung zuletzt allerdings erst mal leider keine Pfannen-Auszeichnung mehr. Schon die beiden Starter aus dem Menü offenbarten nämlich nicht nur konzeptionelle, sondern eben auch handwerkliche Schwächen. So kam der gemischte Antipasti-Teller mit allerlei recht belanglosen Durchschnitts-Viktualien vergleichsweise lieblos bestückt daher, und auch die anschließende Zitronengrasessenz ließ ihr erhofftes duftig-intensives Aroma leider nur erahnen und die aufgeweicht-labbrigen Frühlingsrollen als Einlage konnten das Niveau nicht heben.

Ein wenig besser geriet da eine Roulade von Wachtel und Gänseleber mit authentischem Produktcharakter, die lediglich ein wenig zu trocken und zu kalt serviert wurde, um noch besser zur Geltung zu kommen. Handwerklich wiederum sehr ungenau war danach aber schon wieder der mit seltsam angetrocknet-gräulicher Haut aufgetragene weiße Heilbutt aus Wildfang zubereitet, welcher dergestalt trotz soft aufblätterndem Fleisch wenig Werbung in eigener Sache machen konnte. Allerdings zeugten die angenehm bissfesten, feinsäuerlich abgeschmeckten Belugalinsen und cremiges Selleriemus als Begleitung von kulinarischem Anspruch und kochtechnischem Know-How.

Licht und Schatten auch beim Hauptgang, denn die nur minimal übergarte Entenbrust bot im Verbund mit süßsäuerlicher Cassissauce ganz traditionelle und durchaus gelungene Klassikerküche, während dieser gute Eindruck aber von fast schon grobschlächtig anmutenden Karotten- und Rote-Bete-Schnitzen oder einer recht lätschigen Rotweinfeige wieder unnötig relativiert wurde. Aber man sieht schon: mit etwas mehr Konzentration könnte die Küche leicht zu alter Stärke zurückfinden. Das Können ist unverkennbar…

Letztlich lieferte dann aber auch die geeiste Mango-Himbeerschnitte mit „Früchtedialog" nur übersichtlichen Hochgenuss, während die gut bestückte Weinkarte des Hauses genauso unverändert zu gefallen weiß wie das freundliche Serviceteam. Aktuelles Fazit: wer sich hier mit der angemessenen Erwartungshaltung an die richtigen Offerten hält, wird einen kulinarisch angenehmen Mittag oder Abend verbringen. Wer in die ambitionierteren Regionen der Karte schielt und entsprechend höhere Ansprüche hegt, könnte derzeit ungleich weniger Gefallen an der Küche finden.

Hotelempfehlung

★★★S

Hotel Restaurant Vinothek LAMM

Mönchstr. 31,
76332 Bad Herrenalb (Rotensol)
☎ 07083-92440
www.lamm-rotensol.de
Einzelzimmer: 58–92 €
Doppelzimmer: 130–189 €

Das familiengeführte Hotel im Ortsteil Rotensol ist nur ein paar Kilometer von Bad Herrenalb entfernt und liegt inmitten der Städte Ettlingen, Karlsruhe, Baden-Baden und Pforzheim. Es verfügt über 30 Zimmer, darunter 3 Grand Suiten und 2 Junior Suiten. Die Komfort Zimmer bieten Kabel-TV, Telefon, kostenfreies WLAN und Balkon mit Blick ins Grüne; in den Suiten sind besonders die großen Badezimmer mit viel Tageslicht und großer Badewanne für 2 Personen ein Highlight. Seit jeher hat im Lamm auch das Kulinarische einen hohen Stellenwert. Die regionale Frischeküche mit badisch-schwäbischen Gerichten lädt ein zu gemütlichen Stunden im liebevoll eingerichteten Restaurant. Die Vinothek mit den besten Tropfen aus Baden, Württemberg oder der Pfalz, aber auch aus ganz Europa und der Neuen Welt, begeistert Weinliebhaber. Restaurant Lamm separat erwähnt.

Bad Hersfeld (Hessen)

L'étable

im Romantik-Hotel Zum Stern
Linggplatz 11, 36251 Bad Hersfeld
☎ 06621-1890
www.zumsternhersfeld.de
⏱ Do–Sa ab 18 Uhr, So von 12–13.30 Uhr u. ab 18 Uhr, Mo–Mi RT
Hauptgericht: 38–45 €,
Menüs: 69–129 €

Das Gourmetrestaurant L'étable im Romantik Hotel Zum Stern, mitten in Bad Hersfeld, hat in vergangenen Jahren von Benedikt Faust über Patrick Spies bis Henrik Weiser eine Reihe sehr talentierter Küchenchefs kommen und gehen sehen und ist seither permanent auf der Gourmetlandkarte mit hohem Niveau präsent. Der letzte Stabswechsel fand im Oktober 2020 statt und brachte den langjährigen Sous-Chef Constantin Kaiser ganz nach vorn an die Herdfront, nachdem sein ehemaliger Chef Henrik Weiser den Weg nach Oberstdorf ins Restaurant Maximilians angetreten hatte.

Die lange Erfahrung mit dem Haus und dem Team schafften für den frischgebackenen Küchenchef sicher gute Voraussetzungen für einen reibungslosen Übergang und ein gleichbleibend hohes Niveau in dem behaglicheleganten Gewölberestaurant, in dem heute nicht mehr viel an die Vergangenheit als Pferdestall für die Tiere von Postkutschen und Reisenden erinnert. Und tatsächlich: schon die ersten Appetizer zeigten, dass sowohl Ehrgeiz als auch Können unverändert hoch sind. Sowohl ein eigenaromatisch-feinsinniges Kalbstatar mit Eigelbcreme auf papierdünnem Saaten-Cracker als auch ein Profiterol mit joghurtfrischer Forellenmousse und zartaromatisch erfrischende Kopfsalat-Gazpacho überzeugten mit Akkuratesse und klarem Geschmack.

Das folgende Amuse-Bouche war dann schon beinahe ein ausgewachsener erster Gang und lieferte mit mild getreidigem Koshikari-Reis nebst zarten Pfaffenstückchen vom Huhn, knackig sautiertem Thai-Spargel, luftigem Thaicurry-Espuma und etwas geröstetem Reis die exklusive Interpretation eines „Hühner-Currys". Gelungen, aber an dieser Stelle des Menüs ziemlich voluminös und füllig.

Eine ganze Stufe filigraner und präziser servierte das Team dann als ersten regulären Gang ein reintöniges, jodig mit Meeresalgenpulver bestäubtes Sashimi vom Zander in Nussbutter-Ponzu. Deren ätherisch-zitrische und nussige Noten wurden von heller Misocreme und eingelegtem Kohlrabi erweitert, während ein grünes Meerrettticheis zusätzliche Frische und ein feines Süße-Säure-Spiel auf den Teller brachte. Das alles in perfekt abgezirkelten Proportionen und damit auf klarem 8-Pfannen-Niveau!

Beim sanft auf den Punkt gebratenen Steinbutt wurde es etwas weniger subtil, aber kaum weniger überzeugend. Den locker mit buttrigen Pankoflakes bestreuten Butt begleiteten zart gerösteter Blumenkohl neben eingelegtem Blumenkohl und Blumenkohl-Espuma. Diese eher kräftige Seite wurde gekonnt von einer ätherischen Amalfizitronen-Beurre-Blanc und den herben, kräutrig-grünen Aromen von Petersiliencreme und Petersilienkresse aufgebrochen. Hier hätte nur die eher leichte Sauce noch mehr Druck und Konzentration haben dürfen. Nachdem ein kleines Glas mit einem eleganten Schichtwerk aus Ananas-Fenchel-Sorbet, grünem Jalapeño-Öl und Ayranschaum die Geschmacksnerven auf unkonventionelle Art erfrischen konnte, ging es im Hauptgang wieder kraftvoller zur Sache. Und zwar mit Miéral-Perlhuhnbrust, deren sous-vide gegartes Fleisch zwar nicht maximal straff und spannungsgeladen, sondern eher mürb-zart daherkam, die dank der kross ausgebratenen Haut über perfekt schmelzender Fetteinlage aber

dennoch viel Vergnügen machte. Außerdem gab es mit einem blumig exotischen gelben Karottenpüree, erdig-würzigeren „Purple Haze"-Karotten und schwarzer Knoblauchcreme markante Begleiter – und eine ausgezeichnete, druckvolle Limonen-Ingwer-Jus.

Der Übergang ins Süße zeigte mit einem feinsäuerlichen Cremeeis von Fichtensprossen nebst frischen und getrockneten Himbeeren und dichtem Vanilleschaum, wie geschmackssicher das Team grundsätzlich auch beim Nachtisch unterwegs ist. Beim Hauptdessert machte es sich das Team dann aber selbst ein wenig schwer: Zwar waren die Komponenten mit Holunderblüte, Erdbeeren, weißer Schokolade, Champagner und Zitronengras durchaus nachvollziehbar assoziiert – auf dem Teller geriet das Ganze aber etwas konfus und überladen, mit eher sperrig wirkender Champagner-Herbe in einem üppig proportionierten Gelee und leicht pappigen Erdbeer-Macarons. Da wäre eine aufgeräumtere Variante oder zumindest veränderte Proportionen besser gewesen…

Unter dem Strich bleibt das aber trotz des kleinen Wacklers am Ende eine sehr souveräne Vorstellung, mit einigen Gerichten, die schon jetzt eine noch höhere Bewertung andeuten. Die weitere Entwicklung bleibt in jedem Fall spannend. Damit es nicht zu spannend wird, können das kompetente Serviceteam um Lena Walck und Sommelier Enrique Armijo und auch die international gut sortierte Weinkarte gerne genauso bleiben, wie sie sind – sind doch sowohl aufmerksame Umsorgung als auch stets mit gut korrespondierendem Inhalt gefüllte Gläser garantiert.

Bad Hindelang (Bayern)

Obere Mühle

Ostrachstr. 40, 87541 Bad Hindelang
📞 **08324-2857**
www.obere-muehle.de
◷ **Di–Sa ab 17.30 Uhr,**
So u. Mo (Fei ausgenommen) RT
Hauptgericht: 19–42 €, Menüs: 58 €
🏧 ⬤⬤ **VISA** 🅿 ⛬

Die behagliche Atmosphäre in einer der schönen holzvertäfelten Stuben aus dem 17. Jahrhundert hat was! Aber auch der Garten mit Panoramablick auf die umliegende Bergwelt macht dieses nostalgische Gasthaus mit eigener Käserei im beschaulichen Bad Oberdorf bei Hindelang zu einem unserer Lieblingsorte im Allgäu. Liegt aber natürlich genauso an der sehr guten Küche, die hier zwar auch mal mediterrane Töne anstimmt, sich ansonsten aber voll und ganz der herzhaften alpinen Produkt- und Aromenwelt verschrieben hat. Fleisch stammt grundsätzlich von Produzenten aus der Umgebung und wird oft auf offener Flamme über Holzkohle grillt, was ihm dann einen unvergleichlich rauchigen Geschmack verleiht. Und das schöne ist, dass es hier nicht bloß die üblichen Filetstücke gibt, sondern auch Dinge wie Kotelett, Herz und Leber oder Kutteln. Die international gut sortierte Weinkarte (viele halbe Flaschen!) und der angenehm lockere, aber nie nachlässig oder nonchalant wirkende Service komplettieren die Obere Mühle zu einem attraktiven gastronomischen Gesamtpaket.

Bad Kissingen (Bayern)

Laudensacks Gourmetrestaurant

in Laudensacks Parkhotel & Beauty Spa
Kurhausstr. 28, 97688 Bad Kissingen
☎ 0971-72240
www.laudensacks-parkhotel.de
◗ Di–Sa ab 18 Uhr, So u. Mo RT
Hauptgericht: 32–45 €,
Menüs: 86–108 €

So ein „Generationswechsel" in einem Traditionshaus ist immer eine Herausforderung: Während den Erwartungen von Stammgästen und dem gewachsenen Profil nicht zu krass entgegengearbeitet werden kann, stehen auf der anderen Seite oft neue Ideen und Potentiale. Zwischen beiden Seiten zu balancieren ist da meist nicht so einfach. Wenn wie im Falle des kleinen, feinen Genusshotels von Familie Laudensack, das seit über 20 Jahren zu einer der zuverlässigen Anlaufstationen für Gourmets im nördlichsten Teil Bayerns zählt und nun an den Bauunternehmer Anton Schick verkauft wurde, die wichtigsten Player mit im Boot bleiben, dann sind die Voraussetzungen für einen harmonischen Übergang jedoch sehr günstig. Küchenchef Frederik Desch, der mit seinen unaufgeregt souveränen Kreationen das kulinarische Angebot über viele Jahre mitgeprägt hat, steht unverändert am Herd. Und als Gastgeber und Sommelier im Restaurant wirkt weiterhin Thomas Hüttl, der jetzt auch die Position des Hoteldirektors innehat.

Insofern waren wir vor dem letzten Besuch zwar neugierig, ob und welche Veränderungen der Besitzerwechsel mit sich bringt, letztlich aber auch sehr zuversichtlich, dass sich an der Qualität und Grundausrichtung nichts wesentlich geändert haben würde. Und so viel bereits vorab: Die in den Menüangeboten wie à la carte gleichermaßen bester französischer Gourmettradition verpflichteten Gerichte kommen weiterhin in zeitgemäßer, klarer und geschmacksstarker Manier zu den Gästen. Und auch das gut eingespielte Serviceteam agiert so zuvorkommend und kompetent wie eh und je. Zum Aperitif, der wahlweise in der Lounge oder am Tisch genossen werden kann, stimmte zuletzt ein dichter Kartoffelschaum mit Räucheraal als wohlig-cremige Miniatur, die nur ganz leicht von Birne und Bohne aufgelockert wurde, akkurat auf das Folgende ein. Ergänzt von einem leicht und transparent angelegten Lachswürfel im Nori-Algenmantel, der nicht zuletzt den hohen Anspruch an die Produktqualitäten aufzeigte. Dass hier in Bad Kissingen außerdem auch feinfühlig und durchdacht kombiniert wird, wurde beim milden, festfleischigen Matjes von der Forelle deutlich, der von eingelegter Gurke, rohem Apfel und einer Sauerrahm-Sphäre elegant unterstützt wurde. Charakteristisch dabei: Die Teller sind in der Regel geradlinig auf den Geschmack ausgerichtet und handwerklich nicht überakkurat ausgeführt, auch kleine Unsauberkeiten wie die leicht flockende Konsistenz der Sauerrahm-Sphäre kommen durchaus vor – ändern aber in den allermeisten Fällen rein gar nichts an der guten Gesamtwirkung. So auch bei der kraftvoll und pur gehaltenen Gänseleber zwischen krossen Filoteigblättern, die in ein lebendig-frisches Umfeld aus grünem Apfel (Confit, Gel…), Koriander, cremigem Joghurt und Sauerklee gestellt wurde und mit diesem markanten Kontrast einen sehr gelungenen Einstieg ins Menü schaffte.

Ebenfalls eher gegenständlich, das aber mit intensiven und klar konturierten Bestandteilen, folgten sodann hauchzart gebratene Jakobsmuscheln in einem dezent (!) exotisch-duftigen Curry-/Pastis-Sud, der einen bestens balancierten, komplex-eleganten Rahmen schaffte und von Fenchel, Algen und fruchtig-süßen Tomatenstreifen zusätzlich akzentuiert, aber auch in Sachen Süße und Säure auf Spannung gebracht wurde – und das auf völlig unaufgeregte Art.

Auch beim kapitalen, schmelzig-röstigen Kalbsbries setzte das Team zurecht auf das hervorragende Produkt und eine fein ausgeführte klassische Kombination. In diesem Fall durch frische Erbsen als knackige Stücke und als Creme neben sautierten Steinpilzwürfeln und dem zarten Schmelz von Lardo. Dank der stimmigen Proportionen ging auch diese Idee bestens auf. Überhaupt wurde bei den mit wenigen klaren Komponenten auskommenden Gerichten einmal mehr deutlich, wie entscheidend scheinbar triviale Basiszubereitungen sein können. Beim zart aufblätternden Kabeljau, der luxuriös von reichlich Rhön-Kaviar gekrönt wurde, war das der Lauch, dessen Süße perfekt herausgearbeitet wurde, ohne auch nur ansatzweise ins Dumpfe abzurutschen. Als Gegenspieler gab es dazu noch den herben Säurekern einer luftigen Champagner-Beurre-blanc, und fertig war ein weiterer klassischer und harmonischer Gang auf hohem Niveau.

Und da auch das Dessert, das einen kühlen Bitterschokoladen-Erdnuss-Karamellriegel im „Snickers-Style" mit marinierten Himbeeren und konzentriert aromatischem Himbeersorbet kontrastierte, handwerklich zwar deutlich gröber als die akkuraten Kreationen vieler anderer Pâtissiers daherkam, dafür aber geschmacklich voll überzeugen konnte, ändert sich nichts an der Bewertung und auch nichts an dem stimmigen Gesamteindruck. Dieser schließt im Übrigen auch das zeitlos elegante Ambiente und die ebenso umfangreiche wie erfreulich fair kalkulierte Weinauswahl mit ein, aus der es flaschen- wie glasweise immer spannende Entdeckungen zu machen gibt.

Hotelempfehlung

Laudensacks Parkhotel & Beauty Spa

Kurhausstr. 28,
97688 Bad Kissingen
☎ **0971-72240**
www.laudensacks-parkhotel.de
Einzelzimmer: ab 110 €
Doppelzimmer: ab 210 €

Die vornehme Gründerzeit-Villa mit großzügigem Park und Seerosenteich liegt ruhig und zentral nur zwei Gehminuten vom Bad Kissinger Bahnhof und einen kleinen Spaziergang von der Burgruine Botenlauben oder der historischen Innenstadt entfernt, die zu gemütlichen Stadtrundgängen oder einer „Genuss-Stadtführung" mit Gastgeber Hermann Laudensack einlädt. Die freundlich und gemütlich gestalteten Zimmer des Stadthotels sind mit hellen Holzmöbeln im modernen Stil eingerichtet, mit kostenlosem WLAN, Flachbildfernseher, bequemen Sesseln und teilweise mit Balkon ausgestattet und haben Ausblick in den Park oder die Landschaft. Die Suite bietet sogar den Luxus eines separaten Wohnzimmers. Das Frühstück ist im Preis inbegriffen und wird im eleganten Restaurant oder bei schönem Wetter auf einer großen Terrasse unter Bäumen serviert. Zum Entspannen steht den Gästen ein SPA-Bereich mit Sauna und Whirlpool zur Verfügung und zum Aktivsein das nahgelegene Wanderparadies Rhön mit urwüchsiger Landschaft vulkanischen Ursprungs. Gourmetrestaurant Laudensacks Parkhotel separat erwähnt.

Bad Kreuznach (Rheinland-Pfalz)

5

Im Gütchen

Hüffelsheimer Str. 1,
55545 Bad Kreuznach
☎ 0671-42626
www.jan-treutle.de
◉ Mo u. Do–Sa ab 18 Uhr, So von
12–14.30 Uhr u. ab 18 Uhr, Di u. Mi RT
Hauptgericht: 34–52 €, Menüs: 82–99 €

Das geradlinig, modern und schön hell gestaltete Restaurant in geschichtsträchtigem Gebäude, einem ehemaligen Rittergut am Rande eines Schlossparks, lädt zu gehobenen Gaumenfreuden in schlicht konzipierter, aber sehr sorgfältiger und substanzreicher Zubereitung. Stilistisch fährt Jan Treutle mehrgleisig, bietet ganz und gar klassische Gourmetküche in deftig-regionaler oder duftig-mediterraner Ausführung, aber auch einfallsreiche Eigenkompositionen, bei denen sich der Chef verschiedenster Einflüsse aus aller Welt bedient. Meist kommen nur drei tonangebende Produkte auf die schnörkellos arrangierten Teller. Der Keller des Hauses ist mit Gewächsen internationaler Provenienzen bestens gefüllt. Gastgeberin Elisabeth Stenger-Treutle leitet engagiert den Service.

Bad Krozingen (Baden-Württemberg)

7↑

Storchen Restaurant Hotel

Felix-Nabor-Str. 2,
79189 Bad Krozingen (Schmidhofen)
☎ 07633-5329
www.storchen-schmidhofen.de
◉ Di–Do u. Sa von 12–14 Uhr
u. ab 18 Uhr, Fr ab 18 Uhr, So u. Mo RT
Hauptgericht: 23–56 €,
Menüs: 46–145 €

Die Köche Jochen Helfesrieder und sein Vater Fritz führen die Küche ihres Familienbetriebs nahe Bad Krozingen, einige Kilometer südlich von Freiburg, seit Jahren als Doppelspitze und halten so das Niveau gemeinsam verlässlich

hoch. Gekocht wird grundsolide klassisch, mit Präzision und Detailaufwand, aber ohne überflüssige Bastelarbeit und halbgare Experimente. Alles wirkt völlig unangestrengt und von leichter Hand komponiert, kommt konzeptionell mal stark regionalbetont und verfeinertbodenständig in Form von gehobener badischer Traditionsküche und mal international und exklusiv daher, als weltoffene und kreative moderne Linie, die den Bogen ganz undogmatisch vom Breisgau über den Mittelmeerraum bis nach Asien spannt. Die sehr gut sortierte und moderat kalkulierte Weinkarte sowie der zuvorkommende und entspannte Service von Annemarie und Liza Helfesrieder sind weitere gute Gründe, hierherzukommen.

Bad Liebenzell (Baden-Württemberg)

6↑

Hirsch – Genusshandwerk

Monbachstr. 47,
75378 Bad Liebenzell (Monakam)
☎ 07052-2367
www.hirsch-genusshandwerk.de
◉ Mo u. Fr ab 17.30 Uhr,
Sa u. So von 12–14 Uhr u. ab 17.30 Uhr,
Di–Do RT
Hauptgericht: 20–40 €,
Menüs: 40–99 €

Den besonderen Charme eines generationenübergreifenden Familienbetriebs hatte das stilvoll und elegant-puristisch modernisierte Gasthaus Hirsch schon immer. Und daran hat sich auch nichts geändert. Wohl aber an der Größe des Huts, die wir vor der Küchenleistung ziehen, die seit September 2021 von Andreas Sondej mehr oder weniger in einer One-Man-Show an den Töpfen und Pfannen erbracht wird.

Denn der handwerkliche Aufwand und der Qualitätsanspruch sind unverändert hoch. Letztlich wird so nur noch deutlicher, wie gekonnt und durchdacht der Chef die ausgesuchten Produkte der zurecht selbstbewusst in der Karte gelisteten Erzeuger verarbeitet. Dabei leistet der schon immer aufs Wesentliche konzentrierte und auf unnötige Spielereien verzichtende Stil, der sich munter zwischen regional verankerten und aus der Zeit bei Johannes King auf Sylt eher nordisch inspirierten Seiten bewegt, den überzeugenden Ergebnissen gute Dienste.

Ein perfektes Beispiel dafür, wie mit guten Ideen und Feingespür auch ohne enormen Aufwand eindrückliche Gerichte kreiert werden können, kam zuletzt gleich mit dem Rindertatar, das den kräftigen gereiften Fleischgeschmack eher pur und nur mit feiner Senfkornwürze in den Vordergrund stellte und durch Rauchaal-Stücke mit zusätzlicher Power ergänzte. Dazu lieferten weich gegarter Topinambur und Topinamburcreme etwas Schmelz und mild nussige Noten, während Blätter und Öl von der Gartenkresse für eine gewisse herbe, kräuterwürzige Frische sorgten.

Ein klein wenig schlichter kam die folgende Feldsalatsuppe daher, die eine schlanke Suppenbasis inklusive dezenter Säure mit pacojet-cremiger Salatpaste und deren „gekocht grüner" Aromatik verband und den Rahmen für eine beherzt karamellisierte Jakobsmuschel und pikantes Confit von Apfel und Schalotte stellte.

Ganz und gar nicht schlicht, sondern von der Produktseite her ziemlich beeindruckend wirkte dagegen die kapitale, festfleischig und zart zugleich geratene Tranche vom Stör. Und mit bissfest-zartem Süßkartoffelragout in einem blumigen, subtil angeschärften Curryfond mit herbaler Petersilienfrische hatte der edle Fisch zudem ein harmonisches Umfeld, das von einem Topping aus feinbitterem Chicorée und geraspeltem Wintertrüffel wohldosierte aromatische Kanten mitbekam.

Souverän gelang auch der Abschluss, in dem ein saftiger Walnussbrownie mit geradezu wuchtiger Kakaoherbe (und angenehm wenig Süße) von hell karamellisiertem Milcheis und gebrannten Walnüssen kombiniert wurde. Das allein war ein wunderbares Hell-Dunkel-Pairing, die in diesem Kontext etwas wässrig und blass wirkenden Mandarinenfilets hätte es da gar nicht unbedingt gebraucht – oder eher in aromatisch konzentrierterer Form…

Zur genussvollen Wohlfühlatmosphäre und dem stimmigen Gesamteindruck trägt im Monakamer Hirschen auch der herzlich familiäre,

aber in jedem Moment kompetente und souveräne Service entscheidend mit bei. Und auch an gut korrespondierenden Weinen herrscht kein Mangel.

Bad Mergentheim (Baden-Württemberg)

Landhotel Edelfinger Hof
im Hotel Edelfinger Hof
Landstr. 12, 97980 Bad Mergentheim
☎ 07931-9580
www.edelfinger-hof.de
◑ Mo–Fr ab 17 Uhr, Sa u. Fei
von 11.30–14 Uhr u. ab 17 Uhr,
So von 11.30–14 Uhr, kein RT

Die größte Besonderheit in der weitläufigen Hotelanlage des Edelfinger Hofs ist und bleibt die beachtliche Sammlung gereifter Wein-Raritäten. Für Liebhaber und Weinfreunde bietet das die Chance, zu vergleichsweise günstigen Preisen in den Genuss großer Weine zu kommen. Das kulinarische Angebot tritt demgegenüber ein wenig in den Hintergrund. Es wird frisch und natürlich gekocht, was an sich ja beileibe keine Selbstverständlichkeit ist, aber in vielen Details auch recht grob und bisweilen etwas nachlässig. Wenn das Team hier nachlegen, mehr in Detailsorgfalt investieren und auch das Niveau der offenen Weine steigern würde (etwa mit einem Coravin-System), wäre der Gesamteindruck noch runder.

Hotelempfehlung

★★★★

Landhotel Edelfinger Hof
Landstr. 14, 97980 Bad Mergentheim
☎ 07931-9580
www.edelfinger-hof.de
Einzelzimmer: 75–95 €
Doppelzimmer: 109–149 €

Das generationsübergreifend familiengeführte Tagungs- und Landhotel Edelfinger Hof liegt im Lieblichen Taubertal, direkt an der Romantischen Straße und nur wenige Kilometer nördlich der Stadt Bad Mergentheim entfernt. Es verfügt über 79 Komfortzimmer und Suiten (teils mit eigenem Whirlpool). Alle Zimmer sind Nichtraucher-Zimmer und alle sind ausgestattet mit hochwertigen Badezimmern inkl. Haartrockner, Minibar und Zimmersafe. In allen Räumen ist kostenfreies Highspeed WLAN verfügbar. Das erst 2014 eröffnete Tagungszentrum steht mit modernster Technik für Seminare und Veranstaltungen auch größeren Gruppen mit bis zu 160 Personen zur Verfügung. Der gepflegte neue Saunabereich ist täglich geöffnet (Bademäntel gibt's an der Rezeption). Das Hotel verfügt auch über eine großzügige, teilweise überdachte und beheizte Sonnenterrasse. Im Restaurant mit Kaminzimmer erwartet die Gäste ein gemütliches Ambiente und eine regionalverwurzelte Genießerküche mit überwiegend schwäbischen und fränkischen Spezialitäten. Außerdem gibt's einen Feinkost-Cateringservice. Restaurant Edelfinger Hof separat erwähnt.

Bad Neuenahr-Ahrweiler
(Rheinland-Pfalz)

Poststuben

in Steinheuers Hotel
Landskroner Str. 110,
53474 Bad Neuenahr-Ahrweiler
(Heppingen)
☎ 02641-94860
www.steinheuers.de
◔ Do–Mo von 12–14 Uhr u. 18 Uhr,
Di u. Mi RT
Hauptgericht: 28–40 €, Menüs: 66–79 €

🏦🅾️〰️💳 VISA Ⓟ ⊞ Ⓧ ♿

Es muss nicht immer die große kulinarische Oper sein, denn bei den Familien Steinheuer und Binder in Heppingen bei Bad Neuenahr-Ahrweiler lohnt auch das Zweitrestaurant als bodenständigeres Pendant zum Gourmetrestaurant den Besuch. Das Angebot profitiert von der Expertise des Küchenteams um Christian Binder und Hans Stefan Steinheuer und überhaupt vom gehobenen Anspruch des gesamten Hauses und bietet so seit Jahren kraftvolle Regionalküche und internationale Klassiker auf hohem Niveau. In den gepflegten, ländlich-eleganten Gasträumen oder immer Sommer im lauschigen Garten hinter dem Haus gibt es stets

fundierte Zubereitungen nach allen Regeln der Kunst, nur eben etwas gegenständlicher und ohne die ganz exklusive Produktpalette. Ebenfalls erfreulich: die in Relation zu dem Gebotenen sehr bodenständigen Preise und die große Auswahl hochwertiger Weine aus der Region und der weiten Welt.

ohne
Bewertung

Sanct Peter – Restaurant Brogsitter

im Historischen Gasthaus
Sanct Peter
Walporzheimer Str. 134,
53474 Bad Neuenahr-Ahrweiler
(Walporzheim)
☎ 02641-97750
www.sanct-peter.de
◔ RESTAURANT
DERZEIT GESCHLOSSEN

🏦🅾️〰️💳 VISA Ⓟ ⊞ Ⓧ ♿

Die schreckliche Flutkatastrophe an der Ahr hat das Gasthaus Sanct Peter der Familie Brogsitter in Walporzheim ganz besonders schwer getroffen. Zum Zeitpunkt unseres Redaktionsschlusses der zurückliegenden Testsaison wurde noch am Wiederaufbau des Traditionshauses gearbeitet, in dem auch das Gourmetrestaurant Brogsitter beheimatet ist, das erst 2019 in einen neuen, lichten Anbau umgezogen war und dessen Küche sich unter der Ägide seines letzten Küchenchefs Tobias Rocholl souverän auf 8-Pfannen-Niveau präsentierte. Die Wiedereröffnung der Gastronomie ist für Ende 2022 avisiert. Wir drücken die Daumen, dass alles nach Plan läuft und sind schon jetzt sehr gespannt, wer dort künftig am Herd stehen wird.

Steinheuers Restaurant Zur Alten Post

in Steinheuers Hotel
Landskroner Str. 110,
53474 Bad Neuenahr-Ahrweiler
(Heppingen)
📞 02641-94860
www.steinheuers.de
🕐 Do–Sa ab 18.30 Uhr,
So von 12–13.30 Uhr u. ab 18.30 Uhr,
Mo–Mi RT
Hauptgericht: 49–69 €,
Menüs: 165–210 €

Nicht selten gehen Generationswechsel in renommierten Betrieben mit kleineren oder größeren Konflikten oder zumindest mit einem klaren Cut einher. Dass es allerdings auch ganz anders gehen kann, wird bei Steinheuers in Heppingen auf beeindruckende Art und Weise sichtbar. Der über viele Jahre von Hans Stefan und Gabriele Steinheuer zu einer der besten Genussadressen des Landes entwickelte Landgasthof „Zur Alten Post", der neben dem Gourmetrestaurant auch die bodenständigeren Poststuben, stilvolle Zimmer im gegenüberliegenden Haupthaus und vielfältige Möglichkeiten für Tagungen und Events beherbergt, hat über die Jahre eine treue Fan- und Gästegemeinde aufgebaut. Die schätzt seit jeher den klassischen, vor allem auf exzellenten Gourmetprodukten und kraftvoll komplexen Saucen basierenden Stil, den Hans Stefan Steinheuer geprägt hat.

Insofern war es alles andere als selbstverständlich, dass seit 2015 mit dem Einstieg von Schwiegersohn Christian Binder, der unter anderem bei Michael Hoffmann im Margaux und bei Nils Henkel im Schlosshotel Lerbach auch ganz andere Stilistiken kennengelernt hat, der

Charakter des Restaurants und der Küche im Grunde unverändert (und somit auch für Stammgäste gleichermaßen attraktiv) weiterbestehen würde. Seitdem sind nun schon sieben Jahre vergangen und dank einer sehr behutsamen und sorgfältig aufgebauten Stabübergabe an Desirée Steinheuer und Christian Binder, der als Küchenchef mittlerweile das Gourmetrestaurant maßgeblich (mit-) prägt, wurde genau das erreicht. Veränderungen und Neuerungen sind zwar sichtbar, aber bei weitem nicht so gravierend, wie das auch von unserer Seite durchaus für möglich gehalten wurde. Im Wesentlichen sind die Saucen bei gleicher Komplexität etwas leichter und transparenter und die Gemüsezubereitungen wirken detaillierter und mit mehr Finesse ausgearbeitet. Aber ansonsten bleibt die klassische, auf Produktqualität und eine klare kraftvolle Tellersprache setzende Linie weiterhin typisch „Steinheuer". Tatsächlich wirkte die Küche bei unserem letzten Besuch sogar wieder etwas mehr „back to the roots" als noch kurz nach dem Einstieg von Christian Binder. Auch wenn die Entwicklung und der Generationswechsel sicherlich noch bei weitem nicht abgeschlossen sind, überwog bei vielen Gerichten eine eher sanfte harmonische Art zwischen den beiden Welten der Tradition und Moderne, so dass an der einen oder anderen Stelle sogar entweder mehr scharfgestellte Details oder aber mehr von der Wucht und Power früherer Jahre wünschenswert gewesen wären.

Zunächst aber stimmten die ersten Kleinigkeiten zum Aperitif gewohnt feinsinnig und animierend auf das Menü ein. Etwa mit dem durch feine duftige Holundersüße akzentuierten Ziegenfrischkäse, oder einer prononcierten pikanten Würze an der krossen Kartoffelrolle als Hülle für feinwürziges Kalbstatar, bevor anschließend als Gruß aus der Küche noch ein klares, reintöniges Thunfischtatar mit zarter Süße und feiner Säure von gepickelten Gurken nebst Avocadocreme, Rettich und Reisknusper als animierendes Präludium auf den Tisch kam. Der „Gemüsegarten" im ersten offiziellen Gang hatte eine luftig leichte Erbsencreme als Basis, die von dunklem Würzpilzpulver tiefe Umaminoten mitbekam, während knackige Karottenstreifen, Wildspargel, Radieschen und weißer Spargel vor allem eigenaromatisch für Auflockerung sorgten. Ergänzt wurde dieses frühlingshafte Arrangement von charakterstarken Kaninchenzubereitungen (gebratene Bauchrolle, Niere, Rücken), die einen salzig-würzigen Kontrast lieferten. Trotz des Abwechslungsreichtums blieb das Ganze insgesamt aber eher auf der harmonischen Seite und hätte beispielsweise durchaus etwas keckere Säure vertragen können.

Ohnehin voll auf Kraft und Tiefe ausgerichtet war die hohe Tranche von geschmeidig mild gebeiztem Lachs unter krossen Kartoffelwürfelchen und Ketakaviar neben relativ weich gegartem und kräftig geflämmtem weißem Spargel (Köpfe und Streifen), die von einer stoffig-rauchigen Aalvelouté getragen wurden, angereichert mit Spargelbrunoises, Rauchaal und Schnittlauch. Und auf diese eher breitschultrige, aber dennoch elegante Art war das absolut überzeugend.

Genau wie der Steinbutt in grandioser reinweißer und fest-zarter Qualität, mit klarem nussigem Geschmack neben einem konzentrierten pacojetcremigen Blumenkohlpüree, geröstetem Blumenkohl und zarten Kohlrabilamellen in einer harmonisch-zarten Vin-Jaune-Sauce, gesprenkelt mit Kohlrabiblattöl und neckisch ergänzt von einer Kohlrabi-Tasche mit Taschenkrebsfüllung. Insgesamt entstand so eine leichtfüßige Verbindung von Meeresfrische und erdig-ätherischem Gemüse – nur die Vin-Jaune-Sauce wirkte im Vergleich zu dem, was beispielsweise Christian Bau unter demselben Label auf die Teller bringt, sehr leise und nach unserem Geschmack in dem Kontext etwas zu zurückhaltend.

Im Hauptgang punktete ein Lammrücken mit ausdrucksstarker Eigenwürze dank seines schmelzend zarten Fettdeckels und krosser Kruste und wurde ergänzt von mit Bärlauchpesto akzentuierter geschmorter Lammschulter in löffelzarter Konsistenz und mit aromatischer Tiefe. Dazu gab es knackigen grünen Spargel mit feinen frischen Bittertönen, eine (etwas faserige) Artischocke und einen Hauch von Säure in Gestalt von mit weißer Zwiebelcreme und Röstzwiebel gefüllten Perlzwiebelsegmenten, während die auf elegante Art kraftvoll gehaltene Lammjus den harmonisierenden Rahmen bildete.

Während der Hauptgang großes Format und durchaus Potential in Richtung einer noch höheren Bewertung aufzeigte, wirkte der süße Abschluss mit jeweils einer Nocke Himbeersorbet und Pistazieneis neben einer Torte mit dünnen filigranen Schichten aus Himbeer- und Pistazienzubereitungen vergleichsweise simpel, brachte aber die beiden Leitaromen in jedem Fall sehr ausdrucksstark und klar an den Gaumen.

Im bundesweiten Vergleich bedingt der aktuelle Entwicklungsstand der Küche zwar eine minimale Rückstufung der Bewertung, was aber rein gar nichts daran ändert, dass ein Besuch in dem zeitlos eleganten Gourmetdomizil der Steinheuers unverändert ein beeindruckendes Genusserlebnis rund um durchweg herausragende Produkte garantiert. Und genauso wenig ändert sich an der herzlich-zuvorkommenden Art der Gastgeber und des gesamten Teams, die atmosphärisch das Ankommen und Zurücklehnen wunderbar leicht macht. Zudem ermöglicht hier der bestens sortierte (und bei weitem nicht nur auf Ahr-Weine fokussierte) Weinkeller sowohl bei der Auswahl von Flaschen als auch bei den korrespondierend empfohlenen Weinen viel anspruchsvollen Trinkspaß.

Hotelempfehlung

★★★★

Romantik Hotel Sanct Peter

Wolporzheimer Str. 118, 53474 Bad Neuenahr-Ahrweiler
☎ 02641-905030
www.hotel-sanctpeter.de
Einzelzimmer: 123–148 €
Doppelzimmer: 168–218 €

Das privat geführte Romantik Hotel liegt in unmittelbarer Nähe des Rotweinwanderweges, der Ahr und der Altstadt Ahrweiler. Hier sorgen Gastgeberin Dagmar Lorenz und ihr Team für Gastfreundschaft und Service auf höchstem Niveau und mit persönlicher Note. Kein Wunder, dass dasHaus bis weit über die Grenzen des Ahrtals hinaus bekannt und beliebt ist. Elegantes Interieur, hohe Decken und harmonische Farbtöne zeichnen die wunderschönen Zimmer aus. Sie sind in den warmen Tönen des Weinlaubs – gelb, grün und rot gehalten, die sich im gesamten Hotel als „roter Faden" wiederfinden. Im exklusiven, kleinen Wellnessbereich entspannen die Gäste in der finnischen Sauna, in der Duo-Crystalwanne mit Magnetfeld-, Farblicht- und Klangtherapie oder im mediterranen Relaxbereich mit beruhigendem, leise plätscherndem Brunnen einer kleinen Steingrotte. Feinschmecker kommen in den Restaurants „Weinkirche" und „Brogsitter" auf ihre Kosten. Restaurant Brogsitter separat erwähnt.

Rauchfang

Gutenbergstr. 15, 63619 Bad Orb
☎ **06052-912376**
www.restaurant-rauchfang.de
✆ **Do–So ab 18.30 Uhr, Mo–Mi RT**
Hauptgericht: 39–49 €, Menüs: 119 €

Üblicherweise ist die gehobene Gastronomie ein schnelllebiges Geschäft. Küchenchefs kommen und gehen oftmals in genauso hohem Tempo wie kulinarische Trends und Moden. Umso schöner, wenn Restaurateure über viele Jahre hinweg konsequent ihren eingeschlagenen Weg verfolgen. So wie Gastgeberin Joanna Sifaki und Küchenchef Pierantonio Maritan mit ihrem speziellen und individuellen Konzept an der Stadtmauer des Kurstädtchens Bad Orb.

In dem urig-gewölbeartigen Gastraum mit schon seit Jahren unverändertem Interieur ist der herzliche Empfang durch die Dame des Hauses schon ein liebgewonnenes Ritual. Ein gewohntes Bild vermittelt auch der Blick in die Karte, die sich über die Jahre hinweg relativ konstant präsentiert. Allenfalls im Detail oder bei den Grüßen aus der Küche variiert der Küchenchef sein bestens erprobtes Tableau und setzt ansonsten auf mittlerweile nahezu perfektionierte Kreationen, die fast durchweg von seiner Heimat Venedig inspiriert sind und immer kompromisslos mit ausgesuchten Bio-Produkten und exklusiven Viktualien aus dem Meer und von Land zubereitet werden.

Nach dem uns bereits aus den Vorjahren bekannten Kartoffelcremesüppchen mit gratiniertem Parmesan, Basilikumsamen, Croûtons aus Demeter-Brot und hausgemachtem Kräuteröl gab es solch eine kleine Innovation im Programm mit dem „Rauchfang-Burger". Hierbei handelte es sich um ein Battuta vom Filet eines Angus-Rindes, das es geschmacklich allerdings etwas schwer hatte, sich gegen die Übermacht von Joghurt-Sauce und Senf durchzusetzen und auch im Verhältnis zum etwas überdimensionierten Ciabatta-Brötchen ein wenig verloren wirkte.

Der Produkt-Perfektionismus von Signore Maritan zeigte sich dann an der fulminant aromatischen großen Pilgermuschel „Pecten Maximus" aus der Bretagne, die mit einer Brotbrösel-Parmesan-Haube, konzentriert jodigem Krustentiersud und einem Hauch auf der Microplane fein geriebener Orangenschale als fruchtig-bitterer Akzent unterfüttert war. Garniert mit dem fast schon omnipräsenten Zitrusschäumchen ein Gang, den wir hier zwar schon häufig genießen konnten, der die Signatur des Chefs aber immer wieder ansprechend auf den Punkt bringt.

Ein weiterer Stammgast im Menü ist auch das hausgebeizte Label-Rouge-Lachsfilet, das heuer etwas zurückhaltender (und dadurch eindrücklicher!) aufgetragen wurde. Die schmelzende Konsistenz des haptisch schön präsenten, weil deutlich dicker aufgeschnittenen Filets, verlangt eigentlich immer nur nach dem ein oder anderen aromatischen Schubser, den dieses Mal Dillstaub und ein sublimer Joghurtspiegel nebst Mango-Sphäre lieferten. Sparsam portioniert sorgten die schön laktischen und fruchtigen Aromen für eine feine Unterstützung des erwartungsgemäß exquisiten Hauptdarstellers, während die recht forsche Kräuternote in diesem Zusammenspiel etwas sperrig wirkte.

Auch wenn sich der weiterhin als Einzelkämpfer am Herd stehende Küchenchef einem vermeintlich profanen Produkt wie Schweinebauch annimmt, ist der Anspruch an Qualität Aufwand hoch. Der 36 Stunden vorgegarte und dann kurz angebratene „Pork Belly" würde unserer Meinung nach übrigens auch ganz ohne Begleitung mit seiner vielschichtigen Textur (krosse Kruste, schmelziges Fett, leicht bissiges Fleisch) großen Genuss bieten, weshalb das erneut präsentierte Duett von Mango und Joghurt sowie ein plakativ süßes Kompott aus roten Zwiebeln und Äpfeln nur punktuell zum

Einsatz kamen – und der Tellermittelpunkt auch mal solo glänzen durfte.

Den uns ebenfalls gut vertrauten „Giardino di…", der alle Hauptgänge gemüsig einleitet, platzierte die Küche heuer im Mixed-Pickles-Stil eher auf der sauren Seite und setzte damit einen scharfen Kontrast zum anschließenden weinseligen Filet vom Angus-Beef, das unter der glänzenden Portweinjus auf den Punkt medium gebraten mit ungemein präsentem Fleischcharakter begeistern konnte. Puristischer geht es fast nicht mehr – aber in der hier gebotenen Qualität und Ausdruckskraft ergibt sich ohnehin ein unverfälschter Genusseindruck ohne Bedarf an schmückendem Beiwerk. Sehr viel Aufwand betreibt Maritan beim Dessert mit seinem über die Jahre immer wieder leicht modifizierten „Zauberwald", der mit schier unzähligen Variationen zum Thema „Süße" in marzipaniger Schokoladigkeit für sich einnimmt und offenkundig ebenfalls eine enorme zeitliche Herausforderung bei der Vorbereitung darstellt, die sich der Chef aber einfach nicht nehmen lässt.

Die von Joanna Sifaki auf Wunsch zu den einzelnen Gängen offerierten Weine zeugen ebenfalls von der kompromisslosen Linie des Hauses und sind allesamt Empfehlungen mit persönlichem Bezug und Background-Story. Interessante Entdeckungen aus Nah und Fern sind da fast immer garantiert, genau wie die sympathische Vorstellung der jeweiligen Tropfen.

Bad Peterstal (Baden-Württemberg)

Kaminstube
im Hotel Dollenberg
Dollenberg 3,
77740 Bad Peterstal (Griesbach)
📞 07806-780
www.dollenberg.de
⊘ Täglich von 12–14 Uhr u. ab 18.30 Uhr, kein RT
Hauptgericht: 25–36 €,
Menüs: 28–59 €

Dienen die sogenannten „Zweitrestaurants" in Hotels mit renommiertem Fine-Dining-Lokal als Aushängeschild oft mehr der lukrativen Lebensmittelverwertung, ist die Kaminstube im Hause Dollenberg seit Jahren ein Paradebeispiel dafür, wie attraktiv diese Spezies Restaurant allerdings auch sein kann. Denn das neben dem nur an fünf Abenden in der Woche geöffneten Le Pavillon täglich zum Lunch und zum Dinner ladende Lokal mit eleganter Ausstattung und klassischer gehobener Kulinarik bietet zu teilweise frappierend günstigen Preisen eine hervorragende Küche, die nicht selten sehr deutlich in den Gourmetbereich tendiert. Das Haus selbst nennt das Ganze „Badische Küche mit einem Touch Extravaganz" – und liegt damit nicht unbedingt daneben. Wobei man bei dieser Überschrift nicht unbedingt an Apero-Happen wie die gebeizte Gelbschwanzmakrele mit intensivem Yuzugel oder eine von kokosbeflockter Kakaobutterhülle umschlossene Gänseleberpraline denkt. Doch solche kleinen Ausflüge in die große weite Welt der Kulinarik zeigen auch, dass das Team um Martin Herrmann seine Gäste nicht gediegen einschläfern möchte. Aber auch mit ganz klassischen Dingen wie der gebratenen Wachtelbrust mit Blumenkohl-Panna-Cotta, Kräuter-Crème-fraîche und kleinem Salat gelingt es, die Papillen auf Hab-Acht-Stellung zu bringen – weil alles bis ins Detail sehr präzise zubereitet ist und jede Komponente einfach toll schmeckt. Das kann man auch ohne Weiteres Vorspeisen wie den in aromatischem Krustentieröl gebratenen und mit Piment d'Espelette gewürzten Riesengarnelen nachsagen, die mit gut ausgereifter Avocado, ausdrucksstarker Limonen-Crème-fraîche und einem sehr fein abgeschmeckten kleinen Salat viel Freude machte. Und wenn die Suppenbasis so natürlich und kraftvoll ist wie hier, kann auch eine gewöhnliche Flädlesuppe richtig Spaß machen.

Spaß hatten wir übrigens auch mit der gebratenen Gänseleber, die in guter, fester Konsistenz und mit sauberem Geschmack ihren Preis rechtfertigte. Zumal sie von sehr guten, in Trüffelrahm ohne jede künstlich-penetrante Trüffelölnote eingelullten und mit reichlich weißer Trüffel überhobelten Tagliarini auch noch ebenso nobel wie köstlich sekundiert wurde. Die dunkle Jus auf Kalbsknochenbasis, die die gebratene Foie gras ebenfalls begleitete, war zwar in Sachen Konzentration und Reduktion am Anschlag, wirkte mit ihrem fruchtigen Säuregerüst aber trotzdem noch sehr ausgewogen. Hier wird generell nicht zimperlich abgeschmeckt, aber eigentlich immer noch das rechte Maß gefunden.

Nur bei der Kräuterkruste, mit der unser zartes, aromatisches Lammkarree gratiniert war, schoss die Küche mit Salz etwas übers Ziel hinaus. Ansonsten aber war auch das ein sehr runder und feiner Teller – wie alles hier sehr klassisch und kraftvoll, begleitet von einer Nocke Paprika-Schmorgemüse, Keniabohnen, Perlzwiebeln in Demi glace und einem tadellosen Kartoffelgratin blieben da keine Wünsche offen.

Dass die Dessertvariation als Komposition bunt und beliebig war, liegt in der Natur der Sache. Einzeln für sich genommen präsentierte sich jedoch von der gebrannten Vanillecreme bis zum Schokoladenkuchen jede Komponente handwerklich beeindruckend gut auf den Punkt gebracht und aromatisch ausdrucksstark. Damit lässt sich kein Innovationspreis gewinnen, ist hier aber auch überhaupt nicht gewollt. Und braucht man selbst als äußerst experimentierfreudiger Gast auch gar nicht immer. Manchmal sind es auch die gut gemachten Klassiker, die den Gaumen erfreuen. Und weil hier auch das Weinangebot hohen Ansprüchen genügen kann, bleiben tatsächlich kaum Wünsche offen.

Le Pavillon
im Hotel Dollenberg
Dollenberg 3,
77740 Bad Peterstal (Griesbach)
☎ 07806-780
www.dollenberg.de
⏰ Do–Mo ab 18.30 Uhr, Di u. Mi RT
Menüs: 143–189 €

Im Gourmetrestaurant des großzügigen Ferienhotels von Familie Schmiederer, das mit seinem weitläufigen Gebäudeensemble hoch oben in einen Berghang außerhalb der Ortschaft Bad Peterstal eingebettet ist, genießt man durch die Fenster des zum Tal hin geöffneten Halbrunds nicht nur ein tolles Panorama, sondern an den elegant eingedeckten Tischen auch großartige klassisch französische Küche aus der Feder von Chef Martin Herrmann. Der ist seit jeher kein Freund ausladender Kreationen, sondern eher auf der puristischen Seite der Kochkunst zuhause, gestaltet seine Teller stets sehr aufgeräumt um das jeweilige Hauptprodukt herum und brilliert insbesondere mit wahrhaftiger Saucenkunst.

Schon die ersten Vorboten aus der Küche, zuletzt ein gebackener Kalbskopfwürfel auf feinzwiebeliger Sauce Gribiche, ein kleines Medaillon von gebeiztem Lachs auf etwas Apfelsud und ein forsch pikantes Rindertatar im kleinen knusprigen Waffelhörnchen repräsentierten den Herrmann'schen Minimalismus, der immer auch mit viel aromatischer Ausdruckskraft einhergeht. So wie die mild gebeizte und ringsum leicht abgeflämmte Gelbschwanzmakrele, deren zwei Tranchen lediglich von zwei Gurkenröllchen begleitet wurden, die mit einer aromatischen Estragoncreme gefüllt und auf Buttermilchvinaigrette mit Estragonöl angerichtet waren – und dergestalt den Küchenstil des Le Pavillon beispielhaft repräsentierten. Da kann man nichts mehr weglassen, muss aber auch nicht unbedingt etwas hinzufügen.

Augenscheinlich etwas komplexer wurde es bei der Vorspeise des insgesamt achtgängigen Menüs, in deren Mittelpunkt Langustinen standen, die sich einmal als gebratene Variante und einmal als Carpaccio auf dem Teller wiederfanden. Der mit Limettenschalenabrieb aromatisierte gebratene Schwanz mit etwas Krustentierschaum verstärkt und die roh marinierten Scheiben unter einem (minimal zu plakativen) mit Vanille aromatisierten Limettengel und hauchdünnen Knusperbrot-Dublonen. Letztendlich war aber auch diese Kreation sehr puristisch auf das sehr gute Hauptprodukt abgestellt, das durch die beiden unterschiedlichen Aggregatzustände aber an sich schon etwas mehr Facettenreichtum aufs Porzellan brachte. So wie die auf drei Arten dargebotene Gänseleber in Gestalt von Terrine, Eis und Praline. Der Süße, die bei den mit Kokos und Aprikose liierten Variationen insbesondere durch die Kakaobutterhülle der Praline, eine Kokoscreme und das Gänselebereis allgegenwärtig war, konnte mit der Säure und herben Frische der Aprikosenkomponenten erfolgreich entgegengewirkt werden. So hatte man es insgesamt zwar schon immer noch mit einer tendenziell lieblichen Foie-Gras-Vorspeise zu tun, aber nicht mit einem vorgezogenen Dessert.

Solche Probleme stellten sich beim nächsten Gang naturgemäß nicht. Denn die optimal knusprig auf der Haut gebratene, vielleicht nur minimal übergarte Wolfsbarsch-Tranche, die auf das Wesentliche reduziert nur mit zweierlei Aubergine (Creme und Kompott) auf einer sehr straff mit Yuzu abgeschmeckten Beurre blanc präsentiert wurde, hielt Dank der extrem guten Sauce mit seidiger Struktur und buttriger Opulenz auf der einen sowie herber Frische auf der anderen Seite gut die Balance zwischen Würze und Säure.

Keine Frage, Saucen sind das ganz große Pfund dieser Küche und die Meisterschaft von Martin Herrmann, dem Membre d'Honneur bei den Jeunes Restaurateurs. So war dann erwartungsgemäß auch in die Vin-Jaune-Nage zum nächsten Fischgang ein absoluter Knaller: ausgereizt an Samtigkeit und Säure, unheimlich viel charakteristischer Geschmack des markanten gelben Juraweins, tief und opulent, gleichzeitig aber auch flirrend leicht. Da spielte es im Grunde allenfalls eine Nebenrolle, dass mit der eher zarten, überraschend weichfleischigen und feinfaserigen Forelle nach dem vergleichsweise robusten Wolfsbarsch dramaturgisch etwas ungewöhnlich vorgegangen wurde. Zumal der vorausgeschwommene Salzwasserfisch mit den Röstaromen seiner krossen Haut auch noch herzhaft bespielt war und im Vergleich dazu die ungewürzten puren Pankoflocken auf dem Süßwasserfisch ausschließlich Textureffekt boten. Der aber gar nicht so unwichtig war, denn begleitet wurde die Forelle von ebenfalls sehr weichen Spaghetti-artig dünnen Streifen breiter Bohnen und kleinen aromatischen Pfifferlingen. Der Star des Tellers war also ganz ohne Frage die Sauce.

Und das traf auch auf den Hauptgang zu, bei dem sehr guter (aber eben nicht herausragender) Lammrücken nebst akkurat gearbeitetem fluffigem Brennsesselflan, Petersilienwurzel-

und Blattpetersiliencreme sowie ein herb-säuerliches Zitronengel von fulminanter Shirazjus umgeben waren. Auch das wieder eine Sauce von höchster Perfektion: sehr dicht und konzentriert, aber eben nicht plump, undurchdringlich und breit, sondern sehr straff und schneidig. Viel rotweinfruchtige Säure in harmonischem Einklang mit der Umamiwürze des reduzierten Fonds, hohe Viskosität und trotzdem schlanker Fluss. Mehr geht nicht!

Man kann also wirklich sagen: die Saucen haben es mal wieder rausgerissen. Denn während wir die Küche in Sachen Produktqualitäten, Präsentation und Komposition eher bei starken 8 Pfannen sehen, haben die Saucen meist 10-Pfannen-Niveau. Das deckt sich auch mit unserem etwas schwächeren Eindruck vom Dessert – obwohl das in dem Fall ja auch Kritik auf hohem Niveau ist, denn grundsätzlich war an der Nachtischkomposition um mit Kakaocreme füllte glasierte Kirschen nebst Kirschgel und Schokoladenmousse, sowie einem sehr feinen, die dunklen und fruchtigen Elemente mit seiner Rahmigkeit harmonisch einfangenden Milchreis-Rahmeis, nicht das Geringste auszusetzen. Genauso wenig wie an den Petits fours zum auffällig guten Espresso.

Und erst recht nicht an den äußerst fundierten und kurzweilig dargebotenen Weinempfehlungen von Sommelier Christophe Meyer, der sich bei weitem nicht bloß auf die Klassiker seines Heimatlandes beschränkt, sondern beispielsweise auch in Baden sehr kundig ist und – wenn es sich wie im Falle des Reserve Royale von Château Mukhrani zum Lamm lohnt – auch Ausflüge bis nach Georgien in die Wiege der Weinkultur unternimmt.

Die Symbole

Ⓟ gute Parkmöglichkeiten

🅟 Hotelgarage

♿ barrierefrei

❄ klimatisierte Zimmer

📶 WLAN-Zugang

🖼 Hallen- und/oder Freibad im Haus

♨ mit Wellness-Bereich

🛗 mit Fahrstuhl zu den Hotelzimmern

🐕 Hunde im Hotel nicht erlaubt

🏕 mit Garten oder Terrasse

Hotelempfehlung

★★★★★ S

Schwarzwaldresort Dollenberg

Dollenberg 3,
77740 Bad Peterstal (Griesbach)
☎ 07806-780
www.dollenberg.de
Einzelzimmer: 151–250 €
Doppelzimmer: 250–900 €

Das Relais & Châteaux Hotel Dollenberg ist eine imposante, über 70.000 m² große Anlage mit Park in der idyllischen Hang- und Alleinlage eines Schwarzwaldtals. In dem familienfreundlichen Haus laden sehr komfortable, klassisch-elegante Zimmer und Suiten auch zum längeren Verweilen ein. Zumal das Freizeit- und Wellnessangebot sehr groß ist: alleine der 5000 m² große SPA- und Wellnessbereich mit mehreren Schwimmbädern, Saunen, Fitnessräumen und den verschiedensten Anwendungsmöglichkeiten bietet für jeden Geschmack etwas. Für das kulinarische Wohl wird in drei zum Teil vielfach ausgezeichneten Restaurants auf hohem Niveau gesorgt. Restaurant Kaminstube & Bauernstube und Gourmetrestaurant Le Pavillon separat erwähnt.

Bad Säckingen (Baden-Württemberg)

Genussapotheke

Schönaugasse 11, 79713 Bad Säckingen
☎ 07761-9333767
www.genuss-apotheke.de
◉ Di–Sa ab 18.30 Uhr, So u. Mo RT
Menüs: 51–143 €

In dem hell und freundlich anmutenden Restaurant mit offener Küche, direkt in Bad Säckingens pittoresker Altstadt gelegen, hat Raimar Pilz ein ebenso stimmiges wie attraktives Konzept etabliert: einerseits klarer Produktfokus, andererseits einfallsreiche Akzente, ein insgesamt beschwingt-leichter, kräuterduftiger Stil und eine besonders geschickte Hand für Gemüse ergeben hier einen gleichermaßen unterhaltsamen wie niveauvollen Gesamteindruck. Dabei garantiert die Beschränkung auf ein einziges Menü anstelle umfangreicher Auswahl à la carte eine hohe Produktqualität und die nach Rebsorten sortierte individuelle Weinkarte mit vielen Badischen Top-Erzeugnissen adäquaten Spaß im Glas.

Bad Saulgau (Baden-Württemberg)

Klebers

im Hotel Kleber-Post
Poststr. 1, 88348 Bad Saulgau
📞 07581-5010
www.kleberpost.de
So, Mo u. Do, Fr 12–14 Uhr u.
ab 18 Uhr, Mi u. Sa ab 18 Uhr Di RT
Hauptgericht: 22–50 €, Menüs: 45–95 €

Auf mehr als 400 Jahre Geschichte kann man in der Ortsmitte von Bad Saulgau in der Kleber Post zurückblicken, deren Name noch immer an die langjährigen Besitzer und Spitzenkoch Andreas Kleber erinnert. Eine Zeitlang galt das inzwischen von Regine Reisch geführte Hotel als Haus der Dichter und Denker, trafen sich hier doch regelmäßig Literaten der Gruppe 47. Zeitgenössische Kunstwerke ziehen sich durchs ganze Haus, das Restaurant im Neubau beeindruckt neben edel ausgestatteten Nischen vor allem durch seine Weitläufigkeit samt großem Außenbereich.

Die Karte bietet gleich drei Menüs: „Klebers", „Regional" und „Vegetarisch" in vier beziehungsweise drei Gängen sowie einige à-la-carte-Gerichte. Etwas irritierend bei unserem Besuch war, dass zwar zuerst ein feucht-warmes Handtuch gereicht wurde, was uns Apéros als Fingerfood erwarten ließ – dann aber nicht einmal Brot und Butter an den Tisch kamen, sondern sogleich die Vorspeisen, die wie auch alle anderen Gerichte ohne ein erklärendes Wort eingesetzt wurden.

À la carte hatten wir unter anderem Röllchen vom fein-milden Ziegenfrischkäse in einem Pinienkernmantel mit Variationen von Roter Bete geordert: eine Scheibe als Sockel, darüber ein Tatar und über dem kunstvoll aufgetürmten Gebilde zwei lang geschwungene Chips.

Hauchdünne Scheiben vom Granny Smith Apfel sowie eine Creme und Frühlinglauch, der zwar etwas abgeflämmt, aber ansonsten noch knackig-roh war, ergänzten das Gericht. Außerdem, wie auch auf allen anderen Tellern, die dekorative Erbsenkresse…

Zum „Menü Klebers" gehörte zum Beispiel ein Thunfisch-Sashimi: drei Tranchen in einer gläsernen Schüssel, begleitet von knackig-frischem Wakame-Algensalat, eingelegtem Ingwer und Radieschenscheiben. Leichte Schärfe gab es durch ein Wasabicreme, etwas Crunch durch Sesamchips, dazu wurde eine Sojasauce angegossen, die dem Ganzen einen Umami-Background verlieh, nach unserem Geschmack aber noch eleganter und leichter hätte sein können.

Als vegetarisches Gericht gefielen uns die Auberginen-Involtini sehr gut: Die Röllchen waren mit einer mit Tomatensugo aromatisierten Polenta gefüllt und von allerlei Gemüse umzingelt. Darunter, wie auch beim Fleischgericht, Thai-Spargel, Wilder Brokkoli und etwas Zucchini – den mediterranen Touch unterstrichen angegrillte Hälften von gelber und roter Minipaprika. Dazu gab es noch geschmorte Herzen vom Romanasalat und ein kleines Maiskolbenstück, so dass sich in der Summe ein vielfältiger Gemüsegarten auf dem Teller tummelte, dem allerdings ein bisschen der Zusammenhalt fehlte. Den konnte auch eine mit ihrer fein-herben Note an Ajvar erinnernde Paprikacreme zuunterst allein nicht herstellen.

Zum Rinderfilet – zwei kleine Stücke, gut gewürzt und korrekt gegart, außen kross und mit gerösteten Zwiebeln bestückt, innen mit zart rosafarbenem Kern – gab es neben bereits erwähntem Gemüsepotpourri noch Buchenpilze und ein in Konsistenz und Geschmack gut abgestimmtes Pastinakenpüree. Auch die Portweinjus war fein austariert, wie die separate Geschmacksprobe auf einem Löffel ergab, allerdings recht sparsam dosiert, sodass sie im Gesamtbild kaum auszumachen war.

Die Desserts schließlich unterstrichen nochmal unseren Eindruck, demnach hier sehr gute handwerklichen Fähigkeiten in der Küche vorhanden sind, aber an Ecken und Kanten noch zupackender gearbeitet werden könnte. Die Himbeer-/Biskuit-Schnitte hatte frisch-fruchtige Momente zu bieten, zumal kontrastierend zu Himbeersorbet und weißer Schokoladenmousse auch Zitronenabrieb eingesetzt wurde. Als optischer Gag waren auf zwei rote Scheiben weiße Cremetupfer im Fliegenpilz-Look gesetzt. Schwerer, wuchtiger und auch ein wenig winterlicher war der „Chocolate-Peanut-Pie", dessen intensive Noten von dunkler Schokolade und karamellisierten Erdnüssen ein leider schon etwas zerlaufendes Haselnuss-Eis und warmen Rumzwetschgen entgegengesetzt wurde.

Die offenen Weinempfehlungen hatten beispielsweise mit einem Riesling vom Weingut Künstler sowie einem Hebo Rosso von der Tenuta Petra einiges zu bieten. Allerdings kamen die Weine zumeist erst, als die Gerichte bereits auf dem Tisch standen – und das, obwohl im nicht voll besetzen Restaurant permanent vier oder fünf Mitarbeiter zugegen waren. Der Service könnte also definitiv noch mehr Aufmerksamkeit an den Tag legen. Die Küche ist auf einem sehr guten Weg und hätte mit etwas mehr Konzentration aufs Wesentliche sogar noch Potenzial für mehr!

Hotelempfehlung

★★★★

Hotel Kleber Post

Poststr. 1, 88348 Bad Saulgau
📞 07581-5010
www.kleberpost.de
Einzelzimmer: 94–114 €
Doppelzimmer: 149–189 €

Das moderne Romantik-Hotel befindet sich im Herzen von Bad Saulgau und verfügt über 49 elegante, komfortable Zimmer. Alle Räume sind ausgestattet mit Dusche oder Badewanne, WC, Telefon, Flatscreen, Fön, Radio und Minibar und verfügen über große Fenster mit Blick auf die Stadt, den Garten oder den Innenhof. Schnelles, kostenfreies WLAN gehört ebenfalls zum Service des Hauses. Auf dem Dach des Hotels entführt ein 250 m² großer Wellness-Kubus aus Glas in die Welt der Entspannung: Ein Refugium mit Finnischer Sauna, Biosauna, Whirlpool, Solarium, Massage, Fitness und Sonnenterrasse – und tollem Ausblick über die Dächer der Altstadt. Das Restaurant mit seinen

verschiedenen Räumlichkeiten steht für Interpretationen schwäbischer Traditionsgerichte sowie moderner Avantgarde-Küche und präsentiert sich edel und elegant. Das „Poststüble" erinnert an die gute alte Zeit, in der sich hier Literaten und Intellektuelle auf ein Stelldichein trafen, die Ausstattung des Esszimmers ist modern, versprüht aber gleichzeitig mit Mobiliar aus Nussbaum, Bezügen aus braunem Leder und schwarzen Lampenschirmen einen gemütlichen Charme und die Lounge ist zentraler Treffpunkt mit ungezwungener, ruhiger Atmosphäre. Restaurant Klebers separat erwähnt.

Bad Schwartau (Schleswig-Holstein)

Gambero Weinbar

Geibelstr. 3, 23611 Bad Schwartau
📞 0451-2900050
gambero-weinbar.de
🕐 Mi–So von 12–15 Uhr u. ab 17 Uhr, Mo u. Di RT
Hauptgericht: 20–34 €, Menüs: 69–99 €

Schon im vergangenen Jahr hat uns die Küche in diesem von außen mit rotem Backstein und Fachwerk, drinnen mit hellem und freundlichem Ambiente sehr einladend wirkenden Lokal im beschaulichen Bad Schwartau bei Lübeck überzeugt. Was wir damals nicht wussten: genau zu dieser Zeit kam der noch recht junge, aber schon sehr erfahrene Simone Melis neu ins Team, der hier zunächst unter dem damaligen Küchenchef Valentino Cardillo begonnen hat und mittlerweile an dessen Stelle aufgerückt ist. So ist dann auch die enorme Steigerung der Küchenleistung zu erklären, die dieses bescheiden als Weinbar auftretende Ristorante mal eben in die Gourmetliga katapultiert hat – und uns deshalb nach dem jüngsten

Testbesuch zu einem dringenden Update der Bewertung veranlasste.

Natürlich wird hier nicht ausschließlich für anspruchsvolle Gourmets gekocht, denn die Weinbar Gambero ist sehr groß und hat mittags wie abends geöffnet. Mittags ist das Kulinarium dann tendenziell auch etwas klassischer und bodenständiger ausgerichtet, doch die Abendkarte offeriert neben traditioneller Italianità in weit überdurchschnittlicher Ausführung eben auch ein bis zu sechs Gänge umfassendes Menü, das moderne Präsentation, handwerkliche Präzision und beachtliche Produktqualitäten bietet, aber auch jede Menge weltoffene Kreativität. Nicht aufgesetzt und erzwungen, sondern sehr souverän und überlegt.

Seine Skills hat Simone Melis zuletzt als Sous-Chef im Hamburger Seven Seas verfeinert und davor bereits an anderen guten Adressen wie der Orangerie in Timmendorfer Strand oder dem Bianc viel Erfahrung gesammelt. Und mit der hält der bis in die Haarspitzen motivierte Cuisinier hier nun mit tatkräftiger Unterstützung seines Teams auch nicht hinterm Berg. Schon bei einem kleinen Knuspercornetto mit Lachs und Zitronengel oder dem schmelzig-aromatischen, 36 Monate gereiften Iberico-Rohschinken mit intensiver Paprikacreme auf einem zartkross angerösteten Focaccia-Würfel konnte man zweierlei erkennen: nämlich dass die Küche wert auf hohe Produktqualität legt und dass sie mit viel Fingerspitzengefühl hantiert.

Von leichter Hand und mit viel Finesse war dann auch die Vorspeise um feinstreifig geschnittene Bittersalate, Walnüsse und Trauben gefertigt, die als Timbale auf dem Teller angerichtet und mit einer milden Haube von Gruyère-Espuma getoppt waren. Dezente Bitteraromen, fruchtige Süße, Nussigkeit, zarter laktischer Schmelz mit feiner Säure – und zwischendrin blitzte auch immer mal wieder etwas herbe Limettenfrische auf. Ein perfektes Beispiel, wie man aus verhältnismäßig einfachen Dingen sehr viel herausholen kann, wenn man Fantasie und gutes Gespür hat.

Und mit der Vorspeise von sehr schön klar und sauber schmeckender, nur ganz mild gewürzter Gelbschwanz-Makrele legte das Team eindrucksvoll nach. Die rohen, zart schmelzigen Tranchen des Hamachi waren mit einer kleinen Nocke Bitterorangensorbet, mariniertem Spitzkohl und einer Korallenhippe an milder Currycreme angerichtet, auf die wiederum Gurkenvinaigrette sowie Gels von Bitterorange und Gurke appliziert wurde. Auch hier ein wohlproportioniertes und bestens dosiertes Zusammenspiel lebhafter Aromen, die klar präsent waren, aber nicht vorpreschten, und zusammen ein ausgewogenes lebhaftes Geschmacksbild ergaben.

Mit den gleichen Eigenschaften begeisterte der Zwischengang um Stücke eines während 24 Stunden zu butterzarter (aber eben nicht matschiger) Perfektion gegarten Pulpo, der im Zusammenspiel mit der herzhaften Würze von Chrorizo-Wurst und Paprikacreme, der Fruchtigkeit einer Tomatenmarmelade und kleinen geflämmten Kartoffelwürfelchen ein im weitesten Sinne iberisch-maritimes Geschmacksbild auf den Teller brachte. Und das wurde von kraftvollem Sud und Schaum von Miesmuscheln ebenso süffig wie aromatisch unterstrichen.

Noch ausgefuchster und komplexer wurde es mit der auch als Produkt vollauf begeisternden Tranche vom Zander, die sich, mit Limettenschalenabrieb, Eigelbcreme, hauchfein auf der Microplane gehobelten Walnussflocken, Passepierre und angekokeltem Wildem Brokkoli bestückt, ganz soft wie von selbst in ihre festfleischig-glänzenden Lamellen aufblätterte. Angefeuert durch eine straff säuerliche, aber wunderbar ausgewogene, mit Holunderblüte aromatisierte Beurre blanc mit viel Schmelz, Zug und Tiefe, war auch das ein eindrucksvoll ausdrucksstarkes und dynamisches Gericht auf sehr hohem Niveau. Hier bewegten wir uns bereits annähernd auf 8-Pfannen-Level.

Und diese Bewertung war – das Gericht für sich genommen – auch beim Duett von Hirschkalb und Gänseleber im Hauptgang realistisch. Das durch eine cremig-flockige Melange aus Moosbeere, Schwarzwurzel und Pistazie mit einer wieder sehr klar präsenten, aber nicht aufdringlichen nussig-fruchtigen Aromatisierung bedachte Fleisch war hier nebst einer kleinen gebratenen Gänseleberscheibe im Kreise von verschiedenen kleinen Schwarzwurzel-Komponenten, einer Nocke Pilzragout und etwas Rosenkohl sehr apart arrangiert. Moosbeerengel und eine schmelzig-schaumige Hollandaise mit gut eingebundener Säure sorgten dazwischen immer wieder für erfrischend auflockernde Momente. Zusammen mit der nach allen Regeln der Kochkunst zubereiteten Wacholderjus war das ein sehr ausgereiftes modernes Wildgericht, das auch als Hauptgang in Simone Melis' letzter Arbeitsstelle, dem noblen Gourmetrestaurant von Karlheinz Hauser auf dem Süllberg, überhaupt nicht negativ aufgefallen wäre.

Und weil auch die süßen Sachen wie das Vordessert oder der hauptsächliche Nachtisch um einen cremig-moussigen, dünn mit weißer Schokolade überzogenen Bananenriegel auf

Gelee von exotischen Früchten und dem expressiven Akzent eines Thaibasilikumsorbets, aber genauso auch die Petits fours, ein ähnlich hohes Gesamtniveau zeigten, sind wir mutig und vergeben hier auf Anhieb absolut verdiente 7 Pfannen mit Bonuspfeil. Müssen aber trotzdem darauf hinweisen, dass sich diese Bewertung überwiegend auf das Niveau des Gourmetmenüs stützt und die anderen Gerichte, insbesondere die der regulären Mittagskarte, bisweilen nicht ganz dieses Level erreichen. Aber wir bewerten ja in diesem Guide immerhin auch nicht wenige Restaurants, die nur am Abend geöffnet haben, ausschließlich ein Menü offerieren und sonst überhaupt nichts Anderes bieten – und vor diesem Hintergrund ist es umso beeindruckender und höchst respektabel, was das Team hier leistet. Chapeau!

Bleibt abschließend nur noch der äußerst zuvorkommende Service zu erwähnen, und die Tatsache, dass der Gastgeber auch im Offenausschank sehr gute Weine zu den Gerichten ins Glas bringt. Zu allem Überfluss gibt's das alles zu einem wirklich günstigen Preis-Genuss-Verhältnis. Dringende Empfehlung: hingehen!

Bad Sobernheim (Rheinland-Pfalz)

Jungborn
im Hotel BollAnt's im Park
Felkestr. 100,
55566 Bad Sobernheim
06751-93390
www.bollants.de
Di–Sa ab 18.30 Uhr,
So u. Mo RT
Hauptgericht: 29–36 €,
Menüs: 121–144 €

Schon seit ein paar Jahren ist Küchenchef Philipp Helzle für das Kulinarium dieses eleganten Gewölberestaurants verantwortlich, das Teil des großzügig weitläufigen und in einem sehr geschmackvollen ländlich-luxuriösen Stil gehaltenen Hotelensemble „BollAnts – SPA im Park" ist. Es liegt fast ein wenig versteckt am ruhigen Ortsrand von Bad Sobernheim und bietet neben einem beeindruckenden Wellnessbereich eben auch entspannten Genuss auf hohem gastlichem und kulinarischem Niveau. Und das bringt Jeune Restaurateur Helzle mit seinem Team in schöner Zuverlässigkeit in Gestalt zweier unterschiedlicher Menüs auf die Teller. Stilistisch nicht festgelegt, generell weltoffen, aber auch mit Blick auf die heimische Produktvielfalt – in jedem Fall zeitgemäß umgesetzt und qualitativ weit überdurchschnittlich.

Während das Menü im vorigen Jahr zwar generell sehr gut war, an ein paar Stellen aber auch Schwächen offenbarte, präsentierte sich beim letzten Besuch im Detail alles noch ausgereifter und präziser auf die Teller gebracht. Beim Aufwärmprogramm mit Fingerfood zum Aperitif und einer kleinen Tomate-Mozzarella-Interpretation als Küchengruß blieb die Küche zwar noch etwas im Ungefähren, mit der Vorspeise des siebengängigen Menüs zog das Niveau in Sachen Ausdruckskraft und Präzision dann aber gleich deutlich an: Qualitativ sehr guter Kaisergranat, einmal soft gebraten, einmal in Kataififäden gehüllt und knusprig ausgebacken, war hier im Kreise von Couscous, Kopfsalat- und Birnen-Komponenten beeindruckend akkurat arrangiert – letztere steuerten eine adäquate, nicht zu dominante Süße bei und hielten das Geschmacksbild sehr lebendig. Von der Produktseite verstärkt wurden die feinen Langustinen von einem Krustentierschaum und einer Krustentiermayonnaise.

Generell gilt weiterhin, dass Philipp Helzles klassische Kreationen stark auf Harmonie und weiche Akkorde ausgerichtet sind. So wie auch beim ganz soft glasig auf den Punkt gegarten Saibling aus dem Elsass in bestechender Qualität, der mit eher nussigem als kohligem Brokkoli (kleine knackige Röschen und Creme) als sanftes, geschmeidiges Gericht daherkam. Mildwürziger Thymianschaum, ein fruchtiger Zitronensud und Creme von Cashewkernen, die das Nussige des Brokkoli unterstrichen, wirkten hier zu einem ausgewogenen Geschmacksbild ohne scharfe Kontraste zusammen.

Der in jeder Hinsicht überzeugende Steinbutt im folgenden Gang führte mit einem Kokos-/Limettensud, als kleine Maki-Röllchen verpacktem Sushireis, Lotuswurzel, Shiitake-Pilz-kappen und dezent sojawürzigem Wokgemüse in fernöstliche Aromenwelten. Eine opulent cremige Sauce im Stil einer Beurre blanc unter-füttere das Ganze mit Struktur, Schmelz und einer feinen Säure. Da fehlte nichts, da griff alles schön geschmeidig ineinander, da waren sogar Zug und Dynamik im Spiel. In solchen Momenten bewegt sich die Küche schon fast auf 8-Pfannen-Niveau.

Ähnlich gut waren die mit einer Rucolacreme auf Ricottabasis gefüllten Tortellini mit sehr dünnem und schön bissfestem Teig, die auf leichter Paprika-Cremesauce angerichtet waren. Dezent zitrisch erfrischt von einigen Partikeln Fingerlimes, die zwischendrin immer wieder zurückhaltend aufploppten und das Pastagericht mit seinen gut herausgearbeiteten Aromen elegant in der Balance hielten, war auch hier mehr hintergründige Finesse im Spiel, als man es zunächst erwartet hätte.

Im Hauptgang hatten wir es auch diesmal wieder mit einem Stück Entrecôte eines US-Beefs mit kernigem Biss zu tun, sekundiert von Topinambur in unterschiedlichen Varianten, in der Hauptsache noch angenehm bissfeste, mit feinen Bröseln von getrockneter Topinambur bestäubte „Nuggets", aber auch Chips und Creme. Außerdem Pfifferlinge, geflämmte Schalotten und ein Rotweinzwiebelconfit. Auch die Sauce, eine reduzierte Jus mit Balance zwischen Kraft und eleganter Transparenz, zeugte vom Verständnis und Fingerspitzengefühl, mit denen das Team unterwegs ist.

Ein klares Himbeer-/Paprikasüppchen mit Basilikumsorbet und Minzschaum stimmte danach als süßer Gruß auf ein ziemlich starkes Hauptdessert ein – nämlich ein als Fondant bezeichnetes gefülltes cremiges „Kissen" von der Biskelia-Schokolade mit Mandelcreme, fruchtig erfrischt von Erdbeeren und Kalamansi-Gel, kräuterwürzig akzentuiert von einem Kerbelsorbet. Da kamen zum Schluss nochmal Spannung und Harmonie aufs Schönste zusammen. Das junge Serviceteam führt versiert und eloquent durch den Abend und die Weinkarte protegiert seit jeher schwerpunktmäßig die guten Winzer aus dem Naheland, hat aber natürlich auch aus anderen deutschen Weinregionen und aus dem benachbarten Ausland viel Ansprechendes zu bieten.

Hotelempfehlung

Hotel BollAnt's im Park

Felkestr. 100,
55566 Bad Sobernheim
☎ 06751-93390
www.bollants.de
Einzelzimmer: ab 129 €
Doppelzimmer: ab 258 €

Eingebettet in die sanfte Fluss- und Weinlandschaft des Nahelands liegt das romantische Hotel mit weitläufigem Wellness- & SPA-Bereich und ganzheitlichem Gesundheitsresort mitten in einem schönen historischen Jugendstil-Park. Seit Generationen wirkt Familie Bolland-Anton (die „BollAnts") an diesem einmaligen Ort, an dem man überall den Sinn für Ästhetik, Genuss und Gesundheit spürt. Ein Rückzugsort für Ruhesuchende, der auch grenzenlose Vielfalt für Aktive bietet: Neben unzähligen Anwendungsmöglichkeiten stehen den Gästen verschiedene Saunen und Dampfbädern, Außenschwimmbad, Dachterrassen-Pool, Indoor-Pool und Sprudelbäder zur Verfügung, aber auch ein 120 m² großer Fitnessraum mit modernster Ausstattung und stimmungsvolle Ruheräume. Die Zimmer und Suiten reichen vom kleinen hübschen „Wellness Classic"-Zimmer bis zur großzügigen Heimatlodge mit eigenem Garten. Alle haben eine elegante Ausstattung mit modernen Roca-Waschtischen, Rainshower-Duschen, Flat-TV, Minibar, großem Schreibtisch, manche mit kuscheligen Flokati-Teppichen manche mit schönen Holzböden und viele Zimmer in heller, natürlicher Kernesche-Möblierung. Vielfältige Kulinarik in fünf verschiedenen Restaurants. Gourmetrestaurant Jungborn separat erwähnt.

✗ 🍴🍴🍴

v. Scheffel-Restaurant
im Kurhotel an der Obermaintherme
Am Kurpark 7, 96231 Bad Staffelstein
☎ **09573-3330**
www.v-scheffel.de
⏱ **Mi–So ab 18 Uhr, Mo u. Di RT**
Hauptgericht: 35–44 €,
Menüs: 52–119 €

▣▣ 💳 **VISA** 🅿 ✕ ♿

In dem direkt an der Obermaintherme gelegenen und entsprechend vor allem auf Wellness und gesundheitsbewusste Gäste ausgerichteten Best Western Kurhotel würde man gar nicht unbedingt ein ambitioniertes Restaurant vermuten. Aber eben ein solches füllt das Team um Fabian Wallner mit dem nach Joseph Victor von Scheffel benannten Separée seit einigen Jahren mit Leben und Ideen. Im Kontrast zum bayerisch-regionalen Hauptrestaurant orientiert sich das Team dabei an einer mediterranen Idee von Genuss, genauso aber wie in allen anderen gastronomischen Bereichen des Hauses an einem selbst entwickelten Konzept, in dem Regionalität und Nachhaltigkeit eine größere Rolle spielen sollen.

Unverändert geblieben ist zum Einstieg die – anstelle von sonstigen Küchengrüßen – sehr aufwendig inszenierte Präsentation verschiedener Olivenöle und Salze zum Brot, nach denen anschließend noch einige Scheiben feinster Iberico-Schinken verkostet werden können – durchaus unterhaltsam und geeignet, um die Geschmacksnerven zu sensibilisieren. Aber mit etwas weniger Brimborium und dafür bemerkenswerterem Brot als den „nur" ganz guten grobporigen, aber etwas mehligen Scheiben, würde der Einstieg noch besser wirken.

Grundsätzlich könnte das Team mit einer konsequenten Verfolgung der zum Mediterranen gut passenden Idee puristisch herausgestellter Top-Produkte durchaus punkten. Das hat Potential. Aber dafür fielen zuletzt weder die Produktauswahl noch die handwerkliche Zuspitzung überzeugend genug aus. Das im ersten Gang präsentierte, mild gebeizte Victoriabarschfilet gehörte (abgesehen von dem unter Nachhaltigkeitsaspekten fragwürdigen Produkt) in der Kombination mit vordergründig fruchtsüßem, dezent schaumweinherbem Apfelespuma und ebenfalls wattig-süßem, dezent senfwürzigem Pommerybiskuit sogar zu den seltsamsten Kreativideen der Testsaison.

Auf eingängige Art harmonischer zeigte sich der „Cappuccino" aus einem Mango-Currysüppchen mit üppiger Kokosschaumkrone, der angenehm geradlinig, natürlich und nicht zu fruchtbetont schmeckte. Kein so großer Wurf allerdings war der kleine dazu servierte Thunfischwürfel, dessen kurz in schwarzem Sesam koloriertes Fleisch unter der recht intensiven Salzigkeit einen störend säuerlich-metallischen Ton aufwies. Da wäre aus dem Gang mit einem Upgrade beim Fisch inklusive größerer Proportion deutlich mehr rauszuholen gewesen.

Der insgesamt „rundeste" Gang folgte mit den handwerklich souverän geschmorten Iberico-Bäckchen, die mit einer kompakt-zarten Konsistenz bei komplett geschmolzenem Kollagen überzeugten und gemeinsam mit kleinwürfeligem Ratatouille, milden (ein bisschen teigigen) Safran-Gnocchi und einem ebenfalls milden Schmorsaft ein natürliches und ausgewogenes Bild ergaben.

Auf die gleiche geradlinig-schlichte Art überzeugte auch die stickstoffschaumige Aprikosenmousse im Schokoladennest durchaus, die nebst hellem Torrone-Nougateis und einigen frischen Beeren einen auf einfache Art gelungenen und harmonischen Abschluss schaffte, der durch die leichte Salzigkeit im Eis sogar eine gewisse Dynamik erhielt.

Alternativ gibt es eine gute Käseauswahl von Affineur Waltmann aus Erlangen und in die Gläser wahlweise eine überlegt abgestimmte Wein- oder Bierbegleitung. Beim Wein könnte dabei das Niveau der überwiegend aus einfacheren Gewächsen unbekannter Produzenten selektierten Weine durchaus noch gesteigert werden, alternativ finden sich aber in der Flaschenweinkarte auch einige spannende Optionen.

Mit dem Fokus auf die fränkische Biervielfalt hat das Restaurant dagegen durchaus ein Alleinstellungsmerkmal, das dem Konzept an anderer Stelle noch ein Stück weit fehlt. Ausgehend von einem erfreulichen Grundniveau an frischer, natürlicher und wohlproportionierter

Zubereitung müsste doch noch an einigen Stellschrauben gedreht werden, um dem eigenen Anspruch und den geweckten Erwartungen voll gerecht zu werden.

Hotelempfehlung

★★★★

Best Western Plus Kurhotel an der Obermaintherme

Am Kurpark 7,
96231 Bad Staffelstein
☎ 09573-3330
www.kurhotel-staffelstein.de
Einzelzimmer: 75–296 €
Doppelzimmer: 100–467 €

Das Best Western Plus Kurhotel an der Obermaintherme in der 4-Sterne-Kategorie richtet sich insbesondere an anspruchsvolle gesundheitsliebende Urlauber sowie Tagungs- und Seminargäste. Sie haben hier nach großem Um- und Anbau nun die Wahl zwischen 14 Classic Zimmer mit 21,5 m², 2 Classic Zimmer mit 31,5 m², 113 Junior Suiten mit 38 m², 3 Executive Zimmern von 32–38 m² und 4 Penthouse Suiten mit bis zu 145 m², welche über Wohn- und Sitzbereich, Flat-TVs (inklusive Sky), Safe, Schreibtisch, Bad mit Kosmetikspiegel und kostenloses WLAN verfügen. Der „VITUS SPA" mit Hallenbad und Saunen sowie die über einen „Bademantelgang" direkt vom Hotel aus erreichbare „Obermain Therme" (3 Stunden ThermenMeer pro Übernachtung sind in den Kategorien Junior Suite, Executive Zimmer und Penthouse Suite inklusive) laden zum Entspannen ein. Im bayrisch-regionalen Restaurant genießen Sie Spezialitäten aus der fränkischen und bayrischen Region und im mediterranen „v. Scheffel-Restaurant" können

Sie sich mit anspruchsvoller Mittelmeerküche verwöhnen lassen. Die Restaurants halten kontinuierlich Speisen bereit, die vegan, vegetarisch, laktosefrei, glutenfrei, glutamatfrei, fettarm und salzarm sind. Restaurant v. Scheffel separat erwähnt.

Temporärer Hinweis des Hotels: „Wir möchten vorsorglich darauf hinweisen, dass es mögliche und nicht vorhersehbare Einschränkungen wegen behördlich angeordneter Corona-Maßnahmen geben kann. Bitte beachten Sie, dass das Frühstücksbuffet, der hauseigene VITUS SPA sowie der Tagesaufenthalt ThermenMeer, von Check In bis Check Out, über den Bademantelgang sind in den Kategorien Junior Suite, Executive Zimmer und Penthouse Suite inklusive." (Stand 03.03.2022)

Bad Teinach (Baden-Württemberg)

Berlins Krone
im Hotel Berlins KroneLamm
Marktplatz 1–3,
75385 Bad Teinach (Zavelstein)
☎ 07053-92940
www.berlins-hotel.de
◐ Mi–So ab 18.30 Uhr,
Mo u. Di RT
Hauptgericht: 48–55 €,
Menüs: 109–145 €

Schon bei der Anreise ins beschauliche Schwarzwalddörfchen wirkt es so, als ob der kleine Ortsteil rund um das Gebäudeensemble Hotels herum angelegt worden wäre. Denn das sich über mehrere Komplexe erstreckende Wellness-Refugium, das hier mal etwas moderner, dort mal heimatnah anmutet, prägt die Szenerie der Ortsmitte. Kulinarisch ist das breit aufgestellte Haus unter der Ägide von Küchendirektor Franz Berlin schon länger eine Institution in der Gegend – übrigens nicht nur im Gourmetbereich Krone, sondern auch im bodenständigeren Lamm, in dem vor allem regionale Klassiker in verfeinerter Form aufgetragen werden.

Mit Küchenchef Ansgar Blatter weiß der Jeune Restaurateur seit geraumer Zeit einen kongenialen Partner an seiner Seite, der die mit hochwertigen Viktualien bestückte und gern mal exotisch akzentuierte, immer etwas eigenwillige Linie schon gut verinnerlicht hat. Und gerade diese Eigenwilligkeit war auch heuer das bestimmende Thema – gerade was die Temperaturen oder auch den Hang zu auffälliger Süße angeht, wirkte manche Komposition nach unserer Auffassung etwas unausgereift.

Noch völlig stimmig fanden wir die Kleinigkeiten vorweg, bei denen Rindertatar mit Eigelb und Kaviar, ein Forellenmousse-Macaron oder ein Nordseekrabben-Reischip noch ganz unaufgeregt und schmackhaft das Menü eröffneten, indem sie klassisch und balanciert zwischen süffigen, jodigen und schmelzigen Akzenten vermittelten. Genau wie der Küchengruß, der Karotte, Thunfisch, Mandel, Curry und Koriander passgenau zusammenführte, mit rohkostbissigen Gemüseelementen den leicht temperierten Thunfisch konterte oder den kräutergrünen Schaum mit nussig-spitzer Creme von Mandel und Curry perfekt auspendelte.

Ganz gefällig, aber eben nicht auf vergleichbarem Niveau, sorgte dann eine Tranche von der geflämmten Makrele im Verbund mit einem klassischen Birnen-Bohnen-Speck-Dreiklang für den ersten etwas ruppigen Gang. Zu poltrig wirkte da nicht nur der insgesamt sehr saure und zudem übermäßig salzige Aufbau und weder die blass erschlafften Bohnen noch der Lardo lieferten dem naturgemäß eher rustikalen Fischfilet einen Zugewinn.

Ähnlich unausgewogen, diesmal aber eher wegen fehlender Temperaturkontraste, wirkte die Begleitung zum saftig zarten Kaninchenrücken. Zu den schön waldigen Pfifferlingen (sautiert und als Creme) hätten wir uns nämlich die ebenfalls aufgelegte geflämmte Wassermelone als nur kurz gegrillten, aber eher kühlenden Kontrast sehr gut vorstellen können. Als „durcherhitzte" Begleitung blieb der erhoffte Erfrischungsmoment leider aus.

Konzeptionell passte im Anschluss die Vermählung von Königskrabbe, Papaya und Peperoni natürlich ebenfalls, denn die Verbindung von Jod, Süße und Schärfe ist ein tragfähiges Gerüst – das aber von der richtigen Balance lebt. Dem gezupften, aromatisch schön präsen-

ten Krustentierfleisch als Sockel konnten hier aber weder der blasse Papaya-Salat noch der als „Holznage" annoncierte, geschmacklich aber ebenfalls sehr blass schmeckende Sud oder ein dezentes Peperoniöl klare Kante beisteuern.

Suboptimale Temperaturen und viel Süße waren dann bei den beiden Hauptgängen diskussionswürdig. Der zart confierten Lachsforelle, die mit Flocken ihrer krossen Haut reizvoll knusprig akzentuiert war, fehlte nach unserem Gefühl ein Temperaturkontrast, der zum Beispiel schon ein kalter Gurkensalat anstatt des warmen Gurkengemüses hätte sein können. Beim leider sehr weichen und mürben Rehrücken, der von Shiitake, Brokkoli, Feige und Pecannüssen begleitet wurde, war es vor allem die plakative Süße der Feigenkomponenten (Schnitze, Gel, Mus…), die sich zu sehr in den Vordergrund drängte. Auch wegen seltsam bitterer Pilze, wenig aromatischem Gemüse und eher cremiger als knuspriger Pecannuss-„Kruste" blieb hier leider ein zwiespältiger Gesamteindruck.

Und den hinterließ dann auch die Pâtisserie beim Dessert, das Himbeere, Rosmarin und Crème fraîche in den Fokus rückte. Im Ergebnis ein zwar schön fruchtsäuerliches und frühsommerlich leichtes Dessert, das aber ohne nennenswerten Akzent blieb, weil aber weder der annoncierte Rosmarin im Sud schmeckbar war noch sich die erhofften säuerlich-laktischen Spitzen durch die Crème fraîche nennenswert bemerkbar machen konnten.

So blieb die jüngste Momentaufnahme, zumindest was die Küche betrifft, ausnahmsweise tatsächlich mal recht heterogen in Erinnerung. Doch wir wissen, zu was das Team fähig ist und lassen die Bewertung unangetastet. Sympathisch und kompetent sorgte Sommelier Holger Klotz für die passende Weinbegleitung und kombinierte abwechslungsreich Tropfen aus dem nahen Kraichgau oder aus Baden, ließ es aber mit Weinen aus Österreich oder Spanien auch mal internationaler werden – und traf damit immer ins Schwarze.

Bezahlkarten-Symbole

- Mastercard
- EC-Maestro
- Diners
- American Express
- **VISA** Visa

Hotelempfehlung

★★★★ S

Hotel Berlins KroneLamm

Marktplatz 1–3,
75385 Bad Teinach (Zavelstein)
☎ 07053-92940
www.berlins-hotel.de
Einzelzimmer: 95–169 €
Doppelzimmer: 136–242 €

Haupthaus und Stammhaus („Krone" und „Lamm") des familiengeführten Hotels ergänzen sich zu einem gastlichen Gebäudensemble am pittoresken Marktplatz in Zavelstein. Vom günstigen, in hellem Landhausstil eingerichteten Standardzimmer mit Blick zum Marktbrunnen, bis hin zu komfortablen Suiten mit Whirlwanne, Farblichthimmel und Ausblick zur Zavelsteiner Burgruine, bleiben keine Wünsche offen. Der 1600 m²-Wellnessbereich lockt mit Innenpool, beheiztem Außenpool (28 °C), drei Saunen, Dampfbad, Infrarotkabine, einem großen Massage- und Kosmetikangebot sowie einem Fitnessraum mit Fitnesstrainer. Außerdem: drei verschiedene Restaurants (Gourmetrestaurant Berlins Krone, Naturparkrestaurant Lamm und Wanderheim mit Biergarten) sowie Gästeprogramme mit geführten Wanderungen. Gourmetrestaurant Berlins Krone separat erwähnt.

🍲 5 🍴🍴

Hager – Tölzer Schießstätte

Kiefersau 138,
83646 Bad Tölz (Wackersberg)
☎ 08041-3545
www.michaela-hager.de
🕐 Di, Mi u. Fr, Sa von 11.30–14 Uhr u. ab 18 Uhr, So von 11.30–14 Uhr, Mo u. Do RT
Hauptgericht: 18–27 €

Ein typisches oberbayrisches Landgasthaus, das etwas außerhalb von Bad Tölz auf einer Anhöhe mitten im Grünen liegt. In sehr gepflegter ländlicher Atmosphäre wird hier unter der Leitung von Michaela Hager eine ansprechende bodenständige Frischeküche mit Pfiff geboten. Ihre Produkte bezieht die Chefin wenn möglich aus der näheren Umgebung und bereitet sie regionalbetont zu, schließt deshalb aber auch internationale Viktualien und Aromen nicht aus und kocht auch mal mit mediterranem Oberton. Grundsätzlich auf handwerklicher und natürlicher Basis, ohne höheren Kreativitäts- und Exklusivitätsanspruch, aber längst nicht ohne Ambitionen. Dazu gibt es eine kleine, aber ausreichende Anzahl ausgesuchter europäischer Weine, freundlich-familiären Service und ein ausgesprochen günstiges Preis-Genuss-Verhältnis.

🍲 8 🍴🍴🍴

Schwingshackl ESSKULTUR

im Alten Fährhaus
An der Isarlust 1,
83646 Bad Tölz
☎ 08041-6030
www.schwingshackl-esskultur.de
🕐 Mi–So ab 18.30 Uhr, Mo u. Di RT
Hauptgericht: 28–38 €,
Menüs: 68–125 €

In den vielen erfolgreichen Jahren in Oberbayern und insbesondere in ihrer Zeit am Tegernsee haben sich Erich und Katharina Schwingshackl nicht nur einen guten Namen, sondern auch eine treue Fangemeinde erarbeitet. Insofern verwundert es nicht, dass „Schwingshackls Esskultur" auch im ehemaligen Alten Fährhaus in Bad Tölz mittlerweile eine feste Größe für Genießer geworden ist – und das nicht nur für Besucher aus dem näheren Umland und dem ebenfalls nahen München.

Auch das zweigleisige Konzept mit bodenständigerer, aber ebenfalls substanzstarker „Heimatküche" auf der einen und dem Gourmetprogramm auf der anderen Seite, trägt sicher zum Erfolg des Restaurants bei und setzt die Kennenlernschwelle etwas niedriger. Vor allem aber ist die Gourmetstilistik selbst mit ihrer unaufgeregten puristischen Art, die voll auf Produktqualitäten und Saucen setzt, sehr eingängig und mehrheitsfähig, was in diesem Zusammenhang uneingeschränkt positiv gemeint ist.

Wie erfolgreich das Team mit seinem Stil arbeitet, zeigten zuletzt schon ein prickelnd leichtes kühles Tomatensüppchen mit Basilikum, Olivenöl und fein zugespitztem Süße-Säure-Spiel sowie ein von der Würzung her ebenfalls eher elegant und subtil gehaltenes Tatar vom Murnauer Weiderind mit hauchdünnem Röstbrot-Crunch und Eigelbcreme. Beides eigentlich per se überhaupt nicht aufregend, aber durch die detailgenaue, filigrane Ausführung dann irgendwie doch!

Zurecht ein Klassiker im Programm ist die im typisch puristischen Stil gehaltene Kombination einer leicht temperierten Thunfisch-Scheibe mit zart gebratener Langoustine Royal und Topping aus dünnen Radieschenstreifen, die vor allem von einer subtil asiatisch akzentuierten Krustentiersauce auf ein enormes Niveau gehoben werden: Ätherisch, zitrisch, die Röstnoten mit einem Hauch zusätzlichem Umami, vor allem aber mit einem Maximum an vibrierender Säure, das sich noch gegenüber Körper und Substanz integrieren lässt, ohne spitz oder anstrengend zu wirken.

Ein ähnliches Bild präsentierte sich uns bei der taufrischen Seezunge vom kleinen Boot: erneut reduzierte das Team hier das gesamte Gericht auf das Minimum Top-Produkt plus Sauce, hier rund um Basilikum und vollreife Tomate, verstärkt von winzigen Tomatengelee-Röllchen. Das ist trotz der klassischen Ausrichtung so mutig, dass es schon wieder ziemlich cool ist…

Bei dem eigentlich als süffig schmeichelnder Selbstläufer konzipierten Intermezzo aus konzentriert herbaler Blattpetersiliencreme, Wachtel-Spiegelei und weißem Trüffelschaum gab es anschließend einen der wenigen Störmomente, weil hier der bisher begeisternde Purismus und die zentrale Funktion der Sauce das Gegenteil bewirkten. Schlicht deshalb, weil die samtige Schaumsauce komplett von artifiziellem parfümiertem Trüffelölaroma dominiert wurde. Schade, denn schon mit beispielsweise einem Parmesanschaum und frischer weißer Trüffel hätte das eine weitere Punktlandung sein können.

Bereits bei einem rosastraffen Rehrücken in Perfektion mit einer meisterlichen Wildjus, die man in ihrer tiefschürfenden und doch hocheleganten Art ebenfalls kaum besser machen kann, geriet der kleine Aussetzer aber schon wieder in Vergessenheit. Ergänzt wurde das Reh optisch beinahe puppenstubenhaft minimalistisch, letztlich aber sehr stimmig, mit einer kleinen Nocke knackig frisch gehaltenem Wirsinggemüse, winzigen festen und aromatischen Pfifferlingen neben etwas Selleriecreme und herbfruchtigen Spalten von Rotwein-Birne.

Und auch das in filigranem Schokoladengitter präsentierte Grand-Marnier-Parfait hob mit seinem feinen Schmelz und Aroma gemeinsam mit hochkonzentrierten Himbeer-Komponenten das Niveau wieder deutlich an und wirkte gleichermaßen oldschool wie auf diese Art überzeugend.

Absolut überzeugend sind jedes Mal übrigens auch die Weinempfehlungen von Katharina Schwingshackl, die als charmante Gastgeberin für jeden Gang und Gast etwas Passendes und Hochwertiges in die Gläser bringt und mit ihrem Team auch sonst dafür sorgt, dass es zu keiner Zeit an irgendetwas fehlt.

Freihaus Brenner

Freihaus 4, 83707 Bad Wiessee
☎ 08022-86560
www.freihaus-brenner.de
◷ Mi–Mo von 12–14 Uhr u. ab 18.30 Uhr,
Sa, So u. Fei von 12–14.30 Uhr u. ab
18.30 Uhr (14.30–18.30 Uhr Brotzeit
und hausgem. Kuchen), Di RT
Hauptgericht: 17–45 €

Die reizvolle Alleinlage hoch überm Tegernsee lässt vor allem im Sommer zahlreiche Gäste auf die Anhöhe bei Bad Wiesse pilgern und sich dort auf der großen Terrasse niederzulassen. Aber auch im Winter hat der Besuch dieser edel-rustikalen Gaststätte ihren Reiz, weil dann so etwas wie Hüttenzauber aufkommt. Zudem wird im Freihaus Brenner auch aus kulinarischer Sicht ein überdurchschnittliches Niveau geboten. Die Küche macht einen souveränen Spagat zwischen leicht verfeinerten heimischen Traditionsgerichten und exklusiveren Kreationen aus internationalen Produkten, wobei wir hier seit jeher klar die alpenländischen Schmankerln vorziehen. Auch der Weinkeller ist bestens gefüllt mit Bezahlbarem und Prestigeträchtigem.

Weinstube Drei Kronen

Schüsselmarkt 7,
91438 Bad Windsheim
☎ 09841-9199903
www.weinstubedreikronen.de
◷ Do–Mo ab 17.30 Uhr, Di u. Mi RT
Hauptgericht: 14–30 €,
Menüs: 30–55 €

Was für eine positive Überraschung in der nostalgischen Weinwirtschaft mit dunklem Holz und niedriger Decke! Wir kennen die beste Ess-Adresse in dem Zehntausend-Einwohner-Städtchen westlich von Nürnberg, die Heimat von Franken Brunnen und dem berühmten Windsbacher Knabenchor ist, immerhin schon seit drei Jahren, doch seit unserem letzten Besuch hatte sich die Küche von Marco Schneider, der während seiner Wanderjahre unter anderem auch bei Nobu Matsuhisha in dessen britischer Filiale an der Londoner Berkley Street gearbeitet hatte, deutlich gesteigert. Und so präsentierten sie seine Gerichte diesmal nicht nur kompositorisch stimmiger, sondern auch handwerklich präziser ausgeführt.

Von seiner Zeit im Matsuhisa hat Schneider sein Faible für fernöstliche Produkte und Aromen, die nun seine fränkisch-asiatische Fusionsküche prägen. Mal mehr, mal weniger – je nachdem, ob man sich nun seinem Signature-Menü „On Her Majestys Culinary Service" oder eher dem Klassiker-Menü „Cuisine Royale" widmet. Wobei die Übergänge recht fließend zu sein scheinen, denn auch im Angebot à la carte findet man immer weniger Traditionelles. So kommt mittlerweile etwa auch das Schnitzel mit Pommes asiatisch verbrämt im Tonkatsu-Style mit Panko daher.

Wenn das dann alles so stimmig wirkt wie bei unseren jüngsten Kostproben, kann man wirklich nichts sagen. Denn da machte schon die schlichte kleine Einstimmung in Gestalt von frittiertem Sushireis mit Kürbispüree und eingelegtem Rettich großen Spaß. Und erst recht die wie Nigiri angerichteten Häppchen von der gebeizten Lachsforelle mit Erdnuss, einer von Chili angeschärften Soja-Mayonnaise und dem zitrischen Frischekick von Yuzu, die anstelle auf Reis auf eine Art knusprigem Matcha-Spongecake drapiert waren. Wir hatten das in der Vergangenheit hier bereits in einer ähnlichen Form gegessen, aber längst nicht so gut abgestimmt wie diesmal.

Und während bei den letzten Besuchen auch sonst manches nicht nur relativ simpel, sondern auch etwas grobklotzig umgesetzt war, fielen die Kostproben diesmal mit deutlich mehr Substanz und Geschmack im Detail auf. Etwa die Vorspeise des „Cuisine Royale"-Menüs, ein im tiefen Teller kompakt angerichtetes Arrangement aus Rosenkohl, Blumenkohlröschen, einer umamiwürzigen Currycreme und Shiso. Der Clou war hier aber das aus den Blättern des Blumenkohls hergestellte Kimchi, das den anderen Komponenten mit wohliger Schärfe und Säure zuarbeitete und das i-Tüpfelchen des Ganzen war.

Brust und Keule von der Gans kamen ebenfalls ganz unfränkisch daher: die Brust rosa gegart und kross auf der Haut gebraten und das ausgelöste Keulenfleisch als panierter gebackener Riegel, begleitet von zweierlei Süßkartoffel, Maroni und fermentiertem Blaukraut. Eine deutlich pfiffigere Angelegenheit als die klassische Weihnachtsgans. Dem rosa gebratenen Hirschrücken standen mit Pastinake und Roter Bete zwar zwei recht behäbige süßlich-erdige Partner zur Seite – mit Wasabischärfe und einer tiefen, herben Kakaojus aber auch zwei progressivere Komponenten, die hier für harmonische Spannung sorgten. Eine sehr ungewöhnliche Sache war die „frittierte Wildjus" auf Eiweißbasis mit ihrer seltsamen, aber nicht uninteressanten cremig-pastösen Konsistenz unter knuspriger Panierung.

Auch die Desserts waren ausgesprochen gut und klar 5 Pfannen wert. Ob die saftige gebackene Bitterschokoladen-Würfel mit Sauerkirscheis und diversen Cremes, unter anderem mit den Aromen von Kokos und Sanshopfeffer, oder aber der Nachtisch um Rahmeis von der Marone, in Rotwein pochierte Nashibirnen und Lebkuchenmousse – alles zeugte von gutem Kombinationsgespür und sehr solidem Handwerk.

Sehr positive Erwähnung verdient neben dem sympathischen und zuvorkommenden Service nicht nur die kleine, ausgesuchte fränkische Weinauswahl, sondern auch die sehr umfangreiche Kollektion an deutschem Gin und anderen internationalen Edel-Spirituosen sowie gediegenen Cocktails.

Bad Wörishofen (Bayern)

CALLA
im Steigenberger Hotel Der Sonnenhof
Hermann-Aust-Str. 11, 86825 Bad Wörishofen
☎ 08247-9590
www.spahotel-sonnenhof.de
Do–Sa ab 18 Uhr, So–Mi RT
Hauptgericht: 31–40 €,
Menüs: 59–78 €

Das Calla, ein lichtdurchflutetes und klassisch-elegant eingerichtetes Fine-Dining-Restaurant mit Front-Cooking-Station im Bad Wörishofener Steigenberger-Hotel Der Sonnenhof, bietet unter der Federführung des asienerfahrenen Küchendirektors Jörg Richter und seiner Küchenchefin Antonina Biebrich gekonnt umgesetzte Fusionsküche im East-West-Style. Was hier in Gestalt zweier „Kozara"-Menüs und verschiedener Offerten à la carte einfallsreich und originell auf die Teller kommt, ist sehr ambitioniert, meist von hohem Gestaltungsaufwand und weit überdurchschnittlichen Produktqualitäten geprägt, kann nur bisweilen auch mal etwas übermotiviert wirken. Die Weinkarte offeriert ein breit gefächertes Sortiment an Flaschenweinen populärer Erzeuger aus aller Welt, hat aber ihren Schwerpunkt in Deutschland und Frankreich.

Hotelempfehlung

★★★★★ S

Steigenberger Hotel Der Sonnenhof

Hermann-Aust-Str. 11,
86825 Bad Wörishofen
☎ 08247-9590
www.spahotel-sonnenhof.de
Einzelzimmer: 170–330 €
Doppelzimmer: 260–420 €

Hauptattraktion des von weitläufigen Parkanlagen umgebenen Hotels mit 156 sehr komfortablen Zimmern ist die über 2500 m² große moderne Wellnesslandschaft. Hier erwarten den Gast verschiedene Becken und Pools, Saunen, Sole-, Dampf- und Aromabäder. Außerdem: Massagen oder Kosmetikbehandlungen, Ruheraum mit modernen Lounge-Designliegen und eine große Liegewiese. Hotelgäste genießen zudem Inklusivleistungen wie Bademäntel, moderne Mountainbikes und Trekkingräder, Tennis, reduzierte Greenfee oder freies WLAN im ganzen Haus. Drei Restaurants: CALLA (euro-asiatisch, mit Showküche), Wintergarten (internationale Küche), König Ludwig Lounge (regionale Spezialitäten in der „coolsten Skihütte nördlich der Alpen"), Moderner Indoor-Biergarten für Events. Restaurant CALLA separat erwähnt.

Apicius

im Hotel Jagdhaus Eiden
Eiden 9,
26160 Bad Zwischenahn
☎ 04403-698416
www.apicius.de
☉ Di–Fr ab 18 Uhr, Sa–Mo RT
Menüs: 115–170 €

Die lange Schließungsphase des zeitlos elegant gestalteten Gourmetrestaurants im Romantik Hotel Jagdhaus Eiden am Zwischenahner Meer während der Coronazeit führte zuletzt leider dazu, dass wir die Bewertung zwischenzeitlich aussetzen mussten, weil wir fast zwei Jahre nicht mehr aktuell testen konnten. Umso gespannter waren wir auf den ersten Besuch nach Wiedereröffnung und umso erfreuter waren wir, dass das Niveau des Kulinariums von Küchenchef und Neu-Mitglied der Jeunes Restaurateurs Tim Extra nicht wesentlich unter der langen Pandemie-Zwangspause gelitten hat.
So erlebten wir die Küche, die sich allabendlich in Gestalt eines einheitlichen, bis zu siebengängigen Menüs präsentiert, so wie aus den vergangenen Jahren gewohnt, nämlich äußerst ambitioniert und aufwendig ausgestaltet. Auch seinem weltoffenen Stil ist der junge Chef treu geblieben und bedient sich undogmatisch Produkten und Aromen aus Nah und Fern, die hier zu kontrastreichen und ausdrucksstarken Kreationen werden, die immer auch viel fürs Auge bieten.
Das hohe Maß an Aufwand und Präzision war schon bei den im Fingerfoodformat dargebotenen Kleinigkeiten zum Aperitif zu bestaunen, die durch sehr klare, deutliche Aromengebung

und handwerkliches Feintuning begeisterten. Beim augenfällig als orange-weiße Spirale auf den Teller gemalten Amuse-Bouche stellte das Team einer Creme von zweierlei Kürbis und einer kleinen Nocke von mit Curry aromatisiertem Kürbiseis die ausgleichende Frische einer mit Apfelessig keck zugespitzten Kürbiskernöl-Creme auf Joghurtbasis gegenüber, was prima funktionierte.

Das in den Gourmetküchen landauf landab gar nicht mal so selten aufgegriffene, selten aber so überzeugend interpretierte Thema „Waldorfsalat" brachte die mit einer Walnusspaste durchzogene und mit einem Gelee von altem Madeira überzogene Gänseleberterrine in ein fruchtig-vegetabiles Umfeld mit den typischen Leitaromen von Apfel, Sellerie, Traube und Walnuss. Im Grunde sehr gegenständlich umgesetzt, aber auch wieder äußerst feinfühlig und wohlproportioniert, so dass ein sehr balanciertes Geschmacksbild entstehen konnte.

Mit einem Salat von Rote Bete, Cornichons, Senfsaat, Crème fraîche, Gurkenrelish und Schnittlauch kam bei der in eine hauchdünne Scheibe von der Kalbskopfmaske gehüllten und mit einer stattlichen „N25"-Kaviarnocke gekrönten Jakobsmuschel norwegischer Provenienz so etwas wie Labskaus-Feeling auf – wobei man den norddeutschen Traditionsklassiker vermutlich selten so delikat und deluxe genossen hat wie hier.

Der in den Meeresarmen der Marlborough Sounds im nördlichsten Teil der Südinsel Neuseelands aufwachsende Ora King Lachs wurde schließlich mit Fenchelcreme, hauchdünnen marinierten Scheiben von der gelben Tomate und einem Safransud auf Fenchelbasis, in dem auch koch kleine Bouchot-Muscheln schwammen, in ein betont mediterranes Umfeld gesetzt. Geröstete Pinienkerne, Basilikumöl und Salzzitrone knüpften raffiniert daran an und intensivierten bzw. erweiterten das Geschmacksbild, so dass das Ufer des Zwischenahner Meeres kurzzeitig zur Mittelmeerküste wurde.

Während sich die mit einer Périgordtrüffeljus der Extraklasse (feine alkoholische Süße, feuchte erdige Trüffelaromen...) nappierten Sot-l'y-laisse nebst perfekt homogen wachsweich pochierter Wachtelei, Champignoncreme, Herbstgemüse und Blattpetersilienschaumsauce relativ klassisch französisch präsentierte, kam das darauffolgende Kalbsbries verhältnismäßig unkonventionell und fernöstlich inspiriert daher. Mit Kalbsjus und

Erdnusssauce glasiert und mit frittierten Krabben, Erdnusskernen und Korianderkresse beflockt, lag die butterzarte Thymusdrüse vom Kalb zusammen mit Würfeln von gebratener Ananas und gesalzenen Erdnüssen auf einer mit Kokos abgeschmeckten Blumenkohlcreme und war dort von Erdnusssauce und Korianderöl umgeben. Irgendwo im Hintergrund schwang auch noch ein Hauch Ingwer mit, so dass man es mit einem zwar recht plakativen und kontrastreichen, aber durchaus mit Feingefühl abgestimmten Verein zu tun hatte.

Auch in die fernöstliche Richtung führend und nicht minder delikat dann der Hauptgang, der sich um kurzgebratenes Roastbeef und geschmorte Short Rib vom südamerikanischen Wagyu-Beef in A7-Marmorierung drehte. Ersteres als drei rosa Tranchen mit saftigem Biss, schöner Fleischigkeit und tollem Eigengeschmack, letzteres als Füllung eines Dim-Sum-Täschchens und à part wurde der Produktcharakter sogar noch in Gestalt eines Beeftees mit dezenten asiatischen Aromen fett unterstrichen. Daran knüpften auf dem Hauptteller thematisch auch Pak-Choi, eine Creme von geröstetem Sesam, etwas Miso-Hollandaise und zitrisch-umamiwürziges Ponzu-Flavour in der begleitenden Jus an, die allesamt so elegant eingebunden waren, dass auch der von Sommelier Marcel Thurm dazu ausgeschenkte 2011er Sociando-Mallet keine Probleme mit den fernöstlichen Aromen hatte.

Dass auch die Pâtisserie sehr gute, kreative Ideen hat, ließ sie schon vor dem Hauptgang mit einem Rote-Bete-Granitée aufblitzen, das durch Pistazienöl und Atsinakresse den gewissen originellen Dreh bekommen hatte. Und danach mit einem Vordessert, dessen mutige Kombination zwischen gegrillter weißer Schokolade (sic!), dem Blauschimmelkäse Fourme d'Ambert, in Scotch eingelegten Rosinen, Pistazienmilch und Minze auf kongeniale Weise sehr harmonisch funktionierte. Da wirkte dann die Liaison exotischer Früchte wie Kokosnuss, Kalamansi, Banane, Tamarinde oder Ananas in unterschiedlichen Texturen und Aggregatzuständen fast schon konventionell – war aber nicht minder gekonnt und schmackhaft umgesetzt.

Und dafür, dass auch nach dem Weggang des langjährigen Restaurantleiters Marco Scheper der Service mit Souveränität und Eloquenz angeführt wird, sorgt nun mit Taeke Halbersma ein alter Bekannter, den wir schon aus diversen Stuttgarter Restaurants kennen.

Le Jardin de France im Stahlbad

Augustaplatz 2,
76530 Baden-Baden
📞 07221-3007860
www.lejardindefrance.de
◔ Di–Sa von 12–13.45 Uhr
u. ab 18.30 Uhr, So u. Mo RT
Hauptgericht: 42–59 €,
Menüs: 48–125 €

Nachdem das mitten in der Innenstadt Baden-Badens versteckte Le Jardin de France sich mit seinem gläsernen Entree und dem plätschernden Brunnen im Innenhof über die Jahre als feste Genussinstanz mit einem überaus stimmigen Gesamterlebnis etabliert hatte, kam der angekündigte Umzug an einen neuen Standort recht überraschend. Aber all jene, die bereits wehmütig und nostalgisch dem alten Restaurant nachgetrauert haben, können sich ganz entspannt zurücklehnen. Denn auch der neue Standort im Stahlbad, in dem schon im Jahr 1966 Gourmetgeschichte geschrieben wurde, wird mit seinem großen eleganten Wintergarten-Pavillon direkt an der Lichtentaler Allee und den hohen Restauranträumen, in denen helles Mintgrün, großformatige Gemälde mit asiatischen Motiven und freches Palmendekor auf den Stuhlrücken für eine elegant-heitere Atmosphäre sorgen, seinem angestammten Namen mehr als gerecht.

Dass Stéphan Bernhard wie erwartet während des Umzugs das Kochen nicht verlernt hat, zeigten bereits der nougatduftig röstwürzige Hummer-Espuma und ein ätherisch von Zitrone erfrischtes Lachstatar im Croustillant-Körbchen, die gemeinsam mit der guten Gebäckaus-

wahl und französischer Rohmilchbutter im Handumdrehen noch vor dem Aperitif auf den Tisch kamen, auf animierende Art. Generell zeichnet sich die Bernhard-Küche seit jeher durch einen klaren Fokus auf hohe Produktqualitäten meist französischer Herkunft aus, die altmeisterlich souverän nur behutsam mit gerade so viel Aufwand wie nötig unterstrichen werden.

Das gelang auch beim Ceviche vom nur erfreulich wenig durch Säure denaturierten, somit ganz klar, rein und natürlich mit seinen festfleischigen Tranchen begeisternden Seewolf und einem ebenso klararomatischen Hummertatar ganz hervorragend. Beide wurden von einem schaumigen, mit straffer Säure belebten Cevicheschaum, Piment d'Espelette und eigenaromatisch knackigem Gemüse von Artischocke über Grünspargel bis Staudensellerie mit ebenfalls frischgrünen und feinbitteren Noten ergänzt. Auf dem Punkt! Und das auf typisch unkomplizierte, voll auf die natürlichen Aromen setzenden Art, ganz wie wir es hier aus der Vergangenheit vom alten Standort kannten und schätzten.

Mit mehr Power, aber genauso schnörkellos pointiert, folgten knackig-glasig gegrillter Hummer und ein zarter Raviolo mit Scherenfleisch-Stücken in erfreulich hoher Qualität, begleitet von einem dichten, aromatisch eher auf der lieblich-charmanten Seite gehaltenen Hummerschaum. Durch eine deutlich nachhallende Schärfe wirkte dieser zwar entsprechend harmonisch, aber keineswegs behäbig. Und wurde zudem von knackigem grünem Spargel und (sehr!) jungen Fenchel passend frischgrün ergänzt.

Nicht ganz auf diesem Niveau landete die gegrillte Taubenbrust von Theo Kieffer, die (trotz der hohen Basisqualität) ziemlich weit gegart und mit einem leicht derben leberartigen Grundton im Geschmack ausnahmsweise einmal auf der Produktseite nicht ganz das Optimum herausholte. Dagegen begeisterte der asiatische Taubenfond, in dem die Brust gemeinsam mit knackigem Gemüse von Staudensellerie über Karotte bis Austernpilz serviert wurde, durch seine vielschichtige Aromatik, während ein weiterer Raviolo, diesmal mit zarter Taubenfarce gefüllt, als harmonisierendes Zentrum fungierte. Tolle, für einen Hauptgang erfrischend unkonventionelle und beschwingte Idee, mit leichten Abzügen in der B-Note…

Derlei seltene Probleme werden aber bereits bei der Auswahl von Rohmilchkäsen aus der Hand von Maître Anthony schnell in Vergessenheit geraten, spätestens aber beim Dessert. Dieses bot zuletzt einen frühlingshaft beschwingten Abschluss rund um einen Riegel aus Menton-Zitronen-Sandkuchen auf Sablé, der von einer buttrig-duftigen Zitronencreme getoppt und von zartrosa Rhabarber und einem Joghurt-Zitroneneis mit zusätzlicher Frische ergänzt wurde. Rundum gelungener Abschluss! Am stimmigen Gesamteindruck ändert sich deshalb auch am neuen Standort nichts, was neben dem von Gastgeberin Sophie Bernhard gekonnt gestalteten Raumdesign auch die sowohl in Baden als auch in Frankreich (insbesondere Bordeaux) bestens sortierte Weinkarte und die kompetente Rundumversorgung durch das Serviceteam garantieren.

Maltes „hidden kitchen"

Gernsbacher Str. 24,
76530 Baden-Baden
☎ 07221-7025020
www.kaffeehausinbadenbaden.com/
fine-dining
◕ Mi–Sa ab 19 Uhr, So–Di RT
Hauptgericht: 18–68 €,
Menüs: 105–135 €

Tagsüber Kaffeehaus, abends Gourmetrestaurant: Wo bis zum späten Nachmittag Kaffeespezialitäten aus den besten Anbaugebieten oder erstklassige Teesorten mit einem Stück hausgemachtem Kuchen serviert wurden, tauchen am frühen Abend hinter einer Agatha-Christie-tauglichen Schiebwand inklusive Schokoladenauslage plötzlich Herd und Arbeitsflächen auf und es wird Casual-Fine-Dining geboten. Dann gehört das kleine Reich in Baden-Badens Fußgängerzone ganz dem jungen Küchenchef Malte Kuhn und dessen Team, das hier mit erkennbar großer Leidenschaft agiert und von dem im Laufe des Abends auch abwechselnd jeder mal am Tisch erscheint, um einen der Gänge zu servieren und zu erläutern.

Ein kleiner „Burger" aus Rotkraut-Macaron mit Erdnuss und Wasabi, ein Löffel mit schmelzigem Frischkäse, Sardelle, Olive und getrockneter Tomate sowie ein knuspriges Tartelette-Schälchen, gefüllt mit fleischig-saftigen Flusskrebsschwänzen, machten bei unserem jüngsten Besuch den animierenden Auftakt, noch ehe frisch gebackenes Brot mit warmwürzig-pikanter Mole-Butter auf dem Tisch stand. Danach gingen beim Amuse-Bouche die fruchtige Säure eines Chutneys aus Baumtomaten und die vegetabile Milde eines Artischockenpürees zu einem kleinen Stück Pulpo eine sich gegenseitig gut ergänzende, harmonische Verbindung ein. Mit kleinen knusprigen Kartoffelpartikeln, die das Texturenspektrum erweiterten, war das auch gleich ein schönes Beispiel dafür, wie die Küche von Malte Kuhn und seinem Team funktioniert: denn hier wird generell mit verhältnismäßig einfachen Mitteln viel Raffinesse erzeugt.

Bei der Vorspeise mit Taschenkrebs, Pastinake und Pistazie gelang es etwa, mehrere solo recht sperrige Komponenten im Zusammenspiel ein ausgewogenes Geschmacksbild entstehen zu lassen. Das alleinstehend eher spröde und trotz Piment d'Espelette und Kräutern aromatisch etwas blasse Taschenkrebstatar etwa wurde von dem für sich genommen viel zu süßen Pistazieneis mit Schmelz und Süße versorgt und dadurch erst richtig rund. Die straff säuerliche Yuzu-Vinaigrette indes bekam durch die Cremes von Pastinake und Pistazie harmonisierende Rundung. Nur die im Salzteig gegarte, abgeflämmte und mit Nussbutter glasierte Petersilienwurzel wirkte nach unserem Dafürhalten etwas zu naturbelassen roh und dadurch recht grob. Womit wir auch gleich schon bei unserem einzigen echten Kritikpunkt wären, denn solche tendenziell eher rohen, noch sehr festen oder teils sogar nahezu unbehandelt wirkenden Gemüse zogen sich wie ein roter Faden durchs Menü. Das kann natürlich durchaus stimmig sein, wirkte aber an mehreren Stellen irgendwie unfertig.

Nicht so allerdings beim nächsten Gang, denn mit seiner butterzarten, aber eben nicht matschig-weichen Konsistenz und dem reintönigen, nur von Mirin mit zarter Süße untermalten Geschmack, war der unter luftiger Kartoffelespuma versteckte und von säuerlich eingelegten Perlzwiebelchen umsäumte Lauch der heimliche Star auf dem Teller. Knusper von der Kartoffel, aber auch die mild zwiebelige Frische von Schnittlauch waren in diesem Kontext mehr als bloße Textur- oder Farbgeber und fügten sich auch geschmacklich zu einem stimmigen Ganzen zusammen.

Auch beim Fischgang mit Fjordforelle, Fenchel und Beurre blanc gelang es, mit den natürlichen Konsistenzen der Komponenten ein aufgelockertes und ausgewogenes Bild zu zeichnen und zugleich auch geschmacklich alles harmonisch zusammenspielen zu lassen. Zum butterzart confierten, aber eben als solches auch nicht zu weichen Fisch, der mit Orangenschalenabrieb und Fenchelgrün aromatisiert war, setzte dessen eigener, sehr schön festknackiger Kaviar einen willkommenen Kontrast. Die noch ungehobelt bissfeste Stange vom wilden Fenchel bekam von verschiedenen Orangen- und Blutorangengels und Segmenten erfrischende Momente spendiert und die klassisch gehaltene Beurre blanc verband das alles mit ihrem zarten Schmelz und einem eleganten Säurespiel. Als perfekter Begleiter im Glas erwies sich der Albarino Do Ferreiro aus Rias Baixas mit genügend Frucht und Körper, aber auch mit animierend salzigen Noten.

Ein sehr saftiger, fruchtbetonter Pinot von Jean-Marc Pillot aus Santenay mit niedriger Säure aber feingewobener, eleganter Struktur und ausreichend Zug war schließlich Begleiter für das Zweierlei vom Rind, das zum Hauptgang als Backe vom Irish Hereford und rohes Filet vom edlen Miyazaki Wagyu-Beef zum Besten gegeben wurde. Letzteres als schmelziges Topping eines zart geschmorten Quaders aus der Backe, die auch noch gezupft und mit altem Balsamico verfeinert als Füllung eines Dim-Sum-Täschchens auf dem Teller zugegen war. Unterfüttert von gut ausgewogener Schmorsauce und umzingelt von verschiedenen Komponenten aus Bete und Rosenkohl, von denen manche etwas borstig säuerlich und manche eben wieder sehr ungehobelt roh wirkten, manifestierte sich hier unsere Ansicht, dass die Küche gerade bei den Gemüsen beziehungsweise Beilagen noch etwas mehr Feintuning zuteilwerden lassen könnte, um zu noch eindrücklicheren Ergebnissen zu kommen.

Ein Eindruck, der übrigens auch auf das experimentelle Dessert „Bean & Coffee" zutraf, weil hier die Black Beans, die mit Milchrahmeis, Kaffeeschaum und knuspriger karamellisierter Milchhaut on top zu einem geschmacklich durchaus sehr reizvollen Akkord zusammenfanden, das Ganze texturell schnell recht mampfig und etwas grob wirken ließen. Ein spannender und schmackhafter Abschluss war's trotzdem. Und in Kombination mit dem zuvorkommenden Service und der profunden Weinberatung auch im Gesamten wieder ein sehr runder und angenehmer Abend.

Wintergarten
in Brenners Park-Hotel & Spa
Schillerstr. 4–6, 76530 Baden-Baden
☎ 07221-900890
www.oetkercollection.com/.de/hotels/brenners-park-hotel-spa/restaurants-bars/restaurant-wintergarten/
❂ Täglich von 12–14 Uhr u. ab 18 Uhr, kein RT
Hauptgericht: 26–42 €,
Menüs: 39–145 €

Bereits im Jahr vor Beginn der Corona-Krise wurde die Gastronomie im legendären Brenners Parkhotel einem umfassenden Relaunch unterzogen, in dessen Zuge auch das neue Restaurant Fritz & Felix auf der Vorderseite des altehrwürdigen Gebäudes entstanden ist, in dem „Casual Dining" zelebriert wird. Auf der Rückseite mit Blick in den malerischen Park befindet sich seither das ebenfalls neu konzipierte Gourmetrestaurant Wintergarten mit lichtem, klassisch-elegantem Ambiente und einer Küche, die sich auf zeitgemäße Art der französischen Klassik annimmt. Hauptverantwortlicher am Herd ist hier seit Ende 2019 Küchenchef Alexander Mayer, der seine Ausbildung in Jean-Claude Bourgueils legendärem Düsseldorfer Restaurant „Im Schiffchen" absolviert und sich später unter anderem mit Stages im Nagaya und im Aqua kulinarisch weitergebildet hat.

Mit einem kleinen Stück Flammkuchen, belegt mit knusprigen Streifen Rinderschinken vom lokalen Metzger, ging es bei unserem Antrittsbesuch im hellen und lichten Wintergarten an elegant eingedeckten runden Tischen fein und herzhaft los. Schön dunkelfleischiges, ausdrucksstarkes Kalbstatar unter Thunfischschaum, mit Kapern und einer Art Salsa Verde im Tellerboden aromatisch kräuterwürzig aufgetunt, stellte im Anschluss eine zeitgemäß leichte Interpretation des Vitello-Tonnato-Themas dar und machte als solches viel Lust auf mehr. Erste Mission geglückt!

Der Gelbflossenmakrele, die zur Vorspeise in Gestalt dreier Scheiben des roh marinierten und ringsum abgeflämmten Rückens und einer Nocke mild gewürzten Tatars auf dem Teller zugegen war, wurde nicht nur (etwas untypisch, aber dennoch gut passend…) von Stücken, Creme und klarem Gelee der Petersilienwurzel begleitet, sondern auch von einer Nocke Sorbet und einer Vinaigrette von Kombucha, die mit ihrer fruchtigen Säure für die nötige Belebung und Verschlankung dieser ansonsten nämlich recht erdig-süßlichen Angelegenheit verantwortlich waren. Knusprige und weiche Tapiokaperlen spendeten der Komposition immerhin unterschiedliche Texturen; der ebenfalls in der Karte annoncierte Estragon war aromatisch nicht dezidiert wahrnehmbar, hätte aber mit seinem anishaften Aroma durchaus noch eine spannende Facette abgeben können. Trotzdem ein sehr schöner, ansprechender Auftakt.

Wie gut sich das Team um Küchenchef Alexander Mayer auch auf vegetarische Kreationen versteht, durften wir an der (sogar veganen) Variation von der Erdartischocke sehen und schmecken. Die Topinambur war in diesem kompakt in einem tiefen Teller angerichteten Gericht als im Ganzen samt Schale geschmorte Knolle, als weiche Stücke aus dem Kern und als knusprige Schale, aber natürlich auch in Form von etwas Creme zu finden. Aufgelockert von verschiedenen Trauben, aromatisch klug ergänzt durch geröstete Haselnusskerne und süffig umrundet mit einem dunklen, kraftvollen Topinambursud, der durch Verjus eine schlanke, säuerliche Zuspitzung erfuhr, war auch das eine abwechslungsreiche und ausgewogene Sache.

Dem als „Black Cod" bekannten Kohlenfisch, der hier mit einem süßlich-umamiwürzigen Misolack glasiert, auf eine entsprechende Sauce gebettet und mit Zitronenschalenabrieb sowie feinen Schnittlauchringen beflockt war, assistierten nicht nur einige Bouchot-Muscheln mit zusätzlichem maritimem Flavour, sondern von Landseite auch einige Perlzwiebeln, Kartoffelmousseline, mit Senfkörnern süßsauer eingelegte Gurke und Buchenpilze. Ein insgesamt sehr dichter, aromatischer Fischgang, bei dem nicht unbedingt die maritimen Produkte selbst im Mittelpunkt standen, sondern die gesamte Komposition.

Den besten Gang unseres aus verschiedenen Gerichten à la carte selbst zusammengestellten Menüs erleben wir dann mit der Brust der Silver-Hill-Ente zum Hauptgang, die der klassischen Sparte des Kulinariums entstammte und die wahren Stärken der Küchen aufzeigte. Zwar war das von einem Stück gebratener Entenleber flankierte Fleisch selbst noch nicht mal so begeisternd wie erhofft und stellenweise sogar etwas zu randtrocken, um als perfekt gebraten durchgehen zu können. Aber die Komposition als Ganzes konnte voll überzeugen: nämlich mit Sellerie in Texturen und einer süßlich-würzigen Nocke von Walnuss, Quitte, Parmesan und etwas Limettenschalenabrieb. Letzterer verlieh auch in feinen Flocken der Entenbrust ein zitrisch-herbes Aroma, während die ätherische Schärfe der fantastischen Sauce von einer behutsam bemessenen Dosis Savora Senf herrührte. Das hatte wohlgerundete Ecken und Kanten, das schmeckte ungewöhnlich und hatte Tiefgang. Sehr fein!

Beim süßen Abschluss um einen Savarin aus Haselnussmousse nebst Brombeeren und Himbeeren, etwas weißer Schokolade, Vanilleeis und Zitronencreme, war die weiße Trüffel, von der einige Scheiben über das Dessert gehobelt waren, weit mehr als bloß ein luxuriöser Gag. Das natürliche Aroma der Knolle fügte sich hier nämlich tatsächlich als origineller Akzent sehr gut ins Geschehen ein und gab einem sehr harmonischen Nachtisch den Hauch des Besonderen. In der Gesamtschau eine sehr souveräne und ansprechende Küchenleistung auf glattem 7-Pfannen-Niveau, dem auch der umsichtige Service und die kompetente Weinberatung gerecht wird.

Die Besteck-Symbole

❚❚❚❚❚ luxuriöses Restaurant mit höchstem Komfort und formvollendetem Service, edler Ausstattung und einer Weinkarte, die höchsten Ansprüchen genügt

❚❚❚❚ elegantes Restaurant mit hohem Komfort und exzellentem Service, sehr gute Ausstattung, hervorragende Weinkarte

❚❚❚ gehobenes Restaurant mit gutem Komfort und versiertem Service, umfangreiche Weinkarte

❚❚ besser ausgestattetes Restaurant mit ordentlichem Service, ausgewählte Weine

❚ schlichtes Restaurant, Gasthof oder Bar

~~~
5

KATHARINA

im Park Hotel & Spa KATHARINA
Römerstr. 2,
79410 Badenweiler
☎ 07632–2189500
www.parkhotelkatharina.de
☉ Mi–So ab 18 Uhr, Mo u. Di RT
Hauptgericht: 17–38 €,
Menüs: 29–47 €

Das Hotel neben dem Kurpark im Herzen der netten Schwarzwaldgemeinde mit römischer Geschichte, in dem einst der unheilbar an Tuberkulose erkrankte russische Schriftsteller und Arzt Anton Pawlowitsch Tschechow vor seinem Tod residierte, wirkt aristokratisch und repräsentativ. Und auch in ihrem Inneren macht die gegen Ende des 19. Jahrhunderts erbaute Villa, die zwischen 2013 und 2017 komplett grundsaniert und rekonstruiert wurde, einen gepflegten Eindruck.

Das Restaurant, in dem der talentierte Küchenchef Dirk Gmelin ambitioniert zugange ist, hat ein wenig das Problem, das viele universell genutzte Hotelrestaurants haben: es wirkt relativ nüchtern und zweckdienlich, was nicht allein mit der Einrichtung zu tun hat, sondern insbesondere auch dadurch forciert wird, dass es sehr viele Tische hat, von denen nur jene eingedeckt sind, die tatsächlich gebraucht werden. Doch das soll uns nicht von dem ablenken, was auf den Tellern liegt, denn das hebt sich deutlich von biederer Hotelküche ab. Der kleine Küchengruß war zwar, wie schon im letzten Jahr, auf den ersten Blick und Bissen nicht sonderlich attraktiv oder gar originell, aber immerhin fiel bei dem Rucolasalat mit ein paar Spänen von italienischem Hartkäse der luftgetrocknete Schinken als sehr schmackhaft auf.

Etwas lieblos wirkte allerdings auch das zerfledderte Brot von recht durchschnittlicher Güte.

Deutlich attraktiver dann aber schon die Vorspeise um sehr saftige, dünn aufgeschnittene Scheiben vom rosa gebratenen Bürgermeisterstück, die zusammen mit verschiedenen Salatspitzen, roher Paprika und (kaum wahrnehmbarer) gepickelter Chili auf einer umamiwürzig-frischen, fast etwas asiatisch anmutenden Senfsaat-Vinaigrette serviert wurden. Da konnte man vom Handwerk bis zum Arrangement sehen, dass hier jemand am Werk ist, der genau weiß was er da macht.

Und das war auch bei den unverkennbar mit viel Ricotta locker und fluffig gefertigten Kürbisgnocchi keine Frage, die schon selbst voll überzeugten, aber auch in gut proportioniert und apart angerichteter Kombination mit Blattspinat, knackig-säuerlichem und cremigmildem Blumenkohl, Romanesco-Röschen, etwas Rucola und einer natürlich schmeckenden (aber nicht sehr aromatischen) Trüffelvinaigrette, war das eine propere Sache.

Mit sehr guten 6 Pfannen hätten wir den tadellosen, perfekt auf der Haut kross gebratenen und darunter schön saftig-fleischigen Wolfsbarsch bewertet, der in einem wieder sehr detailgenau und präzise umgesetzten und arrangierten mediterranen Umfeld zum Besten gegeben wurde: knackiger grüner Spargel, angebratene Segmente vom Artischockenboden, zweierlei Fenchel, ein schlotzig-bissfestes Venere-Risotto, etwas Olive, halbgetrocknete Tomaten und eine unaufdringliche, mit ihrer an Orange erinnernden Fruchtnote nicht nur sehr gut mit dem Fenchel korrespondierende Safrannage. Da war alles auf dem Punkt und alles an seinem Platz.

Wer im Hauptgang lieber Fleisch isst, bekommt beispielsweise mit glasierten Kalbsbäckchen auf Kalbskopf-Schmorjus mit Wurzelgemüse und Kräuterpolenta oder einem Hirschkalbsrücken nebst Spitz- und Rotkohl, Champignons, Selleriecreme und einem für das Wild adäquaten Fruchtakzent von Brombeeren ansprechende Offerten – auch wenn die Karte an sich mit drei Vorspeisen, einer Suppe und vier Hauptgängen zumindest bei unserem Besuch relativ überschaubar war. Aber so kann wenigstens auch bei weniger Betrieb außerhalb der Saison die fraglos gute Qualität gehalten werden.

So gestaltete sich auch das Finale fast von selbst, denn neben Sorbetvariation und Käseauswahl stand allein eine Crème brûlée mit Himbeersorbet zur Disposition. Und die ließ einerseits ob des guten Geschmacks beider

Komponenten erkennen, dass auch beim Nachtisch mit Substanz gearbeitet wird, allerdings auch, dass da in Sachen handwerklicher Sorgfalt noch Luft nach oben ist: die Creme war nur partiell gestockt und ansonsten weitgehend flüssig, der Zucker nicht sauber weggeschmolzen und das Sorbet allzu cremig und sulzig, hätte also deutlich kälter sein dürfen. Schmackhaft war's trotzdem. Und obwohl wir prinzipiell eigentlich nicht an gestrafftem Angebot herummäkeln: die Zahl der offen ausgeschenkten Weine sollte dringend aufgestockt werden. Gerade mal zwei verschiedene Gutedel im Weißweinbereich sind auch im Post-Corona-Zeitalter und nach längerer Betriebsruhe etwas wenig.

Hotelempfehlung

★★★★

Park Hotel & Spa
KATHARINA

Römerstr. 2,
79410 Badenweiler
☏ 07632–2189500
www.parkhotelkatharina.de
Einzelzimmer: 99–119 €
Doppelzimmer: 149–229 €

Am Fuße des Schwarzwaldes und im Herzen des Kurorts Badenweiler, rund 35 km von Freiburg, Basel (Schweiz) und Mulhouse (Frankreich) entfernt, erwartet das Parkhotel & Spa KATHARINA seine Gäste. Das altehrwürdige Haus, das zwischen 2013 und 2017 komplett grundsaniert und rekonstruiert wurde, lockt heute mit 52 großzügigen und liebevoll eingerichteten Zimmern in verschiedenen Kategorien, die zeitgemäßen Komfort und kostenfreies Highspeed-LAN bieten. Die wunderschöne Umgebung des Dreiländerecks, vor allem aber der hauseigene SPA-Bereich mit Thermalwasser bietet beste Voraussetzungen für einen entspannten und/oder aktiven Aufenthalt. Hier stehen verschiedene Saunen (Zeder, Sole…), Innen- und Außenpool, Hammam sowie Yoga- und Fitnessraum zur Verfügung und es können auch Massagen und kosmetische Anwendungen von Wellness-Therapeuten gebucht werden. Für Business-Gäste und Feiern gibt es einen Tagungs- und Veranstaltungsraum mit viel Tageslicht. Und auch kulinarisch wird man hier vom reichhaltigen Frühstück bis zum

Dinner in der Lobby-Bar (mit toller Aussicht!) und dem Restaurant auf gehobenem Niveau verwöhnt.

Baierbrunn (Bayern)

Waldgasthof Buchenhain

Am Klettergarten 7,
82065 Baierbrunn
☏ 089-7448840
www.hotelbuchenhain.de
🕐 Mo ab 17 Uhr, Di–So ab 11.30 Uhr durchgehend, kein RT
Hauptgericht: 14–26 €, Menüs: 17–22 €

Diesen stattlichen Gasthof mit Hotelbetrieb und Biergarten findet man in der ländlichen Peripherie Münchens, wo im Süden die noblen Vororte der Landeshauptstadt wie Solln, Pullach und Grünwald langsam ins Oberland übergehen. Ganz beschaulich am Waldrand gelegen und mit S-Bahn-Anschluss direkt vor der Haustüre ist es ein beliebtes Ausflugslokal, besonders im Sommer, wenn man draußen im lauschigen Garten einen Platz bekommt. Aber auch drinnen sitzt man nett in den holzverkleideten Goträumen auf drei Ebenen, die das relativ große Lokal gemütlich verwinkelt wirken lassen.

Der Blick in die Speisekarte offenbart nicht nur eine bodenständig-regionale Ausrichtung, sondern weckt mit einem sinnvollerweise recht übersichtlich gehaltenen Programm, das sich aus einer Tageskarte mit maximal zehn oder zwölf Gerichten und einer ebenfalls saisonal ausgerichteten Standardkarte mit nochmals höchstens einem Dutzend unterschiedlicher Offerten zusammensetzt, Vertrauen in Frische der Produkte und deren handwerkliche Zubereitung.

Und dieses Vertrauen wurde auch diesmal nicht enttäuscht, wenngleich uns hier herzhafte traditionelle Fleischgerichte wie ein klassisch gesottener Tafelspitz vom Rind mit Apfel-/ Meerrettichsauce und Blattspinat oder rösche Bayrische Ente aus dem Ofenrohr mit Apfelblaukraut zumeist deutlich besser gefallen als zum Beispiel Fischgerichte (von denen es aber ohnehin meist nicht allzu viele gibt…).

So können wir vom letzten Besuch zum Beispiel von einem sehr guten „Ragout" von der natürlich gewachsenen, also nicht gemästeten oder gestopften Gänseleber schwärmen, das durch Frische und Zartheit der Leber begeistern konnte, aber auch mit einer wunderbaren, mit Sherry feinsüßlich-herb abgeschmeckten Schmorjus, deren reichlich auf dem Teller verbliebene Reste wir zuletzt nur allzu gerne mit dem ebenfalls sehr guten stückigen Kartoffelstampf vermischt haben. Können aber auch ein nur passables Zanderfilet nicht einfach verschweigen, das sehr matt und trocken auf dem Teller lag und weder von der unauffälligen, sahnig milden Weißwein-Rahmsauce, noch von einem etwas fantasielosen Quinoasalat mit Schmorgemüsewürfeln rausgehauen werden konnte.

Doch die positiven Eindrücke über eine bodenständige Regionalküche ohne Kreativitätsanspruch überwogen: So waren zum Beispiel die hausgemachten Pfifferlingsravioli, die zusammen mit einem Pfifferlings-/Tomatenragout auf etwas Kräuterrahm serviert wurden, eine runde Sache – auch wenn die Füllung der zarten Nudeltaschen etwas stumpf und nicht wirklich sehr produkttypisch geschmeckt hat und das Ragout unschön mit geschmolzenem Käse verklebt war.

Auch über das Wiener Schnitzel, das hier selbstverständlich vom Kalb ist und von einer lockeren, buttrigen Panierung umhüllt ist, kann man nichts Schlechtes sagen – die begleitenden Bratkartoffeln mit Speck wirkten indes recht rustikal und reichten nicht wirklich über solides Standardniveau hinaus. Mit mehr Sorgfalt

und Genauigkeit in den Details wäre es hier generell durchaus möglich (wieder) auf 5-Pfannen-Niveau zu kommen, denn die Basics stimmen. Doch auch so ist und bleibt die Küche des Waldgasthof Buchenhain eine zuverlässige Empfehlung.

Zumal hier auch Nachtisch wie etwa der Kaiserschmarrn mit Rumrosinen und Mandeln, der stilecht mit Zwetschgenröster serviert wird, oder die gigantischen hausgemachten Windbeutel mit Kirschkompott immer einen Versuch wert ist. Und auch wegen der äußerst moderat bepreisten Weinkarte, die viel Gutes und auch Gereiftes von namhaften Produzenten aus ganz Europa listet und sogar nicht wenige attraktive halbe Flaschen anpreist, würden wir immer wieder gerne hierherkommen.

Hotelempfehlung

★★★

Hotel Waldgasthof Buchenhain

**Am Klettergarten 7,
82065 Baierbrunn
☏ 089-7448840
www.hotelbuchenhain.de
Einzelzimmer: 79–169 €
Doppelzimmer: 105–209 €**

Im dem gepflegten familiengeführten Hotel vor den südlichen Toren Münchens genießen die Gäste traditionelle, ländliche Atmosphäre, verbunden mit hohem Komfort. Von hier aus ist es nicht weit bis ins Zentrum der Landeshauptstadt und und doch liegt das direkt an den Forstenrieder Park und die Isar angrenzende Haus ruhig und beschaulich im Grünen. Die nächste S-Bahn Haltestelle ist nur 200 m entfernt. Die insgesamt 42 Zimmer sind selbstverständlich mit Dusche, WC, Telefon, Farb-TV und kostenlosem WLAN ausgestattet; einige davon auch mit Badewanne und/oder Balkon. Für die kleinen Gäste gibt es ein Kinderkino, eine Hüpfburg und einen natürlichen Klettergarten. Außerdem: Oldtimervermietung an Hotelgäste. Für das leibliche Wohl wird im großen Biergarten und im Restaurant mit mehrfach ausgezeichneter Küche gesorgt. Restaurant Waldgasthof Buchenhain separat erwähnt.

Baiersbronn (Baden-Württemberg)

1789

**im Hotel
Traube-Tonbach**
Tonbachstr. 237,
72270 Baiersbronn (Tonbach)
☎ 07442-492665
www.traube-tonbach.de
◔ Fr–Di ab 19 Uhr, Mi u. Do RT
Menüs: 180 €

Auch das ehemalige Restaurant Köhlerstube der Traube Tonbach, deren Küche unter Küchenchef Florian Stolte in den letzten Jahren immer besser wurde, hat nach dem verheerenden Brand des alten Stammhauses und dem vorübergehenden Umzug ins „temporaire", nun im neu errichteten Gastronomiegebäude wieder ein festes Zuhause gefunden. Und einen neuen Namen bekommen: Benannt nach dem Gründungsjahr des Hotels im Jahr 1789 residiert das zweite Gourmetrestaurant neben der berühmten Schwarzwaldstube nun ziemlich genau an der Stelle, wo früher im alten Stammhaus die einstige Bauernstube war, in einem schnörkellos-schlicht in Holz-, Stein- und Erdtönen gehaltenen, fast etwas spartanisch gestalteten Raum.

Das neue Restaurant 1789 ist auch deutlich kleiner als es die Köhlerstube war, was aber vor dem Hintergrund der Weiterentwicklung und Spezialisierung des Konzepts absolut Sinn macht. Denn mit dem gewachsenen Eigenanspruch und heute nur noch einem einzigen einheitlichen Menü für alle Gäste, dessen Preis auch durchaus eine Ansage ist, spricht man heute nicht mehr ein so breites Publikum an wie früher, als die Karte der Köhlerstube noch viel breiter gefächert und deutlich niedrigschwelliger ausgerichtet war. Schon in den Vorjahren, insbesondere während der Zeit im „temporaire", hatte Florian Stolte nicht nur das Gesamtniveau seiner Küche gesteigert, sondern stilistisch auch einen konsequenten Schwenk in Richtung Fernost gemacht – und ihr damit ein eigenes Profil gegeben. Basis ist weiterhin die klassische französische Küche, aber in jedem Gericht prägen auch asiatische Aromen das Bild.

So schon bei den drei Fingerfood-Petitessen zum Aperitif, einer knusprigen Tartelette mit gezupftem Taschenkrebsfleisch und Papayasalat, einem mit Yuzu-Mayonnaise und Buchenpilz getoppten Röllchen von mild gebeiztem Lachs und einem Sepiachip mit Rindertatar, N25-Kaviar, Meerrettichmousse und Rote-Bete-Gelee. Alle drei wirkten auf sehr elegante Art zurückhaltend, so dass das jeweilige Hauptprodukt voll präsent war und von den Begleitaromen wirklich nur sehr zart akzentuiert wurde. Bei der Gänseleberterrine unter Quinoa, Amaranth, geeisten Buttermilchperlen und Heidelbeere als Gel und Beerenfrüchte, die als Amuse-Bouche serviert wurde, wirkte das Drumherum ebenfalls sehr natürlich und zurückhaltend, so dass die Foie gras hier zwar effektvoll mit Knusper- und Temperaturkontrasten sowie zarter heller Säure und dunkler Süße bespielt wurde, was aber letztlich auch wieder mit deutlicher Zurückhaltung geschah.

Etwas plakativer und progressiver wurde es bei der Gelbschwanzmakrele, deren rohes Fleisch in schön dick geschnittenen Tranchen auf einem bitterherb-fruchtigen Ceviche-Sud von unter anderem roter Paprika, Chili, Limette angerichtet und mit geeisten Korianderperlen, Korianderkresse, winzigen rohen Schalottenwürfeln und ebenso winzigen Süßkartoffelcroûtons bedeckt war. Einige Tupfen Süßkartoffelcreme schafften es als unaufdringlicher Puffer, die Säure zu bändigen, den qualitativ begeisternden, klararomatischen Fisch mit etwas Schmelz zu hinterlegen, und so alles harmonisch miteinander zu verknüpfen. Im Glas erwies sich der neuseeländische Sauvignon blanc vom badischen Weingut Johner als kongeniales Begleitgetränk, das mit seiner grünen

Frische gut an den Aromen des Suds anknüpfen konnte.

Auch beim Zwischengang um Langustine, die als kapitales gebratenes und mit einer generösen Nocke N25-Kaviar gekröntes Exemplar auf Langustinentatar dargeboten wurde, hat man weder an Produktqualität noch an Quantität gespart. Dass die gebratene Variante hier etwas stärker durchgegart und im Kern nicht mehr glasig, aber sehr schön fest und knackig war, machte durchaus Sinn, weil sie sich so vom schmelzigen Tatar viel deutlicher abheben konnte. Eskortiert wurde das Krustentier-Duo von reizvoll (aber wieder subtil) mit Minze und Mango angereichertem Spitzkohl als akkurat gefertigtes Röllchen im Spitzkohlblatt, einer Duftreiscreme und winzigen Kartoffelcroûtons. Umgeben von mildwürziger aufgeschäumter Dashisauce, marmoriert mit intensivem Schnittlauchöl, entstand hier ein fast schon herzhafter, aber durch genügend Säure und Frucht bestens ausbalancierter „Wohlfühlgang" mit exotischem Touch.

Vollmundig, erdig, seidig-weich und mit zarter Süße hinterlegt, wurde anschließend der „Black Cod" kanadischer Provenienz bespielt. Der mit einer Kalbsjusreduktion süßlich-würzig lackierte, zart blättrige Kohlenfisch saß auf roh zum „Couscous" gehobeltem Blumenkohl und nebst mit Blumenkohlcreme gefüllten Ravioli in einer von weißem Portwein gezeichneten Beurre blanc und war reichlich mit erdiger schwarzer Trüffel überhobelt. Abgesehen von dem in Umamitöne eingelullten Fisch vielleicht der „europäischste" Gang des Menüs.

Denn der prächtige Lammrücken mit einem aromatischen Extra-Push durch seinen maximal dünn-krossen, darunter zart schmelzigen Fettdeckel, der auf einem Podest von Shiitake-Duxelles angerichtet und von verschiedenen (teils fermentierten) Karottenzubereitungen umgeben war, bekam schon alleine durch den pikanten Thaicurry-Schaum wieder einen deutlichen Dreh in Richtung Fernost. Dass hier trotz einer sehr dichten, kompakten Anrichtweise das Lamm selbst die Oberhand behielt, war einerseits dem ausdrucksstarken Rückenfleisch selbst zu verdanken, aber auch der kraftvollen Lammjus, in der kleine zartfleische Würfelchen von geschmortem Lammbäckchen den Produktcharakter noch weiter nach vorne brachten. In Begleitung der toskanischen „Altrovino"-Cuvée aus Merlot und Cabernet Franc ein attraktiver Menühöhepunkt.

Und weil sich auch das von Kokos-Limettensorbet auf Sud von Gurke und Grünem Apfel unter Joghurtespuma eingeläutete Dessert in Gestalt verschiedener Aprikosen-Zubereitungen nebst Matchatee, Avocado, Mandel und Yuzu als äußerst feinfühlig komponierter, aromatisch klar differenzierter Nachtisch erwies, erhöhen wir die Bewertung in diesem Jahr guten Gewissens auf verdiente 8 Pfannen. Aber nicht, ohne auch die sehr motivierte und in allen Belangen bestens informierte junge Servicebrigade ausdrücklich zu loben, die hier einen wirklich guten Job macht.

Dorfstuben
im Hotel Bareiss

Hermine-Bareiss-Weg,
72270 Baiersbronn (Mitteltal)
☎ 07442-470
www.bareiss.com
◔ Mo–Do von 12–14.30 Uhr u. ab 18 Uhr, Fr–So ab 12 Uhr durchgehend, kein RT
Hauptgericht: 24–29 €, Menüs: 49–69 €

Dass in einem Haus mit dem Anspruch des Hotel Bareiss und dessen bis ins letzte Detail optimiertem Komfort nicht nur im Gourmetrestaurant, sondern auch an allen anderen gastronomischen Orten gut gegessen werden kann, verwundert wenig. Keineswegs selbstverständlich ist dagegen, dass mit den historischen authentisch-urigen Dorfstuben zwischen all der Exklusivität eines der lohnendsten Ziele für schwäbisch-badische Traditionsküche in der gesamten Region etabliert wurde.

Aber wer hier zwischen Kuckucksuhren, Holztäfelung und antikem Mobiliar Platz nimmt, bekommt genau das: Völlig unverfremdete bodenständige Gerichte, die aber mit einer Sorgfalt und mit einem Produktniveau aufs Porzellan gebracht werden, wie es von den allermeisten Gasthäusern nicht einmal ansatzweise erreicht wird. Daran hat sich auch nichts geändert, seitdem Nicolai Biedermann die Hauptverantwortung am Herd übernommen hat. Im Gegenteil: Die substanzstarke, kraftvolle und bis zu den kleinsten Beilagen sorgfältige Zubereitung macht weiterhin auf unverändert hohem Niveau viel Freude.

Dabei listet die Karte einerseits unverzichtbare Klassiker wie die hausgemachten Maultaschen mit Zwiebelschmelze in tiefgründiger Brühe, den Murgtäler Zwiebelrostbraten mit hausgemachter Maultasche und handgeschabten Spätzle, oder „Älbler Leise" mit Saitenwürstle und handgeschabten Spätzle. Andererseits aber sowohl kraftvolle saisonale Gerichte als auch einige – im gleichen geradlinigen Stil – leichter und frischer daherkommende Optionen.

Unter letzteren überzeugte beispielsweise ein mild gebeiztes und wohltemperiertes Saiblingsfilet mitsamt eigenem Kaviar neben fruchtiger Karottencreme, grünfrischen Erbsennoten und einer lockeren dunkelwürzigen Crumblespur als geradezu moderner Eindruck. Wobei sich auch hier die etwas verspieltere Optik beim Verkosten schnell in einem geradlinigen Drei-Komponenten-Eindruck rund um ein sehr gutes Produkt auflöste.

Und schon bei dem löffelzarten und trotzdem noch kompakten Hirschragout in einer voluminösen tiefgründigen Sauce neben petersilienfrischen Schwarzwurzeln und zarten handgeschabten Spätzle gab es ohnehin wieder eine sehr genussvolle Reise in vergangene Zeiten und ein Gericht, das man auf diese bodenständige Art kaum besser umsetzen kann. Generell sind derartige Dinge, zu denen beispielsweise auch die famose butterzart geschmorte Schulter vom Älbler Lamm mit aromatischem Bohnenragout und Kartoffelnocken oder die knusprige Bauernente aus dem Rohr mit Knollensellerie, geschmälzten Serviettenknödeln und Apfeljus zählen, stets eine besonders sichere Wahl.

Aber selbst Desserts wie ein saftiger, buttrigknuspriger Birnencrumble mit etwas fruchtigem Ragout, hellcremigem Eis und Vanillesauce sowie pointiert dunkleren Akzenten durch Schokoladenganache halten locker das Niveau und machen auch am Ende eines Mittags oder eines Abends in den Dorfstuben noch viel Freude – sofern man sich dafür noch genügend Appetit aufgespart hat.

Dazu gibt's trinkfreudige Viertele, eine gute Auswahl höherwertiger Flaschenweine und herzlichen Service unter der Leitung von Ingrid Jedlitschka – allesamt Faktoren für einen unverändert rundum stimmigen Gesamteindruck.

Kaminstube
im Hotel Bareiss
Hermine-Bareiss-Weg,
72270 Baiersbronn (Mitteltal)
☎ 07442-470
www.bareiss.com
◷ Mo–Fr ab 19 Uhr,
Sa u. So von 12.30–14.30 Uhr
u. ab 19 Uhr, kein RT
Hauptgericht: 21–36 €, Menüs: 54–89 €

Die ländlich-elegante Kaminstube, die in jener unverkennbaren Corporate Identity gestaltet ist, wie sie sich als Bareiss-Stil durchs ganze Haus zieht, ist neben den rustikalen Dorfstuben und dem luxuriösen Gourmetrestaurant eines von drei à-la-carte-Lokalen in dem weithin berühmten und sehr komfortablen Ferienhotel im Baiersbronner Mitteltal. Sowohl gastronomisch als auch kulinarisch und sogar preislich ist dieses Konzept genau zwischen den beiden anderen Restaurants angesiedelt. Denn während Claus-Peter Lumpp nebenan in Sichtweite die große französische Klassik in all ihrer Opulenz zelebriert und sich das Team der Dorfstuben im vorderen Bereich des Hauses ausschließlich der Regionalküche annimmt und bodenständige Traditionsgerichte in Referenzklasse aufs Porzellan bringt, bewegt sich der Kochstil von Nicolai Biedermann in der Kaminstube zwischen elegant verfeinerter Heimatküche und moderat gehobenen französischen oder mediterranen Gourmandisen.

Den Bogen vom Schwarzwald nach Italien spannte zum Küchengruß die Espuma von Parmesan und Polenta, auf der nicht nur knusprige Brotcroûtons für einen Kontrast zur schaumigen Creme sorgten, sondern auch schmelziger geräucherter Schwarzwälder Schinken für herzhaften Schmackes und Lokalkolorit. Mit dem saftigen warmgeräucherten Filet von der Buhlbacher Forelle auf marinierten Dillgurken,

das mit würziger Senfsaat, Forellenkaviar, verschiedenen Wildkräutern und ein paar rustikale Kopfnoten verleihenden Röstschalottenringen belegt war, blieb die Küche dann zur Vorspeise des fünfgängigen Menüvorschlags dann sogar ganz der Heimat treu.
Man muss hier nicht das Menü nehmen, man auch à la carte wählen. Und aus diesem Programm stammten zum Beispiel die gebratenen Jakobsmuscheln, die mit sehr guter Qualität überraschten und die nur leicht von der Flamme geküsst und ansonsten sehr glasig belassen ihre Vorzüge auch voll ausspielen durften. Und zwar im Zusammenspiel mit knackigen Erbsen, etwas gepickeltem Gemüse wie Radieschen und einer als akkurate Nocke abgedrehten Kräuter-Crème-fraîche. Die fruchtige Süße, die hier durch etwas Kiwi in Spiel gebracht wurde, passte sehr gut ins Geschmacksbild – die penetrante Süße durch kandierte Veilchen war nach unserem Gusto aber eindeutig too much und ploppten leider immer wieder störend zuckrig dazwischen.
Eine prinzipiell gute Idee war die Kombination von einer dünn und fein mit Belper Knolle beflockten Lachsforelle auf Kräuterrisotto und einer klaren Tomatenemulsion mit ein paar kleinen fleischigen Tomatenwürfeln intus. Leider erwies sich die handwerkliche Umsetzung des Ganzen als Suboptimal, denn der Fisch war deutlich übergart und entsprechend trocken und der Risottoreis nicht „al dente", sondern noch recht hart und körnig, so dass hier ein verhältnismäßig grober Gesamteindruck entstand. Nicht grob, aber recht simpel gestrickt wirkte der Hauptgang um gebratene Entenbrust mit Spitzkohl und Kartoffelnocken – was jetzt gar nicht unbedingt damit zu tun hatte, dass es sich hierbei um ein klassisches Drei-Komponenten-Gericht gehandelt hat, sondern eher an der arg pragmatischen, wenig ambitioniert wirkenden Art lag, in der diese drei Bestandteile aufs Porzellan gebracht wurden. Weil allerdings die Produkte gut, die handwerkliche Umsetzung immerhin solide und der natürliche Geschmack gut herausgearbeitet waren, die fruchtig-herbe, mit Orange und Portwein verfeinerte Entenjus sogar sehr fein schmeckte, blieb der Gesamteindruck dennoch positiv – wenngleich auch dieser Gang eher bei 5 als bei 6 Pfannen lag.
Auch nur knapp unterhalb der Bewertungskategorie von 6 Pfannen, von der wir aber trotz der etwas durchwachsen jüngsten Momentaufnahme (noch) nicht abrücken, weil es das Team nämlich im Normalfall schon draufhat, auf diesem Niveau zu kochen, entsprach dann wieder der süße Abschluss: Ein sehr saftiges und reizvoll kerniges Schokoladen-Walnussküchlein in Gesellschaft von aromatischen marinierten Erdbeeren und Karamelleis.
Hoffen wir also, dass die Küche schon beim nächsten Mal auch die wichtigen Details wieder mehr im Blick hat und sich unser „Vertrauensvorschuss" hinsichtlich der Bewertung nachträglich als berechtigt erweist. Am Weinangebot wird es ebenso wenig scheitern, wie an der Servicequalität, denn beides ist, wie im Hause Bareiss auch nicht anders zu erwarten, überdurchschnittlich gut.

9↑

Restaurant Bareiss

im Hotel Bareiss
Hermine-Bareiss-Weg,
72270 Baiersbronn (Mitteltal)
07442-470
www.bareiss.com
Mi–So von 12–14 Uhr u. ab 19 Uhr,
Mo u. Di RT
Hauptgericht: 98–130 €,
Menüs: 150–258 €
VISA

Es gibt hierzulande nur wenige Genuss-Institutionen vom Format eines Gourmetrestaurant Bareiss, die über mehrere Jahrzehnte den gleichen Spirit, extrem hohes Niveau und die Freude an den schwelgerisch-exklusiven Seiten klassischer Haute Cuisine derart erfolgreich zelebrieren. Und es werden definitiv auch nicht mehr… Insofern ist die Begeisterung nahezu aller neuen oder wiederkehrenden Gäste bei einem Besuch absolut nachvollziehbar. Das Bareiss als Gesamterlebnis, zu dem die allgegenwärtige Herzlichkeit des gesamten Serviceteams, das üppig-elegante Ambiente und der hohe Komfort genauso gehören wie die Leistung des Teams um Claus Peter Lumpp, hat fraglos einen ganz besonderen Reiz.

Kulinarisch punktet das Restaurant durch aromensatte, feingeschliffene Klassik im Wechsel der Jahreszeiten. Dass dabei die Produktqualität auch im internationalen Vergleich sehr weit oben mitspielt und der handwerkliche Aufwand von den Basisfonds und -saucen bis hin zu den präziseren Akzenten beeindruckend ist, braucht kaum gesondert betont zu werden. Und das unterscheidet sich auch nicht, wenn man sich entweder für eine klassische Menüfolge oder für eine Auswahl der ausladend auf mehreren Tellern arrangierten Gerichte à la carte entscheidet, die im Übrigen durchaus ein Alleinstellungsmerkmal darstellen und die charakteristische elegante Opulenz besonders eindrücklich erlebbar machen.

Dass wir auch nach dem letzten Frühlingsbesuch die Küche nicht ganz auf dem Niveau der besten, stilistisch ähnlich kochenden Kollegen sehen, liegt im Wesentlichen daran, dass auch diesmal – neben einigen Highlights – die Kreationen auf sehr hohem Niveau aromatisch eher weich, mollig und harmonisch daherkommen und nicht die Tiefenschärfe und Ausdruckskraft bis ins letzte Detail liefern, wie es beispielsweise Clemens Rambichler im Waldhotel Sonnora gelingt. Insbesondere auch bei den mehrteiligen à-la-carte-Gerichten wird zwar eine beeindruckende Fülle an Eindrücken und unterschiedlichen Facetten geboten, die einzelnen Zubereitungen selbst schwanken allerdings leicht im Niveau. Das alles ändert kaum etwas am überzeugenden Gesamteindruck und dem einzigartigen Reiz, den ein Besuch hier immer wieder aufs Neue hat – erklärt aber im bundesweiten Vergleich unsere Bewertung.

Aber apropos einzigartiger Reiz: zu diesem gehört zu Beginn unbedingt auch die obligatorische Apero-Etagere mit kleinen akkuraten Snacks wie einem aromensatten und doch leicht und zart wirkenden Mini-Lauchkuchen oder einem knusprig-luftigen Profiterol mit Kalbspastrami, die bereits den hohen Anspruch signalisieren, aber gleichzeitig noch nicht alles Pulver verschießen. Anschließend überraschte das Team beim letzten Besuch direkt im ersten frühlingshaften vegetarischen Küchengruß mit einem echten Knaller: ausgerechnet nun einem nussig-röstigen „Grünkohlsalat", dem Klischeeprodukt der Veggie- und Ököküche, schaffte das Team in der Kombination mit Sauerampfer und blumigen, an Yuzu erinnernden Zitrusnoten einen ausgesprochen beschwingten und feinsinnigen Auftakt. Der Sauerampfer war dabei als vibrierend frische Sauce, als Sorbet und feine Streifen sehr präsent, aber in keiner Weise anstrengend. Und auch sonst gelang das Ganze perfekt balanciert.

Da konnte der zweite, warme Küchengruß dann nicht ganz mithalten, weil das kleine gebratene Filet von weißem Heilbutt mit (recht süßfruchtigem) Passionsfruchtgel und säuerlich-pikantem Tandoorijoghurt trotz der eingängig exotischen Aromatik vergleichsweise schlicht daherkam. Lust auf mehr weckte der kleine warme Fisch-Happen aber dennoch.

Und zurecht, denn der akkurat verspielte erste Menügang rund um festfleischigen und mild marinierten Kingfish überzeugte wieder in einer alles andere als schlichten Aufmachung: im Zentrum stand der leicht säuerlich belebte und mit Zitruszesten ätherisch besprenkelte Fisch neben filigranen Zubereitungen aus Yuzu (Gel, Schaumsauce…), pink eingelegtem Rettich und Bachkresse (Creme, Blätter, Öl…) sowie hocharomatischen eingelegten Radieschen, was ein spannungsgeladenes Umfeld verschiedener Säuregrade, ätherischer Schärfe und viel Frische schaffte. Animierender lässt sich ein Menü kaum eröffnen!

Der folgende Einschub à la carte stellte zunächst einen kapitalen, nussig-süßen Hummerschwanz in hervorragender Qualität ins Zentrum. Zusätzliche Power bekam dieser von einer stark reduzierten Hummerjus mit kräftigen Krustentier-Röstnoten und dunkler Tiefe, während orangenfruchtige Karottencreme, zarte Urkarottenstücke, eine dezente Ingwerschärfe, hellere duftige Zitrusnoten und Bergamotte für ein auflockerndes Gegengewicht sorgten. Ebenfalls durch deutliche Kontraste und differenzierte Bitternoten belebt wurde der Hummer außerdem als cremig-zitrusfruchtiges Tatar (bedeckt von zwei dünnen Hummerscheiben) neben Orangen- und Grapefruitsegmenten, einer Art Safranmayonnaise und glasiertem Chicorée serviert. Deutlich braver und für sich genommen beinahe etwas behäbigbreit wirkte dagegen das Hummergratin „Thermidor", welches zarte Hummerstücke in einer kräftigen, goldbraun gratinierten Bisque präsentierte.

In eine ähnliche, besonders eingängige, aber im gleichen Zug nicht ganz ausgereizte Art gingen auch die in winzigen Croûtons ausgebackene Seezungenfilets – ein immer wieder variierter Bareiss-Klassiker – neben glasierten weißen Spargelspitzen, zarten orangenfruchtigen Noten und einer luftig aufgeschäumten Hollandaise. Das ergab ein rundes, harmonisches Gesamtbild, in dem nur die etwas rustikalen Brat- oder Frittiernoten an der Seezunge ein wenig störten. Dagegen lagen die sanft gebratenen Seezungenfilets nebst grünem Spargelrisotto, roh mariniertem grünen Spargel und einer duftigen Orangenblütensauce ein ganzes

Level höher. Sowohl, weil die ausgezeichnete Produktqualität und der feine Geschmack der Seezunge besser zur Geltung kamen, als auch, weil die abgestuften grün-bitteren Noten gegenüber den Orangenblütenaromen für ordentlich Dynamik sorgten. Wieder etwas ruhiger wurde es dann im dritten Teil, der knapp temperierte Seezungenstreifen mit Miniatur-Spargelsalat, Frühlingskräutern und Eigelbcrème kombinierte, wobei letztere (und der gesamte Teller) vor allem den großzügig dosierten jodig-nussigen Kaviar nach vorn stellte. Dass sich auch die Menügerichte, insbesondere bei den Hauptgängen, selten nur auf einen einzelnen Teller beschränken, zeigte zuletzt die mustergültig straff-zart (inklusive dünner knuspriger Haut) gebratene Brust vom Schwarzfederhuhn, die auf dem Hauptteller ebenso klassisch wie elegant ausgearbeitet von frischen Sherry-Morcheln, sautierten Lauchschoten und hellgrüner Lauchcreme auf ein wenig buttriger Kartoffelcreme begleitet wurde. Untermalt und akzentuiert von einer glänzend-tiefgründigen Geflügeljus und feinwürzigem Sherrygel. Der zweite Teil ging dann mit einem frühlingshaft exotisch, fruchtig und spicy gehaltenen „Salat" von der Keule des Schwarzfederhuhns in eine ganz andere Richtung und schaffte damit einen überraschenden Kontrast zum Hauptteller.

Absolut frühlingshaft war dann auch der süße Abschluss des Menüs. In der gewohnten handwerklichen Perfektion, für die Patissier Stefan Leitner seit vielen Jahren steht, wurde hierbei hocharomatischer Himbeerrhabarber als Scheiben, Gel und Eiscreme neben eine dessen Säurespitzen gekonnt abpuffernde Mascarpone-Vanillemousse gestellt, von Zitroneneisenkraut durch eine weitere, kräutrig-frische Note ergänzt, und auf diese Art gekonnt ausbalanciert. Generell steht auch die Bareiss-Patisserie nicht unbedingt für innovative Wagnisse, begeistert aber regelmäßig mit geschmacklich intensiven und aufwendig-akkurat umgesetzten Desserts. Nicht zu vergessen natürlich die überbordende Vielfalt durchweg exzellenter Petitessen auf dem am Ende angerollten Petits-Fours-Wagen und im Pralinen-Humidor! Diese werden von dem perfekt eingespielten Serviceteam um Restaurantleiter Thomas Brandt und Sommelier Teoman Mezda genauso charmant präsentiert, wie auch sonst jeder Teller und jede Geste. Wohlfühlen leicht gemacht! Und dazu tragen nicht zuletzt auch die aus dem stattlich gefüllten Weinkeller ebenso fachkundig wie individuell abgestimmt empfohlenen Weine bei. Vom spannenden Basiswein bis zu ganz großen Namen gibt es dabei sicher für jeden Anlass und Geschmack einen passenden Fund und unter anderem auch eine bemerkenswerte Auswahl reizvoller halber Flaschen.

Schlossberg
im Hotel Sackmann
Murgtalstr. 602,
72270 Baiersbronn (Schwarzenberg)
☎ 07447–2890
www.hotel-sackmann.de
◑ Mi–So ab 18 Uhr, Mo u. Di RT
Menüs: 128–172 €

Es ist schon erstaunlich, wie die Familie Sackmann ihre Pläne für den Umbau des Traditionshauses trotz Pandemie vorantreiben konnte. Nun ist auch die Erweiterung mit einem Anbau fertig, der neben großzügigen Zimmern einen zusätzlichen SPA-Bereich samt Infinitypool auf der Dachterrasse zu bieten hat. Die komplette Neusortierung der Restauranträumlichkeiten konnten wir schon bei unserem Vorjahresbesuch bestaunen und müssen uns wiederholen: Die weltoffene und moderne Küche von Jörg und Nico Sackmann wird nun in einem adäquaten Umfeld präsentiert, allen voran im weitläufigen und teils offen verglasten Gourmetrestaurant Schlossberg. Statt steifer Tischwäsche liegen schlanke Läufer auf hellem Holz. Cremefarbene Polster auf samtigem Teppich sowie goldene Designerlampen machen aus dem Schlossberg eine elegante Wohn- und Genusslandschaft.

Und die Kulinarik? Der hohe Anspruch von Vater und Sohn wird schon mit den hochwertigen Produkten als Gruß vorneweg unterstrichen.

Eine pochierte Gillardeau-Auster war ohne jeglichen strengen Beigeschmack, den Exemplare minderer Frische manchmal haben können, und wurde dekorativ in einem Glas auf Salzbett nebst Schale mit fermentiertem Kohl, Austernschaum und Kombucha serviert. Blitzsauber auch der (wenn überhaupt) wenig gesalzene Balfegó-Thunfisch, als akkurat geschnittener Riegel und nur ganz kurz angebraten, nebst ausgelösten Stücken von der Eismeergarnele. Vietnamesischer Koriander und ein Tupfer grüne Paprikacreme setzten hier minimal herbe Akzente, letztendlich überwog allerdings die Lieblichkeit von ausgestochenen Stücken einer Honigmelone und die einer Sauce von der Cantaloupe-Melone. Unterm Strich hätten beide Grüße vielleicht eine Spur (mehr) Säure vertragen können.

Die erste Vorspeise überzeugte weniger durch ihre kompakte Optik, sondern mit ihrem komplexen Wohlgeschmack. Auf einem Filet vom Seewolf in hellem Schaum waren hauchdünn gehobelte und sautierte Champignons, die dem Fisch eine erdige Würze mitgaben. Feine Birnenstückchen sorgten für fruchtige Frische, dazwischen aufgepoppter Einkornreis für crunchige Momente. Außerdem lieferte Bachkresse nicht nur einen wichtigen Grünton, sondern auch etwas kräuterige Würze. Die folgende confierte Lachsforelle war ebenso von hervorragender Qualität, aber bei aller Liebe zum Produktpurismus erneut kaum gesalzen. Tatsächlich auch herzhafte Limettenstückchen und Sauerklee sorgten für etwas steuerten einen kleinen Kick bei – insgesamt aber war das Gericht von einer Tomatenessenz mit ihrer glasklaren Intensität dominiert, die dem darin schwimmenden Kaviar keine Chance zur Entfaltung ließ.

Ausgeglichener wirkte das Zusammenspiel der Aromen beim bretonischen Steinbutt, trotz der ungewöhnlichen Kombination mit einem mild-würzigen Saft von Jaromakohl. Das abgeflämmte Filet war mit einer Geleeplatte gedeckt, die mit allerlei Beigaben bestückt war, darunter erneut Sauerklee für die Optik. Wichtiger aber für die Ausdrucksstärke des Gerichts waren Kapernminiaturen, ganz und in Scheiben, die zum eher lieblichen Umfeld ihre ganze würzig-säuerliche Power beisteuerten. Sofern es gelang, alles gemeinsam auf einen Löffel zu bekommen, sorgten Limettencremetupfer zudem für einen frischen Hauch Leichtigkeit.

Weil es neben dem „Menü Schlossberg" in bis zu acht Gängen auch ein komplett eigenständiges vegetarisches Menü gibt, mit dem man

munter kombinieren kann, haben wir als Zwischengericht anstatt der Melatte-Taube das Spargel-Mosaik gewählt. Eine hübsche Optik entstand hier durch kreuz und quer ineinander geflochtene Streifen von grünem Spargel, drumherum waren knackige grüne Spitzen und ein Ragout vom weißen Spargel drapiert. Kräftige Ausrufezeichen setzen auf dem Teller weiße Spargelspitzen in Tempura mit mutmaßlich auch Koriander und perfekte Abrundung dieses Wohlfühlgerichts waren geschmelzte lauwarme Pumpernickelbrösel und eine pikante Gribiche.

Fallen manchmal die Fleischgerichte in den Gourmetmenüs hinter den verspielten und leichteren Fisch- und Zwischengerichten zurück, so kam im „Menü Schlossberg" die fortgeschrittene Klassik zu ihrem Höhepunkt. Zur Crépinette vom Somafer Lammkotelette wurde auch ein Lammkarree serviert, am Tisch mit einer tiefgründigen, aber nicht zu dickflüssigen und noch restransparenten Jus angegossen. Auf der Crépinette war eine Scheibe Schmorrübe, die als Unterlage für Blüten und Kräuter diente, insbesondere kräftiges Olivenkraut. Eine filigrane Gemüse-Millefeuille, mediterranes Gemüse und confierter Rhabarber, dessen Säuregehalt angenehm gedrosselt war, sorgten dafür, dass es dem Gang an nichts fehlte.

Das Dessert dampfte noch mit etwas Trockeneis vor sich hin, als der Deckel des Tellers gelüftet wurde. Obwohl auch mit Maracujagel und Frozen Exotic Piment gearbeitet wurde, hätten noch etwas schärfere Kanten in dem harmonischen Arrangement gezogen werden können. So aber gaben die süßlichen Aromen von Akazienhonigeis und Guavenudeln den Ton an. Dass sich die Pâtisserie aber sehr wohl auf charakterstarke Nuancen versteht, zeigten noch einmal finalement die Petits Fours – fünf verschiedene Sorten, zu denen noch ein fruchtig-cremiger Shot gereicht wurde.

Die partielle Weinbegleitung war nicht nur gut auf die Gerichte, sondern auch auf Autofahrer abgestimmt, wenngleich diesmal keine großen Gewächse darunter waren. Erfreulich, dass es als alkoholfreien Aperitif neben den omnipräsenten Kreationen von Jörg Geier einen wirklich empfehlenswerten Sparkling Tea aus Dänemark im Angebot gibt. Gelobt sei auch das gute Timing von Küche und Service, das keine Löcher entstehen ließ, obwohl man im neuen Ambiente der kulinarischen Sackmann-Welt grundsätzlich gerne auch ein bisschen mehr Zeit verbringt.

Schwarzwaldstube

im Hotel Traube-Tonbach
Tonbachstr. 237,
72270 Baiersbronn (Tonbach)
☎ 07442-492665
www.traube-tonbach.de
◉ Mi–Fr ab 19 Uhr, Sa u. So
von 12–14 Uhr u. ab 19 Uhr, Mo u. Di RT
Hauptgericht: 84–120 €,
Menüs: 215–265 €

So traurig die Tatsache ist, dass das Stammhaus der Traube Tonbach vor rund zwei Jahren den Flammen zum Opfer fiel und mit ihm die ehemalige Schwarzwaldstube, eines der besten Restaurants des Landes, ihr Zuhause verloren hat – der Legendenbildung dieser einzigartigen Pilgerstätte für Gourmets im Herzen des Schwarzwaldes hat es ebenso wenig geschadet wie schon die geräuschvolle Stabübergabe des Küchenzepters geraume Zeit zuvor. Bereits die Tatsache, dass die Hoteliersfamilie Finkbeiner mit dem „Schwarzwaldstube temporaire" binnen weniger Monate eine verblüffend solide Übergangsstätte für das Team um Küchenchef Torsten Michel, Sommelier Stéphane Gass und Restaurantleiter David Breuer aus dem Boden gestampft hat und dort umgehend und in allen Bereichen an das gewohnte Niveau angeknüpft werden konnte, so dass die Schwarzwaldstube im Grunde nie richtig weg gewesen ist, hat dazu beigetragen. Und während dieser Zeit wurde bereits an alter Stelle ein neues „Stammhaus" erbaut, in das das Team im Frühjahr 2022 nahezu nahtlos umziehen konnte, um seither in völlig neuem Ambiente das nächste große Kapitel der Schwarzwaldstuben-Geschichte zu schreiben.

Und auch wenn man sich erst etwas an das fast puristische Design im neuen Stammhaus und seinen verschiedenen Restaurants gewöhnen muss und insbesondere in der Schwarzwaldstu-be, wo nun nicht mehr die dunkle, schwere Holzdecke den Raum dominiert, sondern der bis zum Giebel hin offene Raum an der höchsten Stelle gut und gerne acht Meter misst, optisch nichts mehr so ist, wie es war: das neue Restaurant hat was! Und weil der Rumpf des Teams, der die Flamme nie hat erlöschen lassen, vollkommen unverändert geblieben ist und den Spirit zunächst in das Zuhause auf Zeit auf der gegenüberliegenden Straßenseite getragen und von dort wieder mit zurückgebracht hat, kommt auch im neuen Refugium nach einer kurzen Akklimatisierungsphase tatsächlich so etwas wie gewohntes Schwarzwaldstuben-Feeling auf. Völlig neu und bewusst anders sind nicht nur das modern schnörkellose Design und die durchgehenden Glasfronten, die einen noch viel großzügigeren Blick ins Tonbachtal freigeben, sondern auch das legere Outfit der Servicebrigade. Hier wurde tatsächlich sehr mutig und konsequent ein neues Kapitel aufgeschlagen und sich bewusst der nächsten Generation zugewandt.

Alles, was einst zeitlos gut war, ist jedoch unverändert geblieben. So auch die zunächst von Harald Wohlfahrt etablierte und später von Torsten Michel weiterentwickelte weltoffene Küche auf klassisch französischer Basis, die sämtliche Tugenden der großen traditionellen Kochkunst aus dem Mutterland der Haute-Cuisine aufs Porzellan bringt, deren Tiefe, Dichte und Wucht aber so gestochen scharf und leicht interpretiert, dass alles sehr zeitgemäß anmutet. Dabei strebt Torsten Michel gar nicht, seinen Kreationen ein modernes Antlitz oder übermäßig originelle Akzente zu verleihen. Eher das Gegenteil ist der Fall: er lässt seine Küche kompromisslos das sein, was sie ist, macht keine kreativen Turns und keine innovativen Switches – und dennoch gelingt es ihm auf ganz erstaunliche Art und Weise, die traditionellen Rezepturen und Ideen der Altmeister, seiner kulinarischen Väter im Geiste, so jugendfrisch wirken zu lassen, dass sie eben nicht von gestern, sondern ganz eindeutig von heute sind.

Spätestens, als in bewährter Optik die ersten Kostproben wie Lammschinken mit Cantaloupe-Melone, Granitée von Bergamotte, ein wenig roh marinierter Wolfsbarsch mit Gurke, Vogelmiere, Salzzitrone und Buttermilchsud oder herzhaftes Kalbstatar auf Knusperchip mit Sardelle, Kapern und Olivenöl auf dem Tisch standen, war für uns auch im neuen Refugium eines klar: wir sitzen in der Schwarzwaldstube. Auch die Karte mit ihren drei gänzlich unterschiedlichen Menüs (kleines und großes Degustationsmenü in fünf bzw. sieben Gängen sowie eine sechsgängige vegetarische Variante) und jeder Menge Auswahl an zusätzlichen Gerichten à la carte lässt keine Zweifel aufkommen, wo man sich gerade befindet.

Als Amuse-Bouche schickten Michel und sein Team zwei verschiedene Makrelen auf kreolischem Papayasalat – genauer: Holzmakrele und Hamachi, beide mild gebeizt und beide recht kräftig abgeflämmt und somit willkommen herzhafte Partner für die Aromen von Papaya und Mango, die Schärfe von Peperoni, den buttrigen Schmelz von Avocado und die straffe Säure einer leichten, zitrischen Vinaigrette, die den darunterliegenden Papayasalat sehr lebhaft bespielten. Und damit war dieser auf relativ engem Raum inszenierte Auftakt ein ebenso unkompliziertes wie fein differenziertes und vielseitiges „Mischgericht" wie die erste Vorspeise, bei der Balfegó-Thunfisch zum Besten gegeben wurde. Und zwar sehr subtil gebeizter Rücken und Bauch, die auf einer bunten, sehr gegenständlichen und unverkünstelten Tomatenvielfalt angerichtet waren. Der Fisch selbst wurde von Produktseite her durch ein eher säuerlich-schlankes als süßlich-breites Bonito-Eis und Tupfen von aufgeschlagenem Thunfischschmalz verstärkt. Safran- und Estragonmayonnaise sowie eine kräuterwürzige Champagnervinaigrette spendeten der sehr frischen, leichten und doch ausdrucksstarken Kreation dienliche Sekundäraromen und unaufdringlich unterfütternden Schmelz. Ein starker, aber völlig entspannter Auftakt.

Überhaupt wird auf Torsten Michels Tellern erfreulich wenig gebastelt und verfremdet und die Ressourcen lieber in die geschmacklich relevanten Details gesteckt. So präsentierte sich die gebratene Entenleber – eine perfekt fest pochierte und kross angebratene Tranche – mit Pfifferlingen, glasierten Kirschen und Piemonteser Haselnüssen auf dem Teller auch nur als genau das. Nicht mehr, aber auch nicht weniger. Die Aromen waren hier so intensiv und gestochen scharf herausgearbeitet und eine prononciert mit Kirschessig zugespitzte konzentrierte Geflügeljus ließ das Gericht weitaus schlanker und frischer wirken, als man es zunächst für möglich gehalten hatte. Ähnlich die Seezunge mit Gamba Carabiniera und Artischocken, bei der das in der Mitte mit einer Farce von Garnelen gefüllte Doppelfilet des Fischs zusammen mit angebratenen Poveradenherzen und dem sautierten Schwanz des Krustentiers auf einer kraftvoll dichten aber elegant ausgewogenen Sauce von Artischocke und Krustentierköpfen angerichtet war. Hier sorgte nämlich nach Cevice-Art angemachtes rohes Garnelenfleisch auf dem Fisch für einen reizvollen auflockernden Kontrast mit Säure, glasiger Frische und knackigem Biss.

Beim Sauté von Kalbsnierchen und Kalbsbries – beides in schön großen Stücken auf dem Teller und jeweils individuell zur Perfektion gebracht – die zusammen mit handverlesen winzigen aromatischen Pfifferlingen, glasierten Lauchzwiebeln und buttriger Kartoffelmousseline auf einer elegant mit Sherry abgeschmeckten, dicht einreduzierten Kalbsjus mit Senfkörnern und Blattpetersilie einherkamen, sorgte der dazu empfohlene 2019er High-End-Beaujolais Morgon Côte du Py von Jean Foillard mit seiner Saftigkeit und Säure für das Quäntchen Frische, das dem Gericht selbst vielleicht zur absoluten Vollendung noch gefehlt hat. Aber wie das eben manchmal insbesondere bei der großen französischen Klassik ist, bringt erst die Kombination mit Wein die absolute Vollendung.

Während das ungewöhnlich exotische, für Schwarzwaldstuben-Verhältnisse fast schon mutig kreative Wildgericht im Hauptgang eine in sich schon formvollendete und in alle Richtungen und Ebenen ausgereizte Komposition war, die zur Perfektionierung nicht unbedingt einer Weinbegleitung bedurft hätte – die durch das Pairing mit dem grandiosen 2014er Gattinara-Nebbiolo von Nervi aus der Feder von Giacomo Conterno aber trotz allem noch gewinnen konnte. Es handelte sich hierbei um ein rosazartes, mit Limette und Kokosflakes getopptes Keulenstück und ein Medaillon vom Rücken desselben Rehs, das mit einer gebratenen Gänseleberscheibe und Victoria-Ananas zum Türmchen gestapelt war. Begleitet wurden diese von drei verschiedenen Selleriezubereitungen, aus denen die in ihrer Konsistenz an al dente gekochte Nudelblätter erinnernden dünnen Scheiben (zunächst angetrocknet und an rehydriert) eine originelle Textur beisteuerte. Die mit Rum marinierten und karamellisierten Ananasstücke, das Kokosaroma in der seidigen Selleriecreme, aber auch die herbe Kaffeenote in der (außerdem mit Vanille und Wacholder) abgeschmeckten Rouennaiser Sauce, die spannend markant und sehr harmonisch zusammenspielten, gaben dem Wildbret einen sehr originellen Touch.

Der betörend nach erdiger Trüffel duftende Käsegang mit recht festen Stücken von confiertem Fenchel, Ruccola und vor reichlich von 40 Monate gereiftem „Vacche Rosse"- Parmesan und eben feinster australischer Wintertrüffel auf Parmesansud wirkte im Anschluss fast etwas simpel und ungehobelt. Doch schon das nach Art einer Tarte Tatin aromatisierte Quarksoufflé, das à part von Apfelsorbet und in

Cidresud eingelegten Apfelperlen unter Sauerrahmschaum sowie hauchdünnen Gavotte-Croustillants begleitet wurde, ließ keinen Zweifel an der Klasse der Pâtisserie. Und auch ein saftiger Baba au Rhum mit marinierten Erdbeeren und schmelzigem Cremeux von weißer Ivoire-Schokolade und dem originellen Twist von Oliven, Olivenöl und kandierten Orangenzesten nebst einer à part dazu servierten geeisten Interpretation eines Daiquiri auf Basis von Sorbet, Granitée und Espuma bescherte uns formvollende Nachtischkunst mit dem gewissen kreativen Etwas.

So bleibt es unterm Strich auch nach dem Umzug ins neue Stammhaus bei unserer Maximalbewertung, wenngleich wir zumindest anmerken wollen, dass uns auf manchem Teller ein wenig die allerletzte Konsequenz in die Tiefe und in die Breite gefehlt hat, wie sie zweifellos beim grandiosen Hauptgang oder bei der Thunfisch-Vorspeise den kleinen feinen Unterschied zwischen 10 Pfannen mit und ohne Bonuspfeil gemacht hat. Am unverändert großartigen Gesamteindruck kann das natürlich nicht im Geringsten rühren. Und der wird über den Tellerrand hinaus von der Kompetenz, Souveränität und Gelassenheit des hochprofessionell und sympathisch auftretenden Teams um Sommelier Stéphane Gass und Restaurantleiter David Breuer entscheidend mitgeprägt.

Hotelempfehlung

★★★★★ S

Hotel Bareiss

Hermine-Bareiss-Weg,
72270 Baiersbronn
(Mitteltal)
☎ 07442-470
www.bareiss.com
Einzelzimmer: 214–291 €
Doppelzimmer: 376–500 €

Ein traditionsreiches Ferienhotel mit allem nur erdenklichen Komfort, das immer wieder auf den neuesten Stand gebracht wird, dabei aber seinem Stil treu bleibt. Über ein Drittel der insgesamt 99 Zimmer wurden jüngst wieder umfassend renoviert. Der moderne „Beauty & Spa"-Bereich mit großer Poollandschaft, Saunawelt und Beauty & SPA auf 4500 m² überrascht mit 5 Saunen (finnisch, Dampf und Bio – davon zwei exklusiv für Damen), Solarien, Eisbrunnen, Gymnastik, Fitness und vielem mehr. Im „Kinderdörfle" gibt es ein 7-Tage-Programm für Kinder und Jugendliche und auch für Erwachsene wird ein umfassendes Ferienprogramm geboten. Außerdem im Hotel Bareiss: ein großzügiger neuer Waldpark, eine Shoppingpassage mit Modeboutique, Geschenkboutique „Das Lädle" und Bareiss Juwelier mit eigener Kollektion sowie eigene Ausflugsziele wie der restaurierte „Morlokhof" von 1789 oder die „Sattelei" im Baiersbronner Wanderhimmel. Außerdem verfügt die Inhaberfamilie über eine eigene Jagd. Vielfältiges gastronomisches Angebot; Restaurants Bareiss, Kaminstube und Dorfstuben separat erwähnt.

★★★★★ S

Hotel Traube Tonbach

Tonbachstraße 237,
72270 Baiersbronn (Tonbach)
☎ 07442-4920
www.traube-tonbach.de
Einzelzimmer: 209–429 €
Doppelzimmer: 289–709 €

Inmitten einer der schönsten Naturlandschaften Europas und umgeben von ursprünglichen Wäldern und ausgedehnten Wanderwegen liegt das 5 Sterne Superior Hotel „Traube Tonbach" im Schwarzwald zentral in einer der ursprünglichsten Naturlandschaften Europas. Das traditionsreiche Fünf-Sterne-Superior-Hotel ist seit über 230 Jahren in Familienbesitz und wird heute von der Inhaberfamilie um Renate und Heiner Finkbeiner in achter Generation geführt. Es verfügt über 151 Zimmer, Appartements und Suiten, vielfach ausgezeichnete Gourmetküche und einen großzügigen SPA und Wellnessbereich auf 4500 m² mit 9 Behandlungsräumen, mehreren Pools, großer Saunalandschaft und Fitnessraum. Damit gehört das Luxusresort zur Spitze der europäischen Hotellerie. Kinder finden sich im Traube Kids Court in ihrer eigenen Welt mit 1000 tollen Ideen, ganztägiger Betreuung und kostenfreiem Kinderessen. Im Frühjahr 2022 wurde das neue Stammhaus eröffnet, in dem alle gastronomischen Betriebe des Hotels ein neues Zuhause gefunden haben, nachdem das historische Stammhaus im Jahr 2020 einem verheerenden Brand zum Opfer gefallen war. Restaurants 1798 und Schwarzwaldstube separat erwähnt.

tiert sich alles in neuem Glanz. Mit modernem Outfit und dennoch im Einklang mit Natur und Tradition. Alle Räume sind vollklimatisiert, mit Wärmerückgewinnung und Frischluftzufuhr – die 76 Zimmer und Juniorsuiten in verschiedenen Kategorien bieten allesamt zeitgemäßen Komfort. Zum Entspannen und Aktivsein stehen zwei exklusive SPA-Welten mit Indoor und Outdoor Pool, diversen Saunen, Lounge- und Ruhebereichen und Anwendungsmöglichkeiten zur Verfügung. Eines der Highlights ist der neue Sky-Infinity Pool mit Aussicht in die herzerfrischende Naturkulisse des Schwarzwaldes. Die Kulinarik nimmt im Hause Sackmann schon immer einen ganz besonders hohen Stellenwert ein, der vom reichhaltigen Frühstück über das Angebot in den Restaurants Murgstube, Haselbach und Silberberg bis zum Menü im vielfach ausgezeichneten Gourmetrestaurant deutlich wird. Gourmetrestaurant Schlossberg separat erwähnt.

★★★★ S

Romantik Hotel Sackmann

Murgtalstr. 602,
72270 Baiersbronn (Schwarzenberg)
☎ 07447–2890
www.hotel-sackmann.de
Einzelzimmer: 165–221 €
Doppelzimmer: 151–280 €

Das familiengeführte, ruhig und idyllisch im Murgtal gelegene Vier-Sterne-Superior-Hotel Sackmann wurde im Jahr 2020 umfassend anund umgebaut und in diesem Zuge fortschrittlich renoviert. Vom sehr großzügigen Eingangs- und Empfangsbereich über viele neue Zimmer und Suiten bis hin zu Kochbuch-, Kamin- und Weinlounge, Kaffee-Bar, „Sackmann-Shop" und nunmehr vier Restaurants präsen-

Kropf – Bamberger Köstlichkeiten

Untere Königstr. 28,
96052 Bamberg
☎ 0951-2083095
www.kropf-restaurant.de
◔ Mi–So ab 17.30 Uhr, Mo u. Di RT
Hauptgericht: 28–36 €, Menüs: 45–79 €

Wie der Name des Restaurants von Christopher Kropf im Zentrum von Bamberg mit seinen zwei hübschen Gasträumen und der lauschigen Innenhofterrasse bereits suggeriert, steht hier tatsächlich fast alles im Zeichen von regionalen, oft sogar lokalen Produkten. Und die werden nicht selten direkt im Familienkreis erzeugt, gefangen oder kultiviert, so wie beispielsweise das Gemüse, das aus „Opa Demuths Gärtnerei" stammt, die Fische, die aus der elterlichen Fischzucht groß werden, oder das Wildfleisch vom Großonkel Rost, der ein passionierter Jäger ist. Natürlich gibt es auf Kropfs Tellern auch mal Fische aus dem Meer oder Gewürze aus dem Orient – auf Viktualien von weiter weg greift der Chef aber wirklich nur dann zurück, wenn sie nicht zuverlässig in konstant hoher Qualität vor Ort beschafft werden können. Also keine dogmatische Regional-küche…

Der oberfränkische Schmaus begann auch beim letzten Mal wie gewohnt mit verschiedenen Sorten von qualitativ gutem Brot einer ortsansässigen Bäckerei nebst dreierlei aromatisierter Butter. Ebenfalls schöne Tradition ist es, dass hier Vorspeisen als Dreierlei kredenzt werden. Zuletzt eine milde Blumenkohl-Schaumsuppe mit Gewürzbröseln sowie ein schön saftiger, mitsamt seiner separat aufgekrossten und mundgerecht zerkleinerten Schwarte als Würfel präsentierter Bauch vom schwäbisch-hällischen Landschwein mit tollem Eigengeschmack, der auf Rote Bete mit Kresseschmand angerichtet war. Unser Highlight der Trilogie war eine ebenfalls würfelförmige, knusprig gebackene Praline vom Enten-Schmorfleisch auf sautierten Waldpilzen, die von einem prononciert pfeffrigen Schmand akzentuiert wurden.

Der nächste Zwischengang, der deutlich im Zeichen des Kürbisses stand, hatte nicht bloß verschiedene, teils süßsauer aromatisierte Spielarten des Herbstgemüses zu bieten, sondern auch Topinambur in cremiger und knuspriger Form und ein paar knackige Rosenkohlblätter, was selbstredend bestens miteinander harmonierte. In der Speisekarte bewusst an letzter Stelle genannt, auf dem Teller dennoch gleichberechtigt mit dem Gemüse in Szene gesetzt: ein schön blättriges, festfleischiges geflämmtes Stück vom Dorsch, das auf einem süßlich-mildwürzigem Sud von Topinambur und altem Balsamico schwamm und von diesem auch aromatisch gut getragen wurde. Diese unaufdringliche und transparente Sauce schlug zudem die Brücke zwischen Fisch und Gemüse. Fein!

In saftiger und reintöniger Idealform kam schließlich ein schön dickes Stück vom Waller daher, das mit Nussbutterbröseln nappiert und von einem dezent mit Curry aromatisierten Kürbiskraut sowie gerösteten Lauchscheiben flankiert, auf etwas Petersilienpesto angerichtet war. Dieser Gang bewies zudem, dass die Küche trotz des relativ starren Menü-Baukastensystems sehr flexibel auf Sonderwünsche reagiert, denn wir hatten spontan um einen weiteren Zwischengang mit dem Waller gebeten, der jedoch eigentlich in anderer Konstellation als Hauptgang auf der Karte stand.

Kurzgebratener Wildhasenrücken von beachtlicher Qualität und ein redliches Schmorstück vom Reh repräsentierten schließlich zusammen mit knackigen, leicht rahmig eingelullten Wirsingröllchen, Schwarzwurzel und feinsäuerlichem Rotkraut das Wildbret aus eigener Jagd, für die Christopher Kropfs Verwandtschaft verantwortlich zeichnet. Natürlich durften hier auch „Bamberger Hörnla" nicht fehlen – jene kleine und längliche, festkochende Kartoffelsorte aus Franken, die als angeröstete Viertel auf dem Teller zu finden war.

So wie das Menü mit einem Dreierlei an Vorspeisen begann, endete es auch als Dessert-Trilogie. Neben einem etwas massigen und auch relativ süßen Bitterschokoladenwürfel auf Quittenkompott und einem nicht sonderlich verbindlich nach der namensgebenden Tonkabohne schmeckenden Moussepraline auf Sauerkirschkompott stach eine köstliche Glühwein-Crème-Brûlée deutlich heraus, die nicht bloß nach Glühweingewürz schmeckte, sondern tatsächlich ein köstliches warmwürziges Rotweinaroma in sich trug.

Zu jedem Gang gibt es wahlweise zwei konkrete Weinempfehlungen aus fränkischen Anbaugebieten, die glasweise ausgeschenkt werden. Vor allem die etwas höherwertigen Varianten unter dem Label „Kraftvolle Weine", meist Große Gewächse oder trocken ausgebaute Spätlesen renommierter Erzeuger, garantieren niveauvollen Weingenuss.

Fazit: wir haben hier schon immer gut, aber noch nie so gut wie in diesem Jahr gegessen, was wir gerne mit einem Bonuspfeil auch bei der Bewertung ausdrücken wollen. Und wir sind gespannt, ob sich die Küche auf diesem Level stabilisiert, oder sich sogar noch ein wenig steigern kann.

Gasthaus Müller

Golterner Str. 2,
30890 Barsinghausen (Göxe)
☎ 05108-2163
www.gasthausmueller.de
⏱ Mi–Sa ab 18 Uhr,
So von 11.30–14.30 Uhr u. ab 18 Uhr,
Mo u. Di RT
Hauptgericht: 21,–37 €, Menüs: 49–89 €

Lage und Fassade vom Gasthaus Müller im beschaulichen Göxe bei Hannover, auf den ersten Blick sogar auch dessen Räumlichkeiten, würden eher auf gutbürgerlichen Landgasthof mit entsprechend rustikaler Traditionsküche hindeuten. Doch schon ein Blick in die Speisekarte verrät, dass es hier aus kulinarischer Sicht etwas anders zugeht, als dies der erste Eindruck suggerieren mag. Statt Bier, Jägerschnitzel und Schweinsbraten fällt da neben zahlreichen guten Weinen namhafter Winzer auf der ersten Seite gleich mal ein kreativ zusammengestelltes vegetarisches Menü in bis zu fünf Gängen ins Auge, das jeweils um Fleisch, Fisch und Krustentier ergänzt werden kann – also im Endeffekt genau umgekehrt, als man es sonst kennt, wenn für die vegetarische Variante einfach nur das Hauptprodukt weggelassen wird…

Was jetzt aber nicht heißt, dass hier der fleischlose Genuss besonders propagiert werden würde. Man pflegt auch die Steakkultur mit verschiedenen Cuts unterschiedlicher Rinder- und Schweinerassen nebst klassischen Beilagen nach Wahl, offeriert einen Beeftea mit gebeiztem Roastbeef oder ein Carpaccio mit Crème fraîche und Trüffel und huldigt der heimischen Jagd mit Rehnüsschen nebst eingelegter Birne, heimischem Gemüse und Savoyarde-Kartoffeln. Auch für Fisch hat das Team ein Händ-

chen, wie wir schon in den vergangenen Jahren immer mal wieder feststellen konnten. Und es auch diesmal in Form eines eher cremigen Tatars von der Eismeerforelle mit als „Fenchelgel" annoncierten, aber eher an Zitrone erinnernden süß-säuerlichen Tupfen und Passepierre-Spitzen obenauf, schon gleich im Aufwärmprogramm vermittelt bekamen.

Beim Tatar von Rote Bete und Birne, das mit einem Topping aus vielsortigem herbem Wildkräutersalat und süßen wie pfeffrigen Hippen sowie einer Umrandung aus Birnengel recht abwechslungsreich daherkam, hätten wir das optionale Kalbsbries vielleicht gar nicht unbedingt vermisst – nachdem wir die Vorspeise aber zusammen mit dieser gebackenen Thymusdrüsen-Spezialität probiert haben, hätten wir nur äußerst ungern darauf verzichtet. Beim eher cremigen als flüssigen Rahmsüppchen von Knollensellerie mit Kaffeereduktion und Scheiben von eingelegten schwarzen Walnüssen war der Fall indes ganz klar: Ohne die ausgemacht saftig-aromatischen Wachtelbrüstchen wäre uns das Ganze zu eindimensional lieblich gewesen. Zusammen mit dem prononciert gewürzten Fleisch, seinen Röstaromen und dem gut herausgekitzelten Eigengeschmack, war es eine ausgewogene und sehr schmackhafte Sache.

So wie die Gnocchi mit geschmorten Kirschtomaten, eingelegten Artischockenherzen und mildwürzigem Parmesanschaum, denen zwei gebratene argentinische Rotgarnelen mit ihrer charakteristischen Süße eine adäquate Ergänzung bescherten. Überraschenderweise war der Hauptgang das überzeugendste und kompletteste vegetarische Gericht. Zwar ergänzte der optionale Serranoschinken schon ob seiner außergewöhnlichen Qualität diesen Gang, der sich in der fleischlosen Variante um ein gebackenes Pilz-Pflanzerl mit leichten, frisch und aromatisch burgundergetrüffelten Rahmschwarzwurzeln, knackigem Wildbrokkoli, angeröstetem und geschmortem Lauch, Perlzwiebeln und kleinen knusprigen Pommes Savoyardes drehte, ganz vorzüglich – eine runde und überzeugende Sache wäre es aber auch ohne ihn gewesen.

Derlei Fragen stellten sich selbstredend beim süßen Abschluss nicht. Mit seiner unkonventionellen Finesse hievte der süß-salzige Birnen-/Lavendelsud das erstaunlich filigrane Prädessert um weiße Schokoladencreme, Birne und Himbeere mit einem fragilen Nichts von Knusperhippe aber auf ganz erstaunliches 7-Pfannen-Niveau! Etwas weniger artifiziell und kreativ, aber trotzdem sehr niveauvoll und schmackhaft, präsentierte sich der eigentliche süße Abschluss, der sich ganz um Schokolade drehte, die hier in unterschiedlichen Texturen zum Beispiel als warmer Kuchen, Eis, Mousse, Luftschokolade und Erde dargeboten und von verschiedenen Beeren fruchtig aufgelockert wurde.

Weil auch das Thema Wein im Gasthaus Müller immer ein recht großes ist, gibt's außerdem ein Lob für die gepflegte Weinkultur und die anspruchsvollen glasweisen Empfehlungen zu den Menüs. Und nicht zu vergessen für das gute Preis-Leistungs-Verhältnis von Speis' und Trank.

Bayrisch Gmain (Bayern)

GenussArt

im Hotel Klosterhof –
Alpine Hideaway & Spa
Steilhofweg 19, 83457 Bayrisch Gmain
📞 08651-98250
www.klosterhof.de
⊘ Täglich ab 18 Uhr, kein RT
Hauptgericht: 19–42 €, Menüs: 38–125 €

Im Klosterhof in Bayerisch Gmain wird die über 500jährige Historie auf sehr ansprechende Art in die Gegenwart transportiert, so dass der alpenländisch traditionelle Charme atmosphärisch erhalten bleibt, aber ein zeitgemäß elegantes Gewand erhält. Der sehr stilvolle Wellness- und Wohlfühlort punktet mit durchweg hochwertigem, zeitgemäßem Design und vielen an ganzheitlichem Wohlbefinden und Achtsamkeit orientierten Offerten. Dass dabei auch attraktive Angebote für den Gaumen nicht zu kurz kommen dürfen, versteht sich beinahe von selbst. Und so verfolgt das Team auch in diesem Bereich – sowohl drinnen in den behaglich-eleganten Stuben als auch drau-

ßen auf der idyllisch begrünten Terrasse – ein anspruchsvolles Programm.

Dieses besteht konkret aus drei verschiedenen Menüs zu jeweils vier Gängen, davon eins rein vegetarisch, die anderen teils alpenländisch inspiriert, oft aber auch mit weltoffenen Ideen und Aromen angereichert. Angesichts der überaus fairen Preisgestaltung ist es naheliegend, dass der Detailaufwand bei der Umsetzung der einzelnen Gerichte überschaubar bleibt. Dem Team gelingt es aber dennoch ganz prima, auch mit einfachen Mitteln und pfiffigen Ideen für interessante und lohnende Eindrücke auf den Tellern zu sorgen.

Bestes Beispiel dafür waren zuletzt relativ zarten Stücke vom Pulpo, die mit ein paar schwarzen Sepia-Tagliatelle, der herben Frucht von Brombeere (als Stücke und Gel) sowie der gut daran andockenden Bitternoten grüner Oliven einen ebenso kreativen wie stimmigen Auftritt hatten, der von einigen herben Wildkräutern auch noch ein gekonnt gesetztes i-Tüpfelchen erhielt.

Bei den vegetarischen „Kräutersteinen", die sich als lockerknusprige Bratlinge auf Basis verschiedener Flocken, Kerne und Samen entpuppten, schrammte das Team an einem sehr „gesunden" Eindruck im Öko-Style vorbei, bekam aber durch deren Kombination mit einer zarten feinwürzigen Ziegenkäsecreme, Staudensellerie, Lauchherzen, einem frischgrünen Gel sowie auch hier gut passenden herben Kräutern gut die Kurve. Außerdem waren die „Kräutersteine" auch einfach eine wirklich gute Abwandlung des drögen Öko-Klassikers.

Ganz und gar nicht öko wirkte dagegen die Variation vom Thunfisch in Form einer (etwas zu lang) gebratenen Tranche und sesamduftigem Tatar, die mit den frischen Aromen von Limette und Thaibasilikum als Gel und leichter Fond kombiniert wurden. Allerdings wirkte das zudem mit etwas Kresse und Süßkartoffelchips dekorativ und aromatisch aufgelockerte Arrangement ein wenig karg, was nicht zuletzt am mengenmäßig dominierenden und eher trocken als saftig gebratenen Thunfisch lag.

Viel mehr Saft und Charme hatte dagegen das gut marmorierte Kotelett vom Iberico-Schwein, dessen fein nussiger Geschmack von Rosmarin akzentuiert und durch grüne Paprika, ein Jalapeñogel und ein saftig-knuspriges Süßkartoffelgratin stimmig ergänzt wurde. Und auch die Desserts von einer weißen Schokoladenmousse mit intensiven Himbeerzubereitungen und kecker Petersilien-Kräuterwürze bis zum intensiv aromatischen Erdbeersorbet mit marinierten Früchtewürfeln (Erdbeere, Ananas, Johannisbeere…) und Buttercrumble kamen konzeptgemäß mit ganz einfachen Mitteln gut auf den Punkt.

Dazu gibt es einen umsichtigen und gut organisierten Service und eine lohnende Weinauswahl, die zwar kaum Highend-Optionen bietet, aber dafür mit ausreichend spannenden Flaschen und Gläsern von der Basis und aus dem mittleren Qualitätssegment aufwartet.

Hotelempfehlung

★★★★ S

Hotel Klosterhof – Alpine Hideaway & Spa

Steilhofweg 19, 83457 Bayrisch Gmain
☏ **08651-98250**
www.klosterhof.de
Einzelzimmer: ab 192 €
Doppelzimmer: ab 290 €

Der historische Klosterhof aus dem 16. Jahrhundert liegt inmitten einer unberührten, drei Hektar großen Wald- und Wiesenlandschaft. Doch das komfortable Familienhotel in Bayrisch Gmain zeichnet sich nicht nur durch seine Alleinlage in atemberaubender Bergkulisse aus, sondern auch durch seine außergewöhnliche Architektur und Ausstattung. Der alte Teil des Gebäudes war einst die Ökonomie des Klosters St. Zeno, dessen Mauerwerk und Gewölbedecken bis heute im Originalzustand erhalten wurden. Beim Bau des neuen Gebäudeteils wurde viel Wert auf Nachhaltigkeit und die Verbindung von Mensch und Natur gelegt. Das gesamte Gebäude besteht zu 90 % aus Apfelholz und die Außenwände sind mit Lärchenholzschindeln verkleidet. Die 65 Suiten, SPA-Lofts und Panoramazimmer mit Holzböden und -möbeln bieten modernen Komfort wie schnelles kostenloses WLAN, einen Flachbildfernseher, eine Minibar, „schwebende" Boxspringbetten mit Unterflur-Beleuchtung, offe-

ne Bäder mit Schiebetüren, eine Sitzecke und einen Balkon mit Bergblick. Einige Zimmer haben bodentiefe Fenster mit Panoramablick und in den Suiten gibt es zusätzlich ein Wohnzimmer mit Sofa und Esstisch. Das Hotel verfügt über ein ambitioniertes Restaurant, eine Bar sowie einen 1500 m² großen SPA-Bereich mit Innen- und Floatingpool, Saunen, Dampfbädern und Fitnessraum. Restaurant GenussArt separat erwähnt.

Bayrischzell (Bayern)

Pool

im Naturhotel Tannerhof
Tannerhofstr. 30, 83735 Bayrischzell
☏ **08023-810**
natur-hotel-tannerhof.de
◉ **Di–Sa ab 18.30 Uhr, So u. Mo RT**
Menüs: 45–85 €

Eigentlich ist der Tannerhof gar kein Hof, sondern ein kleines Bergdorf, dass sich am Rande von Bayrischzell an den Berghang schmiegt und dort in liebevoll restaurierten Almhütten und -häusern, die teils noch aus dem Jahr 1905 stammen, einen exklusiven Rückzugsort für Ruhesuchende und Genießer bietet. Luxus entsteht dabei eher durch die Menschen und die Serviceangebote, die neben individuellen Wellness- und Gesundheitsangeboten auch anspruchsvolle Küche einschließt.

Am ambitioniertesten geschieht dies in dem in der Orangerie – vis a vis zum (zu Servicezeiten geschlossenen) Schwimmbad gelegenen – Restaurant „Pool" mit einem, passend zum Gesamtkonzept des Hauses, vor allem durch bewusste Reduktion auf das Wesentliche und ausgesuchte Bio- und Regionalprodukte ausgerichteten Küchenstil.

Angeboten wird ein täglich (auch thematisch) wechselndes Menü in vier Gängen, die um zwei weitere Teller ergänzt werden können – mal mit Fleisch, mal vegetarisch oder mit einem fixen 5-Gang-Menü am Freitag. Am Samstag ist Fischtag. Und so startete unser letztes Menü nach gutem Brot mit Zitronenbutter dann auch maritim – allerdings auf eine eher unkonventionelle Art und Weise, indem anstelle eines klassischen ersten Gangs drei kleine knuffige Buchweizen-Blini mit Crème fraîche und einer stattlichen Nocke milden, feinkörnigen Kaviars serviert wurden, ergänzt von einem knusperdünnen Luftbrot mit klararomatisch-frischem Fischtatar gefüllt. Funktionierte aber prima und machte Lust auf mehr!

Und das gab es zunächst mit einem konzentriert straffen Mais-Cappuccino mit feinem Trüffelduft, als zwischendrin eingeschobener Beweis dafür, dass die Küche nicht nur „Fingerfood anrichten", sondern auch richtig gut und substanzstark kochen kann. Ein durchaus wichtiger Fingerzeig, denn beim nächsten Gang verlegte sich das Team erneut eher aufs Arrangieren guter Produkte als aufs ausgefeiltere Kochen und setzte gezupftes Rauchforellenfilet neben cremig gebundene Gurkenwürfelchen, deren grüne Frische von knuspernd trockenem Pumpernickel-Sand und einer feinen Pfeffrigkeit ergänzt wurde. Weil das Forellenfilet mit seinem festen nur mild rauchigen Fleisch ausgesucht gut war, machte aber auch diese schlichte Kombination viel Freude.

Und beim kross-glasig auf der Haut gebratenen Schliersee-Saibling zeigte das Team dann auch sowohl in einem nussigen Urgetreide-Risotto mit dezenter Würze von Bergkäse als auch in der leichten (ein klein wenig flachen) Beurre blanc, wieder deutlich mehr Tiefe und Kochfinesse – rund um ein wiederum hervorragendes Hauptprodukt.

Nach zwei hochwertigen, gekonnt affinierten Käsen nebst Trauben, zurückhaltendem Feigenchutney und Cashewkernen wird auch im süßen Bereich mit natürlich aromatischem Eis und Sorbet, vollreifen Beeren und Früchten und einer ebenfalls bewusst auf überflüssige Spielereien verzichtenden Stilistik das Niveau gehalten. Genauso wie mit dem bemerkenswert natürlich-herzlich auftretenden Serviceteam und den gut auf die Gerichte und Gäste angestimmten Weinempfehlungen.

Hotelempfehlung

Naturhotel Tannerhof

Tannerhofstr. 32, 83735 Bayrischzell
☎ 08023-810
natur-hotel-tannerhof.de
Einzelzimmer: 145–255 €
Doppelzimmer: 145–225 €

Das Naturhotel Tannerhof, rund 40 km südlich von Rosenheim kurz vor der österreichischen Grenze am Ortsrand von Bayrischzell gelegen, ist eigentlich ein eigenes kleines Dorf in den Bergen. Hier gibt es nicht nur jede Menge Platz und Natur, sondern auch viele Häuser und Räume, in die man sich zurückziehen kann. Herzstück dieses „Hotel-Bergdorfs" ist ein großes altes Bauernhaus („Die Alte Tann"), das durch die lichtdurchflutete „Orangerie" mit dem „Badehaus" verbunden ist, in dem sich Schwimmbad, Wellness- und Anwendungsbereiche befinden. Dann sind da beispielsweise „Die Neue Tann", ein Jahrhundertwende-Haus mit weiteren unterschiedlichen Hotelzimmern, ein separates Saunahäuschen, das „Waschhaus" für Seminare, das „Atelier" mit gigantischem Blick auf Tal und Berge – und viele kleine historische am Berghang gelegene Lufthütten sowie moderne, ein Jahrhundert später erbaute Hüttentürme mit gemütlichen Zimmern und toller Aussicht. Abschalten, entspannen und das Ursprüngliche genießen steht hier im Vordergrund: keine Kulisse, keine Fernsehapparate in den Zimmern, dafür endlich wieder Zeit für ein gutes Buch. Auf zeitgemäßen Komfort muss man im Tannerhof aber ebenso wenig verzichten wie auf anspruchsvolle Küche in Bio-Qualität. Restaurant Pool separat erwähnt.

Beilngries (Bayern)

Die Gams

Hauptstr. 16, 92339 Beilngries
📞 **08461-6100**
www.hotel-gams.de
⊘ **Täglich ab 11.30 Uhr, kein RT**

🏧 ▤ 💳 **VISA** P ⛺ ♿

Mitten in der adretten Altstadt von Beilngries und direkt im malerischen Altmühltal verbindet das Ringhotel „Zur Gams" geschmackvollen Komfort mit niveauvoller Küche nach „Slow Food"-Prinzipien. Das heißt: Produkte aus regionaler handwerklicher Produktion, frische natürliche Zubereitung und eine bodenständige Grundhaltung. Umgesetzt wird das größtenteils traditionell, zum Teil aber auch etwas ambitionierter. So oder so stimmt das Gesamtpaket, zu dem auch die angenehme Atmosphäre in den gemütlichen Stuben – der Hauptgastraum mit dicker Balkendecke, blau weiß gestickten Polsterbänken und markantem grünem Kachelofen – und der herzlich-entspannte Service gehören.

Berchtesgaden (Bayern)

Berchtesgadener Esszimmer

Nonntal 7, 83471 Berchtesgaden
📞 **08652-6554301**
www.esszimmer-berchtesgaden.com
⊘ **Di–Sa ab 18 Uhr, So u. Mo RT**
Hauptgericht: 29–59 €,
Menüs: 59–89 €

🏧 💳 **VISA** P 🅺

Das kleine charmante Esszimmer nahe des historischen Berchtesgadener Ortskerns hat sich mit seiner einladenden Mischung aus alter heimeliger Bausubstanz, individuellen modern-rustikalen Designelementen und einer ebenso einfallsreichen wie unkomplizierten Gourmetküche mittlerweile fest in der Region etabliert. „Hut ab!" dafür, denn das ist in der beliebten Urlaubsregion, in der bodenständige (aber oftmals gar nicht so gute) Traditionsküche bei Einheimischen wie Touristen deutlich besser funktioniert als anspruchsvolle Kost, beileibe keine Selbstverständlichkeit.

Roxana und Maximilian Kühbeck machen hier im kleinen Familienverbund aber scheinbar vieles richtig. Mit einer unkomplizierten, persönlichen Gangart im Umgang und einer clever aufgestellten kleinen Auswahl von Gerichten, aus der auch ein vegetarisches und nicht-vegetarisches Menü angeboten wird, tritt so etwas wie Schwellenangst nicht mal ansatzweise auf. Und die einfallsreichen Teller, die mit viel Substanz, intensivem natürlichem Geschmack und einer attraktiven regionalen Produktpalette punkten, bleiben ebenfalls leicht zugänglich und sind damit für ein breites Publikum prädestiniert.

Dass an manchen Stellen mögliche Feinheiten zu Gunsten von viel Power nicht so ganz zur Geltung kommen, verhindert vielleicht eine noch höhere Bewertung, ändert aber nichts am rundum stimmigen Gesamteindruck. Dafür gibt es in Gerichten wie dem zart gebratenen, schmelzigen Kalbsbries in knackig frischer Begleitung von verschieden gegartem und eingelegtem Gemüse – teils mit leichter Süße (Rübencreme, geröstete Karotte…), teils mit kecker Säure (marinierte Röllchen aus Karotte und Rettich…) – sowie dem ätherischen Boost verschiedener Kräuter und röstig-nussigen „Kerndln" einfach zu viel zu entdecken und zu viel guten Geschmack.

Das traf genauso auch auf die verschiedenen Tomatenzubereitungen zu, die – kompakt angerichtet – vom lebendig frischen Sud über unterschiedlich stark confierte Stücke bis zu einer enthäuteten und mit rauchig-cremigem Räucherforellen-Tatar gefüllten Tomate im Zentrum viel differenzierten Produktcharakter und eine hohe Umami-Fülle boten. Und die als Kontrast tatsächlich nicht mehr als die hochintensiven gerösteten Pinienkerne benötigten.

Wie es bereits die annähernd 50/50 aufgeteilte Karte nahelegt, werden die vegetarischen Gerichte hier nicht bloß als notwendiges Zusatzangebot gesehen, sondern mit der gleichen Hingabe konzipiert und gekocht wie alles andere. Und so konnte auch die zarte, mit einem kleinwürfeligen Ragout aus Zucchini und Aubergine gefüllte Artischocke überzeugen. Angerichtet wurde das feinbitter-nussige Artischockenherz auf schmeichelnd cremiger weißer Polenta, weitere Akzente kamen von halbgetrockneten Tomaten, geschmorter Schalotte, Rucolapesto und einem locker-frischen Topping aus Bittersalatspitzen. So ergab sich auf engem Raum mit ganz natürlichen Mitteln ein harmonischer Verlauf von wohlig-cremig über konzentriert-aromatisch bis zu lebendig-frisch. Sehr fein!

Eine mögliche Alternative im Hauptgang gab es mit (etwas zu) kräftig-kross gebratenem Zander, der mit safranduftigem Fenchel, hochintensiv mit einem Confit aus Gemüsen und Mandel gefüllten Zucchiniröllchen und zarten Safrangnocchi ein weiteres Mal einen echten Power-Gang lieferte. Einzig der begleitende Safranschaum verflüchtigte sich auf dem Teller etwas zu schnell und konnte so wenig Akzente setzen.

Derartige Kritikpunkte sind in der Gesamtschau aber eher Kleinigkeiten und in diesem Fall schon beim ebenso klassischen wie perfekt umgesetzten Dessert aus zarten Topfen-Nougat-Knödeln in üppiger Bröselhülle, die von einem Röster aus schmeckbar vollreifen Marillen und schmelzig-duftigem Vanille-Eis begleitet wurden, schon wieder vergessen. Als etwas modernere und kreativere Alternative kombinierte der Chef zuletzt verschiedene Schokoladenzubereitungen von einem saftigen gebackenen „Kuchen" über luftige, mit Himbeerwasser getunte Mousse bis zu festeren, knusprigen „Schokoladensteinen" und karamellisierten Haselnüssen in unterschiedlichen Texturen. Hier hätten allerdings die annoncierten Himbeeren, die nur als einige naturbelassene Beeren dazugegeben wurden, noch etwas prägnanter als fruchtiger Kontrast eingesetzt werden können. Aber für Schokoladenfreunde war das Dessert auch so die reinste Freude…

Dazu gibt es eine kleine, aber feine Weinauswahl in der gleichen attraktiven Kalkulation wie der Rest des Angebots – und auch glasweise immer lohnende Empfehlungen!

Lockstein 1
im Biohotel Kurz
Locksteinstr. 1, 83471 Berchtesgaden
☎ 08652-9800
www.biohotel-kurz.de
◑ Do–So ab 18.30 Uhr, Mo–Di RT
Menüs: bis 50 €

Vielleicht lehnen wir uns dabei etwas weit aus dem Fenster, aber es könnte durchaus sein, dass Christel Kurz und ihre vegetarische Küche durch diverse Kochbücher, mediale Auftritte und die Arbeit ihrer Tochter Gabi in Dubai überregional bekannter sind als in Berchtesgaden selbst, wo ein rein vegetarisches Konzept mit festem Vier-Gang-Menü neben der Konkurrenz von Schnitzel, Schweinsbraten & Co. schätzungsweise auf eine eher kleine Zielgruppe trifft. Vielleicht bedient das aber auch nur diverse Klischees – sicher ist jedenfalls, dass ein Besuch in dem liebevoll gestalteten kleinen Restaurant am Lockstein sowohl für Einheimische als auch für Gäste jederzeit lohnend ist.

Neben dem einzigartigen, sehr heimeligen Wohnzimmer-Ambiente mit restaurierten historischen Holzmöbeln und vielen Antiquitäten erwartet einen hier nämlich jeden Abend ein anderes, marktfrisches Menü in sorgfältiger, durchdachter Zubereitung. Dabei haben die Gerichte einerseits durchaus einen gewissen „Öko-Touch", sind aber andererseits so einfallsreich mit viel natürlichem Geschmack ausgestattet, dass ein rundum stimmiges Gesamterlebnis und erfreuliches Niveau geschaffen werden.

Wie hoch das Niveau tatsächlich liegt, schwankt ein wenig von Abend zu Abend, weil nicht alle Ideen in den täglich wechselnden Gerichten gleichermaßen zünden. Aber da hilft im Zweifel ein Blick in die stets einige Wochen im Voraus feststehende Karte zum Abgleich mit persönlichen Vorlieben. Immer gleich ist jedenfalls der Start mit frischem knusprig-nussigem Vollkornbrot nebst verschiedenen Aufstrichen, einem taufrischen Salat aus Blättern, Blüten und Sprossen sowie knuffigen Miniatur-Brötchen.

Der raffinierteste Eindruck folgte beim letzten Besuch dann direkt zum Auftakt mit kleinen „Päckchen" aus leicht getrockneten Zucchini mit einer Füllung aus mildem, frisch abgetropftem Frischkäse und einem feurig-süß schärfenden Relish aus Roter Paprika, Zwiebel und Rosinen obenauf. Weil hier sehr gekonnt mit unverkünstelt schlichten Mitteln für Kontraste und Akzente gesorgt wurde. Fein!

Weniger Kontraste, aber intensiven Geschmack brachte eine konzentrierte Spinatsuppe an den Gaumen, die von einem milden Milchschaum genau das nötige Maß an Schmelz und von herzhaften mürben Plätzchen mit Sesam, Mohn und Kümmel etwas Crunch mitbekam. Etwaige Phantasien von wachsweichem Eigelb, Trüffel oder Parmesan, die das Süppchen noch hätten bereichern können, sind zwar naheliegend – aber gar nicht zwingend nötig.

Auch der Hauptgang rund um sautierten, mit Champignons gefüllten Chicorée setzte auf schlichte natürliche Akzente, die in diesem Fall durch prägnante pfeffrige Schärfe, eine (etwas breite, milde) grüne Erbsensauce und nussig-kräuterduftigen Couscous geschaffen wurden. Insgesamt ein harmonisches Aromenbild zwischen milden, zartbitteren und kräuterfrischen Noten.

Den einzigen Ausreißer bescherte bei unserem letzten Besuch das Dessert, bei dem ein größerer Quader aus gefrorenem Rotwein-Gewürzgelee mit einigen Brombeeren und Schokoladenraspeln uncharmant karg und eher wässrig als aromenintensiv wirkte. Da wären Optionen anderer Tage wie eine Tonkabohnen-Crèmebrûlée mit Beerensalat oder Zirben-Panna-Cotta mit Hollerparfait und Orangensirup sicherlich die bessere Alternative gewesen.

Da aber solche Ausrutscher hier höchst selten sind, ändert das nichts an der Bewertung und am positiven Gesamteindruck, zum dem auch der familiäre Service und eine kleine Auswahl (selbstredend biologisch erzeugter) Weine gehören.

Pur
im Kempinski Hotel Bertesgaden
Hintereck 1, 83471 Berchtesgaden
☎ 08652-97550
www.kempinski.com/berchtesgaden
◔ Mi–Sa ab 18.30 Uhr, So–Di RT
Menüs: 95–180 €

Das Gourmetrestaurant im Kempinski-Hotel am Berchtesgadener Obersalzberg lockt nicht nur mit einzigartiger alpiner Umgebung, sondern ist auch bereits seit weit über einem Jahrzehnt die erste Adresse für Genießer im Berchtesgadener Land. Das allerdings ist für das Team um Ulrich Heimann, dem Küchenchef der ersten Stunde, keineswegs ein Grund sich auszuruhen. Im Gegenteil: über die letzten Jahre wurde das kulinarische Profil immer weiter verschlankt und verschärft. Statt wie vor einigen Jahren noch drei thematisch unterschiedliche Menüs gibt es mittlerweile nur noch ein saisonales Menü, das den Bogen von regionalbezogenen und mit Traditionen spielenden Gerichten zu weltoffeneren Ideen spannt. Zudem bietet das halbrunde Restaurant mit der hohen Fensterfront inklusive Bergpanorama nach seinem letzten Facelift eine alpin angehauchte Eleganz, die dem Namen (und Standort) des Restaurants bestens gerecht wird: Dunkle gedeckte Farben, edle Materialien und warm beleuchtete Naturholz-Elemente ergeben hier eine ebenso exklusive wie entspannte Umgebung für anspruchsvollen kulinarischen Genuss.

Und der ist garantiert! Schon die ersten Kleinigkeiten zum Aperitif zeigen sowohl die Handschrift des Chefs – fein gezeichnete, markante Akzente, die den herausgearbeiteten natürlichen Produktgeschmack ergänzen, aber nie überlagern – als auch das avisierte Niveau: beim knusperdünnen Tapiokachip mit hervorragendem festfleischig-klararomatischem See-

hecht etwa wurde der Fisch durch ein konzentriertes helles Tomatenchutney, ein auf
dunkler Zwiebelcreme platziertes, cremig pochiertes Wachtelei mit Buttermilchschaum und
eine stattliche Nocke Ossietra-Kaviar zu einer
leichten, cremig-jodigen Miniatur ergänzt.

Besonders charmant wirkte aber auch das anstelle weiterer ausladender Küchengrüße servierte (edel designte) Brotzeitbrett mit einigen augenzwinkernd verfeinerten rustikalen
Schmankerln, darunter ein süßwürzig glasierter Schweinebauch-Stick, außerdem Leberkäse
mit Senfschaum in papierdünnen Brotchips
und selbstredend knusprig saftiges Sauerteigbrot mit Brunnenkressecreme, Salzbutter und
einem Kartoffelaufstrich mit Schnittlauch.

Von der alpinen Brotzeittradition wieder in die
weite Welt ging es dann zum Menüauftakt mit
topfrischer Königsmakrele, die nur leicht koloriert und mit lockeren Crumbles aus Brotfla-
kes, Schnittlauch und Sesam bedeckt wurde.
Dazu gab's einen Hauch von einem beinahe
floral duftig wirkenden Tamarillo-Confit, dem
knackige Rettichröllchen mit Wasabicreme gegenüber standen – jeweils mit unterschiedlichem Topping zwischen zartfruchtig und
jodig-säuerlich (Norialge) obenauf. Das Ergebnis: Gekonnter Purismus mit feingezeichneten
Akzenten.

Eine Charakteristik, die allerdings beinahe
noch besser zum folgenden sanft und soft
confierten Saibling passte, der mitsamt einem
Topping aus Saiblingskaviar, fruchtig-frischem
Zitronengel, Tapiokachips sowie Kresse- und
Kleeblättern auf einem Sockel aus knackigen
Gurken- und Apfelwürfelchen angerichtet wurde, die zusammen mit Dillöl und einem konzentriert duftigen Gurkenfond einen frischgrünen Hintergrund schafften und dem Saibling so
eine ausgezeichnete Bühne boten.

Ein radikaler Turn zur kraftvollen Seite des
Menüs folgte dann beim nicht weniger als perfekten Kalbsbries, das als großes, blitzsauber
pariertes, scharf angeröstetes und aromatisch
glasiertes Stück mit homogen zarter Konsistenz erfreute und von feinbitteren Haselnüssen
und milder Nusscreme sowie festen Miniatur-
Pfifferlingen eskortiert wurde. Den eigentlichen „Aromenturbo" gaben aber die in der
tiefen Schale vermischten Aromen von eleganter Kalbsjus und säurestraffer schaumiger Pilz-
sauce. Bis auf das etwas schwierige Handling in
einer tiefen Schüssel war zum Beispiel das ein
Gang auf lupenreinem 8-Pfannen-Niveau.

Kaum weniger überzeugend folgte im Hauptgang ein goldgelb koloriertes Steinbuttfilet mit
festem und für die Fischart ungewöhnlich zart

aufblätterndem Fleisch. In jedem Fall aber
stand dem topfrischen Fisch die fruchtsäuerliche Marillennote ausgezeichnet, die durch ein
dünn aufgestrichenes Confit dessen zarte Röstnoten ergänzte – die vor allem aber gemeinsam
mit dem straffen Säurekern einer schaumigen
Miso-Beurre-blanc die ansonsten eher nussigen und umamistarken Noten eines Aubergin-
enconfits und gerösteter Poveraden ausbalancierte. Das war auf eine klar gezeichnete und
originelle Art sehr gelungen!

Den Übergang in den süßen Teil des Abends
schaffte eine kleiner, zartbitter bepuderter Kaf-
feemousse-Ring, der von vanilleduftiger Orangensauce und Orangensorbet kontrastiert wurde. Und der überzeugte beinahe mehr als das
eigentliche Dessert, bei dem eine sahnig-luftige
weiße Schokoladenmousse mit dezenter Zir-
bennote recht stark von ihrer dunklen Schokoladenhülle dominiert wurde. Hier hätte mit einer kompakteren Creme oder markanterem
Zirbengeschmack ein noch besseres Pairing zur
säuerlich-fruchtigem Seite geschaffen werden
können, die hier in Gestalt eines Sorbets von
Johannisbeeren und den exotischen Säurekicks
zart knuspernder Maracujabaisers repräsentiert wurden. Gute Idee, aber als einziger Gang
des letzten Besuchs noch mit einiger Luft nach
oben bei der Umsetzung.

Abgerundet wird ein Besuch im Pur von einem
zuvorkommenden, gut eingespielten Serviceteam unter der Führung von Restaurantmanager Nico Steffen, der mit seiner charmant eloquenten Art und kompetenten individuellen
Weinempfehlungen eine besonders gute Figur
macht. Und der dafür sorgt, dass zwar nicht
unbedingt Schnäppchen, dafür aber adäquat
hochwertige Weine in die Gläser kommen.

Hotelempfehlung

Biohotel Kurz

Locksteinstr. 1,
83471 Berchtesgaden
☎ 08652-9800
www.biohotel-kurz.de
Einzelzimmer: ab 70 €
Doppelzimmer: ab 140 €

Das über 500 Jahre alte Haus mit seinem idyllischen Garten und Ausblick auf die Berchtesgadener Bergwelt ist ein echtes Kleinod. Es
wurde liebevoll renoviert und verbindet alte

Bausubstanz mit moderner Technik und Bio-technologie. Zum Wohlfühlen tragen in den charmanten Gästezimmern Bio-Betten, Wand-heizung, ein eigenes Ankleidezimmer, ein großzügiges Badezimmer und jeweils ein klei-ner Privatgarten oder Balkon bei. Außerdem verfügt jede Etage über einen Kachelofen oder einen Kamin. Zum Verweilen, Teetrinken und Plaudern lockt die Bibliothek mit dem haus-typischen romantisch-antiken Interieur. Für das tolles Frühstück mit regionalen Bio-Spezia-litäten wird das Team um Christel Kurz nicht nur von Hausgästen gerühmt, sondern auch von externen Besuchern. Und für Ihre gute ve-getarische Bio-Küche ist die Gastgeberin sogar überregional bekannt. Restaurant Lockstein 1 separat erwähnt.

♨ 6↑ — 🍴🍴🍴

Trattoria Enoteca

Kadettenstr.,
51429 Bergisch-Gladbach (Bensberg)
☎ 02204-42915
www.althoffcollection.com/.de/
althoff-grandhotel-schloss-bensberg/
restaurants-und-bars/trattoria-enoteca
◕ Mo–So von 12–14 Uhr u.
ab 18.30 Uhr, kein RT
Hauptgericht: 28–34 €,
Menüs: 66–89 €

🏧🔆⛽🅾️ VISA 🅿️🚻♿

Dass in einem Althoff-Hotel auch ein ambitio-niertes italienisches Restaurant installiert ist, kann schon beinahe als Markenzeichen der gourmetaffinen Hotelgruppe gesehen werden, auf jeden Fall aber gehört es zum Konzept. Und

so reiht sich die Trattoria Enoteca in einem der Nebengebäude von Schloss Bensberg in diese vom Tegernsee (Il Barcaiolo) über Bonn (Oli-veto) bis Celle (Palio) reichende Reihe – dank des rustikal gemauerten Gebäudes und einer weinumrankten Terrasse sogar mit überra-schend authentischem Trattoria-Feeling! Das kulinarische Konzept läuft zweigleisig: auf der einen Seite stehen traditionelle und etwas bo-denständigere Gerichte, auf der anderen Seite moderner und kreativer angelegte Sachen und beide Richtungen gibt es auch in Form eines dreigängigen Menüs. Egal, zu welcher Rich-tung man tendiert oder wie man sich seine ei-gene Speiseauswahl zusammenstellt: auf bei-den Seiten kann man sich einem identisch hohen Anspruch ans Produkt und einer fri-schen, akkuraten Zubereitung sicher sein.

🍲 ı0ı — 🍴🍴🍴🍴

Vendôme

im Hotel Schloß Bensberg
Kadettenstr. 2,
51429 Bergisch-Gladbach (Bensberg)
☎ 02204-42906
www.schlossbensberg.com
◕ Do–So ab 19 Uhr, Mo–Mi RT
Menüs: 240–285 €

🏧🔆⛽🅾️ VISA 🅿️🚻♿

Seit über 20 Jahren reüssiert Joachim Wissler nun schon in dem mondänen Gourmetrestau-rant im Kavaliershäuschen des beeindrucken-den Schlosshotels hoch über Köln und sein sich ständig weiterentwickelndes Kulinarium wirkt noch immer so innovativ wie in der An-fangszeit. Nur wenige deutsche Köche haben es bislang in der Welt zu nennenswerter Reputa-tion gebracht und einer von ihnen ist der im schwäbischen Nürtingen geborene Chef, der den Spitzen seiner Zunft hierzulande in dieser Zeit immer einen Schritt voraus war. Auch wei-terhin herrscht in seiner Küche kein kreativer Stillstand, wird akribisch, komplex und souve-rän gearbeitet. Wisslers stets ausdrucksstarke, aber nie überzeugt wirkende Kreationen, die immer das Beste aus allen Welten miteinan-der verbinden, finden nicht selten nur auf ei-nem Hauptteller statt, sondern werden oft auch auf einen weiteren Satellitenteller ausgedehnt. Sie sind radikal modern und doch klassisch fundiert, spannungsreich und doch harmo-nisch. Und sind von einer klaren Handschrift gekennzeichnet!

Berlin

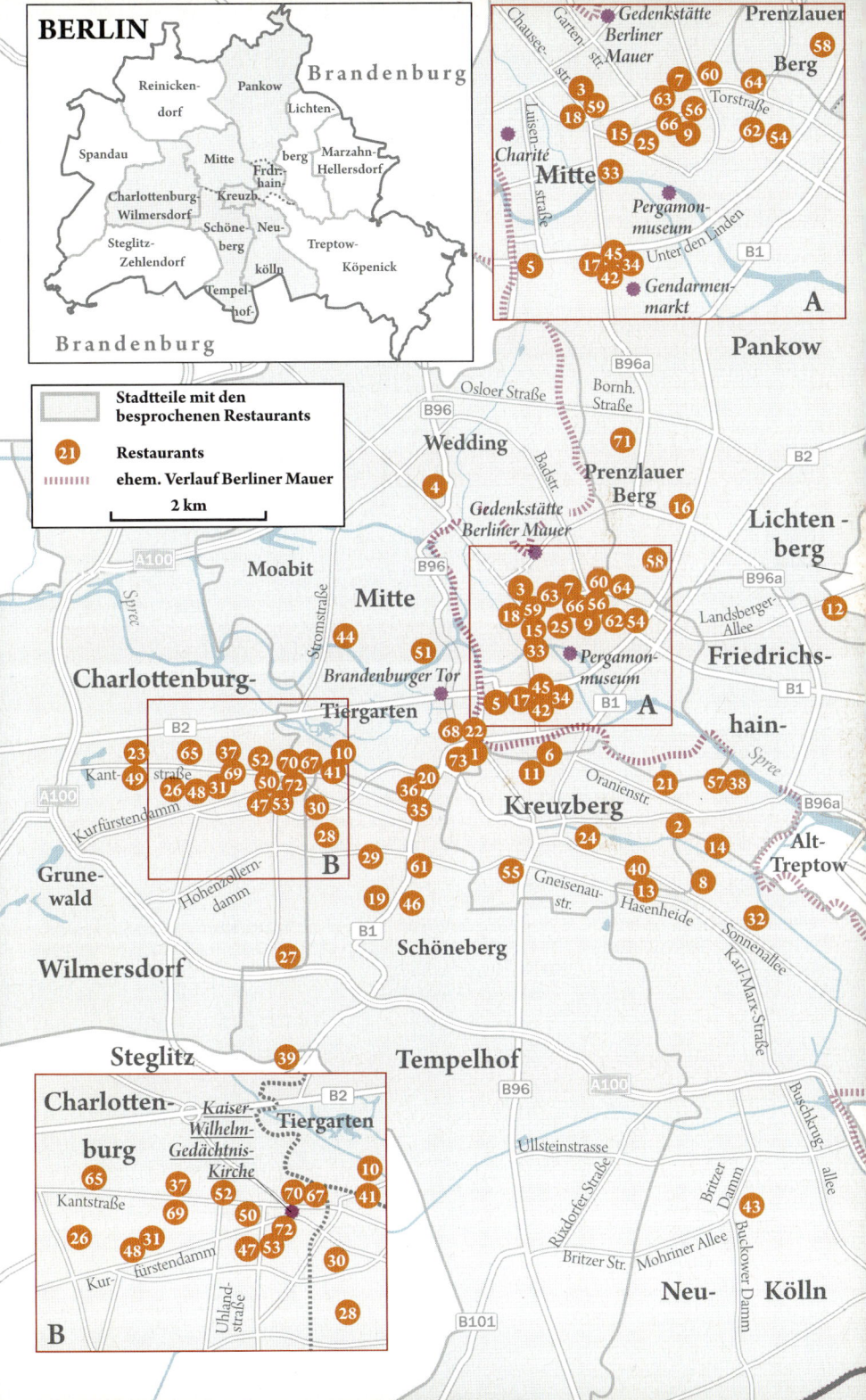

BERLIN

B r a n d e n b u r g

Reinicken-
dorf

Pankow

Lichten-

Spandau

Mitte

Frdr.
hain.

Charlottenburg-
Wilmersdorf

Kreuzb.

Schöne-

Neu-

berg

kölln

Steglitz-
Zehlendorf

Tempel-
hof-

Marzahn-
Hellersdorf

Treptow-
Köpenick

B r a n d e n b u r g

**Stadtteile mit den
besprochenen Restaurants**

21   **Restaurants**

     ehem. Verlauf Berliner Mauer

2 km

Gedenkstätte
Berliner
Mauer

Prenzlauer

Berg

58

Torstraße

Charité

Mitte

33

Pergamon-
museum

Unter den Linden

B1

A

Gendarmen-
markt

Pankow

B96a

Osloer Straße

Bornh.
Straße

B96

Wedding

71

Gedenkstätte
Berliner Mauer

Prenzlauer
Berg

16

B2

Lichten-

berg

A100

Moabit

Mitte

B96

51

44

12

Stromstraße

Brandenburger Tor

Landsberger
Allee

Friedrichs-

Charlottenburg-

Tiergarten

Pergamon-
museum

B2

B1

A

hain-

Kant-

straße

Kurfürstendamm

68 22

73 1

6

11

Oranienstr.

Spree

57 38

B96a

Grune-
wald

Hohenzollern-
damm

Kreuzberg

24

2

Alt-
Treptow

14

8

32

Wilmersdorf

29

61

55

Gneisenau-
str.

Hasenheide

Sonnenallee

Karl-Marx-Straße

19

46

B1

Schöneberg

27

Steglitz

39

Tempelhof

B96

A100

Neu-

Kölln

Charlotten-

burg

Kaiser-
Wilhelm-
Gedächtnis-
Kirche

Tiergarten

B2

Ullsteinstrasse

Rixdorfer Straße

Britzer
Damm

Buckower Damm

43

Kantstraße

Kurfürstendamm

Uhland-
straße

Britzer Str.

Mohrner Allee

B101

B

Unsere Besten in Berlin

10 Gusto-Pfannen

1. Facil
2. Horváth
3. Rutz Restaurant

9 Gusto-Pfannen

4. Ernst
5. Lorenz Adlon Esszimmer
6. Tim Raue ↑

8 Gusto-Pfannen

7. Bandol sur mer
8. Coda Dessert Dining ↑
9. Cordo
10. Hugos
11. Nobelhart & Schmutzig ↑
12. SKYKITCHEN ↑
13. Tulus Lotrek
14. Volt

7 Gusto-Pfannen

15. 136 Restaurant
16. Bricole
17. Cookies Cream
18. einsunternull ↑
19. Faelt ↑
20. Golvet ↑
21. Orania.Berlin
22. POTS – Dieter Müller
23. Prism
24. Rutz Zollhaus
25. The NOname ↑

6 Gusto-Pfannen

26. 12seasons
27. Bieberbau ↑
28. Bob & Thoms
29. Bonvivant Cocktail Bistro
30. Brasserie Colette Tim Raue
31. Christopher's
32. eins44 Kantine Neukölln ↑
33. Grill Royal ↑
34. Heritage Berlin ↑
35. Irma la Douce
36. Kin Dee
37. Kitchen Library
38. Richard ↑
39. Schmidt Z & KO
40. Tante Fichte Speiselokal ↑

5 Gusto-Pfannen

41. BLEND berlin kitchen and bar
42. Borchardt
43. Buchholz
44. CARL & SOPHIE Spree Restaurant
45. Charlotte & Fritz
46. Der Weinlobbyist
47. Diekmann
48. Il Calice
49. Lamazère
50. Ottenthal
51. Paris-Moskau
52. Restaurant am Steinplatz ↑
53. Restaurant Le Faubourg
54. The Grand
55. Tupac

Unsere Besten in Berlin

Weitere Restaurants

56. Al Contadino Sotto
    Le Stelle
57. Big Stuff Smoked BBQ
58. Grindhouse
59. Momos
60. Neta
61. Prometeo –
    Pizza & Comfort food

62. Quà Phê
63. Royals & Rice
64. Ryong
65. Shiso Burger,
    Kantstr. 51
66. Shiso Burger,
    Auguststr. 29 c
67. Sons of Mana

68. The Big Dog
    Berlin
69. The Butcher
70. The Dawg
71. UNSER CAFÉ
72. Upper Burger
    Grill
73. Vox

136 Restaurant

Linienstr. 136,
10115 Berlin
☎ 030–27909683
www.sagrantino136.com/
🕐 Di–Sa ab 18 Uhr, So u. Mo RT
Hauptgericht: 12–23 €,
Menüs: 39–59 €

Obwohl wir durch unseren ersten Besuch im vergangenen Jahr schon vorgewarnt waren und eigentlich genau wussten, dass hier überdurchschnittlich gut gekocht wird, wirkte es auch diesmal wieder regelrecht überraschend, was das kleine Team um Küchenchef Vicente Matias Diaz Silva in dem unscheinbaren, eher wie eine mediterrane Weinstube als an wie ein Restaurant mit ambitionierter Küche anmutenden Lokal so alles auf die Teller bringt. Die hier offerierte Mischung aus einfallsreicher Italianità und starken südamerikanischen, speziell peruanischen Einflüssen, resultiert einerseits aus der Heimat der italienischen Inhaber und andererseits aus den peruanischen Wurzeln des Küchenchefs.

Auf der Speisekarte präsentiert sich das auf der einen Seite in Gestalt eher traditioneller ausgerichteter Gerichte à la carte wie beispielsweise Caponata mit Auberginen, Tomaten, Kapern und Walnüssen, hausgemachte Tagliolini mit schwarzer Trüffel oder Roastbeef mit Pilzen, Zwiebeln, Brokkoli und Kartoffel – auf der anderen Seite aber auch als bis zu siebengängiges Degustationsmenü mit kreativen Ideen und eben jenem Brückenschlag zwischen mediterranen und südamerikanischen Produkten und Aromen, die das Sagrantino 136 so besonders macht.

Schon mit dem mehrteiligen Intro stellte das kleine Team diesmal eindrucksvoll klar, mit welchen Wassern es gewaschen ist. Drei verschiedene filigrane Fingerfood-Köstlichkeiten in Gestalt eines Tapioka-Chips mit Avocado, Korianderkresse und karamellisierter Zwiebel, eines mit schmelzigem getrocknetem Eigelb überflockten Rindertatars im knusprigen Tartelette-Schälchen sowie einer dünnen, krossen Ornamentwaffel mit cremigem Garnelentatar und aufgetupfter Kräutermayo on top, zeigten zunächst feinmotorisches Handwerk. Mit der in einer Dose angerichteten Melange aus marinierten Kartoffelwürfeln, knusprigem Reis, Wakame-Algen und Weißwein-/Trüffelschaum wurde schließlich mit denkbar einfachen Mitteln der Gaumen gekitzelt und bewiesen, dass man sich hier auch darauf versteht, raffiniert abzuschmecken.

Das als „Involtini" offerierte Ceviche vom Adlerfisch mit Süßkartoffel, Koriander, Amalfizitrone und Rocoto, einer südamerikanischen Chilisorte, hatten wir schon aus dem letztjährigen Besuch in bester Erinnerung. Allerdings gefiel uns diese betont leichte und erfrischende Vorspeise gleich am Anfang des Menüs nochmal um einiges besser. Die sehr präsenten und druckvollen Säuren von selbst hergestellter Tigermilch und Amalfizitronen-Kaviar zum roh marinierten Fleisch vom Adlerfisch, das aus Tatar und dünnen Scheiben zur runden Praline geformt war, wurden durch die Süßkartoffelcreme harmonisch eingefangen und so ausbalanciert, dass bei aller Dynamik ein ruhiges und ausgewogenes Geschmacksbild entstehen konnte.

Wie gut balanciert und proportioniert hier die Gerichte sind, war auch sehr schön an dem vegetarischen Zwischengang um verschiedene Zubereitungsarten von Blumenkohl zu sehen und zu schmecken. Das unter anderem als geröstete und säuerlich eingelegte Mini-Röschen, seidige Creme, konzentrierter Sud und Würzpulver kompakt auf engem Raum angerichtete Gemüse wurde mit dem Schmelz eines Wachteleigelbs, dem markanten Aroma von Safran und den fruchtigen Akzenten einiger Tupfen aus Cocona, einer lateinamerikanischen Pfirsichtomate, zu einer äußerst originellen Angelegenheit.

Sehr oft spielen fruchtige Komponenten und Säure eine wichtige Rolle auf den Tellern. So auch bei der gebratenen Jakobsmuschel, die mit geröstetem Zuckermais, Gurke und Tamarillo auf einem leichten Minestrone-Sud angerichtet war und in dieser Kombination wieder ein sehr leichtes und transparentes, aber aromatisch aber durchaus markantes und eben fruchtbetontes Geschmacksbild abgab. Das genaue Gegenteil, nämlich ein eher dichtes und süffiges Gericht kam im Anschluss mit einem Risotto von Calamaretti und geschmortem Kaninchen unter einem grünfrischen Kleid von Kapuzinerkresse daher, das durch das rauchige Aroma der peruanischen Chilisorte Aji Panca den gewissen Twist mitbekam.

Bei der mit dünnen Spuren dreier Mayonnaiseartiger Cremes (z.B. von Lauch und von fermentiertem Knoblauch) optisch originell und aromatisch herzhaft glasierten Seezunge mit geschmortem Lauch und Royal Caviar übernahm diesen Part die auch als Peruanischer Sauerklee bekannte Occa-Knolle, ein fruchtigerdiges Ding, ähnlich wie Knollenziest. Und dem butterzart geschmorten, satt mit Jus glasierten und mit einer Nocke Löwenzahnpistou getoppten Bäckchen vom Iberico-Schwein nebst Erbsen und Roter Bete verlieh eine fein dosierte Menge der aus den Anden stammenden Chilisorte Aji Amarillo das Feuer Südamerikas – wie alles hier sehr gut eingebunden und vom Schärfegrad her auf mitteleuropäische Gaumen geeicht.

Die auch als Sapote bekannte exotische Beerenfrucht Mamey, die im tropischen Amerika wächst und gedeiht, gab schließlich als Sockel den verwegen exotischen Part beim Dessert, einem erfrischenden Schichtwerk aus Panna Cotta, Himbeeren und einem fruchtig-säuerlichen, vermutlich auf Apfelbasis zubereiteten Dill-/Minzsorbet – und war auch hier wieder so gut integriert, dass man es mit einem rundum harmonischen und erfreulich wenig süßen Abschluss zu tun hatte.

Eine kleine, aber durchaus brauchbare Weinkarte mit unkonventionellen italienischen Gewächsen, unprätentiöser und zuvorkommender Service sowie ein ausgesprochen günstiges Preis-Leistungs-Verhältnis sind weitere Gründe, hierherzukommen.

12seasons

Giesebrechtstr. 3,
10629 Berlin (Charlottenburg)
☎ 030-92258049
www.12seasons.berlin/
🕐 Di–Sa ab 18 Uhr, So u. Mo RT
Hauptgericht: 22–34 €,
Menüs: 59–99 €

Wie der Name dieses neuen Casual-Fine-Dining-Restaurants in Charlottenburg vermuten lässt, steht hier kulinarisch alles im Zeichen der Jahreszeiten, die allerdings nicht bloß in Frühling, Sommer, Herbst und Winter, sondern in die zwölf Monate unterteilt werden. Will heißen: alle vier Wochen gibt es in dem stylisch dunklen Theken-Restaurant mit zusätzlichen Tischen ein neues, stark saisonal geprägtes Menü. Und für das zeichnet das Team um Küchenchef Kamel Haddad verantwortlich, das mit viel Fantasie, Kreativität und Leidenschaft bei der Sache ist und die guten Ideen zumeist sehr souverän auf die Teller bringt.

Das geschieht mit einem gewissen Aufwand und mit Kunstfertigkeit, wird aber nicht übertrieben artifiziell oder elaboriert auf die Teller gebracht. Vielmehr kommen die Kreationen der Küche mit verhältnismäßig wenigen Komponenten aus, die aber zu schmissigen, oft sehr markanten Akkorden zusammengestellt werden. Optional gibt es vorneweg warmes, frisches Dinkelbrot von Christa Luthum, die gleich vis-a-vis ihre Handwerksbäckerei betreibt. Dazu bekamen wir im Dezember, saisonal gut passend, eine mit warmwürzigen Lebkuchen- oder Spekulatiusaromen verfeinerte Butter.

Unser Menü startete sodann mit butterzarter Kalbszunge als Mittelpunkt eines schlagkräftigen Dreiklangs, den das mit kreuzkümmelwürziger Jus glasierte Fleisch zusammen mit einer leichten Maiscreme, Karamellsauce und Gyoza-Crackern als knusprigen Kontrast anstimmte. Natürliche Süße und Würze waren hier sehr gut in Einklang gebracht. Eine zwar relativ transparent anmutende, geschmacklich allerdings sehr kräftige und auch in Sachen Salz nah an die Grenze des Vetretbaren herangeführte Sauce Barigoule war im Anschluss Grundlage für zwei kleine gebratene Jakobsmuscheln, die mit Salicornes und Maronencreme zwischen jodig und süßlich-nussig verortet waren.

Ein nicht unspannender Akkord aus vorwiegend weichen und schaumigen Selleriekomponenten sowie dem nicht nur haptisch, sondern auch aromatisch angenehmen Kontrast von geschmortem Chicorée und sautierten Buchenpilzen, gepaart mit einer subtilen Hintergrundschärfe, machte den rein vegetarischen Zwischengang zu einem überraschend vielschichtigen Gaumenkitzel. Nicht ganz so gelungen wie erhofft präsentierte sich der Hauptgang um das kleine Stück eines mit Sesam ummantelten Hirschrückens, der von einem etwas dünn schmeckenden Kürbispüree und Cassisjus begleitet wurde. Spannende Akzente hätten hier prinzipiell die Tupfen von Kürbiskern- und Sesam-Mayonnaise setzen können, aber beide schmeckten vorwiegend fettig und nur recht zurückhaltend nach den jeweiligen Aromen, mit denen sie angesetzt waren.

Bei der Kombination aus sehr reifem, intensivem gebackenem Camembert, betont süßem Champignon-Rahmeis und verschiedenen Komponenten von Topinambur (spielentscheidend die krosse Schale mit ihren nussigen Röstaromen!) funktionierte das Konzept mit den originellen Dreiklängen dann aber wieder ganz ausgezeichnet. Und auch das Dessert, bei dem eine Art Kompott vom Hokkaido-Kürbis und Würfel vom Kürbisbiskuchen durch Kaffirlimette (Schaum) und Ingwerbier (Eis) adäquat aufgefrischt und von knuspriger Quinoa haptisch aufgelockert wurden, fanden wir äußerst gelungen.

Zumal in Kombination mit dem dazu glasweise ausgeschenkten 2013er Bonnezeaux vom Château de Fesles aus der Doppelmagnum, der – genau wie alle anderen Weinempfehlungen aus dem sehr individuellen Sortiment mit besonderem Blick für ein äußerst gutes Preis-Leistungs-Verhältnis – fein korrespondierte. Von der Bar kam zum Abschluss statt eines Espressos noch ein spannender Kaffee-Cocktail mit Nussaromen. Fazit: eine durchaus spannende Neuentdeckung in der kulinarisch ohnehin aufregenden Hauptstadt.

Al Contadino Sotto Le Stelle

Auguststr. 36, 10119 Berlin
☏ 030–2819023
www.alcontadino.eu
◔ Mi–Mo ab 18 Uhr, Di RT
Hauptgericht: 15–23 €

Dieses nette, authentische Lokal im typischen Trattoria-Stil existiert nun schon seit über 20 Jahren. Unter gemaltem Sternenhimmel genießt man an kleinen, schlicht mit roten Karo-Tischtuch eingedeckten Tischen eine im Grunde ganz traditionelle, aber stellenweise pfiffig-kreative Cucina casalinga, wie man sie sich wünscht. Ganz ohne Verfeinerungs-Firlefanz, aber aus guten Produkten, frisch und natürlich gekocht. Das hebt sich erfreulich weit vom touristischen Italo-Einheitsbrei hierzulande ab. Mit dem sprichwörtlichen Italiener um die Ecke hat das nur sehr wenig zu tun.

Bandol sur mer

Torstr. 167, 10115 Berlin (Mitte)
☏ 030-67302051
www.bandolsurmer.de
◔ Do–Mo ab 18.00 Uhr, Di u. Mi RT
Hauptgericht: 36 €, Menüs: 120 €

Andreas Sauls Bandol sur mer auf der belebten Torstraße in Mitte dürfte vermutlich das kleinste Spitzenrestaurant in der Hauptstadt sein, denn an den sechs relativ eng gestellten blanken Tischen, die sich den Raum mit einer Theke und der offenen Küche teilen, werden auch bei optimaler Besetzung sicher nicht mehr als

16 Gäste Platz finden. Doch genau das macht auch den Charme dieser maximal unscheinbaren Adresse aus, die weder dem klassischen Bild einer konventionellen Gourmetadresse entspricht noch wie eines der typischen „Casual Dining"-Lokale wirkt, sondern auf den ersten Blick tatsächlich eher wie eine alternative Szenekneipe. Doch davon sollte man sich ebenso wenig blenden lassen wie von der ganzen lockeren Gangart, denn hier wird eine äußerst durchdachte und präzise gefertigte Küche geboten, die für uns auch in diesem Jahr wieder zu den Top 20 der mittlerweile an anspruchsvollen und spannenden Restaurants gar nicht mehr armen Hauptstadt zählt.

Stilistisch bewegt sich der Chef in keinem bestimmten Fahrwasser, doch seine Küche ist in jedem Fall stark gemüselastig und generell eher an guten regionalen Viktualien orientiert als an den einschlägigen Edelprodukten. Er kocht tendenziell modern und schlank, seine Kreationen haben aber mitunter auch eine traditionelle klassische Basis, besitzen Substanz und Tiefe, wirken nie spröde oder naturbelassen, wie es beispielsweise die neue nordische Küche ja durchaus sein kann. Vielmehr beeindruckte uns auch dieses Mal wieder die enorme Ausgewogenheit und Spannweite der Gerichte – auch wenn sie mal nur aus sehr wenigen Komponenten bestehen.

Als ersten Happen aus der Küche gab es zum Beispiel gleich mal so einen beeindruckenden Wachrüttler im Mini-Format, denn die Kombination aus aromatischem Steinpilzchip mit Eigelb und Seegras war ein ausdrucksstarkes und perfekt ausbalanciertes Vergnügen. Während die mit Kohlrabi, schwarzer Johannisbeere und Mayo vom Johannisbeergehölz beladene knusprige Tartelette und der mit fleischigem Kräuterseitling gefüllte Pumpernickel-Macaron zwar durchaus kurzweilig und schmackhaft, aber nicht so ausgefuchst wie ihr Vorgänger waren. Das Sauerteigbrot „Larry" zeugte dann von ehrbarem Handwerk und die mitgelieferten Steckrübenscheiben sowie der Rhabarber davon, dass auch hier auf Teufel komm raus fermentiert wird.

Eine Fortsetzung des eingangs bereits angedeuteten Niveaus wurde bereits mit der ersten regulären Vorspeise des Menüs aufgenommen, das als rein vegetarische Basisversion in fünf Gängen angeboten wird und via Upgrade um zwei weitere Gänge zur omnivoren 7-Gang-Variante aufgestockt werden kann. Bei diesem ersten Gang blieb die Küche aber vegetarisch, ließ mit der Auberginenpaté nebst Getreide- und Saaten-Öl, Sauerteigchip und einer Mayonnaise vom fermentierten schwarzen Knoblauch jedoch ganz klar ihre Genialität erkennen. Die mit harmonisch eingebundenen herben Bitteraromen von Haselnuss tatsächlich ähnlich wie eine Leberpastete schmeckende Auberginencreme profitierte demnach auch sehr von der säuerlichen Frucht grüner eingelegter Erdbeeren, die hier ein harmonisches Spiel der Kontraste anstimmten.

Currywürzige Kapuzinerkressewurzel, tiefe, fast wie karamellisiert wirkende Creme von geschmortem Kohl und ein Pilzschaum mit viel Umami fungierten sodann als harmonisierende Elemente für das solo relativ säuerlichen Wintergemüse, welche hauchdünn geschichtet als Terrine das Zentrum des nächsten Gangs bildeten. Und die im Zusammenspiel, gerade auch mit den knusprigen Majoran-Kartoffelbröseln, ein spannend dynamisches und facettenreiches Ganzes ergaben.

Auch bei der Liaison von geflämmtem Havelzander und geräuchertem Aal gelang es dank Scheiben von säuerlich eingelegtem sowie geraspeltem gegrilltem schwarzem Rettich, ein dynamisch kontrastreiches Geschmacksbild auf den Teller zu zaubern. Eingelegtes Bärlauchblatt und Bärlauchknospen steuerten zudem auf der säuerlich-frischen Seite zur Entstehung eines abermals beeindruckend fein ausbalancierten Ganzen bei, das auf der würzigen Seite außerdem noch vom der Umami-Power eines Rauchaalsuds und eines filigranen Chips in der Waage gehalten wurde.

Mit einem ähnlich weit gedehnten Spannungsbogen gelang das Spiel der Kontraste auch wieder auf der vegetarischen Seite. Diesmal in Gestalt eines rauchigen Yakitori-Spießes von der Schwarzwurzel, der mit fruchtig-säuerlichem Quittenpüree, Sauerkraut-Hollandaise und gerösteter Zwiebel auf dunkler Zwiebelcreme eskortiert wurde. Der Clou war hier aber ein à part zum Schlürfen dazu gereichter Zwiebeltee mit Kaffeeöl, der warmwürzig und bitterherb für einen tiefen markanten Hintergrund sorgte und dem Ganzen durch das gut eingeflochtene Kaffeearoma auch noch einen originellen Dreh verpasste.

Nach Chawanmushi mit Blumenkohl und knusprig geröstetem Buchweizen, der sich mit seiner Nussigkeit nicht nur haptisch gut ins Geschehen einbrachte, gelang es dem als „Plunder" annoncierten und tatsächlich auf den ersten Blick wie eine Art Plundergebäck anmutenden, kross angebräunten Schichtwerk aus dünnen Knollensellerischeiben und süßlich-röstwürziger Creme von fermentierter Zwiebel wieder vortrefflich, ein ebenso lebhaftes wie fein ausgewogenes Aromenbild zu zeichnen. Hier mit Hilfe von Deichkäsecreme, säuerlichem Püree vom Holzkohleapfel (sic!) und einer intensiv aromatischen Röstgemüsejus, die gewinnbringende Süße und Umami transportierte.

Mit dem der Sage nach im Jahr 1775 von Antonin Carême erfundenen und von Paul Bocuse ins 20. Jahrhundert hinübergeretteten Klassiker „Le lièvre à la royale" begab sich die Küche dann zum Hauptgang auf das spiegelglatte Terroir der Vergleichbarkeit – rutschte dort zwar nicht aus, kam aber doch etwas ins Schlittern. Denn gemessen am Original oder an einer perfektionierten Kopie wie zum Beispiel aus der Hand von Harald Wohlfahrt respektive dessen Nachfolger Thorsten Michel wirkte die hier zu Porzellan gebrachte Variante des handwerklich höchst aufwendigen Wildhasen-Füllwerks, das lange und exakt schmoren muss, um einiges weniger eindrucksvoll. Was noch nicht mal unbedingt damit zu tun haben muss, dass hier statt der ethisch gewiss zweifelhaften Gänsemastleber unbedenkliche, weil ungestopfte Geflügelleber aus dem Hause Odefey verwendet wurde. Die von verschiedenen Spielarten der Roten Bete und einem Salzpflaumenpüree eskortierte Tranche schmeckte ja wahrlich nicht schlecht, wirkte aber im Vergleich geschmacklich und haptisch eben deutlich gröber, undifferenzierter und weniger tiefgründig. Ein sehr schöner Menühöhepunkt war es trotzdem.

Die von „Weintante" Lisa Karsten glasweise zu den einzelnen Gängen empfohlenen Gewächse entstammen mehrheitlich der Naturwein-Nische, sind aber zumeist keine borstigen Gesellen, sondern sehr zugängliche und ausgewogene Erzeugnisse. Ausgewogen war auch das Vordessert um ein mit Fenchelsaat ebenso unkonventionell wie unaufdringlich aufgepepptes Sauerkirschsorbet, aber besonders der eigentliche süße Abschluss, bei dem ein Schichtwerk von Boskop-Apfel, einer mit Johannisbeerholz aromatisierten hellen Creme und Holunderbeere von einem saftigen Armer-Ritter-Würfel begleitet wurde. Und somit ziehen sich die nach allen Seiten bestens ausgewogenen Akkorde voll Spannung und Harmonie tatsächlich wie ein roter Faden bis zum Finale durch.

Bieberbau

**Durlacher Str. 15,
10175 Berlin (Wilmersdorf)**
☎ 030-8532390
www.bieberbau-berlin.de
◉ Mo, Di u. Do, Fr ab 17.30 Uhr,
Mi, Sa u. So RT
Menüs: 57–99 €

In den historischen Räumlichkeiten mit Stuckdekor, dunklem Fachwerk und antikem Mobiliar wird eine moderne, kreative und stark naturverbundene Regionalküche im Spiegel der Jahreszeiten kredenzt, wie man sie sich öfter wünschen würde. Sehr klar, sehr konzentriert und sehr ausdrucksstark wird hier gekocht. Gemüse, Kräuter, Früchte und generell viel Frische spielt auf dem hübsch angerichteten Teller, die auch viel fürs Auge bieten, eine große Rolle. Dafür richtet das Team, das im Brandenburgischen auch einen eigenen Gemüsegarten bewirtschaftet, seinen Fokus immer stärker auf beste Produkte aus heimischen Gefilden, kocht zeitgemäß leicht und originell, mit bodenständiger Raffinesse, gutem Gespür für akkurate Optik und dem Instinkt, überflüssiges einfach wegzulassen. Gut sortierte und individuell bestückte Weinkarte; kompetenter Service.

Big Stuff Smoked BBQ

**Eisenbahnstr. 42/43,
10997 Berlin (Kreuzberg)**
markthalleneun.de
◉ Di–Do von 12–16 Uhr,
Fr u. Sa von 11–18 Uhr, So u. Mo RT

Langsam und schonend im Smoker gegartes Fleisch vom Bio-Rind und vom Duroc-Schwein in der Markthalle 9.

BLEND berlin kitchen and bar

im Hotel Pullman Berlin Schweizerhof
Budapester Str. 25, 10787 Berlin
℡ 030–26962696
www.restaurant-blend.com
◔ Täglich von 12–14 Uhr u. ab 18 Uhr, kein RT
Hauptgericht: 15–25 €, Menüs: 39–55 €

Der stylische Hauptraum im Erdgeschoss des Pullman Berlin Schweizerhof mit separatem Eingang an der Budapester Straße wirkt nicht wie ein klassisches Hotelrestaurant – im Grunde ist es aber genau das. Denn die nicht wenigen Tische in dem Gastraum mit seinen augenfälligen Installationen und einem ansprechenden Stilmix irgendwo zwischen Bauhaus und Art Déco werden auch zur Mittagszeit oft und gern von Hotelgästen mit unkomplizierten kulinarischen Bedürfnissen frequentiert. Umso erfreulicher, dass sich das Team hier nicht mit dröger Abspeisung begnügt, sondern eine durchaus originelle Küche für jeden Tag fabriziert. Mit Gerichten, die nicht nur eine ganze Reihe guter Ideen bieten, sondern auch solides Handwerk, frische Produkte und natürlichen Geschmack. In der Weinkarte findet man ansprechende Gewächse meist populärer europäischer Erzeuger mit gutem Namen und auch den einen oder anderen höherklassigen Tropfen aus dem Bordelais oder der Toskana. Das Preis-Leistungs-Verhältnis von Speis' und Trank ist moderat.

Bob & Thoms

Welserstr. 10–12,
10777 Berlin
℡ 030–20929492
www.bobthoms.berlin/
◔ Di–Sa ab 18 Uhr, So u. Mo RT
Hauptgericht: 22–38 €,
Menüs: 45–75 €

In dem hellen, puristischen Altbau-Ambiente mit Holzdielenboden, in dem man als Gast in modernen olivefarbenen Stühlen an schlichten blanken Holztischen sitzt und von in Taupe abgesetzten Wänden mit diverser Fotokunst umgeben ist, kann man sehr gut und individuell essen und wird ebenso zuvorkommend wie unprätentiös bewirtet. Die beiden Inhaber sind jeweils Einzelkämpfer auf ihrem Posten – und trotzdem gibt es allabendlich drei verschiedene viergängige Menüs, die auch noch problemlos miteinander kombiniert werden können. Eines ist vegetarisch, eines modern-kreativ und eines eher klassisch ausgerichtet. Koch Felix Thoms überzeugt mit dem, was er in den drei ineinander übergehenden Räumen kredenzen lässt, durch Feingespür, gute Ideen und viel handwerkliche Präzision. Es gibt auch internationale Edelprodukte – überwiegend kommen für das Menü aber heimische Viktualien zum Einsatz. Klassisch gekocht, zeitgemäß aufs Porzellan gebracht. Die ausgesucht zusammengestellte Weinkarte listet dazu in guter Auswahl flüssige Begleiter. Oliver Körber ist ein sympathischer und aufmerksamer Gastgeber.

Bonvivant Cocktail Bistro

Goltzstr. 32,
10781 Berlin
℡ 0176-61722602
bonvivant.berlin/
◔ Mi–Sa ab 18 Uhr
(Sa u. So Brunch von 10–15 Uhr),
Mo u. Di RT
Hauptgericht: 15–19 €,
Menüs: 40–74 €

Das Bonvivant, das sich selbst als Cocktail-Bistro bezeichnet, zelebriert in seinen geschmackvoll individuell in markanter kräftiger Farbgebung gestalteten Räumlichkeiten die Verbindung von locker-ungezwungener Atmosphäre bei gleichzeitig hohem Anspruch, was die Bewertung angeht. Einem kreativen Getränkeprogramm im individuellen Cocktailstil steht eine vegetarische, auf Wunsch sogar vegane Küche gegenüber, die nicht bloß ob ihres Einfallsreichtums, sondern auch wegen ihrer Detailgenauigkeit und der starken Substanz in den Einzelzubereitungen überrascht. Für die beiden Bereiche zeichnen jeweils Küchenchef Nikodemus Berger und Barchef Elias Heintz verantwortlich, denen es zudem auch noch bravourös gelingt, ihre Erzeugnisse stimmig und spannend zu kombinieren – als bis zu sechsgängiges Menü mit Begleitgetränken, das einen hohen Fun- und Genussfaktor bietet.

Borchardt

Französische Str. 47, 10117 Berlin (Mitte)
☎ 030-81886262
www.borchardt-restaurant.de
◕ Täglich ab 12 Uhr durchgehend,
kein RT

Wer bei dieser Berliner Institution, die es schon seit über 150 Jahren gibt, nur an Promi- und Szenetreff denkt, der könnte ob der Küche dieses immer etwas lärmig-hallenden Lokals mit hemdsärmeligem Service positiv überrascht werden. Denn die handwerklich fachgerecht zubereiteten internationalen Küchenklassiker von gutbürgerlich bis edel sind nämlich eigentlich besser, als man es hier vielleicht erwarten würde. Für sein Wiener Schnitzel beispielsweise ist das Borchardt zu Recht berühmt und auch die anderen Klassiker sind ebenso fundiert wie schmackhaft aus frischen, höherwertigen Produkten zubereitet. Wer also die Atmosphäre eines bei Politikern und Showbiz-Leuten gleichermaßen populären Lokals genießen und dabei einfach nur was „Leckeres" essen will, ist hier an der richtigen Adresse.

Brasserie Colette
Tim Raue

Passauer Str. 5–7, 10789 Berlin
☎ 030–21992174
www.brasseriecolette.de
◕ Täglich von 12–15 Uhr u. ab 18 Uhr,
kein RT
Hauptgericht: 18–38 €,
Menüs: 39–99 €

Wer wissen möchte, wie klassische französische Bistroküche schmeckt, wenn ihr ein kreativer, weltgewandter Koch wie Tim Raue seinen eigenen Stempel aufdrückt, kann das in Berlin direkt im Schatten des berühmten KaDeWe erleben. Hier laden die Tertianum-Seniorenresidenzen in Zusammenarbeit mit dem durch Kitchen Impossible und andere Formate einem breiten Publikum bekannten und sehr umtriebigen Koch und Unternehmer eine von drei Colette-Filialen, die es auch noch in München und Konstanz gibt. Und den Gast erwartet hier nicht nur ein stringent zwischen französischem Bistro und Vintage-Style durchkomponiertes Ambiente, sondern auch ein stimmiges und durchaus originelles Speisekonzept, das sich zwar größtenteils an französischen Klassikern orientiert, diese aber eben zeitgemäß und immer auch etwas anders interpretiert.

Ganz ohne Showeffekte, aber tatsächlich nicht selten mit dem gewissen Tim-Raue-Touch, abgeleitet von der kreativen asiatischen Freistilküche, für die er in seinem Gourmetrestaurant in der Rudi-Dutschke-Straße bekannt ist. Wer glaubt, das ginge nicht zusammen, wird sich wundern. Es funktioniert sogar auch ganz ohne fernöstliche Viktualien und Aromenakzente – hin und wieder bereichern diese aber tatsächlich auch die im Colette gebotene Spielart moderner französischer Bistroküche. Unter den Vorspeisen sind manche dennoch eher traditionell, gegenständlich und produktnah, etwa die Artischocke, die mit Crème frâiche und Petersiliendressing serviert wird und nur von einer spicy Mayonnaise einen etwas unkonventionellen Akzent zur Seite gestellt bekommt. Aber auch Dinge wie die unterschiedlichen Jahrgangssardinen mit Brioche und Zitrone oder der Salat „Colette" mit mariniertem Gemüse.

Manche Offerten bieten aber eben auch mehr kreatives Raffinement. So zum Beispiel beim letzten Besuch ein Carpaccio vom Lamm, das mit Eigelbcreme, den markanten Aromen von Korianderkresse und Koriandersaat sowie subtilen nussigen Noten von unterschiedlichen fein über das Fleisch gestreuten Partikeln eine spannende Alternative zur klassischen Variante darstellte. Wenige dicke, cremig eingefasste Couscous-Perlen und feine Popcorn-Brösel fungierten zudem als unaufdringliche Texturgeber. Das war gut proportioniert und in Summe überraschend facettenreich.

Eine mit sehr einfachen Mitteln raffiniert zusammengestellte Vorspeise stellte zuletzt der Verein aus gerösteten und feinsäuerlich marinierten Blumenkohlröschen, Kopfsalat, Roquefort, karamellisierten Walnusskernen und Weintraubenscheibchen dar, die als unkompliziertes süßlich-würziges Mischgericht knackig, cremig und saftig zusammenspielten. Hier sorgte nicht zuletzt die mit Piment d'Espelette eingeflochtene Hintergrundschärfe für einen gewissen Kick, ohne den Gaumen zu überfordern. Überhaupt ist die Colette-Küche äußerst zugänglich!

Der auch pur famosen Blutwurst von Marcus Benser aus Neukölln verleiht das Colette-Team mit einer guten Portion Gin eine individuelle Note, füllt die Masse in eine große ausgehöhlte Gartengurke, schmort diese sanft als Paket und serviert davon schließlich Scheiben zusammen mit Kartoffelpüree und karamellisierten roten Zwiebeln. Eine recht intensive Jus mit Wachholder und Senfsaat unterstreicht dazu das Leitmotiv Gin und setzt zudem einen schönen Akzent – ein sehr süffiges und kraftvoll abgeschmecktes Gericht, wie es typisch für diese Küche ist.

Denn auch die satt mit reduzierter Jus glasierte Kaninchenleber nebst Calvados-Apfelkugeln geht in eine ähnliche Richtung. Sie wurde in unserem Fall à part von einem halbierten, satt mit fruchtiger Vinaigrette nappierten und on top mit Röstzwiebeln und Mayonnaise-artiger Creme applizierten Kopfsalatherz sowie einem Klecks Aligot begleitet. Letzteres, ursprünglich eine ziemlich herzhafte feste Creme auf Basis von Kartoffeln und Käse, schmeckte hier eher wie ein (gutes) einfaches Kartoffelpüree – hätte dem Gericht also mit etwas mehr Raffinement und eindeutigerem Geschmack noch einen besonderen Akzent verleihen können. Schlecht war das aber auch so keineswegs.

So wie der zarte Pulpo-Arm, der auf einem schmalen Streifen von fein geschnittenem und in kraftvoll reduzierte Jus eingelullten Kalbskopfragout, einer schön säuerlich abgeschmeckter Sauce bèarnaise und etwas Topinamburcreme saftig unterlegt war. Flankiert von mit Birnenscheiben gespickten Kopfsalatherzen ein betont leichter Gang – mit dem einzigen Schönheitsfehler, dass der Krake nicht bloß durch und durch zart, sondern außenherum leider auch ziemlich schlonzig und deshalb eher unsexy war. Da hätte etwas Feuer und Hitze nicht geschadet, denn mit einer leicht knusprigen Hülle und Röstaromen hätte das Ganze auch ziemlich attraktiv sein können…

Wer sein Mahl gerne herzhaft beendet kann das mit französischen Rohmilchkäsen tun, die mit Früchtechutney und Brioche serviert werden. Für Süßmäuler hält die Küche selbstredend Klassiker wie Mousse au Chocolat und Crème brulée bereit, die dann jedoch wie im Falle der Schokomousse mit Eiskaffee, Toffee und Kardamaom respektive Blaubeere und Zitronenthymian bei der gebrannten Vanillecreme unkonventionell umgarnt werden. Die Weinkarte listet eine schöne Auswahl reeller Tropfen, überwiegend aus Frankreich und Deutschland.

Bricole

Senefelderstr. 30,
10437 Berlin
030-84421362
www.bricole.de
Di–Sa ab 18 Uhr, So u. Mo RT
Menüs: 79 €

Schön mitzuerleben, wie sich das kleine und sehr geschmackvoll gestaltete Restaurant von Fabian Fischer im Laufe der zurückliegenden Jahre sukzessive immer weiterentwickelt hat und die Küche von Mal zu Mal immer noch ein bisschen besser wurde. Hatten wir schon beim letztjährigen Besuch begeistert festgestellt, dass die Kreationen der beiden Menüs, von denen eines rein vegetarisch ist, mittlerweile einen überraschend hohen Grad der Kochkunst erreicht haben, können wir das dieses Mal nach bestem Wissen und Gewissen auch in einer Aufwertung auf wohlverdiente 7 Pfannen zum Ausdruck bringen.

Stilistisch blieb Küchenchef Steven Zeidler seiner maßvoll kreativen und weltoffenen Linie treu, im Detail wirken die Gerichte aber nicht selten noch etwas puristischer als in der Vergangenheit. Was ihnen überhaupt nicht zum Nachteil gereicht, sondern sie meist sogar noch deutlich pointierter wirken lässt. Außerdem überraschten zuletzt auch die Hauptprodukte durch beachtliche Qualität und Exzellenz, die sie dank präziser Zubereitung voll ausspielen durften – was uns im Hauptgang eine grandiose Taubenbrust bescherte, die sich auch kompositorisch klar auf 8-Pfannen-Niveau bewegte.

Doch zunächst wurde mit zwei Sorten von sehr gutem Brot nebst karamellisierter aufgeschlagener Butter, einem kleinen Brandteigkrapfen, gefüllt mit Tauben-Rilettes, sowie einem Schälchen mit Sellerieschaum und Rauchaal-Öl, ein feiner Einstieg bereitet. Und danach mit einer Vorspeise um Sellerie, Grünen Apfel, Périgord-Trüffel und Dattel eindrucksvoll bewiesen, wie gut sich Steven Zeidler auch auf vegetarische Gerichte versteht: Geflämmte, mit Trüffelscheiben aufgefächerte Knollenselleriescheiben, ein Tatar von Sellerie und Grünem Apfel und eine Dattelcreme stimmten hier, aromatisch unterlegt von einer kräftigen, dunklen Essenz von Knollensellerie und einem grünen, kräuterwürzigen Öl, im Zusammenklang einen reizvollen Akkord an. Von säuerlich frisch über erdig dumpf bis nussig und süß ergab das eine schöne (und vor allem gut abgestimmte) Bandbreite an unterschiedlichen Geschmacksverläufen.

Der ausgesprochen puristische Zwischengang um Tranchen von der geflämmten Bernsteinmakrele mit Gurkenperlen und Yuzugel auf Dashi funktionierte deshalb so gut, weil sowohl der Fisch als auch die Dashibrühe von hervorragender Qualität waren. So sorgten der Schmelz und der reintönige, „saubere" Geschmack des Fischs und die aromatische Transparenz der auf Basis von Bonitoflakes und Kombu-Alge zubereiteten Sauce im Zusammenspiel mit der Frische von Gurke und japanischer Zitrone für viel Gaumenkitzel.

Steven Zeidlers gutes Gespür für Aromenkombinationen wurde auch beim akkurat geschnittenen und gewürzten Tatar vom Reh offenbar, das mit der würzigen Süße einer mit Senfsaat aromatisierten Maronencreme, der fruchtigen Erdigkeit von mit Himbeeressig marinierter Rote Bete, dem Schmelz von gebeiztem Eigelb, dem fleischigen Biss von Kräuterseitling und der herben Frische von Kapuzinerkresse attraktiv und facettenreich in Szene gesetzt war.

Der vielerorts gemeinhin mit sehr kraftvollen Aromen bespielte Black Cod kam hier mit einem relativ milden Bouillabaisseschaum, etwas Creme von fermentiertem schwarzem Knoblauch und einer eher geschmacksneutralen Hippe von Tapioka vergleichsweise subtil daher. Doch das funktionierte aufgrund der wieder bestechend guten Qualität des festfleischigen Fischs ganz ausgezeichnet.

Eingangs bereits besungene Taubenbrust, die über Kokosnuss-Holzkohle gegrillt wurde und mit umwerfend gutem Geschmack, zart knackigem Biss und betörendem saftigem Schmelz auf dem Teller lag, hätte als solches im Prinzip auch für sich allein stehen können. Das äußerst

reduzierte Begleitprogramm störte die Ausdruckskraft und Präsenz dieser Delikatesse aber nicht im Geringsten – ganz im Gegenteil, waren die aus Cashewkernen hergestellte Creme, etwas gebratener Grünkohl mit Röstaromen und nicht zu vergessen eine formidable, mit Korinthen und Essig abgeschmeckte Taubenjus dem Vogel doch ein geniales Geleit. Sehr puristisch und originell zugespitzt. Klasse!

Das Dessert, ein mit einer Art Bitterschokoladenganache, Olivenölcreme und weißen Schokoladencrumbles bestückter Brioche-Riegel nebst einer Nocke mit Olivenöl nappiertem Quittensorbet, hatte zwar nicht dasselbe hohe Niveau, war aber dennoch ein ansprechender Abschluss mit unkonventioneller Raffinesse. Wahlweise oder zusätzlich stehen immer auch unterschiedliche Rohmilchkäse zur Disposition. Hervorgehoben werden müssen unbedingt auch Fabian Fischers unkonventionelle glasweise Weinempfehlungen, die der sympathische Gastgeber mit viel Gespür auf die zu begleitenden Gänge auswählt und mit Expertise vorstellt.

Buchholz

Alt-Britz 81, 12359 Berlin (Neukölln)
☎ 030-60034607
www.matthias-buchholz.de
◉ Do ab 17 Uhr, Fr–Mo ab 12 Uhr durchgehend, Di u. Mi RT
Hauptgericht: 16–31 €, Menüs: 35–76 €

Das denkmalgeschützte Refugium des Routiniers Matthias Buchholz befindet sich in einem beschaulich anmutenden Teil von Britz und ist in ein altes Gutshofgebäude integriert: geschmackvoll, ländlich-modern, auf zwei Ebenen. Was die angenehm knapp gehaltene Karte offeriert, könnte man als gehobene Regionalküche mit vereinzelten Aromenakzenten aus anderen Breitengraden bezeichnen – im Grunde bleiben die sehr sorgfältig und geschmackvoll ganz ohne überflüssigen Ballast und preistreibendem Plunder zubereiteten Gerichte aber auf heimischem Terrain. Auch wenn sich alles einen Tick bodenständiger und schlichter präsentiert als in der Anfangszeit, lässt Buchholz trotzdem weiterhin die Handschrift des Könners aufblitzen und offeriert hier eine Küche für jeden Tag zu einem ausgesprochen günstigen Preis-Leistungs-Verhältnis!

CARL & SOPHIE Spree Restaurant

im Ameron Hotel Abion
Alt-Moabit 99, 10559 Berlin (Moabit)
📞 **030-39920798**
carlundsophie.de
🕐 **Mo–Fr ab 12 Uhr durchgehend,**
Sa ab 14 Uhr durchgehend, So RT
Hauptgericht: 18–56 €,
Menüs: 46–56 €

Architektonisch wirkt die Gegend um das Ameron Hotel Abion und dessen stilvoll lässiges Restaurant Carl & Sophie am Geschäftszentrum Spreebogen zwar recht nüchtern, aber die Szenerie direkt am Fluss, die man durch die vollverglaste Front sowie auf der Terrasse präsentiert bekommt, ist sehr schön. Dass man es hier nicht mit einem schnöden Hotelrestaurant zu tun hat, wird nicht nur durch das stylische Ambiente deutlich, man merkt das auch zu Tisch gleich an den drei qualitativ sehr guten Brotsorten, die mit kräuterduftigem Quarkaufstrich, hochwertigem spanischem Olivenöl und Maldon Sea Salt dargeboten werden. Die Küche, seit 2021 unter der Leitung von Martin Höse, präsentiert sich mit einer Handvoll massentauglicher Klassikergerichte wie etwa einem sehr guten, buttrig-welligen Wiener Schnitzel, in der Hauptsache aber eher unkonventionelleren Eigenkreationen aus überwiegend regionalen Produkten, ansprechend und zeitgemäß. Und auch in ihrer schnörkellos schlichten, handwerklich eher einfach gehaltenen, aber als solches meist recht gut auf den Punkt gebrachten Ausführung, können diese Gerichte überzeugen.

So wie beispielsweise das Filet einer mild gebeizten und kurz abgeflämmten Forelle, das mit stückiger und cremiger Avocado sowie kleinen Kartoffelchips als Vorspeise arrangiert war

und von etwas Korianderkresse und der marokkanischen Gewürzmischung Raz El Hanout leicht exotische Aromenakzente verliehen bekam. Mangels Süffigkeit zwar etwas spröde, aber durchaus interessant und schmackhaft.

Noch besser gefiel uns aber ein anderes Mal der im Ceviche-Stil marinierte Hamachi, dessen knackige Säure von einer Pinienkerncreme auf Crème-fraîche-Basis und zusätzlichen gerösteten Pinienkernen sanft nussig und schmelzig eingefangen werden konnte. Auch die saftig auflockernden Pomelo-Fruchtfleischstücke, die diese Vorspeise bereicherten, waren somit gut ins Geschehen eingebunden. Da sieht man, dass sich das Team darauf versteht, mit schlichten Mitteln für eine gewisse Raffinesse auf den Tellern zu sorgen.

Fruchtige Säure spielte auch bei dem mit Earl Grey Tee aromatisierten Beeftea eine Rolle – und zwar an den sauren Kartoffeln, die das kraftvoll natürlich schmeckende klare Süppchen als kleine Würfel zusammen mit roter Shisokresse und Schnittlauch als Einlage begleiteten. Auch hier wieder ein lebhaftes harmonisches Geschmacksbild, in dem alles gut integriert war.

Ganz generell scheint die Küche darauf bedacht, in möglichst vielen Gerichten mit Säure- und Fruchtkomponenten für eine gewisse Dynamik zu sorgen. So auch beim Kabeljau, der zwar selbst leider eine etwas zu lange Zeit in der Hitze verbracht hatte, mitsamt eher fruchtig gehaltener Rote-Bete-Creme, betont säuerlich marinierten Buchenpilzen und nussigen Bucheckernchips aber wieder einen recht schmissigen Akkord aufs Porzellan brachte. Relativ plakativ zwar, aber als solches durchaus reizvoll.

So wie der knusprig angebratene Rücken vom Havelländer Apfelschwein, dessen saftige Tranchen in optimalem Garzustand auf geschmacklich ausdrucksstärker, aber dennoch schön leichter Jus angerichtet waren und von einer pointierten, duftig-frischen Melange aus Fenchel, Apfel und Estragon (mitsamt Apfelblüten, Fenchelsaat) flankiert wurden. An solchen Arrangements erkennt man sehr gut, dass das Team hier schon sehr genau weiß, was es macht…

Auch das ansprechend puristische und ausdrucksstarke Dessert um einen mit Matchapulver bestäubten Würfel aus Grünteemousse nebst einer Nocke Yuzu-Eis mit kandierten Zitronenzesten und Schokoladenerde war so eine schnörkellos und prononciert auf den Teller gebrachte Kombination, bei der mit wenigen Komponenten relativ große Wirkung erzielt werden konnte.

Die auf große deutsche auch gereifte Rieslinge spezialisierte Weinkarte listet von manchen Erzeugern eine beachtliche Jahrgangstiefe, hat aber auch jenseits von Riesling und grenzüberschreitend viel Attraktives zu bieten – im Rotweinbereich insbesondere aus Spanien eine schöne Auswahl.

Charlotte & Fritz

im Hotel Regent Berlin
Charlottenstr. 49,
10117 Berlin
☏ 030–20336363
www.charlotteundfritz.com
◷ Di–Sa von 12–15 Uhr u. ab 18 Uhr,
So von 12–15 Uhr, kein RT
Hauptgericht: 22–48 €,
Menüs: 65–130 €

Nach der langen Schließungsphase des Restaurants im Hotel The Regent am Gendarmenmarkt aufgrund der Pandemie, während der es das Charlotte & Fritz im Jahr 2021 nur als „Summer Lounge" im Innenhof mit kleiner Karte und unkomplizierten Gerichten gab, ging nun mit der Wiedereröffnung an vorerst drei Abenden in der Woche auch ein erneuter Küchenchefwechsel einher. Auf Klaus Beckmann folgte am Herd des klassisch-eleganten Lokals mit modernen Akzenten der 36-jährige Berliner Daniel Müller, der hier nun einen stärker regionalbetonten Stil eingeführt hat und dem Vernehmen nach auch der Nachhaltigkeit von Produkten und Arbeitsweise große Bedeutung beimisst.

Ein weiteres „brutal lokales" Konzept mit kompromisslos ökologischen Idealen ist hier deshalb natürlich nicht entstanden, aber mit Dingen wie Büffelmozzarella aus Brandenburg, Ei aus der Uckermark, Speck vom Havelländer Apfelschwein, Lachs und Zander aus der Mü-

ritz, Ahrenhorster Wels oder Eifeler Ur-Lamm bemüht man sich schon, wo immer in guter Qualität und entsprechender Menge möglich, auf die heimische Produktvielfalt zurückzugreifen. Und was die Qualität der Viktualien angeht, gab es bei unserem Antrittsbesuch des Charlotte & Fritz unter neuer Küchenleitung auch nicht das Geringste zu beanstanden. Auch handwerklich präsentierte sich das Team auf einem sattelfesten Level, das auch eine höhere Bewertung nicht entgegenstünde. Dass wir uns hier vorerst „nur" auf 5 Pfannen festlegen konnten, hat also eher kompositorische Gründe, denn so manche Kreation fanden wir noch relativ unstimmig.

Und es fing damit an, dass gleich zu Beginn zu den dreierlei Sorten Brot eine relativ herzhafte Aalbutter gereicht wurde, die überdies auch noch mit kleinen Rauchaalwürfeln getoppt war, was sie geschmacklich und haptisch noch deutlich mächtig wirken ließ als zum Beispiel Griebenschmalz. Ein ziemlicher „Sattmacher" gleicht zu Beginn, wo man es sich doch eher leicht und beschwingt wünscht. Deutlich frischer und fluffiger kam im Anschluss das handgeschnittene und unter anderem mit Kapern gewürzte Rindertatar mit dünnem Brotchip und säuerlich eingelegten Mini-Gemüsen on top. Ätherisch getragen von duftigem Basilikumöl und nur etwas vorlaut akzentuiert von ein paar Bärlauchcreme-Tupfen dazwischen, auf die man nach unserem Gusto auch gut hätte verzichten können, war das ein gelungener Auftakt!

Auch das Carpaccio vom leider relativ weichfleischigen Bachsaibling, mit Miesmuscheln angereichert und mit Sauerrahm und Wildlachskaviar getoppt, war prinzipiell eine schöne Sache, wirkte im Detail als Komposition aber trotzdem etwas unrund. Nicht nur deshalb, weil die hier ebenfalls untergebrachten Aromen von Kaffee, Lakritz, Yuzu und Haselnuss recht diffus zusammenwirkten und sich letztlich nur die japanische Zitrone merklich durchsetzen konnte, sondern insbesondere auch, weil der fluffige Sauerrahm und der sehr weiche und aromatisch relativ derbe Lachskaviar die feineren Player überdeckten. Auch die relativ süße Hippe obenauf wirkte eher wir ein Fremdkörper als wie ein kongenialer Mitstreiter.

Besser funktionierte das Miteinander bei dem mit Panko knusprig ausgebackenen Ei aus der Uckermark, das umringt von einer Creme aus Entenleber, Perlzwiebeln und Traube auf einem Topinampurpüree angerichtet und von Sauce Périgourdine umgeben war. Allerdings bewirkte das viele Püree nicht nur eine gewisse Sättigung, sondern auch eine Dominanz gegenüber den anderen Komponenten. Deutlich spärlicher eingesetzt, wäre die Gesamtwirkung eine ganz andere gewesen. Denn ansonsten war hier alles tadellos: das gebackene Ei auf dem Punkt, die Entenlebercreme sehr fein abgeschmeckt und die Sauce ließ ebenfalls ehrbares Küchenhandwerk mit Feinschliff erkennen. Einzig die kurz abgeflämmten oder à la Plancha angerösteten Perlzwiebeln wirkten noch einen kleinen Tick zu roh und grob.

Dass der Chef generell eher ein Freund starker, kraftvoller Aromen ist, zeigte mit Speck, Ragout von Fisolen, Zwiebeln und Birne, Kräuterdrillingen und einer Emulsion aus Oreganobutter auch das Begleitprogramm vom Wels, der aber als nicht so zart besaiteter Fisch mit so einer zupackenden Entourage gut fertig wird. Und grundsätzlich hatte auch der saftig-eigenaromatische, gleichmäßig auf den Punkt rosa gebratene und nicht zuletzt durch seinen rösch angekrossten Fettdeckel überdurchschnittlich attraktive Rücken vom Eifeler Ur-Lamm keine Probleme mit seiner Eskorte. Doch wirkte die durch die Proportionierung viel zu mächtig und auch nicht wirklich harmonisch: sättigend viel Püree von weißen Bohnen, das mit geräucherten Beten und darüber gehobelter „Dresdner Berle" (ein Hartkäse ähnlich der Belper Knolle) bestückt war. Statt einer klassischen Jus gab es eine rote Spitzpaprikasauce, was ja tendenziell gut zu Lamm passt, als alleinige Sauce aber nicht wirklich Tiefe und Umami an das Gericht bringen kann, so dass es unter Strich auch etwas kantig und unrund gewirkt hat.

Nicht hundertprozentig durchdacht wirkte es auch, einen satten, saftigen Schokobrownie mit Crème fraîche und Blaubeeren als Vordessert zu schicken. Das war um einiges opulenter als das eigentliche Dessert, ein etwas pappiges Eclair vom schwarzen Sesam mit frischen Himbeeren und Sesameis. Und so können wir resümieren, dass es hier sehr viele gute Ansätze zu erkennen gab, die es aber noch besser auszuarbeiten und genauer aufs Porzellan zu bringen gilt. Das Können dafür ist zweifelsohne vorhanden.

Christopher's

Mommsenstr. 63, 10629 Berlin
☎ 030–24356282
christophers.online/
🕑 Mo–Sa ab 18 Uhr, So RT
Hauptgericht: 18–37 €, Menüs: 65–75 €

Auch bei unserem letzten Besuch dieses schlicht-modernen urbanen Lokals mit betont lockerer Gangart in der ruhigen Mommsenstraße, das früher schlicht unter „Schwein" bekannt war und nun schon seit geraumer Zeit den Vornamen seines Küchenchefs Christopher Kümper trägt, haben wir gut gegessen. Allerdings zugegebenermaßen nicht auf demselben hohen Niveau, wir es nicht nur vom alten Standort in Mitte kannten und auch nach dem Umzug hier in Charlottenburg noch erlebt hatten. So wirkten manche Gerichte der ambitionierteren Speisekartenhälfte (auf der Anderen finden sich originelle Burger-Varianten) weniger kreativ, facettenreich und aufwendig als in der Vergangenheit. Trotzdem kann man sich auf eine originelle, weltoffene Küche aus überwiegend regionalen Produkten und auf clevere Kombinationen freuen, wenngleich manches eben etwas einfacher gestrickt ist. Den Service erlebten wir zuletzt leider auch etwas indisponiert.

Coda Dessert Dining

Friedelstr. 47, 12047 Berlin
☎ 030–91496396
www.coda-berlin.com
🕑 Mi–Sa ab 19 Uhr, So–Di RT
Menüs: 118–238 €

Dessert-Dining? Während viele konservativ gepolte Gourmets mit dem Konzept eines reinen „Dessert-Restaurants" nach wie vor etwas zu fremdeln scheinen, erfreut sich das kleine Coda von und mit Top-Patissier René Frank bei einem eher jungen, experimentierfreudigen Publikum schon länger größter Beliebtheit und ist nicht selten restlos ausgebucht. Dabei braucht es für den Genuss des bis zu siebengängigen Menüs, das grundsätzlich inklusive passender Getränkepaarungen (auf Wunsch alkoholfrei) kredenzt wird, gar nicht unbedingt einer überdurchschnittlich großen kulinarischen Aufgeschlossenheit oder Affinität für Süßes. Denn die innovativen desserthaften Kreationen, die hier in einer offenen Küche vor den Augen der Gäste entstehen, sind zum einen gar nicht sehr süß, manchmal sogar eher herzhaft, etwa wenn Käse im Spiel ist – und zum anderen trotz ihrer bisweilen sehr unkonventionellen Art immer sehr geschmackssicher komponiert.

Man muss also wirklich keine Berührungsängste haben, wenn man an der Klingel dieses ungewöhnlichen und unauffällig getarnten Gourmetlokals in Kreuzberg schellt, um Einlass in die schummrig illuminierte Welt der vielleicht abgefahrensten und besten Desserts der Hauptstadt zu bekommen. Dort am Tresen oder an einem der schlichten kleinen Tische Platz genommen, geht es schon bald los mit neckischen Kleinigkeiten, die zwar noch nicht das ganze technische Vermögen dieser High-End-Patisserie zeigen, aber dem Gast schon eine ganz gute Idee davon geben, was ihm hier in den folgenden zwei, drei Stunden so alles an kurzweiligen Geschmackserlebnissen begegnen wird. Zuletzt machten im Vorfeld ein „Gummibär" aus Gelber Bete, ein Churro-Kringel mit einem würzig-karamelligem Dip, der an Miso erinnerte, sowie ein „Beefcake" auf Basis von Mandel und Süßkartoffel, der mit Ochsenmark gebacken war und so etwas sehr herzhaft-umamiwürziges hatte, äußerst neugierig auf das eigentliche Menü.

Das startete zuletzt mit einer Schale, deren halber Rand mit einer überraschend aromatischen Mascarponecreme ausgestrichen war, die mit knusprigen Wirsingpartikeln und rohen Kakaobröseln beflockt wurde. Im Tellerboden angegossen eine mit Tapioka vermengte Grapefruitvinaigrette mit Thymianflavour, die sich mit der Süße und dem laktischen Schmelz der Mascarpone, die hier als Träger und Bindeglied für die übrigen Aromen fungierte, zu einem spannenden Akkord verband.

Meist sind es einfach unkonventionelle Kombinationen mit einem überraschenden Twist, die hier zu einem harmonischen Ganzen zusammenfinden. So wie bei dem mit saftigen Zwetschgenstücken durchzogenen Walnusskuchen, der Basis des nächsten Gangs war, bei dem Zwetschgenkaramell und eine reduzierte Glace auf Basis von Zwetschgensud das Fruchtige und Süße unterstrichen, auf der anderen Seite aber auch eine mit Miso abgeschmeckte Buttercreme und knusprige Dulse-Alge dem Ganzen eine rauchig-herzhafte Facette verliehen. Wie alles hier war das aber eben so fein und gekonnt abgeschmeckt, dass das Ergebnis überhaupt nicht experimentell, sondern wunderbar harmonisch und rund schmeckt.

Oft spielt tatsächlich auch die Paarung mit den stets sehr schlank gehaltenen Begleitgetränken eine nicht unwesentliche Rolle, weil hier im Zusammenspiel nochmal ganz neue Akkorde entstehen, die für ein Aha-Effekt sorgen. Beim Pairing von Raclette-Waffel, Joghurt und Kimchi-Pulver mit einem Drink aus Berliner Weiße, Aquavit und Dillgeist war es insbesondere das kümmelwürzige Aroma im Glas in Kombination mit dem herzhaften Käse, was einen zwar irgendwie vertrauten, in dieser Zusammenstellung aber eher ungewöhnlich wirkenden Geschmack initiierte.

Bei der mit sahnig-moussigem Tofu gefüllten geeisten Roten Bete, die von weiteren Bete-Komponenten wie einer dünnen Karamellhippe und von Moosbeere umspielt wurde, setzte zwar ein Verjus-Gel hellfruchtige, straff säuerliche Kontrastpunkte zum erdig-süßlichen Grundcharakter der Komposition – so richtig facettenreich und originell wurde es aber erst in Kombination mit dem Mix aus Kirschbrand, Waldhimbeerbrand und Wermuth, durch den hier mit viel heller roter Frucht und Würze ein Spannungsbogen aufgezogen werden konnte.

Ähnlich war der mit Apfelreduktion versetzte Sherry Amontillado eine kongeniale Ergänzung zum würzigen Cironé-Käse, der heiß und kurz als „Cheesekake" mit dünner fester Hülle und flüssig-cremigem Kern gebacken war und mit knusprigen sowie fleischigen Komponenten von Knollensellerie ergänzt wurde. Allerdings erst im Zusammenspiel mit der herben Kaffeejus, die wohldosiert am Tisch dazukam. Nicht ganz so begeistert waren wir von dem als „Signature-Snack" mit stolzem Preisaufschlag kredenzten Eis am Stiel mit Kaviar und dessen Kombination mit einer 2008er Auslese Graacher Himmelreich von J. J. Prüm. Prinzipiell eine sehr gute und spannende Idee, allerdings kam hier nach unserem Gusto der ganz mild gesalzene Osietra-Kaviar als dünn mit weißer Schokolade überzogene Hülle des mild nussigen Stieleises aus Topinambur und Macadamia nicht so zur Geltung, wie wir das gehofft hatten. Da wäre als progressiver Gegenpart zur vorherrschenden Süße, die durch das Zutun der Prüm-Auslese auch noch forciert wurde, etwas mehr Mineralität und Salzigkeit schön gewesen.

An der Stelle, wo in einem konventionellen Menü gemeinhin der Hauptgang kommt, sorgte rauchiger Flavour der Holzkohle von Deutschlands letztem Köhler aus dem tiefen Schwarzwald für einen markanten Akzent. Mit der war nämlich kurz zuvor im Big Green Egg ein Apfelring gegrillt worden, welcher nebst dünnem knusprigem Hafergebäck und Eis, gebackenen Schalottenringen und eingelegten Sultaninen als vorletztes Douceur mit bestens eingebundener herzhafter Note aufgeboten wurde. Und zu guter Letzt, da wo im Normalfall erst der süße Teil einer Speisefolge beginnt, setzt das Coda-Team die vielleicht klassischste Komposition des Abends ein – wenngleich der sehr tiefe und würzige nussig-schokoladige Akkord mit dem Zutun von Shiitake-Pilz und Kichererbse ganz und gar nicht klassisch erzeugt wurde.

Die Schokoladenpralinen zum Kaffee oder Digestiv machen zunächst einen gewöhnlichen oder zumindest gewohnten Eindruck, spielen aber auch mit originellen Kombinationen und Akzenten wie etwa Olive und beschließen deshalb sehr adäquat das äußerst kurzweilige Dessertvergnügen mit ausgefuchster Dramaturgie, die dem Gast eine aromatisch ausgewogene Speisefolge beschert. Und so fühlt sich auch noch später nicht wirklich so an, als ob man einen Abend lang lauter Nachtisch gegessen hätte.

Cookies Cream

Friedrichstr. 158, 10117 Berlin (Mitte)
☎ 030–27492940
www.cookiescream.com
◑ Di–Sa ab 17 Uhr, So u. Mo RT
Menüs: 79–99 €

Seit 15 Jahren zeichnet Stephan Hentschel nun schon als Küchenchef im Cookie verantwortlich und hat in der Zeit nicht weniger geschafft, als das in längst kultig gewordener morbider Hinterhof-Lage mit seinem Eingang zwischen Müllcontainern und Laderampe gut versteckte Lokal mit Fug und Recht als das beste rein ve-

getarische Restaurant der Landeshauptstadt bezeichnet werden darf. Seine spannend unkonventionellen Kreationen, die in der jüngeren Vergangenheit nochmal an Präzision und Detailaufwand zugenommen haben, kommen weder puristisch und karg noch als freundlose Ökoküche daher, sondern sind eigentlich immer sehr vollmundig und substanzreich komponiert. Dabei sind sie ausgewogen und leicht, bieten dank gekonnt umgesetzter, nicht alltäglicher Aromen- und Produktkombinationen auch jede Menge Originalität auf dem Teller und können damit selbst überzeugte Nicht-Vegetarier begeistern.

Cordo

Große Hamburger Str. 32,
10115 Berlin (Mitte)
☎ 030–27581215
cordo.berlin/
◑ Di–Sa ab 18.30 Uhr, So u. Mo RT
Menüs: 135–155 €

Der aus Hamburg stammende Koch Yannick Stockhausen schert sich weder um Konventionen noch um selbstauferlegte Dogmen und lässt in Berlins ehemals kulinarischster Weinbar, die aus kulinarischer Sicht längst zum ernstzunehmenden ("modernen, europäischen") Restaurant geworden ist, eine ausgesprochen weltoffene, kreativ und aromenstark komponierte Küche ganz nach unserem Geschmack kredenzen. Dafür setzt er nicht selten auf herzhaft zupackende, bisweilen rustikale Motive, balanciert die handwerklich feinsinnig und aufwendig arrangierten Teller aber immer sehr gekonnt aus. Sein unkonventioneller Küchenstil, den er in Form zweier Menüs (davon eines vegetarisch) ist fast schon so etwas wie Gegenentwurf zur puristischen, stark regionalbetonten Naturküche. Sein vegetarisches Menü „Gartenrundgang" setzt Maßstäbe, sein bis zu achtgängiges Menü „Hafenrundfahrt" widmet sich bei gleichsam kraftvollen Aromenbildern mit schmissigen Akzenten und viel kompositorischem Feingespür auch Krustentier, Fisch und Fleisch. Eine moderne Küche mit guten eigenen Ideen und einer durchaus individuellen Note, die immer den guten Geschmack im Blick behält und bei aller Originalität unmittelbar zugänglich und leicht verständlich ist.

Der Weinlobbyist

Kolonnenstr. 62,
10827 Berlin (Schöneberg)
☎ 030-30640772
www.derweinlobbyist.de
☉ Do–Mo ab 17 Uhr, Di u. Mi RT
Hauptgericht: 13–19 €,
Menüs: 38–51 €

In seinem schlichten, schlauchartigen Weinlokal mit den in einer Reihe formierten blanken Holztischen und lauschigem Freisitz im Hinterhof bietet der smarte „Weinlobbyist" Serhat Aktas nicht nur eine spannende, mit viel Expertise und persönlichem Profil zusammengestellte Weinkarte, sondern dazu auch attraktive Küche. Einerseits sind das mit hochwertigen Produkten bestücke Flammkuchen, Antipastiplatten oder Kleinigkeiten zum auffällig guten Brot, welche traditionellerweise unkompliziert zum Wein passen – interessanterweise aber auch zwei verschiedene viergängie Menüs (davon ein vegetarisches) mit originelleren Gerichten, die sich in ihrer Komposition durchaus kreativ und forsch präsentieren und mit präsenter Schärfe und Säure anspruchsvoll zu begleiten sind. Für den kommunikativen Gastgeber und Sommelier aber eine Herausforderung, die er sich nur gerne stellt – und dabei mit seinen ausgereiften Pairing-Ideen durchaus überzeugt.

Diekmann

Meinekestr. 7,
10719 Berlin (Charlottenburg)
☎ 030-8833321
www.diekmann-restaurants.de
☉ Di–Sa ab 12 Uhr durchgehend,
Fei ab 18 Uhr, So u. Mo RT
Hauptgericht: 19–31 €,
Menüs: 70–95 €

In einer Seitenstraße des Kurfürstendamms befindet sich hinter einer mit Efeu eingewachsenen Fassade diese ehemalige Kolonialwarenhandlung, in der heute ein geschmackvolles Restaurant residiert, das mehr als nur schnörkellose französische Bistroküche kredenzt.

Dank der markanten originalen Ladeneinrichtung hat das Diekmann viel Flair, und auch die Küche, die in jüngerer Zeit an Attraktivität und Originalität zugelegt hat, längst nicht bloß Austern knackt und Traditionsgerichte schickt, sondern durchaus ein Gespür für attraktive, nicht alltägliche Produktkombinationen auf klassischer Basis hat, macht viel Spaß. Die Weinkarte offeriert ein nicht zu umfangreiches Programm mit französischem Schwerpunkt.

eins44 Kantine Neukölln

Elbestr. 28 u. 29,
12045 Berlin (Neukölln)
☎ 030-62981212
www.eins44.com/
☉ Di–Sa ab 18 Uhr, Mo u. Di RT
Hauptgericht: 31–65 €,
Menüs: 89–105 €

So eine „Kantine" wünscht sich doch jeder Feinschmecker in seiner unmittelbaren Umgebung! Allein die wunderbaren Räumlichkeiten der ehemaligen Destillerie in einem Hinterhof an der Elbestraße lohnen den Besuch, aber hier wird unter der Federführung von Küchenchef Daniel Achilles, der einst im Restaurant Reinstoff in den Edison-Höfen für Furore gesorgt hatte, auch erstaunlich gut zu moderaten Preisen gekocht. Was in dem auf zwei Ebenen angelegten Restaurant mit nostalgischem Industriecharme, schönem Holzboden, dekorativ gefliesten Decken und Wänden und hohen Rundbogenfenstern auf die massiven Holztische kommt, ist einfallsreich und intelligent gekocht. Eine zeitgemäße, ebenso kreative wie bodenständige Küche für die sich das Team vorwiegend der regionalen Produktpalette bedient und diese raffiniert und undogmatisch weltoffen in Szene setzt. Auf den Tellern geht es sehr gegenständlich und klar strukturiert zu, denn die Finessen stecken im geschmacklichen Detail, werden nicht selten durch unkonventionelle Kombinationen hervorgerufen, die souverän und wohlproportioniert von Könnerhand aufeinander abgestimmt sind. Sehr gute Weinkarte mit Affinität für deutschen Riesling, aber auch vielen spannenden Sachen aus den Nachbarländern Österreich und Frankreich.

einsunternull

Hannoversche Str. 1, 10115 Berlin
☎ 030–27577810
www.restaurant-einsunternull.de
◉ Fr–Mo ab 19 Uhr, Di–Do RT
Menüs: 139 €

Konsequent eine ganz bestimmte Stilrichtung zu verfolgen oder gar eine eigene, unverkennbare Handschrift zu kreieren, ist im Grunde die Königsdisziplin für ambitionierte Köche. Oft geraten diese Versuche aber zu einer verkrampften Angelegenheit – besonders dann, wenn sich die Protagonisten allzu dogmatisch in eine bestimmte Richtung bewegen. Bei Silvio Peufer, der seit 2019 das stilvoll schlicht designte und behaglich ausgeleuchtete Kellerlokal einsunternull bekocht, muss man derlei nicht befürchten. Zwar hat sich der 32-Jährige „die kulinarische Interpretation der Hauptstadt" auf die Fahnen geschrieben und hegt somit den klar definierten Eigenanspruch, eine moderne Berliner Küche aufs Porzellan zu bringen – doch Berlin ist bekanntermaßen so weltoffen, international und multikulturell, dass der Kreativität kaum Grenzen gesetzt sind. Und der Chef nutzt seine konzeptionellen Freiräume auch voll aus!

So zuletzt schon beim Intro seines sechsgängigen „klassischen" Menüs, das neben einer rein vegetarischen Variante zur Auswahl steht und auch mit diesem kombiniert bzw. ergänzt werden kann: Ein maximal knuspriges und zugleich saftiges Taschenkrebs-Tartelette, eine moussige, mit Champagnergelee überzogene Austernperle auf nussigem Sauerampfersud und ein überraschend facettenreicher und spannender, weil prägnant salzig-süß-säuerlich ausgeloteter „Haselnuss-Capuccino" mit Nussschaum, Gänselebereis und einem Physalis-/Zitruschutney im Schälchenboden. Da kann man einerseits schon sehr gut erkennen, mit

wie viel Gespür für Aromen hier kreiert wird und andererseits, wie aufwendig und feinmotorisch das Team das handwerklich umzusetzen im Stande ist.

Die Liaison von gebeizter Makrele und geräuchertem Aal, die als präzise geschnittene und geschichtete Rosette auf ein mit XO-Sauce mariniertes Makrelentatar drapiert waren und final am Tisch mit einem Rauchaalsud aufgegossen wurde, war trotz viel Umami und Würze eine elegante und transparente Sache – kam aber durch zu viele weitere Komponenten, die sich erst nach und nach ins Geschehen mischten, allmählich etwas aus dem Tritt. Während sich Tobiko und Schnittlauch, insbesondere aber kleine Stücke von halbgetrockneter gelber Tomate und etwas Fingerlimes mit ihrer Säure und Frische noch sehr gut einbrachten, waren etwa Kalamata-Olive und insbesondere eine Creme von schwarzem Knoblauch, die das Geschmackbild mit ihrer recht plakativen süßlichen Würze unnötig verdunkelte, dann doch etwas too much. Da wäre mehr Mut zum Purismus wünschenswert gewesen, aber das ist hier schon Kritik auf hohem Niveau und soll nur beispielhaft verdeutlichen, warum wir uns auch dieses Mal (noch) nicht zu 8 Pfannen durchringen konnten, die hier grundsätzlich in greifbarer Nähe sind. Rein handwerklich und qualitativ bewegt sich die Küche nämlich längst auf diesem Level.

Und einige Gerichte erreichen es sogar schon jetzt. Zum Beispiel eine ganz wunderbare Komposition von wohliger maritimer Opulenz, die um ein hervorragendes, mit feinstreifig geschnittenen Kräutern (Estragon, Kerbel, Petersilie…) und Passepierre getopptes Stück Zander aufgezogen wurde. Flankiert von einem Tatar vom Kaisergranat unter schaumiger Miso-Hollandaise, auf die knusprige Zanderschuppen geflockt waren, ergänzt um eine (optionale) Nocke Stör-Kaviar der hauseigenen Selektion und aufgegossen mit prononciertem Bouillabaissesud, war das anspruchsvoller Gaumenkitzel: kraftvoll, intensiv, dicht, aber trotzdem schön klar, transparent und aromatisch aufgefächert.

Ebenfalls sehr gut, aber wieder nicht ganz auf diesem hohen Niveau, der Zwischengang um eine festfleischige Tranche vom Stör, die auf ihrer Oberseite relativ unmerklich mit hauchdünnen zarten Jakobsmuschelscheiben und leider auch relativ neutraler Schwarzer Trüffel bedeckt war. Gebettet auf einem mit Splittern von Macadamia attraktiv nussig ergänzten Petersilien-Spinat und eingebettet in eine Birnenessig-Beurre-Blanc mit gewinnbringender Süße und Säure, war das dennoch ein sehr feines Gericht. Mit dickeren und somit fleischige-ren Jakobsmuschelscheiben und tatsächlich aromatischer Périgord-Trüffel hätte das aber trotzdem nochmal eine ganz andere Qualität und Ausdruckskraft gehabt. Im Rahmen der alkoholfreien Begleiteskorte spiegelten sich passend dazu im Glas die Aromen von Birne und Petersilie, wenngleich letztere nach unse-rem Gusto durchaus noch etwas markanter hät-te zutage treten dürfen.

Die Weinbegleitung sah für den nächsten Gang einen sehr ansprechenden, sechs Jahre gereif-ten Chardonnay vom pfälzischen Weinhof Scheu an der Südlichen Weinstraße vor, der mit seinem gut ausgewogenen Körper und Schmelz gegenüber Frucht und Mineralität ein ganz wunderer Partner für ein gebeiztes Eigelb war. Das lag im Zentrum eines filigranen Kartof-felnests, war gebettet auf Bärlauchspinat und umgeben von Champignon-Schaumsauce so-wie knusprigen und roh gehobelten Champi-gnons – und war damit Soulfood zum Löffeln: grundsätzlich cremig und süffig, aber mit kont-rastreichen Texturen, aromatisch hellwürzig und mild, aber mit einer gewissen Tiefe.

Wieder auf klarem 8-Pfannen-Level bewegte sich der Hauptgang, für den sich eine Taube von ihrer perfekt gebratenen Brust über das ausgelöste Schmorfleisch der Keule und die zur cremigen Praline verarbeiteten Innereien, bis hin zur wohlgelungenen Taubenjus sehr facet-tenreich von all ihren schönen Seiten präsen-tierte. Einzig auf die dreifarbige Sesamummm-antelung des kleinen Taubenfilets hätte man verzichten können, weil sie zwar vielleicht ori-ginell aussah, geschmacklich und vor allem haptisch aber zu plakativ wirkte – den sehr gu-ten Gesamteindruck aber auch nicht wirklich schmälern konnte. Nur konsequent, dass dann auch sonst nicht mit allzu viel Beiwerk zu über-dröhnen. Und so reichten dem Täubchen an seiner Seite wirklich nur ein rotes Shisoblatt (als Verpackung für das Schmorfleisch), einige Tupfen Sesamcreme und eine Flieder-Jus, um einen pointierten Auftritt aufs Porzellan zu legen. Auch der Weinbegleiter, ein 2017er Chambolle-Musigny von alten Reben der Do-maine Stephane Magnien, war elegant und ge-schliffen genug, um dem Vogel nicht die Show zu stehlen.

Auch die Nachtische wie etwa eine mit Rucola frech angeschärfte Komposition aus mit Heu aromatisierter Rahmmousse, Preiselbeere und Malz-Chip, oder das von einem duftigen Estra-goneis mit feiner herbaler Note akzentuierte Dessert um Schokolade, Sauerkirsche und Pis-tazie, halten das hohe Niveau und tendieren schon mehr zu 8 als zu 7 Pfannen. Und so sind wir sehr gespannt, ob das Team schon bei unse-rem nächsten Besuch den entsprechenden Ruck noch auf Porzellan bringt und es schafft, die Kreationen von allem Überflüssigen zu be-freien.

Ernst

Gerichtstr. 54,
13347 Berlin (Wedding)
☎ 0355-676111600
www.ernstberlin.de
◉ Mi–Sa ab 19.30 Uhr, So–Di RT
Menüs: 225 €

Noch weniger Plätze, noch fokussierter, noch feinsinniger: Das kleine, ultraschlichte Lokal des Kanadiers Dylan Watson-Brawn und Com-pagnon Spencer Christenson im Berliner Wed-ding, das an seinem Tresen nur noch Platz für maximal acht Gäste in zwei Seatings hat, bietet eine höchst spannende und hierzulande einzig-artige Produktküche, mit einer Präzision und Kompromisslosigkeit was Qualität und Ge-schmack angeht, wie man es sonst nur aus Ja-pan kennt. Für aufgeschlossene Esser sind die gut zwei Dutzend kleinen Kostproben dieses äußerst minimalistischen Kulinariums definitiv ein außergewöhnliches Erlebnis. Man be-kommt es mit teils herausragenden Produkt-qualitäten und neuartigen Geschmäckern zu tun, die in fast schon japanischer Klarheit und Transparenz inszeniert werden. Im Vergleich mit ähnlichen Küchen wie beispielsweise dem Etz in Nürnberg, dem Einsunternull oder auch dem Nobelhart & Schmutzig in Berlin, wird hier nochmal um einiges minimalistischer auf-getischt und auch deutlich weniger „kreiert", dafür noch mehr über die Produkte und die Zu-bereitungen erzählt. So gleicht der Abend fast schon einem kurzweiligen Vortrag mit zahlrei-chen Geschmacksproben – ergänzt um indivi-duelle Gewächse, überwiegend aus dem Natur-wein-Segment.

Facil

im Hotel The Mandala
Potsdamer Str. 3,
10785 Berlin (Tiergarten)
☎ 030-590051234
www.facil.de
🕐 Mo–Fr von 12–14 Uhr u. ab 19 Uhr,
Sa u. So RT
Hauptgericht: 22–78 €,
Menüs: 99–258 €

Während das kulinarische Berlin noch vor gut zehn, fünfzehn Jahren arg provinziell angemutet hat, entwickelte sich unsere Hauptstadt in der jüngeren Vergangenheit extrem schnell und ist mittlerweile auch gastronomisch eine Metropole. Wer in dieser Metropole allerdings mittags auf Weltniveau oder zumindest überdurchschnittlich anspruchsvoll speisen möchte, schaut meistens in die Röhre. Allenfalls am Wochenende bieten zwei, drei Restaurants der Top 30 die Möglichkeit zum Gourmetlunch. Eine rühmliche Ausnahme ist weiterhin das schnörkellos schlicht und sehr elegant gestaltete Facil auf dem Dach des Hotel The Mandala, das dort in einem bambusumwachsenen und trotzdem lichtdurchfluteten Glaskubus wie eine entschleunigte grüne Oase mitten in der hektischen Großstadt anmutet.

Von Montag bis Freitag lädt das schon seit über einem Jahrzehnt vom fest zusammengeschweißten Team um Küchendirektor Michael Kempf, Küchenchef Joachim Gerner, Chef-Pâtissier Thomas Yoshida und weiteren engen Mitarbeitern bekochte Gourmetrestaurant zum genussreichen ausgedehnten Mittag. Und weil dieses bestens eingespielte Team nicht nur das Talent besitzt, auf höchstem Niveau zu kochen, sondern auch schon so lange gemeinsam an einem Strang zieht und die gleichen ambitionierten Ziele verfolgt, zählt das Facil mittlerweile zu den allerbesten Adressen des Landes.

Und diese Spitzenküche gibt es zum Lunch außerdem zu einem sensationellen Preis-Genuss-Verhältnis, denn für die speziellen Offerten der Mittagskarte werden nur Abstriche bei der Exklusivität der Hauptprodukte gemacht, nicht aber bei deren Qualität und schon gar nicht bei der präzisen und aufwendigen Art der Zubereitung.

Wer darüber hinaus die Facil-Küche in ihrer vollen Pracht erleben möchte und schmecken will, wie ausgefeilt perfektionistisch und zugleich unangestrengt die weltoffen und stilübergreifend komponierten Kreationen aus dem bis zu achtgängigen Abendmenü sind, kann das ebenfalls am Mittag tun (letzte Bestellung um 12.30 Uhr!). Und wird staunen, mit wieviel originellem Facettenreichtum bei gleichsam souveräner Reduktion auf das Wesentliche hier auf den bildschön angerichteten Tellern aufgewartet wird. Das Salzig-Säuerliche eines dichten Schaums aus Griechischem Joghurt, die wohlige Schärfe von grünem Curry, unaufdringlich ätherische Minzfrische und die Saftigkeit von marinierten Zucchini hoben zum Beispiel bei unserem letzten Testbesuch zu Beginn ein lockeres Falafel-Bällchen auf eine andere Ebene.

Und es wurde gleich noch besser: Mild gebeizt, akkurat abgeflämmt und mit einem transparenten Barbecue-Lack auf Tomatenbasis lasiert, bewegte sich der Lachs von den Färöer Inseln in seiner ästhetisch und fotogen arrangierten Umgebung aus eingelegter Cocktailtomate, täuschend echt imitierter und köstlich schmeckender grüner Olive, glänzenden Wachsbohnen und pulverisierten Kräutern in einen ebenso leichten wie aromatischen mediterranen Aromenfeld. Säuerlich-pikante Tomatencreme auf Mayonnaise-Basis verlieh dieser Vorspeise mit ihrem Schmelz zusätzlich elegante Geschmeidigkeit. Ein großer Wurf!

Ein zur Rolle geformter, dann per Niedertemperatur im Vakuum gegarter und schließlich mit finaler Hitze zur Perfektion gebrachter Müritzhecht begeisterte uns mit seinem eigenen Kaviar und der separat zum Chip gekrossten Fischhaut schon solo. Sein eigener Sud, aromatisch verdichtet und subtil mit Curryblatt und Senfsaat aromatisiert, sowie die herb und urwüchsig auftretende Brunnenkresse, die von Meerrettich noch etwas mehr ätherische Erdigkeit verliehen bekam, vervollständigten den heimischen Fisch auch kompositorisch zu echtem Gaumenkitzel. Und im folgenden Gang hielten eine mit der forcierten Süße der Schaumsauce extrem gut harmonierende Eukalyptusnote und das ebenfalls sehr Ätherische von Estragon zusammen mit der laktischen

Säure von Ziegenfrischkäse und etwas Essiggurke die erdige Übermacht der für den „Borschtsch" obligatorischen Roten Bete raffiniert in Schach. An solchen höchst originellen und präzise scharfgestellten Akkorden kann man die Genialität dieser Küche besonders gut erkennen.

Im Anschluss daran präsentierte das Team im Grunde eine Paella, die aber natürlich trotz ihrer völlig unkonstruierten, süffig-kompakten Anrichtweise deutlich differenzierter und nuancierter daherkam als das traditionelle Vorbild. Und die mit Carabinero und Miesmuscheln bester Provenienz auf Arroz Bomba, Bohne und Chorizo vermutlich auch qualitativ hochwertiger war als das Meiste, was sonst so unter diesem Namen firmierte. Das Krustentier zum Beispiel war hier mit einem pikanten reduzierten Krustentierlack überzogen und von effektvoll abschmelzenden Dublonen aus Reismilch und Bohne umgeben. Abgeflämmte Zitrusfrucht-Segmente ließen zudem immer wieder frische, säuerliche Akzente aufploppen und hielten den herzhaften Schmaus auf Spannung.

Bei den Fleischgängen wurde zunächst dem buttrig-nussigen Eigengeschmack einer Short Rib besten Nebraska-Beefs mit geschmortem, zu einer Art Pesto verarbeitetem sowie relativ knackig belassenem und von Passionsfrucht spannend aufgefrischtem Fenchel nebst einer prononcierten Rauchmandelcreme ebenso puristisch wie pointiert zugearbeitet. Da war das mit seiner Jus glasierte und mit Rauchmandelsplittern beflockte Stück Fleisch in einem sehr frischen und schlanken Umfeld ganz großartig platziert.

Bei der wirklich umwerfenden Brust von der Challans-Ente und ihrer formidablen Sauce, denen nur mit Salz und keinerlei anderen Würzzutaten auf wunderbare Weise ein Maximum an Eigengeschmack entlockt wurde, stellte sich ob der unglaublichen Ausdruckskraft, die davon ausging, ganz zwangsläufig die Frage, ob man so etwas Grandioses nicht ganz mutig maximal puristisch nur für sich alleine stehen lassen kann? Und auch wenn Fleisch und Sauce hier natürlich schon in Begleitung daherkamen, gab die Küche die Antwort darauf eigentlich auf dem Teller: Denn sowohl der cremige Café-de-Paris-Schaum als auch die mit Zwetschgengemüse, Zucchini und Basilikum applizierte Aubergine waren in ihrer leisen Art so zurückgenommen, dass die Ente der unangefochtene Star auf dem Teller blieb.

Trotz der massiv und dicht anmutenden Optik wirkte sodann das als großer Zylinder angerichtete Dessert um Sauerkirsche, Sauerklee,

Pinienkerne mit seinem subtilen Aromenakzent von grünem Kardamom am Gaumen leicht und differenziert. Die unter anderem als Schaum und Eis in einen hauchdünnen Schokokoladenring geschichteten Ingredienzien griffen nämlich geschmacklich wie haptisch wunderbar geschmeidig ineinander, interagierten aber differenziert und kontrastreich und schaukelten sich wieder zu einer äußerst spannenden Dynamik hoch, so dass hier von der Pâtisserie einem begeisternden Menü auch noch das gebührende Finale beschert wurde.

Mit Manuel Finster und Felix Voges stehen dem jungen Serviceteam zwei langjährige Facil-Urgesteine vor, die ihre beiden Fachbereiche mit souveräner Gelassenheit bespielen. Sommelier Voges, der oft und gern eher klassische Vertreter ihres Genres empfiehlt, sorgt stets für präzise Begleiter im Glas, die sich nicht in den Vordergrund spielen und dennoch viel eigenen Charakter zeigen.

Faelt

Vorbergstr. 15 a, 10823 Berlin
📞 030-78959001
www.faelt.de
🕐 Di–Sa ab 18.30 Uhr, So u. Mo RT
Menüs: 89 €

Das kleine und relativ kuschelige Ecklokal mit offener Küche in einem denkmalgeschützten Altbau von 1903 entspricht genau dem Typus Casual-Fine-Dining-Restaurant, wie sie in den letzten Jahren nicht nur in Berlin aus dem Boden geschossen sind: modernes, schlicht aber geschmackvoll gestaltetes Ambiente, relativ eng gestellte kleine Tische, betont lockere Gangart, ein festes Menü für alle Gäste, Fokus auf regionale Produkte jenseits der Luxus-Palette, nachhaltige Arbeitsweise, schnörkellos und puristisch angerichtete Teller... Trotzdem ist das Faelt nicht eines von vielen. Das liegt in erster Linie an der anspruchsvollen und wirklich originellen Küche von Gastgeber Björn Swanson und dessen Team, die sich immer deutlicher aus der Masse abhebt und nicht selten mit gelungen kreativen Kombinationen überrascht.

Man erkennt auf jedem Teller, dass die Herdverantwortlichen hier mit sehr viel Aromengespür zugange sind, denn da werden bisweilen neuartige Geschmäcker kreiert, wie man sie vielleicht schon ähnlich, aber wohl selten genau so erlebt hat. Eine Kombination aus Meerrettichparfait, Radieschen, Zwiebelöl und Honigvinaigrette zum Beispiel, die tendenziell recht süß daherkam, durch ein präsentes, ausgewogenes Säurespiel als Auftakt des Menüs aber trotzdem erstaunlich gut funktionierte.

Noch eine ganze Ecke prägnanter und origineller wurde es bei der Vorspeise um festfleischige Tranchen eines kurz in milder Salzlake gebeizten und dann à la plancha knackig angerösteten Störs, der auf geschmortem Radicchio gebettet und von einer intensiven Paste aus geröstetem weißem Mohn und einer milden Reissauce flankiert war. Das hier aufgebotene Spiel aus kraftvollen Bitteraromen und nussigen Röstnoten, sanft harmonisiert von wohldosierter Süße und dem Schmelz der Reissauce, bescherte in Kombination mit dem nahezu rohen Fisch mit seinem klaren, reinen Geschmack und feinem Schmelz einen ersten Aha-Effekt!

Das zu Beginn des Abends ausgebliebene obligatorische Brotgedeck wurde sodann gebührend nachgefeiert. Und zwar mit einer hervorragenden Kümmelseele, die in Kombination mit einem Gemisch aus frisch geschnittener Brunnenkresse, eingelegten Zitronenzesten und Erbsenfett wieder überraschend den Gaumen kitzelte. Man merkt sehr schnell, wie hier auf kluge Art und Weise mit einfachen Mitteln Raffinesse beschert wird. So zum Beispiel auch beim als „Königsberger …so ähnlich" annoncierten Zwischengang: ein flüssiges Eigelb und falsches „Hackfleisch" aus Kräuterseitling, versteckt unter einer Haube aus sublimem Kartoffelschaum mit animierender Säure (von Kapern und Essig), auf die winzige Kartoffelcroûtons und feingehackte Kapern gestreut waren. Ein sehr vertrautes Geschmacksbild, als süffiges Soulfood zum Löffeln aber unkonventionell zusammengesetzt.

Statt eines süßen, fruchtigen Sorbets schickte das Team als Refresher vor dem Hauptgang ein Granité mit Dillaroma, dessen krautige Frische im Zusammenspiel mit nussiger gerösteter Senfsaat und der vollmundigen Süße von karamellisiertem Rahm dem Gaumen wieder mit einem raffinierten Twist überraschte. Und den gab es wider Erwarten dann auch beim relativ bieder als „Kaninchen mit Bärlauch" angekündigten Hauptgang, bei dem das Kaninchen selbst von zartem und saftigem Fleisch aus der Keule und seiner in Panko panierten und knusprig ausgebackenen Leber repräsentiert wurde. Hier war es insbesondere das Zusammenspiel der mit Blauschimmelkäse aromatisierten Kaninchenjus mit einem prägnanten, aber nicht penetranten Bärlauchpüree, was das gewisse Etwas auf den Teller gezaubert hat.

Intensives Haselnussaroma, gepaart mit herben Kakaonoten und aufgebrochen von herbfruchtigem Quittenpüree, umspielte beim ersten süßen Akt einen wolkenzarten gedämpften japanischen Bisquit auf animierend vollmundige Art. Danach es ein mit einem raffinierten Dreiklang aus Petersiliensorbet, dem weißen Fruchtfleisch der Zedra-Zitrone und salzigem Rahm (als Baiser und Creme) noch sehr schön frisch und schlank, ehe ein mit roter Johannisbeermarmelade gefüllter Berliner Pfannkuchen (Krapfen) nebst einem Klecks mit Kürbiskernöl nussig aromatisierter Sahne das unterhaltsame Mahl endgültig abschloss. Das lag summa summarum in dieser erfrischend unkonventionellen, gelungen kreativen Art alles nicht mehr allzu weit von 8 Pfannen entfernt…

Zusammen mit originellen treffsicheren Weinempfehlungen wie dem raffiniert salzig-mineralischen Chardonnay Salzlacke vom Weingut Velich aus dem Burgenland zum Stör und einem entspannt und kompetent agierenden Service bietet das Faelt nicht nur ein stimmiges Gesamtpaket, sondern auch ein besonders gutes Preis-Genuss-Verhältnis.

Golvet

Potsdamer Str. 58,
10785 Berlin
☎ 030-89064222
www.golvet.de
◕ Mi–Sa ab 18 Uhr, So–Di RT
Hauptgericht: 30–75 €,
Menüs: 85–130 €

Schon allein die Location ist einen Besuch wert, denn auf der großzügigen Fläche des achten Stockwerks eines abgerundeten Eckhauses in der Nähe des Potsdamer Platzes mit Ausblick auf denselben, pulsierenden Beats aus dem Soundsystem und entspannter Gangart des jungen Serviceteams, bietet das Golvet lässige urbane Loft-Atmosphäre. Manche Gäste lassen sich hier einfach nur einen Abend lang an einer der beiden Bars auf ein paar gepflegte Drinks nieder – die meisten aber kommen wegen der ambitionierten Gerichte von Jonas Zörner und seinem Team, die hier in einer offenen Küche zu Werke gehen und ihre kreativen Kochkünste in Gestalt eines sechsgängigen Menüs und einer kleinen Auswahl abweichender Offerten à la carte offerieren.

Stilistisch ist das alles nicht sehr festgezurrt, aber auch nicht beliebig, die Auswahl der Produkte wirkt zwar oft relativ regionalbetont, bleibt aber stets weltoffen. Zum Aperitif schlickte die Küche zuletzt einen gebackenen Mini-Lángos mit Mixed Pickles, einen Knusperchip mit pikantem Letscho und einen raffinierten „Salat" vom Grünkohl in Texturen zum Löffeln – ein ansprechender herzhafter Einstieg ins Menü. Herzhaft und sehr ansprechend war auch die Gewürz-Seele einer Berliner Bäckerei, die es zusammen mit süß-salziger aufgeschlagener Butter vorneweg gab.

Die Vorspeise mit dem Titel „Hühneressenz, Liebstöckel, Trüffel und Fett" kam zunächst als relativ aufwendig gestalterische Inszenierung

an den Tisch, aber die in einer kleinen, mit Liebstöckellack und Hühnerfett ausgestrichenen Schale angerichteten Komponenten um einen Savarin aus gelierter Hühneressenz mit Gemüsebrunoises, Würfeln von Hühnerfleisch und verschiedenen Kräutern bzw. Kresse verwandelten sich nach Aufguss mit der eigentlichen heißen Essenz zu einer augenscheinlich „normalen", sehr schmackhaften Hühnersuppe. Die Trüffel gab's à part in einer schwarzen Eierschale, die mit Chawanmushi und Trüffelschaum gefüllt war und im Weinglas erwies sich ein junger, frischer Aligoté als angenehmer Begleiter.

Sehr hübsch in Szene gesetzt kam dann auch die mit Kräuterstaub bepuderte „Rose" von dünn geschnittener marinierter Kohlrabiknolle, die auf einem flachen Sockel aus cremiger Walnussmuousse thronte. Ergänzt um ein paar karamellierte Walnusskerne und umflutet von einem Spiegel aus laktisch-frischem Molkesud, der von einer selbst angesetzten, mit Nussbutter abgerundeten Shoyusauce marmoriert und geschmacklich komplettiert wurde, ergab das ein durchaus komplexes mild nussiges Geschmacksbild mit Tiefe und Frische.

Sehr klassisch und gediegen wirkte dagegen im Anschluss die in ihrer eigenen Schale angerichtete Jakobsmuschel mit einer großzügigen Menge von sehr hellem, mild eingesalzenem Imperial-Kaviar und verschiedenem Trevisano, eingebettet in viel Beurre-blanc-Schaum, dezent erfrischt von einem Hauch Bergamotte. Der vielleicht beste, kompletteste Gang des Menüs war ein im Grunde simpel gestricktes, aber eben sehr raffiniert und in Perfektion umgesetztes „Mischgericht", bei dem zarte, saftige Tranchen vom Kalbsherz und Rauchaal zusammen mit knackigen Rosenkohlblättern und Flower Sprouts, überflockt mit Raspeln von gedörrtem Kalbsherz, ein sehr spannendes Ganzes ergaben. Spielentscheidend: ätherisch scharfer, frischer Meerrettich, fruchtige Sidekicks von Quitte und eine alles sanft umarmende Hollandaise von geräuchertem Aal.

Ebenfalls sehr gelungen, wenngleich nicht mit derselben Komplexität und Finesse, war der nominelle Hauptgang, der jedoch in Portionierung und Konzeption auch eher wie ein weiterer Zwischengang anmutete. Zumal das Bäckchen vom deutschen Duroc-Schwein, um das es sich hier drehte, zusammen mit Farce in Form gepresst war und als kleine gebratene Scheibe auf dem Teller lag, die quasi den Sockel für ein Schichtwerk zusammen mit Kartoffelbaumkuchen und einer mit sich selbst gefüllten Wirsingkugel stellte. Herzhaft untermalt von einem Hauch Duroc-Schinken und ätherisch-würzig akzentuiert von roter Shisokresse, erzeugte auch diese Kombination ein gefälliges Geschmacksbild.

Die optisch sehr originelle Nachtischkreation um Mais (Schnitte, Mousse, Eis, Popcorn…) und Karamell war nicht zuletzt durch das Kakaofruchtsaftkonzentrat Oabika überraschend frisch und säuerlich-fruchtig gestaltet, was das wegen der Komponenten Mais und Karamell eigentlich erwartete süßlich-breite Geschmacksbild überraschend zuspitzte. Uneingeschränktes Lob gibt's auch diesmal wieder für einen sehr zuvorkommenden Service und die individuellen, treffsicher ausgewählten Weinbegleiter eher moderneren Stils.

Grill Royal

Friedrichstr. 105,
10117 Berlin (Mitte)
📞 030–28879288
www.grillroyal.com
🕐 Täglich ab 17 Uhr, kein RT
Hauptgericht: 24–135 €
💳 VISA

Der einst beim großen Pierre Gagnaire gestählte Küchenchef Roel Lintermans, unter dessen Ägide einstmals im Les Solistes im Waldorf-Astoria auch in Berlin schon auf 9-Pfannen-Niveau gekocht wurde, lässt das Szene-Restaurant im Souterrain an der Weidendammer Brücke über den Status eines angesagten Szene-Hotspots hinauswachsen. Denn im schicken, geschmackvoll reduzierten Ambiente, das zwischen gediegenem 70er-Chic und zeitlos-avantgardistischem Charme changiert, und damit das ideale Setting für einen Ort zum Sehen und gesehen werden stellt, wird unter seiner Ägide weit mehr getan als Austern geknackt, Hummer gekocht, Steaks edelster Rinderrassen wunschgemäß gebraten und mit Kaviar und Trüffel geworfen. Klar, präsentiert sich der Stil der Küche weitgehend klassisch französisch mit ein paar asiatischen oder sonstigen harmlosen exotischen Akzenten, aber eben nicht altbacken und behäbig, sondern in zeitgemäßer und leichtfüßiger, unverkünstelt detailgenauer Façon. In der international exzellent sortierten Weinkarte gibt's jede Menge Stoff für Etikettentrinker und alle Wein-Connaisseure, aber auch genügend Reelles für jeden Tag im Leben von Normalos wie uns.

Grindhouse

Kollwitzstr. 50,
10405 Berlin (Prenzlauer Berg)
📞 030-44308353
grindhouseburgers.de
🕐 Di–Do von 12–15 Uhr u. von 17.30–22 Uhr, Fr von 12–23 Uhr, Sa von 13–23 Uhr, So von 13–22 Uhr, Mo RT
Qualitativ hochwertige Burger aus regionalen Zutaten, die man sich nach Lust und Laune selbst zusammenstellen kann.

Heritage Berlin

im Hotel Luc
Charlottenstr. 52,
10117 Berlin
📞 030-58709771910
www.heritage-restaurants.com/berlin
🕐 Täglich ab 18 Uhr, kein RT
Hauptgericht: 26–82 €
💳 VISA

Mit seinem eleganten, zeitgemäßen Outfit und viel Komfort ist der neueste Streich der Autograph Collection, das Hotel Luc direkt am Gendarmenmarkt, mit Sicherheit eine der spannendsten Hotel-Neueröffnungen des Jahres in der Hauptstadt. Die 92 Zimmer und Suiten, teilweise mit Balkon und Ausblick auf den Französischen Dom, die wie das Gesamtkonzept des Hauses in klarem Design mit Leichtigkeit, Witz und Augenzwinkern die Geschichte der Friedrichstadt widerspiegeln, sowie ein moderner, auf zwei Etagen angelegter Wellness- und Fitnessbereich sind schon mal gute Gründe, hierher zu kommen. Ein anderer ist zweifellos das unter der Federführung von Küchenchef Florian Glauert ambitioniert, aber nicht übermotiviert bespielte Restaurant Heritage, in dessen weitläufigen, offen ineinander übergehenden Gasträumen eine ebenso anspruchsvolle wie entspannte Genusskultur gepflegt wird.

Glauert, dessen Kochkünste wir schon während seiner Zeit im einstigen Restaurant Duke des Hotel Ellington geschätzt und hoch bewertet haben, hat hier nun konzeptbedingt zu einer Stilistik gefunden, die bewusst (und gekonnt!) zwischen kreativen Fine-Dining-Gerichten und unkomplizierter Produktküche eingependelt ist. Diese geerdete Grundausrichtung, die immer noch genügend Freiraum zur kreativen Entfaltung bietet, tut seinem Kulinarium nach unserem ersten Eindruck sehr gut. Denn dass der Chef ein exzellenter Koch ist, der es mühelos draufhat, mit elaborierten Kreationen auch noch höheres Level zu erreichen, hat er in der Vergangenheit etwa mit Geniestreichen wie seinem Hummertatar in der mit Orange, Rose, Bergamotte, Jasmin, Butter, Veilchen, Tonkabohne, Vanille und Zimtrinde von der Aromen-Assemblage des Parfümklassikers „Chanel No. 5" inspirierten Hummer-Bisque bewiesen – er schoss aber auch immer mal wieder übers Ziel hinaus. Hier nun wirkt alles gut überlegt, klar strukturiert und dem guten Geschmack verpflichtet.

Der kommt schon beim exzellenten Sylter Brot vom Bäcker Gaues nicht zu kurz, das hier im Kleinformat zusammen mit aufgeschlagener Salzbutter und sehr gutem spanischem Olivenöl kredenzt wird. Und auch nicht beim gaghaft als „Lucky you" zusammen mit Glückskeks servierten roh marinierten Lachs, dessen Verweildauer in mutmaßlich mit Rote-Bete-Saft gefärbtem Sud zwar seine Optik markant verändert hat, aber nicht seinen Geschmack. So ging mit einem relativ klararomatischen Fisch dessen Verbindung mit Partikeln von Pink Grapefruit, fruchtigen „Fake-Kaviarperlen", echtem Forellenkaviar, Sesam, Shiso- und Basilikumkresse gut auf, zumal durch den Schmelz und die unaufdringliche Umamiwürze der flankierenden Miso-Mayonnaise Fisch und Begleitaromen sehr harmonisch miteinander verbunden werden konnten.

Ebenso eingängig war der Akkord, den ein dezent mit sojawürziger Vinaigrette mariniertes und mit röstaromatischem Crunch von knuspriger Hühnerhaut effektvoll getopptes Thunfischtatar zusammen mit Avocado (cremig und stückig), Radieschen und Rock Chives anstimmte. Zumal auch hier – diesmal mit einem Gel aus Ponzusauce – ein unaufdringlicher Umami-Background geschaffen wurde, der einerseits für Tiefe, andererseits für Auflo-

ckerung verantwortlich war. Das Kunststück, zarten gerösteten Pulpo, glasig gebratene Jakobmuschel und saftig geschmorten Schweinebauch mit krosser Kruste adäquat zusammenzubringen, gelang mit einer leichten, transparenten, aber durchaus ausdrucksstarken Sauce auf Basis von Schweinefond, die das Gericht nicht etwa in die Breite zog, sondern es mit klar präsenter Säure und adäquater Süße zugespitzt und pointiert untermalen konnte. Als Begleitung reichten da etwas geröstete Zwiebel und karamellisierter Knoblauch. Der à part dazu gereichte gemischte Salat mit Brot störte nicht im Geringsten, war in seiner relativ braven Art mit Joghurtdressing aber nur frisches Beiwerk ohne besonderen Akzent, wie es beispielsweise vielleicht mit einem markant gestalteten Bittersalat oder Ähnlichem möglich gewesen wäre. Dennoch der beste Gang unseres Testbesuchs!

Dank hervorragender, perfekt auf den Punkt gebrachter Fleischqualität nicht sehr weit dahinter folgte ein schön gewachsenes und optimal gereiftes Entrecôte vom Black Angus Beef, das ganz puristisch zusammen mit einer Nocke Selleriecreme auf Nussbutter angerichtet war, à part aber noch von erstaunlich guten, mit Parmesan und (leider sehr trockener) Trüffel überhobelten Pommes begleitet wurde. Ebenfalls separat dazu im Schälchen gab's reichlich schaumig-leichte Sauce Béarnaise mit prägnantem Säurespiel und eine nur dezent artifiziell anmutende Trüffelmayo, die gleichermaßen gut zu Fleisch und Kartoffelsticks passte. Und weil es mit „I love chocolate" unmissverständlich als solches annonciert war, machte auch das kompromisslos pure Schokoladendessert Spaß, dessen Facettenreichtum ausschließlich aus den unterschiedlichen Aggregatzuständen (Mousse, Eis, Kuchen, Creme, Sauce, Knusper...) der verwendeten kakaoherben Kuvertüre herrührte. Außerdem gab's mit „I hate chocolate" wahlweise auch den Gegenentwurf, bei dem mit frischer Mango, Kulfi-Eis, Kokos und Pistazie in eine ganz andere Richtung gespielt wurde.

Im Service übrigens stach mit dem noch sehr jungen Elias ein Mitarbeiter besonders positiv hervor. Und zwar nicht etwa deshalb, weil seine Kolleginnen und Kollegen einen schlechten Job gemacht hätten, sondern weil er mit einer Mischung aus jugendlichem Elan und Naturtalent so ausgesprochen motiviert, eloquent und mitreißend gut gelaunt seiner Berufung nachging, dass einfach nur erfrischend und eine wahre Freude war, von ihm umsorgt zu werden. Gerade in Zeiten von akutem Personalmangel im Servicebereich der Gastronomie sind diese bis in die Haarspitzen motivierten Nachwuchskräfte mittlerweile die absolute Ausnahme und sollten umso mehr gefördert werden!

Horváth

Paul-Lincke-Ufer 44a,
10999 Berlin (Kreuzberg)
☎ 030-61289992
www.restaurant-horvath.de
☉ Di–Sa ab 18.30 Uhr, So u. Mo RT
Hauptgericht: 27–60 €,
Menüs: 120–140 €

Wir machen seit Jahren keinen Hehl daraus, dass der in Niederösterreich geborene Sebastian Frank, den wir bereits 2016 zum Koch des Jahres ausgezeichnet haben, für uns einer der kreativsten Köche Deutschlands ist – wenn nicht sogar der Kreativste. Und dass seine Wirkungsstätte, das Restaurant Horváth am Kreuzberger Paul-Linke-Ufer, für uns jedes Jahr zu den spannendsten und kurzweiligsten Pflichtterminen gehört. Diesmal war die Vorfreude gleich nochmal größer, denn das schlauchartige Lokal wurde aufwendig und kostenintensiv umgebaut und präsentiert sich fortan in noch stilvollerem Ambiente. Im Zuge der Renovierung konnte sogar ein verschollenes Werk des Berliner Künstlers Jim Avignon aus dem Jahr 2004 freigelegt werden, das anschließend durch den Künstler selbst noch erweitert wurde und nun farbenfroh eine ganze lange Wand ziert. Eine tolle Aufwertung für diese Brutstätte innovativer Kulinarik, die als eine der ganz wenigen in Deutschland internationale Strahlkraft besitzt.

Wir würden uns aber, um in den Genuss von Sebastian Franks Kulinarium zu kommen, auch in ein kaltes Kellerloch begeben. Denn was der als Typ ganz bodenständige, als Koch höchst avantgardistische Produkt- und Aromentüftler auf seinen Tellern zum Besten gibt, weicht erfreulich deutlich von den Normen der traditionellen Haute Cuisine ab und beschert dem Gast wirklich geniale, immer sehr neuartige und doch irgendwie vertraute Geschmackserlebnisse auf hohem Niveau. Der sympathische Kochkünstler darf mit Fug und Recht als einer der seltenen Individualisten unter den deutschen Spitzenköchen bezeichnet werden und besitzt eine völlig eigene und unverkennbare Handschrift.

Was seine Avantgardeküche so genial macht ist die Tatsache, dass das geschmackliche Ergebnis immer weit weniger experimentell wirkt, als man es vermuten würde. Denn auch wenn sich die Kompositionen neuartig und originell präsentieren, so stellt sich doch stets vertrauter Wohlgeschmack ein, der mal an Dinge aus der Kindheit, mal an kulinarische Urlaubserlebnisse erinnert. Und weil das alles eben sehr viel mit Sebastian Franks kulinarischer Sozialisation zu tun hat und er im äußersten Osten von Österreich aufgewachsen ist, endet der Inspirationsradius nicht schon in Ungarn, sondern reicht ganz automatisch bis weit in den Balkan hinein.

Dass der Chef mit seiner unangepassten Küche polarisiert, liegt auf der Hand. Alleine die Tatsache, dass hier die üblichen Luxusprodukte der sogenannten „Sterneküche" im Grunde überhaupt keine Rolle mehr spielen, dürfte viele konservativ gepolte Connaisseure abschrecken. Aber auch ohne die exklusiven Viktualien und ohne aufwendige Präzisionsarchitektur auf sündhaft teuren Designertellern steht das Horváth-Kulinarium den anderen in diesem Guide mit Höchstbewertung ausgezeichneten Küchen in nichts nach. Wiegen doch stattdessen Innovation und Originalität deutlich höher und der Aufwand, der andernorts mit akkurat abgezirkelter kunsthandwerklicher Perfektion auf die Teller gebracht wird, steckt bei Sebastian Frank in der Produktbeschaffung und in der Vorbereitung, insbesondere im Erzeugen neuer Geschmäcker durch teils sehr unkonventionelle und oft selbst ausgetüftelte Verfahren. Das kann dann zu Gerichten führen, die optisch und manchmal auch haptisch eher simpel gestrickt sind und den auf aufwendig elaborierte Hochleistungsküche getrimmten Foodie trivial vorkommen mögen – geschmacklich gibt es aber immer die volle Dröhnung! Was allerdings nicht heißen soll, dass es nicht auch subtil zugeht: Der zarte Duft von Zwetschgenkernöl etwa entströmte zuletzt etwa einem kleinen, als ersten Küchengruß geschickten Gläschen mit leicht rahmigem Champignonsud, dessen Säure von Grünem Veltliner herrührte, die süße

Tiefe von Portwein und der ätherische Oberton von Anis. Eingelegte grüne Tomaten und ihr fruchtig-pikanter Sud aus unter anderem Essig, ungarischem Paprikapulver, diversen Gemüsen und Kräutern waren anschließend die Basis für den frei interpretierten „Pusztasalat", der sich zusammen mit geräucherter Essigzwiebel, eingelegtem Sellerie und Liebstöckel formierte.

Schon in den vergangenen Jahren spielten Fisch und Fleisch eine immer geringere Rolle in der Horvath-Küche – diesmal kam das Menü bis auf eine Kleinigkeit beim Hauptgang fast vollständig vegetarisch daher, ohne dass man irgendetwas vermisst hätte. Die in der Hauptsache aus Kräuterseitling hergestellte und mit einer Reduktion aus Apfel-Balsamessig von Gölles glasierte falsche Leberpraline ist mittlerweile fast schon ein Klassiker aus Sebastian Franks Küche, gefiel uns aber in der diesjährigen, noch puristischeren Interpretation ungleich besser als beim letzten Mal. Allein die Textur des aus den festfleischigen Pilzen hergestellten Geflügelleber-Imitats wirkte fester und schmelziger. Und für die à part dazu servierte Scheibe Butterstriezel mit Marillenkernöl-Butter würden wir jede noch so gute Brioche links liegen lassen.

Links liegen lassen könnten wir hier zur Not auch die Weinkarte, denn das Horváth bietet mit seiner alkoholfreien „Getränkereise" den vielleicht ausgereiftesten promillelosen Begleitspaß hierzulande. Keine sättigenden, fruchtsüßen Säfte, keine Armada von adstringierenden Kombucha-Gebräuen, sondern leichte, frische, manchmal herbe, manchmal auch bittere Sachen mit wenig Süße und (vor allem!) verträglicher Säure. Extrem spannend war beispielsweise dieses Mal ein leicht fermentiertes, aus Dillblüten hergestelltes alkoholfreies Begleitgetränk, das würzig und salzig daherkam. Es begleitete ein nicht minder spannendes und ebenfalls ätherisch-kräuterwürziges Gericht, das im Wesentlichen aus einer in einem Auszug von Pilzen, Kümmel und Knoblauch getränkten, gedämpften Weißbrotscheibe bestand. Auf die waren dünne Schuppen aus eingelegten Senfgurken, geröstete Senfsaat, Majoran und Fenchelblüte sowie eine Gurken-/Knoblauchemulsion appliziert und ihr ein Röstzwiebelgewürz zur Seite gestellt. Die Kombination aus der pastös-zähen, nicht unattraktiven Konsistenz und der von Süße und Säure getragenen Würze hatte was – sogar sehr viel!

Maximal puristisch, nämlich nur aus einer Wurzelgemüseessenz, Hühnersuppenfett und einem rohen Eigelb zusammengesetzt, begeis-terte die „Bouillon mit Ei" durch Geschmackstiefe und Vollmundigkeit zum Löffeln. Als Begleitgetränk ließ sich Sommelière Janine Woltaire einen Mix aus Soda, einer Art Birnencidre und Schaumwein einfallen, der hier zwar relativ dominant war, aber durchaus harmonisch korrespondierte.

Ein absoluter Knaller war der als „Schwammerl mit gekrustetem Safterl" annoncierte Gang, der sich um eine fleischige Hälfte der Kappe eines bei 75 Grad in Mandelöl confierten Portobello-Riesenchampignons handelte. Belegt mit den feinen Partikeln eines sogenannten vegetarischen Schweinebratengewürzes und wenigen kleinen Blättern von wildem Majoran und angerichtet auf gerösteter Hefe, die als dünner Kreis auf dem Tellerboden festgebacken war. Letztere musste als spielentscheidendes aromatisches Element mit dem Löffel abgekratzt werden und konnte sich so mit dem Mandelöl-Pilzsud, der vom Service am Tisch hinzugegossen wurde, zu einer köstlichen Melange vermählen. Wie bei sehr vielen Gerichten aus Sebastian Franks Küche fällt es auch hier sehr schwer, den Geschmack adäquat zu beschreiben. Das Meiste schmeckt immer irgendwie vertraut und doch ganz und gar neuartig. Im Falle des Schwammerls fühlten wir uns – nicht bloß wegen der Konsistenz des confierten Portobello – irgendwie an eine optimal feste gebratene Gänseleber mit süffiger, pilzig-umamiwürziger Begleitung erinnert…

Ähnlich konzipiert, geschmacklich aber ganz anders, präsentierte sich „Ein Wintergericht": gegrillte Gelbe Bete, die mit Maränenkaviar in Leindotteröl, einer mit Essig abgeschmeckten Herbsttrompeten-Marmelade und der Asche von Gelber Bete appliziert war. Schlüsselkomponente war hier allerdings ein Essig-Kümmelrahm, inspiriert von der Steirischen Stosuppe, einer traditionellen sauren Rahmsuppe mit Kümmel. Begleitend hierzu gab es ein Getränk aus entsafteten Radicchio mit Bucheckern-Zitronenöl, das wieder kongenial korrespondierte.

Wenngleich das mittlerweile fast ausschließlich vegetarische Menü im Horvath freilich nicht mit einer konventionellen Speisenfolge nach Vorbild der traditionellen (französischen) Küche verglichen werden kann und auch nicht sollte, wirkte der letzte herzhafte Gang vor den Desserts im Vergleich zu den vorausgegangenen Tellern sowohl konzeptionell als auch optisch tatsächlich wie ein klassisches Hauptgericht. Was sicher nicht bloß an dem Medaillon-artigen, mit dunklem Schinkenkaramell glasierten Stück von confierter Knollensellerie lag, welches wie ein satt mit reduzierter Jus glasiertes Stück Fleisch wirkte und tatsächlich eine schön fleischige Konsistenz mit saftigem Biss hatte. Auch die Art und die Proportionierung der „Beilagen" – eine wolkenzarte, in Pilzsud pochierte „Schneenocke" aus luftigem Eiweiß auf einem Bett aus ebenso schwebend leichtem, unaufdringlich mit Knoblauchöl abgeschmecktem Cremespinat, flankiert von ein wenig wachsweich fließendem gesalzenem Eigelb –und der etwas zupackendere Geschmack trugen dazu bei, dass sich dieser letzte herzhafte Gang vor den Desserts tatsächlich auch wie ein Hauptgericht anfühlte.

Und es funktionierte auch, dass im Anschluss das erste nominelle „Dessert", ein Schaum von weißer Schokolade, geschmortem Sellerie und Zwiebel nebst reduziertem, mit Selleriesaat, Kümmel und Knoblauch abgeschmecktem Essig sowie in Butter geröstetem Trester von verschiedenen Wurzelgemüsen, tatsächlich wie ein richtiger Nachtisch gewirkt hat. Das erinnerte nämlich geschmacklich sehr an einen exzellent komponierten, eher ins Süßliche tendierenden Käsegang und war damit die perfekte sanfte Überleitung zum süßen, aber dennoch mit erfreulich wenig Zucker auskommenden Menüabschluss.

Der war selbstredend ebenso unkonventionell wie alles Vorausgegangene und drehte sich um cremige Nougatmasse von Haselnüssen und Kirschkernöl, die sich den Hauptteller mit reduziertem Quittenauszug, einer mit Mohnschnaps raffiniert abgeschmeckten Sabayon und eingelegter Orangenzeste teilte. À part ein kleinen Satellitenteller gab's dazu rohen, fein geraspelten Mürbeteig, der zusammen mit zwei Jahre gereiftem Lebkuchenteig als cremigflaumiges Zubrot einen vermeintlich kuriosen, aber sehr wohlschmeckenden Akzent zu setzen vermochte.

Grundsätzlich gilt für Sebastian Franks Küche: egal wie abwegig die Zutaten oder Zusammenstellungen klingen, immer ist er auf vollkommen harmonischen Geschmack im klassischen Sinne aus und nicht auf irgendwelche schrägen Experimente. Das gilt auch und im Besonderen für die im Horváth mittlerweile schon traditionell zum Abschluss als kleine köstliche Provokation gereichte „Praline" aus Schweineblut und Karamell, deren schmelzige Melange in eine hauchdünne Reispapierfolie gepfropft ist. Vielleicht die einzige echte Tradition dieser sich immer wieder neu erfindenden Küche – aber eine, auf die wir nur ungern verzichten würden.

Hugos

im Hotel Interconti
Budapester Str. 2,
10787 Berlin (Tiergarten)
☏ **030–26020**
www.hugos-restaurant.de
⏱ **Do–Sa ab 18.30 Uhr, So–Mi RT**
Hauptgericht: 36–46 €,
Menüs: 70–130 €

In der Corona-Zeit war das Hugos im 14. Stock des Interconti-Hotels nahe Zoo und Tiergarten nicht nur während der Lockdowns lange geschlossen. Seit der Wiedereröffnung ist das schmale, lange Gourmetrestaurant mit der großartigen Aussicht über die Hauptstadt zwar erst mal nur an drei Abenden in der Woche von Donnerstag bis Samstag am Start – das Team um Eberhard Lange kocht aber an diesen Tagen keineswegs auf Sparflamme.

Ganz im Gegenteil, denn wir konnten eine deutliche Steigerung gegenüber unseren letzten Besuchen feststellen, die sich auf den aufwendig inszenierten Tellern insbesondere durch noch präziseres Handwerk, mehr Detail- und Feinarbeit und somit letztlich auch ein Plus an Ausdruckskraft der einzelnen Gerichte zeigt. Stilistisch ist die Küche in der französischen Klassik verankert, interpretiert wird sie aber wohltuend weltoffen und kreativ. Das Team zeichnet bei aller Leichtigkeit und Balance immer schön süffige, vollmundige Geschmacksbilder, die einen bereichernden Kontrast zu den mittlerweile vielen stark regionalbetont und eher „nordisch" kochenden Restaurants in der Hauptstadt darstellt.

Unter den Apero-Snacks stach für uns ein knusprig ausgebackenes Nori-Algenblatt mit schmelzigem Hamachi-Tatar und einer pronociert abgeschmeckten, angenehme Hintergrundschärfe, animierende Säure und feinen Schmelz liefernden Limonen-/Jalapeño-

Mayonnaise heraus. Aber auch die fragile Knuspertartelette mit Traube und Geflügel-lebermousse war ein erstes Zeugnis dessen, wie filigran und feinsinnig das Team arbeitet. Nach-zuschmecken auch am harmonischen Zusam-menklang der Aromen von Wasabi, Zitronen-gras und geröstetem Sesam die das Amuse-Bouche prägten: kleine Tranchen von sekun-denkurz ringsum angebratenem Thunfisch, ge-toppt mit sautiertem Pak-Choi, die auf einem Klecks Risotto thronten und von süffigem Sau-censchaum umgeben waren.

Wie elaboriert das Team zwischenzeitlich un-terwegs ist und dass auch das achtgängige Menü für Normalesser durchaus zu bewerkstel-ligen ist, bewies dann die erste richtige Vorspei-se um eine qualitativ sehr gute, leicht ab-geflämmte Langustine aus der Bretagne. Die war mit einem hauchdünnen Knusperstreifen getoppt, auf dem halbierte Johannisbeertoma-ten, Tomatengel und Passepierre-Spitzen ba-lancierten, und sie thronte auf einem Podest aus cremigem Langoustinentatar, einer Schicht Krustentierflan und Paprikagelee. Umgeben von einer ebenso vollmundig-schmelzigen wie säurestraffen Schaumsauce, vermutlich auf Ba-sis von klarem Tomatensaft, war das ein sehr komplett und voll schmeckendes, vielschichti-ges Gericht. Schwebend leicht, aber dennoch mit Tiefgang.

Diese Attribute konnte man anschließend auch dem Zwischengang um eine sanft confierte Tranche von der Lachsforelle zuschreiben, die mit einem fluffig-saftigen Kohlrabiflan, einer Nocke Störkaviar und einem Tupfer Kresse-creme beladen sowie von einem kleinen aroma-tischen Kohlrabiröllchen flankiert, auf einem ausdrucksstarken, mit duftigem Kresseöl grün marmorierten Sud von fermentierter Knollen-sellerie schwamm. Auch das war schlank und füllig zugleich, zeichnete sich durch eine sehr gute Aromenbalance und optimale Proportio-nen aus.

Fein ausgewogen zwischen Umamiwürze und Frische war die Komposition um eine mit Shii-take-Pilz gefüllte gedämpfte Gyoza-Teigtasche, die mit Edamame, Tomatenconcassée und knac-kigem Wildem Brokkoli in einem Pilz-Dashi-fond schwamm. Für fruchtig-säuerliche Auf-lockerung waren hier nicht nur Tupfen von Yuzugel verantwortlich, sondern auch einige süßsäuerlich marinierte Gemüsesticks mit Ko-rianderkresse.

Wie sattelfest Eberhard Lange und sein Team im klassischen Fach sind, demonstrierte auch die mit Pistazienfarce bestrichene und mit ge-pufftem Amaranth beflockte Wachtelbrust nebst gebackener Wachtelpraline, die sich als

puristischer Zwischengang auf einer erdigen Périgord-Trüffelsauce breitmachten. Und die-ses erdig-nussige Ensemble wurde nicht nur optisch, sondern auch geschmacklich gesto-chen scharf von einem als dünne Linie kreisför-mig in die Tellerkante gespritzten Gel von roter Johannisbeere kontrastiert und aufgebrochen.

Ein leichtes, beschwingtes Drumherum gab's mit Roter Bete, geschmortem Wirsing, knusp-rigem Buchweizen, Wacholderjus und Sauer-ampfersauce auch beim hervorragenden Rü-cken eines Hirschkalbs aus der Schorfheide, der akkurat gewürzt und perfekt gegart, also nicht zu mürbe, sondern mit zartem Biss, viel Saft und Eigengeschmack auf dem Teller lag. Wie eigentlich alle Gerichte zeichnete sich auch dieser Hauptgang nicht durch sonderlich originelle Kombinationen oder kreative Ak-zente aus, sondern durch die Genauigkeit, mit der hier gearbeitet wird. So profitieren die Tel-ler dann von viel Tiefenschärfe und klar heraus-gearbeiteten Aromen.

Und das traf abschließend auch auf das extrem scharf zugeschnittene Dessert mit Rahmeis von Tasmanischem Pfeffer, Valrhona-Schokoladen-kuchen, Holunderbeere und verschiedenen Komponenten von der Birne zu, welches uns einen Abschluss auf gleichbleibend hohem Niveau bescherte. Verdiente Aufwertung auf 8 Pfannen!

Il Calice

Walter-Benjamin-Platz 4,
10629 Berlin (Charlottenburg)
☎ 030-3242308
www.enoiteca-il-calice.de
❤ Do–Sa ab 12 Uhr durchgehend,
So–Mi RT
Hauptgericht: 16–38 €, Menüs: 21–102 €

Authentische italienische Küche, klassisch, aber nicht tradiert. So könnte man das Kulina-rium in dem quirligen, hohen Gastraum am Walter-Benjamin-Platz beschreiben, in dem man zwischen langem Tresen und gut gefüllten Weinregalen sitzt – tagsüber lichtdurchflutet und am Abend stimmungsvoll illuminiert. Es gibt hier natürlich unter anderem die üblichen Verdächtigen, wie sie quasi bei jedem gehobe-nem „Italiener um die Ecke" zu haben sind, da-neben aber auch interessante unkonventionel-lere Produkte und Kombinationen, die in einer moderat kreativen Linie münden und in einem mehrgängigen Empfehlungsmenü gipfeln. Generell gefällt uns hier die gute Produktqualität, deren sorgfältige Zubereitung und das Gespür für pfiffige Akzente ohne viel Klimbim. Raffiniert-Bodenständiges gelingt grundsätzlich besser als exklusivere Versuche. Der stets gut informierte Service moderiert die aktuellen Inspirationen der Küche und empfiehlt mit erkennbarem Faible auch die passende, auf Wunsch glasweise Weinbegleitung.

Irma la Douce

Potsdamer Str. 102,
10785 Berlin (Schöneberg)
☎ 030–23000555
irmaladouce.de
⦿ Di–Sa ab 18 Uhr, So u. Mo RT
Hauptgericht: 35–61 €
EC 💳 ⬤ **VISA**

In dem geschmackvoll schlicht in Grün-, Gold- und Naturtönen gehaltenen Restaurant sitzen die Gäste an kleinen, sorgfältig eingedeckten Tischen, auf die eine zeitlose Version klassisch französischer Küche kommt. Das Repertoire reicht von weitgehend traditionell zubereiteten Klassikern wie der reichhaltig mit hochwertigem Material bestückten Bouillabaisse oder dem längst zum Publikumsliebling avancierten Boeuf Bourguignon, das mittlerweile ebenso nicht mehr von der Karte wegzudenken ist, bis hin zu maßvoll kreativ variierten Eigenkompositionen des Teams. Alle Zubereitungen eint die gute Qualität der verwendeten Produkte, das sorgfältige und fundierte Handwerk, aber auch ein Faible für ausdrucksstarke, dichte Aromen. Hervorzuheben ist auch die Weinkarte, die ihren Schwerpunkt ebenfalls in Frankreich hat und die ebenfalls von Klassikern bis zu den Gewächsen junger, aufstrebender Winzer reicht.

Kin Dee

Lützowstr. 81, 10785 Berlin
☎ 030–2155294
kindeeberlin.com/de
⦿ Di–Sa ab 18 Uhr, So u. Mo RT
Menüs: 79 €
EC 💳 ⬤ **VISA**

Das Kin Dee, was auf thailändisch einfach „gut essen" heißt, ist ein wohltuend schlicht und schnörkellos eingerichtetes Lokal, in dem das kleine Team um die in Bangkok aufgewachsene Küchenchefin Dalad Kambhu eine einerseits sehr authentische, aber auch recht individuell interpretierte Version der thailändischen Küche kredenzt. Während man diese Landesküche hierzulande meist in Form sehr bunter und manchmal auch etwas beliebiger Mischgerichte serviert bekommt, sind Dalad Kambhus Teller vergleichsweise pointierter und reduzierter. Sämtliche Saucen und auch alle Pasten mit denen sie würzt, sind ausgemacht – vieles schmeckt transparenter, frischer, klarer als bei der Konkurrenz. Und auch Gemüse, Fisch und Fleisch stammen meist nicht von irgendeinem Großhändler, sondern von ausgesuchten oft regionalen Erzeugern. Qualität und Natürlichkeit, die man einfach schmeckt und die den Unterschied ausmacht.

Kitchen Library

Bleibtreustr. 55,
10623 Berlin (Charlottenburg)
☎ 030-3125449
www.kitchen-library.de
⦿ Mi–Sa ab 17.30 Uhr, So–Di RT
Menüs: 56–109 €
EC ⬤ **VISA** 🏧

Daniela und Udo Knörlein, die ihr gemütliches, mit einer Vielzahl an Küchen- und Weinbibliographie ausgestaltetes Restaurant in der Nähe des Savignyplatzes schon seit einigen Jahren als Einzelkämpfer auf ihrem jeweiligen Posten bespielen, machen seit jeher einen prima Job. Sie im Service, er in der Küche – und beide mit Passion und Können. Allerdings nicht ehrgeizig verkrampft, sondern mit heiterer Gelassenheit. Es gibt zwischenzeitlich ein für alle Gäste einheitliches Menü, das bis zu acht Gänge umfasst, die hier „kleine Dinger" heißen. Man kann das Menü je nach Appetit auch beliebig verkürzen, oder sich zu zweit alle acht Gänge teilen, von denen man dann jeweils zwei zeitgleich serviert bekommt. Mit dieser Straffung des Angebots hat der Chef seine Ressourcen nochmal gebündelt und es scheint fast so, als ob er das jetzt in eine noch detailreichere Ausarbeitung der Gerichte investiert.

Seine Kreationen verfolgen auch weiterhin keine bestimmte Richtung, sondern lassen ganz undogmatisch Einflüsse aus aller Welt erkennen, die hier als unkomplizierte, aber meist originelle Akkorde angestimmt werden. Keine eitlen Tellerposen, kein Firlefanz und kein kulinarisches Kauderwelsch, sondern stets gut durchdachte, handwerklich sehr solide und schnörkellos umgesetzte Gerichte mit kraftvollen Aromen. So wie zuletzt beispielsweise der Menüauftakt in Gestalt einer leichten Vorspeise um soft temperierte Jakobsmuschelscheiben im Kreise verschiedener Blumenkohl-Zubereitungen und einer Nocke rotem Zwiebelkompott, die von einem leichten Kamillensud umspült wurden, der die Komponenten mit feiner, unaufdringlicher Würze miteinander verknüpfte.

Schon davor gab es verschiedene sehr gute Brotsorten mit aufgeschlagener Butter und danach eine mit intensivierter dehydrierter Tomate gekrönte Burrata, deren rahmig-cremiges Inneres sich gewinnbringend mit einem aromatischen Wildkräuterfond vermählte. Und von einer milden Meerrettich-Cremesauce einen unkonventionellen Akzent zur Seite gestellt bekam, der sich gut mit dem ätherischen Geschmack der ebenfalls beigefügten Wildkräuter ergänzte.

Dass Udo Knörlein ein feines Händchen für kreative Aromenkombinationen hat, stellte er zuletzt auch mit einem Zwischengang unter Beweis, für den marinierte Wassermelone und Gurke (auch als Sorbet) die erfrischend leichte Basis bildeten. Ergänzt um Topinambur und herzhaft gepusht von knusprig-schmelzigen Speckwürfelchen war das eine durchaus originelle Angelegenheit – zumal hier, wie auch bei den meisten anderen Gängen, auf ein ausgewogenes Säurespiel geachtet wurde. Für das zeichneten beim cremigen Risotto mit gebackenem Eigelb und Spänen von Parmesan aus Büffelmilch die süßsauer gepickten Cherrytomaten verantwortlich, die à part im Weckgläschen dazu gereicht wurden und im Grunde gut korrespondierten.

Die beiden Fleischgänge drehten sich beide um Rind – zunächst als kurzgebratenes, oder vielmehr mit einem Rand aus frisch geschnittenen Kräutern pochiertes Filet und anschließend als bei Niedertemperatur geschmortes und glasiertes Brisket. Während das Filet mit Rotkohl, Apfel und knusprig als Tempura ausgebackenen Brokkoliröschen in rosa-saftiger Perfektion daherkam, wirkte die Tranche aus der Brust des Rindes leider etwas trocken und mürbe, was allerdings durch die sehr gute, substanzstarke Gewürzjus weitgehend kompensiert werden konnte. Auch hier war mit geschmortem und mariniertem Romanasalat sowie gepickelten Radieschen wieder jede Menge Säure im Spiel – diesmal allerdings etwas ungehobelt. Unterm Strich trotzdem ein gelungener Teller, der vom dazu empfohlenen Spätburgunder vom Badischen Weingut Kopp sehr solide begleitet wurde. Auch sonst passen die überwiegend deutschen Weine, bei denen der Fokus ganz klar auf Unkompliziertheit, Zugänglichkeit und ein gutes Preis-Leistungs-Verhältnis gelegt wird, ganz prima zum Stil der Küche und werden von Daniela Knörlein stimmig zu den einzelnen Gängen ausgewählt.

Einen gelungenen Übergang zum Dessert schaffte der Käsegang, bei dem eine nicht zu süße Gorgonzola-Crème-brûlée neben einem würzigen gebackenen Bergkäsebällchen und Früchtebrot von Ananaschutney überraschend gewinnbringende Ergänzung erfuhr. Zum Abschluss dann ein erprobter Schoko-Kirsch Akkord, allerdings in einer etwas „helleren" Version in Gestalt einer mit Ganache überzogenen Schoko-/Nuss-Tarte nebst Toffeesauce, etwas Granola und Weichselkirschensorbet – auch hier wieder alles handwerklich sehr gut auf den Punkt gebracht und die Aromen schön klar herausgearbeitet. Fazit: Auch wenn wir uns in diesem Jahr noch nicht zu einer weiteren Aufwertung durchringen konnten, zeigt der Trend hier weiterhin ganz klar nach oben!

Lamazère

Stuttgarter Platz 18,
10627 Berlin (Charlottenburg)
☏ 030-31800712
www.lamazere.de
Di–So ab 18 Uhr, Mo RT
Hauptgericht: ab 28 €, Menüs: 48–56 €

Das kleine längliche Restaurant im Bistro-Stil von Patron Régis Lamazère am Stuttgarter Platz ist schon seit einigen Jahren ein sicherer Hafen für unaufgeregt gute französische Küche und attraktive Weine. Das Repertoire reicht von ganz bodenständigen Produkt-Tellern wie der französischen Aufschnitt-Platte oder dem Käseteller, auf dem gut gereifte aromatische Exemplare liegen, bis hin zu handwerklich und qualitativ äußerst soliden traditionellen Klassikern à la française, die aber mitunter auch mal mit moderat kreativem Twist daherkommen. Im Sommer sitzt man sehr nett auch vor dem Lokal an der nicht sehr stark befahrenen Straße.

Lorenz Adlon Esszimmer

im Hotel Adlon
Unter den Linden 77, 10117 Berlin (Mitte)
📞 030–22611960
www.lorenzadlon-esszimmer.de
🕐 Mi–Sa ab 19 Uhr, So–Di RT
Hauptgericht: 65–85 €,
Menüs: 170–250 €

Beginnen wir mit dem, was blieb: Eine international bekannte Hotel-Ikone, gediegener Luxus und aristokratisches Flair, Ausblick auf ein historisches Wahrzeichen, allerbeste Servicequalität, herausragende Weinkarte, aber in allererster Linie natürlich eine anspruchsvolle Küche auf dem soliden Fundament bester klassischer Kochkunst, die von den Produkten über das Handwerkliche und die aufwendige Präsentation bis hin zu den kompositorischen Belangen im bundesweiten Vergleich sehr weit oben mitspielen kann. Was sich zwischenzeitlich verändert hat, ist der Kopf der Küchenbrigade, denn Hendrik Otto verließ das Adlon aus eigenem Wunsch und von langer Hand vorbereitet im Frühjahr 2022, um sich neuen Herausforderungen in anderen Bereichen zu stellen. Seine Nachfolge trat nun mit Reto Brändli quasi ein Koch aus dem eigenen Rennstall an. Denn der sympathisch und gelassen auftretende junge Mann mit den urschweizerisch klingenden Vor- und Nachnamen kam direkt aus dem Kempinski-Schwesterhotel in St. Moritz, dem Grand Hotel des Bains, wo er in dessen Restaurant Cà d'Or federführend bekochte, in die deutsche Hauptstadt.

Nun also läutet er mit seinen gerade mal 31 Jahren also eine neue Ära im Gourmetrestaurant des legendären Hotels am Brandenburger Tor ein – die sich aber, selbst für Stammgäste, gar nicht so neu anfühlen dürfte. Denn erstens gibt es in den beiden eleganten Salons mit dem seit Jahren nahezu unveränderten Team um Restaurantleiter Oliver Kraft und Sommelier Hans-Martin Konrad eine ganz entscheidende verlässliche Konstante, zweitens unterscheidet sich Reto Brändlis Art zu kochen gar nicht grundlegend vom Stil seines Vorgängers Hendrik Otto. Gut, die Küche unseres Kochs des Jahres von 2013 war (zumindest im aktuellen Vergleich) bisweilen noch etwas kreativer und vielschichtiger, mit mutigeren und auch markanteren Akzenten, feineren Nuancen, klareren Konturen und mehr Tiefenschärfe in den Details. Prinzipiell fährt aber auch der lässige Schweizer einen modernen, weltoffenen, klassisch französisch eingeordneten Stil, mit dem er das jeweilige Hauptprodukt zwar konsequent in den Mittelpunkt rückt, der Komposition und der Präsentation aber dennoch genügend Platz einräumt. Will heißen: auf den Tellern des Lorenz Adlon Esszimmers wird es auch über 2022 hinaus nicht langweilig werden!

Das verdeutlichten schon die facettenreichen, in mehreren Aufzügen servierten Grüße aus der Küche, aber auch die erste Vorspeise aus dem achtgängigen Menü, die mit den Leitprodukten Lachs, Gurke, Rettich und Tonic ausgesprochen leichtfüßig und frisch daherkam. Auf der zunächst mild gebeizten, dann ebenso wohltuend zurückhaltend geräucherten und final noch kurz abgeflämmten Lachsschnitte tummelten sich Microkomponenten von Gurke, Rettich, Radieschen sowie zitrische Aromen, flankiert von einer spritzigen Entourage aus Tonic als Vinaigrette, Perlen und Mousse sowie kleinen Tüllen aus Daikon-Rettich, die mit Saiblingskaviar gefüllt waren. Außerdem etwas Kapuzinerkresse und krosse Fischhaut. Schon an dieser Stelle keine Zweifel mehr, dass der Neue ein gutes Gespür für Aromen und Texturen hat.

Diesen Eindruck bestätigte auch die Vorspeise um Entenleber mit Granny-Smith-Apfel, Estragon und Sauerrahm, wobei hier die Foie gras als mit cremigem Apfel gefüllte geeiste Kugel, als Mousse-Kuppel und als kleiner Terrinen-

179

Quader zwar durchaus facettenreich, aber durch die teilweise Denaturierung in ihrem ursprünglichen Charakter etwas unterrepräsentiert zugeben war. Von den anderen Komponenten in verschiedenen Spielarten wie eingelegten Stücken, Röllchen, Creme, Puder oder geeisten Perlen flankiert, ging das deshalb schon fast etwas zu sehr in Richtung Dessert, was ein acht Jahre gereifter Holzapfelessig aus der Sprühflasche, der dem Ganzen noch einen belebenden Hauch von Frische und Komplexität verlieh, auch nicht vereiteln konnte. Mit zugunsten von etwas mehr ursprünglichem Foie-Gras-Flavour veränderten Proportionen und vielleicht dem einen oder anderen herzhaften Akzent hätte das leicht ganz anders ausgesehen. Aber das ist hier schon Kritik auf sehr hohem Niveau.

Und auf dem bewegten sich auch ganz klar die maritimen Zwischengänge wie ein mit blütenförmig ausgestochenen Karottenscheiben, Schwertmuschelsegmenten und Korianderkresse verspielt in Szene gesetzter Carabinero, umspielt von verschiedenen Zubereitungsarten der Karotte (als Kompott, Creme, gepickelt…) das Pak-Choi und aromatisch unterfüttert von einer sehr subtanzstarken klassischen Krustentierbisque. Oder die hohe, perfekt auf der Haut gebratene Tranche eines sehr großen Wolfsbarschs, der mit in Safransud geschmortem Chicorée, zweierlei Kohlrabi, etwas Radicchio und einer mit Orange und Safran abgeschmeckten Beurre blanc attraktive Bitteraromen in harmonischem Einklang mit einem gewissen Spannungsbogen durch ein gut eingebundenes Säuregerüst zur Seite standen. Zusätzliche Komplexität in Gestalt einer duftig-krautigen Kopfnote und subtilem Umami-Background verlieh dem Fisch ein mit Estragonöl marmorierter Dashisud.

Die Fleischgerichte wurden wieder äußerst klassisch eingeläutet, nämlich in Gestalt einer zwischen Haut und Muskelfleisch mit einer aromatischen Morchelfarce gefüllten Brust vom Perlhuhn, die auf Produktseite Verstärkung von einem mit Keulenfleisch, Herz und Leber des Vogels gefüllten Dim-Sum-Täschchen, separat aufgekrosster Perlhuhnhaut und einer perfekt reduzierten, also nicht überkonzentrierten Geflügeljus erhielt. Dazu gebratene Buchenpilze und geschmorter Blumenkohl als relativ brave, aber natürlich sehr schmackhaft korrespondierende Eskorte.

Dank eines dünnen Mantels aus Speck und Minze kam der folgende Rehrücken mit einem durchaus spannenden und unkonventionellen ätherischen Akzent ums Eck. Aber auch die für ein Wildbret eigenwillige Eskorte aus Auberginen-Cannelloni, einem Sanddorngel und Brunnenkresse hatte was. Solche mutigen Variationen mit markanten, maßvoll kreativen Akzenten hätten wir uns an ein paar mehr Stellen des Menüs gewünscht. Aber was nicht ist, kann ja noch werden. Wir haben in jedem Fall durchblitzen sehen, dass es Reto Brändli draufhat. Und wenn er hier nach ein paar Monaten erst mal richtig eingegroovt ist, bleibt auch sicher noch mehr Zeit und Muße zur Ausarbeitung neuer Ideen jenseits ausgetrampelter Pfade. Das Adlon-Publikum wird diese ganz sicher goutieren, denn auch Hendrik Otto war ja durchaus ein Freund origineller Kompositionen.

Und so sind auch ebenso aufwendige wie ausgewogene Dessertkompositionen wie die um Ziegenjoghurt, Himbeeren und Cerealien mit dem wildduftigen Aroma von Rosen, oder der zweite süße Abschluss, der sich um Aprikose, Kakaosaft und weiße Schokolade drehte und von Shiso das gewisse nicht alltägliche Etwas mit auf den Weg bekam, keinesfalls zu gewagt für dieses aristokratische Umfeld.

Der Streifzug durch die Weinkarte ist an diesem Ort natürlich einerseits eine luxuriöse Gala der Großen Deutschen Gewächse, der Montrachets, der ehrwürdigen Châteaux aus dem Bordelais und allem, was sonst noch Rang und Namen hat. Doch Sommelier Hans-Martin Konrad fischt daneben seit jeher gern auch jenseits prestigeträchtiger Gefilde nach spannenden Dingen, die er dann meist auch in seinen Weinbegleitungen verbaut. Und er spielt sich mit Oliver Kraft, einem der versiertesten und sympathischsten Maîtres hierzulande, der das Lorenz Adlon Esszimmer schon seit einigen Jahren in souverän lockerer und immer hochprofessioneller Art als Restaurantleiter führt, unterhaltsam die Bälle zu.

Momos

Chaussestr. 2,
10115 Berlin (Mitte)
☎ 0160–2688177
momos-berlin.de
Mo–Sa von 12–21.30 Uhr,
So RT
Hauptgericht: 7–36 €

Hausgemachte, bio-zertifizierte Dumplings, klassisch gedäpft oder angebraten und mit kreativen vegetarischen und veganen Füllungen.

Neta

Weinbergsweg 5, 10435 Berlin
☎ 030-68833080
neta.de
❤ So–Do von 12–22 Uhr,
Fr u. Sa von 12–23 Uhr, kein RT

Authentisches Mexican Street Food mit Niveau, komplett homemade: kreative Tortillas, Quesadillas, Burritos, Tacos, Bowls und Salate.

Nobelhart & Schmutzig

Friedrichstr. 218,
10969 Berlin (Kreuzberg)
☎ 030-25940610
www.nobelhartundschmutzig.com
❤ Di–Sa ab 18.30 Uhr, So u. Mo RT
Menüs: 120–145 €

Müssten wir das Gesamtkonzept dieser „Speisegaststätte", einem unscheinbaren Thekenrestaurant mit freundschaftlich-lockerer Gangart und analoger Hintergrundmucke vom Plattenspieler mit nur einem Wort umschreiben, wäre das wohl: Authentizität. Denn die macht einfach den Charakter des puristischen und wahrscheinlich politischsten Fine-Dining-Lokals Deutschlands und seines sympathisch eigenwilligen Wirts Billy Wagner aus – und trifft insbesondere auch auf die Küche von Micha Schäfer zu, die als zehngängige „Mahlzeit" dargeboten wird und sich essenziell um den unverfälschten Geschmack regionaler, oder um es mit den Worten des Nobelhart & Schmutzig zu sagen: „brutal lokaler" Viktualien dreht. Dass die bisweilen extrem puristische und produktfokussierte Art der Küche meilenweit von klassischer Gourmetkost entfernt ist, liegt auf der Hand. Und dass klassisch konditionierte „Connaisseurs" mit dieser stark gemüselastigen (aber nicht rein vegetarischen), teils auf nicht mehr als zwei oder drei tonangebende Elemente beschränkten Stilrichtung vermutlich wenig anfangen können, ebenfalls. Wer jedoch nur etwas aufgeschlossen ist und Gefallen am Erschmecken eben maximal authentischer, mit viel Fingerspitzengefühl und Aromengespür in Szene gesetzter und kombinierter Produkte hat, die kompromisslos aus den Händen engagierter Erzeuger ausschließlich aus Berlin und dem Umland stammen, wird hier sehr viel

Freude haben und einen spannenden Abend verleben. Und dazu gehören in jedem Fall auch die hochinteressanten, individuellen Weinempfehlungen (und alternativen Getränkeideen) des weinaffinen Gastgebers und seines Sommeliers Alexander Seiser.

Orania.Berlin

im Hotel Orania.Berlin
Oranienplatz 17, 10999 Berlin
☎ 030-6953968780
orania.berlin/
❤ Täglich ab 18.30 Uhr, kein RT
Hauptgericht: 30–38 €, Menüs: 54 €

Das äußerst großzügig weitläufig gestaltete, nahtlos in Bar und Lobby übergehende Restaurant im Erdgeschoss des Hotel Orania empfängt seine Gäste mit warmen Farben, natürlichen Materialien und gedämpftem Licht in wohnlich-luxuriös anmutendem Ambiente. Die behagliche Ausgestaltung sowie verschiedene Raumteiler aus Stoff, die nicht von ungefähr an das einzigartige Schloss Elmau in der oberbayrischen Zugspitzregion erinnern, sorgen hier dafür, dass trotz der immensen Raumgröße keine hallenartige Atmosphäre herrscht. Live gespielte Jazz-Klänge untermalen die ganz besondere, sanft entschleunigte Stimmung der von Hotelier Dietmar Müller-Elmau konzipierten Räume. Und das Team um Küchenchef Philipp Vogel füllt sie aus ihrer offenen Küche heraus kulinarisch mit Leben.
Was uns hier ganz besonders gut gefällt, ist die Mischung aus Lässigkeit und hohem Anspruch, von der nicht nur die Gangart im Restaurant geprägt ist, sondern auch die Küche: Kein einheitliches Menü für alle Gäste mit gemeinsamem Beginn, kein angestrengtes Gefrickel auf den Tellern, kein streng durchchoreografierter Ablauf für künstlich aufgeblasenes Mittelmaß,

sondern unkompliziert dargebotene Küche à la carte, die aber in den relevanten Details durchaus feingeschliffen und vor allem äußerst substanzstark daherkommt. Küchenchef Philipp Vogel, der sich die Verfeinerung des Elementaren auf die Fahnen geschrieben hat, schafft es mit sehr viel Know-How und dem richtigen Gespür für die wesentliche Dinge tatsächlich ausgesprochen gut, seine meist aus nicht mehr als drei Hauptkomponenten bestehenden Gerichte besonders ausdrucksstark wirken zu lassen.

Berühmt ist das Orania völlig zurecht für ein ganz bestimmtes Gericht: hier gibt es – ganz ohne Übertreibung – eine der besten und originalgetreusten Peking-Enten in ganz Deutschland! Ein absolutes Muss für jeden Kenner und als Viergang-Menü ab zwei Personen serviert wird. Die spezielle, äußerst fetthaltige und in dieser Qualität sehr rare Stockenten-Rasse bezieht der Chef von einer Bio-Farm aus Irland, die sogar nach China exportiert. Nach dem aufwendigen Vorbereitungs-Prozedere wie dem präzisen Aufblasen (damit sich die Haut von der Fettschicht trennt), dem sekundenkurzen Abbrühen in einem Tauchbad aus Wasser, Reisessig, Zucker und einigen anderen Ingredienzien, sowie dem obligatorischen mehrtägigen Trocken- und Reifeprozess, gart die Ente zunächst in einem speziellen großen Stahlkessel, bevor sie verlockend goldbraun an den Tisch gebracht wird.

Dort säbelt ihr der Service vor den Augen der Gäste zunächst rundum sehr sorgfältig die krosse Haut ab, mit der man sich anschließend ganz klassisch mit intensiv süßlich-würziger Hoisin-Sauce, Ingwer, eingelegten Gurkenstreifen, Lauch und wahlweise etwas braunem Zucker kleine Pfannkuchen füllt. Schon davor gibt es als ersten Gang eine grandiose, tiefwürzige Entenconsommé mit eleganter Süße, in der ein satt mit etwas Schmorfleisch und den Innereien der Ente gefüllter Dim-Sum-Dumpling schwimmt. Als dritter Aufzug folgt nach den Entenhaut-Wraps die ausgelöste, nachgebratene und in kleine Scheiben tranchierte Entenbrust auf pfeffrig-pikanter Entenjus mit raffiniertem Säurespiel, die ganz puristisch von säuerlich-scharfem Pak-Choi begleitet wird, und zuletzt kommt das von den Keulen gelöste Fleisch zusammen mit gebratenem Reis, Wasserkastanie, Sprossen und cremigem Eigelb als unkompliziertes, ebenfalls pikant gewürztes Löffelgericht in einem Schälchen daher.

Neben diesem formidablen Signature-Dish gibt es aber auch jede Menge anderer Gerichte, die im besten Falle ebenso viel Soufood-Charakter und hohen Wiedererkennungswert ha-

ben. Zum Beispiel die „Pizza X-Berg-Duck", die stilecht im kleinen Pizzakarton daherkommt und kreatives Fastfood in slow repräsentiert: mit einem Boden aus Bao-Teig, darauf eine Grundlage aus Entenfleisch, Lauch, Rettich, Ingwer, Hoisin-Sauce und asiatisch aromatisierter Mayo, belegt mit Scheiben der knusprigen Haut der Peking-Ente. Oder zuletzt beispielsweise eine lauwarm servierte Vorspeise von geröstetem Pulpo, der zusammen mit Paprikagemüse in einem mit Chorizo pikant angeschärften, vollmundigen Sud schwamm. Auch das beherzt aromatisierte Tatar vom Büffelfilet, das als flächiges Arrangement mit angeröstetem Mini-Mais, einer Maiscreme, knusprigen Tacochips und der grünen Schärfe von Jalapeño ebenfalls so etwas wie Streetfood-Assoziationen weckte, würden wir in diese Kategorie stecken.

Von ähnlichem Format waren die panierten und knusprig ausgebackenen Krustentierstücke samt Krustentierpraline, die mit frisch gepulten knackigen Erbsen in einer mit Kokosmilch aromatisierten Krustentiersauce badeten. Im Hauptgang bekamen wir es diesmal unter anderem mit saftig zart confiertem und in einer Art Marinade oder Tapenade von Szechuan-Chili mariniertem Kabeljau nebst Blattspinat und gebackenem Tofu zu tun. Aber auch mit löffelzart geschmortem Kalbsbäckchen auf cremiger Polenta, denen Erbsen und leider recht rohzwiebelige Portweinschalotten gegenüberstanden.

Die Portionen sind so bemessen, beziehungsweise werden von der Küche so anpasst, dass man auch nach einem selbst zusammengestellten mehrgängigen Menü noch ein Dessert schafft. Etwa den Klassiker aus Nougat, Yuzu und Dulce de Leche, den wir schon vom Vorjahresbesuch kannten, oder ein ebenfalls dezent exotisch gehaltenes Dessert wie die Liaison von Kokos, Ananas und Tamarinde. Die Weinkarte des Orania quillt nicht über, ist aber das, was man klug gestrafft nennen kann – bei guten Basisqualitäten und eigentlich sehr moderater Kalkulation macht auch das uneingeschränkt Spaß.

Ottenthal

**Kantstr. 153,
10623 Berlin (Charlottenburg)**
☎ 030-3133162
www.ottenthal.com
⊘ Täglich ab 17 Uhr, kein RT
Hauptgericht: 21–36 €

Für uns ist das Ottenthal auf der Kantstraße nach wie vor die beste Adresse für traditionelle herzhafte österreichische Schmankerl in ganz Berlin. In dem länglich-schmalen, eher schlicht eingerichteten, aber mit allerhand humorvollen Details dekorierten Lokal in Charlottenburg werden einerseits die Küchentraditionen aus dem Heimatland der Gastgeber gepflegt – hier wird aber auch mit Blick über den rotweiß-roten Tellerrand hinaus gekocht. Bis weit in die Region (viele gute heimische Produkte!) und bisweilen auch über die Landesgrenzen hinaus, was dem Gast mitunter sogar einfallsreiche Eigenkreationen beschert. In der Weinkarte finden sich unzählige großartige Gewächse aus Österreich, bisweilen auch in gereifteren Stadien und stets zu fairen Kursen.

Paris-Moskau

Alt-Moabit 141, 10557 Berlin (Moabit)
☎ 030-3942081
www.paris-moskau.de
**⊘ Mo–Fr von 12–15 Uhr u. ab 18 Uhr,
Sa ab 18 Uhr, So RT**
Hauptgericht: 15–38 €, Menüs: 26–59 €

Auch wenn die Küchenchefs in Wolfram Ritschls kultigem Fachwerkhaus, das von hohen Sicherheitszäunen umgeben ganz surreal am Berliner Innenministerium steht, immer mal wechseln, muss einem um das solide kulinarische Niveau dieser Institution nicht bange sein. Der Chef geht bei der Auswahl seiner herdverantwortlichen stets mit Sorgfalt und Bedacht vor und stellt sicher, dass der Eigenanspruch, der deutlich über dem gastronomischen Durchschnitt liegt, aber bewusst nicht in allzu exklusive Gourmetsphären hineinreicht, adäquat zu Porzellan gebracht werden kann. Und das tendiert dann seit jeher zwischen verfeinerten Regionalia und mediterran-französi-

scher Klassik, ist nicht selten mediterran inspiriert und kann auch mal einen leicht exotischen Touch haben. Hier geht es weniger um die Frage des Stils als vielmehr um Geschmacksfragen. Und um das klare Konzept, ein möglichst breites Publikum anzusprechen, ohne beliebig zu sein. Auch die Weinauswahl kann hohen Ansprüchen genügen und das Preis-Leistungs-Verhältnis ist gastfreundlich.

POTS – Dieter Müller

Potsdamer Platz 3, 10785 Berlin
☎ 030-337775402
www.potsrestaurant.com
⊘ Di–Sa ab 18 Uhr, So u. Mo RT
Hauptgericht: 27–32 €, Menüs: 57–69 €

Das von Kochlegende Dieter Müller kuratierte Restaurant im Ritz-Carlton am Potsdamer Platz residiert in einem äußerst großzügig und geschmackvoll gestalteten, dabei aber nicht zu luxuriösen Gastraum mit offener, kupferverkleideter Küche. Dahinter hat als deren Chef Christopher Kujanski das Sagen, der dafür verantwortlich ist, dass die in Zusammenarbeit mit dem Ideen- und Namensgeber entwickelten Gerichte in zuverlässiger Machart über den Pass gehen. Konzeptionell wird eine zeitgemäße Interpretation von deutscher Küche geboten, die hier, zumindest vor Corona, im Food-Sharing-Prinzip zu haben war.
Seit pandemiebedingt meist nicht mehr so viele Leute an einer Tafel sitzen, wurde das Ganze in kleinere Portionen umgedacht, was jetzt auf den Tellern noch mehr nach Fine Dining aussieht und tatsächlich auch nochmal einen Tick feiner und akkurater daherkommt. Ob unsere neuerliche Aufwertung also auch dann noch Bestand hat, wenn gegebenenfalls irgendwann doch wieder überwiegend Portionen zum Teilen angerichtet werden, können und wollen wir

an dieser Stelle nicht orakeln. Für die momentane Performance sind die 7 Pfannen jedenfalls voll und ganz gerechtfertigt.

Weiterhin gilt: man bekommt blitzsauber und professionell zubereitete Dinge, klassische Gerichte aus überwiegend heimischen Produkten, ohne viel Firlefanz, ohne Experimente, aber auch nicht ohne Raffinesse und Feinsinn. Los ging es zum dampfend heiß, knusprig und saftig aufgetragenen Brot nebst Kräuterquark, Malzbutter und sauer eingelegtem Gemüse gleich mal mit heimischem Flavour. Und was die überwiegend internationale Gästeklientel des Hotels hier sonst noch so als Visitenkarte für mehr oder weniger typisch deutsche Küche kredenzt bekommt, muss niemandem peinlich sein – im Gegenteil, könnte man hier doch fast den Eindruck bekommen, Deutschland wäre eine Genussnation.

Dass das Team um Christopher Kujanski nicht nur handwerklich bemerkenswert feinmotorisch arbeiten kann, sondern auch die geschmacklichen Details fest im Blick hat, das bewies auf beeindruckende Weise die Vorspeise mit Regenbogenforelle von den sogenannten „25 Teichen", einer Fischfarm zwischen Potsdam und Magdeburg, die hier nach „Hausfrauen Art" interpretiert wurde: Um den flach und kreisrund auf den Teller gestrichenen und von einer mit Dillstaub bepuderten dünnen Geleefolie bedeckten Hausfrauensalat (Gurke, Apfel, Joghurtsauce…) waren hier in wohlproportionierter Art eingelegte und geflämmte sowie gebeizte Stücke des Fischs sowie dessen Kaviar, eingelegte Senfsaat, marinierte Apfel- und Gurkenperlen, Rote Zwiebel und Dill drapiert. Am Tisch angereichert mit einem süß-fruchtigen Apfel-/Dillsud und à part begleitet von einem fluffigen Buchweizenblini mit Dill-Crème-fraîche und Forellenkaviar. Das war klar und erfrischend, zugleich komplex und vielseitig. Ein animierender Start!

Auch die Liaison von kross auf der Haut gebratenem Zander aus der Müritz und zarter, saftiger Kalbszunge, die als dünne Scheibe und kleine Würfel in kraftvoller Kalbsjus auf dem Teller zu finden war, präsentierte sich in Gegenwart von Kartoffel-/Lauchpüree und Sauerkraut-Beurre-blanc deutlich eleganter und schlanker, als man es in dieser Konstellation vielleicht erwarten würde. Auch hier waren es exakte Proportionen, optimale Konsistenzen, und die gut herausgearbeiteten Aromen, die das Bild positiv prägten.

Dieselben positiven Eigenschaften ließ dann letztlich auch das Duett aus geschmortem Bauch vom Apfelschwein mit Rauchaal überaus smart wirken, denn die beiden gemeinhin ja recht deftigen Viktualien waren hier nicht nur elegant zugeschnitten und von beachtlicher Qualität, sondern wurden von einem reduzierten Arrangement aus einem kleinen geschmorten Salatherz, einer dunklen süßen Zwiebelcreme und einem auch optisch originellen Zusammenfluss aus Jus und Lorbeeröl deutlich verschlankt. Da war neben Schmelz, Fett und Umami dann auch etwas Knackiges, Frisches und ein markantes Süße-Säure-Spiel, was das Ganze sehr leicht und beschwingt wirken ließ.

Und daran knüpfte auch das Dessert an, das in seiner grün-weißen Optik schon so erfrischend aussah und mit einem in weiße Schokolade gehüllten Milchreis-Törtchen auf und unter Sorbet, Salat und Sud von Granny-Smith-Apfel und Staudensellerie (à part war da auch noch ein mit weißer Schokolade überzogener Reiscracker) auch genauso schmeckte.

Den Service erlebten wir zum Zeitpunkt unseres letzten Besuchs äußerst zuvorkommend und charmant. Während die Speisen, gemessen an der gebotenen Qualität, durchaus sehr moderat kalkuliert sind, wirken die Preise der mit deutschen Gewächsen gut sortierten Weinkarte vergleichsweise üppiger. Doch unterm Strich erlebten wir hier dennoch ein stimmiges Preis-Genuss-Verhältnis.

Prism

Fritschestr. 48,
10627 Berlin (Charlottenburg)
030-54710861
www.prismberlin.de
Di–Sa ab 18 Uhr, So u. Mo RT
Menüs: 165 €

Expressive Vollgas-Küche mit schmissigen Ideen und starken Aromen in minimalistischem Ambiente: in den schlicht und dunkel gehaltenen Gasträumen ihres Restaurants kredenzen Jacqueline Lorenz und der in Tel Aviv aufgewachsene Küchenchef Gal Ben Moshe ein weltoffenes, insbesondere jedoch von den Küchen des Nahen Ostens inspiriertes Kulinarium mit Alleinstellungsmerkmal. Sein zuletzt nurmehr sechsgängiges Menü, das der Chef selbst mit „Modern Levantine Cuisine" überschreibt, liest sich weiterhin wie ein Spaziergang über einen orientalischen Viktualienmarkt, präsentiert sich auf jedem Teller ausdrucksstark und kontrastreich, mit Mut für plakative Geschmäcker, aber immer auch schön klar pointiert, sehr überlegt und wohldosiert. Die Weine, die die sympathische Gastgeberin glasweise empfiehlt, sind meist ebenso charakterstark und unkonventionell wie die zu begleitenden Gerichte; auch die Weinkarte selbst wirkt sehr individuell und persönlich zusammengestellt.

Prometeo – Pizza & Comfort food

Goebenstr. 3, 10783 Berlin (Schöneberg)
☎ 030–23638837
www.prometeo.pizza
◐ Di–So von 16–22.30 Uhr, Mo RT
Hauptgericht: 7–20 €
Authenthische neapolitanische Pizza aus dem Holzofen und eine kleine Auswahl einfacher, ebenfalls sehr authentischer italienischer Gerichte aus guten, frischen Produkten.

Quà Phê

Max-Beer-Str. 37,
10119 Berlin (Mitte)
☎ 030–97005479
menu.happz.del/qua-phe
◐ Mo–Sa von 12–20.30 Uhr, So RT
Hauptgericht: 5–10 €
Authentische und hochqualitative vietnamesiche Gerichte und Snacks in stylischem Ambiente.

Restaurant am Steinplatz

Steinplatz 4,
10623 Berlin (Charlottenburg)
☎ 030–55444447053
www.restaurantsteinplatz.com
◐ Mo von 12–14.30 Uhr,
Di–Fr von 12–14.30 Uhr u. ab 18 Uhr,
Sa ab 18 Uhr, So RT
Menüs: ab 30 €

Das schlicht-modern eingerichtete Restaurant mit offener Küche, lichtdurchflutetem Wintergarten-Anbau und nettem Atrium unter offe-

nem Himmel kredenzt unter seinem aktuellen Küchenchef Oliver Fritz eine weltoffene, schnörkellos interpretierte Küche aus überwiegend (aber nicht nur) regionalen Produkten, für die Gemüse und Kräuter weiterhin eine große Rolle spielen. Manche Gänge des unkomplizierten Auswahlmenüs, aus dem man sich selbst nach Lust und Laune seine individuelle, zum Teilen vorgesehene Speisenfolge zusammenstellen kann, sind auch rein vegetarisch, aber es gibt genauso auch Fisch und Fleisch im Programm – nur die einschlägigen Gourmetedelprodukte von Gänseleber über Steinbutt und Hummer sucht man vergebens. Statt französischer Bluttaube gibt es Prignitzer Maishähnchen. Gut so! Das Team um Gastgeber Yannick Kern ist auch glasweise mit guten Tropfen dienlich und die Weinkarte glänzt längst nicht nur mit einer erstaunlichen Armada von deutschem Winzersekt.

Restaurant Le Faubourg

im Dorint Hotel Berlin
Kurfürstendamm
Augsburger Str. 41,
10789 Berlin (Charlottenburg)
☎ 030-8009997700
www.lefaubourg.berlin
◐ Mo–Di von 12–15 Uhr,
Do u. Fr von 12–15 Uhr u. ab 18 Uhr,
Sa ab 18 Uhr, So RT
Hauptgericht: 18–28 €,
Menüs: 23–27 €

Nach der Übernahme des ehemaligen Sofitel durch die Dorint-Gruppe ist nun mit Ernest Dizdarevic als neuem kulinarischen Direktor auch im schicken Restaurant Le Faubourg wieder Substanz eingekehrt. In den modern und elegant dunkel gestalteten Räumen mit roten Schalensitzen und auffälligen kupferfarbenen Lampen wird eine zeitgemäße und schnörkellose Küche geboten. Die Produkte sind von guter Qualität, die Saucen konsistent und haben eine klassische Basis, das Handwerk wird generell sehr solide ausgeführt und alles harmonisch abgeschmeckt. Auch wenn nicht alle Feinheiten bis ins Letzte ausgereizt werden, macht das reelle Ergebnis auf den Tellern Spaß und bietet ein gutes Preis-Genuss-Verhältnis. An guten Tropfen aus aller Welt besteht kein Mangel, denn die gläsernen Weinregale dienen hier weiterhin nicht nur dekorativen Zwecken.

185

Richard

Köpenicker Str. 174,
10997 Berlin (Kreuzberg)
☎ 030-49207242
www.restaurant-richard.de
◉ Do–Sa ab 19 Uhr, So–Mi RT
Menüs: 90–120 €

Nachdem die Küche in Hans Richards sehr schönem, schlicht-elegantem Lokal, in dem die markante, schwere geschnitzte Holzdecke mit dem strahlenden Weiß der Wände, zarten Farbtupfern, großformatigen Gemälden, diversen anderen Kunstobjekten und modernen Gestaltungselementen aufs Harmonischste kontrastiert, zuletzt verstärkt in eine mediterrane Richtung tendierte, präsentierte sie sich zuletzt wieder sehr klassisch-französisch. Aber nicht altbacken und opulent, sondern schon sehr zeitgemäß und leicht interpretiert, was sich auch insbesondere in der einfallsreich komponierten rein vegetarischen Menüalternative widerspiegelt. Wer das bis zu sechs Gänge umfassende Menü mit Fisch und Fleisch wählt, bekommt es ebenfalls mit leicht und produktfokussiert komponierten Gängen zu tun, die sich stark saisonal präsentieren und stilistisch vom Atlantik bis zum Mittelmeer reichen.

Royals & Rice

Torstr. 164,
10787 Berlin (Mitte)
☎ 030-66405111
royalsandriceberlin.de
◉ Täglich von 11–23 Uhr, kein RT
Hauptgericht: 5–17 €

Frisch und natürlich zubereitete asiatisch-vietnamesische Küche im Streetfood-Style wie etwa Sommerrollen, Banh Bao & Co.

Rutz Restaurant

Chausseestr. 8, 10115 Berlin (Mitte)
☎ 030-24628760
www.rutz-restaurant.de
◉ Di–Sa ab 18.00 Uhr, So u. Mo RT
Menüs: 180–220 €

Kaum ein anderes Restaurant in Deutschland hat in den vergangenen zehn Jahren so eine rasante und quantensprunghafte Entwicklung genommen wie die ehemalige Weinbar Rutz in der Chausseestraße, die längst nur noch Rutz heißt und zu einer der besten Genussadressen in Deutschland avanciert ist. Nachdem das Interieur im doppelstöckigen Lokal irgendwann nicht mehr so ganz mit der herausragenden Kochkunst von Marco Müller mithalten konnte und mittlerweile auch klar war, dass das zunächst wegen der Corona-Auflagen nur vorübergehend in den Ableger Rutz Zollhaus nach Kreuzberg outgesourcte Weinbar-Konzept aus dem Erdgeschoss nicht mehr an seinen angestammten Platz zurückkehren wird, hat man sich dazu entschlossen, im Frühjahr 2022 umfassend zu renovieren und umzugestalten.

So präsentiert sich das Rutz nun mittlerweile mit seinem neuen, sehr coolen, dunkel-urbanen Outfit nicht nur deutlich moderner und mit hochwertigen Materialien ausgestattet um einiges exklusiver, sondern auch von unten bis oben wie aus einem Guss. Eyecatcher ist die über beide Stockwerke reichende gläserne klimatisierte Vitrine, die auf der gesamten Wandfläche über mehrere Meter eine Vielzahl effektvoll illuminierter Einmachgläser sowie bis zum perfekten Reifegrad abhängende Tiere präsentiert werden. Da wird also maximal dekorativ die Essenz dieser Küche zur Schau gestellt, denn ein ganz wesentlicher Faktor in Marco Müllers Kulinarium ist nun mal das Einkochen, Einlegen, Einmachen, Fermentieren, Reifenlassen…

Ein weiterer ist die dauernde Fahndung nach den besten und interessantesten Produkten aus Berlin und dem Umland. Und dafür hat der Chef mittlerweile ein großes Netzwerk gesponnen, gemeinsam mit den Landwirten eigene Bepflanzungspläne entwickelt, und auch sonst arbeitet er seit jeher sehr eng mit Bauern, Erzeugern und Viehzüchtern zusammen, die ihn mit ihren außergewöhnlichen Viktualien versorgen. Doch auch wenn Marco Müller das in den letzten Jahren immer weiter intensiviert hat und tatsächlich ein ganz überwiegender Teil seiner Viktualien „von hier" stammt, ist er kein Regionaldogmatiker und schließt deshalb Dinge, die es nicht in der näheren oder weiteren Umgebung gibt, nicht automatisch für seine Küche aus.

Mit sehr viel Experimentierfreude, einem hohen Grad an Kreativität und einem untrüglichen Gespür für spannend unkonventionelle, aber in der geschmacklichen Gesamtwirkung gar nicht unbedingt besonders avantgardistische Aromenbilder, kreiert Marco Müller aus all diesen Dingen im Rahmen seines bis zu achtgängigen „Innovationsmenüs" hochfeine Gerichte voller oft hintergründiger Finessen, die deutschlandweit zu den besten und außergewöhnlichsten gehören. Sie sind allesamt ausgesprochen elaboriert und ausgetüftelt, wirken aber oft auf den ersten Blick gar nicht mal so. Man findet unkompliziert Zugang, alles erschließt sich am Gaumen auf wundersame Weise ganz von selbst und es entsteht immer ein gewisser Wow-Effekt, so dass auch weniger geübte Esser großen Gefallen daran finden dürften.

Dabei sind die Kreationen noch nicht mal plakativ und reißerisch, sondern oft sogar sehr subtil und elegant – kommen aber immer ohne Umschweife klar und deutlich auf den Punkt und lassen originelle, völlig unkonventionelle Geschmäcker entstehen, die immer auf Harmonie ausgelegt sind. Erfahrene Gourmets wiederum werden ihren Spaß daran haben, vielen ungewöhnlichen Einzelkomponenten nachzuschmecken, die dann in der Gesamtwirkung zu einem überraschend vollmundigen und runden Ergebnis führen. Keine verkopfte Experimentalküche also, sondern geniale, weil hochintelligente Avantgardeküche mit einem ganz besonders engen Bezug zur Natur.

All das verkörperte auch bei unserem jüngsten Besuch schon ein intensiver, durch Kiefernsprossenöl geschmeidig gehaltener Gurkensud mit getrockneten Basilikumblüten als erster Refresher. Ebenfalls leicht und frisch, aber deutlich komplexer, präsentierte sich danach das Amuse mit nach Hausfrauenart, also mit Äpfeln und Zwiebeln, sowie als eher puristisch und klar schmeckendes Sashimi zubereitetem Hering, die sich beide unter einer Haube von Sauerrahmschaum versteckten, welche mit Apfel-/Dill-Granité akzentuiert war. Nicht spielentscheidend, aber ein subtiler Kick obenauf: getrocknete Essiggurke, am Tisch mit der Microplane darüber gehobelt. Als dritte Einstimmung im Vorprogramm erzeugten das weiche „Mark" eines verbrannten Lauchinneren und ein Pulver aus der Aschehülle, eine aus Blaubeeren hergestellte Barbecuesauce, etwas Ziegenfrischkäsecreme und feingehobelter gereifter Ziegenkäse als Füllung eines hauchdünnen Knusperschälchens aus Weizenteig einen sehr komplexen, rauchig-süßlichen Gaumenkitzel. Viel Raffinement auf wenig Raum – ein Mund voller ausgewogener Dynamik und Spannung.

Jede Menge Originalität bringt im Rutz übrigens auch die alkoholfreie Getränkebegleitung an den Tisch respektive ins Glas. Und gehört damit zum Besten, was diesbezüglich hierzulande als nullprozentige Alternative zur Weinbegleitung ausgeschenkt wird. Immer sehr leicht, immer außergewöhnlich und immer perfekt auf die zu begleitenden Gerichte abgestimmt. So wie das für die erste Vorspeise erdachte Getränk aus klarem Tomatensaft, Oolong-Tee und Holunderblattöl mit verwegener Würze, herben Schwarzteearomen und viel Umami. Die Kreation aus der Küche, die es damit zu begleiten galt, drehte sich um den in Gourmetgefilden eigentlich so gut wie nie anzutreffenden Karpfen. Hier natürlich nicht irgendein moosiger Geselle aus einem stillen Tümpel, sondern das trockengereifte Fleisch eines High-End-Exemplars, das einmal als Tatar auf dem Hauptteller und in Gestalt eines an der Gräte gegarten Stielkoteletts à part als Fingerfood vom Besten gegeben wurde. Das fleischig-milde Tatar im Zusammenspiel mit Crunch aus der Fischhaut und den Schuppen, knackigem eingelegtem Rettich und geeisten Holunderblattperlen auf einem Sud von Holunderblatt und Tomate – das Kotelett zum Knabbern als mit Garum lackierter und glasierter würzig-süßlicher Umami-Spaß.

Apropos Spaß: den macht natürlich in besonderer Weise auch die Weinbegleitung, denn Sommelière Nancy Großmann ist, was ihre Pairings angeht, ebenso inspiriert und geschmackssicher wie die Küche. Und sie ist auch immer auf der Suche nach außergewöhnlichen Dingen, so wie beispielsweise das für einen Grauburgunder völlig untypische Große Gewächs „Eichberg" aus 2018 vom badischen Weingut Salwey, das kurioserweise als Grauburgunder den folgenden Gang mit Frische und Säure nach vorn brachte. Namentlich die roh marinierte Forelle von den eigenen zwei Teichen, die als klararomatische festfleischige Würfel, Forellencreme, Kaviar und Fischhautknusper zusammen mit der Süße von zweierlei Sorten in Salzteig gegarter und roher Karotte sowie der Ätherik von rahmiger Tagetes-Sauce ein sehr ausgewogenes Zwischengericht auf den Teller brachte, dem der Wein kongenial zuspielte.

Der Hauptdarsteller des nächsten Akts kam aus Dänemark, war ein Kaisergranat, und wurde zuvor mit der Koji-Schimmelpilzkultur gebeizt, was ihm seine grundeigene Süße und Mineralität maximal hervorkitzelte. Gebettet auf einer Creme von Tofu und Kalbshirn (sic!) sowie grob zerstoßenen Haselnusskernen und getoppt mit Sauerampfer und verschiedenen Spielarten der Gelben Bete – aus der war auch der Schaum gemacht, der das Ganze umgab. Ein von feiner Süße und fruchtiger Erdigkeit gekennzeichnetes Gericht, wieder mit einer beeindruckenden Komplexität, Balance und Harmonie.

Überhaupt fällt sehr positiv auf, wie geschmeidig vollmundig und wenig borstig die Kreationen trotz viel angewandter Fermentation sind. So auch der milchsäurefermentierte und kurz angegrillte weiße Spargel, der nebst straffer Estragoncreme und erfrischender Sauce im Zusammenspiel mit Fett- und Röstaromen von Hühnerhaut (Chips und Crumbles), einer Mayonnaise aus dem Hühnerfett und à part dazu servierter Hühnerbouillon wieder ein gänzlich rundes, harmonisches, aber eben maximal dynamisches Aromenbild entstehen ließ.

Mut zu pointierten Kompositionen jenseits der klassisch französischen Aromenlehre zeigten Marco Müller und sein Team auch beim sensationellen, mit Muschelaromen und Dünenkräutern bespielten Dorsch. Den Fisch lässt man, nur in ein Nori-Algenblatt gewickelt, unter der Wärmelampe ziehen, so dass er klar und frisch seine ganzen Vorzüge voll ausspielen kann. Die Muschelaromen kommen als kraftvoller Muschelsud mit einer Einlage aus Stabmuscheln und Saiblingskaviar ins Spiel und das unter „Dünenkräuter" zusammengefasste Sammelsurium aus Duse-Algen, Quellern sowie Seegras wie Meerfenchel, spielten kongenial ihre (teils durch Angrillen forcierten) fordernden Bitteraromen und Jodigkeit hinzu. Kein Wunder also, dass sich bei so viel maritimer Mineralität der von Nancy Großmann dazu ausgesuchte 2008er Blanc de Blancs Grande Reserve vom Sektur Raumland als absoluter Traumpartner erwies.

Aber auch auf der alkoholfreien Seite gab's an diesem Abend noch einen Volltreffer: Entsafter Salat und Rapsöl sowie ein Sprüher aus der Botanical-Flasche mischten zum Husumer Salzwiesenlamm vom renommierten Züchter Klaus Schwagrzinna ganz groß mit. Hier kam der trockengereifte Rücken, der von zu knusprigen Crumbles gerösteten Lammbauch und etwas Lammfett aromatisch noch nach vorn gepusht wurde, ausgesprochen puristisch nur in Begleitung eines mit in Koji eingelegten Romanasalatherzes daher, welches mit einer mildwürzigen weißen Creme und verschiedenen Knospen und Blüten appliziert war. Als Sauce ein zwar druckvoller, aber sehr schön transparenter Mix aus Lammjus und Dashibrühe – und mehr brauchte es hier auch gar nicht, um voll zu begeistern.

Ähnlich puristisch und pointiert auf Fleisch und Salat reduziert, im Detail aber noch komplexer, machten anschließend noch vermutlich auf Binchotan gegrillter Rücken und Mark vom deutschen Wagyu in außerordentlicher Qualität Furore. Das ebenfalls nach japanischer Art in kleine Tranchen aufgeschnittene Fleisch lag versteckt unter einem mannigfachen grünfrischen Bett aus Salat, Blüten, Kräutern und Knospen und wurde als Sauce von einem faszinierend intensiven, säurefrischen Tomatensud mit würzigem Öl von Zwiebelgewächsen eskortiert. Genial schlicht und leicht, aber so voller Facetten, spannender Aromen und reizvoller Texturen – ein Spektrum, das à part auch noch von einem kleinen, mit Ragout von Zunge und Herz des Wagyus sowie etwas Creme von fermentiertem Knoblauch gefüllten Algen-Tartelette spannend erweitert wurde. Und im Weinglas kongenial begleitet von einem gefällig über zehn Jahre gereiften Syrah des burgenländischen Winzers Ernst Triebaumer, dem 2011er Hammelberg nämlich, der ebenso genial wie das Gericht Kraft und Eleganz in sich vereinte.

Nach einer Einstimmung aus säuerlichem Grünem Apfel, dem feinwürzigen Saft des Lärchenbaumes und Wasserkefir wurde beim Hauptdessert um Rhabarber, Roggen und einer Extraportion Oxalsäure (zum Beispiel von einem Eis von Rotem Oxalis), ebenfalls sehr gekonnt die Kunst des Säurebändigens gepflegt. So präsent wie nötig, aber auch so zurückhaltend wie möglich waren hier Schmelz und karamellige sowie schokoladige Süße im Einsatz, so dass den Hauptdarstellern das Feld überlassen, aber im Hintergrund für eine harmonische Grundstimmung gesorgt wurde. So lässt sich abschließend ganz ohne Übertreibung resümieren, dass man im Rutz derzeit eine der kreativsten, spannendsten und unkonventionellsten Küchen in Deutschland bekommt, für die man aber noch nicht mal sonderlich experimentierfreudig sein muss. Marco Müller und seinem Team gelingt hier also fast so etwas wie Quadratur des Kreises.

Rutz Zollhaus

Carl-Herz-Ufer 30,
10961 Berlin (Kreuzberg)
📞 **030–233276670**
rutz-zollhaus.de
🕐 **Di–Sa ab 16 Uhr, So u. Mo RT**
Hauptgericht: 18–26 €

Im Corona-Jahr 2020 wurde mit der Übernahme und Neueröffnung des Alten Zollhauses durch das Rutz-Team aus der Not eine Tugend gemacht: Das bewährte kulinarische Konzept der Weinbar Rutz, die seinerzeit wegen der erlassenen Abstandregelungen einigen zusätzlichen Tischen aus dem bis dato nur im ersten Stock ansässigen Gourmetrestautant Rutz weichen musste, wurde kurzerhand von der Chausseestraße in Mitte an den Landwehrkanal in Kreuzberg transferiert. In den geschmackvoll modernisierten Räumen des hübschen Fachwerkhauses, das zwar mitten in der Stadt, aber gefühlt fast schon irgendwo draußen im Grünen steht, war fortan Küchenchef Florian Mennicken für die Umsetzung der Weinbar-Klassiker verantwortlich. Und für die gastgeberische Leitung sowie alle Weinbelange wurde mit Hendrik Canis ein alter Bekannter gewonnen, der zwar die letzten Jahre in Weimar verbracht hat, aus seiner Zeit davor aber vielen Rutz-Stammgästen und anderen Berliner Wein- und Feinschmeckern bereits bestens bekannt war.

Inzwischen hat sich das Team hier aber tatsächlich auch weiterentwickelt. Klassiker wie die Neuköllner Manufaktur-Blutwurst mit „Jemüse" und einem unverschämt nussbuttrigen Kartoffelpüree, die süchtig machenden Barbecue-Rippchen vom Hohenloher Schwein mit saisonal unterschiedlicher Begleitung, oder die kompromisslos mit einer Kerntemperatur von 50 Grad und genügend geschmackssteigerndem Fett servierten Rindfleisch-Cuts besonderer Rassen wie dem Allgäuer Atterox oder dem Irish Herford mit Gemüsearrangement, die gibt es freilich nach wie vor. Stammgäste würden ansonsten wahrscheinlich auf die Barrikaden gehen. Daneben hat das Team um Florian Mennicken aber im Kreativbereich zugelegt und setzt auch eine Reihe Gerichte auf die Karte, die wir irgendwo mittig in der breiten stilistischen Lücke zwischen den recht unterschiedlichen Küchenstilen der einstigen Weinbar Rutz und des Gourmetrestaurants einordnen würden.

Unter dem Titel „Eiskalte Gurke und geräucherter Müritzaal" kam zum Beispiel ein von der Machart her zwar relativ einfach gestricktes, in seiner geschmacklichen Wirkung aber durchaus raffiniertes Gericht daher. Im Endeffekt nicht mehr als ein kaltes Gurkensüppchen mit kleinen Gurken- und Rauchaalwürfeln als Einlage, das aber nicht bloß aufgrund der gut gewählten Proportionen (verhältnismäßig viel Aal!), sondern auch wegen der ätherisch-duftigen Kräuternote und der geeisten Molke on top eindrucksvoller wirkte, als die schlichte Art auf erstem Blick suggeriert. Ähnlich wie auch die Vorspeise mit knackigem grünem Spargel, rohen halbierten Cocktailtomaten und fein darüber gehobeltem gebeiztem Eigelb, die auf einem cremig dicht in das Schälchen gespritzten Krustentierschaum angerichtet waren. Auch hier entstand durch das frische, rohe Gemüse und den füllligen Schaumteppich ein gefälliges Geschmacksbild, das zwar nicht ungewöhnlich, aber doch irgendwie überraschend wirkte. Attribute, die wir auch Marco Müllers mit Höchstbewertung ausgezeichneter Gourmetküche im Rutz in der Chausseestraße immer wieder zuschreiben. Dort wird selbstredend um ein Vielfaches komplexer, aufwendiger und feingliedriger gearbeitet…

Ebenfalls nicht ungewöhnlich, aber überraschend makellos zubereitet und geschmacklich zugespitzt präsentierten sich sodann auch die formidablen Königsberger Klopse, die extrem locker und geschmeidig auf einem seidigen Bett aus Kartoffelcreme angerichtet und mit Saiblingskaviar sowie frittierten Kapern getoppt waren. So richtig Zug und Punch kam aber erst mit der straff säuerlichen hellen Sauce und einem würzig-frischen Schnittlauchöl ins

Spiel, die aus dem gemeinhin sehr gediegenen Klassiker einen durchaus aufregenden Klassiker machten.

Hervorragend auch der Hauptgang um zwei schöne Tranchen einer in Perfektion geschmorten Ochsenschulter, wie man sie im Grunde wirklich nicht viel besser machen kann. Auch hier brachte schon allein die Sauce mit viel kraftvoll barockem Druck und ebenso viel schneidiger Eleganz jede Menge Klasse und Substanz auf den Teller – die Gemüseentourage, ein unaufgeregter Mix aus rotem Mangold, Kohlrabi, Buchenpilzen, etwas Creme von fermentiertem Knoblauch und ein paar locker eingestreuten knusprigen Panko-Flocken, stellte in ihrer differenzierten Art weit mehr als schnöde Sättigungsbeilage dar. Ein rundum beglückendes Gericht, das von der durch Sommelier Hendrik Canis dazu empfohlenen mallorquinischen Rotweincuvée von Ses Talaioles aus internationalen und autochthonen Rebsorten kongenial unterstützt wurde.

Auch im Dessertbereich schien es uns ganz so, als ob die Küche noch etwas differenzierter und kreativer zugange ist. Unsere Komposition von Nussbuttereis und Misokaramell, der mit Traube, grünem Apfel und Dillemulsion auf gekonnte Art und Weise viel Frische und Raffinement implementiert wurde, war jedenfalls nicht bloß sehr „lecker", sondern auch originell. Unterm Strich bedeutet das die Höherstufung auf 7 Pfannen für eine Küche, die nicht mit dem typischen uniformen Sterneküchen-Klimbim zu beeindrucken versucht, sondern mit guten Ideen und Substanz.

Ryong

Torstr. 59,
10119 Berlin (Mitte)
☎ 030-30307047
ryong.de
⏱ Mo–Fr von 12–22 Uhr,
Sa von 17–22.30 Uhr, So RT
Hauptgericht: 5–18 €

Frische, kreative vietnamesische Küche: Bao Burger, Bowls & Rolls, Wraps & Bento-Boxen mit Niveau.

Schmidt Z & KO

Rheinstr. 45–46, 12161 Berlin
☎ 030–200039570
www.schmidt-z-ko.de
⏱ Di–Sa 12–15 Uhr u. ab 18 Uhr,
So u. Mo RT
Hauptgericht: 20–28 €, Menüs: 39–49 €

Hinter dem etwas kryptisch klingenden Namen dieser schicken vinophilen Genusswerkstatt verbirgt sich das Gemeinschaftsprojekt von Anja und Carsten Schmidt und den bekannten Fernsehköchen Ralf Zacherl und Mario Kotaska, die hier in großzügigem Ambiente eine urbane Mischung aus Vinothek, Genussschule und Restaurant betreiben. Die beiden umtriebig medienpräsenten Cuisiniers sind in erster Linie für die Koch- und Genusskurse zu unterschiedlichsten Themen verantwortlich – das Tagesgeschäft im Restaurant obliegt Küchenchef Marcel Woest, der hier einen wirklich guten Job macht.

Mittags gibt es einfacher ausgeführte Lunch-Gerichte aus günstigeren Produkten zu sehr günstigen Preisen und am Abend eine klug gestraffte Auswahl von jeweils drei oder vier Vorspeisen, Zwischengerichten, Hauptgängen und Desserts, die höheren Anspruch erkennen lassen, aber dennoch zu moderaten Kursen zu haben sind: Drei Gänge kosten 44 Euro, das Viergang-Menü schlägt mit 54 Euro zu Buche. Gemessen an der guten Qualität, die hier geboten wird, eigentlich ein Schnäppchen. Eine lohnende Weinbegleitung gibt es selbstverständlich auch – ebenfalls sehr gastfreundlich kalkuliert.

Wir starteten mit einem unkomplizierten Küchengruß, einer Melange aus Kalbstatar, Pilzen, eingelegten roten Zwiebeln und Korianderkresse, die von Chorizo-Mayonnaise herzhaft und schmelzig eingerahmt war. Da konnte man schon sehr gut erkennen, dass das Küchenteam genau weiß, was es da macht. Und dass es sich darauf versteht, mit relativ einfachen Mitteln für eine gewisse Raffinesse auf den Tellern zu sorgen.

Weil zudem auch die Produkte von sehr ordentlicher Qualität sind, gelingen Dinge wie die vermutlich sanft confierte und dann auf der Hautseite leicht abgeflämmte Rotbarbe mit Spinat und Sellerie äußerst vergnüglich. Der festfleischig-zarte Fisch lag auf einem Salat von Stauden- und Knollensellerie und wurde zudem von cremiger Selleriemousseline sowie einem Sellerie-Dashifond mit etwas Tapioka begleitet. Der Spinat war hier in Gestalt einiger marinierter Blätter zugegen. Eine ansprechende, sehr harmonische Vorspeise mit zurückhaltenden, klaren, natürlichen Aromen.

Etwas mehr Kraft hatte naturgemäß eine weitere Vorspeise um saftige Tranchen vom gebratenen Secreto eines aromatischen Iberico-Schweins, die sich den Teller mit Zweierlei vom Mais und einer Jalapeño-Vinaigrette teilten. Letztere hätte nach unserem Gusto als Genpart zur Süße des Mais durchaus noch etwas forscher ausfallen dürfen, aber auch so war das eine attraktive Sache, die zudem bestens mit dem dazu empfohlenen Grauburgunder vom Badischen Individualwinzer Holger Koch korrespondierte.

So wie die Cuvée aus Weißburgunder und Chardonnay von Thomas Hensel aus der Pfalz zum sanft colorierten und saftig auf den Punkt gebrachten Filet vom Seehecht, der mit seidigem Petersilienwurzelpüree, Nussbutter-Hollandaise, kleinen eingelegten Sanddornbeeren und auffallend aromatischen Haselnüssen unkonventionelle Begleiter zur Seite hatte. Auch hier hätten wir uns zwar etwas mehr Mut beim Abschmecken gewünscht, denn vor allem der Fisch selbst wirkte etwas blass – unterm Strich war aber auch das eine runde Sache!

Den vielleicht besten Gang des letzten Besuchs bekamen wir mit dem klassisch gebratenen, wunderbar straffen, zart bissfesten Rehrücken, der mit scharf angerösteten knackigen Brokkolistängeln, dicken Couscous-Perlen und einer fundiert zubereiteten ausdrucksstarken reduzierten Sauce liiert war. Hier sorgten einige Brombeeren mit ihrer sanften Säure und dunklen Fruchtigkeit für Balance und Kontrast – und fanden sich aromatisch auch in der dazu empfohlenen Corbières-Cuvée aus alten Reben vom Château Etang des Colombes wieder, der dem Wild mit seiner von der südfranzösischen Sonne geformten Kraft und eleganter kühler Finesse ein sehr guter Partner war.

Kindheitserinnerungen konnten mit dem Milchreis-Dessert geweckt werden, das mit Apfelsorbet, knusprig gepufftem Reis und Apfelkompott alles andere als breit und behäbig daherkam. Noch etwas origineller wirkte Dank markantem Hefeeis die Bienenstich-Interpretation, die mit aromatischen Aprikosen, knusprig karamellisierten Mandeln, Vanillecreme und Honig auch eher locker flockig aufs Porzellan gebracht wurde und so selbstredend nicht an ein massiges Stück Kuchen erinnerte.

Bleibt und abschließend eigentlich nur noch der ebenso humorvolle wie aufmerksame Service und das gelungene Gesamtkonzept zu loben und dem Schmidt Z&KO. als Neuaufnahme unsere uneingeschränkte Empfehlung auszusprechen.

Shiso Burger

Kantstr. 51,
10625 Berlin
☎ **030-39710233**
shisoburger.de
⊘ **Täglich von 12–22.30 Uhr, kein RT**

Kreativ zusammengestellte, meist asiatisch inspirierte Burger, zum Beispiel auch vom Wagyu-Rind oder mit gebackenen Garnelen. Alles frisch und homemade!

Shiso Burger

Auguststr. 29c,
10119 Berlin
☎ **030-88944687**
shisoburger.de
⊘ **Täglich von 12–22.30 Uhr, kein RT**

Kreativ zusammengestellte, meist asiatisch inspirierte Burger, zum Beispiel auch vom Wagyu-Rind oder mit gebackenen Garnelen. Alles frisch und homemade!

SKYKITCHEN

Vienna House Andel's Berlin
Landsberger Allee 106,
10369 Berlin (Lichtenberg)
📞 030-4530532620
www.skykitchen.berlin
🕐 Di–Sa ab 18 Uhr, So u. Mo RT
Menüs: 139–205 €

Die unendlichen Weiten der Lobby im Hotel Andel's Vienna House an der Landsberger Allee werden hoch oben im Gourmetrestaurant Skykitchen noch getoppt: Hier genießt man nicht nur eine einfallsreiche und sehr gute Küche, die immer besser wird und mittlerweile zu unseren Top 10 Berlins zählt, sondern auch einen wirklich imposanten Ausblick über die Stadt. Und der wirkt Dank rundumlaufender bodentiefer Fensterfronten gleich noch mal so spektakulär. Auch der atmosphärische Kontrast, den der behaglich wohnlich gestaltete Raum und die unwirtliche, in alle Himmelsrichtungen bis zum Horizont reichende Großstadt hier erzeugen, ist maximal wirkungsvoll. In jedem Fall ein ganz besonderer Ort, der zudem von einem sehr zuvorkommenden und charmanten Serviceteam rund um Restaurantleiterin Barbara Merll bespielt wird.
Doch was wäre das alles ohne den entsprechenden kulinarischen Background? Und für den ist seit Jahren Alexander Koppe verantwortlich, der seinen einstmals sehr regionalbetonten Küchenstil in eine weltoffene Richtung gedreht und in jüngster Zeit auch kompositorisch weiterentwickelt hat. Man bekommt es hier oben weiterhin mit sehr ausdrucksstarken, markanten Kreationen zu tun, die jüngst aber nicht nur besser fokussiert, sondern auch optimaler ausbalanciert wirken. Und auch die Qualität der hier gebotenen Dinge ist beachtlich. Schon das Brotgebäck mit zweierlei aromatisierter aufgeschlagener Butter ist nichts von der Stange…

Los ging das sechsgängige omnivore Menü (daneben gibt es auch eine vegetarische Variante) zuletzt mit Thunfischtatar nebst sojawürzigem Spitzkohl sowie den schneidigen Akzenten von milder Wasabischärfe (Chip, Mayo, Sesam…) und fein dosierter Säure in gelierten Shiso-Perlen. Auch die gebratenen Jakobsmuscheln bei der ersten regulären Vorspeise kamen mit relativ viel Umami daher, diesmal in Gestalt eines kraftvollen Dashisuds und Algen, was jedoch von säuerlichen Gurke- und Rettich-Komponenten und eingelegter Senfsaat, vor allem aber von einer erfrischenden Senfgurken-Mayonnaise sehr gut aufgelockert und in der Balance gehalten wurde. Den Rest schaffte der dazu empfohlene sehr trockene und klare Sauvignon blanc der Domaine Ciringa aus Slowenien, der das Gericht gewinnbringend begleiten durfte.
Womit wir bei Sommelier Jakub Kościelniak wären, der sich hier schon seit Jahren sehr spezialisiert den Weinen Osteuropas widmet und damit in seiner Zunft eigentlich schon so etwas wie ein Alleinstellungsmerkmal hat. Und so gab es auch zum folgenden, an den Klassiker „Blumenkohl polnisch" angelehnten Zwischengang, der als süffiges Löffelgericht in aparter Miniportion und damit als echtes Seelenfutter daherkam, einen unkonventionellen Begleiter: einen noch recht frischen Solaris von Winnica Turnau, passenderweise aus Kościelniaks Heimat Polen. Das Gericht selbst begeisterte wieder durch eine sehr gute Balance, denn dem gemeinhin schnell zur Breitseite neigenden Blumenkohl, der hier als eine Art Couscous, als eingelegte Röschen, als Creme von karamellisiertem Blumenkohl und als Chip zugegen war, wurde wirkungsvoll mit genügend Säure und Süße zugearbeitet. Das für den Blumenkohl nach polnischer Art obligatorische Ei war in Gestalt von perfekt wachsweichem Dotter und Eiweißperlen zugegen und die mit ein klein wenig Parmesan vermengten Nussbutterbrösel, die hier natürlich auch nicht fehlen durften, fanden sich am Tellerboden unter dem mildwürzigen Speckschaum wieder, mit dem das Ganze umgeben war.
Ein überraschend gutes, begeisterndes Gericht bastelte das Team auch um einen perfekt auf den Punkt gebrachten, satt glänzenden, aber nicht mehr glasigen Steinbutt. Der wurde einerseits mediterran leicht und puristisch mit einer hervorragenden Tapenade aus süßlichfruchtiger Flaschentomate und Olive, frittierten Kapern und lockeren Gnocchi begleitet, andererseits aber auch opulent und schmelzig mit cremiger Beurre blanc und intensiver Petersilien-/Spinatcreme, wie man es eher aus der französischen Küche kennt. Auch und insbe-

sondere in Kombination mit dem zwar „Cuvée Americano" genannten, jedoch reinsortig aus der autochthonen Rebsorte Rkatsiteli erzeugten Weißwein vom bulgarischen Weingut Borovitza war das eine richtig spannende Sache, denn auch der stand einerseits mit einer schlanken, schnörkellosen Mineralik und Frische im Glas, war andererseits aber auch fett und buttrig, und passte sich damit dem Gericht perfekt an.

Eine sehr gute Balance kontrastreicher Aromen erlebten wir dann auch wieder zur Taube, von der ihre ganz zart knackige und aromatische Brust sowie eine gebackene Praline aus geschmortem Keulenfleisch und den Innereien der Taube zum Besten gegeben wurde. Auf der einen Seite elegante Süße, würzige Tiefe, Erdigkeit, insbesondere getragen von einer kraftvollen schwarzen Trüffeljus und einer dunklen Schmorzwiebelcreme, auf der anderen Seite der Skala säurefrische und grüne Aromen, die etwa von Wachsbohnen, Edamame und Perlzwiebelchen aufs Porzellan gebracht wurden. Irgendwo dazwischen ordnete sich ein in der Nase an burgundischen Pinot Noir und am Gaumen an Cabernet Franc erinnernder Rotwein Namens „Lila" vom serbischen Weingut Vino Budimir ein: elegant, aber mit fester, robuster Struktur, rauh und knackig!

Beim Hauptgang um Black Angus Aberdeen Beef begeisterte nicht nur das eigenaromatische Fleisch, sondern auch die intensive Jus mit fast schon karamelliger Süße und hoher Dichte, die in ihrer hohen Viskosität aber weder leimig am Gaumen noch überwürzt daherkam. Beim begleitenden Potpourri von Pilzen bildete die kakaowürzige Tiefe auf der einen und die herbe Säure von Vogelbeeren auf der anderen Seite die Endpunkte des Geschmacksverlaufs. Dazwischen Pilze in unterschiedlichsten Facetten von Trompetenpilz über Buchenpilz und Champignons bis zur Steinpilzcreme, die zusätzliche Auflockerung durch geflämmte Knollensellerie und Kräuternuggets erfuhren. Einerseits sehr pointiert, andererseits vielseitig und variantenreich. In jedem Fall ein starker Hauptgang und ein veritabler Menühöhepunkt.

Selbst das Pre-Dessert war viel raffinierter und überraschender, als man es gemeinhin von einer Mini-Möhre, die im Mini-Blumentopf mit „Erde" steckt, erwartet. Unter der aus Malz, Pilz, Pumpernickel bestehenden, leicht knusprig-crunchigen „Erde" lagen unter anderem luftige Joghurtmousse, Karottensorbet und Bisquit versteckt und alles war bestens zueinander proportioniert. Und weil auch das kompakt angerichtete Hauptdessert mit den

Bestandteilen Rote Rübe, Ingwer, Himbeere, Oxalis und weiße Schokolade in unterschiedlichen Aggregatzuständen ein raffinierter Nachtisch mit beeindruckend scharf gestellten Konturen war, erhöhen wir die Bewertung in diesem Jahr verdientermaßen um einen Bonuspfeil und sind auf die weitere Entwicklung sehr gespannt.

Sons of Mana
Budapester Str. 38–50,
10787 Berlin (Charlottenburg)
bikiniberlin.de
⊘ **Mo–Sa von 10–20 Uhr, So RT**
Hauptgericht: 9–15 €

Kreative hawaiianische Poké-Bowls mit hochwertigen, abwechslungsreichen Toppings, die man sich vor Ort auch ganz nach Lust und Laune selbst zusammenstellen kann.

Tante Fichte Speiselokal
Fichtestr. 31, 10967 Berlin
☎ **030-69001522**
tantefichte.berlin
⊘ **Mi–Sa ab 18 Uhr, So–Di RT**
Menüs: 70–108 €

Das ehemalige Herz und Niere in der Fichtestraße wurde während des Corona-Lockdown zur Tante Fichte: Christoph Hauser ist raus, der weinverständige Michael Köhle als Inhaber und gemeinsam mit Viktoria Kniely natürlich auch als Gastgeber und Sommelier weiterhin am Start. Für die Küche des schick umgestalteten Souterrain-Restaurants mit Terrasse davor zeichnet nun Dominik Matokanovic verantwortlich, der ein festes Menü offeriert, sich dabei weitgehend auf heimische Produkte fokussiert, aber auch gerne mal herzhaft-pikante Akzente aus seiner kroatischen Heimat oder generell aus Südosteuropa mit einfließen lässt. Letzteres könnte unsrer Ansicht nach auch durchaus noch stärker forciert werden und mal zu so einer Art Handschrift der Tante und ihres Küchenchefs werden. Aber vielleicht will man sich ja auch gar nicht so sehr festlegen.

Aktuell wird jedenfalls munter querwelteln gekocht, was dem Team viele Möglichkeiten und den Gästen eine große stilistische Bandbreite bietet, aber eben auch (noch) etwas vergleichbar wirkt. Was aber den sehr guten Eindruck, den wir bei unserem ersten Testbesuch im neu konzipierten Restaurant von der Küche hatten, keinesfalls trüben soll. Im Gegenteil! Es hat viel Spaß gemacht und man konnte sehr gut erkennen, dass Dominik Matokanovic sein Handwerk beherrscht, ausgewogene Gerichte und Menüfolgen komponieren kann, und darüber hinaus auch noch gute Ideen hat.

Vom Beelitzer Spargel gab es als Vorspeise den Weißen und den Grünen, ergänzt um ein paar Stängel Wildspargel, die zusammen mit verschiedenen aromatischen Wildkräutern und Akazienblüten aromatisiert auf einem markanten Zitronenschalenpüree (schätzungsweise auf Kartoffelbasis) angerichtet waren. Während diese durchaus schmissige und schmackhafte Kreation noch etwas grob und skizzenhaft, jedenfalls aromatisch wie haptisch nicht ganz ausgefeilt gewirkt hatte, zeigte das Team mit der nachfolgenden Blumenkohlvariation, dass es das Spiel mit unterschiedlichen Strukturen und auch die facettenreiche Deklination eines bestimmten Produktes von der geschmacklichen Seite her gut draufhat: Säure, Frucht, cremig, knusprig, knackig, saftig – da wurde aus dem vermeintlich biederen Blumenkohl sehr viel rausgeholt. Unterstützt von eingelegten Radieschen und frittierten Kapern sowie dem scharf-würzigen Aroma der Sprossen von Mauerpfeffer. Es sah auf den ersten Blick gar nicht so aus, aber dieser Gang war überraschend ausgereift.

Aus dem Fischgang um ein Duett von recht kräftig angeröstetem Heilbuttfilet und einer Stabmuschel, der auf einer Eigeninterpretation des kroatischen Traditionsgerichts Sataraš basierte, hätte man nach unserem Dafürhalten allerdings noch etwas mehr herausholen können. Sataraš ist eigentlich eine Art herzhafter Eintopf aus Paprika, Tomate und Zwiebeln, der hier als leicht geschmorte Paprikastreifen und Sud von der Tomate umgesetzt war. Damit kein falscher Eindruck entsteht: Das schmeckte sehr

gut und ließ den maritimen Hauptdarstellern als sehr leichte, puristische Entourage genug Raum zur Entfaltung, wirkte aber einigermaßen schlicht und etwas flach. Noch einen Tick Schärfe und Tiefe, vielleicht ein paar zusätzliche herzhafte Ingredienzen, einfach etwas mehr Bums, hätte sicher sicherlich nicht geschadet.

Der beste Gang des Menüs war nach unserem Geschmack eindeutig der Hauptgang, ein sommerlich leichtes Wildbret, was einerseits am hervorragenden Reh aus der Schorfheide lag, dessen optimal gebratener, saftiger Rücken mit Mandelmehl und Mohn bepudert recht pronociert daherkam. Andererseits lag das aber eben auch an der pointierten feinherben Begleitung des Bambis in Gestalt von geschmortem Chicorée, etwas Selleriecreme, Selleriegrün und Knoblauchrauke, umspielt von einer maßvoll reduzierten Jus mit Zug und Ausdruckskraft, aber auch nicht zu viel Wucht, um das Reh und seine vegetabile Crew nicht plattzumachen.

Auch dem Dessert um vollreif-aromatische Erdbeeren mit Mascarpone-Schaum und den duftigen Aromen von Estragon konnten wir sehr viel abgewinnen, zumal da haptisch und aromatisch noch einiges an reizvollen Zwischentönen mitspielte, was den im Grunde ganz unkomplizierten und gegenständlich arrangierten Nachtisch überraschend interessant wirken ließ. So blieb unterm Strich ein äußerst guter erster Eindruck, der sogar durch ein wenig mehr Detailarbeit hier und da auch ohne großen Aufwand noch weiter optimiert werden könnte. Von daher sind wir sehr gespannt auf die nächsten Eindrücke im kommenden Jahr und empfehlen die Tante Fichte schon jetzt wärmstens. Was natürlich auch an den spannenden Weinreisen aus der Hand des Gastgebers liegt, die ebenso treffsicher wie unkonventionell sind.

The Big Dog Berlin
Ebertstr. 3, 10117 Berlin (Mitte)
☏ 030–220005440
thebigdog.de
◔ Täglich von 12–23 Uhr, kein RT
Hauptgericht: 6–10 €
Hochwertige Hot-Dogs und Pommes in kreativen Kombinationen, etwa mit Rindswurst, Pulled Beef, Bier-BBQ-Sauce, Romanasalat, Jalapeño und Crispy Cheddar im Brioche-Bun.

The Butcher

Kantstr. 144,
10623 Berlin (Charlottenburg)
☎ 030-323015673
the-butcher.com
● Täglich von 7.30–23 Uhr, kein RT
Hauptgericht: 10–15 €, Menüs: 14 €

Kreative Burger-Variationen aus hochwertigen, frischen Zutaten und andere Kleinigkeiten wie Chicken Wings oder Beef Tacos in cool designtem Ambiente. Ab 7 Uhr auch Frühstück.

The Dawg

Budapester Str. 38–50,
10787 Berlin (Charlottenburg)
☎ 030-13894300
thedawg.de
● Mo–Sa von 11–20 Uhr, So RT
Hauptgericht: 4–16 €

Kreative Hot-Dog-Varietäten aus Meisterhand in überdurchschnittlicher Produktqualität, zum Beispiel aus Rindfleischwurst mit Roquefort, Birne und Merguez oder vom Oktopus mit Fenchelslat, Koriandergrün und Chipotle-Mayo.

The Grand

Hirtenstr. 4, 10178 Berlin (Mitte)
☎ 030-2789099555
www.the-grand-berlin.com
● Di–Sa ab 18 Uhr, So u. Mo RT
Hauptgericht: 27–138 €

Ein Szene-Restaurant par excellence ist das stets sehr gut besuchte The Grand in der Nähe des Alexanderplatzes, zu dem auch ein angeschlossener Club mit Bar gehört. Das doppelstöckige Lokal stellt eine stylische Mischung aus Altbau mit morbidem Charme und modernen, klaren Linien dar; bei schönem Wetter und entsprechenden Temperaturen steht zudem eine lauschige Innenhofterrasse zur Verfügung. Die Küche macht genau das, wonach das heterogene Publikum verlangt und bietet eine ziemlich breit gefächerte Auswahl internationaler Klassiker. Die reicht von Evergreens des Hauses wie dem Rindertatar mit Meerretticheis und Trüffelmayo, einem traditionellen Caesar's Salad oder halben Hummer mit Krustentiermayonnaise bis zu den hochwertigen Steaks bester Rindersorten wie Pommernrind, Irish Hereford, in Edelschimmel gereiftes Luma-Beef oder Kobe. Wenig Experimente, viel Substanz und für jeden Geschmack etwas geboten. Sensationell gut bestückt ist zudem die Weinkarte.

The NOname

Oranienburgerstr. 32,
10117 Berlin
☎ 030-279099027
www.the-noname.de
● Di–Sa ab 18 Uhr, So u. Mo RT
Menüs: 89–110 €

Das Restaurant ohne Namen mit seinem langen hohen Gastraum, an dessen Stirnseite als Eyecatcher eine überlebensgroße, am Abend effektvoll illuminierte Bondage-Lady in Lack und Leder prangt, ansonsten aber nur sehr wenig vom Geschehen auf den Tellern ablenkt, ist erst seit ein paar Jahren am Start, hat in Berlins Gourmetszene aber schon einen recht guten Namen. Dass der richtige Durchbruch aber noch ausgeblieben ist, liegt vielleicht daran, dass hier seit der Eröffnung im Frühjahr 2019 mittlerweile mit Tim Tanneberger schon der dritte Küchenchef amtiert. Am Eigenanspruch und am hohen Niveau der Küche hat das allerdings wenig gerührt, denn wie schon seine Vorgänger David Kikillus und Vicenzo Broszio hat auch Tanneberger richtig was drauf, darf von seinen Arbeitgebern aus Gas geben, und tut das auch – nämlich in Gestalt eines in wahlweise sechs oder acht Gängen verfügbaren Menüs, das es zudem in einer rein vegetarischen Variante gibt.

Die drei Snacks, mit denen das omnivore achtgängige Menü, das auch ein paar vegetarische Gerichte umfasst, begleitend zum Aperitif eingeläutet wurde, verrieten schon recht viel über die Küche unter neuer Leitung. Etwa, dass der Chef und sein Team sehr filigran arbeiten, gut mit Gemüse umgehen können und was die Zusammenstellungen der Aromen angeht sehr überlegt vorgehen. Nachzuschmecken etwa beim angenehm zurückhaltend gewürzten Rehtatar mit Sellerie, Herbsttrompeten und Roter Bete. Ein eher lieblicher, erdig-nussiger Auftakt mit sanftem Umami-Background wurde mit der vegetarischen Vorspeise um Topinambur-Scheiben auf einer Creme von Sonnenblumen geboten, die mit feinstreifig geschnittener Kombu-Alge und Lauchkresse getoppt in einem durch Kaffeeöl verfeinerten Kombu-Sud schwammen. Auch das war recht filigran und feinmotorisch gefertigt und funktionierte dank zartem Säurespiel, etwa durch ein dosiert eingesetztes Quittengel, ganz ausgezeichnet.

Nicht ganz so fein austariert war der als lässiges Finger-(Soul-)Food konzipierte Zwischengang um gebeizten Stör, Sauerkraut, Crunch von knuspriger Entenhaut, Mayonnaise aus Entenfett und ein mit Entenfett glasiertes Wirsingblatt, die allesamt auf einem Mini-Fladen vorpräpariert waren und am Tisch dann zusammengeklappt als Taco genossen werden konnten. Eine gute und auch schmackhaft umgesetzte Idee, allerdings einen Tick zu salzig. Außerdem fehlte es der Liaison auch ein wenig an auflockerndem Frischemoment. Der nächste, wieder vegetarische Gang drehte sich um die auch als „Red Duke of York" bekannte Frühkartoffelsorte Roter Erstling, die sich durch ihre tiefrote Schale und einen intensiven Geschmack auszeichnet und hier in Zwiebelsud quasi als Bouillonkartoffel gekocht war. Die etwas dicker geschnittenen Scheiben thronten auf einem Zwiebel-/Pilzflan in einem Zwiebelsud, waren mit knackigen Knollenziest und Crunch von Kartoffel und Zwiebel getoppt, und brachten so ein vielschichtiges Mundgefühl und Aromenspektrum an den Gaumen.

Dass die zunächst sanft geschmorten, dann mit einer Creme von fermentiertem schwarzem Knoblauch eingelassenen, im „Big Green Egg" finalisierten, und zu guter Letzt noch mit Fichtensprossensalz gewürzten und mit säuerlichen Preiselbeeren bestückten Rippchen vom Rhöner Lamm auch als Fingerfood daherkamen, war kein Problem: das saftig zarte Fleisch fiel eigentlich fast von selbst vom Knochen. Und es schmeckte mit seinem herrlich eigen-

aromatischen Fleisch und der süß-säuerlich-würzigen Umhüllung einfach köstlich. So wie ein ziemlich raffinierter gemüsiger „Käsegang" vor dem Hauptgericht, mit Blumenkohl als Röschen und als dunkle Creme von stark geröstetem Blumenkohl, die mitsamt knackigen Scheiben von der Selleriestaude unter einer würzigen schaumigen Decke von Deichkäse-Espuma versteckt waren. Finalisiert mit schmelzigen Flocken von gebeiztem Eigelb, etwas Erbsenkresse und einem grünfrischen Öl war das wieder ein in jeder Hinsicht recht facettenreiches Vergnügen: von knackig über cremig bis schaumig und mit milder herzhafter Würze, die an vielen Stellen effektvoll aufgebrochen wurde.

Sehr überzeugend auch der Hauptgang rund um kernig-saftige Nackenstücke vom Iberico-Schwein, ebenfalls im Big Green Egg von Rauch und Flamme geküsst und willkommen puristisch in Szene gesetzt – nämlich mit etwas Pesto aus Schwarzkohl, Knollensellerie und Leinsaat sowie einer weißen, cremigen Senfsauce, die hier mit ihrer Säure und Schärfe viel besser gepasst hat als irgendeine dunkle Jus. Schnörkellose Produktküche mit einem originellen Twist! Nichts als Lob auch fürs Dessert von der Karotte, die als „bodenlose" Tarte, als Gel und als eine mit Bergtee angesetzte Sauce interpretiert war und sich in Kombination mit süßem Steinpilzeis und knusprigem Hanf als ausgesprochen raffiniert und harmonisch entpuppte. Überhaupt kein experimentelles Gemüsedessert, sondern ein origineller, im klassischen Sinne runder, geschmackvoller Nachtisch.

Die zu den einzelnen Gängen glasweise empfohlenen Weine – in unserem Fall vorzugsweise aus Deutschland und Österreich – waren mehrheitlich in eher modernerem Stil ausgebaut und nach unserer Auffassung sehr gekonnt auf die Aromen der Gerichte abgestimmt. Das zuvorkommende Serviceteam war gut informiert und wirkte bestens eingespielt.

Tim Raue

Rudi-Dutschke-Str. 26,
10969 Berlin (Mitte)
📞 030–25937930
www.tim-raue.com
🕐 Di–Do ab 19 Uhr, Fr u. Sa von
12–15 Uhr u. ab 19 Uhr, So u. Mo RT
Menüs: 228–312 €

Zweifelsohne gehört die Küche des von Marie-Anne Wild seit der Eröffnung vor rund zwölf Jahren visionär geführten und unter der Ägide seines mittlerweile durch diverse TV-Formate einem breiten Publikum bekannten Namensgebers kulinarisch schon immer sehr innovativ bespielte Restaurant Tim Raue zu den eigenständigsten in Deutschland und verdient eine ganz besondere Beachtung. Es gibt nur wenige Chefs, die über eine derart klare und unverkennbare Handschrift wie Tim Raue verfügen und noch weniger Köche, die es draufhaben, diesen Stil auch für andere Konzepte zu adaptieren – so wie das Tim Raue aktuell wieder in der Villa Kellermann in Potsdam oder in den Colette-Outlets in Berlin, München und Konstanz bravourös gelingt.

Hier im Tim-Raue-Stammhaus in Berlin Mitte gibt es in jedem Fall die spezialisierteste, markanteste und elaborierteste Küche aller von Tim Raue kuratierten Destinationen, denn hier ist die Kreativzentrale, die Brutstätte für neue Ideen. Und hier werden seit jeher auch die Mitarbeiter geformt, die der erfolgreiche Chef und Gastro-Unternehmer dann mit leitenden Positionen in seinen Ablegern betrauen kann. In dem zeitlos eleganten, passend zur Küche angenehm schlicht und schnörkellos gehaltenen Ambiente werden seit Jahren präzise und kreativ umgesetzte Kreationen aufs Porzellan gebracht, deren Dreh- und Angelpunkt fernöstliche Aromen und Produkte sind und die sich auf jedem Teller als pointierte Kunststücke

asiatischer, speziell chinesischer Hochküche mit einer ganz persönlichen Note präsentieren. Die sind grundsätzlich gezeichnet von Schärfe, Säure, Süße und Frucht, die äußerst kontrastreich und expressiv, aber stets in harmonischem Einklang zusammenwirken. Was hier in ebenso markanter wie edler Schlichtheit auf schönem Porzellan daherkommt hat immer einen auf Anschlag gedehnten Spannungsbogen und bietet dem Gaumen ein überraschend komplexes, aufregend neuartiges Geschmackserlebnis.

Als ein perfektes Präludium für diese zwar sehr reduzierte, aber trotzdem äußerst ausdrucksstarke Stilistik erweist sich stets der in verschiedenen kleinen Schälchen synchron aufgetragene Küchengruß, hier Apero-Snack und Amuse-Bouche in einem. In der Gesamtschau wirkte das diesmal noch etwas puristischer und kleinformatiger als in den vergangenen Jahren, war im Detail aber nicht minder groß in seiner geschmacklichen Wirkung. Wenn es ein Koch schafft, mit vermeintlich belanglosen Dingen wie einer mit Edamame und Limettenöl bestückten Erbsenschote oder einem mit Senfessig marinierten und mit Crème fraîche betupften Senfkohlblatt dergestalt Aufmerksamkeit zu erregen, hat er zweifellos das Händchen fürs gewisse Etwas.

Und das bewies er gleichermaßen bei den dünnen, schmelzigen, mit fruchtig-feuriger Szechuanpfefferjus glasierten und mit Sesam beflockten Scheiben vom geschmorten Schweinebauch oder den mit Holzkohle-Aioli mit viel zitrisch herber Yuzu-Power betupften Pulpo-Tranchen. Und natürlich durften auch die seit Jahren bestens bekannten und liebgewonnenen karamellisierten chinesischen Walnüsse nicht fehlen, für die wir jede gebrannte Mandel auf dem Weihnachtsmarkt links liegen lassen würden. Als raffinierteste Petitesse blieb aber das Marshmallow von Grünem Curry mit Kokosnusscreme und milder peruanischer Minze im Gedächtnis.

Wie ausgesprochen gut das Team Raue bei den immer sehr zugkräftigen, manchmal plakativ zugespitzten Kreationen die Balance zwischen Säure, Schärfe, Süße und Pikanterie findet, kann man wie gesagt auf eigentlich jedem Teller bestaunen. So zuletzt auch beim ersten offiziellen Gang des innovativen „Koi"-Menüs, das im Gegensatz zum Klassiker-Menü „Kolibri" die neuesten Gerichte und saisonale Aromenideen bündelt und für sich beansprucht, stets die aktuellen Kreationen der Raue'schen Ideenschmiede zu offerieren: dem „Phuket Sunset Salat". Bei der mit Limettendressing marinierten und mit Chili und Minze aromatisierten

Melange von milder reifer Ananas und jungem Staudensellerie, die auf drei Rettichzylinder verteilt und mit eingelegten Schalotten auf einer Vinaigrette aus Salatsaft und Kräuteröl angerichtet war, erwiesen sich Mousse und geeiste Perlen von der Kokosnuss mit ihrem laktischen Schmelz und ihrer zarten Süße als die Schlüsselelemente, die hier alle eher säuerlichen Komponenten harmonisch einzufangen vermochten.

Als opulent vollmundig und schlank zugespitzt zugleich präsentierte sich nicht nur der Fischgang um saftige Dorade, die mit einer Art Erbsenjus nappiert und mit Traube, Perlzwiebel und Wasserkresse getoppt in einer säurestraffen Reisessig-Beurre-blanc baden durfte, sondern auch der ganz ähnlich konzipierte Zander-Gang, den wir zusätzlich aus dem erstaunlich preiswerten Mittagsmenü bestellt hatten. Hier war ein mit Petersilienöl und Wasabi ganz dezent und unaufdringlich aromatisiertes Rettichpüree die Grundlage für den mit Sangohachi marinierten, dann sanft gedämpften und mit Rettich, Traube und Oxalis getoppten Zander, der sich festfleischig und saftig fast von selbst in seine einzelnen Lamellen zerlegte. Getragen wurde das Gericht aber von einer mit Sake abgeschmeckten und wieder ebenso schmelzigen wie knackigen Weißwein-Buttersauce, die der Reisessig-Beurre-blanc zur Dorade stark ähnelte.

Im vergangenen Jahr war der europäische Hummer, der für einen nahezu identischen Zwischengang eine seiner Scheren und ein schönes Medaillon aus seinem Rücken spendete, qualitativ nicht der allerbeste – in diesem Jahr überzeugte das Krustentier voll und machte diesen Zwischengang zu einem großen Vergnügen auf sehr hohem Niveau. Mit einem Verein aus Karotte und getrockneter sowie marinierter Physalis und einem Hintergrund von dezenter Umami-Würze präsentierte sich das süßliche Hummerfleisch hier im Mittelpunkt eines in alle Richtungen perfekt ausgeloteten Aromenbildes.

Und auch eines von Tim Raues Signature-Dishes, nämlich das nach dem Rezept seiner Oma Gerda ganz klassisch zubereitete Eisbein, das ganz unklassisch auf schmelzigem Dashi-Gelee angerichtet und dort mit japanischem Senf und gesäuertem Ingwer sowie der puffernden Fülle einer Creme von gelben Linsen eingefasst wird, bekamen wir im Gegensatz zum letztjährigen Besuch in Perfektion geboten. Denn das kümmelwürzige Stück von der Schweinshaxe, das durch die unterschiedlichen Säure- und Schärfefacetten in einen originellen und hoch spannenden Kontext gebracht wird, war diesmal unter seiner maximal knusperkrossen Haut nicht teilweise zu trocken und faserig, sondern durchgängig wunderbar saftig und zart.

Die rosa Brust der „Sichuan-Taube", die wir auch schon von einem der zurückliegenden Besuche kannten, war auch dieses Mal wieder satt mit einer ausdrucksstarken Jus glasiert, die das typisch ätherisch-säuerlich prickelnde Aroma des Szechuan-Pfeffers in sich trug und der dezent mit Blutwurst angereicherten Sauce trotz ihrer Dichte und Würze eine gewisse Leichtigkeit und Stringenz verlieh. Belebende Saftigkeit und fruchtige Süße kam hier außerdem von Trauben ins Spiel, die auch als Gelee auf dem Teller zu finden waren und das Täubchen zusammen mit chinesischer Artischocke und Kastaniencreme begleitete. Spritzige Spitzen verlieh dem Ganzen außerdem ein schwarzer Reisessig, der dazu beitrug, dass dieses Gericht unterm Strich deutlich mehr Zug und Tiefenschärfe besaß, als man es ob der fast monochromen braunen Optik erwarten würde. In Kombination mit dem glasweise dazu ausgeschenkten Cims de Porrera aus 2012, einer druckvollen aber elegant geschliffenen Cuvée aus Carignan und Garnacha mit Anklängen an dunkle Beeren, durchaus ein denkwürdiger Höhepunkt mit Höchstbewertungspotential!

Mit einem grundsätzlich spannenden, hier allerdings etwas überdrehten salzigen Akzent wirkte das Prädessert mit Pflaume und Sesam in Gestalt von Eis, Mousse, Fruchtstücken und Baiser leider einigermaßen unrund. Viel besser gelang die Balance dann wieder bei einem nicht weniger dynamischen und kontrastreichen Nachtisch, nämlich einer mit Limettenvinaigrette marinierten und zitrisch zugespitztem Vanillegelee, knusprigem Reis mit malaysischen Gewürzen, Zitronenzesten, karamellisierten Piemonteser Haselnüssen und Atsina-Kresse bespielte Banane, die kongenial von Miso-Karamell und Limetteneis begleitet wurde. Ein markanter Abschluss, der ebenfalls alle positiven Eigenschaften dieser außergewöhnlichen Küche in sich trug und trotzdem so fein abgestimmt war, dass der Gesamteindruck diesmal noch ein weniger stärker in Richtung Höchstbewertung tendierte. So sind wir äußerst gespannt, ob dieser Eindruck in der kommenden Testsaison noch untermauert werden kann und es in der Hauptstadt vielleicht schon bald ein weiteres mit 10 Pfannen ausgezeichnetes Restaurant gibt...

Tulus Lotrek

Fichtestr. 24, 10967 Berlin
030-41956687
tuluslotrek.de
Do–Mo ab 18 Uhr, Di u. Mi RT
Menüs: 185 €

VISA

Das in schönen Altbauräumen der ruhigen Kreuzberger Fichtestraße installierte Restaurant von Ilona Scholl und Maximilian Strohe, dessen Betrieb im Sommer auf die davorliegende Terrasse ausgeweitet wird, zählt zweifellos zu den originellsten Fine-Dining-Adressen der Hauptstadt – sowohl im Gastraum als auch auf den Tellern. Und dieser Eindruck entsteht nicht deshalb, weil hier wie dort Spektakel veranstaltet werden würde, sondern ganz einfach durch ein hohes Maß an Individualität. Hier formen sich ein geschmackvoll schlichtes Ambiente, eloquenter, floskel- und formelfreier Service sowie eine unkonventionell kreative Küche zu einem Wohlfühlort für Individualisten. Strohe, der nie in den Brigaden irgendwelcher berühmter Chefs gearbeitet hat und wahrscheinlich gerade deshalb sehr frei und undogmatisch ans Werk geht, begeistert uns jedes Jahr mit einer erfrischenden Mischung aus Innovation und Tradition, mit originellen Ideen abseits des Mainstreams und dann wieder mit sattelfester Klassik in zeitlosem Gewand. Und das Schönste: Es geht ihm immer nur um guten Geschmack. Dazu passt eine Weinkarte mit vielen originelle Abfüllungen eigenwilliger Winzer, auch aus der Naturweinszene, in der aber auch genügend Platz für traditionelle Weinstile ist.

Tupac

Hagelberger Str. 9, 10965 Berlin
030-78891980
tupac-berlin.com
Mi–Sa ab 18 Uhr, So–Di RT
Menüs: 59 €

VISA P

Der Name dieses wirklich netten und auch aus kulinarischer Sicht sehr empfehlenswerten lateinamerikanischen Lokals nahe dem Kreuzberger Viktoriapark bezieht sich auf Túpac Amaru II., einen Freiheitskämpfer gegen die spanischen Eroberer. Das kleine kreative Team des zwar recht spartanisch, als solches aber recht stimmungsvoll eingerichteten Lokals mit lauschigem Freisitz stammt aus verschiedenen Ecken Südamerikas und zelebriert hier eine originell abgewandelte Version verschiedener Länderküchen ihres Heimatkontinents, insbesondere der peruanischen Küche, die bereits der große Auguste Escoffier als eine der spannendsten und besten Küchen dieser Erde bezeichnet hat. Hier kommt das alles ganz schnörkellos und unverkünstelt auf die Tische. Natürliche Aromen frischer Produkte zeichnen die Gerichte aus, deren Raffinement im Ursprünglichen liegt. Und die hier mit viel Sorgfalt, aber ohne jede Gourmetattitüde in die Schälchen und auf die Teller kommen. Zu bodenständigen Preisen kann man Herzhaftes, Pikantes, Süffiges, Knuspriges, manchmal recht Scharfes in unkomplizierter Machart genießen – oft mit dem gewissen Etwas!

UNSER CAFÉ

Dänenstr. 14, 10439 Berlin
030-34394518
www.unser-cafe-berlin.de
Täglich von 7–16 Uhr, kein RT
Hauptgericht: 7–16 €

VISA

Wer handgemachtes frisches Gebäck mag, eventuell eine Vorliebe für portugiesische Spezialitäten mitbringt oder gern auch bis zum späten Nachmittag frühstückt, ist in „Unser Café" im Prenzlauer Berg genau richtig. Das kleine, liebevoll chaotisch gestaltete Eckcafé ist ein Herzensprojekt der beiden erfahrenen Gastronomen Jörn und Oli, die hier einen zurecht beliebten Anlaufpunkt mit offener familiärer Atmosphäre geschaffen haben.
Dafür, dass die Auslagen mit frischen Croissants, Chiabatta und anderem Gebäck immer

gut bestückt sind, sorgt ein kleines Team, dem man in der gläsernen Bäckerei sogar über die Schulter schauen kann. Generell zeichnen sich alle Angebote – von verschiedenen Frühstücksvariationen über die Gebäcke bis zu kleinen Lunchgerichten – durch natürlichen, geradlinigen Geschmack aus. Es sind, gerade bei den kleinen warmen Gerichten wie einem tomatenfruchtig-scharfen Shakshuka mit akkurat gestocktem Ei und Pesto oder den Eggs Benedict mit luftgetrocknetem Schinken und Tomaten-Hollandaise nicht unbedingt neue Referenzerlebnisse zu erwarten, aber in jedem Fall deutlich mehr und individuellerer Charakter als an vielen anderen Orten. Etwa auch bei einem Burger mit Brioche Bun, Pulled Smoked Bio Hühnchen, Cheddar, Tomatenmarmelade und karamellisierten Zwiebeln oder den wahlweise süßen oder herzhaften Bowls.

Und bei einigen Spezialitäten trumpft das Team sogar richtig auf: Die Pasteis de Nata überzeugen in verschieden gefüllten Varianten mit buttrigem Blätterteig und cremiger und natürlich-aromatischer Füllung, die Franzbrötchen könnten locker auch im hohen Norden bestehen und auch bei den Kaffee-Spezialitäten und den frisch gepressten Saft-Kreationen legt sich die Crew richtig ins Zeug. Gemeinsam mit dem unkomplizierten Kiez-Charakter und der guten Stimmung, die insgesamt herrscht, macht ein Besuch in jedem Fall viel Freude.

Upper Burger Grill

Rankestr. 3,
10789 Berlin (Charlottenburg)
☏ 030-55221733
upperburgergrill.com
◉ Täglich von 12–23 Uhr, kein RT
Hauptgericht: 9–12 €

Handwerkliche, frische Burger und exklusive Steak-Cuts.

Volt

Paul-Lincke-Ufer 21,
10999 Berlin (Kreuzberg)
☏ 030-338402320
www.restaurant-volt.de
◉ Di–Sa ab 18.30 Uhr,
So u. Mo RT
Hauptgericht: 31–44 €,
Menüs: 75–94 €

Heimlich, still und leise mausert sich das originelle Restaurant in den Räumen des ehemaligen Umspannwerks von Kreuzberg mit seinem sehenswerten Industrial-Design und der kreativen Küche aus der Feder von Küchenchef Christopher Jäger und Inhaber Matthias Gleiß zu einem echten „Place to be" für Gourmetfoodies. Sehr gut gegessen hat man hier unter der Ägide der beiden Cuisiniers schon immer. Wie wir aber schon im letzten Jahr feststellen konnten, stellt sich das erfreulich originelle Kulinarium in jüngerer Zeit immer mehr scharf, werden von Mal zu Mal die Akzente noch deutlicher herausgearbeitet, wirken die Kompositionen zunehmend durchdachter.

An der kulinarischen Grundausrichtung der Küche und am Konzept mit zwei unterschiedlichen fünfgängigen Menüs hat sich auch weiterhin nichts geändert – außer der Tatsache, dass die vegetarische Speisefolgenvariante mittlerweile zu einer veganen geworden ist. Gekocht wird hier seit jeher sehr leicht und modern, mit Blick auf die regionale Produktvielfalt, aber ohne jedes Dogma. So kommt der Gast von heimischen Gemüsen bis zu exotischen Fischen in den Genuss verschiedenster Viktualien aus aller Welt, die mit Einfallsreichtum, Kompositionstalent und Fingerspitzengefühl zu unangestrengt wirkenden Menüs auf hohem Niveau werden. Dass Christopher Jäger jahrelang als Sous-Chef von Sebastian Frank im benachbarten Horváth tätig war, kann man hier und da durchaus erkennen. Allerdings nur, wenn man es weiß. Denn Jäger hat längst eine eigene Richtung eingeschlagen und sowieso noch nie irgendetwas kopiert, sondern einfach nur Einflüsse seiner Laufbahn geltend gemacht. Zum Amuse gab es auch diesmal wieder zwei Winzigkeiten, die das Zeug dazu hatten, bei Menschen, die der Gourmetküche skeptisch gegenüberstehen, das gute alte Nouvelle-Cuisine-Klischee von der einen Erbse auf großem weißem Teller zu befeuern – die aber auch sehr fein waren! Zum einen war da etwas Portobello-Pilz mit Mandelmayonnaise und Schalottenvinaigrette und zum anderen etwas Rosenkohl mit Zwiebelcreme und Schnittlauchöl. Clevere Akkorde der leisen Töne und schon gleich mal ein deutlicher Hinweis darauf, dass das Team um Christopher Jäger ausgesprochen gut mit Gemüse umgehen kann.

Die Vorspeise aus dem „normalen" Menü startete mit Rehschinken und Gelber Bete, die zusammen mit ein paar Segmenten von eingelegter Zwiebel und gerösteten Kürbiskernen kombiniert waren. Als Bindeglied und aromatische Grundierung fungierte hier ein ganz leicht viskoser Sud von der Roten Bete, der das Gemüse eher von seiner fruchtigen Seite zeigte. Einen originellen Twist verlieh dem Ganzen eine pronociert pfeffrige Note.

Ein ausgesprochen schöner, ausgereifter Gang war die Vorspeise des veganen Menüs, bei dem scharf angebratene Scheiben vom Lauch in angenehmer Konsistenz – also nicht zu weich, aber eben auch nicht mehr zäh – zusammen mit einem Tatar vom Kräuterseitling im Mittelpunkt standen. Aromatisch unterlegt von Lauchöl, geschmeidig zusammengehalten und schmelzig aufgeladen von einer Rapsöl-Mayonnaise, akzentuiert von Schnittlauchblüten und texturell erweitert von knusprig geröstetem Buchweizen entstand hier ein wirklich komplettes, rundes, vielschichtiges Ganzes.

Mit seinem relativ festen und doch zarten, ausgesprochen saftigen Fleisch war der gebratene Stör der perfekte Fisch-Partner für den in Apfelsud sous-vide gegarten, noch leicht knackigen Chicorée. Dessen natürliche Bitteraromen wurden von Holunderbeeren und der herben Süße eines Holunderbeerensuds harmonisch eingefasst, während etwas Creme von fermentiertem schwarzem Knoblauch die Aufgabe zugedacht war, für Tiefe und Hintergrundwürze zu sorgen. Was auch perfekt funktionierte!

Szenenwechsel ins vegane Menü – und wieder ein Volltreffer: diesmal mit Topinambur und geschmortem Spitzkohl als Hauptdarsteller, wobei die auch als Erdartischocke oder Sonnenblumenwurzel bekannte Knolle hier als ausgehöhlte, kross frittierte und mit einem Ragout ihrer selbst gefüllte Schale gar nicht so erdig, sondern vielmehr sehr röstwürzig und nussig daherkam, was durch eine Haselnusscreme noch befeuert wurde. Der Spitzkohl indes bekam von einem Kümmelpesto eine sehr markante und spannende Note, die wiederum sehr gut mit der Topinambur korrespondierte, wodurch sich der Kreis ausgesprochen harmonisch schloss. Die mit einer Röstgemüsecreme gefüllten Ravioli, welche in einem kraftvoll intensiven, dunklen Wurzelgemüsesud badeten, der von Liebstöckelöl eine kräuterwürzigen Kante und eine seidig-ölige Textur verliehen bekam, war der einzige Gang des Menüs, der etwas eindimensionaler und gemütlicher daherkam.

Aber quasi nur als kurzer Ruhepol, denn mit der gegrillten Rinderschaufel mit herausragender Fleischqualität, die bei kernigem Biss saftig und eigenaromatisch wie ein amtliches Wagyu-Beef war, folgte ein richtiger Knaller. Nur konsequent, dieses grandiose Stück Fleisch auf sehr kraftvoller, konzentrierter, aber zugleich beeindruckend transparenter Jus mit einer geschmorten, halbierten und auf den Schnittseiten je mit Haselnusscreme, Zitronenzesten sowie kleinen Chips von der Rindersehne applizierten Petersilienwurzel ganz puristisch zu begleiten. Originell und pointiert! Da erkennt man die Souveränität dieser Küche, Überflüssiges gekonnt wegzulassen und so markante minimalistische Gerichte entstehen zu lassen, die reduziert und doch komplett wirken.

Genau wie das Dessert, ein mit geräuchertem Honig glasiertes Kefir-Eis, das von einer mit eingelegten roten Stachelbeeren und Kefirmousse bedeckten, gebackenen Malzschnitte eskortiert wurde und dergestalt einen spannenden Akkord anstimmte. Die dunkle malzige Würze und die markante im Honig so harmonisch eingefangene Rauchnote in Kombination mit der laktischen Säure und dem Schmelz vom Kefir – das hatte was! Das war einerseits für einen Nachtisch aufregend andersartig und andererseits ganz harmonisch und zugänglich wie ein klassisches Dessert. Da erkennt man sehr deutlich das ausgeprägte Aromenverständnis des Chefs.

Wer zu jedem dieser originellen Gänge auch einen anderen Wein dazugestellt haben möchte, kann sich unbesorgt den glasweisen Empfehlungen anschließen, die nach unserer Auffassung allesamt sehr treffsicher ausgewählt werden. Ansonsten bietet die schöne Weinkarte genug Inspiration für eigene Ideen und alle Vorlieben – mit Schwerpunkt Deutschland, gefolgt von Österreich, Frankreich und iberischer Halbinsel, ergänzt um ein paar spannende osteuropäische Gewächse.

---

ohne Bewertung

Vox

im Hotel Hyatt Berlin
Marlene-Dietrich-Platz 2,
10785 Berlin (Tiergarten)
☏ 030–25531772
vox-restaurant.de
◔ Mo–Sa von 12–13.30 Uhr u. ab 18 Uhr,
So RT
Hauptgericht: 12–98 €,
Menüs: 80–93 €

Küchenchefwechsel in dem relativ großen, schlicht-modern designten Gourmetrestaurant Vox des Hyatt Hotels am Marlene-Dietrich-Platz: Stefan Pfeiffer, der im Sommer 2022 direkt aus Robin Pietschs Zeitwerk in Wernigerode in die Hauptstadt zurückkehrte, zeichnet ab sofort für seine erste Küchenchefstelle verantwortlich. Am betont weitläufigen, nicht nur wegen des separaten Sushi- und Sashimi-Programms stark asiatisch inspirierten Küche wird er ebenso festhalten müssen wie an manchem liebgewonnenem Hausklassiker – daneben dürfte es für den ambitionierten jungen Cuisinier aber genügend Freiräume geben, um sich kreativ auszuleben und das Vox künftig wieder stärker auf der kulinarischen Stadtkarte Berlins hervorzuheben. Wir sind gespannt auf den ersten Testbesuch in der kommenden Saison…

Bernkastel-Kues (Rheinland-Pfalz)

La Bonne Adresse

Am Ring 37,
54470 Bernkastel-Kues (Andel)
☏ 06531-97260
www.roussel.derestaurant
◔ Mi–So ab 17.30 Uhr,
Mo u. Di RT
Hauptgericht: 18–34 €

Abseits der Touristenströme der Moselmetropole, recht unscheinbar und ruhig in einem Wohngebiet am Hang, etwas außerhalb von Bernkastel-Kues gelegen, lädt das Restaurant von Familie Roussel, die auch mit einem eigenen Weingut aktiv ist, in zeitgemäß und schnörkellos gestaltetem Ambiente zu ambitionierter klassischer Küche. Neben der Auswahl an Gerichten à la carte gibt es ein Menü mit Fisch und Fleisch in bis zu sechs Gängen und eine vegetarische Speisefolge. Außerdem verrät ein Blick in die Weinkarte und auf die Tafel mit den besonderen Offerten an der Wand, dass hier Wein auch jenseits der eigenen Erzeugnisse ein anspruchsvolles Thema ist.

Die dreierlei Sorten hausgebackenes Brot nebst aufgeschlagener Butter und zwei verschiedenen Salzen ließ schon mal handwerkliche Ambitionen erkennen. Der kleine Küchengruß, ein rundes Schichtwerk aus buttriger Brioche, Rotweinzwiebeln, etwas vegetarischer Gänseleber, einem Tupfen Amarenakirsch-Marmelade und ein paar Parmesanflocken, zeigte sogleich, dass der Chef ein Händchen für stimmige Akkorde und für eine gewisse Feinabstimmung hat.

Beides ließ auch das von Hand gehackte, unter anderem mit Schalotten und Schnittlauch herzhaft angemachte Rindertatar erkennen, das leicht pikant und mit einer Nocke Crème fraîche sowie französischem Störkaviar getoppt den offiziellen Anfang machte. Obwohl, oder gerade weil diese Vorspeise so maximal reduziert daherkam und nichts Überflüssiges von diesen drei Hauptkomponenten ablenkte.

Als Zwischengang „dreierlei Fisch" in der Safranbouillon gaben sich in Gestalt eines mit intensivem Tomatenconfit getoppten Kabeljaus und einem mit Fenchel gekrönten Steinbutts streng genommen nur zwei Fische die Ehre, wurden aber von einer mit etwas grünem Spargel gedeckelten Jakobsmuschel komplettiert – wobei die beiden Fische der Muschel in Sachen Qualität und Frische eine Nasenlänge voraus waren. Die deutlich mit Safran abgeschmeckte Fischbouillon hatte Kraft und Balance, war nicht zu intensiv, aber gab den bis auf das Tomatenconfit recht zurückhaltenden Komponenten genug Oberwasser, so dass man es hier mit einem sehr schmackhaften maritimen Zwischengang zu tun hatte.

Dass der Chef ein Händchen für Fisch hat, konnte man auch am gebratenen Thunfisch sehr schön sehen. Der magere, selbst wenn er innen noch roh belassen wird, trotzdem sehr schnell zur Trockenheit neigende Thuna war hier nämlich überhaupt nicht trocken und spröde, sondern lag überraschend saftig und

maximal puristisch nur auf schwarzer Oliventapenade und wurde von einer Riesling-Nage mit
feiner Frucht, Säure und rahmigem Schmelz
umspielt. Da kann man nichts mehr weglassen,
muss aber auch nicht unbedingt etwas hinzufügen. Das ist rund und klar, herzhaft und zugleich mild, unkompliziert und schmackhaft.
So wie das salzig-laktische Gurken-/Joghurt-
Süppchen mit einem Hauch Minze im Cocktailglas, das als kleiner Schluck vor dem Hauptgang unaufdringliche Frische an den Gaumen
brachte und zu diesem Zweck viel besser funktioniert als ein süßes, fruchtiges Sorbet. Auch
die darauffolgende sehr gute Entenbrust nebst
kleiner krosser Praline mit saftigem Inhalt aus
Enten-Rilettes und kraftvoller Entenjus, die mit
Selleriemousseline, etwas knackigem jungem
Gemüse (Möhrchen, Zucchini, weißer Spargel,
Zuckerschoten…) ebenfalls wohltuend aufgeräumt arrangiert und in allen Komponenten
auf den Punkt gebracht war, machte in dieser
Form wirklich Freunde. Und sie korrespon-
dierte sehr gut mit dem dazu empfohlenen
Côte du Rhône.
Etwas schwächer präsentierte sich dagegen der
Nachtisch, was nicht an der handwerklichen
Umsetzung von einer geschichteten Matcha-
Schnitte nebst weißer Schokoladencreme mit
karamellisiertem Erdbeerdeckel und Sauerrah-
meis lag, sondern eher an der sehr verhaltenen
Aromatik. So schmeckte die dem Namen nach
mit dem japanischen Grüntee aromatisierte
Schnitte allenfalls ein wenig nach Limette und
die Schokoladencreme vorwiegend sahnig.
Den guten Gesamteindruck, den wir bei unse-
rem ersten Besuch von der Küche bekamen,
konnte dies allerdings überhaupt nicht trüben.

Bescheid (Rheinland-Pfalz)

Zur Malerklause

im Hofecken 2, 54413 Bescheid
📞 06509-558
www.malerklause.de
🕐 Do–Sa ab 18.30 Uhr,
So von 12–14 Uhr, Mo–Mi RT
Hauptgericht: 32–44 €,
Menüs: 72–106 €

Ein Besuch in der Malerklause im beschaulichen Bescheid, unweit des Moseltals, wirkt auf
uns immer wie eine kleine Zeitreise, denn das
Restaurant von Familie Lorscheider mit seiner
nobel-nostalgischen Wohnzimmeratmosphäre,
dem familiären Service und einer von jeglichen
Trends und Moden befreiten klassisch französischen Küche hebt sich auf charmante Art
vom Gros der zeitgeistigen Gourmetrestaurants ab. Wer hier zwischen Tapete mit Blumenornamentik, dicken Teppichen und ver-
spieltem Dekor an den großzügig gestellten
Tischen Platz genommen hat, braucht andererseits aber auch keine Angst vor antiquierter
oder gar behäbiger Küche zu haben. Denn was
Georg Lorscheider hier in einer One-Man-
Show auf die Teller bringt, zeigt nicht nur viel
klassische Substanz in jedem Detail, sondern
auch ein gutes Verständnis dafür, wie mit cleveren Kombinationen auch ohne technischen
Extremaufwand viel Schwung und Spannung
auf die Teller gebracht werden kann.
Das demonstrierte auch beim letzten Besuch
bereits der verfeinert rustikal gehaltene Küchengruß, der mit einem schlank zugespitzten
Tomatensüppchen und rosa Rindfleischschei-
ben neben feinsäuerlich-cremigem Kartoffelsalat illustrierte, wie elegant sich selbst so
scheinbar profane Sachen zubereiten lassen –
sofern man weiß, wie's geht. Und das stellte der

Chef nach diesem leicht augenzwinkernden Understatement-Einstieg auch beim ersten regulären Gang unter Beweis: Der kraftvolle Charakter eines (mild) heiß geräucherten Lachsfilet mit glasigem Kern wurde hier einerseits durch verschiedene, teils konzentrierte, teils buttrig-milde Tomatenzubereitungen, zarten Fenchel und Artischocke mit markanten Gemüsearomen ergänzt – andererseits von einem süßlich-zitronigen Kopfsalatpesto und herben Bittersalaten mit Frische und Leichtigkeit versehen. Und das alles bis zu den zart gerösteten Pinienkernen und einer mit Rosmarin gefüllten grünen Olive in gut ausbalancierten Proportionen.

Deutlich kraftvoller, aber nicht weniger gelungen, war die uns in ähnlicher Form bereits bekannte Kombination aus knusprig zarter Wachtelbrust und -keule mit schmelzenden Kalbskopfwürfelchen, die gemeinsam mit mild duftigem schwarzem Trüffel rund um einen für Frische sorgenden Karotten-Krautsalat drapiert waren. Einige exakt dosierte nussig-erdige Berglinsen und eine voluminöse, mit röstwürziger Süße und eleganter Säure spielende Wachtelsauce rundeten das Ganze zu einem Eindruck ab, der ebenfalls schon ziemlich dicht an der 7-Pfannen-Marke kratzte.

Das galt im Anschluss auch für das straffe, kernige Lammkarree unter saftiger Kräuterkruste, dessen feinwürziger Eigengeschmack von einer erneut ebenso kraftvollen wie eleganten Rosmarinsauce unterstützt wurde – auch wenn die Umgebung aus Sellerie- und Kartoffelcreme, einem (leider etwas zähem) gebackenen Kartoffelbällchen sowie kleinen Klecksen von Rahmwirsing, Steinpilzen und weißem Bohnenragout hier ein klein wenig schwerfälliger wirkte. Dank den auch an dieser Stelle exakten Proportionen fiel das allerdings nicht zu sehr ins Gewicht.

Den einzigen kleinen Ausrutscher des letzten Besuchs gab es beim Zanderfilet mit Miesmuscheln und Rieslingschaumsauce – und zwar schlicht deswegen, weil der sous-vide gegarte Fisch zwar schmeckbar frisch serviert wurde, mit seinem ansonsten aber ausdrucksschwachen Kochgeschmack nicht alles preisgeben konnte, was in ihm steckte. Gegenüber der schlicht „kleines Gemüse" überschriebenen Umgebung aus unterschiedlichsten, jeweils geschmacksstark auf den Punkt gegarten Gemüsevarietäten von Blumenkohl über grüne Bohnen bis Staudensellerie, den Miesmuscheln und der stoffig-cremigen Sauce geriet der Zander selbst so ein wenig ins Hintertreffen.

Dafür bot die finale Dessertvariation einen ebenso typisch unmodischen wie souveränen Abschluss mit saftig-knuspriger Apfeltarte neben würzigem karamellisiertem Apfeltrester-Parfait und luftiger Vanillecreme, sowie frischen Beeren aus dem eigenen Garten neben Waldbeeren-Parfait unter Mandelkrokant, bei der zwar keine stylische Optik, dafür aber viel Geschmack auf dem Teller zusammenkamen.

Und erfreulicherweise lohnt nicht nur die Küche einen Besuch, sondern auch die Weinauswahl, die vor allem mit vielen bekannten und unbekannteren Gewächsen von der Mosel glänzt, allesamt fair kalkuliert und das auch bei spannend gereiften Flaschen älterer Jahrgänge.

Beuerbach (Bayern)

Büffelhof Beuerbach

Benediktstr. 4, 86947 Beuerbach
☏ **08195–1533**
www.bueffelhof-beuerbach.de
⊙ **Mo u. Fr. ab 17 Uhr, Sa u. So ab 11 Uhr durchgehend, Di–Do RT**
Hauptgericht: 14–32 €,
Menüs: 44–98 €

Schon seit drei Jahren empfehlen wir den Büffelhof in Beuerbach bei Landsberg am Lech, der im Grunde genommen schon allein wegen der originellen Location den Besuch lohnt. Der aber eben auch eine sehr gute ambitionierte Küche bietet, die sich sowohl qualitativ, aber auch stilistisch klar vom Durchschnitt abhebt. Das junge und kreative Team um Amelie Schweisfurth, Valentin Schwencke und Vuong Pham Huu kocht in den ehemaligen Stallungen rund um ein stattliches Gehöft, in denen vor gar nicht allzu langer Zeit tatsächlich noch eine Büffelherde gehalten wurde, mit viel Können und Fantasie einen sehr zugänglichen und trotzdem außergewöhnlichen Stil.

So dreht sich in dem großen, geschmackvoll renovierten und unkompliziert aber dennoch anspruchsvoll bewirteten Saal, in dem trotz der Größe (und nicht bloß wegen eines gigantischen offenen Kamins) eine sehr behagliche Atmosphäre herrscht, auch kulinarisch sehr vieles um die namensgebenden zotteligen Langhörner: Mozzarella aus Büffelmilch, verschiedene Würste oder Schinkenspezialitäten vom Büffel, die kreativ in verschiedene Gerichte integriert werden – aber natürlich auch das Fleisch selbst, von dem nicht selten auch unpopulärere Stücke und Innereien zu haben sind, machen einen Teil des Kulinariums aus. Denn obwohl hier mittlerweile keine Büffel mehr gehalten werden, arbeitet man eng mit dem befreundeten „Hof am Meer" im niedersächsischen Stadland zusammen, wohin einst die stattliche Herde verkauft wurde.

Es gibt aber auch jenseits der Büffelprodukte spannende Dinge auf den Tellern. Neben einigen einfallsreichen vegetarischen Gerichten etwa Fisch vom renommierten Züchter Nikolai Birnbaum, oder köstliches Fleisch vom Wollschwein, das wir bei unserem letzten Besuch in Gestalt eines panierten Schnitzels mit wunderbar lockerer und knuspriger Panierung (und sehr feinem, nussigem Geschmack!) nebst mustergültigen Röstkartoffeln serviert bekamen. Derlei zupackende gutbürgerliche Gerichte sind aber eigentlich die Ausnahme, denn das Trio am Herd hat schon eher avancierte Küche im Sinn. Und es verdeutlicht dies auch mit einem bis zu sieben Gänge umfassenden Menü in kleinen Portionen, das dann schon klar in Richtung Gourmetniveau geht.

Überhaupt hat sich das Team wieder ein wenig gesteigert und bringt die Ideen jetzt noch präziser und fokussierter aufs Porzellan, was wir in diesem Jahr gerne mit einer verdienten Höherstufung auf 6 Pfannen honorieren wollen. Sehr fein ging es schon mit Carne Salada vom Büffel los, jenem dünn aufgeschnittenen Pökelfleisch nach einer typischen trentinischen Spezialität, das hier schon immer in immer etwas unterschiedlichen Varianten zur Disposition stand – und diesmal als Vorspeise des Menüs zusammen mit fermentiertem Weißkraut, Kartoffelkäs und eingelegter Senfsaat zu einem ebenso vollmundigen wie erfrischen leichten Auftakt serviert wurde. Noch eleganter und prononcierter präsentierte sich allerdings eine weitere, à la carte angebotene Carne-Salada-Version, bei der das saftige Fleisch locker flockig und gut proportioniert mit Lauchcreme, Zitronengel und Pane Carasau auf einem Spiegel von erfrischender Tomaten-/Lauch-Vinaigrette arrangiert war.

Als fleischlose Alternative bot sich eine raffinierte Vorspeise um Büffelmozzarella und in Whisky eingelegte Birnen an, die zusammen mit dünnem knusprigem Röstbrot, eingelegter Senfsaat, etwas Mayonnaise und Portulak zu einer aparten und nicht zuletzt durch die markante Whiskynote auch recht überraschenden und finessenreichen Angelegenheit kombiniert wurden. Ein weiterer origineller Gang, diesmal jedoch wieder mit Büffel-Kontext, war die Essenz vom Blaukraut, in der mit Büffelfleisch gefüllte Gyoza nebst Lauch und Ingwer einen schönen Akzent setzen konnten.

Aber das Team kann auch mit Fisch sehr gut umgehen, wie eine perfekt fleischig-saftig auf den Punkt gebrachte und auf der Oberseite raffiniert mit Avocadocreme, krossen Topinambur-Flakes und Karottenchips bestückte Schnitte vom Stör eindrucksvoll aufzeigte. Hier fiel die Küche nach unserem Geschmack aber dennoch ein wenig zu sehr in alte Muster zurück, denn der als Produkt ganz hervorragende Fisch wurde nicht nur von den avisierten bunten Karotten, besagter Topinambur und den zwar sehr schön lockeren, im Kontext mit dem feinen Fisch aber etwas zu üppigen Getreidenockerl begleitet, sondern auch von einer Lauchcreme und einer Art Beurre blanc, was alles zusammen schon gut geschmeckt hat, aber irgendwie auch etwas too much war. Deutlich puristischer umspielt wäre der Stör noch viel besser zur Geltung gekommen.

Nichts zu viel und nichts zu wenig war dann bei dem sehr schönen Hauptgang um „Allerlei vom Büffel", bei dem sich Kurzgebratenes (wahrscheinlich Entrecôte), Geschmortes (Schulter) und butterzarte gekochte Zunge zusammen mit Butternutkürbis, Schwarzwurzeln, Schmorzwiebelcreme und kleinen Butterklößchen um einen runden See aus einer Art Büffel-Beuscherl mit animierendem Säurespiel tummelten. Viel Produktcharakter, gute Qualitäten, tadelloses Handwerk, aparte Proportionen... Da erkennt man, dass hier noch einiges möglich und mittelfristig sicher zu erwarten ist!

Denn auch die Desserts konnten diesmal rundum begeistern! Neben einem mit marinierter Quitte und Vanilleeis bestückten Quader aus saftigem Dinkel-Schokokuchen war es insbesondere die kreative Kreation aus dunkel besprenkelter weißer Schokoladenmousse nebst Eis und frittierten Blättern von der Petersilie sowie verschiedenen Komponenten von der intensiven Meyer-Zitrone (Confit, Lemon Curd, eingelegte kandierte Zesten, knusprige getrocknete Scheiben...). Da gab es als Schlussakkord noch einen Überra-

schungseffekt mit deutlichem Spannungsbogen und dennoch harmonisch-runden Dessertgenuss!

Biberach a. d. Riß (Baden-Württemberg)

Ente

Gymnasiumstr. 17,
88400 Biberach a. d. Riß
📞 07351–13394
www.restaurant-ente.de
✆ Mo ab 17.30 Uhr,
Di–Sa von 11.30–14 Uhr u. ab 17.30 Uhr,
So u. Fei. RT
Hauptgericht: 14–26 €,
Menüs: 34–48 €

Zentral inmitten der Biberacher Altstadt gelegen, hat sich das gepflegte Gasthaus der Familie
Gebhart mit seinen beiden gemütlichen Gasträumen, der großzügigen Terrasse und einer
anspruchsvollen, stilistisch vielseitigen Küche,
als beliebter Anlaufpunkt etabliert. Dafür, dass
man sich unmittelbar wohlfühlt, sorgt Gastgeberin Claudia Gebhart auf charmant herzliche Art, während ihr Sohn Benjamin in der
Küche mit traditionellem Handwerk und guten
Produkten für das kulinarische Wohlfühlpro-
gramm sorgt.
Das Spektrum reicht dabei von schwäbischen
Klassikern wie Käsespätzle im Pfännle mit
Zwiebelschmelze und Salat oder dem in diesen
Breitengraden völlig unverzichtbaren Zwiebelrostbraten mit Bratenjus, geschmelzten und
krossen Zwiebeln sowie Spätzle, über mediterran Angehauchtes bis hin zu Abstechern in die

große weite Welt. Allen Offerten gemeinsam ist
allerdings eine fundierte, sorgfältige Zubereitung und der Anspruch an die Qualität und
Frische der verwendeten Produkte.
Diese wurde beim letzten Besuch auch direkt
sehr gut sichtbar und schmeckbar, bei einem in
asiatischem Gewand präsentierten, ansprechend gröber geschnittenen Lachstatar: Das
war auf recht forsch zupackende Art von einer
wasabischarfen Kräuterpaste sehr prononciert
gewürzt und wirkte so gemeinsam mit einem
kleinen Kräutersalatbouquet, einem Minirösti
und Seehasenrogen durchaus animierend, stellte aber nicht direkt den Lachs in den Vordergrund.
Bei der folgenden tiefgründig-klaren Rinderkraftbrühe nebst zarter Maultasche mit Spinat-
Fleischfüllung zeigte sich trotz der schlichten
Art in einem gut balancierten, komplexen und
natürlichen Geschmack, wie handwerklich
sauber das Team arbeitet. Das hatte auf seine
traditionelle, unverkünstelte Art durchaus so
etwas wie Referenzcharakter.
Die Fjordforelle mit knusprig-salziger Haut
und zartem, gerade durchtemperierten Fleisch
erfreute dann wieder mit ihrer hohen Qualität
und machte in dem denkbar schlichten Umfeld
aus knackigen kleinen Nordseekrabben, Quellern und angequetschten Kartoffeln eine sehr
gute Figur. Auf rustikale Art war das ein gelungener Hauptgang, der mit einer Sauce oder anderen feineren Akzenten vielleicht noch gewonnen hätte, aber durchaus auch so überzeugen konnte.
Ebenfalls rustikal – und ebenfalls dennoch
überzeugend – fiel auch das Dessert rund um
herbe Schokoladenmousse zwischen Blätter-
teigkreisen, duftige Stücke von Safranbirne und
ein klarfruchtig helles Birnensorbet aus. Geschmack rangierte hier klar vor Optik und
schaffte den Beweis, dass auch ohne detailreiche Basteleien niveauvolle Ergebnisse möglich sind.
Damit bleibt unter dem Strich ein weiterhin
positiver Eindruck, auch wenn viele Gerichte
konzeptionell ein wenig schlichter wirkten als
noch vor einigen Jahren. Gelernt ist gelernt!
Und so überzeugen die Teller von Benjamin
Gebhard auch mit etwas weniger Aufwand sehr
gut. Und auch die Weinkarte mit einer guten
Auswahl an lohnenden Schoppen aus dem
Ländle und fair kalkulierten hochwertigere Flaschen internationaler Erzeuger kann sich nach
wie vor sehen lassen.

Historisches Gasthaus Buschkamp

**Buschkampstr. 75,
33659 Bielefeld**
☎ **0521-492800**
www.museumshof-senne.de
☺ **Mi–So ab 12 Uhr durchgehend,
Mo u. Di RT**
Hauptgericht: 11–36 €

Die Zeitreise in vergangene Epochen beginnt schon bei der Anfahrt in das Freiluftmuseum Senne, in dem sich neben dem historischen Gasthaus mit dem „Backspeicher" auch gleich noch ein Naturkostladen befindet, der eine umfangreichen Auswahl der hauseigenen Linie „(F)eingemachtes" vom Herd des Küchenchefs offeriert. Das mit urigem Gebälk, offenem Kamin und über Jahrzehnte gewachsener Patina äußert einladende Refugium von Silvio Eberlein präsentiert sich den Gästen als herrlich nostalgisch anmutende Fachwerklokalität – eben nicht aus installiertem Replika-Dekor, sondern mit authentisch musealem Charme, aufgelockert durch augenzwinkerndes Accessoire.

Und das Wichtigste gleich vorweg: Die Unregelmäßigkeiten im kulinarischen Programm, die beim Vorjahresbesuch fast durchwegs den Genuss schmälerten, waren diesmal überhaupt kein Thema mehr! Die Küche präsentierte sich vielmehr sogar noch eine Spur fokussierter und in der Ausführung präziser als in den Jahren zuvor. Denn selbst wenn die Crème brûlée von der Gänseleber bei der Vorspeise noch etwas poltrig süß daherkam, unterstrich bereits das „Minute vom Steinbutt" das wiedererlangte,

uns vertraute Niveau der Kochkünste von Silvio Eberlein und dessen Team: Der dünn aufgeschnittene, fächerförmig drapierte Fisch glänzte da mit feinem Eigenaroma und bekam, akzentuiert durch etwas körnigen Senf und eine authentisch olivenölfruchtige und zitrisch angespitzte Sauce Vierge, schon besten Background. Und der wurde von behutsam angegrillten Zucchinistiften und einem umamisatten Tomatenkompott zusätzlich gepusht. Exakt abgestimmte Mediterránita im Ostwestfälischen!

Im Menü setzt die Küche thematisch sowieso verstärkt auf den Mittelmeerraum, was ihr offensichtlich gerade bei Fisch und Schalentieren besonders gut von der Hand geht. So machte schon die Kombination von fließend-nussiger Beurre noisette und einem „grünen" Gemüseduett aus Erbsen und Edamame kompositorisch Sinn und zeigte sich auch als tragfähiges Podest für die rösch angebratene, schön kompaktfleischige Jakobsmuschel und eine daneben platzierte Hummerschere als zusätzlichen maritimen Mitspieler.

Eine unnötige Sous-Vide-Tortur ersparte Eberlein dann seinen Hirschrückentranchen, die klassisch gebraten und so mit feinem Biss, schön rosa, aber eben auch satt saftig nebst angenehm herb angespitzter Cranberryjus und säuerlich aufploppenden Beeren aufgetragen wurden. Die erdig-süßliche Petersilienwurzel (als halbierte Stange und Creme) sowie drei (!) Steinpilz-Tortelloni im XXL-Format lieferten dem Wild noch Sättigung auf Augenhöhe und rundeten den heimischsten Gang des letzten Besuchs sehr stimmig ab. Übrigens ein Teller, bei dem die Küchenleistung locker mit sechs Pfannen zu bewerten gewesen ist.

In die gleiche Richtung tendierte auch das Dessert um Valrhona-Schokolade „pur". Die Varianten der Schokolade des in der Gastronomie international weitverbreiteten französischen Herstellers waren als Ganache, Brownie, Sand und Sorbet durch die Bank nicht nur geschmackliche, sondern auch texturelle „Role-Models", wurden mit frischen Himbeeren und einem Pfefferminzsträußchen nur minimal dekoriert und so in ihrem puristischen Auftritt nicht gestört. Volle Produktkonzentration – mal schmelzig, mal luftig, mal stoffig… und alles sehr fein!

Der sympathische Service um Maik Sander berät wie eh und je so kompetent wie souverän und rückt auch die feine Weinauswahl sowie die eindrucksvolle Spirituosensammlung des Hauses, die prominent mitten im Gastraum präsentiert wird, ins rechte Licht.

Höptners Abendmahl

Johannisstr. 11a,
33611 Bielefeld (Schildesche)
☎ 0521-86105
www.abendmahl-restaurant.de
◕ Di–Sa ab 18 Uhr,
So u. Mo RT
Menüs: 75–100 €

Ohne blasphemisch zu sein, kann man nach dem Besuch in Sebastian Höptners Restaurant in der Altstadt von Schildesche getrost vom „letzten Abendmahl" berichten – und wird wahrscheinlich noch länger vom dort gebotenen gastronomischen Angebot angetan sein. Im rustikalen Ambiente des Kaminzimmers genießt es sich nämlich genauso entspannt, wie im angrenzenden Separee, das auch genügend Platz für eine Familienfeier im engeren Kreis bietet. Und wer es etwas hemdsärmeliger mag, kommt im Weinlokal „Erbsenkrug" gleich nebenan definitiv ebenfalls auf seine Kosten.

Denn ganz egal wo man Platz nimmt: Setting und Küche passen hier immer sehr gut zusammen. Obwohl, oder vielleicht auch gerade, weil Höptner und sein Team beide Restaurantkonzepte aus einer Küche heraus bespielen. Doch auch wenn sich der Unterschied auf Karte und Teller naturgemäß deutlich zeigt, ist die Linie des Küchenchefs in beiden Abteilen verfeinert-regional, auch wenn der Anteil an von weiter weg angereisten Edelprodukten und aufwendigeren Arrangements im Gourmetbereich freilich ungleich höher ist. Dennoch zeigte sich auch heuer wieder, dass der bodenständig gebliebene gebürtige Westfale seine Gerichte gerne auf traditioneller Basis aufbaut, um diese dann gekonnt (meist asiatisch) anzuspitzen und auszupendeln. Der satte, herzhafte Grundsound seiner Kreationen ist dabei immer deutlich zu schmecken, ohne in irgendeiner Weise aufdringlich oder penetrant zu wirken.

Auf der handwerklichen Seite zeigte sich dies schon bei der röstig-cremigen Nussbutter, die zum gewohnt guten Brot der ortsansässigen Bäckerei Wulfhorst als glänzend abgedrehte Nocke präsentiert wurde. Genauso überzeugend war auch der einleitende Apero-Snack in Form eines mit Pilzcreme gefüllten Cornetto, der mit einem kleinen Quader vom Saiblingsfilet aromatisch ebenfalls nicht überladen wirkte. Weniger war hier einfach mehr!

Diese zurückhaltende Art, mit wenigen handverlesenen Zutaten in bester Zubereitung aromatisch nachhaltige Eindrücke zu generieren, erlebten wir so schon beim Besuch im Vorjahr. Und auch heuer zeigte sich diese Ausrichtung wieder fast durchgängig in Form prägnanter und stringenter Kompositionen, die sich erfreulich weit abseits des Mainstreams bewegen, ohne deshalb gleich avantgardistisch zu wirken. Wie zum Beispiel der schlicht als „Herbstgemüse" titulierte Opener, der Selleriesorbet und blanchierten Lauch mit Feldsalatcreme zusammenbrachte, um das ganze letztlich mit Kohlsud zu umspülen und mit Malzbier-Erde auf Basis von Pumpernickel zu grundieren. Ein schön erdig-gemüsiges, fest in der Region verwurzeltes Arrangement, das vor allem von der starken Präsenz der Einzelkomponenten profitierte und die Jahreszeit gekonnt und tiefgründig reflektierte.

Gerade weil wir diese satte, aber eben niemals poltrige Ausrichtung der Küche so sehr schätzen, fallen dann schon geringere Abweichungen umso mehr auf: Weil wir die ungemein intensive und zugleich perfekt ausgewogene Hummerbisque vom Besuch im letzten Jahr noch so deutlich auf der Zunge hatten, konnte diesmal im direkten Vergleich das „Rehfondue" nicht ganz mithalten. Hier fehlte es einfach sowohl an aromatischer Durchschlagskraft als auch an Körper, was sich zunächst an einem schmalbrüstigen Fond auf Basis von Kombu-Algen festmachen ließ und schließlich auch durch die recht blass schmeckenden Rehfilet-Tranchen und aufgeweichte Röstzwiebeln unterstrichen wurde. Hier fehlte einfach eine haptische Kante und/oder eine aromatische Spitze, die vielleicht allein schon durch weniger Flüssigkeit und trockener platzierte Zwiebeln zu erreichen gewesen wäre.

Dass dies allerdings eine Ausnahme im ansonsten wieder durchweg überzeugenden Menü bleiben sollte, wurde schon gleich im Anschluss sowohl bei Kohlenfisch, also auch bei Barbarie-Entenbrust offenbar. Das kulinarische Rad erfindet Höptner hier natürlich nicht neu, aber eine individuelle Herangehensweise kann man ihm sicher nicht absprechen. So erschien der rösch auf der Haut gebratene Fisch zum Beispiel mit seinen wunderbar schmelzig-saftigen Lamellen und einem klar herausgestellten jodigen Charakter im Gefolge einer auf den ersten Blick sehr rustikalen Entourage, die aber letztlich ein herrlich süffiges, fast süchtig machendes Geschmacksbild komplettierte: Auf einem Podest von Schinkengraupen, das mit einer Zwischenschicht aus gehobeltem und blanchiertem Spitzkohl noch bodenständiger wirkte, thronte der perfekt auf den Punkt gebrachte Kohlenfisch, während eine recht buttrige (und leider nicht ganz so säurestraffe) Beurre blanc zwischen beiden Ebenen vermittelte. Gourmetküche? Unbedingt! Aber eben nicht mit scheuklappenartigem Einsatz der immer gleichen Edelprodukte und Kombinationen, sondern die kluge Verbindung vermeintlich alltäglichen Viktualien. Eine ganz typische Abendmahl-Kreation, die fast schon nach Nachschlag verlangte…

…wäre da nicht noch die im besten Sinne klassisch geratene und überdies großzügig portionierte Barbarie-Entenbrust gewesen, die mit impulsiver Wildgeflügelnote, attraktiv röscher Haut und perfekt medium gebratenem Fleisch den Hauptgang prägte. Deren traditionelle Begleitung durch Knödel und Rotkohl variierte die Küche nur minimal – aber mit maximalem Effekt! Die nur vermeintlich profane Sättigungsbeilage wurde nämlich in Form eines Serviettenknödelriegels mit herrlich kompaktem Innenleben zum perfekten Soßenträger für eine dicht-stoffige Jus, auf den Punkt genau reduziert, während das Blaukraut als geschmortes Röllchen und in Cremeform den Gang süß-säuerlich abrundete. Natürlich kein Innovationsfeuerwerk, aber in der Form durchaus ein Gang, der Maßstäbe setzt.

Nach dem Motto „2 aus 4" spielte die Patisserie zuletzt mit Kürbis, Orange, Vanille und Safran. In allen Elementen (Gel, Kuchenriegel, Confit, Sorbet…) waren mindestens zwei Zutaten vertreten, in keinem aber alle vier. Dass solch eine Vorgabe zu einer schmackhaften Melange von bitteren, sauren, erdigen und gewürzigen Eindrücken in vielfacher Variation führt, liegt auf der Hand – dass dies aber so spielerisch locker daherkommt, ist keine Selbstverständlichkeit. Chapeau!

Beim Thema Wein gibt es einen klaren Standortvorteil, da das Team um Sebastian Höptner auch eine kleine Weinhandlung betreibt. Der Schwerpunkt liegt hier ganz offensichtlich bei deutschen, gerne gereiften Rieslingen, aber natürlich sind auch beste Tropfen aus der weiten Welt zu haben. Nach den Lieblingen des Gastgebers zu fragen, lohnt sich besonders, da oftmals auch Rares glasweise zu haben ist!

Tomatissimo

Am Tie 15, 33619 Bielefeld
☎ 0521-163333
www.tomatissimo.de
⏱ Mi–Sa ab 18 Uhr, So von 12–14 Uhr u. ab 18 Uhr, Mo u. Di RT
**Hauptgericht: 21–50 €,
Menüs: 64–98 €**

Auch wenn es auf den ersten Blick so scheinen mag – ein typischer „Italiener" im üblichen Sinn ist das Restaurant von Bernhard Grubmüller im Bielefelder Ortsteil Kirchdornberg nicht. Der ursprünglich aus Bayern stammende, inzwischen aber längst in Bielefeld heimische Chef ist zwar sehr italophil und kocht auch so, hat aber darüber hinaus aber auch ein gutes Händchen für andere Länderküchen und ist in der Spitzengastronomie gut vernetzt, bietet also letztendlich ein viel breiteres kulinarisches Spektrum, als man es von den meisten traditionellen Ristoranti kennt.

Neben diversen Dry-Aged-Cuts vom Holzkohlegrill oder dem großen Hausklassiker Spaghetti aus dem Parmesanlaib locken hier selbstverständlich auch kompositorisch anspruchsvollere mediterrane Kreationen, die mit edlen Zutaten aus der Gourmetabteilung in Szene gesetzt werden. Ein zugegeben breites Programm, mit dem sich der erfahrene Chef aber dennoch nicht verzettelt. Es ist über die Jahre gewachsen, wirkt stimmig wie aus einem Guss und lockt vor allem viele Gäste in das etwas abseits gelegene Örtchen.

Die treuen Fans von Grubmüller und dessen Küche erfreuen sich dann genauso wie wir an frisch gebackener Tomaten-Focaccia, die in

Kombination mit gutem Olivenöl deutlich mehr Spaß machte als das mit Trüffelöl überparfümierte Maronensüppchen, mit dem die Küche zuletzt grüßte. Ganz und gar nicht überreizt wirkte hingegen der eigentliche Auftakt: ein sanft randgebratenes, schön fleischig-süffiges, mit pfeffrigem Wacholderöl mariniertes Reh-Carpaccio wurde da von knackigem Rotkohlsalat, Grünkohl (als frittierte Blattspitzen und Creme) sowie fruchtig-spitzen Preiselbeeren begleitet und zeigte sehr schön, was Grubmüllers Küche auszeichnet. Bereits tausendfach variierte Antipasti alla Insalata Caprese sind die Sache des einfallsreichen Küchenchefs jedenfalls nicht.

Auch Inspirationen aus anderen kulinarischen Ecken des Erdballs bereichern die Tomatissimo-Kreationen und bringen im Idealfall den entscheidenden Aha-Effekt. So wie beim Arrangement von gerösteter Roter Bete, deren Erdigkeit mit Ziegenfrischkäse und sahniger Wasabicreme gepikst und letztlich mit getrockneten, hauchdünnen Apfelscheiben und Pinienkernen akzentuiert wurde. Geschickt gesetzte Gegensätze, die in Summe ein ausgewogenes und schmackhaftes Ganzes ergeben, dabei in irgendeiner Weise konstruiert zu wirken.

Kleinere Unebenheiten wie beim minimal zu lang gegarten und dadurch leicht faserigen Weißen Heilbutt fallen innerhalb der ansonsten sehr sorgfältig zubereiteten und klug fokussierten Arrangements nicht allzu sehr ins Gewicht. Das üppige Filet in Brickteig einzupacken war nämlich prinzipiell genauso eine gute Entscheidung, wie das ganze Paket auf etwas Spitzkohl zu drapieren und rundum mit säurestraffer Limettensauce zu umspülen. Ein frisch-gemüsiges Umfeld für den aromatisch präsenten Heilbutt, der mit seiner kross gebackenen Hülle noch einen Clou lieferte, durch den das Ganze auch texturell aufgewertet wurde.

Einen der traditionellsten Klassiker der italienischen Küche zelebrierte das Team am Herd dann übrigens so authentisch, dass es den Teller auch im Herkunftsland ohne Zweifel spiegelblank zurückbekommen würde: Die „Tagliata alla fiorentina" überzeugten nämlich schon dadurch, dass die großzügig portionierten Rindfleischtranchen 3 Millimeter dünn aufgeschnitten nicht Gefahr liefen, in der Ofenhitze zu trocken oder zäh zu geraten und letztlich mit schönem Garverlauf von röstig bis medium überzeugten. Mit einem waldigen Pilzragout getoppt sowie mit Knoblauch, Rosmarin, Olivenöl und grünen Pfefferkörnern versehen, war das wohl „italienischste" Gang des letzten Besuchs – und gleichzeitig ein klares Statement

für die unverfälschte und gerade deswegen so soulige Landesküche.

Mit einem echten Highlight schloss dann die Patisserie ein ohnehin schon sehr ansprechendes Programm ab – und das fast schon eine Pfannen-Etage höher als der diesjährige Gesamteindruck! Dem duftigen Parfait von Earl Grey Tee, das mit feinbitteren Noten die Basis bildete, lieferten mit Bergamotte aromatisierte Quittenschnitze eine reizvolle fruchtige Erweiterung, während einige Streifen „Dulce de Leche" das Ganze karamellig süßten und mit Grenadine rot gefärbte Orangenzesten das bitter-süße Trio komplettierten. Ein Dessert, das erfreulicherweise auch mit sehr wenig Zucker auskam.

Völlig undogmatisch ist auch die Weinkarte eben nicht nur mit italienischen Tropfen bestückt, sondern versammelt neben deutschen, französischen und spanischen Erzeugnissen auch Gewächse aus Übersee, die übrigens allesamt zum halben Restaurantpreis auch zum Mitnehmen zu haben sind.

Bietigheim (Baden-Württemberg)

Maerz – Das Restaurant
im Hotel Rose
Kronenbergstr. 14,
74321 Bietigheim
📞 07142-42004
www.hotel-rose.de
⊘ Mi–Sa ab 18 Uhr, So–Di RT
Menüs: 129–149 €

EC 💳 ⬤ VISA ℗ ♿

Wer wissen möchte, wie ein traditionsreiches Haus seinen über die Jahre gewachsenen Charme erhalten und gleichzeitig am Puls der Zeit bleiben kann, der bekommt in dem schmucken Hotel Rose in Bietigheim-Bissingen einen sehr guten Eindruck davon. In dessen Restaurant sorgen zwischen Holztäfelung und Butzenglasfenstern unter anderem moderne Lampen und Dekordetails für eine gewisse Eleganz, ohne an der historischen Behaglichkeit des Traditionshauses zu rühren. Und auch sonst verbindet das gesamte Team viel Komfort gekonnt mit zeitgemäßem Schwung. Benjamin und Christian Maerz in Küche und Service haben hier im elterlichen Betrieb, nachdem sie nach dem Tod des Vaters sehr früh in die Verantwortung gerufen wurden, eine beachtliche Leistung vollbracht!

Insbesondere die von Vorbildern quasi unbeeinflusste Entwicklung der Küche hin zu einem eigenen Stil, in dem ausgesuchte Produkte aus der weiteren Region mit Aromen der weiten Welt zusammengeführt werden, ist beeindruckend – und führt zu spannenden Ergebnissen. Das zeigten zuletzt auch bereits die ersten Kleinigkeiten zum Aperitif, darunter ein Cornetto mit bissest-cremigem, feinwürzigem Bohnensalat inklusive spitzer feiner Säure, außerdem ein dünnes kross geröstetes Brot-Sandwich mit Eigelbcreme, Basilikumsamen-Tatar und gebeiztem Eigelb als röstwürzige Umami-Bombe und eine luftige Schnitte aus Forellen- und Kräutermousse auf hauchdünnem Biskuit mit Apfel, zarter Rauchigkeit, milder Frucht und nussigen Noten.

Waren bei den ersten Kostproben die einzelnen Aromen eher süffig-harmonisch eingebunden, wirkte die mit eigener Creme und gerösteten Splittern gefüllte krosse Topinamburschale naturnah „raw and rough" und beinahe wie aus einer „anderen Küche" – auf sehr spannende Art allerdings! Und die pfiffige Interpretation von „Sauren Rädle" leitete mit einer zwischen Sojawürze, Säure und Röstzwiebel ausbalancierten Zwiebel-Ponzusauce nebst zarten Süßkartoffel-Bällchen, hauchdünnen milden Zwiebelsegmenten und Kresse dann auch schon wieder eher ausbalanciert ins eigentliche Menü über.

Dieses startete dann mit hohen Tranchen mild gebeizter Tigerforelle unter gefrosteter Zitrusfrucht und ihrem eigenen Kaviar auf sowohl frische als auch zupackende Art. Für die Frische sorgte das lebendige Säurespiel in dem auf Karottenbasis mit einer Kräutervinaigrette marmorierten Sud. Für die zupackende Power war dagegen die warme spicy Vadouvan-Note in demselben Sud zuständig, die gemeinsam mit hochintensiven Karottenzubereitungen und ätherischen Kräuterspitzen die Hintergrundaromatik prägte.

So kritisch wir (in der Regel industriell gefertigten) Fleischimitaten sowohl aus geschmack-

licher als auch philosophischer Perspektive gegenüberstehen – die rein vegetarische auf Pilz- und Nussbasis gefertigte „Faux Gras" der Maerz-Küche nehmen wir ganz klar davon aus! Zwar erinnerte die als kräutergrün bepuderter Mousse-Ring interpretierte vegetarische Fake-Leber (wenn überhaupt) eher an ungestopfte Geflügellebercreme als an Foie gras und hätte es durchaus verdient gehabt, einfach als „Pilz und Nuss" annonciert zu werden – gemeinsam mit ihrem klarfruchtig angeschärftem Topping aus Birne, Ingwer, Radieschen und eingelegter Senfsaat sowie einem säurebetonten Shisofond, der hier nicht nur traditionell, sondern auch aromatisch sinnvoll von einem luftig-krossen Brioche und dessen buttriger Süße ergänzt wurde, ergab sich hier aber ein animierendes und spannungsgeladenes Ganzes.

Nicht ganz auf dem Niveau der bisherigen Kostproben, aber ein gelungener Frühlingsgruß, war der sous-vide gegarte weiße Spargel mit intensiv feinbitterer Eigenaromatik, der neben Spargelcreme, dezentem Crunch und einem luftigen Spargel-/Lauchschaum sowie der eher süßlich dumpfen Aromatik von geschmortem Lauch etwas spröde wirkte. Und das trotz der erdig-würzigen Morchelsalat-Nocke als vollmundige Ergänzung.

Überzeugender gelang der Seehecht mit locker knusprigem Topping aus Panko und Reisflakes neben einer karamellisierten Auberginenscheibe und scharfwürzigem Kimchi (als feinstreifiger Sockel und Füllung einer knusprigen Teigtasche) sowie einem charakteristisch von Kokos, Zitronengras und Galgant geprägten dichten Tom-Kha-Gai-Schaum auf Basis von Fischfond. Hochintensive und dabei sehr elegante „Vollgasküche" und ein würdiger Hauptgang des Menüs.

Zum Abschluss kombinierte das Team das Thema „Pudding" als cremigen, eher fest gestockten Flan, der als Basis für kühle traubenfruchtige Süße, einen blumig frischen Trauben-/Jasmin-Sud und durch exotische Yuzu-Säure aufgebrochene weiße Schokolade (als Eis, knusprige „Steine" und Cremekugeln) für einen gelungenen hell-duftigen Abschluss sorgte. Und der unterstrich, dass die jüngste Performance die aktuelle Bewertung zwar nur sehr knapp und mit einigen Schwankungen erreicht hat, das Potential für einen wieder konstanteren Eindruck aber weiterhin gegeben ist.

An den niveauvoll gefüllten Gläsern scheitert das jedenfalls nicht, dafür sorgt Christian Maerz sowohl mit seinem gut sortierten Keller als auch mit spannenden korrespondierenden Empfehlungen.

Hotelempfehlung

★★★ S

Hotel Rose

Kronenbergstr. 14,
74321 Bietigheim
📞 07142-42004
www.hotel-rose.de
Einzelzimmer: 79–109 €
Doppelzimmer: 89–149 €

Das Business-Hotel der Gebrüder Maerz in Bietigheim-Bissingen (Raum Stuttgart) überzeugt mit einer gelungenen Mischung aus modernem Stil und traditionellem Flair, bietet hohen Komfort, verbunden mit gemütlicher Leichtigkeit und überzeugt mit der typisch schwäbischen Authentizität und Gastfreundlichkeit. Die insgesamt 33 geschmackvoll eingerichteten Zimmer und Appartements sind gemütliche Rückzugsorte unterschiedlichster Kategorien und reichen vom praktischen Einzelzimmer über Doppelzimmer mit romantischem Flair, bis hin zu den modernen Superior- und Deluxe-Zimmer mit sehr viel Platz und hohem Komfort. Das perfekte Hotel für Geschäftsreisen sowie genussvolle Kurzurlaube und Entdeckungsreisen mit der ganzen Familie: Business-Gäste finden ruhige Einzelzimmer mit schnellem kostenfreiem WLAN, die ausreichend Platz zum Arbeiten und Ausruhen haben, die Doppelzimmer bieten romantischen Charme für Paare und Familien können in den großzügigen Räumen und Appartements die gemeinsame Zeit genießen. Mit gemütlicher Weinbar und vielfach ausgezeichnetem Restaurant. Maerz – Das Restaurant separat erwähnt.

Domschenke

im Hotel Domschenke
Markt 6, 48727 Billerbeck
📞 02543-93200
www.domschenke-billerbeck.de
⏱ Mo–Do ab 17 Uhr, Fr–So von 12–14 Uhr u. ab 18 Uhr, kein RT
Hauptgericht: 14–33 €, Menüs: 54–66 €

Die Domschenke ist in Billerbeck so etwas wie das erste Haus am Platz. Nicht bloß, weil sie direkt im Schatten des für eine Kleinstadt durchaus imposanten Doms liegt und damit mitten im Geschehen, sondern weil man hier im Hotel sehr gediegen absteigen kann und das Restaurant mit seinen unterschiedlich gestalteten Gasträumen dank der Küche von Frank Groll das beste weit und breit ist.
Der Chef und sein Team kochen klassisch und handwerklich sehr solide einen Mix aus bodenständigen gutbürgerlichen Gerichten wie Münsterländer Töttchen, Spargel mit Wiener Schnitzel oder Rumpsteak mit Pfeffersauce und etwas ambitionierteren oder vielmehr anspruchsvolleren Gerichten, die mehr auf Feinschmecker abzielen. Als kleinen Küchengruß gab's bei unserem jüngsten Besuch auf schwarzem Schiefer einen Auberginen-Bratling in Form einer Nocke, der mit geschmorter Paprika, lockerem Couscous und einer fruchtig-säuerlichen Senfvinaigrette etwas zusammenhanglos, aber durchaus schmackhaft war. Und von der Art her sicher jeden Gast zufriedenstellt.
Mit der Vorspeise legte das Team um Frank Groll dann gleich richtig stark los: gebratene Jakobsmuscheln von erstaunlich guter Qualität, zusammen mit ihrem schmackhaft jodigen Corail, die wunderbar festfleischig und klararomatisch auf einem Zucchini-Carpaccio

mit eleganter Pinienkern-Vinaigrette angerichtet waren und als originellen Akzent ein Sorbet von Sauer- und Blutampfer zur Seite hatten, das hier trotz, oder sogar wegen seiner moderaten Süße sehr gut korrespondierte. In solchen Momenten erreicht die Küche 6-Pfannen-Niveau. Etwas darunter, weil nicht ganz so fein abgestimmt und elegant wie der Vorgänger, nichtsdestotrotz aber ansprechend, präsentierte sich der rösch angebratene und grenzwertig salzige Pulpo, der von einem knackigen Spargelsalat (weiß und grün) mit Radieschen und Lauchzwiebel sowie für eine gewisse Tiefe und Fülle sorgender Krustentier-Schaumsauce eskortiert wurde. Da hätte sich unter Umständen auch etwas punktuelle Süße ganz gut gemacht, dem Gericht noch eine weitere Dimension verliehen und den zupackend herzhaften Kraken etwas in Schach gehalten.

Ebenfalls sehr ansprechend war der klassisch gebratene Rehrücken, dessen rosa Medaillons auf einer leicht rahmig gebundenen dunklen Morchelsauce angerichtet waren und von gerösteten Blumenkohlröschen, ausgesucht kleinen, aromatischen Pfifferlingen und einer Art Kartoffelnudeln begleitet wurden. Die für klassisches Wildbret fast schon obligatorische Süße spendete eingelegte schwarze Walnuss – allerdings etwas plakativ und ohne ausgleichende Säure.

Etwas zu süß kam nach unserem Geschmack auch das cremige Erdbeermousse-Törtchen mit Geleedeckel auf einem sehr lieblich-milden, wenig produkttypischen Zitronenschaum nebst Rhabarbersorbet daher. Die Weinkarte mit ihrem Schwerpunkt bei den europäischen Gewächsen, insbesondere aus Deutschland und Frankreich, in der moderat kalkulierte Bouteillen aus dem gehobenen Mittelfeld dominieren, listet für nahezu jeden Anlass das Passende.

Die Hoteleinträge

★★★★★S	Superior
★★★★★	Unterkunft für höchste Ansprüche
★★★★	Unterkunft für hohe Ansprüche
★★★	Unterkunft für gehobene Ansprüche
★★	Unterkunft für mittlere Ansprüche
★	Unterkunft für einfache Ansprüche
🛏	Unterkunft ohne Sterne-Klassifizierung

Hotelempfehlung

★★★★

Hotel Domschenke
Markt 6, 48727 Billerbeck
📞 02543-93200
www.domschenke-billerbeck.de
Einzelzimmer: 70–120 €
Doppelzimmer: 85–150 €

Seit über 125 Jahren ist das Hotel gegenüber des imposanten Billerbecker Doms in Familienbesitz. Eine elegante Suite, 23 Doppel- und 6 Einzelzimmer sind hinter der schmucken Klinkerfassade untergebracht und bieten nicht nur den zeitgemäßen Komfort eines 4-Sterne-Hotels, sondern sind sind auch stilsicher, zeitlos modern und mit viel Liebe zum Detail eingerichtet. Anspruchsvolles Design und funktionale Eleganz bestimmen Interieur und Wohlfühlfaktor. Radio, Telefon, Kabel-TV und WLAN sind in jedem Zimmer Standard. Restaurant Domschenke separat erwähnt.

Bindlach (Bayern)

🍲 5↑ 🍴

Landhaus Gräfenthal
Obergräfenthal 7, 95463 Bindlach
📞 09208-289
landhaus-graefenthal.de
🕐 Mo u. Mi–Fr ab 18 Uhr, Sa u. So von 11.30–14 Uhr u. ab 18 Uhr, Di RT
Hauptgericht: 16–23 €

Mit Peter Lauterbach in vierter Generation bekam das seit 1914 in Familienbesitz geführte gediegene Landhaus nahe Bayreuth eine unerwartete Frischzellenkur. Gut gekocht wurde auch schon unter der Ägide von dessen Vater Helmut, aber Sohn Peter sorgt nun mit neuen kreativen Ideen nicht für eine deutlich modernere Präsentation und Optik der Gerichte, sondern auch für zeitgemäße Kombinationen und Rezepturen und mehr Leichtigkeit auf den Tellern. Dass er dabei äußerst behutsam vorgeht und den Bogen nicht überspannt, wirkt souverän und betriebswirtschaftlich klug. Auch, dass der Sonntag nach wie vor den traditionellen Braten wie einer im Ganzen zubereiteten Bauernente aus dem Rohr oder einem klassischen Sauerbraten gehört. Auch der natürlich-herzliche und sehr aufmerksame Service sowie die kompetente Beratung sind unverändert geblieben. Ebenso die moderaten Preise.

Bingen am Rhein
(Rheinland-Pfalz)

Bootshaus
im Hotel Papa Rhein
Hafenstr. 47,
55411 Bingen am Rhein
☏ 06721-35010
www.paparheinhotel.dehotel/wohnen/
kulinarik/das-bootshaus
☺ Mi–Sa von 12–14 Uhr u. ab 18 Uhr,
Mo u. Di RT
Hauptgericht: 19–32 €

Wären die tolle Lage direkt am Rheinufer, die großzügige Terrasse mit Ausblick auf die Weinberge sowie das Niederwalddenkmal und Rüdesheim auf der anderen Flussseite oder das luftig designte Restaurant nicht schon Grund genug hierher zu kommen, bietet Hotel Papa Rhein mit seinem Bootshaus auch noch eine überdurchschnittlich gute Küche zu moderaten Preisen. Für die zeichnet seit der Eröffnung im

letzten Jahr kein Geringerer als Nils Henkel verantwortlich – ein Koch, den wir bereits zu den allerbesten in Deutschland gezählt haben und der hier nun mit seinem Team statt eines exklusiven Spitzenrestaurants ein deutlich bodenständigeres Gastronomiekonzept realisiert. Ein Konzept für ein breiteres Publikum jenseits der kleinen Gourmetnische, das so attraktiv ist, dass wir es in der vergangenen Testsaison zur „Neueröffnung des Jahres" ausgezeichnet hatten.

Es wird hier deutlich zugänglicher, weniger luxuriös und nicht ganz so detailaufwendig gekocht, wie das in Nils Henkels früheren Stationen der Fall war. Aber genau das macht die Küche des Bootshauses so lohnend, denn hier steht natürlich trotz alledem ein wahrer Könner seines Fachs am Herd, der keine faulen Kompromisse eingeht, sondern einfach nur mit einer etwas anderen Zielsetzung optimale Ergebnisse kreiert. Sechs Vorspeisen, vier vegetarische Gänge und jeweils drei Hauptgerichte mit Fisch und mit Fleisch findet man auf der Karte. Alles durchaus ambitionierte Sachen, die aber eben ohne preistreibende Luxusprodukte und Verfeinerungsexzesse auskommen. Zu Gunsten unkomplizierter Verfügbarkeit an fünf Tagen in der Woche mittags und abends und eines sehr guten Preis-Genuss-Verhältnisses.

Um dieses zu gewährleisten, wird auch weiterhin auf Küchengrüße vorneweg und hintenraus verzichtet und wir starteten nach zwei Sorten Brot und cremig aufgeschlagener Nussbutter wieder direkt mit einer sehr guten Vorspeise, diesmal von Rind und Thunfisch. Ersteres als von Hand geschnittenes und unter anderem mit eingelegter Senfsaat mild aromatisiertes Tatar – Letzteres als eine Art Rillette mit feiner kräutriger Würze. Umgeben von einer fruchtig-pikanten Mojocreme, knusprigen Brotwürfeln und einem kleinen Salat aus aromatischen Wildkräutern und Blüten, war das ein animierender Start ohne Firlefanz, der voll auf gute Produkte und natürlichen Geschmack abgestellt war.

Besonders deutlich wird der hohe Grad der Kochkunst hier bei den vegetarischen Gängen. Insbesondere deshalb, weil es hierzulande nach wie vor nur wenige Köche gibt, die den fleisch- und fischlosen Gerichten mit ähnlich viel Fingerspitzengefühl und vergleichbarer Expertise begegnen wie Nils Henkel. Gerichte wie der mit einem wachsweichen Eigelb und Kräuteröl gefüllte Artischockenboden auf einem Sockel aus leicht abgeflämmter Parmesanpolenta, umspielt von confierten Cherrytomaten, Artischockenstückchen und frischgrüner Kräuteremulsion, präsentieren sehr gute, aromatische Produkte in optimaler Zubereitung – und immer mit dem gewissen Etwas.

So wurde auch ein weiterer vegetarischer Zwischengang um grünen Spargel mit Edamame und Gänseschnabel-Paprika zum Gaumenkitzel, weil hier nämlich mit feinsäuerlicher Misocreme, einem längst nicht nur durch die annoncierte Umeboshi-Salzpflaume auf Fernost gedrehten Schaum und einem keck mit Espresso herb abgeschmecken Sojasud überraschend viel raffinierter Aromenzauber zusammenkam. Da spielte es dann kaum eine Rolle, dass der Spargel selbst relativ weich war und so gegenüber den anderen allesamt sehr weichen Komponenten natürlich weniger Kontrast aufs Porzellan brachte, als dies mit knackigeren Stangen möglich gewesen wäre.

In mediterrane Gefilde entführte sodann der in knusprige Kartoffelfäden gehüllte Kabeljau auf süffigen Fregola Sarda, die unter anderem mit getrockneten Tomaten angereichert waren. Duftiges Basilikumpistou und eine Nocke von intensivem Auberginenkompott ließen mit ihrer natürlichen Aromenpower die geballte Sonne des Südens auf den Teller scheinen. Wer sein Mahl lieber mit einem handfesten Fleischgericht krönen möchte, kann das beispielsweise sehr adäquat mit dem über 36 Stunden sanft gegarten und dann kross angerösteten Schweinebauch aus dem Kraichgau tun, den wir schon bei unserem Vorjahresbesuch genossen hatten und der zuletzt in einer animierend klingenden Kombination mit Tintenfisch, Erbsencreme und Lorbeerjus auf der Karte stand.

Auch bei den Desserts zeigt sich die Expertise des Spitzenkoch, denn Dinge wie die mit Ganache überzogene und mit fruchtigem Gelee gefüllte Milchschokoladenmousse nebst Aprikosen und Fichtennadelsorbet machen nicht nur handwerklich einen ausgereiften Eindruck. Da fällt es dann auch nicht wirklich ins Gewicht, wenn wie zuletzt ausgerechnet die Aprikosen als Produkt etwas schwächeln und in leicht mehlig-dumpfer Anmutung ohne jede Spritzigkeit daherkommen – zumal das von einem hervorragenden Aprikosenmus mit viel Aroma und erfrischender Säure weitgehend kaschiert werden konnte.

Auch die ansprechende Wein- und Getränkeauswahl sowie das reelle Preis-Genuss-Verhältnis, nicht zuletzt aber die lockere, aber sehr aufmerksame Art des Servicepersonals und die daraus resultierende entspannte Atmosphäre, tragen dazu bei, dass das Restaurant Bootshaus seit der Eröffnung immer sehr gut besucht ist. Eine rechtzeitige Reservierung sei hier in jedem Fall angeraten.

Hotelempfehlung

Hotel Papa Rhein

**Hafenstr. 47,
55411 Bingen am Rhein
☎ 06721-35010
www.paparheinhotel.de
Einzelzimmer: 99–189 €
Doppelzimmer: 129–259 €**

Das neue Designhotel von Familie Bolland-Anton, die auch noch das Hotel Das Marienhöh in Langweiler betreibt, liegt im Binger Hafenpark, wo am Tor zum Weltkulturerbe Mittelrheintal urbaner Chic auf Lifestyle trifft. Die Einrichtung des schicken Neubaus folgt den Impulsen der Designhotellerie europäischer Metropolen. Die 114 Zimmer und Suiten unterschiedlicher Größe bieten einen außergewöhnlichen Rundumblick auf Rhein, Weinberge und das gegenüberliegende Niederwalddenkmal. In ruhigem, handfestem und modernem Design begleiten hier echte Hölzer, helle und sanfte Farben den Ausblick aufs Wasser und in die Rebhänge. Einige Zimmer sind zum Winterhafen hin ausgerichtet, einige zum legendären Binger Mäuseturm oder in die weiten Rüdesheimer Rheinauen. Im „Hafen-Spa" laden verschiedene Pools, Saunen, Ruheräume, Beauty-Zonen, aber auch ein Fitnessbereich zum Entspannen und Aktivsein ein. Im Restaurant Bootshaus sorgt das Team um Spitzenkoch Nils Henkel für anspruchsvollen, aber entspannten Genuss. Eine große Bar mit Afterwork- und Weekend-DJ-Sets, die Rooftop-Bar „Lido Deck" und der eigene Beach Club unterstreichen den Lifestyle-Anspruch des Hauses.

Solo DU

im Kulturhof Stanggass
Berchtesgadener Str. 111,
83483 Bischofswiesen
☎ 08652-958524
www.kulturhof.bayern/solo-du
◔ Mi–Sa ab 18.30 Uhr, So–Di RT
Hauptgericht: 29–37 €, Menüs: 89–129 €

Mit dem Kulturhof Bayern in Bischofswiesen ist das Berchtesgadener Land um ein spannendes kulturelles und gastronomisches Ziel reicher geworden. Das hochambitionierte Projekt, das mit seinem hellen Holz und modernregionalem Design gleichermaßen organisch wie weltoffen wirkt, umfasst neben einem eleganten Hotel auch diverse gastronomische Angebote, kulturelle Veranstaltungen und verschiedene Bewegungsangebote, zum Auspowern oder Runterkommen in der reizvollen alpinen Umgebung. Für den kulinarischen Bereich wurde dabei mit Norman Beitz ein ebenso erfahrener wie bekanntermaßen fähiger Kopf gewonnen, der uns zuletzt im Hamburger Le Canard als Küchenchef überzeugte.

Die Eröffnung des von Beginn an mitgeplanten Gourmetrestaurants Solo DU hatte sich coronabedingt zwar etwas verzögert, setzt jetzt aber mit seinen gerade einmal 14 Plätzen an schlichten, leinengedeckten Tischen, einem einheitlichen Menü auf elegant getöpfertem Geschirr und einem insgesamt hohen Anspruch ein, ernsthaftes Statement. Fun-Fact: Der Gastraum dient an den Schließtagen des Gourmetrestaurant tatsächlich als Schafkopfstuben…

In jedem Fall gelingt es dem Team ganz ausgezeichnet, ein anspruchsvolles kulinarisches Programm zu bieten, ohne dabei zu sehr abzu-

heben. Die meisten Gerichte kommen zwar durchaus ideenreich, aber nie verspielt, sondern eher gegenständlich und klar auf die Teller und gewährleisten so eine leichte Zugänglichkeit – ohne wiederum neugierige Genießer an irgendeiner Stelle zu langweilen.

Mit einer pikanten gebackenen Garnele in dünnem Tempura, einem (minimal klebrigen) Macaron als dynamischer salzig-süßer Kontrast zu frischem Lachstatar, sowie einem knusperdünnen Cornetto mit prononcierter Thunfischcreme und confierter Zitronenzeste wurden bereits die akkurate Arbeitsweise und der Mut zu deutlichen Aromen deutlich – aber klugerweise ohne bereits zu viel vorwegzunehmen!

Glasklarer Geschmack zeichnete dann die in dicken Tranchen zitrusfrisch roh marinierte Gelbschwanzmakrele aus, die neben knackigen frisch ausgebrochenen Erbsen mit Zuckerschoten-Juliennes, einer konzentrierten grünen Erbsencreme und ätherisch herben Blüten einen frühsommerlich beschwingten Auftritt hatte. Abgerundet wurde das Ganze von einem mit Kräuteröl marmorierten Buttermilchsud. Einziges Manko: die durchgängig ziemlich ausgereizte Konzentration an Salz, die gemeinsam mit der eigentlich belebenden Säure den letzten Grad an Trennschärfe vernebelte, den es für ein noch höheres Bewertungsniveau bräuchte.

Dieses vollgasmäßige Abschmecken wurde bei der folgenden Kombination von sanft confierter Lachsforelle und als knusprig zarte Scheiben gebratenes Kalbsbries allerdings schon wieder etwas zurückgefahren: Hier standen die beiden edlen Produkte mit ihrem Charakter für sich, die Lachsforelle akzentuiert von einem Topping aus knuspriger Haut, einer Art Kroepoek und confierter Zitruszeste, das Bries eher nussbuttrig und beide ergänzt von einem knallgrünen Brunnenkresse-Schaum, der durch das Durchkochen leichte Spinat-Assoziationen weckte, aber auch die typische Kresse-Ätherik und Frische mitbrachte.

Soulfood mit (viel) Finesse gab es dann beim folgenden Sot-l'y-laisse, das in typisch feinwürziger Zartheit in einer petersilienduftenden kräftigen Rotwein-Jus gemeinsam mit gebratenen Pilzen und einem soft zerfließenden Eigelb durch einen prägnant nach gerösteter Macadamianüssen duftenden Espuma und gehobelte Macadamianuss von einem „nur extrem leckeren" zu einem bei aller Süffigkeit komplexen und raffinierten Gang veredelt wurde.

Beim Hauptgang rund um zartes, von einer dünnen Kräuterkruste akzentuiertes Kalbsfilet, war tatsächlich nicht das wenig eigenaromatische Fleisch, sondern die kleinen erdig-duftigen Spitzmorcheln dazu der heimliche Star auf dem Teller. Für einen Frischemoment sorgte zarter Wildspargel, während eine dunkelgrüne Kressecreme und eine (ein bisschen pastös gebundene) Kalbsjus für viel Kraft und salzige Konzentration sorgten. Von letzterer gab es an dieser Stelle sogar erneut etwas zu viel, was für eine gewisse Disbalance zwischen den subtil-milderen und den eher brachial-konzentrierten Komponenten sorgte und das perfekt gebrtene Kalbfleisch damit eher zum Texturgeber degradierte. Ein gelungener und niveauvoller Hauptgang war das nichtsdestotrotz, aber mit etwas mehr Feingefühl und Finesse wäre auch noch mehr möglich gewesen.

Mit einer Variation von Rohmilch im Prè-Dessert – teils salzig-süß, teils mild und topfencremig, teils kühl und frisch – gab es gemeinsam mit crunchy Cerealien von Buchweizen bis Hirsepops den ersten klaren Bezug zur für hochwertige Milchprodukte bekannten Region, bevor es mit der Kombination aus Erdbeeren mit Rhabarber und Verbene einen abwechslungsreich gestalteten und frischebetonten Abschluss gab. Neben einer Quarkcremekugel mit Erdbeergeleehülle, eher grün-herbem Rhabarberconfit auf einem fluffig-nussigen Biskuit und duftig-säurefrischem Verbeneeis sorgten dabei unter anderem zarte Vanillecreme und aromatische Erdbeer-Baiserplatten für Auflockerung – eingängig, nicht zu kompliziert, harmonisch abgestimmt und damit ganz charakteristisch für den Stil der Küche.

Begleitet werden die Gerichte wahlweise von einer lohnenden Weinbegleitung, einer saftbasierten alkoholfreien Alternative oder einer oder mehrerer Flaschen aus dem individuell gestalteten Weinsortiment. Ansprechpartner und humorvoll charmanter Gastgeber für alle der genannten Optionen ist mit Martin Bielik ein versierter Sommelier und Restaurantleiter in Personalunion.

Der Kulturhof Stanggass liegt inmitten der schönen oberbayerischen Bergwelt zwischen Berchtesgaden und Bischofswiesen. Er ist ein Ort der Begegnung und in die fünf Säulenbereiche Hotel, Kulinarik, Veranstaltung, Bewegung und Kreativität eingeteilt. Die Zimmer sind barrierefrei, kinderfreundlich mit Galerie und mit Balkon oder eigener Terrasse ausgestattet. Nachhaltig gefertigt aus Naturmaterialien wie Lehm und Mondholz aus der Region bieten die Zimmer zudem allesamt einen freien Blick über die unbeschreibliche Bergkulisse. Die kann man auch von der Liegefläche am Natur-Schwimmteich oder ganz entspannt aus dem separaten Saunabereich mit Panoramafenstern bestaunen. Die Individualität des Kulturhofs spiegelt sich auch in dessen besonderer Architektur wider, die die passende Balance zwischen Tradition und Moderne findet. Neben den 22 Hotel- und 10 „Stadlhütten"-Zimmern gehören auch ein bayerisch-österreichisches Gasthaus, ein traditioneller Biergarten sowie ein Gourmetstüberl mit internationalen Einflüssen zum Repertoire. Der Bankettbereich mit Festsaal bietet Platz für bis zu 250 Gäste und ist individuell sowie multifunktional nutzbar. Es gibt zudem die Möglichkeit, freie sowie standesamtliche Trauungen in idyllischer und familiärer Atmosphäre durchzuführen. Seminarräume für Kreativschaffende, Geschäftsmeetings und kleinere Veranstaltungen mit passendem Catering sind ebenfalls Teil des Hauses. Restaurant Solo DU separat erwähnt.

Hotelempfehlung

Kulturhof Stanggass

Berchtesgadener Str. 111,
83483 Bischofswiesen
☎ 08652-95850
www.kulturhof.bayern
Einzelzimmer: ab 191 €
Doppelzimmer: ab 213 €

Blaichach (Bayern)

Wirtshaus zum Dorfwirt

Burgberger Str. 48,
87544 Blaichach
📞 08321-88822
www.dorfwirt-blaichach.de
⊘ Fr–Di von 11.30–13.45 Uhr u. ab
17.15 Uhr, Do ab 17.15 Uhr, Mi RT
Hauptgericht: 13–29 €

„Back to the roots" könnte man durchaus über die Entwicklung schreiben, die Familie Ritzinger einst nach kulinarisch sehr erfolgreichen Jahren im Bolsterlanger Kitzebichl in den Dorfwirt in Blaichach geführt hat. Die Übernahme dieses traditionsreichen Gasthauses liegt nun bald schon zehn Jahre zurück und seitdem liegt der Fokus nicht mehr auf „Gourmet" sondern auf einer fundiert zubereiteten Alpenküche, wie man sie sich in einem vergleichbar urig-rustikalen Ambiente erhofft, aber an den meisten eher touristisch geprägten Adressen nur selten findet.

Dass Guido Ritzinger eine sichere Hand und durchaus auch Begeisterung für alpenländische Schmankerl hat, konnte man bereits früher in Bolsterlang erleben. Im Dorfwirt gibt es diese jetzt aber in einem rundum stimmigen Gesamtpaket ganz in Reinkultur. Entsprechend finden sich auf der Karte auch größtenteils allseits bekannte und beliebte Evergreens vom Zwiebelrostbraten auf Allgäuer Kässpätzle mit Röstzwiebeln und Zwiebelsauce über gekochtes Rindfleisch mit Meerrettichsauce, frischem Kren und Kräuterkartoffeln bis zum Backhendl mit Rucola-Kartoffelsalat.

Im Herbst darf natürlich auch eine Kürbissuppe nicht fehlen, und genau diese überzeugte

beim letzten Besuch dann auch mit angenehm schaumig-schlanker Konsistenz und mit gerösteten Kürbiskernen und Kernöl verfeinert. Geschmacklich dominierte allerdings die stark würzig-konzentrierte verwendete Basis, weniger der Kürbis selbst oder mögliche feinere Akzente. Da hätte mit etwas mehr Feingefühl beim Abschmecken ein noch raffinierteres Ergebnis erzielt werden können. Eine uneingeschränkt gute Figur machte dafür aber die separat servierte Paradedisziplin eines Steirers – gebackenes Hendl – das als knusprig-zarter Spies eine neckische Ergänzung bot.

Einen kleinen Schwenk in Richtung der Gourmetvergangenheit gab es, zumindest bei der Auswahl des Produkts, mit den zünftig dunkel angebratenen und beherzt gewürzten Hirschmedaillons, die in einem ganz traditionell von Frucht und Pfeffrigkeit geprägten Umfeld aus Rotkohl, Preiselbeeren und einer Kirsch-Pfeffer-Jus auf den Teller kamen. Die buttrig-zarten Spätzle fügten sich dazu naturgemäß bestens ein und abgesehen von der etwas lieblos kalt aus dem Glas auf den Teller gelegten Birne war das ein gelungener und substanzstarker Hauptgang.

Wer es lieber etwas leichter und filigraner mag, bekommt beispielsweise mit auf der Haut gebratenem Bergsaiblingfilet nebst Orangen-/Fenchel-Salat und Jasminreis oder einem lauwarmen Pfifferlingssalat mit Rucola und Wildkräutern ebenfalls lohnende Alternativen geboten. Und dann bleiben auch leichter noch Kapazitäten für die Versuchungen aus der alpenländischen Mehlspeisenwelt wie die zarten Topfenknödel, die zuletzt ebenso klassisch wie gut mit einem üppig buttrigen Zimtbröselmantel und betont fruchtsäuerlich gehaltenem Marillenröster einen typisch herzwärmenden Abschluss schafften. Nur das herkömmliche industrielle Vanilleeis hätte nach unserem Gusto noch durch eine bessere Alternative, im besten Fall natürlich hausgemacht, ersetzt werden können.

An solchen kleinen Details könnte durchaus noch geschraubt werden, doch stimmig und erfreulich ist der Gesamteindruck auch so. Und der schließt auch den herzlichen und flotten Service und die kleine, aber ausgesuchte Getränkeauswahl mit ein, die vom frisch gezapften Bier bis hin zu ansprechenden Weinen der eher einfacheren und mittleren Kategorien reicht.

Blankenhain (Thüringen)

Masters
im Spa & Golf Resort Weimarer Land
Weimarer Str. 60, 99444 Blankenhain
☎ 036459-61644430
www.golfresort-weimarerland.de
◉ Do–Mo ab 18 Uhr, Di u. Mi RT
Hauptgericht: 34 €, Menüs: 67–148 €

Wir waren länger nicht mehr im Gourmetrestaurant des Spa- und Golf Resort Weimarer Land in Blankenhain, denn während der Corona-Zeit zwischen den beiden Lockdowns im Jahr 2020 blieb das Masters lange Zeit nur den Hotelgästen vorbehalten. Im Frühsommer 2021 erfuhren wir dann bei unserem Reservierungsversuch, dass das Konzept derzeit überarbeitet werde und die Neueröffnung erst für Ende des Jahres geplant sei. Das klang für uns nicht nach einer Weiterführung der vor einigen Jahren eingeschlagenen anspruchsvollen Richtung, sondern eher nach Abkehr von Fine Dining. Tatsächlich aber fand die Wiedereröffnung schon deutlich früher statt und am Konzept wurde auch nicht gerührt, wie wir bei unserem Besuch im Herbst 2021 erfreut feststellen konnten.

Allerdings wurde das Restaurant umgezogen und befindet sich jetzt etwas weiter hinten in einem ähnlich repräsentativen Raum, der nun eher in Braun- und Olivetönen gehalten, aber unvermindert gediegen-luxuriös ist. Küchenchef Danny Schwabe, der seinen Vorgänger Marcel Fischer vor einiger Zeit am Herd abgelöst hat, setzt sich am Bauhaus-Entstehungsort Weimar auch für seine Küche mit der Zusammenführung von Kunst und Handwerk auseinander, wie sie hier in der einflussreichsten Bildungsstätte im Bereich der Architektur, der Kunst und des Designs im 20. Jahrhundert ge-

schah. So widmet er sich für sein Kulinarium mit dem Maler, Grafiker und Karikaturisten Lyonel Feininger einem der berühmtesten Lehrmeister des Bauhauses, dessen Werke oft ihren Ursprung im Weimarer Land fanden – was sich in der Speisekarte und auf den Tellern hauptsächlich in Form und Farbe widerspiegelt.

Stilistisch hat sich das Team weiterhin keiner bestimmten Richtung verschrieben, setzt zwar auf überwiegend heimische Produkte, verfolgt aber keine dogmatische Regionalküchen-Philosophie. Die Basis ist die französische Klassik, aber die Ideen sind von heute. Und sie sind durchaus eigenständig – jedenfalls hat man hier nicht wie in so vielen anderen Gourmetrestaurants dieses Landes das Gefühl, immer nur dasselbe vorgesetzt zu bekommen. Sehr gut gefiel uns beim letzten Mal schon zu Beginn das Sauerteig-Krustenbrot mit Aroniabeere und Dill in Kombination mit einer orientalischen Cashewnuss-Paste mit Minze und Petersilie. Und als Gruß aus der Küche eine aparte Kleinigkeit von Poverade und Tomate in jeweils zwei Varianten, die kleinteilig auf engem Raum auch gleich den gestalterischen Anspruch des Teams erkennen ließ.

So auch der mild geräucherte, mit Pürees von Quitte und Zwiebel applizierte Aal – beides auch in einem sehr schön zugespitzten Aalsud vereint, welcher den Fisch nicht nur mit jeder Menge eigenem Produktcharakter, sondern auch mit einem dynamischen Spiel aus Süße und Säure bereicherte. Spätestens an dieser Stelle wird klar, dass Danny Schwabe eher schlanke Nouvellen als klassische Opulenz im Sinn hat und man das Lokal nicht übersättigt verlassen wird. Zu viel war uns hier nur der dichte Rauch, der zusammen mit dem Aal unter einer Glascloche an den Tisch gebracht und unter die Nase gehalten wurde.

Etwas too much auch das sehr dominante Aroma der Amalfizitrone in der nachfolgenden Kalbsconsommé, die der Service am Tisch in einen tiefen Teller angoss, in dem ein mit confiertem Wachteleigelb getoppter kleiner Quader aus Kalbstatar und Karotte angerichtet war. Der sah in seiner extrem feingewürfelten Art zwar elegant aus, wäre deutlich dicker geschnitten allerdings weitaus besser gewesen, denn die winzigen Würfel vom Kalb waren in der warmen Suppe im Nullkommanichts durchgegart und der rohfleischige Tatar-Charakter natürlich im Nu verwirkt. So schmeckte das Ganze aber zumindest wie eine sehr gute Kalbsconsommé mit Fleisch- und Gemüseeinlage.

Viel natürliches Umami von Steinpilz und Comté prägten sodann das Pastagericht, in dessen Mittelpunkt ein großer Raviolo in Donut-Form mit einer Füllung aus Pilz und Käse stand, welcher von seidiger und aromatischer Steinpilzvelouté sowie etwas Öl von Bucheckernkresse umspielt wurde. Ein sehr süffiges Gericht mit feinwürzigem Charakter, das zwar geschmacklich verhältnismäßig opulent und breit war, in seiner aparten Portionierung aber wieder eher schlank und elegant wirkte. Nicht so elegant wirkte indes die sauber abgestochene, aber wirklich steinhart gefrorene Nocke Yuzu-Sorbet mit Kurkumawürze, die in einem kleinen Ingwer-/Kefir-Süppchen als erfrischendes Intermezzo vor dem Hauptgang serviert wurde.

Dieser drehte sich dann in unserem Falle um Wolfsbarsch und Jakobsmuschel – ersterer als schmale, kross auf der Haut gebratene Tranche auf einem Sockel aus schmelzigem Kartoffel-/Speck-Stampf, letztere als aufgefächertes Carpaccio darunter, sowie als wesentlicher Bestandteil eines Ragouts, das sich zusammen mit kleinen Traubenwürfeln und eingelegter schwarzer Walnuss in einem Ring aus festcremiger Walnussmousse auf dem Teller befand. Als schmeichelnd verbindendes und mit seiner angenehm zugespitzten Säure zugleich belebendes Element fungierte hier eine sehr gute Trauben-Beurre-Blanc, die auch wieder am Tisch angegossen wurde.

Und apropos am Tisch angießen: Was Sommelier Thomas Stobbe hier zu den einzelnen Gängen aussucht und in die Gläser bringt, macht großen Spaß, ist oft etwas gereifter, und bewegt sich gerne mal jenseits des Mainstreams. Auch die Weinkarte wirkt sehr individuell zusammengestellt. Auf Wunsch gibt es zudem eine alkoholfreie Getränkebegleitung, etwa aus Cuvées von Jörg Geiger. So wie die mit Grüntee, Wiesenobst und Gartenmelisse versetzte „Nr.31" zum sehr guten Dessert, einem dicht arrangierten Ring aus weißer Ivoire-Schokolade, roten Beeren, Früchtetee und Minze, das in seiner nach allen Richtungen ausgereizten und dabei gut balancierten Art den ausgereiftesten Eindruck aller verkosteten Gänge machte.

Hotelempfehlung

★★★★ S

Spa & Golf Resort Weimarer Land

Weimarer Str. 60, 99444 Blankenhain
☎ 036459-61640
www.golfresort-weimarerland.de
Einzelzimmer: 139 €
Doppelzimmer: 189 €

Das Spa & Golf Hotel liegt, umgeben von einer in die natürliche Umgebung stilvoll eingebetteten 36-Loch-Golfanlage und einem 3-Loch Kurzplatz, mitten im Weimarer Land. Der luxuriöse Landhausstil zieht sich wie ein roter Faden durch das Fachwerk-Gebäudeensemble des ehemaligen Gutshofes, dem, unter Berücksichtigung denkmalpflegerischer Vorgaben, neues Leben eingehaucht wurde. Ein idealer Rückzugsort, um Ruhe zu finden und Kraft zu tanken. Die insgesamt 94 Zimmer und Suiten bieten allesamt ein geschmackvolles, individuell und sehr wohnlich gestaltetes Ambiente. Im SPA-Bereich der 2500 m² großen Lindentherme mit verschiedenen Pools, Saunen und gemütlichen Ruheräumen kann man unter anderem Massagen, Gesichtsbehandlungen oder Körperpeelings genießen. Außerdem: Professionelle Betreuung der Kinder im Kidsclub (140 m²) sowie Kinder- und Jugend Golftraining. Für das kulinarische Verwöhnprogramm wird in verschiedenen Restaurants gesorgt. Gourmetrestaurant Masters separat erwähnt.

Blieskastel (Saarland)

Hämmerle's Restaurant Barrique

Bliestalstr. 110a, 66440 Blieskastel
06842-52142
www.haemmerles-restaurant.de
Di–Fr ab 19 Uhr, Sa–Mo RT
Menüs: 79–98 €

EC VISA P

Unter den saarländischen Restaurants genießt der von Cliff Hämmerle geführte Betrieb eine Ausnahmestellung, denn derart lange im Voraus ausgebucht ist wohl kein anderes Lokal im ganzen Bundesland. Woran das liegt, kann man als Erstbesucher zu Beginn des Essens nur spekulieren und kommt zum vorläufigen Schluss, dass es wahrscheinlich ein ganzes Bündel von Argumenten ist. Einfachheit gehört dazu. Gäste müssen sich bloß entscheiden, ob sie das vegetarische oder das mit Fleisch und Fisch zubereitete Menü bestellen, die Weinbegleitung oder lieber eine Flasche aus dem guten, fair kalkulierten, überschaubaren Angebot nehmen wollen.

In mehreren Runden werden dann Amuse-bouches serviert, die es in sich haben: eine Tarte mit Le-Puy-Linsen und einem erfrischenden Sorbet aus sieben Kräutern; ein Flammkuchen mit Lauch, Käse und Schinken aus Blieskastel; eine halbflüssige Tomate auf Landbrot; ein mit Ragout vom Landgockel und Espuma gefülltes Ei mit knuspriger Hühnerhaut und Sanddorn sowie ein fabelhaft guter Baiser-Macaron mit einer Füllung aus Gänseleber und Räucheraal.

Es folgt als erster Gang ein Rindfleischtatar – das Grundprodukt stammt von der Metzgerei Petermann, was ebenso erwähnt wird wie die Herkunft vieler anderer Zutaten – mit einem gebackenen Eigelb on top und drum rum marinierten Beten, gepickelten Radieschen sowie Apfelhalbkugeln. Sehr gutes Fleisch, zurückhaltend gewürzt, durch das innen noch flüssige Eigelb schön schmelzig ergänzt: Das ist ein sehr guter, wenngleich nicht spektakulärer oder origineller Gang.

In ganz andere Dimensionen stößt der folgende Geniestreich vor, denn es handelt sich um Spargelspitzen und um Schwanz- und Scherenstücke vom bretonischen Hummer, Morcheln, Erbsen und einen sehr feinen Krustentierjus. Intensive Würze, perfekt gegarter und qualitativ sehr guter Hummer, überdurchschnittlich gute Jus. Da wären eigentlich schon fast neun (!) Pfannen zu veranschlagen. Perfekt ist auch die Qualität des anschließenden Zanderfilets, dazu gibt es Artischocken, Tomatenconcassé und ein recht grobes, aber geschmacklich hochinteressantes Pistou.

Als schmackhaftes Intermezzo vor dem Hauptgang kommt eine Tafelspitzessenz mit Kartoffelschaum, einem Markklößchen, Rote-Bete-Gelee und frisch geriebenem Meerrettich. Der Lammrücken zum Hauptgang schließlich ist perfekt gegart, saftig und erfreulich ausdrucksstark, was den Eigengeschmack angeht. Auch bei den Beilagen machte sich die Küche Gedanken, liiert dazu ein mit Ratatouille gefülltes Weinblatt (leicht säuerlich), ein Auberginenmus mit Pistazienkrümeln, eine geräucherte Paprika sowie eine feine, hochelegante Jus, die mit Rot- und Portwein verfeinert ist und das Lamm nicht dominiert.

Ein erstes Dessert erfrischt mit Erdbeergazpacho, Frischkäse, Rhabarber und einigen Tropfen des eine herbe Würze ins Spiel bringenden Hanföls. Unter dem Begriff „Weltallritter" verbirgt sich sodann eine Spielerei, die aus Rostigen Rittern besteht (à la minute ausgebackene, warme, knusprige Bällchen aus altbackenen Brötchen), die mit einigen fruchtigen, an Sonne, Mond und Sterne erinnernden Komponenten und einem seidigen, nach Milch schmeckenden und mit Knallbrause versehenen sogenannten „Space-Eis" sowie Vanillesauce ergänzt werden. All das sind übrigens Anspielungen auf den ersten saarländischen Astronauten, der tatsächlich die von Hämmerle entwickelten und eingedosten Rostigen Ritter mit ins All genommen hat.

Der Petits-fours-Wagen, der danach vorgefahren wird, entstand aus der Überlegung heraus, dass beim konventionellen Service der Süßigkeiten am Tisch zu viele Reste anfallen, die entsorgt werden müssen. Die verkostete Zitronentarte ist handwerklich gelungen, lässt aber nach unserem Gusto etwas zu wenig von der markanten Zitronenfrische erkennen.

Am Schluss wird endgültig klar, warum das Restaurant so beliebt ist: Man hat nämlich das Gefühl, für seinen Obolus sehr viel zu bekommen! Erstklassige Produkte des Saarlands, aber auch Hochklassiges wie Hummer aus Frankreich – und 115 Euro fürs gesamte Menü mit Fleisch und Co. scheinen da sehr günstig. In anderen Restaurants dieses Qualitätslevels müsste man schon mal das Eineinhalbfache bezahlen und würde wohl auf eine weniger individuelle Weise betreut.

Böbing (Bayern)

Bromberg Alm

Bromberg 10,
82389 Böbing
☎ 08867-92045
www.bromberg-alm.de
⏱ Do–Mo von 11–14 Uhr u. ab 17 Uhr,
Di u. Mi RT
Hauptgericht: 12–26 €,
Menüs: 19–53 €

EC ⬤ VISA P ᵐᵐ

Eine Alm für Feinschmecker, die nicht etwa als Outlet eines exklusiveren Hotels wie beispielsweise der zum Hotel Bareiss gehörende Sattlerhof betrieben wird, ist eine echte Rarität. Und genau das bietet die durch eine kleine kurvige Straße erreichbare Bromberg-Alm, die am namensgebenden Voralpenberg sogar einen eigenen Skilift und ansonsten eine einsame ländliche Alleinlage bietet. Auch die großzügig gestalteten Gasträume mit heller Holztäfelung und rustikal alpinem Dekor bieten völlig authentische Heimeligkeit.

Insofern unterscheidet sich die Bromberg-Alm nicht allzu sehr von anderen Almhütten – man fühlt sich schnell wohl, das Drumherum ist unkompliziert und auch die Anreise per Wande-

rung oder Mountainbike völlig normal. Die Überraschung wartet dann aber auf der Karte und erst recht auf den Tellern. Denn wo anderswo mehr oder weniger aus dem „Packerl" oder der Dose gekocht wird, ist hier alles von Grund auf aus natürlichen, hochwertigen Zutaten zubereitet, deren Erzeuger allesamt namentlich in der Karte aufgeführt sind – mitunter sogar ziemlich pfiffig und auch bei exklusiveren Produkten mit Blick auf das Wesentliche.

So kann man beispielsweise getrost einen Schweinebraten in dunkler Biersoße, Kartoffelknödel und Blaukraut oder Kässpatzen mit Bergkäse, Rahmsauce und Röstzwiebeln bestellen und sich sicher sein, diese auf unverfälscht rustikale Art kaum irgendwo besser zu bekommen. Ebenfalls noch rustikal, aber mit mehr Frische und Kontrasten, kam zuletzt schmelzend durchgewärmter und karamellisierter Ziegenkäse neben herben Gewürzpreiselbeeren und milder Rotweinbirne auf den Teller – Würze, Süße und Säure mit ganz einfachen natürlichen Mitteln und als auflockernden Frischepol gab es dazu noch ein knackiges Salatbouquet. Gelungener Auftakt mit einem Hausklassiker, der hier seit Jahren unverändert in der Karte steht.

Oft und gerne findet man darin auch eine mit Meerrettich beherzt abgeschmeckte Cremesuppe auf Basis von Rote Beete und Petersilienwurzel, in der Birnenwürfel, Zimtcroûtons und verschiedene Kresse als stimmige Sekundäraromen für Pfiff sorgten. Oder das saftig zarte und sehr feinaromatische, weil nur ganz mild eingelegte und geräucherte Böbinger Forellenfilet, das schön puristisch mit nichts als etwas Apfelmeerrettich serviert wird. An solchen Gerichten erkennt man sehr gut, dass hier bei aller Bodenständigkeit durchaus mit Fingerspitzengefühl gekocht wird.

Bei dem akkurat rosa gebratenen und von einer saftigen Walnusskruste bedeckten Hirschrücken-Tranchen wurde es dann von der Produktseite her etwas exklusiver. Die Begleitung in Form von Butterspätzle, fluffigen Kartoffelbällchen (alias „Kroketten"), dunkelherben Rotwein-Dörrpflaumen und einer körperreichen Wildschmorsauce blieb ebenfalls ganz traditionell, aber mit durchweg punktgenau zubereiteten Komponenten eben auch klar überdurchschnittlich. Wobei es die knackig gegarten Stücke von Blumenkohl, Brokkoli, Karotte und die hier eher süß gehaltene Preiselbeerbirne eigentlich gar nicht unbedingt gebraucht hätte. So entstand zwar ein leicht überladener, aber dennoch überzeugender Gesamteindruck.

Und apropos: selbst bei den Desserts überzeugen handwerkliche Sorgfalt und natürliche Aromen, was ja nicht selbstverständlich ist, wenn man bedenkt, dass selbst in noch höher dekorierten Häusern die süße Abteilung oft stiefmütterlich behandelt wird. So erfreute zuletzt das von früheren Besuchen wohlbekannte zarte Parfait aus weißer Schokolade und Mohn in einer abgewandelten Interpretation neben einem duftig-fruchtigen Mangoeis und schaumig-leichter Mango-Espuma. Dazu gibt es eine kleine, sämtlich auch glasweise ausgeschenkte Auswahl eher einfacher Weine, selbst gebrautes Craftbier, eine interessante Whisky-Auswahl und authentisch herzlichen Service. Auch das ist auf einer Alm alles andere als selbstverständlich.

Böblingen
(Baden-Württemberg)

5

Da Signora

Graf-Zeppelin-Platz 4,
71034 Böblingen
☎ 07031-3069509
www.dasignora.de
◐ Di–So von 12–14 Uhr u. ab 17 Uhr,
Mo RT
Hauptgericht: 21–34 €,
Menüs: 45–89 €

Ein geschmackvoll gestaltetes Restaurant mit lichtdurchflutetem Wintergarten-Anbau in der weitläufigen Böblinger Motorworld, den denkmalgeschützten Hallen des ehemaligen Landesflughafen von Württemberg. Hier wird an sechs Tagen in der Woche mittags und abends gute gehobene italienische Küche geboten, die zwar etwas teurer sein mag als beim sprichwörtlichen „Italiener um die Ecke", dafür aber auch mehr Qualität und Substanz bietet. Obwohl die namensgebenden „Signora" Heiderose Kielwein selbst nicht aus Italien stammt, zeichnet sie sich für erfreulich authentische italienische Geschmacksbilder und deren fundierte Zubereitung verantwortlich und prägt hier gemeinsam mit ihrem Mann Antonio seit Jahren einen beliebten Genussort, an dem auch Weinliebhaber mit einer stattlichen Auswahl Italienischer Gewächse und sogar Aficionados in der separaten Zigarren-Lounge nicht zu kurz kommen.

6

Mussumer Krug

Mussumer Kirchweg 143,
46395 Bocholt
☎ 02871–13678
www.mussumerkrug.de
◐ Do–So ab 17.30 Uhr, Mo–Mi RT
Hauptgericht: 12–31 €, Menüs: 35 €

Wenn sich ein Lokal ganz prominent „Weil wir lieben, was wir tun" auf die Fahnen schreibt, gibt das definitiv schon mal positive Vibes. Im Fall des Mussumer Krugs in Bocholt ist es aber noch dazu absolut glaubhaft. Denn das etwas versteckt in einem Wohngebiet gelegene Wirtshaus bietet in den geschmackvollen Gasträumen und einem großzügigen Außenbereich eine attraktive Mischung aus Wohlfühlambiente und guter Küche – ganz ohne unnötigen Firlefanz, aber dennoch reiz- und niveauvoll, allein durch die überraschend hohe Qualität der verwendenden Produkte.

Man sieht und schmeckt auf jedem Teller, dass die Jungs und Mädels hier nicht nur tatsächlich mit Freude am Start sind, sondern auch ganz genau wissen, was sie machen. Daran hat auch das leicht modifizierte Konzept nichts geändert. Im Gegenteil: Mit den für Sharing konzipierten kleineren Vorspeisen und Desserts sowie gewohnt substanzstarken Hauptgängen erhöht sich der Spaßfaktor sogar noch, ohne dass sich am Niveau viel ändert.

Die clever aufgebaute Karte macht es einfach sehr leicht, in eine heiter-ausgelassene Genussstimmung zu kommen: Die Vorspeisen sind allesamt so konzipiert (und kalkuliert), dass man am besten mit einer bunten Mischung den Tisch vollstellt und sich dann zum obligatorischen fluffig-warmen Sauerteigbrot aus der Bäckertüte munter durchprobiert. Das funktio-

niert auch als einzelner Gast, macht aber zu mehreren natürlich noch einmal mehr Spaß. Beispielsweise bei einem klararomatisch frischen Ceviche von der Gelbflossenmakrele, bei dem die dicken fleischigen Würfel noch genügend Charakter mitbrachten, um sich gegen die forcierte Attacke von Limetten und Koriander zu behaupten. Unterstützung kam dabei von laktisch abpuffernder Crème fraîche und eingelegter Bete.
Oder auch bei den knackigen Chicoréeblättern in einer auf reduziertem Saft und Zestenabrieb aufgebauten Orangensauce, die mit ihrer Füllung aus spicy Walnuss, Croûtons und zarten Manchego-Flocken ein unkompliziert pfiffiges Fingerfood ergaben und damit dem immer wieder überzeugend herzhaft-fruchtigen Beef Tatar mit Brotcroûtons, Crème fraîche und Kräutern durchaus Konkurrenz machten.
Für den Hauptgang listet die Karte unter anderem verschiedene Cuts von gut gereiften Premiumfleisch nebst hausgemachten Fritten, Salat und klassischer reduzierter Jus, oder auch mal nur mit kräuterfrischem Chimichurri. Aber auch das beeindruckend hohe Filet von der Goldbrasse mit (etwas rustikal) kross gebratener Haut und saftigem Fleisch überzeugte zuletzt in einer knackig-frischen Umgebung aus süßsauren Gurkenstreifen, zarten Kohlrabilamellen und Dill, die von einer milden Krustentiersauce einen gelungenen Kontrast bekam. Allein durch die Produktqualität war das ein Vergnügen, aber die ganz ungekünstelt schlichten Begleiter sorgten dazu noch für einen angenehm lebendigen Background.
Die Auswahl an Desserts eignet sich ebenfalls besonders gut zum Teilen und Kombinieren und hält dabei locker das Niveau, sei es bei einem intensiven Cassisorbet in Ruby-Schokoladenschaum, Cassiscrunch und Joghurt, Espresso-Crème-brûlée oder Pavlova mit Beeren und Vanillecreme.
Dazu sorgen animierende Weine von trendigen Erzeugern wie Christian Stahl und Emil Bauer für unkompliziert-niveauvollen Spaß in den Gläsern und das fröhliche Serviceteam dafür, dass es einem auch sonst an nichts fehlt.

Bodman (Baden-Württemberg)

ohne Bewertung

s'Äpfle
im Seehotel Villa Linde
Kaiserpfalzstr. 50,
78351 Bodman
07773-959930
www.seehotelvillalinde.de
Di–Sa ab 18.30 Uhr,
So u. Mo RT
Hauptgericht: 32–48 €,
Menüs: 99–159 €

VISA

Das Seehotel Villa Linde im beschaulichen Bodman am westlichen Bodenseeufer, oberhalb des Seehafens, bietet nicht nur komfortable Hotelzimmer und eine Seeterrasse mit tollem Ausblick auf das Wasser und das gegenüberliegende Ufer – es betreibt mit dem Gourmetrestaurant s'Äpfle, dessen Name an die Apfelanbau-Traditionen dieser Region anknüpft, auch äußerst ambitionierte Gastronomie. Der stand die letzten Jahre mit Küchenchef Kevin Leitner ein junger und sehr talentierter Cuisinier vor, der den hellen, schön schlicht gestalteten Raum mit mattem Holzboden, modernem, schnörkellosem Mobiliar und farbenfrohen Gemälden an den Wänden, der relativ nahtlos in den zentralen Barbereich und das Seerestaurant mit etwas bodenständigerer und überwiegend regionaler Küche übergeht, kreativ und ambitioniert bekocht hat. Leider verließ Leitner kurz vor Redaktionsschluss der aktuellen Testsaison das Haus nach erfolgreichen drei Jahren, um sich künftig an anderer Stelle einer neuen Herausforderung zu stellen. Sein Nachfolger heißt Aljoscha Füting, der nach seinen Wanderjahren, die ihn unter anderem ins Wiener Steirereck sowie nach Fernost und Südamerika führten, bereits vor einem Jahr als Sous-Chef im s'Äpfle anheuerte. Wir sind gespannt darauf, wie sich die Küche unter seiner Leitung nun entwickelt, freuen uns auf den baldigen Testbesuch in der neuen Saison und setzen die Bewertung bis dahin aus.

Bonn (Nordrhein-Westfalen)

Halbedel's Gasthaus

Rheinallee 47,
53173 Bonn (Bad Godesberg)
☎ 0228-354253
www.halbedels-gasthaus.de
◔ Di–So ab 18 Uhr, Mo RT
Hauptgericht: 49–55 €

In einer Zeit, in der vieles schneller und dynamischer wird und auch in den Küchen leitende Positionen zunehmend (und erfolgreich) von jungen Talenten besetzt werden, sind aktiv kochende „Altmeister" wie Rainer-Maria Halbedel zunehmend rar. Wobei „Altmeister" für den erfahrenen Chef gar nicht wirklich passt. Zwar erwarten einen bei einem Besuch in dem behaglich-eleganten Restaurant in Bad Godesberg gänzlich klassische und teils auch oldschool wirkende Gerichte. Allerdings performt Rainer-Maria Halbedel diese in einer lässigen Souveränität, die voll „up to date" wirkt und zudem ein höheres Niveau erreicht als in den Jahren, in denen der klassische Stil tatsächlich das Maß aller Dinge war.
An diesem Eindruck hat sich auch nach dem letzten Besuch nichts grundlegend geändert, auch wenn einige Teller diesmal etwas braver und gediegener wirkten als noch im Vorjahr. In jedem Fall unverändert ist die entspannte Atmosphäre, die von der herzlichen und souveränen Art Irmgard Halbedels, aber auch von dem gern und häufig im Gastraum die Gerichte erklärenden Chef selbst geprägt wird.
Dieser stellte dann auch mit dem ersten Gruß aus der Küche direkt klar, wie aromatisch durchdacht hier gearbeitet wird, und arrangierte eine feinwürzige Petersilienwurzel-Mousse und -Chips mit Blattpetersilien-Cremekugeln und knusprigen Petersilienbröseln in kraftvoll grünem Öl, ausdrucksstark ergänzt von wunderbar mildem Räucheraal. Nur die Wurzelchips waren ein klein wenig elastischer als es perfekt gewesen wäre. Geschmacklich gelang

mit diesem Appetizer aber bereits ein eleganter Volltreffer.
Das galt genauso für den sanft temperierten und geflämmten Saibling, der von Yuzu und einem milden Chutney aus Apfel und Ingwer sowie Buttermilch akzentuiert war. Ein wenig Crunch und eine weitere Facette des Saiblings kamen dabei noch durch (diesmal perfekt krosses!) Karottenknusperpapier als Hülle für ein Saiblingstatar zur Geltung.
Der folgende Hummer wirkte zwar an manchen Stellen minimal faserig und zäh, machte das aber mit klarem nussig-süßlichem Geschmack wieder wett und wurde von der ätherischen Säure von Amalfi-Zitrone gekonnt beflügelt, die das gesamte Gericht mit Spannkraft versah und auch die Beilagen wie einen Kartoffelstampf von Blauer-Schwede-Kartoffeln, Grünkohl und einen luftigen Krustentierschaum spannend dynamisierte.
Ein tolles Produkt und perfektes Handwerk zeigte ein Wolfsbarschfilet mit krachend krosser Kruste und zartem Fleisch, außerdem brachte der röstaromatische Fisch genügend Power mit, um sich gegenüber den teils hellcremigen, teils würzigen Sellerie- und Schwarzwurzel-Komponenten und auch der selbst roh hocharomatischen schwarzen Wintertrüffel zu behaupten. Nur eine Spur mehr Stoffigkeit und Säure in dem sehr leicht gekochten Saucenschaum hätten an dieser Stelle noch den letzten Kick gegeben und den so tatsächlich einmal eher altmeisterlichen Eindruck ein wenig verjüngt.
Das in klassisch gebratener Perfektion servierte Rinderfilet mit ätherischer Pfefferschärfe hatte das dagegen überhaupt nicht nötig, weil die begleitende, mit Balsamico und Foie gras montierte Ochsenschwanzreduktion sowohl enorme Power als auch elegante Säure mitbrachte und auch die Begleitung durch zarten Spitzkohl, einem salzig-knusprigen Kohlblatt sowie weinfruchtigem Zwiebelconfit (in Strudelröllchen) gekonnt pointiert ausfiel.
Zum Abschluss kombinierte das Team dann noch – handwerklich überaus akkurat! – ein Schichttörtchen aus Himbeere, Ashanti-Schokolade und Haselnuss mit einem konzentriert aromatischen Himbeersorbet und Cremes der drei Hauptkomponenten und traf damit gekonnt die Balance zwischen einer gewissen Opulenz und lebendiger Frische. Und untermauerte damit, wenn auch knapp, die aktuelle Bewertung.
Aber wenn sich die Frische beim nächsten Besuch noch markanter durch alle Gerichte zieht, stehen die acht Pfannen sicher wieder auf festeren Beinen. Genauso sicher ist es, dass der

Weinkeller der Halbedels auch weiterhin ausgezeichnet gefüllt bleiben wird und man sich
bei der Auswahl passender Getränke ganz entspannt in die Hände der Gastgeberin begeben
kann.

K. u. K. im Weinhäuschen am Rhein

Fährstr. 26,
53179 Bonn (Mehlem)
☎ 0228-362756
www.kuk-weinhaus.de
◕ Di–So ab 12 Uhr durchgehend,
Mo RT
Hauptgericht: 15–28 €

Das Weinhäuschen in Mehlem mit seiner unmittelbaren Uferlage und der großen Terrasse
mit Blick auf den Rhein und das Siebengebirge
ist und bleibt der Hort für gute, traditionelle
K.u.K.-Spezialitäten. Auf den ersten Blick ein
ganz normales unscheinbares Ausflugslokal —
aber eben eines mit sehr guter, bodenständiger
österreichischer Schmankerlküche! Hier werden die alpenländischen Klassiker vom Tafelspitz bis zu Backhendl in tadelloser, frischer
und properer Umsetzung geboten. Schlicht
und schnörkellos, ohne Verfeinerungsexzesse,
dafür zu günstigen Preisen. Und auf der Weinkarte, passend dazu: preiswerte österreichische
Gewächse namhafter Erzeuger.

Kräutergarten

Töpferstr. 30,
53343 Bonn (Wachtberg-Adendorf)
☎ 02225-7578
www.gasthaus-kraeutergarten.de
◕ Mo, Fr u. Sa ab 18 Uhr,
So von 12–18 Uhr, Di–Do RT
Hauptgericht: 36 €, Menüs: 55 €

Im geschmackvoll gediegenen Landgasthaus-
Ambiente, das mit Liebe zum Detail gestaltet
wurde, aber auch auf der Terrasse im namensgebenden Garten kredenzen die Gastgeber
Astrid und Herbert Jungbluth seit vielen Jahren unverändert in sehr sorgfältiger Manier zu-
bereite Küche von klassisch-französischer Art,
die aber sehr weltoffen auch mit mediterranen
oder asiatischen Aromen spielt und ebenso viel
Bodenhaftung wie Esprit auf die Teller bringt.
Gemeinsam mit dem herzlichen Service der
Gastgeberin ein entspannter Ort zum Wohlfühlen und Genießen.

Redüttchen

Kurfürstenallee 1, 53177 Bonn
☎ 0228-68898840
www.reduettchen.de
◕ Di–Sa ab 18 Uhr, So u. Mo RT
Hauptgericht: 42–48 €,
Menüs: 63–105 €

Das Redüttchen ist der liebevoll verniedlichte
kleinere Ableger der historisch bedeutsamen
Redoute, deren repräsentativer Rahmen auch
heute noch vor allem für Feiern, Hochzeiten
und sonstige Events beliebt ist. Das kulinarische Herz schlägt allerdings in der kleinen De-

pendance an schlichten Holztischen oder im Sommer auf der Gartenterrasse und wird – um im Bild zu bleiben – von dem Team um Matthias Pietsch sehr engagiert am Schlagen gehalten. Auf welch erfreulich hohem Niveau das gelingt, überrascht jedes Mal wieder angesichts der Tatsache, dass parallel zum Abendgeschäft à la carte auch noch die Events in der Redoute bespielt werden!

Möglich ist das nur, weil die vorhandenen Ressourcen geschickt genutzt und nicht unnötig verpulvert werden, so dass beispielsweise auch diesmal zu Beginn anstatt aufwendiger Amuse-Offerten ein knusperdünner Flammkuchen mit prägnantem Chimichurri-Pesto, Avocado, gebratenen Kräuterseitlingen und Kresse als unkomplizierter und trotzdem animierender, aromatisch überraschend ausgefeilter Snack auf das Menü einstimmte – und damit wirkungsvoller war als die Amuse-Armada an vielen anderen Orten.

Ebenfalls nicht kompliziert, aber komplexer geht es auf den Tellern des eigentlichen Menüs zu. Dieses startete zuletzt mit festfleischigen, nur ganz knapp temperierten Stücken von der Bachforelle in einem nussig-floralen Umfeld aus einem duftigen Holunderblütenfond sowie Kürbiskern-Mayonnaise und -crunch. Aufgelockert wurde das Ganze von in Erdbeeren und Weißwein marinierten und damit in Sachen Frucht und herber Säure elegant zugespitzten Radieschen.

Im gleichen Stil überzeugten zuletzt gebratene Jakobsmuscheln auf zart würziger Petersilienwurzelcreme mit gebratenen Aprikosenspalten, bittergrünem Stängelkohl und dezent süßen Butterstreuseln, die in dem salzig-würzigen Kontext gemeinsam mit einem straffen, von feiner Säure getragenen Krustentierschaum und Kräuteröl den süffig-harmonischen Charakter verstärkten. Sehr stark!

Diesen Charakter trug das Team auch in das folgende Gericht zu einer schmalen hohen Tranche vom Steinbutt (ebenfalls von ausgezeichneter Qualität!), die von karamellisierten Ananaswürfeln und heller Mandelcreme, sowie einer stoffig-straffen Velouté, die ebenfalls Ananassäure und Mandelschmelz transportierte, unkonventionell und zugleich gekonnt balanciert begleitet wurde. Ein Stück geschmorten Lauchs lieferte dazu noch die typischerweise etwas dumpfe Süße (die es nicht zwingend gebraucht hätte), während grüne Spargeljuliennes mehr als knackige Frische beisteuerten. Ebenfalls gut balanciert – trotz der ausnahmsweise eher verspielt-zergliederten Optik – gelang auch die Kombination von Spanferkelkarree und -schulter, beides schmelzend zart und

mit feinem Eigengeschmack. In Kombination mit einer Creme von Frühlingslauch und Erbse, einer süßsäuerlichen Vinaigrette mit Forellenkaviar, zarten hellen Zwiebelsegmenten und einem flauschigen „Muffin", der hervorragend als Transporteur der kraftvoll-eleganten Spanferkeljus und der weiteren liquiden und cremigen Komponenten diente, war auch das eine attraktive Angelegenheit.

Die Pâtisserie beendete die rundum erfreuliche Performance mit einem erfrischend leichten Abschluss rund um einen Ring aus schlanker Joghurtmousse in knackiger Vollmilch-Schokoladenhülle und crunchy weißen Schokokugeln, die nebst marinierten Erdbeeren, einem duftig-fruchtigen Erdbeerfond und kompakt cremigem Joghurtsorbet eine gelungene „Joghurette"-Reminiszenz darstellte.

Zum überzeugenden Gesamteindruck trägt auch das Serviceteam um Klaus W. Sasse als charismatischen Gastgeber bei. Dieser ist jedes Mal auch wieder für spannende Weinempfehlungen gut, verwaltet dafür einen gut sortierten Keller und choreografiert sein Team auch bei voller Auslastung entspannt durch den Abend.

Ristorante Oliveto
im AMERON Bonn Hotel Königshof
Adenauerallee 9, 53111 Bonn
☎ 0228-2601541
www.hotel-koenigshof-bonn.de
🕐 Täglich von 12–14 Uhr u. ab 18 Uhr, kein RT
Hauptgericht: 19–39 €,
Menüs: 43–106 €

Während das Restaurant Oliveto im Ameron Hotel Königshof, das in Bonns Zentrum direkt über der Rheinpromenade thront und nicht nur auf der großzügigen Terrasse einen schönen Ausblick gewährt, einstmals mit Alexander

Stadler über viele Jahre hinweg von ein und demselben Küchenchef bekocht wurde, drehte sich das Personalkarussell zuletzt etwas schneller. Doch auch wenn hier ein Küchenchefwechsel ansteht, bleibt das kulinarische Konzept unangetastet. So auch nach dem jüngsten Wechsel von Sebastian Mattis zu Florian Weidlich, der die Grundrichtung unkompliziert raffinierter Italianità aus allen Regionen des Landes ebenfalls unbeirrt weiterführt. Das hat übrigens Tradition in den Hotels der Althoff-Gruppe, denn auch im Celler Fürstenhof mit seinem Restaurant Palio, im Hotel Überfahrt mit dem Il Barcaiolo und auf Schloss Bensberg mit der Trattoria Enoteca wird auf ein einfallsreiches authentisch italienisches Kulinarium gesetzt.

Im Direktvergleich mit diesen Drei (und auch gemessen an den gehobenen Preisen) wirkt die Küche des Oliveto zwar etwas einfacher gestrickt und nicht so detailgenau ausgeführt, bewegt sich aber dennoch klar auf überdurchschnittlichem Niveau. Den All-Time-Klassiker „Vitello Tonnato" etwa variierte das Team gekonnt, in dem es ins Zentrum ein klararomatisch-fleischiges, eher grob geschnittenes Thunfischtatar stellte – akzentuiert von der feinen Würze knusprig gebackener Kapern. Die klassischen Bestandteile in Form von (leider etwas trockenem) Kalbsrücken und prononcierter Thunfischsauce spielten dem Tatar aromatisch zu und ergaben zusammen mit etwas Basilikum ein ansprechend authentisches Geschmacksbild.

So wie auch die geeiste mediterrane Gemüsesuppe auf Tomatenbasis, die durch das Zutun von Parmesanschaum und einem Eis vom grünen Spargel nochmal an Komplexität und Originalität dazugewann – wenngleich das Eis eher ein etwas wässriges Granité war und auch nicht besonders viel Aroma in die Waagschale brachte. Zupackend hingegen waren die Cavatelli „Puttanesca", die mit gebackenen Sardellen, Taggiasca-Oliven, Kapern, Peperoncini und buntem, keck angeschärftem Tomatensugo sehr viel Geschmack aufboten.

Nicht ganz ausgeschöpft wurde das Potential beim qualitativ noch recht ordentlichen, aber nicht mehr ganz taufrischen, glasig gebratenen Steinköhler nebst knackigen gebratenen Garnelen, die auf eher zähen als fluffigen Kartoffel-Gnocchetti und sautiertem Blattspinat angerichtet waren. Eine helle schaumige Sauce verband das Ganze mild und harmonisch, setzte aber auch keinen prägnanten Akzent. Da wünscht man sich wiederum etwas mehr Mut beim Abschmecken.

Dass es aber eben auch ganz anders geht, zeigte wiederum der Fleischhauptgang um Zampone

und Bäckchen vom Toskanischen Schwein. Das zarte Stück vom Bäckchen war optimal geschmort und satt glasiert, die Scheibe vom gefüllten Schweinefuß partiell umrandet von einer dünnen, würzigen, hippenartigen Bratkruste umgeben, in der wir Parmesan vermuteten. Das Gericht durfte so rustikal und ursprünglich sein, wie man es erwartet, war aber als solches dennoch recht finessenreich, denn unter dem Bett aus Cocobohnen und Wurzelgemüse, auf dem die beiden Hautdarsteller lagen, sorgte reduzierte Jus für Tiefe und Background, die punktuell immer wieder von der duftigen Kräuterwürze eines Basilikumpestos aufgebrochen wurde. In unseren Augen das beste Gericht des Testbesuchs und eigentlich schon fast mit sechs Pfannen zu bewerten.

Ähnlich stimmig und rund kombinierte das Team zum süßen Abschluss ein vollfruchtiges Himbeersorbet und marinierte Himbeeren mit einer „Lasagne" aus knusprig-buttrig karamelisierten Strudelteigblättern und (leider nur etwas kompakter) Vanille-Panna-Cotta. Dieses eingängige, eher liebliche Ensemble wurde durch betont kakaoherbe Schokocrumbles gekonnt kontrastiert und schaffte so ein gelungenes Finale.

Fazit: Eine unterm Strich sehr solide Leistung und die Erkenntnis, dass mit noch etwas mehr Detailsorgfalt durchaus auch noch mehr drin wäre. Können und Substanz sind vorhanden! Aber auch so ist und bleibt das Oliveto weiterhin eine sichere Bank, wenn man sich in der einstigen Bundeshauptstadt in gepflegtem Rahmen gute italienische Kulinarik gönnen will. Die Weinkarte liefert dazu selbstredend die passenden flüssigen Begleiter.

Strandhaus

Georgstr. 28, 53111 Bonn
0228-3694949
www.strandhaus-bonn.de
Di–Sa ab 18 Uhr, So u. Mo RT
Hauptgericht: 21–32 €,
Menüs: 39–72 €

Mitten in einem Wohnviertel in der Bonner Nordstadt sticht das Strandhaus mit seiner durch ein Sonnensegel überdachten Terrasse auf einladende Art heraus. Und auch das Interieur mit hellblau gestrichenen Blanken, Schwemmholz und Muscheln auf den Tischen wirkt tatsächlich eher so, als würde man auf

Rügen oder Usedom sitzen und in der Ferne das Meer rauschen hören.

Das natürlich gibt es in Wirklichkeit nicht, dafür aber ein helles, freundliches Ambiente und eine vom heiter-entspannten Strandspirit getragene Küche, die zwar nicht explizit maritim ausgerichtet ist, aber dafür intensive Aromen gekonnt auf lässige Art präsentiert. Das zeigte bereits eine Tranche von knusprigem Strudel mit kompakt-intensiver Pilzfüllung neben zartem Spitzkohlsalat, Kerbel-Chimichurri, Misoschaum und Backerbsen: Viel Umami, abwechslungsreiche Texturen auf erfrischend „untechnische" Art und ein Hauch von Kräuterfrische. Gelungener Auftakt!

Generell bieten die Gerichte hier aromatisch deutlich mehr als es die zwar wohlproportionierte, aber oft eher rustikale Optik vermuten lässt. Das galt auch für das grob geschnittene Tatar vom Thunfisch auf nussigen kleinen Berglinsen (etwas üppig dosiert), dessen klare Frische so besonders gut zur Geltung kam. Begleitet wurde der Thuna von überraschend feinsinnigen zitrisch duftigen Noten aus Mandarinen-Ponzu, Currycreme und Kräuteröl. Demgegenüber wirkte das Salatboquet mit Radieschen und Karottenstreifen irritierend rustikal, steuerte letztlich aber gut passende knackige Frische bei.

Von vornherein eher rustikaler angelegt war das folgende auf der Haut gebratene Saiblingsfilet neben sautierten Endivienstreifen und als Schaum, sautierte Würfelchen und knuspriges Stroh abwechslungsreich leicht präsentierte Kartoffelkomponenten. Für etwas zusätzliche Frische zwischen den grünen Bitternoten, dem Schmelz und der Röstwürze sorgten einige Salatspitzen und herbe Wildkräuter. Letztlich hätte nur der minimal trocken wirkende Saibling eine Spur weniger Hitze gebraucht. Ansonsten war auch das wieder auf unkomplizierte Art sehr gut auf den Punkt gebracht.

Genau wie die saftstrotzend zarten Rinderfiletstücke auf einem Rosmarinzweig, die neben Kürbiscreme und -würfeln, nussig-süßlichen Pastinakenscheiben, cremig-knusprigen Gnocchi und einem erdig-zwiebeligen Confit aus Totentrompetenpilzen auf den Teller kamen. Insbesondere durch die eher helle, elegante, mit Blattpetersilie aufgefrischte Jus ergab das einen mehr als souveränen Hauptgang ganz ohne aufwendiges Kleinklein.

Auch beim Dessert blieb das Team seinem Stil treu und servierte statt technisch verfremdeter Detailkunst schlicht ein warmes Gratin aus saftig glasierten Äpfeln mit karamellisierten Walnüssen, Zimtschaum und herbem Apfel-Quittensorbet – und schaffte damit einen herz-

wärmenden und durch natürliche Kontraste interessant gestalteten Abschluss.

Die ausgesprochen natürlich und freundlich agierenden und dabei emsig die Gäste umsorgenden Damen und Herren im Service unterstützen die entspannte Atmosphäre und sorgen für gut gefüllte Gläser. Das Wein-iPad hält dafür eine spannende Auswahl überwiegend deutscher Erzeuger zu frappierend günstigen Kursen parat.

Yunico –
Japanese fine dining

im Hotel Kameha Grand
Am Bonner Bogen 1,
53227 Bonn (Oberkassel)
℡ 0228-43345500
www.yunico-kameha.de
Mi–Sa ab 19 Uhr, So–Di RT
Menüs: 89–149 €

Viele Besonderheiten des Yunico fallen jedem Gast, der dieses Restaurant besucht, direkt auf: dass es in der obersten Etage des Kameha Hotels liegt und der Blick von der Terrasse aus spektakulär ist, dass das Interieur von einer goldenen Decke, großen roten Vasen und der Farbe Weiß dominiert wird, oder dass sich direkt links vom Eingang eine Sushi-Theke befindet. Eine der größten Leistungen des Restaurants fällt dagegen nicht ins Auge, selbst wenn man sich die Menükarte anschaut. Denn dort wird zum einen ein dreigängiges Osentikku-Menü angeboten, japanisches Kobe-Rind kann als Hauptgang (160 Gramm) oder Tasting (80 Gramm) zusätzlich zu allen Menüs bestellt werden – das zentrale Angebot ist allerdings das Omakase-Menü in vier bis sechs Gängen, die hier im Gegensatz zum Osentikku-Menü nicht aufgeführt sind, weil es sich um ein klassisches Marktmenü handelt. Dieses variiert Küchenchef Christian Sturm-Willms zum Teil wöchentlich, je nachdem welche Produkte gerade in herausragenden Qualitäten vorliegen. Hier wird Saisonalität tatsächlich gelebt!

Der erste kalte Gruß aus der Küche belegt bereits, wie aufwendig Sturm-Willms Küche ist. Das Maki vom geschmorten Heilbutt in marinierter Karotte, Rettich und Nori, wird begleitet von einem fein austarierten Sesamsud mit gerösteter Erdnuss und einem Reisessig, der expressive aber gleichzeitig sehr gut eingebundene Säure bietet. Auf dem Maki findet sich ein – allerdings zu fester – Reis-Crunch. Aromatisch gibt Sturm-Willms mit dieser kleinen Leckerei schon Vollgas, was über das ganze Menü so bleiben wird. Was ebenfalls bleiben wird ist, dass er stets die Balance hält, weil er große Meisterschaft darin erlangt hat, die vielen kraftvollen Komponenten auf seinen Tellern in ein perfektes Verhältnis zu setzen.

Serviert werden der erste und auch der zweite warme Gruß aus der Küche – eine Art Praline vom Flank Steak, bei dem es die volle Umami-Power zu schmecken gibt – passenderweise vom Küchenteam. Der erste Gang hat im Zentrum ein Tatar vom Yellowfin Thunfisch als Taler, auf dem Sturm-Willms etliche kleine, vegetabile Elemente anrichtet, die Frische-Akzente addieren: Schnittlauch, Apfel, Radieschen, gepickelter Romana-Salat, Gurkenröllchen mit Saiblingskaviar. Eine Eisnocke von japanischem Senf sorgt zudem für feine Schärfe, ein feinsäuerlicher Sud mit Ingwer, Kaffeelimone und Chili bringt Säure und betonte Schärfe ein. Eine Gebäck-Hippe in Schmetterlingsform schmückt das Gericht, wobei diese nicht bloß hübsche Deko ist, sondern mit ihrer Süße einen weiteren spielentscheidenden Akzent beisteuert. À part gibt es dann noch eine Auster mit Avocadocreme und doppelt fermentierter Sojasauce samt Yuzu. Auch hier geht Sturm-Willms voll auf Umami und findet kongeniale Begleiter für das Tatar, wobei der Thunfisch nie zur Nebenrolle degradiert wird.

Den zweiten Gang bildet Sashimi auf Crushed Eis: Königsmakrele, Ama Ebi Garnele, Label Rouge Lachs und Dorade. Die Produktqualitäten sind top, ebenso wie die Schnitttechnik. Neben geriebenem Wasabi und Ingwer wird eine Sauce auf Ponzu-Basis mit geriebenem Daikon gereicht. Bei den nächsten beiden Gängen vereint Sturm-Willms dann Frankreich und Japan auf so harmonische und schlüssige Art, dass es wirkt, als hätten die beiden Küchen bereits eine lange gemeinsame Geschichte: Der wunderbar heiß servierte Adlerfisch ist auf der Haut gebraten, mit einem Klecks Kaviar darauf, und bietet puren Eigengeschmack. Keine Würzung übertönt diesen, Sturm-Willms gibt dafür bei den anderen Elementen Vollgas. Eine Jakobsmuschel wird in selbsthergestelltem Rauchöl gegart, auf ihr sind einige Nordseekrabben garniert. An vegetabilen Mitspielern versammelt er wilden Brokkoli, Pastinakenpüree und Radieschen. Doch es ist die Beurre blanc mit Yuzu, die zum kongenialen Partner des Fisches wird, und die zeigt, wie sublim Sturm-Willms mit Yuzu umgehen kann.

Wenn es einen Signature Dish im Yunico gibt, dann ist es wohl Sturm-Willms karamellig-süßer Nussbutter-Schaum, der à part um den Punkt rosa gegarten Dry-Aged-Lammrücken von Donald Russell serviert wird. „Unser Werthers Original" kündigt Restaurantleiterin Melanie Hetzel ihn an, die den Service ebenso herzlich wie kundig leitet. Auch hier ist das zentrale Element, der Lammrücken, quasi ungewürzt. Weil die Produktqualität und der Eigengeschmack so herausragend sind, wird es trotzdem nicht von den anderen Komponenten erschlagen. Nicht von der bewusst salzigen Teriyaki-Jus mit Knoblauch, die sich als Spiegel unter dem Fleisch findet, nicht vom Shiso-/Schnittlauchöl, das als dünner Rand um die Jus gegossen ist, nicht von dem Klecks Hollandaise mit Knoblauch und Dashi, und auch nicht vom Nussbutterschaum. Einzig die leicht angeflämmte Ur-Karotte mit wildem Spargel und Karottencreme kann sich nicht wirklich behaupten – hier wäre ein weiteres starkes Element wie etwa Pilze vielleicht sinnvoller gewesen.

Da Sturm-Willms gelernter Pâtissier ist, gelingt auch der süße Abschluss, wobei das Pré-Dessert in Sachen Süße keinen sanften Übergang vom Herzhaften moderiert, sondern schon deutlich vorlegt – untermalt allerdings von deutlichen Säure-Akzenten: Die Passionsfrucht-Espuma ist besprenkelt mit dehydriertem Joghurt und Passionsfrucht, in ihrem Inneren findet sich ein Pandan-Eis, das geschmacklich an Popcorn erinnert, auf gerösteten Mandelsplittern. Und auch ein Prickel-pulver kommt als belebendes Element zum Einsatz.

Das eigentliche Dessert ist ein Pistazien-Küch-lein, auf dem sich eine Nocke Himbeereis auf Buttermilch-Basis findet. Flankiert wird es von Himbeeren, die mit Himbeer-Gel gefüllt sind, und abwechselnd auf Pistazienganache oder Vanillecreme stehen. Dazu angegossen wird ein Sud von Gen Maicha Tee, der gewinnbringen-de Röstaromen beisteuert. Allerdings ist es we-gen dessen Flüssigkeit schwer, einen perfekten Löffel zu erhalten, und ein Crunch-Element hätte der Dreidimensionalität des Gerichts gut-getan. Geschmacklich allerdings ist alles sehr fein austariert und man schmeckt wider die Ex-aktheit von Sturm-Willms Küche.

Dieses kann man mit Wein aus der Karte be-gleiten, die ihre Stärken vor allem in Deutsch-land und Frankreich hat. Aber damit würde man eine kulinarische Chance vergeben. Denn Melanie Hetzel hat in den letzten Jahren nicht nur eine erstaunliche Auswahl an Sake zusam-mengetragen, sondern sich auch zu einer von Deutschlands Expertinnen entwickelt, was de-ren Begleiter-Fähigkeiten betrifft. Ob Spark-ling-Sake, edelsüßer (der an einen französi-schen Dessertwein erinnert) oder Rosé-Sake: sie passen großartig zu Sturm-Willms Küche.

Hotelempfehlung

★★★★

AMERON Bonn Hotel Königshof

Adenauerallee 9,
53111 Bonn
☎ 0228-26010
www.hotel-koenigshof-bonn.de
Einzelzimmer: 79–199 €
Doppelzimmer: 99–229 €

Wer die Beethovenstadt Bonn auf komfortable Art erleben möchte, findet dort wohl kaum ei-nen geeigneteren Ausgangspunkt als das direkt am Rhein gelegene, geschichtsträchtige AME-RON Hotel Königshof. Hier, wo im 19. Jahr-hundert der Adel verweilte und in den 1950er und 70er Jahren die politische Elite ein und ausging, erwartet heute die Gäste ein zeitgemä-ßes Interieur, das gekonnt klassisches Design und moderne Elemente vereint. Die 129 groß-zügig ausgestatteten Zimmer bieten viel Kom-fort, ein Großteil der Bonner Sehenswürdigkei-ten ist fußläufig erreichbar. Dabei ist das Hotel aber nicht nur für Städtereisende reizvoll, son-dern bietet mit unterschiedlichen Räumen und Blick auf den Rhein auch beste Voraussetzun-gen für Events und Tagungen, vom Business-Meeting bis zur Hochzeit. Zur Entspannung stehen den Gästen zwei Saunen und ein Fit-nessbereich zur Verfügung. Und wenig ver-wunderlich prägt der hohe Anspruch auch das kulinarische Programm im Restaurant Oliveto, das mit seiner originellen Interpretation der Cucina casalinga seit Jahren landesweit mit zu den spannendsten italienischen Restaurant-konzepten zählt. Restaurant Oliveto separat er-wähnt.

Gasthof Sommerau

Sommerau 5,
79848 Bonndorf
☎ 07703-670
www.sommerau.de
⊘ Mi–So von 11.30–14 Uhr
u. ab 17.30 Uhr, Mo u. Di RT
Hauptgericht: 21–38 €

Das charakteristische Gebäude mit seinem markanten Vollwalmdach liegt idyllisch zwi-schen Wald, Wiesen und Hügeln im ruhigen Steinatal und ist ein Ort, der trotz seiner Abge-schiedenheit auch aus kulinarischer Sicht den gezielten Besuch lohnt. Wolfram Hegars Küche bietet sehr viel guten Geschmack und boden-ständige Raffinesse, ganz gleich ob bei verfei-nerten Heimatgerichten aus regionalen Pro-dukten oder dem hier oft gewagten Blick über den Tellerrand hinaus bis in mediterrane Ge-filde oder sogar nach Asien. Sorgfältiges Hand-werk und ein gutes Gespür für Aromen sind einem auf den immer auch fürs Auge angerichteten Tellern ebenso gewiss wie ein moderates Preis-Leistungs-Verhältnis.

Boppard (Rheinland-Pfalz)

Le Chopin
im Bellevue Rheinhotel
Rheinallee 41, 56154 Boppard
☎ 06742–1020
www.lechopin-boppard.de
⊘ Do–Sa ab 18 Uhr, So–Mi RT
Menüs: 72–94 €

Direkt am Rhein gelegen, biete das schmucke Hotel Bellevue viel von der für die Region typische romantischen und immer ein wenig altehrwürdig wirkenden Noblesse. Und mit dem Le Chopin ein großzügiges, klassisch elegantes Gourmetrestaurant, das mit seinen verschnörkelten Holzschnitzereien an der Täfelung wie an den Sesseln und der getragenen klassischen Musik im Hintergrund von einer gediegen-festlichen Atmosphäre geprägt ist. Nicht zu vergessen der malerische Blick über den Mittelrhein und das gegenüberliegende Steilufer!

Im Kontrast zum Ambiente bleibt das Team um Küchenchef Sebastian Messinger allerdings so gar nicht im altehrwürdigen und gediegenen Bereich, sondern bietet eine zwar klassisch fundierte, aber durchaus zeitgemäß umgesetzte und oft mit fernöstlicher Aromatik und Leichtigkeit spielende Küche. Und dass dies souverän gelingt, zeigten zuletzt neben sehr guten flaumig-warmem Brot nebst gesalzener Butter bereits die beiden Kleinigkeiten zur Einstimmung: Zum einen eine elegant fruchtig zugespitzte Erdbeer-Gazapacho mit marinierten und getrockneten Erdbeeren, Croûtons und Thai-Basilikum, sowie ein (leider schon minimal aufgeweichter) Cannellono mit stückiger, nussig-klarer Topinamburfüllung und würzigem Powder aus geröstetem Topinambur und Rosmarin.

Noch überzeugender gelang der betont frischgrüne Auftakt rund um knackig marinierte Gurkenwürfelchen, deren intensiver Geschmack von feiner Säure und Schärfe gepusht wurde und gemeinsam mit ätherischem schwarzem Rettich und einem laktisch-frischen Kräuterfond auf Joghurtbasis eine ausgezeichnete Bühne für klararomatische, roh marinierte Tranchen von der Gelbschwanzmakrele bot.

In eine deutlich kraftvollere, aber ebenfalls elegant-leichte Richtung ging es bei der folgenden Entenessenz, die mit viel Tiefe und zugleich komplexer Lebendigkeit mit subtil rauchig wirkendem Süße-Säure-Spiel einen geschichteten Turm aus zarter Weizen-Soja-Mousse, Ententatar, einem knusprig-röstigen Chip und fruchtigem Kürbistapioka umspielte.

Durchaus auf einem ähnlich hohen Umami-Level lag die sanft temperierte und kräftig abgeflämmte Fjordforelle, der von einer konzentrierten rauchigen Tomatenessenz, dunkelwürzigem Walnusschutney, gerösteten Kartoffelscheiben und einer intensiven Brunnenkressecreme durchweg betont kraftvolle Begleiter zur Seite standen. Das hohe, zart aufblätternde Filet steckte das aber locker weg und wurde dabei außerdem noch von einem auflockernd fruchtigen Topping mit Forellenkaviar, Kartoffelknusper und Schnittlauch unterstützt. Auch bei der für 20 Stunden bei Niedrigtemperatur durch und durch zart, aber dennoch kompakt gegarten Kalbshaxe spielte das Team sehr gekonnt mit gebündelter Umami-Power in einem luftigen Misoschaum und einem konzentrierten Kalbsdashi, was anstelle einer klassischen Jus zwar viel Kraft, aber zugleich eine gewisse elegante Transparenz beisteuerte. Ein Ragout aus hellen und grünen Bohnen rundete gemeinsam mit einem petersiliengrünen (klugerweise nur dezent spicy gehaltenen) Falafel einen souveränen Hauptgang ab.

Den experimentellsten Part des Menüs gab es ganz am Ende mit der ungewöhnlichen Kombination von Rhabarber, Thymian und Kohlrabi im Dessert. Wobei letzterer nur sehr dezent als ätherisch-vegetabile Hintergrundnote eingebunden wurde, denn im Vordergrund standen die säurefrisch-vanilleduftigen Himbeerrhabarber-Zubereitungen (als Eis, Ragout, Gel…), die von kühl und hellwürzig wirkenden halbgefrorenen Ziegenkäse-Steinen mit Thymianpowder, einem Cremering aus Ruby-Schokolade und einer kräutrig-mildsüßen Espuma ergänzt wurden. Gewagt und gewonnen!

Ebenfalls durchaus gewagt und bis zu modernen Orange-Weinen reichend, aber stets gut auf die Gerichte abgestimmt, sind die korrespondierenden Weinempfehlungen, bei denen das charmante Serviceteam auf einen guten individuellen Fundus nicht nur aus der Region zurückgreifen kann.

Hotelempfehlung

★★★★ S

Bellevue Rheinhotel

Rheinallee 41,
56154 Boppard
☎ 06742–1020
www.bellevue-boppard.de
Einzelzimmer: 59–105 €
Doppelzimmer: 77–155 €

Das traditionsreiche Bellevue Rheinhotel mit drei Restaurants, Hotelbar, Weinkeller und eigenem Weinberg feiert 2017 sein 130-jähriges Jubiläum und wird auch schon genau so lange als Familienbetrieb geführt. Hier spiegeln sich die Eleganz der Belle Epoque und die Fantasie des Jugendstils wieder, doch es wird auch ständig investiert und renoviert. So wurden erst jüngst 20 Zimmer neu gestaltet. Die insgesamt 93 Einzel-, Doppelzimmer und Suiten verfügen alle über Farb-TV, Verdunkelungsmöglichkeit, Telefon, Schreibtisch, Sitzgelegenheit, Minibar, Safe, Satelliten-TV, Kosmetikspiegel und Haartrockner im Bad, Bademantel, analogen Telefonanschluß und CD-Player – einige auch über eine Klimaanlage und einen Balkon oder eine Terrasse mit Rheinblick. Im Wellnessbereich stehen den Gästen Hallenbad, Dampfbad, Sauna, Erlebnisduschen, Ruhe- sowie Fitnessraum kostenlos zur Verfügung. Gourmetrestaurant Le Chopin separat erwähnt.

★★★★ S

Résidence Bellevue

Rheinallee 32, 56154 Boppard
☎ 06742–1020
www.residence-boppard.de
Einzelzimmer: 123–195 €

In direkter Rheinlage eröffnet das Bellevue Rheinhotel im Mai 2014 eine Dependance. Von jedem der mit 55 bis 70 m² sehr großzügigen Apartements aus genießt man einen unverstellten Blick auf den Rhein und die gegenüberliegende Kurfürstliche Burg Boppard. Alle Zimmer verfügen über ein Schlafzimmer mit Bad en suite, einen komfortablen Wohnbereich und einen „Coffeeplace". Außerdem: kostenfreies Wlan und Samsung Smart-TV. Frühstück und Halbpension können im Bellevue Rheinhotel eingenommen werden. Auch die Nutzung des dortigen Wellnessbereichs ist für Gäste der Résidence Bellevue kostenlos.

Brandenburg/Havel
(Brandenburg)

5 🍳 🍴

Am Humboldthain

Plauer Str. 1,
14770 Brandenburg/Havel
☎ 03381-334767
www.am-humboldthain.de
🕐 Mi–So von 12–15 Uhr u. ab 18 Uhr,
Hauptgericht: 12–25 €, Menüs: 35–51 €

Egal ob in den beiden stilvoll-schlichten Gasträumen oder bei warmem Wetter auf der Terrasse mit Blick in den Park: stets bekommt man es hier mit einer unaufgeregten Küche auf zuverlässig solidem 5-Pfannen-Niveau zu tun. Verantwortlich dafür ist mit bewundernswerter Konstanz Jasper Krombholz, der hier in einer ansonsten kulinarisch unattraktiven Gegend als einziger Gastronom und Koch die Fahne des guten Geschmacks weit hochhält. Sein Kochstil ist klassisch französisch basiert, insbesondere bei den Vorspeisen, aber auch bei Fischgerichten tendiert das dann auch gerne in eine mediterrane oder klar italienische Richtung. Auf der Weinkarte finden sich gepflegte europäische Tropfen zu moderaten Preisen. Und auch sticht das äußerst günstige Preis-Leistungs-Verhältnis hervor.

Braubach (Rheinland-Pfalz)

Zum Weissen Schwanen

im Hotel Zum Weissen Schwanen
Brunnenstr. 4, 56338 Braubach
☎ 02627-9820
zum-weissen-schwanen.de
◔ Do–So ab 17 Uhr, Uhr, Fei von
12–14 Uhr u. ab 17 Uhr, Mo–Mi RT
Hauptgericht: 17–26 €, Menüs: 38–69 €

Das Ensemble aus mehreren alten Fachwerkgebäuden rund um eine historische Mühle mit ihrem idyllischen großen Kräutergarten ist allein schon sehenswert. Zusätzlich wird hier aber auch noch bodenständig, klassisch und gediegen gekocht, ohne übertriebe Ambitionen oder aufgesetzte Kreativität. Stattdessen sind die Zubereitungen frisch und natürlich, und machen – auch wenn manche Zubereitung recht schlicht daherkommt – auf diese Art durchaus Freude. Für eine höhere Bewertung bräuchte es etwas mehr Arbeit am Detail, stimmig ist der Gesamteindruck aber auch so. Freundlicher, zügiger Service, ausreichende Weinauswahl von Mittelrhein bis Frankreich.

Die Besteck-Symbole

🍴🍴🍴🍴🍴 luxuriöses Restaurant mit höchstem Komfort und formvollendetem Service, edler Ausstattung und einer Weinkarte, die höchsten Ansprüchen genügt

🍴🍴🍴🍴 elegantes Restaurant mit hohem Komfort und exzellentem Service, sehr gute Ausstattung, hervorragende Weinkarte

🍴🍴🍴 gehobenes Restaurant mit gutem Komfort und versiertem Service, umfangreiche Weinkarte

🍴🍴 besser ausgestattetes Restaurant mit ordentlichem Service, ausgewählte Weine

🍴 schlichtes Restaurant, Gasthof oder Bar

Braunschweig (Niedersachsen)

Das Alte Haus

Alte Knochenhauer Str. 11,
38100 Braunschweig
☎ 0531-6180100
www.altehaus.de
◔ Di–Sa ab 18 Uhr,
So u. Mo RT
Menüs: 86–122 €

Beeindruckend, wie Inhaber und Küchenchef Enrico Dunkel in seinem geschmackvoll zwischen gemütlich und stylisch gestalteten Restaurant in der Braunschweiger Innenstadt als Alleinkoch souverän das hohe Niveau hält und daneben auch immer noch genug Inspiration findet, seinen Küchenstil weiterzuentwickeln. Was der kulinarische Einzelkämpfer am Herd hier in seinem maximal siebengängigen Menü an Ideen und handwerklicher Feinarbeit unterbringt, ist beachtlich. Auch beim Einkauf wird nicht gespart und nur sehr Gutes aus Nah und Fern herangekarrt: von der zünftigen „Brotzeit" mit heimischen Produkten als Küchengruß über Schalen- und Krustentiere aus dem Atlantik bis zum US-Beef im Hauptgang werden keine Kompromisse eingegangen.

Und während sich die Vesperplatte mit Salami und Schinken, verschiedenem Käse, Perlzwiebeln und Essiggurken zum hausgebackenen Krustenbrot noch ganz bodenständig und gegenständlich präsentierte, wurde es mit der ersten Vorspeise des Menüs schon etwas kreativer und feinsinniger: geröstete Jakobsmuschel in sehr schön festfleischiger und reintöniger Qualität, die hier erfreulicherweise zusammen mit ihrem pochierten Rogen serviert wurde, der ein deutliches Plus an Produktcharakter auf den Teller brachte, kam in Kombination mit säuerlich mariniertem weißem Spargel, Radieschen, Salty Fingers und einem Duett aus Coulis von japanischer Kirschblüte und Jakobsmuschelschaum als sehr frischer und fruchtiger Auftakt daher. Durch das Kirschblüten-Fruchtpüree tendenziell ein ganz klein wenig zu süß nach unserem Geschmack, aber dennoch durchaus raffiniert und fein gemacht.

Ganz und gar klassisch präsentierte sich das Dreierlei von der Entenleber, die als Terrine mit aromatischem Rieslinggelee, Parfaitwürfel mit Rhabarbergelee-Deckel und gebratene Tranche auf eingelegtem Rhabarber in allen drei gängigen Darreichungsformen sehr repräsentativ und präsent auf den Teller gebracht wurde. Ein würdiger Repräsentant ihrer selbst war auch die folgende Auster, die als sanft in der eigenen Schale gegartes jodig-frisches Exemplar zusammen mit Saiblingskaviar und Wasabi-Reiscracker in einem Schaum von Tom-Kha-Gai-Aromen baden durfte – und sich darin schmeckbar wohl fühlte.

Zurück in heimische Gefilde ging es nach diesem kurzen Ausflug in Richtung Fernost mit einem maritimen Duett aus der Nordsee von Scholle und Krabben. Erstere in einem Knusperkleid aus Panko ausgebacken, letztere als Füllung einer gebackenen Zucchiniblüte und beide überhaupt nicht fettig und frittierdeftig, sondern wunderbar klar und rein im Geschmack. Gebettet auf jungen Blattspinat, umgeben von schaumig aufgemixter Nussbuttersauce und grünfrisch abgerundet von Schnittlauchöl war auch das ein sehr harmonischer, in sich stimmiger Teller auf glattem 7-Pfannen-Niveau. Für eine höhere Bewertung hätten wir beispielsweise mehr Tiefe und Zug in der Sauce und generell klarere Konturen vorausgesetzt. Das hier war ein sehr mildes, weiches und relativ zahmes Geschmacksbild.

Ähnlich beim Hauptgang, für den verschiedene Teilstücke eines Greater Omaha Prime-Beefs zum Besten gegeben wurden. Nämlich ein ausdrucksstarkes kurzgebratenes Rückenstück, gezupftes Schmorfleisch als süffige gebackene Praline und gewürfelte Brust sowie Zunge als zarte Grundeinlage eines separat in der kleinen Kupferkasserolle servierten Rahmragouts mit Spargelstückchen. Weißer und grüner Spargel auch als Stangenspitzen am Hauptteller, zusammen mit fruchtig-süßsauer glasierten Goldkäppchen-Pilzen, getrüffelter Kartoffelterrine und maßvoll reduzierter Rotweinjus ein ausgewogener, harmonischer Gang von klassischem Format.

In den tiefen Tann führte uns das aromatisch grünbraune Dessert um nussig-mildes Eis und Espuma von Bucheckern nebst eingelegten Fichtensprossen und Buchenpilzen, Waldmeis-

ter und Haselnüssen, während der süße Abschluss mit dem Namen „Gold" tatsächlich auch geschmacklich eher in die goldgelbe Richtung tendierte: mit moussiger Karamellschokolade von Callebaut aus Belgien, Kaffee-Rahmeis, sowie Passionsfrucht und Mango als Ragout und Gel. Beides, wie nicht anders zu erwarten, handwerklich sehr souverän umgesetzt und überaus harmonisch – fast schon etwas zu harmonisch. So bleibt abschließend neben einem absolut runden Gesamteindruck eigentlich nur die Überlegung, ob ein paar mehr Ecken und Kanten das Kulinarium vielleicht noch spannender gestalten könnten. Aber das ist dann letztlich doch Geschmackssache. Wir freuen uns so oder so schon wieder sehr auf den nächsten Besuch in diesem ausgesprochen angenehmen Restaurant.

Monkey Rosé

**Altstadtmarkt 1,
38100 Braunschweig
☎ 0531–28793388
www.monkey-rose.de
◑ Di–Sa ab 18 Uhr,
So u. Mo RT
Hauptgericht: 19–33 €,
Menüs: 45–75 €**

Das stilvoll trendige Lokal hinter historischem Gemäuer in Braunschweigs schöner Altstadt bezeichnet sich selbst als „Weinbrasserie" und bietet seinen Gästen neben gelebter Weinkultur, die über das reine Angebot an über 300 attraktiven europäischen Gewächsen hinausgeht, auch regelmäßige Weinseminare an. Hier wird aber nicht nur anspruchsvoll eingeschenkt, sondern auch so aufgetischt. Und zwar nicht nur zum Wein, sondern auch ganz unabhängig davon. Die Speisekarte ist vertrauenswürdig überschaubar gehalten und listet weiterhin ein halbes Dutzend Vorspeisen und nochmal so viele Hauptgerichte, dazu zwei oder drei Desserts und eine Käsevariation. Und sie reicht von einfacheren Dingen wie einem attraktiv bestückten Antipasti-Teller oder bodenständigen Kleinigkeiten wie originell belegte Flammkuchen bis zu einfallsreichen Eigenkreationen auf klassischer Basis.

Zucker – Restaurant in der Raffinerie

Frankfurter Str. 2,
38122 Braunschweig
☏ 0531–281980
www.zucker-restaurant.de
◉ Mo–Sa von 12–14 Uhr u. ab 18 Uhr,
So RT
Hauptgericht: 32–44 €,
Menüs: 74–92 €

Bei diesem modernen, lichtdurchfluteten Lokal mit hohen Backsteinwänden handelt es sich nicht, wie der Name vielleicht suggerieren mag, um ein Süßspeisen-Restaurant, sondern um eines mit ganz normaler Küche. Doch das residiert in einer ehemaligen Zuckerraffinerie an der Frankfurter Straße, einem Industriedenkmal aus dem frühen 20. Jahrhundert, und ist eine schmucke Location mit viel Platz. Gerne wird es ob der repräsentativen Räume und der günstigen Infrastruktur seit jeher auch als Hochzeits- und Veranstaltungslocation mit gastronomischem Rundumservice gebucht – in der Hauptsache jedoch betreiben die Gastgeber Gesche Sonntag und Alexander Riehl hier ein in der Region beliebtes à-la-carte-Restaurant mit mehrheitsfähiger, aber durchaus anspruchsvoller Küche.

Ob die jüngste stilistische Entwicklung, hin zu einer auch im Menübereich deutlich klassischeren Ausrichtung, auf personelle Wechsel in der Küche zurückzuführen ist, oder andere Gründe hat, kann getrost dahingestellt bleiben – jedenfalls profitiert das Kulinarium sichtlich und schmeckbar davon. Wir haben hier schon länger nicht mehr so gut gegessen, wie in dieser Testsaison! Da es auch den Anschein macht, als ob Menü und à la carte in Sachen Eigenanspruch und Ausrichtung näher zusammengewachsen sind, dürfte es hinsichtlich der Bewertung auch keinen größeren Unterschied mehr machen, ob man die Einzelgerichte bestellt, oder sich die auf vier Gänge geschrumpfte Speisefolge vornimmt.

Dabei hätten wir den drei recht guten Aufstrichen, die nach dem Einchecken prompt auf dem Tisch standen, ein etwas attraktiveres Brot gegönnt. Und der mit seiner äußerst milden Füllung zwar aromatisch relativ ausdruckslose, wegen seiner sehr dünnen, elastisch-zarten Teighülle aber trotzdem delikate Raviolo auf Blumenkohlcreme als Gruß aus der Küche hätte uns noch besser gefallen, wenn an der begleitenden, subtil umamiwürzigen Schaumsauce kein Trüffelöl gewesen wäre. Alles andere aber war unterm Strich ziemlich erfreulich…

Künstliches Trüffelaroma steckte trotz des Einsatzes duftiger und sogar geschmackvoller echter Schwarzer Trüffel zwar auch in der Menüvorspeise um Ragout von der Oldenburger Ente mit Spinat, Kartoffel und Ei, doch war es so dezent und die dunkle Entenjus so ausgewogen kräftig, dass es fast kaschiert wurde und dem Genussfaktor dieses Soulfood-Tellers zum Löffeln kaum etwas anhaben konnte: Im Tellerboden festere Kartoffelcreme, darauf Cremespinat, zartes kleingewürfeltes Schmorfleisch von der Ente in tiefer Sauce, drumherum ein im Syphon zur Espuma aufgeschäumte Kartoffelcreme und on top zart fließendes Eigelb. Das hatte was!

Rein gar nichts zu kritisieren gab's an der kraftvoll und natürlich nach Krustentier schmeckenden Hummerbisque, die in vertrauenerweckend hellbrauner Färbung und trotz rahmigem Schmelz mit erfreulich wenig Sahne oder Crème fraîche daherkam. Und in ihren Fluten qualitativ sehr propere Stücke von Hummer, Jakobsmuschel und Steinbutt nebst Karottencreme und glasierten Babykarotten mit sich trug.

Danach wunderte es dann schon weniger, dass auch der Hauptgang um ein mit wenig Farce in ein Wirsingblatt gewickeltes, sanft pochiertes und danach zwecks Aromengebung noch etwas auf der Wirsinghülle angebratenes Kalbsfilet ausgesprochen gut war. Das handwerklich prima umgesetzte und auch qualitativ überzeugende Fleisch wurde angenehm reduziert nur von etwas feinsäuerlichem Champagnerkraut im Zusammenspiel mit der unaufdringlichen Süße eingelegter schwarzer Walnuss und einem perfekt knusprig-fluffigen Kartoffelkrapfen begleitet. Grundiert von einem Saucenduett aus Kalbsglace und heller Schaumsauce war das ein richtig gutes klassisches Hauptgericht, das alleine man fast schon mit 7 Pfannen hätte bewerten können.

Etwas simpler und aromatisch „verschwommener", aber trotzdem nicht minder gut umgesetzt, war auch der Nachtisch, ein kleines saftiges Stück Sachertorte mit Mousse und Rahmeis von Kaffeearoma sowie Orangenfilets und ein paar nussigen Crumbles. Den Service erlebten wir diesmal freundlich und engagiert und die Weinkarte listet weiterhin viele gute, schwerpunktmäßig deutsche und österreichische Gewächse zu moderaten Preisen.

Bremen (Bremen)

Atrium Bistro

**Vor dem Steintor 34,
28203 Bremen**
☎ 0421-702323
www.atrium-bremen.de
◉ Do–Sa ab 18 Uhr, So–Mi RT
Hauptgericht: 17–31 €

Ein stets zuverlässiges Ess-Ziel in Bremens Innenstadt ist das zum gleichnamigen Feinkostgeschäft gehörende Bistro Atrium, das auf der Rückseite des Ladengeschäfts an einen kleinen Innenhof anschließt. Hier sitzt man in einem charmant verwinkelten und patinierten Lokal zwischen allerhand Weinregalen und wählt aus einer Speisekarte, die sowohl Hausklassiker, als auch variable Tagesgerichte offeriert. Die Chefin und ihr Team, die in einer halboffenen Küche oberhalb des Gastraums am Werk sind, kochen in jedem Fall stark mediterran angehaucht, haben aber auch französische oder asiatische Akzente im Programm. Gekocht wird schmackhaft und handwerklich fundiert, ohne die letzte Konsequenz was die handwerklichen Details betrifft und nicht in Premium-Produktqualität, aber durchaus solide in jeder Hinsicht. Erwähnenswert ist auch die individuell zusammengestellte europäische Weinauswahl.

Das kleine Lokal

Besselstr. 40, 28203 Bremen
☎ 0421-7949084
www.das-kleine-lokal.de
◉ Di–Sa ab 18 Uhr, So u. Mo RT
Hauptgericht: 20–39 €, Menüs: 65–93 €

In dem kleinen Lokal von Nina und Stefan Ladenberger sind dem Gast nicht nur ein sehr gepflegtes Ambiente und aufmerksamer, persönlich-zugewandter Service garantiert, man wird hier auch ambitioniert auf hohem Niveau bekocht. Der Chef und sein Team kredenzen eine ganz und gar schnörkellose, handwerklich überraschend präzise und geschmacklich ausdrucksstark zubereitete Küche aus sehr guten Produkten, die immer auch was fürs Auge bietet. Und die es jetzt auch in einer vegetarischen Menüvariante gibt: ebenfalls in drei bis fünf, mit Käse sogar sechs Gängen, und mit denselben positiven Eigenschaften, von denen auch die Speisefolge mit Fisch und Fleisch profitiert. Stefan Ladenbergers Gerichte sind wohlportioniert und mit ästhetischem Gespür angerichtet, klar strukturiert und nicht übertrieben verspielt. Der Fokus liegt klar auf wenigen, gut aufeinander abgestimmten und individuell auf den Punkt gebrachten Komponenten. Dazu gibt es eine umfangreiche, fair kalkulierte europäische Weinauswahl.

DUE – Italian Street Food

Pieper Str. 5, 28195 Bremen
☎ 0421-67304275
due-streetfood.de
◉ Mo–Sa von 10–17 Uhr, So RT

Der von den Brüdern Elvis und Denis Behljuljevic (Restaurant Due Fratelli, Bremen) engagiert betriebene Streetfood-Imbiss profitiert von ausgesuchten Produkten hoher Qualität und dem Know-How der beiden Vollblut-Gastronomen. Das Angebot reicht von attraktiv gefüllten Piadine oder Panini über frisch gekochte Suppen und Salate bis hin zu tollen Pasta-Gerichten, etwa mit der legendären Due-Fratelli-Bolognesesauce, für die das Fleisch 16 Stunden lang sanft schmoren darf. Viele Produkte gibt's auch zum Mitnehmen.

Due Fratelli

Am Markt 13, 28195 Bremen
☎ 0421-67352817
due-fratelli-bremen.de
◐ Mi–So ab 18 Uhr,
Mo u. Di RT
Hauptgericht: 15–35 €,
Menüs: 39–115 €

EC ○ VISA HHH

Die wichtigste Nachricht zuerst: Nach vielen erfolgreichen Jahren der beiden Fratelli Elvis und Denis Behljuljevic in ihrem Restaurant in der Hamburgerstraße zieht das Brüderpaar mit seinem Team im September in neue Räumlichkeiten. Das „Schütting" direkt am Marktplatz, beim Roland gegenüber dem historischen Rathaus wird das neue Zuhause der genussaffinen Gastgeber. Und dort wollen sie in allen Belangen genau daran anknüpfen, woran sie bis zum Umzug noch im alten Domizil mit viel Eifer und Passion gearbeitet haben.

Wenn es eine verbindende Eigenschaft der beliebtesten „Italiener um die Ecke" gibt, dann diese: Emotionen wecken und eine Prise Urlaubsfeeling vermitteln. Um kulinarisches Niveau geht es meist eher an zweiter oder dritter Stelle. Umso erfreulicher, dass die Due Fratelli in Bremen beides schaffen: Sprühende Begeisterung, Temperament und Herzlichkeit auf der einen Seite. Und ein weit überdurchschnittlicher kulinarischer Qualitätsanspruch auf der anderen Seite.

Diesen zeigte dann beim letzten Besuch an der alten Adresse auch schon die zur Einstimmung servierte Honigmelone mit Olivenöl, Burrata, Pinienkernen und kleinen Guanciale-Chips als pfiffige Interpretation des Klassikers „Melone mit Schinken". Überhaupt gelingt es dem Team oft ausgezeichnet, mit kleinen cleveren Ideen für entscheidende Unterschiede zu bekannten Gerichten und Geschmacksbildern zu sorgen. Auch das Vitello Tonnato wurde auf diese Art mit wenigen Handgriffen und dem entscheidenen Gewusst wie zu einem raffinierten Auftakt verfeinert: Das zarte rosa Kalbsfleisch war hier gemeinsam mit einer fein balancierten Thunfischcreme zwischen krossen Ciabatta-Chips zu einem kompakten Schichtwerk gestapelt, welches zusätzlich von gebackenen Kapern sowie frittiertem Salbei auflockernde Akzente und von à la minute eingeleitetem Buchenholzrauch eine über allem schwebende (anfangs etwas dominante) Rauchnote mitbekam.

Weniger Finesse, dafür umso mehr Wohlfühlpunkte brachte danach das glaubhaft für 16 Stunden geschmorte Ragù zu den „Spaghetti Bolognese". Kein Wunder, dass die Sauce einer der Hits im Corona-Online-Shop war. So tiefgründig, saftig und dicht bekommt man ein Ragù tatsächlich nur selten. Zusätzlich wird das Pasta-Nest noch auf einer luftigen Parmesancreme angerichtet und bekommt so eine weitere cremige Umami-Dimension mit auf den Weg.

Ein weiterer Klassiker: Scaloppine al limone, zarte Kalbsschnitzel mit ätherischem Zitronenzesten-Flavour also, die hier gemeinsam mit durchweg gut und jeweils individuell auf den Punkt gegartem Gemüse von Blumenkohl bis Bohne sowie einem clever stückig gehaltenem und mit unverfälscht natürlich aromatischer Trüffel verfeinertem Kartoffelpüree auf den Teller kommen. Alles wohlproportioniert, apart und mit viel Geschmack in jeder Komponente. Sehr fein!

Und mit Desserts wie dem Törtchen aus Mousse au chocolat mit Mangosorbet, einem im Kern flüssigen Schokoladenkuchen nebst Vanilleeis, oder aber einer saftig-intensiven Tiramisù gewinnt das Team zwar keinen Innovationspreis, gibt sich aber auch keine Blöße! Deshalb bleibt es bei einem klaren „Daumen hoch!" für die Due Fratelli und auch für die guten italienischen Weine in der individuell aufgebauten Karte, die man am neuen Standort genauso wiederfinden wird, wie die verlässlich gute Küche.

Natusch – Fischereihafen Restaurant

**Am Fischbahnhof 1,
27572 Bremerhaven**
☎ 0471-71021
www.natusch.de
🕐 Di–So von 11.45–15 Uhr
u. ab 17.30 Uhr, Mo RT
Hauptgericht: 24–50 €, Menüs: 34–58 €

Das nostalgische Fischereihafenrestaurant Natusch, in dessen unterschiedlichen Räumen man bisweilen tatsächlich wie in einer edel eingedeckten Kajüte sitzt, weil Teile der Einrichtung aus der originalen Kapitänskajüte der Yacht des Schauspielers und Frauenschwarms Errol Flynn stammen, hat absoluten Klassiker-Status. Und das nicht nur wegen des Interieurs, sondern vor allem, weil hier seit vielen Jahren auf bodenständigem Niveau verlässlich hohe Qualität geboten wird. Die stets aus fangfrischer Ware zubereiteten Fischgerichte – denen gegenüber auch ein paar Alternativen für Fleischesser und auch für Vegetarier stehen – bewegen sich gekonnt zwischen traditionellen, verfeinert rustikalen Zubereitungen sowie eleganteren, teils sogar asiatisch-exotisch inspirierten Tellern.

Egal welche Richtung man als Gast einschlägt: stets überzeugen vor allem die überdurchschnittlichen Produkte und kräftige, klare Aromen. So gelingen hier unserer Ansicht und Erfahrung nach eher klassisch und traditionell gehaltene Zubereitungen wie beispielsweise die kräftige Krabbensuppe mit lockeren Fischklößchen vom Dorsch oder der gedämpfte Dorsch in Senfsaatsauce mit Gurkensalat und Küstenkartoffeln am besten, während uns krea-

tivere Freistil-Versuche zumindest kompositorisch nicht immer gänzlich überzeugen konnten. Erfreulich war beim letzten Besuch in jedem Fall schon der Küchengruß, ein kleiner Flusskrebssalat, der durch die gute Qualität der Krustentierchen und eine schön natürlich schmeckende, betont leichte Cocktailsauce mit frischen und knackigen, säuerlich eingelegten Gemüsestücken überzeugte.

Frische und Natürlichkeit sind ohnehin die Stärken dieser Küche, die uns auch mit einem schön grob geschnittenen Tatar vom gebeizten isländischen Lachs Freude machte. Das hatte eine mit ätherisch scharfem Senf und einer gewissen fruchtigen Süße raffiniert abgeschmeckte Kürbiscreme zur Seite, aber auch eine Kräutervinaigrette und süßsauer eingelegte Lotuswurzel, Rettich und Feige, was dem Ganzen einen gar nicht uninteressanten, dezent exotischen Touch verlieh. Parallel dazu gab es auch eine ganz und gar klassisch gehaltene Cremesuppe vom bretonischen Hummer, die in grundsolider, aufgrund etwas mehliger Bindung aber auch etwas altbacken wirkender Art von der guten Substanz der Zubereitungen zeugte.

Sehr gefallen hat uns zuletzt auch das mit Sorgfalt perfekt glasig gebratene Filet eines Tiefsee-Rotbarschs, das in seiner festfleischigen, sauber und klar schmeckenden Art unter Beweis stellte, dass dieser Brot-und-Butter-Fisch in entsprechender Qualität durchaus bemerkenswert sein kann. Ihm zur Seite stand etwas mit Wachtelspiegelei getoppter und mit fruchtiger Rotweinschalotten-Buttersauce unterlegter Blattspinat sowie ein Klecks cremiges Pastinakenpüree mit Nussbutter. Da blieb im Endeffekt kein Wunsch an eine verfeinerte gutbürgerliche Küche offen.

Diese Erwartungshaltung wurde mit dem Hauptgang um auf der Haut gebratenes Wolfsbarschfilet mit Linsen, Rote Bete, Topinambur und würzige Grillkartoffeln dann auch nicht enttäuscht. Zwar wirkten der recht plakativ (unter anderem mit rotem Pfeffer) gewürzte Fisch und das von einer relativ lieblich gehaltenen, rahmigen Zitronensauce verbundene Begleitgemüse in der Zusammenstellung recht bunt und etwas beliebig zusammengewürfelt, schmeckte aber trotzdem nicht schlecht.

Genau wie das Dessert, ein ganz wunderbarer, saftig-lockerer Apfel-/Zimt-Kuchen, der prima mit dem rahmigen Vanilleeis zusammengepasst hat – es daneben aber auch noch mit Sorbet von roten Beeren, Physalis, Feige, Traube, Johannisbeere, Blaubeere und verschiedenen Fruchtcoulis zu tun bekam und deshalb mehr wie jahreszeitloses Tutti-frutti anmutete und nicht wie ein saisonales herbstlich-winterliches Dessert.

Die Weinkarte ist schwerpunktmäßig mit deutschen Gewächsen namhafter Erzeuger bestückt und der Service agiert stets freundlich, routiniert und flink.

PIER 6

Barkhausenstr. 6, 27568 Bremerhaven
☎ **0471-48364080**
pier6.eu
⊘ **Mo–Sa von 11.30–14 Uhr u. ab 18 Uhr, So RT**
Hauptgericht: 12–32 €,
Menüs: 25–39 €

Direkt an der belebten Hafenmeile im Zentrum von Bremerhaven, zwischen Attraktionen wie dem Museumshafen des Deutschen Schifffahrtsmuseum, dem Deutschen Auswandererhaus, dem Klimahaus 8° Ost oder dem Zoo am Meer, lässt sich im hellen, lichtdurchfluteten Gastraum dieses im schlicht-modernen Bistrostil gehaltenen Lokals seit Jahren zuverlässig gut essen. Garanten dafür sind Gastgeber Steffen Heumann, der auch das individuell bestückte Weinsortiment hegt und pflegt und damit auch seine fränkische Heimat nicht verleugnet, sowie sein Küchenchef Michael Uphoff, der hier auf ein weitgehend internationales Repertoire setzt und überdurchschnittliche Qualität auf die Teller bringt. Das Angebot reicht von einfacheren Lunch-Gerichten wie einem Rinderschmorbraten mit Knödeln nach altbayrischem Rezept, Apfelrotkohl, Pastinaken und Backpflaumensauce oder Steinköhler mit Rahmwirsing und Kartoffel-Lauchstampf, bis hin zu etwas exklusiveren Sachen, die dann am Abend auch in ein viergängiges Menü münden. Auf gute Produkte und eine sehr solide handwerkliche Umsetzung kann

man sich hier aber grundsätzlich verlassen, ganz egal welche Richtung man einschlägt.

So ein Abendmenü kann dann zum Beispiel mit karamellisiertem Ziegenfrischkäse beginnen, der zusammen mit einem Chutney aus Zwiebeln und Senfsaat, Feigenschnitzen, etwas Walnuss-Pistou und ein paar Baby-Leafs in sein stimmiges aromatisches Umfeld gebracht und so mild ist, dass er auch Leuten schmecken könnte, die eigentlich keinen Ziegenkäse mögen – was sich so oder so auslegen lässt. Sehr schön ausgewogen zwischen der produkttypischen nussigen Süße und feiner Würze fanden wir die Cremesuppe von der Marone, die auch nicht zu dickflüssig oder gar breiig war und so ihre Einlage aus zarter geräucherter Entenbrust nicht einfach verschluckt hat, sondern gut zur Geltung brachte.

Wer es gerne etwas zupackender mag, der wird mit hausgebeiztem Lachs nebst obligatorischer Honig-Dill-Senf-Sauce auf Kartoffelpuffer oder zweierlei Krakauer Würsten vom Elmloher Duroc-Schwein mit Senf, Rahmsauerkraut und Kartoffelpüree mit Lauch glücklich. Die Lust nach etwas feineren Genüssen wird in jedem Fall mit Gerichten wie dem Duett von Dorade und Fjordforelle gestillt: erstere schön kross und saftig auf der Haut gebraten und letztere mit mild gewürzter Farce zu einer akkuraten Roulade geformt und als solche schön saftig gegart. Zusammen mit einem recht mustergültigen Safranrisotto, ebenso knackigem wie aromatischem Wildem Brokkoli, nach unserem Gusto etwas zu weichen Urkarotten und einer als „Prosecco-Espuma" annoncierten Schaumsauce, die etwas prägnanter nach dem namensgebenden Schaumwein hätte schmecken dürfen, war das eine runde und stimmige Sache.

Wer lieber ein schönes Stück Fleisch isst, kommt beispielsweise in den Genuss eines Entrecôte vom Black Angus Rind, zuletzt nebst Kartoffel-/Mais-Krapfen und ganz saisonal von süßsaurem Kürbisgemüse und Birnenjus eskortiert. Oder man macht sich über Brust und Keule von der Bauernente aus dem Ofen her, ganz traditionell mit Kartoffelklößen, Apfelrotkohl, Bratapfel mit Nussbutterbröseln und Preiselbeerjus aufgetischt. Und für Vegetarier gibt es zum Beispiel Dinge wie die hausgemachten Rote-Bete-Gnocchi mit Ziegen-Crème-fraîche, die im Kreise getrockneter Tomaten, gerösteter Pinienkerne, gehobeltem Grana Padano und etwas Rucola ansonsten ganz mediterran gehalten sind.

Zum Nachtisch könnte es beispielsweise ein Schichtwerk aus knusprigen dünnen Honigkuchenhippen und schmelziger Lebkuchen-

mousse geben, das uns zusammen mit eingelegten Schwarzkirschen, etwas Vanillecrumble
und leider etwas ausdruckslosem, eher an Vanilleeis erinnerndem Bratapfeleis im Spät-
herbst schon mal auf die Vorweihnachtszeit
einstimmte. Alternativ wäre auch eine Ricot-
ta-/Haselnuss-Schnitte mit marinierten Beeren, Himbeersorbet, Orangenfilets und Schokocrumble zur Disposition gestanden. Und wer
lieber mit Käse abschließt, macht mit den bewährten Produkten aus der hohenlohischen
Käserei Geifertshofen auch keinen Fehler, die
hier zusammen mit Feigensenf, Traubengelee,
Walnüssen und Früchtebrot zum Besten gegeben werden.

Bretzfeld-Brettach
(Baden-Württemberg)

Landhaus Rössle

**Mainhardter Str. 26,
74626 Bretzfeld-Brettach**
☎ 07945-91110
www.roessle-brettach.de
**◔ Mi von 12–15 Uhr u. ab 18 Uhr,
Do, Fr u. Sa ab 18 Uhr,
So von 12–15 Uhr u. ab 18 Uhr,
Mo u. Di RT**
**Hauptgericht: 33–36 €,
Menüs: 58–78 €**

Was Inka Thomßen-Pils und Bernd Pils in ihrem geschmackvoll auf mehreren Ebenen angelegten Restaurant des Landhauses im Hohenlohischen zu moderaten Preisen kredenzen, ist
gute, unkomplizierte Feinschmeckerküche, die
hier als überwiegend südländisch-heitere französische Klassik oder auch in Form verfeinerter
gutbürgerlicher Regionalküche auf die Teller
kommt. Und auf denen erkannt man unschwer
die Handschrift eines echten Könners, der sich
und seinen Gästen nichts mehr beweisen muss
und dem es deshalb nicht um extreme Verfeinerung und überbordende Kreativität geht,
sondern vielmehr um starke Substanz und
unverfälschten Geschmack sehr guter Produkte,
die abgesehen von Fisch und Krustentier oft
regionaler Provenienz sind. Dazu gibt es souveränen Service durch die Gastgeberin und ins
Glas kommen gute Tropfen aus dem deutschen
Südwesten sowie aus anderen europäischen
Ländern, ebenfalls zu moderaten Preisen.

Brilon (Nordrhein-Westfalen)

Almer Schlossmühle

Schloßstr. 13, 59929 Brilon
☎ 02964-9451430
www.almer-schlossmuehle.de
**◔ Mi–Fr ab 17.30 Uhr, Sa von 12–14 Uhr
u. ab 17.30 Uhr, So ab 12 Uhr durchgehend (14.30–16.30 kleine Karte),
Mo u. Di RT**
Hauptgericht: 18–45 €, Menüs: 37–45 €

Die Almer Schlossmühle bei Brilon am nördlichen Tor zum Sauerland und in unmittelbarer
Nähe des Gräflich von Spee'schen Wasser-
schlosses am Ortsrand von Alme ist ein ganz
besonderes Kleinod. Und in diesem geschmackvollen Landgasthaus wird auf zwei
Etagen mit rustikaler, dunkelholziger Balkendecke zwischen dekorativer historischer Müh-
lentechnik eine sehr feine Küche geboten. Für
die zeichnet der gebürtige Österreicher Martin
Steiner verantwortlich, der eine ganze Zeit lang
Küchenchef seines berühmten Landsmanns
Johann Lafer auf dessen Stromburg war und
nun schon seit einigen Jahren hier im eigenen
Restaurant einen attraktiven Spagat zwischen
alpenländischen Schmankerln, verfeinerter Regionalküche und leichten Gerichten aus
internationalen Produkten macht.
In bodenständiger und doch besonderer Atmosphäre gibt es mit gehobenem Anspruch gekochte, aber nicht übertrieben exklusive Gerichte, mit denen ein breites Gästeklientel
angesprochen werden kann und die einfach
sehr gut ins Konzept passen. Die Karte offeriert
Klassiker wie ein Rindertatar vom Almochsen
mit Senfcreme und Schnittlauch, das hier einen
genauso festen Stemmplatz hat wie die West-
fälische Festtagssuppe vom Rind oder das originale Wiener Schnitzel vom Kalb, das selbst-

redend in Butterschmalz souffliert wird. Auch die traditionell nach „Müllerin Art" zubereitete Almer Bachforelle mit Zitronen-Kapernbutter und Salzkartoffeln passt in diese Kategorie. Das alles ist mit großem Frischeanspruch und nach allen sonstigen Regeln des ehrbaren Küchenhandwerks zubereitet – es gibt daneben aber auch einige noch etwas interessantere Geschichten.

Das können österreichische Besonderheiten sein, die es nicht an jeder Ecke gibt, wie etwa die Kärntner Nudeln mit Kürbis und Bröseltopfenfüllung, oder aber das Wiener Backhendl mit saftigem Fleisch unter knuspriger Panier, das mit schön säuerlichen Preiselbeeren auf einem mit Kernöl nussig marinierten Kartoffel-/Gurkensalat angerichtet ist. Auch das bei exakt 56°C über drei Tage zu zarter Schmelzigkeit gegarte Schaufelstück vom Almochsen mit getrüffeltem Kartoffelpüree würden wir als so ein nicht alltägliches Schmankerl bezeichnen.

Doch Steiner kann auch Fisch! Bei der asiatisch inspirierten Thunfisch-Vorspeise, für die der Thuna als Tataki und als akkurat in nicht zu kleine Würfel geschnittenes, frisch und säuerlich mariniertes Tatar zusammen mit Avocado, Koriander und pikanter Mayo aufgeboten wurde, konnte man schon sehr schön sehen, dass der Chef längst nicht bloß ein Händchen für alpenländische Schmankerl und Regionalküche hat. Mit einer eher säuerlich-frischen, an Sauerrahm erinnernden Avocadocreme, sehr gutem Sushi-Ingwer, Wakame-Algen, einer nicht zu milden, aber auch nicht zu dominanten Wasabicreme auf Mayonnaisebasis mit weißem und schwarzem Sesam sowie etwas Sojasauce war das eine ausdrucksstarke, ausgewogene Angelegenheit.

Auch der saftig auf der Haut gebratene Lachs in Bio-Qualität, der zusammen mit geröstetem wildem Brokkoli auf einem Bett aus unaufdringlich mit Bärlauch abgeschmeckten Graupen im Risotto-Stil angerichtet und von einem geschmacksstarken, aber nicht zu wuchtigen Krustentierschaum eingefasst war, gab ein sehr ausgewogenes und sorgfältig zubereitetes Bild ab. Da erkennt man schon genau, wie routiniert hier alles von statten geht und dass nichts dem Zufall überlassen wird.

Selbst Desserts wie der unvermeidliche halbflüssige Schokoladenkuchen (aus 68%iger Manjari-Schokolade) mit saisonal variiertem Früchteragout und Vanilleeis, die außerhalb von Österreich in jedem Fall recht originale Kombination von Vanilleis und Kernöl (mit gerösteten Kürbiskernen und Vanillesahne) oder ein Cremetörtchen von weißer Schokolade mit nussigem Kakaoboden in Begleitung von Man-

goragout mit Passionsfrucht, Himbeeren, dunkler Schokoladencreme und einem Himbeer-Champagnersorbet fallen durchwegs sehr proper aus.

Dazu gibt es aufmerksamen Service, eine ansprechende kleine Weinkarte, eine gute Auswahl verschiedener Biere und insgesamt ein sehr gutes Preis-Leistungs-Verhältnis.

Buchholz (Niedersachsen)

5

Henry's
Steinbecker Str. 111, 21244 Buchholz
☎ 04181–20000
www.restauranthenrys.de
◉ Do–So ab 17 Uhr, Mo–Mi RT
Hauptgericht: 17–32 €, Menüs: 33–39 €

EC ⬤ VISA P ⌂ ♿

Solch einen Landgasthof wünscht sich jeder Feinschmecker in seiner Nachbarschaft: keine rustikale Folklore, keine Jägerschnitzel-Küche, sondern ein moderner Landgasthof mit leichter Einrichtung und zeitgemäßer Küche, die sich auch nicht in Exklusivität und Inszenierung übt, sondern auf die solide und pfiffige Zubereitung guter regionaler Produkte fokussiert. In dem vom Geschwisterpaar Christine Buchholz und Jan Philip Stöver engagiert geführte Restaurant im Flair Hotel Zur Eiche in Buchholz in der Nordheide wird einfach eine Küche für jeden Tag in ansprechender Machart und guter Qualität auf die Teller gebracht. Man merkt ganz schnell, dass hier jemand am Herd steht, der sehr genau weiß, was er da macht.

Schon das fluffige hausgebackene Kartoffel-Weißbrot mit selbst hergestelltem Kräuteröl lässt den hohen Eigenanspruch an Produkte und Handwerk erkennen. Dass das Team mit verhältnismäßig einfachen Mitteln für Raffinement sorgen und attraktive Gerichte kreieren kann, zeigte das als Vorspeise konzipierte Pastrami–Sandwich vom Wumme-Rind, bei dem das saftige, sehr zart geräucherte und behutsam gewürzte Fleisch locker und flockig mit Salat, Kresse und Tomate auf eine Scheibe gerösteter Bete-Focaccia drapiert war. Feine krosse Speckpartikel und Röstzwiebeln sorgten dazwischen für eine herzhafte Note, Koriandermayonnaise für schlotzigen Schmelz und stimmige Kräuterwürze.

Bei der rahmigen Spargelsuppe gab es zwar viel Produktgeschmack, der auch durch weiße Spargelstücke noch intensiviert wurde – à part dazu sogar auch noch von einem mit Bärlauchpistou marinierten Salat aus grünem und weißem Spargel. Den ebenfalls versprochenen hausgebeizten Lachs samt seinem Kaviar, der als Einlage in der Suppe zu finden sein sollte, blieb die Küche allerdings schuldig. Geschmeckt hat es ohne ihn, aber interessanter wäre es wahrscheinlich schon mit dem Salmoniden gewesen.

Dafür fand sich ein Klecks Fliegenfischrogen auf der schön kross gebratenen Haut einer saftigen, allerdings etwas lasch gewürzten Lachsforelle, deren Begleitung leider auch recht akzentlos daherkam: seidige Süßkartoffelcreme, knackige glasierte Zuckerschoten, blasse ungehäutete Cherrytomaten und eine rahmige weiße Schaumsauce mit leicht floraler fruchtiger Note, aber ohne Säurespiel, Druck und Tiefe. Das schmeckte alles in allem trotzdem harmonisch und frisch, aber es blieb auch noch jede Menge Luft nach oben.

Wer sich zum Hauptgang lieber Wildfleisch aus heimischen Gefilden schmecken lassen will, bekommt mit einem Wildschweinsteak unter nussiger Kruste nebst grünem Spargel, Kartoffelgratin und Portweinsauce eine attraktive Offerte, kann sich aber zum Beispiel auch ein ganz traditionelles geschmortes Wildragout mit pochierter Birne, sautierten Kräuterseitlingen und Sauce saugendem Serviettenknödel schmecken lassen. Immer sind guter, authentischer Geschmack und solides Handwerk garantiert, egal für was man sich hier entscheidet. Selbstverständlich auch beim Burger aus gutem heimischem Rindfleisch mit hausgemachter Sauce, Schmorzwiebeln, süßsauer eingelegten Gurken, Tomaten und viel Salat.

Dass im Henry's nicht bloß handfest und gutbürgerlich, sondern mit Fingerspitzengefühl und Gespür für Ausgewogenheit gekocht und arrangiert wird, unsere wieder vergebenen 5 Pfannen deshalb völlig unzweifelhaft sind, zeigte zum Abschluss auch das Bananensplit-Dessert: ein auf einem kreisrunden Plateau aus moussiger Schokoladencreme angerichtetes

Sammelsurium von knusprig gebackener Panko-Banane, schmelzigem Bananeneis, fluffigem Bananen-Schwammbrot und weiteren Schoko-Texturen, aufgelockert mit etwas Minze und Blaubeere. Eine kleine Weinauswahl und verschiedene interessante Biere runden das sympathisch preiswerte Angebot im Henrys ab.

Bühl (Baden-Württemberg)

Gude Stub – Casa Antica

Dreherstr. 9, 77815 Bühl
☎ 07223-30606
www.gudestub-casa-antica.de
🕐 Mi–Mo von 11.45–14 Uhr
u. ab 17.30 Uhr, Di RT
Hauptgericht: 12–31 €, Menüs: 47–57 €

Ein ambitioniert geführtes italienisches Gasthaus in einem schnuckeligen Fachwerkhaus mitten in Bühl. Auf der Terrassenmauer Tomaten, Basilikum, leuchtend bunter Mangold in Hülle und Fülle – dazwischen ein Schild mit folgendem Credo: „Unsere Küche entsteht durch die Einhaltung der Traditionen, die mit dem Gebiet verbunden sind. Es ist eine Verbindung zwischen der Natur und der Sehnsucht der guten Dinge der Vergangenheit". Wir sitzen mal wieder bei Familie Alesi auf der Terrasse und fragen uns einmal mehr, warum Lokale mit echter, authentischer italienischer Küche in Deutschland so rar sind. Deren Casa Antica mit dem mundartlichen Beinamen „Gude Stub" ist hierzulande eine rühmliche Ausnahme unter den unzähligen ambitions- und ehrlos auftischenden Ristoranti mit gnadenlos eingedeutschter Italianità. Und so ganz nebenbei eines der wenigen Lokale, deren Küche auch in Italien vor heimischem Publikum bestehen könnte.

An was das liegt, liegt auf der Hand: Küchenchef Andrea Alesi kocht nicht bloß traditionsbewusst authentisch und kauft seine Rohstoffe in überdurchschnittlicher Qualität ein – er macht vom Brot über die Pasta bis hin zu den Salumi nahezu alles selbst. Und das in beachtlicher Güte! So lohnt es sich in jedem Fall immer, das Mahl mit einer Auswahl dieser selbst hergestellten Wurstwaren zu beginnen, denn besser wird man derlei auch jenseits der Alpen nicht bekommen. Ansonsten dürfte es Freunden der echten italienischen Landesküchen äußerst schwerfallen, eine Wahl zu treffen, denn sowohl die jeweilige Tageskarte als auch die ebenfalls regelmäßig wechselnde Standardkarte offerieren eine übersichtliche Vielzahl mundwässernd klingender Gerichte, die es nicht an jeder Ecke gibt.

So zum Beispiel ein mit schwarzer Trüffel verfeinertes Parmesansoufflé mit gebratenen Pfifferlingen, einen nach sizilianischer Art gekochten Fisch-Couscous oder ein mit einer Kruste aus Zwiebel, Tomate und wildem Oregano gratiniertes Wolfsbarschfilet. Auch eine „Capunatina di milinciane" (Auberginen-Caponata) oder mit Trüffelcreme gefüllte Arancini auf Parmesansauce gibt's beim sprichwörtlichen Italiener um die Ecke eher selten – und schon gar nicht in der Qualität, die hier geboten wird. So war auch unser perfekt gegarter, also nicht zu fester, aber auch nicht zu weicher Oktopus, der auf einem mit frischen Kräutern und feinstem Olivenöl angemachten mehrsortigen Bratkartoffelsalat und einer säuerlich abgeschmeckten Creme von gelben und roten Linsen angerichtet wurde, durchaus etwas Besonderes. Wir könnten die Casa Antica der Alesis niemals besuchen, ohne auch ein Pastagericht zu bestellen. Diesmal fiel die Wahl auf die hervorragenden hausgemachten Pappardelle „cú sucu di sasizza", die in optimal fest-elastischer Konsistenz mit genau den richtigen Biss auf dem lange gekochten Salsiccia-/Tomatensugo lagen und nicht nur von Stücken einer köstlichen hausgemachten Fenchel-Salsiccia begleitet wurden, sondern auch von einem geschmorten Rippchen, dessen zartes, aromatisches Fleisch fast von selbst vom Knochen fiel. Cucina casalinga vom Feinsten!

Das Fischgericht um auf der Haut gebratene Filets vom Wolfsbarsch, die nicht nur von einigen bunten, individuell punktgenau gegarten und mit fruchtigem Olivenöl nappierten Gemüsestücken begleitet wurden, sondern auch von feinbitterem Löwenzahn mit Giaraffa-Oliven, wirkte indes optisch mehr wie Alta Cucina als wie Hausmannskost. Auch die milde und nach unserem Geschmack etwas zu dick ge-

bundene Krustentiersauce entsprach eher dem Bild einer gehobenen Restaurantküche – geschmacklich war das aber ebenso natürlich und unaufgeregt wie alles andere hier.

Und auch wenn das über 45 Tage selbst trockengereifte Kotelett vom Rind oder ein zuerst sous-vide gegartes und dann auf dem Grill beherzt angeröstetes Flanksteak verheißungsvoll klingen, würden wir hier beim Fleisch immer eher zu Geschmortem tendieren. Entweder hell und leicht, so wie das Kaninchen mit Oliven, Sellerie, Kapern, Minze und Knoblauch, oder dunkel und schwer, wie das klassische Ossobuco alla Milanese mit Gremolata, das selbstverständlich mit einem mustergültigen Safranrisotto kredenzt wird, wie man ihn auch nicht an jeder Ecke bekommt.

Wer danach das Finale nur mit einem Espresso abkürzt tut vielleicht seiner Figur etwas Gutes, verpasst aber Dinge wie den formidablen, ganz ohne Mehl gebackenen Mandelkuchen mit weißer Schokolade und Limoncello, den in unserem Falle aromatische Bühler Zwetschge und Himbeere begleiteten. Das ist fast so leicht und bekömmlich wie die hausgemachten Sorbets, von denen auch immer ein paar saisonale Varianten verfügbar sind.

Pospisils Gasthof Krone

Seestr. 6, 77815 Bühl (Oberbruch)
07223-93600
www.pospisils-krone.de
Mi–Fr ab 18 Uhr, Sa u. So von 12–14 Uhr u. ab 18 Uhr, Mo u. Di RT
Hauptgericht: 19–29 €, Menüs: 52–65 €

Pavel Pospisil ist ein Meister alter Schule und seine Speisekarte liest sich wie eine einzige Weltreise. Wer aber ob der Lektüre glaubt, in den ländlich-gemütlichen Stuben seiner Krone ein globales Mischmasch serviert zu bekommen, der unterschätzt die Qualitäten des Chefs, der als Böhme die gelungene Verbindung der verschiedensten Nationalitäten auch kulinarisch in den Genen hat. So kommt man seit vielen Jahren regelmäßig nicht nur in den Genuss von ausgezeichnetem Handwerk, sondern auch von ausgesprochen selten anzutreffenden traditionellen Gerichten, die wirklich meist ganz flexibel tagesfrisch nach Marktlage erdacht und gekocht werden. Dazu eine sehr persönlich zusammengestellte Weinkarte, charmanten Service und moderate Preise.

Zum Adler

Moltkestr. 1,
32257 Bünde
℡ 05223-4926453
www.adler-restaurant.de
🕐 Täglich von 12–14.30 Uhr
u. ab 17.30 Uhr, kein RT
Hauptgericht: 24–99 €,
Menüs: 36–83 €

Ein kompromissloses Statement zum Thema „Engagement im Sinne des Gastes" liefert das Restaurant von Nuray Hartmann am Bünder Marktplatzquartier. Denn konsequent ohne Ruhetag mittags und abends zu öffnen ist gerade in diesen besonderen Zeiten bemerkenswert und verrät zudem viel über Motivation und Passion der Gastgeber, aber auch so einiges über die treue Gefolgschaft der zahlreichen Stammgäste des Hauses.

Im locker-lässigen Ambiente des rundum verglasten Gastraums bildet ein kulinarischer Rundumschlag die Grundlage des erfolgreichen Adler-Konzepts. Denn neben einer umfangreichen Wochenend-Frühstückskarte liefert da auch eine mit westfälischen oder deutschen Klassikern bestückte Mittagskarte preiswert Gutes, während am Abend ein voll auf hochwertiges Fleisch (inklusive aller High-Tech-Geräte zur perfekten Zubereitung) ausgerichtetes Angebot sowie ein anspruchsvolleres Gourmetmenü das Angebot abrunden. Klingt nach viel Aufwand und ist es sicher auch – am Ende scheint diese Rechnung aber offenbar aufzugehen…

Wie schon aus den Vorjahren gewohnt, starteten wir auch heuer mit einer duftig frischen, rösch-krustigen Scheibe Landbrot, die in Kombination mit einer von karamellisiertem Sesam getoppten Kräutercreme schon mal viel Genuss brachte. Der Blick fürs Detail zeichnet den neuen Küchenchef René Schmidt ebenso aus wie seine bewusste Konzentration auf klare Statements – was sich dann gleich auch beim Gruß aus der Küche in Gestalt einer Nocke von süffig-saftigem Ragout aus der Rehkeule auf leicht süßlicher Karottencreme fortsetzte. Feine Aromen und Texturen ohne großen Zinnober ganz unverfälscht auf den Tisch gebracht.

Und dass die Küche trotz hoher Auslastung präzise arbeitet, zeigte sich spätestens beim beherzt gebratenen Bavette vom Wagyu-Rind, das authentisch fettschmelzig und teils rösch angekrosst auf attraktive Art seine Aufwartung machte. Die Assistenz von fruchtiger Pflaume (als Püree und marinierte Stücke) und knallig zitrischem Yuzu-Gel ließen hier für den weihnachtlich anmutenden Spekulatius-Jus zwar nicht viel Raum zur Entfaltung, boten aber ansonsten passgenaue Begleitung für das herzhaft zupackende Fleisch. Nur die etwas zu gutgemeinte Menge an Salzflocken störte etwas den Gesamteindruck.

Aber auch abseits vom Grill zeigt sich das Team gut aufgestellt. So gelang zuletzt sowohl das opulent portionierte Störfilet, das saftstrotzend auf schön schlotzigem Hummerschaum-Risotto logierte und die etwas uncharmant ledrigen Schwarzwurzel- und Lauchstücke zur Randnotiz erklärte, ebenso überzeugend wie auch der Fleischhauptgang um einen exakt auf den Punkt gebratenen Rehrücken. In dessen Umfeld saugte ein wattiger Semmelknödelriegel die am Tisch angegossene Wildessenz auf und machte sie konzentriert schmeckbar, während sahnige Creme und Röschen vom Blumenkohl sowie Preiselbeeren den klassischsten und gediegensten Gang unseres letzten Besuchs brav abrundeten.

Ein wenig experimentierfreudiger und moderner positionierte sich einmal mehr die Patisserie, zuletzt mit einem Yuzutörtchen, das mit roter Paprika, Schokolade und Lebkuchen annonciert war. Was auf dem Papier zunächst relativ gewagt klang, entpuppte sich auf dem Porzellan als harmonisch und mehrheitsfähig, denn das schmelzige Valrhona-Schokosorbet und die Lebkuchen-Crumbles gaben hier den Ton an und wurden von den Aromen der japanischen Zitrone und der Paprika nur ausgewogen akzentuiert.

Das junge Serviceteam agiert hier immer sehr freundlich und zuvorkommend, auch wenn hier und da im vollbesetzten Gastraum auch mal ein wenig Hektik aufkommt. Der Weinkeller setzt im roten Bereich auf Schwergewichte aus Übersee, während man beim Weißwein eher in heimischen Gefilden wildert – und auch preislich ist hier für jedes Budget etwas im Angebot.

restaurant|271
im Hotel restaurant|271
Mautnerstr. 271, 84489 Burghausen
📞 08677-9179949
www.restaurant271.de
⏱ Di–Do ab 17.30 Uhr, Fr u. Sa von 11.30–14 Uhr u. ab 17.30 Uhr, So u. Mo RT
Hauptgericht: 17–34 €, Menüs: 53–73 €

EC VISA P

Burghausen hat nicht nur die längste und durchaus sehenswerte Burg der Welt, eine vor allem beim jährlichen Festival im März auflebende Affinität zum Jazz und einen pittoresken Ortskern zu bieten, sondern seit einiger Zeit auch eine spannende Adresse für kulinarischen Genuss auf hohem Niveau. In dem schlicht-elegant mit Naturmaterialien gestalteten Restaurant 271 kocht mit Dominik Lobentanzer ein unter anderem im Ikarus in Salzburg, dem Einsunternull in Berlin und bei Döllerer in Golling bestens mit modernen Spielarten internationaler und regionaler Küche vertraut gewordenes junges Talent.

Die gewonnen Erfahrungen münden hier im eigenen Domizil allerdings – und erfreulicherweise – nicht in irgendeine Art von Kopie, sondern in ein rundum stimmiges Konzept unkomplizierter anspruchsvoller Küche, das in den Ideen und der Optik der auf getöpferten Tellern und Schalen servierten Gerichte eine gewisse Nähe zu aktuellen Regional- und Naturküchentrends zeigt, aber letztlich vor allem durch hohe Basisqualität, gekonntes Handwerk

und clevere Akzente punktet. So macht bereits das urige knusprig-aromatische Sauerteigbrot mit Griebenschmalz und Butter, vor allem aber der Signature-Küchengruß als Miniatur eines „Paprikahendl" aus gewickeltem Spitzkohl mit frischgrüner Mayo und Hendlknusper viel Freude und Lust auf mehr.

Etwa auf den Sellerie aus dem Salzteig mit einer feinen, tatsächlich mineralisch wirkenden Würze, der gekonnt von milder Walnusscreme unterfüttert, von knackigen Birnenwürfeln und Castelfranco-Blättern fruchtig und herbgrün aufgefrischt und von Tête de moine mit schmelzender Pikanterie ergänzt wurde. Und das funktionierte super, vor allem durch die markanten natürlichen Kontraste.

Genau die fehlten dann der festfleischigen, kräftig kokelig abgeflämmten Forelle etwas, weil die klare Joghurt-Molke und die leicht säuerlich „käsig" wirkenden Trockenbestandteile des Joghurts zusammen mit knackigen Rüben- und Rettich-Lamellen insgesamt sehr zahm wirkten. Auch das eingesetzte Kräuteröl gab dabei keinen kräftigen, sondern allenfalls einen subtilen Kick. So blieb es bei einem mehr mit der Idee und Optik als mit dem Geschmack punktenden Eindruck – wohlgemerkt auf dennoch auf hohem Niveau!

Wie gut sich das Team darauf versteht, ganz ohne Fisch oder Fleisch aufzutrumpfen, zeigte sich dann wieder bei der wohlig-cremigen Polenta, die von einem zerfließenden Stundenei mit zusätzlicher Creme-Power, von Parmesanchips mit knusprigen Umami-Kicks und durch von Blatt bis Spitze verarbeitetem Romanesco mit nussigen und frischgrünen Noten ergänzt wurde. Handwerklich wirkte das zwar etwas rustikaler als die Vorspeisen, geschmacklich ging die Idee aber perfekt balanciert auf.

Auch der brutzelig-krosse, durch die lange Zeit in der Pfanne leider etwas zu weit gegarte Saibling mit mildem Safranrisotto wirkte etwas rustikaler gehalten, hatte auf diese Art aber durchaus einen ganz eigenen Charme und bekam außerdem von einem luftigen Weißweinschaum noch feine Säure und von Rucola und Postelein zarte Frische mit an die Seite gestellt. Zum Abschluss zeigte sich dann, genau wie bei den vegetarischen Kostproben, noch einmal das volle Potential der Küche und dass durchaus auch die Steigerung auf eine noch höhere Bewertung realistisch ist. Denn sowohl die freche Kombination eines rauchigen Vanilleeises auf Buttercrumbles mit dunkelsüßer Dörrobstcreme, saftigen Baumkuchenstücken und hell auffrischendem Buttermilchschaum, als auch das herbsäuerliche Quittenmus mit fruchtigduftig wirkendem Süßkartoffeleis, zarten Teigblättern, etwas Sauerklee und einer vor allem als milder Puffer wirkenden „Fake-Quitte" aus Schlagobers in einer dünnen gelben Kakaobutterhülle, punkteten mit originellen Ideen und markanten Aromen. Und setzten damit am Ende noch ein echtes Ausrufezeichen!

Ergänzt wird die Küche von einer individuellen kleinen Auswahl spannender Charakterweine vor allem aus Österreich, Deutschland und Italien, die sowohl glas- als auch flaschenweise lohnende (und gut passend empfohlene!) Begleiter parat halten. Im Zweifel einfach die immer präsenten und kompetent beratenden Damen im Service fragen.

Hotelempfehlung

Hotel restaurant|271

Mautnerstr. 271,
84489 Burghausen
☎ 08677-9179949
www.restaurant271.de
Einzelzimmer: ab 95 €
Doppelzimmer: ab 95 €

In Burghausen an der Salzach, die hier die Grenze zu Österreich bildet, lädt das restaurant I 271 nicht nur zu moderner Naturküche, sondern auch in vier wunderschöne elegant minimalistische Hotelzimmer. Die sind individuell und mit liebevollen Details eingerichtet, haben ein eigenes Badezimmer/WC und beispielsweise mit großen Flachbild-TVs und schnellem WLAN modernen Standard. Zwei Zimmer verfügen sogar über wunderschönen Balkon mit Blick in den Innenhof. Außerdem gibt es eine Bar, einen Garten und eine Terrasse. Von dem im Zentrum gelegenen Standort aus lässt sich die bayerische „Salzachperle" Burghausen (100 km östlich von München und 50 km nördlich von Salzburg) bestens erkunden. Hauptattraktion ist sicher die längste Burg der

Welt, aber es gibt auch eine malerische Altstadt und ein vielseitiges Freizeit-, Sport- und Kulturangebot. Eindrucksvolle Perspektiven auf Burg, Altstadt und Flussidylle erhalten Besucher auch bei einer Fahrt mit der Plätte, den früheren Salzkähnen, auf der glitzernden Salzach – oder bei einem aktiven Radurlaub in und um Burghausen. Restaurant|271 separat erwähnt.

Weinhaus Stern

Hauptstr. 23,
63927 Bürgstadt
☎ 09371-40350
www.hotel-weinhaus-stern.de
⊘ Do–Mo ab 18 Uhr, Di u. Mi RT
(jeden 1. So im Monat geschlossen)

Das sympathische Geschwisterpaar Heidi Martin und Klaus Markert betreibt im beschaulichen Bürgstadt seit vielen Jahren eine Institution, die nicht nur jede Menge Flair hat, sondern unter der Ägide des Chefs auch eine der besten Küchen der Region bietet. Die mit Understatement geschriebene Karte lässt nicht auf die tatsächlich gebotene Qualität und die Finesse schließen, die hier in den nostalgischen Gasträumen in attraktiver, unverkünstelter und fundierter Machart auf die Tische kommt. Traditionelle Regionalgerichte, aber auch internationale Klassiker werden hier mit Feinsinn und Können zu niveauvollen Schmankerln mit viel Substanz zubereitet. Heidi Martin leitet seit Jahr und Tag umsichtig und sympathisch den Service und der Weinkeller lässt von Franken bis Frankreich keine Wünsche offen. Außerdem gibt's in den oberen Stockwerken nette gepflegte Gästezimmer.

Burgwedel (Niedersachsen)

Gasthaus Lege

**Engenser Str. 2,
30938 Burgwedel (Thönse)**
☎ 05139-8233
www.gasthaus-lege.de
🕐 Mi–Fr ab 18 Uhr, Sa u. So von
12–13.30 Uhr u. ab 18 Uhr, Mo u. Di RT
Menüs: 44–89 €

Auch auf die Gefahr hin, dass wir uns wiederholen, aber das warmfarbig und wohltuend schnörkellos eingerichtete Lokal von Claudia und Hinrich Schulze im beschaulichen Thönse bei Burgwedel, einige Kilometer nordöstlich von Hannover gelegen, ist für uns wirklich so etwas wie ein Vorzeige-Landgasthaus. Natürlich keines von der rustikalen Sorte, sondern ein elegantes und anspruchsvolles, in dem zu allem Überfluss auch noch richtig gut und auf hohem Niveau gekocht wird. Daran hat sich auch während und nach der Coronakrise nichts geändert, wenngleich der Chef sein Programm etwas gestrafft hat und mittlerweile kein à la carte, sondern nur noch zwei unterschiedliche Menüs anbietet, von denen eines vegetarisch ist.

Und während fortan das Menü „Gaumenfreude" den gewohnten schnörkellos klassischen Stil von Hinrich Schulze mit Fisch und Fleisch interpretiert, mal als gehobene ländliche Regionalküche, mal in Gestalt französischer Gourmandisen daherkommen kann und immer ganz konsequent auf alles Modische und Verspielte verzichtet, widmet sich die Speisefolge „Gartenliebe" voll und ganz dem fleischlosen Genuss. Unser ausdrückliches Lob der letzten Jahre, dass die größte Stärke des Chefs die durchwegs überraschend guten und präzise zubereiteten Hauptprodukte sind, sowohl bei

„einfacheren" Dingen als auch bei Exklusivem wie Steinbutt oder Hummer, widerspricht sich nicht mit der aktuellen Feststellung, dass die vegetarischen Gänge vergleichsweise etwas karg anmuten können. Gar nicht unbedingt deshalb, weil hier das klassische Hauptprodukt in Gestalt von Fleisch, Fisch oder Krustentier fehlt, sondern weil die Ausarbeitung noch Luft nach oben lässt.

So fanden wir beispielsweise die Vorspeise um schön aromatische Schafskäse-Mousse mit Radicchio, Malzessig und Einkorn-Cracker von der Idee her sehr stimmig, doch ging die eigentlich spielentscheidende transparente Vinaigrette mit wenigen Punkten des Malzessigs auf dem flachen Teller nahezu unter. So wirkte die Käsenocke mit ein paar Salatblättern drumherum etwas profan und vielleicht hätte man das Tableau auch noch mit etwas Fruchtigem erweitern können. Beim Schwenk ins omnivore Menü waren mit Hummersuppe und Brokkoli-Nocken zwar auch nur zwei Komponenten auf dem Teller, aber das subtanzstarke schaumig-cremige Süppchen und die wolkenzarten aromatischen Nocken hatten so viel Ausdruckskraft, dass man nichts vermisste.

Schon vor zwei Jahren hatten wir geschrieben, dass wer die Küche von Hinrich Schulze voll und ganz auf der Höhe erleben will, unbedingt auch Fisch und Fleisch einplanen sollte. Und dieser Feststellung können wir uns diesmal wieder uneingeschränkt anschließen, denn auch der vegetarische Gang mit Stängelkohl, Roten Zwiebeln und Graupen auf einem Sud von geräucherter Zwiebel und Öl aus der Zwiebelasche war zwar durchaus sehr schmackhaft und leicht, blieb in seiner schlichten Art aber relativ unspektakulär. Deutlich mehr Begeisterung konnten wir für den blättrig-zarten Skrei aufbringen, der auf einer sehr guten, subtil mit rotem Curry gewürzten Melange aus Pak Choi, Aubergine und Kokosmilch angerichtet war. Und so war auch der Hauptgang um rosa gebratene Entenbrust mit schön knuspriger Haut auf Stängelkohl, Belugalinsen und Trüffelsauce rundum befriedigend – und das obwohl die Sauce gar nicht nach Trüffel geschmeckt hat. Doch erstens war das ein wirklich hervorragendes, leichtes, elegant dünnflüssiges und doch kraftvolles Natursößchen von der Ente, wie man es sich für ein dunkleres Geflügel nicht besser wünschen kann, zweitens waren wir heilfroh, dass hier nicht mit Trüffelöl oder Trüffelbutter nachgeholfen wurde.

Die eigentlichen Highlights des letzten Besuchs waren aber die Desserts, die sich beide auf 7-Pfannen-Niveau präsentierten und harmonisch runden Dessertgenuss mit Raffinement boten. Zum einen war da ein Nachtisch um hauchdünn karamellisierte Banane, die sich den Teller mit weißem Schokoladeneis und dunkler Schokoladenmousse teilte und vom spannenden Spiel einer kraftvollen Karamellsauce mit ebenfalls ausdrucksstarken Yuzu-Fruchttupfen profitierte. Zum anderen ein kaltwarmes Dessert um mit einem souffléartigen Mohnschaum gratinierte Blutorangenfilets mit einem Rahmeis von Milchreichs. Köstlich!

In der kleinen Weinkarte sind viele gute Flaschen zu fairen Kursen gelistet. Preistreiber sucht man hier genauso vergeblich wie im sonstigen Angebot, denn das Gasthaus Lege gehört nach wie vor zu den Restaurants mit hervorragendem Preis-Genussverhältnis. Im Offenausschank gibt es gute Einstiegsqualitäten, aber wer der sympathischen, stets strahlend gut gelaunten Gastgeberin Claudia Schulze einfach freie Hand lässt, bekommt zu jedem Gang einen garantiert treffsicher ausgewählten individuellen Tropfen.

Burrweiler (Rheinland-Pfalz)

Ritterhof Zur Rose

Weinstr. 6a,
76835 Burrweiler
☎ 06345-407328
www.ritterhofzurrose.de
❂ Do u. Fr ab 18 Uhr, Sa–Mo von 12–14 Uhr u. ab 18 Uhr, Di u. Mi RT
Hauptgericht: 24–35 €, Menüs: 44–78 €

EC ⬤ VISA P �🏧

Das ländlich-elegant gestaltete Restaurant im Obergeschoss des Ritterhofs bietet nicht bloß einen schönen Ausblick auf die umliegenden Rebzeilen Burrweilers und die Rheinebene, sondern auch ambitionierte, anspruchsvolle bodenständige Küche. Florian Winter, der sich einst im Schloss Reinhartshausen, auf der Stuttgarter Wielandshöhe bei Vincent Klink und bei Claus-Peter Lumpp im Bareiss gestählt hat, weiß wie's geht und realisiert hier nun eine gepflegte modernisierte Pfälzer Regionalküche, die auch mal einen leicht mediterranen Einschlag haben kann, aber immer dann am besten ist, wenn sie sich der Verfeinerung herzhafter, gerne auch rustikaler Viktualien annimmt. So wie dem Produktklassiker des Hauses, dem Donnersberger Wollschwein, einer Mangalica-Kreuzung, die mit wunderbarem

Eigengeschmack und herrlicher Fett-Textur begeistert. Ob Innereien, Saumagen oder Kotelett: garantiert höchster Fleischgenuss! Ein Highlight ist die Weinkarte, die vor allem bei den Weißweinen die komplette Bandbreite der Region abbildet. Vom Nachwuchswinzer bis zum Top-Erzeuger, vom frischen bis zum gereiften Wein.

Busdorf (Schleswig-Holstein)

Odins Haithabu

Haddebyer Chaussee 13,
24866 Busdorf
☎ 04621-850500
www.odins-haddeby.de
❂ Täglich von 8–21 Uhr, kein RT
Hauptgericht: 11–34 €

Ein großes, täglich von früh morgens an durchgehend geöffnetes Lokal mit Hofladen, eigener Backstube und Räucherkammer. Ganz im Sinne der Feinheimisch-Bewegung wird hier viel Wert auf regionale Frische und Qualität gelegt. Das breite Angebot reicht von Frühstück und Kaffee und Kuchen über Wikinger-Pizza aus dem Steinbackofen bis zu einer kleinen Auswahl bodenständiger Gerichte mit Pfiff. Viele Delikatessen wie das eingemachte Sauerfleisch, Galloway-Schinken und natürlich frisch gebackenes Brot gibt's auch zum Mitnehmen.

Die Besteck-Symbole

❚❚❚❚❚ luxuriöses Restaurant mit höchstem Komfort und formvollendetem Service, edler Ausstattung und einer Weinkarte, die höchsten Ansprüchen genügt

❚❚❚❚ elegantes Restaurant mit hohem Komfort und exzellentem Service, sehr gute Ausstattung, hervorragende Weinkarte

❚❚❚ gehobenes Restaurant mit gutem Komfort und versiertem Service, umfangreiche Weinkarte

❚❚ besser ausgestattetes Restaurant mit ordentlichem Service, ausgewählte Weine

❚ schlichtes Restaurant, Gasthof oder Bar

Schnüsch

Am Museumshafen 11, 25761 Büsum
☎ 04834-98420
schnuesch.de
⊘ Do–Sa ab 18.30 Uhr, So–Mi RT
Menüs: 110–170 €

Für all jene, die mit norddeutscher Mundart nicht so vertraut sind und bei dem Restaurantnamen womöglich stutzen: „Schnüsch" bezeichnet einen typischen Schleswiger Gemüseeintopf und suggeriert damit eine regionalverbundene Bodenständigkeit – allerdings mit Augenzwinkern, zielt der Anspruch des neuen, unmittelbar an Deich und Nordseestrand im Büsumer Hafen beim Leuchtturm gelegenen Restaurants doch klar in Richtung Fine Dining. Dem Schnüsch-Spirit versucht man einerseits mit puristisch schlichtem Ambiente, Naturnähe vermittelnden Dekordetails wie beleuchteten, von der Decke hängenden Pflanzen-Glasballons und einer persönlich herzlichen Ansprache im Service nahe zu kommen. Daneben verfolgt aber auch das Team in der Küche eine moderne und lässige Spielart norddeutsch-nordischer Gourmetküche, bei der regionalem Gemüse eine wichtige Rolle zukommt, ergänzt von einer Prise Weltoffenheit und Modernität. Dieser Stil wurde bereits mit den ersten Snacks zum Aperitif gekonnt schmeckbar gemacht: Zunächst in einer feinaromatisch kräuterwürzig gelierten Creme von Frankfurter Grüner Sauce mit Wildschweinschinken, dann in einem Schälchen mit hellen fruchtig-pikanten Tomatenzubereitungen nebst knusprigem Fenchel, und schließlich noch mit einem Degustationslöffel mit mariniertem Semmelknödel, ummantelt von Rinderzunge und einem Topping aus zart-frischem Zungensalat. Letzteres

lieferte zugleich einen kleinen Hinweis auf die steirische Herkunft von Küchenchef Florian Prelog, der hier mit seinem Team sehr ambitioniert zugange ist.

Heimische Produkte, feinsinnig verarbeitet und mit einer Prise weiter Welt veredelt, gab es dann auch zum Küchengruß. Und zwar in Form von mutig kurz koloriertem Saint-Pierre auf buttrig konzentrierter Kartoffelcreme mit frischgrünem, knackig in Champagner gegarten Krautstreifen und einer straffen Champagner-Beurre-blanc mit Kräuteröl – was die klassische Kombination aus Fisch mit Kartoffelpüree und Sauce auf animierend leichte und präzise Art interpretierte. Guter Auftakt!

Der folgende soft confierte Saibling konnte da qualitativ durchaus mithalten und bekam ein etwas verspielteres Arrangement heimischer Gemüse zur Seite: von rotem Krautsalat über geflämmte, cremige und knusprige Schwarzwurzel bis zu animierenden Säurespitzen durch geflämmte Perlzwiebel und Sanddorn bot das zwar feingliedrige Abwechslung, aber nicht ganz die lässige Souveränität des Küchengrußes voran. Daran konnten auch die kleine Saiblingstatar-Nocke, der Saiblingskaviar und ein klarer, subtil asiatisch angehauchter Zwiebelfond, die sich grundsätzlich harmonisch einfügten, nichts Wesentliches ändern. Der Eindruck blieb etwas zu sehr gebastelt, ohne dass auch aromatisch jedes Detail gleichermaßen scharfgestellt gewesen wäre.

Das allerdings ist Kritik auf sehr hohem Niveau und schon im nächsten Gang wurde es deutlich geschlossener und kraftvoller. Nämlich bei saftig intensiv geschmortem Schweinekinn, das neben fleischig-glasigen, außen kräftig angebratenen Jakobsmuschelscheiben, einer zarten Pilzcreme, rohen Champignons und salzig-malzigem Dinkel-Couscous auf den Teller kam. Alles optisch sehr markant von einem papierdünnen Schwartenchip gekrönt und insgesamt eine mit viel Kraft und Umami (und viel Salz!) hinterlegte Kombination, die durch die exakten Proportionen und die rohen Pilze, verschiedene Kresse und marinierte Sonnenblumenblätter trotzdem ausgesprochen leicht und fein wirkte.

Der Hauptgang präsentierte Sulmtaler Huhn auf zwei aufeinanderfolgenden Tellern: zunächst ein saftiges Frikassee mit frischen Erbsen unter Kräuterschaum, das von verschieden geschnittenen und marinierten Karotten- und Bete-Varietäten, einem ätherisch luftigen Kohlrabischaum als Rahmen, sowie einen hauchdünnen und gleichmäßig goldbraunen Hühnerhautchip mit Karottencreme-Tupfen als raffiniertes Topping eskortiert wurde. Direkt daran anknüpfend folgte die mustergültig festsaftig gebratene Brust des Huhns mit hauchdünn krosser Haut neben den gleichen marinierten Gemüsen, ergänzt von knackig frisch gepulten Erbsen und einer kräftig reduzierten, röstigen Geflügeljus. Diese brachte neben viel dunkler Power auch feine Säure mit und war damit für diesen Gang zwar prägend, hat ihn aber nicht erschlagen. Im Hintergrund sorgte eine subtile Süßholznote sogar noch für einen weiteren feinen Akzent und damit für einen originellen und rundum gelungenen Hauptgang.

Dezidiert nicht regional, sondern bewusst in die Ferne schauend, war dann der süße Abschluss angelegt, der eine kleine Nocke von cremigem Kokos-Yuzu-Eis neben eine „Straße" von Mango, Avocado, Kokosmousse-Kugeln sowie Korianderöl und -kresse stellte. Von der Idee her durchaus schlüssig, wurde das zierlich gebastelte Arrangement allerdings von intensiv salzigen Noten in den für Crunch sorgenden Sesamchips und auch an den marinierten Mangowürfeln leider etwas aus dem Gleichgewicht gebracht – und blieb somit einer der eher schwächeren Eindrücke des Abends.

Insgesamt schaffte das Team allerdings einen beeindruckenden Einstand, mit einem stimmigen individuellen Konzept, sympathischer Begeisterung für die eigene Sache und überhaupt viel Esprit. Das gilt auch für die kleine, aber gut überlegt und charakterstark die wesentlichen Weinstile und Regionen abdeckenden Weinkarte und die von den charmanten Damen im Service kompetent empfohlenen offenen Gewächse.

Buxtehude (Niedersachsen)

Seabreeze
im Hotel Navigare Buxtehude
Harburger Str. 4, 21614 Buxtehude
04161-7490340
www.hotel-navigare.com/kulinarik/
restaurant-seabreeze.html
Täglich ab 18 Uhr, kein RT
Hauptgericht: 24–34 €,
Menüs: 41–64 €

Nach dem Auszug des ehemaligen Gourmetrestaurants No. 4 von und mit Jens Rittmeyer, der jetzt im Vorstandscasino der Reederei NSB

an nur noch zwei Wochenendtagen regelmäßige Menüabende abhält, rückt für uns im Hotel Navigare das Restaurant Seabreeze wieder in den Fokus. Mit seinem Backsteingewölbe ohnehin eine schöne Location, wird hier seit 2021 unter der Ägide von Küchenchef Henning Wulf ebenfalls ambitioniert aufgekocht – allerdings mit einem anderen Konzept und einer etwas anderen Zielsetzung, denn immerhin handelt es sich hierbei ja um das Hotelrestaurant des Hauses und es kann nicht ausschließlich für Gourmets gekocht werden.

Dafür, dass sich die trotzdem angesprochen fühlen, sorgt die Karte neben Handfestem wie Rumpsteak mit Kräuterbutter und Trüffel-Pommes-Frites oder einer mit Karotte und Cashewnüssen gefüllten Kartoffeltasche mit Gerichten wie einer Tatarvariation von Lachs, Thunfisch und Jakobsmuschel oder einer Vorspeise um Gelbflossenthunfisch in Gremolata-Mantel mit gelber und roter Bete auf Anchovimayonnaise. Und tatsächlich: letzteres kommt dann auch sehr apart und optisch ansprechend arrangiert daher und verrät als beste Darbietung während unseres Testbesuchs neben weiteren Indizien auf anderen Tellern das Potenzial der Küche.

Während die schön dunkelfleischigen Thunfischtranchen mit ihrem akkurat dünnen Kräutermantel nebst marinierten bunten Bete-Scheiben auf säuerlich-würziger Mayo trotz Luft nach oben einen insgesamt sehr guten Eindruck hinterließen, enttäuschte bei dem unter dem Schlagwort „Budin Noir" annoncierten Schwarzwurststrudel ausgerechnet dessen Füllung, die mehrheitlich aus Bulgur bestand und die köstliche französische Blutwurst eigentlich nur erahnen ließ. Was sehr schade ist, denn der knusprige Strudel nebst Chutney aus Äpfeln und Quitten auf Kartoffelmousseline wäre mit einem aromatisch ausdrucksstarken, schmelzig-cremigen Innenleben auch eine attraktive Sache gewesen.

Licht und Schatten auch bei den Hauptgängen, insbesondere dem pochierten Seezungenröllchen, das mit gebratenem Pulpo und Calamaretti sowie gebackener Avocado und Erdnusscreme auf mariniertem Avocadopüree mit Ingwer angerichtet war. Auch dieser Teller sah sehr gut aus, bot aber mit seinen zu sehr Ton in Ton gehaltenen Avocado-Komponenten und der etwas plumpen Erdnusssauce geschmacklich weit weniger Finesse als erhofft – zudem mit einem uncharmant zähen Pulpo auch noch einen handwerklichen Fauxpas.

Ähnliches Bild bei der Entenbrust, die mit ihrem rosa Fleisch und der goldbraunen knusprigen Haut verheißungsvoll gut aussah, aber leider sehr mürbe und trocken war. Ein schön cremiges Selleriepüree und die geschmacklich zwar etwas blassen, handwerklich aber durchaus ansprechenden dünnteigig-elastischen Fagottelli waren hier ein ansprechendes Geleit. Der geschmorte Mangold disqualifizierte sich durch eine extrem reduzierte, sirupartige und entsprechend klebrige, konzentriert salzige Jus, die darüber gegossen war, allerdings selbst.

Von Schatten blieb die zum Nachtisch von uns probierte Île flottante dann gottseidank wieder verschont: der pochierte Eischnee homogen zart und mit festem Stand, das hausgemachte Sorbet aus Limette und Brennnesselsamen sowie der Gänseblümchensud handwerklich solide und dem fluffigen Schaum ein schön erfrischendes Geleit, die kleinen knusprigen Macarons in der weichen Melange eine willkommene Auflockerung. Und so sind wir sehr sicher, dass die Küche mit etwas mehr Blick für die wirklich wichtigen Dinge spielend auch noch einiges aus den übrigen Gerichten herausholen kann. Die kleine Weinkarte listet eine ausreichende Auswahl internationaler Gewächse und der Service ist freundlich zuvorkommend bei der Sache.

Die Symbole

- 🅿 gute Parkmöglichkeiten
- 🅿 Hotelgarage
- ♿ barrierefrei
- ❄ klimatisierte Zimmer
- 📶 WLAN-Zugang
- 🏊 Hallen- und/oder Freibad im Haus
- ☝ mit Wellness-Bereich
- 🛗 mit Fahrstuhl zu den Hotelzimmern
- 🐕 Hunde im Hotel nicht erlaubt
- 🌳 mit Garten oder Terrasse

Hotelempfehlung

★★★★

Hotel Navigare Buxtehude

Harburger Str. 4, 21614 Buxtehude
📞 **04161-74900**
www.hotel-navigare.com
Einzelzimmer: 114 €
Doppelzimmer: 139 €

Im Herzen des Alten Lands, direkt vor den südwestlichen Toren Hamburgs, bietet das Hotel Navigare Buxtehude privat und geschäftlich Reisenden, aber auch kleinen Feier- und Firmengesellschaften vielfältigste Möglichkeiten zum Genießen, Erholen, Feiern oder Tagen. Wer in dem markanten Backsteingebäude an Bord geht, erlebt einen stilvollen Mix aus maritimem Flair und historischem Kaiserzeit-Ambiente und genießt in den Zimmern auf einem der „Decks" den gehobenen Standard eines modernen Kreuzfahrtschiffes. Die Kategorien reichen von 22 m² großen Classic- und Superior-Zimmern, über Premium- und Deluxe-Zimmer mit 28 m², bis zu Studios mit Küchenzeile sowie einer großen Junior Suite mit Dachschrägen und Blick in den Sternenhimmel. Alle sind mit modernen Flatscreen-TVs, Soundbar, Tablet, WLAN und kostenfreier Minibar ausgestattet. Von frisch zubereiteten regionalen Köstlichkeiten im Restaurant Seabreeze bis zum Bar-Food und kreativen Cocktails in der Lighthouse Bar hat auch die Kulinarik einen hohen Stellenwert.

Taverna & Trattoria Palio

im Hotel Fürstenhof
Hannoversche Str. 55–56, 29221 Celle
℡ 05141–2010
www.althoffcollection.com/.de/
althoff-hotel-fuerstenhof-celle/
restaurant
Mi–Fr ab 18 Uhr, Sa u. So ab 12.30 Uhr
durchgehend, Mo u. Di RT
Hauptgericht: 26–42 €, Menüs: 65–79 €

In guter alter Tradition der Althoff-Hotelgruppe wird auch in deren Haus in Celle, dem alt-ehrwürdigen Fürstenhof, ein Restaurant mit italienischer Küche betrieben, die mal klassisch und authentisch, mal kreativ interpretiert ausfallen kann. Für deren anspruchsvolle Umsetzung ist schon seit Jahren Küchenchef Holger Lutz verantwortlich, der einstmals im ehemaligen Gourmetrestaurant Endtenfang unter gleichem Dach angefangen hat und seit dessen Schließung seine fachliche Expertise und seine Kreativität voll und ganz in dem wie eine edle rustikale Taverne mit offener Küche gestalteten Palio einbringt.

Egal ob man sich nun tendenziell eher für Tradition, oder für Innovation entscheidet, ob man à la carte bestellt oder das saisonal wechselnde Menü nimmt – der Schmaus beginnt immer mit zweierlei gutem Brot, Oliven und der bereits liebgewonnenen Thunfischcreme mit Kapern in der Sardinenbüchse. Eine ganz hervorragende Vorspeise, die unsere hohe Bewertung gleich zu Beginn untermauern konnte, war das mit Sorgfalt von Hand geschnittene und mit Parmigiano gewürzte Kalbstatar, dem mit einer intensiven Sauce von Piemonteser Haselnüssen, aromatischer italienischer Wintertrüffel und Tupfen einer Pilz-/Lebercreme

attraktive Leitaromen zur Seite standen. Ein Auftakt nach Maß, irgendwo zwischen italienischer Tradition und Moderne.

Der Kaisergranat, der sich nicht nur als dekoratives, weil lediglich seines Schalenpanzers entledigtes Exemplar mitsamt Kopf und Schwanzflosse auf dem Teller tummelte, sondern ganz generös noch von zwei weiteren, fertig ausgelösten und kurz abgeflämmten Krustentierschwänzen in guter Qualität eskortiert wurde, kam ansonsten in Begleitung von Granatapfelkernen und jungen Grünkohlblättern auf einer kräftigen Krustentier-Cremesauce als ausgewogenes süffig-fruchtiges Ensemble daher.

Astreine 3-Komponenten-Küche repräsentierte die Melange aus kleinen gerösteten Blumenkohlröschen und grob zerstoßenen Piemonteser Haselnusskernen, die von einer schaumigen Haube Miesmuschelespuma überdeckt waren. Als erdig würzende Zutat war auch hier richtig schön aromatische schwarze Trüffel als geraspelte Flocken über das Gericht gegeben, die perfekt an den nussigen und jodigen Noten anknüpfen konnte. Und auch die Cremesuppe von jungen Lauchzwiebeln mit butterzartem Oktopus und einigen Venusmuscheln als maritime Einlage war so ein puristisches Ensemble, das sich aus nicht mehr als drei tonangebenden Produkten plus ein wenig zusätzlichen Aromengebern – in dem Fall etwas Afillakresse – zusammengesetzt hat. Da muss die Qualität der Produkte stimmen, da müssen die Pointen sitzen, um so ein überzeugendes Ergebnis zu kreieren.

Beim Hauptgang, der sich aus Entenbrust, Maronenpüree, Feigenconfit und einem Kartoffel-/Schwarzkohlkuchen kummulierte, waren deutlich mehr Komponenten zugeben – die geschmackliche Aussage allerdings ähnlich schnörkellos und klar. Das Gericht profitierte nicht nur von der guten Qualität der mit Sorgfalt behandelten Entenbrust, sondern auch von der seidig-cremigen Konsistenz und dem geschmacklich ausgewogenen (nicht bloß nussig süßen und mehligen) Charakter des Kastanienpürees, dem in seiner Fluffigkeit an (gute) Polenta erinnernden Kartoffelkuchen mit eingearbeitetem Schwarzkohl und dem Aroma reifer Feigen. Sautierte Buchenpilze, zweierlei Bete und ein wenig Feldsalat waren da im Grunde eigentlich nur noch Sättigungsbeilage, störten das große Ganze aber nicht im Geringsten.

Die im Schälchen zubereitete Tiramisu kann man im Grunde auch nicht viel besser machen. Zusammen mit Rum-Ananas und Salzkaramelleis war das zwar kein typisch italienisches Geschmacksbild, aber durch die Grundlage eben trotzdem ein sehr stimmiger variierter Abschluss auf demselben hohen Niveau. Und auf dem kann auch mithalten, was der äußerst versiert und zuvorkommend agierende Restaurantleiter Kilian Skalet zu alldem auch im Offenausschank in die Gläser bringt.

Chemnitz (Sachsen)

Villa Esche
Parkstr. 58, 9120 Chemnitz
☏ 0371–2361363
www.restaurant-villaesche.de
⊘ Di–Do von 11.30–15 Uhr,
Fr u. Sa 11.30–15 Uhr u. ab 16.30 Uhr,
So u. Mo RT
Hauptgericht: 25–34 €, Menüs: 66 €

Das in der ehemaligen Remise der Jugendstil-Villa untergebrachte Restaurant bleibt der einzige Lichtblick für Genießer im unlängst zur Kulturhauptstadt Europas 2025 gekürten Chemnitz, das trotz kultureller Highlights kulinarisch ein eher schwieriges Pflaster ist. Das Team um Inhaber und Küchenchef Falk Heinrich geht damit aber seit Jahren souverän um und balanciert gekonnt zwischen mehrheitsfähig-bodenständigen und exklusiveren Gerichten. Letztere können teils locker auch einer höheren Bewertung gerecht werden, besonders an Suppen und Saucen zeigt sich immer wieder beste klassische Schule. Auch die Weinkarte mit Schwerpunkt Deutschland, Österreich und Frankreich und der Service werden höheren Ansprüchen gerecht.

Chieming (Bayern)

Goldener Pflug
im Hotel Gut Ising Chiemsee
Kirchberg 3, 83339 Chieming (Ising)
☏ 08667–790
www.gut-ising.de
⊘ Täglich von 12–14 Uhr u. ab 18 Uhr,
kein RT
Hauptgericht: 18–36 €, Menüs: 64 €

Der Goldene Pflug ist und bleibt das traditionelle kulinarische Herzstück von Gut Ising und mit seiner blitzsauberen Regionalküche immer wieder ein lohnendes Ziel für Genießer. Hier werden die Gäste in ebenso elegantem wie behaglichem Stuben-Ambiente mit alpenländischen Schmankerln in fundierter Zubereitung verwöhnt. Vieles kommt ganz traditionell daher, manches aber auch mit einem kleinen kreativen Dreh. Die Qualität der Produkte und eine frische, natürliche und geschmacksstarke Zubereitung sind in beiden Fällen gesetzt und größere Feinheiten werden zu keinem Zeitpunkt vermisst, weil sie konzeptionell auch gar nicht avisiert werden. Stattdessen gibt es frisch gezapftes Bier, charmanten Service und eine auch glasweise eine attraktive Weinauswahl.

Hotelempfehlung

★★★★ S

Hotel Gut Ising Chiemsee
Kirchberg 3, 83339 Chieming (Ising)
☏ 08667–790
www.gut-ising.de
Einzelzimmer: 97–378 €
Doppelzimmer: 148–405 €

Das familiengeführte 4-Sterne-Superior-Hotel Gut Ising liegt etwas erhaben über dem nur einen Kilometer entfernten Chiemseeufer auf einem 170 Hektar großen Grundstück bei Chieming und bietet insgesamt 105 wunderschöne Zimmer, Suiten und Junior Suiten, die auf acht historisch-nostalgische Gutshäuser aufgeteilt sind. Alle Zimmer wurden in unterschiedlichem Stil eingerichtet verfügen jeweils über SAT-TV und ein modernes Bad. Im Übernachtungspreis inbegriffen sind Genießerfrühstück, die alkoholfreien Getränke der Minibar, Bademantel und Nutzung des großen SPA- & Wellnessbereichs mit großzügigen Innen- und Außenpools, Saunalandschaft und Fitnessraum.

Outdoor- und Indoor-Tennisanlagen, ein hoteleigener 9-Loch-Golfplatz sowie eine Reitschule, ein Poloklub und jede Menge Möglichkeiten zum Wandern, Rad- und Ballonfahren sowie Segeln bieten ein breites Spektrum zum Sport machen und Aktivsein. Für das kulinarische Wohl der Gäste wird in drei mehrfach ausgezeichneten Restaurants gesorgt. Restaurant Goldener Pflug separat erwähnt.

Cottbus (Brandenburg)

Lou

Zum Kavalierhaus 9, 3042 Cottbus
☎ 0355-49397030
cavalierhaus-branitz.de
◉ Do–So ab 18 Uhr, Mo–Mi RT
Hauptgericht: 21–35 €, Menüs: 59–89 €

EC ⦿ VISA P ⧈ ♿

Hier ist bereits der Hinweg von etwa 10 Minuten mitten ins Herz des wildromantischen Branitzer Parks, der auf Hermann Fürst von Pückler zurückgeht, ein auf angenehme Art entschleunigendes Erlebnis, das bei der Ankunft an einem pittoresken kleinen Schloss ein erstes Highlight beschert. Hier wartet neben einem Museum der Fürst-Pückler-Stiftung im Kavalierhaus auch das kulinarische Herz des Parks und zudem in einigen eleganten Zimmern die Möglichkeit über Nacht zu bleiben. Aber auch wer diese Option nicht nutzt, hat in dem mittags bodenständigeren Angebot inklusive idyllischem Freisitz unter alten Laubbäumen und dem ambitionierten Gourmetprogramm im Lou am Abend sehr reizvolle Ziele. Das junge Team um Küchenchef Tim Sillack nutzt mit der modernisierten Interpretation von Gerichten aus den Tafelbüchern des Fürsten das historische Erbe sehr geschickt und hat damit durchaus ein ganz eigenes Profil, das sich erfreulich wenig am modernen und oft überladen-verspielten Gourmetmainstream oder Insta-Bildern orientiert. Stattdessen werden die überlieferten Ideen mit viel Substanz und leicht verschlankt ins Hier und Heute übertragen.

Bereits die ersten Kleinigkeiten zum Aperitif zeigten das souverän mit einer kleinen Salat-Sülze, die neben knackigem Gemüsebiss vor allem mit feinem Ölschmelz und Essigsäure elegante Vinaigrette-Assoziationen schaffte, genauso mit einem hauchdünnen Brotchip mit Müritzaal und Crème fraîche, der voll auf die gute Produktqualität setzte. Oder mit einem hochkonzentriert röstwürzigen Hummersüppchen (im historischen Original aus Flusskrebs!), das mit seinem dichten Geschmack inklusive lebendiger Säure eine hervorragende handwerkliche Basis zeigte.

Einen mutigen Start ins eigentliche Menü gab es mit einer Terrine vom Frischlingsleber, die eigentlich eher als kräftig-aromatisches Parfait aufgearbeitet wurde und dem rustikalen, eher derben Leber-Geschmack mit marinierten Erdbeeren und weißem Portweingelee als Topping sowie einem cremigen Brioche-Eis, frischgrünen Kräuterspitzen und säuerlich eingelegten Waldpilzen als weitere markante Akzente gekonnt gegensteuerte. Auch der verspielte Riesling Kabinett von Nik Weis war dazu eine ausgezeichnete Wahl, weil er mit eleganter Süße einen weiteren Gegenpol zur Rustikalität schaffte.

Was sich bei dem Hummersüppchen bereits angedeutet hatte, bestätigte sich dann auch bei der folgenden Spargelvelouté, die mit vollem Körper, intensivem Produktgeschmack und luftig-cremiger Konsistenz den Rahmen für eine nur knapp temperierte Lachstranche mit Topping aus knackig marinierten Spargelstreifen stellte: das Team scheut bei der Produktion von Suppen und Saucen keinen Aufwand und weiß ganz genau, was es macht.

Der durch das Tafelbuchvorlage in der heutigen Zeit ungewöhnlichste Gang kam mit einem nussig-klararomatischen Steinbuttfilet in einer Spreewaldsauce, die luftig aufgeschäumt markante süß-säuerliche Noten und Dillwürze mitbrachte. Kartoffel Semilasso (wachsige, mit Eigelb legierte und Petersilie gewürzte Kartoffelscheiben) und karamellisierter Chicorée, der als selbst zu dosierendes Topping dem Fisch spannende Bitternoten beisteuerte, ergänzten den qualitativ sehr guten Plattfisch originell.

Der süße Abschluss blieb insgesamt eher am deutlichsten eher in der Moderne, zeigte aber mit einer (minimal zu festen) Hafer-Panna-Cotta nebst Tonkabohneneis sowie Rhabarberconfit, -gel und -perlen gekonntes Handwerk und ein sicheres Gespür für Aromen, welches nur bei dem angegossenen Jasmint
eefond durch dessen ungesüßt bittere Blumigkeit ein klein wenig ruppig aus der Balance geworfen wurde.

Das ändert aber nichts daran, dass insgesamt ein überzeugender Gesamteindruck aus Ort, Konzept und Küche bleibt, dem für die siebte Pfanne nur minimal mehr Feinjustierung fehlte. Dafür überzeugten aber sowohl die humorvoll-zuvorkommenden Herren im Service als auch die von ihnen korrespondierend empfohlenen Weine vollauf. In der Weinkarte finden sich außerdem viele interessante Flaschen von spannenden Basisprodukten bis zu hochwertigeren Lagenweinen.

Cuxhaven (Niedersachsen)

Sterneck
im Badhotel Sternhagen
Cuxhavener Str. 86,
27476 Cuxhaven (Duhnen)
☎ 04721-4340
www.badhotel-sternhagen.de
☼ Do–Sa ab 18 Uhr, So von 13–14 Uhr
u. ab 18 Uhr, Mo–Mi RT
Menüs: 85–190 €

🏧⬡▭⬤ VISA Ⓟ🈺♿

Wäre der weite, unverstellte, nur vom Deich vor dem Panoramafenster gesäumte Ausblick auf das Wattenmeer nicht schon Grund genug, ins Restaurant Sterneck im Bad Badhotel Sternhagen zum Essen zu kommen, kocht dessen Küchenchef Marc Rennhack zu allem Überfluss auch noch großartig. Seine kontrastreiche und dynamische, im allerbesten Sinne farbenfrohe und vielseitige Kochkunst wirkt auch ganz ohne moderne Techniken und Stilmittel so erfrischend zeitgemäß und kreativ, dass sie sogar erfolgreich vom etwas in die Jah-

re gekommenen Ambiente des kleinen, feinen Gourmetabteil am Ende des vorgelagerten Hauptrestaurant Schaarhörn ablenkt.

So kommen wir immer mit sehr viel Vorfreude hierher, denn die beiden Menüs, von denen eines rein vegetarisch ist, sind so ereignisreich und stecken voller guter Dinge, begeistern mit konsequent hoher Produktqualität, aber auch dadurch, dass es auf den vielgestaltigen Tellern keine Verlegenheitskomponenten gibt und wirklich jedes Detail relevant und sehr gut abgeschmeckt ist. Überhaupt fällt uns hier seit Jahren sehr positiv auf, dass Marc Rennhack die Aromen der verwendeten Produkte immer wunderbar klar und deutlich herausarbeitet. Alles schmeckt nach dem, was es ist, nichts bleibt im Ungefähren.

Das wurde bereits bei den drei ausdrucksstarken Kleinigkeiten zum Aperitif deutlich, einer Auster mit Kiwiragout, einer Spargelsülze mit Garnelen und Spargelespuma im Gläschen sowie einem Röllchen aus roh mariniertem US-Beef und Aubergine. Insbesondere aber beim Amuse-Bouche mit perfekter Rotgarnele im Verein mit Karotten-Ingwercreme, Radieschen als Creme und geriebener Salat, Espuma von Sushireis und grünem mariniertem Spargel. Da zeigt der Chef dann auch schon klar seine Signatur, zu deren Besonderheiten es seit jeher gehört, in eigentlich jedem Gang eine fruchtige Komponente einzubauen – ganz ohne, dass es irgendwann redundant und langweilig werden würde.

Im Gegenteil, denn erstens lässt Marc Rennhack diese Akzente nicht plakativ einfließen, sondern bindet sie als harmonischen Bestandteil ins Geschmacksbild ein und zweitens ist man eher gespannt, welches Produkt wohl im nächsten Gang den fruchtigen Part übernimmt – sofern das nicht schon aus der Speisekartenlektüre klar hervorgeht. So wie bei der Vorspeise um Lachsforelle, die gebeizt und confiert als jeweils sehr feines Hauptprodukt zusammen mit geflämmtem Mais, wildem Spargel und eben zweierlei von der Mispel als fruchtig-säuerliche Komponente um einen feingewürfelten Gurkensalat mit Saiblingskaviar herum drapiert war. Ein frischer, ausgewogener Start.

Auf der vegetarischen Seite startete das Menü zuletzt mit verschiedenen Spielarten von Tomaten, die eingelegt und geflämmt, aber auch als klares Gelee und als eine raffinierte, subtil mit Curry, Ingwer und Zitronengras abgeschmeckte Creme aus gelben Tomaten auf dem Teller zu finden waren. Kombiniert mit eingelegtem Spargel (weiß, grün und wild…) sowie einem mannigfaltigen Wildkräutersalat, der dieser Komposition noch spannende Bitteraromen verlieh, war auch das eine facettenreiche Angelegenheit mit der Handschrift des Chefs.

Dem in blättrig-festfleischiger Idealform zusammen mit mildem Rauchaal und Nordseekrabben (beides ebenfalls Top-Produkte!) auf eine Vichyssoise mit kleinen, festen Kartoffelwürfelchen gebetteten Kabeljau spendeten Schnittlauchvinaigrette und ein Meerretticheis ihre markanten Aromen. Und auch hier schwang eine unaufdringliche feine Süße und Fruchtigkeit mit, die das ansonsten sehr herzhafte Geschmacksbild gut in der Balance hielt und es noch interessanter gestaltete.

Bei der begeisternd reintönigen Rotbarbe ohne jeden Anflug von Tranigkeit, die mit weißem Spargel und knusprigem sowie schmelzigem Pata-Negra-Schinken als süffiger und für Rennhacks Verhältnisse eher puristischer Zwischengang im tiefen Teller zusammenfand, übernahm den erfrischenden Part ein duftiger Holunderblütenschaum, der sich mit dem kraftvollen, buttrig-karamellig anmutenden Schinkensud (vermutlich auf Basis von Fischfond…) zu einer betörenden Saucenallianz verband.

Die beeindruckende Qualität der Hauptprodukte riss auch mit der Tranche vom Steinbutt nicht ab, die in perfektem Garzustand und prononcierter Würzung in Gestalt von geschmortem und knusprigem Kopfsalat und Mairübchen mit feinen bitteren und ätherischen Aromen aufs Porzellan geschickt wurde. Hier war neben einer aufgeschäumten hellen Weißwein-Fischsauce eine Sauce von gelber Paprika und Safran im Einsatz, die den obligatorischen fruchtigen Part übernahm und dem Geschmacksbild einen originellen Twist gab.

Diese Aufgabe oblag beim Fleisch-Hauptgang um bestens auf den Punkt gebrachten Rücken vom Maibock mit Pilzduxelles, verschiedenen Auberginen-Zubereitungen und grünen Spargelspitzen einer prononcierten mit säuerlicher Kirschfrucht angereicherten Jus, die nicht bloß Fruchtsüße, sondern auch ausgewogene Säure mitbrachte und so für einen lässigen Spannungsbogen sorgte.

Wie wir es schon aus den Vorjahren kannten, wurden die Desserts auch dieses Mal wieder in zwei Gängen serviert – jeweils mit denselben Leitaromen in zwei unterschiedliche Ausführungen. Die Erdbeere mit Macadamianuss, Dulcey-Schokolade und Grapefruit etwa zunächst als süchtig machendes Löffelgericht im Schälchen mit Grapefruit-Kompott, Eis von Macadamianüssen, Espuma von der blonden Dulcey-Schokolade und kleinen knusprigen Erdbeer-Baisers, gefolgt von einem flächig angerichteten Nachtisch mit Mousse und Eis von der Erdbeere sowie marinierten Erdbeeren nebst cremigem karamelligem Dulcey-Schokostick und saftig-fluffigen Stücken von Macadamia-Bisquit. Ganz ähnlich aufgezogen und auch ähnlich komponiert war das Spiel von Frucht, Säure, Süße und Schmelz mit Rhabarber, weißer Schokolade und grünem Tee.

Und so bekamen wir es im Sterneck auch in diesem Jahr mit einer attraktiven Küche auf schwankungsfreiem Niveau zu tun, die kurzweilig und anspruchsvoll ist, dabei aber niemanden überfordert. Alle Aromen sind klar nachvollziehbar, alle Kombinationen stimmig und harmonisch. Da kann jeder etwas damit anfangen und es wird zugleich niemand gelangweilt.

Hotelempfehlung

★★★★★ S

Badhotel Sternhagen

Das Haus am Strand

Cuxhavener Str. 86,
27476 Cuxhaven (Duhnen)
☎ 04721-4340
www.badhotel-sternhagen.de
Einzelzimmer: 164–220 €
Doppelzimmer: 214–285 €

Das Original Thalasso-Hotel im zeitlosen hanseatischen Stil liegt direkt am Nordseestrand und stellt eine Symbiose aus Kunst und Genuss dar. Neben insgesamt 48 komfortabel ausgestatteten Zimmern stehen auch geräumige Suiten und Appartements von 50–80 m² zur Auswahl. Eine bedeutende Säule des familiengeführten Hauses ist die Meerwasser-Badelandschaft, die stetig mit frischem Nordseewasser gespeist wird. Außerdem erwartet die Gäste ein großer SPA-, Thalasso- u. Physiotherapie-Bereich. Zu den jüngsten umfassenden Renovierungs- und Verschönerungsarbeiten gehörten unter anderem die Gestaltung neuer Suiten, z. B. einer großzügigen Familiensuite mit zwei geräumigen Schlafzimmern sowie eine neue luxuriöse Private SPA-Suite mit Seesicht-Sauna und Doppel-Whirlwanne. Auch in Verschönerungsarbeiten in den öffentlichen Bereichen sowie in zukunftsweisende technische Neuerungen, welche die Nachhaltigkeit des Hauses betreffen, wurde investiert. In drei verschiedenen Restaurants sorgt das Team vielseitig für das kulinarische Wohl. Gourmetrestaurant Sterneck separat erwähnt.

Dachau (Bayern)

Gasthaus Weißenbeck

Ludwig-Thoma-Str. 56,
85232 Dachau (Unterbachern)
☎ 08131-72546
www.weissenbeck.de
◔ Mi–Fr ab 17.30 Uhr, Sa u. So
von 11.30–14 Uhr u. ab 17.30 Uhr,
Mo u. Di RT
Hauptgericht: 16–33 €,
Menüs: 50–55 €

EC ◉ VISA P ☂

Das pittoreske Lokal von Familie Weißenbeck im beschaulichen Unterbachern in der Nähe von Dachau ist für uns so etwas wie der Prototyp eines anspruchsvollem Landgasthofs, wie man sich ihn als Feinschmecker eigentlich immer wünscht, aber leider nur allzu selten findet: bodenständig, aber trotzdem mit gehobenem gastlichem und kulinarischem Anspruch, heimatlich und regionalbetont, aber trotzdem weltoffen. Hier bieten Gastgeberin und Küchenchefin Elisabeth Weißenbeck und ihr Team seit vielen Jahren in schönster Beständigkeit eine nicht nur äußerst fundiert und mit

Fingerspitzengefühl zubereitete, sondern auch recht einfallsreich komponierte Küche, die ohne preistreibenden Firlefanz, aber nicht ohne gewisse Finessen daherkommt.

Was hier im Sommer im hübsch angelegten Innenhof, wo es immer opulent grünt, blüht und duftet, und in der kalten Jahreszeit in den behaglichen Gasträumen, von denen der vordere Bereich auf geschmackvolle Art ländlich-rustikal und der hintere etwas gehobener anmutet, so alles aufgetischt wird, macht uneingeschränkt Freude. Und erreicht selbst bei vollem Haus – was nicht selten vorkommt – ein beachtliches Niveau. Das haben die Gerichte nicht durch überbordende Kreativität und kunstvolle Basteleien auf den Tellern, sondern durch die starke Substanz und die handwerkliche Präzision der Zubereitungen.

Das Kulinarium reicht von herzhaft zupackender Heimatküche à la gefüllte Kalbsbrust mit Kartoffel-Gurkensalat, Zwiebelrostbraten, Wiener Schnitzel oder halbe Freilandente mit Blaukraut und Kartoffelknödel bis hin zur federleichten Italianità. Ein Klassiker aus letztgenanntem Genre, der eigentlich gar nicht mehr aus der Speisekarte wegzudenken ist, wäre beispielsweise der lauwarme Oktopussalat auf Kartoffel-Kräuterstampf. Wobei wir dessen Zubereitung aus der Vergangenheit immer etwas mediterraner und auch facettenreicher in Erinnerung hatten als beim letzten Mal, als vor allem der Kartoffelstampf mehr an einen kräuterlastigen Kartoffelsalat erinnerte. Geschmeckt hat's trotzdem auch diesmal wieder sehr gut.

Voll auf der Höhe und mit mehr Hintergrundfinessen ausgestattet präsentierte sich aber eine andere Vorspeise, bei der Sashimi von der bayrischen Lachsforelle in taufrischer Art zum Besten gegeben wurde. Die schön dick geschnittenen Tranchen mit festem Biss und klarem Geschmack fanden sich mit Avocadotatar, säuerlich mariniertem Rettich und verschiedener Kresse zu lockerflockiges Arrangement auf dunklem Teller wieder und wurden nicht nur von Sesam und Koriander behutsam auf Fernost gedreht.

Solch dezent exotische Exkurse gelingen zwar sehr gut, sind aber eher selten. Meist setzt die Küche auf verfeinerte Regionalität, so wie etwa bei der formidablen Rehpastete mit Schwammerlsalat und Quittengelee oder den unter ihrer dünnen Teighülle prall und süffig mit zart geschmortem Rehfleisch gefüllten Ravioli, die sich nebst ausgesucht kleinen Pfifferlingen in einer geschmeidigen Salbei-Buttersauce suhlen. Ein schönes Beispiel für gelungene mediterrane Gerichte wäre etwa das kross auf der

Haut gebratene Filet von der Dorade, die zusammen mit hausgemachten sepiageschwärzten Spaghetti in einem maritimen Bouillabaisse-Sud.

Ihr gutes Händchen für wohlgelungene Fleischgerichte, die meist deutlich feingestrickter daherkommen, als man es ob der Speisekartenlektüre vielleicht vermuten mag, bewiesen die Herdverantwortlichen bei unserem letzten Besuch zum Beispiel mit der butterzart geschmorten flachen Schulter vom Bayrischen Ochsen, dessen begleitendes Wintergemüse auf den Punkt knackig und sehr aromatisch, der Serviettenknödel wiederum verblüffend locker und fluffig daherkam. Zusammen mit der perfekt beschaffenen reduzierten Sauce auf Kalbsknochenbasis ein wunderbarer Hauptgang.

Der wurde nur noch getoppt vom sehr zart und saftig gebratenen Rücken eines Wildhasen, der neben etwas Schwammerlgröstl und dem Wildfleisch adäquat zuarbeitenden Preiselbeeren schön pointiert von hauptsächlich grünem Gemüse (Bohnen, Rosenkohl, wilder Brokkoli, Grünkohl…) begleitet wurde. Der heimliche Star auf dem Teller war aber eigentlich ein kleiner und wolkengleicher, mit einer Schmelze aus Nussbutterbröseln überzogener Topfenknödel, der mit seiner feinen laktischen Säure ebenfalls perfekt mit dem Fleisch und der dunklen Wildsauce harmonierte.

Beim Dessert gab's zuletzt als Kontrast für ein schön saftiges, kakakoherbes Stück Schokoladentarte etwas Mangotatar und Passionsfruchtsauce sowie ein Sorbet aus beidem. Als harmonisierendes Bindeglied, das die Bitterschokolade und die säuerliche Frucht sanft zu verbinden vermochte, fungierte ein rahmiges Sesameis. Und sonst: Professioneller Service, gute internationale Weinauswahl, vorbildliches Preis-Genuss-Verhältnis.

OX casual fine dining
Mauerstr. 6, 64289 Darmstadt
☎ 06151-9615333
ox-restaurant.de
🕑 Mi–Sa ab 18 Uhr, So–Di RT
Menüs: 105–190 €

EC ●● VISA 🏧

Das „Zentrum des Jugendstils", als welches sich die Südhessen-Metropole gerne selbst bezeichnet, mag auf der kulturhistorischen Landkarte eine feste Größe sein – kulinarisch hingegen ist die Gegend noch ein eher unbeschriebenes Blatt. Vielleicht war genau das ja der entscheidende Punkt, der die erfahrenen Gastronomen David und Norman Rink dazu gebracht hat, mit ihrem Casual-Fine-Dining-Konzept genau dort im mittlerweile gentrifizierten Martinsviertel durchzustarten. Ihre iberisch-frankophile Küche, gespickt mit einschlägigen Edelprodukten, gerät nämlich schon auf dem Papier zum klaren Gourmetstatement fernab von restriktiver Regionalität oder Selbstkasteiung und dürfte somit vor allem den gut situierten Genießer ansprechen.

Die Brotauswahl mit hausgebackener Tomatenfocaccia, Sauerteigbrot oder Vitelotte-Kartoffelbrot ließ es freilich noch nicht so deutlich erkennen, doch die darauffolgende Amuse-Flotte machte klar, dass hier nicht gekleckert, sondern geklotzt wird. So geriet bot hier anderem ein mit Kokosmilch versetztes, moderat angeschärftes Carabinerosüppchen ebenso viel Gaumenkitzel wie ein saftiges Reh-Bitok oder ein feinsalziges Steinköhlertatar. Und auch wenn das Ganze auf den ersten Blick vielleicht ein wenig zusammenhanglos wirkte, war das doch durchdachtes „product placement" im schmackhaften Sinn.

Dass Küchenchef David Rink kein Aufwand zu groß und kein Produkt zu teuer ist, wurde dann auch beim Start ins siebengängige Menü deutlich, das übrigens auch in einer vegetarischen Variante zu haben ist, überdeutlich. Um eine noch leicht glasige Tranche vom gebeizten und anschließend kurz geflämmten Färöer-Lachs aus Direktimport als Mittelpunkt fand sich da ein Sammelsurium an vielfältigen Komponenten, was in Summe aber fast schon ein wenig übermotiviert wirkte. Denn auch wenn das Zusammenspiel von grüner Papaya, Tahin-Mayonnaise, kaltgepresstem Sesamöl, Wasabieis und Koriander den sehr guten Fisch mit feinen asiatischen Noten akzentuierte, sorgte der on top gesetzte Geleedeckel aus Fischsud sowie ein darauf drapierter, mit frischem Kren angespitzter Friséesalat für ein wenig zu viel „Programm". Der hervorragende Grundgeschmack des Nordländers war da dann leider nur noch zu erahnen, die aromatische und sensorische Übermacht des Rahmens einfach zu überwältigend.

Überzeugender wirkte die Komposition um Kaninchen aus der Bourgogne, weil dem feinen Hauptdarsteller zu- und nicht gegengearbeitet wurde. Das schmorwürzige Keulenragout als geschmacklich satte Basis wurde da zum Beispiel von leicht bissigen Kerbelrübenscheiben zunächst eher erdig-breit akzentuiert, während Stückchen von der Kapstachelbeere für herbe Säure und roher Ziegenbartpilz für waldigen Biss sorgten. Die leicht salzige Jus auf Basis eines Bellota-Schinken-Suds rundete das Ganze süffig ab und als Clou krönte ein kleines, kross ausgebackenes Schnitzelchen in Brioche-Panierung den ausbalancierten Teller. Vermeintlich „einfacher" arrangiert, unterm Strich aber gerade deswegen überzeugender.

Generös umspielt und trotzdem pointiert bewies auch der locker aufblätternde Lofoten-Skrei, der zuvor bei 62 Grad im Fischsud gebadet hatte und zusammen mit Imperial- und Albinokaviar in üppiger Portionierung aufs Porzellan geschickt wurde, dass weniger manchmal eben mehr ist. Mit blanchierter Topinambur, nussigem Portulak und einer röschen Petersiliencrumbles als vegetabiles Topping sowie einer buttrigen Schnittlauch-Velouté als Saucen-Basis war das ein weiterer Gang, der deutlich zeigte, was die Küche draufhat.

Ähnlich stringent komponiert präsentierte sich auch das Perlhuhn „Excellence" aus der Zucht von Jean Claude Miéral, das zweifach variiert und jeweils exakt auf den Punkt gebracht seinen Titel locker rechtfertigte. Einmal als eine mit Panko panierte und knusprig ausgebackene Praline, die mit intensivaromatischem Keulen-fleisch gefüllt auf einem Klacks Pastinakencreme den Satellitenteller bestückte. Auf dem Hauptteller war die sanft confierte und anschließend kurz nachgebratene Brust unter einer fast schon dekadent portionierten Haube aus Périgord-Trüffel versteckt, lieferte aber trotz dieser Edelpilz-Übermacht den erhofften Qualitätsnachweis in Form von saftig-satter Geflügelaromatik. Der seltener anzutreffende Knollenziest, der sich geschmacklich irgendwo zwischen Blumenkohl, Topinambur und Artischocke bewegt, sowie eine mit Foie gras und Hagebutte abgeschmeckte Sauce Albuféra, rundeten den wohl klassischsten Gang des Menüs kongenial ab.

Mit ganz besonderen, ausgesuchten Viktualien konnte auch die Patisserie begeistern: Die über einen persönlichen Vor-Ort-Kontakt organisierten Valencia-Mandarinen werteten das Dessert mit satter Frucht und prickelnder Säure auf – und zwar als Grundlage eines herbsäuerlichen Granités, als auch eines luftigen Törtchens, dem mit Rum-Sud, Kumquatkompott und Valrhona-Luftschokolade noch passgenau zugearbeitet wurde.

Den sympathischen Service von Gastgeber Norman Rink behält man ebenso gerne in Erinnerung wie den stylishen, nordisch-nüchternen Gastraum und die sehr individuell bestückte Weinkarte. Die ist neben französischen und spanischen Erzeugnissen auch mit exotischeren Tropfen aus Slowenien oder Kroatien bestückt und lädt zudem auch mit einer umfangreichen Orange-Wine-Abteilung zum Probieren abseits des Mainstreams ein.

Die Besteck-Symbole

❚❚❚❚❚ luxuriöses Restaurant mit höchstem Komfort und formvollendetem Service, edler Ausstattung und einer Weinkarte, die höchsten Ansprüchen genügt

❚❚❚❚ elegantes Restaurant mit hohem Komfort und exzellentem Service, sehr gute Ausstattung, hervorragende Weinkarte

❚❚❚ gehobenes Restaurant mit gutem Komfort und versiertem Service, umfangreiche Weinkarte

❚❚ besser ausgestattetes Restaurant mit ordentlichem Service, ausgewählte Weine

❚ schlichtes Restaurant, Gasthof oder Bar

Darscheid (Rheinland-Pfalz)

Kucher's Gourmet Restaurant

in Kucher's Genuss- und Businesshotel
Karl-Kaufmann Str. 2, 54552 Darscheid
☎ 06592-629
www.kucherslandhotel.de
⊙ Mi–Sa ab 17.30 Uhr, So–Di RT
Hauptgericht: 38–46 €,
Menüs: 87–120 €

Die Geschichte des seit 1988 in Familienbesitz der Kuchers geführten Hotel- und Gastronomiebetriebs in der Eifel – ganz ruhig und beschaulich, trotzdem aber sehr verkehrsgünstig nahe der A1 gelegen – wird nun seit wenigen Jahren in zweiter Generation von Stefanie Becker und ihrem Bruder Florian Kucher fortgeschrieben. Die Phase der Übergabe an die junge Generation fiel vermutlich nicht ganz zufällig auf das 30-jährige Hotel-Jubiläum und ging mit einer umfassenden Erweiterung des Hauses einher, das fortan mit einem modernen Anbau, zeitgemäß eingerichteten Zimmern, einem modernen Frühstücksraum, einem Saunabereich mit Freiluftterrasse, einer Weinlounge, Tagungs- und Veranstaltungsräumen und last but not least einer komplett neuen Küche aufwartet.

Und aus der bespielt Florian Kucher nicht nur die bereits von seinen Eltern etablierte Weinwirtschaft, sondern auch Kuchers Gourmetrestaurant, ein gediegen elegant eingerichtetes Abteil mit Glasfront zur Terrasse hin, sehr bequemen Stühlen, eingedeckten Tischen sowie Weinflaschen- und Weinetiketten-Deko, die gleich Aufschluss darüber geben, dass hier gehobene Weinkultur gepflegt wird. Aufschluss über die Küche geben dann auch die ersten

Kleinigkeiten zum Apero, etwa eine als Minitomate getarnte Spargelmousse in Tomatengelee oder getrüffeltes Schokoladen-Popcorn, die verschiedenen kleinen Brotgebäcke mit Rohmilchbutter, noch mehr aber ein mit Parmesanmousse gefülltes rechteckiges Mürbteigschälchen, getoppt mit Pinienkernen, Kresse, einer „Caesars"-Creme und Creme von schwarzem fermentiertem Knoblauch. Hier wird also mit Fantasie und Gestaltungsfreude gekocht und arrangiert.

Geboten werden zwei viergängige Menüs, von denen eines eher klassisch, eines eher modern gehalten ist. Die Übergänge zwischen den beiden Welten sind allerdings recht fließend, was nicht nur damit zu tun hat, dass die Vorspeise beider Menüs bei unserem Besuch identisch war. Und auch wenn es auf den ersten Blick so aussah, war dieses Zweierlei vom Sockeye-Wildlachs mit Karotte, Maracuja und Pistazie kein bunter, plakativer Mischmasch, sondern eine zwar kontrastreiche, aber gut ausbalancierte Vorspeise, bei der das sehr gute Hauptprodukt auch konsequent im Mittelpunkt stehen durfte. Der dunkelrote Lachs war hier als Tatar und als sehr sanft glasig gegarte, zurückhaltend gewürzte Tranche auf einer Spirale aus milder Pistaziencreme angerichtet und von fermentierter Minikarotte und eingelegter Urkarotte, Maracuja als Tapioka und Fruchtfleisch, sowie einzelnen Pistazienkernen umgeben. Das funktionierte mit gebremster Süße, wohldosierter Frucht und Säure als Auftakt sehr gut!

Im klassischen Menü kamen zur qualitativ sehr guten, saftig-aromatischen Wachtel, die als Brust, gefüllte gebackene Keule und naturell gebratene Filets auf dem Teller zugegen war, sowohl die relativ stark gebundene Chai-Tee-Sauce mit Garam Marsala, die mutmaßlich auf Basis von Geflügelfond zubereitet war, als auch die geschmorten Rhabarber-Sticks etwas grobklotzig daher – im Zusammenspiel war das aber ein durchaus harmonischer, wenn auch recht plakativer Akkord. Und der wurde von Currygelee und Currymalto, die sich mit Hummuscreme und Tonburi, den optisch und haptisch an Kaviar erinnernden Samen aus der Houkigi-Pflanze, auf der Tellerfahne tummelten, ebenfalls ein wenig unruhig und rumpelig komplettiert. Nicht uninteressant und auch nicht unharmonisch, aber leicht diffus und etwas gröber gefasst.

Im modernen Menü ging es optisch sehr ansprechend mit einem Medaillon vom Seeteufel weiter, das mit einer Mangoglasur überzogen und mit Chilifäden getoppt auf einer exotisch-karibisch inspirierten fruchtigen Fischsauce platziert war. Flankiert von einem weißen, mittels Zahnspachtel auf den Teller gestrichenen „Swoosh" aus Maniokcreme, auf dem sich die übrigen Komponenten wie kleine Maniok-„Kroketten", gegrillte Okraschoten, geflämmte Ananaswürfel, gedörrte Aprikosenstücke oder Mandelsplitter tummelten. Trotz der vielen Frucht war auch das ein geschmacklich recht ausgewogenen komponiertes Gericht, das eigentlich nur durch die überproportional viele mehlig-plumpe Stärke der Maniokwurzel und deren etwas ausdruckslosen Geschmack aus dem Gleichgewicht gebracht wurde.

Auf Florian Kuchers Tellern geht es generell sehr kraftvoll und aromensatt zu. Dazu passt auch ein Hauptgang wie der um saftig-aromatische gegrillte Streifen vom Flat-Iron-Steak eines Bisons, die sich mit ihrem kernigen Biss perfekt für ein Barbecue-Thema eignen. Und das wurde hier nicht bloß mit einer entsprechenden rauchig-würzigen Sauce inszeniert, sondern auch mit sehr raffinierten, weil mit einer schaumigen Paprikasauce gefüllten Pommes Soufflés, in Coca-Cola geschmorten Zwiebeln als Füllung einiger Pimientos, mit transparentem „Barbecue-Gel" gefüllten Schalotten, Gänseschnabel-Paprika und geschreddertem Popcorn.

Ein im Kern mit Kalamansimousse gefüller Cheesecake-Savarin, der mit in Kirschwasser eingelegten Griottines-Kirschen, geflämmten Baiser-Makronen, etwas Kalamansigel und einer Nocke Kirschsorbet ausdekoriert war, schloss das Menü sehr ansprechend ab. War aber mit verhältnismäßig viel Cheesecake-Masse plus zwei Keksplatten oben und unten haptisch wieder ein klein wenig gröber, als es optisch den Anschein machte. Ändert aber nichts am sehr guten Gesamteindruck, zu dem auch ein professioneller, zugewandter Service und profunde Weinberatung zählen. Ein Highlight im Hause Kucher ist definitiv die hervorragende Weinkarte mit etlichen gereiften Raritäten, längst nicht nur im Süßweinbereich, dort aber im Grunde fast mit einer Ausnahmestellung.

Bezahlkarten-Symbole

- Ⓜ Mastercard
- ⒺⒸ EC-Maestro
- Ⓞ Diners
- ▦ American Express
- **VISA** Visa

Hotelempfehlung

★★★★

Kucher's Genuss- und Businesshotel

Karl-Kaufmann Str. 2, 54552 Darscheid
☎ 06592-629
www.kucherslandhotel.de
Einzelzimmer: ab 65 €
Doppelzimmer: ab 109 €

ⒺⒸ ▦ Ⓜ **VISA** ℙ 🛜 👋 🛗 hᵗʰ

Das familiengeführte Genuss- und Businesshotel der Kuchers liegt ruhig und trotzdem verkehrsgünstig in Darscheid, im Herzen einer der schönsten Gegenden der Vulkaneifel. Es ist von viel Natur umgeben und ein guter Ausgangspunkt für Ausflüge in die Eifel. Die Gegend kann zu Fuß auf malerischen Fußwegen oder auch mit dem Rad erkundet werden. Im Winter werden außerdem Skitouren angeboten. Das durch einen modernen Anbau erweiterte Haus wird sehr persönlich, familiär und liebenswert geführt, bietet viel Atmosphäre und einen Hauch Exklusivität. Die 28 hellen, komfortabel eingerichteten Landhauszimmer haben kostenfreies WLAN, einen Safe, einen modernen Flachbild-TV und ein eigenes Bad mit Haartrockner. Einige Zimmer sind mit geschnitztem Holz- und/oder Himmelbett oder auch Balkon ausgestattet. Im Saunabereich mit Dachterrasse lässt es sich mit Eifelblick relaxen. Zum Hotel gehören außerdem moderne Tagungsräume, zwei Restaurants mit Gartenblick, ein Weinkeller mit Gewölbedecke und eine Weinlounge. In regelmäßigen Abständen finden Weinseminare und Kochkurse statt. Kucher's Gourmetrestaurant separat erwähnt.

Deggenhausertal (Baden-Württemberg)

Mohren

Kirchgasse 1,
88693 Deggenhausertal (Limpach)
📞 07555-9300
www.mohren.bio/bio-restaurant
✪ Mi–So von 12–14 Uhr u. ab 17 Uhr,
Mo u. Di RT
Hauptgericht: 12–23 €, Menüs: 25–45 €

Produktqualität und Frische, wenn möglich sogar vom eigenen Biolandhof oder zumindest von anderen engagierten Erzeugern und Produzenten aus der Bodensee-Region, stehen in diesem sympathischen Naturhotel von Familie Waizenegger an erster Stelle. Auf die massiven Eichenholztische in der freundlichen, ländlich und natürlich eingerichteten Mohren-Stube kommen handwerklich äußerst solide zubereitete, schnörkellose Gerichte, bodenständig und ohne Kreativitätsanspruch, die das gute Produkt in den Mittelpunkt stellen und unverfälschten Genuss versprechen. Das kleine Weinangebot umfasst gute Tropfen vom See und verschiedene ausgesuchte Bio-Weine.

Deidesheim (Rheinland-Pfalz)

L.A. Jordan

im Hotel Ketschauer Hof
Ketschauerhofstr. 1,
67146 Deidesheim
📞 06326-70000
www.ketschauer-hof.com
✪ Di–Sa ab 18.30 Uhr, So u. Mo RT
Menüs: 95–205 €

Unter den nicht eben wenigen ambitionierten Restaurants in der bekanntermaßen genussaffinen Pfalz sticht das L.A. Jordan mit Daniel Schimkowitsch seit dessen Engagement vor mittlerweile acht Jahren auf besondere, individuelle Art heraus. In dem nach Ludwig Andreas Jordan, dem Gründer des heutigen Weinguts

Bassermann-Jordan, benannten Restaurant inszeniert das Team um Daniel Schimkowitsch eine auf Klarheit und Purismus setzende Kreativküche, die sich weder von aktuellen Trends noch von pfälzischen Traditionen abhängig macht, sondern auf sehr eigenständige Art mit fernöstlichen Aromen und Einflüssen spielt. Das gibt einen spannenden Kontrast zu dem Ambiente der hohen weitläufigen Gewölbe, in denen die schlicht und elegant gedeckten Tische rund um die (nur von außen einsehbare) verglaste Küche angesiedelt sind. Und zu dem stattlichen Anwesen im Herzen von Deidesheim insgesamt, das zur Firmengruppe Bassermann-Jordan gehört und ein Ensemble aus Boutiquehotel und verschiedenen Gastro- und Eventbereichen beherbergt.

In den letzten Jahren hatte sich die Küche Daniel Schimkowitschs kontinuierlich immer weiter entwickelt und in Nuancen verändert, von einer Phase betont starker Kontraste aus Säure und Schärfe zu mehr fein eingebundener Süße beim letzten Besuch – bis hin zum letzten Eindruck, der keine eindeutige Tendenz zu einer Geschmacksrichtung, aber dafür enorme Präzision und Intensität in den Details zeigte, von denen die durchweg hochklassigen ausgesuchten Produkte in eher minimalistischer Art ergänzt werden. Schon die noch nicht alles Pulver verschießenden, aber allesamt animierenden ersten Kleinigkeiten wie ein subtil säurefrisch-scharfes Jakobsmuscheltatar mit Kaviar in hauchdünnem Knuspertartelette, eine gebackene Schmorfleisch-Praline vom Kalb mit kühlem Kalbstatar-Topping und ein fruchtig zugespitzter spicy Karottentatar-Taco mit Frisée zeigten, wie hochpräzise das Team arbeitet.

Vollends abgeholt wurden die Gäste dann mit einem in augenzwinkerndem Understatement als „Pekingsuppe" annonciertem weiterem Küchengruß: Hier lieferte eine tiefgründige, schillernd komplexe Entenessenz mit cremigem Chawanmushi am Schüsselboden den Rahmen für zarte Entenkeule, sautierte Shiitake-Pilze und schmelzende Gänseleber-Würfel – und bot damit einerseits viel Umami und Power, andererseits aber auch wohldosierte Schärfe und feine Details. Viel besser lässt sich ein „Wohlfühlgericht" auf höchstem Niveau kaum umsetzen.

Das eigentliche Menü startete dann wieder frischer und eleganter, aber kaum weniger ausdrucksstark mit etwas Blumenkohl-Couscous in unerwarteter Finesse und Frische durch Koju-Vinaigrette in der Tellermitte, der die Basis für ein satt cremiges Seeigeleis mit feiner maritimer Süße und einer üppigen Haube aus N25 Kaviar bildete – ein kompakt verdichteter Drei-Komponenten-Geniestreich, kontraststark und doch harmonisch.

Ein weiteres Produkthighlight folgte danach mit der Tranche vom trockengereiften Steinbutt – eine Technik, die dessen festfleischig-nussigen Charakter, der hier durch eine zart jodige Meerwasser-Emulsion hervorgehoben wurde, nochmals potenzierte. Begleitet wurde der Premium-Fisch von einem „Salat" aus Spinat und Stabmuscheln, mit zarter Säure und süßlich-nussigen Senfkörnern und ein entscheidender Kick kam zusätzlich von etwas Yuzu-Koshu auf dem Steinbutt, mit exotischer Zitrusfrische und Chilischärfe. Einmal mehr der eindrucksvolle Beweis, wie gut es Daniel Schimkowitsch versteht, seine Gerichte mit ganz wenigen kreativen Akzenten zu prägen.

Im direkten Vergleich wirkte die auf Holzkohle gegrillte Königskrabbe mit perfekt klarem süßem Geschmack, die in einem transparenten, von Koji aufgeladenen Sud mit filigranem Säurespiel, knackigen Fenchelwürfeln, Fenchelgrün und kleinen Moro-Orangensegmenten auf dem Teller kam, etwas ruhiger und feingliedriger. Überzeugte aber allein durch die Referenzqualität der Königskrabbe auf gleichem Niveau. Und in einem kleinen Nebenschälchen gab es zudem noch eine kühle Krabbenbisque mit wuchtig konzentrierter Röstpower und Schärfe, die einen „Salat" aus gezupfter Königskrabbe umspielte und so einen spannenden Kontrast zum Hauptteller schaffte.

In bestens durchdachter Dramaturgie brachte der ebenfalls trockengereifte Black Cod mit seinem festen, aber dennoch zarten Fleisch, dünner pergamentknuspriger Haut und feinen Röstnoten wieder mehr Power auf den Teller. Gestützt wurde dieser Charakter durch eine luftige Miso-Hollandaise und säurestraffe Madeirajus. Diese bei aller Leichtigkeit aromatisch enorm kraftvolle Kombination wurde – wie schon beim Steinbutt – erneut durch ein kleines Detail entscheidend gekickt. Hier war das ein säuerlich konzentriertes Umeboshi-Gel, das solo ziemlich extrem, in Kombination aber katalysierend frisch und komplex wirkte.

Danach folgte, noch puristischer, eine weitere Produktschau der Extraklasse. Nämlich mit einem langsam und geduldig auf dem Fettdeckel ausgebratenen Poltinger Lammrücken, der mit schmelzig-krosser Kruste und aromatischem zartrosa Fleisch begeisterte. Da genügten die Begleiter in Form einer ätherischen Shisocreme und verführerisch duftenden, für 8 Stunden mit Thymian und Butter sous-vide gegarten Kartoffelkreisen sowie eine leichtfüßig-kraftvolle, mit Kampotpfeffer abgeschmeckte Lammjus vollkommen aus, um einen traumwandlerisch entspannten Übergang zu den Fleischgerichten zu schaffen.

Und mit dem stark marmorierten Miyazaki-Wagyu, dass mit seinem buttrig-satten Geschmack unter einem üppigen Topping aus lockeren Périgord-Trüffelscheiben versteckt war, gab es tatsächlich nochmal eine Steigerung. Ergänzt wurde das Premiumrind einerseits mit der zarten betörenden Süße einer getrüffelten Maiscreme und andererseits eher hell und frisch wirkendem weißem Zwiebelconfit sowie einer erneut perfekt transparenten und zugespitzten Merlotessig-Jus. Klassische Saucen zu so charakterstarkem Fleisch wie maximal marmoriertem Wagyu-Beef sind sonst oft eher Problem als Gewinn – hier gelang die Sauce aber so schwebend elegant, dass sie das Fleisch tatsächlich nur zart stützte. Meisterlich!

Nach einem erfrischenden Intermezzo rund um Mandarine und Kokos in Gestalt eines Kokosmousse-Törtchens mit Mandarinenkern, gefrorenen Kokosperlen, Mandarinensorbet und Mandarinenfond zeigte das Team schließlich, dass es auch im süßen Bereich viel Kraft und Tiefe mit flirrender Leichtigkeit verbinden kann. Denn genau das repräsentierte die Kombination aus zartbitterer Schokladenganache (70 %) und cremigen Brownies als Basis für hochintensives Tahiti-Vanilleeis, Cassisgel und Cassisgranité in einer knusprigen Kakao-/Grüntee-Hippe, die einen überraschend fruchtig-spritzigen Gesamteindruck ergab.

Kurzum: mit seinem markanten, durchaus fordernden, aber nie überfordernden oder irritierenden Stil gehört das L.A. Jordan für uns unverändert zu den eigenständigsten und besten Restaurants des Landes. Und das schließt ganz ausdrücklich das perfekt die Balance zwischen Lockerheit und Eloquenz treffende Serviceteam um Restaurantleiterin Lea-Franziska Wolf und die treffsicheren, spannenden Weinempfehlungen von Stephan Nitzsche ein. Letzterer kann nicht nur bei den Pfälzer Weingütern aus einem in Breite und Jahrgangstiefe beeindruckenden Fundus schöpfen und bereichert die individuellen Gerichte auf den Tellern mit ebenso individuellen Gewächsen in den Gläsern.

Schwarzer Hahn
im Hotel Deidesheimer Hof
Am Marktplatz 1,
67146 Deidesheim
☎ 06326-96870
www.deidesheimerhof.de
◷ Mi–Sa ab 18 Uhr, So–Di RT
Hauptgericht: 39–62 €,
Menüs: 120–170 €

Im modern und farbenfroh gestalteten Gewölberestaurant des legendären Gourmetrestaurant Schwarzer Hahns im Souterrain des Deidesheimer Hofs, das wohl auf immer und ewig mit seinem berühmtesten Stammgast Helmut Kohl in Verbindung stehen wird, der hier einstmals seine Staatsgäste hat bewirten lassen, hat man sich konzeptionell längst von den guten alten Zeiten verabschiedet. Aus kulinarischer Sicht haben die beiden langjährigen Küchenchefs Stefan Neugebauer und Felix Jarzina den Umbruch eingeleitet und vorangetrieben und kredenzen seit dem großen Relaunch eine schlanke, puristische Linie, die sich von Sharing-Gerichten à la carte bis zum mehrgängigen Menü in kleinen Portionen ganz zeitgemäß und weltoffen präsentiert. Und die nicht nur mit erfrischender Originalität, sondern auch in jedem Detail mit viel Substanz punktet. Im Offenausschank kann man sich auf hochwertige glasweise Empfehlungen verlassen und der Service agiert sympathisch und zuvorkommend.

Rebstock-Stube
Hauptstr. 74, 79211 Denzlingen
☎ 07666-900990
www.rebstockstube.de
◷ Di–Sa ab 18 Uhr, So u. Mo RT
Hauptgericht: 27–38 €,
Menüs: 26–55 €

In der nostalgischen Rebstock-Stube agieren mit Vater Adolf und Sohn Axel Frey zwei Generationen gewinnbringend zusammen am Herd und bescheren dem Gast eine hervorragende badisch-französische Küche, die so akkurat und von leichter Hand zubereitet ist, dass sie kein bisschen altmodisch wirkt. Der vor ein paar Jahren ins heimische Denzlingen heimgekehrte Filius hat dem ohnehin schon immer sehr reizvollen Kulinarium zu einer maßvollen Verjüngungskur verholfen, die man nicht unbedingt sieht, aber durchaus schmeckt. Die Küche profitiert so einerseits von der starken klassischen Substanz des Vaters und andererseits vom frischen Wind durch den Sohn. Und über allem wacht auch weiterhin mit herzlicher Sorgfalt Gabi Frey, die die junge Service-Generation tatkräftig unterstützt.

Dermbach (Thüringen)

BjoernsOx
in der Rhöner Botschaft
Bahnhofstr. 2, 36466 Dermbach
☎ 036964-869230
www.rhoener-botschaft.de
◷ Mi–Sa ab 18 Uhr, So–Di RT
Menüs: 129 €

Es gibt unter Deutschlands Gourmetrestaurants viele, die gute Qualität und handwerkliche Präzision auf die Teller bringen, aber wenige, die sich durch ein eigenes Profil hervortun. Insofern ist das kulinarische Konzept, das Björn Leist schon seit Jahren in seinem Fine-Dining-Separee BjoernsOx propagiert, durchaus bemerkenswert: Wie der Name schon andeutet, gibt es hier – bei rechtzeitiger Reservierung, nämlich mindestens einen Tag im Voraus – ein achtgängiges Menü mit Fokus auf regionale Fleischspezialitäten und die kreative Interpretation rustikaler heimischer Klassiker. Das ist mit der langen und großen Metzgertradition in der Familie naheliegend und mit den oft augenzwinkernd in Szene gesetzten Rustikalitäten ein originelles Alleinstellungsmerkmal, welches zudem einen hohen Unterhaltungswert im Menü garantiert. So wie bei den verschiedenen synchron aufgetragenen Kleinigkeiten aus typischen Produkten der Region in herzhaft zupackender Art. Etwa einem „Russischen Ei" mit Rhön-Kaviar, einem Happen vom heimischen Fetakäse mit eingelegten Tannenwipfeln und Tannenwipfelgel, oder einem mit Leberwurst gefüllten Cannellono aus Bitterschokoladenkrokant. Diese stimmten vergnüglich auf das Kommende ein und zeigten zudem ganz unmissverständlich die kulinarische Richtung an.

Tatsächlich feiert Björn Leist hier seit jeher nicht nur den Geschmack seiner heimatlichen Gefilde, sondern rückt im speziellen die Produkte und Erzeugnisse aus der eigenen Metzgerei in den Mittelpunkt seines Schaffens. Dass das Kulinarium dadurch relativ fleischlastig ausfällt, liegt in der Natur der Sache und ist so gewollt – Vegetarier und ausnahmslose Fischesser sollten sich daher also lieber anderweitig orientieren.

Was aber in keiner Weise heißt, dass es hier nur Fleisch und Fleischprodukte zu essen gibt. Die erste Vorspeise des Menüs drehte sich diesmal zum Beispiel um Rhöner Bachforelle, die gleich auf drei Tellern in drei unterschiedlichen Varianten geboten wurde: Einmal in Roter Bete mariniert und abgeflämmt zusammen mit einem Wildkräutersalat, Johannisbeertomaten und echten roten Johannisbeeren, außerdem als eine Art Tellersülze von gebeizter Forelle und ihrem Kaviar und schließlich in Gestalt einer à la minute unter der Glascloche geräucherten, mit Forellenkaviar gefüllten und mit Kataifistroh getoppen Timbale von der warmgeräucherten Forelle. Alles sehr schön frisch und proper dargeboten, alles bemerkenswert fein abgeschmeckt.

Nach diesem Auftakt wurde die Fleischeslust dann aber gleich so richtig befriedigt. Nämlich mit einer kraftvollen Knochenbrühe vom Rhöner Weiderind, in der ein Tatar desselben Tieres mit Wachtelei-Topping platziert war – à part flankiert von luftgetrocknetem Rinderschinken und einem gratinierten Markknochen, dessen schmelzigen Inhalt man mit der Kruste des ebenfalls dazu gereichten frischen

Sauerteigbrots lustvoll herausdippen konnte. Fantastisch!

Ein echter Knaller folgte danach mit der eigenen Interpretation des Traditionsgerichts „Flurgönder", welches wir hier in einer anderen Variante bereits vor geraumer Zeit probiert hatten, das uns aber in der aktuellen Version noch mehr begeistert hat. Der obligatorische Schwartenmagen lag hier in dünnen Scheiben auf einem Schichtwerk aus knackigem Salat, dünnen Nudelblättern und nicht zu dünn geschnittenen, abgeflämmten Jakobsmuschelscheiben on top, wobei final noch ein getrocknetem Schwartenmagen feinflockig überhobelt war. Zusammengehalten wurde die in sich perfekt proportionierte Komposition von einem milden Krustentierschaum mit eleganter Süße. Ein weiteres Traditionsgericht (und ebenfalls längt eine Art Signature-Dish von Björn Leist!) ist der Kloß mit Soß', ein nah am zünftigen Original gehaltener, trotzdem sehr fein und ganz umgesetzter Gang, der sich insbesondere durch die Zugabe von schwarzer Trüffel vom rustikalen Klassiker unterscheidet. Die Trüffel kommt hier als Füllung des Kloßes ins Spiel und vermählt sich im Teller mit der im Kännchen zum selber angießen mitgelieferten dunklen, schmorwürzigen Sauce, die ein wenig an eine Sauerbratensauce erinnert.

Auch auf dem Teller des Hauptgangs wird der Erwartungshaltung und der Lust auf vielseitigen authentischen Fleischgenuss voll und ganz entsprochen. Vom Kalb gibt's gleich ein Viererlei, nämlich rosa saftiges Filet, perfekt geschmorte Schulter, dünne saftige Scheiben von der Zunge und kleine Würfel von der Leber – letzte löffelt man zusammen mit luftigem Blumenkohlschaum aus einem separat gereichten Schälchen. Auch auf dem Hauptteller spielt Blumenkohl eine gewichtige Rolle, und zwar zusammen mit verschiedenen hellen, eher gemüsig-milden Zubereitungen von der Zwiebel, die auch in der Kombination allesamt eine wirklich gute Figur machen.

Der süße Part des Menüs begann mit Himbeer-/Ziegenfrischkäseeis und Heu-Panna-Cotta unter einer filigranen Honighippe, wobei hier eine sehr deutliche, aber gut eingebundene Lavendelnote das i-Tüpfelchen setzte. So ein schmissiger Akzent ging dem zweiten Dessert um Landrahm, Mädesüß, Zitrone und Sonnenblumenkerne ein wenig ab. Zwar war auch das ein absolut harmonisches, ausgewogenes Dessert, wirkte unterm Strich jedoch doch ziemlich zahm.

Alles in allem kann man der Küche von Björn Leist aber eine deutliche Weiterentwicklung attestieren. Viel Substanz und Originalität zeichnete seine Küche schon immer aus – besonders nach dem Umzug von Hilders nach Dermbach kam noch mehr handwerkliche und kompositorische Perfektion hinzu. Eine Entwicklung, die wir dieses Mal mit einem Bonuspfeil honorieren. Erwähnenswert sind auch die individuelle und auffallend fair kalkulierte Weinkarte sowie der versierte und entspannte Service unter der Leitung von Gastgeberin Michelle Bremer.

Hotelempfehlung

★★★★

Hotel SaxenHof der Rhöner Botschaft

Bahnhofstr. 2, 36466 Dermbach
☎ 036964-869230
www.rhoener-botschaft.de
Einzelzimmer: 75–130 €
Doppelzimmer: 100–180 €

Familie Leist hat nach dem Aus der Rhöner Botschaft in Hilders rund 25 km nördlich im thüringischen Dermbach ein neues Zuhause für ihren Hotel- und Gastronomiebetrieb gefunden. Inmitten der Hochrhön führen sie nun den traditionsreichen Sächsischen Hof, ein renoviertes Fachwerkgebäude mit insgesamt

31 Hotelzimmern, Wellnessbereich und zwei unterschiedlichen Restaurants, dem „Wohnzimmer" und dem Gourmetrestaurant „Björns-Ox". Zimmer gibt es in verschiedenen Kategorien, alle sind sie modern, harmonisch, hell und freundlich eingerichtet. Im SPA- und Wellness-Bereich „Eden" können die Gäste entspannen und aktiv sein.

Schneider

Hauptstr. 88, 76857 Dernbach
☎ 06345-8348
www.schneider-dernbachtal.de
◉ Mi u. Do ab 18 Uhr, Fr–So von 11.30–13.30 Uhr u. ab 18 Uhr, Mo u. Di RT
Hauptgericht: 24–33 €, Menüs: 75 €

Wer sich auf den Weg ins malerische Dernbachtal macht, inmitten von Wald, Wiesen und Weinbergen, findet im schmucken Gasthaus der Familie Schneider pfälzische Gastlichkeit at it's best. Und das nicht nur, weil das behaglich-gemütliche Haus auf eine über 130-jährige gastronomische Familientradition zurückblickt und fest in dem verträumten kleinen Dorf verwurzelt ist, sondern vor allem auch, weil hier seit jeher ein hoher Qualitätsanspruch großgeschrieben wird. Und weil mit dem Wirken von Küchenchef Stefan Püngeler außerdem neue, kreative Ideen die Arbeit seiner Eltern Werner und Petra Roth-Püngeler ergänzen.
Wenn mehrere Generationen gemeinsam am Herd stehen, muss das nicht unbedingt gut gehen, sondern birgt durchaus auch Konfliktpotenzial. Hier funktioniert das aber offenbar ganz prächtig und mündet in einem Angebot, das sowohl langjährige Stammgäste als auch

aufgeschlossene neue Besucher gleichermaßen anspricht. Das im Stil einer traditionellen pfälzischen Gast- bzw. Weinstube bewahrte Ambiente mit Holztäfelung, Weinfassböden als Wanddekoration und zugleich elegant gedeckten Tischen, bietet dafür einen einladenden Rahmen.

Und in der Karte stehen einige bodenständige Gerichte wie eine tiefgründige Tafelspitzbrühe mit Kräuterflädle und Gemüserauten oder sanft geschmorte Kalbsbäckchen mit Kartoffel-Röstzwiebelpüree, glasiertem Gemüse und Kalbsjus ganz selbstverständlich neben den moderneren Kreationen. Wobei auch diese in keiner Weise abgehoben oder überambitioniert daherkommen, sondern eher gegenständlich und niveauvoll-unkompliziert bleiben.

So wie die in Sojasauce marinierten Tranchen vom schottischen Lachs, der mit seinem geschmeidig-festen Fleisch und dem nur dezenten dunkel-salzigen Soja-Touch in mit Kräuteröl marmorierter Buttermilch eine gute Figur machte und darin von knackig blanchierten Radieschen und Chinakohlstreifen unkompliziert aufgelockert wurde. Die süß-sauer marinierten Gurkenröllchen wirkten etwas plakativ dazu, ergänzten das Bild aber sonst auf ihre knackig-frische Art ebenfalls gut.

Ein ähnlich klare Linie, nur mit etwas mehr Wumms, gab es beim auf der Haut gebratenen Skrei (minimal zu viel Hitze, aber sehr gute Qualität!), der auf dezent blumig-orientalischem Hummus und abgeflämmten Kopfsalat in einer lauwarmen Kräutercreme auf Joghurtbasis angerichtet und von einem Topping aus dünnem Brotchip mit zitrisch marinierten Kopfsalatstreifen aufgefrischt wurde. Dass dabei die Fischhaut zwar Röstaromen, aber keine Knusprigkeit mitbrachte, ist dabei tatsächlich nur eine Randnotiz wert…

Rundum stimmig und sehr stark präsentierte das Team danach einen Hauptgang schon beinahe auf 7-Pfannen-Niveau: hauchdünn kräftig angebratenes, innen homogen rosazartes Rinderfilet und ein gebackener Würfel von löffelzartem Sauerbraten wurden dabei neben akkurate helle Blumenkohlzubereitungen (Creme, Couscous, Stücke…) und eine tiefdunkle, kräftig Dornfelder-Jus gestellt – und das in bestens austarierten Proportionen. Tolle Produktpräsentation und klare Kontraste. Super!

Auch zum Abschluss lässt das Team nicht nach und hält beispielsweise mit einer markanten Reminiszenz an die typischen Aromen Siziliens in Form einer „Fake-Orange" mit weißer Schokolade und Pistazie neben kleinen saftignussigen Orangenkuchen-Scheiben, Blutorangensorbet, marinierten bittersüßen Kumquata,

sowie Pistaziencreme und -fond souverän das Niveau. Dass es dazu sowohl im Glas als auch flaschenweise viele gute Weine vor allem aus der Pfalz gibt, braucht eigentlich kaum gesondert erwähnt zu werden. Wohl aber die bei Speisen und Wein einladende faire Preisgestaltung und das kompetente, aufgeschlossene Serviceteam.

Alte Schäferei
im Pächterhaus

Kirchstr. 1, 6846 Dessau (Ziebigk)
☎ 0340-6501447
www.paechterhaus-dessau.de
◷ Di–Fr ab 17 Uhr, Sa ab 11 Uhr durchgehend, So von 12–16 Uhr, Mo RT
Hauptgericht: 18–36 €,
Menüs: 50 €

🔲 💳 **VISA** 🅿 🖿

Unter der Ägide von Manfred Hesse und Matthias Brief wird im Pächterhaus in Ziebigk mit seinen gepflegten Gasträumen im Landhausstil und der efeuberankten Terrasse bodenständig, aber durchaus ambitioniert gekocht. Die Inhaber, die hier seit 2018 amtieren, lassen nach klassischer Manier, mit Sorgfalt und Expertise, aber nicht preistreibend detailaufwendig kochen. Kombiniert wird das Ganze mit Geschick und Raffinesse, oft und gern stark regionalbetont, aber auch mal mit exotischem Touch – so dass eben für jeden Geschmack irgendwie etwas dabei ist. Eine Küche zu moderaten Preisen, die Spaß macht, leicht zugänglich ist und höheren Ansprüchen durchaus genügen kann. Auch in der kleinen, aber ausreichenden Weinkarte findet man je nach Anlass das Passende.

6

Jan's Restaurant

im Hotel Detmolder Hof
Lange Straße 19, 32756 Detmold
☎ 05231-980990
www.hotel-detmolderhof.de restaurant
◷ Di, Do u. Sa von 12–14 Uhr
u. ab 18.30 Uhr, Mi u. Fr ab 18.30 Uhr,
So u. Mo RT
Hauptgericht: 26–34 €, Menüs: 54–89 €

Mit einem jungen und kreativen Gourmetkonzept hat der nach Wanderjahren mit Stationen bei Dieter Koschina in der Villa Joya, in den Hamburger Top-Restaurants Jacobs und The Table sowie bei Christian Bau auf Schloss Berg in seine Heimatstadt zurückgekehrte Jan Diekjobst im traditionsreichen Detmolder Hof die Herzen der Feinschmecker fast im Sturm erobert. Erst Mitte 2019 eröffnete er das durch schickes Mobiliar wie schwarze Ledersessel, moderne Accessoires wie Lampen im Glühkörper-Style und kraftvolle Farbgebung in dunklem Türkis zeitgemäß aufgehübschte Restaurant und ist seitdem nicht nur immer gut gebucht, sondern wurde auch recht schnell mit Auszeichnungen der einschlägigen Guides bedacht.

Kein Wunder, denn der noch sehr junge aber bestens ausgebildete Cuisinier ist bis in die Haarspitzen motiviert und macht mit ambitionierten, teils klassischen, bisweilen aber auch kreativen Gerichten wie gebratenem Steinbutt mit Kohlrabi, Kräutern und Yuzu oder Hummer mit Sellerie, Beurre blanc und Schnittlauch Furore, ist sich aber auch nicht zu schade, den Gästen ein richtiges gutes Wiener Schnitzel zu zelebrieren. Außerdem mutet er ihnen keinen Menüzwang zu und offeriert alles à la carte zu zwar gehobenen, aber keinesfalls abgehobenen

Preisen. Das regionale Publikum dankt es wie gesagt mit zahlreicher Anwesenheit, so dass man hier auch unter der Woche nicht selten ein volles Haus und sehr gut zu tun hat.

Ob die kleineren und größeren Unebenheiten, die wir auch bei unserem letzten Testbesuch auf den Tellern feststellen konnten, auf den großen regen Ansturm zurückzuführen sind, wollen wir nicht spekulieren – spielt im Grunde auch keine Rolle: hier wird zunächst mal klar ambitioniert und aufwendig gekocht. Konzeptionell, aber auch vom Eigenanspruch her, könnte (und müsste) das Niveau und unsere Bewertung aber eigentlich ein wenig höher ausfallen. Oft hat man das Gefühl, dass sich das Team im Gesamten etwas zu viel zumutet und so im Einzelnen dann manche Dinge handwerklich nicht so sauber ausgeführt oder geschmacklich durchdacht auf dem Teller liegen, wie es eben für eine höhere Bewertung vonnöten wäre.

Manchmal sind beispielsweise Aromen nicht so gut herausgearbeitet, wie etwa bei den Apero-Snacks, manchmal aber auch etwas too much, wie beim relativ salzig gebeizten und geflämmten Lachs, der dergestalt zu derb Mittelpunkt einer an und für sich wirklich außerordentlich gelungenen, leichten, mediterranen Vorspeise mit confierten Tomaten, Zucchini, Paprikacreme und Basilikum in einem schön transparenten, fruchtigen Sud (mutmaßlich auf Basis von Tomatenwasser und Olivenöl) war. Licht und Schatten auch bei der Gänseleber mit Komponenten von Kirsche, Nuss und Kaffee: Sehr gelungen fanden wir hier den schön herben und erfreulich wenig süßen Kaffeesud und die kleinen gebratenen Stücke von der Foie gras, während von der dicken Kakaobutterhülle um den sahnig-milden Savarin aus Gänselebermousse über das Kirschsorbet bis zum Haselnussrahmeis alle anderen Bestandteile dazu beitrugen, dass es sich bei dieser Vorspeise letztlich mehr um ein vorgezogenes Dessert gehandelt hat.

Beim Dreierlei vom Kalb mit Champignon, Zitrone und Kapern war für Kalbsbries-Fans wie uns besonders schade, dass die vielen kleinen panierten und knusprig ausgebackenen Nuggets dieser Innereien-Spezialität, die hier zusammen mit cremigen, gebratenen und gehobelten Champignons um die Filetstücke vom Kalb herum drapiert waren, ausgesprochen trocken und ausdruckslos schmeckten. Auf der Habenseite notierten wir die sehr gute, angenehm leichte und trotzdem kraftvolle Salzzitronenjus auf Kalbsknochenbasis mit gut eingebundener warmwürzig-orientalischer Hintergrundwürze.

Überhaupt scheint der Chef ein gutes Händchen für Saucen zu haben, denn auch die pronounciert abgeschmeckte Wildsauce mit genügend Säure und Frucht bei gleichzeitig vollem, herzhaftem Körper, war bei aller Power ein bemerkenswert transparentes und leichtes Fluidum. Damit konnte man die Defizite des Hauptdarstellers auf dem Teller zumindest ein wenig kaschieren, denn leider litt der gleichmäßig rosafarbene und auch löffelzarte Rehrücken unter dem berühmtberüchtigten Sous-Vide-Syndrom: mehlig und mürbe, staubtrocken, bar jeden Eigengeschmacks. Schade, denn zusammen mit den von Cassis und Macadamianuss akzentuierten Topinambur-Komponenten wäre das ansonsten ein astreiner Hauptgang gewesen.

Beim zwar verhältnismäßig schlicht arrangierten, aber geschmacklich sehr ansprechenden Dessert um Zitrusfrüchte (als Filets und Gel), Eis von Tonkabohne und Joghurt sowie Karamellsauce störte eigentlich nur die verhältnismäßig feste Konsistenz der offenbar schon vorzeitig abgedrehten und dann kaltgestellten Eisnocken ein wenig den Gesamteindruck. Die hätte man sich schon ein wenig schmelziger gewünscht. Unterm Strich dennoch ein stimmiger Gesamteindruck, der durch etwas mehr Sorgfalt im Detail auch spielend noch gesteigert werden könnte.

Der Service machte leichte Unsicherheiten durch sympathisches Auftreten wett. Die Weinkarte listet einen guten internationalen Querschnitt mit prominenter Besetzung von Dr. Heger über Baron de Ley bis zur Tenuta Ornellaia – zu moderaten Preisen.

Hotelempfehlung

★★★★

Detmolder Hof

Lange Str. 19, 32756 Detmold
☎ 05231-980990
www.hotel-detmolderhof.de
Einzelzimmer: 99–139 €
Doppelzimmer: 149–189 €

Die Fachwerkfassade mit ihren markanten Türmchen macht das Hotel im historischen Stadtkern von Detmold zum Hingucker. Und auch drinnen gibt es viel zu sehen, denn im Jahr 2008 wurden die 13 stilvollen Doppelzimmer und Suiten von der renommierten Innenarchitektin Anne Maria Jagdfeld umgestaltet und jeder Raum schon aufgrund der baulichen Gegebenheiten zu einem Unikat. Die Zimmer sind unter anderem mit schönen Holzböden, hochwertigen Stoffen und anderen wertigen Materialien ausgestattet, haben Bäder mit Whirlpool-Wanne, einen modernen Flachbildfernseher und verfügen über kostenloses WLAN. Das reichhaltige Frühstücksbuffet ist im Preis inbegriffen. Zudem gibt es ein gehobenes Restaurant mit kreativer Küche und ein Bistro. Die Umgebung bietet zahlreiche Möglichkeiten der Freizeitgestaltung, etwa eine Besichtigung des fürstlichen Residenzschlosses Detmold oder der Privatbrauerei Strate, auf Natur- und Kulturbegeisterte warten die Externsteine Holzhausen, eine mittelalterliche sakrale Stätte mit faszinierender Felsenformation und Greifvogelfreunde sind in der Adlerwarte Berlebeck willkommen. Jan's Restaurant separat erwähnt.

Die Symbole

🅿 gute Parkmöglichkeiten

🅿 Hotelgarage

♿ barrierefrei

❄ klimatisierte Zimmer

📶 WLAN-Zugang

🏊 Hallen- und/oder Freibad im Haus

💆 mit Wellness-Bereich

🛗 mit Fahrstuhl zu den Hotelzimmern

🐕 Hunde im Hotel nicht erlaubt

🌳 mit Garten oder Terrasse

Landhaus Halferschenke

im Hotel Landhaus Halferschenke
Hauptstr. 63, 56337 Dieblich
☎ 02607-7499154
halferschenke-dieblich.de
◔ Mo u. Do–Sa ab 17.30 Uhr, So
ab 12 Uhr durchgehend, Di u. Mi RT
Hauptgericht: 18–42 €, Menüs: 49–89 €

Das Moseltal mit seinen steilen Weinbergen, Burgruinen und historischen kleinen Städtchen ist wahrlich nicht arm an pittoresken Orten. Und da fügt sich auch die efeuumrankte Halferschenke bestens ein – allerdings ganz ohne den Trubel touristischer Hotspots wie beispielsweise Cochem. Hier in Dieblich ist der Reiz eher beschaulich und im elegant die alte Bausubstanz mit moderner Schlichtheit verbindenden Domizil von Carina und Christoph Schmah weit entfernt von rustikalem Kitsch.

Stattdessen steht bei dem erfahrenen Chef eine aufs Wesentliche konzentrierte Produktküche auf dem Programm, das zurückhaltende Gäste, die einfach nur ein, zwei gute Gerichte genießen wollen, genauso abholt wie Gourmets mit Lust auf ein ausgiebigeres Menü. Diese Bandbreite prägt dann auch den Stil der Küche, die betont schlicht auf ausgesuchte Produkte mit wenigen Begleitern abgestellt ist. Und wie schon an den vorherigen Wirkstätten im Da Vinci in Koblenz und davor im Graf Leopold in Daun liegt darin auch die größte Stärke der Küche von Christoph Schmah. Aber: an manchen Stellen, wenn Gerichte oder Kompetenten bewusst eher einfach gehalten werden, bremst das auch das Niveau.

So kann es beim Ordern des fünfgängigen Gourmetmenüs durchaus sein, dass man lupenreines 7-Pfannen-Niveau geboten bekommt.

Manch andere Kostproben liegen auf schlichtere Art aber auch etwas darunter. Unsere leichte Anpassung der Bewertung erfolgt daher auch eher deshalb, weil sie dem durchschnittlichen Gesamtniveau der Küche und damit einem bundesweiten Vergleich besser gerecht wird – und nicht etwa, weil Christoph Schmah plötzlich weniger motiviert am Start wäre oder sein Konzept grundlegend verändert hätte.

So überzeugte zuletzt beispielsweise eine relativ pur gehaltene, die würzig nussige Seite herausstellende Kürbissuppe mit warm-scharfem Hintergrund von Curry und einer cremigen, ganz ohne aufschäumende Kokosmilch oder Sahne justierten Konsistenz unter den eher simplen Gerichten. Als Einlage versteckte das Team darin noch glasig knackige Riesengarnelen, die sich in das würzig-scharfe Umfeld bestens einfügten.

Wie gut sich Christoph Schmah allerdings im besten Fall darauf versteht, mit relativ einfachen Mitteln große Wirkung zu erzielen, zeigte sich par excellence bei der folgenden, optisch zunächst sehr schlicht wirkenden Ziegenkäsetarte: Hier waren die Proportionen allerdings exakt so abgestimmt, dass der säuerlich würzige Charakter des Ziegenkäses im Mittelpunkt stand und von butterduftigem Blätterteig, portweinfruchtigem Feigenkompott und nussigen Pinienkernen in genau der richtigen Balance eingefasst wurde. Daneben sorgte noch ein kleiner frischgrüner Salat für auflockernde Leichtigkeit und rundete diese Punktlandung perfekt ab.

Dagegen brachte das Boeuf Bourguignon mit gebratenen Champignons und buttrigen handgeschabten Spätzle zwar wiederum genau die Kombination aus mürb-zartem Fleisch und tiefgründiger Sauce, die man von dem französischen Schmorklassiker im besten Fall erhofft – blieb ansonsten auf harmonische Art allerdings eher rustikal und einfach, auch weil ein möglicher rotweinfruchtig-eleganter Charakter hinter der dunklen tiefen Würze in den Hintergrund trat.

Einen ähnlich süffig-harmonischen Charakter hatte der knusprig auf der Haut gebratene, darunter herrlich glasige Kabeljau mit (reichlich!) Rahmsauerkraut und buttrigem Kartoffelstampf, auch wenn hier die im Ganzen dazu beigegebene gebratene (und eher grobe) Blutwurst zunächst starke Rustikalität vermittelte. Aromatisch ging die Kombination der warmen Blutwurstwürze und der Röstaromen mit dem eher milden Sauerkraut und einer luftig aufgeschäumten Riesling-Beurre-Blanc dagegen voll auf und schaffte erneut ein extrem hohes Soulfood-Level. Für ein höheres Gesamtniveau hätten im Grunde nur die Proportionen (Rahmsauerkraut, Blutwurst…) etwas verschoben und verschlankt werden müssen…

Wobei selbst bei bodenständigeren und mit Rustikalität spielenden Offerten sowohl der hohe Anspruch an die verwendeten Produkte als auch das gute Verständnis für schlüssige Kombinationen sichtbar werden. Entsprechend harmonisch abgestimmt wirkte beim letzten Besuch auch die Verbindung von herbfruchtigem Zwetschenragout mit schmelzigem Vanilleeis und einer duftig-würzigen Crème brûlée von der Tonkabohne. Einziges Manko bei dieser war die leicht grießelig-körnige Konsistenz der Creme, dafür machte sich der beigefügte Minzzweig nicht nur als Deko gut, sondern brachte einen an dieser Stelle ideal passenden Frischekick.

Dafür, dass zu alldem auch die Gläser jederzeit adäquat gefüllt sind, sorgen die vom charmanten Serviceteam um Carina Schmah gut ausgewählten Weine. Und wer lieber selbst auf die Suche nach passenden Getränken geht, findet in der fair kalkulierten Weinkarte viel Lohnendes aus der Region, darüber hinaus aber auch aus anderen deutschen Anbaugebieten, Italien oder Frankreich.

Hotelempfehlung

Hotel Landhaus Halferschenke

Hauptstr. 63,
56337 Dieblich
☎ 02607-7499154
halferschenke-dieblich.de
Einzelzimmer: ab 47 €
Doppelzimmer: ab 69 €

In dem seit 2020 von Familie Schmah engagiert geführten Landhaus in Dieblich an der Mosel stehen anspruchsvoller kulinarischer Genuss, Gastfreundschaft und Entspannung im Mittelpunkt. In dem 1832 erbauten Bruchsteinhaus erwarten Sie vier liebevoll und individuell eingerichtete Zimmer in ländlichem Stil, die mit Flachbild-TV, Kaffee- und Teezubehör, Internetzugang, Minibar und Badezimmer mit Dusche / Badewanne sowie Haartrockner ausgestattet sind. Die Zimmer bieten einen herrlichen Berg-, Garten-, oder Stadtblick und sind allesamt auch für Allergiker geeignet. Neben dem mehrfach ausgezeichneten Restaurant gibt einen idyllischen Innenhof, der den Gästen auch außerhalb der Servicezeiten eine ruhige Lounge-Ecke zum Entspannen sowie einen Spielplatz für Kinder bietet. Täglich wird ein individuelles Frühstück mit einer reichhaltigen Auswahl an Speisen à la carte serviert. In der nahen Umgebung gibt es zahlreiche Möglichkeiten für Aktivitäten wie Wandern, Radfahren, Tennisspielen oder Angeln (die Gäste bekommen die nötige Ausrüstung zur Verfügung gestellt). Das Zentrum von Dieblich ist in 2 Gehminuten erreichbar; die Städte Koblenz und Cochem liegen 15, bzw. 35 km entfernt. Restaurant Landhaus Halferschenke separat erwähnt.

Dießen am Ammersee (Bayern)

Seehaus

Seeweg Süd 22,
86919 Dießen am Ammersee
(Riederau)
☎ 08807-7300
www.seehaus.de
◔ Mi ab 18 Uhr, Do u. Fr von
12–14 Uhr u. ab 18 Uhr, Sa u. So
ab 12 Uhr durchgehend, Mo u. Di RT
Hauptgericht: 15–34 €, Menüs: 42–68 €

Das Seehaus in Riederau mit seiner von Schilf umsäumten Terrasse und eigenem Bootssteg dürfte nach wie vor der mit Abstand schönste Ort sein, um direkt am Ammersee gediegen zu speisen. Das Restaurant selbst ist eine stilvolle Mischung aus ländlich-rustikal und elegant und die Küche unter der Leitung von Florian Kiening ein geschmackvoller Mix aus französisch-mediterranen Gourmandisen und moderat gehobener Heimatküche. Hier und da gibt's auch mal asiatische Exkurse und in jedem Fall überzeugen die gute Qualität der Produkte und das souveräne Handwerk. Auf überflüssiges Beiwerk wird auf den unverkünstelt angerichteten Tellern ebenso verzichtet wie auf allzu aufwendige Spielereien und technische Effekte. Im Mittelpunkt steht stets der natürliche und harmonische Geschmack der Produkte und gekocht wird grundsätzlich klassisch. Die Weinkarte offeriert dazu gute Tropfen aus Deutschland und den europäischen Nachbarländern zu moderaten Preisen.

Gasthof Seefelder Hof

**Alexander Koester-Weg 6,
86911 Dießen am Ammersee**
℡ 08807–1022
www.seefelder-hof.de
**◐ Fr–Mi von 12–14 Uhr u. ab 18 Uhr,
Do RT**
**Hauptgericht: 11–39 €,
Menüs: 29–45 €**

In der schlichten Gaststube des Hotel Seefelder Hof in Dießen am Ammersee wird das geboten, was man oft sucht, aber in Zeiten von Convenience & Co. jenseits gehobener Restaurants immer seltener findet: eine vernünftig zubereitete Küche aus frischen Produkten und mit natürlichen Aromen. Hier wird ohne Gourmetanspruch gekocht und die Karte hat rustikale Schmankerl ebenso zu bieten wie große weite Welt. Handwerklich ist das meist solide, aber ohne weitreichendere Finessen oder handwerkliche Feinheiten umgesetzt und manchmal hapert es auch ein wenig an der Sorgfalt – alles in allem wird hier aber empfehlenswert gut zu moderaten Preisen aufgetischt.

Storchennest

**Demleitnerstr. 6,
89407 Dillingen (Fristingen)**
℡ 09071-4569
www.storchen-nest.de
**◐ Mi–So von 12–14 Uhr u. ab 18 Uhr,
Mo u. Di RT**
Hauptgericht: 22–29 €

Wer auf gute, gediegene klassische Landküche aus ist, wird in Elmar Schneiders Storchennest nie enttäuscht. Seit vielen Jahren erwarten den Gast in diesen gepflegten Gaststuben zuverlässig und fachmännisch zubereitete Klassiker, für die der routinierte Chef nicht nur die Region und ihre Produkte im Auge hat, sondern sich auch von mediterranen und fernöstlichen Produkten und Aromen inspirieren lässt. Weil Elmar Schneider während seiner Lehr- und Wanderjahre genug Erfahrung in besten Häusern gesammelt hat, er also sein Handwerk beherrscht und überdies einen gewissen Eigenanspruch hegt, ist hier alles sehr ansprechend und gibt zusammen mit dem günstigen Preis-Leistungs-Verhältnis ein sehr stimmiges Bild ab. Der sehr freundliche, zuvorkommende Service durch die Gastgeberin ist ein weiterer Grund, hierherzukommen.

ÖSCH NOIR

im Hotel Der Öschberghof
Golfplatz 1, 78166 Donaueschingen
℡ 0771-84697
**www.oeschberghof.com/
restaurants-bars/oesch-noir**
◐ Mi–So ab 19 Uhr, Mo u. Di RT
Menüs: 165–210 €

Das Ösch Noir ist das kulinarische Aushängeschild des äußerst großzügigen und luxuriösen, von einer 45-Loch-Golfanlage umgebenen Hotelresorts Öschberghof, oberhalb von Donaueschingen. Mit 145 Zimmern und Suiten, großem Wellness- und SPA-Bereich sowie vielfältigem Gastronomieangebot repräsentiert das binnen mehrerer Jahre aufwendig an- und umgebaute Haus gediegenen Luxus ohne übertriebenen Pomp: Stillvoll, geradlinig, modern und warm präsentieren sich die in natürlichen Farben und Materialien gestalteten öffentlichen Räume wie beispielsweise das weitläufige „Wohnzimmer" mit Bar, gemütlichen Sitzgruppen, offenem Feuer, behaglich gedämpfter Illuminierung, gediegener Klaviermusik und überhaupt einer angenehm entschleunigten Atmosphäre.

In dieser Umgebung lässt sich natürlich auch das Gourmetrestaurant nicht lumpen, das ebenfalls durch ein enormes Platzangebot beeindruckt und mit seinem originellen schnörkellosen Raumdesign, den runden Sitzinseln und Raumteilern aus Glaskugeln, schon so etwas wie ein Alleinstellungsmerkmal in der gehobenen Gastronomielandschaft hat. Als Küchenchef steht nach wie vor Manuel Ulrich vor, den man fast als Autodidakt bezeichnen könnte. Zwar hatte dieser mal er ein Jahr lang bei Christoph Rüffer im Hamburger Haerlin mitgearbeitet und kurz vor der Eröffnung des Gourmetrestaurants ein paar Wochen in der Schwarzwaldstube bei Torsten Michel hospitiert – ansonsten aber finden sich in dessen Vita keine namhaften Stationen, was gar nicht so besonders erwähnenswert wäre, wenn er nicht gleich von der Eröffnung an mit seinem Team ein so erstaunlich hohes Niveau geboten hätte. Und seit der Eröffnung vor etwa drei Jahren hat sich seine Art zu kochen auch nochmal erkennbar gewandelt. In der Anfangsphase war die Küche kreativer, vielgestaltiger, erinnerte an vielen Stellen sehr an Ulrichs Mentor aus dem Haerlin – mittlerweile präsentieren sich die Teller meist etwas reduzierter und kompositorisch auch klassischer, wirkt vieles nicht mehr so kontrastreich, aber auch nicht mehr so dynamisch. Einerseits ruhen die Gerichte mehr in sich, andererseits wirken sie an manchen Stellen auch etwas behäbiger. Dass sich das Team nicht partout kreativ verrenkt und sehr souverän an klaren Geschmacksbildern arbeitet, ist aber natürlich grundsätzlich begrüßenswert und war schon an den Apero-Snacks beispielhaft sehr schön zu erkennen, wo mit einer Kabeljau-Krokette nebst Kalamata-Olive und Salzzitrone, einem auf knackigem Salatblatt mundgerecht arrangierten Caesars Salad und einer schmelzigen Minisülze von der Kalbszunge mit Meerrettich und Roter Zwiebel bekannte Geschmacksbilder in verfeinerter Version aufgeboten wurden.

Ähnlich klar und unaufgeregt, diesmal auf ein frühlingshaftes Geschmacksbild abzielend, allerdings schon etwas vielschichtiger angelegt,

kam als kleines Amuse-Bouche eine saftig-weiche Ballotine vom Kaninchen im Kreise knackiger Erbsen (auch als Creme und Sprossen), gepickelter Zwergradieschen und eingelegter Senfsaat, untermalt von einer mit Sherry abgeschmeckten Jus. Letztere lieferte Tiefe und Umami, war aber nicht zu intensiv für das helle Fleisch. Wie präzise das Team arbeitet und wie hochqualitativ es einkauft, zeigte auch die Tunfisch-Vorspeise des „Menü Noir": Der Thuna kam aus dem Hause Balfegó und war als ein mit Tatar gefülltes und mit Zitronenschalenabrieb aromatisiertes Röllchen auf dem Teller zugegen. Ihm zur Seite zwei Auberginen-Komponenten, namentlich eine Auberginencreme und ein Stück confierte Aubergine, auf die gepickelter Rettich, ein Gel von altem Balsamico, etwas Safrancreme und Traube appliziert waren. Den etwas ungewöhnlichen originellen Twist gab dem Ganzen aber eine mit Safran aromatisierte Mandelsauce. Da war alles rund, da griff alles sanft ineinander, da war alles klar und deutlich schmeckbar.

Mit Sommelier Michael Häni ist ein fachlich sehr versierter und überdies sympathischer Sommelier im Haus, der Herr über ein bestens sortiertes internationales Weinangebot ist, das man in der übersichtlich gestalteten Tablet-Weinkarte einsehen kann. Am besten aber verlässt man sich auf seine Empfehlungen. Wer sein Menü allerdings lieber alkoholfrei gestaltet, hat mit den nullprozentigen Offerten aus „Julians Saftladen" lohnende Alternativen, die auf zumeist selbsthergestellten Produkten basieren und ohne allzu viel Schwere und Süße daherkommen. Ein Versuch lohnt sich – auch wenn manches Getränk noch etwas ruppig daherkommt und nicht immer hundertprozentig perfekt auf die zu begleitenden Speisen abgestimmt ist.

Klaren Abtropfsaft von vollreifen Tomaten mit mutig viel Ingwerschärfe gab es beispielsweise zur Thunfisch-Vorspeise. Eine sehr feine, erfrischende Liaison von Litschi und Yuzu zum folgenden prallen Carabinero in Bestform, der mit zweierlei Kohlrabi (gepickelt und à la Creme) auf einer mit kräuterwürzigem Liebstöckelöl marmorierten Kohlrabivinaigrette angerichtet war und von einer nicht bloß texturgebenden, sondern auch an den Krustentieraromen andockenden aufgeschäumten Carabinero-Hollandaise ergänzt wurde.

Dem folgte ein fleischig-saftiger Rochenflügel mit mariniertem weißem und grünem Spargel, knusprigen Brotcroûtons und einer prägnant straff säuerlich mit Yuzu abgeschmeckten Hollandaise, die hier für den Aha-Effekt und zusammen mit Yuzugel und Schnittlauchcreme für eine Belebung des Geschmacksbilds gesorgt hat. Was auf dem Teller vielleicht an Komplexität und Zwischentönen noch gefehlt hat, lieferte stellvertretend auf fast kongeniale Art im Glas ein säuerlich-fruchtiger Drink von Roten Zwiebeln, der den Zwischengang definitiv bereicherte.

Ein Getränk von Knollenselleriesaft und Verjus geleitete unseren Exkurs ins vegetarische Menü, der uns den zur Perfektion wachsweich gestockten Dotter vom Freilandei mit Morcheln und Erbsencreme in einem Zusammenfluss von Périgord-Trüffelvinaigrette und Morchelschaum bescherte. Prinzipiell ein klassisches und dichtes, nicht zuletzt auch Dank säuerlich-knackiger Kohlrabischleifen aber sehr schön aufgelockertes Gericht.

An selber Stelle beglückte im omnivoren Menü ein hervorragendes, mit einer Geleefolie von Oloroso-Sherry abgedecktes und mit Kräutersalat getopptes Kalbsbries nebst glasiertem Staudensellerie und Bärlauchcreme, das allerdings durch eine sehr stark verdichtete, fast sirupartig einreduzierte Kalbsjus, die mit ihrer Einlage aus Schmorgemüse und Bärlauch noch etwas breiter und diffuser gewirkt hat, nicht so vorteilhaft ausgesehen hat, wie das mit einer eleganteren, leichtfüßigeren Saucenvariante der Fall gewesen wäre. Doch an dieser Stelle begeisterte die alkoholfreie Getränkebegleitung: mit einem vorab mit Buchenholz geräucherten Glas, in das ein herbes, dunkelbeeriges Getränk von Cassis und Szechuanpfeffer gegossen wurde.

Ihre Vorliebe für sehr starke und dichte Aromen zeigte die Küche auch beim Hauptgang von der Imperial-Taube, von der die gebratene Brust neben einer mit Panierung aus Pinienkernen und Panko gebackenen Krokette aus deren Keulenfleisch zum Besten gegeben wurde. Begleitet von einem Spinatröllchen, angerösteten Schwarzwurzeln, Entenleberschaum, mit Portwein, Madeira, Périgord-Trüffel angesetzter reduzierter Taubenjus und einem markanten, mit Sauternes abgeschmeckten Schalottenconfit auf Schwarzwurzelcreme war das ein durchaus facettenreiches, wieder sehr klassisches, aromendichtes Gericht: süßlich, erdig und würzig, mit relativ wenig Säure oder auffrischen Elementen, aber als solches gut ausgewogen und balanciert.

Leichtfüßiger und mit noch feinerem Pinsel komponiert wirkte dagegen die Pâtsserie, die schon mit einem Pré-Dessert von Birne, Crème fraîche und Cerealien überraschend attraktiv startete und dann beim eigentlichen Abschluss um Rhabarber in verschiedenen Texturen und Zubereitungen mit Ivoire-Schokoladencreme,

Haselnuss, Estragonaromen und Himbeergel ganz besonders viel Fingerspitzengefühl an den Tag legte. Ein Abschluss auf klarem 9-Pfannen-Niveau! Nichts als Lob auch für das vielköpfige, sehr charmant und mit professioneller Lockerheit auftretende Serviceensemble, das einen fast glauben lässt, die kritische Personalsituation in der Gastronomie wäre nur ein Gerücht.

die burg

Burgring 6,
78166 Donaueschingen (Aasen)
☎ 0771–17510050
www.burg-aasen.de
🕐 Mi–Fr u. So von 12–13.30 Uhr u. ab 18 Uhr, Sa ab 18 Uhr, Mo u. Di RT
Hauptgericht: 23–39 €, Menüs: 45–115 €

Die namensgebende Burg gibt es schon lange nicht mehr. Und auch im Traditionsgasthaus ist vieles anders, seit die Gebrüder Grom hier im Herbst 2017 einen Neustart wagten. In dem kleinen Hotel mit zwölf Zimmern ist unten eine Weinbar untergebracht und darüber ein weitläufiges Restaurant mit hellgrauem Steinboden, blanken Holztischen und Designerstühlen, punktuell ergänzt von eleganten Lederpolstern. Auf der Karte dieses Gasthauses 3.0 tauchen zwar weiterhin Klassiker wie Rostbraten und Käsespätzle auf, das „Menü Burg" in bis zu sieben Gängen, vegetarisch als „Gartenliebe" in bis zu fünf Gängen, zeigt sich aber überaus modern und ambitioniert.

Kein Wunder: Küchenchef Jason Grom hat zwischen seiner Ausbildung im naheliegenden Öschberghof und dem Abschluss zum Küchenmeister während seiner Wanderjahre unter anderem Station im Wiener Steirereck und im Parkhotel Vitznau in Luzern gemacht. Restaurantleiter Niklas Grom, ebenfalls ausgebildet im Öschberghof, war unter anderem im Tschuggen Grand Hotel in Arosa und im Restaurant Dreizehn Sinne in Schlattingen tätig. Dass er auch ein geprüfter Sommelier ist, merkt man an der liebevoll kuratierten Weinkarte, die sowohl in die Breite als auch in die Tiefe geht.

Dass es sich aber trotz der Neuausrichtung auch um ein Traditionshaus handelt, merkt man schon am „Gedeck" vorneweg, dessen Basis warme Scheiben vom hausgemachten Brot aus immerhin 40 Jahre altem Sauerteig ist. Dazu gab es diesmal aufgeschlagene Süßrahmbutter mit Röstzwiebeln und Dillpulver sowie ein Pastinakensüppchen mit Wildschweinschinken unter einer Haube aus Sauerrahm. Als erster Gang kam ein Zweierlei vom Glen-Douglas-Lachs auf den Tisch: Zuunterst als Kreis arrangiert etwas Tatar, darauf eine Interpretation vom Waldorfsalat mit Sellerie, Apfel und Walnuss en miniature, obenauf zwei geräucherte Lachstranchen nebst Lachskaviar. Dazu wurde ein sattgrüner Feldsalatsud angegossen, aus dem sich vor allem fruchtige Süße nach vorne drängte. Ein halbes Dutzend kleiner Salatblätter waren mehr dekorativer Natur. Um es deutlich zu sagen: Als Auftakt eines Gourmetmenüs fehlte es dem recht banalen Gericht einfach an Raffinesse und Durchschlagkraft.

Mit dem zweiten Fischgericht jedoch wurde das Sieben-Pfannen-Niveau nicht nur erreicht, sondern deutlich getoppt. Zuvor aber gab es noch einen interessanten vegetarischen Gang, mit dem auch schon ein Zahn zugelegt werden konnte. Das „Kipferl" vom in Sanddorn-Kombucha gegartem Muskatkürbis hatte zwar noch leichten Biss, ließ sich aber dennoch gut mit einem Löffel zerteilen, sodass sich immer auch etwas von dem Quittensüppchen zu einem harmonischen Aromenspiel dazugesellte. Für reichlich Crunch sorgten Kürbiskerne, mit denen der sichelförmige Schnitz komplett bedeckt war. Noch mehr herbe Fruchtmomente gab es durch ein Quittenkompott, süß-erdige Würze spendete Topinambur als Eis und Chips. Kurzum: ein spannendes, kräftiges,

herbstlich-winterliches Gericht, bei dem man weder Fisch noch Fleisch vermisste.

Das bereits erwähnte Fischgericht, das nun folgte, war der Höhepunkt des Menüs: Der fürwahr „sanft gegarte Kabeljau" war ummantelt von einem Nori-Algenblatt, obenauf nebst Kaviar knuspriges Stroh vom Lauch, der auch in einer ungemein gut ausbalancierten Velouté gelegentlich auftauchte. Weitere Ingredienzen waren Stücke von Miesmuschel und Auster, die sich im weißen Schaum sensibel einfügten, ohne mit allzu jodigen Aromen zu irritieren. In der Summe ergab dies ein zugleich kräftig und elegantes Geschmacksbild mit hohem Suchtfaktor.

Nach dieser vielschichtigen Geschmackstiefe tat sich das Fleischgericht naturgemäß etwas schwer, überzeugte aber dennoch mit seiner Ausgewogenheit und vor allem auch der präzisen Gartechnik. Das Stück vom Hirschrücken unter einer feinen Pistazien-/Kräuterkruste hatte schon eine beträchtliche Größe und – obwohl nicht sous-vide gegart, sondern klassisch rosa gebraten und danach in den Ofen geschickt – eine butterzarte Struktur. Auch der Würzgrad war anbetracht der Dicke des Fleischs sehr gut, ebenso wie Geschmack und Konsistenz der zugehörigen Jus. Süße, erdige und auch exotische Noten kamen durch die nordafrikanische Gewürzmischung Ras-el-Hanout und Salzorange, besonders in zu einer Art Bagel gebackenem Rotkraut, auf den mit Pistazien bestückte Rosenkohlblätter gesetzt waren. Ein bisschen weihnachtlich wirkte auch das Dessert mit Mandarine als Sorbet und Süppchen, zumal dazwischen schlanke Lebkuchenstückchen gesetzt waren. Tolle Aromen- und Textureffekte dazu lieferten Nougatschaum, Erdnusssplitter und gedörrte Kumquatscheiben, die dem Dessert einen zartbitteren Touch gaben, so wie auch Kerbelöl im Mandarinensüppchen nicht nur optische Spuren hinterließ. Zum Kaffee schließlich darf man sich aus einer Schatzkiste mit zwölf verschiedenen Petits Fours bedienen.

Wie erwähnt lohnt es sich, ein wenig in der Weinkarte zu stöbern – aber man ist auch wirklich gut beraten, wenn man sich auf die Weinbegleitung zum Menü verlässt. So öffnete Niklas Grom ein großes Riesling-Gewächs vom Reichsrat von Buhl, Jahrgang 2016, schenkte mittels Coravin aber auch weniger Berühmtes wie einen raren Verdejo von Isaac Cantalapiedra aus. Ein besonderes Lob verdient der Service insgesamt: In einem ausgebuchten Restaurant mit rund fünfzig Gästen, darunter eine kleine Hochzeitsgesellschaft, so flott und aufmerksam zu agieren, ist leider auch in Spitzenrestaurants keine Selbstverständlichkeit – aber dazu müssen natürlich auch Timing und Konzentration in der Küche stimmen. Und das tun sie in der Burg!

Hotelempfehlung

★★★★★ S

Der Öschberghof

Golfplatz 1, 78166 Donaueschingen
☎ 0771–840
www.oeschberghof.com/
Einzelzimmer: ab 325 €
Doppelzimmer: ab 477 €

Der Öschberghof begrüßt seine Gäste inmitten einer 45-Loch-Golfanlage bei Donaueschingen am südöstlichen Rande des Schwarzwalds in einem ebenso großzügigen wie luxuriösen Resort, das sicherlich kaum Wünsche offenlässt. In den 127 Zimmern und Suiten trifft modernes Design auf innovative Raumgestaltung. Alle Räume zeichnen sich durch klare Linien, komfortable Wohlfühlatmosphäre und wirkungsvolle Ästhetik aus. Der „SPA & GYM" bietet Ruhe und Entspannung in den vier unterschiedlichen Bereichen „Harmony", „Energy", „Asia" und „Relax SPA". Einen 25 m langen Innenpool, einen 20 m langen, ganzjährig beheizten Infinity-Außenpool, verschiedene Saunen und Dampfbäder, warme Quellen, eine Duschlandschaft mit Eisbrunnen, Massage- und Kosmetikbehandlungen und noch vieles mehr findet man hier auf über 5000 m². Sportbegeisterte trainieren mit den modernsten Geräten auf über 550 m² Indoor- und Outdoor-Trainingsfläche. Fünf Restaurants mit alpenländischer, italienischer und internationaler Küche, darunter ein neues spanisches Tapas-Restaurant, sowie Fine Dining im „Ösch Noir". Außerdem: ein modernes Tagungszentrum mit sechs Räumen und einem Festsaal. Restaurant ÖSCH NOIR separat erwähnt.

★★★ S

Hotel die burg

Burgring 6,
78166 Donaueschingen (Aasen)
☎ 0771–17510050
www.burg-aasen.de
Einzelzimmer: 61–107 €
Doppelzimmer: 115–131 €

Zwischen Schwarzwald und Schwäbischer Alb, im beschaulich von Wiesen und Wäldern umgebenen Örtchen Aasen Unweit von Donaueschingen, betreiben die Brüder Jason und Niklas Grom ihr kleines, feines Hotel mit zwölf Zimmern und ambitionierter Gastronomie. Die modern-rustikal und sehr behaglich gestalteten Räume (4 Einzelzimmer, 5 Doppelzimmer und 3 Superior-Doppelzimmer für bis zu 4 Personen) sind mit Interieur aus natürlichen, hochwertigen Materialien der Region ausgestattet. Heimisches Holz für eine warme Atmosphäre, alle Zimmer verfügen über einen Sitzbereich, einen Schreibtisch, einen Wasserkocher, einen Flachbild-SAT-TV und ein modernes Bad mit Haartrockner und Dusche. Von schnellem kostenfreiem WLAN im gesamten Gebäude bis zum Zimmerservice und von der Sonnenterrasse bis zum Kinderspielplatz fehlt es hier an nichts. Anspruchsvolle Kulinarik unter der Leitung von Küchenchef Jason Grom gibt es im großzügigen Restaurant; die gepflegte Weinkultur unter der Federführung von Sommelier Niklas Grom auch in der separaten Bar. Für private und geschäftliche Veranstaltungen (bis zu 110 Personen) bietet „die burg" ebenfalls das passende Ambiente. Restaurant die Burg separat erwähnt.

5

Fährhaus

Dorfstraße 42,
26553 Dornum (Neßmersiel)
☏ **04933-303**
www.faehrhaus-nessmersiel.de
⌚ **Do–Di ab 17 Uhr, Mi RT**
Hauptgericht: 19–35 €

Ostfriesland ist alles andere als ein Mekka für Feinschmecker. Und selbst direkt an der ostfriesischen Nordseeküste, wo sich ja die Saison über zahlreich die Touristen tummeln, kann man die lohnenswerten Essadressen an einer Hand abzählen. Zu den wenigen Lokalen, in denen frisch und solide auf überdurchschnittlichem Niveau gekocht wird, zählt das Restaurant im Fährhaus Nessmersiel bei Dornum, wo der in guten Häusern wie der Traube Tonbach ausgebildete Gastgeber Maximilian Eberleh zusammen mit seinem Team seit vielen Jahren für eine konstante, zuverlässige Küche sorgt.

In der unkomplizierten maritimen Landgasthof-Atmosphäre des Klinkerbaus nahe des Dornumer Norddeichs geht es bodenständig zu. Die Produkte stammen zumeist aus heimischen Gefilden und man bekommt sie unkompliziert, aber mit dem gewissen Pfiff zubereitet. Es geht um Frische, natürlichen Geschmack und ehrliches Handwerk, nicht um Exklusivität und überbordende Kreativität. Jeder Gast soll angesprochen und abgeholt werden, was mit dem vielseitigen Programm, das vom Rindercarpaccio mit Spargel und Krauser Glucke bis zur Kutterscholle mit Speck, Krabben und Röstkartoffeln reicht, auch leicht gelingt.

Hier ist nicht nur das Brot hausgemacht, das uns beim letzten Mal zusammen mit einem To-matenaufstrich auf Quarkbasis serviert wurde, sondern auch die Pasta, die mit einer Bolognese vom Deichlamm zum Besten gegeben wurde. Den „Fang des Tages" aus dem Meer gibt's hier (unter anderem) immer als üppig arrangierten Salatteller, auf dem das Grün von allerlei frischen gebratenen Fischfilets umrundet ist. Ebenfalls ein Salat, allerdings ein lauwarmer von weißem Spargel, Tomate, Kräutern und Baby-Leafs, der von milder rahmiger Fisch- und Krustentier-Schaumsauce eingefasst war, begleitete zuletzt Tranchen vom gebratenen Seeteufel, die saftig und festfleischig darauf thronten.

Nordseekrabben mit schön sauberem, nussig-jodigem Geschmack veredelten eine weiße Spargelsuppe, die – rahmig, aber nicht zu sahnig und nur mit etwas Kräuteröl und frischem Schnittlauch verfeinert – den natürlichen Geschmack des saisonalen Stangengemüses transportierte und so den von Hand gepulten Schalentierchen eine adäquate Basis war. Etwas unfertig wirkte indes der Schweinebauch, den wir zusammen mit Sauerkraut-Kartoffelstampf, gebratenem Frühlingsgemüse und einer aromatisch sehr guten, mit Malzbier und Kümmel abgeschmeckten (leider aber relativ stark abgebundenen) Jus serviert bekamen: Zum einen hatte das bei Niedertemperatur gegarte Fleisch nicht lange genug in der Hitze verweilt und war entsprechend gummihaft, zum anderen war die Schwarte nur kurz und knapp angebraten und deshalb nicht wie angekündigt kross. Das war ganz ohne Frage schmackhaft, man kann es aber attraktiver zubereiten…

Rein gar nichts zu kritisieren gab es am Nachtisch, der zugleich gute Werbung für die hauseigene Kuchenfabrikation wäre, wenn man den Kaffee-und-Kuchen-Service nicht in jüngster Zeit eingestellt hätte. Denn die „feinste Schokolade", die da zusammen mit Toffee, Beeren und Rhabarber annonciert wurde, kam in Gestalt einer köstlichen schokoladigen Tortenschnitte aus saftigem Bisquit und intensiver Ganache, flankiert von Karamelleis, Toffeecreme, schön säuerlich-salzigem eingelegtem Rhabarber sowie Him-, Brom- und Blaubeeren. Lohnenswert ist übrigens auch ein Blick in die Weinkarte, in der eine gute Auswahl an Gewächsen namhafter deutscher Erzeuger, genügend Alternativen aus Europa und Übersee sowie eine umfangreiche Digestiv-Kollektion zur Disposition stehen.

Hotelempfehlung

Hotel Fährhaus

Dorfstr. 42,
26553 Dornum (Neßmersiel)
☎ 04933-303
www.fährhaus.eu
Einzelzimmer: 55–75 €
Doppelzimmer: 78–140 €

„Schlemmen und Schlummern am Deich" lautet das Motto dieses familiär geführten Ferienhotels, das tatsächlich direkt am Deich der Ortschaft Neßmersiel an der ostfriesischen Küste liegt. Es befindet sich seit mittlerweile 40 Jahren im Besitz der Familie Eberleh und liegt verkehrsgünstig zwischen der historischen Hafenstadt Emden und Wilhelmshaven. Das Weltnaturerbe Wattenmeer ist nur ca. 600 m entfernt. Perfekte Inliner-Strecken zu den benachbarten Küstenorten und ein komplett ausgebautes Rad-Wegenetz macht hier den Weg auch ohne Auto in alle Himmelsrichtungen frei. Die insgesamt 19 Zimmer sind behaglich und komfortabel ausgestattet und bieten alle Dusche, WC, Fön, Radio, Safe, TV und WLAN. Die Zimmerpreise umfassen auch das individuelle Schlemmer-Frühstücksbüffet. Im Restaurant des Hauses wird eine sehr gute, vielfach ausgezeichnete regionale Frischeküche geboten. Restaurant Fährhaus separat erwähnt.

Goldener Anker

Lippetor 4, 46284 Dorsten
☎ 02362–22553
www.goldeneranker.info
⏱ Di–Sa ab 18 Uhr, So u. Mo RT
Menüs: 120–165 €

Schon lange am Start, aber immer noch ein bisschen besser: keine Selbstverständlichkeit für einen medienpräsenten Koch wie Björn Freitag. Aber der hat ein gutes Team hinter sich und was das in seinem mit farbenfroher Lichtgestaltung und Bildern ebenso modern wie behaglich anmutenden Restaurant auf die Teller bringt, hat durchgehend Hand und Fuß. Die teils etwas über die Stränge schlagende Kreativität früherer Jahre ist längst passé, jetzt kommen die nach wie vor einfallsreichen Akzente in aller Regel überlegter und feiner dosiert auf den Punkt. Und das ganz gleich, ob bodenständige Klassiker verfeinert werden, oder es beschwingt in die mediterrane oder asiatische Richtung geht. Basis ist immer die gute klassische Schule. Sehr sympathischer und aufmerksamer Service, entspannte Atmosphäre.

Rosin

Hervester Str. 18,
46286 Dorsten (Wulfen)
☎ 02369-4322
www.frankrosin.de
⏱ Di–Sa ab 18 Uhr, So u. Mo RT
Menüs: 104–170 €

Der aus diversen medialen Formaten bekannte Frank Rosin ist nicht nur im TV, sondern auch in seinem Stammhaus in Dorsten ein erfolgreicher Geschäftsmann, vor allem aber ein erfolgreicher Koch. Auch wenn der umtriebige Chef hier selbstredend kaum persönlich am Herd steht, gibt er die Grundlinie vor und die sorgt in dem gleichermaßen schick wie wohnlich gestalteten Restaurant seit Jahren für hohes Niveau. Dass wir dieses Niveau schon seit Jahren etwas niedriger einschätzen als manch anderer Guide ändert nichts an der Wertschätzung, die

wir der fantasievoll-kreativen Küche entgegenbringen. In dem maximal 10-gängigen Menü,
das stets von einigen markanten „Schmackofat-
zen" eingeleitet wird, geht es mal eher produktfokussiert zu, mal eher „catchy" um Idee und
Optik – und es verlässt in keinem Fall die geschmacklich harmonische Bahn. Und auch
wenn es auf den Tellern mal etwas verspielter
zugeht und das Niveau übers Menü hinweg ein
bisschen schwankt, ist sorgfältiges klassisches
Handwerk genauso gesetzt wie ein unterhaltsamer und genussvoller Abend. Und so ist bei
jedem Besuch garantiert, dass dieser beileibe
nicht nur vom Star-Glamour des Patrons getragen wird. Dafür sorgen auch der gut gelaunte
und bestens eingespielte Service und die kompetente Weinberatung.

Dortmund (Nordrhein-Westfalen)

Der Schneider
im Hotel Ambiente
Am Gottesacker 70,
44143 Dortmund
℡ 0231-4773770
www.derschneider-restaurant.com
◉ Di–Sa ab 18 Uhr, So u. Mo RT
Hauptgericht: 18–38 €, Menüs: 95–125 €

VISA

Es spricht für ein gesundes Selbstvertrauen,
den eigenen Namen so omnipräsent zur Marke
zu machen, wie es Philipp Schneider mit seinem „Tailored food" in dem nach ihm benannten Restaurant am Gottesacker umsetzt. Allerdings haben der junge Chef und sein kleines
Team dazu auch durchaus guten Grund, denn
sie spielen nicht nur einfallsreich mit dem
„Schneider-Thema" – sei es in Dekordetails im
Restaurant, beim Geschirr oder der Präsenta-

tion – sondern kochen auch auf hohem Niveau
und mit vielen eigenständigen Ideen.
Das modern designte Interieur, dass über die
Bar nahtlos ins angeschlossene Hotel übergeht,
bietet dafür eine bestens passende Bühne. Diese wird bei einem Besuch im Handumdrehen
mit einigen kleinen Appetizern bespielt, unter
denen zuletzt vor allem ein Pilztartelette mit
papierdünnem Teig, stark gerösteten und glasierten Pilzen, Pilzcreme und auffrischender
Kresse beeindruckte, weil darin trotz des ge-
bündelten Umami eine feine Säureader für
Spannung sorgte. Aber auch der Kartoffelknusper mit mild säuerlichem Frischkäse und eingelegter Zwiebel oder ein Rucola-Cornetto mit
Parmesancreme machten Lust auf mehr.
Beispielsweise auf den frischen sommerlichen
Einstieg in Form eines leicht gebundenen
klaren Gazpachosuds, dessen gurkenfrischer
Geschmack um Tomatenconcassée, Tropfenpaprika (auch Gänseschnabel) und Himbeer-
gel mit feiner Säure und Fruchtigkeit erweitert
wurde, von einem weißen Tomatenschaum
ergänzt und von etwas Burrata cremig mild
abgepuffert.
Eine gewisse Fruchtigkeit und viel frische Säure prägten auch den offiziellen Einstieg ins
Menü, allerdings eher in eine süß-säuerliche
Richtung: Auf einer gebeizten und mit zartem
Biss gegarten Selleriescheibe, etwas milder Selleriecreme und knusprigen Selleriespänen
sorgten karamellisierter Radicchio und roter
Chicorée für die süßsaure Prägung (aber auch
angenehme Bitternoten), während die angegossene Brombeerlassi mit dunklerer Beerenfrucht und differenzierter laktischer Säure den
harmonisierenden Rahmen schloss. Super!
Von den Produkten her – Lachs, Gurke und
Dill – ließ auch der nächste Gang auf beschwingte Frische schließen. Tatsächlich gab es
die auch, aber durch die Intensität und betonte
Salzigkeit sowohl in den marinierten Lachs-
würfeln als auch an Gurkenperlen, einem mit
Dill und Estragon aromatisierten Gurkenfond
und Forellenkaviar drehte das Gesamtbild
überraschend doch in eine elegant-deftige
Richtung, verstärkt von etwas Crème fraîche
auf dem Lachs und wiederum aufgelockert von
feinbitteren Friséespitzen.
Dagegen ging das Team bei dem saftigen Doppelfilet von der Seezunge mit betörend feinem
Geschmack eher auf Nummer sicher, was in
diesem Fall aber eine sehr gute Idee war, denn
zusammen mit einer voll auf der röstwür-
zig-konzentrierten Seite gehaltenen Hummerbisque, zarten Safranfenchel-Streifen, Nordseekrabben und Bronzefenchel entstand ein

ganz klassischer, aber hochfein und prägnant ausgeführter Fischgang.

Eine ausgezeichnete Paarung gab es dann auch zwischen dem kernig zarten und charakterstarken Onglet mit Salzzitrone und ätherischwarmwürzigem Pfeffer und einer elegant glänzenden, kraftvollen und mit feinen Kopfnoten von Limette und Koriander versehenen Jus. Wobei diesem beinahe durch ein kleines frivoles Rondell aus Kartoffelstampf mit Ochsenmark und einer kalt aufgelegten Salzbutterscheibe die Show gestohlen wurde. Den Zucchini-Cannellono mit Ratatouille-Füllung hätte es da gar nicht zwingend gebraucht, zumindest fungierte er so eher als Puffer im Nebenbereich. Trotzdem einer der stärksten Eindrücke des letzten Besuchs!

Ein origineller Eyecatcher wartete am Ende mit einer rot besprühten Kugel Erdbeersorbet, deren dünne Sorbetwand mit duftig-frischer Mousse der Tonkabohne gefüllt war. Für Kontrast und passende Erweiterung sorgten vollreife marinierte Erdbeeren, Waldmeister-Tapioka, eine Cheesecake-artige Sauerrahmcreme mit Tonkabohne und dunkelherbe Kakaoerde. Trotz der vielen moussig-weichen Komponenten ein erfrischender und abwechslungsreicher Abschluss!

Ergänzt werden die Gerichte von spannenden Weinen abseits des Mainstreams, die glasweise gekonnt sowohl auf die Gerichte als auch auf individuelle Vorlieben abgestimmt werden und in der individuellen europäischen Flaschenauswahl ebenfalls viel Gutes zu fairen Preisen bietet.

Grammons Restaurant

Wieckesweg 29, 44309 Dortmund
☏ 0231-93144465
grammons.de
◷ Mi, Fr u. Sa ab 18 Uhr,
Do von 12–15 Uhr u. ab 18 Uhr, So–Di RT
Menüs: 89–119 €

Keine Frage: Mittlerweile ist Dirk Grammon – trotz schwieriger Pandemiezeiten – mit seinem im Herbst 2019 in der Nähe des Dortmunder Knappschaftskrankenhaus eröffneten Restaurant voll in der hiesigen Gastronomielandschaft angekommen. Und das verwundert wenig, denn das weitläufige Restaurant, das von einer legeren Weinbar über den offenen Küchenpass in den eleganteren Gourmetbereich übergeht, bietet mit seiner beim Ambiente wie der Küchenlinie schnörkellos anspruchsvollen Stilistik eine ebenso zugängliche wie niveauvolle Spielart ambitionierter Küche. Hier wird ziemlich sicher niemand irritiert oder überfordert – wohl aber im Detail überrascht und von Anfang bis Ende auf hohem Niveau verwöhnt. Und apropos „Anfang": der zeigte beim letzten Besuch mit einem Amuse rund um Parmesan und Olive als cremig-schaumige Miniatur zum Löffeln mit fein abgestufter Salzigkeit und dezentem Eintrag durch die schwarze Olive sowie einem begleitenden hauchdünnen Brotchip mit Parmesancreme und einer hochintensiven herbgrünen Olivensphäre direkt, wie präzise das Team arbeitet und abschmeckt. Selbes Bild bei einem perfekt trocken-knusprigen Blumenkohl-Macaron mit Haselnuss und Kaviar

Das machte sehr erfolgreich Lust auf mehr. Und das nicht umsonst, denn es folgte ein klarer, produktfokussierter Auftakt mit zart marmoriertem Thunfischbauch als Sashimi, abgeflämmte Scheibe und Tatar, die in einer zarterdigen Trüffelvinaigrette neben kleinen Topinambur-Komponenten (cremig, knusprig...)

und eingelegtem und rohem Périgord-Trüffel mit beinahe kaffee- oder kakaoähnlicher Intensität daherkam. Dazwischen sorgte ein Hauch von Pomelo dafür, dass das Ganze nicht zu einseitig ins nussig Erdige abdriftete, sondern seinen insgesamt leichten transparenten Charakter behielt.

Die hohe Produktqualität riss auch beim nächsten Gang nicht ab. Im Gegenteil, denn der kurz geröstete glasige Kaisergranat war von exzellent klarem Geschmack, leicht befeuert von Piment d'Espelette und ergänzt von duftiger Kerbelmayonnaise, knackigen (und damit eher ätherischen) Kohlrabiwürfelchen, einem Hauch limoniger Frische und einem pointiert fruchtigen Kick durch Mango (Gel in blanchierte Mangoscheibe gerollt). Derartige Gerichte zeigen perfekt, wie wirkungsvoll akribische Detailarbeit auch ganz ohne bahnbrechende Innovationen sein kann.

In diesem Sinne überzeugte auch ein klassisch mediterranes, aber auf diese Art betörendes Umfeld zur kross und zart gerösteten Rotbarbe. Deren durchaus kraftvoller aber sehr „sauberer" Eigengeschmack wurde von einer Fischjus aus den Karkassen und einem luftig-duftigen Safranschaum unterstützt. Daneben verstärkte ein Salat aus zart sautiertem Fenchel mit Schwertmuschel und pochierter Auster den intensiven maritimen Eindruck noch. Allein durch die hohen Produktqualitäten und die kräftigen natürlichen Aromen war das eine absolute Punktlandung.

Der Hauptgang rund um „Bestes vom Kalb" konnte da nicht ganz mithalten. Zwar wurden vom kühlen Filet-Tatar über eine Tranche von kompakt-zart geschmortem Bäckchen bis zur gebackenen Kalbskopf-Praline (mit wunderbar schmelziger Füllung, aber etwas dicker Panierung) viel Produktcharakter aufgeboten. Aber das Gesamtbild mit Blumenkohl-Cremetupfen, gebranntem Lauchherz, Haselnuss und einer elegant-kraftvollen Kalbsjus blieb verhältnismäßig zahm und brav.

Dafür gab es zum Abschluss umso mehr feine, scharfgestellte Kontraste mit Protagonisten, die das gar nicht unbedingt erwarten lassen. Sprich: Banane und Schokolade. Diese wurden aber in verblüffend kühler Eleganz und Leichtigkeit mit in eigenem Sud gegarten und eingelegten Bananenscheiben neben stickstoffgefrorenen „Multivitamin"-Kügelchen und Passionsfruchtmacaron-Stücken, flüssigen Schokoladendrops, Luftschokolade und Schokoladencreme-Dots sehr weit von dem erwartbaren Süße-Overkill wegbewegt. Gemeinsam mit einem satt cremigen Salzkaramelleis und einer hellen warmen Salzkaramellsauce verband das

enorm viele, beschwingte Eindrücke auf engem Raum und lag locker auf 8-Pfannen-Niveau.

Insgesamt fehlt zwar noch etwas Konstanz, um in der Bewertung voll auf dieses Level aufzusteigen, aber der Trend geht klar noch oben! Und die Ergänzung durch spannende, charakterstarke Weinempfehlungen abseits des Mainstreams und ein sympathisch unkompliziert-eloquent agierender Service werden das sicherlich nicht bremsen.

Iuma by Dyllong & De Luca

Hagenerstr. 231, 44229 Dortmund
☏ 0231-95009942
www.iuma-dortmund.com
Mi–Sa ab 19 Uhr, So–Di RT
Menüs: 75–125 €

Das erst 2019 vom Stapel gelassene Restaurantprojekt der beiden Dortmunder Erfolgsgastronomen Michael Dyllong und Ciro De Luca, welches wir seinerzeit zu unserer „Neueröffnung des Jahres" gekürt hatten, büßte auch im dritten Jahr nichts von seinem Reiz ein. Das liegt zum einen natürlich an dem lässigen Konzept mit offener Küche, legerer, aber anspruchsvoller Gangart und einem modernen, behaglich dunklen und reduzierten Ambiente, dessen dezent asiatische Anmutung den roten Faden zur kulinarischen Ausrichtung aufnimmt. Es liegt aber in mindestens gleichem Maße auch in der hervorragenden Arbeit von Küchenchef Pierre Beckerling, der hier weiterhin tüchtig Gas gibt und die verdiente Steigerung der Küchenbewertung auf 8 Pfannen maßgeblich verantwortet.

Dass Beckerling, der die Gänge abwechselnd mit seinem Sous-Chef selbst an die Tische bringt und kurz erläutert, während eines längeren Shanghai-Aufenthalts viel praktische Fernost-Erfahrung gesammelt hat und ein feines

Gespür für die asiatischen Aromenwelten besitzt, kann man im Laufe eines Abends eindrucksvoll erleben. Wie souverän er die vielfältigen Einflüsse von Japan bis Thailand mit den Tugenden der europäischen Haute Cuisine oder heimischen Produkten crossovert, ohne dass dabei etwas Beliebiges oder Bemühtes herauskommt, erlebt man hierzulande andernorts nicht allzu oft. Zumal in der hier gebotenen handwerklichen Präzision und qualitativen Klasse.

Im Rahmen des siebengängigen Menüs wird auf jedem Teller deutlich, wie überlegt und präzise an den euro-asiatischen Geschmacksbildern gefeilt wird, die ganz besonders Japan im Fokus haben, sich aber letztendlich aus aller Welt Inspiration holen. Das erkennt man schon bei den zahlreichen neckischen Kleinigkeiten zum Aperitif, zuletzt etwa einer Miesmuschel mit Fregola und fermentiertem schwarzem Knoblauch, einem Bao-Bun mit Kimchi und geschmortem Schweinebauch oder Büsumer Krabben unter einer aufgeschäumten Eicreme mit Miso und Yuzu in der Eierschale – alles originell, aber in erster Linie auf unkomplizierte Art wohlschmeckend.

Damit ist das Pulver aber noch längst nicht verschossen und so richtig wird die Klasse der Küche ohnehin erst im eigentlichen Menü offenbar, welches bei unserem letzten Besuch gleich mit einem richtigen Knaller loslegte. Nämlich mit einer Variation von der Auster, die man sich gegen Aufpreis (hier absolut lohnenswert!) mit 10 Gramm „Caspian Gold" Pemium-Kaviar exklusiv aufpimpen konnte. Die in der Schale im eigenen Austernwasser pochierte sowie als Tatar-Füllung eines Kohlrabi-Dim-Sum, Creme, Sphärisierung und geeiste Perlen mit Crème fraîche und Yuzu durchdeklinierte Auster wurde mit der europäischen Shiso-Variante Perilla, Blumenkohlcreme, Austernblatt und einem Buttermilch-Dashisud so zurückhaltend wie nötig und so akzentuiert wie möglich in Szene gesetzt, so dass nicht nur deren zarte jodige Aromen, sondern auch der Kaviar perfekt zur Geltung kommen konnten. Ganz hervorragend passte hier übrigens auch die glasweise Weinbegleitung, ein bemerkenswert geradliniger Jacquère der Domaine de Chevillard aus Savoyen mit feinen salzigen Noten – wie der nur sehr junge Sommelier René Sampaio überhaupt auch sonst bemerkenswert gute, originelle und sehr gut korrespondierende Weine zu den einzelnen Gängen empfiehlt.

Das zugunsten subtiler Rauch- und Röstaromen nur kurz von der Flamme geküsste und ansonsten roh belassene, allerdings mit einer dezenten Teriyaki-Lasur lackierte und am Tisch mit etwas fein darüber gehobeltem Beef Jerky beflockte Wagyu-Beef höchster Marmorierungsstufe kam mit extrem scharfgestellten thailändischen Aromen daher. Das ergab spannende Geschmackverläufe von herben grünlichen Noten wie Kaffirlimette und Thai-Basilikum bis hin zur rötlich-braunen Aromenfärbung, etwa durch pikante Schärfe und umamiwürzige Erdnussaromen. Unterfüttert von einem Salat aus unreifer Papaya und eingefasst von unterschiedlichen Rettichgewächsen war auch das ein sehr vielschichtiges und exakt ausbalanciertes Gericht.

Als neckisches Fingerfood wurde der Zwischengang mit norwegischem Langostino serviert, dessen Tatar man zunächst von einem Stück Limette herunteressen musste, um mit dieser im Anschluss einen kleinen, mit dem Schwanzfleisch des Kaisergranats, mit der Aubergincreme, etwas Chorizo und kräuterfrischer Mojo Verde bestückten Taco beträufeln zu können, bevor man ihn schließlich zusammengerollt in zwei, drei Bissen genießt. So unkompliziert und unangestrengt derlei Dinge wirken, so aufwendig und detailgenau wurden sie gefertigt. Nahezu monochrom in Schwarztönen kam schließlich der Black Cod daher, der aber mit geschwärzter Schwarzwurzel, schwarzem japanischem Senf in unterschiedlichen Aggregatzuständen und einer Nocke Kaviar on top deutlich vielschichtiger und nuancierter schmeckte, als es die Ton in Ton gehaltene Optik zunächst vermuten ließ.

Ein gänzlich anderes, nämlich farbenfrohes und kontrastreiches Bild gab schließlich der Hauptgang ab, in dessen Mittelpunkt ein mit der Schimmelpilzkultur Kōji gereifter Rehrücken stand. Das wunderbar eigenaromatische, sehr harmonisch gereifte (und nicht etwa von strengem Hautgout dominierte) Fleisch begeisterte schon für sich, gab aber auch und vor allem als Komposition im Zusammenspiel mit geschmortem Pak Choi, feinsäuerlichen Berberitzen, etwas Petersilienwurzelcreme und einer mit Rotem Curry akzentuierten Wildjus ein spannendes Bild ab. Fleisch und Petersilienwurzel wurden mit zu einer dünn geleeummantelten moussigen Nocke verarbeitetem Schmorfleisch beziehungsweise etwas Blattpetersilienöl jeweils nochmal sehr ausdrucksstark von der Produktseite her unterstützt. Ein sehr gelungener Menühöhepunkt, bei dem es einmal mehr nicht um Show, sondern um Geschmack ging.

Wieder monochrom, diesmal jedoch in Weiß, überraschte auch die Variation vom Dortmunder Honig mit Apfel und rahmigem Eis vom Oolong-Tee durch viele unterschiedliche, smart ineinandergreifende Facetten und würzigem Honigaroma bei erfreulich wenig Süße. Und weil final selbst die Petits fours Originalität und hohes Niveau boten, lag es auf der Hand: Aufwertung!

La cuisine Mario Kalweit

Lübkestr. 21, 44141 Dortmund
☏ 0231-5316198
www.mariokalweit.de
❂ Mi–Sa ab 18 Uhr, So–Di RT
Menüs: 61–76 €

In der ehemaligen Clubvilla eines Tennisvereins lädt Mario Kalweit in sein sehr schönes, puristisch-modern gestaltetes Restaurant mit altem Holzparkett, hoher Decke und zeitgenössischen Kunstobjekten. Sehr kunstvoll sind auch die handwerklich teils aufwendig arrangierten Kreationen auf den Tellern, die modern interpretierte klassische Küche mit teils pfiffigen Akzenten verheißen. Am überzeugendsten sind hier allerdings nach wie vor nicht unbedingt die kunsthandwerklichen Fähigkeiten der Küchenmannschaft, sondern vielmehr die beachtlich hohe Qualität der Hauptprodukte. Gastgeberin Susanne Thoenes kümmert sich stets aufmerksam und zuvorkommend um die Gäste und hat treffsichere Weinempfehlungen in der Hinterhand.

The Stage

Karlsbader Str. 1a, 44225 Dortmund
☏ 0231-7100111
thestage-dortmund.com/
❂ Di–Sa ab 18 Uhr, So u. Mo RT
Hauptgericht: 22–42 €,
Menüs: 89–125 €

Kaum aus dem Gourmetrestaurant Palmgarden verabschiedet und schon wieder voll durchgestartet! Küchenchef Michael Dyllong und Restaurantmanager Ciro de Luca, die in den letzten Jahren die Dortmunder Gourmetszene wie kaum andere Gastronomen prägten, haben mit ihrem neuen Restaurant in der 7. Etage des Dula-Komplexes einen stylischen Ort geschaffen, der perfekt dafür geeignet ist,

direkt an das hohe Niveau anzuknüpfen, das die Küche im ehemaligen Refugium in der Spielbank Hohensyburg zuletzt erreicht hatte. Großzügig in puristisch-moderner Eleganz gestaltet, mit einer gewissen, nicht zuletzt durch den chilligen elektronischen Sound gestützten Coolness und dem weiten Blick über die Dächer der Stadt, bietet das Restaurant schon atmosphärisch ziemlich viel – ermöglicht ungezwungenes Wohlfühlen und macht neugierig auf die kulinarischen Eindrücke.

Und die starten direkt zu Beginn mit beeindruckendem Einfallsreichtum und filigranem aufwendigem Handwerk: Sei es die Kombination aus Aubergine und Kokos in einer hauchdünn schmelzenden Schokohülle und insgesamt knackig-frischer Anmutung, eine geschmeidige Rindertatar-Praline mit eleganter Rauchigkeit von Aal, oder der kurz gebeizte und marinierte Wolfsbarsch auf Kimchi in verschiedenen Texturen, bei dem die fermentierten und scharfen Noten den Fisch eher dezent und fein gezeichnet mit Frische und einem Hauch von Süße (in einem Kimchi-Cräcker) unterstützten. Als augenzwinkernde Reminiszenz ans Ruhrgebiet gab es außerdem noch eine dank der subtilen blumigen Gewürzmischung erfreulich wenig plakativ duftende „Currywurst" in Form von vegetarischer Currywurstcreme in einem Filo-Canellono.

Bereits an dieser Stelle wurde deutlich, wie genau das Team handwerklich (und aromatisch!) arbeitet. Und das setzte sich auch im ersten, aufwendig-kleinteilig präsentierten Gang rund um die Challans-Ente fort. Rund um ein mit Entenpastrami bedecktes „Turron" von der Entenleber angerichtet – im Grunde eine Art Leberparfait, dessen nougatartige Noten durch Macadamia verstärkt wurden – kamen pointierte Kontraste von zarten gefrorenen Joghurt-Steinen und verschiedenen Zubereitungen von Roter Bete und Joghurt hinzu, die mal die eher fruchtige, mal die erdige Seite der Bete, mal die Joghurtfrische in den Vordergrund stellten, und so immer neue Bezüge zur Ente im Zentrum ermöglichten. Als Sidekick lieferte noch eine Praline aus geschmorter Entenkeule mit Bete und Joghurtcreme einen dunklen Umami-Boost.

Mit beinahe genauso vielen filigranen Details, wenn auch etwas kompakter präsentiert, kam der folgende subtil spicy marinierte, roh aufgeschnittene Stör daher. Nämlich mit bissfestglasig im Senfsud gegarter Birne, was entfernt an besonders fruchtige Senfgurke erinnerte, einem klarfruchtigen Birnenchutney, geeisten Senfperlen und Senföl für ein fein gezeichnetes Spannungsfeld zwischen heller Frucht und feiner Nussigkeit und Schärfe. Und die wurden wiederum durch helle Umaminoten von Champignons, unter anderem als luftiger Schaum, Miso-Pilzcreme und roh ausgestochene Champignon-Kreise, sanft abgefedert.

Den hierzulande mittlerweile überraschend selten gewordenen Hummer in exzellenter Qualität gab es im nächsten Gang: bissfest-zart, ohne jede Fasrigkeit und mit glasklarem Geschmack wurde dieser in ein facettenreiches Umfeld aus Zitrusfrüchten gestellt, belegt von unterschiedlichen Zitrusfilets, die von Blutorange, über Grapefruit, bis zu Pomelo reichten und die Geschmacksverläufe mal bitterer, mal fruchtiger, mal säuerlicher anklingen ließen. Dieses differenzierte Wechselspiel wurde weiterhin durch eine voluminöse Zitrus-Sabayon, etwas Mandarinencreme und eine leichte Zitrus-Beurre-Blanc umspielt, von Avocadocreme harmonisiert und von einer Merrettichmousse mit sanfter ätherischer Schärfe akzentuiert.

Dass die hohe Produktqualität eher die Regel als die Ausnahme ist, belegte danach auch ein Rotbarbenfilet, das sanft und schmeichelnd auf körnig-cremigem Kaffirlimetten-Risotto angerichtet wurde. Dessen parfümierte Aromarik schwebte dann auch als (etwas zu dominante) Kopfnote über dem ganzen Teller, ergänzt von mild-grünen Portulak-Zubereitungen, einem Hauch von Vadouvan, reinaromatischen, in Nudelform geschnittenen Sepiastreifen und einer sanften Krustentiernage. Dazwischen setzte ein erdig-nussiges, mit Kichererbse gefülltes Gyoza-Täschchen auch noch einen etwas kräftigeren Akzent…

Im Hauptgang gab es mit dem bodenständigeren Färsenfilet (anstelle eines Wagyu-Upgrades) einen nicht minder charakterstarken Hauptdarsteller mit sattaromatischem, straffem Fleisch zwischen ätherisch schwebenden, variiert eingebundenen Estragon-Noten. Abgeflämmte Lauchherzen und differenzierte Schwarzwurzel-Zubereitungen von cremig bis roh, die einerseits schmelzende Verbindung und andererseits spannende nussige Aromen einbrachten, ergänzten es auf äußerst gelungene, pointierte Weise.

Und auch beim süßen Abschluss leistete sich das Team keinen Wackler und präsentierte ein sowohl lebendig-frisches als auch komplexes Dessert rund um Litschi und Hibiskus, die jeweils in zierlicher Texturenvielfalt und unterschiedlichem Mischungsverhältnis verarbeitet wurden. Das blumig-exotische Aromenspiel wurde dabei von einem eher kantig-kargen Buttermilchsorbet aufgebrochen und von etwas crunchy Quinoa in weißer Schokolade und einem cremigen Buttermilch-Lassi subtil abgestimmt ergänzt.

Subtil abgestimmt und jederzeit lohnend sind im Übrigen auch die individuellen, hochwertigen Weinempfehlungen. Die von spannenden Newcomern bis Highend sehr attraktiv bestückte Weinkarte bietet dafür einen großen Fundus, der wird vom auch sonst auf lockere Art zuvorkommenden Service bestens ausgeschöpft wird.

🍲 6 🍴🍴🍴

VIDA by Dyllong & De Luca

Hagenerstr. 231,
44229 Dortmund
📞 0231-95009940
www.vida-dortmund.com
🕐 Di–Sa ab 17 Uhr, So ab 12 Uhr,
So u. Mo RT
Hauptgericht: 19–37 €, Menüs: 59–68 €

💳 ⬤⬤ VISA 🅿️ 🏢 🏧 ♿

Das trendig-urbane VIDA mit seiner coolen Mischung aus stylischer Bar und ambitionierter Weltküche hat einen festen Platz in der Dortmunder Restaurantszene und ist nicht mehr daraus wegzudenken. Der rund um die markante Bar angelegte Gastraum hat von der lässigen Atmosphäre inklusive treibender Elektrobeats über die hochwertigen Getränke bis zu den schlagkräftigen Gerichten aus der Feder von Küchenchef Sascha Kosslers allerhand zu bieten. Stilistisch steht das VIDA für eine lockere ungezwungene Gangart von Casual-Fine-Dining, die programmatisch Einflüsse aus aller Welt verbindet und in den meisten Gerichte eine gewisse Exotik verankert. Generell setzt die Küche eher auf wenige markante Komponenten und eine klare Linie ohne allzu aufwendige Detailarbeit, aber mit hohem Unterhaltungs- und Genusswert. Neben den gekonnt und individuell gemixten Cocktails bietet die kleine Weinkarte eine abwechslungsreiche Auswahl hochwertiger Flaschen größtenteils renommierter Erzeuger.

Dreis (Rheinland-Pfalz)

Sonnora
im Waldhotel Sonnora
Auf'm Eichelfeld 1,
54518 Dreis
☎ 06578-98220
www.hotel-sonnora.de
◉ Do ab 19 Uhr, Fr–So von 12–13.30 Uhr
u. ab 19 Uhr, Mo–Mi RT
Hauptgericht: 92–128 €,
Menüs: 248–258 €

Würden nicht einige auffällige Schilder von der Ortsmitte bis hinauf auf den grünen umwaldeten Hügel am Rande von Dreis den Weg ins Sonnora weisen – beim erstmaligen Besuch wähnte man sich wohl spätestens bei der Auffahrt an dem Waldstück, auf dem das Anwesen versteckt ist, auf dem Holzweg. Das stattliche weiße Haus selbst, das sich hinter der Einfahrt auftut, versprüht noch den Charme der vergangenen Jahrzehnte. Aber im Inneren des Waldhotels haben die neuen Inhaber Magdalena und Clemens Rambichler, die zwar beide schon sehr lange hier sind, das Haus aber erst im Vergangenen Jahr von Ulrike Thieltges, der Witwe des legendären Helmut Thieltges, erworben haben, in jüngster Zeit grundlegend umgestaltet.
Und das geschah, ohne am gediegen-eleganten Grundcharakter und Spirit des Restaurants zu rühren. Denn so wie Clemens Rambichler es einst nach der Übernahme der Verantwortung am Herd bereits bravourös geschafft hat, die Klassiker des Hauses, die er bei seinem ehemaligen Chef und Mentor so souverän verinnerlicht hatte, weitestgehend unverändert altmeisterlich und doch irgendwie verblüffend jugendfrisch zu interpretieren, gelang dieses Kunststück nun auch bei Innenarchitektur und Raumgestaltung.

So sitzt man hier mittlerweile in einem im Grunde völlig zeitlosen und nach wie vor sehr großzügigen klassischen Gourmetrestaurant und genießt nach unserem Empfinden ebenfalls gänzlich zeitlose Kochkunst auf allerhöchstem Niveau, der Clemens Rambichler – bei aller Traditionspflege und in Ehren halten des Werks seines ehemaligen Meisters – mittlerweile immer deutlicher seinen eigenen Stempel aufdrückt. Und wie man auch zuletzt bereits bei den ersten Kleinigkeiten wie der Stabmuschel mit einem Hauch von Zitrusfrüchten oder dem Kalbstatar mit Forellenkaviar und Meerrettich in einer knusperdünnen Tartelette unschwer erkennen konnte, tut er das mit maximaler handwerklicher Präzision traumwandlerischer Sicherheit beim Abschmecken. Alle Aromen sind so behutsam wie möglich, aber so ausdrucksstark wie nötig herausgearbeitet und brillant freigestellt. Alles schmeckt nach dem was es ist und in Summe ergibt es absolut ausgewogenen Wohlgeschmack.
Dieselben Eigenschaften treffen auch auf das Taschenkrebstatar mit Grünem Apfel und Minze, eine ebenso kraftvolle wie sublime kalte Petitesse von Tomate und Basilikum sowie eine Auster mit Kaviar, Gurke und Kopfsalat zu. All diese Kleinigkeiten im Aufwärmprogramm einte sehr viel Ausdruckskraft in allen Komponenten und Details bei maximaler Eleganz und Balance. Und genau so kann man auch die Vorspeise um eine schmale, mit Apfel, Staudensellerie, Walnussflocken und Estragon applizierte Schnitte von in Eiswein marinierter Gänseleber beschreiben, die von einem Staudenselleriesorbet begleitet auf einer Vinaigrette aus Apfel, Champagneressig und Gelbem Muskateller angerichtet war. Kaum süß, eher feinherb, sehr klar und straight, aber auch voll und rund. Souverän unaufgeregt, in seiner Präzision, Eleganz und sublimer Komplexität aber maximal aufregend.
Neben der durchgängig herausragenden Qualität der Produkte sind es oft die genialen Saucen, die den Kompositionen nicht nur ein ma-

kelloses Finish, sondern auch einen beeindruckenden Akzent mit auf den Weg geben. Bei einem gegrillten Prachtexemplar von Langoustine Royal, mit dünnen knackigen Erbsenschotenstreifen belegt, auf einem Bett von mildem, knackig zartem Wirsing angerichtet und punktuell von Mango umgeben, war es eine mit Bordier-Butter zum schmelzigen Schaum aufmontierte Limonensauce, die das Krustentier nicht ohne einen gewissen Spannungsbogen umschmeichelte.

Und bei der Wachtel mit sündhaft viel duftigerdiger Wintertrüffel, einer erdig-ätherischen sublimem Creme von jungem Kohlrabi, dem Schmelz vom flüssigen Dotter eines pochierten Wachteleis und gegrilltem Frühlingslauch, war es der Zusammenfluss aus rahmiger Lauchsauce und tiefschürfender Trüffelsauce, die sich zu einer süchtig machenden vollmundigen Allianz mit feiner eleganter alkoholischer Süße formatierten. Und apropos Kombination: Der von der charmanten Gastgeberin und versierten Sommelière Magdalena Brandstätter im Rahmen der Weinbegleitung dazu empfohlene zehn Jahre gereifte Pinot gris vom Weingut Zind-Humbrecht aus dem Elsass mit seiner kalkig-mineralischen Aromatik erwies sich dazu fast schon überraschend als perfekte Ergänzung.

Ein sehr sommerlicher Fischgang folgte bei unserem jüngsten Besuch mit dem selbstredend bereits als Produkt großartigen Steinbutt unter einer vermutlich komprimierten und im eigenen Saft durchgezogenen, final mit Mini-Basilikumblättern ausdekorierten Scheibe von der Wassermelone. Umflutet von einem Tomaten-Sauté genannten Schaumsüppchen aus weißem rahmigem Tomatenfond mit Harmonie und Zugkraft, in dem bunte Johannisbeertomaten und kleine unterschiedlich knackige Stücke von Erbsenschoten und Melone für natürliche Texturen und subtile Aromatisierung sorgten. Auch hier konnte man bestaunen, wie brillant im Sonnora abgeschmeckt wird, denn die Kreation war zwar prononciert pfeffrig, dadurch aber in keiner Weise unausgewogen.

Der vielleicht „irdischste" oder konventionellste Gang – auch auf höchstem Niveau wohlgemerkt! – war vielleicht der mit gebratenem Kalbsbries, Kartoffelmousseline, Champignons und Staudensellerie, getoppt mit reichlich schwarzer Trüffel und eingerahmt von einer intensiven klaren Petersilienjus sowie Vin-Jaune-Schaum. Einfach deshalb, weil hier die einzelnen Komponenten und Aromen nicht ganz so maximal trennscharf aufs Porzellan kamen. Was allerdings auch nur zur Folge hatte, dass man es hier mit einem ganz leicht diffuseren, aber immer noch maximal harmonischen, tiefaromatischen Gang mit viel Soulfood-Charakter zu tun hatte.

Ein mediterranes Meisterwerk kam im Hauptgang mit Karree und Rücken vom Limousin-Lamm im Kreise verschiedener Gemüse wie Paprika, Aubergine, Artischocke oder Bohnenkernen, das zudem den Beweis bot, dass auch höchste Kochkunst nicht zwangsläufig mit kreativer Aromenkombination oder aufwendiger Architektur einhergehen muss, sondern auch „nur" durch das perfekte zubereiten und anordnen bester Produkte und dem Herauskitzeln ihres Optimums erreicht werden kann. Denn auch auf diesem Teller gab es weder aromatisch noch optisch irgendetwas übermäßig Originelles zu bestaunen, aber vom über Binchotan gegrillten und mit einer aromatischen Kruste gratinierten Lammfleisch über die Gemüse und Kräuter bis hin zu den drei verschiedenen Saucen – prägnante rote Paprikajus, eine Gartenkräuter-Hollandaise und eine kraftvolle transparente Lammjus mit Kalbskopf, Lammzunge, getrockneten Tomaten und weiteren Aromaten – hatte hier alles solch eine Präsenz und Strahlkraft, dass es eine wahre Freude war.

Und beides hatte auch das Dessert, eine „Delice" von Mariguette- und Walderdbeeren auf einem Sockel aus Mousse von Fromage blanc, umgeben von einem Rhabarberragout mit gerösteten Pinienkernen und Basilikum, Rhabarbereis auf Mascarpone-Basis und einer seidigen Holunderblüten-Sabayon. Das hatte restlos alles, was man sich von einem hervorragenden Dessert erträumt, war vollmundig und opulent schmelzig, zugleich aber straff und säuerlich, weich und knusprig, hatte spannende Zwischentöne zu bieten und natürlich in erster Linie den Geschmack hocharomatischer Erdbeeren.

Weil hier vom ebenso hochprofessionell wie entspannt agierenden Service über die luxuriöse Ausstattung bis zur Weinauswahl auch sonst alles höchsten Ansprüchen genügen kann, zählt das Sonnora für uns als Restaurant längst zur absoluten Spitze. Das ist nicht neu. Dass wir in diesem Jahr wegen der positiven Entwicklung erstmals auch die Küche im Spitzenfeld sehen und zu den 10 Pfannen auch noch den Bonuspfeil zücken, hingegen schon. Herzlichen Glückwunsch zur Aufwertung!

Hotelempfehlung

Waldhotel Sonnora

Auf'm Eichelfeld 1,
54518 Dreis
☏ 06578-98220
www.hotel-sonnora.de
Einzelzimmer: 170–270 €
Doppelzimmer: 220–320 €

Das von einem wunderschönen Park umgebene, Anfang 2021 umfassend renovierte Waldhotel Sonnora liegt etwas versteckt und romantisch verwunschen in einem Wäldchen am Ortsrand von Dreis. Der perfekte Ort für Entspannung und Erholung rund um ein kulinarisches Erlebnis in einem der besten Restaurants Deutschlands. Die 15 zeitlos elegant gestalteten, mit bequemen Boxspringbetten und hochwertigen Materialien komfortabel ausgestatteten Zimmer bestechen durch individuelles Design, Farbkonzept und unterschiedliche Raumaufteilung. Sie verfügen unter anderem über schnelles kostenloses WLAN und moderne Flat-TVs. Die Zimmer mit gehobener Ausstattung bieten zusätzlich einen Balkon oder eine Terrasse und teilweise einen Wohnbereich. Im Zimmerpreis enthalten ist nicht nur die Minibar und das opulente „Genießer-Frühstück Sonnora", sondern auch diverse Hotelkosmetik auf biologischer, nachhaltiger Basis. Das Waldhotel ist der ideale Ausgangspunkt für Freizeitaktivitäten und Unternehmungen in der Eifel. Es ist 12 Gehminuten vom Ortszentrum sowie 14 km vom Golf Club Trier und der Salm entfernt. Man kann eine Schifffahrt entlang der Mosel machen, durch die Weinberge wandern oder auch Deutschlands älteste Stadt Trier besuchen. Gourmetrestaurant Sonnora separat erwähnt.

Caroussel Nouvelle

im Hotel Bülow-Palais
Königstr. 14,
1097 Dresden
☏ 0351-8003140
www.buelow-palais.
derestaurants-bar/#caroussel
⊘ Täglich von 12–14 Uhr u. ab 18 Uhr,
kein RT
Hauptgericht: 25–40 €,
Menüs: 94–110 €

Der angekündigte Relaunch eines der traditionsreichsten Gourmetrestaurants der sächsischen Landeshauptstadt hatte ziemliche hohe Wellen geschlagen. Für viele Jahre war das in einem luxuriösen Stadtpalais in der barocken Dresdner Neustadt gelegene Caroussel eine der verlässlichsten Adressen für niveauvolle Küche in exklusivem Ambiente. Mit dem Weggang des ehemaligen Küchenchefs Benjamin Biedlingmeier und den Corona-Zwangspausen wurden jedoch die Weichen für einen Neuanfang gestellt: Das bisher getrennte bodenständigere Palais Bistro und der Gourmetbereich wurden zum „Caroussel Nouvelle" fusioniert und damit nicht weniger als die Aufhebung der Grenzen zwischen Haut Cuisine und Bistro propagiert. Ganz so aufregend und innovativ erscheint das im weiter gefassten Vergleich zwar am Ende nicht – ähnliche Konzepte sind anderswo längst Normalität, zumal auch weiterhin klar zwischen Bistrokarte und Gourmetmenüs (eins davon vegetarisch) differenziert wird und letztere nur von Dienstag bis Samstag am Abend angeboten werden. Aber eins ist dennoch sicher: Allein durch die räumlichen Veränderungen und die Möglichkeit, auch die gehobenen Gerichte beispielsweise draußen auf der Terrasse zu genießen oder sie abends nach Belieben mit schlichteren Angeboten aus dem Bistro-Bereich zu mischen, ist das Caroussel Nouvelle deutlich unkomplizierter und leichter zugänglich geworden. Und auch die Gerichte aus der Hand von Sven Vogel, der zuvor bereits lange als Sous-Chef im Bülow Palais tätig war, sind im Vergleich zu den vergangenen Jahren schlichter und reduzierter geworden – weniger verspielte Details, stattdessen der Fokus auf wenige Hauptzutaten in gegenständlicherer Form.

Geblieben sind aber der grundsätzlich hohe Qualitätsanspruch, die exakte Arbeitsweise eines gut eingespielten Teams und auch der ebenso gut gelaunte wie hochkompetente Service um Restaurantleiterin Jana Schellenberg. Da mit dem neuen Konzept auf aufwendige Küchengrüße verzichtet wird, geht es nach Aperitif und gutem Brot gleich direkt los. Und die Kombination von geröstetem Pulpo, Lardo, Artischocke und Paprika zeigte zuletzt durch das gekonnte Spiel mit beherzten rustikalen Aromen auch gleich perfekt die neue Linie auf: Neben den kräftigen Röstnoten des Pulpo und dem zart schmelzenden Lardo fügten sich die cremige, krosse und als kleinwürfeliges Sauté servierte Artischocke zusammen mit einer hellen Ajvar-ähnlichen Schmorpaprikacreme und etwas Pesto zu einem zupackenden Auftakt mit stimmigen Details zusammen.

Die üppig portionierte Kirsch-Gazpacho konnte da – trotz deiner feinen aromatischen Balance zwischen roter Frucht und Gemüse, Säure und zarter Schärfe – in ihrer schlichteren Art nicht ganz mithalten. Hier hätte es neben dem rohen und gegarten grünen Spargel als Einlage noch eine weitere Komponente oder veränderte Proportionen gebraucht, dass sich die Rohkostsuppe auf dem Gourmetteil der Karte voll hätte behaupten können. Die Alternativen von der Bistrokarte wie der hausgebeizte Lachs mit Limonen-Crème-fraîche, Rösti und Kräuteröl, der gebratene Saibling mit Gurke, Dijon Senf und Pommes Carrés oder das soufflierte Wiener Schnitzel mit Kartoffel-Gurkensalat sind generell eher geradlinig ausgerichtet – dabei aber ebenfalls jederzeit lohnend.

Deutlich gewagter angelegt war die wild auf den Teller gekleckste Kombination aus gerösteten kleinen Steinpilzen mit wildem Brokkoli in Buchweizen-Crunch, Brokkolicreme und hauchdünnen Buchweizenchips, die von der herben dunklen Frucht einer Heidelbeersauce untermalt wurden. Konzeptionell ein Volltreffer mit starken Kontrasten, der aber leider von den deutlich zu starken bitter-kokeligen Röstnoten an den Steinpilzen in der Gesamtwirkung geschwächt wurde. Wenn solche kleineren Patzer abgestellt werden, hätten derartige Gerichte definitiv das Potential für eine noch höhere Bewertung.

Auch das exakt gegarte und in seiner gleichmäßig rosafarbenen Perfektion herrlich eigenaromatische Rückenstück vom US-Beef, das auf einer Ochsenherztomatenscheibe und geräuchertem Kartoffelpüree, gegrilltem Babymais und Schalotte von einer kraftvollen Barbecuejus gestützt wurde, hatte – wenn auch auf recht plakative Art – durchaus das Format dazu und machte es einmal mehr spannend, wohin sich die Küche zukünftig weiterentwickeln und einpendeln wird.

Bei den Desserts zeigte sich das Team bei einer zarten Erdbeer-/Joghurtschnitte mit Erdbeersorbet und -sauce sowie Joghurtcreme und -baiser zunächst sehr zurückhaltend mit eher blassen Aromen und kleineren Ungenauigkeiten wie der zu reichlichen milden Erdbeersauce. Mit der kompakter angerichteten weißen Schokoladencreme auf Matcha-Biskuit, Aprikosensorbet und Himbeeren kam das Team aber bereits deutlich zupackender und besser auf dem Punkt.

Da sich am reichlich und niveauvoll mit heimischen und internationalen Weinen bestückten Keller durch das neue Konzept genauso wenig etwas verändert hat wie an der Weinkompetenz von Jana Schellenberg, sind zu alldem bestens gefüllte Gläser weiterhin sicher und werden außerdem erfreulich individuell zu Gerichten und Vorlieben abgestimmt.

Dampfschwein

Louisenstr. 26, 1099 Dresden
☎ 0351-8103197
dampfschwein.de
☉ So–Do von 17–22 Uhr,
Fr u. Sa von 17–00 Uhr,
kein RT

Handwerklich gesmoked: Pulled Pork und Beef, Ribs und Bauch in verschiedenen Burger-Buns aus Weizen und Roggen. Für vegetarier gibt's die Alternative aus geräuchertem Seitan.

Elements

Königsbrücker Str. 96, 1099 Dresden
☎ 0351–2721696
www.restaurant-elements.de
◕ Mi–Sa ab 18 Uhr, So–Di RT
Hauptgericht: 40–45 €, Menüs: 95 €

Mittags konzeptionell einfacheres, aber gutes Lunchkonzept, abends von Mittwoch bis Samstag gehobenes Fine Dining, für das auch unsere Bewertung steht: Stephan und Martina Mießner betreiben auf dem ehemaligen Industriegelände der Zeitenströmung seit Jahren ein erfolgreiches und stimmiges Konzept, das in beiden Bereichen vom Können des Teams und einer unaufgeregt souveränen Gangart profitiert. Wer abends das Gourmetprogramm wählt, kann sich in dem Restaurant mit in kraftvollem Lila gestrichenen Wänden und kontrastierenden weißen Balken auf größtenteils klassisch französische Cuisine freuen, die zwar den einen oder anderen Blick ins Mediterrane oder Asiatische wagt, ihre Basis dabei aber nie verlässt. Und das ist gut so, denn die erfreulich uneitlen Gerichte leben gerade von ihrem kraftvollen und harmonischen Charakter mit wenigen, elegant eingebundenen Komponenten. Das macht dank der hohen Produktqualität durchweg Freude und wird von charmantem Service und einer attraktiven Weinkarte begleitet.

Genuss-Atelier

Bautzner Str. 149, 1099 Dresden
☎ 0351–25028337
www.genuss-atelier.net
◕ Di–Fr ab 17 Uhr, Sa von 12–15 Uhr
u. ab 17 Uhr, So u. Mo RT
Hauptgericht: 18–35 €, Menüs: 57–97 €

Das kleine, von Sandsteinmauern und Ziegelgewölbe geprägte Kellerrestaurant von Marcus und Nicole Blonkowski ist eine erfreuliche Konstante in der zuletzt eher ausgedünnten und durcheinander gewirbelten Genussszene der Sächsischen Landeshauptstadt. Mit ihrem seit der ersten Stunde auf einerseits unkompliziert einladende Atmosphäre und andererseits anspruchsvolle Küche abzielenden Konzept,

haben sich die beiden Geschwister gemeinsam mit ihrem Team eine treue Fangemeinde erarbeitet und setzen einen sympathischen Kontrast zum barocken Prunk der Dresdener Altstadt.

In dem behaglichen, von wechselnden Exponaten regionaler Künstler geprägten Ambiente, das im Sommer auch einen idyllischen Freisitz bietet, ist „Schwellenangst" definitiv kein Thema, sondern soll Genuss leicht zugänglich (und im Übrigen nach wie vor auch bezahlbar…) gemacht werden. Und das gelingt ausgezeichnet, auch weil die Karte sowohl ein flexibles Probieren à la carte als auch ein durchkomponiertes Überraschungsmenü bietet und auf diese Art viele Freiheiten lässt, je nach Anlass und individuellen Vorlieben das Angebot zu erkunden.

Die Gerichte selbst sind geprägt von einer meist regionalen Produktpalette und markanten, schmissigen Ideen, die – ohne allzu kompliziert zu werden – für einen ebenso hohen Unterhaltungs- wie Genusswert sorgen. In den letzten Jahren sind die einzelnen Zubereitungen dabei sogar immer noch ein bisschen akkurater und genauer geworden. Insbesondere bei den Gemüsekomponenten, die bei früheren Besuchen teils etwas gröber und weniger ausgefeilt daherkamen, hat das Team sich nochmal merklich gesteigert, was wir dieses Jahr nur allzu gerne mit unserem Bonuspfeil honorieren.

So bewegten sich beispielsweise die unterschiedlichen Kürbis-Zubereitungen zu durch und durch rosazart gebratener Taubenbrust gekonnt weg von breiter Süße, eher in eine aufgelockerte, zugespitzt fruchtige Richtung und von dienlicher Säure belebt, während dünne Knusperchips eine gewisse Pikanterie beisteuerten und die zart geschmorte Taubenkeule zusätzliche Tiefe und Würze. Das hätte in größeren Dimensionen durchaus auch als Hauptgang bestens funktioniert, macht aber als Vorspeise eine genauso gute Figur.

Genauso gekonnt widmete sich das Team dem ebenfalls nicht einfachen Thema „Bete": die allzu oft entweder anstrengend erdige oder plakativ überwürzte Rübe konnte hier einerseits als hauchdünnes knackig-zartes Carpaccio und andererseits als rot-gelbes Mosaik zarter größerer Bete-Würfel unterschiedliche Facetten des fruchtig-erdigen Eigengeschmacks zeigen und begleitete damit den ebenfalls eher kräftig robusten Charakter eines saftig sanft gegarten Störfilets sehr souverän – aufgelockert von einigen herben Baby-Leafs und papierdünnen Bete-Chips.

Aber auch die frühlingshafte Kombination von sanft gegartem Seeteufel mit geschmorten Würfeln und zarten Lamellen von Knollensellerie, zitronenfrisch aufgehellt und von einer schaumigen Spinatvelouté und Babyspinatblättern abgerundet, oder aber die charakterstarke Präsentation vom Lamm als kernig rosa gegarter Rücken und tiefwürzig-zart geschmorte Schulter mit einer pointierten mediterranen Begleitung aus einer geschmorten Auberginenscheibe mit konzentriert fruchtigen Tomatenzubereitungen, zeigten zuletzt die positive Entwicklung.

Im Grunde fehlt da vielen Gerichten gar nicht mehr so viel bis zum 7-Pfannen-Level. Sicher ist aber auf jeden Fall, dass auch so bis zu erfrischend auf den Punkt gebrachten Desserts wie beispielsweise einem kleinen Mürbteigtartelette mit abwechslungsreicher Füllung aus saftigen Heidelbeeren und Heidelbeermousse, laktisch hellen und schokoladig dunklen Cremetupfen, ätherischer Kresse und einem konzentrierten Heidelbeersorbet nebenan ein rundum stimmiger Gesamteindruck geboten wird.

Der schließt auch den gut eingespielten Service ein, der gekonnt die Balance zwischen Lockerheit und Zuvorkommenheit halt – und eine attraktive Getränkeauswahl mit einer spannenden Selektion der besten regionalen Winzer, von denen viele Weine auch glasweise und passend zu den Gerichten ausgeschenkt werden.

Moritz

An der Frauenkirche 13, 1067 Dresden
📞 0351-41727152
www.moritz-dresden.de
🕐 Täglich ab 17 Uhr, kein RT
Menüs: 59–79 €
EC 💳 VISA 🚻 ♿

Der Wintergarten im fünften Stock des Suitess-Hotel direkt gegenüber der Frauenkirche bietet seinen Gästen den Ausblick auf die imposante Kuppel und zudem auch noch die Möglichkeit,

hier auf überdurchschnittlichem Niveau zu speisen. Dafür zeichnet das junge Team unter Küchenchef Sebastian Probst verantwortlich, mit einer munteren Mischung aus kreativ interpretierter Regionalküche und internationalen Gerichten. Fantasievoll ausgedacht, fürs Auge arrangiert, handwerklich nicht immer bis ins Letzte ausgefeilt, aber durchgängig auf einer soliden Basis. Außerdem gibt's ausgesuchte Weine aus Sachsen und darüber hinaus sowie aufmerksamen, authentischen Service.

Wein | Kultur | Bar

Wittenberger Str. 86,
1277 Dresden (Striesen)
📞 0351-3157917
silvionitzsche.wixsite.com
/weinkulturbardresden
🕐 Di–Sa von 15–23 Uhr, So, Mo u. Fei RT

Affineur-Käse und kleine, unkomplizierte Tagesgerichte zu spannenden Weinen aus einer sensationell bestückten Weinkarte, die nicht nur zu den umfangreichsten, sondern auch zu den qualitativ besten in Deutschland zählt.

Duisburg (Nordrhein-Westfalen)

Küppersmühle

Philosophenweg 49–51, 47051 Duisburg
📞 0203-5188880
kueppersmuehle-restaurant.de
🕐 Di–So ab 12 Uhr durchgehend, Mo RT
Hauptgericht: 28–42 €, Menüs: 59–95 €
EC 💳 VISA P 🚻 ♿

Ein modernes, großzügig gestaltete Lokal im legeren Bistro-Stil in einem ehemaligen Mühlen- und Speichergebäude direkt am Duisburger Innenhafen. Im Sommer sitzt es sich sehr nett auf der leicht erhöhten Terrasse mit Blick auf die Hafenszenerie und das junge Küchenteam schickt unter dem Motto „Moderne Genusskultur heißt Vielfalt, ohne zu überfrachten" ein abwechslungsreiches Programm, das von der mittäglichen Klassikerkarte bis zum weltoffenen mehrgängigen Menü am Abend, das zwischen der mediterranen und der asiatischen Aromenwelt wandelt, ein breites Spektrum an Wünschen abdecken kann. Die internationale Weinkarte mit deutschem Schwerpunkt setzt voll auf das mittlere Preissegment und auf arrivierte Erzeuger. Das Preisniveau von Speis' und Trank ist gemessen am Gebotenen moderat.

Villa Patrizia

Mülheimer Str. 213,
47058 Duisburg
☎ 0203-330480
www.villa-patrizia-online.de
◉ Mo–Fr von 12–14.30 Uhr u. ab 18 Uhr,
Sa ab 18 Uhr, So RT
Hauptgericht: 34–49 €,
Menüs: 39–109 €

Eigentlich wäre für das Ristorante der aristokratisch schmucken Villa Patrizia der Name „Padiglione Patrizia" sogar noch passender, findet der Restaurantbetrieb nach unserer Erfahrung doch überwiegend in einem großen, hellen, mit weißen Korbsesseln und elegant gedeckten Tischen überraschend edel und einladend gestalteten Außenzelt statt. Die Anmerkung ist also in keiner Weise despektierlich gemeint, denn sogar im Winter herrscht hier dank Luftaustauscher und flackerndem Ofenfeuer eine ausgesprochen angenehme Atmosphäre.

Und zudem sorgen die Gastgeber Patrizia und Nico Bodean mit ihrer charmanten Art sowieso schnell dafür, dass sich Stammgäste genauso wohl fühlen, wie Erstbesucher, während in der Küche mit Mimoun Trichi ein ebenso erfahrener wie neugierig gebliebener Könner am Herd steht, der uns seit Jahren mit verlässlich guter Küche überzeugt. Seine Gerichte stehen für eine mediterran-italienische Aromenwelt mit gehobenem Anspruch, die bisweilen raffiniert, aber nicht übertrieben kompliziert daherkommen.

Genau diese unkomplizierte Art elegant zu kochen zeigte nach gutem lockerem Brot mit Olivenöl und Kräutersalz sowie einer konzentrierten roten Linsenschaumsuppe schon die erste Vorspeise. Und zwar mit einem Duett aus Kalbsfiletscheiben zwischen Kräutersalat und einer prononcierten hellen Creme von Sardellen und Kapern auf der einen Seite und einem mit winzigen Wurzelgemüse-Würfelchen aufgelockerten Hummertatar auf der anderen Seite, dessen feine Chilischärfe (ein wenig plakativ) von säurespitzer Cocktailsauce ergänzt wurde.

Die größte Stärke zeigt das Team aber in der Regel bei handwerklich souverän umgesetzten und fein proportionierten Pastagerichten wie der hellen Trüffel-Lasagne, die geschmeidige frische Pastablätter mit duftiger Trüffelcreme, dezenter Käsefülligkeit und einem luftigen Trüffelschaum verband. Besonders erfreulich dabei: trotz der hellen Farbgebung wirkte die Aromatik natürlich-erdig und nicht vordergründig synthetisch wie bei der exzessiven Verwendung von Trüffelöl.

Ebenfalls ein harmonisches Wohlfühlgericht mit einer gewissen Eleganz kam zuletzt im Hauptgang mit dem saftig gebratenen Kabeljau nebst erdig-fruchtigen Berglinsen und einer milden Hummerschaumsauce auf den elegant eingedeckten Tisch. Letztere war eher lieblich gehalten, hatte aber dennoch Röstpower und war mit einer gewissen aromatischen Wärme hinterlegt. Nur die zusätzlich begleitenden Kartoffelkugeln hätte es hier gar nicht unbedingt gebraucht – genauso wenig wie die weiche Haut, mitsamt derer der ansonsten propere Kabeljau auf die Linsen drapiert war.

Derartige Kleinigkeiten – zu denen im Übrigen auch die Februar-Erdbeeren als Garnitur zum Dessert gehören – ändern aber nichts am grundlegend gehobenen Anspruch und Niveau der Küche. Das Dessert beispielsweise überzeugte mit einem krokantknusprigen Mandelparfait mit beinahe fließend zarter Bitterschokoladenmousse auch ganz ohne Fruchtgarnitur prima.

Fazit: Die Villa Patrizia ist und bleibt eine lohnende Adresse für italienisches Lebensgefühl und Genuss auf gehobenem Niveau. Vor allem dann, wenn scheinbar rustikalere Pasta- oder Schmorzubereitungen mit einigen raffinierten Twists und in akkuraten Proportionen auf die Tische kommen. Ebenfalls lohnend sind auch die flexibel empfohlenen Weine, mit einer großen Auswahl quer durch die italienischen Anbaugebiete.

[maki:'dan] im Ritter

im Hotel Ritter
Tal 1, 77770 Durbach
☎ 0781-93230
www.wilder-ritter.de
◎ Täglich ab 19 Uhr, kein RT
Hauptgericht: 9–22 €

EC ⬤ VISA P ☷ ♿

In Zeiten wie diesen, mit immer restriktiveren Spielregeln in vielen Gourmetrestaurants, kann man derart gastfreundliche Konzepte wie das des Hotel Ritter in Durbach gar nicht hoch genug schätzen. Im Grunde verbirgt sich hinter dem recht sperrigen Namen [maki:'dan] und der in der Speisekarte etwas umständlich formulierten Idee nämlich der krasse Gegenentwurf zu jenen oft nur noch an wenigen Abenden in der Woche geöffneten Fine-Dining-Adressen mit einem einzigen Menü ohne Auswahlmöglichkeiten und nicht verhandelbaren Anfangszeiten, zu denen man sich für den kollektiven Speisebeginn im Lokal einzufinden hat.

In der schön nostalgisch anmutenden, aber mit vereinzelten modernen Akzenten aufgelockerten Stube dieses zeitgemäß modernisierten und sukzessive expandierten Hotels hinter geschichtsträchtigen Grundmauern bittet man nämlich nicht nur an sieben Abenden in der Woche zu Tisch – die Gäste können sich hier auch aus einer verhältnismäßig umfangreichen Auswahl verschiedener kreativer Gerichte, die allesamt apart in Zwischengerichtsgröße dimensioniert sind, ganz nach Herzenslust selbst ein Menü zusammenstellen. Mehr noch: Man muss sich zu Beginn nicht mal auf eine feste Anzahl an Gängen festlegen, sondern darf ausdrücklich während des Abends mehrfach nachbestellen!

Vor diesem Hintergrund, der für das Team um Küchenchef André Tienelt einen deutlichen Mehraufwand bedeutet, ist es umso erstaunlicher, dass sich die Qualität und die handwerkliche Präzision der Gerichte zwischenzeitlich auf einem Niveau bewegt, von dem viele andere Gourmetrestaurants mit deutlich eingeschränktem Programm nur träumen können.

Bereits sämtliche unter der Überschrift „Kleine Köstlichkeiten" offerierten Einstimmungen, die man hier ebenfalls einzeln bestellen kann, hatten es in sich! Vom Störtatar mit Alpenkaviar, Gel von Sudachi und Crème fraîche im Knuspertartelette, über süßlich-würzigen Unagi Kabayaki Aal mit japanischer Mayonnaise und Sternanisaromen auf Chips aus gepufftem Reis, bis hin zum schmelzigen Tatki vom US-Beef mit pikantem Kimchi und erfrischender Ponzusauce, bestachen alle Kostproben durch hervorragende Produkte und klare, schlagkräftige Aromen bei gleichzeitiger Transparenz und Eleganz. Und durch ein erstaunlich perfekt aufeinander abgestimmtes Spiel der unterschiedlichen Texturen.

Ähnlich ausgetüftelt wirkte ein Gericht mit bestechend gutem, unter maximal krosser Haut perfekt auf den Punkt gebratenem Zander, der mit dreierlei säuerlichem (unter anderem fermentiertem) Spargel und eingelegten Radieschen zusammengebracht wurde. Das alles harmonisch verbindende Element war hier eine geräucherte voluminöse Beurre blanc, deren sanfte Raucharomen sich auf dem Teller gewinnbringend mit einem frisch-scharfen Schnittlauchöl vermählten.

Ähnlich süffig und geschmeidig, als Arrangement allerdings noch etwas dichter und kompakter, präsentierte sich der Zwischengang um gebratene Segmente des Bodens einer bretonischen Artischocke, die zusammen mit mildwürzigem Vulcano-Schinken auf einem klaren Tomatensud schwammen und von rahmigem Pecorinoschaum eingelullt waren. Auch hier wurde mit feinen Knusperpartikeln und etwas frisch geschnittenem Schnittlauch geschickt das sensorische Spektrum erweitert.

Generell kombiniert das Team auf nahezu jedem Teller gerne kontrast- und facettenreich. So waren auch die gebratenen Langustinen mit Wildreisknusper, zweierlei Rhabarber, sowie den zitrischen Aromen von Kaffirlimette und Yuzu geschmacklich äußerst dynamisch und haptisch vielschichtig in Szene gesetzt. Und auch hier sorgte eine formidable Sauce, nämlich eine sehr elegante, nicht zu röstintensive Krustentierbisque, mit ihrer natürlichen Süße, gewisser Tiefe und ihrem rahmigen Schmelz dafür, dass die unterschiedlichen Säuregrade gebändigt und gut ins Geschehen integriert waren.

Nach einem ganz ähnlichen Prinzip funktionierte das puristische Arrangement um die zart-saftige glasierte Tranche einer über eineinhalb Tage bei 60 Grad niedertemperaturgegarten Short Rib vom US-Beef, die neben Buchenpilzen und Lime Pickles ebenfalls mit knusprig gepufftem Reis bedeckt war und eine Hollandaise-artige Espuma zur Seite gestellt bekam. Auch hier wurden mit unterschiedlichen Strukturen viele Sinne angesprochen, auch hier war das Ganze in der Geschmeidigkeit einer gleichsam opulenten wie elegant ausgewogenen Sauce verwoben.

Flächiger angerichtet und auch als Komposition deutlich vielschichtiger präsentierte sich im Vergleich dazu die Etouffée-Taube, deren ebenso festes wie zartes Brustfleisch mit viel Saft und Eigengeschmack und das optimal feinfaserige, fast von selbst vom Knochen fallende Keulenfleisch in Kombination mit Kirsche und Roter Bete aufgeboten wurde. Der Clou war hier sicherlich die mutmaßlich mit etwas Creme der Taubeninnereien zusammengebrachte Bitterschokolade, die im Zusammenspiel mit einer reduzierten Taubenjus für wohldimensionierte Tiefe und Komplexität sorgte.

Dass André Tienelt ein Händchen für unkonventionelle Aromenkombinationen hat, wissen wir nicht erst seit der Eröffnung des [maki:'dan] – und es wurde diesmal auch beim Dessert offenbar, einer kompakt angerichteten Kreation von Kaktusfeige, Pistazie, weißer Schokolade und Lakritz, die uns mit viel flirrender Frische, aber auch genügend Schmelz und Süße einen ebenso lustvollen wie leichten Abschluss bescherte. Und weil es zu jeder der insgesamt rund 20 Offerten in der Karte eine eigene, in unserem Fall grundsätzlich sehr stimmige und qualitativ anspruchsvolle Weinempfehlung gibt, darf man sich hier auch immer attraktiv gefüllter Gläser sicher sein. Ein Hoch auf dieses gelungene Gesamtkonzept!

Hotelempfehlung

★★★★ S

Hotel Ritter Durbach

Tal 1, 77770 Durbach
☏ 0781-93230
www.ritter-durbach.de
Einzelzimmer: 100–250 €
Doppelzimmer: 170–290 €

Hier verbinden sich Tradition und Moderne auf äußerst geschmackvolle Weise. Das Hotel Ritter Durbach steht für zeitgemäße Wohnkultur, gepaart mit Design und Funktion. Mit der jüngsten Hotelerweiterung ist die Anzahl der modern und komfortabel eingerichteten Zimmer auf 87 gestiegen und der SPA-Bereich lädt nun auf 1200 m^2 zum Entspannen ein. Hinzugekommen sind erweiterte Ruhezonen und Behandlungsräume, sowie Pool und ein Sonnendach mit Blick in die Weinberge, ebenso eine zusätzliche große Finnische Sauna mit Außenbereich. Außerdem im „Ritter": WLAN in der Lobby, Oldtimervermietung, Veranstaltungsräume, zwei moderne Tagungsräume, begehbarer Weinkeller. Gourmetrestaurant [maki:'dan] im Ritter separat erwähnt.

Die Hoteleinträge

★★★★★S	Superior
★★★★★	Unterkunft für höchste Ansprüche
★★★★	Unterkunft für hohe Ansprüche
★★★	Unterkunft für gehobene Ansprüche
★★	Unterkunft für mittlere Ansprüche
★	Unterkunft für einfache Ansprüche
➥	Unterkunft ohne Sterne-Klassifizierung

1876 Daniel Dal-Ben

Grunerstr. 42a, 40239 Düsseldorf
☎ 0211–1717361
www.tafelspitz1876.de
◉ Mi–Sa ab 18.30 Uhr, So–Di RT
Menüs: 175 €

Das kleine, zeitlos-schlicht und nicht unelegant gestaltete Restaurant von Daniel Dal-Ben am Rande des Zooparks im Düsseldorfer Nordwesten zählt für uns seit geraumer Zeit zu den aus kulinarischer Sicht besten und interessantesten Restaurants im Rheinland. Der Chef, der sich in der Gourmetöffentlichkeit eher unter dem Radar bewegt, hat in seiner Vita keine namhaften Stationen vorzuführen und kann vermutlich genau deshalb so unbeschwert kreativ sein. Dass er seine weltoffene moderne Gourmetküche in Form eines elaborierten Menüs voller lebhafter und spannender Geschmacksbilder in jüngerer Zeit stärker in eine mediterrane Richtung gedreht hat und weniger als früher mit asiatischen Aromen und Motiven spielt, lässt sich vielleicht mit frühkindlicher Sozialisation und Rückbesinnung erklären: das Düsseldorfer Urgestein hat nämlich italienische Wurzeln! Dazu passt auch, dass sich nun mit Enzo Caso ein souveräner Restaurantleiter mit Gentilezza charmant um die Gäste kümmert.

Agatas Restaurant

Kirchfeldstr. 59,
40217 Düsseldorf
☎ 0211–20030616
www.agatas.de
◉ Mi–Sa ab 18 Uhr, So–Di RT
Menüs: 125–159 €

Philipp Lange sitzt mittlerweile als Küchenchef fest im Sattel und bekocht das von Agata Reul ebenso charmant wie persönlich geführte, modern in warmen Naturfarben gestaltete Restaurant in Oberbilk mit seinem Team ebenso souverän wie sein Vorgänger und ehemaliger Chef. Seine Art der Küche liegt voll im Trend, was gar nicht unbedingt damit zu tun hat, dass die Zutaten und Aromen verschiedener asiatischer Küchen eine entscheidende Rolle im sechsgängigen Menü einnehmen. Die modern arrangierten, handwerklich sehr genau umgesetzten und weltoffen komponierten Gerichte tendieren auch gerne mal in die modernisierte französische Klassik oder repräsentieren kreativ modifizierte Regionalküche mit exotischem Twist – kommen auf jeden Fall immer sehr leicht und bunt, kompositorisch aber durchaus pointiert daher. Dazu hat die sympathische Gastgeberin immer auch glasweise Weinempfehlungen parat; die Weinkarte zeigt ihre Stärken besonders bei deutschen Rieslingen.

Berens am Kai

Kaistr. 16,
40211 Düsseldorf
☎ 0211-3006750
www.berensamkai.de
◉ Mo, Mi u. Do ab 15 Uhr, Fr ab 13 Uhr,
Sa ab 17 Uhr, Di u. So RT
Hauptgericht: 24–58 €,
Menüs: 95–110 €

Stabwechsel am Herd in Holger Berens Restaurant: Nach der Neugestaltung der Räume im letzten Jahr hat der Chef nach fast einem Vierteljahrhundert die Verantwortung an Michal Slawik übergeben, bleibt aber als Geschäftsführer seines eigenen Unternehmens im Amt. Am Küchenstil des lichtdurchfluteten modernen Lokals mit stylischen sandfarbenen Schalensesseln, Naturfarben, Holz und am Abend warmen Lichtquellen, die eine behagliche Atmosphäre schaffen, hat sich nichts Wesentliches geändert und auch das Niveau konnte spielend gehalten werden. So präsentieren sich die auf französischer Klassik beruhenden Gerichte mit fernöstlichen, orientalischen oder mediterranen Anklängen weiterhin als kunstvoll und detailliert aufs Porzellan gebrachte, im Grunde recht schnörkellose Kompositionen – vielleicht in einer etwas schlankeren und moderneren Façon. Besondere Beachtung verdient weiterhin auch die international recht gut bestückte Weinkarte.

Bob & Mary

Hammer Str. 26, 40219 Düsseldorf
📞 0211-99455355
bobmary.de
⏱ Mo–Do von 12–21.30 Uhr,
Fr u. Sa von 12–22.30 Uhr, kein RT
Hauptgericht: 8–16 €

Handwerklich, frisch und sorgfältig zubereitete Burger aus hochwertigen Produkten mit frischen Manufaktur-Saucen. Alternativ oder dazu gibt's verschiedene kreative Salate.

Bob & Mary

Berger Str. 35, 40213 Düsseldorf
📞 0211-86930710
bobmary.de
⏱ So–Do von 12–21.30 Uhr,
Fr u. Sa von 12–22.30 Uhr, kein RT
Hauptgericht: 8–16 €

Handwerklich, frisch und sorgfältig zubereitete Burger aus hochwertigen Produkten mit frischen Manufaktur-Saucen. Alternativ oder dazu gibt's verschiedene kreative Salate.

Dr. Kosch

Roßstr. 39, 40476 Düsseldorf
📞 0176-80487779
www.breadroses.de
⏱ Do–Sa ab 18.30 Uhr, So–Mi RT
Menüs: 82–116 €

So individuell und alternativ das Derendorfer Restaurant und sein entspanntes Casual-Fine-Dining-Konzept sind, so präsentiert sich im Grunde auch die Küche des in Franken geborenen und zuletzt in Frankfurt und Düsseldorf zum Routinier gereiften Kochs Volker Drkosch. Der arbeitet hier sehr nah am Gast und kredenzt in lockerem Rahmen und in legerer Gangart spannende, modern und eigenständig interpretierte Gerichte, die einerseits sehr schnörkellos und produktbezogen sind, sich andererseits aber auch immer facettenreich und kraftvoll akzentuiert präsentieren. Was aus Drkoschs „Glückslabor" kommt, wie er seine Küche selbst nennt, garantiert unkompliziert-kreatives Essvergnügen in durchaus feingeschliffener, aber nicht übertrieben artifizieller

Machart und kommt eigentlich immer mit einem gewissen Aha-Effekt ums Eck. Und das zu vergleichsweise moderaten Preisen, auch was das Weinangebot betrifft.

Fleher Hof

Fleher Str. 254,
40223 Düsseldorf
📞 0211-31195711
www.fleherhof.dehome.html
⏱ Mi–Sa ab 17.30 Uhr, So 12–14.30 Uhr
u. ab 17.30 Uhr, Mo u. Di RT
Hauptgericht: 20–33 €, Menüs: 49–69 €

Eher am ruhigen Rande von Düsseldorf, nur einen Katzensprung vom Rhein und dem Fleher Deich entfernt, ist der ehemalige Tanzpalast Fleher Hof seit über 100 Jahren eine gastronomische Institution und ein beliebtes Ausflugsziel in der Umgebung. An diese Tradition haben Melanie Lorbach und Dennis Schürmann im Jahr 2016 angeknüpft, als sie das historische Backsteingebäude übernommen und nach umfassender Sanierung neu eröffnet und gastronomisch belebt haben.

Geblieben sind der Charme, den die ruhige Lage und das gemütliche Ambiente versprühen und auch das kulinarische Angebot bleibt weiterhin mehrheitsfähig und verbindet deftige, rheinisch-westfälische Tradition mit französischer Brasserie-Klassik in leicht modernisiertem, zeitgemäßem Gewand – aber ohne sich in überhöhten Ambitionen oder Arbeitsaufwand zu verlieren. Die Erfahrungen unter anderem bei Berens am Kai (als stellvertretender Küchenchef) haben dafür einerseits natürlich handwerklich eine ausgezeichnete Basis geschaffen, andererseits aber auch den Blick dafür geschärft, wie ein Konzept mit den vorhandenen Ressourcen stimmig und attraktiv gestaltet werden kann.

Und so warf bei unserem letzten Besuch selbst akuter Personalmangel das Team nicht völlig aus der Bahn, sondern ermöglichte nach wie vor eine Perfomance, bei der das Können und noch weiteres Potential sichtbar wurden. Selbst etwas scheinbar so Simples wie eine saftige, feinwürzige Kalbsfrikadelle mit prononcierter Senfkorn-Crème machte auf ihrer mit gekonntem Understatement aus der rustikalen Ecke rausbewegten Art schon viel Freude und stimmte außerdem stilistisch prima auf die folgenden Gerichte ein.

Beispielsweise auf die rosazarten Tranchen vom Kalbstafelspitz, die als Salat in einem säurefrisch-nussigen Kürbiskerndressing gemeinsam mit knackig feinaromatischem weißem Spargel ihren gelungenen Auftritt hatten. Gehacktes Ei in der Vinaigrette sorgte dabei für eine gewisse Länge und Fülle, während karamellisierte Kürbiskerne mit ihrer nussigen Süße einen punktgenauen Kontrast setzten.

Geradezu exotisch muten dagegen so grundsätzlich klassische Brasserie-Themen wie „Froschschenkel" an, an die sich kaum noch irgendwo in Deutschland jemand herantraut. Dabei lohnt sich das geschmacklich durchaus, wie die saftig-zarten Exemplare im Fleher Hof unter Beweis stellten, die in einer üppigen, zugleich aber säurestraff und mit markantem Pernod-Duft hingelegten Rahmsauce badeten, die zudem von kräftig Petersilie und Knoblauch auf schmissige Weise belebt wurde.

Die gleiche rustikal-charmante Art prägte den pochierten, zart aufblätternden (nur etwas zu stark gesalzenen) Kabeljau unter einem Topping aus Nordseekrabben, Kapern, Petersilie und Tomate, der nebst mildfrischem Gurkensalat und sehr guten Quetschkartoffeln auf den Tisch kam – verbunden von einem leichten Sud, der sich harmonisch mit dem Gurkendressing vermischte. Mit etwas besser freigestellten Aromen und einem Produktupgrade bei den qualitativ zwar ordentlichen aber nicht optimalen Krabben hätte wohl noch mehr herausgeholt werden können. Aber auch so war das ein bestens gelungenes Wohlfühlgericht.

Wer sich noch Appetit aufgespart hat, bekommt mit Desserts wie der tiefdunklen Schokoladenmousse auf bester Basis nebst marinierten Beeren oder auch einem geschmeidigen Mangosorbet nebst Butterstreuseln und prickelnd frischem Passionsfruchtsoda gleichermaßen schlichte wie gelungene Optionen. Und mit einer guten Auswahl hochwertiger Basisweine und einer beeindruckenden Liste spannender Flaschen ist genauso auch Spaß im Glas garantiert.

Grindhouse

Bankstr. 83,
40476 Düsseldorf
☎ 0211-51344606
grindhouseburgers.de
◉ Di–Fr von 12–15 Uhr u.
von 17–22 Uhr (Fr bis 23 Uhr),
Sa von 12–23 Uhr, So von 14–22 Uhr,
Mo RT

Qualitativ hochwertige Burger aus regionalen Zutaten, die man sich nach Lust und Laune selbst zusammenstellen kann.

Le Flair

Marc-Chagall-Str. 108,
40477 Düsseldorf
☎ 0211-51455688
restaurant-leflair.de
◉ Mi–So ab 19 Uhr,
Mo, Di u. Fei RT
Menüs: 96–144 €

Wer den Gastraum des Restaurants mit dem französischen Namen betritt, das passenderweise in der Marc-Chagall-Straße am Maurice-Ravel-Park liegt und von dem aus der französischen Schweiz stammenden jungen Chef Dany Cerf geführt und bekocht wird, könnte ob des vorherrschenden Purismus glauben, dass er es hier mit nordischer Naturküche zu tun bekommt und nicht mit französischer Klassik. Doch der Schein trügt nur kurz und außerdem passt dieser aufgeräumte, modern und casual wirkende Rahmen sehr gut zu den zeitgemäß puristisch anmutenden Gerichten des sechsgängigen Menüs, mit denen der Chef eben sehr wohl auf die positiven Eigenschaften der französischen Klassik setzt und diese in all ihrer geschmackvollen Opulenz auf die Teller bringt – aber eben mit maximaler Leichtigkeit und mit Mut zum Purismus. Aber auch mit einem Faible für exotische Aromen und verwegene Gewürzakzente. Kein Wunder, dass auch die Weinkarte ihren Schwerpunkt neben attraktiven deutschen Gewächsen in der französischen Weinwelt hat.

Nagaya

Klosterstr. 42, 40211 Düsseldorf
☎ 0211-8639636
www.nagaya.de
◐ Di u. Do–Sa von 12–14 Uhr u. ab
19 Uhr, Mi ab 19 Uhr, so u. Mo RT
Menüs: 179–218 €

Es wäre natürlich Frevel, ausschließlich wegen der Sushi-Interpretationen in das längliche, hell, modern und stilvoll puristisch gestaltete Restaurant zu kommen und das Omakase-Menü von Yoshizumi Nagaya links liegen zu lassen. Gleichzeitig kann man an diesen die erstaunlich hohen Produktqualitäten dieser Küche und ihr Verständnis, diese bestmöglich, klar und unverstellt in Szene zu setzen, am besten erkennen und nachschmecken. Doch man muss in dem nach unserer Auffassung mit Abstand besten japanischen Restaurant in Deutschland keine ausgeprägte Affinität für maximalen Purismus haben, denn Nagaya spannt sehr gekonnt den Bogen zwischen der produktfokussierten japanischen Hochküche und der von Frankreich geprägten mitteleuropäischen Kochkultur und begeistert in seinen Menüs mit überraschend kreativen Akzenten. Das gute Gespür des Chefs für kulinarische Moderne bis hin zur Avantgarde sorgt hier für eine reizvolle Liaison aus japanischer Präzision, Transparenz und Qualitätsphilosophie und der typischen Aromenfülle und Komplexität europäischer Spitzenküche.

nineOfive

Ackerstr. 181, 40233 Düsseldorf
☎ 0211-94218181
www.nineofive.de
◐ Mo–Do von 17–22 Uhr,
Fr–So von 12–22.30 Uhr, kein RT
Hauptgericht: 10–16 €

Original neapolitanische Pizza mit perfektem Teig und qualitativ hochwertigen Toppings aus dem Spezialofen stehen hier im Fokus. Es gibt aber auch Lasagne, das eine oder andere Pasta-Gericht sowie italienische Snacks und Vorspeisen, die sich ebenfalls über die hohe Qualität der Grundprodukte definieren. Nicht zu vergessem eine sensationelle Weinkarte mit Schwerpunkt Riesling!

PHOENIX
Restaurant & Weinbar

Dreischeibenhaus, 40211 Düsseldorf
☎ 0211-30206030
www.phoenix-restaurant.de
◐ Di–Fr von 12–14 Uhr u. ab 18 Uhr,
Sa ab 18 Uhr, So u. Mo RT
Hauptgericht: 53–64 €, Menüs: 82–117 €

Von außen wirkt das 94 m hohe Dreischeiben-hochhaus, das als Beispiel der Nachkriegsmoderne gilt, nicht unbedingt so, als würde es ein Spitzenrestaurant beherbergen. Nur eine schlichte metallene Tafel weist außen auf das Phoenix hin. Wendet man sich am Empfang nach links, erblickt man aber schon den Eingang. Und nach wenigen Schritten steht man in dem großen Gastraum mit Blick auf die offene Küche, der an zwei Seiten von Glasfronten eingefasst wird, wodurch er sehr transparent wirkt. Farblich dominiert Grün, und während des Menüs gewinnt man gewinnt den Eindruck, dass dieses Interieur passend zu den Speisen gewählt ist, bei denen Leichtigkeit und Frische eine große Bedeutung besitzen.

Die Weinkarte ist sehr klassisch gehalten, mit größeren Abschnitten zu weißen Burgundern und roten Bordeaux, aber auch mit einer schönen Auswahl aus Deutschland, bei der vor allem die verschiedenen Silvaner hervorzuheben sind. Küchenchef Philipp Wolter, dessen Frau Tanja Gastgeberin des Restaurants ist, charakterisiert seinen Stil als „Weltoffen mit starkem regionalen Bezug". „Flora" heißt das vegetarische Menü und „Fauna" dasjenige, für das auch Fleisch, Fisch und Meeresfrüchte verarbeitet werden. Als bemerkenswert muss in der heutigen Zeit schon gelten, dass es dazu sogar ein kleines Angebot an verschiedenen Gerichten à la carte gibt, das vor allem Klassiker wie eine Hummerbisque, Rinderfilet mit Kroketten, oder Seezungenfilets mit Sauce Béarnaise auflistet. Und zum Lunch wird im „Phoenix" eine im Vergleich zu den Abendmenüs etwas einfachere Küche geboten, was man wissen wollte, wenn man in den Genuss der maximalen Performance des Teams kommen möchte, die auch Grundlage für unsere Bewertung war und ist.

Das Menü begann in unserem Fall mit einem lauwarmen Huchen, den Philipp Wolter mit Meerrettichraspeln bedeckt und ihn auf einem Spiegel aus Senfgurkensauce anrichtet. Wie in einer Mondsichel fügen sich daneben die weiteren Elemente dazu: eine Nocke Kopfsalatsorbet, etwas Hüttenkäse, der ebenfalls Frische addiert, sowie geröstete Mandelstücke mit angenehmem Crunch. Zwei Meerrettich-Sponges mit sehr festem Teig stellen sich indes als erstaunlich ausdruckslos heraus. Insgesamt jedoch ein sehr ansprechender, frischer und leichter Gang, bei dem alle Aromen sehr subtil erscheinen, sich nichts in den Vordergrund drangt.

Das vegetarische Menü ist bei Wolter keine Abwandlung des Fisch-Fleisch-Angebots, sondern eine komplett eigenständige Speisefolge. So baut er bei dessen ersten Gang um einen Kern aus sehr cremigem griechischen Joghurt mit rohen Kohlrabischeiben einen kleinen Turm, auf dem verschiedene Saaten und zweierlei Kresse thronen. Die Vinaigrette dazu ist subtil abgeschmeckt, Holunderkapern verleihen ihr einen besonderen Kick. Vom Effekt her ist der erste vegetarische Gang damit wie sein Pendant mit Huchen: Es geht um Frische und – trotz des cremigen Joghurts – einen gut getroffenen Eindruck von Leichtigkeit.

Einem in Rotwein sanft gargezogenen Seeteufelbäckchen verleiht Wolter mittels Kalbsjus dann eine überraschend würzige Note, die den Fisch durchaus etwas in den Schatten stellt. Dieser findet auf einem Ragout aus weißem, angenehm bissfestem Spargel und ist mit Kapern verziert. Der entsprechende vegetarische Gang wird gekrönt von einem großen, ebenso süß wie malzig schmeckenden Chip aus Pumpernickel, unter dem sich ein Ragout von grünem Spargel und Morcheln auftut. Dazu kommen Erbsen mit feiner Süße und Perlzwiebeln, die ebenfalls eine gewisse Süße aufweisen. Das könnte zu viel des Guten sein, doch ein aufgeschäumter Pilzsud sorgt für die nötige Balance dieses schlotzigen und auch aromatisch sehr überzeugenden vegetarischen Gerichts.

Im nächsten vegetarischen Gang gelingt diese Balance dann nicht so richtig, dabei ist er eine Augenweide! Die al dente gegarten Maccaroni

bilden senkrecht aufgestellt einen Kreis, in dessen Innerem sich eine Art Spinatflan findet, darauf ein Parmigiano-Reggiano-Schaum und ein etwas zu flüssiges Onsenei. Gedörrte Weintrauben addieren aber deutlich zu viel Süße dazu, so dass hier unterm Strich statt Spannung ein Gericht entsteht, dem genau diese fehlt.

Der rosazart gegarte Maibock kann dagegen glänzen! Die leicht crunchy Morchelkruste betont seine würzigen Wildaromen, was auch für die sehr gut gearbeitete Jus mit deutlichen Röstaromen als herbe Grundierung gilt. Dazu kombiniert das Team neben frittierten Blumenkohlröschen einen Blumenkohlflan, auf dem das ungewöhnlichste Element dieser Komposition thront: ein Sorbet aus Birkenblättermilch, das sich nicht aufdrängt, sondern mit den anderen vegetabilen Komponenten eine schlüssige Verbindung eingeht.

Deutlich schwächer präsentierte sich dann leider die Pâtisserie mit einem Dessert, bei dem drei Mousse-Bällchen aus weißer Schokolade, Champagner und Erdbeere, der Größe nach angeordnet auf Erdbeersauce mit Waldmeisterblättchen drapiert sind und in Summe einen nach unserem Gusto viel zu süßen Abschluss bereiten. Diesem konzeptionell wenig einfallsreichen Gang fehlte es nach unserem Dafürhalten an Kontrapunkten, die für Komplexität und Dreidimensionalität sorgen. Den guten Gesamteindruck einer Küche, die ganz besonders im vegetarischen Bereich kreativ auftrumpft, kann dies aber nicht schmälern. Und auch die verdiente Aufwertung, die sich bereits im Vorjahr abgezeichnet hatte, nicht verhindern…

Die Besteck-Symbole

𝖨𝖨 𝖨𝖨 𝖨𝖨 luxuriöses Restaurant mit höchstem Komfort und formvollendetem Service, edler Ausstattung und einer Weinkarte, die höchsten Ansprüchen genügt

𝖨𝖨 𝖨𝖨 𝖨𝖨 elegantes Restaurant mit hohem Komfort und exzellentem Service, sehr gute Ausstattung, hervorragende Weinkarte

𝖨𝖨 𝖨𝖨 𝖨𝖨 gehobenes Restaurant mit gutem Komfort und versiertem Service, umfangreiche Weinkarte

𝖨𝖨 𝖨𝖨 besser ausgestattetes Restaurant mit ordentlichem Service, ausgewählte Weine

𝖨𝖨 schlichtes Restaurant, Gasthof oder Bar

Pink Pepper

im Steigenberger Parkhotel Düsseldorf
Königsallee 1a, 40212 Düsseldorf
☎ 0211–1381611
www.steigenberger.com/hotels/
alle-hotels/deutschland/duesseldorf/
steigenberger-parkhotel-duesseldorf/
restaurants-bars/restaurant-pink-pepper
◑ Di–Sa ab 19 Uhr, So u. Mo RT
Menüs: 139–174 €

Das Düsseldorfer Hotel Steigenberger, das direkt an der mondänen Shopping- und Ausgehmeile Königsallee und am südlichen Rand des Hofgartens gelegen ist, hat mittlerweile in Sachen Fine Dining aufgerüstet: Aus dem ehemaligen Artiste wurde das in glänzendem Gold und zartem Rosé gehaltene großzügige Pink Pepper, an dessen Herd mit Benjamin Kriegel ein alter Bekannter steht. Der ehemalige Küchenchef des Fritz's Frau Franzi bespielt mit seinem Team nun mit unverändert hohen Ambitionen dieses neue schicke Gourmetetablissement und mit seiner Frau Ramona Kriegel als Restaurantleiterin und Sommelière ist auch im Gastraum ein bekanntes Gesicht zugegen. Wie es in der gehobenen Gastronomie mittlerweile fast schon Standard ist, gibt es ein einziges festes Menü, das maximal acht Gänge hat und auch hier keiner bestimmten Stilrichtung folgt. Man findet sehr viele sehr gute regionale Produkte, aber auch Fisch, Schalen- und Krustentiere aus den Weltmeeren, man findet Spinat oder Brunnenkresse genauso wie Daikon-Rettich oder Shiso, Zwiebelsud genauso wie Dashi. Unter den Amuses stach insbesondere der Weinbergschnecken-Flammkuchen im Miniformat hervor, dessen fluffig-großporiger Teig wahrscheinlich den meisten Pizzerien in Düsseldorf die Schamesröte ins Gesicht treiben würde. Der eigentliche Küchengruß war in Gestalt einer knusprig gebackenen, auf roten

Schmorzwiebeln gebetteten länglichen Ochsenschwanzpraline mit Kaviartopping auf einem Oxtail-Spiegel deutlich exklusiver und filigraner. Und dank einer eleganten belebenden Säurestruktur im Beeftea ein schlanker und dynamischer Auftakt.

Und es ging mit dem ersten regulären Gang des Menüs, dem „Spargelfeld", auch genau so schlank und dynamisch weiter, denn die marinierten knackigen weißen Spargelspitzen lagen hier mit winzigen aromatischen Pfifferlingen auf einer Art Brunnenkresse-Pistou und waren neben Kräutern mit Scheiben von ganz mild gebeiztem und geräuchertem Zander getoppt. Ein herb-frisches, leichtes Vergnügen mit hoher Transparenz.

Fülliger und dichter ging es beim kalt-warmen Duett von Jakobsmuschel und Königskrabbe mit dem Titel „Nordmeer" zu. Die kalte Zubereitung mit nach Cevice-Art roh marinierten Jakobsmuschelscheiben und Königskrabbentatar, Saubohnen, Passepierre, Fenchelgrün, knackigem Fenchel und Rettich sowie entsprechender Tigermilk war zwar auch relativ leicht und frisch – die am Tisch final auf dem Meersalzbett gedämpfte warme Zubereitung in der Jakobsmuschelschale rund um Jakobsmuschelscheiben und mit Krabbentatar gefüllte Rettich-Täschchen fiel mit einer voluminösen Königskrabbensauce und Wurzelgemüsewürfelchen allerdings deutlich opulenter aus. Ein etwas unentschieden zwischen maritim und erdig pendelndes Gericht.

Surf-and-Turf war die Überschrift für das Duett von glasig sanft gegartem Saibling und als Tataki zubereitetem Färsenfilet, begleitet von Spinat (als Creme und Blätter), einer schaumigen Dashi-Beurre-Blanc und einem mit Senfsaat angemachten Saiblingstatar auf einem Kartoffelchip, der on top auf dem Fisch balancierte. Das war wieder ein etwas breiteres, von viel milder Umamiwürze getragenes Gericht mit wenig Säure, allerdings nicht dicht und undurchdringlich, sondern schön aufgefächert, so dass alle Komponenten sehr gut herausgestellt waren.

Auch eher breit und tendenziell deftig, nämlich rauchig und erdig, kam der erste Teil des Hauptgangs um Lammfleisch vom Hofgut Lammers in Gestalt des gezupften geschmorten Haxenfleischs als Füllung einer ausgehöhlten Ramona-Kartoffel, begleitet von ein paar dünnen Scheiben des geräucherten Filets, aufgegossen mit Zwiebelfond. Im zweiten Teil der Rücken des Lamms und zugleich der nach unserem Gusto beste Gang des Menüs. Nicht nur wegen dem hervorragenden Hauptakteur mit ebenso krossem wie zart schmelzigem Fettdeckel auf saftigem, aromatisch ausdrucksstarkem Fleisch, sondern auch wegen der großartig ausgewogenen, leichten und doch kraftvollen Lammjus mit Thymiannote, der pointierten Begleitung durch Quinoa mit sehr schön grünfrischem (und nicht dumpfem) Erbsen-Topping (knackig, cremig, Afillakresse…) und den Akzenten durch aromatische Spitzmorchel und kleinen Partikeln von deftigem und doch sehr feinem krossen Lammspeck. Und das war alles wunderbar klar und differenziert, mit einer gewissen Trennschärfe, was man bei den anderen Gängen bisweilen etwas vermisst hatte. Auf diesem Teller tendierte die Küche in Richtung 8 Pfannen.

Auch sehr gut gefiel uns der Nachtisch um Holunderblüte, Pistazie, Petersilie und Rhabarber, ein ebenfalls aromatisch wie haptisch sehr schön ausgewogenes Dessert zwischen Nussigkeit und Floralität, mit elegantem Säurespiel durch den Rhabarber und leichtem Schmelz von luftiger Mousse und glattcremigem Eis. Die Weinkarte ist nicht überbordend, aber völlig ausreichend und mit Erzeugern wie Pranzegg, Kreydenweiss oder Ziereisen auch durchaus originell bestückt.

Ristorante L'Arte in Cucina

Gerricus Platz 6,
40625 Düsseldorf (Gerresheim)
☎ 0211-52039590
www.arteincucina.de
⊘ Di–Sa ab 18 Uhr, So u. Mo RT
Hauptgericht: 30–45 €

Im Herzen des Düsseldorfer Stadtteils Gerresheim betreibt die Familie Casini ihr hübsches kleines, sehr individuell gestaltetes Ristorante. Teils offeriert die Karte traditionelle Gerichte aus Gianluca Casinis toskanischer Heimat – vieles sind aber auch Eigenkompositionen oder Variationen. Am überzeugendsten ist die Küche immer dann, wenn sie sich auf die Tugenden der klassischen Cucina casalinga beruft und ganz schlicht, schnörkellos und ohne bemüht kreative Ansätze kocht. Mit der italienischen Weinauswahl kann man sich ebenfalls ganz mühelos anfreunden und schöne Weingläser gehören hier ebenso zum Standard wie die herzliche Betreuung durch die sympathische Chefin.

Rossini

Kaiserstr. 5, 40479 Düsseldorf
☎ 0211-494994
www.rossini-gruppe.de
⊘ Mo–Sa von 12–15 Uhr u. ab 18 Uhr,
So u. Fei RT
Hauptgericht: 27–32 €

Seit Jahrzehnten ist dieses schicke Ristorante der Vorzeige-„Italiener" Düsseldorfs. Und obwohl das Rossini auch schon etwas Patina angesetzt hat, so ist es auch heute noch ein sehr elegantes, geschmackvolles Lokal, in dem klassische italienische Feinschmeckerküche auf sehr solidem Niveau kredenzt wird. Das Produkt steht, wie man es von einer guten Cucina Italiana auch erwartet, meist deutlich im Mittelpunkt. Die Weinkarte listet sehr viel Gutes aus allen Regionen Italiens, vom preiswerten Einstiegswein bis zu den Granden aus der Toskana und dem Piemont.

Rubens – Das Österreichische Restaurant

Kaiserstr. 5, 40479 Düsseldorf
☎ 0211-15859800
www.rubens-restaurant.de
⊘ Di–Sa ab 17 Uhr, So u. Mo RT
Hauptgericht: 20–32 €,
Menüs: 55–65 €

In einem Viertel, in dem sich Düsseldorf normalerweise mit Brautkleidern eindeckt, gibt es seit Oktober 2019 ein österreichisches Restaurant, das sich nicht nur zum Hochzeitsschmaus eignet. Die Holztische sind blank, ohne Tischdecke, dafür aber mit weißen Geweihteilen dekoriert. Der Gastraum selbst ist von weißen Bögen dominiert und aus den Boxen ertönt keine „Alpenmusik", sondern leiser Rock. Man gibt sich traditionsbewusst, aber keineswegs provinziell – was auch für die Küche gilt. Diese leitet Ruben Baumgart, den Service seine Partnerin Cornelia Stolzer, und das mit Charme, Witz und Herzlichkeit. Die meisten Weingüter ihrer kleinen, rein österreichisch bestückten Weinkarte, kennt sie persönlich, aktuell finden sich fast ausschließlich jüngere Jahrgänge darauf.

Beim Hinsetzen liegt auf dem Tisch bereits ein kleines Papier-Sackerl mit zweierlei Brot – durch diesen kleinen Kniff fühlt man sich automatisch willkommen. Kurz danach zeigt bereits der kleine Gruß aus der Küche, eine Gemüse-Quiche mit saftigem Boden und einer Zitronen-Senf-Mayonnaise, die feinen Säure- und Schärfe-Kick verleiht, wie gut Baumgart sein Handwerk beherrscht. Neben einem Menü mit österreichischen Klassikern kann auch à la carte einiges bestellt werden, das meiste davon sowohl in Vor- wie in Hauptspeisengröße.

Die große Kärntner „Kasnudel" kommt herrlich heiß an den Tisch, in ihrer Füllung findet sich angenehm viel Kümmel. Sie liegt auf einem Spitzkohlsalat mit Biss, neben ihr findet sich auf dem Teller auch etwas Schnittlauchschaum, aber das Element, welches aus diesem Gericht etwas Unvergessliches macht, sind die Blaubeeren, die hier sowohl im Ganzen sowie als Ragout eingebunden sind. Die Süße ist hierbei perfekt austariert, die vegetabilen und die fruchtigen Noten des Gangs intensivieren sich gegenseitig, die „Kasnudel" selbst bildet die aromatische Brücke – ein enorm schlüssiges Ganzes!

Ein Backhendl mit Brust und Keule vom Kikok-Huhn geht dem Chef ebenfalls souverän von der Hand: mit dünner, knuspriger Panierung und darunter wunderbar saftigem, festem und doch zartem Fleisch. Die Vinaigrette zum Vogelsalat ist gekonnt abgeschmeckt, das Preiselbeergelee klar in seiner Fruchtnote und nicht zu süß. Ebenso überzeugend gelingt der „Spinat-Kasknödel", links und rechts von Parmesan-Espuma flankiert. Ein wenig Kresse als Dekoration, mehr braucht es dann auch nicht zum Glücklichsein.

Die weiße Kalbsbolognese fällt, weil mit Pilzen und Kräutern angesetzt, eher grün aus, und besitzt wegen enormer Umami-Power in Kombi-

nation mit feiner Kalbsnote einen sehr hohen Soulfood-Faktor. Die untergehobenen Rigatoni haben angenehm viel Biss und am Tisch wird dem Gast noch etwas Belper Knolle über das Gericht gehobelt. Und als kluge Ergänzung finden sich um das Ganze auch noch kleine Kleckse von geräucherter roter Paprika und von cremigem Eigelb.

Einer der wenigen modernen Gänge ist der knusprig gebratene und mit Meersalz bestreute Rotbarsch, dessen Sauce durch Kalamansi und Yuzu einen enormen zitrischen Säurekick erhält. An Gemüse gibt es dazu Erbsen, kleine Möhren und mit Sepia gefärbten Fenchel. Ein kraftvoller Fischgang mit starken Akzenten!

Am Tafelspitz entscheidet sich natürlich die Qualität einer solchen traditionellen österreichischen Küche und auch hier enttäuscht Baumgart nicht. In einem kleinen Gusseisentopf findet sich das zart gesottene und sehr dünn aufgeschnittene Fleisch mit viel Gemüse und Kartoffeln, darauf die ätherische erdige Schärfe von gehobeltem Meerrettich. Dazu gesellt sich ein Gläschen grüne Sauce mit expressiven Kräuternoten, ein Gläschen Apfelmus-Senf, gut in der Schärfe eingestellt, und ein kleiner Topf mit Spinat, der mutig mit Zimt abgeschmeckt wurde. Alles von bestechender Qualität.

In der traditionellen österreichischen Küche sind Desserts bekanntlich eine Bank, aber ein Sorbet aus Almdudler und Gurke mit einem Schaum von Gin Tonic findet sich dort sicher kaum. Dabei ist das Zusammenspiel so schlüssig: die Gurke kommt intensiv zur Geltung, der Almdudler bringt gekonnt Süße ins Spiel und der Gin eine deutliche Alkoholnote sowie feine Herbe. Ein passender Übergang zum süßen Finale.

In knusprig-zarter Idealform kommt der Kaiserschmarrn auf den Teller, angenehm fruchtbetont und zurückhaltend in der Süße sind Apfelmus und Zwetschgenröster, die in kleinen Gläsern à part serviert werden. Noch fulminanter gelingen gar die beiden auf Erdbeerragout angerichteten, wunderbar fluffigen Topfenknödel, umspielt von Süßweinzabaione und separat begleitet von hausgemachtem, sündhaft cremigem Vanilleeis, das mit etwas steirischem Kürbiskernöl abgerundet ist.

Fazit: Ein überzeugendes Menü ohne handwerkliche Fehler mit hohem Genusswert. Tendenziell sehr klassisch, aber hier und da auch mit kreativem Twist. Das Rubens ist eine ganz wunderbare Ergänzung der Düsseldorfer Restaurantszene!

Setzkasten

Berliner Allee 52, 40212 Düsseldorf
☎ 0211–2005716
www.setzkasten-duesseldorf.de
⊘ Mo–Mi u. Fr, Sa von 11.30–15 Uhr
u. ab 17.30 Uhr, Do u. So RT
Menüs: 39–129 €

Das Restaurant Setzkasten ist zwar ziemlich sicher das einzige Gourmetrestaurant in einem – wenn auch auf Feinkost spezialisierten – Supermarkt hierzulande. Das elegant modern designte Restaurant darauf zu reduzieren, würde dem aber nicht gerecht werden, was das junge Team hier auf die Beine stellt. Wenn man also vorbei an Obst und Gemüse, an Rohmilchkäse, Schinkenspezialitäten, Champagner-Bar und der immensen Weinauswahl ins Untergeschoss gewandert ist, bietet das kreisförmig angelegte, durch Glas abgetrennte Restaurant ein entspannt stylisches Ambiente mit Blick in die offene Küche.

Und dort entstehen in ebenfalls entspannter, aber hochkonzentrierter Gangart sehr schlanke moderne Gerichte – ohne übertriebenen Aufwand, aber mit guten und sehr exakt umgesetzten Ideen. Gerade zum Lunch gibt es obendrein noch ein unschlagbares Preis-Genuss-Verhältnis. Dieses bedingt dann auch, dass auf aufwendige Amuses zugunsten guten Brotes mit orangenduftiger Butter verzichtet wird und es danach gleich ins Menü geht.

Dort wird dann aber keineswegs auf Sparflamme gekocht, sondern beispielsweise hauchdünn aufgeschnittenes Iberico-Kinn als „Salat" mit süßen Zwiebeln, filigranem Kartoffel-Knuspersegel und Petersilie (Öl, Blätter…) gleich auch noch mit zwei Satelliten-Tellern ergänzt: einmal ein Petersilien-Essig-Granité mit herbaler Frische und zugespitzter Säure und einmal eine warme schaumige Espuma von der Feuerkartoffel mit kleinen schwarzen Crunch-Partikeln. Alles zusammen ergab das mit verhältnismäßig einfachen Mitteln ein erstaunlich komplexes und feingliedriges Miteinander, das insgesamt wie eine Art „Luxus-Sülze" mit freigestellten Komponenten wirkte.

Ähnlich schlank und elegant punktete auch der folgende sanft temperierte und kurz abgeflämmte Kohlenfisch unter einem Topping aus Apfel- und Gurken-Würfeln, Apfeltapioka und einem zarten säurefrischen Apfelgelee. Aromatisch angelehnt war das Ganze mit einem dillwürzigen, laktisch-frischen Fundament aus knackigen Apfel-/Salzgurke-Partikeln in einem Kefirsud an „Akroschka" und zusätzlich durch ein forsches Chiliöl befeuert. Gut auf dem Punkt!

Ein Attribut, das auch auf den folgenden schottischen Lachs zutraf. Dieser war zwar verhältnismäßig weit gegart und nur noch zart rosa, blieb aber dennoch saftig und ganz ohne Eiweißaustritt. Überzeugend war auch hier vor allem das pfiffig fein akzentuierte Umfeld durch eine minimale Passionsfrucht-Glasur auf dem Lachs, der zudem dünn mit Wasabi-Spinat, Selleriecreme, gebratenen Sellerie-Würfelchen, Kresse und papierdünnem Knusper bedeckt war. Der produktminimalistische Hauptteller wurde cremig-warm ergänzt durch eine seidige Selleriecreme mit Passionsfrucht-Chicorée-Coulis und gebratenem Sellerie. Alles zusammen ergab ein sehr markantes Miteinander von würzigen, feinbitteren und exotisch-fruchtsäuerlichen Noten, die dem Lachs fast kongenial zuspielten.

Da verwunderte es wenig, dass auch der süße Abschluss aromatisch genau durchdacht und exakt umgesetzt war. Mit einer zarten weißen Pfirsich-Mousse in Pistazien-Crumble gab es den cremig-mildesten Part, der von einem frischeren Pfirsich-Sorbet, vor allem aber durch die grasig-herben und ätherischen Noten (Earl Grey) – unter anderem in einer Pistazien-Ganache und einem zitrusfrischen grünen „Stein" – gekontert wurde. Auch hier wurde eine bekannte Kombination (Pfirsich-Pistazie) spannend erweitert und um freigestellte Details ergänzt.

Für eine adäquate Getränkebegleitung steht natürlich ein beachtlicher Fundus direkt hinter der Glaswand zur Verfügung, aus dem auch glasweise hochwertig und flexibel ausgeschenkt wird. Das Serviceteam muss zur Primetime ganz schön flitzen, hat aber alles gut im Griff.

Stappen

Luegallee 50,
40545 Düsseldorf (Oberkassel)
☎ 0211-93077600
gasthaus-stappen.de
⊘ Mi–Sa ab 17 Uhr, So 12 Uhr
durchgehend, Mo u. Di RT
Hauptgericht: 21–38 €, Menüs: 49 €

Die Düsseldorfer Dependance des Korschenbroicher Mutterhauses von Carmen und Franjo Stappen wird von deren Mitgesellschafter David Büchner und seinem Team geführt und bekocht. Das Stappen ist ein gehobener Stadtgasthof wie er im Buche steht: bodenständig und trotzdem ambitioniert, schlicht, aber geschmackvoll eingerichtet. Das trifft nicht nur auf das Ambiente und die Gangart zu, sondern auch auf die Küche, die von populären und im besten Sinne gutbürgerlichen Gerichten wie Wiener Schnitzel, Düsseldorfer Senfrostbraten oder verschiedenen Steaks vom Grill mit Pommes und Caesars Salad bis zu asiatisch oder mediterran inspirierten Gerichten ein breites Spektrum souverän abdeckt. Weil auf Produktqualität geachtet und mit Sorgfalt gekocht wird, macht das zu moderaten Preisen durchaus Spaß.

The Duchy
im Hotel
Breidenbacher Hof
Heinrich-Heine-Allee 36,
40212 Düsseldorf
☎ 0211–16090154
theduchy-restaurant.com/
◐ Di–Fr von 12–15 Uhr u. ab
17.30 Uhr, Sa u. Fei von 12.30–15 Uhr
u. ab 17.30 Uhr,
So u. Mo RT
Hauptgericht: 24–85 €

Nicht mehr, aber auch nicht weniger als eine moderne europäische Brasserie will das The Duchy im aristokratischen Breidenbacher Hof sein. Und das gelingt vorzüglich, nicht nur mit dem schicken, ebenso stilvoll und edel wie heimelig anmutenden Ambiente, sondern auch mit dem von Philipp Ferber und seinem Team kultivierten Küchenstil. Die bekochen die Edel-Brasserie mit einer sehr guten, gehobenen klassischen Küche von internationalem Format, die sich nicht nur durch beachtlich gute Produkte und deren sehr sorgfältige Zubereitung auszeichnet, sondern auch durch Nachhaltigkeitsanspruch. Klar gibt's hier von Kaviar und Trüffel über Gillardeau-Austern und Gänseleber bis zu Hummer und Steinbutt alles was gut und teuer ist – und das in stilistisch weitestgehend traditioneller Umsetzung. Doch die Herkunft auch dieser Importe (etwa von kleinen Booten) und der Blick auf das gesamte Repertoire lassen schon erkennen, dass man sich hier Gedanken macht. Und stilistisch ist auch

längst nicht alles gediegene Klassik. Nicht nur von der „Raw Bar" kommen viele Dinge mit asiatischem Touch, die etwas kreativer zusammengestellt sind.

Weinhaus Tante Anna
Andreas Str. 2, 40213 Düsseldorf
☎ 0211–131163
www.tanteanna.de
◐ Di–Sa ab 18 Uhr, So u. Mo RT

Das Traditionshaus in Düsseldorfs quirliger Altstadt existiert seit 1593 und ist gut 200 Jahre in Familienbesitz. Ein herrlich nostalgischer Ort, an dem man viel Geschichte atmet, es aber mit durchaus zeitgemäßer Kulinarik zu tun bekommt. Küchenchef Simon Nauels hat schlanke Nouvellen im Sinn und blickt über den heimischen Tellerrand, hat aber trotzdem auch ein Herz für regionale Produkte und Aromen. Und diese Mischung präsentiert sich auf den mit Sinn für Optik und Proportionen angerichteten Tellern als durchaus reizvoll. Dazu kredenzt der Gastgeber aus einer stattlichen Weinkarte mit einer ganzen Litanei an (auch gereiften) deutschen Gewächsen und ähnlich vielen französischen Pretiosen, aber auch jeder Menge veritabler Alternativen aus Italien, Österreich, Übersee.

Yoshi by Nagaya
Kreuzstr. 17,
40210 Düsseldorf
☎ 0211-86043060
nagaya.de
◐ Di–Sa von ab 18.30 Uhr, So u. Mo RT
Menüs: 138–158 €

In Yoshizumi Nagayas „Ableger", der gar nicht weit vom „Stammhaus" entfernt ist, konzentriert sich der Gastgeber und federführende Küchenchef auf eine vergleichsweise eher klassisch ausgerichtete japanische Küche im Kaiseki-Stil (inklusive Sushi und Sashimi). Während es auf den Tellern des Nagaya europäischer und etwas avantgardistischer zugeht, weil dort immer auch Einflüsse der europäischen Haute Cuisine eine große Rolle spielen, wirkt die Küche im ebenfalls länglichen und ebenfalls geschmackvoll puristisch eingerichteten Yoshi nicht nur optisch etwas traditioneller. Spartanisch oder karg geht es auf den kleinen, ästhetisch und apart in Szene gesetzten Schälchen, Tellerchen und Platten aber nicht zu und man darf sich bisweilen auf ausdrucksstarke und dabei wunderbar klare, transparente Geschmacksbilder mit aromatischen Finessen freuen. Hervorragende Produkte sind im Hause Nagaya ohnehin gesetzt!

Hotelempfehlung

★★★★★ S

Steigenberger Parkhotel Düsseldorf

Königsallee 1a, 40212 Düsseldorf
☏ **0211-13810**
www.steigenberger.com/hotels/
alle-hotels/deutschland/duesseldorf/
steigenberger-parkhotel-duesseldorf
Einzelzimmer: ab 280 €
Doppelzimmer: ab 280 €

Die berühmte Königsallee in Düsseldorf, kurz „Kö", beginnt mit dem noblen Steigenberger Parkhotel, das sich in einem historischen Gebäude neben der Deutschen Oper am Rhein befindet. Die 130 schallisolierten eleganten Zimmer und Suiten haben hohe Decken und bieten zeitgemäßen Komfort wie kostenloses schnelles WLAN, ISDN-Anschluss und einen modernen Flachbildfernseher. Wertvolle Antiquitäten verleihen den Räumen ein besonderes Ambiente. In Zimmern mit gehobener Ausstattung gibt es eine Kaffeemaschine und in den Suiten einen separaten Wohnbereich. Zum Hotel gehören ein Gourmetrestaurant mit Wintergarten, eine Zigarrenlounge, sowie zwei Bars,

von denen eine über eine Terrasse verfügt und die andere Live-Klaviermusik bietet. Aktiv sein und entspannen können die Gäste in einem Fitnessbereich mit modernsten Geräten, verschiedenen Saunen oder dem Dampfbad – Obst und Getränke werden hier kostenfrei angeboten. Dank der prominenten Lage ist das Parkhotel der ideale Ausgangspunkt für Shoppingtouren, Opern- und Museumsbesuche oder einen Spaziergang durch die Altstadt und entlang der nahegelegenen Rheinuferpromenade. Restaurant Pink Pepper separat erwähnt.

Efringen-Kirchen (Baden-Württemberg)

Traube

Alemannenstr. 19,
79588 Efringen-Kirchen (Blansingen)
☏ **07628-9423780**
www.traube-blansingen.de
◷ **Mi–So ab 18 Uhr, Mo u. Di RT**
Menüs: 90–130 €

Man muss nicht unbedingt ein ausgesprochener Fan von moderner, kreativer Naturküche nach nordischem Vorbild sein, um das Brian Wawryk in seiner Traube mit ihren ebenso schnörkellos wie geschmackvoll gestalteten ländlich-eleganten Gasträumen im Rahmen eines sechsgängigen Menüs auf die schlicht eingedeckten Holztische bringt. Aber man sollte schon etwas aufgeschlossen sein, denn was der Chef und seine Lebensgefährtin und weinverständige Gastgeberin Daniela Hasse hier auf Basis oft regionaler Produkte und Aromen kredenzen, hat mit der sonst in diesem Landstrich verbreiteten frankophilen Klassik, die opulent und schwelgerisch in Richtung Aromendichte und Komplexität tendiert, sehr wenig zu tun. Extrem leicht, vegetabil und transparent präsentieren sich die Gerichte. Es wird viel gesammelt und gegartelt, eingeweckt, fermentiert, mariniert, verschiedenste Gemüse spielen eine ebenso große Rolle wie Kräuter und Blüten – und alles kommt sehr präzise, wohldimensioniert und farbenfroh mit viel ästhetischem Bewusstsein angerichtet daher. Herauszustellen sind auch der kompetente und sehr persönliche Service und die spannende Getränkebegleitung, egal ob mit Wein oder alkoholfreien Alternativen.

Eggenstein-Leopoldshafen
(Baden-Württemberg)

Das garbo im Löwen
im Hotel Löwen
Hauptstr. 51,
76344 Eggenstein-Leopoldshafen
☎ 0721-780070
www.garbo-loewen.de
◔ Di u. Mi ab 18 Uhr, Do–Sa von
12–14 Uhr u. ab 18 Uhr, So u. Mo RT
Hauptgericht: 21–39 €,
Menüs: 55–110 €

Ein bisschen ist es hier wie das Ankommen in einer anderen Zeit. Beim Garbo handelt es sich um ein überschaubar großes, sehr gemütliches Restaurant mit rustikalem, aber durchaus elegantem Charakter. Beschauliche ländliche Idylle vor den Toren von Karlsruhe, wo Küchenchef Marcel Kazda mit seinem Team ein eigenständiges kulinarisches Konzept entwickelt hat. In dessen Mittelpunkt steht eine zeitgemäße leichte Küche, die unkompliziert und doch niveauvoll ein breites Publikum anspricht.

Take-away hat sich hier in der Pandemie bewährt und ergänzt auch jetzt noch das Angebot. Die Speisekarte im Haus wiederum unterscheidet sich unter der Woche von jener am Wochenende: Während es Dienstag bis Donnerstag neben dem Menü auch einige einfacher konzipierte Speisen a la carte gibt, wird mittlerweile am Freitag und am Samstag ausschließlich das bis zu sechs Gänge umfassende Menü angeboten – dann allerdings ergänzt um eine Low-Carb-Variante. Man hört, dass diese großen Anklang finde, nicht nur bei weiblichen Gästen, wie vorurteilsbehaftete Menschen glauben könnten. Gänge beider Menüs zu kombinieren, ist übrigens ausdrücklich erlaubt.

Wenig mit Low Carb hat freilich die Gebäck- und Aufstrichvariation zu Beginn zu tun. Mehrere Sorten Brot, etwa mit Curry oder Chili gewürzt, ein hausgemachter Grissino, dazu Hummus, ein Frischkäseaufstrich mit Sonnenblumenkernen, Butter sowie Radieschen in Frankfurter Grüner Sauce gehören dazu. Man könnte sich an diesen Köstlichkeiten sofort sattessen – oder eben versuchen, zunächst Maß zu halten, denn es kommen ja auch noch zwei Amuse-bouches: Erst Thunfisch-Tataki mit Wakame-Algen, Miso, hausgemachtem Kimchi, intensiv, leicht scharf, mit perfekt gegartem Fisch, dann eine bretonische Poget-Auster, schön fleischig, mit Zitrone, Schalotte und Granny Smith erfrischt. Alles zusammen ein sehr ansprechendes und umfangreiches Aufwärmprogramm.

Der erste offizielle Gang entstammt, anders als die folgenden vier, auf Wunsch nicht dem Low-Carb-Menu und handelte von Piemonteser Kalbstatar, schön akkurat gehackt und mit getrockneten Tomaten und geriebener Trüffel herzhaft abgeschmeckt. In Kombination mit Parmesanchips und einem Champagner-/Senf-Eis, das auch keineswegs zu penetrant daherkam, war das ein sehr schöner, erfrischender Sommergang – leicht, aber mit genügend aromatischem Druck.

Eine australische Wildgarnele (nicht ausgelöst, saftig und würzig) steht danach im Mittelpunkt, wird mit 24 Jahre altem Balsamico abgeschmeckt, was eine tiefgründige, dezent süßliche Würze ergibt; auch hier gesellen sich Parmesanchips als knusprige Komponente mit dezentem Umami gut passend hinzu. Noch besser gefällt uns anschließend allerdings die Kombination aus Jakobsmuschel und glasiertem Kalbsbries, da die Produktqualität beider Akteure klasse ist und sowohl Muschel als auch Bries perfekt gegart sind. Dazu grünen Spargel zu servieren ist prinzipiell eine gute Idee, unserer aber litt leider unter einem recht penetranten Geschmack von verbranntem Fett. Die dazu kombinierte Passionsfruchtbutter ist demgegenüber sehr gelungen, die Vogelmiere bleibt etwas unauffällig. Trotzdem ein durchdachter und insgesamt sehr schmackhafter Gang.

Durchdacht ist auch der Hauptgang, wiederum eine Kombination aus Fisch und Fleisch: hier von „Grain-Fed Strip Loin", also dem Roastbeef eines getreidegefütterten Rindes in Verbindung mit Pulpo – beides von überdurchschnittlicher Qualität und beides perfekt gegart – liiert mit gehobelten Macadamianüssen und Pak-Choi sowie einer tiefgründigen Salzzitronen-jus. Eine Sättigungsbeilage im klassischen Sinne ist hier aus Low-Carb-Gründen nicht vorgesehen und war für einen gelungenen Gesamtauftritt auch überhaupt nicht notwendig. Schon davor warf aufgrund des Titels „Kindheitserinnerung" ein köstlicher warmer Spargelschaum mit Spargelspitzen und lockerknuspriger kleiner Dampfnudel die Frage auf, welches Kind tatsächlich in seiner Kindheit zuhause des Öfteren solch tolle intensive, süffig-würzige Schäume zu essen bekommt?

Der Cube aus Ivoire-Schokolade der Marke Valrhona mit einer Füllung aus lockerer Mousse von Eggensteiner Erdbeeren ist ein handwerklich gelungener Mittelpunkt unseres Desserts und wird von Rhabarber sowie einem Champagner-/Holunderblüten-Süppchen unaufdringlich und herb kontrastierend ergänzt. Die schokoladigen oder gebackenen Süßigkeiten danach sind ebenfalls von sehr überzeugender Qualität und lassen überhaupt keinen Zweifel daran, dass die Garbo-Küche mit 7 Pfannen wieder treffend bewertet ist.

Auf einem vergleichbar hohen Niveau agiert übrigens auch der Service, angeführt von Gastgeber und Sommelier Philipp Spielmann, der auf Wunsch zu jedem Gang gut korrespondierende Weine reicht und vorab einen Überraschungs- und Ratewein im schwarzen Glas ausschenkt.

Zum Goldenen Anker

Landgasthof „Zum Goldenen Anker"
Hauptstr. 16–20,
76344 Eggenstein-Leopoldshafen
☎ 0721-706029
www.hotel-anker-eggenstein.de
🕐 So–Fr von 12–13.30 Uhr u. ab 18 Uhr,
Sa RT
Hauptgericht: 18–40 €,
Menüs: 40–55 €

Wenngleich das mitten im Ortskern der Doppelgemeinde Eggenstein-Leopoldshafen gelegene Haus von Stephanie und Armin Radtke offiziell als „Landgasthof" firmiert, sind der Chef und sein Team aus kulinarischer Sicht nicht bloß gutbürgerlich unterwegs, sondern bisweilen auch ambitionierter zugange. Der mit großformatigen Schwarz-Weiß-Fotoplakaten, beige-braunen Wänden und Holzmobiliar ansprechend zeitgemäß gestaltete Gastraum ist nicht selten schon zur Mittagszeit gut gefüllt und stellt eine stimmige, unkomplizierte Umgebung für das trotz allem nicht zu sonderlicher Exklusivität neigende Kulinarium dar. Hier wird ein breites Publikum angesprochen. Auf der Karte bietet eine gefällige Mischung aus Traditionsgerichten, verfeinerten Regionalia und authentisch umgesetzten mediterranen oder auch mal asiatisch inspirierten Gängen genügend Auswahl und Abwechslung bei moderater Preisgestaltung.

Weil hier nicht übertrieben gebastelt und kombiniert wird, sondern sich das Küchenteam lieber auf die Frische der Produkte und eine starke klassische Substanz von Saucen und Suppen konzentriert, gelingen Dinge wie die hausgemachte Rinderkraftbrühe mit viel konzentriertem natürlichem Geschmack und einer guten Balance zwischen eigener Süße und Würze überdurchschnittlich gut. Bei so einer Basis spielt es dann auch überhaupt keine Rolle, dass deren Einlage in Gestalt von handwerklich mustergültig fabrizierten kleinen Maultäschle, Brätstrudel und Markklößchen nach unserem Gusto etwas unterwürzt schmeckten.

Mit wieviel gutem Gespür für Aromen und Ideenreichtum das Team hier generell zugange ist, wurde dann beim Duett von Schweinebauch und Garnele deutlich: ersterer als saftig geschmorte und prononciert gewürzte Würfel mit krosser Schwarte und letztere als schön glasig gebratene Stücke, die sich den Teller mit Mie-Nudeln, Chinakohl und Cashewkernen teilten und allesamt in einem mit frischem Koriander und Korianderöl aromatisierten Tom-Kha-Gai-Sud schwammen.

Ein weiteres gefälliges Duett, diesmal allerdings ausschließlich maritimer Natur, brachten sodann Heilbutt und Pulpo aufs Porzellan, die beide sehr ansprechend und sorgfältig zubereitet auf einen mit Kürbis angereicherten Risotto von schwarzem Reis gebettet waren. Ergänzt um gegrillten Kürbis, einige Pistazienkerne und eine milde Kürbiskern-Beurre-Beurre präsentierte sich auch das als handwerklich rundum gelungenes Gericht, dem allenfalls eine etwas ausdrucksstärkere Aromatisierung noch zu mehr Präsenz hätte verhelfen können.

Den deutlich größeren Anteil der Hauptgänge nehmen im Anker allerdings die Fleischgerichte ein, die von ganz traditionellen Sachen wie einem Cordon Bleu mit Bratkartoffeln, Kalbsleber „Berliner Art" oder einem gesottenen Tafelspitz vom Rind mit Meerrettichsauce, Preiselbeeren und Salzkartoffeln bis hin zu etwas ambitionierteren Zusammenstellungen wie dem Zweierlei vom Rind reichen. Hier kommt dann das rosa gegarte Filet in der Kräuterkruste zusammen mit dem geschmorten und mit Burgundersauce glasierten Bäckchen daher – auch wieder etwas handfester begleitet von Kräuterseitlingen, Wurzelgemüse und Eierspätzle. Alles handwerklich tadellos umgesetzt und mit schön natürlichem, kräftigem Geschmack.

Desserts wie eine cremig gestockte und sauber gebrannte Crème brûlée mit Cassis Sorbet oder ein erfrischendes Limonenparfait mit Mascarponecreme und Apfelkompott gelingen ebenfalls sehr gut und repräsentieren den unaufgeregten Stil der Küche auch am Ende souverän. Den Service erleben wir hier seit Jahren immer aufmerksam und freundlich und das Preis-Leistungs-Verhältnis ist ohnehin ein äußerst gutes. Weil überdies auch die ausreichend umfangreiche Weinkarte mit gut ausgewählten Gewächsen der umliegenden Anbaugebiete punktet, fühlt man sich hier rundum gut versorgt.

Hotelempfehlung

Hotel Löwen

Hauptstr. 51,
76344 Eggenstein-Leopoldshafen
☎ 0721-780070
www.garbo-loewen.de
Einzelzimmer: 60–70 €
Doppelzimmer: 80–90 €

Dieses gemütliche Gasthaus in Eggenstein-Leopoldshafen, knapp zehn Kilometer nördlich von Karlsruhe, bietet nicht nur eine hervorragende, vielfach ausgezeichnete und überregional bekannte Küche, sondern mit seinen 11 gepflegten Nichtraucher-Zimmern (Einzel-, Doppel- bzw. Twin-Zimmer) auch eine angenehme Bleibe. Jedes der Zimmer ist mit eigenem Bad, Schreibtisch, Flachbild-TV und kostenlosem WLAN ausgestattet. Sehenswürdigkeiten wie die Staatliche Kunsthalle Karlsruhe und das im 18. Jahrhundert erbaute barocke Schloss liegen nicht weit vom Hotel entfernt und auch sonst sind die Möglichkeiten der Freizeitgestaltung in der näheren Umgebung vielfältig: Es gibt zahlreiche Biergärten, Straßencafés, Museen, Konzerte und Festivals. Auch wer aktiv sein möchte kommt hier auf seine Kosten. Ein gut ausgebautes Radwegenetz in und um Karlsruhe lädt zum Radeln ein, „The Rock", ein 1180 m² großes Areal mit Kletterhalle zum Klettern und benachbarte Seen zum Baden und Sonne genießen. Restaurant Das garbo im Löwen separat erwähnt.

Zum Goldenen Anker

Hauptstr. 16–20,
76344 Eggenstein-Leopoldshafen
☎ 0721-706029
www.hotel-anker-eggenstein.de
Einzelzimmer: 65–70 €
Doppelzimmer: 96–155 €

Der familiär geführte Generationsbetrieb in Eggenstein befindet sich nur etwa 15 Minuten von der Stadt Karlsruhe entfernt. Von hier aus können Gäste die Stadt und die Umgebung ganz bequem per Straßenbahn und Auto erreichen. Die insgesamt 34 Hotelzimmer unterschiedlicher Kategorien befinden sich im Stammhaus, im Neubau und im Gästehaus am

Ankerberg, sind selbstverständlich allesamt mit Dusche/WC, TV und Telefon ausgestattet; WLAN steht in den meisten Zimmern zur Verfügung. Auch das Kulinarische hat hier einen hohen Stellenwert: im schlicht, zurückhaltend und schnörkellos in den Farben Vanille, Bordeauxrot und Schokoladenbraun eingerichteten Restaurant wird von Küchenchef Armin Radtke und seinem Team zeitgemäße Regionalküche geboten. Restaurant Zum Goldenen Anker separat erwähnt.

Ehningen (Baden-Württemberg)

Landhaus Feckl
im Hotel Landhaus Feckl
Keltenweg 1, 71139 Ehningen
☎ 07034–23770
www.landhausfeckl.de
◷ Di–Sa von 12–13.30 Uhr u. ab 18 Uhr, So, Mo u. Fei RT
Hauptgericht: 18–48 €,
Menüs: 52–112 €

EC ⬤ VISA P ♿

Das stattliche, unweit von Stuttgart gelegene Landhaus der Familie Feckl ist einer jener Traditionsorte für Genießer, wie es sie bis auf wenige Ausnahmen nur im Südwesten des Landes gibt. Über viele erfolgreiche Jahre ambitionierter Gastronomie wurde hier eine für Familien und Feiern wie für neugierige Genießer und Geschäftsessen gleichermaßen attraktive Institution geschaffen. Dazu gehört auch, dass in bester Ländle-Tradition unverändert mittags wie abends geöffnet ist. Vor allem aber gehört dazu die vom Team um Küchenchef und Patron Franz Feckl dank bestem klassischem Handwerk sowohl im traditionellen als auch im kreativeren Bereich mit viel Substanz und hoher Produktqualität überzeugende Küche.

Man kann hier einerseits gut und genussvoll Klassiker wie den Zwiebelrostbraten vom Angus Beef mit Maultaschen, Salat und Bratkartoffeln, ein Wiener Schnitzel vom Kalbsrücken mit Preiselbeeren, Gurkensalat und Petersilienkartoffeln oder das famose Ochsenschwanz-Ragout mit Karotten-Kohlrabigemüse und handgeschabten Spätzle genießen und bekommt diese jeweils in einer so exakten Ausführung und mit so hoher Produktqualität, wie wohl in keinem rein bodenständigen Gasthaus. Genauso verlässlich kann man aber aus den Gourmetgerichten wählen, die mit exakten Proportionen und kraftvollen Aromen in ebenfalls gegenständlicher und mehrheitsfähiger Art überzeugen.

Beim letzten Besuch stimmte die Küche aber zunächst mit einem Querschnitt beider Welten auf das Kommende ein: Während eine kleine kräftig angekrosste Wildwurst auf feinsäuerlich-sämigem Kartoffelsalat und eine kressefrische zarte Sülze eher dem bodenständigen Fach zuzuordnen waren, deutete eine lockere Currymousse mit blumiger Spicyness schon eher in Richtung „Gourmet". Ganz eindeutig in dieser Richtung lag dann die verspielte Variation rund um Rote Bete und Ziegenkäse, bei der die Bete abwechslungsreich mal fruchtiger, mal erdiger unter anderem als gebackene Spalten in Tempurateig, als cremig gebundenes Tatar und glasierte Ronden neben cremigen Ziegenkäse-Komponenten, pointiert gelbfruchtigen Akzenten und auflockerndem Feldsalat arrangiert wurde. Und damit eine gelungene heitere Interpretation der beliebten Produktkombination schaffte.

Zwar aus der Reihe der Klassiker, aber auf seine klassisch-luxuriöse Art dennoch ganz klar ein Gourmetgericht, war die röstwürzig-dichte Hummerschaumsuppe. Mit sehr viel Produktgeschmack, einer fein darüber schwebenden Estragonnote und nicht zuletzt reichlich Einlage von zartem Hummerfleisch bester Qualität, war das ein ebenso schwelgerisches wie anspruchsvolles Intermezzo. Und von dessen hervorragender handwerklicher Basis profitiert dann beispielsweise auch das Potpourri jeweils exakt auf den Punkt gebratener Meeresfische in etwas konzentrierterer Hummersauce nebst gebratenem Blumenkohl und separat serviertem Reis.

Derartige Gerichte muten zwar zum Teil ein wenig oldschoolhaft an, das ändert aber weder etwas an der hohen Produktqualität noch an der Substanz und Eleganz der Saucen. Und so überzeugte beim letzten Mal auch der locker-knusprig gratinierte Lammrücken neben saftig zart geschmorter Lammschulter, speckwürzigen Schnittbohnen und einer kraftvollen, mit feiner Säure und Würze angereicherten Lammjus auf ganzer Linie. Und bekam durch Tupfen einer schmorfruchtigen Paprikacreme und von schwarzem Knoblauch sogar noch pointierte Finesse an die Seite gestellt.

Wer am Ende einen möglichst breiten Überblick über die Künste der Pâtisserie bekommen möchte, wählt am besten das „Dessert-Potpourri" und bekommt dann unter anderem mit einer zarten, hauchdünn karamellisierten Crème brûlée, einem fluffig gebackenen kleinen Schokoladenkrapfen und einem hell-dunklen Würfel Schokomousse mit exotischem Fruchtspiegel neben auflockernd fruchtigen Akzenten jeweils in Konsistenz und intensivem Geschmack fein gefertigte Kleinigkeiten.

Dazu bietet die Weinkarte offen wie flaschenweise eine reiche Auswahl hochwertiger Gewächse, bei weitem nicht nur aus dem Ländle, bei deren Auswahl das stets aufmerksame und gut koordinierte Serviceteam kompetent berät.

Hotelempfehlung

★★★★

Hotel Landhaus Feckl

Keltenweg 1, 71139 Ehningen
📞 07034–23770
www.landhausfeckl.de
Einzelzimmer: ab 79 €
Doppelzimmer: ab 158 €

Das moderne Landhaus von Familie Feckl am Rande des Großraums Stuttgart, nahe dem Naturpark Schönbuch, bietet in ruhiger Lage angenehm familiäre Gastfreundschaft und behagliche Atmosphäre. Die insgesamt 21 Zimmer stehen in den zwei unterschiedlichen Kategorien „Komfort" und „Business" zur Verfügung und sind mit Dusche, WC, Fön, Kosmetikspie-

gel, Schreibtisch, ISDN-Direktwahl-Telefon, Kabel-TV, Minibar (im Preis inklusive), DSL-Anschluss sowie kostenlosem WLAN ausgestattet. In der nur wenige Meter entfernt liegenden Dependance „Feckl's Apart" gibt es zudem 28 schöne große Appartements mit Kitchenette zur Selbstverpflegung – prädestiniert somit auch für einen längeren Aufenthalt. Restaurant Landhaus Feckl separat erwähnt.

Turmschänke
im Hotel Kaiserhof
Karlsplatz 28,
99817 Eisenach
📞 03691–213533
www.turmschaenke-eisenach.de
⊘ Mo–Sa ab 18 Uhr, So RT
Hauptgericht: 17–29 €,
Menüs: 39–54 €

Viel historisches Flair, kombiniert mit einer gewissen vornehmen Patina, prägt das gesamte Hotel Kaiserhof in Eisenach – und noch einmal mehr die darin angesiedelte beziehungsweise daran angrenzende Turmschänke mit ihrer verzierten Holztäfelung und kleinen Butzenglasfenstern unter niedrigen Decken. Dort herrscht zu jeder Tages- und Nachtzeit eine schummrig behagliche Atmosphäre, die von flackerndem Kerzenlicht noch verstärkt wird.

Dieses stimmungsvolle Ambiente ist bereits seit vielen Jahren die Bühne für Ulrich Rösch, der hier als engagierter Chef am Herd mit moderat ambitionierter, geschmacksstarker Küche ein lohnendes Ziel für Genießer etabliert hat. Seine mehr auf hochwertigen Frischeprodukten und sorgfältigem Handwerk als auf überbordend kreativen Ideen basierenden Gerichte sind einerseits leicht zugänglich, andererseits aber so sorgfältig und fein ausgeführt, dass sie jederzeit Gourmetansprüchen gerecht werden können.

Und wer es doch etwas bodenständiger möchte, findet in der kleinen Auswahl exklusiver Fleischstücke vom Grill und einiger (auf Referenzniveau präsentierter!) Thüringer Traditionsgerichte eine Alternative zu den ambitionierteren Sachen im Menü oder à la carte. In beiden Fällen stimmt das Team aber erstmal mit gutem Brot, Kräuterricotta und Olivenöl sowie einem kleinen Küchengruß auf das Folgende ein.

Zuletzt gelang das mit hocharomatisch feinbitterem Grillgemüse (Aubergine, Artischocke) nebst halbgetrockneter Cocktailtomate, Auberginencreme und einer eleganten Limonen-Beurre-blanc jedenfalls schon ganz prima und machte Lust auf mehr. Das kam dann auch blitzschnell in Form einer Garnelen-Crème brûlée, bei der die typischen Krustentier-Röstnoten von dem Karamell pfiffig verstärkt wurden und einen gelungenen Kontrast zu dem drumherum angerichteten feinsäuerlichen Salat von zarten Calamaretti-Stücken und Tomate bildete.

Bei der folgenden, natürlich und rund schmeckenden Artischockensuppe wurde einerseits das fundierte Handwerk des Teams deutlich. Andererseits ging die typische Produktaromatik in der schaumigen Rahmigkeit ziemlich unter, so dass es in einer Blindprobe sehr schwer geworden wäre, die Artischocke zu erkennen. Dafür machten die getrockneten Tomaten als Einlage mit ihrer konzentrierten Säure und Frucht als willkommener Akzent eine gute Figur in dem insgesamt eher bei 5 Pfannen einzustufenden Intermezzo.

Schon das folgende Duo aus schmelzend geschmortem Brisket und rosa Flanksteak vom US-Beef mit markantem Grill-Branding, die von einer tiefen, eleganten Jus verbunden wurden, spielte aber wieder in einer höheren Liga. Zum einen, weil das edle Rindfleisch viel Charakter mitbrachte. Zum anderen aber auch, weil mit einem frischgrünen Gemüse-Arrangement aus Erbspüree, frischen Erbsen und Kohlrabi sowie einem goldknusprigen Kartoffelgratin markante Kontraste geboten wurden.

Diese gab es auch beim Dessert mit drei klaren Komponenten: einer in der Basis milchig-milden, darüber aber ätherisch-kräutrigen Basilikummousse, einem alkoholisch herben Erdbeersorbet und zarter Panna Cotta mit Himbeermark. Nur so kleine Details wie die Strünke an den begleitenden Erdbeeren oder der ganze Minzezweig warfen da leichten Schatten. Begleitend gibt es gute Weine aus Thüringen und Sachsen, aber auch darüber hinaus aus ausgewählten Weingütern von Frankreich über Südtirol bis in die Neue Welt, so dass auch eine ansprechende Begleitung im Glas leicht zu finden ist.

Ellwangen (Baden-Württemberg)

Hirsch – Das Ellwanger Landhotel

**Maierstr. 2,
73479 Ellwangen (Neunheim)**
☎ 07961-91980
www.hirsch-ellwangen.de
🕐 Do–Di von 11.30–13.30 Uhr
u. ab 18 Uhr, Mi RT
**Hauptgericht: 16–33 €,
Menüs: 40–50 €**

Das gepflegte Lokal mit Holzvertäfelung und gemütlichem Kachelofen, das zu einem modernisierten Landhotel bei Ellwangen in verkehrsgünstiger Nähe zur A7 gehört, ist so etwas wie das Musterbeispiel eines gediegenen schwäbischen Landgasthofs. Zur Mittagszeit brummt der Laden mit Stammgästen und Geschäftsleuten aus der Gegend, die von den preisgünstigen Tagesessen angelockt werden, und auch am Abend ist der Hirsch ein beliebtes Anlaufziel, längst nicht nur für die Hotelgäste. Wen wundert's, denn obwohl hier auf den ersten Blick erstmal nichts auf eine überdurchschnittliche Küche hindeutet, so wird doch genau das geboten: Mit erstaunlich viel Fingerspitzengefühl und Liebe zum Detail zubereitete Gerichte aus besten bodenständigen, fast ausschließlich regionalen Produkten, deren Erzeuger in der Speisekarte allesamt namentlich aufgeführt sind. Und weil der Weinkeller mit guten internationalen Gewächsen zu moderaten Preisen mehr als bloß einfache Schoppenweine vorhält und der herzlich-familiäre Service mit Umsicht bei der Sache ist, stimmt hier auch das Gesamtpaket.

ohne
Bewertung

Pasquale's Fine Dining

Marktplatz 21,
73479 Ellwangen
☎ 07961-9869079
www.suriu-ellwangen.
depasquale-s-fine-dining/
🕑 Di–Fr ab 18 Uhr, Sa u. So
von 12–14 Uhr u. ab 18 Uhr, Mo RT
Menüs: 80–120 €

Bislang betrieb der aus Sardinien stammende Inhaber und Küchenchef Pasquale Farina an derselben Adresse in den geschmackvoll schlicht gestalteten hellen Gasträumen mit Sonnenterrasse in Richtung Marktplatz ausschließlich das Restaurant SuRiu, das zum Zeitpunkt unseres Testbesuchs mit einem Mischkonzept zwischen eher traditioneller italienischer Küche, diversen „Gourmetpizzen" mit langer Teigführung und hochwertigen Toppings sowie unterschiedlichen Menüs aufgewartet hatte. Die Klassiker à la carte und die mit Anspruch zubereiteten Pizzen gibt es im SuRiu nach wie vor – daneben wurde aber mit dem Pasquale's Fine Dining mittlerweile ein eigener neuer Bereich für die gehobene Küchenlinie geschaffen, in dem mit vorheriger Reservierung ausschließlich wechselnde Menüs angeboten werden: Von Donnerstag bis Sonntag (am Wochenende auch mittags) das große siebengängige Degustationsmenü und bereits ab Dienstag ein viergängiges Fischmenü. Da sich die Küche von Pasquale Farina auch schon im SuRiu bei den Menüs auf einem sehr guten Niveau präsentiert hat, sind wir umso gespannter, was uns in der kommenden Testsaison im separaten Gourmetabteil erwartet. Ein Update folgt im GUSTO Online-Guide und in der GUSTO-APP – bis dahin setzen wir die Bewertung aus.

Luce d'Oro

im Schloss Elmau Luxury
Spa & Cultural Hideaway
In Elmau 2, 82493 Elmau
☎ 08823 18880
www.schloss-elmau.de
🕑 Mi–Sa ab 18 Uhr, So–Di RT
Hauptgericht: 38–56 €,
Menüs: 189–209 €

Tatsächlich kennen wir nur wenige Destinationen, die eine ähnlich magische Ausstrahlung haben wie das bei der Anfahrt unvermittelt auf einer weitläufigen Alm auftauchende Schloss Elmau mit seinem gediegenen Luxus und seiner exklusiven Behaglichkeit aus viel Raum, viel Ruhe und Komfort. Letztlich zieht es uns aber in der Regel doch nicht in eine der Lounges, in den SPA-Bereich oder in die Bibliothek, sondern in das bewusst ein wenig versteckt gelegene Luce d'Oro, das kulinarische Herzstück des Hotels und Wirkstätte des Teams um Küchenchef Christoph Rainer.
Auch hier gibt es die typische elegante Behaglichkeit mit hochwertigen Materialien in Rot, Gold und Naturholz, reduzierten Designelementen und – in der kalten Jahreszeit – einem prasselnden Holzfeuer im offenen Kamin. Vor allem aber gibt es eine hochspannende, von den Aromen und Produkten Japans inspirierte Gourmetküche, die mit klassischen französischen und modernen Techniken zu filigran-markanten Ergebnissen auf den Tellern führt. Und die auf diese Art nicht nur am Alpenrand ganz weit oben mitspielt.
Im deutschsprachigen Raum verbindet nur Christian Bau auf Schloss Berg französische Kochkunst auf ähnlich kunstvolle Weise mit der Aromenwelt Japans. Allerdings gibt es ne-

ben unverkennbaren Parallelen beider Küchen auch signifikante Unterschiede: Der von Christoph Rainer geprägte Stil ist im Vergleich eher einer der subtileren Töne, feiner gezeichnet und zugleich in den meist kompakt angerichteten Kreationen auf einen harmonisch geschlossenen Gesamteindruck mit feinen Kopfnoten ausgerichtet. Dabei hat sich die Ausdruckskraft und Balance in den letzten Jahren immer noch ein kleines bisschen gesteigert und auch in diesem Jahr fehlte tatsächlich gar nicht mehr viel zur Höchstbewertung von 10 Pfannen.

Schon die ersten, filigran-akkuraten Snacks zum Aperitif zeigen, mit wie viel handwerklicher und aromatischer Präzision das Team zugange ist, etwa bei einem von feiner Togarashi-Würze und Limettenfrische akzentuierten gebackenen Hühnermedaillon, klararomatischem Beeftatar mit Aji auf Algen-Sablé, oder auch bei dem super soften Mini-Bao-Bun mit curryduftiger Füllung von Balfegó-Thunfisch und einer rohen schmelzenden Thunfischscheibe obenauf, ergänzt von einem Hot-Shot (alias Schaumsüppchen) aus Kokosmilch, Zitronengras und Galgant – jedes Detail aromatisch laserscharf und glasklar.

Die gleiche Intensität und Reinheit gab es auch bei der kraftvoll-markanten Terrine von der ungestopften Gänseleber, die in ein flirrend frisches Umfeld aus mariniertem japanischem grünem Pfirsich gestellt wurde (mariniert, als Sorbet, als Gel…), der von grünem Apfel einen zusätzlichen Säurekick mit auf den Weg bekam. Kleine Gänseleber-Moussekugeln, in Stickstoff luftig gefrorene Gänseleber sowie, als weiterer Kontrast, die nussigen Noten von karamellisiertem und cremigem Buchweizen, luftigknusprige Pekannuss-Flips und subtile dunklere Facetten durch kleine Algensegmente, sorgten hier für ein unkonventionelles und dynamisches Umfeld für die Gänseleber. Ergänzt wurde dieses noch durch einen sündhaft salzbuttrigen Brioche-Muffin.

Einer der stärksten Momente des letzten Besuchs folgte mit einer zauberhaft beschwingten und aromatisch transparenten Interpretation eines Ceviche mit dick geschnittenen Kingfish-Scheiben unter einem Miso-/Myoga-Sorbet, zarter Misocreme in einem falschen „Stein", mildsalzigem N25-Kaviar, luftig-zitrischen Knuspersegmenten und einer mit Blutorange und Estragon auf duftige und sanfte Weise süß-säuerlich gehaltenen Ponzu-Sauce. Das hatte einerseits die aromatische Grundidee der Tigermilch einer Ceviche, stellte den Fisch aber wunderbar präsent heraus, ohne ihn zu denaturierten – und blieb ansonsten sehr elegant und feinsinnig. Top!

Geschlossener konzipiert folgte eine beeindruckend große, in Kokos glasierte Tristan-Languste in einem stoffig dichten Tom-Yum-Schaum mit hochelegant interpretiertem süßsaurem Grundton, den charakteristischen Noten von Zitronengras, Lemon, Galgant und Koriander, sowie marinierten Juliennes aus grüner Papaya im Som-Tam-Style. Ein Gericht zum lustvollen Genießen mit dem Gourmetlöffel, das durch typisch präzise Akzente in Form von hauchdünnem Krabbenbrot, Physalis und zitrisch-duftiger Ghoa-Kresse auf der Langustine zusätzliche Spannung mitbekam.

Ähnlich schwebend-schwelgerisch (was hier im Luce d'Oro nur scheinbar ein Widerspruch ist…) gelang die in Algenbutter sanft confierte Seeforelle von Niki Birnbaum nebst Nashibirnen, knackigen grünen Mukimame-Bohnenkernen und glasiertem Räucheraal in einer schaumigen Dashibutter: Ein auf ruhige Art kraftvoller Gang rund um ein grandioses regionales Hauptprodukt, mit abgestuftem Umami und subtiler Rauchigkeit, das kongenial von dem runden und klaren begleitenden Sake getragen und gepusht wurde.

Im Hauptgang stellte das Team straffe, saftige Entenbrust mit dunkelkrosser lackierter Haut und einem vielschichtigen Topping aus Umeboshi-Gelee, -Scheiben und -Gel, Sesam und würzig duftigen Kressen und Blüten ins Zentrum des Tellers. Zusammen mit ätherischem Shiso-Rotkraut, einer tiefgründig eleganten Entenjus mit Purple Curry sowie markant geschärfter Sesamcreme und einer nussig ausgebackenen Praline von gezupftem Keulenfleisch ergab das einen einerseits kraftvoll-dichten Eindruck, andererseits eine spannend differenzierte Interpretation der klassischen Ente-Rotkraut-Kombination. Wie auch bei der Seeforelle vorab ließe sich das allenfalls noch durch tiefenschärfere Kontraste, dynamischeres Säurespiel und vielleicht mehr Mut zu Purismus steigern – was aber letztlich schon eine stilistische Entscheidung bleibt…

Zum Abschluss jedenfalls gab es noch ein hochindividuelles und spannendes Highlight, für das alleine wir ohne zu zögern auch die Höchstbewertung gezückt hätten: Aus Litschi und Kakaobohnensaft, belebt von grünem Apfel und Shiso, wurde hier eine unkonventionell duftig-frische Aromatik geschaffen, die vor allem von einem alles stützenden Fond und einem hellen Sorbet aus Kakaobohnensaft transportiert wurde. Das schaffte ein ungewohntes, aber belebend dynamisches Gegenüber zu der 66-prozentigen Schokolade (als Cremering und Luftschokolade) und blieb insgesamt komplett auf der erfrischenden Seite, indem die dunkle Kakao-Aromatik eher für punktuelle Tiefe und zusätzliche Spannung genutzt wurde. Unkonventionell und sehr stark!

Ebenfalls nicht von der Stange, sondern mit viel Fingerspitzengefühl treffsicher ausgewählt, sind die begleitenden Weine (oder Sake) von Sommelière Marie-Helen Krebs, die das Gesamterlebnis ganz wesentlich abrunden und spielend mit dem hohen Niveau der Küche mithalten. So wie im übrigen die gesamte Service-Perfomance. Wer auf Alkohol verzichten möchte, bekommt ebenfalls spannende Alternativen, vor allem die korrespondierend vorgeschlagenen Tees halten super mit der Küche mit. Und wer allein oder zu Mehreren lieber selbst aus der Weinkarte wählt, findet dafür einen in Tiefe und Breite beeindruckenden Fundus spannender Flaschen.

Hotelempfehlung

★★★★★ S

Schloss Elmau Luxury Spa & Cultural Hideaway

In Elmau 2,
82493 Elmau
☎ 08823–180
www.schloss-elmau.de
Einzelzimmer: 200 €
Doppelzimmer: 410 €

100 km südlich von München – 1000 m über dem Meer: in einem weiten, geschützten Tal von magischer Schönheit liegt inmitten unberührter Natur dieses einzigartige Schlosshotel. Hier erwarten den Gast anspruchsvolle Architektur mit kosmopolitischem Ambiente, luxuriöse Zimmer und Suiten, getrennte Family- und Erwachsenen-Spa, weltklasse „Yoga-Retreads", Pilates-Geräte (Reformer, Cadillac, Wunda Chair…). Auch das Kulturprogramm ist vom Feinsten. Für den kulinarischen Genuss stehen insgesamt 9 verschiedene Restaurants zur Verfügung. Restaurant Luce d'Oro separat erwähnt.

Eltville (Hessen)

Adler Wirtschaft

Hauptstr. 31,
65347 Eltville (Hattenheim)
☎ 06723-7982
www.franzkeller.de
☻ Mi–Fr ab 18 Uhr, Sa ab 16 Uhr, Mo–Mi RT
Menüs: 54–86 €

Dieses Gasthaus ist der Inbegriff für schlichte, bodenständige Küche mit der Handschrift des Meisterkochs. Hier gilt die Devise „Einfaches in Bestform" und es wird sehr viel Wert auf Substanz und herzlich wenig Wert auf Brimborium gelegt. Franz Keller Junior, der unter anderem bei Annibal Strubinger im Schwarzen Adler von Onkel Fritz Keller und bei Joachim Wissler gelernt hat, hält wie schon sein Vater nichts von übertriebener Verfeinerung, bereitet seine verhältnismäßig einfach und schlicht gehaltenen Gerichte aber dennoch mit Feinsinn und Präzision zu, so dass auf jedem Teller überdurchschnittlicher Genuss entsteht. Im kleinen oder großen „Adler-Essen", die das vom Gast selbst zusammenzustellende Auswahl-Menü hier traditionell heißt, steht das pure Produkterlebnis im Vordergrund, für das die Viktualien zu einem nicht unerheblichen Teil aus dem eigenen Bio-Hofgut Falkenhof (u. a. eigene Limousin-Rinder und Bunte Bentenheimer Schweine) stammen.

Jean

im Hotel Frankenbach
Wilhelmstr. 13, 65343 Eltville
☎ 06123-9040
www.hotel-frankenbach.de
◕ Do–Sa ab 18 Uhr, So von 12–14 Uhr
u. ab 18 Uhr, Mo–Mi RT
Hauptgericht: 27–43 €,
Menüs: 79–139 €

Der Koch Johannes Frankenbach hat während seiner Lehr- und Wanderjahre bei Heinz Winkler die traditionelle französische Klassik verinnerlicht und bei Christian Bau deren moderne, weltoffene Spielart kennengelernt. In seinem eigenen Restaurant im elterlichen Hotel, wo statt heimeliger Winzerromantik in Weiß und Bordeaux abgesetzte Wände den holzvertäfelten Gastraum auffrischen und veredeln und im Verbund mit dunklem Bistro-Mobiliar für französischen Charme sorgen. Den findet man hier als gediegen klassisch interpretierte, oft und gerne mediterran inspirierte und hin und wieder auch mit einer Prise asiatischer Exotik hinterlegte Küchenstilistik auch auf den Tellern wieder – in den besten Momenten ausgesprochen klar und präzise auf handwerklich und qualitativ hohem Niveau auf die Teller gebracht. Und weil sich diese Momente zuletzt gehäuft haben, erhöhen wir die Bewertung in diesem Jahr abermals. Anstoßen lässt sich darauf mit einem der vielen guten Tropfen aus dem Weinkeller des Hauses, der neben den besten Gewächsen aus dem Rheingau besonders viel aus Bordeaux und Burgund zu bieten hat.

Kronenschlösschen

im Hotel Kronenschlösschen
Rheinallee,
65347 Eltville (Hattenheim)
☎ 06723-640
www.kronenschloesschen.de
◕ Di–Sa von ab 18 Uhr, So u. Mo RT
Hauptgericht: 52 €,
Menüs: 96–132 €

Das Hotel Kronenschlösschen ist eines der alteingesessenen Häuser im Rheingau und seit der Übernahme durch den Unternehmer Hans B. Ullrich im Jahr 1990 eine feste Größe in der deutschen Gourmetlandschaft. Nachdem Simon Stirnal (zuletzt 7 Pfannen) nach erfolgreichen Jahren die Küchenleitung 2021 abgegeben hatte, konnte Ullrich den Österreicher Roland Gorgosilich engagieren, der nach jahrelanger Küchencheftätigkeit in Südafrika nun die beiden Hotelrestaurants des besonders hübsch gelegenen Traditionshauses leitet.

Wie souverän Gorgosilich und sein Team im Gourmetrestaurant mit der zeitgenössischen Klassik umzugehen wissen, bewies bereits ein erstes Amuse-Gueule mit Tomaten und Burrata. Dramaturgisch gewitzt war, dass die Kronenschlösschen-Küche hier ausgerechnet den Tomate-Mozzarella-Fluch eines jeden mittelmäßigen Hotel-Buffets aufgreift, um daraus eine Petitesse höchster Güte abzuleiten. Verschiedene zum Teil frische, zum Teil gedörrte Tomaten badeten in einer dichten kühlen Tomatenconsommé, die reintönig subtil käsigmilchige Burrata war von bester, kein bisschen traniger Qualität und ein Nebel von Pinienkern(öl?) strömte auch von irgendwo her. Ein Auftakt mit Ausrufezeichen! Überhaupt sind die klar strukturierten, aromatisch sehr aufgeräumt wirkenden Teller die Stärke von Roland Gorgosilich. In diesem Sinne präsentierte sich auch eine Vorspeise mit Foie gras, Marille,

Cashewnüssen und Karotte, die als Terrinen-Gang serviert wird und erfreulicherweise eine schöne Balance zwischen Leberfett, Fruchtsüße und Karottenwürze fand.

In seiner Reinheit ein typischer Gorgosolich-Teller war auch der Zwischengang mit Spargel und Roter Garnele: Neben einem zurückhaltenden Arrangement aus knackig gegartem grünen und weißen Spargel, einem kleinen Garnelen-Raviolo und einer perfekt abgeschmeckten klassischen Spargelvelouté befand sich eine üppige und sehr fleischige Garnele auf dem Teller, ganz natürlich ohne Bratspuren, was sich ideal an das samtige Grundgerüst der Komposition anschmiegte – ein Zeichen dafür, wie fein die Küche komponieren kann. Unsicher sind wir uns allerdings, ob der sehr glasige Garpunkt das Gericht weiterbringt. Daran, dass die Garnele nach den Vorstellungen des Küchenteams auf den Punkt gegart war, wollen wir gar keinen Zweifel äußern. Die Frage ist eher, welcher Garpunkt dem Gericht am zuträglichsten ist. Grundsätzlich sind fast roh gegarte Krustentiere in guter Qualität spannender, weiter gegarte dafür oft schmissiger und „leckerer". Unser Gefühl ist, dass hier ein späterer Garpunkt besser zum harmonischen klassischen Geschmacksbild der Velouté gepasst hätte, die so wenig Anknüpfungspunkte an das für sich hervorragende, aber auch fordernde Krustentier fand. Am Ende eine Philosophie-Frage, die wir immer dann in den Raum stellen, wenn die handwerkliche Größe eines Tellers, wie hier, nicht mehr zur Debatte steht.

Unbestreitbar großes Kino ist auch die Weinkarte, die zu einer der besten des Landes gehört und in Sachen Jahrgangstiefe bei klassischen Anbaugebieten, insbesondere Rheingau, Burgund, Champagne und Bordeaux, ganz vorne mitspielt. Regelmäßig bringt Sommelier Florian Richter auch gereifte Weine in der Weinbegleitung unter, wie bei unserem jüngsten Testbesuch einen 1989 Canon-Fronsac aus dem Bordelais.

Dass wir in der Küche des Kronenschlösschen aktuell sogar Potenzial für eine noch höhere Bewertung sehen, sie derzeit trotzdem „nur" mit 7 Pfannen auszeichnen, liegt daran, dass aktuell einige Gänge für unseren Geschmack etwas zu wenig komplex geraten. So konnte sich für uns beispielsweise beim Zwischengang mit Steinbutt, Hühnerjus, Petersilienwurzel, Ei und Kaviar kein wirklicher Spannungsbogen einstellen. Zwar begrüßen wir es grundsätzlich, Steinbutt mit üppigen Fleischbeilagen zu paaren, jedoch waren in diesem Fall Fisch und klassische Jus nach unserem Dafürhalten zu weit voneinander entfernt, um wirklich zu har-

monieren. Hier fehlte uns eine Brücke zwischen beiden Aromenwelten. Ähnlich beim Hauptgang mit Kalbshaxe, Bries, Zwiebeln und Pfifferlingen, den eine höhere Dosierung der Pilze vermutlich vielseitiger hätte wirken lassen. So war uns schlicht zu viel Fleisch auf dem Teller.

Im Dessert widmet sich der Österreicher Gorgosilich dem Topfen – etwas trockenerer österreichisch-bayerischer Quark –, den die Pâtisserie zu einer luftigen Schnitte sowie einem klassischen warmen Knödel verarbeitet. Das säurehaltige Rhabarberkompott und die bunten Himbeeren aus dem eigenen Schlösschen-Garten passen dazu ganz hervorragend und runden das Menü stimmig ab – nicht weniger aber auch nicht viel mehr. Gespannt darf man sein, ob Gorgosilich das hohe Niveau etwa des Garnelen- oder Tomatengangs in Zukunft auf ein ganzes Menü ausweiten kann. Dann wäre hier durchaus noch mehr drin…

Zum Krug

Hauptstr. 34,
65347 Eltville (Hattenheim)
☎ 06723-99680
www.hotel-zum-krug.de
Di u. Mi ab 18 Uhr,
Do–Sa von 12–14 Uhr u. ab 18 Uhr,
So u. Mo RT
Hauptgericht: 28–35 €

Viel Traditionsbewusstsein, aber auch ein wacher Blick nach vorne sorgen auf den Tellern an den sauber eingedeckten Holztischen in den nostalgischen Gaststuben hinter der malerischen Fachwerkfassade des Hattenheimer Krugs für eine attraktive Mischung. Wir können uns schon seit vielen Jahren für die zeitgemäße (nicht modische!) Interpretation traditioneller klassischer, oft und gerne auch kraftvoll deftiger Küche begeistern, mögen es besonders gerne, wenn sich das Team um Josef Laufer ausdrucksstarker Produkte wie Blutwurst, Kalbsbries oder Nierchen annimmt, können ihm aber auch attestieren, gut mit Fisch umzugehen. Oft kann das zu ausgesprochen niveauvollen und substanzstarken Gerichten führen, für die unsere Bewertung zu niedrig erscheint, wir haben es aber auch immer wieder mal erlebt, dass sich die Küche in Ungenauigkeit und Belanglosigkeit verliert – dabei aber trotzdem nie vom grundsätzlich soliden Niveau abdriftet. So bleibt es bei guten 5 Pfannen und der Option auf positive Überraschungen durch Ausreißer nach oben. Bei einem ausgesprochen guten Preis-Leistungs-Verhältnis!

Hotelempfehlung

★★★★

Hotel Kronenschlösschen

Rheinallee, 65347 Eltville (Hattenheim)
📞 **06723-640**
www.kronenschloesschen.de
Einzelzimmer: 90–250 €
Doppelzimmer: 120–390 €

Im romantischen Örtchen Hattenheim und dort nur wenige Meter vom Rheinufer entfernt, liegt inmitten eines Privatparks das familiengeführte Genießer-Hotel Kronenschlösschen mit seinen 29 Zimmern und Suiten. Die Räume sind individuell und liebevoll eingerichtet – gemütlich und komfortabel, mit Marmor- oder Natursteinbädern und Eichenholz-Dielenfußböden. Das gesamte Gebäude zeichnet sich durch eine gelungene Mischung aus liebevoll restaurierter historischer Bausubstanz und modernem Komfort aus. Die „Turmsuite" hat sogar einen historischen Hintergrund: Hier haben Konrad Adenauer, Theodor Heuss und Carlo Schmidt nach dem Krieg das Deutsche Grundgesetz konzipiert. Die idyllische Lage des Ortes mit seinen Fachwerkhäusern, alten Straßen und Gassen sowie den historischen Gebäuden, aber auch die Nähe (nur 30 Minuten) zu Frankfurt machen das Kronenschlösschen sowohl zum beliebten „Hochzeitshotel" als auch zu einem Ort der Ruhe und Entspannung mit kurzer Anbindung an die Mainmetropole. Seit Jahren ist das von Hans-B. Ullrich und seine Tochter Johanna Bächstädt geführte Haus auch als Veranstalter des „Rheingau Gourmet- & Wein-Festival" überregional bekannt und die vielfach prämierte Weinkarte

zählt zu den besten des Landes. Zeitgemäß zubereitete traditionelle Küche wird im Bistro serviert. Gourmetrestaurant Kronenschlösschen separat erwähnt.

Emsdetten (Nordrhein-Westfalen)

Lindenhof

Alte Emsstr. 7, 48282 Emsdetten
📞 **02572-9260**
www.lindenhof-emsdetten.de
◔ **Mo–Sa ab 18 Uhr, So RT**
Hauptgericht: 14–30 €, Menüs: 30–60 €

Auch wenn es in diesem Jahr wieder etwas anspruchsvoller war, einen freien Tisch zu ergattern, aber in die ebenso großzügigen wie behaglichen Stuben des backsteingemauerten Lindenhofs zieht es uns immer wieder gern. Weil hier die beinahe wohnzimmerartige Atmosphäre zwischen bemaltem Porzellan in antiken Vitrinen und eleganten modernen Leuchten auf genauso entspannte Art niveauvoll wirkt wie die gebotene Küche.

Denn auch das Team um Udo Hankh setzt vor allem auf geradlinige Zubereitung nach bester klassischer Schule, kauft dafür qualitätsbewusst ein und punktet auf diese Art sowohl bei traditionelleren Sachen wie einer saftig geschmorten Rindsroulade mit saisonalem Gemüse und Kartoffelpüree oder einem Rumpsteak vom Black Angus Rind mit Bratkartoffeln, Pfifferlingen und Pfeffersauce als auch bei den etwas ambitionierten, oft leicht mediterran angehauchten Zubereitungen.

Aus letzterer Kategorie stammte zweifelsohne der direkt zum Einstieg aufgebotene feinwürfelige Salat aus Gurke, Tomate, Zucchini und Pinienkernen, der kräuterwürzig aufgepeppt von etwas Pesto einen Ziegenfrischkäse begleitete, der mit seiner Qualität und feinsäuerlichen Würze zurecht in den Mittelpunkt gerückt war. Mit dem nächsten Gang, der in seiner modernen akkuraten Optik fast wie aus einer anderen Welt, zumindest aber wie aus einer anderen Küche gewirkt hat, legte das Team nochmal deutlich zu: Zwischen hochkant zu einer Art Blume geformten, vollreifen und säuerlich zugespitzten Mangostreifen versteckten sich softe kleine Mozzarella-Bällchen und bekamen von sautiertem und rohem Radicchio bittere Frische und von gepufftem Reis noch etwas Crunch an die Seite gestellt. Animierend!

Bei dem Süppchen von Erbsen und Zuckerschoten unter ätherischer Schaumkrone zeigte sich – trotz der leicht oxidierten Farbe – durch die komplexe Suppenbasis inklusive nerviger Säure dann vor allem das hohe handwerkliche Niveau, auf dem das Team arbeitet. Dieses brachte dann auch die teils kräftig gerösteten, teils in der Suppe gargezogenen Jakobsmuscheln auf den Punkt und setzte mit einem minzfrischen Salat aus Erbsen und Zuckerschoten einen frischen Kontrast.

Weniger Frische, aber umso mehr Kraft, brachte dagegen der kernige, homogen rosa gebratene Lammrücken nebst Thymianjus auf den Teller. Dazu trugen auch ein dunkel konzentriertes Tomatenconfit, Auberginenkaviar und eine freche Schärfe einbringende Paprikacreme bei, die das Lamm nebst arabisch angehauchtem Bulgur mit markanter Cumin-Note begleiteten. Bis auf etwas zu viel Salz am Lamm war das ein sehr souveräner Hauptgang auf starkem 6-Pfannen-Niveau!

Weil die Portionen nicht eben zierlich, sondern – insbesondere über mehrere Gänge – eher auf einen gesunden Appetit ausgerichtet sind, kam der erfrischende Charakter des Desserts mit einer Erdbeervariation aus u. a. Mousse, Sorbet und Luftschokolade mit Pistaziencreme, Holunderblütengel, confierten Zitronenzesten und herbem Champagnereis gerade recht – und beendete das Menü mit dem stärksten Eindruck des gesamten Abends.

Dazu bietet die Weinkarte eine gute Auswahl moderat bepreister und ausführlich beschriebener Flaschen aus Deutschland und der Welt sowie offen ausgeschenkt einfachere, aber ebenfalls gute Schoppen. Bei der Auswahl lohnt sich der Dialog mit den emsigen und charmanten Damen und Herren im Service, die stets gute Empfehlungen parat haben.

Hotelempfehlung

★★★★

Hotel Lindenhof

Alte Emsstr. 7,
48282 Emsdetten
☎ 02572-9260
www.lindenhof-emsdetten.de
◗ Mo–Sa ab 18 Uhr, So u. Fei RT
Einzelzimmer: 75–95 €
Doppelzimmer: 99–130 €

Das familiengeführte 4-Sterne-Hotel im Herzen von Emsdetten erstreckt sich über vier historische Wohnhäuser, die aufwendig und geschmackvoll erneuert wurden, einen charmant in das Backstein-Ensemble integrierten Hotelneubau sowie die erst 2017 dazugekommene „Villa Hankh". Insgesamt stehen den Gästen 51 individuell eingerichtete Gästezimmer zur Auswahl, von denen jedes anders gestaltet ist. Alle sind wohnlich eingerichtet und zeitgemäß ausgestattet, so dass in den Komfort- und Superior-Zimmern und den Suiten selbst die Arbeit zum Vergnügen wird. Wie wäre es mit einem 200 Jahre alten Himmelbett, oder doch lieber italienische Designermöbel? Mal romantisch, mal modern, mal rustikal – keines ist wie das Andere, aber alle verfügen über Dusche, WC, Fön, Telefon, Schreibtisch, Flat-TV und WLAN/DSL. Im hauseigenen Saunabereich mit finnischer Sauna, Infrarotkabine mit Farbtherapie und Ruheraum mit Wärmeliege lässt es sich angenehm entspannen und bei gutem Wetter lädt der idyllische Garten mit Seerosenteich zum Verweilen ein. Restaurant Lindenhof separat erwähnt.

⌣⌣⌣
8 ⟋ 🍴🍴🍴

Merkles Restaurant

Hauptstraße 2,
79346 Endingen a. K.
📞 07642-7900
www.merkles-restaurant.de
◗ Do–Sa ab 18 Uhr, So–Mi RT
Hauptgericht: 42–49 €,
Menüs: 73–149 €

EC ⬤⬤ VISA P 🏧 🅺

Egal ob drinnen, im modern ländlich designten Gastraum oder draußen, auf der mit nicht nur sehr schicken, sondern auch äußerst bequemen Sitzmöbeln ausgestatteten Innenhofterrasse – bei Familie Merkle lässt es sich überall sehr entspannt und ungezwungen genießen. Dass das Gourmetrestaurant nur mehr an drei Abenden geöffnet hat, donnerstags mit einer Art Schnupperprogramm in vier Gängen und Freitag und Samstag dann mit dem siebengängigen Menü bespielt wird, ist einfach der allgemeinen momentanen Entwicklung geschuldet und es wird sicherlich irgendwann auch wieder die eine oder andere Servicezeit mehr hinzukommen. Aktuell also beschränkt sich der ausschweifende und besonders anspruchsvolle Genuss auf das Wochenende, während man nebenan in der Pfarrwirtschaft natürlich auch an den anderen Tagen eine etwas bodenständigere, aber als solches nicht minder reizvolle Variante der Merkle'schen Kochkünste genießen kann.
Im Kulinarium des Gourmetrestaurants machten zuletzt ein sehr präzise gefertigtes vegetarisches Maki-Röllchen, ein Rettichröllchen mit Frischkäsecreme und ein Stück in Panko ausgebackener fluffiger Semmelknödel mit einem Klecks intensiver Tomatencreme und getrockneter Tomate on top auf sehr unkomplizierte Art die Eröffnung und Lust auf mehr – wenngleich man hier noch nicht wirklich sehen und

schmecken konnte, zu was die Küche fähig ist. Als Aufwärmprogramm aber war das durchaus animierend, genau wie Knabberzeug, Brot und Butter, die hier nicht wie andernorts leider allzu oft kopflos zusammengestellt wirkten (Stichwort: Vollkornbrot mit Olivenöl), sondern aromatisch und thematisch mit Bedacht aufeinander abgestimmt waren.
Dass wir das Niveau der Gourmetküche von Thomas Merkle mit unserer 8-Pfannen-Bewertung keinesfalls überhöhen, verdeutlichte dann schon eindrucksvoll die sommerliche Vorspeise von Balfegó-Thunfisch, Paprika, Basilikum und Olivenöl. So variantenreich wie sich hier der Thuna mit Rücken, Bauch und einer Art süßsaurem Salat aus dem zerfaserten Fleisch der geschmorten Thunfischbäckchen und (unter anderem) Schalotte präsentierte, so vielseitig war auch die Paprika interpretiert. Zusammen mit Basilikumkresse und Olivenölperlen ein sehr raffinierter, komplexer, aber dennoch völlig unkompliziert zugänglicher Start.
Das Herausarbeiten unterschiedlichster Facetten eines Produkts funktionierte auch im Falle der Kartoffel aus dem benachbarten Forchheim ganz hervorragend, die hier vom herzhaften Kartoffelsud bis zur sauer eingelegten Variante durchdekliniert war und mit Zwiebel, herben Wildkräutern und eingelegten sowie pulverisierten Fichtensprossen spannende Aromenakzente zur Seite gestellt bekam. Beim nächsten, ebenfalls vegetarischen Zwischengang um Kaiserstühler Gemüse und Kaiserstühler Frischkäse war Abwechslungsreichtum schon ob der Sortenvielfalt des Gemüses gegeben – aber auch durch deren jeweils individuelle Zubereitung! Der Frischkäse, der wie ein zart gestockter seidiger Flan auf dem Boden des Schälchens angerichtet war, schlug geschmeidig die Brücke zwischen dem teils säuerlichen Gemüse und dem prononciert mit Curry abgeschmeckten Passionsfruchtsud, der das Ganze noch dynamischer gestaltete.
Trotz ein wenig Fermentation war der Hummer mit Kohlrabi, schwarzem Ingwer und Quinoa ein Gericht von gänzlich klassischem Format. Das reichlich in Form von Schwanz- und Scherenfleisch sowie einem karamellig-röstigen Hummerchip auf dem Teller präsente Krustentier in beachtlich guter Qualität bekam durch fermentierte Kohlrabi-Spaghetti, eine stoffige Kohlrabi-Beurre-blanc mit elegantem Säurespiel und lockerflockig darunter platzierter Quinoa ein schlankes und doch fülliges Geleit. Der in der Kaiserstuhlregion angebaute Ingwer spendierte dem Gericht zudem einen markanten, aber harmonisch eingebrachten Aromenakzent mit deutlicher Schärfe.

Ebenfalls von klassischem Format war das Duett aus goldgelb coloriertem Steinbutt und fleischigem Kalbskopf auf buttrigem Kartoffelstampf, denen von gebackenen Kapern und Salzzitrone salzig-säuerliche Frische zuteilwurde. Den einzig nennenswerten Schwachpunkt des Menüs leistete sich die Küche beim Hauptgang, in dessen Zentrum ein leider ziemlich saftlos und mürbe gegartes Stück Rehrücken stand. Ansonsten war das mit entsprechenden Aromen, Kichererbse und Couscous stark orientalisch inspirierte Wildbret, zu dem sich à part auch noch ein süffiges orientalisch gewürztes Wildragout mit Salzzitronengel gesellte, eine spannende Sache. Zumal in Verbindung mit dem ausladend würzigen Lemberger „Wild Spontan" vom Weingut Merkle aus dem württembergischen Sachsenheim, der glasweise dazu empfohlen wurde.

Den Anfang der beiden abschließenden Gänge machte sehr guter getrüffelter Brie, dessen erdig-pilziger Schmelz in eingelegtem Rhabarber mit dem durchaus forschen Akzent roten Pfeffers einen kontrastiven Partner an seiner Seiter hatte. Weicher und runder ging es bei dem auf zwei Teller beziehungsweise Schälchen aufgeteilten süßen Nachtisch um Erdbeere und Haselnuss zu, die unter anderem als Frucht, Süppchen, Eis und Schaum darin zu finden waren, zwischen denen mit Holunderblüte und Yuzu belebende Sekundäraromen eingearbeitet waren, so dass dynamische Geschmacksbilder entstehen konnten. Handwerklich war das ohnehin auf hohem Niveau angesiedelt, so wie alles andere auch.

Die nach Rebsorten gegliederte Weinkarte hat ihren Schwerpunkt eindeutig in Baden, listet aber auch aus den angrenzenden Weinregionen viele gute Alternativen. Am besten aber, man folgt den glasweisen Empfehlungen, die nicht nur stimmig ausgewählt, sondern auch kenntnisreich präsentiert werden.

Bezahlkarten-Symbole

- **Mastercard**
- EC-Maestro
- Diners
- American Express
- **VISA** Visa

Bachstelze

Hamburger Berg 5,
99094 Erfurt (Bischleben)
☎ 0361-7968386
www.bachstelze-erfurt.de
Mi–Sa ab 18.30 Uhr, So–Di RT
Menüs: 95–145 €

Draußen ein lauschiger Biergarten im Alternativstil, in dem es neben kalten Getränken manchmal auch heiße Schmankerl vom Grill gibt – drinnen ein sehr gemütliches, eigenwillig individuell gestaltetes Ambiente, das auf den ersten Blick wie bunt zusammengetragen wirkt, in dem aber trotzdem alles gut miteinander harmoniert. Das „Bachstelzen-Menü", wie ein Abend bei Maria Groß und Matthias Steube heißt, beginnt mit dem Willkommenstrunk eigentlich zu jeder Jahreszeit draußen im Freien. Und im Sommer darf man dort auch bleiben und an den hübsch eingedeckten Tischen rund um einen großen schattenspendenden Baum Platz nehmen. Das hat was sehr Individuelles! Im Grunde ist ein Abend in der Bachstelze so etwas wie ein kleiner Event, für den man sich zunächst mal etwas umständlich und manchmal nicht ganz frei von Tücken über das Reservierungstool auf der Homepage anmelden und auf Bestätigung warten muss. Hat das dann geklappt, finden sich alle Gäste zur gleichen Zeit in der Villa Kunterbunt am Hamberger Berg ein, man wird begrüßt, bekommt einen Apero und einen kleinen ersten Snack, plauscht ein bisschen, bevor man allmählich Platz nimmt. Nach der kurzweiligen Willkommensansprache von Matthias Steube mit allen Abläufen, To-Do's und No-Go's des Abends vertraut gemacht, wird noch gemeinsam angestoßen und schon sitzt da so eine Art eingeschworene Genussgemeinschaft zusammen.

Dem Konzept einer bodenständigen raffinierten Küche, die ohne elaborierte Spielereien auskommt, aber da, wo es geschmacklich relevant ist, durchaus auf die notwendigen Feinheiten achtet, entsprach bereits der erste Küchengruß unseres letzten Besuchs zu hundert Prozent: ein sehr schön saftiges und aromatisches, zudem angenehm festfleischiges Rückenfilet vom Kaninchen aus der Rhön, das auf einem mit Zitronenschalenabrieb und Meerrettich keck abgeschmeckten Krautsalat angerichtet war und frische und eingelegte Kirsche wohldosierter Süße, Säure und Frucht beisteuerten. Ein weiterer Gruß, geeiste Gemüsesuppe im Stile einer Gazpacho (mit einem Käsechip-Bällchen), war Marke „schlicht und schmackhaft".

Vieles, was an Kräuter, Obst und Gemüse Verwendung findet, bauen Groß und Steube mittlerweile selbst in ihrem Garten an. So auch das meiste, was in einem überraschend raffinierten, mit verschiedener Melone gefüllten Gurken-Cannellono steckte, dessen Fruchtigkeit und Süße mit verschiedenen teils frittierten Kräutern, etwas mit blauer Trüffelkartoffel dunkel gefärbter Süßkartoffelcreme und einem feinwürzig-buttrigen Saucenschaum von weißem Spargel in der Balance gehalten wurde. Zwischendrin gibt's auch immer neckische Kleinigkeiten wie zuletzt eine Kloßpraline mit Crème fraîche und Imperial-Kaviar oder ein salziger Keks mit fester nussiger Creme als Träger für gebeizte Lachsforelle mit ihrem eigenen Kaviar.

Kurz waren wir ein wenig irritiert, als die eigentlich zur firlefanzfreien kulinarischen Bodenständigkeit konvertierte Maria Groß zuletzt eine überraschend verspielte Vorspeise präsentieren ließ, wie sie dergestalt auch einst, als sie noch auf Sternejagd war, in ihrem Gourmetprogramm hätte bestehen können. Eine Nocke Eis und eine Creme von der heimischen, selbstverständlich ungestopften Geflügelleber war da im Umkreis verschiedener Komponenten von Himbeere und Rhabarber arrangiert, die auch in Gestalt eines Macarons als Podest für das Leber-Eis zugegen war, der mit dezenten Anklängen an Rosenblüte ein weiteres Sekundäraroma ins Spiel brachte. Insgesamt hatte das alles eine gute Balance zwischen Süße, Säure und Würze zu bieten und war durchaus ansprechend.

„Echtes Essen" dann wieder auf dem nächsten Teller, in dessen Zentrum eine rote geschmorte, allerdings mit kleingewürfelter, kräuterwürzig angemachter Rohkost (Chicorée, Fenchel, Apfel...) gefüllte Spitzpaprika befand, die sich mit den anderen Komponenten wie sautierter Wildspargel, geschmorter Paprikacreme, Burrata und Erdbeeren auf einer Ebene zu gleichberechtigten Partnern vermählte. Frisch, leicht, fruchtig-vegetabil, aber durch den Schmelz der Burrata und die tiefe schmorwürzige Creme auch durchaus vollmundig. Den Part des fülligen Texturgebers nahm zu den in Mohn gewälzten Schupfnudeln mit würzigen Schnippelbohnen und geschmorten Aprikosen eine schaumig-cremige Hollandaise ein, die auch die markanten Lavendelaromen sanft einzufangen und zu bändigen vermochte.

Im Fischgang wurde die Rote Forelle, auch Fjordforelle, synchron auf zwei sehr unterschiedliche Arten interpretiert, die man aber auch sehr gut miteinander kombinieren konnte: Zum einen soft glasig gegart und mit kraftvoller Krustentierbisque unterlegt, zum anderen schön festfleischige, klararomatische Würfel im Cevice-Style. Anknüpfungspunkt war in beiden Fällen etwas Grünfrisch-Knackiges: bei der warmen, würzigen Variante Erbsen mit Erbsenkresse und bei der kalten, säuerlichen Variante roh marinierter Fenchel. Das funktionierte prima und repräsentierte wieder exakt jenen uneitel-gegenständlichen Stil, für den wir Maria Groß' Küche seit Jahren feiern.

So wie uneingeschränkt auch der Rücken vom heimischen Hirsch – perfekt am Stück gebraten, mit zartem Biss, wunderbar saftig und entsprechend aromatisch –, der in Kombination mit geschmortem Spitzkohl, Pfifferlingen und Selleriepüree ein unaufgeregt klassisches Geschmacksbild zum Hauptgang präsentierte. À part in der Cocotte gab es dazu noch eine Art Hachee von Rehjus und Waldpilzen statt Sauce und fertig war ein rundum stimmiger, sehr zufriedenmachender Menühöhepunkt, der auch bestens mit Steubes glasweise und kühl dazu ausgeschenktem Tempranillo von erfreulich wildwüchsig-kantigem Charakter korrespondierte.

Dem folgte noch ein ziemlich cooler Nachtisch in Form von fluffigem Topfenknödel mit Himbeere und Rhabarber in verschiedenen Darreichungsformen, der von angenehm wenig Süße, vielmehr dezenten animierenden salzigen Noten hier und da geprägt war. Und weil das alles diesmal so rund und überzeugend daherkam, erhöhen wir die Bewertung um einen verdienten Bonuspfeil und freuen uns schon sehr auf das nächste Bachstelzen-Spektakel.

Clara

im Kaisersaal Erfurt
Futterstr. 15–16, 99084 Erfurt
☎ 0361-5688207
www.restaurant-clara.de
⊘ Do–Sa ab 17.30 Uhr, So–Mi RT
Menüs: 104–134 €

Ungewöhnlich lange hatte das schlicht-elegante und in warmen Farben gestaltete, nach Clara Schumann benannte Gourmetrestaurant im Erfurter Kaisersaal innerhalb der vergangenen zwei Jahre geschlossen. Und das lag nicht nur an den monatelangen Lockdowns lag, sondern auch an einer andauernden Küchenchefsuche. Im Herbst 2021 war mit Christopher Weigel, 29 Jahre jung, endlich ein neuer ambitionierter Cuisinier gefunden, der für seine neue Herausforderung aus der Brigade des Kai3 im Hotel Budersand auf Sylt in die Landeshauptstadt Thüringens wechselte. Davor kochte er in verschiedenen renommierten Hamburger Restaurants und mit gerade einmal 23 Jahren führte er erstmals als Küchenchef im ehemaligen Hamburger Restaurant „Nordlicht" Regie, wo er es schon auf Anhieb zu diversen Auszeichnungen (unter anderem 5 Gusto-Pfannen) brachte.

Das ist respektabel, aber noch kein kulinarisches Hochamt, weshalb uns fast die Kinnlade heruntergefallen ist, als wir kürzlich in Christopher Weigels neuer Wirkungsstätte reingeschmeckt haben und ungläubig feststellen durften, was für eine Performance er hier zusammen mit seinem Team auf die Teller bringt. Der erste Küchengruß des Menüs, eine mit verschiedenen Gemüsecremes und dehydriertem Apfelessig betupfte sowie mit eingelegtem lila Blumenkohl und Blutampfer bestückte Röstbrotschnitte ließ das allerdings noch nicht so klar erkennen. Sie stillte einerseits recht zupackend den ersten Hunger, kitzelte aber in ihrer

präzisen, raffinierten Art auch animierend den Gaumen – machte jedenfalls gespannt auf alles, was da noch kommen würde.

Und nicht umsonst, wie sich schnell herausstellen sollte. Denn die nächsten sechs Apero-Snacks, die in zwei Aufzügen aufgetragen wurden, ließen uns ob ihrer filigranen und sehr aufwendigen Machart, den schmissigen Ideen und den schlagkräftigen Aromen, wirklich staunen. Beispielhaft sei hier allein das dekonstruierte Fischbrötchen zum Löffeln angeführt, das nicht bloß originell und witzig war, sondern eben auch köstlich schmeckte. Man konnte an jeder Komponente erkennen, wie exakt und durchdacht das Team arbeitet. Und das ließ schließlich auch die geschliffene Beurre Blanc von der Roten Bete erkennen, die eine kleine Schichtschnitte von Bete, Apfel und Forellenkaviar interessant machte. Zu diesem Zeitpunkt war schon jede Menge passiert und es stand noch nicht mal der erste reguläre Gang auf dem Tisch.

Wenn man nun vermutete, die Küche hätte ihr ganzes Pulver schon verschossen, wurde man sogleich eines Besseren belehrt. Denn mit ihrer Interpretation von Austern, Kaviar und Champagner kredenzte das junge, bis in die Haarspitzen motivierte Team gleich den nächsten Knaller: ein klein- und vielteilig auf engem Raum angerichtetes Sammelsurium verschiedener Komponenten eben dieser Produkte, die zusammen mit anderen jodigen und umamihaften Viktualien, einem Hauch Kalbszunge und einer ebenso säuerlich straffen wie schmeichelnd runden Vinaigrette auf Basis von Yuzu und Ponzu ein spannend komplexes, extrem ausgetüfteltes Gericht ergaben.

Eine sehr feine Balance zwischen Würze und Frucht, zwischen Süße und Salzigkeit, hielt auch die Gourmetvariante des thüringischen Hausmannskost-Klassikers „Tote Oma", bei der eine qualitativ bestechend gute, mit Gewürzlack glasierte, mit Topinamburcreme (statt Kartoffel) überzogene und mit Salzzwetschge applizierte Tranche vom Stör auf einer Melange aus Blutwurst und knusprigem Buchweizen angerichtet war und von einem dunklen, kräftigen Kohlsud getragen wurde.

Fruchtig und herb wie ein guter Martini wurde sodann der Hummer umspielt, den kandierter Tomate, einer Creme von grünen Oliven und Wermutschaum vergleichsweise reduziert daherkam. Aber nur, um beim nächsten Gang, einem „Pot au Phở" getauften Nose-to-tail-Gericht vom Schwarzfederhuhn aus der Premiumzucht von Jean-Claude Mieral, wieder alle Register zu ziehen und in drei Schälchen ein großes Aufgebot an Eindrücken aufs Porzellan zu bringen. Im Hauptteller das gezupfte Schmorfleisch der Keule mit Kimchi, Lauch und als Suppenbasis der namensgebenden Phở, jener traditionellen kraftvollen klaren Rindfleischsuppe aus der vietnamesischen Küche. Auf einem weiteren Tellerchen die mit Orangenmarmelade lackierte und mit gepuffter Schweineschwarte beflockte Brust des Huhns auf Karottencreme und einer markanten Zitronengras-/Ingwerjus auf Geflügelbasis. Last but not least eine kleine Köstlichkeit in Gestalt von Eis aus den Innereien des Schwarzfederhuhns mit einem filigranen Chip aus knuspriger Hühnerhaut und pikanter Kanzuri-Mayo sowie saftig-fruchtigen Sidekicks durch kleine Würfel von eingelegter Nashi-Birne. Variantenreich, vielschichtig, unterhaltsam – schlicht großartig!

Dass bei so viel Höchstleistung das Niveau irgendwann auch mal ein klein wenig schwanken muss, ist wenig verwunderlich. Beim „Mexican Barbecue" getauften Hauptgang jedenfalls hatte es die Küche nach unserer Ansicht leider verpasst, dem trockengereiften irischen Rinderfilet mit Hilfe kräftiger Rauch- und Röstaromen einen reizvoll rustikalen Touch zu verleihen. Dabei verlange das herzhafte exotische Geleit in Gestalt von Chipottlecreme, Ananaschutney und Molesauce ja förmlich nach so einem kraftvoll zupackenden Hauptprotagonisten. Hier blieb dieser aber trotz der durchaus hohen Produktqualität leider etwas blass. Da wäre noch mehr drin gewesen…

Allerdings konnte das den großartigen Gesamteindruck, den die Küche in der Gesamtschau machte, in keiner Weise schmälern. Und wer es schafft, den norddeutschen Klassiker der herzhaften Küche „Birne-Bohne-Speck" als nicht bloß spannend unkonventionelles, sondern absolut harmonisches, geschmackssicher komponiertes Dessert zu interpretieren, hat sowieso unseren vollen Respekt verdient. In diesem Sinne sind wir höchst gespannt, wie sich die Küche hier mittelfristig weiterentwickelt und freuen uns schon sehr auf den nächsten Besuch in der kommenden Testsaison.

X ❙❙ ❙❙

Das Ballenberger
Gotthardtstr. 25/26, 99084 Erfurt
☎ 0361-64456088
www.das-ballenberger.de
⊙ Mo–Sa ab 9 Uhr durchgehend, So RT
Hauptgericht: 24–36 €,
Menüs: 36–69 €
EC ⬤⬤ VISA ⊞ ♿

Zentral in der Erfurter Altstadt gelegen lädt das kleine Restaurant Ballenberger mit einer charmanten Mischung aus hippem Vintage-Style und gemütlicher Eleganz zum Verweilen und Genießen ein. Das Konzept zielt einerseits auf maximale Unkompliziertheit und eine lockere Gangart, andererseits aber auf überdurchschnittliche kulinarische Qualität. Dass die Grenzen zwischen einem Besuch für einen kurzen Snack oder für ein ausgiebiges Menü dabei fließend sind, gehört zum Konzept, in dem vom Frühstück über Lunch bis zum Dinner ein kulinarisches Ganztagesprogramm geboten wird – inklusive Feinkosttheke mit ausgesuchten Produkten für den Genuss daheim!

Und dieses Konzept funktioniert ganz prima: Die Damen im Service schaffen durch ihre herzliche, humorvolle und aufmerksame Art eine angenehme Atmosphäre, während das kleine Küchenteam gut organisiert und souverän die verschiedenartigen Wünsche bedient. Handwerklich bleiben die Zubereitungen dabei eher einfach und leben von der Produktqualität sowie von pfiffigen Ideen.

So gab es beim letzten Besuch neben auffallend gutem Brot beispielsweise eine eher grob gehaltene und damit rustikaler wirkende Gazpacho, die allerdings mit natürlich-intensivem, von reifer Tomate und Gurke geprägtem Geschmack punkten konnte – inklusive prägnanter Chilischärfe, die wiederum clever von der rahmig-milden, kühlen Textur cremiger Burrata abgemildert wurde.

Die folgende, eher fest und salzig gebeizte Lachsforelle kam auf einem zwar eigenwilligen, aber auf seine Art durchaus stimmigen Potpourri aus Roter Bete, Pumpernickel, Oliven und Kapern auf den Teller. Das ergab ein mit ganz einfachen Mitteln hergestelltes, zwischen erdig, fruchtig, säuerlich und dunkelwürzig pendelndes Aromenbild. Eigentlich hätten es hier nur leicht veränderte Proportionen und einen noch etwas klarer und sanfter schmeckenden Fisch gebraucht, um ganz locker die 5-Pfannen-Hürde zu nehmen. Meist fehlt da gar nicht viel…

Denn in diese Richtung zeigten beim letzten Mal auch die kross und saftig gebratenen Wolfsbarschfilets, die auf einem bunten Linsenragout mit teils frischgrün-bitteren, teils fruchtigen Akzenten und einer säurestraffen Schaumsauce im Stil einer Beurre blanc kombiniert wurden und erneut allein durch die kontraststarken natürlichen Produktaromen ein abwechslungsreiches Geschmacksbild ergaben.

Das gelang dann auf geradlinig-schlichte Art auch beim Dessert, bei dem eine üppige, schmelzend-luftige Nocke Schokoladenmousse gewinnbringend von herben Kakaocrumbles, einigen Himbeeren und exotisch-säuerlicher Passionsfruchtsauce begleitet wurde. Unterm Strich bewegt sich das Angebot, insbesondere beim Dinnermenü, damit nur ganz knapp unterhalb der 5-Pfannen-Marke – allerdings auf eine absolut stimmige und bewusst schlicht gehaltene Art, in der weder die Ausreißer nach oben noch die einfacheren Sachen aus dem Rahmen fallen.

Dazu passt auch das ausgesuchte Angebot hochwertiger Weine aus der Region und darüber hinaus, von denen die meisten auch offen ausgeschenkt werden. Und die aufmerksame, individuelle Beratung durch die sympathischen Damen im Service.

ESTIMA by Catalana

Allerheiligenstr. 3,
99084 Erfurt
☎ 0361-5506335
www.estima-erfurt.de
◷ Di–Sa ab 17.30 Uhr, So u. Mo RT
Menüs: 55–95 €

Das versteckt in einer kleinen Gasse mitten in Erfurts Altstadt gelegene Estima zeigt auf bewundernswerte Art und Weise, wie mit einem guten Konzept über schwierige Krisenzeiten hinweg und auch ohne intensive Querfinanzierung erfolgreich anspruchsvolle Gastronomie betrieben werden kann. Und es bestätigt damit weiterhin seine Position als eine der attraktivsten Genussziele in Thüringen. Mastermind hinter dem Ganzen ist mit Jan-Hendrik Feldner ein erfahrener Gastgeber, der hier, wie bereits schon zuvor im Catalana, seiner Passion für die spanische Esskultur eine Bühne gibt. Unterstützt wird er dabei von einem kleinen Team um Küchenchef Sebastian Ernst, der als kreativer Kopf und exzellenter Handwerker für die kulinarische Umsetzung des Konzepts verantwortlich zeichnet.

Im Restaurant sorgen das schlicht elegante Interieur und die alte Bausubstanz mit freigestelltem Fachwerk für einen behaglichen Rahmen, während die Begeisterung und Expertise des Gastgebers und seiner Mitstreiter für die Küche der iberischen Halbinsel auf unmittelbar ansteckende Art viel Lust auf anspruchsvollen Genuss machen. Und der ist garantiert! Denn was Sebastian Ernst und sein Sous-Chef Jürgen Birth aus der spanisch-mediterranen Aromenwelt entwickeln, zeichnet sich nicht nur durch eine bestechend moderne und klare Optik mit hoher „Instagram-Tauglichkeit" aus, sondern besticht vor allem geschmacklich mit kreativen und präzisen Details rund um hervorragende Hauptprodukte.

Einen Vorgeschmack gaben zuletzt bereits (unter anderem) eine konzentriert herb-bittere grüne „Fake-Olive" in knackiger Kakaobutterhülle, zarte Rote Bete mit subtiler, erdig-fruchtiger Süße und ein Kalbstatar mit dunkel-säuerlicher Tamarillo-Mayonnaise, feiner Schärfe und elegant gezeichneten Akzenten, die gemeinsam mit dem hervorragenden selbstgebackenen Weizensauerteigbrot einen der empfohlenen Cava begleiteten.

Schon deutlich komplexer aufgebaut, aber dennoch fokussiert und nicht unnötig verspielt, interpretierte das Team eine Vichysoisse als Espuma in Kombination mit mildem Senfeis, Lauchstroh, Iberico-Juliennes, kleinen Stickstoff-Senfperlen, haardünnem Lauchstroh und gerösteten Lauchherzen. Und es schaffte so beachtliche Komplexität auf engem Raum, verdichtet und doch klar differenziert und so unmittelbar eingängig.

Das gleiche Niveau hielt auch der topfrische roh servierte Hamachi mit tollem Schmelz bei glasklarem Geschmack, der zart und duftig mit Fenchel, Mandarine und Erdnuss (sehr pure konzentrierte Creme und Crumbles) sowie einer feinsäuerlichen Escabeche-Sphäre kombiniert wurde und so eine beschwingte bunte Spielwiese erhielt, die sich genauso gut von links wie nach rechts oder querdurch genießen ließ – nur die Erdnuss galt es dabei etwas vorsichtig zu dosieren…

Hochfein gelang zur seltenen Obsidian Blue Garnele auch die Kombination aus Vanilleduft und Bacon in einer ansonsten eher mit bitteren und herbsäuerlichen Noten spielenden Kombination aus Grapefruit und Kopfsalat-Juliennes, die hintergründig von einer als Gel eingesetzten Ingwerschärfe geboostet wurde – alles aber so fein zugeschnitten, dass das edle Krustentier mit seiner eleganten Süße davon getragen und akzentuiert, aber nicht überdeckt wurde.

Einen Ausblick darauf, dass es sich hier durchaus genauso lohnt, die vegetarische Variante des Menüs zu probieren, lieferte eine zarte Waldpilz-Panna-Cotta mit Pilzschaum, deren Umami-Fülle von fein zugespitzter Sherryessig-Säure, rohen Pilzscheiben, Rosmarin-Malto und Pimpernelle gekonnt aufgebrochen und von einer Pilzkrokette mit Sherryessiggel pfiffig ergänzt wurde. Eine anspruchsvoll umgesetzte Interpretation des Pilz-Themas!

Für uns ging es zuletzt dann aber doch mit einem charakterstarken straff-zarten Cut vom trockengereiften galizischen Kalb eindeutig nicht vegetarisch in den Hauptgang. Durch die Verbindung des ausdrucksstarken Fleischs mit klarfruchtiger Nashibirne, gerösteter Haselnuss und einer Vadouvan-Kürbiscreme, deren warme Würze auch eine luftig aufgeschäumte Beurre blanc als Gegenpol zur eleganten Kalbsjus prägte, zeigte das Team aber auch hier erneut, wie individuell und akkurat es seine Gerichte anlegt. Für spannende Details sorgte hier außerdem noch nussbuttriger Spinat mit einer Vadouvan-Birnensphäre obenauf.

Und weil die gesamte Performance bis hin zum süßen Abschluss, für den arabischer Kaffee auf originelle Art in Dessertform interpretiert wurde, abgesehen von kleinen Details schwankungsfrei auf dem hohen Niveau durchgezogen wurde, erhöhen wir die Bewertung um einen verdienten Bonuspfeil. Und stellen abermals fest, dass das Ganze für das gebotene Level äußerst fair kalkuliert ist. Und dass auch die empfohlenen Weine viele spannende Entdeckungen weit abseits des Mainstreams ermöglichen. So bleibt es bei einem rundum positiven Gesamteindruck und eindeutigem „Weiter so!"

Erkelenz (Nordrhein-Westfalen)

Troyka

Rurstr. 19, 41812 Erkelenz
☎ 0243-9550060
troyka.de
Di–Sa ab 18.30 Uhr, So von 12–13.30 Uhr u. ab 18.30 Uhr, Mo RT
Hauptgericht: 42–49 €,
Menüs: 99–129 €

Der ländliche Teil des Niederrheins ist flach und vergleichsweise dünn besiedelt – man erwartet hier eher rustikale Kneipen oder Bauernhofcafés als ambitionierte Köche. Was man in dem ruhigen, im Zuge des Braunkohletagebaus entstandenen Dorf namens Neu-Immerath auf keinen Fall erwartet, ist ein modernes Restaurant wie das neue Troyka. Das könnte nämlich genauso in einer Großstadt stehen und würde auch dort für Aufmerksamkeit sorgen, wartet mit offener Küche auf (man kann sogar an der Theke sitzen und mit den Köchen kommunizieren) und mit vielen Tischen.

Auch das kopfstarke Serviceteam fällt auf; die anderswo zu beobachtenden Personalprobleme scheinen hier derzeit keine Rolle zu spielen. Der Gast wird also ausführlich beraten, was durchaus nötig ist. Erstens müssen die Speisen mitsamt ihren Anspielungen auf die russische Küche erklärt werden, zweitens gilt es das Besteck zu suchen (es versteckt sich in einer Schublade unter dem Tisch), und drittens ist das Weinangebot so umfangreich, dass viele Gäste wohl gern auf die Ratschläge von Sommelier und Mit-Gastronom Ronny Schreiber vertrauen.

Die erste Aufmerksamkeit von Alexander Wulf und Marcel Kokot, den beiden anderen Gastronomen und Küchenchefs, ist eine Troyka vom Rotkohl, die zwischen frisch (fermentierter Rotkohl) und vollmundig (geschmorter Rotkohl auf einem Macaron) changiert: Das ist durchdacht, animierend und spaßig. Beim zweiten Happen spielen Rote Bete und Smetana (russischer Sauerrahm) neben Belugalinsen eine große Rolle, Dill akzentuiert diese eher klassische, aber herrlich animierende Kombination. Das Brot (Roggen-Dinkel-Brot) wird von einer Bäckerin der Umgebung nach den Vorstellungen des Troyka vorgebacken und im Restaurant noch mal kurz regeneriert, schmeckt sehr gut und kommt mit Zitronenbutter an Tisch.

Störmousse (eher ein Parfait), Störtatar, Kaviar, Rhabarbervinaigrette und Kalamansi prägen dann den ersten Gang des Menüs: Auch hier ist Frische im erhofften Maße vorhanden, der Stör wird gut in Szene gesetzt. Noch „russischer" wird es bei Wareniki, einer in Russlands Esskultur weitverbreiteten Teigtasche, die in diesem Fall mit Kartoffel und Käse gefüllt wurde. Ohne den Sanddorn in drei Varianten (Vinaigrette, kalt mazeriert und Gel) sowie das Champagnerkraut wäre es eine eher rustikale Sache, doch das Zusammenspiel hievt dieses Gericht auf eine neue Ebene.

Der „Wulfsbarsch", eine saftige Tranche Wolfsbarsch, wurde auf der Haut gebraten und zusammen mit einer ganz leicht säuerlich abgeschmeckten, sehr gelungenen Spinatpraline angerichtet; auch Purple-Haze-Karotte (es wird nicht ganz klar, welche Funktion dieses Gemüse erfüllen soll) und ein wunderbar süffiger Krimsektschaum gehören dazu; Moosbeeren sorgen diesmal für Frucht und Frische. Einer der spannendsten Gänge des Abends ist die Kombination aus Kerbelknolle, geschmorter bretonischer Zwiebel und einem mit Ponzu verfeinerten Kwass-Jus; nur der Rosenkohl wirkt dazu irgendwie nicht recht passend.

Beim Nose-to-Tail-Gericht vom Kalb ist dann, nicht unerwartet, das Filet der langweiligste Teil, während Bries und Kalbskopfpraline viel mehr Spaß machen. Die Garzeiten sind in allen drei Fällen optimal, die Würzung stimmt, die Trüffeljus ist tiefgründig, Lauch, Lauchpüree und sibirische Zedernkerne wirken als Begleitung dazu unaufdringlich. Spätestens an dieser Stelle des Essens denkt man, dass hier zwar alles exzellent zubereitet wurde, dass es aber ruhig ein paar mehr Überraschungen geben könnte. Und prompt wird man eines Besseren belehrt, denn das Dessert ist äußerst spannend, kombiniert Sefir, eine russische, aus Eiweiß und Zucker gebackene, an Baiser erinnernde Spezialität, mit Smetana, Granatapfel und Kaviar. Das ist geschichtet, sieht einladend aus, bietet reichlich unterschiedliche Texturen und wirkt gleichzeitig süß und säuerlich, salzig und komplex. Sehr animierend und für sich genommen neun Pfannen wert!

Von solchen mutigen Kreationen würde man sich noch ein paar mehr wünschen. Und gern auch weiterhin die russisch inspirierten Süßigkeiten wie Kartoschka zum Abschluss, oder so originelle Weinkombinationen wie diese, welche hochwertigen Oloroso Sherry sowie einen russischen Rotwein inkludiert. Was da entstanden ist, in niederrheinischer Provinz, hat definitiv Zukunft!

Essen (Nordrhein-Westfalen)

Casino Zollverein

Gelsenkirchener Str. 181, 45309 Essen
0201-830240
www.casino-zollverein.de
Di–Fr ab 17 Uhr, Sa u. So ab 12 Uhr durchgehend, Mo RT
Hauptgericht: 22–40 €, Menüs: 65 €

Das noch bis 1986 aktive Steinkohlebergwerk in Essen, das heute Architektur- und Industriedenkmal ist und zusammen mit der unmittelbar benachbarten Kokerei Zollverein zum Welterbe der Unesco gehört, ist unbedingt besuchenswert. Hier untergebracht, zwischen wuchtigen Holz- und Stahl-Konstruktionen, ist seit nunmehr 20 Jahren auch das Casino Zeche Zollverein mit Restaurant, Cateringbetrieb und Bankettbereich. Es lohnt sich schon alleine ob der einzigartigen historischen Atmosphäre der Zeche, hier einzukehren – aber auch die Küche der von außen wie von innen monumental anmutenden Industrie-Location hat ihren Reiz. Weltläufig-kreativ und modern wird hier gekocht, aber nicht zu aufwendig und kleinteilig. Die aus soliden Grundprodukten sorgfältig zubereiteten Gerichte, für die sich ganz undogmatisch verschiedenster Aromenwelten bedient wird, präsentieren sich auf den Tellern in Form unkomplizierter Bistroküche ohne ausgeprägten Originalitätsdrang, aber mit einer gesunden, fundierten Basis.

Hannappel

Dahlhauser Str. 173, 45279 Essen (Horst)
☎ 0201-534506
www.restaurant-hannappel.de
⊘ Mi–Sa ab 17.30 Uhr,
So von 11.30–13.30 Uhr u. ab 17.30 Uhr,
Mo u. Di RT
Hauptgericht: 35–44 €,
Menüs: 89–129 €
EC ⦿ VISA

Was für eine steile Karriere! Aus der Eckkneipe im beschaulichen Essener Stadtteil Horst, in der sich einst die Bergarbeiter der Gegend auf ein paar frisch gezapfte Biere und ein zünftiges Jägerschnitzel getroffen haben und wo Großfamilien zum Sonntagsbraten eingekehrt sind, ist im Laufe der Zeit ein waschechtes Gourmetrestaurant geworden, das nach unserer Meinung mittlerweile eine besondere, überregionale Beachtung verdient.

Wegen der Entwicklung, die sich innerhalb von drei Jahrzehnten hinter der unscheinbaren Klinkerfassade nicht bloß im Gastraum selbst, sondern auch auf den Tellern vollzogen hat,

konnten freilich nicht alle ehemaligen Stammgäste gehalten werden. Und selbst mit der jüngsten Küchen-Evolution der letzten Jahre, die hier klar erkennbar losgetreten wurde, als sich Gastgeber und Küchenchef Knut Hannappel mit Tobias Weyers einen jungen, sehr talentierten und nicht minder ambitionierten Küchenchef an seine Seite geholt hat, mag der eine oder andere einstige Wiederholungstäter, dem der Küchenstil nun vielleicht doch etwas zu avantgardistisch erscheint, auf der Strecke geblieben sein. Aber so ist das nun mal mit den schönen Künsten: wenn man etwas wirklich Außergewöhnliches erreichen will, muss man sich irgendwann davon verabschieden, es jedem recht machen zu wollen.

Und von beliebiger „Allerwelts-Gourmetküche" ist das Kulinarium von Knut Hannappel und Tobi Weyers tatsächlich ein ganzes Stück weit entfernt. Dennoch machen die erfreulich unangepassten Gerichte in ihrer ausgewogenen und harmonischen Art immer einen mehrheitsfähigen Eindruck und es würde uns nicht wundern, wenn sich doch nach wie vor einige Gäste der ersten Stunden gerne mal hier einfinden, um in den Genuss nicht alltäglicher Geschmackserlebnisse zu kommen. Zumal man im Hause Hannappel trotz des rasanten Aufstiegs auch konzeptionell und preislich eher bodenständig auf dem Teppich geblieben und nicht in extravagante Höhen abgedriftet ist.

Höher rauf geht's in diesem Jahr aber trotzdem: und zwar mit der Bewertung, was mit der handwerklichen und kreativen Performance auf den Tellern zu tun hat, die wir bei unserem jüngsten Testbesuch durchgängig auf 8-Pfannen-Niveau erlebten. Feingliedrig und kunstfertig, dabei aber nicht zu verspielt, war schon der Auftakt mit einem Dreierlei zum Thema Apfel. Zum einen in Kombination mit Krustentiertatar, Senfsaat und Yuzu als Macaron, zum anderen in Gestalt eines kleinen gefüllten Cornettos mit Entenconfit und Zwiebel, sowie als dritte vegetarische Variante mit Rotkraut und Chili – alles aromatisch direkt, schnörkellos und ausdrucksstark auf den Punkt gebracht.

In fast schon japanischer Perfektion transparent und sehr fein abgeschmeckt war dann auch die erste Vorspeise, die sich um schön dick geschnittene Tranchen von einer roh marinierten Gelbschwanzmakrele in beeindruckender Qualität drehte. Die wurden hier nämlich mit knackig-frischem Saiblingskaviar, feinsäuerlich eingelegtem Kohlrabi, etwas Pistaziencreme und einer mit Wasabiöl abgeschmeckten Vinaigrette auf Basis von Buttermilch-Dashi angeboten – alles griff sehr geschmeidig und elegant ineinander und war trotzdem klar aufgefächert.

Dazwischen ließen feinstreifig geschnittene Salzzitronenzesten, die ebenso sensibel ins Geschehen eingebunden waren wie alle anderen Komponenten, immer wieder herbe, säuerliche Frischemomente aufploppen. Und im Glas sorgte im Rahmen der alkoholfreien Getränkebegleitung ein Gemisch aus Rieslingtraube und entsaftetem Kopfsalat mit Verbene ebenfalls für einen spannenden Akzent.

Auch wenn wir das markant herbe Getränk an dieser Stelle als Begleiter der recht subtil gehaltenen Vorspeise eigentlich etwas zu dominant fanden, können wir die spannende und angenehm leichte alkoholfreie Getränkebegleitung im Hause Hannappel in der Gesamtschau nur wärmstens empfehlen. Denn auch das mit Wacholder und grünem Pfeffer aromatisierte Getränk auf Basis von Rote-Bete-Saft, welches es zu einer Vorspeise um Reh, Quitte und Zwiebel gab, machte großen Spaß und harmonierte fantastisch. Das zarte Rückenfleisch vom Bambi, das hier als zurückhaltend gewürztes Tatar in ein extrem fein ausbalanciertes Umfeld gestellt war, hatte mit gepickelter Quitte, geflämmter und gerösteter Zwiebel und einem mit Wacholder verfeinerten Röstzwiebelsud perfekt proportionierte und dadurch sehr elegant korrespondierende Komponenten zur Seite.

Eine mit Grünkohlöl marmorierte Haselnuss-Rahmsauce war nicht nur die süffige Basis, sondern auch die aromatische Grundierung des folgenden, mit dünn gehobeltem mariniertem Fenchel und frittierten Grünkohlblättern beladenen Island-Kabeljau. Das eher mollige Geschmacksbild wurde durch das Begleitgetränk auf Basis von Birnensaft und Marillenkernöl, insbesondere aber durch dessen deutliche Ingwerfrische zugespitzt. Wie lohnenswert hier auch das rein vegetarische Überraschungsmenü sein könnte, das optional angeboten wird, ließ der nächste Zwischengang aufblitzen, bei dem unter einer wirklich maximal knusprigen Spitzkohlhaube ein saftiges weiches Stück weiße Bete und geschmorter Spitzkohl auf einem kraftvoll intensiven Wurzelgemüsesud angerichtet waren. Eine animierende Säureader in der Sauce und einige Zitronengel-Tupfen, die auf den krossen Spitzkohl appliziert waren, setzten dazwischen immer wieder Nadelstiche, sorgten für einen Spannungsbogen und Balance.

Extrem gute kreative Ideen, überraschend feinfühlig umgesetzt, erlebten wir auch beim Hauptgang, bei dem ein hocharomatisches Stück aus dem Nackenkern vom Iberico-Schwein mit Steckrübe, Rosenkohl, Blutwurst und Banane aufs Porzellan geschickt wurde.

Was sich etwas überdreht anhören mag, präsentierte sich ob seiner wieder optimal dimensionierten und feinfühlig inszenierten Art vollkommen rund und stimmig. Ausschlaggebend war hier ein leichter und herzhafter, mit etwas Öl von schwarzen Bananen keck abgeschmeckter Specksud, der nicht nur das Fleisch so zurückhaltend wie nötig, aber so akzentuierend wie nötig untermalte, sondern auch als optimales Bindeglied für Steckrübenstapf, Bananen-Sphäre, Flower-Sprouts und Blutwurstcreme fungierte. Das war wirklich top und erinnerte in seiner Originalität fast schon ein wenig an Peter-Maria Schnurr und das Leipziger Falco. Zumal hier mit dem alkoholfreien Getränk aus Malz, Apfel und Soja auch im Glas ein sehr markanter Akkord à part mitgeliefert wurde.

Und die Kreativität riss auch zum Dessert nicht ab, einem Türmchen von Nougat, Karamell, Knollensellerie und schön natürlich intensiver schwarzer Trüffel, das auch und vor allem in Kombination mit den Aromen von „Cru de cacao"-Schokolade, Karamell und Kaffee im schlanken warmen Begleitgetränk zum Schluss nochmal ein echter Knaller war – und die erneute Aufstufung auf mittlerweile verdiente 8 Pfannen besiegelte.

La Grappa

5↑

Rellinghauser Str. 4,
45128 Essen
☎ 0201–231766
www.la-grappa.de
Mo–Fr von 11.30–14.30 Uhr
u. ab 17.30 Uhr, Sa ab 17.30 Uhr, So RT
Hauptgericht: 35–48 €,
Menüs: 49–88 €

Mit jeder Menge Patina, viel Nippes und folkloristischer Dekoration wirkt das Ristorante von Rino Frattesi charmant altmodisch und irgendwie sehr originell. Das authentische Italien-Feeling wird durch die klassische Küche von Alessandro D'Amico und seinem Team komplettiert, denn die bringen hier maximal puristische und schnörkellose Italianità auf die schmucklos angerichteten Teller. Sehr traditionell und ohne kreative Verrenkungen stehen Produktqualität, Frische und unverfälschter Geschmack im Vordergrund, wovon wir uns vom Rindercarpaccio „Rossini" mit sehr gutem Olivenöl und dick gehobelter schmelziger Gänseleber über perfekt beschaffenen Steinpilzrisotto bis zur saftig-festfleischigen Branzino-Tranche auf cremiger Fenchelsauce mit einem Hauch Safran auch in diesem Jahr wieder überzeugen konnten. Und nicht zuletzt durch die umfangreiche Weinauswahl kommt hier ohnehin jeder Italien-Connaisseur voll auf seine Kosten.

5 — Parkhaus Hügel

Freiherr-vom-Stein-Str. 209,
45133 Essen (Hügel)
☎ 0201-471091
www.parkhaus-huegel.de
◑ Mi–Sa ab 15 Uhr, So ab 12 Uhr
durchgehend, Mo u. Di RT
Hauptgericht: 21–32 €,
Menüs: 59 €

Die schmucke historische Villa mit ihrer breiten Fensterfront und den elegant eingedeckten, dezent modernisierten Galeräumen hat auch sonst viel zu bieten: altehrwürdigen Charme, aufmerksamen Service, sogar einige Hotelzimmer – vor allem aber eine ansprechende und niveauvolle Küche, die das Haus weit weg von üblichen Ausflugslokalen rückt. Die Gunstlage mit Sonnenterrasse, direkt oberhalb des Baldeneysees, macht das Haus in der grünen Lunge von Essen seit jeher zu seinem ganz besonderen Ort mit besonderem Flair. Für den guten Ruf der Küche zeichnet Küchenchef Michael Hau verantwortlich, der sich hier kulinarisch zwar in weitestgehend vertrauten Bahnen bewegt, dort allerdings auch immer wieder mit interessanten Ideen und gekonnt eingesetzten Details frische Akzente setzt. Kleine, aber ansprechende Weinkarte. Im Offenausschank vor allem Gewächse der Kategorie „einfach und gut".

8 — Schote

Rüttenscheider Str. 62,
45130 Essen (Rüttenscheid)
☎ 0201-7780107
www.restaurant-schote.de
◑ Di–Sa ab 18.30 Uhr, So u. Mo RT
Menüs: 112–160 €

Wer Nelson Müller nur von dessen TV-Auftritten und sonstiger Medienpräsenz kennt und davon ausgehend in die Schublade „Fernsehkoch" steckt, verkennt etwas ganz Wesentliches: der erfahrene Chef ist vor allem auch ein ausgezeichneter Koch und Gastronom und seit 2009 in seinem Restaurant „Schote" mit ambitionierter Küche erfolgreich. Erweitert wurde das Portfolio im Jahr 2014 mit dem „Müllers an der Rü", einer bodenständigeren Brasserie mit quirligem Markthallenflair und an der Frischetheke ausgestellten Spitzenprodukten. Im seit zwei Jahren direkt daran angegliederten Gourmetbereich, der (hierhin umgezogenen) Schote, geht es deutlich gediegener und ruhiger zu. Mit grünen lederbezogenen Sitznischen und dunklen Wänden, wechselnden Gemälden aus einer benachbarten Galerie und einer insgesamt entspannten Atmosphäre.
Es fällt leicht, sich unmittelbar heimisch zu fühlen und das wird durch den direkten Kontakt zum Küchenteam, das einen ersten Snack am Pass serviert, noch verstärkt. Außerdem zeigte die dort präsentierte Miniatur-Interpretation von „Strammer Max" mit feinsäuerlich-fruchtigem „Apfelbier" aus dem Isi-Syphon auch gleich auf augenzwinkernde Art, in welcher Richtung die Küche stilistisch unterwegs ist. Der Chef selbst steht aufgrund eines mit verschiedenen Events und Veranstaltungen (auch in der eigenen Kochschule) gut gefüllten Terminkalenders nicht durchgängig mit am Herd, packt aber in beinahe jedem Service

selbst mit an, ist präsent und hat ansonsten ein bestens eingespieltes Team an seiner Seite.

So spielt es am Ende keine entscheidende Rolle, ob die Ideen des Blumenkohl-Espuma mit Balik-Lachs, mariniertem Blumenkohl und Trüffel oder des Cornettos mit kraftvoll säuerlich-würzigem Rindstatar aus der Hand von Nelson Müller persönlich stammen – die Ergebnisse überzeugen so oder so. Das galt im ersten regulären Gang auch für das Gänseleberparfait in ausdrucksstarker, eleganter Façon, das die Gänseleber in grundsätzlich klassischem, aber modern "designten" Kontext präsentierte. Heißt: die kraftvolle Foie gras wurde von Quitte (als Gel, Confit, Esspapier…) mit herbsäuerlicher Frucht und von einer kleinen Champagnereis-Nocke mit kühlem Schmelz ergänzt. Die herbe Seite des Champagners hätte sogar noch stärker herausgestellt werden können, um das auf sehr elegante Art eher lieblich-zarte Gesamtbild ein wenig mehr aufzubrechen, aber auch so war das ein souveräner Einstieg.

Ebenfalls eine klassische Grundidee, aber raffiniert interpretiert, folgte mit einer luftigen (in einer Cocktailschale servierten) Störmousse, in deren Kern ein leicht angegartes Eigelb für luxuriöse Fülle sorgte und gemeinsam mit einem fragil-nussigen Buchweizenblini eine perfekte Grundlage für reichlich schmelzigen und jodigen St. James-Kaviar bildete. Hochelegant und intensiv. Super!

Alles andere als klassisch, nämlich augenzwinkernd frech und "fingerlicking good" kam der folgende fluffige Kartoffelteig-Donut mit einem Topping aus Pulled Pork, knackigem Coleslaw und Sauerrahm-Espuma auf den Tisch. Der Clou war dabei der separate Würz-Dip aus getrocknetem gezupftem Schweinefleisch, das in einer Marinade aus Ketjap Manis, Sirachi, Ahornsirup und Limette zu einem salzig-süßen Powerprodukt reaktiviert wurde.

Nach diesem kleinen Ausflug zu Gourmetstreetfood ging es wieder zurück ins akkurate Gourmetgenre: mit nur sanft glasig temperiertem Skrei nebst Quinoa, Meerrettich und einem Hauch von Speck als Topping sowie einem größtenteils eher kühlen Umfeld aus Sonnenblumencreme, roher Bete mit Meerrettichcreme, knackigem Rettich, Räucheraal sowie – als einzige dezidierte warme Komponente – kleinen gebackenen Blutwurstkreisen. Und spätestens an dieser Stelle wurde auch klar, wie gekonnt das Team mit den viel elegante Behaglichkeit ausstrahlenden Gerichten an winterliche Aromen (und Emotionen) anknüpft.

Diese prägten dann auch den Hauptgang rund um das Thema "Entenbraten": Präsentiert wurde tatsächlich einmal das saftige durchgegarte Fleisch von im Ganzen im Rohr gebratener Ente mit hauchdünner krosser Haut – eine Tranche von der Brust wurde auf dem Hauptteller mit einer gebackenen Entenpraline, kompottartig eingekochtem Rotkohl neben Akzenten von Nuss, einem herbsäuerlichen Gelee, rohem Apfel und Apfelblüten angerichtet, untermalt von einer elegant transparenten Entenjus. Ergänzt wurde dieses eher reduzierte Arrangement von einer Nebenschüssel mit glasiertem Fleisch aus der Keule und einem fluffigen Topfen-/Mohn-Knödel, die gekonnt mehr Wohlfühlcharakter beisteuerten.

Ebenfalls passend zu Thema "Winter" inszenierte das abschließende Dessert verschiedene Nuancen hochwertiger feinbitterer Schokolade, die in verschiedenen Verarbeitungsformen von einer knackig umhüllten Moussekugel über geschlagene und festerer Ganache bis zu einer Praline und fluffigem Schoko-Sponge jeweils unterschiedliche Facetten präsentierte. Mal dunkler und feinbitterer durch Zichorie, mal fruchtiger – und von kleinen exotischen Mango-Komponenten an den entscheidenden Stellen aufgelockert. Durch den Fokus auf eher feine Abstufungen in den Schokoladen-Komponenten wirkte das Ganze weniger kontraststark und im ersten Moment sogar tendenziell eindimensional, war letztlich aber ein ebenfalls souveräner Abschluss.

Souverän agiert im Übrigen auch das Serviceteam, das beim Einsetzen und Erläutern der Gerichte jeweils von der Küchencrew unterstützt wird, und die Gerichte mit gut angestimmten hochwertigen Weinen ergänzt. Von denen listet die vor allem auf renommierte Winzer setzende, daneben aber durchaus auch einige Entdeckungen parat haltende Weinkarte eine reiche Auswahl.

Ettlingen (Baden-Württemberg)

Erbprinz
im Hotel Erbprinz
Rheinstr. 1, 76275 Ettlingen
07243-3220
www.erbprinz.de
Mi–Sa ab 18 Uhr, So–Di RT
Hauptgericht: 36–59 €,
Menüs: 108–148 €

In diesem Traditionshaus vor den Toren Karlsruhes kann jede Menge Geschichte geatmet werden, denn die des Hotel Erbprinz von und zu Ettlingen reicht bis ins Jahr 1788 zurück. Angestaubt ist hier mittlerweile aber nichts mehr. Vor allem nicht im zeitlos-elegant eingerichteten und mit seinen dunkel gerahmten Bildern und den Stehlampen fast schon wohnlich anmutenden Gourmetrestaurant, wo die von Küchenchef Ralf Knebel und seinem Team zelebrierte Kochkunst in ihrer höchsten Form serviert wird. Noch lieber genießen wir die zwar in ihren Grundfesten sehr klassischen und frankophilen, in ihrer Ausgestaltung aber durchaus einfallsreichen und originellen Menüs mediterranem Oberton aber im Sommer auf der wunderschönen Innenhofterrasse, die mit ihren hohen Mauern und Hecken, einem Springbrunnen, einer prachtvollen alten Straßenlaterne und gepflegter Botanik wie ein kleiner südländischer Park oder eine lauschige Plaza anmutet. Und der Kochkunst damit den adäquaten Rahmen gibt.

Euskirchen (Nordrhein-Westfalen)

Bembergs Häuschen

Burg Flamersheim 1,
53881 Euskirchen (Flamersheim)
☎ **02255-945752**
www.burgflamersheim.de
◷ **Do–Sa ab 18 Uhr, So–Mi RT**
Menüs: 119–185 €

Nicht nur in der Abenddämmerung, wenn die schlossartige, an einem kleinen Weiher gelegene Burg Flamersheim wirkungsvoll illuminiert wird, ist das barocke Anwesen ein besonders idyllischer Ort in ländlicher Umgebung. Das beste aber ist: Es gibt nicht nur ein stimmungsvolles Ambiente, sondern auch noch niveauvolle und jedes Mal wieder spannende Genussmomente. Zu verdanken ist das Katharina und Oliver Röder in Service und Küche, die hier einerseits in dem gemütlichen Ambiente in „Eiflers Zeiten" zwischen urigen Holzbalken und altem Backstein bodenständige Gasthausspeisen und andererseits im benachbarten „Bembergs Häuschen" individuelle und kreative Gourmetküche offerieren.

Das ehemalige Gutshaus, in dem das Gourmetrestaurant angesiedelt ist, bietet ein schlicht elegantes Ambiente, in dem wenig von den Kreationen auf den elegant gedeckten Tischen ablenkt und zugleich eine angenehm entspannte Atmosphäre herrscht. Beste Voraussetzungen für das Team um Oliver Röder und Filip Czmok, um mit ihren Ideen zu glänzen. Und genau das machen sie auch in begeisternder Zuverlässigkeit!

Zuletzt zeigte bereits die einleitende Variation von der Steckrübe in Form eines mit einem festen Säurekern aufgeladenen Süppchens mit ätherischem Dillöl, einer hauchzarten Sphäre mit Erdnusscrumble und ganz feiner Schärfe, sowie einem nussig ätherischen „Sandwich" aus Rübenscheiben und -creme, woher der Wind in der Küche weht. Charakteristisch sind für den hier gepflegten Stil vor allem ein feinfühliger und kreativer Umgang mit Gemüse, teils unkonventionelle Aromenkombinationen und enorme Leichtigkeit bei gleichzeitig viel Power und Ausdruckskraft.

Genau das brachte dann auch die dezent fermentierte gelbe Bete als Juliennes, Stücke und Creme mit, die vibrierend frisch von Sanddorn (als Schaum und Beeren) ergänzt wurde und gemeinsam mit salzigen Kicks von Saiblingskaviar und dem Hauch einer rauchigen Note einen komplexen und dynamischen Eindruck ergab. Dagegen setzte das Team bei der folgenden gebeizten Makrele mit festem Fleisch und glasklarem Aroma den Fokus zurecht deutlicher auf das Hauptprodukt und ergänzte dieses durch Meerrettichtupfen, ein Granité von Senfgurken und einen Brunnenkressesud, der trotz klarer und leichter Konsistenz von einer frischen laktische Note wie von Molke oder Buttermilch getragen wurde und damit einen perfekten Rahmen schaffte.

Etwas weiter hoch drehte das Team die Intensitätsregler dann bei dem mit perfekt krosser Haut und saftigem Fleisch präsentierten Knurrhahn in einer umamistarken, kraftvollen Umgebung aus Pilzconfit mit Hühnerhaut-Crumble, Venusmuscheln und Blattpetersilie – alles in zierlich akkuraten Proportionen. Das verbindende Element bildete hier eine ebenfalls gekonnt zwischen röstiger Power und lebendiger Säure balancierte Schalottenvelouté. Wie bereits beim letzten Besuch gab es auch diesmal vor dem Hauptgang einen weiteren und besonders süffigen Powergang rund um Blutwurst. Diesmal in der erdig-saftigen Kombination mit im Ganzen geschmortem Wirsing, zarten Rosenkohlblättern und einer üppigen Haube aus schwarzer Trüffel. Deren dunkelwürzig-duftige Aromen prägten auch den umgebenden Saucenschaum, der zudem aber – wie alle liquiden Zubereitungen hier – bei aller Kraft und Tiefe auch viel Eleganz und Frische beisteuerte.

Der Hauptgang selbst stellte dann Eifeler Hirsch mit straff-zartem Rücken und löffelzart geschmorten Keulenwürfeln ins Zentrum und ergänzte diese, puristisch und perfekt freigestellt, mit den zwischen bittergrün und knackig-frisch angesiedelten Noten von Stengelkohl, die hier als Creme, Öl und in Kakao röstig geschmorte Blätter zugegen waren. Im Zusammenspiel ergab das ein spannend individuelles und komplexes Wildgericht völlig abseits ausgetretener Pfade. Nur die in Summe etwas zu hoch dosierte Salzmenge verhinderte hier einen Eindruck, der ansonsten durchaus noch höher als auf 8-Pfannen-Niveau hätte liegen können!

Dass die aktuelle Bewertung aber in jedem Fall hochverdient ist, zeigte auch das Dessert mit einem Kräutersorbet aus (unter anderem) Kerbel und Gundermann mit seiner feinen Balance aus anisduftigen, herben und frischen Nuancen. Dazu gab es die ebenfalls eher herbe Frucht von Quitte, laktische Frische durch körnigen Frischkäse und damit einen auch am Ende unkonventionell spannenden Eindruck.

Für die nötigen Hintergrundinformationen und die mit ebenso viel Finesse und Charakter punktenden Weine in den Gläsern ist Katharina Röder als charmante und souveräne Ansprechpartnerin zuständig – und trägt damit ganz wesentlich mit zum rundum stimmigen und positiven Gesamteindruck bei.

Hotelempfehlung

Nachtquartier
Burg Flamersheim,
53881 Euskirchen (Flamersheim)
☏ 02255-945752
www.burgflamersheim.de
Einzelzimmer: 100–200 €
Doppelzimmer: 100–200 €

Beim Anblick des malerischen Weihers vor der Kulisse der imposanten Burg Flamersheim ist es leicht, sich vorzustellen, wie einst die Burgherren und ihre Besucher mit einer Kutsche vorfuhren. Dieses Bild vor Augen, wurde das kleine, feine Hotel in dem ehemaligen Gutshof „Nachtquartier" getauft. Heute nächtigen die Gäste hier natürlich nicht mehr auf Strohmatratzen und haben lediglich einen Waschtisch für ihre Morgentoilette – vielmehr verfügen die vier komfortablen Zimmer sowie eine geräumige Suite über moderne Boxspring-Betten sowie hochwertige Bäder und sind auch sonst äußerst wohnlich und apart eingerichtet. Auch für attraktive Kulinarik ist gesorgt, denn die benachbarte Landlust Burg Flamersheim mit dem Gourmetrestaurant Bembergs Häuschen und dem Gasthaus Eiflers Zeiten steht für Kochkunst auf hohem Niveau. Im ehemaligen Rinderlaufstall mit seinem klaren Designkonzept finden bis zu 140 Personen Platz und mit der angrenzenden Remise sind Hochzeiten, Tagungen, Seminare oder Konferenzen mit bis zu 200 Gästen möglich. Gourmetrestaurant Bembergs Häuschen separat erwähnt.

Falkensee (Brandenburg)

Sawito

Spandauer Str. 14, 14612 Falkensee
☎ 03322–1218566
restaurant-sawito.com/
◉ Di–Sa ab 18 Uhr, So u. Mo RT
Hauptgericht: 18–48 €, Menüs: 79–89 €

Vor den westlichen Toren Berlins, gerade noch Brandenburg, aber nur wenige Meter von der Standgrenze und dem Bezirk Spandau entfernt, lädt das modern, schlicht und aufgeräumt anmutende Lokal an der Hauptdurchgangsstraße zu ambitioniertem Schmaus. Auch wenn beispielsweise in der Region angebautes Gemüse, frische Morcheln und Spargel aus Brandenburg oder mal ein heimisches Reh auf der Karte zu finden sind – die Küche konzentriert sich weitestgehend auf die Aromen und Produkte des Mittelmeerraums und interpretiert diese modern und leicht, ohne sich dabei kreativ zu verkünsteln: Klare Aromen, nachvollziehbare Kombinationen, einfallsreich und gegenständlich auf die Teller gebracht. Nicht immer in absoluter Perfektion umgesetzt, aber in jedem Fall ambitioniert auf überdurchschnittlichem Niveau, sehr ansprechend und schmackhaft. Zuvorkommender Service, seriöse Weine auch im Offenausschank, angemessenes Preisniveau.

Faßberg (Niedersachsen)

Schäferstuben

in Niemeyers Romantik Posthotel
Hauptstr. 7,
29328 Faßberg (Müden/Örtze)
☎ 05053-98900
www.niemeyers-posthotel.de
◉ Di–Fr ab 17.30 Uhr, Sa u. So von 12–13.45 Uhr u. ab 17.30 Uhr, Mo RT
Hauptgericht: 17–42 €,
Menüs: 38–75 €

Keine Frage: das Label „Romantikhotel" ist für das in einem unscheinbaren, eher dörflichen Nebenort von Faßberg gelegene Niemeyers Posthotel mit seinen verwinkelten, ländlich eleganten Stuben, die mit der noblen Holztäfelung gegenüber hell-mintgrünen Tapeten und klassischen Gemälden ein vornehmes Flair vergangener Zeiten versprüht, letztlich aber ganz zeitlos das Wohlfühlen leicht macht, mehr als verdient.

Passend dazu lebt auch die Küche in den Schäferstuben in allererster Linie von fundiertem klassischem Handwerk, das fest in der Tradition verwurzelt ist und viele emotionale Anknüpfungspunkte an vertraute Eindrücke bietet, die in ihren besten Momenten darauf aber noch eine Spur mehr Tiefe und Substanz oder den einen oder anderen inspirierten Akzent setzt.

Bei unserem letzten Besuch gab es von diesen Momenten allerdings nicht ganz so viele, oder zumindest deutlich weniger als in vergangenen Zeiten. Insgesamt wirkte das kulinarische Angebot ein Stück weit schlichter und rustikaler als wir es hier gewohnt sind – immer noch handwerklich frisch und fundiert zubereitet, aber eben in etwas gröberer Fassung.

So gab es mit zarten grünen und weißen Spargelspitzen und dünnen vollreifen Mangoscheiben einen unkomplizierten Start ins Menü, bei dem mit einer milden Vinaigrette, auflockernden Salatspitzen und betont herben Kräutern mit ganz simplen und natürlichen Mitteln ein abwechslungsreiches Umfeld für die im Mittelpunkt stehenden, beherzt gerösteten Riesengarnelen geschaffen wurde.

Bei der folgenden Krustentieressenz, die einen zarten Raviolo mit milder, eher kompakter Füllung aus Krustentierfarce und Gemüsebrunoises als attraktive Einlage umspielte, machte die extrem hohe Salzkonzentration leider mögliche Feinheiten völlig zunichte – Krustentier als Produkt war klar erkennbar, aber ansonsten war die Essenz in ihrer überkonzentrierten Salzwürze kaum von einem besseren Convenience-Produkt zu unterscheiden und zeigte nicht die handwerkliche Souveränität, die wir sonst vom Schäferstuben-Team gewohnt sind. Die gab es dafür dann wieder im Hauptgang mit einem perfekt zart (aber nicht zerkocht) geschmorten Hirschragout, das ganz klassisch in einer harmonisch-kraftvollen Schmorsauce und der herbfruchtigen Begleitung von Preiselbeeren und karamellisiertem Rotkohl präsentiert wurde. Nicht fehlen durfte dabei natürlich der flaumige Kartoffelkloß als milder und handwerklich ebenfalls perfekt gemachter Aromenträger. Auch wenn sich das Gesamtbild eher im würzig-süßlichen Bereich bewegte, war das durchaus eine Referenz für ein derartiges Wildgericht der alten Schule.

Der erfreulich schlanke Abschluss als fruchtig leichtes Schichtwerk aus herbem Beerenragout, weißer Schokoladencreme und etwas röstig-nussigem Crumble blieb ebenfalls einfach, war dafür aber gut zwischen cremiger Süße und fruchtiger Säure balanciert.

Dennoch fordert die aktuelle Performance eine leichte Anpassung der Bewertung. Wir sind aber sicher, dass weiterhin alle Voraussetzungen für eine erneut höhere Auszeichnung vorhanden wären. An dem souveränen Service und der individuellen Weinkarte mit vielen spannenden, oft auch gereiften Flaschen (und überschaubarem offenem Angebot) wird das definitiv nicht scheitern…

Hotelempfehlung

★★★★

Niemeyers Romantik Posthotel

Hauptstr. 7,
29328 Faßberg (Müden/Örtze)
☎ 05053-98900
www.niemeyers-posthotel.de
Einzelzimmer: 80–115 €
Doppelzimmer: 135–230 €

Das seit 1877 über mehrere Generationen hinweg familiengeführte Romantikhotel liegt an einem lauschigen kleinen Park im beschaulichen Müden, einem der schönsten Dörfer inmitten des Naturparks Südheide. Es verfügt über 38 stilvoll und elegant eingerichtete Zimmer mit zeitgemäßem Komfort und einem Hauch von Luxus. Ausstattungs- und Servicemerkmale wie moderne Flatscreens mit Sky-TV, schnelles WLAN, Bademantel und -schuhe für jeden Gast, die Nutzung der Wellness-Oase und das reichhaltige Frühstück gehören vom Standard-Einzelzimmer über die diversen

Komfortzimmer-Varianten bis zu den geräumigen Suiten zum Standard. Die Kulinarik hat im Hause Niemeyer seit jeher einen hohen Stellenwert, was nicht nur der Weinkeller mit rund 350 Positionen aus aller Welt zeigt. Im nostalgisch-elegantem Restaurant Schäferstuben oder im Hotelgarten auf dessen großzügiger Gartenterrasse kochen Alexander Niemeyer und sein Team seit Jahren auf hohem Niveau. Restaurant Schäferstuben separat erwähnt.

Aschbacher Hof

Aschbach 3,
83620 Feldkirchen-Westerham
☎ 08063-80660
www.aschbacher-hof.de
◯ Täglich ab 12 Uhr durchgehend, kein RT
Hauptgericht: 18–32 €, Menüs: 25–45 €

Der schmucke, auf einer kleinen Anhöhe gelegene Aschbacher Hof bietet, nur einen Katzensprung von der Landeshauptstadt entfernt, eine ausgesprochen idyllische ländliche Lage und ist mit seinen verschiedenen weitläufigen

Stuben und dem großen Terrassenbereich verständlicherweise sehr gefragt für verschiedene Events und Feierlichkeiten. Wobei dabei sicherlich auch keine unwesentliche Rolle spielt, dass hier seit vielen Jahren eine klar überdurchschnittliche Küche geboten wird – unkompliziert, aber doch mit Pfiff und vor allem mit viel Substanz.

Wer hierher kommt, hat also in vielen Fällen nicht nur etwas zu feiern oder möchte den Sonnenuntergang auf der Terrasse genießen, sondern freut sich auch auf die munter zwischen traditionell-bayerischen, asiatisch inspirierten oder mediterranen Zubereitungen wandernden Gerichte, für die schon seit über zehn Jahren das Team unter der Leitung von Küchenchef Heiko Obermaier verantwortlich zeichnet. Das kann nach der stets guten Brotauswahl beispielsweise ein sommerlich frischer Salat aus zartem Oktopus, geschmortem jungem Fenchel, Cocktailtomaten, Oliven, Parmesan und ätherisch-herben Kräutern sein, der bei unserem letzten Besuch in gut abgestimmten Proportionen überzeugte und außerdem zeigte, dass hier auch weiter gereiste Produkte eine respektable Qualität aufweisen.

Die handwerklichen Skills des Teams wurden sehr gut bei der waldig-duftigen Pfifferlingssuppe mit Croûtons sichtbar, die mit enorm viel Produktgeschmack und wenig Sahne auf ganz schlichte Art viel Freude machte. Und genau an solchen Gerichten, zu denen beispielsweise auch immer wieder die Rinderkraftbrühe mit Grießnockerl zählt, zeigt sich der entscheidende Unterschied zu vielen anderen Wirtshäusern ganz besonders klar.

Aber natürlich auch bei den etwas feineren Sachen wie dem kross und saftig auf der Haut gebratenen Zanderfilet, das aufgrund seiner Stärke von einem sehr großen Fisch gestammt haben muss und in attraktiver Façon auf einem zartcremigen Pfifferlingsrisotto und feine, animierende Säure beisteuernden Weißweinsauce mit Schnittlauch dargeboten wurde. Oder bei Klassikern wie dem „Aschbacher Zwiebelrostbraten" in Form von perfekt gleichmäßig rosa gebratener Rinderlende mit frisch-knusprigen Röstzwiebeln und handgeriebenen Käsespätzle.

Das souveräne Niveau der Küche reicht bis zu den Desserts, sei es bei dem flaumigen pfannenfrischen Kaiserschmarrn mit Rosinen und Apfelkompott oder etwas leichteren Optionen wie einer luftigen, mit Vanille aromatisierten Topfenmousse nebst marinierten Erdbeeren und Limoncello-Eis. Und dank des bestens organisierten Service bleibt der Tisch selbst bei vollem Haus nie lange leer, genauso wenig wie die Gläser, für deren Füllung die Weinkarte viele gute Flaschen renommierter Produzenten aus Deutschland, Österreich, Frankreich und Italien listet.

Fellbach (Baden-Württemberg)

Goldberg
**Guntram-Palm-Platz 1
(Navi: Tainer Straße 7), 70734 Fellbach
☎ 0711-57561666
www.goldberg-restaurant.de
⏱ Di–Sa ab 18 Uhr, So u. Mo RT
Menüs: 95–159 €**

Spitzenweine und Spitzenküche stehen vielerorts in direktem Zusammenhang. Und so gibt es im kleinen Fellbach, das fast nahtlos in die Landeshauptstadt Stuttgart übergeht, neben den drei VDP-Weingütern Aldinger, Schnaitmann und Heid auch einige herausragende Restaurants. Immer mehr „nach vorne gekocht" hat sich in der Region Stuttgart mit den Jahren Philipp Kovacs, der seine „Cross Culture"-Küche inzwischen mehr programmatisch im „Hier und Jetzt" verortet. Die „Zukunft" ist vegetarisch, so heißt das zweite Menü, das aber im Wesentlichen eine fisch- und fleischlose Abwandlung des Menüs „Abenteuer" ist. Bei allen Marketingvokabeln kann man tatsächlich sagen, dass Kovacs' Küchenstil noch fokussierter geworden ist und den Gast mit jedem Gang in eine andere Dimension führt.

Was im Goldberg zum Auftakt nicht fehlen darf ist der Goldnugget, eine mit Frischkäse gefüllte, mit Sepia geschwärzte und mit Blattgold bestückte heiße Kugel, diesmal gefolgt von einem Thunfischtatar auf einem Reiscracker sowie hausgemachtem Bauern- und Schüttelbrot zu aufgeschlagener Miso- und Meerrettichbutter.

Mit dem lebhaften Spiel von Umami und Säure im dritten Küchengruß wurde es dann komplexer: Das auf einer Chawanmushi-Creme liegende, mit Hot-and-Sour-Tea angegossene und mit Sesam und Koriander bestreute Duett aus Garnele und Schweinbauch zeigte, wohin die Reise weiterhin gehen kann – trotz allem Hier und Jetzt nämlich auch nach Fernost. Und dies besonders im ersten Gang mit drei Tranchen von einer leicht gebeizten Gelbschwanzmakrele, getoppt mit etwas kandierter Salzzitrone. Eine herbe Erfrischung dazu war ein grünes Sorbet aus Kohlrabi und Shisokresse, intensivere Säurenoten kamen durch eine Kimizu-Mayonnaise mit Passionsfrucht hinzu und erst recht durch die Power einer Kojireis-Vinaigrette.

Damit waren alle Sinne wachgerüttelt, die mit dem nächsten Gericht gleich wieder beruhigt wurden, denn nun wurde es süß, schwer, dicht. Aus dem vegetarischen Menü hatten wir uns für die falsche Gänseleber entschieden, die als Terrine aus Kräuterseitlingen, Champignons und Madeira einer echten recht gut nachempfunden war. Sie diente als Basis für einen Aufbau mit karamellisierten Haselnüssen und Rote-Bete-Würfeln unter einem Rote-Bete-Zuckerchip, getoppt wiederum mit Blattgold verzierten Bete-Würfeln. Noch mehr gut dosierte Süße gab es durch den Sud aus Pflaumenwein und Ahornsirup und in einem Gläschen kam à part durch ein „Gänseleber"-Eis mit Ziegenkäsespuma auf Rote-Bete-Ragout auch noch adäquate Frische hinzu. Wohl unverzichtbar: zwei dunkel geröstete Brioche-Scheiben.

Das folgende Fischgericht wirkte auf den ersten Blick viel simpler, entpuppte sich aber dann beim Löffeln als Highlight des Abends. Durch sehr langes und besonders sanftes Garen hatte der Seeteufel, auf dessen abgeflämmte Haut mit Schnittlauch aromatisierter Imperial Kaviar gesetzt war, eine perfekt glasige Konsistenz. Das Entscheidende aber war das weiße Schaumbad mit grüner Ölspur sowie viel Würze und wenig Säure. Darin ein Püree und auch ein paar knackige Stückchen vom Blumenkohl mit geräucherter Butter, Miso, Vinaigrette und vieles mehr, was sich zu einem einzigen Wohlgeschmack verdichtete, dem man lange hinterherschmecken konnte.

Eine deutlichere Trennung der Aromen gab es beim klassisch rosa gebratenen Rehrücken mit Purple Curry in einer von Petersilienöl eingerahmten Jus. Zur leicht orientalischen Note einer gebackenen, mit Pistazien und Erbsenkresse getoppten Miniaubergine, kam die eher heimatlich-erdige Süße von Pastinaken als Püree und Scheibe nebst Nussbutteraroma. Noch herzhafter wurde es in einem begleitenden Glas mit Rehragout, Kartoffelmousseline und Pankobröseln.

Nach so viel warmem „Wohlgefühl" war das Pre-Dessert ein frischer Muntermacher mit Mangosalat, Matchasorbet und Basilikumgranité, ehe die Patisserie die Heimat mit der ganzen Welt umarmte: Zu einem nuancenreichen und kunstvoll in die Höhe getürmten Dessert wurden Variationen von der Birne, Ivoire-Schokolade und Kokos mit Sorbets, Baiser, Creme, Schaum und Süppchen liiert. Etwas aufgebrochen wurden die sich sanft aneinanderschmiegenden Töne mit frischen Effekten von Lychee, Yuzu und Ingwer. Nicht nur schön anzusehen, sondern auch ein geschmacklich gewinnbringendes Puzzleteil, war eine vergoldete Reiscremekugel.

Das Gold im Namen taucht vereinzelt auch im Ambiente der Location auf, die ansonsten mit warmen Holztönen, hellem Leder und lässigem Loungesound viel stylisher und moderner ist, als man von außen vermuten kann. Dazu bietet Sommelier Josip Stjepandic auserlesene Weinerlebnisse, die sich nahtlos in das aufsteigende kulinarische und preisliche Niveau fügen. Hier und Jetzt musste es zumindest einmal auch in der begleitenden Reise sein: Zum Reh gab es einen Lemberger von Rainer Schnaitmann, ein Großes Gewächs 2010 aus der Lage Fellbacher Lämmler.

71 🍴🍴🍴

Oettingers Restaurant

im Hotel Hirsch
Fellbacher Str. 2–6,
70736 Fellbach (Schmiden)
📞 0711-95130
www.hirsch-fellbach.de
⊘ Mi–Sa ab 18 Uhr, So–Di RT
Hauptgericht: 28–42 €,
Menüs: 99–124 €

EC ⬛ ⬤ VISA P 🅧

Seit vielen Jahren ist das Gourmetrestaurant im Hotel Hirsch mit seinem ausgezeichneten Preis-Leistungs-Verhältnis eine sichere Bank. Das wissen auch viele Gäste aus der näheren Umgebung, weswegen es nicht ganz leicht ist, an den zuletzt vier Öffnungsabenden einen Platz zu bekommen. Dafür diniert man in der behaglich-gediegenen Location mit ausreichend Abstand zwischen den Tischen und kann sich auch sicher sein, dass es trotz ausgebuchtem Haus nicht zu Verzögerungen im Ablauf kommt. Drei Stunden für fünf Gänge inklusive zweimal Grüßen und Brot vorneweg sowie Petits Fours zum Abschluss – das Timing sitzt einfach. Und auch der Küchenstil von Michael Oettinger, der nach seinen Stationen unter anderem in der Traube Tonbach und im Hamburger Louis C. Jakob seit 2005 zurück im Familienbetrieb ist, bleibt auf Höhe der Zeit. Hübsche Idee, dass unter den Grüßen wie zum Beispiel Feldsalatmousse mit Rettich und Ente oder Briocheknödel mit Cranberry als augenzwinkernder Bezug zum Hotelnamen auch ein in ein Geweih gestecktes Hirschschinkenröllchen an den Tisch kam. Richtig warm ums Herz wurde einem mit der klaren Hirschbrühe dazu, ehe nach einer Brotauswahl mit Purple-Curry-Creme, gesalzener Butter und Olivenöl zügig der erste Gang folgte. Die vier kleinen Tranchen vom Kohlenfisch mit ihrer fast schon

speckigen, festfleischigen Konsistenz waren sehr gut und würzig gebeizt. Eine leicht rauchige Note wurde durch mit Holzkohle aromatisierten Mayonnaisetupfern akzentuiert und mit hauchfeinen zitrisch-herben Streifen, mutmaßlich von der Salzzitrone, effektvoll aufgefrischt. Sehr harmonisch war dazu der leichte Kohlrabi-/Kefir-Sud mit knackigen Gemüsestückchen und grünöligen Augen von Boretsch – ausgestochene Kugeln vom Glockenapfel steuerten zu dem eine feine Süße bei. Da war alles gut aufeinander abgestimmt, da griffen alle Aromen klar und geschmeidig ineinander. Das Zwischengericht mit Coquilles Saint-Jaques ließ uns indes etwas unschlüssig zurück. Natürlich nicht deshalb, weil sie lebend ins Haus geliefert werden, somit frischer als frisch sind und deshalb auch zusammen mit dem Corail, also ihrem intensiv schmeckenden rötlichen Rogensack zubereitet werden. Die drei kurz angegrillten Jakobsmuscheln selbst waren allerdings zuvor in einem Ingwer-Limetten-Sud eingelegt, was ihnen zwar einen spannenden Kick gab, allerdings auch dem fein-nussigen Geschmack der Muscheln kaum eine Chance zu Entfaltung ließ. Das etwas wild angerichtete Umfeld mit allerlei Gel- und Cremetupfern, Geleequadern von der Kakifrucht und Variationen von Blumenkohl wirkte zudem in der Summe arg lieblich. Allein eine in der Mitte platzierte Nocke Osietra-Kaviar gab noch eine jodige Kante dazu.

Entschlossener wurde hingegen wieder der darauffolgende Steinbutt inszeniert: ein gebratenes Filetstück, das trotz leicht knuspriger Oberfläche noch saftig genug und zudem großzügig mit gehobelten Scheiben vom Wintertrüffel bedeckt war. Monte e Mare spielten hier sehr gut zusammen, zumal Fisch und Trüffel mit einer geschmeidigen Beurre Blanc ein verbindendes Element hatten. Dazu gab es extreme Gemüseerfahrungen, denn selten erlebt man Grünkohl so schön abgestimmt wie hier, nämlich sehr fein geschnitten und blanchiert zu einer Nocke geformt. Außerdem war da noch eine im Ganzen gegarte Haferwurzel mit ihrem süßlich-dichten, pastinakenartigen Geschmack. Von beeindruckender Geschmacksintensität – wie jeder Fisch und jedes Fleisch bei Oettinger mit perfektem Würzgrad – war auch der feine Biss der Presa vom Iberico Belota, zumal die drei sattroten Nackenstücke vom spanischen Eichelschwein in einer hocharomatischen Jus lagen. Ein schlanker Polentariegel war auf der einen Seite mit Gehacktem vom Rosenkohl und auf der anderen mit dessen Blättern flankiert, obenauf Spalten von eingelegten Pflaumen und karamellisierte Haselnüsse. Für einen würzigen Knuspereffekt sorgten in dem sehr geradlinigen und einfach wohlschmeckenden Gericht zwei Chorizo-Chips.

Auch der süße Abschluss überzeugte ohne allzu viele Schlenker. Die 66-prozentige „Beni Wild"-Schokolade von Original Beans war hier zu einer fluffigen Brownie-Scheibe nebst Knusper und Karamellisiertem verarbeitet. Erstaunlich, wie gut neben den Tönen von Vanille und Buttermilch (als Eis und Schaum) auch Fenchel in verschiedenen Variationen inklusive seiner intensiven Saat eingebunden war, ohne dem Dessert überpräsent seinen Stempel aufzudrücken.

Dies war übrigens eine von drei Abschlussmöglichkeiten, denn außer einem zweiten süßen gibt es – zusätzlich zum Käsewagen – auch noch ein Käsedessert. Überhaupt die Auswahl in Oettingers Restaurant: Neben einem temporären und einem klassischen gibt es immer auch ein vegetarisches Menü. Umso mehr kann sich der Restaurantleiter und Sommelier Matthias Kapp bei seinen offenen Empfehlungen mit spürbarer Freude entfalten. Ob es nun Spitzengewächse aus der Region sind wie zuletzt ein rarer 2014er Chardonnay von der Weinmanufaktur Untertürkheim oder auch Erschwinglich-Internationales wie ein Verdicchio von Stefano Antonucci. Zum Schluss übrigens schloss sich wieder der Kreis bezugnehmend zur Creme zum Brot, denn unter den Petis Fours war eine Himbeerpraline, die ebenfalls eine feine Purple-Curry-Note hatte.

Finning (Bayern)

Kaminzimmer im Staudenwirt

Staudenweg 6, 86923 Finning
☎ 08806-92000
www.staudenwirt.de
❤ Fr u. Sa ab 18 Uhr, So von 12–13.30 Uhr u. ab 18 Uhr, Mo–Do RT
Hauptgericht: 20–30 €,
Menüs: 90–110 €

Die Geschichte vom Heimkehrer, der nach seinen Lehr- und Wanderjahren mit neuen Ideen und Ambitionen nach Hause zurückkehrt, ist in der Gastronomie eine vielfach erzählte. Dass die Heimkehr aber nicht in den Eltern-, sondern zurück in den Lehrbetrieb erfolgt und nach Stationen auf Schloss Bensberg, dem Oud Sluis und als Sous-Chef von Thoru Nakamura in Geisels Werneckhof ausgerechnet in Finning endet, das ist schon eher bemerkenswert. Da Dominik Schmid, als der Rückkehrer, um den es in diesem Fall geht, selbst aus dem nahegelegenen Landsberg am Lech stammt, und ihm hier im Staudenwirt von Veronika und Konrad Wolfmiller beste Voraussetzungen geboten werden, ambitionierte Küche zu verwirklichen, erstaunt das Ganze aber schon nicht mehr ganz so sehr…

Außerdem wurde im Staudenwirt neben dem gutbürgerlichen Programm schon länger ambitioniert und niveauvoll gekocht, so dass der Sprung zum dem im März 2020 neugestalteten und eröffneten Gourmetrestaurant auch für die Gäste gar nicht allzu gewaltig ausfällt. Das stilvoll-schlicht in puristischem Design mit Naturfarben und -materialien gestaltete Restaurant gibt ebenfalls eine bestens passende Bühne. Und bereits der erste Eindruck aus dem Vorjahr zeigte, dass auf dieser nicht nur laute Töne gespuckt werden, sondern tatsächlich groß aufgespielt wird.

Daran änderte sich auch beim letzten Besuch nichts. Im Gegenteil! Bereits die ersten einstimmenden Kleinigkeiten mit einem Rote-Bete-Macaron nebst Ziegenkäse, Kaffeegelee und Bete-Chip, einer markant würzig gebeizten Saiblingsrose mit Pflaumenemulsion im Knuspertartelette sowie einer gebackenen Praline aus Lammfleisch und Linsen mit Joghurtcreme zeigten sowohl akkurates Handwerk als auch präzise zupackende Aromen.

Genau die gab es dann auch beim Rotgarnelen-Carpaccio, das als klararomatisches, von einer Ceviche-Vinaigrette belebtes Tableau für helle süß-säuerlich rauchige Zwiebelzubereitungen diente, ergänzt von zarten Streifen aus Sepia und Lardo sowie einem dunklere Umami-Noten einbringenden Gel aus drei Monate in Soja fermentierten Tomaten. Mutig ausdrucksstark und zugleich mit fein gezeichneten Linien!

Viel Potential zum Signature-Dish und beinahe schon als solcher inszeniert hat die „Brotzeit" im Kaminzimmer, bei der das hervorragende hausgebackene Sauerteigbrot mit Rehsalami, Rindernacken-Pastrami und Entenrilettes eine süchtig machende, verfeinert rustikale Ergänzung erhält. Und zudem von einem abstrahierten Brotzeit-Gang ergänzt wird, der zuletzt aus einer zartcremigen Kuppel Apfel, Zwiebel und

Blutwurst auf „Salat" aus gerösteter Hanfsaat bestand, die von Bittersalaten und einem fragilen Knusperchip gekrönt wurde.

Der „Winterliche Gemüsegarten" entpuppte sich danach als buntes Arrangement aus im Sommer milchsauer eingelegtem knackigem Gemüse (von Karotte über Radieschen bis Kimchi) auf einer hellen und überraschend milden Creme aus gebranntem Spitzkohl und einer Vinaigrette aus dem Einlegesud der Gemüse, Crème fraîche und Liebstöckelöl. Dabei standen die unterschiedlichen feinen Säuren der milden Süße von in Butter gedämpftem Lauch, zarten Rosenkohlblättern und knusprig-röstigen Wirsingblättern gegenüber und ergaben zusammen ein sehr lebendiges Gesamtbild.

Puristischer wurde es bei der pochierten und kurz geflämmten Seeforelle, die zwar minimal übergart, aber dennoch mit fleischig-zartem Biss unter einem prägnanten Crunch-Topping aus Kürbiskernen, Nüssen, Zitruszesten, Fleur de Sel und feiner Schärfe lag. Daneben sorgten knackige Lamellen von Kürbis und blanchierter Cedrat-Zitrone sowie eine fruchtige Tapenade auf Basis von Kürbis und Champignon für einen markanten Gegenpol. Sanft getreidige Waldstaudenreiscreme erweiterte das nussige Spektrum noch, während eine stoffig-komplexe Beurre blanc mit Koji und Sake einen eleganten verbindenden Rahmen schaffte. Sehr stark und locker auf 8-Pfannen-Niveau!

Ebenfalls auf diesem schicke das Team eine saftig röstig an der Karkasse gebratene Taubenbrust neben der confierten und aufgeknusperten Taubenkeule und einer kraftvoll eleganten Jus mit Würfeln von Herz, Leber und Blattpetersilie. Dieser geballten Produktpower stand im Ganzen frittierte (und damit ebenfalls feine Röstnoten einbringende) Schwarzwurzel neben zitrisch aufgehellter Schwarzwurzelcreme und einer etwas blassen grünen Shisocreme gegenüber. Dazwischen sorgten noch goldknusprige Brösel aus Wurzelgemüse für zusätzliche Würze und Crunch und rundeten ein vom Hauptprodukt bis zu den begleitenden Komponenten bestens auf den Punkt gebrachten Hauptgang ab.

Zeit für die Desserts! Und diese sind, genau wie das ständig variierte Brot aus eigenen Sauerteigen und überhaupt alle gebackenen Komponenten, das Metier von Stefan Schmidt, dem Bruder von Dominik Schmidt. Als gelernter Bäcker, Konditor und erfahrener Pâtissier bewegt sich dieser dabei absolut auf Augenhöhe mit allen anderen Offerten, was zuletzt mit einer Schnitte aus saftigem Toffeepudding-Biskuit, Sauerrahmmousse und konzentriert ätherischem Orangen-/Zitrus-Topping eindrucksvoll unter Beweis gestellt wurde. Den Dreiklang aus knackiger Zitrusfrische, Sauerrahm und Karamell erweiterten salzig karamellisierte Macadamianüsse um buttrig-nussige Noten, während hauchdünne Karamellplättchen an der Seite der Schnitte in dem ansonsten durch ein Blutorangensorbet, konzentrierten Zitrusgels und einem herben lauwarmen Crêpe-Suzette-Fond vor allem mit unterschiedlichen Säuregraden spielenden Dessert einen entscheidenden Süße-Beitrag lieferten.

Der positive Ersteindruck hat sich damit mehr als bestätigt, so dass es beinahe nur eine Frage der Zeit erscheint, bis für das Kaminzimmer eine noch höhere Bewertung fällig wird. Die Vorfreude auf den nächsten Besuch ist jedenfalls schon hoch! In der nicht überbordenden, aber mit prominenten Erzeugern von Tesch und Schneider aus Deutschland über Ott aus Österreich bis zum Italiener Angelo Gaja hochwertig bestückten Weinkarte findet sich leicht eine adäquate Getränkebegleitung zu den spannenden Gerichten. Und wer sich nicht selbst entscheiden mag, bekommt auch glasweise individuelle und fair bepreiste Weine ins Glas, oder auch gut abgestimmte alkoholfreie Optionen von Van-Nahmen-Säften bis zu selbst kreierten und auf die Kreationen abgestimmten Drinks.

Zum Staudenwirt

**Staudenweg 6,
86923 Finning**
☎ 08806-92000
www.staudenwirt.de
◉ Do–Di von 11.30–14 Uhr
u. ab 17.30 Uhr, Mi RT
Hauptgericht: 6–32 €,
Menüs: 30–65 €

EC ◯ VISA P ⌂ ♿

Obwohl der Staudenwirt am ruhigen Ortsrand der Ortschaft von Finning, die rund zehn Autominuten von Landsberg am Lech entfernt in Richtung Ammersee liegt, den Eigenanspruch in den vergangenen Jahren sukzessive erhöht und im vergangenen Jahr mit dem Kaminzimmer sogar ein eigenes separates Gourmetrestaurant eröffnet hat, ist und bleibt er ein Landgasthof für ein breites Publikum. Veronika und Konrad Wolfmiller, die das in der Region fast Jedermann bekannte Lokal mit Hotelbetrieb vor Jahren von den Eltern bzw. Schwiegereltern übernommen haben, konnten so nicht nur jede Menge neue Gäste dazugewinnen, sondern eben auch langjährige Stammgäste halten.

Der weiterhin bodenständigen Grundausrichtung des Staudenwirts trägt auch die zweigleisige Speisekarte Rechnung, in der einerseits traditionelle gutbürgerliche Gerichte wie etwa Schweineschnitzel „Wiener Art" mit Pommes, gebratene Filetspitzen in Champignonrahm mit Spätzle oder ein halbes gegrilltes Hähnchen angeboten werden, andererseits in der Sparte „Modern oder mal anders…" aber auch die Lust auf etwas originellere oder zumindest weltläufigere Dinge befriedigt wird.

Zum Beispiel in Gestalt einer Vorspeise um sesamumrandetes und ringsum kurz angebratenes Sashimi vom Thunfisch mit einem asiatisch angehauchten Salat von Wakame-Algen und kleingeschnittenem Kopfsalat sowie einer umamiwürzigen Wasabimayonnaise. Dass sich die Küche bei den Offerten auf der ambitionierteren Speisekartenseite nicht ständig neu erfindet und man manches Gericht identisch oder abgewandelt immer wieder antrifft, halten wir für nicht weiter tragisch und es ist vor dem Hintergrund, dass die Gerichte ja auch dann sauber und routiniert umgesetzt auf den Tellern landen sollen, wenn Chefin und Chef mal nicht selbst da sind, auch vernünftig. Über etwas mehr Abwechslung würde man sich dennoch freuen…

Denn auch das Rindertatar, das hier stets präzise von Hand geschnitten wird und diesmal etwas herzhafter und mit vielen kleinen Senfgurkenwürfelchen auch saftiger angemacht war als sonst, kennen wir bestens aus den Vorjahren. Es war auch diesmal wieder mit einem perfekt pochierten, cremig-schlotzigen Ei getoppt, allerdings dergestalt variiert, als dass es von eingelegter Roter Bete, Brotknusper, Afillakresse und würziger Senfmayonnaise begleitet wurde. Ein sehr ansprechender Start. Gefolgt von einem Zwischengang, den wir hier garantiert noch nie hatten, nämlich gegrillte Sepie, die zusammen mit Pimentos auf einem süffigen Bett aus spanischen Nudeln mit cremiger Paprikasauce, pikanten angebratenen Chorizo-Würfelchen und Safranmayonnaise lagen. Ein schlichtes, süffiges Mischgericht mit Raffinesse.

Und weil die Küche hier von der guten Qualität der Produkte, ihrer sorgfältigen und fundierten Behandlung sowie dem Herausarbeiten ihres unverfälschten Geschmacks profitiert, gelingen dann auch Hauptgerichte wie etwa der „Fischfang des Tages", der in unserem Fall ein Zander war, ganz ausgezeichnet. Denn die beiden dicken kross auf der Haut gebratenen, darunter schön saftigen Filets lagen auf einer animierenden Melange aus schmelzigen Kartoffelwürfeln und knackigem Spitzkohl, getragen von einer milden, rahmigen Fischsauce und boten klaren Wohlgeschmack. Wer lieber Fleisch isst, wird mit geschmorter Kalbsbacke nebst Kohlrabi und confierten Kartoffeln oder einem amtlichen Zwiebelrostbraten mit Dunkelbiersoße und wahlweise Bratkartoffeln oder Kässpatzen glücklich.

Und auch Nachtisch wie die immer wieder etwas abgewandelte „Finninger Dessertperspektive", eine klassische Crème brûlée mit Früchten und Sorbet oder, ganz traditionell, ein hausgemachter Apfelstrudel mit Vanillesauce und Vanilleeis, zeugen von der soliden Substanz, die hier auf allen Tellern vorherrscht. Weil zudem auch das Preis-Leistungs-Verhältnis ein sehr gutes ist, muss man sich nicht weiter wundern, dass hier auch unter der Woche immer sehr viel Betrieb ist.

Finsterwalde (Brandenburg)

Goldener Hahn

Bahnhofstr. 3,
3238 Finsterwalde
☎ 03531–2214
www.goldenerhahn.com
◔ Mi–Sa ab 17.30 Uhr, So–Di RT
Menüs: 60–135 €

Finsterwalde ist als provinzielles Kleinstädtchen weder Tourismusmagnet noch Kulturbrennpunkt und doch bieten Frank Schreiber und sein Team hier hinter den unscheinbaren Mauern ihres heiteren zentrumsnahen Gasthauses ein beeindruckend ambitioniertes kulinarisches Portfolio, das sich von mustergültig sorgfältig umgesetzter Regionalküche bis zu überraschend feingliedrig und kreativ interpretierter Moderne auf durchgängig hohem Niveau bewegt. Kombiniert mit der authentischen Gastgeberkultur von Iris Schreiber und ihren Mitarbeiterinnen macht das aus dem Goldenen Hahn seit vielen Jahren einen geographisch entlegenen Genussort, der ein buntgemischtes Publikum nicht nur aus dem nahen Umfeld, sondern wegen des ausgesprochen günstigen Preis-Leistungsverhältnisses auch von weiter weg anzieht. Neben attraktiver Küche und zuvorkommender Gästebetreuung gibt es hier eine kleine, völlig ausreichende Weinauswahl mit den sonst eher raren sächsischen Gewächsen, aber auch Erzeugnissen anderer deutscher und europäischer Winzer.

Fischbachau (Bayern)

Alter Wirt

im Hotel Landgasthof Alter Wirt
Leitzachtalstr. 209,
83730 Fischbachau
☎ 08028-9053610
www.rubins-alterwirt.de
◔ Mi–Fr ab 17.30 Uhr, Sa von
11.30–14 Uhr u. ab 17.30, So ab 11.30 Uhr
durchgehend, Mo u. Di RT

Ein Wirtshaus wie aus dem Bilderbuch: das Domizil der Familie Rubin mit dem schmucken, stilvoll herausgeputzten Haus und seinen traditionellen Stuben wäre ein Vorzeigeobjekt für jede Tourismus-Broschüre. Noch dazu wird hier auch richtig gut gekocht – frisch, fundiert und aus hochwertigen Produkten. Die einfachen, traditionellen Sachen haben Pfiff und daneben gibt's immer auch die eine oder andere weltläufigere, kreative Idee. Eine kleine Weinauswahl, gutes regionales Bier und herzlicher Service und ländliche Preise runden den stimmigen Gesamteindruck ab.

Flensburg (Schleswig-Holstein)

Das Grace

im Hotel Das James
Fördepromenade 30, 24944 Flensburg
☎ 0461-1762360
www.dasjames.com/genusswelt/
das-grace
◔ Mi–So ab 18 Uhr, Mo u. Di RT
Menüs: 105–140 €

In den backsteinernen ehemaligen Marinegebäuden direkt am Yachthafen im Flensburger Hafenviertel Sonwik existiert mit dem noch relativ neuen Hotel Das James ein vor allem innenarchitektonisch bemerkenswertes Haus, in dessen großzügigen Räumen das rohe Industrieflair der Anlage mit elegantem britischem Charme eine einzigartige Verbindung eingeht. Allein die sehr großzügige Lobby des Hotels, die in einer ehemaligen Torpedo-Werkhalle residiert und nahtlos in Loungebereich, Bar und Gastro übergeht, ist ein ebenso lässiger wie geschmackvoller Ort. Schön, dass mit dem Gourmetrestaurant Das Grace, das sich im hinteren Teil des Gastronomiebereiches befindet, auch ein kulinarisch sehr anspruchsvolles Konzept Teil dieses Ortes ist.

Als Küchenchef des sehr hohen Raumes, in dem man an glänzend dunklen runden Holztischen mit feiner Tischkultur und Blick auf den Yachthafen unter dramatisch großen zylindrischen Lampenschirmen speist, wurde der Bayer Quirin Brundobler verpflichtet. Der war zuvor lange Zeit auf Sylt tätig, wo er zunächst als rechte Hand von Jens Rittmeyer im Kai3 und danach als Sous-Chef von Jan-Philipp Berner und Johannes King im Söl'ring Hof reüssierte. Dieser Mann kann also definitiv kochen, hat sich jahrelang ernsthaft mit der Kulinarik, mit Regionalität und Nachhaltigkeit auseinandergesetzt und deshalb absolut keine Mickey-Mouse-Küche im Sinn.

Damit hält er auch im Grace zu keiner Zeit hinterm Berg, was uns hier beim ersten Besuch als Auswahl aus den beiden angebotenen Menüs „Farm" und „Förde" aufgetischt wurde, war eine ebenso ambitionierte wie souveräne Darbietung ausgereifter Kochkunst. Schon die kleinen Köstlichkeiten aus regionalen Produkten zum Aperitif wirkten aromatisch klar durchdacht und waren handwerklich feinmotorisch präzisiert. Egal ob Blini mit Kaviar, Tapiokachip mit Wolfsbarschtatar, eine kleine zartkrosse Waffel mit Deichkäse oder ein winziges Röllchen, das den Geschmack eines klassischen Waldorfsalats in sich trug – da wirkte nichts bloß gewollt, sondern alles sehr gekonnt. So war es auch beim cremig angemachten Taschenkrebstatar mit Tomatenkaviar auf einem vermutlich mit etwas Krustentierjus verstärkten Tomatensud. Das war ein ebenso runder und harmonischer wie aufregend dynamischer Happen.

Und so wunderte es dann auch nicht, dass die Vorspeise um geräucherten Aal mit grünem Apfel, Liebstöckel und Wildkräutern nicht nur dreifach variiert und wieder sehr grazil daherkam, sondern auch kompositorisch äußerst durchdacht wirkte. Auf dem Hauptteller ein festes, mageres Stück vom mild geräucherten Aal, das zusammen mit Apfelpüree in einem Rauchaaltee mit Petersilienöl schwamm; daneben ein zartes, mit Panko beflocktes und mit Aalcreme gefülltes Kartoffelknödelchen auf Apfelgelee und auf dem dritten Schälchen ein mit cremigem Aaltatar beladener Pumpernickel-Taler. Das ist nicht nur unterhaltsam, sondern auch sehr ausdrucksstark und schmackhaft.

Wie souverän und ausgereift Quirin Brundobler seine Gerichte komponiert war auch an der soft am Gaumen abschmelzenden Sülze vom Duroc-Schwein eindrucksvoll zu erleben.

Das mit kleinen, zarten Fleischstückchen, etwas Gemüse und schwarzer Trüffel durchsetzte aromatische Gelee in Form eines Savarins war mit verschiedenen winzigen säuerlich eingelegten Gemüsen umringt, die von Wildkräuterspitzen, perfekt dosierten Tupfern Essiggel und etwas Trüffelcreme gekonnt akzentuiert und abgerundet wurden. Da griff alles geschmeidig ineinander, da war wieder jede Menge Dynamik im Spiel, da ergänzten sich Tiefe und Frische zu einem überraschend aufregenden Geschmacksbild.

Astreine Drei-Komponenten-Küche, die von einem sehr guten Hauptprodukt und einer ausdrucksstarken Sauce lebte, repräsentierte dann die handgetauchte Jakobsmuschel, die festfleischig und klararomatisch auf einem kleinen Sockel von Rucola-Hirse thronte und von einer säurestraffen Beurre blanc umgeben war. In den samtigen Fluten der Weißwein-Buttersauce sorgten kleine Punkte Zitronengel immer wieder für erfrischend aufploppende Sidekicks, die das ansonsten ganz klassische Gericht fast beiläufig spannend belebten.

Wie pointiert und originell puristisch hier gekocht wird, bewies auch der mit hauchdünner, fast schmelziger Pancetta belegte und in saftiger Perfektion auf den Teller gebrachte Seezunge, die von geschmorten Borettane-Zwiebelsegmenten und etwas Kartoffelcreme flankiert und mit feinsäuerlich abgerundeten Bratkartoffelsud vollmundig und frisch untermalt wurde. Da kann man im Grunde nichts mehr weglassen, wüsste aber auch nicht, was man noch hinzufügen sollte. Ein ebenso köstlich simples wie komplex vielschichtiges Gericht zum Tellerablecken.

Dass sich das Team hier intensiv mit den Produkten auseinandersetzt und wie facettenreich es diese bisweilen interpretiert, konnte man sehr schön am Lamm-Hauptgang sehen und schmecken, bei dem nicht nur der in der Karte annoncierte Rücken zum Besten gegeben wurde, sondern auch ein Stück vom Lammbries sowie kross angebratener Lammbauch. Der Rücken bekam durch seinen schmelzig-krossen Fettdeckel noch einen extra Aromenboost und kam zusammen mit köstlich purer Lammjus im Kreise eines Bohnenpotpourris daher, zwischen dem nicht nur das zarte Bries zu finden war, sondern auch einige kleine Tupfer von roter Peperonatacreme, die das Ganze wiederum fruchtig-pikant untermalten. Der knusprig angekrosste geschmorte Lammbauch wurde à part mitgeliefert und hatte wiederum eine weiße Bohnencreme zur Seite.

Weil auch die Pâtisserie zunächst mit einem Pré-Dessert um Passionsfruchtcreme, Kalamansisorbet und Sud von Guave und Mango, dann in Gestalt des eigentlichen Nachtischs um geschmorten Weinbergpfirsich mit Höruper Frischkäse und lauwarmem Vanilleküchlein einen köstlichen süßen Abschluss bescherte, der einfach nur auf sehr guten Geschmack abzielte, zögern wir nicht, hier gleich auf Anhieb hoch einzusteigen: Souveräne 8 Pfannen! Nichts als Lob auch für den angenehm zurückhaltenden und doch sehr aufmerksamen Service und die klug gestraffte Weinkarte.

Hotelempfehlung

Das James

Fördepromenade 30, 24944 Flensburg
☎ 0461-1672360
www.dasjames.com/
Einzelzimmer: ab 170 €
Doppelzimmer: ab 230 €

🆔 ⓘ 🅥 ⓒⓓ VISA Ⓟ ♿ Ⓟ ❄ 📶 🖼 ♻ 🛎
⅏

Das James residiert in den ehemaligen Marinegebäuden direkt gegenüber dem Yachthafen im Flensburger Hafenviertel Sonwik und empfängt seine Gäste mit einem sehr geschmackvollen Ambiente. Die Liaison aus dem rohen Industrieflair der Anlage und elegantem britischem Charme zieht sich wie ein roter Faden durch das Haus. Die trendigen, individuell gestalteten Zimmer und Suiten sind teilweise zweistöckig und viele davon haben einen Balkon. Ausgestattet sind sie mit Boxspring-Betten, schnellem WLAN, einem modernen Flachbildfernseher, Minikühlschrank und Kaffeekocher sowie Klimaanlage und verfügen über ein geräumiges Badezimmer. Der 2000 m² große Wellnessbereich mit Innen- und Außenpools, vier Saunen und einem separaten SPA für Kinder bietet jede Menge Platz und Gelegenheiten zum Ausspannen und Aktivsein. Und mit drei unterschiedlichen Restaurants

und zwei Bars ist auch gastronomisch große Vielfalt und Abwechslung geboten. Zu den beliebten Aktivitäten in der Umgebung zählen Wassersport und Radfahren; die Flensburger Innenstadt und der Flensburger Hafen liegen nur rund drei Kilometer vom Hotel entfernt. Restaurant Das Grace separat erwähnt.

Flintsbach (Bayern)

🍴 🍴🍴

Gasthof Dannerwirt
im Hotel Dannerwirt
Kirchplatz 4, 83126 Flintsbach
☎ 08034-90600
www.dannerwirt.de
🕐 Mo–Mi u. Fr ab 16 Uhr, Sa, So u. Fei
ab 11.30 Uhr durchgehend, Do RT
Hauptgericht: 8–25 €

🆔 ⓒⓓ VISA Ⓟ ⅏

Dass es in Deutschland auf der Suche nach bodenständigen und dennoch niveauvollen Gasthäusern ein erhebliches Nord-Süd-Gefälle gibt, ist nichts Neues. Aber selbst im in dieser Hinsicht privilegierten Oberbayern ist es mittlerweile beileibe keine Selbstverständlichkeit, dass ein schmuckes Wirtshaus auch attraktive Küche bietet. Umso erfreulicher sind deshalb so rundum stimmige Ziele wie der hübsch herausgeputzte Dannerwirt in Flintsbach am Inn, der in malerischer Alpenlandschaft am Fuße des Wendelsteins einerseits in seinen urigen gepflegten Gaststuben und im idyllischen Biergarten eine herzliche und behagliche Atmosphäre bietet, andererseits aber auch eine auf Frische und Natürlichkeit setzende Küche deutlich über dem, was sonst in augenscheinlich urbayerischen Wirtshäusern geboten wird. Die meisten der verwendeten Produkte stammen von ausgesuchten lokalen Erzeugern und die Gerichte selbst bleiben absolut authentisch-rustikal, ohne pseudokreative Verrenkungen und beziehen gerade daraus ihren Charme. Selbst wenn im Zuge dessen einige Details etwas gröber und ungehobelt ausfallen oder größere Tiefe und Komplexität fehlt. Die gebotenen Schmankerln sind eben gewollt keine Gourmetküche…

Dafür aber sind die Salate und Gemüse in „Danners Schmankerlsalat" nebst „Krusteln" und „Kerndln", die durch eigenaromatisch gereifte Rindelendenstreifen erweitert werden können, garantiert knackig frisch, die Tafelspitzbouillon mit zarten hausgemachten Maultaschen schmeckt reintönig und klar und Gerichte wie die lockeren Spinatknödel mit brauner Butter und Parmesan bieten puristischen Rustikalgenuss at it's best…

Aber auch moderat kreative Sachen wie ein kräftiges (durch den Räucherfischanteil etwas „schmieriges") Forellentatar nebst frittierten saftig-krossen Kartoffelrösti können sich sehen lassen. Zwar wären die rustikalen Rösti in einer etwas dünneren Version mit dadurch veränderten Proportionen noch passender gewesen, gemeinsam mit einem mildsäuerlich marinierten Babyleaf-Radieschen-Salat, in den sich keck ein paar Wassermelonen-Tranchen und Himbeeren einfügten, entstand daraus aber ebenfalls eine gelungene Vorspeise.

Die größten Stärken zeigt die Küche dennoch bei den ganz traditionellen Gerichten wie der Brannenburger Bachforelle, die ihre Frische und Qualität klassisch knusprig in schäumender Butter gebraten und von Petersilienkartoffeln und Zitrone ergänzt ausspielt, oder einem geduldig gesottenen Tafelspitz, dessen zartes Fleisch im (eigenen) Wurzelgemüse-Sud mit Schnittlauchkartoffeln und frischem Kren serviert wird. Oder natürlich einem lockerwellig in Butterschmalz soufflierten Wiener Schnitzel – wahlweise vom Schwein oder vom Kalb – nebst Kartoffel-Vogerlsalat und herben Preiselbeeren.

Desserts sind gemeinhin nicht unbedingt die größte Stärke bodenständiger Wirtshausküche, aber mit traditionellen Mehlspeisen wie einem flaumigen karamellisierten Kaiserschmarrn mit Apfelmus, oder auch einer gebrannten Bayerischen Creme als alpenländische Version von „Crème brûlée", die von marinierten Waldbeeren mit belebender Säure ergänzt wird, kann sich der Dannerwirt definitiv sehen lassen.

Genauso wie mit dem auch bei vollen Stuben und Terrassen flink und aufmerksam agierenden Serviceteam und einer Getränkeauswahl, die neben frisch gezapftem Bier auch eine ansprechende Auswahl einfacherer Weine bietet.

Hotelempfehlung

★★★

Hotel Dannerwirt

**Kirchplatz 4,
83126 Flintsbach
☎ 08034-90600
www.dannerwirt.de
Einzelzimmer: 59–65 €
Doppelzimmer: 82–120 €**

Der Gasthof mit Hotelbetrieb liegt in einer der schönsten Regionen Bayerns, der Gegend rund um den Wendelstein, zwischen München und Salzburg. Zum Chiemsee ist es nicht weit, man kann Golfen oder Radfahren, Wandern und Bergsteigen und im Winter natürlich Skifahren. Die Gäste erwarten hier mittlerweile 27 geschmackvolle, teils sehr moderne, teils traditionelle und mit viel Holz im gemütlich-ländlichen Stil eingerichtete Zimmer, die alle mit Dusche/Bad, Telefon, WLAN-Hotspot und Flachbild-TV ausgestattet sind. Auch der Genuss kommt im Dannerwirt nicht zu kurz: Ob kulinarische Schmankerl, in Ruhe geschmorte Braten, fangfrische Fische aus heimischen Gewässern oder einfach nur eine Brotzeit mit frisch gezapftem Bier im Wirtsgarten. Hier wird aufgetischt, was Oberbayern zu bieten hat. Restaurant Gasthof Dannerwirt separat erwähnt.

Forchheim (Bayern)

Zöllners Weinstube

Sigritzau 1,
91301 Forchheim
☎ 09191–13886
www.zoellners-weinstube.de
◉ Mi–So ab 18 Uhr, Mo u. Di RT
Hauptgericht: 8–32 €

Das hübsche Fachwerkhaus von Familie Zöllner im kleinen Sigritzau bei Forchheim ist ein seit Jahren beliebter und geschätzter Anlaufpunkt für Gäste aus der näheren und weiteren Umgebung, die substanzstarke, pointierte Küche ohne unnötigen Schnickschnack zu schätzen wissen. Ganz gleich ob verfeinert-bodenständige Gerichte aus regionalen Produkten gefragt sind oder die etwas exklusiveren, für die sich der einst bei Dieter Müller und Heinz Winkler gestählte Johannes Zöllner auch mal aus dem internationalen Warenkorb bedient: seine Gerichte leben immer von der hohen Qualität der Viktualien, einem sorgfältigen und versierten Umgang damit, kraftvoll ausgewogenen Saucen und in stimmigen Proportionen arrangierten Tellern. Das präsentiert sich dann meist als harmonische Klassik, hier und da sorgen aber auch clevere Akzente für ein gewisses Maß an Spannung. Gemeinsam mit dem herzlich familiären Service und einer attraktiven Weinkarte, die nicht nur bei den fränkischen Gewächsen einiges zu bieten hat, ergibt das im urig-eleganten Gewölbelokal ein rundes Gesamtbild.

Zum Alten Zollhaus

Hauptstr. 4, 91301 Forchheim
☎ 09191-970990
www.zollhaus-forchheim.de
◉ Mi–Sa ab 17.30 Uhr,
So von 11.30–14 Uhr u. ab 17.30 Uhr,
Mo u. Di RT
Hauptgericht: 17–27 €,
Menüs: 30–49 €

Mitten in der Forchheimer Altstadt lockt das Restaurant Zum Alten Zollhaus mit einem gemütlichen Ambiente, das sich entspannt irgendwo zwischen gehobenem Bistro und gepflegtem Wirtshaus bewegt. In dieser lebhaften Atmosphäre wird aus der Hand von Inhaber Küchenchef Christopher Kraus uns seinem kleinen Team eine zwar durchaus ambitionierte, aber nicht übertrieben exklusive oder elaborierte Küche geboten, die die bodenständigen Wurzeln des Alten Zollhauses nicht verleugnet, sich aber sowohl von der Produktauswahl als auch bei der sorgfältigen natürlichen Zubereitung mit vielen pfiffigen Ideen klar vom regionalüblichen Durchschnitt abhebt. Ins Glas gibt es dazu auf Wunsch gut korrespondierende Begleiter aus einem deutsch-italienischen Sortiment.

Forstinning (Bayern)

Zum Vaas

Münchner Str. 88,
85661 Forstinning
☎ 08121-43091
www.zum-vaas.de
◉ Mi–So von 11.30–14 Uhr
u. ab 17.30 Uhr, Mo u. Di RT
Hauptgericht: 14–33 €

Ein Lieblingsort für Weinkenner und Genussmenschen ist dieses traditionelle Gasthaus im Osten von München, dessen Geschichte über 150 Jahre reicht und das heute von den Geschwistern Veronika und Johannes Bauer mit Herz, Elan und Kompetenz geführt wird. Mit Veronika Bauers Lebensgefährten Philipp Schneider steht zudem ein souveräner Koch am Herd, der hier seit Jahren das Niveau hochhält, viel Wert auf Qualität, Frische und fundiertes Handwerk legt und die grundsätzlich bodenständige Küche mit achtsam gesetzten Akzenten verfeinert. Ganz ohne unnötige kreative Schlenker, aber immer mit dem gewissen Etwas und der Handschrift des Könners. Außerdem sehr positiv: die ausgezeichnete Weinkarte, die nicht nur bei deutschen Rieslingen top ist.

5 🍳 — 🍴🍴

Schwarzkopf

im Hotel Schwarzkopf
Lohrer Str. 80,
97833 Frammersbach
☎ 09355-307
www.schwarzkopf-spessart.de
⏱ Do–Sa ab 18 Uhr, So–Mi RT
Hauptgericht: 14–34 €,
Menüs: 32–62 €

Als kulinarischer Leuchtturm im Spessart hat sich das geschmackvoll und gemütlich eingerichtete Lokal von Anja und Stefan Pumm über die Jahre einen ausgezeichneten Ruf und viele Stammgäste erarbeitet. Leicht verständlich, denn die feine bodenständige Regionalküche, die stets um einige etwas ambitionierte Dinge für Gourmets ergänzt wird, spricht ein breites Publikum an. Vor allem aber wird diese aus hochwertigen frischen Produkten mit dem erkennbaren Know How eines souveränen Kochs zubereitet, so dass man hier aus kulinarischer Sicht mit einem gediegeneren Hauptgericht genauso auf der sicheren Seite liegt wie mit dem fünfgängigen Menü. Ebenfalls lobenswert ist die fair kalkulierte Weinkarte mit einem schönen Querschnitt aus deutschen Anbaugebieten und darüber hinaus – alles übrigens auch zum günstigen Mitnehm-Tarif!

Die Besteck-Symbole

🍴🍴🍴🍴🍴 luxuriöses Restaurant mit höchstem Komfort und formvollendetem Service, edler Ausstattung und einer Weinkarte, die höchsten Ansprüchen genügt

🍴🍴🍴🍴 elegantes Restaurant mit hohem Komfort und exzellentem Service, sehr gute Ausstattung, hervorragende Weinkarte

🍴🍴🍴 gehobenes Restaurant mit gutem Komfort und versiertem Service, umfangreiche Weinkarte

🍴🍴 besser ausgestattetes Restaurant mit ordentlichem Service, ausgewählte Weine

🍴 schlichtes Restaurant, Gasthof oder Bar

8 🍳 — 🍴🍴🍴

Philipp Soldan

im Hotel Die Sonne Frankenberg
Marktplatz 2–4, 35066 Frankenberg
☎ 06451-7500
www.philipp-soldan.de
⏱ Do ab 18 Uhr, Fr u. Sa ab 19 Uhr,
So von 12–14 Uhr, Mo–Mi RT
Hauptgericht: 42–49 €,
Menüs: 59–119 €

Langsam nähert sich das schicke Souterrain-Gourmetrestaurant mit einer geschmackvollen Mischung aus Gewölbearchitektur, gläsernen Weinklimaräumen und einsehbarer Küche nach Corona wieder einer etwas großzügigeren Öffnung an. Während das Philipp Soldan zeitweise nur an zwei Abenden in der Woche geöffnet hatte, gibt es mittlerweile von Donnerstag bis Samstag abends das normale Gourmetmenü und zusätzlich am Sonntagmittag weiterhin ein verkürztes Schnupperangebot, das neuen Gästen Lust auf die Küche von Erik Arnecke machen soll.
Wir brachen solche Köder nicht, zum auf sein Kulinarium anzuschlagen, denn wir sind seit Jahren bekennende Fans seiner ausdrucksstarken und sehr feingeschliffenen Kochkunst, die sich ganz undogmatisch Produkten und Aromen aus aller Welt widmet und sie im Rahmen seiner sechsgängigen Speisefolge zu kontrastreichen und aromendichten Kreationen mit einer gehörigen Portion Raffinesse werden lässt. Texturell und aromatisch sehr scharfgestellt und ausgetüftelt präsentierten sich bereits die drei Snacks zum Aperitif, ein Erbsen-Falafelbällchen mit Sauerrahm und Minze, ein Brickteig-Tartelette mit Eigelb und einer freien Interpretation von Caesars Salad sowie ein pronociert nussiger Happen von Foie gras und

Rhabarber, ebenfalls in einem hauchdünnen fragilen Knusperschälchen, der so schön zugespitzt und feingliedrig war, dass wir gerne eine ganze Vorspeise davon genossen hätten.

Vom grundsoliden perfektionierten Handwerk zeugten die drei wirklich hervorragenden Sorten hausgebackenes Brot, die mit unterschiedlichen Aufstrichen zum Besten gegeben wurden und der eigentliche Gruß aus der Küche handelte vom Insalata Caprese, wobei hier Marinda-Tomate, Büffelmozzarella und Basilikum sowohl in ihrer Urform als auch verschieden variiert als kleines, von fruchtigem Granité erfrischtes Schichtwerk auf dem Teller zugegen waren.

Die erste Vorspeise des Abendmenüs drehte sich dann in der Hauptsache um sehr guten kapitalen Kaisergranat, der sich gebraten und als Tatar mit weißem Pfälzer Spargel, einer rahmigen Holunderblütenvinaigrette, einem Eis von Kopfsalat mit dienlicher Süße und Säure sowie etwas Krustentiermayonnaise auf dem Porzellan tummelte. Der gebratene Schwanz des Langostinos war einerseits unheimlich charakteristisch und produktpur, hatte andererseits aber auch genügend Feuer gesehen, so dass er eine reizvolle Liaison aus jodiger Klarheit sowie Rauch- und Röstaromen aufbot. Das Tatar vom Scherenfleisch war auch etwas herzhafter angemacht, so dass man es hier mit einer zwar schön leichten, aber durchaus schmissigen Vorspeise zu tun hatte.

Ausdrucksstark, komplex und leichtfüßig kam auch der Prachtfisch von einem St. Pierre daher. Der stolze Bretone war zwar selbst nur angenehm behutsam gewürzt, trug mit einem aromatischen Mix aus Tomatenconcassée, Stabmuschelscheiben, Kapern und Kräutern aber eine herzhafte Anhäufung auf seinem Rücken. In Begleitung von Artischocke (gebraten, als Creme und als Chips), confierter Tomate, Fenchelgrün und Mönchsbart schwamm dieser mediterrane Clan auf einer sehr starken, dezent mit Safran abgeschmeckten rahmigen Muschelsauce.

Dichtes Soulfood mit hohem Suchtfakor repräsentierte sodann das perfekt geschmorte Kalbsbäckchen mit frischen Morcheln à la Creme, einem aromatischen Morchelschaum, weißem Spargel und Blattpetersilienpüree, denen ein Strauß ätherischer Kräuter von Estragon über Kerbel und Schnittlauchblüte bis Petersilie herbale Leichtigkeit und Frische zuspielte.

Ein gut ausbalanciertes Miteinander von zupackender Deftigkeit und Frische gab es auch auf dem Teller des Hauptgangs, wo ein mit winzigen Brotcroûtons, ebenso kleinen gebratenen Schinkenwürfeln und Schnittlauchringen bela-

dener Rehrücken neben einer kleinen Timbale von perfektionierten Kässpätzle mit Röstzwiebeln und zwei Stangen karamellisiertem grünem Spargel sowohl von Kirschen als auch wiederum von verschiedenen Wildkräutern erfrischt und aufgelockert wurden. Eine Creme von geräucherten Nüssen sowie die mit Kirschblütensirup aromatisierte Wildjus gaben dem Wildbret noch einen besonderen Twist. Ein attraktives sommerliches Wildgericht!

Sehr schön leicht und frisch kamen im Anschluss confierte Mispeln nebst einem von Bergamotte zitrisch angespitzten Basilikumsorbet, kandierter Zitronenschale sowie Pinienkern-Sablé auf einem Savarin von Joghurtmousse aus Schafsmilch daher: wenig Süße, ausgeprägte gelbe Frucht, Schmelz, ausgewogenes Säurespiel – alles da, was ein anspruchsvolles Dessert ausmacht. Und dafür, dass auch in den Gläsern etwas Anspruchsvolles landet, garantiert der mit internationalen Gewächsen bestens gefüllte Keller, aber auch die klug zusammengestellten Weinauswahl, die zu jedem Gang einen passenden Tropfen vorsieht. Und das sind mit 2019er Weiburgunder „R" von Wagner Stempel zum Lachs oder einem 2015er Pinot Noir „Selektion Schulz" von Chat Sauvage nicht die schlechtesten Tropfen.

SonneStuben

im Hotel Die Sonne Frankenberg
Marktplatz 2–4, 35066 Frankenberg
📞 06451-7500
www.sonne-frankenberg.de
⊙ Täglich von 12–14.30 Uhr u. ab 18 Uhr, kein RT
Hauptgericht: 14–34 €, Menüs: 16–69 €

Im Hotel Sonne Frankenberg am Markplatz des hübschen Fachwerkstädtchens ist nicht nur die Küche des Gourmetrestaurants Philipp Soldan im Keller empfehlenswert, sondern auch das, was in den lichtdurchfluteten Sonne-Stuben im Erdgeschoss aufgetischt wird. Dafür zeichnen an sieben Tagen in der Woche mittags und abends nun schon seit einigen Jahren Küchenchef Timo Schröder und sein Team verantwortlich, die hier sehr schmackhaft und professionell auf klar überdurchschnittlichem Niveau kochen, es aber mit dem Detailaufwand auch nicht übertreiben und konzeptionell, sowie auch preislich wohltuend auf dem Teppich bleiben.

Denn das Kulinarium in den bodenständigen Stuben hat natürlich eine ganz andere Zielsetzung als der Gourmetbereich, handelt es sich bei den im Stil eines modernen ländlichen Bistros gestalteten Lokal doch um das Hotel-Restaurants des Hauses, in dem die unterschiedlichsten Vorlieben einer heterogenen Gästeklientel bedient werden wollen. Aber gerade vor diesem Hintergrund überzeugt uns das hier gebotene Niveau immer wieder aufs Neue.

Dass die Vorspeise gefühlte 60 Sekunden nach Bestellung bereits auf dem Tisch stand, sagte erfreulicherweise rein gar nichts über ihre Qualität aus. Zwar war das Arrangement von dünn aufgeschnittenem Kalbstafelspitz mit Frankfurter Grüner Sauce und gebackenem Wachtelei ganz simpel zusammengestellt und schnell angerichtet – aber die Parameter stimmten eben: Das Fleisch rosa, saftig, gut temperiert, die als dünne Schlange darüber gespritzte Sauce aromatisch, das von einer Kräuterpanierung umschlossene Ei warm und mit noch leicht fließendem Dotter. Nur die Kresse, die in der hier aufgebotenen Menge nicht mehr als punktuelle Deko durchging, sondern schon mehr als kleiner Salat auf dem Fleisch thronte, wirkte in dem Fall so gänzlich unmariniert nicht sonderlich charmant.

Doch das ist eigentlich Nebensache und die Küche scheint ganz generell einfach nur gut organisiert und flott unterwegs zu sein, denn auch die anderen Kostproben standen in Windeseile auf dem Tisch und waren allesamt recht proper. Zum Beispiel eine Essenz von Strauchtomaten mit kraftvollem natürlichem Produktgeschmack inklusive genügend eigener Süße und Säure und wenig zusätzlicher Würze. Auch die kleinen zarten Nocken, die neben ein bisschen knackig-dünnem Wurzelgemüse als Einlage darin schwammen, gefielen durch ihr deutliches Basilikumaroma – es hätten von daher ruhig etwas mehr sein können als zwei Exemplare.

Punktgenau saftig und kross auf der Haut gebraten war der Lachs, der auf einem ebenfalls nahezu perfekt beschaffenen Parmesanrisotto

thronte und nicht nur von weißem und grünem Spargel mit dem richtigen Biss, sondern auch von einer substanzstarken röstaromatischen Krustentiersauce umgeben war. Einziger Wermutstropfen waren die bloß kurz durch die Pfanne gezogenen Kirschtomatenhälften (samt Strunkansatz). Wem im Hauptgang eher nach Fleisch ist kann sich beispielsweise über goldbraun colorierte Maispoulardenbrust mit saisonalen Gemüsen, Gnocchi und einem flüssigen Duett aus Thymianjus und Tomatenöl freuen. Oder ein amtliches Wiener Schnitzel vom Kalb, das in Butterschmalz gebraten und stilecht mit kaltgerührten Preiselbeeren und lauwarmem Kartoffel-/Gurkensalat aufgetischt wird.

Was den Nachtisch angeht, war die Auswahl zum Zeitpunkt unseres Besuchs einfach, denn neben hausgemachtem Sorbet mit optionalem Champagneraufguss gab es nur eines. Und wir haben diese „Wahl" nicht bereut, denn auch die Melange aus marinierten Erdbeeren und Erdbeersorbet (beides mit richtig tollem, natürlich-intensivem Aroma!) mit Creme von weißer Schokolade, etwas Crumble und knusprigen Schokoperlen hatte das Prädikat „einfach und gut" redlich verdient. Zur Begleitung der Gerichte finden sich zahlreiche ansprechende Gewächse auf der gut sortierten Weinkarte.

Hotelempfehlung

Hotel Die Sonne Frankenberg

**Marktplatz 2–4,
35066 Frankenberg
☎ 06451-7500
www.sonne-frankenberg.de
Einzelzimmer: 129–470 €
Doppelzimmer: 179–520 €**

Das schmucke Hotel liegt direkt in der pittoresken Altstadt von Frankenberg in der größten Urlaubsregion Hessens, dem Ederbergland. In einem Ensemble aus historischen Gebäuden aus dem 16. Jahrhundert erwartet Sie am schönsten Platz der Stadt gemütliches Ambiente, viel Ruhe und ein einzigartiger Service. 60 Zimmer und Suiten laden mit vielen liebevollen Details zum Wohlfühlen ein. Zum Relaxen steht ein 1000 m² großer, in orientalischem Stil gestalteter SPA-Bereich mit Solebecken zur Verfügung (SPA-Suite mit direktem Zugang!).

Für das kulinarische Wohl der Gäste wird in vier Restaurants (u. a. dem vielfach ausgezeichneten Gourmetrestaurant Philipp Soldan) und einem Café gesorgt. Außerdem: Tagungs- und Veranstaltungsräume für bis zu 130 Personen, Standesamt im 500 Jahre alten 10-türmigen Rathaus gleich nebenan. Restaurant SonneStuben und Gourmetrestaurant Philipp Soldan separat erwähnt.

Frankfurt am Main (Hessen)

Aureus

Kettenhofweg 27,
60325 Frankfurt am Main
☎ 069-79533979
www.aureus-restaurant-im-goldmuseum.com
🕐 Di–Sa ab 18 Uhr, So u. Mo RT
Menüs: 161–190 €

[payment icons] VISA P ⚓ ❌ ♿

Ambitionierte Restaurants in Museen sind noch immer eine Seltenheit, zumindest in Deutschland. Immerhin: in Frankfurt gibt es inzwischen mehrere Beispiele. Neben dem Emma Metzler im Museum für Anwandte Kunst ist vor allem das Aureus zu nennen. Es

befindet sich in der Degussa-„Goldkammer", einem Privatmuseum über die Kulturgeschichte des Goldes, untergebracht in einer denkmalgeschützten Jugendstilvilla im schicken Westend. Entsprechend hochwertig wirkt auch das Restaurant im ersten Obergeschoss, dessen Name dem lateinischen Begriff für Gold entlehnt ist.

Mit knapp 30 Plätzen ist es angenehm klein, knarzendes Fischgrätparkett, taubenblaue Stuckdecken, stilvolle Designerleuchten und aufwendige Trompe-l'œil Landschaftsmalereien an den Wänden geben dem Raum eine elegante, aber unverkrampfte Salonatmosphäre; im Sommer lockt zudem eine große Terrasse. Auch das Silberbesteck und die mundgeblasenen Weingläser sind vom Feinsten und lassen die hohen Ambitionen erkennen. Hier wird nicht gekleckert.

Das denkt sich offenbar auch unsere freundliche Kellnerin, als sie zum Einstieg mit jovialer Geschäftstüchtigkeit „ein Gläschen Champagner" nahelegt. Unsere Frage nach einem Winzersekt als Alternative, vielleicht sogar aus der Region, wird verneint, obwohl wir später einen auf der Karte finden. Macht letztlich aber nichts, denn der Janisson-Barandon ist eine ausgezeichnete Wahl.

Dazu wird als erstes Amuse eine Praline vom Schwarzfederhuhn gereicht, außen schön knusprig, innen zart, saftig und leicht asiatisch gewürzt; zusammen mit süßsäuerlich angemachtem Sprossensalat erinnert das ein wenig an Asia-Imbisse, was wir gar nicht unbedingt negativ meinen. Deutlich filigraner sind die weiteren Einstimmungen: Ein Löffel mit fruchtig-säuerlich eingefasster Doraden-Ceviche und eine Tartelette mit Aovadcocreme und Nordseekrabben gefallen durch elegante Würze und klare Geschmacksbilder.

Der erste offizielle Gang des Menüs kommt uns von anderswo bekannt vor: eine knusprig frittierte, mit grünen Reisflakes „panierte" Tiefseegarnele mit Wasabi erinnert optisch doch sehr an einen Klassiker von Tim Raue. Leider ist er hier nicht so präzise umgesetzt: Die Knusperhülle ist zu dick und etwas fad, die Garnele wiederum hat zu wenig Hitze abbekommen, wodurch sie sehr weich bleibt und sich gegen die Panierung kaum behaupten kann. Diese wiederum weicht an einigen Stellen durch, weil eine Wasabicreme nicht neben, sondern auf der Garnele verteilt wurde. Etwas Thai-Mango frischt das Ganze auf, das Interessanteste an dem Teller ist allerdings eine erbsengroße Couscous-Variante („Moghrabieh"), die knackigen Biss und eine originelle Getreidenote ins Spiel bringt.

Besser gefällt uns der zweite Gang unter der Überschrift „Roger Rabbit": drei sehr zarte Medaillons eines goldbraun gebratenen Kaninchenrückens sind angerichtet mit seidigem Kohlrabipüree, knackigen Kohlrabiwürfelchen und einer dichten Portweinsauce, deren würzige Süßlichkeit von Bittersalaten bestens aufgefangen wird. Ein unkompliziertes, wohlschmeckendes Gericht im gehobenen Bistro-Stil, souverän umgesetzt und mit einem guten Hauptprodukt.

Der Fischgang präsentiert eine saftige Tranche Seeteufel, einen Tick zu kurz gegart, dennoch zart und aromatisch. Aufgepeppt ist der Fisch mit einer Lackierung aus Rotwein und eingelegtem Holunder, die jedoch weniger Würze und Umami beisteuert, als man erwarten könnte. Dazu gibt es samtige Reiscreme, die dem Ganzen Volumen verleiht und das Geschmacksbild in eine dezent südostasiatische Richtung verschiebt, ohne dass es dadurch plakativ wirkt.

Bei den Fleischgerichten variiert Küchenchef Christian Senff in zwei Gängen das Thema „Rindfleisch mit Spargel". Zunächst gibt es ein Bürgermeisterstück vom Hereford Rind, wunderbar marmoriert, butterzart und hocharomatisch. Dazu eine exzellente Rinderjus, dunkel, kraftvoll und tiefgründig, sowie verschiedene Zubereitungen von grünem Spargel (als Ragout, dünn gehobelt und als gedünstete Stange). In seiner vermeintlichen Einfachheit ist das nichts weniger als hervorragend, ein Teller, der exzellente Produkte und makelloses Handwerk vereint.

Im zweiten Aufzug gibt es ein Stück geschmorter Hochrippe vom Hereford Rind, mürbe, saftig und kräftig, diesmal begleitet von weißem Spargel, Hollandaise und einem knusprigen Kartoffelknödel, der trotz seines flüssigen Käsekerns fluffig-leicht daherkommt. Konzeptionell und geschmacklich ist dieses Gericht deutlich rustikaler als das Bürgermeisterstück, in sich aber kaum weniger stimmig – und genau das ist die schöne Idee hinter diesem Doppel!

Das Pre-Dessert besteht aus einem kleinen Stück des griechischen Blechkuchens Rewani, getoppt von Nougateis und Honigespuma. Das klingt glücklicherweise gehaltvoller, als es schmeckt – vielmehr sind wir überrascht, wie erfrischend und beinahe leicht diese süße Einstimmung wirkt. Bei der Optik des Hauptdesserts müssen wir erneut an einen berühmten Kochkollegen denken: ein flacher Quader, „gepudert" und mit den Buchstaben AU „graviert", ist unverkennbar von Christian Baus berühmtem „Bau.Stein" inspiriert. Es ist immer riskant, einen solchen Vergleich heraufzubeschwören, und wie schon bei der Garnele fällt er nicht ganz vorteilhaft aus. Senffs Kreation aus Baumkuchenboden mit „Manjari" Grand-Cru-Schokolade schmeckt gut, aber vergleichsweise konventionell; ein säuerliches Joghurt-/Rahbarber-Eis, etwas Rhabarber-Espuma und geschmorter Rhabarber lockern das Ganze auf. Das ist in Summe solide, nicht mehr, nicht weniger.

Insgesamt zeigte sich die Küche von Christian Senff diesmal immer dann am überzeugendsten, wenn sie gute Hauptprodukte unverfälscht in den Mittelpunkt stellte, mit klassischen Akkorden und souveränem Handwerk. In diese Richtung sollte es noch stärker gehen. Der Service agierte angenehm locker und freundlich; insbesondere Restaurantleiterin Esther Marie Gerber besticht durch ihre souveräne, sympathisch-lässige Art. Positiv zu erwähnen ist auch die umfangreicher werdende Weinkarte, die eine preislich angenehme Bandbreite anbietet und fair kalkuliert ist.

Bidlabu

Kleine Bockenheimer Str. 14,
60313 Frankfurt am Main
☎ 069-95648784
www.bidlabu.de
So–Do u. Fei ab 18 Uhr, Fr u. Sa
von 12–14.30 Uhr u. ab 18 Uhr, kein RT
Menüs: 44–56 €

Das ebenso lässig wie anspruchsvoll geführte Lokal im schlichten Neo-Bistrostil mit kleinem Freisitz, schlichtem Gestühl und kleinen, blanken Tischen ist für uns so etwas wie der Inbegriff für Casual-Fine-Dining. So deutet hier auf den ersten Blick nur wenig auf gehobene Küche und überdurchschnittliche Bewirtung hin. Doch genau das bieten Küchenchef André Rickert und Restaurantleiter und Sommelier in Personalunion Dietmar Fritz hier: am Gast leger und zugleich hochprofessionell und auf den Tellern kreativ und ambitioniert, aber nicht übermäßig exklusiv oder elaboriert, was sich letztlich sehr positiv auf das günstige Preis-Genuss-Verhältnis auswirkt. Rickert, dessen Küche wir schon während seiner Zeit im Weinsinn kennen und schätzen gelernt haben, kocht hier weltoffen, ohne ein spezielles Genre bedienen zu wollen, tendiert mit seinen einfallsreich komponierten Kreationen aber am ehesten in die Richtung einer stark mediterran gefärbter Regionalküche. In Kombination mit den immer irgendwie interessanten Weinempfehlungen von Dietmar Fritz eine lohnende Verbindung zu moderaten Preisen.

Brighella

Eschersheimer Landstr. 442,
60433 Frankfurt am Main
☎ **069-533992**
www.brighella.de
◔ **Di–So von 12–14 Uhr u. ab 18 Uhr,**
Mo RT
Hauptgericht: 16–35 €, Menüs: 79 €

Hier wird in italienisch-schlichtem, geschmackvollem Rahmen eine unkomplizierte, aber dennoch bei jedem Besuch sehr ansprechende, schmackhafte italienische Küche geboten, die stets schnörkellos und leicht daherkommt, aber auch mit einigen pfiffigen Ideen aufwartet. So unterscheidet sich das hiesige Programm vom sprichwörtlichen Italiener um die Ecke. Die Weinauswahl bewegt sich innerhalb der klassischen Regionen, weiß aber auch mit Tropfen jenseits des Mainstreams zu überzeugen.

Carmelo Greco

Ziegelhüttenweg 1–3,
60598 Frankfurt am Main
☎ **069-60608967**
www.carmelo-greco.de
◔ **Mo–Fr von 12–13.30 Uhr**
u. ab 18.30 Uhr, Sa ab 18.30 Uhr, So RT
Hauptgericht: 42–48 €,
Menüs: 105–135 €

Authentische italienische Küche auf hohem Niveau ist selten hierzulande. In aller Regel wird die „Länderküche" vor allem auf Emotionen und Urlaubsfeeling aufgebaut, weniger auf exzellenten Produkten und Feinsinnigkeit.

Und vermutlich ist ein authentisch italienischer Stil dem Gourmetpublikum auch schwerer zu vermitteln als (mehr oder weniger moderne) klassische Haute-Cuisine. Zum Glück aber gibt es wenige und deshalb besonders lohnende Ausnahmen, die für willkommene Abwechslung in der Gourmetlandschaft sorgen. Und zu diesen zählt seit vielen Jahren ganz unangefochten das nach seinem Chef benannte Restaurant Carmelo Greco in Frankfurt.

Das recht unscheinbar und versteckt in einem Wohn- und Einkaufs-Komplex in Frankfurt-Sachsenhausen gelegene Ristorante überrascht beim Eintreten mit eleganter warmer Atmosphäre und charmantem Empfang durch das Team rund um den in Sizilien geborenen und im Piemont aufgewachsenen Chef, so dass auch hier durchaus Urlaubsgefühle aufkommen können, in jedem Fall aber direktes Wohlbefinden gesichert ist. Vor allem aber gibt es dank ausgesuchter und in vielen Fällen direkt aus Italien stammender Produkte jede Menge klaren und intensiven Geschmack zu erwarten. Erfreulicherweise versucht das Team nur höchst selten, die italienische Aromenwelt durch aufwendige Spielereien darzustellen, sondern bleibt authentisch produktpuristisch – und ist immer genau dann am überzeugendsten, je radikaler das passiert.

So waren zuletzt beispielsweise die ersten Aperos mit einer Caprese-Interpretation aus luftiger Mozzarellamousse mit intensivem (nur etwas festem) Tomatengelee und Olivenöl sowie ein samtiger Kartoffelschaum mit erdiger schwarzer Trüffel plus weißer Schokolade (für extra Schmelz und zarte Süße!) auf ihre etwas verspieltere Art zwar genussvoll und unterhaltsam, zeigten aber noch nicht das volle Potential der Küche.

Schon eher sichtbar wurde dieses beim folgenden Langoustino: Dass sich die Röstnoten und der Geschmack von Langoustino oder Hummer über das gemeinsame Nuss-Nougat-Aromenspektrum gut mit Gänseleber verbinden lassen, ist nicht neu – aber alles andere als trivial in der Umsetzung. Hier gelingt es ganz vorzüglich, durch eine nur kleine Menge an Gänseleber-Terrine das Premium-Krustentier angenehm dezent und subtil zu unterstützen und auch sonst den exotisch-duftigen Rahmen aus vollreifer Kaki-Frucht und Mango-/Passionsfruchtsauce nicht zu torpedieren.

Danach ging es direkt in die Meisterklasse: bei einem Risotto in schlichter, cremig fließender Perfektion, bei der jedes Reiskorn einen erkennbaren weichen Biss mitbrachte, beflügelt von einer limettenfrischen Kopfnote und dem Geniestreich, ins Zentrum der Komposition ein kühles Kaisergranat-Tatar mit Limettenabrieb und Olivenöl zu stellen und damit einerseits den vollen cremigen Wohlfühlcharakter eines Risotto und andererseits viel elegante Leichtigkeit zu bieten. Dafür alleine hätten wir ohne zu zögern auch 9 Pfannen gegeben…

Nicht ganz auf diesem Niveau, aber ebenfalls souverän komponiert, folgte glasig blätternder Kabeljau mit fluffig geraspeltem Trüffel-Topping und einem leichten, durch Rettich aufgehellten Kartoffelschaum sowie markant dazwischen aufblitzende Säurekicks von Apfelessiggelee und säuerlich eingelegten Kürbisperlen. Oder im Hauptgang ein (leider sehr kleines) Stück vom rosa Rehrücken mit üppiger Purple-Curry-Honigbrotkruste, röstaromatischen Pilzen, Zuckerrübencreme und konzentrierter Wildjus, das insgesamt stimmig und akkurat ausgeführt, aber etwas zu sehr auf der cremig-süßlichen Seite verortet war.

Mit einer wolkenzarten, mit glasig kompakten Ananasscheiben bedeckten Panna Cotta, die von ätherisch bitter-frischem Bergamotte-Sorbet und -Confit kontrastiert wurde, endete das Menü mit einem gleichermaßen typisch italienisch-puristischen wie gelungenen Abschluss auf hohem Niveau – und stellte einmal mehr unter Beweis, dass das Carmelo Greco bundesweit zu den wenigen italienischen Spitzenrestaurants gehört. Wobei zu diesem Eindruck ganz klar auch die mit lässiger Souveränität agierenden Herren im Service und eine stattliche Weinauswahl inklusive hochwertigen offenen Angeboten beitragen.

Chairs

Gronauer Str. 1,
60385 Frankfurt am Main
☏ **069-48446922**
www.chairsffm.de
◐ **Do–So ab 18 Uhr,**
Mo–Mi RT
Hauptgericht: 21–25 €
EC ⬤ VISA

Der Name des Restaurants rührt von dem unterschiedlichen Designergestühl der 60er- bis 80er-Jahre her, das an den ebenfalls bunt zusammengewürfelten blanken Tischen steht und das Chairs mit seinem coolen Look und der ungezwungenen Gangart eher wie eine coole Szenekneipe als wie ein Feinschmeckerrestaurant anmuten lassen. Doch die Kreationen von Dennis Aukili, der hier sehr modern, kreativ und unkonventionell aufkocht, macht aus dem Lokal genau das: ein Restaurant für Casual-Fine-Dining, dessen ungezwungenen Atmosphäre und moderate Preise perfekt mit dem Stil der Küche harmonieren. Die präsentiert sich sehr regionalbetont, gemüselastig und auf Nachhaltigkeit bedacht, kann mit ihren originellen Ideen und schmissigen Kombinationen aber auch neugierige Gourmets begeistern – zumal der Chef und sein Team viel Sinn für ästhetische Optik haben und ihre raffiniert puristischen Teller in eine leicht zugängliche, unkomplizierte und trotzdem anspruchsvolle Richtung drehen.

Die Symbole

🅿 gute Parkmöglichkeiten

🅿 Hotelgarage

♿ barrierefrei

❄ klimatisierte Zimmer

📶 WLAN-Zugang

🏊 Hallen- und/oder Freibad im Haus

♨ mit Wellness-Bereich

🛗 mit Fahrstuhl zu den Hotelzimmern

🐕 Hunde im Hotel nicht erlaubt

🏠 mit Garten oder Terrasse

Edelwirtshaus Zur Golden Kron

Alt-Eschersheim 58,
60433 Frankfurt am Main
℡ 069-95106886
www.goldenkron.de
◔ Mi–Sa ab 17 Uhr, So ab 12 Uhr
durchgehend, Mo u. Di RT
Hauptgericht: 32–54 €,
Menüs: 89–129 €

Wenn sich ein sehr erfahrener Küchenchef, der in seiner Karriere nicht nur unter Top-Köchen an vorderster Front gedient hat, sondern auch höchstselbst und in eigenem Namen schon zu einigem Renommee gekommen war, irgendwann dazu entschließt, der kulinarischen Glitzerwelt adieu zu sagen und stattdessen ein Wirtshaus für Feinschmecker zu eröffnen, dann klingt das für uns ganz besonders reizvoll. Routinier Alfred Friedrich, einst Sous-Chef im Restaurant Aubergine bei Eckart Witzigmann, dann Küchenchef unter Jörg Müller und später unter Heinz Winkler, schließlich noch selbstverantwortlich erfolgreich mit dem Marcobrunn im Hotel Schloss Reinhartshausen, dem Zarges, dem Gourmetrestaurant im Tigerpalast und dem Lafleur, zog es 2017 mit eben diesem Ansinnen in eines der ältesten Gasthäuser Frankfurts, um dort hinter 350 Jahre alten Fachwerkmauern ein „Edelwirtshaus" zu etablieren.

Seitdem sind nun schon fünf Jahre vergangen und dieser Hort der völlig unkomplizierten und schnörkellosen, aber nach allen Regeln der Kochkunst und mit hohen Qualitätsstandards zubereiteten Küche boomt. Es gibt also in Frankfurt durchaus eine Vielzahl an Feinschmeckern, die zum kulinarischen Glück keine aufwendigen Basteleien, keine überbordende Kreativität und keine technischen Mätzchen

brauchen und trotzdem bereit sind, für einen Hauptgang mit Fisch oder Fleisch, etwas Gemüse und Sauce deutlich über 50 Euro hinzulegen – was hier aufgrund der teils hervorragenden Edelprodukte in großzügiger Portionierung und ihrer sofgältigen Zubereitung auch durchaus gerechtfertigt ist. Zuletzt etwa gab es ein Prachtstück von St. Pierre aus dem Atlantik mit gebratenen Artischocken, einer mit Bärlauch aromatisierten Kartoffelmousseline und Taggiasca Oliven als Hauptgang für gute 60 Euro und einen Zwischengang mit Wildfang-Garnelen, ebenfalls französischer Provenienz, für nur knapp darunter. Aber wie gesagt: man bekommt etwas für sein Geld.

Und so gibt es hier auch überhaupt keine Diskussionen, dass das Wiener Schnitzel, das der gebürtige Österreicher in Seelenruhe à la minute erst nach der Bestellung klopft und in lockerwellig soufflierter Idealform zusammen mit Kartoffel-Vogerlsalat und herben Gebirgs-Preiselbeeren aufs Porzellan bringt, die 30-Euro-Marke übersteigt. Dieses aus dem Kalbsrücken geschnittene Paradebeispiel ist der Renner im Programm! Grüße aus der Küche gibt es übrigens keine vorweg, aber das sehr gute Weißbrot mit lockerer Krume und röscher Kruste nebst Butter tröstet noch jedes Mal darüber hinweg. Zumal dann, wenn man einen österreichischen Schaumwein oder alternativ einen guten, nicht zu süßen alkoholfreien Aperitif im Glas hat und vielleicht im Sommer noch auf der lauschigen Innenhofterrasse sitzt.

Das Produkt ist hier ganz unangefochten der Star auf jedem Teller. So auch die Glen Douglas Lachsforelle mit krosser Haut und perfekt glasigem, butterzartem Fleisch mit feinem Schmelz, die für uns ganz puristisch nur mit knackigem gebratenem grünem Spargel, ein paar Wildkräutern und einer kraftvollen, aber für den feinen Fisch nicht zu dominanten Vinaigrette auf Basis von Kalbsjus daherkam. Beachtung verdient in der Golden Kron unbedingt auch die sehr gute Weinkarte mit programmatischem Schwerpunkt Deutschland und Österreich, aus der Mundschenk Vincenzo Ferro kompetent und leidenschaftlich empfiehlt. Gastgeberin ist die herzensgute Frau Friedrich, die uns auch zu der folgenden Erbsencremesuppe geraten hatte, die dann tatsächlich mit feiner, samtiger Konsistenz und viel purem Geschmack begeisterte, der nicht durch viel Sahne, Crème fraîche oder ähnliche Weichspüler „verwässert" wurde. Darin schwammen maximal minimalistisch etwas Erbsenkresse sowie glasig-knackiges Fleisch von roten Garnelen mit ganz sauberem, süßlich-jodigem Geschmack und einer leicht schmelzigen Textur.

Spaß machten auch die saftig-zarten Tranchen vom Kalbstafelspitz mit Saft und viel Eigenaroma, welches auch dank ein wenig schmelzigem Fett am Rand transportiert wurde. Dazu gab es gebratenen weißen Spargel und eine sehr gute Sauce Gribiche mit Tiefe und eleganter Säurestruktur, was jetzt auf dem Teller gar nicht so übermäßig berauschend ausgesehen, aber eben toll geschmeckt hat. Und wer mal so etwas wie einen High-End-Zwiebelrostbraten erleben will, ist bei Alfred Friedrich ebenfalls an der richtigen Adresse. Der Chef nimmt dafür Prime-Beef vom Black Angus aus den USA und liiert die saftige Lende mit Dillfisolen und einem obszön nussbuttrigen Kartoffelpüree. Als Österreicher hat Alfred Friedrich natürlich auch ein Händchen für die Süßspeisen. Egal ob der mit karamellisierten Strudelblättern im Glas geschichtete Apfelstrudel mit Vanille-Panna-Cotta und zimtwürzigem Apfelkompott oder ein mit Brioche gefertigter Scheiterhaufen auf Rhabarberkompott nebst à part gereichtem Erdbeersorbet mit vollreif-natürlicher Aromenwucht: ein Dessert ist in der Golden Kron Pflicht!

Emma Metzler

Schaumainkai 17,
60594 Frankfurt am Main
069-83040094
emmametzler.de
Di–Sa ab 12 Uhr durchgehend,
So von 12–18 Uhr, Mo RT
Hauptgericht: 15–34 €

Unter der Ägide von Anton de Bruyn, der mal im Wiener Steirereck gearbeitet hat, avancierte das idyllisch gelegene Lokal im Museum für angewandte Kunst wieder zu einer der empfehlenswerten Genussadressen Frankfurts. Eine mit entspannter Atmosphäre, lockerem Service und origineller, aber auch qualitativ überzeugender Küche, die hier zu einem zeitgemäß-urbanen Restaurant par excellence zusammenkommen. Der Chef konzentriert sich für seine Gerichte auf Produkte aus der Region, was der kulinarischen Bandbreite zwischen Mitteleuropa und mediterranen Akzenten keinen Abbruch tut und Gerichte im zeitgemäßen Bistro-

nomie-Stil hervorbringt, die uns jedes Mal ob ihrer raffinierten Simplizität begeistern. Auch das zwar überschaubare, dafür eigenwillig zusammengestellte und nicht ganz preisgünstige Weinangebot kann sich sehen und schmecken lassen. Am besten an einem lauen Sommerabend auf der Terrasse mit Blick in den Metzlerpark.

Ernos Bistro

Liebigstr. 15,
60323 Frankfurt am Main
069-721997
www.ernosbistro.de
Mo–Fr von 12–14 Uhr u. ab 19 Uhr,
Sa, So u. Fei RT
Hauptgericht: 65–69 €,
Menüs: 55–159 €

Patron Eric Huber und sein bei Größen der klassischen französischen Kochkunst wie Marc Haeberlin oder Michel Troisgros mit allen Wassern der Grande Cuisine gewaschene Küchenchef Valéry Mathis bieten in dem traditionellen Bistro im Frankfurter Westend jene Art von Gastronomie, für die Frankreich von der ganzen Welt beneidet wird, die aber außerhalb des Mutterlandes unverständlicherweise nur allzu selten auf diesem Niveau geboten wird. Seit über 40 Jahren wird hier in etwas düsterem Ambiente, in dem die markanten weiß-roten Tischdecken längst zum Markenzeichen geworden sind, am Erfolgsrezept bester traditioneller Küche à la française mit Klasse, Tiefe und Substanz festgehalten. Aus gutem Grund, wie der Blick in den stets gut besuchten und nicht selten ausgebuchten Gastraum immer wieder zeigt. Die eher handfesten als filigranen, aber in ihrer präzisen und hochqualitativen Art gerade deshalb so attraktiven Traditionsgerichte zeichnen sich durch eine angenehme Süffigkeit und viel Opulenz im besten Sinne aus, repräsentieren mal Luxusküche à la Hummer, Gänseleber, Steinbutt und mal verfeinerte Rustikalität, wenn beispielsweise Innereien oder ausdrucksstarke Fleischstücke im Spiel sind. Dazu kredenzt Patron Eric Huber erstklassige französische Tropfen aus allen Provenienzen und in allen Preisklassen.

Exenberger

Bruchstr. 14,
60594 Frankfurt am Main
📞 069-63390790
exenberger-frankfurt.de
⏰ Mo–Sa von 11–23 Uhr, So RT
Hauptgericht: 7–14 €

In modernem, puristischen Ambiente werden hessische Traditionsgerichte serviert, leicht modernisiert, frisch und regional, zum vor Ort Essen, aber auch zum Mitnehmen.

Gustav

Reuterweg 57,
60323 Frankfurt am Main
📞 069-74745252
www.restaurant-gustav.de
⏰ Di–Sa ab 19 Uhr,
So, Mo u. Fei RT
Menüs: 140–185 €

Moderne, kompromisslos lokale Naturküche hat zwar heute auch in Frankfurt nicht mehr den avantgardistischen Touch wie zu der Zeit, als beispielsweise Matthias Schmidt damit in der Villa Merton Pionierarbeit leistete und längst nicht von jedem verstanden wurde – das was Küchenchef Joachim Busch schon seit einigen Jahren im engagiert von den Gastronomen Milica Trajkovska-Scheiber und Matthias Scheiber betriebenen Gustav mit ebenso viel Feingespür wie Originalität auf die Teller bringt, hält auf diesem hohen Niveau trotzdem noch eine Ausnahmestellung und hat auch für erfahrene Esser den Reiz des Besonderen. Nirgendwo in der Region und darüber hinaus wird dieser Stil so pointiert und klar umrissen wie bei Joachim Busch. Mit ausschließlich heimischen Produkten und teils enormem Aufwand bei Vorbereitung und Präsentation bauen die Aromenbilder seiner Kreationen oft auf bekannten Akkorden auf, rücken diese aber meist in ein neues Licht. So hat man es in diesem geschmackvoll schlicht und zeitgemäß eingerichteten Restaurant mit einer besonders ausgereiften und kreativen Art der modernen Heimatküche zu tun, für die unterschiedlichste, mit-

unter rare Gemüsesorten und Kräuter eine ebenso große Rolle spielen wie Getreide, Öle, Essige oder Essenzen sowie das Fermentieren und Reifen bestimmter Viktualien.

Heimat

Berliner Str. 70,
60311 Frankfurt am Main
📞 069-29725994
www.heimat-frankfurt.com
⏰ Mo–Sa ab 18 Uhr, So RT
Hauptgericht: 21–35 €

Küchenchef Gregor Nowak sorgt in dem unweit des Frankfurter Römers gelegenen Lokal von Sabine Fey und Oliver Donnecker für eine ansprechende unkomplizierte Feinschmeckerküche, die sehr gegenständlich, klassisch und leicht zugänglich daherkommt, gerne schön süffig arrangiert und nicht selten mit pfiffigen Ideen kreativ aufpeppt ist. Die Qualität und natürliche Charakter der Produkte stehen für Gregor Nowak und sein Team klar im Mittelpunkt ihres Schaffens, nicht deren aufwendig verspielte Verfeinerung. Ein Konzept, das bei einem breiten, heterogenen Publikum, das es im Restaurant atmosphärisch gern locker und leger und auf dem Teller anspruchsvoll, aber unkompliziert hat, schon seit Jahren sehr gut ankommt. Hinzu kommt eine beachtliche Auswahl internationaler Gewächse zu moderaten Preisen und geballte Weinkompetenz.

Die Hoteleinträge	
★★★★★ S	Superior
★★★★★	Unterkunft für höchste Ansprüche
★★★★	Unterkunft für hohe Ansprüche
★★★	Unterkunft für gehobene Ansprüche
★★	Unterkunft für mittlere Ansprüche
★	Unterkunft für einfache Ansprüche
🛏	Unterkunft ohne Sterne-Klassifizierung

91

Lafleur

Palmengartenstr. 11,
60325 Frankfurt am Main
📞 069-90029100
www.restaurant-lafleur.de
⬤ Di–Sa ab 18 Uhr, So u. Mo RT
Hauptgericht: 65–85 €,
Menüs: 170–208 €

Idyllischer kann ein Gourmetrestaurant in einer ansonsten eher durch seine Skyline und glänzenden Hochhäuser bekannten Großstadt wie Frankfurt am Main kaum gelegen sein als das mitten im Palmengarten beheimatete Lafleur. Letztlich ist das angesichts des hohen Niveaus, das hier vom Team um Andreas Krolik seit vielen Jahren geboten wird, zwar nicht entscheidend, gibt einem Besuch aber doch einen ganz eigenen Reiz. Seit den letzten Facelift hat das mit einer halbrunden Glasfront zum Park geöffnete Restaurant eine noch beschwingtere Atmosphäre, geprägt von hellen Grau- und Grüntönen und der markanten Tapete mit Palmen-Ornamentik.

Das ergibt einen ebenso stilvollen wie passenden Rahmen für die Küche von Andreas Krolik, der sich vor allem durch seine vegane Menüvariante auf höchstem Niveau überregional einen Namen gemacht hat, aber sich auch ganz abgesehen davon durch einen beschwingten und eleganten Küchenstil auszeichnet. Letztlich setzt das vegane Menü – genau wie die ebenfalls angebotene Variante mit Fisch und Fleisch – voll auf feingezeichnete Klassik, nur eben mit adaptierten und eigens entwickelten Rezepturen. Und es liegt damit ganz weit entfernt von Vertretern einer radikalen Naturküche nach nordischem Vorbild, die sonst ebenfalls oft ohne tierische Produkte zu spannenden Ergebnissen kommen.

Der Ansatz im Lafleur ist ein anderer, aber nicht weniger erfolgreicher, wie zuletzt schon

zur Einstimmung ein federleicht und doch konzentrierter Kartoffel-/Lauch-Shot mit feinem erdigem Trüffelduft, vor allem aber ein schnittlauchfrisches Tatar vom Wagyu Beef mit sattem Fleischgeschmack nebst einem zarten Kräutergelee, kleinen Senfcremetupfen und dem luxuriösen Schmelz von geeister Gänseleber unter Beweis stellten. In dem filigranen, beinahe schon als reguläre Vorspeise durchgehenden Arrangement, sorgte ein leichter, säuerlich frischer Gurkenfond mit „Relish-Aromatik" und ein Filoteig-Stick mit Sardelle noch zusätzlich für einen abwechslungsreichen und sehr animierenden Eindruck.

Wie prägnant und spannungsgeladen auch die veganen Kreationen ausfallen, zeigte dann das von einer viskos gebundenen und deshalb sehr plastisch präsenten Ingwer-/Yuzu-Marinade getragene Arrangement aus mild marinierten Rettichröllchen, Kapuzinerkresse und einem sesamduftigen Spitzkohlsalat als Sockel für ein intensiv blumig-scharfes Curryeis – typisch für Andreas Krolik sehr „en miniature" angelegt, aber mit enormer aromatischer Power in jedem Detail.

Das gelang auch beim folgenden Teller schon allein über die Sauce, hier in Form eines komplexen aromendichten Schaums mit exotischer Würze und feinem Säurespiel, der die Bitterkeit von Chicorée und die herbe grüne Aromatik von etwas Grünkohl (zart sautiert und knusprig frittiert bzw. getrocknet) mit den nussigen Noten von Quinoa und Haselnuss (als crunchiges Topping) harmonisch zusammenfügte.

Dass aber nicht nur das feinfühlige Zuspitzen von Aromen, sondern auch die Produktqualitäten höchsten Ansprüchen genügen können, illustrierte beispielsweise ein präzise gegarter Langostino mit zart-geschmeidiger Konsistenz und einer betörenden duftig-straffen Sauce von Tandoori und Limettenblatt an der Seite, der mit einem Hauch von Kürbis- und Süßkartoffelsüße, elegantem rotem Paprikachutney, der ätherischen Bitterkeit von rosa Grapefruit und Crunch von Macadamianuss und Reis kombiniert wurde.

Bei der folgenden rosa-straffen Entenbrust mit hauchdünn ausgebratener und süß-würzig glasierter Haut waren der begleitende Chicorée und Grünkohl zwar bereits als Komponenten des veganen Menüs bekannt, machten aber auch hier mit prominenter herausgestellter Kumquat-Bitterkeit und den eher dunklen, wuchtigen Aromen einer gebackenen Praline aus Entenconfit und schwarzer Olive eine ausgezeichnete Figur.

Als vegane Option für den Hauptgang stellte das Team geschmeidig zarte Steinpilzravioli und knusprige Maitake neben die hellgrünknackige Note von Spitzkohl, unterfütterte das Ganze mit umamistarker Pilzcreme, einem Petersilien-Saucenschaum und einer komplex schillernden Pilzbouillon, bei der nur die etwas zu klebrig wirkende Konsistenz nicht ganz ideal ausfiel. Ansonsten war das aber ein gekonnt aufgefächertes Umami-Feuerwerk und würdiger Menü-Höhepunkt.

Die Litschi-Zubereitungen mit Rosé-Champagner-Granité, Limettenkresseschaum und Haselnuss-Crumbles kamen danach als blumig süßer Refresher gerade richtig und überzeugten vor allem dank der federleichten Konsistenzen und der Kräuterfrische, bevor im eigentlichen Dessert knackig glasierter Apfel einem luftig leichten Joghurteis und Granatapfel sowie „falschen" Mousse-Maroni gegenübergestellt wurden. Diese fungierten gemeinsam mit einer Nocke fest-geschmeidigen dunklen Schokoladennougats (inklusive feiner Salzigkeit) als eher mildsüße Komponente in einem in seinen Einzelteilen zwar gewohnt akkuraten, als Ganzes aber eher diffus wirkenden Abschluss.

In der stattlich bestückten Weinkarte finden sich nur wenige Schnäppchen, aber dafür viele echte Knaller und dank Sommelière Alexandra Himmel sind auch abseits der großen Namen und Preise spannende Entdeckungen zu machen, insbesondere im Rahmen der glasweisen Weinbegleitung. Gemeinsam mit dem Serviceteam unter Miguel Martin und Boris Häbel wird auf ebenso noble wie charmant entspannte Art garantiert, dass sicher jeder Gast wohlfühlt und bestens umsorgt wird.

Lohninger

Schweizer Str. 1,
60594 Frankfurt am Main
☎ 069-247557860
lohninger.de
♥ Di–Sa von 12–14 Uhr u. ab 18 Uhr,
So u. Mo RT
Hauptgericht: 21–86 €, Menüs: 55–115 €

Mit seinen gastfreundlichen Öffnungszeiten an fünf Tagen in der Woche mittags und abends hat das Restaurant von Familie Lohninger schon so etwas wie eine Ausnahmestellung – zumindest auf dem hier zu jeder Servicezeit gebotenen hohen Niveau! So wundert es nicht, dass das zeitgemäße Stadtgasthaus mit dem österreichischen Schmäh längst zum Klassiker in

Frankfurts Gastroszene avancierte und sich einer beachtlichen Anzahl an Stammgästen erfreuen darf, weil hier einfach überdurchschnittliche Qualität und unverkrampfte Atmosphäre Hand in Hand gehen. Und unter den Händen von Mario Lohninger – kulinarischer Globetrotter mit langjähriger New-York-Erfahrung – gehen hoher kulinarischer Anspruch und Bodenständigkeit wie selbstverständlich miteinander einher, stehen die alpenländischen Schmankerl in Referenzklasse neben weltläufigen, meist asiatisch inspirierten Kreativgerichten von großer Leichtigkeit und Komplexität. Und auch wenn die Küche bei Letzteren nicht immer ganz souverän die Balance hält und manches etwas plakativ wirken kann, ist das Gesamtniveau der Küche doch seit jeher beständig hoch.

Main Tower Restaurant & Lounge

Neue Mainzer Str. 52–58,
60311 Frankfurt am Main
☎ 069-36504777
www.maintower-restaurant.de
♥ Di–Sa ab 18 Uhr, So u. Mo RT
Menüs: 138–179 €

Ausgerechnet in der Hochhausmetropole Frankfurt gibt es in den obersten Etagen der imposanten Skyline weder Aussichtsplattformen noch Gastronomie. Seien es Sicherheitsgründe oder Statusdenken: so lässig wie in New York ist man in „Mainhattan" wohl doch nicht. Eine rühmliche Ausnahme bildet der Main Tower, mit 200 m der immerhin vierthöchste Wolkenkratzer Deutschlands. Seit der Eröffnung im Jahr 2000 findet man dort in der 53. Etage ein Restaurant mit Cocktail-Lounge. Es geht also, wenn man nur will.

Auch wenn die Küche im Main Tower sich schon immer etwas gehobener gab, schienen viele Gäste vor allem wegen der tollen Aussicht zu kommen. Womöglich bemüht man sich mit der diffusen Lichtsetzung und den etwas karg wirkenden Tischen (ohne Tischdecken) auch deshalb nicht um ein allzu behagliches Ambiente: die Besucher schauen sowieso lieber aus dem Fenster. Das könnte sich jedoch ändern, denn seit Anfang 2020 leitet der Mittzwanziger Martin Weghofer die Küche, der zuletzt Sous-Chef im kulinarisch eher unauffälligen Hotel Kloster Haydau war, hier im Main Tower aber durchaus höhere Ambitionen zeigt. Er setzt auf eine asiatisch angehauchte Crossover-Küche mit einem vegetarischen und einem omnivoren Menü, für das wir uns an diesem Abend entscheiden.

Zum Aperitif, auf dessen Bestellung wir auffallend lange warten müssen, gibt es zwei erste Grüße: Ein sehr klar schmeckendes, mit Apfel aufgefrischtes Lachstatar-Tartelette, sowie eine Praline von Garnele und gelierter Tom-Yam-Suppe, die jedoch etwas „wässrig" schmeckt und die sauer-scharfe Note des Thai-Klassikers vermissen lässt. Sehr viel besser gefällt danach ein Süppchen vom Krabbe mit weißem Tomatenschaum, sehr schön warm und mit dichtem, rundem Geschmack; als Einlage zart schmelzendes Hamachi-Tatar und knackige Nordseekrabben. Hier stimmt alles!

Der erste Gang des Menüs kombiniert zwei Tranchen gebeizter, leicht abgeflämmter Makrele und eine Jahrgangssardine (von Los Peperetes) mit gepickeltem Gemüse, Buttermilch-Dashi und etwas Ponzu. Als Komposition ist das äußerst stimmig, vor allem in der Verbindung der fettreichen Makrele mit den feinsäuerlichen Gemüsen, etwa Radieschen, Gurke, Ringelbeete und Zwiebeln. Der Dashisud frischt das Ganze auf, die Ponzusauce setzt einen hintergründigen Umami-Akzent, ohne dass es plakativ „japanisch" schmeckt. Einziger Kritikpunkt dieses ausgezeichneten Gerichts sind die Proportionen: die beiden Makrelenstücke sind recht klein und werden angesichts der vielfältigen Beigaben fast zu Nebendarstellern.

Als vegetarischen Gang gibt es eine im Ofen gegarte BBQ-Karotte mit Johannisbeeren und einer Sauce aus Miso und Honigessig. Die natürliche Süße der Karotte wird hier weniger gebrochen, sondern durch die Zubereitung und die Sauce vielmehr verstärkt. Die Johannisbeeren setzen einerseits einen willkommenen Säureakzent, verstärken mit ihrer Fruchtigkeit aber auch den süßlichen Grundcharakter des Gerichts. Das droht schnell zu kippen: Mit etwas mehr Süße könnte das fast als modernes Gemüsedessert durchgehen.

Klassischer wird es beim Saiblingsfilet, getoppt von Imperial Kaviar und Kartoffelstroh, mit Lauchpüree und einer Kōji-Beurre-Blanc. Fisch, Kaviar und knusprende Kartoffel bilden erwartungsgemäß ein stimmiges Ensemble, nicht aufregend, aber wohlschmeckend; allein die etwas dickliche Beurre blanc wirkt auf Dauer zu mächtig, speziell in Verbindung mit dem relativ fettreichen Saibling. Eine leichter angelegte Sauce und eine auffrischende Komponente, etwas Säure, könnten hier Wunder wirken.

Eine Reminiszenz an Thailand ist der Atlantik-Kabeljau in einer schaumig-leichten Tom-Kha-Gai-Sauce mit Grüner Papaya und einem sehr guten Hummer-Dim-Sum. Der Fisch ist von makelloser Qualität und gewinnt durch eine dunkle Glasierung deutlich an Aromentiefe; Edamame-Bohnen und Erdnussstücke setzen texturelle Akzente. Die Thai-Aromen sind harmonisch ausgesteuert, changieren zwischen dezenter Säuerlichkeit, Fruchtigkeit und leichter Schärfe. Letztere dürfte für ein authentisches Thai-Feeling deutlich ausgeprägter sein, was dieses Gericht zwar weniger mehrheitsfähig, dafür aber markanter machen würde.

Im Hauptgang gibt es Rücken vom kanadischen Heritage Rind, dazu eine knusprig gebackene Ochsenschwanzpraline, Kichererbsencreme, Barbecue-Aubergine und einen kräftigen, mit Miso und Sake abgeschmeckten Jus. So stimmig das dank der abwechslungsreichen Beigaben schmeckt, so sehr fehlen es beim (etwas zu weit gegarten) Rinderrücken die charaktervollen Röstnoten und eine gaumenschmeichelnde Marmorierung. Anders gesagt: es schmeckt etwas blass und trocken. Als heimlicher Star erweist sich indes eine dicke Scheibe geschmorter Aubergine, die durch einen süßlich-würzigen Barbecue-Lack unerwartete Geschmackstiefe bekommt und ihrem saftigen, vollmundigen Schmelz dem Fleisch regelrecht die Show stiehlt – ein unerwarteter Wow-Effekt!

Das Dessert aus Himbeere (serviert als falsche und echte Frucht) und grünem Apfel in Form von Gel und roh marinierten Streifen changiert dank der Ergänzung durch Tonic und Zitronenverbene erfrischend zwischen fruchtigen, bitteren und säuerlichen Aromen. Insgesamt hat der Teller jedoch eher den Charakter eines leichten Pre-Desserts, sprich: es fehlt an Komplexität und einer gewissen Substanz. Ein separat gereichtes Schälchen mit wohlig-warmem Apfelcrumble unter einem Schaum aus Calpico (eine Art Joghurtgetränk aus Japan) geht bereits in die richtige Richtung.

Keine Frage, man ist im Main Tower auf einem vielversprechenden Weg. Die meisten Gerichte schmeckten gut, brauchen hier und da aber noch handwerkliches Feintuning und vor allem mehr Entschiedenheit: der annoncierte Asia-Einschlag war nur vereinzelt auszumachen. Die Weinkarte ist sehr ausbaufähig, die kleine, junge Servicecrew wirkte zu Beginn des Abends etwas unkoordiniert, was zu längeren Wartezeiten führte, aber durch authentische Freundlichkeit wettgemacht wurde.

Nihonryori KEN

Wallstr. 22,
60594 Frankfurt am Main
☎ 069-97694660
ken-japan.de
◉ Di–Sa ab 18 Uhr, So u. Mo RT
Menüs: 128–149 €

Eine kulinarische Reise nach Japan ganz ohne Langstreckenflug? Wird bei einem Besuch im Nihonryori KEN in Frankfurt auf sehr authentische und niveauvolle Art erlebbar. Als eines der wenigen und ersten Restaurants in Europa, die ihr Angebot konsequent nach den Prinzipien des traditionellen Kaiseki ausrichten, bietet das kleine, in typisch puristisch schlichter Eleganz gestaltete Restaurant einerseits einen hohen Erlebniswert, andererseits aber auch spannende und anspruchsvolle Eindrücke für den Gaumen. Das im Grunde sehr nüchtern gehaltene Lokal strahlt durch indirekte Beleuchtung und punktuell eingesetztes helles Holz dennoch eine gewisse Wärme aus, vor allem aber sorgt die zuvorkommende Art des Service von traditionell japanisch gekleideten Damen dafür, dass man sich bestens aufgehoben und sehr schnell wohl fühlt.
Und genau das ist letztlich auch eine der Grundideen eines traditionellen Kaiseki-Me-

nüs, das vor allem auf ein starkes Gemeinschaftserlebnis des streng durchchoreografierten Menüs in bis zu zehn Gängen setzt. Außerdem typisch: kunstvolle Garnituren die als solche teils eher ästhetischen als aromatischen Gesichtspunkten folgen und deshalb etwas aus dem normalen mitteleuropäischen Rahmen fallen. Was übrig bleibt (und zählt) sind pure, nur dezent und subtil ergänzte Produktqualität und authentisch traditionelle Zubereitungsformen wie das Garen vom Reis im Tontopf über offenem Feuer sowie die Integration von jeweils einem gekochten, einem gegrillten und einem gedämpften Gang innerhalb des Menüs.
Unsere kulinarische Reise ins traditionelle Japan begann zuletzt als Einstimmung mit gekochter Ente nach Jibuni Art, bei der das eher helle, zarte Entenfleisch in einer reintönig milden Brühe nebst einem kleinen Dumpling, Frühlingslauch und Zitrusaromen präsentiert wurde und auf diese Art schon einmal den Fokus auf genaues Hinschmecken und eher subtile Zwischentöne lenkte, bevor es in die bunte Vielfalt der aus verschiedenen kleinen Zubereitungen bestehenden Vorspeise ging.
Diese präsentierte dann, typisch aufwendig in einem hölzernen Setzkasten garniert, unter anderem ein kleines Gläschen mit roher Jakobsmuschel unter Tosa-Essig-Gelee, ein dashiwürziges Chawanmushi mit Lachskaviar, ein gesimmertes Makrelenfilet mit fruchtsäuerlichwürziger Pflaume, ein in Trüffelschinken eingerolltes Wachtelei sowie eine kleine knusprige Frühlingsrolle mit saftiger Seebrassenfüllung – alles authentisch und klar im Geschmack, wenn auch handwerklich für japanischen Perfektionismus noch eher etwas gröber gefasst und aromatisch zwar subtil, aber nicht gestochen scharf gezeichnet.
Nach einer milden hellen Misosuppe mit Krabbenfleisch, grünen Bohnen und fleischig gedämpften Steinpilzen als eher ruhigeren Entspannungsmoment, zeigte sich bei den Sashimi ein ähnliches Bild wie bei der Vorspeisenvariationen: gute Qualitäten und klarer Geschmack auf der Produktseite vom Thunfisch bis zur Königsmakrele, dazu aber mit einer großen Limettenscheibe, gröberen Radieschen- und Gurkenscheiben sowie einem ganzen Kräuterzweig, eher profane Garnituren, die dem Genuss der Fischqualität eher im Weg stehen als ihr zuzuspielen. Am besten funktionierte die Degustation mit konsequentem Freiräumen von der Garnitur und behutsamem eigenhändigen Würzen mit etwas Limette und einer minimalen Menge der separat gereichten Sojasauce…

Dass es aber durchaus auch anders geht, nämlich aromatisch puristisch auf den Punkt gebracht, das zeigte das saftig gegrillte Filet vom weißen Heilbutt nebst knusprigen Maitake, eingelegten Radieschenscheiben und einer mit Fett und Pfeffrigkeit begeisternden Sansho-Butter. Eine Scheibe von gegrilltem Rinderfilet unter einem Gemüsetopping, das von gebratenem Rosenkohl über Babymais und Karotte bis zu hauchdünnen Lauchstreifen reichte und zusammen mit einem Schälchen mit tiefdunkler zwiebelwürziger Dipsauce gereicht wurde, wirkte hingegen wieder ein wenig rustikaler.

Ein weiteres Highlight kam dann aber noch mit dem traditionell im Tontopf gegarten Reis, dessen locker-saftige und teils knusprig angebratene Konsistenz gemeinsam mit fleischig-jodigen Austern, feiner Ingwerschärfe und den separaten Begleitern aus säuerlich eingelegtem Gemüse und einer milden Misosuppe sowohl handwerklich als auch aromatisch viel zu bieten hatte, bevor ein cremig-softes helles Süßkartoffeleis mit salzigem Matcha-Crumble und Ginko-Blättern einen schlichten, aber durchaus sehr unkonventionellen, in jedem Fall rundum gelungenen süßen Abschluss schaffte.

Fazit: Das Kaiseki-Menü im Nihonryori KEN ist ein Erlebnis, das in dieser Authentizität tatsächlich selten ist und mit guten Produkten in traditionell japanischer Zubereitung auch mit einem insgesamt besonderen Setting punkten kann. Wenngleich die letzte Präzision der japanischen Hochküche vielen Zubereitungen noch fehlt, lohnt sich ein Besuch, der zudem von einer kompetent vermittelten Auswahl hochwertiger Sake und gut korrespondierender Weine abgerundet wird, aber unbedingt!

Schönemann

Opernplatz 16, 60313 Frankfurt am Main
☎ 069-256695936
www.restaurant-schoenemann.de
⊘ Täglich von 12–15 Uhr u. ab 17 Uhr, kein RT
Hauptgericht: 28–55 €, Menüs: 39–45 €

Das schicke Bistronomic-Restaurant im Sofitel Frankfurt Opera gegenüber der Alten Oper bietet seinen Gästen nicht nur ein äußerst stilvolles Ambiente mit legerer Atmosphäre, sondern auch ambitionierte Küche, deren Angebot in Teilen über das hinausgeht, was man für gewöhnlich in einem mittags und abends geöffne-

ten Hotelrestaurant mit internationalem Publikum erwartet. Die Karte umfasst eine Auswahl an Klassikern und internationalen Evergreens, dazwischen aber auch ein paar zeitgemäße weltläufige Interpretationen, asiatisch inspiriert oder mit eigenen Ideen garniert. Zum Lunch gibt es zwar eine etwas kleinere Auswahl, konzeptionell ist das Angebot aber mittlerweile mittags wie abends identisch. Die Preise haben gehobenes Niveau, doch insgesamt kann man an diesem Ort mit gehobenem Standard, aufmerksamem Service und Ausblick auf die Alte Oper von einem moderaten Preis-Leistungs-Verhältnis sprechen, denn die Grundqualität der Küche ist sehr solide.

Seven Swans

Mainkai 4, 60311 Frankfurt am Main
☎ 069-21996226
www.sevenswans.de
⊘ Di–Sa ab 18.30 Uhr, So u. Mo RT
Menüs: 129 €

Die Idee einer veganen Ernährungsweise mag in der gesellschaftlichen Debatte immer größere Beachtung finden, doch in der Spitzengastronomie ist sie bislang kaum ein Thema. Außer in Frankfurt, wo man sogar die Wahl hat! Bietet das Lafleur im Palmengarten neben einem omnivoren auch ein veganes Menü auf höchstem Niveau an, hat sich das Seven Swans seit geraumer Zeit sogar komplett der pflanzenbasierten Küche verschrieben. Und nicht nur das, denn sämtliche Produkte kommen aus der Region, inklusive der Gewürze. Aber der Reihe nach: das Seven Swans befindet sich im schmalsten Haus Frankfurts, direkt am Mainufer. Das Erdgeschoss teilt man sich, gewissermaßen, mit einer winzigen Cocktailbar, wo der Gast zum Empfang einen kleinen Drink bekommt. Sodann geht es im ebenfalls winzigen Fahrstuhl hinauf ins Restaurant, das sich über zwei Etagen verteilt (wir würden im Zweifel den etwas offeneren Gastraum im höheren Stockwerk empfehlen, wo sich auch die Küche befindet). Den Service übernehmen Küchenchef Ricky Saward und seine Kollegin persönlich. Es gibt ein festes Menü und keine Weinkarte, sondern lediglich eine Auswahl an glasweise servierten, aufs Menü abgestimmten Naturweinen. Hier dürfte man das Spektrum ruhig etwas erweitern.

Als ersten Snack gibt es hauchdünn-knusperndes Leinsamenknäckebrot mit sehr milder Leinsamen-Misocreme, gefolgt von einem mundgerecht geschnürten Bündel verschiedener Salatblätter, das man wie einen Pinsel durch eine sämige Senf-Vinaigrette mit Frankfurter Kräutern zieht: eine anregende Mischung aus pflückfrisch-knackigem Salat und würziger „Tunke". Das nächste Amuse ist ein Highlight, nämlich eine Scheibe sehr fluffiges Brioche, die mit Cremes von gerösteter Karotte und Sellerie sowie Koriandersamen garniert ist. Das hervorragende Gebäck hat eine so vollmundige „Buttrigkeit", dass man sich fragt, woher sie kommen kann (Antwort: unter anderem von Rapsöl). Zusammen mit den Gemüsecremes ergibt sich ein dichtes und bemerkenswert komplexes Geschmacksbild zwischen Herzhaftigkeit, milder Süße und anregender Exotik von der Koriandersaat.

Der letzte Küchengruß besteht aus einem in Miso gerösteten, etwas harmlos schmeckenden Mini-Maiskolben und einer kleinen Mais-Tartelette mit Maiscreme, deren Herstellung am Tisch kurz erläutert wird und recht kompliziert klingt; garniert ist das Ganze mit Maiscrackern, Maistrieben und Borretschblüten. Leider werden bei dem aufwendigen Happen sämtliche Details von einer allzu intensiven Räuchernote überlagert.

Nach diesen in Summe durchaus gehaltvollen Gaumenkitzlern startet das eigentliche Menü mit einem Gericht auf Basis von gegrilltem Blumenkohl. Das appetitlich gebräunte Stück ruht auf einem Schalottenkompott, drumherum reduzierter Sauerkrautsaft, obenauf eingelegte Holunderblüten. Das klingt rustikal, doch am Gaumen verbindet sich der feine Röstgeschmack des bissfesten Kohls mit dem süßlichen Umami der geschmolzenen Schalotten und der anregenden Bitterkeit des Sauerkrautreduktion zu einem so spannenden wie präzise abgestimmten, sehr eleganten Ensemble. Oder anders gesagt: es schmeckt einfach hervorragend!

Eine schöne Steigerung der Intensität bildet ein kraftvoller „Risotto" aus Gerste und Shiitake-Pilzen, getoppt von hauchdünn gehobelten rohen Champignons. Die nussige, umamigesättigte Getreidigkeit des Risottos wird vom zarten Schmelz der rohen Pilze, die zugleich eine gehörige Extraportion Umami beisteuern, elegant aufgefrischt. Das insgesamt eher dunkle Geschmacksbild erfährt durch kleine Traubenstücke eine raffinierte Aufhellung – die pointierte Fruchtsüße nimmt dem Gericht die Schwere und verleiht ihm einmal mehr eine bemerkenswerte Eleganz.

Der nächste Gang wird als Reminiszenz an die Kindheit des Küchenchefs annonciert – doch leider sind die zwei kleinen Croissants aus Kartoffelteig außen so hart und innen so kompakt, dass man ihn um diese Kindheitserinnerung nicht beneiden mag. Dazu wird eine „vegane Sauerbratensauce" auf Zwiebelbasis angegossen, die zwar gut schmeckt, von den festen Croissants jedoch gar nicht aufgenommen werden kann. Eine separat servierte Waffelrosette aus Kartoffelstärke ist hauchzart und wunderbar knusprig, kann den Gesamteindruck aber nicht nennenswert verbessern.

Sehr gut gefällt uns dafür wieder das Prè-Dessert aus Pflaumensorbet mit Sauerampfer-Granité, roten Beeren, Kirschgel und Rote-Bete-Pulver. Die Komposition fächert die Abstufungen von Säure, Süße und herben Noten sehr spannend und durchaus anspruchsvoll auf, beschert zugleich aber auch leicht zugänglichen Dessertgenuss. Und weil im Seven Swans die üblichen Menüabfolgen nicht greifen, gibt es danach noch einen würzigen „Hauptgang": Auf dem Teller sind Gurken und unterschiedliche Tomatensorten „vom letzten Jahr" in diversen Zubereitungen (gegrillt, geräuchert, eingelegt) zu einer Art Kranz angerichtet. Ein Pulver aus Tomatenschalen und ein leichter Schaum aus reduziertem Tomatenwasser wirken hier als dezente Geschmacksverstärker, der das delikate Aroma der beiden Gemüsesorten in staunenswerter Reinheit nach vorne bringt. Manche Stücke haben Biss, andere saftigen Schmelz, manche sind süßlich, andere eher säuerlich-herb. Alles ist ein Hochgenuss, so reich an Umami wie an Frische.

Nicht weniger gelungen ist das Dessert, welches ein hocharomatisches Karottensorbet mit Keksgebäck, Aprikosengel, Buchweizen und gerösteten Physalishälften kombiniert. Neben dem Spiel mit Süße und fruchtiger Säure bringt vor allem der knackige Buchweizen eine originelle Note ein, denn er verleiht dem Ganzen Fülle und einen Touch von dekonstruiertem Karottenkuchen. Die Petit Fours bestehen aus einem kleinen Buchweizen-Cornet mit Erdbeersorbet und Feingebäck (u. a. Macaron, Canelé…), bei dem wir allerdings den Eindruck haben, dass es mit Butter und Ei deutlich besser wäre. Dieses abschließende Detail soll jedoch nicht davon ablenken, dass die vegane Küche im Seven Swans sich auf sehr hohem und vor allem wohlschmeckendem Niveau bewegt. Tatsächlich wäre bei keinem Gang der Verzicht auf tierische Produkte ohne entsprechendes Vorwissen aufgefallen. Die kurzen Erläuterungen zu den Gerichten machen klar, mit welcher Verve hier an einer womöglich zukunftsträchtigen Küche gearbeitet wird. Man darf gespannt sein, wie sie sich bei Ricky Saward weiterentwickelt.

Stanley

Ottostr. 16–18,
60327 Frankfurt am Main
☎ 069-26942892
www.stanleydiamond.com
❖ Do–Sa ab 18 Uhr, So–Mi RT
Hauptgericht: 15–34 €

Auch wenn die Küchenchefs und Konzept in dieser urbanen Mischung aus Bar und Restaurant, die durchaus schick und gehoben wirkt, in der es aber überhaupt nicht steif zugeht, immer mal wieder wechseln, bleibt der überdurchschnittliche Anspruch an eine qualitativ hochwertige unkomplizierte Küche unverändert bestehen. Ein Szene-Lokal mit kulinarischen Ambitionen eben, die auch an der Bar und in der Weinkarte offensichtlich werden. So konnte wir in dem länglichen Raum mit viel dunklem Marmor, in dem eine gediegene, ungezwungene Atmosphäre herrscht, zu der sich im Sommer durch die weit geöffneten bodentiefen Schiebefenster auch noch etwas Streetlife mischt, auch in der vergangenen Testsaison wieder gut essen. Küchenchefin Beate Braun verantwortet einen bunten Mix aus Gerichten, der als Sharing-Konzept zum miteinander teilen animieren soll, aber auch für Teilungsunwillige und Alleinesser funktioniert. Es geht hier um unkompliziertes Soulfood deluxe, was von Burger-Varianten und Fischbrötchen über andere originell abgewandelte Imbissbuden-Klassiker à la Streetfood bis zur Bouillabaisse und zum Wiener Schnitzel reicht. Und als solches mit Frische und Geschmack zu überzeugen weiß.

ohne
Bewertung

Tiger-Gourmetrestaurant
im Tigerpalast
Heiligkreuzgasse 16–20,
60313 Frankfurt am Main
☎ 069-9200220
www.tigerpalast.de
❖ RESTAURANT DERZEIT GESCHLOSSEN

Das renommierte Restaurant im elegant gestalteten Souterrain des renommierten Varieté-Theaters „Tigerpalast" ist vermutlich das Lokal mit der längsten Corona-Pause in Deutschland – zumindest in unserem Guide. Was hier vor einigen Jahren nach dem Wechsel von Andreas Krolik ins Lafleur vom neuen Küchenchef Coskun Yurdakul übernommen, mit einem engagierten, orientalisch verzierten, ansonsten aber klassisch französisch orientierten Kulinarium fortgeführt und im März 2020 gezwungenermaßen durch den Corona-Lockdown vorübergehend eingefroren wurde, ist bis zu unserem Redaktionsschluss im Sommer 2022 nicht wieder aufgetaut worden. Zunächst wurde die Wiedereröffnung mit einem variierten neuen Konzept für den Herbst 2021 avisiert, mittlerweile ist die Wiedereröffnung für Herbst 2022 angekündigt und nach wie vor steht Coskun Yurdakul dafür als Küchenchef in den Startlöchern. So sind wir sehr gespannt, wann und wie es sich ausgeht und stehen ebenfalls Gewehr bei Fuß, um endlich wieder in den Kultklassiker der Frankfurter Fine-Dining-Gastronomie hinabzusteigen, um uns hier kulinarisch verwöhnen zu lassen. Gerne auch bei verändertem Konzept und vereinfachter Karte!

Villa Merton Bistro

Am Leonhardsbrunn 12,
60487 Frankfurt am Main
☎ 069-703033
www.restaurant-villa-merton.de
🕐 Täglich von 12–14 Uhr u. ab 18 Uhr,
kein RT
Hauptgericht: 25–32 €,
Menüs: 34–59 €

Im hochherrschaftlichen ehemaligen „Colonial Room" der Villa Merton, der heute als Bistro des Hauses unter der Regie André Großfelds fungiert, gibt's an sieben Tagen in der Woche mittags und abends eine unkomplizierte, aber dennoch mit gehobenem Anspruch dargebotene Küche. Und die profitiert klar und deutlich vom Einkauf und der Expertise des nur am Abend geöffneten Gourmetrestaurants, was man an der Qualität vieler Produkte, aber auch an der Beschaffenheit von Suppen, Fonds und Saucen erkennen und schmecken kann. Tendenziell präsentiert sich das Bistro-Programm etwas weniger aufwendig in den Details und natürlich vergleichsweise bodenständiger, denn an dem Repertoire muss ein möglichst breites Publikum Gefallen finden und es darf deshalb keinesfalls zu exklusiv, aber auch nicht bloß „gutbürgerlich" sein. Eben diesen Spagat meistert das Team seit Jahren respektabel, und so lässt sich hier vor allem auch zur Mittagszeit und im Sommer auf der schönen Terrasse zu moderaten Preisen vollkommen untadelig auf überdurchschnittlichem Niveau speisen.

Die Symbole

🅿 gute Parkmöglichkeiten

🅿 Hotelgarage

♿ barrierefrei

❄ klimatisierte Zimmer

📶 WLAN-Zugang

🏊 Hallen- und/oder Freibad im Haus

♨ mit Wellness-Bereich

🛗 mit Fahrstuhl zu den Hotelzimmern

🐕 Hunde im Hotel nicht erlaubt

🎋 mit Garten oder Terrasse

Villa Merton Gourmet

Am Leonhardsbrunn 12,
60487 Frankfurt am Main
☎ 069-703033
www.restaurant-villa-merton.de
🕐 Mo–Sa ab 18 Uhr, So RT
Menüs: 105–180 €

In der 1927 erbauten Nobel-Immobilie im Frankfurter Diplomatenviertel trifft Neo-Barock auf anspruchsvolle Kulinarik. Die besondere Atmosphäre des Gourmetrestaurants in den historischen, nur sehr behutsam modernisierten Räumen der Villa Merton wird vom Zusammenspiel hoher Stuckdecken, patiniertem Parkett und einem offenen Kamin getragen und schafft ein authentisches Gefühl herrschaftlicher Grandezza, die sich im Sommer auch auf der einladenden Gartenterrasse mit Blick in den umliegenden Park genießen lässt.

Mit André Großfeld kocht in diesem Umfeld passenderweise ein Cuisinier, der die kulinarisch eher konservativ gestimmte Stammklientel nicht mit allzu viel Innovation und Kreativität auf den Tellern irritiert. Das Team setzt mit einer eher klassischen und sehr zugänglichen Linie vor allem auf die Strahlkraft hochwertiger Produkte, die hier auf stets mehrheitsfähige Art in Szene gesetzt werden. Dass ihnen dafür oft schon wenige Komponenten genügen, um mal mediterranen, mal frankophilen oder auch mal dezent exotisch inspirierten Genuss zu bereiten, spricht nicht nur für die Qualität der Viktualien, sondern auch für das souveräne Handwerk und überhaupt sehr viel Substanz der Zubereitungen. Egal ob man das große Gourmetmenü wählt, die rein vegetarische Variante präferiert, oder sich die exklusive „Chef's-Table"-Offerte in der Restaurant-Küche gönnt – der gebürtige Münsterländer Großfeld kreiert mit Herz und Verstand und läuft keine Gefahr, sich auf seinen pointierten Tellern mit allzu viel

Beiwerk oder kühnen Experimenten zu verzetteln.

Mit einer fein abgestimmten Mischung aus Erdigkeit, Säure und Crunch zeigte bei unserem letzten Besuch schon der Küchengruß, dass Großfeld ganz genau weiß, was er da macht. Zu den beiden geschmorten Schweinebäckchen-Tranchen in der Tellermitte sorgte noch leicht knackige Schwarzwurzel im Verbund mit Granatapfel-Espuma für ein ausgewogen wurzelig-fruchtiges Gegengewicht zum raumgreifenden Fleischaroma – die ringsum drapierten, grob zerstoßenen Haselnüsse und Pinienkerne rundeten das Ganze aromatisch ab und sorgten zusätzlich für ein knackiges Mundgefühl. Vermeintlich einfache, aber im Detail eben doch geschickt austarierte Produktküche.

Unerwartet zerfahren wirkte hingegen der Gang rund um den als „confiert" annoncierten Lachs, der „mi-cuit" zubereitet, also halbroh und lauwarm bis kalt serviert daherkam. Dass dieser von einer plakativ scharf-säuerlichen Pommerysenf-Note attackiert wurde, die auch von der Roten Bete und dem kräuterfrischen Basilikumschaum nicht eingebremst werden konnte, brachte das Ganze etwas aus der Balance. Viel besser gefiel uns im Anschluss die Kreation rund um exquisite Wildgarnelen. Nicht nur dem schönen Zusammenspiel der fast pastösen grundierenden Reiscreme mit säuerlich erfrischendem Zesty-Martini-Sud war es zu verdanken, dass der Teller das diesjährige Menü-Highlight darstellte. Der feinmürbe Biss der mit Panko panierten und sehr behutsam knusprig ausgebackenen Garnele, die jodig-würzige Süße des Krustentier-Ragouts, die gemüsigen und knusprigen Akzente von Staudenselleriblättern und -brunoise, geflämmter Mini-Möhre sowie gebrannten Reiskörnern – all das sorgte im Zusammenspiel für ein raffiniertes Ganzes.

Dass die Sous-Vide-Garmethode nicht zum Nachteil eines guten Produkts werden muss, sofern sie richtig angewendet wird, bewies André Großfeld gleich zwei Mal. Zunächst mit einer tiefrot-aromatischen Taubenbrust, die behutsam vorgegart und dann kurz nachgebraten im vollen Saft stand und nur eine Cipollini-Variation (Chips, Creme, sauer mariniert...), süßlich konternde Zwergfeigen und eine etwas grobkörnigere weiße Polenta als vor allem haptisches Gegengewicht benötigte, um uns restlos zu überzeugen. Dann bei zwei üppig bemessenen rosa-saftigen Tranchen vom US-Prime-Beef, die als erwartungsgemäß rustikal zupackender Barbecue-Teller mit recht salzigem

Stängelkohl, prägnant süßlich-scharfer Paprikamarmelade und seidig-mildem Kartoffelfondant liiert waren. Die gehaltvolle rauchige Jus finalisierte den Teller ebenso satt und tiefgründig wie bereits zuvor die am Tisch angegossene reduzierte Jus zum Täubchen. Beide zeugten von tadellosem Saucenhandwerk alter Schule.

Mit einer feinsinnigen „Asia Sweet Variation" machte sich die Pâtisserie dann abschließend zu einem Trip in den fernen Osten auf und besänftigte damit ganz entspannt die zuvor beim Barbecue-Teller aufgeheizten Geschmackspillen. Die Melange von Zitronen-/Koriander-Sorbet, Calpico-Gelee und Mango-Ragout, die auf einem Mürbeteigboden angerichtet war, sorgte dabei nicht zuletzt durch den Einsatz des japanischen Softdrinks „Calpis" für einen milchig-milden exotischen Abschluss, der auch farblich mit Pastelltönen luftig leichte Stimmung verbreitete.

Im Service agieren Gastgeber und Sommelier Markus Klug und sein Stellvertreter Roman Eichhorn dem aristokratischen Rahmen entsprechend in bester traditioneller Manier, wirken dabei aber nicht stocksteif, sondern begleiten locker, charmant und kenntnisreich. Die Weinbegleitung zum Menü liefert einen spannenden Streifzug durch den national wie international sehr gut bestückten Keller des Hauses und ist fair kalkuliert.

Weinsinn

Weserstr. 4,
60329 Frankfurt am Main
📞 069-56998080
www.weinsinn-frankfurt.de
🕐 Di–Sa ab 18.30 Uhr, So u. Mo RT
Menüs: 89–119 €

Nach mehreren Wechseln in der Küche ist das Weinsinn zur Ruhe gekommen: Seit Februar 2020 leitet Daniel Pletsch die Küche des Restaurants von Milica Trajkovska und Matthias Scheiber. Er arbeitete vorher als Sous-Chef im Gustav, dem zweiten Restaurant des Gastronomenpaars, wo Jochim Busch eine moderne, undogmatische Regionalküche zelebriert (die uns satte 8+ Pfannen wert ist). Austauschbarkeiten muss man jedoch nicht befürchten – die Küchenstile beider Restaurants mögen sich nun stärker berühren, doch im Weinsinn wird nach wie vor eine weitläufigere Produktpalette gefahren, was prima zum internationalen Flair des wunderschön gestalteten Restaurants passt.

Das zeigt sich schon bei den drei Küchengrüßen, bestehend aus einer filigran gearbeiteten und fein abgeschmeckten Algentartelette mit Muscheln und Borretsch, einem herrlich herzhaften, mit Sauerrahm und Ahler Blutwurst getoppten Kartoffel-Lángos, sowie dem Highlight des Trios, einem Schälchen mit seidenzartem Chawanmushi, das von einer vor Umami strotzenden Shiitakevinaigrette mit winzigen Brokkolistückchen und einem Hauch geräucherten Dillöls bedeckt ist – ein kleines Meisterstück an Eleganz und Komplexität.

Das erste Gericht des sechsgängigen Menüs kombiniert drei kleine Tranchen geflämmten Black Cods mit geröstetem Blumenkohl. Der festfleischige, geschmacksstarke Fisch wird durch die Röststoffe und den auffallend kräftigen Blumenkohl (als Püree und Röschen) pointiert akzentuiert. Marinierter Rettich, Soja und Limette verleihen dem Ganzen eine dezent japanisch anmutende Frische, wenngleich die Säure auf Dauer etwas zu prononciert wirkt. Trotz dieser kleinen Unwucht ein sehr gutes Gericht und ein angenehm leichter, appetitanregender Auftakt.

Ein Highlight ist der nächste Gang: saftige, butterzarte Stücke von gegrilltem Lauch ruhen in einem Sud aus Sauermolke mit gebranntem Rahm – eine überaus süffige Kombination, bei der die natürliche Süße des Lauchs einerseits kontrastiert (Molke) und zugleich erweitert wird (Rahm); der Fettgehalt des Rahms wirkt wie ein subtiler Geschmacksverstärker, kross frittierte Kohlblätter setzen Texturakzente. Für sich genommen wäre uns dieser ebenso zugängliche wie komplexe Veggie-Gang locker 8 Pfannen wert.

Das zweite Fischgericht des Menüs kombiniert gebratenen Steinbeißer mit roh marinierter Blauer Garnele, die auf der heißen Fischtranche drapiert ist und dadurch ebenfalls angewärmt

wird. Was wie eine forcierte Spielerei aussieht, erweist sich am Gaumen als hochspannende Vermählung des süßlich-jodigen Krustenierschmelzes mit dem delikaten Geschmack des texturell eher festen Steinbeißers. Dazu gibt es schmale Streifen von mariniertem Fenchelgemüse mit frischen Fingerlimes, sowie einen ungeheuer klar schmeckenden, alles harmonisierenden Krustentiersud. Aus einer scheinbaren Einfachheit entwickelt sich hier ein Gericht mit klarer Struktur und von großer Finesse.

Noch besser gefällt der zweite vegetarische Gang des Abends: Gedämpfter Kräuterseitling, in spaghettiähnliche Streifen geschnitten, ruht in einem kräftigen Pecorinoschaum. Das ist Umami pur, aber nicht plump-wuchtig, sondern auf elegante Weise rustikal. Etwas Verjus, ein paar Kräuter (u. a. Petersilie und Basilikum) und die leicht fruchtige Schärfe vom Szechuanpfeffer frischen das kraftstrotzend-köstliche Ensemble auf – dieser Gang hat das Zeug zum Weinsinn-Klassiker.

Beim Hauptgang überrascht, dass der annoncierte Hirschrücken nicht wie üblich in Form aufgeschnittener Tranchen auf dem Teller liegt, sondern als eine Art Steak, im Nadelholz geräuchert und gebraten. Das gibt dem Teller einen unerwarteten, aber nicht unwillkommen rustikalen Grundton. Leider ist das Fleisch etwas zu weit durch und deshalb einen Tick zu trocken; aromatisch überzeugt es dennoch mit einem deutlichen Wildgeschmack und einer angenehm zurückhaltend dosierten Rauchnote. Etwas Topinambur (als Chip und Püree) und geröstete Perlzwiebeln sind klassisch-stimmige Begleiter, doch den Clou bildet frisch geriebener Meerrettich auf dem Fleisch – die ätherische Schärfe hellt die „dunklen" Aromen des Tellers auf, rundet die Rauch- und Röstnoten ab und verleiht dem Ganzen eine anregende Leichtigkeit.

Bei den Nachspeisen hat man die Wahl zwischen einem Käsegericht und einem Dessert, auf welches diesmal die Wahl fällt: Kürbiseiscreme mit eingelegten Kürbisstreifen, ein paar Moosbeeren, Joghurt und etwas Steinklee ist vielleicht kein übermäßig aufregender Abschluss, in sich aber sehr stimmig, mit einer schönen Balance zwischen Süße und Säure. Von bemerkenswerter Güte ist der süße Abschluss: anstelle konventioneller Petits Fours gibt es es kross karamellisierte Brioche mit eingemachten Sauerkirschen und ein hervorragendes Nussbuttereis mit Kaffeesirup. Ein sehr rundes Finale für ein unverkrampft kreatives, zwischen originellen Ideen und schierer Köstlichkeit fein ausbalanciertes Menü.

Passend zum urbanen Ambiente ist der Service angenehm entspannt, kenntnisreich und im richtigen Moment beratend zur Stelle; die Weinkarte zeigt noch immer eine schöne Bandbreite, sowohl bei den Winzern als auch bei den Preisen. Das Weinsinn ist personell zur Ruhe gekommen, zugleich aber geht es hier mit großen Schritten voran!

Frankweiler
(Rheinland-Pfalz)

Weinstube Brandt

Weinstr. 19, 76833 Frankweiler
☎ 06345-959490
❂ Di ab 17 Uhr, Mi–Sa von 12–14 Uhr
u. ab 18 Uhr, So u. Mo RT

Auch wenn in dem seit Jahren in solider Beständigkeit geführten Gasthaus von Eva-Maria und Christian Knefler mit Natursteinwänden und blanken Holztischen in einer völlig ungezwungenen Wohlfühlatmosphäre auch schon mal konzeptionell ambitionierter und im Detail präziser gekocht wurde, ist es uns nach wie vor eine Empfehlung auf knappem 5-Pfannen-Niveau wert. Im Sommer sitzt man hier lauschig und kühl auf der kleinen Innenhofterrasse und die Küche überrascht mit fundiert und frisch zubereiteten Gerichte, die über das hinausgehen, was man in Pfälzer Weinstuben für gewöhnlich serviert bekommt. Die sympathische Gastgeberin schenkt zur Küche ihres Mannes gute Pfälzer Gewächse aus.

Bezahlkarten-Symbole

⬤ Mastercard
EC EC-Maestro
⬤ Diners
▭ American Express
VISA Visa

Frasdorf (Bayern)

Gourmet Restaurant im Karner

im Hotel Landgasthof Karner
Nussbaumstr. 6, 83112 Frasdorf
☎ 08052–17970
www.landgasthof-karner.com
❂ Do u. Fr ab 17.30 Uhr, Sa von
12–14 Uhr u. ab 17.30 Uhr, So–Mi RT
Menüs: 75–110 €

Seit vielen Jahren ist der schmucke, ländlich-elegante Hotel-Gasthof Karner im Chiemgau eine feste Größe für Genießer. Und daran hatte sich auch nichts geändert, als zeitweise kein dezidiertes Gourmetangebot, sondern nur die substanzstarke Regionalküche in den Westerndorfer Stuben geboten wurde. Nachdem im Frühjahr 2021 mit Manuel Wimmer allerdings wieder ein talentierter und sogar der Region verbundener neuer Chefkoch gefunden wurde, stehen hier die Zeichen erneut auch auf Gourmet. Und das sogar mit einem erfreulichen klaren Profil, das den Fokus auf eine kulinarische Darstellung der Region mit ihren Produkten und Besonderheiten legt und diese in leichten, handwerklich akkuraten Zubereitungen schmeckbar macht.

Charakteristischerweise startet ein Menü dann auch mit einem „Spaziergang durchs Chiemgau", der die verschiedenen Landschaften kulinarisch vorstellt: darunter eine zarte Saiblingssülze mit Joghurt, feiner Säurespitze und Pfefferschärfe als subtilste Miniatur, daneben ein papierdünner Kartoffelchip mit Röstzwiebel und Bergkäsecreme und ein von essigsauer eingelegten Bärlauchkapern akzentuiertes Rindertatar auf Graubrot-Chip – als Symbole für Wasser, Berge und Wiesen. Die folgende „Brotzeit" schloss mit ausgezeichnetem selbst fabriziertem Gebäck und einem charakterstark bestückten „Brettl" mit Lammschinken und -salami, Kürbiskernbutter, Griebenschmalz und gepickeltem Gemüse inhaltlich direkt daran an.

Und beim Amuse Bouche wurde dann auch endgültig klar, dass Manuel Wimmer die Aromen in seinen Gerichten mit viel Gefühl und auch bei gewagterer Kombination absolut geschmackssicher einsetzt. Denn die bewährte Verbindung aus Blumenkohl (cremig und geröstet) mit einer Rosinensauce wurde hier gekonnt durch die Frische einer Schnittlauchvinaigrette aufgebrochen und von eingelegten Löwenzahnblüten erneut clever naturnah-regional angebunden.

Noch feinsinniger gelang das bei der Deklination der Tomate im ersten regulären Gang. Verbunden von einem klaren, säurefrischen Tomatensud und einer zarten Schafsfrischkäsecreme wurde die Charakteristik verschiedener Tomatensorten präsentiert, aber auch durch verschiedene Zubereitungen (cremig, feinwürfelig, lockere Knusperchips, angedörrt…) eine differenzierte aromatische Entfaltung erzielt. Das Ergebnis: fein abgestufter Tomatengeschmack, unterschiedliche Säuregrade und insgesamt viel animierende Frische.

Da konnte das folgende glasierte Kalbsbries trotz guter Qualität und exakter Garung (mit eher zarten Röstnoten) nicht ganz mithalten. Grundsätzlich war die eher unkonventionell frisch gehaltene Umgebung aus Gurke, Dill und Knochenmark-Mayo eine spannende Idee – bei deren Umsetzung wurde das Ganze aber etwas stark vom Einlegesud der Gurkenjuliennes geprägt, die zudem im tiefen Teller in der Gurken-/Dill-Vinaigrette zu einer recht „suppigen" Angelegenheit mit schwierigem Handling wurden. Beim kleinen Satellitenteller mit einem pikanten Paprika-Zungensalat mit zarten Zungenröllchen und Kernöl-Schmand gab es derartige Probleme nicht – das war eine gelungen feinrustikale Produktergänzung.

Als ersten mehr auf Tiefe und Harmonie ausgerichteten Gang schickte das Team dann ein luftig leichtes Hechtnockerl mit gerösteten Lauchrondellen und Kaviar in einer Nussbutter-Schaumsauce. Letztere hätte noch etwas mehr röstaromatische „nussige" Prägnanz haben können, ansonsten war das aber eine gelungene einschmeichelnde Verbindung aus Rustikalität und der jodigen Exklusivität des Kaviars.

Der Hauptgang beeindruckte dann vor allem durch perfektes Kunsthandwerk einer mit Farce, Confit und Dörrpflaumen-Confit gefüllten Wachtel-Ballotine, die in Garzeit, Konsistenz und Würze in jeder Komponente auf den Punkt war. Die Umgebung aus gebackener Keule, Mais und Pfifferlingen ging dagegen ein wenig ins Süßlich-Breite, was durch die salzigen Akzente und Röstnoten (Pfifferlinge, Keule…) auch nur begrenzt aufgebrochen wurde. Im Rahmen dieser Produktauswahl war das tatsächlich sehr gut gelöst, aber in einem anderen Umfeld hätte die Ballotine sicherlich sogar noch ein wenig besser zur Geltung kommen können.

Derartige Kleinigkeiten fallen in der Gesamtschau allerdings nicht weiter ins Gewicht und weil das Team auch im süßen Bereich mit einer (für unseren Geschmack nur etwas zu süßen) gefrorenen Praline aus Holunderblüte, weißer Schokolade und getrockneten Blütenblättern sowie einem gekonnt mit differenziert fruchtsäuerlichen Beerenaromen und rahmig-honigsüßem Schmelz spielenden Dessert souverän und überzeugend blieb, gibt's direkt respektable 7 Pfannen zum Einstand.

Und zudem die Anmerkung, dass durchaus noch Entwicklungspotenzial erkennbar ist und die ansprechende Weinauswahl mit viel Gutem aus Österreich, Italien und Deutschland eine adäquate Getränkebegleitung genauso leicht macht wie der herzliche und aufmerksame Service.

Michael's Leitenberg
Weiherweg 3,
83112 Frasdorf
☎ 08052–2224
michaels-leitenberg.de
◉ Mo, Di u. Fr, Sa ab 18 Uhr, So von 11.30–14 Uhr u. ab 18 Uhr, Mi u. Do RT
Hauptgericht: 25–42 €,
Menüs: 89–120 €

So etwas ist mittlerweile wirklich selten: ein modern designtes Restaurant mit sichtlich ambitionierter Küche auf tatsächlich hohem Niveau – und immer noch weitestgehend unter dem medialen Radar. Das unlängst mit neuem Interieur elegant umgestaltete Lokal von Michael Schlaipfer ist eine solche Ausnahme. Bereits der Erstbesuch in der letzten Testsaison war eine echte Überraschung und auch heuer wurde – so viel vorab – der positive Eindruck erneut bestätigt.

Die zahlreichen Gäste aus der näheren und weiteren Umgebung – darunter auch namhafte Kollegen – wissen ganz offensichtlich zurecht, was sie an dem Geheimtipp im kleinen Nebenort vom ebenfalls beschaulichen Frasdorf haben. Michael's Leitenberg bietet eine sympathische Mischung aus familiärer Wirtschaft und elegantem Fine Dining. Es wurde einiges von der traditionellen Einrichtung erhalten, aber durch moderne Möbel und Einrichtungsdetails ergänzt. Dazu gibt die unkomplizierte Art des Service einen entspannten Grundton vor.

Dass tatsächlich viel Wert auf die Produktqualität des Gebotenen gelegt wird, belegen schon die sehr gute Auswahl an Brot und Aufstrichen und eine cremig-jodige, luxuriös mit Kaviar getunte Miniatur als Amuse bouche vor. Spätestens aber bei den erfreulich klar und frisch wirkenden, kräftig colorierten Jakobsmuscheln in einem kraftvoll röstigen Yuzu-Fond mit präzise eingebundener Schärfe und Korianderwürze (auch als saftiges Tapioka) wurde deutlich, dass hier alles andere als ein Blender am Herd steht. Im Gegenteil, die bewusst übersichtlichen Gerichte leben von wenigen clever gesetzten Akzenten und zeigen, dass die Urheber eher abgeklärt als reißerisch vorgehen.

Auch die stoffige, gemüsefruchtige Paprikaschaumsuppe in idealer leichter Konsistenz zeigte genau das: wie auch die meisten Saucen zeigte das Süppchen ebenso Komplexität wie Leichtigkeit. Den hohen Anspruch ans Produkt illustrierte die kross gebratene Gänseleber-Tranche in (nicht ganz, aber fast perfekter) homogen-fester Konsistenz, die nur von zartem Birnenragout mit subtilen Kräuterakzenten und kraftvoller Jus begleitet wurde.

Zu den überzeugendsten Kostproben des letzten Besuchs zählte außerdem die hohe, reinweiße und saftige Heilbutt-Schnitte in einer kräftigen und zugleich eleganten „Umami-Schaumsauce", vermutlich auf Miso-Basis, die durch Buchenpilze mit subtilen Umami-Noten und durch ein frisch gehaltenes Gelbes-Rüben-Püree den nötigen Kontrast mitbekam. Astreine Drei-Komponenten-Küche!

Nicht ganz so gelungen, weil zu sehr Ton in Ton, folgten eine geschmorte Roulade und kross gebratene Brust vom Hendl mit Selleriecreme und kräftiger Jus. Hier sorgte nur etwas beherzt sautierter wilder Brokkoli mit knackiger Bitterkeit für etwas Kontrast, das aber eher als kleine Randnotiz. Der braune, tendenziell breite Eindruck überwog insgesamt.

Umso erfreulicher, dass zum Dessert ein betont zitrusfrisches und kontraststarkes Finale wartete: auch wenn die annoncierte Tee-Note nur mit viel Phantasie wahrnehmbar war, gelang das Zusammenspiel von duftiger säurefrischer Kalamansi mit einem zartherben dunklen Schoko-Sorbet und dem hellen Schmelz weißer Schokolade ganz prima.

Unter dem Strich bleiben es eher Kleinigkeiten, die noch Optimierungspotential aufzeigten. Die stimmigen Kreationen überwiegen. Und da passt es auch ins Bild, das neben den elaborierteren Sachen auch einige besonders mehrheitsfähige einfachere Gerichte wie ein Wiener Schnitzel mit Bratkartoffeln, eine Sellerieschaumsuppe mit Kresse oder eine Sorbetvariation auf der Karte stehen.

In die Gläser kommen dazu hochwertige Weine renommierter Erzeuger, überwiegend aus Deutschland, Österreich und Italien. Vor allem bei den Flaschenweinen gibt es vom Gutswein bis zum großen Gewächs viele spannende Entdeckungen und teils sogar echte Schnäppchen.

Hotelempfehlung

Landgasthof Karner

Nussbaumstr. 6, 83112 Frasdorf
☎ 08052–17970
www.landgasthof-karner.com/
Einzelzimmer: 69–199 €
Doppelzimmer: 89–219 €

Zwischen Chiemsee und den bayerischen Alpen, in einer der landschaftlich schönsten Urlaubsregionen die Bayern zu bieten hat, begrüßt der traditionsreiche Landgasthof Karner seine Gäste als kleines, denkmalgeschütztes Hideaway, in dem ländliche Behaglichkeit mit einem Hauch von Luxus einhergeht. Unweit entfernt von den Städten München und Salzburg findet man hier inmitten der sanften Hügel des Voralpenlandes Ruhe, unverfälschte Natur und klare Luft zum Durchatmen. Die insgesamt 36 Zimmer und Suiten in vier Kategorien wurden erst kürzlich renoviert, sind geschmackvoll ländlich gestaltet und verfügen alle über Bad oder Dusche/WC, Föhn, Kosmetikspiegel, Telefon, Flat-TV inklusive Sky sowie kostenfreies WLAN. Ein kleiner Wellnessbereich mit Schwimmbad in bayerischem Ambiente, Osmanischem Dampfbad, Finnischer Sauna, Banja Sauna, Wärmebank, Ruheraum und Fitness-Geräten lädt wahlweise zum Entspannen oder Aktivsein ein. Die Outdoor-Freizeitmöglichkeiten im Sommer sind mit Wandern, Schwimmen, Segeln und Golfen ebenso vielfältig wie im Winter, wenn beispielsweise zahlreiche Skiabfahrten und Langlaufloipen locken. Auch die Kulinarik hat einen hohen Stellenwert: In der Westerndorfer Stube gibt's regionale und saisonale Spezialitäten der traditionellen bayerischen Küche und im Gourmet Restaurant im Karner präsentiert das Team um Küchenchef Manuel Wimmer eine kreative und gehobene Variante. Gourmetrestaurant im Karner separat erwähnt.

Freiburg i. Breisgau
(Baden-Württemberg)

Drexlers

Rosastraße 9,
79098 Freiburg i. Breisgau
☏ 0761-5957203
www.drexlers-restaurant.de
◎ Mo–Mi von 11.30–14 Uhr,
Do–Sa ab 18 Uhr, So u. Fei RT
Hauptgericht: 39–41 €,
Menüs: 55–105 €

Das gestraffte Programm mit Mittagskarte von Montag bis Mittwoch und einem abendlichen Menü in bis zu sechs Gängen (auch in vegetarischer Ausführung) von Donnerstag bis Sams-

tag am Abend bietet das Drexlers mit seinen eng stehenden Tischen und Glasfront zur Straße zu ungewöhnlichen Öffnungszeiten eine sehr gute klassische Küche. Die ebenso pragmatische wie anspruchsvolle Arbeitsweise des Teams um Küchenchef Mario Fuchs sorgt in dem modernen Bistro mit unkomplizierter, meist quirliger Atmosphäre für zuverlässig gutes Niveau der ansprechend puristischen Gerichte. Geboten werden nicht nur überdurchschnittliche Produkte wie Fische von Birnbaum oder Fleisch in Bio-Qualität, sondern auch originelle Ideen ohne Hang zu übertriebener Kreativität, immer mit genügend Bodenhaftung, so dass ein breites Publikum etwas damit anfangen kann. Und auch an guten Weinen besteht hier dank angeschlossener Weinhandlung kein Mangel.

Eichhalde

Stadtstr. 91,
79104 Freiburg i. Breisgau (Herdern)
☏ 0761-58992920
www.eichhalde-freiburg.de
◎ So–Di u. Fr von 12–13.30 Uhr
u. ab 18 Uhr, Sa ab 18 Uhr, Mi u. Do RT
Hauptgericht: 25–49 €,
Menüs: 110–130 €

In der Eichhalde im Freiburger Norden, die über Jahrzehnte hinweg ein Lieblingsrestaurant des Bürgertums aus den hübschen Jugendstilvillen ringsum und am Hang darüber war, hat erst kurz vor der Corona-Pandemie mit den neuen Gastgebern Valentina Tito und Federico Campolattano eine kulinarische Italianità von bemerkenswerter Klarheit und Ambition Einzug gehalten. Passend dazu ist das Ambiente wohltuend aufgeräumt und geradlinig gestaltet: mit großformatiger moderner Kunst an den hellen Wänden, eleganten Lederstühlen und

Bänken von KFF-Lemgo, Tischen aus blankem Nussbaum, darauf hauchzarte Riedel-Gläser und filigranes Besteck von Cutipol. Da passt alles ganz wunderbar zusammen und bekommt durch die unaufdringlich herzliche Art der sympathischen Gastgeber noch eine ganz persönliche Note.

Nach langer und enger Mitarbeit bei Niko Romito in dessen Mailänder Il Ristorante und einem Gastspiel im Team von Massimo Bottura sind dem Koch Federico Campolattano Klassik und Moderne gleichermaßen geläufig und sein Können steht außer Zweifel. Doch geht er mit diesen Referenzen und Kompetenzen nicht hausieren, sondern lässt sie in aller Bescheidenheit nur auf seinen Tellern sprechen. Und zwar mit einem puristischen Perfektionismus, wie man ihn hierzulande leider viel zu selten antrifft. Der Schmaus begann beim letzten Mal nicht nur mit ausdrucksstarkem Olivenöl, einer Cuvée dreier verschiedener Olivensorten aus Kampanien nebst gutem, lockerem Krustenweißbrot, sondern auch mit hausgebackenen Taralli, jenem kringelförmigen Knabbergebäck aus Apulien, dem hier durch Speck eine herzhafte Note verliehen wurde.

Die Vorspeise rund um gebeizten Saibling mit Apfel und schwarzem Knoblauch präsentierte sich ganz anders als gedacht, was in diesem Fall absolut positiv gemeint ist. Denn der Fisch kam als sehr schön festfleischiges und klararomatisches Tatar, getoppt mit Forellenkaviar, Tupfen einer Kaperncreme, einem Püree aus dem süßlich-würzigem fermentiertem Knoblauch und Zitronenschalenabrieb – alles absolut perfekt dosiert und mit einem Sud von Staudensellerie und grünem Apfel wunderbar leicht und frisch umspielt. Ein toller Auftakt…

…dem ein maximal puristischer Zwischengang um hausgemachte Chitarra-Pasta folgte, also jenen auf der Nudel-Harfe geschnittenen quadratischen „Spaghetti", die hier in bissfest-elastischer Perfektion nur vom Schmelz einer köstlich voll und rund schmeckender Buttersauce und der Mineralik einer generösen Nocke Osietra-Kaviar aus dem Hause N25 perfekt in Szene gesetzt waren. Man sieht schon: eine Küche ohne Netz und doppelten Boden. Da muss wirklich alles passen, denn da kann keine Ungenauigkeit oder Produktschwäche mehr kaschiert werden.

Drei-Komponenten-Küche vom Feinsten war auch der perfekt beschaffene und intensivaromatische Steinpilzrisotto aus bestem Aquerello-Reis: mit einer milden Taleggiocreme nappiert und (optional) auf der Microplane gehobelter Périgord-Trüffel beflockt. Auch da

wird nicht getunt und gepimpt, man verlässt sich auf die Kraft der Aromen der Produkte selbst – ganz so, wie die Cucina Italiana aller Regionen des kulinarisch so vielseitigen Landes eben im Idealfall funktioniert.

Und wie sehr Federico Campolattano die Grundtugenden der Küche seines Heimatlandes beherzigt, wird immer dann am deutlichsten, wenn Produkte und Aromen von Natur aus etwas zurückhaltender sind. So wie beim Zander mit „Broccolo Romanesco" und Franciacorta-Sauce, wo mit einem perfekt auf den Punkt gebrachten abgeflämmten Fisch auf einem Bett aus kleinen knackigen Romanescoröschen mit Couscous und einer konsistenten Schaumweinsauce mit belebender Frucht und Säure ein betont mildes und weiches Geschmacksbild gezeichnet wurde.

Das genaue Gegenteil, nämlich kraftvoll und zupackend, war indes der Hauptgang des Menüs um kernig-saftigen Lammhals mit authentischem Produktgeschmack, dem mit zweierlei sehr röstaromatischer Aubergine adäquate Begleiter zur Seite standen: eingelegte und gegrillte Streifen des Gemüses und ein stark verdichtetes Schmorpüree, dem ein Hauch Minze den entscheidenden Twist mit auf den Weg gab. Der volle Geschmack von Karotten wurde für die Sauce optimal herausgearbeitet, die als pure Gemüsejus in diesem Fall viel besser korrespondiert hat als eine Fleischsauce, weil deren natürliche Süße und Milde die Bitteraromen der Aubergine perfekt einfangen und mit dem Fleisch verbinden konnte. Da erkennt man einmal mehr das feine Gespür des Kochs für Aromen und geschmackliche Zusammenhänge.

Und das bewies Federico Campolattano auf beeindruckende Art und Weise auch mit seinem Dessert „Come un tiramisù": „Als wäre es ein Tiramisù" stellt der Chef hier in Gestalt eines fluffig-cremigen Schichtwerks aus mit Marsala getränktem Biskuit, Vanilleschaum mit dezentem Kaffeearoma, herbem Kakaosorbet und – spielentscheidend! – der Süße und dem Schmelz einer Kürbiscreme, am Gaumen die Illusion her, man habe es mit dem traditionellen Nachtischklassiker zu tun, lässt aber im Grunde alles weg, was diesen für gewöhnlich Schwer und Mächtig macht.

Wohlüberlegt wirken auch die glasweisen Weinempfehlungen, die mit Expertise vorgestellt werden und nicht nur aus Italien, sondern auch aus der Region oder dem benachbarten Frankreich stammen können. Und dass das alles zu moderaten Preisen angeboten wird, macht die Eichhalde nur noch sympathischer, als sie ohnehin schon ist.

Hirschen Lehen

im Clarion-Hotel Hirschen
Breisgauer Str. 47,
79110 Freiburg i. Breisgau (Lehen)
📞 0761-8977690
www.clarion-hotel-freiburg.de
◉ Täglich von 12–14 Uhr u. ab 18 Uhr,
kein RT
Hauptgericht: 28–45 €,
Menüs: 42–140 €

Der Hirschen in Lehen, ein Gebäudekomplex aus historischem Stammhaus von 1740 und modernem Hotel-Anbau von 2005, liegt am beschaulichen Stadtrand von Freiburg und steht unter Küchenchef Christian Laberer nun schon seit über drei Jahrzenten für einen substanzstarken Küchenstil ohne artifizielle Ader, der sich nicht über filigrane Anrichtkunst oder besonders kreative Kombinationen definiert, sondern über gute Grundprodukte in fundierter und schnörkelloser Zubereitungsart. So ist das von Gastgeberfamilie Baumgartner geführte Haus eine sichere Bank für anspruchsvolle und doch bodenständige Küche. Und die gibt's entweder in den sehr gepflegten und trotz hohem Nostalgiewert irgendwie sehr zeitlos wirkenden alten Stuben mit Ihren gemütlichen „Holzabteilen" im Stammhaus oder auf der lauschigen Sonnenterasse unter alten Bäumen hinterm Haus.

Kuro Mori

Grünwälderstr. 2,
79289 Freiburg i. Breisgau
📞 0761-38848226
kuro-mori.de
◉ Di–Sa von 12–13.30 Uhr u. ab 18 Uhr,
So u. Mo RT
Hauptgericht: 24–36 €,
Menüs: 32–65 €

Das neue Baby von Steffen Disch, der bereits seit Jahren den Raben in Horben nicht nur erfolgreich, sondern auch auf kulinarisch beständig hohem Niveau betreibt, ist ein lässiges, stark asiatisch inspiriertes Konzept in Innenstadtlage. Nicht nur wegen des durchgängigen Kopfsteinpflasters, der zentralen einsehbaren Küche und dem glasüberdachten Hinterhof wirkt das Lokal sehr offen. Geboten wird ein attraktiver Brückenschlag zwischen unkompliziertem asiatischem Streetfood und Anleihen der europäischen Gourmetküche, der von Dingen wie Sushi und Sashimi mit kraftvollem Aromenkick über eine in Wasabicrunch gehüllte Garnele auf pikantem Papayasalat bis hin zum saftig-zart geschmorten Spanferkel nebst knusprig gebackenem Reisbällchen und Kimchi reicht. Oft plakativ und knallig, damit zwar vielleicht nicht immer minutiös ausbalanciert, aber gerade als solches durchaus sehr attraktiv. Zumal hier auch das Preis-Genuss-Verhältnis äußerst stimmig ist.

Löwengrube

Konviktstr. 12,
79098 Freiburg i. Breisgau
📞 0761-76991188
www.restaurant-loewengrube.de
◉ Mo–Sa 12–14 Uhr u. ab 17.30 Uhr,
So RT
Hauptgericht: 15–34 €, Menüs: 69 €

Von außen wirkt die Löwengrube nicht nur wegen der irreführenden Aufschrift „Englers Weinkrügle" wie eine traditionelle Wirtschaft, drinnen erinnern nur noch die Butzenscheiben, die Kassetten-Holzdecke und ein paar weitere Kleinigkeiten an den Vorgänger. Ansonsten wurde hier sehr geschmackvoll mit verhältnismäßig einfachen Mitteln modernisiert: schöne blanke Holztische, längliche schwarze Zylinder als Lichtspots darüber, graue Wände in Wischtechnik oder ein Weinklimaschrank prägen ansonsten das gelungen schlicht gehaltene Ambiente. Auch die Speisekarte von Amadeus Kura wirkt übersichtlich und aufgeräumt. Ein viergängiges Menü, drei Vorspeisen, vier Hauptgerichte und zwei Desserts werden offeriert. Und das alles zu gastfreundlichen Preisen. Nur konsequent also, dass auf den Tellern ebenfalls keine barocke Opulenz vorherrscht. Der Chef konzentriert sich bei seinen Gerichten zumeist auf jeweils drei tonangebende Produkte und Aromen, die er zeitgemäß leicht zubereitet und in schnörkelloser Optik zusammenbringt.

Regional
im Hotel Schloss Reinach
St.-Erentrudis-Str. 12,
79112 Freiburg i. Breisgau (Munzingen)
☎ 07664-4070
www.schlossreinach.de
⏰ Mo von 12–14 Uhr u. ab 18 Uhr,
Fr ab 18 Uhr, Sa u. So ab 12 Uhr
durchgehend, Di, Mi u. Do RT
Hauptgericht: 19–33 €,
Menüs: 49–65 €

Küchenchef Oliver Rausch widmet sich schon seit Jahren intensiv der heimischen Produktvielfalt und er erzeugt und vertreibt mit seiner eigenen Produktlinie „Rausch" diverse regionale Spezialitäten wie Schinken, Salami, Konfitüre oder Essige. Nur konsequent, dass er nach der konzeptionellen Umstrukturierung der Gastronomie von Schloss Reinach nun in den renovierten Räumen des ehemaligen Gourmetrestaurant „s'Herrehus" das neue Restaurant „Regional" bekocht. Wie der Name schon sagt, fast ausschließlich mit Viktualien aus der Schwarzwaldregion, allenfalls der eine oder andere Fisch aus salzigem Gewässer schwimmt auf der Speisekarte mit. Ansonsten viel Gemüse aus der Umgebung, ebenso Käse, Geflügel oder Rind aus Baden und natürlich saisonale Produkte wie Spargel oder Pfifferlinge – alles sehr bodenständig, aber fundiert zubereitet und auf den natürlichen Geschmack der Produkte ausgerichtet. Man schmeckt auf jedem Teller, dass da jemand weiß, worauf es ankommt.

Wolfshöhle
Konviktstraße 8,
79098 Freiburg i. Breisgau
☎ 0761-30303
www.wolfshoehle-freiburg.de
⏰ Di–Do ab 18 Uhr, Fr u. Sa von
12–14 Uhr u. ab 18 Uhr, So u. Mo RT
Hauptgericht: 39–49 €,
Menüs: 59–135 €

Das Ambiente der Wolfshöhle in Freiburgs malerischsten Altstadtgassen bringt auf stilvolle Art und Weise Historie und modernes Design

zusammen und lädt in ein wohltuend aufgeräumtes, zeitgemäßes Ambiente. In dem wirkt nun mit dem Österreicher Martin Fauster ein wahrer Könner, der mit seiner souveränen klassischen Produktküche zuletzt im Münchner Königshof zu den besten Köchen der Stadt zählte. Seit jeher ist er ein wahrer Meister darin, die Produkte und ihre Aromen so weit wie möglich sie selbst sein zu lassen – aber eben so, dass es nicht karg und naturbelassen wirkt, sondern man sich vielmehr jedes Mal wundert, was er alles aus den Dingen rauszuholen vermag. Und genau in diesem unaufgeregten, klaren, schnörkellosen Stil wird hier nun mit besten heimischen und internationalen Produkten ganz ohne Scheuklappen, Moden und Marotten in bestem Sinne unaufgeregt aufgetischt.

Zirbelstube
im Hotel Colombi
Rotteckring 16,
79098 Freiburg i. Breisgau
☎ 0761–21060
www.colombi.de
⏰ Di–Sa ab 19 Uhr,
So u. Mo RT
Hauptgericht: 44–59 €,
Menüs: 59–125 €

Als souveräner Routinier mit langjähriger Gourmeterfahrung hat Harald Derfuß dem Traditionshaus im Herzen von Freiburg nach einer ziemlich unsteten Phase, die hier mit dem Weggang von Altmeister Alfred Klink zu einigem Auf und Ab und zu mehreren Küchenchefwechseln führte, gastronomisch und vor allem kulinarisch wieder die gewohnte Ruhe und Beständigkeit zurückgegeben. Nicht nur durch die Tatsache, dass er nach drei Jahren immer noch da ist, sondern deshalb, weil ein dem auch nach seiner Verjüngungskur noch altvorderen Charme versprühenden Gourmetrestaurant im ersten Haus am Platz wieder das gibt, für was es jahrzehntelang stand: Eine tadellose klassisch französische Küche mit etwas badischem und viel mediterranem Einschlag. Dafür bieten Derfuß und sein großes Team ein für heutige Verhältnisse relativ umfangreiches Programm auf, scheuen auf den Tellern keinen Aufwand, machen hier und da zwar etwas zu viel, aber keine kühnen Experimente und kreativen Verrenkungen, kochen grundsätzlich gediegen und mit viel Substanz.

Atable im Amtshaus

im Hotel Amtshaus
Hauptstr. 29, 67251 Freinsheim
☎ 06353-5019355
www.amtshaus-freinsheim.de
◐ Di ab 18.30 Uhr, Mi–Sa von
12–14 Uhr u. ab 18.30 Uhr, So u. Mo RT
Hauptgericht: 32–39 €,
Menüs: 56–90 €

Neben viel Fachwerkromantik, schnuckeligen engen Gassen und jeder Menge Weinkultur hat Freinsheim seit kurzem auch für Gourmetgaumen wieder deutlich an Attraktivität zugelegt. Grund ist der Umzug von Sybille und Swen Bultmann aus Ludwigshafen ins Amtshaus im Herzen von Freinsheim, wo sie seit Sommer 2021 nicht nur gepflegte Hotelzimmer anbieten, sondern auch weiterhin ihre anspruchsvolle Gastronomie auf unvermindert hohem Niveau betreiben – ganz so, wie sie es schon in den vergangenen Jahren am alten Standort mit sehr viel Passion getan haben.

Die neuen Rahmenbedingungen und die jetzt viel großzügigeren und repräsentativeren hellen Räumlichkeiten scheinen den Chef und sein Team jedenfalls zu beflügeln. So wird an den sauber eingedeckten Tafeln mit bequemen, sesselartigen Polsterstühlen unter historischem Kreuzgewölbe sehr anspruchsvoll aufgetischt – ambitioniert, aber keinesfalls forciert. Ganz so, wie wir es schon aus dem Atable in Ludwigshafen kannten. Swen Bultmann konzentriert sich seit jeher auf klassisches Handwerk und natürlich auf die Produkte, die er auf seinen Tellern vollkommen schnörkellos und unaufgeregt in Szene setzt. Und das erfreulicherweise mittags wie abends und zu moderaten Preisen, was den Gastgebern selbst unter der Woche zum Lunch ein gut besetztes Lokal beschert.

Schlicht und unkompliziert im besten Sinne war nicht nur der Küchengruß um eine kleine Tranche vom gebeizten Saibling mit Felchenkaviar, etwas eingelegter Gurke, Schmandmousse und frischem Meerrettich, sondern auch die Vorspeise mit Garnele, Fenchel, Paprikamousse und Safran. Die Krustentierchen, die lauwarm mariniert (aber nicht roh, sondern durchgegart) angerichtet waren, teilten sich den Teller mit einem mit Amaranth-Popcorn beflockten Zylinder aus locker-luftiger Paprikamousse, etwas mit Safran aromatisiertem Orangenfenchel und Tupfen einer Safranmayonnaise. Alles wohlschmeckend und mit sehr klaren und deutlichen Aromen; nur die recht weichfleischig-wattigen Garnelen hätten uns glasig und mit festem Biss noch besser gefallen. Rein am nichts zu kritisieren gab es von der Produktseite betrachtet an einem kompakten, saftigen Seeteufelbäckchen, das nach unserem Geschmack zwar grenzwertig dominant mit aromatischem Kräutersalz gewürzt war, im Verein mit feinsäuerlicher Ringelbeete und Senfsaat auf einer vollmundigen Schaumsauce von violettem Senf aber einen durchaus harmonischen und eingängigen Dreiklang aufs Porzellan brachte. Von der eindeutig besseren Sorte war auch die in Garzustand und Würze perfekt auf den Punkt gebrachte Rotbarbe, die gemeinsam mit der Nocke einer an Sauce Rouille erinnernden Creme und etwas Brotknusper in den reichlichen Fluten einer klassischen Sauce Bourride schwimmen durfte. An solchen Gerichten merkt man, wie gut Swen Bultmann das klassische Fach beherrscht.

Und zu seinen Stärken gehören definitiv auch solche Dinge wie das perfekt behandelte Kalbsbries, das sich zart und reintönig, aber eben nicht wie so oft zu weich oder gar schmierig unter seiner hauchdünnen, goldgelb und zart knusprig colorierten Mehlierung offenbarte. In Verbindung mit einer Sommertrüffeljus und feine fruchtige Säure vermittelnden roten Zwiebeln, die als Nocke Kompott und als Füllung eines Raviolo auf dem Teller zu finden waren, repräsentierte auch das ein ultraklassisches Geschmacksbild, wie es in dieser Form einfach viel Spaß macht.

Und genau diese Attribute trafen auch auf den Hauptgang zu, in dessen Zentrum eine gebratene Perlhuhnbrust stand. Ausgerechnet diese blieb mit ihrem zwar saftig-zarten, aber relativ mürben und grob strukturierten Fleisch allerdings in Sachen Produktqualität etwas hinter den hohen Erwartungen zurück, die im Vorfeld durch die Reihe ausnahmslos hervorstechender Viktualien geschürt wurde. Was dem mit zart knackigen breiten Bohnen, fluffigen Pommes Dauphines und einem göttlichen Saucenduett aus reduzierter Jus und Sauce Albufera ansonsten wohlgelungenen Gericht aber nicht sehr viel anhaben konnte. Hier erwies sich dann einmal mehr auch die Weinempfehlung von Gastgeberin Sybille Bultmann als kongeniale Begleitung – in diesem Fall ein sechs Jahre gereifter Spätburgunder „Kalkmergel" vom Weingut Knipser aus Laumersheim, der den Saucen mit seiner robusten Struktur ein sehr feiner Partner war.

Auch bei den Desserts verzichtet das Team auf Schnörkel und Pirouetten und setzt mit Valrhônas Guanaja-Schokolade als Schaum und Mousse nebst eingelegten Aprikosen, Butterstreuseln und Sorbet von Roten Johannisbeeren einen gut ausgewogenen Schlusspunkt. Hinsichtlich einer höheren Bewertung, die hier durchaus im Rahmen des Möglichen erscheint, müssten unserer Ansicht nach nur die Geschmacksbilder oder einzelne Aromen ab und an noch etwas klarer und druckvoller zugespitzt sein – aber auch so wie es bereits ist ergeben im Atable Preis und Genussleistung ein rundum stimmiges und sehr erfreuliches Ganzes.

Freising (Bayern)

Mountain Hub Gourmet

im Hotel Hilton Munich Airport
Terminalstr. Mitte 20,
85356 Freising (Flughafen München)
☎ 089-97824510
mountainhub.de
◑ Di ab 18.30 Uhr, Mi–Fr von
12–13.30 Uhr u. ab 18.30 Uhr,
Sa–Mo RT
Menüs: 169–280 €

Wenn ein junger Koch, der bereits Sous-Chef unter Klaus Erfort, Dieter Müller und auf Schloss Elmau gewesen ist und uns auch schon als Küchenchef in einem Gourmetrestaurant in Hamburg überzeugte (Jellyfish, 7+ Pfannen), unter dem Dach der Hilton-Gruppe ein Restaurant im Münchener Flughafen aufbaut, können wir das auch vorab getrost schon als eine

der spannendsten Neueröffnungen des Landes bezeichnen. So waren wir sehr gespannt auf unseren ersten Besuch im Mountain Hub Gourmet, der sich wegen des Lockdowns und der langen Schließungsphase des Restaurants leider etwas verzögerte.

Schon die Menükarte liest sich wie die Wegbeschreibung ins Schlaraffenland: N25-Kaviar, Kaisergranat von den Färöer-Inseln, Wagyu Beef aus Miyazaki… Kein Zweifel, hier will jemand Vollgas geben! Und dass Stefan Barnhusen beim Personalaufwand genauso wenig Kosten scheut, wie bei der Auswahl seiner Produkte, zeigten bei unserem Premieren-Besuch bereits die ersten Apéro-Snacks. Am deutlichsten wurde das bei einem sehr filigranen Cracker aus Roter Bete mit mild geräucherter Forelle vom bayerischen Züchter Birnbaum, einer Rote-Bete-Creme, verschiedenen in Sternform ausgestochenen Beten (wir zählten drei mal zwei) sowie Dillspitzen – das muss erst mal jemand anrichten!

Die darauffolgenden Gänge sind im selben Muster gestrickt: ein eindrucksvolles Luxusprodukt steht im Mittelpunkt und wird aufwendig umspielt. Beispielsweise ein Kaisergranat mit Karotte, Macadamianuss und Kaffirlimette. Das Krustentier hatte die Größe einer Handfläche und gehörte mit seiner fleischig-saftigen Textur zu den besten Exemplaren, die man hierzulande finden kann. Von ähnlich guter Qualität war auch der nussige Balfegó-Tunfisch, den der akribische Küchenchef mit Kaviar, eingelegtem Daikonrettich, einer Misocreme, einer Ponzu-ähnlichen Vinaigrette, sieben oder acht verschiedenen Kräutern sowie einem (vermutlich im Stickstoffbad gefrorenen) schlangenförmigen Wasabieis kombinierte.

Die vielleicht eindrucksvollste Qualität einer herausragenden Produkt-Leistungsschau stellte der galizische Pulpo zur Schau, gerade weil man diese Spezialität in der Spitzengastronomie vergleichsweise selten antrifft – zumindest in dieser Güte. Eine riesige, perfekt gegrillte, schön bissfeste, aber eben nicht gummihafte Tranche thronte hier in einem pikanten und ausgereizt öligen Vadouvan-Sud, der hervorragend zum dezent strengen Eigenaroma des Tintenfischs passte. Im Verein mit frischen Gurken, einem frittierten Tapioka-Cracker (mit allerlei Kräutern und Cremes getoppt) und einer Nocke Linsenpüree war das ein umwerfend guter Teller, der sich sofort im kulinarischen Langzeitgedächtnis eingebrannt hat.

Der Reigen hervorragender Produkte riss auch zum Hauptgang nicht ab, der durch zwei großzügige Tranchen japanischen Wagyurinds der höchsten Marmorierungsstufe „A5" glänzen konnte. Wie üblich bei Barnhusen wurde der Hauptbestandteil durch verschiedene zum Teil recht stark weiterverarbeitete Komponenten begleitet, die sich hier alle um Brokkoli und Roscoff-Zwiebel drehten und zum Beispiel in Form von Cremes, einer Sphäre und ausgestochener gegarter Scheiben aus dem Brokkoli-Stiel auf dem Teller zu finden waren. Die zwei gegarten Brokkoli-Röschen waren besonders bemerkenswert, weil bei einem die dunkelgrünen Blüten vom hellgrünen Stiel getrennt und akkurat kreisrund aufgestempelt waren – eine nette Idee, deren Sinnhaftigkeit uns sich aber nicht wirklich erschließen konnte.

Überhaupt haben wir bei Saucen und Beilagen die meiste Luft nach oben gesehen. Ohne Frage: gut bis sehr gut waren sie alle! Nur eben nicht uneingeschränkt phänomenal wie die Qualität und die Zubereitung von Fisch, Fleisch und Krustentier. So wirkte etwa die Bisque zum Kaisergranat etwas dünn, oder zumindest eindimensionaler, als man das von Restaurants gewohnt ist, die vergleichbar fulminantes Krustentier servieren. Dieses mehrfach festgestellte Gefälle innerhalb eines jeweiligen Gerichts unterscheidet die Küche des noch jungen Mountain Hub aktuell noch recht deutlich von den höher bewerteten Restaurants. Doch wir konnten auch feststellen, dass hier noch jede Menge Potential schlummert und die aktuelle Bewertung ganz sicher noch lange nicht das Ende der Fahnenstange darstellt.

Auch die Desserts konnten nicht ganz mit den vorausgegangenen Gängen mithalten. Da es in der Pâtisserie meist schwerer fällt, exquisite Produkte als puristische Hauptdarsteller in den Mittelpunkt zu rücken, schien Barnhusens Methode hier nicht ganz zu greifen. Zwar war die Kombination aus Quitte, Mandel, brauner Butter und Tonkabohne schlüssig und handwerklich präzise umgesetzt, wirkte durch zu viele gleichberechtigte Aromen aber auch ein wenig bunt. Handwerklich erstklassig umgesetzt waren die filigrane sahnige Quittenschnitte und das ultracremige Mandeleis aber allemal – man muss unsere Anmerkungen hier als Kritik auf hohem Niveau verstehen!

Dass Stefan Barnhusens Küche vor allem durch die tollen (und teuren) Zutaten glänzt, ist keineswegs ein Manko. Sich Zugang zu den besten Produkten zu verschaffen, Lieferketten aufzubauen und zu pflegen, gilt ja in Japan nicht umsonst als Königsdisziplin des Kochens. Wenn es gelingt, diese enorme Qualität zuverlässig und durchgängig auf die Teller zu bringen, wird der Mountain Hub sicher häufiger ein Grund sein, auch ohne Reisepläne gen Münchener Flugha-

fen aufzubrechen. Zumal hier auch der versierte Service unter der routinierten Leitung von Gastgeber Johannes Gahberger und die mit guten großen Namen international gut sortierte Weinkarte keine Wünsche offenlassen.

✗ Schuhbauers Oberwirt

Sternstr. 20,
85414 Freising
(Kirchdorf a. d. Amper)
📞 08166-7366
www.oberwirt-kirchdorf.com
⊘ Di–Sa ab 17 Uhr, Sa, So u. Fei RT
Hauptgericht: 17–23 €,
Menüs: 45–75 €

Wenn doch jedes Wirtshaus so wäre: in dem ländlich-rustikalen gepflegten Familienbetrieb der Schuhbauers gibt's herzlichen Service und pfiffige, frisch und natürlich zubereitete Regionalküche. Für letztere sorgt am Herd der Junior-Chef Benedikt Schuhbauer, alles drumherum managen dessen beiden Schwestern. Und was auf die Tische kommt, kann sich auf seine traditionelle, aber zugleich behutsam verfeinerte Art jederzeit sehen und schmecken lassen. Weiterer Pluspunkt: der idyllische Wirtsgarten im Sommer.

Hotelempfehlung

Hilton Munich Airport

Terminalstr. Mitte 20,
85356 Freising
(Flughafen München)
☎ 089-97820
www.hilton.com
Einzelzimmer: ab 129 €
Doppelzimmer: ab 129 €

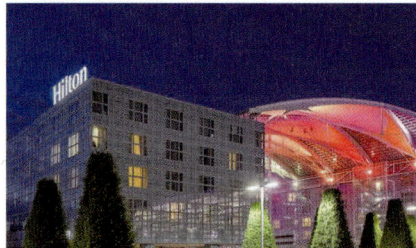

Das exklusive Hotel mit seinem markanten gläsernen Atrium liegt weithin sichtbar zwischen den Terminals 1 und 2 des Münchner Flughafens. Die in sanften Cremetönen gehalten Zimmer und Suiten sind geräumig geschnitten, klimatisiert und verfügen über Minibar, Tee- und Kaffeekocher. Die Suiten sind außerdem mit Nespresso-Kaffeemaschine ausgestattet, haben einen zusätzlichen Wohnbereich und zum Teil Ausblick auf den Flughafen. Schallisolierte Fenster sorgen trotz der Nähe zu den Startbahnen für einen ruhigen Aufenthalt. Der Zimmerservice ist rund um die Uhr verfügbar. Zu den Wellnesseinrichtungen des Hilton Munich Airport gehören ein 24-Stunden-Fitnessstudio, ein großzügiger beheizter Innenpool, eine Sauna, ein Dampfbad und ein Whirlpool. Massagen können optional gebucht werden; Bademäntel und Hausschuhe sind ebenfalls vorhanden. Für das leibliche Wohl wird in einem Buffetrestaurant, dem Gourmetrestaurant Mountain Hub und der eleganten Bar im Foyer gesorgt. Business-Gästen stehen neben dem rund um die Uhr geöffneten Business-Center 30 Konferenzräume unterschiedlichster Größe zur Verfügung. Restaurant Mountain Hub Gourmet separat erwähnt.

Freyung (Bayern)

Landgasthaus Schuster

Ort 19, 94078 Freyung
☎ 08551-7184
www.landgasthaus-schuster.de
◉ Do–Sa von 11.30–13.45 Uhr
u. ab 18 Uhr, So von 11.30–13.45 Uhr,
Mo–Mi RT
Hauptgericht: 25–39 €,
Menüs: 44–94 €

Wer den Weg nach Freyung-Grafenau in die entlegene südöstlichste Ecke der Republik auf sich nimmt, findet nicht nur die landschaftlichen Reize des Bayerischen Waldes mit vielen Möglichkeiten für Naturfreunde und Sportbegeisterte vor, sondern tatsächlich auch reizvolle kulinarische Ziele. Eines der am längsten etablierten darunter ist zweifelsohne das schmucke Domizil von Bärbel und Leopold Schuster, die hier in einladend heimeligem Ambiente schon regional verwurzelte Küche angeboten haben, lange bevor Regionalität zum allgegenwärtigen Hype wurde.
Handwerkliche Substanz nach klassischem Verständnis und hohe Produktqualität sind hier seit jeher die wesentlichen Grundpfeiler der Küche. Und dass dabei dann viele Viktualien aus dem nahen Umfeld und zu einem nicht unwesentlichen Anteil sogar aus eigenem Anbau stammen, ist nur eine logische Konsequenz. Nicht zuletzt, weil die Küche von Leopold Schuster gänzlich uneitel und aufs Wesentliche beschränkt daherkommt, entsteht gemeinsam mit dem behaglich vornehmen Wohnzimmer-Ambiente, in dem antikes Mobiliar geschmackvoll mit modernerer Kunst kombiniert wird, und natürlich der feinsinnig herzlichen Art von Gastgeberin Bärbel Schuster, ein besonderer Ort, an dem wir immer wieder gern zu Gast sind.
Kulinarisch wurde das zuletzt schon zum Einstieg mit zwei kleinen Kostproben untermauert: Feinwürzig gebeizte Eismeer-Lachsforelle erhielt durch cremigen Bulgur mit sanfter Kokosnote eine unkompliziert pfiffige Grundlage. Vor allem aber die saftig-elegante Rehbratwurst mit Blaubeersenf und feinsäuerlich angemachten Kartoffeln (aus dem eigenen Garten) zeigten, mit wie viel Passion, Können und Substanz hier gearbeitet wird.

Eigener Anbau fand auch den Weg auf den nächsten Teller. Und zwar in Form von knackig marinierten Zuckerhut-Streifen, deren markante Bitternoten ein kräftig marmoriertes (und nicht zu dünn geschnittenes) Kalbscarpaccio belebten und außerdem eine gute Brücke zur knusprig-zarten Wildgarnele bauten, die gemeinsam mit feinsäuerlich marinierten Waldpilzen und fruchtigen Paprikawürfeln auf dem Kalbsfleisch drapiert wurde.

Im Grunde leben derartige Gerichte von einer betont schlichten, aber harmonisch und wohlproportionierten Art, bei der insbesondere der Charakter der Produkte sehr gut zur Geltung kommt. Das funktionierte auch beim heißgeräucherten Ikarimi-Lachs ganz prima, der mit dezenter Würzkraft von Pfeffer und Koriander auf feinstreifigem Spitzkohl angerichtet und durch halbierte Weintrauben mit fruchtiger Süße und von einem säuerlichen Saucenschaum mit Frische ergänzt wurde.

Besonders überzeugend wirkt der Stil von Leopold Schuster bei von vornherein eher geschlossen und kompakt angerichteten Gerichten, also jeder Art von Schmorgerichten oder Ragouts. Aber auch beim in sanft rauchigem Schinken und Kapuzinerkresse gebratenen Wallerfilet, das mitsamt winzig kleinen krossen Drillingskartoffeln auf einem cremig-grünen Ragout von Bohnen und Meerrettich angerichtet wurde, funktionierte das perfekt: schmeichelnd harmonisch, aber nicht flach, und dazu ein tolles Hauptprodukt!

Weil auch zum süßen Finale das Niveau gehalten wird und spannende regionale Produkte zum Einsatz kommen – beispielsweise mit gratiniertem Quittenpüree nebst Schlehenrahmeis oder einem saftig-warmen Gewürzkuchen-„Auflauf" mit Orangen-Eisparfait und Mispelcoulis – und die Gläser von Bärbel Schuster kompetent mit hochwertigen Weinen gefüllt werden, bleibt es bei einem rundum stimmigen Gesamteindruck und hoffentlich noch langjährigem „Weiter so!"

Frickingen (Baden-Württemberg)

Löwen Altheim

Hauptstraße 41,
88699 Frickingen (Altheim)
☎ 07554-8631
www.loewen-altheim.de
🕐 Di–Sa ab 17.30 Uhr, So von
11.30–13.30 Uhr, Mo RT
Hauptgericht: 14–26 €, Menüs: 31–36 €

Bei einem Besuch des Löwen in Frickingen-Altheim warten vor allem auf neue Gäste unter Umständen gleich mehrere positive Überraschungen: Zuerst nämlich entpuppt sich das von außen sehr unscheinbare, eher wie ein Wohnhaus in bäuerlichem Umfeld wirkende Gasthaus beim Betreten als ebenso behagliches wie geschmackvolles Kleinod, bei dem eine Vielzahl an Design- und Dekorelementen, unter anderem aus Natur- und Schwemmholz, ein ganz besonderes Flair schaffen. Dann überrascht das gesamte Serviceteam mit einer angenehmen Mischung aus Herzlichkeit und Professionalität. Und last but not least überrascht die Küche einem unkompliziert-einfallsreichen Stil, der nicht in jedem Detail auf Perfektion aus ist, dafür aber in jedem Moment viel Charakter und Authentizität bietet.

So startete das zuletzt genossene Menü beispielsweise mit einem gelungenen Schwenk in die asiatische Richtung und präsentierte kräuterwürzige Saiblingsklößchen neben gebratenen Paprikastreifen in einem ingwerscharfem Kokossud. Gerade weil die Klößchen etwas fester (aber dennoch mit zartem Biss) gehalten waren, zeigten sie genügend robusten Charakter, um in diesem Kontext zu bestehen. Mildernde Frische lieferte dazu ein roh geraspeltes kaltes Kürbis-Confit gemeinsam mit Koriandergrün. Gut durchdacht und umgesetzt!

Das galt genauso auch für den Ziegenkäse-/Walnuss-Flan, dessen Würze, laktische Säure und Nussigkeit neben feinbitterem Radicchiosalat und ein eher fruchtig gehaltenes Bete-/Apfel-Ragout mit feiner Rosmarinwürze gestellt wurde – und damit auch wieder mit beinahe beiläufigen, äußerst gelungenen Akzenten überzeugte.

Auch im Hauptgang zeigte sich, dass gelungene Ergebnisse hier keine Zufallstreffer sind. Denn die kompakte und zugleich butterzart glasierte Lammhaxe wurde selbstbewusst als klarer Star auf dem Teller präsentiert – gestützt von einer transparent-tiefen, von feinen Kräuteraromen durchwobenen Schmorjus. Die separat servierten Beilagen in Form eines cremigen und feinwürzigen Buschbohnenragouts und zarten Bandnudeln ließen sich so ganz dezent und in der gewünschten Proportion ergänzen.

Und auch im süßen Bereich lässt das Team allenfalls die (etwas dicke) Kruste auf der zarten Crème brûlée „anbrennen", zeigt ansonsten aber von einer geschmeidigen Mohnmousse aus Joghurtbasis bis zum herb-duftigen Zwetschgenröster ebenfalls eine souveräne Performance. Insbesondere im Kontext zu den dafür aufgerufenen Preisen entsteht so ein ebenso stimmiger wie einladender Gesamteindruck, der durch die in der Region verwurzelte, aber auch weit genug darüber hinausschauende Weinauswahl abgerundet wird. Ein äußerst sympathisches Gasthaus!

Fridingen a. d. Donau
(Baden-Württemberg)

Landhaus Donautal
Bergsteig 1, 78567 Fridingen a. d. Donau
📞 07463-469
www.hotel-donautal.de
◉ Mo u. Do, Fr von 11.30–14 Uhr
u. ab 17.30 Uhr, Sa u. So ab 12 Uhr
durchgehend, Di u. Mi RT
Hauptgericht: 10–35 €, Menüs: 29–59 €

Wer gute traditionelle badisch-schwäbische Küche schätzt, aber auch mal einem wirklich schmackhaften Cordon Bleu vom Hegauer Schwein, mit Rauchfleisch und Limburger gefüllt, nicht abgeneigt ist, der sollte hier oben, etwas außerhalb der Ortschaft Fridingen auf einer Anhöhe des Donautals Station machen.

Dort nämlich laden die Gastgeber Veronica Leascenco und Yannick Traut in ihr gemütliches Landhaus am Bergsteig, das mit einer gepflegten Außenanlage und ländlich-adretten Gasträumen aufwartet. Und eben mit einer überwiegend traditionellen regionalen Küche, die nicht auf den ersten Blick verrät, dass der Chef einst sein Handwerk bei Jörg Sackmann in Baiersbronn gelernt hat und war danach unter anderem zwei Jahre als Commis bei Hans Stafan Steinheuer im Ahrtal mitgearbeitet hat. Man glaubt es aber, wenn man die substanzstarken Zubereitungen auf dem Teller hat und schmecken kann, dass hier noch richtig gekocht wird. Natürlich geht es hier kulinarisch weitaus bodenständiger zu, statt Hummer, Jakobsmuschel, Taube und Gänseleber gibt es Forelle „Müllerin Art", ein Bergsteiger-Pfefferrumpsteak und natürlich hausgemachte Maultaschen. Und was für welche! Sehr fein mit leicht pikant abgeschmecktem würzigem Brät unter dünnem, elastischem Teig – ganz traditionell auf schlotzigem, recht klein geschnittenem Kartoffelsalat angerichtet und mit glasig geschmälzten Zwiebeln gekrönt.

Vorneweg könnte es einen mit Honig und Sonnenblumenkernen gratinierten Ziegencamembert geben, der von einer Spur Feigensenf, einem schmackhaft marinierten kleinen Salatbouquet und – so zumindest in unserem Falle – völlig naturbelassenen Gurkenstreifen, Tomaten- und Radieschenschnitzen eskortiert wird. Wenn das Team noch ein wenig mehr Blick auf solche Details richten würde, wäre das Ergebnis auch bei verhältnismäßig einfachen Dingen noch überzeugender. Denn dass hier grundsolide gekocht wird bewies sodann wieder ganz unzweifelhaft die Rahmsuppe von weißem Spargel, die mit attraktiver rahmiger Konsistenz, aber eben nicht sahnig-weichgespültem Geschmack, sondern authentischem Produktcharakter für sich einnahm.

Die wahren Stärken der Küche könnte man auch beim exzellenten Sauerbraten vom Reh-Schäufele bewundern: perfekt geschmorte, saftig-zarte Stücke, appetitlich mit einer kraftvoll intensiven, aber sehr natürlichen Rehjus glasiert und neben rahmigem Spitzkohl mit zartem Biss, säuerlichen Preiselbeeren und Spätzle ultraklassisch und wohlgelungen platziert. Da braucht es nicht mehr, da ist alles auf dem Punkt und alles an seinem Platz.

Das Erdbeerdessert, für das vollreife, aromatische Früchte in marinierter Form, als nicht zu süßes Sorbet und als Fruchtspiegel auf einer cremigen Panna Cotta verarbeitet wurden, hatte mit Schokoladenerde und einer Minze-Hippe ein bisschen anderweitige Ergänzung zu

Frucht und Sahne, so dass man hier unterm Strich auch von einem Nachtisch auf knappem 5-Pfannen-Niveau sprechen kann. Wer sein Mahl lieber herzhaft abschließt, kann das mit französischem Rohmilchkäse machen, der mit Feigensenf und eingelegten schwarzen Walnüssen aufgefahren wird. In der kleinen Weinkarte finden sich gute, preiswerte Tropfen namhafter Erzeuger, vorwiegend aus Deutschland und auf dem Digestif-Tisch einiges an Hochprozentigem von engagierten Erzeugern.

Friedberg (Hessen)

Bastian's Restaurant

Erbsengasse 16,
61169 Friedberg (Dorheim)
📞 06031-6726551
bastians-restaurant.de
🕐 Di–Sa ab 18 Uhr, So u. Mo RT
Hauptgericht: 28–40 €, Menüs: 55–99 €

EC CO **VISA** P

Seit nunmehr fünf Jahren führt Chris Bastian Draisbach sein Restaurant in einem malerischen Fachwerkhaus im Friedberger Ortsteil Dorheim. Dass der einstige Küchenchef der Frankfurter Villa Merton sich hier fest etabliert

hat, merkt man allein daran, dass sein Lokal auch bei unserem Testbesuch unter der Woche sehr gut besucht ist – was man derzeit leider nicht von jedem gehobenen Lokal sagen kann. Das Zusammenspiel von pittoreskem Gebäude, lässig-elegantem Interieur, schönem Innenhof, lockerem Service und einer blitzsauberen Küchenleistung bei moderaten Preisen scheint als Erfolgsrezept aufzugehen. Auch uns hat die Mischung einmal mehr überzeugt!

Zwar gerät der erste Apero-Happen, ein zu dickes Cornet mit wenig eleganter Frischkäsefüllung, noch etwas plump, aber schon der zweite Snack, ein kleines Stückchen Tarte von Grüne-Sauce-Kräutern, besticht durch filigranes Handwerk und subtile Würze. Ein knuspriges Teigkissen mit Fenchelfüllung und ein Shot mit würziger Gurken-Limettenkaltschale runden die Einstimmungen souverän ab. Relativ neu ist im Bastian's das Angebot eines vegetarischen Menüs. Wir entscheiden uns dennoch für das verlockend klingende Menü mit Fisch und Fleisch; beide Varianten kann man in drei bis sieben Gängen wählen, zusätzlich wird eine à-la-carte-Selektion angeboten – auch das inzwischen eine Besonderheit in der gehobenen Gastronomie. Die Weinkarte bietet eine überschaubare, aber ansprechende Auswahl vor allem deutscher Winzer.

Der erste Gang des Menüs nennt sich „Kalb[2]“ und kombiniert eine ordentliche Menge hervorragend gewürzten Tatars mit kross gebackenen Pralinen vom Kalbskopf. Dazu werden ein Gelee und ein Salat aus Frankfurter Kräutern serviert, eine abwechslungsreiche Begleitung, erfrischend würzig, originell und mit beiläufig regionalem Akzent. Das i-Tüpfelchen bildet hier ein Senfeis, das zwischen eleganter Säure und milder Schärfe changiert. Noch eine Spur besser gefällt uns der auf der Haut gebratene Wolfsbarsch, wunderbar kross und von bemerkenswerter Produktqualität: Die Tranche thront auf einem sämigen Kohlrabi-„Risotto", bei dem das geraspelte Gemüse sanft gekocht und durch Zugabe der Blätter sattgrün gefärbt wurde. Ein Pinienkern-Crumble bringt Textur, ein Gelee von Johannisbeeren frischt das Ensemble mit fruchtig-herber Säure auf. Umspielt wird das Ganze von einer exzellenten, nicht zu schweren Beurre blanc, wie überhaupt die Saucen seit jeher ein Trumpf von Bastian Draisbachs klassisch basierter Küche sind.

Bei den Ravioli von der Wetterauer Wutz punktet die Küche mit hervorragendem Pasta-Handwerk und einer süffigen Füllung, die vor Umami nur so strotzt. Sautierte Pfifferlinge von sehr guter Qualität geben dem Gericht etwas Sommerliches, etwas Trüffel verleiht ihm einen

Hauch Luxus. Das nennen wir feinstes Comfort-Food! Wer mag, kann sich in klassischer Manier von einem Sorbet (an diesem Abend aus Erdbeerdaiquiri) erfrischen lassen, bevor es zum Hauptgang geht. Dieser besteht bei unserem Besuch aus Short Rib vom Rind, das für 48 Stunden bei Niedrigtemperatur gegart wurde. Das Ergebnis ist zartes, dennoch angenehm kerniges und geschmacksintensives Fleisch, flankiert von knackigen Mini-Maiskölbchen, präzise gewürztem Auberginenkaviar und einem Püree von lila Süßkartoffeln – BBQ deluxe! Der heimliche Star dieses Tellers ist allerdings eine kräftige Rinderjus, deren seidiger Glanz das Auge und deren vielschichtiger Geschmack den Gaumen erfreut. In Ermangelung eines Saucenlöffels behelfen wir uns am Ende in französischer Manier mit Brot, um noch die letzten Reste des köstlichen Elixiers aufzuwischen.

Das Dessert fällt sehr klassisch aus, was wir durchaus nicht als Kritik verstanden wissen wollen. In einer hauchdünn-knackenden Schokoladenkugel findet sich eine hervorragende, weil wolkenzarte und zugleich intensive Schokoladenmousse, dazu frische Erdbeeren, ein knuspriges Teiggitter und sehr gutes Vanilleeis. Wenn man so will, steht dieser Abschluss exemplarisch für den Küchenstil im Bastian's, der traditionelle Geschmacksbilder mit souveränem Handwerk und dem ein oder anderen Kniff auf die Teller bringt. Unprätentiös, entspannt und schmackhaft.

Friedland (Niedersachsen)

Genießer Stube
im Landhaus Biewald
Weghausstr. 20,
37133 Friedland
05504-93500
www.biewald-friedland.de
Di–Sa von 12–14.30 Uhr u. ab 18 Uhr, So u. Mo RT
Hauptgericht: 45–49 €,
Menüs: 125–145 €

Während mittlerweile vielerorts die Gourmetrestaurants nicht nur ihre Öffnungszeiten auf ein Minimum heruntergefahren und die Platzzahl reduziert, sondern auch ihr kulinarisches Programm auf ein einziges Menü eingedampft haben, machte Familie Raub mit ihrer Genießer Stube das genaue Gegenteil: Das Lokal ist jetzt an fünf Tagen in der Woche mittags und abends geöffnet, es gibt mehr Plätze und neben einem siebengängigen Gourmetmenü (nur am Abend) gibt es ein eigenes Lunchmenü und eine schöne Auswahl repräsentativer Gerichte à la carte, die mittags wie abends zu haben sind. Überhaupt führen die Raubs ihr vor geraumer Zeit durch einen großen modernen Anbau mit 18 weiteren Zimmern in zeitgemäßer Ausstattung erweitertes Landhotel in Friedland bei Göttingen mit sehr viel Engagement und Passion. Und in dem hellen Ambiente in Weiß und Grüntönen mit sauber eingedeckten Tischen kocht der Chef unvermindert ambitioniert – in der jüngeren Vergangenheit zudem wieder äußerst schwankungsfrei auf sehr ansprechendem Niveau. Seine konsequent klassischen, gekonnt aufs Wesentliche reduzierten Gerichte leben von der Produktqualität und dulden diesbezüglich keine Kompromisse. Umso erfreulicher, dass zuletzt ebensolche Kompromisse überhaupt kein Thema mehr waren und wir hier nun schon zum wiederholten Male durchgängig sehr überzeugende Menüs genossen haben. So waren zuletzt schon eine mit Lardo gratinierte Auster sowie ein Stück festfleischig-glasige Atlantik-Makrele auf orientalischem Couscous-Salat eine Freude; getoppt von der Vorspeise um eine gigantische gebratene Jakobsmuschel, die flankiert von Kaviar, einem Wachtelspiegelei und etwas Kartoffelknusper auf roh marinierten Jakobsmuschelscheiben thronte. Und die Produkte waren hier so gut und auf den Punkt gebracht, dass des Weiteren ein schmelziges klares Tomatengelee und einige kleine Tupfer einer Tomatenmayonnaise reichten, um in Summe eine attraktive Vorspeise aufs Porzellan zu bringen.

Kein Netz und kein doppelter Boden auch bei der folgenden Steinpilz-Cremesuppe, die so natürlich intensiv und deutlich zugespitzt war, dass sie auch ohne alles begeistert hätte. Doch sie hatte zudem kleine gebratene Steinpilze, etwas Kartoffelcreme sowie zwei propere Carabineros intus, die nicht nur den stolzen à-la-carte-Preis relativierten, sondern zusammen mit der feinsäuerlich abgeschmeckten Suppe auch ein richtig attraktives Ensemble abgaben.

Weil ebenfalls alles wie aus dem Ei gepellt war, blieb auch das gebratene Kalbsbries mit doppelt gepulten Erbsen auf cremigem Risotto in bester Erinnerung, auch wenn uns die dunkle, kräftige Jus dazu geschmacklich etwas zu dicht und haptisch zu viskos erschien. Eine Intensität, die letztlich auch der aromatischen weißen Trüffel nicht besonders zuträglich war, die am Tisch frisch und duftig über das Gericht gehobelt wurde.

Dass so etwas hier aber eher die seltene Ausnahme ist und es der Chef sehr wohl versteht, perfekt ausgewogene Saucen zu kochen, das bewies beim letzten Mal insbesondere eine ausdrucksstarke Safran-Schaumsauce, die ein fantastisches Stück Wolfsbarsch mit zartem, saftigem, schneeweißem Fleisch unter knusperkrosser Haut eskortierte. Außerdem vervollständigte diesen mediterranen Teller, ein Meeresschneckenrisotto, kleine gegrillte Artischockenherzen und ebenso fein wie exakt gewürzfeltes und präzise gewürztes mediterranes Gemüse mit Pinienkernen.

Das ist alles völlig schnörkellos und substanzstark zubereitet und uneitel auf die Teller gebracht. Genau wie der Nachtisch, eine pochierte Weinbergnektarine auf frischem karamellisiertem Blätterteig, getoppt von einem marmorierten Heidelbeer-Frischkäseeis mit animierender laktischer Säure und würzig dunkelbeeriger Fruchtnote. Ein köstlicher süßer Abschluss! Bleibt nur noch der sehr aufmerksame und zugewandte Service von Gastgeberin Anne Raub zu loben, die auch die äußerst lohnenden Gewächse der glasweisen Weinbegleitung mit Sachverstand und Hintergrundwissen kredenzt.

Schillingshof

Lappstr. 14,
37133 Friedland (Groß Schneen)
☎ 05504–228
www.schillingshof.de
♥ Mi–Sa ab 17.30 Uhr, So von 12–14 Uhr, Mo u. Di RT
Hauptgericht: 30–55 €,
Menüs: 55–150 €

Ziemlich genau an der Grenze zwischen Hessen und Niedersachsen, im eigentlich sehr kleinen Groß Schneen bei Friedland, werden in dem adretten Fachwerkbau des Schillingshofs seit vielen Jahren gehobene Gastkultur und anspruchsvolle Küche mit Bodenhaftung hochgehalten. Das außen leicht patinierte Haus wirkt im Inneren auf heimelige Art elegant, mit fein gedeckten Tischen und bequemen moderneren Sesseln zwischen freigestelltem dunklem Fachwerkgebälk.

Allein das wäre ja durchaus schon genug Grund, um immer wieder gern hierher zurückzukommen. Für die meisten Gäste – uns eingeschlossen – zieht aber noch mehr als das einladende Ambiente die Vorfreude auf die substanzstarken Gerichte von Stephan Schilling, der sich unbeeindruckt von Moden und Trends an die klassischen Tugenden gehobener französischer Küche hält, aber auch den einen oder anderen Schlenker in asiatische Aromenwelten nicht scheut und sich vor allem mit kraftvollen, substanzstarken Saucen und den Fleischzubereitungen von seiner stärksten Seite zeigt.

Schon in den letzten Jahren war das einerseits überzeugend und im Gesamtkonzept absolut stimmig, andererseits aber für die hohe Bewertung nur gerade so ausreichend, weil manche Gerichte und Details dann doch auch mal etwas gröber und ungenauer ausfallen. Dieser Eindruck bestätigte sich auch heuer und begründet die leichte Abstufung – ohne dass sich deswegen ganz grundsätzlich am Niveau und am Reiz dieser Küche viel geändert hätte. Beides ist unverändert hoch!

Wie oft im Schillingshof, wenn es in die asiatische Richtung geht, fiel der Auftakt des letzten Menüs recht bunt und ausladend aus: In einem Potpourri dünn aufgeschnittener Fische von Lachs über Hamachi bis Pulpo in einer blumigen, säuerlich-zitrischen Vinaigrette, rund um ein auflockerndes Salatbouqet mit Avocado, Oliven, eingelegtem Ingwer und einer gebratenen (nicht optimalen, weil etwas matschig wirkenden) Garnele, setzte unter anderem auch rosa Pfeffer markante bitter-scharfe Akzente. Ein Gang, bei dem mit mehr Klarheit und weniger Komponenten sicher noch mehr möglich gewesen wäre, der aber auch so, als von Säure und Schärfe getragenes „Durchprobier-Arrangement", durchaus Freude machte.

Umso geradliniger und fokussierter wurde es beim angenehm cremig-fließenden (grünen) Spargel-Risotto, in dem knackig frische Erbsen für Frische und Parmesan für einen dezenten Umami-Kick sorgte – allerdings so zurückhaltend, dass auch der sanft gargezogene Seesaibling voll zur Geltung kommen konnte. Mehr als einen kleinen knusprigen Chip für etwas Crunch brauchte es da dann auch gar nicht für einen sehr gelungenen Eindruck.

Beim Zweierlei vom Kalb im Hauptgang gelangen die beiden Fleischzubereitungen – einmal kernig-straffer Rücken und einmal löffelzart geschmorte Schulter – in einem stoffig-dichten Morchelrahm absolut überzeugend, auch wenn die Sauce durchaus noch etwas mehr Zug und integrierte Säure vertragen hätte. Die dazu kombinierten zarten Gemüse von Blumenkohl bis Spargel wirkten gemeinsam mit buttrigen Petersilienkartoffeln ultra-brav, was aber nichts daran änderte, dass sie sich stimmig und harmonisch in das Gericht einfügen.

Auch beim Dessert blieb der Chef seinem bodenverhafteten Kurs treu und zeigte mit vollreifen Erdbeeren und Heidelbeeren in halbgeschlagenem Ricard-Rahm und zarten Biskuitstückchen neben einem nussig-intensiven Pistazieneis, dass auch so scheinbar schlichte Arrangements anspruchsvoll sein und viel Freude bereiten können.

Und apropos Freude: die macht auch die kompetente und familiär-freundliche Art der Gastgeberin, die nicht nur lohnende Weinempfehlungen und ein spannendes individuell-internationales Weinsortiment parat hält, sondern auch sonst vorbildlich dafür sorgt, dass es den Gästen dieser sympathisch familiären, seit 1648 und in mittlerweile 13. Generation geführten Institution weiterhin an nichts fehlt.

Hotelempfehlung

Hotel Schillingshof

Lappstr. 14,
37133 Friedland (Groß Schneen)
📞 **05504–228**
www.schillingshof.de
Einzelzimmer: 65 €
Doppelzimmer: 119 €

Das familiengeführte Hotel und Restaurant Schillingshof liegt ruhig und beschaulich in der kleinen Ortschaft Groß Schneen bei Friedland, nur gut zehn Autominuten südlich von Göttingen. Die sechs Hotelzimmer in dem gemütlichen Fachwerkhaus sind allesamt modern renoviert, hell und zeitlos gestaltet, mit klaren Formen und dezenten, natürlichen Farben. Die Zimmer sind mit Flachbild-Fernsehgeräten und einem Sitzbereich ausgestattet; in den Bädern stehen kostenfreie Pflegeprodukte und ein Haartrockner zur Verfügung. Außerdem nutzen die Gäste überall im Haus kostenloses WLAN. Das Kulinarische wird im Schillingshof nicht nur beim Frühstück (kontinental und à la carte) großgeschrieben, sondern insbesondere auch im mehrfach ausgezeichneten Restaurant mit seiner leichten, kreativen Küche. Restaurant Schillingshof separat erwähnt.

Landhaus Biewald

Weghaust. 20, 37133 Friedland
☎ 05504-93500
www.biewald-friedland.de
Einzelzimmer: 79–120 €
Doppelzimmer: 99–150 €

Im Dezember 2019 hat das Landhaus Biewald in Friedland bei Göttingen sein komplett neu errichtetes Hotelgebäude eröffnet, mit dem der Familienbetrieb nun um 12 Komfort-Doppelzimmer, 6 Komfort-Plus-Doppelzimmer und ein behindertengerechtes Komfort-Plus-Doppelzimmer erweitert wurde. Die Zimmer sind alle als Einzel- und Doppelzimmer buchbar – außerdem besteht bei sechs Zimmern mit Verbindungstür die Möglichkeit, diese auch als Familienzimmer zu nutzen. Hier genießen die Gäste nun alle Annehmlichkeiten eines modernen 4-Sterne-Hotels wie komfortabel und allergikergerecht ausgestattete Zimmer (teilweise mit Balkon), schnelles WLAN oder eine E-Zapfsäule, aber auch moderne Tagungstechnik steht im Neubau zur Verfügung. Weitere Zimmer befinden sich im Altbau, in dem auch das Restaurant „Im Wintergarten" mit regionaler und mediterraner Küche (à la carte) und das vielfach ausgezeichnete Gourmetrestaurant „Genießer Stube" (ein täglich in Auszügen wechselndes Menü) untergebracht sind. Restaurant Genießer Stube separat erwähnt.

Hotelempfehlung

★★★★

Naturresort Gerbehof

Gerbehof,
88048 Friedrichshafen (Ailingen)
☎ 07541-50020
www.gerbehof.de
Doppelzimmer: 140–230 €

Der familiengeführte Gerbehof ist eine ländliche Oase in Bodensee-Nähe, umgeben von Wäldern und Obstplantagen. Bei der Einrichtung wurde größter Wert auf die Verwendung von natürlichen Materialien gelegt. So ist zum Beispiel ein Teil des Interieurs aus eigenem Holz in liebevoller Handarbeit geschreinert worden. Mit vielen kleinen und großen Details wurden Appartements und Suiten in Vollholz gebaut. Der neue Wellnessbereich lockt mit Privat-Spa, Blockhaus-Außensauna mit Ruheraum, einem Natur-Innen-SPA-Bereich mit verschiedenen Saunen, Liegewiese, Massagen, Körperbehandlung auch auf energetischer Basis- und Natur-Kosmetikanwendungen. Es gibt eine eigene Reithalle (Ponyreiten, Reitunterricht…) und auch ein eigener Wald-Spielplatz befindet sich auf dem Gelände. Bio-Frühstücksbuffet (100 % biozertifiziert) mit zum Teil eigenen Produkten!

Fulda (Hessen)

Christian & Friends Tastekitchen

Nonnengasse 7, 36037 Fulda
☎ 0162-4139588
www.christianandfriends.de
◐ Mi–Sa ab 19 Uhr,
So–Di RT
Hauptgericht: 13–25 €,
Menüs: 69–109 €

Fulda bietet seinen Besuchern nicht nur eine sehenswerte barocke Altstadt und hübsche kleine Gassen, sondern seit einiger Zeit auch eine spannende individuelle Genussadresse. In der Taste Kitchen von Christian & Friends – was im Wesentlichen das Team um Gastgeber Jens Diegelmann meint, aber durchaus auch die beinahe familiär-freundschaftliche Atmosphäre beschreibt – gibt es mittags etwas einfacher gehaltenen Lunch und allabendlich ein einziges Gourmetmenü in sieben einfallsreichen Gängen, die ohne übertriebenen Aufwand auskommen, aber dafür schmissige und markante Ideen liefern.

Dafür, dass diese ausreichend Aufmerksamkeit und Verständnis erhalten, sorgt Jens Diegelmann mit einer augenzwinkernd theatralischen Moderation für die allesamt gleichzeitig startenden und endenden Gäste, die seit neuestem nicht nur im eigentlichen Restaurant, sondern auch in der angrenzenden Weinbar Platz nehmen können. So auch direkt beim „Strammen Max" in Form einer hauchdünnen gebratenen Brötchenscheibe als Hülle für Lardo und ein cremig zerfließendes Wachtelei. Ergab bei diesem vor allem die Idee einen gewitzten Snack, zeigte die folgende Gazpacho von Wassermelone und Ingwer mit ihrer leicht verzögert einsetzenden Schärfe und separater gebratener Wassermelone mit Oregano, Pfeffer und Fetacreme schon mehr, dass das Team nicht nur einfallsreich, sondern auch feinfühlig und handwerklich souverän arbeitet.

Das bewies dann durchaus auch die Vitello-Tonnato-Interpretation, bei welcher der Thunfisch als Tatar und Carpaccio seine Qualität und Frische zumindest so weit ausspielen konnte, wie es die prononcierte Thunfischcreme darüber zuließ. Deren Power nahm zwar den rohen Fischzubereitungen etwas von ihrer Strahlkraft, ergänzte sich aber dafür prima mit den salzig-knusprig (und etwas fest) gebackenen Kalbsbries-Stücken und gebackenen Kapern, die gemeinsam mit Fingerlimes für einen abwechslungsreichen Eindruck sorgten.

Zurecht bereits ein Signature Dish ist das saftig gebratene und mit cremiger Blutwurst überbackene Wallerfilet, das mit krossen Kartoffelwürfeln und dichtem Kartoffelschaum von einem duftig-grünen Eis aus den typischen Kräutern der Frankfurter Grünen Sauce kontrastiert wird. Die gekonnt und gewitzt hessische Traditionen aufgreifende Kombination ist einfach ebenso markant wie perfekt zwischen Kraft und Frische abgestimmt, daran änderte zuletzt selbst die dem knappen Personalschlüssel geschuldete niedrige Serviertemperatur nur wenig.

Als kleinen Geniestreich schickte das Team zwischendurch ein schmelziges Beurre-Blanc-Eis mit Topping aus geröstetem Buchweizen, subtil mit Holunderblüte akzentuierten Spargel-Brunoises und Rhön-Kaviar als duftig-jodiges und spannend auf engstem Raum verdichtetes Intermezzo. Das war nicht nur verblüffend gut, sondern auch eine bereinigende Vorbereitung auf den folgenden Kalbstafelspitz, der als rosazarte und an den Rändern beherzt angeröstete Tranche auf einem feinwürfeligen Salat von Apfel und Sellerie mit Kalbszunge angerichtet wurde. Ein seidiges Selleriepüree mit Walnuss und die angegossene Kalbsbrühe sorgten zwar für einen etwas behäbigeren Charakter, der aber (zumindest teilweise) von einem Gel aus Apfel und Fichtensprossen wieder herb-säuerlich aufgebrochen wurde.

Noch besser gelang es beim Hauptgang rund um sous-vide gegarten (und dafür erfreulich straff-zarten!) Rehrücken unter Purple-Curry-Schmelze, mit pointierten Akzenten für einen dynamischen Eindruck zu sorgen: teils erdige, teils himbeerfruchtige, teils spicy Bete-Zubereitungen und ein wenig Pastinakencreme als milderer Puffer sorgten hier gemeinsam mit einer elegant tiefen Wildjus für einen souveränen Menühöhepunkt.

Wobei auch das kompakt-cremige Pekannuss-eis mit einer Reduktion vom Apfelessig sowie das mit „Milch" überschriebene Pré-Dessert als Überleitung zum Hauptdessert mit der Kombination aus Heumlicheis, Mandelschaum und Kokoscreme mit Sauternes-Granité, Traubengel und geraspeltem Blauschimmelkäse kaum weniger zu bieten hatten. Und auch das Dessert selbst, eine originelle Joghurette-Interpretation aus weißer Schokoladencreme, Erdbeerragout und -parfait (in Kussmund-Form) in Joghurtschaum und -crisp sowie einer Waldmeister-Lipstick-Tube zum selbst Verzieren, hielt locker und lässig das Niveau.

Gilt im Übrigen auch für die von Jens Diegelmann flexibel und feinfühlig auf Gast und Anlass angestimmten Weinempfehlungen, bei denen sich der stets gutgelaunte Gastgeber aus einem bemerkenswerten individuellen Fundus vor allem aus der Neuen Welt bedient.

Fürstenhagen
(Mecklenburg-Vorpommern)

Klassenzimmer
im Hotel & Restaurant Alte Schule
Zur Alten Schule 5, 17258 Fürstenhagen
☎ 039831–22023
www.hotelalteschule.de
Mi–So ab 18 Uhr, Mo u. Di RT
Menüs: 94–124 €

Irgendwann sehnt man sich die Schule immer zurück, heißt es. Ob das stimmt, muss jeder für sich beantworten – für unseren Teil trifft es zumindest im Fall des Klassenzimmers im Hotel Alte Schule voll und ganz zu. Daniel und Nicole Schmidthaler schufen hier nicht nur einen charmanten und rundum stimmigen Ort, auch die Küche konnte sich über die letzten zehn

Jahre zu einem bemerkenswert individuellen Stil weiterentwickeln.

Es ist dabei immer wieder eindrucksvoll, wie es Daniel Schmidthaler versteht, den rustikalen Charme der Region aufzugreifen und ihm Genuss einzuhauchen. Ein Resultat meisterhaften Bäckerhandwerks ist bereits die Brotauswahl, für die der aus Österreich stammende Chef und sein Team neben einem fluffigen warmen Kartoffelbrot auch ein dichtes, schweres, aber hocharomatisches Roggensauerteigbrot mit gesalzener Butter servieren, was hier im alten Gemäuer der Dorfschule besser passt als jedes Baguette – Pausenbrot-Witze verkneifen wir uns.

Die ersten Gänge zeigten bei unserem jüngsten Besuch, dass sich am Stil des Hauses nichts geändert hat: etwa eine grasige Kräuterwaffel oder knackiger weißer Spargel mit jungen Kiefersprossen. Auch eine Vorspeise mit mild gebeiztem Stör, knackigen Radieschen, ganz pur mit Blatt und Strunk, sowie einer grünen kühlen Cremesauce aus Petersilie, Schnittlauch und Dill ist ein klassischer Teller aus der Feder Schmidthalers, der sich hier seit Jahren den einfachen, regionalen, manchmal ein wenig protestantisch anmutenden Zutaten annimmt. Jedoch fehlt uns auf diesem Teller ein wenig die Komplexität, für die das Küchenteam hier in der Vergangenheit stand. In der Tat, vergleichsweise simpel aufgebaut waren die Gerichte hier immer, meist gelang es jedoch an irgendeiner Stelle, prägnante Aromen herauszuarbeiten. Etwa eine präzise spezifische Kräuteraromatik, deren Ansatz wir in der Sauce schmecken, die aber durch die Vermählung von gleich drei Kräutern dem generischen Kräutergeschmack weicht.

Ähnlich verhielt es sich mit einem Zwischengang mit grünem Spargel, Rapssamen, Jogurt, Rote Bete und Chili. Zwar konnten wir dem grasigen Aroma des Spargels in Kombination mit dem cremig-säuerlichen Jogurt und der Würze eines Bete-/Chili-Granités im ersten Moment viel abgewinnen, nach zwei bis drei Gabeln wirkte der Teller aber auserzählt. Was der Komposition fehlte, war ein dritter Raum, eine Sphäre hinter dem eindeutig Schmeckbaren, hinter dem generischen Eigenaroma der jeweiligen Komponenten. Das heißt nicht, dass wir Schmidthaler dazu animieren wollen, wilder zu kombinieren, ganz im Gegenteil. Solche Räume lassen sich auch durch prägnant herausgeschälte Aromen erschließen – und Schmidthaler selbst findet immer wieder die Schlüssel! Das beste Beispiel ist hier ein Zwischengang mit gebratener Schleie, Topinamburstampf, krosser Hühnerhaut und einer Buttersauce aus fermentiertem Tomatenwasser, die genau das beisteuerte, was andere Gänge vermissen lie-ßen: Tiefe! Denn obwohl Attribute wie dicht oder konzentriert denkbar unpassend für Schmidthalers Saucenhandwerk sind, hallte die Sauce lang am Gaumen nach, schmeckte zwar nur nach Tomate und Butter, eroberte damit aber jene dritten Räume, in denen es möglich ist, selbst simple Aromen aufzufächern und komplex in all ihren Facetten zu beleuchten. Und genau das machte hier aus einem augenscheinlich bloß soliden 7-Pfannen-Gang ein Gericht der Extraklasse!

Ähnlich begeistert waren wir auch von einem Gericht mit Gelber Bete, Kiefernessig, geräuchertem Sauerrahm, karamellisierten Sonnenblumenkernen und Judasohren (eine Pilz-Varietät). Die Komplexität generierte sich hier vor allem aus dem fein tarierten und dennoch nicht ganz greifbaren Zusammenspiel von Süße und Säure, die sich aus gegarter Bete und Kiefernessig ergab und für das der geräucherte Sauerrahm die Brücke bildete, weil er gleichzeitig leicht süß und subtil sauer schmeckte.

Gewohnt souverän agierte auch die Gastgeberin Nicole Schmidthaler, die uns mit ihrer herzlichen Art zum Glück kein bisschen an unsere Französischlehrerin erinnert und deren sympathisch nahbarer Stil am Gast auch alles andere als alte Schule ist. Sehr viel Freude bereitet auch ihre Weinbegleitung, die wie die Weinkarte auf spannende aber hierzulande weniger bekannte Namen setzt. Etikettentrinker dürften sich von einem zehn Jahre alten Portugieser (eine Rebsorte) vielleicht abschrecken lassen, uns bereiten solche Weine aber meist mehr Freude als die x-te Cabernet-Blend.

Zu ebendiesem 2013er Portugieser servierte die Küche Rücken und Bauch vom Lamm. Das sehr aromatische, fast strenge Fleisch kam mit Bärlauchpüree und einer Buttermilch-Beurre-Blanc auf den Teller, was dem „Haut goût" des Lammfleischs zugutekam. Nicht ganz schlau wurden wir allerdings aus einem à part gereichten Ragout mit Spargelsud, Walnussöl und Lamminnereien, das für unseren Geschmack zu viele streng-aromatische Aromen unter einen Hut bringen wollte und so weder alleine eine allzu große Freude bereitete noch an den Hauptteller anzudocken wusste.

Risikoärmer präsentierte sich das Dessert mit einer Creme von Karamell und Mohn auf Miso-Basis sowie einem Rhabarber-/Himbeer-Sorbet mit viel Frische und Säure. Auch hier fehlte uns ein wenig die Tiefenschärfe, welche

den Desserts in den vergangenen Jahren innewohnte. Symbolisch, ist dass an dieser Stelle ausgerechnet die Alte Schule als Gesamtheit die Tür zum dritten Raum öffnet, nämlich in Form eines 1990er Moselrieslings, dessen Süße-Säure-Spiel und Altersherbe in Kombination eine spannende Assoziation zu Eistee hervorruft – obwohl Tee weder Teil des Getränks noch des Gerichts war. Symbolisch, weil wir unterm Strich auch bei diesem Besuch einen wunderbaren Abend in der Alten Schule hatten. Und in der Spitze konnten wir Daniel Schmidthalers Küche auch diesmal auf dem gewohnten Niveau erleben. Die Herausforderung wird nun sein, dieses Niveau in Zukunft wieder über ein ganzes Menü hinweg aufrechtzuhalten. Wir kommen dann gerne zum Nachsitzen…

Fürth (Bayern)

Kupferpfanne

Königstr. 85, 90762 Fürth
☎ 0911-771277
www.ew-kupferpfanne.de
Mo-Sa von 11.30–13.30 Uhr u. ab 18 Uhr, So u. Fei RT
Hauptgericht: 30–38 €, Menüs: 36–78 €

Wer beim Essengehen Überraschungen nicht mag, sondern sich lieber genau dessen sicher sein will, was er bekommt, ist in Erwin Weidenhillers Kupferpfanne genau richtig. Keine Variationen von irgendwas, keine kreativen Eigeninterpretationen und keine verwegenen Produktkombinationen: alles, was der Chef auf seiner Karte in schöner geschwungener Schreibschrift zu recht stolzen Preisen offeriert, präsentiert sich auf dem Teller exakt so, wie es angekündigt war. Hier wird eine klassische 3-Komponenten-Küche geboten, bei der kaum mehr als jene drei tonangebenden Produkte auf den Teller kommen, die auch auf der Karte stehen. Und es wird nichts großartig verkünstelt, verpackt oder verändert. Und weil die Produkte von guter Qualität sind, die Saucen Klasse haben und auch sonst mit viel Fingerspitzengefühl gekocht wird, funktioniert das hier schon seit so langer Zeit so überzeugend.

TIM's KITCHEN

Friedrichstr. 22, 90762 Fürth
☎ 0911-740560
www.timskitchenfuerth.com
⏱ Mi–Sa ab 18 Uhr, So–Di RT
Hauptgericht: 30–80 €,
Menüs: 45–95 €

Das kleine, charmante Boutiquehotel Werner wird seinem „Titel" tatsächlich gerecht, mit einem liebevoll-stylischen, individuellen Ambiente in dunklen Farben und einem romantisch grünenden und blühenden Innenhof. Eindeutig auch ein guter Ort, um niveauvoll zu genießen. Und dank des im Hotel integrierten Restaurant Tim's Kitchen ist das seit einigen Jahren ebenfalls möglich – und das zudem auf immer höherem Niveau!

Beim letzten Besuch zeigte das bereits die Einstimmung auf das Menü in Form einer knusprig frittierten japanischen Waffel mit japanischem Fischpflanzerl, Kimizu und Barbecue-Aal, die als pfiffige, verfeinert rustikale Miniatur neugierig auf mehr machte – und auf ihre Art zum Champagner genauso gut passte wie zum Fränkischen Bier.

Noch filigraner kam der erste reguläre Gang auf den Tisch, wenngleich auch hier die Aromen nicht millimetergenau, dafür aber zupackend ausgearbeitet wurden: Im Zentrum standen zarte, dick geschnittene Tranchen von reintönigem Hamachi, die in einem konzentrierten und hintergründig scharfen Gurkenfond angerichtet und von etwas Tapioka-Knusper mit dezent süßlich-fruchtigem Tomatensorbet getoppt wurden. Letzteres wirkte etwas plakativ, ansonsten kam die Kombination aber sehr fokussiert auf den Punkt.

Genau wie die zart schmelzenden dünnen Scheiben vom Kinn eines Iberico-Schweins, die von XO-Sauce etwas Schärfe und fermentative Würze mitbekamen und neben einem klei-

nen Klecks Selleriecreme nichts weiter brauchten als einen kräftigen klaren Schinkenfond und Bellota-Schinkenscheiben, um zu einem zupackenden nussig-buttrig-feinwürzigen Gesamten zu gelangen. Sehr gut!

Das gleiche Prinzip nämlich ein Top-Produkt und wenige markante Begleiter, funktionierte auch beim Kaisergranat aus dem bretonischen Küstenort Guilvenec. Dessen knackig-zarte Konsistenz und feiner klarer Geschmack hätte auch in noch deutlich höher bewerteten Restaurants seinen Auftritt haben können, machte aber auch in der aromatisch etwas rustikaleren Kombination mit Kartoffel, Lauch und Kaviar eine gute Figur.

Wobei der folgende festfleischig-zarte Steinbutt in einer hochkonzentrierten Bouillabaissesauce sogar noch Eins drauf setzte mit seinem verschwenderischen Safranduft, der hervorragend mit kleinen Artischocken und knusprigem Tempura-Estragon harmonierte – beinahe ein wenig „overpowered", aber dennoch einer der stärksten Eindrücke des Besuchs und gar nicht allzu weit von sieben Pfannen entfernt.

Dass die Küche davon insgesamt aber doch noch etwas entfernt liegt, demonstrierte während eines anderen Besuchs eine ungemein konzentrierte und dichte, viel zu salzige Sauce zum ansonsten sehr gelungenen Duett vom Rücken eines perfekt auf den Punkt gebrachten amerikanischen Black Angus Prime Beefs und einer geduldig geschmorten Backe vom irischen Kalb (mit Stängelkohl). Solche groben Schnitzer sind zwar die absolute Ausnahme, doch sollte das Team generell mehr darauf achten, den oft sehr ausgereizten Bogen an Intensität nicht zu überspannen.

Wieder etwas simpler, aber als erfrischende Einstimmung aufs Finale durchaus gelungen, folgte (etwas viel) Basilikum-Schmand mit (etwas wenig) Wassermelonensorbet und knusprigem Basilikum-Blatt. Das eigentliche Dessert widmete sich dann dem französischen Klassiker „Baba au rhum" mit einem, hier trotz des Rum-Bads leider etwas trockenem Küchlein neben salzigem Pistazieneis und Erdbeere in verschiedenen Texturen – letztere unter anderem auch in einem herben Erdbeer-/Champagner-Sud – und schaffte damit einen souveränen und vergnüglichen Abschluss mit nur kleinen Detailschwächen.

Insgesamt aber bleiben der Aufwärtstrend und die Weiterentwicklung ungebrochen und machen schon neugierig auf den nächsten Besuch, der dann sicherlich genau wie bisher auch weiterhin von lohnenden Weinempfehlungen zu fairen Preisen und einem flinken und charmanten Team im Service abgerundet werden wird.

Hotelempfehlung

Werners Boutique Hotel

Friedrichstr. 20–22,
90762 Fürth
☎ 0911-740560
www.werners-hotel.de
Einzelzimmer: 75–99 €
Doppelzimmer: 109–160 €

In dem familiengeführten Boutique-Design-hotel mit zwei Restaurants in der Fürther Innenstadt laden die Reinwalds Business- und Städtereisende in 34 gepflegte, individuell gestaltete Zimmer. Je nach Anspruch und Bedürfnis gibt es sowohl die funktionell ausgestattete, kostengünstige „regular"-Kategorie, als auch Einzel- und Doppelzimmer der gehobenen Klasse. Diese „comfort"-Einzel- und Doppelzimmer gibt es vom mediterran-spanischen bis hin zum geradlinig-modernen Ambiente, allesamt großzügig ausgestattet und ruhig gelegen, mit großen Betten, großem Schreibtisch, teilweise seperaten Sitzmöglichkeiten, Flat-TV, Telefon, Minibar, Dusche, WC und einer Auswahl an Kosmetikprodukten. Auch ein Studio-Zimmer mit eigenem Whirlpool und eine Suite mit zwei Schlafzimmern stehen für einen entspannten Aufenthalt bereit. Das Frühstück besticht durch frische und größtenteils regionale Produkte (auf Wunsch auch frisch zubereitete Eierspeisen). Restaurant TIM's KITCHEN separat erwähnt.

Reindl's Restaurant

im Hotel Reindl's Partenkirchner Hof
Bahnhofstr. 15,
82467 Garmisch-Partenkirchen
☎ 08821-943870
www.reindls.de
☻ Mo–Do ab 18 Uhr, Fr–So RT
Hauptgericht: 14–28 €, Menüs: 23–60 €

Inmitten der malerischen Bergwelt Garmisch-Partenkirchens stellt Reindls Restaurant seit vielen Jahren einen verlässlichen Anlaufpunkt für Freunde klassischer internationaler und verfeinerter alpenländischer Küche dar. Das in modernisiertem ländlich-alpinen Stil gestaltete Restaurant inklusive Flatscreen-Anzeigen und gläsernem Weinlager sticht dabei aus dem ansonsten sehr traditionellen Hotel ein wenig heraus. Die Gerichte aus der Hand von Chefin Marianne Holzinger wiederum kommen wiederum nicht modisch daher. Und das ist gut so, denn mit guten Produktqualitäten, fundiertem Küchenhandwerk und harmonischem Geschmack hat die Küche überzeugende Grundpfeiler, die Modernität oder größere Finesse nicht wirklich vermissen lassen. Umso erfreulicher sind die Teller für all jene, die kraftvollen Geschmack gediegener Kompositionen zu schätzen wissen. Und auch die begleitenden Getränke machen Freude: der Weinkeller ist gut bestückt, teils sogar mit großen Gewächsen zu kleinen Preisen.

Die Hoteleinträge

★★★★★S	Superior
★★★★★	Unterkunft für höchste Ansprüche
★★★★	Unterkunft für hohe Ansprüche
★★★	Unterkunft für gehobene Ansprüche
★★	Unterkunft für mittlere Ansprüche
★	Unterkunft für einfache Ansprüche
⬒	Unterkunft ohne Sterne-Klassifizierung

Gehrden (Niedersachsen)

Berggasthaus Niedersachsen

Köthnerberg 4,
30989 Gehrden
☎ 05108-3101
www.berggasthaus-niedersachsen.de
⌚ Do u. Fr ab 15 Uhr, Sa u. So ab 12 Uhr
durchgehend, Mo–Mi RT
Menüs: 37–89 €

Im Fall des Bergasthaus Niedersachsen könnte sich die Frage stellen: Ausflugslokal oder Fine-Dining-Adresse? Die Antwort lautet: Beides! Und zwar in perfekter Synthese, denn in dem von Oliver Gerasch engagiert geführten historischen Anwesen auf dem Gehrdener Berg bietet einerseits eine besondere Lage, viel Wald-idylle und drinnen wie draußen ein angenehmes Wohlfühlambiente, ganz unabhängig von der Küche viele Anreize für einen Besuch. Dazu kommt aber eben andererseits noch das kulinarische Angebot eines Könners, das mit bodenständigen traditionellen Gerichten, darüber hinaus aber auch mit einem puristisch-substanzstarken Gourmetmenü noch einmal deutlich mehr bietet. Und deshalb auch für uns interessant und spannend ist…

Besonders beliebt ist das Berggasthaus für verschiedenste Feiern und Events, so dass es teils gar nicht so einfach ist, spontan einen Tisch zu ergattern. Hat man das aber geschafft, zeigt (nach hervorragendem Brot) beispielsweise schon ein schlichtes Bete-Carpaccio mit knackig rohen Scheiben, ein klein wenig kräuterfrischem Schmand, sämig-zitrusfrischer Marinade, gerösteten Sonnenblumenkernen, eingelegtem Staudensellerie und Salatspitzen, wie gekonnt das Team mit wenigen Handgriffen

aus scheinbar wenig sehr viel zu machen vermag.

Auch der Schwarzwurzelsalat aus knackig-nussigen Scheiben, die gemeinsam mit Radieschen in einer fruchtig-säuerlichen Marinade angerichtet wurden und durch Schnittlauch und kleine Pesto-Tupfen einen entscheidenden Kräuterkick mitbekam, wirkte sehr feinsinnig und stellte eine kongeniale Begleitung zum süß-nussigen Geschmack zweier (leider nur etwas salziger) Jakobsmuscheln in röstig-glasiger Façon und einigen locker aufgekrossten Brotsplittern dar.

Das handwerkliche Können und viel Substanz zeigte eine tiefe klare Krustentieressenz besonders deutlich, die durch Koriandergrün, Ingwer und Chili in eine lebendig wärmende asiatische Richtung bewegt wurde und mit saftig-stückig gefüllten Gamba-Ravioli eine attraktive Einlage erhielt. Und genau dieser Stil, der im ersten Moment leicht verständlich, in den Details aber überraschend raffiniert daherkommt, ist absolut typisch für die Küche.

Genau auf diese Art überzeugte nämlich auch der Steinbutt „Grenobloise" mit schneidig-frischer Zitronen-/Kapernbutter, buttrigem Kartoffelpüree und knackig sautierten Romanablättern und war damit meilenweit entfernt von vielen ähnlich bewerteten Gerichten, die auf akkurate Optik und Tellersprache setzen. Im Vergleich wirkte der Teller sogar beinahe schludrig grob, war letztlich aber so gekonnt auf den Geschmack hin gekocht und zudem mit durchdachten Details (wie in diesem Fall einer größeren Nocke herbal-würzigen Pestos) angereichert, dass das Ergebnis voll überzeugte – nicht zuletzt natürlich dank der erfreulich hohen Produktqualität.

Beinahe so etwas wie ein Klassiker im Menü-hauptgang – und immer wieder ein besonderes Highlight – sind ausdrucksstarke Kalbsvariationen. Das belegte im letzten Besuch auch die Kombination aus zartem Filet und saftigen Schmorfleischwürfeln inklusive einer elegant-helleren Schmorjus sowie zarten, butterbröselig geschwenkten Cannelloni mit kräftiger Kalbfleischfüllung und einer Auflockerung und Frische spendenden Ergänzung durch knackige Roscoff-Zwiebeln und Blattspinat. Daran war im engeren Sinn gar nichts vordergründig innovativ, dafür traf das Team bei der Umsetzung in Proportionen, Garpunkten und aromatischer Balance genau ins Schwarze.

Da konnte das Dessert nicht ganz mithalten, schaffte mit einem Dôme au Chocolat als Kuppel intensiver dunkler Schokoladenmousse, glasiert mit Schokoladensauce und Kakaopulver, aber dennoch einen souveränen Abschluss, der durch die exotische Fruchtfrische eines geschmeidig-dichten Sorbets und vollreifen Kugeln aus Mini-Kiwi, Mango und Melone einen willkommenen Kontrast erhielt.

Auch die Weinkarte kann sich sehen lassen und bietet sowohl im offenen Angebot als auch bei der Auswahl an Flaschenweinen viele niveauvolle Entdeckungen, zu denen der Chef höchstselbst kompetent berät, wenn der ansonsten charmant-engagierte Service an seine Grenzen stößt.

Geisenheim (Hessen)

Müllers auf der Burg by Nelson Müller

im Relais & Châteaux Hotel Burg Schwarzenstein
Rosengasse 32,
65366 Geisenheim (Johannisberg)
📞 06722-99500
www.burg-schwarzenstein.de
Mi–Sa ab 18 Uhr, So von 13–16.30 Uhr
u. ab 18 Uhr, Mo u. Di RT
Hauptgericht: 15–48 €

Das federführend von Nelson Müller unter seinem Namen geführte Restaurant auf Burg Schwarzenstein bietet in seinem geschmackvollen Gastraum mit Blick auf Rhein und Wein ein populäreres, für ein breites Publikum konzipiertes Programm im gehobenen französischen Brasserie-Stil. Beste Voraussetzungen für entspannten unkomplizierten Genuss, der hier von sehr gutem Gaues-Brot über Salat vom Keltenhof, Balik-Lachs, Steinbutt aus dem Atlantik und Rohmilchkäse von Maître Antony mit geballter Produktqualität subtanzreich untermauert wird. Auch für gepflegten Fleischgenuss ist im „Müllers auf der Burg" gesorgt und so bleiben kaum Wünsche unerfüllt, die man an französische Brasserieküche haben kann. Eine stimmige und solide Küchenleistung, bei der sich aber hinsichtlich des gehobenen Preisniveaus mit ein wenig mehr Detailarbeit einiges noch näher in Richtung der suggerierten Erwartungshaltung optimieren ließe.

Gengenbach (Baden-Württemberg)

Die Reichsstadt

im Designhotel Die Reichsstadt
Engelgasse 33,
77723 Gengenbach
📞 07803-96630
www.die-reichsstadt.de
Di–Sa ab 18.30 Uhr, So u. Mo RT
Hauptgericht: 28–48 €,
Menüs: 52–105 €

Das Städtchen Gengenbach ist schon an sich ein äußerst pittoresker Ort, doch auf der wunderschön auf verschiedenen Ebenen angelegten Terrasse hinter dem Haus des Designhotels Reichsstadt von Familie Hummel wird das alles noch locker getoppt. Hier wähnt man sich an einem lauen Sommerabend allein ob der Bäume und Pflanzen irgendwo in mediterranen Gefilden und erfreut sich überdies an der geschmackvollen und gepflegten Ausgestaltung. Doch auch im Restaurant sitzt man sehr angenehm und man wird dort selbstverständlich gleichermaßen gut bekocht und aufmerksam umsorgt, wie auf der paradiesischen Außenanlage.

Bereits die Qualität der zwei warm servierten Sorten Brot, die zuletzt mit einer orientalisch gewürzten Süßkartoffelcreme, Olivenöl und Fleur de sel daherkamen, gaben unmissverständlich zu erkennen, dass hier mit gehobenem Anspruch aufgetischt wird. Und zwar auf der einen Seite ein vergleichsweise etwas klassischer und bodenständiger anmutendes, aber eigentlich konzeptionell auch schon gehobeneres und anspruchsvolleres Programm à la carte und auf der anderen Seite ein Menü mit bis zu sechs Gängen unter der Überschrift „Gourmet Karte". Die Grenzen zwischen beiden Welten – sofern es denn überhaupt solche gibt – scheinen einigermaßen fließend zu sein und drücken sich wohl mehr in der Auswahl der Produkte und der Präsentation aus, weniger in der Qualität und Sorgfalt der Zubereitungen.

Für alle Gäste einheitlich gab es bei unserem jüngsten Besuch zunächst mal gebackenen Tofu mit Hummus, marinierter Zucchini, Miso-Mayonnaise und duftigem Kräuteröl als Küchengruß. Und was sich recht zusammenhanglos anhörte, erwies sich als durchaus schmackhafte und dank präziser Aromatisierung samt akzentuierender Säure auch durchaus raffinierte Kleinigkeit. Mit wieviel Substanz hier gekocht wird, konnte man exemplarisch dann sehr schön an der kraftvollen klaren Hummersuppe mit tiefem, röstwürzigem, süßlich-jodigem Aroma sehen und vor allem schmecken. Außer der starken Basis gab es da noch eine glasig-knackige Rotgarnele und einen kleinen sepiagefärbten schwarzen Tortellono mit tatsächlich aromatischer Hummerfarce als Einlage, die ebenfalls von der Expertise des Teams zeugten.

Und diese Suppe war dem darauffolgenden, optisch zwar noch gourmetmäßiger arrangierten, aber schon aufgrund der nur mittelmäßigen Qualität nicht ganz daran heranreichenden Zweierlei von Thunfisch klar überlegen. Denn das seltsam mürbe und ausdrucksschwache Fleisch des als Tatar und Tataki interpretierten Fischs fiel trotz des recht dynamischen Auftritts neben marinierter Gurke, Wassermelone (karamellisiert und als Gel) und einem umamiwürzig-frischen Saucen- bzw. Vinaigrette-Duett schon etwas auf und zogen das Gesamtniveau leicht nach unten.

Auf der anderen Seite beeindruckte aber zum Beispiel die wiederum ganz hervorragende Qualität und die perfekte Zubereitung eines kross auf der Haut gebratenen Wolfsbarschfilets von beachtlicher Stärke, das in Gesellschaft von mit einer Basilikumtapenade gefüllten Cappeletti zur kleinen part-knackigen Würfeln von der Urkarotte angerichtet und von einem sehr milden weißen Saucenschaum umgeben war. Dieser Schaum präsentierte sich zwar nicht sonderlich ausdrucksstark, verband sich aber mit der zarten erdigen Süße der violetten Karottenwürfelchen und der konzentrierten Basilikumwürze zu einer attraktiven Melange.

Ziemlich gut war aufgrund der hohen Fleischqualität auch der Hauptgang um ein bestens auf klassische Art auf den Punkt gebrachtes Rinderfilet, das in Begleitung aparter mundgerechter Miniaturen von Pak-Choi, Schalotten und Kartoffel – letztere als knusprig-cremige Pommes Duchesses – sowie einer kraftvollen, aber nicht überkonzentrierten Sauce ebenfalls sou-

verän auf 7-Pfannen-Niveau punkten konnte. Und der von einem Nebbiolo aus dem Hause Prunotto in äußerst charmanter Weinbegleitung eskortiert wurde; wie es sich hier ganz generell lohnt, auf die glasweisen Empfehlungen zurückzugreifen, die ansprechende Qualitäten zu moderaten Preisen bieten.

Zum Dessert brachte das Küchenteam in souveräner Machart die Aromen von Himbeere und schwarzem Sesam mit Cheesecake-Creme zusammen und interpretierte diese als Macarons, Mousse, Gel, Creme und Sorbet, ergänzt von naturbelassenen Himbeeren und etwas Schokoladenerde. Auch das in seiner aromatisch klaren, handwerklich äußerst soliden Umsetzung eine ansprechende Kostprobe, die unserer unverändert hohen Bewertung gerecht wurde, mit der das Restaurant auch in dieser Saison wieder ausgezeichnet wird.

Pfeffermühle

Victor-Kretz-Str. 17, 77723 Gengenbach
☏ 07803-93350
www.pfeffermuehle-gengenbach.de
Fr–Mi von 11.45–14.15 Uhr u. ab 17.30 Uhr, Do RT
Hauptgericht: 14–36 €, Menüs: 34–68 €

Im heimelig holzgetäfelten Restaurant des hübsch herausgeputzten Fachwerkhauses am historischen Gengenbacher Marktplatz steht Inhaberfamilie Armbruster schon seit einigen Jahren für ein zuverlässiges Niveau der Küche. Auf der recht umfangreichen Karte finden sich neben badischen Wirtshausklassikern auch mediterran Inspirierte Gerichte und sogar ein paar exotische Offerten. Egal ob Mittagstisch oder Abendmenü: Inhaber und Küchenchef Axel Armbruster versteht sein Handwerk und bereitet die Maultäschle oder den Schmorbraten mit ebenso viel Hingabe zu wie extravagantere Sachen aus internationalen Produkten. Im Keller des Hauses lagern neben bekannten badischen Tropfen auch etliche Bouteillen aus dem nahen Frankreich.

Ponyhof Stammhaus

Mattenhofweg 6, 77723 Gengenbach
☎ 07803–1469
www.ponyhof.co
◔ Mi–Fr ab 17 Uhr, Sa, So u. Fei von
11.30–13.30 Uhr u. ab 17 Uhr,
Mo u. Di RT
Hauptgericht: 25–59 €, Menüs: 64–85 €

„New Black Forest Cuisine" lautet die Devise, mit der die Brüder Marco und Tobias Wussler, die ihre Lehr- und Wanderjahre bei international bekannten Chefs im In- und Ausland verbracht haben, dem elterlichen Stammhaus am Ortsrand von Gengenbach seit einigen Jahren neuen Spirit geben. Doch wurde mit dem Generationswechsel nicht alles gute Alte über den Haufen geworfen und Stammgäste verprellt, sondern klug der Spagat zwischen Tradition und Innovation eingefädelt, der bis heute Bestand hat. So finden sich auf der Karte traditionellere Heimatgerichte oder internationale Klassiker wie Wiener Schnitzel, Cordon Bleu oder besondere Steak-Cuts vom Holzkohlegrill mit klassischen Beilagen ebenso wie eine moderne Küchenlinie, die Produkte und Aromen aus aller Welt gekonnt einfallsreich und kreativ miteinander verbindet und nicht bloß originelle Ideen und viel fürs Auge, sondern auch klassische Substanz für den Gaumen bietet.

Hotelempfehlung

★★★★

Designhotel Die Reichsstadt

Engelgasse 33, 77723 Gengenbach
☎ 07803-96630
www.die-reichsstadt.de
Einzelzimmer: 85–115 €
Doppelzimmer: 130–285 €

In dem familiär geführten Designhotel inmitten der pittoresken Gengenbacher Altstadt warten nach dem Um- und Neubau im vergangenen Jahr insgesamt 17 Zimmer und 4 individuell geschnittene und ausgestattete Suiten auf die Gäste. Ausgewählte Materialien, modernes Interieur und die komfortabel ausge-

statteten Badezimmer untermalen das Bild von stilvoller Behaglichkeit. Auf der Dachterrasse oder im lauschigen, hübsch angelegten Gastgarten kann man auch an der frischen Luft die Seele baumeln lassen; an der neuen Lobby-Bar gepflegte Drinks genießen. Restaurant Die Reichsstadt separat erwähnt.

Küche im Keller

Lutherstr. 20,
7546 Gera
☎ 0365-77308995
www.marco-brauch.de
◔ Di–Sa ab 17 Uhr, So u. Mo RT
Menüs: 39–59 €

Marco Brauch betreibt in diesem netten kleinen Souterrain-Lokal, das sich ganz unscheinbar im Eckhaus eines innenstädtischen Wohngebiets versteckt, das beste Restaurant in Gera und weit darüber hinaus. Was der Inhaber und Küchenchef hier durchaus ambitioniert und sehr schmackhaft in Form eines Menü-Baukastens zu günstigen Preisen auf die Teller bringt, ist aller Ehren wert. Aus zwei viergängigen Vorschlägen, von denen einer rein vegetarisch ist, kann der Gast selbst seine individuelle Auswahl treffen. Das bietet immerhin einige Variationsmöglichkeiten und dem Chef die Möglichkeit, einigermaßen effizient arbeiten zu können, so dass er in seiner kleinen Küche auch als Einzelkämpfer am Herd eine gleichbleibende Qualität zu bieten im Stande ist.

Auch wenn er den Eigenanspruch in den vergangenen zwei Jahren erkennbar gesteigert hat und inzwischen nicht nur bei den Produkten und den Aromenkombinationen hier und da ein klein wenig exklusiver geworden ist, sondern auch etwas mehr in die optische Ausgestaltung seiner Gerichte investiert, versucht er nach wie vor in keiner Weise, sich und sein Schaffen durch besondere Extravaganzen hervorzutun oder auf seinen hübsch angerichteten Tellern irgendwelche Kapriolen zu veranstalten. So offeriert Marco Brauch weiterhin sehr zugängliche, bodenständige Gerichte, die er hier und da mit kreativem Pfiff versieht, so dass sie jeder Gast gut nachvollziehen kann.

Bestes Beispiel war zuletzt ein sorgfältig von Hand gewürfeltes und ganz ohne deftige Penetranz auffallend gut abgeschmecktes Rindertatar, über das nach dem Anschneiden ein flüssiges Eigelb, das sich unter einer Haube aus würziger Bucheckernkresse versteckt hielt, seinen Schmelz ergoss. Für den eigentlichen Kick sorgte aber eine sehr gute Meerrettich-Mayonnaise mit Schmelz, Umami und ätherischer Würze sowie für etwas Texturkontrast kleine Stücke einer knusprigen Parmesanhippe. Ein sehr guter Auftakt!

Dem die gebeizte und vor dem Servieren kurz abgeflämmte Tranche vom Glen-Douglas-Lachs, die wohltemperiert in Kombination mit schwarzem Forellenkaviar, marinierten Kohlrabischeiben, Petersilien-Knusperbröseln und Süßkartoffelcreme daherkam, kaum nachstand. Allerdings fehlten hier nach unserem Dafürhalten sowohl etwas Süffiges, als auch Säure, was beispielsweise durch eine Vinaigrette oder eine andere Emulsion ohne viel Aufwand und Kosten hätte auf den Teller gelangen können.

Oft sind es tatsächlich nur Kleinigkeiten, die eine höhere Bewertung derzeit noch ausschließen. Manchmal aber auch mehr, so wie beim vegetarischen Hauptgang, laut Karte „Lauchcannelloni mit Kichererbsen und Kartoffelstroh", tatsächlich aber nur noch recht bissfeste Lauchstangen, die mit Cannelloni allerhöchstens die Form gemeinsam hatten und nebst Kichererbsenpüree und viel Kartoffelstroh als Komposition doch relativ trocken und karg wirkten. Auch hier machte sich das Fehlen einer Sauce negativ bemerkbar.

Keinen Anlass zur Kritik gab es hingegen beim Hauptgang aus dem omnivoren Menü, der sich um zwei sehr schöne, perfekt gebratene, saftige Tranchen vom Hirschrücken drehte, welche sich den Teller mit mustergültigen Herzoginkartoffeln, geröstetem Romanesco und Hokkaido-Kübiscreme teilten. Hier war dann auch eine klassische reduzierte Sauce im Spiel – und sie war gut! Tatsächlich auf Basis von Wildfond zubereitet und mit einer zimtig-warmwürzigen, fast ein wenig orientalisch anmutenden, entfernt an Raz el Hanout erinnernden Note auch durchaus raffiniert abgeschmeckt.

Von den vier unterschiedlichen Käsesorten der Heumilch-Sennerei Rutzhofen, die mit ein paar sommerlichen Beeren und Fruchtpürees angerichtet waren, überzeugte nur ein wie guter Bergkäse anmutendes länger gereiftes Exemplar so richtig. Das Dessert „Durch Wald und Flur" war einer Waldboden-Szenerie nachempfunden, mit parfait- und schaumgefülltem Pilz, Moos aus grünem Spongecake, Waldboden aus Sesam, Nuss und Getreide, einer Nocke Schokomousse und etwas Pfirsich, was recht gut zusammenspielte. Alles in allem eine runde Sache, so wie die sehr kleine, aber mit den Erzeugnissen seriöser Winzer aus Nah und Fern, also von den Weinregionen Sachsens und Thüringens bis nach Übersee ausgestattete Weinauswahl.

Gernsbach (Baden-Württemberg)

Werner's Restaurant
im Hotel Schloss Eberstein
Schloss Eberstein 1, 76593 Gernsbach
☎ 07224-995950
www.schlosseberstein.com
◷ Mi–Sa ab 18.30 Uhr, So von 12–14 Uhr u. ab 18.30 Uhr, Mo u. Di RT
Hauptgericht: 19–47 €,
Menüs: 98–120 €

Hier sind bereits die kurvenreiche Anfahrt und die imposante Lage von Schloß Eberstein ein Erlebnis! Das malerische, burgartige Schloss direkt über dem steil abfallenden Tal bietet aber nicht nur einen weiten Blick über den Schwarzwald, sondern auch noble Hotelzimmer und eine ideale Location für Feiern und Events – vor allem aber das seit vielen Jahren von Patron Bernd Werner auf hohem Niveau geführte Gourmetrestaurant. Gemeinsam mit Küchenchef Andreas Laux setzt dieser in dem herrschaftlich-eleganten Speisesaal, der erst kürzlich unter anderem mit neuen ockerfarbenen Polstern eine noch entspanntere Atmosphäre bekommen hat, voll auf französische Haute-Cuisine in zeitgemäßem und durch spannende individuelle Ideen originell angereichertem Gewand.

Ein Besuch verspricht also vor allem exzellentes Handwerk und ausgesuchte Produkte, geschmackliche Tiefe, Kraft und Innovation nur da, wo sie wirklich sinnvoll ist. Das macht einerseits das Wohlfühlen besonders leicht, wird aber durch die Genauigkeit in der Ausführung der Gerichte trotzdem spannend. Schon Kleinigkeiten wie der winzige knusprig-buttrige Zwiebelkuchen mit schwarzem Trüffel oder die samt Innereien zu einem tiefgründigen Ragout veredelte Taubenkeule unter Kartoffelschaum zum Aperitif verbinden perfekt schwelgerische Kraft mit Leichtigkeit und Eleganz.

Nach diesem Ausblick auf das noch Kommende rückte der erste Menügang zuletzt wieder deutlich von der kraftvoll verfeinerten Rustikalität ab und präsentierte ein ganz zartes, frisches Gänselebergericht mit Sauerklee und Rhabarber. Zwar konnte dieses nicht ganz mit dem Gänseleber-Maki mit Räucheraal vom letzten Besuch mithalten, konterte aber durchaus geschickt die Power und Fülle der als klassische Terrine und Mousse verarbeiteten Foie gras mit zugespitzter, feiner Säure. Nur hätte der als Sud, mariniertes Streifengeflecht und cremiges Eis eingesetzte Rhabarber eigentlich auch gut in ein frühlingshaft frisches Dessert gepasst, und blieb deshalb trotz des gelungenen Kontrastes doch eher brav in einem klassischen Gänseleber-Frucht-Kontext…

Ganz und gar kein Dessert, sondern ein cremig-eleganter Powergang war dagegen der folgende Balfegó-Thunfisch als Tatar mit nussig-knackigem und cremigem Topinambur, belegt mit schmelzend marmorierten Scheiben vom Thunfischbauch und geraspeltem Périgordtrüffel – das ergab eine hochintensive und doch feingliedrige Assemblage, die von einer luftig aufgeschäumten Dashi-Sauce noch zusätzlich katalysiert wurde. Super. Und genau in diesem Stil zeigt sich die Küche von ihrer stärksten Seite.

Das belegte auch der festfleischig-zarte, sanft gegarten Lachs mit einem Topping aus knusprig gebackenem Kalbskopf (mit verführerisch schmelzenden größeren Stücken), die von frisch ausgelösten knackigen Erbsen, weißer Bohnencreme und saftigen sautierten Spitzmorcheln ein zwischen grüner Frische und zusätzlichem Umami angesiedeltes Umfeld beka-

men und von handgeschlagener Bärlauch-Hollandaise noch zusätzlichen Schmelz mit feiner Säurespitze. Das ist ganz klar das genaue Gegenteil von vornehm zurückhaltender Pinzettenküche, wirkt aber trotz der geschmacklichen Dichte stets elegant und macht einfach enorm viel Spaß!

Auch die saftigen, eher mild feinwürzigen Tranchen vom Lammrücken nebst einem zarten Kartoffelknödel mit spicy Lammhack-Füllung, frischgrünen Bohnenzubereitungen mit Kräuteröl und dem härteren Kontrast durch ein rauchig-fruchtiges rotes Paprikachutney kamen auf ähnlich geschmacksstarke Art genau auf den Punkt. Nicht zuletzt auch durch die tiefgründige und zugleich mit einem feinen Säurekern angereicherte Lammjus.

Als Einstimmung auf das Dessert schickte das Team eine aromatisch fein abgestimmte, duftig-nussige Miniatur aus etwas Walnuss-Grand-Marnier-Creme mit Aprikosensorbet, bedeckt von weißem Schokoladen-Eierlikörschaum sowie fein geraspelter Walnuss. Eine gelungene Vorbereitung auf die Kombination aus zartbitterer Valrhona-Schokolade (als zarter Mousse-Ring) mit exotisch-säurebetonter Passionsfrucht, schwarzem Sesam und Yuzu, die eine weitere feine Säure-Ebene beisteuerte und ein Dessert abrundete, das auch am Ende voll das hohe Niveau des gesamten Menüs halten konnte.

Weitere spannende und lohnende Erfahrungen gibt es begleitend in der zuletzt als Blind-Tasting zum selbst Herantasten an die ausgesuchten Weine gestalteten Getränkebegleitung, und das keineswegs nur aus dem zum Schloss gehörigen Weingut, sondern aus einem breiten internationalen Sortiment. Zwar könnte dabei die Kommunikation noch gewinnen, wenn das Rätselraten und Verkosten der Gäste mehr unterstützt würde, anstatt vor allem auf die überraschende Auflösung zu setzten. Aber bei dem ansonsten vorbildlich präsenten und charmanten jungen Serviceteam ist das nur eine Kleinigkeit und wahrscheinlich auch nur eine Frage der Zeit.

Hotelempfehlung

★★★★ S

Hotel Schloss Eberstein

Schloss Eberstein 1,
76593 Gernsbach
☎ 07224-995950
www.hotel-schloss-eberstein.de
Einzelzimmer: 115–195 €
Doppelzimmer: 158–248 €

Ein kleines und feines Hotel in einer mittelalterlichen Burg mit 17 Zimmern in traumhafter Lage, hoch über den Dächern von Gernsbach, mit sagenhaftem Ausblick ins malerische Murgtal. Die gemütlich und mit hochwertigen Möbeln und Materialien eingerichteten Zimmer bieten zeitgemäße Annehmlichkeiten wie moderne Flachbildfernseher, schnelles, kostenloses WLAN und eine Minibar. In den drei Juniorsuiten in warmen, freundlichen Farben erwartet die Gäste ein Ambiente in urigen Holzbalken. Die beiden großen Suiten (33 bzw. 45 m²) haben zusätzlich einen separaten Wohnbereich, eine freistehende Badewanne und/oder einen Kamin. Das umfangreiche Frühstück ist immer im Zimmerpreis inbegriffen. Badische Spezialitäten gibt es in der rustikalen Schloss-Schänke (täglich durchgehend geöffnet) und gehobene internationale Gourmetküche im eleganten Werners Restaurant. Zum kulinarischen Portfolio gehören auch Kochkurse und andere Veranstaltungen. Wanderfreunde finden die schönsten Wege direkt vor der Tür und auch der „Katz'sche Garten", ein Barock- und Skulpturengarten, befindet sich in Laufweite. Weitere Ziele im Umland sind der „Merkurturm" und das Fabergé-Museum. Werners Restaurant separat erwähnt.

Tandreas

im Hotel Tandreas
Licher Str. 55, 35394 Gießen
☎ 0641-94070
www.tandreas.de
◷ Mo–Sa ab 18 Uhr, So RT
Hauptgericht: 22–38 €, Menüs: 52–74 €

Das hell und großzügig angelegte sowie geschmackvoll schnörkellos gestaltete Restaurant im gleichnamigen Hotelbetrieb, der von Gastgeberin Tanja Steinbrecher-Levoux und ihrem jungen Team sympathisch und engagiert geführt wird, ist und bleibt ein zuverlässiges Ziel für anspruchsvollen Genuss. In den Sommermonaten ist hier auch die Terrasse ein schöner Ort, um es sich entspannt gutgehen zu lassen. Das kulinarische Konzept setzt auf Internationalität und Kreativität, ist dabei aber weder zu exklusiv noch zu abgedreht und bleibt (auch preislich) wohltuend auf dem Teppich. Ein Restaurant für viele Gelegenheiten eben. Das passt einerseits zu einer automatisch immer etwas heterogenen Hotelklientel mit unterschiedlichsten Ansprüchen und Wünschen, nimmt aber auch viele Leute aus der Region mit, die dann gerne öfter hierherkommen. Ein aufmerksamer Blick in die Runde verrät, dass hier an einem gut besuchten Wochenendtag viele Stammgäste sitzen.
Und die werden durchaus veritabel bekocht! Die Vorspeise um Jakobsmuscheln mit Avocado, knusprigem Spargel und Frühlingslauch überzeugte schon deshalb, weil die knapp und glasig gebratenen Coquilles von sehr ordentlicher Qualität waren. Auch die Avocado, die als Creme sowie als dünn geschnittene Umhüllung eines akkurat gefertigten Canellono mit einer etwas undefinierbaren milden Mousse-

füllung auf dem Teller stattfand, war in puncto Reifegrad und Geschmack ziemlich gut. Etwas Mangotatar sorgte zudem für exotische Süße und einen gewissen Frischemoment. Der ebenfalls annoncierte Spargel allerdings, der leider nur als frittiertes Stroh zugegen war, spielte aromatisch keine Rolle.

Die Gyoza mit Rindfleischfüllung, die in einer Reihe zusammenklebten, weil sie enganliegend zum Dämpfen und Anbräunen gegeben wurden, hatten ansonsten eine angenehme Konsistenz und ein schmackhaftes Innenleben – auch wenn man sie mit etwas mehr Schärfe, Säure und Frische auch noch etwas prägnanter hätte schmecken lassen können. Und selbst wenn in diesem Fall mit einem pfiffigen kleinen Asia-Salat auf Zuckerschotenbasis, eingelegtem Ingwer, Wasabi, Teriyakisauce mit Sesam, einer ziemlich guten Sweet-Chili-Sauce und (zumindest thematisch etwas unpassender) Rote Bete-Mayo ein ziemlich buntes und facettenreiches Begleitkonzert veranstaltet wurde, verfestigte sich der Eindruck, dass die Verantwortlichen am Herd hier und da sogar gerne noch etwas markanter abschmecken bzw. einfach die Aromen besser herausarbeiten könnten.

Das wurde nämlich beispielsweise auch bei den auf der Haut gebratenen Filets eines zwar recht kleinen, aber durchaus properen Wolfsbarschs deutlich. Respektive am begleitenden Safran-Fenchelrisotto und dem Bouillabaisse-Schaum. Denn von Safran war an dem ansonsten sehr guten, weil harmonisch abgeschmeckten und auch in seiner Konsistenz wohlbeschaffenen Risotto ebenso wenig zu schmecken wie an dem weißen, rahmig-milden Saucenschaum irgendetwas auszumachen gewesen wäre, das entfernt an eine Bouillabaisse erinnert hätte. Etwas Diskrepanz zwischen Speisekartenofferte und Tellerwahrheit lag auch beim „Paprikaconfit", das aus recht naturell wirkenden, aber immerhin sauber enthäuteten Paprikastücken bestand. Dass es unterm Strich trotzdem sehr schmackhaft war, lag an den guten Produkten, unverfälschten Aromen und handwerklicher Sorgfalt. Das ist meist mehr als die halbe Miete!

Und auch sonst lässt sich die Küche beim Einkauf nicht lumpen, setzt beispielsweise auf das hervorragende Lamm vom Franz Riederer aus dem Gutshof Polting und liiert dessen Karree mit wohlschmeckendem Fettdeckel auf mediterrane Art mit Ratatouille und konfierter Aubergine, oder gibt Roastbeef vom „Greater Omaha"-Rind im Big Green Egg den unvergleichlichen Rauch- und Röstgeschmack. Auch Desserts wie unsere Variation von Erdbeere und Rhabarber, eine klassisch-gediegene

Crème brûlée mit schmelzigem weißem Schokoeis oder ein lauwarmer blonder Schokoladenkuchen aus der Edelweiß-Schokolade der äußerst fair handelnden „Original Beans"-Truppe mit Mango und Kaffee gehen in sehr solider Machart über den Pass. Und weil zudem auch die Weinkarte einiges zu bieten hat und der Service unkompliziert, flott und aufmerksam ist, kann man es hier wirklich prima aushalten.

Hotelempfehlung

★★★★

Hotel Tandreas

Licherstr. 55, 35394 Gießen
☎ 0641-94070
www.hotel-tandreas.de
Einzelzimmer: 89–140 €
Doppelzimmer: 113–160 €

In der Universitätsstadt Gießen bietet das Hotel Tandreas den Charme und die Individualität eines familiengeführten Hotels mit herzlicher Gastfreundschaft und viel Komfort. „Eine tiefe Verbundenheit mit dem hohen Norden sowie ein Heimatgefühl, wie man es aus den Bergen kennt, vereint mitten in Deutschland" lautet der hauseigene Slogan, der nicht nur auf die nordisch-schlicht und dennoch sehr warm und wohnlich gestalteten Räume zutrifft. Behaglich und elegant eingerichtet, machen es die großzügigen klimatisierten Zimmer den Gästen hier sehr leicht, sich wohl zu fühlen und zu entspannen. Besonderes Augenmerk liegt im Tandreas zudem auf dem kulinarischen Genuss: sowohl beim reichhaltigen exquisiten Frühstück als auch beim Lunch und Dinner im Restaurant mit einem zwischen regionalen und mediterranen Spezialitäten variierenden Angebot. Oder beim Besuch der „Rieslinglounge" und Bar als idealem Ort zum entspannten Beisammensein.

Glottertal (Baden-Württemberg)

Zum Goldenen Engel

Friedhofweg 2, 79286 Glottertal
☎ 07684–250
www.goldener-engel-glottertal.de
◉ Do–Di von 12–14 Uhr u. ab 18 Uhr, Mi RT
Hauptgericht: 18–34 €,
Menüs: 42–60 €

Allein schon das markante, über 500-jährige Gebäude wirkt auf Anhieb sehr einladend und wenn man erst mal in einer der nostalgischen Gasträume Platz genommen hat und die Speisekarte in Händen hält, will man eigentlich gar nicht mehr weg aus diesem seit Generationen familiengeführten Hort badischer Gastlichkeit. Küchenchef Michael Mannel wandelt hier seit Jahren sehr zuverlässig auf klassischen, badisch-französischen Pfaden, tendiert zwischen gehobenen Gerichten wie der Gänselebervariation oder dem Lammrücken mit Pestokruste und ganz bodenständigen Dingen wie einer Schwarzwaldforelle nach „Müllerin Art" oder dem schier unvermeidlichen Rostbraten mit Brägele. Mal erstaunlich akkurat und von leichter Hand gekochte Gerichte, mal eher deftig, kraftvoll und hausmannsköstlich, aber immer in handwerklich seriös und fachlich fundiert aus guten, frischen Produkten. Dazu offeriert die Karte eine ausreichende Anzahl wohlfeiler Weine aus Baden und Alternativen aus anderen Regionen und Ländern.

Glücksburg (Schleswig-Holstein)

Felix

im Strandhotel Glücksburg
Kirstenstr. 6, 24960 Glücksburg
☎ 04631-6141500
www.strandhotel-gluecksburg.de
◉ Mo–Fr ab 17 Uhr, Sa u. So ab 12 Uhr durchgehend, kein RT
Hauptgericht: 25–42 €,
Menüs: 73–99 €

Im weitläufigen Restaurant des Strandhotel Glücksburg mit seinem hellen, nordischen Flair und Ausblick auf Strandkiosk und Segelschiffe wird das Team um Küchenchef André Schneider täglich mittags und abends verschiedensten kulinarischen Vorlieben und Ansprüchen gerecht. Umso schöner, dass hier trotzdem auf Qualität geachtet wird und neben Traditions-Klassikern sowie verschiedenen Steaks, Lamm oder Thunfisch vom Lavasteingrill mit Beilagen nach Wahl auch noch mehrgängige Menüs im Angebot stehen. Die garantieren gute, frische Produkte und harmonischen Geschmack und konnten uns in ihrer durchaus ambitionierten, wenngleich nicht immer ganz schwankungsfreien Art in den letzten Jahren immer überzeugen. Zumal die Preise moderat sind.

Meierei Dirk Luther

im Hotel Alter Meierhof
Uferstr. 1,
24960 Glücksburg
☎ 04631-6199411
www.alter-meierhof.de
◉ Mi–Sa ab 18.30 Uhr, So–Di RT
Menüs: 198–218 €

Mittlerweile nimmt Dirk Luther mit seiner substanzstarken und konsequent klassisch französischen Küche unter den Spitzenköchen hierzulande durchaus so etwas wie eine Ausnahmestellung ein, denn es gibt nicht viele Orte, an denen Haute Cuisine so frei von Trends und Moden aber dennoch auf der Höhe der Zeit zelebriert wird, wie in den großzügigen Räumlichkeiten der Meierei. Vor allem nicht auf dem Niveau, auf dem das Team um Dirk Luther hier seit vielen Jahren arbeitet. Abgesehen von einem kurzen Knick, der aber schon im letzten Jahr wieder überwunden wurde, kamen und kommen hier in beeindruckender Konstanz präzise und genau durchdachte Teller auf die elegant gedeckten Tische. Regionale Nischenprodukte wird man dabei genauso wenig finden wie aufwendig fermentierte Produkte, seltene Wildgewächse oder sonstige gerade angesagte (und in den richtigen Händen natürlich ebenfalls hochspannende) Sachen. Dafür gibt es aber das Beste, was bretonische Angler, die Geflügelzüchter der Bresse oder die nordischen Fjorde hergeben – und das in jeweils optimaler Zubereitung, mit scharfgestellten und oft sogar überraschend originellen Details und komplexen Saucen.

Die Einstimmung auf dieses klassische Schlaraffenland-Feeling schafften zuletzt unter anderem das „Goldene Ei" mit einer schwelgerischen Füllung aus Kalbskopfragout und Sherryschaum mit intensiv konzentrierter Säure und Würze, eine vibrierend frische Auster mit Apfelessig-Vinaigrette, Beef Tatar mit Imperial Kaviar, und ein frischgrünes Tapioka mit gebeiztem Lachsmosaik und zitrusfruchtigen Kicks, sowie ein (etwas trockenes) Ciabatta-Teigkissen mit Parmesancreme und Pata Negra. Spätestens wenn man sich zu einem Glas Champagner durch diese akkuraten Miniaturen probiert hat, sollte eigentlich jeder Gast angekommen und neugierig auf mehr sein…

Beispielsweise auf den zartaromatischen Taschenkrebssalat mit drei rohen dänischen Fjordgarnelen, umgeben von jodiger Kaviar-Sahne und einer viskosen Sepiacreme – was alles zusammen eine begeisternd gebündelte Intensität süß-jodigen Krustentiergeschmacks ergab. Oder auf die als dickes fleischig-geschmeidiges Carpaccio präsentierten Jakobsmuscheln, die gemeinsam mit ätherischen Navettenscheiben auf etwas schmelzig-säuerlich unterfütternder Crème fraîche angerichtet und von einem ätherisch schwebend klaren Brunnenkressesud umspielt wurde. Mit feinen Details wie den hauchdünnen Schwertmuschelscheiben für intensive aromatische Kicks und der insgesamt schwebend klaren Aromatik war auch das ein absoluter Volltreffer.

Dass die beeindruckenden Produktqualitäten keine Ausnahmen, sondern die Regel sind, illustrierte auch der Dänische Kaisergranat auf einer konzentrierten Karottencreme, deren typische Süße in der Frische eines luftig-komplexen Zitronengrasschaums gekonnt aufgefangen und von etwas subtil pikantem Papayachutney erweitert wurde. Weiterhin setzten Dots aus grüner Currycreme markante Akzente und er-

gänzten das feinsinnig exotische Aromenbild kongenial. Beim folgenden confierten Heilbutt mit zart blätternden Lamellen sorgt eine perfekt zwischen straffer Säure und üppigem Schmelz balancierte Beurre blanc für einen luxuriösen Rahmen, der aber von Jalapeño-Öl mit feiner Schärfe und der knackigen Frische von Erbsen- und Saubohnenkernen direkt wieder sehr gekonnt aufgebrochen und dynamisiert wurde.

Dagegen stand beim saftigen, mit Schalotten-Trüffelragout gefüllten Doppelfilet von der Seezunge vor allem dessen starker Charakter im Vordergrund, gestützt von ein wenig elegant cremiger Hollandaise. Ein gewisser Frischeboost, aber auch zusätzliche Komplexität kam von einer straffen Château-Chalon-Sauce, die ganz nebenher auch eine wunderbare Brücke zu einem duftig-erdigen Morchelragout als weitere Komponente schlug. Kraftvoll und unaufgeregt, sehr fein und vor allem voller intensivem natürlichem Produktgeschmack!

Und genau das Gleiche galt auch für die Imperial Taube im Hauptgang, die als klassisch röstwürzig und saftig zart gebratene Brust, confierte Keule und sanft temperiertes Innenfilet auf den Teller kam, was gemeinsam mit der transparent-eleganten Taubenjus schon allein eine fantastische Produktpräsentation ergab. Noch verstärkt wurde diese von einem saftigen Brioche-Innereien-Sandwich, während Cremes von roter Bete und Spinat dezente, teils erdigfruchtige, teils herbgrüne Bitternoten beisteuerten. Und separat sorgte ein Schälchen mit kleinen glasigen Kartoffelwürfelchen unter einem luftig leichten Kartoffelschaum für aufhellende Leichtigkeit.

Und weil auch die Pâtisserie mit dem tatsächlich bereits bekannten Abschluss rund um Apfel, Tonkabohne, weißer Schokolade und Calvados-Sahne spielerisch leicht das Niveau halten konnte und erneut überraschte, wie markant, klar zugespitzt und von ätherischem Limettenduft getragen sich die eher üppig und herbstlich anmutenden Produkte interpretieren lassen, stehen die 10 Pfannen für die Meierei weiterhin hochverdient. Wobei unbedingt hervorgehoben werden muss, dass auch das bestens eingespielte, charmant und eloquent agierende Serviceteam und die Weinempfehlungen aus dem über 1000 hochwertige Positionen umfassenden Keller mit dem sonstigen Niveau mithalten können – woran sich auch mit Martin Kammann als neuen Sommelier nichts ändern dürfte.

Henri-Philippe

im Romantik Alpenhotel Waxenstein
Höhenrainweg 3, 82491 Grainau
☏ 08821-9840
www.waxenstein.de
☉ Täglich von 12–14 Uhr (kleine Karte)
u. ab 18 Uhr, kein RT
Hauptgericht: 22–34 €,
Menüs: 38–98 €

Das weitläufige Restaurant im nach seinem imposanten Hausberg benannten Hotel Waxenstein hat in den letzten Jahren eine erfreuliche Entwicklung hingelegt. Gut gegessen hat man hier schon immer, vor allem im Rahmen des Verwöhnprogramms, das die Küche allabendlich für die Hausgäste auffährt. Genau das, die beschränkten Wahlmöglichkeiten und die Anforderung Gerichte zu kochen, die mehrheits- und mengenfähig sind, hatte dem Ganzen aber eine Zeitlang auch Grenzen gesetzt.

Mittlerweile ist das Menü für die Hausgäste aber nur eine Option neben einem weltoffenen und einem regionalen Gourmetmenü sowie einer kleineren Auswahl à la carte. Entsprechend schwankt das Niveau über die gesamte Breite zwar von den eher einfachen und gediegenen bis hin zu aufwendiger und moderner ausgestalteten Gerichten etwa zwischen 5 und 6 Pfannen – bei bedachter Auswahl lässt sich aber eben auch problemlos durchgängig auf letzterem Niveau genießen.

Beispielsweise mit einem in hauchdünnem, saftig-krossem Tramezzini-Mantel (und etwas fester Kräuterfarce) gebratenen Kaninchenrücken, der von einem erdig-feinsäuerlichen Linsensalat und eleganter Jus mit genügend Power und von Sauerkirsche und Aprikose mit herbfruchtigem Kontrast bespielt wurde. Die einzelnen Zubereitungen sind dabei nicht übermäßig akkurat und filigran, aber die Proportionen stimmen und die Ergebnisse auf eingängige Art damit auch. Das galt gleichermaßen für den sanft pochierten Kabeljau, der in einer Schüssel auf konzentriert würziger Grünkohlcreme angerichtet wurde, die sich harmonisch mit einer schaumig-feinsäuerlichen Fisch-Velouté ergänzte und von etwas Gemüse-Crunch aufgelockert wurde.

Mit dem akkurat rosa gebratenen Hirschrücken (der Rand einen Tick länger koloriert als notwendig) zeigte das Team schließlich, wie gekonnt und substanzstark hier mit klassischen Ideen umgegangen wird. Das feinwürzige Fleisch bekam mit herben Wildpreiselbeeren, kleinen festen Steinpilzen und einem cremig gefüllten Steinpilz-/Crêpe-Törtchen ganz typische Begleiter. Da die Preiselbeeren aber mit viel herbsäuerlicher Power und die Steinpilze mit exzellenter Qualität glänzten, außerdem auch noch etwas Kürbis- und Selleriecreme für ausgleichende Süße sorgten und sich ein substanzreicher Wacholderschaum als Sauce ebenfalls harmonisch einfügte, war das Gesamtergebnis einfach richtig gut und niveauvoll.

Das galt im Grunde auch für das Dessert rund um Thymian und Aprikose, bei dem beide Aromen abwechslungsreich und prägnant dargestellt wurden, vor allem aber sämtliche Konsistenzen von Mousse und Gelee (in einem Törtchen-Riegel) bis zum Eis von bestem Pâtisserie-Handwerk zeugten. Mit einer dritten kontrastierenden Komponente hätte das Dessert zwar vielleicht noch weiter belebt und komplexer ausgestaltet werden können, aber auch so war es ein sehr vergnüglicher Abschluss.

Aufgetragen und erklärt wird das alles von einem emsigen und zuvorkommenden Herrenteam im Service und auch an korrespondierenden Weinen zu fairen Kursen besteht kein Mangel. Die ganz großen Namen und Qualitäten fehlen zwar und bei der Auswahl hilft eine gewisse eigene Expertise, dann aber steht gut gefüllten Gläsern wenig im Weg.

Hotelempfehlung

★★★★ S

Romantik Alpenhotel Waxenstein

Höhenrainweg 3,
82491 Grainau
☏ 08821-9840
www.waxenstein.de
Einzelzimmer: 80–130 €
Doppelzimmer: 150–290 €

Eine über 100-jährige Tradition liegt hinter ihm und das großartige Panorama der Zugspitze direkt vor der Haustür: das komplett modernisierte Romantik Hotel Waxenstein in Grainau bei Garmisch-Partenkirchen bietet stilvolles Ambiente, familiäre Atmosphäre, einen schönen Wellnessbereich und vielfältige Freizeitmöglichkeiten. Die 41 Zimmer reichen von komfortabel ausgestatteten Standard Einzel- und Doppelzimmern bis zur luxuriösen Suite; der Wellnessbereich lädt zum Entspannen in Sauna, Dampfbad und einem schönen, neu renovierten Pool. Ganz nah um das Hotel in Grainau liegen die kristallklaren Bergseen Eibsee und Badersee, zahlreiche Wander- und Mountainbike-Routen, Golf-, Kletter- und Wassersport-Möglichkeiten sowie wunderschöne Skigebiete auf deutscher und österreichischer Seite. Restaurant Henri-Philippe separat erwähnt.

Grassau (Bayern)

es:senz

im Hotel Das Achental
Mietenkamer Str. 65,
83224 Grassau
☏ 08641-401609
www.das-achental.com/de/es-senz.html
◷ Mi–Sa ab 18 Uhr, So–Di RT
Hauptgericht: 55–85 €,
Menüs: 155–215 €

Viel stilvoller und exklusiver als im Golfresort „Das Achental" kommen im Chiemgau edle Rustikalität und ein gewisser Luxus wohl kaum zusammen. Der Anspruch ist im gesamten Haus in jedem Detail hoch. Und entsprechend gut passt es auch, dass mit dem im Sommer 2021 eröffneten Gourmetrestaurant „Es:senz" auch ein kulinarisches Aushängeschild mit höchsten Ambitionen ins Portfolio aufgenommen wurde. Mit Edip Sigl, der vielen Gästen noch aus seiner Zeit im Münchener Les Deux bekannt sein dürfte, wurde zudem ein ebenso talentierter wie ehrgeiziger Chefkoch gefunden, gemeinsam mit einem teils bereits eingespielten Team.
Der Name des Restaurants soll den Fokus auf das Wesentliche signalisieren, genauso wie die möglichst sorgfältigen und achtsamen Umgang mit den Produkten, die zu einem großen Teil von ausgewählten Produzenten aus der Region stammen. In letzter Konsequenz umgesetzt wurde das in der Karte zwar noch nicht, finden sich dort doch neben einem heimatverbundenen und vegetarischen Menü auch eine eher weltoffene Alternative mit internationalen Produkten und Inspirationen – letztlich ist das aber auch egal, denn der hohe Anspruch und die Stilistik sind in beiden Menüs gleich. Und beide erhalten in dem weitläufigen, stylisch-

edelrustikal gestalteten Restaurant einen äußerst angenehmen und stimmungsvollen Rahmen. In diesem signalisiert bereits der Start mit einer ganzen Armada an akkuraten Kleinigkeiten die Ambitionen des Teams. Vor allem aber zählten diese ersten Kostproben – anders als an vielen anderen Orten, an denen sie eher zur Fleißdemonstration geraten – mit ihren präzisen zugespitzten Aromen mit zu den stärksten Eindrücken des gesamten Abends. Angefangen bei einem knusprigen Kartoffelcanellono mit Rindstatar, Sardelle und markanter Pfeffrigkeit bis zu spitz essigsaurem Speck in einer Zuckerwatte-Wolke, bei dem sich nach kurzem Süße-Flash der rauchige Speck und die Säure in einem genau dosierten Verlauf durchsetzen. Auch das Saiblingstatar mit Kaviar auf einem knusprig verpuffenden Zwiebel-Macaron war durch dessen subtile Rustikalität ein origineller Eindruck, genau wie der „Chiemseekiesel" als zart zerplatzende Räucheraal-Sphären in Kieselsteinoptik in einem leichten Essigfond.
Den ersten komplexer gestalteten Eindruck mit scharfgestochenen Aromen auf engem Raum gab es bei den zu einer Blüte gerollten Tranchen von der Gelbflossenmakrele mit Gurke, einem ingwerscharfen Ginsud und Holunderkapern – nur der ergänzende Isomalt-Chip mit Nori und Sesam geriet deutlich zu zuckrig. Ein Problem, das die von vornherein auf süffig-kraftvolle Schwelgerei ausgerichtete Kombination von Sot-l'y-laisse, Maronenstückchen und Cavatelli in einem luftigen Nussbutterschaum mit auch im Rohzustand duftend aromatischem Périgordtrüffel nicht hatte, denn das war Kraft und Leichtigkeit in idealer Kombination und ein perfekter Ruhepunkt vor dem Start des eigentlichen Menüs.
Dieses startete mutig mit einem puristisch als Rondell angerichteten Tatar vom Chiemseezander unter nussigem Grüll-Kaviar (aus Salzburg), umgeben von einem lakritzig schmeckenden Anisgelee und säurefrischer Vinaigrette von der Kapuzinerkresse. Dabei war die optisch wie aromatisch markante Idee originell und nachvollziehbar, allerdings noch nicht perfekt umgesetzt, weil die intensive (an Pernod erinnernde) Anisnote, insbesondere durch die festere Konsistenz des Gelees, den Fisch und den Kaviar zu sehr dominierte. Ganz anders dann beim deutlich klassischer gehaltenen nächsten Gang, bei dem ein dünnteigiger Raviolo mit warmwürzig-saftiger Blutwurstfüllung gemeinsam mit glasierten Apfelwürfelchen und einem dichtaromatischen Madeiraschaum die Grundlage für knusprig-zartes Kalbsbries stellte und damit einen fein kontu-

rierten Wohlfühlgang auf sehr hohem Niveau schaffte.
Dramaturgisch clever gab es nach diesem einschmeichelnden Gang bei der darauffolgenden Lachsforelle mit Kürbis wieder mehr Ecken und Kanten: die sanft confierte und temperierte Forelle lag unter einer zarten Kürbislamelle sowie konzentriert frischen Kürbiscreme-Tupfen und wurde kräftig mit Schärfe und Säure hinterlegt, welche vor allem in einer cremigen Ingwer-Beurre-Blanc (inklusive reichlich Forellenkaviar) gebündelt wurde und gemeinsam mit intensiv nussigen Kürbiskernnoten das insgesamt „warm-orange" Aromenbild auflockerten und strafften.
Nicht weniger als handwerkliche Perfektion gab es dann bei der an der Karkasse auf Holzkohle gegrillten Taube, deren zartrosa Fleisch neben den betörenden Röstnoten und viel Saft und Spannung vor allem durch die gleichmäßige Garung begeisterte. Bei der Umgebung spielte das Team mit traditionellen „weihnachtlichen" Begleitern zu Geflügel, die hier in Gestalt von etwas süßlich-duftigem Rotkohl (Sternanis, Zimt...) und der feinen Bitterkeit von Radicchio unter einem ätherisch dazwischenfunkenden Shisoblatt aber deutlich abwechslungsreicher und feiner differenziert auf den Teller kamen, als zur traditionellen Weihnachtsgans oder -ente. Der etwas mild und unscheinbar wirkende Miniatur-Kartoffelkloß war eher eine augenzwinkernde Reminiszenz als spielentscheidend; dafür sorgte aber die tiefgründige und zugleich spannend herbe Rotkohljus ebenfalls für eine gekonnte Interpretation tradierter Geschmacksbilder. Zusammen mit dem eher kühlfruchtig-kantigen Rotwein aus dem Kaukasus blieb das Gesamtbild meilenweit von jenem molligen, „breiten" Eindruck entfernt, den diese Produkte vielleicht vermuten lassen würden. Super!
Den Übergang ebenso aufwendig wie der Auftakt gestaltete süße Finale schaffte ein knusprig-saftiger, in Grand Marnier und Orangensaft getränkter Rüblikuchenwürfel neben kompakt-cremigem Karottensorbet und einer milden blumigen Vanillesahne auf eher ruhige und entspannte Art, bevor es beim Hauptdessert nochmal etwas komplexer wurde: Nämlich mit einem weißen Ring aus weißer Schokoladenmousse unter Spekulatius-Knusper und im Sommer eingelegten Rumfrüchten, in dessen Zentrum ein hell-rotfruchtiger Rumtopffond gemeinsam mit dem daneben angerichteten Buttermilcheis für Frische und feinherbe Würze sorgte. Im Vergleich zu den stärksten Momenten im herzhaften Teil des Menüs hinkte die Pâtisserie mit den insgesamt eher mild und

harmonisch angelegten Douceurs noch ein ganz klein wenig hinterher, schaffte aber – auch mit den einfallsreichen und erfreulich leicht wirkenden Petits Fours – fraglos einen gelungenen Abschluss.

Ebenfalls noch ein ganz klein wenig hinter dem Eigenanspruch hinterherhinkend erlebten wir zum Zeitpunkt unseres Testbesuchs das vielköpfige Serviceteam rund um Restaurantmanager Simon Adam, weil die Abläufe teilweise etwas hektisch und unrund wirkten – was aber an dieser Stelle, ausgehend von einem insgesamt hohen Serviceniveau und unabhängig von der charmanten und zuvorkommenden Art der einzelnen Mitarbeiter, nur ganz nebenbei angemerkt werden soll. Im Team sorgt auch Sommelier Iiro Lutter mit hochwertigen, gut abgestimmten Begleitweinen und einer beachtlichen Auswahl spannender Flaschen aus Europa und der restlichen Weinwelt dafür, dass die Gläser stets passend zu den Gerichten, dem Anlass und den persönlichen Vorlieben gefüllt sind.

Hotelempfehlung

Das Achental

Mietenkamer Str. 51,
83224 Grassau
☎ 08641-4010
www.das-achental.com/
Einzelzimmer: 247–363 €
Doppelzimmer: 289–425 €

Das im luxuriösem alpenländischem Stil designte Achental Resort liegt in Grassau im Herzen des Chiemgau, zwischen Chiemsee und Kampenwand, umgeben von einer beeindruckenden Naturlandschaft. Alle 195 Zimmer sind mit schönen Holzböden, Altholzmöbeln und edlem Natursteinbad gestaltet und mit

zeitgemäßem Komfort wie Flatscreen-TV mit Sky, Minikühlschrank und kostenlosem WLAN ausgestattet. Zimmer mit gehobener Ausstattung haben außerdem einen Balkon, die Suiten ein separates Wohnzimmer, manche auch eine möblierte Terrasse und/oder eine freistehende Badewanne. Eines der Highlights ist der 2000 m² große Wellness-Bereich, der eine Saunalandschaft, einen großen Indoor-Infinity-Pool, einen Außenpool und einen geräumigen Fitnessraum zu bieten hat. Außerdem gibt's hier ein vielseitiges Angebot an SPA-Behandlungen. Für aktive Gäste gibt es ideale Möglichkeiten zum Joggen, Wandern oder Nordic Walking in reizvoller Umgebung – schon von den Terrassen und Balkonen aus genießt man eine herrliche Aussicht auf die Chiemgauer Berge. Außerdem erwartet die Gäste hier mit vier verschiedenen Restaurants und zwei Bars ein sehr anspruchsvolles und vielseitiges gastronomisches Angebot. Gourmetrestaurant es:senz separat erwähnt.

Greifswald (Mecklenburg-Vorpommern)

Tischlerei

Salinenstr. 22,
17489 Greifswald
☎ 03834-884848
www.facebook.com/Restaurant.
Tischlerei/
⊘ Mo-Sa 12–14.30 Uhr u. ab 17.30 Uhr,
So RT
Hauptgericht: 23–34 €

Etwas versteckt in einer der Werkshallen im Greifswalder Yachthafen um Museumswerft und Marina Yachtzentrum residiert das Lokal tatsächlich in einer kleinen Werkshalle mit Rolltor und rotem PVC-Boden, was ihm ein gewisses hallenartiges Industrie-Flair verleiht, das durch die spartanische Einrichtung auch nicht kaschiert wird. Das Lokal ist meist gut besucht und die Atmosphäre quirlig. Die Küche versteht sich auf schlicht und pragmatisch, aber handwerklich sehr seriös aus guten frischen Produkten zubereitete Gerichte, die oft auch eine pfiffige Note haben können. Mal regionalbetont, mal asiatisch inspiriert, mal ganz bodenständig, mal exklusiv – womit automatisch ein breites Publikum angesprochen wird.

Grenzach-Wyhlen (Baden-Württemberg)

Eckert

**Baslerstr. 20,
79639 Grenzach-Wyhlen**
📞 07624-91720
www.eckert-grenzach.de
⏰ Mi–Fr u. So von 12–13.30 Uhr u. ab
18.30 Uhr, Sa ab 18.30 Uhr, Mo u. Di RT
**Hauptgericht: 28–54 €,
Menüs: 89–142 €**

In der Peripherie von Basel, aber eben gerade noch im äußersten Südwesten von Baden-Württemberg und nur einen Steinwurf vom Hochrhein gelegen, hat sich das engagierte Team des Restaurant Eckert in Grenzach-Wyhlen überregional einen sehr guten Namen gemacht. Küchenchef Nicolai P. Wiedmer, Sohn der Inhaberfamilie, die das einstige Traditionslokal modern an- und umgebaut hat, lernte sein Handwerk bei Tanja Grandits im Stucki und übernahm dann bereits mit 22 Jahren die Hauptverantwortung am Herd. Das ist mittlerweile rund acht Jahre her und in dieser Zeit ist er zwar seinem Kochstil grundsätzlich treu geblieben, hat ihn aber sukzessive weiterentwickelt.

In dem hell lichtdurchfluteten, modern, freundlich und angenehm aufgeräumt gestalteten Restaurant oder auf der hübschen kleinen, mit Hecken eingewachsenen Terrasse lässt er von einer engagierten jungen Servicemannschaft, der man die Begeisterung für ihren Beruf unumwunden anmerkt, eine zeitgemäße Version von französisch geprägter Gourmetküche servieren. Die bewegt sich weiterhin gekonnt zwischen heimatlicher Tradition und fernöstlicher Inspiration und ist entweder als bis zu siebengängiges Fisch-Fleisch-Menü oder als vegane Variante zu haben.

Und ganz egal, für was man sich hier entscheidet: Gekocht wird grundsätzlich sehr leicht, sehr frisch und sehr nah am Produkt. Dass der Chef und sein Team ein gutes Gespür für ausgewogene Kompositionen haben, das verdeutlichte schon das Amuse-Bouche, eine Kartoffel-/Rauchaal-Espuma mit Brunoises von badischem weißem Spargel und Tomate, die mit darin verstecktem flüssigem sowie gebeiztem und flockig auf den Schaum gehobeltem Eigelb schmelzige Texturen und mehr Raffinement an den Gaumen brachte. Dank sublimer Zitrusfrische aber auch aromatisch ein sehr beschwingter Auftakt.

Noch frischer und schlanker kam die erste Vorspeise des Menüs um Lachs-Tataki daher, bei der der ringsum sekundenkurz angebratene und dann roh marinierte Lachs zusammen mit Radieschen und Yuzugel als kompaktes Arrangement im Schälchen auf einer ebenfalls mit Yuzu-Zitrone aromatisierter Ponzusauce angerichtet war. Einziger kleiner Schönheitsfehler: Relativ salzig und umamidicht. Ebenfalls leicht und frisch, aromatisch aber herzhafter, wirkte das Rindertatar mit Graubrotchips und roh mariniertem in dünne Scheiben geschnittenem Blumenkohl, das mit einem von Schnittlauch und Imperial-Kaviar aromatisierten Buttermilchsud übergossen wurde.

Und es blieb auch bei dem mit einer Schweinefleisch-Farce gefüllten Dumpling, der in dünnen Streifen mit Shiso-Mayonnaise und einem Gel aus Chinese Black Vinegar überzogen war, sehr leicht, denn die asiatische Teigtasche schwamm nur mit etwas Rosenkohl und Chinakohlblättern in einer kraftvoll umamimäßigen, aber gut ausgewogenen Szechuan-Brühe. Den vielleicht besten, in jedem Fall den ausgewogensten Gang erlebten wir mit dem ganz hervorragenden Zander: eine in Referenzqualität aufgebotene, kross auf der Haut gebratene Schnitte mit glänzend-festfleischig aufblätterndem reinweißem Fleisch, die auf einem mit winzigen Avocadowürfeln geschmeidig infiltrierten Spitzkohl, etwas Birnentatar und einer Reiscreme angerichtet war und von leichter Grünteesauce und jungen Spinatblättern herb umspielt wurde.

Deutlich rumpeliger, nämlich mit grenzwertig hohem Salzgehalt und Säurelevel, kam dann wieder der mit Miso lackierte und mit gepufftem Amaranth beflockte Skrei angeschwommen, der zusammen mit zwei unterschiedlichen Treviso-Zubereitungen und einer mit Haselnuss-Dukka aromatisierten bissfesten Rote-Bete-Ronde nebst voluminösem Misoschaum aufs Porzellan geschickt wurde. Das Zeug zum 8-Pfannen-Highlight hätte der bilderbuchhafte Lammrücken südbadischer Provenienz mit fantastischem Eigengeschmack, der von einem perfekt knusprig-schmelzigen Fettdeckel noch gepusht wurde. Denn dieses Sensations-Lamm wurde ganz minimalistisch und pointiert nur von einem raffinierten kleinen Sauerkraut-Puffer, grünem Gemüse (Spargel, Erbsenkerne, Gurke…) und einer leichten Bärlauchsauce begleitet. Leider war aber auch hier stellenweise (vor allem an den eingelegten Gurkenscheiben) wieder grenzwertig viel Salz im Spiel.

Nichts zu viel und nichts zu wenig empfanden wir an den wohlgelungenen Darbietungen der Pâtisserie. Zunächst ein spannender Dreiklang von vollaromatischem Mangosorbet auf Sake-Espuma und Granitée von rotem Shiso, bei dem alle Aromen toll herausgearbeitet und aufeinander abgestimmt waren. Dann ein Miteinander von Rhabarber und Karamell, bei dem das wieder als Granitée sowie als Ragout und Gel interpretierte säuerliche Gemüse von Karamelleis, Karamell-Panna-Cotta und Karamellcreme eingefangen und harmonisiert wurde. Alle Komponenten handwerklich gut auf den Punkt gebracht und so proportioniert, dass ein harmonischer Gesamteindruck entsteht.

Zu allem findet man in der sehr ansprechenden, kenntnisreich kuratierten, vor allem bei süddeutschen und französischen Gewächsen ausgiebig und interessant gestalteten Weinkarte die passende Begleitung zum fairen Preis. Und wenn es mal alkoholfrei sein darf, stehen zahlreiche spannende Produkte von Jörg Geiger und Selbstkreiertes zur Auswahl.

Hotelempfehlung

★★★★

Hotel Eckert

Baslerstr. 20, 79639 Grenzach-Wyhlen
☎ 07624-91720
www.eckert-grenzach.de
Einzelzimmer: 97–142 €
Doppelzimmer: 106–142 €

In direkter Nachbarschaft zur Schweizer Grenze und zur Universitäts- und Messestadt Basel führt die Familie Wiedmer mit dem Hotel Eckert ein modernes Hotel mit Fine-Dining-Restaurant. Die 44 Zimmer und zwei Suiten sind geprägt von eleganten Designer-Möbeln und viel Komfort – von bequemen großen Betten, Butterfly Sesseln oder stylischen Badewannen über moderne 40-Zoll-Flat-TVs, schnelles WLAN und Tee- und Kaffeezubereiter bis zu Kosmetik- und Vanityartikeln. Der familiäre Service sorgt für eine angenehme Atmosphäre vom reichhaltigen Frühstück mit selbstgebackenem Brot bis zum abendlichen Drink an der liebevoll renovierten historischen Bar. Überhaupt zieht sich der gehobene Anspruch durch das gesamte Portfolio bis zu Fitness im hauseigenen Gym, Personal Trainer, Pool und Sonnenterrasse. Auch für Tagungen und Veranstaltungen gibt es ein vielfältiges Angebot. Und im Restaurant Eckert bietet das junge Team um Juniorchef Nicolai P. Wiedmer zwischen heimatlicher Tradition und fernöstlicher Inspiration sehr hohes Niveau. Restaurant Eckert separat erwähnt.

Groß Nemerow
(Mecklenburg-Vorpommern)

Hotelempfehlung

★★★★

Hotel Bornmühle

Bornmühle 35, 17094 Groß Nemerow
☎ 039505-600
www.bornmuehle.de
Einzelzimmer: 89–99 €
Doppelzimmer: 126–180 €

Das Wellness- und Gesundheitshotel liegt ruhig und idyllisch am Tollensee, inmitten der Mecklenburgischen Seenplatte. Die 66 komfortablen Hotelzimmer sind alle mit SuitePad (Infotainment-System) und Betten mit Samina-Schlafkonzept ausgestattet; außerdem verfügen sie über Dusche/WC, Fön, Kosmetikspiegel, Leihbademantel, Flatscreen-TV, Radio, Telefon, kosetenloses WLAN, Minibar, Safe, Sitzecke und Schreibtisch. In der SPA-Landschaft erwarten die Gäste verschiedenen Sauna-Varianten, ein großes Indoor-Salzwasser-Schwimmbad wowie wirksame Bäder, Packungen, Massagen, Beauty-Anwendungen und Mei-Rituale (Phytomassopodia). Außerdem: effektive Trainingsprogramme rund um Revitalisierung und Leistungssteigerung und das erste Höhentrainingszentrum in der deutschen Hotellerie.

Grünwald (Bayern)

Chang Restaurant
Marktplatz 9, 82031 Grünwald
☎ 089-64958801
chang-restaurant.de
❂ Mo–So von 12–14.30 Uhr u. ab 17.30 Uhr, kein RT (Jan.–Apr. Di RT)

Auf den ersten Blick unterscheidet sich dieses nette kleine asiatische Restaurant hinter einer hohen Hecke am Marktplatz von Grünwald nicht von vielen anderen ähnlichen Lokalen mit einer gesamt-fernöstlichen Küchenphilosophie. Von einfachen Vorspeisen-Snacks wie Edamame oder gebackenen Garnelen über kreative Eigenkompositionen, klassische thailändische Gerichte wie Satay-Spieße, unterschiedliche Thai-Currys oder Fleisch und Fisch vom Grill, bis hin zu allerhand Sushi-Varietäten wird hier ein ziemlich breites Programm ohne ersichtliche Spezialisierung gefahren. Der große Unterschied liegt aber ganz klar in der Verwendung überdurchschnittlich guter Produkte, die von N25 Kaviar und Wildfang-Garnelen über Spezialitäten wie Thunfischbauch und Hamachi bis zur Atlantik-Seezunge und zum US-Prime-Beef reicht. Das hat uns hier in der Vergangenheit schon attraktive Genussmo-

mente beschert. Bei den Zubereitungen, die oft etwas plakativer ausfallen können, würde man sich bisweilen noch etwas mehr japanische Klarheit und Purismus wünschen.

Güby (Schleswig-Holstein)

Schlei-Liesel
im Hotel Schlei-Liesel
Dorfstr. 2, 24357 Güby
☎ 04354-99770
www.hotel-schlei.de
❂ Mo, Di u. Fr, Sa ab 17.30 Uhr, So von 12–14 Uhr u. ab 17.30 Uhr, Mi u. Do RT
Hauptgericht: 19–35 €, Menüs: 36–55 €

Hier wiederholen wir uns diesmal nur allzu gerne, denn in all den Jahren, in denen wir im Gasthaus von Carina und Frank Jebe-Öhlerich an der B76, etwa auf halber Strecke zwischen Eckernförde und Schleswig einkehren, haben wir noch nie so gut gegessen wie dieses Mal. Unverändert wird hier eine frische Küche des Nordens zu moderaten Preisen geboten, die nach „Feinheimisch"-Prinzipien die guten Viktualien engagierter regionaler Produzenten vorzieht und in ihrer fachlich fundierten, schmackhaften Art wirklich Spaß macht. Unverändert finden sich auch viele Klassiker in der Speisekarte, die wir so oder so ähnlich hier schon des Öfteren probiert haben.
Dazwischen aber immer auch mal neue Sachen, wie zuletzt beispielsweise eine überraschend attraktive und sogar gelungen kreative Vorspeise, in deren Zentrum ein Törtchen aus zweierlei Lachs stand: im Kern eine zarte Mousse vom mild geräucherten Lachs und außenherum nach Graved-Art gebeizter Lachs. Angerichtet war das Ganze auf einem Spiegel aus Meerrettichsauce, Erbsencreme, Kaffeeöl

und Granatapfelkernen, was nicht nur einen ebenso spannenden wie harmonischen Akkord ergab, sondern auch sehr gut mit dem Lachs-Duett korrespondierte. Da hatten wir im letzten Jahr noch geschrieben, man dürfe hier keine präzise angerichteten Tellerkunstwerke, keine stark verfeinerten Rezepturen und keine kreativen Akzente erwarten – und dann sowas…

Auch die „Gübyer Bouillabaisse" gefiel uns in diesem Jahr noch viel besser als zuletzt, denn die klare tomatisierte Fischsuppe kam dieses Mal deutlich kraftvoller und extraktreicher ums Eck und bewegte sich in dieser Form nicht bloß wegen Röstbrot und pikanter Sauce Rouille deutlich näher am südfranzösischen Vorbild. Auch deren Einlage in Gestalt verschiedener Fischfilets und Meeresfrüchte wirkte schön frisch und proper, verbrachte nur dankbar kurze Zeit in den heißen Fluten.

Einen weiteren Klassiker des Hauses, den wir immer wieder gerne empfehlen, ist die hausgemachte Bratwurst vom „Uthlande"-Galloway-Rind, die relativ mager ist und mit schön klarem, unverwürztem Rindfleischgeschmack begeistert. Zuletzt mit Rahmsauerkraut, Kürbis-/ Birnen-Chutney und mustergültigen Bratkartoffeln serviert, ein klarer Fall von Hausmannskost auf Feinschmeckerniveau. Auch das Damwild, dass seinen saftigen kurzgebratenen Rücken und ein nur minimal zu trocken geratenes Schmorstück geopfert hatte, entstammte der Region. Das Duett kam in Begleitung einer mit Sauerkirschen schön fruchtig und säuerlich zugespitzten Wildsauce sowie Rosenkohl und einer ringsum knusprig gratinierten Timbale von Kartoffelgratin – und ließ keine Wünsche an ein im besten Sinne gutbürgerliches Wildbret offen.

Da wir sie aus dem Vorjahr ebenfalls noch in so guter Erinnerung behalten hatten, kamen wir auch diesmal nicht an den hochprozentigen Rumtopf-Früchten mit hausgemachtem weißem Mokka-Rahmeis herum – alternativ gab's noch eine Crème brûlée von der weißen Schokolade mit Quitte und Tonkabohneneis oder ein Marzipaneis mit Zartbitterschokolade und Kirschen. Die Eissorten aus eigener Produktion waren hier schon immer eine sichere Bank. Genau wie die verschieden gefüllten Schokoladentrüffel, die ebenfalls selbstgemacht sind. Dazu gibt's eine kleine, aber durchaus brauchbare Weinauswahl, freundlich-familiären Service und viele hausgemachte Spezialitäten auch zum Mitnehmen.

Gummersbach (Nordrhein-Westfalen)

Die Mühlenhelle

im Hotel Die Mühlenhelle
Hohlerstr. 1,
51645 Gummersbach (Dieringhausen)
☎ 02261–290000
www.muehlenhelle.de
◔ Do–Sa ab 18 Uhr, So von 12–14 Uhr u. ab 18 Uhr, Mo–Mi RT
Hauptgericht: 28–50 €,
Menüs: 72–159 €

Die in einem kleineren Nebenort von Gummersbach gelegene Mühlenhelle ist seit Jahren eine verlässliche und gefragte Adresse für Genießer, gleich ob es ins unkompliziertere Bistro zu Schnitzel, Steak und Kaiserschmarrn oder in den eleganten Fine-Dining-Bereich zu einem (wahlweise vegetarischen) Menü gehen soll. Beides sind stimmige Konzepte mit dem Anspruch an frische natürliche Zubereitung. Allerdings im Gourmetbereich selbstredend mit exklusiverer Produktpalette, höherem handwerklichem Aufwand und mehr Finesse auf den Tellern. Und wahrscheinlich ist dies der Bereich, in dem sich Jeune Restaurateur Michael Quendler auch besonders gut verwirklichen kann.

Bevor die Ergebnisse dessen so richtig spürbar werden, stimmt das Team aber stets mit drei kleinen und eher einfach gehaltenen Miniaturen ein, darunter zuletzt eine gebackene Parmesankugel (etwas zäh, weil abgekühlt…), marinierte Gurken mit Dill-Crème fraîche und gebeizte Lachsforelle mit Honig-/Senf-Creme und Vogelmiere als überzeugendster Eindruck. Dass die Küche dabei bewusst noch Luft nach oben ließ, zeigte direkt ein weiterer Gruß mit geliertem Oktopus-Salat nebst knackigen Brunoises und Sauce Rouille. Zwar war auch das eher gegenständlich als kunstvoll filigran gefertigt, aber dafür mit schön deutlichen und kraftvollen Aromen ausgestattet.

Ein sehr genussvolles Ergebnis eines Corona-Lockdown-Projektes folgte mit einer Variation von Tomaten aus dem eigenen neu gebauten Gewächshaus. Das Resultat war eine Art bunte „Tomatenspielwiese" mit einer Vielzahl unterschiedlicher Zubereitungen vom warmen knuffigen Mini-Knödel und Tomatenbrioche über getrocknete und rohe Tomaten bis zu hellem Gelee und grünem Chutney. Das Durchprobieren machte durchaus viel Freude – in Summe waren es aber nach unserem Gusto ein paar Komponenten zu viel, insbesondere weil das Chutney und das Gelee in Süße und Säure recht plakativ abgeschmeckt waren.

Deutlicher und direkter auf den Punkt kam das Team bei zwei kräftig angekrossten Jakobsmuscheln (idealer Garpunkt, aber nicht ganz klarer Geschmack…) mit den ebenfalls zupackenden Begleitern in Form von sous-vide bissfest gegartem wildem Blumenkohl, Tapioka-Senf-Crunch und Cremes aus Blumenkohl und Senf. Eine spannende erdig-tiefe Basis bekam das Ganze von einer intensiv-dunklen vegetarischen Jus verliehen.

Die stärkste Kostprobe des letzten Besuchs kam mit einer festfleischigen, kurz gegrillten Steinbutt-Tranche neben Karottenzubereitungen unterschiedlichster Farben und Formen, deren zwar variierter, aber insgesamt doch erdig-süßlicher Charakter von einer teils subtilen Ingwernote, vor allem aber von einem konzentrierten fruchtig-scharfen Ingwer-Gel aufgebrochen und von einer luftigen Kokos-Schaumsauce mit weiteren Facetten hinterlegt wurde. Das war wirklich sehr gut!

Den Übergang ins Süße schaffe erneut ein Produkt eigener Ernte, diesmal mit der herben Frucht von Weißdorn, die als zartes Sorbet neben reifen mürben Apfelkugeln einem schlichte, aber aromatisch spannende Miniatur ergab. Dagegen wurde das eigentliche Dessert deutlich aufwendiger gestaltet und bediente sich erneut der für Michael Quendlers Küchenstil ganz typischen Deklination eines bestimmten Produktes. In diesem Fall war es die Heidelbeere, die als konzentriertes pures Sorbet, Gel, Macarons und in einem fluffigen Pancake-Küchlein präsentiert und mit weißer Schokolade und Mandel (als Creme und Crumbles) harmonisch kombiniert und gewinnbringend ergänzt wurde.

Genauso wie die von der Gastgeberin aus der umfangreichen und individuellen Weinkarte treffend ausgewählten Begleiter rundeten sich die prägnant aromatischen Petit Fours einen erneut stimmigen Gesamteindruck ab, der zwar nicht am obersten Bereich des Bewertungslevels liegt, die Auszeichnung mit 7 Pfannen aber dennoch vollauf verdient.

Hotelempfehlung

★★★★

Hotel Die Mühlenhelle

Hohlerstr. 1,
51645 Gummersbach (Dieringhausen)
☏ 02261–290000
www.muehlenhelle.de
Einzelzimmer: 80–115 €
Doppelzimmer: 100–140 €

Das durch die Familie Quendler sehr persönlich und engagiert geführte Haus verfügt über acht sehr modern und komfortabel ausgestattete Zimmer. Vier davon befinden sich im Haupthaus, einem komplett sanierten Gutshaus aus dem 18. Jahrhundert und die anderen in einem an der Felswand angebauten, erst vor wenigen Jahren eröffneten Gästehaus. Alle Zimmer sind Nichtrauerzimmer und verfügen über Dusche und WC, zum Teil auch Badewanne; sind mit Treca-Betten, Fön, Kosmetikspiegel, Telefon, TV und WLAN ausgestattet. Sehr familienfreundlich: Kinder bis zum 7. Lebensjahr übernachten kostenfrei im Baby- oder Beistellbett. Für das kulinarische Wohl wird in Bistro, Vinothek und Gourmetrestaurant gesorgt. Restaurant Die Mühlenhelle separat erwähnt.

Halle (Sachsen-Anhalt)

Speiseberg

Kröllwitzer Str. 45, 6120 Halle (Saale)
☎ 0152-56029306
www.speiseberg.com
◷ Mi–Fr ab 17 Uhr, Sa u. So ab 12 Uhr
durchgehend, Mo u. Di RT
Menüs: 85–125 €

Von außen wirkt das das Gebäude neben dem steil am Flussufer exponiert gelegenen Biergarten, in dem neben einem zeitgeistigen Bowl-Bistro auch das kleine Fine-Dining-Abteil zu finden ist, gar nicht so, als ob hier ambitionierte Küche geboten werden würde. Doch genau die gibt es hier in Form mittlerweile nur noch eines maximal neungängigen Menüs, dessen Kreationen sich durchweg sehr exakt und mit viel Sinn für Proportionen und Ästhetik arrangiert präsentieren. Aber auch geschmacklich zeigt sich schnell, dass das, was hier von Küchenchef Konstantin Kuntzsch und seiner rechten Hand Christoph Baumgartner aufs Porzellan gebracht wird, nicht nur gut aussieht, sondern auch so schmeckt. Charakteristisch für das Speiseberg-Kulinarium ist eine moderne, mutige Herangehensweise mit eher wenigen, aber dafür kreativen und markanten Akzenten. Und so wird es hier auf durchgängig gutem Niveau nie langweilig. Wer einigermaßen aufgeschlossen ist und eine actionreiche Küche mit Ecken und Kanten einem braven und risikoarmem Perfektionismus aus dem Weichspülprogramm vorzieht, ist hier genau richtig.

Die Symbole

Ⓟ gute Parkmöglichkeiten
🅟 Hotelgarage
♿ barrierefrei
❄ klimatisierte Zimmer
📶 WLAN-Zugang
🏊 Hallen- und/oder Freibad im Haus
🧖 mit Wellness-Bereich
🛗 mit Fahrstuhl zu den Hotelzimmern
🐕 Hunde im Hotel nicht erlaubt
🏡 mit Garten oder Terrasse

Haltern am See (Nordrhein-Westfalen)

Ratsstuben

im Ratshotel
Mühlenstr. 3–5,
45721 Haltern am See
☎ 02364-3465
hotel-haltern.de
◷ Di–Sa von 12–14 Uhr u. ab 18 Uhr,
So u. Mo RT
Hauptgericht: 25–39 €,
Menüs: 59–150 €

„Place to be" in Haltern am See? Ganz klar das Ratshotel! Hier gibt es nicht nur elegante Räumlichkeiten im Inneren des Hotels und fein gedeckte Tische draußen direkt am quirligen Marktplatz, sondern auch anspruchsvolle Küche. Dass diese völlig unkompliziert zwischen Gourmetgerichten in einem Menü zwischen drei und acht Gängen (die aber auch à la carte bestellt werden können) und einigen hochwertigen Steak- und Burgeroptionen pendelt, erklärt sicherlich zum Teil die hohe Beliebtheit und Nachfrage. Noch mehr aber der hohe Qualitätsanspruch, den das Team um Daniel Georgiev auf der einen wie auf der anderen Seite an den Tag legt.

Dieser zeigte sich zum Start beim warmen knusprigen Vinschgauer mit Salzbutter und dunkelwürziger Auberginencreme besser als beim ersten Löffel-Snack, der mit einer Kartoffelscheibe nebst Matjes und Roter Bete zwar aromatisch schlüssig, aber auch sehr simpel ausfiel. Ähnlich einfach, aber klarer auf ein sehr gutes Hauptprodukt ausgerichtet, stimmte im Anschluss als weiterer Gruß auch der mild gebeizte Wildlachs mit dezent durch Kreuzkümmel und Kurkuma parfümiertem Couscous und zwei gebratenen Zucchinischeiben aufs Menü ein.

Dieses startete dann mit einer Vorspeise, die beinahe wie aus einer anderen Küche gewirkt hat. Nämlich mit einem zwar ebenfalls nicht übermäßig filigranen, aber deutlich komplexer und durchdachter aufgebauten Gang rund um rohe Makrele, deren klarer kräftiger Geschmack einerseits von schmorsüßen Karotten, andererseits von säuerlich-scharfem Kimchi und einem alles verbindenden Karotten-Kimchisud begleitet wurde. Dazwischen pufferten einige Joghurt-Tupfen die leichte Schärfe ab und fügten sich auch sonst sehr gut in das ein bisschen wild und durcheinander wirkende, aromatisch aber kurzweilig abwechslungsreiche Ensemble. Wieder ruhiger und aromatisch auch etwas einfacher gestrickt folgte sodann ein mit (unter anderem) Sojasauce und Sesamöl kräftig in die asiatische Richtung bewegtes Rindertatar unter einer Haube aus Sushi-Reis und knackigen Radieschen- und Karottenstücken. Während der Reis eine etwas exaktere Garung und mehr Säure vertragen hätte, erfüllte der rund und voll schmeckende Dashifond seine verbindende und katalysierende Funktion ganz prima. Generell wird hier immer wieder deutlich, dass die Gerichte auf einer guten Basis stehen, damit auch unmittelbar eingängig und attraktiv schmecken – oft eben nur ein wenig mehr Akkuratesse und Detailarbeit bräuchten, um auf noch höhere Bewertungen abzuzielen.

Dass sich Jakobsmuscheln gut mit Haselnuss vertragen, ist nichts Neues. Aber besonders eindrücklich, wenn die Qualität der glasig zarten Muscheln und der gerösteten Nüsse so hoch ist, wie beim folgenden Gang. Gerösteter, cremiger und roher Blumenkohl fügte sich dazwischen wohlproportioniert ein und auch die verstärkende Jus war eine nachvollziehbare Idee, an dieser Stelle allenfalls ein klein wenig zu kraftvoll dominierend.

Auch im Hauptgang zeigte sich, dass einer der größten Trümpfe des Teams die durchweg erstklassigen Produkte sind. Denn die aus Wildfang stammende und nach Ike-Jime-Art geschlachtete Dorade zählte zu den besten Exemplaren dieser Art, die wir seit langem auf dem Teller hatten. Dazu lieferten ein paprikafruchtiges Risotto mit prickelnd präsenter Schärfe, gegrillte Calamaretti und ein leichter Paprika-Saucenschaum mit mediterranen Kräuternoten ein offensives Umfeld mit harmonisch kraftvollem Geschmack.

Beim Dessert zeigte das Team dann, dass es durchaus auch feingliedriger kombinieren kann. Und es schickte mit einem kompakt angerichteten, aber fein differenzierten Ensemble rund um rote Stachelbeere, Holunderblüte und Mandel einen der stärksten Eindrücke des Abends. Da wirkte von der zarten Mandelcreme als Basis über die fluffigen Mikrowellen-Biskuitflocken mit gerösteter Mandel bis zu zartem Stachelbeersorbet und intensiven Gels aus säuerlicher Beere und floralem Holunder alles sehr exakt und wohlkalkuliert auf den Punkt gebracht.

Die adrett gekleideten Damen und Herren im Service rund um die Gastgeberin sind aufmerksam und charmant unterwegs und tragen, auch wenn manche Abläufe und Zeiten noch optimiert werden könnten, sehr zum Wohlbefinden und zu der hohen Stammgastquote bei. Ansprechende Weinauswahl; ganz große Namen sind selten, dafür gibt's vieles im mittleren Qualitätssegment und auch glasweise passende Empfehlungen zu moderaten Preisen.

Hamberg (Baden-Württemberg)

Alte Baiz

Hauptstr. 2, 75242 Hamberg
📞 07234-8069510
www.gruenerwald.dew56gft/
⌚ Fr u. Sa ab 19 Uhr, So–Do RT
Menüs: 112–152 €

Mit seinen gerade mal 50 Jahren könnte man Claudio Urru schon als Altmeister bezeichnen. Geprägt wurde und hat er vor allem in Stuttgart: als Commis und Demichef de Partie in Wielandshöhe und Speisemeisterei, später als Küchenchef im Top Air und Gourmetrestaurant 5. Seit 2018 nun ist er im Grünen Wald in Hamberg, einem Ortsteil von Neuhausen im Enzkreis des Nordschwarzwalds.

Mit der Sanierung des alten Landgasthofs wollte der Unternehmer Sven Bogner etwas für seine Heimat tun. Und das Objekt mit Restaurant, Braustüble und Biergarten ist wirklich ein Vorzeigeprojekt geworden – allen voran das kleine Gourmetrestaurant Alte Baiz, das allerdings erst spät aus den Lockdowns zurückgekehrt ist und wegen personeller Engpässe bei unserem Besuch nur freitags und samstags geöffnet war. Eigentlich schade, denn in dem Raum vereinen sich Kamin und warme Farbtöne, Tischsets aus Wildleder auf blanken Holztischen und Silberbesteck mit Hammerschlag zu einem so lässigen wie eleganten Fine-Dining-Surrounding.

Inzwischen hat der Geschäftsführer Urru seinen ehemaligen Sous-Chef Eduard Knecht als Küchenchef eingesetzt, der sowohl bei der Opitk als auch im geschmacklichen Finetuning noch nicht ganz die Souveränität des Altmeisters erreicht hat, aber dennoch ein gutes Niveau hinlegt. Schön austarierte Geschmacksbilder gab es zum Auftakt auf kleinstem Raum: ein Krustentier-Macaron getoppt mit den Aromen von Himbeere und Macadamianuss, ein Weizenvollkorn-Taco gefüllt mit Speckmarmelade und Crème fraîche. Zum Brot wurden als Aufstrich geschmeidige Entenrillettes, kräftig gerauchte Paprikacreme und aufgeschlagene Butter gereicht. Als letzter Gruß aus der Küche vor dem Beginn des Menüs folgten vielseitige Variationen mit Creme, Molke und Perlen von Schalotte, Parmesan und Madeira, garniert mit Wildkräutern. Das Ganze war nicht nur schön anzusehen, sondern auch zu einem komplexen Geschmacksbild mit süß, säuerlich, frisch und würzig verdichtet.

Im ersten regulären Gang wurde gleich mit Premiumprodukten aufgetrumpft: Ozaki-Beef, in Ponzu mariniert, abgeflämmt und zu einer Art Lauchroulade gerollt, dazu eine kurz angebratene, festfleischige Jakobsmuschel, getoppt mit etwas Saiblingskaviar. Die erdige Süße des Lauchs wurde als Sud, Vinaigrette und Asche gekonnt durchdekliniert, Sesamkörner und Yuzuwürfel setzen dazwischen kleine feine Akzente. Aber um es mal so zu sagen: eigentlich hätte es bei diesen Variationen zum eleganten Geschmack der Jakobsmuschel die Präsenz des Kobe-Beefs gar nicht gebraucht.

Der nächste Gang spielte sich rund um eine sanft gebeizte Tranche vom Ora-King-Lachs ab. Zu den etwas splatterhaft wirkenden Spuren von Dillöl und Ingwerponzu auf dem Teller wurde ein sehr fruchtiger und intensiver Sauerampfersud angegossen – crunchige Würze gab es durch einen gepufften Tapioka-Chip mit Soja und Zwiebelasche. Vereinzelte Passepierre-Algen hatten eher dekorativen Charakter, übermächtig und zu groß portioniert wirkte die sehr fetthaltige Wacholdercreme, der

aber mit drei Kugeln aus Ingwer-/Tonic-Gel ein frischer Ausgleich entgegengesetzt wurde.

Zur bretonischen Langostine, sous-vide gegart und dadurch etwas schwammig, fügten sich ein sanft-exotischer Vadouvan-Sud und die zurückhaltende Säure von Amanatsu zu einer wohligen Angelegenheit, in der es dank der zu einer Polenta verarbeiteten Farina Bóna und Röstzwiebelpapier auch herzhafte Momente gab. Noch stimmiger im Gesamtbild wirkte als Nächstes der Bauch vom Livar Klosterschwein mit würzigen und rauchigen Noten. Zur Süßkartoffel als Creme obenauf sowie Tamarinde im Fond machte sich die leichte Schärfe eines Curryöls sehr gut. Weniger behaupten konnten sich die sehr dünn gehobelten und in Ponzu marinierten Kräuterseitlinge und auch der Pinselstrich Pistaziencreme diente eher der Optik eines sonst recht kompakten Tellers.

Zwischendurch wurde man richtig wachgerüttelt durch ein Zitronen-Thymian-Sorbet mit Lavendelblüten, angegossen mit Gin Tonic. Der Thymiangeschmack war so nachhaltig, dass er sich erst wieder beim Probieren des Hauptgerichts verflüchtigte. Hierbei handelte es sich um einen rosa gebratenen Rehrücken unter Olivenkrokant in einem Zuckerchip. Darunter lagen Stangen wilden Spargels an zwei aneinandergrenzenden Saucen: eine klassische Jus sowie eine Buttermilch-Dashi mit Petersilienöl, die eine schöne Frische auf den Teller brachte – wie im Übrigen auch Kugeln von Mangogel, die an Misocreme gesetzt waren.

Mit dem Dessert schließlich wurde kein lieblicher Ausklang eingeleitet, sondern noch mal etwas kräftiger auf den Tisch gehauen. In einem Ring aus Original Beans' „Yuna Edel Weiß" war ein Kamillensud mit Fenchelöl gegossen. Auch das Eis mit den Aromen von geröstetem Fenchel war nur bedingt süß, zur Luftschokolade sorgte Bergamotte unter anderem als Gel und Schnee für ätherische Leichtigkeit.

Insgesamt kann man sagen, dass das Team mutig kombiniert und sich von Erwartbarkeiten abhebt. Manche Komponenten könnten allerdings etwas zurückhaltender eingesetzt werden, um das Geschmacksbild nicht zu sehr zu dominieren. Die passenden Weine dazu zu finden, ist vermutlich nicht immer ganz einfach, aber Sommelier Marcus Stich gelingt dies etwa auch beim komplexen Süße-Schärfe-Spiel des Klosterschweins, zu dem er die Restsüße eines 2006er Schlossberg Riesling Grand Cru von der Domaine Weinbach wirken ließ. Mit seiner Weinkenntnis und auch souverän-humorvollen Art trägt er viel zum Gelingen eines Abends in der Alten Baiz bei.

Grüner Wald

Hauptstr. 2, 75242 Hamberg
☎ 07234-8069510
www.gruenerwald.dew56gft/
⌚ Do–Sa ab 17.30 Uhr, So von
11.30–14 Uhr u. ab 17.30 Uhr,
Mo–Mi RT
Hauptgericht: 21–36 €,
Menüs: 65 €

Das Restaurant Grüner Wald ist quasi das Herzstück des federführend von Gastgeber und Koch Claudio Urru betriebenen Gastronomieensembles im Herzen der Ortschaft Hamberg, das in einem schmuck hergerichteten Anwesen beheimatet ist und neben dem modern-ländlichen Restaurant auf zwei Ebenen auch das bodenständige und sehr populäre Braustüberl und das anspruchsvolle Gourmetrestaurant im Erdgeschoss umfasst.

Die Küche hier oben in den mit viel Holz geradlinig gestalteten Räumlichkeiten mit freigelegtem Giebel bewegt sich stilistisch und qualitativ irgendwo dazwischen. Die meisten Gerichte sind mediterran oder international angehaucht, Regionalbetontes findet eigentlich nur auf Produktebene statt, weniger bei den Rezepturen. Da gibt es den Yellowfin-Thunfisch mit geschmortem Fenchel, Bärlauchemulsion und Gartenkresse genauso wie das Entrecôte von der deutschen Färse mit Risotto von Carnaroli-Reis, geschmorten Kirschtomaten und kräftiger Lembergersauce.

Der Trumpf der Küche sind dann auch die überdurchschnittlich guten Produkte und eine natürliche, handwerkliche Zubereitung. Bei den Details, den Feinheiten und insbesondere beim Abschmecken sahen wir zuletzt noch Luft nach oben. Etwa bei der Vorspeise um Zweierlei vom Rind, dessen zwei kleine Scheiben vom gebeizten Filet neben einem zwar frisch zubereiteten, aber leider nicht sauber von Hand geschnittenem, sondern breiig gewolftem Tatar (fruchtig abgeschmeckt) zum besten gegeben wurden – begleitet von süßsäuerlich eingelegten Artischocken und Lauchzwiebeln auf einer etwas diffusen, lieblich-milden Cremesauce von Parmesan und Buttermilch.

Ob das fehlende Aroma der cremigen Spargelsuppe, in der als Einlage kleine Würfel von gebeiztem Lachs schwammen, auf das Ende der Spargelzeit zurückzuführen war, oder darauf, dass es nicht entsprechend substanziell zubereitet war, können wir nicht sagen. Jedenfalls schmeckte es vorwiegend ausdruckslos sahnig und so blieb das Bärlauchöl, mit dem das Süppchen verfeinert wurde, das tonangebende Element.

Beim Zander mit Polenta, Brokkoli und Zitronensauce verbuchten wir das schön hohe gebratene Filet des Wildfangs, das unter seiner gebratenen Haut festfleischig in seine einzelnen Lamellen aufblätterte, klar auf der Habenseite. Leider wieder relativ zurückhaltend schmeckte die rahmige Zitronensauce, deren fehlendes Zitronenaroma durch ein ziemlich schroffes Zitronengel kompensiert wurde. Der von allen Seiten knusprig braun angebratene Polenta-Quader war leider eine sehr trockene und massige Angelegenheit und denkbar weit von zartkross-fluffiger Polenta in Idealform entfernt.

Solide wirkte die aus der Form gestürzte Panna Cotta von Rhabarber und Himbeere nebst einzelnen Himbeeren, einer Kugel Vanilleeis und süßem Basilikumpistou, was aber mehr die Summe seiner ordentlichen Teile als ein homogenes Ganzes war. Unterm Strich reicht das durchaus für knappe 5 Pfannen, ist aber, gemessen am Eigenanspruch und auch am Können, das hier fraglos vorhanden ist, eigentlich etwas zu wenig.

Die nach Rebsorten untergliederte Weinkarte listet eine sehr ansprechende Auswahl ausschließlich deutscher Weine arrivierter Weingüter, aus dem Nahbereich Württemberg auch Gewächse aufstrebender noch unbekannterer Erzeuger.

Hamburg

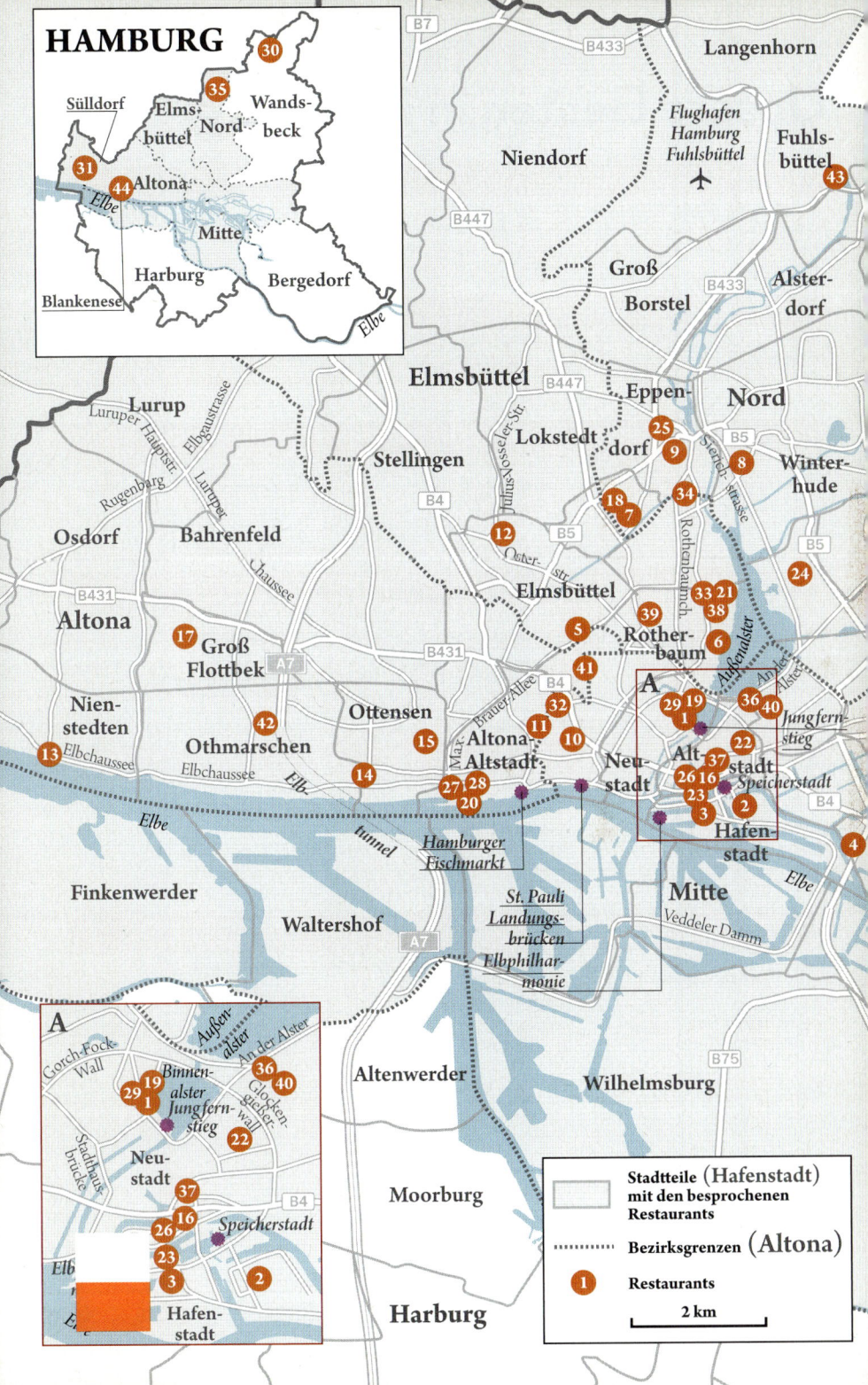

HAMBURG

Sülldorf · Elmsbüttel · Wandsbeck · Nord · Altona · Mitte · Harburg · Bergedorf · Blankenese · Elbe

Langenhorn

Niendorf

Flughafen Hamburg Fuhlsbüttel

Fuhlsbüttel

Groß Borstel

Alsterdorf

Elmsbüttel

Eppendorf

Nord

Lokstedt

Winterhude

Stellingen

Elmsbüttel

Rotherbaum

Lurup

Bahrenfeld

Osdorf

Altona

Groß Flottbek

Nienstedten

Othmarschen

Ottensen

Altona-Altstadt

Neustadt

Altstadt

Speicherstadt

Hafenstadt

Hamburger Fischmarkt

St. Pauli Landungsbrücken

Elbphilharmonie

Finkenwerder

Waltershof

Mitte

Veddeler Damm

Altenwerder

Wilhelmsburg

Moorburg

Harburg

A

Gorch-Fock-Wall · Außenalster · An der Alster · Binnenalster · Jungfernstieg · Glockengießerwall · Stadthausbrücke · Neustadt · Speicherstadt · Hafenstadt

Stadtteile (Hafenstadt) mit den besprochenen Restaurants

Bezirksgrenzen (Altona)

Restaurants

2 km

Unsere Besten in Hamburg

10 Gusto-Pfannen

1. Haerlin

2. The Table Kevin Fehling

9 Gusto-Pfannen

3. bianc ↑

8 Gusto-Pfannen

4. 100/200 Kitchen ↑

5. Jellyfish

6. Lakeside ↑

7. Piment ↑

8. Zeik

7 Gusto-Pfannen

9. Cornelia Poletto

10. Haco

11. Haebel

12. Heimatjuwel

13. Jacobs Restaurant ↑

14. Landhaus Scherrer

15. Petit Amour ↑

6 Gusto-Pfannen

16. Heldenplatz

17. Hygge

18. Morellino

19. NIKKEI NINE ↑

20. Rive ↑

21. Sgroi ↑

22. Tschebull

23. Vlet

24. Wolfs Junge

5 Gusto-Pfannen

25. Brechtmanns Bistro ↑

26. Brook

27. Fischereihafen-Restaurant ↑

28. Henssler & Henssler

29. Jahreszeiten Grill

30. Lenz

31. Memory ↑

32. Nil

33. Osteria da Francesco ↑

34. Stüffel ↑

35. Zum Wattkorn

Unsere Besten in Hamburg

8↑

100/200 Kitchen

Brandshofer Deich 68,
20539 Hamburg (Rothenburgsort)
☎ 040-30925191
www.100200.kitchen/
⊘ Di–Sa ab 19 Uhr, So u. Mo RT
Menüs: 144 €

In dem großzügig um einen großen Molteni-Herd herum angeordneten Gastraum mit dem Flair eines Loft-artigen Kochateliers betreiben Sophie Lehmann und Thomas Imbusch ein sehr individuelles, zeitgemäßes und nachhaltiges Restaurantkonzept, das sich nicht so leicht in eine Schublade stecken lässt. Das Menü folgt stets saisonalen Themen wie „Feuer & Rauch", „Wasser & Salz" oder „Feld & Flur" und dreht sich sogar auch mal nur um die verschiedensten Teile und Zubereitungsarten eines bestimmtes Tieres, das dann „from nose to tail" zum Besten gegeben wird. Wir kennen nur wenige Köche, die ein derart tiefgründiges und fundiertes Fachwissen über Produkte und Küchenhandwerk haben, wie Imbusch. Und noch weniger, die so konsequent und präzise arbeiten wie er. Man könnte sein Kulinarium als minimalistische, produktpuristische Regionalküche bezeichnen, aber dafür ist der Stil einfach zu weltoffen und die Kompositionen wirken bisweilen zu komplex. Und er hat definitiv ein gutes Gespür für kreative Kombinationen. Wer in den Genuss dieses anspruchsvollen kulinarischen Gesamterlebnisses kommen möchte, muss vorab im Internet ein Ticket erwerben.

ohne
Bewertung

Atlantic Restaurant

im Hotel Atlantic Kempinski
An der Alster 72–79,
20099 Hamburg (Neustadt)
☎ 040-2888860
www.kempinski.com/de/hamburg/
hotel-atlantic/
⊘ Di–Sa ab 18.00 Uhr, So u. Mo RT
Hauptgericht: 22–62 €,
Menüs: 69–99 €

Corona und kein Ende: Schon seit ein paar Jahren schickt sich das Team um Küchenchef Peer Sturm ambitioniert an, dem Restaurant der ebenso eleganten wie traditionsreichen Hotelikone an der Alster zu einem kreativeren und zeitgemäßeren Finish zu verhelfen. Im Frühjahr 2020 eröffnete das Fine-Dining-Restaurant nach neun Monaten Bauzeit dann passend dazu auch noch sehr stilvoll renoviert seine Pforten, doch bevor wir dem neugestalteten Klassiker endlich einen Wiederbesuch abstatten konnten, kam die Pandemie und das Atlantic Restaurant blieb seitdem und mittlerweile bis über den Redaktionsschluss von zwei Ausgaben hinweg auf unbestimmte Zeit geschlossen. Sobald es wieder möglich ist, stehen wir hier auf der Matte und werden ganz aktuell im Gusto Online-Guide und in der Gusto-App ein Update mit neuer Bewertung und ausführlicher Kritik veröffentlichen. Bis dahin harren wir weiter der Dinge und frequentieren weiter in regelmäßigen Abständen die Homepage des Atlantik Hotels, um diesen Zeitpunkt nicht zu verpassen.

9↑

bianc

Am Sandtorkai 50,
20457 Hamburg (Hafencity)
☎ 040-18119797
www.bianc.de
⊘ Mi–Sa ab 18.30 Uhr, So–Di RT
Menüs: 230 €

Hier sollte man sich vom äußeren Anschein nicht irritieren lassen, denn hinter der kühl und nüchtern anmutenden Fassade eines Bürogebäudes versteckt sich nicht bloß ein großzügiger, schlicht aber elegant gestalteter Raum, der sich am Abend bei gedimmtem Licht mit Spots auf den runden, in weitem Abstand voneinander stehenden Tischen fast schon behaglich präsentiert – hier wird auch eine herzerwärmende Küche geboten. So erlebt der Gast des Bianc über den Abend hinweg wunderbare kulinarische Geschichten aus der Heimat von Gastgeber und Chefkoch Matteo Ferrantino, taucht ein in eine sonnig warme mediterrane Geschmackswelt, und kann dort Dinge erleben, die den Chef an seine Kindheit und die Kochkünste der Nonna erinnern. Oder was er während seiner Zeit an der Algarve als rechte Hand von Dieter Koschina in der Villa Joya so alles kennengelernt hat.

In seinem Restaurant inmitten der Hafencity, in dem als Eyecatcher ein imposanter Olivenbaum steht, den Ferrantino aus dem Garten seiner italienischen Familie mit nach Hamburg gebracht hat, interpretiert er diese freilich nicht in Gestalt bodenständiger Cucina casalinga, sondern kredenzt sie modern und elegant als Alta Cucina auf edlem Porzellan. Das Schöne und auch Besondere an Matteo Ferrantinos Kulinarium ist aber, dass man es hier nicht mit unterkühlter Pinzettenküche zu tun hat, sondern mit wunderbar warmen, eingängigen, ausdrucksstarken Kompositionen, die den Abend über jede Menge Emotionen wecken. Und schon mit der ausladenden, vom Chef höchstselbst mit großer Geste und viel Alora präsentierten Amuse-Bouche-Parade, gelingt hier regelmäßig eine beeindruckende Leistungsschau höchst aufwendig und präzise gefertigter, zudem geschmacklich äußerst ausdrucksstarker Petitessen im Fingerfoodformat, die aber – wie eigentlich alles hier – ganz unangestrengt und leichtfüßig daherkommen. Und eben richtig gut schmecken!

Es fällt schwer, unter den insgesamt neun Kleinigkeiten, die einer gewissen Dramaturgie folgen, einzelne besonders herauszustellen. Von den drei eher leicht, frisch und säuerlich komponierten Dingen, mit denen man beginnt, hätten wir aber wohl den Happen genannt, der auf engstem Raum den Geschmack einer ganzen Schale Gazpacho von Grünem Apfel an den Gaumen gebracht hat. Und von den eher herzhaften Sachen vielleicht den würzig-pikanten Oktopus „Gallega", die Bacalhau-Creme im Knuspercornetto mit Kichererbse, oder auch das formidable frisch-säuerliche Rindertatar im filigranen Knusperschälchen. Selbst ein relativ süß gehaltenes zartkross-cremiges Schichtwerk von Entenleber, Mango und Lakritz, das vielleicht noch am ehesten in die Richtung austauschbarer internationaler Hochküche mit französischem Einschlag tendierte, so wie man sie vielerorts bekommt, kitzelte den Gaumen mit sehr vielen Nuancen und überraschender Finesse.

Nach diesem opulenten und doch federleichten Auftakt wird dem Brot ein ganzer Gang gewidmet. Genauer: einer warmen Focaccia mit hocharomatischer Büffelmilch-Butter, über die Orangenschalenabrieb, Pistazie und feinste Flocken Mortadella gegeben waren. Dazu ein Crostino mit schwarzer Oliventapenade als Sphärisierung und eine ebenfalls sphärisierte, innen flüssige grüne Olive mit Wermut und Salzzitrone – auch das alles mit Aha-Effekt und sehr viel Wohlgeschmack. Bis hierhin ist schon so viel passiert und das eigentliche Menü hat noch gar nicht begonnen…

Das startete dann bei unserem jüngsten Besuch sehr schön puristisch und zugunsten einer stimmigen Dramaturgie etwas subtiler. Nämlich in Gestalt eines mit Limettenschalenabrieb aromatisierten und ansonsten angenehm zurückhaltend gewürzten Carpaccio von der Langustine. Obenauf eine stattliche Nocke Imperial Kaviar und drumherum eine mit verschiedenen zitrischen und kräuterwürzigen Ölen punktuell aromatisierte Ajo Blanco, die das süßlich-jodige Krustentierfleisch und den mineralischen Kaviar mit einer subtilen nussigen Note und rahmigem Schmelz kongenial unterstützte. Dieser Gang war stilistisch vielleicht noch am ehesten vergleichbar mit den Darbietungen anderer Spitzenköche hierzulande. Die meisten anderen Gerichte lassen eine recht eigene Handschrift erkennen, sind bei aller Kunstfertigkeit ganz auf starken Geschmack und mediterrane Aromenwelten getrimmt, treffen den südländisch gepolten Gourmet mitten ins Herz.

Ein großartiges Beispiel für die Emotionalität dieser Küche und deren ausgeprägtes Gespür, kraftvolle Aromenbilder ganz elegant wirken zu lassen, ohne dafür auf die Bremse zu treten, war der Zwischengang um ein mit erstklassigen milden Mariposa-Anchovis und geschmortem Romanasalat belegtes Röstbrot als Begleiter von Büffelmozzarella, getrockneter Tomate und ebenfalls durch Dehydration aromatisch komprimierter Pimiento de Padron, die in einer von Olivenölperlen durchzogenen Vinaigrette auf Basis von klarem Tomaten-Abtropfsaft angerichtet waren. Ähnliche Ingredienzen und doch ganz anders: ein auf Basis von klarem Tomaten-Abtropfsaft emulgierter Olivenölsuppen mit herben, jodigen Facetten von Meeresgrün wie Austernblatt, Salicornes oder Meerfenchel als kongeniale Grundlage für einseitig gebratene Jakobsmuschel in festfleischig-klararomatischer Optimalform und die hierzulande sehr seltenen Entenmuscheln. À part begleitet und von der Produktseite gewinnbringend ergänzt von einer gebackenen, mit Jakobsmuscheltatar gefüllten Praline.

Den Bacalhau, also den in Portugal traditionellen eingesalzenen Kabeljau, gab es hier in einer weitaus eleganteren, nämlich klar und frisch interpretierten Version, bei der der vermutlich nur in einer niedrigkonzentrierten Salzlake zugunsten einer gewissen Festigkeit eingelegte Fisch mit deutlich sicht- und schmeckbaren Grillspuren nebst viel frischer schwarzer Trüffel auf einem grünfrischen Erbsensud mit knackigen Erbsen platziert war. Und auch das wurde wieder à part von einem köstlichen kleinen Schmackofatz, diesmal mit Sepia und Trüffel, eskortiert. Dieser im Grunde köstliche Gang hatte in unseren Augen den Schönheitsfehler, dass das wunderbare natürlich-erdige Aroma der gehobelten Périgord-Trüffel von einem artifiziell schmeckenden Trüffelaroma im Erbsensud beeinträchtigt wurde. Zugegebenermaßen nur sehr dezent, aber dieser stark phenolische, nach Propangas riechende und schmeckende Geschmack waberte dennoch etwas irritierend im Hintergrund umher.

Rein gar nichts Beeinträchtigendes schmeckte indes beim Hauptgang um eine köstliche Tranche vom Rücken eines Limousin-Lamms hervor, die ebenso puristisch reduziert wie pointiert von intensiver roter Paprikacreme, einer eleganten pikanten Miniatur aus roter Paprika, Polenta und Biquinho, knusprig ausgebackenen Kapernblättern und feinster Lammsauce begleitet wurde. Ein beglückender Menühöhepunkt, der von dem dazu empfohlenen Goulée by Cos d'Estournel perfekte Unterstützung aus dem Weinglas erfuhr. Das war alles sehr klassisch und hatte in seiner schlank zugespitzten Art doch rein gar nichts Behäbiges.

Und von behäbiger Gediegenheit war auch im süßen Finale nicht die Spur. Weder bei der Einstimmung in Gestalt eines kleinen Zitronen-Brandteigkrapfens mit Apfel und Hibiskus sowie einem kleinen Ricotta-Knuspersandwich mit Tomatenmarmelade und schon gar nicht beim eigentlich Hauptdessert. Das drehte sich um die Aromen von Mandarine, Pistazie und Safran, bot ausdrucksstarke Geschmacksverläufe geschmeidig ineinandergreifender Komponenten wie Sorbet, Mousse, Creme, Fruchtfleisch und Bisquit, war spannend und doch sehr eingängig. In der aktuellen Verfassung sehen wir die Küche von Matteo Ferrantino klar auf Kurs in Richtung Höchstbewertung…

Brechtmanns Bistro

Erikastr. 43, 20251 Hamburg
☎ 040-41305888
www.brechtmann-bistro.de
Mi–Sa ab 17 Uhr, So–Di RT
Hauptgericht: 19–51 €, Menüs: 49 €

In dem verwinkelten Restaurant im lässig-modernen Bistrostil in Hamburg-Eppendorf haben die Brechtmanns ein entspanntes Bistronomy-Konzept etabliert, das sich zahlreicher Stammgäste erfreut. Der unkomplizierte Stilmix aus ein klein wenig Heimatküche und sehr viel asiatischem Flavour kommt bei einem breiteren Publikum ohnehin sehr gut an. Und weil das beim Fernost-erfahrenen Sven Brechtmann alles sehr fundiert und frisch zubereitet und zudem moderat bepreist wird, ist hier immer gut was los. Das fernöstliche Repertoire reicht von diversen Salaten und Bowls mit verschiedenen Add-Ons, über Klassiker wie Tom Kha Gai oder Satay-Spießchen vom Huhn, bis hin zu unterschiedlichen Currys. Im heimischen Angebot steht beispielsweise eine klassische, mit Apfel und Rosine gefüllte Oldenburger Ente mit Spitzkohl und Kartoffelklößen hoch im Kurs. Eine sehr entspannte und vielseitige Art der Gastronomie auf ansprechendem Niveau zu sehr moderaten Preisen.

Brook

Bei den Mühren 91,
20457 Hamburg (Speicherstadt)
☎ 040-37503128
www.restaurant-brook.de
Di–Sa von 12–15 Uhr u. ab 18 Uhr,
So u. Mo RT
Hauptgericht: 17–32 €, Menüs: 18–49 €

Im Falle dieses relativ großen zeitlos schick eingerichteten Bistros in der HafenCity, von dessen Fenster- und Terrassenplätzen man direkt auf die Kontore der historischen Speicherstadt blickt, können wir uns nur wiederholen: Wenn unkomplizierte, frisch und schmackhaft zubereitete Küche zu moderaten Preisen gefragt ist, zählt dieses sympathisch unaufgeregte Lokal seit vielen Jahren zu unseren zuverlässigsten Empfehlungen in Hamburg. Man kann hier problemlos einfach nur einen Teller Pasta essen und ein Glas Wein trinken – die Küche ist aber durchaus auch für den ausgedehnteren Lunch oder ein mehrgängiges Menü am Abend ausgelegt, bietet leichte Vorspeisen, Zwischengerichte, Suppen, und auch unter den Hauptgängen nicht nur Handfestes wie Rumpsteak mit Schmorgemüse und Gnocchi oder ein originales Wiener Schnitzel vom Kalb mit Kartoffel-/Gurkensalat.

Aber auch wenn es auf der Speisekarte mal etwas forcierter und exotischer klingt, wie etwa beim asiatisch gebeizten Lachs mit Chiligurken und spicy Mayonnaise oder beim Steinbeißer auf Blumenkohl-Graupen mit Madrascurry-Schaum und Mango verkünstelt sich die Küche nicht, sondern kocht ganz gegenständlich, schnörkellos und zupackend. Allerdings stets auch mit viel handwerklicher Sorgfalt! Manches kommt ganz klassisch und gediegen daher und überzeugt einfach durch seine Machart, manches hat sogar kreativen Pfiff. Die weltläufige Mischung aus mediterranen, asiatischen und regionalen Bezügen lässt keine bestimmte Richtung erkennen, derlei Profilierung ist hier aber auch nicht nötig. Man kocht seit jeher für ein breites Publikum ein mehrheitsfähiges Programm – und das richtig gut!

Bereits erwähnten Steinbeißer haben wir diesmal nicht gebraten, sondern als Ceviche genossen, das mit ein paar Maniok-Fries getoppt war. Hier gefiel nicht nur die festfleischig-saftige Konsistenz des roh marinierten Fischs, sondern auch das frisch und transparent schmeckende Gemüsedrumherum. Das bestand in der Hauptsache aus Paprika und roten Zwiebeln und war in einem leichten, moderat chiligeschärften und mit Limette aromatisierten, ansonsten aber sehr milden Tigermilk-Sud auf Kokosbasis platziert. Da freut man sich über die gut aufeinander abgestimmten sehr natürlichen Aromen aller Komponenten und vermisst nichts.

So wie bei den optimal bissfesten und elastischen Pappardelle, die mit satten, aromatischen Pfifferlingen à la Creme (kraftvolle Saucenbasis mit viel Rosmarinjus und gutem Balsamico!), knackigem grünem Spargel und sehr saftigen, zarten kleinen Fleischstücken vom Rinderfilet serviert wurden. Gutes kann so einfach sein, wenn die Produktqualität stimmt und die Köche ihr Handwerk verstehen. Als tadellos empfanden wir auch den Fischgang um zwei unter ihrer dünn mehlierten und knusprig ausgebratenen Hülle saftig und soft aufblätternde Filets vom Zander, die – auf cremigem Rahmspinat platziert und von dünnteigigen Pilzravioli eskortiert – gleich nochmal die Pasta-Expertise

des Brook unter Beweis stellten und zusammen mit einer aufgeschäumten Beurre blanc serviert wurden.

Wer sein Mahl lieber mit gutem Fleisch krönt, kann das beispielsweise mit einem mediterran eingefärbten Lammkarree nebst Bohnengemüse und Parmesankartoffeln machen, oder bestellt sich das butterzarte, eigenaromatische Rinderfilet, das wir in kleinen Stücken schon zur Pasta genießen durften, gleich als amtliches Tournedos mit Steinpilzen, Spitzkohl und Selleriepüree. Und ganz egal ob Fisch, Fleisch oder vegetarisch: ein Dessert sollte man immer nehmen. Denn die sind ebenfalls so schlicht wie gut, wie wir beim letzten Mal beim gebrannten, unter seiner sauber karamellisierten Zuckerschicht zart schmelzenden Limettenparfait sehen und schmecken konnten, welches auf einem Carpaccio von der reifen Ananas daherkam. Auch das ganz einfach und relativ schmucklos präsentiert, aber geschmacklich fein auf den Punkt gebracht.

Der Service arbeitet flink, freundlich und effizient; die Weinkarte listet ein ausreichendes, fair kalkuliertes Sortiment europäischer Weine. Und weil auch das Preis-Genuss-Verhältnis im Brook ein ausgesprochen gutes ist, kommen wir immer wieder gerne hierher und empfehlen es mit bestem Wissen und Gewissen weiter.

Brooklyn Burger Bar

Alter Fischmarkt 3,
20457 Hamburg (Altstadt)
☏ 040-34994866
brooklynburgerbar.de
◷ Di–Fr von 17–23 Uhr, Sa u. So ab 17 Uhr – open end, Mo RT
Hauptgericht: 11–19 €

Kreative Burger aus hochwertigen Zutaten, Barbeque-Gerichte wie gesmokte Rippchen, Craftbeer und Cocktails.

Butcher's american steakhouse

Milchstraße 19,
20148 Hamburg (Rotherbaum)
📞 040-446082
www.butchers-steakhouse.de
✔ **Mo–Sa ab 18 Uhr, So RT**
Hauptgericht: 65–77 €

Wer in gepflegter Umgebung ein erstklassiges Steak genießen will, der ist im gediegenem Steakhaus der Wieschendahls in unmittelbarer Nähe des Alsterparks genau richtig. Hier wird mit dem U.S.-Prime-Beef aus Nebraska (in allen Cuts erhältlich) nicht gekleckert, sondern geklotzt. Dazu klassische Beilagen nach Wahl in guter Qualität, sowie eine gute Auswahl an Vorspeisen mit vorwiegend Fisch und Krustengetier – mit einer ebenfalls sehr hohen Produktgüte. Und wer sich auch vor dem 700g-Ribeye schon der Fleischeslust hingeben will, der nimmt das erstklassige Tatar zum Selberanmachen.

Cornelia Poletto

Eppendorfer Landstr. 80,
20249 Hamburg (Eppendorf)
📞 040-4802159
www.cornelia-poletto.de
✔ **Di–Sa von 12–15 Uhr u. ab 18 Uhr,**
So u. Mo RT
Hauptgericht: 24–54 €,
Menüs: 69–164 €

In Cornelia Polettos charmantem Ecklokal, einem legeren Bistro im Stil einer Weinbar mit angeschlossenem Feinkostladen, wird an fünf Tagen in der Woche von mittags bis abends durchgehend ebenso zugänglich wie anspruchsvoll gekocht wird. Was hier in entspannter Atmosphäre und schlichtem, schickem Ambiente unter der Leitung von Polettos langjährigem Küchenchef Robert Stechmann auf die kleinen Tische kommt, teilt sich in eher bodenständige Klassiker der mediterranen Küche auf der einen und ein preislich und konzep-

tionell deutlich ambitionierteres, bis zu neungängiges Degustationsmenü auf der anderen Seite. Letzteres ebenfalls von der Italianità inspiriert, aber insgesamt deutlich weltläufiger. Das Team interpretiert beide Sparten sehr ansprechend, aber das Niveau ist bisweilen etwas heterogen. Die Gerichte des Menüs präsentieren sich eigentlich allesamt erstaunlich raffiniert und feinsinnig, während die der anderen Sparte zwar ebenfalls sehr attraktiv sind, aber auch mal vergleichsweise simpel und grob ausfallen können. Der Reiz der Küche insgesamt tut das keinen Abbruch – unsere in diesem Jahr nochmal nach oben korrigierte Bewertung bezieht sich allerdings ausschließlich auf die Menü-Performance. Klassiker wie beispielsweise „Pollo alla Poletto" oder die Antipasti-Variationen liegen eher eine Pfanne tiefer.

Fischereihafen-Restaurant

Große Elbstr. 143,
22767 Hamburg (Altona)
📞 040-381816
www.fischereihafenrestaurant.de
✔ **Täglich ab 11.30 Uhr durchgehend,**
kein RT
Hauptgericht: 15–65 €, Menüs: 45–84 €

Der große Klassiker in Hamburgs gehobener Restaurantlandschaft ist das Fischereihafen-Restaurant direkt auf dem Fischmarkt, wo von Gastgeberfamilie Kowalke seit über 60 Jahren generationsübergreifend für gehoben-gutbürgerliche Gastronomie und eine sehr gute, durch und durch klassische maritime Küche steht. Fisch, Krusten- und Schalentiere kommen im gepflegten, im besten Sinne konservativen Restaurant oder auf der kleinen Aussichtsterrasse unter der Ägide von Küchenchef Jens Klunker in sorgfältiger, fachmännischer Zubereitung auf die Tische. Hier geht's nicht um kreative Kombinationen, Innovationen oder moderne Kochtechniken, sondern um frische, hochwertige Produkte und guten Geschmack. Das gefällt seit jeher auch allerhand Promis aus Sport, Wirtschaft und Showgeschäft, die hier gerne ein und aus gehen und natürlich wiederum viele andere anziehen, denen es auf Sehen und gesehen werden ankommt. Ein Szenetreff mit hanseatischem Understatement und sehr guter Küche!

Haco

Clemens-Schultz Str. 18,
20359 Hamburg (St. Pauli)
📞 040-74203939
www.restaurant-haco.com/
🕐 Mi–Sa ab 18 Uhr, So–Di RT
Menüs: 119 €

Puristische Einrichtung, lässige Gangart, eine minimalistische, gemüselastige Küche mit nordischem Akzent, hoher Anspruch an die zumeist regionalen Produkte, Nischenweine und eine insgesamt sehr moderate Preisgestaltung: Das modern puristisch gestaltete Restaurant von Björn Juhnke auf St. Pauli wirkt zwar auf den ersten Blick wie eines der typischen „Casual-Fine-Dining"-Restaurants, wie es sie mittlerweile an jeder Ecke gibt – an dieser Hamburger Ecke (Haco = Hamburg corner) bekommt man es aber mit einem erfreulich eigenständigen Konzept und insbesondere mit einer eigenständigen Küche zu tun. Björn Juhnke und sein Team offerieren diese in Form eines zehngängigen Menüs, das auch als vegetarische Alternative zu haben ist. Was alle Gänge gemeinsam haben, ist der konsequente Verzicht auf alles Überflüssige. Mehr als drei Komponenten finden sich selten auf den schnörkellos angerichteten Tellern. Das kann zu genialem Purismus führen, in immer seltener werdenden Fällen aber auch mal etwas spröde wirken. Doch die hervorragende Qualität der handverlesenen Produkte reißt es immer raus, denn der hohe Anspruch, den der Chef bei seinen Viktualien aus Norddeutschland und den angrenzenden Nachbarländern hegt, macht sich auf jedem Teller bemerkbar. Und zu jedem gibt's auf Wunsch einen ebenfalls sehr individuellen Wein ins Glas.

Haebel

Paul-Roosen-Str. 31,
22767 Hamburg (St. Pauli)
📞 0151-72423046
haebel.hamburg/
🕐 Mi–Sa ab 17 Uhr, So–Di RT
Menüs: 95–109 €

Inhaber Fabio Haebel, im Breisgau geborener und aufgewachsener Wahl-Hamburger und nicht nur Inhaber dieses klitzekleinen, nach ihm selbst benannten Gourmetrestaurants in der Paul-Roosen-Straße auf St. Pauli, sondern auch der „XO Seafoodbar" und der Weinbar „haebel la cave" in unmittelbarer Nachbarschaft, hat die Exekutive am Herd des Haebel vor geraumer Zeit seinem jetzigen Küchenchef Kevin Bürmann übertragen. Gemeinsam bringen sie das sehr auf Nachhaltigkeit bedachte „Flora & Fauna"-Konzept mit omnivorer und vegetarischer Menüfolge voran – und setzen dabei auf einen gewissen Überraschungseffekt und das Vertrauen der Gäste: vorab wird nämlich gar nicht viel bekanntgemacht, was einem an dem jeweiligen Abend dann so erwartet. Man reserviert quasi ein bisschen die Katze im Sack, weiß nicht wie viele Gänge und was es genau gibt, entscheidet sich nur für „flora" oder „fauna", also ob man vegetarisch oder eben nicht-vegetarisch essen möchte und entrichtet über das Reservierungssystem eine Anzahlung, die dann am Besuchstag beim Bezahlen wieder verrechnet wird. So einfach, so unkompliziert, so gut. Das trifft auch auf die Küche von Kevin Bürmann und seinem kleinen Team zu, die sich betont schnörkellos und puristisch gibt, auf Effekthascherei und Streberarbeit auf den Tellern verzichtet und lieber die guten Produkte für sich sprechen lässt.
So schon beim Auftakt in Gestalt eines in Perlhuhnfett ausgebackenen herzhaften, mit etwas Crème fraîche, Saiblingskaviar und Algen-

kaviar gefüllter Krapfen und einem pergament-
dünnen, mit Ziegenfrischkäse und beherzt angerösteter Perlzwiebel gefüllten Tartelette.
Natürlich steckt auch in solchen, vergleichsweise übersichtlich gestalteten Dingen viel Arbeit drin, wenn man sie so akkurat und auf den
Punkt hinbekommen will. Genau wie im rah-
mig-cremig angemachten Taschenkrebssalat,
der mit dünnen, süßsauer eingelegten Streifen
von der Karotte, feinbitterer Senfsaat sowie etwas Karottengrün und Bronzefenchel gekrönt
war. Da ist alles gut abgeschmeckt, da greift
alles ineinander, da wirkt jedes Detail überlegt.
Generell lebt das Kulinarium von cleveren Akkorden. So wie sie beispielsweise auch eine
mild nussige Creme aus gerösteten Brokkoli
und Sonnenblumenkernen zur hausgebackenen Gewürzstange aus Kartoffel-Dinkelteig anklingen lässt. Ganz ohne Tricks und Zauberei.
Ein sehr schlankes und puristisches, aber auch
erstaunlich vollmundig und rund schmeckendes Gericht entstand in einem geschäumten
Muschel-Dashisud mit Schnittlauchöl beim
Zusammenspiel von Venusmuscheln und angebratenen Zucchinistücken. Und Selbiges traf
im Endeffekt auch auf den relativ säuerlich angemachten Salat von Breiten Bohnen und Keniabohnen zu, der mit einer im Gegensatz dazu
sehr warmwürzigen und herzhaften Consommé aus denselben Bohnen (plus Erbse für elegante rauchige Süße!) aufgegossen und von einer Leinsamenhippe mit frisch geriebenem
feinflockigem Meerrettich getoppt wurde.
Eines der großen Anliegen des Teams ist die
Ganztierverarbeitung, weshalb in unserem Fall
dem Perlhuhn auch gleich zwei Gänge gewidmet wurden. Zunächst das ausgelöste Fleisch
von der geschmorten Keule als Füllung von
sehr akkurat gefertigten Pasta-Taschen ähnlich
wie Agnolotti, die in einer Sauce aus Schaum
von fermentiertem weißem Spargel und Bärlauchöl badeten. Nicht spielentscheidend, aber
durchaus reizvoll war hierzu ein Akzent, der
mit Cassis-Pulver erzeugt wurde. Zur Brust des
Vogels, die als Perlhuhn-Crépinette im Chico-
rée-Mantel dargeboten wurde, gab es ebenfalls
einen spannenden Akkord aus sublimer natürlicher Süße und Bitteraromen. Begleitet wurde
die Tranche nur von weißem Spargel in einer
Beflockung aus knuspriger Perlhuhnhaut, Panko, Sesam und Nori-Alge sowie einer intensiven (aber nicht zu dichten) Perlhuhnglace.
Doch das war eine in sich überraschend vielschichtige und sehr stimmige Angelegenheit,
so dass man nichts vermisste.
Konsequent reduziert auch die süßen Sachen,
als Pré-Dessert eine Art Doppelkeks aus Berga-
motte-Parfait zwischen zwei Malz-Waffeln und

im Anschluss der schmissige Dreiklang einer
Nougatcreme unter Apfel-/Selleriegranité, gekrönt mit „falscher Baumrinde" aus karamellisierter Milch, die von cremig und tief über
säuerlich und erfrischend bis zu knusprig und
süß eine hohe Bandbreite an Eindrücken aufboten. Ergänzt um interessante Weinempfehlungen von Restaurantleiterin Jule-Fee Poll, die
den Service mit tatkräftiger Unterstützung der
Küchenmannschaft im Alleingang wuppt, ergibt das ein recht eigenständiges und stimmiges Gesamtbild.

Haerlin
im Hotel Vier Jahreszeiten
Neuer Jungfernstieg 9–14,
20354 Hamburg (Neustadt)
☎ 040-34943310
www.restaurant-haerlin.de
◷ Di–Sa ab 18.30 Uhr,
So u. Mo RT
Menüs: 185–220 €

Es gibt wohl deutschlandweit und selbst im internationalen Rahmen nur wenige Orte, die
konservative, aristokratische Grandhotel-Tra-
dition so perfekt verkörpern und zugleich lebendig ins Hier und Heute transformieren, wie
das Hotel Vier Jahreszeiten in Hamburg, das
unlängst sein 125-jähriges Jubiläum feierte.
Und genauso wie das gesamte Haus klassische
Tugenden der Luxushotellerie auf zeitgemäße
Art lebendig hält, wird auch im einerseits
prunkvollen, andererseits gekonnt modernisierten Gourmetspeisesaal des Haerlin höchstes kulinarisches Niveau auf inspirierte Art zelebriert. Atmosphärisch hat daran die junge,
schwungvoll und eloquent auftretende Servicebrigade wesentlichen Anteil, die gemeinsam
mit entspannten elektronischen Sounds im
Hintergrund dafür sorgt, dass so etwas wie stei-

fe Angestrengtheit nicht mal im Ansatz auftaucht.

Stattdessen gibt es viel entspannt-eleganten Komfort und insgesamt beste Voraussetzungen, um sich auf die in ihren Grundzügen absolut klassische, zugleich aber mit viel Esprit und feinen Details modernisierte Küche von Christoph Rüffer einzulassen. Gemeinsam mit seinem Team um Sous-Chef Tobias Günther prägt dieser einen Stil der insgesamt eher feinen, leisen Töne und scharfgestochener Akzente, die sich in einer durchdachten Dramaturgie übers Menü (in maximal 6 Gängen mit Auswahlmöglichkeiten beim Hauptgang) langsam steigern und insgesamt ein harmonisches, wie aus einem Guss wirkendes Erlebnis schaffen. Und das ist etwas, das sich vielleicht wenig spektakulär anhört, in dieser Perfektion aber tatsächlich nur von wenigen Köchen erreicht wird.

Unter den drei Miniaturen zur ersten Einstimmung zeigte zuletzt vor allem der wolkenleicht knusprige Rosen-Macaron mit zartcremiger Gänseleberfüllung, deren nougatartige Kraft fein von den floralen Noten umspielt wurde, wie präzise und handwerklich akkurat hier gearbeitet wird. Und der eigentliche Küchengruß, der einen Ring aus süßlich-purem Taschenkrebsfleisch in etwas Schwarzwurzelcreme mit einem leichten Krustentierfond mit Background von Orange und Ingwer füllte und durch Saiblingskaviar, filigranen Kartoffelcrunch und geeiste violette Shisoperlen ergänzte, zeigte sogar noch deutlicher das feine aromatische Verständnis, auf dem die Gerichte entwickelt werden.

Von diesem war auch der zurecht als Signature Dish firmierende erste Gang geprägt, der einen Kreis ausdrucksstarker Gänseleber in Trüffelgelee üppig über einer hauchdünnen Blätterteigschicht mit einem Rondell aus fleischigen rohen Jakobsmuschelscheiben und schwarzer Trüffel belegt und mit kleinen Selleriecremetupfen und einer süßlich-erdigen Trüffelvinaigrette ergänzte. Das Ergebnis: Ruhig, fein, exakt und elegant zwischen erdig-duftig, nougatartig tief und süßlich-klar, ergänzt von einem Hauch von Selleriewürze, auch durch etwas Blattgrün. Und auf zeitlos klassische Art genau auf dem Punkt.

Noch mal origineller und kreativer war dann die Begleitung von einem nicht weniger als perfekten Carabinero (knackig-zart, voller Saft, Spannung und klarem Geschmack...) durch einen „Kombu-Beerentee" genannten Dashi-Fond, dessen beinahe rauchig wirkende Umami-Fülle feinsinnig durch herbe rotfruchtige Beerennoten erweitert wurde. Dazu brauchte

es nicht mehr als die nussig-salzige Kopfnote von reichlich Imperial-Kaviar und eine luftige, jodig-gründuftige Austernemulsion als cremige Verbindung für einen wunderbar pointierten Eindruck.

Wie hoch der Anspruch an die Produktqualitäten ist, zeigte auch der geangelte Steinbutt, der – sanft gedämpft und dann abgeflämmt – mit festem, klararomatischem und zugleich löffelzartem Fleisch in einer dynamischen Emulsion aus Limone und Kapuzinerkresseöl angerichtet war. Deren ätherische und lebendig-frische Note von etwas süßlicher Kohlrabicreme abgefedert und von knackig mit Blattgrün geschichteten Lamellen wiederum eher nussig und ätherisch erweitert. So stand der Premiumfisch zurecht klar im Zentrum, bekam aber zugleich ein flirrend spannungsgeladenes Umfeld.

In ganz klassische Gefilde, aber auf ebenfalls dynamisch perfektionierte Art, ging es beim Kalbsbries im Hauptgang: dieses wurde leicht meliert als röstig-zartes Prachtstück präsentiert und frühlingshaft ergänzt von knackigen Erbsen, einer zarten Creme von Erbsen und Frühlingslauch mit feiner anisduftiger Estragonnote, saftigen frischen Morcheln mit einer Füllung aus Kalbsbries-Farce und Estragon sowie einem genau abgezirkelten Saucenduo aus eleganter transparenter Kalbsjus und einem luftigen Parmsanschaum für feine zusätzliche Würze. Das kann man in diesem Stil kaum besser machen!

Dass die Pâtisserie hier kein Stück hinter den herzhaften Offerten zurücksteht, sondern genauso präzise mit feinen aromatischen Details arbeitet, zeigte zunächst die im Cocktailglas servierte Kombination aus feingewürfelter geschmorter Ananas, deren exotische, teils tiefe dunklere Noten von zartcremigem Karamelleis und dünnen Baiser-Hippen mit gerösteten Haselnüssen, insbesondere aber einem betörenden lauwarmen Safran-Gewürzsud abgerundet wurden. Wobei letzterer mit seinen blumig-herben Noten, unter anderem von Kardamom und Fenchel erweitert, besonders gekonnt Fernweh weckte.

Nicht unbedingt Fernweh, aber bereits viel Lust auf den nächsten Besuch, weckte dann das kreative Hauptdessert mit einem kompakt-cremigen Mangosorbet im Zentrum, das von einer pur beinahe überkonzentriert parfümierten Vanillecreme bedeckt und von einer fruchtig-grasigen Emulsion von Passionsfrucht und Olivenöl individuell ergänzt wurde. Für auflockernde Säurekicks sorgten dazwischen Kerne, Krokant und Sphäre vom Granatapfel und gaben dem mit jedem Bissen neue Facetten aufzeigenden Dessert noch einen enormen Frischeschub.

Fazit: das Team um Christoph Rüffer ist auch nach Corona sicht- und schmeckbar hochmotiviert und in absoluter Topform. Gemeinsam mit der Tatsache, dass sich in dem Weinkeller des Vier Jahreszeiten eine wahre Schatzgrube für Enthusiasten verbirgt, genauso aber lohnende Alternativen für all jene zu finden sind, die nicht auf Raritätensuche sind und Sommelier Christian Scholz auch in seiner bestens angestimmten Weinbegleitung (die wahlweise als „Premier" oder „Grand Cru" gebucht werden kann) für hohes Niveau in den Gläsern sorgt, ist und bleibt das Haerlin eine Pflichtadresse für anspruchsvolle Gourmets in der Hansestadt.

Heimatjuwel

Stellinger Weg 47,
20255 Hamburg (Eimsbüttel)
☎ 040-42106989
www.heimatjuwel.de
◷ Di–Sa ab 17.30 Uhr, So u. Mo RT
Menüs: 79–89 €

EC ⬤ VISA hīhī ♿

Dass Inhaber und Küchenchef Marcel Görke in dem auf charmante Weise kiezig wirkenden Heimatjuwel seit Jahren seiner Leidenschaft folgen kann, ohne dass ihm dabei jemand sagt, was er zu tun hat, führte zu einer äußerst positiven kulinarischen Entwicklung. Weil der Chef hier nämlich nun seine Vorliebe für regionale Produkte und insbesondere den kreativen Umgang mit Gemüse nach eigenen Vorstellungen umsetzt, entstand mit der Zeit ein auf unangestrengte Art immer ausgefeilter wirkender Stil, der sich auf den Tellern nicht nur in Gestalt starker Gesamtakkorde mit schöner geschmacklicher und textureller Balance präsentiert, sondern mittlerweile fast ausnahmslos

vegetarisch. Und das, ohne dass man Fleisch und Fisch je an irgendeiner Stelle vermissen würde, selbst als überzeugter und leidenschaftlicher Omnivore…

Apropos Überzeugung: Man hat hier auch zu keiner Zeit auch nur ansatzweise das Gefühl, Marcel Görke würde bloß den aktuellen Trends von Vegetarismus und Nachhaltigkeit hinterherhecheln. Man nimmt ihm seine schon seit Jahren glaubhaft gelebte Philosophie einer sehr bewussten, streng saisonalen, im besten Sinne „grünen" Küche unumwunden ab. Und freut sich über ein konsequentes „Farm to table"-Konzept, das nicht nur ein gutes ökologisches Gefühl vermittelt, sondern sehr gekonnt auch alle Sinne des anspruchsvollen Gourmets anspricht.

Beim Menü, dessen Gänge mit Aromenfarben betitelt sind, muss man sich als Gast im Grunde nur zwischen fünf oder sechs Gängen sowie beim Hauptgang für die vegetarische oder nicht-vegetarische Alternative entscheiden. Es begann in unserem Fall nicht nur mit hervorragendem Sauerteigbrot und einer aromatischen, aber unaufdringlichen Bärlauch-Margarine, sondern auch mit kleinen „Snacks aus dem Gemüsegarten", unter denen neben einem saftigen herzhaften Gugelhupf mit Füllung aus Rotkrautcreme insbesondere das filigrane dekonstruierte Smørrebrød herausstach.

Wie wohl sich der Chef im Gemüsegarten fühlt, zeigte auch das gelungene vegetarische Amuse, ein mit Estragoneis gekröntes Karottentatar, dessen nussige Seite noch von gerösteten Sonnenblumenkernen verstärkt und mit Schnittlauchöl grünfrisch in Schach gehalten wurde. Aber auch die erste Vorspeise, die mindestens genau so gut, originell und facettenreich schmeckte, wie sie aussah, zeugte vom Görkes Fingerspitzengefühl für Gemüse: Hier konnte sich nämlich Chicorée in roh marinierter, in Rotwein geschmorter und angerösteter Form gleich von drei unterschiedlichen Seiten präsentieren und wurde von vier ebenso klar geordnet wie wild durcheinander in dünnen Spuren aufgetragenen Cremes (Sanddorn, Rotwein, Kräuter und Buchweizen) vielschichtig unterstützt und akzentuiert. Bärlauchkapern und gerösteter Buchweizen brachten gemeinsam mit etwas Sauerampfer noch weitere Facetten ins Spiel, so dass man es hier mit einem erstaunlich komplexen Auftakt zu tun hatte.

Eine eingelegte und geräucherte Kartoffel mit interessant herausgekitzeltem Eigengeschmack ließ im Anschluss daran in Kombination mit Champignon als roh gehobelte Scheiben, Creme und kraftvoller Sud ein breites, umamistarkes Geschmacksbild vermuten, das aber durch Vogelmiere bzw. Postelein und vor allem das versteckte Zutun von Geleekügelchen aus Bieressig angenehm verschlankt und raffiniert aufgebrochen wurde.

Und auch bei den Varianten vom Kürbis, die als dünne eingelegte Scheiben, geschmorte Stücke und als Creme auf dem Teller zugegen waren, gelang es sehr gut, das gemeinhin schnell zur Breitseite und Behäbigkeit neigende Gemüse zu einem überraschend zugespitzten und dynamischen Auftritt zu verhelfen. Zum einen durch hauchdünne knackig-saftige Tranchen von der Sauerkleewurzel, zum anderen auch durch eine säuerlich abgeschmeckte Sauce von schwarzem fermentiertem Knoblauch, die zudem das sonst fast immer karamellig süß daherkommende Würzmittel mal von einer ganz anderen Seite präsentierte. Geröstete Kürbiskerne fügten sich da auch nicht bloß als knusprige Textur ein, sondern verstärken kongenial das Nussige des Kürbisses.

Wie feinmotorisch die Darbietungen von Marcel Görke gegenüber sehr vielen anderen „Gemüseküchen" sind, zeigte beispielhaft auch das folgende Intermezzo in Gestalt eines wirklich fragil hauchdünnen knusprigen Zylinders, der mit sublimer Selleriecreme gefüllt war, welcher gehobelter Deichkäse und Kaffeestaub zu einem auch aromatisch prononcierten Auftritt verhalfen. Aber auch wenn man sich dann zum Hauptgang doch für den einzigen optionalen nicht-vegetarischen Gang entscheidet und ein akkurat im Noriblatt als Zylinder eingewickeltes und punktgenau glasig gegartes Lachsforellenfilet nebst Tatar und Kaviar der Lachsforelle serviert wird, bekommt man es mit einer sehr eleganten, wohlproportionierten und geschmacklich sensibel abgestimmten Küche zu tun. Den Fisch begleitete Pastinake als Creme, als eine gegarte Scheibe, die als Sockel für das Tatar diente, sowie als moderat scharfes Kimchi. Eine leichte, unaufdringliche Jalapeño-Sauce ergänzte das Ganze mit herber grüner Frische und moderater Schärfe äußerst gewinnbringend.

Ebenfalls ansprechend und originell, wenngleich aber nicht ganz so ausgefeilt wie die übrigen Gänge, präsentierte sich das süße Finale mit einer haptisch etwas sperrigen Kreation von Topinambur, Cassis, Hanf und Fichtensprosse, unter anderem als Macaron, Baiser und Sorbet. Auch der Nachtisch von Eifler Ziegenfrischkäse mit eingelegter Schwarzer Walnuss und Eis vom Knäckebrot konnte zwar nicht ganz mit den vorausgegangenen Darbietungen mithalten, als dennoch sehr schmackhafter Abschluss aber nicht den hervorragen-

den Gesamteindruck trüben. Den prägen auch der erfrischend unkomplizierte, jederzeit aufmerksame Service, das Wein- und Getränkeangebot sowie last but not least das hervorragende Preis-Genuss-Verhältnis.

Heldenplatz

6

Brandstwiete 46,
20457 Hamburg (Speicherstadt)
📞 040-30372250
www.heldenplatz-restaurant.de
Mi–So ab 18 Uhr, Mo u. Di RT
Hauptgericht: 27–39 €,
Menüs: 75–89 €

EC **VISA**

Trotz einiger Änderungen vor und während der Coronazeit, die auch einen Küchenchefwechsel mit sich brachten, bleibt das Restaurant in einem denkmalgeschützten Haus in der Hafen-City ein lohnender und sehr entspannter Genussort, an dem man es zu moderaten Preisen mit überraschend guter schnörkellos interpretierter zeitgemäßer Küche zu tun bekommt. Das Team ist mit Qualitätsbewusstsein, Fingerspitzengefühl und guten Ideen am Start und so wird hier weiterhin fundiert, originell und substanzreich mit Sinn für Optik, Proportionen und geschmackliche Details, aber mit erfreulich wenig Show auf den Tellern gearbeitet. Die schnörkellos aber oft nicht ohne Twist aufs Porzellan gebrachten Gerichte überzeugen durch ausdrucksstarke Aromen und clevere Akzente, die man in dem schicken, aufgeräumten Gastraum auch noch bis spät abends genießen kann. Die Weinkarte listet sehr viele auch höherwertigere Gewächse internationaler Provenienzen im Offenausschank.

Henssler & Henssler

5

Große Elbstr. 160,
22767 Hamburg (Altona)
📞 040-38699000
www.hensslerhenssler.de
Di–Sa von 12–15 Uhr u. ab 17.30 Uhr,
So u. Mo RT
Hauptgericht: 30–43 €,
Menüs: 33–79 €

EC HiTH

Im quirligen, schlicht und schick in Rot, Schwarz und Weiß gehaltenen Lokal von Fernsehkoch Steffen Henssler herrscht eine unkomplizierte Atmosphäre und es wird eine durchaus schmackhafte, asiatisch inspirierte Crossoverküche aus soliden Produkten geboten, die durchaus mit pfiffigen Akzenten aufwartet. Auch Sushi, Sashimi & Co. stehen hoch im Kurs, bieten zwar im Vergleich nicht höchstes Niveau und entsprechen auch nicht der reinen Lehre, sind aber doch um Klassen besser als das, was in den allermeisten Sushiläden landauf landab unter diesem Namen verkauft wird. Auch Sashimi, Tempura & Co. oder gute, am Knochen trockengereifte Steaks sind im Angebot. Die Preise sind gehoben, aber in Relation zum Gebotenen auch nicht überzogen.

Hygge
im Hotel Landhaus Flottbek
Baron-Voght-Str. 179,
22607 Hamburg
☎ 040-82274160
www.hygge-hamburg.de
◐ Täglich ab 16 Uhr, kein RT
Hauptgericht: 21–39 €,
Menüs: 36–48 €

Wer bei dem Restaurantnamen und dem Konzept übertriebenes Hipstertum vermutet und gedanklich abwinkt, der war noch nicht da. Denn das „Hygge" (gemütlich, behaglich…) schafft mit seiner aufgelockerten Raumgestaltung mit verschiedenen Sitzecken, bequemen Sesseln und Couches rund um prasselndes Feuer in einen verglasten Kamin eine ebenso heimelige wie stylische Atmosphäre, die nur bei vollem Haus auch mal etwas lauter und quirliger wird.

Dazu passt der unverkrampft anspruchsvolle Stil der Küche absolut perfekt. Man kann hier ganz nach Gusto nur eine Kleinigkeit zu gutem Wein oder Cocktails, ein größer dimensioniertes Gericht à la carte oder ein mehrgängiges Menü in angepassten Dimensionen wählen – und wird in den allermeisten Fällen von den handwerklich klar und präzise umgesetzten, mit originellen Ideen angereicherten Gerichten eher positiv überrascht als enttäuscht sein.

Insbesondere die Vorspeisen und Zwischengerichte können erstaunlich raffiniert und feinsinnig ausfallen. Wie beispielsweise ein Gang um Jakobsmuschel mit Muschelvinaigrette, Erbsen und Passepierre: Die dünnen, roh marinierten und als Carpaccio ausgelegten Scheiben von der Jakobsmuschel, die dergestalt ihre Qualität und Frische voll ausspielen konnten, waren hier nicht nur mit der annoncierten Muschelvinaigrette nappiert, sondern auch Unterlage für ein paar Schwert- und Herzmuscheln, die darauf verteilt waren. Von knackigen Passepierre-Quellern und frisch gepulten Erbsen grünfrisch eingefasst und durch eine jodige, vermutlich auch mit Passiepierre aromatisierte Mayonnaise mit wohldosiertem Schmelz versehen, war das eine äußerst attraktive Angelegenheit.

Den locker wirkenden, aber in den Details gut durchdachten Stil repräsentierte auch die gepökelte, schmelzend-zart gegarte und lackierte Kalbsbrusttranche ganz hervorragend, die unter salzig-würzigem Amaranth-Crunch mit geröstetem Brokkoli, frischgrüner Brokkolicreme mit getrockneten Champignonscheiben und einem dezent zitrisch hinterlegten Dashisud in der kleiner gewählten Portionsgröße eine animierende Vorspeise abgab.

An anderen Stellen triftet die Lockerheit ein klein wenig ins Grobe, Rustikale ab – allerdings dennoch mit kraftvoll-schmissigen Geschmacksbildern. So wie bei dem dünn und nicht zu plakativ mit einem rauchig-süßen Barbecue-Lack gebratene Seeteufel unter gerösteter Hanfsaat, bei dem eine konzentriert würzige Kürbiscreme und dunkel (beinahe bitter) geröstete Kürbisspalten etwas zu salzig-mächtig wirkten, was durch etwas Kräuteröl und eine mild-frische helle Fischvelouté teilweise, aber nicht in Gänze abgefedert wurde. Da wäre beispielsweise allein durch den Verzicht auf die brutzelig-röstwürzigen Spalten ein noch stimmigerer, eleganterer Eindruck möglich gewesen.

Die Gegensätze von glasig-frischem, angenehm zurückhaltend gewürztem Kabeljau und sehr milder Weißwein-Schaumsauce auf der einen Seite und grober, deftiger, rösch angerösteter Blutwurst und kraftvoll intensivem Schnittlauch-Kartoffelpüree auf der anderen Seite gingen bei einem weiteren Fischgang besser balanciert und harmonischer auf. Ein im Grunde ganz schlicht arrangiertes Gericht, das einmal mehr durch die gute Produktqualität, solides Handwerk und die zupackende Aromatik bestens funktionierte.

Die meisten Dinge bewegen auch ganz klar und unzweifelhaft auf 6-Pfannen-Level, so wie beim letzten Mal zum Beispiel auch das Dessert mit Schokolade und Brombeere, bei dem eine mit Brombeergel und Vanillecreme betupfte Schichtschnitte mit ihrem saftigen Bisquit und der schmelzig-festcremigen Ganache nebst aromatischem Brombeersorbet aus dem Pacojet, Schokoladenerde und dünnen Schokohippen einen niveauvollen Abschluss bescherte.

Das junge dynamische Team im Service hat das Geschehen (auch im vollen) Restaurant bestens im Blick und Griff, berät kompetent und weiß auch gut zu den Gerichten passende Weine aus der kleinen, aber feinen Getränkekarte zu empfehlen, in der es neben Wein auch lohnende Drinks von der Bar aus teils ausgefalleneren Produkten zu entdecken gibt.

Jacobs Restaurant

im Hotel Louis C. Jacob
Elbchaussee 401–403,
22609 Hamburg (Nienstedten)
📞 040-822550
www.jacobs-restaurant.de
◐ Di–Sa ab 18 Uhr,
So u. Mo RT
Hauptgericht: 26–65 €,
Menüs: 79–135 €

Nach einer langen Corona-Schließungsphase und einer noch längeren Zeit, in der das elegante Restaurant in dem geschichtsträchtigen Traditionshaus an der Elbchaussee mit seiner legendären Lindenterrasse nur für die standesgemäße Verpflegung der Hausgäste zur Verfügung stand, greifen Küchenchef Thomas Martin und sein Team wieder an. Der Routinier, der hier seit über 20 Jahren seinen Dienst tut, muss längst niemandem mehr etwas beweisen und hat auch schon vor der Pandemie mit ei-

nem veränderten Konzept bewiesen, dass es für große Küche zwar immer großen Aufwand, aber nicht unbedingt kompliziert aufgebaute und vielteilig bestückte Teller braucht. So kann man sich hier als Gast weiterhin auf eine konsequent um alles Überflüssige entschlackte klassische Küche freuen, deren Kreationen von der überdurchschnittlichen Qualität aller Viktualien und von ihrer besonders präzisen Zubereitung profitieren. Die gibt es neben der Auswahl an Gerichten à la carte sowohl als fünfgängiges Chefmenü mit Fisch und Fleisch als auch in einer vegetarischen Variante. Und egal, für was man sich entscheidet – immer kommt man in den Genuss hervorragender, tadellos auf den Punkt gebrachter Hauptprodukte inmitten reduzierter, auf die natürlichen Aromen der Viktualien abzielender Kompositionen, die meist von einer aufwendig zubereiteten und meisterlich abgerundeten Sauce begleitet werden. Eben ganz so, wie man es von der klassischen französischen Küche kennt und schätzt.

Jahreszeiten Grill

Neuer Jungfernstieg 9–14,
20354 Hamburg (Neustadt)
📞 040-34943312
www.hvj.de
◐ Täglich von 12–14.30 Uhr u. ab 18 Uhr,
kein RT
Hauptgericht: 24–85 €

Meeresfrüchtecocktail, verschiedene Sorten Austern und Kaviar, Hummercremesuppe, an der Gräte gebratene Seezunge und unterschiedliche Cuts hervorragender Fleischrassen mit traditionellen Beilagen nach Wahl: Seit jeher steht hier als die ehrenwerte, im Art-déco-Stil gestaltete Jahreszeiten-Grill in Hamburgs vornehmstem Hotel für eine im besten Sinne konservative hanseatische Klassiker-Küche, ergänzt um gehobene internationale Gerichte der traditionellen Art. Aufgrund des hohen Qualitätsanspruchs, der hier seit jeher an Produkt und Zubereitung gelegt wird, macht das auch ganz ohne Innovationen großen Spaß. Zudem kann man sich im ersten Haus am Platz formvollendetem Service und einer ausgezeichneten Weinauswahl sicher sein, aber natürlich auch einem gehobenen Preisniveau bei Speis' und Trank.

Jellyfish

Weidenallee 12,
20357 Hamburg (Eimsbüttel)
☎ 040-4105414
www.jellyfish-restaurant.de
♥ Mo ab 18 Uhr, Do–So von
12–14.30 Uhr u. ab 18 Uhr
(Mittagskarte abweichend), Di u. Mi RT
Hauptgericht: 18–35 €,
Menüs: 45–169 €

Nachdem das kleine Jellyfish mitten auf der Schanze in der Vergangenheit mit einigen Turbulenzen zu kämpfen hatte, scheint dort nun mit Stefan Fäth als Inhaber und Küchenchef wieder Ruhe und Kontinuität eingekehrt zu sein. Weder von den wiederholten autonomen Attacken auf das vermeintlich elitäre Restaurant noch von der Corona-Krise hat sich der Jungunternehmer einschüchtern lassen und betreibt das extrem puristisch und trotzdem irgendwie stimmungsvoll und gemütlich eingerichtete Lokal nun schon im dritten Jahr erfolgreich und mit unvermindert großen Ambitionen. Auch wenn er – so zumindest unser Eindruck nach dem jüngsten Besuch – auf seinen Tellern mittlerweile etwas abgerüstet hat.
Aber so ein bisschen mehr Reduktion auf das Wesentliche tat dem einstmals extrem elaborierten und detaillierten Küchenstil gar nicht schlecht, denn wir erinnern uns noch an überwiegend sehr komplex aufgebaute Kreationen, was dann in Summe vielleicht doch auch mal etwas zu viel sein konnte. Das jüngste Menü, welches wir im Jellyfish genossen, wirkte über die Gesamtdistanz der sechs Gänge jedenfalls aufgeräumter und klarer strukturiert – ging aber trotzdem sehr facettenreich und aufwendig los und ließ auch sonst nichts vermissen. Ein mit klararomatischem Tatar vom Hamachi und sanft würzendem Kaviar beladener Cracker, ein raffiniertes Räucherfisch-Beignet und ein filigranes, mit saftigem Hummertatar gefülltes Knusperröllchen stimmten schon mal äußerst adäquat auf den maritimen Schmaus ein. Das Jellyfish ist und bleibt ein ausgewiesenes Fischrestaurant!

Auch wenn es im Kulinarium durchaus auch mal einen vegetarischen Gang geben kann, so wie die Vorspeise „Gazpacho Andaluz", die freilich nicht als herkömmliche Rohkostsuppe serviert wurde, sondern als sehr kleinteilig und komplex auf engem Raum arrangierte Vorspeise, bei der alle klassischen Gazpacho-Aromen in unterschiedlichen Texturen und Temperaturen von Sorbet über Gelee, Püree bis zu knackigen Stücken vorkamen und sogar noch durch weitere Bausteine stimmig ergänzt wurden: Kleine, leicht abgeflämmte Würfel von Feta oder ein paar Tupfen Pistou erweiterten das Spektrum dieser sehr intensiv und ausdrucksstark auf den Punkt gebrachten Kreation jedenfalls gewinnbringend, ohne an deren Grundcharakter zu rühren.

Überhaupt scheint Stefan Fäth nicht unbedingt erpicht darauf, das Rad neu erfinden und mit noch nie dagewesenen Kombinationen beeindrucken zu wollen. So setzt er auch mit dem nächsten Gang um gebackenen Seeteufel mit Kopfsalat und Senf auf ein erprobtes Geschmacksbild, dem er allerdings mit der wohldosierten Schärfe von Jalapeño und den schneidig zitrischen Sidekicks schmelziger Zitronenperlen ganz beiläufig lebhafte Akzente unterjubelt. Auch sonst begeistert der qualitativ beeindruckende, hauchdünn panierte und kein bisschen fettige Fisch, der auf einer geschmeidigen Creme mit dem Geschmack eines guten Kartoffelsalats platziert wurde und von einem grünen, frischen Umfeld aus knackigen Kopfsalatherzen und Kopfsalatsud umgeben ist.

Noch eingängiger und klassischer wird es mit dem süffigen Löffelgericht um ein minutiös bei 51,5 Grad eine Stunde zur homogen cremigen Perfektion gegartes Eigelb, das sich bis zum Anstechen in einem Nest aus Nussbutterschaum unter einer kleinen Rosette aus eingelegten Trüffelscheiben versteckt hielt und ansonsten von nichts als ein paar krossen Brotcroûtons und Schnittlauchringen begleitet und aromatisiert wurde. In solchen Momenten lässt Fäth dann doch auch eindrucksvoll den Dieter-Müller-Schüler aufblitzen und überführt die traditionelle französische Klassik durch eine handwerklich wie aromatisch sehr feingezeichnete Ausführung gekonnt ins Hier und Jetzt.

Einen Schwall orientalischer Exotik bekam in Gestalt von ausladend warmwürziger Karotte nebst süßsäuerlich eingelegter Zwiebel, Koriandercreme und Escabeche-Schaum das

Schwanzteil eines kleinen kanadischen Hummers mit auf den Weg. Und auch wenn das Krustentier nicht nur von herausragender Qualität, sondern auch optimal knackig-glasig auf den Punkt gebracht war, hatte es in unseren Augen den kleinen Schönheitsfehler, dass es beim confieren zu stark aromatisiert wurde und einen Tick zu salzig auf den Teller kam – was den Genuss jedoch nicht wirklich trüben konnte, sondern nur deutlich machte, wo hier noch Optimierungspotenzial schlummert.

Im Mittelpunkt steht fraglos auf jedem Teller immer das sehr gute Hauptprodukt, auch wenn man es, wie im Fall des umwerfenden Adlerfischs, der sich in festblättriger Bestform mit schönstem roséfarbenen Fleisch in zartem Glanz präsentieren durfte, auf den ersten Blick gar nicht sieht. Der unter dünnen knackigen Scheiben von marinierter Topinambur, knuspriger Topinamburschale und verschiedenen Salzkräutern versteckte Fisch, der auf einem schaumigen See aus ganz milder, sanfter Meerrettich-Beurre-Blanc schwamm, begeisterte restlos. Das tendenziell eigentlich recht erdige, breit angelegte Gericht erfuhr durch die Süße und zitrische Frucht kleiner Tupfen eines Yuzugels genügend ausgleichende Balance, so dass auch hier wieder ein angenehm rundes und trotzdem dynamisches Geschmacksbild entstehen konnte. Den Rest besorgte die trotz des fortgeschrittenen Alters von acht Jahren noch erstaunliche Frische eines 2013er Grünen Veltliners vom Nikolaihof, der sich hier hervorragend als Weinbegleiter machte.

Überhaupt wirkten die von Restaurantleiter Patrick Ufer kredenzten Tropfen nicht nur erfrischend originell und eigenständig, sondern auch so ausgewählt, dass man unschwer schmecken konnte, dass sich da jemand Gedanken gemacht hat. So war etwa der reinsortige, auf Granitböden gewachsene Alvarinho der Quinta de Soalheiro ein echter Volltreffer zur Gazpacho-Interpretation und die würzige, im Barrique ausgebaute mallorquinische Cuvée „Sa Vall" von Miquel Gelabert begleitete das Trüffel-Ei kongenial. Hier lohnt es sich unserer Ansicht nach sehr, die Weinbegleitung zum Menü zu ordern…

Und weil Stefan Fäth bemerkenswert leicht kocht, ist selbst nach ausgiebigem Genuss der beiden sehr guten Brotsorten (Sauerteig Kruste und Focaccia) mit würziger Algenbutter zu Beginn und während des Menüs auch am Schluss noch genügend Platz für ein Dessert. Zumal der in einem hohen Cocktailschälchen servierte Abschluss um eingelegte Mirabelle, Brioche und Gartenkresse unter einem aschebestäubten Ziegenfrischkäseschaum auch sehr

locker-flockig und beschwingt daherkam, so dass man sogar final bei den Petits fours noch ohne Völlegefühl mit Genuss zuschlagen kann.

☷ 8↑ ⟋— 🍴🍴🍴🍴

Lakeside
im Hotel The Fontenay Hamburg
Fontenay 10,
20354 Hamburg (Rotherbaum)
☎ 040-6056605740
www.thefontenay.de
⊘ Di–Sa ab 19 Uhr, So u. Mo RT
Menüs: 169–189 €

EC ▭ ⊙ VISA P ᴴᴵᴺ 🅺 ♿

Mit seinen großzügig und weitläufig gestalteten Räumlichkeiten, der eleganten luxuriösen Einrichtung, den in weitem Abstand zueinander gestellten und aufwendig eingedeckten Tischen sowie einem sensationellen Breitwand-Panoramablick über die Außenalster und das Stadtbild, dürfte das Lakeside im mondänen Fontenay-Hotel eines der spektakulärsten Restaurants im Norden der Republik sein. Außerdem bietet es nicht bloß ein anspruchsvolles Setting, sondern wird von seiner vielköpfigen versierten Brigade unter der Leitung von Servicechef Michel Buder und Sommelière Stefanie Hehn auch niveauvoll bespielt. Und standesgemäß bekocht, denn das Team um Küchenchef Julian Stowasser ist hier maximal ambitioniert zugange, setzt auf modernisierte französische Klassik aus besten internationalen Produkten und scheut bei seinem sechsgängigen Menü in Sachen Handwerk und Präsentation keinen Aufwand.

Schon die Apero-Snacks, eine Gurken-Sphäre mit Crème fraîche im hauchdünnen Knusperschälchen, ein roter Shiso-Macaron mit moussiger Pilzfüllung und ein knuspriges Gänseleberröllchen mit Salzpflaume beeindruckten nicht nur durch millimetergenaues Präzisionshandwerk, sondern auch durch glasklar und markant herausgearbeitete Aromen. Denselben Eindruck bot das Amuse-Bouche um lauwarm temperierten schottischen Lachs, der auf Apfel-Staudenselleriesud gebettet und mit etwas effekthaschend direkt am Tisch per Stickstoff schockgefrorenem Wasabi-Schaum getoppt war. Auch hier ein sehr feines Hauptprodukt und klare, deutliche Aromen mit Säure und Schärfe, zu hundert Prozent harmonisch in Einklang gebracht.

Ohnehin scheint Julian Stowasser bei seinen Kompositionen sehr auf Harmonie bedacht zu sein, denn auch wenn es, wie bei der mild gebeizten und behutsam abgeflämmten Bernsteinmakrele auf einem Tatar von Gurke, Staudensellerie und Mandel, mit Dingen wie geeisten Limejus-Kügelchen, einer mit Jalapeño angeschärften Cevice-Vinaigrette und mit Avocadocreme gefülltem Rettich-Dim-Sum auf dem Papier so aussieht, als ob das ein Gericht wäre, das auf Krawall gebürstet sein könnte, erweist sich auf den Teller das Gegenteil: alle Aromen sind zwar klar und deutlich erkennbar, aber nichts prescht vor, nichts eckt an, alles verbindet sich zurückhaltend zu einem überraschend subtilen Geschmacksbild. Nur eine nicht sonderlich zugespitzte Mayonnaise hinterließ auf diesem ansonsten so klaren, transparenten und schneidigen Teller zumindest punktuell einen etwas stumpfen, fettigen Eindruck.

Nichts dergleichen beim Zwischengang um weiße und grüne Spargelspitzen mit Aki-Kaviar, die zusammen mit Kräutern und Geltupfen von der Yuzu-Zitrone auf einem dünnen Ring aus Kräutergelee und Knusperbrot arrangiert waren. Unterfüttert von einer mit Yuzu aromatisierten Hollandaise und umgeben von aromatischem Spargelschaum war das ein vollkommen ebenmäßiges, von seinen natürlichen Aromen voll aufgeladenes Gericht.

Und diese sehr klassisch geprägten Gerichte profitieren klar von der extrem präzisen handwerklichen Umsetzung und den intensiv und glockenklar herausgearbeiteten, dadurch stark zugespitzt wirkenden Aromen der Produkte. So auch bei der schmalen, in Perfektion auf der Haut kross gebratenen Tranche eines großen Wolfsbarschs die Tomate, die Artischocke und das Basilikum. Im Grunde nichts Außergewöhnliches, aber in der wohlgeformten Intensität und Tiefenschärfe, die hier in Mousse und Creme von der Tomate, in gegrillter, zu Stroh frittierter und zu Ganité geeister Artischocke und unter anderem als Baiser eingeflochtenem Basilikum den Weg auf den Teller fanden, aber durchaus sehr außergewöhnlich. Säure, Süße, Kraft, Spannung: alles da!

So ein dynamisches Geschmacksbild brachte auch die mit einer mit Tandoori gewürzten Farce gefüllte und in eine Knusperbeflockung aus Panko, Pistazie und Gewürzen gehüllte Wachtelbrust mit. Gebettet auf eine Melange aus Spinat und Aubergine, akzentuiert mit Tupfen von griechischem Joghurt und knusprigen frittierten Kapern, umgeben von einer vollmundigen Kapern-/Rosinensauce mit ausgewogenem Säurespiel und feiner, eleganter Süße, bekam der Vogel auch nach seinem Ableben nochmals Flügel verliehen – ohne, dass er damit gleich hektisch davongeflogen wäre. Während neun von zehn Köchen mit diesen Aromen und Produkten wahrscheinlich ordentlich über die Stränge geschlagen hätten, gelingt Stowasser hier einmal mehr ein sehr feiner, elegant ausgewogener Akkord – aber mit genügend Druck dahinter!

Was man dem Chef in keiner Weise vorwerfen kann, ist Aktionismus und Effekthascherei. Die Auswahl der Produkte und deren Zusammenstellungen klingen zumeist deutlich gediegener, um nicht zu sagen langweiliger, als sie sich dann auf dem Teller präsentieren. So auch beim Roastbeef vom exklusiven Kagoshima-Wagyu mit seiner Eskorte aus Sellerie, Shiitake und jungem Lauch: das klingt auf dem Papier nach gemüsig, erdig, würzig, breit, präsentierte sich aber auf Teller nicht bloß wegen der elaborierten, handwerklich und optisch vielteiligverspielten und elegant proportionierten Art deutlich zugespitzter und spannender als erwartet.

Und auch wenn eine Komposition dann doch schon in der Speiskarte originell klingt, so wie das Dessert von Erdbeere und weißer Schokolade, bei dem nämlich nicht bloß das Aroma der Holunderblüte eingeflochten war, sondern auch Kalamata-Olive, bleibt die Küche nichts schuldig. Zusammen mit Sauerklee setzten die Olivenakzente einerseits markante Nadelstiche, verliehen dem Nachtisch aber durch die Salzigkeit auch enorm viel Tiefe und brachten so das Aroma der Erdbeere und der Holunderblüte überraschend weit nach vorne.

Auch Stefanie Hehn versteht es, den Gerichten mit ihren mitunter sehr originellen Weinempfehlungen bisweilen noch den entscheidenden Kick zu geben – ab Sommer 2022 wird sich die renommierte junge Sommelière jedoch erst mal in den Mutterschaftsurlaub verabschieden. Wir wünschen alles Glück der Welt und hoffen auf ein baldiges Wiedersehen in Hamburgs wahrscheinlich aussichtsreichstem Gourmetrestaurant.

Landhaus Scherrer

7 🍴🍴🍴

Elbchaussee 130,
22763 Hamburg (Ottensen)
📞 040-883070030
www.landhausscherrer.de
🕐 Mo–Sa von 12–14.30 Uhr u. ab 18 Uhr,
So RT
Hauptgericht: 22–54 €,
Menüs: 111–153 €

Der Klassiker auf der Elbchaussee mit seinem hellgrün-holzvertäfelten Gourmetrestaurant ist und bleibt Hamburgs Hort der ultraklassischen französischen und gehoben-norddeutschen Küche. Innovationen finden woanders statt, hier werden völlig zurecht die hauseigenen Evergreens gehegt und gepflegt, was nicht nur die zahlreichen Stammgäste erfreut goutieren, die man hier an jedem zweiten Tisch erkennen kann, sondern auch gelegentliche Besucher, die mal wieder in den Genuss einer Oevelgönner Fischsuppe im Bouillabaisse-Stil oder der legendären krossen Vierländer Ente mit Spitzkohl, Selleriepüree und Orangensauce kommen wollen, für die Küchenchef und Patron Heinz Wehmann seit mittlerweile über drei Jahrzehnten berühmt ist und die es auch regelmäßig ins Menü schaffen. Man darf aber auch nicht glauben, dass das Landhaus Scherrer Innovationen scheuen und nicht mit der Zeit gehen würde. So wie hier einstmals schon sehr früh (und nur dankbar kurz) mit molekularen Spielchen begonnen wurde, gibt es im Hier und Heute auch ein veganes Menü. Der erfahrene Grandseigneur und sein Team bereiten auch das nach allen Regeln der Kochkunst zu und der Gast wird mit und ohne Fleisch und Fisch mit süffigen, kraftvollen Gerichten verwöhnt, die Tiefe und Ausdruckskraft ohne besondere Schwere oder Opulenz aufs edle Porzellan bringen.

Lenz

5 🍴🍴

Poppenbütteler Chaussee 3,
22397 Hamburg (Duvenstedt)
📞 040-60558887
www.restaurant-lenz.de
🕐 Mo u. Do–Sa von 12–14.45 Uhr
u. ab 17.30 Uhr, So ab 12 Uhr
durchgehend, Di u. Mi RT
Hauptgericht: 11–33 €, Menüs: 28–52 €

In der fast schon ländlichen Peripherie am äußersten nördlichen Stadtrand von Hamburg ist das Restaurant von Lenz Leslie Himmelheber schon seit vielen Jahren eine sichere Bank, wenn bodenständige und trotzdem anspruchsvolle Küche gefragt ist. Wobei sich das „anspruchsvoll" in dem gepflegten leReren Lokal im Bistrostil, das etwa zur Hälfte mit massiven Hochtischen ausgestattet ist, weniger über besonders luxuriöse Produkte und aufwendige Präsentation definiert, sondern vielmehr über Produktqualität, Sorgfalt und seriöses Handwerk im Einfachen. In der Weinkarte finden sich die Gewächse namhafter Erzeuger wie Lageder, Klumpp, Molitor oder Bassermann-Jordan.

Memory

5↑ 🍴🍴

Sülldorfer Landstr. 222,
22589 Hamburg (Sülldorf)
📞 040-86626938
memory.metro.bar/?lang=de
🕐 Di–Sa ab 18 Uhr, So u. Mo RT
Menüs: 43–59 €

Inga Büttner-Hagemann und Heiko Hagemann kredenzen in ihrem von außen recht unscheinbar anmutenden und drinnen mit warmfarbig-dunkelroter Wandgestaltung, Terracottafliesenboden und hübsch eingedeckten Tischen einladend schlicht-modern wirkenden Restaurant eine gute klassische Küche für gehobene Ansprüche zu moderaten Preisen. An fünf Abenden in der Woche zeigt der in namhaften Restaurants zum Chef gereifte Gastgeber in Menüform auf sorgfältig und wohltuend aufgeräumt arrangierten Tellern klassische, mitunter auch ideenreiche Gerichte eher traditioneller und gerne mediterraner Art. Immer handwerklich fundiert, immer sehr schmackhaft und aus guten, frischen Produkten zubereitet. Die Weinkarte hat ihren Schwerpunkt bei europäischen Gewächsen und ist ebenso moderat kalkuliert wie die Speisen.

Morellino

**Falkenried 54,
20251 Hamburg
☎ 040-4206295
morellino.hamburg/
☯ Di–Sa ab 19 Uhr,
So u. Mo RT
Menüs: 145–178 €**

🆔 ▭ ⬤ **VISA** 🏧 🅧 ♿

Im weiten Meer uniformer Restaurantkonzepte mit oftmals nahezu identischem Küchenstil machen uns unangepasste, eigenwillige Lokale wie das der beiden Idealisten, die gemeinsam das Restaurant Morellino im Stadtteil Hoheluft betreiben, ganz besonders viel Spaß – auch wenn die hier gebotene Küchenleistung nicht leicht zu bewerten ist. Dass Konzept und Prozedere nicht jedermanns Sache sind, kann man an einigen Laien-Rezensionen in den einschlägigen Bewertungsplattformen lesen, die allerdings – wie eigentlich fast immer – stark subjektiv gefärbt sind und im Grunde mehr auf die hier gepflegte „Carte blanche" und das hohe Preisniveau abzielen, als sich auf die für den zugegebenermaßen tatsächlich stattlichen Obolus tatsächlich gebotene Kulinarik zu beziehen. Für uns war das also fast noch ein Grund mehr, hierherzukommen…
Dass in dem von Peter Theiss – eloquenter Gastgeber mit italienisch-tschechischen Wurzeln – sehr persönlich und mit Herzblut geführten Restaurant nichts von der Stange ist, kann man schon beim Blick in die Menükarte erkennen. Da ist von einem „Culinary tasting Menu" und von einem „Gourmet tasting Menu" die Rede, es wird nicht allzu viel über deren Speisefolge verraten, aber man kann erahnen, dass hier alles etwas anders ist als anderswo. Im Gespräch mit Theiss erfährt man schnell, was ihn und seine Frau, die als Einzelkämpferin am Herd steht, so alles umtreibt: authentischer Geschmack, hohe Produktqualitäten, schnörkellose Präsentation. Per Eigendefinition eine mediterran inspirierte Küche mit Einflüssen moderner Nordic Cuisine, eigentlich aber eine Weltküche, die keine Grenzen kennt.

Gekocht wird sehr intuitiv, nach Marktlage, Lust und Laune. So erklärt sich auch, warum der Speisezettel nur grobe Hinweise wie „Sea salad – microgreens", „Sous vide quail breast" oder „Surprise from the kitchen" gibt – und man vielleicht nach dem nominellen Hauptgang und vor dem Dessert nochmal ein Carpaccio untergeschoben bekommen könnte. Das Produkt und seine hohe Qualität stehen hier für die Gastgeber jedenfalls klar im Mittelpunkt – wenngleich wir der Ansicht sind, dass die Produkte zwar oft, aber nicht immer ihre Exzellenz und ihren Charakter in ganzer Breite ausspielen können. Nur ein Beispiel: ungewöhnlich viele Viktualien werden hier hauchdünn aufgeschnitten als Carpaccio kredenzt, wodurch sie längst nicht so stark wirken können, wie das mit mehr Material und Biss möglich wäre.

Los ging es jedenfalls sehr gut, nämlich mit einem als rundes Törtchen präsentiertem Salat von Artischocke, Zwiebel und warmgeräuchertem Heilbutt, das mit kleinen Segmenten von geflämmtem Hamachi und Sakura-Kresse getoppt war. Zusammen mit sehr gutem hausgemachtem Brot, das sich irgendwo zwischen Focaccia und Brioche bewegte, kam auch eine Eigeninterpretation des Vitello Tonnato an den Tisch, bei dem das transparent dünne Rohfleisch vom Tiroler Kalb eben nicht nur mit der obligatorischen sämigen Thunfischsauce nappiert war, sondern auch von einer fruchtig-pikanten Creme aus Chili und roter Paprika, im Ofen kandierten Oliven und Rock Chives Kresse akzentuiert wurde, was dem traditionellen Geschmacksbild einen spannend süßlich-scharfen Twist gab.

Zu jenen Gerichten, bei denen das Hauptprodukt nach unserer Auffassung nicht optimal in den Fokus gerückt, sondern vielmehr untergebuttert wurde, zählte das Duett um wieder carpacciodünn aufgeschnittenen rohen Lachs aus Alaska und verschwindend wenig Oktopus, denen Brombeeren, Himbeer-Geleekügelchen, verschiedene Kressesorten wie rote Shiso oder Tahoon und eine pikante Sauce auf Basis von schwarzem Knoblauch, Whisky und Chili-schärfe gänzlich die Show stahlen. Bei einem nach dem nominellen Hauptgang an unge-wöhnlicher Stelle servierten kleinen Gang um Kaninchenrücken und Erbsen konnte weder das abermals hauchdünn geschnittene Fleisch noch die sehr weichen und mit Fremdwürze sowie Röstaromen weitgehend denaturierten doppelt gepalten Erbsen zeigen, was sie natur-gemäß eigentlich draufgehabt hätten.

Zu den absolut gelungenen Vertretern ihrer Art zählten zum Beispiel das rosa gebratene und dünn aufgeschnittene Rückenfleisch vom Hirschkalb mit gerösteten kleinen Buchenpil-zen und einer elegant milden Sauce auf Basis von Fontina-Käse mit Spinat und Trüffel, aber unbedingt auch das Carpaccio vom Filet eines kanadischen Bisons, das mit cremiger Sauce auf Basis von Knollensellerie und Steinpilz nap-piert und großzügig mit richtig guter, erdig-pil-ziger Périgord-Trüffel überhobelt war. Bei ei-nem warmen Gang um Gillardeau-Auster und Seeteufelbäckchen in einem Sugo aus neapoli-tanischen Tomaten fanden wir die intensive Sauce grandios und die maritime Einlage we-gen zu viel Hitze und Röstaromen nur passabel. Ganz generell könnten nach unserem Dafürhal-ten Fisch, Krusten- und Schalentiere ruhig et-was glasiger und roher präsentiert werden, denn auch die gerösteten Tranchen und das „Ragout" vom Bluefin Thunfisch, die nebst Gurke, Kräutermayo und fruchtig-pikanter Vi-naigrette aufgeboten wurden, war uns derge-stalt tendenziell zu trocken und ausdruckslos.

Wie die Produkte viel besser rüberkommen können, zeigte die Chefin dann mit zwar be-herzt von den Flammen geküssten, im Kern aber noch schön glasigen Vertretern von Ja-kobsmuschel und Gambero, die auf einen mit Pilzen, Esskastanie und Portwein angesetzten, perfekt cremig-suppig zubereiteten Wildreisri-sotto drapiert waren. Aber auch die „Label Rouge"-Wachtelbrust auf Linsen und einem originellen Sugo von fermentiertem Lollo und Walnuss machte in ihrer saftigen und aroma-tisch voll präsenten Art viel Spaß. Ganz schlicht und köstlich auch der Nachtisch in Gestalt von vollaromatischen marinierten Erdbeeren in Kombination mit unverschämt cremigem und nicht zu süßem Mascarpone-Softeis und etwas Baiser.

Unser Besuch bot uns also einen kurzweiligen und auch genussvollen Abend, konnte letztlich ob des hohen Preisniveaus aber nicht uneinge-schränkt begeistern. Weniger Gänge, weniger Carpaccio, dafür mehr Wareneinsatz und ins-besondere bei Fisch und Schalentieren kürze-re Garzeiten wären nach unserem Gusto der Schlüssel für eine noch überzeugendere Kü-chenleistung. Dass im Morellino sehr gut ge-kocht wird, steht nämlich außer Frage!

NIKKEI NINE

Neuer Jungfernstieg 9,
20354 Hamburg (Neustadt)
☎ 040-34943399
www.nikkei-nine.de
🕐 Mo–Fr von 12–14 Uhr u. ab 18 Uhr,
Sa u. So ab 18 Uhr, kein RT
Hauptgericht: 36–125 €,
Menüs: 79–115 €

Nikkei-Cuisine, jene populäre Fusion aus japa-nischen Küchentraditionen und Einflüssen aus Südamerika im Allgemeinen und Peru im Be-sonderen, wurde in den vergangenen Jahren auch hierzulande immer populärer. Spätestens seit deren einstiger Gründervater Nobuyuki Matsuhisa, der seine Nobu- und Matsuhisa-Restaurants bereits in vielen Metropolen dieser Welt etabliert hat, ein Outlet in München er-öffnete. Auch das im Keller des Hamburger Fairmont Hotel Vier Jahreszeiten unterge-brachte Nikkei Nine ist seit seiner Eröffnung vor nunmehr drei Jahren ein echter Hotspot in der Hansestadt, der längst nicht nur von Hotel-gästen besucht wird. Und das nicht ohne Grund! Denn selbst wenn das Konzept von Nobu inspiriert sein mag – aus rein kulinari-scher Sicht empfinden wir das, was Küchen-chef Song R. Lee und sein Team in dem sehr schick in Braun- und Goldtönen gestalteten Restaurant mit offener Küche, Barbereich und Lounge auf die Teller bringen, mittlerweile so-gar anspruchsvoller.

Auch hier ist das Angebot sehr breit gefächert und reicht von Sushi und Sashimi über eine be-trächtliche Anzahl kalter und warmer Vorspei-sen oder diverse Nudel- und Reisgerichte bis hin zu den Hauptgängen, bei denen das jeweilige Hauptprodukt oft von der Brüllhitze des Robata-Grills profitiert, auf dem es kurz und knackig angeröstet wird. Doch während wir die Kreationen in diversen Nobu- und Matsuhisa-Outlets oft als sehr plakativ und vergleichsweise grob empfunden haben, wirken die Gerichte im Nikkei Nine deutlich feiner gezeichnet, aromatisch und handwerklich sensibler abgestimmt. Einen schönen Querschnitt durch die Küche bekommt der Gast im Rahmen des Omakase-Menüs geboten, das hier fünf Gänge hat und sich auf Signature-Dishes konzentriert. Auf Wunsch kann man dieses Menü auch upgraden und bekommt es dann bei einem der Gänge mit japanischem Wagyu-Beef der Fettstufe A5 zu tun. Wer zum ersten Mal hier ist, sollte die Möglichkeit nutzen und macht damit sicher keinen Fehler.

Wir haben uns diesmal auf eine à la carte getroffene Auswahl konzentriert und bekamen in deren Rahmen zunächst eine Vorspeise um wunderbar schmelzige, nicht zu dünn geschnittene Tranchen vom mildwürzig eingelegten Balfegó-Tunfisch serviert, der auf einer zwar durchaus kraftvollen, aber zugleich unaufdringlichen und transparenten Wafu-Sauce angerichtet war. Deren umamiwürzige Süße mit genügend ausgleichender Säure vermählte sich köstlich mit dem Aroma der auf der Microplane fein über das Gericht gehobelten Trüffel und etwas Korianderkresse. Dazwischen ploppte immer wieder das Jodige von Ikura (Lachskaviar) und die krautig-nussigen Aromen einiger Cremetupfen aus Shiso-Blättern auf, die dem Ganzen bei aller Einfachheit noch mehr Komplexität und Dynamik verliehen.

Grundsätzlich wird hier nicht gebastelt und mit der Pinzette angerichtet, trotzdem bieten die Teller oft auch was fürs Auge. So wie die krossen Tempura Garnelen, die nebst mit Garnelenfarce gefüllten und ebenfalls in Tempurateig frittierten Röllchen aus Nori-Alge und etwas Salat von nach Zuke-Art eingelegter Gurke entlang einer dünnen Spur des als „Causa a la Limeña" bekannten Peruanischen Kartoffelbreis angerichtet waren, die sich über den Teller schlängelte. Trotz des relativ ausdrucksstarken, mit Sepia gefärbten Suds auf Sojabasis hätte man sich hier allerdings noch etwas deutlichere Aromenakzente gewünscht.

Umamihaft zupackend und vollmundig, trotzdem aber fein und filigran, wirkten die mit Rindfleisch gefüllten Yaki Gyoza-Täschchen, die von einer leicht pikanten Dashibrühe warmwürzig umschmeichelt und von etwas eingelegtem Daikon-Rettich ätherisch erfrischt wurden. Wie viel Wert hier auf hohe Produkt-qualität gelegt wird, zeigte beim letzten Besuch auch eindrucksvoll der Patagonische Seehecht, der in optimal fester, frischer Qualität auf dem Teller lag und von Topinambur (als Creme), zweierlei Zwetschge und einer mit Yuzu und Amarillo säuerlich-fruchtig aromatisierten Sauce im Stil einer Beurre blanc umschmeichelt wurde.

Viel gutes, eigenaromatisches Fleisch, dem durch die heißen Flammen auf dem Robata-Grill die nötigen Röstaromen herausgekitzelt wurden, gab es schließlich zum Hauptgang: Namentlich saftige mundgerechte Tranchen Secreto vom Iberico-Schwein, die mit geräucherter Aubergine und Süßkartoffel schon sehr pointiert daherkamen, als (verzichtbare) Side-Dishes aber auch noch etwas Reis und mit Katsuobushi gewürzte Pimientos de Padrón zur Seite hatten.

Zu allem Überfluss gibt es im Nikkei Nine auch noch wirklich originelle, fein ausgeführte Desserts. Zum Beispiel ein mit nussiger Paste von geröstetem Sesam gefülltes cremiges Marshmallow-Kissen nebst „Leche de tigre"-Sorbet, marinierten Kumquats und einem mit Aji Panca angeschärften Sud, was sich zu einem sehr spannenden und komplexen exotischen Geschmacksbild formierte. Und auch die glasweisen Weinempfehlungen sowie die zuvorkommend und engagiert auftretenden Servicemitarbeiter unterstreichen den hohen Eigenanspruch des Hauses.

Nil

Neuer Pferdemarkt 5,
20359 Hamburg (St. Pauli)
☎ 040-4397823
www.restaurant-nil.de
🕐 Mo–Do ab 18 Uhr, Fr–So ab 17 Uhr,
kein RT
Hauptgericht: 20–30 €,
Menüs: 42–52 €

In dem originellen Restaurant mit geschwungener Galerie auf St. Pauli geht es stets heiter und locker zu. Alles mutet nach Szenerestaurant an, doch sollte man davon nicht auf das Niveau der Küche schließen, denn die ist hier deutlich besser, als man es vielleicht auf den ersten Blick vermuten würde. Gekocht wird seit jeher munter querwelten, mal herzhaft-regional, öfter aber mit mediterranem Oberton, aber immer geschmacksstark und handwerklich fundiert. Kleine, aber feine Käseauswahl. Und auch an guten, bezahlbaren Weinen besteht hier kein Mangel.

Osteria da Francesco

Milchstr. 3–4,
20148 Hamburg (Rotherbaum)
☏ **040-25304380**
www.osteria-da-francesco.de
🕐 **Täglich ab 12 Uhr durchgehend, kein RT**
Hauptgericht: 16–54 €,
Menüs: 45–180 €

EC ◉ VISA htth ♿

Die Osteria da Francesco von Padrone Francesco Delvecchio, der nicht nur jahrzehntelanger gastronomischer Wegbegleiter für viele Hamburger Kaufmannsfamilien, sondern auch für manch Prominenz aus Funk und Fernsehen ist, darf mit Fug und Recht als der große Klassiker unter den italienischen Ristoranti der Hansestadt bezeichnet werden. Und dessen Küchenchef Jochen Kempf als routinierter Könner unter Hamburgs Küchenchefs. Er hat sich einst im Restaurant Prinz Frederik von Fritz Lay respektable Auszeichnungen erkocht und muss folglich niemandem mehr etwas beweisen – hat aber nach wie vor große Lust, anspruchsvoll und kreativ zu kochen.

Und daraus resultiert dann eine Küche, die undogmatisch zwischen traditionellen italienischen Klassikern wie Vitello Tonnato oder Rindercarpaccio nach Cipriani-Art und originellen Eigeninterpretationen wie den Thunfischscheiben aus der Granatapfel-Beize mit gehobeltem Fenchel und Meerrettich- Schmand tendiert – und alles wird gleichermaßen locker flockig und unaufgeregt auf die Teller gebracht. So fällt es uns hier seit Jahren immer wieder einigerma-

ßen schwer, das animierende Angebot von Karte und Schiefertafel zu einer realistisch bewältigbaren Auswahl zu dezimieren.

Nicht herumgekommen sind wir beim letzten Mal um ein Beispiel für eine Vorspeise, die zugleich ein sehr schönes Beispiel für den konsequent klassischen und trotzdem originellen Stil der Küche war: In Nussbutter colorierte Seezungenfilets, zusammen mit noch zart knackigen dünnen Scheiben von mariniertem Knollensellerie und saftigen weißen Weintrauben auf einem rahmig-säuerlichen Spiegel aus French Dressing arrangiert, die von der markanten Würze der Tahoon-Kresse auch noch einen interessanten Akzent mitbekamen. Das schmeckt frisch und leicht, ist trotzdem vollmundig, überfordert niemanden, langweilt aber auch nicht.

Schon davor gab's sehr gutes saftig-warmes Brot und ein leicht pikantes, fruchtiges Paprikakompott als Auftakt. Danach dünnteigige Kalbsschwanzravioli, auf der Oberseite mit etwas Kalbsjus glasiert, auf Parmesancreme gesetzt und von einer straff säuerlichen aufgeschäumten Zitronen-Buttersauce umgarnt, deren zitrisch herbes Aroma sich am Gaumen dynamisch mit dem schmorwürzigen Inhalt der Pasta und der fruchtigen Süße einiger konzentrierter confierter Cherrytomaten aufschaukelte. Alleine dafür kämen wir immer wieder gerne hierher.

Etwas gediegener wirkte im Vergleich das Arrangement um qualitativ sehr guten gebratenen Kabeljau, der von zwei etwas bieder anmutenden ganzen Salzkartoffeln flankiert auf einem Bett aus tomatenfruchtigem Linsengemüse platziert war. Wäre hier nicht auch die Sauerkraut-Beurre-Blanc so relativ zahm, sondern mit straffem Säurespiel ausgestattet gewesen, hätte trotzdem ein schmissiger Akkord entstehen können. So blieb das ganze leider etwas akzentlos, schmeckte aber natürlich trotzdem rund und harmonisch.

So wie unser Favorit des letzten Besuchs, bei dem schön große, fleischige Kalbsbries-Nuggets zusammen mit beherzt angeröstetem und dann zart gedünstetem (aber nicht verkochtem!) Lauch und frisch gehobelter schwarzer Trüffel auf ein Bett aus sehr pur schmeckendem Selleriepüree angerichtet waren. Eingerahmt von Kalbsjus mit reichlich satt aufgesogenen Trüffelspänen war das eindeutig Kategorie Soulfood und für uns ein schöner Menühöhepunkt – auch wenn das Ganze natürlich stilistisch mehr der französischen Klassik, als der typischen Cucina italiana zuzuordnen ist.

Aber das wäre beispielsweise der mit der Pfeffermischung „Mélange Noir" gewürzte Rehrücken mit kakaoherber Schwarzwälder-Kirsch-Sauce und Spitzkohl auch nicht – und ist trotzdem jederzeit einen Versuch wert! Wer es eher mit traditionelleren Rezepturen der italienischen Küche hält, wird aber mit Kalbsleber in Salbeibutter, Scaloppine al Limone oder einem Brasato vom US-Beef mit wildem Oregano glücklich. Versprochen!

Oder mit einer Tiramisù, die im Verhältnis mehr aus Creme als aus Bisquit besteht und neben einigen Amarenakirschen ganz ohne die übliche zuckersüße Penetranz auch noch von einem Kaffeeeis begleitet wird, das so aromatisch und voll wie ein guter Eiskaffee schmeckt. Und weil man hier immer auch zuvorkommend bedient wird und das Weinangebot (selbst glasweise) genügend gute Tropfen aus ganz Italien bereithält, ist die Osteria da Francesco mittags wie abends eine sichere Bank.

Otto's Burger

Grindelhof 33,
20146 Hamburg (Rotherbaum)
☎ 040-38046525
ottosburger.com
⊗ Mo–Do von 12–22.30 Uhr,
Fr u. Sa von 12–23 Uhr,
So von 12–22 Uhr, kein RT
Hauptgericht: 9–12 €

Klassische Craft-Burger aus erlesenen Zutaten, frisch und natürlich zubereitet, immer wieder originell variiert und garantiert so richtig schön chunky.

Otto's Burger

Lange Reihe 40,
20099 Hamburg (St. Georg)
☎ 040-23953382
ottosburger.com
⊗ Mo–Do von 12–22.30 Uhr,
Fr u. Sa von 12–23 Uhr,
So von 12–22 Uhr, kein RT
Hauptgericht: 9–12 €

Klassische Craft-Burger aus erlesenen Zutaten, frisch und natürlich zubereitet, immer wieder originell variiert und garantiert so richtig schön chunky.

Otto's Burger

Schanzenstr. 58,
22765 Hamburg (Sternschanze)
☎ 040-33458270
ottosburger.com
⊗ Mo–Do von 12–22.30 Uhr, Fr u. Sa von 12–23 Uhr, So von 12–22 Uhr, kein RT
Hauptgericht: 9–12 €

Klassische Craft-Burger aus erlesenen Zutaten, frisch und natürlich zubereitet, immer wieder originell variiert und garantiert so richtig schön chunky.

Petit Amour

Spritzenplatz 11,
22765 Hamburg (Ottensen)
☎ 040-30746556
petitamour-hh.com
⊗ Mi–Sa ab 18.30 Uhr, So–Di RT
Menüs: 159–184 €

EC ⊙⊙ VISA

Dass die allermeisten Chefs hierzulande „auf klassisch französischer Basis" kochen ist schon beinahe ein Allgemeinplatz und nicht zuletzt den Ausbildungsinhalten in der Kochlehre geschuldet. Viel weniger selbstverständlich ist es, dass auch bei der Gestaltung eines eigenen Stils und Menüs die klassisch französische Linie konsequent durchgezogen und nicht mit den vielfältigen Einflüssen des modernen Mainstreams, einflussreicher kreativer Chefs oder exotischer Länderküche vermischt wird. Insofern hat das, was Boris Kasprik im Petit Amour in Hamburgs lieblich grünem Stadtteil Ottensen abliefert, tatsächlich Alleinstellungsqualitäten.

Denn hier wird in jedem Gericht und Detail die französische Haut Cuisine gefeiert – ohne allerdings biedere oder sogar angestaubte Klassik zu servieren. Ganz im Gegenteil: durch eine gewisse puristische Klarheit und feinsinnige, präzise Details wirken die Teller durchwegs absolut zeitgemäß, ohne wiederum ihre französischen Wurzeln zu verleugnen oder zu verstecken. Gemeinsam mit einer von heiterer Lockerheit und Eleganz geprägten Umgebung entsteht daraus ein Ort, an dem es sich unkompliziert Genießen und zugleich auf eine spannende Entdeckungsreise gehen lässt.

Unsere letzte Entdeckungsreise in diesem Sinn begann zum Aperitif mit filigranen Petitessen rund um die Kartoffel: Eine frittierte Kartoffelwaffel mit Rindertatar, Wachtelei und Schnittlauch, ein Pommes Soufflé mit Crème fraîche und Kaviar sowie ein famoses heißes Kartoffel-Getreidebällchen mit cremiger Ziegenkäsefüllung überzeugten dabei allesamt mit klaren und prägnanten Aromen und machten Lust auf mehr.

Diese wurde dann zunächst mit einem vielteiligen Küchengruß rund um Hummer und Rübchen gestillt, bei dem (unter anderem) eine „Hummer-Weißwurst" mit einem knusprigen Laugenbrotdeckel und Rübchensenf ein klein wenig massig wirkte, eine subtil ätherische Rübchen-Sphäre mit geröstetem Beinfleisch dafür deutlich feiner und ein zarter Dim Sum mit Scherenfleischfüllung, Kimchi und Bisque noch intensiver und zugespitzter. Als kalte Zubereitung stellte ein grob geschnittenes Tatar vom Hummer unter Hummereiscreme und Hummerchip den Produktgeschmack des Krustentiers schön klar in den Mittelpunkt, ergänzt von einem hellgelb-violetten Saucenduo aus verschiedenen Rüben – aromatisch allerdings beide sehr dezent und ohne den letzten prägnanten Kick. In Summe ergab das aber eine ebenso vergnügliche wie vielschichtige Produktschau.

Ein optischer Knaller folgte mit dem Gänseleberparfait mit Pilz als Schachbrett – handwerklich meisterhaft akkurat und geschmacklich mit viel Umami-Power, wobei die Leber und Pilzcreme aromatisch relativ nah beieinander lagen und eher harmonisch als kontraststark wirkten. Kontrast kam vielmehr von knackig gegartem Essiggemüse, das von Karotte über Rettich bis Champignons reichte und mit einem klar konturierten Frische-Boost ums Eck kam.

Zu Hochform lief die Küche dann beim mild angeräucherten und sanft temperierten Ora King Lachs auf, der mitsamt karamellisiertem Pulver von der Amalfi-Zitrone, einem süß-sauren Staudenselleriegelee und Granny Smith Apfel mit einem frischwürzigen Selleriesud angegossen wurde. Dieser löste und vermischte die applizierten Bestandteile, dennoch blieben die aromatischen Konturen zwischen ätherischer Zitronenschalenwürze, grüner Selleriewürze und fein abgestuftem Süße-Säurespiel erhalten und entfalteten eine beachtliche Dynamik. Toll!

Das galt im Grunde auch für den glasig im Noriblatt gedämpften Steinbutt in bester Frische inklusive (leider ziemlich derb schmeckender) Auster. Letztere trübte dann auch die jodige Klarheit des mit verschiedenen marinierten Algen, einem Kartoffel-/Brunnenkresse-Sorbet, Austernschaum und einem schaumigen Beurre blanc mit genauso viel knackiger Säure wie Volumen angereicherten Ensembles, das separat noch von etwas Algensalat mit einer flüssigen Kresseperle und Austernschaum ergänzt wurde.

Beim Reh mit der Pfeffermischung „Melange Noir", Rote Bete und Quitte schwächte wie schon im letzten Jahr, trotz filigranen Handwerks und akkurater Optik, ein deutlicher Hang ins Süße die Gesamtwirkung ein wenig – sowohl durch die Bete-Crumbles auf dem Reh, die knusprigen Bete-Cannelloni mit gezupftem spicy Rehfleisch, als auch die weich geschmorte Quitte, deren herb-säuerlicher Charakter nicht mit klarer Kante, sondern eher mild abgepudert integriert war. Wenn hier Frucht und Süße noch klarere Gegenspieler bekommen hätten, wäre aus dem sonst handwerklich erstklassigen Gericht sogar noch mehr rauszuholen gewesen.

Beim süßen Abschluss in Form einer bestechend echt aussehenden Fake-Banane, die als Interpretation von „Bananenbrot" mit erfreulich feiner Fruchtigkeit von Erdnusscrunch und Salzkaramelleis begleitet wurde, stimmten dagegen sowohl die Optik als auch die geschmackliche Balance. Und auch Sommelier Mathias Mercier trifft bei der Auswahl passender Weine regelmäßig voll ins Schwarze und sorgt am Spritzenplatz 11 gemeinsam mit Nadine Dobberitz und Jonas Becker für eine positive, beschwingte Atmosphäre.

Piment

**Lehmweg 29,
20251 Hamburg (Eppendorf)**
☎ 040-42937788
www.restaurant-piment.de
⏱ Mo–Di u. Do–Sa ab 19 Uhr, Mi u. So RT
**Hauptgericht: ab 45 €,
Menüs: 165 €**

EC ◯◯ VISA ⊞

Wenn man unwissend den Lehmweg in Eppendorf entlangschlendert, würde man bei Hausnummer 29 nicht unbedingt vermuten, dass sich hinter der unscheinbaren Fassade eines der besten zehn Restaurants der Hansestadt verbirgt. Mit ähnlich viel Understatement, aber nicht ohne Stil und Eleganz, präsentiert sich das wohltuend schlicht und reduziert in Schlamm- und Sandtönen gestaltete Ambiente, mit Stuckarbeiten an der Decke, moderner Kunst an den Wänden, bequemen, drehbaren Ledersesseln an blanken Holztischen – alles sehr geschmackvoll und mit viel Atmosphäre.

Ebenso unaufdringlich und wirkungsvoll, wie das Ambiente, grüßte die Küche zuletzt mit einem etwas anders, nämlich als Löffelhappen interpretierten „Flammkuchen" und einer mit Mixed Pickles gefüllten gebackenen Teigpraline. Im gleichen unaufgeregten Stil, kompositorisch aber schon etwas vielschichtiger, folgte danach der Küchengruß, bei dem ein glasiges, pikant gewürztes Medaillon vom Carabinero zusammen mit einer Blumenkohlpraline in einen Ingwer-Reisschaum gebettet war, ob seiner laktisch-säuerlichen Frische mutmaßlich auf Joghurtbasis hergestellt. Und zu zweierlei Brotgebäck (Roggen und Brioche) kredenzte der Service aufgeschlagene Butter, die mit kandierter Orangenschale aromatisiert war, sowie ein warmwürziges, aus Süßkartoffel hergestelltes „Pesto".

Schöpfer dieses erfrischend unkonventionellen Auftakts ist der 1970 in Casablanca geborene Küchenchef Wahabi Nouri, der während seiner Lehr- und Wanderjahre unter anderem bei Harald Wohlfahrt in der Schwarzwaldstube zu Baiersbronn und bei Eckart Witzigmann in dessen legendärer Aubergine gearbeitet hat, sich aber schon früh eine eigene Handschrift aneignen konnte. Und die lässt deutlich Nouris marokkanische Wurzeln erkennen, auch wenn der nordafrikanische Touch auf den Tellern meist weit weniger expressiv daherkommt, als man vielleicht erwarten würde. Hier und da wirken die Gerichte eher wie französische Klassik mit einem moderaten orientalischen Twist. In jedem Fall präsentieren sich die Kreationen niemals besonders plakativ, scharfkantig und kontrastreich, sondern sind vielmehr immer äußerst harmonisch, weich und rund ausgearbeitet.

Spannung und Kreativität finden sich dennoch reichlich auf Wahabi Nouris Tellern. Etwa, wenn beim Hamachi, der bei unserem jüngsten Besuch zur Vorspeise als marinierte geflämmte Scheiben und als Tatar interpretiert wurde, sehr gekonnt und raffiniert mit unterschiedlichen Säuren gespielt wird. Die fanden sich etwa in einer mayonnaiseartigen Creme aus Rettich mit Krustentierjus, in zwei aus Tomate und Melone hergestellten imitierten Himbeeren oder in marinierten Rettich-Komponenten, die hier mit einer subtilen, leicht grasig-nussig anmutenden, mutmaßlich mit mildem Olivenöl hergestellten Vinaigrette interagierten. Ein interessanter, vielschichtiger, subtil abgestimmter Auftakt mit einer ganz eigenen Note. Die Gerichte des Chefs wirken generell immer erfreulich eigenständig. So auch das gebeizte orientalische Wildtatar, das gar nicht so sehr „orientalisch" angemutet hat wie gedacht, in seiner würzig-gemüsig angemachten Art aber sehr gut mit der Begleitung aus einem cremigen Espuma-Teppich von der weißen Herbstrübe, einer kleinen Nocke Eis aus Topinambur, etwas Pastinake und Buchenpilzen korrespondierte, unter derer Melange es versteckt war. Wahabi Nouri versteht es vorzüglich, seine Gerichte bei aller Eleganz vollmundig, satt und rund schmecken zu lassen.

Ein solches „Wohlfühlgericht" war auch die Paella-Interpretation mit glasig-knackigen, in fruchtiges Gelee gegossenen Kaisergranat-Segmenten und gebratenen Calamaretti, die mit einer Timbale von partiell knusprig angebratenem Reis und geschmorter roter Paprika als markantester Bestandteil des marokkanischen

Traditionsgerichts Chakchouka in einen mild-würzigen Krustentierschaum eingebettet waren. Da spielen jede Menge Emotionen mit rein, da denkt man automatisch an Sommer, Sonne, Meer, da hätte man liebend gern noch etwas Nachschlag…

Und den hätten wir zweifellos auch von der Miéral-Wachtel mit Tajine-Aromen nicht ausgeschlagen, die als eine Art Rouladen-Medaillon neben würzigem geschmortem und glasiertem Fenchel aufgeboten wurde. Gedeckelt war das saftige und aromatische Fleisch mit einer zart fruchtig-säuerlichen Geleefolie und getoppt mit einer Pomme soufflé – doch für das Gericht viel entscheidender war eine kleine cremige Nocke unter dem fragilen Kartoffelball, die aus einer fermentierten und gesalzenen marokkanischen Butter bestand. Dieser „Smen" genannte Schmelz verlieh dem Ganzen das gewisse Etwas und vermählte sich kongenial mit der von den typischen Aromen des Gemüsegerichts Tajine geprägten Sauce.

Die im Hauptgang als vorab unbekannte Überraschung kredenzte hervorragende Taubenbrust wirkte mit ihrem festen und doch zarten Fleisch, der Saftigkeit und der eigenen Aromatik wie an der Karkasse gebraten. Ihr gezupftes Schmorfleisch und die Innereien wurden in Anlehnung an die nordafrikanische Fleischpastete Bastilla als Füllung eines knusprigen Filoteig-Röllchens interpretiert, deren beide Enden mit einem unaufdringlichen aber maßgeblichen Hauch Bitterschokolade überzogen waren. Raffiniert! Begleitet von einer Art mediterraner Schmorgemüseschnitte mit kräuterwürzigem Pistou und untermalt von einer komplexen, tiefen, aber nicht zu dichten Taubenjus war das ein ganz hervorragender, ausdrucksstarker Menühöhepunkt.

Gefolgt von einem Dessert, das ebenfalls von marokkanischen Produkten bzw. Süßspeisen geprägt war, nämlich Amlou, einer in der Hauptsache aus Arganöl, Mandeln und Honig zubereiteten Paste, und Zamita, ebenfalls ein mandeliges Gebäck, die hier mit einem Rahmeis von Muskatblüte und Honig sowie verschiedenen fruchtigen Komponenten zu einem angenehm opulenten nussigen Abschluss zusammenkamen. Angenehm ist im Piment auch immer der Service unter der Leitung des sympathischen langjährigen Gastgebers Hicham Khabbaz, der mit freundlicher Zurückhaltung agiert und dennoch immer präsent ist, wenn er gebraucht wird.

Rive

Van-der-Smissen-Str. 1,
22767 Hamburg (Neustadt)
☎ 040-3805919
www.rive.de
🕐 Di–Fr ab 12 Uhr durchgehend,
Sa u. So ab 13 Uhr durchgehend, Mo RT
Hauptgericht: 18–58 €, Menüs: 26–33 €

Das Rive ist eine seit vielen Jahren zuverlässige Adresse mit konstant guter Küche, die sich in jüngerer Vergangenheit unter Küchenchef und Jeune Restaurateur Felix Dietz nicht nur festigen, sondern auch steigern konnte. Mit Expertise, Sorgfalt und Geschmackssicherheit sorgen der junge, ambitionierte Chef und sein Team dafür, dass das ebenso maritime wie weltoffene Kulinarium einerseits hohes Niveau hält und andererseits für ein breites Publikum unkompliziert und zugänglich bleibt. So ergänzen sie die zeitlos klassische internationale Küche behutsam mit exotischen Einsprengseln, die oft und gerne asiatisch oder orientalisch ausfallen können, und locken neben den eher traditionellen Fischen, Krustentieren und Meeresfrüchten vom Grill nebst gängiges Side-Dishes eben auch mit einfallsreichen, mutig kreativen Kreationen und starken Aromen. All das lässt sich am besten an einem lauen Sommertag auf der Balkonterrasse genießen, denn nirgendwo im Innenstadtbereich kann man so nah an der Elbe sitzen und zugleich auf vergleichbarem Niveau lunchen oder dinieren wie hier, wo die großen Schiffe fast schon bedrohlich nah an den Fenstern vorbeiziehen.

Röperhof

Agathe-Lasch-Weg 2,
22605 Hamburg (Othmarschen)
☎ 040-8811200
www.roeperhof-restaurant.de
🕐 Mi–Sa von 12–14.30 Uhr u. ab 18 Uhr,
So ab 18 Uhr, Mo u. Di RT
Hauptgericht: 29–32 €, Menüs: 67–98 €

Ein Lieblingslokal vieler Hamburger Köche! Was in dem backsteinernen, reetgedeckten Bauernhaus, das malerisch in einem Gärtchen steht und so etwas wie ländliche Idylle vermittelt, so alles auf die sauber eingedeckten Tische kommt, begeistert mit seinem besonders guten Preis-Leistungs-Verhältnis und der soliden, unaufgeregten Machart das „Fachpublikum" und kann sich über viele treue Stammgäste der kochenden Zunft freuen, die sich in den authentischen Bauernstuben sehr wohl fühlen. Und das wundert uns nicht im Geringsten, denn hier wird klassisch und herzhaft gekocht, stets fundiert und mit Sorgfalt, aber auch mit dem Blick für Proportionen und gewisse Feinheiten, die auch Hausklassiker wie die provenzalische Fischsuppe oder das Wiener Schnitzel attraktiv machen und dafür sorgen, dass diese nie von der Karte verschwinden.

Sgroi

Milchstr. 7,
20148 Hamburg (Harvestehude)
📞 040-28003930
www.annasgroi.de
⊘ Di–Fr von 12–14 Uhr u. ab 19 Uhr,
Sa ab 19 Uhr, So u. Mo RT
Hauptgericht: 28–34 €

Anna Sgrois geschmackvoll puristisch eingerichtetes Stadthaus-Restaurant mit viel Stuck und einer schönen vorgelagerten, leicht erhöhten Veranda, auf der man im Sommer trefflich im Vorgarten des schmucken Anwesens speisen kann, ist nicht nur einer der bewährten Klassiker in Hamburgs Restaurantszene, es ist vielleicht auch das beste authentisch italienische Restaurant der Hansestadt. Für ihre typisch italienisch-schlichten, immer sehr aromatischen Gerichte kommt Signora Sgroi ganz im Stil der authentisch traditionellen Cucina Casalinga mit wenigen ausdrucksstarken Komponenten aus, die stets handwerklich fundiert und überdurchschnittlich schmackhaft zubereitet sind. Und zwar in völlig schnörkelloser und unverkünstelter Art, denn hier sind die Produkte und ihre natürlichen Aromen der Star auf jedem Teller, nicht etwa eine aufwendige Konstruktion oder verwegen kreative Kombination. Wer das zu schätzen weiß, wird hier garantiert glücklich.

Spaccaforno

Erdkampsweg 4–6,
22335 Hamburg (Fuhlsbüttel)
📞 040-42101301
www.spaccaforno.de
⊘ Di–So ab 12 Uhr durchgehend,
Mo RT
Hauptgericht: 9–17 €

Eine attraktive Mischung aus Trattoria, Backstube und Spezialitätenladen! Hier gibt's wirklich hervorragende neapolitanische Pizza aus ausgesucht guten Produkten und täglich frisches Sauerteigbrot. Aber auch à la minute gebackene und verschieden belegte Crostoni, diverse Salate, Suppen und Aufschnitt italienischer Wurst- und Schinkenspezialitäten. Tolle Qualitäten, vieles auch zum Mitnehmen.

Stüffel

Isekai 1, 20249 Hamburg (Eppendorf)
📞 040-60902050
www.restaurantstueffel.de
⊘ Mi–So ab 17.30 Uhr,
Mo u. Di RT
Hauptgericht: 15–36 €

Gastgeber Andrej Kovar macht in seinem am Eppendorfer Isekai gelegenen Lokal sehr vieles sehr richtig, hat er sich hier doch nach dem Umzug aus Bergstedt in relativ kurzer Zeit eine treue Fanbase erarbeitet. Und das ist nachvollziehbar, denn die gelungene Mischung aus klassischem Restaurant und modernem Bistro, aus unkomplizierten und anspruchsvolleren Gerichten, die dennoch stets zugänglich und mehrheitsfähig sind, macht einfach Spaß. Ganz gleich, ob eher traditionelle bodenständige oder etwas gehobenere Sachen auf die Teller kommen – abgehoben wirkt das Ganze nie, bleibt bei der Umsetzung eher schlicht und setzt auf Akzente mit einfachen Mitteln. Dank der soliden Produktbasis und gutem Handwerk ist dieser Kurs so erfolgreich. Dazu kommt eine mit Passion und Kompetenz verwaltete und vermittelte Weinkarte mit vielen spannenden und vor allem bezahlbaren Gewächsen.

The Table Kevin Fehling

Shanghaiallee 15,
20457 Hamburg (Hafencity)
☎ 040-22867422
www.the-table-hamburg.de
🕐 Di–Sa ab 19 Uhr, So u. Mo RT
Menüs: 250 €

Auf eine ähnlich beeindruckende Karriere in jungen Jahren wie der ehrgeizige Chef des The Table können nur wenige Köche zurückblicken. Von der ersten Stelle als Küchenchef über die erfolgreiche Zeit im La Belle Epoque in Travemünde bis zum mutigen Schritt in die Selbstständigkeit in der Hamburger Hafencity, ausgerechnet mit einem Tresenrestaurant, scheint Kevin Fehling so ziemlich alles zu gelingen, was er anfasst. Sein zum Zeitpunkt der Eröffnung im Jahr 2015 für deutsche Verhältnisse äußerst gewagtes Konzept eines gemeinsamen Tischs für alle Gäste gegenüber einer offenen Küche hat sich seitdem fest in der Gourmetszene etabliert und besitzt sogar international beachtliche Strahlkraft. Außerdem sind mit dem „The Globe" auf der MS Europa und zuletzt mit der innovativen Puzzle Bar im 15. Stock des Campus Tower noch weitere spannende – und ebenfalls sehr erfolgreiche – Projekte hinzugekommen.

Kevin Fehling ist aber nicht nur beeindruckend erfolgreich in seinen Unternehmungen, sondern vor allem eins: Ein ausgezeichneter, ebenso perfektionistischer wie einfallsreicher Koch. Und das lässt sich tatsächlich am besten an einem Platz an dem geschwungenen Kirschholz-Tresen erleben, der in dem minimalistisch-stylischen Industrieambiente von jedem der Plätze aus (die im Übrigen durch die geschwungene Konstruktion durchaus auch eine gewisse Intimität ermöglichen) mit Blick auf das hochkonzentrierte Arbeiten des Küchenteams ermöglicht.

Wie dabei in einer Vielzahl minutiöser Arbeitsschritte die blanken Teller zu komplexen Gerichten aufgebaut werden, ist beeindruckend und macht den enormen Aufwand sichtbar, der hinter jeder der Kreationen steht. Dass die akkuraten Detailarbeiten über weite Strecken eher an die Arbeit in einem Hightech-Labor erinnern, als an das, was man sich gemeinhin unter Kochen vorstellt, ist einerseits einfach die Realität hinter derart präzisen Gerichten, andererseits aber auch dem Kochstil Kevin Fehlings geschuldet.

Dieser hat neben der Fähigkeit, sehr markante Produkt- und Aromenkombinationen zu kreieren, die meist Potential zum Signature-Dish haben und in immer neuen Kontexten auftauchen – wie etwa die Verbindung von Erdbeere, Waldmeister, Mandel und Rhabarber zu unterschiedlichen Hauptprodukten –, schon sehr früh die technischen Möglichkeiten moderner Küche genutzt und für sich optimiert. Typisch für Fehling-Kreationen sind deshalb einerseits millimetergenau dosierbare Gels, Saucen und Espumas für präzise gesetzte Akzente – und damit ein eher technischer (kritisch gesagt: artifizieller!) Charakter. Andererseits greift der Chef aber auch bewusst und sehr gekonnt bekannte Aromenbilder und Erinnerungen auf und schafft so Emotionen und unmittelbare Anknüpfungspunkte für seine Gäste.

In den besten Momenten gelingt das bei aller durchgestylter Akkuratesse mit so viel Kraft und Tiefenschärfe, dass ebenso einprägsame wie beeindruckende Teller entstehen. Bei den Eindrücken der letzten Zeit hatte sich weder am Stil noch am grundsätzlichen Niveau etwas verändert – aber die entscheidende Prise an Emotionalität sowie Power und Hitze an den richtigen Stellen zeigte sich weniger deutlich.

Bei den kunstvollen Miniaturen zum Aperitif, bei denen das Team besonders gern mit Assoziationen aus dem Bereich Streetfood oder traditionellen Gerichten spielt, wurde das noch nicht so sichtbar. Denn sowohl der „Taco" aus filigranem Algenkrokant, dessen Süße ein pures Thunfischtatar, Cremes aus Reis und präzise angeschärftem Wasabi ergänzten, die Interpretation von „Birne-Bohne-Speck" mit Birnen-Macaron, karamellisiertem Schweinebauch und zarter weißer Bohnencreme, oder das „Ei Carbonara" in millimetergenauer Feinabstimmung und zugleich süffiger Tiefe mit herbal grüner Creme, Parmesanschaum, flüssigem Eigelb, Risoni und winzigem Speckcrumble, waren einerseits unmittelbar zugänglich, andererseits in ihrer Präzision auch sehr spannungsgeladen.

Das galt genauso für einen fluffig-knuffig gedämpften Bun mit geschmortem Rindfleisch und auffrischendem Topping aus Tandooricreme, einer Gurkenscheibe und Cashew, das Rindertatar mit Kalamata-Olive unter paprikafruchtiger Mojo-Rosso-Espuma, auf dem frittierter Rosmarin und gezupfte Limonen-Lamellen für präzise Aromenkicks sorgten, und noch einmal mehr für den ersten offiziellen Gang zum Thema „Nordsee": Hier schaffte die ätherische Säure von Yuzu (als Fake-Geleemuschel, Creme und Gel) in abgestufter Intensität und kaum Süße als Gegenspieler einen wunderbar herb-frischen Grundton, der von einer aromatisch salzigen Meeresbrandung aus Forellenkaviar, verschiedenen teils knackigen, teils dezent Umami beisteuernden Algen und einem maritimen, an Meereswasser und Auster erinnernden Schaum, ergänzt wurde und so eine perfekte Bühne für eine phänomenale Fisch- und Krustentier-Produktparade bot.

Im Vergleich deutlich karger und konstruierter dann wieder die Gänselebercreme in Erdnussform neben dekonstruiert-separierten Thai-Curry-Komponenten in Form von Dots, einer zarten roten Currycreme, vollreifen Mangokreisen, knackig marinierten grünen Mangojuliennes, einem Chutney aus Buddhas Hand und etwas Chilischärfe. Hier standen die einzelnen Komponenten eher lose nebeneinander und machten es schwer, intuitiv gut passende Akkorde auf die Gabel zu bringen. Deutlich besser funktionierte das bei dem Side-Dish aus kraftvoll-zarter Gänselebercreme mit kühl-duftigem Tom-Kha-Gai-Eis, das die typischen Noten von Zitronengras, Ingwer und Galgant in verzögerter Eleganz einfügte und von dünner krosser Hühnerhaut herzhaft frech geboostet wurde.

Optisch markant reduziert folgte sanft gegarter Heilbutt mit buttrig-nussigen Aromen durch eine üppige Nocke feinsten Aki-Kaviars auf ein klein wenig Kressepüree und sattem, cremigem Champagnerschaum. Das wirkte für sich sehr harmonisch und weich, insbesondere durch die durchweg maximal lauwarme Temperierung beinahe zu sanft, und bekam erst durch den begleitenden zweiten Teller mit roh mariniertem Heilbutt neben feinsäuerlich fruchtiger Bete, Bete-Krokant und einem prägnant süß-scharfen Senfeis mehr Schwung an die Seite. Hier wäre der Kontrast des kühlen Tellers zu einem Hauptteller mit mehr Hitze und Power sicher noch eindrücklicher gewesen. Sehr hohes Niveau zeigte aber natürlich auch diese eher ruhige Präsentation bestmöglicher Produkte.

Und mit der Wachtel als zarte Crépinette im Spinatblatt sowie in Gänseschmalz confierter und kräftig abgeflämmter Keule folgte direkt ein echter Knaller, serviert in einer kräftig-klaren Wachtelessenz, deren intensive Estragonnote als duftiger Nebel den gesamten Teller prägte. Darauf setzten ein nussig-saftiges Mohnküchlein, confierte Zitronenzesten und herbsüßes Hagebuttengel markante Akzente und schafften ein beeindruckend dynamisches Gesamtbild. Ergänzt wurde dieses von einem burgundisch geprägten filigran-kraftvollen Rotwein aus der in Lazio autochthonen Rebsorte Cesanese als einmal mehr kongeniales Pairing des versierten Sommeliers und Gastgebers David Eitel.

Das süße Finale wiederum wirkte mit einer Zimtstange als kraftvolle Haselnuss-Ganache neben einem subtil mit Earl Grey aromatisierten Kalamansisorbet, Cremes aus Kardamom und Muskatblüte sowie der bitteren Ätherik eines Kumquatconfits wieder eher technisch und ein bisschen sperrig – auch wenn jede einzelne Komponente mit prägnanten und präzisen Aromen aufwarten konnte. Daran änderte auch das separat servierte Kumquatsorbet in warmem spicy Schaum und minimal nussigsüßem Crunch mit weißer Schokolade nicht wesentlich etwas.

Aber: Trotz der teils kritischen Anmerkungen ändert sich nichts an dem Gesamteindruck einer spannenden und in seiner Form einzigartigen Performance auf höchstem Niveau. Und wenn anstelle des Sous-Vide-Beckens oder der Espuma-Flasche mit stabilisierten Schäumen einmal mehr die Pfannen heiß gemacht werden, hat das The Table definitiv alles Potential auch auf die allerhöchste Bewertung. An dem Support durch das gesamte Team und den immer wieder verblüffend individuellen und punktgenauen Weinempfehlungen von David Eitel wird das jedenfalls nicht scheitern – die sind in jedem Vergleich mehr als konkurrenzfähig.

Bezahlkarten-Symbole

Mastercard

EC-Maestro

Diners

American Express

VISA Visa

Tschebull

Mönckebergstr. 7,
20095 Hamburg (Neustadt)
☎ 040-3296476
www.tschebull.de
◉ Di–Fr von 12–15 Uhr u. ab 17 Uhr,
Sa ab 13–16 Uhr u. ab 17 Uhr,
So u. Mo RT
Hauptgericht: 26–37 €

Auch so eine erfreuliche seltene Konstante in der sonst oft so schnelllebigen Gastronomieszene ist dieses moderne österreichische Gasthaus mitten in Hamburg, wo Yvonne und Alexander Tschebull seit einer gefühlten Ewigkeit und in beeindruckender Beständigkeit ihre Gäste bewirten. Die austriakischen Wurzeln der sympathischen Gastgeber finden sich hier nicht nur im stylisch-alpinen Ambiente ihres sehenswerten Restaurants im ersten Stock des Levantenhauses wieder, sondern auch in dessen Kulinarium. Der Chef und sein Team kochen in der vom Gastraum einsehbaren Küche mit sehr viel Sorgfalt und Können ein zeitgemäß, aber nie modisch interpretiertes alpenländisches Speiseprogramm, das immer auch von ein paar weltläufigeren Offerten ergänzt wird. Am originellsten und besten ist die Küche nach unserem Gusto aber tatsächlich bei den verfeinert-rustikalen Schmankerln, die hier mit jeder Menge Pfiff und Substanz daherkommen und die es in der weitgehend uniformen Gourmetlandschaft wirklich nicht an jeder Ecke gibt.

Vlet

Am Sandtorkai 23/24,
20457 Hamburg (Hafencity)
☎ 040-334753700
www.vlet.de
◉ Di–Sa ab 11 Uhr durchgehend,
So ab 10.30 Uhr durchgehend, Mo RT
Hauptgericht: 25–42 €,
Menüs: 49–89 €

Das schicke, großzügig geschnittene Restaurant in einem der markanten Backsteingebäude in der Speicherstadt legt seinen Fokus seit der Eröffnung vor mehr als zehn Jahren kompromisslos auf besondere Produkte heimischer Erzeuger, die kreativ in der Geschmacksrichtung „nordisch" interpretiert werden. Und zwar mal eher klassisch und gediegen, mal eher neuartig-kreativ und mit einem gewissen Aha-Effekt versehen. Mit diesem zeitgemäßen heimatlichen Kulinarium steht der einstige Vorreiter dieses Genres in der Hansestadt zwar zwischenzeitlich längst nicht mehr allein da, sorgt aber weiterhin für attraktive Farbtupfer und teils außergewöhnliche, meist erfreulich pure Geschmackserlebnisse, bei denen stets das Produkt und sein natürlicher, unverfälschter Geschmack im Fokus stehen, nicht die möglichst originelle Kreation.

Witthüs

Elbchaussee 499a,
22587 Hamburg (Blankenese)
☎ 040-860173
www.witthues.de
◉ Mo–Fr ab 18 Uhr, Sa u. So von
12–15 Uhr u. ab 18 Uhr, kein RT
Hauptgericht: 16–34 €,
Menüs: 38–48 €

Dass das charmant patinierte Lokal in dem über 250 Jahre alten Reetdachhaus, das in einem der größten Englischen Gärten der Elbvororte zwischen Nienstedten und Blankenese steht, eine echte Institution im Südwesten Hamburgs ist, beweist die hohe Auslastung der drei Gasträume. Die zahlreichen, recht eng gestellten Tische sind nämlich auch unter der Woche oft gut belegt mit Stammgästen, die in diesem ehemaligen Kavaliershaus eine frisch und schmackhaft zubereitete und im besten Wortsinn preiswerte Küche genießen. Die beruht auf Basis klassischen Handwerks und kommt mal ganz traditionell, mal mit pfiffigen Kombinationsideen daher.

Wolfs Junge

**Zimmerstr. 30,
22085 Hamburg (Uhlenhorst)**
📞 040-20965157
www.wolfs-junge.de
🕐 Di–Fr von 12–14.30 Uhr u. ab 18 Uhr,
Sa ab 18 Uhr, So u. Mo RT
Menüs: 65–90 €

Das charmant verwinkelte, sich über zwei Ebenen erstreckende Restaurant mit dem ungewöhnlichen Namen zählt in Hamburgs Restaurantszene gemeinsam mit nur einer Handvoll anderer Pioniere zu den absoluten Vorreitern einer glaubhaft nachhaltigen, grünen Küche auf Feinschmeckerniveau. Was das gesamte Setting angeht, entspricht das von Sebastian Junge ebenso engagiert geführte wie bekochte Wolfs Junge, dessen etwas ungewöhnlicher Name aus einem Wortspiel hervorgeht (Junges Vater heißt mit Vornamen Wolf…), dem typischen Bild des modernen Casual-Fine-Dining – mit einem eher schlichten aber geschmackvollen Ambiente, unkompliziertem aber versiertem Service und nicht zuletzt auch einer ambitionierten aber eben nicht zu exklusiven Luxusprodukten und preistreibendem Kunsthandwerk neigenden Küche.

So findet man auf den durchaus mit gestalterischem Anspruch aber eher pragmatisch angerichteten Tellern statt teuren Edelprodukten aus aller Welt, die hier sowieso nicht ins Konzept passen würden, ausschließlich preiswertere saisonale Viktualien aus der Region, die vor allem aus nachvollziehbar nachhaltiger Erzeugung stammen. Da erscheint es nur logisch und konsequent, dass Sebastian Junge, der sich zwischenzeitlich mit dem Bistro und Hofcafé Wilkenshoff vor den südwestlichen Toren der Hansestadt ein zweites Standbein geschaffen hat, selbst einen großen Garten bewirtschaftet, in dem er zahlreiche Gemüse und Kräuter an-

baut, die nicht nur im dortigen Hofladen verkauft werden, sondern selbstredend auch Verwendung im Hamburger Restaurant finden.

So begann der Schmaus auch bei unserem jüngsten Besuch gleich sehr schmackhaft und verheißungsvoll nicht nur mit hausgebackenem Sauerteigbrot und selbst hergestellter Butter, sondern auch mit ein paar Delikatessen aus der Ganztierverarbeitung wie Wollschweinspeck, Lammschinken oder (selbstverständlich ungestopfter) Gänseleber. Dem folgte ein mit kleingewürfeltem Schmorragout vom weidegeschossenen Auerochsen gefülltes gebackenes Wan-Tan-Täschchen mit etwas Creme von der Roten Bete und Tupfen einer Mayonnaise als unkomplizierter und sehr schmackhafter Küchengruß.

Los ging's letztes Mal mit der ersten regulären Vorspeise und dem ersten Zwischengang gleich mit zwei Gerichten, die zwar durchaus – pardon! – „lecker" schmeckten, aber trotz ihrer gourmetmäßig anmutenden Präsentation auf schönen Tellern irgendwie konzeptionell mehr an Seelenfutter aus dem ambitionierten Foodtruck erinnerten als an eine außergewöhnliche Kreation in einem Feinschmeckerrestaurant. Das war zum einen ein „Hot Dog" aus gedämpftem Milchbrötchen und geräuchertem Seitan, bespielt von fermentiertem Rotkraut, Röstzwiebeln, Knoblauchmayonnaise, einem Bärlauchpesto mit moderater Jalapeñoschärfe und Roter Bete, was einen herzhaften Mischgeschmack aus Süße, Schärfe, Würze an den Gaumen brachte. Zum anderen frittierten Elbstint mit Paprikaferment, Senfmayonnaise und einem Ketchup aus im Vorjahr eingelegten Gurken – was mit den zwei knusprig ausgebackenen, naturgemäß fettig-frittigen kleinen Fischchen und den süßlich-würzigen Saucen als plakatives Slowfood ebenfalls Spaß machte, aber nach unserem Dafürhalten zum Beispiel als augenzwinkernde Miniatur im Aufwärmprogramm besser aufgehoben gewesen wäre.

Auch das anschließende kleine Intermezzo in Gestalt eines Rote-Bete-Macaron mit Schafskäse und Meerrettich war ein schmackhaftes Ding, wobei der Macaron das Ganze nicht gewinnbringend als knusprige Textur ergänzte, sondern sich im Mund recht überraschend im Nullkommanichts in Luft aufgelöst hat und als etwas klebriger Rest auf dem Käse zurücklieb. Deutlich ausgereifter und anspruchsvoller wirkte sodann der in zwei unterschiedlichen Gängen dargebotene Hauptteil des Menüs, für den sich der zu Beginn bereits angedeutete weidegeschossene Auerochse in weiteren Facetten präsentieren durfte und zugleich die hier vertretene Philosophie „From nose to tail" untermauerte. Zunächst in Gestalt von saftig-zartem Schmorfleisch in zwei Ravioli, die zwischen dichtem Kartoffelschaum unter einem filigranen Hippengitter aus Backensholzer Deichkäse daherkamen. Dazwischen durch Fermentation ihrer Süße und ihrer Säure entledigte Quitte sowie etwas eingelegte Zwiebel als auflockernde Elemente. Ein sehr schön geschmeidiges, süffiges Gericht mit hohem Suchtfaktor. Im zweiten Akt folgte eine Tranche aus der zart und saftig schmorten Rippe des Auerochsen, bedeckt mit einem Ragout von dessen Herzen und flankiert von in Miso geschmortem Rosenkohl sowie selbstgemachtem Joghurt mit dezentem Curry-Flavour. Das schmeckte großartig und war ein schönes Beispiel pointiert in Szene gesetzter Produktküche!

Vor dem eigentlichen Dessert schickten Sebastian Junge und sein Team ein Granité von selbstgebrautem Ingwerbier und Brottrunk mit Abrieb von gedörrter Mandarine als erfrischendes Intermezzo. Und im Anschluss daran erwiesen sich Holunderblüte (Sorbet) und Wacholder (Schaum) als kongeniale Kombination. Gemeinsam mit Apfel und dünnen Streifen von Quittenbrot war das eine wirklich originelle und sehr erfrischende Liaison.

Wer sich dazu passgenau ausgesuchte Weine einschenken lassen will, hat in Restaurantleiter und Sommelier Sascha Ureidat einen kompetenten Ansprechpartner. Er greift für seine Empfehlungen auf ein klug gestrafftes und mit Präferenz für Naturweine und Individualstile zusammengestelltes Sortiment zurück.

Zeik

**Sierichstr. 112,
22299 Hamburg (Winterhude)**
☎ 040-46653531
zeik.de
◷ Di–Sa ab 18.30 Uhr, So u. Mo RT
Menüs: 99 €

Einst Newcomer, mittlerweile fest etablierter Platzhirsch für aufgeschlossene Genießer: Das Zeik in Hamburg Winterhude mit dem Team um Maurizio Oster hat sich innerhalb der letzten vier Jahre nicht nur mit seiner individuellen Kreativküche einen Namen gemacht, sondern kann durchaus als Referenz dafür angesehen werden, wie zeitgemäße Gourmetküche mit einem klugen Konzept aussehen und funktionieren kann. Anstelle von Luxus und Glamour

gibt es in dem kleinen Restaurant im lässig-modernen Bistro-Stil spürbar viel Leidenschaft, ein hervorragendes Gespür für Aromen und die Kunst, auch aus bodenständigen Produkten spannende und unkonventionelle Gerichte zu kreieren.

Auf diese Art benötigt es weder eine exklusive Produktpalette noch eine riesige Mannschaft in der Küche für ein hohes Gesamtniveau. Oft bauen Maurizio Oster und sein Mini-Team ihre Gerichte auch rein um Gemüse herum auf (ohne dabei das Vegetarische an die große Glocke zu hängen), einfach weil das dank der guten Ideen und präzisen aromatischen Arbeit vollkommen ausreichend und logisch ist. In der Regel wird besonders in der ersten Einstimmung auf den Abend einem bestimmten Gemüse besondere Aufmerksamkeit geschenkt. Und was für Facetten das Team dabei zuletzt aus Roter Bete herausholte, stellte die allermeisten Gänseleber- und Kaviarparaden locker in den Schatten: Von den in Nussbutter gegarten und mit Betestaub verstärkten Stücken, über eine Zubereitung mit malzigerem Unterton und einem spannenden Akzent durch Kirschholzessig, bis zum mit feinfruchtigem Bete-Ragout gefüllten Krokant, geriet das alles äußerst filigran, präzise und individuell.

Noch komplexer aufgebaut folgte „Suppengemüse" als kräftig reduzierte Essenz mit vollem tiefem Geschmack, bissfest gegarten Kugeln von Karotte, Sellerie und Pastinake, daneben ein zarter selleriewürziger Flan, der von einem filigranen Buchweizenkeks mit weißer Schokolade und Liebstöckelpulver bedeckt war – allein das ein feinsinniger kompakter Aromenzauber zwischen nussig, süßlich-hell und herbal-würzig. Toller Einstieg und nochmal mehr ein Fingerzeig auf die Philosophie und den Stil der Zeik-Küche.

Dieser setzte sich dann auch bei einer Rosenkohl-/Petersilien-Mousse mit Apfelwürfelchen, knackigen Rosenkohlblättern und -stücken in einem fermentierten Rosenkohl-/Apfelsud auf inspirierte Art fort und bot dabei neben hintergründiger Würze viel Frische und feine Salzigkeit. Umgeben wurde das Ganze von einer Meerrettichmayonnaise mit filigranem Crunch und gekrönt von einem schneidig-prägnanten, kaum süßen Meerretticheis und gebackener Wurzel. Das hatte Kraft und flirrende Leichtigkeit, zusammen mit vielen feinen Details und war auf diese Art erneut ein Volltreffer.

Kaum weniger gelungen präsentierte sich die Kombination aus Schwarzwurzel, Haselnuss, Birne und Thymian in drei jeweils unterschiedlich fokussierten Zentren – mal betont nussig, mal mit leichter klarer Fruchtigkeit, mal gemüsig-nussig. Unter anderem durch rohe geflämmte Schwarzwurzel auf Schwarzwurzelcreme mit Haselnuss-Stücken, einer im Ganzen geschmorten Wurzel unter herb bestäubtem Birnenchip und einer die entscheidende Frische beisteuernden Birnensphäre mit Thymianaroma. Auf diese Art wurde sehr gekonnt aus den gleichen Komponenten in unterschiedlichen Zusammenhängen immer neue Facetten aufgezeigt.

Dramaturgisch genau richtig folgte mit einem kurz abgebeizten, mit Senföl bestrichen und sanft temperierten Forellenfilet ein kompakterer Gang, der aber mit einem dunkel-herbsüßen Fond aus Grünkohl und Dörrobst, ergänzt von zartrauchiger Grünkohlcreme, knackigem Forellenkaviar in Gelee aus Grünkohlsud sowie fermentiertem und knusprigem Grünkohl auch auf dem engeren Raum hohe Komplexität bot.

„Die dunkle Seite der Zwiebel" war dann kein neues Buch von Martin Suter, sondern wäre eine treffende Beschreibung des nächsten Gangs gewesen, der rund um ein geflämmtes Zwiebelsegment mit Füllung aus rotem Zwiebelconfit und Brioche-Croûtons angelegt wurde. Bedeckt wurde die Zwiebel von Gelee aus Zwiebel und Bärlauch, umgeben von einem bittersüßen, tiefdunklen Zwiebelfond und separat ergänzt von einer zwiebelwürzigen Arosierbutter und einem heißen, fluffig-buttrigen Brioche. Das Ergebnis: Ein puristisch und kompakt angerichteter Powergang!

Und apropos Power: Davon gab es im Hauptgang in Summe sogar beinahe etwas zu viel, nämlich in Form von intensiver Salzigkeit und enormer Umami-Wucht, die bei der kompaktzarten Landhuhnbrust unter Pilzcreme, Mikro-Röstwürfeln und einem transparenten Chip aus der gerösteten Hühnerhaut zugegen war. Neben dem schon kraftvoll inszenierten Huhn selbst steuerten ein im Ganzen dunkel geschmorter Champignon unter knusprigen Saaten auf Bohnenkraut-Mayonnaise, feinwürzige Pilzcreme und eine tiefdunkle, mit Leber gebundene Jus noch weitere, ebenfalls hochintensive Facetten bei, die zwar gekonnt abgrenzt und scharfgestellt wirkten, aber alle zusammen definitiv keinen Hauptgang für sensible Gaumen bildeten.

Dafür lieferten zum Abschluss ein milchig-nussiges Mandeleis mit Preiselbeer-Tapioka und Mandelkrokantchip und auch das Dessert rund um Petersilienwurzel mit Petersilienkresse und Blättern auf weißer Schokolade viel Leichtigkeit und Finesse im gewohnt unkonventionellen Stil und rundeten ein insgesamt vor spannenden Ideen übersprudelndes Menü gekonnt ab. Viele gute Ideen gibt es übrigens auch bei den begleitenden Getränken zu erleben, sei es bei den feinaromatischen leichten alkoholfreien Drinks oder bei den individuellen Weinempfehlungen, die nahtlos an das hohe Niveau der Küche anschließen.

Zum Wattkorn

Tangstedter Landstr. 230,
22417 Hamburg (Langenhorn)
☎ 040-5203797
www.wattkorn.de
Täglich ab 11.30 Uhr durchgehend, kein RT
Hauptgericht: 14–44 €, Menüs: 32–92 €

Die rustikalen Gaststuben in Michael Wollenbergs sympathischer Speisewirtschaft im ruhigen Hamburger Norden sind mit allerhand Weinflaschen, Jagdtrophäen und anderen Accessoires dekoriert und wirken sehr einladend und gemütlich. Am schönsten sitzt es sich aber im Sommer im gepflegten Garten hinter dem Haus. Der nicht nur sehr umfangreiche, sondern auch stilistisch wild durcheinandergewürfelte Speisenzettel, auf dem die Wurstspezialitäten aus der eigenen Metzgerei neben Sushi und Sashimi und Vierländer Ente stehen, sollte niemanden davon abhalten, hier einzukehren. Der Chef und sein Team wissen nämlich sehr genau, was sie hier machen und hegen trotz einfach gehaltener Zubereitungen einen hohen Anspruch an Produkt und Handwerk. Ob rustikale Regional-Schmankerl, gehobene internationale Klassiker oder die für zwei oder mehr Personen im Ganzen oder Großformat zubereiteten und am Tisch tranchierten Produkte – stets kann man sich hier tadellosen Gerichten zu moderaten Preisen sicher sein.

Hannover (Niedersachsen)

Handwerk

Altenbekener Damm 17, 30173 Hannover
☎ 0511-26267588
handwerk-hannover.com/
❂ Mi–So ab 18 Uhr, Mo u. Di RT
Menüs: 110–125 €

EC ⬤ **VISA** ⊞ ♿

Für streng sternengläubige Michelin-Jünger mag der Raum Hannover nach wie vor eine kulinarische Diaspora sein, doch in Wahrheit hat sich die Region in den vergangenen Jahren stark entwickelt und es haben sich einige neue, kreative Konzepte etabliert. Eines davon ist definitiv das Restaurant Handwerk mit seinen Gastgebern Ann-Kristin und Thomas Wohlfeld, die hier die Idee von Casual-Fine-Dining im besten Sinne umsetzen. Dazu passt die entspannte Atmosphäre, dazu passt das „Du" in der Ansprache, dazu passt aber auch perfekt das modern reduzierte Ambiente und die klar strukturiert aufgebaute puristische Küche, die allabendlich in Form eines bis zu siebengängigen Menüs offeriert wird.

Zum Aperitif servierte das junge engagierte Team zuletzt Rotkohlbaiser mit Birne, ein hauchdünnes Rindertatar-Tartelette und ein nussiges gefülltes Shisoblatt, gefolgt von einem Amuse-Bouche um soft temperierte Fjordforelle, die mit braunen Butterbröseln bedeckt auf Knollensellerieschaum präsentiert wurde. Dessen recht plakative Süße konnte von der ebenfalls sehr deutlichen Säure zwar etwas kaschiert werden, war aber dennoch sehr präsent. Für so einen Auftakt fast ein wenig too much… Da freute man sich umso mehr über das hausgebackene Sauerteigbrot mit aufgeschlagener Butter und würzigem Blumenkohlkusper – und darüber, dass der erste richtige Gang des Menüs ausgewogener und erfrischender war. Zwar

herrschte bei dieser Vorspeise um Gurke in drei verschiedenen Zubereitungen (Sorbet, eingelegt und als Sud), die mit einer Creme von Molke und eingelegten Heidelbeeren zusammenfanden, ebenfalls eine gewisse Grundsüße vor, die hier allerdings von der Säure besser in Schach gehalten wurde. Somit hatte man es mit einem leichten, frischen Start zu tun, der von der aus Dillöl, Heidelbeeressig aus eigener Herstellung und Buttermilch gemixten alkoholfreien Getränkebegleitung exzellent ergänzt wurde.

Ein recht klassisches Geschmacksbild in moderner, puristischer Anmutung folgte in Gestalt des saftigen gebratenen Heilbutts unter säuerlich eingelegten Kohlrabischeiben und gewässerten Frühlingszwiebelringen auf einem Saucenspiegel von sehr kraftvoller, aber gut ausbalancierter Krustentierbisque, zusätzlich aromatisiert von etwas Frühlingszwiebelöl. Puristisch und modern sah auch der nächste Zwischengang aus, der sich um die seltene alte Tomatensorte „Vierländer Platte" drehte, die hier als eine von ihrer dicken Schale befreite marinierte Scheibe, als klarer Sud und als Baiser neben gebratener Wassermelone und hauchfein geraspelter Belper Knolle aufgeboten war. Ein sehr naturbelassen schmeckender Dreiklang ohne besondere kompositorische Finessen, aber dennoch ein nettes Intermezzo.

Als deutlich attraktiver und ausgefeilter empfanden wir eine Art Signature-Dish von Thomas Wohlfeld, den wir in ähnlicher Form auch im letzten Jahr schon erlebt hatten: „Rohe Rinderroulade", also mit eingelegter Zwiebel, Senfsaat und Gurke gefülltes rohes Rindfleisch, gekrönt und gewürzt mit reichlich Rhön-Kaviar und kleinen Partikeln knusprig gepoppter Speckschwarte, eingelullt in einem kraftvollen, rahmig gebundenen Sake-Schaum. Das war ebenso elaboriertes wie unkompliziertes und wohlschmeckendes Soulfood. Konzeptionell etwas einfacher gestrickt, ansonsten aber aus dieser Kategorie, war das folgende Löffelgericht um angeröstete Würfel vom geschmorten Bauch eines Angler Sattelschweins, die zusammen mit leider sehr naturbelassen schmeckenden, wirklich nur ganz kurz blanchierten gepulten Erbsenkernen und heller Schaumsauce eine im Tellerboden gestockte Schicht Chawanmushi bedeckten.

Der Hauptgang, in dessen Mittelpunkt die wunderbar festfleischige Brusttranche eines Odefey-Weidehuhns stand, die von säuerlichen marinierten grünen Erdbeeren und einem Gel aus diesen, aber auch von einem krossen Hühnerhaut-Chip mit Kimizu und grüner Erdbeere sekundiert wurde, hätte das Zeug zum unangefochtenen Menü-Highlight gehabt. Doch leider trübte die extrem konzentrierte, grenzwertig salzige Jus des à part gereichten Ragouts aus dem Keulenfleisch und den Mägen derselben Hühner sowie kleinen, festen Pfifferlingen, den ansonsten tadellosen Gesamteindruck ein klein wenig. Wie auch das alkoholfreie Begleitgetränk auf Basis von Waldpilzessig mit Kürbiskernöl, das einen seltsam muffigen Oberton hatte.

Und während das Vordessert um Sauerrahmeis, Blattpetersiliensud und Honigtrüffel überraschend rund und harmonisch schmeckte, interagierten Rote Bete, Original-Beans-Schokolade und Apfel im Hauptdessert etwas ruppig miteinander. Zwar hatte die Bete ihre dumpfe Erdigkeit weitgehend in eine gewisse Fruchtigkeit gewandelt, dennoch wollte sie mit dem Schokoladeneis und einem dichten, mostigen Apfelschaum nicht hundertprozentig zusammenkommen. So blieb es immerhin bei einem durchaus interessanten süßen Abschluss und dem Fazit, dass sich das Kulinarium diesmal etwas holpriger präsentierte als in den vergangenen Jahren.

Interessant und lohnend sind stets die glasweisen Weinempfehlungen, aber auch die alkoholfreien Alternativen bereichern die Gerichte zumeist mit spannenden Eindrücken abseits des Mainstreams. Den Service erleben wir stets heiter und gelassen, aber nie nachlässig.

Jante

Marienstr. 116, 30171 Hannover
☎ 0511-54555606
www.jante-restaurant.de
⏺ Di–Sa ab 18 Uhr, So u. Mo RT
Menüs: 135–150 €

Es ist schon wieder sechs Jahre her, dass wir Tony Hohlfeld vom Jante als Aufsteiger des Jahres auszeichneten. Und seitdem hat sich in dem modern und geschmackvoll eingerichteten ehemaligen Kioskhäuschen wieder viel getan. Nicht nur, dass sich unsere damaligen Vermutungen bestätigt haben, dass von dem (auch heute noch) jungen Kreativen Küchenchef noch viel zu erwarten sein würde – mittlerweile haben sich Tony Hohlfeld und sein hochmotiviertes Team mit ihren unkonventionellen, minutiös ausgearbeiteten Gerichten auf ein Niveau gesteigert, das auch im bundesweiten Vergleich ganz oben mithalten kann. Und im Bereich einer regionalorientierten, viel mit Gemüse und Kräutern arbeitenden Kreativküche, wie sie beispielsweise auch bei Sebastian Frank im Horváth, bei Marco Müller im Rutz oder bei Felix Schneider im Etz in Nürnberg zelebriert wird, befindet sich das Jante ohnehin auf Augenhöhe.

Was aber nicht heißt, dass das Jante direkt mit einem der genannten Vertreter vergleichbar wäre. Genauso wenig wie mit nordischen Vorreitern wie dem Noma in Kopenhagen. Diese sind zwar sicher Inspiration für bestimmte Herangehensweisen und Techniken, aber nie konkrete Vorlagen. Letztlich ist das, was im Jante auf die Tische kommt, auf selbstbewusste Art absolut eigenständig. Durch den Fokus auf sonst eher als Nebensache behandelte Produkte, unkonventionelle Kombinationen und komplexe aber nie vordergründige Techniken wie Fermentation, garantiert ein Besuch jedes Mal wieder völlig neuartige und spannende Eindrücke. Und das mittlerweile in beeindruckend ausgereifter und optimierter Form: Wo in früheren Jahren manches teils noch mehr von der Idee als vom genauen Geschmack lebte, oder die aromatischen Ecken und Kanten etwas schroff ausfielen, sitzt jetzt in den allermeisten Fällen jedes Detail genau durchdacht an der richtigen Stelle.

Einen ersten Eindruck davon liefern zuverlässig schon jedes Mal die nacheinander servierten Miniaturen zum Aperitif, unter denen diesmal eine Karottenreduktion mit Haselnussöl als flüssige Füllung eines knackigen Steins sowie Kamillengel und Sauerklee als frische Aromenspitzen obenauf den Anfang machte. Genau wie bei der konzentrierten roten Paprika, die auf einem Kirschleder (für einen Extrakick an Frucht und Säure) von einem Sauerampferblatt eingehüllt wurde, zeigte sich, wie aromatisch sensibel und genau das Team arbeitet. Der letzte Snack – in immer wieder variierter Form bereits ein Klassiker – kam als herzhafter Steinpilz-Doppelkeks mit einer kühlen Pilzeis-Füllung dann weniger subtil und eher zupackend daher, mit einem Hauch zu viel Süße, aber vielleicht gerade deshalb so markant.

Markant sind die Gerichte im Übrigen alle, bieten neben der meist überraschenden Grundidee dann aber auch immer bemerkenswert feine und komplexe Zwischentöne. Das gelang auch bei den Garnelen aus einer regionalen Zucht hervorragend, die durch eine Art Zitrus-Ceviche leicht verfestigt, aber ansonsten roh belassen und mit mariniertem, recht purem Rhabarber, Rhabarber-Papier, eingelegtem Ingwer und Krustentier-Mayonnaise zu kompakten Aromenbündeln geformt wurden. Diese wurden getragen von einem Fond aus reduzierter Molke, in der eine gewisse Fruchtigkeit und flirrende Noten von Zitronengras und Grapefruit für ätherische Spannung sorgten, während ein Krustentieröl darüber auf subtile Art zusätzliche Röstwürze legte. Großartig!

Im folgenden Gang stellte eine zart gestockte Creme aus regionalen Rotschmierkäsen mit ihrem kraftvollen Schmelz und ihrer Würze (inklusive feiner Bittertöne) die Basis für ein aufgelockertes Topping aus frischen knackigen Erbsen, in Kernöl marinierten und roh gehobelten Champignons, rascheldünnen Kartoffelchips und einer Karamell-Reduktion aus Muscovado und fermentiertem Selleriesaft, der zusätzliche Tiefe und Umami einbrachte. Das Ganze entfaltete tatsächlich seine Wirkung am besten, wenn man einfach lustvoll mit dem Löffel einmal alle Komponenten gemeinsam kombiniert hat.

Einen auf den ersten Blick ähnlichen Aufbau Creme mit pointiertem Topping – gab es bei der hintergründig alkoholischen und satt schmelzend aufgearbeiteten Hühnerlebercreme, die gemeinsam mit einer Art Hühnerhaut-Karamellcreme den Boden des nächsten Tellers bedeckte. Geschmacklich ging das, auch durch die veränderten Proportionen, aber in eine ganz andere Richtung, wirkte dunkler, würziger und noch charakterstärker. Wesentlichen Anteil daran hatten auch die malzig-dunkelfruchtig eingelegten und angedörrten Süßkirschen, die zusammen mit knusprig karamellisiertem Amaranth und rotem Oxalis (für eine leichte belebende Säure) auf die Cremes appliciert waren. Ein Volltreffer dazu im Glas: purer roter Radicchiosaft mit frischer und belebender Aromatik und spannenden Bitternoten.

Ebenfalls fordernd, aber nicht überfordernd, sondern gekonnt balanciert, wurde der einige Tage trockengereifte (und dadurch fester und intensiver wirkende) Müritz-Zander präsentiert: Hier waren es kräftige Grill-Röstnoten, vor allem aber eine markante floral kräutrige Waldmeisternote, die im zum Karamellisieren verwendeten Miso eingesetzt wurde, die besonders prägend wirkten. Aber auch die deutlichen Kontraste durch feinstreifigen Chicorée und Kohlrabi, eine komplexe Sauce auf Basis von fermentiertem Kohlrabi, Butter und Crème fraîche, die für eine gewisse Fülle und Frische zugleich sorgte und mit grünem Jalapeño-Öl marmoriert war, sowie ein schneidiger Meerrettich-Hauch sorgten hier für ein höchst dynamisches Umfeld für den Fisch.

Dass es im Hauptgang kein Filet, Rücken und Ähnliches gibt, gehört im Grunde zum Selbstverständnis des Teams. Und dass es diese gängigen Edelstücke auch gar nicht unbedingt braucht, wurde mit den trockengereiften Duroc-Schweinsrippchen, die für 24 Stunden sous-vide gegart und dann mit einer Glasur aus Whiskey und Apfelhonig gegrillt wurden, eindrucksvoll unter Beweis gestellt. Das Ergebnis stellte gekonnt den eleganten Eigenschmack des Fleischs in den Vordergrund – weit entfernt von oft eher plakativen Barbecue-Interpretationen – und unterstützte diesen mit subtil rauchigen und dunkelsüßen Noten nur genau so viel wie nötig. Zusätzliche Finesse lieferte ein Topping aus zitronig-frischgrünen Kräuterspitzen, angedörrten Apfeljuliennes und Holunderkapern, während ein Klecks des dunkelwürzigen Honiglacks, abgeschmeckt mit Liebstöckelasche, für zusätzlichen Umami-Boost sorgte. Und mehr brauchte es dann auch nicht für einen gelungenen Menühöhepunkt – außer vielleicht die separat servierte gegrillte Apfelspalte mit hauchdünn gehobeltem, lang gereiftem Duroc-Speck als gelungenen Side-Kick...

Der Übergang ins Süße gelang mit einer flüssig gefüllten Ampfer-Sphäre unter aufgeschlagenem Eischnee, Blaubeeren und Blaubeereiskugeln, Sauerampferblättern und cremig abpuffernden Schmandeisperlen zunächst betont frisch, mit differenzierten Säuregraden. Das zweite Dessert wurde dann deutlich kraftvoller und fordernder und stellte den einzigen Moment des Menüs dar, in dem das Team ein kleines bisschen übers Ziel hinausschoss: In einer tiefen Schale wurden kleine Würfel von grünem Petersilienbiskuit und geschmeidigem Schokoladen-Fudge mit gerösteten Haselnüssen, einer Petersiliengrün-Emulsion und einem intensiven pacojetcremigen Braune-Butter-Eis kombiniert – was auf im nussig-herben Bereich spielende Art durchaus spannend und stimmig geriet, dann aber durch einen beinahe astringierend herben Petersilienwurzelschaum, der voluminös die Schale auffüllte, stärker in die Gemüserichtung bewegt und ein wenig zu sehr dominiert wurde.

Solche eher extremen und fordernden Momente sind aber bei aller Kreativität die seltene Ausnahme. Und beim letzten Besuch landete das Team mit dem perfekt buttrig-langfaserigen Croissant mit herb-säuerlicher Füllung aus Fichtensprossenpudding auch direkt noch einem harmonisierenden Volltreffer. Und genau das, Volltreffer nämlich, landet auch Gastgeberin Mona Schrader mit ihren oft ausgefallenen und immer niveauvollen Weinempfehlungen, die nicht nur ausgezeichnet auf die Gerichte abgestimmt sind, sondern auch jedes Mal spannende Neuentdeckungen parat halten. Und dass die alternativen alkoholfreien Getränke, die vom Küchenteam auf Basis von (teils fermentierten) Gemüsesäften und Kräutern zu sehr leichten, komplexen und stimmigen Drinks fabriziert werden, deutschlandweit mit zu den Besten gehören, können wir nur wiederholen!

La Rock
Wohlfühlrestaurant

Voßstr. 51, 30163 Hannover
☎ 0511-666322
www.la-rock.com/
◑ Di–Sa ab 18 Uhr, So u. Mo RT
Hauptgericht: 9–39 €

Das erfreulich individuelle, leicht alternativ angehauchte Restaurant in Hannover mit neuer Dependance in Braunlage im Harz zählt zu jener Art von Lokalen, die wir besonders schätzen. Denn hier wird tatsächlich in ganz lässiger, entspannter Atmosphäre ohne irgendwelche konzeptionellen Zwänge oder Gourmetattitüden überdurchschnittliche Qualität auf den Tellern geboten. „Echtes Küchenhandwerk mit saisonalem und regionalem Schwerpunkt, sowie die Liebe zum Detail, machen den großen Unterschied", verspricht ein Slogan des selbsternannten „Wohlfühlrestaurant" La Rock –

und nimmt den Mund tatsächlich nicht zu voll! Schon die Lektüre der bewusst übersichtlich gehaltenen Speisekarte, die dennoch genügend Auswahl bietet, schafft irgendwie Vertrauen. Und die ersten Kostproben aus der Küche lassen deutlich erkennen, dass hier Leute am Werk sind, die genau wissen, was sie da machen!

So begeisterte zum Beispiel ein vorbildlich von Hand geschnittenes und mit reichlich gerösteten Pinienkernen durchzogenes Tatar vom Kalbsfilet, das mit geschmorter Paprika, Zucchiniröllchen, einer Auberginenmayonnaise und knusprigem dünnem Bratbrot als Vorspeise aufgetischt wurde, einfach nur durch Qualität und viel guten Geschmack. Wie oft sehen die Teller in ambitionierten Restaurants wunderbar akkurat und kunstvoll aus, aber es schmeckt nicht begeisternd – hier ist es umgekehrt: alles ist etwas gröber und nicht übermäßig artifiziell angerichtet, aber jede Komponente besitzt viel Ausdruckskraft und alles wirkt sehr harmonisch zusammen.

Ganz ähnlich auch beim hervorragenden roh marinierten oder nur ganz mild gebeizten Lachs, der in schön dicke Tranchen geschnitten seine ganze Qualität voll ausspielen konnte und zusammen mit Orangenfilets, Granatapfelkernen, einer modifizierten Avocadocreme und Schmand sowie verschiedenen Kressesorten in einer ausgewogen fruchtig-säuerlichen Umgebung platziert war. Kleine Kartoffel-/Gemüse-Puffer passten da ebenfalls gut ins Bild und vervollständigten einen rundum stimmigen Teller. Allein für die Himmel-&-Äd-Interpretation, bei der die delikate, kross angebratene und mit einer Art Pistou nappierte Blutwurst nebst feinsäuerlichen gedünsteten Apfelspalten, einem Kräuterkartoffelpüree und Röstzwiebeln auf einem Spiegel reduzierter Jus angerichtet war, würden wir immer wieder aufs Neue hierherkommen. Ihr feines Händchen für feine Details, auch ohne dafür in allzu detailreiche Kleinarbeit zu gehen, bewiesen die Köche dann auch beim mustergültig auf der Haut kross gebratenen Kabeljaufilet, das zusammen mit aromatischen Stücken von Artischockenböden und etwas Zwiebelmarmelade auf einem schön schlotzig-cremigen Risottobett lag und von einer hellen Schaumsauce im Stil einer Beurre blanc rahmig eingefasst und süffig abgerundet wurde.

Dass sie das Saucenfach beherrscht, bewies die Küche auch nochmal beim Hirschfilet, das – ganz klassisch gebraten und somit ohne viel Saft- und Aromaverlust auf den Punkt gebracht – gemeinsam mit in dünne Streifen geschnittenen breiten Bohnen und Fondant-Kartoffeln, die wie ein gutes Kartoffelgratin geschmeckt haben, auf einer balancierten dunklen Wildsauce daherkam. Zwischendrin ploppten immer mal wieder gewinnbringend süßsäuerliche Sidekicks von einem Kirschgel auf und im Glas erwies sich dazu der formidable 2016er Nebbiolo d'Alba von Bruno Giacosa aus der mit Kennerschaft zusammengestellten Weinkarte als kongenialer Partner.

Wer danach noch einen Nachtisch schafft (die Portionen sind nicht gerade zierlich bemessen), wird garantiert bei Topfenknödel mit Zwetschgenröster oder Schokoladenküchlein mit Mangoeis glücklich, denn auch im süßen Bereich bleibt das Team seiner Linie treu und bringt viel Substanz und Qualität auf die Teller. Alternativ steht immer auch eine Rohmilchkäseauswahl zur Auswahl, die zusammen mit dem guten Brot der Backgeschwister (ehemals Bäcker Gaues) kredenzt werden. Fazit? Ein unkompliziertes Wohlfühlrestaurant erster Güte!

Lindenblatt Burger-Bar

Nikolaistr. 1, 30159 Hannover
☎ 01522-3076591
lindenblatt-hannover.de
◉ Mi u. Do von 16–20 Uhr,
Fr u. Sa von 15–21 Uhr,
So von 15–20 Uhr, Mo u. Di RT
Hauptgericht: 9–15 €

Einfallsreiche Burger mit hohem Anspruch und Qualität und Nachhaltigkeit. Das Fleisch stammt von Blonde d'Aquitaine-Rindern, Salat und Gemüse von Bauernhöfen aus der Region, die Buns liefert ein heimischer Bäcker.

Die Symbole

- Ⓟ gute Parkmöglichkeiten
- ℗ Hotelgarage
- ♿ barrierefrei
- ❄ klimatisierte Zimmer
- 📶 WLAN-Zugang
- 🏊 Hallen- und/oder Freibad im Haus
- 👐 mit Wellness-Bereich
- 🛗 mit Fahrstuhl zu den Hotelzimmern
- 🐕 Hunde im Hotel nicht erlaubt
- 🏨 mit Garten oder Terrasse

Marie

Wedekindplatz 1, 30161 Hannover
☎ 0511-65399074
www.restaurantmarie.de
◉ Di–Sa ab 17 Uhr, So u. Mo RT
Menüs: 42–69 €

EC ○○ VISA HtH

Das von Inhaber und Küchenchef Sven Holthaus engagiert geführte und sehr geschmackvoll im Stil eines zeitlosen Stadtbistros gestaltete Lokal mit Holzdielenboden definiert sich selbst als französisches Restaurant, existiert in dieser Form seit etwa drei Jahren, und ist für uns eine schöne Neuentdeckung! Die auf unterschiedlichen Ebenen angelegten, nahtlos ineinander übergehenden Räume wirken gleichfalls retro wie modern, haben durch dunkle Farbgebung und warme Beleuchtung ein behagliches Fair und werden kompetent bespielt. Aus der Küche heraus mit französisch orientierten Freistilgerichten und am Gast mit betont lockerer, aber durchaus verbindlich zugewandter Art.

Die Speisekarte offeriert ein Auswahlmenü, sprich: eine Abfolge von drei Vorspeisen, zwei Zwischengängen, drei Hauptgerichten, Käse und Dessert, plus weiteren vegetarischen Alternativen, aus denen man sich selbst ganz nach Belieben ein mehrgängiges Menü zusammenbasteln kann. Es gibt Klassisches wie frische Austern mit Chesterbrot oder Bouillabaisse, in der Hauptsache aber weniger traditionelle Zubereitungen, die Kreativität und Individualität beweisen. Das können Pralinen vom gereiften Ziegenkäse mit Creme von Roter Bete, Grünem Apfel, zweierlei „Kaffeebete" und Mandelhippe oder auch eine Eigeninterpretation von Bœuf bourguignon sein, bei der das Fleisch nebst einer Tranche vom Pilzbrioche, geflämmter Süßzwiebel, Pilzerde und Babymöhren auf Rotweinjus zum Besten gegeben wird.

Wir freuten uns über durchgängig gute Produktqualitäten und generell sehr solides Küchenhandwerk, fanden aber nicht jede Idee ganz schlüssig zu Ende gedacht oder überzeugend ausgearbeitet. Das führte im Ergebnis zwar keinesfalls zu schrägen oder disharmonischen Ergebnissen, ließ die Komponenten auf den Tellern aber hier und da etwas zusammenhanglos wirken, so als ob sie eher nebeneinanderstehen, als sich kongenial miteinander zu verbinden.

Beim mustergültig von Hand geschnittenen und nur sehr zurückhaltend gewürzten Rindertatar, das zusammen mit zweierlei vom Kürbis, Belugalinsen, rohen Champignons und Pilzerde aufs Porzellan gebracht wurde, sorgte zwar das bei konstanten 63 °C innerhalb einer Stunde perfekt wachsweich gegarte Eigelb für einen gewissen Hintergrundschmelz, konnte aber nicht leisten, zu was etwa eine Hollandaise oder Mayonnaise im Stande gewesen wäre – nämlich als süffiges Verbindungsglied zwischen allen Komponenten zu fungieren. So wirkte das Ganze ein klein wenig spröde.

Ähnlich machte zum auffällig guten gegrillten Pulpo der Verein aus Süßkartoffelmousse, Salzpflaume, Misocreme, Pflaumencoulis und Nussbutterbröseln zwar wahrlich keinen schlechten, aber eben auch keinen restlos begeisternden Eindruck. Hier fehlte nach unserem Dafürhalten wieder so etwas wie der rote Faden, standen Frucht, Säure, Süße und Würze eher nebeneinander, als sich geschmeidig zu verbinden und gemeinsam einen schlüssigen Akkord anzustimmen.

Beim Fischgang, der sich um ein Rückenstück vom Kabeljau drehte, überzeugte ausnahmsweise das recht lasch gewürzte und auch relativ weichfleischig-fasrige Fleisch des Hauptakteurs nicht so sehr. Dafür funktionierte dessen Entourage aus gerösteten Blumenkohlröschen, Senfsaat, Kürbispüree und Hummersauce umso besser, auch wenn Letztere etwas diffus schmeckte und nicht die Klarheit und Prägnanz einer Referenz-Krustentiersauce besaß.

Alles im Lot dann wieder beim Fleischhauptgang, einer korrekt rosa gebratenen Barbarie-Entenbrust mit knuspriger Haut, die im Kreis von Maronencreme, Buchenpilzen und einer sehr tiefen, mit Bitterschokolade vermählten Entenjus ein kraftvolles herbstliches Vergnügen bereitete. Von der fruchtigen Seite her wohldosiert mit etwas Mandarine aufgefrischt und zudem noch von einem kräutergrünen Kartoffelpüree begleitet, war das eine gänzlich runde Sache und korrespondierte zudem prima mit dem dazu empfohlenen Begleitwein. Überhaupt machte der Mundschenk einen gu-

ten Job und kredenzte spannend unkonventionelle Weine, etwa einen Riesling vom jungen Mosel-Weingut Lenhardt oder die Cuvée „Schnalle Peter" aus Riesling und Sauvignon Blanc von den Schott Bros aus der Nahe-Region.

Während die qualitativ sehr ordentlichen französischen Rohmilchkäse überflüssigerweise mit allzu viel störendem Beiwerk daherkamen, war das Dessert eine rundum begeisternde Angelegenheit auf klarem 6-Pfannen-Niveau: Schokoladen-Crème-brûlée, karamellisierte Schokolade, Kakaohippe, zweierlei von der Pflaume und ein schlankes Sauerrahmeis präsentierten sich hier nicht nur jedes für sich in jeweils optimaler Konsistenz und von klarer, ausdrucksstarker Aromatik, sondern griffen auch im Zusammenspiel sehr gut und ausgewogen ineinander. Da blitzte durch, was hier mit etwas mehr durchgängiger Detailarbeit noch alles möglich ist. Alles in allem ein sehr sympathisches junges Lokal mit guter Küche zu moderaten Preisen!

🍳 6 🍴 Schorse im Leineschloss

Hannah-Arendt-Platz 1,
30159 Hannover
☎ 0511-30302412
schorse-im-leineschloss.de
Di–Sa 12–14.30 Uhr u. ab 17.30 Uhr,
So u. Mo RT
Hauptgericht: 15–29 €,
Menüs: 44–59 €

Ob auf der großen Terrasse am Flussufer oder drinnen in lichtem und modernem Ambiente: Im Schorse, dem im Vergleich zum Gourmetrestaurant Votum unter gleichem Dach wesentlich größeren Hauptrestaurant unter dem Dach des modernen Anbaus am Leineschloss, geht's auf den Tellern nicht um maximale Verfeinerung oder Exklusivität, sondern darum, möglichst viele Gäste möglichst attraktiv und auf hohem Niveau zu verkösigen. Und das gelingt vortrefflich! Natürlich gibt es in der Karte auch traditionelle, handfestere Dinge wie Fried Chicken mit Chilimayonnaise oder ein Wiener Schnitzel mit Preiselbeeren und Kartoffelsalat. Ein Großteil der Offerten, insbesondere die Vorspeisen und Zwischengerichte, ist aber schon eher Gourmet-like als bodenständig, nur eben ohne preistreibenden Detailaufwand gefertigt. Dafür zeichnet das motivierte Team um

Benjamin Gallein unter der ausführenden Leitung von Schorse-Küchenchef Oliver Welter verantwortlich. Nicht nur als Alternative zum Votum sehr zu empfehlen!

Titus im Röhrbein

Joachimstr. 6, 30159 Hannover
☎ 0511-835524
restaurant-titus.com
◷ Di–Sa ab 18 Uhr, So u. Mo RT
Hauptgericht: 23 €, Menüs: 69–98 €

Großzügig, modern und stylisch ist es geworden, das „neue" Titus in der Galerie Luise, mitten im Zentrum von Hannover. Damit ging zwar der nostalgische Understatement-Charme der vorherigen Location verloren, die nach vielen erfolgreichen Jahren als Gourmetdestination der Abrissbirne zum Opfer gefallen ist – die gute Nachricht ist aber, dass das neue Ambiente noch mehr Komfort und eine auch bei vollem Haus heiter entspannte Atmosphäre bietet. Und das passt ganz ausgezeichnet zur ebenfalls entspannt-eleganten Küche von Dieter Grubert.

Der hat im Übrigen – so viel gleich vorab – während des Umzugs keineswegs das Kochen verlernt und bietet nach wie vor gewohnt hohes Niveau. Wie gehabt kann man immer wieder aufs Neue nur staunen, was der allein in seiner Küche arbeitende Chef so alles in wohlproportionierter und durchdachter Form auf die Teller zaubert. Dank eines ausgefeilten Mise en place, der klug übersichtlichen Karte mit zwei sich überschneidenden Menüs und dem Verzicht auf jegliche überflüssigen Spielereien schafft Dieter Grubert damit das, was anderen Teams auch mit viermal so vielen Händen nicht unbedingt gelingt.

Ganz im gewohnten Duktus aromenfroher, markanter Eindrücke ohne unnötiges Drumherum stimmte der Chef dann auch mit einem subtil chilischarfen Tom-Kha-Gai-Shot neben einem eher mediterran sommerlichen Paprika-Tomatenconfit mit Feta, Raukeöl und zart angekrossten Lachsfarce-Bratlingen erfolgreich auf den Abend ein. Ähnlich farben- und aromenfroh ging es auch bei den zarten, mild süß-sauer eingelegten Spargelstangen weiter, die ergänzt von einer fruchtig scharfen Aprikosen-/Chili-Vinaigrette, eher süßfruchtigen Granatapfelkernen und etwas Kräuteröl die Basis für luftig-zarte Seeteufel-Piccata stellten. Die hauchdünne Parmesan-Eihülle um den Fisch war dabei sicher keine Variante, um die Qualität des Seeteufels besonders klar freizustellen – erkennbar war diese aber auch so. Und ansonsten lebte der Auftakt vor allem vom knalligen Zusammenspiel aller Komponenten.

Dichter und fokussierter aufs Hauptprodukt ausgerichtet wurde dagegen der folgende, als dickes Carpaccio geschnittene Lachs präsentiert: sanft in einer – bei aller Üppigkeit – ätherisch und säurerfrisch wirkenden Estragonbutter gargezogen, genügten dem zarten Salmoniden einige enthäutete Trauben und grüne Sojakerne als Topping. Und ebenfalls ätherisch-bissfeste Kohlrabi-Juliennes als Fundament für einen harmonischen Gesamteindruck, der einmal mehr unter Beweis stellte, wie gut Dieter Grubert mit wenigen cleveren Handgriffen für Spannung zu sorgen vermag.

Beim Helgoländer Hummer dagegen begeisterte vor allem dessen Qualität und süßlich-nussiger Geschmack, der von fleischigeren Pulpostücken (ebenfalls sehr gut!) ergänzt und von einer sanft röstwürzigen Hummersauce verstärkt wurde. Dazu lieferten sautierter Blattspinat und Belugalinsen grüne Bitteraromen und erdig-nussige Noten als eher klassische, aber erneut harmonische Ergänzung.

Ebenfalls eher klassisch, aber dank genau abgezirkelter Proportionen dennoch elegant und feinsinnig, kam im Hauptgang eine Tranche von straffem rosazartem Kalbsfilet mit Rotweinzwiebel-/Morcheljus neben gebratenem weißem Spargel, Kartoffel-/Bärlauchpüree und Bärlauchöl auf den Teller. Ein gelungener Frühlingsgang, bei dem der Bärlauch gekonnt dosiert und gezähmt nur als feine Würze zur Geltung kam. Im Mittelpunkt stand das feinwürzige Kalbfleisch zwischen dem Kontrast aus fruchtig-süßlicher Zwiebel, erdig-tiefer Morcheljus und nussig-feinbitterem Spargel.

Und weil auch am Ende mit dem bildhübschen Dessert aus herbem säuerlichem Rhabarber, Himbeeren, weißem Schokoladencrunch und üppigem Vanilleeis unter einer soften Meringehaube mit abgeflämmten Spitzen ein bestens zwischen Süße und Frische balancierter Abschluss auf den Tisch kam, bleibt es bei der gewohnt hohen Bewertung und einem rundum stimmigen Gesamteindruck. An dem hat natürlich ganz wesentlich auch Gastgeber und Sommelier Pascalé Pietruschka seinen Anteil, der auf souverän-charmante Art und mit immer spannenden und bestens korrespondierenden Weinempfehlungen durch den Abend geleitet.

Tropeano Di Vino
Kleiner Hillen 4,
30559 Hannover (Kirchrode)
☎ 0511-3533138
www.restaurant-tropeano.de
⊘ Di–So von 12–14.30 Uhr u. ab 18 Uhr, Mo RT
Hauptgericht: 26–38 €

In diesem hübschen alten kernsanierten Gebäude, das von modernen architektonischen Akzenten aufgelockert wird, kredenzt man eine unkonventionell-kreative, aber im Grunde sehr authentische italienische Küche. Für die zeichnet seit vielen Jahren ein Deutscher verantwortlich: Kai Bachmann beherrscht die klassische Italianità souveräner als ein Großteil der italienischen Köche hierzulande und er bereichert seine von starken natürlichen Aromen und kraftvollen Geschmacksbildern getragenen Gerichte bisweilen sogar um raffinierte unkonventionelle Pointen. Dazu schenkt der smarte Patron und Sommelier Biagio Tropeano spannende Weinentdeckungen aus seinem Heimatland aus.

VINCE
An der Börse 4, 30159 Hannover
☎ 0511-89734420
vince-hannover.de
⊘ Mo–Sa ab 12 Uhr durchgehend, So RT
Hauptgericht: 19–38 €, Menüs: 59–69 €

Marcel Elbruda, einst Küchenchef am Herd des Schweizerhof im Crown Plaza, kocht seit etwa zwei Jahren im Souterrain des ehemaligen Banken-Gebäudes direkt gegenüber der Staatsoper. Hier herrscht in dem weitläufigen, mit hellen Grautönen und Holz freundlich gestalteten Restaurant eine unkomplizierte lockere Atmosphäre, in der entspannter Italo-Pop aus den Lautsprechern schon darauf hindeutet, wo der Schwerpunkt liegt. Patron Vassilios Vassiliou hat hier einen Hotspot geschaffen, der sich genauso zum Sehen und gesehen werden, wie für niveauvolle Lunches und Diners eignet. Die Ausrichtung der Küche ist klar „gehoben italienisch" und grundsätzlich klassisch, doch immer wieder sorgen aus der Hand des Könners auch kleine kreative Ideen für Spannung und generell liegt hinter allem ein hoher Anspruch an die Produkte und die handwerkliche Umsetzung. Sommelier Sebastian Wilkens hat dazu eine Fundgrube für Enthusiasten zusammengestellt und dank „Coravin"-System können auch glasweise Weltklasse-Weine probiert werden.

Votum
Hannah-Arendt-Platz 1, 30159 Hannover
☎ 0511-30302412
vo-tum.de
⊘ Di–Sa ab 18.30 Uhr, So u. Mo RT
Menüs: 140–200 €

Heimlich still und leise hat sich Hannover in den vergangenen Jahren aus kulinarischer Sicht von einer grauen Maus zu einem attraktiven Standort entwickelt. Im Herbst 2021 kam ein weiteres Highlight hinzu, denn nach dem etwas überraschenden Aus des Restaurant Ole Deele in Großburgwedel wechselte dessen letzter Küchenchef Benjamin Gallein mit Teilen seines Teams in Niedersachsens Landeshauptstadt, wo nun unter seiner Ägide im Leineschloss neben dem Landtag endlich richtig gute Gastronomie geboten wird.
Und zwar mit unterschiedlichen Konzepten auf jeweils überdurchschnittlichem Niveau: wäh-

rend schon das größere Hauptrestaurant Schorse mittags und abends eine moderne weltoffene „Alltagsküche" mit hohem Anspruch an Handwerk, Produkt und Kreativität realisiert, wird das im nur abends geöffneten Gourmetrestaurant Votum noch getoppt. Hier zeigen Gallein & Co. im Rahmen eines sechsgängigen Menüs mit diversen Zusatzoptionen dann so richtig, was sie alles draufhaben. Und sie knüpfen damit schon nach wenigen Monaten fast genau dort an, wo sie im Herbst 2021 im Restaurant Ole Deele aufgehört hatten. Hier und da noch etwas mehr Feintuning, etwas schärfer eingestellte Konturen, präziser herausgearbeitete Pointen, und der Sprung auf 9 Pfannen wäre denkbar. Aber auch schon jetzt ist das Kulinarium eine Reise wert, zumal es eben nicht bloß hohe Qualität und handwerkliche Perfektion bietet, sondern immer wieder auch echte Kreativität.

Die optionale Austern-Trilogie zum Aperitif war eine von jener Sorte, die Puristen vermutlich ungleich weniger begeistert, wie Fans artifizieller Variationen – jedenfalls könnten wir uns vorstellen, dass die drei erfrischenden Zubereitungsarten auch Leuten geschmeckt hätte die eigentlich gar keine Austern mögen. Was zwar im Umkehrschluss auch nicht heißen soll, dass man deren typisches jodiges Aroma und die fleischige Konsistenz nicht wahrnehmen konnte, allerdings hätten wir uns doch etwas mehr Präsenz und Produktcharakter gewünscht. Der zweite Küchengruß handelte von verschiedenen marinierten Pilzen, einem Ziegenkäseeis mit Fichtensprossenaroma, perfekt damit korrespondierender Wacholderwürze sowie eingelegten Bärlauchkapern – und war dank wohldosierter Säure, Süße und Frische ein äußerst belebendes waldig-erdiges Intermezzo auf hohem Niveau.

Für Individualität und handwerkliche Perfektion stand auch der dritte Küchengruß, ein alter Bekannter aus Burgwedel, nämlich die moderne Interpretation des ostdeutschen Klassikers „Würzfleisch", das der ursprünglich aus Magdeburg stammende Benjamin Gallein als saftigfleischiges Mini-Kalbsragout in heller, rahmiger Sauce mit Liebstöckelöl und Kapern in einem kleinen Gläschen schickt. Das einst im Osten traditionellerweise dazu gereichte Brot ist bei diesem Signature-Amuse eine stark verfremdete Deluxe-Version dessen und wird als eine Art Burger von zartknusprigem (und nicht wie so oft bloß pappigem und süßem) Brottrunk-Baiser mit Kalbstatar, Gänseleber und Kaviar interpretiert. Abgerundet von dampfend heißem Sauerteigbrot mit Liebstöckelbutter ist man so nicht nur umfassend, sondern

auch sehr unterhaltsam eingestimmt auf alles Nachfolgende.

Und das Team Gallein geht mit einer Vorspeise um Entenleber, Rauchaal, Shiso, Zitrusfrüchte, Grüntee und Bitterschokolade gleich in die Vollen: Kreativ und hochspannend ist nicht nur die Vorspeise selbst, sondern auch das dazu kreierte Getränk aus der alkoholfreien Begleitung auf Basis von Kakao, Grüntee, Mandarine und Rauchöl. Die auf einem flachen Teller angerichtete Melange aus einer (verkürzt erklärt) mit Aalblut gebundenen Creme von ungestopfter Entenleber und Rauchaal und den anderen Komponenten in cremiger, flockiger und schmelziger Konsistenz, brachte sehr dynamisch und akzentuiert immer neue Geschmacksverläufe auf die Zunge. Mal tief und herb, mal frisch und fruchtig, mal würzig, mal ätherisch – und immer sehr harmonisch ineinandergreifend. Kongenial unterstützt vom kakaoherben und sehr leichten Begleiter im Glas ein Start auf 9-Pfannen-Niveau und ein Fall für die Kategorie „originellste Gerichte des Jahres".

Ebenfalls originell, aber nicht so perfektioniert wie der Vorgänger, folgte danach ein angenehm schlotziger vegetarischer Umami-Gang: confiertes Eigelb, kandierte Olive und Steckrübencreme unter einer hauchdünn geschnittenen Scheibe von in Salzteig gegarter und quasi mit sich selbst (getrocknete Steckrübe und Soja) gewürzter Steckrübe, tiefaromatisch grundiert mit einer Süßholzjus. Weniger trennscharf, relativ mollig und nach unserem Geschmack tendenziell zu lieblich, allerdings durch den Begleiter im Glas, einem unfiltrierten, mineralisch schlanken 2020er Chardonnay „Pure" im Naturwein-Style vom Weingut Seckinger aus der Pfalz, schlussendlich doch sehr gut ausbalanciert.

Und wenngleich auch die anderen Weinempfehlungen sehr passgenau zu den jeweiligen Gängen ausgesucht waren, wollen wir hier ganz besonders die alkoholfreie Getränkebegleitung hervorheben: spannend, pointiert und schlank gehalten, aber weniger als Konterpart zum Essen zu verstehen, sondern vielmehr so, als dass das Geschehen auf dem Teller bis ins Glas ausgeweitet wird. So wie beim Trauben- und Sauerkrautsaft mit Speckaromen zum Wolfsbarsch „Winzer-Art", bei dem mit Traube, Sauerkraut und Deisterspeck ein traditionelles Geschmacksbild erfrischend belebend und dynamisch interpretiert wurde: Perfekter Fisch mit knusprig frittierten aufgestellten Schuppen in einem expressiven Umfeld aus straff säuerlichem Sud von fermentiertem Weißkraut und Speckjus, harmonisiert von der Süße und milden Fruchtigkeit von Weintrauben (als Gel und Stücke). Dazu ein bisschen knuspriges Kraut und fertig ist ein spannend in Szene gesetztes Traditionsgericht.

Einen insgesamt überraschend milden, zurückhaltenden Gang repräsentierte das über mehrere Stunden mit Koji eingelegte und dann auf dem Binchotan-Grill knackig heiß angeröstete Secreto vom Iberico-Schwein, reduziert begleitet von knackig dünnem mariniertem Rettich, Quitte, dezent und dosiert eingesetzter Creme aus fermentiertem schwarzem Knoblauch und dem alles sanft umarmenden Umamischwall einer Miso-Mayonnaise. Eine überraschend schlanke und markant zugespitzte Nummer war der Sauerbraten vom Kalb im Hauptgang, der mit verschiedenen Zitronenkomponenten, Scheiben von süßsauer eingelegter Puntarella und Gremolata wohltuend reduziert daherkam. Und von einer Vinaigrette aus klarem Tomaten-Abtropfsaft und Puntarella als Frischekontrast zur konzentrierten (aber nicht zu dichten) Sauerbratenjus eingefasst war. Ein gelungener Menühöhepunkt, der hinsichtlich einer noch höheren Bewertung nach unserem Gusto allerdings etwas zu poltrig plakativ mit Säure und Zitrusfrucht ums Eck kam.

Sowohl das Vordessert, bei dem in etwas abgewandelter Form mit den Aromen des Waldorfsalats gespielt wurde, als auch bei dem als herbstlicher Waldboden mit buntem Laub interpretierten Hauptdessert um die Leitaromen Hefe, Ananas und Zuckerrübe, kam in vielschichtiger Haptik aber etwas erwartbarer Aromatik daher. Hier hätte man im Zusammenhang mit einer möglichen späteren Aufwertung, gegen die grundsätzlich auch das Niveau der Pâtisserie nicht spricht, ruhig noch etwas kreativer und mutiger vorgehen können. Wenngleich aber auch da zumindest das alkoholfreie Begleitgetränk auf Basis von Ananassaft mit Kümmelessig und einem mit Kardamom aromatisierten Sodaschaum wieder einen unkonventionellen Akzent beigetragen hat. Das Fazit eines kulinarisch äußerst unterhaltsamen und ansprechenden Abends: es ist und bleibt spannend in Hannovers kulinarischer Szene!

Hanstedt (Niedersachsen)

Sellhorn
im Hotel Sellhorn
Winsener Str. 23, 21271 Hanstedt
☎ 04184-8010
www.hotel-sellhorn.de
🕗 Mo–Do ab 17.30 Uhr, Fr–So u. Fei ab 12 Uhr durchgehend, kein RT
Hauptgericht: 18–37 €, Menüs: 41 €

In den weitläufigen, wohnlich-elegant gestalteten Gasträumen, in denen durch geschickte Raumunterteilung und behaglicher Beleuchtung trotz der Größe keine ungemütliche Atmosphäre herrscht, wird ansprechend gekocht. Die Küche präsentiert sich seit Jahren sehr solide und erfreut durch handwerklich sauber zubereitete Gerichte aus regionalen Produkten engagierter Erzeuger, die durch natürliche und unverfälschte Aromen überzeugen. Neben einer kleinen Auswahl an offen ausgeschenkten Weinen gibt es eine ausreichende Anzahl an Flaschen internationaler Provenienz zu vernünftigen Preisen.

Harrislee (Schleswig-Holstein)

Der Steinort
Wassersleben 4, 24955 Harrislee
☎ 0461-77420
hotel-wassersleben.de/der-steinort/
🕗 Mi–Sa ab 17.30 Uhr, So–Di RT
Menüs: 160 €

Das schicke Boutiquehotel, das direkt an der Flensburger Förde und nur einen Steinwurf von der dänischen Grenze entfernt liegt, weckt schon optisch und nur von außen eine hohe Erwartungshaltung an die dortige Gastronomie. Und auch die Vita von Gastgeber und Küchenchef Eicke Steinort, der mit Stationen wie Karlheinz Hausers Süllberg, dem Ritz-Carlton in Wolfsburg und Alain Ducasse at The Dorchester in London während seiner obligatorischen Wanderjahre in vielen sehr guten Häusern gearbeitet hatte, macht neugierig – zumal es hier neben dem Hauptrestaurant „Wassersleben 4" auch das nach dem Chef benannte separate Gourmetrestaurant „Der Steinort" gibt, das mit einem einzigen Menü in bis zu sechs Gängen für 165 Euro die Messlatte selbst ganz weit oben anlegt.

Und tatsächlich wird in dem zeitlos elegant gestalteten länglichen Gastraum mit unverstelltem Blick auf die Förde schon durch die exklusive Tischkultur mit Tellern von Cocquet aus Limoges, Tafelsilber von Robbe & Berking oder hochwertigen Gläsern von Spiegelau dem geschürten Anspruch Rechnung getragen. Auch was den gebotenen Präsentationsaufwand angeht, werden weder Kosten noch Mühen gescheut: vor dem eigentlichen Menü gibt es Grüße in zwei Aufzügen, auch zwischendrin werden kleine Aufmerksamkeiten gebracht, zum Espresso gibt es mehrere Petits fours und Pralinen. Die Kreationen selbst bieten gute Produktqualitäten und sorgfältiges Handwerk, konnten uns ob der nicht zuletzt durch die ambitionierten Preise suggerierte hohe Erwartungshaltung aber nicht vollumfänglich überzeugen.

Als ersten Gruß aus der Küche gab es zum Beispiel ein Sellerie-Dim-Sum, das eigentlich nur sehr borstig nach Ingwer geschmeckt hat, daneben ein säuerlich-frisches Schichtwerk aus kross gebackener Topinamburschale, Apfel-Macaron und Yuzu-Gel. Mehr harmonischen Wohlgeschmack bot die fein geraspelte und unter säuerlich-würzigem Eischaum in der Eierschale servierte Wagyu-Bacon – als erstaunlich belanglos entpuppte sich eine knusprige Buñuelo-Ornamentwaffel mit pulverisierter Tomate und einem abgeschnittenen Strunkansatz von Radieschen, die am Gaumen eigentlich nur fettig und frittig war.

Mehr Schein als Sein gab's leider auch bei dem effektvoll präsentierten Tatar aus Stab- und Miesmuschel aus der Ostsee, das lediglich mit einer angenehm alkoholisch herben Hollandaise und einem schnell verflüchtigten und auch aromatisch nicht weiter relevanten geeisten Schaum unter einem schwarzen kuppelför-

migen Hippengitter angerichtet war. Auf der Habenseite verbuchten wir hier das gute, frische Muscheltatar – im Soll stand die handwerklich durchaus anspruchsvolle, kulinarisch aber eher profane Kreation.

Überzeugender, aber auch nicht wirklich überragend, war der Zwischengang um Spargel, Morchel, Erbsen und Bärlauch, dessen Lektüre uns in der Speisekarte überbordende Frühlingsgefühle entlockt hatte, die allerdings auf dem Teller nicht in gleichem Maße erwidert wurden. Das Aroma des weißen Spargels nämlich blieb auf dem mit Blattsilber verzichtbar affektiert dekorierten Hauptteller in Gestalt einer relativ milden, rahmigen Spargelcreme und sehr kleiner gerösteter Spargelspitzen-Viertel zwischen (ebenfalls sehr kleinen) Morcheln, nur einfach gepulten (und relativ weich gegarten) Erbsen, sowie einem relativ kräftigen Bärlauchöl etwas auf der Strecke. À part als Rahmsüppchen mit etwas mariniertem Spargel auf einem Cracker on top kam der Charakter des Saisongemüses etwas besser zur Geltung, war aber wegen der sehr würzig-wurzelgemüsigen Basis des Süppchens auch nicht wirklich so überzeugend herausgearbeitet, wie man es hier erwarten würde.

Viel mehr den Erwartungen entsprach sodann ein wirklich sehr gutes Stück Zander, top Qualität, perfekt auf den Punkt gebracht, mit festfleischigen, sich locker zerteilenden Lamellen. Aber dessen als „Variation von sieben verschieden Zwiebeln" offerierte Begleitung wirkte dagegen wieder relativ unspektakulär und simpel: die dunklen, geschmorten bzw. gerösteten Varianten zu würzig und deftig, die hellen, säuerlichen wie etwa Perlzwiebeln oder Schalotten zu rohzwiebelig, der mit Thymian aromatisierte Zwiebelsud sehr zurückhaltend und die als „selbstgemachter Zwiebelkaviar" annoncierten Tapiokaperlen schmeckten im Grunde völlig naturbelassen, also nach wenig bis nichts.

Das hat alles leider weniger Substanz als erhofft. Und warum das qualitativ wirklich nicht schlechte, leider aber nur lauwarme Rinderfilet nebst tatsächlich kalten Komponenten von Lila Kartoffel und Knollensellerie sowie unmarinierten Stiften von Périgord-Trüffel mit einer veganen Pilzjus serviert wurde, hat sich uns auch nicht wirklich erschlossen. Um wie viel besser wäre das Fleisch mit einer klassischen komplexen, gehaltvollen Jus auf Basis von Kalbsknochen gewesen – und in einer vernünftigen Serviertemperatur!

Sehr viel überzeugender war dann wieder der Nachtisch aus cremig-zarter weißer Schokoladenmousse, die als adäquater schmelziger und süßer Puffer für die Säure von marinierten Stücken, Eis und Kompott vom Rhabarber fungierte und von aromatischem Basilikumgel einen schönen würzigen Akzent mitbekam. Etwas schlichter und gröber die geeiste, mit Mangopüree gefüllte Ziegenfrischkäse-Kugel nebst Zitronensorbet auf gehobelter Haselnuss-„Wolle".

Man konnte also unterm Strich viele gute Ansätze erkennen – für eine höhere Bewertung, von der man aufgrund des Preisniveaus und Eigenanspruch ausgehen muss, fehlt es aber durchgehend noch am nötigen Feintuning. Wir sind gespannt, wie sich die Küche weiterentwickelt!

Wassersleben4

Wassersleben 4, 24955 Harrislee
☎ 0461-77420
hotel-wassersleben.dewassersleben4/
⊘ **Täglich ab 17.30 Uhr, kein RT**
Hauptgericht: 26–35 €

In dem familiären Boutiquehotel in Wassersleben wird nicht nur im abends geöffneten Gourmetrestaurant mit Ambitionen gekocht, sondern auch im bodenständigeren und auch mittags verfügbaren Restaurant Wassersleben 4. Der über eine breite Fensterfront einen direkten Blick über die Flensburger Förde bietende Gastraum – im Sommer auch mit schönen Strandterrassenplätzen – wirkt hell, stilvoll und freundlich mit seinen weiß gedeckten Tischen und den stylischen Ledersesseln. In der Speisekarte finden sich einerseits bistrotypische Klassiker, daneben aber auch moderat kreative saisonale Gerichte, die allesamt in erster Linie auf gute Produktqualität und fundiertes Handwerk setzten, weniger auf kreative Überraschungen oder aufwendige Basteleien.

So punktete auch die aufgeräumt schlicht gehaltene Vorspeise rund um heißgeräucherten dänischen Lachs vor allem durch dessen gute Qualität mit festem, eher magerem Fleisch und einer markanten, aber nicht allzu rustikalen Rauchnote. Naturelle Stücke von Mango und Avocado lieferten dazu vollreifen Produktgeschmack mit Frucht und Schmelz, während ein mild mariniertes Salatbouqet für knackige Frische sorgte.

Deutlichen Produktgeschmack gab es auch bei der folgenden Spargelsuppe, erfreulicherweise nicht unter zu viel Sahne versteckt, sondern eher zart und schlank gehalten. So kamen vor allem die milde natürliche Basis und der weiße Spargel zur Geltung – mit einer feinen hellen Pfeffrigkeit, kleinen zarten Fleischklößchen und ein wenig (leider bereits angetrockneter) Blattpetersilie als Ergänzung.

Die Spur an Säure, die der Spargelsuppe noch ganz gutgetan hätte, gab es dann – genau richtig dosiert – im auch ansonsten handwerklich bestens gelungenen cremig-körnigen Spargelrisotto. Dessen eher heller und frischer Charakter ergänzte sich harmonisch mit löffelzart geschmorter Kalbsbacke und einer tiefdunklen kräftigen Kalbsjus. Zusammen ein ebenso puristischer wie genau auf den Punkt getroffener Hauptgang, für den allein wir durchaus auch eine noch höhere Bewertung vergeben hätten.

Nach dem gleichen Prinzip überzeugte auch der süße Abschluss, bei dem würzig-säuerliche Rumtopf-Kirschen von einem handwerklich überraschend raffinierten Quarkknödel ergänzt wurden, dessen dünne (etwas mehlige) Teighülle eine Kugel cremiges Vanilleeis umschloss und so einen überraschenden Kontrast lieferte. In der kleineren aber durchaus ansprechenden Weinauswahl dürfte jeder etwas gut Passendes zu den Gerichten finden. Und das engagierte junge Serviceteam lässt es einem an nichts fehlen.

Hartenstein (Sachsen)

Artichoke

Stein 8,
8118 Hartenstein
☎ 03760-5760
www.restaurant-artichoke.de
⊘ **Mo–Do ab 17 Uhr,**
Fr–So ab 12 Uhr durchgehend,
kein RT

In den hohen Räumen des Gästehaus Wolfs-brunn mit Stuckdecke, Kronleuchtern und Kerzenschein herrscht eine festlich-elegante, aber dennoch sehr entspannte Atmosphäre. Für letztere sorgt neben schwungvoller Musik auch immer der junge Service mit charmantem sächsischem Zungenschlag. Neben dem beson-deren Rahmen lockt das Restaurant aber vor allem durch eine Küche, die sich in Anspruch und Aufwand deutlich vom Durchschnitt ab-hebt. Und das zu sehr fairen Kursen, die dann auch leicht darüber hinwegsehen lassen, wenn doch einmal etwas ein wenig holprig oder über-eifrig ausfällt. Die Weinkarte listet glas- und flaschenweise ausreichende und interessante Optionen abseits preistreibender Prestige-Ge-wächse.

Feengarten

im Jagdhaus Waldidyll
Talstr. 1,
8118 Hartenstein
☎ 037605-840
www.romantikhotel-waldidyll.de
Di–Fr ab 17 Uhr, Sa, So u. Fei ab 12 Uhr durchgehend, Mo RT
Hauptgericht: 9–33 €

Im Romantik Hotel Waldidyll erwartet die Be-sucher eine vornehme, ein bisschen aristokrati-sche Atmosphäre. Ein Ort für den besonderen Anlass. Und damit ein solcher auch kulinarisch erfreulich wird, steht hier das Team des Restau-rant Feengarten mit einem ambitionierten, aber nicht zu abgehobenen Programm parat. Die Karte setzt einerseits auf klassische Gour-metküche inklusive der einschlägigen Edelpro-dukte, andererseits aber auch auf verfeinerte regionale Traditionsgerichte, die hier dank der handwerklich fundierten Zubereitung besser sind, als an den meisten anderen Orten. Auf beiden Linien gibt es keine größeren Finessen, aber auch in Relation zu den aufgerufenen Prei-sen einen lohnenden Gegenwert in eleganter Umgebung.

Hofgut Hohenkarpfen

im Hotel Hofgut Hohenkarpfen
Hohenkarpfen 1,
78595 Hausen ob Verena
☎ 07424-9450
www.hohenkarpfen.de
Sa ab 18 Uhr, So–Fr von 12–13.30 Uhr u. ab 18 Uhr, kein RT
Hauptgericht: 22–38 €, Menüs: 49–98 €

Wer in den Genuss eines Lunchs oder Dinners im Hofgut kommt, der bekommt noch viel mehr geboten. Schon die Anfahrt hoch zum Zeugenberg Hohenkarpfen durch das Land-schaftsschutzgebiet am Rande der Schwä-bischen Alb mit Aussicht in den Schwarzwald ist spektakulär. Obendrein hat die benachbarte Kunststiftung nicht nur im Gebäude – sofern sich die Öffnungszeiten mit dem Restaurantbe-such decken – was zu bieten, sondern auch mit Skulpturen drumherum. Und schließlich be-geistert das Setting des ehemaligen und nun denkmalgeschützten Bauernhofs mit Holzdie-len, Fachwerk und liebevoll dekorierten Ti-schen samt fantastischer Aussicht hinunter ins Tal.
Aber allein schon das Essen: Mit einem regulä-ren und einem vegetarischen Menü sowie er-gänzenden à-la-carte-Gerichten gibt es eine schöne Auswahl zu einem tollen Preis-Leis-tungs-Verhältnis – und das an sieben Tagen in der Woche! Als stimmigen Auftakt zu unseren je drei Gängen (vier sind im Menü geschrie-ben) gab es dunkles Walnussbrot mit Paprika-butter, anschließend je einen Degustations-löffel mit einer feinfruchtigen Caprese-Inter-pretation und einer frischsäuerlichen Ceviche mit Kabeljau.

Da à la carte einige Gerichte mit hochwertigem Fleisch gelistet waren, haben wir uns für Carpaccio vom Rinderfilet als eine der Vorspeisen entschieden. Großflächig über den Teller verteilt, waren die kreisrund aufgeschnittenen, leuchtend roten Scheiben gottlob nur sehr dezent mit etwas Trüffelöl aromatisiert. Zur milden Würze mit Scheiben vom Manchegokäse, der nussigen Süße von Pinienkernen und potenzierter Power eines geräucherten Tomatenpestos in einem Schälchen gab es noch einen frischen Säurekick durch gut angemachte Rucolablätter mit Kräutern und Sprossen in einem Knuspernest obenauf.

Herausgelöst aus dem vegetarischen Menü überzeugte die „4 Stunden Bete". Basis war eine Vinaigrette (so stand es in der Karte), die aber trotz ihrer Säure mit fruchtiger Süße und – der Farbe nach zu urteilen – Rote-Bete-Saft, schon fast ein Süppchen war, in dem mit Senfkörnern, Schnittlauch und anderen Kräutern spitze und scharfe Akzente gesetzt wurden. Darin lag ein sanft gegartes Betestück sowie eine Scheibe karamellisierter Ziegenfrischkäse gleichen Durchmessers. Einen Kontrapunkt setzte am Rand des Tellers eine Hummus-Kugel (mit Rote-Bete-Chip und -Streifen), die durch orientalische Gewürze eine herb-metallische Note ins Spiel brachte und somit der Aromenrundreise des Gerichts noch eine Kante gab.

Auch bei den Hauptgerichten wurde sowohl bei Technik und Optik als auch bei der Ausarbeitung der Geschmacksrichtungen präzise ans Werk gegangen, wobei man allenfalls bemängeln könnte, dass der norwegische Winterkabeljau etwas schwach gewürzt war. Es handelte sich aber auch um eine außerordentlich hohe Tranche mit sich schön glasig lösenden Lamellen, auf die viel Périgordtrüffel und somit viel erdiges Aroma gehobelt war. Das Gericht wurde angegossen mit einem tiefgrünen Sud von Brunnenkresse und somit ragten aus dem Teller neben dem Fisch zwei weitere Inseln heraus, in denen Topinambur variiert wurde: in Stücken, als aufgefächerte Chips und auf einem Sockel herzhaften Kartoffelpürees eine Creme in einem mutmaßlich mit Kohle geschwärzten Tempura-Ring.

Auf dem vegetarischen Teller war noch mehr los! Viele Komponenten in unterschiedlichen Texturen formierten sich hier zu einem abwechslungsreichen Geschmacksbild: In der Mitte thronte ein Stundenei, hier angegossen mit einer dickflüssigeren Liebstöckelsauce. Kross gebackene Maniakwurzel, gegrillte Zucchini- und gepickelte Apfel- und Radieschenscheiben sowie knusprige Kartoffelgitter, dazu noch sautierte Kräuterseitlinge sowie ein Peter-

silienwurzelpüree. Jede Gabel beziehungsweise jeder Löffel bot eine neue Nuance, ohne dass das Gericht auseinanderfiel.

Auch mit den Desserts wurde aufgetrumpft. Einmal mit Litschi als Eis mit Kaffirlimettenaroma, dazu Kokos und Joghurt schaumig und cremig, alles gespickt mit weißer Schokolade und umringt von Mangomousse-Tupfern, etwas eigenwillig direkt auf einem Kühlpad serviert. Die „Zitrusexpolosion" war wie vermutet etwas herber, zumal hier auch mit Grapefruit als Sorbet und stückig, mit Kumquat und Limettenscheiben, sowie mit Orange gearbeitet wurde. Solide Basis der Agrumenfrüchte war ein Baumkuchen, kohlrabenschwarze Luftschokolade und weiße Mousse lieferten bittersüße Kontraste dazu. Allein die verschieden großen Tupfer Lemoncurd mit ihrem sehr hohen Eigelbgehalt waren dann wirklich etwas für Liebhaber.

Optional gibt es übrigens auch eine Auswahl an französischem Rohmilchkäse. Die Auswahl an offen Weinen allerdings könnte noch etwas ausgebaut werden. Und wenn sich dann im Sinne von „etwas weniger wäre mehr" künftig der eine oder andere Teller etwas aufgeräumter präsentieren würde, wäre locker auch noch ein Bonuspfeil drin.

Hotelempfehlung

Hotel Hofgut Hohenkarpfen

Hohenkarpfen 1,
78595 Hausen ob Verena
📞 07424-9450
www.hohenkarpfen.de
Einzelzimmer: 94–104 €
Doppelzimmer: 122–138 €

Seit dem gelungenen Umbau der ehemaligen Scheune des denkmalgeschützten Anwesen im Jahre 1989 können die Gäste in einem zauberhaften Ambiente herrliche Momente erleben – stets begleitet von dem faszinierenden, kilometerweiten Panoramablick über die Schwäbische Alb, das Donaubergland und bei guter Fernsicht bis hin zu den Schweizer Alpen des Säntis-Bereichs. Das Hotel verfügt über 21 Hotelzimmer, in welchen durch die Kombination von stilvollem Interieur mit rustikalen Holzbalken ein ganz besonderer Charme geschaffen wurde. Das Unterhaltungsangebot ist vielfältig und reicht von kulinarischem Hochgenuss im Restaurant über Kunst und Kultur (Kunststiftung mit eigenem Museum im Haus) bis hin zu zahlreichen Wandermöglichkeiten rund um das Hotel. Restaurant Hofgut Hohenkarpfen separat erwähnt.

Hechenberg (Bayern)

5↑ — 🍴🍴

Moarwirt
**Sonnenlängstr. 26,
83623 Hechenberg (Dietramszell)**
☎ 08027-1008
www.moarwirt.de
📍 Mi u. Do ab 18 Uhr, Fr-So von 12–15 Uhr u. ab 18 Uhr, Mo u. Di RT
Hauptgericht: 18–28 €, Menüs: 40–54 €

Rund 50 km südlich der Landeshauptstadt versteckt sich der Moarwirt in absolut ländlicher Einsamkeit und Voralpenidylle. In dem biozertifizierten Landgasthof zeigt sich das kulinarische Bayern von seiner besten Seite: ein behagliches Ambiente mit vielen geschmackvollen ländlichen Accessoires und Details geht hier mit einer klar in der bayerischen Bodenständigkeit verwurzelten Küche zusammen, die auf

zeitgemäße Art interpretiert wird. Hier erwarten den Gast also einerseits traditionelle Gemütlichkeit mit heller Holzvertäfelung und massivem Holzmöbel, andererseits lockern Dinge wie weiße Sitzfelle das eine oder andere moderne Natur-Designobjekt den Rahmen geschmackvoll auf.

Kopf hinter dem sehr stark auf Nachhaltigkeit bedachten kulinarischen Erfolgsrezept ist Sebastian Miller. Und der setzt größtenteils auf Erzeuger und Produkte aus der Umgebung, kocht substanzstark und immer mit ein bisschen mehr Finesse, als man es zumeist von der ganz traditionellen alpenländischen Regionalküche kennt. Die unkomplizierte und doch pfiffige Art, mit verhältnismäßig einfachen Mitteln schmissige Akzente zu setzen, wurde schon bei unserem letzten Besuch schon auf dem Teller der geräucherten und knusprig ausgebratenen Entenbrust sichtbar und vor allem schmeckbar, deren zarte Tranchen neben süßsäuerliche Bete (und Bete-Sponges), Feldsalat und Wildkräutercreme arrangiert wurde, wobei die betont frischen Akzente wiederum von karamellisiertem Pumpernickel mit malzig-dunklen Noten spannend gekontert wurden. Fein!

Voll im Herbst angekommen war die Küche dann bei der samtigen Maronensuppe, deren Milchschaumkrone gemeinsam mit einem zimtig-warmwürzigen Knusperstangerl die liebliche Richtung verstärkten. Aufgebrochen wurde dieser zwar ein wenig oldschool aber zugleich substanzstark wirkende Einschub von einigen herbsäuerlichen Preiselbeeren als Einlage, was im Ergebnis überraschend pfiffig war. Wieder etwas komplexer aufgebaut präsentierte das Team im Hauptgang soft geschmorte Backe und kernig gebratenes Filet vom Rind mit kräftigem Eigengeschmack (aber leider unsauberer Parierung). Diese wurden auf kraftvolle Art von dreierlei Knollensellerie (konzentrierte Creme, Knusperstroh, ganze geschmorte Spalten…) und einer rustikalen Schmorjus begleitet. Der entscheidende Kniff waren allerdings die dazu kombinierten säuerlich herben Salzpflaumen, die das Ganze gekonnt aus der dumpf-würzigen Richtung heraus bewegten.

Einen kontrastreichen Abschluss gab es mit einem duftigen Sorbet von Mandarine und Karotte nebst eingelegten Mandarinen, die einen wichtigen Frischemoment gegenüber der wuchtigen Power von tiefdunklen Schokokuchen-Würfeln mit glasierten Maronen obenauf sowie einer helleren Schokoladenmousse mit karamellisierten Kürbiskernen setzten – dabei aber fast schon ein wenig zu zart und leicht wirkten. Da hätte man durchaus mit noch etwas mehr Säure spielen können; aber auch so

war das ein ansprechendes Dessert auf klar überdurchschnittlichem Niveau.
Ergänzt werden die Speisen von einer spannenden individuellen Weinkarte mit charakterstarken Flaschen und lohnendem Raritätenteil mit vielen gereiften Weinen. Nur das mit zwei Optionen in weiß und rot sehr limitierte offene Angebot wäre noch ausbaufähig…

Hotelempfehlung

Bio Landhotel Moarwirt

Sonnenlängstr. 26,
83623 Hechenberg
(Dietramszell)
☎ 08027-1008
moarwirt.de
Einzelzimmer: ab 85 €
Doppelzimmer: ab 110 €

Das gemütliche Dorfhotel in einem traditionellen bayerischen Gebäude mit bemalten Fensterläden liegt auf dem malerischen Hechenberg, wenige Kilometer nördlich von Bad Tölz. Die 18 gemütlich und stilvoll eingerichteten Gästezimmer bieten teilweise einen einzigartigen Blick über das Tölzer Voralpenland und alle sind mit TV und Bad mit Dusche und WC ausgestattet. Die frisch renovierten Räume sind hell und freundlich und verbinden altes Holzgebälk mit modernem Zeitgeschmack. Das Hotel bietet außerdem ein Restaurant mit lokaler Küche sowie kostenloses Frühstück mit natürlichen hausgemachten Produkten, welches man je nach Jahreszeit und Witterung auf der idyllischen Sonnenterrasse oder am wärmenden Kachelofen genießen kann. Außerdem gibt es einen Kinderspielbereich und kostenfreie Parkplätze. Auch für Veranstaltungen jedweder

Art wie Hochzeiten, Tagungen oder Workshops bietet das Hotel eine idyllische Kulisse. Man kann aber auch die Umgebung zu Fuß oder mit dem Fahrrad erkunden und Ausflüge zu historischen Stätten unternehmen. Restaurant Moarwirt separat erwähnt.

Heidelberg (Baden-Württemberg)

959 Heidelberg Stadtgarten

Friedrich-Ebert-Anlage 2,
69117 Heidelberg
☎ 06221-6742959
www.959heidelberg.com
Mo–Mi u. Sa von 12–15 Uhr (Bistro)
u. ab 18 Uhr, So ab 18 Uhr, Di RT
Hauptgericht: 29–48 €,
Menüs: 85–120 €

In dem länglichen Gebäude am Heidelberger Stadtgarten am Adenauerplatz, direkt vis-a-vis dem Hotel Europäischer Hof, wird erstaunlich engagierte Gastronomie betrieben. Der große, hohe, weitläufige Raum, der so auch in jeder Metropole bestehen könnte, ist eine stilvolle Mischung aus Bar, Bistro und Restaurant, und auch aus kulinarischer Sicht wird hier ein erstaunlich breit gefächertes Programm gefahren. Das reicht von einfacheren Gerichten wie Caesars Salad, Wiener Schnitzel, einem Paprika-Rindergulasch mit Sauerrahm und Spätzle oder authentischen neapolitanischen Pizzen aus qualitativ hochwertigen Produkten bis hin zu anspruchsvollen klassischen und bisweilen sogar kreativen à-la-carte-Offerten, die unter der Federführung von Küchendirektor und Geschäftsführer Tristan Brandt hohes Niveau bieten. Die durchgängig hohe Produktqualität, die Substanz und Präzision der einzelnen Zubereitungen, sowie die Akkuratesse, mit der die bestechend klararomatischen Gerichte aufs Porzellan und an die sauber eingedeckten Tische gebracht wird, rechtfertigen nicht nur das hohe Preisniveau, sondern machen durchwegs Freude. Die Weinkarte listet alles, was gut und teuer ist, so dann man sich hier horizontal und vertikal verausgaben kann. Und wer mit dem emsigen Service in Dialog tritt, bekommt auch glasweise etwas Vernünftiges.

Herrenmühle

Hauptstr. 239, 69117 Heidelberg
☎ 06221-602909
www.herrenmuehle.net
⏱ Mo–Sa ab 18 Uhr, So von 12–13.30 Uhr
u. ab 18 Uhr, kein RT
Hauptgericht: 33–37 €, Menüs: 66–98 €

Schon das pittoreske historische Haus mit seinen urigen Innenräumen und dem lauschigen Gastgarten lohnt den Besuch, aber auch die Küche von Gastgeber Joachim Heß ist nicht zu verachten! Der sorgt in dieser Heidelberger Institution feiner Gastlichkeit seit ein paar Jahren für eine mehrheitsfähige und nicht allzu exaltierte Küche, die sowohl in die gehoben-bürgerliche und eher regionalbetonte als auch in eine etwas kreativere internationale Richtung mit asiatischen Aromen tendiert. Damit macht das Team genau das, was an diesem Standort reell möglich ist und knüpft an dem an, für was Joachim Heß einst im Goldenen Pflug bekannt war und die Feinschmecker der Region zu ihm hat pilgern lassen. Auch die Weinkarte kann höheren Ansprüchen genügen.

Le Gourmet

im Hotel Die Hirschgasse
Hirschgasse 3, 69120 Heidelberg
☎ 06221-4540
www.hirschgasse.dele-gourmet/
⏱ Di–Sa ab 18 Uhr, So u. Mo RT
Menüs: 120–175 €

Die geschichtsträchtige „Hirschgasse", die bereits 1472 urkundlich erwähnt wird, ist nicht nur für alteingesessene Heidelberger ein Fixpunkt, den wohl auch die Inhaber Alison und Ernest Kraft gerne unter gastronomischen Denkmalschutz stellen würden. Somit dürfte auch nach dem derzeit laufenden Umbau, bei dem der Hotelbereich um einen Badebereich erweitert wird, gesichert sein, dass nahezu fast alles beim Alten bleiben wird – was in diesem wunderschön patinierten Gebäude natürlich unbedingt zu begrüßen ist!

Denn sowohl in der „Mensurstube" als auch im Feinschmecker-Abteil, die beide mit Parkett, dunklem Gebälk und schweren Vorhängen gar nicht erst versuchen in irgendeiner Form zeitgemäß zu erscheinen, sorgt das historische Flair für den perfekten Rahmen. Mit Küchenchef Mario Sauer, der nun auch schon seit 15 Jahren das Setting kulinarisch kongenial bespielt, steht zudem ein „Klassiker" am Herd, der fast schon als Idealbesetzung durchgeht. Denn gerade weil man dem ehemaligen Sous-Chef des legendären Helmut Thieltges das Faible für im besten Sinne klassische Kochkunst auf nahezu jedem Teller bestätigen kann, passt seine Küche hier perfekt ins Gesamtbild. Und auch wenn hie und da punktuell exotisch kolorierte oder kreativ akzentuierte Teller aufgetragen werden, wirkt das nie anbiedernd, sondern eher als augenzwinkernde Auflockerung des souverän bestückten Tableaus.

Die Hommage an den stilprägenden ehemaligen Lehrmeister, die heuer als Küchengruß das Menü eröffnete, machte dann wieder einmal deutlich, wie sehr diese Station Sauer geprägt hat. Das Zusammenspiel von Vichysoisse, Rindfleisch und Kaviar ist ja auch fast schon so eine Art von „Überakkord", der durch bemühte Modernisierung nicht an Eindruck gewinnen dürfte. Folglich sorgten leicht bissfeste Räucheraal-Würfel als Kontrast zum erdig-gemüsigen Umfeld für leicht rauchige Nuancen, während ein satt beefiges Oxtailgelee on top und eine generöse Nocke Kaviar nebst Crème-fraîche-Tupfen diese erprobte Liaison perfekt vollendeten. Im Ergebnis ein nicht nur aromatisch herrlich zwischen vegetabilen, fleischigen, salzigen und laktischen Eindrücken vermittelndes Ganzes, das alle Elemente glasklar herausstellte und in Summe das Menü genauso ausgewogen wie ausdrucksstark eröffnete – und dergestalt ganz bestimmt auch den ehemaligen Chef überzeugt hätte.

Wie die bereits erwähnte exotische – hier: asiatische – Erweiterung der traditionell orientierten Küche dann eindrücklich gelingen kann, unterstrich im Anschluss die Verbindung von Schweinebauch, Buttermakrele und Kokos, die zeigte, wie geschickt das über Jahre hinweg verinnerlichte Handwerk mit einer millimetergenau ausgemessenen Spitze bereichert werden kann. Den rösch angekrossten und schön fettschmelzigen Schweinebauch, der mit leicht warm gezogenen Fisch-Tranchen abwechselnd auf einem Kokosflan angerichtet war, genoss man natürlich schon solo ganz ohne jede weitere Ergänzung – dennoch sorgte letztlich der am Tisch angegossene Sud im Ramen-Stil mit seiner deutlich hervorgehobenen Zitronengrasnote für den aromatischen Clou, der meisterlich die nächste Ebene beisteuerte und dem man seine Zubereitungszeit von über drei Tagen und die damit verbundene konzentrierte Substanz mit jedem Löffel nachschmecken konnte.

Mit anderen Hauptdarstellern, aber dem gleichen konzeptionellen Maßstab, gelang auch der blaue Hummer, dem mit Staudensellerie, Ananas und Kaffee komplex zugearbeitet wurde. Wenig überraschend bewiesen sowohl die auf den Punkt gebratenen und kurz nachgeflämmten Schwanzstücke als auch die schmelzig zart confierte Schere die unbestrittene Kompetenz der Küche, während der von gerösteten Karkassen kraftvoll herben aufgeschäumten Bisque, die das Podest aus bissfesten Sellerie- und süß-säuerlichen Ananaswürfeln umspülte, noch mit Kaffee-Öl eine zusätzliche feinbittere Kante spendiert wurde. Gerade solche inhaltlich restriktiven und klar fokussierten Kreationen sind schon lange eine besondere Stärke von Mario Sauer – und ein gewichtiger Grund für die auch in diesem Jahr souverän bestätigte hohe Bewertung.

Diese Einschätzung wurde dann auch von beiden Hauptgängen unterstrichen, wenngleich hier im Detail an der einen oder anderen Stellschraube nicht ganz so fein justiert wurde. Denn sowohl die leicht gebräunte Kohlenfischtranche, die blütenweiß und saftig auf einem Sockel von jodigen Stab- und Venusmuscheln und einem recht salzigen Safran-Fenchelschaum ruhte, gefiel da prinzipiell natürlich ebenso wie ein zart sous-vide gegartes und dann beherzt nachgebratenes Onglet, das mit einem Tatar von Steinchampignons und Kräuterseitlingen, Petersiliensalat und knusprigen Kartoffel-/Pilz-Röllchen liiert war. Dem Fluch und Segen der Vakuumgarmethode, die natürlich zu einem sehr zarten und im optimalen Fall sogar saftigen Ergebnis führen kann, dem Fleisch aber eben auch nicht selten – und so wie hier – eine zu softe, leicht zerfasernde, weichgespülte Textur verleiht, kann selbst so ein erfahrener Küchenchef wie Mario Sauer nicht ganz entkommen. Im Gegenzug entschä-

digte aber eine meisterlich tiefschürfende und exakt reduzierte Jus und auch das à part begleitende, schmorwürzige Rinderbäckchen-Ragout nebst Kartoffelcremehaube sorgte für bestes Oldschool-Feeling, ohne in irgendeiner Form altbacken zu wirken. Bewährt Gutes kann man gewiss anders machen, aber eben meist nicht besser…

Ganz und gar kritiklos glänzte zum Abschluss die Pâtisserie mit einem Trio von roter Bete, Gewürzschokolade und Beeren, ohne den Gemüsegedanken zu sehr zu strapazieren. Die oftmals eher behäbige Bete erschien nämlich zweifach interpretiert zunächst als süffig-seidiger Sud und in Form von säuerlich marinierten, leicht bissfesten Schnitzen, die sowohl dem Savarin aus gestockter Gewürzschokolade als auch einem geflämmten weißen Luftschokoladenblock und dem fruchtig-erfrischenden Beerensorbet der jeweils passenden erdenden Kontrast anboten und sich harmonisch ins Geschmacksbild integrierten.

Das bestens eingespielte Serviceteam ist nach wie vor auf Augenhöhe mit der Küchenleistung und begleitet nicht nur fachlich versiert, sondern auch sympathisch unkompliziert und charmant. Den jeweiligen Getränkeempfehlungen zu folgen, ist übrigens nicht nur auf der gerade mit gereiften Franzosen oder auch Top-Winzern aus der Pfalz bestens bestückten Weinkarte eine gute Entscheidung – auch die hauseigenen alkoholfreien Säfte und Essenzen sind mittlerweile eine durchaus lohnende Alternative, der man anmerkt, dass auch auf diesem Feld passioniert und kreativ gearbeitet wird.

Oben
Kohlhof 5,
69117 Heidelberg
☎ **0172-9171744**
www.restaurant-oben.de
◔ **Mi–Sa ab 18.30 Uhr,**
So–Di RT
Menüs: 150 €

🅿 ⛲ ♿

Einen Tisch im Oben zu bekommen, ist nur mit Glück möglich. Reguläre Reservierungen werden bis Ende 2023 nicht mehr angenommen, weil alles ausgebucht ist. Und ab 2024 soll das System so umgestellt werden, dass Buchungsfenster nur für einen bestimmten Zeitraum geöffnet werden. Worauf genau der enorme, in Deutschland sehr ungewöhnliche hohe Zuspruch zurückzuführen ist, lässt sich nur spekulieren. Es spricht viel dafür, dass es das Gesamtkonzept ist aus ländlicher Lage hoch über Heidelberg, aus rustikalem Charme und persönlicher Betreuung.

Nur wenige Gäste, nur eine Servicemitarbeiterin (Natascha Brandt) plus Koch Robert Rädel und Köchin Mona Schmid, selbstverständlich nur ein Menü. Eine Weinbegleitung gibt es, eine Zusammenstellung ohne Alkohol auch, und wer eine Flasche bestellen will, sucht sie sich selbst im Keller aus. Ein Gesamtkunstwerk, zu dem die gemeinsame Anfangszeit gehört: Um 18.30 Uhr geht es los, aber wer sich ein paar Minuten verspäten sollte, muss sich keine Sorgen machen. Abgewiesen wird so schnell niemand. Wer sich bei alldem ein kleines bisschen an das inzwischen geschlossene Kultrestaurant Fäviken in der schwedischen Provinz erinnert fühlt, hat sicher nicht unrecht. Anders als dort, wo oft großes Schauspiel in der Mitte des Raumes veranstaltet wurde, erläutern Schmid und Rädel die Gerichte freilich stets am Tisch – es sei denn man werde für einen Gang in die Küche gebeten. Und zu erläutern gibt es viel. Zunächst den Prolog, der aus warmem Petersiliensüppchen und kaltem Petersilienröllchen, einem tollen Sandwich mit Rehfleisch und Eberesche sowie aus dem filigranen Körbchen aus gebackener Hühnerhaut mit Erbsenflan und schwarzer Walnuss besteht. Auch ein angetoastete Tranche Sauerteigbrot mit Tupfern sogenannter Kraut- und Rübencreme zum Dippen ist Teil des Ganzen; weiteres Brot wird dann nicht mehr aufgetragen.

Der Rheinhecht von einem baden-württembergischen Fischer kommt mit einem Sud von Staudensellerie und einem Eis selbigen Gemüses daher. Dill akzentuiert das Ganze, die Säure ist klug eingesetzt. Während es hier frisch und animierend zugeht, wirkt der nächste Gang durchaus füllig. Geschmorte, zu einer Creme verarbeitete, mit Maisgries und Mark verfeinerte Zwiebel, obenauf Croûtons, Zwiebelsaat, eingelegte Zwiebeln. Das wirkt sättigend und soll es wohl auch sein: ein schönes Wintergericht.

Der „Blumenkohl polnisch" mit brauner Butter ist dann trotz der eingelegten Magnolie ein eher rustikaler Gang: kraftvoll, zupackend, mit einem dezent säuerlichen Touch durch die Magnolie. Schon ein Klassiker des Hauses: der Landschweinwedel, also der ausgelöste, ge-

presste und gebratene, außen knusprige und innen schön saftige Schweineschwanz mit einem herrlich frisch wirkenden Sud, der fein gewürfelte Boskoop-Äpfel und Schnittlauch enthält; obendrüber reibt der Chef am Tisch frischen Meerrettich und verleiht ihm damit eine animierende ätherische Schärfe.

Sehr stimmig ist dann auch der Bodensee-Aal mit Kartoffeln und Rettich. Der Aal ist saftig und angenehm fettig, der Rettich bringt adäquate Frische mit, die Kartoffeln sorgen für cremige Fülle: schöne Kontraste! Mit Abstand der beste Gang war bei unserem letzten Besuch aber die Ente von Jean-Claude Miéral: sorgsam gereiftes, ganz leicht mürbes Fleisch in Form von Keule, Brust, Herz und Leber, der Rotkohl als warmes Gel, geschmort und als Schaum, die Jus fein und elegant, der getrocknete, übers Essen gestreute Steinklee mit einem passenden Cumarin-Touch, der ganz entfernt an Waldmeister erinnert. Das sind schon eher neun als acht Pfannen!

Sauerampfer, Eierlikör und Hanfsaat bilden danach den ersten süßen Gang, der zweite ist ein Braeburn-Apfel in dünne Scheiben geschnitten, aufgerollt, sanft geschmort, also innen weich, außen knusprig, dazu ein perfektes Sauerrahmeis und etwas am Tisch darüber gesprühter und entzündeter Calvados. Ein bisschen Show, müsste nicht sein, schadet aber auch nicht und gehört zum Programm. Zum Abschluss eine gefakte Walnuss, die aus intensiver Walnusscreme besteht und bei deren Verzehr man sich was wünschen soll. Was immer das an den anderen Tischen gewesen sein mag – wir wünschen uns, dass das einzigartige Konzept noch lange erhalten bleibt, man aber in Zukunft etwas einfacher einen Tisch bekommt.

7 Scharffs Schlossweinstube

Schlosshof 1, 69117 Heidelberg
☎ 06221-8727010
www.heidelberger-schloss-gastronomie.de
⊙ Do–Sa ab 17.30 Uhr, So–Mi RT
Menüs: 69–110 €

Nachdem sich das Team um Martin Scharff vor einiger Zeit von einer allzu forcierten Gourmetküche, zu etwas zugänglicheren Gerichten ohne Menüzwang durchgerungen hat, die der Chef „unkomplizierte Geschmacksküche" nennt, wirkt das auf den nach wie vor hübsch eingedeckten Tischen im schlicht-eleganten Schlossrestaurant mit Parkettfußboden und Kachelofen hinter monumental dicken Mauern zwar vielleicht augenscheinlich nicht mehr so ambitioniert – unverändert gut essen kann man hier deswegen aber trotzdem. Denn die Gerichte werden zwar schnörkelloser und auch etwas überraschungsärmer erdacht und umgesetzt, dafür aber handwerklich präziser ausgearbeitet und somit geschmacklich besser auf den Punkt gebracht. Stilistisch bewegt sich das weiterhin auf Basis einer zeitlosen frankophilen Klassik, die oft und gern auch regionale Produkte einbezieht. Bei den glasweisen Weinempfehlungen konzentriert sich das Team schwerpunktmäßig auf die Gewächse deutscher Erzeuger.

---

5 Wirtshaus zum Nepomuk

im Stadthotel Zur Alten Brücke
Obere Neckarstr. 2, 69117 Heidelberg
☎ 06221-739130
www.altebruecke.com
⊙ Täglich ab 18 Uhr (im Sommer auch Sa u. So Mittag), kein RT
Hauptgericht: 19–39 €

Die Heidelberger Altstadt ist an sehenswerten Attraktionen, pittoresken Orten und gemütlichen Ecken wahrlich nicht arm. Wie so oft in touristisch beliebten und belebten Städten ist es dagegen deutlich schwieriger, kulinarisch attraktive Ziele zu finden. Ein Glück, dass es mit dem Wirtshaus zum Nepomuk eine Adresse gibt, die alle Heidelberger Vorzüge vereint: Ein geschichtsträchtiges, gemütliches Ambiente mit lauschigem Innenhof, unmittelbare Nähe zur Alten Brücke mit dem berühmten goldenen Affen, und dann auch noch reizvolle bodenständige Küche…

In letzterer setzt das Team vor allem auf unverfälscht traditionelle Gerichte, die aber mit fundierter Zubereitung und guten Produkten punkten, wagt aber auch den einen oder anderen kleinen Schwenk ins Mediterrane und bietet damit genau das, was man oft sucht und nur selten findet: Ehrliche, frisch fabrizierte Küche zu fairen Preisen.

Ob man mit einem halben Dutzend nach Art des Hauses mit Champignons, Kräuterbutter und Bröseln gratinierter Weinbergschnecken oder aber mit einem Tatar vom Schottischen Räucherlachs mit Dill-Honig-Senfsauce startet – stets sind einem intensive und natürliche Aromen sicher. Genau wie zuletzt auch bei der samtigen, eher nussig gehaltenen Kürbiscremesuppe in klassischer Begleitung von Kernöl und Kernen oder einem mediterranen Gemüsesalat mit cremiger Burrata und krossem Gemüsestroh.

In guter Form zeigte sich das Team auch bei dem Ultraklassiker, einer zart und feinwürzig geschmorten Rinderroulade nebst überraschend eleganter Schmorjus, fruchtigem Rotkraut und Kartoffelstampf. Nicht ganz überzeugend wirkte dagegen die saftige Kalbsfrikadelle, die unter einem üppigen Topping aus Gartenkresse mit kräftiger Kalbsjus und gebratenen Champignons, daneben aber auch einem etwas wirren Gemüseallerlei aus Brokkoli, Cocktailtomaten und Mini-Mais auf den Teller kam. Wer am Ende noch Reserven hat oder gleich vorausschauend bestellt, bekommt bei Desserts wie einer zarten Crème brûlée mit Tahiti-Vanille oder einem warmen saftigen Schokoküchlein mit Kirschkompott und Vanilleeis das gleiche souveräne Niveau geboten, wie bei allen anderen Gerichten. Und in die Gläser gibt es dazu eine kleine Auswahl guter Weine überwiegend aus Deutschland, offen auf attraktivem Ortsweinniveau, während sich unter den Flaschen auch höherwertige Optionen finden.

Hotelempfehlung

★★★

Stadthotel
Zur Alten Brücke

Obere Neckarstr. 2,
69117 Heidelberg
☎ 06221-739130
www.altebruecke.com
Einzelzimmer: ab 78 €
Doppelzimmer: ab 99 €

In seiner wechselhaften Geschichte seit der Erbauung 1707 hat das Haus, das direkt an der berühmten Alten Brücke in Heidelbergs Altstadt liegt, die über den Neckar führt, viele Studenten kommen und gehen sehen. Denn die Nähe zur Universität, zum Neckarufer, zur romantischen Schlossruine und zu den zahlreichen Studentenlokalen, haben diesen Standort für Generationen von Studierenden zum Wunschziel des Wohnens in Heidelberg gemacht. Eine ideale Lage also für Besucher, die hier heute in zehn Doppel- und drei Einzelzimmern, zwei Dachsuiten, zwei Maisonettesuiten und zwei Balkonzimmern das echte Heidelberg in Gehdistanz zu den weltberühmten Sehenswürdigkeiten der romantischen Universitätsstadt erleben können. Um den Geist des Studiums zu erhalten, wurden alle Zimmer mit „Bücherregalen", Schreibtischen und einem geschmackvollen bunten Stilmix in individuelle „Studierstuben" verwandelt. Kein Raum gleicht in diesem historischen Gebäude dem anderen. Eines haben jedoch alle Zimmer gemeinsam: die lässige Gemütlichkeit und die Liebe zum Detail. Restaurant Wirtshaus zum Nepomuk separat erwähnt.

Heilbad Heiligenstad (Thüringen)

Norddeutscher Bund

Göttinger Str. 25,
37308 Heilbad Heiligenstad
☎ 03606-55300
www.hotel-norddeutscher-bund.de
◑ Mo u. Fr ab 17.30 Uhr, Di–Do u. Sa 12–14.30 Uhr u. ab 17.30 Uhr, So RT

Die Sonne der Kulinarik steht in dem nordthüringischen Heilbad und im weiteren Umland eher tief, doch das Restaurant in dem einladenden Fachwerkhaus im Zentrum des Ortes ist ein Lichtblick. Das Team um Gastgeber und Küchenchef Stephen Kaufhold gibt sich große Mühe, den Gästen auf den Tellern deutlich mehr als das Alltägliche zu bieten und trotz gutbürgerlicher Grundausrichtung der Küche gehobenen Anspruch durchzusetzen. Dass hier frisch und seriös gekocht wird, schmeckt man schon an der Natürlichkeit der Produkte und Aromen. Dass zudem nicht einfach bloß traditionell, sondern hier und da auch einfallsreich kombiniert wird, belegt die eine oder andere pfiffige Idee, die gut aufgeht. Kleine, durchaus brauchbare Weinkarte; moderate Preisgestaltung.

Heilbronn (Baden-Württemberg)

Bachmaier

Untere Neckarstr. 40, 74072 Heilbronn
📞 07131-6420560
www.restaurant-bachmaier.de
Di–Sa ab 18.30 Uhr, So, Mo u. Fei RT

In der offenen Küche des kleinen und schnör-kellosen Restaurants mit Freisitz auf der Gast-romeile „Untere Neckarstraße" kocht Ottobert Bachmaier raffiniert-bodenständig und schnör-kellos seine meist nur aus drei tonangebenden Komponenten kreierte Gerichte. Die gibt's in Form eines nach Marktlage wechselnden Aus-wahlmenüs, sie sind oft und gern mediterraner Art, aber auch mal verfeinert regional-rustikal oder sogar exotisch angehaucht und immer schön leicht – auch wenn's mal etwas zupacken-der ist. Meist verlässt er sich auf die heimische Produktvielfalt, arbeitet sehr sorgfältig und würzt couragiert. Und seit wir den Chef und seine Küche kennen schmeckt das meistens noch attraktiver, als es klingt. Umsichtig und unprätentiös agiert Gastgeberin Ulrike Bach-maier.

Rebstock
la petite Provence

Eppingerstr. 43,
74080 Heilbronn (Böckingen)
📞 07131-4054351
www.rebstock-provence.de
Do–Sa ab 18 Uhr, So–Mi RT
Hauptgericht: 22–28 €, Menüs: 42–75 €

Das kleine Restaurant von Beate und Domi-nique Champroux, das sich recht unscheinbar und unauffällig in umliegende Wohngebiet integriert, ist schon seit vielen Jahren ein Para-debeispiel für gelebte Passion. Nicht nur der Chef, der am Herd als Einzelkämpfer antritt, auch die Gastgeberin, die den Service ebenfalls alleine bestreitet, bestätigen dies jedes Jahr auf Neue. Das kulinarische Programm, das immer als festes Menü offeriert wird, fast durchgängig von der südfranzösischen Heimat des gebürti-

gen Provençalen inspiriert und zudem stets mit hochwertigen Viktualien bestückt ist, war auch heuer wieder aufwendig inszeniert und authen-tisch komponiert – mit dem Dominique Champroux eigenen Hang zu kräftigen Aro-men. Der Chef salzt und würzt bisweilen aus vollem Rohr, bekommt aber immer gerade so die Kurve…

Noch etwas behutsamer akzentuiert lieferte ein Saubohnensalat, der von der Gastgeberin vor-neweg als Apero lediglich mit etwas Ziegen-käse und Mandeln garniert aufgetragen wurde, zunächst feine säuerlich-laktische Noten. Dem direkt danach servierten Spargelsalat (grün, weiß, violett) arbeiteten in Olivenöl gegartes Kabeljaufilet „à la effiloché", Sprossen und Wildblumensalat passgenau zu. Klare Aromen, kein großes Tamtam – und als solches eben auch im Ein-Mann-Küchenbetrieb gut um-setzbar.

Viel zeitraubender erschien dann allerdings die kleinteilige und reichlich garnierte Zucchinivaria-riation, die neben den sanft gegarten Gemüse-röllchen auch noch einen mit Zitronenthymian akzentuierten Frischkäse, wenig aromatische Sommertrüffel, vehement poltrige Dots von schwarzem fermentiertem Knoblauch, aber auch eine schön rundende, weil nicht plakativ süß angelegte Mandel-Gazpacho im Gepäck hatte. Seinem Hang, vehement zu würzen und vor allem zu salzen, konnte der Küchenchef schon hier nicht widerstehen: Nahezu alle Ele-mente waren bis zum Anschlag abgewürzt, wie wir es hier schon öfter erlebt haben – blieben damit aber noch gerade so auf der geschmacks-sicheren Seite.

Dass es auch anders geht, zeigte sich bei den nur behutsam gesalzenen Hauptprotagonisten sowohl des Fisch- als auch des Fleischhaupt-gangs. Denn sowohl das rösch gebratene, innen schön zarte Filet vom Loup de mer als auch das korrekt auf den Punkt gebrachte rosasaftige Lammfilet durften ohne Überwürze ganz durch ihr eigenes, nur sanft herausgekitzeltes Aroma glänzen. Die beiden nur punktuell vari-ierten Begleit-Arrangements waren wiederum recht beherzt gewürzt. Und obwohl es trotz-dem sehr gut geschmeckt hat, eigentlich etwas schade, denn sowohl die schön festfleischigen Pfifferlinge als auch die fruchtig-säuerlich con-fierte Tomate wären in subtilerer Façon noch eindrücklicher gewesen – so, wie der auf bei-den Tellern als Beilage geschickte Couscous.

Traditionell offeriert Champroux gerne einen Käsegang, der dieses Mal Roquefort mit Melo-ne kombinierte und mit Aromen von Lavendel, Banyuls und Piment d'Espelette dreifach pro-venzalisch akzentuiert wurde. Genauso heimatnah wie das Dessert, bei dem duftiger Pfirsich nebst Basilikumeis, frischen Himbeeren und einer nussig-kecken Pistazien-Olivenöl-Pistou den Ton angaben.

Die würzintensive Küche ihres Mannes zu begleiten, gelingt Gastgeberin Beate Champroux immer sehr gut. Mit charakterstarken Offerten, die ebenfalls fast ausschließlich aus Frankreich stammen, setzte sie auch beim letzten Besuch gelungene Kontraste, mit denen dann auch die ein oder andere Ecke oder Kante auf den Tellern etwas abgerundet werden konnte.

Heringsdorf (Mecklenburg-Vorpommern)

ohne
Bewertung

Belvedere

im Hotel Travel Charme
Strandidyll
Delbrückstr. 10, 17424 Heringsdorf
☎ 038378-476547
www.travelcharme.com/hotels/
strandidyll-heringsdorf/restaurant-
belvedere
◔ Di–Sa ab 18 Uhr, So u. Mo RT
Hauptgericht: 35–49 €,
Menüs: 75–115 €

🏧 💳 **VISA** 🅿 🏨 ❌ ♿

Und weiter dreht sich das Personalkarussell auf der Insel Usedom: Erst seit 2019 stand Christian Somann in dem Restaurant mit der schönen Aussicht am Herd und hat das Gourmetrestaurant des Travel Charme Hotels an der Usedomer Ostseepromenade binnen kurzer Zeit zu einer ernstzunehmenden kulinarischen Adresse geformt. Das war auch noch bei unserem Testbesuch im Frühjahr 2022 der Fall, doch mittlerweile ist der versierte Küchenchef, der nach Stationen bei André Münch und bei Daniel Schmidthaler in der der Alten Schule in Fürstenhagen hier in Heringsdorf mit souverän zeitlos interpretierter klassisch französischer Küche eigene Duftmarken setzte, schon wieder weitergezogen. Seine Nachfolge als Küchenchef hat Jan Kruse antreten und wir sind sehr gespannt, ob das Belvedere weiterhin ein lohnendes Ziel für Feinschmecker bleibt. Bis zum nächsten Besuch unter neuer Küchenleitung setzen wir die Bewertung aus.

🍳 6 ╱ 🍴🍴🍴

Bernstein

im Strandhotel Ostseeblick
Kulmstr. 28,
17424 Heringsdorf
☎ 038378-54297
www.strandhotel-ostseeblick.dede/
restaurant-bernstein-usedom
◔ Täglich ab 18 Uhr, kein RT
Hauptgericht: 30–35 €, Menüs: 39–89 €

🏧 💳 **VISA** 🅿 🏨 ❌

Wie eigentlich überall, so ist die gehobene Gastronomieszene auch auf der Insel Usedom ständig in Bewegung. Da wirkt es nahezu ungewöhnlich beständig, wenn ein Restaurantkonzept und sein federführender Küchenchef fast 15 Jahre lang unverändert im Amt sind – wie im Falle des Restaurant Bernstein im Strandhotel Ostseeblick und seinem Chef de Cuisine Arian Mensies. Hier funktioniert das Ganze wahrscheinlich genau deshalb so gut, weil man sich nicht auf ein exklusives Gourmetprogramm mit Menüzwang fokussiert, sondern ganz bewusst ein breiteres Publikum anspricht. Und das reicht vom Halbpensionsesser bis hin zu externen Gästen, die nur wegen der Küche hierherkommen, à la carte bestellen, oder ein mehrgängiges Überraschungsmenü nach Auswahl des Chefs genießen.

Das Konzept einer moderat gehobenen kreativen Küche in exklusiver Lage ist jedenfalls gefragt, denn die Tische in dem verglasten Halbrund des Restaurants mit weitem Meerblick sind nicht selten alle belegt. Und wahrscheinlich wäre es für den Erfolg sogar gar nicht so wichtig, was serviert wird. Doch das, was auf die Teller kommt, versprüht glücklicherweise seit vielen Jahren Einfallsreichtum und hat hohen Unterhaltungswert. Nicht alles ist bis ins Letzte perfekt und auf den Tellern wird kein exorbitant hoher Aufwand betrieben – dennoch ist das Niveau weit überdurchschnittlich und sind die Ambitionen groß.

Während sich das Team in der Vergangenheit mit oft gleich mehreren verschiedenen Menüs und nicht wenigen zusätzlichen Einzelgerichten viel zugemutet hatte, wirkte das Repertoire mit jeweils drei Vorspeisen, Suppen, Fisch- und Fleischgerichten sowie Desserts, aus denen man sich nach Belieben selbst sein Menü zusammenbauen kann, vergleichsweise gestrafft. Und diese Konzentration kommt dem Kulinarium scheinbar zugute, denn so gut wie in diesem Jahr haben wir hier schon lange nicht mehr gegessen! Originelle Ideen, beachtliche Produktqualitäten, sehr solide handwerkliche Umsetzung – da wird mit verhältnismäßig einfachen Mitteln viel Raffinesse erzeugt.

Den besten und ausgefeiltesten Gang erlebten wir nach einer bereits ganz netten Interpretation vom Königsberger Klops, der unter einer Haube aus Gewürzgurken-Espuma als Scheibe auf einer Art Sauerrahmvinaigrette angerichtet war, in Gestalt der Vorspeise um Kalbsbries und Blutwurst: Die Thymusdrüse in perfekter Zubereitung, optimal präpariert, sehr kross ausgebacken und im Kern wunderbar zart und saftig, war hier zusammen mit cremiger Blutwurst und kleinen Quittenwürfeln auf einem Bett aus knackigen blanchierten Spitzkohlblättern angerichtet und wurde von einer Art Miso-Hollandaise sowohl aromatisch als auch haptisch reizvoll aufgeladen. Zerstoßene Kerne von gerösteten Piemonteser Haselnüssen setz-

ten ebenfalls einen sehr stimmigen geschmacklichen Akzent und bereicherten das Mundgefühl.

Ähnlich gut harmonierte das Zusammenspiel von reintöniger Makrele auf einer Tranche von Wassermelone, flankiert von Petersilienwurzel und akzentuiert von Seespargel und einem erfrischenden Limoncello-Gel. Einziger kleiner Kritikpunkt war die proportional relativ große Menge an Melone, was die Komposition etwas „verwässerte“. Hier wäre nach unserem Gusto optimaler gewesen, um den anderen Komponenten, insbesondere dem Fisch, genügend Raum zu lassen.

Was man im Fall der Makrele und der Wassermelone durch eigene Dosierung noch gut selbst optimieren konnte, war im Falle des sehr guten Steinbutts mit Tomate, Taggiasca-Oliven, Lauchzwiebeln und einer mit Limone keck angespitzten Kartoffelcreme ungleich schwieriger, denn das Filet des feinen Fischs war komplett mit der Kartoffelcreme und den anderen Produkten überzogen und wurde von diesen regelrecht untergebuttert. Hier hätte man mit lediglich anders dimensionierten und arrangierten Komponenten ein noch überzeugenderes Ergebnis aufs Porzellan bringen können.

So wie beim Dreierlei vom Iberico-Schwein, von dem uns Rücken, Backe und Bauch als Produkt gleichermaßen begeistern konnten – und eigentlich auch deren Begleitung aus Marone, Rosenkohl und Cranberries. Allerdings sorgte hier eine viel zu üppige und überall auf dem Teller verteilte Menge Maronencreme dafür, dass diese wiederum recht penetrant an allen anderen Produkten klebte und das Geschehen auf dem Teller dominierte. Da hätte ein dünner Klecks oder Strich völlig gereicht; außerdem wäre dann auch die sehr schmackhafte Sauce noch besser herauszustechen.

Nichts zu kritisieren gab's an den sehr attraktiven Desserts, allen voran einer schmissigen Liaison von herrlich aromatischem Ziegenkäse-Rahmeis, marinierter Roter Bete mit Himbeere und Pistazienmousse. Aber auch der ebenso originelle wie harmonische Kick, den eine Blauschimmelkäsecreme dem Nachtisch um Cassissorbet, Kürbis und Basilikum mit auf den Weg gab, zeugte von gutem Kombinationsgespür. Der eingespielte Service und das auch im offenen Ausschank attraktive Weinangebot sorgen im Bernstein ebenfalls für gute Laune.

Kulmeck

Kulmstr. 17, 17424 Heringsdorf
☎ 038378-488040
www.kulmeck.de
◉ Mi–Sa ab 19 Uhr, So–Di RT
Hauptgericht: 40–50 €,
Menüs: 99–135 €

▮▮ ⬤⬤ VISA Ⓟ

Kein Wunder, dass Tom Wickboldt mit seinem runderneuerten Kulmeck so großen Erfolg hat, repräsentiert das kleine, feine Lokal am höchstgelegenen Punkt von Heringsdorf doch die ganz entspannte Version eines Gourmetrestaurants – und zwar atmosphärisch, als auch kulinarisch. In dem Gastraum der schmucken kleinen Villa, die der seit langem auf Usedom verwurzelte Koch und Gastronom erst während der Coronakrise aufwendig kernsaniert und wiedereröffnet hatte, muss man sich einfachwohl fühlen: Naturholz, hellgrüne und hellgraue Polster, etwas Kunst und ein reduziertes, aber wohnliches Design lassen die neue Wirkungsstätte des kulinarischen Local Hero eindeutig „casual" wirken, aber zugleich so elegant, dass auch das abendliche Fine Dining eine adäquate Bühne erhält. Und was im Rahmen des siebengängigen Menüs auf die Tische kommt, ist einerseits maximal zugänglich und unkompliziert, andererseits aber auch sehr anspruchsvoll.

Und dieses hohe Niveau, dem wir im Folgejahr nach der Eröffnung gleich mit einer verdienten Aufwertung Respekt zollen möchten, definiert sich eben nicht durch kreative Verrenkungen, kunsthandwerklichen Aufwand oder technisches High-Level, sondern vielmehr durch Substanz, Qualität und Geschmack. Besonders beeindruckend fanden wir beim letzten Besuch, wie präzise und subtil der Chef seine Kompositionen absteckt, wie feinfühlig er die Aromen einsetzt. Schon beim Apero-Snack durfte man staunen, wie gut hier Matjes und Störkaviar harmonierten und anschließend beim kleinen Küchengruß, wie geschmeidig zur (qualitativ sehr guten) gebratenen Jakobsmuschel das Tomaten-/Fenchel-Kompott mit Pistazien und der dezent mit Safran aromatisierte Muschelsud ineinandergriffen.

Grundsätzlich komponiert Tom Wickboldt seine Gerichte unkompliziert und süffig, lässt die Komponenten einfach locker zusammenlaufen und stellt den Gast nicht vor Rätsel – achtet aber dennoch penibel darauf, dass alle Produkte und Aromen differenziert schmeckbar bleiben. So wie beispielsweise der roh marinierte Hamachi, der in bewusst nicht zu klein geschnittenen Würfeln mit Frische spendenden eingelegten Radieschenscheiben und Gurkenwürfeln, einer feinwürzigen Miso-Mayonnaise und knusprigem Buchweizen auf japanischem Kartoffelsalat angerichtet war. Getragen von einer mit Wasabi angeschärften und mit Kräuteröl marmorierten Buttermilchvinaigrette, à part ergänzt von in Tempurateig knusprig ausgebackenen und mit Miso- und Wasabi-Mayo betupften Pak-Choi-Blättern, war das ein wunderbar leichter, ätherischer und trotzdem vollmundiger Einstieg.

Nach dem ganz ähnlichen Prinzip funktionierte auch die Melange aus pochiertem Bio-Eigelb, rohen gehobelten Champignons und raschelig gerösteten Grünkohlblättern, die sich in Kalbskopfjus und Kartoffelschaum zu einem süffig-dichten, aber dennoch transparent aufgefächerten Mischgericht vermählten. Das letzte Menü hatte noch zwei weitere Gänge zu bieten, bei denen Gemüse die Hauptrolle spielte und Fleisch allenfalls als würzende Geschmackszutat stattfand. Wie beim geschmorten und mit eingelegten Fichtensprossen und Speckbröseln bestückten Spitzkohl, der auf Steinpilz-Espuma und Rosmarinöl ein waldigwürziges Geschmacksbild abgab. Oder das auf der Schnittfläche angebratene Herz vom Romanasalat, dem geröstete Pinienkerne, gehobelte schwarze Trüffel und Späne von würzigem Comté erdig-nussig zuarbeiteten – erfrischend aufgelockert durch ein Gel von Staudensellerie und grünem Apfel. Auch bei diesen beiden Zwischengängen war trotz einer dichten und kompakten Anrichtweise wieder maximale Transparenz der Aromen und Texturen gegeben.

Und während noch beim letzten Mal der Hauptgang schwächelte, war er diesmal die Entscheidung zur Aufwertung: eine in Perfektion auf den Punkt gebrachte Brust von der Challans-Ente mit maximal krosser Haut und darunter einer perfekt abgebratenen, nur noch sehr dünnen und herrlich schmelzigen Fettschicht. Und dieser Ausbund an Saftigkeit und Eigengeschmack wurde von confiertem Chicorée mit grünem Apfel, Cidre-Gel und Piemonteser Haselnuss sowie einem mit Kokos spannend abgerundeten Maronenschaum auch noch sehr originell und pointiert begleitet.

Dass der früher immer recht klassisch und gediegen aufkochende Tom Wickboldt ein gutes Gespür für unkonventionell kreative Aromenkombinationen besitzt, hatte er auch schon bei seiner letzten Station im O'Room immer wieder aufblitzen lassen. Mittlerweile zeigt er es regelmäßig und auch bei den Desserts wie zuletzt einem cremigen Ziegenfrischkäse-Eis mit Malz, Hibiskus, Cranberries und Preiselbeeren. Noch mehr allerdings beim Avocado-Parfait, das mit einer Creme von Banane und Blattpetersilie, dreierlei vom Mais (Eis, karamellisierter Minikolben und Popcorn) und Schokoladenerde einen spannenden Schlussakkord anstimmte.

Und weil nicht nur der Service entspannt und kompetent auftritt, sondern auch die überschaubare, aber hochwertige Auswahl an schwerpunktmäßig deutschen, spanischen und französischen Weinen sowie die glasweise korrespondierend ausgewählten Empfehlungen überzeugen, macht im Kulmeck nicht nur die Küche, sondern das Gesamtpaket großen Spaß.

O'NE

**Kulmstr. 33,
17424 Heringsdorf**
📞 **038378-183912**
**strandcasino-marc-o-polo.com/
de/one**
🕐 **Täglich ab 14 Uhr, kein RT**
Hauptgericht: 23–45 €

Auf der Galerie des „Marc O'Polo"-Stores in Heringsdorf bietet das Team um Küchenchef André Kähler, das aus derselben Küche auch das Gourmetrestaurant O'Room bekocht, eine ebenfalls gehobene, aber etwas preiswertere und unkompliziertere Kulinarik in à-la-carte-Form. Dafür finden überwiegend aber nicht ausschließlich heimische, norddeutsche Produkte Verwendung, die zu manchmal eher klassisch-traditionellen, in der Mehrheit aber doch überraschend originell und eigenständig anmutenden Gerichten werden. Der Anspruch an die Produkte ist erfreulich hoch und das Handwerkliche grundsätzlich fundiert – in der Ausführung präsentiert sich aber nicht alles auf einem einigermaßen einheitlichen Niveau. So hatten wir es zuletzt mit Gerichten zu tun, für die wir gut und gerne 6 Pfannen hätten geben können, andere wiederum bewegten sich knapp unterhalb des auszeichnungswürdigen Levels. Mit etwas mehr Konstanz und Klasse wie etwa bei dem mit einer kräuterwürzigen Ochsenmark-Bordelaise gratinierten trockengereiften Rinderfilet, wäre hier sogar noch mehr drin!

Seaside

Liehrstr. 11, 17424 Heringsdorf
📞 **038378-4950**
bistro-waterfront.derestaurant_seaside/
🕐 **Di–Sa ab 18 Uhr, So u. Mo RT**
**Hauptgericht: 19–39 €,
Menüs: 59–69 €**

Das Steigenberger Grand Hotel in Heringsdorf bietet nicht nur eine Premiumlage direkt an der Strandpromenade und viel noble Grandezza, sondern mit dem thailändisch bekochten Seaside auch ein deutlich herausstechendes kulinarisches Aushängeschild, das man viel eher in einer urbanen Umgebung vermuten würde als in einem beschaulichen Strandbad auf Usedom. Der klassisch elegante Saal, in dem das Restaurant beheimatet ist, zeigt zunächst nur mit ganz dezenten asiatischen Stilelementen, in welche Richtung sich die Küche hier bewegt, bietet aber ein ausgesprochen entspanntes, großzügiges Ambiente. Und spätestens beim Blick in die Speisekarte, die eine gar nicht eben kleine Auswahl kalter und warmer Vorspeisen und typisch thailändischer Hauptgerichte listet, wird die Marschrichtung klar. Genauso wie die Tatsache, dass zwar viele Gerichte an bekannte Verwandte aus dem Streetfood- und Imbiss-Bereich erinnern, hier aber erkennbar inspirierter und mit hochwertigen Grundprodukten angelegt sind.

Dabei bleibt das Team insgesamt auf einer sehr authentisch thailändischen Linie, ohne größere Europäisierungen und zieht gerade daraus einen besonderen Reiz. Das größte Plus sind dabei tatsächlich die verwendeten Produkte, die auch wenn die Arrangements auf den Tellern selbst konzeptionell teils gar nicht allzu weit von bekannten Streetfood-Alternativen entfernt sind, die Ergebnisse auf ein ganz anderes Level heben.

So beispielsweise die zart gegarten und mit crunchy Haut ausgebackenen Entenbrustscheiben in einer Vinaigrette aus Schalotte geröstetem Reis und pfeffrig warmer Schärfe. Auflockerung, Frische und duftige Ätherik lieferte eine Garnitur aus knackig-zarten Gurken- und Karottenstreifen, Erbsensprossen, Enoki, einem Salatblatt und Thaibasilikum, die auf ihre naturbelassene Art zunächst etwas karg wirkte, zusammen mit der Vinaigrette der Ente aber tatsächlich keine weitere Aromatisierung benötigte.

Was bei der Ente dank des gemeinsamen Anrichtens in einer Schüssel gut funktionierte, wirkte bei den fluffig gebackenen Bällchen aus Garnelenfarce nebst der gleichen Gemüsegarnitur und einer hellfruchtig-würzigen Pflaumensauce dann tatsächlich eher simpel und näher an der Imbiss-Verwandtschaft als an Fine Dining – nicht zuletzt deshalb, weil der Kombination aus Frittierknusper und recht plakativer Süße kein wirkliches Gegengewicht gegenüber stand.

Bei einem Wokgericht aus der Reihe der Hauptgerichte wurde die bei den Vorspeisen übliche Garnitur abgelöst von einem Kroepoek-Chip mit Enokipilzen, die allerdings ebenfalls eher dekorativen Charakter hatte. Dafür konnte der Weiße Heilbutt als weiteres Beispiel für den Qualitätsstandard mit guter Frische und exakter Garung punkten und ergab gemeinsam mit Thaibasilikum und -aubergine, Knoblauch, grünen Pfeffertrauben und Fingerwurz ein dichtaromatisches, von einer süßscharfen Sauce verbundenes Gericht mit recht authentischer Schärfe.

Kühlende Linderung für europäisch zarte Gaumen liefert, neben dem separat servierten Reis, am Ende beispielsweise ein schlicht mit vollreifen exotischen Früchten kombiniertes fruchtig-ätherisches Eis von Ananas und Thaibasilikum. Und die Gläser oder Tassen können korrespondierend mit guten (offen eher einfachen) Weinen und einer größeren Teeauswahl gefüllt werden. Der engagierte Service, der auch sonst dem noblen Ambiente gerecht wird, hilft da bei der Auswahl kompetent weiter.

71

THE O'ROOM

Kulmstr. 33, 17424 Heringsdorf
038378-183912
www.strandcasino-marc-o-polo.com/de/oroom
Mi–Sa ab 18 Uhr, So–Di RT
Menüs: 125–165 €
VISA

Das kleine Gourmetabteil des „Marc O'Polo"-Stores in Heringsdorf hat ein erfrischend eindeutiges Profil: klares Bekenntnis zur norddeutschen Kulinarik, beziehungsweise den Traditionen und Produkten der Ostseeküste. Erfreulicherweise hat das rein gar nichts mit der oft etwas spröden nordischen Regionalküche nach skandinavischem Vorbild zu tun, sondern widmet sich tatsächlich überwiegend traditionellen Zubereitungen, erhält dabei deren vollmundigen, herzerwärmenden Charakter und geht zugleich in eine schlanke, technisch moderne Richtung, die sich ganz auf der Höhe der Zeit bewegt. In jedem Fall entsteht so ein ebenso hoher Fun- wie Genussfaktor und die Küche schafft es besonders gut, nicht nur rational auf hohem Niveau zu Kochen, sondern die Gäste – von „Ei und Stulle" über „Bratensoße" bis „Nachtisch bei Oma" auch emotional abzuholen. Was im Übrigen auch dem Service mit seiner ebenso souveränen wie lockeren und schlagfertigen Art ziemlich gut gelingt und von einem kleinen Sortiment attraktiver Weine passend ergänzt wird.

Herleshausen (Hessen)

8

La Vallée Verte
im Hotel Hohenhaus
Hohenhaus 1, 37293 Herleshausen
05654-9870
www.hohenhaus.de
Mi–Sa ab 19 Uhr, So–Di RT
Hauptgericht: 94–145 €,
Menüs: 175–255 €
VISA P

Das in einsamer ländlicher Lage versteckte Schloss Hohenhaus ist aus vielen Gründen ein besonderer Ort. Allein die wildromantische Umgebung aus Streuobstwiesen, Weiden und

Wald in Kombination mit dem herrschaftlichen Komfort des noblen Hotels, in dem man ganz unmittelbar entschleunigt und entspannt ankommt, lohnt den Besuch. Dazu kommt die von Hoteldirektor und Küchenchef Peter Niemann etablierte, für ein Hotel dieser Klasse einzigartige Nachhaltigkeitsphilosophie: Nicht nur die verwendeten Ressourcen sind Teil einer beeindruckenden Kreislaufwirtschaft, in der ein Großteil der Produkte, von Gemüse über Getreide bis zu Wasser und Honig aus eigener Herstellung und ansonsten aus einem Umkreis von 20 km stammt, auch der nachhaltige Umgang mit den Mitarbeitern und ihren Familien ist wesentlicher Bestandteil des Konzepts.

Insofern verwundert es vielleicht gar nicht so sehr, dass Peter Niemann in Zeiten, die sonst von allgegenwärtiger Personalknappheit geprägt sind, Anfang des Jahres eine bemerkenswerte Verstärkung seines Teams gelang, die von vielen Beobachtern – zumindest in der Szene – als nicht weniger als eine kleine Sensation wahrgenommen wurde: Mit Denis Jahn, der zuvor für 15 Jahre als Sous-Chef von Joachim Wissler im Vendôme am Herd stand, als neuem gleichberechtigtem Küchenchef und vier weiteren fähigen Köpfen, unter anderem aus dem Vendôme und der Schwarzwaldstube, wurden noch einmal bessere Voraussetzungen für Höchstleistungen geschaffen – und für familienfreundliches Arbeiten!

An dem Konzept im kleinen exklusiven Gourmetabteil des Vallée Verte mit seinen gerade einmal 15 Plätzen hat sich allerdings nichts Grundsätzliches geändert. Der Fokus liegt weiterhin einerseits auf den ausgesuchten regionalen Viktualien und andererseits auf den Produkten und Aromen der Bretagne, deren handgefangene Fische und Meeresfrüchte auch die einzige Ausnahme vom hier gelebten Regionalitätsprinzip darstellen. Allerdings werden beide Seiten der Küche nicht mehr in getrennten Menüs, sondern in einer einzigen Menüfolge zwischen 7 und 11 Gängen angeboten, was unter dem Strich ein bisschen Aufwand spart und wiederum mehr Ressourcen für Detailarbeit freimacht.

Dass sich das auszahlt, zeigte nach den ebenso kurzweiligen wie akkuraten Miniaturen zum Aperitif-Cidre, unter denen vor allem ein kraftvolles Rindertatar mit gelierter Rinderessenz in Laugencrackern und die ätherische Salzzitronen-Velouté herausstachen, bereits der erste Gruß aus der Küche: Unter einem zupackend wacholderwürzigen Schaum aus Gurke und Gin versteckten sich hier ein zartes Stachelbeersorbet und eine üppige Menge regionalen

Kaviars, der zwischen den differenzierten „grünen" Aromen und Säuregraden zusammen mit einem fleischigen Austernstück für eine jodige Brandungswelle sorgte.

Während dieser erste komplexere Eindruck mit seiner sensiblen Feinabstimmung durchaus auf Einflüsse von Denis Jahn schließen ließ, repräsentierte die parallel eingesetzte kapitale Kaisergarnele eher die Stärken des Produktfetischisten und Puristen Peter Niemann: Das nur ganz kurz im Panzer angegrillte, innen sanft temperierte und vorportionierte Premium-Krustentier ließ seiner geschmeidig-knackigen Ausnahmequalität ganz für sich, nur ergänzt von etwas Sepia-Aioli.

Der stärkere Mut zu radikalem Purismus zog sich allerdings als absolut positiver Trend auch durch die folgenden Gänge und zeigte so ein noch eigenständigeres Profil mit klarem Fokus auf der der größten Stärken der Küche: Die durchweg außergewöhnlichen Produkte. Ein solches, und entsprechend subtil und zurückhaltend inszeniert, war auch die Langustine aus dem Skagerrak, die in etwas Quinoa gewendet ihre Qualität neben einer duftig spicy Tandoori-Mayonnaise ausspielen konnte. Weitere Akzente kamen auf eher nussig filigrane Art von einem hauchdünnen, feinsäuerlich marinierten Blumenkohl-Carpaccio mit braunen Senfkörnern, Olivenölkaviar und Fenchelöl, während eine weitere, süffigere Produktseite durch eine separate schaumige Bisque mit hoher Dichte und zugleich enormem Zug durch straffe Säure repräsentiert wurde.

Noch eine Spur puristischer und krasser wurde es bei der geflämmten und pfeffrig, anisduftig gewürzten Makrele, die neben einer jodigen Rotalgencreme, Pinienkernen und einem frisch mit Blattpetersilie infusionierten Grätensud auf den Teller kam. Der brachte mit seiner konzentrierten Umami-Wucht und natürlich klebrigen Konsistenz enorme Power und Tiefe ein, machte zugleich aber einen schwebenden und leichten Eindruck. Als pfiffiger Begleiter zu dem charakterstarken Fisch und Arrangement setzte ein fluffiger Senfsponge mit Algen-Mayo noch einen weiteren raffinierten Kontrast.

Die minimalistisch und meist eher auf Kante als auf Harmonie ausgerichtete Linie verschaffte auch der im Steinguttopf gepökelten (Riesen-)Forelle einen glanzvollen Auftritt. Deren gut zweifingerhohes Filet kam nur mit dem eigenen Kaviar gewürzt neben knackigem jungem Spitzkohlsalat und einem luftigen, papierdünnen Senfbrotchip auf den Teller, ergänzt von einer dichten Creme aus wildem Meerrettich, die ganz ohne die sonst automatisch angehängte Säure auskam und voll auf Schmelz und Ätherik abgestellt war. So entstand ein mutig reduzierter und klarer Produktgang, der im Übrigen (wie auch die anderen Gerichte) deutlich von dem intensiv aromatischen begleitenden Wein profitierte.

Nach den bis dahin durchweg markanten Gerichten folgte das wahrscheinlich mutigste: mit der Präsentation von Filet und Kaviar vom Stör, bei der das in schmale Tranchen geschnittene Filet mit seinen zarten Grillspuren nicht nur optisch an ein Steak erinnerte, sondern auch in seiner fleischigen Konsistenz. Vermutlich wurde der Fisch vor dem Branding sousvide oder sonst irgendwie sanft vorgegart. In jedem Fall erinnerte er entfernt an konservierten Thunfisch, allerdings mit deutlich eleganterem Geschmack. Dieser wurde durch die üppige Beigabe vom eigenen Kaviar noch gepusht und von frischgrün-nussiger Gremolata und einer schwebend kräftigen Jus von grünem Pfeffer zu einem markanten Dreiklang ergänzt. Gewagt und gewonnen!

Voll auf der Gewinnerseite lag aber auch der Loup de Mer mit hauchdünner knusprig-salziger Haut, die dem ansonsten eher mild-saftigen Fisch eine gute Portion an Kraft mitgab. Genügend Kraft jedenfalls, um gegenüber dünnen Scheiben von „Weckewerk", einer regionalen hellen Innereien-Wurst, mit einem Topping aus confierten Schweineohren-Juliennes und einer insgesamt mutig rustikalen Herzhaftigkeit zu glänzen. Gemeinsam mit einem vollmundigen gesäuerten „Kartoffelsaft" entstand am Ende eine maximal elegante Assoziation als „Wurstsalat" als charakterstarke Ergänzung zu dem edlen Atlantik-Fisch.

Und auch der Rücken vom heimischen Reh in perfekt straff-zarter Konsistenz überzeugte mit seinem erdig-waldigen Topping aus Pfifferlingen und schwarzer Trüffel gegenüber der kräutrig-duftigen Frische von Wildkerbel und einer sensationellen Sauce Rouennaise mit viel Volumen, Tiefe und Würze, zugleich aber eleganter Leichtigkeit und einem lebendigen Säurespiel auf ganzer Linie. Insbesondere an den letztgenannten beiden Gängen wurde deutlich, dass mit der aktuellen Aufwertung hier noch lange nicht das Ende erreicht ist, wenn sich das neue Team erstmal richtig eingegroovt hat.

Und apropos neues Team: Nach einem ersten gelungenen Auftritt mit der zunächst am Tisch noch etwas zum Aufgehen gebrachten, dann gebackenen und als eigenständigen Gang präsentierten Mohn-Focaccia nebst Eichsfelder Schmand überzeugte der aus dem Vendôme nach Hohenhaus gewechselte Pâtissier Andreas Lindner auch mit dem süßen Finale. Dieses interpretierte „Fürst-Pückler-Eis" in Form von drei Parfaitwürfeln aus Vanille, Erdbeere und dunkler Schokolade mit jeweils einem passenden Knusperelement und der Kombination mit einer eingelegten und gegrillten Rhabarberstange sowie einem würzig-hellroten Paprikasud auf originelle Art neu – wobei vor allem die immer anderen Bezüge zu den Paprikaaromen für eine spannende Dynamik sorgten.

Fazit: Alles richtig gemacht! Das junge Team im Service sorgt auf charmante Art für noch mehr Wohlfühlatmosphäre, die von der ebenfalls neu ins Team integrierten Sommelière Vanessa Lieser ausgewählten Weine zeigen ein beeindruckend gutes Gespür für bereichernde Pairings und insgesamt kann die Entwicklung hier eigentlich nur noch weiter nach oben gehen…

Hotelempfehlung

★★★★★

Relais & Châteaux Hotel Schloss Hohenhaus

Hohenhaus 1, 37293 Herleshausen
☎ 05654-9870
www.hohenhaus.dede/
Einzelzimmer: 120 €
Doppelzimmer: 180–570 €

Inmitten eines idyllischen Landschaftsparks und Vogelschutzgebiets im Wald- und Hügelland zwischen Bad Hersfeld und Eisenach, ist das Schlosshotel Hohenhaus ein echtes Hideaway. Als ehemaliges Rittergut zeichnet sich das heutige Relais & Châteaux Hotel durch seine besondere Architektur und ein ganz eigenes Flair aus. Das historische Schloss ist eine Augenweide und bietet den Gästen vor seiner Haustüre ein einzigartiges Naturschauspiel. Die ruhigen Zimmer mit Blick auf das reizvolle Rotbuchental oder in den Lindenhof haben teilweise Balkon und sind ebenso hochwertig wie individuell mit Antiquitäten, feinen Stoffen oder Marmorbädern ausgestattet. Fernseher, Telefon und kostenfreier WLAN-Zugang sind ebenso selbstverständlich wie das im Zimmerpreis enthaltene Frühstück in Form eines reichhaltigen Landbuffets. Das Wellness-Angebot umfasst ein 25m-Schwimmbad und Sauna, aber auch Massagen und Kosmetikanwendungen. Für das kulinarische Wohl der Gäste sorgen Küchenchef Peter Niemann und sein Team mit zwei unterschiedlichen Restaurantkonzepten, die von einem eigenen Jagdrevier sowie einer eigenen Schaf- und Schweinezucht profitieren. Restaurants Hohenhaus Grill und La Vallée Verte separat erwähnt.

Herne (Nordrhein-Westfalen)

Gute Stube

im Parkhotel Herne
Schaeferstr. 109,
44623 Herne
☎ 02323-955100
www.parkhotel-herne.dede/kulinarik/
stube.html
◉ Mi–So ab 18 Uhr, Mo u. Di RT
Hauptgericht: 30–37 €,
Menüs: 68–99 €

„Gute Stube" kann im Grunde nur als augenzwinkerndes Understatement für das geschmackvoll in modernem Design in einem teils glasüberdachten Flügel des Parkhotel Herne angesiedelte Restaurant verstanden werden, in dem unter der Federführung von Küchenchef Thorsten Brodal seit einigen Jahren ambitioniert aufgekocht wird. Wobei: eine behagliche warme Atmosphäre, ganz wie in einer „guten Stube" hat der mit Naturmaterialien

von Baumrinde bis zu grünenden Farn gestaltete Raum, der in eine Art lichten Wintergarten übergeht und dort einen Ausblick in den angrenzenden Park ermöglicht, in jedem Fall.
Allein wegen des einladenden Ambientes werden allerdings die wenigsten Gäste den Weg hierher suchen. Vielmehr ist es die dazugehörige ansprechende Mischung aus einerseits bodenständiger und andererseits erkennbar aufwendiger und anspruchsvoller Küche, mit der sich die Gute Stube mittlerweile einen Namen gemacht hat. Thorsten Brodal, der zuvor länger als Küchenchef bei den Sackmanns in Baiersbronn tätig war, schöpft dabei aus einem breiten Erfahrungsschatz.
Das spiegelt sich nach gutem Brot mit Olivenöl und Salzbutter bei zwei Löffel-Miniaturen aus Mimoletteschaum sowie kräftig, fast ein bisschen derb wirkender Gelbschwanzmakrele mit gerösteten Hanf, Korianderöl und Salzzitrone allerdings zunächst noch nicht voll wider. Als Wachmacher funktionierten die Kleinigkeiten aber in jedem Fall prima, genau wie die im Glas servierte milde Seidentofu-Creme mit Sojasaucen-Geleewürfeln, Hummertatar und einem röstig-nussigen Chip als weitere kontraststarke Einstimmung, bei der nur vom Hummer gegenüber relativ viel Creme und der Intensität des Gelees nicht allzu viel zu schmecken war.
Den Intensitätsregler dreht das Team dann beim dem klaren, ganz leicht gebundenen Apfelfond mit fokussierter Säure und sehr markanter Rauchnote (durch Öl), der die Basis für eine „Schnitte" aus knackig-feinwürzigen Selleriescheiben neben intensiver Pilzmousse darstellte, sogar noch weiter auf. Noch konzentrierter gab es den Pilzgeschmack hier in Gestalt von Cremetupfen, während ein Kräuterbouquet und rohe Buchenpilze dazwischen für auflockernde Frische sorgten.
Den schottischen Lachs in zarten, roh marinierten Scheiben mit klarem Geschmack ergänzte ein konzentriert jodig-salziges Umfeld aus einerseits einer tiefen Bonito-Dashibrühe und andererseits Imperial-Kaviar auf in knackigen Rettich gewickelter Feldsalatmousse. In Summe war das – trotz fiel Säure, Frische und lang nachhallender Intensität – ein bisschen zu viel an salziger Konzentration, zumindest um den Lachs und/oder Kaviar transparent herauszustellen.
Mit einem hervorragenden glasig-blättrigen Kabeljaufilet, das von dem markanten Dreiklang aus herbem Grünkohl, krossen Speckwürfelchen und einer konzentrierten Senfsabayon in erfrischender Klarheit akzentuiert wurde, ging es aber direkt wieder auf ein höheres Niveau. Und noch näher in Richtung von

7 Pfannen tendierte die Küche bei der folgenden dunkelrosa straffen Taubenbrust, die – getragen von einer tiefdunklen Jus mit elegantem Säurekern – allein als Produkt enorm viel Spaß machte. Die Umgebung aus eher weich gegarter Steckrübe, weißen Rübchen, Betecreme und nussigem Emmer-Getreide wirkte demgegenüber zwar nicht ganz so zugespitzt, ergänzte mit seinen milden erdigen, ätherischen und getreidig-nussigen Noten den feinen Vogel aber auf harmonische Art und Weise.

Viel Harmonie und gekonnt hergestellte Balance zeigte auch das Dessert mit Pistazie als eher mildes Eis neben einer nussigen Creme und kompakt saftigen Pistazien-Biskuitwürfelchen zwischen verschiedenen bitter-ätherischen Zitruskomponenten aus (vanilleduftiger) Kumquat und Mandarine – wobei nur die Mandarine beinahe ein wenig zu betont bitter hervor schmeckte. Insgesamt bleibt aber ein in jedem Moment genauso unterhaltsamer wie niveauvoller Gesamteindruck, der ganz klar das Potential auf weitere Steigerungen aufzeigt und zu dem auch das charmante Serviceteam und eine attraktive Weinauswahl gehören.

Die Symbole

- 🅿 gute Parkmöglichkeiten
- 🅿 Hotelgarage
- ♿ barrierefrei
- ❄ klimatisierte Zimmer
- 📶 WLAN-Zugang
- 🏊 Hallen- und/oder Freibad im Haus
- 👐 mit Wellness-Bereich
- 🛗 mit Fahrstuhl zu den Hotelzimmern
- 🐕 Hunde im Hotel nicht erlaubt
- ⛩ mit Garten oder Terrasse

Hotelempfehlung

★★★★

Parkhotel Herne
Schaeferstr. 109,
44623 Herne
📞 02323-9550
www.parkhotel-herne.de
Einzelzimmer: 63–103 €
Doppelzimmer: 75–121 €

Das umfangreich renovierte Hotel liegt ruhig und idyllisch direkt im Herner Stadtgarten. Die insgesamt 71 zeitgemäß und komfortabel eingerichteten Zimmer und Suiten unterschiedlicher Kategorien sind allesamt mit bequemen Boxspringbetten, modernen Flat-TVs sowie kostenlosem WLAN-Zugang ausgestattet und die Nutzung der hauseigenen Sauna ist ebenfalls im Zimmerpreis inbegriffen. Die Umgebung bietet zahlreiche Möglichkeiten zur Freizeitgestaltung: Eine Besonderheit ist die Route der Industriekultur, die Museen wie das Deutsche Bergbau-Museum, verschiedene Ausstellungen, Panorama-Aussichtspunkte und historisch bedeutsame Siedlungen miteinander verbindet. Für Kinder mit Familien gibt es vor Ort ein tolles Freizeitbad, ein Kinderspielhaus, eine Kartbahn, eine Minigolfanlage, eine Kletteranlage mit zehn Meter hohem Turm, einen Streichelzoo und vieles mehr. Dank exklusivem Tagungs- und Veranstaltungsräumen mit modernster Technik ist das Parkhotel Herne zudem sowohl für Seminare und Tagungen als auch für Hochzeiten und Familienfeiern eine attraktive Location. Und in den beiden Restaurantkonzepten „Stübchen" und „Gute Stube" ist auch für das kulinarische Wohl gesorgt.

Freihardt

Hauptstr. 81,
90562 Heroldsberg
☎ 0911-5180805
www.freihardt.com
⊘ Mi–Fr ab 18 Uhr, Sa u. So von
12–14 Uhr u. ab 18 Uhr, Mo u. Di RT
Hauptgericht: 20–40 €,
Menüs: 45–80 €

So kann ein traditionsreiches Wirtshaus mit angegliederter Metzgerei heute aussehen! Das modernisierte Interieur transportiert die traditionelle herzliche Gastlichkeit auf sehr elegante Art und Weise, während sich die Küche an allererster Stelle Qualität und Handwerk verschrieben hat. Das beginnt bei Hans-Jürgen Freihardt mit selbst produzierten Wurst- und Fleisch-Produkten, reicht aber weit darüber hinaus. Neben diversen Steak-Cuts und Klassikern finden sich auf der tagesaktuellen Karte nämlich stets auch überraschend einfallsreiche Gerichte, mit denen sich der Chef an etwas exklusivere Ware wagt, erfreulicherweise aber nicht versucht, diese durch übertriebenen Aufwand besonders hervorzuheben. Vielmehr geht er abgeklärt, behutsam und besonders produktfokussiert vor.

Und das ist besonders wohltuend, denn oft haben wir es mit ambitionierten Gourmetrestaurants zu tun, bei denen aus kulinarischer Sicht mehr Schein als Sein vorherrscht – bei Hans-Jürgen Freihardt ist es aber genau umgekehrt. So wundert es gar nicht mal so sehr, dass in diesem Jahr die Aufwertung um den Bonuspfeil ausgerechnet zu einem Zeitpunkt kommt, an dem sich die Speisekarte eigentlich so unspektakulär, um nicht zu sagen uninteressant gele-

sen hat, wie schon seit Jahren nicht mehr. Doch das ist hier ohnehin kein Anhaltspunkt, denn die Küche definiert sich eben nicht durch überbordende Kreativität oder Originalität, sondern durch Qualität und jede Menge Substanz bis ins kleinste Detail. So fällt zum Beispiel auf den Tellern deutlich auf, hier jede Komponente, auch wenn sie noch so beiläufig wirkt, präzise und gut abgeschmeckt ist.

Und es ging auch bei unserem jüngsten Besuch gleich zu Beginn schon wieder sehr gut los: zunächst mit Salzbutter und Gänserilettes zu verschiedenen Sorten Brot vom Dachsbacher Freibäcker Arnd Erbel, gefolgt von gebeizter Kalbsleber mit hausgemachtem Speck, Apfelgel, Preiselbeerjus und Selleriegrün. Mit solchen Kombinationen beweist Hans-Jürgen Freihardt, dass er in der Küche nicht nur ein sehr guter Handwerker ist, sondern auch ein gutes Gespür für Aromen besitzt. Und von diesen Eigenschaften zeugte dann auch das Carpaccio der hausgeräucherten Gänsebrust, deren wunderbar zartes, mildwürziges Fleisch mit süßsauer eingelegten Kürbiswürfeln, feinbitterer Feldsalatcreme und den süßlich-erdigen Aromen von kandierten Rettichstreifen einen spannenden Akkord aufs Porzellan legte.

Zum glaubhaft wild gefangenen weißen Heilbutt, der in dem für diesen Fisch perfekten Garzustand und mit durch und durch sanfter, lediglich den Eigengeschmack unterstützender Würze auf dem Teller lag, gab es mit verschiedenen Lauchkomponenten, Knollensellerie und Maronencreme sowie Schwarzwurzel eigentlich Beilagen, die gut und gerne mal dazu geeignet sind, einen Fisch gnadenlos unterzubuttern. Jedoch nicht in der hier dargebotenen Form, denn der Lauch präsentierte sich in allen Varianten zart und elegant, die Maronencreme war schön glatt und geschmeidig und mit einem nicht unerheblichen Anteil Knollensellerie auch nicht bloß süß und nussig. Auch die Schwarzwurzel kam als knackige dünnstreifig geschnittene und in etwas Rahm eingelullte „Fettuchine" ausgesprochen schlank daher. Im Zusammenspiel mit einer hellen, substanzreichen Schaumsauce auf Fischfondbasis war das eine äußerst runde und harmonische Angelegenheit, bei der der Fisch wahrlich nicht ins Hintertreffen geriet.

Nicht ganz so präzise gebraten – im Kern noch fast bleu und am Rand mit einem relativ breiten durchgebratenen Rand – war der Hirschrücken aus Oberpfälzer Jagd, der so zwar kein makelloses, wohl aber ein sehr schmackhaftes und qualitativ ansprechendes Stück Wild repräsentierte. Mit einer attraktiven herbstlichen Begleitung aus gebratenen Rosenkohlblättern, Kräuterseitlingen, einem roten Zwiebelconfit, verschiedenen saftigen Dörrfrüchten und schwarzer eingelegter Walnuss wäre das eigentlich schon ein sehr stimmiges Ensemble gewesen, so dass es das interessant abgeschmeckte Quinoa im Grunde gar nicht gebraucht hätte. Gut dazu gepasst haben die Nüsschen der uralten Kulturpflanze aber durchaus – und nicht zuletzt mit der exzellenten, fein ausbalancierter Wildsauce war das alles in allem ein sehr attraktiver Hauptgang.

Wie der fluffig zarte „falsche Topfenknödel" nebst vollaromatischem Zwetschgenröster und schmelzigem, intensivem Vanilleeis ein überraschend attraktives Dessert war, das viel raffinierter geschmeckt hat, als man es ob der Lektüre und der Optik erwartet hätte. So ist der Bonuspfeil in diesem Jahr absolut verdient und soll eine Küche würdigen, die konsequent nicht durch optische Spielereien und artifizielles Handwerk beeindrucken will, sondern durch Geschmack.

Gasthof Hasen

im Hotel Hasen
Hasenplatz 6,
71083 Herrenberg
☎ 07032–2040
www.hasen.de
⊙ Mi–Mo von 11.45–14 Uhr u. ab 18 Uhr,
Di RT
Hauptgericht: 12–35 €,
Menüs: 40–65 €

EC ⊙ 🟰 ⊙ **VISA** P ⊞ ♿

Das Hotel Gasthof Hasen in Herrenberg, dessen Geschichte bis ins 17. Jahrhundert zurückreicht, ist ein stattliches, schmuck renoviertes und modernisiertes Haus, das seit 1985 von der Gastgeberfamilie Nölly weiterentwickelt und geprägt wird. Mittlerweile hat dabei die jüngere Generation mit Magrit Nölly, Sommelier Arnold Nölly und Küchenmeister Gerhard Nölly die Regie übernommen und führt einerseits die Tradition fort, sorgt aber andererseits auch dafür, dass der Hasen am Puls der Zeit bleibt.

Über die Generationen hinweg gleich geblieben ist allerdings ein hoher Anspruch an Handwerk und Gastlichkeit, der bereits beim Betreten der weitläufigen Gaststube sichtbar wird, in welcher ein gläserner (gut gefüllter!) Weinklimaschrank in der Raummitte als Blickfang sowohl gewisse Ambitionen signalisiert als auch direkt Lust auf volle Gläser macht.

Kulinarisch bewegt sich das Angebot geschickt zwischen Tradition und Moderne und listet auf der Karte einerseits viele bodenständigere, aber durchweg substanzstark und souverän zubereitete Sachen wie den Rostbraten mit zweierlei Zwiebeln, Bratensauce, Speckbohnen und hausgemachten Spätzle oder ein Zürcher Geschnetzeltes mit Rösti. Daneben finden sich aber stets auch kreativer und aufwendiger angelegte Gerichte, in denen dann oft mit exklusiveren Produkten gearbeitet wird und die das volle Potential des Küchenteams um Gerhard Nölly aufzeigen.

So beispielsweise der als eine Art lauwarmer Braten servierter Tafelspitz, der – mit zartem Fleisch und kräftiger Schmorjus – neben glasiertem Rotkohlsalat, einer (leider kühlschrankkalten) Rotkohlmousse-Rolle, Crème fraîche und Apfelgel sowie grünem Apfelsorbet gekonnt in ein lebhaftes Geschmacksbild zwischen kraftvolle Tiefe und säuerliche Frische gestellt wurde.

Eine eher schlanke und mit natürlicher Bindung anstelle von Sahne austarierte Kürbissuppe zeigte einerseits mit dichtem, süßlich-nussig gehaltenem Geschmack das solide Handwerk des Teams und wurde andererseits von einer separat servierten, kühlen Schafsfrischkäse-Praline auf Kürbiscreme clever und kontraststark ergänzt, so dass auch dieser grundsätzlich eher traditionelle Zwischengang einen gewissen originellen Twist mit auf den Weg bekam.

Ebenfalls sichtbar und schmeckbar aus der kreativen Ecke stammte der mit gerösteter Haselnuss bedeckte Kabeljau neben Zwetschgen, verschiedenfarbiger Bete, Haselnusscreme und einer frittierten Sushireis-Rolle. Die Kombination funktionierte zwischen Nussigkeit, herber

Frucht und erdigen Gemüsenoten trotz der eher grob gearbeiteten Komponenten ziemlich gut. Ausgerechnet der Kabeljau selbst konnte allerdings nur mit durchschnittlicher Qualität punkten und trübte mit leicht unsauberem Geschmack das Gesamtbild dann doch ein wenig. Bereits bei der mit Schokoladengelee überglänzten (recht kompakten) Vanille- und Karamellmousse, deren etwas wuchtiger Charakter durch die Begleitung mit Buttercrumbles, Quittensorbet und Vanillecreme aufgelockert und aufgefrischt wurde, war das aber schon wieder vergessen. Und auch die vielen lohnenden Weine, die Arnold Nölly sowohl glas- auch als flaschenweise zu empfehlen weiß, aber auch das herzliche wie aufmerksame Serviceteam, sorgen ohnehin für einen insgesamt positiv stimmigen Gesamteindruck.

Hotelempfehlung

★★★★

Hotel Gasthof Hasen

Hasenplatz 6,
71083 Herrenberg
☎ 07032–2040
www.hasen.de
Einzelzimmer: 69–147 €
Doppelzimmer: 89–214 €

Das moderne 4-Sterne-Hotel ist ein Stück Herrenberger Geschichte und wird seit 2019 in der 2. Generation durch die Familie Nölly geführt. Erstmals urkundlich erwähnt wurde der Hasen 1620 und erlangte schon damals schon einen Bekanntheitsgrad weit über die Stadtgrenzen hinaus. Heute besteht das Hotel aus einem modernen, barrierefreien Anbau mit 66 klimatisierten Einzel-, Doppel-, Deluxe- Zimmern und Appartements, die alle mit einem Lift erreichbar sind. Die Gäste entspannen in der Sauna oder an der Lounge Bar und eine gemütliche Raucherlounge steht ebenfalls zur Verfügung. Mit seinen fünf zeitgemäß ausgestatteten Veranstaltungsbereichen (tageslichtdurchflutete Räume für 5 bis 120 Personen) ist das Hotel Gasthof Hasen seit vielen Jahren auch „Certified Business und Conference Hotel" und gehört seit 2018 zu den Top 250 Tagungshotels in Deutschland. Das Restaurant wurde im September 2018 komplett renoviert und ist das Herzstück des Hasen, denn Genuss steht bei den Küchenmeistern an erster Stelle. Restaurant Gasthof Hasen separat erwähnt.

Herrieden (Bayern)

🍴 🍴 🍴

Gasthaus Limbacher

Vordere Gasse 34,
91567 Herrieden
☎ 09825-5373
www.gasthaus-limbacher.de
◑ Di–Sa von 11.30–14 Uhr u. ab 18 Uhr, So u. Mo RT

Seit über 30 Jahren bekocht Routinier Paul Limbacher die Gäste in seiner netten Gastwirtschaft an der Ortsdurchfahrtsstraße von Herrieden nicht nur auf einem sehr ansprechenden Niveau, sondern auch zu günstigen Preisen. Hier gibt es eine vergleichsweise schlichte, aber sehr fundiert von Meisterhand zubereitete Klassikerküche aus regionalen und internationalen Produkten, die zwar nicht mit modernen kochtechnischen Raffinessen auftrumpft, wohl aber mit einer sehr guten Grundsubstanz. Auch für ansprechende Weine ist bestens gesorgt in der gemütlichen Stube, die seit über einem Jahrhundert in Familienbesitz ist.

Bezahlkarten-Symbole

🆎 Mastercard
🆎 EC-Maestro
Ⓘ Diners
▭ American Express
VISA Visa

Chalet am Kiental

im Romantik Hotel Chalet am Kiental
Andechsstr. 4,
82211 Herrsching
☎ 08152-982570
www.gourmetchalet.de
❤ Mo, Di u. Do, Fr ab 18 Uhr,
Sa u. So von 12–14 Uhr u. ab 18 Uhr
(Mittagskarte abweichend), Mi RT
Hauptgericht: 20–36 €,
Menüs: 38–110 €

Zwischen Braukultur und sonstigen Tourismus-Zielen rund um den Ammersee, die fraglos sehenswert, aber kulinarisch meist nur bedingt reizvoll sind, sticht das charmante kleine Romantik Hotel Chalet am Kiental seit vielen Jahren heraus. Hier verbinden sich ein behaglich elegantes Ambiente mit zugänglicher und doch ambitionierter Küche zu einem Ort, der höhere Ansprüche ans Produkt und handwerkliche Sorgfalt verbindet. An dieser grundsätzlichen Ausrichtung hatte sich über die vergangenen Jahre hinweg trotz wechselnder Küchenchefs nie etwas geändert – wohl aber an der Souveränität und dem Niveau, mit dem die eigenen Ansprüche umgesetzt werden. Nach einer erfolgreichen Phase mit Fabian Höckenreiner und einer schwankenden unter dessen Nachfolger Rene Maluck erlebten wir in der letzten Saison unter Hyusein Hyuseinov einen eher holprigen Einstand und waren deshalb besonders gespannt auf einen neuen Eindruck.
Sicher ist jedenfalls: man sitzt nach wie vor sehr entspannt und gemütlich in den kleinen Gasträumen und wird engagiert umsorgt. Die erste Kostprobe aus der Küche, ein kleines Stück Poularde in Geflügeljus als Appetizer auf dem Gourmetlöffel, zeigte zwar gutes Basis

handwerk, aber eben auch nicht mehr. Hier fehlte nach unserer Auffassung zu dem zarten Geflügel mit Sauce noch irgendein weiterer Akzent... Weitaus abwechslungsreicher gelang aber bereits das hauchdünne Carpaccio vom Hirsch, auf dem ein zartes Bouquet aus Babyleafs und Rucola gemeinsam mit Walnuss und Kumquat-Scheiben für markante Kontraste mit einfachen Mitteln sorgte. Dabei waren die relativ dicken Kumquat-Scheiben mit ihrem bitter-ätherischen Aroma zwar etwas vorlaut und das Rohfleisch vom Hirsch kam nur dezent zur Geltung, insgesamt entstand aber dennoch ein animierender herbstlich-frischer Eindruck. Thematisch ebenfalls herbstlich gehalten, zeigte die folgende schaumig-leichte Topinambursuppe einerseits gekonntes Handwerk mit guter Balance zwischen dichtem Körper und feiner Säure, andererseits war das elegante Süppchen leider von artifiziellem Trüffelöl-Aroma geprägt. Zwar nicht extrem, aber doch so deutlich, dass der Produktgeschmack der Topinambur dabei in den Hintergrund gedrängt wurde und wir einmal mehr darin bestärkt wurden, dass (selbst noch so „hochwertiges") Trüffelöl eines der überflüssigsten Gourmetprodukte ist, die es auf dem Markt gibt. Denn ohne diese Zugabe hätte das Süppchen zwar sicher anders und nicht so vermeintlich prägnant „trüffelduftig" geschmeckt, aber nach unserem Gusto ganz sicher besser.
Licht und Schatten gab es dann auch beim Hauptgang rund um Stör, Rote Bete und Meerrettich: durchweg intensiv aromatisch und individuell auf dem Punkt waren die verschiedenen gerösteten Gemüse von Brokkoli, über Karotte, bis Kürbis und auch die körnig-cremige Graupenrisotto mit Roter Bete traf dazu gut die Balance zwischen erdig und fruchtig. Weniger überzeugend fielen dagegen der wegen gerade noch durchschnittlicher Frische und deutlich verpasstem optimalem Garpunkt eher strohig-trockene Stör (inklusive nicht parierter Transchicht) und der allzu milde, sich schnell verflüchtigende Meerrettichschaum. Das zeigte eine gewisse Nachlässigkeit, sowohl bei der Produktauswahl als auch bei der Zubereitung, die nicht ganz zum selbst formulierten Anspruch passt.
Generell wirkt es so, als wären die eher bodenständigen Gerichte in der Karte, die sich abseits des kreativer und weltoffener gedachten „Chalet Menüs" bewegen, die bessere Wahl – beispielsweise eine Herrschinger Festtagssuppe inklusive Kalbsbrät, Pfannkuchenstreifen und Gemüse oder ein Tafelspitz vom Milchkalb nebst Bouillongemüse, Spinat und Meerrettich. In diesem Sinne gelang auch der süße

Abschluss auf ebenso schlichte wie gekonnte Art wieder deutlich überzeugender und präsentierte uns seit längerem mal wieder eine mit leichter Cremigkeit und hauchdünner Karamellschicht perfekt zubereitete Crème brûlée, deren vanilleduftige Süße von einem kompaktintensiven Himbeersorbet und roten Johannisbeeren reizvoll aufgebrochen wurde.

Unterm Strich kommen wir damit aber wieder zum gleichen Fazit wie im letzten Jahr, weil die Küche einerseits viele gute Ansätze zeigt, andererseits aber wegen vermeidbarer Nachlässigkeiten den eigenen Ansprüchen hinterherhinkt. Was im Übrigen nicht für die sowohl glasweise als auch bei den Flaschenweinen mit einer guten Mischung aus Basisqualitäten renommierter Erzeuger und hochwertigen, teils auch gereiften Bouteillen aufwarteten Weinkarte gilt. Darin findet sich für beinahe jeden Anspruch und Geschmack etwas Passendes.

Hotelempfehlung

★★★★

Romantik Hotel Chalet am Kiental

Andechsstr. 4, 82211 Herrsching
📞 08152-982570
www.gourmetchalet.de
Einzelzimmer: 125–175 €
Doppelzimmer: 155–220 €

Das historische Kleinod, ein sorgsam renovierter Bauernhof, der ruhig und idyllisch im Herzen des Ammersee-Städchens und direkt am Pilgerweg nach Andechs liegt, verbindet charmant Nostalgie und Zeitgeist. Die neun geschmackvoll mit edlen Naturmaterialien gestalteten Design-Hotelzimmer haben eine individuelle Handschrift und bieten dem Gast hochwertige Ausstattung und behagliche Wohnatmosphäre. Zur Ausstattung gehören Minibar,

Direktwahltelefon, Flat Screen-TV mit SAT-Fernsehen und kostenlosem Sky-TV, Schreibtisch und Highspeed-WLAN. In den Bädern sorgen beheizbare Handtuchhalter, Fön und Kosmetikspiegel, Kosmetikprodukte, Bademantel und Hausschuhe für angenehmen Komfort. Außerdem: „Private SPA" mit Saunabereich, Massagen sowie SPA- und Kosmetik-Behandlungen im kleinen Gartenhäuschen mit Blick in den romantischen Garten. Restaurant Chalet am Kiental separat erwähnt.

Herxheim (Rheinland-Pfalz)

Pfälzer Stuben

im Hotel Krone
Hauptstr. 62–64,
76863 Herxheim (Hayna)
📞 07276-5080
www.hotelkrone.de
🕐 Mo–Fr ab 17.30 Uhr, Sa ab 15 Uhr durchgehend, So ab 12 Uhr durchgehend, kein RT
Hauptgericht: 17–37 €,
Menüs: 52–72 €

Mit der vorübergehenden Schließung des Gourmetrestaurants im weithin bekannten Hotel Krone in Hayna bei Herxheim sind nun die Pfälzer Stuben erst mal das alleinige gastronomische Aushängeschild des südpfälzischen Traditionsbetriebs, in dem einst Karl-Emil Kuntz die feine klassische Küche hat hochleben lassen und nun schon seit ein paar Jahren dessen Schwiegersohn Fabio Daneluzzi für das Kulinarische verantwortet. Mag sein, dass diese Tatsache dazu geführt hat, dass sich das Repertoire mittlerweile merklich weltläufiger präsentiert. Natürlich gibt es nach wie vor beste regionale Traditionsgerichte wie das Carpaccio vom

Pfälzer Saumagen mit Weißkrautsalat, Linsen und Kümmelvinaigrette, die hausgemachten Maultaschen auf Lauchgemüse mit brauner Zwiebelbutter oder die klassische Rinderroulade im Burgundersößchen mit Karotten-/Kartoffelstampf – daneben aber auch Thunfisch, Jakobsmuschel, Dorade, Kalamansi, Curry, Kimchi…

Die Grenzen zwischen feiner gutbürgerlicher Landküche und aufwendigeren Gourmetgerichten waren hier auch schon recht fließend, als noch beide Restaurants parallel bekocht wurden. Und so wunderte man sich in der Pfälzer Stube schon immer und nicht selten über Gerichte (vor allem Vorspeisen und Zwischengänge!), die so auch im gehobenen Kronen-Restaurant nicht negativ auffällig geworden wären. Dass es diesmal hier und da im Detail ein wenig am Feinschliff haperte, mag der Personalsituation nach Corona geschuldet sein und wir wollen es nicht zu hoch hängen. Insgesamt haben wir hier aber auch in diesem Jahr wieder sehr gut gegessen.

Zunächst feines Sauerteigbrot mit krachiger dunkler Kruste und saftig-weicher Krume zum Griebenschmalz, dann eine Trilogie von Zucchini-Rahmsüppchen mit kleinen Croûtons, in Strudelteigfäden eingebackener Kalbfleischpraline und Pfälzer Mini-Saumagen auf mildem Sauerkraut. Der in historischer Pasteten-Optik präsentierten Gänseleberterrine mit Gelee und Briochehülle umgesetzten Gänseleberterrine der Vorspeise stand auf der anderen Hälfte des Tellers und nur durch eine Nocke Quittenkompott getrennt – mit dem Leberparfait in Bitterschokolade und Quittengel eine vergleichsweise modern und avantgardistisch anmutende Präsentationsform gegenüber, bei der allerdings die Schokolade etwas zu üppig und dominant wirkte. Insgesamt eine typische fruchtig herbsüße Foie-Gras-Vorspeise, bei der wir uns nur etwas mehr Lebercharakter gewünscht hätten. Und etwas mehr Salz – was wirklich sehr selten vorkommt!

Aber lieber zu wenig als zu viel. Und dass Fabio Daneluzzi scheinbar per se äußerst zurückhaltend mit Salz umgeht, ist ja mal grundsätzlich nichts Schlechtes. Jedenfalls hatten wir auch in der Folge immer wieder das Gefühl, dass man hier und da ruhig noch etwas mutiger hätte würzen können. Und bekamen den Eindruck, dass die Küche immer dann am besten ist, wenn sie sich auf das Wesentliche konzentriert und möglichst klassisch bleibt. Wenn es aber, so wie bei den „Dreierlei Phantasien von Edelfischen", allzu bunt, vielteilig und kreativ zugeht, steigt automatisch auch das Fehlerpotential und es kann schnell mal etwas zusammenhanglos wirken. Zumal da zwischen Thunfischtatar mit etwas penetrant blumig schmeckender Karotte, relativ naturell schmeckendem Lachs mit dominantem Kimchi-Eis, gebeiztem Flusszander und gebackener Fischpraline auch aromatisch relativ undefinierbare Komponenten im Spiel waren…

Deutlich verbindlicher war die Kombination von gebackener Jakobsmuschel und „Pfälzer Eintopf", einer cremigen Melange aus verschiedenen Gemüsen und Kartoffelmousseline, die von reichlich Alba-Trüffel geadelt wurde. Und erst recht die vollkommen traditionell gehaltene Keule von der Freiland-Gans mit Rotkohl, glasierten Kastanien und kleinen Kartoffelknödeln mit Butterbrösel-Schmelze, deren zart geschmortes aromatisches Fleisch unter der maximal krossen Haut wie von selbst vom Knochen fiel aber nichts Mürbes oder gar Trockenes an sich hatte. Auch die reichlich angegossene Gänsejus zeugte in ihrer Natürlichkeit und Ausgewogenheit von der starken handwerklichen Substanz, die diese Küche weiterhin auszeichnet.

Wenn es, so wie beim Dessert „Die Amalfizitrone", wieder in eine kreativere und verspieltere Richtung geht, kann das Ergebnis unterm Strich auch weniger überzeugend ausfallen. So war etwa die aus weißer Schokolade und Mousse fabrizierte Fake-Zitrone geschmacklich relativ nichtssagend; umso intensiver, damit aber leider regelrecht disharmonisch, ein extrem bitteres Salzzitronengelee. Dazwischen ein Zitroneneis und ein mit Zitronencreme gefülltes und auf der Oberseite karamellisiertes Mürbteig-Törtchen als ausgleichende Elemente. Alternativ hätte man sich mit den Aromen von Spekulatius, Bratapfel und Mandarine in Kombination mit Kirsche und karamellisierter blonder Schokolade im Herbst schon mal auf die Vorweihnachtszeit einstimmen können.

Die Weinkarte listet sehr viele gute Tropfen, längst nicht nur aus der Pfalz, von dort aber sehr viel was Rang und Namen hat. Der Service unter der Leitung von Erika Kuntz agiert effizient und sehr zuvorkommend.

Hotelempfehlung

★★★★ S

Hotel Krone

Hauptstr. 62–64,
76863 Herxheim (Hayna)
☎ 07276-5080
www.hotelkrone.de
Einzelzimmer: ab 89 €
Doppelzimmer: ab 120 €

Unweit von Karlsruhe liegt im Landkreis Südliche Weinstraße das traditionsreiche Hotel Krone, das sich aus mehreren Gebäuden wie dem Stammhaus und Neubauten als Ensemble zusammenfügt. Die Hotelgebäude verlaufen parallel und sind durch einen unterirdischen Gang verbunden. Die elegant, gemütlich und komfortabel ausgestatteten Zimmer verfügen über einen Sitzbereich, einen Flachbild-SAT-TV, größtenteils Balkon und einen Safe, das Mobiliar ist geschmackvoll in harmonisch abgestimmten Farben zusammengestellt. WLAN und Parkplätze sind im Zimmerpreis inbegriffen. Ein SPA- und Wellnesscenter mit Außen- und Innenpool, eine Saunalandschaft mit Finnischer Kelo-Holzsauna, Himalaya-Salzsteingrotte, Aromadampfbad, Kräuterdampfbad und Eisbrunnen sowie ein kleines Fitnesscenter laden zum Entspannen und Aktivsein ein. Es besteht im Hotel die Möglichkeit Tennis und Tischtennis zu spielen und da die Gegend sehr beliebt zum Wandern und Radfahren ist, gibt es auch einen Fahrradverleih. Zum Hotel gehören außerdem eine Bar, ein Restaurant und ein schöner Garten. Restaurant Pfälzer Stuben separat erwähnt.

intensiū

Poststr. 42,
40721 Hilden
☎ 02103-54745
www.monopol-intensiu.de
◐ Mi–Sa ab 19 Uhr, So–Di RT
Menüs: 74–94 €

Von außen eher unscheinbar, bietet das vis-à-vis zum Bahnhof gelegene Intensiù im Inneren ein stylisch modernes Ambiente, groovende Beats und die sicherlich spannendste Küche im beschaulichen Hilden. Das junge Team um Lukas Jakobi am Herd und Kris Bratec im Gastraum hat damit einen Ort mit ebenso hohem Coolness- wie Genussfaktor geschaffen, den man in jedem Detail anmerkt, dass hier eine bis in die Haarspitzen motivierte Crew am Start ist. Dazu kommt, dass Lukas Jakobi nach Stationen im De Librije, bei Christian Bau und im Nagaya auf einen beachtlichen Erfahrungsschatz zurückgreifen kann. Und den zeigen dann auch die sympathisch frech und „punkig" daherkommenden Teller und Schüsseln, die oft (aber nicht nur) von asiatischen Aromen inspiriert und durch ein ausgeprägtes Spiel mit Säure und Schärfe geprägten werden.
Erlebbar wird das in zwei Menüs, davon ein rein vegetarisches, mit teils identischen Komponenten aber unterschiedlich konzipierten Gerichten. Das hält den Aufwand überschaubar, so dass auch mit dem kleinen Zwei-Mann-Team die gewünschten Ergebnisse verlässlich umgesetzt werden können und sogar noch Ressourcen für viele neckische Kleinigkeiten vorab und zwischendurch bleiben, in denen beson-

ders mit sonst wenig prominenten Ab- und Zuschnitten gespielt wird.

Die typische Stilistik wurde bereits bei der Einstimmung mit knusprigen Buchweizenteigblättern nebst Kimchi-artig fermentiertem Kohlrabi mit kecker Säure und Schärfe, sowie einem kross-saftigen Bete-Krapfen mit Baharat-Creme und Kresse deutlich. Auch die Espuma von fermentierter Bohne füllte den Gaumen mutig forciert mit prickelnder Säure und markanter Schärfe, ergänzt von frischgrünem mariniertem Spargel und goldbraunem Crunch aus Panko und Erdnuss.

Anstelle eines klassischen Brotservices interpretierte der Chef das Thema „Brot" mit einer Scheibe geröstetem flaumigem Kartoffelbrot, dem eine Schale mit geschmeidiger, spicyorientalisch gewürzter Büffellebercreme, geröstetem Haselnusspesto, einem Confit von Granatapfel und Maulbeere sowie einem ätherischem Kräutersalat aus Basilikum, Estragon und Dill gegenüberstand. Diese Komponenten ließen sich dann nach Lust und Laune zum Brot kombinieren, was auf kontrastreiche Art tatsächlich dann funktionierte, wenn alles gemeinsam vermengt wurde. Super!

Nach einem kleinen Sandwich aus knuspriger Forellenhaut mit süßsaurem Confit aus Forellenbauch und einer Creme von Edamame folgte ein animierendes Arrangement aus geschmeidig gebeizter Sauerland-Forelle mit kross gebackener Haut, einem zarten Edamame-Salat und Shisokresse, das von einer fruchtig scharfen Kimchi-Butter mit Forellenkaviar und Schnittlauch eingefasst und zugleich gekonnt dynamisiert wurde.

Von den Leitaromen wieder eher in den südlich-mediterranen Raum ging es bei dem zarten Salat aus Hummer und Taschenkrebs, der durch (in Dashi marinierte) Erbsen und gegrillte Wassermelonenwürfel aufgefrischt wurde, von Mozzarellaschaum eine gewisse laktische Cremigkeit und von Crackern aus Reis und Hummer lockeren Crunch mitbekam, ansonsten aber vor allem von einem gemüsefruchtig-scharfen Ajvar-Fond geprägt wurde und damit dann doch wieder das typische Spiel mit Säure und Schärfe zeigte.

Und das ist auch das einzige Vorwurf, dem man dem ansonsten erfrischend inspiriert und frech aufkochenden Team machen könnte: die forcierte Kombination aus Säure und Schärfe wirkt – trotz wechselnder Leitaromen – auf Dauer ein bisschen repetitiv. Mit mehr klar davon abgegrenzten oder einen anderen Fokus setzenden Gängen zwischendurch, könnte die Gesamtperformance noch eine ganz andere Wirkung entfalten.

Denn die einzelnen Ideen selbst zeigen durchaus Potential für noch höhere Bewertungen, das bewiesen zuletzt auch das den Hauptgang einleitende Zanderbauch-Ceviche mit knackigen Gurkenwürfeln und Walnusssplittern in Gurkensaft unter einer mit Blumenkohlpuder bestäubten, hochintensiven Blumenkohlespuma – und auch der Hauptgang selbst! Dieser variierte das Thema Schärfe und Säure gekonnt in eine dunklere kraftvolle Richtung als bisher: Im Zentrum stand ein herausragend kross-saftig gebratenes Zanderfilet neben einer saftigwurzelgemüsesüßen Wagyu-Praline. Daneben stellten Gurken-Kimchi, pfeffriger Crumble aus Pumpernickel und Sesam, sowie ein kleines Ensemble aus sautierten Gurkenjuliennes, klarfruchtiger Birne und Jalapeñogel einen weiteren frisch, fruchtig und scharf angelegten Akzent, während eine stoffig-duftige Beurre blanc von Holunderblüte den verbindenden Rahmen darstellte.

Einzig im Dessert ging das Team etwas gemäßigtere Wege, beziehungsweise lebte das Freche eher optisch bei einer Schokoladen-Ganache in Form eines nackten Frauentorsos aus, der von teils duftigen, teils scharfen Kirsch-Sakura-Zubereitungen, Mandelkrokant und Joghurt ergänzt wurde und damit das Schoko-Kirsch-Thema gekonnt und intensiv zugespitzt interpretierte.

Begleitet werden können die zupackenden, durchaus fordernden Gerichte von einer nicht überbordenden, aber spannenden individuellen Auswahl hochwertiger Weine, darunter bekannte Größen genauso wie aufstrebende Newcomer. Und bei der Entscheidung für das passende Glas oder die passende Flasche gibt es kompetenten Rat durch das ebenso auf lockere Art souveräne Team im Service.

Hinterzarten (Baden-Württemberg)

ohne
Bewertung

Adler Stuben

im Parkhotel Adler
Am Adlerplatz 3,
79856 Hinterzarten
☎ 07652–1270
www.parkhoteladler.deoscars
◔ Täglich ab 18 Uhr, kein RT
Hauptgericht: 19–35 €

Nur allzu gerne hätten wir die stilvoll ländlichen Adler Stuben im Parkhotel Adler, die seit ein paar Jahren unter der Ägide von Küchendirektor und Gewürz-Sommelier Bernhard König und dessen Team seriös und engagiert bekocht werden, auch in dieser Testsaison wieder besucht, um uns zu vergewissern ob hier nach wie vor auf die maßvoll gehobene regionalbetonte Küche Verlass ist, die uns zuletzt durch sorgfältiges Handwerk, Qualität und Geschmack überzeugen konnte. Doch egal zu welcher Zeit wir nach der längeren Schließung wegen Renovierungsarbeiten angerufen und nach einem Tisch gefragt haben und wie hartnäckig wir auch waren: keine Chance! Immer blieb das weitläufige Restaurant exklusiv den Hotelgästen vorbehalten. Das ist schade, weil die Adler Stuben so bis zu einem nächstmöglichen Testbesuch, wenn irgendwann auch wieder externe Gäste reservieren dürfen, ohne Bewertung bleiben muss.

Parkhotel Adler

Adlerplatz 3,
79856 Hinterzarten
☎ 76521270
www.parkhoteladler.dede/
Einzelzimmer: 199–229 €
Doppelzimmer: 358–738 €

In der 16. Generation führt Katja Newman das Hotel ihrer Familie, das inmitten eines 7-Hektar-Grundstücks am Rande des idyllischen Urlaubsortes Hinterzarten im Herzen des Naturparks Südschwarzwald liegt. Ein behagliches Wohnerlebnis mit einem gewissen Luxus erfahren die Gäste in den 64 komfortabel ausgestatteten Zimmern und Suiten – acht davon sind 2020 neu dazugekommen, ebenso wie ein eleganter Sitzbereich im Restaurant „Adler Stuben". Im Übernachtungspreis ist eine Genusspension mit umfangreichen kulinarischen Leistungen enthalten. Neues Herzstück des Hotels: die komplett umgebaute Lobby mit integrierter Hotelbar und Blick in den Park. Hier findet am Nachmittag bei Live-Musik die Original Tea Time statt. Der SPA-Bereich mit frischem Farb- und Interieurkonzept umfasst 1800 Wohlfühl-Quadratmeter. Zum Draußensein animiert der Privatpark mit Wäldchen, Wildgehege und Spielplatz. Indoor begeistert Kinder ein neu eingerichteter Spielbereich. Outdoorsport ab Haus möglich, 18-Loch-Golfplatz nebenan! Restaurant Adler Stuben separat erwähnt.

Zur Goldenen Esche

im Waldhotel Fehrenbach

Alpersbach 9,
79856 Hinterzarten (Alpersbach)
📞 07652-91940
www.waldhotel-fehrenbach.de
🕙 Mi–So u. Fei von 11.30–14.30 Uhr
u. ab 17 Uhr, Mo u. Di RT
Hauptgericht: 18–45 €, Menüs: 48–68 €

Kompliment an Familie Fehrenbach: eine über 150-jährige gastronomische Familientradition zu bewahren und gleichzeitig niveauvoll in die Gegenwart zu führen, das schafft nicht jeder. Allerdings haben die Fehrenbachs mit der Premiumlage ihres Waldhotels, direkt am Schwarzwaldhang mit Blick auf die Rheinebene, auch einen großen Pluspunkt. Und Josef Fehrenbacher in der Küche weiß einfach genau was er macht, wie er einerseits langjährige Stammgäste halten und andererseits immer wieder neugierig machen kann. Seine Gerichte basieren auf bestem klassischem Fundament, angereichert mit guten individuellen Ideen, zeitgemäßem Schwung und dem gekonnten Einsatz von Kräutern und Wildpflanzen aus dem Umland. So entstehen hier auch übertriebenen Aufwand immer wieder Teller, die sich auf 7-Pfannen-Niveau bewegen. Dazu noch die Gemütlichkeit der Zirbelstube mit ihrem Kachelofen, der charmante familiäre Service, eine attraktive Weinauswahl und ein sehr stimmiges Ganzes ist perfekt.

Zur Krone

Rondellstr. 20,
64739 Höchst (Hetschbach)
📞 06163-931000
www.krone-hetschbach.de
🕙 Di u. Mi ab 17.30 Uhr, Fr u. Sa von
11.30–13 Uhr u. ab 17.30 Uhr,
So von 11.30–13 Uhr, Mo u. Do RT
Menüs: 56–140 €

Von außen würde man nicht vermuten, dass drinnen ein so modernes Restaurant auf die Gäste wartet. Die gemütlich Stube, in der einfachere Regionalküche geboten wird, wirkt noch so, wie man es hier erwarten würde – das aufgeräumte Ambiente mit schlicht-elegantem Interieur und sauber eingedeckten Tischen überrascht jedoch. Genau so wie die Küche von Karl-Ludwig Wölfelschneider, die sich sowohl mit dem regionalbetonten Menü, als auch mit einer Speisefolge aus internationalen Produkten einfallsreich und ambitioniert zeigt und beweist, dass sie auch handwerklich gut drauf ist. Und dafür veranstaltet sie gar nicht viel Zirkus auf den Tellern, sondern konzentriert sich auf wenige, aber schön auf den Punkt gebrachte Komponenten. Dass nicht alles minutiös abgezirkelt ist und vielleicht auch nicht jede Komponente mit der erwünschten Ausdruckskraft aufwartet, kann das positive Bild nicht trüben. Die Grundqualität stimmt und rechtfertigt auch die gehobenen Preise. Sehr gute Weinauswahl und kompetente Beratung durch Gastgeberin Iris Wölfelschneider-Daab.

Zur Glocke

Friedrich-von-Teck-Str. 12,
89420 Höchstädt
📞 09074-957885
www.restaurant-zur-glocke.de
🕙 Di–Fr ab 18 Uhr, Sa von
11.30–13.30 Uhr u. ab 18 Uhr,
So u. Mo RT

Höchstädt bietet seinen Besuchern nicht nur eine hübsche kleine Burg, sondern mit dem Hotel und Restaurant „Zur Glocke" auch ein lohnendes Ziel für Genießer. In dem engagiert geführten Haus gehen Tradition und Moderne eine schon auf den ersten Blick auf den modernen Anbau am historischen Gasthaus sichtbar gelungene Verbindung ein. Und diese setzt sich dann sowohl im Restaurant selbst als auch in den Offerten auf den Tellern fort.

Im Restaurant wurde mit klaren, puristischen Linien zwischen Sichtbeton, Holz, Glas und Filz ein ebenso warmes wie elegantes Ambiente geschaffen, in dem man sich nicht nur wegen der kuschligen Schaffelle an den Sitzplätzen sehr schnell wohlfühlt. Und die Küche bewegt sich gekonnt zwischen eher klassisch gehaltenen Gerichten und moderneren, mit einfachen Mitteln kreativ gestalteten Kompositionen. Beiden Seiten gemeinsam ist eine technisch und geschmacklich fein ausgeführte Performance, so dass es Wahl letztlich den persönlichen Vorlieben überlassen bleibt und nichts am Niveau der servierten Speisen ändert.

Wer es eher klassisch mag, startet beispielsweise mit einer konzentrierten Bärlauchschaumsuppe, bei der die schnell ziemlich heftige Bärlaucharomatik von der kräftigen Basis zu einem insgesamt betont salzig-würzigen, aber von etwas Säure belebten Eindruck wurde. Ergänzt von zarten Scheiben geräucherter Entenbrust und einen knuffigen kleinen Parmesanknödel, die dabei gut mithalten konnten, eine rundum stimmige Sache.

Ein modernerer Start wäre dagegen mit einem Arrangement aus verschiedenen knackig-frischen, mit grüner Apfelsäure zugespitzten Gurkenzubereitungen (eingelegt, als Tapioka und als Sud) neben Ziegenfrischkäseeis und dunklem, röstaromatischem Pumpernickelcrunch möglich – durch die elegante, feinsinnige Art in diesem Fall sogar tatsächlich auf einem noch etwas höheren Niveau…

Auf diesem lagen auch die kross und saftig gebratenen Doradenfilets nebst Zucchini als frischgrüne Scheiben und als Confit, die von einem Bärlauchrisotto in perfekt fließender Cremigkeit und einem luftigen prononcierten Parmesanschaum mit zupackenden Aromen ergänzt wurde. Beinahe auf dem gleichen Level bewegte sich der als eine Art Crépinette zart gegarte Kaninchenrücken, der von gebratenen Kräuterseitlingen, Pastinakencreme, Zuckerschoten und konzentriertem Tomatenconfit ein zwar etwas zergliedertes und in die Breite gehendes, aber dennoch unterhaltsam kon-

trastreiches Geleit bekam, das zudem noch von einer eleganten, tiefen Jus unterstützt wurde.

Und auch im süßen Teil des Menüs zeigte das Team allenfalls kleinste Wackler und präsentierte sowohl eine hauchdünn karamellisierte Crème brûlée von der weißen Schokolade nebst Orange und dunkler Kakaoerde als auch einen ätherisch-zitrischen, dunkel gebackenen Ricotta-Cannellono nebst dichtcremigem Mandeleis und verschiedenen Zitrusaromen von Kumquat bis Grapefruit sehr souverän.

Abgerundet wird der insgesamt stimmige Gesamteindruck vom ausgesprochen charmanten Service und einer reichen Auswahl lohnender Weine zu fairen Preisen, eher für neugierige Entdecker als für Etikettentrinker.

Hofheim (Hessen)

Die Scheuer

Burgstr. 12,
65719 Hofheim
☎ 06192–27774
www.diescheuer.de
🕑 Mi u. Do ab 18 Uhr, Fr u. Sa von 12–14.30 Uhr u. ab 18 Uhr, So von 12–14.30 Uhr, Mo u. Di RT
Hauptgericht: 26–71 €,
Menüs: 76–90 €

Das romantische Fachwerkhaus liegt direkt im historischen Stadtkern von Hofheim und begeistert auch drinnen mit einem geschmackvollen, zum äußeren Erscheinungsbild passenden Ambiente in sehr gepflegtem, ländlichem Outfit. Was da seit vielen Jahren in sehr sorgfältiger und gegenständlicher Machart aus Ralph Stöckles Küche kommt, überzeugt mit viel Substanz und Qualität. Der erfahrene Chef setzt auf engagierte Erzeuger wie etwa Lars Odefey, die Bäuerliche Erzeugergemeinschaft Schwäbisch-Hall oder die Wagyu-Rinderzucht Marquardt und ist überzeugter Nose-To-Tail-Verfechter. Als stolzer Schwabe bringt er natürlich immer wieder gerne ein paar Klassiker aus seiner Heimat auf die Karte, kocht aber ansonsten sehr weltoffen und einfallsreich mit den Jahreszeiten.

Hohen Demzin
(Mecklenburg-Vorpommern)

Gourmetrestaurant im Wappensaal

im Hotel Burg Schlitz
Burg Schlitz 2, 17166 Hohen Demzin
☎ 03996-12700
www.burg-schlitz.de
Di–Sa ab 19 Uhr, So u. Mo RT
Menüs: 120–140 €

Die imposante, zwischen den Jahren 1806 und 1823 von Hans Graf von Schlitz erbaute Burganlage liegt idyllisch abgeschieden zwischen Wäldern und Fluren nördlich des Mecklenburger Großseenlandes und wird heute von seinen Eigentümern, dem Ehepaar Manuela und Armin Hoeck, als luxuriöses Relais-&-Châteaux-Hotel geführt. Hier gibt es nicht nur stilvoll individuell mit Biedermeier-Antiquitäten und maßgefertigtem Mobiliar ausgestattete Zimmer und Suiten, einen SPA-Bereich mit Schwimmbad und Saunen, eine Hotelbar und eine Brasserie, sondern mit dem hochherrschaftlichen Wappensaal in neugotischem Ambiente auch ein waschechtes Gourmetrestaurant. Das wird seit letztem Jahr von Maik Albrecht als neuem Küchenchef bekocht, während seine Vorgängerin Sabine Teubler anlässlich ihres 20-jährigen Dienstjubiläums zur Küchendirektorin befördert wurde.

Albrecht war einige Jahre Küchenchef der beiden Restaurants Köhlerstube und Bauernstube im Hotel Traube Tonbach und arbeitete danach unter Harald Wohlfahrt als Küchenchef des in seinem Namen bespielten „Palazzo". Bevor er mit dem Fine-Dining-Restaurant Wappensaal ein neues Kapitel in seiner Vita aufschlug, cruiste er zwölf Jahre lang kochenderweise als Executive Chef für SeaCloud auf den sieben Weltmeeren umher. Er weiß also, wie gute Organisation auf gehobenem kulinarischem Niveau funktioniert. Hier muss er ein weitaus überschaubareres Publikum bekochen – und tut dies im Rahmen eines für alle Gäste einheitlichen, maximal sechsgängigen Menüs. Das begann in unserem Fall mit sanften Umami-Schmeichlern wie einem mit Grana-Padano-Schaum gefüllten goldenen Ei, vermengt

mit kleinen marinierten Stücken von weißem und grünem Spargel und geschmacklich irrelevantem Trüffelkaviar, oder mit rahmigem Shiitake-Ragout gefüllten Tartelettes aus Mürbteig. Gefolgt von einer kleinen erfrischend pikanten Gazpacho, die von einem Stück Lauch-Flammkuchen eskortiert wurde, der allerdings wie schon länger warmgehalten gewirkt hat.

Mit der hübsch und akkurat angerichteten Vorspeise vom Hamachi zog das Niveau an: Die Gelbflossenmakrele war hier im Wesentlichen als schön klar und frisch schmeckendes Tatar zugegen, ringförmig angerichtet und darauf mit sämtlichen weiteren Komponenten bestückt, so dass beim Essen automatisch immer neue Geschmacksverläufe entstehen konnten. Zwischen Daikon-Rettich, marinierter Gurke und Wasabisorbet auf Gurkenbasis versteckte sich auch noch ein kleines, geflämmtes Stück vom Hamachi, das zarte Raucharomen einbrachte. In die Ringmitte wurde am Tisch vom Service ein Wasabi-Buttermilchsud angegossen, so dass man es unterm Strich mit einem durchaus markanten, klar und frisch komponierten Auftakt zu tun hatte. Nicht ganz so komplex und vielschichtig, wie es optisch den Anschein machte, aber dennoch interessant und dynamisch.

Dem folgte mit einem in seiner homogenen Konsistenz perfekten Onsen-Ei vom Severiner Landhuhn nebst Kartoffel, Lauchasche, Buchenpilzen und Kalamata-Olive süffiges Seelenfutter, das jedoch auch weniger vielschichtig und raffiniert geschmeckt hat, als es auf den ersten Blick wirkte. Der weiße Saucenschaum war hier nämlich genauso wenig spielentscheidend wie der etwas pappige, mit Kartoffelpüree gefüllte Zylinder aus Lauchasche-Karamell, so dass das cremige Ei, Erdapfel, Pilze und die dehydrierten intensiven Oliven den Akkord unter sich ausmachen mussten. Sehr schmackhaft war das allemal. Und in Kombination mit dem von Sommelière Franziska Pauli dazu empfohlenen Branco Vulcanico aus Portugal kam auch noch eine gewisse salzige Frische hinzu, die das Gericht gewinnbringend ergänzen konnte.

In saftig-weichfleischiger Façon und ansprechender Optik folgte sodann auf einem Sud aus klarem Tomatensaft mit Safran ein Rochenflügel, auf den Tomatencreme, Tomaten-Safrangel, Kaperncreme und (thematisch etwas unpassende) Topinamburchips appliziert waren. Und während die imitierte Mini-Ochsenherztomate aus Tomatenmousse, die den Fisch eskortierte, sehr gut in das Geschmacksbild passte, wirkte die Pastinakencreme, die als dünne, wellenförmige Spur diagonal auf den Teller gespritzt war, ebenfalls etwas fehl am Platz. Hätte man hier noch besser am mediterranen Thema festgehalten und beispielsweise statt der Topinamburchips filigrane Olivenöl-Brotchips und statt der erdig-süßlichen Pastinakencreme ein prägnant mit Basilikum, gerösteten Pinienkernen, Fenchelsaat oder anderen Produkten des Mittelmeerraumes aromatisiertes Kartoffelpüree verwendet – wir wären uneingeschränkt begeistert gewesen. Gut geschmeckt hat es freilich auch so.

Eindeutig von der besseren Sorte war auch die feinfleischige, saftig-kompakte Brust vom Prignitzer Maishähnchen, die mit knackigen Beelitzer Spargelspitzen, Kräuterseitling und etwas Kartoffelcreme kombiniert war. Salzzitrone als Confit ließ dazwischen immer mal herbe, säuerliche Akzente aufploppen, die ebenfalls annoncierte Kalamansi haben wir nicht dezidiert geschmeckt, ging aber vielleicht ja neben der Salzzitrone etwas unter. Eine reduzierte Jus, die nicht zu dicht und nicht zu intensiv für das hervorragende Geflügel war, komplettierte diesen rundum gelungenen Hauptgang und verlieh ihm genug Tiefe, um mit der dazu empfohlenen mallorquinischen Cuvée aus Callet und Pinot Noir eine harmonische Verbindung eingehen zu können.

Auch das Dessert um eine feinknusprig-cremige Sichtschnitte von Original Beans' „Virunga"-Schokolade, die sich den Teller mit fruchtigen exotischen Aromen als Sorbet, gelierter Kaviar, Fruchtfleisch, Baiser oder gefriergetrocknet teilte, hatte zum Abschluss nochmal sehr ansprechendes Niveau zu bieten. So fehlte hier alles in allem gar nicht mehr so viel für den Sprung auf 7 Pfannen und wir sind sehr gespannt auf die weitere Entwicklung bis zu unserem nächsten Testbesuch auf Burg Schlitz in der kommenden Saison.

Camers

im Hotel Schloss Hohenkammer
Schlosstr. 20,
85411 Hohenkammer
☎ 08137-934443
www.camers.de
⊘ Mi–Sa ab 18 Uhr, So–Di RT
Hauptgericht: 50 €,
Menüs: 135–155 €

Nicht nur der Weg über die Brücke ins wasserumgebene Schloss Hohenkammer mit seinen teils aus dem 11. Jahrhundert stammenden Burgmauern ist immer wieder ein Erlebnis, sondern insbesondere auch ein Besuch in dem von Florian Vogel als Küchenchef geführten Gourmetrestaurant. Das im mittlerweile kernsanierten und mit viel hellem Holz ausgestatteten Gewölbe im Erdgeschoss angesiedelte Camers bietet mit seinem besonderen Ambiente und einer schnörkellos klassischen, an den entscheidenden Stellen aber zeitgenössisch verschlankten Küche ein ausgesprochen attraktives Gesamtpaket. Attraktiv vor allem für all jene Gourmets, die nicht unbedingt Spektakel und technischen Großaufwand auf dem Teller suchen, sondern sich auch an eher entspannten, reduzierten und in feinen Details interessanten Gerichten erfreuen.

Die Einstimmung in diesen Stil gelang zuletzt bereits bestens mit einem Tomaten-Caipirinha nebst Focaccia mit konzentriertem Tomaten-Confit und Iberico-Schinken. Noch schmeichelnder wirkte dann das folgende, fluffig saftige Käsebrioche mit stark marmoriertem Rindercarpaccio, welches satt von erdig duftiger Wintertrüffel-Mayonnaise und frisch gehobelter Trüffel unterfüttert wurde. Auf Insta-Deutsch ausgedrückt: Yummy!

Überraschend kombiniert und clever angerichtet startete das Menü dann mit roh mariniertem Balfégo-Thunfisch, dessen klararomatisches Fleisch über knackige Salatherzen und Wassermelonenwürfeln drapiert wurde. So ergab sich automatisch immer ein Akkord aus allen Komponenten gemeinsam, inklusive den feinen Kopfnoten von geeisten Kresse- und Fetakugeln sowie etwas Gurkengel, die aber eher subtil im Hintergrund spielten. Insgesamt ein beschwingter sommerlicher Auftakt!

Filigran auf engem Raum inszeniert folgte dem eine zarte gebratene Wachtelbrust auf einem Ring von Curry-Panna-Cotta, die mit Chiliöl und sautiertem Babymais gefüllt war. Gemeinsam mit einer separaten Wachtelconsomée ergab das in Summe ein duftiges, tiefes Gericht mit dezenter Exotik und einem fein eingebundenen Spiel von Süße und Schärfe. In die mediterrane Richtung tendierte im Anschluss daran eine aromatisch eher hell präsentierte, also mit nur hauchzarten Röstnoten versehe Langoustine, die nebst pikant gemüsefruchtigen Akzenten von roter Paprikacreme und gelber Paprika-Mayonnaise sowie kleinen sautierten Zucchiniwürfelchen und einer gebackenen Zucchiniblüte ein erneut beeindruckend filigran gezeichnetes Aromenbild aufs Porzellan brachte.

Auch im Hauptgang blieb das Team seinem Stil treu und inszenierte hervorragenden Lammrücken (straff, saftig und gleichmäßig rosa!) neben intensiv konzentrierten Brokkoli-Komponenten und grüner Mandel. Dazu noch eine wieder bewusst eher hell und dennoch kraftvoll gehaltene Lammjus und als fruchtigen Kontrast dazu etwas Krokant und Confit von der Aprikose, die hier entscheidende Dynamik ins Spiel brachten. Ein eleganter reduzierter Hauptgang mit Format!

Den Übergang ins Süße schaffte diesmal ein Arrangement aus roh, confiert und als Sorbet serviertem Pfirsich, dessen zart blumige Fruchtigkeit von luftig-krossem Schafsmilch-Baiser ergänzt wurde, das zudem eine spannende leichte Salzigkeit beisteuerte. Im Finale war die 70-prozentige Original Beans Schokolade etwas irreführend an erster Stelle annonciert, handelte es sich doch eigentlich um eine fruchtig-herbe Blaubeeren-Präsentation mit Mousse, marinierten Beeren und Blaubeer-Joghurteis, die nur punktuell von hauchdünnem Schokoladen-Crunch und getreidig-nussigen Cerealien-Chips akzentuiert wurde. Handwerklich erneut fein ausgeführt, aromatisch aber insbesondere durch die sehr milde Blaubeermousse ein eher leiser Abschluss, der durch stärkere Kontraste noch spannender hätte gestaltet werden können.

In der Regel setzt das Team um Florian Vogel aber trotz eines Stils der eher leisen Töne die Akzente und Kontraste genau an der richtigen Stelle und zeigt mit seiner irgendwie zwischen klassisch und modern schwebenden Linie eine erfreulich eigenständige Handschrift. Ergänzt von sowohl offen als auch flaschenweise hochwertigen und passend empfohlenen Weinen ist es genau das, was immer wieder die Vorfreude auf einen Besuch weckt.

Hotelempfehlung

★★★★

Hotel Schloss Hohenkammer

**Schlosstr. 20,
85411 Hohenkammer
📞 08137-9340
www.schlosshohenkammer.de
Einzelzimmer: 71–249 €
Doppelzimmer: 91–269 €**

Das malerisch von einem Wassergraben umgebene Schloss Hohenkammer mit dem angrenzenden modern designten Tagungszentrum wirkt schon bei der Ankunft beeindruckend. In der besonderen Atmosphäre des Schlosses finden vor allem Gäste für Workshops und Seminare viel Ruhe und Komfort. Aber auch für private Auszeiten bietet das Hotel einen stimmungsvollen Rahmen mit Wellnessbereich, Parkanlagen, Biergarten und niveauvollen kulinarischen Spezialitäten aus den Bio-Produkten vom hauseigenen Gut Eichethof. Die einladend großzügigen geschnittenen und zudem komfortabel und zeitgemäß ausgestatteten Zimmer sind clever nach dem „Schneckenhaus-Prinzip" als Spirale zu Dusche und Bad konzipiert. Holz, Stein und Verputz prägen das elegante Design. Und neben den vielfältigen Freizeitangeboten in Hotel und Umgebung

491

gibt es auch regelmäßig Erzählabende, Konzerte sowie weitere Veranstaltungen. Restaurant Camers separat erwähnt.

Hohentengen (Baden-Württemberg)

Landgasthof Hirschen

Rheintalstr. 13,
79801 Hohentengen (Lienheim)
☎ 07742-7635
www.hirschen-lienheim.de
◉ Mo–Fr ab 16 Uhr, Sa u. So RT
Hauptgericht: 18–27 €, Menüs: 29–59 €

Ein blitzsauberer Gasthof an der Durchfahrtsstraße von Lienheim, der über die Jahre immer schöner herausgeputzt wurde. Das Kulinarium ist überwiegend klassisch und traditionell, manche Gerichte werden von Küchenchef Freddy Kuno aber auch durch pfiffige Akzente aufgepeppt. So gibt es eine eher regionale Linie mit preiswerten Traditionsgerichten, aber eben auch eine etwas gehobenere, internationale Küche mit weiter gereisten Produkten. Beides wird mit der gleichen Sorgfalt und gehobenem Anspruch bei Qualität und Frische zubereitet.

Hohnstein (Sachsen)

Landgasthaus Schwarzbachtal

Niederdorfstr. 3,
1848 Hohnstein (Lohsdorf)
☎ 035975-80345
www.schwarzbachtal.de
◉ Mo–Mi u. Fr ab 17 Uhr, Sa, So u. Fei von 11.30–14 Uhr u. ab 17 Uhr, Do RT
Hauptgericht: 14–29 €, Menüs: 32–53 €

Slow-Food-Küche at it's best: in Barbara Sieberts über die Jahre liebevoll individuell gestaltetem Gasthaus am Rande der Sächsischen Schweiz dreht sich alles um charaktervolle,

nachhaltig produzierte Produkte aus dem nahen Umland, Gemüse und Kräuter aus dem Garten oder aus Wald und Wiesen. Dass dabei nicht um jeden Preis absolute Premiumqualität gefragt ist, gehört zum Konzept – und gerät ohnehin schnell in Vergessenheit, weil die servierten Viktualien dennoch durchweg außergewöhnlich und selten sind. Verarbeitet werden sie zu schlicht-pfiffigen Gerichten, die zwar in manchen Details vergleichsweise etwas grob ausfallen können, dadurch aber auch sympathisch bodenständig wirken und trotzdem überdurchschnittlich sind. Abgerundet wird das Ganze durch eine kleine ansprechende Weinauswahl, vor allem aber regelmäßige kulturelle Veranstaltungen von Lesungen bis Schauspiel.

Homburg (Saarland)

Schlossberg
im Schlossberg Hotel Homburg

Schlossberg-Höhen-Str. 1,
66424 Homburg
☎ 06841-6660
schlossberghotelhomburg.de
◉ Mo u. Mi–Fr ab 18 Uhr, Sa u. So von 12–14.30 Uhr u. ab 18 Uhr, Di RT
Hauptgericht: 20–49 €,
Menüs: 65–84 €

Eins ist klar: mit der exponierten Lage auf dem Schlossberg über Homburg, der neben sehenswerten Ruinen auch ebenso sehenswerte Sandsteinhöhlen und einen weiten Blick über Stadt und Land bietet, hat das Schlossberg Hotel und Restaurant einen sehr großen Pluspunkt. Und der wird in dem stilvoll schlicht-modern gestalteten Restaurant auch voll ausgereizt: mit beeindruckendem Panorama sowohl durch die Glasfront als auch von der beinahe über dem Hang schwebenden Terrasse aus.

Das ist aber natürlich nicht alles, denn noch dazu steht hier mit Mirko Bunk ein unter anderem bei Klaus Erfort geschulter Chef am Herd, der sich nicht auf der Premiumlage ausruht, sondern mehr will und mehr kann. Zwar bedingen sowohl das Konzept als auch die Eindrücke auf den Tellern keine in höchste Höhen strebende Gourmetküche, aber doch eine einfallsreiche, auf schlichtere und manchmal auch etwas rumpelige Art überzeugende Performance. Das zeigte sich zuletzt bereits beim Küchengruß mit einem saftig-krossen Schweinebauchwürfel in sojasalzig und süßer Glasur neben einem knackigen asiatischen Gemüsesalat mit Sesam und Koriander als schlichte, aromatisch etwas kantige, aber durchaus mutige Einstimmung. Keine Perfektion bis ins letzte Detail, aber schön deutliche Aromen.

Ähnlich war der Eindruck auch bei einem klassischen Rindercarpaccio, hauchdünn geschnitten und zart marmoriert, mit fein abgestimmten Akzenten von dunklem Pfeffer, Pinienkernen, Parmesan und fruchtig-herbem Öl sowie einem reizvollen Topping aus herbem Kräutersalat. Einziges Problem hier: die kühlschrankkalte Serviertemperatur, die gemeinsam mit dem dünnen Schnitt dafür sorgte, dass vom Rindfleisch selbst kaum etwas zu schmecken war.

Kleine Schönheitsfehler gab es auch beim folgenden soft confierten Lachs, der trotz der sanften Garmethode deutlichen Eiweißaustritt zeigte und deshalb weniger appetitlich wirkte, als es möglich gewesen wäre. Auch die nicht wegparierte dunkel-tranige Schicht am Filet störte das ansonsten aromatisch zarte und harmonische Ensemble aus mildem Erbsenrisotto, einem konzentrierten Kompott aus getrockneten Tomaten und cremigen Weißweinschaum ein wenig.

Dagegen überzeugte das akkurat zart gebratene Kalbsfilet im Hauptgang auf seine eher bodenständige Art voll und ganz. Und zwar mit einer kraftvollen Café-de-Paris-Butter, soften und sanft angekrossten Kartoffel-Speck-Plätzchen und bissfestem weißem Spargel war das ein ganz positiv gemeint „bestbürgerlicher" Teller von Format.

Der stärkste Eindruck überraschte dann am Ende ausgerechnet beim Dessert: rund um eine zarte Kuppel aus Joghurtmousse wurden hier exotisch fruchtige Komponenten mit einem Sorbet, saftigen Mangospalten und einem fruchtig duftigen Sud arrangiert, dazwischen blitzten reizvoll die dunkleren Noten einer Schokoladenganache auf und sorgten so für einen lebendigen und gekonnt kontrastreich gestalteten Abschluss.

Das teils etwas reservierte, teils aber ausgesprochen herzliche und gut organisierte Serviceteam agierte ebenfalls souverän. Und die von spannenden Basisweinen bis zu ganz großen Gewächsen breit aufgestellte Weinkarte garantiert für beinahe jeden Anlass und Geschmack das Passende Begleitgetränk im Glas.

Hotelempfehlung

Schlossberg Hotel Homburg

Schlossberg-Höhen-Str. 1, 66424 Homburg
☎ 06841-6660
schlossberghotelhomburg.de
Einzelzimmer: ab 95 €
Doppelzimmer: ab 130 €

In exponierter Höhenlage auf dem Gipfel des Homburger Schlossbergs, direkt über den größten Buntsandsteinhöhlen Europas und nur wenige Schritte von der Ruine Hohenburg entfernt, empfängt das Schlossberg Hotel seine Gäste nicht nur mit einem atemberaubendem Panoramablick über die Stadt, sondern auch mit zeitgemäßem Design und Komfort. Das traditionsreiche familiengeführte Hotel mit seinen 66 Zimmern und Suiten – manche mit Blick auf die historische Sandsteinwand – wurde komplett renoviert und klimatisiert. Die Zimmer verfügen unter anderem über moderne Bäder, sind mit Flachbild-TVs und Schreibtisch ausgestattet und bieten von schnellem WLAN über hochwertige Pflegeprodukte bis zum Mineralwasser viele kostenlose Extras. Für Feiern und Tagungen gibt es sechs moderne, klimatisierte Veranstaltungsräume für 2–250 Personen. Im Schlossberg Restaurant wird unter der Leitung von Küchenchef Mirko Bunk ambitionierte internationale Küche geboten. Restaurant Schlossberg separat erwähnt.

Horb a. N. (Baden-Württemberg)

Quartier77

Am Garnisonsplatz 4,
72160 Horb a. N.
☎ 07451-6230977
www.quartier77.de
⏱ Mo–Fr von 11.30–13.30 Uhr
u. ab 17.30 Uhr, Sa u. So RT
Hauptgericht: 14–30 €

EC ⬤ VISA P HH

Die ehemaligen Kasernengebäude in Horb am Neckar sind zweifelsohne eine besondere Umgebung für ein Restaurant. Das in Anlehnung an die Historie benannte Quartier 77 verbindet die monumentale Architektur der Kaserne mit ihren großen Räumen und massiven Mauern mit einer Art Industrial-Chic inklusive frei liegender Rohre an der Decke und belebt diese durch warmes Licht, Naturholz und fein gedeckte Tische mit einer einladend gemütlichen Atmosphäre.

Außerdem legt sich das Team aber auch in der Küche ordentlich ins Zeug und bietet unkompliziert-bodenständige Kost mit Pfiff und Ambition. Manchmal ganz klassisch und schlicht, manchmal etwas kreativer und gewagter. Dabei stehen die Gerichte auf einer soliden hand-

werklichen Basis, nur beim Feintuning bräuchte es oft noch ein wenig mehr Fingerspitzengefühl, insbesondere um auch die ausgefalleneren Ideen (vor allem in den Vorspeisen) besser zur Geltung zu bringen.

Als Einstimmung schickte das Team zuletzt einen einzelnen (!) Kräutergnoccho nebst Kürbiscreme und -chip als angenehm buttrig-üppigen, aber zugleich irritierend minimalistichen Happen – deutete damit aber fraglos zumindest seine Affinität zu geradlinigen Wohlfühlgerichten an. Auf dieser frische Art passte dazu auch die Vorspeise rund um sautierte, mit Feldsalat arrangierte Kräuterseitlinge und Champignons, deren Röstnoten von gutem Olivenöl und Parmesan ergänzt wurden. Noch mehr herzwärmenden Wohlfühlcharakter zeigte dann eine Kartoffelcremesuppe mit angenehm samtig-cremiger (nicht leimiger) Konsistenz, ergänzt von einer zarten, schön natürlich wirkenden Trüffelnote. Hier wirkte nur ein bisschen zu viel salzige Konzentration auf Dauer etwas anstrengend.

Beim Rehragout, das in großen zarten Stücken in einer tiefen weinwürzigen Schmorsauce angerichtet wurde, zeigte sich einmal mehr die gute handwerkliche Basis. Die begleitende Preiselbeer-Birne wirkte dagegen – wie meist – auf eher plumpe Art recht süß, während sich die kleinen zarten Kartoffelklöße als Saucentransporteure und aromatischer Puffer bestens einfügten. Wenn das Team an Details wie etwa der Birne noch genauer arbeiten würde, so dass diese eine Fruchtkomponente mit mehr herber Säure und weniger plakativer Süße beisteuert, hätten derartige Gerichte durchaus das Potential für 5 Pfannen. So bleibt das Team auf insgesamt ansprechende, aber eben gröbere Art meist knapp darunter…

So auch bei den Desserts, die beispielsweise eine Crème brûlée mit Mandarinensorbet verbinden oder Spekulatius und Lebkuchen als Parfait und Mousse mit eingelegten Schattenmorellen. Das emsige Serviceteam muss bei den langen Wegen in der ehemaligen Garnison ganz schön flitzen, ist aber stets aufmerksam und präsent, so dass weder die Tische noch die Gläser lang leer bleiben. Für letztere gibt es eine kleinere Auswahl guter Schoppenweine sowie eine ebenfalls nicht überbordende, aber ausreichende Auswahl anspruchsvollerer Flaschen zu fairen Kursen.

Gasthaus zum Raben

Dorfstr. 8, 79289 Horben
📞 0761-556520
www.raben-horben.de
🕐 Do–Sa ab 17.30 Uhr,
So von 12–13.45 Uhr u. ab 17.30 Uhr,
Mo–Mi RT
Hauptgericht: 32–46 €,
Menüs: 54–118 €

Es sind nur gute zehn bis fünfzehn Minuten aus der Freiburger Innenstadt bis hinauf zum Raben in Horben und trotzdem wähnt man sich hier schon wie in einer anderen Welt. Und hier wird unter der Ägide von Jeune Restaurateur Steffen Disch und seinem Team seit über zehn Jahren ebenso ambitioniert wie attraktiv aufgekocht. Gepflegt wird in den weitläufigen Gasträumen des sorgsam restaurierten Hauses seit jeher eine ebenso bodenständige wie elegant verfeinerte Produkt- und Regionalküche, die weniger auf moderne technische Spielereien und innovative Kombinationen, als vielmehr auf Handwerk, Authentizität und Frische setzt. Das Repertoire beschränkt sich aber längst nicht bloß auf die heimischen Viktualien, vielmehr sucht und findet der Chef Inspiration in aller Welt. Mal kocht er herzhaft mit alpenländischem Einschlag, mal mediterran leicht, dann wieder pflegt er behutsam und gekonnt asiatische Akzente mit ein, bleibt aber auf seinen attraktiv angerichteten Tellern stets sehr gegenständlich, verliert sich nicht in artifiziellem Kunsthandwerk und konzentriert sich bei aller Gestaltungsfreude wirklich auf den Geschmack seiner Kompositionen.

Hotelempfehlung

★★★★S

Kloster Hornbach

im Klosterbezirk,
66500 Hornbach
📞 06338-910100
www.kloster-hornbach.de
Einzelzimmer: 99–189 €
Doppelzimmer: 139–235 €

Ein geschmackvoll in ein ehemaliges Benediktinerkloster aus dem 8. Jahrhundert integriertes Hotel, das im Jahr 2000 eröffnet wurde. Die Natur rund um das Klosterhotel lädt zum Beispiel zu einer Wanderung auf dem Pfälzer Jakobsweg oder einer Runde Golf auf den nahe liegenden Golfplätzen ein. Edle Materialien, Formen und Farben verleihen jedem Zimmer und jeder Suite ihren ganz persönlichen Charme. Im Wellnessbereich können die Gäste im Entspannungspool, in der Erlebnisdusche, in der Sauna oder im Dampfbad relaxen. Für das leibliche Wohl stehen drei verschiedene Restaurants zur Verfügung.

Die Windmühle Fissenknick

Windmühlenweg 10,
32805 Horn-Bad Meinberg (Fissenknick)
📞 05234-919602
www.diewindmühle.de
🕐 Mi–Sa ab 18 Uhr, So von 12–14.15 Uhr u. ab 18 Uhr, Mo u. Di RT
Hauptgericht: 17–29 €, Menüs: 39–62 €

Die historische Windmühle aus dem 14. Jahrhundert hat trotz des eher hell modernisierten Hauptgastraumes einiges an Windmühlenromantik zu bieten und ist – auf einem kleinen Hügel und mit idyllischen Außenplätzen – überhaupt ein sehr ansprechender Ort. Hier

wird eine fundiert und frisch zubereitete Küche geboten, die überwiegend regionalbetont daherkommt, teils aber auch etwas exklusivere internationale Produkte bietet. Holger Lemkes Kulinarium steht in jedem Fall für natürliche und handwerklich zubereitete Speisen und lohnt aus unserer Sicht gerade für die eher etwas rustikaleren und handfesten Gerichte aus heimischen Viktualien den Besuch. Neben einfachen offenen Weinen gibt es auch eine gute Auswahl hochwertigerer Flaschen und herzlichen, sehr aufmerksamen Service unter der Leitung von Gastgeberin Birgit Lemke.

Hüfingen (Baden-Württemberg)

Landgasthof Hirschen

Wutachstr. 19,
78183 Hüfingen
📞 07707-99050
www.hirschen-mundelfingen.de
🕐 Mo, Di u. Fr, Sa von 11.30–13.30 Uhr
u. ab 17.30 Uhr, So von 11–14.30 Uhr
u. ab 17.30 Uhr, Mi u. Do RT
Hauptgericht: 22–31 €,
Menüs: 37–79 €

In dem hell, farbenfroh und freundlich eingerichteten rustikal-eleganten Ambiente des Hüfinger Hirschens wird unter der Ägide von Chefin Verena Martin-Hofmaier seit vielen Jahren in sehr verlässlicher Manier ein ansprechender Mix aus regionaler bodenständiger Küche und moderat gehobener Kochkunst aus internationalen Viktualien geboten. Gekocht wird aromatisch zupackend, aber mit leichter Hand, was nicht nur auf die nominell anspruchsvolleren Gerichte mit weltläufigem Touch zutrifft, sondern ausdrücklich auch auf Traditionsgerichte wie etwa die hervorragenden Rindsrouladen. Wer also auch herzhaft Ländliches auf Feinschmeckerniveau schätzt, der ist hier genau richtig, denn die Chefin lässt auf ihren Tellern mit fachlich fundiert umgesetzten Kreationen immer wieder aufblitzen, dass sie mit Leib und Seele Köchin ist und genau weiß, worauf es ankommt. Die Weinkarte listet dazu adäquate heimische Tropfen und das alles gibt es hier zu tendenziell gehobenen, aber gemessen am gebotenen Niveau nach wie vor moderaten Preisen.

Idstein (Hessen)

Henrich Höers Speisezimmer

im Hotel Höerhof
Obergasse 26,
65510 Idstein
📞 06126-50026
www.hoerhof.de
🕐 Mo–Sa von 12–14.30 Uhr
u. ab 17.30 Uhr, So RT
Hauptgericht: 25–42 €,
Menüs: 39–86 €

Egal ob man im Sommer ein Plätzchen im lauschigen Innenhof dieses wunderschönen Fachwerkensembles ergattert, oder im ganz besonders reizvollen nostalgischen Ambiente des Restaurant Henrich Höers Speisezimmer mit Nischen, Erkern, altehrwürdigem Gebälk und auflockerndem Floral-Dekor speist: die bewegte Geschichte des 1621 erbauten Höerhofs kann man hier wie dort förmlich atmen, denn das Haus ist von außen wie von innen ein echtes Kleinod. Das Schönste aber ist, dass die Küche von Sebastian Straub dem in nichts nachsteht, denn der junge Küchenchef und sein kleines Team geben hier richtig Gas. Allerdings ohne sich auf sinnloses Kleinklein, überflüssige Basteien oder übertriebene Exklusivität zu versteifen, sondern mit beeindruckender Gelassenheit und unaufgeregter Konzentration auf den guten Geschmack.
So kommt man nicht nur in den Genuss von sehr gutem Brot mit schmackhaftem Aufstrich à la Café de Paris, sondern auch eines kleinen Küchengrußes, der diesmal eine knusprig ausgebackene würfelförmige „Praline" aus sehr saftigem geschmortem Rindfleisch (vermutlich

Ochsenschwanz) auf Kürbispüree mit gerösteten Kürbiskernen und Kernöl war – ebenso schlicht wie gut! Als Vorspeise überzeugte ein schön zart gekochter und dann kross angebratener Pulpo auf einer lockeren Creme von geräucherter Paprika mit zarter Süße, was sich erwartungsgemäß gut mit etwas schwarzem fermentiertem Knoblauch, krossem Bauchspeck und Bucheckernkresse vertragen hat.

Dank eines hervorragenden und mit Sorgfalt behandelten Produkts machte auch der Saibling in einem ausgewogen arrangierten Birne-Bohne-Speck-Umfeld richtig Spaß. Der sanft gegarte zarte Fisch mit seinem reintönig frischen Geschmack hielt gegenüber seiner unaufdringlichen süßlich-herzhaften Begleiter die Oberhand und blieb der Star auf dem Teller. Den oft viel zu süßen und zu üppigen Erfrischungen vor den Hauptgängen entgegnete Sebastian Straub mit einem erfreulich wenig süßen, eher erfrischend säuerlich-heben Sorbet vom Blutpfirsich, das in einem mit Verbene aromatisierten Eiseesud daherkam und so seine Aufgabe, den Gaumen zu beleben und zu neutralisieren, tatsächlich erfüllte.

Unter den Fleischhauptgängen hatten wir es mit zwei jeweils sehr guten, aber auch recht unterschiedlichen Gängen zu tun, von denen das Dreierlei vom Juvenil-Ferkel mit Pastinake, Radicchio und Königskerzensaat der weitaus aufwendigere und raffiniertere war. Sowohl der rosafarbene, wunderbar saftige und aromatische Rücken, als auch das zarte Schmorstück und erst recht die famose Blutwurst waren mustergültige Vertreter ihrer Art. Und die wohlproportionierten, durch die natürlichen Bitteraromen des Radicchio und die Süße der Pastinake spannend harmonierenden Begleiter wie Croquetten-Bällchen, Creme und ein kleines geschichtetes Törtchen waren in ihrer pointierten Art weit mehr als schnöde Beilage. Gegen dieses gut durchdachte, auch optisch sehr schön und differenziert arrangierte Gericht wirke das kompakt auf- und durcheinander angerichtete Duett von Kalbsfilet und Rinderbacke mit Aubergine und Mais simpler und handfester, hatte aber ebenfalls Klasse.

So wie die Desserts, bei denen es sich zwischen dekonstruiertem Zwetschgenkuchen mit Süßrahm und Vanille und einer „in Texturen" durchdeklinierten Nachtischkreation von Kürbis mit steirischem Kernöl, Topfen und Vollkorn ähnlich verhielt wie bei den Hauptgängen: Beides geschmacklich sehr gut, aber die Zwetschgenkuchen-Komposition wirkte gegenüber der facettenreicheren und wieder etwas differenzierter konstruierten Kürbis-Geschichte einförmiger und plakativer. Einen schönen Abschluss bescherten jedoch beide…

Die persönlich und individuell zusammengestellte Weinkarte von Gastgeberin Sabine Kogge setzt bei den heimischen Weingütern weniger auf möglichst viele Produzenten als vielmehr bei ausgewählten Erzeugern auf Jahrgangs- und Sortenvielfalt. Ihre Empfehlungen sind immer treffsicher zu den zu begleitenden Speisen ausgesucht und ihre Begeisterung für das Thema springt sehr schnell auf den Gast über.

Hotelempfehlung

★★★★

Höerhof

Obergasse 26,
65510 Idstein
☎ **06126-50026**
www.hoerhof.de
Einzelzimmer: 98–128 €
Doppelzimmer: 126–156 €

„Inmitten der grüner Taunushügel, nahe der Großstädte Frankfurt und Wiesbaden, liegt die alte Nassauische Residenz Idstein. Hier, am Ende der Obergasse, über den Dächern der liebevoll restaurierten autofreien Altstadt, steht seit jetzt fast 400 Jahren unser Kulturdenkmal, die letzte so erhaltene Renaissance-Hofreite Hessens", heißt es auf der Internetseite des Vier-Sterne-Hotels. Und tatsächlich ist das im Jahr 1992 aufwendig restauriert neueröffnete Anwesen ein echtes Kleinod mit sehr viel Charme und Tradition, wie man es nicht allzu häufig findet. In den Zimmern und Suiten des kleinen, familiengeführten Hotels mit gehobenem Restaurant, Veranstaltungs- und Tagungsräumen, gelang es mit einem feinen Gespür für

Stil, klassische Eleganz und modernes Design, eine private, gemütliche Wohlfühlatmosphäre zu schaffen. Jedes Zimmer hat sein ganz eigenes, individuelles Ambiente und wurde mit viel Liebe zum Detail eingerichtet. Alle verfügen über schönen Parkettboden und sind auch sonst nur mit hochwertigen Materialien und komfortablen „Treca"-Betten ausgestattet. Restaurant Henrich Höers Speisezimmer separat erwähnt.

Ihringen a. K. (Baden-Württemberg)

Holzöfele

Bachenstr. 46,
79241 Ihringen a. K.
📞 07668-207
holzoefele-ihringen.de
⏲ Mi–So 12–13.45 Uhr u. ab 17.30 Uhr,
Mo u. Di RT
Hauptgericht: 15–30 €,
Menüs: 42–56 €

Der stattliche Fachwerk-Gasthof im Ortskern von Ihringen ist und bleibt eine verlässliche gastronomische Konstante in der bekannten Weinregion Kaiserstuhl. Dessen kurze heterogene Phase ist seit Anfang 2018 definitiv überwunden, denn da übernahm Familie Eyrainer das Traditionshaus und führte es im Nu wieder zu mehr Substanz und Konstanz. Thassilo Eyrainer, den wir schon aus seiner Zeit im Augsburger Magnolia kannten und schätzten, brachte seinerzeit als neuer Chef aus kulinarischer Sicht alles mit, um hier erfolgreich ein breites Spektrum abzudecken. Schon in früheren Zeiten musste er in einem relativ großen Lokal einen breiten Spagat zwischen Pflicht und Kür

machen, so dass er auch hier vom Start weg ein gut ausgewogenes Mittelmaß zwischen den eigenen hohen Ansprüchen und Vorstellungen und den bisweilen etwas davon abweichenden Bedürfnissen mancher Gäste gefunden hat.

Es liegt nämlich auf der Hand, dass in den adretten ländlichen Stuben des Holzöfele nicht ausschließlich mehrgängige kreative Menüs gefragt, sondern eben auch bodenständigere Heimatgerichte in größeren Portionen, mal ein stattlicher Zwiebelrostbraten, oder auch ein währschaftes Wiener Schnitzel. Und auch die wollen auf ansprechendem Niveau zubereitet sein. So macht der Chef das einzig Richtige, teilt sein Kulinarium und sein Publikum nicht etwa in zwei Kategorien, sondern bleibt für alle Seiten zugänglich. Man trifft sich souverän irgendwo in der Mitte, kann nur auf ein Viertele und einen Teller handwerklich tadellos zubereiteter Maultaschen hierherkommen, die mit sautierten Austernpilzen, Schmelzzwiebeln, Petersilienöl und Kalbsjus attraktiv arrangiert werden, aber natürlich auch ein fünfgängiges Feinschmeckermenü degustieren.

Ein kleiner Salat von verschiedenen Bohnenkernen mit warmgeräucherter Forelle unter einer Espuma-Haube von gelber Paprika stimmte beim letzten Mal ebenso unkompliziert wie schmackhaft auf die eigentlichen Gerichte ein. Etwa auf so attraktive Vorspeisen wie das Duett vom Kalb, wenngleich hier der gebackene Kalbskopf, der mit einem vorbildlich von Hand gewürfelten und angenehm defensiv gewürzten Tatar gemeinsame Sache machte, etwas kompakt und trocken anmutete. Aber das ließ sich nicht bloß mit dem begleitenden saftigen Salat von grünem Apfel, Kohlrabi und Radieschen gut kompensieren, sondern auch mit einer Senfkörner-Mayonnaise, die das Ganze mit ihrem würzigen Schmelz schön schlotzig untermalte.

Dass Tassilo Eyrainer ein gutes Gespür für Aromen und balancierte Geschmacksbilder hat, konnte man auch an der Apfel-/Meerrettich-Schaumsuppe erkennen, die mit feiner Säurestruktur und herzhafter Basis gut zwischen erfrischender Frucht, erdiger Ätherik und Würze ausbalanciert war. Nicht zuletzt durch die dünnflüssige, glatte Konsistenz der Suppe konnte sich auch der Rauchlachs gut behaupten, der in Streifen als Einlage darin schwamm. Hier und da würde man sich aber auch etwas mehr Mut beim Würzen wünschen. Ein mit süßlich-pikanter Sauce lackierter und mit Koriandergrün und grob zerstoßenen Cashewnüssen beflockter Lachs, der im Kern schön gleichmäßig glasig gegart war, hatte eine seltsam blasse Begleitung: Sowohl der angebratene Pak-Choi als auch der recht weich und matschig anmutende Thaicurry-Couscous wirkten relativ naturbelassen und ausdruckslos, was jedoch teilweise durch die beiden Saucen (u. a. ein Zitronengrasschaum…) kompensiert werden konnte.

Wer sein Mahl lieber mit einem Fleischgericht krönt, der kann das zum Beispiel ganz bodenständig mit einem Zwiebelrostbraten auf einer mit Cognac abgeschmeckten Rahmsauce nebst Gemüse und Käsespätzle oder Wiener Kalbsschnitzel machen – oder etwas exklusiver mit einem Lammrücken unter der Kräuterkruste nebst grünen Speckbohnen und Rosmarinkartoffeln. In jedem Fall erwarten den Gast hier stets seriöses und sehr solides Handwerk sowie gute, frische Produkte. Und das gilt im Übrigen auch für die Desserts wie etwa eine luftige, herbe Schokoladenmousse mit cremigem Schmelz, die sich den Teller mit einer Nocke von reizvoll mit gröberen Stücken durchzogenem Lebkucheneis, Zwetschgeröster und auflockerndem Mandarinengel teilte. Auch fürs Glas ist in der nach Rebsorten und Charakteren sortierten Karte viel Gutes zu finden; selbst offen gibt's bisweilen Höherwertiges wie etwa ein Chardonnay Großes Gewächs von Stigler für schlanke 9 Euro das Viertele.

Illertissen (Bayern)

Vier Jahreszeiten Restaurant Imhof

**Dietenheimer Str. 63,
89257 Illertissen**
☎ 07303-9059600
www.vier-jahreszeiten-illertissen.de
So–Di u. Do, Fr von 11.30–13.30 Uhr u. ab 17.30 Uhr, Sa ab 17.30 Uhr, Mi RT
Hauptgericht: 10–36 €,
Menüs: 55–65 €

Am ruhigen Rand von Illertissen findet sich mit dem von Susanne Maier und Andreas Imhof engagiert geführten Haus ein von außen unscheinbares, aber mit anspruchsvoller Küche überraschendes Genussziel. Die Gastgeber gehen dabei mit ihrem hell, modern und geradlinig gestalteten Restaurant einen klugen Mittelweg: auf der einen Seite gibt es bodenständig und traditionell gehaltene, aber eben gekonnt zubereitete Regionalküche für ein breites Publikum, auf der anderen Seite aber auch ein fünfgängiges, etwas internationaler gehaltenes Menü für anspruchsvolle Gäste.

Dieses begann beim letzten Besuch nach gutem Brot mit Fjordforelle in zwei Varianten: einerseits als gebeiztes Röllchen mit einer Füllung aus Meerettichcreme und Beluga-Kaviar, andererseits als auf Sesam kurz koloriertes festfleischiges Stück neben einem dreischichtigen Blumenkohltörtchen aus „Couscous", Mousse und konzentrierter Creme. Dazwischen funkten noch eine (etwas vorlaute) schwarze Knoblauchcreme, Zitronengel und Kräuteröl, um einen ebenso akkuraten wie kurzweiligen Einstieg auf vielseitige Art zu komplettieren.

Bei derartigen Gerichten ist zwar nicht jedes der vielen Details bis aufs Allerletzte ausgefeilt, aber der Aufwand lohnt sich dennoch, weil die Kombinationen gut durchdacht sind und trotz der Vielteiligkeit nicht überladen wirken. Und wem das dennoch zu viel Firlefanz ist, der findet auf dem bodenständigeren Teil der Karte mit Gemüsemaultschen, Krautkrapfen oder Zwiebelrostbraten von der Allgäuer Färse mit Spätzle und saisonalem Gemüse viele Alternativen, die etwas einfacher sind, aber ebenfalls mit hohem Anspruch an Frische und natürliche Zubereitung gekocht werden.

Ein wiederum deutlich aufwendigeres Arrangement gab es im Menühauptgang mit korrekt (wenn auch etwas über medium hinaus) gebratenem Rinderfilet nebst löffelzart geschmortem Ochsenbäckchen, beide getragen von einer kraftvollen Jus. Für ein erneut typisch abwechslungsreiches Gesamtbild sorgten allerdings gebratene Waldpilze neben süß-säuerlichem Kürbisconfit, sautierten Rübenscheibchen und einem raffiniert mit Frischkäse gefüllten und üppig mit Butterbröseln bedeckten Kartoffelknödel. Insgesamt entstand so zwar ein etwas gediegenerer Eindruck als bei den Vorspeisen, aber ein deshalb nicht weniger überzeugender…

Und da zuletzt auch das noch sommerlich frisch gehaltene Dessert rund um verschiedene Beeren mit unterschiedlichen natürlichen Säuregraden, ein eher lieblich-mild abgeschmecktes Himbeersorbet und eine akkurate Beerenmousse-Schnitte, deren Schokoladenboden willkommene Tiefe brachte, nicht nur handwerklich, sondern auch aromatisch souverän umgesetzt wurde, bleibt es bei einer klaren Empfehlung für die Imhof-Küche.

Und auch für das herzliche, aufmerksame Serviceteam rund um die Gastgeberin und die nicht überbordende, aber mit seriösen Tropfen durchaus lohnende Weinauswahl. In der insgesamt sehr fair kalkulierten Karte stehen viele einfache und doch interessante Flaschen, aber auch richtig Spannendes. Und es gibt kompetente Beratung!

Illschwang (Bayern)

Cheval Blanc

Am Kichberg 1, 92278 Illschwang
📞 09666-188050
www.weisses-ross.dede/restaurant.html
🕐 Mi–Sa ab 18 Uhr, So–Di RT
Hauptgericht: 35–45 €,
Menüs: 110–150 €

Man staunt nicht schlecht, wenn man in der beschaulichen Ortschaft Illschwang im Herzen der Oberpfalz die kleine Anhöhe in der Ortsmitte hinauffährt und sich dort plötzlich ein großes, rund um seine historische Wirtshaus-Bausubstanz herum geschmackvoll modernisiertes und erweitertes Landhotel auftut. Der Familienbetrieb der Nägerls ist ein Musterbeispiel dafür, wie gut traditionelle Gastlichkeit und zeitgemäßer Komfort zusammengehen können. Auch im kleinen, feinen Gourmetrestaurant, in dem die Tochter des Hauses Katharina Fleischmann und der eingeheiratete Schwiegersohn Christian Fleischmann den Ton angeben, harmonieren Tradition und Moderne, wurde stellenweise alte Bausubstanz ins neugestaltete Ambiente integriert.

Im Rahmen des allabendlich einheitlichen Menüs von Jeune Restaurateur Christian Fleischmann, der dem naturnah und elegant designten Cheval Blanc nach Stationen unter anderem bei Christian Jürgens im Restaurant Überfahrt vorsteht, geht es erstaunlich ambitioniert und vielgestaltig zu. Dafür genügt dem jungen Chef meist nicht ein Teller pro Gang, sondern es gehört fast schon zum Konzept, dass er das Geschehen auf zwei bis drei Schauplätze ausbreitet.

Doch zunächst grüßten bei unserem letzten Besuch eine kleine warme knusprige Schweinepraline mit dezenter Zwiebelschärfe, ein mit Thunfischcreme gefüllter „Stein" und ein Churro-Stick mit Estragonmayonnaise und stimmten zum Apero ebenso schmackhaft wie unaufgeregt ein. Gefolgt von einer filigranen Tempurawaffel, bestückt mit geräuchertem Stör, Senfgurke, Dillcreme und Austernkresse, sowie Variationen von der Roten Bete mit Kalbszungentatar, die durch eine Yuzuvinaigrette und etwas Sojamayonnaise mit zitrischen Frische- und würzigen Umamikicks gekonnt auf Spannung gehalten wurden.

Trotz der effekthaschenden Präsentation auf und in verschiedenen Knochen und einem Reagenzglas sowie dem Beiwohnen einer flüssig gefüllten Bloody-Mary-Praline mit Kaviartopping blieb die Vorspeise mit dem Titel „Kalbsknochen" wohltuend nah am Produkt: Hier eine satte Kalbsessenz und ein vollmundiges Tatar vom Kalb unter einer Schalottencreme, dort eine gebackene Kalbskopfpraline mit Selleriecreme und ein mit Tatar vom Kalb gefülltes und von Kaviar oberpfälzischer Provenienz geadeltes „Carpaccio-Röllchen" – alles sehr natürlich, elegant und schmackhaft umgesetzt. Keine Mickey-Mouse-Küche, sondern die souveräne und substanzstarke Deklination eines Produkts.

Prägnante Spitzen wie die von grünem Pfeffer und Ingwer, süßsäuerliche Akzente, und überhaupt wieder sehr elegante Proportionierungen und Zuschnitte waren dafür verantwortlich, dass die Lachsforelle (sanft gegart und als Tatar) neben den zahlreichen Komponenten vom gemeinhin schnell mal als Grobian auftretenden Kürbis nicht unterging. Einzig ein relativ großes Stück gegarter Kürbis auf dem Hauptteller wirkte in diesem Kontext etwas großklotzig. Ansonsten fügte sich hier von hauchdünnen marinierten Kürbisscheiben über seidige Kürbiscreme bis zur Kürbiskernvinaigrette mit Saiblingskaviar alles prima zusammen.

Auch die Komponenten beim Zwischengang um Kaisergranat, Gänseleber und Schwarzwurzel waren allesamt qualitativ so gut und handwerklich so feinsinnig umgesetzt, dass sich ein sehr elegantes, fein gezeichnetes Bild ergab: Auf dem Hauptteller mit Krustentier und Leber in gebratener Form nebst Spielarten von der Schwarzwurzel und etwas Feige, aufgegossen mit einer Wildgeflügelessenz – im Schälchen daneben mit Tatar vom Kaisergranat, einem Gänseleberreis und einem hauchdünnen Chip von der Schwarzwurzel. Einzig die separat zum Schlürfen gereichte Krustentieressenz schmeckte seltsam diffus und irgendwie etwas medizinal – jedenfalls nicht wirklich klar und produkttypisch. Insgesamt hätte sich hier auch etwas mehr Säure nicht schlecht gemacht.

Und auch in der Gesamtschau kann man resümieren, dass sich das Niveau der Küche mit prägnanter Säure und schärferen aromatischen Konturen spielend noch steigern lassen würde. So präsentierte sich nämlich auch der Hauptgang um ein relativ kleines Stück Rehrücken mit relativ viel Sellerie und Steinpilz eher etwas breit und mollig als schlank und straff – ein Eindruck, dem auch das offenbar sous-vide gegarte, zwar butterzarte, aber auch etwas matte und saftlose Fleisch nichts entgegensetzen konnte. Zwar konnten zwischen den unterschiedlich zubereiteten Selleriekomponenten wie einem Stück von der im Salzteig gegarten Knolle, einem Selleriesalat oder Selleriecreme und verschiedenen Steinpilz-Varianten geröstete Haselnüsse, Kletzencreme oder Oberpfälzer Trüffel Akzente setzen, aber nicht wirklich Dynamik auf den Tellern entwickeln. Auch das Saucenduett aus sahniger Steinpilzcreme und mildwürziger, leichter Wildsauce war ein recht zahmer Unterbau.

So war schließlich das Dessert „Herbstapfel", bei dem ein Salat von grünem Apfel, ein gebackenes Apfelküchlein und ein Shot vom gespritzten Apfelsaft mit Malzcreme und Malzmousse sowie Hagebuttensorbet- und Gel kombiniert wurde, ein erfreulich frischer Abschluss, der auch mit wenig Süße auskam. Und weil zuvor auf ein Pre-Dessert verzichtet wurde, konnte man auch die vielen süßen Kleinigkeiten hinterher noch entsprechend würdigen. Bleibt als Fazit, dass sich das Team um Christian Fleischmann im Grunde spielend auf das nächsthöhere Bewertungsniveau steigern könnte, wenn es noch ein bisschen ins geschmackliche Feintuning geht. Handwerklich bewegt sich das alles schon fast auf 8-Pfannen-Level.

Hotelempfehlung

★★★★

Weißes Roß
Am Kichberg 1, 92278 Illschwang
☎ 09666-1334
www.weisses-ross.de
Einzelzimmer: 89–360 €
Doppelzimmer: 164–420 €

VISA 🅿 🅺 ♿ 🅿 ❄ 📶 🖼 👐 🛗

Das modern designte und sehr komfortabel ausgestattete Genuss- und Wellnesshotel von Familie Nägerl mutet inmitten der kleinen Gemeinde Illschwang im Herzen der ländlichen Oberpfalz nahezu spektakulär an. Das ursprüngliche Wirtshaus stammt aus dem 15. Jahrhundert, wurde in jüngerer Zeit sukzessive an- und umgebaut und die heutigen Gastgeber führen es bereits in sechster Generation. Neben zehn unterschiedlichen Zimmerkategorien, die von zweitgemäß ausgestatteten Klassik-Zimmern bis zur 70 m²-„SkySuite" mit eigener Dachterrasse, privater finnischer Sauna und freistehender Whirlpool-Wanne reichen, verfügt das 4-Sterne-Haus über einen attraktiven 1000 m² großen Wellnessbereich mit Pool, verschiedenen Saunen und fünf Behandlungsräumen für verschiedenste Anwendungen von Massage bis Beauty. Aber auch die Kulinarik hat im Weißen Roß einen sehr hohen Stellenwert: Im Restaurant mit moderner, raffinierter, aber auch klassischer bayerischer Küche werden vorwiegend heimische Produkte verwendet und die hauseigene Metzgerei garantiert Qualität und Frische. Im separaten Gourmetrestaurant Cheval Blanc wird an vier Abenden in der Woche stark verfeinerte Kochkunst zelebriert.

Ilsenburg (Sachsen-Anhalt)

Hotelempfehlung

★★★★★ S

Landhaus
Zu den Rothen Forellen

Marktplatz 2,
38871 Ilsenburg
☎ 039452-9393
www.rotheforelle.de
Einzelzimmer: 95–145 €
Doppelzimmer: 165–280 €

Das behutsam renovierte und in den vergangenen beiden Jahren erweiterte Landhaus liegt wunderschön und idyllisch in der Mitte des Luftkurortes Ilsenburg, am Fuße des Brockens, mitten im Nationalpark Harz. Die Ursprünge des Hauses reichen bis ins 16. Jahhundert zurück. Es verwöhnt seine Gäste mit viel Liebe zum Detail und Herzlichkeit – sei es in den liebevoll in Landhausstil eingerichteten Zimmern, im „Forellen-Spa", dem großzügigen Wellness- & Beautybereich, oder auf kulinarischer Ebene. Romantisch am glitzernden Forellensee gelegen, bietet das Landhaus einen optimalen Ausgangspunkt für allerlei Unternehmungen. Kultur und Natur pur, zu jeder Jahreszeit. Genau der richtige Ort, um die Seele baumeln zu lassen und eine kleine oder große Auszeit in vollen Zügen zu genießen. Gourmetrestaurant Forellenstube separat erwähnt.

Immenstaad (Baden-Württemberg)

Seehof

im Hotel Seehof
Am Yachthafen (für GPS: Bachstr. 15),
88090 Immenstaad
☎ 07545-9360
www.seehof-hotel.de
☉ Täglich von 12–14 Uhr u. ab 18 Uhr,
kein RT
Hauptgericht: 16–40 €, Menüs: 49–75 €

Der Hotel- und Restaurantbetrieb der Brüder Frank und Jürgen Hallerbach liegt idyllisch direkt am kleinen Yachthafen von Immenstaad und an der langen, schmalen Landzunge, die dort in den Bodensee ragt. Obgleich hier im Sommer verständlicherweise immer ganz schön viel los ist, hat ein Abend auf der Seeterrasse trotzdem etwas Beschauliches. Doch selbst wenn witterungsbedingt oder in der kalten Jahreszeit kein Draußensitzen möglich ist, macht es immer großen Spaß, hier zu sein. Denn sowohl vorne, in der eher traditionellen gemütlichen Stube, als auch im modern designten hinteren Bereich sitzt man sehr kommod und wird aufmerksam und angenehm unprätentiös umsorgt. Außerdem kommen wir seit mittlerweile seit über 15 Jahren natürlich in erster Linie wegen des Essens hierher, denn was Küchenchef Jürgen Hallerbach und sein Team hier abliefern, ist aller Ehren wert.
Die Gerichte kommen stets ohne prätentiöses Gehabe aus, befriedigen vom lauwarm marinierten und gebackenen Kalbskopf mit warmer Spargel-Vinaigrette über die zarten Bodensee-Hechtklößchen mit Blattspinat, Sepianudeln und Krustentiersauce bis hin zu alemannischen Spezialitäten wie den mit einem herzhaften Ge-

misch aus Appenzeller, Greyerzer, Vacherin und Bergkäse umschmolzenen Kässpätzle, den Maultäschle mit Zwiebelconfit, der famosen hausgemachten Bratwurst und dem geräucherten Felchenfilet auf lauwarmem Kartoffel-/Radieschensalat eine Vielzahl an Vorlieben, biedern sich aber nicht dem Geschmack der Masse an.

Alles ist frisch und fundiert aus sehr guten und tatsächlich ganz überwiegend regionalen Produkten zubereitet – die Karte liest sich durchaus animierend, lässt aber auf den ersten Blick noch nicht unbedingt auf hohes Niveau schließen. Wir sehen die größten Stärken der Küche ohnehin in den verfeinerten bodenständigen Regionalgerichten, würden die sanft in Butter gebratene Leber vom Salemer Lamm mit Jus von Bodensee-Quitten und Balsamessig nebst Saisongemüse und röschen Bratkartoffeln immer beispielsweise einem Roten Thaicurry mit Shii-Take-Pilzen, Koriander und Duftreis vorziehen.

Dass ausgerechnet das „Badische Weinstuben-Menü" zuletzt als Vorspeise und als Zwischengericht die beiden weltläufigsten Gerichte der Karte vereinte, kann dem Zufall geschuldet sein. Jedenfalls zeigte es uns nur einmal mehr, dass jenseits der heimischen Aromen- und Rezepturenvielfalt nicht unbedingt die allergrößten Stärken des Teams liegen. Da wir aber nun mal nicht zum Vergnügen da sind uns unsere Chronistenpflichten nicht vernachlässigen, probieren wir natürlich auch solche Gerichte und ordern nicht nur unsere Leibspeisen – zumal, wenn sie im aktuellen Menüvorschlag beinhaltet sind.

Der Pulpo al Pimento jedenfalls kam zwar mit Quinoa aus dem Linzgau und Spargel sowie verschiedenen säuerlich eingelegten Gemüsen wie Radieschen und Karotte, ebenfalls aus der Bodenseeregion, schon in sehr lokaler Begleitung daher, wirkte kompositorisch mit einer Vinaigrette aus viel geschmorter roter Paprika und viel Säure an allen Stellen aber eher wie eine iberische Cevice-Adaption. Allerdings eine der weniger gelungenen Art, denn da gab es keine Puffer, nur wenig Kräuterwürze, überall nur straffe, vordergründige Säure und ein naturbelassener, gemüsiger Background. Das schmeckte alles klar und frisch, aber eben auch sehr karg.

Deutlich harmonischer und Dank des Saucenzusammenspiels eines allem Anschein nach auf Sojabasis hergestellten Suds und einer hellen, milden Schaumsauce auch mit einer gewissen Tiefe hinterlegt, kam das unaufdringlich umamiwürzig-pikant lackierte und mit Sesam beflockte Thunfischsteak daher, das leider nur im tiefsten Kern noch einen Hauch von glasig und ansonsten durchgegart und entsprechend spröde war. Angerichtet mit glasierten Zuckerschoten, gebackenen Reisbällchen (schön locker und saftig, aber leider ohne jede Aromatisierung), einer ungehäuteten, naturell belassenen und nur erwärmten Cocktailtomate sowie etwas Sprossen und Kresse war das auch kein Gericht, das wir zu den Aushängeschildern des Seehofs zählen würden.

Ganz anders die durch und durch gleichmäßig rosa gegarten, saftig-eigenaromatischen Tranchen von der Linzgauer Rehkeule, die zusammen mit weißen und grünen Spargelspitzen sowie fluffigen „Kartoffelknöpfle", die wir eigentlich für „Bubenspitzle" gehalten hätten, in einer fantastischen, harmonisch alkoholisch abgerundeten Morchelrahmsauce badeten. Darin nicht nur jede Menge frischer Morcheln, sondern auch ein Klecks kalkgerührter Preiselbeeren für fruchtig säuerliche Akzente zum Selberdosieren.

Und weil nach dem holprigen Start auch der Nachtisch – ein sehr schön saftiger gebackener und getränkter Savarin mit Maracujasauce, Kokosmousse und Eis von weißer Schokolade – das uns hier seit Jahren bekannte Niveau repräsentierte, belassen wir es diesmal noch bei der angestammten Bewertung und hoffen auf ein wieder etwas konstanteres Bild beim nächsten Besuch.

Hotelempfehlung

★★★

Hotel Seehof

Am Yachthafen (für GPS: Bachstr. 15), 88090 Immenstaad
☎ 07545-9360
www.seehof-hotel.de
Einzelzimmer: 80–110 €
Doppelzimmer: 120–265 €

Das von der Besitzerfamilie Hallerbach geführte Hotel liegt direkt am Bodenseeufer und verfügt über einen privaten Yachthafen sowie einen eigenen Badestrand mit Liegewiese. Fast alle Zimmer haben einen Südbalkon mit traumhaftem Ausblick über den See und die Schweizer Alpen. Bei warmer Witterung wird das Frühstück auf der Seeterrasse mit Blick über den Yachthafen serviert. Die Garten- und Außenanlagen wurden 2014 komplett renoviert und neu gestaltet und auch ein neuer Treppenaufgang mit Aufzug vom Parkdeck direkt zu den Zimmern wurde in diesem Zuge gebaut. Das komplette Haus wurde in den Jahren 2015–2017 renoviert und es erwarten Sie u. a. neue, großzügige Doppelzimmer-Appartements. Zimmer überwiegend mit Seeblick. Restaurant Seehof separat erwähnt.

Ingelheim (Rheinland-Pfalz)

Sandhof Gourmet-restaurant Dirk Maus

im Sandhof
Sandhof 7,
55262 Ingelheim (Heidesheim)
☎ 06132-4368333
www.dirk-maus.de
Mi–So ab 18 Uhr, Mo u. Di RT
Menüs: 95–140 €

Das trotz unmittelbarer Nähe zur Autobahn idyllisch ländlich gelegene Anwesen des Sandhofs mit seinen teils aus dem 12. Jahrhundert stammenden Gebäuden zwischen wilden Wiesen und Weiden, bietet ein ausgesprochen idyllisches Ambiente – sowohl drinnen als auch im Sommer auf der weitläufigen Terrasse. Entsprechend nachgefragt sind auch die verschiedenen Events und Veranstaltungen, die den Sandhof-Kalender füllen.

Aber auch sonst bieten Tina und Dirk Maus sehr viele Gründe für einen Besuch: Sowohl im kulinarisch etwas bodenständiger bespielten Bereich des Landhauses als auch im Gourmetrestaurant ziehen sich ein hoher Qualitätsanspruch an die verwendeten Produkte und eine sorgfältige, optimierte Zubereitung wie ein roter Faden durchs komplette Programm. Dabei unterwirft sich das Team keinerlei Dogmen, bedient sich mal aus der Region, mal aus der weiten Welt, und spannt auch aromatisch den Bogen gekonnt von Fernost übers Mittelmeer bis zurück an den Rhein. Was dabei immer bleibt, ist ein zuverlässiges Gespür für gut balancierte aromatische Kontraste, die vor allem dann besonders überzeugend zur Geltung kommen, wenn die Gerichte eher geradlinig und fokussiert angelegt sind.

Schon mit dem Macaron-Burger aus weißem Tomatenbaiser, säurefrisch marinierter Avocado, grünem Apfel und mild geräuchertem Thunfisch zeigte das Team zuletzt, wie geschmackssicher und handwerklich akkurat es unterwegs ist. Genau das illustrierte dann auch die gebratene Garnele, deren Röstwürze und knackiger Biss von teils heller, teils sojadunkler exotischer Spicyness und pointiert fruchtigen Kicks ergänzt wurde.

Ein ähnliches Spiel mit Exotik und Frucht prägte auch den sanft in Nussbutter temperierten und von Kimchi-Sesam akzentuierten europäischen Hummer in einer Qualität, die auch in noch deutlich höher bewerteten Restaurants passend gewesen wäre. In diesem Fall ging es mit einem luftigen Verjus-Schaum auf der einen Seite und einem Arrangement aus Mango, gepickelter Gurke, Karotte und Koriander auf der anderen in einer hellere und stärker von den unterschiedlichen Säuren geprägte Richtung. Fein!

Sogar noch stärker, weil aufgeräumter und klarer, wurde es beim vegetarischen Zwischengang um geschmorten Kohlrabi, der in dieser Form eher Süße und erdige Noten in den Vordergrund stellte und von fruchtigen rotem

Zwiebelconfit kongenial ergänzt wurde. Markante Kontraste kamen dazu von einem hellen, eher ätherischen Kohlrabischaum, der spitzen Säure eingelegter Zwiebelringe und einer grünen Creme von Kohlrabi und Erbse, so dass insgesamt ein spannend facettenreicher Eindruck rund um im Wesentlichen zwei ordinäre Gemüse entstand.

Markante und klare Kontraste prägten den Hauptgang mit straff-zartem gebratenem Iberico-Presa, also der Nackenkern des spanischen Eichelmastschweins, der unter pfeffrig-salziger Belper Knolle und mit dynamischen Akzenten durch ein etwas dick gebundenes Gel von Cranberries und Purple Curry, würzig konzentrierter Blumenkohlcreme und gegrilltem grünem Spargel eine gute Figur machte. Nur die Schalottenjus dazu wirkte, auf hohem Niveau, etwas undefiniert und rustikal.

Pure Erfrischung gab es dagegen beim Dessert, das mit gekonnt aufgefächerten Limettennoten in einer flächigen Espuma, giftgrün konzentriertem Gel, marinierten Filets und Zesten von einem Sorbet und Gel aus Pfirsich mit zarter blumiger Frucht ergänzt wurde. Einziges Problem waren hier die in Summe sehr weichen, schaumig-cremigen Konsistenzen, die von einer hauchdünnen Quarkhippe nur bedingt aufgelockert werden konnten.

Überhaupt keine Probleme gibt es dagegen bei der Auswahl passender Getränke, denn die Weinkarte listet eine reiche und überaus fair kalkulierte Auswahl aus der Region und darüber hinaus. Und Tina Maus sowie ihr Sandhof-Team helfen bei der Entscheidung, das Richtige zu finden, ebenso kompetent wie passioniert.

Ingolstadt (Bayern)

Avus
im Audi-Forum
Auto-Union-Str. 1, 85045 Ingolstadt
☎ 0841-8941071
www.moevenpick-restaurants.com/ingolstadt-audi-forum
❂ Mo–Fr von 11–14 Uhr u. ab 17 Uhr, Sa u. So RT
Hauptgericht: 18–45 €, Menüs: 57–69 €

In dem technisch-elegant gestalteten, lichtdurchfluteten Lokal im ersten Stock des Audi-Forums, in dem man erhöht über dem quirligen Treiben auf dem Vorplatz zwischen Audi-Museum und Auslieferung und mit Ausblick auf Verwaltungsgebäude und viele stolze Neuwagenbesitzer sitzt, wird seit vielen Jahren anspruchsvolles Niveau geboten. Küchenchef Thomas Pöferlein, der hier die kulinarische Hauptverantwortung trägt, hat sich einer gehobenen klassischen, aber durchaus auch einfallsreich kombinierten Küche verschrieben, die er und sein Team handwerklich sehr solide auf die Teller bringt. In der von der Betreibergesellschaft Mövenpick mit den Gewächsen namhafter Erzeuger ausstaffierten Weinkarte wird man ebenfalls bequem fündig; der Service ist freundlich und effizient zugange und das Preis-Leistungs-Verhältnis angemessen.

Iphofen (Bayern)

Zehntkeller
im Romantik Hotel Zehntkeller
Bahnhofstr. 12,
97346 Iphofen
☎ 09323-8440
www.zehntkeller.de
❂ Di–So von 12–14 Uhr u. ab 18 Uhr, Mo (Fei ausgenommen) RT
Hauptgericht: 22–42 €,
Menüs: 38–95 €

Auch wenn sich mal der eine oder andere Meeresfisch, bzw. Schalen- oder Krustentier ins Repertoire einschleichen, konzentriert sich die Küche des gehoben-rustikalen und sehr nostalgisch anmutenden Restaurants im einstigen Amtssitz der Würzburger Fürstbischöfe ganz überwiegend auf regionale Produkte. Die werden klassisch und fundiert zubereitet – mit gehobenem Anspruch, aber nicht überzogen exklusiv. Zwischen Kalbstafelspitz, fränkischem Zwiebelrostbraten, Rinderconsommé und Schäufele finden sich auch weltläufigere Kompositionen, etwa mit mediterranem Oberton. Die Qualität der Produkte die Sorgfalt der Zubereitungen haben hier seit vielen Jahren ein gleichbleibend solides Niveau.

Zur Iphöfer Kammer

Marktplatz 24,
97346 Iphofen
☎ 09323-8772677
kammer-iphofen.de
◎ Mi–Sa ab 18 Uhr,
So von 11.30–15 Uhr, Mo u. Di RT

Mit viel Passion betreiben Heidrun Kaufmann und Markus Lösch dieses nette kleine Lokal mit fünf Tischen plus Freisitz am Marktplatz von Iphofen, welches sie als Einzelkämpfer auf ihrem jeweiligen Posten bewirten. Das Kleinod gehört zum bekannten Weingut Wirsching, ist schlicht, aber geschmackvoll eingerichtet – mit Holzbänken und -stühlen, hellgrünen Holzvertäfelungen und rotbraunem Fliesenboden. An den Wänden hängt farbenfrohe moderne Kunst und aus der Küche von Markus Lösch kommt eine überschaubare Auswahl an feinen, oft regionalbetonten Gerichten, die schnörkellos, sorgfältig und fundiert mit einer gehörigen Portion Understatement zubereitet werden. Denn auf den Tellern gibt's dann meist doch deutlich mehr Finesse zu schmecken, als man erwarten würde. Neben den Erzeugnissen aus dem Weingut Wirsching gibt es eine kleine Auswahl alternativer Getränke, etwa die sehr guten Biere der Biermanufaktur Engel aus Crailsheim. Und das alles zu einem attraktiven Preis-Genussverhältnis.

Augustiner am See

Klostergasse 6,
97346 Iphofen (Birklingen)
☎ 09326-978950
www.augustiner-am-see.de
◎ Fr–Di durchgehend ab 11 Uhr,
Mi u. Do RT
Hauptgericht: 15–25 €,
Menüs: 25–50 €

Seit über zehn Jahren führt Gastgeberfamilie Schwab nun schon das Lokal am kleinen Birklinger Dorfsee und hat es in dieser Zeit zu einem Publikumsmagneten gemacht. Die Leute in der Region und darüber hinaus wissen, dass man hier zu moderaten Preisen sehr gut essen

kann und in dem gemütlichen gepflegten Gasthaus in beschaulicher dörflicher Idylle auch kommod sitzt. Küchenchef Johannes Schwab bietet seinen Gästen weit mehr als das fränkische Wirtshausküchen-Einerlei, das es sonst vielerorts gibt. Zwar werden auch hier rustikale Schmankerl und natürlich traditionelle Allerwelts-Gerichte aufgefahren, daneben gibt es aus seiner Hand aber immer auch pfiffige saisonale Regionalküche und das eine oder andere weiter angereiste Produkt. In der Weinkarte findet sich ein kleines, aber völlig ausreichendes Sortiment vorwiegend fränkischer Tropfen namhafter Erzeuger.

Irschenberg (Bayern)

Dinzler

Wendling 15,
83737 Irschenberg
☎ 08025-992250
www.dinzler.de
◎ Täglich ab 12 Uhr durchgehend,
kein RT
Hauptgericht: 12–35 €,
Menüs: 25–60 €

Weil die Idee einer großflächigen Fine-Dining-Infrastruktur an Autobahnraststätten bis jetzt noch von niemand Anderem aufgegriffen wurde, freuen wir uns jedes Mal besonders auf einen Besuch bei Dinzlers am Irschenberg – würden aber zweifelsohne ebenfalls gern immer wieder hierherkommen, wenn es keine so direkte Anbindung an die Autobahn gäbe. Denn das clevere gastronomische Ganztagskonzept der Dinzler-Erlebniswelt, das von niveauvollem Frühstück und frischen Backwaren über die Rösterei und die angegliederte Vinothek auch ein von mittags an durchgängig verfügbares Angebot frisch und handwerklich zubereiteter Speisen umfasst, ist ebenso erlebens- wie bewundernswert. Insbesondere angesichts der Tatsache, wie viele Plätze in den weitläufigen Räumlichkeiten und dem Außenbereich mit Bergblick bespielt werden und wie quirlig es hier meist und nicht nur zur Urlaubszeit zugeht.

Zwar wurde im Vergleich zu früheren Jahren der Fokus weniger in Richtung verfeinerter Kochkunst und stärker zu unkompliziert mehrheitsfähigen Gerichten verlegt. Daran, dass die Ergebnisse zuverlässig in erfreulicher Güte auf die Tische kommen, hat sich dadurch aber nichts verändert. Das beginnt bei den ofenfrischen Pizzavarianten, mit deren lockerknusprigem Teig und hochqualitativen Toppings sich ein gewisses Urlaubsfeeling genauso genussvoll einläuten lässt, wie mit den hausgemachten, immer mittwochs aus dem Parmesanlaib servierten Spaghetti.

Die etwas pfiffigeren Sachen gibt es aber weiterhin, so dass sich das Mahl beispielsweise auch mit einem eher grob gearbeiteten, aber authentisch duftig-frischem Ceviche von der Lachsforelle nebst Avocado, Limette und Koriander starten lässt. Oder mit einer der abwechslungsreich bestückten Bowls, sei es mit einer zuletzt etwas karg wirkenden „Buddha-Bowl" oder einer kreativen Variante auf Grünkernbasis nebst Babyspinat, Pekannüssen, Pecorino, Süßkartoffel und (glücklicherweise nicht aufdringlich artifiziellem) getrüffeltem Orangendressing.

Zurecht bereits ein Klassiker ist auch der Matjes von der Chiemseerenke mit mild eingelegtem, hervorragend festem Fisch, der beim letzten Besuch von saftigen Apfel-Juliennes, hauchdünnen roten Zwiebelringen sowie Sauerrahm und Dill ebenso klassisch wie passend akzentuiert wurde. Durchaus ebenfalls klassisch, aber dann doch deutlich zu grob waren dabei nur die riesigen Gewürzgurken-Scheiben, die sternförmig am Tellerboden ausgelegt wurden und schon rein mengenmäßig zu dominant wirkten.

Als Hauptgang gibt es neben schlicht-natürlichen Pasta- und Risottovarianten auch souveräne Fisch- und Fleischgerichte, die vom Filet vom Schwäbisch-Hällischen Landschwein im Kräutermantel nebst Butterspätzle und Rahmschwammerl bis zur Maischolle „Finkenwerder Art" mit Speck, Kartoffeln und Nussbutter insbesondere mit guten Produkten, aber auch mit fundiertem Handwerk, klaren Aromen und stimmigen Proportionen überzeugen – alles

ohne den Anspruch auf aufwendige Verfeinerung, aber gerade deshalb überzeugend.

Überzeugend sind am Ende auch die Desserts wie der fluffige hausgemachte Kaiserschmarrn mit Apfelmus und Zwetschgenröster oder auch eine Roulade aus intensivem Pistazieneis in Marzipan und zartbitterer Schokolade nebst Kirschragout, die allerdings regelmäßig ernsthafte Konkurrenz von den täglich frischen Kuchen und Torten aus der hauseigenen Patisserie bekommen. Abgerundet wird das Ganze von einem beeindruckend gut organisierten Service und einer attraktiven und niveauvollen Wein- und Getränkekarte.

Jena (Thüringen)

Scala
im Intershop-Tower
Leutragraben 1,
7743 Jena
☎ 03641-356666
www.scala-jena.de
⏵ Täglich von 12–14 Uhr u. ab 18 Uhr, kein RT
Menüs: 29–113 €

Egal ob zum Lunch oder zum Dinner, egal ob Sonnenschein und Fernsicht oder nächtliches Lichtermeer: das exponiert im 29. Stockwerk des JenTowers gelegene Restaurant Scala ist immer ein außergewöhnliches Erlebnis und bietet aus knapp 130 m Höhe einen beeindruckenden Ausblick über die Stadt und das Umland. Küchenchef Christian Hempfe setzt sogar noch eins drauf: mit ambitionierter, modern und kreativ interpretierter klassischer Küche. Die Weinkarte listet ein durchaus attraktives Sortiment von der Region bis in die europäischen Nachbarländer, von Newcomern bis hin zu festen Größen.

Johannesberg (Bayern)

7 🍲 🍴🍴🍴

Helbigs Gasthaus
im Hotel Auberge de Temple
Hauptstr. 2,
63867 Johannesberg
☎ 06021-4548300
www.auberge-de-temple.de
◷ Di–Sa von 12–13.30 Uhr u. ab 18 Uhr,
So u. Mo RT
Hauptgericht: 27–46 €,
Menüs: 48–127 €

EC ◉ ⬭ VISA ⬭ ♿

„Genuss, Kunst und Kultur in der Auberge de Temple" – das ist schon seit der aufwendigen Grundsanierung des im Ortskern gelegenen Hauses im Jahr 2012 das von Patron Günther de Temple stetig verfolgte Credo. Folglich bringen die mit großformatigen Kunstwerken akzentuierten Gasträume genauso weitläufigen Flair ins beschauliche Örtchen am Rande des Spessarts, wie die regelmäßig stattfindenden künstlerischen und kulinarischen Events, die mittlerweile kulturelle Fixpunkte in der Region sind.

In dieser inspirierenden Umgebung fühlen sich nun auch schon seit neun Jahren Gastgeberin Nicole Helbig und Küchenchef Ludger Helbig erkennbar wohl. Die schon vor einigen Jahren getroffene Entscheidung, die strikte Trennung von Gourmet- und Gasthausabteilung aufzuheben, lieferte da naturgemäß nicht nur räumliche, sondern auch konzeptionelle Konsequenzen – sorgte aber insgesamt für noch mehr Akzeptanz seitens der Gäste, die nun eben gerne auch einmal den ein oder anderen Gang aus dem Gourmetprogramm ordern, ohne sich gleich der ganz großen kulinarischen Oper widmen zu müssen. Denn auch wenn man in bester gutbürgerlicher Tradition selbstver-

ständlich Klassiker wie ein Wiener Schnitzel mit Bratkartoffeln und Gurkensalat in verfeinerter Variation bekommen kann, ist das Helbig'sche Tableau in Summe international-weitläufiger und vor allem im bis zu sechsgängigen Genussmenü anspruchsvoller und hochwertiger bestückt.

Auch wenn Ludger Helbig im Gegensatz zu seiner Anfangszeit gerade mit den Gewürzen seines kürzlich überraschend verstorbenen Mentors Ingo Holland nicht mehr ganz so mutig ans Werk geht, sind es dennoch ganz klar die Kreationen eines mit den Jahren gereiften Cuisiniers, der seine Wurzeln in der französischen Küche nicht verleugnen will und punktuell immer noch gerne (nur eben behutsamer!) orientalisch-exotisch akzentuiert. So zum Beispiel schon zu Beginn mit einer von geräucherter Paprika angespitzten Creme zum hausgebackenen, rösch-krustigen Kartoffelbrot oder umamiwürziger Miso-Mayonnaise zum gebeizten Lachs, der nebst leicht knackigem Linsensalat heuer rundum stimmig das Genussmenü einläutete.

Dieses begann dann mit der ersten Vorspeise allerdings unerwartet unrund, da zu qualitativ guten, schön bissfesten Langustenschwänzen das Begleitprogramm nicht ganz ausgewogen geriet. Kam die einfassende Kopfsalatcreme noch schön „grün" und mit cremigem Mouth-Feeling daher, wäre ein intensiverer Kontrast zur plakativ laktischen Buttermilch-Vinaigrette wünschenswert gewesen. Vielleicht schon durch den annoncierten gerösteten Mohn, der aber nur optisch, aromatisch aber kaum wahrnehmbar blieb und auch das eindimensional süße und wenig fruchtsäuerliche Podest aus Granny Smith Apfel, auf dem das Ganze ruhte, rundete letztlich eher eckig und kantig ab.

Ebenfalls nicht auf dem gewohnten Niveau bewegte sich die zwar perfekt auf den Punkt gebrachte, gekonnt colorierte Steinbutt-Tranche, die aber, wie auch alle anderen Komponenten des Tellers, fast schon puristisch ohne jede inhaltliche Erweiterung in Szene gesetzt wurde. Denn sowohl praktisch ungewürzter und dadurch sehr blasser sautierter Blattspinat ließ den erhofften aromatischen Akzent vermissen als auch der ausdruckslose Austernschaum oder die bloße Textur liefernden und ansonsten geschmacksneutralen Dinkelkörner, die in der recht säurestraffen aufgeschäumten Beurre blanc eine Randnotiz blieben. Das ist „nah" am jeweiligen Produkt, könnte man sagen, aber eben ganz ohne die markanten Akzente mit kulinarischem Mehrwert, die wir hier in den Vorjahren eigentlich immer notieren durften.

Und genau die setzte Ludger Helbig dann aber als prompten Gegenbeweis in den Hauptgängen rund um Kalb und Kaninchen, von denen jeder für sich zeigte, dass der diesmal etwas schwächere Eindruck nur der Momentaufnahme geschuldet sein wird und der Chef natürlich nichts verlernt hat. Schon die zart geschmorte Kaninchenkeule im Gasthausmenü, die mit feinem Aroma glänzen durfte und mit cremiger, nur dezent knofeliger Bärlauchpolenta, leicht bissfestem Kohlrabi, Frühlingszwiebeln, Beurre blanc sowie perfekt reduzierter Jus durchaus auch im Gourmetabteil hätte Platz nehmen können, lieferte den Beweis, dass das Team selbstverständlich weiterhin auf hohem Niveau kochen kann. Auch das Kalbsgericht mit à point gebratenem Filet und gebackenem zartem Bries unter knuspriger Panierung unterstrichen dies deutlich. Die mit bitter-scharfem Kaffeecurry keck angespitzten blanchierten Blumenkohlröschen, die neben einer Blumenkohlcreme den Gemüsepart übernahmen, ließen den Helbig'schen Sinn für Würze und Kontrast klar erkennen und auch der Crunch von Piemonteser Haselnüssen sowie die waldig-erdigen, schön eigenaromatischen Buchenpilze fügten sich sehr stimmig ins Gesamtbild.

Die Rhabarbervariation „Auberge style" stellte im Abschluss unverblümt den Charakter der natursauren Stängel in den Vordergrund und brachte ihn aber nuanciert auf den Punkt. Vor allem die Abstufung der Säuregrade bei Flan, Sorbet und Creme sowie das perfekt ausgependelte Verhältnis von Säure und Alkohol in dem am Tisch angegossenen, mit Limette aromatisierten Sekt-Sud, brachten schnörkellosen Genuss ohne Verrenkungen und sorgten für einen gelungenen Abschluss.

Eine feste Größe ist weiterhin Gastgeberin Nicole Helbig, die die kleine Servicebrigade souverän anführt und auch in Sachen Wein eine kompetente Ansprechpartnerin ist. Vor allem die ein oder andere persönliche Empfehlung aus der schwerpunktmäßig mit deutschen Tropfen bestückten Karte führt zu Genuss auch abseits des Mainstreams.

Hotelempfehlung

Auberge de Temple

Hauptstr. 2,
63867 Johannesberg
☎ **06021-4548300**
www.auberge-de-temple.de
Einzelzimmer: 114–154 €
Doppelzimmer: 154–194 €

In der Idylle des Vorspessarts, wo Natur und fränkische Herzlichkeit schon lange Inspirationsquelle für Künstler und Genießer bietet, begrüßt auf rund 365 m Höhe das 2013 nach aufwendigen Sanierungsarbeiten neu eröffnete Anwesen, das seit vielen Jahrzehnten für traditionsreiche Gastlichkeit steht. Heute erwartet den Gast in der Auberge de Temple authentische, traditionelle Gastlichkeit in idyllischem, sehr geschmackvollem Ambiente mit kunstsinnig gestalteten, komfortabel ausgestatteten Zimmern und Suiten. Die individuellen Räume, die kleine, aber feine Galerie, die moderne Kochschule sowie nicht zuletzt das Kulinarium von Helbigs Gasthaus, verwandeln dieses Ambiente zu einem Haus, wo sich Weltreisende, Heimatverbundene, Anspruchsvolle, Gesellige, Ruhesuchende, Kulturfreunde, Naturliebhaber, Weinkenner und Gourmets willkommen und wohl fühlen. Mit der „Remise" steht zudem für Tagungen und Konferenzen ein bestens ausgestatteter, inspirierender Kreativraum für bis zu 14 Personen zur Verfügung. Restaurant Helbigs Gasthaus separat erwähnt.

Die Mühle Jork

Am Elbdeich 1,
21635 Jork
☎ 04162-6395
www.diemuehlejork.de
◷ Mi–Fr ab 18 Uhr, Sa u. So von
12–14.30 Uhr u. ab 18 Uhr, Mo u. Di RT
Hauptgericht: 23–34 €,
Menüs: 49–99 €

Es gibt hierzulande ja einige Restaurants in coolen, ungewöhnlichen Locations, aber nur ganz wenige, die in einer echten Windmühle residieren – darunter jedoch sicher kein einziges, in dem man besser essen kann als in der Mühle Jork im Alten Land, nordwestlich von Hamburg. Im Erdgeschoss des 1856 von dem Müller Adolf Friedrich Peters erbauten „Galerieholländers" erwartet die Gäste ein äußerst stimmungsvolles, von Backstein und Holzgebälk geprägtes Ambiente, in dem alte Bausubstanz und modernes Interieur eine sehr stilvolle und eigenständige Verbindung eingehen. So individuell die Atmosphäre, so individuell auch die Küche von Danny Riewoldt, der hier neben verfeinert bodenständigen Gerichten am Mittag und ein paar traditionellen Klassikern à la Flap Steak oder im Ganzen gebratene Forelle mit Kartoffel-Kräuter-Stampf und saisonalem Gemüse, die es auch am Abend gibt, in erster Linie für eine betont leichte, modern und kreativ dargebotene Regionalküche in frei wählbarer Menüform steht. Sehr oft spielt auf den schlank und wohlproportioniert arrangierten Tellern Säure und Fruchtkomponenten eine entscheidende Rolle, immer klar präsent und trotzdem gut eingebunden. Noch nicht so deutlich bei den als Amuse-Bouche servierten Tranchen von der kurz und knapp angebratenen und unter anderem mit Sesam und Korianderkresse aromatisierten Forelle, die zusammen mit geschmorter Aubergine in einem mildwürzigen Pilz-Dashisud angerichtet waren. Und auch nicht bei den butterzarten Sepiastreifen mit einer Konsistenz ähnlich wie sehr gute dünne Tagliatelle, die zusammen mit etwas Fenchel und Algenkaviar in einem mildwürzigen, mit Sepia gefärbten Muschelsud baden durften. Der wurde aber von verschiedenen maritimen Kräutern wie Austernblatt, Meeresfenchel oder Passepierre-Quellern noch mit zusätzlicher jodiger Würze versorgt, die dem Ganzen eine spannende maritime Frische verliehen.

Beim butterzarten Saibling in perfekter fester Konsistenz und Frische, der mitsamt seinem Kaviar und kleinen knusprigen Stücken der separat gekrossten Haut zum Besten gegeben wurde, war es die fein balancierte Verbindung zwischen fruchtig-säuerlicher Süße von Pflaume und säuerlicher Reneclaude, die geschmacklich den Ton angab. Frisch geschnittene Petersilie und ein Petersilienöl sorgten für einen kräuterwürzigen Oberton und ein leicht umamiwürziger Rahmklecks für die harmonische Verbindung. Im folgenden Zwischengang thronten gebratenes Kalbsbries, dünne, zarte, mit Kräuterstaub bepuderte Scheiben von Knollensellerie und geröstete Haselnusskerne auf einem kross-saftigen Brioche-Riegel und waren umgeben von einer Hagebuttencreme, die das Gericht wieder mit einer angenehmen säuerlichen Fruchtigkeit auskleidete.

Wer dem Wein nicht abgeneigt ist, sollte sich diesbezüglich getrost an die Gastgeberin Kerstin Riewoldt halten und ihren Empfehlungen folgen, die immer stimmig ausfallen und nicht von der Stange sind. So wie beispielsweise der weiße Crozes-Hermitage von Guigal zum vegetarischen Zwischengang um Topinambur, welcher als Dreierlei (dominiert von relativ weicher, mehliger Knolle) nebst Winterportulak zum Besten gegeben wurde. Ein herber Kaffeesud und fruchtsäuerliche Portulakvinaigrette agierten dazu dynamisch harmonisch miteinander und geröstete Quinoasaat machte sich als knuspriger Konterpart zu den eher weichen Texturen gut.

Brust und Keule von der Taube, beides mustergültig auf den Punkt gebracht und nur relativ dezent gewürzt, kamen im Hauptgang in Kombination mit kleinen Polentaschnitten und geflämmtem knackigem Zuckermais sowie zweierlei von der Roten Bete daher. Säuerlich erfrischt von roter Johannisbeere und frischer Vogelmiere, mit Tiefe und Würze unterlegt von einer reduzierten Jus, die kraftvoll, aber elegant genug war, um das Täubchen adäquat zu begleiten. Auch der dazu empfohlene Saboteur von Luddite hatte mit Kirsch- und Pflaumenaromen, Tabak- und Kräuterwürze alles, was man sich von einem adäquaten Weinpartner zu diesem Gericht erwartet.

Abgeschlossen und gehighlightet wurde unser diesjähriges Menü von einem richtig starken Kürbisdessert, bei dem der Kürbis selbst als leicht knackige Spaghetti und als Creme zugegen war, fast gleichwertig von Kokos (als Creme und als knuspriges Baiser) begleitet. Nussige Akzente kamen von Kürbiskernen hinzu, die als Gelee und als eine warme gebackene, mit knusprigem Kataifistroh umwickelte Praline zugegen waren, Frische spendete ein mit Koriander aromatisiertes Limettensorbet. Das war sehr ausgewogen und balanciert, perfekt proportioniert und in seiner markanten Art fast schon 8 Pfannen wert.

Ollanner Buurhuus
im Hotel Altes Land
Schützenhofstr. 16,
21635 Jork
☎ 04162-91460
www.hotel-altes-land.de
◉ Mo–Fr von 11.30–14.30 Uhr u. ab 17.30 Uhr, Sa u. So von 11.30–15 Uhr u. ab 17.30 Uhr, kein RT
Hauptgericht: 14–23 €

Im Ollanner Buurhuus, dem Restaurant im Hotel Altes Land, hat man sich den vergessenen Genüssen Norddeutschlands im Allgemeinen und des Alten Landes im Speziellen verschrieben. Und auch sonst versetzt der stattliche Backsteinhof im Altländer Fachwerkstil den Gast für die Dauer des Besuchs unweigerlich in die gute alte Zeit: Das Hotel mit seinen verschiedenen authentisch-nostalgischen Stuben ist seit etwa 175 Jahren in Familienbesitz und man besinnt sich hier unter der Ägide von Küchenchef Frank Müller eben auch kulinarisch auf alte Traditionen. So findet man auf der Speisekarte des Olaaner Buurhus alte Gemüsesorten, das Fleisch der Bunten Bentenheimer Schweine oder vom Auerochsen, die authentischen, „unverzüchteten" Produktcharakter bieten und hier handwerklich sehr solide und schmackhaft zubereitet werden.

Zeller Restaurant
im Hotel Zeller
Aschaffenburger Str. 2,
63796 Kahl am Main
☎ 06188-9180
www.hotel-zeller.de
◉ Täglich von 12–14 Uhr u. ab 18 Uhr, kein RT
Hauptgericht: 16–42 €,
Menüs: 22–60 €

Das weitläufige schmucke Hotel, das zu einem nicht unbeträchtlichen Teil mit einer hervorragenden Infrastruktur für Tagungen und Firmengäste punktet, lockt seine Gäste mit einer sympathisch bodenständigen Art von Luxus und durchgängig hohem Qualitätsanspruch. Das schließt auch das Restaurant mit ein, in dem in behaglich-eleganten Räumen oder auf der entspannt idyllischen Terrasse angesichts der nicht eben wenigen Plätze überraschend fein und qualitätsbewusst aufgekocht wird.

Dabei setzt das Team vor allem auf Bewährtes – mal regional-traditionell, mal mediterran angehaucht – und schafft es dabei durch sauber und klar umgesetzte Komponenten, die Teller trotzdem durchweg inspiriert und attraktiv zu halten. Und auch wenn mal einzelne Bestandteile nicht ganz so exakt, sondern etwas ungehobelter daherkommen, bleibt stets eine frische und natürliche Aromatik gewährleistet.

So gab es zuletzt einen typisch beschwingten Start mit erfreulich frischen, akkurat gegrillten Jakobsmuscheln, deren nussiges Aroma von einer zarten Kürbiskernöl-Mayonnaise unterstützt wurde. Erfrischenden Kontrast brachten zudem dünne Scheiben von süßsauer eingelegtem Kürbis, allerdings wäre bei diesem eine weniger forcierte Marinade eleganter gewesen. So schmeckte der Salat ein wenig zu ungestüm vor und ließ die grundsätzlich gute Idee etwas hinter ihren Möglichkeiten zurückbleiben.

Die gleiche etwas ungehobelte Art (bei gleichzeitig hoher Produktgüte!) prägte auch die zartrosa gebratenen Hirschschnitzel, die mit ihrer pfeffrigen Würze und ausgeprägtem Wildaroma neben blanchiertem Spitzkohl, sautierten Pilzstücken und angekrossten Pilz-Semmelknödeln in einer sehr großen Menge einer eher dünnen und fleischlich-neutralen Sauce badeten. Das Gesamtbild wirkte hier vor allem durch die Sauce gröber und behäbiger, als es die sehr guten Produkte und die Grundidee hätten vermuten lassen. Wohlschmeckend und handwerklich-frisch war das Ergebnis aber nichtsdestotrotz.

Generell bleiben die Gerichte stets eher gegenständlich und robust, sei es beispielsweise auch bei geschmorter Schulter vom Salzwiesenlamm nebst Artischockengemüse und gebratener Maispolenta oder dem kross auf der Haut gebratenen Zander mit Ratatouille und herzhaften Thymiankartoffeln – wenn dabei auch die Saucen ausdrucksstark geraten, macht aber gerade das den Reiz der Küche aus!

Und die braucht sich außerdem auch im süßen Bereich nicht zu verstecken und bewies das zuletzt mit einer perfekten Crème brûlée mit zartem Schmelz, üppigem Vanilleduft und optimal dünner Zuckerkruste, deren reichhaltige Süße von einem herb-frischen Blutorangensorbet fein gekontert wurde.

Das gut eingespielte Serviceteam behält auch bei vollem Haus den Überblick und lässt es die Gäste an nichts fehlen, auch nicht an gut gefüllten Gläsern, im Offenausschank mit eher einfacheren Qualitäten seriöser Erzeuger, bei der Auswahl einer oder mehrerer Flaschen auch mit spannenden hochklassigeren Optionen.

Hotelempfehlung

★★★★

Zeller – Hotel + Restaurant

Aschaffenburger Str. 2, 63796 Kahl am Main
☎ 06188-9180
www.hotel-zeller.de
Einzelzimmer: 100–198 €
Doppelzimmer: 130–238 €

Das sehr persönlich geführte Hotel in Kahl am Main, direkt an der bayrischen Grenze zu Hessen, präsentiert sich in allen Bereichen modern und geschmackvoll. Die Kategorien der insgesamt 82 Zimmer und Suiten unterscheiden sich in Einrichtung, Ausstattung, Größe und Lage und reichen vom „Small Economy"-Einzelzimmer bis zur Business-Suite mit großem King Size Bett, zwei Bädern sowie einen Wohnraum mit Terrasse und direktem Zugang zum ruhigen Garten. Im Wellness- und Fitnessbereich laden Schwimmad, Sauna, Dampfbad, Kraftraum und Massageanwendungen zum Entspannen oder Aktivsein ein. Im gemütlichen Restaurant im historischen Teil des Hauses wird eine ambitionierte Küche mit regionalen und internationalen Spezialitäten geboten. Außerdem: vier helle und freundliche, modern ausgestattete Tagungsräume. Zeller Restaurant separat erwähnt.

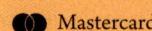

Zum Riesen
im Hotel Zum Riesen
Rheinstr. 54,
76870 Kandel
☎ 07275-3437
www.hotelzumriesen.de
⊘ Di–Sa ab 18 Uhr, So u. Mo RT
Hauptgericht: 20–39 €,
Menüs: 37–57 €

Das Konzept dieses modernen Landgasthauses in der beschaulichen südpfälzischen Ortschaft Kandel ist absolut empfehlens- und nachahmenswert. Andreas Wenz und seinem Team bekochen das zwar zeitgemäß gestaltete, seinen ländlichen Charakter aber nicht verleugnende Restaurant sehr engagiert und gekonnt zu moderaten Preisen und haben sich damit einen sehr guten Namen gemacht. Trotz hohem Eigenanspruch und bei aller Kreativität bleibt die Riesen-Küche stets einer breiten Zielgruppe zugänglich, was längst nicht nur durch die günstige Kalkulation bei Weinen und Speisen à la carte zu erklären ist, sondern schon an der mehrheitsfähigen Art der sehr zuverlässig und sorgfältig zubereiteten Gerichte liegt, die nicht überfordern, aber auch nicht langweilen. So wundert es dann auch nicht, dass es hier immer voll ist und wir stets zahleiche Reservierungsanläufe unternehmen müssen, um einen Tisch zu bekommen. Übernachten kann man in individuell und geschmackvoll gestalteten Hotelzimmer auch.

Die Hoteleinträge

★★★★★S	Superior
★★★★★	Unterkunft für höchste Ansprüche
★★★★	Unterkunft für hohe Ansprüche
★★★	Unterkunft für gehobene Ansprüche
★★	Unterkunft für mittlere Ansprüche
★	Unterkunft für einfache Ansprüche
🛏	Unterkunft ohne Sterne-Klassifizierung

Gasthof Zum Rebstock
Kutzendorf 1,
77876 Kappelrodeck (Waldulm)
☎ 07842-9480
www.rebstock-waldulm.de
⊘ Mo u. Mi–Fr ab 17.30 Uhr, Sa u. So von 11.30–14 Uhr u. ab 17.30 Uhr, Di RT
Hauptgericht: 23–29 €,
Menüs: 38–69 €

Bei liebgewonnenen Traditionsadressen laufen auch Restauranttester Gefahr, sich bei der Bestellung nur noch an die über Jahre als Herz gewachsenen Klassiker zu halten, im Text permanent dieselben Vorzüge herunterzubeten und irgendwann alles nur noch durch die rosarote Brille zu betrachten. Um dem entgegenzuwirken, bestellen wir in solchen Lokalen wenn möglich immer wieder andere Gerichte, versuchen einigermaßen abwechslungsreich zu texten und konditionieren uns, eher etwas kritischer zu bewerten, als zu wohlwollend.

Im Falle des Rebstocks in Kappelrodeck hat das allerdings auch in diesem Jahr wieder zu keiner anderen Einschätzung geführt. Und so können wir bei diesem stattlichen Fachwerkgasthof mit seinen gepflegten nostalgischen Stuben und der erhöhten Terrasse mit Blick in die umliegenden Weinberge einmal mehr nur von einer äußerst zuverlässigen klassischen Küche schwärmen, die zu einem bemerkenswert günstigen Preis-Genuss-Verhältnis zu haben ist. Die badische und elsässische Küchentraditionen hochhält und sich durch fundierte Zubereitungen auszeichnet. Die durchaus gourmetmäßig verfeinert, aber nicht übertrieben exklusiv daherkommt.

Dass hier alles Hand und Fuß hat, konnte man zunächst an einer kleinen, ebenso cremigen wie aromatischen Pfifferlingsterrine schmecken. Dann an den zur Vorspeise aufgetragenen „Versucherle", wie hier die Petitessen im Tapas-Format heißen, die man entweder einzeln oder als Quartett ordern kann. Vom aromatischen Kürbissüppchen mit Kernölschaum über das bereits bestens bekannte Wachtelbrüstchen im Blutwurstmantel mit Zwetschgensenf bis zur gebratenen Gamba auf einem gewürfelten Kartoffel-/Gurken-Salat mit rahmig-kräuterwürziger Vinaigrette war das alles sehr schmackhaft und proper umgesetzt, war jede Komponente sauber auf den Punkt gebracht. So wie die gebrannte Creme von der Esskastanie, deren natürliche und durch die Karamellschicht verstärkte Süße gut mit dem marinierten Ziegenfrschkäsebällchen obenauf korrespondierte.

Das kleine „Sandwich" aus gebratener Gänseleber und einem locker-saftigen Armer-Ritter-Schnittchen vom Elsässer Hefegugelhupf, welches nebst Preiseelbeerchutney als Zwischengang ins Menü eingebaut war, kannten wir ähnlich schon aus dem Vorjahr, machte in seiner schlichten, produktbezogenen Art auch dieses Mal wieder großen Spaß. Und es manifestierte einmal mehr unsere Ansicht, dass Gerichte mit Gänseleber eigentlich puristisch meist viel ansprechender sind als aufwendig verspielte Bastelarbeiten.

Einer der Hausklassiker von Gastgeber Karl Hodapp und seinem Team sind definitiv auch die fluffigen Fischklößchen von Lachs und Zander mit opulent cremiger Weißwein-Schaumsauce, die wir heuer zum ersten Mal in Kombination mit leicht ätherisch schmeckendem Elsässer Spinatcouscous probiert haben. Und apropos Klassiker: Wenn Sie auf der Speisekarte etwas von einer im Ganzen gefüllten Wachtel aus dem Ofen lesen, dann schlagen Sie unbedingt zu! Das bekommt man heute sowieso nicht mehr allzu häufig und hier ist es immer eine feine Sache. So wie auch das gefüllte Perhuhnbrüstchen aus der Zucht von Bruno Sieber aus dem elsässischen Eugisheim, das mit Schnittlauchrahmsauce, Rübchenpüree und Spätzle zum Besten gegeben wird.

Mit unseren Medaillons vom Hirschkalbrücken, die mit ganz wenig Farce in einen zarten Pfannkuchenmantel geschlagen und darin schön sanft und gleichmäßig auf den Punkt gegart waren, konnten wir aber auch äußerst zufrieden sein. Zusammen mit rahmigem Spitzkraut, einem leicht pikant abgeschmeckten Kompott von Bühler Zwetschgen und sogenannten „Spätzerädle" – angebratene Schei-

ben einer aus Spätzleteig fabrizierten Rolle – war das ein beglückender Menühauptgang, dessen tiefschürfende Wildsauce sich bestens mit der robusten trockenen Spätburgunder-Spätlese des eigenen Weinguts vertrug.

Beim saisonalen herbstlichen Abschluss wurde die kakaoherbe Mousse au chocolate nicht nur von einem nussigen Kürbis-Eisparfait im Baumkuchenmantel begleitet, sondern auch von einem Kastanieneis, das sich hier ebenfalls prima einfügte. Zu all dem einen nicht nur gut passenden, sondern auch anspruchsvollen Weinbegleiter zu finden, fällt mit der ausgezeichneten Weinkarte nicht schwer. Alles, was in Baden Rang und Namen hat, große gereifte Bordeaux und Burgunder, aber auch viele andere spannende Sachen finden sich hier zu moderaten Preisen. Ein Glück, dass es im Rebstock auch Hotelzimmer gibt!

Hotelempfehlung

Hotel Gasthof Zum Rebstock

Kutzendorf 1,
77876 Kappelrodeck (Waldulm)
☎ 07842-9480
www.rebstock-waldulm.de
Einzelzimmer: 62–74 €
Doppelzimmer: 112–134 €

Das denkmalgeschützte Fachwerkhaus im beschaulichen Kappelrodecker Ortsteil Waldulm, mitten im Herzen der Ortenau, ist stolzer Familienbetrieb seit 1750. Zahlreiche Fotos, Ansichtskarten und das liebevoll geführte Gästebuch illustrieren die 260-jährige Tradition des Rebstock als beliebtes Ausflugsziel, Ort der Gastlichkeit und Erholung. Doch Familie Hodapp bietet weit mehr als eine sehr gute, traditionell verwurzelte und gleichzeitig überraschend kreative Küche, sie betreibt auch erfolgreich Weinbau und führt eine eigene Brennerei. Zudem kann man hier preiswert und komfortabel übernachten: die insgesamt 11 wohnlich und detailverliebt eingerichteten Einzel- und Doppelzimmer sind gepflegte Nichtraucherzimmer und verfügen alle über einen Balkon. Ideal für ruhesuchende Schwarzwaldurlauber mit Faible für alles Kulinarische. Restaurant Gasthof Zum Rebstock separat erwähnt.

Karlsruhe (Baden-Württemberg)

ohne Bewertung

Anders auf dem Turmberg

Reichardtstr. 22,
76227 Karlsruhe
☎ 0721-41459
www.anders-turmberg.de
❂ Do–Sa ab 18 Uhr, So–Mi RT
Menüs: 69–89 €

Wir haben alles drangesetzt, das Restaurant des umtriebigen Sören Anders an jenen drei Tagen Abenden der Woche zu besuchen, an denen in seinem schlicht modern gestalteten Restaurant auf dem Karlsruher Turmberg ein Menü mit weltoffenem Mix aus kreativen regionalen Gerichten, zeitgemäß interpretierter französischer Klassik und mediterraner Italianità geboten wird – doch es hat offenbar nicht sollen sein: Im Herbst standen wir trotz bestätigter Online-Reservierung vor verschlossener Tür, über den Winter blieb der Betrieb des Restaurantbereichs dann lange wegen Personalproblemen eingestellt und bevor wir uns versahen, verabschiedete er sich in eine dreimonatige Sommerpause und es gab bis zu unserem Redaktionsschluss nur noch Tapas und Sonntagsfrühstück. Wir bleiben am Ball und besuchen das Anders auf dem Turmberg, wenn es wieder an mindestens drei Abenden der Woche regulär geöffnet hat. Bis dahin setzen wir die Bewertung aus.

Das Scheibenhardt

im Hofgut Scheibenhardt
Scheibenhardt 1, 76135 Karlsruhe
☎ 0721-95296420
www.das-scheibenhardt.de
❂ Mi–So ab 12 Uhr durchgehend,
Mo u. Di RT
Hauptgericht: 26–49 €

Das einstige Jagdschloss und Hofgut am südlichen Stadtrand von Karlsruhe mit seinen hübsch restaurierten historischen Gebäuden ist ein wunderbarer Ort für gepflegte Gastlichkeit. Routinier Leonhard Bader, der sich mit den Ratsstuben in Ettlingen ein zweites Standbein angelacht hat, garantiert in den geschmackvoll modernisierten ehemaligen Stallungen auf dem auch für Nicht-Mitglieder frei zugänglichen Gelände des Golfplatzes Hofgut Scheibenhardt für ein zuverlässig hohes Küchenniveau. Er steht hier mit seinem guten Namen für schnörkellose klassische Gerichte, die für jeden Geschmack etwas bieten, garantiert ausgesucht hohe Produktqualitäten insbesondere bei Fleisch und lässt diese von seinem Team in fachmännischer und gegenständlicher Art sehr schmackhaft zubereiten. Mal bodenständig badisch, mal in gehoben französischem Stil, oder bei den maritimen Vorspeisen auch gern mit asiatischen Aromen gespickt. Aber immer zupackend und bodenständig unverkünstelt, ganz wie es der Natur des sympathischen Bayern entspricht.

Die Symbole

🅿 gute Parkmöglichkeiten
🅟 Hotelgarage
♿ barrierefrei
❄ klimatisierte Zimmer
📶 WLAN-Zugang
🏊 Hallen- und/oder Freibad im Haus
🌀 mit Wellness-Bereich
🛗 mit Fahrstuhl zu den Hotelzimmern
🐕 Hunde im Hotel nicht erlaubt
🏕 mit Garten oder Terrasse

erasmus

**Nürnberger Str. 1,
76199 Karlsruhe**
☎ 0721-40242391
www.erasmus-karlsruhe.de
⏰ **Di–Fr von 12–13.30 Uhr u. ab 18 Uhr,
Sa ab 18 Uhr, So u. Mo RT
Hauptgericht: 28–48 €,
Menüs: 69–119 €**

EC ⬤⬤ VISA hthh ♿

Auch wenn Andrea und Marcello Gallotti sicher keine ruhmsüchtigen Titelsammler sind, listet ihre eigene Vita und die ihres individuellen Restaurants doch so einige eindrückliche Wegmarken. Denn nicht nur das Label „erstes BIO-Fine-Dining-Restaurant" schmückt diese Liste, sondern auch die vielzähligen Aus- und Weiterbildungen an anerkannten Landwirtschaftsschulen im In- und Ausland machen deutlich, dass im denkmalgeschützten Gebäude aus der traditionsreichen Bauhaus-Schule Gastronomie auf einem fachlich höchst kompetenten Level geboten wird.

Dass das Ganze nicht zu hochtrabenden kulinarischen Wissenschaftsdebatten führt, sondern ganz bodenständig mit viel Liebe zum jeweiligen Lebensmittel umgesetzt wird, liegt an der herzlich-charmanten Art von Gastgeberin Andrea und Küchenchef Marcello Gallotti. Die kleine Anekdote zu jedem Gang ist da dann auch viel mehr als bloße Information, sondern zeigt auch immer wieder, mit welchem Aufwand und Engagement hier nicht nur gekocht, sondern bereits eingekauft wird.

Denn auch wenn hin und wieder örtliche Lieferanten wechseln, ist beispielsweise die rote sizilianische Garnele aus Wildfang Dauergast auf der Karte und setzt weiterhin Maßstäbe in puncto Produktqualität. Heuer unterstrich deren Vorzüge ein schmelziges, fast schon cremigseidiges, satt jodig schmeckendes leicht gekühl-

tes Carpaccio als Menüauftakt vehement – mehr Eigendynamik geht fast nicht! Der klug komponierte Kontrast von herrlich phenolischem Olivenöl als Unterbau und flirrender Säure von handverlesenen Zitrusfrüchten sowie ein Feldsalatstrauß on top lieferten dem Krustentier letztlich noch einen vegetabilen Frischepunch und vollendeten diesen puristischen Auftakt in typischer Erasmus-Manier.

Überladene Teller oder dekorativen Tand sucht man hier ohnehin vergebens – das Produkt ist immer der Star! So auch beim gegrillten Bauch vom biodynamischen schwäbisch-hällischen Landschwein, dessen saftigem Fleisch die Küche ein röstig-krosses Äußeres verpasst hatte und der mit einem imposanten Fettanteil pushenden Umamischmelz verbreitete. Für ätherisch-grüne „Belüftung" sorgten da lediglich wilde gemahlene Fenchelsamen als dezente Würze sowie etwas Creme und gebratene Stängel vom Broccoletto, die dem Fleisch zurückhaltend Unterbau brachten. Aufgeräumte und vielleicht gerade deshalb so überzeugende Produktküche, die uns – so viel schon vorweg – in diesem Jahr in Summe sogar noch einen Tick besser gefiel als in den Vorjahren.

Der von Gastgeberin Andrea Gallotti im Anschluss besonders empfohlene, schlicht als „Meeresfrüchte-Risotto" annoncierte Zwischengang, machte wiederum deutlich, warum das kleine Team am Herd so individuell aufkocht und das Erasmus vom sprichwörtlichen „Italiener um die Ecke" meilenweit entfernt ist. Denn nicht nur der als Grundlage dienende Sant'-Andrea-Reis aus individuellem Direktimport kam satt vom Krustentiersud aufgeladen und perfekt gegart daher, sondern auch das Ensemble von Jakobsmuscheln, Garnelen, Pulpo, Vongole und mineralisch abrundenden Salicornes war nicht nur opulent portioniert, sondern bot auch geschmacklich maritimen High-End-Genuss. Dass hier ausdrücklich darauf verwiesen wird, die gewinnbringend in der Schale gegarten Krustentiere am Tisch aufzubrechen und in Gänze zu genießen, ist sympathischer Ausdruck des unprätentiösen Ansatzes, der Genuss über Etikette stellt.

Ebenfalls herrlich geerdet war der Braten vom biodynamisch aufgewachsenen Zicklein, medium-rosa auf dem Punkt und mit etwas festerem Biss sowie feinem Eigenaroma ausgestattet, den allein schon die handwerklich perfekt reduzierte Sauce aus den eigenen Knochen adelte. Kleine weiße Bohnen aus Umbrien, etwas Brokkoli und einige Zickleinravioli als zurückhaltende Begleitung – mehr brauchte es da letztlich einfach nicht, um dem hochwertigen

Demeter-Produkt zuzuarbeiten und einen ebenso authentischen wie individuellen Gang zu komplettierten.

Und auch wenn das Menüfinale für unseren Geschmack ein klein wenig zu sehr auf der süßen Seite platziert war, änderte auch das Mürbeteigküchlein, das mit Spekulatius-Mousse, Apfelkompott und Kastaniencreme gefüllt den Abschluss komplettierte, nichts an unserem diesjährigen Gesamteindruck und der verdienten Aufwertung.

Wenig überraschend listet auch die Weinkarte fast ausschließlich Bio-Erzeugnisse aus Deutschland, Frankreich und Italien und auch beim Wasser ist Nachhaltigkeit das Stichwort: Das Karlsruher Leitungswasser als Menübegleitung ist nämlich kostenloser Bestandteil des Angebots – eine kleine Spende für die Organisation „Viva con agua", auf die in der Karte dezent hingewiesen wird, dürfte niemandes Budget allzu sehr belasten. Zumal das Erasmus gemessen an der hohen Qualität von Speis' und Trank ohnehin ein sehr gutes Preis-Genuss-Verhältnis bietet.

Il Teatro[2]

🔥 6 🍴

Ettlingerstr. 2c,
76137 Karlsruhe
📞 **0721-356566**
www.ilteatro.de
⏰ **Mi–Mo von 12–14 Uhr u. ab 18 Uhr,**
Di RT
Hauptgericht: 20–42 €,
Menüs: 70–84 €

▪️◯▪️◯ **VISA** ▪️

Sie sind hierzulande verdammt selten, aber es gibt sie, die ambitionierten italienischen Ristoranti, die jenseits von Klischee und Folklore und mit weitem Blick über den eigenen Tellerrand ebenso authentische wie originelle italienische Küche bieten. Eines der wenigen ist das Karlsruher Il Teatro[2], das zwar schon vor weit über drei Jahrzehnten von Giovanni Di Sario eröffnet wurde, aber erst seit Ende 2019 in der Verantwortung von dessen Sohn Daniele Di Sario liegt. Der hat nach seiner Lehre in unterschiedlichen sehr guten Häusern im Südwesten gearbeitet, etwa in der Villa Hammerschmiede, dem ehemaligen Parkrestaurant in Brenners Parkhotel unter Paul Stradner und zuletzt als Sous-Chef im Gourmetrestaurant Le Cerf des Wald- und Schlosshotel in Friedrichsruhe – er weiß also, wie gute Küche funktioniert.

Und das wendet er nun im eigenen Restaurant konsequent an. Ohne sich stilistisch zu verzetteln und Stammgäste mit allzu exklusiven Dingen zu verprellen, aber mit so viel Einfallsreichtum und Expertise, dass sicher auch jede Menge neue Gäste mit höheren kulinarischen Ansprüchen dazukommen werden. Doch das Schönste: Daniele Di Sario versucht hier nicht krampfhaft auf „Gourmet" zu machen, sondern einfach nur überdurchschnittlich gut zu kochen. Er trennt seine Karte in die Sparten „Stagionale" und „I Classici", also in saisonale und augenscheinlich etwas kreativere Spezialitäten sowie in Klassiker, die aber auch nicht zwangsläufig so ganz traditionell daherkommen müssen. Auch ein viergängiges Menü gibt es, das nach unserem Augenschein beide Welten miteinander verknüpft.

So gibt es unter den klassisch ausgerichteten Vorspeisen neben Dingen wie einer italienischen „Vesperplatte" mit Pizzabrot oder einem traditionellen Vitello tonnato beispielsweise auch ein Thunfischtatar mit Burrata und Salzzitronenvinaigrette. Aus dem Angebot der saisonalen Vorspeisen pickten wir uns die zarten, mit Kartoffelcreme und Chorizo gefüllten Calamaretti heraus, die mit cremiger und stückiger Avocado, etwas Kimchi und einer pikanten dunklen Sauce eine attraktive, herzhaft maritime Vorspeise abgaben. Allenfalls eine frische, kräftige Kräuternote und einen säuerlichen Akzent hätten wir uns zur Belebung der Füllung noch vorstellen können, aber auch so war das eine sehr runde Sache.

Genau wie die Vorspeise des Menüs um gerösteten Pulpo mit gebratenen Romanasalatherzen, bei der nur die Proportionen nicht ganz optimal gewählt wirkten: Der zarte Oktopus war nämlich nach unserem Geschmack von einer viel zu großen Menge roter Paprikawürfelchen überhäuft, die hier mit gerösteten Pinienkernen und Schnittlauch zu einer ausgewogen säuerlichen Vinaigrette zusammenkamen, in der kleine Spuren einer Creme von fermentiertem schwarzem Knoblauch für zusätzliche Würze und Tiefe sorgten.

Manche Gerichte wirken nicht nur etwas unproportioniert – bisweilen sind auch die Portionsgrößen selbst furchteinflößend groß. Doch wer würde sich schon beschweren, wenn er als Zwischengang des viergängigen Menüs eine ganze Schüssel voll köstlicher, sehr frisch schmeckender Meeresfrüchte, wie verschiedene Muscheln, Calamaretti und Kaisergranat, hausgemachte Sepia-Tagliatelle, knackige Salicornes und ebenso kraftvollen wie ausgewogenen Sud auf Basis von Krustentier und Muscheln aufgetischt bekommt?

Auch die Orecchiette mit saftig zartem Lammragout, dessen Schmorjus mit Fonduta di Caciocavallo zu einer süchtig machenden Fleisch-Käsesauce vermählt wurde, war wunderbares Soulfood, von dem wir eigentlich gern einen ganzen Topf voll aufgegessen und die Reste dieser köstlichen Sauce noch mit dem Weißbrot bis auf den letzten Tropfen aufgetunkt hätten. Wäre da nicht noch ein Hauptgang angestanden, der uns gleichfalls begeistern konnte: Nämlich ein Zweierlei vom Hirsch, namentlich in in puncto Fleischqualität und Garzustand als nahezu perfekt zu bezeichnender, mit einer schmelzigen, feinaromatischen Kruste gratinierter Rücken und ein nicht weniger attraktives geschmortes Ragout. Letzteres kam zusammen mit mustergültigen, vom Brett geschabten Spätzle in einem Schälchen à part – ersterer zusammen mit einer tiefen und zugleich eleganten Molesauce, Pfifferlingen und cremigem sowie knackigem Rosenkohl auf dem Hauptteller. Trotz seines Titels „Cervo & Mole" natürlich nicht wirklich typisch italienisch, aber ganz hervorragend.

Und als typisch italienisch kann man auch die Dessert-Interpretation des Cocktails Piña Colada nicht bezeichnen, gleichwohl machte auch dieser auf zwei Tellern offerierte Nachtisch in seiner geschmacklich ausgereiften Art viel Spaß – ganz besonders das sulzige Piña Colada-Eis mit Schokoladenerde à part. Das Weinangebot im Il Teatro[2] reicht von einfachen, aber durchaus trinkbaren Qualitäten glasweise bis zu Flaschen renommierter Produzenten von Silvio Jermann bis zu den diversen Supertoskanern.

Ivy

Karlstr. 34, 76133 Karlsruhe
☎ 0721-47004539
ivy.restaurant/
◉ Di–Sa ab 18 Uhr, So u. Mo RT
Hauptgericht: 17–37 €,
Menüs: 90 €

Mitten in der Karlsruher Innenstadt gelegen, mit coolem urbanem Ambiente, quirliger Atmosphäre, jungem Publikum und etwas progressiverer Musik, ist das neue Restaurant Ivy eine Mischung aus Casual-Dining-Restaurant und hipper Bar – im Grunde ein angesagtes Szenelokal, aber eben eines mit gehobenem kulinarischem Anspruch. Und für den zeichnet hier Mario Aliberti verantwortlich, der in der Gegend kein Unbekannter ist und zuvor unter anderem auch in Baden-Baden schon gastronomisch erfolgreich war.

Den gehobenen Anspruch liest man nicht nur in der Speisekarte, wo von Herefordrind und US-Prime-Beef, von Hiramasa-Kingfish und von französischen Salzwiesenlämmern die Rede ist – man kann ihn auch handwerklicher Natur schon direkt beim hervorragenden Sauerteigbrot mit aufgeschlagener Nussbutter schmecken. Die Linie einer unkomplizierten weltläufigen Küche aus überdurchschnittlichen Produkten wurde bei der Vorspeise um Ceviche vom bereits genannten Hiramasa deutlich: ein verhältnismäßig schlicht umgesetztes und arrangiertes Mischgericht aus relativ vielen Würfeln der gebeizten Gelbflossenmakrele, Roten Zwiebeln, Tomate, Gurke und Staudensellerie in einer sehr kraftvollen Tigermilk, die das Ganze mit viel Umami, komplexer aromatischer Würze von geröstetem Sesam bis Ingwer und einer ätherischen Frische interessant aufgepeppt hat.

Interessant und wohlschmeckend war auch der Pulpo, der zunächst sehr schön zart in Schwarzbier gegart und dann beherzt angeröstet wurde. Serviert mit karamellisiertem Baby-Pak-Choi in einer relativ üppig cremigen Beurre blanc, die mit Ponzu aromatisiert war und damit nicht nur etwas zitrische Frische, sondern auch wieder viel Umami auf den Teller brachte. Nur die röstigen Bitteraromen am Pulpo und die natürliche Bitterkeit vom fermentierten schwarzen Knoblauch, der hier recht reichhaltig zugegen war, wirkten in derart geballter Form letztlich etwas unharmonisch.

Nicht alles geht in die Richtung einer modernen, kosmopolitischen Feinschmeckerküche – manches ist auch ganz klassisch gehalten. Das fängt bei Dingen wie den drei Mini-Burgern zum Teilen an, reicht über Kleinigkeiten wie die Falafelbällchen im orientalischen Stil und endet bei amtlichen Beef-Cuts mit traditionellen Beilagen wie Süßkartoffelstampf, Trüffelpommes oder Beilagensalat. Da wird dann auch mal etwas Spektakel gemacht, zum Beispiel das Fleisch am Tisch tranchiert oder ein Parmesanlaib auf dem Wagen quer durch den Laden an den Tisch geschoben, wo dann mit großer Geste frische Pasta darin finalisiert wird.

Doch das alles ist nicht bloß Show, sondern stets auch mit jeder Menge Substanz hinterlegt. Und wie viel Wert hier allein schon auf außerordentliche Produktqualität gelegt wird, war zuletzt klar und deutlich am hervorragenden Rückenfleisch vom Kagoshima-Wagyu in sehr hoher Fettstufe zu schmecken, das saftspitzend und aromastrotzend nur mit etwas Kartoffelcreme und geflämmter Süßkartoffel serviert wurde und so voll und ganz für sich stehen durfte. Da hätte es prinzipiell nicht mal die dunkle reduzierte Jus gebraucht, doch ließ sie uns einmal mehr auch die sehr gute handwerkliche Basis erkennen, auf der hier alle Zubereitungen gründen.

So nämlich auch der Hauptgang um schöne geschmackssatte Tranchen aus dem Rücken eines Pré-Salé-Lamms, die mit Chorizo-gefüllten Ravioli und geschmorter Aubergine auf einem köstlichen Saucenduett aus klarer reduzierter Lammjus und gebundener Paprikacremesauce ausgebreitet waren – und pikanten, kraftvollen Wohlgeschmack auf den Teller brachten. Wohlgeschmack der süßen Art hatte dann auch das „Hit me cake" genannte Dessert zu bieten, ein recht massives, am Tisch mit warmer Salzkaramellsauce übergossenes Schokoladentürmchen mit abschmelzender Kuppel, das nicht nur von einer glatt-cremigen Nocke aus salzigem Karamelleis begleitet wurde, sondern auch von jeder Menge karamellisierter Banane und weiterer Schokolade. Alles in allem aber doch ein relativ opulentes und massiges Unterfangen.

Am durchweg positiven Gesamteindruck hat das allerdings nichts geändert. Wer also in Karlsruhe in der lockeren Atmosphäre eines schicken Hotspots unkompliziertes und dennoch anspruchsvolles Essen, gepflegte Cocktails und seriöse Weine genießen möchte, ist hier unserer Ansicht nach genau richtig.

Kesselhaus

Griesbachstr. 10c,
76185 Karlsruhe (Grünwinkel)
📞 0721-6699269
www.kesselhaus-ka.de
🕐 Di–Fr von 12–14 Uhr u. ab 18 Uhr,
Sa ab 18 Uhr, So u. Mo RT
Hauptgericht: 22–45 €,
Menüs: 30–92 €

Wer bei der Anfahrt zum Kesselhaus wegen dessen Standort, einem neben der Karlsruher Stadt-Schnellstraße gelegenen Gewerbegebiets, vielleicht zunächst etwas skeptisch ist, wird sich wundern, wie idyllisch und stylisch eine industrielle Umgebung sein kann. Der hübsch instandgehaltene Backsteinbau, in dem das Kesselhaus beheimatet ist, umgibt tatsächlich so etwas wie eine begrünte Oase mit idyllischer Terrasse und bietet im Inneren mit dem hohen, über zwei Etagen freigestellten Gastraum ein stilvolles, puristisch designtes Ambiente. Ein Ort also, an dem es sich definitiv entspannen und genießen lässt.

Dafür sorgt außerdem auch das engagierte Team um Küchenchef Rouven Bischoff, ganz gleich ob zu raffinierten Tapas in der Weinlounge, beim unkomplizierteren Lunch-Angebot, oder bei den kreativeren und aufwendigeren Offerten am Abend. Der Anspruch an Produkt, Handwerk und niveauvolle Pairings im Glas ist hier immer erfreulich hoch.

Das zeigten bei unserem letzten Abendbesuch auch bereits die einstimmenden Miniaturen in Form eines Tacos mit Lauch, Kimizu und gehobeltem Eigelb, einer Tartelette mit ätherisch herben Yuzu-Zubereitungen und marinierter Karotte sowie einer fluffigen Lauchwaffel mit Tomatenmayonnaise und Kräutertapioka. Genau wie beim folgenden Wildreissalat mit crunchy Reisflakes einer duftigen Curry-Vinaigrette, feiner Säure und – dem entgegenstehend – einem feinfruchtig-tiefen roten Zwiebelconfit, zeigte sich, dass ausgerechnet filigraner angelegte Zubereitungen hier teils ein erstaunlich hohes Niveau erreichen können.

Der erste offizielle Gang konnte da nicht ganz mithalten, obwohl er animierend frisch und leicht daherkam: mit zwei kleinen, qualitativ ganz guten, aber nicht ideal klararomatischen Jakobsmuscheln, deren kräftig nussige Röstnoten zwischen verschiedenen Mayo- und Geltupfen aus Mango und Yuzu, gegrilltem grünem Spargel und knusprigem Sesam-Panko gestellt wurden. Eine zarte Vinaigrette lieferte dazu weitere zitrische Frische, allerdings auch eine etwas zu kratzig-spitze Säure.

Wieder deutlich näher an den pointierten ersten Miniaturen lag der orangenfruchtig karamellisierte Chicorée, der mit einer diesmal sehr harmonischen Orangenvinaigrette, salzigem Pekannuss-Mürbteig und Radicchio die Umgebung für säuerlich-würzigen Ziegenfrischkäse stellte. Dieser wurde raffiniert in einer knusprigen Pekannusshülle gebraten, selbst aber kaum temperiert – und stand so als eher kühler Kontrast im Zentrum. Weitere ätherisch frische Noten kamen von Pink Grapefruit, nur die gerösteten Pankoflakes (diesmal ohne Sesam) hätte es in dem Verbund nicht schon wieder gebraucht.

Wieder etwas gröber gezeichnet präsentierte das Team im Hauptgang zarten Kaninchenrücken in leider teils extrem kokeliger Aschehülle neben saftig geschmorter Kaninchenkeule, schmorfruchtigem Ratatouille und Pistaziencrumbles. Die etwas dickeren aromatischen Pinselstriche hätten dabei durchaus schlagkräftig zusammengespielt, wären da nicht die grenzwertig bitteren Aschenoten gewesen, die das Ganze dann doch etwas unharmonisch wirken ließen.

Aber Schwamm drüber: Bereits das abschließende Rhabarber-Buttermilcheis mit Himbeeren, Buttermilchperlen, grünherbem Rhabarber, gebrannten Mandeln und Oxalis mit seiner fein abgestuften säuerlichen Frische machte das genauso schnell wieder vergessen, wie die gekonnt auf Gästevorlieben zugeschnittenen Weinempfehlungen von Gastgeber Christophe Gamblin.

Oberländer Weinstube

Akademiestr. 7, 76133 Karlsruhe
☎ **0721- 25066**
www.oberlaender-weinstube.de
◐ **Di–Sa von 12–13.30 Uhr u. ab 18 Uhr,**
So u. Mo RT
Hauptgericht: 25–31 €,
Menüs: 59–89 €

Ganz egal ob in den historischen Stuben mit viel nostalgischem Charme oder in dem idyllisch-romantischen Innenhof: die zentral in Karlsruhe gelegene Oberländer Weinstube bietet ebenso uriges wie elegantes Flair. Und da passt es auch prima, dass die Location bereits auf eine längere Gourmethistorie zurückblicken kann. Zwar wird das aktuelle Konzept nach der Übernahme durch Familie Hammer ganz bewusst etwas bodenständiger gehalten als noch zu den Zeiten von Peter Rinderspacher, aber auch das Team um Jörg Hammer in der Küche und seiner Frau Diana als herzliche Gastgeberin hält den Reiz der Location weiterhin sehr hoch.

Das Gesamtkonzept stimmt einfach: die aromatisch klaren und konzeptionell zugänglichen Gerichte bieten eine hohe Grundqualität, werden mit einfachen Mitteln gekonnt auf Spannung gehalten, das Preisgefüge ist einladend und es fällt insgesamt sehr leicht, sich hier unmittelbar wohlzufühlen. Ganz gleich ob man das leicht reduzierte Angebot am Mittag oder das volle Programm am Abend genießen möchte. Der Anspruch und die Stilistik unterscheiden sich in beiden Fällen nicht wesentlich.

So konnte zuletzt auch die topfrische, nur kurz in groben Stücken nach Art eines Ceviche marinierte Rotgarnele auf einem fruchtigen Sockel gelber und roter Paprikawürfelchen ihre Qualität voll ausspielen und bekam zudem mit einem grasig-herben Olivenöl-Espuma, einem dünnen knusprigen Baguette-Chip mit Paprikacremepunkten und einer typisch gemüsefruchtig-pikanten angegossenen Gazpacho-Andaluz ein mit verhältnismäßig einfachen Mitteln abwechslungsreich gestaltetes Umfeld. Aber auch auf harmonischen Wohlgeschmack ausgerichtete Sachen wie das knusprig gebackene Ei mit zart fließendem Kern, sautiertem Blattspinat und Sojaschaum oder selbst ein herbfrischer Wildkräutersalat mit gerösteten Kernen und Ziegenkäse wirken aus der erfahrenen Hand Jörg Hammer nie eindimensional, sondern werden mit wenigen Handgriffen und guten Ideen abwechslungsreich gestaltet.

Dass dabei auch die Produktqualität stets hochgehalten wird, illustrierte zuletzt der sanft und glasig gegarte Rochenflügel, der in der Kombination mit einem cremig fließenden Erbsenrisotto, Kräuteröl, roter Paprikacreme und einer straffen und stoffigen Zitronenbutter jedoch mit kräftigeren Röstnoten anstelle seines eher milden und soften Charakters noch eindrücklicher hätte wirken können. Aber auch so war das erneut ein gekonnt konzipiertes und umgesetztes Arrangement.

Den stärksten Eindruck des letzten Besuchs gab es allerdings zum Dessert: Mit verschiedenen differenziert säuerlich-fruchtigen Zubereitungen von der Himbeere (Gel, Sorbet, Schaum, festcremige Mousse…) auf goldbraunen Crumbles entstand ein abwechslungsreicher und erfrischender Gesamteindruck, der von hellen Würfeln aus Nougatmousse genau die richtige Dosis an üppigerem Schmelz und Tiefe mitbekam – und als anspruchsvoller Nachtisch die aktuelle Bewertung endgültig wieder bestätigte.

Dazu gibt es offen ausgeschenkt eher einfache Schoppenweine, aber viele spannende Alternativen in der Flaschenweinkarte – und eine kompetente Beratung durch das auch sonst bestens umsorgende Serviceteam.

sein

Scheffelstr. 57, 76135 Karlsruhe
0721-40244776
www.restaurant-sein.de
Mi–Fr von 12–13.30 Uhr u. ab 18.30 Uhr, Sa u. So ab 18.30 Uhr, Mo u. Di RT
Menüs: 120–130 €

In einer ruhigen Wohnstraße der Karlsruher Weststadt gelegen, wird im Restaurant sein demonstriert, was moderne Gourmetgastronomie heute sein kann: entspannt und trotzdem fokussiert, stylish, aber nicht übertrieben. In der kleinen Location mit ihrem puristischen, im vergangenen Jahr schick aufgefrischten Ambiente, blanken Holztischen (aus deren Schubladen das Besteck gezogen wird), dunklen Dielen und noch dunkleren Wänden, setzen kleine Lichtspots zu gemäßigtem Loungesound die Kulinarik in Szene. Man fühlt sich vom vierköpfigen Team um Inhaber Thorsten Bender sehr persönlich betreut. Gelegentlich erscheint er selbst wie auch sein Sous-Chef am Tisch, um die Gerichte zu präsentieren oder sich ein direktes Feedback abzuholen. Zwei Menüs in sechs Gängen stehen zur Wahl, und es gibt sogar einen kleinen Mittagstisch.

Die Küche ist weltoffen, ohne einer festgelegten Stilistik zu folgen, wenngleich durchgehend ein asiatischer Twist mal mehr, mal weniger zu spüren ist. Mit einem Apero-Feuerwerk zeigte sie gleich mal, mit welcher Aromenkraft im Verlauf des Abends noch zu rechnen ist. Die sogenannten „Lustmacher" wurden ihrem Namen sehr gerecht und boten Schärfe, Säure, Süße und viel Umami. Im Einzelnen: eine Gyoza-Tasche mit Kimchi und Avocadocreme, eine Karottentartelette mit Kumquat und Verbenegel, eine Sommerrolle mit Minze und Erdnuss, ein Kohlrabiröllchen mit Wasabicreme und auf

Eis eine in Bergamotte eingelegte Birnenkugel mit Pistazie – alles natürlich getunt durch Pickels, Saucen und Suds.

Eine doppelte Portion Umami breitete sich aus bei der folgenden „Einstimmung", einem kunstvollen Aufbau (Takoyaki-Bällchen mit Kräuterseitlingen, grünem Spargel und Blüten), der nur mit einem Happs zu bewältigen und somit eine Aromenrundreise über den Gaumen war. Noch mehr verdichteten Geschmack mit langem Nachhall – wie viele Gerichte im sein – bot dazu ein Powershot mit einem Süppchen von Miso, Kokos und Orange, in dem alle Regler bis an die Grenze aufgedreht waren. Als Neutralisierer folgte ein warmes Bockshornkleebrot, obwohl: Sowohl die aufgeschlagene Fassbutter mit Kresse als auch ein grün-grasiges Olivenöl gaben ordentlich Schmackes dazu. Toller Auftakt durch und durch!

Zum ersten Gang konnte man sich etwas zurücklehnen, was wir als Teil der Dramaturgie im Sechs-Gänge-Menü sehen. Beim in Sojasauce und Yuzu eingelegten grünen Spargel mit Blüten, Knusper und Roggenbrotchip, zu dem ein Estragonsud angegossen wurde, fügte sich alles zu einem stimmigen, aber eher milden Geschmacksbild. Noch größere Zurückhaltung wurde ganz bewusst beim zweiten Gang geübt. Die Fjord Shrimps waren naturbelassen, weder mariniert noch gesalzen, sondern in ihrer unglaublich zarten Konsistenz einem Umfeld mit Buttermilchsud und Kerbelöl überlassen, das den nussig-süßlichen Geschmack ebenso sanft begleitete wie das empfohlene Upgrade mit salzarmem Imperial Kaviar aus der Hausselektion und Kerbelblättern on top. Nur ein paar Bergamotte-Spritzer sorgten für leicht ätherische Spitzen in einem naturverbundenen Wohlfühlgericht.

Im Gegensatz zur schmelzenden Buttrigkeit der Shrimps erwies sich eine gebratene Tristan Languste als etwas widerspenstig beim Zerteilen. Von der Aromatik her wurde dieses Gericht als am exotischsten, nämlich betont süßscharf, inszeniert. Dafür standen Ananas, Jasminreistee und gepickelter Minimais, vor allem aber ein Kaeng Khiao Wan, ein grünes Thai-Curry also, in dem Kokosmilch, Zitronengras und vermutlich auch der Kaffirlimette für eine frische Lieblichkeit sorgten, zu der sich hinten raus eine bleibende Schärfe durch Chili gesellte. Als beruhigenden Ausgleich mit noch etwas mehr Süße gab es in einer Schale ein Tatar der Languste, auf das ein Ananassorbet und wie auf dem Hauptteller ein Reischip gesetzt war. Auch im folgenden Signature Dish wurde mit Schärfe und Süße gespielt, hier der von Ingwer und Mango als Mousse, Chutney und Gel, aber mit einem würzigen Tom-Yam-Sud, Buchenpilzen und letztlich der jodigen Note eines Austernblatts, fügte sich alles wunderbar den beiden Hauptprodukten: einem knusprig gebratenen Stück vom Oktopus sowie vom Schweinebauch.

Als am klassischsten erwies sich das Dreierlei vom Lamm, obwohl auch hier eine exotische Note durch Kalamansigel, Salzzitrone und eingelegtem Ingwer auf geschmortem Chicorée hinzukam. Koriander – frische Blätter sowie aufgepoppter und auch in der transparenten Jus eingekochter Samen – tat das Seinige zum Asia-Touch, dennoch: Insgesamt überwiegte hier die Herzhaftigkeit des rosa gebratenen Lammrückens sowie geschmortem und gebratenem Lammbauch, ganz besonders noch potenziert in einem Schälchen mit Ragout unter einer Hollandaise.

Für einen lange nachhallenden Abschluss sorgte das Dessert aus dem vegetarischen Menü, weniger durch den griechischen Joghurt als Mousse, Sorbet und Baiser, mehr durch erneut Kalamansigel, am meisten aber durch herbsäuerliche Holunderbeeren samt Sud. Danach schloss sich der Kreis, der mit den „Lustmachern" eröffnet wurde, mit den sogenannten „Glücklichmachern", auch hier Präzisionsarbeit auf kleinstem Raum, mit einer Himbeertartelette, einer Madeleine, einem Schaumkuss mit den Aromen von Bergamotte und Kardamon sowie einem crunchy Mini-Joghurt-Eis am Stiel.

Außergewöhnlich sind die Getränke dazu: Restaurantleiterin Franziska Dufner, die eine liebevoll zusammengestellte Weinkarte mit über 250 Positionen pflegt, servierte bei unserem Besuch eine Begleitung komplett aus Magnumflaschen, die den unterschiedlichen Aromen der Gerichte gut Paroli bieten konnte. Sie ist aber durchaus in der Lage – auch dies verdeutlicht die zeitgemäße Vielseitigkeit im sein – zu jedem Gang eine passende alkoholfreie Begleitung zu mixen.

Bezahlkarten-Symbole

- Mastercard
- EC-Maestro
- Diners
- American Express
- VISA Visa

Tawa Yama fine

Amalienbadstr. 41b Bau B,
76227 Karlsruhe
☎ 0721-9098950
tawayama.de
⏱ Di–Sa ab 18 Uhr, So u. Mo RT
Hauptgericht: 44–49 €,
Menüs: 115–155 €

Die Auflösung zum exotischen Namen gleich zuerst: Tawa Yama ist japanisch, heißt „Turm Berg" und bezieht sich auf den Turmbergblick, den man von den begrünten Dächern der modernen Gebäudekomplexe aus Glas und Stahl genießen kann, in denen das Restaurant beheimatet ist. Gleichzeitig gibt der Name aber natürlich auch einen Fingerzeig auf das zeitgemäße junge Gastro-Konzept, mit dem das Team um Simon Proksha hier am Start ist. Das Mastermind hinter dem Konzept ist ein selbst an vielen anspruchsvollen Positionen erprobter Koch, hat sich hier allerdings im Team ein Stück weiter weg positioniert und für die Position am Pass mit Peter Fridén ein unter anderem bei Niklas Eksted in Stockholm, im First Floor in Berlin und bei Heinz Winkler in Aschau geprägtes Talent gesucht. Und der in Südkorea geborene und in Schweden aufgewachsene Chef prägt das kulinarische Angebot mit einer spannenden Fusion aus klassisch französischer Kochtechnik, asiatischen Aromen und einer wiederum eher nordischen Hinwendung zu Kräutern und Gemüsen.
Wenn man die Wendeltreppe in einem verglasten Rondell hoch ins Restaurant geht, empfängt zunächst der „easy" angelegte Bereich mit einem etwas zugänglicheren kulinarischen Konzept und hohem Coolness-Faktor, bevor es einen hellblau gefliesten Gang an der Küche vorbei in den Gourmetbereich des „Fine" geht. Dort wartet schlichte Eleganz in puristischem Design, das aber durch warmes Licht dennoch zum Wohlfühlen einlädt und neben einem Blick auf die verglaste Küche auch eine komplette Wand mit bestens gefüllten Weinklimaschränken bietet. Herr über die Flaschen und zugleich Restaurantleiter ist Adrian Imm, der vor allem im Aqua in Wolfsburg bei Jimmy Ledemazel eine ausgezeichnete Schule durchlaufen hat und seine Position hier mit spürbarer Begeisterung und Expertise ausfüllt.
Auf der Karte finden sich zwei maximal fünfgängige Menüs, darunter eine vegetarische Option, in der Komponenten und Ideen aus dem „All-In-Menü" in leicht modifizierter Form interpretiert werden. Was dabei bereits beim ersten Blick über die Karte auffällt und sich im Folgenden bestätigt: die Grundlinie hinter allen Gerichten ist eine zeitgemäße Ausführung klassischer Haute-Cuisine in französischer Tradition – die asiatischen Einflüsse liefern dazu eher bestimmte Färbungen und Facetten, ähnlich wie vielleicht bei Christian Bau, aber meist sogar noch mehr im Hintergrund…
Auf welchem Niveau sich das Ganze abspielt und wie feinfühlig das Team abzuschmecken vermag, zeigte schon der erste Snack in Form eines papierdünnen Tartelettes mit Rote-Bete-Confit, Walnuss und Dill-Espuma als animierender Happen mit zartem Säurespiel und elegant erdig-fruchtigen Noten. Mit dem Amuse bouche kam dann dagegen bereits ein erster kraftvoller Eindruck mit einer glasig glänzenden, reintönigen Jakobsmuschel unter nussigem Blumenkohl-Crunch, die von einem in Unami und Salz bis zum Anschlag konzentrierten Jakobsmuschel-Dashi, Shiitakestreifen sowie Pak Choi und Fingerlimes eskortiert wurde. Dabei war zwar in Summe etwas mehr Salz als nötig im Spiel, trennscharf und feinsinnig blieb der Gesamteindruck aber dennoch.
Letztlich war das aber eher ein kleiner Ausblick auf die sich steigernde Intensität im Menü, denn der erste offizielle Gang spielte wieder mit viel flirrender Leichtigkeit in Form roh marinierter Hamachi-Scheiben mit einer stattlichen Nocke Imperial-Kaviar obenauf, die von verschiedenen, gekonnt differenzierten Gurkenzubereitungen, einem Shiso-Sorbet, Daikon-Rettich und jodigen Kräutern umspielt wurden. Bemerkenswert bereits an dieser Stelle war neben der hohen handwerklichen Präzision auch der beachtliche Anspruch an die Hauptprodukte.
Entsprechend beeindruckte auch der sanft-glasig in Butter pochierte Weiße Heilbutt nebst zartem Stabmuschelfleisch durch glasklaren Geschmack und sensible Produktbehandlung. Eingefasst wurden die edlen Meeresbewohner durch einen komplexen hellen Kōji-Schaum

mit zarter Säure, Umami und Fermentationsnoten, konzentriert dunkelgrüner Spinatcreme
(plus Babyleafs) und zarte Kartoffelrondelle in
crunchy Saaten sowie haarfeines Lauchstroh.
Das Ergebnis war faszinierend vielschichtig
zwischen Kraft und Leichtigkeit eingependelt
und bewegte sich locker auf 8-Pfannen-Niveau.
Ebenfalls in diese Richtung zeigten die zwei
schmaleren Tranchen gebratener Foie gras
(nicht bestmögliche, aber dennoch sehr gute
Qualität) in dem filigran aufgefächerten Umfeld aus Rieslinggel, Traubespalten und karamellisierter Nuss mit einem hellen Zwiebel-
schaum. Das Traube-Nuss-Thema ergänzte
dabei die Stopfleber auf eher zarte Art, ohne zu
sehr in die fruchtig-süßliche Richtung zu tendieren. Verhindert wurde das vor allem auch
durch einen separaten dunkeltiefen Zwiebelsud nebst Parmesanschaumhaube, der eine
kraftvolle Dimension hinzufügte und den
Spannungsbogen erhöhte.
Als originellen und wirkungsvollen Refresher
vor dem Hauptgang schickte die Küche ein
Sanddornsorbert, dessen schnell kratzig wirkende Säure von einer weißen Mandel-/
Joghurtcreme gekonnt abgefedert und von
Malossol-Kaviar aus der eher fruchtigen in eine
jodig-nussige Richtung gelenkt wurde. Sehr
gute Idee!
Und wie dank guten Ideen auch die Arbeit mit
traditionellen Kombinationen zu spannenden
Ergebnissen führen kann, zeigte sich im Hauptgang: Knapp rosa gebratener Rehrücken mit
perfekt straff-zarter Konsistenz, einer hauchdünnen Kräuterkruste und gerösteter Haselnuss wurde hier neben erdig-ätherischem
Kohlrabi und einem Öl aus Kohlrabiblatt eine
intensiv würzige Creme aus gebackenem Sellerie, eher klare mildfruchtige Birne und herb-
säuerliche Preiselbeere zur Seite gestellt – zusätzlich aufgefrischt von einigen zarten Rosenkohlblättern. Untermalt wurde das Ganze
schlussendlich von einer transparent-kraftvol-
len, durch Essig fein zugespitzten Rehjus und
einem hellen pfeffrigen Saucenschaum. Erneut
ein beeindruckender Gang, der schon deutlich
in Richtung einer noch höheren Bewertung
zeigte.
Der einzige Gang, in dem das Potential auf
mehr nicht ganz so deutlich wurde, war
das Dessert, bei dem ein Rondell aus heller karamelliger Schokolade mit Mandelbiskuit, Feigenconfit und Feigenespuma gefüllt wurde; ergänzt von zart knuspernder Teig-Deko und
einem hellcremigen Eis aus Crème de Bresse.
Handwerklich war das so akkurat wie gehabt,
aromatisch aber insgesamt etwas zu stark auf

der milden Seite gehalten, ohne die Prägnanz
und ohne die Ecken und Kanten der Gänge
vorab.
Aber nichtsdestotrotz: ein beeindruckender
Einstand und ein spannender Ausblick auf die
weitere Entwicklung. Wenn die Gerichte noch
ein klein wenig fokussierter, weniger verspielt
und dafür noch präziser abgeschmeckt werden,
ist hier noch sehr viel möglich! Das gesamte
Team wirkt jedenfalls ebenso entspannt wie
hochmotiviert, was – nicht zu vergessen! –
auch zu durchweg anspruchsvoll gefüllten und
gut abgestimmten Weingläsern führt und eine
genauso anspruchsvolle Auswahl interessanter
Flaschenweine garantiert.

Kassel (Hessen)

Voit

**Friedrich-Ebert-Str. 86,
34119 Kassel**
☏ 0561-50376612
www.voit-restaurant.de
◷ Di–Sa ab 18 Uhr, So u. Mo RT
Menüs: 88–125 €

Durch die große Fensterfront lässt sich schon
von außen das geschmackvoll-schlichte Ambiente mit Industrial-Chic und modernem Interieur von Kassels derzeit bestem Restaurant
bestaunen. Drinnen nimmt man auf stylischem
Gestühl an blanken eingedeckten Holztischen
Platz und kann je nach Position großformatige
Bilder oder das Team um Sven Wolf bei der
Arbeit beobachten. Die kochen zeitgemäß
leicht und produktfokussiert in der Machart,
weltoffen und maßvoll experimentierfreudig
was den Stil der Küche angeht. Auf den ansehnlich aber uneitel angerichteten Tellern zeigen
sie perfektes Timing bei den Garzeiten und
Fingerspitzengefühl bei den tendenziell eher
kraftvoll und ausdrucksstark komponierten
Kreationen. Einige Offerten in dem für alle
Gäste einheitlichen Sechsgangmenü tendieren
in Richtung Fernost oder in andere exotische
Gefilde, manchmal geht es aber auch heimatlich zu und immer überzeugt das aromatisch
wie haptisch ausgewogene Ergebnis.

Kernen (Baden-Württemberg)

Kelsterbach (Hessen)

Ambiente Italiano
In der Alten Oberförsterei
Staufenstr. 16, 65451 Kelsterbach
☎ 06107-9896840
www.ambienteitaliano.de
◑ Mo–Fr von 12–15 Uhr u. ab 18 Uhr,
Sa ab 18 Uhr, So RT
Hauptgericht: 19–39 €,
Menüs: 49–105 €

Mit Gastgeber Riccardo Re und Küchenchef Pedro Fernandes zeichnen in der hübschen historischen Villa, die in Kelsterbach am Ende eines ruhigen Wohngebiets direkt am Hang mit Ausblick auf Maintal und Taunus liegt, zwei Hauptprotagonisten verantwortlich, denen gehobene Gastronomie und verfeinerte Küche am Herzen liegen und die hier seit Jahren sehr engagiert am Gast und an den Töpfen zugange sind. Pedro Fernandes beherrscht die klassische italienische Küche aus dem Effeff, hat aber auch die Gabe, sie nach seinen eigenen Vorstellungen gekonnt zu variieren. Vor dem Hintergrund, dass das Ambiente Italiano kein kleines Restaurant mit vier oder fünf Tischen, drei oder vier Servicezeiten und nur einem Menü ist, mutet das hohe Niveau der Küchenleistung umso respektabler an. Und auch die Weinempfehlungen von Gastgeber Riccardo Re, der hier eine beachtliche Weinauswahl mit deutlichem Schwerpunkt bei den Gewächsen aus seiner Heimat Italien hegt und pflegt, sind jederzeit eine separate Würdigung wert.

Die Hoteleinträge

★★★★★S	Superior
★★★★★	Unterkunft für höchste Ansprüche
★★★★	Unterkunft für hohe Ansprüche
★★★	Unterkunft für gehobene Ansprüche
★★	Unterkunft für mittlere Ansprüche
★	Unterkunft für einfache Ansprüche
🛏	Unterkunft ohne Sterne-Klassifizierung

Kernen (Baden-Württemberg)

Malathounis
Gartenstr. 5, 71394 Kernen
☎ 07151-45252
www.malathounis.de
◑ Di–Sa von 12–14 Uhr (nur auf Reservierung) u. ab 18 Uhr, So u. Mo RT
Hauptgericht: 39–42 €,
Menüs: 66–99 €

Nach einem Abend im Restaurant von Anna und Joannis Malathounis in unscheinbarer Wohngebietslage des Örtchens Kernen bei Stetten im Remstal wird klar, wie austauschbar das kulinarische Programm in vielen anderen Restaurants dieses Landes ist. Einen eigenen Stil zu vertreten und den Gast unter Verzicht auf bewährte Sicherheiten mitzunehmen auf eine abendfüllende kulinarische Reise, trauen sich ja nur wenige Küchen zu. Diese schon! Allerdings beginnt die hauseigene Selbstsicherheit schon weit vor dem ersten Gang. Das Restaurant ist klein, wird ausschließlich von Joannis Malathounis in der Küche und Anna Malathounis im Service geführt; Mitarbeiter haben die beiden nicht, was sie bei vollem Haus schon mal vor Herausforderungen stellen kann, sie allerdings auch etlicher Sorgen enthebt.
Vier Sorten Brot und erstklassiges, natürlich griechisches Olivenöl bilden die Einstimmung. Und hier wäre nun Zeit, sich mit der Weinkarte zu befassen, die dreigleisig fährt. Einerseits die Weine der Umgebung, des Remstals und anderer Regionen Württembergs; andererseits eine Fülle an Sorten aus Griechenland, die man sich erklären lassen kann (und sollte). Glasweise ist immer das eine oder andere verfügbar, aber flaschenweise wird es richtig spannend! Schließlich sind auch reichlich gute Flaschen aus anderen Teilen der Weinwelt verfügbar und mit

etwas Suche und Glück kann man Schnäppchen machen, sogar reifere Jahrgänge erleben. Dann wird es ernst, denn schon der Spargel mit Sepiaringen, angebratenem Oktopus und einem Chutney aus Zwetschgen und Orangen ist ein Hinweis darauf, was die Küche an unangestrengter Individualität leisten zu leisten imstande ist. Fester weißer Spargel, die hauchdünn geschnittenen Sepiaringe, die Knusprigkeit des zarten Kraken: Das ist ein kleines Kunstwerk an Texturen, Aromen, dem Hauch von Süße durch das Chutney, das dennoch allen Bestandteilen der Komposition genug Raum zur Geltung und Entfaltung lässt.

Auch die folgende Lachsforelle zeigt, was man aus diesem Produkt machen kann, wenn man denn nur will – und kann. Der sympathische Grieche mit dem breiten Schwäbisch kann. Und er will: Der Fisch ist enorm saftig, mariniert mit einer intensiven grünen Jus, dazu fabelhaftes, leicht rötliches und cremiges Tarama, also jene Creme auf Basis von Fischrogen, die oft penetrant schmeckt, hier aber angenehm subtil schmeckt und absolut stimmig wirkt. Ein wunderbares Spiel zwischen dem reintönigen Fisch, der balancierten Säure der Sauce, der wohldosierten Salzigkeit; auf die verschiedenfarbigen Kaviarkörner hätte man da fast verzichten können.

Die folgende Tomatenconsommé bringt den Geschmack der vollreifen Tomaten so gut zur Geltung wie möglich. Das schmeckt intensiv, konzentriert, aber nicht eben nicht überkonzentriert. Darin finden sich Erbsen, Lauch, feinste Pastaröllchen und am Boden eine in dünne Scheiben geschnittene Jakobsmuschel, die freilich mit der Zeit durchgegart ist, aber dennoch gut ihren Charakter und ihr Aroma zeigt. Grandios fanden wir die sogenannte „Delphi-Platte", ein Duo von Stifado aus Spanferkelbäckchen mit Zimt, Lorbeer, Datteln und Schalotten sowie einem knusprigen Teigblatt obenauf und dem Hohenloher Schweinefilet à part, dem ein paar Kalamata-Oliven, Salzzitrone, Pinienkerne und japanischer Knoblauch angenehme Würze vermitteln, ohne den Eigengeschmack des Fleisches zu verschleiern.

Der Fetakäse als Zwischengang vor dem Dessert ist aus einem Restaurant mit griechischer Küche wohl kaum wegzudenken – hier wird er mit Ricotta zu einer Creme verbunden, die durch Blumenkohl (!) und mit Rosmarin aromatisierten Sauerkirschen eine spannende gemüsig-würzige, aber auch dezent süße Umrandung erhält. Angenehme Frische dann zum Dessert, dem man die griechische Basis nicht wirklich anmerkt: Baiser, Creme aus weißer Schokolade, Himbeerkrokant und Erdbeersorbet zeigten aber ein gut abgestimmtes Spiel aus Süße, Frucht und Säure, waren handwerklich perfekt in Szene gesetzt. Vielleicht nicht der spannendste Gang des Menüs, aber der sehr befriedigende Abschluss eines spannenden Menüs in griechisch-mediterranem Individualstil, serviert in einem erfreulich eigenständigen und persönlich geführten Restaurant.

Kerpen (Nordrhein-Westfalen)

Schloss Loersfeld

Schloß Loersfeld, 50171 Kerpen
☎ 02273-57755
www.schlossloersfeld.de
◷ Mi–Sa von 12–14 Uhr u. ab 19 Uhr,
So–Di RT
Hauptgericht: 48 €, Menüs: 44–115 €

Weil es aktuell mal wieder zutrifft, können wir die Einleitung, die wir vor zwei oder drei Jahren geschrieben haben, diesmal fast Eins zu Eins übernehmen: Alle paar Jahre wechselt in Schloss Loersfeld mit seinem repräsentativen Park im englischen Landschaftsstil mal der Küchenchef des Restaurants, doch das Niveau bleibt stets erfreulich stabil. Und damit ist die Pointe eigentlich schon vorweggenommen, denn auch nach dem Weggang des gebürtigen Österreichers Paul Spiesberger, der die beiden kleinen hochherrschaftlichen Säle mit einem attraktiven Mix aus französischer Klassik und weltoffener Kreativität bekocht hatte, steht mit dessen Nachfolger und ehemaligem Sous-Chef Benjamin Schöneich wieder ein sehr guter junger Koch am Herd.

Bevor Schöneich in Gastgeber Thomas Belle-fontaines Gourmetschloss nahe dem Auto-bahnkreuz Kerpen anheuerte, verstärkte er un-ter anderem das Team von Joachim Wissler im Restaurant Vendôme auf Schloss Bensberg. Von daher wirkt es fast etwas ungewöhnlich, dass sich sein Küchenstil extrem klassisch prä-sentiert, doch genau diese klassisch französisch orientierte Linie passt eben ganz wunderbar an diesen aristokratischen Ort und wird hier zu-dem sehr überzeugend auf hohem handwerk-lichem und qualitativem Niveau umgesetzt.

Dass es Schöneich & Co. draufhaben, runde, ausgewogene Geschmacksbilder zu kreieren, konnte man schon im Aufwärmprogramm schmecken, das mit attraktivem Fingerfood wie strammem Max begann und mit etwas Rinder-tatar endete, das von Radicchio, Dill, Blutampf-er und Radieschen mit vegetabiler Frische be-dacht war und von Meerrettichschaum und Mayonnaise eine gewisse Süffigkeit verliehen bekam.

Das erste richtige Ausrufezeichen folgte dann gleich mit der Vorspeise, einem marmorierten „Medaillon" aus in feingeschnittenen Kräutern gewälzten und dann im Verein in runde Form gepressten Streifen vom mild geräucherten Fä-röer Lachs, dem säuerlich-fruchtig eingelegte Rettichröllchen und diverse jodige Aromen von Kaviar, Oysterleaf, Alge, Quellern und Austerncreme maritim zuarbeiteten. Unterfüt-tert von einer mit Lachsöl und geräuchertem Dillöl emulgierten Buttermilchvinaigrette war das ein großartiger Start – einzig mit dem klei-nen Schönheitsfehler, dass der Fisch stellen-weise eiskalt war.

Dem gelungenen Auftakt folgte eine nicht minder attraktive Essenz von bretonischen Fi-schen, die mit ihrer kraftvoll dunklen Farbe und ausgewogener Intensität ihren Namen bzw. ihre Bezeichnung wirklich verdient hatte. Darin als saftige Einlage ein mit rotem Man-gold umwickeltes Fischpaket aus viel Heilbutt-filet und wenig Farce, das von diversen Wurzel-gemüserauten und Ingwerjuliennes umgeben war, die in den Fluten mitschwammen.

Perfektes klassisches Kunsthandwerk zeigte im Anschluss das soufflierte Ei mit fließendem Dotterkern und homogen gleichmäßiger mous-siger Eiweißhülle. Gekrönt mit reichlich Spä-nen von über die Microplane gezogener schwarzer Trüffel und unterlegt mit seidig glat-ter Nage von Pastinaken, etwas Blattpetersi-liencreme und hauchfeinen krossen Streifen von Südtiroler Speck war auch das eine wohl-dimensionierte und sehr elegante Geschichte.

Ein im allerbesten Sinne opulenter und süffiger Klassiker erreichte uns mit der Ballotine von der Wachtel mit Gänseleberkern, die auf einem von reichlich schwarztrüffeliger Gänseleber-sauce (Sauce Périgourdine) umgebenen offe-nen Raviolo thronte, der neben Rahmwirsing noch einige gebratene Stücke von der Gänse-leber intus hatte. Sehr gut korrespondierte dazu der von Sommelier Ulrich Ternießen dazu empfohlene 2016er Gewürztraminer Hugel mit dezenter Restsüße und viel Frische, die sich hier als perfekte Ergänzung einbrachte.

Ebenfalls sehr gut, handwerklich nur ein klein wenig gröber gefasst kam die als Crépinette verpackte Roulade vom Kalbsfilet mit zweierlei Schwarzwurzel, Rosenkohlblättern und Trom-petenpilz in herbstlichem Gewande daher. Gla-sierte Apfelkügelchen und eine schöne fein-säuerliche Fruchtader in der Sauce verliehen dem naturgemäß etwas breiteren Geschmacks-bild eine ausgleichende Balance. Den Rest be-sorgte ein geschliffener Gamay-Wein der an-spruchsvolleren Sorte, der eine elegante würzig-fruchtige Saftigkeit mitbrachte und sich dem Gericht unterordnete, ohne dabei selbst unterzugehen.

Auch wenn beim Nachtisch der schokoladen-glasierte Haselnusskuchen, der mit eingelegten Birnen, Birnenkompott, einer Nougatmousse und Nussbuttereis aufs Porzellan geschickt wurde, ein klein wenig zu trocken und mampfig wirkte, erhöhen wir die zuletzt etwas nach un-ten korrigierte Bewertung diesmal guten Ge-wissens wieder auf 7 Pfannen. Und würden uns noch nicht mal sonderlich wundern, wenn Benjamin Schöneich künftig sogar noch einen draufsetzt.

Lob wie immer auch für den kompetenten und sehr zugewandten Service und die Weinempf-ehlungen von Ulrich Ternießen, der hier aus einer sehr gut strukturierten Auswahl zwischen traditionellen Klassikern und Gewächsen mo-derneren Zuschnitts aus aller Welt schöpfen kann.

Kiedricher Hof

Oberstr. 22,
65399 Kiedrich
☎ 06123-9349777
www.kiedricher-hof.de
⊙ Mo, Di u. Fr ab 17 Uhr,
Sa u. So ab 12 Uhr durchgehend,
Mi u. Do RT
Hauptgericht: 16–30 €,
Menüs: 42–75 €

In dem hübsch renovierten ehemaligen Adelshof im Herzen des bekannten Rheingau-Weinorts Kiedrich, einem hübschen Fachwerkensemble mit viel Naturstein im Lokal sowie auf der stimmungsvollen Hofterrasse, die in einen Stadel übergeht, bieten Rita und Felix Kuckein engagierte, bodenständige Gastronomie für jeden Tag. So kann man hier ganz problemlos auch nur auf eine Kleinigkeit und ein Glas Wein einkehren – auf der angenehm übersichtlichen Speisekarte findet man mit einer Handvoll Vorspeisen, zwei Suppen und etwa nochmal so vielen Hauptgerichte, die Herzhaftes aus der Region mit mediterraner Leichtigkeit verbinden, aber auch genügend adäquate Offerten, um sich selbst ein kleines Menü zusammenzustellen.

Bewirtet wird hier generell bodenständig und unkompliziert, aber trotzdem mit Niveau – gekocht wird schlicht und schnörkellos, ohne preistreibenden Verfeinerungsdrang. Handwerklich und qualitativ bewegt sich das auf sehr solidem Niveau, mit dem klaren Anspruch an Frische und Natürlichkeit der Produkte. Das konnte man zuletzt bereits sehr gut an einer Vorspeise feststellen, die sich offenbar in den vergangenen drei Jahren zum Hausklassiker

entwickelt hat: „Himmel und Erde" in Gestalt kleiner Kartoffelrösti, die jeweils mit einer Scheibe knusprig angebratener Blutwurst belegt und mit einem Apfel-/Zwiebelchutney gekrönt sind. Das ist knusprig und saftig, herzhaft und fruchtig zugleich, und bekommt von Radieschenscheiben noch eine ätherisch-frische knackige Komponente hinzu. Da wird mit einfachen Mitteln recht viel erreicht…

Das gelingt im Grunde auch mit der Cremesuppe von Sonnenblumenkernen, in der als Einlage ein mit Aprikosenkompott gefüllter Raviolo schwimmt. Allerdings hätte man sich das aromatisch relativ zurückhaltende Süppchen etwas markanter vorstellen können und ein würziger Kontrast zur vorherrschenden Fruchtigkeit und Säure der Aprikosen und einer Art Balsamessigemulsion wäre ebenfalls nicht schlecht gewesen. Aber auch auf die etwas einförmige Art machte das in seiner Natürlichkeit durchaus Spaß.

So wie auch der Fischgang um gebratene Medaillons vom Seeteufel, die ganz ohne muffige Fehltöne und in properer fleischiger Konsistenz auf etwas Wokgemüse und Basmatireis angerichtet waren. Etwas mutlos abgeschmeckt wirkte indes die begleitende Safran-Schaumsauce, die ihren Aromengeber mehr aufgrund der gelben Farbe vermuten ließ, als dass man ihn besonders eindrücklich herausgeschmeckt hätte. Aber auch hier alles sehr gefällig und harmonisch.

Wer im Hauptgang lieber Fleisch isst, hat eine größere Auswahl: Barbarie-Entenbrust mit glasiertem Sesam-Pak-Choi und Duftreis, Filet vom Kraichgauer Landschwein mit Brokkoli und Bete-/Kartoffelpüree oder Lammhüfte mit breiten Bohnen, Rosmarinkartoffeln und Thymianjus – wahlweise aber immer auch ein guter Craft-Burger, zuletzt in einer mediterranen Variante mit Tomatensugo, Parmigiano, Rucola und milder Knoblauchsauce. Und dazu gibt's eine kleine Auswahl ausgesuchter Gewächse junger, aufstrebender Winzer aus dem Rheingau. Außerdem stets sympathische Betreuung durch die Gastgeberin und ihre engagierten Kolleginnen und Kollegen.

6↑ 🍴🍴🍴

Weinschänke Schloss Groenesteyn

Oberstr. 36,
65399 Kiedrich
☎ 06123-1533
www.groenesteyn.net
⊙ Mo u. Do–Sa ab 17 Uhr, So u. Fei
ab 12 Uhr durchgehend, Di u. Mi RT
Hauptgericht: 39–48 €,
Menüs: 135–185 €

[EC] [===] [◎] **VISA** [hiHi]

In der liebevoll renovierten Weinschänke verbinden sich urig-elegantes Ambiente im Gastraum oder ein herrlicher Ausblick über die alten Dächer auf die umliegenden Rebflächen auf der Terrasse mit schnörkellos-substanzstarker Küche. Verantwortlich für Letztere ist mit Dirk Schröer ein erfahrener Könner, der bereits in Dresden und auf Burg Schwarzenstein seine Klasse unter Beweis stellen konnte und hier eine perfekte neue Heimat gefunden hat. Auf seinen Tellern setzt er auf wenige markante Komponenten in sehr guter Qualität und verzichtet völlig zurecht auf alles Dekorative und Verspielte. Wer also besonders die freigestellte Kraft und Tiefe klassischer Küche in zeitgemäßer Ausführung mag, ist hier genau richtig. Und wird zudem von dem charmanten Serviceteam um Amila Begic und vielen (auch offen ausgeschenkt) ausgezeichneten Rheingauer Weinen zusätzlich verwöhnt.

Kiel (Schleswig-Holstein)

7↑ 🍴🍴🍴

Ahlmanns

im Romantik Hotel Kieler Kaufmann
Niemannsweg 102, 24105 Kiel
☎ 0431-88110
www.kieler-kaufmann.de
⊙ Mi–Sa ab 18.30 Uhr, So–Di RT
Menüs: 72–162 €

[EC] [◎] [===] [◎] **VISA** [P] [hiHi] [K] [♿]

Ungünstige Konstellationen mit Küchenchefwechsel vor Redaktionsschluss, Lockdown, Betriebsurlaub und wiederholt ausgebuchtem Restaurant waren der Grund, warum das Gour-

metrestaurant im Romantik Hotel Kieler Kaufmann nicht nur in unserer letzten Buchausgabe, sondern auch schon geraume Zeit im Online-Guide ohne Bewertung aufgeführt war. Mittlerweile hatten wir endlich die Gelegenheit, das Ahlmanns erstmals unter der Ägide von Arne Linke zu besuchen. Der war für uns jedoch kein Unbekannter mehr, erlebten wir ihn doch schon in mehreren Restaurants in guter Form – zuletzt in der Clara in Erfurt, wo er auf ähnlich hohem Niveau gekocht hatte. Nun reüssiert der gebürtige Hamburger also in dem eleganten Zweiraumrestaurant des ersten Hauses am Platz in der schleswig-holsteinischen Landeshauptstadt und bietet dort ein für alle Gäste einheitliches maximal siebengängiges Menü, das es optional mit einer alkoholfreien Getränkebegleitung oder mit einer Weinbegleitung gibt.

Zum Aperitif zeigte das Team gleich mal, was es handwerklich draufhat und schickte vier sehr feinsinnig und präzise gefertigte, auch texturell klar durchdachte Petitessen, die aber mit sehr viel Umami und wenig Frische an dieser Stelle fast schon etwas zu mächtig waren und den Gaumen eher ermüdeten, als ihn zu animieren. Zumal danach mit Creme und Eis von der Entenleber ein Amuse-Bouche folgte, das zwar mit Gelee und Sticks von grünem Apfel auch Frischemomente hatte und generell sehr elegant und leichtfüßig daherkam, aber natürlich trotzdem auch eine gewisse cremige Opulenz mitbrachte. Und zum Erbel-Brot gab's mit Schnittlauch beflockte Salzkaramellbutter – also auch kein aromatisches Leichtgewicht.

Schön, dass schließlich zur Gelbflossenmakrele, die als zwei Tranchen eines sekundenkurz ringsum angebratenen, mit Soja lackierten und mit Sesam beflockten Stücks und als Tatar aufgeboten wurde, sehr viel Säure, Frische, Mineralität und ätherische Schärfe zugegen waren. Und zwar in Gestalt von Yuzu-Gel und einer mit Yuzu aromatisierten Vinaigrette, mit Auster und geeister Austernwasserperlen, mit mariniertem Fenchel und Wasabimayonnaise. Dergestalt war das ein sehr gut ausbalancierter, dynamischer Auftakt auf klarem 8-Pfannen-Niveau!

Der Zwischengang um Carabinero, Möhre, Kombava (also Kaffirlimette) und Bisque mit Thai-Vinaigrette wurde zunächst von einem Tatar edlen feuerroten Garnele unter einer sublimen fruchtigen Möhrenmousse eingeläutet, ehe auf dem Hauptteller mit dem gebratenen Schwanz, einer Mousse und einer kraftvollen Bisque jede Menge Krustentier-Power aufs Porzellan kam. Aufgelockert durch süßsauer eingelegte Möhrenstreifen, ein Möhrenchutney mit Mango und Passionsfrucht und die herbe zitrische Frische der Kombava war auch das ein sehr ausgewogenes Gericht mit viel aromatischer Komplexität und Tiefgang.

Als eine auf wieder sehr elegante und filigrane Art relativ deftige Angelegenheit kam das mit Romanasalat, Mayo und Schnittlauch getoppte Milchkalbsbries daher, das auf einem Röstzwiebelsud mit kleingewürfelten glasigen Röstzwiebeln thronte und von Bärlauchschaum umgeben war. Ebenfalls eher kraftvoll und würzig auch das Geschmacksbild einer wirklich erstklassigen, ganz soft in ihre festfleischigen Segmente aufblätternden Rotbarbe, die auf ihrer Hautseite mit Sobrassada-Lack eingelassen war und von einem Paellasud, einem Artischockenherz und Auberginenconfit sehr stimmig und im Grunde völlig ausreichend begleitet wurde. Durch eine glatte, dichte Auberginencreme und eine nur dezent und ohne nennenswerte Säure mit Limone abgeschmeckte Aioli wurde das Geleit aber wieder relativ mächtig. Damit kein Missverständnis entsteht: Für sich genommen sind alle Gerichte sehr stimmig. Ein leichtes Ungleichgewicht entsteht hier nun in der Gesamtschau.

Denn auch der Hauptgang war mit der standesgemäß fett marmorierten Tranche vom Roastbeef eines Wagyu-Rindes australischer Provenienz, die in Begleitung eines mit rauchiger Jus gasierten Zylinders von Topinambur-„Tatar", Buchenpilzcreme, mit Buchenpilzen vermengter Quinoa, Zwiebel und umamiwürzigem Ponzusud kombiniert war, geschmacklich eher dicht und schwerfällig als transparent und leichtfüßig. Kritik auf sehr hohem Niveau, denn an und für sich war auch dieser Gang nicht nur sehr harmonisch und ausgewogen komponiert, sondern auch optimal proportioniert. Wir wollen damit eigentlich auch nur dokumentieren, warum es unserer Ansicht nach diesmal noch nicht ganz für 8 Pfannen gereicht hat.

Im Endeffekt muss aber nur an ein paar Stellschrauben gedreht und die eine oder andere Sache überdacht werden. Etwa die schiere Menge des Vordesserts, einem mit sehr viel Schaum von griechischem Joghurt umschlossenen Sorbet von Zitrone und Olivenöl auf Olivenölsud, das zwar auch wieder sehr ansprechend und erfrischend, aber als Prädessert nach fünf oder sechs Gängen schon relativ üppig dimensioniert war. Zumal danach mit einer sehr gelungenen exotisch angehauchten Interpretation um geflämmte und mit prägnanter

Kardamomwürze zum Sorbet verarbeitete Ananas, kakaoherbe Mousse von Njangbo-Schokolade, Kokos, Passionsfrucht und Pistazie ja auch nochmal amtlicher (und sehr guter!) Nachtisch aufgefahren wurde. In Kombination mit sehr stimmigen alkoholfreien Eigenkreationen oder gut ausgesuchten Weinen macht das aber so oder so sehr viel Spaß und garantiert Genuss auf hohem Niveau.

Extrawürste 56

**Holtenauer Str. 56,
24105 Kiel**
☎ 0431-99019765
www.extrawuerste.de
◑ Mo–Fr von 11–19 Uhr,
Sa von 10–18 Uhr, So RT
Hauptgericht: 4–10 €
Variantenreiche Currywürste, Hot Dogs oder Bratwürste aus 100% reinem Fleisch von Rind, Lamm und Schwein; alles aus verantwortungsvoller Haltung und von regionalen Produzenten.

Fischers Fritz Restaurant

im Birke Hotel Kiel
Martenshofweg 2–8,
24109 Kiel
☎ 0431-5331435
www.fischers-fritz.com
⏰ Täglich von 12–14 Uhr u. ab 18 Uhr,
kein RT
Hauptgericht: 7–34 €,
Menüs: 42–44 €

Das in freundlichen warmen Gelbtönen gestaltete Restaurant im beschaulich am Stadtrand gelegenen Ringhotel Birke ist seit jeher eine zuverlässige Adresse für gediegene Bewirtung und ansprechende Frischeküche in der Landeshauptstadt. Als Gründungsmitglied der Feinheimisch-Bewegung legt der familiengeführte Betrieb großen Wert auf regional und ökologisch korrekt erzeugte Lebensmittel. Dafür hat man sich über die Jahre ein beachtliches Netzwerk an Lieferanten aufgebaut, die alle namentlich in der Karte genannt werden.

Stilistisch bewegt sich die Küche ganz unaufgeregt im bodenständig-gutbürgerlichen Bereich, macht die klassischen Zubereitungen aber immer wieder mal mit kleinen originellen Ideen interessant. So zum Beispiel das nur mit Olivenöl marinierte Carpaccio aus sehr schönem, marmoriertem Rinderfilet, dem nicht nur etwas fein gehobelter Deichkäse, sondern auch eine gebackene Kieler Sprotte herzhaft zupackend assistierten. Auch das zugehörige kleine Salatbouquet mit Brotknusper machte Spaß, weil es vielseitig und frisch arrangiert war.

Weil die Küche auf die richtigen Dinge achtet und beherzt abschmeckt beziehungsweise die Aromen gut herausarbeitet, war auch das herbe Brunnenkressesüppchen mit einer dichten Haube aus Meerrettichschaum ein Treffer. Aus

den ausdrucksstarken Fluten löffelte man auch noch ein paar milde Rauchlachsstreifen, die sich natürlich ebenfalls gut ins Geschmacksbild einfügten.

Egal ob „vor dem Deich" (Fischgerichte) oder „hinter dem Deich" (vegetarische Gerichte und Fleisch): die Sachen sind mehrheitlich von tendenziell kraftvollem Geschmack. Dem Skrei auf Weißweinrisotto etwa bringen kross gebratene Blutwurstwürfel und Spinatpesto auf Touren, das mit ausreichend Fett belassene Entrecôte von der Holsteiner Färse (mit sautierten Pilzen und Kartoffelgratin) eine pikante Café-de-Paris-Butter. Vor diesem Hintergrund waren die sehr saftigen gegrillten Filetstücke vom Seehecht mit geschmortem Vanille-Lauch, Karottenchips, Petersilienkartoffel und ausgewogener rahmiger Weißwein-Schaumsauce eher von der zurückhaltenden Sorte – schmeckten aber natürlich trotzdem sehr gut.

So wie die nicht zu fest gelierte, noch ganz leicht cremige Buttermilch-Panna-Cotta, die zusammen mit aromatischem Mandarinensorbet und einem zwar recht kompakten, aber geschmacklich sehr guten Mandelküchlein auf etwas Himbeercoulis angerichtet war. Zu alldem findet man in der Weinkarte eine schöne Auswahl ansprechender europäischer Gewächse namhafter Erzeuger und darüber hinaus sogar auch ernstzunehmende alkoholfreie Alternativen.

Die Besteck-Symbole

🍴🍴🍴🍴🍴 luxuriöses Restaurant mit höchstem Komfort und formvollendetem Service, edler Ausstattung und einer Weinkarte, die höchsten Ansprüchen genügt

🍴🍴🍴🍴 elegantes Restaurant mit hohem Komfort und exzellentem Service, sehr gute Ausstattung, hervorragende Weinkarte

🍴🍴🍴 gehobenes Restaurant mit gutem Komfort und versiertem Service, umfangreiche Weinkarte

🍴🍴 besser ausgestattetes Restaurant mit ordentlichem Service, ausgewählte Weine

🍴 schlichtes Restaurant, Gasthof oder Bar

John's Burgers

Gutenbergstr. 16, 24118 Kiel
www.johnsburgers.de
◉ **Di–Do u. So von 11.30–21 Uhr,**
Fr u. Sa von 11.30–22 Uhr, Mo RT
Hauptgericht: 9–14 €, Menüs: 11–19 €

Klassische und sehr authenthische Burger aus guten, frischen Produkten; ohne Schnickschnack, aber in perfektionierter Machart. Auch diverse Sandwiches (z. B. Pulled Pork).

KOS fine dining

Hamburger Chaussee 183, 24113 Kiel
☎ **0431-6409205**
kos-kiel.de
◉ **Mi–So ab 18 Uhr, Mo u. Di RT**
Menüs: 55–85 €

Von außen lässt der am Stadtrand von Kiel gelegene Backstein-Altbau, in dem Julian Richert, der frühere Küchenchef im Töpferhaus in Alt Duvenstedt, im Juni 2022 sein erstes eigenes Restaurant eröffnet hat, eher Backfisch und Kutterscholle im Angebot vermuten. Das ändert sich aber unmittelbar nach dem Betreten des eigentlichen Restaurants, in dem zwischen elegant grau gestrichenen Wänden das in nordisch-schlichter Eleganz gestaltete Ambiente schon viel mehr in Richtung Fine Dining zeigt. Und auch der aus dem Norwegischen stammende Begriff „Kos" (steht für Wärme, Zusammengehörigkeit...) erklärt sich so sehr gut, fühlt man sich doch hier mit chilligen Sounds im Hintergrund auf unangestrengte Art sehr schnell wohl.

Ein Blick in die Karte macht dann mit den zwei gebotenen sechsgängigen Menüs – eins vegetarisch mit teils identischen Gängen/Kompo-

nenten – endgültig klar, woher hier der kulinarische Wind weht. Und das unterstrichen dann auch die akkuraten Einstimmungen zum Aperitif, unter denen zuletzt vor allem die Tarte aus Erbse, Kokos und Zitrone mit ihrer raffiniert abgestimmten Füllung begeisterte und nur der etwas aufgeweichte Teig das Bild minimal trübte. Ein Problem, das auch ein kleiner Filoteig-Strudel mit Füllung aus Kartoffel und Schalotte teilte, während ein kühles Apfel-/Staudenselleriesüppchen mit schöner Frische und leichter Schärfe ohne Abzüge punkten konnte.

Bei der Variation von Tomate, Koriander und Feta im ersten offiziellen Gang spielte das Team dann gekonnt mit der fruchtig-säuerlichen Tomatenaromatik als Kontrast zu salzig-süß präsentiertem Schafskäse als gebackenes Bällchen, eine in Honig und Koriander marinierte Tranche und schmelzig-zartsüße Eiscreme, die sich am Ende langsam mit der klaren Tomatenessenz zu einer spannenden Melange verband. Das war zwar trotz der verschiedenen Produktvariationen gar nicht übermäßig akkurat und zugespitzt, ging aber aromatisch einfach sehr gut auf.

Aus der Kategorie „Löffel rein – viel Genuss!" stammte dann die Kombination aus gerösteten Blumenkohlröschen unter warmer Nussbutter-Espuma und geraspeltem gebeizten Eigelb, die von einem elegante Röstnoten und zarte Säure lieferndem Mandelschaum sowie den herbalen Noten von Petersilienöl und Petersilienkresse ergänzt wurden. Das bot viel geschmeidige Aromenfülle bei gleichzeitig angenehmer Leichtigkeit!

Den ersten Beweis, dass auch bei Fisch und Fleisch der Qualitätsanspruch hochgehalten wird, brachte die mit klarem Geschmack und zartem Fleisch begeisternde Rotbarbe, deren kräftigerer Charakter auf unkompliziert kontraststarke Art von Orange (Filet, Gel, Hollandaise...) und Brokkoli (geröstet, Flan, Creme) sekundiert wurde. Dabei wirkte nur die Hollandaise selbst minimal überproportioniert, ansonsten ergab sich aber wieder ein äußerst stimmiges und ansprechendes Gesamtbild.

Der gleiche Stil funktionierte aber auch bei der Liaison von Kohlrabi, Rhabarber und Aal ganz prima, weil die ätherisch-knackigen Gemüsearomen zusammen mit einer lieblichen süßsauren Fassung des Rhabarbers (als Sorbet, Chutney, Sud...) dem pochierten und in eigenes Gelee gehüllten Aal viel Frische entgegenhielten. Letztendlich sogar ein bisschen zu viel, weil die süßsaure Aromatik doch recht plakativ ausfiel...

Im Hauptgang standen rosa gebratener Rehrücken und ein saftig-krosses „Sandwich" mit

Rehfarce-Füllung neben einem erdig-fruchtigen Umfeld aus knackigen Brokkoli, Roter Bete und salzig geschmorter Kirsche, ergänzt von einer eher hellen und natürlichen Jus. Bis auf leichte Abstriche bei dem einseitig etwas lang gebratenen und deshalb minimal zu derbem Reh war auch das erneut eine erfolgreiche, auf klare aromatische Kante setzende Kombination.

Genau wie zum Abschluss das Millesfeuilles aus hauchdünnem knusprigem Kakaobiskuit, Zitronen- und Pistaziencreme und Meringues, was durch die Stapelung von knusprig mit knusprig, ein etwas schwieriges Handling bedingte, aromatisch aber durch die differenzierte Frische von Zitronenmelisse und einem üppig nussigen Pistazieneis erneut gut aufging.

Ein starker Einstand! Das Team zeigte mit seinen Gerichten schon jetzt in weiten Teilen in Richtung von 7 Pfannen und wird mit ein bisschen Tuning an manchen Details ganz sicher schon schnell dort ankommen. An der mit spannenden Weinen zu ebenso fairen Preisen wie die Menüs bestückten Weinkarte und dem aufmerksamen Service wird es jedenfalls nicht scheitern.

Mamajun

Jägersberg 6,
24103 Kiel
☎ 0431-97993135
mamajun-restaurant.de
◷ Di–Fr von 12–15 Uhr u. ab 17 Uhr,
Sa ab 17 Uhr, So u. Mo RT
Hauptgericht: 11–31 €

In angenehm klarem Ambiente bietet Viktor Gottschalks Mamajun dem Kieler Publikum ein zeitgemäßes Restaurant mit einer ebenso reizvollen wie versierten Produktküche. Und an deren Attraktivität hat sich auch rein gar nichts geändert, seit der neue junge Küchenchef Ben Oliver Timm hier am Herd verantwortlich zeichnet. Der hat sein Handwerk im Kieler Kaufmann gelernt und seine Ausbildung als Deutschlands bester Koch-Azubi abgeschlossen. Geboten wird unter seiner Ägide weiterhin eine gehobene, regional gefärbte Stilistik, die er ideenreich und weltoffen konturiert. Die konsequent klein gehaltene Karte garantiert am Abend substantielle kulinarische Eindrücke und bietet an den Werktagen zur Lunchtime Kiels besten Mittagstisch.

Manufactur

Saarbrückerstr. 3,
24114 Kiel
☎ 0175-9700323
manufactur-kiel.de
◷ So–Fr von 11–20 Uhr, Sa RT
Hauptgericht: 9–25 €

Dieser Gourmetimbiss mit kleinem gläsernem Gastraum an der Saarbrückenstraße beim Südfriedhof ist mittlerweile Kult in Kiel. Und das kommt nicht von ungefähr, denn was Inhaber Marek Klonowski hier hinter seinem Tresen in der kleinen offenen Küche tagesfrisch anbietet, ist tatsächlich langsam und frisch produziertes „Fastfood" für die Seele. Wobei das eigentlich fast zu kurz gegriffen ist, denn neben Spezialburger, Currywurst und Spießen aus ausschließlich nachhaltig erzeugtem Ursprung-Fleisch werden auf der ständig wechselnden Wochenkarte immer auch zwei bis drei Tellergerichte und ein Dessert angepriesen.

Der Burger aus reinem Ursprung-Rinderhackfleisch steckt hier zusammen mit frischem, knackigem Gemüse wie Gurke, Tomate und Zwiebel nicht in einem herkömmlichen Bun, sondern zwischen zwei Fladen, die täglich frisch gebacken werden. Und alles schmeckt so einerseits schön natürlich und andererseits herzhaft zupackend wie bei den pikant marinierten und dann am Spieß über offener Flamme rauchig-röstig angegrillten Hähnchenbrustfilets, die zum Beispiel mit einer transparent fruchtigen, nicht zu süßen und nicht überwürzten Tomaten-Mango-Salsa und buttrigem Kartoffel-/Spinatstampf sowie mannigfaltigem Gemüsesalat über die Theke gehen.

Die können genauso süchtig machen wie die mit einer gesmokten Honigsalsa glasierten Loinribs von der Färse, deren rauchig, süßlich, würzig und pikant eingelulltes (und trotzdem schön natürlich schmeckendes) Fleisch fast von selbst von den Knochen fällt und trotzdem nicht mürbe oder trocken, sondern richtig schön saftig ist. Zusammen mit dünnen, rundum krossen Röstkartoffeln eine Sache, für die wir immer wieder hierherkommen würden. Und wenn dann auch noch das homogen cremige, fast schon federleicht anmutende Tiramisu auf der Tafel angeboten wird – umso besser!

Hotelempfehlung

Birke Hotel Kiel

Martenshofweg 2–8,
24109 Kiel
📞 0431-53310
www.hotel-birke.de
Einzelzimmer: 109–165 €
Doppelzimmer: 138–190 €

Im Birke Hotel Kiel, das am ruhigen Stadtrand der Landeshauptstadt liegt, erwarten die Gäste insgesamt 94 Hotelzimmer, Suiten und Appartements mit modernem maritimem Ambiente. Alle sind mit bequemen Boxspringbetten aus regionaler Fabrikation ausgestattet, verfügen über Safe und Minibar, SAT-TV und Telefon sowie kostenfreie Hygieneartikel und sind teilweise klimatisiert. Kopfkissenauswahl oder allergikerfreundliche Bettwäsche gehört ebenso zum Service wie schnelles WLAN im gesamten Hotel. Im „Birke-SPA" mit Schwimmbad, Finnischer Sauna, Vitalsauna, Tepidarium und Soledampfbad sowie Erlebnisdusche, Kneippbecken und Wellnessgarten lässt es sich prima entspannen. In den 8 Veranstaltungsräumen bietet das Haus modernste Veranstaltungstechnik mit persönlicher Betreuung. In allen Bereichen wird höchster Wert auf Regionalität und Nachhaltigkeit gelegt. Als Gründungsmitglied

von FEINHEIMISCH – Genuss aus Schleswig-Holstein e.V. hat man sich dazu verpflichtet, mindestens 60 % des Wareneinsatzes aus Schleswig-Holstein zu beziehen. Restaurant Fischers Fritz separat erwähnt.

★★★★ S

Romantik Hotel Kieler Kaufmann

Niemannsweg 102,
24105 Kiel
📞 0431-88110
www.kieler-kaufmann.de
Einzelzimmer: 70–274 €
Doppelzimmer: 100–325 €

Das Romantik Hotel Kieler Kaufmann vereint drei unterschiedliche Gebäude zu einem großen Wohlfühl-Ensemble: mal als gelungene Verbindung von Tradition und Moderne im neuen Parkflügel, mal voller historisch eleganter Behaglichkeit in der Villa, mal in zeitgemäß klarer Wohnlichkeit wie im Marienflügel – aber überall mit dem gleichen hohen Anspruch an Design und Komfort. Das geschichtsträchtige Haus bietet zeitgemäßen Luxus und individuellen Service für private Reisen, Events, Veranstaltungen und Hochzeiten. Im „Sanctum", dem lichtdurchfluteten modernen Wellnessbereich, können Gäste in einem großzügigen Schwimmbad, einer Finnischen Sauna und einer Biosauna, im Dampfbad sowie im Ruheraum und auf der Sonnenterrasse entspannen oder aktivsein. Im „Body & Mind"-SPA können zudem exklusive Massagen und Anwendungen gebucht werden. Kulinarisch wird ebenfalls hohes Niveau geboten: vom Frühstück und den Steak- und Grill-Spezialitäten im „Kaufmannsladen" über die exquisiten Drinks im gediegenen Ambiente der Bar „Soll & Haben" bis zur anspruchsvollen Gourmetküche unter der Regie von Mathias Apelt im „Ahlmanns". Restaurant Ahlmanns separat erwähnt.

Kirchdorf (Bayern)

Christians Restaurant

Dorfstr. 1 (Navi: Alte Schulstr. 2), 83527 Kirchdorf
📞 08072-8510
www.christians-restaurant.de
⊘ Do u. Fr ab 18 Uhr, Sa u. So ab 12 Uhr
durchgehend, Mo–Mi RT
Menüs: 79–135 €

Seit einer halben Ewigkeit ist Christians Restaurant nicht nur das kulinarische Zentrum des kleinen Örtchens Kirchdorf bei Haag – was bei gefühlt drei Häusern rund um die Kirche auf dem Dorfhügel auch gar nicht so bemerkenswert wäre – sondern eine verlässliche Anlaufstelle für Genießer auch aus dem weiten Umland zwischen München, Landshut und Rosenheim. Das historische Gasthaus, das eine einzigartige genussvolle Heimeligkeit ausstrahlt, mit klassischer Holztäfelung, prunkvollen Gemälden und allgegenwärtiger Dekoration aus feinem Wein, edlen Bränden und blitzblanken Gläsern, die darauf warten, befüllt zu werden, hat einen besonderen Charme. Einzigartig sind vor allem auch die authentische, unaufgeregte Herzlichkeit (gepaart mit hoher Kompetenz) von Gastgeberin Christiane Grainer und die gänzlich von Moden und Trends losgelöste Küche des Teams um Christian Grainer, das hier seit über 30 Jahren in einer Art Wohnküche am holzbefeuerten Herd die Tugenden klassischer Kochkunst zelebriert.

Dazu gehören neben kompromissloser Produktqualität, die nicht zuletzt durch die Beschränkung auf ein tägliches maximal sechsgängiges Überraschungsmenü hochgehalten wird, insbesondere komplexe kraftvolle Saucen und der völlige Verzicht auf jede Art von aufgesetzter Spielerei oder gar Effekthascherei.
In diesem Sinn stimmte beim letzten Besuch neben einer bemerkenswert guten Brotauswahl aus autochthonem regionalem Getreide ganz passend eine meeresfrisch-jodige irische Felsenauster ganz puristisch nur mit etwas Gurken-Schalotten-Vinaigrette auf das Menü ein. Kann man machen, wenn die Qualität so gut wie in diesem Fall! Da konnten die verschiedenen Tomaten-Varietäten in der ersten Vorspeise tatsächlich nicht ganz mithalten – trotz ausgeprägt unterschiedlichem Geschmack fehlte hier im März noch ein wenig die Sonnenpower von perfekten Sommertomaten. Dafür zeigte die Kombination mit Kräuteröl und Salzflocken, die den Tomatengeschmack gekonnt pushten, cremigen Mozzarellabällchen, eher festfleischiger gebeizter Kardamom-Forelle, geröstetem Buchweizen und ein bisschen prägnantem Bärlauchpesto gewohnt sicheren Umgang mit natürlich-intensiven Aromen, die für animierende Dynamik auf dem Teller sorgten.
Eher in die gediegene Wohlfühlrichtung ging es dann beim offenen Raviolo aus zartem Kerbel-Nudelteig mit Zickleinragout. Und das ist eine Richtung, in der die Grainer'sche Küche seit jeher besonders hoch punktet. Entsprechend sorgten dann auch hier kraftvolle Tiefe, eine feine Zwiebelsüße, Kapernsäure, Kräuterduft und extra viel harmonisches Umami von soft getrockneten Tomaten für einen runden gelungenen Eindruck, der tatsächlich nichts weiter als reichlich geröstete Pinienkerne und zarte Parmesanflocken brauchte, um auf völlig unaufgeregt geschmacksstarke Art zu überzeugen.
Richtig grandios wurde es dann aber bei dem am Knochen gegarten und im Ganzen am Tisch tranchierten Kalbsrücken unter lockersaftiger Walnusskruste. Allein das zarte, saftige und intensive Fleisch samt seiner eleganten, natürlich leicht gebundenen Sauce, die in dieser hohen Qualität und Finesse auch aus der Hand von Hans Haas oder Sigi Schelling hätte stammen können, war ein Fest klassischer Kochkunst. Aber auch das scheinbar schlichte Arrangement mit zarten Karottenscheiben, grünen Schnittbohnen mit Schnittlauch für etwas grüne Frische und eine mit lebendiger Säure angereicherte Artischockencreme fügten sich überraschend feinsinnig ein. Genau wie

der von der charmanten Gastgeberin dazu eingeschenkte, mit feinkörnigem Tannin und Eleganz begeisternde sardinische Rotwein aus der Magnum. Stark!

Und auch im süßen Bereich punktete die Küche wieder mit viel klarem intensivem Geschmack anstelle technisch gestylter Optik und kombinierte ein rahmig-mildes Kamilleneis mit zart vanilleduftigem Apfel, gerösteten Piemonteser Haselnüssen und – ein klein wenig überproportioniert – zusätzliche Tiefe und Schmelz liefernde Schokoladenmousse-Nüsse mit Haselnusskern.

Für die Getränkebegleitung empfiehlt es sich entweder direkt zu Mehreren anzureisen und in der mit unzähligen raren und gereiften Weinen vor allem aus Deutschland und dem Burgund bestückten Weinkarte zu stöbern – oder sich einfach in die Hände von Christiane Grainer zu begebenen, die auch offen ausgeschenkt hohes Niveau und gekonntes Pairing garantiert.

Kirchdorf im Wald (Bayern)

Hubertus Stüberl

Schlag 36,
94261 Kirchdorf im Wald
☎ 09928-1500
www.hubertus-stueberl.com
◉ Mo, Di u. Fr, Sa ab 17 Uhr, So von 11–14 Uhr u. ab 17 Uhr, Mi u. Do RT
Hauptgericht: 11–29 €,
Menüs: 18–30 €

Passender könnte der Restaurantname kaum sein: Das Hubertus Stüberl in Schlag liegt so unmittelbar im tiefsten Bayerischen Wald, dass man tatsächlich vermuten könnte, bei einem Besuch direkt in einen Jäger-Stammtisch zu platzen. Das ist zwar eher unwahrscheinlich, aber dafür sind die gemütlichen Stuben und die ländlich-idyllische Gartenterrasse bei Wanderern ebenso beliebt wie bei Gästen, die einfach unkompliziert und gut genießen wollen.

Und das ist gut nachvollziehbar, denn die Speisekarte deckt für beide (und sicher auch noch andere) Gruppen ein breites Spektrum ab: Von ganz schlichten Wirtshausklassikern in frischer, sauberer Zubereitung bis zu so exotisch-exklusiven Produkten wie Rotbarbe und Rehrücken, die zwar auf dem Teller ebenfalls eher einfach gehalten werden, aber auf diese Art eher überzeugen, als viele überambitionierte Versuche, einen auf „Gourmet" zu machen…

Ganz gleich aber, ob man eher für ein „Schlogerer Schaufl" in Form von Schweinenackensteak mit Bratkartoffeln, Speck und Spiegelei oder doch für elegantere Kreationen einkehrt – eine fundierte und natürliche Zubereitung ist in beiden Fällen sicher. Und das zeigte sich zuletzt beispielsweise auch bei dem angenehm harmonisch und produkttypisch schmeckenden Pfifferlingssüppchen, das von gebratenem Speck, kleinen knackigen Pfifferlingen und Schnittlauch akzentuiert wurde und nur noch eine Spur mehr Säure vertragen hätte. Davon abgesehen war das aber ein souveräner Start.

Auch der gebratene Ziegenmilch-Weichkäse konnte mit feinem Schmelz und würzigem Geschmack punkten, wenngleich der begleitende Salat mit recht trockenen Croûtons sehr simpel blieb. Da hätte das Team beispielsweise mit dem Einsatz von Wildkräutern aus den umliegenden Wiesen oder einem fruchtigen Akzent noch mehr herausholen können. Die zum Brot gereichte pikante Paprikamarmelade passte, vorsichtig dosiert, gar nicht so schlecht…

Beim Flanksteak mit Süßkartoffelgratin, geröstetem Gemüse und einer recht rustikalen dunklen Jus zeigten sich danach der Anspruch an die Produkte als auch die natürliche, handwerklich saubere Arbeiten: das kernige, hocharomatische Fleisch war exakt auf dem Punkt, trotz kräftiger Röstnoten, und insbesondere das saftige Gratin bis auf die zu dunkelbrutzelige Käsekruste eine gelungene Begleitung. Die Sauce wirkte in ihrer rustikalen, eher fettig-kraftvollen Art an dieser Stelle jedoch leicht überdosiert. Eventuell hätte auch ein Dip auf Sauerrahm-Basis als Alternative dem Fleisch mehr Raum gelassen…

Dafür gelang das zarte Grießflammeri mit fruchtig-herbem Zwetschgenröster auf ganz unkomplizierte Art sehr überzeugend und schaffte einen attraktiven Abschluss sowie einen in Summe erneut überzeugenden und stimmigen Gesamteindruck, zu dem auch der herzlich-familiäre Service, spannende Craftbiere und die kleine Auswahl guter Basisweine eines befreundeten Weinguts gehören.

Kirchheim/Teck (Baden-Württemberg)

Landgasthof am Königsweg

im Hotel Landgasthof
am Königsweg
Hauptstr. 58,
73275 Kirchheim/Teck (Ohmden)
☎ 07023-9422929
www.landgasthof-koenigsweg.de
⏱ Di, Mi u. Fr–So ab 17 Uhr, Mo u. Do RT
Hauptgericht: 20–48 €, Menüs: 54–99 €

Am Fuße der Schwäbischen Alb gelegen, präsentiert sich der denkmalgeschützte Landgasthof Baujahr 1676 außen mit putziger Fachwerkoptik und verwunschenem Garten, zeigt sich innen aber erstaunlich puristisch. Für einen Schwarz-Weiß-Look sorgen der Schieferboden, schwarze Lederstühle an weiß eingedeckten Tischen und gekalkte Wände, an denen Fackeln nachempfundene schwarze Lampen hängen. Seit dem Tod des einstigen Inhabers und Gastgebers Fritz Richter war das kleine Schmuckstück eine Zeitlang unbespielt, bis im Sommer 2019 Sascha und Jenni Grampp übernommen haben, die hier auch ein beachtliches Niveau bieten.

À la carte gibt es eine kleine Auswahl an Klassikern wie zum Beispiel Wiener Schnitzel und Zwiebelrostbraten. Letzterer wird wahlweise

sogar als Wagyu-Version angeboten, punktete aber auch in der „einfachen" Rostbeef-Variante mit einer kompakten Jus, extrabreiten Spätzle, einer gebackenen Maultasche sowie Zwiebeln, die sich geschmelzt und als Marmelade auf dem Teller fanden. Der mediterrane Spargelsalat, grün und weiß, mit schmackhaften Kirschtomaten, Frisee und Frühlingslauch, überzeugte durch ein ausgewogenes Dressing mit altem Balsamico.

Richtig ambitioniert und maßgeblich für unsere Bewertung ist allerdings das Gourmetmenü in vier Gängen plus Extras, wenngleich das Amuse Bouche noch etwas üppig-profan wirkte. Aber die zwei Ravioli mit Lammfüllung auf grünen Bohnen gaben schon mal eine gute Stärkung mit auf den weiteren Weg, der als nächstes eine mächtig große Brioche direkt aus dem Ofen zu bieten hatte. Diese ließ sich nach etwas Abkühlzeit schön fluffig auseinanderziehen und mit aufgeschlagener Salzbutter bestreichen.

Der erste offizielle Gang ging so kraftvoll weiter wie das Amuse Bouche: Mit Champignons und Kräutern gespickt, breitete sich der warme und herzhafte Geschmack der Ballotine vom Schwarzfederhuhn aus. Sie lag in einem Pilzsud, der mit Scheiben von Schwarzer Trüffel die Dichte des Gerichts noch einmal verstärkte. Der Babyspinat dazwischen tat ein Übriges, denn er war in Madeira blanchiert.

Den zweiten Gang mit Gelbflossenthunfisch als Hauptprodukt hätten wir von der Dramaturgie her im Sinne von kalt nach warm und von verspielt nach kompakt eigentlich vor dem ersten gesehen. Aber durch Avocadowürfel unter der Tatarscheibe des Tuna bekam das Gericht auch etwas geerdete Cremigkeit mit auf den Weg. Für frische Leichtigkeit war eine Gurkenkaltschale zuständig, für etwas herberen Biss vier grüne Minispargelstangen und für special Effects Knusperchips und Kaviarperlen von der Heideforelle obenauf, die im Mund zerplatzten.

Perlen gab es auch als kleine Erfrischung bei den sonst eher schaumigen Rhabarvariationen zwischendurch, bevor mit dem Salzwiesenlamm so richtig in die Tasten gehauen wurde. Zum schön kernigen, akkurat rosa gebratenen Stück vom Rücken gab es auch ein rauchigknuspriges vom Bauch. Neben der Zwiebel wurde Karotte ebenso als Zweierlei inszeniert: einmal im Ganzen geschmort und als gebrannte Creme mit Bärlauchöl, das aber nur zu ahnen war. Deutlicher war die metallische Safrannote in einer leuchtend gelben Nocke aus Bio-M'Hamsa, einer handgerollten Couscous-

Variante, die sich als guter Begleiter zum Lamm erwies.

Für das Dessert muss in der Küche ziemlich gewerkelt worden sein, denn es gab ein schönes Erlebnis an Texturen und Aromen rund um die Erdbeere, die in kleinen Würfelchen auch dehydriert und mit Zitrone aromatisiert wurde. Neben dem Ragout lag eine weiße, schockgefrostete Schokoladenkugel mit Erdbeeren im Inneren. Als Füllung eines Cannellono aus Erdbeerkaramell steckten im Ricotta noch einmal kleine getrocknete Stückchen. Für zusätzlichen Knuspereffekt sorgte ein Nest aus Engelshaar, als herb-säuerlicher Ausgleich erfrischte ein Basilikum-/Zitronen-Eis.

Die Weine orientieren sich wie die Speisen am einerseits gutbürgerlichen Niveau mit einer ordentlichen Auswahl an offenen Positionen. Andererseits werden zu den Gängen des Gourmetmenüs aber auch Weine jenseits der üblichen Verdächtigen in die Riedel-Gläser eingeschenkt – wie zum Beispiel ein Rivaner von der Luxemburger Domaine Krier-Welbes oder ein Pinot Nero von der Cantina Schreckbichl in Südtirol. Mit Spannung werden wir die weitere Entwicklung im Landgasthof verfolgen. Ein Königsweg könnte bei aller Wucht der Gerichte noch etwas mehr Leichtigkeit sein.

Hotelempfehlung

Hotel Landgasthof am Königsweg

Hauptstr. 58,
73275 Kirchheim/Teck
(Ohmden)
☎ 07023-9422929
www.landgasthof-koenigsweg.de
Einzelzimmer: 88 €
Doppelzimmer: 128 €

Dieses kleine und sehr individuelle Hotel im beschaulichen Ohmden, mitten im Biosphärengebiet sowie am Albtrauf der Schwäbischen Alb, residiert in einem stilvoll restaurierten Fachwerkhaus aus dem Jahre 1672, das unter Denkmalschutz steht. Die 8 modernen, zwischen 21 und 30 m² großen Komfortzimmer auf drei Etagen sind stilvoll eingerichtet und verfügen teilweise über Holzböden und hohe Balkendecken, bieten kostenloses WLAN und sind je mit einem Schreibtisch und einem mo-

dernen Flachbildfernseher ausgestattet. In der näheren Umgebung befinden sich mehrere Ausflugsziele wie z. B. die 14 km entfernte Burg Teck aus dem 14. Jahrhundert. Durch die Nähe zu Kirchheim unter Teck, zur Messe Stuttgart (22 Autominuten), sowie dem nur 4 km entfernten Autobahnanschluss Aichelberg der A8 Stuttgart-München finden hier auch Geschäftsreisende die perfekte Unterkunft. Im Restaurant, wo das Team die Gerichte der Region modern präsentiert, wird viel Wert auf Regionalität und Saisonalität gelegt. Restaurant Landgasthof am Königsweg separat erwähnt.

Juwel

im Hotel Bei Schumann
Bautzener Str. 74,
2681 Kirschau (Schirgiswalde)
☎ 03592-5200
www.bei-schumann.de
☯ Do–Sa ab 18 Uhr,
So–Mi RT
Menüs: 130–184 €

Der weitläufige Wellness-Hotelkomplex von Familie Schumann hat seit langem nicht nur einen ausgezeichneten Ruf für entspannte Alltagsfluchten mit viel Komfort und einem vielgestaltigen Angebot, sondern ist mit seinem Gourmetrestaurant auch für Genießer überregional ein fester Anlaufpunkt. Daran hat sich auch nichts geändert, seitdem Robert Hauptvogel von der Position als Sous-Chef an die Pole Position gewechselt ist, wie sich bereits bei unserem letztjährigen Testbesuch gezeigt hatte. Und Restaurantleiter und Sommelier in Personalunion Patrick Grunewald steht als charmanter und humorvoller Gastgeber sowieso für kompetenten Rundum-Komfort und eine angenehme, lockere Atmosphäre.

So wundert es nicht, dass in dem extravaganten und stylischen Ambiente zwischen schwarzem Mobiliar, glänzendem Silber und blitzendem Edelstein auch nach diversen Corona-Zwangspausen das Konzept unverändert ambitioniert geblieben ist. Mit einem flexibel anpassbaren Menü in maximal 7 Gängen, das erneut mit einem zunächst am Tisch präsentierten Brot-Teigling begonnen hat, der dann wenig später knusprig fertiggebacken zurückgebracht wird. Gemeinsam mit einer hochkonzentrierten, aber dennoch eleganten Hühnerbrühe mit zarten Gemüsestreifen, Glasnudeln und einem asiatischen Grundton von Zitronengras, Chili, Ingwer und schwarzen Sesam war das ein kraftvoller und (herz-)wärmender Start in das winterliche Menü.

Beibehalten wurde auch die Idee, im ersten Gang die jeweilige Saison mit einem arrangierten „Garten" schmeckbar zu machen. Der aktuelle Wintergarten schaffte das als wildes Arrangement aus knusprigen, stückigen und cremigen Zubereitungen – jeweils akkurat und intensiv! – von Topinambur, Blumenkohl und Maronen nebst herb-säuerlicher Hagebuttencreme und einem milden Rapsöl-Malto als optischen „Schnee-Effekt" ganz ausgezeichnet. Aromatisch bewegte sich das Ganze zwischen verschiedenen nussigen und herben Facetten und ergab zusammen mit der großen Texturenvielfalt einen höchst kurzweiligen Einstieg ins Menü.

Weniger verspielt, aber nicht weniger abwechslungsreich, setzte das Team danach sous-vide temperierten Lachs mit softem Fleisch quasi als schmelziges Tableau für verschiedene teils jodige, teils umamistarke Algenkomponenten (Wakame, Algenchips, klarer Nori-Sud…) und fleischige Austernpilzstreifen ein. Dazwischen blitzte ein Gurkengranité mit kühler Frische, während dünnes Gurken-Baiser (etwas zu) deutliche Süße einbrachte und Kaviar die nussig-jodige Seite verstärkte. Das funktionierte grundsätzlich prima, nur bei dem etwas derb wirkenden und soften Fisch selbst wäre von der Produktseite her noch mehr möglich gewesen, um Lachs bestmöglich zu präsentieren.

Im folgenden vegetarischen Intermezzo stellte sich die Produktfrage naturgemäß weniger und doch fehlte es dabei an nichts. Im Gegenteil: das akkurate Ensemble aus cremiger, knuspriger und in Haselnuss-Powder gewälzter Schwarzwurzel in Zusammenspiel mit konzentriert herben halbgetrockneten und pulverisierten Cranberries sowie gerösteter Piemonteser Haselnuss ergab schon so einen spannungsreichen Eindruck – wurde aber von einer eher als schaumige Sauce denn als Suppe fungierenden Schwarzwurzelvelouté mit deren typischer säuerlich-nussiger Aromatik nochmal gekonnt angehoben und beflügelt.

Genauso überzeugend wirkte dann auch der auf der (leider nur bedingt krossen) Haut gebratene Skrei in einem faszinierend gelbfruchtig-säurefrischen Umfeld aus einem leicht gelierten Quittenfond, kräftig gerösteter Kerbelwurzel und nussigem Pesto aus Sonnenblumenkernen und Quitte sowie einer abpuffernd milden schaumigen Fischsauce. Hier zeigte sich insbesondere, wie individuell und gekonnt das Team in seinen starken Momenten und modernen Techniken arbeitet.

Im Hauptgang klappte das nicht ganz so gut. Zwar hatte die aromatische Grundidee, eine klassische Wild-Kombination mit Birne und Rotkohl originell zu variieren, durchaus Potential, allerdings machte der sous-vide gegarte, kurz arrosierte und unter eine üppige Kruste aus Panko und Kakaobohne gepackte Rehrücken auf diese Art einen etwas dumpfen und matten Eindruck. Er war durchaus zart und fein, aber eben nicht so saftstrotzend straff und charakterstark, wie es im besten Fall möglich wäre. Die Umgebung erhielt einerseits durch ein Gel aus Sushi-Ingwer und eine transparente, nicht zu kräftige Wildjus spannende Dynamik, wurde durch die süßlich glasierten Birnenstücke und den (auch als Gel und Mousse verarbeiteten) eher klassischen und gröberen Rotkohl als Sockel wieder leicht ausgebremst. Letztlich hätte es aber hier auch nur leicht verschobene Proportionen gebraucht, um die Idee voll wirksam werden zu lassen.

Einen erfreulich frischen und – trotz des Winterthemas – lebendig-leichten Abschluss präsentierte die Patisserie dann mit einer Müsli-Interpretation aus (kaum gesüßtem) luftigem Quark. Dessen satte Cremigkeit wurde von duftiger Kiwi, feinbitterer Orangenmarmelade, herben Zitruszesten und knusprig gedörrten Kiwi- und Orangenscheiben geschickt aufgebrochen und bot zusammen mit crunchy Cerealien von Amaranth bis Weizenpops unkomplizierten und doch anspruchsvollen Löffelspaß.

Für eine andere Art von Spaß, nämlich den im Glas, sorgt wiederum Patrick Grunewald mit durchweg niveauvollen Weinempfehlungen, die nicht einfach nur „gut passen", sondern oft sogar eine wichtige Bereicherung für die einzelnen Gerichte darstellen – indem sie Säure oder Schmelz ergänzen, die auf dem Teller selbst sonst nicht so präsent sind.

Hotelempfehlung

★★★★ S

Hotel BEI SCHUMANN

Bautzener Str. 74,
2681 Kirschau (Schirgiswalde)
☏ **03592-5200**
www.bei-schumann.de
Einzelzimmer: 95–260 €
Doppelzimmer: 174–756 €

Das vom bekannten Architekten Max Hans Kühne in den Jahren 1921 bis 1923 erbaute romantische Jugendstil-Schlösschen liegt inmitten der malerischen Landschaft der Oberlausitz, deren Schönheit man während eines Spazierganges oder einer Radtour entlang des Spreeradweges, welcher unweit des Hotels beginnt, eindrucksvoll erleben kann: Sanftgrüne Wälder und Wiesen durchziehen die Landschaft und reiche Kulturschätze erzählen von einer bewegten Vergangenheit. Unter der Ägide der heutigen Inhaber Petra und Rüdiger Schumann wurde das Haus mit sehr viel Liebe zum Detail in ein komfortables Hotel verwandelt. Die insgesamt 63 Zimmer und Suiten sind allesamt individuell gestaltet und liebevoll ein-

gerichtet. Sie bieten vom heimelig-komfortablen Einzelzimmer bis zum Luxus-Doppelzimmer mit offenem Kamin und eigener Sauna auf der Terrasse ein breites Angebot für verschiedenste Ansprüche. Im römischen SPA-Tempel stehen den Gästen neben dem Schwimmbad Sudatorium, Heu-Sauna, Binsenkammer, Salzstollen, Dampfbad, Infrarotkabine und Bio-Sanarium zum Entspannen zur Verfügung. Mit dem neuen modernen Hotelanbau wurde das Angebot des Hauses durch weitere Deluxe-Zimmer, eine „Private SPA"-Etage, einen spektakulären Infinity Pool und einen Eventbereich erweitert. Auch die Kulinarik hat in verschiedenen Restaurants und einer gemütlichen Bar seit jeher einen hohen Stellenwert. Gourmetrestaurant Juwel separat erwähnt.

Koblenz (Rheinland-Pfalz)

Da Vinci

Deinhardplatz 3,
56068 Koblenz
☏ **0261-9215444**
www.davinci-koblenz.de
☾ **Mi–So ab 17.30 Uhr,**
Mo u. Di RT
Menüs: 129–158 €

Die zentrale Lage am Deinhardplatz, die großzügigen Räumlichkeiten, das elegante, zeitgemäße Interieur und der hohe Eigenanspruch, mit dem das Lokal bespielt wird, machen aus dem Da Vinci in Koblenz das sprichwörtliche erste Haus am Platz. Dazu passt auch die ambitionierte Küche, die hier exklusiv in Form eines wahlweise sechs- oder achtgängigen Menüs kredenzt wird, das überwiegend mit Edelprodukten gespickt ist. Und auch sonst steht für den Gast von den aufwendigen Amuses-Bouches bis zum opulenten Outtro außer Frage, dass er in einem klassischen Gourmetrestaurant sitzt. Und man merkt es auch zwischendrin auf jedem Teller, die allesamt sehr harmonisch komponiert, akkurat ausgeführt und kunstvoll angerichtet sind – auf klassischer französischer Küchenbasis, aber mit guten eigenen Ideen gespickt. Als Gesamtpaket mit dem sehr aufmerksamen Service und den stimmigen Weinempfehlungen aus einem international sehr gut bestückten Keller eine absolut runde Sache.

Schiller's Manufaktur

Mayener Str. 126,
56070 Koblenz
📞 0261-963530
www.schillers-restaurant.de
⊘ Mo–Sa ab 18 Uhr, So RT
Hauptgericht: 24–60 €,
Menüs: 48–99 €

Sollte Mike Schiller mal auf der Suche nach einer neuen Überschrift für sein Kulinarium sein, wäre ein Antiken-Klassiker wie „Nichts ist so beständig wie der Wandel" keine schlechte Wahl. Was nur positiv gemeint ist, denn nachdem uns beim Besuch in der vorhergehenden Saison das neue Konzept mit einem rein vegetarischen Menü sowie Fisch und Fleisch nur im à-la-carte-Angebot so sehr überzeugte, dass die Aufwertung nur noch Formsache war, besann sich die Küche kurzerhand nun doch wieder darauf, auch ein großes omnivores Menü anzubieten. Die äußerst ansprechende vegetarische Alternative, die für uns in Deutschland zu den besten fleischlosen Angeboten auf Gourmetniveau zählt, gibt es aber unverändert – darüber hinaus ein breit aufgestelltes Single-Dish-Programm.

Als willkommenes „Überbleibsel" des erzwungenen Lockdowns kommen Stammgäste zudem auch weiterhin in den Genuss der „Manufaktur"-Abteilung des Hauses, die etliche Gerichte und Zutaten als Take-Away-Angebote offeriert und somit weiterhin als zweites kulinarisches Standbein genutzt wird. Eine Neuerung, die wahrscheinlich nur die wenigsten Kollegen genauso erfolgreich auch nach Ende der Pandemie umsetzen und auch personell stemmen können – zudem ein klares Statement des tatkräftigen Teams um den erfahrenen Chef am Herd.

Und dass der weiterhin für seine Gäste und nicht für die Galerie kocht, ist ebenfalls keine Floskel. Denn schon das als „Unsere Klassiker" annoncierte Amuse-gueule-Trio machte deutlich, dass sich das Team nicht partout kreativ ausleben will, sondern auch liebgewonnenen Gästefavoriten gerne eine Bühne bietet. Zwar nicht mehr als vollwertige Gänge im Menü, aber eben als Miniaturen vorweg. Wenn das dann so aussieht, wie bei der herrlich präsenten, zwischen cremigen und stoffigeren Bereichen changierenden Gänseleber, die mit etwas Portweingelee akzentuiert war, oder dem Hausklassiker, einer safransatten, perfekt jodierten Bouillabaisse im kleinen Töpfchen, bleiben bei Stammgästen wie Newcomern keine Wünsche offen und kein Gaumen trocken. Das ist souverän inszenierte Klassik, über die Jahre perfektioniert und als Auftakt schon mit klar positionierter Messlatte für das restliche Programm.

Und die Latte wurde dann ganz locker auch vom Eismeerlangusten-Tatar nebst on top drapiertem Imperial-Kaviar sowie kross frittierten Langustentaschen mit Sauce Gribiche auf dem Satellittenteller übersprungen. Denn das punktuell vielleicht ein wenig zu beherzt mit Salz beflockte, ansonsten aber ganz traditionell und elegant mit Crème fraîche und Limettenabrieb angespitzte schmelzige Podest für Krustentier und Kaviar lieferte nicht nur eine opulente Menge an exquisitem Inhalt, sondern zeigte eindrücklich, dass die Küche mit den eingesetzten Edelprodukten eben auch kongenial umzugehen weiß.

Fast noch klassischer, aber eben auch mit gekonnt öffnenden asiatischen Einsprengseln interessant gestaltet, war der meisterlich komponierte „Pot au feu von Land und Meer", bei dem ebenfalls keine Kosten gescheut wurden: Die Melange von gebratener, schön zartcremiger Foie-Gras-Scheibe, zartmürber Hummerschere, authentisch texturierendem Hahnenkamm, einseitig angebratener Jakobsmuschel und gekochtem Schweinebauch lieferte aromatisch satten und sehr abwechslungsreichen Inhalt, der von einer keck angeschärften glasklaren Consommé umspült und mit Koriander, Ingwer und Chili asiatisch akzentuiert wurde. Gerade hier wurde deutlich, was die Küche auszeichnet: kein Element wirkte überflüssig oder zu bloßem Dekor degradiert, im Gegenteil, erschien der gesamte Gang im besten Sinne aufgeräumt und traf klare geschmackliche Aussagen. Ein in dieser Hinsicht unbedingt nachahmenswerter Ansatz, klassische Kreationen nicht bemüht zu modernisieren, sondern mit Augenmaß und Blick fürs Detail gerne variantenreich, aber dennoch authentisch zu inszenieren.

Ganz ohne Twist, aber ebenfalls souverän in sich ruhend und gerade deshalb so überzeugend, zeigten auch die beiden Hauptgänge, warum die Fokussierung auf die rein vegetarische Menüvariante zwar viel Genuss ermöglicht, die Küchenkompetenz aber nicht in ganzer Bandbreite zur Geltung bringen kann. Denn zur kross auf der Haut gebratenen, innen saftig aufblätternden Tranche vom wild gefangenen Zander durfte den Fisch ein herrlich fettschmelziges Kalbskopfragout authentisch unterfüttern, während das klug aufs Wesentliche reduzierte Begleitprogramm aus Blattspinatraviolo, Artischockenvierteln und Salicornes nebst einer abrundenden Beurre blanc sich nicht polternd in den Vordergrund drängte, aber stets wahrnehmbare Ecken und Kanten lieferte. Klingt nach alter Schule – und will auch genau das und eben nicht mehr sein! In dieser Form auf jeden Fall ein Gang, der mit jeder Gabel Werbung für eine Küche jenseits von Food-Porn-Ästhetik und Social-Media-Aufmerksamkeits-Attitüde machte. Chapeau!

Mit den Lammvariationen von der Schäferei Gierden aus Lahnstein inszenierte Mike Schiller gekonnt den „Nose-to-tail"-Gedanken, indem er von zart knackiger Zunge über rosa gebratenen Rücken und geschmorte Schulter bis zum Bries-Crostini das Tier in vielen Facetten aufs Porzellan brachte. Und zu diesem über alle Zweifel erhabenen Fleischquartett brauchte es dann auch nicht mehr als ein hauchfein aufgeschnittenes rohes Kohlrabi-Carpaccio, welches lediglich durch eine tiefgründige Lammjus dezent erhitzt und von rohen und nicht wie angekündigt glasierten Radieschen begleitet wurde – was den hervorragenden Gesamteindruck aber in keiner Weise schmälerte.

Etwas unerwartet war zuletzt gerade das Dessert aus dem Gartenmenü, das wir als spannendere Alternative zum süßen Abschluss des klassischen Menüs wähnten, nicht ganz auf Augenhöhe mit den vorausgegangenen Kreationen. Zu weit lagen da ohne verbindende Brücken die plakativ süßen Kugeln aus weißer Schokolade und eine recht sperrige Selleriemousse auseinander. Und auch ein wenig ausdrucksstarkes Waldmeistergelee sowie ebenfalls eher blasse Campari-Perlen lockerten das Ganz nicht wirklich auf und blieben letztlich ohne verbindenden Bezug zueinander.

Ganz und gar nicht bezuglos ist schon seit jeher die Bestückung der Weinkarte, auf der bewusst die nahegelegenen Anbaugebiete an der Mosel oder im Rheingau in den Mittelpunkt gesetzt werden, aber auch (zumeist hochpreisigere) Alternativen aus dem Ausland zur Wahl stehen.

Verbene

**Brunnenhof Königspfalz 1,
56068 Koblenz**
0261-10046221
www.restaurant-verbene.de
 Mi–Sa ab 18 Uhr, So–Di RT
Menüs: 69–136 €

Etwas versteckt in der Koblenzer Innenstadt gelegen, empfängt das Restaurant Verbene seine Gäste in einem kleinen gemütlichen, geschmackvoll eingerichteten Gastraum mit dunkler Holzbalkendecke und bequemen teils velours- und teils lederbezogenen Schalensesseln an blanken Holztischen. So zeitlos, stilvoll und unprätentiös wie das Ambiente präsentiert sich auch die Küche, die hier dem mittlerweile weitverbreiteten Ein-Menü-Konzept folgt und mit zusätzlichen optionalen Add-Ons wie Käse bis zu neun Kleinigkeiten pro Abend bereithält. Und Kleinigkeiten ist durchaus wörtlich zu nehmen, denn viele der Teller aus der Küche von David Weigang, insbesondere die gemüselastigen Vorspeisen und Zwischengerichte, sind tatsächlich so dimensioniert, dass sieben Gänge auch von Normalessern spielend zu bewältigen sind.

Mit einer von intensiver gefriergetrockneter Tomate aromatisierten Ziegenkäsecreme vom bekannten Eifeler Vulkanhof nebst kleinen schwarzen, mit Kräuterstaub bepuderten Brötchen ging es beim letzten Mal schon recht originell inszeniert los. Und man erkennt gleich, dass hier auch das Auge mitessen soll. Die artifizielle Ader der Küche wird auch bei dem als

„Zwiebelkuchen mit Périgord-Trüffel" annoncierten Apero-Snack offenbar, der – etwas ungewöhnlich – als separat mit knapp 10 Euro bepreiste Option angeboten wird. Und vor diesem Hintergrund wirkte der winzige Happen in Gestalt eines mit flüssiger Zwiebelcreme gefüllten und mit einem Häubchen aus komprimierten gehobelten Trüffelscheiben getoppten Knusperkissens irgendwie etwas seltsam – hatten wir aufgrund der Tatsache, dass es sich hierbei um ein optionales Special gehandelt hatte, doch irgendwie etwas Generöseres erwartet. Schmackhaft und raffiniert war's trotzdem. Und solche preziösen Miniaturen sind auch irgendwie typisch für den Stil der Küche, die auch auf den anderen Tellern eher schlanke Nouvellen als opulente Gourmandisen im Sinn hat.

Während die punktuell mit intensivem säuerlichem Gel von getrockneten Aprikosen akzentuierte Cremesuppe von gelben Linsen, in der auch ein sehr kleines, mit Karottenstroh und Calendula-Blütenblättern dekoriertes Falafelbällchen schwamm, raffinierter geschmeckt hat, als sie aussah, verhielt sich das beim Rosenkohl mit brauner Butter und karamellisierter Birne eher umgekehrt: Das locker-flockig angerichtete Zwischengericht aus Rosenkohlblättern, zwei mit einer von Nussbutterbröseln dominierten Masse gefüllten Rosenkohlköpfen, relativ naturbelassen wirkenden Birnenstreifen, Schnittlauchcremetupfen und Schnittlauchöl sowie einer schaumigen, final am Tisch angegossenen Beurre blanc sah nämlich nicht nur interessant aus und wirkte auch von der grundsätzlichen Idee her spannend, war nach unserem Eindruck geschmacklich aber nicht ganz ausgereift und wirkte am Gaumen zu breit und stumpf. Da fehlte nicht nur eine prägnante Säure, die wir uns beispielsweise von der Beurre blanc erhofft hatten…

Man erkennt auf jedem Teller, dass das Team hier viel auf der Pfanne hat. Doch es wirkt manchmal so, als ob hier nicht nach dem klugen Prinzip „Form follows function" agiert wird, sondern genau umgekehrt. So konnte sich etwa das ziemlich gespreizte Kleinklein bei verschiedenen Stücken, Creme, Rohkostsalat und Butter vom Kürbis, die nebst Kürbiskernpistou, winzigen Blätterteigkissen und der dezenten Würze von Dukkah auf den Teller dekoriert waren, auch nicht dergestalt entfalten und präsentieren, wie das mit einer fokussierteren Umsetzung sicher möglich gewesen wäre.

Und wie das viel besser funktioniert, bewies die Küche im Anschluss gleich sehr eindrucksvoll selbst. Nämlich in Gestalt eines kreisrun-

den akkuraten Schichtwerks aus Kartoffel-Selleriestampf, sehr saftigen und prononciert gewürzten Stücken vom Seeteufel, einer Scheibe von gerösteter Sellerieknolle und mit Dillpulver bestäubten Feldsalatblättern, die das Ganze dachziegelartig bedeckten. Umgeben von einer ausdrucksstarken cremigen Feldsalatsauce auf Fischfondbasis ergab sich hier ein klares, pointiertes Geschmacksbild mit sehr schön herausgestellten Aromen und gut gewählten Proportionen in saftig-süffiger Art.

Auch beim Hauptgang, in dessen Mittelpunkt ein mit Trompetenpilzkruste gratinierter Rücken und etwas Ragout vom Reh standen, war ein gelungen puristischer und zugleich klar auf den Punkt gebrachter Hauptgang: Nur von einer Art gebratener Steinpilz-Grießschnitte und guter Wildsauce mit Brombeere begleitet, ragte hier insbesondere das straff und saftig anmutende kurzgebratene Fleisch besonders hervor. Das à part mit etwas Brombeere servierte Ragout wirkte daneben zwar einen Tick zu trocken und mürbe und auch die etwas kompakte, mampfige Schnitte, auf der die gebratenen Steinpilze thronten, hätte noch etwas saftiger und fluffiger sein können, konnten aber den guten Gesamteindruck nicht wirklich trüben.

Sehr gut hat auch beim Nachtisch das Ineinandergreifen von cremiger und knuspriger Topinambur, geschmortem Apfel und fruchtigem Petersiliensorbet funktioniert, die hier auf Schokoladenerde ausgebreitet waren und sowohl geschmacklich als auch haptisch als rundum harmonisches Dessert überzeugten. Überzeugend sind übrigens auch die glasweisen Weinempfehlungen, die mit erkennbar viel Expertise dargebracht werden. Daneben gibt es auch eine spannende alkoholfreie Getränkebegleitung.

Die Hoteleinträge

★★★★★S	Superior
★★★★★	Unterkunft für höchste Ansprüche
★★★★	Unterkunft für hohe Ansprüche
★★★	Unterkunft für gehobene Ansprüche
★★	Unterkunft für mittlere Ansprüche
★	Unterkunft für einfache Ansprüche
🛏	Unterkunft ohne Sterne-Klassifizierung

Köln

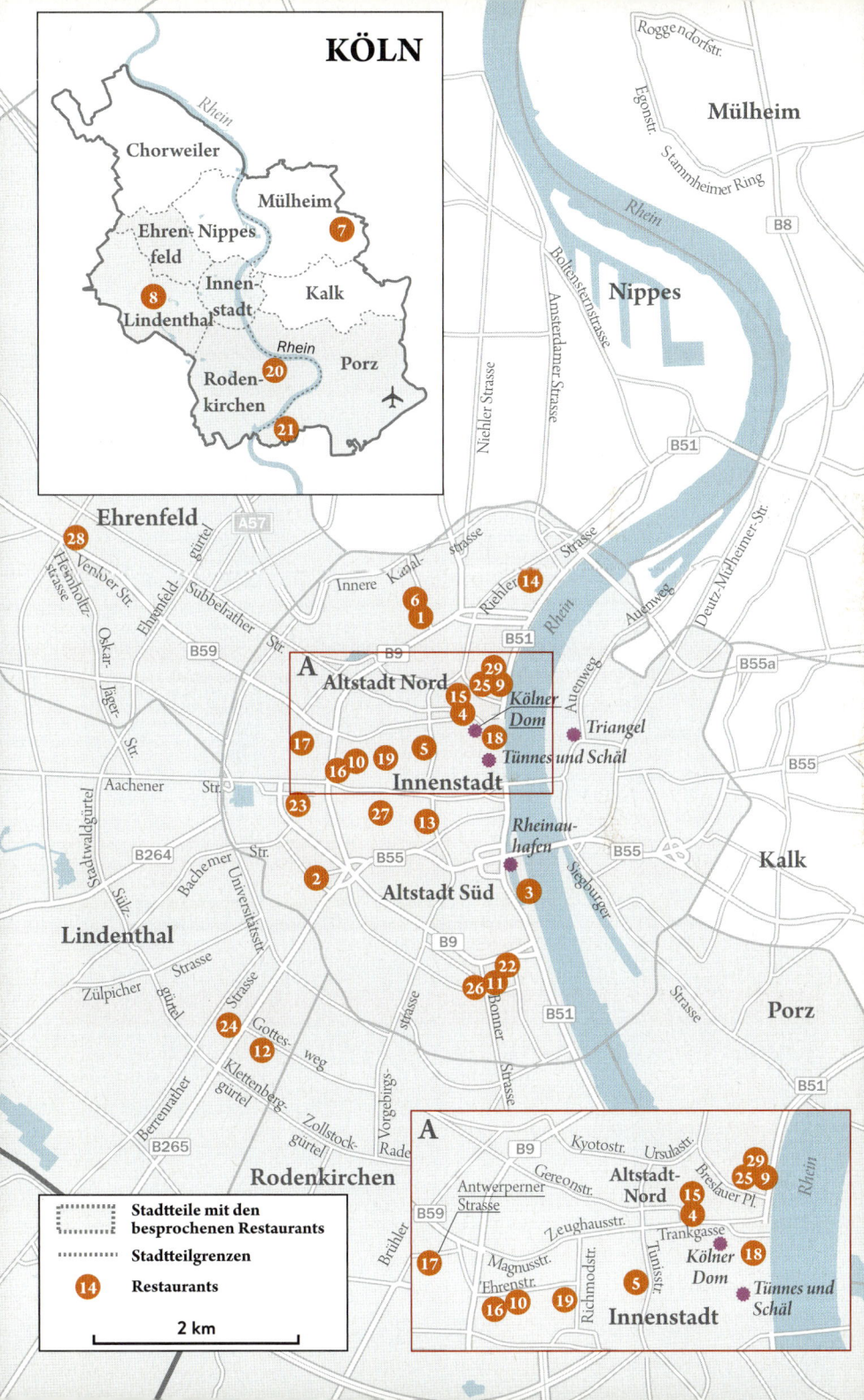

KÖLN

Chorweiler

Rhein

Mülheim

Ehren-feld

Nippes

Innen-stadt

Lindenthal

Kalk

7

8

Rhein

Porz

Roden-kirchen

20

21

Ehrenfeld

28

A57

Venloer Str.

Hornholtz-straße

Ehrenfeld-gürtel

Subbelrather Str.

B59

Oskar-Jäger-Str.

Innere Kanal-strasse

Riehler

Strasse

Rhein

6
1

14

Niehler Strasse

Amsterdamer Strasse

Bottlensternstrasse

Rhein

Mülheim

Roggendorfstr.

Egonstr.

Stammheimer Ring

B8

Nippes

B51

Deutz-Mülheimer-Str.

A

Altstadt Nord

B9

B51

29
25 9

15
4

Kölner
Dom

18

Triangel

Tünnes und Schäl

Auenweg

B55a

B55

Kalk

17

Aachener Str.

16
10
19

5

Innenstadt

23

27

13

Rheinau-
hafen

Siegburger

Stadtwaldgürtel

B264

Bachemer Str.

Universitätsstr.

2

B55

Altstadt Süd

3

B9

B55

Porz

Lindenthal

Zülpicher gürtel

Strasse

Gottes-weg

strasse

22

26 11

Bonner

B51

Strasse

Berrenrather gürtel

Klettenberg-gürtel

Zollstock-gürtel

24

12

Vorgebirgs-

Rade-

Str.

B51

B265

Rodenkirchen

A

Brühler

B59

Antwerpener
Strasse

B9

Kyotostr.

Gereonstr.

Ursulastr.

Breslauer Pl.

Altstadt-
Nord

29
25 9

15
4

Magnusstr.

Ehrenstr.

Zeughausstr.

Richmodstr.

Tunisstr.

Trankgasse

Kölner
Dom

18

17

16 10

19

5

Innenstadt

Tünnes und
Schäl

	Stadtteile mit den besprochenen Restaurants
	Stadtteilgrenzen
14	Restaurants

2 km

Unsere Besten in Köln

9 Gusto-Pfannen

1. Le Moissonnier

8 Gusto-Pfannen

2. La Société   **3.** Ox & Klee ↑   **4.** taku

7 Gusto-Pfannen

5. Alfredo
6. astrein ↑
7. La Cuisine
    Rademacher

8. Maître
9. maximilian lorenz
    restaurant ↑
10. NeoBiota

11. Pottkind
12. rays restaurant
13. Sahila –
    The Restaurant

6 Gusto-Pfannen

14. Gruber's
    Restaurant ↑
15. Hanse
    Stube

16. Henne.
    Weinbar & Restaurant ↑
17. ITO Japanese Cuisine ↑
18. maiBeck ↑

19. Poisson ↑
20. Pure
    White ↑
21. Zur Tant

5 Gusto-Pfannen

22. Capricorn [i]
    Aries Brasserie

23. Christoph Pauls
    Restaurant

24. Gasthaus Scherz
25. weinlokal heinzhermann

Weitere Restaurants

26. 485 Grad
27. Café 1980

28. Karl
    Hermann's

29. Straßenküche
    Maximilian Lorenz

485 Grad

Bonner Str. 34,
50677 Köln
☎ 0221-93293148
485grad.de
◕ Mi–Do von 17–22 Uhr, Fr von
17–23 Uhr, Sa von 12–23 Uhr,
So u. Fei von 12–22 Uhr, Mo u. Di RT
Menüs: 9–16 €

Original neapolitanische Pizza mit perfektem Teig und hochwertigen Toppings, die bei 485° in etwa 60 Sekunden gebacken wird. Sensationelle Weinkarte (Riesling!) und verschiedene Craftbiere.

Alfredo

Tunisstr. 3,
50667 Köln
☎ 0221-2577380
www.ristorante-alfredo.com
◕ Mo–Do von 12–15 Uhr u. ab 18 Uhr,
Fr von 12–15 Uhr u., ab 19 Uhr,
Sa, So u. Fei RT
Hauptgericht: 37–45 €

Mit zuverlässig hoher Beständigkeit bietet der Gastgeber, Koch und ausgebildete Opernsänger Roberto Carturan seinen Gästen in diesem wohltuend schlicht-eleganten Restaurant im Kölner Zentrum ein feines, klassisches, aber nicht traditionelles oder gar folkloristisches italienisches Kulinarium. Mit viel Fingerspitzengefühl und unangestrengter Perfektion interpretiert er die Küche seines Heimatlandes in all ihrer Ursprünglichkeit auf Gourmetniveau, indem er nicht nur auf überdurchschnittliche Produktqualitäten und authentische handwerkliche Zubereitung Wert legt, sondern auch genau weiß, wann es besser ist, etwas wegzulassen. So hat man es auf den mit Sorgfalt und Augenmaß angerichteten, aber eben niemals verspielt anmutenden Tellern im Grunde immer mit sehr puristischen Zubereitungen zu tun, bei denen nichts kaschiert werden kann – und auch nicht muss! Einfallsreich, authentisch und stets mit der richtigen Balance zwischen Aromenkraft und Subtilität.

astrein

Krefelder Str. 37,
50670 Köln
☎ 0221-95623990
www.astrein-restaurant.de
◕ Di–Do ab 18 Uhr, Fr u. Sa ab 17 Uhr,
So u. Mo RT
Hauptgericht: 35–65 €,
Menüs: 119–129 €

Das angenehm aufgeräumt gestaltete Restaurant von Gastgeber und Küchenchef Eric Werner empfängt seine Gäste in zwei L-förmig ineinander übergehenden Räumen an kleinen, schlicht eingedeckten Tischen ohne Pomp und Damast, an denen man in stylischen und vor allem sehr bequemen Schwingstühlen sitzt. Eyecatcher des Restaurants ist die coole Fototapete mit Urwald und Affen, dazu tönt lässige Musik aus den Lautsprechern und lockerer Service gibt erste Empfehlungen. In der Küche und auf den Tellern geht es weiterhin recht klassisch französisch zu, was man bei der Speisekartenlektüre zumindest beim omnivoren Menü ob einschlägiger Produkte und Kombinationen gleich erkennen kann – das andere Menü ist vegetarisch und klingt auch sonst etwas unkonventioneller. Weil der Chef ein Könner seines Fachs ist, gelingt es ihm nicht nur spielend, mit ganz einfachen Mitteln und sehr wenigen Komponenten originelle Geschmacksbilder zu kreieren, sondern auch, ganz ohne Fleisch, Fisch und Krustentier zu brillieren. Die sehr facettenreiche vegetarische Speisefolge mit aromatisch vielschichtigen Gerichten gehörte in jedem Fall zu den eindrücklichsten ihrer Art während der jüngsten Testsaison.

Café 1980

Bobstr. 28, 50676 Köln
☎ 0221-60606860
cafe-1980.de
◕ Mo–Fr von 12–21.30 Uhr,
So u. Fei von 12–18.30 Uhr, Sa RT
Hauptgericht: 7–12 €

Hier gibt's originale Banh Mhi (Baguette-Sandwich) mit kreativen asiatischen Toppings und dazu eine kleine Auswahl frischer vietnamesischer Salate und Snacks.

Capricorn [i]
Aries Brasserie

Alteburger Str. 31, 50678 Köln
☎ 0221-3975710
www.capricorniaries.com
◉ Di–Sa ab 18 Uhr, So u. Mo RT
Hauptgericht: 18–32 €

Hier wird in lockerer, unprätentiöser Atmosphäre eine fundiert gekochte und immer äußerst schmackhafte Bistroküche geboten, die
sowohl typische französische Klassiker-Ge-
richte der gutbürgerlichen Machart umfasst, als
auch ihre rheinländischen Pendants. Der Service ist flott und freundlich, im Sommer kann
man direkt an der belebten Straße an kleinen
Tischen sitzen. Ansonsten ist aber auch das
schlicht und stilvoll eingerichtete Lokal ein
sehr netter Ort.

Christoph Pauls Restaurant

Brüsseler Str. 26, 50674 Köln
☎ 0221-34663545
www.christoph-paul.koeln/
◉ Di–Sa ab 18 Uhr, So u. Mo RT
Menüs: 51–62 €

Im Gegensatz zu seiner letzten langjährigen
Station, dem Restaurant Velderhof vor den
westlichen Toren Kölns, hat sich die Küche von
Routinier Christoph Paul in eine etwas traditionellere und handfestere Richtung entwickelt, von Fine Dining in Richtung Landhaus.
Und was die Komponenten auf den nach wie
vor sorgfältig angerichteten Tellern betrifft, ist
sie auch deutlich reduzierter. Was übrigens in
keiner Weise wertend gemeint ist, denn gerade
in dieser auch aromatisch etwas zupackenderen
Einfachheit steckt der Reiz der Küche, die im
doppelstöckigen Restaurant hinter Backsteinmauern, das einst eine Kapelle war, oder auf
der Terrasse davor in Form eines drei oder viergängigen Auswahlmenüs serviert wird. In dessen Rahmen gibt es auch weltläufiger und kreativer klingende Gerichte, auch solche von
klassischer mediterraner Art. Auf die Grundsubstanz der Küche ist in jedem Fall immer
Verlass.

Gasthaus Scherz

Luxemburgerstr. 256,
50937 Köln (Sülz)
☎ 0221-16929440
www.scherzrestaurant.de
◉ Di–Do ab 17 Uhr, Fr–So von 12–14 Uhr
u. ab 17 Uhr, Mo RT
Hauptgericht: 16–32 €,
Menüs: 36–63 €

Ob es besondere demographische Gründe dafür gibt, dass ausgerechnet im Rheingebiet viele ambitionierte österreichische Restaurants zu
finden sind, können wir nicht sicher sagen –
wohl aber, dass dieses Phänomen die Gastronomielandschaft erfreulich auflockert und um
einige spannende Ziele mit markantem Profil
ergänzt. Das in traditioneller Brauhaus-Umge-
bung angesiedelte Gasthaus Scherz ist dabei sicherlich eine der bodenständigeren, weniger
auf „Gourmet" getrimmten Adressen. Das Ambiente ist eher rustikal, der Umgangston unkompliziert und auch die Preise bleiben am
Boden. Was aber keineswegs darüber hinwegtäuschen sollte, dass hier mit viel Substanz und
einer mutigen Vorliebe für Innereien und sonstige charakterstarke Produkte aufgekocht wird.
Verantwortlich dafür ist Michael Scherz, der
nach langjährigen Erfahrungen in der gehobenen österreichischen Küche hier im Exil mit
den authentisch alpenländischen Schmankerln
teils exotisch wirkt, aber natürlich gerade deshalb auch originell ist. Zudem sind viele K&K-
Klassiker à la Wiener Schnitzel, Tafelspitz &
Co. aber auch hinreichend geläufig und stehen
für zugängliche, geschmacksstarke Wohlfühlküche.
Genau diese finden sich auch auf der Karte,
teils ganz traditionell, teils aber auch kreativ variiert und in etwas modernerem Gewand. So
kam zuletzt etwa das „Backhendl" nicht als am
Knochen gebackene Teilstücke, sondern wurde

aus einer gerollten und gegarten Geflügel-Galantine gefertigt und dann knusprig ausgebacken. Das funktionierte prima, zeigte den typischen Charakter des Originals und wurde zudem durch einen abwechslungsreichen Salat aus eingelegten Knospen, fermentierten (Wurzel-)Gemüsen und Kresse-Schmand pfiffig ergänzt.

Auf der konsequent klassischen Seite stehen beispielsweise Dinge eine tiefgründige Tafelspitzbouillon mit Grießnockerl als Alternative auf der Karte, ein Rehragout mit Blaukraut und Knödel oder selbstredend auch ein Wiener Schnitzel mit meisterhaft soufflierter Panierung nebst herben Preiselbeeren und sämigem Kartoffel-/Gurkensalat.

Wer etwas experimentierfreudiger aufgelegt ist, traut sich aber vielleicht auch an ein Hirschkalbsherz und bekommt dann mit straff-zarten rosa Tranchen inklusive feiner Eigenwürze, auf einem kleinen Klecks seidiger Selleriecreme und einer eleganten Wildjus angerichtet, ein charakterstarkes Produkt, das wunderbar durch die nussige Prägnanz glasierter Haselnüsse ergänzt wurde. Es sind diese kleinen Ideen in den ansonsten nicht übermäßig detailgenau angelegten Gerichten, die für Spannung sorgen – so wie beispielsweise auch die Eingebung, den aufgeschnittenen rosa Kalbstafelspitz mit Wagyufett, geräucherter Paprika und Sepia zu ergänzen.

Wiederum voll in der wohligen Opulenz alpenländischer Mehlspeisen gehalten, war der karamellig flambierte Kaiserschmarrn mit Rumrosinen und fruchtig-herbem Zwetschgenröster, der auf seine lockere und flaumige Art im Übrigen eindeutig zu den besseren Vertretern seiner Art gehörte. Ergänzt wird die gelungene Mischung aus österreichischer Klassik und neuen Ideen durch eine attraktive kleine Weinkarte zu fairen Preisen, auf denen offen- und flaschenweise selbstredend viele (aber nicht ausschließlich) österreichische Gewächse zu finden sind – und einem souveränen Service.

Gruber's Restaurant

Clever Str. 32, 50668 Köln
☎ 0221-7202670
www.grubersrestaurant.de
⊙ Mo–Fr von 12–14 Uhr u. ab 18 Uhr,
Sa ab 18 Uhr, So RT
Hauptgericht: 21–35 €, Menüs: 56–92 €

VISA

Unter den verblüffend vielen guten alpenländischen Restaurants in und um Köln zählt das Grubers seit vielen Jahren zu den verlässlichsten Adressen für einen kulinarischen Ausflug nach Österreich. Und das nicht nur, weil man mit bekannten Schmankerln vom Wiener Schnitzel über Tafelspitz bis zu Kaiserschmarrn & Co. unmittelbar glücklich machende Wohlfühlküche verbunden wird, sondern auch, weil die hier gebotenen Versionen auf wirklich hohem Niveau liegen und oft auch zeitgemäß weiterentwickelt werden.

Wenig überraschend sind handwerkliche Sorgfalt sowie eine durchgehend hohe Grundqualität der verwendeten Produkte, nicht nur bei Fisch und Fleisch, die tragenden Pfeiler der Gruber-Küche. Und sie sorgen dafür, dass hier beinahe immer und auch mittags unter der Woche quirliges Treiben herrscht. Dank der großzügigen Raumgestaltung herrscht dennoch eine entspannte Atmosphäre, so dass man sich voll dem Genuss widmen kann.

Und dafür werden neben Traditionsgerichten wie einer tiefaromatischen Rindssuppe mit zarten Frittatenstreifen eben auch ambitioniertere Sachen wie zuletzt eine animierende Tomatenvorspeise geboten: Diese punktete schon allein durch die Intensität der unterschiedlichen vollaromatischen Varietäten, deren aromatisches Spektrum zudem gekonnt erweitert wurde: durch einerseits ein eher dunkel-wärmendes Tomaten-/Tabasco-Gel und andererseits hellaromatisch mit flirrender Säure in einem klaren Tomatenfond. Dazwischen sorgte Mozzarellacreme für etwas milden Schmelz, ein Basilikumpesto für Kräuterduft und geröstete Pinienkerne für nussige Spitzen.

Schlichter konzipiert, aber dennoch als ein perfektes Indiz für das handwerkliche Können, folgte eine samtig elegante Kürbissuppe mit feiner Säure, intensiv nussigem Duft und hintergründig wärmender Schärfe. Klar eines der besseren Exemplare des allgegenwärtigen Herbst-Evergreens. Und apropos Evergreen: Auch wenn die Entscheidung gegenüber gekochtem Tafelspitz mit Rahmspinat, Apfelkren und Schnittlauchsauce oder einem Rindsbackerl-Gulasch nebst Bio-Paprika und Semmelknödeln nicht leicht fällt, gab es beim letzten Besuch ein perfekt souffliertes Wiener Schnitzel mit zartem eigenaromatischem Kalbfleisch, sämig-frischem Kartoffel-Gurkensalat und herben Wildpreiselbeeren für das maximale Österreich-Feeling.

Und weil das so wunderbar funktionierte, beendete danach mit warmem, knusprig-säuerlich-saftigem Apfelstrudel nebst duftiger Vanillesauce und Haselnuss-Eis ein weiterer Ultraklassiker das Menü auf ebenfalls souverän hohem Niveau – hier unter anderem auch durch die exakten Proportionen und die intensive Nussigkeit weitaus besser als der Durchschnitt.

Zu alldem verwaltet Sommelier Daniel Scholz einen hervorragenden Querschnitt durchs „Weinland Österreich", von großen Namen (und Weinen) bis zu Newcomern und der wachsenden Naturweinszene. Ein Besuch lohnt sich also ganz klar auch wegen der bestens gefüllten Gläser, in die übrigens dank Coravin auch Top-Qualität landet, ohne dass es gleich eine ganze Flasche sein muss…

Hanse Stube

im Excelsior Hotel Ernst
Trankgasse 1–5/Domplatz, 50667 Köln
☎ 0221-2701
www.excelsiorhotelernst.com
☉ Täglich von 12–14.30 Uhr u. ab 18 Uhr, kein RT
Hauptgericht: 24–54 €,
Menüs: 104 €

Die altehrwürdige, mit dunklem Edelholz vertäfelte gute Stube, die durch moderne Wandleuchten und großformatige Gemälde mit abstrakter Kunst aufgelockert wurde, ist seit langer

Zeit so etwas wie die erste Adresse für gediegene gehobene Gastlichkeit in der Domstadt. Obwohl man in Köln – und selbst unter gleichem Dach des Excelsior Hotel Ernst – auch auf kulinarisch höherem Niveau speisen kann, ist und bleibt die Hanse-Stube so etwas wie das gastronomische Aushängeschild der Rheinland-Metropole. Der exzellente Ruf, die exklusive Ausstattung, die international bestens bestückte Weinkarte und der Service alter Schule sind allesamt Faktoren für das gehobene Preislevel, auf das man sich hier als Gast einstellen muss.

Umso schöner, dass nun mit Küchenchef Joschua Tepner, der schon einmal von 2013 bis 2017 im Hause tätig war, wieder Konstanz und höheres kulinarisches Niveau Einzug gehalten hat. Schon im Vorjahr hatten wir das erkannt, lobend gewürdigt und entsprechend ausgezeichnet – diesmal geht es für die Hanse-Stube verdientermaßen nochmal eine Bewertungsstufe nach oben, denn die Küchenleistung nähert sich immer mehr dem an, was die Preise suggerieren. Eine kleine Diskrepanz zwischen Eigenanspruch und Wirklichkeit ist da in unseren Augen bei Vorspeisen bis zu knapp 40 Euro und Hauptgängen um die 55 Euro zwar schon noch vorhanden, aber unterm Strich passt das dank dem neuen alten Küchenleiter nun wieder alles viel besser zusammen.

Beim letzten Besuch ging es mit zwei sehr guten warm servierten Brotsorten nebst Salz- und Currybutter von überdurchschnittlicher Qualität sowie Paprikaaufstrich auf Frischkäsebasis und einem kleinen Amuse in Gestalt von sehr cremig gestockter Blumenkohl-Panna-Cotta mit Blumenkohlcreme, -röschen und Trüffelspänen auch gleich sehr erfreulich los. Und die Freude hielt zur vegetarischen Vorspeise rund um geschmorte Ofenaubergine weiter an. Das zart und saftig durchgezogene aromatische Minigemüse, das mit säuerlich eingelegten Stockschwämmchen und geröstetem Buchweizen getoppt und auf einer Feldsalat-Emulsion angerichtet war, die wie eine gute Salsa Verde geschmeckt hat und mit einem animierenden Säurespiel aufwarten konnte, machte richtig Spaß. Vor diesem Hintergrund (und obwohl wir wahrlich keine überladenen Teller mögen) war uns die arg überschaubare Portion fast zu klein. Nur allzu gerne hätten wir da noch zwei, drei Bissen mehr genossen…

Auch die gebratenen Jakobsmuscheln mit Blutwurst, Zwiebel, Apfel und Kartoffel waren eine äußerst vergnügliche Angelegenheit. In erster Linie, weil sowohl die beiden Cocquilles als auch die cremig-krosse gebratene Blutwurst von sehr guter Qualität waren. Aber auch, weil das gesamte Arrangement mit knackigen Perlzwiebelsegmenten, dünnen Stiften vom Granny-Smith-Apfel und luftig aufgeschäumter Creme aus der lila Kartoffelsorte „Blauer Schwede" sehr stimmig und wohlproportioniert zusammenspielte. Da griff alles gut ineinander, da ergänzen sich fruchtige Säure, deftige Würze und milde Erdigkeit zu einem attraktiven Geschmacksbild. Fein!

Wer es mehr mit den Klassikern hält und sich auf ein gemeinsames Hauptgericht einigen kann, fährt hier grundsätzlich mit den nach guter alter Schule für zwei oder mehrere Personen zubereiteten Gerichten sehr gut. Ob die an der Gräte gebratene Seezunge mit Sauce Colbert, jungem Blattspinat und sautierten neuen Kartoffeln oder ein Chateaubriand vom deutschen Weiderind mit Schalottensauce, Stängelkohl und Kartoffelgratin – diese Traditionsgerichte haben hier immer Klasse.

Letztens war aber auch der saftige Hirschrücken von einem relativ jungen Tier, der mit ausgewogen dichter Brombeersauce und einem kleinen Arrangement aus geschmortem Knollensellerie, Selleriecreme, gebratenen Kartoffel-/Sellerietalern, krossen Topinamburchips und in diesem Kontext etwas unpassender Afillakresse aufs Porzellan geschickt wurde, ein gelungener Menühöhepunkt. Auch und insbesondere mit dem offen ausgeschenkten Cru-Bourgeois-Bordeaux, der schon zehn Jahre in der Flasche reifen durfte und sich im klassischen Medoc-Stil präsentierte.

Doch apropos Höhepunkt: Unser heimlicher Favorit war beim letzten Mal eigentlich das Dessert aus der Feder von Pâtissier Fabian Scheithe, eine Variation von Mandarine, Karotte und Walnuss. Als Törtchen präsentiert und vom saftig mit Mandarinensaft vollgesogenen Teigboden über Mousse, Krokant und Gelee, bis zum Topping aus crunchy Nüssen und schmelzigem Sorbet war das nämlich ein delikater Abschluss auf anspruchsvollem Niveau. Genau wie übrigens die sehr ausdrucksstarken, fein gearbeiteten Pralinen zum Kaffee. Von daher, klarer Fall: Aufwertung!

Henne.
Weinbar & Restaurant

Pfeilstr. 31–35,
50672 Köln
☎ 0221-34662647
www.henne-weinbar.de
◷ Mo–Sa ab 12 Uhr durchgehend,
So RT
Hauptgericht: 10–22 €,
Menüs: 26–38 €

🔲 💳 **VISA**

Es ist natürlich keine Erfolgsgarantie, aber wenn ein hervorragender gourmeterfahrener Koch, der Luxusgastronomie Lebewohl sagt, um mit seinem Können und Know-How ein konzeptionell einfaches und trotzdem kulinarisch anspruchsvolles Lokal zu etablieren, kam schon öfter etwas äußerst Reizvolles dabei herum. So auch im Falle von Hendrik „Henne" Olfen, der einstmals im La Vision für eine 9-Pfannen-Bewertung maßgeblich mitverantwortlich war und seit ein paar Jahren in der Kölner City eine legere Weinbar mit anspruchsvollem Tapas-Programm betreibt. Was der Chef und sein Team hier in dem schlicht und modern gestalteten und sogar relativ großen Lokal in kleinen Portionen zu sehr moderaten Preisen auf die Teller und in die Schälchen bringen, hält nicht nur auf Produktseite hohes Niveau, sondern kann auch mit sorgfältig-fundierter Zubereitung und richtig guten, schmissigen Ideen punkten. Die Gerichte sind einerseits sehr unkompliziert aus nur wenigen Komponenten zusammengestellt und begeistern mit Kreativität, cleveren, ausdrucksstarken Aromenakzenten und viel Substanz. Auch die mit Kennerschaft zusammengestellte Weinkarte hat was.

ITO Japanese Cuisine

Antwerpener Str. 15,
50672 Köln
☎ 0221-3557327
ito-restaurant.de
⏰ Di ab 18.30 Uhr,
Mi–Fr von 12–14 Uhr u. ab 18.30 Uhr,
Sa ab 18.30 Uhr, So u. Mo RT
Menüs: 98–129 €

Das konnte eigentlich nur gutgehen: Wenn ein in Japan aufgewachsener Koch nach Stationen bei Yoshizumi Nagaya in Düsseldorf und im Gut Lärchenhof in Pulheim gemeinsam mit dessen Küchenchef Torben Schuster ein neues Projekt angeht, das die japanische Küche auf authentische, urbane Art präsentiert – dann ist der Erfolg beinahe vorprogrammiert. Zumindest aber macht es sofort extrem neugierig! Kengo Nishimi jedenfalls, der mit dem Ito unlängst seinen Traum als Küchenchef im eigenen Restaurant verwirklicht hat, kennt sowohl den Spirit der japanischen Küche als auch die Arbeits- und Denkweise mitteleuropäischer Gourmetküche perfekt, und hat damit eine ausgezeichnete Basis für sein kleines, einladendes Restaurant in Köln.

Das schlichte, stilvolle Ambiente mit offenem Sushi-Tresen, in dem es bei vollem Haus durchaus ein bisschen quirliger zugeht, passt dabei bestens zum Konzept. Denn dieses zeigt zwar einerseits klar höhere Ambitionen, bleibt aber zugleich eher locker und zugänglich. Das gilt auch für die Speisekarte, aus der man ganz nach Lust und Laune entweder nur einige Kleinigkeiten, eine reine Sushi- oder Sashimiauswahl oder doch das Kaiseki-Menü als perfekten Querschnitt durch die Küche wählen kann. Die Gerichte selbst leben einerseits vom typischen Produktpurismus und -anspruch, andererseits aber auch von sensibel gesetzten Akzenten, die in Technik und Anwendung eher der Haut Cui-

sine entlehnt sind, letztlich aber nie am authentischen Charakter der Küche rütteln.

Das zeigte sich bereits bei der Einstimmung auf das Kaiseki-Menü, bei der zunächst gezupfte Hamachi-Bäckchen als saftiges Rondell auf den Tisch kamen, akzentuiert von einer exotisch fruchtsäuerlichen Emulsion und crunchy Quinoa, bevor kross geröstetes Baguette mit frisch geschnittenem Thunfischtatar nur von auffrischenden Frühlingszwiebeln und erdig duftend darüber gehobelter schwarzer Trüffel ergänzt wurde – und als solches einen gleichermaßen edlen wie unkomplizierten Happen ergab. Den letzten Übergang ins Menü schaffte dann auf herzerwärmende und tiefaromatische Art eine eher pur und transparent-konzentriert gehaltene Rinderconsommee, in der zwei Dumplings mit geschmeidig zartem Teig und saftig-produktaromatischer Wagyu-Fülle badeten.

Akkurat angerichtet startete das eigentliche Menü dann mit Zander-Sashimi als raffinierte Röllchen mit feiner Säure und ebenfalls gerollter, knackig marinierter Gurke sowie einem für sanfte Umami-Grundierung sorgenden Yuzu-Dashi als Fond und Gelee (was eine etwas plastischere Wahrnehmung ermöglichte) – dazwischen ploppte immer wieder Lachskaviar als intensiv salzig-aromatische Kicks auf. Und damit zeigte sich auch schon prototypisch die vom Team praktizierte Verbindung aus japanischen und europäischen Einflüssen.

Ganz klassisch japanisch blieb es dagegen beim folgenden Sushi-Gang, bei dem insbesondere die Nigiri mit einer perfekten Balance zwischen exakt geschnittenem Fisch und locker-saftiger Reisbasis begeisterten und so dank der sehr guten Qualität der Meerestiere einen der stärksten Eindrücke des Abends schafften. Präsentiert wurden unter anderem Lachs, Hamachi mit Chili-Mayonnaise, roher Thunfischrücken und auf Binchotan gegrillter Thunfischbauch. Die gerollten Sushi-Varainten profitierten ebenfalls von dem perfekt behandelten Reis, waren ansonsten aber, gemessen an japanischer Perfektion, nicht ganz so akkurat gearbeitet und so beispielsweise bei einem Exemplar mit Thunfisch, Gurke und Avocado deutlich zu sehr von der cremigen, üppig 0aus der Rolle herausragenden Avocado geprägt. Klingt vielleicht überkritisch, aber in diesem Fall entscheiden derartige Details durchaus. Unter anderem, weil hier mit zu viel Avocado die feine integrierte Schärfe nicht mehr deutlich wahrnehmbar wurde…

Im Hauptgang begeisterte glasig-festfleischiger Wolfsbarsch mit knusprig frittierten Schuppen ein weiteres Mal durch seine Qualität und wurde zurecht ganz puristisch mit einerseits aromatischer Wärme und andererseits frischer Säure von knackigem gelbem Kurkuma-Gemüsestreifen und einer stoffigen wie straffen Verjus-Beurre-Blanc nur ergänzt. Ein weiterer in sich stimmiger, stilistisch klarer Gang. Im Grunde hätten derartige Gerichte durchaus auch das Potential für eine noch höhere Bewertung, wenn die wenigen Komponenten noch ein klein wenig präziser und zugespitzter gearbeitet wären.

Das gesamte Konzept mit seiner klaren Linie, der verhältnismäßig moderaten Kalkulation und dem flexiblen Angebot ist aber auch so eine absolut runde Sache. Und das unterstrich zuletzt auch das Dessert, bei dem rund um eine Art Kürbis-Cheesecake mit knackig marinierten Kürbiswürfeln und nussig intensivem Kürbiskerneis ein herbstlicher Abschluss auf den Tisch kam, der gekonnt von säuerlich-herbem Zitrusgel und einer duftigen grünen Emulsion am Tellerboden aufgebrochen wurde.

Ihren nicht unwesentlichen Anteil an der positiven Gesamtwirkung des Ito haben aber auch das vielköpfige und sehr präsente Serviceteam um Michi Nishimi und die attraktive Auswahl an Weinen, Sake, Tees und Cocktails, mit denen sich die Gerichte wunderbar ergänzen lassen.

Karl Hermann's

Venloerstr. 538,
50825 Köln
☎ 0221-59557960
karlhermanns.de
⊘ Täglich ab 12 Uhr durchgehend, kein RT
Hauptgericht: 12–30 €

Exzellente Burger und Steaks vom Boef de Hohenlohe, Pommes in Rindertalg frittiert und kreativ ergänzt.

La Cuisine Rademacher

Dellbrücker Hauptstr. 176,
51069 Köln
☎ 0221-96898898
la-cuisine-koeln.de
⊘ Mi–So ab 18 Uhr, Mo u. Di RT
Menüs: 110–130 €

Das Restaurant von Marlon Rademacher, der in seinen für ambitionierte Köche obligatorischen Lehr- und Wanderjahren namhafte Stationen wie Christian Baus Victors Fine Dining oder das Waldhotel Sonnora unter Helmut Thieltges durchlaufen hat, konnte sich mit seinem ersten eigenen Restaurant im rechtsrheinischen Kölner Stadtteil Dellbrück zwischenzeitlich nicht nur etablieren – er hat nochmal eine ganze Schippe draufgelegt. Sein kreatives und weltumspannendes achtgängiges Menü, das sich schon beim Vorjahresbesuch durchaus ambitioniert und hochqualitativ bestückt präsentierte, konnte zuletzt mit einem deutlichen Plus an handwerklicher Präzision und aromatischer Feinabstimmung punkten. In der Sache eher klassisch, in der Ausführung eher modern und sehr scharfgestellt, machte jeder einzelne Teller uneingeschränkt Spaß, bot neben hoher Produktqualität klare, gut herausgearbeitete Aromen, spannende Eindrücke und über die gesamte Distanz viel Abwechslung.

La Société

Kyffhäuserstr. 53, 50674 Köln
☎ 0221-232464
www.restaurant-lasociete.delasociete/
uebersicht.html
⊘ Do–Mo ab 18 Uhr, Di u. Mi RT
Menüs: 139–189 €

Früher war mehr Lametta! Dieser Spruch aus Loriots berühmtem Sketch „Weihnachten bei den Hoppenstedts" mag Stammgästen und Wiederholungstätern in den Sinn kommen, die dieser Tage die quasi kernsanierte La Société in der Kyffhäuserstraße besuchen. Das in den vergangenen 35 Jahren zwar öfter mal umdekorierte, aber nie dergestalt runderneuerte Kultlokal hat also ein völlig neues Gesicht bekommen, was treuen Fans sicherlich die eine oder andere Träne entlocken mag, objektiv gesehen aber nicht zum Nachteil des Erscheinungsbildes gelangte, das nun viel heller und luftiger wirkt. Ein paar an die Wände geworfene Led- bzw. Laser-Lichteffekte deuten heute immerhin noch dezent den schrillen Glitzerlook der Vergangenheit an.

Alles neu übrigens auch in der Küche, der seit August 2021 mit dem gebürtigen Augsburger Leon Hofmockel, dem ehemaligen Sous-Chef von Sven Elverfeld aus dem Aqua in Wolfsburg, ein großes Talent vorsteht. Und dass der hier offenbar sehr viel vorhat, konnte man schon an den ersten kleinen Einstimmungen zum Aperitif ganz deutlich sehen und schmecken, die mit viel Akribie und Aufwand umgesetzt und geschmacklich wie haptisch klar durchdacht waren. Extrem feinmotorisch gefertigt und auch aromatisch hochsensibel abgestimmt präsentierte sich ebenfalls der kleine Küchengruß, der sich um Rauchaal, Apfel und Röstzwiebel drehte, die hier quasi als flaches Schichttörtchen zusammengebracht und von einem mit Liebstöckelöl aromatisierten Aalsud süffig eingefasst waren.

Und es ging tatsächlich auf diesem hohen Niveau weiter, denn auch die marinierte Gänseleber mit Kürbis, Traube und Radicchio begeisterte mit Perfektion und Originalität. Letztere bekam diese Vorspeise vor allem durch ein so intensiv wie möglich und so zurückhaltend wie nötig in die Kürbissauce eingebrachtes Aroma von Zitronenmelisse, das dem Ganzen einen flirrend ätherischen Touch verlieh. Unterschiedliche Zubereitungen von Kürbis, Traube und Radicchio versteckten sich als Füllung in dünnen Kürbisschleifen, welche um die mit krosser Knusperbeflockung aus Kürbiskernen und Cerealien beschichtete Foie gras angeordnet waren. Da griff alles wunderbar ineinander und mit jeder Gabel konnten immer wieder neue harmonische Geschmacksverläufe entstehen, die nahtlos ineinander übergingen.

Bei so viel Akkuratesse wunderte es fast ein bisschen, dass das confierte Eigelb, das im ersten Zwischengang des Menüs mit verschiedenen Topinambur-Komponenten und einem mit Meerrettich abgeschmeckten Brunnenkressesud als süffiges Intermezzo im kompakten tiefen Teller angerichtet wurde, relativ ungleichmäßig gegart und somit auf der einen Seite flüssig, auf der anderen Seite fest gestockt war. Dem hohen Genussfaktor dieses Soulfood-Löffelgerichts konnte das freilich rein gar nichts anhaben und durch die markante, aber nicht plumpe schneidig ätherische Meerrettichnote und die feine Säure war das Ganze

auch nicht bloß rund und süffig, sondern im Detail auch noch komplex und richtig anspruchsvoll abgestimmt.

Auch beim Einkauf wird hier nicht gespart: Sehr feine, feste, reintönig schmeckende Jakobsmuscheln, teils mit gepufftem Amaranth knusprig beflockt, liierten Leon Hofmockel und sein Team mit Blumenkohl-Couscous und weiteren Blumenkohl-Texturen. Wobei hier eine mit XO-Gewürzmischung und straffer Säure akzentuierte Hollandaise sowie punktuell ins Geschehen eingebundenes Yuzugel die aromatischen Schlüsselfiguren waren und der Komposition einerseits einen zitrisch herben und frischen Oberton und andererseits schmelziges, dezent umamiwürziges Unterfutter bescherten.

Wieder mit einer feinen Ätherik von roh mariniertem Fenchel und Kamille kam sodann ein bestechend guter Zander aus Wildfang angeschwommen, dessen festfleischig aufblätternde Tranche mit Knusper von Fischhaut und frittiertem Ei sowie etwas Fenchelgrün bestückt war. Zusammen mit seidiger Pastinakencreme und einer wiederholt sehr dynamischen, federleichten und trotzdem druckvollen Sauce hatte man es auch hier mit einer anspruchsvollen Komposition mit viel Tiefgang und Dynamik zu tun. Spätestens jetzt ist klar, dass es sich bei Leon Hofmockels Kulinarium um eine im besten Sinne weltläufige, undogmatische Küche handelt, die sich zwar gern heimischer Produkte und Geschmacksbilder bedient, aber ebenso oft und gern auch Ausflüge in andere Aromenwelten unternimmt. Und die bei aller Eleganz und Präzision schon auch auf Ausdruckskraft setzt.

Komplexität, Kontrastreichtum und Tiefe bot nämlich auch der maritime Fleischgang um Iberico-Secreto und Pulpo, bei dem Auberginenmus, eine intensive Creme von geschmorter Paprika, Tomate und weiteres Gemüse, cremig-voluminöse Safransauce und Salsa verde in knackig-frischen Einzelteilen und als gemixte Sauce zu einem kraftvollen mediterranen Geschmacksbild zwischen rauchiger Frucht und Kräuterwürze zusammenfanden.

Kein Wunder, dass auch der Hauptgang um einen in gleichmäßiger Perfektion mit viel Eigengeschmack, Saft und Spannkraft auf den Teller gebrachten Rehrücken mit feinbröseliger Knusperbeflockung starke Präsenz und Originalität zeigte – und das, obwohl er mit Sellerie, Spitzkohl und Speck eigentlich kreuzbrave klassische Küche suggerierte. Doch zum einen war es die extrem präzise Zubereitung und Würzung aller Komponenten mit trennscharfen Konturen, zum anderen die durch geröstete Piemonteser Haselnüsse und Fichtenspros- senöl eingearbeiteten Sekundäraromen, die diesen nur vermeintlich traditionellen Gang zu einem weiteren Knaller innerhalb einer durch- wegs beeindruckenden Speisefolge werden ließen.

Auffällig gut, mit Expertise ausgesucht und dargebracht war übrigens auch die Weinbeglei- tung, für die jetzt der noch junge Sommelier Maximilian Altermann verantwortlich zeich- net. Mit Dingen wie dem extrem geradlinig-mi- neralischen Weißburgunder Lügle von Zierei- sen oder dem eleganten holzbetonten Chardonnay von Ca' del Baio aus der Langhe-Region im Piemont zum Duett von Iberico-Schwein und Oktopus setzte der den ausdrucksstarken Gerichten ebensolche Be- gleiter entgegen.

Weil die Küche auch bei den süßen Sachen wie dem aus Komponenten von Pflaume, Nougat, schwarzen Walnüssen und rotem Shiso zusam- mengestellten Dessert sehr originell, präzise und geschmackssicher blieb, steigen wir bei Leon Hofmockel guten Gewissens mit einer relativ hohen Bewertung ein. Und sind uns re- lativ sicher, dass das hier noch nicht das Ende der Fahnenstange ist…

Le Moissonnier

Krefelder Str. 25, 50670 Köln
☎ 0221-729479
www.lemoissonnier.de
🕐 Di–Do von 12–13 Uhr u. ab 18.30 Uhr,
Fr u. Sa von 12–13 Uhr u. ab 19 Uhr,
So, Mo u. Fei RT
Hauptgericht: 52–68 €,
Menüs: 120–179 €

Wie vernebelt von all den landauf landab im- mer gleichen oder zumindest sehr ähnlichen modernen und nur vermeintlich kreativen Kre- ationen auf den Tellern der jungen und jung gebliebenen Küchenchefs in neuen Casual- Fine-Dining-Hotspots, mit denen wir es das ganze Jahr über zu tun haben, wird uns beim Besuch des Le Moissonnier immer wieder schlagartig klar, was hierzulande fehlt: authen- tische eigenständige Restaurants wie das char- mante jugendstilistische Lokal im Pariser Bist- ro-Look von Liliane und Vincent Moissonnier mit seinen Spiegeln an den Wänden, schwarz-

weiß kariertem Fliesenboden, umlaufenden roten Lederbänken und den recht kleinen und noch dazu recht eng gestellten Tischen. Vor al- lem aber unvergleichliches Essen wie es die fa- cettenreiche Kreativküche von Eric Menchon hervorbringt. Der weltoffene Franzose begeis- tert noch jedes Mal mit einem sprudelnden Quell an guten, originellen Ideen und kontrast- reichen, aromendichten Geschmacksbildern, so dass er pro Gang nicht selten einen Haupt- teller und mehrere Satelliten ins Rennen schi- cken muss, um sie alle unterzubringen. Was andernorts zu einem heillos überladenen, zu- sammenhanglos bunten Miteinander führen würde, präsentiert sich hier stets als durch- dachter und gekonnt umgesetzter Geschmacks- verlauf. Oft und gern bespielt Eric Menchon bekannte Themen oder Klassiker auf humor- volle, aber stets kulinarisch seriös Weise neu – manchmal wird auch einfach nur das exzellente Produkt gefeiert und puristisch, aber einfalls- reich in Szene gesetzt. Immer speziell, immer mit einer ganz eigenen markanten Note.

maiBeck

Am Frankenturm 5, 50667 Köln
☎ 0221-96267300
www.maibeck.de
🕐 Di–So von 12–13.30 Uhr u. ab 18 Uhr,
Mo RT
Menüs: 55 €

In ihrem betont schlicht, aufgeräumt und groß- städtisch wirkenden Eckhaus-Restaurant bie- ten die Gastgeber Jan Cornelius Maier und To- bias Becker („maiBeck") eine unkompliziert- bodenständige Gastronomie mit gehobenem Anspruch. Bei ihnen werden schnörkellos ge- kochte und bisweilen unangestrengt kreativ aufgepeppte Gerichte einer herzhaften bürger- lichen Küche in verfeinerter Version serviert. Kaum teure Edelprodukte, kein sonstiger preis- treibender Firlefanz, sondern verhältnismäßig einfache, aber eben qualitativ hochwertige Vik- tualien, die mit viel Sorgfalt, Ideenreichtum und Gespür für stimmige Akkorde und Propor- tionen zu einem zeitgemäß interpretierten, maßvoll gehobenen Kulinarium werden. Und das hat gerade wegen seiner unkomplizierten und doch anspruchsvollen, immer direkt zu- gänglichen Art sehr viele Fans in der Region und auch darüber hinaus.

Maître

im Landhaus Kuckuck
Olympiaweg 2,
50933 Köln (Müngersdorf)
☎ 0221-485360
www.landhaus-kuckuck.de
◉ Mi–So ab 19 Uhr, Mo u. Di RT
Hauptgericht: 38–40 €,
Menüs: 109–129 €

Was im Landhaus Kuckuck unter der Ägide von Altmeister Erhart Schäfer vor Jahren als gute Stube für Genießer im Großraum Köln etabliert wurde, steht mit eloquentem Service alter Schule und unbeirrt klassischer Haute-Cuisine im harten Kontrast zu den zahlreichen trendigen urbanen Konzepten der Domstadt und hat gerade deshalb seinen besonderen Reiz. Die Küche des Patrons und Chefkochs steht seit jeher für produkt- und qualitätsbewusste alte Schule mit aufwendig gekochten Saucen, kraftvollem Grundton und wohliger Opulenz, bietet aber auf dieser Basis durchaus auch individuelle Ideen, Eleganz und eine gewisse Leichtigkeit. Vor allem im vegetarischen Menü, das neben der französischen Produktparade mit Trüffel, Gänseleber, Hummer und Taube seit einiger Zeit einen überraschenden Kontrast setzt. In der Weinkarte steht dazu ein reicher und erfreulich fair kalkulierter Fundus auch gereifter hochwertiger Flaschen vor allem aus Deutschland und Frankreich zur Wahl.

maximilian lorenz restaurant

Johannisstr. 64,
50668 Köln
☎ 0221-37999192
www.restaurant-maximilianlorenz.de
◉ Di–Sa ab 18 Uhr,
So u. Mo RT
Menüs: 125–155 €

Unweit des Kölner Hautbahnhofs befindet sich das kleine Gourmetimperium von Maximilian Lorenz, das aus Restaurant, Weinbistro und dem nur ein paar Schritte entfernt liegenden Weinhandel besteht. Sich mit den Getränken zu beschäftigen, lohnt sich hier in überdurchschnittlichem Maße, denn deutsche Weine sind sehr gut vertreten, die Auswahl an Champagner ist hinreißend und der Offenausschank wird individuell und sehr gekonnt auf die jeweiligen Gerichte abgestimmt. Und auch jenseits des Weins ist der Service überzeugend: freundlich und locker gleichzeitig.

Was das Essen angeht, darf sich der Gast auf eine sehr eigenständige und ausgeklügelte Menüfolge mit weit überwiegend deutschen Zutaten und reichlich Erklärungen einstellen. Allein die Erläuterung des Dreierlei zum Amuse-Bouche dauerte eineinhalb Minuten. Doch das Zuhören lohnte sich, denn das stilisierte Fischbrötchen mit gehobeltem Weißkraut, abgeflämmtem Nordseehering, eingelegten roten Zwiebeln und einem Baiser mit Schwarzkümmel war ein handwerkliches und aromatisches Meisterwerk. Die filigrane Praline von Kalbsknochenmark mit Rindergelee und Liebstöckelessig-Gel schmeckte vielschichtig und der sogenannte Rheinkiesel erwies sich als lustige Spielerei aus einer mit Lebensmittelfarbe eingefärbten Lebermousse nebst Gel von der Bergamotte und Algenknusper.

Auch das Brot war große Klasse, teilweise hausgemacht: Kartoffelbrot, Schwarzbrot, Vollkornbrot aus Dinkel und Malz sowie Liebstöckelbrot, dazu eine Creme mit grünen Kräutern und luftig geschlagene Butter. Der erste offizielle Gang unseres Menüs bestand aus Felchenfilet, gebeizt und mariniert, mit Löwenzahnblättern, gepickelten Radieschen und Milch-Esspapier – dazu Felchenkaviar und Petersilienöl, das Tüpfelchen auf dem i stellte allerdings die Felchen-Brandade dar. Im Zusammenspiel eine teils füllige, teils säuerlich-würzige, sehr durchdachte Vorspeise.

Die Lachsforelle kam sodann in Begleitung einer Art Ragouts von Magnolienblüten und Blumenkohl daher. Akzente setzten hier ein wohldosierter Hauch Curry, Petersilienmus, Crumble, Lachsforellenkaviar, eine schaumige Beurre blanc und wieder Esspapier, diesmal von der Petersilie. Das war in Summe gut, aber auch knapp davor, überladen zu wirken. Es folgte das neckische Kölsch-Gemüse, also Spargel vom Niederrhein mit Gewürzkölsch und Kartoffelschaum: Der Spargel wurde aus dem Kölschglas effektvoll in den Kartoffelschaum geschüttet, das war lustig, würzig und vielschichtig und brachte den Spargel gut zur Geltung.

Der Helgoländer Kaisergranat wurde zuvor mit Salmiak lackiert und mit in Cynar gegartem Chicorée nebst Sanddorngel und Zichorien-crumbles sowie gebackenem Estragon, einer Tomatenessenz und selbstgeräuchertem Kräuterspeck kombiniert. Über diesen Gang haben wir beim Essen und auch noch danach lange nachgedacht: Er verband auf sehr spannende Art die natürliche Süße des Krustentieres und die Säure sowie die feinen Bitternoten der Beilagen, allerdings geriet das Krustentier auch ein wenig in die Defensive. Ob da etwas weniger nicht mehr gewesen wäre?

Es folgte „Bestes vom Eifeler Prachthahn" mit Mangold, Grünkernrisotto und Rhabarber in Gestalt der gebratenen Brust, der ausgelösten und mit Petersilienfarce gefüllten Keule sowie eines mit Hühnerleber gefüllten Mangoldblatts. Im Risotto fanden sich grob gehackte Weinbergschnecken, dazu Mangold-Sauerkraut, Rhabarbergel, in Fett ausgebackene Schweinehaut und eine sehr feine, fruchtige, weil mit Berberitzen aromatisierte Jus auf Geflügelbasis. Ein Gang zum intensiven Hineinschmecken, handwerklich aufwendig, gut gegart und auch sonst in allen Details bestens auf den Punkt gebracht.

Das Dessert war mit Waldmeistersirup vom vergangenen Jahr zubereitet und setzte sich aus Baiser, Mousse, frischen und dehydrierten Erbsen, einer molligen weißen Schokoganache und erfrischendem Dickmilcheis zusammen. Der süßliche Geschmack der Erbsen war tatsächlich stark präsent, Holunder und Eis brachten Frische ins Spiel und die Schokolade lieferte adäquaten Schmelz. Ein experimentierfreudiges, aber keinesfalls experimentelles Dessert, das spannenden und zugleich harmonischen Nachtischgenuss aufbot. Bis hin zu den wohlgelungenen Pralinen ein sehr überzeugendes Menü, mit dem das Team bisweilen schon an der 8-Pfannen-Hürde kratzte.

NeoBiota

Ehrenstr. 43c, 50672 Köln
☎ 0221-27088908
restaurant-neobiota.de
⊘ Di–Sa ab 19 Uhr, So u. Mo RT
Menüs: 95–155 €

Hinter dem Namen NeoBiota verbirgt sich eine spannende Kombination aus innovativem Frühstücks-„Restaurant" und Fine-Dining-Hotspot, in dem in beiden Bereichen mit hohem Anspruch an Qualität und Kreativität gearbeitet wird. Tagsüber gibt's in dem stilvoll schlicht gestalteten Gastraum mit Frontcooking-Theke originelle süße und vor allem herzhafte Dinge und am Abend zwei wahlweise bis zu achtgängige Menüs mit individueller Handschrift, von denen mittlerweile eines rein vegetarisch ist und zudem sogar als vegane Variante angeboten wird. Auch die omnivore Speisefolge ist seit jeher stark gemüsebetont, dabei puristisch, leicht, originell. Und obwohl auf vielen Tellern nicht mehr als drei tonangebende Produkte zu einer pointierten Komposition vereint sind, ist meist auch ein kreativer Turn oder Switch dabei der dem Gericht das gewisse Etwas verleiht. Und wenngleich es zu jedem Gang eine attraktive Weinempfehlung gibt, lohnt sich hier auch ganz besonders der Blick auf die kreative selbst hergestellte alkoholfreie Getränkebegleitung, mit der das NeoBiota schon früh Maßstäbe gesetzt hat.

Ox & Klee

Im Zollhafen 18, 50678 Köln
☎ 0221-16956602
www.oxundklee.de
⊘ Mi–Fr ab 18.30 Uhr, Sa ab 19 Uhr, So–Di RT

Den Restaurantbesuch zu einem Gesamterlebnis zu machen, zu einer Inszenierung, wie etwa der Besuch eines Theaterstücks oder eines Konzerts – das ist das Ziel von Musiker, Gastronom und Küchenchef Daniel Gottschlich in seinem am Rheinufer des Medienhafen gelegenen Ox & Klee. Und dazu passt, dass man vorab Tickets erwerben und sich für eines der beiden bis zu 15 Gänge umfassenden Menüs (davon eines vegetarisch) entscheiden muss, um in den Genuss des kulinarischen Events zu kommen. Dafür scheuen Gottschlich und sein Team aber weder Kosten noch Mühen, um die Party richtig krachen zu lassen, denn an handwerklichem Detailaufwand, ausgeklügelter Präsentation, Komplexität und vielen feinen Nuancen innerhalb jeder Experience besteht kein Mangel. Keine Frage: Daniel Gottschlich hat schon wieder eine Schippe draufgelegt und seine weltoffen kreative Küche ohne Scheuklappen präsentiert sich inzwischen noch ausgefuchster, aber auch noch stimmiger und ausgereifter. Es geht nicht partout um technisches Gefrickel und Effekte und Experimente, es geht in erster Linie um originell dargebotenen guten Geschmack. Und auf den wird zu Beginn und zum Ende mit sechs über die Jahre zu guter Tradition gewordenen Kleinigkeiten in den Grundgeschmacksrichtungen bitter, süß, salzig, sauer, umami und fett eingestimmt und ausgeläutet.

Poisson

Wolfsstr. 6–14, 50667 Köln
☎ 0221-27736883
www.poisson-restaurant.de
◔ Di–Fr von 12–15 Uhr u. ab 18 Uhr,
Sa ab 12 Uhr durchgehend,
So, Mo u. Fei RT
Hauptgericht: 32–75 €

Austern, Hummer, Bouillabaisse, Steinbutt: Der Name Poisson verrät bereits, dass es hier überwiegend maritim zugeht. Aber die Karte offeriert immer auch ein paar Alternativen. Es ist seit jeher nicht nur die kompromisslos hohe Qualität und Frische der Grundprodukte, die Ralf Marhenckes Küche ausmachen, sondern auch deren präzise, schnörkellose und sorgfältige Zubereitung. Der erfahrene Chef und sein Team kochen in der offenen Küche des stilsicher eingerichteten Bistro-Restaurants auf überdurchschnittlichem Niveau, im besten Sinne unangestrengt. Sie bewegen sich damit stilistisch zwischen kreativer Mittelmeerküche und fernöstlicher Exotik, tendieren spielerisch zwischen Fusion und Klassik. Jeder der mit Sinn für Ästhetik und stimmige Proportionen angerichteten Teller, die hier vom freundlich und flink auftretenden Service an die kleinen Tische mit schwarzer Lederbestuhlung eingesetzt werden, überzeugt zudem durch zeitgemäße Leichtigkeit und klare Aromen.

Pottkind

Darmstädter Str. 9, 50678 Köln
☎ 0221-42318030
www.restaurant-pottkind.de
◔ Di–Sa ab 18 Uhr, So u. Mo RT
Menüs: 95–145 €

Nur wenige Köche der Rheinmetropole haben sich in den letzten Jahren so konsequent weiterentwickelt wie Enrico Sablotny vom Pottkind, das in einer Seitenstraße der Kölner Südstadt residiert. Er selbst sagt, dass er seine Gäste weder langweilen noch überfordern möchte. Auf dem Teller zeigt sich dieser Ansatz als eine Küche, die sich auf wenige Elemente konzentriert, aber niemals ins asketische oder kopflastige abrutscht, sondern gustatorisch immer einen sehr direkten Zugang ermöglicht. Und die wird in dem kleinen Restaurant, das im Sommer auch ein paar Plätze im Freien anbietet, ausschließlich als ein 5-Gang-Überraschungs-Menü offeriert, das hier „Carte Blanche" genannt wird. Die einzige Variationsmöglichkeit besteht darin, dass es auch fleischlos bestellbar ist.

Beim ersten Gang, einer kalten Vorspeise, kombiniert Sablotny Rindfleisch und Tomate. Dabei überlässt er dem Wagyu aus dem Sauerland – grob geschnitten und mit Piment d'espelette betont scharf gewürzt als Tatar dargeboten – klar die Hauptrolle. Es findet sich auf einem mit Zimt abgeschmeckten Tomatensud, der einen leicht fruchtig-süßlichen Counterpart zum Fleisch bildet. Auf das Tatar sind verschiedene Tomaten drapiert und darauf wiederum eine große, durchsichtig-quadratische Scheibe Tomatengelee, die das Spiel der Tomaten-Texturen fortführt und der farbenfrohen Komposition etwas Verspieltes verleiht.

Noch regionaler ist der Hauptdarsteller des nächsten Ganges, eine Lachsforelle aus dem nahegelegenen Bergischen Land: gebeizt und dezent geräuchert, lauwarm angerichtet, mit Kaviar dekoriert. Wieder sind es Frische-Elemente, denen Sablotny eine Bühne bietet: die Forelle wird auf einem Spiegel aus Frankfurter-Grüner-Sauce sowie Kren-Sauce serviert. Besonders der Meerrettich entfaltet sich aromatisch, vielleicht einen Hauch zu sehr. Ein leicht abgeflämmter Spargel sorgt als heißes Element für einen spannungsvollen Temperaturkontrast.

Cavatelli kredenzt Sablotny augenzwinkernd nach „Rheinischer Art", was in diesem Fall bedeutet, dass die Pasta von Ochsenbäckchen, Perlzwiebeln sowie Korinthen begleitet wird und dadurch Assoziationen an süß-säuerlichen Rheinischen Sauerbraten hervorruft. Die Nudeln geraten ihm zwar nach unserem Geschmack ein wenig zu sehr al dente, die geschmorte und gezupfte Ochsenbacke verdient dagegen das Prädikat „schlotzig". Selbst bei diesem eher schweren, erdigen Gang ist Sablotny wichtig, dass der Eindruck von Frische entsteht, weswegen er Micro Greens und gelbe Blüten einsetzt, die hier geschmacklich jedoch kaum Wirkung entfalten. Diese optische Täuschung hätte der Gang, bei dem Würze und Süße so fein ausbalanciert sind, gar nicht nötig. Beim eigentlichen Hauptgang beweist der Chef dann, welche geschmackliche Faszination mit einer perfekt gegarten Brust vom Paderborner Huhn möglich ist. Die dunkle Jus mit Sherry erdet das in saftiger Perfektion dargebotene Stück, Salzzitrone verleiht ihm einen kontrastierenden Kick. Dünn gehobelt sind kreisrunde Topinambur-Scheiben drumherum drapiert, das Ganze nicht nur um eine mildnussig-erdige Facette, sondern auch um angenehmen Biss ergänzen. Bei diesem Gang zeigt sich exemplarisch die Luftigkeit von Sablotnys Kreationen, die allen Komponenten Raum lässt und trotz aller Gegensätze stets auf schlüssige Harmonie setzt. Den besonderen Kick verleiht dem Gericht säurestarker Godello von Casar de Burbia, den die Weinbegleitung vorsieht. Die Weinkarte weist übrigens um die 150 Positionen auf, allerdings ist eben auch das begleitende Weinmenü sehr zu empfehlen, auch wenn es in Sachen Alterstiefe seine Karten noch nicht ausspielt.

Sehr angenehm fällt auf, dass die Portionen stets genau die richtige Größe haben und den Gast nicht unnötig beschweren. Das gilt auch für das Dessert, bei dem Aprikose (als Sorbet und Hippe) mit Kamillensud vereint wird. Eine Nocke Fior-di-Latte-Eis sorgt hier zudem für Cremigkeit und karamellisierte weiße Schokolade für einen Hauch süßen Schmelz. Außerdem ist überraschend viel gut eingebundene

Säure spürbar, wodurch auch dieser Gang federleicht daherkommt.

Die Petit Fours heißen im Pottkind „Anti-Starter" und spiegeln von den Zutaten die Starter vor dem Menü – zum Beispiel gibt es zu Beginn Gelbe Bete mit Safran in einem Shiso-Blatt, zum Finale ist es dann Melone mit Safran im Shiso-Blatt. Der Service serviert all dies auf eine sehr nahbare Art, man hat sich den Charme eines Nachbarschaftsrestaurants bewahrt. Von der Verbundenheit zum Ruhrpott, auf welche sich der Name beruft, und von Enrico Sablotnys Herkunft herrührt, ist kulinarisch nichts zu spüren.

Das Pottkind hat sich von seinen Anfängen längst etabliert und bietet nun eine herrlich undogmatische und dabei immer lustvolle Küche, die sich bei vielen Küchentraditionen bedient, ohne ins Beliebige abzurutschen. Dabei zeigt sich der Chef vor allem was den Einsatz von Gemüse betrifft als großer Könner. Der beste Platz, um seine Kreationen zu genießen, ist die Theke, die hier als Chef's Table fungiert. Man blickt in die offene Küche und hat Gelegenheit, mit Enrico Sablotny über die Gerichte zu sprechen – einzig die Akustik in dem kleinen Restaurant bleibt ein Problem.

Pure White
Weißer Str. 71, 50996 Köln
☎ 0221-29436507
www.pure-white-food.de
⊘ Di–Sa ab 18 Uhr, So u. Mo RT

Schon beim Eintreten in das an ein schlichtes Bistro erinnernde Lokal duftet es leicht und sehr angenehm nach Gegrilltem und nach Akazienholzkohle. Dieses Flavour erzeugt ein glühend heißer Josper-Ofen, auf dem Christiano Rienzner und sein Team beste Grundprodukte wie Krustentiere und Jakobsmuscheln aus Norwegen oder Wagyu- und Dakota-Beef ganz kurz und knackig grillen, sich dabei eine ordentliche Portion Röstaromen abholen, im Kern aber noch schön soft und saftig bleiben. Wie auch alles andere, was es hier gibt, wird das sehr gegenständlich in puristischer Manier ohne manieriertes Beiwerk aber durchaus mit Twist auf die Teller gebracht. Es geht um Geschmack, um Aha-Erlebnisse für den Gaumen, nicht für die iPhone-Kamera. Das erfreut jeden Gourmet, der auf pure Qualität von Top-Produkten und ihrem bestmöglich herausgekitzelten Eigengeschmack aus ist. Eine Küche, die leicht verständlich und doch anspruchsvoll ist, die Produktqualität und Produktverständnis voraussetzt. Ein echter Hotspot für erwachsene Gourmets ohne Anspruch auf Luxus und Komfort jenseits des Tellers.

rays restaurant

**Gottesweg 135,
50939 Köln**
📞 **0221-446975**
raysrestaurant.de
⊘ **Di–Sa ab 18 Uhr, So u. Mo RT**
Menüs: 105–115 €

Für alteingesessene Kölnerinnen und Kölner, insbesondere aus dem Stadtteil Sülz, mag die wundersame Transformation von der Kult-Kneipe zur Fine-Dining-Location, die das ehemalige „ABS" zum jetzigen „Rays" vollzogen hat, vielleicht befremdlich wirken. Für alle anderen – und mit etwas Überzeugungsarbeit sicher auch für alte Stammgäste – handelt es sich allerdings ganz klar um einen Glücksfall! Das neue Team rund um die Chefköche Erik Schmitz und Maksim Kusnezow, Barmeister Michael Elter und Gastgeber Robby Jung, die vorher alle zusammen im Ox & Klee gearbeitet und es entscheidend mitgeprägt haben, hat hier einen urbanen stilvollen Genussort geschaffen, der eine lockere Atmosphäre und eine Prise Coolness mit hohem Anspruch, aber zugleich möglichst breiter Zugänglichkeit verbindet.

Das spiegelt sich einerseits in der moderaten Preisgestaltung wider, andererseits aber auch in den gleichermaßen lässig-unkomplizierten wie raffinierten Gerichten, die meist ohne übertriebenen Aufwand mit wenigen markanten Akzenten für Spannung sorgen. Dass dabei nicht alle Details bis aufs Letzte zugespitzt werden

und manche aromatischen Pinselstriche auch etwas kräftiger und plakativer daherkommen, gehört dazu und hat im Gesamtkontext auch durchaus seinen Reiz.

Diesen Stil verkörperten bereits die ersten Snacks, unter anderem eine saftige gebackene Steinpilzpraline mit Pilz-Mayonnaise und gerösteter Haselnuss oder ein röstig zarter Tofu-Gnocchi mit säurefrischer Feldsalat-Sphäre, die noch vor etwas fluffigem Focaccia nebst röstzwiebelig pikantem Joghurtdip auf den Tisch kamen. Noch mehr verkörperte den Stil aber der erste Gang, bei dem dünn gehobelter Blumenkohl als nussige, cremig-krümelige Melange in einem schwarzen Knoblauch-Hummus präsentiert wurde. Dazwischen von irgendwoher eine feine Säurespur und obenauf ein wildes Geflecht aus frittierten Teigfäden, das für crunchige Auflockerung sorgte. Den entscheidenden Kick brachte dazu allerdings der alkoholfreie Drink aus Staudensellerie, Quitte, Meersalz und Muskat mit seinem herb-säuerlich-scharfen Charakter.

Auf welch hohem Niveau das Team handwerklich arbeitet, illustrierte das folgende samtige Maronensüppchen ganz ausgezeichnet, mit seiner cremigen und doch leichten Konsistenz und der gekonnt mit einem festen Säurekern abgefederten typischen Maroni-Süße. Zusätzlich verstärkt wurde der elegante, frische Eindruck noch durch jodig-kühle Austernstücke in Ponzu-Sauce, während bittergrüner Wildbrokkoli und fleischige Shiitake-Pilze als weitere charakterstarke Player dazugegeben wurden. Einer der stärksten Eindrücke des Menüs!

Eindrucksvoll war aber auch die Idee, eine Rosette von kräftig gerösteten (solo sehr salzigen) Jakobsmuschelscheiben mit Quitte auf einem Zentrum von geröstetem Reis anzurichten, die mit einer cremigen, spicy-pikanten Seeteufelleber-Sauce, zu dessen aromatischer Wucht ein separates Apfel-/Lorbeer-Sorbet ätherisch frischen Kontrast lieferte umgeben war. Ein Zwischengang, der in seiner Feinabstimmung zwar nicht perfekt, aber mutig und markant ums Eck kam. Und das ist uns im Zweifelsfall fast noch lieber als gediegene Perfektion.

Und apropos Kontraste: Die gab es auch beim folgenden kokelig (teils sogar verbrannt bitter) abgeflämmten Rochenflügel, der mit zart aufblätterndem Fleisch auf einem großzügigen Spiegel aus nussig-scharfer Satésauce angerichtet wurde. Diese wirkte trotz feinerer aromatischer Konturen aus Tomatenfrische und Kokos durch ihre erdnussig-scharfe Power eher plakativ als subtil, so dass gemeinsam mit den begleitenden Akzenten aus Roter Zwiebel, Kumquat und Basilikum als ebenfalls lautstarke Elemente ein insgesamt abwechslungsreiches, spannungsgeladenes Bild entstand. Nur der Rochen selbst ging dabei ein wenig unter…

Letztlich gehört das aber ganz offensichtlich zum Konzept und Stil: lieber klare Kante als feingezeichnete Details. Und das funktioniert – insbesondere auch bei den vegetarischen Gerichten des Flora-Menüs – ganz ausgezeichnet. Aber auch im Hauptgang, in dem eine pastöse Reiswein-Reduktion als cremiges Konzentrat aus Umami, Süße und Salz zur homogen rosa gegarten Challans-Ente angerichtet wurde (die mit etwas mehr Temperatur auf dem Teller noch besser gewirkt hätte). Auch hier sorgten die kleinen begleitenden Akzente in Form erdiger Bete, herbsäuerlich-fruchtigen Noten und nussigem Kürbiskern-Nougat kontraststark für Abwechslung, hatten es aber, wie die Ente selbst, erneut nicht ganz leicht gegenüber der konzentrierten Sauce. Da würden beispielsweise schon veränderte Proportionen ein noch stimmigeres Bild ergeben. Dass die Ente mit einer etwas höheren Temperierung und geduldiger ausgebratener Haut noch besser gewesen wäre, ist Fakt, aber letztendlich nur eine Kleinigkeit, die beispielhaft aufzeigen soll, wo wir für eine noch höhere Bewertung das Optimierungspotential sehen. Mit ihrem straffen, aromatischen Fleisch war das Premium-Geflügel auch so ein glänzender Hauptdarsteller.

Einen weiteren sehr starken Eindruck gab es überraschend auch noch ganz zum Schluss: mit einem konzentrierten Brombeersorbet neben grünen Tupfen aus Rosmarin-Cheesecake, marinierten Brombeeren, weißem Schokoladenmalto und Pinienkernen (geröstet und als kompaktes Nougat). Einfach deshalb, weil hier würzige Noten, fruchtige Säure, Schmelz und Nussigkeit auf wunderbar lässige Art balanciert wurden.

Zusammen mit den individuellen, bestens angestimmten Weinempfehlungen und den anspruchsvollen Cocktails, die mit oder ohne Alkohol eine jederzeit lohnende Alternative dargestellten, hat das Rays alles, was eine urbane Trend-Location braucht. Kompliment!

Sahila – The Restaurant

Kämmergasse 18, 50676 Köln
☎ 0221-247238
sahila-restaurant.de
⊙ Di–Fr ab 18.30 Uhr, Sa von 12–13.30 Uhr u. ab 18.30 Uhr, So u. Mo RT
Hauptgericht: 25–48 €,
Menüs: 130–160 €

Julia Komp ist ein Star der Kölner Kulinarik-Szene. Nicht nur aufgrund ihres einzigartigen Küchenstils, sondern auch, weil sie mit ihrer bodenständigen und unaffektierten Art jeglichen Dünkel, der die Spitzenküche für manchen immer noch umwehen mag, vermissen lässt. Nach dem Weggang aus dem rechtsrheinischen Lokschuppen kocht sie jetzt in ihrem eigenen Restaurant auf, das im ehemaligen „L'Accento" untergebracht ist, und zu dem auch ein zweites Restaurant, die „Yu*lia Mezze Bar", gehört.

Im Sommer sitzt man lauschig im Innenhof und wird dort vom sehr umsichtigen und engagierten Service um Restaurantleiter und Sommelier Yasin Yesilmen bedient. Die Weinkarte ist zum einen sehr klassisch ausgerichtet, mit vielen Bouteillen aus Deutschland, dazu Frankreich und Italien, bietet mit Tropfen aus Israel, Griechenland oder Libanon aber auch Entdeckenswertes aus Ländern, die Inspiration für einige Speisen von Julia Komp sind. Diese verfolgt auch am neuen Standort ihr Konzept einer kulinarischen Weltreise, die sich aus Stationen speist, an denen sie gekocht hat. Komp macht dies dadurch deutlich, dass unter jedem Gang des Menüs – es gibt nur eines, welches man mit fünf bis sieben Gängen wählen kann – der Name des Landes steht, aus dem es stammt. Blieb sie früher den Küchen jeweils fast dogmatisch treu, gibt es neuerdings manchmal leichte Überschneidungen, die ihr Repertoire erweitern.

Japan stand Pate beim Zweierlei vom Spargel, wobei der grüne mariniert und knackig ist, der weiße allerdings nur wie einer im Ursprungszustand aussieht und sich stattdessen als Mousse entpuppt – eine Zubereitungsform, mit der Komp gerne spielt, weil sie ihr viele Gestaltungsmöglichkeiten und Überraschungsmöglichkeiten eröffnet. Der Hingucker des Gerichts ist allerdings eine Rose, die aus gehobelten Radieschen und Spargel besteht. Mit ihrer leichten Säuerlichkeit bringt sie Schwung in den Gang.

Beim Ceviche von der Jakobsmuschel ist Mexiko Inspiration. Und auch dieser Gang zeigt, wie wichtig Julia Komp die Optik ist. Zentral angerichtet das Ceviche mit Jalapeño, darauf rote wie gelbe Kirschtomatenhälften sowie kleine Punkte Guacamole. Eingefasst wird der Gang von sternförmig aufgebrachter Paste aus schwarzen Bohnen, in der Körner vom peruanischen Riesenmais stecken. À part gibt es dann noch Tamale im Maisblatt, das zwar aromatisch nicht mit dem zentralen Gericht zusammengeht, aber durch seine Wärme einen schönen Temperaturkontrast bildet.

Bun Cha Ca ist eine traditionelle vietnamesische Suppe, die Julia Komp in ihrem Gericht mit Hiramasa Kingfisch dekonstruiert. Man erhält zwei Kräutersträußchen, die man nach eigenem Gusto in die Suppe legen kann, der Fisch ist nahezu roh, nur ganz leicht auf beiden Seiten angegrillt, darauf liegen dünne Ingwerscheiben. Ein Salatröllchen mit gebratenen Salatherzen und Thunfisch flankiert den Kingfisch, lila Blüten verleihen Farbe. Nahezu jeder Gang hier ist „highly instagrammable"! Zudem zeigt jeder Gang Komps großes Wissen um die Landesküchen und um die Bedeutung einzelner Bestandteile. Auch wenn sie keine Küche so durchdrungen haben wie die Einheimischer, so geht sie mit ihrem europäischen Blickwinkel und auf Grundlage der französischen Klassik sehr respektvoll mit den Vorbildern um, will ihnen gerecht werden und ihnen gleichzeitig ihren eigenen Stempel aufdrücken. Und der zieht fast immer starke Aromen und Kontraste einem subtilen Spiel vor.

Auch beim Kaninchen-Gewürzconfit (Indien) nutzt Komp wieder Mousse als Verfremdungseffekt, diesmal in Form einer asiatischen Mandarine. Neben Karotte, ebenfalls als Mousse und in rohen Scheiben, kommt Blumenkohl zum Einsatz, der frittiert sowie als Couscous verarbeitet ist. Gekonnt gelingen Komp hier die würzigen Noten, das Kaninchen wirkt geradezu verspielt in dieser Kombination.

Den Hauptgang bildet ein Kalbstafelspitz vom Blonde d'Aquitaine, das hier als Koresht-e Rivas daherkommt. Ursprünglich ein persisches Rhabarberschmorgericht, das Komp in die Haute Cuisine überführt. Neben dem hervorragend rosa gegarten Fleisch finden sich drei Stangen, von denen eine – an diesem Punkt keine Überraschung mehr! – gar keine ist, sondern sich als Selleriemousse mit Kokosmilch und persischer Limone herausstellt. Die anderen beiden sind Rhabarber, der hier aber als Gemüse fungiert, sowie Staudensellerie; ein kleiner persischer Reis-Crunch-Turm sorgt für Knusprigkeit. Komp behält hier die zentrale Aromenkombination des traditionellen Gerichts bei, verwandelt es aber in etwas Leichteres, das vor allem den Fleischgeschmack viel klarer herausarbeitet.

Patissière Anne Kratz ist schon seit Julia Komps Zeit im Lokschuppen eine Bank und passt kongenial zu ihrem Stil, der Effekte zulässt, Optik betont, und dem Gast gerne überraschenden Kombinationen präsentiert. Ihr Pré Dessert namens „Waldspaziergang" ist – und das stellt im „Sahila" geographisch vielleicht die größte Überraschung dar – in Deutschland angesiedelt. Ein Fichtensprossensud mit Kräuterchips. Mit einer Rose vom Apfel greift sie Komps Formensprache vom Spargel-Gang wieder auf. Der Unterteller wird angegossen, so dass das Trockeneis dampft. Pure Show, die aber immer noch für einen Aha-Effekt gut ist.

„Erdbeertraum" hat Kratz dann das eigentliche Dessert betitelt, und blickt damit nach Thailand. Thaibasilikum, Pandan und Kokos sind neben marinierten Erdbeeren (auch als Gelee kommen Erdbeeren vor) die Komponenten und à part wird eine Kokosespuma gereicht. Das Gericht gelingt fruchtbetont, in der Süße fein austariert, und ist somit das stimmige Finale eines farbenfrohen, sehr eigenständigen und stets überraschenden Menüs.

Straßenküche
Maximilian Lorenz

Johannisstr. 64, 50668 Köln
☎ 0221-29209208
pig-bull-bbq.de
⊘ Mo–Fr von 9–18 Uhr, Sa u. So RT
Hauptgericht: 5–15 €

Direkt an seine beiden bekannten Restaurants angrenzend führt der Koch und Gastronom Maximilian Lorenz mit der ML Straßenküche in schlichten, modernen Räumen ein kleines Lokal für asiatisches Streetfood, das als Take-Away abgeholt oder vor Ort verspeist werden kann. Ab 9 Uhr vormittags gibt es herzhaftes Frühstück wie die chinesische Reissuppe mit kräftiger dunkler (aber nicht überwürzt salziger) Sojabasis und Chilischärfe, verschiedenes Porridge oder ein „Vietnam Rührei" mit Fischsauce, Frühlingslauch, Minze und Chili. Ab Mittag zum Beispiel verschiedene Bowls, vegetarisch oder mit Fleisch, zum Beispiel mit Teriyaki-Chicken. Oder mit Pulled Pork, das angenehm mild in der Würzung auf einem schön differenzierten Mischmasch aus leicht gesäuertem Sushireis, Spinat, Mais, Edamame und Frühlingslauch angerichtet ist, in dem Sushi-Ingwer, eingelegte Thai-Gurke oder Kirschtomaten für saftig-säuerliche Sidekicks und Sesam, Koriander, Röstzwiebeln für aromatische Akzente sorgen.
Auch für das Sandwich „Mekong", so etwas wie ein asiatischer Krabbenburger, würden wir immer und immer wieder hierherkommen, denn zwischen einem sehr guten Brioche-Bun klemmt mit überraschend guten knackigen gegrillten Garnelen, säuerlich-scharfem Kimchi, der hauseigenen schmelzigen Asiasauce auf Mayobasis und den Aromen von Limette und Koriander feine Zutaten, die diesen Burger maximal chunky und doch differenziert schme-

cken lassen. Und seit kurzem gibt es sogar zwei Sushi-Varianten (einmal vegetarisch, einmal mit Fisch und Krustentier) die mit guten Produkten und in ihrer natürlichen, mit einem gewissen Feingespür fabrizierten Art auch eher zu den besseren ihrer Art gezählt werden dürfen. Klare Empfehlung!

taku

im Excelsior Hotel Ernst
Trankgasse 1–5/Domplatz,
50667 Köln
☎ 0221-2701
www.taku.de
⊘ Di–Sa ab 18.30 Uhr, So u. Mo RT
Hauptgericht: 26–34 €,
Menüs: 65–105 €

Der Weg die Stufen hinunter ins Taku wirkt jedes Mal aufs Neue wie eine Reise in eine andere, geheimnisvoll-exotische Welt. Einmal angekommen an einem der puristisch-elegant gedeckten Tische, wird dieser Eindruck in einer angenehm entspannten und komfortablen Atmosphäre weitergetragen und die Vorfreude auf die kommenden Eindrücke geweckt – da wirken das Ambiente und das charmante Serviceteam wirklich außergewöhnlich gut zusammen…
Wobei das alles natürlich nur das halbe Vergnügen wäre ohne das Wissen, dass in der Taku-Welt auch die Küche auf ausgesprochen hohem Niveau mitspielt. Das Team um Küchenchef Mirko Gaul hat sich über die letzten Jahre mit ihren aus verschiedenen asiatischen Küchen inspirierten Kreationen immer noch ein bisschen weiter gesteigert und nicht nur in und um Köln fest etabliert. Aus der Kombination fernöstlicher Aromen mit französischer Kochtechnik

entstehen sehr klare, fein gezeichnete und individuelle Gerichte, die sowohl die Neugier auf
Überraschungen als auch das entspannt zu-
rücklehnende Genießen nicht zu kurz kommen
lassen.

Dafür, wie durchdacht die gesamte Performance hier gestaltet wird, spricht auch, dass die
ersten Kleinigkeiten zum Ankommen und zum
Aperitif zunächst noch eher subtil und piano
daherkommen. Zuletzt etwa bei einer Kombination von Auster, Tomate und Cashewnüssen
mit spritziger Säure und konzentriert jodigem
Geschmack, bei der Verbindung von Kalmar,
Forellenkaviar, Schnittlauch, Shiso und Reis-
crunch, oder auch – in gleicher Präzision, aber
mit etwas mehr Volumen – bei der Taku-Versi-
on einer Tom Kha Gai mit schaumig leichter
Konsistenz, flirrender Säure und sensibel gesetzten Aromen und Schärfe, die von einem
knuffigen kleinen Fishcake mit grüner Currycreme und Kroepoek markant ergänzt wurde.

Nach einem eher sensibel zurückhaltenden
Kostproben startete das eigentliche Menü
dann direkt mit einem deutlich forscheren ersten Gang: auf dem Hauptteller wurde hier
Wildlachstatar ebenso markant wie präzise von
geräuchertem Chili (Creme, Stücke), geflämmten Perlzwiebeln und crunchy Röstzwiebeln
sowie Koriander-Mayonnaise akzentuiert und
im Hintergrund von einem kräftigen Geflügelfond und Korianderöl abgerundet. Als puristischer und ausgleichend ruhiger Side-Dish wurde der festfleischige Lachs zudem als dick geschnittenes Sashimi nur mit ein paar Salzflocken gewürzt.

Etwas sanfter ging es beim kurz abgeflämmten
Hamachi (in Top-Qualität) zu, nämlich mit feinen Säureakzenten gegenüber einer ausgeprägten Grundsüße im klaren Tomatenfond, der
den klararomatischen Fisch neben konzentriertem Tomatenconfit, gedörrten Tomaten und
ätherischem Thai-Basilikum ergänzte. Das Ergebnis brachte eine leichte Thai-Exotik, ohne
zu plakativ zu sein und den Hauptdarsteller in
den Hintergrund zu drängen – Punktlandung!

Beim Isländischen Kabeljau mit glasig blättern-
dem Fleisch (trotz markanter Röstnoten) ging
es dann wieder eher in die mutigere und kraftvolle Richtung: Dem nussig-klararomatischen
Fisch gaben zartes Rindermark-Gelee und Kaviar ein schmelzig-jodiges Topping, während
ein schaumig-voluminöser Schaum von Sushireis mit lebendiger Säure und Cremigkeit ein
hervorragendes asiatisch inspiriertes Pendant
zu einer Beurre blanc darstellte. Und auf diese
Art einen adäquaten Rahmen schaffte.

Im erfreulicherweise nicht auf rosa gebratene
Langeweile, sondern den kräftigen Geschmack

von „low and slow" gegarter Short Rib mit perfekt geschmolzenem Fett setzenden Hauptgang, zeigte eine hell glänzende Bergpfefferjus
mit feiner, leicht betäubender Schärfe sowohl
perfektes Handwerk als auch subtiles Feintuning, ohne dem Fleisch die Show zu stehlen.
Dazu lieferte ein knackiges Salatblatt mit Füllung aus winzigen Pfifferlingen, Heidelbeere
und japanischer Kimizu-Mayo einen auflockernden Frischepol, während ein kräftiges
kühles Rindertatar den Produktcharakter des
Fleischs noch auf einer anderen eleganten Ebene präsentierte. Super!

Wie präzise das Team die Aromen dosiert, zeigte sich dann insbesondere auch im Dessert, das
mit einer kreisförmigen duftigen Mousse mit
Ananasragout und Haselnusseis im Zentrum,
flankiert von prägnanten Mokka-Noten (von
knusprig gebackenen Kugeln) und einer dazwischen auftauchenden feinen pikanten Schärfe
von grünem Pfeffer außerdem ein sehr unkonventionelles und kreatives Finale bescherte.

Genauso unkonventionell, aber perfekt auf die
Gerichte abgestimmt, fallen auch die begleitenden Weinempfehlungen aus, bei denen die Vorliebe für charakterstarke Naturweine immer für
spannende Entdeckungen gut ist. Wer nicht auf
experimentellere Weine steht, findet aber in
der stattlich bestückten Karte oder im Dialog
mit dem Service garantiert auch viele lohnende
klassischere Alternativen.

weinlokal heinzhermann

Johannisstr. 64,
50668 Köln
☎ 0221-37999193
www.weinlokal-heinzhermann.de
⏱ Di–Fr von 12–14 Uhr u. ab 18 Uhr,
Sa ab 18 Uhr, So u. Mo RT
Hauptgericht: 21–79 €

In dem bodenständigeren Abteil von Maximilian Lorenz' gastronomischer Basis in Köln sagt der Name schon sehr viel: Anspruchsvoller Weingenuss steht im Vordergrund. Und eine Küche, die – benannt nach den Großvätern des Chefs – zwar so gar nichts altvorderes hat, aber mit ihrem Soul-Food-Charme dennoch eine gewisse großväterliche Vertrautheit mitbringt. Ansonsten bietet das schicke, warme Bistro-Ambiente mit puristischem Design eine angenehme unkomplizierte Wohlfühlatmosphäre, das Thema „Wein" wird gut sichtbar mit hochwertigen Flaschen präsentiert und die etwas bodenständigere, aber trotzdem anspruchsvolle Küchenlinie setzt auf markante Akzente mit verhältnismäßig einfachen Mitteln und ansonsten auf die Tugenden einer von Grund auf frisch, natürlich und mit Feingefühl zubereiteten Küche.

Dass sich Maximilian Lorenz generell und auch im Gourmetrestaurant vor allem der Verfeinerung rustikalerer und traditioneller Zubereitungen verschrieben hat, passt da ganz ausgezeichnet ins Konzept. So wird schon der Auftakt mit warmem flaumigem Weißbrot und einer Art Aioli aus Meerrettich, Senf, Kräutern und Milch zum spannenden Erlebnis mit verfeinert rustikalem Touch. Dass der typische Stil auch bei Ausflügen in exotischere Gefilde funktioniert, zeigte das Ceviche von der Dorade, deren topfrisches aromatisches Fleisch in einer harmonisch milden Tigermilk nur angegart und mild gesäuert wurden, während Avocadocreme, spicy Haselnüsse und Koriander typische und doch raffiniert originell umgesetzte Akzente lieferten.

Das fundierte Handwerk und eine gute Basis wurden dann auch bei der samtigen Kürbiscremesuppe sichtbar und schmeckbar, die ohne jede mehlige Schwere, dafür mit feiner subtiler Ingwerschärfe und warmwürzig-pikanten Croûtons daherkam. Einen leichten Frischeakzent gab es noch durch Kräuteröl und fertig war ein erneut einerseits ganz klassisch-traditioneller und andererseits ebenso klar überdurchschnittlich umgesetzter Gang.

Voll in die verfeinerte Rustikalität regionaler Küche ging es dann beim properen, durch und durch saftigen Rehpflanzerl in Pancetta nebst cremigem Spitzkohl, Wildbratensauce und natürlich herben Preiselbeeren. Eine kraftstrotzende Kombination, die man sich in dieser Form im Herbst in jedes Wirtshaus wünscht, dort aber eigentlich nie in dieser Klasse findet. Was auch und insbesondere für die separat servierten, fluffig nussbuttrigen Petersilienspätzle mit Nussbutterbröseln gilt!

Zum Abschluss steht die Wahl zwischen beispielsweise warmem Schokoladen-Armer-Ritter nebst Zitrusfruchtsalat und Haselnusseis, einer mustergültigen Crème brûlée mit exotischem Fruchtsorbet, oder auch einer Auswahl gereifter französischer Käse. Und was den Wein angeht: da gibt es in der fulminanten Flaschenweinkarte mit vielen spannenden und auch gereiften Gewächsen für jedes Gericht und jeden Anlass eine enorme Auswahl, aber auch glasweise lassen sich dank Coravin-System viele hochwertige und interessante Weine probieren. Das bestens eingespielte und geschulte Team im Service hilft in jedem Fall dabei, dass der passende Tropfen im Glas landet.

Hotelempfehlung

★★★★★ S

Excelsior Hotel Ernst
Trankgasse 1-5/Domplatz, 50667 Köln
☎ 0221-2701
www.excelsiorhotelernst.com
Einzelzimmer: 180–420 €
Doppelzimmer: 210–460 €

In Kölns einzigem Mitgliedshaus der „Leading Hotels of the World" wird kontinuierlich die Tradition der Gastlichkeit gepflegt und durch ständige Innovationen bleibt das Haus zudem stets zeitgemäß. Die 137 luxuriösen Zimmer und Suiten (alle mit Sat- u. Pay TV, Klimaanlage, Breitband-Internet, Faxanschluss, Minibar im Preis enthalten …) bieten teilweise Ausblick auf den Kölner Dom. Eine weitere Besonderheit ist die Piano-Bar mit großem Zigarrenangebot. Restaurants taku und Hanse-Stube separat erwähnt.

Zur Tant
Rheinbergstr. 49, 51143 Köln (Porz)
☎ 02203- 81883
www.zurtant.de
◉ Fr–Di von 12–14 Uhr u. ab 18 Uhr,
Mi u. Do RT
Hauptgericht: 23–26 €,
Menüs: 39–105 €

VISA

Das Restaurant Zur Tant, das zwar zur Stadt
Köln gehört, aber in deren ländlicher Peripherie im Süden zu finden ist, zählt zu den Tradi-
tionslokalen der Rheinland-Metropole. Der
heutige Gastgeber und Küchenchef Thomas
Lösche knüpft in dem direkt am Rhein gelegenen Haus mit schöner Aussichtsterrasse und
Zweitrestaurant „Bistro Piccolo" an diesen Traditionen an und steht für eine substanzstarke
klassische Küche mit Niveau und guten Ideen.
Das passt zwar noch zum gediegen-konservati-
ven Rahmen, kommt aber deutlich moderner
und kreativer daher, als man es hier zunächst
erwarten würde. Die Qualität der verwendeten
Produkte ist sehr gut, alle Zubereitungen haben viel Substanz, manche Kreationen überzeugen aber darüber hinaus auch durch einfallsreiche Akzente, etwa wenn Lösche nicht
alltägliche Kombinationen zu gewinnbringenden Liaisons werden lässt. Den Service erleben
wir regelmäßig sehr zuvorkommend und sympathisch bodenständig.

Königsbronn-Zang
(Baden-Württemberg)

ursprung – das Restaurant
in Widmann's Hotel
Struthstr. 17,
89551 Königsbronn-Zang
☎ 07328-96270
www.loewen-zang.de
◉ Do–So ab 18 Uhr, Mo–Mi RT
Menüs: 105–130 €

VISA

Es ist schon beachtlich, was Andreas Widmann
und seine aus Tirol stammende Frau Anna mit
den Jahren aus dem Familienbetrieb in neunter
Generation gemacht haben. Rein kulinarisch
betrachtet, ist es umso beachtlicher, wie fokussiert das Gourmetprogramm läuft, wenn auch
das Wirtshaus samt großem Biergarten gut besucht ist. Im Ursprung-Bereich führten Andreas Widmanns Großeltern neben der Metzgerei eine erste Gaststube. Mit einem alten
Buffetschrank und einem kleinen Kachelofen
sind im behutsam modernisierten Gourmetrestaurant diese Zeiten immer noch ein Stück
weit sichtbar.
Eine reizvolle Verbindung von Rustikalität und
Eleganz entsteht zudem, wenn aus den Schubladen der dunkelblanken Holztische Silberbesteck mit Hammerschlag von Robbe & Berking
gezogen wird. Dies lässt sich grundsätzlich
auch zum kulinarischen Konzept sagen, in das
viele mit Bedacht gewählte Produkte aus dem
regionalen Genussnetzwerk einfließen, die teils
traditionell, teils modern interpretiert werden,
ohne dabei dogmatisch Grenzen zu ziehen –
zumal auch Bezüge zur ursprünglichen Heimat
von Anna Widmann hergestellt werden.
Ein schönes Ritual vorneweg ist die augenzwinkernde „Brotzeit": Schinken- und Salami-
scheiben, roh marinierter Kohlrabi und Kräuterseitlinge, hausgemachte Kartoffelchips zu
einem Dip aus Petersiliencreme. Etwas weiter
wurde der Bogen mit den nächsten Grüßen gespannt: Vollmundige Herzhaftigkeit gab es mit
Tatar vom Maibock auf einem Roggenchip, frischer Muntermacher war Tsatsiki mit Zucchi-
nistreifen und einer feinsäuerlichen Estragon-
vinaigrette, volle Umami-Power lieferte zu
regional interpretiertem Sushi mit „Österreis"
und Saibling eine Alblinsensauce, die erstaunlich intensiv einer Sojasauce nachempfunden
war.
Nach Brot mit Kräuterquark und zwei Butter-
sorten startete das eigentliche Menü mit seinen
sechs Gängen. Schon die erste Vorspeise zeigte,
dass bei diesem Soulfood auf klassischer Basis
mal puristischer, mal komplexer Geschmack
viel wichtiger ist als verstreute optische Spielereien mit Pünktchen hier und Schäumchen da.
Leicht gebeizte, aber gut gewürzte Tranchen
von der Lachsforelle waren unter großen Brun-
nenkresseblättern kaum zu sehen, erst recht
nicht die sehr klein gehäckselten Mairübchen
darunter. Aber in einem geklärten Molkesud
konnte sich der Fisch ohne große Ablenkungs-

manöver entfalten – akzentuiert von gesalzenen Blaubeeren!

Noch mehr Geschmack wurde im nächsten Gang versteckt, denn auf den ersten Blick war nur eine mit Heu aromatisierte Hollandaise mit Kerbel und Blüten on top in einem knusprigen Kartoffelring zu erkennen. Stieß man aber mit Löffel oder Gabel in die Tiefe vor, so fügten sich roh marinierte kleine Spargelstücke, Straußenschinken und auch dezent eingearbeiteter Chili und Minze zu einem komplexen Wohlfühlgericht mit viel Würze und Säure. Vollendung hat die Aromentiefe durch die Begleitung eines gereiften Grünen Veltliners von Sohm & Kracher erfahren.

Der nächste Gang mit alter Milchkuh vom Biohof Dauner wurde als „BBQ-Style" angekündigt. Es handelte sich um einen kleinen Turm aus Pulled Beef, unter dessen geschmorten und gerupften Stücken auch Kleingehacktes steckte, was in Kombination mit einem Sud aus Honig und klarer Tomatenessenz ein bisschen an ein italienisches Ragú erinnerte. Eine weitere mediterrane Note lieferte Aubergine, auch als Chip mit Kapuzinerkresse obenauf. Dazwischen sorgte aber noch eine Art Spitzkraut-Kimchi für einen herben Touch.

Danach wurden die Regler bis zum Anschlag aufgedreht mit einem – wenn man es radikal formuliert – Ein-Komponenten-Gericht. Zwar standen auch Paprika und Thymian geschrieben, aber eigentlich handelte es sich um ein pures Fischgericht mit einer auf der Fettseite gebratenen butterzarten Tranche vom Stör aus dem Ammersee. In diesem mutigen Wenigerist-mehr-Gericht wäre vielleicht noch weniger noch mehr gewesen, denn die Intensität des würzigen Paprikasuds ging an die Grenzen, wobei das eingesetzte Thymianöl kaum eine Rolle spielte. Aber man konnte den Sud zum Fisch ja individuell dosieren…

Ganz anders erwies sich der Fleischgang als vielfältigstes Gericht des Abends. Es drehte sich um Dreierlei Lamm von der Ostalb: als klassisch rosa gebratener Rücken mit crunchigen Grieben, als geschmorter Bauch auf einem Spinatbett, und als Salat von der Zunge mit gepickelten Schalotten in einem Schälchen à part. Auch auf dem Teller wurden die annoncierten „Zwiebelgewächse" schön interpretiert mit einem dezent süßen Püree und dunkel-krossen Ringen. Einen Höhepunkt für sich stellte die transparente Jus mit ihrer leicht rauchigen Note dar. Besser als mit dieser Lamminterpre-

tation kann man eigentlich nicht Werbung für die Schwäbische Alb machen.

Aber nicht nur Strauße – siehe oben –, sondern auch Wassermelonen werden in dieser Region gezüchtet. Fürs Pré-Dessert wurde deren Mark zu einem Sorbet verarbeitet. Zu einer gebrannten Ziegenfrischkäsecreme gab es weitere frische Begleiter wie eingelegten Rhabarber, Gurke, Holunderblüten und Zitronenverbene. Nicht ganz so leicht wirkte dann das eigentliche Dessert mit einem Buchweizenküchlein und Buchweizen-Honig-Eis. Trotz zahlreicher Komponenten wie Verjuscreme, Honeycomb-Crumble, eingelegten Erdbeeren und deren Sud, Thaibasilikum und einem Hauch „Alpin Sake" entstand in der Summe eine etwas liebliche Beliebigkeit ohne große Trennschärfe. Vielleicht lag dieser Gesamteindruck aber auch daran, dass das Dessert in einer kleinen Schale serviert wurde, in der sich die Aromen zu sehr ineinander vermengten. Zum Abschluss eines wundervoll originellen Abends wurde noch einmal mit kleinen Heimatverbundenheiten gezwinkert.

Fazit: Nahezu alle Gerichte im Ursprung haben Charakter – einen eigenen Charakter. Solch authentische Erlebnisse werden seltener in Zeiten, in denen sich immer mal wieder ein Copy-and-Paste-Verdacht aufdrängt. Ausdrücklich gelobt werden muss auch der kundige und umsichtige Service unter der Leitung von Anna Widmann, die sehr viel Wert auf eine genau abgestimmte Weinbegleitung legt und den Rotwein zum Lamm – einen 2018er Beryll von Albrecht Schwegler – nicht nur dekantieren, sondern eine halbe Stunde vor dem Servieren damit auch die Gläser einschwenken ließ. Ein besonderes Erlebnis auch das.

Widmann's Löwen

in Widmann's Hotel
Struthstr. 17,
89551 Königsbronn-Zang
📞 07328-96270
www.loewen-zang.de
⊘ Mi ab 17.30 Uhr, Do–Mo 11.30–14 Uhr
u. ab 17.30 Uhr, Di RT
Hauptgericht: 11–45 €, Menüs: 42–58 €

Stylisch-modern und traditionell-gemütlich sind nur scheinbare Gegensätze. Zumindest wenn man das schmucke und stilvolle Widmann's Albleben besucht, in dem Andreas Widmann kulinarisch vor allem mit seiner kreativen Heimatküche im Gourmetrestaurant „ursprung" für Furore sorgt. Aber auch sonst wird im gesamten Haus der Anspruch an Gastlichkeit und das Niveau hochgehalten, sei es in den liebevoll gestalteten Zimmern, Suiten und Chalets oder auch in dem bodenständigeren Angebot im Gasthaus Löwen.

Dieses führt eine seit über 200 Jahren bestehende Familientradition fort und kann auf seine Art mit den behaglichen Stuben, einem idyllischen Gastgarten und herzlichem Service durchaus als der Idealtyp eines Schwäbischen Gasthauses herhalten. Vor allem, weil das Team in der Küche auf teils ganz traditionelle Art bei Maultaschen, Rostbraten & Co., teils aber auch etwas kreativer, ein erfreulich hohes Niveau in Sachen Handwerk und Produktauswahl bietet. Letzteres wurde zuletzt sehr gut bei „Das Beste vom Kocherursprung" deutlich, das zum Auftakt auf frische und animierende Art und Weise klararomatisches (nur etwas schludrig geschnittenes) Sashimi vom Saibling mit wunderbar fester, mild geräucherter Forelle und Saiblingstatar auf dem Teller versammelte. Im Zentrum stand dabei das Tatar auf einer cremig verbindenden Meerrettichmousse und herben Wildkräutern, die gemeinsam mit einer fein-

säuerlichen Kräuterölvinaigrette den frischen Eindruck dieses Tellers verstärkten.

Deutlich üppiger und auch ein bisschen gröber wurde es bei den als Zwischengang servierten Frischkäse-Ravioli, die gemeinsam mit soft geschmolzenem Rahmlauch und einer säurefrischeren Schaumsauce auf den Tisch kamen. Die Portion hätte durchaus als auch Hauptgang durchgehen können, ansonsten bot das aber vom dottrig-zarten Pastateig bis zu den feinwürzigen Saucen bestes Handwerk und viel Wohlfühl-Geschmack.

Im Hauptgang ging es ebenfalls kraftvoll zupackend zur Sache, nämlich mit einem rosa gebratenen Kalbsfilet mit erfreulich viel Saft und Geschmack, der von einer rustikal-eleganten Jus mit deutlichen Röstnoten, aber auch viel Tiefe und etwas Säure, weiter verstärkt wurde. Mit fluffigen, üppig geschmelzten Semmelknödelscheiben und verschiedenem zart blanchiertem Gemüse gelang auch das überaus souverän. Nur bei den ungleichmäßig gegarten und etwas laschen Gemüsestücken wäre im gleichen Stil mehr rauszuholen gewesen.

Völlig unaufgeregt, auf diese Art aber rundum überzeugend, endete der letzte Besuch mit einem Millesfeuilles aus zarter Schokoladencreme und luftig gebackenen Blätterteigplatten neben blumig-süßem Vanilleeis, einigen frischen Beeren und lauwarmer Karamellsauce – ein mit ganz einfachen natürlichen Mitteln abwechslungsreich und attraktiv gestaltetes Dessert.

Dazu gibt's trinkanimierende Viertele und eine größere Auswahl hochwertiger Flaschenweine, kompetente Beratung und auch sonst ein authentisch-herzliches und gut organisiertes Team im Service.

Hotelempfehlung

★★★ S

Widmann's Hotel

Struthstr. 17, 89551 Königsbronn-Zang
📞 07328-96270
www.loewen-zang.de
Einzelzimmer: ab 84 €
Doppelzimmer: 84–139 €

Das Hotel von Familie Widmann liegt im Herzen der idyllischen Ostalb in der Ortschaft Zang nahe Heidenheim an der Brenz. Hier gibt es gemütlich, komfortabel und ganz unterschiedlich eingerichtete Zimmer, die vom gemütlichen Landhausstil über moderne Komfortzimmer bis zu großen Räumen im „ALB. STYLE" reichen. Letztere spiegeln den zeitgemäßen Stil des gesamten Hauses am besten wieder, haben eine hochwertige Einrichtung aus Spaltholz-Eiche und Wacholder, schöne Eichenholz-Böden, sind mit gemütlicher Sitzecke und großem HD-Plasmabildschirm ausgestattet und verfügen über moderne Bäder im Glasdesign mit Tageslicht und großer Regendusche. In den originellen Chalets genießen die Gäste modernen Komfort und ehrlichen Luxus in Forsthaus-Ambiente. Außerdem: modern ausgestattete Seminar- und Tagungsräume und professionelles Catering. Restaurants Widmann's Löwen und ursprung – Das Restaurant separat erwähnt.

Königstein im Taunus (Hessen)

Landgut Falkenstein

Debusweg 6–18,
61462 Königstein im Taunus
☎ 06174-900
brhhh.com/falkenstein-grand/
◉ Täglich von 12–14.30 Uhr u. ab 18 Uhr,
kein RT, Hauptgericht: 24–38 €

Fast etwas versteckt und unscheinbar liegt das im Jahr 1909 von Kaiser Wilhelm II. erbaute Villenensemble in der beschaulichen Ortschaft Falkenstein bei Königstein an den Südhängen des Taunus. Und so ist man als Erstbesucher direkt erstaunt, wenn sich das aristokratische Anwesen mit seinen 112 Zimmern und Suiten, Appartements für „Longstays" und einem luxuriösen Penthouse in der Bel Etage vor einem auftut, das in dieser erhabenen Lage und nicht zuletzt mit dem sensationellen Ausblick auf die Frankfurter Skyline definitiv die Aura eines waschechten Grandhotels hat.
So ist die großzügige Panoramaterrasse, die sowohl von „Raffaels Bistro", als auch vom Restaurant Landgut Falkenstein genutzt wird, ein beliebter Place to be in der Region, den man zur Not wahrscheinlich auch mit einem dürftigen gastronomischen Angebot gut vollbekommen würde. Doch das Team um Küchenchef Marcus Zillmann denkt gar nicht daran, hier Fünfe gerade sein zu lassen, und überzeugt mit guter klassischer Küche, deren Basis überdurchschnittliche Produkte sind, die schnörkellos und fundiert zubereitet werden.
Gemüse und Kräuter vom Keltenhof, Fisch von den Färöer Inseln, Fleisch von der Metzgerei Glasstetter oder von Züchter Donald Russell, Käse von Waltmann und Schokolade von Original Beans sind jedem echtem Feinschmecker ein Begriff und schon mal eine Hausnummer. Und sie werden hier sehr schmackhaft in Szene gesetzt! Den Färöer Lachs gab es beispielsweise in gebeizter Form als Vorspeise: In dicke Tranchen geschnitten und mit eingelegtem jungen Blumenkohl, gehacktem Ei, einer mit Meerrettich abgeschmeckten Sauerrahmcreme, dünnen marinierten Radieschenscheiben, jungen Salat- und Kräuterblättern sowie Kräuteröl arrangiert, war das eine sehr ausgewogene, leichte und frische Sache. Allenfalls etwas markanter zugespitzte Aromen hätten zu einem noch eindrücklicheren Ergebnis geführt – aber auch so ein gelungener Auftakt!
Was für eine gute Substanz die Küche hat, wurde auch bei den dottergelben hausgemachten Tagliatelle deutlich, die bissfest und elastisch mit wachsweichem Bio-Eigelb, etwas Parmesancreme und einem mildwürzigen Parmesanschaum mit reichlich Sommertrüffel zu süffigem Soulfood zusammenfanden. Sollte hier mit künstlichem Trüffelaroma nachgeholfen worden sein, dann war es nur so dezent eingesetzt, dass im Grunde nichts den guten Geschmack trübte.
In Richtung Mittelmeerküste ging es sodann mit dem sanft confierten und somit schön festfleischigen Filet vom weißen Heilbutt, das zu-

sammen mit geschmorten Gartentomaten und Sepia-Tagliolini in einem vollmundigen, aromatisch bestens ausgewogenen Bouillabaissesud baden durfte. Den maritimen Charakter der Sauce verstärkten reichlich Vongolé und zarte Streifen vom Tintenfisch, die uns von den Hügeln des Taunus direkt an die Amalfiküste beamten. Ähnlich mediterran war auch das Filet vom Island-Kabeljau, das mit seiner Begleitung aus Artischocken, dicken Bohnen und Hummerbisque ebenfalls für jede Menge Südwind auf dem Teller sorgte.

Wer im Hauptgang lieber Fleisch isst, wird mit rosa gebratener und akkurat gewürzter „Label Rouge"-Entenbrust nebst geschmortem Chicorée, Pinienkerngnocchi und glasierten Kirschen glücklich, oder wählt von der Klassikerkarte das sanft geschmorte Kalbsbäckchen aus der Zucht des Königlichen Hoflieferanten Donald Russell aus der schottischen Grafschaft Aberdeenshire, das mit jungem Wurzelgemüse und cremigem Kartoffelpüree ebenso gegenständlich, unverkünstelt und handwerklich seriös zubereitet daherkommt, wie alle anderen Sachen.

Wer noch ein Dessert schafft – die Portionen sind nicht überladen, aber auch nicht zierlich –, der wird mit Crème brûlée von Original Beans' „Piura Porcelana"-Schokolade mit marinierten Erdbeeren, Rhabarber und Sauerrahmeis gediegen verwöhnt. Oder wählt den „Landgut's Bienenstich" in einer etwas dekonstruierten Form mit knusprigen Strudelblättern, Vanillecreme, Himbeeren und Salzmandeln, der ebenfalls mit Sauerrahmeis serviert wird und dadurch leichter und frischer wirkt.

Den Service erlebten wir in Anbetracht des hochherrschaftlichen Rahmens erfreulich wenig distinguiert, eher erfrischend fröhlich, was der allgemein entspannten Atmosphäre nur guttat. Dass man hier auch sehr gute Weine ins Glas bekommt, wundert da schon weniger.

Brasserie Colette Tim Raue

Brotlaube 2a, 78462 Konstanz
☎ 07531-1285107
www.brasseriecolette.de
⦿ Mi–So von 12–15 Uhr u. ab 18 Uhr, Mo u. Di RT
Hauptgericht: 18–38 €, Menüs: 39–99 €

Das Konzept der von Tim Raue entwickelten Colette-Brasserien in Berlin, München und Konstanz ist ebenso clever wie erfolgreich: in den drei jeweils im authentisch französischen Flair designten Restaurants sorgt der Ideengeber zusammen mit einem langjährigen engen Mitarbeiter für das Einhalten der entwickelten Linie, während die Küchenchefs vor Ort einerseits die tägliche Exekutive auf die Beine stellen, andererseits aber durchaus auch moderate eigene Akzente setzen können. So stehen auf der gut durchdachten Karte zwar immer einige der von Tim Raue entwickelten Klassiker, daneben aber auch variierte Tagesangebote, so dass sich sowohl das konkrete Angebot als auch das Niveau der verschiedenen Destinationen durchaus leicht unterscheiden können.

Die verbindenden Gemeinsamkeiten überwiegen allerdings auch am Konstanzer Standort, an dem es trotz des durchaus großzügigen Raumangebotes oft eher quirlig zugeht, mit einem bunt gemischten Publikum von Urlaubern über Business-Lunch-Treffen bis zu durch den populären Namen Tim Raues angelockten Foodies. Diese lebendige Atmosphäre steht dem Konzept allerdings ganz ausgezeichnet und auch die Speisekarte ist so aufgebaut, dass vom schnellen Lunch oder Snack zwischendurch bis zum mehrgängigen Menü unterschiedlichste Interessen bedient werden können.

Immer eine sichere Bank und zurecht unter den Klassikern auf der Karte gelistet sind beispielsweise die Premium-Sardinen aus der Dose, serviert mit Brioche und Zitrone. Genauso wie die „Garnele Marocain" mit markanten Litschi- und Rosenaromen in Anlehnung an einen Tim-Raue-Klassiker aus dessen Gourmetrestaurant in Berlin, oder auch das mit Kartoffelpüree, glasierten Schalotten und Champignons sehr nah am Original gehaltene Bœuf bourguignon. Unter den Vorspeisen überzeugte beim letzten Besuch erneut auch das Thunfischtatar in einer feurig-exotischen Passionsfruchtvinaigrette, akzentuiert von confierten Zitronenzesten und süßfruchtig glasierten Kirschtomaten. Hier brachte vor allem die zwar eher plakativ, aber dennoch komplex aufgebaute, von differenzierten Frucht- und Zitrusnoten durchwobene Vinaigrette mit ihrem für den Stil von Tim Raue so typischen Spiel mit Süße, Säure und Schärfe direkt erfreulich hohes Niveau auf den Tisch.

Wiederum etwas simpler und gröber gehalten war der Salat aus geröstetem Blumenkohl, der gemeinsam mit Roquefort, Traubenscheiben, eingelegten Radieschen und Blattsalat auf einer schmelzig verbindenden Blumenkohlcreme angerichtet wurde und dabei vor allem auf die natürlichen Kontraste der Zutaten setzte – mit einem kleinen Extra-Punch durch Piment d'Espelette.

Mit dem weißen Heilbutt im Hauptgang folgte dann eines der wenigen Beispiele dafür, dass ein durchdachtes aromatisches Konzept doch kein Allheilmittel ist. Denn der vermutlich sous-vide gegarte Heilbutt kam verhältnismäßig trocken und nicht nur im wortwörtlichen Sinn farblos auf den Teller, sodass selbst die jodig-frisch angelegte Entourage aus pochierter Auster, rohem Apfel und Saiblingskaviar dem Ganzen nur begrenzt Schwung liefern konnte. Und auch die zwar aromatisch stimmige, aber in doppelter Cremigkeit überdimensionierte Umgebung aus Creme und Espuma von der Kombu-Alge verstärkten eher einen etwas breiten, fülligen Eindruck. Da wäre aus der Grundidee deutlich mehr rauszuholen gewesen.

Ein klein wenig zu viel Üppigkeit, diesmal durch puddingartige Homigcreme-Tupfer, gab es dann auch beim Dessert, das ansonsten aber zwischen der herben Frucht glasierter Zwetschgen, Honigeiscreme-Kugeln und karamellisierter Nuss einen ansprechenden herbstlichen Abschluss schaffte. Und das den Gesamteindruck wieder ausbalancierte, nach dem sich hier auch weiterhin ein genussvolles Stück französischer Lebensart an den Bodensee holen lässt.

Ophelia
im Hotel Riva
Seestraße 25,
78464 Konstanz
☎ 07531-363090
www.restaurant-ophelia.de
⊘ Do–Mo ab 19 Uhr, Di u. Mi RT
Menüs: 195–230 €

Das Gourmetrestaurant in den drei stilvollen Salons der schönen weißen Villa an der Konstanzer Seepromenade mag zwar rund um den Bodensee nicht das Esserlebnis mit dem schönsten Ausblick auf diesen bieten, vielleicht aber das exklusivste Ambiente für Fine Dining rund um das Ufer und ganz sicher die mit Abstand beste Küche dort. Für die zeichnet nun schon seit vielen Jahren und mit großer Konstanz sowie dem stetigen Willen um die Optimierung und Weiterentwicklung seiner Kochkunst, der stets sympathisch geerdet und bescheiden auftretende Dirk Hoberg verantwortlich. Wir hatten ihn bereits 2018 zu unserem Koch des Jahres gekürt und zeichnen sein Kulinarium seither mit der Höchstbewertung von 10 Pfannen aus.

Verdientermaßen, wie sich auch nach unserem jüngsten Testbesuch wieder zweifelsfrei resümieren lässt. Seine Küche zeugt weiterhin von einem untrüglichen Produktverständnis und einer ausgefeilten Beherrschung der Handwerkskunst, sie ist absolut klassisch und zugleich modern, kommt auf jedem Teller ebenso kräftig und pointiert wie hochelegant und filigran daher. Nach einer Art Findungsphase in den vergangenen drei Jahren, während der er sich nach unserem Gefühl stilistisch wieder etwas stärker der Klassik hingewandt hat, wirkt mittlerweile jeder Teller einfach nur noch zeitlos und dabei so souverän ausgereift und in sich ruhend, dass es eine wahre Freude ist. Seine Vorliebe für starke, schlagkräftige Aromen, für

571

markante Geschmacksbilder, hat Dirk Hoberg dabei erfreulicherweise nicht verloren – er hat sie einfach nur perfektioniert. Denn während er vor einiger Zeit mit mancher Idee noch ein wenig übers Ziel hinausgeschossen ist, wirkt mittlerweile alles fast schon beängstigend makellos.

Zum Auftakt gab es, so wie es hier längst gute Tradition ist, feine Produkte, die ausschließlich aus der unmittelbaren Region stammen. Zuerst je ein guter Mund voll vom Saibling (Tatar und Kaviar im knusperdünnen Tartelette-Schälchen) und von der Forelle (geräuchert im Kataifiknusper, obenauf gebeizt und ihr Kaviar) als sehr frischer und klararomatischer Auftakt. Danach, genauso schnörkellos und elegant, aber aromatisch schon etwas herzhafter, eine Mini-Quiche mit Speck lokaler Provenienz und eingelegten roten Zwiebeln sowie eine in grüne Reisflakes gehüllte gebackene Praline vom Bodensee-Aal, betupft mit den Sekundäraromen von etwas Dashicreme und Korianderkresse.

Fürs Amuse-Bouche ging es vom See ans Meer, mit Bauch und Rücken vom Thunfisch: ersterer als mariniertes Rechteck und Podest für eine akkurat geformte, mit Avocado, Koriander und Paprika applizierte Nocke, deren Hülle aus dem Rückenfleisch bestand und eine Couscous-Füllung in sich verbarg. Das Ganze war umgeben von einer transparenten, leicht gelierten Sauce, die passenderweise aus Bonitoflakes gezogen war und die von wohldosiertem Umami über elegante Süße bis zu genügend Säure all dies expressiv aber in perfekter Balance in sich vereinte. Eine hochelegante, stark pointierte und ausdrucksstarke Sache. Wir fanden einzig das proportionale Verhältnis von relativ wenig Thunfisch zu viel Couscous etwas ungünstig und hätten uns noch mehr (vor allem haptische) Präsenz des Fischs gewünscht – zum Beispiel in Gestalt von ein paar fleischigen marinierten Würfeln seines Rückenfleischs innerhalb der Couscous-Masse. Aber dieser Wunsch ist in diesem Fall wirklich „Kritik" auf höchstem Niveau.

Und auf diesem bewegte sich unzweifelhaft auch die Gänseleber-Vorspeise, bei der wir uns rein gar nichts hinzu- oder weggewünscht hätten. Denn wenn schon eine klassische Gänseleber-Frucht-Variante, dann bitte doch so wie diese hier, bei der trotz viel Apfel und der eleganten alkoholischen Süße im begleitenden Gänselebereis keinerlei Assoziationen an ein frühzeitiges Dessert aufkamen. Das lag nicht nur an den mehr säuerlichen als süßen Apfelkomponenten, sondern auch daran, dass die marinierte Foie gras in der mit Apfel und Apfelgelee geschichteten Tortenschnitte leicht ge-

räuchert war. Außerdem kamen mit einer dünn geliert umkapselten Nocke von geschmortem Treviso auch angenehme Bitteraromen ins Spiel, die hier kongenial korrespondierten. Geschmacklich war das brillant komponiert und zudem handwerklich sehr exakt gearbeitet.

Wie extrem feinmotorisch und kompositorisch präzise Dirk Hoberg und sein Team unterwegs sind, war exemplarisch auch sehr schön an einer weiteren kalten Vorspeise zu sehen und zu schmecken, die sich um Kaisergranat und Tomate drehte. Das festfleischig-frische Tatar des Krustentiers stand hier auf einer Fläche aus weißem Tomatengelee auf dem Tellerboden und einer darüber gezogenen Schicht Krustentiergelee, die beide Aromen so ausdrucksstark wie möglich, aber so zurückhaltend wie nötig aufs Porzellan brachten. Umzingelt von Pinienkernen, weißer Tomatencreme und Basilikum, gekrönt mit Aki-Kaviar und einer milden weißen (aber längst nicht bloß weiß schmeckenden) Nocke Mascarpone-Tomatencreme, war das ein meisterlich abgezirkeltes Vergnügen aus jodiger Süße des Krustentiers, nussiger Mineralität des Kaviars und fruchtigem natürlichem Umami der Tomate. Und ebenfalls glasklare 10 Pfannen!

Nicht ganz so klar, aber gerade noch auf diesem Niveau, bewegte sich der in Butter zur Perfektion confierte Loch Duart Lachs auf einer intensiv kräuterwürzigen Beurre blanc von Kerbel, der zum einen durch ein von knusprig über cremig bis zart bissfest texturell ziemlich ausgefuchsten Türmchen aus dreierlei Artischocke begleitet wurde, zum anderen von einem Gurkenröllchen sowie einer mit Quinoa und Amaranth überzogenen Gurkennocke. Einziger kleiner Schönheitsfehler hier war nur grenzwertig viel Salz an manchen Stellen.

Ebenfalls herzhaft und zupackend, hier aber perfekt in der Balance: der bretonische Seeteufel. Mit schmelzigem Lardo, gebackenen Salzkapern und Tomate auf dem maximal saftigen, reinaromatischen Fisch, dessen zarter Eigengeschmack durch die behutsame Würzung und die Aromatisierung on top bestmöglich herausgestellt wurde, war auch er ein Musterbeispiel seiner Art. Von einem mit cremig-knackiger Erbsenmelange und schaumiger Hollandaise gefüllten knusperdünnen Bricteigzylinder sowie glasiertem grünem Spargel und einer weißen Spargelmousse mit krossem Schinkendeckel wurde der Fisch behutsam an Land geholt. Zur Verschlankung und Sublimierung des Ganzen war eine mit duftigem Estragonöl aromatisierte Beurre blanc hauptverantwortlich, die zudem alle Komponenten harmonisch miteinander verschmelzen ließ.

Ein absolutes harmonisches Gleichgewicht und die gekonnte Zuspitzung aller Komponenten war dann auch auf dem Teller des Hauptgerichts gegeben, so dass diese im Grunde ultraklassische und eher gediegene Langeweile suggerierende Komposition von Lamm, Bohnen und Polenta zu einer hochfeinen und auch kurzweiligen Angelegenheit wurde. Das würzig-eigenaromatische Karree des Eifeler Ur-Lamms mit seinem ausgeprägten Charakter, das auf dem Hauptteller mit verschiedenen grünen und weißen Bohnen und Bohnenkernen auf einem Saucenduett aus weißem Bohnenschaum und dunkler Lammjus dargeboten war, bekam in einem kleinen Satelliten-Schälchen noch glasiertes Lammbries auf Schmorzwiebel in luftiger Polentacreme an die Seite gestellt. Mehr als nur ein neckischer Side-Dish, sondern die kluge Ergänzung des Hauptthemas um weitere Facetten à part.

Ganz unaufgeregt und gediegen bildeten Erdbeere, Pistazienmousse, etwas Karamellcreme und ein erfrischendes Quarkeis den süßen Abschluss, wobei hier besonders das hervorragende Aroma der Erdbeeren spielentscheidend war, das in einem Cocktailglas separat noch von marinierten Erdbeeren und einem Erdbeergranitée nach vorne gepusht wurde. Vollmundig nussig-süß unterfüttert und vom Quarkeis sublimiert, aber konsequent in den Mittelpunkt gerückt. Kann man deutlich anders, aber keinesfalls besser machen!

Besser könnten wir uns auch den ausgesprochen natürlichen und zuvorkommenden Service nicht vorstellen und auch die Weinauswahl, auf die Chefsommelier Jerom Nicke hier für seine individuellen Empfehlungen zurückgreifen kann, lässt keine Wünsche offen. Selbst wenn man keinen Alkohol trinkt, springt das ganze Team mit guten alternativen Ideen in die Bresche.

Papageno

Gottlieber Str. 64, 78462 Konstanz
☎ 07531-368660
www.restaurant-papageno.net
☯ Mi u. Do ab 18 Uhr, Fr–So von 12–13 Uhr u. ab 18 Uhr, Mo u. Di RT
Hauptgericht: 32–45 €,
Menüs: 104–157 €

Das tatsächlich unmittelbar an der Landesgrenze gelegene Papageno mit dem Namenszusatz „Restaurant Zur Schweizer Grenze" steht für eine gelungene Verbindung aus historischem Charme mit unkomplizierter und doch ambitionierter Küche. Die Atmosphäre in den holzvertäfelten, elegant eingedeckten Stuben ist behaglich und durch den ebenso zuvorkommendem wie kompetenten Service auch sonst sehr komfortabel. Auch im zweiten Jahr der neuen Ära kocht Patrick Stier den gewohnten Papageno-Style mit viel souveräner, klassischer Substanz – erweitert diesen aber mittlerweile um mehr zeitgemäße Leichtigkeit und in den besten Momenten auch um noch mehr Tiefenschärfe.

Zwar wurde das nach sehr gutem Brot zum Einstieg bei dem kleinen asiatisch angehauchten Glasnudelsalat als Küchengruß noch nicht ganz so deutlich. Allerdings zeigte dieser – trotz etwas schwierigen Handlings in einem kleinen Schälchen – mit feiner Exotik, Schärfe und geschmacklichen Akzenten durch Kroepek, Cashewcreme und Wasabinüssen in jedem Fall, dass das Team feinfühlig und einfallsreich mit Aromen umzugehen weiß.

So richtig deutlich machte, dass der Neustart im letzten Jahr nicht zu viel versprochen hatte, allerdings schon der erste offizielle Gang des Menüs. Dieser kam in Form eines bildhübsch angerichteten Ceviche vom Wolfsbarsch auf den Tisch, auf der einen Seite geprägt durch grüne feinbitter-frische Noten von Grüntee,

---

Basilikum und Limette und auf der anderen Seite durch die nussige Kraft und leichte Süße von Kürbiskernkrokant und Amaranth sowie ein zurückhaltend süßes rotes Paprikasorbet im Zentrum des Ganzen. Das war abwechslungsreich, exakt austariert, und bewegte sich damit locker auf 7-Pfannen-Niveau!

Rein konzeptionell etwas schlichter folgte ein schaumiges Süppchen von der Petersilienwurzel mit vollem Körper bei schlanker Konsistenz, das durch gerösteten Hafer und Bresaola-Streifen eine kraftvolle Einlage und durch eine Zitronenverbene-Schaumkrone ätherische Kopfnoten mitbekam. Mit etwas kräftiger eingebundener Säure wäre das ebenfalls auf dem hohen Niveau des Auftakts gewesen, so blieb es etwas einfacher und braver.

Ebenfalls zunächst eher brav oder zumindest klassisch mutete die Kombination aus kräftig kross gebratener Entenstopfleber (in hervorragender Qualität!) neben einer exakt dosierten Menge luftigen Kartoffelpürees, glasierten Pfirsichscheiben und erdiger Trüffeljus an. Einen besonderen Kick gaben an dieser Stelle allerdings einige wenige Sandorncreme-Tupfen, die mit ihrer frechen Säure einen zu behäbigen Gesamteindruck verhinderten, ohne sich andererseits zu sehr in den Vordergrund zu drängen. Super!

Nach einem erfrischend kräuterwürzig-säuerlichen Sorbet aus Joghurt und Kräutern der Provence ging es bei der kräftig eigenaromatischen, kross und saftig auf der Haut gebratenen Rotbarbe nebst buttrig glasierten Zuckerschoten, mildem Hummus und einem mit komplexen Röstnoten und dichtem Geschmack aufwartenden Bouillabaisse-Schaum ebenfalls geschmacklich in die Vollen. Ein von Produktqualität und Substanz bestens gelungener und zudem mit scheinbar einfachen, natürlichen Mitteln abwechslungsreich gestalteter Hauptgang.

Und weil auch das optisch in markantem Grün gehaltene Dessert rund um säurebetonte Apfelzubereitungen, duftige Feigenfrucht und ein intensives Pistazieneis in seiner akkuraten, insgesamt eher grün, duftig und frisch gehaltenen Art (selbst eine markant beerenfruchtige feinbittere Schokolade fügte sich da perfekt ein…) ziemlich dicht an der 7-Pfannen-Marke kratzte, gibt es eine leichte Aufwertung um einen Bonuspfeil und hohe Erwartung an den nächsten Besuch!

Bei diesem ohnehin gesetzt und klar auf der Plus-Seite ist die mit spürbarer Begeisterung gepflegte und moderierte Weinkarte, von der sowohl in korrespondierenden Gläsern als auch bei flaschenweiser Auswahl stets individuelle spannende Tropfen zu erwarten sind, die nicht unwesentlich zum sympathischen und stimmigen Gesamteindruck des Papageno beitragen.

San Martino Restaurant

Bruderturmgasse 3, 78462 Konstanz
07531-2845678
www.san-martino.net
Mi–Sa von 11.30–14 Uhr u. ab 17.30 Uhr, So–Di RT
Hauptgericht: 19–32 €

Was hier zwischen groben Sandsteinmauern oder auf der Terrasse an fünf Tagen mittags und abends in der normalen Restaurantkarte (neben dem San Martino Restaurant gibt es auch ein kleines separates Gourmetrestaurant) offeriert wird, ist eine anspruchsvolle, mit viel Expertise und Sorgfalt zubereitete klassische Küche, die undogmatisch und weltoffen zwischen zupackenden regionalen Gerichten, internationalen Klassikern à la Wiener Schnitzel und Bouillabaisse sowie originellen exotischen Kompositionen tendiert. Die hohe Qualität der Produkte und der weit überdurchschnittliche Anspruch der Gastgeber Thomas Haist und Jochen Fecht garantieren auch hier überdurchschnittliches Niveau und währschaften bis raffinierten Genuss.

Seerestaurant Riva

im Hotel Riva
Seestraße 25, 78464 Konstanz
07531-363090
www.hotel-riva.dede/
Täglich von 13–16 Uhr u. ab 17.30 Uhr, kein RT
Hauptgericht: 24–42 €

Wenn man am Abend aus den raumhohen Fenstern des Seerestaurants über die Bucht und die beleuchtete Konstanzer Altstadt blickt, braucht es eigentlich nicht mehr viel für eine schöne Auszeit. Darauf ruht man sich aber in dem großzügigen, elegant cremefarben designten Speiseraum des Hotel Riva aber selbstredend nicht aus. Passend zum höheren Anspruch des gesamten Hauses gibt es hier nämlich auch noch souveräne Küche, die zwischen hervorragend präsentierten Klassikern und moderat kreativen Ideen changiert. Dazu eine umfangreiche Weinkarte und kompetente Beratung.

Stilistisch bewegt sich das Team dabei zwischen ganz klassischen und etwas zeitgemäß schlankeren Zubereitungen, vermeidet übertriebenen Aufwand und setzt Akzente lieber über natürliche Kontraste als über ziselierte Bastelarbeit. So beispielsweise auch bei den dünneren Lamellen von mild mariniertem Hamachi-Ceviche, die akkurat (und fotogen!) gemeinsam mit Grapefruit-Segmenten und Erdnuss-Crunch rund um ein ausgestochenes Avocado-Rondell drapiert waren. Dabei gerieten die Proportionen zwar nicht ganz perfekt (zu große Grapefruitstücke in Relation zum Fisch), aber die aromatische Grundidee ging voll auf und wurde zudem von wohldosiertem Chili und eingelegten Zwiebelstreifen pfiffig erweitert.

Wie wichtig sorgfältige, präzise Produktbehandlung gerade auch bei vegetarischen Zubereitungen ist, zeigte sich danach beim als ganze Tranche gerösteten Blumenkohl aus dem Ofen, der hier mit markanten karamellisierten Röstnoten und exaktem Garpunkt viel Charakter zeigte – mit nussig-frischer Tahin-Joghurtcreme, Granatapfel und Petersiliensalat aber auch gut balancierte, markante Begleiter zur Seite hatte. Bei derartigen unkompliziert-abwechslungsreichen Vorspeisen- und Zwischengerichten zeigt sich die Küche von ihrer besten Seite und lädt dazu ein, sich munter durch die Karte zu probieren.

Die Hauptgerichte fallen indes tendenziell wieder etwas gediegener aus, überzeugen dank souveränem Handwerk aber ebenfalls. Bei den zarten, rosa gebratenen Tranchen vom Rehrücken beispielsweise stimmten sowohl der Gargrad und die straff-zarte Qualität als auch das traditionelle aromatische Umfeld aus glasiertem Rotkraut, gebratenem Apfel, Preiselbeeren und lockeren Knöpfle. Einzig die Proportionen mit sehr (!) viel Rotkraut als Sockel für das Fleisch schufen einen etwas massigeren und behäbigeren Eindruck als eigentlich nötig. Da kommt es unter Umständen sehr gelegen, dass die Karte bei den Desserts vor allem einige Miniaturen zum solo genießen oder kombinieren parat hält, die vom Topfenknödel mit Zwetschgenröster über Crème brûlée bis zum Apfelstrudel ebenfalls nochmal souveränes Handwerk zeigen. Alternativ lohnt aber auch das Signature-Dessert „Die Diva vom Riva" einen Versuch und überzeugt mit einem exotisch-säurefrischen Fruchtcocktail mit Vanilleis und dichtem Champagnerschaum auf vornehme Art – der allerdings eine etwas ausgeprägtere champagnerherbe Note noch besser gestanden hätte.

X ¶¶ ¶¶

Weinstube im Barbarossa
im Romantik Hotel Barbarossa
Obermarkt 8–12, 78462 Konstanz
℡ 07531-128990
www.hotelbarbarossa.deSpeisen/ Weinstube
◔ (Mai–Sep) Di–Sa ab 18 Uhr, (Okt–Apr) zusätzlich von 12–14 Uhr, So u. Mo RT
Hauptgericht: 25–46 €

EC ⬛ ◯ VISA ⬜

Das Hotel Barbarossa im Herzen der Konstanzer Altstadt empfängt die Gäste in historischem Gemäuer, aber mit zeitgemäß gestalteten Räumlichkeiten. Die Weinstube indes versprüht ihren nahezu unberührten nostalgischen Charme und stellt mit ihren antiken Buntglasscheiben und Lampen, dunklen Holzvertäfelungen und Parkettfußboden ein stimmungsvolles Setting für den kulinarischen Genuss.

Die erfreulicherweise nicht zu üppig bestückte Karte schafft Vertrauen und lässt auf ehrbares

Küchenhandwerk mit Frischeanspruch hoffen – allerdings nicht auf eine bestimmte Stilrichtung schließen. Von der schwäbischen Flädlesuppe über ein asiatisch angehauchtes Thunfischtatar mit Mango und Chili bis zur urdeutschen „Forelle Müllerin" mit Salzkartoffeln und Gurkensalat ist das Spektrum weit gefasst – mit leichtem Überhang zu mediterraner Küche.

Das Rindercapaccio zur Vorspeise überraschte mit sehr guter, fett marmorierter Fleischqualität und verblüffte mit einer recht einfallslosen, eindimensionalen Präsentation in Gestalt von sehr süßer, wässriger Feigenmarinade, einer geviertelten Feige und etwas Rucola. Olivenöl, geröstete Pinienkerne, dünn gehobelter italienischer Hartkäse wie Parmigiano oder Pecorino, vielleicht ein paar knusprige Brotbrösel oder Oliven und, und, und: Was hätte man da mit wenigen Handgriffen und ein bisschen Fantasie doch alles rausholen können…

Was man der Küche in jedem Fall zugutehalten kann ist die Tatsache, dass Sie mit einer gewissen Sorgfalt und Zurückhaltung arbeitet und die Produkte für sich sprechen lassen will. Das erspart dem Gast zum einen eklatante Produktschwächen und zum anderen irgendwelche übermotivierten Würz- und Kombinationseskapaden – und konfrontiert ihn allerhöchstens mit sehr defensiv aromatisierten Gerichten wie den äußerst naturbelassenen Zander auf Glasnudelsalat mit weitgehend naturbelassenem grünem Spargel und Karotten in einem wässrig-dünnen Zitronengrassud ohne Zug und Tiefe. Das wirkte ein bisschen wie Schonkost, da wünscht man sich einfach mehr Karacho, mehr Feuer und Flamme, mehr Mut beim Würzen…

Viel besser klappte das bei der sanft poelierten Lammkeule, die mit frischen, im ausgehöhlten Blütenstempel mit würzigem Tomatenconcasse gefüllten Poveraden, einem schön natürlich schmeckenden, aber eben ausreichend gewürzten Auberginenpüree und wohlgelungenem Kartoffelgratin auf reichlich eigener Schmorsauce angerichtet war. Das schmeckte satt aber nicht überladen, das hatte Tiefe, das machte auf seine rustikale Art à la Cucina Casalinga viel Spaß.

Und den machte uneingeschränkt auch die akkurat gebrannte, cremig gestockte und schön erfrischend intensiv (und natürlich!) schmeckende Crème brûlée von der Himbeere in Kombination mit einem herrlich schmelzigen, ausdrucksstarken Lavendel-Rahmeis. Da blitzte ein weiteres Mal auf, dass es diese Küche locker draufhätte, auf 5-Pfannen-Niveau zu kochen. Es bräuchte eben nur ein wenig mehr Fantasie hier und da sowie beherztes Zutun an den richtigen Stellen. Das Können ist aber zweifelsohne vorhanden. So wie die passenden Weine, um das Essen adäquat zu begleiten.

Hotelempfehlung

★★★★★ S

Riva Hotel

Seestr. 25,
78464 Konstanz
☎ 07531-363090
www.hotel-riva.de
Einzelzimmer: 150–270 €
Doppelzimmer: 275–805 €

Das privat geführte Hotel befindet sich in einer Jugendstilvilla und einem modernen Seehaus in bester Lage, direkt am Bodensee. Die meisten der lichtdurchfluteten Zimmer und Suiten sind zum Wasser hin ausgerichtet und aus edlen Materialien stilvoll gestaltet. Die öffentlichen Bereiche sind akzentuiert von Kunst- und Designobjekten; eine spektakuläre Wendeltreppe windet sich freischwebend vom Wasserbassin durch die Etagen. Im Wellness- und SPA-Bereich können die Gäste in Dampfbad, Finnischer Sauna oder im Ruheraum relaxen, mit modernen Fitnessgeräten trainieren oder sich verschiedenste Anwendungen gönnen. Ein Highlight ist das Pooldeck mit 12 x 5 m großem beheizten und ganzjährig geöffnetem Schwimmbad mit spektakulärem Seeblick. In beiden Restaurants werden die Gäste auf hohem kulinarischem Niveau verwöhnt: von regionalen Gerichten bis zum Gourmetmenü. Restaurant Ophelia und Seerestaurant Riva separat erwähnt.

Romantik Hotel Barbarossa

Obermarkt 8–12, 78462 Konstanz
☎ 07531-128990
www.hotelbarbarossa.de
Einzelzimmer: 69–114 €
Doppelzimmer: 69–238 €

🏧 ⬤ 💳 VISA Ⓟ 📶 🛏

Das seit 1874 familiengeführte Romantik Hotel Barbarossa befindet sich in einem mittelalterlichen Gebäude am historischen Obermarkt im Herzen von Konstanz und empfängt seine Gäste mit dem Credo „an historischer Stätte ein wahrhaft gastliches Haus". Die rund 50 ganz individuell im Vintage-Stil gehaltenen Zimmer sind allesamt mit kostenlosem WLAN und modernen Flachbild-TVs ausgestattet. Einige haben verzierte Decken, dekorative Glasfenster und/oder Holzbalken. Kinder unter acht Jahren übernachten in Begleitung eines Erwachsenen kostenlos und das Frühstücksbuffet ist im Zimmerpreis enthalten. Den Gästen steht eine Terrasse sowie eine Dachterrasse mit Sonnenliegen zur Verfügung. In der „Wohlfühlstube" kann man sich von der klassischen Aromaöl-Massage über eine Kräuterstempel-Massage bis hin zu Hot-Stone-Massage und vitalisierenden Gesichtsbehandlungen verwöhnen lassen. Dank der Lage mitten in der historischen Altstadt lassen sich die zahlreichen Sehenswürdigkeiten, Museen und kulturellen Einrichtungen der Stadt bequem zu Fuß erreichen. Im Umkreis von Konstanz locken zudem historische Stätten wie die Burgruine Hohentwiel, das Schloss und Kloster Salem und die Basilika Birnau mit beeindruckender Architektur. Im holzgetäfelten Restaurant versteht man sich auf regionale Spezialitäten. Weinstube im Barbarossa separat erwähnt.

Gasthaus Stappen

Steinhausen 39, 41352 Korschenbroich
☎ 02166-88226
www.gasthaus-stappen.de
◐ Mi–Sa ab 17 Uhr, So von 12–15 Uhr u. ab 17 Uhr, Mo u. Di RT
Hauptgericht: 21–39 €, Menüs: 64 €

🏧 Ⓟ 🛏 ♿

Das von Carmen und Frajo Stappen in fünfter Generation geführte Restaurant wurde mit viel gutem Geschmack schick gestaltet und wird vom Chef und seinem Team mit noch mehr gutem Geschmack bekocht. Auch wenn ganz selbstverständlich der eine oder andere Fisch aus dem Meer kommt und hier und da weltläufige Aromen im Spiel sind, kann die Küche durchaus als zeitgemäße kreative Regionalküche bezeichnet werden. In der bewährten Klassiker-Linie sowieso, aber auch die saisonalen Menüs lassen viel Heimatverbundenheit erkennen. Alles ist fachmännisch, schnörkellos und produktorientiert zubereitet und zudem sehr moderat kalkuliert. In der Vinothek gibt's in locker-kommunikativer Atmosphäre gute Weine und leckere Kleinigkeiten.

Krakow am See
(Mecklenburg-Vorpommern)

Ich weiß ein Haus am See

Paradiesweg 3, 18292 Krakow am See
☎ 038457-23273
www.hausamsee.de
◐ Di–Sa ab 18.30 Uhr, So u. Mo RT
Menüs: 110 €

🏧 Ⓟ 🛏

Seit über 25 Jahren existiert das Landidyll am Nordufer des Krakower Sees nun schon als weithin bekanntes und geschätztes Genussziel zwischen Berlin und Rostock. In dem ruhig gelegenen und sehr gepflegten Anwesen sitzt man als Restaurantgast – nur durch das hauseigene, parkähnliche Grundstück mit altem Baumbestand vom Ufer getrennt – in einem hellen, angenehm schlicht eingerichteten und zur Front hin halbrunden Raum mit zwei Ebenen und wird von Küchenchef Raik Zeigner, der hier mittlerweile seit 15 Jahren seinen Dienst am Herd tut, fein und unaufgeregt bekocht. Vier allabendliche Gänge, konsequent klassisch im Stil und hochqualitativ was die Produkte angeht, erwarten Hausgäste wie extern angereiste Feinschmecker hier unverändert seit vielen Jahren. Auf den ersten Blick wirkt das immer recht gediegen, auf den ersten Bissen aber meistens überraschend raffiniert, weil einfach die wichtigen Parameter stimmen und jeder Teller mit mindestens einer markanten Pointe aufwartet. Und dafür, dass dazu auch etwas Ansprechendes ins Glas kommt, sorgt Patron Adi König, der mit seiner erfrischend unkomplizierten und versierten Art ein sehr sympathischer Gastgeber ist.

Krefeld (Nordrhein-Westfalen)

KRasserie

**Zur Feuerwache 5,
47805 Krefeld**
📞 02151-9360800
verve5.de
🕐 Di–Sa ab 18 Uhr, So u. Mo RT
Hauptgericht: 14–36 €, Menüs: 47 €

Die in modernem und hellem Neubau-Industriechic gehaltene KRasserie ist sowohl optisch als auch kulinarisch ein zeitgemäßes Bistro und firmiert unter dem Dach der Verve5, einer Art anspruchsvolles Veranstaltungs- und Businesscenter mit Rooftop-Bar, diversen Veranstaltungsräumen für private und geschäftliche Events sowie dem Verve-Mobil, einem Foodtruck, der ebenfalls für Veranstaltungen gebucht werden kann.

Für die kulinarischen Geschicke des gesamten Unternehmens und insbesondere für die großzügig angelegte KRasserie im Erdgeschoss wurde jetzt mit Philip Rümmele ein echter Könner an Bord geholt, der einst unter anderem erfolgreich als zweiter Küchenchef an der Seite von Bobby Bräuer im Münchener Esszimmer und von Holger Bodendorf im Landhaus Stricker auf Sylt reüssierte und es auch in Eigenverantwortung als Küchenchef der Schwabenstube in Asperg bei Stuttgart zu hohen Bewertungen brachte.

Hier ist das Konzept zwar deutlich niedrigschwelliger und breitentauglicher ausgelegt und es gibt keine langen Gourmetmenüs, sondern eine breite Auswahl an zugänglichen Gerichten à la carte, doch erkennt man auf jedem Teller die Handschrift eines Könners. Außerdem hat man sich einer ganz besonders nachhaltigen Arbeitsweise verschrieben, setzt nicht nur stark auf Regionalität, sondern auch auf kontrollierte biologische Landwirtschaft und auch in vielen anderen Bereichen auf ein umweltbewusstes und ressourcenschonendes Verhalten.

Die Karte reicht vom geklopften Rindercarpaccio nach Cipriani-Art mit Parmigiano, Amalfizitrone und Kampotpfeffer gewürzt, oder einer Rote-Bete-Essenz mit Kartoffelklößchen und Kalbszungenwürfelchen, über Dinge wie Caesars Salad, Bowls oder Quiche, bis hin zur geschmorten und mit Barbecuelack überzogenen Short Rib nebst Krautsalat und Fritten. Will heißen: es ist für jeden etwas dabei. Und alles wird mit überdurchschnittlichem Anspruch umgesetzt.

Dass Rümmele einen anspruchsvollen Background hat, konnte man schon am Thunfisch-Tataki aus qualitativ sehr ordentlichem, ringsum akkurat kurz angebratenem Thuna-Rückenfleisch erkennen. Die Tranchen lagen, mit Tupfen von Wasabicreme und -gel sowie crunchigen Erdnüssen getoppt, auf einem Salat von unterschiedlichen Sprossen und waren von einer sehr ausgewogenen Ponzusauce umgeben, deren obligatorischer zitrischer Oberton von Yuzu herrührte. Eine nicht übertrieben artifizielle, aber dennoch mit Feingespür arrangierte Vorspeise.

Die Expertise des Küchenchefs war auch sehr deutlich an der Hummersuppe zu erkennen. Und zwar nicht wegen der akkurat winzigen Gemüse-Brunoises, die man gemeinsam mit einer gebratenen Riesengarnele als Einlage aus den Fluten löffeln durfte, sondern wegen der starken Substanz dieses nicht zu röstaromatisch und intensiv, aber auch nicht zu mild gekochten Klassikers mit seinem klaren, ausgeprägten Krustentiergeschmack.

Klar, dass unter der Leitung eines Profis wie Rümmele auch so etwas wie ein Bœuf bourguignon zum überdurchschnittlichen Gaumenkitzel werden kann – selbstredend ohne irgendwelche pseudo-kreativen Verrenkungen, sondern ganz souverän, unaufgeregt und gegenständlich als das, was es traditionellerweise auch ist: zarte Scheiben von der klassisch geschmorten und mit tadelloser reduzierter Jus glasierte Rinderschulter, dazu geschmortes Wurzelgemüse, sautierte Champignons, feine Säure spendende Perlzwiebelchen und für den herzhaften Hintergrund etwas krosser Speck. Begleitet von tadellosem Kartoffelgratin ein zeitloser Klassiker in attraktiver Ausführung, der nach einem guten Glas Rotwein verlangt (welches man hier selbst im Offenausschank findet…).

Die Nachtische versuchen sich ebenfalls nicht durch überbordende Kreativität, sondern durch Solidität und Substanz zu profilieren. Ob hausgemachte Rumfrüchte mit Vanilleeis, Schokocrumble und Tonkabohnensahne oder ein fantastischer warmer Kirschenmichel in der Cocotte, der mit Pistazien-Rahmeis, eingelegten Früchten und Vanilleschaum daherkommt: alles schmeckt nach mehr! Und weil die Krasserie trotz überdurchschnittlicher Ambitionen nicht nur kulinarisch, sondern auch preislich am Boden bleibt und zudem der Service sehr zuvorkommend agiert, dürfte der offensichtliche Erfolg – das gar nicht so kleine Restaurant war während unserem Testbesuch unter der Woche nahezu ausgebucht – lange anhalten.

Landhaus Fischerheim

Nieperstr. 275,
47802 Krefeld
📞 02151-564835
www.landhausfischerheim.de
🕐 Do–Sa ab 18 Uhr, So von 12–16 Uhr, Mo–Mi RT
Menüs: 54–74 €

Das markante lange Gebäude steht in Alleinlage außerhalb der nächsten Ortschaften direkt an der mäßig befahrenen Landstraße und lädt die Gäste in einen hellen Gastraum mit dunklem Parkett, sauber eingedeckten Tischen und

wuchtigen Backstein-Säulen als Raumteiler. Der Österreicher Peter Hribar kredenzt hier einerseits die gutbürgerliche und traditionsreiche Schmankerlküche seines Heimatlandes, präsentiert darüber hinaus (vor allem im Bereich der Vorspeisen und Zwischengerichte) aber auch kreativere Eigeninterpretationen auf klassisch fundierter Basis. Nach wie vor eine der wirklich empfehlenswerten Ess-Adressen in dieser Gegend. Der gehobene kulinarische Anspruch der Gastgeber spiegelt sich auch auf der gut sortierten Weinkarte wider.

Kronberg (Hessen)

Schlossrestaurant Victoria

Hainstr. 25,
61476 Kronberg
📞 06173-701551
www.schlosshotel-kronberg.com/schlossrestaurant/
🕐 Mi–So ab 18.30 Uhr, Mo u. Di RT
Menüs: 89–145 €

Die Gastronomie im monumentalen Schlosshotel Kronberg, das uns mit seinen vielen Erkern und Türmchen inmitten eines weitläufigen Parks mit alten, hohen Bäumen immer ein wenig an Harry Potters Hogwarts Zauberschule für Zauberei und Hexerei erinnert, war in der Vergangenheit nicht zuletzt wegen häufiger Küchenchefwechsel immer etwas heterogen. Jetzt, wo es mit dem Restaurant „Enrico d'Assia" ein mittags wie abends geöffnetes bodenständigeres Pendant gibt, könnte im separaten, nach Victoria Kaiserin Friedrich benannten und nur an fünf Abenden geöffneten Gourmetrestaurant tatsächlich mal Beständigkeit auf hohem Niveau einkehren. Mit Küchenchef Christoph Hesse zeichnet jedenfalls ein sehr fähiger Cuisinier verantwortlich, der hier jetzt an den Leistungen anknüpft, die er zuletzt schon in Schellers Restaurant im Hardtwald-Hotel in Bad Homburg auf die Teller brachte. Geboten werden zwei bis zu sechsgängige Menüs – eines betont weltoffen und moderat experimentierfreudig, das andere etwas gediegener – die stilistisch beide der zeitgemäß interpretierten Klassik zuzuschreiben sind und ein qualitativ wie handwerklich hohes Niveau bieten.

Gasthof Diem
Kirchenstr. 5,
86381 Krumbach
☎ 08282-88820
www.gasthof-diem.de
◔ Täglich von 11.30–14 Uhr
u. ab 17.30 Uhr, kein RT
Hauptgericht: 10–25 €,
Menüs: 36 €

Schön, dass es noch Gasthöfe wie diesen gibt, mit eigener Metzgerei und Konserven-Manufaktur, wo vom Ketchup bis zur Rinderroulade alles selbstverständlich hausgemacht ist, wo aber nicht nur gutes Fleisch, sondern auch frisches Gemüse eine übergeordnete Rolle spielt, wo man auf der Speisekarte nicht nur die üblichen Traditions-Langweiler findet, sondern auch mal seltenere Produkte und Zubereitungen. Die Küche dieses gepflegten ländlich-rustikalen Stadtgasthofs, zu dem auch noch ein kleiner Hotelbetrieb gehört, wird von Juniorchef Johannes Diem geführt, der viel frischen Wind in den elterlichen Betrieb gebracht hat. Hier wird interessant und abwechslungsreich gekocht!

Fischerhus
Sielstr. 5, 26736 Krummhörn
☎ 04926-319
www.fischerhus-greetsiel.de
◔ Mi–Mo von 11.30–15 Uhr
u. ab 17.30 Uhr, Di RT
Hauptgericht: 16–23 €,
Menüs: 21–28 €

Die Umgebung könnte für ein Fischrestaurant wahrlich nicht passender sein, dann das Fischerhus von Inhaber und Küchenchef Weert Zell reiht sich mitten in der pittoresken Szenerie rund um den Greetsieler Hafen ein, wo sich bei schönem Wetter die Touristen scharenweise tummeln und Cafés, Läden, Galerien und Restaurants dicht an dicht stehen. Das gemütlich und mit Liebe zum Detail eingerichtete Lokal mit markanten hellblauen Stühlen und viel nordisch-maritimem Dekor sticht hier aus der Masse mit seinem besonderen Anspruch an die Qualität der verwendeten Produkte und echtes, solides Küchenhandwerk heraus. Und deshalb empfehlen wir die Küche schon seit Jahren, immer wenn grundsolide bodenständige Gerichte gefragt sind.

Unsere Kritik der vergangenen Jahre scheint übrigens nicht ungehört geblieben zu sein. Denn hatten wir zuletzt noch über uncharmant angedickte Suppen und Saucen gemäkelt und für die als „Bouillabaisse" annoncierte, damals noch undifferenziert und diffus schmeckende Fischsuppe, große Verwechslungsgefahr mit einer Gemüsecreme proklamiert, präsentierte sich das gleiche Gericht diesmal völlig anders: klar, leicht, transparent, maritim... Keine kraftvolle rote, röstaromatische Bouillabaisse im klassischen, südfranzösischen Sinne, sondern eine helle, milde, nordische Variante. Und in der schwammen auch keine Fischfilets, sondern jede Menge Meeresfrüchte wie verschiedene Muscheln, Krabben, Pulpo und Tintenfisch. Abwandlung auch an der Seite: zur obligatorischen Sauce Rouille gab's statt knusprigem Röstbrot zwei Scheiben eines watteweichen Brötchens...

Ein anderes Mal präsentierte sich auch ein weiteres Evergreen der Küche längst nicht mehr so uncharmant dick gebunden und von intensivem, stumpfem Dillaroma gezeichnet wie in der Vergangenheit: nämlich die herzhafte Krabbensuppe mit ihrer Einlage aus kleinen, wunderbar klar und sauber schmeckenden und fast noch etwas glasig wirkenden Schalentierchen. Weil hier aber nicht nur die Schalentiere, sondern auch die Fische vom Hering bis zum Lachs von sehr guter Qualität sind, gelingen sämtliche Traditionsgerichte wie die Scholle Finkenwerder Art mit einem Berg röscher Bratkartoffeln oder auch die schön festfleischigen und saftigen, in einen Kartoffel-Gemüsemantel „eingebratenen" Filets von Scholle und Seelachs mit dichter schaumiger Senfsauce in ihrer rustikalen Art sehr ansprechend.

Wer mal keine Lust auf Fisch hat, bekommt vom Grünkohl nach Ostfriesen-Art mit Kohlpinkel, Mettwurst, Schweinebauch und Kassler bis zu einem stattlichen Burger vom Angus-Rind veritable Alternativen. Auch das mit einer vollwertigen Panierung umhüllte „Greetsieler Schnitzel" auf einer rahmigen Krabbensauce, die von Speck, Lauch und Zwiebeln sehr herzhaft, aber nicht zu deftig gehalten wird, macht hier durchaus Spaß.

Und weil auch Nachtisch wie das Parfait von weißem und grünem Spargel nebst marinierten Erdbeeren und Roter Grütze kein krummes Experiment ist, sondern ein schmackhaftes Dessert, bleibt's auch in diesem Jahr bei einer Empfehlung fürs Fischerhus, dessen Besuch sich längst nicht bloß für die zurecht sehr beliebten Krabben- und Matjesbrötchen „to go" lohnt, die hier bei schönem Wetter fast schon im Akkord über den Tresen gehen. Als Getränk passt hier zu fast allem ein kühles Pils ganz prima, alternativ findet sich aber in der Karte auch eine kleine Auswahl einfacher Weine seriöser Erzeuger. Alles zu modetaten Preisen und sehr freundlich aufgetischt.

Krün (Bayern)

Das Alpenglühn Restaurant

im Hotel Alpenglühn
Kranzbachstr. 10,
82494 Krün
☎ 08825-2374
www.das-alpengluehn.de
◕ Mi–Fr ab 17 Uhr, Sa, So u. Fei von 12–14 Uhr u. ab 17 Uhr, Mo u. Di RT
Hauptgericht: 22–42 €,
Menüs: 90 €

In vierter Generation betreiben Katja und Dimitrij Kriner das in modernem alpinem Stil gestaltete Restaurant, belassen es jedoch nicht beim Bewahren der Tradition, sondern setzen voll auf ambitionierte Gastronomie in einer zeitgemäßen Gangart. Auf der Karte wird diese Linie vor allem in den angebotenen Menüs gebündelt, für das modern und einfallsreich kom-

biniert wird. Dabei gelingt es ganz prima auch mit verhältnismäßig einfachen Mitteln für Finesse zu sorgen. Die Produkte haben allesamt überdurchschnittliches Niveau und vor allem auch bei den traditionelleren Gerichten à la carte zeigt sich immer wieder, wie gut Dimitrij Kriner das klassische Handwerk beherrscht. Erwähnenswert ist auch die von der sympathischen Gastgeberin zusammengestellte Weinkarte aus größtenteils deutschen Gewächsen namhafter Erzeuger.

Kühlungsborn
(Mecklenburg-Vorpommern)

Tillmann Hahns Gasthaus

in der Villa Astoria
Ostseeallee 2,
18225 Kühlungsborn
☎ 038293-410214
www.villa-astoria.de
◕ Mi–So ab 18 Uhr
(mittags Feinkost-Bistro), Mo u. Di RT
Hauptgericht: 14–39 €

In der eleganten Villa Astoria an der Kühlungsborner Strandpromenade offeriert Tillmann Hahn in Feinkostladen und Restaurant alles, was das Umland an kulinarisch Wertvollem zu bieten hat. In dem schicken nordischen Gasthaus werden schlicht und schmackhaft zubereitete Gerichte von ungekünstelter, substanzstarker Art serviert. Mal norddeutsch-deftig, mal mediterran-leicht, aber mit dem gewissen Etwas. Die moderaten Preise versprechen hier keine Hochleistungs-Gourmetküche und so präsentiert sich das Gebotene in seiner unprätentiösen Machart als durchaus stimmig. Kleine hochwertige Weinauswahl, ausgewählte Biere und Säfte.

Künzelsau (Baden-Württemberg)

handi⊃ap.
im Hotel Anne-Sophie
Hauptstr. 22–28, 74653 Künzelsau
☎ 07940-93460
www.hotel-anne-sophie.de
☾ Mi–Fr ab 18 Uhr, Sa von 12–14 Uhr u.
ab 18 Uhr, So von 12–14 Uhr, Mo u. Di RT
Hauptgericht: 28–34 €, Menüs: 58–95 €

Das Hotel Anne Sophie in Künzelsau wird, wie auch das Schlosshotel Friedrichsruhe und das Alte Amtshaus in Ailringen, von der Unternehmerfamilie Würth geführt. Und diese steht neben einer Affinität zur Kunst auch für gehobene Kulinarik. Im Schlosshotel Friedrichsruhe wird die nach wie vor im Restaurant Le Cerf von Boris Rommel zelebriert, im Alten Amtshaus in Ailringen mittlerweile nicht mehr – dafür ist aber dessen Küchenchef Sebastian Wiese schon im vergangenen hierher nach Künzelsau gewechselt und zeichnet dort gemeinsam mit Tobias Pfeiffer für die Gourmetküche im Restaurant Handicap verantwortlich. Dessen Name ist an das Inklusionskonzept angelehnt, im Team sowohl Mitarbeiter mit als auch ohne Handicap zu beschäftigen.

Das aber nur am Rande, denn im Kern ist das Restaurant in einem weitläufigen eleganten Salon mit großformatiger Deckenbemalung einfach ein entspannter gehobener Genussort, in dem Wohlfühlen vor vornehmer Attitüde und zugängliche Küche vor angestrengter Überkreativität stehen. Die Karte widmet sich dabei besonders den Produkten aus dem Hohenloher Land und inszeniert diese – gleich ob im Menü oder à la carte – mit viel Substanz und guten individuellen Ideen.

Und daran hat sich grundsätzlich auch heuer nichts geändert – auch wenn die Gerichte im Vergleich zum letzten Jahr ein klein wenig gröber, beziehungsweise einfacher und aromatisch „breiter" wirkten. Der Anspruch ist aber grundsätzlich gleich hoch, das signalisierte auch zum Einstieg bereits der im eigenen, sanft und rund wirkenden Sud servierte Saibling, den sautierter Spinat, eine dezente loorbeerähnliche Note und ein süßlich-frisches Kressesorbet als spannender Temperaturkontrast ergänzten.

Einen charakterstarken Regionalbezug gab es dann mit cremigem Schafsmilch-Blauschimmelkäse als (etwas flockige) Crème brûlée und kleine pure Stücke unter Feldsalat, der zudem auch als nussiges grob gehaltenes Pesto zum Einsatz kam und einen willkommenen Kontrast brachte. Auch zu den verschiedenen Bete-Zubereitungen von cremig bis knackig, die den Teller nicht übermäßig akkurat, aber abwechslungsreich ergänzten. Separat stellte etwas süß-säuerliche Bete mit herbfruchtigem Quittensorbet noch eine charmante kleine Erweiterung dar…

Der folgende „Verkohlte Waller" entpuppte sich als augenzwinkerndes Wortspiel, weil der robuste Fisch nicht verbrannt oder geröstet, sondern knapp glasig in einem Spitzkohlblatt gegart wurde. So entstand eher ein frischgrüner Eindruck, dem erdige Linsen als Ragout und lockerknusprige Krapfen, vor allem aber ein dunkler, röstwürziger Spitzkohl-Schmorsud als Kontraste gegenüberstanden. So viel zum Thema Individualität – denn derartige Ideen sind ganz klar nicht von der Stange und für Überraschungen gut. Nur bei der geschmacklichen Ausarbeitung gab es noch Luft nach oben, etwa durch deutlicher zugespitzte Aromen und klarere Kante.

Das zeigte sich genauso auch beim an ein Kalbsfrikassee angelehnten Hauptgang, der rosa gebratenes Kalbsfilet in einer kräftigen Jus neben sanft gegartem Bries (zart, aber ohne Röstnoten) präsentierte und dazu verschiedene Kerbelwurzel-Zubereitungen, Champignons und Kapernbeeren kombinierte. Dabei entstand ein schmeichelnder süßlich-cremiger Gesamteindruck, insbesondere die Kerbelwurzelchips wirkten beinahe kandiert, der von einigen ätherischen Zitronenzesten und der Kapernsäure punktuell gebrochen werden konnte, insgesamt allerdings (auf hohem Niveau) eher das Bedürfnis nach Harmonie als nach Spannung befriedigte.

Eine präsente Grundsüße prägte auch das abschließende Kürbiskernparfait mit milchig softem Vanilleeis und Vanillecreme, die von einer knusprigen Kürbiskernhippe getrennt wurden. Hier gelang es, der Süße durch fruchtig eingelegte Kürbiswürfel und Zitruszeste, insbesondere aber dezent salzig konzentrierte Milch-crumble-Steine etwas gegenzusteuern, wobei es aber insgesamt durch die üppig süßen Vanillekomponenten bei einem harmonischen, eher breit angelegten Charakter des Desserts blieb.

Allein für diese Eindrücke hätten wir bei der Bewertung etwas weniger hoch gegriffen, als es der aktuelle Stand wiedergibt. Allerdings waren die handwerkliche Substanz und die Ideen durchaus auf dem gewohnten Niveau, so dass wir optimistisch sind, dass auch die aromatischen Details zukünftig wieder etwas mutiger und weniger um Süße geprägt ausgearbeitet werden – so dass sich der Gesamteindruck wieder auf dem Niveau einpendelt, das wir vom Team um Sebastian Wiese und Tobias Pfeiffer gewohnt sind.

Am Service, der die Atmosphäre angenehm durch eine charmant humorvolle Art auflockert, der guten und gerade im höheren Qualitätsbereich ausgesprochen fair kalkulierten Weinangebot und der insgesamt einladenden Preisgestaltung wird es sicher nicht scheitern…

Dreh- und Angelpunkt, deren fundierte Zubereitung mit Sinn für hintergründige geschmackliche Raffinessen und das bestmögliche Herauskitzeln von Produktgeschmack und -charakter macht die Küche zu etwas Besonderem. Es gibt sie als fünfgängiges Menü, auch in einer vegetarischen Variante, und als in Teilen davon abweichende Einzelgerichte à la carte. Und im nach wie vor gut bestückten und sortierten Keller findet sich auch immer etwas Gutes fürs Glas.

Kusterdingen (Baden-Württemberg)

Hotelempfehlung

★★★S

Hotel & Restaurant Mayers Waldhorn

Neckar-Alb-Str. 47,
72127 Kusterdingen (Mähringen)
☏ 07071-13330
www.mayers-waldhorn.de
Einzelzimmer: 69–119 €
Doppelzimmer: 99–189 €

Das bereits seit 1950 familiengeführte Hotel liegt zentral zwischen Reutlingen und Tübingen am Rande der Schwäbischen Alb. Vom Stadtbummel bis zur Landpartie ist hier alles möglich: mit dem Auto sind die beiden Städte in nur 15 Minuten erreichbar und der nahegelegene Schönbuch lädt zu ausgiebigen Spaziergängen und Wanderungen ein. Ein Highlight für Golfer ist der nur wenige Kilometer entfernte Golfclub Schloss Kressbach – einer der längsten Meisterschaftsplätze in Deutschland. Die insgesamt 18 Zimmer des Hotels reichen vom gepflegten Einzelzimmer bis zur komfortabel ausgestatteten Junior-Suite; ein Flatscreen-TV, kostenloses WLAN

Kuppenheim (Baden-Württemberg)

Raub's Landgasthof

Hauptstr. 41, 76456 Kuppenheim
☏ 07225-75623
www.raubs-restaurant.de
◎ Mi, Fr u. Sa ab 18 Uhr,
Do von 12–13.30 Uhr, So–Di RT
Hauptgericht: 29–56 €,
Menüs: 92–136 €

Was auf dem Teller bestechend gut aussieht muss nicht immer gut schmecken und umgekehrt trifft das sowieso zu. Die Raubs haben sich noch nie groß drum geschert, ob ihre Gerichte fotogen wirken, ihnen ging es in erster und zweiter Linie immer nur um Geschmack. Mit einer attraktiven Mischung aus der hier seit so langer Zeit bewährten Souveränität von Altmeister Wolfgang Raub und viel frischem Wind, den sein Sohn Martin nach seiner Rückkehr in den elterlichen Betrieb an den Herd mitgebracht hat, hält die Küche des feinen Landgasthofs in Kuppenheim Kurs und bietet eine sehr feine französisch-mediterrane Produktküche. Hervorragende Viktualien bester Provenienz aus Nah und Fern sind dafür der

und Schreibtisch sind in allen Kategorien standard. Der Morgen beginnt mit einem reichhaltigen Frühstücksangebot und im Restaurant (mit Wintergarten) steht der Chef persönlich für eine gute schwäbische und internationale Küche.

Ladenburg (Baden-Württemberg)

Backmulde

Hauptstr. 61, 68526 Ladenburg
📞 06203-404080
www.back-mul.de
⏰ Do–Sa ab 18 Uhr, So u. Fei von 12–14 Uhr u. ab 18 Uhr, Mo–Mi RT
Hauptgericht: 22–44 €,
Menüs: 64–109 €

In dem modern-ländlich eingerichteten Restaurant mit schönem altem Holzgebälk in einem fein rausgeputzten Fachwerkhaus im Zentrum von Ladenburg wird im Gastraum und auf den Tellern ein attraktiver Spagat zwischen gediegener Bodenständigkeit und hohem gastronomischem bzw. kulinarischem Anspruch vollzogen. Aus der Küche von Daniel Geib und sein Team kommt eine einfallsreiche, weltoffene klassische Küche auf verlässlich hohem Niveau, die mit einer kleinen Auswahl à la carte sowie zwei Menüs auf der einen Seite eine regionalbetonte, saisonale Linie und daneben auch eine moderne, betont international und kreativ komponierte Speisefolge präsentiert. Beides mit Sorgfalt und Liebe zum Detail aus sehr guten Produkten äußerst schmackhaft und bisweilen richtig raffiniert umgesetzt. Im Service ist Gastro-Quereinsteiger Rainer Döringer ein engagierter Gastgeber, der hier seine Leidenschaft und Expertise für Wein in Gestalt spannender Weinempfehlungen unter Beweis stellt und daneben auch noch einen Weinladen betreibt.

Gusto für Smartphone und Tablet

- Ständig aktuelle Kritiken und Bewertungen
- Standortsuche
- Öffnungszeitensuche
- Tischreservierung

Lahr (Baden-Württemberg)

Adler

Reichenbacher Hauptstr. 18, 77933 Lahr
📞 07821-906390
www.adler-lahr.de
⏰ Mi–Sa ab 18 Uhr, So von 12–14.30 Uhr u. ab 18 Uhr, Mo u. Di RT
Hauptgericht: 48 €, Menüs: 82–132 €

Mit großer Vorfreude besuchen wir jedes Jahr diesen traditionsreichen Hotel- und Gastronomiebetrieb in der südlichen Ortenau, der von Kerstin und Daniel Fehrenbacher heute bereits in der vierten Generation geführt wird. Die Familie ging in all den Jahren immer mit der Zeit, ohne sich dem Zeitgeist anzubiedern. Das wird nicht nur im Gourmetrestaurant deutlich, wo Tradition und Moderne auf besonders geschmackvolle Art einhergehen. Da muten Kuckucksuhr, Rehköpfe, Herrgottswinkel und Holzvertäfelung neben modernem Interieur und kontrastreichem Design in kräftigem Rot und Weiß sowie farbigen Beleuchtungseffekten an der Decke nicht wie Stilbruch an, sondern unterstreichen vielmehr auf harmonische Art das verwirklichte Konzept eines ländlich verwurzelten, sehr traditionsbewussten und trotzdem weltoffen-kreativen Restaurants.
Das alles trifft auch zu hundert Prozent auf die Küche zu, die auf solider klassischer Basis moderne Akzente setzt und bisweilen mutig kreativ ans Werk geht, ohne den Bogen zu überspannen. Daniel Fehrenbacher geht bei seinem bis zu neungängigen Auswahlmenü, mit dem vermutlich jeder Gast etwas anfangen und sich daraus nach eigenen Vorlieben eine genehme Speisenfolge zusammenbasteln kann, sehr bedacht und mit erfreulich wenig Aktionismus, dafür mit umso mehr Substanz vor. Die Kreationen wirken in ihrer Machart durchgängig

eher schlicht als besonders elaboriert, sind aber allesamt überdurchschnittlich präzise und überlegt ausgeführt. Das verdeutlichen schon die Kleinigkeiten zum Auftakt, etwa ein Snack von Rehpaté mit Feigensenf, etwas Sepia-Tempura mit Miso-Mayonnaise oder ein butterzart und glasig gegarter Würfel von der Eismeer-Lachsforelle auf Cremepolenta mit einem dezenten süßsauer-pikanten Hauch von Mangochutney.

Die Vorspeise des Menüs war eine Abhandlung des Vitello-Tonnato-Themas, für das der hier verwendete hervorragende Balfegó-Thunfisch als Tatar im dünnen Kalbfleischmantel, als Tataki und als klassische Thunfischcreme zusammen mit saftigen Kalbfleischscheiben auf einem adäquate (dezente) Süße spendenden Carpaccio von der Sharonfrucht angerichtet war – ergänzt von knusprigem Amaranth als sehr feiner, aber effektvoller Texturkontrast. Hier war schon deutlich zu sehen, was sich beim nächsten Gang bestätigte, nämlich dass die Gerichte gemessen an unserer hohen Bewertung zwar vergleichsweise einfach gestrickt, aber sehr feinsinnig und perfektionistisch arrangiert sind. In diesem Fall repräsentierte das ein locker angerichtetes Mischgericht aus herrlich festen und aromatischen gebratenen Sommersteinpilzen, winzigen Pfifferlingen, Segmenten von reifer Feige, mild geräuchertem Geroldsecker Schinken mit schönem Schmelz und ein paar hauchdünnen Brotchips, die in optimaler Proportionierung auf einen Spiegel aus Crème double drapiert waren und von einer Art Essigreduktion mit genau der richtigen Dosis an Süße und Säure versorgt wurden.

Noch deutlicher in diese völlig unkomplizierte Richtung tendierend und dabei sogar noch anspruchsvoller ging es bei einem sehr prägnant, aber eben nicht dominant mit Wasabi aromatisierten Risotto zu. Der in seiner Beschaffenheit perfekt gekochte Reis war auf seiner Oberfläche mit Shiitake-Pilzen, Wassermelone, gerösteten Pinienkernen und Olivenöl-Kaviarperlen bestückt, die sich in dieser Zusammenstellung mit jedem Löffel ganz automatisch zu einem perfekt ausgewogenen und vielschichtigen Geschmacksbild formatierten. Ätherische Schärfe, Umami, fleischiger Biss, ein wenig Saftigkeit, ein bisschen fruchtige Süße, mild nussige Noten, dezente Bitteraromen – alles da, alles in harmonischem Einklang.

Auch so ein süffiges Löffelgericht, aber nicht ganz so vielschichtig und dynamisch – und außerdem eines, für das man auch eine Gabel gebraucht hat: die hausgemachten Tagliatelle mit tomatiger Hummer-„Bolognese", gewürzt mit Majoran und Parmigiano. Ein im Grunde auch wieder völlig simpel aufgebauter Teller – Pasta mit Ragù eben. Aber in dieser fein abgeschmeckten und eleganten Art ein Teller mit hohem Suchtpotential.

Das Duett von Steinbutt und Kalbsbries, auf das wir uns wegen der Produktzusammenstellung am meisten gefreut hatten, war dann sogar vielleicht das anspruchsvollste Gericht des Menüs. Die qualitativ sehr gute, mit Sorgfalt auf den Punkt gebrachte Tranche des edlen bretonischen Plattfischs trug saftige, goldgelb colorierte Nuggets der kälbernen Thymusdrüse nebst wachsweich cremigem Eigelb, knusprig frittierten Kapern und winzigen Kartoffelwürfeln auf seinem Rücken und war auf knackigen und cremigen Erbsen gebettet. Eingefasst von einer hellen stoffigen Schaumsauce mit straffer Säure war das ein vielschichtiger Fischgang mit nuancenreichen natürlichen Texturen und viel Ausdruckskraft in allen Details.

Der Hauptgang stand dem in nichts nach, denn die Medaillons vom Rücken eines heimischen Rehs, die in Sachen Konsistenz, Garpunkt und Geschmack keine Wünsche offenließen, waren hier zusammen mit Herzkirschen, Spitzmorcheln und Kerbel (geschmorte Wurzel und Creme) als ansprechend reduzierte, geschmacklich und handwerklich souverän in Szene gesetzte Kreation aufs Porzellan gebracht. Und auch mit dem Nachtisch, einem gebackenen Aprikosenkrapfen nebst Aprikosensorbet und Aprikosengel, die zusammen mit Vanilleeis und einer Art Pistou aus Verveine auf und um eine Haselnuss-Kuchenschnitte arrangiert waren, blieb das Team der unaufgeregten Linie mit Erfolg treu.

Die Weinkarte bietet eine sehr schöne und vor allem auffällig fair kalkulierte Auswahl von Baden bis Bordeaux, doch wer sie links liegen lässt und sich in Weinfragen voll und ganz auf Restaurantleiter und Sommelier Jochen Hünd verlässt, macht auch keinen Fehler.

Die Hoteleinträge

★★★★★S	Superior
★★★★★	Unterkunft für höchste Ansprüche
★★★★	Unterkunft für hohe Ansprüche
★★★	Unterkunft für gehobene Ansprüche
★★	Unterkunft für mittlere Ansprüche
★	Unterkunft für einfache Ansprüche
⌂	Unterkunft ohne Sterne-Klassifizierung

73 Burger Bar

Hubert-von-Herkomer-Str. 73,
86899 Landsberg am Lech
℡ 08191-9735180
www.73bb.de
◔ Di–So ab 17 Uhr, Mo RT
Hauptgericht: 7–14 €

Hier gibt's variantenreiche Burger der besseren Art aus guten, frischen Produkten teils regionaler Erzeuger.

Gasthaus Süßbräu

Alte Bergstr. 453,
86899 Landsberg am Lech
℡ 08191-39192
www.suessbraeu.de
◔ Di von 9–14.30 Uhr u. ab 17 Uhr,
Mi–Fr ab 17 Uhr, Sa von 9–14.30 Uhr
u. ab 17 Uhr So u. Fei von 9–14 Uhr,
Mo RT
Hauptgericht: 11–24 €

Das Süßbräu gegenüber dem historischen Bayertor ist eine der ältesten Gastwirtschaften in Landsbergs Altstadt und wurde vor geraumer Zeit nicht nur umfassend renoviert, sondern auch an die nächste Generation weitergegeben. Unter der Leitung von Johannes Matheis hat auch die Küche einen Zahn zugelegt und präsentiert sich nun schon seit ein paar Jahren äußerst solide und ansprechend. Der junge Chef konzentriert sich auf Produkte aus der Region, kocht bodenständig, aber mit Frischeanspruch. Die Karte ist vertrauenerweckend klein und bewegt sich vom Tafelspitz auf Meerrettichsauce mit Wurzelgemüse über Zwiebelrostbraten mit Kässpätzle bis zum Hausklassiker Kalbszunge mit Semmelknödel in Kapernsauce im traditionellen Bereich – alles sehr schmackhaft und fundiert zubereitet. Obwohl zu den meisten Sachen bestens ein Weihenstephaner passt, gibt es auch eine kleine, respektable Weinauswahl.

Wirtshaus am Spitalplatz

Alte Bergstr. 394,
86899 Landsberg am Lech
℡ 08191-9370574
wirtshaus-am-spitalplatz.de
◔ Di u. Mi ab 16.30 Uhr, Do–So
ab 11.30 Uhr durchgehend, Mo RT
Hauptgericht: 10–30 €, Menüs: 18 €

Ein Vorzeigewirtshaus: in dem freundlich, schlicht und ohne Kitsch eingerichteten Lokal in Landsbergs historischer Altstadt gibt es genau das, was man sich in einem bayerischen Wirtshaus wünscht, aber nur noch selten bekommt, nämlich zupackende, kraftvolle Bodenständigkeit zu moderaten Preisen. Der aus Österreich stammende Küchenchef Walter Harb setzt voll auf solides Handwerk, eine gute Produktpalette und verzichtet in seinen traditionell gehaltenen Gerichten auf überflüssige Verfeinerungen und Spielereien. Die Ergebnisse sind schlicht, aber substanzstark und zeigen den Blick aufs Wesentliche. Etwas längere Wartezeit für die frische Zubereitung, auch von Mehlspeisen in bester K.u.K.-Manier, nimmt man da gern in Kauf – und kann sich mit der kleinen Auswahl an guten Schoppenweinen und Craft Beer sehr genüsslich die Zeit vertreiben.

Fürstenhof

im Hotel Fürstenhof
Stethaimer Str. 3, 84034 Landshut
℡ 0871-92550
www.fuerstenhof.la
◔ Di–Sa ab 18.30 Uhr, So u. Mo RT
Hauptgericht: 16–44 €, Menüs: 62–93 €

Mit Schmankerl-Karte und Feinschmecker-Karte machen Simone und André Greul im Landshuter Fürstenhof einen relativ breiten Spagat zwischen herzhaft-rustikaler Heimatküche und exklusiveren Kreationen. Die beiden festlich-nostalgischen Räume sind ein gediegener Rahmen für alles, was aus André Greuls Küche kommt und im Sommer findet sich ein lauschiges Plätzchen auf der Terrasse im Garten. Unsere Bewertung bezieht sich ausschließlich auf die Kreationen, die als Menü und à la carte auf der Feinschmecker-Karte zu finden sind. Diese sind deutlich aufwendiger gestaltet als das Schmankerl-Programm und der Chef nimmt sich dafür in handwerklich versierter, klassisch-fundierter Machart vorwiegend regionaler Produkte engagierter, namentlich auf der Karte erwähnter Produzenten an. Daneben lässt er aber auch gerne von weiter her angereiste Viktualien oder exotischere Aromen einfließen, kocht fantasievoll, mit bodenständiger Kreativität auf seit Jahren beständigem Niveau. Die Weinkarte bietet zu moderaten Preisen viel Gutes aus Deutschland und den europäischen Nachbarländern und die Gastgeberin bedient ebenso freundlich wie zuvorkommend.

Ristorante Bellini

Papierstr. 12, 84034 Landshut
☎ 0871-630303
www.bellini-landshut.de
🕐 So–Fr von 11.30–14.30 Uhr
u. ab 18 Uhr, Sa ab 18 Uhr, kein RT
Hauptgericht: 19–27 €, Menüs: 39–59 €

Auch wenn Landshut nicht unbedingt als Gourmethochburg bekannt ist – eine verlässliche und zurecht beliebte Adresse gibt es seit mehr als einem Vierteljahrhundert: Das zentral in der Nähe des Stadtparks gelegene Ristorante Bellini des ursprünglich aus Kalabrien stammende Gastgebers Maurizio Ritacco, der hier mit gehobener italienischer Küche und anspruchsvollen Weinen aus seinem Heimatland konstant ein erfreuliches Niveau bietet. Die Liebe zum Wein wird im ansonsten schlicht-elegant eingerichteten Gastraum durch zahlreiche Flaschen namhafter Erzeuger von Tenuta Sassicaia bis Angelo Gaja sichtbar. Und natür-

lich auch im Glas erlebbar, nämlich durch eine attraktive Auswahl guter (auch weniger exklusiver) Weine.

In der Küche setzt das Team um Maurizio Ritacco einerseits voll auf italienische Tradition, variiert aber andererseits so abwechslungs- und durchaus auch einfallsreich, dass man nie das Gefühl bekommt, nur die überall schon tausendmal gesehenen und gegessenen Klassiker serviert zu bekommen. Sei es bei mariniertem Schwerfisch nach sizilianischer Art mit Oliven und Kapern, einem lauwarmen Meeresfrüchtesalat mit mediterranen Aromen (bei denen es im Übrigen vor allem verlässlich gute Produktqualitäten gibt…), oder scheinbar schlichten Pastagerichten wie den „Spaghetti al pomodoro fresco" oder „Tortellini al gorgonzola e spinaci", die von Feingefühl und Detailgenauigkeit leben.

Auch bei den Scampi von ausgezeichneter knackiger Qualität, die beherzt gegrillt und mit Zitrone, Salz und schwarzem Pfeffer akzentuiert auf den Tisch kamen, brauchte es zuletzt gemeinsam mit hervorragendem Olivenöl tatsächlich nicht mehr als etwas knackigen Salat und eine clever zurückhaltende Pommery-Senfcreme, um auf ganz schlichte Art zu überzeugen. Genauso auch bei dem gut marmorierten und damit eigenaromatischen (nur etwas kalten) Kalbs-Carpaccio mit gebratenen Steinpilzen, Parmesan und Rucola, bei dem die reduzierte Kombination ganz von den guten Produkten getragen wurde.

Weniger gelungen präsentierte sich die vor allem von Mehlbindung und salziger Grundwürze geprägte Krustentiersuppe. Da hätte es deutlich mehr Schalen- und Röstaromatik gebraucht, vielleicht auch Garnele als Einlage, um dem Namen wirklich gerecht zu werden. So blieb es eine würzige Oldschool-Cremesuppe mit leichter Krustentiernote, die auch von den erfreulich aromatischen Trüffelhobeln nicht nachhaltig aufgewertet werden konnte.

Eine sichere Bank sind dagegen – auch bei den Hauptgerichten – alle schlicht auf die Produkte setzenden Zubereitungen, sowohl bei maritimen Sachen wie einer ganzen Seezunge vom Grill mit mediterranen Aromen als auch bei Fleischgerichten wie einem Rinderfilet mit gereiftem Balsamico oder Entrecôte vom Grill, die jeweils mit eigenaromatisch und sorgfältig zubereiteten Gemüsebeilagen und Salat serviert werden.

Auch bei den Süßspeisen bleibt es traditionell mit einem gewissen Twist, der nicht ohne Grund das Ananas-Tiramisu zum lohnenden Signature-Dessert gemacht hat, aber auch Panna Cotta & Co. mit natürlichen Aromen und gut gelungenen Konsistenzen zu einer lohnenden Versuchung am Ende werden lässt. Unter dem Strich liegt das Bellini damit nicht unbedingt am oberen Ende des 5-Pfannen-Levels, rechtfertigt die Bewertung auf erfrischend puristische (eben typisch italienische) Art aber nach wie vor.

Langenau (Baden-Württemberg)

Gasthof zum Bad

Burghof 11, 89129 Langenau
☏ 07345-96000
www.gasthof-zum-bad.de
◷ Mi ab 18 Uhr, Do–Sa von 12–14 Uhr
u. ab 18 Uhr, So von 11.45–14 Uhr, Mo RT
Hauptgericht: 27–42 €,
Menüs: 47–130 €

Sowohl die beschauliche Lage als auch der Name sind allzu leicht irreführend: Das schmucke, gepflegte Gebäude im Herzen Langenaus ist nämlich beileibe kein normales „Gasthaus". Schon das behaglich-elegante Ambiente, erst recht aber die ambitionierte Küche von Hans Häge reichen weit über die bodenständige Gemütlichkeit hinaus, die man mit diesem Label assoziiert. Was der erfahrene Chef mit seinem Team hier seit vielen Jahren auf die Teller bringt, überrascht jedes Mal wieder mit seinen individuellen, akkurat und feingeschliffen ausgearbeiteten Ideen, die so manchem groß aufgeblasenen Gourmetaspiranten ganz lockerleicht den Rang ablaufen.

Den besten Eindruck davon, wozu das Team in der Lage ist, bietet das „Menü by Hans Häge", in dem der jeweils aktuellste und kreativste Output des Chefs konzentriert wird. In den Gerichten à la carte wird zwar grundsätzlich mit dem gleichen Anspruch gekocht, allerdings teilweise auf etwas gediegenere und weniger spannungsgeladene Art.

Dagegen zeigen sich im Menü bereits die allerersten Snacks regelmäßig alles andere als gediegen. Wenn beispielsweise eine „Falsche Jakobsmuschel" aus einem knackigen Rettich-Medaillon mit einer Vinaigrette von Radieschen und Himbeeren nebst Saiblingskaviar als komplexer, flirrend frischer Happen serviert wird, ist unmittelbar klar, wohin die weitere Reise im Menü gehen kann. Etwas weniger aufregend setzten ein gebackenes Kartoffelbällchen mit Ratatouille-Kern eher auf pures Wohlbehagen und die zart-knusprige Sellerierolle auf feine nussige Würze. Klar war aber nach diesem Auftakt: sowohl an feinem Handwerk als auch an individuellen Ideen wird es im Folgenden kaum mangeln…

Und das stellte dann auch der als Küchengruß servierte, mit feiner Säure und Schärfe hinterlegte Kürbisschaum unter Beweis. In Intensität und Proportion eher Sauce als Suppe, verband sich dieser mit einem klararomatischen Lachstatar und perfekt zerfließend in Panko gebackenem Wachtelei zu einer gestrafft süffigen Melange, die von knackigen Radieschenscheiben gekonnt aufgelockert wurde.

Feine Säure- und Schärfespuren durchzogen auch die klare, leicht gebundene Vinaigrette zu den hohen abgeflämmten Tranchen von gebeizter Forelle. Deren klarer, reintöniger Geschmack wurde einerseits erdig-dunkel von (etwas zu kalt eingesetztem) Bete-Gelee mit Olivenerde und andererseits frischgrün von Avocadocreme, Shisokresse und Kräuteröl ergänzt.

Lag dieser Auftakt – bei hochfeiner Ausführung – stilistisch noch eher im modernen Mainstream, wurde es beim nächsten Gang sowohl wieder individueller als auch kraftvoller: Taufrische Jakobsmuscheln und zarte Kalbszungenscheiben unter ätherischem Gewürzcrunch verbanden sich hier mit rauchig-süß verkohltem Lauch, frischgrüner Lauchcreme und einem hellen, markant säurefrischen Zitronengel zu einem mit viel Druck hinterlegten Surf-and-Turf-Spektakel, bei dem sich der Mut zu unkonventionellen Pairings voll auszahlte.

Scheinbar in eine ähnliche Richtung, aber noch klarer auf einen starken Kontrast von Hell und Dunkel, Kraft und Säure abgestellt, wurde das kapitale, zart schmelzend gebratene Kalbsbries neben elegant würziger Schmorzwiebel, Kartoffelcreme sowie Gel und „Kaviarperlen" von der Zitrone inszeniert. Ein Gulaschfond verstärkte dabei die dunkle Powerseite noch, während dünne Röstzwiebelringe reizvoll würzigen Crunch beisteuerten.

Im Hauptgang stand ein kerniger, perfekt rosa gegarter Hirschrücken mit seinem feinwürzigen Eigengeschmack neben cremigem Blumenkohlpüree und dem fruchtigen Akzent von Mispel als Confit und Gelee. Letzteres steuerte eine etwas nervigere, spitzere Säure bei, während der harmonische Rahmen von einem straffen hellen Saucenschaum und einer elegant-kraftvollen Wildjus geschaffen wurde und so einen eleganten, mit feiner Feder gezeichneten Hauptgang abrundete.

Ausnahmsweise konnte das Dessert beim letzten Besuch dann nicht ganz mit den herzhaften Gerichten mithalten. Obwohl der Kontrast zwischen zarten hellen und herben dunklen Aromen bei der „Birne Helene"-Interpretation in Form von weißer Schokoladenmousse mit Birnenragout (als „Fake-Birne") neben gebranntem Mandeleis und warmer dunkler Schokoladensauce gut gedacht war, blieb das Ergebnis insgesamt zu sehr im sahnig-süßen Bereich. Da wäre mit präsenteren und säurebetonteren Fruchtkomponenten oder einem weiteren Kontrast wie beispielsweise Schärfe oder Pikanterie mehr rauszuholen gewesen.

In der regulären Auswahl offener Weine finden sich dazu eher einfache Schoppen, höherwertige Gewächse gibt es allerdings sowohl in der gut abgestimmten Weinbegleitung als auch in der fair kalkulierten und liebevoll beschriebene europäischen Flaschenweinkarte.

Hotelempfehlung

★★★S

Hotel Gasthof zum Bad

Burghof 11, 89129 Langenau
℡ 07345-96000
www.gasthof-zum-bad.de
Einzelzimmer: 72–88 €
Doppelzimmer: 105–125 €

Der familiengeführte Hotel-Gasthof liegt im Herzen einer bemerkenswerten Landschaft nordöstlich von Ulm – in der Stadtmitte von Langenau und doch mitten im Grünen. Alle Zimmer sind modern ausgestattet, hell und in freundlichen, warmen Farben gestaltet. Sie verfügen über Dusche/WC und haben teilweise Balkon oder Terrasse. Fernsehen, Telefon und WLAN gehören ebenfalls zur Ausstattung. Entspannung bietet der Wellnessbereich mit Saunen und Dampfbad; wer lieber aktiv ist, kann im kleinen Fitnessraum die Geräte nutzen. Im

Restaurant (Mo Ruhetag) sorgt Küchenchef Hans Häge jun. für eine Mischung aus traditionellen, regionalen Gerichten und kreativer, weltläufiger Küche. Restaurant Zum Bad separat erwähnt.

Max'es

Walsroder Str. 39–41,
30851 Langenhagen
℡ 0511-726910
www.restaurant-maxes.de
⊘ Mo–Sa von 12–15.30 Uhr
u. ab 17.30 Uhr, So RT
Hauptgericht: 15–35 €,
Menüs: 36–92 €

Erfreuliche Überraschung im Norden von Hannover, denn das Restaurant in dem an der Hauptstraße gelegenen „Culinary Art Hotel" Wegner machte auf uns mit seinem Mischkonzept als Frühstücksraum, Bar, Hotelrestaurant und Feinschmeckerlokal und den vielen Aktivitäten von Frühstücksbuffet über Entertainment-Dinner bis zum Catering auf den ersten Blick nicht den Eindruck, als ob man hier tatsächlich überdurchschnittlich gut essen könnte. Doch genau das ist der Fall, denn Küchenchef Sebastian Bünning hat wirklich was auf der Pfanne und ist hier auch tatsächlich ambitioniert zugange.

Mittags gibt es in dem locker bespielten Restaurant Max'es ein etwas einfacheres und bürgerlicheres Programm mit Klassikern wie etwa einem Beef Tatar mit Senf, Kräutern und Raucharomen, einem Backfisch vom Selpiner Wels mit Erbsenstampf, Zitronenhollandaise und Kräutersalat oder einem Cordon Bleu vom Kalb mit Meerrettich, Preiselbeeren und Kartoffelsalat. Das gibt es am Abend auch – darüber hinaus aber zudem eine kleine feine „Culinary Art"-Karte, die vier bis fünf Vorspeisen, ebenso viele Hauptgerichte und zwei oder drei Desserts offeriert, die allesamt durchaus kreativ und weltoffen klingen. Zum Beispiel eine vegetarische Vorspeise um Blumenkohl, Haselnuss und Brunnenkresse mit den Aromen von Raz El Hanout und Kalamansi oder Walisische Lammhüfte mit gebackenen Kichererbsen, Bohnen, Sucuk und Vadouvan – in jedem Fall mit einem Hang für starke, exotische Aromen und Kontraste.

Dass sich das alles nicht nur interessant anhört, sondern auch gut schmecken würde, ließ bei unserem ersten Besuch bereits der kleine Küchengruß erahnen – ein so aromatisch wie nötig und so zurückhaltend wie möglich mit Sojasauce aromatisiertes Stück vom kurz ringsum angebratenen Thunfisch, das mit Sojabohne, eingelegter roter Zwiebel und Wasabi-Mayonnaise sowie Shiso- und Afillakresse zwar ganz unspektakulär, aber in seiner überlegt zusammengestellten Art doch sehr ansprechend daherkam. Und dass der Chef ein Händchen für solche kalten Vorspeisen mit rohem oder gebeiztem Fisch hat, zeigte dann auch gleich die wie eine Art Mosaik angerichtete Vorspeise um kleine Stücke von der Gelbschwanzmakrele, die in wohlproportionierter Art mit Cremetupfen von Kürbis, dehydrierter Blutorange, kleinen Stücken von Jalapeño und feinsäuerlichfruchtiger Bronzefenchel-Vinaigrette ein sehr ausgewogenes Geschmacksbild ergab.

Dass Sebastian Bünning auch mit Gemüse gut umgehen kann, zeigte der schön bissfest und saftig durchgezogene rote Spitzkohl, der zusammen mit vornehm zurückhaltend herzhaftem Flavour von Katenschinken, dem Schmelz von Eigelbcreme und der würzigen Schärfe von frischem Bärlauch einen reizvollen Akkord anstimmte. Die kleinen dünnen Sauerteig-Chips waren auch nicht bloß fürs abwechslungsreiche Mundgefühl zuständig, sondern konnten mit ihrer getreidigen Note auch geschmacklich etwas Gewinnbringendes beitragen. Da wurde mit relativ einfachen Mitteln gekonnt für Raffinesse gesorgt.

Dass hier auch die bodenständigen Gerichte der Klassikerkarte auf überdurchschnittlichem Niveau und mit unerwarteter Finesse daherkommen können, war an den extrem schmelzig und locker geratenen Spinatknödeln zu schmecken, denen die subtilen Bitteraromen und das Knackige von geschmorten Salatherzen ebenso gut zuarbeiteten wie herzhafter Bergkäse, erdige Trüffel und geschmacksteigernder Nussbutterschaum. Das kann man kaum besser machen.

Wenig Optimierungsbedarf sahen wir auch beim Zweierlei eines Huhns vom Prignitzer Landhof, dessen gebratene Brust und geschmorte Keule gleichsam mit saftigem, festem und eigenaromatischem Fleisch überzeugen konnten. Allenfalls die Haut und das darunterliegende Fett hätten noch ein bisschen besser ausgebraten sein können. Dazu gab's weißen und grünen Spargel, der vielleicht noch einen Tick zu knackig war, aber auch Kartoffelkrapfen, die nicht fluffiger hätten sein können. Absolut spielentscheidend war hier aber das attraktive Saucenduo aus getrüffelter Geflügeljus und eine mustergültigen Sauce Vin Jaune – vor allem an Letzterer mit ihrem eleganten Säurespiel und der markanten, für diesen Jurawein so typischen Note, konnte man wirklich sehr schön erkennen, wie gut der Chef sein Handwerk versteht.

Und daran ließ schlussendlich auch das Dessert keine Zweifel: das erprobte Duett von weißer Schokolade (Original Beans' „Simply White" als Moussetörtchen) und Rhabarber (eingelegt), das jedoch mit malziger Bayrisch-Creme, Himbeersorbet und Pistazien-Crumbles sowie insbesondere mit den Aromen von Tonkabohne, Kaffee und Dill noch um einige spannende Akzente erweitert wurde. Das Weinangebot ist zwar nicht überbordend und könnte vor allem bei den glasweise offerierten Gewächsen noch ausgebaut werden, aber es gibt im Flaschenbereich genug ansprechende Offerten namhafter, insbesondere deutscher Erzeuger von Künstler über Keller und Salwey bis Diel.

Keidenzeller Hof

Fürther Str. 11,
90579 Langenzenn (Keidenzell)
☎ 0911-901226
www.keidenzeller-hof.de
⊘ Do–Sa ab 18 Uhr, So von 12–14 Uhr
u. ab 18 Uhr, Mo–Mi RT
Menüs: 150 €

Im Keidenzeller Hof mit seinem dunkel, puristisch und trotzdem sehr gemütlich und stilvoll gestalteten Restaurant mit modernem Mobiliar, schönem Holzboden, heller Natursteinoptik im Kontrast mit dunklen Flächen und warmer punktueller Beleuchtung, gehen Bodenständigkeit und hoher gastronomischer und kulinarischer Anspruch seit Jahren eine angenehme Verbindung ein. Was Vera und Martin Grimmer hinter der traditionellen Sandsteinfassade des historischen Gemäuers auf die Beine gestellt haben und wie sie einerseits alte Stammgäste aus der Gegend halten und zugleich neue Genießer aus dem weiteren Umkreis nach Langenzenn locken konnten, verdient Beachtung und Respekt. Gelungen ist das einerseits durch die herzliche und authentische Art der Gastgeberin und andererseits durch Martin Grimmers zugängliche Küche, die weltoffen und kreativ ist, aber auch viel Bodenhaftung wahrt und ein Bewusstsein für Regionalität und Nachhaltigkeit beweist. Heimisches Gemüse spielt da eine übergeordnete Rolle und auch sonst verzichtet der Chef auf die immer gleichen und zumeist auch preistreibenden Edelprodukte der konventionellen Gourmetküche, zaubert lieber aus vermeintlich einfacheren Viktualien Überraschendes und hält damit ganz nebenbei ein einladend moderates Preisniveau.

Gusto Online-Guide
- Ständig aktuelle Kritiken und Bewertungen
- Standortsuche
- Öffnungszeitensuche
- Tischreservierung

www.gusto-online.de

Rebgut –
Die Weinherberge

im Hotel Rebgut – Die Weinherberge
Rebgutstr. 80,
97922 Lauda-Königshofen
☎ 09343-614700
www.rebgut.de
⊘ Mo–Sa ab 17.30 Uhr, So RT
Hauptgericht: 19–40 €, Menüs: 49–79 €

Das ehemalige staatliche Versuchsweingut am ruhigen und beschaulichen Ortsrand von Lauda verkörpert auf den ersten Blick Gastlichkeit und Genuss. Schon wenn man im Sommer den lauschigen Innenhof des aufwendig renovierten und modernisierten historischen Ortes vor der Kulisse der hinter dem Haus aufsteigenden Rebhänge betritt, bekommt man unmittelbar Lust, sich hier niederzulassen, eine gute Flasche Wein zu trinken und dazu etwas Schönes zu Essen zu bestellen. Dank mittlerweile zweier moderner Anbauten mit Wohlfühl-Zimmern und Appartements lässt sich diese Destination im Romantischen Taubertal sogar länger auskosten als nur für ein paar Stunden.
Neben einer feinen Auswahl an hauseigenen und anderen Weinen – viele davon aus der Region, aber auch jede Menge nationale und internationale Alternativen zu moderaten Preisen – gibt es hier seit Jahren auch handwerklich und frisch zubereitete Küche mit vielen regionalen Produkten und pfiffigen Ideen. Wir haben hier vor einigen Jahren und unter der gleichen Küchenleitung sogar schon auf starkem 5-Pfannen-Niveau gegessen, doch in jüngerer

Zeit hat der Standard leider etwas nachgelassen, was wir bereits registriert, aber bislang noch nicht in der Bewertung berücksichtigt haben. Nach dem letzten Testbesuch hätten die 5 Pfannen streng genommen eigentlich weg sein müssen, aber wir gehen davon aus, dass das Team um Küchenchef Christian Hedderich an den richtigen Stellschrauben dreht und künftig wieder zu mehr Konstanz finden wird. Die Vorspeise um Burrata auf Kalbsgelee mit gegrillter Wassermelone hat beispielsweise auch gar nicht gegen 5 Pfannen gesprochen, denn die soft gelierte Umami-Grundlage korrespondierte recht pfiffig mit der bewährten Kombination aus laktischer Salzigkeit und Melonenfrische. Anders sah es allerdings beim prinzipiell recht guten, zart schmelzig konfierten Lachs aus, der sich mit marinierten Gurken, einer Art Limonen-Mayonnaise und einem Bouquet aus Wildkräutern und Frisée zwar schlicht, aber durchaus proper präsentierte. Durch den übertrieben vielen bitteren roten Pfeffer, der sich zusammen mit Sesam und Schnittlauch als „Aromamantel" auf dem Fisch befand, war das jedoch kompositorisch eine ziemlich schräge, und unter objektiven Gesichtspunkten leider auch sehr unharmonische Angelegenheit.

Als schlichtweg indiskutabel präsentierte sich schließlich die breiig-matschige Kalbsleber, die mit einer seltsam bröckeligen Bratkruste auf dem Teller lag und von einer Dissonanz aus Olivenöl-Kartoffelstampf mit Piment d'Espelette, geflämmten Radieschen und fermentiertem Rettich begleitet wurde. Die stellten nämlich leider nicht mehr als die Summe ihrer Teile dar und konnten auch von der „mediterranen" Kräutersauce auf Kalbsjus-Basis nicht näher zusammengebracht werden. Eine bessere, aber auch etwas rumpelige Alternative im Hauptgang gab es in Form von gerade noch rosa gebratener Entenbrust. Die war zwar durch die partiell zähe, weil nicht sauber ausgebratene Haut und einem ungleichmäßigen Garverlauf ein Stück weit vom Optimum entfernt, präsentierte ansonsten aber ein gutes Produkt inklusive sauberer Geflügeljus und wurde von Granatapfelkernen stimmig aufgefrischt.

An Gerichten wie der Burrata-Vorspeise oder der Ente wird deutlich, dass weiterhin das Potential vorhanden ist, auf „Pfannen-Niveau" zu kochen. Und auch das schlichte, aber als solches durchaus schmackhafte Dessert in Gestalt eines aromatischen Limettenparfaits mit Erdbeere (frische Früchte, Gelee, Coulis) und weißer Schokolade ging in die richtige Richtung.

Ansonsten setzen wir aktuell unsere Hoffnung auf die Rückkehr zu alter Stärke und lassen die Bewertung aufgrund der vielen erfreulichen Eindrücke der letzten Jahre unangetastet.

Hotelempfehlung

★★★★

Hotel Rebgut – Die Weinherberge

**Rebgutstr. 80,
97922 Lauda-Königshofen**
☎ **09343-614700**
www.rebgut.de
Einzelzimmer: 95 €
Doppelzimmer: 140 €

EC VISA P 📶 🛏

Idyllisch und ruhig liegt das „Rebgut" am Ortsrand von Lauda in den Weingärten des Taubertal-Städtchens. Seit Mitte 2015 steht den Gästen hier der moderne Anbau des hübschen Anwesens mit zehn „Wohlfühl-Doppelzimmern" zur Verfügung. Die modern, hell und freundlich gestalteten, nach Rebsorten benannten Zimmer sind unter anderem mit Kühlschrank, Kaffeemaschine, Wasserkocher und Föhn ausgestattet und bieten nicht nur zeitgemäßen Komfort, sondern auch einen schönen Ausblick in die Reben oder ins Taubertal. Im ersten Stockwerk des Altbaus gibt es vier weitere Apartments mit Kochzeile, hochwertigen Möbeln und bequemen Betten in frischem, lichtdurchflutetem Design mit regionaler Kunst. Die beiden Apartments mit Blick auf den Weinberg haben sogar eine großzügige Dachterrasse. Restaurant Rebgut – Die Weinherberge separat erwähnt.

Laudenbach (Bayern)

Goldner Engel

Miltenberger Str. 5,
63925 Laudenbach
☎ 09372-99930
www.goldner-engel.de
◉ Do–Mo von 12–13.45 Uhr u. ab 18 Uhr,
Di von 12–13.45 Uhr, Mi RT
Hauptgericht: 18–35 €, Menüs: 35–95 €

Seit Jahren isst man bei Familie Meisenzahl verlässlich auf sehr ansprechendem Niveau, denn die Küche achtet auf Produktqualität und hat ihr Handwerk souverän im Griff. Gekocht wird klassisch-routiniert, handfest, aber nicht grob. In jedem Fall deutlich besser, als man es in einem rustikalen Gasthaus erwartet. In dem hübschen alten Fachwerkhaus an der Ortsdurchfahrtsstraße des beschaulichen Örtchens Laudenbach im Maintal kommen zudem die Fleischprodukte der eigenen Metzgerei auf den Tisch. Man versteht sich aber auch auf das sorgfältige Zubereiten von Fisch und auch Terrinen jeglicher Art stehen hier schon immer hoch im Kurs. Beachtliche Weinkarte!

Lauingen (Bayern)

Lodner Genusswerkstatt

Imhofstr. 7, 89415 Lauingen
☎ 09072-95890
www.hotel-lodner.de
◉ Mi–Sa 12–13.30 Uhr u. ab 18 Uhr,
So 12–13.30 Uhr, Mo u. Di RT
Hauptgericht: 31–40 €,
Menüs: 64–109 €

Alles neu im Feinschmeckerrestaurant der Lodners in Lauingen, das im Spätsommer 2021 aus dem kleinen Boutiquehotel nach nebenan ins größere Hotel Drei Mohren umgezogen ist und dort ein attraktives modernes Ambiente, einen neuen Namen und einen neuen Küchenchef bekommen hat. So präsentiert sich das ehemalige „Genießerrestaurant Lodner", das jetzt Genusswerkstatt heißt, seither in einem großzügigen Kreuzgewölbesaal mit Parkettboden, in dem Tische in Rostblechoptik mit olivgrünen Velourssesseln und moderne Bilder für Akzente sorgen. Der neue erste Mann am Herd ist für uns alles andere als ein Unbekannter, hat Tobias Eisele mit seinen Kochkünsten doch einst schon in Schreieggs Post in Thannhausen und dann während der letzten zwölf Jahre in Maximilians Restaurant in Oberstdorf regelmäßig überzeugt. Nun also sorgt er im Team von Gastgeber Alexander Lodner für Konstanz – und für ein hohes kulinarisches Niveau!

Im Gegensatz zur zuletzt relativ reduzierten Speisekarte im Maximilians gibt es in der Genusswerkstatt ein vergleichsweise breites Angebot, das von bodenständigen Mittagsofferten wie Kalbskutteln in Senfsauce, hausgemachte Kalbsmaultaschen mit Rosenkohl und Preiselbeeren oder Klassiker wie Rostbraten und Wiener Schnitzel bis hin zu einer drei Menüs und eine beachtliche Auswahl à la carte umfassenden Abendkarte reicht. Und damit sicher ein relativ breites Publikum anspricht. Mit diesem Pensum lassen sich die einzelnen Zubereitungen im Detail vielleicht nicht ganz so präzise und aufwendig ausarbeiten, wie wenn sich die Köche allabendlich auf nur ein Menü mit wenigen Alternativen konzentrieren können, dem Reiz von Eiseles Küche kann dies jedoch nichts anhaben.

Schon in den vergangenen Jahren hatte es sich zu einem gewissen Markenzeichen entwickelt, dass sehr viele Gerichte in Eiseles Kulinarium mit einer fruchtigen Komponente als Akzent aufwarten. Dies wird nun am neuen Herd in Lauingen fortgeschrieben. Und es gelingt dem Chef und seinem Team im Einzelnen zumeist sehr gut, diese fruchtigen und nicht selten süßen Elemente balanciert ins Geschehen einzubinden und so ausgewogene kontrastreiche Gerichte zu kreieren. In Summe allerdings könnte es bisweilen etwas redundant und ermüdend wirken, wenn sich die Geschmacksbilder in der Gesamtschau zu ähnlich sind. Wir hatten jedenfalls beim jüngsten Besuch ein wenig den Eindruck, dass viele Dinge trotz unterschiedlicher Aromen und Produkte relativ gleich aufgebaut waren.

Der Genussfaktor ist trotzdem äußerst hoch! Es begann nach sehr gutem Sauerteigbrot nebst Gewürzbutter mit einem Amuse um Blumenkohl in unterschiedlichen Zubereitungsarten von cremig bis knackig, die durch einen Grapefruitsud säuerlich-herb erfrischt wurden und in ihrer elegant zurückhaltenden Art ein sehr schöner Auftakt war. Eine qualitativ sehr gute Langustine aus den Tiefen der neuseeländischen Gewässer, die gleich mal unter Beweis stellte, dass hier an den Produkten keinesfalls gespart wird, bekam es bei einer der Vorspeisen mit fermentiertem Rotkohl zu tun und von Mandelcreme und Aprikosengel fruchtig-nussige Akzente zur Seite gestellt. À part in einem Schälchen wurde auch noch eine kleine Nocke intensives Eisenkrauteis mitgeliefert, die sich zwar relativ plakativ, aber als solches nicht unattraktiv ins Geschehen einbrachte.

Etwas eleganter wirkte das Zusammenspiel von Rosenkohl und geräuchertem Hüttenkäse zum formidablen Huchen, der leicht glasig, ebenso zart wie fest, und dabei herrlich reintönig im Geschmack, ebenfalls ein hervorragendes Hauptprodukt war. Hier setzten Granatapfelkerne den fast schon obligatorischen Fruchtakzent und fügten sich mit ihrer milden Säure und dosierten Süße perfekt ins rauchig-kohlige Geschmacksbild ein. Stark auch der fleischige Seeteufel mit Artischocke, Puntarella und einer Art „Risotto" von Freekeh, unreif geerntetem und geröstetem Weizen, denen ein Blutorangensud nicht bloß mit einem knalligen Farbakzent zur Seite stand, sondern sich auch geschmacklich wieder sehr dynamisch und harmonisch einbringen konnte.

Bei den Fleischgängen wurde sowohl beim Hauptgang aus dem Menü „Kleiner Streifzug durch unsere kulinarische Werkstatt", als auch bei dem der großen Menüvariante das jeweilige Hauptprodukt in unterschiedlichen Facetten präsentiert. Einmal die Ente aus der Bresse, von der Brust und Keule sowie die separat angekrosste Haut gemeinsam mit einer Entenjus viel Produktcharakter aufs Porzellan brachten – im anderen Fall das Bayrische Weidekalb, das „Von Kopf bis Fuß", also vom rosa gebratenen Rückenstück, über zart und saftig Geschmortes, ein Stück vom goldgelb colorierten Kalbsbries, bis hin zu warmen Scheiben von der Kalbskopfterrine aufgeboten war. Letzteres begleitet von einer originellen Kraut-und-Rüben-Vielfalt (Haferwurzel, Schwarzwurzel, Kerbelwurzel, Schwarzkohl…), das Geflügel hingegen in Kombination mit Wirsing, Süßkartoffel und Heidelbeere.

Und weil mit einer herbstlichen Dessertvariation um Valrhona-Schokolade, Zwetschge und Hafer sowie einem Nachtisch von Birne, Walnuss und Eisenkraut auch zum Schluss auf unverkrampfte Art Originalität und generell hohes Niveau aufgeboten wurden, steigen wir mit unserer Bewertung guten Gewissens gleich hoch ein. Und sind uns sicher, dass die neue Küche der Genusswerkstatt mit ihrer substanzstarken, durchaus kreativen, aber auch recht bodenständigen Art bei den Feinschmeckern in der Region sehr gut ankommen wird. Dafür,

dass auch die Gläser anspruchsvoll gefüllt sind, sorgt der weinverständige Gastgeber mit seinen Empfehlungen und auch die Weinkarte listet sehr viel Gutes aus ganz Europa.

Hotelempfehlung

★★★

Drei Mohren & Lodner Genießerhotel

Imhofstr. 6+7, 89415 Lauingen
℡ 09072-95890
www.hotel-lodner.de
Einzelzimmer: 65–75 €
Doppelzimmer: 79–99 €

Das Hotel Drei Mohren mit seiner benachbarten Dependance Genießerhotel Lodner befindet sich in unmittelbarer Nähe des Schimmelturms im Zentrum des Städtchens Lauingen an der Donau, das jeweils rund 50 km von den Städten Augsburg und Ulm entfernt liegt. Zusammen verfügen beide Häuser über 12 Einzel- und 16 Doppelzimmer sowie 2 Junior-Suiten und ein Appartement mit 2 Schlafräumen, alle klassisch möbliert und mit Dusche/Bad, Fön, Telefon, Flat TV und WLAN ausgestattet. Das mit verspielten Stuckfassaden aus der Ursprungszeit des Jugendstils versehene Gebäude aus dem Jahr 1873 erstrahlt seit 1991 in neuem Glanz und wurde von der Inhaberfamilie Lodner in jahrelanger Arbeit mit viel Fingerspitzengefühl und einem hohen Maß an Eigenleistung aufwendig umgebaut und renoviert. Das größere Hotel Drei Mohren nebenan residiert in einem etwas jüngeren Gebäude und verfügt über eine Lobby mit Bar sowie das Restaurant Drei Mohren. Lodner Genießerrestaurant separat erwähnt.

Lauterbach (Hessen)

schuberts
im Hotel Schubert
Kanalstr. 12, 36341 Lauterbach
☎ 06641-96070
www.hotel-schubert.de
⊘ Mo–Sa von 12–13.30 Uhr
u. ab 18 Uhr, So RT
Hauptgericht: 11–42 €, Menüs: 35–89 €

Das Romantik Hotel von Familie Schubert ist in Lauterbach zweifellos das erste Haus am Platz und dessen mit braunem Ledermobiliar und großformatigen Kunstwerken geschmackvoll gestaltetes Restaurant das Beste weit und breit. Man muss schon eine gute halbe Stunde bis nach Fulda oder Bad Hersfeld fahren, um das toppen zu können, was Stefan Schubert und sein Team hier auf ebenso schnörkellose wie fundierte Art ganz unaufgeregt auf die Teller bringen.

Während man sich im rustikal-urwüchsigen Entennest auf der anderen Straßenseite herzhafte Schmankerl wie „Lauterbacher Beutelches" mit gegrillter Kartoffelwurst in gemütlicher Fachwerkhaus-Atmosphäre schmecken lässt, steht im Restaurant Schuberts ein von asiatischen, mediterranen und regionalen Einflüssen bestimmtes Kulinarium in klassischer Ausrichtung auf dem Programm. Für jedermann leicht zugänglich und dennoch nicht beliebig.

So machte etwa das Vitello Tonnato mit schön rosa-saftigem Kalbfleisch und einer glatten, rahmigen Thunfischsauce als süffiger Auftakt viel Freude. Ergänzt von kleinen eingelegten Kapern, etwas Cocktailtomate und gehacktem Ei war das eine unkomplizierte und sehr schmackhafte Sache. Genau wie die nur kurz und knapp gebratenen, innen noch schön glasigen Jakobsmuscheln, deren gute Qualität und Frische diese rohe, pure Zubereitung ermöglichte. Zusammen mit Bucheckernkresse thronten die Cocquilles St. Jacques auf Perlgraupen, die vermengt mit einer dezent mit Ingwer abgeschmeckten Karottencreme eine Risotto-ähnliche Textur aufs Porzellan brachten. Dazu passte natürlich auch prima die luftig aufgemixte Zitronengras-Schaumsauce, mit der das Ganze eingefasst war.

Da wird nicht viel Brimborium gemacht, kein überflüssiger Schnickschnack veranstaltet und keine noch nie dagewesenen Kombinationen ersonnen, sondern lieber auf schlichte, puristische Art viel guter Geschmack erzeugt und in Gestalt traditioneller Zubereitungen umgesetzt. Das geht natürlich nur mit guten Produkten und sorgfältigem Handwerk – und beides bekam man auch beim Wolfsbarschfilet mit schön krosser Haut und saftigem Fleisch, das auf einem Sockel aus geraspeltem Rahmkohlrabi thronte, von aromatischer Babykarotte und fluffigen hausgemachten Kartoffelnocken umsäumt und mit reichlich frischer Wintertrüffel überhäuft war. Und obwohl hier wirklich jede der Komponenten gut auf den Punkt gebracht wurde, hätten wir uns einzig und nicht zuletzt für die guten Gnocchi noch irgendeine Art von Sauce oder etwa auch eine Art Pesto oder Salsa verde gewünscht. Ansonsten war das aber eine absolut runde und schmackhafte Angelegenheit.

So wie auch das Rinderfilet à la Rossini, bei dem das perfekt gereifte und optimal auf den Punkt gebrachte Fleisch vom US-Beef mit einer mustergültigen gebratenen Gänselebertranche von fester Qualität, knackigem grünem Spargel, Karotte und in Rotwein geschmorten Perlzwiebeln angeboten wurde. Unterfüttert mit einer Pastinakencreme, aromatisch eingefasst und vertieft von einer Portweinjus mit feiner Frucht- und Säureader und natürlich geadelt mit eigenaromatischer Trüffel blieb auch hier kein Gaumen trocken. Um solch ein Gericht auch im Glas adäquat begleiten zu können, ist im Hause Schubert die Weinkarte gut aufgestellt. Im Bereich der Offenen vor allem mit Gewächsen aus Rheinhessen, der Pfalz oder von der Mosel, ansonsten aber auch mit genussfreundlich kalkulierten Flaschen aus den europäischen Nachbarländern.

Und wem zum Abschluss noch der Sinn nach etwas Süßem steht, der bekommt mit Dingen wie der in einer Schokoladenhalbkugel präsentierten, mit Yuzu aromatisierten Mousse von der weißen Schokolade nebst karamellisierten Nüssen sowie Himbeersorbet und -coulis unaufgeregte, schmackhafte Desserts geboten. Wie alles andere ohne viel Kunstfertigkeit, aber mit jeder Menge Substanz und Qualität aufs Porzellan gebracht. Und was will man manchmal mehr?

Hotelempfehlung

★★★★

Romantik Hotel Schubert

Kanalstr. 12, 36341 Lauterbach
☎ 06641-96070
www.hotel-schubert.de
Einzelzimmer: 70–95 €
Doppelzimmer: 135–175 €

Das Hotel Schubert ist ein familiär und liebevoll in der dritten Generation geführtes Hotel im idyllischen Fachwerkstädtchen Lauterbach und in der Region bekannt für seine exzellente Küche und den sehr persönlichen Service. Es liegt in der Stadtmitte, direkt am Lauterflüsschen. Der Gast findet hier ein stilvolles und behagliches Ambiente vor. Die 36 Gästezimmer, aufgeteilt in 10 Komfort-, 6 romantische Landhaus- und 5 Deluxe- Doppelzimmer, 12 Einzelzimmer sowie 3 komfortable Themenzimmer (Zen, Rosen, Toskana), sind mit viel Liebe zum Detail eingerichtet und jedes individuell gestaltet. Dusche/Bad/WC, Kabel-TV, Telefon, kostenfreies WLAN und Minibar sind in jedem Zimmer Standard. Hunde sind

im Hotel akzeptiert, jedoch nicht im Restaurant „Schuberts" (internationale Küche in modernem, legerem Ambiente). Das Hotel ist ganzjährig geöffnet. Restaurant Schuberts separat erwähnt.

Zur Waage M.E.B.

Neue Str. 1, 26789 Leer (Ostfriesland)
☎ 0491-62244
www.restaurant-zur-waage.de
◎ Mi ab 18 Uhr, Do–So 12–14 Uhr
u. ab 18 Uhr, Mo u. Di RT
Hauptgericht: 14–45 €,
Menüs: 30–100 €

M.E.B. – drei Initialen die verpflichten. Sie zieren seit geraumer Zeit als kleiner Zusatz das Logo des Traditionsgasthauses Zur Waage direkt am Hafen von Leer und stehen für Mario E. Brüggemann, neuer Pächter und Küchenchef. Der ist in Sachen anspruchsvoller Gastronomie kein unbeschriebenes Blatt, hat er doch zuletzt viele Jahre sehr überzeugend das Restaurant Weinstein in Kiel geführt, wo er nicht nur in unserem Guide regelmäßig mit respektablen Auszeichnungen bedacht wurde. Da er in Kiel aber irgendwie nie so ganz glücklich wurde und die Corona-Krise alles noch schlimmer machte, hat er sich dazu entschlossen, in seine ostfriesische Heimat zurückzukehren und sich dort einen lang gehegten Traum zu erfüllen: seinen einstigen Ausbildungsbetrieb zu übernehmen.

Und das scheint eine ausgesprochen gute Entscheidung gewesen zu sein, denn wir erlebten das wunderbar nostalgische Lokal in dem schönen markanten Backsteingebäude nahe der Kaimauer an einem Wochentag nicht nur gut besucht, sondern auch die Küche voll und ganz auf der Höhe! Was hier im Rahmen des Feinschmeckermenüs und der à la carte bestellbaren Gerichte auf der Abendkarte geboten wurde (die Mittagskarte ist etwas bodenständiger und einfacher ausgerichtet...), war vom Niveau her keinesfalls schlechter oder schlichter als das, was wir zuletzt an Brüggemanns vorheriger Wirkungsstätte serviert bekamen. Im Gegenteil: man hat sogar ein wenig das Gefühl, dass er hier nun freier und unbeschwerter aufkocht!

Dass nicht nur sehr regionalbetont und mit viel ökologischem Bewusstsein, sondern auch mit jeder Menge Fingerspitzengefühl gearbeitet wird, konnte man schon an den drei Apero-Snacks deutlich erkennen, die von gutem Geschmack zeugten und allesamt souverän auf den Punkt gebracht waren: mild geräucherter Lachs zwischen Schmandmousse und säuericher Frucht auf etwas getoastetem Brioche, ein kleines saftiges Stück Spinatflan und ein Krabbencocktail-Cracker. Dem folgte mit auf der Haut gebratenem Saibling nebst raffinierter Pilz-/Spinat-Krokette, Spinatcreme und Birne ein amtliches Amuse – und in Gestalt des geschliffenen, zwar bis an die Grenze, aber eben auch nicht darüber hinaus gewürzten Safran-/Muschelsuds auch noch der Beweis für die Expertise des Chefs in Sachen Saucenzubereitung.

Dass hier alles viel Substanz hat, zeigte auch die Vorspeise von der Freilandente mit Pilzen, Spitzkohl und Brioche: Die aus der Leber und dem ausgelösten und zerkleinerten Schmorfleisch des Geflügels gefertigte Terrine brachte eine angenehme Konsistenz und authentischen Geschmack auf den Teller, lila und grüner Spitzkohl als kleiner Zylinder längst nicht bloß originelles Farbspiel und die unterschiedlichen Pilze (gebraten und als Duxelles) spendeten dem Ganzen ihr natürliches Umami.

Ganz ähnlich wie auch bei der Vorspeise des fünfgängigen Menüs mit Helgoländer Taschenkrebs, bei dem dieselben Pilze in Kombination mit der natürlichen Würzkraft von den gerösteten Schalen des Krustentiers zu einem extraktreichen „Umamisud" zusammenkamen – eine druckvolle und komplexe, als solches aber trotzdem elegante Sauce, die das Tatar und die Mousse des Krebses, die gebratenen Pilze und die verschiednen Komponenten von der Quitte (Sorbet, Gel, marinierte ausgestochene Kugeln...) harmonisch miteinander vermählte und für Tiefe sorgte.

Herrlich erdige schwarze Wintertrüffel – gerade zum Besten Zeitpunkt ihrer Saison – genossen wir roh gehobelt und als Espuma im Rahmen eines wunderbar süffig-cremigen Zwischengerichts um wachsweiches Bio-Eigelb aus Esklum, Kartoffelmousseline und Grünkohl. Letzter spendete nicht bloß sein gewinnbringendes Aroma, sondern ergänzte das Ensemble knusprig angeröstet zusammen mit ein paar Kartoffelcroutons auch noch um eine reizvolle haptische Facette.

Beim Zweierlei vom heimischen Wagyu-Rind aus Diele mit unterschiedlichen Spielarten von Karotte und Birne sowie Kartoffelbaumkuchen war ganz besonders schön zu erkennen, wie gut das Team am Herd organisiert und eingespielt ist. Denn nicht nur die schmelzigen kurzgebratenen Tranchen auf kraftvoller buttriger Safransauce und das perfekt geschmorte, mit dichter, tiefer Jus glasierte Stück waren à point, sondern auch sämtliche wohlproportionierte Beilagen bis hin zu den sehr guten, locker-fluffigen und saftigen Baumkuchenstreifen. Da bewegte sich die Küche im Grunde schon fast im 7-Pfannen-Bereich!

Nicht ganz so ausdrucksstark, aber durchaus originell und sehr schmackhaft, war das Dessert um Vanille, Feldsalat und Olivenöl (Eis, Cremeschnitte, Mousse, Sud, Karamell...), mit dem es gelang, ein harmonisches Geschmacksbild ohne penetrante Süße zu zeichnen – allerdings auch ohne einen schmissigen Akzent. Dennoch ein guter Schlusspunkt hinter einer bemerkenswerten Küchenleistung, die von freundlichem Servicepersonal und einer brauchbaren Weinauswahl abgerundet wird.

Leipzig (Sachsen)

C'est la vie

Zentralstr. 7,
4109 Leipzig
☎ 0341-97501210
www.cest-la-vie.restaurant/
◕ Di–Sa ab 18 Uhr,
So u. Mo RT
Menüs: 80–125 €

Wer in Leipzig auf niveauvolle Weise ein Stück französische Lebensart genießen möchte, findet in dem von außen eher unscheinbaren, direkt im Stadtzentrum gelegenen Restaurant C'est la vie den perfekten Ort dafür. In den schnörkellos eleganten Räumlichkeiten herrscht eine entspannt heitere Atmosphäre, getragen von einem eloquent und charmant agierenden Serviceteam. Und die Speisekarte bietet in drei unterschiedlichen Menüs sowohl bei der Auswahl der Produkte als auch stilistisch einen attraktiven Querschnitt dessen, was Haute Cuisine à la française ausmacht. Von bretonischem Hummer über Sot-l'y-laisse bis zum Rohmilchkäse von Réne Tourette ergibt das ein mundwässerndes Angebot. Und das Beste ist: Dank der Expertise von Chefkoch David Mahn werden die guten Produkte auch noch inspiriert und niveauvoll zubereitet.

Der nach der Konditorlehre bei keinem Geringeren als Pierre Lingelser in der Traube Tonbach unter anderem als Chef-Pâtissier in der Villa Joya in Portugal und im mit 9 Pfannen ausgezeichneten Restaurant Ammolite im Europapark in Rust geprägte Chef geht bei seinen Gerichten einen sehr geschickten Weg zwischen grundsätzlich leichter Zugänglichkeit, genügend kreativen Ideen, um für genug Spannung zu sorgen, und einer klaren, akkuraten Tellersprache. Dabei ist das erste der Menüs eher leicht und filigran gehalten, das Zweite etwas kraftvoller und das Dritte rein vegetarisch konzipiert, so dass sich je nach individuellen Vorlieben sehr leicht etwas Passendes findet, zumal sich die Menüs auch noch erfreulich flexibel miteinander kombinieren lassen…

Los geht's aber jeweils mit ausgezeichnetem Baguette und Rohmilchbutter sowie einigen Kleinigkeiten zum Aperitif, die anstelle ausufernder Amuse-Paraden das Ankommen leichter machen und zudem den angenehmen Nebeneffekt haben, dass die Preisgestaltung der Menüs angesichts der präsentierten Produktqualitäten einladend moderat bleibt. Dass das Team nicht auf Sparkurs unterwegs ist, zeigte beim letzten Besuch beispielsweise eine Variation ausdrucksstarker Gänseleber-Zubereitungen, unter anderem als kraftvoll-pures Parfait, Mousse und Eiscreme, die mit feinbitteren aromatischen Spitzen von Kaffee als Powder und Sponge sowie der dunklen und herberen Frucht von Heidelbeeren zwar grundsätzlich in einem klassischen Gänseleber-Frucht-Kontext blieben, dabei aber gekonnt abseits von zu präsenter Süße blieben. Und genau das gelang auch bei einer gebratenen Variante der Foie gras ganz hervorragend, bei der die ausgezeichnete Qualität in geschmeidig fester Konsistenz und markanten Röstnoten von einer fruchtig-tiefen Jus sowie Himbeere und Pistazie ergänzt wurde.

Ein eher frühlingshaft leichter Eindruck entstand bei dem locker arrangierten Potpourri grüner Gemüse mit gebratenem und gehobeltem Spargel sowie Gurke, die mit den duftig nussigen Noten von Sesam, kräutergrünen Mousse-Rondellen und ätherisch herben Akzenten von Bronzefenchel, Frisée und Bärlauchblüten auf fast schwebende Art verschiedene Bitternoten mit differenziert kräutrigen Aromen verband.

Geschmacklich ebenso sicher kombiniert, aber ausnahmsweise einmal mit leichten Schwächen beim Produkt, präsentierte sich der sanft gegarte und markant abgeflämmte Kabeljau mit ebenfalls kräftig angeröstetem weißem Spargel und hauchdünnen zarten Spargeljuliennes, die in einer stoffigen, kräutergrün marmorierten Beurre blanc auf den Teller kamen. Hier gelang zwar das Spiel mit grüner Frische, feinbitteren Gemüsenoten und Röstaromatik ganz prima, aufgebrochen noch von einem konzentriert dunkleren Gel – nur der Kabeljau selbst schmeckte nicht ganz so klar und frisch, wie es in diesem Kontext wünschenswert gewesen wäre.

Dieser kleine Ausrutscher war aber bereits beim Hauptgang rund um ausdrucksstark kraftvolle Zubereitungen vom Kaninchen schon wieder vergessen. Im Mittelpunkt stand hier eine Art Ballotine mit zartrosa Kaninchenrücken in einer saftigen, mit winzigen Brunoises aufgelockerten Farce, überglänzt von einer elegant konzentrierten Kaninchenjus. Daneben brachte eine akkurate Galantine-Nocke noch mehr Tiefe und Schmorsaftigkeit, während ein farbenfrohes Arrangement aus Erbsen, Erbsencreme und Erbsensprossen gemeinsam mit gelben und roten Rüben sowie einem duftigen hellen Saucenschaum einen insgesamt sehr abwechslungsreichen Eindruck abrundeten, bei dem jedes Detail mit zugespitztem Geschmack erfreute.

Angesichts der Berufsbiografie von David Mahn wenig überraschend, halten auch die Desserts ganz locker das sonstige Niveau und bleiben auch stilistisch auf Linie. Kontrastreich und akkurat, ohne dabei zu verspielt zu werden – sei es bei einem flirrend-frischen grünen Arrangement mit Verbene und Zitrone, einer mit den karamelligen Noten von Muscovado geschmorten Aprikose nebst Topinambur, duftigem Thymianeis und knusprigem Hafer oder einem tiefdunklen Schokoladenmousse-Würfel mit Minzeis, einer Minzlikör-Knusperpraline als schneidigen Kontrast und etwas Crème fraîche als mildem Puffer.

Fazit: Das C'est la vie bleibt auch mit dem neuen Chef eine lohnende und rundum stimmige Ergänzung für die Leipziger Gastroszene: klar Fine Dining, aber erfreulich entspannt und ohne allzu forciert auf die ganz große Oper abzuzielen. Abgerundet wird dieser Eindruck von der anspruchsvollen frankophilen Weinkarte, auch der auch glasweise niveauvoll ausgeschenkt wird und einem gut eingespielten Serviceteam.

Falco
im Hotel The Westin
Gerberstr. 15,
4105 Leipzig
☎ 0341-9882727
www.falco-leipzig.de
◉ Di–Sa ab 18 Uhr, So u. Mo RT
Hauptgericht: 180–250 €,
Menüs: 99–262 €

Spektakulär in jeder Hinsicht – atmosphärisch wie kulinarisch – war das hoch über den Dächern der Sachsenmetropole im 27. Stockwerk des Leipziger The Westin gelegene Falco schon immer. Nach den drei Monate dauernden Facelifting während des letzten Lockdowns hat die kreative Küche von Peter Maria Schnurr allerdings eine noch hochwertigere und stylischere Bühne bekommen. Mit einem neuen lilafarbenen Hochflorteppich, blanken weißen Designertischen und Sesseln und einem exklusiven Separee mitten im Restaurant wirkt das Ambiente exklusiver, weitläufiger und stärker auf die große Fensterfront mit weitem Blick über Leipzig ausgerichtet.

Wenig geändert hat sich dagegen an dem expressiv-kreativen Küchenstil, den das Team um Mastermind Peter Maria Schnurr hier zelebriert. Aber genau das ist beachtlich, denn auch nach mittlerweile über 15 Jahren zählt das Falco zweifelsohne zu den individuellsten, spannendsten und ideenreichsten Spitzenrestaurants des Landes. Dass Schnurr seinen Stil außerdem auf recht offensiv-lautstarke und punkige Art nach außen trägt – sei es mit den originellen Bezeichnungen der Kreationen, den auf den ersten Blick völlig abgefahrenen Aromenkombinationen, oder augenzwinkernd-provokativem Anrichtweisen wie bei den Petits Fours auf dem mittlerweile weniger rebellischen als kultigen Badelatschen – gehört dabei einfach mit dazu.

All das sollte aber nicht davon ablenken, dass es der Chef wie nur wenige andere versteht, noch so ungewöhnliche assoziative Kombinationen fein gezeichnet auf die Teller zu bringen. Und genauso wenig davon, dass die Gerichte unabhängig vom verrückt-kreativen Überbau letztlich vor allem auf bestmögliche Produkte ausgerichtet sind – die dann auch nicht in puppenstubenartigen Mini-Portionen, sondern mit ausreichend Möglichkeit zum Hin- und Nachschmecken inszeniert werden.

In diesem Sinn ist auch der Start in den Abend gestaltet, bei dem der Tisch jeweils flugs mit einer abwechslungsreichen Auswahl an Fingerfood und Snacks gefüllt wird, die entspannt über den ganzen Menüverlauf hinweg verkostet werden können. Darunter zuletzt ein kleiner Culatello-Wackelpudding, der mit feinem Umami-Schinken-Flavour und zartem Schmelz ein ideales Tableau für den Premium Kaviar obenauf darstellte. Daneben gab es noch ein „Schaschlik" von rohem rotem Gamberoni mit der hochfeinen Rustikalität von gegrillter Paprika, Schmorgemüsecreme und dehydrierter Zwiebel, ein softes Dumpling mit Bison-Tatar, Wasserkastanie, Röstzwiebel und zupackendem Spiel zwischen Säure, Süße und Schärfe, sowie ein betörendes Passionsfrucht-Kimchi als wahrscheinlich eleganteste Variante des scharf fermentierten Kohls, nicht zu vergessen natürlich das bereits unverzichtbare knusprige Karottenbrot mit Dip aus griechischem Joghurt, Nori und angeschärfter Nashibirne.

Als Alternative zu den immer wieder leicht variierten Spänen von gefrorener Foie gras startete das Menü zuletzt mit karamellisiertem Bauch vom Klosterschwein in dünnen Scheiben, deren Schmelz und süße Röstnoten von einer markant ätherischen Zitrusmarmelade,

Bittersalat-Tempura sowie einer duftigen Sellerie-Vanillecreme und einer klaren zitrusduftigen Vinaigrette in der Mitte ergänzt wurden. Im Zentrum eine üppige Menge besten iranischen Kaviars als milder, jodig-nussiger Pol.

Der folgende vegetarische Einschub aus papierdünnem knusprigem Bete-Cannellono, der mit fein gewürfeltem Bete-Ragout und luftigem Kokos-Espuma gefüllt und von Bete-Sauerrahm ergänzt wurde, passte in seiner reduzierten klaren und markanten Art gut an diese Stelle des Menüs – zählte aber dennoch nicht zu den stärksten Falco-Eindrücken. Unter anderem deshalb, weil die intensiven, gewohnt hochfein zubereiten Komponenten ein bisschen zu stark von den cremig-luftigen Kokosnoten dominiert wurden.

Dafür drehte das Team aber schon im nächsten Akt mit dem „Samurai Frühstück" wieder voll auf: Hauchdünnes schmelzend-aromatisches Wagyu-Roastbeef wurde hier mit einem verspielten Topping verschiedener Mikroelemente angerichtet – darunter knusprig aufgepoppte, cremige und knackige Akzente – vor allem aber eine auf subtile Art typisch abgedrehte Aromenwelt zwischen der Süße einer Bananen-Süßholzcreme und der Umami-Power von Miso auf der einen Seite und einem säuregeladenen Kirschbalm auf der anderen Seite. Von irgendwo funkt dann auch noch eine pfeffrige Schärfe dazwischen, während der fleischig-jodige Biss einer auf Kirschholz gegrillten Auster in dieser Vielfalt die markanteste Ergänzung zum Wagyu-Beef lieferte. Groß!

Von dieser eher verspielten Stilistik ging es danach zu einer klar aufs Hauptprodukt und drei Komponenten ausgerichteten Linie: im Mittelpunkt stand hier sanft in Vanille-/Kardamomöl gegarter und aromatisierter Steinköhler mit perfekt glasig und festfleischig aufblätterndem Fleisch neben korianderduftig zartem Rotkraut, das von beinahe purem Limettengel spritzig frisch aufgehellt wurde, während ein schaumig-luftiger Kokosschaum das Ganze sanft abfederte. Und auch dieser reduzierte Stil ist mit seiner präzisen aromatischen Gestaltung zu 100% Falco!

Vor dem Hauptgang brachte ein „Burger" aus wolkenleicht verpuffendem Baiser mit purkonzentriertem Kalamansi-Sorbet und Kefirschaum perfekte Freshness und bereitete auf einen kraftvollen Menü-Höhepunkt vor. Dieser stellte dann nicht weniger als perfekt zubereitete Entenbrust in den Mittelpunkt – mit dunkel krosser Haut über schmelzendem Fett und straffem rosa Fleisch, ergänzt von einer wuchtig dunklen Jus mit markanten Röst- und Bitternoten, zugleich aber eleganter Klarheit. Ei-

nen markant frischen Kontrast und feinsinnige Überraschungsmomente brachte dazu das begleitende Arrangement aus knackig-nussbuttrigen Rosenkohlblättern, exotisch-nussiger, mit Curry gewürzter Creme aus Cashewnüssen und der säuerlichen Frische von Granny-Smith-Apfel als Gel und Perlen.

Nach einer originellen, im Glas angerichteten Überleitung zum Dessert mit kräuterduftigem Chartreuse-Gelee neben mild nussig abgepuffertem Salzkeks-Eis und Karamell landete Peter Maria Schnurr zum Abschluss noch einen besonders gelungenen Überschriften-Clou mit dem „Ähhh… irgendwas mit APFEL!" überschriebenen Dessert, das nicht Apfel, sondern Granatapfel in den Mittelpunkt stellte. Und das, mal ganz abgesehen von dem Aha-Effekt, indem dessen Aromen auf betörend komplexe Art zugleich aufgefächert und verdichtet wurden. Nämlich in Form von Granatapfel-Creme, -Baiser, und -Kernen über einem fluffigen karamellisierten japanischen Spongecake und blumigem Aloe-Vera, erfrischend kontrastiert von einem Buttermilch-Espuma und grünem Shiso.

Im Vergleich zu den Anfangsjahren wirkt die aktuelle Performance ein klein wenig ruhiger, nicht mehr an jeder Stelle des Menüs maximal abgedreht. Aber das schadet dem Gesamteindruck nicht im Geringsten. Im Gegenteil: Peter Maria Schnurr beweist nach wie vor, dass er zur kreativen Spitze hierzulande gehört. Im Service wird er dabei durch das bestens eingespielte Team um Hannes Fischer souverän unterstützt. Und für Wein- und Getränkefragen wurde mit Thilo Kownatzki ein neuer Sommelier gefunden, der nach Erfahrungen unter anderem im Lorenz Adlon Esszimmer in Berlin auf ruhige, kompetente Art für bestens korrespondierende Empfehlungen sorgt und auch auf individuelle Vorlieben eingeht. In der vor allem bei Riesling in Breite und Tiefe bemerkenswerten Weinkarte kann er dafür aus einem unverändert reichen Fundus schöpfen.

Kartoffelfräulein

Karl-Heine-Str. 68,
4229 Leipzig
📞 0341-92706764
kartoffelfraeulein.de
Mo–Sa von 11.30–19 Uhr, So RT
Hauptgericht: 7–10 €

Regionale Ofenkartoffeln mit frischen, natürlichen Toppings, beispielsweise mit Pulled Pork, Sauerrahm, Rotkohlmus, Buttercroûtons und frischer Petersilie oder vegetarisch mit Couscous-Salat, Blattspinat, Spicy Kürbis und Schafskäse.

MAX ENK

Neumarkt 9–19 (Städtisches Kaufhaus Leipzig), 4109 Leipzig (Liebertwolkwitz)
📞 **0341-99997638**
www.max-enk.de
⊘ **Mo–Sa ab 12 Uhr durchgehend, So RT**
Hauptgericht: 24–58 €, Menüs: 19–75 €

Schon seit Jahren empfehlen wir das zentral in der Leipziger Innenstadt und dort im Städtischen Kaufhaus gegenüber der Uni verortete Max Enk, das seine Gäste mittags und abends mit viel Raum und schlichter Eleganz in einem lichten Saal mit Milchglasdecke und imposanten modernen Installationen an den Wänden empfängt. Im Sommer gibt es immer auch ein lauschiges Plätzchen auf der Innenhofterrasse, die ebenfalls Flair hat. Seinen wesentlichen Reiz bekommt das Restaurant aber nach wie vor durch die pfiffig-ambitionierte Küche, die eine gute Balance zwischen hohem Anspruch und Unkompliziertheit hält und damit ein breites Publikum anspricht.

So stehen hier eher einfache, aber frisch, natürlich und schmackhaft zubereitete Dinge aus bodenständigeren Produkten neben etwas aufwendiger und kreativer gestalteten Gerichten aus exklusiveren Viktualien. Im Grunde hat sich das Team um Küchenchef Roy Düsel aber mittlerweile darauf eingenordet, auf den Tellern kein großes Brimborium zu veranstalten, wenig aufwendig zu inszenieren und auf schmückendes Beiwerk weitgehend zu verzichten – dafür aber lieber die Produkte und die handwerkliche Substanz sprechen zu lassen. Und das klappte zuletzt nicht nur beim Tatar vom Kohlenfisch ganz ausgezeichnet, das fest,

frisch und ohne übertriebene Würzung mit einer milden Sesamvinaigrette daherkam und von Koriander, Erdnüssen und Wildkräutern einen moderat exotisch-asiatischen Touch verliehen bekam, sondern insbesondere auch beim „Sashimi" vom sächsischen Wagyu-Rind. Die dünnen, dank satter Marmorierung schmelzig zarten Scheiben eines Rückenstücks des aus Grossdobritz stammenden Beefs, mit denen der Boden eines tiefen Tellers ausgelegt war, wurden am Tisch mit einer hervorragenden Rinderconsommée aufgegossen, bei der dankenswerterweise ebenfalls auf übermäßige Würzkraft verzichtet wurde. So vermählte sich das natürliche Aroma der kräftigen klaren Fleischbrühe mit der Melange aus sautiertem Chinakohl und eingelegten Pfifferlingen, die zudem eine angenehme Süße und Säure ins Spiel brachten.

Ebenfalls ganz schlicht und schmucklos, aber geschmacklich voll überzeugend, war die mit schmorwürzigem Entenklein gefüllte dünnteigige Maultasche, die mit Blattspinat und gebratenen Champignons auf einer nicht zu dichten Potweinjus daherkam. Auch hier verließ man sich völlig zurecht auf die guten Produkte und das souveräne Saucenhandwerk. Und auch die gebundene Sauce zum kross auf der Haut gebratenen Faröer Lachs mit im Kern noch ganz leicht glasigem Fleisch und reizvollem Schmelz, ganz ohne jede Tranigkeit, machte einen sehr ausgewogenen Eindruck, hätte ihr annonciertes Pfirsicharoma nach unserem Gusto aber durchaus noch etwas deutlicher zur Schau stellen können. Denn etwas mehr Frucht und Süße hätten sich auch gut mit den gerösteten Mandeln und der pikanten Schärfe von Piment d'Espelette vertragen, die im Hintergrund mitschwang. Nichts als Lob auch für die hausgemachten Gnocchi, die den Fisch (nebst Blattspinat) ebenso fluffig wie zart kross auf der Tellerfahne begleiteten.

Weil hier gute Produkte so überzeugend im Mittelpunkt stehen, sind auch Dinge wie der „Heimische Rindertopf" unbedingt empfehlenswert: Bratwurst, Schmorstück und Maultasche vom Grossdobritzer Wagyu-Rind, dessen tolle Qualität bereits in der Vorspeise begeisterte, mit Rinderbouillon und Gemüse liiert und in der kleinen „Staub"-Cocotte serviert. Zusammen mit rösch-saftigem Sauerteigbrot und Meerrettich ein ganz besonderes Produktschmankerl! Die Küche weiß einfach, worauf es ankommt, um die Vorzüge der Viktualien unverstellt in Szene zu setzen. So war es dann auch die säuerlich-laktische Frische vom Bennewitzer Rahmeis in Kombination mit saftig-süßen Weintrauben, was den besonderen

Reiz zur prinzipiell sehr guten, leider nur etwas schlampig gebrannten Crème brûlée ausmachte.

Die reich bestückte und fair kalkulierte Weinkarte listet eine gut strukturierte Auswahl verschiedenster Gewächse namhafter Erzeuger aus ganz Europa und sogar einiges aus der Neuen Weinwelt, ist aber vor allem bei deutschen Weinen sehr gut aufgestellt.

Michaelis

im Hotel Michaelis
Paul-Gruner-Str. 44, 4107 Leipzig
📞 0341-26780
www.michaelis-leipzig.de
🕐 Mo–Sa ab 18 Uhr, So RT
Hauptgericht: 18–28 €,
Menüs: 40–53 €

Von so einem Hotelrestaurant, in dem sich tatsächlich Hausgäste und externe Besucher munter mischen, können viele Häuser nur träumen. Aber wen wundert es: Das zeitgemäß frisch wirkende Ambiente mit moderner Blumenornamentik an einer der Wände, grauem Boden aus Teppich und Fliesen, rot gepolstertem Gestühl in stylischem Design und blanken Holztischen macht einiges her. Und die Küche des Teams um Patrick Schellenberger hält da mit ihren einfallsreichen kreativen Gerichten locker mit. Zwar geht es hier nicht in jedem Detail um allerhöchste Präzision, vieles auf den Tellern ist auch etwas gröber gezeichnet. Aber dafür wird durchgängig ein hohes Unterhaltungs- und Genusslevel geboten, das zudem auch in einem sehr stimmigen Verhältnis zur Preisgestaltung steht.

Los ging es beim letzten Besuch nach zweierlei qualitativ gutem Brot und exotischer Mango-/Marsala-Butter mit einem Würfel rosa gegartem Kalbfleisch in Teriyakiglasur nebst Qui-noasalat, Aprikosengel und Wassermelone. Das Ensemble war von dezenter blumig-würziger Exotik geprägt und (bis auf eine vorlaute getrocknete Tomate) stimmig arrangiert. Nur mit ein paar Details weniger, im Gegenzug dazu aber etwas klareren Konturen, wäre hier vielleicht noch mehr rauszuholen gewesen.

Animierend war der Start aber allemal und machte direkt Lust auf den ersten regulären Gang des Menüs, bei dem die Hauptrolle ebenfalls mit Kalb besetzt war. Und der hatte es in sich! Präsentiert wurde das Kalb hier als hauchdünnes, gut temperiertes Carpaccio, das mit seinem feinen Schmelz als Tableau für in Panko gebackene Saltimbocca vom Kalbsbries diente. Deren große, mit homogen cremig-zarter Konsistenz und feinem Aroma begeisternden Stücke wurden zudem auflockernd von Heidelbeeren, Kapern und einem (etwas zuckrigen) Zwiebelconfit begleitet. Abgesehen vom leichten Süße-Überhang war das eine mit einfachen Mitteln spannend gestaltete Präsentation toller Produkte!

Im direkten Vergleich etwas ruhiger angelegt, aber ein guter Beleg für handwerklich sauberes Arbeiten, war die Kopfsalat-Schaumsuppe, die neben dem etwas breiteren gekochten Aroma des Salats mit einer kräftigen natürlichen Basis, feiner Weinsäure und schlanker Konsistenz aufwartete – und als Einlage mit saftig-zarten Geflügel-Fleischbällchen, Quinoa und einem Hauch von Purple Curry zudem stimmig ergänzt wurde.

Auch beim Steinbutt mit Blumenkohlpüree, Romanesco, verschiedenen Bohnen und Grapefruit, ging die Grundidee gut auf: trotz nicht unbedingt millimetergenauer Arbeit wirkte das Ganze lebendig und kontrastreich und wurde zudem von einer vanilleduftigen Velouté harmonisch unterstützt. Nur das Braten auf der Haut funktionierte auch hier in Leipzig beim Steinbutt nur bedingt, weil dieser so zwar vielleicht minimal schonender gegart wird, die Haut selbst aber immer eher fest und ledrig bleibt…

Insgesamt zeigte sich die Küche mit diesen Kostproben wieder ein klein wenig holpriger, ohne aber wiederum zwingenden Anlass zu einer Änderung der Bewertung zu geben. Auch das Dessert rund um zarte Japonaise-Baiserböden, die als Basis und Bruch den Süßepol gegenüber verschiedenen Himbeer- und Gurkenzubereitung und deren gemüsig-beeriger Frische stellte, rechtfertigte weiterhin die vergebenen 6 Pfannen.

Das Serviceteam agiert ebenfalls gewohnt souverän und berät individuell kompetent – auch bei Fragen zu der kleineren Weinauswahl, die neben einigen Gewächsen aus Sachsen und Saale-Unstrut auch die meisten anderen gängigen Anbaugebiete Europas und der Welt repräsentiert.

Münsters

Platnerstr. 13, 4159 Leipzig
☎ 0341-5906309
www.münsters.com
◉ Di–Sa ab 17 Uhr, So u. Mo RT

In geschmackvollem Gewölbe mit charmant rohem Ambiente (dickes Holzgebälk, teils unverputzte Ziegelwände) präsentiert Gastgeber André Münster die schmackhaften Gerichte seines Küchenchefs Martin Steinert. Die kommen in der Regel ganz schnörkellos daher, wirken bisweilen recht schlicht, sind aber fundiert gekocht und haben in ihrer einfachen Art dennoch Pfiff. Das liegt natürlich an den guten, frischen Produkten, aber auch am soliden Handwerk. Hier wird mit Anspruch gekocht und das zu günstigen Preisen. Darüber hinaus gibt es interessante sächsische Gewächse auf der auch ansonsten nicht unattraktiven Weinkarte und im Sommer findet sich unter freiem Himmel ein schönes Plätzchen.

Rusty's Burgers

Brühl 1, 4109 Leipzig
☎ 0341-68417525
◉ Mo–Sa von 11.30–19.30 Uhr, So RT
Hausgemachte Burger und Grillspezialitäten vom Aberdeen Black Angus oder Chicken, aber auch vegetarische und vegane Burger-Alternativen.

Stadtpfeiffer

Augustusplatz 8, 4109 Leipzig
☎ 0341-2178920
www.stadtpfeiffer.de
◉ Mi–Sa ab 18 Uhr, So–Di RT
Menüs: 120–150 €

Auch wenn wir das wohltuend schlicht elegant und zeitlos eingerichtete Restaurant der Schlegels im Erdgeschoss des Leipziger Gewandhauses und die erstaunliche Weiterentwicklung der Küche nun schon seit über zehn Jahren verfolgen und die Auszeichnung von Detlef Schlegel zu unserem Koch des Jahres in der letzten Testsaison natürlich nicht vorschnell getroffen haben, ist der Wiederbesuch eines solchen Preisträgers im Folgejahr irgendwie immer besonders spannend. Können der seinerzeit prominent Hervorgehobene und sein Team die dadurch automatisch geschürte hohe Erwartungshaltung auch diesmal wieder erfüllen, lagen wir mit unserer Entscheidung richtig, oder waren wir am Ende doch nur wegen eines kurzen Zwischenhochs zu euphorisch? Man kehrt jedenfalls automatisch noch etwas kritischer an solch einen Ort zurück – im Falle des Stadtpfeiffers hat aber bei unserem jüngsten Besuch auch das in keiner Weise dazu geführt, dass uns unsere Einschätzung und unsere Begeisterung für die dort gebotene Kulinarik auch nur an satzweise relativiert hätten.

Im Gegenteil, denn auch diesmal präsentierte sich die zwar konsequent klassische, aber äußerst kreative, originelle und eigenständige Küche von Detlef Schlegel auf einem beeindruckend hohen Niveau, so dass wir sie ohne Zweifel weiterhin zu den besten 25 in Deutschland zählen. Stilistisch lassen sich die beiden Menüs, von denen eines vegetarisch ist (und als solches mittlerweile ebenfalls zu den besten in Deutschland zählt!) schwer einordnen. Kombiniert wird wie gesagt sehr kreativ, ganz ohne Scheuklappen, aber immer überlegt und reflektiert. Die Gerichte schmecken so vielseitig und farbenfroh, wie sie aussehen, sind dabei aber nie beliebig bunt, sondern kompositorisch beeindruckend pointiert und aromatisch präzise scharfgestellt. Die Produkte sind mehrheitlich von internationaler Provenienz, das Team schaut sich aber, gerade was Gemüse, Kräuter, Blüten und Säfte angeht, auch sehr genau in der nahen Umgebung um. So gibt es im Stadtpfeffer nicht selten auch rare saisonale, manchmal sogar lokale Besonderheiten zu schmecken.

Das vegetarische Menü wirkt gegenüber dem omnivoren manchmal vielleicht etwas plakativer und kontrastreicher, ist als solches aber auch sehr fein gezeichnet und gekonnt ausbalanciert. Beide Menüvarianten beeindrucken jedenfalls durch eine enorme Tiefenschärfe und Klarheit. Zuletzt starteten wir mit einem mannigfaltigen herben Wildkräutersalat, der durch etwas Kräutermousse unterfüttert war und von sehr saftigen, zarten Tranchen einer mild im Buchenholzrauch rosa gegarten Wachtelbrust ergänzt wurde. Auf dem Papier nichts Außergewöhnliches – auf dem Porzellan allerdings in seiner Natürlichkeit so aromatisch, ausdrucksstark und facettenreich, dass der Gaumen bereits vom ersten Teller an in Hab-Acht-Stellung verweilt.

Und die gesteigerte Aufmerksamkeit zahlte sich bereits mit der ersten Vorspeise des omnivoren Menüs voll aus, denn hier bekamen wir es nicht bloß mit ganz herausragendem glasigknackigen Hummer in zwei Varianten zu tun, nämlich als Tatar und gegrilltes Schwanzstück, sondern auch mit einer subtilen, ebenso spannenden wie harmonischen Komposition von Rhabarber und Meerrettichschmand, mit floralen und fruchtigen Aromen sowie einer ätherisch-kräuterigen Kopfnote von Fichtensprossen. Das schmeckte nichts vor, da eckte nichts an, da griff alles wunderbar klar und frisch ineinander und jede Komponente war deutlich zu erkennen.

Die Finessen der Vorspeise des vegetarischen Menüs – einer mit Teriyakisauce lackierten Wassermelone mit Oliveneis, Avocado, Erdnusskaramell und allerhand herben, markanten Kräutern – hätte man wahrscheinlich auch mit etwas weniger Konzentration allesamt voll ergründen können. Was aber nicht heißen soll, dass diese ebenso spannungsreich aufgeladene und harmonisch ausbalancierte Komposition weniger anspruchsvoll gewesen wäre. Nur waren hier eben die Akzente markanter, das Ganze mit etwas dickerem Pinselstrich komponiert. So wie auch der erste Zwischengang des vegetarischen Menüs, bei dem hier freigestellten Bitteraromen von geschmortem Chicorée und Kumquats durch karamellisierte Pekannuss, Ingwer und Orangentagetes von raffinierten Zwischentönen ergänzt wurden. Auch das wieder eher zupackend und ausdrucksstark, aber mit einer guten Balance Szenenwechsel ins „normale" Menü, in dem wir mit dem ersten Löffel der Sauce, die hier zur Kalbszunge mit Rübchen, Rettichgewächsen und Hopfenspargel angegossen war, umgehend schockverliebt waren: die schmeckte nämlich wie ein langer Grillabend irgendwo am Mittelmeer. Was für eine Kraft, was für eine Tiefe, was für eine angenehme Rauchigkeit und Fleischigkeit, aber auch Eleganz, Spannung, Säure, Rotweinfrucht – alles da, alles in wunderbarem Einklang! In Kombination mit den butterzarten, ebenfalls beherzt angegrillten Zungenstreifen und der subtilen Ätherik, Herbe und Knackigkeit der Gemüse, war das ein Gerichts fürs kulinarische Langzeitgedächtnis, das viele Emotionen weckt. Und das im Weinglas kurioserweise von einem stark mineralischen Riesling, nämlich dem 2019er „Jesuitengarten" von Familie Allendorf aus dem Rheingau, kongenial begleitet wurde.

Nach Urlaub, Sonne, Meer schmeckte einerseits auch der folgende Gang mit Oktopus und Jakobsmuschel, beides geröstet, beides aber auch wunderbar klar, rein und jodig, was durch Austernblatt und Fenchel noch unterstrichen wurde – allerdings kamen hier mit Zuckerschote, heimischen Blütenknospen, vor allem aber einem relativ intensiven Gel von Sanddorn, auch noch eher „nordische" Aromen hinzu und das Ganze verharrte tatsächlich etwas unentschieden zwischen den unterschiedlichen Aromenwelten. Im Grunde war es aber das doch recht vorlaute Sanddornaroma, das hier nach unserem Gusto fast etwas störend, zumindest aber nicht ganz schlüssig wirkte. Da hätten wir uns beispielsweise – konzeptionell ähnlich, thematisch jedoch ganz anders – ein Gel von Salzzitrone viel stimmiger vorstellen können. Aber das ist wohl eher Geschmackssache.

Zwei weitere Knaller folgten im vegetarischen Menü: zum einen mit gegrilltem, geräuchertem sowie karamellisiertem weißem und grünem Spargel, die sich – nicht nur von einem gebackenen flüssigen Eigelb, sondern auch wieder allerhand Kräuterwürze eskortiert – enorm ausdrucksstark und facettenreich präsentierten. Und genauso mannigfaltig war anschließend auch der Hauptgang, bei dem verschiedene teils rare Baumpilze wie Ochsenzunge, aber auch Kräuterseitling und der als Böhmische Trüffel bekannte Erbsenstreuling, akkurat gegrillt neben kräutergefüllten und teils raffiniert käseüberkrusteten Ravioli, Bärlauchknospen und Schnittlauchblüten in einer schaumig-eleganten Morchelrahmsauce badeten. Einerseits vielseitig und ausladend, andererseits aufgeräumt und pointiert.

Den einzigen echten Wackler leistete sich die Küche bei der Sauce zum Hauptgang, in dessen Mittelpunkt ein sagenhaft gutes, matt glasiertes Stück vom Maibock in absoluter Referenzqualität auf Ragout von der Schulter desselben Tieres thronte und von einem spannenden Arrangement aus Senfkohl, Senfsaat und verschiedenen Trauben-Komponenten begleitet wurde. Die war zwar in ihrer Beschaffenheit angenehm transparent und nicht zu konzentriert, allerdings schlicht zu salzig abgeschmeckt, sodass wir sie zugunsten der ganz hervorragenden Mehrheit auf dem Teller und der ebenfalls begeisternden Cuvée aus Spätburgunder und Portugieser von Winzer Martin Schwarz von der sächsischen Weinstraße im Glas, einfach links liegen lassen mussten. Schade, aber kein Beinbruch. Denn je besser das Fleisch, desto unwichtiger die Sauce. Den hervorragenden Gesamteindruck konnte das jedenfalls nicht trüben.

Zumal danach mit Roquefort auf Quitte mit wohldosierter Wacholderwürze und Chilischärfe ein grandios komponierter Käsegang folgte, mit dem der Küche das Kunststück gelungen ist, den Blauschimmelkäse nicht nur perfekt in den Mittelpunkt zu stellen, sondern sein Aroma durch die Würze, die Schärfe und die dezente säuerliche Fruchtigkeit der Quitte noch zu pushen. Und das nahezu ohne Süße! Aber auch die Desserts kamen mit wohltuend wenig Zucker aus und boten zum Schluss nochmal richtig viel Originalität. Zum einen mit einer beeindruckend eleganten und hellaromatischen Komposition von Schokolade, Kaffee und Passionsfrucht, zum anderen mit dem Nachtisch um Blutorange, Pistazie und Baiser bei dem die Aromen ebenso druckvoll und intensiv wie leicht und schwebend den Teller auskleideten. Und so wundern wir uns auch in diesem Jahr einfach weiter, wie vergleichsweise unterbewertet die geniale Küche des Stadtpfeiffers in nahezu allen anderen Guides und Publikationen doch ist – was aber sicher auch damit zu tun hat, dass sich die Schlegels eigentlich ganz gern unterm Radar bewegen… Umso sympathischer!

Hotelempfehlung

★★★S

Hotel Michaelis
Paul-Gruner-Str. 44, 4107 Leipzig
☎ 0341-26780
www.michaelis-leipzig.de
Einzelzimmer: 79–109 €
Doppelzimmer: 109–149 €

Das historische Gebäude in Leipzigs Südvorstadt, das um einen exklusiven, luftigen Neubau mit Doppelzimmern, Appartements und Suiten erweitert wurde, verfügt über insgesamt 88 komfortable Zimmer unterschiedlicher Kategorien. Die gepflegten, modernen Räume sind alle mit Minibar, SAT-TV, Telefon, Fax und kostenfreiem Internetzugang ausgestattet. Die Zimmer im Neubau verfügen zudem über eine kleine Pantryküche und teilweise über Balkon oder Terrasse. Unmittelbar neben dem Hotel Michaelis, verbunden durch einen Laubengang, liegt der Tagungs- und Veranstaltungsort „Alte Essig-Manufactur" mit zwei Tagungsräumen auf technisch neuestem Stand. Im eleganten Restaurant oder auf der Sommerterrasse lassen die Küchenchefs Mirko Brückner und Patrick Schellenberger gehobene Küche aus regionalen und saisonalen Produkten kredenzen. Restaurant Michaelis separat erwähnt.

Bezahlkarten-Symbole

- 🌐 Mastercard
- 🏧 EC-Maestro
- Ⓓ Diners
- ▬ American Express
- **VISA** Visa

≋
5 —— ❙❙ ❙❙

Schönburger Palais

Schlossberg 19, 9350 Lichtenstein
☎ 037204-601010
www.schoenburger-palais.de
♥ Mi–Fr ab 17 Uhr, Sa ab 14 Uhr
durchgehend, So ab 11 Uhr durchgehend,
Mo u. Di RT
Hauptgericht: 16–32 €, Menüs: 35–55 €

EC ▭ ◉ VISA ⊞

Keine Frage, einen stimmungsvolleren Ort mit historisch-festlichem Ambiente findet man im weiteren Umkreis nicht. Das am Fuße der mittelalterlichen Schlossanlage Lichtenstein gelegene Schönburger Palais lockt mit hohen barocken Räumen zwischen massigen Mauern, antikem Mobiliar und setzt dazwischen mit schlicht-modernen Tischen, Stühlen und Bänken einen auflockernden Kontrast, so dass eine insgesamt entspannte und in keiner Weise steife Atmosphäre entsteht.

Und das passt dann auch Bestens zu dem kulinarischen Programm, das hier geboten wird. Küchenchef Christian Weidt, der zuvor schon an anderen Orten in der Region etwas ambitionierter zugange war und entsprechend gut vernetzt ist, setzt hier auf eine handwerklich fundierte Produktküche mit einem Hauch von Exklusivität, aber zugleich niedrigschwelligem Zugang und einladender Preisgestaltung. Im Vergleich zu vorherigen Besuchen wurden die Spielereien und Showeffekte in den Gerichten ein wenig zurückgefahren – mit dem positiven Effekt, dass die Ergebnisse deutlich stimmiger und weniger bemüht ausfallen.

Eine derartige Konzentration auf die eigentlichen Stärken ist immer gut. Und die liegen hier eben ganz klar nicht in technisch akkurater Kleinteiligkeit, sondern in natürlich-geschmacksstarker Küche ohne viel Brimborium,

wie sie zuletzt nach einer kleinen Brotauswahl schon ein Degustationslöffel mit konzentriertem Tomatensugo, Burrata und Olive signalisierte.

Und auch der eigentliche Start begann erfreulich klar und aufgeräumt: mit in Speck glasig gebratenen Jakobsmuscheln nebst üppig-cremigem Bete-Risotto, knackig frischen Baby-Leafs und einer säuerlich zugespitzten Bete-Reduktion, die den gelungenen Auftakt abrundete. Klar, auf der Produktseite sollte man nicht unbedingt Referenz-Qualität erwarten. Aber die Jakobsmuscheln lagen durchaus über dem Durchschnitt, wurden sensibel behandelt und insgesamt entstand so ein gelungener Akkord mit einfachen natürlichen Mitteln.

Genau das gelang auch bei der pfiffig fruchtig-frisch gehaltenen Kürbis-/Mango-Suppe ganz prima: durch eine kecke Essigsäurespitze wurde gekonnt an der durch die Produkte vorgegebenen Süße-Falle vorbei geschifft und ein eleganter Rahmen für zarte, bratbuttrig-duftende Stücke vom Zander und kurz sautierten jungen Blattspinat geboten. Fein!

Diese ersten beiden Gerichte lagen damit durchaus schon auf gutem 5-Pfannen-Niveau. Das wurde im Hauptgang nicht ganz erreicht, aber auch die beherzt (aber etwas trocken) gebratenen Fasanenbrüste auf satt kartoffeligem Püree, einem knackig säurefrischen Akzent durch Karotten- und Ringelbete-Streifen, sautierten Weintrauben und einer röstig-fruchtigen Geflügeljus gelangen souverän. Im Grunde hätte es da nur etwas exaktere Proportionen und sensiblere Details gebraucht (beispielsweise enthäutete und prononcierter gewürzte Weintrauben), um an das Vorspeisenniveau anzuschließen.

Da es kein vorgegebenes Menü, sondern eine reine à-la-carte-Auswahl (und keineswegs minimalistische Portionen) gibt, braucht es mit Blick auf die Desserts einen gewissen vorausschauenden Blick bei der Bestellung. Aber lohnend sind auch die süßen Angebote, sei es bei einer fruchtbetonten Heidelbeertarte, der (in Österreich) klassischen Kombination aus duftig-cremigem Vanilleeis mit nussigem Kürbiskernöl oder einem der Sorbets aus eigener Produktion, die zwar keine Pacojet-Cremigkeit, aber dafür natürlichen intensiven Geschmack bieten.

Begleitend finden sich in der Karte sowohl spannende Craft-Biere als auch stilistisch abwechslungsreiche offene Weine, eine kleine Auswahl interessanter Flaschen der Guts- und Ortsweinkategorie, vor allem auch aus Saale-Unstrut und Sachsen – und nicht zu vergessen: fröhlich-herzlichen Service.

Restaurant 360°

**Bahnhofsplatz 1a,
65549 Limburg an der Lahn**
📞 06431-2113360
www.restaurant360grad.de
🕐 Mi–Sa von 12–13.30 Uhr
u. ab 18.30 Uhr, So, Mo u. Di RT
Menüs: 85–140 €

Mit seinem Alleinstellungsmerkmal als Gourmetadresse in Limburg und im weiten Umkreis, der sehr verkehrsgünstigen Lage an der A3 und natürlich den gastfreundlichen Öffnungszeiten, die Fine Dining auch am Mittag möglich machen, ist das Restaurant im dritten Stock eines sachlichen Büro- und Geschäftshauses an einer Einkaufsmall seit seiner Eröffnung vor einigen Jahren ein Publikumsmagnet. Die Beliebtheit des 360° erklärt sich aber auch durch die ausgesprochen zugängliche und facettenreiche Küche von Alexander Hohlwein, mit der vermutlich jeder Gast etwas anfangen kann.

Der Chef und sein vielköpfiges Team, denen man durch eine große Scheibe vom Restaurant aus bei der Arbeit zusehen kann, kochen weltumspannend international und sehr bunt – was aber zu keiner Zeit beliebig oder anbiedernd wirkt. Im Gegenteil: Das Konzept einer kulinarischen Weltreise mit dem „Around the world" betitelten und bis zu achtgängigen Menü wirkt stets klar durchdacht und stringent, ist ausdrucksstark komponiert und anspruchsvoll umgesetzt.

Originell, feinsinnig und wohlschmeckend waren schon die ersten drei Kleinigkeiten, von denen insbesondere der Gänseleber-Crostino mit Mango und Cashewnüssen durch einen raf-

finiert ausladenden Würzakzent und die kross verpackte Liaison von Rindertatar und Auster mit Sudachi und Nori durch ihre vollmundige Fleischigkeit und das sensibel austarierte Spiel der natürlichen Aromen ganz besonders in Erinnerung blieb. Heißes und fettiges Fingerfood deluxe war dann mit dem gebackenen indischen Kartoffelsnack Alu Tikki mit salzigem Joghurt und Saiblingskaviar und einer saftigkrossen Praline aus Hühnerfleisch angesagt – letztere mit einer Currymischung aus 65 Gewürzen vielschichtig akzentuiert.

Als weiterer, allerdings kalter, eher erfrischend säuerlicher Appetizer zeigte auch ein mit gebeizter Makrele, Ziegenfrischkäse, Rote Bete, Zwiebel, Senf und Kräutern befülltes krosses Tartelette-Schälchen, wie akribisch hier an den zwar sehr elaborierten, im Ergebnis aber niemals verkopft wirkenden, sondern stets maximal eingängig und harmonisch schmeckenden Kreationen getüftelt wird.

Koji, Korianderöl und Chili stellten die Basis der Vinaigrette, die den Balfegó-Thunfisch mit verschiedenen Zubereitungen von Blumenkohl und einer kleinen Eisnocke aus dem kräuterwürzigen indischen Joghurtdip Raita süffig untermalte. Auch das wieder sehr komplex und facettenreich, auch mit mutig viel Schärfe und Säure ausgestattet, aber keineswegs plakativ und dicht, sondern vielmehr beeindruckend klar freigestellt, transparent und ausdifferenziert.

Das war auch die ziemlich „kohlige", tendenziell eher breite Begleitung zum Wolfsbarsch, der in saftig-fleischiger Perfektion und mit einer orientalisch warmwürzigen Chat-Marsala-Kruste gratiniert auf dem Teller thronte. Allerdings wurde dieses Geschmacksbild durch die Tupfer eines intensiven Dattelpürees geschickt mit Süße und Frucht aufgelockert. Den Rest besorgte die am Tisch angegossene Kohlsauce, die neben Röstaromen auch etwas Säure in sich trug und dem Gericht eine abrundende Geschmeidigkeit mit auf den Weg gab.

Aromatisch voll ausgereizt und in alle Richtungen gut ausbalanciert war auch die Kreation um ein festfleischiges Medaillon von der Tristan-Languste, das auf einem Sockel aus Würfeln von gepickelter Tomate thronte und dort zu einem Saucenspiegel aus schaumiger Krustentierbisque und konzentrierter Krustentierjus ragte. Der geschmackliche Clou waren hier Würfel von der im Salzteig gegarten Ananas, die dem Ganzen mit beeindruckend vollem, tiefem Geschmack fruchtige Sidekicks gab und so für jede Menge Dynamik auf dem Teller sorgte.

So etwas fehlte nach unserem Geschmack ein klein wenig bei der folgenden Eigeninterpretation des indischen Gerichts Korma, traditionellerweise ein nussig-sahniger Fleischeintopf auf Basis von Kokosmilch, der hier mit Huhn vom Gutshof Polting zubereitet war – und natürlich weitaus aufwendiger, detaillierter und fotogener aufs Porzellan gebracht wurde als das Original. Die Brust des wunderbar festen, aromatischen Geflügels mit krosser Haut war hier zusammen mit einem in Knusperteig ausgebackenen saftigen Keulenstück liiert, das wiederum mit Pilzcreme bestrichen und mit verschiedenen grob zerstoßenen, pikant gewürzten Nüssen beflockt wurde. Begleitet von Champignoncreme und mit Pilzpulver bestäubten Champignonscheiben, aber ohne nennenswerte Auflockerung: kein Kontrast, keine Frische... Geschmeckt hat das trotzdem ausgesprochen gut, hinsichtlich einer noch höheren Bewertung fehlte dem Gericht unserer Ansicht nach aber etwas die Lebendigkeit und Dynamik.

Besser funktionierte das beim Reh im Hauptgang, dem neben Selleriepüree, einem winzigen Kartoffelknödelchen mit Nussbutterbröseln, einer akzentuierend intensiven Salzmandelcreme und auf angenehmer Art dichter, kompakter Rehjus auch die Frucht und Säure zweier Zwetschen-Komponenten zur Seite standen. Und auch beim kompakt als Törtchen angerichteten Dessert um die Aromen von pikant gewürzten Cashewnüssen, Banane, Passionsfrucht und dem indischen Rohrzucker Jaggery war auf dem Teller jede Menge los, gab es bunte Kontraste und Vielfalt nicht nur optischer Art.

Zum attraktiven Gesamtpaket des 360° zählen für uns jedes Mal unbedingt auch die mit erkennbar viel Passion und Expertise ausgewählten und vorgestellten Weinempfehlungen von Gastgeberin Rebekka Weickert, die es mit den mutig gewürzten Gerichten ihres Lebensgefährten zwar nicht immer einfach hat, in ihrem Fundus aber dennoch immer überzeugende Begleiter ausfindig macht. Darüber hinaus gibt es aber auch eine engagierte und spannende alkoholfreie Getränkebegleitung aus eigener Produktion, die ebenfalls sehr lohnend ist.

Lindau (Bayern)

☙6 🍴🍴🍴

Valentin

In der Grub 28a, 88131 Lindau
☏ 08382-9839849
valentin-lindau.de
◉ Di–Sa von 12–14 Uhr u. ab 17.30 Uhr, So u. Mo RT
Hauptgericht: 19–29 €, Menüs: 33–130 €

Es ist alles sehr stimmig in diesem hell und großzügig anmutenden Gewölberestaurant in Lindaus Altstadt, das mit Schwemmholz, originellen Lampen, Weinkisten-Deko und moderner farbenfroher Kunst äußerst ansprechend und stilvoll gestaltet wurde. Auch das Kulinarium von Gastgeber und Inhaber Daniel Rupfle, der mit seinem kleinen Team in einer vom Gastraum einsehbaren Küche zugange ist, hat uns in diesem Jahr wieder gut gefallen. Unsere von zuletzt 7 auf jetzt 6 Pfannen korrigierte Bewertung darf auch eigentlich nicht als Abstufung gesehen werden, sondern ist vielmehr als Neubewertung aufzufassen, denn Küchenchef Marc Beastall hat das Valentin im vergangenen Jahr verlassen, so dass die Karten nun wieder etwas neu gemischt sind – auch wenn der Chef Daniel Rupfle natürlich schon vorher federführend am Herd mitgewirkt hatte.

Die Küche fährt mit Klassikern à la carte wie Beeftatar vom Rinderfilet, Spinatravioli, Trüffelspaghetti oder ganzen Fischen in der Salzkruste und einem im Vergleich kreativeren siebengängigen Menü zweigleisig. Dass sich dieses Menü unter dem Motto „Seed, Weed, Meat" saisonal abwechselnd drei großen Themen widmet und von Mitte März bis Mitte September stark vegetarisch ausgerichtet ist (Seed), sich dann von Mitte September bis Mitte Januar unter dem Motto „Weed" (als Alias für Seegras aus dem Ozean und dem Bodensee) ausschließlich Seafood annimmt, um schließlich von Mitte Januar bis Mitte März fleischlastig auszufallen, könnte man (insbesondere zur „Meat"-Zeit) als etwas einseitig empfinden. Auf sechsmal hintereinander Fleisch hat eben nicht jeder Lust – auch wenn die Gänge, so wie hier, schon recht abwechslungsreich ausfallen.

Obwohl bei unserem Testbesuch im Menü alles auf Fleischeslust ausgerichtet war, grüßte die Küche zunächst vegetarisch in Gestalt einer Mürbteig-Zwiebeltarte im Miniaturformat, getoppt mit einer feinsäuerlichen Sphäre aus Apfelgel. Die Vorspeise widmete sich dann der Gänseleber und dem Steinpilz. Und obwohl die beiden Hauptdarsteller, ein geleeummanteltes Gänseleberparfait und eine Steinpilzkrokette, sehr weich und cremig waren, fiel die an ein Waldthema anlehnte Kreation durchaus ausgewogen und vielschichtig aus. Mit knusprigen und knackigen Texturen wie der Umhüllung der Krokette, einer krossen Topinambur-Rinde (mit Topinamburcreme gefüllt), einem Steinpilzchip und anderem Knusper war für genügend Abwechslung im Mund gesorgt. Nur die sehr sahnig-milde Gänseleber kam geschmacklich und texturell nicht so gut rüber, wie man sich das gewünscht hätte.

Von Haus aus sehr süffig angelegt war der Zwischengang um einen knusprig ausgebackenen, mit mildwürzigem Entenhachee gefüllten und mit frisch gehobelter schwarzer Trüffel überhäuften Beignet. Umgeben von abwechselnden Tupfen eines Trüffelpürees und von Rotkrautcreme, die jeweils mit Trüffelscheibe abgedeckt waren, eine sehr schöne Sache, die nach unserem Dafürhalten nur gerne noch etwas mehr aromatische Zuspitzung (mehr Trüffelintensität, mehr Säure, alkoholische Süße…) hätte vertragen können. Für eine originelle Akzentuierung war anschließend beim „Kaninchen-Tangine" – einer Art Galantine vom Kaninchen mit Couscous, grünem Spargel und geröstetem Blumenkohl – ein ätherisch-frischer Minzjoghurt verantwortlich, der mit der würzigen dunklen Jus eine reizvolle Verbindung einging.

Als etwas zu diffus und nicht sehr klar umrissen empfanden wir den Hauptgang um qualitativ ausgesprochen guten, klassisch gebratenen Rehrücken, der mit „Bellini-Blini" alias Kartoffelblini mit Pfirsich und dunkelfruchtigem Fake-Kaviar, gehobelten Haselnüssen, sowie einer überproportional großen Menge an cremigen Linsen, die hier alles etwas verschwimmen ließ, nicht sehr pointiert, sondern recht unentschieden gewirkt hat. Harmonisch geschmeckt hat es trotzdem. Und das hat auch

das ziemlich verspielt arrangierte und irgendwie auch etwas kitschig anmutende Dessert mit dem Titel „Kokosnuss-Küste": eine kleine Insel aus Kekskrümeln mit Ananas-Sonnenschirmchen, imitierter Kokosnuss und künstlich blauer Creme als Meerwasser, in dem kleine Gebäck-Fischchen schwammen. Allerdings blieb hier die Optik weitaus deutlicher in Erinnerung als der Geschmack.

Wir haben also wieder viele gute Ansätze, originelle Ideen und gestalterischen Aufwand gesehen, aber nicht alles war nach unserem Empfinden so konsequent und stimmig umgesetzt, wie man es (auch hinsichtlich der ambitionierten Preisgestaltung) erwartet. Aber mit etwas mehr Konzentration aufs Wesentliche könnte da ohne Mehraufwand spielend noch einiges optimiert werden. Dass die Küche das draufhat, steht außer Frage. Und mit anspruchsvollen Weinen, dank „Coravin"-System sogar auch höhere Qualitäten glasweise, kann das Valentin ebenfalls dienen.

8 — 🍴🍴🍴

Villino

Mittenbuch 6, 88131 Lindau (Bodolz)
📞 **08382-93450**
www.villino.de
⏰ **Di–Sa ab 18 Uhr, So u. Mo RT**
Hauptgericht: 58–64 €,
Menüs: 90–168 €
EC 🔲 💳 **VISA** P ⛺ ✖

Noble Grandezza und entspanntes Toskana-Feeling – das würde man wahrscheinlich nicht unbedingt mit Lindau am Bodensee assoziieren. Aber genau das gibt es in dem in einer weitläufigen, reizvoll abgelegenen und im italienischen Landhausstil gestalteten Hotel von Familie Fischer. Dabei spielt „Familie" eine ganz besondere Rolle, denn neben Sonja und Reiner Fischer als Gastgeberin und Koch prägen auch Rainer Hörmann, der Bruder der

Gastgeberin, und ihre Tochter Alisa den Service ganz maßgeblich durch ihre zugleich hochkompetente und natürlich-herzliche Art. Neben der Tatsache, dass so ein rundum stimmiger und einzigartiger Wohlfühlort geschaffen wurde, ist das Villino aber seit seiner Gründung vor mittlerweile 30 Jahren auch ein verlässlich niveauvoller Genussort.

Geprägt wurde die Küche, die sich eigentlich weniger an der Toskana als an fernöstlichen Einflüssen orientiert, einst von Reiner Fischer. Vor wenigen Jahren hat aber dessen ehemaliger Sous-Chef Toni Neumann als Küchenchef die Hauptexekutive am Pass übernommen. Am typischen weltoffenen Stil, der vor allem von viel Substanz und feingeschliffen eingängigen Geschmacksbildern getragen wird, hat sich dadurch freilich rein gar nichts geändert – er ist eher nur präziser geworden.

So startete der letzte Besuch nach einem neckischen knusprig-cremigen Wan-Tan mit Lachsmousse und -kaviar bereits mit einer Nocke cremig kraftvoller Gänseleber-Ganache nebst nach Waldorf-Art marinierten Sellerie- und Apfeljuliennes, etwas Nuss und Croûtons auf gewohnt hohem Niveau. Dieses hielt dann auch das folgende Arrangement rund um bildhübsch aufgestellte rot-gelbe Bete-Röllchen in einer mit Kaviar (Stör und Forelle) punktierten Cremesauce, die mit einer fein akzentuierten Füllung aus in Bete gebeiztem Hamachi, säurefrisch zugespitzter Crème fraîche und Kapuzinerkresse einen heiteren, jodig-frischen Einstieg ins Menü bot. Insbesondere die eher geschmeidig-zart (statt knackig) gegarten Bete-Röllchen waren dabei essenziell für den balancierten Gesamteindruck.

Kein ganz so großer Wurf war dagegen das Hummertempura, trotz einem erfreulich wenig süßen, sondern mit präziser Ingwerschärfe und flirrender Säure lebendig gehaltenen Umfeld aus Karottenstücken und -schaum, sowie einer säurespitzen und feinwürzigen Ingwer-Aioli – ganz einfach deshalb, weil die Qualität und der Charakter des Hummers in der recht massigen Teighülle nicht besonders gut zur Geltung kamen. Ein abwechslungsreiches und in den Beilagen feingliedrig abgeschmeckter Eindruck war das Ganze auch so, aber eben mit noch mehr Potential auf der Produktseite...

In eine aromatisch ganz andere Richtung ging es mit dem straight konzipierten Seeteufel nebst Kräutersaitlingen und Alge, der sich als eine schwebend leichte Umami-Bombe entpuppte. Was womöglich gegensätzlich klingt, war aber mit dem zart gegarten Seeteufel unter fleischigen Pilzscheiben und einem pronon-cierten Crunch aus Sesam, Nori und getrockneter Chili genau das: einerseits sehr klar und leicht, andererseits aber sehr kraftvoll-würzig, was von einem klaren, tiefen Pilz-Dashifond und frischgrün-jodigen Algenstreifen noch verstärkt wurde.

Entspannt elegant wurde es dann beim Eifeler Lamm, dessen (zwar etwas weit gegarter, aber dennoch saftig-zarter) Rücken und löffelzarte, dunkelsüß glasierte Bäckchen neben japanischer Aubergine mit feiner bittersüßer Aromatik und einem helleren, eher unamistarken Auberginenkompott auf ein Saucenduo aus Miso-Velouté und Lammjus gestellt wurde. Punktuell setzten noch Sesam, grüne Bohnenstreifen und Kichererbsen dezente Akzente und rundeten einen gelungenen Hauptgang ab. Mit derartigen Gerichten, die eher auf die aromatische Gesamtwirkung als auf bis ins Letzte ausgefeilte Details setzen, liegt das Team zwar nur sehr knapp auf 8-Pfannen-Level und könnte durchaus an einigen Stellen noch etwas mehr Feintuning investieren, schickt aber in Summe dann doch jedes Mal wieder so viele überzeugende Teller, dass die Bewertung unterm Strich schon gerechtfertigt scheint. Und dieser Eindruck reicht auch bis zu den Desserts, wie zuletzt einer abwechslungsreichen Kreation rund um die Mandarine, die als vanilleduftig zitrusfrischer Fond, marinierte Scheibe und luftige Mandarinen-/Joghurt-Moussesschnitte neben einem buttrigen Sablé auch als Mandarinen-Meringue, ätherische eingelegte Zesten und eine dunkle, allerdings ebenfalls dezent zitrusfruchtig anmutende Schokoladencreme präsentiert wurde. Dazu wirkte ein schlankes pacojetcremiges weißes Schokoladeneis als zartschmelzender Puffer für die ansonsten beinahe überschwängliche Zitrusfrische.

Dass es zu alldem sowohl glas- als auch flaschenweise viele lohnende Weine zu entdecken gibt, bei deren Auswahl das Team um Rainer Hörmann individuell berät, braucht kaum noch gesondert erwähnt zu werden, gehört aber zum lohnenden Gesamterlebnis Villino definitiv mit dazu.

Gasthof zum Kranz

Dorfstraße 23,
79807 Lottstetten (Nack)
📞 07745-7302
www.gasthof-zum-kranz.de
⊘ Do–Mo von 11.30–14 Uhr
u. ab 17.30 Uhr, Di u. Mi RT
Hauptgericht: 29–42 €,
Menüs: 35–95 €

Der Kranz in der beschaulichen Ortschaft Nack im äußersten Süden Baden-Württembergs ist ein absolutes Musterbeispiel für ein modernes Landgasthaus und deshalb trotz des entlegenen Standorts seit vielen Jahren selbst unter der Woche am Mittag nicht selten ausgebucht. Alles hier hat Stil, aber die Gangart ist überhaupt nicht steif oder elitär. Ähnlich die Küche von Gerd Saremba, die durchaus anspruchsvoll ist, aber nichts allzu Exklusives oder Verkünsteltes an sich hat. Damit spricht der Gastgeber eine breite Zielgruppe an, ohne sich deshalb dem Geschmack der Masse anzubiedern. Und es ist ihm sogar gelungen, das Niveau der Küche sukzessive immer noch ein klein wenig zu verfeinern.

Das Angebot ist seit jeher vertrauenswürdig klein, bietet trotzdem genügend Auswahl und überzeugt durch konsequent hochwertige Produkte und sehr sorgfältiges Handwerk mit viel Substanz. Saremba kocht seit jeher mit stark südländisch-mediterranem Einschlag, manche Gerichte gehen aber auch in eine verfeinerte gutbürgerliche Richtung der regionalen Art, so wie letztens zum Beispiel die Ziegenfrischkäse-mousse mit hausgemachtem Wildschweinschinken zur Vorspeise oder ein Kalbssteak mit frischen Morcheln, Spätzle und Pilzrahmsauce. Solche Teller kommen auch tatsächlich ganz gediegen und ohne irgendwelche kreativen Bemühungen daher, sind als solche aber wirklich tipptopp und lassen keine Wünsche offen.

Hier ist sowieso alles mehr Sein als Schein und die Gerichte überzeugen grundsätzlich über ihren Geschmack und ihre Qualität und nicht über Kreativität oder Exklusivität. So zuletzt auch schon das Amuse nach Art eines Vitello Tonnato, klassisch und sehr gut, aber eben nicht aufregend, sowie die dreierlei Sorten von hervorragendem frischem Brot.

Mit der Variation von in Buchenholzrauch behutsam mild geräucherter Entenbrust und gebratener Gänseleber legte das Team um Gerd Saremba dann eine ganz wunderbare Vorspeise nach, die nicht nur die beiden Hauptprotagonisten in hervorragender Qualität präsentierte, sondern ihnen mit einem facettenreichen Arrangement aus mutmaßlich mit Himbeeren geschmortem Rhabarber, Bittersalaten, kleinen Salatherz-Würfeln und mannigfaltigen herben, ausdrucksstarken Kräutern auch noch ein interessantes Begleitprogramm mit auf den Weg gab.

Schlichtweg hervorragend auch die Vorspeise um gebratenen Saibling mit Spargel, Quinoa und Erbsenveloutè, bei der wir uns den Fisch auch nicht besser hätten vorstellen können: die Haut sehr sorgfältig maximal knusprig-kross und dabei kein bisschen zu dunkel, das Fleisch extrem saftig, fast schon mit einem feinen Schmelz, dabei trotzdem fest und frisch. Darauf ein bunter Kräuterstrauß, darunter in adäquaten Proportionen mit grünem Spargel und Gemüse wie Erbsen vermengte Quinoa und drumherum eine schön leichte und doch ausdrucksstarke Erbsenveloutè ohne jede Opulenz und Mehligkeit.

Dass das mit der perfekten Fischzubereitung kein Zufallstreffer war, stellten sodann die wie direkt aus dem Lehrbuch aufs Porzellan gebrachten Wolfsbarsch-Tranchen eindrucksvoll unter Beweis, die man sich im Grunde auch nicht viel besser wünschen konnte, als sie hier zusammen mit glasig-knackigen Garnelen auf einem groben zitrischen Knollensellerie-Stampf thronten. Der war von einem sehr schön frisch und kräuterwürzig schmeckenden Petersilienpesto eingefasst, das sich mit dem separat dazu in der Sauciere gereichten Wermutschaum zu einem feinen Sößchen verband, das ausdrucksvoll war, dem Fisch aber genug Raum ließ.

Präzises Handwerk und klare, prägnante Aromen kennzeichneten auch das Dessert, ein Schokoladenmousse-Riegel, mit Ganache überzogen und auf einem dünnen, crunchig-saftigen Boden aus unter anderem knusprigen Cerealien, der von einem karamelligen Erdnuss-eis, einer rahmigen Whiskysauce und sehr spannend speziell schmeckendem luftig-kros-sem Honigkaramell begleitet wurde. Alles zu-sammen eine wunderbar harmonische Angele-genheit.

In der Weinkarte findet man längst nicht nur die Klassiker der Umgebung wie etwa dem in Sichtweite gelegenen Weingut Clauss, sondern auch zahlreiche französische Weine. Und sogar im Offenausschank hat man hier immer etwas Besonderes im Angebot. Da lohnt es sich im-mer, mit den äußerst freundlich und engagiert auftretenden Serviceleuten in Dialog zu treten.

Lübeck (Schleswig-Holstein)

Wullenwever

Beckergrube 71, 23552 Lübeck
☎ 0451-704333
www.wullenwever.de
⊘ Mi–Sa ab 19 Uhr, So–Di RT
Menüs: 85–150 €

Das stilvoll eingerichtete Lokal in dem histo-rischen Kaufmannshaus darf seit langer Zeit als einer der kulinarischen Leuchttürme an der schleswig-holsteinischen Küste bezeichnet werden. Roy Petermanns konsequent klassi-sche Küche hat hier in der Gegend fast schon so etwas wie ein Alleinstellungsmerkmal und was er hier in der Lübecker Altstadt servieren lässt, bewegt sich auf hohem Niveau, ist immer handwerklich fundiert, präzise und von leich-ter Hand zubereitet. Stilistisch folgt das Kuli-narium seit jeher den französischen Küchentra-ditionen und den Jahreszeiten, kommt mal mediterran und kräuterduftig, mal exotisch ge-würzt daher und dann wieder so kräftig-süffig und aromentief, wie man es sich eben von der guten alten Schule im Idealfall wünscht. Gast-geberin Manuela Petermann zeichnet für den familiären und zuvorkommenden Service so-wie stimmige individuelle Weinempfehlungen verantwortlich.

Lüchow (Niedersachsen)

Field

im Hotel Katerberg
Bergstr. 6, 29439 Lüchow
☎ 05841-97760
www.hotel-katerberg.de
⊘ Mi–Sa ab 18 Uhr, So–Di RT
Menüs: 80–135 €

Na also, geht doch! Nachdem Salvatore Fonta-nazza in den letzten Jahren mit seinem Gour-metrestaurant im von ihm geführten Hotel Ka-terbeg zwar einerseits die kulinarische Fahne im Wendland tapfer allein auf weiter Flur hoch-gehalten hatte, andererseits aber genau wegen dieser Ambitionen und dem enormen, entspre-chend fehleranfälligen Detailaufwand letztlich stets unterhalb seiner Möglichkeiten geblieben war, gab es beim letzten Besuch ein deutlich verändertes Bild: Auch wenn eine gewisse ver-spielte Kreativität weiterhin sichtbar bleibt, wa-ren die Gerichte an den entscheidenden Stellen viel reduzierter, klarer, und zeigten mit span-nenden Bezügen zur italienischen Heimat des Chefs sogar mehr eigenes Profil!

Geblieben sind das helle, stilvoll schlichte Am-biente des Gourmetbereichs mit bequemen cremefarbenen Sesseln an blanken, fein einge-deckten Holztischen und ein aufmerksamer, souverän durch den Abend leitender Service. Unser letzter Abend im Field begann mit einer Reihe akkurater Kleinigkeiten, darunter eine fal-sche Olive in grüner Kakaobutterhülle, die mit konzentriert herb-bitterer Olivenjus gefüllt und von Zitronenconfit ergänzt wurde – straight und kraftvoll! Außerdem gab's einen recht süßen, aber durch eine charmante, fast zimtig-grasige Duftigkeit von Waldmeister angereicherten Gänseleber-/Apfel-Macaron, von Thymianblü-ten und Fingerlimes markant akzentuierten

Hummer mit fruchtig dagegenhaltender Mangosüße sowie einen Tapiokaknusper mit überraschend kantigen Bitternoten als Basis für eher fruchtige Kürbistapenade, Passionsfrucht und geschmeidig zarten Hirschschinken.

Bei der in Sake pochierten und von verschiedenen zitischen Aromen (unter anderen Salzzitrone) ergänzten Auster ging die ebenfalls gute Idee nicht ganz so gut auf, weil das warme Apfelconfit dazu durch seine starke Bindung aromatisch seltsam leer wirkte und die spitze Essigsäure an eingelegten Selleriestreifen etwas zu sehr gegen die anderen Komponenten stichelte. Da hätte es etwas mehr Feintuning gebraucht.

Dafür wurde der minimal temperierte, aber wie roh wirkende Thunfisch in einer prägnanten Vinaigrette von Yuzu und Olivenöl mit seinem wachsigen Schmelz sehr gekonnt als klarer Mittelpunkt des Tellers inszeniert, eingerahmt von einer „Degustationsstraße" aus frischgrünem (etwas dick gebundenem) Gurkengel und eingelegten Gurkenröllchen, saftig nussigem Quinoa, ätherischen Kräutern von Verbene bis Oregano, säuerlichem Apfel und Zitronenkaviar sowie kräftig grünen und dezent bitteren Favabohnen-Hälften.

Noch besser gelang die neue Fokussierung bei der gemeinsam mit kraftvoll unterfütterndem Ochsenmark in einem hauchdünnen Tramezzinimantel gegarten norwegischen Jakobsmuscheln. Deren feiner nussiger Geschmack wurde nur durch ein üppiges Topping von Ossietra-Kaviar, frischer gelber Tomatencreme und halbierten Cocktailtomaten, sowie den bittergrünen Noten geschmorter Salatherzen und etwas reduziertem Hühnerfond getragen und transportiere damit tatsächlich ziemlich viel von dem reduzierten Spirit guter italienischer Küche – ohne deswegen ein italienisches Gericht draus zu machen...

Auf mindestens gleichem Niveau lagen die roh marinierten Gambero Rosso, deren glasklarer süßlicher Geschmack von Zitruszesten, einer zarten Mozzarellacreme und knackigen frisch gepulten Erbsen sowie – als mutig kräftige Kontraste! – salzig-säuerlichem Umeboshi-Gel und dünn gehobeltem Bottarga ergänzt wurde und so eine spannende Dynamik entwickelte, ohne dass die edlen Krustentier die Show zu stehlen. Super!

Als erfrischendes Intermezzo vor dem Hauptgang kombinierte das Team erfrischend jodig ein auf Crème fraîche angerichtetes Kräutersorbet mit Kaviar – duftig herb und erfreulich wenig süß. Und machte damit die Bühne frei für ein akkurat pariertes und zartrosa gegartes Rückenstück vom Lamm unter gehackten Pistazien, charakterstark begleitet von gefüllten Artischockenböden mit Heusauce, einer (leicht ausgeflockten, aber aromatisch klaren) Pecorinocreme und Liebstöckelöl, sowie einer glänzend eleganten und kraftvollen Lammjus. Zwischen feinbitter, kräutrig, nussig und pikant sehr gut ausbalanciert! Da wäre nur mit mehr Charakter beim Lamm selbst, etwa durch einen ausgebratenen Fettdeckel oder Garung am Knochen, noch eine Steigerung möglich gewesen...

Den Übergang zum Dessert schaffte auf mutige Art und Weise eine Parmesanmousse mit dunkelfruchtig konzentriertem Tomatensorbert, weißem Schokoladenschaum und knusprigen Meringue-Canelloni sowie Tomatensud, Basilikum und Minze, bevor das eigentliche Dessert dann auf den Kontrast hell-milchiger, dunkler und frischgrüner Komponenten setzte. Und mit Büffelmilch-Mousse und -Espuma gegenüber dunklen Kakaonoten in Form eines (etwas feisten) Bodens, saftigen Sponges und kleinen knusprigen und leicht salzigen Schokokeksen, die den markantesten Eindruck machten, gelang das auch souverän. Auch dank auflockernder Frische in einem Minzeis und trotz einem leicht oxidiert wirkenden gebundenen Verbenesud, der hier die leichten Abzüge in der B-Note zu verantworten hat.

Tatsächlich bleiben nach wie vor die Konsistenzen, insbesondere eine zu starke Bindung von Flüssigkeiten, die größte Baustelle der Küche. Wenn dabei an der feinhandwerklichen Umsetzung noch weiter gearbeitet würde, könnte die Fehlerquote sehr leicht reduziert und das Niveau noch weiter stabilisiert werden. Vorerst bleibt aber die Freude über die erkennbare Entwicklung, auf die im Übrigen auch sehr niveauvoll aus der ansprechenden internationalen Weinauswahl angestoßen werden kann!

Die Hoteleinträge

★★★★★ S	Superior
★★★★★	Unterkunft für höchste Ansprüche
★★★★	Unterkunft für hohe Ansprüche
★★★	Unterkunft für gehobene Ansprüche
★★	Unterkunft für mittlere Ansprüche
★	Unterkunft für einfache Ansprüche
⌐	Unterkunft ohne Sterne-Klassifizierung

Ludwigsburg (Baden-Württemberg)

Dein Schützenhaus

Gschnait 1, 71642 Ludwigsburg
☎ 07141-5644744
www.dein-schuetzenhaus.com/
◑ Mi–So von 11.30–14.30 Uhr
u. ab 17 Uhr, Mo u. Di RT
Hauptgericht: 13–27 €,
Menüs: 35–37 €

Etwas abseits der Stadt auf einer Anhöhe gelegen fällt das Schützenhaus eigentlich voll in die Kategorie „Ausflugslokal" und wird mit Biergarten, pfiffigen bodenständigen Gerichten und einem eigenen Foodtruck diesem Klischee tatsächlich auch in gewisser Weise gerecht. Aber eben nicht nur. Denn mit Sebastian Meier, der zuvor längere Zeit in der Herrenküferei in Markgröningen ambitioniert zugange war, steht ein Chef hinter dem Ganzen, der deutlich mehr draufhat (und auch zeigen möchte) als ein reines Imbissangebot.

Und so gibt es neben bodenständigen Gerichten wie Gaisburger Marsch, Jägerschnitzel oder Zwiebelrostbraten (jeweils in substanzstarker Umsetzung) auch eine wechselnde kleine Karte mit ambitionierteren Angeboten. Daneben macht übrigens auch das edel-rustikal gestaltete Ambiente inklusive kleinem Wintergarten einiges her.

Nach ausbaufähigem, weil eher trockenem und hefelastigem Brot mit Kräuterquark startete der letzte Besuch mit hauchdünnen knackigen Scheiben von der Chiogga-Bete nebst gerösteten Kernen in einer feinsäuerlichen (ein klein wenig kratzigen) Vinaigrette, kombiniert mit einem karamellisierten Ziegenkäse-Rondell von feiner Würze und einigen auflockernden Salatspitzen als insgesamt unkompliziert frischer Auftakt.

Etwas verdichteter kamen die Aromen bei einem mit Sesam kurz colorierten Rindfleisch-Sashimi zur Geltung: dieses konnte so einerseits seine gut gereifte Qualität ausspielen und wurde dabei von gerösteten Wurzelgemüsewürfelchen, fruchtig-erdigen Linsen, einer gewissen warmen Hintergrundschärfe und zarter Gewürzjoghurt-Creme gekonnt unterstützt.

Im Vergleich zu den auf schlichte Art gut akzentuierten Vorspeisen wird es bei den Hauptgerichten – auch im ambitionierten Teil der Karte – etwas fülliger und breiter. Man merkt, dass die sämtlich à la carte konzipierten Teller darauf ausgelegt sind, dass auf keinen Fall jemand hungrig heimgeht. Die Qualität und Substanz der einzelnen Komponenten sind aber trotzdem erfreulich. So auch bei den zart gebratenen Zanderfilets, die nebst kleinen (aber saftig frischen) Flusskrebsschwänzen auf blumig-pikant mit Curry gewürztem Spitzkohl, den bereits bekannten fruchtig-erdigen Linsen, knackigen Brokkoli und einer luftigen Curry-Schaumsauce auf den Teller kamen. Insgesamt wirkte das etwas überladen, die Grundidee ging aber auf.

Überraschend einer der stärksten, weil klar und pointiert angelegten Eindrücke kam am Ende mit einer zarten Topfenmousse auf saftigem Keкscrumble-Boden neben duftigem Birnenragout mit feiner Zitronenthymian-Note, einem vollfruchtigen Birnensorbet und papierdünnem Birnenchip. Einzig ein klein wenig zu viel Süße trübte diesen Abschluss, der ansonsten schon in Richtung einer noch höheren Bewertung zeigte, geringfügig.

Begleitend zu den Gerichten gibt es eine kleine Auswahl ausgesuchter eher einfacher und auch offen ausgeschenkter Weine sowie einige im Gastraum ausgestellte hochwertige Flaschen.

Ludwigslust
(Mecklenburg-Vorpommern)

Landküche
im Hotel de Weimar
Schlossstr. 15, 19288 Ludwigslust
☎ 03874-4180
www.landhotel-de-weimar.de
◑ Mo–Sa von 12–14 Uhr u. ab 17 Uhr,
So RT
Hauptgericht: 11–44 €, Menüs: 38–85 €

Der stilvolle, fast etwas feudal anmutende Rahmen des Restaurants, ein glasüberdachter Innenhof mit schwarz-weißen Schachbrettfliesen, Backsteinwänden und stimmungsvollen Wandleuchten, großen runden, sauber in Weiß eingedeckten Tischen, darauf frische Blumen, Platzteller mit unterschiedlichem floralem Dekor und stilvolle Gläser, passt nicht so richtig zum neuen Namen „Landküche". Schon eher die Karte, die verstärkt auf ländlich-regionale Kost zu vergleichsweise günstigen Preisen setzt, damit aber ein erfreulich hohes Niveau hält. Wilfried Glania-Brachmann und sein Team kochen mit sehr guten Produkten, viel Expertise und großer Sorgfalt. Auch die Weinkultur wird hier engagiert gepflegt: Die von Gastgeberin und Sommelière Petra Fuchs mit viel Passion gehegte und gepflegte Weinkarte hat zwar ihren Schwerpunkt bei deutschen Gewächsen, aber daneben auch aus den europäischen Nachbarländern wie Frankreich und Österreich sowie aus Italien, Spanien und Übersee viel Gutes und auch Gereiftes zu moderaten Preisen zu bieten.

Lunden (Schleswig-Holstein)

Lindenhof 1887
im Hotel Lindenhof 1887
Friedrichstr. 39, 25774 Lunden
☎ 04882-407
www.lindenhof1887.de
⌚ Mo u. Mi–Fr ab 18 Uhr, Sa u. So von 11.30–13.30 Uhr u. ab 18 Uhr, Di RT
Hauptgericht: 18–42 €, Menüs: 40–90 €
EC ⬤ VISA P 🛏 ♿

Jasmin und Tjark-Peter Maaß führen den traditionsreichen Lindenhof in der Ortschaft Lunden schon seit einigen Jahren sehr engagiert und haben ihn während dieser Zeit zu einem

modernen nordischen Landgasthof gemacht. In dem hellen, weitläufigen Gastraum, der ebenso schnörkellos wie geschmackvoll eingerichtet ist, kann man sich ebenso wohlfühlen wie in den sechs Doppelzimmern im neuen Anbau mit ihrer zeitgemäßen Ausstattung. Aber das Wichtigste: man wird hier auch sehr gut bekocht!

Der Chef hat sein Handwerk nämlich an guten, namhaften Adressen wie dem Vier Jahreszeiten in Hamburg oder dem Alten Meierhof in Glücksburg verfeinert und legt nun auch am heimischen Herd viel Wert auf gute, möglichst regionale Produkte, Frische und deren sorgfältige, unverfälschte Zubereitung. Wenngleich hier Anspruch an Kreativität und Verfeinerung durchaus gegeben ist, verkünstelt sich Tjark-Peter Maaß auf seinen Tellern aber nicht unnötig und kocht lieber so, dass jeder etwas damit anfangen kann und nicht potenzielle Gäste durch allzu viel Exklusivität verprellt werden. Mit seiner gegenständlichen und nachvollziehbaren Küche macht er so einerseits Leute glücklich, die eher den Klassikern wie einer gebratenen Nordseescholle oder einem Wiener Schnitzel vom Kalb mit Bratkartoffeln und Gurkensalat zugetan sind und nur einen Hauptgang essen wollen, auf der anderen Seite aber auch jene, die es mit dem fünfgängigen „Genuss-Menü" aufnehmen und von etwas weniger traditionellen Kreationen überrascht werden wollen.

Als Küchengruß kam beim letzten Besuch jedenfalls gleich mal ein typisches Beispiel von schnörkelloser Drei-Komponenten-Küche an den Tisch, die dergestalt Spaß macht, weil jede dieser drei Komponenten auf dem Punkt ist: Eine zarte und aromatische Scheibe vom Rinderfilet, eine ausdrucksstarke, cremig-zarte Mousseterrine von Gelber Paprika und ein fein abgeschmecktes Petersilienpesto wurden da zu einem unaufgeregten, schmackhaften Akkord zusammengefügt.

Einen nicht minder stimmigen Dreiklang, allerdings mit ein paar zusätzlichen Zwischentönen, ließ der Chef zum rosasaftigen Tafelspitz vom Milchkalb anklingen, der mit süßsauer eingelegter Gelber Bete (knackig und cremig), rohen Champignons, saftigen Perlzwiebeln und dosiert eingesetztem Schnittlauchschmand für punktuellen Schmelz und milde Hintergrundwürze einen sehr ausgewogenen Eindruck machte. Beim gartechnisch gut auf den Punkt gebrachten festfleischigen Skrei auf einem Bett aus Venere-Risotto, flankiert von geschmortem Chicorée und Safranschaum, war jede Komponente etwas zurückhaltend abgeschmeckt, was dann in Summe zu einem etwas blassen Gesamteindruck führte. Rein qualitativ war das aber trotzdem ein ansprechender, sauber gekochter Zwischengang.

Etwas kraftvollere Aromatik und Würzung boten dann die saftige gebratene Brust und das herzhaft gewürzte, als Füllung einer Strudelteigrolle dargebotene Keulenfleisch vom Schwarzfederhuhn, die sich den Teller mit Wildem Brokkoli als scharf angeröstete knackige Röschen und glattes cremiges Püree sowie sautierten Buchenpilzen und nicht zu weichen, nicht zu harten Stücken von Lila Karotte teilten. Der in der Karte ebenfalls annoncierte Balsamico steckte höchstwahrscheinlich in der ausgewogenen Jus – dezidiert geschmeckt hat man ihn nicht, was der gelungenen Sache aber wirklich keinen Abbruch tat.

Auch Nachtisch gelingt hier erfahrungsgemäß immer gut und sollte nicht ausgelassen werden. Von der Ruby Schokolade, die wir im 1887 erbauten Lindenhof in der Vergangenheit schon mal in anderer Form gegessen haben, gab es diesmal eine gute, festcremige Mousse, die zusammen mit einer Nocke Sauerrahmeis im Kreise eingelegter, warmwürziger Mandarinenfilets (wir vermuten Sternanis, Zimt und Ähnliches…) sowie etwas Pistazie aufgeboten wurde, was im Verein einen harmonischen Abschluss bescherte.

Die Weinkarte, die ein ausgesuchtes Sortiment hauptsächlich namhafter deutscher Winzer wie Balthasar Ress aus dem Rheingau oder dem Nahe-Weingut am Katharinenstift von Familie Korrell listet, daneben aber auch noch ein paar internationale Alternativen zu bieten hat, trägt genauso zum stimmigen Gesamteindruck bei wie der zuletzt sehr engagierte und zuvorkommende Service.

Die Symbole

Ⓟ gute Parkmöglichkeiten
🅿 Hotelgarage
♿ barrierefrei
❄ klimatisierte Zimmer
📶 WLAN-Zugang
🏊 Hallen- und/oder Freibad im Haus
🧖 mit Wellness-Bereich
🛗 mit Fahrstuhl zu den Hotelzimmern
🐕 Hunde im Hotel nicht erlaubt
🏛 mit Garten oder Terrasse

Hotelempfehlung

Hotel Lindenhof 1887

Friedrichstr. 39,
25774 Lunden
☏ 04882-407
www.lindenhof1887.de
Einzelzimmer: ab 80 €
Doppelzimmer: ab 130 €

EC CO VISA Ⓟ 🐕 ♿ 📶 🏛

Der über 100 Jahre alte Lindenhof in der beschaulichen Ortschaft Lunden im Nordosten Schleswig-Holsteins, etwa eine halbe Autostunde südlich von Husum gelegen, wird heute engagiert von Jasmin und Tjark-Peter Maaß geführt, die ihn erst 2014 um einen Anbau mit sechs modernen Doppelzimmern erweitert haben. Jeder dieser Räume ist stilvoll schnörkellos eingerichtet, mit Stoffen in warmen Farben wie Grün und Beige, edlem Holz und bequemem Mobiliar wurde hier ein gemütliches Ambiente zum Wohlfühlen geschaffen. Zur Ausstattung gehören neben einem großen Doppelbett auch Sessel, Schreibtisch, moderner Flat-TV, WLAN und USB-Steckdose und Pflegeprodukte. Eine kostenlose Flasche Mineralwasser steht auf den Zimmern bereit und an der Kaffeebar im Hotelflur dürfen sich die Gäste ebenfalls kostenlos bedienen. Auch die Kulinarik wird großgeschrieben: Tjark-Peter Maaß, der sein Handwerk in ersten Häusern wie dem Vier Jahreszeiten in Hamburg oder dem Alten Meierhof in Glücksburg gelernt hat, legt im hellen, lichtdurchfluteten Restaurant größten Wert auf Produktqualität und Geschmackserlebnis. Restaurant Lindenhof 1887 separat erwähnt.

Lütjensee (Schleswig-Holstein)

Fischerklause am Lütjensee
Am See 1, 22952 Lütjensee
☎ 04154-792200
www.fischerklause-lütjensee.de
◆ Mi ab 17 Uhr, Do–So u. Fei von
12–14.30 Uhr u. ab 17 Uhr, Mo u. Di RT
Hauptgericht: 17–34 €

Das idyllisch am Ufer des Lütjensees gelegene Traditionshaus ist seit über 100 Jahren in Familienbesitz und bietet weit mehr als ein klassisches Ausflugslokal. Vom umfangreichen, mit Expertise gepflegten Weinangebot bis zur handwerklich fundiert zubereiteten Küche bietet die Fischerklause in ihren gepflegten Gasträumen mit Seeblick oder auf der weitläufigen Terrasse überdurchschnittliches Niveau. Das Repertoire reicht von regionalbetonten Gerichten aus heimischen Fischen wie dem hausgeräucherten Lütjenseer Aal, Flusskrebsen oder Forellen bis zu mediterraner oder klassischer internationaler Küche.

Magdeburg (Sachsen-Anhalt)

ohne Bewertung

Landhaus Hadrys
An der Halberstädter Chaussee 1,
39116 Magdeburg
☎ 0391-6626680
www.landhaus-hadrys.de
◆ Mi–Fr ab 18 Uhr, Sa ab 12 Uhr
durchgehend, So–Di RT
Menüs: 45–75 €

Das nette gepflegte Landhaus am ruhigen Stadtrand von Magdeburg mit seinem länglichen, warmfarbig gestalteten Gastraum, der Terrasse mit Blick in den Garten, war wohl zwischenzeitlich etwas in die Jahre gekommen und wurde zuletzt längere Zeit renoviert, so dass wir ihm bis zum Redaktionsschluss der aktuellen Testsaison keinen Besuch mehr abstatten konnten. Wir setzen die Bewertung deshalb bis zum nächsten Besuch nach der Wiedereröffnung aus, rechnen aber fest damit, dass sich die

Küche von Jeune Restaurateur Sebastian Hadrys, der hier in der kulinarischen Dispora schon seit fast 20 Jahren die Fahne des guten Geschmacks im Alleingang hoch hält, weiterhin so zuverlässig und proper zwischen 5- und 6-Pfannen-Niveau präsentieren wird, wie in der Vergangenheit. Geboten wird hier seit jeher eine sorgfältig zubereitete und vor allem äußerst preiswerte Küche, die von pfiffig regional bis mediterran reicht, auf preistreibenden Firlefanz verzichtet und dennoch nicht ohne Finesse daherkommt.

Mainz (Rheinland-Pfalz)

Favorite
im Favorite Parkhotel
Karl-Weiser-Str. 1,
55131 Mainz
☎ 06131-8015133
www.favorite-mainz.derestaurants/
gourmetrestaurant
◆ Mi–Sa von 12–14 Uhr u. ab 18.30 Uhr,
So–Di RT
Hauptgericht: 35–75 €,
Menüs: 55–190 €

Das zeitlos elegant eingerichtete Gourmetrestaurant mit Blick auf Parkanlage, Tennisplätze, Eisenbahn und Rheinschifffahrt ist seit Jahren und auch nach wiederholtem Küchenchefwechsel ein Garant für anspruchsvolle Küche in der Region Mainz. Damit hält das Parkhotel im zweiten Jahr unter der Leitung von Küchenchef Tobias Schmitt sein hohes kulinarisches Niveau und ist auch stilistisch dem treu geblieben, was hier in der Vergangenheit auch schon unter Philipp Stein und Daniele Tortomasi zelebriert wurde: dezent modernisierte klassische Küche, die sich munter und aufgeschlossen zwischen den Aromenwelten hin und her bewegt.

Noch bevor die Speisekarte mit ihren beiden Menüs „Roots" und „Blossom" die Idee und das Angebot von Tobias Schmitts Kulinarium unterbreiten konnte, zeigte bereits ein hauchdünner Brotchip mit Rindertatar und Topinamburcreme als sehr herzhaft abgeschmeckter kleiner Starter, in welche Richtung die Küche auch in der Folge tendieren sollte. Denn so viel vorweg: es blieb handwerklich sehr akkurat und geschmacklich relativ kraftvoll und deftig. Und zwar ganz gleich, ob man sich mit „Roots" nun eher der tendenziell klassischen, oder mit „Blossom" der vom Küchenchef selbst als leicht, modern und zeitgemäß überschriebenen Speisefolge widmet. Die Übergänge scheinen uns hier ohnehin immer recht fließend zu sein.

Der in seiner Konsistenz sehr kompakte und recht würzig gebeizte, anschließend kurz abgeflämmte Hamachi kam in Gesellschaft eines mit Apfel-/Kohlrabitatar gefüllten Rettich-Dim-Sum, etwas Spicy-Ginger-Gel und einer Kohlrabicreme auf intensiver Kräutersauce als weiterer Küchengruß daher – und war als solches augenscheinlich ein Vertreter der moderneren Linie. Ebenfalls dieser entstammte die Vorspeise um Saiblingstatar mit einem dünnen Deckel aus gelierter Saiblingsessenz, umgeben von einer mit Saiblingskaviar angereicherten hellen Dillsauce. Zusätzliche Würze kam hier durch eine fragile Röstzwiebelhippe und cremige Opulenz durch eine ebenfalls würzige Austernemulsion und Eigelbcreme hinzu, was das Ganze in Summe aber auch etwas dicht und deftig wirken ließ.

Relativ würzig und intensiv war auch der herbstliche Zwischengang um Topinambur, Rosenkohlblätter und Trüffel, der mit Pfefferschaum und Trüffeljus auf Kalbsfondbasis zwei Saucen zur Seite hatte. Trotz hoher Konzentration insgesamt sehr gelungen, nur leider durch die kleinen Topinamburchips zwischendrin immer etwas störend frittierfettig. Obwohl die Sauce zum folgenden Zwischengang aus dem Traditionsmenü „Roots" fast identisch aussah, war sie leichter, transparenter und dank feiner süßlicher Säure von PX Essig auch spritziger. Derart animierend und nuanciert begleitete sie ein Duett von gebackenem Kalbsbries und Kalbszunge, die mit Steinpilzen, im Ofen gebackenem Lauch und geliertem Trüffelfond wieder mit sehr kraftvollen Aromen ums Eck kam und in Sachen Salz ebenfalls am oberen Ende der Skala angesiedelt war.

Zu dem mit einer Röstzwiebelkruste aromatisch schon eher zupackend gratinierten Rücken vom Jack's Creek Black Angus Rind brachte das Team durch weitere Komponenten von der Tropea-Zwiebel wie leicht knackigen Segmenten, einer Creme als Füllung von Sellerietäschchen sowie gebratenen Sellerie-Ronden und Steinpilzen, abermals eine herzhafte Note auf den Teller, die mit einem Kraftpaket von Portwein-Schalottenjus sogar noch intensiviert wurde. Aber auch wenn das Team die Regler zumeist sehr weit aufdreht, bleibt es bei jedem einzelnen Gericht immer im noch vertretbaren Rahmen – nur in Summe stellt sich irgendwann ganz unweigerlich eine gewisse Ermüdung am Gaumen ein. Da wäre es nicht schlecht, auf eine etwas ausgewogenere Dramaturgie zu achten…

In unserem Falle kam die „Erfrischung" nämlich erst mit den süßen Sachen. Zunächst in Gestalt einer mit Kokosschaum und Ananaskompott gefüllten Fake-Kokosnusspraline nebst Piña-Colada-Eis, Kokosbisquit und marinierter Ananas. Dann folgte ein ebenfalls sehr fruchtbetonter Nachtisch rund um pochierte Williamsbirnen mit Bergamotte, Kakaofruchtsaft, Hibiskusblütensorbet und karamellisierten Walnüssen, der nicht nur recht bunt aussah, sondern auch so schmeckte.

Die Weinkarte beginnt mit großen VdP-Gewächsen aus Rheinhessen und endet mit nicht minder großen Gewächsen aus Bordeaux und Burgund. Dazwischen eine schöne Auswahl aus verschiedensten Weinregionen und -ländern, die eine hohe Bandbreite an Bedürfnissen abdeckt. Den Service erlebten wir wie gewohnt ebenso engagiert wie routiniert.

GenussWerkstatt
im Hotel Atrium
Flugplatzstr. 44,
55126 Mainz (Finthen)
📞 06131-4910
www.genusswerkstatt-mainz.de
◎ Do–Sa ab 18 Uhr, So–Mi RT
Menüs: 90 €

Das privat geführte Atrium Hotel in Mainz-Finthen ist ein modernes und schickes Haus, trotzdem würde man dort nicht unbedingt ein Restaurant vermuten, dessen Küchenteam sich voll und ganz der modernen Regionalküche verschrieben hat – ein Stil, der sicherlich in Skandinavien geprägt wurde, aber längst auch stilbildende Vertreter in Deutschland hervorgebracht hat, man denke an das Nobelhart & Schmutzig in Berlin und vor allem an die Frankfurter Villa Merton zu Zeiten von Matthias Schmidt. Bei ihm stand damals auch Carl Grünewald am Herd, der nun die Küche in der GenussWerkstatt des Atrium Hotels leitet. Das mit zurückhaltender Eleganz eingerichtete, in stimmungsvoll gedämpftes Licht getauchte Restaurant bietet rund 20 Gästen Platz, und die angenehm persönliche Atmosphäre wird noch dadurch verstärkt, dass die Teller an einer Anrichtestation im Gastraum finalisiert und von den Köchen selbst serviert werden.

Das feste Degustationsmenü listet die Hauptprodukte samt Erzeugern auf, wobei sich zeigt, dass Grünewald seinen regionalen Ansatz sehr konsequent verfolgt, aber seinen Erzeugerradius dankenswerterweise nicht dogmatisch abzirkelt: da finden sich auch mal Garnelen aus hessischer und Wagyu-Rind aus bayerischer Zucht im Menü. Was zählt ist Qualität. Die zeigt sich bereits bei der „Brotzeit", die traditionell das Menü einleitet. Auf dem Tisch wird ein exzellentes lauwarmes Roggen-Dinkel-Sauerteigbrot mit allerlei kleinen Köstlichkeiten angerichtet, nämlich: gepickelte Karottenscheiben, hausgemachter Lammschinken, zarte, warme Zwiebeltarte, seidiger Ziegenquark, ein Tiegel mit cremiger Nussbutter und ein geeister Rote-Bete-Cocktail. Mit dieser stimmigen Mischung aus Bodenständigkeit und Eleganz setzt die Küche bereits den Akzent für alles Folgende.

Der erste Gang unseres Menüs besteht aus einem leuchtend grünen, kühlen Süppchen von jungen Erbsen, für das die Schoten entsaftet und die zarten Erbsen als Einlage gehäutet, halbiert und knackig gegart wurden. Das Ganze ist lediglich mit etwas Holunderblüte verfeinert und wird mit einem Klecks Schmand serviert, der etwas Volumen verleiht und den delikaten mildsüßen Eigengeschmack der Erbsen noch weiter nach vorne bringt. Besser kann man dieses königliche Gemüse kaum inszenieren. Die Garnelen des nächsten Gangs kommen wie erwähnt aus hessischer Zucht, wurden sanft gebraten, sind schön knackig, aber deutlich weniger ausdrucksstark, als man es von den besten Exemplaren aus Wildfang kennt. Dazu gibt es drei Stangen grünen Spargel, scharf geröstet, kräftig im Geschmack, aber leider etwas zu weich. Als heimlicher Star dieses Gerichts erweist sich eine üppige, kraftvolle Estragoncreme, die durch sehr fein gehackte saure Gurken einen originellen Kick bekommt.

Auf den grünen folgt der weiße Spargel, kein Wunder, befinden wir uns mit Mainz-Finthen doch in einem Epizentrum des lokalen Anbaus.

Grünewald serviert ihn in Stücke geschnitten und sowohl roh mariniert als auch im Ofen gegart – ein Duo, das die aromatischen Feinheiten des gerne etwas eintönigen Gemüses vorzüglich zur Geltung bringt. Ein Hauch Liebstöckel und eine hervorragend abgeschmeckte Bergkäsesauce geben dem Gericht Kraft und Fülle, ohne das hervorragende Hauptprodukt zu überlagern.

Auch der nächste Gang ist vegetarisch: ein Stück gebackener Knollensellerie wird von einem taufrisch-duftigen Kräutermix aus Petersilie, Kerbel und Gartenkresse getoppt. Allein diese Kombi samt Selleriearomen und der abwechslungsreichen Kräuterfrische ist ein kleines Meisterstück, komplettiert von einer dunklen, intensiven Jus, die ebenfalls auf Basis von Sellerie entstand und locker mit (fast) jeder Bratenjus mithalten könnte.

Das Fleisch kommt bei unserem Testmenü vom Rhönlamm und wird in zwei Gängen serviert. Zunächst gibt es ein Stück aus der Unterschale, rosa gebraten, kernig und trotzdem zart, mit schöner Röstkruste und ausgeprägtem Geschmack. Lammfleisch solcher Güte ist bereits pur genossen ein Hochgenuss. Natürlich gibt die Küche sich damit nicht zufrieden und serviert dazu eine exzellente Senf-Hollandaise, deren wohlige Üppigkeit von den eleganten Bitterstoffen eines geschmorten Radicchio ausbalanciert wird.

Noch besser gefällt uns der zweite Teil des Lamms, ein Stück geschmorter Schulter, butterzart und intensiv, getoppt von krossen Semmelbröseln mit fein geschnittenen Röstzwiebeln für den extra Umami-Kick. Dazu gibt es einen saftig gebratenen, fast schon fleischigen Portobello-Pilz und eine hervorragende Bratenjus. Etwas Senfkraut lockert die eher dunkle Aromenwelt mit spielerischer Beiläufigkeit auf. Mit meisterhafter Souveränität wird hier ein grundsätzlich rustikales Gericht in die avancierte Küche überführt.

Auch bei den Desserts bleibt das Niveau hoch, beginnend mit einem so ungewöhnlichen wie hervorragenden Sorbet aus Borretsch, dessen anregendes Spiel mit Süße und feinherber Kräutrigkeit von gehackten Borretschstielen unterstützt und von etwas Johannisstrauch-Milch untermalt wird. Wie überzeugend solch pointierte Simplizität sein kann, zeigt auch das Dessert aus süßsauer eingelegten Finthener Kirschen mit erneut exzellentem Joghurteis, das durch einen knusprigen Brotchip eine originell „getreidige" Note bekommt. Etwas Kleingebäck, darunter ganz vorzügliche Quarkkrapfen, runden ein mehr als überzeugendes Menü ab.

Die Lässigkeit, mit der Carl Grünewald und sein Küchenpartner Sebastian Schmidt eine moderne Regionalküche umsetzen, ohne großes Aufheben darum zu machen, hat uns einmal mehr schwer beeindruckt. Die Gerichte waren so reduziert wie pointiert, dabei niemals spröde, sondern stets mit dem Fokus auf schieren Wohlgeschmack. Kleine Ungenauigkeiten wie der zu weiche Grünspargel wurden durch starke Gerichte wie den Spargel mit Bergkäse, das Zweierlei vom Rhönlamm und das Borretsch-Dessert mehr als ausgeglichen. An den sieben Pfannen gibt es nichts zu rütteln, im Gegenteil: Wir sehen hier sogar noch viel Potential!

Die gastfreundlich kalkulierte Weinkarte hat ihren Schwerpunkt bei deutschem Riesling, aber auch die (sehr) kleine Auswahl an spanischen, italienischen und französischen Flaschen lohnt einen Blick.

Pankratz
im Pankratiushof
Lindenplatz 6,
55129 Mainz (Hechtsheim)
📞 06131-957780
www.pankratiushof.de
🕐 Mi von 9–14.30 Uhr, Do–Sa von 9–14.30 Uhr u. ab 19 Uhr (mittags nur à la carte, abends nur Menü), So–Mi RT
Menüs: 80–100 €

Nach Stationen im Berliner Ernst und im Stockholmer Frantzén setzt Paul Schmiel seit etwa zwei Jahren seine ganz persönlichen Vorstellungen einer streng regionalen, produktorientierten Küche im familieneigenen Pankratiushof um. Die Einflüsse seiner Wanderjahre zeigen sich sowohl beim puristischen Interieur,

das skandinavischen Chic und japanische Klarheit in Einklang bringt: Mit viel hellem Holz, wenig Deko, Weckgläsern im Regal, einer offenen Küche samt Feuerstelle und einigen Tresenplätzen. Aber auch auf den Tellern des je nach Marktlage wechselnden Menüs, das aus etwa zehn Gerichten plus Kleinigkeiten davor und danach besteht. Die Kreationen sind teilweise radikal reduziert, in jedem Fall klar auf das jeweilige Hauptprodukt fokussiert. Und diese Idee der kompromisslosen Regionalität und eines radikal minimalistischen Produktfokus wird hier sehr gekonnt und zeitgemäß umgesetzt. Der Service agiert betont lockerfamiliär, das sehr überschaubare Weinbrett mit klarem Schwerpunkt auf „Naturweinen" ist fair kalkuliert.

Steins Traube
Poststr. 4,
55126 Mainz (Finthen)
📞 06131-40249
steins-traube.de
🕐 Di ab 18 Uhr, Mi–Sa 12–13.30 Uhr u. ab 18 Uhr, So ab 12 Uhr durchgehend, Mo RT
Hauptgericht: 27–48 €,
Menüs: 65–125 €

Die Traube von Familie Stein im Mainzer Stadtteil Finthen hat Tradition und kann bereits auf eine über hundertjährige Geschichte zurückblicken, die auch im Treppenhaus mit einer Fotogalerie dokumentiert ist. Seit 2019 führen Philipp und Alina Stein den Familienbetrieb und haben ansehnlich modernisiert. Sehr schick und zeitgemäß ist es geworden und die neue Linie zieht sich wie ein roter Faden durchs gesamte Gebäude, geht einen Mittelweg zwischen Tradition und Innovation. So wie auch die beiden Menüs wahlweise in Richtung „Tradition" oder „Innovation" führen. Und auch die à-la-carte-Auswahl bietet ein recht breites Spektrum zeitgemäßer klassischer Küche, wobei die Übergänge ziemlich fließend sind. So finden sich selbst im Innovationsmenü einige Gänge, die sicher auch in der anderen Speisefolge nicht auffällig geworden wären. Freunde einer leicht modernisierten anspruchsvollen Klassik mit dem einen oder anderen maßvoll kreativen Akzent kommen hier zu moderaten Preisen voll auf ihre Kosten.

Hotelempfehlung

★★★★S

Atrium Hotel Mainz

Flugplatzstr. 44,
55126 Mainz
☏ 06131-4910
www.atrium-mainz.de
Einzelzimmer: 89–279 €
Doppelzimmer: 99–292 €

★★★★S

Favorite Parkhotel

Karl-Weiser-Str. 1,
55131 Mainz
☏ 06131-80150
favorite-mainz.de
Einzelzimmer: ab 96 €
Doppelzimmer: ab 113 €

Das 4-Sterne-Superior-Hotel am Stadtrand von Mainz ist das größte inhabergeführte Privathotel in Rheinland-Pfalz und der Rhein-Main-Region. Die Hotelanlage umfasst 150 individuell gestaltete Designer-Zimmer, -Suiten und -Apartements, die größten Komfort bieten. Der Wellnessbereich wartet neben verschiedenen Möglichkeiten zu Anwendungen und Massagen (traditionell, ayurvedisch, Shiatsu…) auch mit Schwimmbad, finnischer Sauna, Dampfbad, Infrarot-Relax-Kabine, Erlebnisdusche und Tauchbecken auf. 22 hervorragend ausgestattete Konferenz- und Bankett-räume auf über 2.000 m² Gesamtfläche inmitten einer großen Gartenanlage ergänzen das Angebot. Und für das kulinarische Wohl wird in drei verschiedenen Gastronomie-Outlets gesorgt. Neu ist das à-la-carte-Restaurant „Adagio Restaurant und Weinbar" mit stilvoller, mediterran anmutender Atmosphäre. Restaurant GenussWerkstatt separat erwähnt.

Das moderne, familiär geführte, Favorite Parkhotel liegt eigebettet im idyllischen Stadtpark, mit tollem Ausblick auf den Rhein und die Stadt Mainz. Die gemütlichen 145 Zimmer mit Fluss- oder Parkblick sind mit modernem Flachbildfernseher, schnellem WLAN, Schreibtisch und Minibar ausgestattet. Die Zimmer höherer Kategorien haben außerdem einen Balkon, eine Klimaanlage und eine Fußbodenheizung im Bad; in den Suiten gibt es einen zusätzlichen Wohnbereich. Das Hotel verfügt über einen Innenpool, einen Whirlpool, eine Sauna, einen Fitnessraum und einen Rooftop-Spa. Ebenfalls vorhanden sind ein Business Center und Konferenzräume, aber auch für private Events wie Hochzeiten ist das Hotel bestens gerüstet. Neben dem stilvollen Restaurant mit regelmäßiger Livemusik und Flussblick bietet die hauseigene Weinbar den Gästen die perfekte Möglichkeit, einen Abend entspannt ausklingen zu lassen. Davor laden die weitläufigen Anlagen des Stadtparks zu langen Spaziergängen ein und auch das Gutenberg-Museum und der Mainzer Dom sind nur zwei Kilometer entfernt. Gourmetrestaurant Favorite separat erwähnt.

Maisach (Bayern)

Gasthof Heinzinger

**Weiherhauser Str. 1,
82216 Maisach (Rottbach)**
☎ 08165-9942763
gasthof-heinzinger.de
◔ Mi ab 18 Uhr, Do–So von 12–14 Uhr
u. ab 18 Uhr, Mo u. Di RT
Hauptgericht: 15–45 €,
Menüs: 49–109 €

So stellt man sich als Gourmet ein authentisches Dorfgasthaus vor! Gastgeber und Küchenchef Denis Kleinknecht bespielt sein nahe Maisach im nordwestlichen Umland Münchens gelegenes Lokal mit ebenso viel Understatement wie Können. Der erfahrene Chef, der einst in der Brigade von Otto Koch im legendären Le Gourmet die Feinheiten des Kochens verinnerlicht hat, machte den traditionsreichen Gasthof mit seiner ebenso nachhaltigen wie genussreichen Küche, die irgendwo zwischen regionalverwurzelter Bodenständigkeit und gehobenem kulinarischem Anspruch liegt, in den vergangenen Jahren bis weit über die Landkreisgrenzen hinaus bekannt.

Weder im Gastraum mit seinem Schanktresen und den schlichten, teils über 100 Jahre alten Holztischen und -stühlen, noch auf den Tellern geht es in irgendeiner Weise luxuriös und exklusiv zu, aber die Gerichte, insbesondere die teils handverlesenen Produkte engagierter Erzeuger, haben bei aller Bodenständigkeit klar überdurchschnittliches Niveau, die Kreationen oft sogar das gewisse Etwas. Kleinknecht bezieht einen Großteil der verwendeten Viktualien aus dem Umland und legt größten Wert auf natürliche, frische Zubereitung. Man kann hier traditionelle und eher handfeste Gerichte der besseren Art bekommen, etwa Kässpatzen mit Röstzwiebeln, ein zünftiges „Schwabenpfanderl" oder ein Wiener Schnitzel vom artgerecht gehaltenen Kalb, mit dessen Fleisch auch die saftigen Krautwickel gefüllt sind, die oft und gern mit Kartoffelstampf und Speck-/Zwiebelsauce aufgetischt werden.

Man kann auf der anderen Seite aber auch ein fünfgängiges Gourmetmenü bestellen, dessen Portionen zierlicher und die Zubereitungen graziler daherkommen. Grundsätzlich wird hier aber weder angestrengt gebastelt noch exaltiert experimentiert, sondern zupackend und substanzstark auf klassischer Basis nach guter alter Tradition aufgekocht. Viele Gerichte können gut und gern als verfeinerte herzhafte Rustikalitäten bezeichnet werden. So wie der gepresste Kalbskopf, der zur Vorspeise hauchdünn als Carpaccio aufgeschnitten und mit Kernöl mariniert sowie mit Kürbiskernen garniert war. Eine prinzipiell sehr runde und schmackhafte Sache – nur die unharmonisch bitteren, offenbar bloß vermeintlich essbaren Blüten im Salatbouquet irritierten den ansonsten guten Eindruck.

Nicht nur butterzart und sehr homogen, sondern auch geschmacklich schön rund und durchgezogen präsentierte sich dann der sanft confierte Bauch vom raren schwarzen Cornwall-Schwein, der auf einem Saucenduo von klassischer reduzierter dunkler Jus und hellem, rahmigem Schaum angerichtet war und ebenso bodenständig wie kreativ von einem nicht zu süßen Senfeis begleitet wurde. Ebenfalls sehr harmonisch, elegant dünnflüssig und trotzdem opulent rahmig, kam die mit Petersilienöl herbal abgerundete und mit frischer aromatischer Herbsttrüffel erdig geadelte Sellerieschaumsuppe daher.

Manche Gerichte hätten theoretisch sogar eine höhere Bewertung verdient, hier und da verhindern das nur Kleinigkeiten. So wie etwa bei der geschmacklich hervorragenden, in ihrer Konsistenz aber leider unschön gummihaften Blutwurst, die mit einer Panierung aus Sesam und Hanfsaat knusprig ausgebacken auf Selleriecreme und reduzierter Jus angerichtet war. Klare 6 Pfannen notierten wir für das mit perfekt krosser Haut und schön festem, noch minimal glasig belassenem Fleisch servierte Saiblingsfilet aus der Fischzucht Birnbaum. Hier begeisterte der sehr saubere und klare Geschmack des Fischs ebenso wie seine Begleitung: kleine, knackige angeröstete Blumenkohlröschen und ein cremiges Blumenkohlpüree, dem das Team mit Kokosmilch einen originellen Twist mit auf den Weg gab. Das korrespondierte auch gut mit dem milden Rote-Bete-Schaum, der vermutlich auf Fischfond-Basis im Stil einer Beurre blanc zubereitet war. Die Lust auf gutes Fleisch wird nicht nur mit diversen Beef-Cuts unterschiedlicher Provenienzen, bodenständigen Traditionsgerichten wie Zwiebelrostbraten und Almschnitzel, oder einem amtlichen Beef-Burger vom Charolais-Rind befriedigt, sondern auch mit etwas spezielleren Dingen. Wie etwa der lange 48 Stunden geduldig bei Niedertemperatur geschmorten Ochsenschulter in tiefschürfend schmorwürziger Rotweinsauce, die in unserem Fall mit Urkarotte und Selleriepüree kombiniert war. Weil der Chef bewusst einkauft, kann auch ein mit karamellisierten Pecannüssen servierter Trüffelcamembert aus Rohmilch zum Gaumenkitzel werden. Und wer den Gasthof Heinzinger donnerstags besucht, kommt in den Genuss traditioneller Dampfnudeln. In unserem Fall hat es zum Nachtisch „Schwarzwälder Kirsch 2.0" die typische Mischung aus Kirsche, Schokolade und Sahne in Gestalt einer großen, mit rotem Gelee überzogenen Moussekugel auf den Teller geschafft – und in Kombination mit Sommerbeeren auf angebräunter Baisercreme begeistert! Und obwohl zu vielen Gerichten ein gutes Bier ganz hervorragend passt, ist die Weinkarte für einen Landgasthof respektabel bestückt, bietet sogar im offenen Bereich eine sehr schöne Auswahl von Deutschland über Österreich bis nach Italien.

Gasthof Widmann
Bergstraße 4,
82216 Maisach (Überacker)
☎ 08135-485
Di–So ab 18 Uhr, Mo RT

Das Gasthaus Widmann ist eine sichere Bank, seit wir in kulinarischer Mission unterwegs sind. Und in all den Jahren hat sich in diesem von außen eher unscheinbaren, drinnen aber sehr geschmackvollen Landgasthaus mit zwei ländlich-adretten Stuben, hübsch eingedeckten Tischen und sympathisch-unkompliziertem Service nicht viel geändert. Die Küche von Anna Widmann-Schwarzmann, die in ihrer

zwar bodenständigen, aber sehr feinfühligen Art großen Genuss bietet, ist weiterhin ebenso attraktiv wie das Angebot auf der Karte vertrauenerweckend klein ist: ein Menü mit Alternativen bei Hauptgang und Dessert. Das klingt meist weniger interessant, als es tatsächlich schmeckt. Eine feine Landküche mit internationalen Streifzügen. Auf der Weinkarte finden sich gute Gewächse namhafter Erzeuger aus Europa.

Mannheim (Baden-Württemberg)

Dobler's
Seckenheimer Str. 20,
68165 Mannheim
☎ 0621-14397
www.doblers.de
Di–Sa von 12–14 Uhr u. ab 18.30 Uhr,
So u. Mo RT
Hauptgericht: 42–48 €,
Menüs: 49–98 €

Mit seinem gediegenen französisch-mediterranen Programm, das zwar hier und da mit harmlosen exotischen Würzakzenten aufgepeppt wird, ansonsten aber grundlegend klassisch ausgerichtet und leicht zugänglich ist, außerdem ganz sicher niemanden überfordert, ist Norbert Dobler der dienstälteste und beständigste unter Mannheims Spitzenköchen. Und das Restaurant mit seiner modernen, schnörkellosen Ausstattung ist auch zweifellos einer der Eckpfeiler der gehobenen Gastronomie in der Region, denn was den Gästen hier in zeitgemäß-schickem Ambiente zu moderaten Preisen kredenzt wird, ist eine mit viel Sorgfalt, Präzision und Anspruch zubereitete Feinschmeckerküche, die konzeptionell eher schlicht und ohne und selbstauferlegten Kreativitätsanspruch daherkommt, geschmacklich aber äußerst vielschichtig wirkt. Und so schon allein durch stets die gute Qualität der meist schön freigestellten Hauptprodukte und die starke Substanz von Fonds und Saucen überzeugt.

Le Corange

O5, 9–12, 68161 Mannheim
☎ 0621-1671133
www.corange-restaurant.de
⊘ Mo–Mi ab 18 Uhr, Fr u. Sa von
12–14 Uhr u. ab 18 Uhr, Do u. So RT
Menüs: 59–104 €

Der Engelhorn-Komplex in den Mannheimer Quadraten, der in erster Linie ein exklusives Modehaus ist, bietet seinen Kunden darüber hinaus auch ein breit gefächertes Gastronomie-Portfolio mit drei Bars und fünf Restaurants. Eines der beiden gastronomischen Outlets mit kulinarischer Strahlkraft ist das rundum verglaste Le Corange, von dessen Tischen aus man ein spektakuläres Panorama über die unmittelbar angrenzende Rheinebene und die nahe Bergstraße genießt. Und an denen man die gute Fischküche von Igor Yakushchenko und seinem Team genießen kann. Der Chef konzentriert sich hier nämlich nahezu ausschließlich auf Fisch und Meeresfrüchte von bestechend guter Qualität, komponiert daraus mit leichter Hand und viel Fantasie zeitgemäße anspruchsvolle Gerichte auf klassischer Basis, denen er – zumindest im Rahmen des Degustationsmenüs – immer auch originelle Akzente verleiht. Oft und gerne mit gut eingebundener Frucht oder Säure oder mit einem verwegenen Würzakzent. Im à-la-carte-Bereich sind die Gerichte eher etwas traditioneller gestrickt. Gute internationale Weinauswahl, im Offenausschank viel aus der nahen Pfalz.

Marly

Rheinvorlandstr. 7, 68159 Mannheim
☎ 0621-86242121
www.restaurant-marly.com
⊘ Di–Fr von 12–15 Uhr u. ab 19 Uhr,
Sa von 12–15 Uhr, So u. Mo RT
Menüs: 49–135 €

Der ungewöhnliche Charme eines ehemaligen Getreidespeichers direkt am Mannheimer Hafen sorgt hier für eine Umgebung, in der man eher einen experimentierfreudigen Modernisierer und nicht einen traditionsbewussten Klassiker wie Küchenchef Gregor Ruppenthal

erwarten würde. Im Gastraum, der mit dunkelgrauem Mobiliar, anthrazitfarbenen Wänden und klassisch weiß eingedeckten Tischen zeitlos elegant wirkt, schafft es der erfahrene Küchenchef mit seiner überzeugenden Mischung aus verfeinerten mediterranen Arrangements sowie regional oder auch dezent exotisch inspirierten Kreationen, jede Menge guten Geschmack auf die Teller zu bringen. Dass für seine stets mehrheitsfähige Küche nur sehr gute Produkte eine Rolle spielen dürfen, zeigt sich vom Brotkorb bis zur Petits fours-Parade. Der Blick von der Sonnenterrasse auf den gemächlich dahinfließenden Rhein oder der eindrucksvolle einsehbare Weinschrank, dessen Inhalt der formvollendet agierende Service kenntnisreich kommentiert, geraten ob der unaufgeregt-souveränen Leistung am Herd fast zur Nebensache.

Opus V

O5, 9–12, 68161 Mannheim
☎ 0621-1671155
www.restaurant-opus-v.de
⊘ Mi u. Do ab 18.30 Uhr, Fr u. Sa von
12–14 Uhr u. ab 18.30 Uhr, So–Di RT
Menüs: 115–195 €

In der Beletage des mondänen Modehauses Engelhorn laden die hellen offenen und mit vielen Naturmaterialien gestalteten Räumlichkeiten mit Glasfront zur Terrasse auf der einen Seite und Blick in die Küche auf der anderen mit entspannter, dem Alltag entrückender Atmosphäre zum kulinarischen Genuss. Und der könnte größer kaum sein, denn mit Küchenchef Dominik Paul steht hier ein sehr ambitionierter und auch talentierter Cuisinier am Herd, der mit seinen sechsgängigen Menü (mittags auf fünf Gänge reduziert) hohes Niveau bietet und einen Küchenstil pflegt, der einerseits konzeptionell ein wenig in die Richtung der neuen, modernen Naturküche tendiert, andererseits aber gerade was manche Produkte und auch die klassisch-fundierten Zubereitungen angeht, alles andere als karg und spröde anmutet, sondern eben um Gegenteil vollmundig, tief und aromatisch dicht. Auf den Tellern ist das alles aber immer glasklar und sehr fokussiert umgesetzt, besticht neben viel Power in jedem Detail auch mit einer enormen Tiefenschärfe und wirkt zu keiner Zeit angestrengt. Passend zum lässigen Grundton agiert auch das Serviceteam mit entspannter Souveränität und spürbarer Begeisterung. Der Fundus an hochwertigen Weinen von spannenden Neuentdeckungen bis zu großen Namen ist groß – es lohnt sich hier aber auch besonders, mal die äußerst individuelle alkoholfreie Getränkebegleitung auszuprobieren!

Marktheidenfeld (Bayern)

Weinhaus Anker

Obertorstr. 13, 97828 Marktheidenfeld
📞 **09391-6004801**
www.hotel-anker.de
⏱ **Täglich von 12–14 Uhr u. ab 18 Uhr, kein RT**
Hauptgericht: 16–28 €, Menüs: 33–95 €

EC 🔲 💳 VISA ℗ 🅗 ♿

Direkt gegenüber des gleichnamigen und ebenfalls von Familie Deppisch betriebenen Hotels findet sich mit dem Weinhaus Anker seit vielen Jahren die unangefochtenen attraktivste Genussadresse in und um Marktheidenfeld. Das nostalgisch-schmucke Weinhaus bietet ein gepflegt heimeliges Ambiente – und seit 2011 mit Bernhard Lermann einen Chef am Herd, der nach Stationen bei unter anderem Jörg Müller, Paul Haeberlin und Georges Blanc genau weiß, wie klassische Küche funktioniert.

Und genau deshalb versucht der erfahrene Chef mit seinem Team auch überhaupt nicht, hier einen Gourmettempel nach dem Vorbild der genannten Lehrmeister aufzuziehen, sondern transponiert die wesentlichen Eckpfeiler der Haute Cuisine sehr gekonnt in einen bodenständig-schlichteren Kontext. Das seit einiger Zeit noch etwas einfacher und zugänglicher gestaltete Angebot umfasst so beispielsweise auch Fränkische Bratwürste, gebratene Blutwurst mit Sauerkraut und Kartoffelpüree oder

ein süffiges Ragout vom Spessart-Reh mit halbseidenen Klößen, Speck und Rotweinzwiebeln. Daneben aber eben genauso auch exklusivere Dinge wie Wildfangsteinbutt, Gänsestopfleber oder Lammrücken, die genau nach dem Prinzip der „Genialität des Einfachen" ihre Qualität mit wenigen, feinfühlig und exakt auf den Teller gebrachten Beilagen ausspielen dürfen. Oft wirken die Gerichte im ersten Moment eher simpel, bieten dann aber geschmacklich nicht selten überraschend deutlich mehr, als es der erste Eindruck vermuten lässt.

Wie gut im Weinhaus Anker schlichte Dreiklänge funktionierten, eben weil Produktqualität und Handwerk stimmen, das bewies beim letzten Besuch beispielhaft die Vorspeise aus Gänseleber und Rindertatar. Die schön kross angebratene und mit reduzierter Kalbsjus glasierte Foie gras in optimal fester Konsistenz und mit reintönigem Geschmack brachte Umami auf den Teller, das von Hand gehackte Tatar mit Essiggurke und Kapern war fein säuerlich-fruchtig ausgerichtet und die begleitende Röstzwiebelcreme spendete neben dem herzhaften Aroma eine äußerst adäquate Süße.

Beim Kürbiscarpaccio in Limonenvinaigrette gefiel zunächst schon die exakt zwischen zart und bissfest getroffene Konsistenz des Kürbisses, in der die dünnen Scheiben ein prima Tableau für markant röstwürzige Pulpostücke und eine kompakte Rolle aus mild gebeiztem Lachs bildeten. Die hellen Cremetupfen dazwischen hätten etwas mehr Ausdruckskraft haben können, um dem Gericht noch mehr Spannung zu geben, sorgten aber auch in ihrer aromatisch unverbindlichen Art für ein harmonisches Ganzes.

Genau das galt auch für die sanft gebratenen Kabeljaustücke (ausnahmsweise einmal nur in guter und nicht hervorragender Qualität), die in einem beeindruckend dunklen und tiefaromatischen Fond aus gebratenen Pilzen angerichtet waren. Dessen erdig-dunkle und röstbittere Aromatik wiederum wurde gekonnt von knackigen, säuerlich-fruchtig marinierten Kürbiswürfelchen aufgebrochen. Einmal mehr der Beweis, wie durchdacht hier letztendlich auch die auf den ersten Blick eher etwas grob wirkenden Gerichte sind und wie schlüssig sie deshalb schmecken.

Und weil Küchenchef Bernhard Lermann nicht nur auf hohe Produktqualitäten Wert legt, sondern auch sein Handwerk äußerst präzise beherrscht, kann man bei ihm mitunter so großartige Dinge wie einen mit seinem ebenso krossen wie schmelzigen Fettdeckel servierten Lammrücken bekommen. Das schön eigenaromatische (aber nicht derbe) Fleisch hatte neben geschmacklich etwas blassem Topinamburpüree, einigen mit mildem Speck unaufdringlich würzig aufgetunten grünen Bohnen und einer ebenfalls elegant zurückhaltenden, eher grünlich-herben als knofeligen Bärlauchcreme auch zwei knusprig ausgebackene Kartoffelnocken zur Seite, die wir liebend gern als Saucenschwamm für die ebenfalls sehr feine, maßvoll reduzierte Jus nutzten. Mit solchen Gerichten tendiert die Küche fast schon in den 7-Pfannen-Bereich.

Tadellose Drei-Komponenten-Küche repräsentierte dann am Ende auch der saftige bretonische Schokoladenkuchen, der mit fruchtintensivem, angenehm wenig süßem Sauerkirschsorbet und einer rahmig-milden Vanillesauce wirklich keine Wünsche an ein solches schlichtes Dessert offenließ. Im Vergleich dazu etwas einfacher gestrickt und nur zwei Komponenten gefertigt, welche aber ebenfalls schön auf den Punkt gebracht waren, punktete auch das cremig frische Schmandeis mit Orangen und einem ätherisch zestenherben Orangensud.

Zu alldem bietet die Familie Deppisch, die im Übrigen vis-a-vis auch einen Weinhandel betreibt, eine ansprechende und einladend kalkulierte Weinkarte mit vielen guten fränkischen Gewächsen, aber auch Überregionalem, aus der ergänzend zu den eher einfachen Schoppenweinen auch bestens abgestimmte Weine glasweise serviert werden.

Hotelempfehlung

★★★★

Hotel Anker

Kolpingstr. 7, 97828 Marktheidenfeld
☎ 09391-60040
www.hotel-anker.de
Einzelzimmer: 83–103 €
Doppelzimmer: 122–135 €

Rund um den romantischen Innenhof liegt das Hotel mit mehreren Gebäudeteilen direkt im Herzen von Marktheidenfeld. Die Stadt ist ein idealer Ausgangspunkt für Touren und Ausflugsziele zwischen Spessart und fränkischem Weinland. Von den 39 Einzel- und Doppelzimmern aus genießt man die Aussicht in den reich bepflanzten Hof oder über die Dächer der Altstadt bis zum Main und den Naturpark Spessart. Zentral im Hotelareal liegt der neue Querbau mit Lobby, Rezeption, Bar und dem Gartensaal, in dem auch das Frühstück serviert

wird. Glasfronten begrenzen die lichtdurchfluteten Räume. Im historischen Holzfasskeller können die Weine aus dem eigenen Weingut probiert werden und für das leibliche Wohl wird in zwei Restaurant gesorgt: fränkisch-rustikal geht es im „Schöppele" zu und feine internationale Küche gibt's im „Weinhaus Anker". Außerdem: Bike- und E-Bike-Verleih, Wellness-Studio „Casa Vitalis", ermäßigter Eintritt im nahegelegenen „Wonnemar". Restaurant Weinhaus Anker separat erwähnt.

Marloffstein (Bayern)

Alter Brunnen

Am alten Brunnen 1, 91080 Marloffstein
☎ 09131-50015
www.alterbrunnen.net/
◷ Mo ab 18 Uhr, Mi–So 12–14 Uhr
u. ab 18 Uhr, Di RT
Hauptgericht: 10–26 €, Menüs: 35–75 €

Eine hohe Nachfrage ist leider nicht immer ein klarer Indikator für hohe Qualität. Im Fall des traditionsreichen schmucken Hotels und Gasthauses „Alter Brunnen" von Familie Striegel aber leicht nachvollziehbar. Denn das mit gemütlichen Stuben, einer idyllischen Terrasse inklusive Fernblick übers Land und herzlichem Service auf Anhieb sehr einladende Gasthaus bietet eine clevere Mischung aus regionalen Spezialitäten und etwas gehobeneren Gerichten, die ein breites Publikum anspricht – und die zu überzeugen weiß, weil durchgängig auf frische natürliche Zubereitung und gute Ausgangsqualitäten geachtet wird.

So stehen auf der einen Seite das „Baiersdorfer" Schnitzel, gefüllt mit Meerrettich und süßem Senf, neben mustergültigen Bratkartoffeln, oder werden geduldig geschmorte Ochsenbäckchen mit Kräuterkartoffeln und frischem Marktgemüse aufgefahren. Auf der anderen Seite gibt es hier aber auch Dinge wie ein Duett von Kalbsfilet und Kalbskopf mit geröstetem Kopfsalat und Gnocchi oder einen Rehrücken mit Blumenkohlcreme, Pfifferlingen und Gewürzmarille. Während die letztgenannten Gerichte auf rustikale Art durchaus 5-Pfannen-Niveau erreichen, liegen die traditionellen Dinge eher ein wenig darunter. Wofür man sich entscheidet, bleibt letztlich dem persönlichen Geschmack überlassen…

Beispiele für die ambitionierte Seite der Küchenlinie waren zuletzt ein feinwürziges Matjes-Tatar mit vollreifen Stücken von der Canteloupe-Melone und einer dichtcremigen Melonenschaum-Haube, die dem Fisch neben duftiger Fruchtfülle auch etwas Säure lieferte. Oder auch das Zweierlei vom Kaninchen mit (leider sehr naturbelassenem) Filet und kräuterwürziger Terrine, das von einem Sauté aus kleinen festen Pfifferlingen und Oliven sehr schmackhaft begleitet wurde.

Im Hauptgang schaffte das Team mit einem kapitalen, sanft gegarten Kabeljau-Filet nebst (aromatisch etwas breiter, dumpfer) Erbsencreme, Bohnengemüse und einem knackig frischen Topping aus marinierten Rübenstreifen trotz der üppigen Portionierung einen balancierten Eindruck zwischen erdig und lebendig. Und auch eine der Alternativen in Form von rustikal medium gebratenem Rückensteak von der alten Kuh überzeugte schon dank des satten, feinwürzigen Fleischgeschmacks. Gestützt wurde dieser noch von einer kraftvollen natürlichen Jus und pfiffig ergänzt von einem cremigen Röstzwiebelrisotto und knackig sautiertem Wurzelgemüse, das hier überraschend viel Auflockerung und Frische beisteuerte.

Wer trotz der grundsätzlich auf großen Appetit ausgelegten Portionen noch Lust auf ein Dessert hat, kann sich auch bei den süßen Sachen für bodenständige Optionen wie Apfelküchle mit Walnusseis oder Eis-Palatschinken entscheiden – oder aber für zweierlei Crème brûlée mit natürlich-fruchtigem Himbeersorbet, von denen die helle, vanilleduftige Variante mit perfekter zartcremiger Konsistenz erfreute, während das dunkle, schokoladige Pendant zwar einen gelungenen Kontrast, aber auch eine etwas zu feste Konsistenz mitbrachte.

Freundlich offener und auch bei vollem Haus souveräner Service. Kleine ansprechende Weinauswahl und insgesamt ein gutes, faires Preis-Genuss-Verhältnis.

Marxheim (Bayern)

Land-Steakhaus
im Hotel Land-Steakhaus
Bayernstr. 16, 86688 Marxheim
☎ 09097-239
www.land-steakhaus.de
Di–Fr ab 17.30 Uhr, Sa u. So von 11.30–13.45 Uhr u. ab 17.30 Uhr, Mo RT
Hauptgericht: 14–60 €, Menüs: 30–80 €

Ein im besten Sinne gutbürgerlicher Landgasthof wie er im Buche steht! In der Region weithin bekannt, mit gepflegten Gasträumen, einem stattlichen Saal für Veranstaltungen (der hier „Remise-Koppelbar" heißt und bis zu 200 Personen fasst), einem Hochzeitspavillon mit großzügigem Freisitz, einer „Stadl-Bar", komfortablen Hotelzimmern samt luxuriöser Suite und einem eigenen Online-Shop für verschiedene kulinarische Produkte.

Wie der Name schon verrät, hat sich das Team um Juniorchef und Küchenmeister Bernhard Bürger auf anspruchsvolle Steak-Kultur spezialisiert. So gibt es von verschiedenen Filetsteaks vom Allgäuer Weiderind über bayrische Lende, diverse Cuts vom irischen Weiderind oder vom trockengereiften US-Beef, bis hin zum Wagyu im Grunde alles, was das Herz des Fleischliebhabers höherschlagen lässt. Und die Prachtsteaks werden hier auf der dicken Edelstahl-Platte des „Bohner-Öko-Steak-Grills" zur Perfektion finalisiert.

Man versteht sich aber auch auf regionale Schmankerl der traditionellen schwäbischen Küche oder bringt in Butterschmalz schön wellig gebratene original Wiener Kalbsschnitzel auf die Teller. Ein oder zwei alternative Fischgerichte findet man ebenfalls in der Karte und wer sich nicht zwischen Land und Wasser entscheiden kann, nimmt einfach den Surf'n'Turf-Teller mit Rinderfilet und Riesengarnelen, der sich hier scheinbar großer Beliebtheit erfreut, so oft wie er während unseres Besuchs an die Nebentische transportiert wurde…

Die Portionen sind ländlich-üppig, aber keinesfalls überladen, so dass man sich davor in jedem Fall auch einer Vorspeise widmen kann. Aufgrund der verlässlich guten Fleischqualität empfiehlt sich ein klassisches Carpaccio oder Tatar vom Rind – Schmackhaftes findet sich aber auch auf der Saisonkarte, die Frühjahr zum Beispiel ein aromatisch wie haptisch ausgewogenes Bärlauch-Schaumsüppchen offerieren kann. Da erkennt man schon sehr gut, dass hier auf solides Handwerk und natürliche Aromen wertgelegt wird.

Das verdeutlichten auch in besonderem Maße die hausgemachten Maultäschle, die mit wunderbar dünnem, geschmeidigem Teig um saftige fleischige Füllung mit natürlichen Aromen und glasig-braun geschmälzten Zwiebeln auf schmackhafte Jus drapiert waren und sich mit (leider unmariniertem) Rucola sowie (naturbelassenen) Kirschtomaten den Teller teilten. Da wird den Hauptsachen in jedem Fall genügend Aufmerksamkeit zuteil – die Details fallen dagegen eher einfach und uninspiriert aus.

So auch bei den Steaks, die in beachtlicher Fleischqualität präzise wunschgemäß gebraten und akkurat gewürzt daherkommen, jedoch eher profan begleitet und präsentiert werden. Das knusprig goldbraun mit schön schmelzigem Fettkern aufgetischte Rib-Eye-Steak nebst süßlich-pikanter Sauce etwa mit schlichter Sauerrahmkartoffel, auf der sich sicher ein paar frische Kräuter noch ganz gut gemacht hätten. Oder das in Jack Daniels Whisky marinierte und einer prägnanten Pfeffermischung gewürzte T-Bone-Steak vom irischen Weiderind, das mit eher durchschnittlichem Baguette einem Tomatenschnitz, zwei Salatblättern und etwas gehobeltem Meerrettich auf dem Holzbrett lag.

Etwas Süßes geht immer, zumal wenn's frisch gemachten und tatsächlich schön fluffig-saftigen Kaiserschmarrn mit Apfelmus gibt – der nach unserem Gusto nur etwas karamellisiert hätte sein dürfen und vielleicht mit ein paar großen, knackigen Mandeln vermengt, aber das ist schon eher Geschmacks- als Qualitätssache. Auch der hausgemachte Apfelstrudel mit Vanilleeis ist immer einen Versuch wert.

Hotelempfehlung

Hotel Land-Steakhaus

Bayernstr. 16,
86688 Marxheim
☎ **09097-239**
www.land-steakhaus.de
Einzelzimmer: ab 75 €
Doppelzimmer: ab 130 €

In Marxheim im Naturpark Altmühltal und dort nur 500 m vom Donauufer entfernt, befindet sich das familiengeführte traditionsreiche Land-Steakhaus. Die 2020 komplett renovierten 6 Zimmer – davon 4 Doppelzimmer, 1 Einzelzimmer und 1 Suite – sind im nachhaltigen Chalet-Style eingerichtet, vollklimatisiert und schallisoliert. Alle Zimmer haben Fußbodenheizung, HD-Flachbild-TV, WLAN Hotspot, großzügige Bäder mit Regendusche und Kingsize Boxspringbetten. Die Romantik Suite verfügt außerdem über einen Balkon im Kastanienbaum und einen privaten SPA mit Dampfsauna, Zirbenholz-Sauna und Whirlpool-Badewanne. Es gibt einen großen, schattigen Biergarten und das Restaurant Land-Steakhaus, in dem auch Hochzeiten und Firmenfeiern abgehalten werden können. Im Restaurant werden Steaks und regionale Spezialitäten werden serviert. Alternativ kann man auch in der gemütlichen Koppelbar speisen, die sich in einer großen Holzhütte mit einem rustikalen Kamin befindet. Direkt am Donauradweg gelegen ist das Land-Steakhaus idealer Ausgangspunkt zum Wandern, Radfahren und für Ausflüge in die Region. Restaurant Land-Steakhaus separat erwähnt.

Maselheim (Baden-Württemberg)

Lamm

Baltringer Str. 14,
88437 Maselheim (Sulmingen)
☎ 07356-937078
www.sulminger-lamm.de
⏱ Mi–Sa ab 18 Uhr, So von 12–13.30 Uhr
u. ab 18 Uhr, Mo u. Di RT
Hauptgericht: 20–29 €,
Menüs: 35–75 €

Viel beschaulicher und dörflicher als der im kleinen Ortsteil Sulmingen des ebenfalls nicht viel größeren Maselheim gelegene Betrieb von Constanze und Mike Becker kann man sich ein schwäbisches Gasthaus kaum denken. Aber nicht umsonst zieht das Lamm seit Jahren viele Besucher aus einem Einzugsgebiet an, das weit über die unmittelbare Umgebung hinausgeht. Qualität zahlt sich aus! Und davon gibt es hier von A wie Aufstrich bis Z wie Zimteis jede Menge.
Mit seinen unkomplizierten und doch anspruchsvollen Gerichten, die durchweg bodenständig bleiben und zugleich lockerleicht in Richtung Fine Dining weisen, hat Mike Becker sich zurecht etabliert. Einfach weil jedes Detail aufgeräumt und geschmacksstark auf die Teller kommt und kompositorisch zugleich niemand überfordert wird.

Wobei diese Gefahr bei dem modern angerichteten, optisch markanten Opener des letzten Menüs vielleicht sogar bestünde, zumindest im ersten Moment: Auf einem durch dunkelgrüne Lauchcreme marmorierten Teller stand hier ein knusprig-glasiges Saiblingsfilet zwischen eher erdigen, dunklen Noten von Linsen und Lauchherz, pikant eingelegten Senfkörnern mit dezent süß-säuerlichem Grundcharakter und leichter Bitterkeit, sowie einigen Kräuterspitzen, Knusperchips und Saiblingskaviar als auflockernde Elemente – und hatte damit einen äußerst souveränen Auftritt. Optisch modern, rustikale Zutaten und aromatisch elegant abgestimmt.
Völlig weg aus der Region ging es danach mit einer exotisch duftenden Schaumsuppe von Curry und Kokos, deren natürliche Tendenz ins Süße durch eine lebendige Säurestruktur im Süppchen und ätherische Limettenfrische in den als Einlage integrierten Ricotta-Nocken ausbalanciert wurde. „Wohlfühlküche" vom Feinsten und ein Schaum, hinter dem sich auch ein Dieter Müller (der für stilistisch ähnliche Suppen und Saucen steht) nicht hätte verstecken müssen.
Genauso wenig wie vor dem traumhaft charakterstarken Sulminger Lamm, dessen feine Würze in einem Rückenstück mit Kräuterkruste und einem am Knochen belassenen Part präsentiert wurde – beide Male inklusive zartschmelzend krossem Fettdeckel. So viel Produktcharakter dank perfekter Zubereitung gibt es tatsächlich selbst in deutlich höher bewerteten Häusern nur selten. Die Umgebung aus geschmortem Fenchel und Perlzwiebeln, einer buttrig-luftigen Kartoffelrolle (eine Art Kartoffelcrêpe mit Soufflémasse gefüllt) und einer kräftigen Lammjus bewegte das Gesamtbild auf wohlproportionierte Art in eine schmeichelhaft-harmonische Richtung und in diesem Stil ganz locker auf 7-Pfannen-Niveau.
Diese Klasse erreichte das Dessert dann nicht ganz, weil die Zubereitungen aus weißer und dunkler Schokolade als Moussequader und Eis trotz hochwertiger Zutaten recht üppig ausfiel und von den dezent integrierten Beerennoten nicht wirklich belebt werden konnte. Souverän und lohnend war aber auch dieser Abschluss, genau wie im Übrigen die auf ein besonders gutes Preis-Leistungs-Verhältnis fokussierenden Weinempfehlungen des jungen Teams um Constanze Becker.

Kandlbinder Küche

Postplatz 1,
93142 Maxhütte-Haidhof
☎ 09471-6050646
www.kandlbinderkueche.destart.html
❂ Mo u. Do–Sa ab 17.30 Uhr,
So von 11.30–14 Uhr, Di u. Mi RT
Hauptgericht: 17–40 €,
Menüs: 37–90 €

Die Alte Post, in der das Restaurant Kandlbinder Küche von und mit Martin Kandlbinder residiert, ist ein schöner historischer Gasthof, rund eine Viertelstunde nördlich von Regensburg gelegen, der in mehrere hübsch renovierte, in kraftvollen Farben unterschiedlich gestaltete Goasträume einlädt. Stilistisch verkörpert das Lokal den Typ des stilvollen Landgasthauses und auch auf den Tellern geht es gehoben ländlich zu. Der Chef hat sein Handwerk unter anderem in der Silbernen Gans und im Rosenpalais in Regensburg gelernt und im Alpenhof Murnau sowie bei Klaus Erfort in Saarbrücken verfeinert. Allzu viel Detailaufwand veranstaltet er auf den meist schlicht arrangierten Tellern des eigenen Restaurants dennoch nicht, aber der gehobene Anspruch, mit dem er hier zugange ist, wird durchaus deutlich.

Das funktioniert immer dann am besten, wenn ein überdurchschnittliches Produkt im Spiel ist. So wie beispielsweise die mild geräucherte Entenbrust, die als Küchengruß mit einem relativ naturbelassenen Avocadopüree aufgetischt wurde, welches allerdings von Afillakresse einen interessanten grün-frischen Touch verliehen bekam. Noch besser sogar mit der hervor-

ragenden französischen Blutwurst Boudin Noir, die als kross angebratene Scheiben zusammen mit Topinamburpüree und geschmorten Schalotten eine herzhaft bodenständige und trotzdem anspruchsvolle Vorspeise abgab. Nicht ganz so gut gelang das nach unserem Gusto mit den relativ kleinen gebratenen Jakobsmuscheln, die qualitativ okay, aber nicht begeisternd waren, allerdings mit einer Art Salat von Apfel und Kürbis sowie einer mit Vanille harmonisch abgerundeten Weißweinsauce dennoch einen stimmigen Eindruck hinterließen. Fleisch scheint ohnehin mehr die Stärke der Küche zu sein, denn auch bei den Hauptgerichten gefiel uns das Kaninchen besser als der Saibling, dessen Filet mit relativ viel Eiweißaustritt und insgesamt recht trocken auf seinem Bett aus Garnelenrisotto lag. Der Risotto selbst war schön schlotzig, aber der Reis schon etwas spröde und weich – an der guten milden Beurre blanc, die nach unserem Geschmack etwas mehr Säure und Weinfruchtigkeit hätte zeigen dürfen, konnte man die handwerklich solide Substanz dieser Küche erkennen.

Von bereits genanntem Kaninchen gab es den Rücken, der ringsum schön goldbraun angebraten und innen noch saftig und zart war, zusammen mit dünnen, leicht knackigen Streifen von violetter Karotte, Spitzkraut und Pfifferlingen auf einem tellerfüllenden See aus Trüffelschaum und Jus. Auch hier wieder kein sonderlich kunstvoll arrangierter Teller, sondern ein pragmatisch angerichteter Hauptgang, der mit guten Produkten und harmonischem Wohlgeschmack überzeugen konnte.

Ohne weiterführende Finesse, aber ebenfalls von solider handwerklicher Machart und mit gutem Geschmack, kamen zuletzt auch Crème brûlée und Vanilleeis daher – das Eis mit schönem Schmelz und kraftvollem, würzigen Vanillearoma, die mit Sorgfalt abgebrannte Creme ebenfalls in guter, fester und homogener Konsistenz und mit gutem Geschmack. Einen Kreativitätspreis kann man damit freilich nicht gewinnen, muss aber ja wirklich auch nicht immer sein.

Für uns ist und bleibt das gepflegte Gasthaus mit seiner nicht überbordenden, aber mit vielen spannenden einfacheren Weinen und einigen hochwertigen Gewächsen durchaus attraktiv bestückten Weinkarte jedenfalls ein sehr guter und zuverlässiger Tipp, wenn schnörkellose gehobene Landküche mit Blick über den Tellerrand zu moderaten Preisen gefragt ist.

Meersburg (Baden-Württemberg)

Casala

im Hotel Residenz am See
Uferpromenade 11,
88709 Meersburg
☎ 07532-80040
hotel-residenz-meersburg.com/
genuss/casala/
Do–So ab 19 Uhr, Mo–Mi RT
(in den Sommermonaten auch
Mo geöffnet)
Menüs: 99–140 €

Dass die Bodenseeregion als eine der gastro-kulinarisch beständigsten Gegenden in Deutschland gilt, in der seit weit über einem Jahrzehnt eigentlich alles beim guten Alten bleibt und es kaum Veränderungen gibt, liegt auch an Häusern wie dem inhabergeführten Romantik Hotel am See in Meersburg, auf dessen Terrasse man nicht nur einen weitläufigen Blick über den Bodensee hat, sondern auch schon seit einer gefühlten Ewigkeit eine der besten Küchen der Region genießen kann. Dessen elegantes Gourmetrefugium Casala wird ebenso von Jeune-Restaurateur-Küchenchef Markus Philippi bekocht, kredenzt hier zeitlose Gerichte auf hohem Niveau, orientiert sich dabei weitgehend an der französischen Klassik, spielt aber in jüngerer Zeit etwas forscher auf der Aromenklaviatur, bewegt sich immer öfter auch mal jenseits des Erwartbaren, setzt etwas mutigere Akzente. Über die hohe Qualität der Produkte brauchen wir hier ebenso wenig sprechen wie über das sattelfeste Handwerk. Neu ist auch, dass man sich vorab bei der Reservierung aus rund einem Dutzend Optionen sein individuelles Wunschmenü zusammenstellt, was zwar dem Gast etwas vorausschauendes Handeln abverlangt, im Endeffekt aber eine Win-Win-Situation darstellt: auf der einen Seite mehr Auswahlmöglichkeit und auf der anderen Planungssicherheit. Spontane Entscheidungen kann man dann am Abend ja trotzdem noch fällen, denn der charmante und erfrischend lockere Service hält eine sehr gut bestückte Weinkarte mit Fokus auf deutsche Gewächse bereit.

Meisenheim (Rheinland-Pfalz)

Meisenheimer Hof Restaurant

im Hotel Meisenheimer Hof
Obergasse 33, 55590 Meisenheim
☎ 06753–1237780
www.meisenheimer-hof.de
Mi–Sa ab 18 Uhr, So ab 12.30 Uhr
durchgehend, Mo u. Di RT
Hauptgericht: 24–44 €,
Menüs: 49–109 €

Dieses stilvoll renovierte barocke Gasthaus mit Weinhotel im Herzen von Meisenheim, das seit 1699 als solches urkundlich erwähnt ist, wuchert mit jeder Menge Flair. In und um das Gebäudeensemble gehen vom lauschigen Innenhof, der an die historische Stadtmauer anschließt, über den stimmungsvollen Gewölbe-Weinkeller, bis hin zu den geschmackvoll schlicht gestalteten Gasträumen, alte Bausubstanz und moderne Gestaltungselemente eine sehr stimmige Verbindung ein. Am besten lässt sich das alles auskosten, wenn man eines der gut zwanzig individuell gestalteten Zimmer und Suiten bewohnt – der Meisenheimer Hof lohnt aber auch einen Besuch ausschließlich der Küche wegen.
Die ist das Steckenpferd von Jeune Restaurateur Markus Pape, der hier mit seinem Team ganz ohne Allüren und Extravaganzen, aber mit jeder Menge Kreativität und Gestaltungsfreude aufkocht. Sein Kulinarium ist auf der einen Seite stark regionalbetont, auf der anderen Seite aber auch sehr weltoffen. Klingt nach Alles und Nichts, wirkt hier aber alles andere als beliebig. Wir würden die Küche zudem als äußerst produktbezogen, schnörkellos und unverkünstelt beschreiben. Und als sehr vielseitig: Wo gibt es

heute noch zwei unterschiedliche Menüs und eine schöne Auswahl an zusätzlichen à-la-carte-Gerichten, die alle auch noch unkompliziert miteinander kombiniert werden dürfen? Ganz in diesem Sinne grüßte das Team zuletzt erst mit einem sorgfältig von Hand geschnittenen Tatar des regionalen Glantalrindes, das mit säuerlich eingelegten Pilzen und einer gebratenen Kappe vom Shiitake-Pilz, zitrischer Miso-Mayonnaise und einem milden, transparenten Dashifond leicht asistisch angehaucht war. Mit einer schön puren Gänseleberterrine nebst Himmel-und-Erde-Tatar, Sauce Cumberland und Brioche ging es beim zweiten Küchengruß in eine ganz klassische französische Richtung.

Ein erstes Highlight unseres letzten Besuchs, mit dem ein hervorragendes Produkt in kreativer, feinsinnig inszenierter Umgebung präsentiert wurde, folgte dann in Gestalt der Vorspeise um Bayrische Garnelen, die als fleischiges Carpaccio und als kurz und knapp angegrilltes aber noch weitgehend rohes Exemplar zum Besten gegeben wurden. Eine kleine Nocke Olivenöl-Eis, ein nussiges Gemüsetatar, grünfrisches knackiges Staudensellerietatar und etwas Salzzitronencreme spielten dem reintönigen, leicht süßlichen Garnelengeschmack so akzentuiert wie nötig und so zurückhaltend wie möglich zu, so dass das im niederbayrischen Langenpreising kultivierte Krustentier wirklich optimal in Szene gesetzt war.

Als selbstgewählter Einschub aus den à-la-carte-Gerichten kam sodann ganz klassisch und gegenständlich die kraft- und gehaltvolle Bouillabaisse daher, die in einer kleinen Cocotte präsentiert und stilecht von Röstbrot, Sauce Rouille und geriebenem Hartkäse begleitet wurde. Auch hier jede Menge Substanz, Qualität und guter Geschmack. So wie beim nächsten offiziellen Zwischengang des Gourmetmenüs, einem Ragout aus Lunge, Zunge und Herz vom „Lehmmühle-Kalb", die mit knusprig gebackenem Bries desselben Tieres und keck mit Limone aufgefrischtem Kartoffel-Lauchstampf zu einem ebenso süffigen wie herzhaften Leibgericht für Innereien-Fans zusammenkamen.

Die perfekt saftige und zarte Tranche vom Seehecht aus der Nordsee mit ihrem extrem reintönigen, sauberen Geschmack stellte danach ein locker flockiges mediterranes Intermezzo dar: Auf etwas Gemüse „a la greque" (Artischocke, Paprika, Olive, Zwiebel…) gebettet und von kleinen, fluffig-cremigen Gnocchi sowie einem leicht gebundenen Escabeche-Sud mit feiner Säure und geschmeidiger Struktur umgeben, hätte man sich für diesen Prachtfisch im Grunde kein besseres Umfeld wünschen können. Auch hier wieder viel Geschmack in vor-

nehmer Zurückhaltung, alles zugunsten des hervorragenden Hauptprodukts.

Das obligatorische Sorbet vor dem Hauptgang gibt's im Meisenheimer Hof meist als Interpretation eines Cocktails oder Longdrinks, diesmal eines „Gin Fizz" auf Basis von Zitronensorbet – und als solches tatsächlich eine lohnende Erfrischung. Ob die auffällig gute „Sauce Grand Veneur" zum nussig überkrusteten Rücken und dem zarten Keulenragout vom Soonwald-Reh tatsächlich ganz klassisch mit Johannisbeergelee abgeschmeckt war, vermögen wir nicht zu sagen – jedenfalls hatte sie eine ausgeprägt fruchtige Säureader und war auch sonst sehr pronanciert und ausdrucksstark. So brachte sie in das Beilagen-Ensemble aus plakativ honigsüßem geschmortem Radicchio, etwas Stampf von der Steckrübe und einer Pfifferlings-Grießschnitte genügend Dynamik, so dass auf dem Teller ein balancierter Gesamteindruck entstand.

Den Abend auch der unkomplizierte süße Abschluss in Gestalt einer Eigeninterpretation des Pfirsich-Melba-Themas mit Pfirsich, Himbeere und Vanille in unterschiedlichen Aggregatzuständen, die geschmeidig ineinandergriffen. Die Weinkarte listet Bestes von der Nahe, natürlich auch vom eigenen Weingut, aber auch darüber hinaus viel Gutes, Ausgewähltes aus anderen deutschen Anbaugebieten und aus europäischen Nachbarländern. Insbesondere das Bordelais ist prominent vertreten. Sommelier und Restaurantleiter Andreas Held empfiehlt nicht nur kompetent, sondern führt mit feinem, trockenem Humor auch sonst sehr kurzweilig durch den Abend.

Die Besteck-Symbole

⫴⫴⫴⫴⫴ luxuriöses Restaurant mit höchstem Komfort und formvollendetem Service, edler Ausstattung und einer Weinkarte, die höchsten Ansprüchen genügt

⫴⫴⫴⫴ elegantes Restaurant mit hohem Komfort und exzellentem Service, sehr gute Ausstattung, hervorragende Weinkarte

⫴⫴⫴ gehobenes Restaurant mit gutem Komfort und versiertem Service, umfangreiche Weinkarte

⫴⫴ besser ausgestattetes Restaurant mit ordentlichem Service, ausgewählte Weine

⫴ schlichtes Restaurant, Gasthof oder Bar

Hotelempfehlung

Hotel Meisenheimer Hof

Obergasse 33,
55590 Meisenheim
☎ 06753–1237780
www.meisenheimer-hof.de
Einzelzimmer: 79–129 €
Doppelzimmer: 129–169 €

Das charmante Wein- & Erlebnishotel ist mit viel Liebe zum Detail gestaltet. Die insgesamt 17 Hotelzimmer und Suiten sind Themenzimmer – die meisten heißen nach berühmten Weinbergen an der Nahe. Ihre ganz individuelle Einrichtung nimmt Bezug auf den Weinberg und die prominenten Winzer, die die Weinberge pflegen und Paten der Zimmer sind. Andere Räume erinnern an historische Persönlichkeiten mit Bezug zur Meisenheimer Geschichte. Moderner Komfort ist selbstverständliche Basis, aber der ganz eigene Stil prägt das Erlebnis. Für die Hotelgäste stehen z. B. eine exklusive Dach- und Ruheterrasse und der Kräutergarten zur Verfügung. Oder man liest die „Meisenheimer Novelle" in den Fauteuilles der Bibliothek. Außerdem: ein Restaurant mit verschiedenen, sehr individuellen Räumlichkeiten, eine moderne Bar, ein großes Weingewölbe mit historischem Sandsteinfußboden und ein Weinkeller zahlreichen Schätzen. Frühstück mit Produkten aus der Region. Meisenheimer Hof Restaurant separat erwähnt.

Landküche

Im Landhotel Saarschleife
Cloefstraße 44,
66693 Mettlach (Orscholz)
☎ 06865-1790
www.hotel-saarschleife.de
⊘ Fr–So u. Fei ab 12 Uhr durchgehend,
Mo–Do RT
Hauptgericht: 24–38 €,
Menüs: 65–105 €

Die Saarschleife bei Cloef mit ihrem tief eingeschnittenen Tal, grandiosen Ausblicken und dem nahen Baumwipfelweg ist nicht nur ein zurecht beliebtes Ausflugsziel, sondern genauso auch ein Genussort. Denn in dem unmittelbar am Zugang zur Saarschleife und nach ihr benannten Landhotel wartet unter der Führung von Christian Münch-Buchna, Celine Weisse und dem gesamten Team ein in allen Belangen auf niveauvolle Gastlichkeit ausgerichteter Ort auf seine Gäste.

Das seit geraumer Zeit zweigleisig ausgerichtete gastronomische Konzept bietet in der „Dorfküche" innerhalb eines etwas ländlicher gestalteten Rahmens oder bei schönem Wetter auf der Terrasse bodenständige, aber sehr souverän und frisch zubereitete Speisen, die von der im Ganzen gebratenen Leukbach-Forelle mit Tomatenschmelze, sautiertem Blattspinat und Salzkartoffeln bis zum rosa gebratenen Steak vom Rinderrücken mit grüner Pfefferrahmsauce, Champignons und überbackenen Käsespätzle reicht. Und richtet sich damit adäquat an Gäste mit eher traditionellen kulinarischen Vorlieben.

Ambitionierter wird es in dem vornehmer gestalteten und elegant eingedeckten Bereich der „Landküche", in dem sich das Team schon klar in Richtung Fine Dining bewegt. Allerdings auf eine ebenfalls sympathisch bodenverhaftete Art, ohne in Aufwand oder (pseudo-)kreativen Spielereien über die Stränge zu schlagen. Stattdessen zeigte zuletzt bereits das geschmeidig zarte Carpaccio von der Jakobsmuschel nebst einer milden Schalottenvinaigrette, Zucchini-Juliennes, Röstbrotchip und Crème fraîche zum Start, wie mit wenig Aufwand und einfachen Mitteln überzeugende Ergebnisse erzielt werden können. Und liefert den Beweis, dass der Anspruch an die verwendeten Produkte hier auch klar überdurchschnittlich ist.

Ausgezeichnete Frische und klarer Geschmack prägten dann nämlich auch das Tatar von der Lachsforelle, das auf einem fluffigen Apfelbiskuit angerichtet und von Forellenkaviar und Korianderschmand auflockernd gekrönt wurde. Dazu lieferte eine schneidige Vinaigrette mit Sesam und Senf den nötigen Punch für einen gelungen dynamischen Auftritt.

Bei der folgenden Ziegenkäsetarte kam mit dem „Eifelmilden" vom Vulkanhof ebenfalls ein gutes Produkt zum Einsatz, der Clou war hier aber das Zusammenspiel aus dem auf dünnem Mürbteig mit Honig überschmolzenen Ziegenkäse gegenüber den frisch-bitteren Aromen von knackigem Radicchio, Zuckerschoten und gekeimten Linsen, die alle zusammen von einem milden Kräuteröl verbunden waren. Erneut: keine Zauberei, aber gut durchdacht und souverän ausgeführt.

Was im Hauptgang grundsätzlich genauso für den Seeteufel galt, der saftig und aromatisch mit Rouille gratiniert nebst Sepia-Taglierini, Salicornes und einer kraftvollen safrangelben Sauce auf den Tisch kam. Hier sorgten die üppigen Proportionen und der insgesamt kräftig-salzig und würzbetont ausgerichtete Geschmack allerdings für einen etwas behäbigeren Eindruck. Insbesondere die Sauce war primär von der salzig-würzigen Basis geprägt und steuerte nicht die Eleganz und Frische bei, die dem Teller noch den letzten Kick und Feinschliff hätte geben können. Souverän und sehr schmackhaft umgesetzt war das aber nichtsdestotrotz.

Genau wie das anschließende Dessert mit zarter Kirschmousse-Schnitte neben intensivem, fast etwas überparfümiert wirkendem Waldmeistersorbet und knusprigem Cannellono mit einer leider sehr zuckrigen Cremefüllung aus weißer Schokolade. Auch wenn hier in den Details nicht alles bis aufs Letzte ausgefeilt war, ergab auch das einen niveauvollen und stimmigen Eindruck.

Dazu bietet die Weinkarte einen guten Querschnitt der Region, aber auch darüber hinaus viele ansprechende deutsche und europäische Gewächse zu fairen Preisen. Die offen ausgeschenkten Weine stammen von sonst eher unbekannten Erzeugern aus der unmittelbaren Umgebung, lohnen aber ebenfalls einen Versuch. Und bei der Auswahl steht der Service unter der Leitung von Pierre Näke, der auch sonst durchweg zugewandt und aufmerksam unterwegs ist, immer kompetent zur Seite.

Hotelempfehlung

★★★★

Landhotel Saarschleife

Cloefstr. 44,
66693 Mettlach (Orscholz)
☎ **06865-1790**
www.hotel-saarschleife.de
Einzelzimmer: 79–144 €
Doppelzimmer: 129–198 €

Ein seit drei Gererationen familiengeführtes Hotel, direkt an der imposanten Saarschleife, eingebettet in den Varadeser Kurpark des Luftkurortes Orscholz. Hier wurde in jüngster Zeit enorm viel investiert und erneuert: Zimmer, Flure und Bäder präsentieren sich aufwendig und stilvoll renoviert; in diesem Zuge sind auch zwei neue Zimmerklassen entstanden. Im letzten Jahr ist zudem die neue Wellnessanlage in Betrieb gegangen – mit Hallenbad und Saunen auf über 500 Qudratmetern. Auch der Gastronomiebereich wurde erneuert und um eine neue Hotelbar und einen neu gebauten, auch für Gäste begehbaren Weinkeller ergänzt. Restaurant Saarschleife separat erwähnt.

Das Marktrestaurant

Dekan-Karl-Platz 21,
82481 Mittenwald
☎ 08823-9269595
www.das-marktrestaurant.de
🕐 Di–Do ab 18.30 Uhr,
Fr u. Sa von 12–13.15 Uhr u. ab 18.30 Uhr,
So u. Mo RT
Hauptgericht: 21–46 €,
Menüs: 90–120 €

EC ⬤ VISA hTTH ♿

Mit einem ambitionierten Restaurant in der hochtouristischen Bergwelt rund um Garmisch-Partenkirchen erfolgreich zu bestehen, ist kein Leichtes. Tatsächlich wäre es für Nancy und Andreas Hillejan vermutlich der wesentlich einfachere Weg gewesen, auf bodenständige Regionalküche zu setzen. Erfreulicherweise gingen die beiden schon vor Jahren aus dem Rheinland ins tiefste Oberbayern immigrierten Gastgeber in ihrem kleinen charmanten Lokal im historischen Ortskern von Mittenwald aber von Anfang an nicht den vielleicht einfachsten Weg, sondern waren mit ihrer immer weiter optimierten Küche stets darauf bedacht, neugierige und anspruchsvolle Genießer anzulocken und ihnen immer wieder einen Grund zu geben, hierher zu kommen.

Den gäbe es sogar auch, wenn Andreas Hillejan nicht vor einer so bezaubernder Bergkulisse kochen würde, sondern in München, Augsburg oder sonst irgendwo. Denn was der erfahrene Chef hier auf die Teller bringt, hat in seiner Verbindung von augenzwinkerndener Rustikalität, leichter Zugänglichkeit und zugleich feinen Details und originellen Ideen ebenso viel Wohlfühl- wie Genusswert – und bewegt sich zudem auf einem in den letzten Jahren immer noch ein bisschen weiter gesteigerten hohen

Niveau. Das gilt im Übrigen für beide Bereiche der Karte, also sowohl für die moderner und kreativer angelegten Gerichte des „Wirtshaus mal anders", die auch als Menü konzipiert sind, als auch für die etwas bodenständigeren Offerten der „Wirtshausküche Heimat".

Nach ersten noch eher zurückhaltenden Snacks zum Aperitif wurde dieses Niveau zuletzt bereits bei dem ersten, wunderbar sommerlichen Gang rund um eingelegte Galia-Melone klar sichtbar. Diese bot gemeinsam mit einem durch Chiliöl geschärften Melonenfond das Tableau für mit Purple Curry akzentuierte und kräftig geflämmte Bayerische Garnelen. Und zwischen diesem exotisch duftigen Aromengeflecht blitzten konzentriert noch eine grüne Dillcreme und Bronzefenchel sowie eine Thai-Curry-Creme auf und sorgten für zusätzliche Spannung. Vollgas gleich zu Beginn!

Zum Thema Wohlfühlen leistete dann die folgende „Bayerische Ramen-Suppe" einen perfekten Beitrag: In einer leicht klebrig reduzierten, mit dunkler komplexer Würze aufwartende Brühe sorgten neben zarten Ramen-Nudeln und Koriander vor allem knackige Gemüsestreifen und Bärlauchkapern für säuerlich-frische Momente, während ein cremiges Wachtelei der Komposition zusätzlichen Schmelz verlieh und damit eine ebenso originelle wie gelungene Verbindung regionaler und asiatischer Aromenwelten schaffte.

Ebenfalls ein gekonntes Spiel mit rustikalen Elementen gab es im Hauptgang mit bestens gereiftem regionalem Rind, das mit kernig-zartem Fleisch und feiner eigener Würze schon allein als Produkt viel zu bieten hatte, von einer hauchdünnen prononcierten Blutwurstkruste aber noch einen entscheidenden Kick mitbekam. In diese eher warme Aromatik fügten sich eine gebackene und cremig gefüllte Süßkartoffel mit ätherisch-bitterem Topping, die in Süße und Säure konzentrierte Aromatik von San-Marzano-Tomate und eine spannungsgeladene Honig-Limonen-Jus perfekt ein und rundeten einen würdigen Menühöhepunkt ab.

Und weil das Niveau auch bei den Desserts nicht abreißt – sei es bei einer erfrischenden Interpretation eines „Baba au Rhum" mit mariniertem Rhabarber, schmelzigem Rhabarber-Buttereis und blumig-duftiger Tahiti-Vanille-Creme oder der wolkenleichten Version eines Kaiserschmarrens auf soufflierter Topfenbasis, der von Kürbiskernrahmeis einen originellen nussigen Kontrast bekommt – bleibt unsere hohe Bewertung weiterhin voll bestätigt.

Und das schließt auch den herzlichen und kompetenten Service von Gastgeberin Nancy Hillejan ganz uneingeschränkt mit ein, die das

Wohlfühlen durch eine angenehme Atmosphäre garantiert und außerdem dafür sorgt, dass aus der mit vielen hervorragenden österreichischen und italienischen Weinen bestückten Getränkekarte ein jeweils passender Tropfen in den Gläsern landet.

Molfsee (Schleswig-Holstein)

Bärenkrug

im Hotel Bärenkrug
Hamburger Chausee 10,
24113 Molfsee
📞 04347-71200
www.baerenkrug.de
🕐 Mi–So ab 17 Uhr, Mo u. Di RT
Hauptgericht: 17–43 €,
Menüs: 52–69 €

Der renommierte Landgasthof, der seit jeher ein breites Publikum anzieht, gehört zwar zu den altehrwürdigen Traditionsadressen im Kieler Raum, bietet aber aus kulinarischer Sicht deutlich mehr, als man es für gewöhnlich aus solchen Häusern kennt. Der in ersten Hamburger Restaurants und bei Jörg Müller auf Sylt mit allen Kochwassern gewaschene Ulf Sierks lässt seine Gäste neben souverän optimierten Klassikern der bodenständigen Art am Abend in den Genuss eines bis zu fünf Gänge reichenden Abendmenüs kommen, das mit exklusiveren Produkten gespickt ist und auch konzeptionell eine deutlich feinere Version der Landhausküche darstellt. Das Team setzt in beiden kulinarischen Linien erfolgreich auf die Feinheimisch-Karte, hält überdies stets einige ansprechende vegetarische Alternativen parat und hat überdies eine eigene Produktlinie für den Hofladen entwickelt.

Bezahlkarten-Symbole

- Mastercard
- EC-Maestro
- Diners
- American Express
- **VISA** Visa

Moos (Bayern)

KOOK 36

Thundorferstr. 36,
94554 Moos
📞 09938-9196636
kook36.de
🕐 Mi–So ab 18.30 Uhr, Mo u. Di RT
Menüs: 87–107 €

Das unscheinbar in einer kleinen Wohnsiedlung gelegene Restaurant von Josefine Noke und Daniel Klein hat sich in den letzten Jahren als feste Größe für Genießer zwischen Straubing und Passau (und darüber hinaus) etabliert. Und das verwundert wenig, denn die Kombination aus hellem, mit Naturmaterialien heimelig gestaltetem Ambiente und einfallsreicher Küche zu verblüffend fairen Preisen ist einfach einladend und mehrheitsfähig.
Dabei zieht sich der gehobene Anspruch von der Aperitif- und Getränkeauswahl über den zuvorkommend herzlichen Service von bis zu den fantasie- und aromenreichen Gerichten durch das gesamte Programm. Letztere sind im Übrigen zwar durchaus kreativ, aber nie so abgedreht, dass der Zugang schwierig werden würde. Und sie bauen eher auf deutliche Akzente mit nicht übertrieben komplizierten Mitteln…
Nach zwei ausgezeichneten selbstgebackenen Brotsorten nebst Miso- und Tomatenbutter stimmte das Team noch mit weiteren Kleinigkeiten auf den Abend ein. Nicht hundertprozentig überzeugend gelang dabei der erste Appetizer mit einer (leider etwas aufgeweichten) Mini-Eiswaffel, gefüllt mit Thunfischtatar, Wasabimayo und Marille, bei dem der teils angegart wirkende Thunfisch einen insgesamt leicht

massigen Eindruck verstärkte, der auch durch die Fruchtsäure nicht ganz ausgeglichen wurde. Besser: die Süße von gerösteter Brioche zu den kräftigen Aromen eines Rindertatars mit Misocreme und der Säure von schockgefrosteter Physalis. Neugierig auf das Kommende machten aber beide Snacks!

Und bei dem dick geschnittenen und temperierten, aber sonst nur kurz abgeflammten Rindertataki in Ponzusauce wurde diese Neugierde auf sehr erfreuliche Art befriedigt: Nicht nur die Qualität des auch in dieser Präsentation geschmeidig zarten Fleischs, sondern auch die kontraststarke Begleitung mit milder Süßkartoffelcreme gegenüber Granny-Smith-Sorbet, einer säurestraffen Mayonnaise und knusprigen Getreidepops überzeugte auf gut durchdachte Art. Einzig die Ponzusauce war einen Hauch zu sehr auf der sojasalzigen Seite und hätte etwas leichter und stärker ätherischzitrisch dem Rind noch mehr Raum geben können.

Danach variierte das Team eine bereits aus vorherigen Besuchen bekannte Kombination mit neuem Hauptprodukt: eine wunderbar frische und nussig aromatisch Jakobsmuschel saß hierbei auf einem cremigen Sockel aus Sushireis und wurde von einem forsch geschärften Gurken-/Wasabisud und Wasabicreme umspielt und hatte so insgesamt einen ebenso lebendig frischen Auftritt wie die ganz ähnlich umspielte Bayerische Gamba im Vorjahr…

In genau die entgegengesetzte Richtung, eine rauchig-erdig-würzige nämlich, ging es bei der folgenden in Muscovado karamellisieren Gänseleber, deren üppiger Schmelz von confierten Perlzwiebeln, einer cremigen Trüffelsauce und waberndem Olivenholzrauch auf erfreulich herzhaft-kraftvolle Art eingefasst wurde. Klitzekleine Minuspunkte gab's nur für die gefriergetrocknete Zwiebel mit eher elastischer als crunchiger Konsistenz.

Und apropos herzhaft-kraftvoll: genau das war auch die unkonventionelle Kombination von Chorizo, Portweinkirschen und Spinat zu sanft confiertem Kabeljau. Dabei hatte die Idee eines zwischen paprikawürziger Schärfe, roter Frucht und grünen Aromen angelegten Akkords definitiv Potential, wurde allerdings unter anderem durch grobe Chorizo-Stücke zwischen den Kirschen ein wenig zu rustikal umgesetzt, so dass der Kabeljau dabei tendenziell zum Nebendarsteller wurde.

Zum Abschluss brachte das Team den Klassiker „Vanilleeis mit Kürbiskernöl" mit einem cremigen und duftigen Eis sowie zarter Mousse

und vollreifen Marillenspalten mit einfachen Mitteln in eine frischfruchtige Richtung und blieb damit auch im süßen Bereich souverän.

Allerdings zeigte sich hier auch das größte Potential der Küche, die aktuell in einem gewissen Ungleichgewicht zwischen häufig eingesetzten, teils technisch aufwendigeren Mitteln (Schockfrosten…) auf der einen Seite und teils einfacheren gröberen Akzenten (Chorizo, Marille…) noch nicht ganz die Balance gefunden hat, um die guten Ideen immer voll auszuschöpfen. Das ändert rein gar nichts am stimmigen Gesamteindruck, macht aber gespannt auf die weitere Entwicklung und eine mögliche noch höhere Bewertung.

Mülheim a. d. Ruhr
(Nordrhein-Westfalen)

Mölleckens Altes Zollhaus

Duisburger Str. 228, 45478 Mülheim a. d. Ruhr
☎ **0208-50349**
www.moelleckensalteszollhaus.de
⊘ Di von 12–14 Uhr, Mi–Fr vo 12–14 Uhr u. ab 18 Uhr, Sa ab 18 Uhr, So von 12–14 Uhr, Mo RT
Hauptgericht: 18–25 €, Menüs: 37–56 €

EC 〇〇 VISA ┼┼┼┼

Hier wird eine feine Landküche zum moderaten Preis zelebriert, wie man sie gern öfter hätte, aber nur recht selten bekommt. Was in dem Fachwerkhaus mit seinen in Bistro und Restaurantbereich zweigeteilten Gasträumlichkeiten gekocht wird, ist stark regionalbetont, produktorientiert ohne aufwendiges oder gar kreatives Beiwerk, angenehm saisonal, und hat eine sehr gute Gesamtqualität. Im Winter eher deftig und kräftig, im Sommer auch gerne mal als kräuterbetonte Italianità. Die Weinkarte listet viele gute, in der Mehrzahl süddeutsche Gewächse etablierter Erzeuger.

Am Kamin

Striepensweg 62,
45473 Mülheim a. d. Ruhr
☎ 0208-760036
www.restaurant-amkamin.de
🕐 Di–Sa ab 18 Uhr, So u. Mo RT
Hauptgericht: 23–30 €,
Menüs: 50–90 €

Erneuter Küchenchefwechsel im hübschen Fachwerkhaus von Heike Nöthel-Stöckmann und Hermann Stöckmann, das beschaulich versteckt inmitten eines Wohngebiets in Mühlheim an der Ruhr liegt: Im Herbst 2021 hat Hans Robert Lange Rodriguez das Küchenzepter übernommen, der bolivianische Wurzeln hat und dem Vernehmen nach während seiner Lehr- und Wanderjahre eine gewisse Zeit in der spanischen Avantgarde-Schule verbracht hat.

Auf den Tellern des Traditionsgasthauses mit seinen heimeligen Stuben und dem authentisch nostalgischen Flair ist davon allerdings so gut wie nichts zu sehen – die präsentieren sich von der Machart her klassisch und sollen verständlicherweise stilistisch weiterhin die DNA des Hauses tragen. So sind es weniger technische Tricks aus dem Molekularküchen-Baukasten als vielmehr kleinere exotische Aromentwists, die eher ein wenig den Südamerikaner durchblitzen lassen.

Mit einem Aperitif-Getränk von Maracuja und Eukalyptus gab es jedenfalls schon mal einen unkonventionellen Auftakt im Glas, während auf dem Teller eine rahmige Panna Cotta mit Tomatenerde noch sehr verhalten, das anschließende Tatar vom Lachs mit Sesam, Jalapeño und Soja aber schon etwas signifikanter in eine aromenstarke Richtung deutete.

Die Karte offeriert weiterhin eine vertrauenswürdig überschaubare Auswahl jeweils dreier Vorspeisen, Hauptgänge und Desserts, aus denen auch das fünfgängige Menü zusammengestellt ist. Die hervorragende Qualität des mild gebeizten, dick geschnittenen Saiblings stand auf dem Teller der ersten Vorspeise schon allein für sich, wurde durch sein sehr leichtes, fruchtiges Geleit in Gestalt von Kumquats und Pepquinos sowie einer kräuterwürzigen Mojo Verde aber auch sehr ansprechend in wohlproportionierter Art umgarnt. Knuspriger Wildreis war hier tatsächlich nicht bloß als Texturgeber und selbst die sonst recht inflationär und beliebig eingesetzte Afillakresse machte mit ihren grünen, frischen, an Erbse erinnernden Aromen durchaus Sinn. Im Glas dazu eine geradlinig-geschliffene Weißweincuvée von Rosi Schuster aus dem Burgenland, die wirklich gut mit dem Gericht korrespondierte.

Wie Gastgeber und Weinexperte Hermann Stöckmann überhaupt sehr originelle und charaktervolle Weine zu den einzelnen Gängen empfiehlt. Etwa Franz Weningers biodynamisch-spontanvergorene Rosé-Cuvée „Rozsa Petsovits" aus den Rebsorten Zweigelt, Syrah und Pinot Noir, der das perfekte Gegenstück zum vollmundig cremigen vegetabilen Charakter des nächsten Gangs darstellte. Hier hatte man es nämlich mit Espuma von Linsen und perfekt wachsweich gegartem Eigelb zu tun, die eine süffige Grundlage für eine Rosenkohlpraline waren, deren Aroma noch von einem Rosenkohlöl verstärkt wurde.

Der Winterkabeljau Skrei, dessen saftiges Filet mit knusprigen Pankoflocken umhüllt und mit marinierter Papaya getoppt auf einem Klecks Kerbelwurzelpüee dockte, war von einem See aus schaumiger weißer Sojasauce mit erfrischend straffer Säureader umgeben, die überraschend einen prominenten Gegenpol zum Umami und vor allem zur erdigen Süße des Wurzelpürees darstellte. Im Glas dazu ein schön gereifter 2010er Riesling GG Gesinhübel von Siben aus der Pfalz, der es mit seinem robusten Körper und seiner eleganten Firne überraschend gut mit der knackigen Säure aufnehmen konnte.

Im Hauptgang begeisterte schließlich die Fleischqualität eines neuseeländischen Ochsenfilets. Die saftig-schmelzige Konsistenz und der buttrige, leicht nussige Geschmack der beiden rosazarten Tranchen, von denen eine naturell und eine mit knuspriger Quinoa beflockt auf dem Teller lag, erinnerten ein wenig an gutes US-Beef. Die Begleitung in Gestalt von weichem Pastinakenpüree, zartem Rosenkohl und knackigem, vermutlich fermentiertem Staudensellerie wirkte sehr schlicht und etwas brav, machte in Kombination mit geschmorten Brombeeren und einer sehr guten konsistenten Jus aber durchaus Spaß. Stimmig und harmonisch schmeckte es sowieso. Und der knapp zehn Jahre gereifte Saint-Joseph „Le Passage" von Ogier tat mit genügend Säure, Frucht und Kernigkeit das Übrige zur Entstehung eines rundum gelungenen Menühöhepunkts.

Da fiel es nicht weiter ins Gewicht, dass beim Dessert die Minze (als Eis und Schaum) nicht nur optisch den dominierenden Part übernahm und die von heller, milder Kakaonote geprägten Komponenten daneben etwas untergingen. Alles in allem also ein gelungener Einstand für den neuen Mann am Herd, der sein Profil hier im Laufe der kommenden Jahre sicher noch weiter schärfen wird.

München

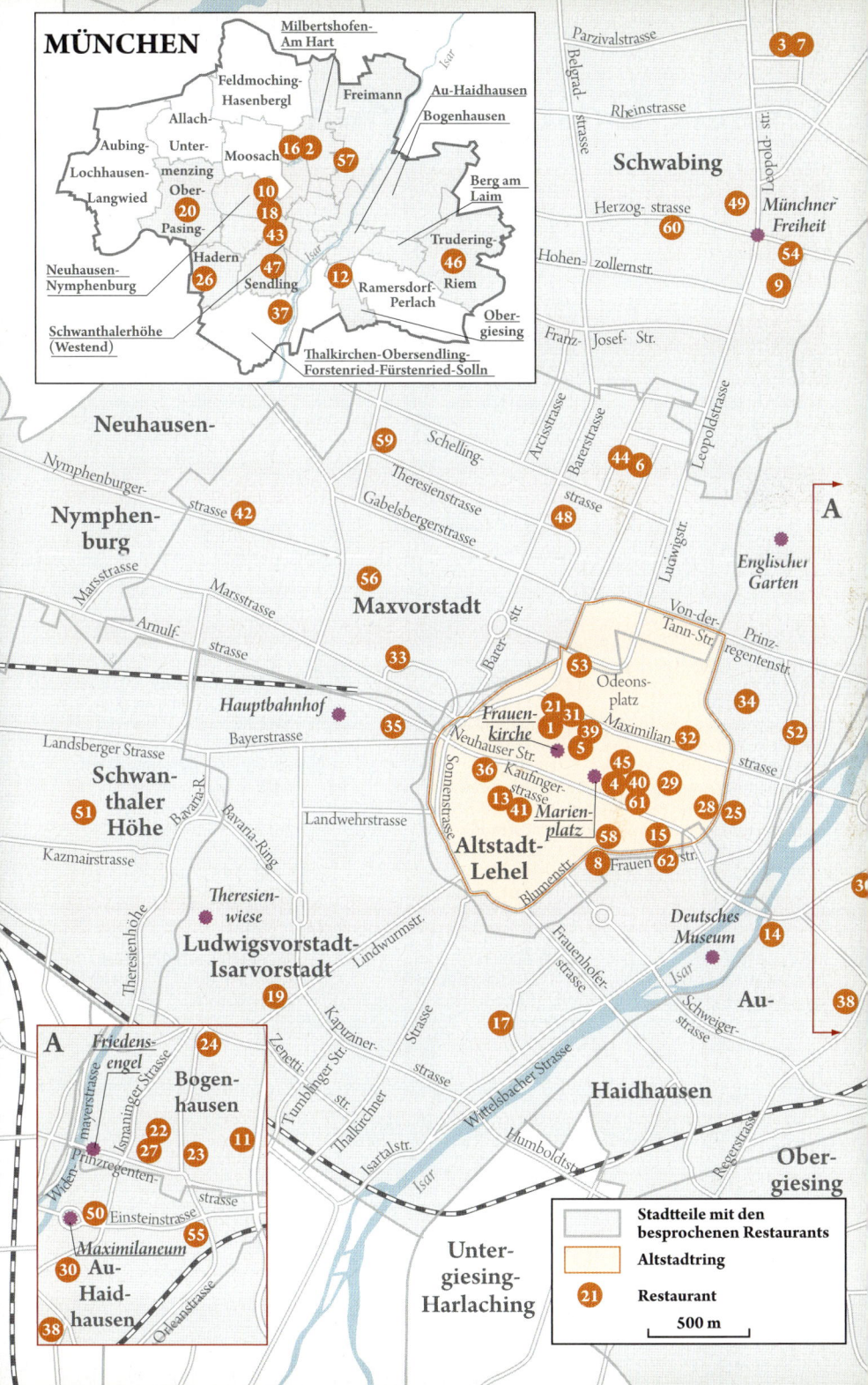

Unsere Besten in München

9 Gusto-Pfannen

1. Atelier
2. EssZimmer
3. Tantris
4. Tohru in der Schreiberei ↑

8 Gusto-Pfannen

5. Les Deux
6. Sparkling Bistro
7. Tantris DNA ↑
8. TIAN
9. Werneckhof
Sigi Schelling ↑

7 Gusto-Pfannen

10. Acetaia
11. Acquarello ↑
12. Gabelspiel
13. Mural ↑
14. showroom ↑

6 Gusto-Pfannen

15. Bachmeier
Genussfreuden
16. Bavarie
17. Brasserie Colette
Tim Raue
18. Broeding
19. Ederer
20. Essence
21. Garden
22. Green Beetle ↑
23. Hippocampus
24. Huber
25. Jin
26. Johannas ↑
27. Käfer-Schänke ↑
28. Le Stollberg
29. Matsuhisa Munich
30. MUN Restaurant ↑
31. Pageou
32. Schwarzreiter
33. Sophia's Restaurant & Bar
34. Vecchia Lanterna ↑
35. Vinothek by Geisel
36. Weinhaus Neuner

5 Gusto-Pfannen

37. Asam Schlössl
38. Atelier Gourmet
39. Brasserie Les Deux
40. Galleria ↑
41. Landersdorfer &
Innerhofer ↑
42. Nymphenburger Hof
43. Rüen Thai
44. sansaro ↑

Weitere Restaurants

45. Alois
46. Burger House
47. Burger House
48. Burger House
49. Burger House
50. Burger House
51. Burger House
52. CA-BA-LU Bar

53. Das Luitpold
54. Hamburgerei,
    Feilitzschstr. 12
55. Hamburgerei,
    Einsteinstr. 106
56. Hamburgerei,
    Brienner Str. 49
57. Hans Kebab

58. Lea Zapf
    Marktpatisserie
59. Napoli
    Rush
60. nineOfive
61. Schneider
    Bräuhaus
62. Xaver's

Acetaia

Nymphenburger Str. 215,
80639 München
℡ 089-13929077
www.restaurant-acetaia.de
🕐 Mo, Di u. Do–Sa von 12–14.30 Uhr
u. ab 18.30 Uhr, Mi u. Sa ab 18.30 Uhr,
kein RT
Hauptgericht: 22–45 €,
Menüs: 70–85 €

Der wunderschöne Gastraum des originellen kleinen Restaurants mit seiner Jugendstil-Einrichtung wie den deckenhohen alten Holzvitrinen, Mosaikfußboden und roten Lederpolstern bietet bereits einen guten Grund, um hierher zu kommen und im Sommer sitzt es sich auf der Terrasse davor sehr angenehm, denn hier ist es schattig und die Gegend ist ruhig. Hauptgrund für unsere regelmäßigen Besuche sind aber Giorgio Maetzke und Michele Perego, die beiden Hauptprotagonisten des Acetaia, die dem heiteren Ristorante schon so lange gemeinsam ihren Stempel aufdrücken. Ersterer mit seiner inspirierten italienischen Küche, für die er viele sehr gute Ideen handwerklich souverän in die Tat umsetzt, indem er beispielsweise traditionelle Gerichte seiner Heimat kreativ neu interpretiert. Und dass er dabei eigentlich nie übers Ziel hinausschießt, liegt daran, dass er auch die Klassiker souverän beherrscht. Zweiter als versierter Gastgeber und Sommelier, der immer wieder mit spannenden Neuentdeckungen aus Italiens Weinszene aufwartet. Zusammen sorgen sie hier seit mehr als 15 Jahren für die wahrscheinlich kreativste Italianità auf hohem Niveau in München.

Acquarello

Mühlbaurstr. 36,
81677 München
℡ 089-4704848
www.acquarello.de
🕐 Di–Fr von 12–14.30 Uhr u.
ab 18.30 Uhr, Sa, So u. Fei ab 18.30 Uhr,
Mo RT
Hauptgericht: 28–49 €,
Menüs: 65–135 €

Das ebenso elegante wie heitere, mit maritimen Illusionsmalereien mediterran verbrämte Lokal in einem ruhigen Bogenhausener Wohn- und Geschäftsgebiet ist ein stilvoller Ort für gehobenen kulinarischen Genuss – noch lieber aber sitzen wir im Sommer auf dem vorgelagerten Freisitz und fühlen uns dort in der nördlichsten Stadt Italiens dem Mittelmeer schon sehr nahe. Patron Mario Gamba lässt zwar nicht die originellste oder kreativste, sehr wahrscheinlich aber die objektiv beste, weil qualitativ hochwertigste und handwerklich präziseste italienische Küche der Landeshauptstadt. Denn so hochelegant, sensibel und feinfühlig, wie das Küchenteam hier die hauseigene „Cucina del Sole" nach allen Regeln der Kochkunst zubereitet, macht das in München und weit darüber hinaus unseres Wissens kein ein zweites italienisches Lokal. Niemand bringt die klassische Italianità aber auch so nah mit der französischen Haute-Cuisine zusammen. Dabei hält das Team auf den bildschön und akkurat angerichteten Tellern stets eine gewisse Spannung aufrecht, indem es einen interessanten Mittelweg zwischen alter Tradition und neuer Interpretation geht. Mit Gentilezza und treffsicheren individuellen Weinempfehlungen punktet auch Sohn Massimiliano Gamba in schöner Regelmäßigkeit.

Gusto für Smartphone und Tablet
- Ständig aktuelle Kritiken und Bewertungen
- Standortsuche
- Öffnungszeitensuche
- Tischreservierung

Bezahlkarten-Symbole
🔵 Mastercard
🔶 EC-Maestro
🔵 Diners
⬛ American Express
VISA Visa

Alois

im Delikatessenhaus Dallmayr
Dienerstr. 14–15,
80331 München
☎ 089-2135100
www.dallmayr.dealois
⊘ RESTAURANT DERZEIT
GESCHLOSSEN

EC ▭ ⬤ VISA Ⓧ ♿

Das Spitzenrestaurant Alois im berühmten Delikatessenhaus Dallmayr in der Münchener Innenstadt ist in vielerlei Hinsicht ein klassischer Gourmettempel, mit farbenfrohen Teppichen, goldenen Lampen und Schwanentapete – in vielerlei Hinsicht aber eben auch nicht, wenn man die jungen Kellner mit Sneakers und die moderne Küche von Christoph Kunz erst mal etwas genauer unter die Lupe genommen hat. Leider hat der hoch veranlagte Cuisinier das Restaurant im Mai 2022 nach erfolgreichen Jahren zunächst als Sous-Chef unter Diethard Urbansky und seit dem Relaunch im Jahr 2018 als Küchenchef auf eigenen Wunsch verlassen, um sich künftig an anderer Stelle neuen Herausforderungen zu stellen. Eine solche Chance wird auch ein anderer ambitionierter Koch nutzen, der fortan die Küche das exklusive Boutique-Restaurant im ersten Stock des Feinkosthauses maßgeblich prägen wird, denn das Unternehmen will im Herbst mit neuem Team wieder wie gewohnt voll durchstarten. Einer, der dann sehr wahrscheinlich wieder mit dabei sein wird, ist Sommelier und Restaurantleiter in Personalunion Julien Morlat, der dem Restaurant auch schon seit vielen Jahren ein junges Gesicht gibt und uns regelmäßig mit charmant-gewitzter Ansprache und spannenden Weinempfehlungen jenseits des Mainstreams aufs Kurzweiligste bewirtet hat.

Asam Schlössl

Maria-Einsiedel-Str. 45, 81379 München
☎ 089-780167790
www.asamschloessl.de
⊘ Di–So ab 11.30 Uhr durchgehend,
Mo RT
Hauptgericht: 12–45 €, Menüs: 54–84 €

EC ▭ ⬤ VISA hihihi ♿

Erfreuliches Wiedersehen mit den McMahons, die jahrelang erfolgreich das Souterrain-Restaurant „Shane's" unter dem Dach des Living Hotel Prinzessin Elisabeth im Münchener Glockenbachviertel bewirtschaftet haben: Irgendwann in der Coronazeit zwischen den Lockdowns haben sie das Asam-Schlössl in Thalkirchen übernommen, ein wunderschönes Gebäude im beschaulichen Maria Einsiedel, das einstmals Wohnhaus des Barockkünstlers Cosmas Damian Asam war und mit seiner Fresko-Fassade heute als Baudenkmal in die Bayerische Denkmalliste eingetragen ist. Der Mut, ausgerechnet in dieser schwierigen Zeit etwas Neues zu wagen, scheint sich ausgezahlt zu haben! Wir erlebten das schöne Gasthaus mit seinen verschiedenen historischen Stuben und dem lauschigen Innenhof mit eigener Outdoor-Bewirtung (Bratwurst und Pinsa Romana...) zum Zeitpunkt unseres Testbesuchs jedenfalls sehr gut besucht.
Dass Shane McMahon und sein Team im neuen Refugium nicht am alten Konzept anknüpfen würden, war klar, denn im cool-eleganten Shane's Restaurant gab es ausschließlich ein wahlweise bis zu sieben- oder achtgängiges Überraschungsmenü auf Gourmetniveau, was im bodenständigeren, edel-rustikalen Wirtshaus mit mehr und gänzlich anderem Publikum überhaupt nicht zielführend wäre. So machen die Gastgeber hier das einzig richtige und setzen auf ein mehrheitsfähiges bodenständigeres Programm, das von bayrischen Schmankerln wie Krusten-Schweinebraten mit Dun-

kelbierjus, Kartoffelknödel und Krautsalat oder Kalbfleischpflanzerl bis zu avancierteren Gerichten wie einem Pulpo vom Grill auf „spicy" Ochsenmaulsalat mit Schwarzbrotcroûtons und Rucola reicht. Da ist für jeden etwas dabei und gerade die bodenständigeren Offerten aus der Hand des Könners haben überdurchschnittliches Niveau.
Die kreativeren Gerichte aus internationalen Produkten sind freilich nicht so aufwendig und detailliert ausgearbeitet wie damals auf den Tellern von Shane's Restaurant, aber man schmeckt insbesondere an Suppen und Saucen die starke Substanz und erkennt den geschulten Gaumen des Chefs. So hätte sich zum Beispiel die großartige Krustentier-Schaumsuppe mit ihrem wunderbar natürlichen Geschmack, fein dosierter Schärfe, moderater Röstwurze, charakteristischer Süße und einem Hauch Estragon auch in jedem Gourmetrestaurant nicht verstecken müssen – wenngleich die Scampi, die nebst jungem Lauch und Fenchel als Einlage in den Fluten schwammen, leider nicht die Allerbesten und etwas mürbe und mehlig waren.
Den steirischen Rindfleischsalat mit Wachsbohnen und karamellisierten Kürbiskernen hätten wir zwar mit etwas weniger Essig und mehr nussigem Kernöl noch stimmiger gefunden, aber zusammen mit dem wunderbaren Kartoffelbrot war's auch so eine schmackhafte Vorspeise – und typisch für den alpenländischen Schmankerl-Style mit Pfiff. Den repräsentierten beispielsweise auch die mit Kartoffeln, Sauerrahm und Schnittlauch gefüllten, in Nussbutter ansautierten und mit Parmesan überhobelten Schlutzkrapfen oder das mit Ofentomate, Brunnenkresse und frisch geriebenem Meerrettich herzhaft verfeinerte Tatar vom Rinderfilet.
Bei der Blutwurst vom Grill hatten wir eigentlich irgendwas krosses, röstaromatisches erwartet, bekamen jedoch eine mehr oder weniger handelsübliche, aber sehr gute frische grobe Blutwurst im Darm, die mit Sauerkraut und einem originellen Püree von Sellerie, Apfel und Meerrettich auch in reizvoller Begleitung daherkam. Meerrettich hätte eigentlich auch dem gebratenen Filet von der Lachsforelle auf Kartoffel-/Lauch-Gemüse den nötigen Pep verleihen sollen, aber die rahmige Sauce zum unter seiner schön krossen Haut leider recht übergarten Fisch und den Lauchkartoffeln blieb recht zahm und akzentlos mild.
Wie als Ausgleich wirkte das zu den Tranchen vom im Holzkohle-Keramikgrill „Big Green Egg" rosa gegrillten Tafelspitz aufgebotene Begleitprogramm grenzwertig deftig, was nicht nur am hauchdünnen Räucherschinken lag, der das kernige Fleisch eskortierte, sondern auch am beherzt gewürzten Bohnen-Allerlei und an der kraftvollen reduzierten Jus. Generell konzentriert sich die Küche bei den Fleischgerichten aufs Grillen und listet vom Black Angus Rinderfilet über trockengereiftes Rib Eye vom bayrischen Weideochsen bis zum Karree vom irischen Salzwiesenlamm besondere Stücke, die man sich nach guter alter Steakkultur mit mehr oder weniger traditionellen Beilagen und Saucen ganz nach eigenem Gusto zusammenstellen kann. Auf der Tageskarte gibt es aber immer auch zwei, drei Alternativen.
Wer sich im Vorprogramm zurückgehalten hat und noch einen Nachtisch schafft (die Portionen sind relativ stattlich!), der bekommt mit mundwässernden Sachen wie den mit Nougat gefüllten Tiroler Grießknödeln auf Zwetschgenröster oder einem frisch zubereiteten Kaiserschmarrn auch attraktiven Nachtisch geboten. Und für den Nachmittag stehen hausgemachte Kuchen und Torten hoch im Kurs. Weil auch die Weinkarte mit vielen guten Flaschen namhafter Winzer zu moderaten Preisen aufwartet und der Service selbst bei viel Betrieb freundlich und umsichtig ist, kann man es hier wirklich gut aushalten.

9

Atelier

im Hotel Bayerischer Hof
Promenadeplatz 2–6, 80333 München
089-2120743
www.bayerischerhof.de
Di–Sa ab 18 Uhr, So u. Mo RT
Menüs: 205–235 €
VISA

Große Fußstapfen, in die der neue Küchenchef Anton Gschwendtner treten musste: Sieben Jahre, die sich rückblickend wie eine Ära anfühlen, lenkte Jan Hartwig die Geschicke am

Herd des Gourmetrestaurants im Bayerischen Hof und erkochte sich während dieser verhältnismäßig kurzen Zeit nicht nur in unserem Guide die Höchstbewertung, sondern sukzessive auch in allen anderen. Aber auch Hartwigs Nachfolger ist kein unbeschriebenes Blatt. Wir kennen Gschwendtner schon aus dem Délice La Brasserie im Münchener Sofitel am Hauptbahnhof und später aus dem Stuttgarter Olivo, wo er sein sattelfestes Handwerk bereits als Küchenchef unter Beweis stellen konnte und zuletzt eine Küchenleistung auf ganz klarem 8-Pfannen-Niveau ablieferte.

Eine „Stunde Null" gab es im Atelier nicht. Die Agenda ist klar: es soll, anknüpfend an die Leistungen des Vorgängers, weiterhin kulinarisch hoch hergehen in Münchens renommiertesten Luxushotel. Das verdeutlicht nicht nur der Menüpreis, der mit 235 Euro selbstbewusst hoch angesetzt ist, sondern auch die arbeitsintensive und hingebungsvolle Fertigung der Apéros und Amuses – allen voran ein frittiertes Kichererbsen-Panisse mit knackig gegarten und spiralförmig aufgedrehten grünen Bohnen sowie Eigelbcreme und gleich vier verschiedenen Blüten und Kressen. Die aufwendige Präparation der Bohne scheint nur auf den ersten Blick eine Spielerei zu sein, denn im Mund fächerte sie sich auf, was in Kombination mit dem heißen krossen Kichererbsengebäck für ein spannendes Mundgefühl sorgt.

Auch eine Vorspeise mit Hamachi, Dashi, Kaviar und Schnittlauchöl erfüllt alle Ansprüche, die wir an das Präludium eines hochdekorierten Spitzenrestaurants stellen. Der ganz leicht angebeizte Fisch ist von bester Qualität, bissfest, glänzend, voll milder Aromatik und ganz ohne diese säuerlichen oder metallischen Töne, mit der uns die Gelbschwanzmakrele selbst in guten Restaurants immer mal wieder missfällt. Sehr ausgefeilt war auch deren Beiwerk aus Schnittlauchöl, eingelegten kleinen und dadurch sehr feinen Radieschen und kühlrauchigem Dashifond. Eine großzügige esslöffelgroße Nocke „N25"-Kaviar machten das Gericht dann zu einer wahrlich königlichen Vorspeise, die so wohl auch bei Jan Hartwig über den Pass gegangen wäre.

Ähnlich begeistert waren wir von einem Gang mit zart gegarter Forelle, Kalbskopf, „Kräuteremulsion", schaumiger Meerrettichsauce und Senf – auch und vor allem aufgrund des meisterlichen Saucenhandwerks. Überhaupt kann Gschwendtner in dieser Disziplin bereits ganz oben mitspielen, denn seine Saucen haben immer Tiefe und Komplexität, obwohl sie niemals übermäßig extraktreich erscheinen. Erwähnter Meerrettichsauce fügte Gschwendtner auf magische Weise einen dichten Subton zu, der sich kaum ausmachen ließ, aber vermutlich sofort aufgefallen wäre, hätte er gefehlt – fast wie ein guter Kontrabass in der Musik. Wir vermuten einen hochwertigen Grundfond als Saucenbasis.

Dass wir die Küche des „neuen" Atelier unter Anton Gschwendtner trotz dieser und anderer Schwärmereien erst mal anderthalb Pfannen niedriger bewerten als das Kulinarium von Jan Hartwig, liegt nicht etwa an weniger guten Produkten oder gar handwerklichen Fehlern – was bei Perfektionist Gschwendtner auch verwunderlich wäre –, sondern eher am fehlenden letzten Quäntchen Raffinesse, „Wow-Effekt" oder Originalität. Zumindest im direkten Vergleich mit der Performance des Vorgängers. Aber was nicht ist, kann ja noch werden. Wir haben jedenfalls viele sehr gute Ansätze gesehen!

Ein großes Ausrufezeichen setzte man beispiel auch die Komposition des Hauptgangs mit Poltinger Rehrücken, Buchenpilzen, Shiso, Topinambur, Kampot-Pfeffer und – spielentscheidend! – einem Fleischjus mit Rotweinessig. Müßig zu erwähnen, dass die Sauce auf den Punkt gekocht und perfekt abgeschmeckt ist. Ihre Genialität erwächst aus der Dramaturgie, die sie dem Teller verleiht. Man kann den Essig fast als Hommage an die Hausmannskost auffassen, in der Wild häufig mit Essig zubereitet wird, um den oftmals etwas derben Hautgout zu kaschieren. Auch wenn der eigentliche Grund hier entfällt – das Reh ist rein, aromatisch präzise und subtil-würzig – geht die Kombination aus Wild und Essig voll auf und macht aus einem auf den ersten Blick schlichten Gericht einen Teller voller Spannung. Ein roter Faden zum Essen!

Ein „Wow" konnten wir uns auch beim Prä-Dessert nicht verkneifen. Oftmals sind „En-Texture"-Gerichte ja eher ernüchternd, weil sie nur selten mit einer perfekten Version des Originals mithalten können, das sie in veränderter Form neu zu interpretieren versuchen. Der hier servierte dekonstruierte Apfelstrudel – als solchen fassen wir ihn zumindest auf – war allerdings besser als ein perfekter „echter" Strudel: betörend würzig, mit Rosinen, leichtem Zimthauch, einem nach Vanille schmeckenden Schaum, glasklarem knackigen Apfelragout und knusprig karamellisierten Hippensplittern brachte er den klassischen Apfelstrudelgeschmack auf besonders differenzierte und raffinierte Weise an Gaumen. Chapeau!

Dass Gschwendtner noch nicht die gnadenlose Souveränität eines Jan Hartwig in Bestform besitzt – und nach so kurzer Zeit an einer neuen Wirkungsstätte auch gar nicht besitzen kann –

zeigt beispielhaft ein Gang mit pochierter Auster, Sake-Beurre-Blanc und Schinkenöl. Auch hier sind Handwerk und Produktauswohl von bester Güte, die Auster ist fest, fleischig, leicht süßlich und enorm rein. Nicht ganz ausgefeilt wirkte aber die Kombination mit dem Pata-Negra-Schinkenöl, das in erster Linie die haselnussige Aromenkomponente des typischen Pata-Negra-Geschmacks angenommen hatte, nicht aber den generischen Schinkengeschmack. So wirkte das Gericht wegen gleich dreier kargkantiger Aromen (Auster, Sake, nussiger Schinken) einfach etwas zu ruppig.

In gewohnter Grand-Hotel-Manier agiert der Service, der nach dem Weggang von Restaurantleiterin Barbara Englbrecht zum Zeitpunkt unseres Besuchs zwar noch ohne nominelle Führung, aber dennoch voll auf der Höhe war. Angenehm fällt auf, dass die jungen Damen und Herren hier nicht einfach den auswendig gelernten Hotelfachschulen-Jargon herunterleiern, sondern den Gästen ganz individuell, herzlich und sympathisch einen angenehmen Abend bereiten können. Wir sind jedenfalls gespannt, was uns die Anton-Gschwendtner-Ära im Atelier künftig noch bescheren wird und gratulieren zu einem gelungenen Einstand.

Atelier Gourmet

Rablstraße 37, 81669 München
☏ 089-487220
www.ateliergourmet.de
◉ Mo, Di u. Do–Sa ab 18 Uhr,
So u. Mi RT
Menüs: 65–79 €

Freunde von unkomplizierter, aber anspruchsvoll gekochter französischer Bistroküche kommen bei Philippe Bousquet schon immer voll auf ihre Kosten. In seinem schnörkellos-schlicht gestalteten Lokal in der Rablstraße lässt der Chef klassische und durchaus raffinierte Gerichte zu moderaten Preisen kredenzen. Und wegen der feinsinnigen Zubereitungen von leichter Hand und mit Blick für die wesentlichen Dinge sowie der Verwendung guter Produkte gelingen hier auch traditionelle französische Gerichte, die vielleicht behäbig klingen, weitaus besser, als man es bei der Kartenlektüre erwarten würde. Auch die Weinempfehlungen erweisen sich zumeist als sehr stimmig und mit Bedacht gewählt. Sehr freundlicher Service; gutes Preis-Leistungs-Verhältnis!

Bachmeier Genussfreuden

Westenriederstr. 43, 80331 München
☏ 089-28755010
www.bachmeier-genussfreuden.de
◉ Di–Sa 12–14.30 Uhr u. ab 18 Uhr,
So u. Mo RT
Hauptgericht: 18–28 €,
Menüs: 75–109 €

Als wir Hans Jörg Bachmeier zu Beginn der abgelaufenen Testsaison das letzte Mal besucht hatten, kochte der noch ein paar Schritte weiter im Blauen Bock am Viktualienmarkt. Irgendwann zwischen den beiden Lockdowns hat er sich dort aber ausgeklinkt und eine attraktive Mischung aus Bar, Feinkostladen und Bistro-Restaurant eröffnet – und knüpft nun in dessen hell und modern eingerichteten Ambiente kulinarisch in etwa dort an, wo er an der alten Wirkungsstätte aufgehört hatte. Vielleicht mit noch mehr Fokus auf Regionalität und Saisonalität und noch klarerem Bezug zu seiner niederbayerischen Heimat, aber im selben schnörkellosen Stil, der Bodenständigkeit und Raffinesse reizvoll miteinander vereint. Vor allem wenn verfeinerte Rustikalität gefragt ist, läuft der einstige Witzigmann-Schüler zur Hochform auf.

So zum Beispiel bei einer Vorspeise um dünn aufgeschnittene marinierte Scheiben vom geschmorten Schweinebauch, die locker flockig mit eingelegten roten Zwiebeln, Belugalinsen und Meerrettichmayo arrangiert waren. Etwas Kresse, aber auch kleine Partikel von der krossen Schweinekruste, die hier und da eingestreut waren, brachten auf einfache Art und Weise Finesse ins Spiel. Ein schönes Beispiel, wie hier mit verhältnismäßig einfachen Mitteln für Raffinement gesorgt wird. Nicht ganz so gut gelang das bei der mit sehr gutem Olivenöl marinierten Burrata als herbstliche Interpretation mit Muskat- und Hokkaido-Kürbis sowie Kernöl und gebackenem Salbei. Nicht, dass das nicht gut gepasst hätte, aber die allesamt eher weichen Konsistenzen hätten zur Auflockerung ruhig einen deutlicheren Kontrast vertragen können. Und auch sonst wirkte das Ganze nach unserem Gusto etwas zu sehr Ton in Ton.

Sehr fein war die perfekt auf den Punkt gebrachte Tranche einer schönen Seeforelle, deren ebenso saftiges wie festes Fleisch mit sehr sauberem, klarem Geschmack sich unter der kross angebratenen Haut offenbarte. Dazu gesellten sich schön frische, aromatische Pfifferlinge, ein nussbuttriges Lauch-/Kartoffelpüree und eine schön stoffige Beurre blanc, die das Ganze mit buttrigem Schmelz und belebender Säure umgarnte. So vermeintlich schlicht, so gut. Da sieht man, mit wieviel Substanz hier gekocht wird. Nicht ganz so begeistert waren wir vom Ossobuco, was aber weniger an den wirklich perfekt geschmorten Beinscheiben lag als vielmehr an der eher kurz und gemüsig als tief und schmorwürzig schmeckenden Sauce. Und an der begleitenden Pasta, die als Pappardelle annonciert, aber als Tagliatelle serviert wurde – und nur von durchschnittlicher Qualität war. Doch die kleine Delle konnte sogleich vom Dessert wieder ausgeglichen werden. Denn gegen die Zitronentarte mit Vanilleeis, die sich als kleines, mit Zitronencreme gefülltes Mürbeteig-Tartelette mit gebräunten cremigen Baiser-Macronen on top präsentierte und eine schön glatt-schmelzige, intensiv und natürlich nach Vanille schmeckende Eisnocke zur Seite hatte, konnte man wirklich nichts einwenden. Ein sehr feiner süßer Abschluss! Auffällig waren auch der aufmerksam zuvorkommende Service und die gepflegte internationale Weinauswahl. Ein ansprechendes Konzept, das schon nach ein paar Monaten seinen regen Zuspruch gefunden hat.

Bavarie

**Am Olympiapark 1
(BMW Welt München), 80809 München**
☎ 089-358991818
www.feinkost-kaefer.de
◉ Mo–Sa von 12–15 Uhr, So u. Fei RT
Hauptgericht: 17–27 €

Das ebenso schlichte wie stylische, im Grunde nur durch Raumteiler von den unendlichen Weiten der BMW-Welt abgetrennte Brasserie-Restaurant profitiert grundlegend von der futuristischen Architektur des Gebäudes. Mit Blick in die von Stahl, Glas und Beton geprägte Halle oder durch die große Fensterfront auf den gegenüberliegenden Olympiapark werden hier schon seit Jahren zeitgemäße klassische Gerichte mediterraner, französischer und alpenländischer Art serviert, die unter der Ägide von Küchenchef Dominik Kreuzig und seinem Team mit Können und Sorgfalt auf die Teller gebracht wird. Außerdem gibt's eine kleine, aber völlig ausreichende Auswahl internationaler Weine populärer Produzenten und aufmerksamen, flinken Service.

Brasserie Colette Tim Raue

Klenzestr. 72, 80469 München
☎ 089-23002555
www.brasseriecolette.de
◉ Täglich ab 18 Uhr, kein RT
Hauptgericht: 18–38 €, Menüs: 39–99 €

Die Brasserie Colette in der Münchner Innenstadt ist eines von drei gleichnamigen Schwesternrestaurants, das der umtriebige Koch und Unternehmer Tim Raue gemeinsam mit der Tertianum-Gruppe jeweils in den exklusiven Seniorenheimen in Berlin, München und Konstanz betreibt. Der unter anderem auch in TV-Shows präsente Patron, dessen Berliner Gourmetrestaurant wir seit Jahren mit 9 Pfannen bewerten, steht hier natürlich nicht selbst am Herd. Dafür kann er sich aber blind auf langjährige enge Mitarbeiter verlassen, die hier auch nach dem Ausscheiden von Supervisor Steve Karlsch, der bislang den jeweiligen Küchenchefs vor Ort die Richtung vorgegeben, die Qualität überwacht und kreative Impulse gesetzt hat, das Niveau hochhalten.

Wie in den französischen Vorbildern geht es in der Brasserie Colette quirlig zu, und auch die Karte ist gespickt mit französischen Bistroklassikern, die von frischen Austern und Dosen diverser Jahrgangssardinen bis zu Crème brûlée und einer hochwertigen Auswahl fein selektionierter Rohmilchkäse reichen. Die Küche unternimmt aber immer auch Ausflüge in kreativere Gefilde und versucht nicht selten erfolgreich, traditionellen französischen Bistrogerichten den Tim-Raue-Stempel aufzudrücken und sie so auf ungezwungene Art originell wirken zu lassen.

Originalität ist überhaupt die größte Stärke der Brasserie Colette, wie auch unser jüngster Testbesuch wieder verdeutlichte. Das zeigte schon das obligatorische großzügige Glas Cornichons mit prägnanter Schärfe, das zum Aperitif mit

Brot und Butter gereicht wird und das man im Anschluss mit nach Hause nehmen darf. Das zeigte aber auch die ein oder andere gewitzte Kombination im weiteren Verlauf des Abends. Durchaus gewagt, aber eben auch sehr schlüssig erschien die ungewöhnliche Kombination aus orientalisch gewürztem Blumenkohl mit schlotzigem Blauschimmelkäse, die unterstützt von Trauben, Walnüssen und Kopfsalat perfekt zur Geltung kam.

Auch das Lammcarpaccio mit Couscous, Eigelbcreme und Paprika kam mit dem gewissen Twist auf den Teller und zwar mit etwa erbsengroßen Couscous-Perlen aus der israelischen Küche, die ähnlich wie die sardischen Fregola schmecken und damit deutlich anders als die feinere und etwas bröseligere Variante, wie man sie landläufig kennt. Und dieser Unterschied entpuppte sich hier keineswegs als belanglos, denn er gab dem Gericht eine spannende „al dente" Textur und ein subtil nussiges Aroma. Durchaus kreativ fanden wir auch eine luftig aufgeschäumte Masse aus Kombu-Alge und Nashi-Birne, die unseren Fischhauptgang rund um Heilbutt, Kaviar und pochierten Austern begleitete.

Manchmal würden wir uns in der Brasserie Colette allerdings etwas mehr Liebe und Hinwendung zu den Produkten wünschen. Die sind zwar immer von solider, aber nur selten von herausragender Qualität und könnten außerdem hier und da noch etwas hingabevoller zubereitet sein. Das verdeutlichte zuletzt vor allem bereits erwähnter Heilbutt-Gang, der zwar durchaus schmackhaft gekocht war, aber das luxuriöse Versprechen der Karte (Heilbutt, pochierte Austern, Kaviar…) nicht ganz einlösen konnte. Denn der Fisch präsentierte sich recht trocken, die zwei winzigen Austern gingen in dieser Dimensionierung irgendwie unter und die Umschreibung „Kaviar" entpuppte sich auf dem Teller als eine Mischung verschiedener Rogen, etwa von Forelle, Saibling und Seehase oder Hecht. Das ist alles kein Drama, das kann man so machen, spricht aber nicht gerade für das Werk eines Produktfanatikers.

Auch war das zum Carpaccio geschnittene Lammfleisch der Vorspeise sehr sparsam portioniert, blieb so leider relativ ausdruckslos und geschmacksneutral und stellte damit auch das deutlich schwächste Glied innerhalb eines ansonsten sehr stimmigen Gerichts dar. Dass das mit entsprechender Verschiebung der Proportionen gleich viel besser funktionieren würde, erlebten wir übrigens im Colette-Outlet Berlin, wo das identische Gericht deutlich mehr Ausdruckskraft hatte, weil letztendlich das Lammfleisch viel besser zur Geltung kam.

Ausdrücklich zu empfehlen ist hingegen das vegetarische Angebot der Brasserie Colette, das stets sehr eigenständige Kreationen verspricht, die sich auf Augenhöhe mit den fisch- und fleischhaltigen Gerichten bewegen. Das verdeutlichte der bereits erwähnte Blumenkohl-Gang, aber auch ein vegetarischer Hauptgang mit Burrata-Ravioli, Ratatouille, gerösteten Pinienkernen und Pesto, der mit gutem Pasta-Handwerk punkten konnte. Ansprechend ist auch die vorrangig französische Weinkarte, die authentische Gewächse aus allen wichtigen Regionen des Landes bereithält – wenn auch mit selbstbewusstem Preisaufschlag.

Brasserie Les Deux

Maffeistr. 3a, 80333 München
☏ 089-710407373
www.lesdeux-muc.de
◍ Mo–Sa ab 12 Uhr durchgehend, So RT
Hauptgericht: 18–38 €, Menüs: 65 €

Eine Küche, zwei Restaurants: Während in der oberen Etage des „Les Deux" aufs Wesentliche reduzierte Haute-Cuisine zelebriert wird, geht es in dem hellen, schlicht eleganten Parterre, dessen Flügelglastüren im Sommer ganz geöffnet einen nahtlosen Übergang zur Terrasse schaffen, ganz unkompliziert und heiter zu. Das Konzept einer niedrigschwelligen und doch anspruchsvollen Bistroküche, in der man ab 12 Uhr mittags durchgängig einchecken und wahlweise nur ein gutes Glas Wein und individuelle Cocktails trinken, oder sich durch die Speisekarte probieren kann, ist zugegeben eine perfekte Ergänzung zum Fine Dining.

Und da sich beide Restaurants den Einkauf und die Herdplatten teilen, sind hier sowohl die Produktqualitäten als auch die handwerkliche Basis bemerkenswert. Einzig das auch mit gutem Olivenöl noch recht trockene Brot hätte zuletzt ein kleines Upgrade verdient gehabt… Ansonsten aber kommt von den hochwertig belegten Flammkuchen über Spaghetti Vongole bis zum gebratenen Saibling mit Belugalinsen und Safranschaum alles in deutlich überdurchschnittlicher Güte auf die Tische.

Am souveränsten gelingen dabei all die Sachen, die von vornherein auf Produkt plus Sauce angelegt sind. Kreativere Gerichte können dagegen auch mal ein bisschen holpriger daherkommen. So wie zuletzt der Blumenkohl mit markanten dunklen Röstnoten neben bittersüß geschmortem Radicchio als in den hier gewählten Proportionen doch recht sperrige Kombination. Zwar setzten kleine Tupfen von Kräuter- und Currycreme subtile Akzente, genauso wie einige Rosinen und wenige Haselnuss-Splitter. Als Gegenpol oder harmonische Fassung für den abgesehen von den bitteren Röstnoten relativ puren Blumenkohl reichte das aber nur bedingt aus.

Ganz anders und ein exzellentes Beispiel für die handwerklichen Skills des Teams war die folgende Hummerbisque, die in röstbrauner samtiger Façon mit viel Substanz, Zug und Eleganz beeindruckte und in ätherisch duftigen Estragon-Noten, einer (qualitativ nicht ganz optimalen) Hummerschere und knackigen Gemüseperlen schlichte, aber genau durchdachte Einlagen mitbekam.

Wer mag, kann sich auch die luxuriöse Variante des feinwürzigen Beeftatars vom Münchener Rind neben Wasabi und Schnittlauch mit 25 g feinstem Imperial-Kaviar veredeln lassen oder ordert ein stattliches Stück dry aged Rinderfilet, das dann seinen satten Geschmack neben Salsa Verde, Bittersalaten, Walnuss und perfekten Röstkartoffeln ausspielt.

Ebenfalls durchaus Luxus auf „fingerlicking" gute Art: die in hauchdünnem knusprigem (und nur wenig fettigem) Tempurateig ausgebackene Königskrabbe mit knackigem Rettich-Gurkensalat und Chili-Crème-fraîche. Klar hätte man hier beispielsweise den naturbelassenen Salat noch raffinierter gestalten können, aber eigentlich machte das gerade auf seine schlichte Art sehr viel Spaß.

Auch der fruchtig-frische Abschluss rund um Mango (als Frucht und Sauce), Joghurteis und crunchige Haferteigplatten kam geradlinig und schlüssig auf den Punkt und rundete den stimmigen Gesamteindruck ab. Das alles gibt es zwar nicht geschenkt, dafür aber wirklich gute Produkte und zudem eine faire Kalkulation bei den höherwertigen (auch offen ausgeschenkten) Weinen sowie ein charmant beschwingtes Serviceteam, das deutlich die gute Schule von Gastgeber Fabrice Kieffer zeigt.

Broeding

6

Schulstr. 9, 80634 München
☎ 089-164238
www.broeding.de
Mo–Sa ab 18 Uhr, So RT
Menüs: 92–98 €

EC ■■■ ◎ **VISA** P ⌂

Seit Jahren schon empfehlen wir die schnörkellose Küche des Broeding, das weder ein Wirtshaus noch ein Gourmetrestaurant sein will, aber dennoch beide – Wirtshausgänger wie Gourmets – zuverlässig zufrieden stellt. Dass das Niveau in der jüngsten Vergangenheit nochmal angezogen hat, dass die Gerichte raffinierter und vielschichtiger wurden, ohne ihre Lässigkeit einzubüßen, zeigte auch unser jüngster Besuch wieder, der zu einer erneuten Aufwertung auf jetzt 6 Pfannen führte.

Dem Team um Küchenchef Manuel Reheis gelingt es souverän, authentische Geschmacksbilder so auf den Teller zu bringen, dass jede Komponente klar identifizierbar ist und Sinn ergibt. Seien es nur drei, so wie bei einer Kreation aus Bündnerfleisch, Blumenkohlcouscous und Kräuterquark, oder gleich eine ganze Reihe, so wie bei der zu Mousse verarbeiteten Geflügelleber mit einer Art Paprika-Chutney, grünem Tomatensalat, Kapern, Petersilie und Koriander sowie einem frivol schlotzigen Geflügelsalat. Solch vergleichbar bodenständige „Allerweltszutaten" derart elegant ineinandergreifen zu lassen ist alles andere als trivial und zeugt vom Produktverständnis und Know-How der Herdverantwortlichen.

Dass das Broeding kompositorisch und handwerklich ohnehin stets sattelfest unterwegs ist, stellte zuletzt auch ein hervorragender süffiger Raviolo mit einer Füllung aus dem piemontesischen Weichkäse Robiola unter Beweis. Die Pasta selbst war sauber gefertigt, perfekt al dente und wurde eigentlich auch wieder recht simpel und unaufgeregt von Petersilie, auf den

Punkt gegarten aromatischen Steinpilzen, frischen Feigen und gebratenem Spitzkohl begleitet. Ein „Wohlfühlteller" auf hohem Niveau, wie überhaupt alle Gerichte im Broeding hohen Genussfaktor und maximale Zugänglichkeit versprechen.

Auch die Produktqualitäten, insbesondere von Fisch und Fleisch, sind hier stets makellos. Zuletzt konnten uns sowohl ein ebenso saftiger wie bissfester Seeteufel, als auch eine Tranche wunderbar zarter Lammoberschale vom Gutshof Polting vollends überzeugen. Der Fisch brauchte nicht mehr als ein rösches Nussbutter-Finish in der Pfanne und ein wenig Rahmspinat, geschwenkte Kartoffeln, sowie eine sahnige Safranschaumsauce, um den Gaumen zu kitzeln. Ähnlich simpel aber höchst befriedigend war das à point rosa gebratene Lamm arrangiert, das lediglich mit verschiedenen Bohnen sowie einem napfigen Lammragout im Gulasch-Stil serviert wurde, welches gleichzeitig auch als schmorwürzig-rustikale, in diesem Kontext aber sehr treffsichere Sauce diente.

Das Broeding ist übrigens nicht nur ein Restaurant, sondern auch eine Weinhandlung. Dementsprechend stilsicher und versiert geht das Team um Sommelier Matthias Hegele mit allem Flüssigen um – vom burgenländischen Blaufränkisch von der österreichisch dominierten Weinkarte bis hin zu verschiedenen Auszugs- und Extraktionstechniken für die alkoholfreie Getränkebegleitung. Statt auswendig gelerntes Sommelier-Latein aufzusagen, kennt man sich hier auch ganz offensichtlich sehr gut mit Wein aus, wie ganz beiläufig ein spontaner Plausch über das Süßempfinden in Relation zum Alkoholgehalt norditalienischer Süßweine zeigte.

Ein sehr überzeugendes Dessert mit handwerklich perfekt umgesetzter luftiger Schokoladenmousse, lauwarmen Zwetschgen, zwei verschiedenen Schokoladengebäcken und einem Gelee aus Fragolina-Trauben rundeten den wieder mal sehr kurzweiligen Abend im Broeding ab. So heimelig und unprätentiös kann man sonst eigentlich fast nur in Privaträumen speisen – aber da wird selten so gekonnt gekocht!

Burger House

**Truderinger Str. 276,
81667 München**
☎ 089-45108086
www.theburgerhouse.com
⊘ Täglich von 11–22 Uhr, kein RT
Hauptgericht: 6–16 €

Klassische und kreativ zusammengestellte Burger aus hochwertigen, frischen Zutaten wie 100 % bayerischem Rindfleisch oder Buns und Saucen nach eigenen Rezepturen.

Burger House

**Plinganserstr. 37,
81369 München**
☎ 089-76776630
www.theburgerhouse.com
**⊘ Mo–Do von 11.30–22.30 Uhr,
Fr von 11.30–0 Uhr, Sa von 13–0 Uhr,
So von 13–22.30 Uhr, kein RT**
Hauptgericht: 6–16 €

Klassische und kreativ zusammengestellte Burger aus hochwertigen, frischen Zutaten wie 100 % bayerischem Rindfleisch oder Buns und Saucen nach eigenen Rezepturen.

Burger House

**Theresienstr. 60,
80333 München**
☎ 089-44384377
www.theburgerhouse.com
**⊘ Mo–Do von 11–22 Uhr,
Fr–So von 11–23 Uhr, kein RT**
Hauptgericht: 6–16 €

Klassische und kreativ zusammengestellte Burger aus hochwertigen, frischen Zutaten wie 100 % bayerischem Rindfleisch oder Buns und Saucen nach eigenen Rezepturen.

Burger House

Siegfriedstr. 14,
80803 München
☎ 089-37413034
www.theburgerhouse.com
⊗ Di von 11.30–15 Uhr u. von
17–22.30 Uhr, Mi u. Do von
11.30–15.30 Uhr u. von 17–22.30 Uhr,
Fr von 11.30–15.30 Uhr u. von 17–23 Uhr,
Sa von 12–23 Uhr, So von 13–21 Uhr,
Mo RT
Hauptgericht: 6–16 €

Klassische und kreativ zusammengestellte Burger aus hochwertigen, frischen Zutaten wie 100 % bayerischem Rindfleisch oder Buns und Saucen nach eigenen Rezepturen.

Burger House

Ismaninger Str. 5,
81675 München
☎ 089-92586552
www.theburgerhouse.com
⊗ Mo–Do von 12–15 Uhr u.
von 17–21.30 Uhr, Fr von 12–15 Uhr
u. von 17–22 Uhr, Sa von 12–22 Uhr,
So von 13–21 Uhr, kein RT
Hauptgericht: 6–16 €

Klassische und kreativ zusammengestellte Burger aus hochwertigen, frischen Zutaten wie 100 % bayerischem Rindfleisch oder Buns und Saucen nach eigenen Rezepturen.

Burger House

Gollierstr. 30,
80339 München
☎ 089-20183956
www.theburgerhouse.com
⊗ Täglich von 11–23 Uhr, kein RT
Hauptgericht: 6–16 €

Klassische und kreativ zusammengestellte Burger aus hochwertigen, frischen Zutaten wie 100 % bayerischem Rindfleisch oder Buns und Saucen nach eigenen Rezepturen.

CA-BA-LU Bar

Thierschplatz 5, 80538 München
☎ 089-94508840
ca-ba-lu.de
⊗ Täglich von 17–1 Uhr, kein RT
Hauptgericht: 12–22 €

Mittelamerikanische und asiatisch inspirierte Vorspeisen und Snacks, weltoffene Burger-Varianten mit aus hochwertigen, frischen Zutaten und Flanksteaks vom Grill.

Das Luitpold

Brienner Str. 11, 80333 München
☎ 089-2428750
www.cafe-luitpold.de
⊗ Mo–Sa ab 8 Uhr durchgehend. So
u. Fei ab 9 Uhr durchgehend, kein RT
Hauptgericht: 16–26 €

Das weitläufige Café und Bistro mit Confiserie und Bäckerei ist ein beliebter Platz in Münchens Innenstadt, wenn unkomplizierte, aber doch anspruchsvolle Rundumbewirtung gefragt ist. Von Kaffee und Kuchen über kleine Snacks bis zur ambitionierten Bistroküche gibt es hier eine große Bandbreite in guter Qualität, die dafür sorgt, dass immer viel los und die Atmosphäre entsprechend lebhaft ist. Weiterhin gilt auch: die kulinarischen Ambitionen der Betreiber sind nicht nur an den Douceurs aus der hauseigenen Confiserie zu erkennen, sondern werden auch schon beim Blick in die Speisekarte deutlich. Die Zubereitungen sich teils recht einfach gehalten – gekocht wird frisch, schnörkellos und schmackhaft. In der Weinkarte findet man gute Tropfen namhafter Erzeuger und auch alkoholfreie Alternativen wie die sehr guten hausgemachte Limonaden.

Bezahlkarten-Symbole

- Mastercard
- EC-Maestro
- Diners
- American Express
- **VISA** Visa

Ederer

Lindwurmstr. 48,
80337 München
☎ 089-74747928
restaurant-ederer.de
◉ Di–Fr von 12–14 Uhr u. ab 18 Uhr,
Sa ab 18 Uhr, So u. Mo RT
Hauptgericht: 16–32 €

In seinem geschmackvoll schlicht eingerichteten Restaurant nahe der Münchener Theresienwiese kredenzt Altmeister Karl Ederer eine entspannte Markt- und Produktküche, die von der hohen Qualität der verwendeten Viktualien und der souveränen Zubereitung durch einen Könner profitiert und deshalb in all ihrer unprätentiösen Schlichtheit hohen Ansprüchen gerecht wird. Der Witzigmann-Schüler kann eben hervorragend kochen und weiß, was man für eine gute klassische Küche wirklich braucht und was eben nicht. So kommen auf die blanken, schlicht eingedeckten Holztische völlig uneitle, gegenständliche, substanzstarke Gerichte, die mal mediterraner, mal klassisch französischer und mal regionaler Art sind und nie mit überflüssigem Firlefanz aber immer mit dem gewissen Etwas daherkommen: unverfälschtem, gekonnt herausgekitzeltem Wohlgeschmack. Dazu begleitend eine ansprechende international sortierte Weinauswahl und das alles zu moderaten Preisen und gastfreundlichen Öffnungszeiten.

Essence

Gottfried-Keller-Str. 35, 81245 München
☎ 089-80040025
www.essence-restaurant.de
◉ Mi–Fr von 12–15 Uhr u. ab 18 Uhr,
Sa u. So ab 18 Uhr, Mo u. Di RT
Menüs: 69–95 €

Man könnte den schon über Jahre andauernden Erfolg des modern-elegant gestalteten Restaurants im Erdgeschoss eines Wohn- und Geschäftshauses in Laufweite zum Pasinger Bahnhof einfach damit erklären, dass im Münchner Westen die anspruchsvollen Adressen mit gehobener Küche rar gesät sind. Viel plausibler erscheint uns aber, dass der hohe Beliebtheitsgrad daraus resultiert, dass man hier seit jeher einen sehr guten Job macht, dass die Küche ambitioniert, aber nicht übertrieben exklusiv daherkommt, und dass mit Küchenchef Sascha Bulander und seinem Team versierte Köche am Herd stehen, die einfach sehr genau wissen, was sie da machen.

Dass ihre Zubereitungen viel Substanz besitzen, konnten wir auch beim diesjährigen Besuch gleich schon an der obligatorischen Essenz schmecken, die hier seit jeher in Anknüpfung an den Namen des Restaurants als erster kleiner Küchengruß geschickt wird: diesmal eine tief, natürlich und klar schmeckende Essenz vom Rind. Auch beim asiatischen Minigemüse mit ein wenig gezupftem Rotbarbenfleisch, Miso-Mayonnaise und Paprika-/Kokos-Mousse schmeckte alles stimmig und frisch, harmonierten die Aromen und saß die Pointe.

Der mit Selleriesalat, einem süßsäuerlichen Selleriesud, Sorbet vom grünen Apfel und verschiedenen Sellerie-Komponenten auf einem getoasteten Brioche-Riegel frei interpretierte Waldorfsalat begleitete die sehr schön zarte, aber etwas trockene Galantine von Schwarzfederhuhn zwar sehr interessant, allerdings mit relativ viel Süße am Sorbet und etwas ungehobelter Säure im Sud auch recht plakativ und irgendwie unbalanciert. Und um die Pointe vorwegzunehmen: es war nicht der einzige Wackler des Menüs, das zwar immer wieder zu erkennen gab, wie anspruchsvoll hier gekocht wird, allerdings dazwischen auch deutliche Schwächen offenbarte.

Alles andere als unbalanciert und plakativ, nämlich sehr mild, natürlich und ausgewogen, schmeckte im Anschluss daran die cremige Pastinakensuppe, aus deren Zentrum ein aus geschmortem Chicorée, einem kleinen Chicorée-Flan und Pastrami vom Hirsch gefertigter Zylinder ragte. Als alkoholfreies Begleitgetränk servierte das Team dazu einen Himbeer-Eistee, der nach unserem Geschmack zu diesem Zweck aber fast schon etwas zu dominant war.

Der sehr sanft confierte und dadurch überaus zart und saftig anmutende Saibling mit zweierlei Steckrübe, salziger Joghurtcreme mit Nuss und Kerbelschaum wirkte daraufhin wieder deutlich lauter und leider auch etwas unruhig und poltrig – nicht bloß wegen des alkoholfreien Begleitgetränks aus Verjus mit Ingwer und Senfsaat, sondern auch wegen zu viel Salz und Säure auf dem Teller selbst.

Nicht nur etwas zu viel Salz, sondern nahezu ungenießbar viel davon, hatte leider die aufgeschäumte Beurre blanc intus, die zusammen mit Passepierre-Quellern, cremigem und angeröstetem Blumenkohl, sowie einem ziemlich süßen, fruchtigen Gel zu einem Tortellino vom Hummer angerichtet war. Auch die extrem süße weiße Schokolade, die mit gerösteten Sesamkörnern auf die gefüllte Pasta appliziert war, trug in keiner Weise zur Balance des Gerichts bei. Das wirkte in der Gesamtschau leider nicht nur unruhig, sondern regelrecht unharmonisch.

Hätte man bis hierher noch von einer ungünstigen Häufung an Ausrutschern sprechen können, stellte der Hauptgang um zwei Tranchen aus dem Rücken eines Greater Omaha Beef die erst im letzten Jahr erhöhte Bewertung dann leider doch in Frage. Gar nicht mal unbedingt deshalb, weil das Premiumfleisch zwar sehr zart, aber relativ saftlos auf dem Teller lag und so seine Vorzüge gegenüber weniger exklusivem Rindfleisch nicht voll ausspielen konnte, sondern weil auch hier bei der Begleitung (verschiedene Bete, Radieschen, Kartoffel) und der Sauce wieder relativ viel Salz bzw. konzentrierte Würze im Spiel war.

Sehr harmonisch und ausgewogen präsentierte sich dann aber wieder das Dessert, eine cremigfrische Komposition von Kürbis und Preisel-

beeren, der eine warmwürzig und leicht orientalisch anmutende Aromenmischung den Touch des Besonderen gab. Trotz dieses schönen Abschlusses und einer insgesamt durchaus ansprechenden Küchenleistung müssen wir die Auszeichnung zugunsten eines stimmigen Gesamtbildes – auch und insbesondere im direkten Vergleich mit anderen, ähnlich bewerteten Restaurants – leider wieder etwas nach unten korrigieren. Aber nicht ohne den Hintergedanken, das Team dadurch zu motivieren, es sportlich zu nehmen, wieder etwas mehr auf die wirklich wichtigen Details zu achten, und sich in der kommenden Testsaison die 7 Pfannen zurückzuverdienen.

EssZimmer

Am Olympiapark 1
(BMW Welt München), 80809 München
☎ 089-358991814
www.feinkost-kaefer.deesszimmer-muenchen
◔ Di–Sa ab 19 Uhr, So u. Mo RT
Menüs: 160–205 €

Das von Feinkost Käfer betriebene und von Küchendirektor Bobby Bräuer und seinem Team bekochte Gourmetrestaurant in der BMW-Welt zählt, was die Lage und das Raumdesign angeht, deutschlandweit zu den ganz besonderen Destinationen. Das äußerst großzügige Ess-Zimmer, in dem klassische Eleganz und moderne Lässigkeit eine ziemlich attraktive Verbindung eingehen, schwebt nämlich förmlich wie ein überdimensionales gläsernes Designer-Wohnzimmer über den Ausstellungshallen des Automobilherstellers und wirkt dort ein wenig wie ein Paralleluniversum. Der Kontrast, der hier zwischen dem trotz seiner Größe irgendwie fast schon heimelig wirkenden Gastraum und den technisch-futuristisch anmutenden Weiten des Showrooms entsteht, hat etwas Spektakuläres.

Da darf die Küche selbstverständlich nicht hintenanstehen – und tut sie auch nicht. Doch Routinier Bobby Bräuer und sein Team versuchen sich nicht in Effekthaschereien und überbordender Kreativität, sondern begeistern auf den Tellern ihres bis zu sechsgängigen Menüs mit Auswahlmöglichkeiten bei Vorspeise, Hauptgang und Dessert lieber durch Qualität und Substanz. Das Kulinarium punktet bei aller Unaufgeregtheit dennoch auch mit jeder Menge Originalität, die sich hier aber eben nicht durch technisches Feuerwerk oder noch nie dagewesene Produktkombinationen definiert, sondern durch Präzision, Geschmack und Qualität. Und trotzdem hat alles nicht nur viel Genuss- sondern auch einen hohen Unterhaltungswert: Was der erfahrene Chef und sein ambitioniertes Team in ihre Kreationen packen ist ein spannender Mix aus den größten Tugenden der französischen Klassik und kreativen Ideen der kulinarischen Neuzeit, der aus beiden Welten so viel Positives vereint, dass er konservativ gepolte Gourmets nicht überfordert und aufgeschlossene Esser nicht langweilt. Das Pulver wird nicht schon beim Auftakt verschossen, wie das andernorts oft der Fall ist: Zunächst wurden auch bei unserem letzten Besuch wieder kleine, neckische Einstimmungen als Fingerfood zum Aperitif gereicht, die nicht nur optisch, sondern auch am Gaumen im besten Sinne farbenfroh und lebhaft wirken, aber noch nicht das ganze Können des Teams erahnen lassen. Gefolgt von einer Auster mit Pomelo, Quellern und Fenchelperlen in einer Vinaigrette auf Basis von Austernwasser mit denselben Aromen, die einen angenehm leichten und frischen Auftakt bescherten, Präsenz zeigten, sich aber nicht aufdrängten.

Die gar nicht so seltene Kombination von Kalbstatar und Kalbsbries interpretierte das Team danach erfreulich unkonventionell, nämlich mit Steckrübe, Bittersalaten und Zitrusfrüchten, was im Zusammenspiel wieder herrlich leicht und frisch angemutet hat. Abgesehen vom Bries, welches als sehr guter, aber leider eher winziger glasierter „Nugget" und als eine nicht ganz so produkttypische geleeüberzogene Moussepraline gegenüber dem Tatar eher unterrepräsentiert war, hatte man es hier mit einer perfekt proportionierten und sehr viel Feingespür arrangierten Vorspeise zu tun. Generell kommen in Bobby Bräuers Kulinarium die Finessen nicht plakativ und offensichtlich, sondern mehr subtil und unterschwellig daher. Eine Küche für erwachsene Gourmets eben…

Mit viel Begeisterung löffelten wir auch die kraftvoll intensive Kartoffelessenz mit ausdrucksvoll erdigem Geschmack von schwarzer Trüffel. Letztere waren in Scheiben zusammen mit einem frischkäsegefüllten Lauchröllchen und bissfester, aromatischer Kartoffelwürfel als Einlage der klaren Suppe präsent. Separat im Schälchen anbei ein Salat von Kalbszunge, Kalbskopf und Staudensellerie, bei dem mit ebenfalls reichlich schwarzer Trüffel und einem Esspapier von lila Kartoffel die Brücke zum Hauptteller geschlagen wurde.

Ein grandioses Fest für maritime Produktfanatiker erlebten wir mit dem gänzlich klassisch und gediegen als „Muscheltopf" annoncierten und im Grunde auch nicht viel mehr darstellenden nächsten Zwischengang. Denn hier wurden als Einlage eines kraftvollen klaren, leicht tomatisierten Muschelsuds neben Artischocke und einem mit Schmorgemüsetatar gefüllten Raviolo von Jakobs-, über Bouchot- und Herz- bis zur Venusmuschel und ein paar kleinen Crevetten lauter qualitativ wirklich hervorragende Meeresfrüchte aus Portugal nahezu roh und pur serviert – und boten dergestalt ein jodig-mineralisches Geschmackserlebnis, wie man es fern jeder Küste nur sehr selten genießen kann. Diese Verbindung aus herzhaftem, komplexem Sud und puristisch klarem Geschmack der Muscheln und Krustentierchen war jedenfalls ein ganz besonderer Gaumenkitzel. Denn wann kann man denn im Binnenland schon mal erleben, dass zum Beispiel eine Bouchot-Muschel eher wie eine frische Auster schmeckt als wie eine handelsübliche Muschel? À part gab's dazu einen winzigen, in der länglichen Schale angerichteten Stabmuschelsalat mit Tomate und Paprika, der sich thematisch und geschmacklich ebenfalls bestens ins Bild einfügte.

Und obwohl beim Fischgang um bretonischen Glattbutt mit Belugalinsen und Thaispargel auch der Fisch selbst hervorragend war und in seiner Qualität begeistern konnte, war der heimliche Star auf dem Teller die ebenso elegante wie markante Sauce von rotem Curry, die sich seidig und mundfüllend an alle Komponenten schmiegte, um sie ausdrucksstark miteinander zu verknüpfen, ohne zu dominieren. Als ein echtes „Gustostückerl" präsentierte sich auch das Onglet vom US-Beef aus Nebraska, das mit kernigem Biss, viel Schmelz und Eigengeschmack neben einem Stück süßlichwürziger Zwiebeltarte, Zwiebelsegmenten, geschmortem Wirsingblatt, in Salzteig gegarter Knollensellerie und Buchenpilzen als Hauptgang aufgeboten wurde. Für extra Schmelz und Aromenboost sorgte eine Scheibe Ochsenmark und das angenehm präsente Aroma von Vadouvan in der Jus steuerte dem ansonsten eher gediegenen Arrangement noch einen spannenden Aromenakzent bei.

Das Dessert, ein mit knusprigem dünnem Geäst und schmelzigen Crumbles ausdekoriertes rundes Törtchen, das aus einer Art Fruchtgranitée von der steirischen Hirschbirne und schaumig-moussiger Creme von Molke und Heumilch mit tasmanischem Pfeffer bestand, kam zwar mit ausgefuchst nuancenreicher und geschmeidig ineinandergreifender Haptik sowie erfreulich wenig Süße, aber auch mit etwas zurückhaltender Aromatik daher. Ein Abschluss auf hohem Niveau war es in jedem Fall, zumal sich die anschließenden Petits fours zu guter Letzt wieder etwas ausdrucksstärker präsentierten.

Viel Lob gebührt nicht nur dem gut eingespielten Serviceteam, sondern insbesondere auch Sommelier Domenico Durante, der mit seinen gerade mal 30 Jahren schon einen großen Erfahrungsschatz angesammelt hat und den Gerichten mit profunden Empfehlungen spannende und bisweilen unkonventionelle Weinpartner zur Seite stellt. Begeistert hat uns insbesondere der zum Muscheltopf ausgeschenkte 2018er Branco de Santa Cruz aus der Hand von Telmo Rodriguez, der dem mediterran-maritimen Schmaus mit seiner komplexen Mineralik und genügend Schmelz ein perfekter Partner war.

Gabelspiel

**Zehentbauernstr. 20,
81539 München**
☎ **089-12253940**
restaurant-gabelspiel.de
⏰ **Di–Sa ab 18 Uhr, So u. Mo RT**
Menüs: 95–135 €

Ganz ohne große Finanzspritze haben Sabrina und Florian Berger vor einigen Jahren das Gabelspiel in München-Giesing eröffnet und mittlerweile als gefragtes Nachbarschafts-Gourmetrestaurant etabliert. In den Räumlichkeiten einer alten Eckkneipe servieren die beiden jungen Gastgeber – er in der Küche, sie am Gast – zeitgenössische und mitunter anspruchsvolle Gerichte im unverwechselbar nahbaren Ambiente.

Florian Berger und sein Team scheinen durchaus Freude an der Tüftelei zu haben, wie bereits ein erstes Fingerfood aus mit pikanter italienischer Salami gefüllter und schwarzem Sesam ummanteltem Pimento unter Beweis stellte. Als ähnlich vielseitig entpuppte sich eine Kreation mit gebeizter Seeforelle, verschiedenen Kräutern, sauer eingelegtem Khaki und Rettich, sowie einer hervorragenden Vinaigrette mit Kräuteröl. Der Clou bestand hier aus dem Zusammenspiel der verschiedenen Texturen von Kräutern, Fisch, Obst und Rettich, das die Mundgefühl Partitur auf ganz natürliche Weise breit bespielte. Gemeinsam mit dem großartigen Grundprodukt, nämlich einer Forelle von Niki Birnbaum, die zu den besten gehört, die man überhaupt irgendwo bekommen kann, ist das ein rundum perfekter Gang.

Zur lockeren Gangart des Restaurants passte auch die eingeschobene „Brotzeit" bestens, die passenderweise mit einem Saison-Bier der gleich gegenüber ansässigen Giesinger Brauerei begleitet wurde. Es erscheint in diesem Setting als durchaus schlüssig, dem Trend zu folgen, das Brot als eigenen Gang zu betrachten, anstatt es schlicht am Anfang des Menüs auf den Tisch zu stellen. Nicht nur, weil es aus gutem Sauerteig besteht und selbst gebacken wurde, sondern auch, weil es bestens von einer aufgeschlagenen Nussbutter, Schinken (von Florians Bergers österreichischem Onkel) sowie einer sehr guten, würzig-süßlichen Kürbiskerncreme in Szene gesetzt war. Überhaupt unterstreicht der Gang, dass man im Gabelspiel nicht nur tüfteln, sondern auch ganz schlicht und klassisch kochen (bzw. backen) kann.

Wieder in die Kategorie des Tüftelns fällt die Kreation mit Topinambur, Eigelb, fermentiertem Knoblauch, Johannisbeere, Milchgelee und Kakao. Das viel zu selten dargebotene Knollengemüse war hier sowohl roh und knackig als auch als Eiscreme vertreten, was ein spannendes Mundgefühl hinterließ. Alles in allem steht jedoch ein kleines Fragezeichen hinter dem Gericht: Einmal weil sich Kakao und Eigelb nicht so ganz durchsetzen konnten, stattdessen aber fermentierter Knoblauch sehr dominant wirkte, was in Kombination mit der

Nussigkeit der Topinambur ein bitteres, schales Aroma kreierte. Aber auch, weil die Gesamtkomposition auf uns zu schwer und etwas überladen wirkte. Hier hätte man sich getrost noch ein wenig Lässigkeit und Wohlgeschmack herbeitüfteln können. Auf ein anständiges Niveau kommt das Gericht zwar trotzdem, ist aber eher im schwächeren Bereich des Gabelspiels zu verorten.

Deutlich besser – weil purer, fokussierter und filigraner – präsentierte sich der Hauptgang mit Challans-Ente, Quitte, Kartoffel und Chicorée. Neben einer perfekten fleischigen Ente mit viel Eigengeschmack und saftiger Textur konnte hier vor allem das Zusammenspiel der Aromen punkten. Die Bitternoten des Chicorées und die blumige Süße der Quitte hielten die Ente in Schach, ohne sie zu überlagern. Eine sehr gute, dichte, aber nicht überladene Jus mit dezenter Säure tat ihr Übriges.

Beim Dessert fühlten wir uns ein wenig an den Topinamburgang erinnert. Denn so ganz wollte uns eine im Gewürzsud pochierte Aubergine, die von Schokolade und Amaranth begleitet wurde, nicht überzeugen. Die Idee können wir durchaus nachvollziehen, die Umsetzung scheiterte in unseren Augen aber an einer zu festen, zähen Aubergine und zu vielen verschiedenen Gewürzen. Immerhin das rösch abgeflämmte Eis zeugte von gutem Handwerk.

Dass das Gabelspiel die Patisserie aber grundsätzlich beherrscht, stellten sehr gute Petits Fours unter Beweis. Allen voran eine kleine Zitronentarte mit Kalamansi und Jogurt sowie ein schlotziger Germknödel im Miniaturformat konnten unsere beim Auberginen-Dessert zu kurz gekommen Lust auf Süßes stillen. Und so bleibt das Gabelspiel, nicht zuletzt dank des wunderbaren herzlich-professionellen Service von Gastgeberin Sabrina Berger, ein heißer Tipp für alle, die gerade anfangen möchten sich mit der Spitzengastronomie auseinanderzusetzen. Und das ganz ohne Schwellenangst!

Galleria

Sparkassenstr. 11/Ecke Ledererstraße,
80331 München
☏ 089-297995
www.ristorante-galleria.de
◉ Täglich von 12–14.30 Uhr
u. ab18.30 Uhr, kein RT
Hauptgericht: 33–35 €,
Menüs: 35–95 €

Das charmant verwinkelte Lokal von Maria Grazia De Luca und Andrea Pomiato Colesso gehört zu den gastronomischen Klassikern in der Innenstadt und bietet nicht nur einen hinsichtlich der gebotenen Qualität sensationellen Mittagstisch mit interessant aufgepeppten klassischen italienischen Gerichten, sondern auch eine ambitionierte, aufwendiger und exklusiver gestaltete Küchenlinie. Die präsentiert sich als einfallsreiche Italianità mit Substanz und teilweise eigenen guten Ideen, die fundiert und von leichter Hand zubereitet ist. Besonders im Bereich der Vorspeisen und Zwischengerichte sind oftmals Eigeninterpretationen mit originellem Twist dabei, während die Hauptgänge meist etwas klassischer daherkommen. Gastgeberin Maria Grazia De Luca hat zur Küche ihres Lebensgefährten immer auch die passenden Weinbegleiter in der Hinterhand, macht dafür auch schon mal ein gutes Fläschchen außerhalb der Reihe auf.

Garden

im Hotel Bayerischer Hof
Promenadeplatz 2–6,
80333 München
☏ 089-2120993
www.bayerischerhof.dede/
erleben-geniessen/restaurants-bars/
restaurants/garden.html
◉ Täglich von 12–14 Uhr u. ab 18 Uhr,
kein RT
Hauptgericht: 27–60 €

VISA P ⌂ ♿

Während es im Gourmetrestaurant Atelier nebenan im Herbst 2021 einen Küchenchefwechsel gab, steht im deutlich größeren Garden mit Philipp Walter Pfisterer weiterhin ein langjähriger führender Mitarbeiter der Küchenbrigade am Herd – und sorgt in dem wie ein riesiger Wintergarten anmutenden Gastraum unverändert für anspruchsvolle Gaumenfreuden der klassischen, aber niemals angestaubten Art. Was er und sein Team hier in handwerklich versierter und qualitativ hochwertiger Art als à-la-carte-Gerichte auf die Teller bringt, ist stilistisch bodenständiger und in der Machart weniger artifiziell als das, was sein Kollege Anton Gschwendtner im Atelier in Menüform macht – bewegt sich aber dennoch klar auf Feinschmeckerniveau.

Das kann etwa ein vom Filet eines Hereford Rindes geschnittenes Carpaccio mit Cipriani-Sauce sein, Cremesuppe von Krustentieren, aus der man satt mit Kaisergranat gefüllte zarte Wan-Tan-Täschchen löffelt, oder ein Tatar vom Simmentaler Rind mit geröstetem Malzbaguette, das sich optional noch mit etwas Kaviar veredeln lässt. Unter den Hauptgängen finden sich einerseits traditionelle Klassiker wie gebratene Kalbsleberscheiben mit Apfel-/Kartoffelpüree, ein originales (und perfekt souffliertes!) Wiener Schnitzel vom Kalb, das mit Bundkarotten und Petersilienkartoffeln aufgefahren wird, oder verschiedene Cuts edler Rinderrassen mit klassischen Saucen und Beilagen nach Wahl, ganz nach guter alter Schule. Auf der anderen Seite gibt es aber immer auch etwas originellere Gerichte wie beispielsweise einen Heilbutt mit Mandelkruste nebst Safranmayonnaise, mariniertem Brokkolini und Freekeh, jenem unreif geerntetem, getrocknetem und geröstetem Hartweizen.

Wir starteten zuletzt mit einer Vorspeise um gegrillten Pulpo, der in Konsistenz, Frische und Geschmack schon sehr beispielhaft daherkam. Seine Begleitung in Gestalt von Kichererbsen, seidiger Hummuscreme, Schnittlauchmayonnaise und Affilakresse wirkte zwar in diesem Kontext nicht unbedingt alternativlos, war aber als solches dennoch eine sehr runde und schmackhafte Angelegenheit. Dass das Team hier für fundiertes Handwerk steht, zeigte insbesondere auch der perfekt beschaffene Risotto mit punktgenau durchgezogenen Reiskörnern, viel Schmelz und Schlotz, darin noch leicht knackige, nicht zu dick und nicht zu dünn geschnittene Kürbiswürfel und obenauf sautierte Trompetenpilze, knusprig angerösteter Grünkohl und gehobelter Comté: eine sehr schöne winterliche Komposition.

Handwerklich wie kompositorisch begeisterten uns auch die hausgemachten Paccheri, die mit saftigem Entenragout und reichlich von dessen Schmorsauce italienisches Soulfood repräsentierten, aber mit Feigen, Grünkohlblättern, angerösteten Pinienkernen und einer säuerlich-laktischen Creme zwischen Joghurt und Schmand auch noch eine unverkrampft indivi-

duelle Note hatten. Nur Lob auch für das Zweierlei vom Reh aus dem Gutshof Polting, dessen klassisch gebratener Rücken in saftiger Idealform mit zartem Biss und die geschmorte Schulter nur minimal mürbe und überhaupt nicht trocken daherkamen. In Kombination mit fruchtig zugespitzter Roter Bete, einem mit Miso umamiwürzig abgerundetem Schwarzwurzelpüree und einer mustergültigen Rehsauce war das ein unkonventionelles und dennoch an traditionelle Geschmacksbilder angelegtes Wildbret mit Niveau.

Bei den Desserts macht die Küche ebenfalls den mehrheitsfähigen Spagat zwischen vollkommen klassischen Dingen wie drei verschiedenen Sorbets nach Tagesangebot oder Crêpes Suzettes mit Vanilleeis auf der einen Seite und etwas originelleren Dingen wie unseren saftig-kernigen Pistazien-/Grapefruit-Kuchen in Kombination mit warmwürziger Mascarponecreme und einem mit Granatapfelkernen angereicherten Feigensalat mit pikantem Pep auf der anderen. Die Weinkarte listet Namhaftes aus aller Weinwelt und der Service agiert mit Umsicht und Humor.

Green Beetle

Schumannstr. 9, 81679 München
☎ 0176-14168023
www.feinkost-kaefer.degreenbeetle
🕐 Mo–Sa von 12–15 Uhr u. ab 17.30 Uhr,
So RT
Hauptgericht: 10–25 €,
Menüs: 59–99 €

Nur ein paar Schritte vom Käfer-Stammhaus an der Prinzregentenstraße entfernt, gleich auf der gegenüberliegenden Seite desselben Häuserblocks, hat das bekannte Delikatessenunternehmen, das ja in München mit der Käfer-Schenke sowie dem Gourmetrestaurant Esszimmer und dem Bavarie in der BMW-Welt bereits mehrere kulinarisch beachtliche Lokalitäten betreibt, ein weiteres sehr interessantes Restaurant eröffnet. Das rein vegetarische, außerdem sehr auf Nachhaltigkeit bedachte Green Beetle als Greenwashing-Projekt der namhaften Marke Käfer zu bezeichnen, wäre vermessen – hier wird glaubhaft das Konzept gelebt und unter der Ägide von Küchenchef Felix Adebahr tatsächlich sehr gut und sogar überdurchschnittlich raffiniert vegetarisch gekocht.

Selbst beim Interieur, für das das Designer-Duo MangMauritz verantwortlich zeichnet, wurde mit Respekt vor Ressourcen, Manufakturhandwerk und Nachhaltigkeit ausgewählt und gearbeitet. So sitzt der Gast in einem sehr stilsicher bunt und vielgestaltig eingerichteten, heiteren Gastraum, aus den Lautsprechern der Gute-Laune-Sound von Sister Sledge, Outkast oder Oliver Cheatham und auf den Tischen als erster Appetizer gepickeltes Gemüse und hauchdünnes, knuspriges „Pergamentbrot", die noch wenig über das Vermögen der hier gebotenen Küche aussagen. Doch schon mit dem ersten Gang, einem Pilz-Bulgur unter einer kandierten und marinierten Scheibe Rettich,

zeigte das Team, dass es sehr stimmige dynamische Geschmacksbilder kreieren kann: hier waren nämlich eine feinsäuerliche Dillemulsion und eine Estragonmayonnaise für aromatische Akzente und eine gute Balance verantwortlich. Das funktionierte auch bei der Schafsmilch-Ricotta mit fermentierten Pflaumen, mariniertem Fenchel, etwas Rauke, kandierten und eingelegten Orangenschalen und einer Orangen-/Senfvinaigrette ganz ausgezeichnet. Zumal das locker drapierte Schichtwerk à part noch von einer weichen gebackenen Käsestange begleitet wurde, die den frischen und tendenziell säuerlichen Komponenten auf dem Hauptteller etwas Herzhaftes entgegenbrachte und so die Sache rund machte. Ein gutes Gespür auch für außergewöhnliche Aromenkombinationen zeigten Felix Adebahr und sein Team dann bei dem mit Grünkohl gefüllten Dumpling in einer mit Sternanis abgeschmeckten Cremesuppe von der Karotte. Insbesondere durch das auf dem Tellerboden angebrachte Trio aus Rumrosinengel, Minzöl und Creme von weißer Schokolade, die sich langsam mit der Karottencreme vermählten und mit jedem Löffel neue spannende Geschmacksverläufe an den Gaumen brachten.

Beim nächsten Gang waren kleine fluffig-zarte Gnocchi, verschiedene sehr schön aromatische dehydrierte (halbgetrocknete) Tomaten und Lauch, der als geschmorte und auf den Schnittseiten dunkel angeröstete Scheiben sowie als Cremesauce zugegen war, in etwa gleichberechtigte Partner, die harmonisch miteinander kooperierten. Olive, aber auch eine mildwürzige Heidelbeer-Schaumsauce fügten sich stimmig dazwischen und ergänzten den Dreiklang um weitere Facetten. Das funktioniert nur deshalb so gut, weil jede Komponente auf dem Punkt und geschmacklich ausdrucksstark ist. So wie beim Hauptgang um roh gebratene, fruchtig-säuerlich aromatisierte Rote Bete, die dergestalt alles andere als dumpf und breit wirkte und zusammen mit maximal fluffig-cremigen Estragon-Grießknödelchen und einem markant ätherisch scharfen Meerrettichpüree einen schmissigen Akkord aufs Porzellan legte. Die dazu empfohlene Cuvée aus Roussanne, Marsanne, Viognier und Chardonnay mit ihrer duftigen Art und dem robusten Körper, konnte da gut mit und passte ganz hervorragend – wie sich auch sonst die oft aus der Naturwein-Nische stammenden Weinempfehlungen als stimmige Begleiter herausstellten.

Ein Knaller war überraschenderweise auch noch das Dessert, ein mit Toffee-Eis, exotischen Fruchtgels, Finger Limes und Basilikumkresse bestückter Parfait-Savarin von Honig aus Münchener Produktion, bei dem sich eine Karottensaft-Reduktion mit raffiniertem Süße-Säurespiel als der springende Punkt erwies. Da tendierte das Menü abschließend noch ein weiteres Mal in 7-Pfannen-Regionen. Und so kommen wir zu dem Schluss, dass uns auch als überzeugte Fisch- und Fleischesser, beides nicht gefehlt hat, weil das Menü sehr ausgewogen und interessant gestaltet war. In Kombination mit handwerklichem Feinschliff und einer gewissen Gestaltungsfreude ohne den Hang zu überflüssigen Spielereien, eine sehr attraktive Sache! Zudem ist der Service als äußerst sympathisch und umsichtig in Erscheinung getreten und unterm Strich hat auch das Preis-Leistungs-Verhältnis überzeugt.

---

fast & SLOW

Hamburgerei

Feilitzschstr. 12, 80802 München
089-244126744
www.hamburgerei.de
So–Do von 16–23 Uhr, Fr u. Sa von 16–24 Uhr, kein RT

Kreative Burger-Varianten aus hochwertigen Produkten teils regionaler Herkunft und hausgemachten Saucen.

---

fast & SLOW

Hamburgerei

Einsteinstr. 106, 81675 München
089-45079962
www.hamburgerei.de
So–Do von 11.30–22 Uhr, Fr u. Sa von 11.30–23 Uhr, kein RT

Kreative Burger-Varianten aus hochwertigen Produkten teils regionaler Herkunft und hausgemachten Saucen.

---

fast & SLOW

Hamburgerei

Brienner Str. 49, 80333 München
089-20092015
www.hamburgerei.de
So–Do von 11.30–22 Uhr, Fr u. Sa von 11.30–23 Uhr, kein RT

Kreative Burger-Varianten aus hochwertigen Produkten teils regionaler Herkunft und hausgemachten Saucen.

fast & SLOW

Hans Kebab

Leopoldstr. 182, 80804 München
089-12628130
www.hanskebab.de
Mo–Sa von 8–21 Uhr, So von 14–21 Uhr, Mo RT
Hauptgericht: 8–14 €

Gar nicht unbedingt wegen der Premium Kebab-Variante „From Istanbul to Tokyo“ aus Short Rib vom Kagoshima-Wagyu mit Trüffel und Togarashi, sondern wegen des generell hohen Anspruchs an Produkt und Frische, hat der Kebab-Imbiss von Cihan Anadologlu einen Platz in unserer „fast & slow“-Sparte verdient. Der normale Döner Kebab besteht aus 100 % Kalbfleisch, viel knackigem Salat und Gemüse und null Prozent Geschmacksverstärker oder künstlichen Aromen. Abwechslung bringen verschiedene Saucen und Variationen.

6

Hippocampus

Mühlbaurstr. 5, 81677 München
089-475855
www.hippocampus-restaurant.de
Mi–So von 12–14.30 Uhr u. ab 18.30 Uhr, Sa ab 18.30 Uhr, Mo u. Di RT
Hauptgericht: 29–32 €, Menüs: 32–70 €

VISA

Mit seinem markanten Mosaikfußboden aus toskanischem Marmor, der halbhohen dunklen Holzvertäfelungen in Nussbaum an den Wänden, darüber Jugendstillampen und im gesamten Lokal einer sehr charmanten Patina ist das Ambiente im L-förmigen Gastraum des Hippocampus ebenso authentisch und originell wie die Gerichte seines Küchenchefs. Cosimo „Mimmo“ Ruggiero ist eigentlich schon ein richtiger Altmeister in der Feinschmeckerszenerie der Landeshauptstadt, hat einst bei Witzigmann in der Aubergine und bei Dieter Müller in den Schweizer Stuben mitgekocht und Mitte der Neunziger mit dem La Vigna selbst erste Erfolge gefeiert. Zusammen mit Gastgeber Sergio Artiaco, auch schon so ein Münchener Gastro-Urgestein, leitet er jetzt seit fast 20 Jahren das „Seepferdchen“ und bekocht es mit schnörkellosen, aromenstarken italienischen Gerichten, die mit bodenständiger Finesse und ohne die typischen Gourmetattitüden und -stilmittel als beschwingte Produktküche daherkommen. Seine Italianità ist kompromisslos authentisch, aber eben alles andere als traditionell angestaubt.

Huber

Newtonstr. 13,
81679 München
📞 089-985152
www.huber-restaurant.de
🅥 Di–Sa ab 18 Uhr, So u. Mo RT
Hauptgericht: 26–38 €,
Menüs: 89–105 €

Das Restaurant Huber liegt ein wenig versteckt in einer unscheinbaren Seitenstraße zwischen Wohngebiet und Busbahnhof im Münchener Stadtteil Bogenhausen. Sandra und Michael Huber führen es nun schon seit gut zehn Jahren und liefern seither in schöner Zuverlässigkeit eine sehr souveräne Küchenleistung ab.

Die Kreationen drehen dabei nicht unbedingt die wildesten Pirouetten, drängen sich nicht mit ausgefallen Kombinationen nach vorne, sondern sind eher einfach aufgebaut. Die Simplizität steht der Küche aber prächtig und offenbart, wie gut Michael Huber und sein Team das klassische Küchenhandwerk beherrschen. Das unterstrich bei unserem jüngsten Testbesuch ganz besonders der Zwischengang mit hausgemachten Perlhuhnravioli, Madeirasauce und Albatrüffel. Die Pasta war gekonnt und präzise ausgearbeitet, perfekt al dente auf den Punkt gegart, und wurde von der süchtig machenden Liaison aus tief-würziger und cremiger Schaumsauce mit feiner alkoholischer Süße sowie dem Geschmack frischer aromatischer weißer Trüffel perfekt begleitet. Ähnlich einfach strukturiert und wohlgelungen war eine kurzweilige Vorspeise mit Saibling, Edamame und Sesammayonnaise, denn der als Tatar servierte Fisch war leicht angebeizt und dafür gröber ge-

schnitten, was die gute Qualität insofern unterstrich, als dass so beim Kauen die Festfleischigkeit noch besser spürbar wurde.

Auf einem sehr hohen Niveau sind im Huber regelmäßig die Hauptgänge, die gerne mal eine bis anderthalb Pfannen über der Gesamtbewertung liegen können. Hier scheint Hubers Stärke – das punktgenaue Handwerk und die bodenständige Klassik – am besten zur Geltung zu kommen. Zuletzt überzeugte uns eine Kreation mit Ente, Rahmwirsing, Pastinake, Kürbis und Zwiebelconfit, einmal aufgrund der trotz zahlreicher Beilagen stimmigen Kreation, ganz besonders aber wegen der hervorragenden Hauptkomponente. Das Geflügel war perfekt rosa gebraten, aber nicht mehr blutig, ausgesprochen zart und dabei enorm saftig, mit wunderbar kross-knuspriger Haut, die Huber und sein Team großzügig mit Koriandersamen und einer Reihe weiterer orientalisch anmutender Gewürze verfeinerten.

Zum unaufgeregten, niemals gezwungen originellen Stil des Restaurant Huber, den auch der nahbare, aber unaufdringliche Service verkörpert, passt die Perfomance der Patisserie wie die Faust aufs Auge, deren Schwerpunkt auf klassischem Handwerk liegt, das ab und an ganz behutsam mit modernem Twist versehen wird. Sehr überzeugend empfanden wir eine Kreation mit wunderbar sahnigem Grießflammeri, marinierten Äpfeln, Zimtblütenstreuseln und einem erfrischenden Apfel-/Petersilien-Sorbet, das dem Ganzen noch eine ungewöhnliche, aber vollkommen harmonische Note mit auf den Weg gab.

Das Zeug zum Aushängeschild hat außerdem die Weinkarte, die nicht nur spannende Gewächse bietet, sondern überaus fair kalkuliert ist. Besonders Freunde alter Rieslinge von Mosel, Saar und Ruwer werden hier auf ihre Kosten kommen. Zumal sich zahlreiche gereifte Weine von Spitzenhäusern wie Joh. Jos. Prüm, Zilliken-Geltz oder Von Hövel im äußerst philantrophischen Korridor zwischen 30 und 40 Euro bewegen. Ein Lafite-Rothschild aus den 80ern steht hier für 460 Euro auf der Karte, was zweifelsfrei viel Geld für eine Flasche Wein ist, in Anbetracht verschiedener Online-Shops, in denen der Wein desselben Jahrgangs an der 1000-Euro-Marke kratzt, aber fast wie ein Schnäppchen anmutet.

Warum das Restaurant Huber also in der Münchener Weinszene nicht den Platz einnimmt, den es verdient, können wir uns nicht so ganz erklären. Zumindest bei unseren vergangenen Besuchen ließ um uns herum niemand gebührend die Korken knallen. Das sollte sich dringend ändern!

Jin

Kanalstr. 14, 80538 München
☎ 089-21949970
www.restaurant-jin.de
⊘ Di–Fr ab 18 Uhr, Sa u. So von
12–15 Uhr u. ab 18 Uhr, Mo RT
Hauptgericht: 22–36 €,
Menüs: 85–120 €

Seit mittlerweile 20 Jahren betreibt der in Shanghai aufgewachsene Wahl-Bayer Hao Jin nun schon sein kleines, feines Restaurant in der Münchner Innenstadt. Der unter Gastronomen und Kochkollegen hoch geschätzte Gastgeber und Küchenchef serviert hier in wohltuend aufgeräumt und schnörkellos anmutenden Ambiente eine im Kern authentische südchinesische Küche mit allerlei Dim Sum, Fleischgerichten, Fried Rice, Suppen und einer beeindruckenden Vielfalt an Meeresfrüchten, von der sich so manches hiesige Spitzenrestaurant einiges abschauen könnte. Dass hierbei hin und wieder auch typisch „westliche" Produkte wie Iberico-Schwein, Steinpilze oder Spargel ihren Weg auf die Speisekarte finden, ist sehr begrüßenswert, denn nur so kann eine durchgängige hervorragende Produkt-Qualität aufrechterhalten werden.

Sehr überzeugend war bei unserem jüngsten Testbesuch beispielsweise eine Variation roher Fischtranchen mit Lachs, Loup de Mer, Fliegenfisch und Thunfisch, die ganz pur nur mit einer süß-scharfen Sojasaucenkreation veredelt auf den Tisch kamen und so ihrer beachtlichen Qualität gebührend adäquat für sich selbst stehen konnten. Dass Jin auch regelmäßig Produkte einfließen lässt, die man hierzulande eigentlich nur aus der Haute-Cuisine-Nische kennt, zeigten etwa die auf den Punkt gegarten Schwermuscheln, die der Chef ebenfalls ganz puristisch und relativ naturbelassen in der Schale serviert.

Nicht entgehen lassen sollte man sich bei einem Besuch die pikanten, stets auf den Punkt gewürzten Gerichte, die man im europäischen Küchenjargon wohl als Ragout oder Eintopf bezeichnen würde. Sehr angetan waren wir zuletzt von einem Zwischengang mit Seeteufel, knackigem jungen Gemüse und einer prononciert scharfen, aber in alle Richtungen gut ausgewogenen Currysauce, oder auch vom Hauptgang unseres Menüs, der sich um geschmorte Kalbsbäckchen mit Sojasauce und Frühlingslauch drehte und von einer facettenreichen Melange an gut korrespondierenden Gewürzen umspielt war, in der wir unter anderem Ingwer und Sternanis vermuteten. Auch die mannigfaltigen Teigtaschen sind bei Jin immer eine sichere Bank für hohen Genuss: stets schlotzigbissig und auf den Punkt genau zubereitet.

Man kann hier übrigens auch recht großspurig Wein trinken. Nicht nur die Champagner- und Burgunder-Auswahl ist ausgesprochen stattlich – auch was die Jahrgangstiefe deutscher Rieslinge angeht, kann sich das ein oder andere deutlich höher angesiedelte Gourmetrestaurant eine Scheibe abschneiden. Und da Jin es offenbar geschafft hat, sich über die Jahre ein zahlungsfreudiges Stammpublikum heranzuziehen, wird daraus auch rege bestellt, wie wir immer bei unseren Besuchen immer wieder feststellen konnten.

Fazit: Wer mit viel Liebe und Kunstfertigkeit umgesetzte chinesische Gerichte ohne Hochküchen-Klimbim genießen möchte, ohne dafür uns Flugzeug steigen zu müssen, hat mitten in München bei Hao Jin die Gelegenheit dazu. Aufgrund der hohen Produktqualität und der Authentizität dieser Küche könnte sie sogar eine noch höhere Bewertung haben – die eine oder andere vergleichsweise sehr schlichte Kreation, mancher nicht ganz exakt getroffene Garpunkt bei Fisch und Fleisch oder andere kleinere handwerkliche Ungenauigkeiten haben uns bislang davon absehen lassen. Was aber dem großen Reiz und der Attraktivität von Jins Kulinarium überhaupt keinen Abbruch tut!

Johannas

im Hotel Neumayr
Heiglhofstr. 18,
81377 München (Großhadern)
☎ 089-7411440
www.hotel-neumayr.de
⏱ Mo–So von 12–13.30 Uhr u. ab 18 Uhr, kein RT
Hauptgericht: 20–45 €,
Menüs: 30–115 €

Bei diesem als unauffälliges Gasthaus getarnten Restaurant, das zum Hotel Neumayer gehört, welches sich wiederum in einem Wohngebiet nahe des Klinikum Großhadern versteckt, wähnen wir uns seit Jahren etwas in der Bredouille: Einerseits wollen wir nicht dessen Geheimtipp-Charakter ruinieren, andererseits haben wir die Chronistenpflicht, unseren Lesern von diesem Kleinod für sehr gute klassische Küche nach französischem Vorbild und große Weine zu kleinen Preisen zu berichten. Aufgrund der jüngsten Entwicklung von Andi Neumayrs Küche müssen oder vielmehr dürfen wir in diesem Jahr zudem die Bewertung erhöhen. Im Vergleich zu den Vorjahren, in denen hier auch schon immer sehr gut gekocht wurde, wirkte diesmal alles noch einen Tick ausgefeilter.

Das obligatorische Süppchen in der Espressotasse, das Andi Neumayr seinem Menü stets vorausschickt, war diesmal ein leicht rahmiges vom Spitzkohl, mit einem unaufdringlichen Öl von Bärlauchblüten abgeschmeckt und mit winzigen krossen Croûtons verfeinert. Ein angenehmer Einstieg, dem in unserem Fall eine sehr gute Vorspeise folgte, die sich einem Top-Produkt widmete, nämlich roh marinierter Lachsforelle aus der Zucht von Nikolai Birnbaum. Der Fisch durfte herrlich festfleischig und klar im Geschmack nebst seinem ungesal-

zenen Kaviar alle Vorzüge voll ausspielen und war unter diesen günstigen Umständen dankbar subtil gewürzt. Den Rogen gab's in einer rahmig-frischen Vinaigrette auf Buttermilch- oder Joghurtbasis, die schön dick geschnittenen Tranchen vom Fisch waren je mit einem Clementinenfilet und ein paar Spitzen von Chicorée und Trevisano bestückt. Einen sehr stimmigen Akzent bot dazu ein kleines schmelziges Meerrettichparfait, das die fruchtige Süße und das Bittere der Salate zusammen mit der laktischen Vinaigrette sanft einfing und miteinander verband.

Bei einem maritimen Intermezzo hatten die zwar recht kleinen, aber qualitativ sehr guten gebratenen Jakobsmuscheln in ihrer frischen, prallen, glasigen Art gegenüber den leider etwas mehligen, matten Buchotmuscheln, mit denen sie sich nebst Salicornes und etwas Fenchel den Teller teilten, klar die Nase vorn. Kaschiert wurde das jedoch von einem hervorragenden Muschel-/Fenchelsud, der dem Gericht im Zusammenspiel mit einem Meeresfrüchteöl einen wohlig samtigen Background mit subtiler Tiefe verlieh. Ganz besonders feiern wir Andi Neumayers Küche schon immer für die Wildgerichte – und vor allem dann, wenn solche raren Dinge wie Rehleber oder Hirschkalbslüngerl zur Disposition stehen. Letzteres genossen wir beim jüngsten Besuch in einer leichten, säurebetonten Rahmsauce mit Senfsaat, die wir mit Hilfe eines fluffigen Semmelknödelsoufflés mit großem Genuss bis auf den letzten Tropfen aufsaugen konnten.

Auch für den sehr schnell zur Trockenheit neigenden Fasan hat der Chef ein gutes Händchen. Und so konnten wir uns zuletzt über eine mit viel Sorgfalt zu rosasaftiger Perfektion gebrachte Brust des Wildgeflügels freuen, die in maximal süffiger Umgebung aus Gänselebersauce, Trüffeljus, Rahmwirsing und zart fließender Selleriemousseline aufgeboten war. Berglinsen bereicherten mit ihrem zarten Biss noch etwas das Mundgefühl, ein wenig Sanddorn spendete dem Gericht unaufdringlich säuerlich-fruchtige Auflockerung, ein paar Scheiben von wirklich aromatischer schwarzer Trüffel vermehrten den erdigen Grundcharakter der mit feiner Süße spielenden Trüffeljus. Ein elegantes, helles Wildgericht, das nach einem großen, komplexen Weißwein verlangt, von denen es Dank beeindruckendem Weinkeller und „Coravin" selbst glasweise immer eine attraktive Auswahl gibt. Überhaupt die Weinkarte: sie sucht in München und Umgebung ihresgleichen, zumal mit ihren teils sensationell gastfreundlichen Preisen perfekt gelagerter Raritäten.

Weil diesmal selbst das Dessert, nämlich die Schnitte einer moussigen Tarte aus keinen stachelbeerartigen Bayern-Kiwis nebst Salzkaramelleis mit karamellisieren Walnusskernen und warmer Mandelsabayon, großen unkonventionellen Genuss bescherte, erhöhen wir die Bewertung verdientermaßen um eine halbe Stufe und geben zu Protokoll, dass für 7 Pfannen im Grunde nicht mehr viel gefehlt hat.

Käfer-Schänke

Prinzregentenstr. 73,
81675 München
☏ 089-4168247
www.feinkost-kaefer.de
⊘ Mo–Sa ab 12 Uhr durchgehend,
So u Fei RT
Hauptgericht: 27–59 €,
Menüs: 79–119 €

Unten im Feinkostladen trifft man auf üppig gefüllte Vitrinen mit allerlei Köstlichkeiten aus Bayern und der Welt, oben im Restaurant bringt das Team um das Führungsduo André Wöhner und Michael Emmerz selbige in lockerer, aber eleganter Atmosphäre fachgerecht zubereitet direkt auf den Teller. Ab und an verneigt sich die Käfer-Schänke zwar auch vor ihren bayerischen Gründermüttern und Gründervätern – weite Teile der Speisekarte sprechen aber doch eine internationale Sprache. Ein Edel-Wirtshaus von Welt sozusagen. Folglich ist die Karte auch geprägt von den klassischen Luxusprodukten à la Hummer und Kaviar, die man hier angenehm pur genießen kann. Daneben gibt es aber auch Eigenkreationen aus der Feder des jungen Teams mit etwas kreativerem Anspruch. Egal für was man sich entscheidet: Hier lassen sich in jedem Fall angenehme Abende mit ein paar guten Flaschen Wein, aufmerksamem Service und treffsicher gekochten Gerichten verbringen.

Landersdorfer & Innerhofer

Hackenstr. 6–8,
80331 München
☏ 089-26018637
www.landersdorferundinnerhofer.de
⊘ Mo–Fr von 11.30–13.30 Uhr
u. ab 18.30 Uhr, Sa u. So RT
Hauptgericht: 19–43 €, Menüs: 98 €

Obwohl die beiden Gastgeber Johann Landersdorfer und Gastgeber Robert Innerhofer ganz bodenständig und locker angehen lassen, ist ihr geschmackvoll schlicht eingerichtetes Lokal in der Münchener Innenstadt seit vielen Jahren eine feste Größe innerhalb der gehobenen Gastronomieszenerie der Landeshauptstadt. Nicht wenige Gäste schätzen die unverkrampfte, manchmal auf charmante Art etwas spröde Gastgeberschaft und die völlig schnörkellose, auf Produkt, authentischen Geschmack und sogfältige fundierte Zubereitung ausgerichtete Art zu kochen, die auf den Tellern meist als bayrisch-österreichischer Stilmix einhergeht. Dafür akzeptieren sie gerne, dass es hier schon immer – und noch lange bevor es bundesweit salonfähig wurde – allabendlich nur ein einziges, festes Menü in vier Gängen gibt, das um einen weiteren Gang ergänzt werden kann. Mittags lässt sich aus einem kleinen Angebot unkomplizierter Lunch-Gerichte à la carte wählen.

Le Stollberg

Stollbergstr. 2,
80539 München
☏ 089-24243450
www.lestollberg.de
⊘ Di–Fr von 11.30–14.30 Uhr u. ab 18
Uhr, Sa ab 16:30 Uhr, So u. Mo RT
Hauptgericht: 24–34 €,
Menüs: 60–85 €

Das Bistro an der Ecke zweier ruhiger Seitenstraßen in der Altstadt ist nicht nur ein alter Bekannter, sondern in den vergangenen Jahren auch eine unserer Münchener Lieblingsadressen geworden. Hätten wir nicht Tag für Tag allerhand Restaurants im ganzen Land abzureisen, würden wir hier mit Sicherheit häufiger einkehren, um in entspannter Atmosphäre einige der Klassiker des Hauses zu genießen. Etwa die stets erquickenden Kalbsnierchen oder eine Plateau de Fruits de Mer, die man hier serviert bekommt wie in Paris, mit Austern, Muscheln, Langoustinen, Hummer und Sauce Rouille.

Eine kulinarische Wohlfühladresse ist das Le Stollberg für uns nicht nur aufgrund der heimeligen unverkrampften Bistroküche, sondern auch durch den nahbaren Service, der stets eine lockere Atmosphäre des Ankommens verbreitet. Und weil wir nun mal ausgesprochene Fans von Innereien und anderen weniger populären Viktualien sind, wie sie hier bei Küchenchefin Anette Huber, die während ihrer Lehr- und Wanderjahre auch bei Massimiliano Alajmo in dessen La Calandre bei Padua im Veneto gekocht hat, seit jeher hoch im Kurs stehen.

Ein perfektes Beispiel, weswegen wir das Le Stollberg so sehr schätzen, war bei unserem letzten Besuch die Fischsuppe mit Sauce Rouille. Bereits an so einem simpel anmutenden Gericht lassen sich allerhand Fragen über das Verständnis guten Kochens klären. Räumt die Küche den Gerichten ihre adäquate Zubereitungszeit ein? Setzt man auf Geschmackstiefe statt auf Effekthascherei? Traut man sich Ursprünglichkeit zu oder versteckt man sich hinter scheinbaren „Gourmet-Regeln"? Ist man bereit hochwertige Produkte einzusetzen, um den Gerichten das Besondere zu verleihen? Wir können hinter allen Fragen einen Haken machen: Die Suppe ist sehr extraktreich und dicht eingekocht, in der Machart simpel, aber hocharomatisch, und wie für eine Bouillabaisse üblich nur ganz grob passiert. Dass es hie und da auch ein kleines Stückchen Fischhaut den Weg in den Teller geschafft hat, ist genau richtig so, denn nur durch gehörig ausgekochtes und in die Suppe emulgiertes Fischeiweiß lässt sich diese einmalige natürlich gebundene Konsistenz erzielen. Sehr gut gelungen ist auch die alles andere als sparsame Sauce Rouille, die von viel Safran und von viel gutem Olivenöl lebt. Ähnlich wohlig präsentierte sich übrigens auch zum Nachtisch die klassische Tarte Tatin mit Sauerrahmeis, die mit punktgenauem Handwerk sowohl beim Eis als auch beim Küchlein punkten konnte.

In den Genuss bereits erwähnter Kalbsnierchen kamen wir bei unserem jüngsten Besuch nicht – sie waren aus, was bei Innereien eher ein gutes Zeichen ist, weil es beweist, dass sie stets frisch sind. Doch konnten unsere Gelüste

nach saftig gebratenen Innereien, die immer ganz plötzlich auftauchen, sobald wir die Schwelle zum Le Stollberg passieren, glücklicherweise mit gebratener Entenstopfleber befriedigt werden. Die Schnörkellosigkeit, mit der sich Anette Huber und ihr Team diesem Klassiker nähern, ist typisch und äußerst begrüßenswert. Lediglich eine lauwarme Brioche und etwas Zwetschgenröster begleiteten die Innereien. Sehr passend fanden wir den prononcierten Essigton der Zwetschgen und dass die Leber beherzt (aber nicht zu stark) gesalzen war, was das Gericht klar als Zwischen- oder Hauptgang qualifizierte.

Hier und da wirkte die Küche bei unserem jüngsten Testbesuch aber auch nicht ganz so sattelfest, wie wir das aus der Vergangenheit gewohnt sind. Die Lebertranchen selbst waren aromatisch beispielsweise sehr blass, ohne die erdig-süßlichen Aromen, die Foie gras in hervorragender Qualität mitbringt und auch deren Konsistenz war weicher und glibberiger als optimalerweise der Fall. Ähnliches galt für die Austern, die wir vorweg zum Aperitif wählten. Sie wirkten zwar frisch, ließen aber aromatische Tiefe vermissen und wiesen zudem eine sehr weiche Konsistenz mit wenig Biss auf. Auch beim dazu gereichten seltsam trockenen, kaum röschen Brot sowie der eiskalten und entsprechend steinharten Butter haben wir diesmal Verbesserungspotential gesehen – zumindest, wenn wir an das Le Stollberg den gewohnten Anspruch einer kulinarischen Wohlfühloase stellen.

Aber diese kleinen Abstriche könnten selbstverständlich tagesformabhängig gewesen und schon beim nächsten Besuch wieder passé sein. Gewohnt souverän präsentierte sich auch dieses Mal der Service und nicht zuletzt speziell der Weinservice, für den hier auf etablierte Gewächse alteingesessener Häuser wie das Rheingauer Weingut Künstler gesetzt wird, ab und an aber auch spannende Neuentdeckungen ins Glas kommen.

Lea Zapf Marktpatisserie

Viktualienmarkt,
Abt. III Stand 20/21, 80331 München
☎ 089-24217605
www.leazapf.de
☻ Di–Fr von 12–18 Uhr, Sa 10.30–17 Uhr,
So u. Mo RT

An ihrem kleinen Stand mit Ladengeschäft und Außenbewirtung zaubert die Konditormeisterin Lea Zapf vorwiegend süße, mitunter aber auch herzhafte Petitessen, die in Sachen Qualität und Perfektion in jedem Gourmetrestaurant dieser Republik bestehen könnten: Von Brioche feuilletée mit Apfel und Salzkaramell bis zum mit Käse gefüllten und mit karamellisierten Balsamico-Zwiebeln getoppten Croissant-Törtchen hat hier alles Top-Niveau.

Les Deux

Maffeistr. 3a,
80333 München
☎ 089-710407373
www.lesdeux-muc.de
☻ Mo–Fr von 12–13.30 Uhr
u. ab 18.30 Uhr, Sa u. So RT
Hauptgericht: 38–65 €,
Menüs: 85–165 €

Nach wiederholtem Küchenchefwechsel scheint sich das etablierte Gourmetrestaurant in der Münchener Innenstadt unter der Küchenleitung von Natalie Leblond und Gregor Goncharov bestens eingegroovt zu haben. Die junge Doppelspitze, der Restaurateur Fabrice Kiefer das Sagen am Herd übertragen hat, bescherte uns bei unserem jüngsten Testbesuch eines der besten Menüs, die wir seit langem im Les Deux genießen durften. Schon die ersten

Kleinigkeiten zeigten, dass es eine gute Entscheidung war, mit Goncharov (zuletzt Sous-Chef unter seinem Vorgänger Edip Sigl) und Leblond (zuletzt Sous-Chefin in Jan Hartwigs Atelier) einem hauseigenen Routinier eine erfahrene und bestens ausgebildete Küchenchefin von Außerhalb an die Seite zu stellen. Besonders ein kleines Baiser mit Pilzen und Räucheraal zeigte eine feste Verankerung in der klassischen französischen Haute Cuisine, war dabei aber sehr fein und filigran, fast modernistisch verarbeitet.

Sehr angetan waren wir auch von der Vorspeise mit Forellentatar, Kaviar, Fischmousse und Rote-Bete-Essenz, die den Charme eines guten Borschtsch einzufangen wusste, ihn aber von jeder Rustikalität befreite. Etwas skeptisch waren wir zugegebenermaßen schon, als uns die mehr als faustgroße Kugel aus Sauerrahmgelee mit schaumiger Fischmoussefüllung erreichte, entpuppen sich solche extrem auf Luftigkeit getrimmten Zubereitungen doch oftmals eher als optischer Hingucker und weniger als gustatorischer Hochgenuss. Hier passte alles! Erstmal aufgrund der perfekten Würzigkeit der Masse mit klarem subtilem Fischaroma und feinsäuerlichem Sauerrahm. Ganz besonders aber aufgrund der phänomenalen Konsistenz: leicht, wolkig, aber dennoch intensiv, mit einem fetten Hauch und ganz natürlich. Besonderes letzteres ist alles andere als selbstverständlich in Anbetracht zahlreicher von massivem Bindemittelgebrauch gezeichneten schleimigen Schaumkugeln, die wir leider viel zu häufig serviert bekommen. Die Luftigkeit ist hier auch kein Selbstzweck, sondern lässt dem Kaviar genug Platz und bildet einen Gegenpol zur dichten, süßlich-herben Essenz der Roten Bete.

Ähnlich schnell drehte sich unsere anfängliche Skepsis auch beim Hauptgang mit Reh, Mandarine und Vadouvan. Die Fruchtigkeit der Mandarine passte hervorragend zum dezenten Hautgout der saftig gebratenen Wildtranche, vor allem weil das Vadouvan-Gewürz eine perfekte Brücke zwischen den beiden Aromenwelten schlug. Trotz zweier durchaus progressiver Gerichte ist das Les Deux unterm Strich klar in der französischen Klassik zu verorten. Dass auch diese Unterdisziplin vom Chef-Duo und ihrem Team beherrscht wird, zeigte vor allem die vorzügliche Rehjus, die mit Grand Marnier verfeinert wurde aber dennoch nicht ins Plakativ-Süßliche kippte, wie wir es in den vergangenen Jahren ab und an in diesem Haus erlebten. Auch ein Zwischengang mit Sot-l'y-laisse, dem Rückenstück vom Huhn, das hier mit Parmesanravioli und Périgordtrüffel kombiniert wurde, war durch und durch klassizistisch gekocht und konnte mit perfektem Pasta-Handwerk und exzeptioneller Produktqualität punkten.

Obwohl sich die Küche bei diesem Menü völlig fehlerfrei präsentierte, wünschen wir uns – auch in Hinblick auf eine noch höhere Bewertung – ab und an etwas mehr Außergewöhnlichkeit. Das handwerkliche Niveau ist hier ohne Frage enorm hoch, manchmal stünde dem Kulinarium aber etwas mehr Handschrift gut. Große Hoffnungen hatten wir in dieser Hinsicht in den Steinbutt mit Blumenkohl-Couscous, Grapefruit und Vin Jaune gelegt, der zwar ebenfalls mit aller Fertigkeit zubereitet war, dem man den charakteristischen Ton des Jura-Weins aber leider kaum nachschmecken konnte. Das ist zwar verständlich in Anbetracht dessen oxidativer, nicht gerade für jedermann zugänglicher Aromatik, doch genau an diesen Stellen zeigt sich, dass die Küche des Les Deux noch zu sehr auf Gefälligkeit und noch zu wenig auf Originalität setzt. Ähnlich die äußerst schmackhaften, aber für unseren Geschmack auch fast ein wenig zu harmonischen und „leckeren" Desserts. Da würde man sich fast ein paar mehr Ecken und Kanten wünschen.

Sehr erfreulich ist ganz ohne Einschränkungen die Weinauswahl, die der hochprofessionelle Service unter der Leitung des französischstämmigen Maître Fabrice Kiefer auftischt. Besonders ein vorzüglicher Viognier von der nördlichen Rhône, der sich mit seinen Aromen von Aprikosen perfekt an den Blumenkohlcouscous anschmiegte und mit seiner herrlichen und durchaus eigensinnigen Bitterorangenaromatik zeigte, dass man den Gästen hier durchaus etwas Forderndes zumuten kann. Wir sind jedenfalls sehr gespannt auf die weitere Entwicklung, die das Les Deux in naher Zukunft nimmt und freuen uns schon sehr auf den nächsten Besuch in dem markant keilförmigen Gebäude.

Matsuhisa Munich

im Hotel Mandarin Oriental
Neuturmstr. 1, 80331 München
089-29098875
www.mandarinoriental.com
Täglich ab 18 Uhr, kein RT
Hauptgericht: 22–134 €

In Deutschlands einzigem offiziellem Outlet lässt der international bekannte japanische Starkoch Nobuyuki Matsuhisa, der neben seiner Premium-Marke auch noch über dreißig „Nobu"-Filialen betreibt, seine weltweit bekannte Fusions-Küche aus asiatischen und südamerikanischen Einflüssen servieren. Das geschieht auf der Galerie im ersten Stock des Hotel Mandarin Oriental in einem nobeldunklen, weltstädtisch anmutenden Restaurant mit asiatischen Anleihen. Auf den Tellern geht es bei den Matsuhisas weniger um elaborierte, minutiös abgezirkelte und aufwendig inszenierte Kreationen, als vielmehr um konzeptionell etwas einfacher und plakativer gestrickte Gerichte, mit denen die Küche sehr nah am Produkt bleibt, ohne dieses immer konsequent in den Mittelpunkt zu rücken. Mal gelingt es hervorragend, das jeweilige Hauptprodukt so glasklar herauszuarbeiten und pointiert in Szene zu setzen, wie man es von der guten japanischen Küche gewohnt ist, mal schlägt bei den Kreationen mit plakativen, überfrachteten Aromen eher die südamerikanische Seite durch. Gehobenes Preisniveau, auch auf der gut sortierten Weinkarte.

MUN Restaurant

Innere Wiener Str. 18, 81667 München
089-62809520
munrestaurant.de
Di–Sa ab 18 Uhr, So u. Mo RT
Menüs: 68–98 €

Nach seinem außergewöhnlichen Werdegang vom erfolgreichen Banker zum Sushi-Meister und Restaurantbetreiber ist Mun Kim im Münchener Stadtteil Haidhausen heimisch geworden und mittlerweile am Herd mindestens genauso erfolgreich wie früher in der Finanzwelt. In seinem stylisch asiatisch designten Restaurant taucht man, ganz wortwörtlich, in eine faszinierend exotische Welt ein. Kulinarisch geschieht das mit einem cleveren Mix aus präzisen Sushi-Kreationen, Korean BBQ und Fusion-Gerichten in einem bis zu fünfgängigen Gourmetmenü, das mittlerweile auch als vegane Variante zu haben ist. Dabei ist die Produktqualität durchgängig sehr hoch und wird gekonnt präsentiert, manchmal wirken die Kreationen eher plakativ und markant als japanisch-puristisch, hier und da bieten sie aber auch angenehme Transparenz und Leichtigkeit. In jedem Fall ist ein ebenso hoher Fun- wie Genussfaktor garantiert, der auch durch die nicht überbordende, aber ansprechende Auswahl hochwertiger Weine unterstrichen wird.

Mural

Hotterstr. 12,
80331 München
☎ 089-23023186
muralrestaurant.de
⊙ Di–Sa ab 18 Uhr, So u. Mo RT
Menüs: 155–195 €

Obwohl sich das Mural-Team um „General-Manager, Sommelier & Host" Wolfgang Hingerl bereits seit geraumer Zeit mit der Bar Mural und jüngst mit dem Mural Farmhouse und der Bambule! Bar by Mural selbst jede Menge Konkurrenz gemacht hat, brummt der Laden weiterhin. So ist das von cooler Atmosphäre, der offenen Küche, lässigem Industrie-Charme und Street Art geprägte „Stammhaus" weiterhin sehr gut besucht und die von Küchenchef Joshua Leise verantwortete Kreativküche kein bisschen weniger attraktiv als zu Anfangszeiten. Regionale Produkte, aromatische wie handwerkliche Präzision und ungewöhnliche, aber durchweg schlüssige und harmonische Kombinationen prägen das Bild auf den Tellern. Wer moderne regionalbetonte Naturküche vermutet liegt gar nicht so verkehrt – die Mural-Köche, die ihre Kreationen selbst auftragen und präsentieren, interpretieren sie aber alles andere als spröde und karg, sondern geben ihr ganz im Gegenteil eigentlich immer viel Süffigkeit, Tiefe und Kraft mit. Und wenn bisweilen auch mal eine tendenziell klassische Kombination gewählt wird, gelingt es diese mit einem Aha-Effekt auszustatten und sie so der Erwartbarkeit zu entledigen. Wie auch in den Mural-Outlets hat das Essen den gleichen Stellenwert wie der Wein. Ein deutliches Faible für Natural- und Orange-Weine schlägt da durch, man muss jedoch selbst als klassischer gepolter Weintrinker keine Extreme fürchten.

Napoli Rush

Theresienstr. 156, 80333 München
☎ 089-37919716
www.napolirush.com/
⊙ Mo–Fr von 11.30–14.30 Uhr
u. von 17–21.30 Uhr, Sa u. So
von 12–21.30 Uhr, kein RT
Hauptgericht: 10–14 €

Eigentlich nur ein Pizzastand – aber was für einer! In dem kleinen Ladenlokal, das auch ausgesuchte italienische Lebensmittel rund um Pizza und Pasta verkauft, gibt es die wahrscheinlich besten Pizzen der Stadt im Napoletana-Style. Aus fluffigem Teig mit sehr gutem eiweißreichem Mehl und hoher Hydration nur ganz kurz im Steinofen gebacken und hochwertig belegt.

nineOfive

Herzogstr. 29, 80803 München
☎ 089-54849556
www.nineofive.de
⊙ Mo–Fr von 17–23 Uhr,
Sa u. So von 15–23 Uhr, kein RT
Hauptgericht: 10–16 €

Original neapolitanische Pizza mit perfektem Teig und qualitativ hochwertigen Toppings aus dem Spezialofen stehen hier im Fokus. Es gibt aber auch Lasagne, das eine oder andere Pasta-Gericht sowie italienische Snacks und Vorspeisen, die sich ebenfalls über die hohe Qualität der Grundprodukte definieren. Nicht zu vergessem eine sensationelle Weinkarte mit Schwerpunkt Riesling!

Nymphenburger Hof

Nymphenburger Str. 24,
80335 München
☎ 089-1233830
www.nymphenburgerhof.de
◔ Di–Fr von 12–14 Uhr u. ab 18 Uhr,
Sa ab 18 Uhr, So u. Mo u. Fei RT
Hauptgericht: 25–36 €, Menüs: 29–75 €

Wenn man von der wenig idyllischen Nymphenburger Straße in das Lokal von Patron Andreas Derler einbiegt, fühlt man sich sofort wie in einer anderen Welt. Vor allem im Sommer, wenn es sich im aufwendig begrünten und in vielen bunten Farben blühenden Restaurantgarten genießen lässt, aber auch das elegant und liebevoll gestaltete Ambiente drinnen hat was. So wie die gute Küche, wenngleich diese sehr zu unserem Leidwesen ihren einstmals ausgeprägten österreichischen Einschlag in jüngerer Vergangenheit zugunsten einer internationaleren Linie stark zurückgefahren hat. Geblieben ist der kluge Mittelweg zwischen bodenständig und exklusiv, der qualitätsbewusste Einkauf guter Viktualien und die sorgfältige und fundierte handwerkliche Zubereitung. Letztere zumeist auf eine eher gegenständliche und geradlinige Art. Bei den Weinen liegt der Schwerpunkt nach wie vor bei österreichischen Gewächsen und der Chef findet immer auch glasweise ansprechende gut korrespondierende Tropfen zu den einzelnen Gerichten.

Pageou

Kardinal-Faulhaber-Str. 10,
80333 München
☎ 089-24231310
www.pageou.de
◔ Di–Do ab 18 Uhr, Fr u. Sa von
12–14 Uhr u. ab 18 Uhr, So, Mo u. Fei RT
Hauptgericht: 32–39 €,
Menüs: 99–159 €

Das Restaurant von Ali Güngörmüs, das unter dem Dach der Fünf Höfe residiert, ist mit seinen hohen Decken, den großen Fenstern und einem ansprechend schlicht und schnörkellos gehaltenen, durch markante Akzente dennoch sehr individuell wirkenden Ambiente ein angenehmer Platz. Und letztlich auch eine adäquate Umgebung für die ohne ausgeprägten Hang zur Exklusivität oder zur elaborierten Präsentation auf die Teller gebrachte Mittelmeerküche, die ebenfalls sehr gegenständlich und schnörkellos ist, durch ihre orientalischen Einflüsse aber immer wieder originelle Akzente setzt. Gekocht wird südländisch-leicht und immer mit viel Kraft aber nicht immer mit der letzten Konsequenz bei der Feinabstimmung, die man ob des Preisniveaus geneigt ist zu erwarten. Neben einer gut strukturierten Auswahl an Weinen aus den gängigen europäischen Anbaugebieten findet man in der Karte auch ein paar Gewächse aus Güngörmüs' türkischer Heimat.

Rüen Thai

Kazmairstr. 58,
80339 München
☎ 089-503239
www.rueen-thai.de
◔ Mo–Do von 12–14.30 Uhr u. ab 18 Uhr,
Fr–So ab 18 Uhr, kein RT
Hauptgericht: 17–30 €,
Menüs: 52–127 €

Auch nach dem Pächterwechsel, in dessen Zuge das vor über 30 Jahren vom Weinsammler Anuchit Chetah eröffnete Lokal in die treuen Hände des neuen Inhabers Quang Nguyen gegeben wurde, bleibt das Rüen Thai eines der besten thailändischen Restaurants der Landeshauptstadt und weit darüber hinaus. Denn nirgendwo sonst bekommt man die Aromen dieser Landesküche so authentisch, klar und transparent serviert wie in den jüngst stilvoll umgestalteten und modernisierten Räumlichkeiten dieser ehemaligen Brauereigaststätte. Auf den ersten Blick sieht es hier auf den Teller nicht viel anders aus als bei den meisten anderen besseren thailändischen Restaurants hierzulande: Platten mit Fleisch, Gemüse und Sauce, in einer Schale à part dazu der obligatorische Klebreis... Doch die Raffinesse liegt hier im Detail. Es sind vor allem die komplexen und sehr ausgewogenen Saucen, die den Unterschied machen, natürliche starke Aromen ohne plakative Würze und Glutamat-Attacken. Auch die weiterhin von Anuchit Chetah kuratierte Weinkarte hat ein Alleinstellungsmerkmal.

sansaro

Amalienstr. 89, 80799 München
☎ 089-28808442
www.sushiya.de
⊘ Di–So ab 18 Uhr, Mo RT
Hauptgericht: 20–50 €,
Menüs: 30–110 €

Das versteckt in einem Innenhof in der Münchener Maxvorstadt gelegene Restaurant des ehemaligen Japanologie-Studenten Alexander Reinelt bietet neben einer asiatisch begrünten Terrasse und den klar und reduziert gehaltenen Räumen im Innenbereich vor allem eines: nämlich eine der authentischsten japanischen Küchen der Landeshauptstadt! Von einschlägigen Sushi-Läden ist das so weit entfernt wie das „goldene M" von einem guten Burger, hält aber zugleich auch bewusst Abstand zur Highend-Küche. So gibt es zwar einerseits authentisch puristische Produktküche mit den typischen Aromen Japans, andererseits aber einen unkomplizierten Zugang und eine einladende Preisgestaltung, die keine Hemmschwelle schafft.

Und diese einladende Preisgestaltung nimmt auch keinen Einfluss auf die Qualität der verwendeten Produkte, die deutlich überdurchschnittlich ist und unter anderem in einer kleinen Auswahl kalter und warmer Vorspeisen, mit denen sich der Tisch abwechslungsreich füllen lässt, geboten wird. Aber natürlich auch in verschiedenem klassischem und kreativem Sushi sowie einigen reduziert aufs jeweilige Produkt abgestellten, größer dimensionierten Hauptgerichten.

So gefielen uns zuletzt beispielsweise die zuerst gedämpften und dann gegrillten Filetstücke vom japanischen Aal mit ihrem gleichermaßen kraftvollen wie feinen Geschmack äußerst gut, der von Sansho-Pfeffer, Shichimi Togarashi und Frühlingszwiebel zum feurig-frischen Selbstwürzen, sowie einer dunkel-süßen Tsume-Sauce präsentiert wurde.

Auch das in dünnen Tranchen aufgeschnittene John Stone Entrecôte im Tataki-Style überzeugte mit sattem Geschmack und hoher Qualität, unterstrichen von einem stückig belassenen Pesto aus Cashewnüssen und Petersilie. Und dieser dezente nussig-herbale Akzent in Kombination mit hauchdünnen Rettichfäden und kross frittiertem Knoblauch genügte im Grunde auch völlig für einen gelungenen Auftritt des Rindfleischs. Und dieser Auftritt wäre im Grunde nur noch stimmiger und überzeugender, wenn dann auch auf weitere überflüssige Deko wie die halbierte Kirschtomate und einige Salatblätter verzichtet würde...

So wie beim dezent mit umamistarker Süße mariniertem und saftig gegrilltem Lachs, dessen kraftvoller Geschmack gekonnt von einer Haube aus fein geriebenem Rettich und Limetten gekontert wurde und tatsächlich auch nichts weiter zur Seite gestellt bekam. Generell leben derartige Zubereitungen hier vom Produkt und einer möglichst schlichten, pfiffigen Ergänzung. Das soll und muss dann auch nicht unbedingt besonders fein gezeichnet oder mit akkuraten Details zugespitzt sein.

Auch die vielfältigen Sushi-Varietäten haben nicht zwingend den Anspruch an Perfektion, den große Sushi-Meister in Japan oder internationalen Metropolen an den Tag legen, zeigen durch die frisch-natürliche Machart mit markanten, klaren Aromen aber dennoch weit überdurchschnittliches Niveau in diesem Genre. Und das gelingt selbst bei kreativeren Crossover-Varianten, bei deren Anblick strenge Traditionalisten vermutlich die Hände über dem Kopf zusammenschlagen würden, wie beispielsweise dem mit Thunfisch, Pfifferlingen, Schnittlauch und Pilzgelee gefüllten Chumaki. Mehrheitlich sind die Sushi hier aber schon erfreulich schlicht und puristisch gehalten, wie wir bei einem weiteren Besuch anhand einer größeren Auswahl auch in diesem Jahr wieder erleben durften.

Wer den gleichen Stil wie bei den Vorspeisen lieber in größerer Dimension erleben will, findet unter den „Japanischen Klassikern" in der Karte beispielsweise gegrillten Label Rouge Lachs mit Teriyaki-Sauce, Bratpaprika, Spinat und Pilzen oder das bereits erwähnte John Stone Entrecôte mit gebratenem Gemüse und Salat. Wobei auch dabei vor allem die Produkte überzeugen, während die Beilagen eher rustikal und simpel ausfallen. Und wer am Ende noch Lust auf etwas Süßes hat, bekommt beispielsweise hausgemachtes Matcha-, Sesamoder Yuzu-Eis mit intensivem natürlichem Geschmack, oder – als eher herbe Variante – zart gestockten Matcha-Pudding mit Ahornsirup. Alles ebenfalls schlicht, aber gekonnt zubereitet.

In die Gläser gibt's dazu neben einer individuellen Bierauswahl viele hochwertige und gekonnt zubereitete Tees, genauso aber flaschenwie glasweise lohnende Weine auf mittlerem Preis- und Qualitätsniveau und natürlich verschiedene Sake für ein besonders japanisches Gesamterlebnis. Bei der Auswahl hilft das gut eingespielte Serviceteam kompetent.

Schneider Bräuhaus

Tal 7,
80331 München
📞 089-2901380
www.www.schneider-brauhaus..de
⏰ Täglich ab 8 Uhr durchgehend, kein RT
Hauptgericht: 10–22 €

Das Schneider Bräuhaus im Tal möchten wir all jenen Lesern ans Herz legen, die auf der Suche nach guter, traditioneller bayrischer Küche zu moderaten Preisen in bodenständiger Umgebung aus sind. Das große, weitläufig auf zwei Ebenen angelegte Wirtshaus im Herzen von München wird auch von uns immer wieder gerne angesteuert, weil täglich durchgehend und sehr zuverlässig gekocht wird. Das weißblaue Wirtshaus-Programm hat bei aller Rustikalität Niveau. Wegen des hohen Gäste-Durchlaufs kommt alles garantiert frisch auf den Tisch und es wird merklich ohne Fertigprodukte gearbeitet – jedenfalls wurden wir hier in all den Jahren von den bodenständigen Schmankerln noch nie enttäuscht. Die Sorgfalt der Zubereitungen schwankt zwar bisweilen und man braucht auch keine akkurat angerichteten Teller erwarten, aber es ist doch geschmacklich immer deutlich besser als in den meisten bayrischen Wirtshäusern.

Schwarzreiter

Maximilianstr. 17, 80539 München
📞 089-21252125
www.schwarzreiter.com
⏰ Mi–Sa ab 18.30 Uhr, So–Di RT
Hauptgericht: 45–55 €, Menüs: 92–119 €

Nach einem erneuten Küchenchefwechsel im Restaurant Schwarzreiter an der mondänen Maximilianstraße durften wir bei unserem jüngsten Testbesuch erstmals die Handschrift von Hannes Reckziegel unter die Lupe nehmen, der Anfang 2021 Maike Wenzel beerbte, unter deren Ägide wir das Gourmetrestaurant zuverlässig auf 7-Pfannen-Niveau erlebten. Reckziegel ist kein unbeschriebenes Blatt, stand er seiner Vorgängerin und Chefin doch bereits seit 2019 als Sous-Chef zur Seite. Dass sich an der bayerisch inspirierten zeitgenössischen Küchenstilistik des im noblen 5-Sterne-Hotels der Kempinski-Gruppe befindlichen Fine-Dining-Restaurants recht wenig geändert hat, ist da kaum verwunderlich.

Auf die Vermählung bayerischer und neoklassischer Spezialitäten wiesen auch bei unserem jüngsten Besuch schon die Aperos hin, die neben einem Rote-Bete-Macaron mit Frischkäse und Johannisbeergelee in Gestalt eines kleinen Steckerlfischs aus gegrillter Makrele sowie getrüffeltem „Kartoffelkas" (ein Brotaufstrich mit Kartoffeln, Zwiebeln und Sauerrahm) auch die lokale Hausmannskost thematisierten.

Das Traditionelle Bayerische dient im Schwarzreiter aber nur ab und an als zart dosiertes Stilelement, die Konzeption der Gänge ist ansonsten durchweg modernistisch. Das verdeutlichte besonders der Gänselebergang, der aus einer Terrine bestand, die von zwei verschiedenen dehydrierten Chips mit Purple Curry, Rotkrautbaiser, einem fruchtigen Gel sowie knackigem roten Krautsalat begleitet wurde. Auch eine Vorspeise mit gebeiztem und abgeflämmtem Huchen, Gurkengel, einer Vinaigrette auf Basis von Gurkensaft und Kefir, im Stickstoffbad gefrosteten Kefirperlen und Störkaviar stellte gleich mehrere aufwendige Handwerkstechniken zur Schau. Ähnlich der „Obazda"-Käsegang mit Brie, Cremeeis, Obazdaschaum aus dem Siphon und einem Paprikagel.

Leider hatten wir allerdings zuletzt den Eindruck, dass sich das Team hier regelmäßig verrennt und bei aller Liebe zu modernen Techniken, oft das Wesentliche außer Acht lässt. So ging das Spiel aus fettiger Leber und knackigem Kraut zwar auf, die Chips, Gels und Baisers konnten dem Gericht aber für unser Empfinden kaum etwas Gewinnbringendes beisteuern. Nicht weil wir verspielten Stilmitteln grundsätzlich ablehnend gegenüberstünden, sondern weil die Spielereien im Schwarzreiter meist wirklich nur Spielereien sind – im besten Fall völlig neutraler Gestalt, im Falle des Baisers gar als arg störendes, weil zwischen den Zähnen klebendes Element.

Auch wirkten einige Kreationen auf uns beliebig, ohne echten Fokus, ohne Aussagekraft, wenngleich das handwerkliche und qualitative Niveau meist zufriedenstellend war. An einem Zwischengang mit Topinambur, Herbsttrüffel, Pilzconsommé, lauwarmem Eigelb und Cranberries war beispielsweise nicht das Geringste auszusetzen, aber auch kaum Spannendes auszumachen. Dabei hätte man durchaus einiges aus dem Gericht rausholen können, mit einer komplexeren Consommé etwa. Oder indem man noch ein paar Wochen auf die deutlich aromatischeren Wintertrüffel gewartet hätte. So viel Kompromisslosigkeit darf ein Gast vom Gourmetrestaurant eines Fünf-Sterne-Hotel durchaus erwarten.

Recht überzeugend waren indes die Fisch- und Fleisch-Hauptgänge, die beide mit einem hochwertigen und fachlich sauber zubereiten Hauptprodukt punkten konnten. Die zarte Goldforelle mit rauchig gegrilltem Kopfsalat, einer Yuzu-Beurre-Blanc sowie einem wunderbar rösch frittierten Fischhaut-Chip, machte auch kompositorisch eine gute Figur. Ähnlich der Hauptgang mit auf den Punkt gebratenem Lammrücken, Artischocken, Tamarillo und gerösteter Mandel, auch wenn wir auf diesem Teller ehrlich gesagt ein wenig um die viel zu süßen Tamarillogel-Klekse herumessen mussten. An ein mit 185 Euro bepreistes Menü darf man unserer Ansicht nach durchaus die Erwartung stellen, Großartiges und Einprägsames serviert zu bekommen – erst recht in einem prestigeträchtigen Luxus-Hotel. Zumal hier ja sonst alles vom Feinsten ist und auch der Service vom Empfang durch Restaurantleiter Marco Steva-

nato bis zum fachkundigen und charmanten Weinservice von Nina Geschka für beste Stimmung gastronomisch anspruchsvoller Gäste sorgen kann. Die Küchenleistung, die wir aktuell irgendwo zwischen solide, ambitioniert und überambitioniert verorten, kann da in der aktuellen Verfassung noch nicht ganz mithalten. Von daher sind wir umso gespannter auf die weitere Entwicklung und den nächsten Besuch in der kommenden Testsaison.

showroom
Lilienstr. 6,
81669 München
089-44429082
www.showroom-restaurant.de
Mo–Fr ab 18 Uhr, Sa u. So RT
Menüs: 150–180 €

Marion und Dominik Käppelers Showroom ist wohl nicht nur das kleinste Spitzenrestaurant Münchens, sondern mit Sicherheit auch eines der lässigsten des Landes. Das junge kumpelhafte Service-Team ist schnell beim Du und Küchenchef Käppeler schickt dazu passend ausgefeilte und mitunter unkonventionelle Gerichte, wie sie auch genauso in London, Hongkong oder Barcelona aufgetischt werden könnten.

Eine signifikante Eigenschaft des Kulinariums im Showroom ist die kombinierwütige Art des Küchenchefs, der offensichtlich großen Reiz daran findet, Aromen zu kombinieren, die bislang kaum gemeinsam gedacht wurden. Und weil er ein ausgeprägt feines Gespür für Aromen hat, funktioniert das meist überraschend gut! So skeptisch wir bei der einen oder anderen Kombination im Vorfeld sind, so genial lässt Käppeler die Aromen ineinandergreifen. Noch in bester Erinnerung haben wir die abgedrehte Kreation mit Saibling, Sauerkraut, Banane, Erdnuss und Senf, die wir in der letzten Ausgabe so sehr lobten…

Anknüpfend daran konnte uns Dominik Käppeler bei unserem jüngsten Testbesuch mit einer ebenso wilden wie schlüssigen Kombination aus Topinambur, Traube, Herbsttrüffel, Estragon und Haselnuss überzeugen. Der Clou war hier ausgerechnet die Trüffel, die hier eine ungewohnte Rolle spielte und weniger der Veredlung des Gerichts diente, sondern sich als elementarer Bestandteil der Kreation entpuppte – als eine perfekte Brücke zwischen der Erdigkeit des Topinamburs, der Haselnuss und der Kräutrigkeit des Estragons. Als ähnlich verrückt, aber genauso schlüssig, entpuppte sich die Vorspeise mit gegrillter sowie roher Jakobsmuschel, Grünkohl, Meerrettich, Mayonnaise und Pomelo.

Noch besser und noch wilder – das korreliert bei Käppeler meistens – präsentierte sich der Hauptgang mit bayrischem Wagyu-Beef, Kokosnuss, Zartbitterschokolade, Roter Bete und Blutwurst. Vor allem, weil die Kombination aus bitterer Schokolade, erdiger Roter Bete, frischespendendem Kokoskick und dem immensen tierischen Eigengeschmack von Rind und Blutwurst so wunderbar komplex und zugleich ausgewogen am Gaumen spielte, dass man alle Komponenten wahrnehmen konnte und keine Aromen oder Texturen überhandnahmen. Ähnliches gilt für den eigensinnigen aber punktgenau ausbalancierten Fischgang vom Zander mit Jogurt, orientalisch gewürztem Blumenkohl und gerösteter Mandel.

Der stilprägende Teil von Käppelers Küche – nämlich konzipieren, kombinieren und abschmecken – ist nah dran an der Perfektion. Wer in den Showroom einkehrt sollte aber auch wissen, dass es bei dieser Küche nur nachrangig um erstklassige Hauptprodukte und deren Charakter geht. Da jeder Bestandteil wichtig für die Balance der Kreation ist, scheinen alle Komponenten auf dem Teller gleichberechtigt, weswegen sich Fisch oder Fleisch hier nie als der alleinige Star präsentieren. Das gehört klar zum Stil – und den begrüßen wir ausdrücklich. Klassisch orientierten Puristen dürfte es aber trotzdem irritieren, wie sehr das Produkt dem Handwerk und der Kreation untergeordnet wird.

Unabhängig davon sehen wir Verbesserungspotential bei der Produktauswahl von Fisch und Fleisch, sowie der letzten Präzision bei deren Zubereitung. So war etwa der Zander zwar von guter, aber nicht von herausragender Qualität und, wie auch das Rind zum Hauptgang, ein paar Grad jenseits von à point. Die Jakobsmuschel beispielsweise wirkte solo recht aus-

drucksloss und konnte nicht mit der typischen süßlichen Nussigkeit aufwarten, mit der überdurchschnittlich gute Coquilles begeistern. Vorteilhaft erweist sich aber, dass die würzstarke Handschrift des Küchenchefs solch kleine Abstriche viel eher verzeiht als ein puristischer Küchenstil.

Nur einmal wollte Käppelers Idee nach unserem Dafürhalten nicht ganz zünden: Der Käsegang mit Gaperon, fermentiertem Pfeffer, roher Kartoffel und Knoblauch wirkte einfach zu verkopft und spielte mit diversen Bittertönen, ohne diese entsprechend abzufedern. So blieb hier der Wohlgeschmack dann doch etwas auf der Strecke. Dennoch: ein etwas überambitionierter Versuch gegenüber zehn brillanten Ideen ist eine sehr gute Quote! Und uns ist so eine mutige und kreative Küche auf diesem Niveau allemal lieber als allzu gefällige, brave und oft seelenlose Perfektion auf den Tellern. Deshalb: weiter so!

---

6 🍴🍴🍴

Sophia's Restaurant & Bar

im Rocco Forte The Charles Hotel
Sophienstr. 28, 80333 München
☎ **089-5445551200**
www.sophiasmuenchen.de
🕐 **Täglich von 12–14.30 Uhr u. ab 18 Uhr, kein RT**
Hauptgericht: 23–42 €, Menüs: 75 €

💳🆔 ⊘ 🅿️ 🏧 Ⓚ ♿

Im The Charles Hotel nahe dem alten botanischen Garten sorgt Küchendirektor Michael Hüsken mit seiner Erfahrung und einem guten Gespür für niveauvolle mehrheitsfähige Gerichte mit dem gewissen Etwas dafür, dass die attraktive Mischung aus cooler Bar, legerem Hotel-Restaurant in modernem gehobenem Bistro-Stil und Feinschmeckerlokal auch weiterhin zu den attraktiven Genusszielen in Münchens Innenstadt gehört. Er und sein Team müssen es hier zwar einer heterogenen Gästeklientel mit den unterschiedlichsten kulinarischen Bedürfnissen recht machen, wollen aber auch ein klares Profil zeigen und keine beliebige Hotelküche bieten. Das gelingt einerseits durch hohe Produktqualitäten, schmissige Kombinationen und natürlich substanzstarke Zubereitungen, bei denen man ob der noch moderaten Preise gar nicht unbedingt die große Perfektion erwartet und eher positiv überrascht ist, wie stimmig das alles rüberkommt. Und zwar als einfallsreiche Weltküche, die mit

Edelprodukten, exotischen Gewürzen und nicht alltäglichen Kombinationen aufwartet. Die internationale und nach Rebsorten sortierte Weinkarte listet dazu hochwertige, aber nicht unbedingt teure Gewächse grundsätzlich sehr namhafter Erzeuger.

Sparkling Bistro

Amalienstr. 89, 80799 München
☎ 089-46138267
www.bistro-muenchen.de
◉ Di–Do ab 18.30 Uhr, Fr u. Sa von 12–14.30 Uhr u. ab 18.30 Uhr, So u. Mo RT
Menüs: 70–155 €

Für uns ist es immer sehr schön, die Entwicklung eines Restaurants von der Eröffnung an mitverfolgen zu können. Umso mehr, wenn sie binnen weniger Jahre so rasant voranschreitet wie im Sparkling Bistro von Jürgen Wolfsgruber, das sich von der charmant improvisierten One-Man-Show im unveränderten Ambiente der ehemaligen Bistro Terrine zum gut aufgestellten Gourmetrestaurant mit Küchenposten, Restaurantleiter, Sommelier und stylisch reduziert gestaltetem Lokal samt ausgeklügeltem Lichtsystem gewandelt hat. Hier wurde tatsächlich sukzessive immer mehr verbessert, erneuert, gefeilt…

Auch an der Küche, die schon von Anfang an sehr gut und erfrischend originell war, mit den Jahren aber immer mehr an Perfektion und Inspiration dazugewonnen hat. Erst recht, seit Jürgen Wolfsgruber sich in Person von Johannes Maria Kneip einen jungen, talentierten und bis in die Haarspitzen motivierten Cuisinier an seine Seite geholt hat, der zuvor bereits im Mural als Doppelspitze mit Joshua Leise für Furore und viel frischen Wind gesorgt hatte. Nun also ist er die rechte Hand von Jürgen Wolfsgruber,

der sich es weiterhin nicht nehmen lässt, regelmäßig vom Herd in den Gastraum zu pendeln, um dort den direkten Kontakt mit seinen Gästen zu haben.

Dass hier kein Standard-Gourmetprogramm abgespult wird, ließ sich letztes Mal schon an der selbstkreierten alkoholfreien Aperitif-Variante erkennen, die auf Basis von klarem Tomaten-Abtropfsaft sowie Crodino zubereitet und keck mit Safran aromatisiert war. Und auch an den Apero-Snacks, unter denen insbesondere die aus einem würzigen Käse von Eselsmilch hergestellte Mousse zwischen zwei Hühnerhautchips sowie der mit geräucherter Aalcreme gefüllte und mit reichlich Störkaviar beladene Krapfen herausstachen. Unkonventionell aber nie verkopft und immer wohlschmeckend, genau wie das säuerliche Kohlrabi-Dim-Sum mit Blutwurstfüllung.

Ein sanfter Umami-Schmeichler erster Güte war sodann ein weiterer Gruß der Küche: ein präzise geschnittenes festfleischiges Thunfischtatar mit Saubohnenkernen, das in einem würzig-konzentrierten und doch transparenten Dashi-Fond mit floral-duftiger Kopfnote angerichtet war, dessen Salzigkeit von einer Eicreme abgefedert und geschmeidig eingefangen wurde. Beim ersten offiziellen Gang des sechsgängigen Menüs stimmten die Bitteraromen von kurz angeschmorter knackiger Puntarella, das Alkoholisch-Herbe einer straff säuerlichen Hollandaise und das Getreidige einer Sauerteigbrot-Creme einen spannenden Akkord an. Das lag dann von der Wahrnehmung her irgendwo zwischen schlanker, frischer Vorspeise und süffigem Zwischengang und wurde von einem aus der Magnum ausgeschenkten 2018er Riesling „Steinacker" Großes Gewächs vom Weingut Benzinger aus der Pfalz kongenial begleitet.

Überhaupt machen die glasweise empfohlenen Gewächse hier richtig Spaß, weil sie einerseits durchaus unkonventionell daherkommen, aber nie experimentell sind. Ganz wie die Küche. Und so war auch der salzig-fruchtige 2019er Arbois Savagnin Ouillé von der Domaine Rolet mit einem Hauch Exotik dem pikant gewürzten Färöer Kaisergranat ein kongenialer Partner. Und das obwohl das High-End-Krustentier auf einem sehr druckvollen und im besten Sinne plakativen Bett aus fermentiertem Rotkraut, spicy Erdnüssen und frittierten Kapern daherkam, was schon allein aufgrund der Säure anspruchsvoll zu begleiten ist.

Einfacher hatte es da der Gewürztraminer vom elsässischen Weingut Engel mit der im Grunde genommen ultraklassischen Liaison von gebratener Gänseleber mit reichlich Périgord-Trüffel auf einer Jus mit eleganter Süße, dem Ätherischen von Zirbe und der dezenten grünfrischen Schärfe von Schnittlauchöl. Dazu eine obszön buttrige geröstete Sauerteig-Brioche und es bleibt kein Auge und kein Gaumen trocken. Und auch wenn es auf diesem Teller ausnahmsweise mal etwas ruhiger und gediegener zuging, bestechen im Grunde fast alle Gänge durch eine starke Dynamik und mutige Kontraste. Dass der Bogen dabei aber nie überspannt wird, konnte man auch bei der gebeizten und nur kurz auf der Hautseite gebratenen Regenbogenforelle von Niki Birnbaum sehen und schmecken, wo das Säuerlich-Fruchtige von geschmorter Salatkopfwurzel und Confit von der Salzzitrone durch den sanften Schmelz einer geschmeidigen Beurre blanc gezähmt wurde.

Dem Hauptgang ging ein salzig-frisches und überhaupt nicht süßes oder übertrieben fruchtiges Intermezzo aus Schafsjoghurt und Olivenöl unter einem Granité von Fichtensprossen und Quitte voraus, ehe die saftspritzenden Streifen eines auf Binchotan kurz und knackig angegrillten Entrecôtes vom Wagyu-Beef nochmal für jede Menge Speichelfluss sorgten. Kompromisslos puristisch begleitet nur von ein paar Spitzmorcheln, die mit einer Kartoffelcreme gefüllt waren, welcher das zuvor beim Braten der Gänseleber ausgetretene Fett noch das gewisse aromatische Etwas verlieh. Und von einer gut ausgewogenen Demi-Glace mit Kampotpfeffer, die leicht und transparent genug war, um dem luxuriösen Rind nicht die Show zu stehlen, aber auch ausdrucksstark genug, um eigene Akzente zu setzen.

Nach dem spannenden Aromenspiel von salzigen und süßen Kontrasten bei Tomatensorbet, Vanillecreme, Petersilienöl und feinsäuerlichem klarem Gewürzsud folgte das zweite Dessert um eine mit Rübensirup glasierte Nocke aus schmelzig-cremigem Joghurteis auf Pumpernickel und Kaffeesud einem ganz ähnlichen Grundgedanken, wobei das Spiel der Gegensätze hier mit bitterherben, säuerlichen und karamelligen Aromen erzeugt wurde – und ganz genauso gut funktionierte. Man merkt einfach, dass hier inspirierte, geschmackssichere Tüftler am Werk sind, die genau wissen was sie da machen. Deshalb zögern wir auch nicht, die Küche des Sparkling Bistro auch in diesem Jahr wieder verdientermaßen ein Quäntchen höher zu bewerten.

Tantris

im Tantris Maison Culinaire
Johann-Fichte-Str. 7, 80805 München
☎ 089-3619590
www.tantris.de
◉ Mi–Sa von 12–16 Uhr u. ab 18.30 Uhr, So–Di RT
Menüs: 275–325 €

Das legendäre Ambiente der Restaurant-Ikone wurde beim großen Relaunch im vergangenen Jahr zwar umfassend renoviert, aber an dessen Stil eigentlich nicht gerührt. Gravierende Unterschiede können wahrscheinlich nur echte Stammgäste erkennen. Kulinarisch wurde das Tantris allerdings voll auf links gedreht und mit dem Ausscheiden von Hans Haas unter dem markanten Dach des einzigen deutschen Restaurants, für das der Begriff „Gourmettempel" wirklich zutrifft, gleich zwei völlig neue Restaurantkonzepte installiert. In der als „Menü-Restaurant" bezeichneten und im Gegensatz zum zweiten Restaurant, dem Tantris DNA, deutlich größeren Variante, zeichnet das Team um den in Kanada geborenen Küchenchef Benjamin Chmura verantwortlich und schickt eine für alle Gäste einheitliche bis zu achtgängige Speisenfolge. Die präsentiert sich auf den Tellern als moderne und recht individuelle Spielart französischer Hochküche mit teils sehr puristisch gehaltenen, optisch wie geschmacklich aber immer sehr markanten und pointierten Kompositionen. Da werden Bilder erzeugt und Geschmacksakkorde kreiert, die sich ob ihrer klar umrissenen, oft genial einfach auf den Punkt gebrachten und sehr eigenständig wirkenden Art sofort fest im kulinarischen Langzeitgedächtnis einbrennen. Der Menüpreis von 325 Euro für alle acht Gänge suggeriert absolute Höchstleistungen, von denen das Team momentan noch etwas entfernt liegt. Weil eben einige der sehr guten Ideen noch nicht konsequent zu Ende gedacht und in absoluter Perfektion umgesetzt werden. Aber: Was Benjamin Chmura hier angestoßen hat, könnte etwas Großes werden. Das Kulinarium in seiner individuellen Art schon jetzt Alleinstellungsmerkmal und theoretisch das Zeug dazu, das Tantris mittelfristig tatsächlich ganz an die Spitze führen. Noch etwas mehr Konsequenz vorausgesetzt. Wir sind jedenfalls höchst gespannt auf den nächsten Besuch und auf die weitere Entwicklung.

81 🍴🍴🍴🍴

Tantris DNA
im Tantris Maison Culinaire
Johann-Fichte-Str. 7,
80805 München
📞 089-3619590
www.tantris.de
🕐 Sa–Di von 12–15 Uhr u. ab 18.30 Uhr,
Mi–Fr RT
Hauptgericht: 72–92 €

Im Zuge des großen Umbaus und Relaunch im vergangenen Jahr entstand neben dem Tantris-Hauptrestaurant auch ein weiteres, deutlich kleineres „Zweitrestaurant" mit dem Namen Tantris DNA, das völlig autark bespielt wird und bis auf den Samstag immer dann aufhat, wenn das Menü-Restaurant geschlossen ist. Hier zeichnet die Französin Virginie Protat für die Küche verantwortlich. Hier gibt es ausschließlich Einzelgerichte à la carte. Und wie der Name schon vermuten lässt, sollen diese die DNA des ikonischen Genusstempels repräsentieren, in dem einst vor einem gewissen Eckart Witzigmann das deutsche Küchenwunder losgetreten wurde. Und zwar mit damals hochmoderner, heute ultraklassischer französischer Küche, wie sie Madame Protat und ihr Team im Hier und Jetzt des nur sechs Tische plus Terrasse umfassenden „kleinen Tantris" in zwar konsequent traditioneller, durch die hohe Präzision und zeitgemäße Zubereitung aber trotzdem fast jugendfrisch wirkender Façon kredenzt. Da gibt es von exzellenten Terrinen und Pasteten bis zu großen Klassikern wie dem Kalbsbries „Rumohr" oder Rinderfilet „Rossini" zeitgemäß perfektionierte Alte Schule, ergänzt von meisterlichen Desserts und herausragendem Backwerk aus der Hand von Chef-Pâtissier und Boulanger Maxime Rebmann.

8 🍴🍴🍴

TIAN
Frauenstr. 4, 80469 München
📞 089-885656712
www.tian-restaurant.com/muenchen
🕐 Mi u. Do ab 18 Uhr, Fr u. Sa von
12–15 Uhr u. ab 18 Uhr, So–Di RT
Menüs: 101–125 €

Vegetarische Menüs auf Gourmetniveau sind hierzulande seit Jahren auf dem Vormarsch und immer mehr ambitionierte Köche bieten neben einer omnivoren Speisefolge auch eine Alternative ohne Fisch und Fleisch – rein vegetarische Restaurants sind in diesem Segment allerdings nach wie vor eine Rarität. Eines der wenigen Ausnahmen ist das Tian am Münchener Viktualienmarkt, ein Ableger des gleichnamigen Restaurants in Wien, wo Küchenchef und Geschäftsführer Paul Ivic seit über zehn Jahren eine vielfach ausgezeichnete kreative vegetarische Küche bietet und damit großen Erfolg hat.

Offiziell trägt auch das, was in dem länglichen, schlicht-elegant gestalteten Gastraum unter dem Dach des Living Hotel „Das Viktualienmarkt" serviert wird, die Handschrift des österreichischen Spitzenkochs – für das Tagesgeschäft und sicherlich auch für die Umsetzung eigener Ideen sind jedoch Küchenchef Viktor Gerhardinger und sein Team verantwortlich, die hier seit geraumer Zeit ein hohes Niveau etabliert haben und mit ihren kreativen und facettenreichen rein pflanzlichen Kreationen handwerklich wie kompositorisch locker im Kreise der Münchener Top 20 mitspielen.

Und es ist tatsächlich so, dass man hier im Rahmen des bis zu sechsgängigen Menüs, das freitags und samstags auch am Mittag geboten wird, selbst als überzeugter Fleisch- und Fischesser beides überhaupt nicht vermisst. Denn die Gerichte haben bei aller Leichtigkeit und Bekömmlichkeit immer auch etwas Tiefes, Fülliges, wirken niemals karg oder spröde, sondern vielmehr süffig und rund. Das konnte man letztens auch schon beim Amuse-Bouche deutlich schmecken, bei dem säuerlich eingelegter schwarzer Rettich und eine Art Rettichkuchen, der mit veganer Kräutermayo getoppt war, von einem wohlig-warmwürzigen, vollmundig schmeckenden Lauch-/Heusud ein robustes aromatisches Rückgrat verliehen bekam.

Drei verschiedene Zubereitungen der Roten Bete, nämlich auf Salzbett gegarte dickere Stücke, in Quittensaft eingelegte dünne Scheiben und marinierte Juliennes waren die Begleiter für fränkische Edelpilze, die hier als eine luftig-zarte, geschmacklich sehr ausdrucksstarke Mousse sowie als Aromengeber einer leichten Mayonnaise auf dem Teller zu finden waren. Und die dem Gericht nicht einfach nur viel Umami, sondern auch einen dezidiert feinen Pilzgeschmack (hauptsächlich an Shii-Take erinnernd…) zuteilwerden ließen. Weil die Gerichte hier immer auch haptisch sehr ausgeklügelt und vielschichtig daherkommen, brachten zartkrosse Schwarzbrotchips noch etwas Knusperkontrast ins Spiel, verliehen dem Ganzen mit ihrem malzigen Aroma aber zudem auch geschmacklich Mehrwert.

Estragon und Majoran waren im Anschluss daran nicht nur die Leitaromen auf dem Teller des Zwischengangs, der sich um Wirsing, Schwarzwurzel und Périgord-Trüffel drehte, sondern auch im Glas einer alkoholfreien Begleitgetränks auf Basis von Kohlsaft. Hier wurde noch deutlicher, wie sensibel die Aromen und Proportionen aufeinander abstimmt werden und wie komplex die Gerichte aufgebaut sind. Den Wirsing gab's als süffiges, gut gewürztes Tatar und als knackige angeröstete Blätter, die Schwarzwurzeln als kleine geschmorte Stücke, als Chips und als Basis einer Creme, die wiederum mit Estragon und Majoran aromatisiert war. Im Zusammenspiel mit sehr schön aromatischen Trüffelscheiben entstand da ein richtig gutes, ausgewogen facettenreiches Geschmacksbild.

Wie einerseits aufwendig ausdifferenziert, andererseits einfach nur zugänglich und „lecker" die Gerichte hier sein können, zeigte insbesondere der an Spaghetti Carbonara angelehnte Pasta-Gang, bei dem die aus Einkorn fabrizierten Tagliolini mit flüssigem Eigelb und herzhaftem Comté-Schaum schön schlotzig und feinwürzig gehalten wurden. Pilzcroûtons, ein intensives süßlich-würziges Maronenpesto, geröstete Goldleinsaat und säuerlich eingelegte Bärlauchkapern sorgten dazwischen immer wieder für neue interessante Geschmacksverläufe und zusätzliche Komplexität.

Beim nominellen Hauptgang „Topinambur, Buchweizen und Cusco" war die auch Erdartischocke genannte Sonnenblumenwurzel als in Kümmelöl confierte Stücke wie eine Anna-Kartoffel zubereitet, in Gestalt dünner gehobelter und sautierter Scheiben, als gebackene Krokette sowie in Chipsform aber zudem auch gleich vielfach variiert aufgeboten. Und sie bekam mit kross genopptem Buchweizen und einem mit Schafsjoghurt angemachten Apfel-Tatar, vor allem aber von der tiefgründigen

Sauce, die auf Basis von Schmorgemüsejus zubereitet und mit Cusco-Bitterschokolade abgerundet war, einige sehr dynamische, gut miteinander korrespondierende Akzente zur Seite gestellt. Mit dem Pinot Noir „Freyheit" vom Weingut Heinrich aus dem Burgenland außerdem einen biodynamisch ausgebauten sehr mineralisch schmeckenden Begleiter, der sich ebenfalls gewinnbringend einbringen konnte.

Ihr gutes Gespür für geschmackssichere ausgefallene Akkorde bewies die Küche dann auch bei den süßen Sachen: zunächst einem kompakt angerichteten Vordessert aus Pumpernickelcreme, Tonkabohnenespuma, Birnensorbet und Schwarzbrotstaub, dann mit dem eher flächig und aufgefächert angerichteten Hauptdessert, bei dem eine sich schlangenförmig über den Teller erstreckende Cheesecake-Creme von wilder Quitte, einem mit Ricotta und Salzzitrone gefüllten Windbeutel, nussigen Crumbles und einem mit Vanille und Meerrettich aromatisierten Milcheis flankiert wurde. Im Rahmen der alkoholfreien Getränkebegleitung von einer Art Auszug aus Hibiskus, Passionsblumenkraut und Meerrettich auch im Glas spannend ergänzt.

Und so können wir uns abschließend nur wiederholen: Wenngleich für viele Gourmets die rein vegetarische Küche nach wie vor Verzicht bedeutet, hat uns das Menü im Tian auch dieses Mal an keiner Stelle das Gefühl vermittelt, auf irgendetwas verzichtet zu haben. Weder auf raffiniertes feinsinniges Handwerk, noch auf Kreativität und schon gar nicht auf guten Geschmack!

Tohru in der Schreiberei

Burgstr. 5, 80331 München
089-21529172
schreiberei-muc.detohru
Di–Sa ab 19 Uhr, So u. Mo RT
Menüs: 245 €

Wie erwartet, macht Tohru Nakamura genau da weiter, wo er aufgehört hat – und das zum zweiten Mal. Schon beim Wechsel aus dem Werneckhof in den seinerzeit als Popup-Intermezzo konzipierten Salon Rouge hatte der Münchner mit japanischen Wurzeln einen Großteil seines eingespielten Teams mitgenommen und am neuen Ort umgehend an den Erfolgen der Vorjahre angeknüpft. Mit dem jüngsten Umzug in die neu renovierten Räume der Schreiberei, wo auch der Salon Rouge vergangenes Jahr mal logierte, änderte sich zwar nochmal der Name, aber dem Konzept des maximalen Komforts und der Artikulation seiner hybriden kulinarischen deutsch-japanischen Identität ist Nakamura natürlich auch diesmal treu geblieben.

Als ein – mal abgesehen von einige Hospitanzen in Japan – vollständig in Europa ausgebildeter Koch, stellt die moderne französische Haute Küche das Rückgrat von Nakamuras Küche dar. Man darf also als Gast nicht den Fehler machen, in der Schreiberei ein authentisches Kaiseki zu erwarten, denn das wäre unauthentisch für Nakamura. Viel eher handelt es sich bei seinem Werk um eine postmoderne, kosmopolitische japanisch-europäische Küche. Dazu passt auch der Sparkling-Sake als Aperitif perfekt – derzeit ein Trend unter japanischen Braumeistern, die sich in der Champagne von der Flaschengärung haben inspirieren lassen.

Gleich No. 1 von 12 Gängen konnte ein Ausrufezeichen in Sachen balancierter Tellerkomposition setzen, in dessen Mittelpunkt drei fingernagelgroße kühl servierte Crevetten standen. Diese hat das Küchenteam nur einige Sekunden sautiert, was ihnen die Schmierigkeit raubte, die ganz rohes Krustentier meist mitbringt, aber deren Frische und Knackigkeit bewahrte. Die dazu servierte intensive Krustentiermousse würde pur wohl zu streng nach Hummerbutter schmecken, wird aber von einer Vinaigrette aus Kurkuma und Sanddorn klug in Schach gehalten. Ein perfektes Beispiel für Nakamuras Küche, die einerseits Fett, Salz und Würze nicht scheut, diese aber immer mit Frische und Säure einzufangen weiß.

Ähnlich ist ein Zwischengang mit roher Dorade und Kerbelwurzel konzipiert. Obwohl wir uns im ersten Moment in Anbetracht der doch sehr erdigen Wurzelgemüsecreme ein wenig um die Finesse der hervorragenden Sashimi sorgten, wurde die Kombination durch japanische Ingwerblüte und eine Ponzu auf Weltklasseniveau aufgelockert, für die Nakamura lange im Holzfass gereifte Sojasauce verwendet. Das geht kaum besser. Auch weil ein dazu servierter Sake mit viel Reinheit, ganz ohne malzige Noten, aber mit Kräuteraromatik, hervorragend dazu passte. Wie uns das sowohl im europäischen als auch japanischen Getränkemilieu beeindruckend sattelfeste Sommelier-Team erläuterte, handelte es sich hier um einen recht modernen jugendlichen Sake-Stil, der mit weniger Alkohol auskommt und so perfekt zur filigranen Küche der Schreiberei passt.

Gelänge jeder Teller so gut wie die Dorade, wäre Tohru Nakamura schon jetzt wieder ein heißer Kandidat für unsere Höchstwertung, die er zuletzt bereits im Werneckhof innehatte. Dass wir den leidenschaftlichen Tüftler aber derzeit „nur" bei 9+ Pfannen sehen, liegt daran, dass einige Gerichte für uns noch etwas zu unüberlegt vorpreschen. Das wurde besonders beim Zwischengang mit Muscheln, Shiitake, Crème fraîche und Douglasie deutlich. Müßig zu erwähnen, dass es sich auch hierbei um einen fehlerfreien Teller auf hohem Niveau handelte und auch besonders die mit Mirin, Sake und Sojasauce abgeglänzte nussig-glasige Jakobsmuschel zu dem Besten gehörte, was man diesbezüglich bekommen. Nicht ganz stimmig wirkte auf uns allerdings die Shiitake-Sülze mit Muschelfond, die an sich zwar sehr schmackhaft war, der Jakobsmuschel aber Platz raubte, da Sülze und Muschel eine ähnliche bissfeste, leicht knatschige Konsistenz haben. Weil die natürliche Fleischtextur dem artifiziellen Gelee hier natürlich um Längen voraus ist, ließ die Muschel die Sülze alt aussehen. Allerdings fehlte es der Komposition mit ihren krossen Croûtons, der wunderbar sämigen Vinaigrette auf Basis von Crème fraîche und Douglasienöl sowie den kühl servierten, sanft gegarten Herzmuscheltranchen auch ohne Sülze kaum an etwas…

Auch bei einem Gang mit Flussaal, Artischocke, Yuzu und schwarzer Trüffel haben wir noch Feinschliffpotential gesehen. Für sich waren alle Komponenten – der gegrillte und mit süßlicher Sojasauce lackierte Aal, die al dente gegarten Poveraden, der Artischocken-Périgord-Schaum – in handwerklicher Perfektion umgesetzt. Nur wurde uns nicht so ganz klar, worauf es Nakamura bei diesem Gang angelegt hatte… Ging es ihm um die Gemüsekomponenten, die mengenmäßig die Hauptrolle spielten und denen der Fisch eher als Würzmittel dienen sollte? Dann erschloss sich uns nicht, wieso der Fisch in Form von zwei Tranchen in einer Ecke des Tellers platziert war. Wäre es ihm primär um den Fisch gegangen, hätten wir uns schlicht eine höhere Dosierung gewünscht. Den Gästen eine gewisse Esserfahrung abzuverlangen, zu erwarten, dass der gewiefte Gourmet weiß, wie man sich bestimmten Gerichten nähert, begrüßen wir ausdrücklich. Hier hatten wir jedoch eher das Gefühl, als fehlte uns ein „tellerspezifisches Wissen", um Nakamuras Überlegungen folgen zu können. Zumindest hätten wir uns am Ende eigentlich gewünscht, mit dem Teller nochmal von vorne anfangen zu können, um dieses Mal mehr zu mischen, den Fisch zu zerteilen, und damit den Rest zu würzen.

Großartig ist wiederum, wie es dem Chef gelingt, hervorragende Produkte in den Mittelpunkt zu stellen und auch im kleinteiligen Setting des Nakamura-Stils, bei dem es sich ja nicht um Produktküche im eigentlichen Sinn handelt, glänzen zu lassen. Das wurde besonders deutlich bei einem Zwischengang mit Lachsforelle von Züchter-Champion Niki Birnbaum, die zunächst gebeizt und anschließend nur auf der Hautseite gegrillt auf den Teller kam. Und die sich so bissfest und gleichzeitig fettig-schmelzend hinter keinem noch so herausragenden Wildlachs verstecken muss. Sehr gut umspielt wurde die dreifingerhohe Tranche von einem Tatar derselben Forelle und irischer Auster, sowie einer Buchweizen-Beurre-Blanc. Die Kombination gleich zweier recht strenger Würzmittel – Buchweizen und Auster sind nichts für jedermann – geht hier voll auf, die Aromen greifen ineinander und sind perfekt zum hohen Fettgehalt der Forelle gewählt. Ein Positivbeispiel eines fordernden Gangs.

Ähnlich konnte das Poltinger Lamm überzeugen, das die Schreiberei im Hauptgang schickte. Die intensive Lammaromatik wurde von gegartem Rettich umspielt, der eine spannende subtile Schärfe beisteuerte. Statt einer klassischen Jus servierten Nakamura und sein Team ein schlotziges Linsenragout im Oma-kocht-Linsen-mit-Spätzle-Stil, das durch die Kombination aus Bodenständigkeit und Fondhandwerk auf Weltklasseniveau ein heißer Kandidat für unser kulinarisches Langzeitgedächtnis ist. Auch hier zeigte sich das hochwertige Getränkepairing von seiner besten Seite. Und zwar in Form eines recht modern interpretierten Cornas der Domaine Tunnel, der von der Säure, Finesse und Kraft lebt, die für die nördliche Rhône typisch ist. Ein Griff an die größere und in der Stilistik immer etwas breitere Süd-Rhône hätte kaum die Feinheiten von Nakamuras Küchenstil erwidern können. Eines von vielen Beispielen, wie gut sich Chef-Sommelier Tobias Klaas in der Welt der Weine auskennt. Himmlisch gut war übrigens auch ein à part serviertes Milchbrötchen, in dem Reispaste und Rohmilch als Triebmittel zum Einsatz kommen, das à la minute nochmal mit Nussbutter, Bauchspeckfett, Soja-/Knoblauch-Paste und Honig aufgeröscht wird, um dann warm auf den Tisch zu kommen. Trotz des fast triefenden Fettgehalts und der ausgereizten Salzigkeit wirkte das auf magische Art leicht und filigran. Vielleicht auch nur deshalb, weil uns die

betörende Kombination aus Weißmehl-Honig-Süße, Knoblauchschärfe und Soja-Speck-Würze um den Verstand brachte. Wie auch immer: seinen Gästen zum Zeitpunkt dieses Sättigungsgrades noch höchst genussreich solche Mengen Fett einzuflößen, muss man erstmal schaffen. Ein Gericht, das den Gast zum Nachdenken anregt, was eigentlich gutes Essen ist, wie kompliziert es sein soll, wie simpel ein komplexes Aromengebilde aussehen darf. Ein Gang mit Gänsehaut-Faktor!

Hochprofessionell geht auch die gesamte Brigade vor – in der Schreiberei dürften sich bei unserem Besuch fast so viele Angestellte wie Gäste aufgehalten haben. Das Serviceteam unter der Leitung der Zwillinge Markus und Tobias Klaas versteht es vom Commis bis zum Maître trefflich, die förmlichen Abläufe mit einer stets lockeren Ansprache aufzulockern. Selbiges gilt für die exklusive Weinbegleitung, die auf große Weine statt ausschließlich auf große Namen setzt. Freilich, Tement und Dom Pérignon werden hier auch gelegentlich offen ausgeschenkt. Das Fingerspitzengefühl wird aber vor allem deutlich, wenn Klaas Weingüter wie Lulu Vigneron aufspürt, dessen Weine außerhalb von Nerd-Kreisen zwar kaum jemand kennt, dessen Savagnin aber trotzdem mit besten gehört, was das Jura – derzeit die trendigste Region Frankreichs – zu bieten hat.

Dass wir unterm Strich derzeit noch keine Notwendigkeit sehen, die Schreiberei höher zu bewerten, liegt nicht zuletzt an den Süßspeisen, die wir zuletzt eher auf gutem 8-Pfannen-Niveau sahen. So war das Dessert mit Ananas, Pumpernickel, Kalamansi und Pecannuss zwar sehr schmackhaft, uns fehlte aber der Spannungsbogen, der es einem oder mehreren Aromen erlaubt hätte, ihren klaren Charakter zu zeigen. Beispielsweise war die Derbheit des Pumpernickels nur angedeutet, die Ananas von recht generischem Aroma gezeichnet und die Kalamansi wirkte diffus säuerlich-parfümiert. Hier fehlt die Genialität, mit der Tohru Nakamura es bei seinen salzigen Speisen versteht, Emotionalität zu transportieren.

So auch beim abschließenden virtuellen Marktspaziergang, bei dem einer Handvoll bestimmter Stände des nahegelegenen Viktualienmarktes je eine Petitesse gewidmet wird, etwa eine fein ausbalancierte Praline aus Honig und Milch mit weißem Schokoladenüberzug. Doch auch wenn die charmanten Servicemitarbeiter allerhand Hintergrundgeschichten zu den Inspirationen für diese Dinge zu erzählen haben – zum Beispiel, wohin Nakamura als Lehrbub zum Eierkaufen geschickt wurde –, bleiben die Kreationen selbst stumm. Die besseren Geschichten erzählt das Milchbrötchen.

Vecchia Lanterna

St.-Anna Str. 31, 80538 München
089-81892096
www.vecchia-lanterna.de
Di–Fr von 11.30–14 Uhr u. ab 18.30 Uhr, Sa ab 18.30 Uhr, So u. Mo RT
Hauptgericht: 25–45 €,
Menüs: 55–100 €

In ihrer modern gestalteten, zeitlos-eleganten Vecchia Lanterna bieten Gastgeberin Mirka Otta und ihr Lebensgefährte Antonino Denami eine gehoben-kreative, aber eben nicht international verkünstelte, sondern immer authentische italienische Küche, die trotz jeder Menge ernstzunehmender Konkurrenz in der bayrischen Landeshauptstadt weiterhin zu den besten ihrer Art gehört. Küchenchef Antonino Denami setzt seit jeher auf den natürlichen, unverfälschten Geschmack der Produkte und würzt angenehm subtil, aber nie übertrieben zurückhaltend, orientiert sich an den traditionellen Küchentugenden seines Heimatlandes, bringt aber auch viele gute eigene Ideen im Kulinarium unter. Die sympathische Chefin ergänzt die Weinkarte und die wandfüllende Wein-Galerie stets mit persönlichen glasweisen Empfehlungen.

Vinothek by Geisel

im Hotel Excelsior
Schützenstr. 11, 80335 München
089-551377140
www.excelsior-hotel.de
Di, Mi u. Fr, Sa ab 16.30 Uhr, Do von 12–14 Uhr u. ab 16.30 Uhr, So u. Mo RT
Hauptgericht: 23–48 €, Menüs: 28–57 €

Dieses vinophile Gasthaus in der Münchener Innenstadt mit seiner historischen Kreuzgewölbedecke, den hohen, mit allerhand „Edelstoffen" prall gefüllten Holzschränken und den dekorativ auch in jeder freien Nische und in jedem Winkel verteilten leeren Bouteillen großer Gewächse ist ein heiterer Ort für entspannten Genuss auf hohem Niveau und die letzte noch verbliebene Genuss-Destination des einstigen Geisel Gastroimperiums. Mit seiner ungezwungenen Atmosphäre und der charmant saloppen, aber niemals unaufmerksamen Gangart des langjährigen Servicepersonals hat das Lokal jede Menge Stammgäste. Das liegt aber auch an der liegt aber auch an der vielseitigen Art der attraktiven Alpenküche, die von heimatlichen Regionalgerichten über Kreationen mit österreichischem Schmäh bis hin zu mediterraner Leichtigkeit reichen und von Küchenchef Thomas Kahl und seinem Team attraktiv und fundiert zubereitet werden.

Weinhaus Neuner

Herzogspitalstr. 8, 80331 München
089-2603954
www.weinhaus-neuner.de
Täglich ab 12 Uhr durchgehend, kein RT,
Hauptgericht: 25–36 €, Menüs: 75 €

München ist generell nicht arm an gastronomischen Traditionshäusern, wobei den meisten Besuchern dabei wahrscheinlich an erster Stelle die verschiedenen Brauhäuser und die dort zelebrierte Ess- und Trinkkultur in den Sinn kommen. Eine ganz andere Art der Genusstradition findet sich dagegen im Weinhaus Neuner, in dem klassisch-bodenständige, dabei aber enorm substanzstarke Küche und anspruchsvoller Weingenuss perfekt Hand in

Hand gehen. Und daran hat sich selbstredend auch rein gar nichts geändert, seit mit Frank Glüer, der vielen Gourmets der Landeshauptstadt aus seiner Zeit im Esszimmer der BMW-Welt bekannt sein dürfte, hier als Gastgeber das Auge auf dem Weinangebot hat. Ganz im Gegenteil…

Aber auch das Küchenteam um Benjamin Kunz muss sich nicht verstecken und verbindet perfekt eine grundlegende Bodenständigkeit mit Raffinesse und Modernisierung an den entscheidenden Stellen sowie einem durchgängig hohen Anspruch an Produkt und Handwerk. So lässt sich hier genauso gut nur eine Kleinigkeit zu anspruchsvollen Weinen genießen, es gibt aber auch eine mehrgängige Menüauswahl. Die Ergebnisse sind in jedem Fall von starken Aromen, stimmigen Proportionen und mitunter sogar individuellen Ideen geprägt.

Zuletzt zeigte sich das – nach ausgezeichnetem Gaues-Brot – bei einem zurückhaltend zwiebelwürzig-pfeffrigen Rindertatar, das gekonnt die Struktur und den Geschmack des guten Fleischs nach vorn stellte. Dazu gab's einige (wenig ausdrucksstarke) Trüffelscheiben, herb-frischen Kräutersalat und ein cremig gebratenes Wachtel-Spiegelei als harmonische und auflockernde Ergänzung. Die begleitende Trüffelcreme zeigte, trotz sichtbar dunklen Trüffel-Partikeln, leider und unnötigerweise einen Hauch artifizieller Verstärkung, der aber zum Glück im Gesamtbild keine große Rolle spielte. So blieb es bei einem klassischen, kraftvollen Auftakt mit behutsamer Verfeinerung.

Genauso finden sich aber auch vollkommen schlicht belassene Traditionsgerichte auf der Karte, wie etwa Neuners Rinderkraftbrühe vom Tafelspitz mit zarten Griesnockerln und Gemüseperlen, die dann allein durch die Tiefe und Substanz der Zubereitungen punkten. Ein erfrischendes Pendant war beim letzten Besuch die kühle, eher grob belassene Gurkensuppe mit konzentriertem Gurkengeschmack, feinem Dillduft und pfeffriger Pikanterie.

Wieder ambitionierter war beispielsweise ein dickes Zanderfilet von einem sichtbar kapitalen und schmeckbar frischen Fisch, das etwas rustikal-brutzelig aber immer noch saftig gebraten in ein erdiges Power-Umfeld aus Berglinsen und Räucheraal gestellt wurde. Getragen wurde das alles von einer ebenfalls dezent rauchigen, zugleich aber mit willkommen viel Säure und leichter Tomatenfruchtigkeit hinterlegten Sauce, die dergestalt für eine gute Balance sorgte.

Und ausgerechnet zum süßen Abschluss gab es die mutigste – souverän umgesetzte! – Kombination aus einem Schafmilchflan (der wie eine Art zarter Vanillepudding wirkte) mit feiner Milchwürze, der von Sauerampfereis und einer säuerlichen Beerenmischung in weinherbem Crémant-Sud aufgefrischt wurde. Ebenfalls unkompliziert und straight, zugleich aber auch überraschend. Und wem das schon zu innovativ ist, der bekommt auch einen mustergültigen Kaiserschmarrn mit Rosinen, Mandeln, Vanilleeis und Zwetschgenröster.

Außerdem bekommt man garantiert gute Qualität in die Gläser. Die Weinkarte listet dafür eine beachtliche Auswahl frischer und gereifter Flaschen vieler renommierter Erzeuger zu fairen Preisen und einem spannenden Schwerpunkt, der unter anderem in der Weinregion Burgund liegt.

Werneckhof Sigi Schelling

Werneckstr. 11, 80802 München
089-244189190
werneckhof-schelling.de
Mi–Sa von 12–13.30 Uhr
u. ab 18.30 Uhr, So–Di RT
Menüs: 90–170 €

Der Name Sigi Schelling ist derzeit nicht nur in Münchener Gourmetkreisen in aller Munde. Sie war jahrelang Sous-Chefin im legendären

Tantris, wo sie an Hans Haas' Seite das Fortbestehen des Vermächtnisses von Eckart Witzigmann sicherte, der für Haas ein ähnlich prägender Mentor gewesen war, wie Haas für Schelling. So darf der erst seit Anfang 2022 von der aus dem Bregenzerwald stammenden Sigi Schelling als neue Gastgeberin und Küchenchefin wiedereröffnete Werneckhof schon jetzt mit Fug und Recht als ein gewichtiger Ort der deutschen Kulinarikgeschichte bezeichnet werden. Kaum verwunderlich ist dann auch die Stilistik ganz in der Gangart des Tantris: luxuriös, mondän, aber keineswegs dekadent. Auch das Ambiente ist hier ähnlich. Zwar stammt der brutalistische Sichtbeton des Tantris aus einer gänzlich anderen Epoche als das Fachwerkgemäuer des Werneckhofs – beiden Lokalitäten gelingt es aber, maximalen Luxus mit einer gewissen Nonchalance zu paaren. Die Servicemitarbeiter in ihren schwarzen Anzügen sind jedenfalls bester Laune und wissen ein simples Pils genauso locker an den Tisch zu bringen wie Prestige-Champagner; der es übrigens neben den klassischen Kombinationen (Brunello zum Lamm, Chardonnay zu Nussbutter etc.) zur Vorspeise in die Weinbegleitung geschafft hat. Sehr erfreulich zu sehen, dass sich Schaumwein unter progressiven Sommeliers von der Rolle des bloßen Aperitif-Getränks verabschieden kann. Steif ist hier jedenfalls nur die Tischdecke!

„Dem Küchenstil, den ich Seite an Seite mit meinem großen Lehrmeister gekocht habe, bleibe ich treu", schreibt Schelling auf ihrer Website. Ganz in diesem Sinne, erinnerte eine Entenlebervorspeise mit Haselnuss, Mispeln, schwarzem Trüffel, Entenschinken, Frisée-Salat und einer leichten Vinaigrette an ähnlich konzipierte Gerichte im Tantris zur Ära Haas. Obwohl die Kombination aus Leberterrine und Frucht ja eine mehr als geläufige ist, versteht es Schelling durch den Einsatz von Bittersalat und Salatsauce, das Aromenspektrum weiter aufzufächern und dem Süße-Säure-Spiel eine weitere Subnote beizusteuern. Auf diese Art kippen Schellings Leber-Gerichte nie in die Dessert-Richtung, sondern lassen sich, obwohl sie durchaus mit Fruchtsüße spielen, immer klar als Vorspeise charakterisieren. Dramaturgisch wichtig war in diesem Sinne auch die eine Tranche geräucherte Entenbrust, die man aromatisch fast vernachlässigen könnte, die uns aber mantrahaft vorbetete: „das ist kein Dessert, das ist ein herzhaftes Gericht!". Ähnlich posaunte im Tantris vor einigen Jahren mal ein recht plump gegartes Stück Sellerie zur Foie gras selbige frohe Botschaft heraus.

Auch den Zwischengang mit lauwarmem Lachs, brauner Butter, Lauchpüree und Kaviar können wir uns gut im Tantris von damals vorstellen. Und wenn Sigi Schelling Braune Butter auf die Karte schreibt, dann findet auch braune Butter auf dem Teller statt, nicht irgendein rahmig verwässerter Nussbutterschaum. Die geballte Röst- und Fettkraft der genussten Butter passte nämlich vorzüglich zum Lachs und konnte dem kühlen Kaviar Paroli bieten. So simpel kann große Küche sein, wenn man weiß, wie's geht!

An noch einer Facette kann man das frühere Tantris schmecken: Es ist nicht alles perfekt und gerade deswegen so genial. Wenn Sigi Schelling Bohnen zubereitet, wie etwa zum Hauptgang mit Lammrücken, Chorizojus und Ratatouille, dann ist vom feinen metallischen Aroma der Rohbohne, wie sie moderne Produktfanatiker von Ernst und Etz bis ins Noma suchen, nicht mehr viel zu schmecken. Sie sind auch weiter gegart, als sich das der Purist in uns wünscht; und mit Zwiebeln und Tomatenwürfeln abgeschmeckt. Auch die wunderbare, mit Chorizo verfeinerte Lammjus wäre bei Christian Bau so wohl nicht über den Pass gegangen: zu viel Mirepoix, zu wenig Glanz, zu wenig Mikrosieb. Sie schmeckte eher wie eine sehr (!) gute Schmorjus als eine royale Demi Glace. Aber trotzdem, oder gerade deshalb, sind es solche Gerichte, die dem Gourmet die Lippen und Augen befeuchten. Sie stecken voller aromatischer Tiefe und Emotionalität. Es wäre hier dem Genuss nicht zuträglich gewesen, den Bohnen dreißig Sekunden weniger Zeit zum Garen zu geben und die Jus nochmal zu passieren. Das hätte sie vielleicht spannender und fordernder gemacht, das Gericht aber auch unnötig verkompliziert. Das ist hier aber ganz bewusst nicht der Ansatz.

Ganz im Gegenteil: Sigi Schelling serviert in ihrem Werneckhof Gerichte, wie man sie sich als Gourmet in den kühnsten Träumen in einem Bistro oder einem Wirtshaus vorzustellen wagt, sie dort in der Wirklichkeit aber niemals vorfindet. Auch das Dessert mit Schokoladensoufflé, Kirscheis und einer Art Schokoladen-Cannellono mit Kokos und Rhabarber entpuppte sich erst als Speise eines Spitzenrestaurants, als wir die dichte Schokoladenaromatik, das herrliche Süße-Säure-Spiel des Kirscheises und die beeindruckende Luftigkeit des Schokosoufflés am Gaumen spüren. Obwohl solche Gerichte am Instagram-Zeitalter vorbeigekocht sind, weil man sie optisch kaum von ambitionierter Bistroküche unterscheiden kann, verkörpern sie große Küche wie sie nur von den besten Köchinnen und Köchen aufs Porzellan gebracht werden. Und dass Sigi Schelling eine der besten Köchinnen des Landes ist, steht für uns nunmehr außer Frage.

Xaver's
**Rumfordstr. 35,
80469 München
☎ 0157-71490313
xaver-s.de
◉ Di–So ab 11.30 Uhr durchgehend,
Mo RT
Hauptgericht: 13–29 €**

Dass es in einem heiteren Bayrischen Wirtshaus in der Münchener Innenstadt einen guten Schweinsbraten gibt, ist nicht weiter erstaunlich. Der steht in dem von jungen Gastgebern geführten Xavers, wo auf unkomplizierte Art Tradition und Moderne zusammengebracht wird, ebenfalls auf der Karte. Daneben beweist das Team um Küchenchef Fabian Huber aber auch Gespür für weniger handfeste Kost und überrascht mit schlichten, aber durchaus finessenreichen Gerichten aus konsequent heimischen Produkten, wie attraktiv und zeitgemäß bodenständige Küche sein kann. Hauptzutaten sind Qualität und Frische – dazu kommt grundsolides Handwerk und eine Prise Kreativität.

Hotelempfehlung

★★★★★ S

Hotel Bayerischer Hof
**Promenadeplatz 2—6, 80333 München
☎ 089-21200
www.bayerischerhof.de
Einzelzimmer: 310–395 €
Doppelzimmer: 390–580 €**

Das legendäre Hotel Bayerischer Hof mit Grandhotel-Atmosphäre im Herzen der Landeshauptstadt ist eine Welt für sich. Seit Januar 2014 kann das Haus mit einem neuen Dachgarten im 6. Stock des Hauses aufwarten. Weitere Besonderheiten sind das Premium-Kino „astor@Cinema Lounge" mit 38 Plätzen, der spektakuläre „Blue Spa" über den Dächern

Münchens, der Nightclub mit Live-Programm, sowie insgesamt 5 Restaurants und 6 Bars. Gourmetrestaurant Atelier separat erwähnt.

★★★

Hotel Neumayr
**Heiglhofstr. 18,
81377 München (Großhadern)
☎ 089-7411440
www.hotel-neumayr.de
Einzelzimmer: 80–140 €
Doppelzimmer: 90–200 €**

Das Hotel Neumayr in München-Großhadern, nahe des Klinikums gelegen, gehört zu den beliebtesten Hotels im Münchener Südwesten und wird von der Inhaberfamilie bereits in der dritten Generation geführt. Es liegt sehr ruhig am Rand der Landeshauptstadt und ist durch seine gute Anbindung dennoch ganz zentral: eine Station der Linie U6 befindet sich in Fussreichweite. Die insgesamt 48 gemütlich eingerichteten Zimmer (davon 30 Doppel- und 18 Einzelzimmer) verteilen sich auf zwei Etagen. Bei rechtzeitiger Reservierung hat man die Wahl zwischen zahlreichen Zimmertypen, die den speziellen Bedürfnissen von Familien gerecht werden. Mit einem großen Garten und

Kinderspielplatz ist das Haus ohnehin sehr familienfreundlich. Auch das Kulinarische wird groß geschrieben: Das Restaurant mit der Gemütlichkeit einer typisch bayrischen Gaststube steht unter Leitung von Chefkoch Andreas Neumayr. Restaurant Johannas separat erwähnt.

★★★★

Hotel Torbräu
Tal 41, 80331 München
📞 089-242340
www.torbraeu.de
Einzelzimmer: 123–335 €
Doppelzimmer: 165–497 €

Direkt am Eingang zur Altstadt und in unmittelbarer Nähe zum Marienplatz wartet mit dem Hotel Torbräu, das bereits im Jahr 1490 erstmalig Gäste empfing, ein Haus, das mehr zu bieten hat als eine exzellente Lage und die vermutlich längste Tradition in der Landeshauptstadt. Seit vier Generationen befindet sich das Hotel in den Händen von Familie Kirchlechner, die das historische Haus gekonnt in die Moderne geführt hat. In den unterschiedlichen Zimmern verschiedener Kategorien von Basic bis zur exklusiven Suite steht durchweg eine zeitgemäße Ausstattung inklusive Schallschutzfenstern zur Verfügung. Ein zuvorkommendes Concierge-Team hilft bei der individuellen Gestaltung des Aufenthalts oder der Buchung von Konzerten und Veranstaltungen. Auch für interne Events und Feiern stehen verschiedene Räumlichkeiten zur Verfügung. Und kulinarisch warten neben dem reichhaltigen Frühstück vor allem bei den Kuchen und Torten aus der hauseigenen Konditorei echte Highlights.

Ochsen
Heinrich-Maulick-Str. 2,
74395 Mundelsheim
📞 07143-50204
www.ochsen-in-mundelsheim.de
🕐 Mo u. Do–Sa ab 18 Uhr, So von 12–14 Uhr u. ab 18 Uhr, Di u. Mi RT
Hauptgericht: 20–35 €

Der Gasthof von Familie Kölbl im Weinort Mundelsheim zwischen Ludwigsburg und Heilbronn ist eine sehr zuverlässige Adresse für gute, preiswerte Küche. Christian Kölbl bietet in den beiden ländlich-nostalgischen Gaststuben eine attraktive Mischung aus schwäbischen Traditionsgerichten in tadelloser Machart und einer internationalen Linie aus vorwiegend asiatischen oder orientalischen Aromen und Produkten, für die der junge Chef seit jeher nicht nur ein Faible, sondern auch ein gutes Händchen hat. Und zu allem, was die Küche hier von der klassischen Rinderroulade bis zum Thai-Hühnchen kredenzen lässt, hat der familiäre Service auch entsprechende Weinbegleiter von guten Erzeugern aus der Region parat.

Die Besteck-Symbole

luxuriöses Restaurant mit höchstem Komfort und formvollendetem Service, edler Ausstattung und einer Weinkarte, die höchsten Ansprüchen genügt

elegantes Restaurant mit hohem Komfort und exzellentem Service, sehr gute Ausstattung, hervorragende Weinkarte

gehobenes Restaurant mit gutem Komfort und versiertem Service, umfangreiche Weinkarte

besser ausgestattetes Restaurant mit ordentlichem Service, ausgewählte Weine

schlichtes Restaurant, Gasthof oder Bar

Münster (Nordrhein-Westfalen)

BOK –
Brust oder Keule

Melchersstr. 32,
48149 Münster
☏ 0251-9179656
www.brustoderkeule.de
⊙ Di–Sa ab 18 Uhr, So u. Mo RT
Hauptgericht: 33–39 €,
Menüs: 68–110 €

EC ⊙ VISA ḤṬḤ

Das Personalkarussell dreht sich derzeit auch im ansonsten so beständigen Münster etwas schneller. Und so bescherte die überraschende Schließung des erst in jüngerer Zeit erblühten Gourmetrestaurants Ferment im Hotel Ackermann in Roxel dem „BOK – Brust oder Keule" in Münster City genauso überraschend einen neuen Küchenchef: Laurin Kux, der uns einst schon im Hamburger Jellyfish sehr positiv aufgefallen war und auch nach der Rückkehr in seine Heimatstadt unter dem Dach des Restaurant Ackermann unmittelbar daran anknüpfte, zeichnet nun für die Küche des lässigen Souterrain-Restaurants aus. Das hatte uns zuletzt auch schon unter der Ägide von Küchenchef Manfred Roß sehr gut gefallen, konnte jetzt mit Kux aber nochmal einen Satz nach vorne machen.

Laurin Kux offeriert sein Können hier derzeit in Form zweier Menüs, von denen eines vegetarisch ist – und stellt gleich zu Beginn mit einem warmen, duftigen Laugenbrioche und markanter Sauerkrautbutter klar, dass der Abend sowohl köstlich als auch originell werden wird. Den Eindruck bestätigte im Anschluss unter den drei Apero-Snacks insbesondere der mit Auberginenmousse, einem Sorbet von Radieschen, etwas Rauchaal und zweifach gepulten knackigen Erbsen beladene Knusperchip. Eine

kreative, aber keinesfalls überdrehte Idee, die in erster Linie auf guten Geschmack abzielt.

Der Chef hat ohnehin ein sehr gutes Gespür für Aromen und komponiert stets geschmackssicher. Das Tatar von der gebeizten bretonischen Makrele, das mit Störkaviar, mariniertem Kohlrabi und Gurkenwürfeln getoppt auf einem Sud von fermentierter Gurke angerichtet war, profitierte von der fruchtigen Süße des solo eigentlich zu süßen Sorbets von grünem Apfel und Dill, das ebenfalls auf dem Tatar-Sockel thronte. Aber erst durch diese Süße, die im Zusammenspiel mit den anderen Komponenten auch für eine Vorspeise keinesfalls too much war, konnte hier ein richtig harmonischer Gesamteindruck entstehen.

Ein feines Händchen auch für vegetarische Gerichte bewies der Chef mit seiner sowohl haptisch als auch aromatisch sehr elegant ausbalancierten Kreation um wachsweiches geräuchertes Eigelb, das mit mariniertem weißem Spargel von einer cremigen Pilzmousse und fermentiertem Spargelsud thronte und von Basilikum- und Schnittlauchblüten feine duftige Aromenspitzen verliehen bekam. Das war vollmundig, süffig und doch sehr filigran gezeichnet und differenziert. Hatte viel unkomplizierten Soulfood-Charakter und war dennoch anspruchsvoll und elaboriert.

Laurin Kux weiß aber auch, wann weniger mehr ist. Nicht zu viel machte das Team daher mit der als Produkt bereits hervorragenden Lachsforelle, die nur ganz mild und kurz gebeizt, soft auf Temperatur gebracht und dann auf der Oberseite abgeflämmt wurde und so ihren klaren, frischen Eigengeschmack voll ausspielen konnte, ohne zu naturbelassen zu wirken. Überraschend spannend, weil aromatisch und haptisch sehr gut auf Kante gebracht, präsentierte sich deren Karotten-Eskorte mit knackig-nussigem Karotten-„Salat", einem mit Estragon aromatisierten Eis vom Karottengrün und einem mit Estragonöl marmorierten Karottensud. So macht Karotte definitiv sehr viel Spaß!

Der behutsam und exakt bis zu seinem perfekten Garpunkt confierte Steinbutt thronte auf einem Sockel aus gebratenem Blumenkohl, war mit einem Chip von Blumenkohlcreme und frischen nussigen Nordseekrabben sowie einem röstwürzigen frittierten Krabbenkopf beladen und schwamm in einer straffen Zitronensauce, die von Kaffeeöl einen originellen und sehr stimmigen Akzent verliehen bekam. Kaffee und Blumenkohl funktioniert sowieso per se sehr gut und die anderen Komponenten und Aromen fügten sich ebenfalls zu einem stimmigen Ganzen.

Beim Lamm, dessen Rücken auf einer Scheibe von der geschmorten Lammschulter thronte und von einem kleinen saftigen Paket Kohlrabi, etwas geschmortem Lauch und einer Nocke Kartoffelpüree flankiert wurde, sorgte der herzhaft mit pikanter Merguez aromatisierte Bohnenfond im Zusammenspiel mit einer Mayonnaise von grünem Wacholder für einen tollen Aha-Effekt. Nicht so toll war allerdings die verhältnismäßig dicke und uncharmant massig-zähe Chimichurri-Matte auf dem Lammrücken, die das feine Fleisch zu sehr dominierte, weil sie den Gaumen regelrecht zuschmierte. Da wäre es sinnvoller gewesen, die frische Kräutermelange als eine Art flüssigere Tapenade auf das Fleisch zu pinseln.

Das sollte aber tatsächlich der einzige echte Kritikpunkt innerhalb des beeindruckend akkurat und feinsinnig komponierten (und sehr grazil dimensionierten) Menüs sein, denn auch die Pâtisserie präsentierte sich tadellos. Und sogar sehr originell: zunächst mit einem deutlich schräger klingenden als schmeckenden Vordessert aus Staudensellerie, einer Mousse von Büffelmilch-Camembert, zweierlei Aprikose, einem Hauch karamelliger Dulcey-Schokolade und dem floralen Aroma der Holunderblüte (stark!), dann mit dem eigentlichen Dessert von Himbeere, Mandel und Kokos, zitrisch und herb angespitzt von Limette und Zitronenverbene. Beides mit erfreulich wenig Süße und beides handwerklich feingliedrig umgesetzt.

Das alles wird im modern und aufgeräumt gestalteten Gastraum oder auf der Terrasse von einem jungen, ambitionierten Team aufgetragen, das auch mit gut korrespondierenden Weinen oder Spaß machenden alkoholfreien Getränken kompetent dienlich ist.

Cœur D'Artichaut

Alter Fischmarkt 11a, 48143 Münster
☎ 0251-39582823
www.coeur-dartichaut.de
🕐 Mi–Sa ab 18.30 Uhr, So von 12–14 Uhr, Mo u. Di RT
Menüs: 80–140 €

Es hatte sich schon im vergangenen Jahr abgezeichnet und unsere Vorahnungen sind tatsächlich so eingetreten: Der Bretone Frédéric Morel, der uns schon einst im Hamburger Se7en Oceans mit einem erfreulich eigenständigen Küchenstil sehr positiv aufgefallen war, hat in seinem ersten eigenen Restaurant Cœur D'Artichaut nochmal einen deutlichen Entwicklungsschritt gemacht und es ist ihm gelungen, sein Kulinarium jüngst noch weiter zu verfeinern und zu perfektionieren.

Der Chef hat sein Restaurant natürlich nicht allein an die Spitze von Münster gekocht, er bekam (und bekommt) Unterstützung von einem ungewöhnlich motiviert wirkenden Team. Wie einzigartig das Lokal im Zentrum der Stadt ist, merkt man schon bei der Reservierung – es ist nämlich gar nicht einfach, hier einen Platz zu bekommen – und schließlich beim Empfang. Der geschieht nicht beiläufig, der vollzieht sich hier auf eine fast zeremonielle Weise. Die Gäste sitzen danach ja auch fast wie in einem Theater, immer in Blickweite zur offenen Küche.

Wenn dann der Wagen mit den Aperitifs anrollt – Champagner, Alkoholfreies und mehr –, dann wird bereits fast klar, warum das Lokal oft lange im Voraus ausgebucht ist: So viel Aufmerksamkeit in diesem Moment des Restaurantbesuches ist selten zu finden. Speisen werden vom Küchenchef oder seinen Kollegen detailliert erläutert und auch die Weinberatung ist hier überdurchschnittlich persönlich und profund.

Zunächst kommen natürlich Kleinigkeiten vorab aus der Küche. In unserem Fall beispielsweise eine Zwiebel-Lauch-Komposition bei der die Zwiebeln mit Lauchespuma, Weizencrunch und Zwiebelmayonnaise liiert sind: das ist salzig, cremig, knusprig, dezent säuerlich, also ein sehr animierender Starter. Danach ein Duo aus Sellerietarte mit feinem Sablé-Teigboden, Fichtensprossen und hauchdünnem Fleisch von der Hirschschulter und daneben einem Hamachi-Tatar im dünnen Cornet mit Gurke, Meerrettich und Sesam aromatisiert. Vor allem die Tarte ist überraschend in Zusammenstellung und saftiger Komplexität.

Es folgen als erster regulärer Gang des Menüs rosa Garnelen mit Fenchel und Buttermilch, also ein Produkt, das man in der Spitzengastronomie eher selten findet. Warum eigentlich? Hier sind die Garnelen von Fenchelstücken, einer Garnelenmayonnaise und einem mit Buttermilch zubereiteten Granité umrahmt – Salzigkeit und leichte Süße ergänzen sich ausgezeichnet. Puristischer wirkt die Tranche vom bretonischen Glattbutt mit Dill und Kohlrabi. Der perfekt auf den Punkt gebrachte Fisch kommt in Begleitung eines mit Dill zupackend aromatisierten Suds, knackigen Kohlrabistreifen und Blüten als Deko ansprechend puristisch daher und so profitiert das Gericht von seiner hohen Produktqualität und der ebenso reduzierten wie pointierten Zuarbeit.

Fast noch besser dann sogar die Morcheln à la crème mit Fèves und Kalbsbries: rösch angebratenes Bries, tolle Qualität und perfekt gegart, mit gedünsteten Morcheln erster Güte (Crème fraîche und Madeira spielen hier eine gewichtige Rolle), grünfrisch-knackiger Begleitung von Edamame und Spargel und einem intensiven Sherryschaum liiert. Das ist sehr klassisch, natürlich französisch geprägt und durch seine ausgewogene Süffigkeit und elegante Tiefe einfach rundum schmackhaft. Echtes Soulfood eben!

Der Rücken vom Münsterländer Maibock, der schon vor dem 1. Mai offiziell erlegt werden durfte, ist nicht minder gut gegart und wird mit einem mürben Reh-Pfefferpotthast à part serviert; geräucherte gelbe, weiße und rote Bete sorgen dazu für überraschend viel Frische und die mit Wacholder aromatisierte Jus fügt einen angenehmen Kontrast bei. Man sieht schon: konzeptionell völlig unaufgeregt, aber durch die hohe Qualität der Produkte sowie deren äußerst präzise Zubereitung und gekonnte Zusammenstellung doch irgendwie aufregend.

Und die Pâtisserie lässt im Anschluss daran kein bisschen nach: Es gibt erstklassige Erdbeeren mit Erdnusscrumble, einer mit Curry aromatisierten Ganache und einem Sorbet mit Thai-Basilikum, was zwar insgesamt sehr auf der süßen Seite liegt, aber geschmacklich so vielschichtig und ausgewogen daherkommt, dass es rundum überzeugt. Schließlich folgt der etwas fülliger aufgebaute, nicht weniger durchdachte und in Orange gegarte Chicorée mit einem Nussbuttereis, weißer Schoko-Ganache sowie Brioche-Crumble und der einen würzigen Akzent beisteuernden Lakritz-Tagetes.

Eine konstruktive Anmerkung, die man der Pâtisserie allerdings mit auf den Weg geben könnte, wäre die Überlegung, einen von zwei Dessertgängen dezidiert frischer zu gestalten. Aber das am Rande, denn grundsätzlich ist das alles sehr überzeugend und selbst die süßen Kleinigkeiten fallen begeisternd aus – etwa die Kombination aus Eukalyptus, Himbeere und Algenbaiser, ein Macaron mit Roter Bete oder die Buchweizen-Madeleines.

Was Küchenchef Morel und sein Team hier bieten ist eine hochspannende, sehr eigenständige und auch sehr anspruchsvolle Küche, der man die französische Basis anmerkt. Fast jeder Gang bietet aromatische Kompositionen, die auf positive Art nachdenklich machen und deren Geschmack sich erst nach dem dritten oder vierten Bissen vollständig erschließt. Nach einem Mahl versteht man endgültig, warum die Tische hier so begehrt sind.

Giverny

Spiekerhof 25,
48143 Münster
☎ 0251-511435
www.restaurant-giverny.de
🕐 Di–Sa von 12–14 Uhr u. ab 18 Uhr,
So u. Mo RT
Hauptgericht: 28–40 €,
Menüs: 49–69 €

In dem gehobenen französischen Bistro im Kiepenkerl-Viertel, das von Nadja Zaragoza-Winkler und ihrem Ehemann Jörg Winkler bereits in der zweiten Generation betrieben wird, isst man seit jeher verlässlich gut. Gemeinsam mit ihrem Team um den langjährigen Küchenchef Cyril Courtin, ein gebürtiger Franzose aus der Champagne, lassen sie hier wie eh und je die klassische Küche à la française mit viel Substanz und guten, teils sogar kreativen Ideen auf den Tellern hochleben.

Viele Gerichte im Repertoire sind ganz traditionell, wie etwa die im Ganzen als Vorspeise zubereitete Artischocke, ein Hauptgericht um zart in Rotwein geschmorte Ochsenbäckchen mit Wurzelgemüse und getrüffeltem Kartoffelpüree oder die Marseiller Fischsuppe, die hier stets in sehr ausgewogener Art mit viel Extrakt, natürlicher sämiger Konsistenz und attraktiver, weil frischer und exakt gegarter Fischeinlage daherkommt und zweifellos ein Musterbeispiel ihrer Art ist. Selbstredend stilecht begleitet von Röstbrot und Sauce Rouille.

Es gibt aber immer auch animierend klingende Eigeninterpretationen mit pfiffigen Ideen in der Karte zu finden, die dann ganz ohne modische Verrenkungen und preistreibende handwerkliche Verkünstelungen aufgetischt werden. Beispielhaft sei vom letzten Besuch Zanderfilet mit Kaffeekruste auf Steinpilz-Fregola in Sellerieessenz oder die Variationen der Roten Bete mit Maroni, Meerrettich, Kartoffel und Frischkäse genannt. Die gehobenen Preise sind aufgrund der guten Produkte durchaus gerechtfertigt.

Mit einer Begleitung aus Blumenkohl in verschiedenen Zubereitungen, karamellisierter sowie zu Püree verarbeiteter Ananas und einer recht dezent mit Purple Curry abgeschmeckten Schaumsauce kamen Schwanz und Schere eines kleinen halben Hummers zuletzt auch in leicht exotisch angehauchtem Gewand daher. Und abgesehen von den etwas ungünstigen Proportionen mit sehr wenig, sich schnell auf dem Teller verflüchtigender Sauce und verhältnismäßig viel Ananas, war das ein gelungener, harmonisch ausgewogener Start. Auch wenn der in der Karte ebenfalls annoncierte fermentierte schwarze Knoblauch nicht auf dem Teller auszumachen war…

Diesen vermuteten wir allerdings als Bestandteil eines dezidiert fruchtig gehaltenen Karottenpürees, das sich im Folgenden zusammen mit anderen Komponenten aus verschiedenen Karottenvarietäten als Begleitung zweier qualitativ sehr guter Jakobsmuscheln zusammenfand. Ein nicht nur ansprechend farbenfroh gestalteter, sondern auch geschmacklich vielseiti-

ger Teller, für den die Karotte von ihrem würzigen Grün (Sauce) über erdig bis süß in vielen Facetten aufs Porzellan gebracht wurde. Zwar fanden wir auch hier die Proportionen nicht ganz optimal, denn zwei normalgroßen Coquilles stand hier relativ viel Gemüse gegenüber, was man etwa durch Zugabe einer dritten Muschel oder eben weniger Karotte hätte positiv beeinflussen können. Ansonsten aber war auch das ein ansprechendes Gericht auf knappem 6-Pfannen-Niveau.

Und gegen diese Bewertung sprach auch nicht der Hauptgang, in dessen Zentrum ein klassisch gebratener Hirschrücken eine gute Figur machte. Der war zwar nicht ganz akkurat gleichmäßig gegart, aber dennoch durchgängig saftig und zart. Außerdem überzeugte das Fleisch letztlich mit sehr gutem Eigengeschmack und einer ausgewogen kraftvollen Sauce Grand Veneur, die mit tiefer Würze und balancierender Fruchtigkeit aufwarten konnte. Panierte gebackene und naturell gebratene Schwarwurzeln sowie ein mit Macadamianusscreme montiertes Schwarzwurzelpüree in dem sauber enthäutete Pfeffer-Weintrauben für fruchtig-saftige Momente sorgten, waren dem Wildbret eine adäquate Beilage ohne Schwere und Opulenz – ein dazu empfohlener Cahors mit robuster Tanninstruktur ein würdiger Begleiter im Glas.

Und weil sich auch das Dessert, eine geairbrushte cremig-schaumige Kürbismousse nebst Nussbuttereis, weißer Kürbiskernschokolade und Muscovado-Crubles, die durch Zwetschge genügend Frischemoment zugespielt bekamen, auf einem ähnlichen Niveau bewegte, können wir die zuletzt moderat nach unten korrigierte Bewertung diesmal schon wieder guten Gewissens anheben. Darauf anstoßen kann man hier standesgemäß mit Cremant oder Champagner und die Weinkarte listet auch sonst attraktive Tropfen. Nach glasweisen Weinen fragt man am besten Gastgeber Jörg Winkler, der immer individuelle Empfehlungen parat hat, die gut zu den einzelnen Gerichten passen.

Bezahlkarten-Symbole

- Mastercard
- EC-Maestro
- Diners
- American Express
- **VISA** Visa

Spitzner Restaurant

Königsstr. 42,
48143 Münster
☎ 0251-41441550
spitzner-restaurant.de
◕ Di–Sa von 12–14 Uhr u. ab 18.30 Uhr,
So u. Mo RT
Hauptgericht: 34–49 €,
Menüs: 55–95 €

Das geschmackvoll nostalgische Restaurant im Oer'schen Hof in der Innenstadt von Münster ist ein Hort der französischen Klassik, die hier zwar auf gehobenem und anspruchsvollem Niveau, aber nicht zu steif und elitär dargeboten wird. Was Küchenchef Nikolas Spitzner und sein Team hinter den Mauern des repräsentativen Backsteinbaus als weitestgehend frankophile, ab und an aber auch regionalbetonte klassische Küche auf die Teller bringt, zeichnet sich nicht nur durch eine starke Substanz, sondern bisweilen auch durch Originalität aus. Und durch beachtliche Produktqualitäten!

Der hohe Anspruch an die Viktualien und die grundsolide Basis der Küche wurden auch während unseres diesjährigen Besuchs schon direkt beim sehr guten Brot einer ortsansässigen Bäckerei mit Rillettes vom Kaninchen und Basilikumbutter schmeckbar, während sich eine Art Kräuterbisquit mit Champignons als Apero-Snack durch synthetisches Trüffelaroma quasi selbst disqualifizierte. Alles andere als künstlich schmeckte indes der zweite Küchengruß, eine pochierte „Fines de claire"-Auster mit etwas Pumpernickel, die in ihrer Schale auf einer Mousse von wilder Brunnenkresse serviert wurde.

Das erste echte Ausrufezeichen folgte dann mit der offiziellen Vorspeise des Menüs, einer von schaumig über cremig bis zu knackiger Konsistenz durchdeklinierten Variation vom Kürbis, die von der Produktseite her noch durch eine aus getrocknetem Kürbis gezogene Dashibrühe mit feiner warmer Würze sowie ein paar gerösteten Kürbiskernen und etwas Kürbiskernöl mit nussigen Aromen verstärkt wurde. Als adäquater Süße- und Frischelieferant und zugleich effektvoller Temperaturkontrast diente hier ein säuerliches Sorbet auf Zitronenbasis, das die tonangebenden Aromen von Zitronenthymian und Kreuzkümmel in sich trug. Ein feiner, gut ausbalancierter Start und das erste Indiz für die verdiente Höherstufung der Bewertung.

Eine sehr mild und unaufdringlich geräucherte, behutsam mit Safran aromatisierte Muschelcreme, in die einige qualitativ sehr gute Bouchot-Muscheln eingearbeitet waren, war Star auf dem folgenden Teller, auf dem auch ein klein wenig vom zarten, schmelzigen Innenleben eines verkohlten Lauchs zu finden war, überwiegend aber die ledrig-bittere Hülle, die den anderen Komponenten als Unterlage diente. Das schmeckte, nicht zuletzt auch in Kombination mit dem dazu empfohlenen gut balancierten Langhe Bianco aus 2018 vom Weingut Roagna, richtig gut – sofern man die dunkle Lauchschale links liegen ließ…

Wie zum Ausgleich folgte im Anschluss der Lauch in seiner besten Form, nämlich als zartes und unaufdringlich aromatisches, mit einer hauchdünnen Senfkruste gratiniertes Mittelstück. Doch die eigentlichen Hauptdarsteller auf diesem Teller waren nicht nur eine perfekt auf den Punkt gebratene und mit größter Sorgfalt ringsum nussbuttrig colorierte Glattbutt-Tranche, sondern zu gleichen Teilen auch deren süffige Unterlage, die sich aus kraftvollem kleingewürfeltem Kalbsschwanzragout in reichlich guter Kalbsjus und einer straff säuerlichen Champagner-Hollandaise zusammensetzte, welche sich kongenial ergänzten und gegenseitig hochschaukelten. Auch der kleine Klecks von einem mit reichlich Nussbutter und Zitronensaft aromatisierten Kartoffelpüree fügte sich gut ins Geschehen ein. Top!

Auf ähnlich hohem Niveau präsentierte sich dann auch die Brust vom Schwarzfederhuhn aus der berühmten Zucht von Jean Claude Miéral aus der Bresse, der man allerhöchstens vorwerfen könnte, dass die Fettschicht unter der Haut nicht ganz sorgfältig weggebraten und stellenweise leicht gummihaft war. Aber das wäre in diesem Fall schon jammern auf hohem Niveau. Begleitet von dreierlei feinsüßlichem Mais und einem à la Barigoule herzhaft gefüllten Artischockenboden war auch das ein sehr rundes und ausgewogenes Gericht – leicht und dennoch kraftvoll, wozu auch die balancierte Jus beitrug, die zwar nicht auf Basis von Geflügelkarkassen, sondern aus Kalbsknochen zubereitet war, sich hier aber trotzdem sehr gewinnbringend und nicht zu dominant einfügte. Ganz und gar klassisch und wohlgeraten war auch das Schokoladendessert mit Tarte, Ganache und Sorbet von der Bitterschokolade, die von zweierlei Quitte ausreichend erfrischt und fruchtig aufgelockert, von Piemonteser Haselnüssen zudem knusprig und intensiv nussig akzentuiert wurden. Für stimmige Weinempfehlungen zu allen Gerichten sorgt mit viel ansteckender Begeisterung Restaurantleiter und Sommelier Sebastian Uppena, der hier auf ein individuell und persönlich zusammengestelltes Repertoire aus ganz Europa zurückgreifen kann, daraus treffsicher auswählt und kurzweilig informativ moderiert.

Münstertal (Baden-Württemberg)

Spielweg
Spielweg 61,
79244 Münstertal (Obermünstertal)
☎ 07636-7090
www.spielweg.com
🕑 Täglich von 12–16 Uhr u. ab 18.30 Uhr, kein RT
Hauptgericht: 22–36 €,
Menüs: 49–84 €

Nach dem Generationswechsel im Spielweg hat dieses gastliche Gesamtkunstwerk, das malerisch zwischen hohen Wiesen und dunklem Tann im Münstertal, etwa eine halbe Autostunde südlich von Freiburg liegt, nichts von seinem traditionellen Charme verloren. Atmosphärisch sowieso nicht, aber auch kulinarisch sind die jungen Füchse Kristin und Vicky einfach zu klug und zu stark verwurzelt in ihrem kulinarischen Erbe, um nun plötzlich und unvermittelt alles auf links zu drehen. So blieben einerseits den Gästen liebgewonnene Klassiker im Repertoire und werden aber auch die Novitäten, die nach Vicky Fuchs' Übernahme des Küchenzepters immer stärker zunehmen, sehr behutsam und stimmig ins Repertoire integriert. Ein softer Übergang zu einer mittlerweile deutlich

erkennbaren eigenen Handschrift, die zwar vergleichsweise moderner, kreativer und weltoffener wirkt, aber unverändert auf dem Fundament der groß gewachsenen Traditionen des Hauses basiert. Was bei der Affinität für Wild anfängt und beim hervorragenden hauseigenen Käse noch längst nicht aufhört.

Murnau (Bayern)

Murnauer Reiter
im Hotel Alpenhof Murnau
Ramsachstr. 8,
82418 Murnau
☎ 08841-4910
www.alpenhof-murnau.com
🕑 Täglich von 12–13.30 Uhr u. ab 18 Uhr, kein RT
Hauptgericht: 18–48 €,
Menüs: 48–160 €

Die unterschiedlichen weitläufigen Räumlichkeiten wie das ländlich-elegante Reiterzimmer oder das Panorama-Restaurant, die von mehreren gläsernen Weinklimakammern gesäumt sind, bieten nicht nur sehr viel Platz, sondern auch jenen gehobenen Komfort, den man in einem luxuriösen Hotel dieser Kategorie erwartet. Auch das Kulinarium ist weit von dröger Hotelküche entfernt, basiert zwar auf einem relativ breit gefächerten Portfolio, das möglichst für jeden Geschmack etwas bereithalten muss, verliert sich damit aber nicht in einfallslosen Allerwelts-Gerichten. Die gibt es zwar auch, allerdings mit gehobenem Anspruch an Produkt und Handwerk, daneben aber auch gehobene Kochkunst, die von Klassikern bis zu ambitionierten Eigenkreationen reichen. Dazu wird eine beachtlich gut sortierte und hochklassig bestückte Weinkarte vorgelegt und ambitionierter Service geboten.

Naumburg (Sachsen-Anhalt)

Gasthof Zufriedenheit

Steinweg 26,
6618 Naumburg
☎ 03445-7912051
www.gasthof-zufriedenheit.de
◔ Di–So von 11.30–13.30 Uhr
u. ab 18 Uhr, Mo RT
Hauptgericht: 24–38 €,
Menüs: 48–138 €

Das geschmackvoll zeitgemäß gestaltete und schon von daher nicht ohne Understatement bescheiden „Gasthof" genannte Hotel und Restaurant Zufriedenheit im Herzen der Stadt Naumburg ist und bleibt ein lohnenswertes Ziel im Mittelpunkt des nördlichsten deutschen Weinanbaugebietes Saale-Unstrut. Und zwar nicht nur, um in der Stadt mit dem UNESCO-Weltkulturerbe Naumburger Dom komfortabel zu nächtigen, sondern auch aus kulinarischer Sicht. Denn die Küche von Alexander Frömel, der hier seit Juli 2019 als Küchenchef verantwortlich ist, bewegt sich mit ihrem gehobenen Anspruch an Handwerk, Produkt und Frische ganz klar oberhalb des regionalen Durchschnitts.

Was hier in dem ebenso schick wie schlicht designten Lokal in modernem gehobenem Bistrostil, das quasi Restaurant, Rezeption und Lobby in einem ist, auf die Teller kommt, ist eine zeitgemäße, einfallsreiche Frischeküche, die sich von verschiedensten lokalen Gemüsen über Wild aus thüringischen Wäldern bis zu heimischen Fischen wie dem Saibling oder dem Wels verstärkt der regionalen Produktvielfalt widmet. Allerdings betreibt das Team die kulinarische Heimatpflege nicht dogmatisch und so findet man auch mal einen Seeteufel im Programm, der mit Rote Bete, Macadamianuss und Lakritzaromen umspielt auf schön bissfest-elastischen Tagliatelle liegt.

Oder eben ein von Belper Knolle pfeffrig und schmelzig unterstütztes Carpaccio vom Wagyu-Rind mit Rucola, dem von Yuzu-Creme zitrisch herbe Frische und von Togarashi-Perlen verwegene Würze zuteilwurde. Die Stärken des Teams liegen aber nicht unbedingt in weltumspannender Kreativität, sondern eher in der Solidität, mit der hier gearbeitet wird. So gelingen scheinbar simple Sachen, an die man keine hohen Erwartungen legt, deutlich überzeugender. Zuletzt beispielsweise ein Ceasars Salad in natürlicher und sorgfältiger Machart, bei dem sich das charakteristisch von Parmesan und Knoblauch geprägte Dressing eher leicht (und nicht als dicke Creme) an die knackigen Salatherzen schmiegte. Ergänzt von rustikal knusprig gebratenem Speck und Brioche-Croûtons mit gut passender buttriger Süße, die allerdings fluffig aufgekrosst noch besser gewirkt hätten als in der verwendeten eher durchgetrockneten Form.

Weil sorgfältig gearbeitet wird, gelingt auch ein Feldsalatsüppchen sehr überzeugend, das sauber passiert und mit schön seidig-cremiger Konsistenz sowie überraschend kraftvoll verdichtetem, angenehm herbem Feldsalataroma viel guten Geschmack auf den Teller bringt. Und das mit dem unaufdringlich milden Kokosschaum on top sogar einen ganz originellen Akkord anstimmt. Da fiel auch nicht ins Gewicht, dass die annoncierten Kartoffelcroûtons zumindest in unserem Fall ganz normale Brotcroûtons waren.

So wie bei den getrüffelten Linguine mit Zuckerschoten, jungem Mais und Wilden Kräutern das völlige Fehlen von Trüffelgeschmack gar nicht spielentscheidend war. Denn erstens machten die in eine milde Butter-/Sahnesauce eingelullten bissfest-elastischen Nudeln im Zusammenspiel mit feinstreifig geschnittenen, kurz ansautierten Zuckerschoten, noch leicht knackigen kleinen Maiskolben und vielen verschiedenen sehr frischen und sehr aromatischen Wildkräutern auch so eine gute Figur – und zweitens waren wir letztendlich froh, dass hier nicht versucht wurde, die fehlende Trüffel mit penetrantem Trüffelöl zu kaschieren. So war es nämlich eine natürliche und schmackhafte Sache.

Voll auf der Höhe zeigte sich das Team zuletzt auch beim Hauptgang rund um zartrosa gebratenes Filet vom Thüringer Duroc-Schwein, dünn und nicht zu dominant ummantelt mit Chorizo, deren pikantes Aroma sich auch prägnant in einem luftigen Saucenschaum wiederfand. Aromatisch gut daran anknüpfend ergänzten ein dezent orangenwürziges Kürbisgratin aus hauchdünnen, leicht bissfest gegarten Scheiben und würzige lila Karotten das Gesamtbild, das ebenfalls auf unkompliziert klare Art überzeugte.

Dort, wo sich die Küche wie beim Nachtisch um Waldmeister-Gelee, Basilikumrahm, Zitrusschmand, Fenchel und Staudensellerie besonders kreativ präsentieren will, lauert wieder Fehlerpotential. Jedenfalls hatten wir uns das in jeder Komponente recht zurückhaltend aromatisierte und mit nahezu naturbelassenen Fenchel- und Selleriestücken auch recht spröde anmutende Dessert etwas expressiver und geschmeidiger vorgestellt. Dennoch pendelt sich das Niveau unterm Strich auch in dieser Saison wieder bei soliden 5 Pfannen ein. Und damit ist der Gasthof Zufriedenheit, der neben sehr vielen guten Tropfen aus der Saale-Unstrut-Region und anderen Anbaugebieten auch ein paar alkoholfreie Alternativen jenseits der handelsüblichen Softdrink-Palette zu bieten hat, weiterhin das erste Haus am Platz und in der gesamten Region.

Hotelempfehlung

Hotel Gasthof Zufriedenheit

Steinweg 26, 6618 Naumburg
☎ 03445-7912051
www.gasthof-zufriedenheit.de
Einzelzimmer: ab 105 €
Doppelzimmer: ab 135 €

Im Zentrum des nördlichsten deutschen Weinanbaugebietes Saale-Unstrut und in Laufweite zum UNESCO-Weltkulturerbe Naumburger Dom lädt das stilvolle Hotel und Gasthaus Zufriedenheit in helle, moderne Räume. „Individuell, sachlich, elegant" umschreibt sich das

2017 nach umfassenden Renovierungsarbeiten wiedereröffnete Historikhotel im Herzen Naumburgs sehr treffend selbst. Und individuell ist tatsächlich schon die charmante „Wohnhalle" des von Direktor Matthias Albrecht geführten Hauses, in der Empfang, Lobby, Bar und Restaurant fließend ineinander übergegen. Individuell gestaltet in schnörkellos wohnlichem Stil und zeitgemäß ausgestattet präsentieren sich auch die 15 Zimmer und zwei Suiten, mit feinen natürlichen Stoffen, leichten Daunendecken in Kingsize-Betten, großzügigen Bädern, modernen Flatscreen-TVs und natürlich schnellem WIFI. In Restaurant und Weinstube werden durchgehend große Klassiker und feine Kleinigkeiten serviert. Restaurant Gasthof Zufriedenheit separat erwähnt.

Naurath (Rheinland-Pfalz)

Rüssels Restaurant
in Rüssels Landhaus
Büdlicherbrück 1, 54426 Naurath
☎ 06509-91400
www.ruessels-landhaus.de
⊙ Mo u. Do ab 18.30 Uhr, Fr–So von 12–14 Uhr u. ab 18.30 Uhr, Di u. Mi RT
Hauptgericht: 45–56 €,
Menüs: 135–170 €

Es ist jedes Mal immer wieder ein bisschen überraschend, wenn bei der Fahrt durch ein kleines Seitental der Mosel entlang eines kleinen Baches plötzlich in idyllischer Alleinlage das ländlich-noble Anwesen der Familie Rüssel auftaucht. Das schmucke Landhaus ist auf den ersten Blick sichtbar ein besonderer und einladender Ort. Neben komfortablen Hotelzimmern und sehr persönlichem Service wird hier seit vielen Jahren sowohl im bodenständigeren

Restaurant Hasenpfeffer als auch im nach den Gastgebern benannten Gourmetrestaurant anspruchsvolle, fest in der Region verwurzelte Küche geboten.

Bereits lange bevor Regionalität ein gehypter Trend wurde, war hier die Verwendung lokaler Ressourcen und der Aufbau von Lieferantennetzwerken aus der Umgebung gelebte Selbstverständlichkeit. Entsprechend wird das – wie der gesamte hohe Qualitätsanspruch in allen Bereichen – auch gar nicht an die große Glocke gehängt, sondern fügt sich einfach harmonisch und undogmatisch in das stimmige Gesamtbild ein. Zu diesem gehört auch das ebenso behagliche wie elegante Interieur im Gourmetbereich und die im Sommer auch von der Gourmetküche bespielte idyllische Terrasse. Dort, direkt an einem kleinen Teich mit Blick über Wiesen und Wälder, lässt sich besonders entspannt abschalten und genießen.

Wobei sich das flugs mit einigen akkuraten Kleinigkeiten eingeleitete Menü sowohl draußen als auch drinnen gleichermaßen souverän und spannend gestaltet. Schon die ersten Kostproben sind nicht nur nette Spielerei, sondern warten mit präzisen und intensiven Aromen auf. Etwa bei einer zartcremigen und kräftigen Gänseleber-Halbkugel mit Rieslinggelee und Haselnuss (-Malto), bei knackig gerösteten Langoustino mit Kürbis und blumiger exotischer Würze oder einem Tässchen mit schlank und elegant gehaltenem, ebenfalls leicht orientalisch angehauchtem Kürbissüppchen. Sehr gut war auch der festfleischig-zarte Baliklachs mit Passionsfruchtgel und knackigem gerolltem Fenchelstreifen auf saftigem Couscous, dessen pikante Schärfe und die kleinen süßen Aromenspitzen der Sultaninen direkt von etwas Joghurt abgefedert wurden. Lässig wirkende Präzision auf engem Raum!

Verblüffend zart und filigran wirkte danach die Kombination aus röstig-zartem Pulpo mit Mais, der in verschiedenen Zubereitungen mit wenig Süße, leichten Röstnoten und teils markanter Säure sowie die hier tatsächlich einmal perfekt passenden „grünen" Maisnote von Vogelmiere auf den Teller kam. An diese grüne Aromatik schloss dann auch ein schwebend leichter Majoran-Sud an, der mit dezenter Pfeffrigkeit und Speckwürze den Hintergrund stellte, während eine konzentrierte Sesamcreme dazwischen noch nussig-röstigen Schmelz einbrachte. Nicht zuletzt an derartig aufwendig und komplex aufgebauten Tellern zeigt sich auch, dass das Küchenteam mit Harald Rüssel sowie Sebastian Sander und Harald Rüssels Sohn Maximilian als bestens geschulte Nachwuchstalente trotz sonst allgegenwärtiger

Personalknappheit in der Gastronomie richtig gut aufgestellt ist.

Im Vergleich deutlich ruhiger (allerdings auf kraftvolle Art) und noch produktfokussierter folgte sodann bildhübsch angerichteter, in Mangold gedämpfte Donauwaller, verziert von ausgestochenem Ingwer und Rettich in klarem Dashi-Sud, der durch Zitronenöl eine entscheidende Spur frischer und ätherischer wirkte als klassische Dashi-Varianten. Der einzige weitere Akzent kam von nussig-saftigem Quinoa, der zusammen mit dem Waller im Mangoldblatt gedämpft wurde – und mehr brauchte es auch nicht für eine perfekt balancierte Produktschau. Einziges Manko: mit Fischmesser und Gourmetlöffel waren sowohl das Blattgemüse als auch der Fisch nur schwer akkurat zu portionieren…

Von der (zumindest aromatisch) weiten Welt zurück zu hochfeiner Regionalität ging es bei dem Arrangement aus süffig-zarten Pappardelle und wachsweichem Eigelb, die auf einer saftigen Kaninchensülze angerichtet wurden. Ergänzt von knackigen kleinen Pfifferlingen, gebeizten und geflämmten Scheibchen vom Kaninchenrücken (die vor allem salzige Würze beisteuerten), eingefasst von einem luftigen grünen Wacholder-/Gin-Schaum, war das Gericht prototypisch für die Rüssel'sche Küche, weil hier ein scheinbar erwartbares Geschmacksbild mit originellen und feinsinnigen Details auf Spannung gebracht wurde.

Ebenfalls eher in der Region verwurzelt – und die besondere Passion Harald Rüssels für Wild und die Jagd widerspiegelnd – folgte im Hauptgang eine zartrosa Tranche vom Hirschrücken, ergänzt von feinwürzigen Scheiben aus Zunge und Herz, die zunächst in ein klassisches, erdigdunkles Umfeld aus fermentierten Champignons und Blaubeer-Wildjus gestellt wurde. Dieses wurde aber spannend aufgehellt und durchbrochen von der stärkereichen nussigen Maniokwurzel, die quasi das Tableau für gemüsefruchtige rote Paprikakomponenten, herbe Kräuter und Joghurttupfen bildete. Insgesamt ergab das erneut ein überraschend individuelles und komplexes Gesamtbild auf sehr hohem Niveau.

Und sowohl Individualität als auch hohes Niveau gab es dann auch zum süßen Finale, bei dem in weißem Portwein pochierte Birne und bitter-ätherische Kumquat den fruchtigen Kontrast zu elegant zugespitzten Komponenten von der Milchschokolade gaben. Neben einem luftig gefüllten Moussewürfel mit einem Kern aus Kokosganache stand etwa haselnussige Schokoladencreme mit auf der Kakaoseite, während ein dezent curryblumiges Birneneis auf kühl erfrischende Art das Zentrum der fruchtigen Seite darstellte. Die nicht immer einfache Kombination aus Vollmilchschokolade mit Frucht wurde auf diese Art sehr balanciert und souverän umgesetzt und untermauerte einmal mehr die aktuelle Bewertung.

Zu dieser und dem rundum stimmigen Gesamtbild fügen sich auch der charmant umsorgende Service unter der Leitung von Gastgeberin Ruth Rüssel und die spannenden glasweisen Weinempfehlungen ein, die aus dem klar auf Mosel-Saar-Ruwer fokussierten Sortiment durchweg niveauvolle und teils auch gereifte Tropfen in die Gläser bringen.

Hotelempfehlung

★★★★S

Rüssels Landhaus
Büdlicherbrück 1, 54426 Naurath
☎ 06509-91400
www.landhaus-st-urban.de
Einzelzimmer: 85–130 €
Doppelzimmer: 115–220 €

In einem ruhigen Seitental der Mittelmosel, zwischen Wald und Weinreben, liegt inmitten der Natur die L'art de vivre-Gourmetresidenz Rüssels Landhaus. Hier wurde aus einer alten Mühle ein Refugium des guten Geschmacks geschaffen und zugleich der Charakter und Charme des traditionsreichen Anwesens bewahrt. Die insgesamt 14 Zimmer und Suiten (6 Landhauszimmer und eine Landhaussuite sowie 5 Themenzimmer und 2 Themensuiten) sind mit Liebe zum Detail eingerichtet – jedes Zimmer mit individueller Ausstattung und Bezug zur Region. Regionalität wird in Rüssels Landhaus auch in Sachen Kulinarik groß geschrieben und ist nicht nur ein Lippenbekenntnis: sowohl im modernen Gourmetrestaurant, als auch im Restaurant Hasenpfeffer darf man sich auf eine neue deutsche Küche mit dem

Besten aus der Region, aus Deutschland und dem benachbarten Ausland im Dreiländereck freuen. An Sommertagen sogar auf der idyllischen Sommerterrasse am See. Rüssels Restaurant separat erwähnt.

Geniesser-Restaurant Altmugler Sonne
im Hotel Altmugler Sonne
Altmugl 20,
95698 Neualbenreuth (Altmugl)
☎ 09638-248
www.altmuglersonne.de
◐ Di–So ab 18 Uhr
(Reservierung bis 12 Uhr des selben Tages!), Mo RT
Menüs: 59–119 €

In einer der abgelegensten Ecken des Oberpfälzer Waldes, in die es sonst überwiegend Kurgäste zieht, findet sich mit der Altmugler Sonne der Familie Lemberger bereits seit vielen Jahren auch ein in der kulinarischen Einöde lockendes Genussziel. Denn neben einem bodenständigen Wirtshaus-Programm bietet Johann Lemberger hier auch anspruchsvollere, pointiert-schlichte Gourmetküche.

Und dafür lohnt sich durchaus ein kleiner Umweg! Nur ein ganz spontaner Besuch in dem liebevoll dekorierten Gourmet-Wintergarten der Lembergers wird schwierig, weil bereits bei der Reservierung ein bestimmtes gewünschte Menü-Paket ausgewählt werden muss. Was es tatsächlich gibt, wird dann erst auf der Menükarte am Platz sichtbar, wobei natürlich auf vorab kommunizierte Unverträglichkeiten und Aversionen flexibel Rücksicht genommen wird.

Das sind aber auch die einzigen Hürden, die es zu bewältigen gilt. Ansonsten: Ankommen und zurücklehnen! Denn die unkompliziert pfiffigen Offerten der Küche sind einerseits sehr eingängig, zeigen aber andererseits durchweg einen hohen Qualitätsanspruch und ein sicheres Aromengespür. Erster Anzeiger dafür war beim letzten Mal schon das frischsäuerliche Ceviche vom Hamachi mit Tomatensalat, der dank vollreifer Cocktailtomaten, feiner Zwiebeligkeit und der bitteren Schärfe von rosa Pfeffer auf seine rustikal-zupackende Art Lust auf mehr machte.

Und das gab es dann in Form eines „Krautwickels" vom Waller. Wer dabei aber an deftige Hausmannskost denkt, liegt ziemlich daneben, denn der erste offizielle Gang des Menüs präsentierte eben diesen Krautwickel als kleines Röllchen saftigen Wallers in einem zart angebratenen jungen Wirsingblatt überaus sensibel. Dagegen machte die kunterbunte Umgebung aus cremigen Balsamico-Linsen, gebratener Rosmarin-Aprikose und einem üppigen Bouquet ätherisch-herber Wildkräuter von Pimpinelle über Schafgarbe bis Bronzefenchel schon eher Krawall, wirkte allerdings auf seine etwas rumpelige Art aromatisch ebenso kontraststark wie schlüssig.

Dass Johannes Lemberger grundsätzlich genau weiß, was er macht und auf einer grundsoliden handwerklichen Basis arbeitet, zeigte die samtige Kürbiscremesuppe mit Ingwer und Kernöl, die von einem stattlichen, knusprig-schmelzigen Kalbsbries exklusiv und attraktiv ergänzt wurde. Klar hätte die Suppe auch noch etwas leichter, schaumiger und säurefrischer gestaltet werden können, aber im Grunde war sie, im Zusammenspiel mit dem Bries, auch so bestens gelungen.

Was beim Bries so bravourös gelang, passte beim folgenden Reh leider nur zur Hälfte: die geschmorte Keule nämlich kam zunächst in bester kompakt-saftiger Konsistenz auf den Teller, während der klassisch gebratene Rücken schon ein gutes Stück über den optimalen Garpunkt hinaus war. Dank der guten Qualität des Rehs blieb das Ergebnis dennoch ein überraschend zartes und das Wild hatte sogar nur wenig von seiner Saftigkeit eingebüßt. Mit Roter Bete, Aronia, Süßkartoffel und Steinpilzpolenta ergab sich dazu ein nicht nur originelles, sondern auch gut zwischen herber Frucht und cremiger Fülle abgestimmtes Umfeld.

Gut abgestimmt zeigte sich auch das Dessert, bei dem mit einem zarten Knödel und cremigem Parfait vom Blaumohn intensive nussige Noten klassisch mit feinsäuerlichem Zwetschgenröster kombiniert wurden. Und die von einem pfiffigen Macadamia-/Zitronen-Pesto einen spannend auflockernden Kick bekamen. Diesmal einer der stärksten Eindrücke des Menüs!

Unverändert gut blieben auch diesmal die herzliche, teils fast schon familiäre Atmosphäre und die zuvorkommende Betreuung durch die Gastgeberin sowie die fair kalkulierte kleine Weinkarte in Erinnerung, so dass die Vorfreude auf das nächste Überraschungsmenü schon wieder geweckt ist…

Neuhaus am Rennweg (Thüringen)

Schieferhof
im Boutique Hotel Schieferhof
Eisfelder Str. 26,
98724 Neuhaus am Rennweg
☎ 03679-7740
www.schieferhof.de
◔ Di–Sa ab 17.30 Uhr, So u. Mo RT
Hauptgericht: 18–45 €, Menüs: 35–70 €

Das junggebliebene Restaurant in diesem über 100 Jahre alten Hotel mit Fachwerk und regionaltypischer Schieferfassade ist und bleibt der einzige ambitionierte kulinarische Lichtblick in einer Region, die ansonsten eher für rustikale deftige Küche bekannt ist. Die gibt es im vielleicht schönsten Haus am Rennsteig zwar unter anderem auch, allerdings mit deutlich höherem Anspruch, als in den meisten Lokalen. Dazu passt, dass das Schieferhof-Team mit seiner vom „Slow-Food"-Gedanken getragenen Philosophie auch nicht hinterm Berg hält und die beeindruckende Anzahl engagierter regionaler Produzenten namentlich in der Speisekarte aufführt. Und dass hier nicht nur heimatliche Traditionspflege betrieben wird, sondern in dem überraschend eigenwillig, bunt und etwas schrill designten Lokal, das geschmackvoll alte Bausubstanz (freigestelltes Fachwerk) und amerikanischen Pop-Art-Style zusammenbringt, auch weltoffen und kreativ gekocht wird.

Hotelempfehlung

★★★★

Boutique Hotel Schieferhof

Eisfelder Str. 26,
98724 Neuhaus am Rennweg
☎ 03679-7740
www.schieferhof.de
Einzelzimmer: 85–125 €
Doppelzimmer: 110–180 €

Der Schieferhof liegt 835 m hoch im Thüriger Wald, direkt am Rennsteig. In dem schmucken Boutique Hotel trifft alter Charme auf jungen Geist, trifft ein hundertjähriges verschiefertes Fachwerkhaus auf Design und Thüringer Handwerk. Innenarchitekt Hartmut Wölfer hat das Interieur erschaffen, der Berliner Karikaturist Hans Wunderlich die Andy Warhool nachempfundenen Wanddekorationen und Kati Zorn verführt mit erotischer Porzellankunst in den Nischen. Alle Zimmer sind mit Bad oder Dusche, WC, Haarfön, TV und Telefon ausgestattet. Besonders attraktiv sind die individuellen Themenzimmer. An der Hotelbar kann man neben Bier, Cocktails und Spirituosen auch hochwertige Essige degustieren. Im originell gestalteten Restaurant wird von deftigen Thüringer Spezialitäten bis zu ambitionierter Feinschmeckerküche schmackhaft aufgetischt. Restaurant Schieferhof separat erwähnt.

Le Temple

Saarstr. 2, 54422 Neuhütten
☎ 06503-7669
www.le-temple-du-gourmet.de
◔ Do–Di von 12–14 Uhr u. ab 18 Uhr,
Mi RT
Menüs: 130–165 €

Der moderne dunkle Bau, das durchgestylte Interieur, das schicke Gourmetrestaurant mit französischem Namen – all das wirkt im beschaulich-ländlichen Neuhütten fast schon etwas surreal, hebt sich jedenfalls sehr deutlich von allem ab, was es hier sonst so gibt. Und das lässt sich problemlos auch über die Küche sagen, die im Rahmen zweier unterschiedlicher Menüs klassische französische Eleganz in handwerklicher Präzision und Feinabstimmung auf die Tische bringt und sich damit von der übrigen rustikalen bis gutbürgerlichen Gastronomie der Gegend distanziert. Alles kommt sehr leicht, wohlproportioniert und hübsch angerichtet daher, es wird finessenreich mit (natürlichen) Texturen und Kontrasten gespielt und die durchaus feingliedrig aufgebauten Kompositionen sind immer auch schwelgerisch opulent, neigen aber nie zu erheblicher Schwere. Eben eine intelligent modernisierte klassische Küche. Die Weinkarte ist international gut sortiert und bietet ein gutes Preis-Leistungs-Verhältnis. Im Haus gibt es zudem gepflegte, preiswerte Hotelzimmer.

Neukirch (Baden-Württemberg)

6

Gasthof zum Hirsch

im Hotel Gasthof zum Hirsch
Argenstr. 29,
88099 Neukirch (Goppertsweiler)
07528-1765
www.gasthof-zum-hirsch.com
Mi–Sa ab 18 Uhr, So von 11.30–13.45 Uhr u. ab 18 Uhr, Mo u. Di RT
Hauptgericht: 19–32 €,
Menüs: 27–59 €
EC VISA P

Genau jene Genussziele, bei denen der äußere Anschein oder erste Eindruck nicht unbedingt erahnen lassen, was einen als Besucher erwartet, hinterlassen einen besonders einprägsamen Eindruck, wenn plötzlich überraschend hohes Niveau aufblitzt. Allerdings sind derartige Adressen ziemlich selten. Umso schöner, dass der ländlich-schmucke Hirsch in Goppertsweiler im beschaulichen Bodensee-Hinterland seit über 15 Jahren genau das schafft und mit substanzstarker Frischeküche nicht nur mögliche Erwartungen übertrifft, sondern im Laufe der Zeit das Niveau sogar immer noch ein bisschen steigern konnte.
Mit Artur Frick-Renz steht ein gestandener Chef am Herd, der sehr geschickt bodenständig-rustikale Elemente auf ein gehobenes Niveau zu heben vermag. Und der sein Handwerk nicht nur erkennbar beherrscht, sondern auch schmeckbar mit großer Leidenschaft ausübt. Wer das möglichst eindrücklich erleben möchte, lässt den Chef am besten einfach machen und wählt das fünfgängige Überraschungsmenü. Alternativ stehen aber auch ein weiteres Menü, eine vegetarische Variante oder verschiedene Gerichte à la carte zur Auswahl. Man sieht schon: hier wird alles in den Dienst des Gastes gestellt.
Beim letzten Besuch stimmte das Team zunächst ebenso pfiffig wie ansprechend rustikal mit einem Röstbrotchip nebst pikanter Avocadocreme und eingelegter Zwiebel, einem saftigen Kartoffelkuchen mit Paprikamayonnaise und einem in barbecuewürzigen Karottenstreifen gegrillten Schafskäsewürfel nebst hausgemachtem Ketchup auf das Menü ein – alles zupackend und stimmig, wenn auch auf eher gröbere Art.
Zwar ebenfalls zupackend, aber in deutlich eleganterer Façon, startete das letzte Menü mit einer klassischen speckummantelten Terrine aus ungestopfter Entenleber, eher luftig gehalten, was den sonst leicht derben Charakter der Leber gekonnt zähmte. Außerdem lieferte hier ein feinsäuerliches Rhabarber-/Apfel-Confit gemeinsam mit glasiertem Rhabarber und einer gebratenen Apfelspalte einen gut balancierten Kontrast, so dass ein ausgewogenes Geschmacksbild entstehen konnte. Der gleiche gekonnte Purismus prägte auch die folgende tiefgründige Rinderconsomée, die bei aller Kraft mit einem Hauch Säure und einer subtilen Calvadosnote gemeinsam mit bissfesten weißen Spargelstücken, zartem Rindfleisch und Thymianblüten allerbestes Handwerk repräsentierte.
Weniger reduziert, aber durch einen souveränen Umgang mit Rustikalität geprägt, war der mit „Zwiebelmett" (aus faschiertem Reh und Kalb) gefüllte Rehrücken, der neben diesem kräftigen Kern ein eher herbfrisches Fichtensprossenpesto als Topping und mit fermentierten Radieschen und grünteigigen sowie mit einer wildgrünen Mischung aus Spinat und Brennnessel gefüllten Ravioli reizvoll kantige, natürlich-herbe Begleiter zur Seite bekam. Und damit präsentierte das Team auch direkt das Highlight des letzten Besuchs, der ansonsten mit den etwas schlichteren Tellern nicht ganz an das Niveau der vorherigen Eindrücke anschließen konnte.
Wobei auch das Dessert aus einem karamellisiert-knusprigen Millesfeuilles mit luftiger Ricottafüllung, glasierten Erdbeeren und einem üppig duftigen Waldmeister-Milcheis die beibehaltene hohe Bewertung vollauf verdiente. Zudem sind die vom Bodensee bis in die Nachbarländer gut aufgestellte und sehr fair kalkulierte Weinkarte sowie der beinahe familiär-herzliche Service der Gastgeberin, die in den gepflegten ländlich-eleganten Gasträumen für

eine entspannte, angenehme Atmosphäre sorgt, weitere gute Gründe, hier einzukehren. Und so freuen auch wir uns schon jetzt auf den nächsten Abstecher nach Goppertsweiler.

Hotelempfehlung

Hotel Gasthof zum Hirsch

Argenstr. 29,
88099 Neukirch (Goppertsweiler)
📞 07528-1765
gasthof-zum-hirsch.com/
Einzelzimmer: ab 70 €
Doppelzimmer: ab 90 €

Das gemütliche Gasthaus von Familie Frick-Renz liegt mitten im Grünen zwischen Allgäu und Bodensee in dem kleinen Dorf Goppertsweiler und ist der ideale Ort, um zu entspannen und die Seele baumeln zu lassen. Ob auf der Sonnenterrasse, im Garten, bei einem Spaziergang an der Argen oder mit einem Buch in der Bibliothek des Hotels. Die in hellen Farben gehaltenen heimeligen Nichtraucherzimmer sind mit Flachbildfernseher, Radio und eigenem Bad mit Dusche ausgestattet. Einige Zimmer verfügen über ein Sofa, alle über kostenloses WLAN. Für gute Laune zum Start in den Tag sorgt das hausgemachte Frühstück und am Abend begeistert die bodenständige Gourmetküche des Restaurants. Eine Besonderheit des Hotels ist die Kochschule von Artur Frick-Renz, in der Gäste unter dessen Anleitung selbst ein mehrgängiges Menü kreieren dürfen. Das Gasthaus ist der ideale Startpunkt für viele Ausflüge, Aktivitäten und Besuche rund ums Allgäu und den Bodensee. Attraktionen sind zum Beispiel die Insel Mainau, die Bregenzer Festspiele und das Schloss Achberg. Restaurant Gasthof zum Hirsch separat erwähnt.

Alte Pfarrey

Untergasse 54, 67271 Neuleiningen
📞 06359-86066
www.altepfarrey.de
⊘ Di–Do ab 18.30 Uhr, Fr u. Sa von 12–13.30 Uhr u. ab 18.30 Uhr, So u. Mo RT
Menüs: 89–154 €

Die Alte Pfarrey ist eines von mehreren gut erhaltenen Fachwerkhäusern mit Erkern aus dem 16. und 17. Jahrhundert, wie sie das malerische Ortsbild Neuleiningens mit seinen engen Gassen an vielen Ecken prägen. In Verbindung mit der grandiosen Aussicht auf Rheinebene und Bergstraße fühlt man sich hier im Sommer beinahe wie irgendwo in mediterranen Gefilden und die Pfalz wird ihrem Ruf als die Toskana Deutschlands mehr als gerecht. So sitzt man dann auch auf der Terrasse im Innenhof dieses Kleinods besonders schön, aber selbst der luftige, lichtdurchflutete Gastraum mit Blick auf historisches Gemäuer, das am Abend effektvoll illuminiert ist, hat was.

Die Küche von Silvio Lange, der hier seit einigen Jahren sehr beständig als Gastgeber und Küchenchef verantwortlich zeichnet, ist seit jeher eher gegenständlich als besonders kunstvoll verschnörkelt und wirkt im Gesamtbild eher etwas gröber als akkurat feingeschliffen. Doch sie hat gegenüber so manchen Darbietungen fein ziseliert arbeitender Kolleginnen und Kollegen, die oft besser aussehen, als sie schmecken, auch den klaren Vorteil, dass sie eben besser schmecken, als sie aussehen. Manchmal wirkt das fast schon ein bisschen wie altmeisterliche Überlegenheit, dabei ist Silvio Lange noch ein verhältnismäßig junger Mann.

Seine Gerichte leben einfach von guten, sorgfältig behandelten Produkten und harmonischem Geschmack, was schon bei den schmackhaften Kleinigkeiten zum Aperitif deutlich wird, aber noch mehr beim Amuse-Bouche, einer soft temperierten Saiblingstranche, die saftig und zart mit etwas Spinat, einer kleinen Nocke Safranschalotten und einer leichten, luftig aufgeschäumten Beurre blanc, ganz unspektakulär in einem kleinen Schälchen serviert wurde. Da ist alles auf dem Punkt und jede Komponente schmeckt sehr schön klar und deutlich nach dem, was es ist.

Das soll aber nicht heißen, dass der Chef der Alten Pfarrey nicht auch fürs Auge anrichtet. Das Fünferlei von der Gänseleber mit Erdbeere beispielsweise kam schon als adrette Präsentation daher, aber halt nicht mit maximalem Aufwand und in absoluter Präzision. Dass es sich hierbei trotz der Kombination mit Erdbeere nicht um ein vorgezogenes Dessert gehandelt hat, lag an der klugen Proportionierung, so dass die nur als Akzente eingesetzten Erdbeer-Komponenten gegenüber denen der Leber deutlich weniger in den Vordergrund spielten. Mousse in dünner Ruby-Schokoladenhülle, Terrine mit Erdbeergelee-Banderole, Parfait mit Erdbeerchip oder gebratene Leber auf einem Klecks Erdbeerkonfit waren also viel mehr Foie gras als Frucht und somit ein sehr guter Einstieg.

Sehr ansprechend präsentierte sich auch die Qualität der gebratenen Jakobsmuscheln, die mit etwas knackigem wildem Brokkoli auf einer Creme desselben platziert und von duftigem Holunderblütenschaum umgeben waren. Zwischen das Nussig-Vegetabile des Stengelkohls und das Florale der Schaumsauce fügten sich die zitrischen Spitzen eines Kalamansigels frisch und auflockernd ein – genau wie auf der texturellen Seite die knusprig gepoppten Jasminreiskörner immer wieder angenehme Kontrapunkte aufploppen ließen.

Als Komposition noch schlichter, deshalb aber nicht minder ansprechend, präsentierte sich die in mundgerechte Scheiben tranchierte Riesengarnele vom Format „U5": glasig, knackig und von hummerartiger Festfleischigkeit lagen sie – mit etwas Piement d'Espelette pikant angehaucht – in einer Krustentierschaumsuppe mit dem signifikanten Aroma von Estragon.

Obwohl thematisch eigentlich sehr pointiert, wirkte die Komposition um eine leicht abgeflämmte und ansonsten in Sachen Garung und Würzung optimal auf den Punkt gebrachte Schnitte vom Steinbutt irgendwie doch ein klein wenig zergliedert. Was vielleicht mit der Optik, aber sicher auch mit den sehr unterschiedlichen Karotten-Komponenten zu tun hatte, die da von knackigem Salat mit an Fermentation erinnernder Säure bis zur nussigen Urkarottencreme auf einem mit Safran abgeschmeckten Karottensud angerichtet waren. Interessant und schmackhaft war das dennoch ohne Frage.

Ganz hervorragend fanden wir das Reh im Hauptgang. Nicht nur deshalb, weil Silvio Lange mit den beiden großzügig bemessenen Stücken vom Rücken mit Saft, Kraft und Biss alle Sous-Vide-Pfuscher mit ihren ausdruckslosen, matschig mürben Darbietungen souverän in die Schranken verweisen konnte, sondern auch, weil das Fleisch mit dem Drumherum aus Blattpetersilie und Petersilienwurzel nebst Cassisgel und einer subtil mit Five Spice gewürzten und auch sonst nicht zu intensiven Wildjus überhaupt ein attraktives sommerliches Wildbret ergab.

Auch das Dessert mit seinen handwerklich tadellos umgesetzten und gut ausgewogenen Komponenten von Passionsfrucht, Ananas und mitteldunkler Valrhona-Schokolade (Sorbet, Mousse, cremiger Quader mit Schokoladenüberzug...) ließ keinen Zweifel an der hohen Bewertung. Zu alldem liefert die vor allem (aber längst nicht nur) bei deutschen Weinen sehr gut sortierte und nach Rebsorten sowie Große Gewächse gegliederte Weinkarte genügend anspruchsvollen Stoff fürs Glas.

H'manns

🔥 5 / 🍴🍴

Am Goldberg 2,
67271 Neuleiningen
📞 06359-5341
www.hmanns.de
🕐 Mi–Sa ab 18 Uhr, So ab 16 Uhr,
Mo u. Di RT
Hauptgericht: 23–58 €, Menüs: 52–89 €

EC ⬤⬤ VISA P 🏧

Malerisch und direkt am Ortseingang von Neuleiningen, unterhalb der markanten Burg gelegen, bietet das hübsche Domizil der Hegmanns mit seinem unverstellten Ausblick bis hin zur Bergstraße einen wirklich ausgesprochen einladenden Platz zum Genießen. Besonders idyllisch ist das auf der sonnigen Terrasse möglich, genauso aber auch im hellen freundlichen Gastraum mit seinem schlicht eleganten Mobiliar und dem rustikalen Holzofen. Natürlich ist ein schöner Platz allein aber nur wenig wert, und deshalb ist es umso erfreulicher, dass Küchenchefin Chris Brigitte und Gastgeber Andreas Hegmann auch mit ihrer unkompliziert-einfallsreichen Küche und einer beachtenswerten, engagiert gepflegten Weinkarte viel zu bieten haben.

In der liebevoll gestalteten Speisekarte zeigt bereits die genaue Herkunftsbeschreibung der Hauptprodukte von beinahe jedem Gericht, mit welchem Anspruch die Chefin einkauft und arbeitet. Wildgefangene Fische und Meeresfrüchte werden dabei mit dem gleichen Stolz präsentiert wie Bio-Eier und Tomaten vom Demeter-Hof aus dem benachbarten Altleiningen – und geben auch gleich einen Hinweis auf das Konzept der Küche, das sich konsequent an Produktqualitäten orientiert, offen dafür, wo diese jeweils bestmöglich zu bekommen sind. Und damit ist tatsächlich ein erfreulich hohes Produktniveau garantiert, das vom hausgebackenen Sauerteig-Brot zu Beginn bis zu den vollreifen Beeren und Früchten in den Desserts reicht.

Immer Donnerstags bietet ein Tapas-Menü mit schlichten pointierten Kleinigkeiten eine gute Möglichkeit, sich einen Eindruck vom Konzept und Niveau der Küche zu machen, während an den anderen Öffnungstagen ein Menü mit ebenfalls eher reduzierten Gerichten geboten wird, das sich im Anspruch nicht wesentlich unterscheidet, aber den einen oder anderen pfiffigen Akzent mehr integriert.

So überzeugen bei den Tapas beispielsweise ein lauwarmer Gemüsesalat mit eigenaromatischen bittergrünen und eher fruchtigen Sorten, teils mit leichten Röstnoten und von hochwertigem Öl und Kräuterwürze geprägt, oder ein dank ausgezeichneter Produktqualität frisch und klararomatisch wirkendes, nur von winzigen knackigen Karotten- und Selleriewürfelchen ergänztes Oktopuscarpaccio, während im Menü dann ein cremig gebundenes Saiblingstatar mit sommerlichem Gemüsesalat und dünnen krossen Rösti kombiniert wird.

Manche Tapas liegen vom Niveau her gar nicht weit weg von den Menügerichten. Etwa die hervorragende Garnele (knackig-zart und reinaromatisch), deren ätherisch-pfeffrige Würze einen markanten Kontrast zu einem milden Salat aus hauchdünn geschnittenem Fenchel und Fenchelgrün setzte. Oder die kräftig angerösteten Jakobsmuscheln mit ebenfalls rösch-zarten Shiitake-Streifen und Petersilie, die voll auf maximal ausgereizte Maillard-Aromen abgestellt waren, diese aber nicht überstrapaziert oder gar bitter, sondern perfekt auf dem Punkt und nur von Salz und einen Säurehauch ergänzt, transportierten.

Auch ein scheinbar schlichtes, aber mit feiner Weinsäure, cremig fließender Konsistenz und feinbitterem weißen Spargel trotzdem nobles und vor allem handwerklich ausgezeichnetes Risotto zeigte, dass die Küche vor allem in den einfachen, aber dafür perfekt umgesetzten Komponenten ihre größten Stärken ausspielt. Und davon profitieren auch Gerichte wie der unter saftiger Pilzkruste rosa gebratene Färsen-Rücken mit Thymianpolenta und Kräutersaitlingen ganz wesentlich.

Der unaufgeregte, darin aber sehr starke Stil, zieht sich durch bis zu den Desserts und überzeugt auch dort, sei es bei einer gefrorenen Champagnersabayon mit Himbeeren und flaumigen kleinen Topfenknödeln oder bei saftigem Schokoladenkuchen und vollfruchtigem Erdbeersorbet. Gemeinsam mit der in Breite und Tiefe bestens aufgestellten Weinkarte, die renommierte Pfälzer Erzeuger genauso umfasst wie regelmäßig besonders gepushte Newcomer, entsteht so ein rundum stimmiges Gesamtbild für „Dolce Vita" in der Pfalz.

Neunburg v. Wald (Bayern)

Eisvogel
im Hotel Der Birkenhof Spa & Genuss Resort
Hofenstetten 55,
92431 Neunburg v. Wald (Hofenstetten)
☎ 09439-9500
www.landhotel-birkenhof.de
⏱ Di–Sa ab 18.30 Uhr, So u. Mo RT
Hauptgericht: 40 €, Menüs: 80–138 €

Eine so eindrucksvolle Entwicklung vom eher beschaulichen Landhotel hin zum exklusiven SPA- und Genussresort, wie sie in der vergangenen Dekade der Birkenhof von Familie Oberndorfer genommen hat, ist höchst selten.

Dem mittlerweile tatsächlich zu einem weitläufigen Hideaway im sanften Oberpfälzer Hügelland gewachsenen Haus merkt man die Freude der Gastgeber am Bauen und Gestalten auf bis ins letzte Detail stilvolle Art und Weise an. Und durch die immer neuen Projekte zur Erweiterung und Optimierung des Angebotes wird jeder Besuch aufs Neue spannend.

Das gilt aber genauso auch für die Besuche im Eisvogel, dem entspannt-eleganten Gourmetrestaurant des Hauses, das mit seiner halbrunden Form, dem markanten begehbaren Weinschrank im Zentrum und einem weiten Blick übers Land seit vielen Jahren zu den Top-Adressen der (großräumigen) Region zählt und sich dabei, genau wie das gesamte Hotel, kontinuierlich weiterentwickelt und immer noch ein Stück verbessert hat. Nachdem bereits beim letzten Besuch die Einflüsse von Juniorchef Sebastian Oberndorfer, einen der Söhne des Gastgebers, verstärkt erkennbar waren, hat dieser nun auch ganz offiziell das Küchenzepter von Hubert Oberndorfer übernommen.

Dass dabei gar nicht viel schiefgehen konnte, war eigentlich schon allein aufgrund des lang vorbereiteten Übergangs klar. Und tatsächlich, soviel schon vorab: Das Team kann auch unter neuer Leitung das bisherige Niveau nicht nur bestätigen, sondern auch den Trend zu noch exakteren und teils moderneren Gerichten fortsetzen – ohne allerdings an irgendeiner Stelle ungestüm übers Ziel hinauszuschießen, wie es sonst oft ohne solch lang gewachsene Strukturen im Hintergrund der Fall ist.

Schon die ersten kleinen Snacks waren beim letzten Besuch zwar durchweg filigran und markant gearbeitet, dabei aber aromatisch insgesamt noch klug zurückhaltend, um Luft nach oben zu lassen. Insbesondere etwa ein in Panko gebackener Pastrami-Stick mit subtil einsetzender warmer Schärfe und keck kitzelnder hellfruchtiger Säure durch die obenauf applizierte Creme, machte im Aufwärmprogramm sehr gekonnt Lust auf mehr.

In der gleichen Zurückhaltung, dabei aber schon auf einem beachtlichen Niveau, übte sich das Team auch bei dem roh angerichteten Wagyu-Beef (mit hoher Gradierung), das in einem ganz zart verwobenen Aromengeflecht aus röstig-nussigen Nuancen, floral-ätherischen Noten von Korianderblüten und zart knackigem Biss durch Lauchzwiebel, Salat-Juliennes und Enokipilze angerichtet wurde. So, dass vor allem der satt aromatische, schmelzige Charakter des Wagyu-Rindfleischs wunderbar klar herausgestellt wurde.

Zwei makellose, knackig-zart gegarte und subtil zitrusaromatische Spargelstangen wurden im ersten offiziellen Gang mit luftiger Burrata-Mousse, gerösteter Mandel und confierter Zitronenschale belegt und in den Kontrast zwischen einem prägnant ätherisch-frischen Zitrusgel und einem gründuftig-würzigen Mojo-Verde-Sud gestellt. Verbindenden Schmelz und weitere Säuregrade lieferte der Komposition ein Dot aus schaumiger Hollandaise, der diesen gelungenen Frühlingsgruß gekonnt abrundete.

Beinahe noch zarter und feingliedriger wurde danach der in hauchdünnen Scheiben als Tableau für reichlich Imperial Gold Kaviar angerichtete Hamachi eingefasst: Dieser fand mit einem duftig-kräutrigen Kokos-Dashi, cremigen kalten Reiskreisen (als aromatisch milder Puffer), kandierter Alge und geeisten Buttermilch-Perlen zu einem jodig-leichtfüßigen Auftritt, bei dem zwar weniger der Hamachi selbst herausgestellt, dafür aber das fernöstlich angehauchte Meeresthema gekonnt interpretiert wurde.

Zeit für mehr Aromenpower! Und die gab es dann auch direkt mit einem kreativ mutigen Arrangement rund um einen perfekt knackigzarten Tiefsee-Carabinero in einem Mantel aus Mohn und (vermutlich) Erdbeerkernöl. Auf jeden Fall bauten das duftig-fruchtige Noten eine gelungene Brücke zu den gebraten und cremig servierten Stachelannonen und auch zu einem Tomatensalat à la „Pico de Gallo", also mit mutiger Chili-Schärfe, forcierter (beinahe kratziger) Säure und feiner Zwiebelwürze. Das ging aromatisch ziemlich in die Vollen und erinnerte mich an dem extremen Spiel aus Schärfe und Säure beinahe an Tim Raue, ergab aber fraglos ein dynamisches, spannungsgeladenes Umfeld für das feine Krustentier.

Eines der Highlights des Menüs folgte dann mit dem festfleischigen und zugleich geschmeidig-zarten Saibling, der gemeinsam mit lockerem, dezent fruchtig-warmwürzigem Couscous in einem klaren, leicht gebundenen Tomaten-Safranfond angerichtet und von gerösteten Poweraden und einem frischen, feinstreifigen Poweraden-Salat mit nussiger Bitterkeit und Säure ergänzt wurde – und auf diese aufgeräumte, aromatisch transparente Art locker 9- Pfannen-Niveau erreichte!

Kaum weniger gelungen wirkte im Hauptgang der straffe rosa Lammrücken mit krosser Kruste über einer hocharomatisch schmelzenden Fettschicht, der eigentlich recht traditionell-mediterran in Kombination mit einer Auberginencreme mit zarten dunklen Noten, schwarzer Olive, einem konzentriert feingemixten Bärlauchpesto und einer würzig-eleganten Lammjus auf den Teller kam. Durch die exakten Details und Specials wie beispielsweise die begleitenden Pistazien-„Falafel" und die Präzision auch in den rustikaleren Akzenten, bot das auf kraftvolle Art aber ebenfalls sehr hohes Niveau und Originalität.

Apropos: Den Sonderpreis für die originellste Optik bekam ganz ohne Zweifel der als hellgelbe Lochkäse-Imitation servierte Cheesecake mit ausgesprochen zart-luftiger Frischkäsemousse über einem relativ dicken Crumble-Boden, der zwar als „Cheesecake" in dieser Form nicht allzu nah am originalen Charakter lag, dafür aber mit einer nussig-feinwürzigen Emulsion aus Mandel und Johannisbeerholz und verschiedenen säurefrischen Granny-Smith-Komponenten ein gelungenes Spannungsfeld aufbaute.

Damit lag der süße Abschluss bei dem nur leicht schwankenden Menü nicht bei den stärksten Eindrücken, zeigte aber zugleich, dass es tatsächlich nur minimale Feinabstimmungen bräuchte, um voll aufs 9-Pfannen-Niveau aufzusteigen. Das junge, perfekt koordinierte Serviceteam um den neuen Maître Christopher Pech würde dann sicherlich immer noch genau so eine gute Figur machen, wie jetzt schon – inklusive charmanter Präsenz, humorvollen Plaudereien und kompetenten Weinempfehlungen. Letztere bieten eine gute Mischung zwischen spannenden einfacheren Weinen und großen Gewächsen. Und wer gezielt einen bestimmten Stil oder ein bestimmtes Niveau ins Glas bringen will, wird ganz sicher in dem gut sortierten Wein-iPad fündig.

Turmstube
im Hotel Der Birkenhof
Spa & Genuss Resort
Hofenstetten 55,
92431 Neunburg v. Wald (Hofenstetten)
📞 **09439-9500**
www.landhotel-birkenhof.de
🕐 **Täglich von 12–14 Uhr u. ab 18.30 Uhr, kein RT**
Hauptgericht: 16–23 €, Menüs: 29–40 €

EC ⬤ VISA P ᴴᴴᴴ ⊠ ♿

Ganz gleich ob zum luxuriös vielfältigen Frühstück, stattdessen gleich zum Lunch, oder aber zum ausgiebigen Dinner: die Turmstube im Spa & Genuss Resort Der Birkenhof ist sowohl für Hausgäste als auch für externe Besucher der Genuss-Anlaufpunkt für jeden Tag und jede Zeit im Birkenhof. Was andernorts in dieser Form schnell zum beliebigen Hotelrestaurant verkommt, zeigt im Hause Obendorfer stattdessen den gleichen hohen Anspruch, der das gesamte Haus prägt und kulinarisch unter anderem dazu geführt hat, dass das Team um Hubert und Sebastian Obendorfer im Gourmetrestaurant Eisvogel über die Jahre immer noch ein bisschen besser geworden ist.

„Gourmet" ist hier in der Turmstube mit ihrem hellen, gemütlich-eleganten Ambiente zwar gar nicht dezidiert der Anspruch, allerdings bewegt sich die Küche so souverän zwischen fein ausgeführten Traditionsgerichten und etwas kreativer-ambitionierten Offerten, dass viele Gerichte dieses Prädikat durchaus verdienen. Grundsätzlich unkompliziert, aber doch pfiffig und mit dem einen oder anderen markanten Akzent, wird hier in Sachen Produkt und Handwerk ein überdurchschnittliches Level geboten, zugleich aber gekonnt dafür gesorgt, dass auch erfahrene Genießer keine Langeweile fürchten müssen.

Ein perfektes Beispiel dafür lieferte zuletzt bereits das zarte Thunfisch-Pastrami, das neben einer zartwürzigen Rauchnote auch dem Thunfisch selbst noch Raum zur Entfaltung ließ und mit einem sesamnussigen Wakame-Algensalat, würzigen Sprossen und dezent wasabischarfen Cremetupfen gut balancierte zupackende Begleiter an die Seite gestellt bekam.

Ähnlich aufgebaut, nur in gröberen Proportionen und mit zurückhaltenden Aromen, kam ein mit Radieschen, Apfel und Gartenkresse aufgefrischter (ansonsten aber sehr milder) Kalbstafelspitzsalat nebst knackigen dünneren Spargelscheiben, zarten Spargelspitzen und einer Kürbiskern-Mayonnaise an den Tisch. Die feinen Bitternoten des Spargels, gemeinsam mit den nussigen Kürbiskernen und zarten Säurespitzen, gaben dem Ganzen dann auch wesentlich aromatische Struktur und sogar ein bisschen Spannung.

Dagegen ging das Team bei der gebratenen Dorade wieder mehr in die Vollen, schon allein durch die markanten Röstnoten der knusprigen Haut auf dem zwar recht weit gegarten, aber dennoch saftigen Filet. Dazu brachte ein luftiger Raz-El-Hanout-Schaum einen wichtigen Frischehauch und markante pikante Würze, die sich in etwas Bulgur unter der Dorade abgemildert fortsetzte. Das ebenfalls begleitende Süßkartoffelpüree mit gegrillter Avocado fügte sich zwar grundsätzlich als mildere cremige Komponente stimmig ein, sorgte in seinen üppigen Dimensionen aber auch für ein etwas breiteres und rustikaleres Gesamtbild.

Der Crème brûlée zum Abschluss fehlte leider etwas Zeit zum Durchkühlen, so war es eher eine lauwarme karamellisierte Creme. Dafür brachte das clever angerichtete Topping aus Zitruskaramell-Chips, gebrannten Ananasscheiben, Ingwergel und Grapefruitsorbet ordentlich Schwung ins Dessert und war gut zwischen Frucht, Frische und feiner Schärfe balanciert.

In der Weinkarte finden sich lohnende Basisweine auch im offenen Ausschank, flaschenweise auch die eine oder andere anspruchsvollere Entdeckung. Bei Interesse kann aber jederzeit auch der enorme Fundus des Eisvogel-Weinsortiments genutzt werden. Einfach fragen, denn das ebenso präsente wie charmante Serviceteam hilft so kompetent wie auch in allen anderen Belangen.

Hotelempfehlung

★★★★ S

Der Birkenhof Spa & Genuss Resort

Hofenstetten 55,
92431 Neunburg v. Wald (Hofenstetten)
☎ 09439-9500
www.landhotel-birkenhof.de
Einzelzimmer: 87–97 €
Doppelzimmer: 147–187 €

Das von der Familie Obendorfer mit viel Engagement geführte Landhotel liegt in einem sanften Seen- und Hügelland in der Oberpfalz. In den letzten Jahren hat sich das Haus stetig weiterentwickelt und ist längst zum eleganten, komfortablen Genießerhotel avanciert. Ob in den Landhauszimmern oder den Suiten in modernem Design: alle Räume bieten höchsten Komfort und wurden unter Verwendung natürlicher Materialien mit viel Liebe zum Detail eingerichtet. Ein Highlight ist der 2000 m² große SPA-Bereich mit Innenpool (mit Wasserfall), Whirlpool, Außenpool, Panorama-Sauna, Finischer Sauna, Tepidarium, Laconium, Dampfbad, Infrarotkabine, Erlebnisduschwelt, Eisbrunnen u. v. m. 2014 entstand zudem ein Neubau mit Beautycenter, Tiefgarage und 9 weiteren Suiten. Restaurants Turmstube und Eisvogel separat erwähnt.

Villa Medici

Zweibrückerstr. 86,
66538 Neunkirchen
📞 06821-6361888
www.neunkirchen-villamedici.de
◷ Di–Fr von 12–14 Uhr u. ab 18 Uhr,
Sa ab 18 Uhr, So u. Mo RT
Hauptgericht: 29–42 €,
Menüs: 39–59 €

EC ⬤ VISA P ⬛ ✗

Das Ambiente der nur einen Steinwurf von der Autobahn gelegenen Jugendstilvilla erinnert tatsächlich schon von außen an den Prunk der einflussreichen italienischen Dynastie und setzt dies auch im Innenbereich fort: Patinierte Holzböden kontrastieren die hohen Stuckdecken und die teilweise freigelegten Backsteinmauern sowie das elegante Mobiliar fügen sich nahtlos ins stimmige Gesamtbild ein.

Kulinarisch setzt das Team am Herd hingegen nicht auf die toskanische Herkunftsregion der Namensgeber aus Florenz, sondern offeriert im bis zu fünfgängigen Menü „'n anticchia sicilia" und auch auf der kleinen Karte nahezu ausschließlich von der Küche der süditalienischen Insel geprägte Antipasti, Primi und Secondi Piatti, die noch durch eine Auswahl an Pinsa-Varianten erweitert wird.

Und auch wenn das hauchfein aufgeschnittene, mit schön grasig-phenoligem Olivenöl angerichtete Rinderfilet-Carpaccio, das mit Parmesancreme, Balsamicogel und Pistaziencrunch versehen den Auftakt machte, noch nicht so ganz korrekt regional verortet, aber natürlich dennoch eine schmackhafte Angelegenheit

war, setzte die anschließende „Sarde beccafigo" schon deutlich mehr auf die typischen Aromen der „Cucina Siciliana": Zu knusprig gebratenen, mit Kapern, Pinienkernen und Pecorino gefüllten Sardinenfilet-Röllchen lieferte ein fruchtsäuerlicher Orangen-/Fenchelsalat den nötigen Gegenwind zu den erwartungsgemäß recht salzigen Hauptdarstellern. Alles in allem also ein durchaus gelungener Auftakt – mal mehr, mal weniger „sizilianisch".

Das Thema „Salz" prägte dann allerdings alle Hauptgänge, die zudem leider teilweise recht uninspiriert wirkten und auch handwerklich nicht wirklich überzeugten. So zum Beispiel das Ensemble aus trockenen, weil völlig übergarten, zudem sehr salzigen Schwertfischwürfeln, die die guten hausgemachten Linguine im Verbund mit Kapern, Oliven, Kirschtomaten und Auberginen genauso wenig aufwerteten wie die Stückchen von hausgemachter, wiederum sehr salziger Salsiccia, die im Verbund mit blass-erschlafftem Fenchel, nahezu geschmacksneutralen Karottenstreifen und gratiniertem Grana Padano der schön bissfesten Pasta ebenfalls nicht gerecht wurden. Mehr Potenzial konnte man da schon bei der zart geschmorten, aber ein wenig randtrockenen Hasenkeule erkennen, die mit cremig-luftiger Polenta, gratiniertem Fenchel und schlotzigem Tomatensugo aufgetragen wurde. Und die zeigte, dass die Küche das angestrebte Niveau prinzipiell schon auf den Teller bringen kann.

Ebenfalls noch einmal auf den Prüfstand sollte letztlich auch die Pâtisserie. Nicht nur, weil die Begleitung beider Desserts in Gestalt von Erdbeerwürfeln mit Schlagsahneklecks küchentechnisch zwar sicher effizient, aber eben kulinarisch nicht sehr einfallsreich war, sondern weil auch das eingefallen-festteigige Schokotörtchen und die splittrig-harte Blätterteig-Millefoglie zum spröden und plakativ süßen Rhabarbereis nicht nachhaltig begeistern konnten.

Überzeugender geriet hingegen der Auftritt von Restaurantleiter Signore Gaetano, der mit herzlichem Charme die konsequent mit italienischen Erzeugnissen bestückte Weinkarte erläuterte und das Lebensgefühl seiner Heimat perfekt in den Gastraum transportierte. Und der damit die ausbaufähige Leistung der Küche ein wenig kompensierte.

Neupotz (Rheinland-Pfalz)

Restaurant zur Krone

Hauptstr. 25, 76777 Neupotz
℡ 07272-9337845
www.zurkroneneupotz.de
◗ Mi–So ab 18 Uhr, Mo u. Di RT
Menüs: 110–150 €

Das hinter der unscheinbaren Fassade eines hübsch herausgeputzten Hauses an der Durchfahrtsstraße versteckte, drinnen überraschend modern gestaltete Gourmetrestaurant ist ein scharfer Kontrast zur Umgebung. Aber auch die Küche von Chef Faycal Bettioui hebt sich deutlich von deftig zupackender pfälzischer Kost ab. Er bereitet mit seinem Team allabendlich ein für alle Gäste einheitliches Degustationsmenü zu, das in acht apart portionierten Gängen plus separatem Brotgang zu haben ist und aufwendig inszenierte Kochkunst aus internationalen Produkten repräsentiert, die immer auch sehr viel fürs Auge zu bieten hat. Mal sehr puristisch und pointiert, mal etwas ausladender und vielschichtiger, mal subtil, mal kraftvoll, aber immer auf einer Linie, die sich wie ein roter Faden von den Amuses bis zu den Petits fours durchzieht und das Kulinarium wie aus einem Guss wirken lässt. Gerne würzt und akzentuiert der Chef mit asiatischen oder orientalischen Aromen, bleibt aber auch mal in der Heimat oder auf französischem Terrain. Sommelier Stefan Echle liefert dazu inspirierte und bisweilen durchaus experimentierfreudige Weinempfehlungen.

Die Hoteleinträge

★★★★★S	Superior
★★★★★	Unterkunft für höchste Ansprüche
★★★★	Unterkunft für hohe Ansprüche
★★★	Unterkunft für gehobene Ansprüche
★★	Unterkunft für mittlere Ansprüche
★	Unterkunft für einfache Ansprüche
⛵	Unterkunft ohne Sterne-Klassifizierung

Neustadt a. d. Weinstraße (Rheinland-Pfalz)

Urgestein

im Hotel Steinhäuser Hof
Rathausstr. 6a,
67433 Neustadt a. d. Weinstraße
℡ 06321-489060
www.restaurant-urgestein.de
◗ Di–Sa ab 18.30 Uhr,
So u. Mo RT
Menüs: 120–190 €

Am Herd des geschmackvoll individuell um die zentrale Bar herum gestalteten Restaurant im ehemaligen Marstall des Steinhäuser Hofs setzt Hedi Rink weiterhin auf eine zwar kreativ verfeinerte, aber grundsätzlich doch sehr bodenständig geerdete Linie, mit der sie immer ganz am jeweiligen Produkt bleibt. Die Heimat ist stets Dreh- und Angelpunkt ihrer beiden Menüs, denn wenn die Qualität ihren Vorstellungen entspricht, dann erhält das regionale Produkt immer den Vorzug gegenüber importierten Edelprodukten. Gesetzt sind diese ohnehin im Präludium ihres nunmehr einzigen und in maximal sechs Gängen zu habenden Menü, das schon traditionellerweise immer mit gourmetmäßig verfeinerten rustikalen Pfälzer Schmankerln beginnt. Im regulären Menüteil switcht die Chefin dann munter zwischen der Heimat und der großen weiten Welt hin und her, komponiert fantasievoll und variantenreich, aber nie zu sehr verspielt oder kleinteilig, sondern immer eher gegenständlich und klar nachvollziehbar. Und wo der letzte handwerkliche Schliff fehlt, gleicht Hedi Rink das durch Eigenständigkeit und Authentizität aus. Im Gesamtpaket mit den von Sommelier Tanel Idil kurzweilig präsentierten regionalen Weinempfehlungen eine sehr ansprechende und runde Sache!

Neustadt in Holstein
(Schleswig-Holstein)

Fien tu Huus

Strandallee 14,
23730 Neustadt in Holstein
(Pelzerhaken)
☎ 04561-5598996
www.fientuhuus.de
◉ Di–So ab 12 Uhr durchgehend, Mo RT
Hauptgericht: 14–36 €, Menüs: 55–79 €

Solche Konzepte mögen wir ganz besonders, denn sie sind quasi der Gegenentwurf zu den mittlerweile äußerst zahlreichen Fine-Dining-Veranstaltungen, wo an wenigen Abendenden in der Woche einer Handvoll Gästen ein einziges Menü ohne Auswahlmöglichkeit zelebriert wird, das oft noch nicht mal so herausragend gut ist, dass es das ganze exklusive Getue rechtfertigen würde. Hier, im hübsch herausgeputzten neuen Bistro von Sina und Mario Büsch an der Strandpromenade von Pelzerhaken bei Neustadt in Holstein, also am nördlichsten Zipfel der Lübecker Bucht, wird an sechs Tagen in der Woche von mittags an durchgehend sehr gut gekocht. Zum Lunch zwar etwas einfacher und bodenständiger, aber dennoch mit gehobenem Anspruch an Produkt und Handwerk, ab 16.30 Uhr mit der normalen Speisekarte und dem fünfgängigen Menü dann sogar Gourmet-like. Auch wenn sich der erfahrene Küchenchef und sein Team bei aller Gestaltungsfreude auf den Tellern nicht allzu sehr verkünsteln und lieber die relevanten Dinge im Auge behalten.

So wie sich beim Interieur von der Terrasse bis zu den Toiletten ein roter Gestaltungsfaden durchzieht, wirkt vom Restaurantnamen über die plattdeutsche Mundart in der Speisekarte bis zu den Ergebnissen auf den Tellern auch das kulinarische Konzept wie aus einem Guss. „Fien tu Huus" steht für feine Heimatküche und so bedient sich der Chef fast ausschließlich guter Produkte, die vor der Haustüre gedeihen und deren Erzeuger allesamt in der Speisekarte genannt werden. Von der „Meddaadskaart" zum Beispiel der Glückstädter Matjes von der Fischmanufaktur Plotz, die Galloway-Bratwurst von der Bioland Fleischerei Burmeister, die auf Schmandsauerkraut, Kartoffelpüree und Jus serviert wird, oder der vom Fischer Bruno in der Lübecker Bucht gefangene Ostseedorsch, den es als Fisch und Chips mit Limetten-Chimichurri, Pommes Frites und Deichkäse vom Backensholzer Hof gibt. Klingt alles nicht nur fien, sondern schmeckt auch so. Ziemlich fien ließ sich auch schon die Vorspeise vom aktuellen Menü an, die sich um gebeiztes und abgeflämmtes Filet von der Forelle der Fischerei Reese aus Sarlhusen drehte. In Kombination mit dem eigenen Kaviar machte das festfleischig-glasige, sauber und klar schmeckende Fleisch des Fischs schon an sich viel Spaß, wurde mit marinierter Gurke und einem Sud von Buttermilch und Rapsöl – beides selbstredend aus regionaler Produktion – aber auch pointiert und erfrischend leicht umspielt. Einen schönen Temperaturkontrast und adäquate Süße lieferte zudem eine Nocke Meerrettticheis, die jedoch in der Blindprobe auch einfach nur als mildes Rahmeis hätte durchgehen können: ätherische Meerrettichschärfe leider absolut Fehlanzeige. Mit einem solchen markanten Akzent hätte man diesen Gang auch fast schon mit 7 Pfannen bewerten können.

Sehr schön ausgewogen – und zwar sowohl aromatisch als auch haptisch – war das mit einem Limetten-Olivenöl akzentuierte Schaumsüppchen von Erbsen und Minze, welches die bei der Vorspeise vermisste ätherische Frische dann in anderer Form mitbrachte. Und damit auch gut mit dem begleitenden laktisch-säuerlichen „Tatar" von holsteinischer Quinoa und Jahnckes Ziegenkäse aus Sörup korrespondierte. Besagter Fischer Bruno aus der Lübecker Bucht lieferte sodann natürlich auch den Ostseedorsch, dessen gebratenes Filet beim Menü-Fischgang nicht bloß herrlich zart und saftig, sondern auch schneeweiß und klararomatisch auf dem Teller lag. Und zwar im Verein mit jungen Kartoffeln, Schafskäsewürfeln mit Bioland-Hof Volquardsen, Babyblattspinat, Frühlingslauch und einer süßlich-vanilleduftgrünen Tomaten-Marmelade – allesamt rahmig eingelullt (aber nicht überlagert) von Crème fraîche aus der Produktion der Meierei Horst.

Den mit mildem Speck bardierten und darauf knusprig angebratenen Medaillons vom Bandorfer Hirschrücken assistierten sodann pures Selleriepüree, säuerlich-fruchtig aromatisierte Kieler Austernpilze, knackiger gebratener wilder Broccoli, ein nicht bloß kross-fluffiger, sondern dank herzhaftem Deichkäse auch sehr aromatischer Kartoffelkrapfen und (etwas redundant zum vorherigen Gang…) Tomaten-/ Speck-Marmelade. Unterm Strich schon aufgrund der allesamt schön auf den Punkt gebrachten Komponenten ein angenehm differenziert und nicht diffus schmeckender Hauptgang, der zeigt, wie konzentriert hier gekocht wird.

Und ein sehr schmackhafter Abschluss war „Sinas Zitronentarte mit Basilikum" in Kombination mit „Geesas Salzkaramelleis": ein mit Zitronencreme, Baiser und Basilikum bestückter knuspriger Mürbteigboden und ein mutig salziges und dennoch harmonisch rund und voll schmeckendes Karamelleis mit schönem Schmelz – wie eigentlich alles hier sehr dekorativ mit essbaren Blüten, Kresse und Kräutern ausgestaltet. Die solide Weinauswahl, die unkomplizierte, freundliche Gangart sowie die moderaten Preise sind weitere gute Gründe, gerne hierher zu kommen.

Neustrelitz
(Mecklenburg-Vorpommern)

Forsthaus Strelitz

Berliner Chaussee 1,
17235 Neustrelitz
📞 03981-447135
www.forsthaus-strelitz.de
🕐 Mi–Sa ab 19 Uhr,
So–Di RT
Menüs: 79 €

Mit seiner modernen, puristischen Regional- oder, besser, „Lokalküche" setzt Inhaber Wenzel Pankratz mitten im Grünen, einige Kilometer außerhalb der Stadt Neustrelitz, einen attraktiven Farbtupfer in dieser kulinarisch eher grauen Gegend. Fast alles, was er für seine kreativen, an den skandinavischen „Nova Regio"-Stil erinnernde Kreationen braucht, züchtet oder baut er entweder selbst an, oder bezieht es von engagierten Produzenten aus der unmittelbaren Umgebung. Das Ergebnis sind

sehr aromatische, pure, aber auch faszinierend neuartig schmeckende Dinge, die manchmal etwas experimentell wirken, aber meistens sehr gut funktionieren – und nichts mit den allgemein üblichen Geschmacksmustern der konventionellen Gourmetküche zu tun haben. Sehr gutes Preis-Genuss-Verhältnis!

Neuwied (Rheinland-Pfalz)

Parkrestaurant
Nodhausen Brasserie

Nodhausen 1,
56567 Neuwied
📞 02631-344880
s258353772.online.de
🕐 Di–Fr von 12–14.30 Uhr u. ab 18 Uhr,
Sa ab 18 Uhr, So u. Mo RT
Hauptgericht: 17–32 €,
Menüs: 32–55 €

In dem ehemaligen Jagd- und Lustschloss inmitten einer idyllischen Parkanlage am Rande von Neuwied kann man in dessen Parkrestaurant Nodhausen sehr gut essen – zu vergleichsweise günstigen Preisen und bei gehobenem Anspruch. Kein Wunder, bietet Küchenchef Florian Kurz, Gastgeber und Küchenchef mit Fine-Dining-Qualitäten, hier doch eine attraktive klassische Brasserie-Küche mit zugänglichen Gerichten, die im Vergleich zum früheren Gourmetrestaurant nur eben etwas niederschwelliger angesiedelt sind und nicht mehr explizit Gourmets ansprechen sollen. Was auf dem Papier sehr gediegen anmutet, macht auf dem Teller aufgrund der guten Qualität der Produkte und deren fundierter Zubereitung aus der Hand eines Könners viel Spaß. Zuvorkommend bedient wird man auch und an guten Weinen in unterschiedlichsten Preissegmenten sowie alkoholfreien Alternativen herrscht auch kein Mangel.

Neuzelle (Brandenburg)

Wilde Klosterküche

im Klosterhotel Neuzelle
Bahnhofstr. 18, 15898 Neuzelle
☎ 033652-823991
www.wildeklosterkueche.de
◉ Do–Sa ab 18.30 Uhr, So–Mi RT
Menüs: 65–95 €

Auch wenn in Neuzelle das weithin bekannte und bereits rund 40 km vor der Ortschaft beschilderte Zisterzienserkloster aus dem Jahr 1268 als eine der wenigen noch vollständig erhaltenen Klosteranlagen Europas sicher viele Besucher anzieht, ist man dennoch sehr erstaunt, dort ein so modernes und schickes Boutiquehotel anzutreffen. Und erst recht, dass es darin ein ebenso zeitgemäß wie geschmackvoll gestaltetes Restaurant gibt, das zu allem Überfluss von seinem Küchenchef Manuel Bunke und dessen Team auch noch ambitioniert bekocht wird. Das Casual-Fine-Dining-Konzept mit den beiden unterschiedlichen Menüs, von denen eines vier und das andere sechs Gänge umfasst und die beide konsequent regionalbetont gehalten sind, gibt es zwar nur an drei Abenden in der Woche – an den übrigen Tagen wird ab Mittag selbstgebackener Kuchen und für den herzhaften Genuss Flammkuchen serviert.

Unsere Bewertung basiert freilich nicht auf Flammkuchen, sondern auf Fine Dining und das Menü, welches in unserem Fall mit einer erdigen Umami-Bombe begann: In Erlenglut gegarte Knollensellerie und Lauch, von denen dann nur das unter der verbrannten Schicht liegende, wunderbar intensive, leicht rauchige Innenleben den Weg auf den Teller fand. Hier zusammen mit einem Tatar von geschmorter Urkarotte und aufgegossen mit einem Pilztee,

der mit Petersilienöl verfeinert war. Ein klein wenig von der Lauchasche wurde als Pulver auch noch darüber gegeben, setzte hier aber eher einen dezenten optischen Akzent.

Schon davor zeigte das Team mit Kartoffel und weißem Spargel unter schaumiger Spargelhollandaise, dass es ein Talent dafür hat, mit sehr einfachen Mitteln raffinierte Geschmacksbilder zu erzeugen. Das gelang auch beim ersten Zwischengang des Menüs mit Hecht, Apfel, Zwiebel und saurer Sahne, für den das vertraute Geschmacksbild eines bodenständigen deutschen Klassikers in sehr feiner und deutlich differenzierter Ausführung als das landläufige Original aufs Porzellan geschickt wurde. Der Fisch war nämlich wie Matjes zubereitet, also säuerlich eingelegt, und nahm mit angerösteten jungen Kartoffeln, Apfelkugeln, karamellisierter Perlzwiebel und hausgemachtem Sauerrahm mit Schnittlauchöl das Thema „Hausfrauen-Art" auf. Ergänzt um etwas Selleriecreme (die eher nach Petersilienwurzel geschmeckt hat) sowie Schnittlauchmayo und Wasserkresse, ergab sich daraus eine sehr niveauvolle Version des Hausmannskost-Klassikers. Aber auch die trotz der Säuregarung sehr propere, feste Konsistenz und der frische Geschmack des Fischs waren beeindruckend.

Dass das Team ein gutes Händchen für Gemüse hat und diese auch ohne verwegene Würzeskapaden oder Kombinationen zu attraktiven Gerichten werden lässt, zeigten die zweierlei Zubereitungen der Roten Bete auf einer sehr tiefen, würzig-süßlichen Rotkohlcreme, aufgelockert durch gebratene Pilzköpfe von der Brandenburger Kappe, einem fruchtigen Gelee von Dinkelschale und verschiedenen Wildkräutern. Auch das war ein anspruchsvolles rein vegetarisches Gericht.

Die Fleischgänge wurden eingeläutet von einer sorgfältig geschmorten und mit Demi-Glace glasierten Schulter eines Lamms aus der Zucht von Schäfer Rocher aus Brandenburg. Begleitet hat das ausdrucksstarke Stück Fleisch ein Schichtwerk aus unterschiedlichen Konsistenzen von cremig über soft bissfest bis knackig, erzeugt von geschmortem Wirsing, einem mit fettem Speck angereicherten Püree vom Wirsing, aber auch gegarten Dinkelkörnern und einer Creme von demselben. Und eine sündhaft buttrige Tranche Rosinenbrioche, deren Funktion sich uns zwar nicht in voller Gänze erschloss, die hier aber auch keinesfalls störte.

Rein gar nichts störte auch die butterzarte Rinderzunge neben einem Arrangement aus fester und cremiger Steckrübe, aromatischem Ziegenfrischkäse, grob zerstoßenen Walnusskernen, Birnenchutney und Kapuzinerkresse, bei dem das oft etwas derbe, herbe Aroma der Steckrübe sehr gekonnt von den übrigen Komponenten aufgelockert wurde. Zusammen mit der umamihaften Tiefe der begleitenden, kraftvoll ausgewogenen Jus auf Kalbsknochenbasis ergab sich auch hier ein rundum stimmiges, wohlproportioniertes Geschmacksbild, bei dem alles geschmeidig ineinandergriff und sich jedes Produkt und Aroma voll entfalten konnte.

Nach einem maximal erfrischenden Pré-Dessert von Apfel, Spinat und Vogelmiere auf crumbeligem Sand von weißer Schokolade schloss das Menü mit einer etwas verspielter arrangierten Nachspeise um Joghurt aus eigener Produktion, Honig, Gurke und Dill, die von schmelzig über knackig bis fluffig in unterschiedlichen Aggregatzuständen aufgeboten waren. Auch das sehr leicht und frisch, aber nicht ohne eine gewisse Geschmeidigkeit und Süße, sodass man es hier schon mit einem genussreichen Dessert zu tun hatte.

Im Zusammenspiel mit individuell ausgesuchten und gekonnt auf die jeweiligen Gänge abgestimmten Weinempfehlungen aus Europa und dem jungen, engagierten Service ergibt sich da ein sehr stimmiges Gesamtbild, so dass Neuzelle mittlerweile längst nicht nur wegen des Klosters einen Besuch wert ist.

Hotelempfehlung

★★★★

Klosterhotel Neuzelle

Bahnhofstr. 18,
15898 Neuzelle
☎ 033652-823991
neuzelle-hotel.de
Einzelzimmer: ab 59 €
Doppelzimmer: ab 129 €

Im schönen Landkreis Oder-Spree, in etwa auf halber Strecke zwischen Frankfurt an der Oder und Cottbus, lädt das Boutiquehotel Klosterhotel Neuzelle in fünfzehn stilvoll gestaltete Zimmer, die mit viel Liebe zum Detail konzipiert wurden. Jeder Raum ist ein Unikat mit Wohlfühlatmosphäre und Harmonie, Teilweise sind die Räume mit Balkon ausgestattet und bieten entweder Ausblick auf das Kloster Neuzelle oder in Richtung Garten. Alle habe ihren eigenen Charme und sind mit einer Regenwalddusche, HD-Fernsehen, kostenlosem WLAN und Minibar zeitgemäß und komfortabel ausgestattet. Die beiden SPA-Suiten verfü-

gen außerdem über eine private Sauna und eine freistehende Badewanne. Es gibt ein Frühstücksbuffet und ein Restaurant mit saisonalen Spezialitäten und einer schönen Auswahl an deutschen und internationalen Weinen. Lage und Umgebung laden zu Wanderungen und Radtouren (Fahrradverleih im Hotel) durch die malerische Landschaft ein, aber auch in der unmittelbaren Nähe gibt es viel zu entdecken, etwa die Zisterzienserabtei oder das Bauernmuseum. Bis zur polnischen Grenze sind es 8 und nach Frankfurt an der Oder nur 35 km. Restaurant Wilde Klosterküche separat erwähnt.

Nideggen (Nordrhein-Westfalen)

Brockel Schlimbach

im Burgrestaurant Nideggen
Kirchgasse 10a,
52385 Nideggen
☎ 02427-9091066
www.burgrestaurant-nideggen.de
◐ Fr u. Sa ab 18 Uhr,
So von 12–13.30 Uhr, Mo–Do RT
Menüs: 125–140 €

Die Auffahrt hinauf zur mächtigen Burganlage und zum Burgrestaurant Nideggen mit gleich zwei Outlets, Biergarten, Veranstaltungsraum, Take-away ist eindrucksvoll. Bekommt man in der kleinen Gourmetstube, für deren Leistung die beiden Köche Tobias Schlimbach und Herbert Brockel gemeinsam zeichnen, einen Tisch mit gutem Blick nach außen, fühlt man sich ein bisschen wie ein Burgherr des Mittelalters. In jedem Fall kann der Gast hier die Mischung aus rustikaler Tradition (holzvertäfelte Wände) und Moderne (weisse Sessel mit Fellauflage sowie Bilder mit erotischen Motiven an den Wänden) bewundern.

Dass es für die wenigen Gäste nur ein Menü gibt, ist nachvollziehbar. Dass es mit einer Summe zwischen 135 und 155 Euro (fünf oder sechs Gänge plus diverse Kleinigkeiten) durchaus stattlich bepreist ist, fällt auf. Dafür kann man was erwarten. Und es fängt gut an! Zunächst gibt es mal die Tomatenvariation in Gestalt einer sauber gehäuteten Tomate mit aromatischer Brunnenkressecreme, einen Caipirinha mit Tomate, aber ohne Alkohol, und ein schmackhaftes Tomatenkompott mit Sardelle. Das ist alles sehr gut gemacht und ein schöner Auftakt.

Drei Sorten beachtlich gutes Brot kommen im Anschluss mit Zitronenbutter und Erbsencreme als Aufstrich daher. Eine Karotte in Texturen besteht schließlich aus Karottencreme, gegarter Karotte, Karottenröllchen, Chili-Popcorn sowie Schnittlauchöl und zieht ihren Reiz insbesondere aus der Tatsache, dass jede Komponente sehr gut und individuell abgeschmeckt ist. Bei einem weiteren vegetarischen Gang, der aus Aubergine, Fenchelstreifen, Kichererbsen und einem alles bedeckenden Ziegenkäseschaum besteht, fehlt dann leider der rote Faden. Das ist ein sympathischer offizieller Einstieg ins Menü, aber trotz des erfreulich säuerlich-würzigen Kräutersuds kein Geniestreich.

Viel spannender wirkt danach die reizvolle Kombination aus Morcheln und Spargel, weil die sehr guten Pilze eine feste, würzige Füllung besitzen, weil der Spargel (der letzte der Saison!) ausgezeichnet gegart und gewürzt ist, weil dünne Scheiben der Frühlingsrübe dem Ganzen auch noch einen animierenden Frischekick liefern. Die Lachsforelle ist ein saftiges, offenbar bei Niedertemperatur sehr kontrolliert gegartes Stück, das mit einer handwerklich tadellos umgesetzten Haselnuss-Beurre-blanc und Walnüssen, erfrischendem grünem Apfel und Selleriepüree auf Porzellan geschickt wird. Fein!

Die Kalbsbrustwürfel in einem dichten Sud mit einer Dampfnudel und einer dünnen Scheibe von der zarten Kalbszunge obenauf, sind ein perfekt saftig auf den Punkt gebrachtes, süffiges und aromatisch zupackendes Vergnügen. Vielleicht eher ein Winter- als ein Sommergericht, aber sei's drum, wenn es so herzerwärmend gut schmeckt, wie in diesem Fall. Außerdem waren Kalbsbrust und Kalbszunge eine perfekte Einleitung für den Hauptgang...

Denn bei dem ging es mit einer großartigen Produktparade feinster unpopulärer Teile vom Kalb weiter, nämlich mit Nierenzapfen, Bries und Sparerib, die dann gemeinsam auch eines der Highlights des Menüs bildeten: allesamt tadellos gegart und gewürzt und von einem Dreierlei vom Blumenkohl in Gestalt von Creme, einer Art Couscous und eines angebratenen Stücks flankiert. Das aus Amaranth bestehende Bällchen bringt dem Ganzen indes keinen sonderlichen Mehrwert, die Jus dazu ist fruchtig und recht füllig.

Der Preis für den besten Gang des Abends geht allerdings überraschend an das Joghurtsorbet mit Erdbeersüppchen, Walderdbeeren und etwas Langpfeffer – das ist frisch, nicht zu süß und eindeutig gewürzt. Gekochte Sahne ist schließlich das Bett für Himbeeren, Basilikumsorbet und Paprikaschaum, die darauf ein erfreulich kontrastives Miteinander zwischen Frische und Fülle feiern. Und schließlich ist auch die Trilogie an Süßigkeiten zum Kaffee erfreulich: Kirschsüppchen, eine recht süße Kirschmarmelade mit weißer Luftschokolade und eine mit Nougat gefüllte, in einen hauchdünnen Teigmantel gehüllte und ausgebackene Kirsche.

Insgesamt also wieder ein ansprechendes, wie immer hier eher kraftvolles als feininniges Menü, aufgetragen von herzlichem Service, angenehm saisonal inspiriert und handwerklich souverän umgesetzt. Ein paar kreative Einsprengsel und das eine oder andere noch etwas spannendere Produkt wären dem Gesamterlebnis allerdings auch nicht abträglich. Wir sind jedenfalls schon gespannt auf den nächsten Besuch!

5↑ | **❚❙**

Rosenflora

im Hotel Rosenflora
Kirchstr. 2,
52385 Nideggen
☎ 02427-94040
www.rosenflora.de
◔ Mi–Sa ab 18 Uhr,
So u. Fei von 12–14 Uhr u. ab 18 Uhr,
Mo u. Di RT
Hauptgericht: 20–40 €,
Menüs: 45–75 €

EC ☷ ◍ **VISA** P

Seit Jahren schon gehört das von Beatrix Schumacher-Harings und Achim Harings engagiert geführte Lokal in der Ortschaft Berg bei Nideggen zu jenen zuverlässigen ausgezeichneten Empfehlungen in unserem Guide, die bewusst etwas unterhalb des Gourmetsektors positioniert sind und zu moderaten Preisen anspruchsvolle Küche bieten. Nachdem der Restaurantbereich links vom Eingang schon vor ein paar Jahren sehr hübsch und zeitgemäß umgestaltet wurde, zog inzwischen sukzessive auch der Bistrobereich rechts nach, so dass sich das nun alles wie aus einem Guss präsentiert.

So positiv überraschend in dem von außen eher unscheinbaren Gastronomiebetrieb mit kleinem Hotel das Ambiente ist, so würde man auch die Küche nicht unbedingt überdurchschnittlich ambitioniert erwarten. Doch tatsächlich bietet Küchenchef Achim Harings hier seit Jahren ein Niveau, das sich deutlich vom Gasthausstandard abhebt und zum Besten in der Region gehört. Die Karte offeriert ein klassisches internationales Programm ohne übertriebenen Exklusivitätsdrang und ohne kreative Kapriolen, aber durchaus hier und da mit guten Ideen.

Manchmal darf es aber aber zum Beispiel auch mal Hummer sein. Etwa zur Vorspeise ein halber ausgelöster, der lauwarm mariniert zusammen mit zweierlei von der Erbse und frischen Gartenkräutern aufgeboten wird. So eine Gartenkräutervielfalt aromatisierte zusammen mit unterschiedlichen rohen Gemüsen wie Gurke, Tomate oder Paprika, blanchierten Gemüsen wie frischen, doppelt gepahlten Erbsen oder Lauchzwiebeln und Segmenten von eingelegten roten Zwiebeln auch den rosasaftig gegarten und dünn aufgeschnittenen Kalbstafelspitz. Hausgemachtes Estragonöl verlieh ihm eine weitere frische, duftige Note und ein paar Röstbrotcrumbles lockerten das Ganze mit knusprigem Biss auf.

Schon davor bewies die Küche mit zartem Pulpo und kross gebratenen Chorizowürfeln auf einem Risoni-Nudelrisotto, dass sie auch ein Händchen für Herzhaft-Mediterranes hat – was dann wenig später die an eine Bouillabaisse angelehnte, allerdings etwas hellere und leicht rahmig gebundene Fischsuppe mit Rouille und Röstbrot ebenfalls unterstrich. An dem ausgewogenen Süppchen, aus dem wir neben etwas Fenchel einige kleine saftige weißfleischige Fischwürfel, gebratene Garnele und sogar etwas Hummer löffelten, war nicht das Geringste auszusetzen. Es hatte Substanz und die maritime Einlage war von guter Qualität. Was will man mehr?

Auch die dicke, kross auf der Haut gebratene Tranche eines amtlichen Seesaiblings machte aufgrund ihrer Frische, zurückhaltenden Würze und dem korrektem Garzustand viel Spaß. Das relativ üppige und kräftig abgeschmeckte Linsengemüse empfanden wir als Begleitung für den feinen Fisch zwar nicht ganz optimal (wäre beispielsweise an der Seite von hellem Fleisch noch etwas besser aufgehoben gewesen…), schmeckte als solches aber dennoch sehr gut, war handwerklich tadellos gemacht und fügte sich mit milder, rahmiger Krustentiersauce und cremig-buttriger Kartoffelmousseline zu einem ansprechenden Ganzen zusammen.

Wer sein Mahl lieber mit einem Fleischgericht krönt, kann das hier etwa mit einer gebratenen Oldenburger Entenbrust auf Rhabarberjus nebst Bulgur und Romanesco machen, oder gönnt sich ein Rumpsteak vom Simmentaler Rind nebst gebratenem Spargel und Gnocchi. Und wer nach mehreren Gängen noch ein Dessert schafft – die Portionen sind keinesfalls überladen, aber auch nicht zierlich –, auf den wartet zum Beispiel eine klassische Crème brûlée mit marinierten Sommerbeeren oder eine Variation von der Schokolade in Gestalt von saftigem Kuchen, Eis und weißer Mousse nebst frischen Erdbeeren.

In der Weinkarte findet man in jedem Fall gut passende Begleiter im preiswerten Segment, und die Gastgeberin und ihr Team erleben wir hier stets sehr freundlich und zuvorkommend. Eine sympathische Adresse am nördlichen Rande der Eifel.

Clostermanns Le Gourmet

Hotel Clostermannshof
Heerstraße 2a,
53859 Niederkassel (Uckendorf)
📞 02208-9480260
www.clostermannshof.de
⊙ Mi–Sa ab 19 Uhr, So–Di RT
Menüs: 89–149 €

Es ist bei weitem keine Kritik, wenn man das Le Gourmet im Clostermannshof als Liebhaberprojekt bezeichnet. Die Küche des Restaurants versorgt auch „Clostermanns Restaurant & Bar" sowie den Biergarten mit Speisen, das Feinschmeckerrestaurant hat selbstredend deutlich weniger Plätze als diese, und das Menü, das man sich mit vier bis neun Gängen (plus Käse) zusammenstellen kann, wandelt sich im Laufe des Jahres nur sehr langsam. Im Normalfall werden nur alle sechs Wochen zwei Gänge ausgetauscht.

Küchenchef Thomas Gilles' Stil fußt auf der französischen Klassik, aber ist auch fest in deutschen Küchentraditionen verwurzelt. Immer wieder baut er regionale Akzente ein, daneben hat er eine Vorliebe für Fruchtkomponenten, die aber immer stets subtil die Gesamtkomposition bereichern und sich nicht in den Vordergrund spielen. Im Sommer kann man das alles auch im Innenhof genießen, was vor allem dann reizvoll ist, wenn im Innenraum avantgardistische Jazzmusik aus den Boxen kommt.

Obwohl Gilles in der Nachbarschaft weißen Spargel beziehen könnte, schwört er auf den Walbecker, weil dieser auf sandigeren Böden wächst und einen feineren Geschmack aufweist. Er kombiniert ihn mit Sauerampfer, knusprigen Kartoffelchips, Holunderblütenessig und fermentiertem Pfeffer mittig auf dem Teller, so dass jede Gabel im Normalfall alle Komponenten vereinen sollte. Sehr vegetabil, sehr frisch, und in der Säure mutig eingestellt. Definitiv kein fader Spargel-Gang!

Beim Tataki vom Wagyu-Beef setzt Gilles auf Australien als Herkunftsland. Auf die perfekt gegarten Stücke, zwei lange Streifen, setzt er Wasabi, um das charakterstarke Fleisch aromatisch aufzubrechen. Auch die anderen Komponenten zeigen, dass Gilles bei diesem Gang aromatisch Vollgas gibt: Schmand mit Kümmel, Kumquats als Mus und in Streifen, gehobelter Weißkohl und gebackene Reisnudeln. Sein Mut wird belohnt, denn die Komposition weist keinerlei Schwere auf, das Fleisch wirkt geradezu charmant, sein hoher Fettanteil wird gekonnt ausbalanciert.

Gilles' Mut findet sich auch beim nächsten Gang wieder, Pilz-Tortelli die als Soulfood die sicherste Bank im Menü darstellen. Wieder richtet er mittig an: die etwas dickteigig geratenen Tortelli nebst eingelegen Morcheln und geschmortem Lauch. Feinwürziger Mimolette-Käse wird am Tisch darüber geraspelt und unter all dem findet sich auch noch ein Steckrübenragout mit leichter Süße. Umami ist beim Gesamtgeschmack trotzdem vorherrschend.

Auch beim nächsten Gericht, ein bretonischen Steinbutt, ist das Kohlehydrat-Element der schwächste Teil. Hier sind es Haselnuss-Gnocchi, die leider recht mehlig und trocken wirken. Aromatisch machen sie jedoch durchaus Sinn, passen sie doch mit ihrer Nussigkeit perfekt zur Rahmsauce mit einer subtilen Sherrynote. Frische verleiht Gilles dem Steinbutt mit einem Salat aus Grapefruit und Karotte: Wieder einer dieser von dem jungen Küchenchef so geschätzten Frische-Akzente durch eine Fruchtkomponente.

Beim Perlhuhn aus der Premiumzucht von Jean-Claude Miéral ist dieses Fruchtelement die Salzzitronenjus mit starkem Säure- und Salz-Wumms, sowie einer erst im Finale auftauchenden Zitrusnote. Neben der Brust, auf der sich als knuspriges Element die kross gebackene Hühnerhaut findet, verwendet Gilles auch das wunderbar saftige Keulenfleisch, das er als Füllung in eine Frühlingsrolle wickelt. Paprika verleiht dem Ganzen als fermentierte Creme und als Röllchen einen Hauch von Süße und vollendet damit einen Hauptgang auf souveränem Sieben-Pfannen-Niveau.

Für die Desserts zeichnet Patissier André Siebertz verantwortlich, der sich mit dem Namen „Rhabarber-Waffel" einen augenzwinkernden Spaß mit seinen Gästen erlaubt. Denn was sich auf dem Teller findet, sind eine Nocke Waffelrahmeis, ein gesalzenes Pistaziensorbet, Rhabarbergel, sowie Erdbeer- und Rhabarberstücke. Und die Dekonstruktion gelingt ihm, denn am Gaumen finden Waffel- und Rhabarberaromen dann schlüssig zusammen. Beim Dessert „Karamellisierte Milch" errichtet Siebertz indes einen Turm aus einer Bergamotte-Tarte, Litschi, Buttermilchmousse und knusprigen Veilchen, der in Buttermilchsud angerichtet ist. Auch hier behält Siebertz die Frische im Blick, sodass man selbst nach einem großen Menü im „Le Gourmet" noch beschwingt aufstehen kann.

Hotelempfehlung

★★★★ S

Hotel Clostermannshof

Heerstr.,
53859 Niederkassel (Uckendorf)
☎ 02208-94800
www.clostermannshof.de
Einzelzimmer: 89–129 €
Doppelzimmer: 109–149 €

Ein historischer, denkmalgeschützter Gutshof, idyllisch im Grünen zwischen den Städten Köln und Bonn gelegen. In der weitläufigen Anlage rund um den rheinischen Vierceckhof kann man ungestört Erholung finden, sich aber auch vielseitig sportlich betätigen. Etwa auf den über 30 Golfplätzen im Umkreis von 50 km, oder an den hochwertigen, modernen Geräten im hauseigenen Fitnessbereich. Ruhe

und Entspannung findet man in der großzügigen finnischen Sauna. Für die Gäste stehen insgesamt 66 großzügige Hotelzimmer in vier unterschiedlichen Kategorien, 12 moderne Tagungsräume sowie elegante Banketträumlichkeiten für bis zu 110 Personen zur Verfügung. In der „Clostermanns Bar" (idyllischer Kaffeegarten mit Parkblick) sowie dem Biergarten im Innenhof dreht sich alles um den kulinarischen Genuss. Restaurant Clostermanns Le Gourmet separat erwähnt.

Niederweis (Rheinland-Pfalz)

Schloss Niederweis

Hauptstr. 9,
54668 Niederweis
☎ 06568-9696450
schloss-niederweis.de
◷ Mi–So von 12–14 Uhr u. ab 18 Uhr, Mo u. Di RT
Hauptgericht: 18–40 €,
Menüs: 41–65 €

Wenn unter anderem einer der besten Köche des Landes eine nachdrückliche Empfehlung abgibt und das Prädikat „Lieblingsrestaurant" vergibt, macht das in jedem Fall neugierig. Und tatsächlich: Allein das Ambiente des barocken Schloß Niederweis und dem in einem Nebengebäude angesiedelten Restaurant mit seinem beinahe kirchenhohen Raum, historischer Holzgalerie und -decke, altem Gebälk und schwebenden historischen Kutschen, gepaart mit elegant gedeckten Tischen und vereinzelten modernen Akzenten, ist einzigartig. Dazu gibt es allerdings auch noch eine gänzlich unangestrengt klare Gourmetküche und eine attraktive Weinauswahl – beides übrigens zu ausgesprochen fairen Kursen.

Keine Frage, Sandra und Sebastian Poss in Service und Küche machen mit ihrem Team hier sehr vieles sehr richtig und entwickeln niveauvolle Gastronomie zu einem absolut entspannten und unkomplizierten Erlebnis. Wie hoch dabei das kulinarische Niveau tatsächlich ist, zeigte nach hervorragendem kleinen Topfbrot nebst Salzbutter und Sauerrahm bereits ein hauchdünnes knuspriges Strudelteig-Tartelette mit klararomatischer Füllung aus rohem Lachs und Bete unter duftig-elegantem Curryschaum. Und zwar deshalb, weil hier sowohl erstklassige Produktqualität als auch viel Feingefühl beim Abschmecken sichtbar und schmeckbar wurden.

Auch die schmalen langen Tranchen von mild gebeizter Forelle, die wild arrangiert in einem leichten Buttermilchfond mit mariniertem Apfel, Saiblingskaviar und verschiedenen ätherisch-herben Kräuterspitzen und Blüten von Bronzefenchel bis Pimpernelle auf den Teller kamen, überzeugten mit den gleichen Qualitäten. Das Ergebnis: eine klare und frische Vorspeise von feiner Eleganz.

Generell ist auf den Tellern nichts zu viel oder irgendwie streberhaft verspielt, sondern ganz auf die direkt ins Genussherz zielende, gekonnte Zubereitung weniger Komponenten ausgerichtet. Wie gut das funktioniert illustrierte auch die hohe Tranche vom perfekt auf der Haut gebratenen Wolfsbarsch: krachend knusprig und zugleich saftig, heiß und salzig war das allein vom Hauptprodukt her ein Fest. Etwas zarter Blattspinat, mild nussige Topinamburcreme, knackige geflämmte Perlzwiebeln sowie ein ebenfalls gekonnt mit Salzigkeit, Power und Finesse spielendes Sauenduo aus Rotweinbutter und heller Velouté komplettierten den gelungenen Eindruck vortrefflich.

Auch der knapp rosa gebratene Rehrücken mit straff-zartem Fleisch unter einer dünnen Nusskruste hatte mit zartgrünem Spitzkohl, glasierter Birne, punktueller Selleriewürze und einer elegant tiefgründigen Wildjus trotz des absolut klassischen Umfelds einen starken Auftritt, weil sowohl die Proportionen stimmig als auch die Zubereitung jeder einzelnen Komponente schön klar und geschmacksstark ausfielen. Die separat servierten (etwas soften) Schupfnudeln hätte es da im Grunde gar nicht unbedingt gebraucht – im Sinne eines klassisch angelegten Hauptgerichts fügten sie sich aber dennoch stimmig ein.

Und auch die luftige Joghurtcreme, die in einem filigran sternanisduftigen und ganz subtil ingwerscharfen Mandarinenfond nebst Mandelknusper und Mandarinensorbet angerichtet wurde, bot am Ende viel unkomplizierten Genuss durch unerwartetes Raffinement und zeigte, dass hier wirklich vom Anfang bis zum Ende das Niveau hochgehalten wird.

Das gilt im Übrigen auch für die korrespondierend empfohlenen Weine, die – abseits der vielen lohnenden Flaschen – dank Coravin-System auch glasweise beispielsweise große weiße Burgunder oder Barolo und Brunello beinhalten. Und damit die mittägliche oder abendliche Genusszeit perfekt machen. Für uns in jedem Fall eine der Neuentdeckungen des Jahres!

Niederwinkling (Bayern)

Buchner Welchenberg

Freymannstr. 15,
94559 Niederwinkling (Welchenberg)
☎ 09962-730
www.buchner-welchenberg.de
⏰ Mo–Fr ab 18 Uhr, Sa u. So von
12–14 Uhr u. ab 18 Uhr, Mo u. Di RT
Hauptgericht: 17–41 €, Menüs: 74–158 €

VISA P

Sommelier Andreas Achatz und sein Bruder Küchenchef Mathias Achatz sind in dem von ihren Eltern übernommenen Landgasthaus mit ebenso viel Leidenschaft wie Können am Start und führen die lange Familientradition auf eine für Weinliebhaber und Feinschmecker sehr reizvolle Art ins Hier und Heute. Dabei gelingt ihnen der nicht einfache Spagat zwischen den Erwartungen traditionsbewusster Stammgäste und neugierigen Feinschmeckern ganz ausgezeichnet, denn von Wirtshaus-Traditionsgerichten in Referenzklasse geht es reibungslos zu ambitionierteren Gerichten und dem Gourmetmenü, in dem die stimmigen und nie überdreht wirkenden kreativen Ideen des bei namhaften Chefs inspirierten Küchenchefs immer am deutlichsten rüberkommen. Und die lohnen sich, denn es gibt sie nicht nur in überraschend hoher Produktqualität, sondern immer auch fundiert mit viel Substanz und aromatischer Ausdruckskraft zubereitet. In Kombination mit den von ebenso treffsicheren wie spannenden Weinempfehlungen von Andreas Achatz macht das stets viel Freude, zumal sich die Preise moderat im Rahmen halten.

Nonnenhorn (Bayern)

Haus am See

im Hotel Haus am See
Uferstr. 23,
88149 Nonnenhorn
☎ 08382-988510
www.hausamsee-nonnenhorn.de
⏱ Do–Mo ab 18 Uhr, Di u. Mi RT
Hauptgericht: 24–36 €,
Menüs: 58–97 €

Angenehm gesessen und gut gegessen hat man im Haus am See von Familie Knörle, das die Romantik, die schon im Namen mitschwingt, nicht nur an warmen Sommerabenden auf der idyllisch begrünten Terrasse einlöst, schon immer. Nach einer mehrmonatigen Umbauphase präsentiert sich nun nicht nur das Restaurantambiente in völlig neuem modern-puristischem, stilvoll dunkel gehaltenem Look – auch die Küche hat sich stärker spezialisiert, ihre Gerichte noch zeitgemäßer konzipiert und in der Gesamtbetrachtung eine ganze Schippe draufgelegt. Auch wenn mal weiter angereiste Produkte und Aromen im Spiel sind, ist das nach wie vor alles sehr regionalbetont und klassisch, allerdings nicht nur von der zeitgemäßen Tellersprache her, sondern auch in den handwerklichen und geschmacklichen Details exakter und detailreicher ausgearbeitet. Doch bei aller Hingabe für eine moderne Optik und akkurate Präsentation stehen primär immer noch das gute Produkt und der harmonische Geschmack im Mittelpunkt.

Torkel

im Hotel Torkel
Seehalde 14, 88149 Nonnenhorn
☎ 08382-98620
www.hotel-torkel.de
⏱ Do–Di von 12–14 Uhr u. ab 18 Uhr,
Mi RT

Nur wenige Schritte vom Bodenseeufer entfernt findet sich mit dem Hotel und Restaurant Torkel eine gelungene Verbindung von Tradition und Moderne: das Stammhaus wurde von den Brüdern Georg und Alexander Stoppel durch moderne kubische Erweiterungen inklusive vielfältigem Wellnessangebot ergänzt. Und kulinarisch bewegt sich die das Team in der Küche zwischen gediegen traditionellen Gerichten auf der einen und einem Fine-Dining-Menü auf der anderen Seite – wobei die Stärken hier nach unserer Auffassung klar im traditionellen Bereich liegen und weniger bei den kreativen Versuchen. Zusammen mit dem charmanten Ambiente, der lauschigen Terrasse und der attraktiven Weinauswahl haben die eher klassisch gehaltenen Zubereitungen durchaus ihren Reiz.

Nonnweiler (Saarland)

Landgasthof Paulus

Prälat-Faber-Str. 2,
66620 Nonnweiler
☎ 06873-91011
www.landgasthof-paulus.de
⏱ Mi–So u. Fei ab 12 Uhr durchgehend,
Mo u. Di RT
Hauptgericht: 28–33 €,
Menüs: 43 €

In diesem wunderschönen Landgasthaus mit zwei gehoben-rustikal eingerichteten Stuben in einer gelungenen Mischung zwischen Landart und Moderne wird betont schnörkellos-produktbezogen und ohne Firlefanz gekocht. Die Küche hat sich voll und ganz einer „ethischhedonistischen Qualitätsphilosophie" verschrieben und rückt besonders die Nachhaltigkeit der Viktualien und ihrer Verarbeitung in den Fokus. Was auf den Tellern eher schlicht und unspektakulär anmutet ist fachlich solide zubereitet und entpuppt sich bei genauerem „hinschmecken" als sehr substanziell und auch geschmacklich nachhaltig. Auf der von Gastgeber gehegten und gepflegten Weinkarte dominiert der Riesling.

Norden (Niedersachsen)

Hotelempfehlung

★★★★ S

Romantik Hotel Reichshof

Neuer Weg 53,
26506 Norden
☎ 04931–1750
www.reichshof-norden.de
Einzelzimmer: 95–155 €
Doppelzimmer: 140–200 €

Das familiengeführte Romantik Hotel Reichshof liegt mit seinen charmanten historischen Backsteingebäuden mitten in Nordens Fußgängerzone und ist nur wenige Minuten von der Nordseeküste entfernt. Aufgrund der ruhigen Lage ist dieses Hotel der perfekte Ort für ein ausgedehntes Wochenende, einen Kurzurlaub mit der Familie oder einen entspannten Romantik-Trip zu zweit. Zuschnitt und Einrichtung der insgesamt 55 Zimmer variieren je nach Stil und Kategorie, die Ausstattung lässt dabei einen komfortablen Aufenthalt zu. Kulinarisch werden die Gäste im Restaurant „Heimisch" verwöhnt, das mit einer ideenreichen Mischung aus altbewährten Klassikern und zeitgenössischer Küche aus regionalen sowie saisonalen Zutaten zu überzeugen weiß. Entspannte Stunden verbringt man im stilvoll gestalteten Wellness- und SPA-Bereich, der unter anderem mit mehreren Saunen, Whirlpools sowie einem Indoor-Schwimmbad ausgestattet ist. Und an der hoteleigenen Bar-Lounge „Wolbergs" lässt sich der Tag gemütlich ausklingen.

Nördlingen (Bayern)

 5 — 🍴

DoRies Restaurant
im 2ND HOME HOTEL
Luntenbuck 9, 86720 Nördlingen
☎ 09081–2729330
2ndhomehotel.de
◉ Di–Sa ab 17.30 Uhr, So u. Mo RT
Hauptgericht: 17–38 €, Menüs: 59–79 €

Das relativ zentral in Nördlingen, aber etwas abseits der Innenstadt am Rande eines Industrieareals gelegene Hotel 2ND HOME bietet nicht nur schnörkellos modern und stilvoll eingerichtete Zimmer und Suiten, einen Erholungsbereich mit Sauna sowie Tagungs- und Veranstaltungsbereiche, sondern auch ein Restaurant mit ambitionierter Küche. Die hat natürlich auch ein Pflichtprogramm mit bodenständigen Klassikern zu absolvieren – bietet daneben aber eben auch eine Kür, die man selbst in einem ambitioniert geführten Business-Hotel nicht automatisch erwartet. Mal regionalbetont, mal aus maritimen internationalen Produkten oder mit exotischen Aromen akzentuiert, aber immer klassisch und fundiert zubereitet. Die gehobenen Preise sind hinsichtlich des Gebotenen keinesfalls überzogen und in der Weinkarte finden sich gute ausgesuchte Tropfen namhafter Erzeuger aus Deutschland und Europa.

 8 — 🍴

Meyers Keller – Jockl Kaiser

Marienhöhe 8, 86720 Nördlingen
☎ 09081–4493
www.jockl-kaiser.de
◉ Mi ab 18 Uhr, Do–So von 12–14 Uhr u. ab 18 Uhr, Mo u. Di RT
Hauptgericht: 22–48 €,
Menüs: 69–150 €

Während die anspruchsvolle Gastronomie im Zeichen von Coronakrise und Personalnotstand vielerorts eingeschrumpft wird, trat Familie Kaiser die Flucht nach vorne an und nutzte die Zeit während der Pandemie, um ihr schmuckes Gasthaus auf der Nördlinger Marienhöhe noch attraktiver und umfangreicher zu gestalten. So wurde Meyers Keller beispielsweise um einen exklusiven Veranstaltungsbereich mit eigener Küche im ersten Stock aufgewertet. Aber auch kulinarisch herrscht hier kein Stillstand. Wenngleich sich Joachim Kaiser seit jeher stark auf Traditionen besinnt, war er auch schon immer ein kreativer Kopf, und Innovationen gegenüber aufgeschlossen.

Und genau deshalb schätzen wir das gastfreundliche „Mischkonzept" in diesem modernen Wirtshaus so sehr. Die Übergänge zwischen den nach alten Hausrezepten hergestellten Klassikern, anspruchsvoller Regionalküche und modernen Feinschmeckereien sind hier nämlich fließend: alles steht in der gleichen Karte und man kann auch zur Mittagszeit nach Lust und Laune entweder nur einen Hauptgang, oder eben die ambitionierte Speisenfolge bestellen, die es hier in bis zu sieben Gängen gibt.

Die etwas bodenständiger und regionaler ausgerichtete Linie, die mit einer guten Portion Understatement unter dem Oberbegriff „Wirtshaus-Klassiker" geführt wird, gibt es nicht nur à la carte, sondern auch im Rahmen eines sechsgängigen Signature-Dish-Menüs mit dem Titel „Mit Laib und Seele". Da gibt es dann so köstliche Dinge wie knusprig gebackene Krautwickel in brauner Butter, ein Blutwurst-G'röscht'l, eine Bouillabaisse à la „Meyers Keller" oder diverse Schmorgerichte – alles auf Gourmetniveau, aber maximal authentisch ohne irgendwelche Verkünstelungen dargeboten. Die weltoffenere Kreativküche gibt es wie gesagt in Gestalt zweier bis zu siebengängiger Menüs, von denen eines rein vegetarisch ist.

Unser omnivores Menü „Aus Wasser, Flur und Wald" begann mit einem schönen Stück mild gebeiztem, klararomatischem Färöer Lachs, der mit Yuzugel-Tupfen und kleinen Salicornes appliziert um einen säuerlich-frischen, von Kräuteröl marmorierten Buttelmilchvinaigrette baden durfte. Gefolgt von einer ebenso mannigfaltigen wie ausladenden Vorspeise um gebratene Wachtelbrust und -keule, die im Kreise zahlreicher Herbstfrüchte von Birne und Traube über Orangenfilets bis hin zu Feige präsentiert wurde. Eine glatte Maronencreme, etwas Walnusspüree und karamellisierte Walnusskerne fügten sich da ebenso gut ins Aromenbild ein wie diverse Wildkräuter. So entstand ein sehr attraktives, relativ ausgewogenes nussig-fruchtiges Geschmacksbild, dem nach unserem Dafürhalten zur Perfektionierung allenfalls noch etwas mehr herzhaft würziges Gegengewicht nicht schlecht gestanden hätte.

Wie das idealerweise aussehen und schmecken könnte, zeigte die Küche mit dem nächsten Gang gleich selbst. Hier begleitete nämlich den geflämmten fränkischen Saibling mit seinem Kaviar ein sehr ausgeglichener Akkord, bei dem ein Kürbis-Quittenpüree, Quittensud mit Tapioka und etwa Gel aus Kombucha von einer mildwürzigen Krustentiersauce genügend Paroli geboten bekamen, so dass hier weder ein Überhang in die süße noch in die salzige Richtung stattfand. Tendenziell war aber auch dieses Gericht eher fruchtig und lieblich ausgerichtet.

Als natürliche Umami-Bombe kam das folgende Zwischengericht um die mit einer Waldpilzfarce gefüllten Ravioli daher, die mit süßsauer eingelegten Buchenpilzen, Steinpilz-Schaum, Pilzchips und Pilzpulver auch als Komposition sehr nah am Produkt blieben und nur von einer milden und leichten Senfsauce aus „Tauberhasen-Mostrich" und einigen Quellern akzentuiert wurden. Ähnlich weich und süffig, diesmal aber nicht zuletzt durch eine Nocke Hummer-Eis wieder in eine recht süßliche Richtung gelenkt, erschien sodann ein halber Hummerschwanz auf einer Art Hummerbolognese. Mit Hilfe eines kraftvollen Parmesanschaums wurde aber auch hier wieder genug Gegengewicht auf den Teller gebracht, so dass unterm Strich ein ausgewogenes Geschmacksbild entstehen konnte.

Und das kam trotz der natürlichen Süße der Kerbelwurzel und einem ebenfalls eher süßen gedämpften Brot mit schmelziger, fast pastöser Konsistenz auch zu den rosa Tranchen aus der Hirschkeule zustande, wie durch die Säure aus Kornelkirschen-Blaukrauts, die Würze der mit Blut gebundenen Wildsauce und nicht zuletzt ausreichend Salz am Fleisch und an den gerösteten Haferwurzeln gewährleistet war. Dennoch hatte auch dieser Hauptgang seinen Anteil daran, dass das Menü in der Gesamtschau schon einen sehr lieblich-milden Eindruck hinterließ.

Fast wie zum Ausgleich schickte das Team mit dem relativ avantgardistisch anmutenden Dessert um pure, ungesüßte kakaoherbe Mousse aus über 80%iger Original-Beans-Schokolade, einer Steinpilzmousse auf Basis von weißer Schokolade und knuspriger Milchhaut zu guter Letzt einen Nachtisch, der mit erstaunlich wenig Zucker auskam – und trotzdem nichts vermissen ließ.

In der Gesamtschau präsentierte sich das Kulinarium diesmal zwar nicht ganz so ausgewogen wie in den vergangenen Jahren, bewegte sich aber trotzdem auf hohem Niveau. Und mit etwas mehr Balance bei den Geschmacksbildern kann sich dieses Niveau auch schon beim nächsten Mal problemlos wieder auf souveränem 8-Pfannen-Level einpendeln. Während der jüngsten Momentaufnahme sahen wir die Küchenleistung zwar etwas darunter, lassen die Bewertung aber aus guten Gründen unangetastet.

Nurnberg (Bayern)

5

Brasserie NITZ

im Hotel Karl August
Augustinerhof 1,
90403 Nürnberg
☎ 0911-376766270
brasserie-nitz.de
◕ Mi–Sa von 12–14.30 Uhr u. ab 18 Uhr,
So–Di RT
Hauptgericht: 19–59 €,
Menüs: 64 €

Der Platz und die Location haben definitiv das Zeug zum Hotspot: direkt im neuen schicken Augustinerhof und dort direkt an der Pegnitz gelegen, ist die weitläufige und modern gestaltete Brasserie Nitz ein Ort zum Sehen und gesehen werden. Aber auch die Küche hat was zu bieten, denn die im klassischen französischen Bistrostil entworfenen Gerichte vom Steak Tatare über die Bouillabaisse bis zur im Ganzen im Ofen gegarten Maispoularde haben klar überdurchschnittliches Niveau. Die meisten Dinge sind ganz traditionell gehalten, manche kommen mit leicht kreativem Twist daher und alle sind sie zeitgemäß, fundiert und mit Sorgfalt zubereitet.

6

Einzimmer Küche Bar

Schustergasse 10,
90403 Nürnberg
☎ 0911-66463875
www.einzimmerkuechebar.de
◕ Di u. Mi ab 18 Uhr, Do–Sa von
12–14 Uhr u. ab 18 Uhr,
So u. Mo RT

Dieses sehr kleine und sehr schlicht mit blanken Holztischen eingerichtete Lokal in der Nähe des Weinmarkts ist eine spannende Adresse, wenn anspruchsvoller Genuss in ungezwungener Atmosphäre gefragt ist. Hier geht es betont locker zu und rein gar nichts erinnert an das landläufige Klischee-Gourmetrestaurant. Und dennoch richtet sich die Küche an Besseresser – aber eben nicht an solche, für die Damast, Tafelsilber und förmliches Servicegebaren ebenso unabdingbar sind wie Hummer, Gänseleber und Steinbutt. Fisch und Fleisch spielen in Tim Kohlers Kulinarium ohnehin nur eine untergeordnete Rolle. Der junge Chef, der alleine am Herd seiner offen einsehbaren, nur durch eine große Glasscheibe vom Gastraum getrennten Küche steht, kocht mit klarem Gemüse-Schwerpunkt, setzt viele Kräuter und andere gewachsene Aromen ein und konzentriert sich auf wenige, gut durchdachte Komponenten auf den Tellern. Und wer möchte, bekommt glasweise korrespondierende Weine ausgeschenkt, die ebenso viel Spaß machen wie die Küche.

7

Entenstuben

Schranke 9,
90489 Nürnberg (Wöhrd)
☎ 0911-5209128
www.entenstuben.de
◕ Di–Sa ab 18 Uhr, So u. Mo RT
Hauptgericht: 32–38 €,
Menüs: 99–149 €

Mit einer grundsoliden gehobenen Küche auf sehr konstantem Niveau gehören die Entenstuben mittlerweile zu den Klassikern in Nürnbergs Feinschmeckerlandschaft – und haben bei der Vielzahl an eigenständig kreativen und alternativen Konzepten in der Frankenmetropole mit einer doch recht klassischen Stilistik fast schon so etwas wie ein Alleinstellungsmerkmal. Wobei auch Fabian Denningers Kreationen hier und da mal mit einem unkonventionellen Aromenakzent oder in einer nicht alltäglichen Produktkombination daherkommen können und selbst konzeptionell nicht unbedingt die traditionelle französische Küche repräsentieren.

Geboten wird mittlerweile auch hier ausschließlich ein Menü ohne größere Auswahlmöglichkeiten. Zum Aperitif begrüßt mit etwas vegetarischem Fingerfood, gefolgt vom schmissigen Dreiklang aus umamiwürziger Pilzcreme, säuerlich fermentiertem Rotkohl und speckigem Lardo, startete unser letztes Menü schließlich mit der Vorspeise um Jakobsmuschel, Rote Bete und Joghurt, die wir optional noch um eine Nocke „Royal Kaviar" aus Berlin aufgewertet haben. Und das extrem schlichte Arrangement aus eineinhalb gebratenen halbierten Jakobsmuscheln, eher fruchtig als erdig gehaltener Bete (knackig und cremig) und einer leichten Joghurtsauce profitierte durch dieses Upgrade tatsächlich sehr – wäre allerdings im Umkehrschluss ohne das jodig-nussige Extra ziemlich langweilig gewesen.

Ganz und gar nicht langweilig war auch ohne kostspielige Zusatzoptionen der ähnlich schlicht und unaufgeregt komponierte Zwischengang, in dessen Mittelpunkt eine schön dicke, auf angenehme Betriebstemperatur gebrachte Tranche von einem mild gebeizten Saibling stand. Der wurde im Grunde nur von wieder knackig und cremig interpretierter Steckrübe, etwas Wakame-Alge und einem köstlich rund und „komplett" schmeckenden Dashifond von der Steckrübe begleitet, wirkte als solches aber durchaus gefällig und aromatisch gut ausgelotet.

Überhaupt hat Fabian Denninger meist gute Ideen, die er stimmig und in der Machart sehr unaufgeregt, man möchte fast sagen pragmatisch umsetzt. Das wurde zuletzt auch beim saftigen Seeteufel offenbar, der rundum goldgelb coloriert nebst wieder cremig und knackig auf den Teller gebrachter Pastinake und Kiwistückchen auf einem überraschend raffiniert zusammenspielenden Saucenspiegel aus Pinienkern-Buttersauce und Kiwi-Coulis angerichtet war.

Überhaupt funktioniert hier im Grunde jedes Gericht über einen oft raffiniert anklingenden Akkord. Zur gebratenen Gänseleber erzeugte diesen zum Beispiel gerösteter Blumenkohl, Pistaziencreme und Rotweinbutter, die zu einem sehr runden und geschmeidigen, durch die Röstaromen, die nussige Süße und die fruchtige Säure aber durchaus auch markanten Dreiklang zusammenfanden. Da ist nichts sonderlich Innovatives oder Originelles, aber doch oft ein schmissiger Twist auf dem Teller zu finden.

Genau den vermissten wir allerdings ein wenig beim Hauptgang, denn das per se ja nicht sonderlich ausdrucksstarke Kalbsfilet wurde hier von Karotte, Spinat und schwarzem Knoblauch in Gestalt einer noch relativ knackigen glasierten Möhre, seltsam modrig schmeckendem Spinatschaum und mit Creme von fermentiertem Knoblauch glasierter Quiche mit Karotten und Spinat begleitet, was insgesamt recht akzentlos und breit wirkte, und auch von der schmorwürzigen, eher stumpfen als prägnant zugespitzten Jus nicht wirklich auf Touren gebracht wurde. Damit keine Missverständnisse entstehen: ein harmonisches, schmackhaftes Gericht. Aber eben deutlich eindimensionaler als die Vorgänger.

Was man wiederum vom Dessert nicht behaupten konnte, denn das Zusammenspiel von Mohnkuchen, glasierten Zwetschgen und einem röstaromatisch-nussig schmeckenden Eis von grünem Kaffee hatte durchaus Swag. Und so eine lässig-coole Ausstrahlung hatten übrigens auch die unkonventionellen glasweisen Weinempfehlungen zu den einzelnen Gängen, respektive die daraus entstandenen Pairings, wie etwa beim „Steinzeug"-Cuvée aus Sauvignon blanc und Manzoni von Nico Espenschied in Kombination mit dem gebeizten Saibling. Die Entenstuben sind also immer einen Besuch wert!

Essigbrätlein

Weinmarkt 3, 90403 Nürnberg
📞 0911–225131
www.essigbraetlein.de
⊘ Di–Sa von 12–15 Uhr u. ab 19 Uhr,
So u. Mo RT
Menüs: 110–195 €

Das Nürnberger Essigbrätlein ist eines der beeindruckendsten Phänomene unter den ambitionierten Restaurants hierzulande. Seit über 30 Jahren gehen André Köthe und sein „partner in crime" Yves Ollech hier in dem kleinen und von außen völlig unscheinbaren Gasthaus hinter Butzenscheiben im Nürnberger Zentrum einen völlig eigenständigen Weg – mit einer der kreativsten Küchen im gesamten deutschsprachigen Raum! Dabei haben die beiden Chefs ihren vom unkonventionellen Umgang mit Gemüse und Kräutern geprägten Stil rein aus ihrer ganz eigenen Blase heraus entwickelt, ohne erkennbare Einflüsse anderer Kollegen oder irgendwelcher Trends, nur von der eigenen Neugierde und Experimentierfreude getrieben.

Das ist ein Aspekt, der einen Besuch hier so spannend macht. Ein anderer ist sicherlich, dass garantiert Eindrücke zu erwarten sind, die man so noch nie erlebt hat und die den kulinarischen Horizont jedes Mal wieder erweitern. Nachdem in den Anfangsjahren des Essigbrätleins noch der unkonventionelle Einsatz von Gewürzen und Kräutern eine größere Rolle spielte, wurde die Stilistik über die Jahre immer mehr vom kreativen Umgang mit pflanzlichen Produkten geprägt. Was sich dabei aber nie verändert hat: André Köthe und Yves Ollech lassen sich dabei stets von der Suche nach der bestmöglichen, intensivsten Aromatik leiten. Das klingt trivial, wird aber – wenn es so auf die Spitze getrieben wird wie hier – zu einer hochspannenden Angelegenheit. In diesem Sinne ist

es nie kreativer Selbstzweck oder trendgeleitet, wenn das Team mit Auszügen und Säften aus Kräutern und Gemüsen arbeitet, die geschossenen Triebe von Lagergemüse verwendet, oder auf der Suche nach besonderen Varietäten ist, sondern immer vor dem Hintergrund zu sehen, welche typischen und möglichst intensiven Geschmacksnuancen sich herausarbeiten und darstellen lassen.

Zum einzigartigen Gesamterlebnis eines Besuchs gehört nach wie vor auch das Anläuten an der unscheinbar geschlossenen Tür, der herzlich-zuvorkommende Empfang und überhaupt ein Serviceteam, das gemeinsam mit der Küchencrew ganz ausgezeichnet die Balance zwischen selbstbewusster Erklärung und entspanntem Umsorgen trifft. Mit dem seltenen Erfolg, dass die Erklärungen tatsächlich nur insofern angebracht werden, dass sich verstehen lässt, was auf den Tellern passiert. Ganz ohne erhobenen Zeigefinder oder sonstige übertriebene Selbstdarstellung…

Und für viele Zubereitungen sind ein paar Hintergrundinformationen fraglos hilfreich. Das beginnt schon bei den ersten kleinen Appetizern, unter denen zuletzt beispielsweise geklopfter junger Mais mit Maishaar und Saft aus grünen Maisblättern keine Süße, sondern eher grüne, „schotige" Aromen und eine feine Salzigkeit auf den Degustationslöffel brachte. Oder bei einem Saft von der gegrillten gelben Spitzpaprika als hochintensiver, mit Holunderblütenöl parfümierter Auszug von gemüsefruchtiger Intensität. Oder auch beim zart gegarten und glasierten Rotkohltrieb mit Pulver aus fermentierten getrockneten Himbeeren.

Der erste offizielle Gang des letzten Besuchs präsentierte angedörrte Gurken (!) mit einer spannend elastischen, innen aber noch saftigen Textur und intensivem Geschmack, die mit einem Topping aus Dillblüte und Schnittlauch jeweils auf einem cremig gebundenen Duftreissockel saßen. Dazwischen setzte Zitronenabrieb zusätzliche ätherische Duftnoten, während gekühlter Kerbelsaft die grüne kräuterduftige Seite elegant unterstrich.

Es folgte kühler gebeizter Saibling, bei dem die handwerkliche Meisterleistung darin bestand, eine subtile lorbeerduftige Aromatisierung und cremig-zarte Konsistenz der kapitalen Tranche zu schaffen und gleichzeitig die Haut exakt so in Butter zu temperieren, dass sie homogen mitgenießbar wurde und einen zusätzlichen Geschmacksboost gab… Ergänzt wurde der Premiumfisch von lang geschmorten grünen Bohnen mit einer dem Fisch ähnlichen wachsigen Konsistenz und buttrig-grünem Geschmack sowie einem Topping aus eingelegten

Kräutern, die neben duftig-ätherischen Noten auch einen feinen Säurekick einbrachten.

Eine der typisch neuen Perspektiven auf ein bekanntes Produkt gab es bei den nur sanft angeschwenkten Miniatur-Pfifferlingen auf einer rahmigen Hefecreme als natürlichen Umami-Booster (ohne zu dominant zu sein!), sowie einem knackig ätherischen Topping aus hauchdünnen Rettichscheiben, welche die Pfifferlinge gemeinsam mit einem Hauch fermentierten Rettichs und Rettichblüten in eine ganz neuartige ätherisch-vegetabile Richtung bewegten.

Eher an ein traditionelles Geschmacksbild angelehnt, dann aber doch wieder radikal anders gedacht und umgesetzt, folgte im Hauptgang ebenso straffe wie saftige Entenbrust auf einer pastösen Rotkohlreduktion mit spannender Aromatik zwischen leichter Süße, Bitterkeit und einem Hauch von roter Frucht. Wer braucht da schon eine klassische Jus? Zumal diese auch nicht so passgenau an das üppig lockere Topping aus zart geklopftem rohem Rotkohl und verschiedensten Blüten angeschlossen hätte, das teils foral-duftige, teils ätherische oder kresseartige Noten beisteuerte. Wie in eigentlich jedem Gang wurde hier durch die unkonventionellen und genau austarierten pflanzlichen Zubereitungen enorme Finesse und Spannung geschaffen.

Diese Linie wird auch bei den Desserts nicht verlassen. Und so gab es zuletzt einen typisch innovativen und lebendig-frischen Abschluss mit einem locker-cremigen Eis aus Schwarzem Rettich, das auf subtile Art eine gewisse gemüsige Note (die man vielleicht von gezuckertem Rettich als Hustenhausmittel kennt) transportierte und sich gemeinsam mit einem limonenduftigen Reis-Espuma und frischgrünen geschlagenen Gurkenstückchen zu einem komplexen und dennoch kompakt-eingängigen Ganzen verband.

Dafür, dass es zu den hochspannenden und eigenständigen Gerichten eine adäquate Ergänzung in den Gläsern gibt, sorgt seit jeher Ivan Jakir, der das Team bereits seit 1999 als Sommelier mit fordernden, inspirierenden und charakterstarken Weinempfehlungen ergänzt. Wie auch sonst im gesamten Essigbrätlein-Programm sind die ausgesuchten Weine nie dogmatisch aus irgendeiner Sparte oder gezwungen aus der Naturwein-Ecke, bieten aber garantiert spannende Entdeckungen. Und dank origineller Eigenproduktionen mit dem reichen Erfahrungsschatz unter anderem rund um Gemüse- und Kräutersäfte und -Essenzen gibt es auch äußerst lohnende alkoholfreie Alternativen.

etz

Wiesentalstr. 40,
90419 Nürnberg
☎ 0911-47712809
etzrestaurant.de
◷ Do–Sa ab 18.15 Uhr
(gemeinsamer Menübeginn),
So–Mi RT
Menüs: 210 €

Auch wenn das neue Restaurant von Felix Schneider und seinen treuen Mitstreitern aus dem ehemaligen Sosein in Heroldsberg mittlerweile nochmal in die endgültige Location umgezogen ist und wir es dorthin leider bis zum Redaktionsschluss der vergangenen Testsaison nicht mehr geschafft haben (es gibt nur drei Servicezeiten von Do–Sa) – wir konnten das etz in gleicher Konstellation noch in der Übergangslocation besuchen und dort erfreut feststellen, dass das Team mit seinem Konzept einer ebenso radikalen wie innovativen Naturküche aus ausschließlich allerbesten regionalen Produkten genau dort weitermacht, wo es in Heroldsberg aufgehört hatte. Manche der dort servierten Gänge kannten wir sogar so oder ganz ähnlich schon von dort. Die Küche orientiert sich einerseits an prominenten skandinavischen Vorbildern wie René Redzepi oder Magnus Nilsson, hat aber andererseits längst zu einem ganz eigenen Stil gefunden und liegt in ihrer Konsequenz auch weit entfernt von auf den ersten Blick ähnlich orientierten Konzepten in Berlin oder anderswo. Sie ist mit Sicherheit eine der radikalsten des Landes und es geht radikal um die bemerkenswerten Produkte und ihren Geschmack. Die Arbeit des Teams fängt wortwörtlich am Ursprung dieser Produkte an, denn alte Gemüsesorten wurzeln im hauseigenen Garten, Tiere werden im Ganzen gekauft, zerlegt und dann von Kopf bis Fuß verarbeitet. Und trotzdem ist das etwa 15 Gänge fassende Kulinarium, für das man sich mittlerweile vorab ein Ticket auf der Website kaufen muss, keine asketische Produktküche, sondern bietet durchaus eine Fülle an intelligent ausgetüftelten, kreativ und mitunter sogar elaboriert inszenierten Geschmacksexplosionen.

5 🍴 Fränk'ness

Königstr. 70, 90402 Nürnberg
☎ 0911–24029955
fraenkness.de
⏱ Di–Sa ab 11.30 Uhr durchgehend,
So u. Mo RT
Hauptgericht: 15–40 €, Menüs: 14–77 €

Das mit Industrie- bzw. Shabby-Chic wie altem Backstein und offenliegenden Leitungen in Kombination mit modernem Interieur sehr urban aufgemachte Lokal von „Fernsehkoch" Alexander Herrmann in der Nürnberger Innenstadt bietet eine zeitgemäße Version der regionalen, speziell fränkischen Küche. Dabei nimmt man sich allerdings eher weniger traditionellen Regionalgerichten an und interpretiert diese neu, sondern verwendet vielmehr Produkte aus der näheren und weiteren Umgebung für weltläufige Gerichte und Geschmacksbilder wie sie – aus eben aus anderen, ähnlichen Produkten, auch an vielen Orten serviert werden könnten. Doch auch wenn die Fränk'ness-Küche nicht dezidiert für die Geschmacksrichtung fränkisch steht, sondern eben mit regionalen Produkten frisch und versiert international gekocht wird, ist es ein lohnendes Ziel für unkomplizierten und doch anspruchsvollen Genuss.

7 🍴 Koch & Kellner

Obere Seitenstr. 4, 90429 Nürnberg
☎ 0911–266166
www.kochundkellner.de
⏱ Mo–Sa von 11.30–14.30 Uhr
u. ab 17 Uhr, So RT
Menüs: 130 €

Koch Gerald Hoffmann und sein kleines Team bekochen das schlicht und geschmackvoll gestaltete Restaurant von Kellner Frank Mackert nun schon seit ein paar Jahren auf zuverlässig hohem Niveau, das sich vom Start weg immer noch ein wenig gesteigert, dabei noch nie übermotiviert gewirkt hat. Dass sie ihre zeitlose Feinschmeckerküche auf fundierter klassischer Basis zunehmend präziser ausarbeiten und in ihrem auf einer Schiefertafel im Gastraum offerierten Menü mit kompositorisch durchdachten, handwerklich feinsinnig umgesetzten Kreationen begeistern, hatten wir im letzten Jahr schon angemerkt. Genauso, dass das durchaus anspruchsvolle, aber nicht übertrieben exklusiv gestaltete Kulinarium mit sorgfältig behandelten Produkten überwiegend (aber nicht ausschließlich) regionaler Provenienz bestückt ist und die schnörkellose Machart der Gerichte, aber auch die bisweilen originellen Aromenpointen, etwa in den substanzreichen Saucen, großen Spaß machen. Und Frank Mackerts lockere Art, mehr noch seine lohnenden individuellen Weinbegleiter, sind sowieso die reinste Freude.

8 🍴 Tisane

Augustinerhof 1, 90403 Nürnberg
☎ 0911-376766276
restaurant-tisane.de
⏱ Mi–Sa ab 19 Uhr, So–Di RT
Menüs: 150 €

Schon wieder eine äußerst spannende Neueröffnung in der Frankenmetropole Nürnberg, die sich immer mehr zum individuellen kulinarischen Hotspot entwickelt. Der tonangebende Mann am Herd hinter dem stylischen neo-brutalistischen Chef's-Table-Tresen ist René Stein, der das Frankenland bereits im Schwarzen Adler in Kraftshof vor den Toren Nürnbergs mit seiner durchdachten modernen Küchenstilistik bereicherte. Nach Nürnberg City geholt hat Stein der Gastronomie-Unternehmer Jens Brockerhof, der seinerzeit gemeinsam mit Felix Schneider das Sosein zu einer der großen Adressen für naturnahe Küche gemacht hat. Auch wenn René Stein grundlegend anders kocht als Felix Schneider und man das Tisane keinesfalls als Fortsetzung des Sosein verstehen darf, liegt doch der Gedanke nahe, dass man nach dessen Aus zumindest aus strategi-

schen Gründen wieder ein Spitzenrestaurant als Aushängeschild des Unternehmens (zu dem auch ein erfolgreiches Catering, eine Patisserie und die gegenüber des Tisane eröffnete Brasserie Nitz gehört) am Markt platzieren möchte. Dass das Tisane das Zeug zum Flaggschiff hat, daran lassen bereits die ersten Kleinigkeiten keinen Zweifel. Neben hinter dem Tresen über Holzkohle gegrilltem und mit Bärlauch und hausgemachtem Quark serviertem Brokkoli hat uns vor allem eine mikrometerdünne aber geschmacksexplosive Schweinehaut begeistert. Ein reduzierter, hochpräziser Auftakt, der sich direkt ins kulinarische Langzeitgedächtnis einbrennt!
Überhaupt beschränken sich die Gerichte bei René Stein meist auf zwei, drei stichhaltige Aromen. Viel wichtiger als das was, erscheint das wie. Komplexität und Tiefenschärfe generiert er auf eindrucksvolle Weise über Prägnanz, nicht durch Vielfalt. So schmeckte ein Pilzgang mit Klapperschwamm, Egerlingen, Champignons und Topinamburvelouté nicht nach besonders viel, katapultiert uns durch seine austarierte Perfektion aber in höchste Genusssphären – schlotzig, aber nicht breiig, süßlich, aber nicht zuckrig, umamibehaftet, aber nicht schwer, spritzig-säurehaltig, aber nicht kratzig. Auch die verschiedenen Pilze steuerten Komplexität bei, die geschwenkten Klapperschwämme erinnern dezent an Kalbfleisch, die knackig-frischen rohen Champignons erzeugen die Illusion von Vin Jaune aus dem französischen Jura (oder ist so ein rarer Wein vielleicht doch in die Velouté gewandert?).
Dass René Stein es versteht, hervorragende Seefische nach Nürnberg zu karren (und dass die mangelnde Küstennähe heute nur noch eine schlechte Ausrede für unspektakuläre Meeresprodukte ist), bewies der Zwischengang mit Seeteufel und Kaffee-Beurre-Blanc. Einmal aufgrund der fleischigen faustdicken Tranche, aber auch dank der würzigen, aber nicht plakativ nach Kaffee schmeckenden Buttersauce, die Rösigkeit mit selbstbewusster Säure vereinte. Perfekt abgestimmt war hier auch die Weinempfehlung von Sommelière Sonja Mohr: ein Demi-Sec Chenin Blanc aus Vouvray, der mit seinem Süße-Säure-Spiel an die maximal ausgereizte, fast extreme Sauce anknüpfen konnte. Ein fordernder Gang, der am Ende Sinn ergibt!
Genial ist auch der Einsatz von Gewürzen. Gerade deswegen, weil René Stein kaum welche verwendet – wenn dann aber mit maximaler Treffsicherheit. Wie etwa die Koriandersaat in der Schweinebrühe mit Sauerkraut, hinter der sich selbst geerntete und frisch gepickelte Saaten verbargen, die aromatisch ziemlich genau

zwischen Koriandergrün und Saat zu verorten sind. So sorgte das Gewürz für Frische, ohne die Penetranz von Korianderkraut. Ähnlich konnte eine Prise gestoßenen Tasmanischen Pfeffers ein Gericht mit Sellerie und Castel Franco bereichern, da die typische Brombeeraromatik der Pfeffersorte dem Gericht eine subtile Fruchtigkeit einhauchte, ohne es zu überladen.
Dass René Stein auch ein grandioser Menü-Dramaturg ist, bewies der sensationelle Sorbet-Gang vor dem Hauptgang, der im modernistischen Ambiente des Tisane fast wie eine augenzwinkernde Reminiszenz wirkt. Aromatisch setzte das Sorbet aus gegrillter Ananas mit Olivenöl und getrockneten, leicht speckigen Olivenkrümeln aber Maßstäbe, weil mit Salz (Olive), Süße (Ananas), Säure (Ananas), Schärfe (Olivenöl) und Umami (Olive) alle Sinne perfekt im Lot sind. So einfach kann Vollkommenheit sein. Ähnlich puristisch präsentierte sich der Hauptgang, der im Wesentlichen aus im Wermutsud pochierter und anschließend abgeflämmter Taubenbrust bestand, die lediglich mit einer leichten Jus serviert wurde, durch die Garung im aromatischen Fond aber selbst genug Eigengeschmack mitbrachte, um Beilagen überflüssig zu machen. Müßig zu erwähnen, dass das Fleisch des französischen Geflügels satt rosarot auf den Punkt gegart war.
Dass wir bei so viel Schwärmerei die Küche des Tisane derzeit „nur" bei 8+ Pfannen sehen, liegt vor allem an zwei Gängen, die nicht mit den oben genannten mithalten konnten. Zwar war ein Gang mit gebratener Jakobsmuschel, Holunderessigsud und gerösteter Hefe durchaus klug konzipiert, litt aber ein wenig unter der lauwarmen Darreichungsform. Wir vermuten hier einen bewusst kühlen Gang, da Stein zimmerwarme Teller und einen nur leicht temperierten Sud verwendete. Da auch die Jakobsmuschel eher handwarm auf die Gabel kam, wirkte das alles zu dumpf, zu verschwommen und ließ die gnadenlose Präzision von Taube oder Seeteufel vermissen. Ähnlich präsentierte sich ein Gang mit scharf gegrillter und (bewusst) erkalteter Schwarzwurzel, die so ihre einmalige süßliche Nussigkeit nicht ganz ausspielen konnte.
Das Dessert wurde auf den ersten Blick etwas sparsam abgehandelt, Zyniker könnten behaupten, Stein schicke gar kein Dessert, sondern gehe direkt zu den Petits Fours über. Doch egal wie man dazu sagen möchte: dahinter verbirgt sich Patisseriehandwerk aller erster Sahne! Im Zentrum stand eine rösche Buchtel, die mit allerlei Schälchen und Näpfchen zum

Tunken, Dippen, Bestreichen und Teilen begleitet wurde – wie in einer Mezze-Bar. Neben der fulminant-hefigen Buchtel konnten wir uns vor allem für die Vanillesauce mit Eigelb und Kokosmilch begeistern, die mit ihrer leicht nussigen Beinote zu den besten gehörte, die wir jemals genießen durften. Großartig war auch ein dünner, aber ultrakonzentrierter Cracker mit Butter, Kakao, Salz und Bier, der mit seinem Spiel aus Umamiwürze und Süße Assoziationen an ausgedehnte Sonntagsfrühstücke erweckte, bei denen irgendwann die Nutella auf dem Laugencroissant landet. Selten ist uns ein Dessert so sehr unter die Haut gegangen!

René Stein gelingt es, gleich von Anfang an Vollgas zu geben. Bei einigen Gängen rangierte das Tisane für uns schon auf dem nächsthöheren Bewertungsniveau. Betrachtet man den Mut, auch mal eigensinniger und ohne vorauseilende Gefälligkeit zu kochen, wie etwa bei der minimalistischen Taube, dem ausgereizten Kaffee-Beurre-Blanc oder dem scheinbar einfachen Dessert, ganz ohne Instagram-Faktor, erinnert René Steins Menü dann – bei völlig anderem Stil – doch ein wenig an die Kompromisslosigkeit der einstigen Sosein-Küche. Gut möglich, dass Jens Brockerhof seine Küchenchefs einfach mit dem richtigen Selbstbewusstsein auszustatten weiß. Selbstbewusst ist auch das Ambiente, das mit Neonröhren, Sichtbeton, schnellem Duzen und lautem Old-School-Rap, keine Anstalten macht, sich irgendwem anzubiedern. Weiter so!

Veles

Kernstr. 29, 90429 Nürnberg
☎ 0911-5985385
veles-restaurant.de
⊙ Di–Sa ab 19 Uhr, So u. Mo RT
Menüs: 79–105 €
EC ⦿ VISA ⌂ ♿

Das Restaurant Veles liegt mitten im Szeneviertel Gostenhof und damit sozusagen im Neukölln Nürnbergs. Hierher passt natürlich kein feiner „Gourmettempel" mit gesteiften Tischdecken, distinguiertem Maître und klassisch französischer Haute-Cuisine. Und das will das Veles auch gar nicht sein. Eher eine Eckkneipe mit gutem Essen. Und Sieben-Gang-Menü. Und Weinbegleitung. So viel Gourmetrestaurant ist man dann doch.

Obwohl das unsere erste Rezension über das Veles ist, das erst wenige Tage vor dem Winter-Lockdown 2020 eröffnet hat, konnten wir uns bereits mit den Fertigkeiten von Inhaber Vadim Karasev vertraut machen, der zuvor als Küchenchef im „Einzimmer Küche Bar" (6 Pfannen) tätig gewesen war. Dass die Gerichte hier spürbar anspruchsvoller gestaltet sind, wurde schon bei den ersten Kleinigkeiten klar, die auf den Tisch kamen. Sehr fein ausgearbeitet waren etwa ein luftiger filigraner Macaron mit Erdbeerbaiser und Geflügelleber oder ein ebenfalls sehr graziler weißer Tomatenschaum, den das Küchenteam mit einer dichten Parmesancreme kombinierte.

Zum Stil des Veles gehört es, recht alltägliche Zutaten aufzugreifen und in einem neuen Licht zu präsentieren – meist auf kreative Art und Weise. Das verdeutlichte insbesondere ein Gang mit Sellerie, Champignons und Brombeere, der vor allem durch die spannende Komposition aus erdigen und fruchtigen Aromen punkten konnte. Ähnlich konzipiert war ein rohes Stück Saibling mit Gurke, Dill und Meerrettich. Was sich auf den ersten Blick fast ein wenig unoriginell liest, entpuppte sich auf dem Teller als raffinierter Zwischengang. Einmal weil der Fisch eines regionalen Erzeugers von hervorragender Qualität war: Ikejime-getötet, fünf Tage gereift und dadurch sehr dicht und aromatisch aber ohne fischig-tranige Noten. Und auch die Kombination mit kaltem Dashi auf Gurkenwasserbasis und Dillöl sowie einer Nocke Meerrettichsorbet war dank des Spiels aus unaufdringlicher Frische und Dichte ein Volltreffer.

Konzeptionell konnte uns so jeder Gang – bis auf das etwas verkopfte zu salzige und nicht wirklich harmonische Dessert mit Karotte und Butter – voll und ganz überzeugen. Ansatzpunkte für Verbesserungen sehen wir vor allem bei der Justierung und einigen handwerklichen Details. So wirkte etwa ein Gang mit Burrata, Zucchini und frittiertem Buchweizen zwar sehr durchdacht, litt aber unter einem irritierenderweise recht trockenen Hauptprodukt, das eine bröselige Textur fast wie Ricotta hatte. Auch der bereits erwähnte Gang mit Champignons,

Sellerie und Brombeere ließe sich für unseren Geschmack durch einige Finetuning-Schritte erheblich verbessern: etwa erschienen die getrockneten Pilze, die als Unterlage für frische Beeren und marinierten Sellerie dienten zu ledrig; die am Tisch angegossene Pilzbrühe ging völlig unter, ließ auf dem zu flachen Teller kaum löffeln und hätte auch etwas mehr geschmackliche Tiefe und Konzentration vertragen können.

Wie viel Potential in Vadim Karasevs Küche aber schlummert, zeigte unter anderem ein Zwischengang mit Iberico-Nacken, Ingwer und Fenchel, den wir bewertungsmäßig locker zwei bis drei Pfannen über dem Rest verorten. Das fett durchwachsene und hocharomatische Fleisch wurde erst sous-vide gegart und anschließend unter großem Hitzeeinfluss mit Sojasauce glaciert. Dazu servierte Karasev eine süß-scharfe Creme, die an Sushiingwer erinnerte, sowie knackig-frischen Fenchel. Der Clou war hier aber ein Sud mit Apfelessig und Sternanis, der eine geniale Brücke zwischen dem fetten umamibombösen Schwein und dem anetholhaltigen Fenchel darstellte. Ein großartiger Gang, der auch über den Pass deutlich höher dekorierter Restaurants huschen könnte, ohne negativ aufzufallen.

So halten wir die 6 Pfannen auf Bonuspfeil für unseren Einstandsbesuch zwar für angemessen, wären aber auch nicht verwundert, wenn wir hier zeitnah auch noch mehr vergeben könnten. Hier und da wirkt das Restaurant noch ein wenig wie in der Findungsphase. Der qualitativ hochwertige Saibling, der phänomenale Iberico-Gang sowie die lockere Gangart des Serviceteams, das sich erfrischend gut in der Naturweinszene auskennt, machen aber sehr viel Lust auf mehr.

Vineria Nürnberg

Kleinreuther Weg 87,
90408 Nürnberg (Thon)
☎ 0911-3001950
www.vineria.de
◉ Mo–Sa ab 17 Uhr, So RT
Hauptgericht: 19–39 €, Menüs: 35–69 €

Vinothek, Restaurant, Bar, Veranstaltungslocation: Die äußerst beliebte und sehr erfolgreiche Vineria von Sommelier, Weinhändler und Gastronom Peter G. Rock im Nürnberger Stadtteil Grossreuth vereint als attraktives Mischkon-

zept viele Dinge unter einem Dach und wird nicht nur ob des großen repräsentativen Saals, der sich hinter dem Restaurant- und Barbereich erstreckt, oft und gern für Hochzeiten und andere Feierlichkeiten gebucht. Wer sich als Restaurantgast nicht schon vorab per Gutscheinkauf für eines der Candlelight- oder Wine-&-Food-Pairing- oder Gourmetmenüs entschieden hat, bekommt wie eh und je eine Schiefertafel mit den jeweiligen Tagesofferten präsentiert, die stets sehr ansprechend klingen und tendenziell in die klassisch-mediterrane Richtung weisen. Und was man hier an sauber eingedeckten Tischen zwischen prall gefüllten Weinregalen serviert bekommt, ist tatsächlich eine ebenso schmackhafte wie solide zubereitete Küche, die sich nicht nur, aber schon sehr oft und gern an italienischen Rezepturen orientiert und ohne viel Schnickschnack oder Kreativitätsdrang den Geschmack der Produkte in den Vordergrund stellt.

Waidwerk

im Romantik Hotel Gasthaus Rottner
Winterstr. 15–17,
90431 Nürnberg
☎ 0911-612032
www.rottner-hotel.de
◉ Mi–Sa ab 18 Uhr, So–Di RT
Menüs: 120–170 €

Hinter dem Restaurant Waidwerk steht das Romantik Hotel Gasthaus Rottner, ein altes familiengeführtes Hotel, das vor einigen Dekaden wohl mal in der grünen Heide stand, mittlerweile aber an die Ausläufer der Nürnberger Neubaugebiete herangewachsen ist. Glücklicherweise konnte man sich den ländlichen Charme bewahren, sodass sich im von Junior-Chef Valentin Rottner geführten Gourmetrestaurant ein gefühlter Ausflug ins Grüne ganz bequem mit der U-Bahn-Anbindung verbinden lässt.

Dass sich im Waidwerk, wie schon der Name verrät, vieles um Valentin Rottners zweite Leidenschaft neben dem Kochen, nämlich das Jagen dreht, machen bereits die Amuses-Gueles deutlich, in die diverses Wildfleisch in verschiedener Form integriert war. Am besten gefiel uns ein luftiger Hefe-Bun mit einem pikant würzigen Topping aus geschmortem und gezupftem Wildschwein, quasi ein „Pulled Boar".

Dass sich der Chef, der unter anderem der Köchevereinigung Jeunes Restaurateurs angehört, aber auch in ferneren und maritimeren Gefilden als der heimischen Jagd wohl fühlt, stellt er mit einer Vorspeise aus Kaisergranat, Kaviar, Fingerlimette und Avocado unter Beweis. Neben dem saftig gebratenen Kaisergranat, selbigem als Carpaccio serviertem Krustentier und der großzügigen Nocke Kaviar kann das Gericht vor allem durch seine gute Komposition punkten. Oft geraten Gerichte mit Fisch, Zitrus und Avocado ja zu süßlich-säuerlich, hier lassen die prononcierten aber vorsichtigen Säurespitzen dem Meeresgetier genug Platz, ähnlich sorgt die sparsam eingesetzte Avocado für subtil-nussigen Schmelz.

Sehr angetan waren wir auch vom Zwischengang mit Kartoffel, Grünkohl und Kalbsbries, der als süffiges Löffelgericht mit Kartoffel-/Bries-Raviolo, Kartoffelschaum und frittiertem Grünkohlcracker auf den Tisch kam. Das gewohnte Bild aus Salz, Fett und Kohlehydraten wissen Rottner und sein Team hier sehr finessenreich auf den Teller zu bringen, vor allem dank des krossen Grünkohls, der zwar selbst Fett in die Waagschale gab, dadurch seine Rest-Ätherik aber perfekt an das Gericht andocken konnte. Ausgerechnet das Bries ging für unseren Geschmack im ansonsten sehr überzeugenden Ganzen etwas unter. Nicht dass uns das gestört hätte, ganz im Gegenteil: so angetan, wie wir uns ohne den Bries-Charakter auf der Zunge waren, hätten wir auch ganz darauf verzichten können. Mehr Mut zu vegetarischen Gerichten! Und das sagen wir als eingefleischte Kalbsbries-Fans!

Zum Hauptgang schickte die Küche geschmorte Short-Rib vom Rind, die sie mit Mais, Sellerie und Sanddorn paarte. Auch hierbei handelt es sich um eine sehr stimmige Komposition, vor allem die Liaison aus Popcorn, Sanddorn und knackigem Staudensellerie harmonierte hervorragend. So ganz unter die Haut wollte uns das aber dennoch nicht gehen, zu austauschbar war die Kombination, zu wenig produktorientiert das weich geschmorte Rind. Womöglich fährt das Waidwerk erst richtig auf,

wenn die Schonzeit für Rot- und Damwild vorbei ist und Valentin Rottner hochwertige Rehrücken und Hirschfilets zur Verfügung stehen. So ist das zwar ein äußerst schmackhafter, aber wenig animierender Hauptgang.

Ähnlich ging es uns mit zwei Zwischengängen, einmal mit Loup der Mer und einmal mit Ente, die zwar schlüssig und fehlerfrei gekocht waren, aber nicht das Besondere der Küche über den Teller in unsere Köpfe transportierten, wie wir er es hier in der Vergangenheit bereits erlebt haben. Aber das ist zugegebenermaßen Kritik auf hohem Niveau und soll im Grunde nur erklären, warum wir uns bislang noch nicht zu einer Höherstufung auf 8 Pfannen durchringen konnten.

Der hätte übrigens auch das begeisternde Dessert mit Litschi, Rose und Himbeere nicht im Wege gestanden, welches im Wesentlichen aus einem dezent bitteren Granité bestand, das sehr trittsicher auf dem schmalen Litschi-Rosen-Pfad wandelte, ohne auch nur einmal in Richtung Badewasser-Assoziationsabgrund zu schwanken. Und das muss man erstmal hinbekommen!

Auch wenn wir bei diesem Besuch klar unterhalb des avisierten 8-Pfannen-Niveaus gespeist haben, war die Einkehr im Reich von Familie Rottner wieder absolut lohnend. Nicht nur dank Valentin Rottners vielseitigem Küchenhandwerk, sondern auch aufgrund des professionellen Service, dem es stets gelingt, die Stimmung zu lesen und ganz ohne aufgesetztes Getue fachkundig durch die klassisch auf Franken und Baden fokussierte Weinkarte zu führen. Und beim nächsten Mal kommen wir einfach wieder, wenn es Reh gibt…

Wonka

Johannisstr. 38, 90419 Nürnberg
☎ 0911-396215
www.restaurant-wonka.de
◐ Di ab 18.30 Uhr, Mi–Fr von 12–13.15 Uhr u. ab 18.30 Uhr, Sa ab 18.30 Uhr, So u. Mo RT
Hauptgericht: 32–36 €, Menüs: 72–99 €

Ebenfalls eine Adresse mit Tradition unter den Nürnberger Koch-Individualisten: das von außen unscheinbar in einem Altbau gelegene, innen aber mit künstlerischem Design und puristisch-einladendem Ambiente überraschende Restaurant von Claudia und Christian Wonka besteht seit mittlerweile über 20 Jahren und ist für alle aufgeschlossenen Genießer in Nürnberg eine unverzichtbare Alternative zu Schäufele und „Drei im Weckla". Gemeinsam mit Kreativchef Kemal Besirevic und Restaurantleiter Patrice Blanchard steht das Wonka sowohl für individuelle Küche, weit weg von technisch aufwendigen Modernitäten, als auch für individuelle und charakterstarke Weine.

Typisch für die unaufgeregt kreativen Gerichte der Wonka-Küche ist eine konsequente Produktorientierung mit wenigen, dafür markanten Akzenten und teils einfachen, in jedem Fall aber gut durchdachten Mitteln. Anstelle klassischer kräftiger Saucen – sei es als reduzierte Jus oder sahnig-buttrige Variante – wird hier meist mit leichteren Fonds, ätherischen Kräutern, Ölen oder anderen liquiden Akzenten gearbeitet, so dass auf den Tellern besonders transparent und klar wirkende Ergebnisse entstehen.

Ein perfektes Beispiel dafür gab's zuletzt nach dem stets sehr guten saftigen Brot in Gestalt von zart und kross auf der Haut gebratener Entenbrust, die neben teils roh mariniertem, teils cremigem Kürbis, säurebetonten Wildpreiselbeeren und einem üppigen Kerbel-Bouquet auf den Teller kam. Im Hintergrund wehte noch leichte, warm schärfende Pikanterie vorbei, während karamellisierte Kürbiskerne als Ausgleich zur Säure der Preiselbeeren das Ganze harmonisch abrundeten. Unkompliziert und doch anspruchsvoll!

Das galt grundsätzlich auch für den mit zarten Röstnoten gebratenen weißen Heilbutt, dem konzentriert glasierte Rote Bete mit typischer Erdigkeit, aber auch mit einem eleganten Süße-Säure-Spiel und als Gegenpart zur frischgrünen Brunnenkresse (als Salat und Joghurtsauce…) zur Seite standen. Die Kombination wirkte in der Umsetzung eher gröber und einfach gehalten, überzeugte aromatisch aber ebenfalls.

Das Wonka ist ohnehin weniger ein Ort für „Instagram-Gourmets", als vielmehr für stille Genießer, bei denen nicht alles bis aufs Letzte durchgestylt sein muss und denen Geschmack wichtiger ist als Optik oder Trends. Wobei das nicht weniger als perfekt saftig am Knochen gebratene Lammkarree mit zart-krossem Fettdeckel auf seine puristische Art auch optisch einiges her machte. Als Begleiter genügten hier ein Klecks mild erdige weiße Bohnencreme neben einem üppig mit markant ätherischen Kräutern von Petersilie über Dill bis Bronzefenchel versetzten Bohnensalat und einem klaren Tomatenfond, der mit seinem subtilen gemüsefruchtig-feinsäuerlichen Geschmack an dieser Stelle viel besser passte als eine klassische Jus.

Und da zuletzt auch mit dem süßen Abschluss, einer zart angekrossten Brioche-Scheibe unter geschmortem Apfel, frischerem Apfelragout und herb säuerlichem Cidre-Sorbet in Kombination mit duftig leichter Vanillesauce ein bekanntes Geschmacksbild erfrischend individuell abwandelt wurde, stehen wir nach wie vor voll und ganz hinter unserer hohen Bewertung. Außerdem sprechen wir zudem ein klares Lob für den charmanten und entspannten Service unter Patrice Blanchard aus, der mit seinen spannenden und erfreulich fair kalkulierten Weinempfehlungen das Wonka-Erlebnis ganz entscheidend positiv mitprägt.

Würzhaus

**Kirchenweg 3a,
90419 Nürnberg**
📞 **0911-9373455**
www.wuerzhaus.info
❂ **Di–Fr von 11.30–14 Uhr u. ab 18 Uhr,
Sa ab 18 Uhr, So u. Mo RT**
Hauptgericht: 16 €, Menüs: 69–97 €

Dass Diana Burkel, seit vielen Jahren die kreative Küchenchefin des Würzhaus, vor ihrer ersten Chefposition am Herd eine ganze Zeitlang im Essigbrätlein gearbeitet hat und dort von der damals noch „gewürzlastigeren" Küche nachhaltig inspiriert wurde, kann man gut glauben, wenn man mal in ihrem gepflegten bodenständigen Gasthaus eingekehrt und ein paar ihrer kraftvoll aromendichten und kontrastreichen, aber immer auch gut ausgewogenen Gerichte probiert hat. Inspiriert ja, kopiert nein. Sehr früh hat sie auf Basis des bei Köthe und Ollech Kennengelernten zu einer eigenen Handschrift gefunden und verwirklicht seither ihre ganz eigene Version einer mutig innovativen Gewürz- und Aromenküche. Mit hohem

Anspruch, aber ohne preistreibende Exklusivität setzt sie souverän ihre guten Ideen in die Tat um und lässt die Gäste so zu moderaten Preisen in den Genuss origineller Liaisons nicht alltäglicher Viktualien kommen. Auf nahezu allen Tellern beweist sie Ihr großes Talent für spannend unkonventionelle Produkt- und Aromenkombinationen und ihr Feingespür beim Abschmecken. Auch der junge Service agiert hier sehr umsichtig, ist gut informiert und zeigt sich auch in Weinfragen kompetent.

Zirbelstube

**Friedrich-Overbeck-Str. 1,
90455 Nürnberg (Worzeldorf)**
☎ **0911-998820**
www.zirbelstube.com
⬥ **Di–Sa ab 18 Uhr, So u. Mo RT**
Menüs: 58–88 €

Mit zunehmender Originalität und Präzision bekochen Sebastian Kunkel und sein Team die Tische des kleinen, feinen, holzvertäfelten Gasthauses. Abgesehen von gelegentlichen Krusten- oder Schalentieren und dem einen oder anderen Meeresfisch konzentriert sich der Chef bei seinen Menüs seit jeher auf die heimische Produktvielfalt – was aber nicht heißt, dass es auf seinen Tellern traditionell und behäbig zugeht. Mit Blick über den fränkischen Tellerrand kommen auch mal exotische Aromen zum Einsatz und generell zeichnet sich Kunkels Küche durch viel bodenständig-kreative Finesse aus. So hat man es hier mit unkompliziert zugänglichen, handwerklich fundiert und mit viel Sorgfalt und Können zubereiteten Gerichten zu tun, die zu moderaten Preisen zu haben sind. Dazu der zuvorkommende Service unter der Leitung von Susanne Wagner-Kunkel und wohlfeile Weine von einer ausreichend bestückten Karte mit fränkischem Fokus.

ZweiSinn Fine Dining

**Äußere Sulzbacher Str. 118,
90491 Nürnberg**
☎ **0911-92300823**
www.meierszweisinn.de
⬥ **Di–Sa ab 18 Uhr, (Di–Fr von
12–14 Uhr nur Bistro), So u. Mo RT**
**Hauptgericht: 28–39 €,
Menüs: 140–160 €**

Schon seit längerem zählt die Stadt Nürnberg bundesweit zu den absoluten Hotspots für eigenständige, kreative und anspruchsvolle Gastronomie und bietet eine bunte Vielfalt spannender Ziele für aufgeschlossene Genießer. Unter diesen Zielen ist der Fine-Dining-Bereich von Meiers Zweisinn längst eine feste Größe und sticht insofern heraus, als dass hier durch das Team um Stefan Meier zur Abwechslung keine radikale Regional- oder Produktküche geboten wird, sondern einfallsreich akkurate Spitzenküche, in der weltoffene Inspirationen genauso ihren Platz haben können wie regionale Bezüge.

Sicher ist dabei aber: wer an dem ebenfalls lohnenden, etwas unkomplizierter bodenständiger bespielten Bistro vorbei in den hinteren Gourmetbereich geht, kann sich auf feinsinnige und mit spannenden Ideen überraschende Küche auf sehr hohem Niveau freuen. Und natürlich auf ein entspanntes, in dezenter Eleganz gestaltetes Ambiente sowie ein charmantes, gut eingespieltes Serviceteam. Überhaupt hat das gesamte Konzept trotz seines hohen Anspruchs nichts Angestrengtes oder Verkrampftes, sondern kommt sowohl in der Atmosphäre als auch auf den Tellern auf niveauvolle Art entspannt und locker daher.

Wie ausgefeilt das kulinarisch passiert zeigen dann auch schon die ersten kleinen Appetizer, darunter zuletzt ein knuspriges Kroepoeck mit fruchtig-salzig lackiertem Thunfisch, die kraftvoll jodige Kombination von Rindertatar nebst Schnittlauch-Sauerrahm und Imperial-Kaviar sowie schmelzende Burrata in Tomatengelee – vor allem aber zeigte sich die Klasse der Küche beim komplexer gestalteten Rauchaal mit Apfel-/Selleriesud, Hibiskus und Meerrettich bei dem die kraftvolle Rauchigkeit des (eher milden) Aals gekonnt von knackig grünen Aromen, abgestufter Säure und hintergründiger Schärfe eingebettet wurde. Und bereits hier wurde auch der typische Zweisinn-Stil deutlich, der auf eine klar erkennbare aromatische Grundidee setzt, die dann mit feinen, akkuraten Details zugespitzt wird.

Das gleiche Prinzip, aber sogar noch eine ganze Stufe eindrücklicher, gab's auch beim ersten offiziellen Gang. In dessen Zentrum stand sanft confierter und abgeflämmter Waller in einem mit Limettenöl marmorierten Kefirsud. Daneben stellten drei jeweils aus Limetten- und Bete-Gel sowie Joghurt, Malzcrumble und Leinsamen spannungsgeladene Miniaturen sowohl erdige als auch frische Akzente. Wobei der Frische-Input vor allem auch von einem mit Bete-Sprossen gefüllten knackigen Bete-Röllchen kam und insgesamt eine hervorragende Balance zwischen Erdigkeit und lebendiger Säure schaffte, ohne dem Waller die Show zu stehlen. Klugerweise etwas kompakter angerichtet spielte danach zart und buttrig aufblätternder Saibling mit seinem Kaviar die Hauptrolle neben knackigen (mit Liebstöckel bepuderten) Kohlrabi-Röllchen, Kimizu-Mayonnaise und einem Tomaten-Dashifond, wobei auch hier das Gleichgewicht zwischen tomatenfruchtig-umamistark und eher frischen Elementen gekonnt austariert wurde.

Dass dies bei den Fleischgerichten genauso gut funktionierte zeigte – betont kraftvoll und zupackend – die Kombination aus nussig-saftigem Iberico Secreto mit jungem Mais, schwarzem Knoblauch und Chorizo. Und das, weil auf diesem Teller trotz viel Power auch viel Eleganz geschaffen wurde. Dank akkurater Proportionen und insgesamt federleichten Zubereitungen mit dem Mais als süßliche Espuma und kräftig geröstete Kerne neben schwarzer Knoblauchcreme und einer förmlich schwebenden Chorizojus mit dem vollen Charakter der scharfen Paprikawurst, aber ganz ohne deftige Schwere. Genial!

Deftige Schwere gab es dann erwartungsgemäß auch beim saftig-straffen Rehrücken in Referenzqualität nicht, bei dem sich einmal mehr zeigte, wie akribisch das Team seine Gerichte ausarbeitet. Denn so elegant und fein differenziert wie in diesem Fall haben wir die klassische Kombination aus Sellerie, Steinpilz und Kir-sche nur selten erlebt. Neben eingelegten Kirschen und seidiger Selleriecreme hoben vor allem ein prägnant säurefrischer Sellerieschaum und eine duftig-tiefschürfende, prononciert aber nicht plakativ mit Purple Curry abgeschmeckte Jus das Ganze auf ein beeindruckendes Niveau.

Eine willkommene Erfrischung und Überleitung ins Süße schaffte danach ein intensives pacojetcremiges Gurkeneis, das gemeinsam mit Cantaloupe-Melone, einem hauchzart parfümierten Lavendelschaum, Gurkenbaiser und mit leichten Röstnoten aufwartendem Melonenkern-Powder hohe Komplexität auf engem Raum erzeugte. Und das hohe Niveau genauso sicher hielt wie die abschließende Kombination aus roten Früchten (Cassis, Erdbeere, Kirsche) mit Shiso und durch Misopaste verstärkter weißer Schokolade.

Ebenfalls gleiches Niveau gibt es im Service mit Carina Burkhardt als natürlich-charmante Gastgeberin und der in internationalen Top-Adressen bestens geschulten Difan Xu als Sommelière, die kompetent und flexibel garantiert, dass aus dem fair kalkulierten Sortiment spannender Weine immer etwas Passendes den Weg in die Gläser findet. Wahlweise übrigens auch originelle alkoholfreie Alternativen!

Hotelempfehlung

★★★★

Romantik Hotel Gasthaus Rottner

Winterstr. 15–17, 90431 Nürnberg
☎ 0911-658480
www.rottner-hotel.de
Einzelzimmer: 82–235 €
Doppelzimmer: 121–270 €

Das Romantik Hotel im Westen von Nürnberg besteht aus dem historischen Stammhaus, in dem die beiden Restaurants untergebracht sind und das schon seit rund 200 Jahren generationsübergreifend von Familie Rottner geführt wird, sowie einem modernen, erst 1998 eröffneten Hotelanbau mit 37 individuell und zeitgemäß gestalteten Zimmern. Die teilen sich in 8 Einzel-, 4 Familien- und 25 Doppelzimmer unterschiedlicher Kategorien auf. Alle Zimmer haben runde Bäder, die mit beheizten Solnhofer Natursteinböden ausgestattet sind. Des Weiteren verfügen sie über Badewanne oder Dusche, Fön, Durchwahltelefon, kostenlosen WLAN-Internetzugang (im gesamten Haus), Safe und TV mit integriertem Wecksystem. Zwei modern ausgestattete Tagungsräume sowie ein separater Pavillon (bis zu 80 Pers.) stehen für Seminare, Veranstaltungen und Feierlichkeiten zur Verfügung. Neben der Hotelbar, dem Gasthaus Rottner mit gehobener regionaler Küche und dem erst 2018 eröffneten neuen Gourmetrestaurant Waidwerk gibt es im Sommer auch den idyllischen Lindengarten, in dem die à-la-carte-Gerichte des Gasthaus Rottner serviert werden. Im Nussbaumgarten gibt es eine separate Biergarten-Karte mit bodenständigen Gerichten. Bei schönem Wetter wird auch das Frühstück auf der Hotelterrasse serviert. Gourmetrestaurant Waidwerk separat erwähnt.

Nürtingen (Baden-Württemberg)

belsers Restaurant

Brunnensteige 15, 72622 Nürtingen
☎ 07022-7195860
www.belsers.com
◷ Di–Do u. Sa ab 17.30 Uhr, Fr u. So von 11.30–14 Uhr u. ab 17.30 Uhr, Mo RT
Hauptgericht: 20–38 €,
Menüs: 50–80 €

Nach Wanderjahren durch internationale Stationen ist Christer Belser 2014 in seine Heimat zurückgekehrt und hat sich in der Altstadt von Nürtingen den Traum von der Selbstständigkeit erfüllt. Gewiss keine schlechte Entscheidung, denn sein Belsers ist vom Start weg gut angenommen worden. So gut, dass es an Wochenenden nicht leicht ist, einen Tisch zu bekommen. Aber als Ausweichmöglichkeit zu

den Plätzen mit teils Blick über den Marktplatz gibt es auch noch den Gewölbekeller. Der ist zwar als Brasserie Kellertraube konzipiert, aber auch dort bekommt man gegebenenfalls Gerichte von der Belsers-Karte mit ihren regionalen, italophilen oder anderen internationalen Klassikern. Ohnehin werden beide Bereiche aus ein und derselben Küche bespielt, die man vom Gastraum aus einsehen kann und die nicht allzu groß ist, so dass es je nach Buchungslage bisweilen auch mal zu Verzögerungen im Gesamtablauf kommt.

Nach Brot, Butter und Kräuterquark dauerte es bei unserem letzten Besuch zum Beispiel ein Weilchen, bis die Vorspeisen an den Tisch kamen. Da die nicht ganz klare Rinderconsommé als „leicht asiatisch verfeinert" annonciert war, hätten wir einen kleinen Umami-Kick erwartet, aber eigentlich kam sie als durchschnittlich gewürzte, sanft-süßliche Suppe mit Gemüsestreifen, Kräutern und Pioppino-Pilzen daher. Möglicherweise bezog sich das Asiatische auch nur auf eine weitere Einlage: recht individuell geformte Dim-Sum-Teigtaschen, die allerdings mit ihrer Fleischfüllung eher streng schmeckten. Sehr lieblich war der Gesamteindruck der Triologie von der Roten Bete in verschiedenen Texturen, hübsch im Halbkreis angerichtet. Am auffälligsten war hier die Fruchtsüße des Sorbets. Dazu gab es marinierte größere Würfel und ein kleines Relish sowie dünne Scheiben von der Chioggia-Bete mit herberer Note, die sich auch gut zu den Feldsalatbüscheln machte. Zusätzliche Süße kam durch Maronen ins Spiel, etwas Würze durch leicht salzige Burrata, aber auch etwas mehr Säure hätte dem Gericht gutgetan.

Eine ganze Menge los war auf dem Teller mit dem rosa gebratenen Lammrücken, dessen punktgenau gegartes Fleisch unter einer Kräuterkruste den Namen des Gerichts voll und ganz einlöste. Dazu gab es ein Vielerlei an Gemüse: Romanesco und wilden Brokkoli, gebratene oder geflämmte Kringel vom Lauch und Rosenkohlröschen mit Speck, etwas geschmorte Tomate und erneut Chioggia-Bete, Spinatblätter, confierte Perlzwiebeln und eine geschmacklich leider recht blasse Auberginenmousse. Mit fast jeder Gabel hatte man andere Geschmacksnoten, die nur bedingt durch eine kräftige Kalamata-Oliven-Jus zusammengehalten werden konnten. Geradezu gegenteilig das Kalbsragout, das im tiefen Teller eine Einheit mit hausgemachten Wacholder-Tagliatelle bildete. Vom gehobelten Parmesan war schon nichts mehr zu sehen, stattdessen obenauf Salatblätter, deren Textur alsbald der des zur spinatartig gewordenem, eingearbeiteten Rucola glich. Heißt also: Nach der dritten Gabel war das Gericht mit seinem mürbe geschmorten Kalb in einer „leicht tomatisierten Sauce" und verzichtbaren Preiselbeeren erschlossen und machte einfach keinen Spaß mehr, weil im Gegensatz zu einem original italienischen Ragú mit Tagliatelle dieser Nicht-genug-bekommen-können-Effekt fehlte.

In dem Auf und Ab des Abends überzeugte und versöhnte schließlich das überdurchschnittlich gute Dessert mit einer Mousse vom griechischen Joghurt unter Orangen-/Vanille-Haube, der Kombination von Mango und Passionsfrucht als Sorbet (mit Florentiner-Hippe) und Fruchtsphären, dazu allerlei Crumble und Crunch durch Nüsse, Mandeln und mürbe Vanillebrösel. Obwohl ringsherum an den eng stehenden Tischen viel zum Weizenbier als Begleiter gegriffen wurde: Auch die ordentliche Auswahl an offenen Weinen kann bisweilen über unverhältnismäßig lange Wartezeiten hinweghelfen.

Oberkirch (Baden-Württemberg)

Haus am Berg

Am Rebhof 5, 77704 Oberkirch
☎ 07802-4701
www.haus-am-berg-oberkirch.de
⊘ Mo u. Mi–Fr ab 18 Uhr, Sa u. So von 12–14.30 Uhr u. ab 18 Uhr, Di u. So (an geraden Wochenenden) RT
Hauptgericht: 18–34 €, Menüs: 33–69 €

In exklusiver Premiumlage mit freier Sicht bis ins nahe gelegene Straßburg lässt sich hier genießen, was Küchenchef Peter Zimmermann und sein Team in fundierter Oldschool-Manier auf die Teller bringen. Unverkrampft und sou-

verän gefällt die bewährte im charmant-pastelligen Gastraum kredenzte Linie, die mal französisch angehaucht, mal mediterran verspielt und mal traditionell geerdet interpretiert wird. Die tief in der Region verwurzelte Weinkarte, aus der Gastgeberin Nicola Welte mit ungekünstelter Geste empfiehlt, listet sinnigerweise etliche Erzeugnisse aus der näheren Umgebung. Im Sommer sollte man auf alle Fälle die wunderschöne Umgebung auf der großzügigen Terrasse genießen.

Oberkochen (Baden-Württemberg)

Vilotel

Eugen-Bolz-Platz 2, 73447 Oberkochen
☎ 07364-955540
www.vilotel.de
⊘ Mo–Sa ab 17.30 Uhr, So RT
Hauptgericht: 17–55 €, Menüs: 44–80 €

Ein größer dimensioniertes Hotelrestaurant mit einem Mischangebot für Hotelgäste und Gourmets anspruchsvoll und ansprechend zu gestalten, ist keine einfache Aufgabe – wird hier im Vilotel in Oberkochen aber sehr souverän gelöst. Der „Trick": insgesamt ein hoher Anspruch an eine frische, natürliche Zubereitung, auch bei den unkompliziert pfiffigen Gerichten à la carte, bei denen es dann beispielsweise einen Entenburger mit Rotkohl, Apfel-Preiselbeere und selbst geschnitzten Pommes oder Cuts vom Wasserbüffel mit Kräuterbutter und Senf-Zwiebel-Paprika Chutney gibt. Außerdem aber eben auch ein ebenfalls nicht überambitioniertes Gourmetmenü, quasi als „best of" in angepassten Proportionen.

Der Kopf hinter dem Konzept und gleichzeitig die Exekutive am Herd ist Johannes Bischof, der bei Stationen unter anderem bei Andreas

Caminada, Jörg Sackmann und Heinz Hanner sicherlich nicht die schlechteste Grundlage mitbekommen hat. Ganz im Gegenteil, man merkt sie den Gerichten durchgängig an, auch wenn die hier natürlich deutlich schlichter gehalten werden als bei den großen Lehrmeistern. So beispielsweise auch in diesem Jahr bei einem farben- und aromenfrohen Kalbstatar, das in pikanter (beinahe süß-saurer) Aromatik mit süßlich-würzigem rotem Zwiebelkompott, gebeiztem Eigelb, knackigem Kopfsalatherz, hauchdünnem Brotcrunch und etwas Frischkäsecreme zu einem abwechslungsreichen Auftakt arrangiert wurde.

Demgegenüber wirkte die folgende Bouillabaisse deutlich simpler – und im Grunde maximal weit entfernt vom namensgebenden Original. Umgesetzt wurde der südfranzösische Klassiker hier in Gestalt eines tiefen, runden Fischfonds mit zarten Stücken von Forelle und Zander, einer (nur durchschnittlichen) Garnele und knackig naturellen Stücken von Karotte und Fenchel. Das überzeugte durch die tiefe Klarheit des Fonds und die guten Süßwasserfische durchaus, hätte aber mit wenigen Handgriffen auch noch markanter und spannender gestaltet werden können.

Das galt auch für das „Millesfeuilles" aus Blumenkohl-Tempura, Kräuterseitlingen und Knollensellerie-Scheiben, das mit reichlich Kürbispüree geschichtet und einer tomatigen Rauchpaprika-Sauce (mit gewisser Nähe zu Barbecuesauce) zu einer ziemlich mampfig-üppigen Angelegenheit wurde. Die einzelnen Bestandteile waren zwar souverän und natürlich zubereitet, an der Gesamtwirkung änderte das aber genauso wenig wie das Kressebouquet oben auf dem Schichtwerk. Hier wären deutlich weniger Püree und eventuell eine schaumige Beurre blanc anstelle der Tomaten-Paprikasauce mögliche Ansatzpunkte gewesen, um einen etwas eleganteren Eindruck zu erzeugen. Wie das aussehen könnte, zeigte das Team dann gleich selbst bei den zart kross gebratenen Saiblingsfilets auf frischgrünem Erbsenpüree, einigen sautierten Kürbiswürfeln und Kräuterseitlingen, die von einer luftigen Beurre blanc mit reichlich flirrender Säure eingerahmt wurden. Hier stimmte, bis auf trotz allem etwas zu viel Püree und Cremigkeit, dann wieder alles.

Da die Portionen zwar durchaus auf das Menü abgestimmt sind, aber nicht gerade zierlich ausfallen, braucht es einen insgesamt guten Appetit bis zum Dessert. Mit diesem macht aber beispielsweise ein halbflüssiger Schokoladenkuchen mit Glühweinsorbet, Vanillesauce und Mandarine genauso unkompliziert Freude wie der Rest des Angebotes. Und im Notfall kann

man auch einfach auf eines der selbst hergestellten, zartcremigen Sorbets ausweichen. Begleitend gibt es eine kleine individuelle Auswahl biologisch erzeugter Weine, bei denen zwar der Highend-Bereich fehlt, dafür wird aber ein gute und fair kalkulierte Auswahl im Einstiegssegment geboten und auch glasweise flexibel und gastorientiert ausgeschenkt.

Oberopfingen (Baden-Württemberg)

Landgasthof Löwen
Kirchdorfer Str. 8,
88457 Oberopfingen
08395-667
www.loewen-oberopfingen.de
Do–Sa ab 17.30 Uhr, So von 11.30–13.30 Uhr u. ab 17.30 Uhr, Mo–Mi RT
Hauptgericht: 16–42 €,
Menüs: 59–116 €

Auf vier Generationen im eigenen Betrieb können sicher einige Wirtshäuser zurückblicken. Aber nur wenigen gelingt es so gut wie Alexander Ruhland, diese lange Tradition lebendig und niveauvoll ins Hier und Heute zu transportieren. Der nach seinen Lehr- und Wanderjahren in verschiedenen, vor allem handwerklich besonders gut aufgestellten Häusern wie der Wielandshöhe unter Vincent Klink in den Elternbetrieb zurückgekehrte Chef bewältigt hier ganz lockerleicht den Spagat zwischen Wiener Schnitzel mit Kartoffelsalat oder Zwiebelrostbraten mit Spätzle auf der einen und einem maximal sechsgängigen Gourmetmenü auf der anderen Seite.

Der Anspruch ist allerdings auf beiden Seiten gleichermaßen hoch und auch bei den Gourmetgerichten versteigt sich das Team auch nicht in allzu aufwendige oder abgedrehte Kreationen, sondern gestaltet die Gerichte so, dass sie gleichermaßen zugänglich wie interessant bleiben – und vor allem auch mit einem kleineren Team bei vollem Haus in der gewünschten Genauigkeit auf die Tische kommen können!

Zur Einstimmung zeigte beim letzten Besuch beispielsweise ein kleines intensiv zugespitztes Spargelschaumsüppchen neben roh marinierten Jakobsmuscheln in einem leicht angeschärften Chilifond und ein krosses Brioche-Rondell mit Rehschinken schon sehr gut das Spektrum zwischen verfeinerter Rustikalität und exklusiverem Fine Dining.

Klar in letztere Kategorie gehörte das in Sesam kurz angebratene Thunfisch-Tataki auf Wakamesalat. Dessen sehr gute, zart schmelzende und reintönige Qualität stand mit vollreifen Mangowürfeln, einer milden Sesamespuma sowie schwarzer Knoblauchcreme und Dashi in einem würzig-süßlichen Umfeld mit viel Umami und salzig-jodigen Noten. Etwas Frische kam zudem durch ein herbes Gurken-/Gin-Sorbet ins Spiel, das aber ebenfalls auch wieder eine gewisse Süße mitbrachte und damit den in Summe sehr gefälligen Charakter verstärkte – handwerklich und vom Produkt her super, aromatisch aber noch ausbaufähig…

Besser gelang die aromatische Balance bei der folgenden Kombination aus zart gebratenem grünem Spargel neben einer scharfwürzigen Currymayonnaise mit Miso, geröstetem Panko und zart schmelzenden gezupften Kalbries-Segmenten. Eine kraftvoll knallige Kombination, die von einer luftigen Bärlauch-Beurre-Blanc noch mit zusätzlicher herzhafter Power gestützt, aber auch von feiner Säure getragen wurde. Sehr fein!

Mit der unter einer (etwas dumpfen) Kräuterkruste zu würzig-zarter Perfektion gegarten Hüfte vom Salzwiesenlamm, die in dem abwechslungsreichen Umfeld aus zarter Süßkartoffelcreme und krossen Süßkartoffelsticks, einer in Säure und Schärfe pikant zugespitzten Paprikacreme, mild gepickelten Topinamburscheiben und einer eleganten Thymianjus gekonnt in den Mittelpunkt gestellt wurde, bewegte sich das Team sogar schon eher in einer noch höheren Bewertungsebene. Einzig den etwas spröden und nicht so markanten Topinambur hätte es da in dieser Form gar nicht unbedingt gebraucht.

Darüber, ob es beim Dessert wirklich alle Komponenten gebraucht hätte, ließe sich auch streiten. Aber letztlich bot die kunterbunte Kombination aus verschiedenen Rhabarber- und Himbeerzubereitungen mit Passionsfruchtsorbet, Minze und schokoladendunklem Crumble einen gelungenen und sehr erfrischenden Abschluss mit unterschiedlichen Säuregraden und einer heiter farbenfrohen Optik. Und damit endete der letzte Eindruck unterm Strich erneut bei souveränen 6-Pfannen, ergänzt von der über die letzten Jahre stetig erweiterten Weinkarte, die einen guten europäischen Querschnitt im populären und preiswerten Bereich bietet.

Oberotterbach (Rheinland-Pfalz)

ohne
Bewertung

Schlössl
im Hotel Schlössl
Weinstr. 6,
76889 Oberotterbach
☎ 06342-923230
www.schloessl-suedpfalz.de
◑ RESTAURANT DERZEIT GESCHLOSSEN
Hauptgericht: 39–42 €,
Menüs: 65–135 €

Das elegante Gourmetrestaurant dieses pittoresken Anwesens in seinem hingebungsvoll gehegten Barockgarten hat es uns in den vergangenen Jahren wiederholt nicht einfach gemacht, in den Genuss seiner Menüs zu kommen, was nicht nur mit Corona-Einschränkungen zu tun hatte. Nachdem wir im Vorjahr endlich wieder störungsfrei die klassisch-süffigen Teller von Küchenchef Christian Oberhofer goutieren konnten, der hier neben dem Gourmetrestaurant auch noch für das zweite gastronomische Konzept „Guud Gess" gleich nebenan verantwortlich zeichnet, mussten wir in der ersten Jahreshälfte 2020 leider erfahren, dass das Fine-Dining-Abteil wieder auf unbestimmte Zeit geschlossen bleibt. Wir hoffen auf eine baldige Rückkehr und stehen für den nächsten Testbesuch parat, sobald es wieder losgeht.

Hotelempfehlung

Schlössl

Weinstr. 6,
76889 Oberotterbach
06342-923230
www.schloessl-suedpfalz.de
Einzelzimmer: 75–120 €
Doppelzimmer: 120–180 €

Das Schlössl, ein historisches Gebäude samt prachtvollen Barockgarten mit Brunnen, wurde um 1740 als Sommersitz eines Zweibrücker Adelsgeschlechts erbaut. Zum historischen Ensemble zählen ein französisch beeinflusster, spätbarocker Mansardwalmdachbau, eine Mansarddach-Scheune und ein umgebauter Wintergarten. Heute beherbergt das Gebäude ein exklusives Boutiquehotel mit nur 8 Zimmern, Gewölbekeller, eigener Destillerie, Pfälzer Bistro und Gourmetrestaurant. Hochwertige Materialen und modernstes Interieur ergänzen hier die historische Pracht. Kostenloser Breitband-Internetzugang gehört ebenso zur Ausstattung wie etwa ein moderner Flachbildfernseher. Das Frühstück ist im Preis inbegriffen und wird in der Orangerie mit Blick in den Garten serviert. Gourmetrestaurant Schlössl separat erwähnt.

Bezahlkarten-Symbole

- Mastercard
- EC-Maestro
- Diners
- American Express
- VISA Visa

Oberstaufen (Bayern)

7

die.speisekammer

im Hotel DAS.HOCHGRAT

Rothenfelsstr. 6+8,
87534 Oberstaufen
08386-9914620
www.die-speisekammer.de
Mo u. Do–Sa ab 18 Uhr, So von 12–13.45 Uhr u. ab 18 Uhr, Di u. Mi RT
Hauptgericht: 26–48 €,
Menüs: 75–105 €

In dem sehr geschmackvoll alpinen Charme und rustikale Wärme mit modernem Design kombinierenden Chalethotel DAS.HOCHGRAT wird schon seit längerem auch der kulinarische Genuss großgeschrieben und mit Küchenchef Friedrich Braumüller nun endlich genau der der richtige Mann dafür gefunden. Und trotz der nicht eben leichten Zeiten für gehobene Gastronomie hat sich weder am Anspruch noch am Stil seiner Küche irgendetwas geändert.
Auf die edlen, in warmes Licht getauchten Holztische kommt nach wie vor das Beste aus der Region, zupackend präsentiert, dabei nicht übermäßig verkompliziert, aber dafür mit pfiffigen Details angereichert. So auch bereits bei kleinen prägnanten Snacks wie einem Roggen-Taco mit Krautsalat oder – nach hervorragendem Brot – die für Speisekammer-Verhältnisse noch zurückhaltende Produktpräsentation von mild gebeiztem Alpenlachs, dessen mageres festes Fleisch von einem Fenchel-/Staudensellerie-Salat und einer Miso-Mayonnaise mit Frische und Umami akzentuiert wurde.
Schon deutlich mehr wurde bei der das Menü eröffnenden, zart und dünn aufgeschnittenen Kalbszunge aufgeboten, die von einem abwechslungsreich feingliedrigen Topping aus

geraspeltem Kartoffelcrunch, feinsäuerlicher Kartoffelcreme, Schnittlauch-Mayonnaise und sowohl frisch als auch mildsauer eingelegten Buchenpilzen bedeckt war. Und apropos Umami: geschmackssatte Tiefe kam hier auch noch von zarten Gelee-Scheibchen, die entweder aus Kalbskochsud und/oder auf Pilzbasis zubereitet gewesen sein müssen und dem Gericht zusätzlich Rückgrat verliehen.

Ausnahmsweise mal nicht aus der Region, aber ebenfalls von hoher Qualität war der Steinbutt, der zunächst durch seine tadellose Frische mit kompakt-zarter Konsistenz und klarem Geschmack überzeugte. Zugespitzt wurde die Tranche von den röstwürzigen Aromen einer locker mit Bröseln besetzten Bratoberseite, die außerdem genügend Power mitbrachte, um der Kombination aus frischgrüner Erbsencreme (nebst einigen knackigen Erbsen) und molligerem Kartoffel-/Speckschaum genügend entgegensetzen zu können. Das klappte prima und auch sonst wirkte auf dem Teller alles sehr harmonisch zusammen. Nur ein aufbrechend frischerer Akzent mit Säure oder Ätherik wäre hier nicht schlecht gewesen…

Genau diese Rolle nahm beim kernig-zarten Büffelfilet eine süßäuerliche rote Zwiebelcreme ein, die neben (etwas klebrigem) Kartoffelpüree, sautiertem wildem Brokkoli und Pfifferlingen für wichtige Dynamik in dem ansonsten zurecht eher produktpuristischen Hauptgang sorgte. Zum Fokus auf die feine Eigenwürze des Büffelfleischs passten auch die hell und transparent gehaltene Jus und ein zusätzliches Schälchen mit schmorwürzigen Würfeln aus der Büffelbacke mit sautierten Pfifferlingen.

Nach einem kleinen, fein gearbeiteten Zitronentörtchen als erfrischenden Übergang ins Süße wurde in Form von Topfenknödel mit schmelzendem Nougatkern noch einmal das regionale Fach bedient: Die cremig-nussige Süße der Knödel wurde dabei von eingelegter Mandarine und Mandarinensorbet ätherisch aufgebrochen, ohne zu kratzig dagegenzuhalten. Der Clou bei dem Ganzen war allerdings ein zarter Raz-El-Hanout-Duft in der Knusperbrösel-Hülle der Topfenknödel – zwar alles andere als traditionell, aber gemeinsam mit den Zitrusnoten kompositorisch ein Volltreffer.

Solche Volltreffer gibt es im Übrigen auch regelmäßig beim Zusammenspiel der Gerichte mit den vom souverän-locker und charmant agierenden Gastgeber Thomas Klopfer dazu empfohlenen Weinen. Die bieten nicht nur hohe Qualität und perfekte Feinabstimmung mit den zu begleitenden Speisen, sondern sind oft auch noch spannende neue Entdeckungen.

Esslust
im Hotel Alpenkönig
Kalzhofer Str. 25, 87534 Oberstaufen
☎ 08386-93450
www.hotel-alpenkoenig.de
Mi–Sa ab 17.30 Uhr, So–Di RT
Hauptgericht: 19–42 €, Menüs: 47–89 €

Beim einladend in alpinem Chic gestalteten Genusshotel Alpenkönig legen schon der Name und das formulierte Selbstverständnis nahe, dass nicht nur Wohlfühlen und Komfort, sondern auch anspruchsvolle Kulinarik geboten werden. In dem sowohl Hotelgästen als auch externen Besuchern offenstehenden Restaurant Esslust bietet das Team um Küchenchef Manuel Gorbach dafür eine ambitionierte bodenständige Küche, die, ohne sich zu weit aus dem Fenster zu lehnen, mit einer klug gehaltenen Karte und fundierter frischer Zubereitung punktet.

Den Einstieg ins letzte Menü schaffte – nach gutem Brot mit Olivenöl und einer Paprikacreme – ein fein geschabtes, gekonnt auf die Fleischwürze abgestelltes Rindertatar mit einer kräuterduftigen Schmandcreme, Rockchives-Kresse und einem hauchdünnen Brotchip als sehr gute Visitenkarte für den Esslust-Stil: unkompliziert und in den schlichten Details doch anspruchsvoll. Was genauso auch für die luftig aufgeschäumte Karotten-Ingwersuppe mit einem harmonisch vollen Körper, eher subtil fruchtiger Schärfe und feiner lebendiger Säure galt. Hier wäre nur eine passende Einlage oder ein ergänzender Kontrast ganz gut gewesen, um noch eins drauf zu setzen.

Dafür gab es dann im Hauptgang wieder schlicht pointierte Drei-Komponenten-Küche mit einem kross und saftig gebratenen Doradenfilet auf süßlich mildem Süßkartoffelpüree, das wiederum von einem säurefrischen Rieslingschaum und knackigen Zuckerschoten in

Kräuteröl kontrastiert wurde. Den gleichen Stil, der vor allem mit guten Produkten und aufgeräumt-stimmigen Begleitern punktet, hält das Team auch bei Gerichten wie dem saftig-festfleischigen Steinbutt mit cremigem Safranrisotto und Schmorpaprika, Saltimbocca mit Ratatouille und Olivennocken oder der süffigen Kombination von Bärlauch-Schlutzkrapfen nebst Spargel, Eigelb und Parmesan.

Mit Desserts wie Tiramisu oder Affogato zeigt das Team dagegen etwas weniger Ambition, lebt diese dann jedoch dafür bei kreativen hausgemachten Eis- und Sorbetkreationen, die beispielsweise in Form von Apfel-Feldsalat oder Karotte mit wenig Süße und klarem Produktgeschmack punkten können.

Mit Restaurantleiter Jürgen Rupp steht zudem ein versierter und souveräner Gastgeber dafür ein, dass ein Besuch weder an der passenden Speisenauswahl, gut korrespondieren Weinen oder sonst irgendetwas scheitert. In der Weinkarte mit Schwerpunkt Baden, Pfalz, Württemberg und Österreich finden sich überwiegend gute Basisqualitäten, dazwischen aber auch hochwertige Gewächse.

Hotelempfehlung

DAS.HOCHGRAT

Rothenfelsstr. 6+8,
87534 Oberstaufen
☎ 08386-9914620
www.das-hochgrat.de
Einzelzimmer: ab 141 €
Doppelzimmer: 186–325 €

EC ⬤ VISA P & P 🛜 🖼 👐 🛏 HtH

Die 19 Luxus-Ferienwohnungen des DAS. HOCHGRAT – 4 Junior-Chalets bzw. Doppelzimmer sowie 15 Luxus-Chalets – liegen mitten im Herzen von Oberstaufen und sind die moderne Interpretation des alpenländischen Baustils. Die gesamte Architektur spiegelt die

perfekte Mischung aus Tradition und Moderne wieder. Holz, Glas und Naturmaterialien versprühen Wärme und Gastlichkeit. Sie reichen von den gemütlichen Junior-Chalets (zwischen 27 m² und 34 m²), die mit hochwertigen Materialien, wunderschönen Design-Bädern, Betten in Übergröße und Flachbild-TV ausgestattet sind, bis hin zu den über 100 m² großen Superior- und Panorama-Chalets mit zwei separaten Schlafzimmern und Bädern und Design-Kamin, teilweise mit Dampfdusche und Whirlpool oder sogar mit eigener Sauna, die Platz für vier bis sechs Personen bieten. Außerdem wartet der kleine, feine Wellnessbereich mit zwei Saunen (Bio- und finnisch), Außenpool, Relax-Lounge und Wellness-Massagen auf. Restaurant DIE.SPEISEKAMMER separat erwähnt.

Das Maximilians
im Das Freiberg Romantik Hotel

Freibergstr. 21,
87561 Oberstdorf
☎ 08322-96780
www.das-maximilians.de
☉ Mi–Sa ab 19 Uhr, So–Di RT
Menüs: 89–149 €

EC ⬤ VISA P HtH 🗷 &

Es sieht ganz so aus, als wäre Henrik Weiser nun ganz und gar in Oberstdorf angekommen. Und das nicht nur, weil im Menü bereits Signature Dishes fest verankert sind, sondern vor allem deshalb, weil sein zupackender Stil, der eine Prise Bodenständigkeit mit präzisen und aromenstarken Zubereitungen kombiniert, so gut in das alpenländisch-moderne Boutiquehotel „Das Freiberg" passt, als wäre er schon immer hier angesiedelt gewesen. Das gesamte, von Margret Bolkart-Fetz und Ludger Fetz seit vielen Jahren engagiert geführte Haus, lebt die Verbindung von Exklusivität und hohem Anspruch mit Bodenhaftung und charmanter Lockerheit – und genau das vermitteln auch die Gerichte des Teams um Henrik Weiser.

Hier wird nicht krampfhaft nach Kreativität gesucht, sondern eher Altbewährtes durch feine Detailarbeit spannend gestaltet, so dass einerseits eine leichte Zugänglichkeit gewährleistet bleibt, andererseits aber auch neugierige Genießer an keiner Stelle langweilt werden. Und auch das kleine charmante Gourmetabteil, teils mit Blick in die Küche, ermöglicht stilvolles Wohlfühlen auf ähnliche Art – eher in stilvollem Bistro-Style als mit prunkvollem Luxus…

Aber apropos Signature-Dishes: Diese finden sich, quasi als Rahmen, am Anfang und Ende des wechselnden Menüs und bieten so einerseits reizvolle Vertrautheit bei wiederholtem Besuch, sind andererseits aber auch einfach sehr gelungen. So stimmte zum Aperitif auch heuer das kraftvoll würzige Rindertatar zwischen Graubrotchips als rustikal-feine Miniatur auf den Abend ein, während der mild gebeizte und in Rettich eingeschlagene Wildlachs mit Koriandermayonnaise eher die leichte und elegante Seite der Küche repräsentierte. Der zarte Saibling mit Kartoffel-/Blumenkohlstampf, Schnittlauch, Crème fraîche, aufgeschäumter Nussbutter und reichlich Imperial-Kaviar repräsentierte in dieser Folge einen bis zu den abgestuften Temperaturen perfekt austarierten „Wohlfühlgang" und leitete gekonnt zum ersten regulären Aufzug des Menüs über. Bei diesem gelang das Spiel mit den Temperaturen dann nicht ganz so perfekt, weil die (nur zimmerwarme) gebratene Mieral-Taubenbrust neben kühler Gänselebermousse mit mehr Hitze noch reizvoller gewesen wäre. Dafür war aber alles andere perfekt auf den Punkt: Die absolut klassische, aber hochintensiv ausgearbeitet Umgebung aus rohem Artischockensalat und gebratener Artischocke neben einer hellen Balsamicoemulsion und Trüffelvinaigrette gab durch ihre feinbitteren und erdigen Noten sowohl Power als auch Spannung zu der saftstrotzend zarten Taube und der schmelzigen Foie gras.

Henrik Weiser mag es ganz offensichtlich generell gern kraftvoll und zupackend auf seinen Tellern. Die Menüfolge als Gesamtes wirkte auf ihre Art beim letzten Besuch schon beinahe anachronistisch, weil auf sämtliche landläufig „leichten" Kombination gepfiffen und stattdessen voll auf charakterstarke Arrangements gesetzt wurde. Dank der sensiblen, exakt austa-

rierten Umsetzung wirkt das trotzdem alles andere als schwer oder mächtig – setzt aber einen ungewohnten Schwerpunkt und schafft damit durchaus eine markante Handschrift.

Auf diese Art begeisterte auch das saftig-kross gebratene Wolfsbarschfilet (top!) neben allesamt konzentrierten Begleitern aus bittersalziger Auberginencreme, kräftig gerösteter Artischocke, einer Spur schwarzer Knoblauchcreme und einem komplexen Chorizosud rundum. Der einzige Frischemoment waren knackig als Juliennes servierte grüne Schnippelbohnen und dennoch wirkte das Ganze nicht überzogen, sondern lies auch dem Fisch noch genügend Raum.

Und beim „from nose to tail" präsentierten Kalb im Hauptgang ließ schon allein die Produktliste die Augen aller Freunde kraftvoller Aromen leuchten: neben rosa-saftigem Filet zeigten zartes Bries unter einer hauchdünnen schmelzenden Kalbskopfscheibe und eine Tranche von der saftig geschmorten Brust gemeinsam mit einer tiefgründig-eleganten Baroloessigjus enorm viel Produktcharakter. Verstärkt wurde dieser durch die facettenreiche Kombination mit verschiedenen Zwiebelzubereitungen, die von einer hellen gebackenen Praline über eine süßwürzig geschmorte Zwiebel und geflämmte Perlzwiebelsegmente bis hin zum gegrillten Frühlingslauch reichten. Das war so richtig ausdrucksstark!

Danach leitete gekonnt zwischen cremig und locker gehaltener Milchreis als Basis für ein unter anderem von Mango und Passionsfrucht geprägtes Exotiksorbet in kreolischer Sauce mit feinporigem duftigem Tahitivanilleschaum auf ebenso komplexe wie erfrischende Art zum süßen Finale über. Dieses stellte dann eine Tranche von saftig-flaumigem Baba au rhum neben eine Sauce von Ananas und Vanille, Creme Chantilly und Kokosnuss – ein von perfektioniertem Handwerk und erneut intensiv herausgearbeiteten Aromen (Vanille, Rum, Ananas…) geprägtes Dessert, das auch bei Baba-Großmeister Ducasse eine gute Figur gemacht hätte.

Luft nach oben gab es zuletzt eigentlich nur bei der Weinbegleitung, für die in dem individuell und hochwertig bestückten Sortiment sowohl qualitativ als auch korrespondierend noch bessere Pairings vorrätig wären als die bislang gebotenen, die zwar durchaus stimmig, aber in Relation zur Küche noch ausbaufähig wirkten. Und das junge, angenehm ungezwungen und zugleich zuvorkommend auftretende Serviceteam könnte sicher auch höhere Kosten für die Weinbegleitung charmant kommunizieren.

Ess Atelier Strauss

im Alpin Lifestyle Hotel Löwen & Strauss
Kirchstr. 1, 87561 Oberstdorf
📞 08322-800080
www.loewen-strauss.de
🕐 Do–So ab 19 Uhr, Mo–Mi RT
Menüs: 160 €

Eines der reizvollsten Gourmetziele im touristisch stark erschlossenen Oberallgäu ist das Ess-Atelier im „Alpin Lifestyle Hotel Löwen & Strauss", das von der Substanz her zwar ein traditionelles Gasthaus ist, sich in seinem Fine-Dining-Separee aus Holz, Naturmaterialien und einer gläsernen Wein-Schrankfront als Eye-Catcher aber von seiner moderneren Seite präsentiert. Und während sich die Küche nebenan im bodenständigeren Alpenbistro überwiegend traditionell und heimatnah zeigt, ist das Menü im Gourmetpendant ausgesprochen modern, elaboriert und international besetzt. Kurz: eine Küche, die dem „Atelier"-Anspruch durchaus gerecht wird. Die einerseits auf klassische, süffige Geschmacksbilder setzt, andererseits aber auch ihre kreative Ader auslebt – damit aber immer wieder mal übers Ziel hinausschießt und zu viel will. Das Problem mit einfallsreich erdachten, aber leicht überfrachtet wirkenden Kompositionen hatten wir während der letzten Jahre wiederholt festgestellt. Auf hohem Niveau bewegt sich das alles ganz ohne Frage trotzdem; auch und besonders, was die Produktqualitäten angeht. Küchenchef und Inhaber Peter A. Strauss profitiert hier sicher auch vom Netzwerk der Jeunes Restaurateurs, deren Mitglied er seit Jahren ist.

Die Symbole

- 🅿 gute Parkmöglichkeiten
- 🅿 Hotelgarage
- ♿ barrierefrei
- ❄ klimatisierte Zimmer
- 📶 WLAN-Zugang
- 🏊 Hallen- und/oder Freibad im Haus
- 🎋 mit Wellness-Bereich
- 🛗 mit Fahrstuhl zu den Hotelzimmern
- 🐕 Hunde im Hotel nicht erlaubt
- 🎋 mit Garten oder Terrasse

Hotelempfehlung

Alpin Lifestyle Hotel Löwen & Strauss

Kirchstr. 1,
87561 Oberstdorf
📞 08322-800080
www.oberstdorf-hotel.org
Einzelzimmer: 69–130 €
Doppelzimmer: 120–260 €

Das elegante „Alpin Lifestyle Hotel Landhotel Löwen & Strauß" aus dem Jahr 1872 liegt mitten im Herzen des Oberallgäus und dort zentral in der Altstadt von Oberstdorf. Mit einer geschmackvollen Mischung aus neuzeitlicher Innenarchitektur und alter Bausubstanz sowie liebevollen traditionellen Details mit regionalem Flair wie alten Skiern oder Kuhglocken verbindet das Haus Historie und viel Lokalkolorit mit dem Komfort der Moderne. Einige der 25 Zimmer haben Bergblick, Holzbalkendecken und sind mit Steindusche mit Kieselsteinboden oder freistehender Whirl-Wanne ausgestattet. Das historische Hotel verfügt außerdem über einen „Day-Spa" mit Saunen und Dachterrasse sowie ein Gourmetrestaurant und ein Bistro. Ein idealer Ausgangspunkt für Outdooraktivitäten wie Wandern oder Skifahren. Die Lifte des Nebelhorns sind nur 15 Gehminuten vom Hotel entfernt; die „Heini-Klopfer-Skiflugschanze" 6 km. Für kulturell interessierte Gäste empfiehlt sich zum Beispiel ein Besuch im Heimatmuseum Oberstdorf, im Museum Bergschau oder der Pestkapelle. Restaurant Ess Atelier Strauss separat erwähnt.

★★★★

Das Freiberg Romantik Hotel

Freibergstr. 21,
87561 Oberstdorf
☏ 089322-96780
www.das-freiberg.de
Einzelzimmer: 170–300 €
Doppelzimmer: 170–300 €

In Deutschlands einstmals kleinstem 4-Sterne-Hotel wird auch nach der umfassenden Erweiterung und Modernisierung weiterhin die familiäre Atmosphäre eines Privathauses mit modernem, anspruchsvollem Hotelkomfort verbunden. Zu den acht jüngst renovierten Stammhaus-Zimmern kamen im zeitgemäßen Anbau 15 neue Zimmer, zwei Appartements und drei Suiten hinzu. Außerdem ein neuer Wellness- und SPA-Bereich (Sauna, Dampfbad, Infrarot-Therme, Magnetfeld, individuelle Behandlungen mit hochwertigen Produkten…) und ein ganzjährig beheizter Outdoor-Pool. Der Stil des Hauses, ein von klaren Linien und Formen bestimmter, harmonischer Einrichtungsmix aus Bauhaus, Landhaus und modernem Design, zieht sich nun wie ein roter Faden durchs gesamte Haus. Ebenfalls neu ist das „Dine Around"-Kulinarik-Konzept mit nun vier verschiedenen Restaurants. Hunde im Hotel auf Anfrage. Restaurant Das Maximilians separat erwähnt.

Zum Blauen Fuchs

Walhausener Str. 1, 66649 Oberthal
☏ 06852-6740
www.zumblauenfuchs.de
◉ Fr u. Sa ab 18 Uhr, So von 12–14 Uhr, Mo–Do RT
Menüs: 66–98 €

Der Blaue Fuchs ist seit mittlerweile 60 Jahren in Familienhand und zählt unter der Ägide von Christiane und Olaf Bank zu den guten Klassikern im Saarland. In seiner handgeschriebenen Karte offeriert der Chef feine klassische Gerichte mit meist französischem und manchmal mediterranem Oberton, die mit großer Sorgfalt zubereitet und mit viel Geschmackssinn abgerundet sind. Auf den klar strukturierten Tellern kommen meist nur wenige, gut auf den Punkt gebrachte Komponenten zum Einsatz. Sie werden von der Gastgeberin in der gemütlichen Gaststube mit sauber eingedeckten Tischen und wechselnden Gemälden regionaler Künstler freundlichst serviert. Auch mit guten Tropfen ist Christiane Bank gern dienlich und berät kompetent. Die Preise sind moderat, die Atmosphäre entspannt-familiär.

Kraftwerk

Zimmersmühlenweg 2, 61440 Oberursel
☏ 06171-929982
www.kraftwerkrestaurant.de
◉ Mi–Fr ab 18.30 Uhr, Sa u. So ab 18 Uhr, Mo u. Di RT
Hauptgericht: 21–42 €, Menüs: 99–159 €

Auch wenn sich das Kulinarium dieses Casual-Fine-Dining-Restaurants im ehemaligen Umspannwerk der Main-Kraftwerke über weite Strecken sehr international bisweilen exotisch angehaucht präsentiert – Gastronom und Koch Bertl Seebacher hat von Natur aus das österreichische Schmankerl-Gen im Blut. So bietet zwischen den Ausflügen in die große weite

Welt immer auch originelle Alpenküche und gefällt und damit immer ganz besonders gut. Überhaupt sind die bodenständigen Finessen und humorvollen Details seiner zeitgemäßen, aber weder modischen noch kreativ überdrehtem Gerichte immer den Weg nach Oberursel wert. In regionaler und eher etwas traditionellerer Form kommen diese meist im Menü „Heimat" vor, das Menü „Around the World" steht für importierte Edelprodukte und die weltläufige Aromenpalette.

Odenthal (Nordrhein-Westfalen)

Zur Post

Altenberger-Dom-Str. 23,
51519 Odenthal
☎ 02202-977780
www.zurpost.eu
◐ Mi–Fr ab 18 Uhr, Sa u. So von
12–14 Uhr u. ab 18 Uhr, Mo u. Di RT
Menüs: 85–135 €

Die Gastronomen Christopher und Alejandro Wilbrand sind breit aufgestellt. Mit Hotel samt einigen kürzlich aufwendig renovierten Zimmern, der rustikalen Postschänke, Platz für große Gesellschaften im Saal, neuerdings auch einer Dependance, 100 Meter entfernt: Das Ausflugslokal Herzogenhof wurde von den Brüdern übernommen und mit einer bürgerlichen, aber durchaus originellen Speisekarte bestückt. Dass man sich trotzdem noch mit voller Kraft dem Gourmetrestaurant widmet, wirkt angesichts dieser Tatsachen nicht selbstverständlich, ist aber der Fall.
Reichlich Aufwand wird hier für den wohnlich-eleganten Gastraum betrieben, denn zum offiziell siebengängigen Degustationsmenü addiert die Küche diverse Extras. Dreimal Fin-

gerfood zum Aperitif, danach der Gruß aus der Küche, später Sorbet und Vordessert. Unter den ersten Kleinigkeiten gefällt uns diesmal beispielsweise das präzise gearbeitete, mit Dill abgeschmeckte Gelee von Nordseekrabben sehr gut. Die Hummerpraline – eine geeiste Farce im weissen Kakaobuttermantel – ist mutig, aber durchaus logisch komponiert; ein klassisches Rindertatar mit Belper Knolle komplettiert das Trio.
Mit einem Zweierlei geht es dann weiter – marinierter Thunfisch mit Ingwergel auf der einen, Miesmuschelsüpchen mit Safran auf der anderen Seite. Das zeigt, gut gewürzt und balanciert, beide Richtungen der Küche auf: kreativ und manchmal dezent asiatisch beeinflusst, dann aber auch wieder ganz klassisch, den französisch-mediterranen Traditionen folgend.
Offiziell ist das Sashimi von der Gelbflossenmakrele der erste Gang des Menüs: nicht außergewöhnlich in der Zusammenstellung, aber wiederum präzise umgesetzt, mit nicht zu dicken Tranchen vom Fisch, einer tiefgründigen Yuzu-Sojasauce, Spinatpapier und schwarzem Knoblauch. Ziemlich umami und reichlich kontrastreich! Der folgende Atlantiksteinbutt mit Imperial-Kaviar ist klassisch geprägt, aber doch mit eigener Handschrift versehen. Fisch und Fischeier sind von hoher Güte, der Garpunkt stimmt, Sellerie kommt als Variation (u. a. als Royale…) mit knusprigen Zerealien obenauf, der Champagneraufguss entpuppt sich als dezent säuerliche Beurre blanc und Kalamansiperlen sorgen für zusätzliche Säure und fruchtige, aber nicht übertriebene zitrische Frische.
Das Ceviche vom bergischen Flusszander ist mit Süßkartoffelcreme angerichtet und mit einem Reischip dekoriert und zeigt das Bewusstsein der Chefs für regionale Produkte, das allerdings nicht dazu führt, das internationale Ware grundsätzlich abgelehnt würde. Im knusprig gerösteten Pulpo mit tollen Spitzkohlröllchen, Limettengel, Paprikagremolata und Chorizochips meint man den spanischen Hintergrund der Wilbrands – die Eltern betreiben ein Restaurant auf Ibiza, die Brüder wurden dort geboren – zu erkennen.
Sehr gelungen, doch der nächste Gang stellt den Pulpo nochmals in den Schatten. Auf überraschendem Neun-Pfannen-Level rangierte nämlich das perfekte, mit einer Schicht von Scheiben schwarzer, aromatischer Périgordtrüffel getoppte Kalbsbries nebst Champignon-Duxelles, Pilzschaum und Rosinen. Herrlich süffig, mit einem balancierten zartsüßen Touch, der die erdige Pilzwürze und das perfekt gebratene Bries optimal ergänzt. Dann das

Sorbet, das anderswo längst aus der Mode gekommen ist, hier aber als Gurkensorbet mit gelierter Tomatenessenz tatsächlich sehr erfrischend und nicht desserthaft süß interpretiert wird.

Danach ist der confierte Skrei ist tadellos auf den Punkt gebracht und wird von Tomatentapioka und Cima di Rapa umrahmt, was dem Fisch spannende Texturen, leichte Süße und einen Hauch von Bitternis im feingehackten gedünsteten Gemüse zuteilwerden lässt. Dazu gibt es noch eine spannende jodige Würze von etwas Seeigelrogen. Nur der Quader Parmesanweißbrot ist in unseren Augen hier eigentlich völlig überflüssig.

Vor dem offiziellen Dessert kommt noch ein weiterer Einschub: ein Eis am Stiel mit Beeren und Pistazien, aromatisch und in der Textur ganz anders als beim Kollegen Joachim Wissler ein paar Kilometer weiter, wo eine vergleichbare Spielerei ja zur Legende wurde. Das Dessert kommt, das hat hier Tradition, als Variation. Man könnte einwenden, dass es mengenmäßig zu üppig und stilistisch zu bunt wäre, aber die Crème brûlée ist prononciert mit Tahitivanille abgeschmeckt und sehr fein, das Mangosorbet wird reizvoll mit Bananenpapier angereichert, das Passionsfruchttörtchen und das Parfait von Mohn und Preiselbeeren mit Käsekuchencreme sind höhere Patisseriekunst – danach folgen noch Macaron und Mandelsplitter, Cannelé und Fruchtgeleewürfel.

Man wird also garantiert satt – und das höchst angenehm! Die Weinkarte ist gut, der Service persönlich. Ob es noch spannender werden kann, wenn in absehbarer Zeit, wie geplant, die nächste Generation einsteigt? Abwarten!

Offenbach (Hessen)

SchauMahl
Bismarkstr. 177, 60367 Offenbach
☎ 069-82993400
www.schaumahl.de
◔ Mi–Sa ab 18 Uhr, So–Di RT
Menüs: 59–129 €

🏧 ⭕ VISA Ⓟ 🛏

Nachdem der letzte Küchenchef dieses unauffälligen, aber charmanten Eckhaus-Restaurants, in dem entspannter Service, Weinkompetenz und ambitionierte Küche zu einer attraktiven Liaison zusammenkommen, viele

seiner Inspirationen aus Fernost bezogen hatte, holt sich der Neue, das Nordlicht Sascha Ferstl, seine Anregungen aus aller Welt. Vor allem die Länderküchen Österreichs (wohl aufgrund seiner Zusammenarbeit mit Alfred Friderich) und des arabischen Raums haben es ihm dem Vernehmen nach angetan – doch sein bis zu achtgängiges Menü strotzt im Grunde nur so von bunten und weltoffenen Produktkombinationen und Aromaakzenten, dass es wenig zielführend scheint, ihn auf irgendeinen Stil festzunageln. Viel wichtiger ist, dass er all das sehr geschmackssicher und souverän zu verbinden im Stande ist und seine Küche auf einer sehr soliden handwerklichen Basis aufbaut. Für charmante Gästebetreuung und gut mit den richtigen Weinen gefüllte Gläser zeichnen weiterhin Esra Egner und Raffaele Fazio verantwortlich.

Ofterschwang (Bayern)

freistil.
im freistil. boutiquehotel.
Schweineberg 20, 87527 Ofterschwang
☎ 08321-7071
www.kiehnes-freistil.de
◔ Mo–Fr ab 18.30 Uhr, Sa u. So von 12–14 Uhr u. ab 18.30 Uhr, kein RT
Hauptgericht: 14–34 €, Menüs: 42–68 €

🏧 ⭕ VISA Ⓟ 🛏

Das mitten in der idyllischen Bergwelt des Allgäus gelegene Hotel von Familie Kiehnle verbindet gekonnt Regionalität mit Boutique-Chic in reduziert klarem Design mit weißgekalkten Wänden, hellem Holz und modernem Interieur, alles durchsetzt von einem naturnahen alpinen Charme. Das wirkt unmittelbar einladend und noch einmal mehr in dem Wissen, dass Constantin Kiehnle hier im Restaurant Freistil nicht nur ebenfalls das ungezwungene Wohlfühlen leicht macht, sondern noch dazu frisch und anspruchsvoll aufkocht.

Wobei das Anspruchsvolle in Form zweier sechsgängiger Menüs am Abend auf eine sehr lockere, unverkrampfte und leicht zugängliche Art umgesetzt wird. Die Gerichte bewegen sich munter zwischen moderner Regionalität, mediterranen Anklängen und manchmal auch ganz traditionellen Zubereitungen, sind geprägt von vielen guten Ideen und einer insgesamt eher schlichten und natürlichen Präsentation.

Ein bisschen sehr schlicht waren zuletzt die einstimmenden Küchengrüße, die mit einer Gurkenscheibe nebst Kräutertopfen und einer Art Feta sowie weich geröstetem Ofenkürbis mit Kürbischutney und Kürbiskernen zwar stimmige Aromenkombinationen boten, aber handwerklich sehr einfach waren und von der Gesamtwirkung eher etwas grob blieben.

Anders sah das schon bei dem Saiblingstatar aus, das auf einem kross-saftigen Rösti mit Lauchöl und gegrilltem Frühlingslauch als Musterbeispiel für die pointierte Einfachheit des Freistil-Stils gelten konnte. Die Kombination funktionierte grundsätzlich prima, nur das salzig-feinsäuerlich abgeschmeckte Saiblingstatar selbst bestand neben größeren Stücken auch aus einer Art Farce (oder durch Säure durchgegarte Segmente), die eine etwas schmierig-kompakte Konsistenz mitbrachten und damit einen unnötigerweise deftigeren Charakter erzeugten.

Wieder ein wenig zu sehr auf die Spitze getrieben wurde die Schlichtheit dagegen beim „spätsommerlichen Gemüsesalat", weil hier neben einigen Babyleafs vor allem viele gröbere Stücke naturbelassen blanchierter, kalt servierter Gemüse (von Brokkoli über Karotte bis Pastinake…) ein handwerklich und aromatisch grobes Bild ergaben. Da konnten auch die dünnen knusprigen Brotscheiben, die milde Kräutercreme am Tellerboden und die Ziegenfeta-Würfel nicht komplett gegensteuern. Wirkungsvoller wäre an dieser Stelle neben genauer akzentuiertem Gemüse beispielsweise auch ein warmer gebratener Ziegenkäse als kraftvollerer Kontrast gewesen.

Deutlich stimmiger und spannender gelang das aus Leber, Niere und Herz vom Kalb gekochte Innereien-Ragout mit jeweils feinwürziger Aromatik und einer kräftigen Schmorsauce mit leichter Süße. Perfekter Partner war diesen Charakterstücken ein knusprig-lockerer Semmelknödelring, in dessen Mitte ein wenig cremiges Lauchgemüse für rahmige Entspannung sorgte. Auch hier wirkten und waren die drei

Komponenten grundsätzlich simpel – das Ergebnis war jedoch ein ganz anderes. Stark!

Und auch das knusprig saftig gebratene Filet von der Seeforelle auf einem kleinwürfeligen Ragout aus Kartoffel, Erbse und Rauchaal machte eine rundum stimmige Figur. Nicht zuletzt, weil die cremigen und zart rauchigen Aromen auch in einen dichten Rauchaal-Schaum gebündelt wurden. Viel Power insgesamt, welcher die Seeforelle mit ihrer röstwürzigen Haut aber überraschend gut Paroli bieten konnte.

Unkompliziert, aber gekonnt arrangiert, beendete dann ein herbstliches Dessert mit konzentriertem Zwetschgenragout sowie heller und frischer gehaltenem Zwetschgensorbet neben saftig kross geröstetem Brioche, einer feinsäuerlichen Topfencreme und einigen Knusperhippen den Abend – und ließ die vorhergegangene Achterbahnfahrt dann doch wieder in erfreulicher Höhe enden.

Auf dieser bewegen sich auch der herzliche Service und das Getränkeangebot mit gut korrespondierenden glasweisen Empfehlungen zum Menü, sowie einer attraktiven kleinen Flaschenwein-Auswahl mit Schwerpunkt Deutschland, Österreich und Italien.

---

ohne
Bewertung

Silberdistel

Im Sonnenalp Resort
Sonnenalp 1,
87527 Ofterschwang
☎ 08321–272900
goo.gl/V5vjJk
🕐 Mi–So ab 18.30 Uhr,
So u. Mo RT
Hauptgericht: 59–85 €,
Menüs: 126–158 €

Das Küchenteam des Gourmetrestaurants im vierten Stock des pompösen 5-Sterne-Ferienhotels Sonnenalp hat seit unserem letzten Testbesuch gewechselt: Auf Kai Schneller und Carsten Müller folgten Florian Wagenbach und als Sous-Chef Harald Iancic, deren Küchenstil laut Eigen-PR „eine elegante Kombination aus regionalen Gerichten und internationalen Einflüssen und Techniken" ist. Am noblen Interieur mit aufwendig eingedeckten Tischen und der umfangreichen internationalen Weinkarte hat sich dem Vernehmen nach nichts geändert und auch der sympathische Brian McLaren, langjähriger souveräner Maître mit Umsicht, Erfahrung und ruhiger Ausstrahlung, ist nach wie vor im Amt. Bis zu unserem ersten Testbesuch unter neuer Küchenleitung bleibt das Restaurant Silberdistel natürlich ohne Bewertung.

Hotelempfehlung

freistil. boutiquehotel.

Schweinberg 20,
87527 Ofterschwang
☎ 08321-3509
www.alpenhotel-dora.de
Einzelzimmer: ab 70 €
Doppelzimmer: ab 180 €

Das von Constantin Kiehne privat geführte „freistil. boutiquehotel." liegt am ruhigen Ortsrand von Schweineberg, einem Ortsteil des bekannten Bergdorfes Ofterschwang und ist dort eingebettet in die bilderbuchhafte Bergwelt des südlichen Oberallgäus. Hier kann man die Ruhe und alpenländische Idylle genießen. Nur wenige Autominuten vom Hotel entfernt sind bereits die ersten Skigebiete und es ist auch nicht weit bis Oberstdorf und Sonthofen. Im Sommer ist die Gegend ein Paradies zum Wandern, Radfahren, Golfen oder Baden, aber auch Gleitschirmfliegen, Klettern, Canyoning oder Rafting, Kanu- oder Wasserskifahren und Sommerrodeln lässt hier in unmittelbarer Nähe. Die allesamt neu renovierten, mit viel hellem Holz ausgestatteten Zimmer und Suiten des Hauses bieten nicht nur Bergblick, sondern auch ein sehr freundliches Ambiente im schnörkellos modernen ländlichen Stil. Im Indoorpool, in der finnischen Sauna oder bei einer Wellnessmassage lässt es sich nach dem Aktivsein prima entspannen. Für das kulinarische Wohl sorgt Juniorchef Constantin Kiehne im Restaurant freistil. Restaurant freistil. separat erwähnt.

Öhningen (Baden-Württemberg)

Falconera

Zum Mühlental 1,
78337 Öhningen (Schienen)
☎ 07735-2340
www.restaurant-falconera.de
◑ Mi ab 18 Uhr,
Do–Sa von 12–13.15 Uhr u. ab 18 Uhr,
So–Di RT
Hauptgericht: 48–58 €,
Menüs: 55–120 €

Souverän unbeeindruckt von allen Küchenmoden und trotzdem nicht von gestern ist die Küche von Johannes Wuhrer, der in seinem ländlich-eleganten Restaurant auf dem Schiener Berg im entlegenen Hinterland zwischen Bodenseeufer und Schweizer Grenze mit viel Sorgfalt, Fantasie und Bodenhaftung einen zeitlos klassischen Stil pflegt. Was dann von seiner Frau Anne und ihrem Team sehr herzlich und zuvorkommend in geschmackvoll rustikalem Ambiente mit dunklem Holzgebälk, offenem Kaminfeuer und hübsch eingedeckten Tischen serviert wird, ist eine ebenso anspruchsvolle wie bodenständige Landküche mit Blick über Tellerrand und Grenzen hinaus, die uns immer dann am besten gefällt, wenn besonders ausdrucksstarke Produkte und kraftvolle klassische Saucen im Spiel sind. Auf der international sortierten Weinkarte finden sich dazu zahlreiche gute Gewächse in gastfreundlicher Kalkulation, bei deren Auswahl die Chefin gerne und kompetent behilflich ist. Am liebsten genießen wir das alles bei Sommerwetter, wenn um das hübsche Fachwerkhaus herum alles grünt und blüht und man an einem der Tische auf der Wiese sitzen kann.

Oldenburg (Niedersachsen)

Restaurant Kevin Gideon

Heiligengeistwall 9, 26122 Oldenburg
☎ 0441–18005066
kevingideon.de
◐ Di–Sa ab 18 Uhr, So u. Mo RT
Menüs: 49–115 €

EC ⬤ VISA hitHi ⓧ

Der Koch Kevin Gideon, den wir vor einigen Jahren schon mal als angestellten Küchenchef des Restaurant Haus Uptmoor in Lohne in Aktion erlebten, hat sich mittlerweile im Zentrum von Oldenburg selbstständig gemacht: mit einem schicken, zeitgemäßen Restaurant, dank großer Fenster lichtdurchflutet, mit Stahl, Stein, Betonoptik und Holz schlicht und cool gestaltet, an den Wänden moderne Kunst und zentral im Raum ein Tresen. Somit der ideale Rahmen für das hier gebotene Casual-Fine-Dining-Konzept, das sich offenbar größter Beliebtheit erfreut, wenn man sieht, wie schwierig es ist, hier selbst unter der der Woche einen Tisch zu bekommen.

So war dann das Restaurant auch bei unserem Antrittsbesuch bis auf den letzten Platz besetzt. Geboten wird für alle Gäste einheitlich ein bis zu siebengängiges Menü, das sich stilistisch zwischen moderner Regionalküche und Weltläufigkeit bewegt – also hier mal einen heimischen Klassiker neu interpretiert, dort mal asiatische oder mediterrane Aromen einfließen lässt. Das ist denkbar weit gefasst und wenig speziell, spricht somit aber ein breites Publikum an.

Seinerzeit im Haus Uptmoor fanden wir die Küche des jungen Chefs zwar sehr aufwendig und ambitioniert, die kreativen Kreationen aber mehrheitlich irgendwie übermotiviert, eher gewollt und nicht wirklich souverän umgesetzt. Das, was der Chef und sein Team jetzt

am neuen Standort auf die Teller bringen, wirkt deutlich ausgereifter, handwerklich genauer und vor allem geschmackssicherer komponiert. Das konnte man schon an den drei Apero-Snacks wie beispielsweise einem mit Krabbencocktail gefüllten Tartelette erkennen – vor allem aber am Küchengruß, der sich um marinierten Thunfisch mit einer Art Lauchpesto, weißer Sojasauce, Ingwergel, Kimchi-Mayo und Nussbuttervinaigrette drehte: kraftvoll, bunt, kontrastreich, ausdrucksstark und dabei sehr harmonisch!

Dass trotzdem noch nicht alles perfekt durchdacht und ausbalanciert ist, zeigte beispielhaft die Vorspeise „Matjes, Sauerteig, Remoulade", bei der die Komponente Sauerteig als Brotcreme und Brotchip und die Remoulade als Dekonstruktion in Gestalt von Gurke und Apfel, Apfelblüten, Perlzwiebel, roten eingelegten Zwiebeln oder Sardelle interpretiert wurde – irgendwo mittendrin aber ausgerechnet der (an sich sehr gute, milde) Matjes selbst arg ins Hintertreffen geriet.

Der Zwischengang „Ei, Sellerie, Belper Knolle" war ein süffig-cremiges Löffelgericht, bei dem ein laut Serviceansage bei exakt gewählter Temperatur für genau eine Stunde gegartes Ei im Zentrum einer Melange aus Pumpernickel, Espuma von Knollensellerie, Spinat (als Creme und junge Blätter) und etwas Abrieb von der pfeffrigen Käsetrüffel Belper Knolle angerichtet wurde. Ein sehr schmackhaftes, herzhaftes Gericht, nur mit dem kleinen Schönheitsfehler, dass der Dotter des minutiös gegarten Eies schon deutlich fester als wachsweich, nämlich mehr oder weniger fast hartgekocht war. Mit zart fließendem Eigelb wäre das natürlich noch ein Stück weit raffinierter gewesen.

Trotzdem überwiegt hier eindeutig das Positive! Als ein sehr guter, ausgereifter Gang präsentierte sich zum Beispiel die punktgenau gegarte und nur angenehm zart gewürzte Saiblingstranche im Kreise verschiedener aromatischer Tomatenkomponenten von naturell über Sugo und Gel bis zum Schaum. Ergänzt um etwas Auberginencreme sowie Auberginenchips, aromatisch subtil untermalt von der zarten Würze eines Lauchöls machte das großen Spaß und war für uns der beste Gang des Menüs.

Als eine gute Idee, tendenziell aber etwas zu süß und fruchtig, entpuppte sich die Entenbrust mit asiatischem, etwas genauer: thailändischem Touch. Neben dem zwar sous-vide gegarten, aber noch angenehm kompakten und auch nur minimal mürben Entenfleisch sowie gebratenem grünem Spargel gab es da nämlich Erdnusscreme und -kerne, ein Kokoseis und etwas Yuzu-Gel – auf der anderen Seite allerdings viel zu wenig pikante Würze und leider auch kaum Schärfe, so dass kein richtiges Gleichgewicht entstehen konnte. Da wäre mit mehr Umami und Feuer noch einiges mehr drin gewesen…

In seiner puristischen Art rundum gelungen fanden wir dann dank des fantastischen Fleischs den Hauptgang um herzhaft würzig gerubbte und dann geduldig geschmorte Short Rib vom heimischen Wagyu-Rind, die so zart und doch kernig, saftig und eigenaromatisch daherkam, dass das Fehlen jedweder Sauce überhaupt kein Thema war. Ganz im Gegenteil, hätten wir hier beispielsweise eine intensive Jus eher als störend empfunden. So genügte dem ausdrucksstarken Beef als Begleitung voll und ganz ein kleines Gemüsebouquet mit unter anderem wildem Brokkoli, Buchenpilzen oder Bärlauchknospen.

Und auch beim Nachtisch wie etwa einer süßen Spargelvariation oder dem mit dunklen Beeren, Milcheis, Creme von Schokolade und Mokka sowie Atsinakresse den Aromen eines guten Kaffees nachempfundenen Dessert, bewegt sich das Team in geschmackssicheren Bahnen. Die glasweise zu den einzelnen Gängen empfohlenen Weine machen ebenfalls Sinn und das Serviceteam einen guten Job. Man fühlt sich wohl, gut umsorgt und fein bekocht. Somit ist das neue Restaurant von Kevin Gideon fraglos eine große Bereicherung für die gesamte Region.

Oppenweiler (Baden-Württemberg)

Einhorn
im Hotel Einhorn
Hauptstr. 55,
71570 Oppenweiler
07191-340280
www.restaurant-einhorn.de
Mo, Di u. Do, Fr von 12–13.30 Uhr u. ab 17.30 Uhr, Sa u. So ab 17.30 Uhr, Mi RT
Hauptgericht: 17–29 €, Menüs: 37–69 €

Lange Zeit schon begleiten wir den kulinarischen Weg von Alexander Munz und Ute Wagner. In ihren 16 Jahren im Landgasthof Waldhorn in dem kleinen Weiler Däfern waren wir oft und gerne zu Gast. Nun hat sich das Paar mit dem ehemaligen Sous-Chef Jan Decker und dessen Frau zusammengetan, neu orientiert und vergrößert. Zum Einhorn in Oppenweiler gehört ein gut ausgestattetes Hotel. Aber auch das separat zu betretende Restaurant hat deutlich mehr Plätze als das Waldhorn. Drinnen strahlen geriffeltes Parkett, blanke Holztische und schwarze Lederstühle edelrustikale Eleganz aus. Draußen ist abgeschirmt von der Straße der Innenhof wie eine Art Piazza samt Pergola eingerichtet.

Da wir bei unseren letzten Besuchen im Waldhorn gelegentlich auch Schwankungen erlebt hatten, waren wir gespannt, zu welchem Küchenniveau die Vergrößerung des Betriebs führt. Dies vorneweg: Die Konzeption der Gerichte mag nicht immer ganz so arriviert und kleinteilig sein, und die Portionierung ist mitunter so groß, dass man allein mit einer Hauptspeise gut über die Runden kommen würde. Aber dies gehört wohl auch zum à-la-carte-Konzept, neben dem es Menüs in drei bis fünf Gängen gibt. Jedenfalls: Bei unserem ersten Besuch im Einhorn wurden uns gute und blitzsauber zubereitete Produkte serviert. Dies zu einem Preis-Leistungs-Verhältnis, das wohl manchem Neugierigen den Einstieg in die gehobene Küche möglich machen dürfte.

Ein Amuse gueule gab es zwar nicht, dafür kamen zum Brot etwas eingelegtes mediterranes Gemüse, zwei Sorten Butter (gesalzen und mit Curry) sowie eine Kräutercreme mit kräftiger Bärlauchnote. Apropos: Da der knofelige Geschmack des Wildgemüses nicht jedermanns Sache ist, sollte die Beigabe auch auf der Karte geschrieben stehen. Verwunderlich also, dass der „Schafskäse mit heimischer Brunnenkresse" ebenso einen deutlichen Bärlauch-Touch hatte. Ansonsten erwies sich die Vorspeise mit marinierten grünen und weißen Spargelscheiben, Zupfsalat, Radieschen und ein paar Körnercrackern, wie sie schon im Brotkorb begegnet waren, als sehr harmonisch. Die Nachfrage beim Service ergab dann, dass über den körnigen Schafskäse unter den Spargelstücken versehentlich Bärlauchöl gegeben wurde. Ein seltsames Küchenmalheur. Tadellos hingegen der in Frühlingskräutern gebeizte Zander, zwei stramme Riegel, mit einem mehr süßen als säuerlichen Apfel-Mango-Chutney und sehr zurückhaltender Koriandernote. Auch hierzu gab es etwas Zupfsalat, Radieschen und gelben Frisée, vor allem aber eine gebratene Rotgarnele aus Wildfang in Topqualität nebst kleinem fein angemachten Algensalat.

Angesichts der sehr genussfreundlichen Preise im Einhorn muss man generell die Produktqualität loben, so auch die Frische und Farbe des arktischen Saiblings, zwei große Tranchen auf der Haut gebraten und in Beurre-blanc-Schaum badend. Zwei stattliche Pak-Choi-Knollen unter dem Fisch konnten ihren vollen saftigen Eigenschmack entfalten, ebenso wie die Navetten, die nur sanft gepickelt waren. Als Sättigungsbeilage gab es ein cremiges Erbsen-Kartoffelpüree, in dem der Erbsenanteil noch ein kleines bisschen höher hätte sein können. Auch die Maispoularde war von sehr guter Qualität und perfekt saftig. Unter der krosswürzigen Haut der Brust (dazu noch ein nicht annoncierter Schlegel) lag eine kräuterige Farce mit mutmaßlich auch Fenchelanteil. Zur sanften Herzhaftigkeit, von einer hellen Sauce unterstrichen, lieferten ein Zuckerschoten-Spargelragout und Süßkartoffelchips liebliche Aromen. Für den solide stärkenden Part waren vier kleine Kartoffelklöße mit Schmelze zuständig, bei denen die angekündigte Beigabe Thymian angenehm im Zaum gehalten wurde. Die Desserts sind immer eine sichere Bank, ist doch Ute Wagner eine top ausgebildete Patissière, die bei unserem Besuch allerdings viel im Service zu tun hatte. Aus der schönen Auswahl der Dessertkarte haben wir uns für Ricottaknödel – warm in der Mitte des Tellers unter Butterbrösel-Crumble – und Ricottamousse entschieden. Einen Ausgleich zur Süße gab es durch ein Parfait von Rhabarber und Pistazie und mehr noch durch eingelegte Rhabarberstreifen mit ätherischem Touch. Selbstverständlich waren auch die abschließenden Petits Fours von guter Qualität – wie die offenen Weine, unter denen klassisch-schwäbisch ein paar Viertele sind. Die Auswahl an Flaschen mit rund 80 Positionen ist gut kuratiert und bietet neben heimischen Schwerpunkten auch internationale Gewächse. Wir stoßen schon mal auf die nächsten 16 Jahre an und wünschen weiter viel Erfolg an der neuen Wirkungsstätte.

Hotelempfehlung

Hotel Einhorn

Hauptstr. 55,
71570 Oppenweiler
☎ 07191-340280
www.restaurant-einhorn.de
Einzelzimmer: ab 119 €
Doppelzimmer: ab 119 €

Das Hotel Einhorn im Zentrum von Oppenweiler wurde im Jahr 2016 gebaut und erstreckt sich über vier Etagen. Die insgesamt 18 komfortablen Zimmer sind mit warmen Farben und hellen Hölzern ansprechend und gemütlich gestaltet und laden zum Erholen ein. Die Räumlichkeiten des Hauses bieten viel Platz für Tagungen, private Feierlichkeiten und Firmenveranstaltungen. Alle Zimmer sind klimatisiert und verfügen über einen Sitzbereich, einen Schreibtisch, einen Flachbild-TV, einen Ganzkörperspiegel, einen Safe sowie ein geräumiges Badezimmer mit frei begehbarer Dusche. Gegen Aufpreis steht auch ein Wäsche- und Bügelservice zur Verfügung. Die meisten Zimmer sind Doppelzimmer, wovon auch einige als Dreibettzimmer geeignet sind – für Familien werden Doppelzimmer mit Verbindungstür empfohlen. Zu den weiteren Annehmlichkeiten und Serviceleistungen gehören kostenfreies WLAN in allen Bereichen, kostenlose Parkplätze und ein Fitnessraum. Im Restaurant mit schöner Außenterrasse wird engagiert gekocht; das Frühstück gibt's im separaten Frühstücksraum. Die Städte Stuttgart und Heilbronn sind beide knapp 40 km entfernt, der nächstgelegene Flughafen ist der Flughafen Stuttgart. Restaurant Einhorn separat erwähnt.

Friedrich Restaurant

Lotter Str. 99, 40978 Osnabrück
☎ 0541-96380899
friedrich-osnabrueck.de
⊘ Mi–Sa ab 18 Uhr, So–Di RT
Hauptgericht: 45–55 €,
Menüs: 99–139 €

Nach dem etwas überraschenden Aus auf dem bisherigen Höhepunkt des Erfolges ihres kleinen, aber sehr feinen Restaurants in der Fußgängerzone von Bad Bentheim, blieb es längere Zeit ruhig um Gina Duesmann und Lars Keiling. Irgendwann im Herbst 2019 sickerte zwar durch, dass die beiden im nächsten Sommer nach Osnabrück kommen würden, um dort fortan zusammen mit Sven Oetzel die von Nina und Felix Greiner ins Leben gerufene Friedrich-Genusswelt mit Vinothek, Tageslokal, Veranstaltungslocation, Bistro und Gourmetrestaurant zu bespielen – doch durch die Coronakrise und die beiden Lockdowns beschränkte sich deren Tun zunächst lange Zeit auf das Take-Away-Geschäft. Die Zeit der Zwangspause hat man aber auch für das Restaurant Friedrich effektiv genutzt: das Lokal wurde nochmal renoviert, so dass es nun seit der endgültigen Wiedereröffnung im Herbst 2021 die Gäste in sehr schickem neuem Outfit empfängt.

Ganz ähnlich wie einst in Bad Bentheim, nur um einiges größer, geht es hier links vom Eingang in den etwas schlichter und legerer bekochten Bistrobereich mit Hochtischen und rechts ins Gourmetrestaurant, das sich ums Eck über zwei Räume auf zwei Ebenen erstreckt. Markant akzentuiert und kontrastreich, dennoch sehr elegant ist das Ambiente – und passt damit perfekt zur Küche von Lars Keiling, die sich seit jeher durch dieselben Eigenschaften auszeichnet und auf den bildschön angerichteten Tellern nach wie vor sehr aromendicht und ausdrucksstark präsentiert. Ganz so, wie wir es all die Jahre in Keilings Restaurant auch schon immer erlebt hatten. Zwar erreichen die Kreationen im Einzelnen bislang noch nicht ganz das dort zuletzt erlangte Niveau, wirken bisweilen etwas plakativer, nicht ganz so detailliert und millimetergenau scharfgestellt – aber das nur als Randnotiz, denn das Gebotene begeisterte uns beim ersten Besuch durchwegs.

Schon beim Amuse-Bouche zum Thema Foie gras und Rauchaal kitzelte den Gaumen mit überdurchschnittlicher Finesse: der angenehm festfleischige und nur mild geräucherte Aal war als kleines lackiertes Filetstück, die Leber als Eyecatcher in Gestalt einer täuschend echt imitierten Erdnuss auf dem Teller zu finden – beide aber auch harmonisch vereint als eine Art Tatar. Leicht und frisch begleitet von grünem Apfel und mariniertem Fenchel, von dezent nussig-schokoladigem Malto auch noch mit einer gewissen Tiefe unterfüttert, war das ein dezent fruchtiger, aber eben auch nicht zu süßer Auftakt mit ausgewogener Balance.

Auf jedem Teller findet sich eigentlich immer ein origineller Twist, sei es durch eine ungewöhnliche Aromenkombination oder generell viel Dynamik, etwa hervorgerufen durch das flirrende Spiel von Säure und Süße. So wie bei der exzeptionellen gebratenen Jakobsmuschel im Verein mit diversen Spielarten unterschiedlicher Bete-Sorten, frittierten Kohlsprossenblättern und in Soja eingelegtem Saiblingskaviar, denen mit Yuzu erfrische Hollandaise und ein ätherischer Hauch Meerrettich das gewisse Etwas, den unerwarteten Aha-Effekt verliehen.

Zur butterzart glasig gegarten Meerforelle auf einem Spiegel aus umamisatter cremiger Selleriesauce, die erdige Süße mit säuerlicher Frucht und eben jener, den fünften Geschmackssinn stimulierenden Würze in Einklang brachte, war es eine mit der floralen Purple-Curry-Mischung aromatisierte Cranberry-Fruchtsauce, die dem Ganzen den unkonventionellen Kick mitgab. Und dass selbst etwas so Konventionelles wie die zwei leicht abgeflämmten und mit Selleriecreme betupften Selleriewürfel, die den violett bepuderten und mit Cranberry applizierten Fisch flankierten, bei Lars Keiling irgendwie besonders schmecken, gehört ebenfalls zu den Vorzügen dessen Kochkunst.

Ein tolles Stück Skrei, das blättrig, fest und glänzend auf einem Sockel aus fermentiertem Weißkohl dockte und von einem mit viel straffer Säure und harmonisierender Süße ausgestatteten Kräutersud umflutet war, trug auf seinem Rücken eine von schmelzigem Lardo transparent abgedeckte Creme aus geräucherter Süßkartoffel, was auch hier wieder jede Menge Dynamik und einen Spannungsbogen erzeugte.

Deutlich breiter, tiefer und wuchtiger ging es dann bei den unter ihrem hauchdünnen Teigkleid prall mit süffigem Schmorkompott vom Ochsenschwanz gefüllten Dim Sum zu, was nicht zuletzt an der ziemlich dicht konzentrierten Jus lag und darüber hinaus noch von einer herzhaften roten Zwiebelcreme verstärkt wurde. Getoppt von geschmorter Zwiebel und flankiert von Erdartischocke mit geflämmter Zwiebel sowie etwas Zwiebelcreme war das insgesamt ein sehr erdiges und dumpfes Gericht, was aber nach dem Reigen an säuerlich zugespitzten Geschmacksbildern auch gar nicht so verkehrt war.

Und mit dem ersten Aufzug des in zwei Gänge gesplitteten Hauptgerichts um Perlhuhn dann im Anschluss ohnehin schon wieder ausgeglichen wurde. Denn die festfleischige Brust des Vogels nebst Champignontatar war auf einer abermals angenehm prononciert säuerlich zugespitzten und mit Kräuteröl aufgelockerten Cremesauce von Champignons platziert. Die von satt aromatischer schwarzer Trüffel geprägte Sauce zur Perlhuhnkeule im zweiten Akt war dann schon wieder eher von barocker und verdichteter Art, ließ dem Vogel und seiner Begleitung in Form von Kürbis (als seidige Creme und knackige Schleife) sowie mit Parmigiano und Spinat verfeinerten Fregola Sarda aber trotzdem genug Freiraum. Und so passte sich hier auch der von Sommelière Gina Duesmann dazu empfohlene 2016er Bordeaux Prieure Sainte Anne aus der Magnum in seiner vollmundigen, weichen, samtigen Art ohne viel Tannin bestens an.

Kreativ wurde es dann noch mal zum Dessert, bei dem Marone in unterschiedlichen cremigen und moussigen Zubereitungen gemeinsam mit mariniertem grünem Apfel, Bitterorange und einem keck mit Safran abgeschmeckten Mandarinensorbet ein originelles, vollmundig-frisches Geschmackbild zeichnete. Ein in jeder Hinsicht farbenfroher Schlussakkord und somit auch wieder ganz typisch für den Stil der Küche, deren mittelfristiger Weiterentwicklung am neuen Standort wir schon mit großer Spannung entgegensehen.

Kesselhaus

Neulandstr. 12, 49084 Osnabrück
0541-97000072
www.kesselhaus-os.de
Di–Fr ab 18.30 Uhr, Sa von 12–14 Uhr u. ab 18.30 Uhr, So u. Mo RT
Menüs: 118–148 €

Wenngleich Thayarni Garthoff, Gastgeberin des Kesselhauses, von vielen Feinschmeckern wahrscheinlich noch mit dem La Vie in Verbindung gebracht wird, dessen Strahlkraft ja bundesweit und auch noch über die deutschen Landesgrenzen hinaus reichte, hat sich die ehemalige Partnerin von Thomas Bühner in der Region längst mit ihrem eigenen Restaurant einen sehr guten Namen gemacht. Das liegt etwas versteckt innerhalb eines Gewerbe-Areals und dort in einem charmanten alten Fabrikgebäude mit lässigem Industriecharme, wo der sehr hohe Gastraum in Kombination mit den runden, elegant eingedeckten Tischen, moderner Kunst und stylischen Accessoires, ein außergewöhnliches Ambiente für Fine Dining schafft.

Seinen nicht unwesentlichen Anteil am Erfolg des Kesselhauses hat aber auch noch ein anderer ehemaliger Akteur aus dem La Vie, nämlich Küchenchef Randy de Jong, der einst der Brigade von Thomas Bühner angehörte und nun schon seit ein paar Jahren hier die eigenen Ideen einer modernen, kreativen Küche realisiert. Stilistisch sehr weltoffen und undogmatisch, in der Umsetzung aber außergewöhnlich konzentriert und fokussiert. Das bezieht sich zum einen darauf, dass meist nie mehr als drei tonangebende Produkte auf den Tellern zu finden sind, auch wenn diese meist mehrfach variiert werden – heißt aber auch, dass handwerklich sehr präzise gearbeitet wird und jede Kreation exakt proportioniert ist. Das wirkt manchmal ein bisschen kleinklein, spielt aber gerade in dieser genau abgezirkelten Art immer perfekt zusammen.

Randy de Jong ist auf seinen Tellern kein Mann der lauten Töne, ist auf größtmögliche Harmonie bedacht, komponiert die Geschmacksbilder deshalb immer sehr behutsam, setzt aber auch immer wieder mal deutliche Akzente. Während der Tapiokachip mit Aubergine und fermentiertem Blumenkohl, den wir unter den drei Apero-Snacks intuitiv richtigerweise als erstes probierten, noch recht verhalten, um nicht zu sagen lasch aromatisiert war, kamen danach der Purple-Curry-Macaron mit Chorizo und das mit schmelzigem Tatar vom Hamachi gefüllte, prononciert pikant gewürzte, hauchdünne Tartelette deutlich schmissiger daher.

Mit einer Liaison von marinierten Schwarzwurzeln, kleinen Grapefruit-Segmenten, Friséespitzen, etwas Wakame-Algencreme und verschiedenen Varianten von fermentierten Haselnüssen (Creme, Sauce und Kracker) zeigte die Küche sodann ihr gutes Gespür und ihr feines Händchen für vegetarische Gerichte. Und gab zugleich eine Visitenkarte der Stilistik ab: zart, natürlich, grazil, elegant, aber deutlich präsent.

Von gleicher Art auch die angenehm mild und klar schmeckende, schmelzig zarte Makrele. Die kam im Anschluss dünn aufgeschnitten und als Ronde ausgelegt, sowie in Gestalt eines darauf platzierten Tatars daher. Aufgefrischt von grünem Apfel, aromatisch akzentuiert mit einem Hauch Wasabi und der grünen Frische von Schnittlauch (als Creme und als Öl), außerdem mit winzigen Kartoffelcroûtons noch um eine reizvolle knusprige Texturenfacette erweitert, war auch das ein sehr durchdachter und sensibel ausgeloteter Gang, bei dem alles elegant ineinandergriff, nichts vorschmeckte und nichts aneckte.

Dass die vegetarische Expertise aus dem Vorprogramm kein Zufallstreffer war, sondern tatsächlich zu den Stärken des Chefs gezählt werden darf, zeigte ein Zwischengang mit Topinambur in der Hauptrolle, die hier als eine Art Flan, als gegarte und soft angeflämmte Würfel und als Bestandteil eines Suds zugegen war. Einen originellen Twist lieferte dazu das Zusammenspiel der säuerlichen Frucht einiger Cranberries und der Umamiwürze von Parmesanchips, spielentscheidend war aber definitiv das Mitwirken von Lapsang Souchong, jenem sehr speziellen geräucherten Schwarztee aus China, der dem Ganzen in der Sauce und als warmes Gelee nicht nur sein Raucharoma verlieh, sondern auch eine gewisse Speckigkeit, die wiederum für einen herzhaften Eindruck

sorgte und dafür verantwortlich war, dass das Gericht voll und tief schmeckte.

Mit einem wunderbaren Stück Flat Iron Steak vom US-Beef, jenem versteckten, stark marmorierten Schaufelstück aus der Schulter, das, dergestalt zubereitet wie hier, kernigen Biss und saftigen Schmelz vereint, bewies das Team dann aber auch seine Expertise für Fleisch. Vor allem, weil die zwar tiefe und extraktreiche, zugleich aber auch schön transparente Sauce hier rein gar nichts überdeckte und sogar den drei begleitenden Gemüse-Duos – geschmorte Schalotte mit Süßkartoffel, geflämmte Süßkartoffel mit Ananaskompott und geflämmte Ananas mit Schalottencreme – genügend Raum zur freien Entfaltung ließ.

Man kann schon sagen, dass jedes Gericht mit einem originellen Dreh daherkommt – meistens recht subtil und hintergründig, manchmal aber auch etwas markanter. So wie beim Dessert, bei dem die Aromen von Olive, Malz, Birne und Buchweizen als Eis, Mousse, eingelegte Frucht, knusprige Komponenten und Sud einen ebenso originellen wie harmonischen Schlussakkord anstimmten. Zusammen mit gut harmonierenden Weinempfehlungen wie dem reinsortigen südfranzösischen Clairette „Art de Vivre" zur Makrele oder der autochthonen 2015er Cuvée Reserva von Casa de Santar zum Beef, nicht zu vergessen auch dem engagierten Service, ist der Besuch des Kesselhauses immer eine runde Sache, die großen Spaß macht.

Ostrach (Baden-Württemberg)

Gasthof zum Hirsch
im Landhotel Gasthof zum Hirsch
Hauptstr. 27, 88356 Ostrach
07585-92490
www.landhotel-hirsch.de
Mo–Fr von 11.30–13.45 Uhr u. ab 17.30 Uhr, Sa ab 17.30 Uhr, So RT
Hauptgericht: 9–23 €,
Menüs: 25–35 €

Auch auf die Gefahr hin, dass wir uns wiederholen, aber der Hirsch im oberschwäbischen Ostrach ist tatsächlich genau so ein Gasthaus, wie man es im kulinarisch grundsoliden Baden-Württemberg in jeder Ortschaft vermutet, aber schon längst nicht mehr so häufig findet: eine gute Gastwirtschaft nämlich, in der ganz ohne

Gourmetambitionen zu bürgerlichen Preisen seriös gekocht wird. Wo noch nach guter klassischer Schule Suppen und Saucen angesetzt werden, wo es nicht bloß die üblichen Verdächtigen wie Maultäschle in der Brühe und Zwiebelrostbraten gibt, sondern auch ein schwäbisches Kuttelragout, gesottenes Ochsenfleisch vom Bürgermeisterstück in Meerrettichsauce, oder Kalbsleber in Rotweinsauce mit Schalotten. Wo auch noch Pasteten und Terrinen gefertigt und Rindsrouladen nach Omas Rezept geschmort werden.

Dass bei unserem jüngsten Besuch das Angebot besonders im Vorspeisenbereich etwas ausgedünnt war, lag sicher nicht an plötzlicher Ideenlosigkeit von Küchenchef Johannes Ermler, sondern vielmehr an den noch anhaltenden Nachwirkungen der Coronakrise und eventuell fehlender Menpower in der Küche – wir wollen das jedenfalls aktuell nicht überbewerten. Die als ganz klassisches Rindercarpaccio mit Parmesan und Rucola annoncierte, tatsächlich aber mit Granatapfelkernen, verschiedenen Kressen und Feldsalat gar nicht mal so handelsüblich aufgetischte Vorspeise jedenfalls punktete nicht nur mit der guten Qualität des nach unserem Geschmack leider etwas dünn aufgeschnittenen Rohfleischs vom heimischen Rind, sondern auch mit schmeckbar gutem Olivenöl. Weniger toll fanden wir die verwendete Balsamicocreme, die aber erfreulicherweise nur sehr spärlich im Einsatz war.

Uneingeschränkte Begeisterung entfachte die helle, cremige Linsensuppe, die elegant dünnflüssig und mit kraftvoll vielschichtigem Geschmack ein äußerst adäquates Zuhause für prall und saftig mit Wildfleischfarce gefüllte Maultäschle war. Und auch die Rinderzunge, die in drei sauber präparierten, butterzarten Tranchen zusammen mit jeweils auf den Punkt gegarten und gewürzten Gemüsen (Karotte, Kohlrabi, Blumenkohl…) und Bandnudeln serviert wurde, präsentierte sich tadellos. Sehr fein besonders auch deren begleitende Sauce, die reichlich in der Sauciere zum Nachschenken mit an den Tisch geliefert wurde: ein gehaltvolles Schmorsößchen, das beherzt, aber gut ausgewogen mit Madeira abgerundet war. Als tadellosen Nachtisch erlebten wir die homogen cremig gestockte und sehr sauber gebrannte Crème brûlée, die uns zwar solo nicht sonderlich hätte begeistern können, aber im Zusammenspiel mit einem sehr guten, voll und rund schmeckenden Zwetschgensorbet, Zwergorangen und einer dünnen, knusprigen Teighippe durchaus Spaß machte. Die Weinkarte ist für einen Gasthof ebenfalls respektabel bestückt und günstig kalkuliert! Wo bekommt

man heute schon einen 2013er Zweigelt Reserve „Königsegg" von Schloss Halbturn für 37 Euro?

Ostseebad Dierhagen
(Mecklenburg-Vorpommern)

Ostseelounge
im Strandhotel Fischland
Ernst-Moritz-Arndt-Str. 6,
18347 Ostseebad Dierhagen
☎ 038226-520
www.gourmetrestaurant-
ostseelounge.de
⊘ Di–Sa ab 18.30 Uhr,
So u. Mo RT
Menüs: 124 €

Spektakulärer geht es kaum: Die im obersten Stockwerk des Standhotel Fischland gelegene Ostseelounge bietet mit ihrem unverstellten Ausblick auf das offene Meer, den weiten Horizont und vielen Kilometern Sandstrand ein einmalig maritimes Ambiente für ein ambitioniertes Restaurant. Zusammen mit dem großzügigen modernen Wohnzimmerambiente und einer schicken Terrasse für Aperitif und Sonnenuntergangs-Fotos ergibt sich ein ausgesprochen attraktives Ganzes. Kulinarisch wurde dieses über viele Jahre auf hohem Niveau von Pierre Nippkow geprägt, bis dieser in den elterlichen Betrieb in Graal-Müritz wechselte. Allerdings wurde mit Matthias Stolze und André Beiersdorff schnell eine neue Doppelspitze zweier erfahrener und in verschiedenen Top-Adressen geschulter Köche gefunden. Insbesondere Matthias Stolze dürfte vielen Ostseebesuchern noch aus seiner Zeit als Küchenchef im Butt auf der Hohen Düne bekannt sein. In jedem Fall wurden so sehr gute Voraussetzungen geschaffen, um das Premiumambiente auch weiterhin mit hohem kulinarischem Niveau zu verbinden.

Und das zeigte sich auch bereits bei den ersten Kleinigkeiten, die es gemeinsam mit einer salzigen Meeresbriese und Möwengeschrei draußen auf der Terrasse zum Aperitif gab, darunter ein Tatar von gebeiztem Reh mit Moosbeere und Wildkräutern auf einem Knusperbrotchip, ein Stück vom Stör mit ätherischem Kohlrabi und Kaviar in einem leichten Buttermilchsud sowie ein Kartoffel-Tartelette mit Apfel und Blutwurst als filigrane „Himmel und Äd"-Interpretation, die allesamt auf unaufgeregte Art neugierig auf weitere Eindrücke machten.

Mit dem cremig zerfließenden Stundenei, das auf würziger Spinatcreme und unter Pastinaken-/Champignon-Schaum, rohen Champignonscheiben und Pancetta-Krusteln angerichtet wurde, schickte das Team dann einen erwartungsgemäß geschmeidig-harmonischen Wohlfühlteller, der allerdings trotz der exakten Proportionen aromatisch ziemlich brav im süßwürzig-breiten Spektrum verharrte.

Mehr Kontraste gab es bei einem kleineren Stück geflämmter Makrele, die in ihrem charaktervollen Auftritt von einem umamistarken, breitschultrigen Dashifond getragen wurde. Auf der Tellerfahne sorgten verschiedene jodig zarte Algen für Meeresfrische, knackige Radieschen für schärfende Ätherik und eine schwarze Reiscreme für weitere röstaromatische Assoziationen – was insgesamt stimmig wirkte, aber auf seine lose kombinierte, naturbelassene Art zugleich ein klein wenig karg.

Besser gelang es beim folgenden Kaisergranat, die verschiedene Komponenten miteinander zu verbinden und zugleich für eine gewisse Dynamik zu sorgen: Neben dem aromatisch klaren Krustentier sorgten eine dunklere Blumenkohlcreme mit röstaromatischem Hintergrund sowie ein knackig-feinsäuerlicher Blumenkohlsalat gemeinsam mit einer frisch auf Kante gehaltenen Vinaigrette von Granny-Smith-Apfel und Schnittlauch für Kontraste, die wiederum von einer (etwas fest gelierten) Espuma und kandierter Orangenschale aufgefangen wurden. An solchen Gerichten zeigt sich besonders deutlich, dass das neue Team einerseits gute Ideen und schmissige Kombinationen entwickelt, an der Umsetzung im Detail aber andererseits durchaus noch Luft nach oben hat.

Und diesen Eindruck unterstrich auch der folgende soft confierte, zart schmelzende Saibling als ebenfalls sehr gutes Produkt, präsentiert unter einer im ersten Moment frappierend süßen Hollandaise, die aber gemeinsam mit dem rohen Spargel-/Grapefruit-Salat darunter dann doch zu einem harmonischen Gesamtbild beitrug – allerdings zu einem mit eher ruppigen Bitternoten und aromatisch gröberen Kontrasten, was auch bei den knackigen Spargelköpfen mit Bärlauchpesto, Grapefruitgel und Saiblingskaviar eher fortgeführt als abgefedert wurde.

Rundum harmonisch auf eher klassische Art wirkte dagegen das Bressehuhn, das als Rolle des zarten Brustfleischs mit einem Kern aus Keulen- und Innereien-Farce serviert wurde, der (obwohl etwas trocken geraten) für mehr Charakter und Kraft sorgte. Ergänzt wurde das Premium-Geflügel durch eine ebenso klassische wie überzeugende Umgebung aus knallgrünen frischen Erbsen, dunkelwürzigen Morcheln und einem luftigen Gemüseschaum mit zarter Selleriewürze.

Im Hauptgang setzte das Team mit langfaserigem und löffelzart geschmortem, mit herbfrischer Fichtensprossenjus glasiertem irischem Rind ein mutiges Statement und zeigte, wie spannend auch Teilstücke abseits von Filet und Rücken sein können. Ergänzt wurde das kraftvoll dunkle Zentrum von Topinambur mit teils röstigen, teils hellnussigen Noten, nur die blasse schwarze Trüffel hatte eher dekorativen Zweck.

Nach einem erfrischenden Prè-Dessert aus Kopfsalat, Joghurt und Zitrusgranité konnte auch die Patisserie mit einer frühlingshaften Kombination aus Erdbeeren, Kokosschaum, Basilikumgranité, zusätzlich aufgelockert durch feinsäuerlichen Essigspitzen, das Niveau locker halten. Damit bleibt die Ostseelounge, auch wenn das neue Team noch nicht ganz an das die Performance der letzten Jahre anschließen kann, eines der lohnendsten Genussziele an der Ostseeküste und als Gesamterlebnis weiterhin beinahe unschlagbar. Und dazu trägt auch das engagierte Serviceteam rund um Vanessa Riedemann als Restaurantleiterin und Sommelière bei, auch wenn die lohnenden Weinempfehlungen zuletzt noch ein wenig trocken vorgetragen wurden…

Hotelempfehlung

★★★★S

Strandhotel Dünenmeer

Birkenallee 20,
18347 Ostseebad Dierhagen
☎ 038226-5010
www.strandhotel-ostsee.de
Einzelzimmer: ab 155 €
Doppelzimmer: ab 410 €

🏧 💳 VISA Ⓟ 🅿 📶 🛗 👆 👥 ⛺

Entspannte Wellness-Urlauber fühlen sich im Strandhotel Dünenmeer und im umgebenden Reetdachdorf mit seinen Ferienwohnungen und -Häusern besonders wohl. Individuelle Wellnessanwendungen, Massagen und ein großzügiger, ruhiger Poolbereich sind zu jeder Jahreszeit Oasen für die Entschleunigung. Aber das eigentliche Highlight ist der direkte Blick über die Ostsee, der nicht nur von den meisten Zimmern zu genießen ist, sondern auch aus dem Restaurant, mit seiner frisch-gesunden Küche und den süßen Köstlichkeiten aus der hauseigenen Patisserie.

★★★★S

Strandhotel Fischland

Ernst-Moritz-Arndt-Str. 6,
18347 Ostseebad Dierhagen
☎ 038226-520
www.strandhotel-ostsee.de
Einzelzimmer: 170–486 €
Doppelzimmer: 170–486 €

🏧 💳 VISA Ⓟ 📶 🛗 👆 👥 ⛺

Direkt am feinsandigen Strand befindet sich die Urlaubswelt des Strandhotel Fischland mit luxuriös ausgestatteten Zimmern, Suiten, gemütlichen Ferienwohnungen und exklusiven Landhausvillen. Auf begeisterte Freizeitsportler und Familien warten umfangreiche Angebote, wie die großzügige Schwimmbad- und Saunalandschaft und der luxuriöse Spa. Die kleinen „Strandpiraten" werden von den bestens geschulten Mitarbeitern im Kinderclub liebevoll betreut. Regionale Bio-Produkte bilden die Basis für die abwechslungsreiche Küche und im Gourmetrestaurant Ostseelounge auch für kulinarische Spitzenleistungen. Gourmetrestaurant Ostseelounge separat erwähnt.

Ötisheim
(Baden-Württemberg)

⑤ 🍴🍴

Sternenschanz

Gottlob-Linck-Str. 1,
75443 Ötisheim
☎ 07041-6667
www.sternenschanz.de
⊘ Mi–So von 11.30–13.30 Uhr
u. ab 17.30 Uhr, Mo u. Di RT

🏧 💳 VISA Ⓟ ⛺

Das traditionsreiche Gasthaus mit dem unverwechselbaren Namen im östlichen Enzkreis, gelegen im Dreieck zwischen Stuttgart, Bruchsal und Karlsruhe, unweit vom Unesco-Weltkulturerbe „Kloster Maulbronn", ist unter Küchenmeister Andreas Schneider und Inhaber Werner Linck seit Jahren eine sichere Bank. Im gehobenen Gasthausambiente werden überwiegend schwäbische Gerichte in sehr sorgfältiger und qualitativ vergleichsweise überdurchschnittlicher Machart offeriert. Es gibt aber auch internationale Produkte und Zubereitungen im preswerten Repertoire. Gute, regionale Weinauswahl.

Kipperhof

Hauptstr. 12, 67731 Otterbach
☎ 06301-7965570
kipperhof.de
◉ Mo u. Do–Sa ab 18 Uhr,
So von 11.30–16.30 Uhr, Di u. Mi RT
Hauptgericht: 19–39 €, Menüs: 72–105 €

Ein sehr hübsches und stimmungsvolles Ensemble mit Fachwerk und Naturstein, das wenige Kilometer von Kaiserslautern entfernt liegt. Man sitzt bei entsprechender Witterung im lauschigen Innenhof oder in den auf mehreren Ebenen gelegenen Gasträumen zwischen alter Bausubstanz und teils modernem Interieur. Im Hintergrund gibt's entspannte elektronische Musik und auf den Tellern einen zeitgemäßen und sehr ambitioniert vorgetragenen Gourmetmix aus pfiffiger Regionalküche und internationalen Kreationen mit leicht kreativem Touch.

Zu ersterer Kategorie zählten eindeutig der Küchengruß, ein sublim verfeinerter und doch herzhaft zupackender Mini-Zwiebelkuchen sowie die Vorspeise des siebengängigen Menüs mit dem Titel „This is not a Carbonara", quasi eine Pfälzer Interpretation des Spaghetti-Carbonara-Themas: Statt der obligatorischen Pasta hier allerdings fluffige Kartoffelspätzle, die mit würzigem Speckrahm, kleinen knusprigen Partikeln von Käsehippen, Schnittlauch und feinen Flocken von gehobeltem Eigelb als schön schlotzige Timbale präsentiert wurde. Ein eingängiges, allseits bekanntes Geschmacksbild in etwas veränderter, aber eben nicht verkünstelter Form und somit ein zwar üppiger, aber durchaus schmackhafter Start.

In die zweite Schublade der internationalen Kreationen mit leicht kreativem Touch würden

wir die gebratene Jakobsmuschel mit Blumenkohl, Safran, Haselnuss und Kaffee stecken – ein im Vergleich zum Vorausgegangenen sehr leichter und zierlicher Zwischengang. Allerdings einer mit etwas unruhiger geschmacklicher Anmutung, bei dem nicht alle der annoncierten Produkte nachvollziehbar waren: Die kleine Jakobsmuschel von sehr ordentlicher Qualität und Frische, ein lila Püree (wahrscheinlich der Blumenkohl) hätten wir für lila Kartoffel gehalten, dazu ein grenzwertig salziger, unrund säuerlicher und zudem seltsam öliger Sud, in dem der annoncierte Safran deutlich zu sehen, geschmacklich allerdings nur zu erahnen war. Und auch der in der Karte annoncierte Kaffee hatte die Komposition offenbar nur knapp gestrippen... Unterm Strich in unseren Augen eine gute Idee, deren Umsetzung noch nicht ganz ausgereift schien.

Schlüssig hingegen präsentierte sich ein weiterer Zwischengang, den wir trotz des etwas zu konzentriert salzigen Schmorsuds als gelungenste Darbietung des Menüs werten würden: Ein schön dünnteigiges, längliches Nudelbonbon, das mit einer cremigen Farce von geschmortem Kaninchenfleisch gefüllt war und zusammen mit Pfifferlingen in besagter kraftvoller Sauce schwamm. Eingefasst von intensivem Schnittlauchöl ergab sich daraus ein stimmiger, kraftvoller Akkord mit viel Tiefe und auflockerndem Zwischenton. Manchmal sind es also wirklich nur Kleinigkeiten, die derzeit einer höheren Bewertung noch im Wege stehen.

Dass diese durchaus möglich erscheint, zeigte auch der Fischgang um eine schöne, mit allerhand Knusper, Cremes und Kräutern beladene Schnitte vom Kabeljau auf Mangoldspinat und Karottenpüree. Hier waren es eigentlich nur suboptimale Proportionen, die den prinzipiell guten Gesamteindruck ein wenig „verwässerten". Zu viel von der zu harten und zu groben Knusperhippe, zu viele zu unterschiedliche Aromen der Kräuter, deutlich zu viel Karottenpüree, das die Komposition etwas massig wirken ließ – nicht zuletzt aber auch das Fehlen einer Sauce, die hier nach unserem Dafürhalten eigentlich nicht verzichtbar war, sorgten für Abzüge bei der B-Note.

Hätte man das Fehlen einer Sauce beim Fischgang trotzdem noch verschmerzen können – beim geschmorten Schweinebauch mit Apfel, Sellerie und Walnuss wurde sie dann doch schmerzlich vermisst. Denn das mit viel würzigem Crunch von seiner krossen Kruste beflockte Fleisch war zwar sehr schmackhaft, aber nicht so saftig und schmelzig, wie man es von einer Gourmetvariante dieser rustikalen

Schweinerei eigentlich erwartet. Auch das Knollenselleriepüree und das recht karg säuerlich abgeschmeckte Micro-Tatar von Staudensellerie und grünem Apfel brachte nicht genug Süffigkeit ins Spiel, um das auszugleichen. So freute man sich über kräftige Schlücke des vom sympathischen Restaurantleiter Rolf Berger dazu ausgeschenkten Rioja Crianza von 2014, der mit Kraft und robustem Säuregerüst aufwartete.

Sehr gelungen dann wieder das Dessert, ein fruchtiges Rahmeis von der Birne und ein sahniges von der Tonkabohne, die im Kreis einiger teils mit Ingwer aufgefrischter Birnenkomponenten, Mascarpone-Cremetupfen und Keks-krümeln ein rundes Aromen- und Texturenspiel auf den Teller brachten. Wenn das ambitionierte und durchaus talentierte junge Team am Herd künftig die Ideen noch etwas besser reifen lässt und den Gerichten noch etwas mehr Feintuning gönnt, wäre noch einiges mehr drin. Aber auch so ist der Kipperhof eine sehr willkommene Novität in einer kulinarisch unterrepräsentierten Region.

Paderborn (Nordrhein-Westfalen)

Balthasar

Warburger Str. 28, 33098 Paderborn
☎ 05251–24448
www.restaurant-balthasar.de
◉ Di–Sa ab 19 Uhr, So u. Mo RT
Hauptgericht: 28–45 €,
Menüs: 95–155 €

Immer wieder ein Erlebnis: Schon der herzliche Empfang durch Laura Simon und das charmante, seit neuestem auch durch einige Herren verstärkte Team macht jedes Mal unmittelbar gute Laune und Lust auf das Folgen-

de. Die entspannte Atmosphäre in dem großzügig geschwungenen Restaurant oder draußen im Garten tut das Ihrige. Und spätestens dann, wenn Elmar Simon in typisch lässig wirkender Manier zur Begrüßung vorbeikommt, kann eigentlich nicht mehr viel schiefgehen…

Das liegt aber natürlich vor allem daran, dass der sympathische Chef, der immer eher so wirkt, als würde er gerade vom Surfen kommen, als vom Kochen, zusammen mit seinem Team hier über die Jahre ein hervorragendes ambitioniertes Konzept etabliert hat, bei dem schmissige Ideen und akkurate (aber selten übermäßig verspielte) Umsetzung zuverlässig ebenso viel Spaß wie Genuss bieten. Eine besonders glückliche Hand hat das Team vor allem bei dem gekonnten Spiel mit allseits bekannten Geschmacksbildern, die mit wenigen klugen Handgriffen in den Gourmetbereich überführt werden.

Die augenzwinkernde Bodenständigkeit kam zuletzt auch bereits zum Start wieder mit einem als Schichtwerk im Glas interpretierten Teufelssalat und einem flauschigen Grießknödelchen in zarter Gemüsebrühe sehr gut rüber. Wobei selbst hier an Details wie der belebenden Säure und kraftvollen Tiefe in der Rindfleisch-Tomaten-Basis, von einer zarten hellen Tomatenmousse, gepickeltem Gemüse und Sellerieblättern getoppt, ebenfalls bereits deutlich wurde, dass die Balthasar-Crew genau weiß, was sie macht und mit feiner Zunge abzuschmecken vermag.

Wie um klarzustellen, dass man hier letztlich doch keine bodenständige Küche zu erwarten hat, sondern in einem Gourmetrestaurant sitzt, fiel der zweite Gruß aus der Küche (wie meistens hier) ausgesprochen kleinteilig und verspielt aus. Das Thema war diesmal „Spargel und Himbeere" und wurde in Form eines schlanken, säurebetonten Süppchens, eines Salats mit Spargeleis neben Himbeerconfit und -gel, sowie einer sahnemilden Mousseterrine aus Spargel und Himbeer-Schichten sowie einem kakaodunklen Biskuit interpretiert. Aufgelockert von einigen Erbsensprossen schmeckte das alles fein und harmonisch, hätte aber im Grunde auch beinahe als kreatives Dessert durchgehen können…

Ganz anders als das fein geschnittene, natürlich-kraftvolle und vor allem gut temperierte Rindertatar mit feiner Kapernwürze, das unter einer Nocke cremig gebundenen Löjrom-Kaviars in einer straffen Beurre blanc angerichtet wurde. Das allein war schon auf fokussierte Art gelungen, dazu lieferte das Team allerdings auf der Tellerfahne noch eine bunte Spielwiese aus tomatenfruchtigen Komponenten, knusprig-zarten Stücken vom Kalbsbries, mild-salzigen Sardellenfilets, cremigen Wachtelei-Hälften und Crème fraîche. Das brachte spannende Umami- und Salzkicks, allerdings in den Tomatenzubereitungen auch eine recht plakative Süße.

Noch fokussierter und geradliniger kam der folgende perfekt zartblättrig-glasig gegarte Kabeljau unter einem üppigen Topping taufrischer süßlich-jodiger Nordseekrabben auf den Teller. Die Krabben prägten auch den mild-harmonischen Krustentierschaum, während nussige Belugalinsen einen eher erdig-dunklen Kontrast verliehen. Auf einfache Art und durch die ausgezeichneten Produkte war das ein bestens gelungenes Intermezzo.

Zurück ins bodenständige Fach ging es dann beim löffelzarten, von schmelzendem und hocharomatischem Fett geprägten Schweinebauch, dessen Röstnoten von einem Topping aus Schwartenpopcorn noch verstärkt wurden. Demgegenüber stand eine herbgrün-cremige Basis aus Stielmus und eine knackige Perlzwiebel für mehr Frische, während eine dichte Schweinejus wieder gekonnt die kraftvolle Seite betonte.

Der stärkste Eindruck des letzten Besuchs kam allerdings mit straff-zarten Tranchen vom Hirschkalbsrücken neben knackig glasiertem Rotkraut und Preiselbeeren mit beinahe prickelnd zugespitzt herber Säure, die von gerösteten Kräuterseitlingen und ein wenig Süßkartoffelcreme abgepuffert wurde. Ein prägnanter ätherischer heller Pfefferschaum und eine elegant tiefe Wildjus rundeten diesen klassisch angelegten, sehr ausdrucksstark und feinsinnig umgesetzten Hauptgang ab.

Unkompliziert, aber clever aufgebaut, setzte schließlich die Kombination um zarte Joghurt-/Honig-Mousse neben marinierten Feigenspalten, Butterstreuseln, Blaubeeren und einem konzentriertem Blaubeersorbet sowie pointierter Karamellsüße (in Sauce und Chips) einen souveränen süßen Schlusspunkt und zeigte, dass die gesamte Balthasar-Crew unverändert hochmotiviert zugange ist.

Das schließt auch die immer hochwertigen und gut passend ausgewählten Weinempfehlungen, die sorgfältige Pflege des beachtlichen Weinsortiments und auch sonst in allen Belangen eine aufmerksame und kompetente Beratung ein.

ohne Bewertung

Restaurant 1797
im Hotel Ole Liese
Gut Panker, 24321 Panker
📞 04381-90690
www.ole-liese.de
🕐 Mi–Sa ab 18.30 Uhr, So–Di RT
Menüs: 119–139 €

Wie gern hätten wir das kleine Hotel mit seinen zwei Restaurants, das Teil eines wunderschönen Ensembles ist, das sich Gut Panker nennt, zwischen Selenter See und Ostseestrand etwa eine Dreiviertelstunde östlich von Kiel liegt, und jedem „Landlust"- oder „Country-Life"-Magazin Motive für ein Dutzend Sonderausgaben bieten würde, auch in diesem Jahr wieder besucht. Denn inmitten dieses weitläufigen dörflichen Kleinods bekocht Volker M. Fuhrwerk mit seinem Team sowohl das Ole-Liese-Restaurant als auch das separate kleine, nur vier oder fünf Tische fassende Gourmetmetrestaurant 1797. Letzteres mit einer modernen und sehr anspruchsvollen Version von Heimatküche, deren Schwerpunkt selbstredend auf Qualitätsprodukten aus Norddeutschland, Fisch, Schalen- und Krustentieren aus Nord- und Ostsee sowie heimischen Gewässern liegt und für die einiges sogar im eigenen Garten wächst und gedeiht. Leider waren diese vier oder fünf Tische, die über die Wintermonate hinweg ohnehin eine sehr lange Zeit leer bleiben, weil das Restaurant da geschlossen hat, während der Öffnungsphase 2022 nur Hausgästen vorbehalten. So bleibt und aktuell nur die Hoffnung auf eine Besserung der Situation im Laufe der neuen Testsaison und das vorübergehende Aussetzen der Bewertung, bis das Gourmetmetrestaurant 1797 auch wieder von externen Gästen und uns besucht werden kann.

Perasdorf (Bayern)

Gasthaus Jakob

Haigrub 19, 94366 Perasdorf
☎ 09965-80014
www.genuss-jakob.de
⊘ Mi–Sa ab 18 Uhr, So von 12–14 Uhr,
Mo u. Di RT
Hauptgericht: 16–35 €, Menüs: 69–89 €

EC ▭ ⬤ **VISA** ℗ ⌂ ♿

Das pittoreske, liebevoll ausgeschmückte Fachwerkhaus der Brüder Ammon liegt ebenso versteckt wie idyllisch in einem tief eingeschnittenen Waldtal. Was aber weder für die engagierten Gastronomen ein Hinderungsgrund ist, hier im charmant elegant-rustikalen Ambiente mit Vollgas auf Gourmetlinie zu kochen – noch für die zahlreichen Gäste, den Weg hierher zu finden. Leicht verständlich, denn die Kombination aus atmosphärischer Behaglichkeit und Unkompliziertheit auf der einen Seite sowie der ambitionierten und spannenden Küche auf der anderen Seite wirkt einfach einladend.

Außerdem wird diese zeitgemäße Spielart von gehobener Gastronomie von den Gastgebern absolut beispielhaft umgesetzt. Und das bereits mit der charmanten Begrüßung durch Sommelier Andreas Ammon und Mona Haka, der Restaurantleiterin und Lebensgefährtin von Küchenchef Michael Ammon. Man merkt einfach direkt, mit wie viel Freude und Leidenschaft das Team am Start ist. Und das zeigen dann auch die ersten Miniaturen aus der Küche, die etwa bei einem konzentrierten luftigen Kartoffelsüppchen mit Steinpilzschaum perfekt straffe Säure integrierten oder bei Limetten-/Bete-Bulgur im Mini-Cornetto viel Frische und eine feine Schärfe zusammenfügten.

Dass auch die zwei hausgebackenen Brotsorten mit guter Qualität begeistern, überrascht dann gar nicht mehr so sehr. Genauso wenig, dass

der als sesamwürziges Tatar und kurz koloriertes Sashimi servierte Thunfisch mit glasklarem Geschmack punktete und in einem abwechslungsreichen Umfeld aus frischgrüner Avocadocreme, feingliedrig sojasüßer Glasur, elegant-fruchtigen Mango-Zubereitungen und einem frech dazwischen aufblitzenden Wasabieis pointiert präsentiert wurde.

Überraschender, oder zumindest mutiger, war dagegen die Kombination aus Jakobsmuschel und Blutwurst im nächsten Gang. Wobei sich das in Verbindung mit tiefdunkel-säuregeprägten Balsamicolinsen, den Röstnoten der Muschel und dem mit Lardo zusätzlich geboosteten Würze der dünn geschnittenen und gegrillten Blutwurst zu einem würzig-erdigen Wohlfühl-Arrangement entwickelte – gekonnt aufgebrochen und erfrischt von grünem Apfelgel mit spitzerer Säure und einem Jakobsmuscheltatar in Betegelee als klarere und leichtere Seite des Produkts. Super gemacht, nur die gebratene Muschel hätte qualitativ ein kleines Upgrade vertragen können…

Anders dagegen beim ebenso festfleischigen wie klararomatischen Heilbutt aus Wildfang. Denn der spielte qualitativ ganz weit oben mit und wurde zudem zwischen der feinen Nussigkeit von Topinamburcreme und -chips, den grünen Aromen von geröstetem Brokkoli und einem rot-grünen Saucenduo aus estragonduftigem Kräuteröl und einer samtigen Beurre blanc von Roter Bete in ein abwechslungsreiches und spannungsgeladenes Umfeld gestellt.

Die oft übersüße Tradition eines Refreshers vorm Hauptgang interpretierte das Team dann erfreulich zeitgemäß mit einem säuerlich zugespitzten Sorbet von Bete und Himbeere auf Sauerrahm-Mousse (mit einer Prise Pfeffer!) und gefriergetrockneter Himbeere und Granatapfel. Ein pointiertes Intermezzo, das tatsächlich wieder Lust auf mehr kraftvolle tiefe Aromen machte.

Und die gab es dann auch direkt in Form von Lugeder Ente mit knuspriger Haut und straffem aromatischem Fleisch, verstärkt durch eine elegant reduzierte Entenjus und kleine saftige Ragoutwürfel. Dazu gab es „Rotkohl und Knödel" – allerdings in perfekt verschlankter und reduzierter Form, denn der Knödel kam als angerösteter schmaler Quader mit einem Topping aus Selleriecreme und das Rotkraut als rotweinfruchtig-feinsäuerliche kleine Nocke ebenfalls sehr elegant daher. Das könnte gerne in jedem Gasthaus mit dem „gleichen" Gericht ganz genau so aussehen…

Der Abschluss rund um Passionsfrucht, weiße Schokolade, Vanille und Kürbis war dagegen eher kunterbunt und zergliedert gestaltet. Aromatisch traf das kleinteilige Arrangement aber ganz prima die Balance zwischen süßem Schmelz, exotischer Fruchtsäure und nussigen, dezent salzigen Noten und untermauerte einmal mehr, wie souverän hier von A bis Z gearbeitet wird. Das schließt auch die engagiert präsentierten Weinempfehlungen ein, die Andreas Ammon gut auf die jeweiligen Gerichte und die Vorlieben der Gäste abstimmt.

Perl (Saarland)

🍽 — 🍴🍴🍴🍴🍴

Victor's Fine Dining by Christian Bau

im Hotel Victor's Residenz
Schlossstr. 27,
66706 Perl (Nennig)
📞 06866-79118
www.victors-fine-dining.de
🕐 Do u. Fr ab 19 Uhr, Sa u. So von
12–16 Uhr u. ab 19 Uhr,
Mo–Mi RT
Menüs: 205–295 €

EC · MC · VISA · P · 🏨 · 🔲

Es gibt bundesweit nur eine Handvoll Restaurants, die bei jedem Besuch immer wieder eine Referenz in ihrer Kategorie schaffen, an der sich alle folgenden Eindrücke messen lassen. Eines dieser Restaurants ist das elegante Domizil von Christian Bau auf Schloss Berg – weit ab von Metropolen oder sonstigen kulturellen Brennpunkten und dennoch jederzeit eine Reise wert! Nicht nur, weil Christian Bau wesentlicher Wegbereiter für die Verbindung klassisch französischer Haute-Cuisine mit den Aromen sowie der Klarheit und Leichtigkeit japanischer Küche war und dabei immer noch Benchmarks setzt. Daneben ist der ehrgeizige Chef mit einer

Vorliebe für Fisch und Meeresfrüchte fraglos einer der größten Qualitätsfanatiker des Landes und bietet auch bei den verwendeten Produkten immer wieder Referenzeindrücke.
Aber auch sonst verspricht ein Besuch immer ein rundum eindrucksvolles Erlebnis, angefangen bei sich wie von Geisterhand öffnenden Schlosstüre und der herzlichen Begrüßung, über den beinahe tänzerisch choreografierten Service unter der Leitung von Felix Kress und Sommelière Nina Mann, deren stets hochspannenden Weinempfehlungen und das reduziert-elegante Ambiente, bis hin zu der schieren Reizfülle des Menüs. Anders als noch vor einigen Jahren führt dieses zwar in den vier bis fünf Genussstunden (insbesondere Gourmetneulinge) teilweise an die Grenze der Aufnahmefähigkeit – nicht aber an Kapazitätsgrenzen, weil auch die größte aromatische Wucht mit genauso großer Leichtigkeit inszeniert wird.
Los geht es aber stets mit einer Fülle präziser Miniaturen zur Einstimmung, die mit den zugrundeliegenden Arbeitsschritten und Ideen andernorts teils schon ein ganzes Menü ergeben würden. Beim letzten Mal präsentierte das Team unter anderem Gambero Rosso mit perfekt festem Biss nebst frischgrüner Espuma von Shishito-Pepper mit laserscharfer Säure, Gurkensorbet, Dashigelee und crunchy Samen, außerdem ein filigranes Kimbap-Sushi in knusprigem Norimantel mit Topping aus Hamachi, Radieschen und Kaviar, ein Strudeltartelette mit luftig und zugleich hochintensiv wirkendem Rindertatar sowie Räucheraalcreme, Kaviar und Meerrettich. Alles mit laserscharf wahrnehmbaren Details und in durchweg höchster Produktgüte!
Natürlich durfte auch die bereits ikonische japanische Blumenwaffel nicht fehlen, deren luftige Fragilität von Hamachi, Saba und Yuzu-Koshu genauso millimetergenau ergänzt wurde wie eine knusprige Tartelette mit zart schmelzendem Lachsbauch von Myoga und Katsuoboshi. Und apropos Bauch: den gab es als Toro auch vom Thunfisch mit perfektem Schmelz dank feinster Fetteinlagerung und ergänzt von Kaviar und selbstgemachter Shoyu-Sauce. Eine kleine Überraschung wartete beim Taschenkrebs, dessen klararomatisch jodig-süßliches Fleisch von einem verblüffend fruchtsüßem Wassermelonensorbet sowie hellen und dunklen Umaminoten und einer gewissen Kräutrigkeit ergänzt wurde. Es brauchte tatsächlich alle Komponenten auf einmal, um einen zur Abwechslung mal nicht von knackiger Säure geprägten, sondern auf pointierte Art maritim fruchtig-würzigen Eindruck zu garantieren.

Das eigentliche Menü startete dann mit einem Klassiker, der jedes Mal wieder träumerische Assoziationen an einen Strandspaziergang weckt: geschmeidig-zarte Tranchen vom Kampachi, der kleinen Bernstein-Stachelmakrele, mit bestechend klarem Geschmack, sowie jodig-fleischige Austern- und Muschelsegmente von nicht weniger betörender Frische, werden dabei mit Strandkräuter-Zubereitungen in ein wunderbar mineralisch-grünes Umfeld gesetzt. Ganz feine, unterschiedliche Säuren beleben auf flirrende und schwebende Art den reinen Geschmack der Weltklasseprodukte noch, während ein konzentriertes Seeigeleis mit seinem kühlen Schmelz dazwischen ein markantes Ausrufezeichen setzt.

Gänzlich neuartig, und der beste Beweis für die ungebremste Innovationskraft des Teams um Christian Bau, war dagegen der aus Spanien spannende Thunfisch, der in Form eines Sashimi aus dem Rücken und Tatar aus dem Bauchlappen in einer floral duftigen und zugleich erdig kantigen Holunderblütenvinaigrette mit Périgord-Trüffel angerichtet wurde. Auch hier gelang es perfekt, dem klaren Produktgeschmack mit genau der richtigen Intensität weitere Facetten hinzuzufügen und ihn damit noch zu pushen. Obenauf steuerte ein zart schmelzendes Gänselebereis zusätzliche Eleganz und eine gewisse Fülle bei, filigran gekrönt von einem Knusperchip mit Gänselebercreme und geraspelter gefrosteter Foie gras und um knackige grüne Noten ergänzt von halbierten Edamame und einem zarten Hauch von Wasabi. Grandios!

Das nächste Ausnahmeprodukt und eine gekonnte Steigerung des Powerlevels folgte mit dem kapitalen portugiesischen Gambero, der auf Binchotan gegrillt und zart mit weißem Miso glasiert neben Texturen von Blumenkohl und Yuzu in einem röstbetonten dunkelwürzigen Kombu-Schaum angerichtet wurde, der sich elegant mit einer betäubend pfeffrigen Schärfe im Hintergrund verband. Beim folgenden glänzend weißen, festen und zugleich spannungsgeladen zarten Steinbutt zeigte sich dann, wie nah Paris und Tokio tatsächlich beieinander liegen können: Denn mit der Begleitung durch grünen Spargel und australischer Wintertrüffel sowie einer mit Walnussstücken angereicherten und luftig aufgeschäumten Beurre Noisette blieb das Gericht voll und ganz in der klassischen Haute-Cuisine verankert, wirkte aber bei aller Kraft zugleich so transparent und schwebend leicht, dass man meinen könnte, die französische Küche wäre in Japan erfunden wurden…

Ganz klar eher in Japan selbst verortet war dagegen die Misoshiru, im Grunde eine vielschichtig elegante Krustentier-Dashi, die neben einer leichten Umami-Grundierung durch Miso und wahrscheinlich auch Kombu vor allem durch subtil eingebundene Schalenwürze glänzte und gemeinsam mit Helgoländer Hummer, Edamame und Enoki einerseits den Abschied vom maritimen Teil des Menüs markierte und andererseits durch ihre klare transparente Art bestens auf den Fleischgang vorbereitete.

In diesem Stand diesmal der feine kräutrige Eigengeschmack von Sisteron-Lamm im Mittelpunkt, das inklusive perfekt dünn und goldknusprig ausgebratenem Fettdeckel gemeinsam mit einer transparent schwebenden Jus, kleinen Ricotta-Gnocchi, knackigen Erbsen und winzigen festen Pfifferlingen, akkurat geschichteten gelb-grünen Zucchini-Lamellen sowie filigranen gebackenen Zucchiniblüten traumwandlerisch sicher zwischen Frische und Power pendelte. Auf wieder eher klassische Art sensationell gut!

Dagegen gab es nach einer Interpretation von „Mojito" mit wunderbar freigestellten und klaren Aromen von Minze, Rum und Limone als Refresher beim Dessert noch einmal sehr viel Mut zu Ungewöhnlichem: Als eine Hommage an Eric Vildgaard umspielte hier eine mit Miso leicht salzig gehaltene Haselnusssauce mit gerösteten Piemonteser Haselnüssen ein intensiv duftiges Haselnussparfait, erdig-kühles Trüffeleis und lockere gehobelter Trüffellamellen mit einigen Salzflocken dazwischen – und bot mit diesem zwischen nussig-salzig, duftend-erdig und balancierend süßem Schmelz nicht weniger als einen Abschluss fürs kulinarische Langzeitgedächtnis.

Dass das gesamte Serviceteam ebenso zuvorkommend und charmant wie ungezwungen humorvoll agiert, stets zur Stelle ist und bei allen Fragen kompetent berät, braucht kaum noch einmal erwähnt zu werden. Wohl aber, dass es seit neuestem auch eine spannende alkoholfreie Getränkebegleitung aus den Händen von Nina Mann gibt, die dabei mit Säften, Tees, Kräutern und Gewürzen bekömmlich leichte und gekonnt auf die Gerichte abgestimmte Drinks kreiert. Wenn es also einmal keiner der vielen raren und gereiften Weine aus dem bestens gefüllten Keller sein soll, ist das eine lohnende Alternative!

Pfinztal (Baden-Württemberg)

6 🍴🍴🍴

Villa Hammerschmiede

im Hotel Villa Hammerschmiede
Hauptstr. 162, 76327 Pfinztal (Söllingen)
📞 07240-6010
www.villa-hammerschmiede.de
⊘ Di–Fr von 12–13.30 Uhr u. ab 18 Uhr,
Sa ab 18 Uhr, So u. Mo RT
Hauptgericht: 25–33 €,
Menüs: 75–112 €

Mit der Verbindung aus anspruchsvoller Gastronomie, ambitionierter Küche und dem historischen Charme des ehemaligen Direktorenwohnsitzes, der im eleganten und etwas patinierten Pavillon genauso spürbar wird wie in den urigen Gewölbestuben und auf der Terrasse im liebevoll gepflegten Park, ergibt sich hier ein reizvolles Ganzes. Am Herd sorgt schon seit acht Jahren Küchenchef Michael Grünbacher mit seinem Team dafür, dass das Niveau der klassisch französischen Küche, die teils durch regionale, mediterrane oder asiatische Einflüsse variiert wird, zuverlässig solide bleibt. Standesgemäß ergänzt wird das von vielen guten Tropfen aus dem gut bestückten Keller, viele davon aus den nächstgelegenen Anbaugebieten Pfalz und aus Baden, aber auch Frankreich, Italien und Spanien sind repräsentativ vertreten.

Pfronten (Bayern)

7↑ 🍴🍴🍴

Pavo

im Burghotel Falkenstein
Auf dem Falkenstein 1,
87459 Pfronten (Meilingen)
📞 08363-914540
www.burghotel-falkenstein.dede-DE
⊘ Do–So ab 18 Uhr, Mo–Mi RT
Menüs: 162 €

Die auf einem schroffen kleinen Gipfel exponierte Burgruine Falkenberg ist von allen Seiten bereits bei der Anfahrt ein Blickfang. Umso überraschender ist es, dass nach der abenteuer-lich kurvenreichen Fahrt hinauf genau dort, wo man sonst allenfalls eine rustikale Berghütte vermuten würde, ein exklusives Hotel zu finden. Im Grunde könnte das Team dort auch nur Schnitzel mit Pommes servieren und würde in der außergewöhnlichen Lage damit sicher erfolgreich sein. Umso erfreulicher ist es, dass der Anspruch hier ein ganz anderer ist.

In dem einzigartigen Ambiente, das einerseits durchaus Berghütten-Charme trägt, diesen aber architektonisch luftig und stilvoll-elegant modernisiert, gibt es durchweg anspruchsvolle Küche – sowohl bei den unkompliziert-pfiffigen Gerichten des Hotelrestaurants und erst recht im Gourmet-Sharing-Menü des Pavo. Küchenchef Simon Schlachter setzt mit seiner weltoffenen, oft asiatisch inspirierten Küche einen deutlichen und gewollten Kontrast zur alpinen Umgebung und stellt ansonsten mit dem in mehreren Etappen mit jeweils verschieden akkurat bestückten Tellern und Schüsseln zum Teilen inszenierten Menü klar das Gesamterlebnis und die Freude am Genießen in den Vordergrund.

Und das funktioniert ganz ausgezeichnet! Bereits wenn die ersten präzisen Snacks zum Aperitif draußen auf der quasi über dem Berg schwebenden Terrasse serviert werden, ist das ein besonderes Erlebnis. Außerdem bieten die Kleinigkeiten aber auch animierenden Genuss, ohne bereits zu viel vorwegzunehmen. Zuletzt gab es unter anderem einen filigranen Reischip mit Pilz-Duxelles, Aioli und rohen Champignons als unkomplizierte Knusperei zwischen dunklen und hellen Umami-Nuancen, einen Taco-Kräcker als Hülle für zarte Saiblingsmousse, deren Cremigkeit von Yuzu frech ausgebrochen wurde, und einen limonenfrischen Edamame-Salat, der von einem luftigen Thai-Schaum, knusprigem Buchweizen und hauchdünn marinierter grüner Papaya ergänzt wurde. Der erste Schwung an Vorspeisen wird dann in jedem Fall drinnen im Restaurant serviert, das seit dem letzten Besuch in einen größeren, noch aussichtsreicheren und mit verschiedenen kreisförmigen Sitzecken etwas intimeren Raum ungezogen ist. Und mit dem „Ei-Royal" als wunderbare Miniatur zum Löffeln, die aus knackiger und cremiger Erbse, Nussbutter, einem zerfließenden Wachteleigelb und Kartoffelespuma mit etwas zartem Crunch besteht und von feiner, hellpfeffriger Schärfe gezeichnet ist, zeigte das Team dann gleich, wozu es in der Lage ist.

Präzise eingestellte Schärfe, diesmal von Wasabi, gab es auch in den Baiser-Chips zum reintönigen Thunfischtatar, das ansonsten aber etwas zu sehr von der fruchtigen Süße des obenauf angerichteten Apfel-/Yuzu-Sorbets dominiert wurde. Besser gelang das Spiel mit salzig-jodigen Noten, feiner Süße und knackiger Frische bei dem etwas dicker geschnittenen Sashimi vom Thunfisch, das dessen Qualität neben geröstetem Sesam, knackig marinierter Gurke und Kopfsalat gekonnt herausstellte. Ebenfalls animierend wirkte aber auch der knackige grün-weiße Spargelsalat daneben, der von einer süßsäuerlich duftigen Yuzuvinaigrette getragen und durch Avocadocreme, Tapiokaknusper und Pak-Choi ergänzt und aufgelockert wurde.

Im zweiten Aufzug der Vorspeisen folgte zunächst eine nur knapp temperierte Langustine von hervorragend geschmeidig-knackiger Konsistenz und klarem Geschmack – Eigenschaften, die es allerdings gegenüber einer hochintensiven Assemblage aus grüner Lauchcreme, Blumenkohlcreme und -risotto (rein aus gehacktem Blumenkohl bestehend) sowie roh mariniertem Blumenkohl gar nicht so leicht hatten, zur Geltung zu kommen. Die schaumige Beurre blanc dazu unterstützte jedenfalls sowohl das edle Krustentier als auch das Gemüse gekonnt mit Schmelz und Säure. Hier wäre allerdings mit veränderten Proportionen oder besserer Feinabstimmung noch mehr drin gewesen.

Dagegen zielte das Bao Bun als perfektioniertes Streetfood mit betörend soft gedämpftem Teig, saftig mariniertem Pulled Pork inklusive deutlich spürbaren, aber nicht zu plakativen Barbecue-Anleihen und knackig süßsäuerlich marinierten Zwiebeln voll ins Genusszentrum und machte außerdem klar, warum es als Klassiker immer wieder den Weg ins Menü findet.

Nach einer knusprigen Focaccia mit Pastrami als gelungene Einstimmung ging es in der nächsten Runde bereits zum Hauptgang, bei dem zwei unterschiedliche Zubereitungen vom US-Rind im Mittelpunkt standen: Zum einen kernig-zartes Bavette neben teils crunchy, teils zarten Brokkoli und Mango und zum anderen eine zu schmelzend-zarter und dennoch kompakter Perfektion gegarte Short-Rib unter einem süßlich-tiefen Asia-Lack und hochfeinen Zwiebelvariationen. Die reichten von frischgrünen Lauchnoten über knusprige Röstzwiebel bis zu hin fruchtig eingelegten Zwiebellamellen. Angemessen kräftig und zeitlich elegant-zurückhaltend untermalte eine Rinderjus beide Komponenten, während eine Knusperrolle mit Creme von Aubergine und Miso für zusätzliches Umami und ein Salat von Rettich und Radieschen in Buttermilch-/Limonen-Dressing für aufhellend frischen Kontrast sorgte.

Zeit für die süßen Sachen! Und die zeigten unter anderem mit einem Ring aus weißer Schokoladenmousse mit Kern aus Briochecreme, auf deren cremig-üppiger Basis verschiedene abgestuft feinfruchtig-säurefrische Rhabarber-Zubereitungen neben Sauerampfercreme und gebratenen Briochewürfeln für immer neue und immer gleichermaßen stimmige Bezüge sorgten, dass auch hier der gleiche hohe Anspruch angelegt wird. Einen eher radikal säurefrischen (und ein klein wenig sperrigen) Part nahm dagegen das Granny-Smith-Confit mit gelbem Sorbet von Apfel und Yuzu sowie Holunderblüten-Fond ein, während eine duftige Kaffir-Mousse nebst gelbfruchtigen Mispelzubereitungen und Thai-Basilikum wieder perfekt zwischen Säure, Schmelz und Süße balancierte. Und zum Finale machte eine Miniatur-Version von Salzburger Nockerl mit Preiselbeeren und einer üppigen Vanillesauce einen überraschenden und schwelgerischen Schwenk zur alpenländischen Mehlspeisentradition.

Sämtliche Speisen, das Serviceteam und die teils mitservierenden Köche vermitteln eine ansteckende Begeisterung. Und auch wenn die teils eher lose nebeneinander gestellten Einzelzubereitungen nicht immer der klassischen Vorstellung eines „Gourmetgerichts" entsprechen, liegen sie durch die Qualität der verwendeten Produkte und die Genauigkeit in der Zubereitung durchgängig auf sehr hohem Niveau. Die vorgeschlagene Weinbegleitung, wie das Menü in fünf Etappen serviert, bietet dieses ebenfalls und darüber hinaus auch noch die eine oder andere spannende Überraschung. Alternativ finden sich in der Weinkarte aber auch viele hochwertige Flaschen.

Schlossanger Alp
im Hotel Schlossanger Alp

Am Schlossanger 1,
87459 Pfronten (Meilingen)
📞 08363-914550
www.schlossanger.de
🕐 Täglich von 12–14 Uhr u. ab 18.30 Uhr,
kein RT
Hauptgericht: 25–35 €, Menüs: 49–68 €

Wer die zumindest im Winter ein wenig abenteuerliche Anfahrt über eine kleine Bergstraße hinauf zur Schlossanger Alp gemeistert hat, findet dort mit dem stattlich schmucken Landhaus der Familie Schlachter-Ebert ein ländlich-alpines Idyll, das neben lieblichen Almwiesen und Bergpanorama nicht nur einen echten Premiumplatz bietet, sondern auch den Komfort eines gediegenen Hotels. Noch einladender wirkt das Ganze allerdings mit dem Wissen, dass hier nicht nur ein angenehmer Ort zum Verweilen geboten wird, sondern auch elegant optimierte Regionalküche auf hohem Niveau. Diesen Stil hat Barbara Schlachter-Ebert bereits vor vielen Jahren geprägt, als die Verbindung von traditioneller Küche mit Fine-Dining-Anspruch noch ein weitestgehend unbekanntes Gebiet gewesen ist – und bleibt damit auch heute noch absolut up to date.
Auf der Karte mischen sich bodenständigere Gerichte wie die Schlossanger Käseravioli mit Spitzkohlgemüse und Speckbutter oder der Braten vom Bürgermeisterstück nebst Bohnen, Spätzle und Lembergersauce in fließendem Übergang mit Kreationen, die sowohl von den Produkten als auch vom Detailaufwand her schon eher im Gourmetgenre liegen. Im Vergleich zu vorherigen Besuchen waren die ambitionierten, pfiffig interpretierten Gerichte im Vergleich zu traditionellen Sachen heuer sogar wieder stärker vertreten. Ob es daran liegt, dass von manch kleinen Wacklern und Unsauber

keiten der Vergangenheit diesmal nichts zu spüren war, sei dahingestellt. Sicher ist jedenfalls, das schon vorab: die Schlossanger-Küche ist in Topform!
Darüber sollte man sich auch nicht von dem trocken-bröseligen Weißbrot zu Beginn täuschen lassen – denn alles was tatsächlich aus den Töpfen und Pfannen der Küche kam, erfreute zuletzt mit viel bodenständiger Substanz und zugleich eleganter Leichtigkeit. Geradezu modern mit markanten Farben und präzisen Details startete der letzte Besuch mit einer außen knusprig gerösteten, innen glasigen Black Tiger Garnele. Kombiniert wurde diese mit verschiedenen Salzzitronen-Komponenten (Gel, Creme, Malto), die in jeweils unterschiedlicher Intensität einen differenzierten und plastischen Eindruck schaffte, der darüber hinaus von abgeflämmtem Ricotta, dem süßen Kern geschmorten Lauchs und dunkelwürzigem Lauchasche-Powder mit feinen Bitternoten verstärkt wurde. Dazwischen sorgte ein knallgrünes Lauchöl noch für etwas Frische und rundete diesen beeindruckenden Start ab. Im direkten Vergleich wirkte das folgende Kürbissüppchen fast zwangsläufig etwas schlichter, zeigte mit seiner samtig schaumigen Konsistenz und einer durch ausreichend Säure und feine Ingwerschärfe abgefederten lieblich-leichten Anmutung aber dennoch, wie anspruchsvoll hier von den Basiszubereitungen weg gekocht wird. Und mit nussigem geraspeltem Kürbis im Süppchen und sanft gebratenen Zanderbäckchen (mit etwas viel Zitronensaft im Finish) bot der scheinbar simple Zwischengang durchaus allerhand Facetten…
Als idealtypische Verbindung beider Welten – Bodenständigkeit und Gourmet – wurde der zart-straffe Hirschrücken im Hauptgang in einen süffigen salzig-fruchtsüßen Kontext gestellt. Weil die Umgebung aus Quittenrotkohl, blanchiertem Rosenkohl, honigsüßem Apfel-/Rosinen-Confit und brutzelig gerösteten Schwammerln aber in ganz exakten Proportionen arrangiert wurde, wirkte das Gesamtbild an keiner Stelle schwerfällig, im Gegenteil… Nur die konzentrierte Wacholderrahmsauce bekam durch erkennbare Stärkebindung ganz leichte Abzüge in der B-Note.
Wer am Ende noch Appetit aufgespart hat, oder vielleicht die separat servierten Butterspätzle zum Hirschrücken nicht bis zum Schüsselboden geleert hat, findet mit alpenländischen Mehlspeisen-Schmankerln wie einem butterbröseligen Topfenknödel mit Zwetschgenröster und Vanilleeis, besonders am Ende nochmal besonders verlockende Optionen, kann aber genauso auch eine Crème brûlée von

der Tonkabohne nebst Holunderbeeren und intensiv cremigem Haselnusseis ordern – oder doch nur eine der natürlich aromatischen hausgemachten Eissorten in variabler Dimension. Und dafür, dass bei alldem auch die Gläser nicht leer bleiben, bietet der von Bernhard Ebert attraktiv bestückte Weinkeller und die auch glasweise lohnenden Empfehlungen beste Voraussetzungen.

Erst nach unserem letzten Testbesuch war zu vernehmen, dass mittlerweile Filius Bastian Ebert nach Stationen im Münchener Tantris, dem Dal Mulin in St. Moritz und bei Nils Henkel im Papa Rhein in Bingen zur Unterstützung seiner Mutter an den heimischen Herd zurückgekehrt ist. Somit sind wir natürlich schon sehr gespannt auf unseren nächsten Testbesuch in der kommenden Saison und darauf, ob und wie sich dessen Mitwirken dann vielleicht schon bemerkbar macht.

Hotelempfehlung

★★★★

Das Burghotel Falkenstein

Auf dem Falkenstein 1,
87459 Pfronten (Meilingen)
☎ 08363-914540
www.burghotel-falkenstein.dede-DE
Einzelzimmer: 135–170 €
Doppelzimmer: 200–320 €

Schon Prinzregent Luitpold von Bayern unternahm seinerzeit Lustreisen zur heutigen Ruine der Burg Falkenstein – und die Lust zu reisen ist den Gästen des Burghotels Falkenstein bis heute geblieben. Nach der steilen Auffahrt über die schmale Serpentinenstraße wird man hier nicht nur mit einer atemberaubenden Aussicht belohnt, man checkt in einem familiengeführten Refugium ein, dessen Zimmer und Suiten sehr individuell, modern und verspielt gestaltet sind. Themen von „Sissis Herz" bis hin zu

„Ludwigs Traum" knüpfen auf charmant nostalgische Art an die royale bayrische Geschichte an. 2017 feierte das Burghotel sein 120jähriges Bestehen, verwöhnt die Gäste aber ganz auf der Höhe der Zeit mit viel modernem Komfort. Im Wellness- und SPA-Bereich stehen neben Finnischer Sauna, Marokkanischer Lehmsauna und dem „Pfrontener Heustadl" auch verschiedene Ruheräume und Anwendungsmöglichkeiten von Massagen bis Beauty zur Auswahl. Restaurant Pavo separat erwähnt.

★★★★ S

Hotel Schlossanger Alp

Am Schlossanger 1,
87459 Pfronten (Meilingen)
☎ 08363-914550
www.schlossanger.de
Einzelzimmer: 117–228 €
Doppelzimmer: 209–426 €

Das Hotel Schlossanger Alp befindet sich auf 1130 m Höhe in idyllischer Einzellage mit wunderschönem Blick auf die umliegende Allgäuer Bergwelt. Die insgesamt 35 komfortabel in modernem alpinem Stil eingerichteten Zimmer und Suiten sind auf ganz unterschiedliche Ansprüche abgestimmt. Mit dem Wellness- und SPA-Bereich (ganzjährig beheizter 15-Meter-Außenpool, Panorama-Sauna, Dampfbad, Physiotherapie sowie Kosmetik- und Beauty) sind auch die Bereiche Fitness und Entspannung auf der Schlossanger Alp zeitgemäß und vielseitig besetzt. Außerdem bietet die Urlaubsregion von der reizvollen Wanderlandschaft über zahlreiche Ausflugs-Attraktionen für den Sommer bis hin zu den Wintersportgebieten vor der Haustüre jede Menge Abwechslung für die Outdoor-Freizeitgestaltung. Nicht zuletzt machen aber die persönliche Gastlichkeit, der perfekte, schnörkellose Service, die ausgezeichnete Küche (mit Barbara Schlachter-Ebert eine der bekanntesten Köchinnen in Bayern) und Mitarbeiter, die Ihrer Berufung mit Leidenschaft nachgehen, dieses familiengeführte Haus zu etwas Besonderem. Restaurant Schloßanger Alp separat erwähnt.

Piding (Bayern)

Lohmayr Stub'n

Salzburger Str. 13,
83451 Piding
📞 08651-714478
www.lohmayr.com
🕑 Mo u. Do–Sa ab 17 Uhr, So von 11–13.30 Uhr u. ab 17 Uhr, Di u. Mi RT
Hauptgericht: 17–27 €,
Menüs: 36–54 €

EC ⬤ VISA P hтн

Ganz genau so stellen wir uns ein anspruchsvolles bayrisches Gasthaus vor! Ein stattliches Gebäude im landestypischen alpenländischen Stil mit traditionellen Stuben, viel Holz, Herrgottswinkel, die Tische sauber eingedeckt… Und es wundert kaum, dass nicht nur die Nachbarn der kleinen Ortschaft an der österreichischen Grenze in großer Zahl hierher pilgern, sondern regelmäßig auch Gäste von weiter her, denn neben dem stimmungsvollen Ambiente gibt es auch noch ausgesprochen herzlichen Service und eine im traditionellen wie im weltoffenen Fach gleichermaßen souveräne Küche – ein stimmiges Gesamtpaket also, wie man es nur selten erlebt.
Wir schätzen es seit Jahren sehr, dass hier überhaupt nicht vordergründig auf „edel" und „gourmet" gemacht wird, sondern zu absolut bodenständigen Preisen einfach nur frisch und handwerklich aufgekocht wird. Die besonderen Stärken von Sebastian Oberholzners Küche (und für uns immer der Hauptanziehungs-

punkt): die in selten zu bekommender Qualität umgesetzten Traditionsgerichte im Allgemeinen und die mit einem gewissen Raffinement verfeinerte Rustikalität im Besonderen. Leider war bei unserem letzten Besuch beides in der Karte rar gesät – stattdessen Thunfisch, Wasabi, Knuspergarnelen, Rinderfilet, Mango, Chili und jede Menge Gerichte mit Trüffel, womit sich die Küche arg vergleichbar macht und bei diesem Vergleich längst nicht so gut dasteht, wie in ihrer Königsdisziplin.
Klar gab's auch das Carpaccio vom heimischen Rind mit Parmigiano Reggiano, den hauchdünn gratinierten Ziegenkäse mit Schmelz und feiner Würze, oder auch die klare, nach allen Regeln der klassischen Kochkunst zubereitete Rinderbrühe mit gebratenem Kaspressknödel als Einlage – Hausklassiker, die kaum aus dem Programm wegzudenken sind. Daneben aber diesmal eben auch vergleichsweise viele weltläufige, exklusiver anmutende, bisweilen auch exotisch angehauchte Dinge, die von Gästeseite besonders gefragt sein mögen, in unseren Augen hier aber deutlich weniger reizvoll sind als solche Gerichte aus bereits erwähntem alpenländischem Genre, die viel mehr das Steckenpferd des Chefs sind.
So konnten wir uns zwar sehr über würzige „Brotpralinen" mit Griebenschmalz freuen, das Thunfischtatar, das nebst Wasabicreme, Masago-Kaviar und einem kleinen Salatbouquet als Vorspeise des Feinschmeckermenüs kredenzt wurde, war indes nicht nur eine breiige gewolfte Masse, sondern ließ auch jede Art von Aromengebung vermissen, die man sich bei so einem asiatisch inspirierten Gericht eigentlich erhofft. So blieben im Grunde nur etwas Wasabischärfe, die naturgemäß auch recht ausdruckslosen Capelin-Eier und die feinsäuerlich marinierten Salatblätter in Erinnerung. Fazit: keine 5 Pfannen!
Die „Knuspergarnelen", die wir uns als propere glasige Krustentierchen in krossem Pankokleid oder mit einer filigran-fragilen Kataifihülle erhofft hatten, aber als trocken durchfrittierte Garnelenschwänze in dicken Kartoffelstreifen bekamen, erinnerten in ihrer Art stark an ein gebrauchsfertiges TK-Produkt, wurden aber mit hauptsächlich aus Weißkohl bestehenden Thaisalat und einer recht transparenten, unaufdringlichen Sweet-Chillisauce durchaus schmackhaft begleitet. Aber auch dieses Gericht bewegte sich in seiner schlicht uninspirierten und recht groben Art klar unterhalb des 5-Pfannen-Radars.
Rehabilitation folgte dann mit einem sehr guten Ragout von diesmal herrlich glasigen, knackigen und klar schmeckenden Riesengarne-

len, die zusammen mit vorbildlich bissfesten Taglierini in einer schön natürlich und ausgewogen schmeckenden Hummerrahmsuppe schwammen. Da gab es nichts zu kritisieren, da entsprach alles den Erwartungen.

Etwas unterhalb der Erwartungen blieben diesmal leider auch die Hauptgänge zurück, was aber weder an der Qualität noch an der handwerklichen Zubereitung von wunschgemäß medium-rare gebratenem Rinderfilet und geduldig geschmorten sowie appetitanregend glasierten Kalbsbäckchen lag, sondern mehr am synthetisch schmeckenden Trüffelaroma, das beide Gerichte überlagerte. Bei den in eine Cabernet-Reduktion gelullten Bäckchen nebst Karotte und Rosenkohl als Aroma des ebenfalls begleitenden Kartoffelpürees und beim Kurzgebratenen vom Rind mit selbigem Gemüse und Kartoffel-/Kürbispüree in Gestalt der Jus, die eben leider nicht wie eine gute Périgordtrüffel-Jus mit natürlichem erdigem Trüffelgeschmack und eleganter alkoholischer Süße wirkte, sondern wie eine mit Trüffelöl aromatisierte, etwas dicklich gebundene Bratensauce. Abgesehen davon boten aber beide Teller solides Niveau!

Und auch wenn diese Teller nicht mit fein ziselierten Miniaturen bestückt waren, kam alles so wohlproportioniert daher, dass am Ende auch noch Kapazitäten für ein Dessert blieben. Erfreulicherweise, denn Dinge wie das Cashewkern-Krokantparfait mit Schwarzkirschen und Mandarinensorbet oder die ebenso feincremige wie kakaoherbe Mousse au Chocolat sind hier wirklich immer einen Versuch wert. Klar überdurchschnittlich auch die Weinkarte mit ihren ansprechenden offenen Angeboten und fair kalkulierten Flaschen – bei Weißweinen vor allem aus Österreich und Deutschland, rot auch mit einigen echten Granaten aus dem Bordeaux.

Die Hoteleinträge

★★★★★S	Superior
★★★★★	Unterkunft für höchste Ansprüche
★★★★	Unterkunft für hohe Ansprüche
★★★	Unterkunft für gehobene Ansprüche
★★	Unterkunft für mittlere Ansprüche
★	Unterkunft für einfache Ansprüche
🛏	Unterkunft ohne Sterne-Klassifizierung

Piesport (Rheinland-Pfalz)

10 — 🍴 🍴 🍴 🍴

schanz. restaurant.
im schanz. hotel.
Bahnhofstr. 8a, 54498 Piesport
📞 **06507-92520**
www.schanz-restaurant.de
⊘ **Mi, Do u. Sa ab 18.30 Uhr, Fr u. So von 12–14 Uhr u. ab 18.30 Uhr, Mo u. Di RT**
Hauptgericht: 45–64 €,
Menüs: 110–170 €

EC ■■ ○○ **VISA** P �🖧 🍴 ♿

Nehmen wir die Pointe ausnahmsweise mal gleich vorweg: Eigentlich müsste über dieser Kritik als Bewertung nicht 10 Pfannen, sondern 10 Pfannen mit Bonuspfeil stehen. Denn das Menü beim sympathisch bescheiden auftretenden Überflieger Thomas Schanz war für uns im Rückblick über die vergangene Testsaison nicht nur das aus subjektiver Sicht begeisterndste, sondern auch das aus objektiver Sicht vollkommenste Esserlebnis des Jahres. Auch wenn es alles andere als einfach war, in dessen Genuss zu kommen, denn kaum ein anderes Spitzenrestaurant in Deutschland ist aktuell auch mittags über Monate hinaus derart ausgebucht. Und das wiederum wundert uns nicht im Geringsten, denn was das bis in die Haarspitzen motivierte Team hier mittlerweile in Küche und Gastraum abliefert, darf ganz zweifelsohne zum Besten gezählt werden, was man hierzulande gastro-kulinarisch derzeit erwarten kann.

Dass wir die Bewertung trotzdem erst mal „nur" auf 10 Pfannen erhöhen und nicht auch schon den Bonuspfeil vergeben, der für die jüngste Momentaufnahme fraglos verdient gewesen wäre, liegt auch ein bisschen am rasanten Aufstieg, den das Team hier über die vergangenen Jahre seit der Eröffnung hingelegt hat. So wollen wir zunächst noch etwas abwarten, wie sich das atemberaubend hohe Niveau jetzt in nächster Zeit festigt. Zumal Thomas Schanz seine Küche auch stilistisch enorm schnell weiterentwickelt hat und zwischenzeitlich vom talentierten Helmut-Thieltges-Schüler zu einem souveränen Koch mit sehr vielen sehr guten kreativen Ideen, dem Mut zu starken Aromen und Kontrasten, sowie einer immer markanter werdenden eigenen Handschrift geworden ist. Doch so viel schon vorweg: Sollten sich die jüngsten Eindrücke einfach nur manifestieren, sehen wir Thomas Schanz schon sehr kurzfristig in vorderster Reihe.

Das Schönste und Beeindruckendste hierbei ist, dass der Chef für seinen rasanten Aufstieg nicht den sicheren Weg der gediegenen Klassik gegangen ist, sondern seine Gäste mit sehr mutigen, aber natürlich immer hundertprozentig geschmackssicheren Aromenkombinationen und teils bis zum Anschlag ausgereizter, aber nie überdrehter Intensität fordert und überrascht. Seine meist maximal ausdrucksstarken Kreationen sind dabei auf Aromen- und Texturenseite so enorm fein gezeichnet und haben allesamt eine beeindruckende Tiefenschärfe, so dass zu keiner Zeit ein plakativer, überbordender Eindruck entsteht.

Das wurde schon bei den ersten drei Fingerfood-Snacks (gebackener Merlan, Rindertatar und Krabbensülze) deutlich, die allesamt hochfein in Szene gesetzte Rustikalität verkörperten. Das inzwischen legendäre Schanz'sche Trüffel-Ei, eine zart angestockte, in der Eierschale servierte Trüffel-Royale unter Trüffelschaum, die mit nobler alkoholischer Süße in Vermählung mit der für Périgord-Trüffel typischen, feucht-dumpfen Erdigkeit spielt, die Harmonie und Intensität zum Löffeln auf engstem Raum zusammenbringt, steht im Gegensatz dazu für Eleganz und Exklusivität. Da wiegt der Chef seine Gäste nochmal kurz im klassisch-französischen Kuschelkissen, um dann aber mit dem nächsten Zug umso eindrucksvoller zu demonstrieren, dass sein Kulinarium nicht für kulinarische Weicheier gemacht ist.

Denn wie deutlich sich Thomas Schanz schon von den einstmals viel deutlicheren Einflüssen seines ehemaligen Chefs Helmut Thieltges freigeschwommen hat und wie wenig zutreffend es mittlerweile ist, seine Küche als klassisch französisch zu beschreiben, demonstrierte das Sardinentatar unter einer Kuppel aus Passionsfruchtmousse, getoppt mit einer kleinen Nocke Passionsfruchtsorbet und umgeben von markantem Rotkohlsud. Eine sehr kreative und erfrischend unkonventionelle, besonders markante Kreation mit Zug und Power. Wie extrem

feinmotorisch das Team handwerklich unterwegs ist und wie trennscharf es die Aromen und Texturen gegenüberstellt, zeigte stellvertretend am besten die Gänselebertorte, die der „Saint Honore" nachempfunden war. Mit altem Sherry für alkoholische Süße und einem Hauch Parmigiano für feinwürzigen Background, bei der die auf hauchdünn-krossem Blätterteigkrokant aufgebaute Tarte-Fläche von mit Gänselebereis gefüllten Profiteroles umsäumt ist und so die typische Optik, der nach dem Heiligen Honorius von Amiens benannten, traditionellen französischen Torte aufs Porzellan bringt.

Einer, der nicht nur perfekt zur unkonventionellen Art des Restaurants passt, sondern auch richtig Spaß daran hat, den fordernden Gerichten entsprechend anspruchsvolle und harmonisch korrespondierende Getränke zur Seite zu stellen, ist der aus Österreich stammende Sommelier Aleksandar Petrovic. Und der empfiehlt nicht bloß Weine aus der international sehr gut bestückten Karte, sondern kreiert auch mit viel Eifer und Expertise alkoholfreie Begleiter. Beispielsweise ein Getränk von Rose, Aprikose und Johannisbeere zu einem im Grunde völlig simpel aufgebauten Gang – Fisch, Salat, verschiedene Kräuter, Sauce –, dessen Brillanz und Finesse in der hervorragenden Qualität der perfekt auf den Punkt gebrachten Rotbarbe aus der Vendée und dem ebenso harmonischen wie originellen Zusammenspiel der überraschend expressiven Aromen von Eisbergsalat und Wildkräutern sowie dem Zusammenfluss aus einer Vinaigrette von Hibiskus- und Orangenblüte und etwas Pochiersud der Rotbarbe lag.

Ähnlich vom Aufbau her, konzeptionell jedoch ganz anders, kam der arktische Seehecht in blättrig-reintöniger Idealform daher, welcher mit Tannenwipfelpulver bestäubt auf einer pronociert würzigen, mit Tannenwipfelöl ätherisch-harzig abgerundeten Muskatnuss-Consommé schwamm. Die begeisterte mit straffer, aber perfekt eingebundener Säure und fungierte als Bindeglied zwischen dem Fisch und den kleinen Zylindern aus Angostura-Nektarine (außen Fruchtfleisch, innen Püree…), mit denen er umgeben war. Denn deren florale fruchtige Süße wurde durch die solo etwas borstige Consommé gezähmt und so konnte sich im Verein in abermals höchst spannend und neuartig schmeckender Akkord generieren.

Einmal mehr wurde fett unterstrichen, dass die Küche von Thomas Schanz nichts für zart besaitete Gaumen ist, als der in markanter Optik unter einer fragilen Kuppel aus Kartoffel-Esspapier präsentierte und aromatisch bis zum Anschlag aufgedrehte, als solches aber in perfekter Balance und Harmonie gehaltene Hummer-Zwischengang auf dem Tisch stand: Ein konzentrierter Hummersud mit Mirabelle und den schlagkräftigen Sekundäraromen von Minze, Kümmel und Safran als Bad für glasig-knackigen Hummer in Referenzqualität mit klarem, nussig-jodigem Geschmack, in welchem sich das Krustentier zusammen mit zartfleischigem Kalbskopf und Juliennes von der Annabel-Kartoffel tummelte. Dazu stellte Aleksandar Petrovic ein genauso abgefahrenes Begleitgetränk aus Earl Grey Tee, Mango, Orangenzeste und geröstetem Reis, das einmal mehr unter Beweis stellte, dass es sich hier durchaus lohnt, mal abstinent zu bleiben und statt der Weinbegleitung die alkoholfreie Alternative zu wählen.

Doch es gibt bei Schanz selbstverständlich auch starke Wein-Pairings. Etwa das von gereiftem feinherbem Riesling der Lage Badstube aus dem Hause Molitor zu Kalbsbries und Flusskrebsen, die sich inmitten von knackigen Erbsen, festen und vollaromatischen Sommersteinpilzen und flirrendem Holunderessigschaum zum Battle trafen, um unter sich auszumachen, wer der Properste auf dem Teller ist. Mit unentschiedenem Ergebnis, denn beide hätte man sich nicht besser wünschen können und beide behielten mit ihrer Präsenz und Strahlkraft in dieser schlagkräftigen Umgebung die Oberhand. Das war der wahrscheinlich klassischste Gang des letzten Menüs und dennoch meilenweit von Behäbigkeit oder Erwartbarkeit entfernt.

Genau wie der Hauptgang um Taube, der sich als prononciert pfeffrig entpuppte, was nicht nur durch das Pfefferblatt forciert wurde, in das die in Eigengeschmack und Fleischkonsistenz herausragende Taubenbrust eingeschlagen war, sondern auch durch ein schmelziges Pfeffergelee und die mit Pfeffer gewürzte Taubenjus. Darüber waberte ein ätherischer Hauch von Zitronenmelisse, der dem Ganzen ebenfalls einen unkonventionellen Dreh gab. Begleitet wurde das ausdrucksstarke Täubchen, dessen Charakter zusätzlich mit einer kleinen Praline aus Taubenherz und Taubenleber nach vorne gepusht wurde, von erdigen Komponenten ohne jede Schwere: Spitzmorcheln, Wirsing und „Scholes", jener Art Auflauf aus unter anderem Kartoffeln, Lauch und Ei, der hier als knuspriger Stick interpretiert war und dergestalt viel Raffinesse mitbrachte. Dass auch die Sauce ein wahres Meisterwerk voll Kraft und Eleganz war, muss kaum noch gesondert erwähnt werden. Eher schon, dass mit dem dazu empfohlenen alkoholfreien Getränkebegleiter aus entsafteter Bete, Vanilletee, Monin Bitter

und mehr, wieder ein Volltreffer im Glas gelandet wurde.

Dass Thomas Schanz und den Seinen die Ideen, der Mut und die Perfektion auch im süßen Bereich nicht ausgehen, war eindrucksvoll an dem mit Pampelmuse, Quinoa sowie Sorbet und Fruchtfleisch von Grapefruit gefüllten Baiser-Zylinder zu sehen und zu schmecken, der auf einem mit Safrancreme und Pampelmusencoulis durchzogenen Sauerrahmspiegel einen sehr aufgeräumten und reduzierten Eindruck machte. Das geschmackliche Ergebnis war aber ebenso facettenreich und voller Dynamik wie alle anderen Dinge, die wir zuvor probiert haben. Und das Schönste: was sich auf dem Papier etwas kühl konstruiert und forciert anhört, präsentierte sich auf dem Porzellan tatsächlich wie ein vollmundiges Dessert mit Soulfood-Qualitäten.

Weil zu guter Letzt auch sämtliche Petits fours nicht nur markant und originell daherkamen, sondern auch qualitativ herausragend waren, ist diesmal nur noch Formsache, was sich bereits beim letzten Besuch angedeutet hatte: erneute Aufwertung auf jetzt 10 Pfannen. Und, was wir sonst nie machen, schon jetzt mit Option auf den Bonuspfeil!

Hotelempfehlung

★★★S

schanz. hotel.

Bahnhofstr. 8a, 54498 Piesport
☎ 06507-92520
www.schanz-hotel.de
Einzelzimmer: 95–101 €
Doppelzimmer: 130–136 €

Ein modernes, von der Familie Schanz engagiert geführtes Winzerhotel mit herzlicher Gästebetreuung und einem Angebot von 12 geschmackvoll eingerichteten Zimmern. Diese wurden in 2013 alle neu gestaltet, verfügen über iPhone-Dockingstation sowie kosten-freien WLAN-Zugang und sind in Stil und Komfort dem modernen, lichtdurchfluteten Gourmetrestaurant angepasst worden. Besondere Gourmetarrangements finden sich stets aktuell auf der Homepage des Hauses. Im traditionellen Weinhaus werden ausgesuchte Weiß-, Rot- und Roséweine ausgeschenkt und informative Weinproben abgehalten. Schanz. restaurant. separat erwähnt.

Rolin
im Hotel Cap Polonio
Fahltskamp 48, 25421 Pinneberg
☎ 04101-5330
www.cap-polonio.de
⊘ Fr–Di von 12–14 Uhr u. ab 18 Uhr,
Mi u. Do RT
Hauptgericht: 21–42 €, Menüs: 37–75 €

Genau wegen solcher Restaurants wie dem Rolin im Hotel Cap Polonio in Pinneberg lohnt sich unsere Arbeit ganz besonders. Restaurants, die nicht auf den ersten Blick erkennen lassen, wie gut man dort essen kann und deshalb nicht unbedingt einem breiten Feinschmeckerpublikum bekannt sind. Die nicht auf „Gourmet" machen und sich deshalb weit unter dem Radar bewegen – deshalb aber kulinarisch nicht uninteressanter sind als viele deutlich renommiertere Lokale. Sie zunächst zu entdecken, ihre Entwicklung dann über Jahre zu verfolgen und den interessierten Lesern das vermitteln zu können, macht uns seit jeher ganz besonders viel Spaß.
Der Gastraum selbst, der aus Teilen des Mobiliars eines Luxusliners besteht, das hier das Speisesaal-Flair des Dampfers „Cap Polonio"

wieder aufleben lässt und ein wenig „Prunkliner-Atmosphäre" der goldenen Zwanziger versprüht, wirkt herrlich aus der Zeit gefallen und fast wie ein Gegenentwurf zu den modernen Casual dining-Konzepten vom Reißbrett. Auch Küchenchef Marc Ostermann, der das charmant patinierte Lokal engagiert und eben auf erstaunlich hohem Niveau bekocht, schielt weniger auf kulinarische Moden als vielmehr auf klassische Substanz. Sein Kulinarium überzeugt durch viel mehr Sein als Schein, ohne übertriebenen Exklusivitätsdrang, aber mit jeder Menge handwerklichem Können und überraschend viel Gespür für Details.
Und auch mit dem souveränen Wissen, wann es besser ist, auch mal etwas wegzulassen. Ganz egal ob bei eher traditionellen Klassikern, die es hier auch gibt, oder bei den etwas leichter und moderner interpretierten Gerichten, wie man sie zum Beispiel in Marc Ostermanns Menüempfehlung findet: Stets zeigt sich deutlich die Handschrift des Könners. Immer überzeugt die Qualität der Produkte. Und das zu überraschend moderaten Preisen!
So zuletzt auch schon bei einem Mordstrumm Kaisergranat mit herrlich festem, fleischigem Biss und glasklarem Geschmack, der in perfektem Garzustand, nämlich noch leicht glasig auf dem Teller lag. Der buhlte mit ebenso referenzartigen Jakobsmuschelscheiben darum, wer der Star auf diesem ist. Ergebnis: unentschieden! Und es lenkte weder die seidige Kürbiscreme noch die mit fruchtig-säuerlich marinierten Kürbisbrunoise gefüllten Kürbis-Dim-Sum und schon gar nicht die mit einem fernöstlich zitrischem Hauch aromatisierte Krustentier-Schaumsauce davon ab. Besser bekommt man derlei Produkte auch in noch höher bewerteten Restaurants nicht allzu häufig.
Auch der äußerst präzise glasig gegarte und rundum abgeflämmte (zuvor vermutlich kurz in einer Salzlake gebeizte…) Kabeljau war ein Prachtexemplar seiner Art. Der schwamm wiederum in einem eher mediterranen Umfeld herum, nämlich auf einer Art Cassoulet aus Coco-Bohnenkernen, Pimientos del Piquillo, Tomaten und kleinen Chorizo-Würfeln. Und er war zudem mit einer Nocke Auberginenmus, Basilikum, einem Chorizo-Chip und erfrischend auflockerndem Zitronengel beladen. Das hatte Tiefgang, war aber trotzdem federleicht und transparent.
Inspiriert von einem Gericht von Rolf Fliegauf aus dem Gourmetrestaurant Ecco in Ascona, der kurze Zeit vor unserem letzten Testbesuch für das Schleswig-Holstein Gourmetfestival ein paar Tage im Cap Polonio als Gastkoch zugegen war, schickten Marc Ostermann und sein

Team als Hauptgang eine mit Purple-Curry-Schmelze gratinierte Taubenbrust. Die saß auf einem straff säuerlich angemachten Blaukrautsockel und war von einem hauchdünnteigigen, optimal wachsig-zarten Dim-Sum-Täschchen mit einer süffigen Füllung aus Schmorfleisch und Innereien der Taube, Blaukraut- und Selleriecreme sowie roter Shiso-Kresse umgeben. Auch hier merkte man in jeder Komponente und insbesondere auch in der exakt reduzierten und mit viel gut balancierter Säure ausgestatteten Jus, wie substanzstark und präzise hier gekocht wird.

Dass das ganz schnörkellos, völlig frei von Manierismen und mit dem geschulten Blick (und Gaumen) für das Wesentliche geschieht, zeugt für Marc Ostermanns Souveränität als Koch, die er sich unter anderem einst in der Brigade von Michael Hoffmann in dessen Berliner Margaux angeeignet hat. Und so kommt auch das Dessert, ein Törtchen von Gianduja-Schokoladenganache mit nussig-mürbem Boden und einem natürlich-intensiven Kirschsorbet als Topping, ganz unaufgeregt daher. Schmeckt aber überraschend aufregend!

Aufregend könnte für Riesling-Fans auch der Blick in die Weinkarte werden. Aber auch jenseits dieser Rebsorte hält der Keller sehr viel Gutes bereit. Und das Schönste: all das gibt es hier mittags wie abends zu erschwinglichen Preisen.

Hotelempfehlung

★★★ S

Hotel Cap Polonio

Fahltskamp 48, 25421 Pinneberg
☎ 04101-5330
www.cap-polonio.de
Einzelzimmer: 92–102 €
Doppelzimmer: 116–132 €

Was einstmals dem Drei-Schrauben-Schnelldampfer „Cap Polonio" vergönnt war, währt nun schon seit 1935 an Land: Teile des Mobiliars des Ozeanriesens, die einst in 65 Fuhren vom Pinneberger Hafen in das Haus am Stadtwald transportiert wurden, schmücken nun die Räumlichkeiten des Hotel Cap Polonio. Wandvertäfelungen aus Rosenholz, Ledertapeten, Lampen und Heizkörperverkleidungen aus Messing sowie Möbel des ehemaligen Schiffes prägen das Interieur des Drei-Sterne-Superior-Hauses und vermitteln ihm Prunkliner-Atmosphäre der goldenen 20er-Jahre. So treffen hier

maritime Vergangenheit und Gegenwart aufeinander, gepaart mit herzlicher Gastlichkeit, Tradition, moderner Annehmlichkeit und persönlichem Service. Die Zimmer verfügen über Dusche, WC, Haartrockner, Schminkspiegel mit Vergrößerung, Radio, SAT-TV, Direktwahltelefon, Highspeed DSL-Anschluss am Schreibtisch und WLAN. Außerdem: Allergikerzimmer mit Parkettböden, Räume für Bankettveranstaltungen mit bis zu 500 Personen, 5 modern ausgestattete Konferenzräume. Restaurant Rolin separat erwähnt.

Pirk (Bayern)

Genussschmiede

Rathausplatz 6, 92712 Pirk
☎ 0961-48026600
genussschmiede-pirk.de
⊙ Mi u. Do ab 17 Uhr, Fr–So von 12–14 Uhr u. ab 17 Uhr, Mo u. Di RT
Hauptgericht: 17–32 €, Menüs: 54–84 €

Was sich im letzten Jahr bereits andeutete, hat sich heuer voll bestätigt: Mit Peter Mauritz hat ein vielversprechendes Talent die Regie am Herd der Genussschmiede in Pirk übernommen! Der unter anderem in Obendorfers Eisvogel und als Sous-Chef von Thomas Kellermann auf Burg Wernberg bestens für diese Position vorbereitete Chef macht einen Besuch in der ohnehin attraktiven Location der ehemaligen Dorfschmiede und ihrem hohen hellen Gastraum noch einmal spannender. Trotz der nicht eben einfachen letzten Zeit für die Gastronomie kocht das Team nicht auf Sparflamme, sondern verbindet sehr gekonnt eine lässige, unkomplizierte Grundlinie in den Gerichten mit klug gesetzten individuellen Akzenten und wird damit einerseits niemanden überfordern oder abschrecken, bietet aber andererseits dennoch hohen Genuss- und Unterhaltungswert.

Perfekt illustriert wurde das bereits zum Auftakt durch ein insgesamt eher auf der erfrischenden Seite gehaltenen Tomateneis mit gelungenem Süße-Säure-Spiel, ergänzt von saftigem Tomaten-Kerngehäuse und einem gelbfruchtigen Gelee, das ausgleichende Süße, aber unter dem Anstrich dann doch ein klein bisschen zu viel Zucker ins Spiel brachte. Trotzdem ein guter Einstieg!

Und schon bei der nächsten Kostprobe zeigte sich das Potential des Teams so richtig: Gebeizter Saibling wurde hier als eine Art Roulade aus gebeizten Scheiben mit Füllung aus zarten Saiblings- und Fenchelwürfeln ins Zentrum des Tellers gestellt und herrlich schwebend und klar zwischen Aromen von Anis, Zitrone und Fenchel gestellt – unter anderem durch Fenchelsalat und Fenchelgranité, ein Pernod-Gel, Zitronensauce und Zitronenmayonnaise in gut durchdachten Proportionen, die im Nachklang noch von einer feinen pfeffrigen Schärfe ergänzt wurden. Super!

Beim folgenden Gang rund um Erbse, Curry und Mango wurde es etwas verdichteter und schmeichelnder, aber kaum weniger überzeugend. Bereits die teils als leichte Creme, teils als Stücke mit perfekter knackiger Frische und als Sprossen präsente Erbse zeigte eindrücklich, was in einem scheinbar profanen Gemüse stecken kann. Dazu schafften blumige Exotik und Mangofrucht einen harmonischen Rahmen, während frittierter Reis und Cashewkerne für Crunch und geflämmte Perlzwiebeln für kleine Säurekicks sorgten.

Generell zeigt sich in jedem Gericht, dass genau über jedes Detail nachgedacht wird und so gelingt es auch mit moderatem Aufwand für Spannung und Abwechslung zu sorgen. Wobei „moderater Aufwand" relativ ist. Denn wenn man genau hinschaut, finden sich auf den Tellern doch erstaunlich viele Feinheiten. So auch beim saftig-festfleischigen und nur minimal fa-

serigen Störfilet, das von verschiedenen Blumenkohl-Zubereitungen und einer leichten Muskatblütensauce begleitet wurde. Dabei brachte insbesondere der als Creme, geröstete Stückchen, rohe zitrisch-ätherische Späne und als blattgrüner Salat servierte Blumenkohl für immer neue Eindrücke.

Im Hauptgang präsentierte das Team Kaninchen in einer pfeffrigen Gewürzmischung nebst zartem Karottenpüree, einer im Ganzen geschmorten Karotte inklusive keckem Ingwer-/Senfkorn-Chutney sowie Blättern und Emulsion vom Kerbel und erneut leicht gehaltenen Sauce, die an dieser Stelle und zu dem insgesamt leichten und duftig gehaltenen Arrangement viel besser passte als eine stark reduzierte Jus.

Und auch zum Dessert blieb die Küche ihrer Linie mit Erfolg treu und stellte pochierten Pfirsich mit duftiger vollreifer Frucht neben einem zartfruchtigen rosa Pfirsichsorbet ins Zentrum des Nachtischs, kontrastreich ergänzt von einer intensiv nussigen Sesamcreme, Sesamknusper und säurefrischem Melissegel. Der milde „Prisecco"-Schaum und ein deutlich zu festes Gelee (vermutlich ebenfalls Melisse) hätte es da gar nicht unbedingt gebraucht... Sicher ist jedenfalls: die Genussschmiede ist eine kulinarische Bereicherung für die Oberpfalz! Woran auch der aufmerksame Service und eine nicht überbordende, aber klug zusammengestellte Weinauswahl ihren Anteil haben.

Pirmasens (Rheinland-Pfalz)

8 🍴🍴🍴

Die Brasserie

Landauer Str. 103–105,
66953 Pirmasens
📞 06331-7255544
www.diebrasserie-ps.de
🕐 Do–Sa von 12–14 Uhr u. ab 18 Uhr,
So–Di RT
Hauptgericht: 44–55 €,
Menüs: 98–118 €

Wenn einen ein vermeintlich schlichtes Waldpilzsüppchen als kleiner Gruß aus der Küche mit seiner Intensität, Komplexität und Eleganz fast umhaut, sitzt man mit großer Wahrscheinlichkeit gerade in Vjekoslav Pavics heiterer Brasserie am Ortsrand von Pirmasens. Der ehemalige Musterschüler von Heinz Winkler ist nämlich seit jeher ein wahrer Saucen- und Suppenmeister und beschert seinen Gästen vor dem eigentlichen Menübeginn immer ein flüssiges Glücksgefühl zum Schlürfen aus einem kleinen Schälchen – bei unserem letzten Besuch eben ein fanatisches Waldpilzsüppchen, das den Gaumen wie Samt und Seide streichelte und intensives Pilzaroma transportierte, sich aber nicht damit begnügte, einfach nur waldig und erdig zu sein, sondern mit fein eingebundener Säure und einer kräftigen Sherrynote samt eleganter alkoholischer Schärfe auch noch überaus vielschichtig, straff und schneidig schmeckte.

Der kulinarische Klassik-Fan Pavic hat definitiv ein sehr gutes Händchen für puristische Gerichte mit raffiniertem Aromenspiel und einer besonders akkuraten, feingeschliffenen Umsetzung. So wie die Vorspeise seines letzten Menüs, die sich um in Salzbutter gebratene Maronen mit Knollensellerie auf einer geschmeidig schmelzigen Creme von aromatischem Brie de meaux drehte. Hier war der Akkord, den die betont leichte, würzige Käsecreme und ein intensives Mandarinengel in Kombination mit den nussig-süßlichen Aromen der Esskastanien anstimmte, für den Gaumenkitzel verantwortlich. Und die winzig kleinen, knackig zarten Selleriewürfel erwiesen sich in Zusammenspiel mit zerstoßenen Walnusskernen in diesem Kontext nicht bloß als Texturgeber, sondern auch geschmacklich gewinnbringend.

Vjekoslav Pavics Eigeninterpretation des norddeutschen Klassikers Birne-Bohne-Speck profitierte ebenfalls vom sicheren Aromengespür des gebürtigen Kroaten und begeisterte durch ein sensibel abgestimmtes Spiel zwischen Süße, Würze und Säure. Bei dem als cremiges Süppchen mit Einlage präsentierten Gang hatte schon die Suppenbasis aus Keniabohnen und Williamsbirne die perfekte Balance, wurde aber durch feine Birnenwürfel, Bohnenstücke und schmelzigen Lardospeck von Pavics eigenen Wollschweinen noch über weitere Geschmacksverläufe vielschichtig ausgedehnt. Eine prägnante Pfefferschärfe machte sich in diesem Kontext ebenfalls sehr gut. Auch hier wieder ein völlig unaufgeregtes, gediegenes Löffelgericht, bei dem sehr viel am Gaumen passiert.

Bei der Art, wie hier gekocht wird, gibt es kein Netz und keinen doppelten Boden. Sprich: nichts zu kaschieren. Hat Pavics Küche aber auch gar nicht nötig, denn der Chef setzt auf hervorragende Grundprodukte und eine zwar sehr puristische, aber auch sehr subtanzreiche Zubereitung, die eben stark auf Saucen oder Cremes ausgerichtet ist. Beides zusammen fand man im Umfeld dreier fantastischer Jakobsmuscheln, die prall, glasig und klar auf jungem und bemerkenswert mildem Blattspinat mit ganz wenig Calciumoxalat lagen, denn das Ganze war umgeben von einer wieder maximal seidigen Fenchelcreme und einer formidablen Safransauce, die tatsächlich nur auf Basis eines Jakobsmuschelfonds zubereitet gewesen sein muss, so reintönig und produktnah wie sie geschmeckt hat. Alles zusammen: Harmonie pur!

Ebenfalls pure Harmonie, aber nicht ohne auch eine gehörige Portion Spannung und Dynamik, fanden wir auf dem Teller des Hauptgangs, in dessen Mittelpunkt ein satt glasiertes Kotelett vom iberischen Pata-Negra-Schwein stand. Hier nämlich erzeugte die knackige Säure des in Spätburgunder geschmorten Sauerkrauts mit Rosinen und Nüssen in Kombination mit der natürlichen Süße und dem einlullenden Schmelz eines fließend cremigen Pastinakenpürees dieses aufregend wohlige Gefühl am Gaumen – und begleitete das ausdrucksstarke nussige Fleisch vortrefflich. Und weil dann zu allem Überfluss auch noch die dazu empfohlene zehn Jahre gereifte Spätburgunder-Spätlese vom Weingut Münzberg nicht nur solo ein ganz hervorragender Wein war, sondern perfekt mit der süßlich-säuerlich-nussigen Melange harmonierte, hatte man es mit einem echten Menühöhepunkt zu tun.

Und anschließend mit einem gebührenden Abschluss auf gleichbleibendem Niveau, denn das Miteinander eines Honig-Sesamparfaits in Knödelform mit Kompott und Gel von der Konstantinopler Apfelquitte – schaumig und cremig eingefasst von einer Art Sabayon – bot in süßer Form genau das, was auch alle anderen Gänge hatten: unaufgeregtes und doch anspruchsvolles Handwerk und ebensolchen Genuss.

Pleinfeld (Bayern)

Landgasthaus Zur Linde

Spalter Str. 2, 91785 Pleinfeld (Stirn)
📞 09144–254
www.zur-linde-stirn.de
◑ Mi–Sa von 11–13.30 Uhr
u. ab 17.30 Uhr, So von 11–14.30 Uhr,
Mo u. Di RT
Hauptgericht: 12–26 €

Die Linde in Stirn bei Pleinfeld ist ein weithin beliebtes Gasthaus und zieht Alt und Jung ins fränkische Seenland. Kein Wunder, denn die Qualität ist hoch und die Preise in Relation niedrig. Man legt hier Wert auf gute Produkte aus der Region, schaut aber auch über den Tellerrand, kombiniert Bewährtes mit Neuem oder verleiht traditionellen Gerichten mit dem gewissen Etwas den Pfiff, den sie sonst andernorts eben nicht haben. Was unbedingt noch für die Küche und für ihren Chef Stefan Maurer spricht: auch wenn hier Großkampftag ist, kommen die Gerichte beeindruckend akkurat an den Tisch. Das ist alles andere als selbstverständlich.

Pleiskirchen (Bayern)

Huberwirt

Hofmark 3, 84568 Pleiskirchen
📞 08635–201
www.huber-wirt.de
◑ Mi u. Do ab 18 Uhr, Fr–So von
12–14 Uhr u. ab 18 Uhr, Mo u. Di RT
Hauptgericht: 23–42 €,
Menüs: 35–125 €

Selbst im mit attraktiven Wirtshäusern vergleichsweise reich gesegneten Bayern ist das ein seltenes Phänomen: Der schmucke, zentral im kleinen Pleiskirchen gelegene Huberwirt kultiviert einerseits die ganz traditionelle Rolle des (sehr guten!) Dorfgasthauses inklusive behaglichem Ambiente, Stammtisch und regelmäßigen Vereinstreffen, andererseits geht das Team um Alexander Huber aber deutlich darü-

ber hinaus und bietet nicht weniger als eine beeindruckend niveauvolle Gourmetküche, die sich sehr gekonnt und inspiriert mit alpenländischen und bayerischen Traditionen auseinandersetzt. Angesichts der Tatsache, dass der Chef als Präsident der Jeunes Restaurateurs Deutschland hervorragend vernetzt und über aktuelle Trends und Entwicklungen im Bilde ist, verwundert das schon etwas weniger. Aber die authentische und selbstverständliche Art, wie hier eine über 400 Jahre alte Gastronomietradition mit modernem Fine Dining verbunden wird, bleibt dennoch bemerkenswert.

Wer den Weg raus nach Pleiskirchen gefunden hat, kann dementsprechend entweder originell interpretierte bayerische Schmankerl wie Schlutzkrapfen mit geräucherter Erdäpfelespuma, brauner Butter und Bergkäse, oder das sous-vide gegarte Kalbsschulterscherzl nebst Naturjus, Pfifferlingen, Rübchen und Brezenknödel aus dem Menü „Wirtshausfreude 1612" probieren. Oder noch traditionellere Sachen wie das Kalbslüngerl mit Topfen-Serviettenknödel und feinem Gemüse sowie ein ungarisches Gulasch vom Bayerischen Ochsen mit Butternudeln. Sicher ist in allen Fällen die hohe Qualität der verwendeten Produkte und eine substanzstarke, klare Zubereitung auf deutlich höherem Niveau als in den allermeisten sonstigen Wirtshäusern.

Unsere aktuelle Bewertung gibt allerdings ausdrücklich die Performance in dem mit „Genuss & Lebensfreude" überschriebenen Gourmetmenü wieder. In diesem finden sich zwar ebenfalls viele ausgesuchte regionale Produkte, darüber hinaus aber auch ein weltoffeneres Spiel mit exotischen oder mediterranen Aromenwelten – ohne dabei an irgendeiner Stelle in modernen Mainstream abzudriften. Das Gegenteil ist der Fall: Die Huberwirt-DNA mit spannenden individuellen Ideen bleibt jederzeit erkennbar und führte zuletzt insbesondere auch bei den vegetarischen Gerichten zu einem noch höheren Niveau, das durchaus mit dem des regulären Gourmetmenüs mithalten kann. So etwa bei der zarten, ausdrucksstarken Ricottamousse, die neben einem pikanten Peperonisorbet, Tropfenpaprika und hellerer Paprikamousse neben Kalamata-Olive (als Crumble und Stücke) sowie einem um herbe Wildkräuter erweiterten Rucolaöl sehr gekonnt mit klaren, kontraststarken Mitspielern aufwartete. Oder auch bei der mit enormer Kraft und Tiefe punktenden Kombination von geschmortem Chicorée neben gerösteter Topinambur, Champignons als dunkle Creme und roh gehobelte Streifen, sowie duftiger schwarzer Trüffel, bei der die konzentrierten feinbitteren, erdigen

Aromen von einer tiefen vegetarischen Pilzjus verstärkt wurden.

Das reguläre Gourmetmenü startete ebenso niveauvoll mit einer auf engem Raum viele Facetten bündelten Präsentation vom „Holzlandkalb", das als filigran und frisch gehaltenes Tatar, zarte rosa Scheiben und knusprig gebratenes Bries neben knallgrünen Erbsen und Erbsensprossen, differenzierte Säure liefernden fermentierten Schwarzwurzeln, und einer dazwischen puffernden Semmelkrencreme zeigte, wie feinsinnig sich regionale Bezüge interpretieren lassen.

Auch der nur knapp temperierte und kräftig abgeflämmte Saibling gehörte in die Kategorie „kreative Regionalküche" und glänzte in dieser durch die Verbindung mit Tupfen einer Art Zitrus-Mayonnaise, hauchdünnen Schwarzbrotchips, ätherisch scharfen Radieschen und Brunnenkresse als feinsäuerlich-kressescharfer Fond und Blätter. Bis zum gut durchdachten Anrichten, durch das sich automatisch mit jeder Gabel eine sinnvolle Kombination aller Komponenten ergab, war das ebenfalls eine absolute Punktlandung.

Und das galt genauso für den offener in die weite Welt schauenden Hauptgang rund um Pleiskirchener Reh, das als rosa gebratener Rücken und lockerknusprig frittiertes Tascherl neben Rondellen von Gelbe Bete und Physalis (als Creme und glasiere Stücke) mit erdig-fruchtsäuerlichen Akzenten inszeniert wurde, die wiederum von sautiertem Pak Choi aufgefrischt und harmonisch von einer glänzend duftigen, mit Purple Curry gewürzten Wildjus aufgefangen und getragen wurden. Aber auch die vegetarische Alternative mit zarten Schupfnudeln (aka „Wixpfeiferl") neben kraftvoll im Big Green Egg geschmortem weißem Spargel, brauner Butter sowie einem ebenso viel Umami wie Eleganz liefernden Pilz-Dashifond mit kleinen zarten Buchenpilzköpfen, spielte auf sehr hohem Niveau mit!

Dieses reißt dann auch bei den Desserts nicht ab, wenn beispielsweise die dunkle Power von „Beni Wild"-Bitterschokolade als zarte, von herber Preiselbeere aufgebrochene Mousse neben einem Preiselbeerfond und anisduftigem Kerbel (als Eis, Öl und Blattspitzen) angerichtet wird. Oder wenn, etwas bodenständiger, eine kleine saftig-knusprige Rhabarber-Topfentarte mit karamellisiertem weißem Schokoladeneis und hochintensiven glasierten Himbeeren kombiniert wird.

Und apropos Niveau: Das bieten auch die korrespondierend empfohlenen und kompetent erklärten Weine aus einem attraktiven Fundus aus Österreich, Deutschland, Italien und einigen anderen Anbaugebieten, in dem auch flaschenweise garantiert für jeden Geschmack und Anlass etwas dabei ist. Und auch der gekonnt zwischen zuvorkommender Professionalität und bodenständiger Herzlichkeit agierende Service.

Pliezhausen (Baden-Württemberg)

Landgasthaus zur Linde

Schönbuchstr. 8,
72124 Pliezhausen (Dörnach)
☎ 07127-890066
www.linde-doernach.de
Mo u. Do–Sa ab 18 Uhr, So von 12–13.15 Uhr u. ab 18 Uhr, Di u. Mi RT
Hauptgericht: 28–31 €, Menüs: 85–93 €

Die Linde in Dörnach ist ein Landgasthof, wie ihn sich garantiert jeder Feinschmecker in seiner Nachbarschaft wünscht. Hier gibt's in geschmackvoll ländlichem Ambiente eine konstant hochqualitative aber nicht übermäßig forcierte Küche zu moderaten Preisen, die sich eben weder durch aufgesetzte Kreativität bei der Zusammenstellung der Aromen der Präsentation definiert noch durch überzogene Exklusivität, was die Produkte angeht. Andreas Goldbach bietet seinen Gästen gegenständliche, auf anspruchsvolle Art bodenständige Gerichte in Menüform, die sich über fundiertes Handwerk, gekonntes Abschmecken und eben überdurchschnittliche Produktqualitäten auszeichnet. Der erfahrene Chef, der unter anderem Mal Küchenchef der Speisemeisterei war, muss hier niemandem mehr etwas beweisen und kann mit souveräner Gelassenheit genau das kochen, was er selbst gut findet. Und damit spricht er ganz offensichtlich auch eine große

Gästeschar an, die sich zwischen unverkünstelter französisch-mediterraner Küche und einfallsreich umgesetzten regionalbetonten Gerichten bestens abgeholt fühlt. Zumal es nicht schwerfällt, sich in den wohltuend schlicht gestalteten Gasträumen bei sympathisch familiärem Service und einer mit Sachverstand individuell zusammengestellten Weinauswahl mit regionalem Schwerpunkt zu moderaten Preisen, rundum wohlzufühlen.

Schönbuch
im Hotel Schönbuch
Lichtensteinstr. 45, 72124 Pliezhausen
☎ 07127-56070
www.hotel-schoenbuch.de
⊘ Täglich von 12–14 Uhr u. ab 17.30 Uhr, kein RT
Hauptgericht: 20–42 €, Menüs: 39–89 €

Solche Lokale wie das gediegene Hotelrestaurant im Hause Schönbuch in Pliezhausen mögen wir ganz besonders gern. Und das liegt nicht am fantastischen Ausblick auf Albtrauf und Achalm, den man in dem mit frischen Grüntönen und einzelnen moderneren Gestaltungselementen aufgelockerten Gastraum von den meisten Tischen aus genießt, sondern hat schon in erster Linie gastronomische und kulinarische Gründe. Das Schöne hier ist nämlich, dass das Team um Gastgeber Maik Hörz und Küchendirektor Alexander Bauer nicht angestrengt auf Gourmet machen und sich auf ein exklusives Programm versteifen, sondern dass hier in bodenständigem Umfeld zu günstigen Preisen auf gehobenem Niveau bewirtet und gekocht wird.
Und so sind wir gar nicht traurig darüber, dass das ursprüngliche Vorhaben, hier einen separaten Bereich für Gourmets abzutrennen, erst mal wieder ad acta gelegt wurde und man nicht

nur die zwischen schwäbischen Leibspeisen und internationaler Klassikerküche tendierenden Gerichte à la carte sowie das traditionelle Menü „Die Wurzeln", sondern auch das etwas ausgefallenere „Treibjagd-Menü" weiterhin im großzügigen Hauptrestaurant serviert bekommt. Letzteres begann bei unserem jüngsten Besuch nicht nur mit Griebenschmalz, Gewürzbutter und einer Sorte sehr ordentlichem Brot, sondern auch mit einem kleinen Würfel vom geschmorten Schweinebauch mit Schwartenpopcorn und Quitte in etwas Quittensud, der das Deftige und Fettige mit seiner Säure und Fruchtigkeit adäquat konterte.
Eine prinzipiell sehr gute und gelungene Komposition war die von gebeizten Jakobsmuscheln mit Erbse, Schinken und Wasabisorbet handelnde Vorspeise des Menüs: die Coquilles tatsächlich von guter Qualität und Frische, die Erbse als leichte Creme und doppelt gepalt, der nicht als salzige Schinken als Chips und das auf Basis von Staudensellerie fabrizierte Wasabisorbet kam mit schön schneidiger, aber nicht zu intensiver Schärfe und adäquater Süße ums Eck. Außerdem lag ein animierend erfrischender zitrischer Hauch über dem Gericht. Einzig ein paar im Grunde völlig verzichtbare schmalzähnliche Cremetupfen konterkarierten stumpf und sulzig die Leichtigkeit und Frische dieser Komposition. Einfach weglassen!
Nichts Überflüssiges zum Weglassen gab es an der maßvoll mit Rotem Curry abgeschmeckten Schaumsuppe auf Basis respektive unter Mitwirken von Kokosmilch, in der wir auch Tomate und/oder Paprika vermuteten. Als attraktive Einlage hatte das mild pikante Süppchen schön glasig-knackiges, mundgerecht zugeschnittenes Garnelenfleisch mit klarem, frischem Geschmack intus, das einmal mehr zeigte, dass hier beim Einkauf auf Qualität und bei der Zubereitung auf die Garzeiten geachtet wird.
So kann man sich zum Hauptgang auch über ein perfekt behandeltes Kabeljaufilet freuen, das mit seiner Entourage aus Kräuter-Kartoffelpüree und Marktgemüse zwar keinen Kreativitätspreis gewinnt, aber ebenso proper und schmackhaft zubereitet ist wie eigentlich alles hier. Und so macht auch ein auf dem Papier etwas dröge wirkender Hirschrücken mit Blaukraut und Dauphin-Kartoffeln richtig Freude, weil nicht nur das wunderbar saftige und kaum mürbe Wild optimal auf den Punkt gebracht ist, sondern auch das mit Perlzwiebelchen angereicherte Blaukraut und die kross-fluffigen, mit Walnuss verfeinerten Pommes Dauphines von der besseren Sorte sind. Ganz zu schweigen von der ganz wunderbaren klassischen Wildjus, die sich auf dem Teller im Zusammen-

fluss mit weißem Pfefferschaum zu einer attraktive Saucenallianz formierte.

Das schreit natürlich nach einem schön stoffigen, robusten Rotwein mit Klasse, von denen Patron Maik Hörz viele in der Hinterhand hat und nur allzu gerne damit dienlich ist. Dass er selbst ein weinverrückter Gourmet ist, merkt man nicht erst nach Durchsicht seiner Raritätenliste, die das Beste aus mehreren hundert Positionen an Flaschen ausweist. Und weil die Küche zwar nicht elaboriert bastelt, die Teller aber auch nicht wie für hungrige Wanderer anrichtet, geht am Ende immer noch ein Dessert: etwa ein Bananen-Schokoladentörtchen mit Erdnuss und mit Whisky abgeschmecktem Schokoladeneis, dessen Komponenten auch noch mal in anderer Form – zum Beispiel als karamellisierte Bananenscheiben oder Erdnusscreme – auf dem Teller zu finden waren. Vielleicht nicht der stärkste Moment des Menüs, trotzdem aber ein sehr schmackhafter.

Hotelempfehlung

★★★★

Hotel Schönbuch

Hotel Schönbuch
Lichtensteinstr. 45,
72124 Pliezhausen
☏ 07127-9750
www.hotel-schoenbuch.de
Einzelzimmer: 79–129 €
Doppelzimmer: 119–179 €

Das nach der Region vor der Haustür, einem fast vollständig bewaldeten Gebiet südwestlich von Stuttgart benannte Tagungs- und Eventhotel am grünen Südhang des Neckartals, erwartet seine Gäste nicht nur mit einem einzigartigen Panoramablick bis zur Schwäbischen Alb, sondern auch mit 59 modernisierten und voll ausgestattete Zimmern unterschiedlicher

Kategorien. Alle haben Balkon oder Terrasse und sind zeitgemäß ausgestattet. DSL-WLAN, Minibar, Sky-TV und Telefon ins deutsche Festnetz sind kostenfrei. Auch die Nutzung des Saunabereichs ist im Zimmerpreis inbegriffen. Mit zwei Profi-Tischfußballgeräten, Beamer und mehreren 42"- und 55"-Flat-TVs sowie an der hauseigenen Event-Hotelbar (Playstation, Super Nintendo…) lässt sich die freie Zeit im Haus kurzweilig genießen. Und auch kulinarisch ist hier viel geboten: Ob als Hotel- und Tagungsgast, oder à la carte in Form des regionalen Menüs „Treibjagd" bzw. dem Gourmetmenü „Streifzug", wird man in den unterschiedlichen Restaurantbereichen ambitioniert bekocht. Restaurant Schönbuch separat erwähnt.

Potsdam (Brandenburg)

Juliette

Jägerstr. 39, 14467 Potsdam
☏ 0331–2701791
www.restaurant-juliette.de
⏱ Mi–Fr ab 17 Uhr, Sa u. So von
12–14.30 Uhr u. ab 17 Uhr,
Mo u. Di RT
Hauptgericht: 24–35 €,
Menüs: 625–99 €

In dem auf drei Ebenen angelegten Restaurant mit schönem Mosaik-Fliesenboden, freigelegtem Ziegel und Fachwerk, offenem Kamin und jeder Menge Patina-Charme Potsdams Zentrum wird seit Jahren fern aller kursierender Küchenmoden ein zeitlos klassischer Stil geboten. Gastgeber Carsten Rettschlag und sein Küchenchef Christian Weber schränken sich dafür weder bei der Herkunft der Produkte noch stilistisch in irgendeiner Weise ein und kochen eine ansprechende Mischung aus traditioneller französischer Küchenbasis und unkonventionellen, aber nicht kreativ überdrehten Ideen. Clevere Aromen- und Produktakkorde geben den Ton an. Auf den zumeist schnörkellos angerichteten Tellern findet man keine aufwendigen und preistreibenden Bastelwerke, keinen kargen Produktpurismus und keine intellektuell verbrämten Kreationen, sondern eine unaufgeregte Küche mit dem gewissen Etwas – auf beachtlichem Niveau und zu moderaten Preisen.

Kochzimmer

in der Gaststätte zur Ratswaage
Am Neuen Markt 10,
14467 Potsdam
0331–20090666
restaurant-kochzimmer.de
Mi–Sa ab 18 Uhr, So–Di RT
Menüs: 135–175 €

Der schlicht und stylisch gestaltete Gastraum des Kochzimmers und der überdachte Freisitz im Innenhof stellen mitten in Potsdam City eine geschmackvolle Umgebung für eine ideenreiche vorwiegend regionalbetonte („neue preußische") Küche dar, die über die Jahre immer klarer und aufgeräumter geworden ist und ihre individuellen Ideen in durchdachter Konzeption und stimmigen Proportionen auf die Teller bringt. Die Gastgeber Claudia und Jörg Frankenhäuser und ihr mittlerweile langjähriger Küchenchef David Schubert offerieren zwei unterschiedliche Menüs, von denen eines vegetarisch ist und – wie auch die meisten Teller des omnivoren Menüs – eindrucksvoll unter Beweis stellt, dass der feinfühlige Umgang mit Gemüse Schuberts große Stärke ist. Aber auch wenn Fleisch, Fisch und Krustentier im Spiel sind, bekommt man es auf den akkurat angerichteten Kochzimmer-Tellern mit gut durchdachten, klar umrissenen und einfach auf den Geschmack hin gekochten Kreationen zu tun. Und Gastgeber Jörg Frankenhäuser ist stets für spannende Empfehlungen aus dem reichlich und individuell vorwiegend mit deutschen und französischen Gewächsen gefüllten Keller gut.

Villa Kellermann – Tim Raue

Mangerstr. 34, 14467 Potsdam
0331–20046540
villakellermann.de
Mi–Fr ab 18 Uhr, Sa u. So von 12–14 Uhr u. ab 18 Uhr, Mo u. Di RT
Hauptgericht: 23–34 €, Menüs: 66 €

Wenig deutet bei dieser von außen zwar imposant aristokratisch anmutenden, ansonsten aber eher unauffälligen Villa in einem Potsdamer Wohngebiet direkt am Ufer des Heiligen Sees darauf hin, dass hier einer der bekanntesten deutschen Fernsehgesichter zusammen mit einem der populärsten deutschen Köche engagierte Gastronomie betreibt. Noch nicht mal ein Hinweisschild oder ein Kartenaushang lassen erkennen, dass es sich bei dem Gebäude um die von ihrem Inhaber und Investor Günther Jauch aufwendig renovierte Villa Kellermann handelt und dass sich hinter den Mauern ein geradezu spektakuläres Ambiente verbirgt, in dem unter der Ägide von Tim Raue moderne, kreative deutsche Küche zelebriert wird.

In den drei zum See hin ausgerichteten Gasträumen, denen ein großzügiges Entree vorgelagert ist, gehen sorgfältig ausgesuchte Gegensätze verblüffend harmonische Verbindungen ein. Kraftvoll kontrastierende Farben, edle Stoffe, alte Bausubstanz und moderne Gestaltungsakzente, vor allem aber grundverschiedene Muster und Formen prägen den ebenso originellen wie stilvollen Rahmen, der von Tim Raues amtierenden Küchenchef Christopher Wecker und dessen Team auch kulinarisch eine besondere Note erfährt. Und so viel sei vorweg verraten: Das Niveau der Küche hat sich seit der Eröffnung vor etwa zwei Jahren erkennbar gesteigert und das Profil wurde nochmal geschärft.

Es erstaunt uns schon seit langem immer wieder aufs Neue, wie gut es Tim Raue mit der tatkräftigen und verantwortlichen Unterstützung langjähriger enger Mitarbeiter gelingt, seine eigene Handschrift auf völlig unterschiedlichste Kochstile und Weltküchen zu übertragen, und ihnen so den typischen Tim-Raue-Touch zu verleihen. Und hier sind es eben überwiegend typisch deutsche Gerichte, also Rezepturen, Produkte und Aromen, wie man sie vielleicht noch aus Omas Küche kennt und liebt, denen sich das Team Raue annimmt, sie moderat verschlankt, modernisiert und kreativ aufpeppt. Oft mit einem beglückend authentischen Ergebnis und meist mit dem verwegenen gewissen Etwas, das dann als maßvoll dosierte Schärfe, prägnante Säure oder originelle Aromenkombination eingebunden ist. Immer in einer wohlproportionierten, puristischen Präsentation.

Belebende Süße und Säure, hier und da ergänzt um eine pikante Note, prägten auch die verschiedenen Vorspeisen und Zwischengerichte, die wir zuletzt im Rahmen des Menüs „Der gedeckte Tisch" gleich zu Beginn synchron aufgetischt bekamen. Das können ganz schlichte Dinge sein wie die „Schlemmerkartoffel", eine grob zerstampfte Knolle mit viel Eigengeschmack, die mit Leinöl und viel Zitrone aromatisiert und mit Sauerrahm und reichlich Saiblingskaviar gewinnbringend ergänzt wird. Oder puristische Arrangements mit komplexer Würzfinesse wie die Tranchen vom kurz und mild gebeizten Lachs „Istanbul-Potsdam", die mit einer von Sumach aromatisierten Ayran-Vinaigrette für überraschend viel Dynamik auf dem Teller sorgen.

Mit mariniertem Fenchel, Saiblingskaviar und zweierlei Avocado sowie feinen Zitronensegmenten und Tomate als fruchtige Säuregeber waren die Büsumer Krabben nach Art von „Onkel Jörg" aufgepeppt, die zudem durch etwas Korianderkresse einen unkonventionellen Twist bekamen. Die Interpretation eines Waldorfsalats im Tim-Raue-Style war gekennzeichnet von variantenreichen Knollensellerie-Komponenten in unterschiedlichen Stärken, die von Walnuss (karamellisiert und als eingelegte schwarze Nüsse), Mandarine (als Filets und als Gel) mit den typischen Ingredienzien in teils abgewandelter Form akzentuiert wurden.

Besonders gelungen fanden wir auch den „Rinderzungensalat", der als ein mit Rindertatar gefülltes Zungenröllchen nebst unterschiedlichen Zwiebelkomponenten und Kapernmayonnaise ausgesprochen schlank und pointiert in Szene gesetzt wurde. Beim Fischgang rund um ein Barschfilet „Müllerin" mit Petersilie, Spinat und Zitrone war der Fisch selbst im hauchdünnen Weißbrotmantel à la Tamezzini zartknusprig ausgebacken. Die Säure und das Aroma der Zitrone, die auch noch in Gestalt von Geltupfen auf dem Teller zugegen war, gab einer sehr straffen Buttersauce den gewissen Kick. Für Originalität sorgte hier überraschenderweise insbesondere der Blattspinat, der mit viel gerösteter Fenchelsaat spannend unkonventionell gehalten war und dem Gericht damit das gewisse Etwas gab.

Als echten Knaller mit Suchtfaktor erlebten wir die als „Gulasch" annoncierte Backe vom Wagyu-Rind, die mit einer auch reichlich angegossenen pikanten Jus mit feuriger roter Schärfe und Kümmelwürze nach Gulasch-Art glasiert war und dergestalt neben sauber enthäuteter und geschmorter roter Paprika sowie Creme und ausgestochenen Kugeln von der Süßkartoffel aufgefahren wurde. Für den Clou sorgten hier nicht nur die Zwergorangen in Kombination mit der fruchtig-pikanten Paprika, sondern auch die kräftig mit Kreuzkümmel abgeschmeckte und mit Honig abgerundete Sauerrahmmousse, welche einerseits eine harmonische Verbindung zwischen den Komponenten herstellen und andererseits auch selbst einen deutlichen Akzent setzen konnte.

Und auch bei der neu gedachten Version des Nachtisch- bzw. Eisbecher-Klassikers „Heiße Liebe", für den heiße Brombeeren in Brombeersauce, eine Nocke Rosmarin-Rahmeis, ein paar mit Purple Curry aromatisierte Baiser-Makronen und etwas Mousse von weißer Schokolade einen ebenso eingängigen wie anspruchsvollen Akkord aufs Porzellan brachten, staunten wir nicht schlecht über das hohe Maß an handwerklicher Präzision und unverkrampfter Kreativität. Klarer Fall: Aufwertung!

Presseck (Bayern)

Ursprung
Wartenfels 85,
95355 Presseck (Wartenfels)
📞 09223–229
www.berghof-wartenfels.de
🕐 Mi–So von 11–13.30 Uhr u. ab 17 Uhr,
Mo u. Di RT
Hauptgericht: 18–55 €,
Menüs: 39–85 €

Der Berghof in der kleinen, steil am Hang gelegenen Ortschaft Wartenfels im nordöstlichen Teil Oberfrankens, ist ein einladend sympathisches Gesamtkunstwerk, das eine bodenständig-natürliche Linie mit modernem Design und herzlicher Gastkultur verbindet. Neben einigen charmanten Gästezimmern und einem Ferienhaus lädt vor allem das trotz der abgeschiedenen Lage von Mittag an durchgehend geöffnete Restaurant zum entspannten und genussvollen Verweilen ein. Im Sommer auch gern im idyllisch begrünten Innenhof, ansonsten genauso angenehm im von leuchtendem Grün, hellem Holz und viel Licht geprägten Ambiente des Restaurants.

Heimat und Tradition sind ein Thema, beziehungsweise die Basis für das Angebot. Darüber hinaus lässt das Team aber sehr unkompliziert und munter auch exotische, fernöstliche oder sonst irgendwie weltoffene Akzente einfließen und schafft so ein abwechslungsreiches Angebot. Und apropos „abwechslungsreich": das sind auch die einzelnen Gerichte, die von markanten Kontrasten und individuellen Ideen mit meist einfachen Mitteln leben. Dass dabei einzelne Details auch mal ein wenig gröber oder rustikal bleiben, gehört zum Programm und passt letztlich sogar gut ins Konzept.

So kann man beispielsweise höchst vergnüglich und geschmacksstark mit einem kleinen knusprig-zarten Flammkuchen starten, der mit seinem Topping aus Rahmsauerkraut, Blutwurst und rohem Sauerkraut gekonnt Bodenständigkeit mit Finesse verband. Oder aber mit einem von den vollaromatischen Produkten und gut abgestimmten Proportionen lebenden Wassermelonen-Brotsalat, der mit cremigem Feta-Käse, Frühlingszwiebeln, Basilikum und Tomate angereichert wurde. Keine neue Erfindung, aber hier dank der guten Qualität, intensiver natürlicher Aromen und der saftigen, mit reichlich Olivenöl aufgeknusperten Ciabatta ein animierender Start.

Animierend waren auch die Thai Phở, scharfe thailändische Reisnudeln, die mit geschmeidiger Konsistenz und feinfühlig dosierten Aromen gemeinsam mit Zucchini, Spitzpaprikastreifen, Koriander und Sesam zart gebratene Riesengarnelen begleiteten. Das thailändische Gericht ist hier ein erkennbar optimierter Klassiker, den es unter anderem auch als vegetarische Variante oder mit rosa Roastbeef-Streifen gibt – und der die allermeisten „Asia-Restaurants" hierzulande ziemlich alt aussehen lässt.

Wem das alles zu fancy ist, der kann unter anderem bei einem dichten, waldduftigen Steinpilz-Cappuccino erschmecken, dass die Gerichte auf einer sehr guten klassischen Grundlage aufbauen. Und auch Klassiker wie das Backhendl nach Wiener Art mit Kartoffel-

salat, frittierter Petersilie und Zitrone oder das Rumpsteak vom trockengereiften Rind mit Pfefferjus, Kräuterbutter und Pommes Frites bieten dank der akkuraten Machart deutlich mehr als in den allermeisten Gasthäusern, in denen vielleicht Ähnliches auf der Karte steht. Für den klar im Gourmetgenre angesiedelten straff rosa gebratenen Hirschrücken galt das sowieso, auch wenn die Begleitung mit säuerlich-scharfem Kimchi vom Selleriekohl, einer hellen natürlichen Jus und Ofenkartoffel mit Gewürzschmand erneut augenzwinkernd im Fusion-Style mit asiatischen Einflüssen spielte. Hier wirkte nur die riesige, mitsamt Alufolie auf dem Teller angerichtete Kartoffel etwas grob. Im Grunde hätte der Gewürzschmand als Ausgleich zur Kimchi-Schärfe an dieser Stelle genügt.

Da aber auch das Dessert mit einem (eher saftigen als knusprigen) Blätterteig-Törtchen mit Vanillecreme-Füllung, marinierten Erdbeeren und cremigem Sauerrahmeis auf unkomplizierte Art mit starkem Geschmack punktete, ändern die kleineren Unstimmigkeiten nichts an der Bewertung oder am positiven Gesamteindruck. An letzterem haben zudem auch das charmante aufmerksame Serviceteam und eine attraktive Auswahl guter Weine zu fairen Preisen einen wichtigen Anteil.

Prien am Chiemsee (Bayern)

Reinhart
im Garden Hotel Reinhart
Erlenweg 16,
83059 Prien am Chiemsee
☏ 08051-6940
www.restaurant-reinhart.de
◐ Täglich ab 18 Uhr, kein RT
Hauptgericht: 18–34 €, Menüs: 28–58 €

Mitten in Prien und ganz nah am Chiemseeufer mit Blick auf die Fraueninsel bietet das Garden Hotel Reinhart eine absolute Premiumlage, außerdem eine lange Familientradition und auch sonst sehr viel Komfort und ein gediegen-entspanntes Ambiente. Vor allem aber bietet es – und unterscheidet sich damit ganz wesentlich von vielen anderen attraktiven Orten rund um den See – auch eine attraktive Küche!

Am reizvollsten ist diese vermutlich auf einem der Terrassenplätze rund um den idyllischen namensgebenden Garten, der innerhalb des Hotels von dessen Gebäudeflügeln begrenzt wird. Aber auch in den eleganten Räumlichkeiten im Inneren oder dem jüngst neu dazugekommenen stilvollen Wintergarten lassen sich die unaufgeregt souveränen Gerichte des Reinhart-Teams um Küchenchef Chris Amtmann sehr entspannt genießen.

Im Vergleich zum letzten Besuch und nach einer längeren Pause während Corona inklusive einem Küchenumbau wirkte das Angebot zwar etwas schlichter und bodenständiger als zuvor, am hohen Anspruch an eine frische, natürliche Zubereitung und hohe Produktqualität hat sich aber nichts grundlegend geändert. Nur waren die etwas ambitionierten Sachen gegenüber Klassikern wie dem Wiener Schnitzel vom Kalb mit Petersilienkartoffeln und Wildpreiselbeeren oder dem im Ganzen in Aromaten gebratenen Chiemsee-Saibling nebst Kräuterkartoffeln, Brauner Butter und Zitrone deutlicher in der Minderheit und letztlich auch mit etwas gröberen Pinselstrichen umgesetzt.

Sichtbar wurde das beispielsweise beim kurz als Tataki im Sesammantel gebratenen Thunfisch in guter, wenn auch nicht außergewöhnlicher Qualität neben vollreifer Mango, einer würzigen Avocadocreme, blumig-scharfer Curry-Mayonnaise und einigen auflockernden Salatblättern. Insgesamt durchaus stimmig und harmonisch umgesetzt, aber eben aromatisch eher gröber und plakativer gestaltet.

Den stärksten Eindruck des letzten Besuchs gab es im Anschluss mit der auf charmante Art üppige Cremigkeit mit feiner Säure vereinenden Artischockensuppe, die von dünn gehobelten Artischockenstreifen sowie knusprigen Croûtons ergänzt wurde und auf diese Art sowohl beste handwerklichen Fertigkeiten als auch genaues Abschmecken zeigte.

Dagegen wirkte der in Miso marinierte und auf der mehlierten Haut kräftig angebratene Kabeljau mit den teils bitteren Röstnoten wieder deutlich rustikaler. Gemeinsam mit einem cremig fließenden und ätherisch duftenden Zitronenrisotto, gebratenem grünem Spargel und einer frische Weinsäure beisteuernden, aufgeschäumten Beurre blanc entstand letztlich aber auch hier ein überzeugender Gesamteindruck. Genau wie bei der hohen Tranche aus der Rinderlende, die zwar etwas über medium hinaus gegart, aber dennoch saftig und mit einem Topping aus zweierlei Zwiebel (in Jus karamellisiert und knusprig frittiert) als Premium-Zwiebelrostbraten auf den Teller kam. Eine auf rustika-

lere Art kraftvolle Kalbsjus, buttrige Spätzle mit zartem Biss und ein cremig marinierter Salat ergänzten diesen Klassiker auf stimmig und gekonnt zubereitete Art und Weise.

Wer sich trotz der nicht eben zierlichen Portionsgrößen noch genügend Appetit aufgespart oder vorausschauend die Optionen auf „Probierportion" genutzt hat, bekommt am Ende mit einer Interpretation vom Apfelstrudel in Form von Apfelragout unter Vanilleeis und -schaum sowie karamellisiertem Strudelbruch oder einer spicy Szechuanpfeffer-Crème brûlée mit Pfirsich ebenfalls souverän umgesetzte Desserts.

In der kleinen Weinkarte findet sich eine ansprechende Auswahl einfacherer Weine von einigen ausgesuchten Weingütern, mit denen eine große Bandbreite unterschiedlicher Stilistiken abgedeckt wird. Und bei Fragen sind die Damen und Herren im Service kompetent und charmant zur Stelle, auch wenn zuletzt einige Abläufe etwas unkoordiniert wirkten.

Die Symbole

🅿 gute Parkmöglichkeiten

🅟 Hotelgarage

♿ barrierefrei

❄ klimatisierte Zimmer

📶 WLAN-Zugang

🏊 Hallen- und/oder Freibad im Haus

💆 mit Wellness-Bereich

🛗 mit Fahrstuhl zu den Hotelzimmern

🐕 Hunde im Hotel nicht erlaubt

⛩ mit Garten oder Terrasse

Hotelempfehlung

★★★★

Garden Hotel Reinhart

Erlenweg 16,
83059 Prien am Chiemsee
☎ 08051-6940
www.reinhart-hotel.de
Einzelzimmer: 65–130 €
Doppelzimmer: 100–210 €

In unmittelbarer Nähe zum Chiemsee mit bester Anbindung zu Herren- und Fraueninsel bietet das Garden Hotel Reinhart den Charme und die Gastfreundschaft, die man von einem familiengeführten Hotel in Bayern erwartet. Dass der Name nicht von ungefähr kommt, lässt sich in dem idyllischen, liebevoll gestalteten Garten mit Liegewiese erleben. Zusätzlich zum Komfort und der behaglichen Atmosphäre, die auch in den im bayerischen Landhausstil gestalteten und mit Flachbild-SAT-TV, Dusche oder Badewanne, Minibar und Safe ausgestatteten Zimmern (38 Doppelzimmer, 20 Einzelzimmer und 4 Suiten) vorherrscht, stehen den Gästen ein Schwimmbad und zwei Saunen zur Entspannung zur Verfügung. Die meisten haben auch einen Balkon. Restaurant Reinhart separat erwähnt.

Gut Lärchenhof

Hahnenstr.,
50259 Pulheim (Stommeln)
☎ 02238-9231016
www.restaurant-gutlaerchenhof.de
◉ Do u. Fr ab 18 Uhr, Sa von 12–13.30 Uhr u. ab 18 Uhr, So von 12–13.30, Mo–Mi RT
Menüs: 149–199 €

In diesem weitläufigen Restaurant, das im Clubhaus auf dem Gelände des exklusiven Golf- & Countryclub Lärchenhof residiert, wird schon seit Langem Bemerkenswertes vollbracht. Allein deshalb, weil hier das Kunststück gelingt, mit anspruchsvoller Kulinarik und Golfkultur zwei Gegensätze unter einen Hut zu bekommen. Überdies steht mit Torben Schuster seit rund drei Jahren ein Küchenchef am Herd, der nicht nur ein handwerklich sowie qualitativ bemerkenswert hohes Niveau etabliert hat, sondern auch eine ganz eigene individuelle und kreative Handschrift hat und dem Gourmetrestaurant damit ein Alleinstellungsmerkmal verleiht.

Schuster, der im November 2017 aus dem Team von Jonnie Boers De Librije in den Kölner Westen gekommen war, begeistert mit viel Eigenständigkeit, die schon bei der Auswahl der Produkte beginnt und noch längst nicht bei unkonventionellen Kombinationen endet. Das dokumentierten auch beim letzten Mal schon gleich die äußerst vielfältigen, sehr fein und akkurat gearbeiteten Snacks zum Aperitif, unter denen eine mit Entenlebercreme gefüllte Bitterschokoladenpraline als grenzwertig salzig, ein unter anderem mit Herzmuscheln und Creme von fermentiertem schwarzem Knoblauch gefülltes Knusperschälchen als besonders frisch und fruchtig und eine zur Koralle gepuffte Hühnerhaut mit Ananas, Avocado und Koriander als besonders originell auffielen.

Weitere Aha-Erlebnisse bescherte bereits im Aufwärmprogramm eine mit Tomatenessig und Kaffeeöl abgeschmeckte Dashi-Bouillon zum roh marinierten Hamachi, dem mit etwas Ponzusauce auch noch ein weiterer frischer Umamikick mit auf den Weg gegeben wurde.

Wie besonders fein und elegant hier sämtliche Aromenkonstrukte abgestimmt und scharfgestellt sind, konnte man sodann auch bei der Vorspeise von geräucherten Aal aus Nikolai Birnbaums Premiumzucht im oberbayrischen Epfenhausen bei Landsberg schmecken, der in dünnen Schleifen auf dem Teller angerichtet war und in exakt bemessenen Proportionen von Entenleber, Perlzwiebeln, einer Creme von Piemonteser Haselnüssen und Verjus mit Roter Zwiebel ergänzt wurde. So konnte ein sehr frisches, feinwürziges Geschmacksbild mit vielen unterschiedlichen Nuancen entstehen, dem die feinsäuerliche Sauce trotz Aal und Fettleber eine fast schon schwebende Leichtigkeit verlieh.

In die Richtung exotischer Fruchtigkeit tendierte im Anschluss der auch als Produkt ganz hervorragende Hummer mit Butternutkürbis und Kurkuma, der von Nordseekrabben und ihren kross frittierten Köpfen noch eine nussige Note zuteilwurde. Auch hier wieder nichts Plakatives, nichts sich Aufdrängendes, sondern sehr fein gezeichnete Geschmacksverläufe. Der jenseits der aktuellen Weinbegleitung dazu empfohlene 2018er Pouilly-Fuissé „Clos Verambon" vom Château des Rontets ordnete sich dem mit seiner Geradlinigkeit vornehm unter, war aber dennoch eine Begleitung auf Augenhöhe. Schon davor bewies der noch sehr junge Sommelier Nicolas Buchberger mit einem Riesling Kabinett „Bockstein" von Nik Weis sein gutes Gespür für harmonische Kombinationen.

Etwas gröber, plakativer und auch diffuser wurde das Geschmacksbild dann bei den Jakobsmuscheln, die roh mariniert und als karamellisierte Flocken zugegen waren – wobei sich uns der Sinn dieser krümeligen Darreichungsform der Cocquilles nicht wirklich erschlossen hat. Dominiert wurde das Gericht vom geräucherten Sud aus entsafteten Sellerieknollen, die zusammen mit Grünem Apfel und verschiedenen jungen Salaten die vegetabile Seite der Komposition stellten. Ein Öl von Schnittlauch und Zitrone sowie die kleine Menge einer intensiven, in den Tellerboden gestrichenen Zitronencreme wirkten zwar auffrischend, aber auch etwas unruhig…

Mit seinen spannend oxidativen Noten passte der 2012er Métairies du Clos zwar nicht augenscheinlich, dafür dann aber in der Praxis umso überraschender zu der jodig-maritimen Komposition um ausgezeichnete Rotbare, Herz- und Schwertmuschel, die zusammen mit Couscous und fruchtsäurebetontem Rettich auf einem Saucenspiegel aus fermentiertem Granatapfelsaft und Krustentierschaum angerichtet waren.

Nach einem originellen Intermezzo, bei dem eine Scheibe mit Fichtensprossenessig vakuumierter und final auf Binchotan-Holzkohle angegrillter Zillertaler Bauchspeck als Topping einer gefüllten Pomme Soufflée den Geschmack eines extrem feingestrickten Kartoffelsalats an den Gaumen brachte, beglückte uns das Team im Hauptgang mit einer ganz fantastischen, ebenfalls auf dem Binchotan-Grill finalisierten Brust von der Challans-Ente. Begleitet wurde das köstliche rosa Fleisch mit viel Saft, Spannkraft und Eigengeschmack von der zu einer Art warmem Rillette verarbeiteten Keule in Gestalt einer Geleepraline und einer für sich genommen grenzwertig stark konzentrierten Entenjus. Letztere harmonierte sich jedoch in Zusammenspiel mit einer schaumig aufgespritzten Hollandaise mit subtil eingewobenem Five-Spice-Aroma zu einer wunderbar ausgewogenen Sauce. In Kombination mit einer marinierten Kappe vom Shii-Take-Pilz und einer durch herbes Gel aus Kumquats keck aufgefrischten Miniatur von Wildem Brokkoli und Blumenkohl präsentierte sich das Geflügel nicht nur kreativ, sondern auch ausgesprochen schlank und pointiert in Szene gesetzt.

Auch und vor allem die Nachspeisen bewegen sich im Restaurant des Gut Lärchenhof deutlich jenseits des Mainstreams und begeistern durch einfallsreiche Kombinationen mit deutlichem Aha-Effekt. Sei es bei der auf Basis von Topinambur und Malz mit den Aromen von Süßholz, Nussbutter und Vanille aromatisierten Dessert, bei dem durch die säuerliche Passionsfrucht ein spielentscheidender Fruchtkontrast gesetzt wird, oder bei unserem exotischen süßen Abschluss. Letzterer drehte sich um eine mit Tamarinde abgeschmeckte Bananenmousse, eingerahmt von einer duftigen Thaibasilikumnote und feinen Fruchtsäuren durch Gingerbeersud mit Zitronengras und Kaffirlimette – alles elegant abgerundet und schmelzig hinterlegt von karamelliger Dulcey-Schokolade. Nicht nur optisch ein Knaller!

So bleiben wir unterm Strich zwar nach wie vor bei unserer (ohnehin sehr hohen) Bewertung aus dem Vorjahr, können der Küche von Torben Schuster aber dennoch eine stete Weiterentwicklung attestieren. Und sind jetzt schon sehr gespannt, wie diese Entwicklung in den kommenden Jahren voranschreitet!

Quedlinburg (Sachsen-Anhalt)

Weinstube
im Romantik-Hotel Am Brühl
Billungstr. 11,
6484 Quedlinburg
☎ 03946-96180
www.hotelambruehl.de
◷ Täglich ab 17.30 Uhr, kein RT
Hauptgericht: 20–32 €,
Menüs: 50–65 €

Das Restaurant Weinstube befindet sich in einem Landidyll, das mit viel Geschmack und Komfort zu einem Romantik-Hotel mit stilvollen Zimmern wurde. Das Restaurant, das mit seiner gewölbten Backsteindecke und markanten Säulen ganz unverkennbar in den ehemaligen Stallungen dieses Gehöfs untergebracht ist, wirkt zwar durch den Fliesenboden etwas kühl, die warmen Terracottafarben gleichen das aber wieder aus. Für die Küche ist hier mittlerweile Sebastian Lorenz verantwortlich, der hier das Niveau steigern konnte und zudem jede Menge weltoffene Kreativität ins Spiel bringt. Er schreckt weder vor exotischen Akzenten noch vor originellen Kombinationen zurück und kommt damit zumeist auch geschmackssicher auf den Punkt.

Radebeul (Sachsen)

Atelier Sanssouci
im Hotel Villa Sorgenfrei
Augustusweg 48,
1445 Radebeul
☎ 0351-7956660
www.hotel-villa-sorgenfrei.de
◷ Do–Mo ab 18.30 Uhr, Di u. Mi RT
Hauptgericht: 35–44 €,
Menüs: 95–145 €

Noch vor einigen Jahren war das nicht absehbar, aber das Team um Küchenchef Marcus Langer und Maître John Piotrowsky hat mit dem kunstgeprägten eleganten Atelier Sanssouci tatsächlich die Gourmet-Pole-Position im Großraum Dresden übernommen. Das liegt zum Teil an Konzeptänderungen und Schließungen anderer Restaurants. Aber auch schlicht daran, dass hier in dem großzügigen Ambiente in erfreulicher Konstanz abgeliefert wird. Die Kombination aus einem gleichermaßen schicken wie entspannten Ambiente und zeitgemäßer Gourmetküche, die nicht überfordert und dennoch ideenreich und beschwingt daherkommt, funktioniert einfach prima.
Das war bis zum Herbst 2020 mit Marcel Kube am Herd so und daran hat sich auch nichts geändert, seitdem Marcus Langer, vorher unter anderem als Sous-Chef bei Nils Henkel im Schlosshotel Lerbach reüssierte und seit längerer Zeit in der Zusammenarbeit mit Stefan Hermann, vor allem als Küchenchef im Bean&Beluga tätig war, die Regie übernommen hat. Mit seinem klassisch frankophil geprägten Küchenstil, einem hohen Anspruch an die Produkte und einem guten Gespür dafür, nicht zu viel zu wollen und dennoch anspruchsvollen Genuss zu bieten, lebt der Sanssouci-Spirit wie gewohnt weiter…
Schmeckbar wurde das beim letzten Besuch bereits bei den unkompliziert peppigen Kleinigkeiten in Form eines Semmelknödels mit Pilzmousse und prägnant dunkler Würze, einem knusprigen Chip mit fruchtig-scharfen Kürbiskomponenten und einem Bete-Shot mit Rauchöl als animierende Starter in den Abend. Und auch der als Creme, knackige Stiel-Juliennes und geröstete Röschen servierte Brokkoli mit Mandel und Rauchöl-Mayonnaise, zeigte viel aromatisches Feingefühl, das auch ganz ohne exklusive Produkte für spannende Eindrücke sorgt.
Dass dann die Rauchöl-Mayo auch im ersten regulären Gang auftauchte, war vielleicht nicht sonderlich originell, änderte aber nichts daran, dass sie auch zum mit Kapern und Senfkörnern feinwürzig abgeschmeckten Rindertatar (aus kräftigem, gut gereiftem Fleisch) bestens passte und gekonnt die Brücke zu den bittersüßen Aromen glasierten Chicorées baute, der das Tatar gemeinsam mit geschmorten Zwiebelchen, Malzjus und cincr saftig aufgekrossten Brioche begleitete. Dabei gelang vor allem das Spiel mit differenzierten Bitternoten ganz prima!
Noch eine ganze Spur herbstlicher wurde es bei der knackig gebratenen Spitzkohlroulade, die mit saftiger Reisfüllung und einem von dunklen umamistarken Aromen geprägten Umfeld

aus pfeffrig scharfer Enoki-Bouillon, Pilz- und schwarzer Knoblauchcreme sowie knusprigen Reispops arrangiert wurde. Klugerweise kam dazu eine betont leichtfüßig sommerliche Cuvée aus Weißburgunder und Goldriesling ins Glas, die einen guten Frischeimpuls setzte.

Etwas aufgelockerter wurde der ebenfalls kraftvolle Auftritt von zartem, beherzt angegrilltem Pulpo: Dessen beinahe kokeligen Röstnoten wurden von einer eleganten Chorizojus und einem kleinen Arrangement knackiger und cremiger Bohnen ergänzt, die das aromatische Spektrum gekonnt um erdige und frischgrüne Noten erweiterten. Dabei zeigte sich, genau wie auch beim folgenden goldknusprig-glasig gebratenen Butt, vor allem auch das sichere Gespür für exakte Proportionen. Dem edlen festfleischigen Plattfisch genügten nämlich – kompakt angerichtet – eine stoffig-straffe Sauce und ein Topping aus feinbitter-knackigen Gemüsenoten sowie ein ätherisch frisches Zitrusgel für einen rundum überzeugenden Eindruck.

Und auch der süße Abschluss, der gekonnt klarfruchtig duftige Birne mit karamellisierter Nuss, einem üppig rahmigen Eis und genau der richtigen Dosis dynamisierender Säure kombinierte, hielt auf unmittelbar eingängige und doch spannende Art das Niveau. Was sich im Übrigen auch uneingeschränkt über den gut eingespielten Service um John Piotrowski sagen lässt. Nicht nur, dass dieser immer spannende und bestens korrespondierende Weine aus Sachsen (aber darüber hinaus auch aus anderen Anbaugebieten) parat hat, auch die augenzwinkernd souveräne Art, mit der der Gastgeber die Atmosphäre prägt, garantiert einen angenehmen, entspannten Abend.

Gasthof Bärwalde
Kalkreuther Str. 10a, 1471 Radeburg
035208-342901
www.olav-seidel.de
Do–Sa ab 18 Uhr, So von 12–15 Uhr, Mo–Mi RT

Olav Seidels Gasthof im beschaulichen Bärwalde bei Radeburg ist zwar klein und entlegen, aber alles andere als ein Geheimtipp. Kein Wunder, denn der Gastgeber, der sich die starke Substanz seiner konsequent klassisch gehaltenen frankophilen Regionalküche einst unter anderem bei den Kellers in Oberbergen im Kaiserstuhl aneignete, macht hier zu moderaten Preisen einen attraktiven Spagat zwischen Bodenständigkeit und höherem Anspruch. Alles, was im kleinen saisonalen Angebot zu haben ist und in der ländlich-schlicht gehaltenen, aber adrett und gepflegt anmutenden Gaststube in unverkünstelt-gegenständlicher Machart auf die Tische kommt, bietet mehr Sein als Schein, überzeugt durch fundierte, sorgfältige Zubereitung, kraftvolle Aromen und hintergründige Finessen. Attraktives Weinangebot, freundlich-familiäre Gästebetreuung.

Grüner Baum
Radolfzellerstr. 4,
78345 Radolfzell (Moos)
07732-54077
www.gruenerbaum-moos.de
Fr–Di von 11.30–13.30 Uhr u. ab 17.30 Uhr, Mi u. Do RT
Hauptgericht: 17–32 €

Ganz besonders dann, wenn man draußen auf der üppig begrünten und von großen Sonnensegeln beschatteten Terrasse sitzt, wirkt der Name des Restaurants äußerst passend – auch wenn der Fokus hier nicht, um das Ganze noch auf die Spitze zu treiben, auf vegetarisch „grüner" Küche liegt, sondern voll und ganz auf dem frischesten, was der Bodensee und umliegende Gewässer zu bieten haben. Ein reines Fischrestaurant ist der Grüne Baum dennoch nicht. Aber wer weder mit Felchen noch Zander etwas anfangen kann, verpasst wahrscheinlich die größten Stärken des Teams.

Dieses begnügt sich freilich nicht damit, die gängigen Edelfische rauf und runter zu kochen, sondern glänzt insbesondere mit der kreativen Verarbeitung sonst übergangener Fischarten. Die Zubereitung selbst bleibt dabei absolut „basic", stellt dafür aber die hervorragenden Qualitäten sehr klar heraus. Sehr gut sichtbar wurde das beispielsweise bei einem zarten und reintönigen Matjes vom Rotauge – auf geschmeidige Art etwas fester als Hering, aber beinahe noch eleganter – der unter einem üppigen Topping aus Apfel-Schnittlauchschmand und wachsigen Pellkartoffeln mit sattem Eigengeschmack serviert wurde. Ganz einfach und zugleich sehr gut.

Im gleichen Stil überzeugte auch das buttrigzart gebratene Filet vom Bodenseefelchen neben einem mustergültigen Kartoffelrösti mit krachend knuspriger Kruste und saftigem Inneren, das sicher auch die Schweizer Gäste anstandslos akzeptieren. Die begleiteten Gemüse in Form einer weich geschmorten Karotte, Erbsenschoten, Bete und Brokkoli wirkten eher grob, hatte aber durchweg viel Eigengeschmack.

Je nach Tagesfang und Verfügbarkeiten variieren die angebotenen Fische von Hecht bis Brasse, die in den meisten Fällen auch im Ganzen gegart mit Beurre blanc serviert werden, oder ihren Weg in die hervorragende, intensiv mit heimischen Krebsen aromatisierte Fischsuppe finden, die es im Übrigen auch zum Mitnehmen für daheim im hauseigenen Lädle gibt. Und wer partout keinen Fisch mag, bekommt beispielsweise mit einem rosa Rumpsteak vom badischen Rind mit Kalbsjus plus Kräuterbutter und den bereits gelobten feinen Rösti eine ebenso fundiert und geradlinig zubereitete Alternative.

Am Ende lohnt sich in jedem Fall auch noch etwas Süßes zu probieren, sei es eine der natürlich-intensiven Eis- und Sorbetsorten aus eigener Fertigung, oder die luftige Topfenmousse mit feinem Vanilleduft, die zuletzt gemeinsam mit herben eingekochten Pflaumen und Kakaocrumble einen gelungenen Dreiklang bildete.

Bei den angebotenen Weinen und sonstigen Getränken bleibt der Fokus ebenfalls klar auf der Region. Die Karte bietet einen attraktiven Querschnitt über den Bodensee-Weinbau zu fairen Preisen und das aufmerksam-freundliche Serviceteam hilft kompetent weiter, wenn man sich in der Ecke des Weinbaus nicht so gut auskennt.

Rammingen (Baden-Württemberg)

Landgasthof Adler

Riegestr. 15,
89192 Rammingen
℡ 07345-96410
www.adlerlandgasthof.de
◷ Di–Do ab 18 Uhr, Fr–So von 12–13.30 Uhr u. ab 18 Uhr, Mo RT
Hauptgericht: 19–38 €, Menüs: 39–128 €

Schön, wenn eine über 200 Jahre alte Historie auf so genussvolle und gelungene Art ins Hier und Heute übertragen wird wie in dem adretten Landgasthof Adler von Familie Bimboes in Rammingen. Von der weit zurückreichenden Tradition gibt's das elegant behagliche Ambiente, eine hübsch umgrünte Terrasse und durch das von Gastgeber Jan Bimboes geführte Team eine draußen wie drinnen sehr heitere und entspannte Atmosphäre sowie niveauvolle, ambitioniert-bodenständige Küche, die nicht angestrengt „einen auf Gourmet macht", sondern einfach substanzstarke und klare Gerichte in den Mittelpunkt stellt.

Selbst bei den schlichtesten Zubereitungen werden so der handwerkliche Anspruch und

eine frische natürliche Zubereitung schmeckbar, ohne dass davon durch irgendwelche Spielereien abgelenkt würde. Davon könnten sich
einige ambitionierte Chefs einerseits durchaus
etwas abschauen, andererseits bleiben manche
Gerichte, wenn die wenigen Komponenten mal
nicht so ausdrucks- und kontraststark, sondern
etwas weicher gezeichnet ausfallen, aber auch
tatsächlich eher einfach.

In diese Kategorie fiel zuletzt auch die zur Einstimmung servierte Kürbismousse auf etwas
Pumpernickel mit Kernöl, gerösteten Kürbiskernen und säuerlich mariniertem Feldsalat als
unkomplizierter, ohne viel Aufwand abwechslungsreich gestalteter herbstlicher Einstieg.
Der war zwar saisonal typisch, kam aber eben
geschmacklich ziemlich harmlos daher.

Unkonventionell als erster Menügang, aber
durchaus gut passend zu den ersten frostigen Tagen, folgte ein auf der Haut gebratenes Filet
vom Waller neben sautierten und dann gehobelten Schwarzwurzeln in einem stoffig-cremigen
Weißweinschaum. Dabei gab die naturgemäß etwas fettere Hautschicht des Wallers mit ihren
Röstnoten uns salzig-spicy Aromen einen rustikalen, warmen Touch, währen sich das Umfeld
zwischen nussigen und frischeren Noten bewegte und auf diese Art schon viel deutlicher zeigte,
wozu das Team am Herd imstande ist.

Das zeigte dann auch eine Kürbissuppe mit
deutlichem, kaum durch Sahne abgemilderten
Produktgeschmack und eleganter Säure neben
knackig gebratenen (guten, aber qualitativ
nicht außergewöhnlichen) Garnelen, bissfest-
zarten Kürbiswürfeln und Kürbiskernen – ganz
einfach deshalb, weil so eine Suppe in dieser
Art nur mit sorgfältigem Handwerk produziert
werden kann…

Ganz typisch für den geradlinigen, auf wenige
substanzstarke Komponenten ausgerichteten
Stil war auch das Kalbsherzragout mit Artischocken: Neben dunklen, auf robuste Art zarten Kalbsherzstücken in tiefer eleganter Rotweinjus genügten hier kleine, kräftig geröstete
Artischockenspalten und eine feinbittere Artischockencreme für einen pointierten Eindruck, der mutiger- und erfreulicherweise ein
sonst eher unterrepräsentiertes Teilstück in
den Mittelpunkt stellte.

Den einzigen etwas verspielteren Eindruck gab
es beim Dessert, das eine zarte Teemousse mit
perfekter Konsistenz, feinen Bitternoten und
einem Kern aus Orangenconfit neben auffrischende Akzente von kandierten Zitruszesten,
Orangenfilets und einem Orangen-/Butter-
milcheis stellte. Zu diesem an sich schon sehr
gelungenen Spiel mit verschiedenen Bitternoten gaben auch noch karamellisierte Nüsse mit

feiner Salzigkeit einen weiteren originellen
Kontrast und rundeten das Finale gekonnt ab.
Mindestens genauso lohnend wie die substanzstarke Küche des Adlers sind auch die versierten Weinempfehlungen von Jan Bimboes, der
ein spannendes Sortiment mit vielen Entdeckungen abseits des Mainstreams pflegt und
sowohl glas- als auch flaschenweise jedes Mal
sowohl auf die Gerichte als auch an individuellen Vorlieben ausgerichtet, gut passende Weine
in die Gläser bringt.

Hotelempfehlung

Hotel Landgasthof Adler

**Riegestr.15,
89192 Rammingen**
📞 **07345-96410**
www.adlerlandgasthof.de
Einzelzimmer: 74–99 €
Doppelzimmer: 134–185 €

EC ■ ◯ VISA P P 📶 ᴴᵗᴴ

Der Adler in Rammingen liegt einige Kilometer nordöstlich von Ulm und ist ein Landgasthof wie er im Buche steht. Nicht nur die beschauliche Lage im Lonetal, wo Donau,
Schwäbische Alb und Schwäbischer Barock-
winkel aufeinandertreffen, sondern auch das
romantische Fachwerkhaus mit seiner über
200-jähriger Tradition kommt dem Idealbild
schon sehr nahe. Und dieses Bild zieht sich bis
hinein in die neun gemütlich eingerichteten
Zimmer, die zum Teil mit Dachschrägen, einer
Holzbalkendecke oder freiliegendem Mauerwerk viel authentisches Flair haben, mit kostenlosem WLAN, Flachbildfernseher und modernem Mobiliar sowie Zimmerservice aber
auch viel zeitgemäßen Komfort bieten. Neben
seiner besonderen Atmosphäre ist der Adler
von Familie Bimboes überregional für seine
hervorragende Küche, professionelle familiäre

Gastfreundschaft und viel Wein-Expertise bekannt. In der nahen Region gibt es von Fossilien klopfen und Tropfsteinhöhlen entdecken über das Erklimmen des höchsten Kirchturms der Welt bis hin zum Besuch des nahen Legolandes vielfältige Möglichkeiten der Freizeitgestaltung. Restaurant Landgasthof Adler separat erwähnt.

Ravensburg (Baden-Württemberg)

Atelier Tian
auf der Veitsburg
Veitsburg 2,
88212 Ravensburg
☎ 0751-95125949
www.atelier-tian.de
◐ Mi–Sa ab 18 Uhr,
So–Di RT
Menüs: 69–99 €

Wie man weiß, ist eine tolle Location in exponierter Lage noch längst kein Garant für anspruchsvolle Gastronomie. Im Falle der Veitsburg, die hoch über Ravensburg thront und die Besucher mit einer tollen Aussicht über die Stadt und die Region belohnt, hat sich die dortige Ausflugsgaststätte unter seinen aktuellen Pächtern Petra und Christian Ott allerdings zum veritablen Restaurant für Casual-Fine-Dining gemausert.

Der modernisierte Gastraum heißt nun Atelier Tian und lädt an nurmehr drei Abenden in der Woche seine Gäste zu weltoffener gehobener Kulinarik mit vielen regionalen Bezügen in Gestalt eines Auswahlmenüs, sprich: man darf sich aus einem Angebot von vier Vorspeisen, drei Zwischengängen, sechs Hauptgängen, drei Desserts und Käse nach Belieben sein eigenes Menü zusammenstellen. Darunter auch immer ein bis zwei vegane Offerten, so dass jederzeit auch für Vegetarier und Veganer eine fünf- oder sogar sechsgängige Menüfolge möglich ist.

Dass das Team hier anspruchsvoll und ambitioniert am Werk ist, kann man nicht nur an der Setting des Lokals erkennen, sondern auch an den verschiedenen Kleinigkeiten vorneweg, die in drei Etappen serviert werden. Nach einem an jedem Tisch vom Chef selbst aufgetragenen, mit Gemüse- und Kräutercremes gefüllten Cornetto, einem kleinen Dinkelpfannkuchen mit Crème fraîche, Zuckerschote und Kaviar

als Fingerfood, sowie einem warmen „Käsetoast" mit roh gehobelten Champignons nebst einem kleinen „Kressebrot", ist man gut eingestimmt und gespannt auf das, was man sich ausgesucht hat…

In unserem Fall war das zum Beispiel ein Dreierlei von der Forelle, die zweimal warmgeräuchert als schmale Tranchen vom Filet und als eine recht milde Räucherfischcreme und außerdem in Gestalt ihres knackigen Kaviars aufgeboten war. Alles arrangiert mit Alblinsen und sehr klein gewürfeltem Wurzelgemüse in einer feinsäuerlichen Vinaigrette. Etwas mehr Säure kam noch von einer Essig-„Air" hinzu, die außerdem zeigte, dass das Team auch der einen oder anderen modernen Spielerei nicht abgeneigt ist – generell bewegt sich die Küche aber ganz überwiegend auf klassischem Terrain. Hier konnten die Schaumwölkchen jedoch nicht verhindern, dass die Vorspeise ob des tendenziell etwas trockenen Räucherfischs einigermaßen spröde gewirkt hat. Mit einem saftigzarten Premiumprodukt und vielleicht generell etwas mehr Schmelz innerhalb der Komposition, hätte das gleich ganz anders ausgesehen.

Viel überzeugender wirkte der schön glasige und zart knackige Kaisergranat im folgenden Zwischengang, der in einem sehr guten, kraftvollen Krustentiersud schwimmen durfte. Dass er darin etwas unterging, hatte nur optische beziehungsweise konzeptionelle Grunde, denn das Ganze war mit allerhand Fenchel-Tempura und einem Serranoschinken-Chip überbaut, was geschmacklich gar nicht schlecht harmoniert hat, dem elegantesten aller Krustentiere aber trotzdem etwas die Show stahl, ihn zumindest aber nicht so exponiert wirken ließ, wie es ihm eigentlich gebührt hätte. Da wäre etwas weniger mehr gewesen.

Den Eindruck hatten wir auch beim Hauptgang, wobei man sagen muss, dass das Dreierlei vom Lamm mit Spitzkohl, verschiedenen Pilzen, Mini-Artischocke, Bohnen und Zuckerschoten sowie einer „Kräuterreduktion" genannten Jus auch in den vielen Details schon recht gut auf den Punkt gebracht war. Nichts zu kritisieren gab's an den Lamm-Variationen selbst, einem Stück vom kurzgebratenen Rücken, einem geschmorten Bäckchen und einer saftigen Crépinette, die allesamt authentischen Produktcharakter auf den Teller brachten. Etwas akzentlos wirkte dagegen das Begleitensemble, was aber in erster Linie am recht milden, lasch gewürzten Spitzkohl lag. Auch der Sauce hätte man mit etwas Zuspitzung und Prägnanz noch auf die Sprünge helfen können – aber auch so war das eine respektable Performance.

So wie die beim Dessert, einem vielgestaltigen gefüllten Schokoladenzylinder, der mit Pistazieneis und Creme auf Basis von weißer Schokolade sowie angenehm unaufdringlichen, nämlich nicht so penetrant süßen Amarena-Kirschen eine gute Figur machte und ein schöner Abschluss war. Wie viel Mühe man sich hier in allem gibt und wie viel Aufwand betrieben wird, zeigen auch die allesamt hausgemachten Petitessen zum Kaffee, etwa hervorragende Salzmandel-Pralinen oder hocharomatisches und ganz zart geliertes Birnengelee. Die Weinkarte listet eine kleine europäische Selektion von Regionalmatadoren wie Kress oder Dautel bis zu Global Playern wie Gaja und Cos d'Estournel. Den Service erlebten wir sehr motiviert und trotz Hochbetrieb aufmerksam.

Brasserie Cocotte

**Grüner-Turm-Str. 16,
88212 Ravensburg**
0751-88879001
www.brasserie-cocotte.de
**Di–Sa von 11.30–14 Uhr u. ab 18 Uhr,
So u. Mo RT**
**Hauptgericht: 16–30 €,
Menüs: 37–47 €**

Ein klassisches französisches Bistro im allerbesten Sinne, also durchaus gehoben und mit Gourmetanspruch, aber auch breit gefächert und mit niedriger Schwelle. Es gibt hier Flammkuchen in verschiedenen Varianten, Fines-des-Claires-Austern aus Isigny, „Steak Tartare" oder „Croque Monsieur" – alles frisch und fundiert mit gehobenem Anspruch zubereitet und abgesehen von den Klassikern wenig klischeehaft. Denn daneben gibt es klassisch zubereitete, aber mit guten kreativen Ideen garnierte Eigenkreationen des Teams, die man

sich auch zu einem Menü zusammenbasteln kann. Das Preisniveau ist gehoben, aber der Qualität durchaus angemessen.

Lumperhof

Lumper 1, 88212 Ravensburg
0751-3525001
www.lumperhof.de
**Mi–Fr ab 17.30 Uhr, Sa–So von
11.30–14 Uhr u. ab 17 Uhr, Mo u. Di RT**
Hauptgericht: 15–23 €

Der etwas außerhalb von Ravensburg idyllisch gelegene Lumperhof lässt nicht sofort erkennen, dass hier eine so niveauvolle, bisweilen sogar kreative Küche geboten wird. Für die zeichnet Jochen Fischer verantwortlich, der einst bei Albert Bouley im Waldhorn jahrelang dessen rechte Hand war und in seinem eigenen Landgasthof, den er gemeinsam mit seiner Frau Sabine Decker-Fischer betreibt, gute Landküche mit Pfiff offeriert. Die hübsche ländliche Stube oder der urwüchsige Gastgarten lassen eher an Hausmannskost denken, aber hier wird deutlich mehr geboten. Mit vorzugsweise regionalen, aber genauso auch internationalen Feinschmecker-Produkten wird inspiriert, aber bodenständig und mit dem richtigen Augenmaß für Konzept und Klientel gekocht. Dazu eine kleine, aber feine Weinauswahl.

Die Besteck-Symbole

luxuriöses Restaurant mit höchstem Komfort und formvollendetem Service, edler Ausstattung und einer Weinkarte, die höchsten Ansprüchen genügt

elegantes Restaurant mit hohem Komfort und exzellentem Service, sehr gute Ausstattung, hervorragende Weinkarte

gehobenes Restaurant mit gutem Komfort und versiertem Service, umfangreiche Weinkarte

besser ausgestattetes Restaurant mit ordentlichem Service, ausgewählte Weine

schlichtes Restaurant, Gasthof oder Bar

Regensburg (Bayern)

♨ 7↑ — 🍴🍴🍴

Aska

Watmarkt 5,
93047 Regensburg
☎ 0941-59993000
aska.restaurant/
◉ Di–Sa ab 18 Uhr, So u. Mo RT
Menüs: 95–125 €

EC ▦ ⬤ **VISA** HTTH ♿

Nach einem starken Debüt im vergangenen Jahr waren die Erwartungen bei unserem diesjährigen Besuch natürlich entsprechend hoch – immerhin vergaben wir unsere hierzulande bislang höchste Bewertung für ein Sushi-Restaurant. Das Aska ist eines der zahlreichen Projekte von Anton Schmaus, der sich neben dem Storstad (8 Pfannen) und dem Sticky Fingers (6+ Pfannen) seit 2019 auch der anspruchsvollen Sushi-Kultur widmet. Und der Oberpfälzer mit schwedischen Wurzeln legt genug japanophile Demut an Tag, um sich dafür nicht selbst hinter den Sushi-Tresen zu stellen. Dafür hat er Atsushi Sugimoto engagiert, japanischer Küchenmeister mit Kugelfischlizenz und mehreren Jahrzehnten Erfahrung, der zuvor einige Jahre in London lebte und dort das Formel-1-Team von Honda bekochte.

Das Konzept des Aska ähnelt dem klassischen Edomae-Sushi – dem im 19. Jahrhundert in Tokio entstandenen Nigiri-fokussierten Stil – ist hier und da aber ein wenig angepasst. Zwar sitzt man am Tresen im Angesicht des Meisters, der die Speisen aber nicht wie in Japan üblich selbst serviert, sondern sie stattdessen – ganz nach westlicher Küchenorganisationskultur – am Pass an die Servicemitarbeiter übergibt. Außerdem serviert man hier die Nigiri nicht einzeln, sondern als Dreierlei auf Platten, was in Japan gelegentlich auch so geschieht, im Premium-Bereich aber nicht die Regel ist.

Außerdem geht es recht gemütlich zu. Über knapp drei Stunden erstreckt sich unser Neun-Gang-Menü; in Japan dauert ein Seating nicht selten halb so lang. Hierin sehen wir eher einen Vorteil, da das charmante und auffallend gut geschulte Servicepersonal Freiräume gewinnt, uns sicher durch die Liturgie zu begleiten: zu erläutern, welche Sushi man in Sojasauce dippen sollte, wann man am besten seine Finger benutzt, wann die noblen Robbe & Berking-Stäbchen, was die Unterschiede zwischen Maki-Sushi (gerollt), Nigiri-Sushi (handgeformt) und Oshisushi (gepresst) sind, oder welcher der exquisiten Sake am besten mit welchem Gericht harmoniert. Kurzum: jede Menge Erläuterungsbedarf, der in Japan natürlich wegfällt.

Zum Sushi: ja, es gehörte wieder mal zum Besten seiner Art, das wir hierzulande bislang genossen haben. Zwölf Nigiri, zwei verschiedene Maki, sowie ein Oshisushi dürfen wir kosten, alle sind mindestens gut und für alle verwendete Sugimoto-San hierzulande geläufige Edelfische, nämlich Makrele, Steinbutt, Lachs, Dorade, Wolfsbarsch, Tunfisch und Hamachi. Das begrüßen wir ausdrücklich. Sushi lebt von bestmöglichem Fisch und da wäre es wenig ratsam, Abstriche bei Frische und Güte zugunsten einer geheuchelten Authentizität. Lieber ein perfekter Steinbutt als ein zweitklassiger Kinmedai!

Unser jüngster Besuch verdeutlichte aber auch, dass dem Aska ab und an auch mal die Perfektion abhandenkommt. So war die Fischqualität in vielen Fällen über jeden Zweifel erhaben (vergleichbar mit 9- und 10-Pfannenrestaurants), etwa bei Steinbutt, Makrele und Hamachi. Jedoch konnte uns der Tunfisch gleich mehrmals nicht überzeugen, der in allen drei Fettstufen – akami (mager), chutoro (mittelfett), otoro (fett) – eine mürbe Konsistenz und einen übersäuerten Geschmack aufwies.

Auch wirkte das feine Spiel der Temperaturen nicht immer ideal und schwankte stark von Nigiri zu Nigiri. Sehr gut harmonierte der handwarme Reis mit dem einen Deut kühleren Fisch des ersten Dreier-Flights aus Makrele, Dorade und Wolfsbarsch. Einige Stücke – meist dann, wenn sie lange am Pass standen – wirkten auf uns zu kalt, was dem Reis eine spröde Textur gab und den Fisch seiner Feinheit beraubte. Auch schien die Menge des Wasabi, den Sugimoto-San stets frisch reibt, unstetig. Beispielsweise hinterließen zwei Stücke Maki – von derselben Rolle geschnitten – völlig unterschiedliche Mundgefühle, einmal mild und einmal beißend scharf.

Sehr gut und für uns sogar besser umgesetzt als die Sushi-Gänge waren die Otsumami, Gerichte ohne Reis und vergleichbar mit Vorspeisen, nur dass sie nicht nur am Anfang des Menüs, sondern auch zwischendurch serviert werden. Als unser Highlight der gesamten Speisefolge entpuppte sich der umwerfend gute, roh marinierte Steinbutt-Engawa (Rückenflossenmuskel), der mit Spinat und Sesam serviert wurde und dessen sehr feste, beim Zubeißen fast krachende, aber kein bisschen zähe Textur augenöffnend war. Grotesk die Vorstellung, dass dieses rare Stück in der westlichen Küche allzu oft ein Dasein im Fond-Topf fristet.

Im Großen und Ganzen wurden unsere hohen Erwartungen also erfüllt, auch wenn wir uns an der einen oder anderen Stelle etwas mehr Präzision gewünscht hätten. Die ist in unseren Augen notwendig, um solch minimalistische Dinge wie Sushi perfekt in Szene zu setzen. Das macht hierzulande zwar kaum ein Sushi-Chef besser als Atsushi Sugimoto, im Berliner Ernst am Tresen von Dylan Watson-Brawn, der mehrere Jahre in Japan arbeitete, oder bei Felix Schneider – ehemals Sosein, mittlerweile Etz – werden vergleichbar minimalistische Gerichte aber meist noch treffsicherer auf den Punkt gebracht. Wenn es dem Aska also gelingt, die kleinen Unbeständigkeiten noch abzulegen, wäre hier tatsächlich Großes möglich!

Luma

Hochweg 83,
93049 Regensburg
☎ 0941-2805598
www.luma-regensburg.de
⊘ Di–Fr von 12–14 Uhr u. ab 18 Uhr,
Sa ab 18 Uhr, So u. Mo RT
Hauptgericht: 32–38 €,
Menüs: 28–65 €

In dem in lichter, moderner Eleganz gestalteten Lokal mit markanter Bar bieten Lucia und Mario Parnitzke von einfacheren Bistro-Gerichten und Business-Lunch bis zu ambitionierterer Küche à la carte und einem Gourmetmenü ein cleveres mehrheitsfähiges Programm. Sowohl die einfacheren als auch die exklusiveren Gerichte werden schnörkellos-frisch zubereitet und sie leben von pfiffigen Akzenten mit verhältnismäßig einfachen Mitteln. Und dabei zahlt sich die Erfahrung des Teams aus, denn die markanten Pointen der mit Sorgfalt zubereiteten Gerichte sitzen eigentlich immer. All das und kompetente Weinempfehlungen gibt es in entspannter Atmosphäre.

ONTRA

Franz-Mayer-Str. 5a,
93053 Regensburg
☎ 0941-20492049
www.ontra-regensburg.de
⊘ Täglich ab 18 Uhr, kein RT
Hauptgericht: 18–59 €, Menüs: 59–99 €

Wer mitten in der erneut verschärften Coronalage ein neues ambitioniertes Gastroprojekt startet, muss entweder ein bisschen verrückt sein, oder genau wissen was er macht. Ersteres ist unwahrscheinlich und können wir zudem nicht beurteilen. Zweiteres dagegen schon. Denn bei Peter Grasmeier ist hier kein Unbekannter am Start, sondern ein erfahrener Chef, der bereits im Goldenen Krug in Mintraching beweisen konnte, wie gut sich leichte Zugänglichkeit und hoher Anspruch verbinden lassen. Im Ontra ist das Flair natürlich ein ganz anderes: Moderner, urbaner und stylischer. Das großflächige helle Restaurant, das durch dezente Raumteiler und warme indirekte Beleuchtung eine entspannte Atmosphäre bietet, lädt auf jeden Fall sehr schnell zum Wohlfühlen ein – und die Speisekarte zum munteren Probieren aus moderat kalkulierten kleinen Vorspeisen- und Zwischengerichten, exklusiven Cuts aus dem Dry Ager, oder einfach dem Menüvorschlag als vorgegebenes „Best of"…
Damit lässt das Team den Gästen eine hohe Flexibilität und macht es leicht, auch erstmal nur ins Fine Dining hineinzuschnuppern oder einfach, je nach Anlass und Appetit, etwas Passendes zu finden. Entsprechend beliebt und frequentiert ist das eigentlich eher unscheinbar in einem Gewerbekomplex etwas außerhalb

des Zentrums gelegene Restaurants auch schon relativ kurz nach der Eröffnung.

Dass dies nicht von ungefähr kommt, deuteten vor dem Menü auch bereits das schmeckbar frische Lachstatar mit Korianderkresse und Brennnessel und ein dünner Hafercräcker mit eingelegter Gartengurke und karamellisierter Erdnuss an. Genau wie das ausgezeichnete selbstgebackene Brot mit seinem dank langer Teigführung komplexen Geschmack.

In der nächsten Kostprobe drehte sich dann alles um den ersten Spargel, der in der grünen feinbitteren Variante mit gebeiztem Eigelb und Eigelbcreme auf einer zitrusfrischen Vinaigrette angerichtet war und von einem kleinen Rondell aus rohem weißem Spargel mit Spargel-Brunoises um weitere Facetten des Gemüses ergänzt wurde. Und der dergestalt viel frühlingsfrische Leichtigkeit mitbrachte.

Ebenfalls viel Frische – und eine extrem fotogene Optik! – bot die akkurate Schnitte aus Sauerrahm-Kräutermousse, Granny-Smith-Confit und kleinen Kalbszungenröllchen, die von gepickelten und rohen Radieschen und Granny-Smith-Gel weiter aufgelockert wurden. Bis auf das etwas überproportionierte Apfelconfit, das die Kalbszunge leicht in den Hintergrund drängte, funktionierte das Ganze aber nicht nur optisch, sondern auch aromatisch ganz prima. Nicht zuletzt, weil eine helle Sherryvinaigrette feine Würze und Säure beisteuerte. Daneben zeigte eine kleine Kalbszungensülze auf Granny-Smith-Apfel und Pumpernickel die prägenden Aromen noch einmal gebündelt.

Das folgende, in einer tiefen Schale präsentierte Arrangement rund um Artischocke, Petersilie und Morchel wurde primär von der vibrierend frisch gehaltenen Artischockencreme und deren feinen Säure geprägt. Gebratene Artischockenstücke und Morchelhälften sorgten darauf für Röstnoten und dunkles Umami, während die Petersilie als Öl und Kresse herbale Frische einbrachte. Mit etwas weniger Creme hätte das Ganze noch stärker gewirkt, auf feinsinnige Art gelungen war es aber auch so.

Auch der als Scheibe einer sanft gegarten Roulade servierte Zander mit Verjus und Shiitake zeigte das Verständnis des Teams für durchdachte, markante Kombinationen. In diesem Fall ergänzten eine hellgrüne Verjus-Emulsion und eingelegte Trauben den Fisch mit fruchtiger Säure, während ein geschmortes und abgeflämmtes Lauchstück für zarte (naturgemäß etwas dumpfe) Süße und die Shiitake-Pilze als Creme und gebratene Streifen für einen Hauch von Umami und Tiefe sorgten. Fein!

Im Hauptgang rund um ein Bürgermeisterstück vom Wagyu-Rind und Karotte zeigte sich dann zunächst mit einer enormen Vielfalt unterschiedlichster Karotten-Zubereitungen, welchen handwerklichen Aufwand das Team teils betreibt: von Creme und geflämmten Stücken, über knackige Juliennes und ein Karottensaft-Gel, bis hin zu wattigen Sponge von der Karotte wurden dabei alle Register gezogen. Das Ergebnis: aromatisch zwar bei weitem nicht so differenziert wie in den Konsistenzen und der Optik, aber glücklicherweise eher auf der würzigen als auf der mildsüßen Seite und damit eine passende Begleitung zu dem in nussiger Rapssaat gebratenen, kernigen Cut vom Wagyu-Beef, das zudem von einer hervorragenden, tiefen, aber nicht überreduzierten Jus gestützt wurde.

Zum Abschluss sorgte Rhabarber, teils eher herb grün gehalten, teils rotfruchtiger (sowie mit einem Hauch Grenadine), rund um luftig-flüchtige Buttermilch-/Honig-Espuma auf knusprigem Honig-Sablé für einen beschwingten und leichten Eindruck – und wurde dabei gewinnend unterstützt durch Himbeer-Powder, Sauerkleeblätter und ein Sauerkleesorbet.

Fazit: Man sieht und schmeckt auf jedem Teller, dass das Team viel kann und viel will. Wenn das nun in noch etwas geordnetere Bahnen gelenkt wird und der hohe Detailaufwand an den Gerichten reduziert oder aromatisch stärker auf den Prüfstand gestellt wird, wäre sogar noch deutlich mehr drin! Ein rundum stimmiges und jederzeit empfehlenswertes Gesamtbild gibt das Ontra aber auch so ab. Daran haben auch die jungen Damen und Herren im Service mit ihrer flotten, charmanten Art ihren Anteil. Genau wie die individuelle Weinkarte mit spannendem Fokus auf das Elsass und sowohl offen als auch flaschenweise lohnenden Entdeckungen.

Roter Hahn

Rote-Hahnen-Gasse 10,
93047 Regensburg
☎ 0941-595090
www.roter-hahn.com
🕐 Di–Do ab 18 Uhr, Fr u. Sa von 12–14 Uhr u. ab 18 Uhr, So u. Mo RT
Hauptgericht: 25–42 €,
Menüs: 135–170 €

Eigentlich ist der Rote Hahn ein bewährter Klassiker in Regensburgs Gastronomieszene. Doch erst seit 2020, als Maximilian Schmidt die Verantwortung am Herd des elterlichen

Hotelrestaurants übernommen hat, existiert es in der heutigen Form. Und so ist aus dem soliden Gasthaus binnen kurzer Zeit ein modernes Spitzenrestaurant geworden! Der junge Koch (Jahrgang 1994) ist ein typischer Vertreter der gerade vielerorts antretenden Generation neuer Küchenchefs: die Kreationen durchaus verspielt, ohne Scheu zu hohem Aufwand, mondän bei der Produktauswahl, aber nicht mehr so kleinteilig und technophil wie noch zu Hochzeiten der Stickstoffperlen-Cuisine à la Wissler/Bühner/Bau. Stattdessen fokussierter und verwurzelter.

Dazu passt auch, dass so ein Restaurant ausgerechnet im Regensburger Elternhaus entsteht und eben nicht in Hamburg, Berlin oder irgendeinem Grand Hotel. Die mondäne Spitzengastronomie ist angekommen in den Kleinstädten des Landes. Auch wenn Schmidt neben dem Acht-Gang-Menü à la carte auch einfachere und klassischere Gerichte wie etwa ein Châteaubriand mit Marktgemüse oder eine Kürbiscremesuppe mit Zitronengras bereithält. Typisch ist auch die weitläufige Vernetzung dieser Generation. Schon die Menükarte zeigt, dass mindestens drei Gerichte stark vom Stockholmer Frantzén inspiriert sind: Chawanmushi mit gereifter Speckbrühe und Kaviar, ein French Toast mit Parmesan, altem Balsamico und Trüffel sowie der mit Sushireis frittierte Kaisergranat weisen allesamt gravierende Ähnlichkeit mit Signature Dishes des internationalen Spitzenkochs auf.

Bei Maximilian Schmidt geht das absolut in Ordnung, denn erstens arbeitete er nach seiner Ausbildung im Regensburger Storstad tatsächlich bei Björn Frantzén in Stockholm sowie in dessen Satelliten-Restaurant in Singapur und zweitens schmecken diese Inspirationen allesamt unverschämt gut! Allen voran besagter Kaisergranat: Schmidt gart das Krustentier über Holzkohle und frittiert es anschließend mit einem luftig-losen Mantel aus Sushireis. Die kurze, aber brüllende Hitze unterstreicht die Festfleischigkeit des phänomenalen Grundprodukts, der dünne Reisschleier verleiht ihm einen röschen Crunch, schmeckt dabei aber kein bisschen nach Frittierfett – eben ganz wie gutes Tempura, dessen Teig ja auch eher wolkengleich um den Fisch schwebt anstatt in einzumanteln wie ein Bierteig. Zum Kaisergranat brauchte es dann auch nur eine Mayo-ähnliche lauwarme Butter- Emulsion mit Ingwer, um aus einem perfekten Produkt mit perfekter Zubereitung einen perfekten Gang zu kreieren.

Ähnlich nah an der Perfektion war übrigens auch der kleine krosse French Toast mit schlotziger Parmesancreme, altem Balsamico und frischer Herbsttrüffel zubereitet. Aber auch die eigenständigeren Kreationen des Roten Hahn können sich sehen lassen. Sehr angetan waren wir besonders vom Hauptgang mit Reh und Pastinake; einmal aufgrund des wunderbar zarten und saftigen, kaum mürben Rückenstücks, das in Perfektion auf den Punkt gebraten war, aber auch durch die phänomenale Sauce auf Basis von Fleischbrühe, die mit Koriander, Sherry und Sherryessig abgeschmeckt wurde und so eine wunderbare Tiefe mit frischen Akzenten vereint.

Ebenfalls sehr überzeugend war eine Vorspeise mit gegrillter Ente, fermentiertem Maistee, Pfirsich und Rettich, die gekonnt mit rauchigen, erdigen und knackigen Aromen spielte. Der flüssige Part des Abends war grundsolide, konnte aber nicht ganz mit der Küche mithalten. Zwar präsentierten sich die Weine allesamt makellos und waren vom Sommelier sehr passend zu den Speisen ausgewählt, ab und an wünschten wir uns aber etwas mehr Extravaganz, als sie ein Gutsriesling aus der Pfalz transportiert.

Die Pâtisserie schickte übrigens Süßspeisen. Und dieser Satz ist weniger redundant als er klingt, sind in vergleichbar mondän-zeitgenössischen Restaurants doch derzeit herbe und „gemüsige" Desserts fast allgegenwärtig. Maximilian Schmidt setzt jedoch lieber auf klassische Geschmacksbilder – und versteht sich darauf ganz prächtig, wie die Kreation aus Ingwermousse, wunderbar cremigem Milcheis und ganz zart geräuchertem Honig zeigte. Wirkliche Schwächen haben wir in diesem fehlerfrei gekochten Menü auch diesmal nicht feststellen können. In der Spitze kann Maximilian Schmidt bereits mit den Großen mithalten, das unterstrichen Details wie der Kaisergranat oder die meisterliche Sauce zum Hauptgang eindrucksvoll. Was den Roten Hahn derzeit aber noch recht deutlich von höher dekorierten Restaurants unterscheidet, ist die Beliebigkeit einiger Gänge. Ein Amuse-Gueule mit Saiblingstatar und Avocado schmeckte zwar keineswegs schlecht, wird sich aber ebenso wenig ins kulinarische Langzeitgedächtnis einprägen wie etwa ein Zwischengang mit gedämpften Zucchini und Anchovi-Tomatenfond, der recht simpel eben nach Zucchini, Anchovi und Tomate schmeckte.

Alles in Allem ist es also eher die Originalität als das Handwerk, bei dem wir Verbesserungspotenzial sehen. Bislang fällt es uns auch noch schwer, eine eigene Handschrift zu erkennen. Einen typischen „Schmidt-Teller" haben wir jedenfalls (noch) nicht gegessen. Dass wir hier diese Messlatte aber überhaupt so hoch anlegen, zeigt schon sehr deutlich, auf welchem Grundniveau der Rote Hahn nach so kurzer Zeit angekommen ist. Eines ist klar: Von Maximilian Schmidt wird man noch viel hören!

⌇6↑ — 🍴

Sticky Fingers

Untere Bachgasse 9,
93047 Regensburg
☎ 0941-58658808
www.stickyfingers.restaurant
◉ Di–Sa ab 18 Uhr,
So u. Mo RT
Hauptgericht: 25–40 €,
Menüs: 65–80 €

EC ●● VISA 🏧

Eins ist sicher: Wenn es darum geht, sowohl innovative als auch anspruchsvolle und funktionierende (!) Restaurantkonzepte auf die Beine zu stellen, macht Anton Schmaus so schnell keiner was vor. Der in Regensburg mittlerweile zum absoluten Platzhirsch in Sachen ambitionierter Gastronomie avancierte Chef hat's einfach drauf und macht vieles richtig – inklusive erfolgreichem Recruiting. Schließlich sind die besten Konzepte nichts ohne die passenden MitarbeiterInnen. Und auch hier zeigt Anton Schmaus immer wieder ein glückliches Händchen…

Das augenzwinkernd mit einem gewissen Underground-Flair spielende, betont lässige Sticky Fingers mit seiner bunten, frechen Küche und dem Sharing-Konzept war im Grunde von Beginn an erfolgreich. Und dennoch ist das kein Grund für Stillstand. Im Gegenteil: Bewegung gehört hier zum Konzept und so wurde die Corona-Zwangspause genutzt, um dem mitten in einer der stimmungsvollen Altstadtgassen gelegenen Restaurant sowohl konzeptionell als auch atmosphärisch einen neuen Anstrich zu geben. Mit etwas mehr Raum und großzügigem Flair. Vor allem aber wurde mit Philipp Bittenbinder ein neuer Küchenchef gefunden, der in seiner selbst für Kochverhältnisse beeindruckend weltenbummelnden Laufbahn verschiedenste Einflüsse von französisch-mallorquinischer über türkischer bis zu klassisch französischer Gourmetküche im Bareiss in Baiersbronn aufgenommen hat.

Das, was aus dieser bunten Mischung dann am Ende rauskommt, ist eine experimentierfreudige Fusionküche mit türkisch-syrisch-iranischer Note und damit im Fine-Dining-Genre durchaus einzigartig. Geblieben sind der ebenso kompetente wie lockere Service und die unkonventionell angelegte Karte, durch die man sich nach Belieben allein oder eben für mehrere Personen zum Teilen durchprobieren kann. Ganz so, wie die aktuelle Laune und der Appetit es erlauben. Oder man lässt das Team um Philipp Bittenbinder einfach machen und bekommt dann einen Querschnitt durch die Sticky-Fingers-Küche in fünf Gängen…

Bevor es mit dem weltoffen „Die große Hafenrundfahrt" genannten Menü losgeht, stimmen aber zunächst einige Kleinigkeiten auf die bunte Aromenwelt ein. Beim letzten Besuch gelang das durch Linsenköfte nebst Zitronengel und Dill (zum Snacken im Salatblatt) mit arabischer Pikanterie und verzögert einsetzender Schärfe schon mal ganz ausgezeichnet! Genau wie bei einem weiteren Opener im Minischälchen mit weißer Bohnencreme, knackigen grünen Erben, Trauben-Scheiben und gerösteter Salzmandel. Der eigentliche Star der Einstimmung, der vollends in die arabische Aromenwelt einführte, war allerdings ein Flatbread aus der Pfanne mit Sesam-Molasse-Füllung und einem Dip aus Olivenöl, Granatapfelsirup und Dukkah. Schlicht „Fingerlicking good"!

Wie unkonventionell und eigenständig das Team auch bewährte und bekannte Ideen variiert, zeigte im ersten Gang das zart fließende Onsenei, das quasi als Tableau für die Aromen von Brauner Butter, pergamentdünner knuspriger Hühnerhaut und karamellisiertem Milchpulver diente. Diese allesamt in eine ähnliche

„braunwürzige" Richtung gehenden Komponenten inklusive hintergründiger Rauchigkeit wurden gekonnt durch die cremig gebundene Säure von Joghurt aufgefrischt.

Dramaturgisch klug folgte mit gebeiztem Kingfish neben Dilljoghurt, Roter Zwiebel, Zitronengel und Salzzitrone ein deutlich klarer und reduzierter angelegter Gang, bei dem alle Komponenten zwar prägnant, aber doch eher leise dem Kingfish zuspielten. Und letztlich war dieser eher zartaromatische Teller ein perfekter Ruhepol vor dem folgenden Powergang. Denn bei dem mit fordernd scharfem Lammreis gefüllten Schmorzwiebel umspielten die Aromen eines türkischen „Apfeltee-Suds" mit Orange und Dill das hochintensive und einheizende Zentrum mit stark verdichteten Aromen, viel Umami und wohliger Schärfe. Mit derartigen Gerichten hat das Sticky Fingers definitiv ein Alleinstellungsmerkmal auf dem gebotenen Niveau – macht aber auch einfach sehr viel Freude.

Generell bewegen sich die Teller lockerflockig zwischen eingängig verdichteten und eher knalligen Tellern auf der einen Seite und komplexeren, freigestellter wirkenden Gerichten auf der anderen Seite, die dann mehr im Gourmetgenre liegen. Genussfaktor und Anspruch sind dabei aber immer gleich hoch. Und so begeisterte auch der in klareren Konturen angelegte Hauptgang: Hier waren bereits der im Fettmantel zart rosa gebratene Lammrücken und der schmelzend soft geschmorte, glasierte Nacken perfekt umgesetzt. Im Zusammenspiel mit einer geschmorten Feige, die durch eine Gewürzmischung rund um Koriandersaat, Fenchel und Meersalz aus der allzu fruchtigen Ecke geholt wurde; außerdem zart glasierten Perlzwiebeln und einem hochkonzentriert grünen Petersilienpüree war das Ganze aber auch noch mit ordentlich Spannung hinterlegt. Satte 7 Pfannen!

Und da auch im Dessert bei einem kompaktsaftigen Grieß-Halva mit kleinwürfeligem Pfirsisch-Ragout, Joghurt und Rotem Pfirsichsorbet sowohl die exotische Aromatik als auch der Anspruch beibehalten wurden, attestieren wir insgesamt ein leicht gesteigertes Niveau bei unverändert gelungenem Gesamtkonzept. Zu diesem gehören im Übrigen auch die fein komponierten Cocktails von Barmann Sebastian Dorner und die bestens auf die ungewöhnliche Aromatik der Gerichte angestimmten Weinempfehlungen von Restaurantleiterin Vroni Hert. Und: Im Sommer bieten die beidseitig der kleinen Altstadtgasse gestellten Tische im Freien ein besonderes Flair mit quirligem Treiben.

Storstad

Watmarkt 5, 93047 Regensburg
0941-59993000
www.storstad.de
Di–Sa von 12–14 Uhr u. ab 18 Uhr,
Hauptgericht: 48–54 €,
Menüs: 99–125 €

Hoch oben über den Dächern von Regensburg sowie – insbesondere, wenn im Sommer die Dachterrasse geöffnet wird – einem imposanten Blick auf den Dom, ist und bleibt die Homebase von Anton Schmaus die vielleicht spannendste kulinarische Adresse der Domstadt, auch wenn sich der umtriebige Chef mit immer neuen Projekten beinahe selbst Konkurrenz macht. Aber das Storstad selbst, mit seinem gekonnt skandinavischen Purismus im Interieur, dem herzlichen „Hej Hej" der Gastgeberin zur Begrüßung und der auf hohem Niveau insgesamt urban-entspannten Gangart, hat einfach enorm viel zu bieten, um einen genussvollen und erinnerungswürdigen Besuch zu ermöglichen.

Nicht zuletzt natürlich die einfallsreiche und zeitgemäße Küche des Teams um Anton Schmaus, bei der, neben einer grundsätzlich weltläufig offenen Ausrichtung, immer auch ein bisschen der skandinavische Purismus mitschwingt. Zumindest insofern, als dass die Teller durchweg optisch markant und konsequent ohne irgendwelche Spielereien konzipiert werden, so dass die spannenden aromatischen Ideen sehr klar und eindrücklich erlebbar werden.

Mit dem „Corn-Dog", in Form von Rindertatar im Maisbrotmantel mit Maiscreme spielte das Team durch einen eher massigen Eindruck zunächst sehr nah an der Streetfood-Rustikalität, deutete parallel mit einem hauchdünnen Maistaco mit Miso-Gänselebercreme und geröstetem Mais aber gleich in eine feinsinnigere Richtung. Und radikal in diese ging es dann auch beim ersten offiziellen Gang, in dem brillant klares Wolfsbarsch-Sashimi in einem mit Korianderöl und Holunderblüte akzentuierten Ceviche-Sud präsentiert wurde und dabei von einem herbfrischen Mescal-Granité, eingelegten Zwiebelringen und hauchdünnen Rettichrollen mit Koriandermayo präzise angestimmte Details zur Seite bekam.

Kaum weniger Klarheit und Frische brachte auch die sanft in Olivenöl pochierte Rotbarbe mit einem Topping aus Tomatenconcassée und Basilikumsamen, einer gemüsefruchtig-frischen Umgebung aus verschiedenen sanft confierten Cocktailtomaten, knackigeren grünen Tomaten, sowie Powerade, die als zarte Creme, knusprige Chips und gebraten auf dem Teller zugegen war. Zusammen mit einem klaren, kräutrig marmorierten Tomatenfond ergab das einen vor allem die Frucht und Säure der Tomate wunderbar differenziert auffächerndem Eindruck rund um ein erneut hervorragendes Hauptprodukt.

Auch mit dem folgenden (fast) vegetarischen Arrangement blieb das Team sehr auf der frischen Seite und kombinierte ein konzentriertes kühles Erbsen-/Yuzu-Süppchen mit enorm viel Zug mit einem Salat aus halbierten frischen Erbsen, Edamame, Erbsenschote und Grapefruit. Gekrönt von einer schmelzig abpuffernden Nocke cremiger Kaviarsahne ergab das ein vibrierendes frühsommerliches Intermezzo mit feiner Balance.

Dafür gab es dann im Hauptgang umso mehr Tiefe und Power: hier wurde rauchig gegrilltes Iberico-Presa in einer süßwürzigen Schmorjus mit Ingwer und Schalotte neben ein zartes Dim-Sum mit Blutwurstfüllung, Myoga und gepickelter Schalotte gestellt – und schaffte damit einen einerseits kraftvoll fokussierten, andererseits aber auch ein wenig plakativen Eindruck, der vor allem durch die salzig-süße Konzentration in der Sauce geprägt wurde. Da wären veränderte Proportionen oder ein klarer Gegenpol für einen noch stärkeren Eindruck hilfreich gewesen. Viel Freude auf zupackende „Soulfood-Art" machte der Teller aber auch so.

Dafür gelang der süße Abschluss wieder besser balanciert, der vollreife marinierte Erdbeeren als eine Art Törtchen auf knusprigem Buchweizenboden unter einem Topping aus nussig karamellig gepufftem Buchweizen und Sauerampfereis auf Joghurtbasis präsentierte. Daneben sorgte locker aufgeschlagene Crème crue noch für auf frische Art harmonisierenden Schmelz und mehr brauchte es hier auch nicht für einen gelungenen Spannungsbogen.

Als gekonnt gespannten Bogen zum Start ins Menü endete dieses mit einem Stieleis von Miso und Mais unter abgeflämmtem Baiser und Popcorn auf neckische und spannende Art und unterstrich – genau wie das charmante und jederzeit präsente Serviceteam und die gut abgestimmten Weinempfehlungen – die Ausnahmestellung des Storstad in Regensburg.

Treuschs Schwanen

Rathausplatz 2, 64385 Reichelsheim
☎ 06164–2226
www.treuschs-schwanen.com
✆ Fr–Di von 11.30–14 Uhr u. ab 18 Uhr, Mi u Do RT
Hauptgericht: 19–36 €,
Menüs: 49–109 €

Treuschs Schwanen hält seine jahrzehntelange Sonderstellung als einer der wenigen gastronomischen Leuchttürme im Odenwald souverän. Hier ist die „Johanns-Stube" der Hort für handfestere Regionalküche und das schick modernisierte, zeitlos-stilvolle Restaurant mit gläserner Weinklimakammer als Blickfang in der Raummitte sowie hellen Wänden mit modernen Bildern und sauber eingedeckten Tischen der Platz für die gehobenere Kulinarik. Die Küche von Thomas Treusch ist zwar mit ihrer Präferenz für heimische Viktualien und kraftvoll-zupackenden Aromen fest in der Region verwurzelt, unternimmt aber auch immer mal wieder Exkursionen in die weite Welt. Und auch die gelingen dem jungen Chef meist sehr solide. In der bei deutschen Erzeugnissen nach Rebsorten sortierten und ansonsten nach Ländern und Regionen gesplitteten Weinkarte wird man wahrscheinlich nach jedem Geschmack und für jeden Anlass gut fündig.

Wine & Dine
im Boutique Hotel Villa Melsheimer
Moselstr. 5, 56861 Reil
📞 06542-900034
www.melsheimer.de
🕐 Do u. Fr ab 18 Uhr, Sa u. So ab 12 Uhr
durchgehend, Mo–Mi RT
Hauptgericht: 12–40 €, Menüs: 32–90 €

Die kleine Ortschaft Reil an der Mosel wartet für ihre Gäste nicht nur mit über 100 Jahre Weinkultur auf, sondern beherbergt hat an ihrer kurzen Promenade auch ein ambitioniertes Restaurant, das immer besser wird. Es residiert in der Villa Melsheimer, einem charmant patinierten Ensemble mit Hotel und Gastronomie, wo man drinnen in einer Art Wintergarten-Restaurant und bei schönem Wetter auf der erhöhten Terrasse zwischen akkurat geschnittenen Bäumchen, Palmen, Sonnensegeln und dekorativem Rüttelpult sowie mit Ausblick auf die umliegenden Weinberge speisen kann. Und zwar von unterschiedlichen Speisekarten!

Denn Dirk Melsheimer, sein Küchenchef Alessandro Riemer und deren ambitioniertes Team sorgen hier für einen fast schon atemberaubenden Spagat zwischen Touri-Food wie Schnitzel Wiener Art mit Pommes Frites und handfesten traditionellen Schmankerln wie hausgemachter Rinderroulade auf Apfelrotkraut und Kartoffelknödel und eben einer äußerst ambitionierten Küchenlinie. Letztere firmiert nun schon seit geraumer Zeit unter dem Label „Wine & Dine" und bietet drei verschiedene Menüs: ein vegetarisches, ein regionalbetont ausgerichtetes und das große „Gourmetmenü", das die Küchenleistung in ihrer höchsten und ausgeprägtesten Form abbildet und klar auf Fine Dining ausgerichtet ist.

Den sehr hohen Eigenanspruch, mit dem Dirk Melsheimer und Alessandro Riemer hier antreten, dokumentierten auch beim letzten Mal bereits die drei verschiedenen mediterranen Brotsorten mit dreierlei entsprechenden Aufstrichen sehr deutlich, von denen alle sehr gut, die fluffig-saftige Olivenfocaccia sogar hervorragend waren. Auch das Fingerfood zum Apero präsentierte sich als aufwendig inszenierte Kleinkunst, wobei hier geschmacklich nur das Tatar vom Simmenthaler Rind mit gebackener Kaper und knuspriger Schalotte überzeugte – der Rote-Bete-Macaron mit Makrele war hingegen pappsüß.

Was die Präsentation und das Handwerkliche angeht, ist die Küche ihrer Bewertung voraus. Was das geschmackliche Feintuning betrifft, kann nicht jeder Teller gleichermaßen überzeugen. Sehr gut funktionierte das zum Beispiel beim wunderbaren Garnelen-Tatar, das mit Tomatenconcassée, Avocadocreme und Tupfen einer weißen rahmigen Creme, die an Ricotta erinnerte, in einem fragilen Knusperschälchen auf einem Sockel aus einer Art Tatar von Feigenblattkürbis thronte und von einer marmorierten Kräutervinaigrette umgeben war.

Weniger gut – durchaus harmonisch, aber ohne reife Akzente – gelang die bildhübsche Kreation von ringsum in Sesam gewälztem und kurz angebratenem Thunfisch, der zusammen mit leider recht ausdruckslosen, aus Rettich gefertigten Dim Sum mit einer Füllung aus Apfel und Safran sowie weiteren Gurken- und Apfel-Komponenten und Senftupfen auf einem grünen marmorierten Sud angerichtet waren. Da fehlte es nicht bloß an Säure, da bot die Optik mehr fürs Auge als der Geschmack für den Gaumen.

Sehr gelungen, weil geschmacklich ausgereifter, präsentierte sich dann wieder das Umfeld von Schweinebauch und Pulpo, das zwischen der herzhaften pikanten Süße von Vadouvan und Süßkartoffelcreme sowie der straffen säuerlichen Frische von fermentierter Süßkartoffel und einem Yuzu-Schaum sehr gut ausgewogen war. Beim wirklich überraschend guten Steinköhler mit Steinbutt-Qualitäten, der mit Kaviar, Flusskrebsen und Kohlrabi beladen in einem milden Flusskrebsschaum schwamm, war nicht bloß durch das begleitende Mangochutney zu viel Süße zugegen. So tendierte das Geschmacksbild dann doch etwas zu sehr ins Liebliche.

Keinerlei Balanceprobleme und zugleich den stärksten Eindruck des letzten Menüs bot der Hauptgang rund um eine attraktive, mit krosser Gewürzhaut aufs Porzellan geschickte Brust von der Challans-Ente. Die war schon an sich sehr ausdrucksstark und kam in Begleitung einer in Schwarzbrotbrösel gehüllten Foie-Gras-Praline sowie geschmortem Orangen-Chicorée mit Staudensellerie-Sticks, einer zartkross-cremigen Kartoffelkrokette und etwas Buchweizenknusper daher und machte zusammen mit einer ausgewogenen Entenjus, ebenfalls mit fein eingewobenen Orangenaromen, eine sehr gute Figur. Da hätte man fast schon 7 Pfannen vergeben können.

So wie für die bildschön und aufwendig in Szene gesetzte „Birne Helene", eine goldlackierte, mit Mousse aus Valrhonas Guanaja-Schokolade gefüllte Nashibirne auf einen Podest aus Birne und Schokolade in unterschiedlichen Zubereitungsarten, umgeben von einem Holunderblütenfond. Da passte bis auf die zu feste Konsistenz der Birne eigentlich alles.

Auf Wunsch serviert die sympathische Gastgeberin Britta Melsheimer glasweise gut korrespondierende Weine zu jedem Gang und sie bedient sich dafür am liebsten aus der Region, was in einem großen Weinanbaugebiet wie der Mosel durchaus Sinn macht. Auffällig gut war auch der Espresso zu den Pralinen und so bleibt wieder mal ein äußerst positiver Gesamteindruck.

Hotelempfehlung

★★★★

Boutique Hotel Villa Melsheimer

Moselstr. 5, 56861 Reil
☎ 06542-900034
www.melsheimer.de
Einzelzimmer: 65–200 €
Doppelzimmer: 90–245 €

Unmittelbar am malerischen Moselufer bilden die zwei schmucken Villen aus dem 20. Jahrhundert und das historische „Müllehaus" (aus

dem 16. Jahrhundert) des Boutique Hotels Villa Melsheimer zusammen ein zauberhaftes Anwesen. Die ruhige Lage am Ortsrand und die Nähe zur Mosel schaffen einen hohen Erholungswert. Zugleich bieten die elegant und geschmackvoll renovierten Zimmer viel Komfort und reichen von drei Basis-Zimmern mit Dusche/WC, Toilettenartikel, Fön, Zimmersafe, WLAN und SAT-TV über die zusätzlich mit LCD-Flachbildschirm, Telefon, Minibar, Zimmersafe und Schreibtisch ausgestatteten Premium-Zimmer bis zur Junior-Suite oder der „Villa Nature Spa"-Suite – letztere mit eigenem Garten inklusive Privat-SPA mit Sauna und Whirlpool. Für kulinarischen Genuss sorgt das Team um Dirk Melsheimer in Bar, Restaurant und Panoramaterrasse mit besonderem Anspruch und deutsch-französischem Einschlag. Restaurant Wine & Dine separat erwähnt.

Reinsbüttel (Schleswig-Holstein)

Gasthof Leesch

Dorfstr. 14, 25764 Reinsbüttel
☎ 04833-2289
www.gasthof-leesch.de
◷ Di–So von 12–14 Uhr u. ab 18 Uhr, Mo RT
Hauptgericht: 24–48 €, Menüs: 35–80 €

VISA

Restaurantmeisterin und Sommelière Kathrin Leesch und ihr Ehemann, der Küchenmeister Thorben Witt-Leesch, leiten den Familienbetrieb nun schon seit rund zehn Jahren in der dritten Generation und haben hier seither viel verändert und verbessert. So kommen die Leute aus der gesamten Region Dithmarschen in das kleine Nest in der Nähe von Büsum, denn hier bekommen sie ein attraktives Kulinarium geboten, das zeitgemäße Regionalküche mit pfiffigen Ideen der traditionellen Langeweile entledigt, aber auch einen Hauch von internationaler Exklusivität in die ländliche Gegend bringt.

Das reicht von Vorspeisen wie einem herzhaften Kaiserschmarrn mit Frühlingslauch, grünem Spargel, Landschinken und Bärlauchschmand oder Pulpo auf einem mit Kräutern angereicherten Potpourri aus Fregola Sarda, Cannellini-Bohnen und Tomate, bis hin zu Hauptgerichten wie der regionalbetonten Fischpfanne „Uthlande" mit Lachs, Dorade und Büsumer Krabben auf Senfsaatsauce oder dem eher mediterranen Seeteufelmedaillon mit Risotto, grünem Spargel und Zitronenschaum. Auch für vegetarische und sogar vegane Alternativen ist ausreichend gesorgt.

Zwar erlebten wir die Küche diesmal nicht durchgängig auf demselben Niveau wie beim letzten Besuch – qualitativ, handwerklich und geschmacklich überzeugt hat uns das Gebotene aber trotzdem. Zunächst mit einem Maki-Sushi vom gebeizten Lachs nebst gelber Currymayonnaise als Gruß aus der Küche. Dann in Gestalt eines mit gehobeltem Parmesan, Pfeffer und Pinienkernen aromatisierten Carpaccios vom Kalbsfilet, das überraschend akkurat und wohlproportioniert angerichtet war. Und zwar mit Babysalaten, hausgemachtem Pesto, gelber Tomate, Kapern und zwei mit Forellenkaviar und milder Sardelle getoppten Hälften eines Wachteleis mit cremigem Dotter. Das war sehr apart und knüpfte am Niveau der letztjährigen Darbietungen an.

Da konnten die Jakobsmuscheln mit Bacon und Vanille-Beurre-Blanc nicht ganz mithalten, die zwar ebenfalls Gourmet-like angerichtet, aber ziemlich deftig und rustikal zubereitet waren. Die mit je einem unterschiedlichen Kartoffelchip und Heringskaviar getoppten Coquilles selbst waren nämlich schon relativ stark gesalzen, wurden durch den krossen Speck aber noch mit zusätzlich herzhaft-salziger Würze versorgt. Weil zudem die Beurre blanc recht plump, breit und süßlich angemutet hat und nicht so, wie man es optimalerweise von einer ausgewogenen Weißwein-Buttersauce mit Säure und Struktur kennt, wirkte das Ganze nicht sehr elegant.

Eher handfest und traditionell kam auch der Hauptgang um Scheiben von der Deichlammschulter daher. Diese war als eine Art gefüllter Braten zubereitet und auf einer Thymiansauce angerichtet, die sich geschmacklich durchaus gelungen präsentierte und gut die Basis aus schmorwürzigem Lammfond und Thymian transportierte, aber mit ihrer uncharmant dicklichen Bindung an die Beurre blanc zu den Ja-

kobsmuscheln erinnerte. Dazu gab's eine mit einer Art Fetakäse gefüllte Ofentomate, noch schön bissfesten kümmelwürzig aromatisierten Spitzkohl und ein sehr schmackhaftes Kartoffelgratin. Von dem ebenfalls in der Speisekarte annoncierten Brotsalat fehlte allerdings leider jede Spur.

Wer es etwas exklusiver mag, wird sicher mit dem Surf'n'Turf von Rinderfilet und Riesengarnele glücklich, die als Duett zusammen mit grünem Spargel, Kartoffelgebäck und Sauce Béarnaise den Hauptgang des Menüs krönten. Wem eher nach Bodenständigem ist, der wird garantiert beim mit Susländer Kochschinken und Backensholzer Hofkäse gefüllten Cordon bleu vom Kalb schwach. Und obwohl die Portionen ziemlich mächtig ausfallen, sollte am Schluss immer noch Platz für ein Dessert wie ein fluffig-cremiges Schokoladen-Tiramisú mit Mangosorbet oder Quarkkeulchen mit Rhabarber und Landmilcheis sein.

In der ausreichend umfangreichen Weinkarte mit ansprechendem Bestand, der seinen Schwerpunkt bei deutschen Gewächsen von arrivierten Erzeugern oder namhaften Genossenschaften hat, aber auch internationale Alternativen listet, findet sicher jeder etwas. Der Service erlebten wir einmal mehr freundlich und flink.

Reit im Winkl (Bayern)

HEIMAT
im Relais & Châteaux Gut Steinbach
Steinbachweg 10, 83242 Reit im Winkl
℡ 08640-8070
www.gutsteinbach.dede/kulinarik/restaurant-heimat/
⏱ Mo–So von 12–14 Uhr u. ab 18 Uhr, kein RT
Hauptgericht: 19–49 €, Menüs: 42 €

Mitten in der malerischen bayerischen Bergwelt am Rande der pittoresken kleinen Ortschaft Reit im Winkel hat die Familie Graf von Moltke mit dem zur Hotelvereinigung Relais & Château gehörenden Gut Steinbach einen wirklich besonderen Ort geschaffen. Das edelrustikale Ambiente, das gekonnt Grandhotel mit Berghütten-Feeling verbindet und sichtbar in jedem Detail ausgesucht hochwertig und durchdacht gestaltet wurde, bietet allen Komfort für sehr entspannte Auszeiten, seit neuestem auch einen erweiterten exklusiven SPA-Bereich – und last but not least eine ambitionierte und substanzstarke Küche.

In den drei unterschiedlich gestalteten, auf jeweils andere Art einladend behaglichen Stuben und im Sommer auf dem weitläufigen Außenbereich bietet das Team um Küchenchef Achim Hack eine zeitgemäße und gut durchdachte Interpretation von „Heimatküche". Sowohl bei der ausgesuchten Produktpalette als auch bei den zugrundeliegenden Ideen spielen konsequente Bezüge zur Region mitsamt ihren kulinarischen Traditionen eine entscheidende Rolle. In der Umsetzung wirken die entsprechend überwiegend alpenländischen, mitunter auch mediterran angehauchten Gerichte aber absolut zeitgemäß und werden an vielen Stellen mit pfiffigen Akzenten auf Spannung gebracht.

Wobei das Team insgesamt einen klugen Mittelweg zwischen teils eher traditionell belassenen, dafür aber kraftvoll und klar ausgeführten Traditionsgerichten auf der einen Seite und etwas moderneren und kreativeren Gerichten auf der anderen geht. In beiden Fällen startet ein Menü aber erst einmal mit ausgezeichnetem Bauernbrot mit Butter und Pfeffer-Frischkäse. Dann könnte es für die neugierigen Besucher beispielsweise mit hauchdünnen Scheiben von mild süß-säuerlich eingelegtem Kohlrabi weitergehen, der übergossen mit Buttermilch und Kräuteröl neben eine Rosette aus zartem, roh belassenem hellfleischigem Saibling, gepickelten Radieschen und einer kompakten Meerrettichcreme auf Frischkäsebasis gesetzt wurde. Das insgesamt knackig-frisch und mit klaren Kanten versehene Arrangement wurde nur durch die üppige Proportionierung der Meerrettichcreme minimal aus der Balance gebracht. Ansonsten war das ein animierender Start.

Wer es lieber etwas ruhiger und gediegener mag, wählt stattdessen die tiefgründige Rinderkraftbrühe mit zartem Gemüse und wahlweise Grießnockerl oder Flädle, oder einfach einen (hier tatsächlich mal taufrischen!) pronociert marinierten Blattsalat mit Speck und „Vinschgerl"-Chips. Auch bei den Hauptgerichten stehen Sachen wie das perfekt in Sennerbutter soufflierte Wiener Schnitzel mit Kartoffel-/Gurkensalat und Preiselbeeren oder der zart gargezogene Rindstafelspitz nebst Krengemüse, Bratkartoffeln und Apfelsemmelkren auf der sicheren Seite regionaler Wohlfühlgerichte.

Und wer etwas mehr Dynamik auf dem Teller mag, wird beispielsweise mit einem großen, klassisch zart auf den Punkt gebratenen und glasierten Stück von der Lammnuss genauso glücklich. Das feinwürzige Fleisch bekam durch Schnittlauch, der auch in der kraftvollen Lammjus wiederzufinden war, einen gewissen Frischekick und wurde ansonsten mediterran mit einem fluffig angekrossten Maisbrot, gegrillter Paprika (leider nicht enthäutet…), Auberginencreme und Kräutermayonnaise mit fruchtigen, feinbitteren Noten und einer gewissen frischen Ätherik ergänzt. Das funktionierte auf geradlinige, kraftvolle Art ganz prima und war damit ebenfalls ein Paradebeispiel für die verfeinert rustikale Linie der Küche.

Dass zum Abschluss die Klassiker aus der alpinen Mehlspeisenwelt nicht fehlen dürfen, versteht sich im Grunde von selbst. Und so kommen auch ein fluffiger karamellisierter Kaiserschmarrn mit Zwetschgenröster oder gebackene Holunderblüten in der erfrischenden Kombination mit Minzjoghurt, Kirschen und Sauerrahmsorbet sehr souverän auf die Tische. Dazu gibt's einen auch bei hoher Auslastung entspannt und zugewandt agierendes Service, reizvolle offene Weine und eine größere Auswahl hochwertiger Gewächse in der gut sortierten Flaschenweinkarte.

Hotelempfehlung

★★★★S

Relais & Châteaux Gut Steinbach

Steinbachweg 10,
83242 Reit im Winkl
☎ 08640-8070
www.gutsteinbach.de
Einzelzimmer: ab 99 €
Doppelzimmer: ab 194 €

Im schönen Chiemgau zwischen Chiemsee und Tirol, nicht weit entfernt von München, liegt in der Bilderbuchlandschaft um den Ort Reit im Winkl das Relais & Châteaux Gut Steinbach Hotel und Chalets. Im Haupthaus des Ensembles befinden sich 58 Zimmer und Suiten sowie das Restaurant Heimat & Stuben samt Sonnenterrasse einer Kaminbar. Rund um einen Naturweiher reihen sich zudem sieben moderne Landhaus-Chalets mit je 150 bis 185 m² Wohnfläche in elegantem alpinem Stil und mit eigener Sauna auf je ca. 700 m² Grund. Im Gut Steinbach Beauty & Spa erwarten die Gäste neben einem 18-Meter-Indoorpool, Whirlpool, Sauna, Dampfbad und Tepidarium verschiedenste Massage- und Beauty-Anwendungen. Entspannung pur! Firmen finden im modernen Tagungsbereich einen idealen Ort für Meetings und Seminare. Im Restaurant setzt das Team um Küchenchef Achim Hack auf saisonale Heimatküche mit starkem Bezug zur Natur, die sich durch Nachhaltigkeit, viele selbst produzierte Lebensmittel und eine besondere Prise Kreativität auszeichnet. Restaurant HEIMAT separat erwähnt.

Remchingen (Baden-Württemberg)

Landgasthof Hirsch

Hauptstr. 23,
75196 Remchingen (Wilferdingen)
☎ 07232-79636
www.hirsch-remchingen.de
⊙ Di–Sa von 12–13.45 Uhr u. ab 18 Uhr,
So u. Mo RT
Hauptgericht: 19–34 €,
Menüs: 71–103 €

Die Fassade des schmucken Landgasthauses an der Ortsdurchfahrtstraße von Remchingen-Wilferdingen lässt auf den ersten Blick gutbürgerliche Traditionsküche vermuten. Die gibt es hier in Teilen sogar auch – allerdings eher mittags und in einer attraktiveren Façon als in den meisten anderen Lokalen. In der Hauptsache aber steht das Kulinarium von Markus Nagy, das uns mit seiner starken Substanz schon seit lange eine Empfehlung wert ist, für eine ebenso klassisch fundierte wie pfiffig aufgepimpte Feinschmeckerküche, die mit sehr guten Produkten und sehr sorgfältig-fundierter schnörkelloser Zubereitung in eher handfester, aber nicht uneleganter Art erfreuen. Das geht mit bretonischen Fischen, Krustentieren, heimischem Wild oder elsässischer Gänseleber vom Stil her meist recht klar in eine frankophile Richtung, aber vor allem im Bereich der Vorspeisen und Zwischengerichte durchaus kreativ, zeitgeistig und weltgewandt variiert – aktuell gern nordisch-frisch oder mit schlagkräftigen asiatischen Aromen unterlegt. Außerdem: solide Weinauswahl, familiärer Service unter der Leitung der Gastgeberin, moderate Preisgestaltung.

Remscheid (Nordrhein-Westfalen)

Heldmann & Herzhaft
Brüderstr. 56, 42853 Remscheid
☎ 02191–291941
www.heldmanns-restaurant.de
◉ Mi–Sa ab 18 Uhr, So–Di RT
Hauptgericht: 22–48 €, Menüs: 55–98 €

Wer wirklich gute, fundiert und mit dem gewissen Etwas zubereitete Küche der bestbürgerlichen Art schätzt, ist in der einstigen Fabrikantenvilla von Familie Heldmann schnell richtig angekommen. Der stattliche, außen wie innen schmuck ausgestaltete Klinkerbau ist und bleibt die erste Adresse für Genießer im Raum Remscheid, denn der routinierte Chef und sein Team bieten in den farbenfroh aufgefrischten Altbauräumen mit Stuckdecken oder im lichtdurchfluteten Wintergarten eine in der Stadt konkurrenzlose unaufgeregte klassische Küche, bei der die Übergänge zwischen verfeinerten herzhaften Traditionsgerichten und weltoffen sowie etwas aufwendiger inszenierten Feinschmeckereien fließend sind. Auch im sogenannten „Sternstunden-Menü" konzentrieren sich Heldmanns auf die Verwendung heimischer Produkte und kraftvoller Aromen, weshalb der Namenszusatz „Herzhaft" hier durchaus Programm ist.

Rheda-Wiedenbrück
(Nordrhein-Westfalen)

Reuter
Bleichstr. 3, 33378 Rheda-Wiedenbrück
☎ 05242-94520
www.hotelreuter.de
◉ Do–Sa ab 19 Uhr, So–Mi u. Fei RT
Menüs: 125–163 €

Wer bei den Jeunes Restaurateurs Iris Bettinger (Köchin) und Marco Rückl (Gastgeber) reserviert, bekommt es mit einer besonders ansprechenden Form von weltoffen-kreativer, im allerbesten Wortsinn bunter Feinschmeckerküche zu tun, die sich auf den mit viel gestalterischem

Anspruch, dabei aber völlig unangestrengt und schnörkellos angerichteten Tellern genauso interessant und spannend präsentieren, wie sie sich in der sieben Menügänge plus Kleinigkeiten offerierenden Karte lesen. Mit weniger Lokalkolorit als früher, aber nicht minder attraktiv und immer noch mit einer gewissen Vorliebe für herzhafte Aromenliaisons präsentiert sich das Kulinarium der Chefin aktuell originell und international, stilistisch klassisch, konzeptionell auf der Höhe der Zeit, handwerklich sehr sauber und präzise ausgeführt und qualitativ anspruchsvoll. Der Haken an der Sache? Wer in dessen Genuss kommen will, hat dafür mit lediglich drei Servicezeiten am Abend ein enges Zeitfenster und muss schon bis spätestens am Mittag desselben Tages reserviert haben. Spontanbesuche sind von daher ebenso ausgeschlossen wie kurzfristige Reservierungen, denn wie wir selbst schon festgestellt haben, ist das zeitgemäß klassisch-elegant gestaltete Restaurant an diesen drei Abenden nicht selten restlos ausgebucht.

Rheinau (Baden-Württemberg)

Gioias Restaurant
Hauptstr. 215–217, 77866 Rheinau
☎ 07844-9182299
www.gioias.de
◉ Mi–Sa ab 17.30 Uhr, So von 12–15.30 Uhr u. ab 17.30 Uhr, Mo u. Di. RT
Hauptgericht: 21–32 €, Menüs: 45–65 €

Das sauber herausgeputzte denkmalgeschützte Herrenhaus auf dem Gutshof zu Hanau an der Durchfahrtsstraße des Ortsteils Rheinbischofsheim, in dem Gioias Restaurant seit 2019 nicht nur mit farbenfroh ausdrucksstarkem Design, sondern auch mit anspruchsvoller Küche die Gäste lockt, wirkt auf Anhieb sehr einladend. Ein geschriebenes Menü gibt es nicht in diesem Restaurant, der Gast kann sich allerdings aus dem Speisenangebot à la carte selbst seine individuelle Speisefolge drei, vier oder fünf Gängen auswählen. Eine konsequente Entscheidung, die bei manchen Besuchern für Irritationen sorgt. Ausgeräumt werden sie im Gespräch mit der Servicechefin, denn auf Vorlieben und Allergien kann durchaus Rücksicht genommen werden, auch eine vegetarische Speisefolge ist kein Problem.

Was Francesco D'Agostino, der junge, engagierte und öffentlichen Auftritten (Koch des Jahres, Mein Lokal, dein Lokal) nicht abgeneigte Küchenchef anrichtet, ist stilistisch sehr eigenständig. Eine fröhliche Mischung aus französischen, italienischen und südamerikanischen Einflüssen – die letzteren überwogen bei unserem letzten Besuch sogar. Was dabei herauskommt, ist nicht unnötig verkopft, sondern ziemlich klar verständlich, dabei aber alles andere als belanglos.

Eine knusprige, nach allen Regeln der Kunst gebackene Empanada mit Käsefüllung und Ají-dulce-Paste bildete den Auftakt, das wunderbar saftige Brot mit Maiskörnern und einer begleitenden Mole-Butter folgte rasch, wurde ergänzt um vegetarische Ceviche mit Zwiebeln und Mango, schön würzig abgeschmeckt. Allein an diesem Auftakt könnten sich andere Restaurants eine Scheibe abschneiden, denn angesichts der vielen gekonnt und animierend zusammengestellten Aromen und Texturen bekommen auch erfahrene Esser große Augen.

Die Aperitifs und Weine wirken dagegen noch ein bisschen beliebig zusammengestellt, denn im Bereich von Sherry respektive spannenden spanischen oder italienischen Weiß- und Rotweinen, die mit dieser Küche mithalten würden, könnte man noch deutlich mehr machen. Übrigens: Wenn ein Gast ein Glas Crémant bestellt, wäre es sinnvoll, ihr oder ihm auch die Flasche zu zeigen. Doch die Stimmung bleibt sehr gut, weil das folgende Törtchen mit mariniertem Kingfish klug konzipiert wurde. Dünner Teig, dicke Scheiben vom Fisch, dazu Erdnüsse, Ananas, Rote Bete und ein Eis von Avocado, was zu einem saftigen, ausgewogenen und rundum überzeugenden Gesamteindruck führt.

Die Ravioli mit Ricotta (Cacio e Pepe) sind aus einem eher dicken Teig geformt, schmecken aber ausgezeichnet, denn deren Füllung ist prima abgeschmeckt. Schwarze Bohnencreme, schwarzer Knoblauch, Petersilienpaste und auch noch Trüffelvelouté samt frisch darüber

gehobelter schwarzer Trüffel lassen kurz daran denken, dass hier vielleicht allzu viele Zutaten Verwendung fanden, aber das Gesamtpaket ist dicht, mit deutlichem Umami-Touch, geschmacklich sehr befriedigend.

Es folgen gebratener Pulpo mit einem Stück geschmorten, außen knusprigen Manioks, Blumenkohl und Mangogel als saftiges, würziges, schlichtweg originelles Intermezzo. Allesamt Prädikate, die auch auf das Kinn vom Iberico-Schwein mit gepoppter Schweinehaut zutreffen, das von einer Kartoffelvariation (verschiedene Farben und Texturen, vom Püree bis zu Chips…) und den hier viel fruchtige Finesse einbringenden Stücken vom geschmorten Apfel umrahmt wurde. Der dazu empfohlene Wein, ein kraftvoller deutscher Roter, konnte da auf seine robuste Art zwar gut mithalten, aber spannendere Gewächse gäbe es gewiss.

Das Dessert schließlich wurde vom Küchenchef selbst serviert und am Tisch kurz erläutert. Es handelte sich um eine Art von Moussekugeln aus Basilikum und Zitruswürze, dazu Himbeeren, Amarenakirschen, angeröstete Kokosraspeln und Waldbeerensorbet. Es ist der erste und einzige Gang des Abends, bei dem nicht wirklich klar wird, was die Küche ausdrücken möchte; auch die Anspielungen auf südamerikanisch-italienische Traditionen bleiben vage. Beim Dessert sollte Gioias Restaurant also noch zulegen können, ansonsten aber bleibt der Eindruck eines stimmigen, originellen Essens, das zudem noch fair kalkuliert ist.

Rheinbach (Nordrhein-Westfalen)

Anna Seibert
Am Bürgerhaus 5, 53359 Rheinbach
02226-8923713
anna-seibert.de
Di–Sa von 12–14 Uhr u. ab 18 Uhr, So u. Mo RT
Hauptgericht: 19–31 €, Menüs: 45–75 €

Auch wenn die Flutkatastrophe im Sommer das beschauliche Rheinbach besonders hart getroffen hat und auch in dem nach seiner Großmutter benannten Restaurant von Gastgeber und Küchenchef Dominik Frechen umfassende Sanierungsarbeiten notwendig waren: Das kleine windschiefe Fachwerkhäuschen steht noch und wirkt so putzig und pittoresk wie eh und je. Liebevoll begrünt und geschmückt mit Weinflaschen und individuellen Designelementen – ein Stil, der sich auch im Inneren fortsetzt: In dem überraschend weiträumigen Gastraum zwischen freigestellten Fachwerkbalken, illuminierten Weinflaschen im Holzregal und blitzenden Gläsern an der Natursteinwand der Bar herrscht eine gleichermaßen heimelige wie stilvoll einladende Atmosphäre, der man bereits relativ kurze Zeit nach der Flut schon nichts von der einschneidenden Naturkatastrophe anmerken konnte. Genauso wenig wie dem engagierten Team.

Dieses hat sich hier seit der Eröffnung vor nunmehr drei Jahren einer unkomplizierten und doch anspruchsvollen Regionalküche verpflichtet, die leicht zugänglich bleibt, aber an den entscheidenden Stellen mit Genauigkeit und zeitgemäßer Leichtigkeit punktet, wo andernorts leicht plumpe Rustikalität entsteht. Und die dabei auch den einen oder moderneren und kreativen Kniff einbaut. Dazu passt die lockere und zugleich kompetent-professionelle Gangart im Service ganz ausgezeichnet, genau wie die nicht umsonst prominent ausgestellte Liebe zu gutem Wein.

Für einige Gerichte, insbesondere unter den akzentuierten Vorspeisen, wäre locker auch eine noch höhere Bewertung denkbar. Insgesamt fehlt da bei nur leichten Schwankungen über die verschiedenen Gerichte hinweg nicht mehr viel. So wurde beispielsweise die bewährte Kombination aus Rote Bete mit Ziegenkäse in Form eines akkurat geschichteten Rondells aus zarten, fruchtig glasierten Bete-Streifen unter zart cremigem Ziegenfrischkäse – der wiederum mit knackigeren Bete-Lamellen und einem ätherischen Kräuterbouqet aus Kerbel, Dill und Kresse bedeckt war – auf überraschend feinsinnige Art interpretiert. Bis hin zu den Kürbiskernen (auch als Creme), die noch knusprig nussige Akzente beisteuerten.

Im Vergleich etwas bodenständiger, aber ebenfalls von ausgezeichnetem Handwerk und genauem Abschmecken geprägt (die wir von Benedikt Frechen schon aus seiner Zeit im Klostermannshof in Niederkassel gewohnt sind), wirkte die folgende Kürbissuppe, die elegant-cremig in einer eher mild-nussigen Ausprägung gehalten war. Und die so den soft gezupften Stücken von der geschmorten Entenkeule sowie knusprigen Croûtons einen harmonischen Rahmen gab.

Zu den im besten Sinne „großmütterlichen" Fleischgerichten zum Hauptgang wie einem geschmorten Rindernacken nebst Bohnenpotpourri, Römischen Nocken und Trüffeljus oder der knusprigen Gans mit Rotkraut, zarten Ro-senkohlblättern, Bratapfel, Kartoffelknödeln und Preiselbeerjus (die aber allesamt wohlproportioniert-elegant interpretiert werden), stellte das kross-saftig gebratene Filet vom schmeckbar topfrischen Zander unter ätherischem Kräuterbouqet die etwas leichtere Alternative dar. Wobei die Begleitung in Form von feinsäuerlichem Riesling-Rahmkraut, sautierten enthäuteten Weinbeeren, etwas Kartoffelpüree und einem schnittlauchfrischen Nussbutterschaum ebenfalls voll ins Wohlfühl-Genusszentrum zielte. Und das mit Erfolg!

Auch zum Abschluss blieb das Team mit der Verbindung der typischen Mandel-und-Marzipannoten einer „Operaschnitte" mit buttrigen Vanillestreuseln und geschmeidigem Preiselbeersorbet ganz auf Kurs und ebenfalls nicht weit von der sechsten Pfanne entfernt. Bleibt nur zu hoffen und zu wünschen, dass das Team katastrophenfrei und mit regem Gästezuspruch genauso weitermacht. Wir sind schon gespannt auf den nächsten Besuch!

Rheinsberg (Brandenburg)

Der Seehof Rheinsberg
im Hotel Der Seehof Rheinsberg
Seestr. 18, 16831 Rheinsberg
☎ 033931-4030
www.seehof-rheinsberg.de
⏱ Täglich von 12–14.45 Uhr u. ab 18 Uhr, kein RT
Hauptgericht: 13–20 €, Menüs: 33–51 €

Hier bekommt man immer ein schönes Plätzchen und wird auf bodenständig uneitle Art ambitioniert bekocht. Auf die Küche des Seehofs unter Patron Daniel Pfeiffer ist einfach Verlass! Egal ob im Sommer, wenn sich in

Rheinsberg die Touristen tummeln und auch die lauschige Innenhofterrasse des kleinen Hotelbetriebs frequentieren, oder jenseits der Saison, wenn es hier vergleichsweise ruhig zugeht, ist hier eine rundum solide und schwankungsfreie Küchenleistung garantiert. Was hier zu moderaten Preisen geboten wird spricht ein breites Publikum an, ohne beliebig zu sein, ist bodenständig und trotzdem nicht alltäglich. Und wird zu sehr moderaten Preisen angeboten, was auch auf die von Deutschland bis in die europäischen Nachbarländer ausreichend umfangreich bestückte Weinkarte zutrifft.

Riedenburg (Bayern)

Forsts Landhaus

Mühlstr. 37b, 93339 Riedenburg
☎ 09442-9919399
www.forsts-landhaus.de
⊘ Mi–Fr ab 18 Uhr, Sa u. So von 11.30–14 Uhr u. ab 18 Uhr, Mo u. Di RT
Hauptgericht: 17–38 €,
Menüs: 35–82 €

▮▮ ◐◑ VISA ᴴᵀᴴᴴ

Nicht, dass Riedenburg mit der schönen Umgebung des malerisch von Burgen, Wald und Felsen gesäumten Altmühltals nicht ohnehin einen Besuch wert wäre. Aber der lohnt doch einmal mehr, wenn man ein so attraktives Genussziel vor Augen hat wie das gepflegte Gasthaus mit kleinem Hotelbetrieb der Familie Forst. Hier lässt es sich in den beiden Gasträumen oder im Sommer draußen auf der kleinen Seitenterrasse am vorbeiplätschernden Bach entspannt sein und vor allem: ausgezeichnet Essen!
Dabei klingt die Karte oft gar nicht besonders aufregend, aber was Rüdiger Forst hier aus

scheinbar simplen Sachen und wenigen Komponenten immer wieder rausholt, ist einfach erstaunlich und bringt auch uns immer wieder in Verwunderung, obwohl wir ja regelmäßig hier sind und eigentlich wissen, wie gut der Chef kochen kann. Sein Geheimnis sind die äußerst fundierten klassischen Zubereitungen – und natürlich das Wissen darum, wie auch mit einfachen Mitteln für eine gewisse Spannung auf den Tellern sorgen kann. In diesem Sinne macht dann auch bereits ein als Küchengruß servierter Kalbfleischsalat in milder, feinwürziger Thunfischsauce, die mit kleinen Kapern und Granatapfel ebenso simple wie wirksame Akzente mit auf den Weg bekam, schon sehr viel Freude – und neugierig auf mehr!
Auch eine deutlich flächiger und komplexer aufgebaute Vorspeise konnte auf natürlich-schlichte Art überzeugen: Rund um grob gerissenen, mit frischgrünem Pesto beträufelten Oberpfälzer Mozzarella bildeten hier eher fruchtig gehaltene Bete-Würfelchen und ein herbes Salat-Bouquet mit Rucola und verschiedenen Kräutern einen beschwingten Auftakt. Beim folgenden Heilbutt setzte das Team ebenfalls auf einen markanten Rot-Grün-Kontrast, der hier durch fruchtig süß-sauer glasierte Radieschen und zarten, mit nussig gelben Linsen angereicherten Spitzkohl geschaffen wurde. Und den knusprig-glasig gebratenen Heilbutt auf aufgelockert frische Art genial ergänzten. Einzig die mehlierte knusprige Haut des Fischs wirkte hier etwas zu rustikal brutzelig…
Dass dann im Hauptgang zu kernig-zartem Flanksteak ebenfalls rote und grüne Farbtöne den (auch aromatischen) Kontrast der Beilagen signalisierten, war wohl eher dem Zufall als einem strengen Farbkonzept geschuldet, zeigte aber erneut, wie das Team mit pragmatischen und aufgeräumten, dafür aber erfreulich markanten Akzenten zu punkten weiß. Neben den in diesem Fall herb erdig gehaltenen glasierten Rüben und mildem Brokkolipüree mischten sich allerdings noch die dunkelwürzigen Noten sautierter Totentrompetenpilze dazu und ergänzten das eigenaromatische Fleisch im Zusammenspiel mit einer ausdrucksstarken (aber erfreulicherweise nicht überreduzierten) Jus.
Genauso souverän gelang auch der Abschluss mit einer im Ganzen in Brandteig gebackenen Feige, deren üppige warme Fruchtfülle von der kühlen herben Frische eines auffallend cremigen Zwetschgeneises und eines Ragouts von Holunderbeeren kontrastiert wurde und gemeinsam einen gelungenen frühherbstlichen Abschluss schaffte. Kurzum: ein weiterhin äußerst stimmiges Gesamtbild, das auch eine

ansprechende kleine, überwiegend deutsche Weinauswahl und familiär-herzlichen Service einschließt.

Gasthaus Goldener Stern

Dorfstr. 1,
86316 Rohrbach
📞 08208-407
www.gasthaus-goldenerstern.de
⏱ Mi–Sa ab 18 Uhr, So–Di RT
Hauptgericht: 14–38 €,
Menüs: 69–79 €
🅿

Hier können wir uns nur wiederholen: gäbe es ein Idealbild eines bayerischen Landgasthofs, käme der Goldene Stern von Familie Fuß diesem mit seiner ländlichen Lage, der generationsübergreifenden Tradition, lauschigem Biergarten, geschmackvoll modernisierten Gasträumen – vor allem aber einer weit überdurchschnittlichen nachhaltig-regionalen Küche ziemlich nahe. Die durchweg substanzstarken und oft auch originellen Gerichte bewegen sich ganz lockerflockig zwischen Bodenständigkeit und Gourmet, bleiben unangestrengt und zeigen doch immer ganz klar, mit wieviel Expertise und Fingerspitzengefühl das Team arbeitet.

Darüber zu mutmaßen, was das Team um Stefan Fuß in einem kleineren, dezidiert auf Gourmet ausgerichteten Rahmen zustande bringen könnte, ist möglich – aber am Ende gar nicht wirklich zielführend. Denn gerade, weil der Chef handwerklich und konzeptionell auch ganz anders könnte, sich aber bewusst dafür entscheidet, so pfiffig bodenständig zu kochen, wie er es macht, ist das Ergebnis so bewundernswert gut.

Alles, was hier in souveräner Taktung auf die (nicht wenigen) Tische kommt, wirkt einerseits wunderbar entspannt, aufgeräumt und klar. Andererseits aber auch überraschend akkurat und feingeschliffen. Insbesondere bei den kreativeren Vorspeisen gelingt es dank durchdachter Proportionen und wenigen, clever gesetzten Akzenten sogar, viele ambitionierte Gourmetlocations in den Schatten zu stellen. Ein „Vitello" kommt dann beispielsweise als rohes, nur leicht temperiertes Kalbs-Carpaccio in grasig-grünem Öl unter einer knackigen Marinade aus Apfel, Kombucha und Topinambur neben erfreulich subtiler Paprika-Mayonnaise mit einer feinen Rauchnote, zusätzlich auffrischenden Wintersalaten und papierdünnem Kroepek als animierender und abwechslungsreicher Start.

Natürlich kann man aber genauso gern (und gut!) mit einer tiefgründigen klaren Brühe vom Kalb nebst Brätspätzle hausgemachten Backerbsen und frischem Schnittlauch starten, oder sich zu Beginn an das knusprig-saftige Brot halten. Aber auch, wer sich an kreativere Offerten wie die Schaumsuppe von weißem Lauch mit Miso, bissfesten Haferwurzelstücken und einem klugerweise separat servierten saftigen Rehpflanzerl mit rotfruchtig-pikanter Glasur und Kaffeeöl als dunkel-kräftigem Kontrast „wagt", wird weder vor den Kopf gestoßen, noch enttäuscht. Ganz einfach, weil die kreativen Ideen auch dabei mit Finesse eingebracht werden und allein die Substanz der vollmundigen Schaumsuppe, bei der die typische Lauchsüße von einer feinen Säureader ausbalanciert wurde, sicher jeden möglichen Skeptiker überzeugt.

Dass die Hauptgerichte gemeinhin etwas ausladender und in gestandenen Portionen daherkommen, gehört zum Konzept. Angst vor überladenen Tellern ist aber dennoch völlig unnötig. Denn zum einen gibt es bei den Hauptgerichten zwar weniger feine Details, dafür aber dennoch eine klare aufgeräumte Tellersprache. Und zum anderen richtet das Team die Beilagen öfter separat zum selbst dosieren an. So gab es zuletzt beispielsweise saftig kross auf der Haut gebratene Bachsaiblingfilets nebst (guter) Riesengarnele und (zartem, aber etwas blassem) Pulpo adrett mit knackig grünem wildem Brokkoli und etwas zarter heller Erbsencreme auf dem Hauptteller angerichtet, während ein frischgrünes, zart fließendes Blattspinat-Risotto in einer Schüssel daneben auf den Tisch kam.

Aber auch wer beispielsweise ein Cordon bleu vom Steinacher Wellness-Strohschwein ordert, das mit Tomatenmarmelade und Kräuteröl aufgepeppt und mit Bratkartoffeln serviert wird, bekommt das in einer Qualität, die man nicht nur in Bayern lange suchen muss. Das gleiche gilt für gänzlich traditionelle Sachen wie einen ofenfrischen Schweinsbraten oder den Wittelsbacher Oxenbraten mit Rotkohl und Kartoffelknödeln. Die ausgesuchten Produzenten, darunter einige Locals, aber auch namhafte Enthusiasten wie Thomas Breckle (Käse) oder der Gutshof Polting (Lammfleisch) werden nicht umsonst stolz im Gang ausgestellt.

Auch bei den Desserts bricht das Niveau kein Stück ab. Ganz im Gegenteil: mit dem geschmeidig nussigen Parfait aus weißer Schokolade und Pistazie neben eingelegter Mandarine, dezenten Crumbles und weiteren Zitrusfrüchte-Komponenten wie knusprigen Chips und kleinen Nocken haute das Team zuletzt einen Abschluss raus, der in jedem mit 7 Pfannen bewerteten Restaurant genauso souverän gewirkt hätte. Dazu gibt's einen auch bei vollem Haus schwungvoll und souverän agierenden Service und eine nicht überbordende, aber lohnende Auswahl guter Weine.

Pálffy

August-Bebel-Str. 15,
7580 Ronneburg
☎ 01525-6913267
www.restaurant-palffy.de
🕐 Mi u. So von 11–14 Uhr, Do u. Fr von 11–14 Uhr u. ab 18 Uhr, Sa ab 17 Uhr, Mo u. Di RT
Hauptgericht: 12–24 €

EC ⬤ VISA ᴴᵀᴺ

Nach über 20 Jahren Berufserfahrung in Deutschland und Österreich im Angestelltenverhältnis haben sich Melanie Pálffy und Christian

Hünnicher im thüringischen Ronneburg, ein paar Kilometer östlich von Gera gelegen, mit einem eigenen Lokal selbstständig gemacht. Die beiden kleinen, schlicht aber einladend gestalteten Räumlichkeiten wirken so, als ob sie früher mal ein Ladengeschäft beherbergt hätten. Heute jedenfalls gibt es hier engagierte Küche – an den Mittagen unter der Woche ganz bodenständig und ohne jeden Exklusivitätsanspruch, an den Abenden und Sonntagmittag etwas gehobener und nicht alltäglich, aber dennoch so einfach zugänglich und preisbewusst, dass hier eigentlich bei niemandem irgendwelche Schwellen- oder Berührungsängste aufkommen sollten.

Das Angebot ist bewusst so klein gehalten wie das Format der Karte, so dass der Chef das erstens am Herd als Einzelkämpfer problemlos wuppen und zweitens den Wareneinkauf entsprechend ökonomisch disponieren kann. So gibt es hier neben einer Vorspeise und einer Suppe meist auch nur drei bis vier Hauptgerichte – alles mit Anspruch an Produkt und Handwerk zubereitet: Fleisch bezieht man beispielsweise von der vielfach ausgezeichneten Metzgerei Max aus Hof, Gemüse von einem regionalen Bauernhof oder das Brot von der Bäckerei Oeser aus Gera. Klare Empfehlung dafür! Hinsichtlich der einen Pfannen-Auszeichnung fehlt es lediglich ein wenig am Feinschliff.

Die Datteln im Speckmantel etwa wurden in einer grob pürierten Brotcreme serviert, die ihren betont herben Geschmack von geschmortem Chicorée, Kräutern und Wermut verliehen bekam und von einer abgeflämmten, dadurch aber leider etwas unharmonisch brandig schmeckenden Brotscheibe eskortiert wurden. Generell war das Ganze geschmacklich etwas borstig und unrund, nicht bloß wegen der nicht ganz optimal eingebundenen alkoholischen Note. Dank Umami und Röstaromen viel runder war aber zum Beispiel die Blumenkohlcremesuppe, in der neben angebratenen Röschen desselben Gemüses auch die Tranche eines mit Teriyakisauce marinierten Lachses schwamm, der sich zwar komplett durchgegart aber dennoch recht zart und schmackhaft auf dem Boden des Tellers versteckte.

Nicht gerade zimperlich mit einer pikanten Gewürzmischung aromatisiert und auch beherzt angebraten kam der Zander auf kleingewürfelten Röstkartoffeln mit Speck und einem mit viel Parmesan würzig vermählten Kartoffelpüree passenderweise auch in zupackender Begleitung daher. Als weiteres Beiwerk keine klassische Sauce, aber zumindest Tupfen einer Tomatenmayonnaise, die geschmacklich durchaus passend waren, aber die nach unserem Geschmack dem Gericht dann doch etwas abgehende Süffigkeit nicht herstellen konnten. Beim Dessert, das sich um Arme Ritter mit geschmorten Honig-Schalotten und Blaubeeren drehte, wurde es wegen der dominierenden deftigen Zwiebelaromen wieder etwas schräg. Nicht, dass der Kontrast zwischen süß und herzhaft nicht gepasst hätte, denn das kann ja üblicherweise schon sehr gut funktionieren. Hier standen die Zwiebeln aber irgendwie ohne einen adäquaten Gegenpart da und es fehlte nach unserem Dafürhalten auch ein passendes Bindeglied, dass die fluffigen Semmelschnitten und die Zwiebeln vollkommen harmonisch miteinander hätte verbinden können. Da man vom ebenfalls annoncierten Thymian eigentlich nichts geschmeckt hat, wäre uns hier ganz spontan ein schön rahmiges und schmelziges, salzig-süß abgeschmecktes Thymianeis auf Basis von Frischkäse (oder Ziegenfrischkäse) in den Sinn gekommen.

In der Karte finden sich natürlich auch einige Weine, preiswerte Gewächse kleinerer Erzeuger, die die Gastgeber ganz persönlich für sich entdeckt haben. Melanie Pálffy, die sich sympathisch und sehr aufmerksam um die Gäste kümmert, bringt diese gerne näher.

Rosenberg (Baden-Württemberg)

Landgasthof Adler

Ellwanger Str. 15, 73494 Rosenberg
📞 07967-513
www.landgasthofadler.de
🕐 Mi u. Do 17.30 Uhr, Fr–So von
12–14 Uhr u. ab 18.30 Uhr, Mo u. Di RT
Hauptgericht: 20–34 €,
Menüs: 33–95 €

Dafür, dass der Landgasthof Adler unter seinem früheren Patron und Küchenchef Josef Bauer, der seinerzeit auch mal unser „Koch des Jahres" war, als eine Institution, als ein echter Wallfahrtsort für Gourmets und ambitionierte Köche galt, verlief dessen Wiedereröffnung nach immerhin sechs Jahren erstaunlich still und leise. Was umso mehr verwundert, als dass der neue Pächter und Küchenchef Michael Vogel bis zur Schließung 2016 nicht nur eine Zeitlang unter seinem Vorgänger Josef Bauer, sondern die letzten Jahre auch bei Andreas Caminada in der Casa Caminada und im Restaurant Schloss Schauenstein bearbeitet hat. Außerdem ist er dem Vernehmen nach im Landgasthof Adler angetreten, um an den alten Erfolgen anzuknüpfen.

Wenn man sich heute dem stattlichen grünen Gasthaus nähert, die knarzenden Stiegen hinauf in den ersten Stock schreitet und dann die in markanten bunten Farben ebenso expressiv wie geschmackvoll gestaltete Stube mit den roten und grünen Wänden, den blauen Bänken und Stühlen und den blanken weißen Tischen betritt, ist alles noch wie früher. Auch der erste Küchengruß erweckt den Anschein, als ob der Adler nie weg gewesen wäre, denn das Stück Zwiebelkuchen, das nach wie vor in maximaler Schlichtheit und Perfektion dargeboten wird, hat es ziemlich genau so damals auch schon gegeben. Seinerzeit haben ihn meist Marie-Luise Bauer oder Hildegard Brenner serviert, heute ist es die junge Gastgeberin Michaela Vogel, die den Adler fortan zusammen mit ihrem Mann führt.

Der will hier aus kulinarischer Sicht zwar schon mit der Zeit etwas Eigenes aufbauen – weiterhin aber auch die Adler-Klassiker in Ehren halten. Ob das eine gute Idee ist, weil damit alte Stammgäste glücklich gemacht werden können, oder ob sich der neue Chef damit eher keinen Gefallen tut, weil er sich damit automatisch einem Vergleich stellt, wollen wir mal dahingestellt lassen. Jedenfalls drängt sich dieser Vergleich momentan (noch) auf nahezu jedem Teller auf, weil aktuell nicht nur stilistisch, sondern auch konzeptionell schon sehr Vieles an die Küche von Josef Bauer erinnert. Aber auch das hat seinen Reiz!

Michael Vogel kocht nicht eins zu eins nach, aber man erkennt schon sehr genau die Handschrift des Vorgängers. So auch bei einer mit mildem, schmelzigem Bauchspeck eingefassten Terrine von Hühnerbrust, Entenleber und Geflügelgelee, die der Chef in edler Schlichtheit und bauhausartiger Klarheit mit einer süß-sauren Wurzelgemüsevinaigrette, Senfkörnercreme und mariniertem grünem Spargel auf den Teller bringt. Und damit ein erstes Ausrufezeichen setzt, denn die souveräne, unaufgeregte Präzision, mit der hier alle Produkte und Aromen herausgearbeitet sind, deutet schon gleich mal hohes Niveau an.

Auch den weißen Spargel, der zusammen mit etwas dicker geschnittenen Scheiben von der Lachsforelle im Flädle eingewickelt und von einer sehr guten, klararomatischen Spargelschaumsuppe umgeben ist, haben wir hier so ähnlich schon zur Ära Bauer gegessen. Das Gericht ist bei Vogel auf harmonischen, weichen Wohlgeschmack ausgelegt, der Flädlemantel etwas kompakter und nicht ganz so luftig und zart, wie wir ihn in Erinnerung haben, die Spargelsuppe hätte mit etwas mehr Säure noch lebhafter wirken können. Alles in allem hat aber auch dieser Gang hohes Niveau.

Was sich bis hierhin bereits angedeutet hatte, bei einem weiteren Klassiker der Adler-Küche, den Weißwein-Rahmkutteln mit mildem Räucheraal und Schmorzwiebel, die hier saisonal noch mit Spitzmorcheln angereichert waren und zusammen mit einer à part gereichten Kartoffel-Schichtterrine zum Besten gegeben wurden, zur Gewissheit wurde: um ein noch höheres Level zu erreichen, müssten die Gerichte noch etwas differenzierter wirken, mehr Tiefenschärfe besitzen und lebhafter abgeschmeckt sein. Die rahmig-süffige Grundlage schmeckte auch hier nämlich etwas flach und breit, da haben definitiv die Ecken und Kanten durch herbe Frucht und Säure, aber auch die Röstaromen an der Schmorzwiebel gefehlt – schon allein, um so auch den milden Rauchaal noch weiter nach vorne zu bringen.

Doch auch wenn manche Gerichte im Detail noch nicht die maximale Ausdruckskraft haben, stehen sie alle für überdurchschnittliches Niveau. So auch der tendenziell recht brave und auch aromatisch etwas blasse Hauptgang um Tranchen vom Kalbsrücken mit kleinen, partiell etwas trocken und dunkelbruzzeligen Kartoffelgnocchi und reduzierter Jus – wobei hier eindeutig die buttrig-feinwürzig eingelullten knackigen Kohlrabischeiben der Star auf dem Teller waren. Da wäre zum Beispiel durch herausragende, perfekt auf den Punkt gebrachte Fleischqualität mit etwas mehr Fett, etwa ein schönes Stück vom Kalbskotelette, noch mehr drin gewesen.

Ein richtiges Ausrufezeichen gab es dann aber noch zum Abschluss. Die erfreulich markante, mit einer transpatenten Geleefolie gedeckte Champagnermousse mit ihrem schaumweinig herben, erfrischenden Geschmack, die à part zu einem Erdbeer-/Rhabarber-Süppchen mit Joghurteis gereicht wurde, bleibt uns bis zum nächsten Besuch jedenfalls äußerst positiv im Gedächtnis und hält so die Vorfreude darauf sehr hoch. Genau wie das kleine Stück von der karamellisierten Apfeltarte, welches uns zum Kaffee zudem die Gewissheit gab, dass es sich durchaus lohnt, an manchen Traditionen unbeirrt festzuhalten.

Rosenheim (Bayern)

Nenas – Tapas, Bar, Restaurant

Heilig-Geist-Str. 12, 83022 Rosenheim
☎ 08031-9086410
www.nenas.de
⊘ Mo–Sa von 12–14 Uhr u. ab 17.30 Uhr, So RT
Hauptgericht: 5–12 €, Menüs: 29–79 €

EC ◯◯ **VISA** Ⓟ 🚻 ♿

Ganz zentral in der Rosenheimer Innenstadt hat sich das Nenas mit seinem weltoffen kreativen Tapaskonzept mittlerweile fest etabliert und trifft damit sehr gut den urbanen Zeitgeist, schafft es aber auch einladend unkompliziert und niveauvoll zugleich zu sein.

In dem fancy farbenfroh gestalteten Gewölberestaurant mit schlichten Holztischen (im Sommer auch draußen in der Fußgängerzone) geht es locker und quirlig zu, die Musik wird im Zweifel eher ein bisschen lauter aufgedreht und es herrscht insgesamt eine positiv lebendige Stimmung.

In jedem Fall so, dass es sehr gut passt, sich munter durch die Speisekarte zu probieren und einfach den Tisch vollstellen zu lassen. Die passend „Around the World“ überschriebene Karte bietet dafür eine kunterbunte, aus verschiedensten Regionen der Welt inspirierte Auswahl kleiner Zubereitungen, die mal betont schlicht, mal etwas aufwendiger, aber immer markant und peppig umgesetzt werden.

So kombiniert das Team beispielsweise ein kraftvoll eigenaromatisches Rindertatar samt feiner Kapernwürze mit einem wachsig-cremigen Onseneigelb und prononcierter Senfcreme und liefert dazu mit dünn gehobelten Spänen von Belper Knolle einen zusätzlichen Umami-Kick samt salzig-pfeffriger Würze.

Auf die gleiche unkompliziert pfiffige Art zündeten auch die Bayerischen Frühlingsrollen, deren deftig-rustikaler Touch von Blaukraut und Champignons aufgelockert wurde, oder ein gebratener Ziegenkäse, dessen leicht säuerliche Würze in dem klassischen Pairing mit Roter Bete von Lavendelhonig und gerösteten Nüssen markante Akzente zur Seite bekam.

Besonders frisch und abwechslungsreich mit einfachen Mitteln gelang auch ein knallgrünes Avocado-/Apfel-Tatar, das von Schnittlauchmousse unterfüttert die Basis für kräuterwürzig-pikante Falafel in angenehm lockerer Konsistenz bildete.

Andere Kleinigkeiten wie die zarten Feigen-/Pecorino-Ravioli nebst Babyspinat und Walnüssen mit ihrer einnehmenden Verbindung aus üppiger Frucht und cremig pikantem Käse oder wie die Knödeltrilogie mit Salbeibutter und Bergkäse zielen voll auf das Genuss-Wohlfühlzentrum ab – und auch das mit Erfolg!

Naturgemäß ebenfalls in diese Richtung zielen die Desserts, sei es bei einem souverän fluffig karamellisierten Kaiserschmarrn mit Rumrosinen und herbem Apfelmus oder dem Schokoladenmousse-Blumentopf mit Topping aus Buttercrumble und verschiedenen Blüten…

Zu alldem garantiert die Kooperation mit der Rosenheimer Weinhandlung „Arte et Vino" eine attraktive Begleitung im Glas, sowohl offen ausgeschenkt als auch mit spannenden Flaschen. Der flinke und trotz zeitweiligen Trubels umsichtige Service hilft im Zweifel souverän bei der Auswahl.

Rostock (Mecklenburg-Vorpommern)

Der Butt

im Hotel Yachthafenresidenz
Hohe Düne
Am Yachthafen 1,
18119 Rostock (Warnemünde)
☎ 0381-50400
www.yhd.de
◉ Di–Sa ab 18 Uhr, So u. Mo RT
Menüs: 169–229 €

Nach den starken Auftritten der jüngeren Vergangenheit, die für Küchenchef André Münch zuletzt in dem Titel „Aufsteiger des Jahres" gipfelten, waren wir natürlich gespannt, wie dieser das hohe Niveau wohl zwischenzeitlich festigen konnte. In der Vergangenheit gelang es Münch mit seiner Verbindung von starker Substanz, Ambition und Produktfanatismus Jahr für Jahr, immer noch eine Schippe draufzulegen. Besonders beim Besuch in der schwierigen Testsaison 2020/2021 erlebten wir das Restaurant direkt am Yachthafen nach der coronabedingten Pause und der Reduktion auf ein einziges Menü in blendender Verfassung.

Und die ersten Vorboten aus der Küche riefen auch in diesem Jahr gleich wieder die herausragenden Menüs in Erinnerung, die wie hier bereits erleben durften, und bei denen Münch mit fein austarierten, kräftig gewürzten und klassisch verankerten Geschmacksbildern punkten konnte. Heimische Aromenwelten weiß der hünenhafte Chef ebenso zu bespielen wie fernöstliche, wie ein Cracker Arrangement mit jeweils Krabbe, Hering und Lachs bewies, dem ein Thunfischtatar mit Koriander und scharf-süßer Chilisauce entgegengestellt wurde.

Etwas irritiert waren wird dann aber bei gleich mehreren darauffolgenden Gängen, die insbesondere in Hinblick auf die Saucen leider etwas weniger mit dem grandiosen Handwerk gemein hatten, für das wir André Münch seit Jahren so sehr schätzen. So war beispielsweise beim Zwischengang mit Steinbutt, Kalbskopf und Morcheln zwar der Hauptdarsteller in sehr guter festfleischiger Form auf dem Teller zugegen, das Saucenduo aus japanischer Hollandaise und dunkler Morcheljus wirkte auf uns jedoch verblüffend flach und wenig aussagekräftig, wobei das Problem hier konkret bei der Jus lag. Die Sauce war nämlich nicht etwa von den dichten Aromen gezeichnet, wie man sie von einer sorgfältig einreduzierten Fleischjus kennt – aber eben auch nicht von der Leichtfüßigkeit, in der nur schwach reduzierte Saucen ebenfalls ihre Berechtigung haben. Vielmehr fehlte es hier aromatisch an Tiefe, Länge und Substanz, worüber auch die dickliche Bindung nicht hinwegtäuschen konnte.

Ein ähnliches Problem begegnete uns beim Zwischengang mit japanischem Wagyu-Beef, N25-Kaviar und europäischem Hummer: großartige Hauptprodukte wurden hier von einer relativ schwachen Sauce heruntergezogen, die diesmal auf Basis von geschmortem Weißkraut und Miso zubereitet war. Denn auch wenn hier die Machart völlig anders war, blieb das Problem des rückständig wirkenden Braune-Saucen-Charakters, den auch schon die Morcheljus mitbrachte. Zumal die Kombination aus lang gegartem Kohl und diffus brauner Sauce an zu beiläufig gekochte Krautwickel erinnerte und nicht jene Klarheit, Tiefenschärfe und Brillanz an den Tag legte, die wir in dieser Bewertungskategorie voraussetzen.

Wirklich schlau wurden wir diesmal nicht aus dem Saucenhandwerk, vor allem, weil wir den Butt seit Jahren begleiten und stets über das trittsichere französische Handwerk Münchs staunen konnten. Denn auch beim dritten Gang mit Jus sahen wir uns wieder mit einer seltsam schwachen Sauce konfrontiert, diesmal auf Lammbasis. Aber der bestimmende Ton, das leicht Tranige in Kombination mit zerkochtem Fleisch und ausgelaugtem Gemüse, war der gleiche, wie schon auf dem Steinbutt- und Wagyu-Teller. Schade, denn einmal mehr konnten wir an der Konzeption des Gerichts großen Gefallen finden – vor allem dank der Kombination aus gebratenem Lammrücken und krosser Zwiebel-Erde, die an Chipotle erinnerte.

Dabei kann es Münch doch nach wie vor, wie unter anderem ein Zwischengang mit Carabinero, Bauch vom Duroc-Schwein und asiatischen Aromen bewies. Das edle Krustentier verbrachte leicht eingebeizt einige Zeit in der Wärme der Passlampe, bis es mit dem Gasbren-

ner scharf abgeflämmt wurde, so dass sowohl die phänomenale Produktqualität als auch die rösche Nussigkeit des Tiers maximal herausgekitzelt wurden. Dass die Aromenwelt hier mit (vermutlich) Ingwer, Koriander, Chili und Sojasauce fast ein wenig kitschig im Asia-Style daherkam, störte kein bisschen, da es Münch bravourös gelingt, die Aromen in Balance zu halten. Auch ein Lack mit vermutlich hohem Sojaanteil, der die dünne Tranche des Duroc-Bauchs bedeckte, überzeugte voll – und zeigte uns, dass Münch das Saucenkochen natürlich im Kern nicht plötzlich verlernt hat.

Gelänge das immer so gut, würden die 9 Pfannen auch nach diesem Besuch nicht wackeln. In Anbetracht gleich mehrerer Unstimmigkeiten, ausgerechnet im Rückenmark der Haut Cuisine – dem Saucenhandwerk – kommen wir aber nicht um einen „Warnschuss" herum. Zumal es nicht ausschließlich die Saucen waren, die wir jüngst als weniger versiert und stringent wahrnahmen. Auch waren einige Mousses, Cremes und Eismassen von einer grieseligen Textur gezeichnet, was die Teller stets ein bisschen der Reinheit beraubte und sie am brillanten Strahlen hinderte. Das war bereits bei der warm servierten Rouille zum Lammgericht der Fall und setzte sich bei den Desserts weiter fort. So war beim ersten Dessert sowohl das Limettensorbet kristallisiert als auch die Joghurtmousse leicht geronnen. Ein weiteres Luxusproblem bei den Desserts entstand durch die Redundanz der der beiden Gerichte. Auf Limette, Champagner, Jogurt folgte mit Erdbeere, weißer Rum, Mascarpone ein Dessert, dass die gleichen Felder aus fruchtig-sauer, cremigsahnig und alkoholisch-herb bespielte. Obwohl beide Nachtische unterm Strich äußerst schmackhaft zubereitet waren, ist das nicht die dramaturgische Konsequenz, die eine mit 9 Pfannen ausgezeichneten Küche von einer grundsoliden Gourmetküche unterscheidet. Abseits von diesen Unstimmigkeiten, die wir vorerst als Momentaufnahme werten und die Bewertung unangetastet lassen, ist im Butt alles beim Alten geblieben. Auch wenn das Serviceteam recht schlank besetzt ist, gelingt es dem charmanten Restaurantleiter Thomas Heimann für reibungslose Abläufe zu sorgen. Es lohnt zudem sehr, seinen glasweisen Empfehlungen zu folgen, die auch mal nicht ganz alltägliche Weine beinhalten, wie einen Einzellagen-Furmint aus Ungarn oder eine knackig-frische Rotweininterpretation aus Riojas höchstgelegener Subregion. Und auch den auffallend jungen, aber herzlichen und hochprofessionellen Kellnern und Kellnerinnen aus Heimanns Team möchten wir unser ausdrückliches Lob aussprechen.

Für alle Freunde und Stammgäste, die sich nach unserer konstruktiven Kritik um ihren Butt sorgen, möchten wir mit einem Positivbeispiel dessen schließen, was Andre Münch und sein Team im Normalfall so auf die Teller bringen können. Deutlich wurde das ausgerechnet beim Amuse-Gueule – allerdings einem, das größer skaliert auch schon als Zwischengang auf der Karte stand. Hierfür garte die Küche eine dicke Tranche vom Loup de Mer auf den Punkt, sodass seine fleischigen Lamellen zum Vorschein kamen, und paarten ihn mit Kaviar sowie einem kleinen Kartoffeltaler. Der Clou des Gerichts war – neben dem perfekten Grundprodukt – ein Saucen-Duo, ganz ähnlich erdacht, wie beim Steinbutt. Mit einer grasig-grünen präzise krautig-würzigen Schnittlauchvinaigrette, die sich auf dem Teller mit der tiefen Sämigkeit einer Beurre blanc mit französischer Crème fraîche und hausgemachtem Weißweinessig vermählte. So eingängig und eindringlich kann gute Küche sein und André Münch weiß, wie man sie auf den Teller bringt. Jetzt muss das nur künftig wieder durchgängig klappen. Aber da sind wir optimistisch!

Stromgold am Strom

Am Strom 75,
18119 Rostock (Warnemünde)
☎ 0381-33745379
www.stromgoldamstrom.de
⏱ Täglich ab 11.30 Uhr durchgehend, kein RT
Hauptgericht: 18–119 €,
Menüs: 33–119 €

Auf der engen Flanierstraße entlang des Warnemünder Yachthafens drängen sich kleine Shops und Backfisch-Spots dicht an dicht. Und genau dazwischen hat sich das junge Team des Stromgold mit einem auf den ersten Blick gar nicht grundlegend anderen Konzept, aber mit einem spätestens auf den zweiten Blick anderen Anspruch platziert. Statt aufdringlicher Frittiertnoten an fragwürdigem Fisch gibt es hier erkennbar frische Qualität, blitzsauber angerichtete Teller und zum Backfisch statt industrieller Mayo einen säurefrischen Joghurtdip.

Auf der Karte finden sich derartige einfach, aber natürlich-gut ausgeführte Regionalklassiker, daneben aber auch einige ambitioniertere Gerichte, kreative Burger-Variationen und auf Vorbestellungen sogar exklusive Produkte wie Wildfang-Steinbutt und frische Jakobsmuscheln. Aber auch ohne Stammgast zu sein oder lang vorauszuplanen lohnt sich ein Besuch. Beispielsweise für die Warnemünder Fischsuppe, die auch diesmal mit einem natürlich-klaren Fond, zartem Wurzelgemüse und feiner Dill- und Schnittlauchwürze – vor allem aber mit vorbildlich reintönig frischer Fischeinlage vom Dorsch bis zu einer knackig-glasigen Garnele viel Freude machte.

Die machte auch der in Apfel-Kräuterschmand marinierte Matjes, der üppig auf beherzt geröstetem Baguette angerichtet wurde. Insbesondere die feste, milde Qualität des Matjes konnte dabei überzeugen, obwohl es ihm der enorm salzige Schmand nicht eben leicht machte und auch die Frucht und Säure des Apfels durchaus noch präsenter hätte sein können. Aber Perfektion bis ins letzte Detail ist hier letztlich weder gewollt noch notwendig für einen stimmigen Gesamteindruck.

So passte auch die prononcierte, eher rustikale Senfsauce sowohl zum knusprig gebratenen Zander als auch zum (etwas trockenen) Ostseedorsch mit pfeffrig-dillwürzigem Gurkensalat und (etwas feistem) Kartoffelpüree ganz prima. Ob die teils mit Ricotta, teils mit (leider artifiziell parfümierter) Trüffel gefüllten Gnocchi zum Zander selbst fabriziert wurden, können wir nicht mit Sicherheit sagen – wohl aber, dass sie auf zarte und geschmeidige Art eine gute Figur neben dem properen Fisch machten und auch die Senfsauce gut transportierten.

Wer noch genügend Appetit aufgespart hat, bekommt zum Abschluss beispielsweise halbflüssigen Schokoladenkuchen oder schlicht ein saftiges hausgemachtes Kuchenstück mit Schlagsahne. Das Hauptaugenmerk liegt aber klar bei den herzhaften Sachen. Passend zum Konzept gibt es begleitend eine kleine Auswahl einfacher frischer Weine, regionales Craftbeer und selbst gemixte Cocktails, oder wahlweise – passend unter anderem zu frischen Austern – natürlich auch Champagner.

Landhaus Hohenlohe

51

Erlenweg 24,
74585 Rot am See
☎ 07955-93100
www.landhaus-hohenlohe.de
◐ Di–Sa ab 18 Uhr,
So von 11.45–13.30 Uhr, Mo RT
Hauptgericht: 18–39 €,
Menüs: 40–75 €

Wenn ein heiter-geschmackvolles Landhaus mit regionalverbundener gewitzter Küche erfunden werden würde, dann sähe es vielleicht ziemlich genauso aus, wie das seit vielen Jahren für gleichermaßen bodenständige wie niveauvolle Küche bekannte Domizil von Matthias Mack. Ganz gleich ob in den mit geschmackvollen Details einladend gestalteten Gasträumen oder draußen auf der Terrasse: es herrscht durch das Ambiente und nicht zuletzt durch das zugewandte und zugleich entspannte Serviceteam überall eine sehr angenehme Atmosphäre.

Der konsequent dem „Slow Food"-Gedanken verpflichtete Chef legt es ganz bewusst nicht darauf an, hier ein „Gourmetrestaurant" zu betreiben, würde diesem Label aber mit vielen seiner Gerichte durchaus gerecht werden. Und das auch nach der Umstellung auf ein verändertes Konzept, das neben bodenständigeren Traditionsgerichten (in selbstredend sehr guter Ausführung) und einigen reinen Produktgerichten mit Fisch und Fleisch nebst akkuraten Beilagen, den Schwerpunkt auf die Auswahl „Hohenloher Tapas" legt. Diese kleinen, mal traditioneller und mal kreativer gehaltenen Mini-Gerichte können entweder beliebig zusammengestellt oder als Dreier-Auswahl mit einem

Wahl-Hauptgang (Fisch, Fleisch oder vegetarisch) und Dessert als Menü geordert werden.

Unsere letzte Tapas-Auswahl startete zuletzt beispielhaft mit einem animierenden Frühsommer-Arrangement, bei dem ein zarter säuerlich-würziger Ring aus Ziegenkäsecreme auf einem hauchdünnen Rindercarpaccio neben grobem Basilikumpesto, marinierter Ringelbete, Granatapfelkernen und Basilikum für einen farbenfrohen und animierenden Start sorgte. Super!

Weiter ging es dann mit einem authentischen und intensiven Schaumsüppchen von grünem Spargel, das mit einer hauchzarten Säurespur, knackigen Spargelscheibchen, Kürbiskernen und Radieschen wieder etwas schlichter, aber ebenfalls feinfühlig umgesetzt daherkam. Genau wie der an einen mediterranen Fischeintopf angelehnte „Fischerman's Friend" mit glasig knackigen Garnelen und Jakobsmuscheln in einem pikant chilischarfen Tomaten-Fischfond, die von einer lockerknusprigen Pinsa-Ecke und schaumig leichter Aioli begleitet wurden.

Auch der Hauptgang rund um festfleischig-zarten Seeteufel unter milden getreidigen Fregola Sarda wurde durch hocharomatische, als Carpaccio aufgeschnittene Tomatensorten, ätherisch dunkle Pfeffrigkeit und eine duftig frische Fischvelouté zu einem ebenso zugänglichen wie reizvollen Genussmoment.

Mit dem Dessert rund um ein gekonnt gezähmtes Sanddornsorbet und saftig mit Couscous besprenkelte Papaya neben dunklen Schokoladenzubereitungen aus dem Hause „Original Beans", darunter ein zarter Moussering und eine knusprig-fluffig gebackene Schokoladenträne, zeigte das Team dann sogar noch einmal genauso stark wie zu Beginn, wozu es mit etwas mehr Detailaufwand in der Lage ist.

Ergänzt werden die Speisen von einer passend individuellen Wein- und Getränkeauswahl, zu der das sympathische Serviceteam genauso souverän berät wie bei allen sonstigen Fragen.

Topinambur

im Prinzhotel Rothenburg
Hofstatt 3,
91541 Rothenburg o. d. Tauber
📞 09861-9750
www.prinzhotel-rothenburg.de
⏱ Di–Sa ab 18 Uhr, So u. Mo RT
Hauptgericht: 21–33 €

Völlig zu Recht gilt das pittoreske Rothenburg ob der Tauber mit seinem historischen Fachwerk-Stadtkern und der weitläufig begehbaren Stadtmauer als international beliebtes Ziel für alle, die geschichtsträchtige hübsche Städte mögen. Entsprechend touristisch ist auch ein Großteil des gastronomischen Angebots eher folkloristisch (um nicht zu sagen als Touristenfalle) angelegt – mit wenigen Ausnahmen. Zu diesen zählt seit vielen Jahren auch das unmittelbar neben der Stadtmauer im Prinzhotel angesiedelte Topinambur, in dem in farbenfroh einladendem Bistroambiente (helles Grün, viel Naturholz…) eine unkompliziert pfiffige, handwerklich sorgfältig zubereitete Küche geboten wird.

Und für viele Jahre lag das Team mit seinen schlichten, aber von guten Ideen und Produkten lebenden Küche auch auf souveränem 5-Pfannen-Niveau, nur der letztjährige Besuch hatte nach einem Küchenchefwechsel und den Corona-Herausforderungen einen deutlich durchwachseneren, weniger inspirierten Eindruck hinterlassen. Obwohl grundsätzlich weiterhin frisch und natürlich gekocht wurde, vielen die Ergebnisse erkennbar gröber und simpler aus als gewohnt.

Beim jüngsten Besuch zeigte dann bereits der Blick in die Karte, dass jetzt offenbar gewollt ein paar Gänge zurückgeschaltet wurde. Neben einigen pfiffigen Burger-Varianten listet die Karte überwiegend bodenständig-bürgerliche Klassiker. Bei den Vorspeisen etwa saisonal eine Spargelcremesuppe mit Croûtons oder einen gemischten Salat mit karamellisierten Nüssen. Oder aber die als Spargelsalat annoncierten lauwarmen und prägnant essigsauren Spargelstangen mit rohen Schalotten, Rucola, sowie aufgeschnittener Tomate und Gurke – der Spargel hatte eine gute Qualität, aber inspiriert sieht anders aus.

Das galt genauso auch für den qualitativ guten und behutsam gebratenen Zander, der mit einer recht plakativ salzigen Gewürzmischung neben weich gegartem Spargel, im Kern noch leicht harten Kartoffeln und einer luftig aufgeschäumten Hollandaise auf den Teller kam. Bis auf den Hauptdarsteller fehlte es da leider sowohl an Pfiff als auch an handwerklichen Basis-Skills. Und das kann auch nicht nur damit erklärt werden, dass am selben Abend eine größere Gruppe von Touristen unter Zeitdruck versorgt werden musste.

Das im Vergleich zu früheren Jahren signifikante Downgrading ist konzeptionell, so dass sich derzeit ein Besuch vor allem für die frisch und proper zubereiteten Burger-Varianten lohnt, die es in dieser Art auch nicht überall gibt… Mit Desserts wie einem kleinen Apfelstrudel nebst Vanilleeis oder einen erfrischenden Zitronensorbet mit Beeren und Buttercrumble liegt das Team dagegen wieder mehr im Mainstream, konnte hier aber auf sehr schlichte Art durchaus überzeugen.

Der bei (über-) vollem Haus zuletzt etwas überforderte Service agiert zugewandt und freundlich, könnte längere Wartezeiten aber neben Offerten aus der kleineren Weinauswahl mit Schwerpunkt Franken/Deutschland noch geschickter mit einer Basisversorgung wie Brot und Butter kompensieren.

Villa Mittermeier

im Hotel Villa Mittermeier
Vorm Würzburger Tor 7,
91541 Rothenburg o. d. Tauber
☎ 09861-94540
www.villamittermeier.de
🕐 Di–Sa ab 18 Uhr, So u. Mo RT
Menüs: 69–129 €

Das Wichtigste zuerst: Seit das modern und wohnlich in Braun-, Rot- und Lilatönen gestaltete Gourmetrestaurant in der Villa Mittermeier in Rothenburg wieder federführend von Thorsten Hauk bekocht wird, hat das Gesamtniveau merklich angezogen. Am weltoffenen klassischen Stil der Küche wurde ebenso wenig geändert, wie am Ticket-Konzept – so muss man sich vor dem Besuch bei der Reservierung per Internet gleich für eine bestimmte Anzahl an Gängen (fünf, sieben oder neun) entscheiden und diese auch per Vorkasse bezahlen. Was sich jedoch verändert beziehungsweise im Detail verbessert hat, ist die Substanz der Zubereitungen und die Balance der Kompositionen. Alles wirkt runder, kompletter, durchdachter.

Die Gerichte kommen zumeist relativ aufgeräumt und fokussiert daher, versuchen, das jeweilige Hauptprodukt in den Mittelpunkt zu stellen und mit wenigen klaren, aber markanten Aktenten ausdrucksstark zu umspielen. Oft und gern kommen nicht nur die eigenen Produkte aus der „Tauberhase"-Linie zum Einsatz, sondern auch die einschlägigen Viktualien aus dem Genuss-Netzwerk der Jeunes Restaurateurs, wie etwa von Büffel Bill oder Jordan Olivenöl beim Küchengruß. Doch während hier die knusprige Rosenwaffel mit Büffelmilch-Rahm und Olivenöl aromatisch etwas ausdruckslos wirkte, war der Sellerie-Auszug zum Schlürfen umso kraftvoller. Sehr gutes Holzofenbrot mit röscher Kruste und saftiger, schwerer, aber lockerer Krume zu aufgeschlage-

ner Heumilchbutter aus der Käserei Geifertshofen machte ebenfalls gleich zum Start einen sehr guten Eindruck.

Optisch ebenso kontrastreich und markant wie geschmacklich, präsentierte sich dann die Vorspeise um schmelzige Tranchen vom Koji gebeizten Ora King Lachs, dem mit geschmortem, süßsauer mariniertem Chicorée und Radicchio, einem Gel von Lakritz und schwarzem fermentiertem Knoblauch sowie einer Bärlauchvinaigrette allesamt starke Player gegenüberstanden. Und die stimmten auch einen durchaus spannenden Akkord an, degradierten den Fisch selbst aber ein klein wenig zum Nebendarsteller. Ein ansprechender Einstieg war das dennoch.

Sehr stark präsentierte sich danach der Zwischengang, in dessen Mittelpunkt ein festfleischig-glasiger, in Nussbutter colorierter Schwanz vom Bärenkrebs stand, der mit verschiedenen grünen Aromen von Erbsencreme, knackigen Erbsen und Zuckerschoten in einer voluminösen, mit Piment d'Espelette angeschärften Beurre blanc eingebettet war. Letztere brachte nicht nur viel Frucht einer Silvaner Auslese mit, sondern unterstützte die Lebendigkeit des Gerichts auch noch mit einem knackigen Säurekern.

Der isländische Kabeljau, der danach in glasiger Perfektion auf einem Bett aus mit Miso umamimäßig aufgeladenen Alblinsen in seine einzelnen Lammellen aufblätterte, wurde auf Produktseite noch von Chips aus seiner geräucherten Haut und einer tiefen, aus seinen Karkassen gekochten Demi-Glace verstärkt. Letztere vermählte sich mit Nussbutterschaum zu einem vollmundigen dunkel-hellem Saucenduett nach klassischem Vorbild, mit dem auch die eingelegten roten Zwiebeln harmonisch ins Geschehen eingebunden werden konnten.

Dass das mit den harmonisch ausgewogenen Geschmacksbildern auch im vegetarischen Bereich sehr gut klappt, bewies der geschmorte Spitzkohl in einem Bad aus vegetarischer Jus und einem Schaum aus Rotkraut-Kimchi. Süßsauer eingelegte Berberitzen und geröstete Hanfsaat funkten immer wieder akzentuierend und auflockernd säuerlich-fruchtig respektive nussig und knusprig dazwischen. Absolut klassisch und absolut stark dann das gebratene Kalbsbries in wirklich optimaler Façon und in der vielfach bewährten Traumkombination mit in Sherry vollgesogenen Spitzmorcheln, wieder auf einer reduzierten Kalbsjus mit hellem Saucenschaum präsentiert. Einzig die scharf angerösteten Zweiglein vom Wilden Brokkoli, die als kleiner Strauß in einer Morchel steckten, wirkten hier nicht nur etwas „unklassisch", sondern mit ihren kokelig-kohligen Aromen auch irgendwie fehl am Platze.

Ein ebenfalls begeisterndes Hauptprodukt gab es dann auch im Hauptgang in Gestalt eines mit Koji gebeizten und sous-vide gegarten Nackenkerns vom Duroc-Schwein. Der war von so schmelzig zarter und saftiger Konsistenz, als wäre es ein Stück vom Wagyu-Rind, weshalb hier auch die reduzierte Präsentation mit gepufften Speckschwarten-Chips, bissfestem Grünkern, einer pikanten Creme von geräucherter roter Paprika und nur wenig Jus vollauf genügte.

Beim Dessert bekam das erprobte Zusammenspiel von Rhabarber und weißer Schokolade – hier als eingelegter Himbeerrhabarber und saftige „Blondie"-Schnitte – noch einen originellen Twist durch das signifikante Aroma von Johannisbeergehölz, das hier in einer schmelzigen Nocke Rahmeis zugegen war und die Brücke zu den zartknusprigen Johannisbeer-Meringues schlug, die dem Nachtisch auch nicht bloß einen Texturkontrast verliehen.

Bleibt abschließend nur noch das sehr sympathische und kompetente Serviceensemble herauszustellen; aber auch die stimmigen Weinempfehlungen verdienen gesonderte Erwähnung und komplettieren den positiven Gesamteindruck.

Hotelempfehlung

Hotel Mittermeiers Alter Ego

Vorm Würzburger Tor 15,
91541 Rothenburg o. d. Tauber
09861-94540
www.mittermeiersalterego.de
Einzelzimmer: 95–185 €
Doppelzimmer: 99–244 €

Ein innovatives „Hybridhotel" mit 11 exklusiven Zimmern, die sich wie Appartements anfühlen und nicht wie klassische Hotelzimmer. Mit „Mittermeiers Alter Ego" haben die passionierten Gastgeber Ulli und Christian ein Hotel geschaffen, in dem für moderne Reisende alles Überflüssige verbannt und die sinnvollen Dinge, wo immer es möglich war, grundlegend verbessert und vereinfacht wurden. Die Gründerzeit-Villa steht direkt neben ihrem Stammhaus Villa Mittermeier und verbindet die Qualität und Professionalität eines High-End-Hotels mit der Freiheit und Ungezwungenheit eines privaten Appartements. Rezeption und Lobby gibt es nicht – an deren Stelle finden die Gäste stattdessen eine voll ausgestattete bulthaup-Küche und eine gut sortierte Trustbar sowie eine kleine, mit stylischen Möbeln aus der Rosenthal Kollektion eingerichtete Lounge-Ecke. Auch in den vollklimatisierten, mit Vollholz-Eichenparkett, Fullsize-Boxspringbetten, Doppeldusche, modernen Flat-TVs und modernster Medientechnik mit aktuellen Streamingdiensten ausgestatteten Zimmern steht alles im Zeichen von modernem Design und höchstem Komfort.

Hotel Villa Mittermeier

Vorm Würzburger Tor 7,
91541 Rothenburg o. d. Tauber
09861-94540
www.villamittermeier.de
Einzelzimmer: 55–185 €
Doppelzimmer: 70–234 €

Die von den Gastgebern Ulli und Christian Mittermeier und ihrem Team mit viel Passion und einer ganz individuellen Note geführte Villa Mittermeier ist ein mit Liebe zum Detail eingerichtetes Boutiquehotel direkt am historischen Würzburger Tor. Die Leidenschaft der

Gastgeber für ihre Profession erkennt man am sehr persönlichen Service, aber auch an den originell gestalteten Räumen, von denen jeder ein Unikat ist. Die stilvollen Zimmer reichen von der Basis-Kategorie „Smart", über die geräumigeren Varianten „Comfort" und „Superior", bis hin zu den „Exklusive"-Suiten mit großen Himmelbetten und ausgesuchten Designmöbeln auf großzügigen Grundrissen – manche mit freistehender Badewanne oder gläserner Regenwalddusche – in denen besonders exklusive Materialien den Ton angeben. Im legeren Gourmetrestaurant Mittermeier stehen Geschmack und Originalität im Vordergrund: „Qualität und Kreativität ohne Schnörkel und Standesdünkel" lautet hier das Motto. Restaurant Mittermeier separat erwähnt.

Prinzhotel Rothenburg

Hofstatt 3,
91541 Rothenburg o. d. Tauber
☎ 09861-9750
www.prinzhotel-rothenburg.de
Einzelzimmer: 75–125 €
Doppelzimmer: 85–175 €

Das Prinzhotel Rothenburg liegt direkt neben der berühmten Stadtmauer in der historischen Altstadt von Rothenburg ob der Tauber und ist mit dem Auto direkt anfahrbar. Ideal für eine Übernachtung, eine Kurzreise oder ein Romantik-Wochenende in der „Perle des Taubertals". Neue, schick renovierte Räume und freundliche Tageslicht-Bäder prägen das Bild der insgesamt 52 komfortablen Einzel- und Doppelzimmer, Suiten und Familienzimmer. Im gesamten Hotel ist HiSpeed-WLAN vorhanden. Die modernen, klimatisierten Tagunsräume mit professioneller Technik und persönlicher Tagesbetreuung lassen garantiert jede Tagungsveranstaltung zum Erfolg werden. Auf

der Sonnenterrasse des Restaurants Topinambur mit angeschlossener Cocktailbar genießen die Gäste kreative Gerichte und fränkische Weine mit bester Sicht auf den Röderturm. Restaurant Topinambur separat erwähnt.

Rottach-Egern (Bayern)

Dichter

im Parkhotel Egerner Höfe
Aribostraße 19–26,
83700 Rottach-Egern
☎ 08022-666566
www.egerner-hoefe.de
🕐 Mi–Sa ab 18.30 Uhr, So–Di RT
Menüs: 158–228 €

In unserem letzten Text zu diesem Restaurant, das damals noch „Dichterstub'n" hieß und in anderen Räumlichkeiten des weitläufigen Parkhotel Egerner Höfe auf der gegenüberliegenden Straßenseite residierte, konnten wir hinsichtlich des Umbaus und Umzugs nur orakeln. Jetzt ist es schöne Gewissheit: Küchenchef Thomas Kellermann hat im Zuge der umfassenden Generalsanierung, die dem gesamten Hotel ein neues, noch luxuriöseres und vor allem viel zeitgemäßeres Antlitz geschenkt hat, ein ganz wunderbares Refugium für seine Kochkunst bekommen, welches wir zweifellos zu den schönsten und originellsten Gourmetlocations in Deutschland zählen würden.
Und es passt perfekt hierher: Ansatzweise hat das Design nämlich noch ländliche Züge, durch sehr viel Licht und Glas wirkt es aber auch äußerst mondän und urban. Blickfang sind zwei zum Himmel hin offene Glassäulen, in denen jeweils ein nach Bonsai-Art zurechtgetrimmter Baum steht, der am Abend effektvoll beleuchtet wird. Und wenn dort im Winter – quasi mit-

ten im Raum – dicke Schneeflocken niedergehen und sich wie Zuckerwatte auf die Äste und Blätter legen, hat das schon fast etwas surreal Schönes. Und es fällt einem nicht schwer sich vorzustellen, wie eindrucksvoll dieses lichte, naturnahe Ambiente auch im Sommer bei Tageslicht wirken kann.

Es würde sich also auch lohnen, allein wegen des Raumgefühls hierher zu kommen – was aber ein großer Fehler wäre, denn Thomas Kellermann und sein Team haben freilich während der Umbau- und Umzugsphase rein gar nichts von ihrem Können verloren. Im Gegenteil: das neue Umfeld und insbesondere die moderne große Küche scheinen sich sehr positiv auf das Geschehen am Herd und auf den Tellern auszuwirken. Und so kochen sie im Rahmen des bis zu siebengängigen Menüs, das durch einen optionalen zusätzlichen Gang noch auf acht Gänge ausweiten lässt, ebenso inspiriert wie ambitioniert den gewohnten Stil, präsentieren starke Produkte und meisterlich herausgearbeitete natürliche Aromen, immer mit einem besonderen Twist.

Auf Thomas Kellermanns Tellern passiert seit jeher sehr viel mit Gemüse, das neben Fisch, Schalen- und Krustentier oder Fleisch immer eine etwa gleichberechtigte Rolle spielt, hin und wieder sogar souverän die Hauptrolle übernimmt. Dafür wird mit sehr viel Fingerspitzengefühl und Expertise gekocht und arrangiert, aber kein artifizielles Kleinklein veranstaltet. Die Kreationen kommen immer sehr gegenständlich und niemals verkünstelt daher, die Produkte sind stets klar erkennbar, die Aromen unverfälscht. Nicht selten erzeugen aber ungewöhnliche Kombinationen originelle neue Geschmacksbilder.

Wir begannen unser Mahl zuletzt mit zwei Küchengrüßen, auf die diese Attribute bereits voll zutrafen. Zum einen war da ein Kürbistatar mit Vinaigrette, Creme und Gelee von gerösteten Kürbiskernen beziehungsweise Kürbiskernöl, die in Kombination zu einem leicht süßlich gehaltenen Kapern-Eis unkonventionelle Finesse erzeugten. Zum anderen war da ein Akkord aus verschiedenen Komponenten der Artischocke, Kaffeeöl und hauchfeinen Flocken von gereiftem Bergkäse, der in seiner entspannten und gleichzeitig spannenden Art die Geschmackspapillen sofort in Hab-Acht-Stellung versetzte. Man durfte also gespannt sein...

...und wurde nicht enttäuscht, denn auch die Vorspeise des Menüs war ein echter Kellermann und brachte mit verschiedenen Komponenten von Kohlrabi und Kohlrabigrün sowie Grapefruit viel vegetabile und fruchtige Frische an die soft gebeizten und leicht temperierten Saibling, der in zart-festfleischiger Idealform zusammen mit seinem Kaviar auf dem Teller zu finden war. Knackig und weich, rahmig und säuerlich, ölig und spritzig: auch das Mundgefühl bekommt hier viel Abwechslung geboten, und zwar ganz ohne irgendwelche angestrengten Texturen-Orgien. Thomas Kellermanns Gerichte wirken zumeist vielmehr sehr gegenständlich und produktnah.

Beim ersten Zwischengang stand ein dicker, perfekt glasig und zart knackig auf den Punkt gebrachter Langostino im Mittelpunkt des Geschehens, der von Ananas-Beurre-Blanc und einer Art Korianderpistou ebenfalls eher frisch und fruchtig, aber eben mit genug Schmelz und Fülle umspielt wurde, und als solches wieder einen raffinierten Dreiklang anstimmte. Der im Folgenden von knusprig über knackig bis cremig vielseitig aufgebotenen Topinamburknolle assistierte etwas Traube mit einem wohldosierten Frischemoment und Estragon verlieh dem Ganzen seinen anishaften, ätherisch-krautigen Duft, während der in kleinen Würfeln fast beiläufig untergeschobene Rauchaal tatsächlich fast nur eine würzende Aufgabe hatte, aber letztlich dennoch spielentscheidend war.

Etwas klassischer wurde es beim Stör, dessen festfleischige Tranchen von einer Melange aus Gurke, Gerste und Verjus wieder von der frischen, leichten Seite bespielt wurden, was aber alles andere als seicht geschmeckt hat. Auch das war nicht nur auf den Punkt, sondern regelrecht auf die Spitze gebracht, wirkte so pointiert und scharfgestellt, dass nicht ansatzweise Langeweile aufkam. Und zum Kalbsbries in saftig-krosser Idealform, das sich das Porzellan mit süßsäuerlichem Rettich und Zitrone teilte, waren kleine intensive Meerrettichperlen, die sich mit der dezenten Süße der begleitenden Jus zu einem spannenden Akzent hochschaukelten, der überraschende Clou.

Schlicht herausragend fanden wir auch den Hauptgang rund um den „Bauernente", deren saftige Brust in zwei Tranchen mit homogen schmelziger Fettschicht unter der knusprigen Haut und deren Schmorfleisch aus der Keule als kleine Praline aufgeboten waren. Mit einer konsistenten Entenjus mit kraftvollem natürlichem Geschmack von der Produktseite her nochmal deutlich verstärkt und mit Petersilienwurzel (cremig und stückig), scharf-säuerlichen Roten Zwiebeln sowie einer Art Chutney aus Blattpetersilie und eingelegten Senfkörnern vermeintlich unaufgeregt, tatsächlich aber überraschend aufregend umspielt, war das ein veritabler Menühöhepunkt. Und der wurde durch den glasweise dazu empfohlenen 2017er

Chianti Classico Riserva von Rocca delle Macìe immerhin sehr solide begleitet.

Mit einer Melange aus Preisel- und Heidelbeeren, süßem Rahmeis von Knollensellerie, knackig-grünem Staudensellerie-Kompott und Creme aus Salzmandeln gelang es schließlich auch der Pâtisserie, einen stilechten Schlussakkord anzustimmen, der in seiner ungezwungen originellen Art nahtlos an den anderen Kompositionen anknüpfen konnte. Und so sehen wir Thomas Kellermanns durchaus sehr eigenständige Kochkunst auch im bundesweiten Vergleich wieder sehr weit vorne – mit neuem, frischem Zug, erneut ins Spitzenfeld vorzurücken.

Egerner Bucht
im Hotel Seehotel Überfahrt
Überfahrtstr. 10, 83700 Rottach-Egern
℡ 08022-6690
www.seehotel-ueberfahrt.com
☉ Täglich ab 18.30 Uhr, kein RT
Hauptgericht: 26–52 €

Von allen vier à-la-carte-Restaurants des Seehotel Überfahrt, die in unserem Guide empfohlen werden, ist das Restaurant Egerner Bucht augenscheinlich das größte und zudem das mit den großzügigsten Öffnungszeiten. An allen sieben Abenden in der Woche wird hier in einem ebenso großzügigen wie eleganten Ambiente, das stilistisch sehr an Christian Jürgens Gourmetrestaurant Überfahrt oder das benachbarte Il Barcaiolo erinnert, gehobene Regionalküche serviert, die auch durchaus ideenreich und kreativ interpretiert wird.

Küchenchef Walter Leufen und sein Team kaufen sehr qualitätsbewusst bei namhaften heimischen Erzeugern oder Lieferanten wie der Fischzucht Birnbaum, dem Geflügelhof Lugeder, dem Hofgut Reiter, Crusta Nova oder dem Tölzer Kasladen ein und balancieren stilistisch gekonnt zwischen alpenländischen Traditionen und modernen Einflüssen, was viele Gerichte etwas schlanker und raffinierter erscheinen lässt als die konservativeren Originale traditioneller Regionalküche. Das passt sehr schön in die Gegend und schmeckt im Sommer auf der Terrasse mit direktem Blick auf den See und die namensgebende Bucht auch gleich nochmal so gut.

Wie immer gibt's vorweg schon vor dem ersten Gang mit kräftig gewürztem dunklem Krustenbrot nebst aufgeschlagener Blütenbutter und auf der Zunge schmelzendem Südtiroler Speck einen authentischen Vorgeschmack auf das zupackende kulinarische Konzept. Eine für die hier gebotene Küche ganz typische Vorspeise wäre beispielsweise das Tatar vom Irschenberger Bio-Rind, das mit Zwiebelcreme und gereiftem Tegernseer Bergkäse betont herzhaft daherkommt.

Ähnlich wie der mit einer konzentrierten Apfel-/Balsamico-Reduktion lackierte, zwar schön saftige, aber grenzwertig kraftvoll rauchig-salzige Aschauer Aal, den aber in Gestalt einer schmelzigen Nocke Eis von der Roten Bete, etwas Heumilch-Sauerrahm und einem am Tisch angegossenen Sud aus Südtiroler Granny-Smith-Äpfeln genügend auflockernde Kontraste mit auf den Weg gegeben werden.

Bei einer anderen Vorspeise entpuppte sich der annoncierte „lauwarme Entenbrust-Riegel" als ganz normale Tranche von der lauwarmen, aber leider etwas uncharmant matschig-mürben Entenbrust, die mit einer auf den Teller lackierten Portweinreduktion, geschmortem Kürbis und Baumnuss-Krokant in einem etwas plakativen, aber sehr stimmigen süßlich-nussigen Umfeld platziert war.

Ein durchaus schmackhaftes heimisches Fischgericht gab das Duett von Hechtklößchen und Bayrischer Garnele ab, die auf gedünsteten Wurzelgemüse-Juliennes und einer Dillrahm-Velouté kompositorisch eher klassisch-gediegen daherkamen. Für eine höhere Bewertung hätten beispielsweise die Fischklößchen luftiger und die etwas lieblich-zahme Sauce pronocierter abgeschmeckt sein müssen – ansprechend und natürlich war das aber auch so. Genau wie die tadellos geschmorte Lammhaxe, deren saftig-zartes Fleisch fast von selbst vom Knochen fiel. Und die mit cremiger Polenta, geschmorten Cherrytomaten und einem würzig abgeschmeckten mediterranen Bohnengemüse in einem Schälchen à part daran erinnerte, dass Oberbayern ja im Grunde fast schon zu Italien zählt und somit auch das spielend als Regionalküche durchgehen kann.

Wer abschließend noch Lust auf ein Dessert hat, bekommt in Form von Karamellcreme aus Alpenmilch mit Haselnussschaum, Sorbet von der Wildheidelbeere und gesalzener Honig-Hippe oder einem Strudel vom Südtiroler Bratapfel nebst mit Vanille und Zimtrinde aromatisiertem Rahmeis und gebrannten Slyrs-Whisky-Mandeln auch im süßen Bereich einfallsreiche Gerichte aus heimischen Produkten geboten, die das gewisse Etwas haben können.

Im Glas gibt's dazu Gutes und Namhaftes von überwiegend deutschen und österreichischen Erzeugern. Neben einigen attraktiven offen ausgeschenkten Tropfen wie etwa Franz Kellers Weißburgunder aus der Oberbergener Bassgeige bietet vor allem die Flaschenauswahl spannende Optionen, zu denen der kommunikative und aufmerksame Service kompetent Auskunft gibt und auch zielführend bei der Auswahl behilflich ist.

Fährhütte 14

Weißachdamm 50,
83700 Rottach-Egern
☎ 08022–188220
www.faehrhuette.de
❂ Do–So ab 18 Uhr, Mo–Mi RT
Hauptgericht: 19–42 €, Menüs: 46–58 €

Im Sommer angesagter Hotspot mit Terrasse direkt am Seeufer, im Winter heimeliges Hideaway: die Fährhütte 14, die als einziges der vier „Überfahrt-Restaurants" nicht im Stammhaus, sondern etwas entfernt auf einer Landzunge direkt am Ufer des Tegernsees liegt, hat zu jeder Jahreszeit ihre Vorzüge. Und in dieser idyllischen Premiumlage würde wahrscheinlich jede Art von Gastronomie funktionieren, selbst wenn man hier ganz ohne kulinarische Ambitionen oder überdurchschnittlichen Aufwand wirtschaften würde. Doch wie man es Land auf

Land ab von sämtlichen Restaurants, die unter der Althoff-Flagge geführt werden, nun mal gewohnt ist, wird auch hier mit Anspruch und Stil bewirtet. Also kein Ausflugslokal mit schlichtem Imbiss zu stolzen Preisen, sondern eine originelle Location mit einfallsreicher, zeitgemäßer Küche auf Feinschmeckerniveau zu vergleichsweise moderaten Preisen.

Auch nach dem Weggang von Küchenchefin Magdalena Klein ist das mit teils hell gestrichenem, teils antikem Holz und zarten Farbtupfern in schickem Vintage-Style gestaltete Restaurant ein lohnenswertes kulinarisches Ziel am Tegernsee, denn der neue Küchenchef David Iser knüpft sowohl stilistisch als auch qualitativ genau an dem an, was hier schon in den vergangenen Jahren geboten wurde. So passt diese Küche in ihrer jungen, munteren Art weiterhin perfekt hierher und es gibt statt aufwendiger Basteleien unkomplizierte und doch anspruchsvolle Dinge, die auf geradlinige Art auf den Punkt gebracht sind und deren Pointen sitzen.

So begeisterte auch in diesem Jahr wieder das akkurat von Hand geschnittene und prononciert gewürzte Rindertatar, dessen kräftiger Eigengeschmack vom gut gereiften Fleisch diesmal saisongemäß mit aromatischer Wintertrüffel, Maronen und marinierten Buchenpilzen liiert war. Ob die Esskastanie in der vorwiegend rahmig-süßlichen Espuma-Creme eingearbeitet war, die als weiße, mit Trüffelscheiben bedeckte Haube auf dem Rohfleisch thronte, oder sie schlichtweg vergessen wurde, können wir nicht sagen – man hat sie jedenfalls nicht geschmeckt, aber auch nicht wirklich vermisst.

Nichts vermisst haben wir auch beim Carpaccio vom Saibling mit gelber und roter Bete und aromatischen gerösteten Haselnüssen, wenngleich der Fisch, der von seinem Kaviar begleitet wurde, nicht wie erwartet roh mariniert, sondern relativ würzig gebeizt war. Doch passte er in dieser etwas deftigeren Art auch sehr gut zu seinem eher fruchtig-säuerlich als erdig gehaltenen Umfeld.

Und auch wenn die Fährhütte kein ausgewiesenes Fischrestaurant ist, so lohnt sich hier in besonderer Weise alles was aus dem Wasser kommt. Ganz egal, ob mit Saibling, Forelle oder Renke direkt aus dem vor der Haustüre, oder doch aus ferneren Tiefen, wie zuletzt Steinbutt, Kabeljau und Seeteufel. Den Kabeljau bekamen wir als betont winterliches Arrangement mit einer schmelzigen Macadamianusskruste gratiniert, auf Topinamburcreme gebettet und von knackigem Wildem Brokkoli sowie einer milden, rahmigen Meerrettichsauce begleitet. Der Seeteufel ließ mediterrane Aromen anklingen, hatte eine flockige Haube aus mild geräucherter Paprika und wurde von frischen Artischocken, weißem Bohnenpüree und einer Chorizosauce eskortiert. Beide Fische waren von sehr guter Qualität und jeweils schön auf den Punkt gebracht und beide Gerichte waren relativ zurückhaltend gewürzt. Das schmeckte unterm Strich alles sehr fein, doch hätte man sich generell noch etwas prononcierter herausgearbeitete Aromen gewünscht.

Wer lieber Fleisch isst, wird hier ebenfalls glücklich, denn es gibt nicht nur ein veritables Wiener Schnitzel oder kreativere Gerichte wie den rosa Rehrücken mit Kartoffelbaumkuchen, Kürbis und der verwegenen Würze von Quatre Épices – mit verschiedenen Cuts von Simmentaler Rind oder US-Beef nebst klassischen Beilagen nach Wahl pflegt das Fährhütten-Team auch die Steakkultur. Und wer danach noch etwas Süßes möchte, bekommt neben den hausgemachten Eis- und Sorbetsorten auch Dessertkreationen wie eine schaumige Ziegenkäsemousse mit Feige, Honighippe und einer Idee Sechuanpfeffer im Hintergrund, oder eine dunkle, kakaoherbe und erfreulich wenig süße Schokoladentarte nebst Amarenakirsche und süchtig machendem Rahmeis von gerösteten Mandeln. Und die kleine, aber clever aufgestellte Weinauswahl sowie der ebenso aufmerksam wie herzlich agierende Service passen weiterhin bestens ins sehr stimmige Gesamtbild.

Haubentaucher

Seestr. 30, 83700 Rottach-Egern
☎ 08022-6615704
haubentaucher-tegernsee.de
❍ Di–Sa ab 12 Uhr durchgehend, So u. Mo RT

Von außen und auf den ersten Blick wirkt das einladende Lokal mit seinem legeren, aber trotzdem anspruchsvollen Gastrokonzept direkt am Seeufer, das auch mittags und nachmittags geöffnet hat, da aber ein anderes kulinarisches Konzept fährt als abends, nicht wie ein Feinschmeckerlokal mit anspruchsvoller Küche, sondern eher wie ein angesagter Szene-Hotspot. Doch wer sich hier etwas umschaut, stellt fest, dass zum Beispiel gepflegter Weingenuss eine viel größere Rolle spielt als Aperol Spritz. Und wer einen Blick auf das Abend-

angebot wirft, erfährt von einem Gourmetmenü, in dessen Rahmen dann tatsächlich ambitionierte, modern und pfiffig interpretierte Gerichte die sehr souveränen Kochkünste des Gastgebers unter Beweis stellen. Auf Lois Neuschmids Tellern gibt es nichts Hochgezwirbeltes oder künstlich Aufgebauschtes, noch nicht mal die einschlägigen Edelprodukte spielen hier eine Rolle. Dafür ist die Substanz der Zubereitungen umso tiefgründiger, sind die Kompositionen umso stimmiger. Dass der sympathisch bodenständige Chef größtenteils auf regionale Produkte setzt, die er mit großer Sorgfalt und Blick für die relevanten Details zu raffinierten unaufgeregten Gerichten werden lässt, ist angesichts des breiten Portfolios, aus dem er dabei in ansprechender Qualität schöpfen kann, nur logisch. Und es hält zudem die Preise angenehm moderat im Rahmen.

Il Barcaiolo
im Althoff Seehotel Überfahrt
Überfahrtstr. 10, 83700 Rottach-Egern
☎ 08022-6690
www.seehotel-ueberfahrt.com
❍ Täglich von 12–14 Uhr u. ab 18.30 Uhr, kein RT
Hauptgericht: 29–49 €, Menüs: 52–82 €

Es ist bei den Althoff-Hotels bereits gute Tradition, dass neben Highend-Gourmetküche auch ein etwas bodenständigeres italienisches Restaurant das gastronomische Portfolio ergänzt. So auch in dem mondän direkt am Tegernsee gelegenen Hotel Überfahrt, in dem sich das Il Barcaiolo (ital. der Fährmann…) niveauvoll zwischen Cucina casalinga und Cucina creativa bewegt und damit ein Stück italienische Lebensart an den Tegernsee bringt. Das passt ganz ausgezeichnet, nicht nur im Sommer mit Blick auf den See, sondern auch sonst in einem mit hellem Holz, Leder und warmem Licht elegant gestaltetem Ambiente. Vor allem aber liegen die Gerichte aus den Händen des Teams um Walter Leufen und Stefano Romano auf einer erfreulich authentisch italienischen Linie. Heißt: schnörkellose Produktküche, getragen von der hohen Qualität und dem vollen Aroma ausgesuchter Zutaten und hochwertiger Öle.

Das beginnt jeweils schon zum Start mit hervorragend saftig-fluffiger Focaccia neben Oliven, luftgetrockneter Salami und handgedrehten Grissini als kleine italienische Brotzeit. Dazu noch ein Glas hochwertigen Spumante und das Ankommen in Bayerisch-Italien ist perfekt. Weitergehen könnte es dann beispielsweise mit einem idealtypisch im reduzierten Stil arrangierten, hauchdünnen Carpaccio vom Oktopus in einer gemüsefruchtigen Vinaigrette aus Tomate, gelber Paprika und rezentem Olivenöl, auf dem zarte, markant geröstete Oktopus-Stücke neben etwas Basilikum, Erbsenkresse und Frisée eine beschwingt zwischen Röstpower und Frische tendierende Kombination ergaben.

Eine ganz besondere Empfehlung gibt's im Übrigen für alle Pasta-Gerichte, seien es Fusilloni in Wildschwein Sugo mit breiten Gartenbohnen, Linguine mit Herzmuscheln in Weißwein-Petersiliensud oder zuletzt die hauchdünnen zarten Büffelricotta-Ravioli, in einem dezent mit getrockneter Tomate und feiner Pfeffrigkeit verstärkten Pfifferlingssud. Bei derartigen Primi Piatti entsteht genau die Art von anspruchsvoller Wohlfühlküche, die man mit „Bella Italia" verbindet, hierzulande aber viel zu selten auf den Tellern wiederfindet.

Aber auch Hauptgerichte wie ein Rinderfilet in Marsala-/Thymian-Glasur auf Risotto von frischen Steinpilzen punkten mit nur scheinbar schlichter Machart durch die hohe Qualität und überdurchschnittlich sorgfältige Zubereitung. So erreichte auch ein kapitales Doradenfilet mit röstig knuspriger Haut und saftigem reinweißem Fleisch allein durch seine Produktgüte hohes Niveau und bekam zudem durch knackig frische grüne Erbsen und Bohnenkerne mit pikant kräftigem Unterton von winzigen Salsiccia-Stückchen ein charakterstarkes Umfeld, das durch einen betont luftigen Weißweinschaum als harmonisierend frischen Background gekonnt abgerundet wurde.

Und da zum Abschluss auch ein Haselnussparfait mit zartem Schmelz und dem vollen nougatröstigen Geschmack Piemonteser Haselnüsse gemeinsam mit etwas Crunch durch Pistazienbiscotti-Crumbles und der herben Frucht eingelegter Zwetschgen sowie der etwas spitzeren Säure von roten Johannisbeeren

ebenso schlicht wie gut auf den Punkt kam, bleibt es bei hochverdienten 6 Pfannen und einem „Weiter so!" Was übrigens auch für den gut eingespielten eloquenten Service und die Weinkarte mit einem selbstredend italienischen Portfolio von einfacheren Empfehlungen bis zu Highend-Weinen gilt.

Kirschner Stuben
im Hotel Maier zum Kirschner
Seestr. 23a,
83700 Rottach-Egern
☎ 08022-67110
www.kirschner-stuben.de
⏱ Do–Mo von 12–14 Uhr u. ab 18 Uhr, Di u. Mi RT
Hauptgericht: 14–45 €,
Menüs: 30–100 €

Das gepflegte rustikale Gasthaus in Berghüttenoptik, das zum angrenzenden Hotel „Maier zum Kirschner" gehört, liegt direkt an der Rottach-Egerner Tegernseepromenade auf einer kleinen Anhöhe und bietet auf seiner beliebten und entsprechend frequentierten Sommerterrasse sogar etwas Seeblick. Aber auch der Gastraum hat was, denn man sitzt bei volkstümlicher Musik in gemütlichem, authentisch rustikalem Ambiente und bekommt es mit einer Küche zu tun, die einen ansprechenden Spagat zwischen der Heimat und der großen weiten Welt macht. So nimmt sich das Küchenteam auf der einen Seite sehr gekonnt der traditionellen bayrischen oder alpenländischen Schmankerln an, kombiniert eine ebenso schmelzige wie aromatische Sülze vom Tafelspitz mit steirischem Kürbiskernöl und Bratkartoffeln, zelebriert den ofenfrischen Krustenbraten vom Miesbacher Bio-Schwein mit speckigem Krautsalat und flaumigem Kartoffelknödel oder bietet ein mustergültiges Wiener Schnitzel aus der Kalbslende traditionell mit Kartoffel-/Gurkensalat. Auf der anderen Seite blickt man aber auch oft und gern weit über den eigenen Tellerrand hinaus, manchmal sogar bis nach Fernost.

Dann bekommt man es beispielsweise zur Vorspeise Sashimi vom Thunfisch zu tun, in unserem Fall von einem gar nicht so schlechten, schön dunkelfleischigen Exemplar, das als roh marinierte Tranchen und als ein unter anderem mit Sesam aromatisiertes Tatar auf der großen schwarzen Schieferplatte angerichtet war. Daneben und dazwischen: aufgefächerte Avocado von sehr ordentlicher Qualität, mit Wasabi aromatisierter Tobiko-Kaviar, Wasabimayonnaise, eine gefüllte Filoteig-Stange und süßsauer angemachter Algensalat – alles sehr schmackhaft und pragmatisch präsentiert. Ungleich besser fanden wir allerdings dieses Mal das in dünnen Scheiben von einer entsprechenden Sülze geschnittene und zitrisch-olivenölfruchtig angemachte Oktopus-Carpaccio, in dessen Zentrum ein mediterraner Salat aus Zucchini, Rucola, getrockneten Tomaten, Oliven, Kapern und mehr thronte.

Wenn man hier etwas von Innereien liest, etwa von Kalbsleber mit glasierten Äpfeln und Kartoffelpüree oder von einem in Rosmarinbutter rösch und saftig rausgebratenem Kalbsbries mit Rote-Bete-Püree, dann kann man bedenkenlos zuschlagen, denn genau in solchen Dingen liegt die große Stärke der Küche. So können wir auch diesmal nur von der hauchdünn panierten und knusprig ausgebackenen Blutwurst schwärmen, die auf cremig fließendem Kürbispüree platziert, von einem Saucenduett aus dunkler reduzierter Kalbsjus und heller rahmiger Schaumsauce umgeben und von fruchtigem Sauerkraut flankiert war. Wegen solcher Gerichte kommen wir immer wieder gerne hierher.

Dazu zählt aber auch das insbesondere wegen seiner beachtlichen Fleischqualität beglückende Jungbullenfilet, das als dicke, perfekt gleichmäßig auf den Punkt gegarte Scheibe auf dünnen Röstitalern daherkam und nicht nur von einer mit Passionsfruchtkernen säuerlich erfrischten Jus, sondern auch von rahmigem Radieschentatar ziemlich originell begleitet wurde. Da hätte es das im Becher dazugestellte Marktgemüse im Grunde gar nicht gebraucht, wenngleich auch das in seiner angenehmen Knackigkeit und der natürlichen, nur unterstützend gewürzten Aromatik durchaus Spaß machte. Bei Fleisch wie bei heimischem Fisch, aber auch bei Gemüse, Käse oder Backwaren verlässt man sich hier übrigens auf regionale Erzeuger, die namentlich in der Speisekarte genannt werden.

Wer ob der doch recht stattlichen à-la-carte-Portionen – ein Menü wird nach wie vor nicht angeboten – nach ausgiebigem Mahl noch Platz für ein Dessert hat, der kann es sich bei Dingen wie einer geeisten Maronenmousse im Baumkuchenmantel oder opulentem Nougatknödel mit Kardamomkirschen auch im süßen Bereich gutgehen lassen. Am Nachmittag stehen zudem hausgemachte Kuchen oder frisch gebackene Waffeln mit saisonalen Kompotten und Schlagsahne zur Disposition. Die Weinkarte hat genug attraktive Tropfen veritabler Erzeuger aus Deutschland und dem benachbarten Ausland gelistet und geizt auch im Offenausschank nicht an Qualität.

Restaurant Überfahrt

im Althoff Seehotel Überfahrt
Überfahrtstr. 10, 83700 Rottach-Egern
☎ 08022-6690
www.seehotel-ueberfahrt.com/de/
restaurant-ueberfahrt
◷ Mi–Sa ab 18.30 Uhr,
So von 12–12.30 Uhr u. ab 18.30 Uhr,
Mo u. Di RT
Menüs: 249–309 €

Müssten wir Christian Jürgens' Küche, die er in dem auf moderne Art ländlich gestalteten Gourmetrestaurant Überfahrt als wahlweise bis zu achtgängige Menü-Speisefolge kredenzen lässt, mit nur drei Schlagworten beschreiben – es wären dies: originell, markant und wohlig. Denn die Gerichte des äußerst selbstbewussten Küchenchefs repräsentieren bei aller Mondänität und dem zur Schau gestellten Luxus doch allesamt so etwas wie unangestrengte „Wohlfühlküche", für unverkopfte, uneitle Gerichte, für unglaublich schmackhafte Teller, die auch ohne Anleitung und fortgeschrittene Gourmeterfahrung funktionieren.

Das sind optisch immer sehr eingängige und eben markante, oft von humorvollen Ideen getragene Kreationen, bei denen es nicht um die aufwendigste Technik, die filigranste Bauweise oder die avantgardistischsten Aromenkombinationen, sondern um originell aufs Porzellan gebrachten Wohlgeschmack geht. Trotzdem orientiert sich deren Preisgestaltung weniger an der oberbayerischen Provinz als vielmehr an der internationalen Spitze: Mit derzeit 354 Euro für 7 Gänge (ohne mögliche Aufpreise für Trüffel- oder Kaviar-Eskapaden) setzt die Überfahrt hier Maßstäbe und ist weiterhin das kostspieligste Fine-Dining-Vergnügen in Deutschland.

Wenn wir an Christian Jürgens Küche denken, kommen uns interessanterweise zuallererst viele Bilder in den Sinn, denn es gibt wohl kaum einen Koch hierzulande, der auf Top-Niveau optisch vergleichbar markante Kreationen schickt. Christian Jürgens' Talent, sich nicht nur Tellerbilder mit hohem Wiedererkennungswert auszudenken, sondern diese jeweils auch mit einem ebenso ausdrucksstarken, klar umrissenen Geschmacksbild zu hinterlegen, wurde auch bei unserem diesjährigen Besuch von A bis Z deutlich.

Schon die Apero-Snacks bleiben ob ihrer Optik sofort im Gedächtnis, allen voran die drei „Wunschnüsse", diesmal mit Auberginen-, Rote-Bete- und Brathähnchenmousse gefüllt. Getoppt wurden die bei unserem jüngsten Besuch aber schon kurze Zeit später von einer imitierten Tomate alias in metallic-rote Geleehaut gehüllte Gazpachomousse auf feinsäuerlichem Kräutersud. Als perfektes Beispiel für Christian Jürgens' geschichtenerzählende Kompositionen könnte aus der neuesten Kollektion „Prinzessin Sophies Lieblingssuppe" aus dem Märchen der Froschkönig angeführt werden: eine goldene, mit Kräutermasse gefüllte Kugel im Kreise verschiedener Mini-Gemüse, die sich nach dem Aufguss mit einem klaren heißen Tomatensud zu einem feinsäuerlich-herbalen Gemüsesüppchen vermählt. Ein äußerst wohlschmeckendes Gemüsesüppchen wohlgemerkt – nicht weniger, aber auch nicht mehr.

Auch so ein ganz typisches Beispiel für die humorvollen Motive auf Christian Jürgens Tellern ist die mit „Bei uns sticht die Biene anders" betitelte Vorspeise. Der Name spielt auf deren Konstruktion beziehungsweise Grundidee an, denn das mit grünem Spargel gefüllte locker luftige Moussetörtchen von Sauerrahm und weißem Spargel, das auf einem dünnen saftigen Briocheboden steht und von einem fragilen knusprig-karamelligen Hippendeckel mit gerösteten Pinienkernen getoppt ist, erinnert an

Bienenstich. Und der bekommt von einer generösen Nocke hellem Störkaviar der „Premium Kaviar-Edition Christian Jürgens" etwas ausgesprochen Luxuriöses verliehen. Der mild gesalzene Kaviar steht dann auch klar im Mittelpunkt und wird von der sublimen rahmigen Mousse mit Spargelaroma und der nussigen Süße sanft eingerahmt.

Das mit vielen Gurkenwürfeln saftig, knackig und frisch gestaltete Kalbstatar als Füllung einer süßsäuerlichen Roscoff-Zwiebel, zu der am Tisch noch ein subtil umamiwürziger, mit Kalamansi und Ingwerbier erfrischend abgeschmeckter Sud angegossen wird, bekommt durch das à part dazu gereichte „längste Pomme Frite der Welt" mit rauchiger Mayonnaise das gewisse optische Etwas, das nebenbei auch noch köstlich schmeckt. Schon davor warf der „Hong Kong Crayfish Tea", seit vielen Jahren eines der Signature Dishes von Christian Jürgens, seine Schatten voraus, in dem eine mit verschiedensten Aromengebern bestückte „Cona"-Kaffeemaschine mit dem säuerlich-pikanten Krustentiersud auf Flamme angesetzt wird. Danach folgt der mit Kaisergranat, einer Limettencreme auf Mayobasis, Sesam-Kaviarperlen und Korianderkresse bestückte Teller, in den die mittlerweile ins obere Gefäß aufgestiegene und darin final aromatisierte Suppe angegossen wird – und dort von einer ebenfalls im Teller befindlichen sepiaschwarzen Creme eine nicht mehr ganz so schön rot leuchtende graue Färbung bekommt. Was dem großartigen Geschmack natürlich nicht im Geringsten trüben kann.

Viel lieber kommen wir aber wegen eines anderen Jürgens-Klassikers hierher, für den wir jeden weiten Weg in Kauf nehmen würden: den im Kern zwar noch ganz leicht glasigen, trotzdem aber sehr zarten Steinbutt, der auf seinem Rücken mit Saiblingskaviar und Limettenschalenabrieb beladen und von einer mit knackigen Spitzkohlstreifen umwickelten gehäuteten Traube flankiert auf traumhafter Vin-Jaune-Sauce angerichtet ist. Die lässt so wunderbar markant das charakteristische Aroma des gelben Jurawines raushängen, dass es eine wahre Freude ist. Und das vermählte sich beim letzten Besuch kongenial mit der Begleitung im Glas, der von Christian Jürgens und Horst Sauer gemeinsam kreierten „Cuvée Nr.1" aus hauptsächlich Weißburgunder mit etwas Silvaner und Riesling. Traumpaar!

Weniger klassisch aber nicht minder kongenial war Sommelière Marie-Christin Baunachs Pairing des spontan mit wilden Hefen aus dem Weinberg vergorenen und unfiltriert abgefüllten Gewürztraminer von Pranzegg, der mit seinen Rosendüften perfekt mit den warmen, ausladenden Aromen der leichten Gewürzjus korrespondierte, die den verschiedenen Texturen vom Blumenkohl (cremig, weiche geröstete Stücke, knusprig…) mit Nussbutterbröseln unaufdringlich ihren Stempel aufdrückte.

Sehr stark fanden wir einmal mehr den faszinierend schlicht in Szene gesetzten, „Blueberry Hills" getauften Hauptgang: Eine nicht weniger als perfekt zu bezeichnende, weil ebenso zarte wie bissfeste, voller Saft, Kraft und Eigengeschmack steckende Tranche vom Rehrücken, die auf der Oberseite mit cremiger französischer Blutwurst bestrichen und mit den namensgebenden Blaubeeren bestückt war – und als solches unspektakulär auf einem Spiegel von tiefschürfend komplexer Rouennaiser Sauce ruhte. Und obwohl das ganze Gericht im Grunde fast nur auf ein Stück Fleisch und Sauce reduziert ist, offenbart sich hier zwischen Wildaromen, Blutwurstwürze, Blaubeersüße und herber dunkler Frucht ein vielschichtiges und durchaus facettenreiches Geschmackserlebnis, das nach unserem Gusto keine Wünsche offenlässt. Klug reduziert und auf das Wesentliche zusammengestrichen: Ein Gericht ist erst dann perfekt, wenn man nichts mehr weglassen kann. Weggelassen hätten wir hier allerdings nur sehr ungern den dazu ausgeschenkten Beaune Les Prévolles vom Weingut Les Horées der aus Dresden stammenden jungen Winzerin Catharina Sadde, der sich mit seiner ausgeprägten Mineralik und eleganten Komplexität als äußerst spannender Begleiter erwies.

Für ein ganzheitliches Restauranterlebnis lässt Christian Jürgens seine schwarze Brigade gerne immer wieder mal abseits der üblichen Servicetätigkeiten performen. Sei es mit einstudierten Gesangseinlagen zu einem bestimmten Gericht, oder mit der Finalisierung eines Nachtischs beim Gast. So wie bei der bitter-fruchtigen flüssigen Schokoladencreme aus 72-prozentiger „Kayambe Noir" von Michel Cluizel, die mit Hilfe eines geeisten Metallrings leicht auf dem Teller gestockt und währenddessen mit einer Kirschsaft-Sphäre, knuspriger Milchhaut, karamellisierten Nüssen und schokoladiertem Popcorn bestückt wird. Und sich schließlich zusammen mit dem à part dazu servierten Kirschbrand-Rahmeis zu einem hervorragenden, sehr pointierten und aromatisch klar umrissenen Nachtisch formiert.

Die sehr gut sortierte, vor allem bei den österreichischen Gewächsen attraktiv spezialisierte und in einem handlichen Buch festgehaltene Weinauswahl wird vermutlich nur jene Gäste enttäuschen, die über ein bescheidenes Budget verfügen und hier wahrlich keine großen Sprünge machen können. Ansonsten findet

sich hier von der Klassik bis zur Avantgarde ein breites Spektrum verschiedenster Stile in Breite und Tiefe, die kaum Wünsche offenlässt.

Weber

Seestr. 4a, 83700 Rottach-Egern
☎ 08022–2719216
www.restaurantweber.de
◕ Täglich ab 12 Uhr durchgehend, kein RT
Hauptgericht: 21–43 €

Direkt im Ortskern von Rottach-Egern, dort aber etwas versteckt gelegen, empfängt das kleine Restaurant von Thomas Weber seine Gäste in einem individuell eingerichteten Ambiente mit Flair. Im Sommer sitzt man zudem sehr idyllisch und nett in unterschiedlichen Bereichen vor dem Haus. Aus der Küche kommt schon seit Jahren ein sehr zuverlässig und schmackhaft aus guten, frischen Produkten zubereiteter Mix mit mediterranem Oberton, der von klassischen Bruschette über Linguine mit Vongolé bis zum Rinderfilet mit Ratatouille und Trüffeljus reicht. Immer eine sichere Bank ist auch die Fischsuppe „Weber" im Stil einer Bouillabaisse, die mit kraftvoll-ausgewogener Basis und sorgfältig gegarten Fischen und Meeresfrüchten als Einlage überzeugt. Aber auch wenn es bei mit Sesam und Koriander gewürztem Thunfischtatar nebst Mango und Wasabimayonnaise mal asiatisch, oder bei den mit Tegernseer Bergkäse gefüllten Ravioli herzhaft regional wird, macht das Gebotene eigentlich immer Spaß.

Die Symbole

- Ⓟ gute Parkmöglichkeiten
- Ⓟ Hotelgarage
- ♿ barrierefrei
- ❄ klimatisierte Zimmer
- 📶 WLAN-Zugang
- 🏊 Hallen- und/oder Freibad im Haus
- 💆 mit Wellness-Bereich
- 🛗 mit Fahrstuhl zu den Hotelzimmern
- 🐕 Hunde im Hotel nicht erlaubt
- 🌳 mit Garten oder Terrasse

Hotelempfehlung

★★★★

Hotel Maier zum Kirschner

Seestr. 23,
83700 Rottach-Egern
☎ 08022-67110
www.hotel-maier-kirschner.de
Einzelzimmer: 105 €
Doppelzimmer: 140–275 €

Parkhotel Egerner Höfe

Arobistr. 19–26,
83700 Rottach-Egern
☎ 08022-6660
www.egerner-hoefe.de
Doppelzimmer: 220–440 €

Eingebettet in die herrliche Bergwelt des Tegernseer Tals bietet der „Maier zum Kirschner" seinen Gästen einen Erlebnisort mit alpenländischem Flair. Seit über 100 Jahren sind in diesem Familienbetrieb am Südufer des Tegernsees Natur, Natürlichkeit, Tradition und modernes Design zu einem harmonischen Ganzen verwachsen. Die insgesamt 42 Zimmer, Appartements und Suiten wurden mit nachhaltigen Materialien in regionaltypischem Stil ausgestattet: Traditionell, behaglich und trotzdem modern harmonieren hier natürliche Materialien mit zeitgemäßer Funktionalität. Naturbelassenes Holz, hochwertige Stoffe und viel Liebe fürs Detail sorgen für eine besondere Atmosphäre. Zu Sport und Wellness laden eine Sauna, der Beauty-Bereich „Kosmetik am See" sowie (von Mai bis Oktober) ein beheiztes Schwimmbad mit herrlichem Bergblick ein. Im Sommer stehen zudem viele Veranstaltungen für Kinder auf dem Programm und für die Kleinen gibt's auf dem Gelände sogar einen eigenen Kinderspielplatz. Restaurant Kirschner Stuben separat erwähnt.

Das großzügige, unlängst umfassend renovierte und erweiterte Gebäudeensemble liegt nur wenige Schritte von der Uferpromenade des Tegernsees entfernt und lockt mit luxuriösem ländlichem Charme. Schon von außen suggerieren das Stammhaus, die Höfe, die Egerner Alm und die Alm im Park alpenländische Atmosphäre und zeitgemäßen Komfort. In den 98 Zimmern und Suiten erwarten den Gast viele Annehmlichkeiten und Inklusivleistungen. Die Wellness- und Badelandschaft ist mit unterschiedlichen Saunen, Tepidarium, Solarium oder Erlebnisdusche ein Paradies der Erholung. Ziehen Sie im Pool Ihre Bahnen und entspannen Sie im lichtdurchfluteten Wintergarten, von dem aus Sie den traumhaften Blick auf den Park und die Berge genießen. Außerdem: fünf Tagungsräume für bis zu 200 Personen, großer Hotelpark, Barbereich mit täglicher Live-Pianomusik, verschiedene Restaurants. Gourmetrestaurant Dichter separat erwähnt.

Rötz (Bayern)

Gregor's Fine Dining
im Hotel Resort Die Wutzschleife

Hillstett 40,
92444 Rötz (Hillstett)
℡ 09976-180
www.wutzschleife.com
◷ Mi–Sa ab 19 Uhr, So–Di RT
Menüs: 119–148 €

Seit vielen Jahren schon zählt das Gourmetrestaurant im Hotel zur Wutzschleife zu den festen Größen unter den Genusszielen im nordöstlichen Bayern. Inhaber und Küchenchef Gregor Hauer hält auch weiterhin – trotz der verschiedenen durchlaufenden Coronawellen und der gerade in abgelegenen Regionen grassierenden Personalknappheit – in dem nach ihm benannten Fine-Dining-Restaurant die Fahne für klassische französische Küche souverän nach oben. Dabei kommt es dem engagierten Chef sicherlich zugute, dass nur ein für alle Gäste einheitliches Menü in fünf Gängen angeboten wird, das sich entsprechend auch mit wenigen Händen in der gewünschten Qualität zubereiten lässt.

Außerdem kommen die einzelnen Gerichte insgesamt auch eher reduziert daher, mit klarem Fokus auf das jeweilige Hauptprodukt und mit einigen eher schlicht gehaltenen Ergänzungen. Das ist ein Stil, der im besten Fall besonders klar und strahlkräftig wirken kann, andererseits aber durchaus auch Sollbruchstellen bietet, wenn die Details mal nicht ganz genau stimmen. Und tatsächlich gab es bei unserem letzten Besuch in dem geschmackvoll in vornehmer Eleganz gestalteten Restaurant den einen oder anderen Wackler – mal auf der Produktseite, mal konzeptionell und mal handwerklich. Alles für sich nicht dramatisch und

auf einem immer noch hohen Niveau, aber doch so, dass diesmal in Summe ein etwas unrunder Eindruck entstand…

Auf den ersten Gruß aus der Küche, der neben ausgezeichnetem Gebäck im Handumdrehen auf dem Tisch landete, traf das allerdings ganz klar nicht zu. Denn die aktuelle Version des „Löffel-Ei" mit einer Royale als cremige Basis, wirkte diesmal mit klararomatischem Zandertatar, Crème fraîche und Ossietra-Kaviar wunderbar jodig-frisch und inspirierter als bei manchem vorherigen Besuch. Und auch die außen schön kolorierte, innen glasige Roulade vom Wolfsbarsch mit einem Kern aus Saibling wirkte mit dem umgebenden fruchtig-frischen Arrangement aus Gurke, Mango und Avocado als Würfel und Cremes sowie einer milden harmonischen Weißweinsauce als cremig verbindendes Element zwar ein bisschen oldschool, wurde aber aromatisch fein ausgeführt.

Die folgende exakt knapp gegarte und abgeflämmte Goldmakrele konnte dagegen nicht ganz so überzeugen, einfach weil dem Fisch für diese subtile Zubereitung die nötige Frische fehlte. Gemeinsam mit zwei knackig gegrillten Spargelspitzen auf jeweils einem Klecks grüner Spargelcreme, einem leichten Tomatenconfit, knusprig gebackenen Kartoffelschiffchen und etwas Balsamicoreduktion entstand so ein überraschend müder Eindruck, der für sich genommen eher auf dem Niveau von 5 bis 6 Pfannen einzuordnen gewesen wäre.

Dafür punkteten die zartteiligen, frisch zubereiteten Tagliatelle auf gezupftem Ochsenschwanz in einem klebrig reduzierten Schmorfond umso süffiger und harmonischer: Der klare, aber tiefaromatische Fond gab einen kraftvollen und zugleich transparenten Rahmen; dazu sorgten ein ätherischer Kohlrabischaum für aufhellende Frische und die erdig duftigen Noten von Wintertrüffel für zusätzliche Power.

Im Hauptgang überraschte mit einer sous-vide gegarten und kräftig angebratenen Rinderschulter eine mutig charakterstarke Produktwahl. Allerdings hatte die lange Garzeit zwar für komplett geschmolzenes Bindegewebe trotz erhaltener Rosafärbung gesorgt, daneben aber leider trotzdem zu einer eher trocken-körnigen Konsistenz und einem wie gepökelt wirkenden Geschmack. Die Umgebung aus gegrilltem Babymais, Karotte und Birne wirkte dazu natürlich und schlicht. Das eigentliche Highlight war indes ein „Cannellono" mit geschmeidig gebeizter Schulter als Hülle und kleingewürfeltem Fleisch als Füllung, der mit seiner klebrigen Glasur aus Jus ebenso viel Tiefe wie Finesse mitbrachte.

Optisch erneut eher oldschool oder zumindest nicht in modern gestyltem „Insta-Look", aromatisch aber überraschend feinsinnig, beendete ein cremiger, mit Rhabarbercreme glasierter Karamell-Cheesecake das Menü in der Kombination mit Himbeersorbet und verschiedenen Zubereitungen von Erdbeere und Rhabarber – und traf dabei gekonnt den Punkt zwischen süßem Schmelz und frischer Säure.

Unverändert souverän führt Restaurantleiter und Sommelier Jan Sedlak durch den Abend, der jedes Mal wieder mit seinem beeindruckenden lexikalischen Wissen überrascht und zuverlässig spannende und gut abgestimmte Weine in die Gläser bringt, oft auch mit Entdeckungen abseits der bekannten großen Namen.

Hotelempfehlung

★★★★S

Resort Die Wutzschleife

Hillstett 40, 92444 Rötz (Hillstett)
📞 09976-180
www.wutzschleife.com
Einzelzimmer: 84–125 €
Doppelzimmer: 128–196 €

Ein Hideaway zwischen München und Prag, mitten im Naturpark Oberer Bayerischer Wald, umgeben von viel Natur für ausgiebige Wanderungen. Neben komfortablen Zimmern in verschiedenen Einrichtungsstilen von „Feel Free Style" über „Romantic" bis „Lifestyle", gibt es jede Menge Anspruchsvolles für Körper und Geist: der 1.200 m²-Wellnessbereich verfügt über einen lichtdurchfluteten Innenpool, Whirlwannen, Sauna, Dampfkabinen und Fitnessstudio und hält Angebote wie die „Heat & Ice"-Gesundheitsschleife oder verschiedenste Beauty- & Body-Anwendungen bereit. Das Ayurveda-Team aus Sri Lanka kümmert sich um die vollkommene Gesundheit von Körper, Geist und Seele der Gäste. Ein 18-Loch-Golf-

platz sowie zwei neu gestaltete Tennis-Sandplätze grenzen an das Hotel an. Restaurants Spiegelstube und Gregor's Fine Dining separat erwähnt.

Rügen (Mecklenburg-Vorpommern)

Ambiance

in Romantik Roewers Privathotel
Wilhelmstr. 34, 18586 Rügen (Sellin)
📞 038303-122150
www.roewers.de
◔ Täglich ab 12 Uhr durchgehend, kein RT
Hauptgericht: 29–39 €, Menüs: 44–79 €

Von den verschiedenen mehr oder weniger nahtlos ineinander übergehenden Gastronomiebereichen in Roewers Privat Hotel im Herzen von Sellin, das nur ein paar Schritte vom Nordstrand entfernt liegt, ist der in warmen Gelb-, Braun- und Goldtönen gehaltene, offiziell dem Restaurant Ambiance mit seiner kreativen heimisch-regionalen Küche zugedachte Raum, der eleganteste. In dem zumindest auf der Website des komfortablen Hotels im Stil der typischen Bäderarchitektur als separates Restaurant geführten Clou gibt es „Weltenbummler-Küche", also Gerichte mit internationalem Flair sowie entsprechenden Produkten und Aromen – im Grunde wird aber hier wie dort die gleiche Speisekarte vorgelegt und man kann überall beide Menüs essen.

Wem es also eher nach Saibling aus dem Buchenrauch mit Topinambur und Shiitake-Pilzen in Dashi-Fond oder einer milden Knoblauchsuppe mit Mungobohnen, Chorizo und einer Hummerzigarre ist, der wähle aus dem Clou-Menü und wer es eher regionalbetont mag, hält sich an die Ambiance-Offerte. Beides ist mit dem gleichen hohen Anspruch an Produkt und Handwerk zubereitet – und beides wurde beim letzten Besuch mit einer großen Muschel-Nudel eröffnet, die mit Krustentier-Bolognese gefüllt und mit feinwürzigem Pfefferkäse überhobelt war. Ein sehr schmackhafter, unkomplizierter Einstieg mit Substanz.

Und ähnlich ging es bei der Vorspeise um marinierte Schwarzwurzel und in Essig eingelegter Birne aus dem Ambiance-Menü weiter, die um Schwarzwurzelcreme, Rucola und verschiedene Baby-Leafs sowie leicht süße Gebäckbrösel als Salat auf einem feinherben Sud von Earl Grey Tee angerichtet waren. Bis auf die Creme und die Brösel alles relativ knackig gehalten, dadurch vielleicht ein klein wenig sperrig, aber als leichte Vorspeise in Summe durchaus ansprechend.

Zumal danach mit einem sehr gut beschaffenen und aromatisch durchaus attraktiv bespielten Risotto ein eher süffiger Gang folgte. Hier drehte sich alles um Sellerie, wobei der perfekt bissfeste, aber eben nicht mehr körnige, schön cremig eingelullte Reis bereits mit Knollensellerie und geriebenem „Alt Mecklenburger" Käse aromatisiert war, Knollen- und Staudensellerie sich aber auch in verschiedenen Spielarten von erdig über säuerlich und fruchtig bis grünfrisch auf dem Risotto tummelten. Im Zusammenspiel mit der zarten Süße kleiner Amarettini-Crumbles ergab das ein sehr interessantes und stimmiges Geschmacksbild.

Als eine wirklich gute Idee, die nur nicht ganz konsequent zu Ende gebracht war, präsentierte sich dann die Komposition eines Duetts aus Skrei und gebackener Blutwurst, die mit Rotkraut (mariniert und knackig sowie als Creme) und Buttermilch (als Sauce) aufs Porzellan geschickt wurden. Der perfekt glasig gebratene Fisch und die cremige Blutwurst in krosser Hülle machten uneingeschränkt Spaß, bloß das säuerliche Kraut und die säuerliche, relativ naturbelassen schmeckende Buttermilch standen irgendwie mehr nebeneinander, als sich kongenial miteinander zu verbinden. Da hätte die Buttermilchsauce mehr Substanz, Schmelz und Tiefe haben müssen, so in etwa wie eine gute Beurre blanc.

Als rundum gelungen empfanden wir den Hauptgang, Kalbshaxe mit Polenta, bei dem das zart geschmorte ausgelöste Fleisch als eine mit angenehm herb-säuerlicher Gremolata bestrichene Timbale auf kraftvoller Jus thronte – gedeckelt von Polenta als zarter, fast noch cremiger Ring mit dünner Knusperhaut, in dessen Mittelloch etwas Petersilienpüree gespritzt war. Das Topping aus Radieschenscheiben und Radieschenkresse war in dem Kontext zwar vielleicht nicht unbedingt das Passendste und auch die Sauce hätte nach unserem Geschmack nicht ganz so dicht einreduziert sein müssen, aber unterm Strich war das 6-Pfannen-Niveau! Dieses erreichte das Dessert nicht ganz, was weniger an der Komposition aus eingelegten Mandarinen nebst Mandarinensud und Mandarinensorbet in Kombination mit (kaum wahrnehmbarem) Koriandergel, röstintensivem Eis von schwarzem Sesam, Erdnusskrokant und weiterem Cerealiencrunch lag, als an suboptimalen Proportionen: die nussig-knusprigen Komponenten waren hier nämlich deutlich dominierend, weshalb man recht schnell den Eindruck hatte, man äße hier an einen großen (süßen) Müsliriegel mit ein paar Früchten. Da wäre aber schon mit etwas verschoben Mengen – deutlich weniger Knusper und mehr Schmelz – eine bessere Balance entstanden und am wieder sehr guten Gesamteindruck hat das sowieso nichts geändert. Zu dem trägt auch die international gut sortierte Weinkarte bei, die zwar mit glasweise ausgeschenkten Gewächsen etwas dünn besiedelt ist, aber viele attraktive (auch halbe) Flaschen zu moderaten Preisen offeriert.

✕ Die Genussmanufaktur

Dorfstr. 24,
18528 Rügen (Sehlen)
☎ 03838-8289555
www.kastanie-sehlen.de
◷ Mi–So ab 17.30 Uhr, Mo u. Di RT
Hauptgericht: 8–29 €,
Menüs: 49 €

🅰🅿 ☷

Die Genussmanufaktur im beschaulichen Sehlen auf Rügen, die den meisten Stammgästen von der Insel sicher weiterhin als „Mehana-Kastanie" geläufig sein dürfte, schafft es nicht von ungefähr seit ein paar Jahren in unsere interne Hall of Fame der Soulfood-Erlebnisse innerhalb einer Testsaison. Was nicht nur daran liegt, dass wir uns zwischen all dem mal mehr und mal weniger gelungenen und oft etwas anstrengenden Gourmetmittelmaß, mit dem wir es das ganze Jahr über zu tun haben, oft nach nichts mehr sehnen als nach so unkompliziertem, handfestem Genuss, wie er hier geboten wird – es hat schon insbesondere damit zu tun, dass das hier bei aller Bodenständigkeit alles ein sehr hohes und attraktives Grundniveau hat.

Was in dem schlichten, mit ein wenig Balkan-Folkore dekorierten Gastraum auf die Tische kommt, stützt sich zurecht voll und ganz auf die guten Qualitäten der Grundprodukte und eine artinasale Zubereitung. Besondere Feinheiten oder Akkuratesse findet bewusst nicht statt, liegen aber dennoch im Detail, wie man beispielsweise an den extrem guten Teigbackwaren riechen, fühlen und schmecken kann: lange gereift und hoch hydriert, locker, kross und mit gutem Aroma! Die werden entweder als Beibrot zu Vorspeisen wie einer Interpretation vom Insalata Caprese mit verschiedenen betont zwiebelig marinierten Cocktailtomaten, Basilikum und Büffelmozzarella gereicht, oder dienen als elementare Grundlage für hervorragende authentische Pizzen im Canotto-Stil mit ansehnlichem „Leoparding" am luftigen Rand. Die machen nämlich einen gewichtigen Teil des kulinarischen Sortiments aus und könnten nicht attraktiver belegt sein. Mal klassisch italienischer Art, mal regionalbetont mit tollen Viktualien von der Insel und mal als besondere Spezialität auch mit bulgarischen Spezialitäten bestückt.

Der frühere Name Mehana, die traditionelle Tracht an der Wand und der osteuropäische Einschlag bei vielen Gerichten ist natürlich kein Zufall, rührt von der Herkunft der Betreiber her und wird auch in dem bulgarischen „Meze" schmeckbar – etwa mit cremigem mariniertem Feta, verschiedener Salami und Schinken, einer Art mildem Ajvar, Oliven und anderen herzhaften Ingredienzen. Stärker schlägt aber die italienische Seite durch, sei es bei hervorragender Pasta mit Ragù alla Bolognese, mediterranem Fischeintopf, aber auch Fleisch vom Grill mit mediterranem Gemüse und bestem Olivenöl, die als alternative Tagesgerichte auf der Schiefertafel annonciert werden und auch oder gerade ob ihrer rustikalen authentischen Art und dem hohen Anspruch ans Produkt immer lohnend sind.

Den stimmigen Gesamteindruck, den das alles bei jedem Besuch auf uns macht, wird zudem vom betont herzlichen Service manifestiert, der neben einer kleinen Auswahl an Bieren und anderer gängiger Getränke auch Weine italienischer und sogar bulgarischer Provenienzen offeriert.

Freustil

Zeppelinstr. 8, 18609 Rügen (Binz)
☎ 038393-50444
www.freustil.de
◔ Mi–So von 12–14 Uhr u. ab 18 Uhr, Mo u. Di RT
Menüs: 80–120 €

EC ▦ ⬤ VISA ⌂

Besser könnte der Name dieses heimeligen Restaurants in farbenfrohem nordischem Stil kaum gewählt sein. Denn von der heiteren Atmosphäre über die unverkopfte und trotzdem intelligente Freistilküche bis zum ausgesprochen günstigen Preis-Leistungs-Verhältnis ist hier wirklich alles die reinste Freude und hat Stil. Auch das Wortspiel mit dem Begriff „Freistil" ist passend, denn was hier aus der Küche kommt, lässt sich auch nicht wirklich in Schubladen stecken, auch wenn das Kulinarium von Ralf Haug und seinem Team mit den Eigenschaften stark regionalbetont und sehr nordisch zumindest vage umreißen lässt. Es gibt eine zwar gemüselastige, aber nicht vegetarische Speisefolge, die aus einem sechsgängigen Rumpfmenü besteht, das durch diverse Add-Ons auf bis zu zehn Gänge aufgestockt werden kann.

Die Gerichte erfreuen durch Klarheit und Prägnanz, oft mit humorvoller Präsentation, wie bei der Vorspeise „Ausgegrabenes", bei der eine mit diversen Wurzelgemüse-Varianten bestückte kleine Handschaufel aufgetischt wurde. Kerbelwurzel, Knollenziest, Topinambur, Karotte, Chioggia, Radieschen, von knackig über knusprig bis cremig in verschiedenen Facetten dargebotenen, bekamen hier von verschiedener Säure, der Ingwerfrische, die in einer aus Pumpernickel und Rote Bete zubereiteter „Erde" steckte, sowie einer cremigen Mousse, genügend Auflockerndes entgegengebracht, sodass ein interessantes und vielschichtiges Geschmacksbild entstehen konnte.

Dass die Freustil-Küche zwar nordisch und frisch, aber niemals karg und spröde daherkommt, zeigte sodann der als „Gurke/Sago/Shrimps" angekündigte Zwischengang, bei dem in einem hohen Schälchen angerichtete rohe Eismeershrimps nebst säuerlich eingelegten Gurkenkomponenten und einer rauchigpikanten roten Gewürzcreme auf den Aufguss mit einem aromatischen warmen Gurkensüppchen warteten. À part dazu zum Knabbern gab's noch einen ebenfalls mit Gurke und der roten Gewürzcreme applizierten Chip aus Sago-Perlen. Auch die topfrische gebratene Jakobsmuschel, die in ihrer Schale zusammen mit krosser Hühnerhaut, Champignons und Brunnenkresse auf rahmig-fleischigem Hühnerfrikassee angerichtet war, repräsentierte eindeutig vollmundiges Soulfood mit Tiefgang.

Auch wenn die Gerichte ausgesprochen leicht und frisch sind, haben sie eine gewisse Komplexität und Fülle. So wie die im Kern noch – ganz so wie es perfekt ist – knapp glasige Tranche vom Lachs Färöer Provenienz, die mit mariniertem Frisée gekrönt auf saftiger geschmorter Endivie gebettet war. Das lag am gut abgeschmeckten Bittersalat, aber auch an der leicht rahmigen Sauce mit angenehmer Säure. Und an eingelegter schwarzer Walnuss sowie etwas Walnusskrokant, die hier im Verein auch für Dynamik und Akzentuierung sorgten.

Einzig beim Hauptgang, bei dem die rosa Kalbsmedaillons mit paniertem weißem Spargel und einem leider recht hartgekochten pochierten Ei auf einer relativ großen Menge Knusperbröseln gleich zwei frittierdeftigen Komponenten gegenüberstanden, hätten wir uns doch noch etwas mehr nordische Klarheit und Leichtigkeit gewünscht. Zusammen mit einer Schalottensauce auf Kalbsjus-Basis und Schnittlauch-Hollandaise war das dann doch eine relativ üppige und fettige Angelegenheit – auf immer noch hohem Niveau, wohlgemerkt! Aber schon mit dem Dessert um Rhabarber, Sauerrahm und Malz präsentierte sich wieder das gewohnte Bild: Der knackige eingelegte rote Rhabarber durfte seine Oxalsäure im Duett mit Sauerklee (als Blätter und Granité) voll ausspielen, wurde sie doch von einer leichten, schaumigen Vanillecreme auf Joghurtbasis, einem schmelzigen Sauerrahmeis, sowie der feinen buttrigen Süße von Malzcrumbles wunderbar harmonisch eingefangen. So entstand auch zum Abschluss wieder ein ausgewogenes Bild von ätherischer Frische und wohliger Opulenz, wie es typisch für die Freustil-Küche ist.

Typisch ist hier auch die heitere und lockere Art des Serviceteams, das zu alldem mit einer attraktiven Auswahl an Weinen vornehmlich junger aufstrebender Winzer zur Stelle ist. Aber auch mit lohnenden alkoholfreien Alternativen in Form von Geiger-Prisecco, Van Nahmen-Säften oder selbst gemixten Cocktails, etwa mit Fruchtessig-Auszügen.

---

5 🍴🍴🍴

Gutshaus Kubbelkow
im Hotel Gutshaus Kubbelkow
Dorfstr. 8,
18528 Rügen (Sehlen-Klein Kubbelkow)
☎ 03838-8227777
www.kubbelkow.de
⊘ Täglich ab 18 Uhr, kein RT
Hauptgericht: 29–36 €,
Menüs: 52–85 €

Gar nicht so weit von der ausgebauten Schnellstraße durch Rügen entfernt und doch in verwunschen einsamer Lage, lockt das Gutshaus Kubbelkow von Familie Diembeck mit dem vornehm herrschaftlichen Charme eines individuellen Boutiquehotels mitten in einem idyllischen, parkähnlichen Garten. Und nicht nur Hotelgäste, sondern auch externe Besucher mit seinem Restaurant, in dem seit vielen Jahren mit einer klug reduzierten Auswahl ambitionierter Gerichte erfreulich hohes Niveau geboten wird.

Wer sich in dem aristokratisch anmutenden Speisesaal eingefunden hat, in dem man sich gut auch heiter plaudernde Gesellschaften mit wallenden Kleidern und Perücken vorstellen kann, hat die Wahl zwischen zwei 3-Gang-Menüs, von denen eines eher fisch- und eines eher fleischlastig aufgebaut ist, kann sich daraus aber auch eine maximal fünfgängige Speisenfolge kombinieren. Sicher ist in allen Fällen: Es erwarten einen fundiert und sorgfältig gekochte Gerichte, die durch die Produktwahl klar im Gourmetbereich liegen, in der geradlinig-schlichten Ausführung aber eine sympathische Bodenständigkeit aufweisen.

Bereits der Kräuter-Gemüse-Quark mit einem fluffigen gebackenen Parmesanbällchen als knusprig-würzigem Mittelpunkt zeigte diesen Stil ganz prima, weil hier mit einfachen natürlichen Mitteln viel Geschmack und mit exakter Technik an der richtigen Stelle gepunktet werden konnte. Auch die nussig-erdigen Linsen mit Lauchzwiebeln, einer zarten Säurespur und herben Wildkräutern erfüllten ihre Rolle als bodenständig-feine Begleiter einer saftig am Knochen gebratenen Taubenbrust mit deutlicher Rosmarinwürze ganz ausgezeichnet. Vor allem aber überzeugte die Taube selbst mit viel Saft und Spannung zu einem eher rustikalen Grillcharakter.

Ein noch besseres Beispiel für den geradlinigen Stil der Kubbelkow-Küche bot allerdings der knusprig auf der (überraschend wenig zähen) Haut gebratene Ostseesteinbutt, der markant kräftig-salzig gewürzt in den Mittelpunkt gestellt wurde. Eine milde Safransauce steuerte den typischen betörenden Duft und etwas cremige Fülle bei, Pak-Choi grüne Frische, während nussig-buttriger Couscous als gekonnter Vermittler aller Komponenten diente und sich ebenfalls harmonisch ins Gesamtbild einfügte. Da auch das Dessert rund um ganze, bissfest-zarte (etwas schwer mit dem Löffel teilbare) Rhabarberstangen, Himbeeren, eine schaumig-helle Cremeschnitte mit weißer Schokolade sowie einem Gin-herben Sorbet zwar handwerklich eher ein wenig grob geriet, dafür aber aromatisch gut zwischen Süße, Säure und einer gewissen Würze balanciert war, bestätigt sich einmal mehr der positive und stimmige Gesamteindruck. Und zu dem gehört auch eine repräsentable Weinkarte und eher einfache, aber qualitativ gute offene Weine. Nicht zu vergessen die herzliche Art der Damen im Service, die hier mit Umsicht und Zuvorkommenheit agieren.

Hotelempfehlung

Hotel Gutshaus Kubbelkow

**Dorfstr. 8,
18528 Rügen
(Sehlen-Klein Kubbelkow)
☎ 03838-8227777
www.kubbelkow.de
Einzelzimmer: 130–180 €
Doppelzimmer: 130–180 €**

Obwohl zentral im Mittelpunkt der Insel Rügen gelegen, residieren die Gäste im Gutshaus Kubbelkow beschaulich fernab der Hektik und können hier in ruhiger, privater Atmosphäre entspannen. Der Blick schweift über weite Felder, umliegende Wälder und in den traumhaften Gutspark. Seit dem Jahr 2002 führt die Familie Diembeck das Gutshaus inmitten einer denkmalgeschützten Parkanlage und restauriert das gesamte Anwesen behutsam und mit viel Liebe zu historischen Details. Heute laden gemütliche Doppelzimmer, großzügige Juniorsuiten und Suiten zum Erholen, die mit wertvollen Möbeln, Wandbespannungen, schweren Teppichen und hochwertigem Interieur ausgestattet sind – aber auch modernen Komfort wie Plasma-TV, DVD-Player, DSL-Telefonie und Highspeed-WLAN bieten. Ein Highlight ist das „Gutsherrenbad", ein kleiner, feiner SPA-Bereich in fast privater Atmosphäre. Hier kann man beispielsweise ein traditionelles Badezeremoniell aus dem Orient (Rasulbad), Massagen, Dampf- und Aromenbäder oder unterschiedliche Saunen genießen. Engagierte regionale Frischeküche – mal leicht und modern, mal deftig und traditionell – bietet der Chef im eleganten Restaurant. Gutshaus Kubbelkow Restaurant separat erwähnt.

★★★★★ S
Romantik Roewers Privathotel

**Wilhelmstr. 34,
18586 Rügen (Sellin)**
☎ 038303-1220
www.roewers.de
Einzelzimmer: 139–329 €
Doppelzimmer: 139–329 €

Das First Class- und Wellness-Hotel gehört zum Verbund der Romantik Hotels und ist eines der Hotellerie-Attraktionen im Ostseebad und auf der ganzen Insel Rügen. Die Villen im Stil der wilhelminischen Bäderarchitektur sind denkmalgeschützt und liegen direkt an der Selliner Pracht- und Flaniermeile. Die insgesamt 55 Zimmer und Suiten sind in hellen, fröhlichen Farben des Sommers gestaltet und vermitteln auf Anhieb Wohlgefühl. Die Liebe zum Detail spürt man hier überall und genießt darüber hinaus jede Menge Komfort. Vor allem Wellness wird in Röwers Privathotel großgeschrieben: Neben dem Areal für Erholung und Entspannung mit Massagen, Bädern, Beauty und „Duo-SPA"-Angeboten in höchster Perfektion auf über 1200 m² erwartet die Gäste hier auch ein Indoor-Pool mit Sauna- und Fitnessbereich und ein Rooftop-Außenpool mit 13 m Länge. Außerdem hat man die Wahl zwischen zwei Restaurants, einer großzügigen Terrasse mit Bewirtung und einer schicken Hotelbar. Gourmetrestaurant Ambiance separat erwähnt.

★★★★★
Vju Hotel Rügen

**Nordperdstr. 2,
18586 Rügen (Göhren)**
☎ 038308-515
www.vju-ruegen.de
Einzelzimmer: 99–209 €
Doppelzimmer: 109–259 €

Umfassend renoviert ist dieses Glanzstück der Rügener Bäderarchitektur mit neuem Namen und Konzept in die Zukunft aufgebrochen. Die 133 Zimmer und Suiten des ehemaligen Hotel Hanseatic in exponierter Lage an einem der höchsten Punkte des Kaps, von wo aus man nicht nur im markanten Aussichtsturm des Hauptgebäudes einen faszinierenden Ausblick hat, wurden zeitgemäß gestaltet und technisch auf den neuesten Stand gebracht. Darüber hinaus hat aber auch die 130-jährige Geschichte des Hauses viel Raum bekommen: zahlreiche Ölgemälde, Grafiken und Antiquitäten, die während der Umbauarbeiten zum Vorschein kamen, sind neu in Szene gesetzt und mit modernem Design kombiniert worden. Die Gäste des Vju Hotels können sich auf Weite, Leichtigkeit, Wärme und eine ungezwungene Atmosphäre freuen, verbunden mit den Annehmlichkeiten modernen Komforts. Auch der neu gestaltete SPA-Bereich umfängt mit luftigleichtem Ambiente. Der Pool ist mit beheiztem Salzwasser gefüllt, die Wellness- und Sauna-Landschaft verspricht das ganze Jahr über wohlige Wärme mit Weitblick. Vom Frühstücksbuffet im gläsernen Wintergarten über hausgemachte Kuchen auf der Sonnenterrasse bis zum Dinner im à-la-carte-Restaurant ist auch für das kulinarische Wohl bestens gesorgt.

AMMOLITE –
The Lighthouse Restaurant

im Europa-Park-Resort Bell Rock
Peter-Thumb-Str. 6,
77977 Rust
☎ 07822-776699
www.ammolite-restaurant.de
☻ Mi–Sa ab 19 Uhr, So von 12–14 Uhr
u. ab 19 Uhr, Mo u. Di RT
Menüs: 159–189 €

Wegen der Kochkünste seines Küchenchefs Peter Hagen-Wiest hat sich das Ammolite zahlreiche Auszeichnungen erarbeitet und ist in der Szene deshalb als „das Gourmetrestaurant im Europapark" weithin bekannt. Was jedoch viele, die es nur vom Hörensagen kennen, gar nicht wissen: es liegt zwar auf dem Gelände des größten und beliebtesten deutschen Vergnügungsparks und gehört zum dortigen Hotel The Bell Rock, ist aber auch für externe Gäste, die den Park gar nicht besuchen wollen, frei zugänglich. Es hat sogar einen eigenen Eingang und einen eigenen Parkplatz. Und man muss auch ohne Navi nicht lange danach suchen, denn das Ammolite befindet sich im weiten Rund des Erdgeschosses eines Leuchtturms, der weithin sichtbar und am Abend effektvoll illuminiert ist.

Dort herrscht eine dunkle, durch Raumteiler-Vorhänge fast sogar etwas geheimnisvoll anmutende Eleganz vor, es ist schummrig, aber nicht düster. Und das Wichtigste, nämlich das, was aus Peter Hagen-Wiests Küche auf die elegant eingedeckten und durch gezielte Spots sehr gut beleuchteten Tische kommt, kann man sowieso bestens erkennen. Während es bis vor geraumer Zeit neben dem weltoffenen „Around the

World"-Menü noch eine regionalbetonte Speisefolge namens „Black Forest Cuisine" gab, wurde diese mittlerweile durch ein rein vegetarisches Menü („Green Forest") ersetzt. Vier der fünf abwechslungsreichen filigranen Petitessen zum Aperitif kamen dann auch beim omnivoren Menü ohne Fleisch und Fisch aus – nur ein fragiles, mit roter Paprikacreme gefülltes Knusperkissen war mit einer knusprigen Chorizo-Scheibe getoppt.

Ansonsten fällt auf, wie extrem präzise und feingeschliffen die Kreationen mittlerweile sind. Das waren sie auch schon in den vergangenen Jahren – man hat aber dennoch aktuell das Gefühl, dass sich nochmal etwas getan hat, denn das Kulinarium im Ganzen und die Kreationen im Einzelnen wirken noch einen Tick scharfgestellter und pointierter. Hatten wir uns im letzten Jahr zum Beispiel etwas schwer damit getan, die aktuelle Bewertung aufrecht zu halten, rückte diesmal zum völlig schwankungsfrei und souverän dargebotenen 9-Pfannen-Niveau sogar der Bonuspfeil in den Bereich des Möglichen. Sollte sich die Performance auf dem aktuellen Level manifestieren, durchaus denkbar. Denn die puristisch, aber dennoch vielschichtig in Szene gesetzten Kreationen besaßen zuletzt noch mehr Ausdruckskraft, was nicht zuletzt durch ein Plus an Tiefenschärfe und die damit noch besser herausgestellten Produkte erreicht wurde.

Das intelligent durchkomponierte Menü folgt auch einer klar erkennbaren Dramaturgie und startete in unserem Fall ganz sanft, rund und weich. Nämlich mit einem Taschenkrebstatar, das mit einer dünnen Schicht Krustentiergelee gedeckt auf einer Krustentier-Beurre-Blanc angerichtet war und von der maritimen Seite noch durch Herzmuscheln und Imperial-Kaviar, von der Landseite durch etwas Kopfsalatcreme ergänzt wurde. Keine scharfen Kontraste, dafür milde Harmonien und ein süffiges Gesamtbild. Trotzdem nicht eindimensional, sondern durchaus vielschichtig.

Die saftigen, satt mit reduzierter Jus glasierten Sot-l'y-laisses kamen in Begleitung einer hierzulande (noch) relativ seltenen Gemüsezutat, nämlich der auch als Zimtkartoffel bekannten Cubio, die hier den festfleischigen kleinen Nuggets knackig und fruchtig-säuerlich mariniert in kleinen Würfeln assistierte – was auch gut zum grünfrischen Aroma des rahmigen Brunnenkressesüppchens passte, mit dem das Ganze aufgegossen wurde.

Wie lohnend es sein kann, hier auch mal auf Fleisch, Fisch und Meeresfrüchte zu verzichten und das vegetarische Menü in Augenschein zu nehmen, bewies uns beispielhaft ein kleiner

Exkurs in Selbiges, der uns knackigen Cima di Rape auf cremiger Polenta bescherte, dessen Dolden raffiniert mit knusprigem Amaranth überzogen waren. Salzzitrone setzten dazwischen als Zesten und Püreetupfen immer wieder herb-säuerliche Nadelstiche und die drumherum aufgestellten Spitzmorcheln erdeten das Ganze auf elegante Weise.

Eine mit relativ viel Säure gekonnt auf Spannung gebrachte Kapernbutter belebte den Zwischengang um zwei knackig-glasige Langustinenschwänze in Idealform, die mit feingewürfelten fleischigen Kalbskopfwürfeln auf jungem Blattspinat thronten. Beim glasierten Kalbsbries in zart-saftiger Perfektion, das maximal puristisch nur auf ein wenig dünnstreifig geschnittenem, mariniertem und geschmortem Spitzkohl thronte, war es neben einer Lasur von der Bergamotte, die in dünnen Fäden auf das Bries gezogen war, auch eine Limettenschaumsauce mit viel Körper, Schmelz und Rückgrat, die für balancierte Frische sorgte.

Aber auch wenn dann mal keine Säure und Frische im Spiel ist, gelingt es dem Chef durch die Präzision beim Komponieren und den millimetergenauen Zuschnitt aller Komponenten, ein Gericht schlank und zugespitzt wirken zu lassen. So geschehen beim feinmotorisch umgesetzten Hauptgang vom Rücken eines Wagyu-Rinds mit Lauch und Lila Kartoffel, aber auch beim Dessert von Banane, Pandan und Vanille – beides lässt auf dem Papier eher an breite, behäbige Aromen denken, beides präsentierte sich auf dem Porzellan jedoch gestochen scharfgestellt.

Als sehr präzise und überlegt erweisen sich auch jedes Mal die Weinempfehlungen von Sommelier und Restaurant in Personalunion Marco Gerlach, der sich ebenfalls dem Leitthema „Around the world" nicht verschließt und vom 2017 Albariño des Winzers Gerardo Mendez über die Cuvée Monsignori von der griechischen Insel Santorini bis zum 2016er Crozes-Hermitage von Paul Jaboulet zum Wagyu-Beef im Hauptgang ein breites internationales Spektrum präsentiert.

Hotelempfehlung

★★★★ S

Europa-Park-Resort Bell Rock

im Europa-Park Rust
Peter-Thumb-Str. 6,
77977 Rust
☎ 07822-776699
www.europapark.dede/hotels/
4-sterne-superior-erlebnishotel-
bell-rock
Einzelzimmer: ab 86 €
Doppelzimmer: ab 121 €

Im 4-Sterne Superior Erlebnishotel „Bell Rock" auf dem frei zugänglichen Bereich des Europapark Rust begibt sich der Gast auf die Spuren der Pilgerväter und Entdecker Amerikas. Das Ziel der Reise ist Neuengland, die historische Wiege der USA. Das Hotel erzählt die Geschichte der Ein- bzw. Auswanderer und deren Leben in der neuen Welt. Dementsprechend orientiert sich das Gebäude mit der imposanten Herrenhaus-Fassade an der Formensprache des neuenglischen Siedlungsbaus und die Zimmer und Suiten (für bis zu 6 Pers.) sind thematisch ebenfalls an die Epoche angelehnt. Es gibt zehn unterschiedliche Kategorien vom Standardzimmer bis zu der im Leuchtturm untergebrachten John F. Kennedy-Suite – alle Räume sind klimatisierte Nichtraucherzimmer und standardmäßig mit Safe, Dusche/WC, Haartrockner, Flachbildschirm, Schreibtisch, Telefon sowie High-Speed-Internetzugang ausgestattet. Großer Wellness-, Fitness- und SPA-Bereich. Unterschiedliche Restaurants und Bars. AMMOLITE – The Lighthouse Restaurant separat erwähnt.

9

Esplanade
im Boutique Hotel Esplanade
Nauwieserstr. 5, 66111 Saarbrücken
☎ 0681-84499125
www.esplanade-sb.de
⏱ Mi–Sa von 12–13.30 Uhr
u. ab 18.30 Uhr, So–Di RT
Hauptgericht: 38–60 €,
Menüs: 135–165 €

So etwas gibt es wahrscheinlich nur nahe der französischen Grenze: Ein mittags unter der Woche trotz weitläufiger Räumlichkeiten und hochambitionierter Küche in heiter-positiver Stimmung bestens gefülltes Restaurant. In der Esplanade in Saarbrücken ist das alles andere als die Ausnahme – was einerseits für die Region spricht, andererseits aber auch dafür, dass Silio Del Fabro in der Küche und Jérôme Pourchère im Gastraum hier gemeinsam mit ihren engagierten Teams sehr vieles sehr richtig machen.

Und dieser Eindruck bestätigte sich auch beim letzten Besuch in dem elegant-modern gehaltenen Restaurant mit seinen bequemen farbigen Sesseln an blanken dunklen Tischen und der angenehm entspannten, heiteren Genussatmosphäre. Sogar mehr noch: Was das Team um Silio Del Fabro hier in beeindruckend unaufgeregter Art auf die Teller bringt, erreicht in Produktqualität und Finesse derzeit ein nochmal höheres Niveau als bereits in den letzten Jahren – mit vielen sehr eigenständigen und hochpräzise umgesetzten Ideen. Dass dabei klassische Haute-Cuisine die Grundlage bleibt, braucht kaum eigens erwähnt zu werden. Wohl aber, dass die Ausarbeitung der Gerichte auf ihre laserscharf eingestellte Art durchaus mutig modern ausfällt.

Los geht das schon bei den ersten Snacks, bei denen zuletzt ein Passionsfrucht-Macaron mit roher Garnele, ein filigranes Linsencroustillant mit Kalbstatar und schaumig leichter Béarnaise sowie ein saftig-knuspriger Blutwurststrudel mit Apfelgel und Röstzwiebel teils schon bekannt waren, aber davon unbenommen wunderbar animierend ausfielen. Genau wie ein klares und reintöniges Saiblingstatar in einem frischgrünen Apfelfond, das von hauchdünnem Kohlrabi, einem ätherisch-süßwürzigen Kohlrabieis, Saiblingskaviar und winzigen Croûtons bedeckt war und damit feine Kontraste auf engem Raum bündelte.

Gänzlich neu wirkte dagegen das „Nest" aus kompakt gerollten Bete-Streifen in fruchtig süßsaurer Glasur, akzentuiert von Gel und Streifen kandierter Zitrone, in dessen Zentrum sich ein satt milchiges und subtil grünlich bitter schmeckendes Walnussblatt-Eis und reichlich Kaviar versteckten. Letztere veredelte dann auch die umgebende säurefrische, fast spitze Petersilienvinaigrette. Bis auf die minimal zu plakativen süßsauren Noten an der Bete war das ein kreativer Volltreffer!

Ebenfalls ein Volltreffer, diesmal allerdings direkt ins schwelgerische Genusszentrum, war die folgende Makkaroni-Charlotte mit lockerer, durch saftige Stücke angereicherter Garnelenfarce und konzentriert-frischem Geschmack. Angerichtet wurde diese auf knackig glasigen Scheiben von gegrillter Garnele, gekrönt von einer in Filoteig-Streifen gegrillter Garnele und eingerahmt von einem hellen Krustentierschaum mit ätherisch pfeffrigen Noten. „Garnele hoch Vier" sozusagen, aber dank der unterschiedlichen Zubereitungen an keiner Stelle überfrachtet, sondern auf feinsinnige Art intensiviert.

Der folgende Saint-Pierre wurde dann dramaturgisch geschickt deutlich puristischer präsentiert – und das angesichts der herausragenden Produktqualität auch völlig zurecht. Das reinweiße und festfleischige Filet wurde mit hauchdünnen Knusperschuppen aus Fenchelbrot und Piment d'Espelette bedeckt, angerichtet auf zarten Fenchelstreifen und begleitet von einer kleinen Nocke duftig konzentrierter Fenchelcreme sowie einer lose emulgierten Vinaigrette aus Olivenöl, dunklem Essig, Schalotte und Pinienkernen, die das Ganze nochmal kraftvoll nach vorn pushte, ohne sich in den Vordergrund zu drängen. Großartig!

Die gleiche Kombination aus einem herausragenden, klar nach vorn gestellten Produkt und intensiven feinen Akzenten gab es dann auch beim Lamm im Hauptgang: Das straff-kernige Karree mit krossem Fettdeckel, der durch eine dünne Kräuterbröselschicht zusätzlich Crunch und Würze mitbekam, strotze nur so vor Saft und Würze. Das zarte Filet daneben wirkte mit seiner üppigen Haube aus Kräutern und Salzzitrone dagegen eher frisch und leicht, während ein zarter Artischockenboden mit hellaromatischem Ratatouille und Parmesan als Füllung ein pointiertes Kunstwerk für sich darstellte und das Lamm gemeinsam mit konzentrierter Artischockencreme und gerösteten Perlzwiebelsegmenten sowie einer schwebend eleganten Thymianjus kongenial ergänzte. Das kann man anders, aber wohl kaum besser machen.

Und weil diesmal, anders als beim letzten Besuch, auch das Dessert mit seiner facettenreichen Interpretation des Themas „Zitrus" voll auf Augenhöhe mit allen anderen Gerichten lag, gibt es eine wohlverdiente Aufwertung. Es kam in Gestalt einer hauchzarten Zuckerkugel mit Bergamottesorbet auf einer cremig abpuffernden Zitrustarte als Füllung, angerichtet auf einem duftigen Zitrus-/Gewürzsud und akzentuiert von verschiedenen pointierten Zitrusnoten zwischen Ätherik, Säure und Frucht. Chapeau!

Das Serviceteam um den ebenso charmanten wie versierten Gastgeber sorgt nicht nur für viel entspannten Komfort, sondern auch für ausgezeichnete und punktgenau angestimmte Weine mit Fokus Frankreich in den Gläsern. Einfach Jérôme Pourchère fragen…

GästeHaus Klaus Erfort

Mainzer Str. 95, 66121 Saarbrücken
☎ **0681-9582682**
www.gaestehaus-erfort.de
⏲ **Mo–Fr von 12–13.30 Uhr u. ab 19 Uhr, Sa u. So RT,**
Hauptgericht: 69–140 €,
Menüs: 147–220 €

Klaus Erfort ist in seinem stattlichen Gästehaus, einer aristokratisch anmutenden weißen Villa direkt neben einer schnöden blauen Tanke, einer der prominentesten Vertreter der modernisierten französischen Klassik in Deutschland. Und entgegen anderslautender Expertenmeinung sind wir nach wie vor der Ansicht, dass er hierzulande nicht nur gastronomisch, sondern auch kulinarisch an der Spitze mitspielt. Ein klein wenig Potenzial zur Optimierung sehen auch wir auf so manchem Teller, weshalb wir seiner Küche seit geraumer Zeit zur Höchstbewertung mit 10 Pfannen nicht auch noch den Bonuspfeil zuteilwerden lassen – ein Platz unter den zehn besten deutschen Köchen ist dem ehemaligen Harald-Wohlfahrt-Schüler, der längst selbst eine Anzahl mittlerweile renommierter Köche ausgebildet hat, in unserem Ranking aber sicher.

Und auch bei unserem jüngsten Besuch in einem der zeitlos elegant gestalteten Gasträume mit viel Licht, Holzparkett und festlich eingedeckten großen runden Tischen haben wir ganz ausgezeichnet gegessen. Die Speisekarte, die ein großes Gourmetmenü in vier bis sieben Gängen und verschiedene Optionen à la carte wie etwa Erforts längst schon legendäre auf Meersalz gegarte Langustinen, den Gemüseacker mit bretonischem Hummer, Olivenkrokant und pochiertem Wachtelei, oder eine für zwei Personen im Ganzen zubereitete getrüffelte Bresse-Poularde mit Kartoffelschaum und jungem Lauch offeriert, hatte zwar keine neuartigen Überraschungen zu bieten, aber Innovationen erwartet man hier eigentlich auch nicht. Vielmehr wünscht man sich perfekt auf den Punkt gebrachte hervorragende Produkte und klassische Kompositionen mit viel aromatischer Tiefe und Eleganz.

Und bekommt diese auch! Ein zart krosser Macaron mit Gänseleber und Maracuja-Sphäre, ein schneidiger Happen mit Gurke, Joghurt und Wasabi, eine erfrischend marinierte Auster oder das bereits von früheren Besuchen bestens bekannte und liebgewonnene Eigelb mit Spinat und Kartoffelschaum unter einer Haube aus reichlich Trüffel präsentierten in modern interpretierter klassischer Art und handwerklicher Präzision exakt jenen Küchenstil, den man hier seit eh und je geboten bekommt und auch nicht mehr missen will. Genau wie das schmelzige, mit feiner Senfschärfe hinterlegte Rindertatar nebst Crème fraîche und Imperial-Kaviar, dem ein Gurkensud dezente Frische und Leichtigkeit vermittelte. Klaus Erfort weiß genau, wie er die Grande Cuisine seiner Lehrmeister und Vorbilder ins Hier und Jetzt transferiert, ohne ihr die Ausdruckskraft und Exzellenz zu nehmen.

Und das gelang auch vortrefflich mit dem schon als Produkt erstklassigen glasig-knackigen Hummer mit seiner eleganten jodigen Süße, die von ein paar Algen und Wildkräutern zusätzlich gekitzelt wurde. Etwas marinierte Gelbe Bete und Ringelbete, ein wenig Gurkentatar und eine Vinaigrette auf Basis von aufgeschlagenem Eiweiß mit Schnittlauchöl waren dem Krustentier eine angenehm subtile Umrandung. Dezente Säure gab dem ohnehin schon sehr leichten Gericht fast schon etwas Ätherisches und trotzdem hatte diese Vorspeise auch noch genug Tiefgang und Druck. Ein perfekter, hochqualitativer Start!

Perfektion und Qualität gab's auch beim optimal beschaffenen Risotto mit homogen wachsweichem gebeizten Eigelb und reichlich weißer Alba-Trüffel zu erschmecken und zu bestaunen. Hier belebte eine weiße Schaumsauce mit Tupfen einer prononciert süßlich-säuerlich abgeschmeckten Jus (vermutlich mit lang gereiftem Balsamico) das Ganze angenehm hintergründig. Für Erfort-Verhältnisse überraschend grob gefasst wirkte allerdings der darauffolgende Zander mit Rote Bete, Schnittlauchöl und Pommes Soufflées auf getrüffeltem Kartoffelpüree, der im Hintergrund von einem etwas Raucharomatik getragen wurde. Außerdem war der Fisch selbst nach unserem Dafürhalten im Kern eigentlich noch einen Tick zu roh, so dass man ihn nicht als perfekt glasig bezeichnen konnte, trotzdem aber warm genug und qualitativ so gut, dass es nicht sonderlich ins Gewicht fiel.

Das folgende gebratene Kalbsbries indes begeisterte nicht nur durch optimale Produktqualität, sondern auch durch perfekten Garzustand. Das ausreichend große, schön knusprig angebratene und im Kern zart-saftige Stück aus der Thymusdrüse vom Kalb war getoppt mit Buchenpilzen, schwarzer Trüffel, jungem gedünstetem Lauch sowie einer rahmigen nicht näher identifizierbaren Geleefolie, und es wurde sanft von einer rahmigen Petersilienschaumsauce umschmeichelt. Zur absoluten Perfektion fehlte dem Ganzen nach unserem Geschmack nur etwas die Konturen und die aromatische Tiefenschärfe…

Das klappte dank einer sehr pointierten und ausdrucksstarken Purple-Curry-Jus mit fruchtiger Säure, einer angenehmen Schärfe und dem typischen floralen Aroma dieser unter anderem mit Hibiskusblüte aromatisierten Currymischung dafür aber beim Hauptgang umso eindrucksvoller. Der drehte sich im Wesentlichen um eine in Perfektion auf den Teller gezauberte Brust von der Vendée-Ente, auf dem Hauptteller eskortiert von einem Spitzkohlröllchen mit Nussbutterbröseln, etwas Selleriemousseline und einer raffinierten sphärisierten Creme aus geräucherten Pistazien, die hier ein nicht unwesentliches Detail war. Auf einem Satellitenteller gab's auch noch eine Tranche von der gebratenen Gänseleber nebst glasiertem Apfel und einem Filoteig-Röllchen mit einer leider kalten und schon von daher eher blassen als markanten Blutwurstcreme-Füllung.

Als sehr stark empfanden wir die Pâtisserie, angefangen mit einem fluffig-saftigen Baba au Rhum, gekrönt mit Creme Chantilly und einer kleinen Nocke Eis von Roter Shiso-Kresse, unterfüttert von Gewürzbirne und einem entsprechenden Sud. Der absolute Knaller war für uns aber der eigentliche süße Abschluss, bei dem ein rauchiges Whisky-Eis mit hauchdünner marmorierter Kakaobutterhülle neben stark zugespitzten Zitronenkomponenten stand, deren Säure und Intensität wiederum harmonisch von der laktischen Milde eines Joghurtsorbets und einiger Joghurtmousse-Tupfen abgefedert wurde. Ein extrem starker Abschluss, originell und mit viel Zug!

Dass die filigranen Petits Fours genauso wie die begleitenden Weine und die gesamte Performance des unaufgeregt souveränen Serviceteams höchsten Ansprüchen gerecht werden, kennen wir auch aus den Vorjahren nicht anders und braucht hier kaum noch gesondert erwähnt zu werden. Hervorheben muss man allerdings das auf diesem Niveau nach wie vor ausgesprochen gute Preis-Genuss-Verhältnis, was auch und insbesondere auf die Weinkarte zutrifft.

Schlachthof Brasserie

Straße des 13. Januar 35,
66121 Saarbrücken
0681-6853332
www.schlachthof-brasserie.de
Mo–Fr von 12–14 Uhr u. ab 18 Uhr,
Sa u. So RT
Hauptgericht: 16–49 €, Menüs: 39 €
VISA

Ein Klinkerhaus inmitten des einstigen Schlachthofviertels lädt in einem geschmackvollen Bistro-Ambiente mit Spiegeln, kleinen Tischen, roten Lederpolstern und rotem Klinkerboden und -wänden zu hochwertiger Steak-Kultur. Es gibt nicht nur die klassischen Cuts von hochqualitativem Rindfleisch unterschiedlicher Herkunft, sondern auch typische französische Bistro- bzw. Brasserie-Gerichte, mediterrane Evergreens oder Traditionsgerichte deutscher Herkunft, wobei natürlich gutes trockengereiftes Fleisch vom 800 °C-Grill im Mittelpunkt des Schaffens steht.

kostenpflichtiger Transfer angeboten. Moderne Klassik findet man auf den Tellern des Restaurant Esplanade, wo Küchenchef Silio Del Fabro und sein Team klassisch französische Küche mit mediterranen und japanischen Einflüssen zeitgemäß interpretieren. Restaurant Esplanade separat erwähnt.

Hotelempfehlung

★★★★

Boutique Hotel Esplanade

Nauwieserstr. 5, 66111 Saarbrücken
☎ 0681-84499125
www.esplanade-sb.de
Einzelzimmer: ab 260 €
Doppelzimmer: ab 280 €

Das Hotel Esplanade befindet sich in einer 1890 in der Gründerzeit als Schulgebäude errichteten Villa auf einem parkähnlichen, von Platanen umgebenen Areal mitten im Herzen von Saarbrücken. Das nahezu quadratische Gebäude, im dem unterschiedliche Stile und Kontraste harmonisch verschmelzen, wurde liebevoll restauriert und ist heute ein Ort der Ruhe, Gelassenheit und Entschleunigung. Die ringsum reichenden großen Fenster und bodentiefen Lichtöffnungen verleihen dem massiven Steinmauerwerk eine konträre Leichtigkeit – ein Prinzip, das sich auch im Inneren bis in die 16 komfortabel ausgestatteten und in den vier Leitfarben Framboise, Beige, Indigo und Turquoise gestalteten Zimmer fortsetzt. Diese verfügen alle über Klimaanlage, einen Flachbildfernseher mit Kabel-TV, eine Kaffeemaschine, ein modernes Bad und eigens für das Hotel kreiertes Mobiliar. Zu den beliebten Sehenswürdigkeiten in der Nähe des Hotels gehören der Saarländische Landtag, die Kongresshalle, das Ludwigsparkstadion und das Saarländische Staatstheater, das nur 500 m entfernt liegt. Zum Flughafen Saarbrücken (8 km) wird ein

LOUIS restaurant

im LA MAISON hotel
Prälat-Subtil-Ring 22,
66740 Saarlouis
☎ 06831-89440440
www.lamaison-hotel.de
⊙ Mi–Sa ab 18.30 Uhr, So–Di RT
Menüs: 204 €

Dem vielfach ausgezeichneten Gebäudeensemble des „LA MAISON", das neben der historischen Villa auch noch mit zahlreichen Hotelzimmern, Fest- und Tagungsräumen sowie einem weitläufigen Park aufwartet, merkt man nicht mehr an, dass hier auch einmal ganz nüchtern das ehemalige Oberverwaltungsgericht tagte. Schon gar nicht im mit hohen Decken und elegantem Mobiliar sehr aristokratisch wirkenden Gourmetrestaurant LOUIS, das mit großformatigen Schwarz-Weiß-Fotos den ansonsten klassisch-gediegenen Stil ein wenig bricht. „Gerichts-Entscheidungen" müssten hier von den Gästen übrigens keine mehr getroffen werden, denn das Team um Küchenchef Martin Stopp offeriert ausschließlich eine Menüvariante, die im Grunde auch nicht verkürzt werden kann. Und bei der Weinbegleitung kann man sich getrost in die Hände von Gastgeber und Sommelier Robert Jankowski begeben. Der gebürtige Norddeutsche führt nämlich äußert kenntnisreich und charmant durchs Repertoire oder empfiehlt auf Wunsch glasweise und profitiert dabei von seinen Wanderjahren in der Spitzengastronomie und auf Top-Weingütern.

Auf der anderen Seite des Passes sieht sich Martin Stopp, ein ehemaliger Weggefährte von Klaus Erfort, zwar weiterhin im besten Sinne der französischen Kulinarik verpflichtet, weiß aber auch Ausflüge in andere Breiten geschickt ins Programm zu integrieren – heuer beispielsweise in kulinarisch-historische Gefilde oder nach Georgien. Dass uns das Menü aber in dieser Saison noch ein klein wenig besser gefiel als im Vorjahr, lag vor allem an der bis auf wenige Ausnahmen noch präziser präsenten, messerscharfen Aromatik und der überzeugenden handwerklichen Konzeptionierung und Umsetzung aller Teller. Und dass eben nicht bloß, weil die verwendeten Edelprodukte bestmöglich inszeniert wurden, sondern gerade die vermeintlichen Details eine beeindruckende Aufmerksamkeit gewidmet wurde, die deutlich in Richtung des nächsthöheren Pfannen-Niveaus verwiesen.

So zum Beispiel schon bei den Aperos der „herben Begrüßung" oder dem eigentlichen Amuse-Gueule, die satt eine erste Benchmark setzten. Herausragend hierbei die vom Gast selbst auf asiatischer Binchotan-Holzkohle zu grillende Riesengarnelen-Tranche, die anschließend zusammen mit Wassermelonensorbet und schwarzer Knoblauchcreme in einem Shisoblatt verpackt, das erste Miniatur-Highlight darstellte. Und auch das „Borschtsch-Glacé" im Anschluss integrierte nicht nur die traditionellen Elemente beispielsweise in Form eines mit Ingwer angespitzten Rote-Bete-Gels und einer ungemein konzentrierten, reduzierten Borschtsch-Essenz, sondern wurde mit Foie-Gras-Eiscreme, Dillöl und Krautsalat mal edel, mal rustikal, mal kräutrig-pfeffrig und mal erdig gekontert.

Und auch wenn Martin Stopp den „Krabbencocktail" der 60er- und 70er-Jahre altersbedingt nicht selbst erlebt haben dürfte, war die Kombination von Krabben, Ananas und Sellerie Ausgangspunkt für seine Neuinterpretation, die aber mit dem meist drögen Ergebnis aus der Vergangenheit glücklicherweise nicht viel zu tun hatte. Vielmehr lieferte die Kombination von Königskrabbentatar, Kopfsalat-/Secco-Granité und einem Ingwer-/Sellerie-Öl einen passgenauen Mix aus Jod, Frische und Säure, das von einem Geleeblatt aus oxidiertem Kopfsalat und Staudensellerie-Granité gekühlt sowie mit einer Vanille-Vinaigrette final erweitert wurde. Grandios zeitlos und sicher auch für

Verfechter des „Originals" eine veritable Alternative!

Ohne dem schmelzig-zarten Loch-Duart-Lachs, der im Anschluss gebeizt und dann mit Miso geflämmt ätherisch und rauchig zugleich erschien, seinen raumgreifenden Part absprechen zu wollen, waren es im Folgenden aber sicher die schon eingangs erwähnten Details, die ganz unaufgeregt den Ton bestimmten. So zum Beispiel die am Tisch angegossene Gazpacho von Tomate und Gurke, die genauso aromensatt daherkam wie der exotisch schärfende Mangosenf, dem noch zusätzliche Aromen wie Shiso und schwarzer Knoblauch kongenial assistierten. Im Ergebnis ein meisterliches Spiel von gemüsiger Frische, fruchtiger Schärfe und kräutriger Würze, die perfekt ausgewogen und spannungsvoll zugleich wirkte.

Die punktuelle Veredelung französischer Küchentraditionen durch die mindestens genauso qualitätsversessene japanische Küche ist natürlich auch für Martin Stopp immer ein lohnenswerter Ansatz, der in diesem Fall Kalb, Edamame und Miso zusammenführte. So durfte das Zweierlei vom Kalb – rösch gebackenes, innen schön zartes Bries und kurz angegrilltes, cremig-fleischiges Steak Tatar – traditionelle Haute Cuisine transportieren, während in Dashi erwärmte Edamamebohnen, eine Brot-/Miso-Hollandaise und eine Umami-Bouillon auf Kassler-Basis den fernöstlichen Anteil lieferten. In Gänze ein ungewöhnliches, aber völlig zugängliches und unverschämt pralles East-West-Crossover – perfekt bis ins letzte Detail umgesetzt!

Küchenhistorisch antik wurde es dann mit der aus fermentierten Sardellen hergestellten Sauce „Garum", die einer Tranche von auf Holzkohle gegrillter Rotbarbe zunächst schon intensive Würze spendierte. Die Annoncierung „à la provençale" wiederum rechtfertigte ein süchtig machender, intensiv-gemüsiger Ratatouille-Sud, der zusammen mit einem von der Amalfi-Zitrone geküssten Artischockenviertel, schön jodig geriebenem Jakobsmuschelrogen und einer röstig-süßlichen Zwiebelcreme die Provence mittig auf den Teller projizierte. Grandiose Mediterranità in Perfektion!

Genau diese Perfektion wurde dann leider von den beiden georgisch inspirierten Lamm-Variationen, die nacheinander als doppelter Fleischhauptgang aufgetragen wurden, nicht ganz erreicht. Denn sowohl das im direkten Vergleich recht poltrige Lammnacken-Ragout, das zwar stilecht mit Khinkali-Teigtäschchen, Crème fraîche und Shoti-Brot begleitet wurde, als auch das insgesamt sehr süßlich-breite Arrangement von Rote Bete (glasiert und als Confit),

Granatapfelkernen und Walnusspesto zum tadellos medium gebratenen Lamm-Frikandeau,
bewegte sich im Vergleich zum Vorausgegangenen nicht ganz auf Augenhöhe. Wobei wir natürlich den authentischen Eindruck einer eher
unbekannteren Landesküche einen gewissen
Reiz auch nicht absprechen möchten…

Auch auf den letzten Metern orientierten sich
sowohl der „Erdbeersalat" als Prä-Dessert als
auch die „Piemonteser Haselnuss" im Anschluss wieder am Niveau der ersten Gänge des
Menüs und kamen genauso präzise auf den
Punkt. Waren es zu leicht gepfefferten Erdbeeren etwa Aromen von einem Melisse aromatisierten Sud auf Buttermilchbasis oder ein mit
Verbene aromatisiertes Joghurteis, die grüne
und laktische Spitzen zusammenbrachten,
sorgten dann zum Beispiel ein Aprikosen-/
Grünteesüppchen für Frucht- und Bitternoten
als Konter zur „Tonda Gentile", die gleich vier-
fach (geröstet, Eis, Creme und Öl) variiert das
Menü abschließen durfte. Das Finale eines
denkwürdigen Auftritts, der gleich schon wieder Lust auf den Besuch in der kommenden
Saison machte. Und wir sind sehr gespannt, ob
dann das nächste Level erreicht wird, das wir
diesmal mit dem Bonuspfeil schon mal avisieren.

PASTIS Bistro
im LA MAISON hotel
Prälat-Subtil-Ring 22, 66740 Saarlouis
📞 06831-89440440
www.lamaison-hotel.de
⊘ Di–Sa von 12–14 Uhr, So u. Mo RT
Hauptgericht: 22–46 €

Nicht nur der Hinweis „toutes directions" auf
den Verkehrsschildern verweist auf die nur einen Steinwurf entfernte Grenze zu Frankreich – auch kulinarisch ist die Nähe zum west-

lichen Nachbarn natürlich eine Steilvorlage.
Denn gerade für ein sehr frankophiles gastronomisches Konzept wie das im „La Maison"-
Hotelkomplex, der neben dem Bistro noch
noch mit dem Gourmetrestaurant „LOUIS"
aufwartet, sind die kurzen Wege sicher ein
Standortvorteil. Und die nutzen Küchenchef Taoufik Bakrine und sein Team gekonnt
aus, um mit allerlei Edelprodukten eben nur
das Prestigeobjekt, sondern auch das bodenständigere zweite Restaurant zu bestücken.

Authentisch rösch-knuspriges und lockerkru-
miges Baguette, dass man dergestalt hierzulande nicht allzu oft auf den Tisch bekommt, wird
dann lediglich mit einer gemüsig-fluffigen Paprikacreme und etwas Salzbutter praktisch
schon zum ersten Gang, der den diesjährigen
Auftakt zum sehr gastfreundlich kalkulierten,
dreigängigen „Menu de la semaine" bot. Das
wird zudem noch durch eine kleine, aber sehr
fein bestückte Auswahl an à-la-carte-Angebo-
ten ergänzt, die ganz scheuklappenfrei unter
anderem auch einen Burger vom US-Black-An-
gus-Rind oder eine „Fish&Chips"-Variante als
Alternative zur ebenfalls offerierten geschmorten Lammstelze „à la provençale" offerieren.

Ganz traditionell startete die Küche heuer mit
ihrer Interpretation des „Salade Niçoise" ins
Programm – und beließ es damit einfach (und
gewinnbringend) bei der vielfach erprobten
Grundrezeptur, die ja vor allem von der Qualität der Zutaten lebt. Und da machte die Küche
erwartungsgemäß keine Kompromisse: Zu auf
Friséesalat drapierten, leicht angewärmten Bio-
Kartoffeln lieferten erkennbar hochwertiger
marinierter Thunfisch, Kalamata-Oliven, An-
chovifilets und Nonpareilles-Kapern das typische Geschmacksbild, das allenfalls punktuell
etwas zu viel plakative Säure aufbot. Aber auch
das macht ja den Reiz dieses südfranzösischen
Gerichts aus.

Dass die „Classiques"-Karte über die Jahre
praktisch unverändert bleibt, liegt sicher auch
an Kreationen wie der Fischsuppe „Pastis".
Denn die schön jodige Bouillabaisse, die auch
dieses Mal unter anderem mit Lachs, Miesmuscheln und Hummer exquisit bestückt war,
wird ganz traditionell mit Rouille, Comté und
Röstbrot aufgetragen und hinterlässt auch
schon in der kleinen Vorspeisenvariante einen
nachhaltigen, weil äußerst aromatischen Eindruck, den man als Stammgast problemlos
mehrfach im Jahr genießen kann – und will!
Genauso übrigens wie die mit Comté gratinierten, saftig-zarten Kalbsschnitzel aus dem Wo-
chenmenü, die mit kross frittierten und zartschmelzend geschmorten Zwiebeln zweifach
akzentuiert wurden – und zudem mit aroma-

tusch in Fond gegarten, herrlich glasig-schmelzigen „Pommes Boulangère" sowie einem erfrischend dressierten Lisdorfer Blattsalatbouquet daherkamen. Als augenzwinkernden Gruß aus der Gourmetküche durfte zuletzt sogar noch ein punktgenau reduzierter, würzig-tiefer Jus-Spiegel den Teller adeln, der in der Form vielleicht sogar eine Etage höher zum Einsatz kommen könnte.

Keine Experimente riskierte auch die Pâtisserie und sorgte mit einer typisch dünnbodigen Aprikosentarte, die geschmacklich zwischen süßsäuerlich und sahnig-cremig eingenordet war und mit Vanilleeis und Crème Chantilly akzentuiert einen völlig unprätentiösen, aber vollumfänglich genussreichen Abschluss bescherte.

Die kleine Weinauswahl wird ergänzt durch eine feine Auswahl an Pastis, die sowohl im hübsch mit Kupfergeschirr dekorierten Gastraum als auch im lauschigen Wintergarten mit Blick in den hauseigenen Park entspannt genossen werden können. Und hier wie dort von einem sehr aufmerksamen und charmanten Team serviert werden.

Hotelempfehlung

★★★★ S

LA MAISON hotel

Prälat-Subtil-Ring 22, 66740 Saarlouis
☎ 06831-89440440
www.lamaison-hotel.de
Einzelzimmer: 110–165 €
Doppelzimmer: 150–315 €

Die historische Villa mit modernem Anbau im Herzen von Saarlouis ist ein lebendiges Haus, das Tradition mit Moderne verbindet und eine feine Adresse für Genussmenschen. Im Design des Hotels spiegeln sich Kultur und Lebensgefühl von Saarlouis wider: Frankophile Atmosphäre verbündet sich mit urbanem Zeitgeist.

Die 38 Zimmer sind nicht nur komfortabel und geschmackvoll, sondern auch sehr individuell gestaltet. Alle punkten mit durchdachten Schnitten, hochwertigem Parkett, weichen Teppichen, frischen Farbakzenten und maßgeschneidertem Mobiliar. Für Gäste kostenfrei inklusive: WLAN, Nespresso-Kaffeemaschine und Teeauswahl sowie die Benutzung des Fitnessraums im Erdgeschoss. Im Nebenhaus kommen kulinarische Genießer nicht nur im Gourmetrestaurant Louis und dem anspruchsvollen Bistro auf ihre Kosten, sondern auch im eigenen Feinkostladen: Hier gibt es Köstlichkeiten aus der Hotelküche, in bester Manufaktur-Manier. LOUIS restaurant und PASTIS bistro separat erwähnt.

Sailauf (Bayern)

Rumpolt

im Schlosshotel Weyberhöfe
Weyberhöfe 9–15, 63877 Sailauf
☎ 06093-993320
www.schlosshotel-weyberhoefe.com/
✪ Mi–Sa ab 18 Uhr, So–Di RT
Hauptgericht: 32–45 €, Menüs: 68–85 €

Den Mundkoch des Mainzer Erzbischofs aus dem Jahr 1581 als Namenspatron für den Relaunch des Fine-Dining-Restaurants auszuwählen, macht nicht nur aus historischer Sicht Sinn. Denn das ehemalige Jagdschloss Weyberhöfe, das, umgeben vom weitläufigen Park, auch heute noch mit authentisch herrschaftlichem Charme aufwartet, wurde immer wieder auch von Marx Rumpolt selbst als Bühne für seine Kochkunst genutzt. Und auch wenn in letzter Zeit durch mehrere Wechsel am Herd keine stringente Linie erkennbar werden konnte, könnte diese jetzt durch Neu-Küchenchefin

Nele Rudolf entstehen, deren Kreationen heuer eine ebenso stimmige wie pointierte Angelegenheit waren und dergestalt sicher auch dem kulinarischen Urahn gefallen hätten.

Stilistisch positioniert sich das Team am Herd zwar mit klarem Bekenntnis zur Region, aber auch klassisch-französische oder asiatische Einflüsse sind markante Eckpunkte, die geschickt eingeflochten werden. Auf dem Teller zeigte sich das dann gleich schon sehr schmackhaft bei der ersten Vorspeise rund um Garnele, Kürbis und Linsen: Die gewinnbringend roh servierte bayrische „Crusta Nova" (schmelziges Tatar, leicht bissiger Schwanz) wurde da lediglich mit nussig-cremigem Kürbiseis und leicht geschärften, al dente gehaltenen schwarzen Linsen dezent geerdet und so in ihrem überzeugenden Auftritt nicht gehemmt.

Ein geradlinig umgesetzter Start, der genauso auf dem Punkt war wie im Anschluss das rösch auf der Haut gebratene Saiblingsfilet, dessen saftiges Innenleben von einem laktisch-kräuterigem Kefir-/Dillöl-Sud und leicht süßlich marinierten Rettichscheiben kontrastiert wurde. Nicht zu üppig portioniert, ein leichter Aufgalopp ohne frühzeitige Sättigungsgefahr…

Ebenfalls weder überladen, noch gewollt kreativ gerieten das cremige Petersilienwurzelsüppchen sowie die Consommé von der Gans, die als Zwischengänge offeriert wurden. Während die Veggie-Variante mit Apfelbrunoises, Senfsaat, Chili und Kräuteröl angespitzt war und harmonisch Säure, Biss und Schärfe zusammenführte, profitierte die klassisch angelegte Geflügelessenz zunächst von geflämmten Frühlingszwiebeln als rauchig-knackige Einlage. Der eigentliche Clou waren aber zwei angebratene (und somit nicht gleich durchgeweichte), mit Entenconfit gefüllte Gyoza-Täschchen, die hier texturellen und aromatischen Mehrwert boten, ohne den traditionellen Charakter des Süppchens zu übertünchen und den Gang aus dem Gleichgewicht zu bringen.

Ein wenig monochrom geriet hingegen der erste Hauptgang, bei dem am Knochen saftig-rosa geschmorte Short Rib aromatisch satt den Ton vorgab. Im Gegensatz zum Vorprogramm vermissten wir hier aber doch ein öffnendes Element, denn sowohl der fermentierte Rotkohl als auch die aufgestrichene Rote-Bete-Creme wirkten ein wenig zu breit und stellten dem Beef schlicht zu viel Erdigkeit ohne aromatische Zuspitzung entgegen.

Wie es besser geht, zeigte das Team auf einem anderen Teller, auf dem frisch geraspelter Meerrettich als finales Schärfe-Topping auf zartfleischigem, perfekt auf den Punkt gebrachten Rehrücken für ätherische Spitzen und ei-

nen originellen Twist sorgte – und so die Begleitung des Wildfleischs in Gestalt von Topinamburcreme und kurz ansautierten Mangoldblättern, die auch noch einen kleinen grünen Akzent setzen konnten, willkommen auflockerte. So entstehen hier auch ohne überbordendes Kreativpotenzial kurzweilige Gerichte.

So wie auch der süße Abschluss, der gar nicht so süß war, weil hier die Spielarten von der Karotte (Kuchen, Eis, Gel, Chip…) von würzig-säuerlicher Muskatblütencreme abgefedert wurde, während angerösteter Amaranth noch ein knuspriges Element fürs ausgewogene Mouth-Feeling beisteuerte und so den gelungenen Premierenauftritt der neu besetzten Küche komplettierte.

In der Weinkarte findet man schon bei den offen ausgeschenkten Tropfen Szenegranden wie Weil und Bassermann-Jordan, die vom jungen Serviceteam, das auch sonst mit viel Elan und Spaß an der Sache am Start ist, sympathisch offeriert werden.

Hotelempfehlung

Schlosshotel Weyberhöfe

Weyberhöfe 9–15, 63877 Sailauf
📞 06093-993320
www.schlosshotel-weyberhoefe.com/
Einzelzimmer: 94–149 €
Doppelzimmer: 114–219 €

Das mit viel Liebe zum Detail und unter Berücksichtigung des Denkmalschutzes renovierte Schlosshotel Weyberhöfe befindet sich inmitten eines weitläufigen Parks am Naturpark Spessart. Nicht nur die Hotelzimmer, sondern auch die öffentlichen Bereiche wurden umgestaltet und um eine einladende Lobby und eine Hotelbar erweitert. Die insgesamt 40 luxuriösen Zimmer und Suiten, deren Raumaufteilung und Einrichtung jeweils einzigartig ist, eint der individuelle Charakter der historischen Schlossmauern, gepaart mit stilvollem Ambiente und modernem Komfort wie hohen Betten mit Wendematratze in zwei Härtegraden, Kopfkissenmenu, Pflegeprodukte und Bademantel, SAT-TV und kostenfreies WLAN. Der großzügige SPA-Bereich mit Außenterrasse lockt als Besonderheit mit einem original türkischen Hamam und bietet auch sonst ein breites Spektrum an Wellnessanwendungen. Regionale und internationale Spezialitäten werden im Restaurant „Rumpolt" kredenzt. Am traditionsreichen Herd des Restaurants „Rumpolt" werden raffinierte, internationale Gerichte neu interpretiert. Restaurant Rumpolt separat erwähnt.

Salach (Baden-Württemberg)

fine dining RS
im Burghotel Staufeneck
Burg Staufeneck 7,
3084 Salach
☎ 07162-9334473
www.burg-staufeneck.de
◷ Do–Sa ab 18.30 Uhr, So von 12–14 Uhr
u. ab 18.30 Uhr, Mo–Mi RT
Menüs: 108–172 €

Die Lage, die Lage und die Lage sind schon mal drei gute Gründe, die Burg Staufeneck zu besuchen. Aber zwischen allen sicht- und spürbaren Investitionen, die hoch über dem Filstal weiterhin getätigt werden und von denen die Hausgäste profitieren, gibt es für auswärtige Genießer zwei weitere gute Gründe. Sie heißen „fine dining RS" und „oifach anders" – hier also die von der französischen Klassik geprägte Hochküche von Rolf Straubinger und Markus

Waibel, dort die etwas bodenständigere, aber gar nicht mal nur schwäbische Küche.

Beide Restaurants sind nach einer großen Umbaumaßnahme 2019 neu aufgestellt und haben dank bodentiefer Fenster einen fantastischen Ausblick aufs Tal. Das fine dining RS bietet moderne Eleganz mit schönen Akzenten in Mint und Purple – allerdings können Parkettboden, blanke Holztische und weiterer Verzicht auf schallschluckende Stoffe dazu führen, dass die Stimmen im Raum trotz sanft untermalender Musik recht präsent sind, was aber der allgemeinen Stimmung keinen Abbruch tut. Für Individualisten etwas gewöhnungsbedürftiger ist der „gemeinsame Genuss": aus küchenlogistischen Gründen nachvollziehbar, werden die Gäste gebeten, in einem definierten Zeitfenster zu erscheinen, damit alle Gänge gleichzeitig zubereitet und serviert werden können.

Am Ende aber wiegen zwischenzeitliche Wartezeiten in einem Menü, das je nach Lesart aus fünf oder sechs Gängen besteht, nicht so schwer. Das heißt, angeboten werden eigentlich zwei Menüs, wobei viele Gänge der „Vegi Selection" eine Abwandlung ohne Hauptprodukt sind. Im regulären Menü ging es los mit drei annoncierten Aperitif-Häppchen „auf der Wiese", da sie als Hintergrunddekoration Kresse und andere Kräuter hatten: ein „Obatzter", elegant als französische Windbeutelvariante Choux au Craquelin interpretiert, eine Kalbskrokette mit Zitronen- und Kapernaroma sowie „Ente Asia" als kunstvoller Aufbau. „Auf dem Porzellan" davor lag noch eine etwas größere Miniatur: eine ungetoastete Weißbrotscheibe mit „Caesars Salad" und Pastrami.

Nach zweierlei hausgemachtem Brot mit Olivenöl, drei Salzsorten und einer aufgeschlagenen Kräuterbutter kam noch ein warmer Gruß aus der Küche, mit dem schon mal ein bisschen die Faust gereckt wurde – die Deftigkeit der Blutwurstkrokette wurde aber mit den Aromen von Kürbiscreme, Birnenstreifen und Vanille gut aufgefangen. Auf einem separaten Löffel waren die Proportionen dann andersherum dargeboten: Der Frische eines Birnensorbets wurden knusprige Speckwürfel entgegengesetzt.

Mit Kontrasten, die klar aneinandergesetzt waren und in der Summe ein abwechslungsreiches Geschmacksbild ergaben, glänzte die erste reguläre Gang des Menüs. Der abgeflämmte Skrei, perfekt gesalzen, innen schön saftig und noch leicht glasig, wurde von ziemlich dominanten Nebendarstellern à la „Waldorfsalat" begleitet. Vor allem Sellerie durfte sein intensives Aroma ausbreiten, als Creme sowie als Scheibe, die den Selleriesud aufnahm und als

Sockel für Variationen vom Granny Smith diente. So kam zu den kräftigen Tönen eine schöne Frische ins Spiel, die auch dringend nötig war, denn weitere starke Player waren in dem Verein schwarze Trüffel und karamellisierte Walnüsse.

Mehr Ton in Ton und als solches sehr geschmeidig und wohlgefällig war hingegen der nächste Gang mit einer Coquille Saint Jacque in Topqualität: festfleischig und mit etwas Würze ideal unterstützt. Ihr nussiger Geschmack wurde gut gepaart mit der dezent erdigen Süße von Rotkraut und Roter Bete. Aber es gab zur Jakobsmuschel auch noch etwas mehr Meer: eine Nocke Kaviar, die mit einer Sauerrahm-Beurre-Blanc übergossen wurde. Zusammen mit Rotkohlsaft und Schnittlauchöl ergab dies nicht nur ein geschmacklich stimmiges, sondern auch farblich schönes Bild mit beim Löffeln ineinanderfließendem Rot-Weiß-Grün. Apropos Optik: Auch die Chioggia-Bete mit ihren weiß-roten Spirale machte sich, hochkant aufgestellt, im Teller gut.

Weniger gut gefiel uns das folgende Gericht, obwohl es auch schön aussah und gleich mit zwei Premiumprodukten gearbeitet wurde: mit Hummer mit eingelegtem Radicchio als Füllung in einem Täschchen und mit einer Langustine obenauf. Der Hummerschaum allerdings war, wie auch der in Portwein blanchierte Mangold, so grenzwertig würzig, dass man schon fast von versalzen sprechen muss. Dadurch wirkte das Gericht so plakativ, dass weitere Details, abgesehen von einer partiell präsenten Süße auf dem Teller, keine Chance hatten, erschmeckt zu werden…

Auch das Fleischgericht hatte sehr viel Power. Warum es zum australischen Wagyu-Rind, rundgebraten und innen saftig-hellrot, das mit seiner dichten Fettmaserung schon leicht speckig wirken kann, dann noch eine mit Specköl getunte Hollandaise dazugeben musste, hat sich uns nicht ganz erschlossen, denn sie machte das Gericht unnötig opulent und rustikal, war nicht nur recht dickflüssig, sondern eigentlich auch zu würzig. Hübsch anzuschauen und ein kleiner Ausgleich zur Wucht von Fleisch, Hollandaise und übrigens auch kräftiger Sauce, war eine Scheibe mit Knoblauch aromatisierter Kräuterseitling, auf dem mit Zwiebeln, Lauch und Kräutern ein kleiner Garten angelegt war.

Das Predessert überraschte mit der stimmigen Kombination aus Gorgonzola und Zwetschge. Das eigentliche Dessert enttäuschte etwas durch zu wenige geschmackliche Dimensionen. Zwar standen auch „japanische Aromen" auf der Karte, Yuzu als Gel war auszumachen, ansonsten bezog sich das Annoncierte viel-

leicht auch darauf, dass die Mandarine möglicherweise japanischen Ursprungs war. Sie wurde als Cracker, Sorbet und Süppchen rund um einen knackig ummantelten Ring aus dunkler Schokolade variiert – ein wohlschmeckendes, aber auch etwas spannungsarmes Dessert. Die Petits Fours zum Abschluss aus einer kleine Schatzkiste hatten wieder deutlich mehr Facetten zu bieten.

Eine wahre Schatzkammer ist der Weinkeller mit über 1000 Positionen. Wer die Weinkarte entgegennimmt, muss einen festen Griff haben. Aber es lohnt sich auf jeden Fall, den Empfehlungen des Sommeliers Markus Canestrini zu folgen, der mit viel Sachverstand und spürbarer Freude auch gerne aus großen Flaschen und einer Vielzahl an Dekantern ausschenkt. Das macht einen Abend im fine dining RS noch erlebnisreicher, wenngleich wir diesmal als Fazit resümieren müssen, dass die 8 Pfannen aufgrund des etwas wackeligen Finetunings auf manchen Tellern quasi zur Bewährung rausgehen. Und so hoffen wir auf eine wieder etwas stabilere Performance in der nächsten Testsaison.

Hotelempfehlung

★★★★★ S

Burghotel Staufeneck

Staufeneck 1, 73084 Salach
☎ 07162-933440
www.burg-staufeneck.de
Einzelzimmer: 120–150 €
Doppelzimmer: 220–240 €

Burg Staufeneck liegt im Stauferland zwischen Stuttgart und Ulm, hoch über der Gemeinde Salach. Hier haben die Familien Straubinger und Schurr eine historische Burganlage zu neuem Leben erweckt. Das komfortable 5-Sterne-Hotel verfügt über 43 großzügige, modern und gemütlich eingerichtete Zimmer und Suiten mit natürlichen Farben und Materialien. Im Wellnessbereich, der unlängst um ein beheiztes Außenschwimmbecken, einen großzügigen Fitnessraum mit hochwertigen TechnoGym-Geräten sowie neue Massage- und Kosmetik-räume erweitert wurde, stehen überdies Block-haus-Sauna, Laconium, Sole-Stollen, Aroma-Grotte, Tepidarium, Fitnessraum, Eis-Brunnen und Erlebnisduschen zur Verfügung. Außer-dem: Hotelbar, Frühstücksterrasse, Veran-staltungs- und Tagungsräume. Restaurant fine dining RS separat erwähnt.

Samerberg (Bayern)

Gasthof Alpenrose

Kirchplatz 2,
83122 Samerberg
☎ 08032-8263
www.alpenrose-samerberg.de
◉ Mi–So von 12–14 Uhr u. ab 17.30 Uhr, Mo u. Di RT
Hauptgericht: 13–35 €

Das liebevoll erhaltene Dorfgasthaus Alpenro-se verbindet mit seinen gemütlichen Stuben inklusive altem Holzboden, den herzlichen Gastgebern in schmucker Tracht und der lo-ckeren Stimmung viele Attribute eines bayeri-schen Vorzeige-Wirtshauses, belässt es aber nicht bei Traditionspflege und setzt noch einen drauf. Denn eine so pfiffig verfeinerte und ni-veauvolle Traditionsküche wie bei Gastgeber und Küchenchef Florian Lerche gibt es noch seltener als eine vergleichbar charmante Um-gebung. Das Küchenteam des Familienbetriebs überzeugt uns seit Jahren sowohl mit seinen traditionellen Klassikern, aber insbesondere auch mit ideenreich aufgepeppten Innereien-Gerichte und manchmal sogar mit gelunge-nen kreativen Ideen. Der Detailaufwand bleibt dabei immer im Rahmen des hier machbaren, aber alles ist solide umgesetzt und wird schnör-kellos auf den Punkt gebracht. Und dafür, dass auch die Gläser nicht leer bleiben, sorgt der herzliche Service mit frisch gezapftem Bier und einer kleinen Auswahl an guten Weinen, vor allem aus Österreich und Italien.

Sasbachwalden (Baden-Württemberg)

Der Engel
im Hotel Engel
Talstr. 14, 77887 Sasbachwalden
☎ 07841-3000
www.engel-sasbachwalden.de
◉ Di–So von 12–13.30 Uhr u. ab 18 Uhr, Mo RT
Hauptgericht: 16–38 €, Menüs: 34–74 €

Schon in den vergangenen Jahren wurde der von den Familien Decker und Mamber mit viel Engagement geführte Traditionsbetrieb mit schöner Fachwerkfassade an vielen Stellen mo-dernisiert. Nach den jüngsten Umbau- und Re-novierungsmaßnahmen im Zentrum der Gast-stuben wirkt auch das Restaurant im Engel, der jetzt „Der Engel" heißt, noch viel zeitgemäßer, heller und offener. Die Küche von Christian Mamber, der in seiner Kochkarriere schon vie-le namhafte Stationen durchlaufen hat, zum Beispiel in der legendären Auberge de l'Ill am Herd stand und Küchenchef an der Seite von Lothar Eiermann oder Alfred Klink war, pflegt hier weiterhin einen gediegenen, mehrheits-fähigen Stil.
Der reicht von Badischen Klassikern wie einem nach Sauerbraten-Art zubereiteten Ochsen-schaufelstück mit Nudeln bis hin zu Gerich-ten der klassisch französischen Art wie dem Lammrücken unter der Schafskäsekruste mit geschmorten Kirschtomaten, Bohnen und Kartoffelgratin und lässt auf jedem Teller viel Substanz und Können erkennen. Man kann hier eine famose Gänseleberterrine nach guter alter Schule mit wirklich aromatischem, herb-säuerlichem Gelee vom Gewürztraminer, Ap-felkompott und einer angebratenen Schnitte Walnuss-Gugelhupf genießen, aber auch haus-gemachte Hirschfleischküchle mit Wacholder-

rahm und handgeschabten Spätzle – und bekommt aus beiden Welten stets ein fundiert zubereitetes Gericht.

Ein warmer, ganz zart gestockter und sehr schön aromatischer Kürbisflan im Glas, mit einem Klecks saftigem Rindfleischsalat getoppt, der passenderweise mit Kürbiskernöl abgeschmeckt war, gestaltete schon den Auftakt des „Chef-Menüs" äußerst vergnüglich. Und es wurde noch besser, denn die warme Vorspeise, ein Jakobsmuschel-Gratin, begeisterte nicht nur wegen der äußerst guten Qualität der prallen Coquilles, die hier auf seidig-cremiger Selleriemousseline gebettet mit schaumiger Hollandaise überbacken waren, sondern auch ob des natürlichen Trüffelgeschmacks, der nichts Artifizielles an sich hatte.

Auch der folgende Seeteufel, der nach Piccata-Art mit einer Parmesan-Ei-Hülle daherkam, die ihn unaufdringlich umschlang, war einer von der besseren Art: saftig, festfleischig, klarer, sauberer Geschmack ohne muffige Fehlaromen. Etwas mehr Mühe, als sich gegen seine Umhüllung durchzusetzen, hatte der Fisch allerdings mit seinen deftigen Begleitern in Gestalt von ziemlich salzigem Safranrisotto, ebenfalls recht beherzt abgeschmecktem Blattspinat und karamellisiertem Knoblauch. Mit der milden, süffigen Grundlage aus cremiger Weißweinsauce, die mit Basilikumpesto und Spuren einer süßlich-fruchtigen, an Tomatenkonfitüre erinnernden roten Creme gesprenkelt war, fiel das aber letztendlich gar nicht mehr so sehr ins Gewicht. Eben ein sehr würziger Fischgang von der zupackenden Art.

Sehr ausgewogen war indes das Begleitprogramm für den rosa gebratenen Hirschrücken, der saftig und nur minimal mürbe unter einer schmelzigen, mildnussigen Pinienkern-Haube als Star auf dem Teller platziert war. Umspielt von schön bissfestem Rahmwirsing, einem Ragout von verschiedenen Pilzen, angekrossten Schupfnudeln und einer mit Spätburgunder der örtlichen Winzergenossenschaft Adle Gott angesetzten Rotweinsauce, die neben Wildaromatik auch ein gewisses (dezentes!) Frucht- und Säurespiel aufs Porzellan brachte. Dennoch manifestierte sich der Eindruck, dass die Küche einem Gros der Gerichte mit etwas mehr Zuspitzung und Frische (Säure!) spielend noch zu einem stärkeren Auftritt verhelfen könnte – das aber nur als Hinweis mit Blick auf eine höhere Bewertung, die hier durchaus im Bereich des Möglichen erscheint.

Denn dass wir hier seit Jahren permanent 5 Pfannen mit Bonuspfeil vergeben, zeigt sehr deutlich, dass die Küche sich innerhalb ihrer Bewertungsstufe zuverlässig aus der Masse der Restaurants abhebt, es aber für 6 Pfannen dennoch nicht ganz reicht. Es sind aber immer nur Kleinigkeiten, denn auch das im Kern schön saftig-feuchte Schokoladenküchlein nebst einem Sorbet von Passionsfrucht und einem Ragout von Passionsfrucht und Mango war ein äußerst schmackhafter Nachtisch, dem man sich nichts nachsagen konnte. Auch nicht dem Service, der freundlich und effizient bei der Sache ist, und erst recht nicht der Weinauswahl mit konsequentem Schwerpunkt bei den Gewächsen aus Baden und Frankreich.

Hotelempfehlung

★★★

Hotel Der Engel

Talstr. 14, 77887 Sasbachwalden
☎ 07841-3000
www.engel-sasbachwalden.de
Einzelzimmer: DZ Abschlag minus 30 €
Doppelzimmer: 110–170 €

Das hübsche, denkmalgeschützte Fachwerkhaus an der Ortsdurchfahrtsstraße von Sasbachwalden fällt sofort ins Auge. Die Gastgeberfamilie blickt bereits auf eine bald 250-jährige Geschichte zurück: schon 1764 wurde das Gasthaus erwähnt und ist seitdem in Familienbesitz.. Die 17 klimatisierten Doppelzimmer sind hell, sauber und gepflegt, teilweise sogar mit Balkon. Einrichtung und Ausstattung der Zimmer vereinen traditionellen, ländlichen Charme mit modernen Annehmlichkeiten. Alle Zimmer verfügen neben einer gemütlichen Sitzecke und Schreibtisch über Dusche/WC, Telefon, Minibar, TV, Radio und Safe; das Premium-Zimmer lockt unter Anderem mit einer Rückenmassage-Badewanne und einer großen Terrasse mit Loungemöbeln. Im Restaurant sorgt Küchenchef Christian Mamber für eine feine badisch-französische Küche. Restaurant Engel separat erwähnt.

Saulheim (Rheinland-Pfalz)

mundart Restaurant

Weedengasse 8,
55291 Saulheim
📞 06732-9322966
www.mundart-restaurant.de
◉ Mo, Di u. Fr, Sa ab 17.30 Uhr,
So von 11.30–14 Uhr u. ab 17.30 Uhr,
Mi u. Do RT
Hauptgericht: 17–33 €,
Menüs: 34–75 €

Es macht immer wieder großen Spaß, in diesem charmant verwinkelten Gasthaus im Ortskern von Nieder-Saulheim einzukehren, einem Haus, in dem alte Bausubstanz und moderne Gestaltungsakzente eine geschmackvolle Verbindung eingehen. Der längliche Hauptraum befindet sich im Erdgeschoss, es gibt aber auch einen kleinen Gewölbekeller mit ein paar Tischen und einen lauschigen Innenhof zum Draußensitzen. Mit Leben wird die Wirkungsstätte von Beatrix und Markus Hebestreit durch das herzliche, sehr persönliche Engagement der Gastgeber gefüllt, das hier von der ersten Minute an spürbar wird. Die beiden haben ihr jeweiliges Handwerk in guten Häusern im In- und Ausland gelernt und verfeinert. Im eigenen Betrieb setzten sie ihr Können ohne überzogenen Exklusivitätsdrang, mit Anspruch, aber auch mit viel Bodenhaftung um. Die Devise „einfach aber gut" wird auf jedem Teller schmeckbar, gleich ob es sich um verfeinerte Regionalküche oder um meist mediterran Inspiriertes aus internationalen Produkten handelt. Die Weinkarte ist ein ansprechendes „Who is who" der guten regionalen Winzer und das Preis-Leistungs-Verhältnis von Speis' und Trank günstig.

Bezahlkarten-Symbole

🔵 Mastercard
🔲 EC-Maestro
🔵 Diners
🔲 American Express
VISA Visa

Scharbeutz (Schleswig-Holstein)

ohne
Bewertung

DiVa

im Hotel Gran BelVeder
Strandallee 146,
23683 Scharbeutz
📞 04503-3526707
www.hotel-belveder.de
◉ Mi–Sa ab 18 Uhr, So–Di RT
Hauptgericht: 40–50 €,
Menüs: 79–135 €

Nach der diesjährigen Testsaison und den Erfahrungen aus der jüngeren Vergangenheit regen wir an, den Namen des kleinen Gourmetséparées, in dem Küchenchef Gunter Ehinger immer in schöner Zuverlässigkeit und auch Regelmäßigkeit neben dem normalen Hotelrestaurant an immerhin vier Abenden in der Woche auch für feine Gaumen gekocht hat, von „DiVa" in „PhanTom" umzutaufen. Wir beginnen nämlich langsam ernsthaft daran zu zweifeln, ob es dieses Restaurantkonzept überhaupt noch gibt. Egal, zu welcher Zeit wir innerhalb der vergangenen zwölf Monate hier angerufen haben, um einen anonymen Testbesuch zu realisieren, liefen diese Versuche ins Leere. Es sei in dem angefragten Zeitraum nicht möglich, war meist die recht allgemein gehaltene Begründung – ein Alternativtermin konnte allerdings auch nie vorgeschlagen werden. Nachdem wir dann irgendwann angefangen haben, tiefer nachzubohren und aufgrund der vielen erfolglosen Versuche unsere Zweifel an der Existenz vortrugen, war zu erfahren, dass die Tische der DiVa in der Saison zumeist für Hotelgäste benötigt würden und dann kein Gourmetbetrieb stattfände. Wir hoffen auf eine baldige dauerhafte Reanimierung und setzen natürlich die Bewertung aus.

Scheer (Baden-Württemberg)

Brunnenstube

Mengener Str. 4, 72516 Scheer
☎ 07572-3692
www.brunnenstube-scheer.de
◉ Mi–Sa ab 18 Uhr, So von 12–13.30 Uhr
u. ab 18 Uhr, Mo u. Di RT
Hauptgericht: 13–32 €, Menüs: 28–65 €

Eine Reise in das kleine Donaustädtchen Scheer ist immer auch eine Reise in die Vergangenheit. Zumindest dann, wenn man einen Abstecher in die dortige Brunnenstube macht. Das liegt zum einen an der ehemaligen herrschaftlichen Zehntscheur aus dem 15. Jahrhundert, in deren zwei Gasträumen unter schwerem Gebälk mit frischen Blumen, weißen Tischdecken mit Läufern und silbernem Besteck eine gediegene Tischkultur gepflegt wird. Vor allem aber liegt es an der klassischen französischen Küche, gepaart mit schwäbischer Gastlichkeit. Der aus der Pariser Gegend stammende Fabrice Coquelin und seine Frau Rita, die im benachbarten Sigmaringendorf aufgewachsen sind, haben hier 1982 ihren Lebenstraum verwirklicht – und daran festgehalten. Die Karte war bei unserem jüngsten Besuch bei den Hauptspeisen auf Fleischgerichte fokussiert, einige davon für zwei Personen konzipiert, wie etwa der Coq au Vin. Fast ein Muss ist hier aber zunächst der Vorspeisenteller, der uns nach dem zum Auftakt servierten Duett von Wild-Rillettes und Lachsschinken diverse komprimierte Geschmackserlebnisse in Form verschiedener Terrinen und Parfaits bescherte. Konkret: eine milde Kürbisterrine, darunter eine Karottenvariante mit pikanter Currynote. Welche Gemüse zur dritten Scheibe mit ihrem herben Touch verarbeitet wurden, ließ sich nur

schwer herausschmecken – zuunterst lag jedoch eine Kalbssülze. Damit nicht genug, gab es noch eine Wildterrine auf einem kleinen Selleriesalat, fein-säuerliche Brunoises nebst halbierter Cornichon, ein Salatbouquet mit sanftem Balsamicodressing und eine Hagebutten-/Meerrettich-Creme als Aufstrich fürs frische Baguette.
Nach so viel Vielfalt auf einem Teller überzeugten die Hauptgerichte vor allem durch ihre Geradlinigkeit und Geschmackstiefe. Sowohl das Schweinefilet als auch das Kalbsrückensteak waren in sechs Scheiben aufgeschnitten, beim Garpunkt gut getroffen und voller saftiger Aromatik. Zum Schweinefilet glänzte eine elegante Calvadossauce auf dem Teller. Geschmorte Apfelscheiben gaben auch dank ihrer Schärfe einen zusätzlichen Kick, dazu – klassisch schwäbisch! – schlank gepresste Eierspätzle. Zum Kalbsrücken mit hausgemachten Spaghettini gab es eine lange nachhallende Senfsauce. Die Gemüsebeilagen beider Gerichte waren gleich, was wir mal als nachhaltige Küchenlogistik werten, in der nicht x verschiedene Sidedishes vorgehalten werden, sondern zum Beispiel wiederholt auch ein Kartoffelgratin auf der Karte auftaucht. Das Gemüse also bestand aus knackigen Alblinsen und feinen Würfeln von Karotte, Sellerie und Pastinake mit purem Geschmack.
Der Dessertteller Brunnenstube trumpfte wie die Vorspeise wieder mit einer Menge Variationen auf: von der Bayerischen Creme mit Pistazienstücken und einem schottischen Whisky-Kuchen, fluffig, nussig, schokoladig, über einen kompakten Riegel Orangeneis und eine Mousse au Cocolat bis hin zur molkigen Quarkkugel mit Orangenaroma. Dazwischen waren noch hübsch arrangiert zwei Quader Kumquat-Gelee sowie eingelegte Himbeeren und Johannisbeeren auf einem Schokoladengitter.
Wie alles in der Brunnenstube gibt es auch die Weine zu einem sehr guten Preis-Leistungs-Verhältnis. Die Auswahl an offenen, die in einfachen Gläsern ausgeschenkt werden, ist ordentlich. Bei den Flaschen mit rund 80 Positionen geht es bis zu hochwertigen Bordeaux-Gewächsen, mitunter auch hier dank gereifter Jahrgänge als eine Reise in die Vergangenheit.

Landhaus Nikolay

Kirchhellener Str. 1, 46514 Schermbeck
☎ 02362-41132
www.landhaus-nikolay.de
◉ Di–Sa ab 18 Uhr, So u. Fei ab 12.30 Uhr
durchgehend, Mo RT
Hauptgericht: 24–39 €, Menüs: 48–78 €

Der Besuch in diesem individuell und mit vielen witzigen Details sehr persönlich eingerichteten Restaurants von Lena und Peter Nikolay lohnt sich, denn hier werden ausgesuchte Edelprodukte bester Provenienzen in sorgfältiger Zubereitung geboten und in ganz schnörkelloser, produktfokussierter Machart um viele in Eigenanbau ökologisch erzeugte Viktualien ergänzt. Hört sich unspektakulär und nichtssagend an, präsentiert sich aber auf den Tellern ob der gebotenen Qualität und Substanz immer sehr attraktiv und überaus schmackhaft. Man merkt hier einfach, dass sich da jemand seinen Traum vom Landhaus mit eigenem Obst- und Gemüsegarten und freilaufenden Hühnern erfüllt hat und in diesem Umfeld seiner Philosophie einer kompromisslosen und völlig unverfälschten Frischeküche auf hohem Niveau unbeirrt nachgehen kann. Auf der Weinkarte dominieren französische Gewächse, die von der Gastgeberin charmant offeriert werden.

Mühle

im Hotel Mühle Schluchsee
Unterer Mühlenweg 13,
79859 Schluchsee
☎ 07656–209
www.muehle-schluchsee.derestaurant/
◉ Do–Mo ab 18 Uhr, Di u. Mi RT
Menüs: 99–129 €

Das am äußersten oberen Ortsrand von Schluchsee gelegene Boutiquehotel in einem historischen Landhaus, das im Jahr 1603 als Schwarzwaldhof erbaut wurde und bis ins 18. Jahrhundert tatsächlich eine Getreidemühle war, ist ein malerischer Ort. Umgeben von Wald und Natur ist das Haus mit seinem für die Region charakteristischen Vollwalmdach der ideale Rückzugsort für Gäste, die eine Kombination aus Tradition und Moderne, aus Ursprünglichkeit und Luxus schätzen. So eine Mischung aus gemütlicher Ländlichkeit und geradlinigem Style herrscht auch im Gourmetrestaurant des Hauses vor, das seit vergangenem Jahr nicht mehr Oxalis sondern Mühle heißt, ein neues kulinarisches Konzept und einen neuen Küchenchef hat.

Mit Niclas Nussbaumer steht fortan ein neuer, sehr ambitionierter und talentierter Cuisinier am Herd, der zuvor in vielen namhaften Häusern gearbeitet hat und zuletzt als Sous-Chef an der Seite von Christian Jürgens im Gourmetrestaurant Überfahrt am Tegernsee tätig war. Der pflegt nun gegenüber seinem Vorgänger Maximilian Goldberg eine deutlich internationalere und auch sonst stärker an der französischen Klassik orientierte Küche, die er im Rahmen eines bis zu siebengängigen Menüs in zeitgemäßer Form präsentiert.

Wie feinmotorisch das Team unterwegs ist und wie viel Wert es auf natürliche Ausdruckskraft legt, konnte man schon auf beeindruckende Weise bei den ersten Kleinigkeiten bestaunen. Etwa einer kleinen Tartelette von Shiitake-Pilzen, Kürbis und Kürbiskernen, oder dem von einer knusprigen Banderole aus Nori Alge eingefassten Tatar vom Weiderind mit Buchenpilz – ein sehr kleiner, äußerst präzise gefertigter Happen, aber ein klararomatischer Ausbund an Geschmack!

Die klare Aromatik fester, ganz mild geräucherter Lachswürfel, der noch leicht knackige Biss deutlich kleinerer Kohlrabiwürfelchen und das kräuterwürzig-grüne Aroma eines vollmundigen und feinsäuerlich abgeschmeckten Taubnesselschaums setzten sich auch im Anschluss bei einem süffigen Löffelgericht zu einem maßgenauen Akkord zusammen. Da merkt an sofort, dass Niclas Nussbaumer nichts dem Zufall überlässt und er seine Kreationen äußerst akribisch austüftelt.

Einen echten Knaller bekamen wir dann mit der ersten Vorspeise in Gestalt von geflämmter Makrele auf einer Vinaigrette von Kombu Alge serviert. Flankiert von ebenso butterzarten wie hocharomatischen Inneren einer verkohlten Lauchstange, knackig-säuerlichem Rettich und dem alles harmonisch verbindenden Schmelz einer Reismayonnaise war das ein Auftakt nach Maß. Und ein perfektes Beispiel, wie gut es dem noch jungen Chef bisweilen gelingt, die oft vorherrschende Umamikraft seiner Gerichte auszubalancieren und die aromatischen Konturen scharfzustellen.

Ähnlich gut funktionierte das übrigens auch beim Zwischengang um Knollensellerie, Pilz-Dashi, Blattpetersilien-Fumet und flüssiges Eigelb. Denn was schnell mal zu einem mächtig breiten, erdig-umamisatten Monster werden kann, kam hier extrem leichtfüßig und dynamisch als schlanker Löffelgang mit Soulfood-Charakter daher. Ein generell sehr anspruchsvoller und ansprechender Gang war auch der um Schwarzwälder Forelle, deren Filet-Tranche mit einer Champignoncreme bestrichen, mit Schnittlauch bestreut, und on top mit Schuppen von rohen Champignons und einem winzigen Champignon-Crostini bestückt, in einer schön straffen und wieder umamisatten Katsouboshi-Velouté schwamm. Allerdings hatte der Fisch selbst eine seltsam weiche, fast schon matschig-breiige Konsistenz, was dem Vernehmen nach durchaus so gewollt war, uns aber nicht wirklich überzeugen konnte. Und so konnte man nur mutmaßen, wie gut dieses eigentlich begeisternde Gericht doch mit einem festfleischigen und klararomatischen Fisch gewesen wäre…

Eine im Grunde ganz klassisch gekochte, allerdings mit Kaffirlimette, Zitronengras und Koriander dezent auf Fernost gedrehte Consommé trug sodann aromatisch eine geröstete Jakobsmuschel, die darin in festfleischig-glasigem Idealzustand mit einer Nocke Aki-Kaviar auf ihrem Rücken schwamm. Da stand es diesem Gericht dann auch sehr gut, dass ansonsten mit knackigem und cremigem Blumenkohl auch nur noch sehr defensive Partner mit an Bord waren. Wieder ein recht molliges, umamisattes Gericht war das Intermezzo rund um ein qualitativ hervorragendes Stück vom Kalbsbries, das hier zwischen der süßlichen Würze einer Misocreme und den erdig-dichten Noten einer Trüffeljus verpakt war. Die hauchdünnen, raschelig-knusprigen Topinamburchips fungierten da nicht nur als Texturgeber, sondern fügten sich mit ihrem mildnussigen Aroma auch geschmacklich äußerst gewinnbringend ein. Spätestens an dieser Stelle war auch klar, dass Niclas Nussbaumer notfalls lieber etwas weglässt, wenn es geschmacklich oder texturell keinen Sinn ergibt, als zu viel auf den Teller zu packen. Denn seine Kompositionen wirken stets angenehm aufgeräumt und klug reduziert.

Man kann auch auf jedem Teller sehen und schmecken, wie viel Wert der Chef auf hohe Produktqualität legt. Und die hervorragende Miéral-Entenbrust wäre nach unserem Dafür-halten vermutlich sogar noch ausdrucksstärker gewesen, wenn sie nicht in drei relativ dünnen Scheiben präsentiert worden wäre, sondern als eine oder zwei dickere Tranchen. Mit ihrer äußerst pointierten Begleitung in Gestalt einer Art Galette von der Keule mit Rotkohl unter einer Geleefolie aus Rotkohlsaft, sowie einer süßsauer abgeschmeckten Orangensauce auf Basis von Entenjus, war das aber auch so ein weiteres Highlight des Menüs.

Das wurde schließlich mit einer ebenso unaufgeregt schlichten wie anspruchsvollen Dessertkomposition abgeschlossen, einem hauchdünnen, mit Mandarinenragout, Karamellkeks sowie Schaum von der Tahiti-Vanille gefülltem und mit einer Nocke Vanilleeis getopptem Knusperring. Das junge Serviceteam ist bestens eingespielt und gut informiert, die Weinkarte mit Schwerpunkt Deutschland und Frankreich gut bestückt, und selbst die alkoholfreien Getränkealternativen, die man hier in petto hat, machen Spaß. Alles in allem ein äußerst gelungener kulinarischer Neustart für die Mühle in Schluchsee!

Die Symbole

🅿 gute Parkmöglichkeiten

🅿 Hotelgarage

♿ barrierefrei

❄ klimatisierte Zimmer

🛜 WLAN-Zugang

🏊 Hallen- und/oder Freibad im Haus

♨ mit Wellness-Bereich

🛗 mit Fahrstuhl zu den Hotelzimmern

🐕 Hunde im Hotel nicht erlaubt

🏡 mit Garten oder Terrasse

Hofstube Deimann

im Romantik- und Wellnesshotel Deimann
Alte Handelsstr. 5,
57392 Schmallenberg (Winkhausen)
📞 02975-810
www.deimann.de
Mi–Sa ab 18.30 Uhr
(Menübeginn 19 Uhr), So–Di RT
Menüs: 119 €

Mittlerweile hat sich die Hofstube in dem schmucken, ländlich-luxuriös herausgeputzten Hotel der Deimanns ganz klar als die erste Genussadresse im Sauerland etabliert und braucht auch in einem deutlich weiteren Umkreis den Vergleich nicht zu scheuen. Denn was das kleine Drei-Mann-Team um Felix Weber hier auf die Teller bringt, ist – wie letztlich das gesamte komfortable Haus – so rein gar nicht provinziell, sondern spielt mit seinen mal eher modernen, mal feingeschliffen-klassischen Tellern sehr weit oben mit.

Es lohnt sich also in jedem Fall nach Schmallenberg zu pilgern und zum Menübeginn jeweils um 19.30 Uhr in der Hofstube vorfreudig auf das Kommende zu warten. Angefeuert wird diese Vorfreude auch direkt mit dem Blick auf den im Raum integrierten Küchenblock, an dem ein großer Teil der Gerichte finalisiert und angerichtet wird. Und natürlich mit den ersten Kleinigkeiten zum Aperitif, unter denen das geschmeidig-kraftvolle Rindstatar im Cornetto mit Schalottencreme, Ossietra-Kaviar und Radieschen sowie die mit feinstem Schmelz und üppigem Nougatduft aufwartende Gänseleber-

creme unter Süßweingelee und Piemonteser Haselnuss verständlicherweise bereits zu Klassikern avanciert sind.

Kein Klassiker, aber ebenfalls animierend, war das klararomatische Lachstatar mit feinem Schmelz, etwas Imperial-Kaviar und einer vibrierend säurebetonten Umgebung aus einem kräutergrünen, frisch zugespitzten Dashisud und Kimchi-Rettich, bevor die Küche einen überraschenden Schwenk zu mediterranem Soulfood machte. Und zwar mit ihrem Antipasti-Arrangement aus jeweils individuell hocharomatischem Gemüse von Mini-Champignons über confierte Cocktailtomaten bis zu Aubergine, die mit Pinienkernen, Focaccia-Croûtons, cremiger Burrata und Bellota-Schinken auf unkomplizierte und zugleich raffinierte Art zusammengefügt waren. Nur die Balsamico-Säure war dabei etwas zu präsent und nahm den Antipasti ein wenig von ihrer Strahlkraft.

Dass dieses Intermezzo aber tatsächlich nur eine lässige Wohlfühl-Einlage war, wurde beim ersten offiziellen Gang in dessen vielteilig akkurater Art schnell deutlich. Im Mittelpunkt standen hier gebeizte und marinierte Filets von der Bretonischen Makrele, die mit ihrem festzarten Fleisch durch einen Sud von Gurke und Dill eine elegant süßsäuerliche Grundaromatisierung erhielten und damit ganz entfernt an hochfeinen Matjes erinnerten. Auf dieses Zentrum legte das Team dann eine Vielzahl maritim-frischer Akzente von marinierten Gurkenstreifen über ein Sorbet von Austern und Äpfeln, fleischige Austernstücke und Austernblatt bis zum Imperial-Kaviar, schaffte zudem mit Crumble von Nori-Algen, getrockneten Shrimps und Garam Masala einen frechen, blumig-scharfen Cruncheffekt und kreierte damit in Summe einen ebenso detailreichen wie harmonisch balancierten Eindruck mit enormem Frische-Impact. Super!

Mehr Kraft und insgesamt noch geschlosseneres Bild gab es bei der gebratenen Taubenbrust, die mit ihrem unkonventionell weit gegarten, aber dennoch mit straffer Zartheit begeisternden Fleisch unter Erdnusssplittern und Himbeergelee angerichtet war. Zusätzliche Power brachte ein kräftig gerösteter Entenleberwürfel (in ausgezeichneter, aber wegen einiger Adern nicht perfekter Qualität), während sautierte Pfifferlinge, säuerlich zugespitztes Himbeergel und eine elegante Jus von Holunder und Kapern ein fokussiertes und sensibel differenziertes Umfeld mit insgesamt unangestrengt wirkendem Charakter erzeugten.

Sogar noch eine Spur klassischer, aber nicht weniger überzeugend, wurde das mutig beherzt angebratene (und doch perfekt festfleischig-zarte) Steinbuttfilet mit seinem glasklaren Geschmack in eine mediterrane Umgebung aus Bouchot-Muscheln, einer mit hellfruchtigem Ratatouille gefüllten Zucchiniblüte und dichter schaumiger Safransauce gestellt. Auf dem Steinbutt sorgte dabei ein in Säure und Umami konzentriertes Tomaten-/Basilikum-Confit für einen extra Kick, eine helle Basilikumcreme am Tellerboden vermischte sich reizvoll mit der Safransauce und am Ende schwang von irgendwoher noch eine gewisse ätherische Pfeffrigkeit mit.

Der gleiche Stil führte auch beim „Lamm vom Franz" zu einem hervorragenden Ergebnis. Ganz abgesehen davon, dass der Franz seine Lämmer offenbar mit feinem kräutrigem Futter und viel Bewegung aufzieht, überzeugte das zartrosa inklusive Knochen und Fettmantel gebratene Fleisch durch viel Spannkraft und feine Würze und wurde zurecht ganz reduziert und pointiert begleitet. Nämlich nur von einem feinbitteren zarten Stück von der Poverade neben konzentrierter Salzzitronenmarmelade, dunklerer Auberginencreme mit markanter Kreuzkümmelwürze und einer fluffig krossen, kräutergrünen Falafelnocke. Nicht zu vergessen eine wie bereits bei der Taube eher hell und transparent gehaltene, zugleich aber mit viel Kraft und feinen Konturen aufwartende Lammjus. Top!

Auf wieder verspieltere und kleinteiligere Art spannte das erste Dessert rund um Rhabarber eine kleine limettenduftige Cheesecakemousse und röstig-knuspriges „Müsli" den Bogen zurück zum Beginn des Menüs, traf dabei perfekt den Punkt zwischen differenzierter Säure und cremiger Fülle und beeindruckte vor allem mit den sensiblen Zubereitungen des Rhabarbers als eher lieblisches Eis, homogen-zarte, eher rotfruchtig pochierte Stücke, säuerlich-scharfes Kompott und rohe Lamellen.

Da konnte die Interpretation der Schwarzwälder Kirsch tatsächlich als letzter Akt nicht ganz mithalten, weil der Ring aus kakaoherbem Sablé, heller Schokoladenmousse und Kirschwassercreme im Zentrum des Tellers in Summe ziemlich üppig wirkte, was durch die applizierten Kirsch-Zubereitungen (Sorbet, Gel, halbierte Stücke…) und saftig-dunklen Schokoladenbiskuit nicht ganz ausbalanciert wurde. Da hätte etwas weniger Sahnigkeit und/oder mehr Frucht und Säure zu einem noch besseren Finish geführt. Handwerklich und aromatisch lag das Dessert aber auch so auf dem gleichen hohen Niveau wie alle anderen Offerten.

Auf diesem liegen übrigens auch die überlegt ausgewählten Weinempfehlungen, die durchweg spannende Charakterweine präsentieren. Dabei kann das Team aus einem hervorragenden, individuellen Fundus von aufstrebenden Newcomern bis zu großen Gewächsen schöpfen und macht das genauso eloquent und kompetent wie alles andere.

PopUP Schanze 1 Landschaftsgasthaus

Schanze 1, 57392 Schmallenberg
☏ **02975-454**
www.landschaftsgasthaus-schanze.de
⊘ **Do–So von 12–20 Uhr, Mo–Mi RT**
Hauptgericht: 4–15 €

Wer die kurvenreiche kleine Straße durch den Wald hinauf zu dem kleinen, auf 720 m Höhe gelegenen Ferienort Schanze fährt, wird vermutlich eher erwarten oben einige Kühe oder Rübezahl zu treffen. Aber sicher nicht die außergewöhnliche Art von „Sylt im Sauerland", die dort im Jahr 2020 mit einer lässigen Outdoor-Location rund um ein ehemaliges Traditionsgasthaus geschaffen wurde. Sowohl Sportwagenfahrer als auch Wanderer finden dort einen chillig-rustikalen Genussort, an dem sich lokales Bier genauso wie Champagner oder niveauvolle Weine genießen lassen – alles mit dem idyllischen Blick auf die beinahe alpin wirkende Umgebung.

Dazu gibt's aus der Outdoorküche des „Kiosk 717" ein anspruchsvoll rustikales Angebot, das auch bei ganz einfachen Basics beste Handwerkskunst bietende Imbiss-Gerichte umfasst. Das kann die hervorragende Kalbsbratwurst (entweder mit Senf oder pikanter Currysauce) sein, eine mit saftig lang gegartem und kräftig angekrosstem Fleisch begeisternde Krusten-braten-Semmel in einem urig-kräftigen Roggensauerteigbrot, oder aber auch ein kräuterduftiges Garnelen-Pfännchen, am besten mit einem Glas gut gekühltem AIX Rosé…

Zum Abschluss oder zum Mitnehmen gibt's unter anderem saftig knusprige Crumble-Törtchen oder natürlich-aromatisches Bio-Eis im Becher (oder beides zusammen). Und wenig überraschend auch beim Kaffee eine Qualität, die viele Kaffeehäuser alt aussehen lässt. Im Mai 2022 haben zwar die Betreiber gewechselt, halten aber weiter am gewohnten Konzept und am Spirit der Schanze 1 fest, die damit im Sommer wie im Winter ein auch kulinarisch lohnendes Ausflugsziel bleibt.

Hotelempfehlung

★★★★

Hotel Störmann

Weststr. 58,
57392 Schmallenberg
☎ 02972-9990
www.hotel-stoermann.de
Einzelzimmer: 67–88 €
Doppelzimmer: 114–186 €

Das familiengeführte Haus mit über 250-jähriger Geschichte liegt direkt in der historischen Altstadt von Schmallenberg und ist umgeben von der malerischen Kulisse des Hochsauerlands. Vor der Haustüre erwartet die Gäste hier im Winter das größte Skigebiet nördlich der Alpen und im Sommer ein bestens ausgeschildertes Wander- und Biker-Wegenetz. Von Tennis, Golf und Reiten über Klettern und Mountainbiken bis zu Langlauf und Alpin-Ski sind hier jede Menge sportliche Aktivitäten möglich. Seit 2016 führt die Hotelier-Familie Deimann vom gleichnamigen Wellnesshotel im nahegelegenen Winkhausen das traditionsreiche Haus, das nach der jüngsten Restaurierung

und Modernisierung den Besuchern 31 gemütliche und ruhige Zimmer, Hallenbad, Sauna sowie abwechslungsreiche Gastronomie (Restaurant „Bauernstube" mit Josper-Grillofen) bietet. Im nur 5km entfernten Schwesterhotel Romantik- & Wellnesshotel Deimann steht zudem der über 4000 m² große Wellness- und SPA-Bereich zur Verfügung.

★★★★★

Romantik- & Wellnesshotel Deimann

Alte Handelsstr. 5,
57392 Schmallenberg
(Winkhausen)
☎ 02975-810
www.deimann.de
Einzelzimmer: 155–200 €
Doppelzimmer: 250–610 €

Das romantische Wellnesshotel Deimann in Schmallenberg ist in die malerische Kulisse des Hochsauerlands eingebettet, das im Winter mit dem größten Skigebiet nördlich der Alpen und im Sommer mit einem bestens ausgeschilderten Wander- und Biker-Wegenetz aufwartet. In dem familiengeführten Haus gibt es nicht nur 96 stilvoll eingerichtete und komfortabel ausgestattete Zimmer und Suiten, sondern auch einen 4000 m² großen Wellnessbereich mit verschiedenen Schwimmbädern und Saunen, einer Vital-Oase und verschiedensten Anwendungen von klassischen Massagen über Ayurveda bis hin zu Beauty. Die 27-Loch-Panorama-Golfanlage in unmittelbarer Nähe lässt darüber hinaus das Herz jedes Golfbegeisterten höherschlagen. Für Tagungen und persönliche Festlichkeiten stehen außerdem professionell ausgerüstete moderne Veranstaltungsräume zur Verfügung. Auch der Gastronomie und der Kulinarik wird im Hause Deimann mit verschiedenen Restaurants, Cafés, einer Bar und einem gut gefüllten Weinkeller viel Aufmerksamkeit zuteil. Gourmetrestaurant Hofstube Deimann separat erwähnt.

Gasthaus Sailer

Landsberger Str. 30,
86938 Schondorf am Ammersee
☎ 08192-7428
gasthaus-sailer.business.site/
⌚ Mi–Sa ab 17 Uhr, So von 11–14 Uhr u. ab 17 Uhr, Mo u. Di RT
Hauptgericht: 11–19 €

In dem traditionellen Gasthaus mit schlichter, angenehm folklorefreier rustikaler Stube gibt es das, was man als anspruchsvoller Esser so oft sucht und doch nur so selten findet: eine authentische bodenständige Regionalküche die frisch und fundiert gekocht ist. Ganz ohne kreative Verrenkungen und preistreibenden Firlefanz, aber mit dem Blick für die wichtigen Details. Hier gibt's nicht nur den vielleicht besten Gaisburger Marsch außerhalb Württembergs, sondern auch Saures Lüngerl, Schweinebraten und Ente mit Blaukraut, gefülltem Apfel und Kartoffelknödel und andere Traditionsgerichte in Bestform. Und das zu ländlichen Preisen!

Gourmetrestaurant Nico Burkhardt

Höllgasse 9, 73614 Schorndorf
☎ 07181-6699010
pfauen-schorndorf.de
⌚ Mi–Sa ab 18.30 Uhr, So–Di RT
Menüs: 112–150 €

Das verwinkelte Fachwerkhaus mitten in der Schorndorfer Innenstadt, in dem das Boutiquehotel Pfauen samt vielfältiger Gastronomie residiert, wirkt vom ersten Moment an einla-

dend. Da hat Nico Burkhardt nach seinen erfolgreichen Jahren im Olivo in Stuttgart ein echtes Kleinod gefunden und es zu einem lohnenden Ziel für Genießer geformt. Denn neben dem hübsch herausgeputzten Ambiente ist hier über die wenigen Jahre ein eigenes kleines gastronomisches Universum entstanden, mit der noch recht jungen Brasserie „Chez Amis", die nur wenige Schritte vom Stammhaus entfernt liegt, sowie dem gehoben bürgerlichen Restaurant Pfauen als etwas bodenständigere Alternative.

Das Flaggschiff ist und bleibt aber fraglos, das nicht umsonst nach dem Chef selbst benannte Gourmetrestaurant, dessen wenige Plätze in einem kleinen rustikal-stylischen Raum von Nico Burkhardt in einer beeindruckenden abendlichen One-Man-Show bespielt werden. Und „bespielt" ist dabei durchaus ein passendes Stichwort, denn augenzwinkernde Inszenierungen und insgesamt ein beachtlicher Aufwand bei der Präsentation und Detailarbeit gehörten hier genauso zum Programm wie viel Substanz und ausgezeichnete Produkte. Das zeigt sich bereits bei den humorvoll angerichteten Miniaturen zu Beginn: mit einer Interpretation von „Toast Hawaii", einer hauchdünnen buttrigen Tartelette mit dillwürzigem Saiblingstatar und -kaviar, einem vegetarischen Pendant aus fruchtig zugespitzter Roter Bete mit geeistem Feta und wildem Oregano sowie einer cremigen Fake-Erdnuss mit Himbeere und Speck.

Dass es aber letztlich weniger um ein kulinarisches Unterhaltungsprogramm, sondern um intensiven, substanzstarken Geschmack geht, zeigte die geschmorte und glasierte Hühnerkeule mit Mais, schwarzer Trüffel, Parmesan, Kopfsalat und dezenten Balsamico-Perlen neben einem Ei mit glasierten Keulenstücken unter Nussbutterschaum und Périgord-Trüffel als weiterer Küchengruß – ein klassisches, luxuriös-schwelgerisches Geschmacksbild in eleganter Umsetzung. Da fällt das Ankommen und Wohlfühlen zweifelsfrei leicht!

Der erste reguläre Gang bescherte dann einen minimalen Dämpfer, weil ein cremig gehaltenes Gänseleberparfait mit Kürbisgel und einer eher festen Scheibe Gewürzjoghurtmousse obenauf ein wenig zu sehr auf der milden, ins Breite gehenden Seite blieb – trotz der nussigen Akzente durch Kürbiskern-Sponge und geröstete Kürbiskerne. Da wäre insbesondere vom Joghurt etwas mehr Säure und klare Kante hilfreich gewesen. Einen gelungenen kraftvoll-dunklen Kontrast lieferte dafür ein kleiner rustikal-würziger Sidedish aus gebratener Brioche mit Entenconfit und Kürbis.

Bildhübsch angerichtet folgte ein mit Avocado-creme, Radieschen, Kroepeck und Korianderkresse belegter Kaisergranat in einem fruchtig-scharfen Passionsfruchtsud. Das funktionierte auf auch aromatische Art grundsätzlich gut, nur der relativ dickflüssige Fruchtsud brachte ein wenig zu viel plakative Süße mit, die auch von der durchweg präsenten Schärfe nicht ganz abgefedert wurde. Die separat servierte Auster mit Avocado, Curry-Hollandaise und einer ge-eisten rosa Ingwerkugel kam dagegen stark ver-dichtet genau auf den Punkt.

Mit dem Thema „Süß und Salzig" spielte – auf kraftvollere Art – auch der folgende glasig auf-blätternde Skrei nebst softem Blutwurst-Topping, konzentrierter Pastinakencreme und einem salzigen Schaum. Und das war auf eine weiche, einschmeichelnde und harmonische Art und Weise sehr gut gelungen. Auch hier wurde ein ähnliches Aromenbild, nur kühler und verkleinert, separat durch Pastinakenchips mit Boudin Noir und Kaviar in einem kleinen Schälchen ergänzt.

Einen der stärksten Eindrücke des letzten Be-suchs brachte allerdings der klar und aufge-räumt konzipierte Hauptgang rund um röst-würzig-zarten Spanferkelrücken neben einer saftig-cremigen Wirsingroulade, subtil zimt-duftig glasierter Nashibirne und einer kräftigen Kümmeljus. Hier sorgten die genauen Propor-tionen dafür, dass trotz deutlicher Fruchtsüße von der Birne ein fokussierter Eindruck ent-stand – auch durch die pikant gegensteuernde Würze von kleinen Mengen geschmorter Zwie-bel und Schnittlauch. Und auch hier gab's na-türlich eine begleitende Miniatur, die in Form eines am Tisch auf einem Mini-Grill ange-rauchten Spanferkelbauchs mit Nashibirnen-Confit gekonnt noch eine weitere Seite des Hauptprodukts zeigte.

Den Übergang ins Süße schaffte eine Interpre-tation von französischer Apfeltarte, die mit durch und durch weich karamellisiertem Apfel auf Mürbteig neben knackig frischem Granny-Smith und einem grünen Apfelsud so pointiert das Beste der Apfeltarte-Idee darstellte, dass wir dafür auch locker 8-Pfannen gezückt hät-ten. Ebenfalls souverän war aber auch der Ring von dunkler Schokoladen-Ganache mit Man-darinensorbet und Walnusseis im Zentrum, durch einen gelungenen Kontrast von zarten dunklen Bitternoten, der intensiven Nuss und der lebendigen Zitrusfrische, die unter ande-rem auch von einem duftig-säurefrischen Man-darinenfond transportiert wurde.

Alles in allem ergab das eine (auf hohem Ni-veau) leicht schwankende Performance, die durchaus noch Luft nach oben lässt. Vielleicht

mit dem einen oder anderen Präsentations-Gimmick oder Side-Dish weniger, dafür aber mit noch mehr Arbeit am aromatischen Detail. Im Service hält Bianca Burkhardt mit ihrer charmanten und kompetenten Art dafür auf je-den Fall den Rücken frei – und sorgt überdies dafür, dass sowohl glasweise begleitend als auch flaschenweise hochwertige und gut pas-sende Weine in die Gläser kommen.

Hotelempfehlung

Boutiquehotel Pfauen

Höllgasse 9, 73614 Schorndorf
☎ 07181-6699010
pfauen-schorndorf.de
Einzelzimmer: ab 109 €
Doppelzimmer: 138–203 €

🏧 ⓘ 🔳 ⬤⬤ VISA Ⓟ ❄ 📶 ⣿

In dem geschmackvoll sanierten Fachwerkhaus im Herzen der Schorndorfer Altstadt, nächti-gen Sie Wand an Wand zum Geburtshaus Gott-lieb Daimlers. Die sieben schnörkellos-elegan-ten Zimmer bestechen durch ihr liebevoll gestaltetes Interieur, das historischen Charme, modernes Design und zeitgemäßen Komfort verbindet. Das Angebot reicht vom Standard Einzel- und Doppelzimmer über großzügige Deluxe-Zimmer bis zur Grand-Suite. Jeder

Raum ist individuell und trägt den Namen einer berühmten Automobil-Persönlichkeit. „Wilhelm Maybach" und „Ferdinand Graf von Zeppelin" heißen beispielsweise die beiden Komfort-Doppelzimmer im ersten Obergeschoss mit 19 m², französischem Bett und antikem Sekretär – „Robert Bosch", „Carl Benz" und „Rudolf Diesel" die Deluxe-Varianten, die auf 23 m² durch ihre Geräumigkeit bestechen und „Gottlieb Daimler" die 47 m²-Suite mit Chaise Lounge, Schreibtisch und Sekretär, großzügigem Bad (Badewanne und Dusche) sowie separatem WC. Alle Zimmer sind mit modernen Bädern, Kabel-TV und 40″-Flatscreens ausgestattet und empfangen schnelles WLAN. Außerdem: zwei verschiedene Restaurants und eine Cigar-Lounge. Gourmetrestaurant Nico Burkhardt separat erwähnt.

Schramberg (Baden-Württemberg)

Hirsch

Hauptstr. 11, 78713 Schramberg
☎ 07422–280120
www.hotel-gasthof-hirsch.com
♥ Do ab 18 Uhr, Fr–Mo von
11.30–13.30 Uhr u. ab 18 Uhr, Di u. Mi RT
Hauptgericht: 22–43 €, Menüs: 38–88 €

Der Hirsch in Schramberg ist ein herrlich aus der Zeit gefallenes Kleinod: in holzvertäfelten Wohnzimmer-Stuben mit elegant gedeckten runden Tischen wird sympathisch und fundiert alles in den Dienst des Genusses gestellt. Das Angebot bewegt sich dabei gekonnt zwischen regionaler Tradition und bester französischer Klassik. Hatten wir in der Vergangenheit öfter noch den Eindruck, das Gourmetmenü würde sich tendenziell eher in Richtung Grande Cuisine bewegen, wirkt es heute etwas

bodenständiger – aber das kann auch dem subjektiven Eindruck der Momentaufnahme geschuldet sein.
Nach gewohnt gutem Baguette mit gesalzener Butter und etwas Kräuterschmalz ging es jedenfalls erst mal ganz bodenständig, aber durchaus verfeinert mit einem passierten Kartoffelsüppchen mit Croûtons und Schnittlauch los, welches nicht wie so oft mit diffuser gemüsiger Würze, sondern mit klarem Kartoffelgeschmack begeistern konnte. Wir kennen es aus den letzten mehr als zehn Jahren ohnehin nicht anders von Thomas Zimmermanns Küche, als dass sie immer deutlich interessanter, raffinierter, besser schmeckt, als es in der Speisekarte und oft auch auf dem Teller den Anschein macht.
So wirkte zum Beispiel auch die Vorspeise um gebratene Gambas mit Wildkräutern auf Spargelsalat mit Tomatenvierteln auf den ersten Blick relativ profan, zumal da auch keine Wildkräuter zu sehen waren, sondern nur Friséesalate auf dem Teller lagen. Doch der nicht bloß roh marinierte, sondern punktgenau gegarte und lauwarm servierte grüne und weiße Spargel, die im Kern noch glasigen gebratenen Gambas, insbesondere aber die leichte Krustentiersauce, die hier quasi als Vinaigrette für den Spargel fungierte, schmeckten nach deutlich mehr als es aussah. Einziger Minuspunkt war neben den fehlenden Wildkräutern, die das Ganze natürlich noch viel interessanter und facettenreicher hätten schmecken lassen, etwas zu viel Salz an den Gambas...
Nichts zu viel und nichts zu wenig gab's an den saftigen Seeteufelmedaillons, die mit Kräutern gewürzt und goldgelb coloriert auf einem Bett aus tadellosem geschmortem Paprikagemüse lag (schön saftig durchgezogen und trotzdem noch mit zartem Biss) und von gebratenen Zucchini und einer milden, leicht rahmigen Safransauce flankiert wurde. Der ebenfalls begleitende Risotto hatte eine perfekte Beschaffenheit, wie man ihn sich nicht besser wünschen kann, also cremig und mit Biss, aber nicht mehr körnig, war harmonisch mildwürzig abgeschmeckt, aber relativ akzentfrei. Da hätte man nach unserem Dafürhalten schon mit einem konkreten markanten Geschmack arbeiten können.
Ein sehr traditionelles Gericht war auch der Hauptgang um Kalbsfiletmedaillons, die zusammen mit allerlei frischen sautierten Frühlingsmorcheln in einer leichten Morchelrahmsauce badeten, die auch noch in reichlicher Menge in der Sauciere am Tisch verblieb und fast in Gänze für die handgemachten Spätzle draufging, die das Kalb zusammen mit buttri-

gen glasierten Karotten und punktgenau gegarten Brokkoli mit Nussbutterbröseln eskortierte. Alles sehr brav, aber als solches wirklich tadellos umgesetzt. Da bleiben an eine solche Art der Küche eigentlich keine Wüsche offen. Auch nicht beim Dessert, einem Ragout und Sorbet von Rhabarber und Erdbeeren, die zusammen mit einer maximal luftigen und fluffigen Topfenmousse auf einem Spiegel Vanillecreme platziert waren. Auch da saß jedes Detail, griff alles sehr harmonisch ineinander, schmeckte alles sehr ausdrucksstark und machte sogar die dunkle Mandelhippe Spaß, die andernorts allzu oft wirklich nur ihren Dekozweck erfüllt.

Also ein gewohnt sehr guter Gesamteindruck im Hirsch, in dem Gastgeberin Margarete Weber den Service auch im Alleingang sehr aufmerksam stemmt und zur Küche ihres Mannes fair kalkulierte Weine (viele aus Baden, aber auch gute aus Bordeaux oder Italien) serviert.

Schwabenheim (Rheinland-Pfalz)

Vinum – Zum alten Weinkeller

im Hotel Zum alten Weinkeller
Schulstr. 6–10, 55270 Schwabenheim
☎ 06130-941800
www.immerheiser-wein.de
◔ Do–Sa ab 18 Uhr, So von 12–14 Uhr
u. ab 18 Uhr, Mo–Mi RT
Hauptgericht: 25–35 €, Menüs: 42 €

Nur allzu gerne hätten wir das Feinschmeckerlokal Zum Alten Weinkeller der Immerheisers, das der Familienbetrieb mit alteingesessenem Weingut seit Jahren neben dem bodenständiger bekochten Landgasthof Engel führt, auch

in der Testsaison wieder besucht und neu bewertet. Doch leider blieb der stimmungsvolle Gastraum mit seiner wunderhübschen Terrasse samt kleinem Teich, Wasserrosen, Statuen, Tonamphoren, mediterraner Dekoration und überhaupt einer sehr südländischen Gesamtidylle nach Corona und den vermutlich auch hier zuschlagenden Personalproblemen weiterhin und über unseren Redaktionsschluss hinaus noch geschlossen. Wir hoffen auf eine baldige Entspannung der Lage und eine freudige Wiedereröffnung, denn wir verließen dieses nette Restaurant, das sich viel Mühe gibt, den Gast zu überraschen und ihn mit zuvorkommendem Service zu begeistern, noch jedes Mal nicht nur sehr satt, sondern auch sehr zufrieden.

Hotelempfehlung

★★★

Hotel Zum alten Weinkeller

Schulstr. 6–10, 55270 Schwabenheim
☎ 06130-941800
www.immerheiser-wein.de
Einzelzimmer: 65–99 €
Doppelzimmer: 90–125 €

Authentisch ländlich-rustikal und trotzdem sehr stilvoll und komfortabel wohnt man in dem zum Weingut Immerheiser gehörenden Hotel Zum Alten Weinkeller im beschaulichen Schwabenheim, das im sanften rheinhessischen Hügelland, einige Kilometer südwestlich von Mainz liegt. Hier wohnen die Gäste in ganz individuell mit viel Liebe zum Detail gestalteten Zimmern, etwa mit Natursteinmauern im ursprünglich-rheinhessischem Stil, alten Holzfußböden, Eisen-Himmelbetten und Terracotta-Bädern oder im Stil der Provence, mit Wohn- und Schlafbereich, Eisen-Doppelbetten auf Eichenholzdielen und exklusivem Bad mit bodengleicher Flusskiesel-Regendusche. Alle

Zimmer verfügen über einen 20 Zoll-LED Fernseher und sind mit kostenlosem WLAN ausgestattet. Auch das Kulinarische wird bei Familie Immerheiser großgeschrieben: Neben der Vinothek gibt es den Landgasthof Engel mit etwas rustikalerer Regionalküche und das Feinschmeckerrestaurant Zum Alten Weinkeller. Restaurant Zum Alten Weinkeller separat erwähnt.

Schwäbisch Hall (Baden-Württemberg)

Eisenbahn
im Hotel Landhaus Wolf
Karl-Kurz-Str. 2,
74523 Schwäbisch Hall (Hessental)
☎ **0791-930660**
www.landhauswolf.eu
⚅ **Mi–Sa ab 18 Uhr, So -Di RT**
Hauptgericht: 38–45 €,
Menüs: 68–130 €

Das im Ortsteil Hessental eher am Rande von Schwäbisch Hall gelegene Landhaus Wolf ist seit vielen Jahren ein beliebter Anlaufpunkt für Genießer, die sowohl im bodenständigeren Bistro als auch im Gourmetrestaurant die substanzstarke, handwerklich hervorragende Küche schätzen. Abseits von kurzlebigeren Trends und Moden stehen Josef und Thomas Wolf als erfolgreiches Duo für einen konsequent klassischen und über die letzten Jahre zunehmend besser aufs Wesentliche reduzierten Stil. Das passt auch ganz ausgezeichnet zu den auf entspannte Art ebenfalls eher klassisch-vornehmen Räumlichkeiten, die allerdings unlängst mit (unter anderem) dezenteren Vorhängen und einem neuen Holzboden ein ganzes Stück mehr Leichtigkeit und Eleganz mitbekommen haben.

Auf jeden Fall aber passte das kleine Facelift beim letzten Besuch ganz prima auch zu den ersten sommerlichen Einstimmungen in den Abend, die mit einer Ziegenkäsepraline in flirrend säuerlichem Tomatengelee, einem Cornetto mit Parmesanschaum, einer prononcierten Vitello-Rolle mit frittierter Kaper auf einem kleinen Cracker sowie pochierte und gekühlte Entenleber als Lolli in etwas dominanter Zartbitterschokoladenhülle auf unkomplizierte Art beschwingt wirkten. Einen Effekt, den auch eine fleischig-jodige Auster in grünem Apfelschaum fortsetzte, wenngleich deren Meeresduft es gegenüber der knackigen grünen Apfelfrische ebenfalls nicht ganz leicht hatte.

Eine gute Idee mit kleinen Wacklern bei der Umsetzung gab es dann auch beim ersten offiziellen Gang, in dem Hamachi als säuerlich mariniertes Carpaccio, zitrisch belebtes Tatar und eine in Engelshaar gebackene (etwas massig wirkende) Praline auf Farce-Basis präsentiert wurde. Rohe dünne Kohlrabischeiben und eine spitz und markant im Zentrum platzierte Champagneressig-Vinaigrette sorgten hier für Frische, allerdings kam durch die verschiedenen Säuren der klare Produktgeschmack überraschenderweise gar nicht ganz so gut zur Geltung wie erhofft.

Besser gelang das beim sanft geschmorten und damit festfleischig robusten Steinbutt, der von vornherein in eine kompaktere, süffig-dichte Umgebung gestellt wurde: Eine röstwürzig, luftig aufgeschäumte Krustentiernage und eine federleichte kokosduftige Reiscreme ergaben hier einen schmeichelhaften Rahmen mit subtiler Exotik – und es brauchte tatsächlich nicht mehr als knackige, feinsinnig mit Säure und Schärfe akzentuierte Gemüsestreifen für einen rundum stimmigen Gesamteindruck.

Und mit dem im Grunde ähnlich konzipierten, aber kontrastreicher inszenierten Wolfsbarsch steigerte sich das Team noch ein bisschen mehr. Das hohe, kross und saftig auf der Haut gebratene Wolfsbarschfilet wurde von einem frischgrünen Ensemble aus Frühlingslauch, Spinat und Zuckerschoten begleitet, bekam von einer luftigen Weißweinsauce sowohl feine Würze als auch Frische an die Seite gestellt, und hatte mit etwas filigran knusprigem Lauchstroh auf puristische Art vollkommen ausreichenden Kontrast.

Dieser Stil wirkt im ersten Moment oft beinahe etwas gediegen und brav, überzeugt dann aber durch die beeindruckend hohe Qualität der verwendeten Produkte und eine angenehm klare Tellersprache, die beispielsweise auch einem perfekt und gleichmäßig rosa gebratenen Filet vom US-Beef nur ausgesucht feste kleine Pfifferlinge, etwas Kartoffelgratin und eine ebenso tiefe wie elegante Trüffeljus zur Seite stellt – und damit absolut erfolgreich ist!

Genau das war auch die kleine Erfrischung vor dem Dessert, die mit zarter weißer Schokoladenmousse, blumig-herbem Sorbet von weißem Tee und pur-säuerlichem Schaum von Kalamansi einen wunderbaren Dreiklang bot, bevor das anschließende Schichtdessert (im Cocktailglas) auf ganz unkomplizierte Art beinahe den gleichen Frischegrad bot – und zwar durch die natürlich intensiven Erdbeeraromen von Mieze Schindler und Mara de Bois neben gleichermaßen satt-cremiger wie zestenfrischer Limetten-/Mascarponecreme und einem kräutrig-duftigen Sorbet von Basilikum und Zitrone.

Unbedingt eine Erwähnung wert ist auch die wuchtige Weinkarte mit einem beeindruckenden Sortiment auch länger gereifter Raritäten, die vom Service mit ebenso großer Begeisterung wie Kompetenz empfohlen werden. Wir könnten uns sogar vorstellen, dass einige Gäste primär auf Raritätenjagd hierherkommen und das feine Essen an die zweite Stelle setzen.

Rebers Pflug

Weckriedener Str. 2,
74523 Schwäbisch Hall
☎ 0791-931230
www.rebers-pflug.de
◕ Di–Fr ab 17.30 Uhr, Sa von 12–13 Uhr u. ab 17.30 Uhr, So u. Mo RT
Hauptgericht: 25–45 €,
Menüs: 58–105 €

EC 💳 💳 VISA P ⬛ ♿

In Zeiten von zunehmender Ein-Menü-Politik mit mindestens fünf Pflichtgängen sticht Rebers Pflug umso mehr als wohltuende Ausnahme hervor. So gibt es neben dem „Genießer-

menü" in drei bis sechs Gängen auch ein vegetarisches in bis zu vier Gängen – und des Weiteren Klassiker wie Wiener Schnitzel oder Zwiebelrostbraten à la carte. Dies alles zu äußerst genussfreundlichen Preisen und ohne räumliche Trennung. Gemeinsam sitzt es sich sehr angenehm im großzügig in warmen Holztönen gestalteten Restaurant, in dem durch Lamellen und Stoffbahnen auch zurückgezogenere Bereiche geschaffen wurden.

Der freundlich zugewandte Service hat einen erheblichen Anteil daran, dass man sich von Anfang wohlfühlt. Zwar hatte er an unserem Abend wegen einer 50-köpfigen Gruppe in den Nebenzimmern wenig Zeit für ausführliche Erklärungen der Gerichte. Anstatt aber wie mancherorts ohne Aperitif lange auf dem Trockenen zu sitzen, wurde locker schon zum Amuse ein Probierschluck vom Großen Riesling-Gewächs von Dautel eingeschenkt, das eigentlich zur Vorspeise gehörte.

Wobei: Auf aufwendige Amuse-Gueules verzichtet Küchenchef Hans-Harald Reber schon seit geraumer Zeit. Vorneweg gab es auch zuletzt „nur" ofenwarmes italienisches Landbrot mit drei geschmeidigen Aufstrichen: einer aufgeschlagenen Salzbutter, einer feinherben Paprikacreme und einer sanften Honig-/Senf-Creme. Um in den Genuss der ganzen Vielfalt zu kommen, haben wir aus beiden Menüs gewählt und so auch ein „falsches Radieschen" vom Ziegenfrischkäse gehabt, begleitet von echten Radieschen, gepickelt, halbiert und in Scheiben, sowie weitere Variationen vom Ziegenfrischkäse. Feinsäuerliche und auch herbere Töne gab es durch die Rettich- und Radieschenverwandten: eingelegte Eiszapfen im Ganzen, als Streifen und Röllchen. Ein Staudenselleriesorbet lieferte eine frisch-würzige Note dazu, weitere Akzente wurden durch eine Senfsaatvinaigrette und mayonnaiseartige grüne Tupfer gesetzt.

Nicht ganz so vielteilig überzeugte der marinierte Färöer-Lachs unter einer pikanten Haut, auf die auch Lachskaviar gesetzt war. Die akkurat zum Rechteck geschnittene hohe Tranche lag auf noch leicht knackigen grünen Spargelstangen und war umzingelt von Öltupfern, Misocreme-Kugeln und aufgepopptem Reisknusper. Für einen kleinen Säurekick sorgte eine Gelkugel aus vermutlich Yuzu. Einen wirklich großen Kick aber gaben die zwei Nocken Kimchi, in denen sich Würze, Säure und Schärfe zu einem nachhaltigen Umami-Erlebnis vereinten.

Rebers Kunst, den Geschmack einzelner Komponenten präzise herauszuarbeiten und in ein großes Ganzes zu betten, zeigte sich insbesondere auch beim vegetarischen Hauptgang rund um ein knallgrünes und mehrfach gefaltetes Petersilienflädle, einem Kräuterpfannkuchen also, der mit allerlei gefüllt und bestückt war. Aus der Abteilung „eingelegtes Wurzelgemüse" etwa mit Sellerie und Karotte, junger Lauch gab eine schöne Süße dazu, rohe und gedünstete Steinchampignons, frittierte Zwiebeln und etwas Crunch fügten sich zu einem stimmigen Wohlfühlgericht, das durch einen hellen, schaumigen Schalotten-/Thymiansud und eine nicht zu exotisch durchschlagende Vadouvan-Gewürzmischung zusammengehalten wurde.

Im Fleischgang wurde recht klassisch Zweierlei vom Kalb interpretiert: als zart-saftiges Filet, überbacken mit einer würzigen Kruste, und als Praline aus geschmorten Kalbsschwanz. Vielfältige Beigaben wie Bohnenröllchen im Speckmantel, Parmesan-Grießschnitten, Artischockenböden, Salzzitrone in verschiedenen Texturen und Paprika, darunter kleine tropfenförmige Biquino Vermelho, ergaben ein sehr harmonisches Geschmacksbild. Und, typisch schwäbisch: Von der zur Kostbarkeit reduzierten Sauce wurde noch eine Extraportion gereicht. Bei all den köstlichen Aromen auf dem Teller wäre so viel Sauce eigentlich gar nicht nötig gewesen und man hätte sie sich einpacken lassen sollen – aber einige Produkte aus der Küche liegen ohnehin tatsächlich in einem Kühlschrank im Entree zum Mitnehmen bereit.

Eine Selektion von Hohenloher Käsereien mit Birne, Blumenkohl und Berberitzen sowie ein Dessert mit Variationen von Erdbeeren, sizilianischen Pistazien (auch als Kuchen) sowie Sanddorn mit unterschiedlichem Säure- und Süße-Grad standen als Finale zur Wahl. Ganz zum Schluss grüßte die Küche dann doch noch einmal mit einer Mascarponecreme zu Himbeeren und Holunderschaum. Die Heimatverbundenheit des kulinarischen Konzepts zeigt sich auch in der Auswahl an Weinen aus der weiteren Region. Sowohl die dekorativen Vitrinen als auch der Gewölbekeller sind aber auch mit Gewächsen aus Europa bestens bestückt. Hier ist das Preis-Leistungs-Verhältnis ebenso herausragend.

So können wir auch dieses Jahr wieder feststellen: In vielen 8-Pfannen-Locations mag die Küche innovativer, spannender, überraschender sein, was aber nicht zwingend zu so stimmigen Geschmackserlebnissen wie in Rebers Pflug führen muss, der der Genussregion Hohenlohe mit ihren tollen Produkten alle Ehre gereicht.

Y | Restaurant im Ratskeller

im Romantik Hotel Der Adelshof
Am Markt 12, 74523 Schwäbisch Hall
📞 0791-75890
der-ratskeller.de
🕐 Mo–Sa ab 18 Uhr, So RT
Menüs: 39–90 €

Eins ist sicher: Das aktuelle kulinarische Konzept verschafft dem altehrwürdigen Ratskeller des Romantik Hotels „Der Adelshof" in Schwäbisch Hall eine erfrischende Verjüngungskur. In dem von massiven, teils mit kunstvollen Schnitzereien verzierten Fachwerkbalken und Fenstern mit Butzenscheiben geprägten Gastsaal bietet die Karte des „Y im Ratskeller" neben einigen traditionellen Klassikern wie Trollinger-Braten mit Rotkohl und Kartoffelknödel oder Maultaschen mit schwäbischem Kartoffelsalat nämlich in erster Linie vegetarische, ambitioniert-kreative Gourmetküche in wahlweise drei oder fünf Gängen. Dieser Kontrast hat was – und neugierig machen die einfallsreich zusammengestellten Gerichte obendrein.

Insofern waren wir sehr gespannt auf den Erstbesuch und auch von den (trotz keineswegs vollem Haus) langen Wartezeiten zu Beginn nicht allzu irritiert. Zumal das knusprige Vollkornkastenbrot mit Estragonbutter gut über diese Zeit hinwegtröstete. Besser sogar als der erste kleine Appetizer in Form eines weich geschmorten und kräftig angerösteten Wurzelgemüse-Rondells, das als „falsche Jakobsmuschel" auf warmem Algensalat einen harmonischen, aber recht simpel gestrickten Happen ergab.

Deutlich komplexer und näher am kommunizierten Anspruch war dann der erste offizielle Gang gestaltet: In einem tiefen Teller tummelten sich hier gebratene Champignons, konzentrierte Sauerkirsche, zarte Knollensellerie-Lamellen und rein aus Buchweizen fabrizierte Pasta. Diese charakter- und kontraststarken Produkte wurden mit klarem Tomatenfond zu einer „Untypischen Nudelsuppe" aufgegossen – eigentlich eine gute Idee, aber durch die etwas zu krass süß-saure Verstärkung des Fonds (entfernt erinnerte das an klare Ketchup-Essenz…) blieb den Einlagen letztlich zu wenig Raum zur aromatischen Entfaltung.

Besser gelang die Balance bei der in verschiedenen Varianten durchgespielten Brokkoli-Variation im folgenden Gang. Zwar blieben die einzelnen Komponenten handwerklich eher rustikal, boten aber von in Tempura gebackenen und säuerlich mit gepickelten Stachelbeeren marinierten Brokkoli-Stücken über Esspapier, Sponge und Essenz von der Brennnessel sowie cremigen Brokkoli-Gnocchi von frischgrün bis nussig und röstaromatisch eine große Bandbreite unterschiedlicher Facetten. Besonders gelungen wirkte dazu auch der aus Pilz-Kombucha und Kirsche gemixte Softdrink, der durch Umami und Rotfruchtigkeit einen gelungenen Kontrast setzte.

Sehr deutlich wurde aber auch an dieser Stelle, dass die Balance zwischen Anspruch und Aufwand auf der einen und pointierten Ergebnissen auf der anderen Seite noch nicht perfekt ist. Letztlich wirken viele der technisch kleinteilig angelegten Komponenten handwerklich gröber, als es der Aufwand erwarten lässt und es für ein trennscharfes Ergebnis gut wäre. Andererseits sind die Resultate durchaus spannend und machen auch auf ihre teils etwas rumpelige Art viel Freude.

Das galt genauso für den süßen Abschluss, bei dem große trocken-knusprige Meringue mit Orangen-Kürbiscreme gefüllt und von einem blumig duftigen Honigeis inklusive subtiler Lavendelnote ergänzt wurde. Der verspielte, aber eher säurebetont-frische Rosé dazu ergab ein weniger gutes Pairing als die alkoholfreie Option davor – was im Übrigen für die Getränkebegleitung generell gilt, bei der eher einfache Basisweine spannend komponierten Softdrinks gegenüberstehen.

Und wem die vegetarischen Menüs doch zu grün und gesund daherkommen, der findet neben den bodenständigen Klassikern auch einige ambitioniertere Gerichte mit Fleisch, wie etwa ein Pastramitörtchen von der Ente mit Chimichurri, Roggen und Eigelb oder ein Bœuf Bourgoignon mit gebrannter Kartoffel, Champignons und Zwiebel. Sprich: Das ganze Konzept ist weit entfernt von Dogmatismus, wird von den Damen im Service engagiert vermittelt und sicherlich noch nicht am Ende seiner Entwicklung angekommen.

Hotelempfehlung

★★★ S

Hotel Landhaus Wolf

Karl Kurz Str. 2,
74523 Schwäbisch Hall (Hessental)
📞 **0791-930660**
www.landhauswolf.eu
Einzelzimmer: 65–85 €
Doppelzimmer: 88–125 €

Das Landhaus im beschaulichen Hessental, vor den Toren der Kulturstadt Schwäbisch Hall, wird schon in dritter Generation von Besitzerfamilie Wolf geführt, die großen Wert auf sehr persönliche, individuelle Gastlichkeit legt. Die Zimmer und Suiten stehen in verschiedenen Kategorien zur Auswahl, sind allesamt wohnlich eingerichtet und komfortabel ausgestattet. Die Komfort-Doppelzimmer im Neubau beispielsweise unter anderem mit Fußbodenheizung, moderner modengleicher Dusche, Flat-TV mit HD, Minibar. Die „Demi-Suite" im Stammhaus hat sogar eine eigene Sauna. Schnelles WLAN und LAN gibt es kostenlos in allen Zimmern. Außerdem steht für Seminare und Tagungen mit bis zu 60 Teilnehmern ein mit modernster Technik ausgestatteter Tagungsraum zur Verfügung. Besonderes Augenmerk gilt im Landhaus Wolf hier seit jeher auch der Gastronomie, die mit dem Bistro „s'Bähnle" und dem Gourmetrestaurant Eisenbahn zwei unterschiedliche Konzepte bietet. Restaurant Eisenbahn separat erwähnt.

Hotel Rebers Pflug

Weckriedener Str. 2,
74523 Schwäbisch Hall
☎ 0791-931230
www.rebers-pflug.de
Einzelzimmer: 88–115 €
Doppelzimmer: 115–298 €

In dem von Familie Reber persönlich geführten Haus heißt die Devise „ankommen, genießen, wohlfühlen". Die stilsicher eingerichteten Zimmer und Suiten verschiedener Kategorien sind alle im Landhausstil gestaltet. Eine Besonderheit sind die neuen Suiten im Park des Hauses. Sie verfügen über ein großzügiges Raumangebot mit herrlichem Blick ins Grüne, einen beheizten Outdoor-Holzzuber, eine 35 m² große Gartenterrasse mit gemütlicher Sitzecke und eine Minibar, die die Gäste kostenfrei nutzen können. Das Frühstück lockt mit hausgemachten Konfitüren sowie Wurst, Schinken und vielen weiteren Produkten aus der Region. Auf der Lounge-Terrasse lässt sich bei schönem Wetter in gemütlichen Strandkörben entspannen. Restaurant Rebers Pflug separat erwähnt.

★★★★

Romantik Hotel Der Adelshof

Am Markt 12, 74523 Schwäbisch Hall
☎ 0791-75890
www.hotel-adelshof.de
Einzelzimmer: ab 89 €
Doppelzimmer: ab 99 €

Das Romantik Hotel Der Adelshof befindet sich direkt am Marktplatz von Schwäbisch Hall, der Mittelpunkt einer modernen Stadt mit mittelalterlichem Flair. Das gehoben ausgestattete Hotel in einem mittelalterlichen Herrenhaus vereint ebenfalls das Beste aus Tradition und Moderne – die Aufmerksamkeit klassischer Hotellerie mit zeitgemäßen Annehmlichkeiten. So haben die mit hochwertiger Ausstattung stilvoll eingerichteten 46 Zimmer, etwa alle schnelles WLAN, eine Minibar und einen modernen Flachbildfernseher. Einige Zimmer bieten Blick auf den Marktplatz oder den Innenhof und sind mit einem Himmelbett und Möbeln in antikem Stil eingerichtet. Wandmalereien verschönern das Ambiente auf individuelle Art. Das Hotel verfügt über zwei elegante Restaurants, eine Pianobar, eine Terrasse, eine Sauna und verschiedene Wellnesseinrichtungen. Die Kunsthalle Würth und andere Museen sind nur wenige Gehminuten entfernt. Aber nicht nur für Kulturinteressierte ist Schwäbisch Hall ein angesagtes Reiseziel: Zu den beliebten Aktivitäten in der Umgebung zählen auch Wandern und Radfahren. Fahrräder können im Hotel gemietet werden. Y | Restaurant im Ratskeller separat erwähnt.

Schwangau (Bayern)

6↑

Gams & Gloria
im Hotel Das Rübezahl
Am Ehberg 31, 87645 Schwangau
☎ 08362-8888
www.hotelruebezahl.de
Fr–So ab 18 Uhr, Mo–Do RT
Hauptgericht: 26–39 €,
Menüs: 89–139 €

VISA

In der wahrscheinlich bergromantischsten Region der Republik, mit Blick auf Schloss Neuschwanstein, Hohenschwangau und die Alpen, transportiert das schmucke Wellnesshotel „Das Rübezahl" nicht nur im Namen eine gewisse märchenhafte Urigkeit, sondern verbindet auch sonst sehr gekonnt einladende Behaglichkeit mit viel Komfort, einem gewissen Luxus und durchgängig hohem Anspruch. Dieser schließt selbstredend auch das kulinarische Angebot mit ein, an dessen Spitze die Gourmetküche im „Gams & Gloria" kreative, modern interpretierte alpenländische Schmankerl präsentiert. Dabei schießt das Team zwar zuweilen noch übers Ziel hinaus, garantiert aber dafür einen mindestens ebenso hohen Unterhaltungs- wie Genusswert.

Bereits der Küchengruß stellte die „junge und wilde" Stilistik sehr charakteristisch dar, indem eine ihrer herbe, kompakte Brombeermousse neben ätherisch-süßem Kräutersorbet und marinierten Kräutern im Grunde auch als astreines modernes Dessert durchgegangen wäre. Dieser Eindruck wurde durch teils naturbelassenen, teils getrockneten Rehschinken partiell aufgebrochen – aber wegen der gewählten Proportionen nicht gänzlich beiseitegeschoben. Das Typische dabei: ein gewisser kreativer Überschwang, aber technische Akkuratesse und hoher Aufwand.

Einen gewissen Showeffekt gab es dann auch bei der das Menü eröffnenden Bachforelle, die unter einer wabernden Rauchwolke auf dem Tisch landete. Das letztlich nur dezente Raucharoma stand der ansonsten wunderbar sanft temperierten Forelle aber ganz ausgezeichnet, genau wie die Umgebung aus mild süßlich marinierten Kräutern (von Ampfer über Brunnenkresse bis Schafgarbe…), einem nussig-duftigen Walnuss-Pistou, Walnussstreuseln und Dillöl. Ein beschwingter, kräuterduftiger Auftakt, bei dem das Team zeigte, dass es durchaus auch gut balanciert kombinieren kann.

Auch beim Rehtartar gelang es deutlich besser als noch bei vorherigen Besuchen, die scheinbar überdrehte Kombination mit Blauschimmelkäse, Kürbis und Kakao in harmonische Bahnen zu lenken: Der Käse setzte als zarte Creme nur punktuelle Akzente, gemeinsam mit Dots von fruchtig-süßlicher Kürbiscreme und Kürbiskern-Panna-Cotta, während der Kakao als Krokant-Hippe sowohl die dunklen Noten verstärkte, als auch weitere Süße-Kicks brachte. Als Gegenpol wäre hier allenfalls noch eine lebendigere, frische Komponente gut gewesen. Eine Funktion, die von der an sich ausgezeichneten, cremig-komplexen und elegant mit Johannisbeeren zugespitzten Rehjus nicht wirklich erfüllt werden konnte, insbesondere nicht in der reichlich dosierten Menge.

Die folgende Ziegen-Essenz zeigte mit ihrer perfekten Balance aus Kraft, Komplexität und Eleganz, dann vor allem, auf welch hohem Niveau das Team handwerklich arbeitet. Mit knackigen Bete-Scheiben und zarten kleinen Bete-Ravioli auf Ziegenkäsecreme gab es zudem harmonisch und ganz entspannt abgestimmte Einlagen. Ein willkommener Ruhepunkt! Tatsächlich brauchte es den auch, denn beim im Speckmantel gebratenen Stör lehnte sich das Team wieder deutlich weiter aus dem Fenster: Zum einen durch die beinahe absurd luxuriös anmutende Kombination mit Kaviar, Périgord-Trüffel und (!) Gänseleber. Zum anderen aber auch durch die kleinteilig variierten Karottenkomponenten (als Creme, geflämmt, Sponge, Chip, Macaron…) am Tellerrand. Das Ergebnis? Einerseits konzentriert erdig-salzig-duftig, ergänzt von eher milder Karottensüße und getragen von einer fülligen, mit Foie gras aufmontierten Schaumsauce. Die exklusiven Produkte brachten dabei zwar in Kombination nicht zwingend Mehrwert, aber was dem Ganzen vor allem fehlte, war Säure. Trotz (oder gerade wegen) des fraglos bemerkenswerten Wareneinsatzes legte dieser Gang wie schon lang nicht mehr ein „weniger ist mehr!" als Empfehlung nah…

Zum Abschluss gab es mit einem „falschen Zirbenzapfen" mit einer (goldglänzenden) Schokohülle und einer Füllung aus recht fester Karamellmousse, nebst saftigem Nussbiskuit und einer milden Apfel-/Verbenecreme, sowie Apfelgel und ein Birneneis noch einen echten Hingucker. Der war geschmacklich ein bisschen zu sehr auf der üppigen Seite gehalten, aber grundsätzlich gekonnt zwischen Nuss, Karamell und frischeren Fruchtakzenten ausgependelt. Insgesamt scheint das Team, trotz deutlicher Schwankungen im Menü, auf einem vielversprechenden Weg, hat durchaus noch Entwicklungspotential und macht damit neugierig auf den nächsten Besuch.

Ein weiterer Grund für ein baldiges Wiedersehen ist aber auch der sympathisch perfektionistische Barchef Christian Wellisch, der das bei aller Professionalität angenehm lockere Serviceteam und die Getränkebegleitung mit kreativen Cocktails aus exklusiven Ingredienzen ergänzt und dabei eine ansteckende Begeisterung verbreitet.

Hotelempfehlung

 ★★★★ S

Das Rübezahl

Am Ehberg 31,
87645 Schwangau
📞 08362-8888
www.hotelruebezahl.de
Einzelzimmer: 139–158 €
Doppelzimmer: 100–260 €

Mit seiner Gunstlage vis-a-vis der weltberühmten Königsschlösser Neuschwanstein und Hohenschwangau hat das Hotel-Ensemble im alpenländischen Stil am ruhigen Ortsrand von Schwangau eigentlich schon alle Trümpfe in der Hand. Doch das komfortable 4-Sterne-

Superior-Haus, das in seinen Räumen modernen Lifestyle und Komfort mit gediegener ländlicher Rustikalität verbindet, hat noch einiges mehr zu bieten. Luxuriös, individuell und wohnlich aus natürlichen Materialien und edlen Stoffen gestaltete Doppelzimmer zum Beispiel, romantische Junior-Suiten, oder auch verschiedene Themen-Suiten von „Almrausch" bis „Rosenreich". Alle sind mit modernen Bädern, Flat-TV, Telefon, Minibar, Safe und Quellwasserbrunnen ausgestattet. Die meisten haben Parkettfußboden und manche einen Balkon oder ein Wintergärtchen. Ein weiteres Highlight ist der große Wellness- und SPA-Bereich mit Tepidarium, finnischer Sauna, Panorama-Bio-Sauna mit Schlossblick, KräuterDampfbad, Solegrotte, Whirlpools, einem beheizten Außenpool und vielem mehr. In drei Restaurants und an der Hotelbar ist auch anspruchsvoll für das kulinarische Wohl gesorgt. Gourmetrestaurant Gams & Gloria separat erwähnt.

 **Schwarzach** (Bayern)

Schwab's Landgasthof

Bamberger Str. 4,
97359 Schwarzach
📞 09324-1251
www.landgasthof-schwab.de
Mi–So von 11–14.30 Uhr u. ab 17 Uhr,
Mo u. Di RT

Die etwas feinere Variante eines traditionellen Dorfgasthauses bietet sowohl atmosphärisch als auch kulinarisch dieser mit viel Liebe zum Detail hergerichtete Landgasthof der Familie Schwab. Tradition wird hier seit jeher groß geschrieben und es kommen ausschließlich regionale Produkte auf den Teller. Joachim Schwab führt den prächtigen Landgasthof bereits in der vierten Generation und lässt hier in seiner Küche bei aller bürgerlichen Bodenständigkeit auch das Raffinement nicht ganz außer Acht. Die nicht überbordende Weinkarte listet dazu passend gute Tropfen aus dem Frankenland.

Schwarzenfeld (Bayern)

esskunst

Hauptstr. 24, 92521 Schwarzenfeld
☎ 09435-6999610
www.restaurant-esskunst.de
🕑 Mi–Sa ab 17.30 Uhr, So von 12–14 Uhr
u. ab 17.30 Uhr, Mo u. Di RT
Hauptgericht: 16–22 €, Menüs: 44–48 €

In der Großstadt wäre das Restaurant Esskunst von Tamara Fäller und Christian Bernholz nur eines unter Vielen. Im Zentrum des oberpfälzischen Örtchens Schwarzenfeld, das verkehrsgünstig nah an der A93 und dort etwa auf halbem Wege zwischen Regensburg und Hof liegt, hebt sich das lichte, modern und schnörkellos gestaltete Lokal mit Zugang durchs Foyer der angrenzenden Kreissparkasse aber deutlich vom Durchschnitt in der Region ab. Mit dem professionellen und zugleich sehr persönlichen Service der Gastgeberin und der raffinierten, zeitgemäßen Feinschmeckerküche ihres Mannes, könnte sich das Esskunst aber problemlos auch in jeder City etablieren, denn die bewegen sich selbst im überregionalen Vergleich auf hohem Niveau.

Im Zeitalter festgelegter Einheitsmenüs für alle Gäste wirkt das Angebot in der Speisekarte mit zwei auch frei miteinander kombinierbaren viergängigen Menüs (einmal Fisch, einmal Fleisch) und genügend Alternativen à la carte, die auch gerne in eine der bemerkenswert günstigen Speisefolgen integriert werden dürfen, durchaus umfangreich und gastfreundlich. Gekocht wird leicht und schnörkellos, angenehm reduziert, aber nicht puristisch. Christian Bernholz hat ein gutes Gespür für Proportionen und Kombinationen und bringt auf seinen Tellern alles sehr apart, mit handwerklicher Sorgfalt, aber ohne übertriebenen (und

letztlich preistreibenden) Detailaufwand zusammen. Die Produkte, die hier zum Einsatz kommen, sind allesamt sehr gut, aber auch nicht zu exklusiv.

Zuletzt hatten wir es im Rahmen des fleischlastigen Menüs „Land" in der Vorspeise mit gebeiztem Rinderfilet zu tun, das schön fleischig und nur angenehm mild gewürzt als nicht zu dünn geschnittenes kreisrundes „Carpaccio" ausgelegt und mit geröstetem Wildem Brokkoli, gepickelten Radieschen, groß zerstoßender Macadamianuss und einem erfrischend zitrisch auflockernden Kalamansigel bestückt war. Das fischlastige Menü „Wasser" begann mit einer ganz ähnlich aufgebauten Vorspeise, bei der sich gegrillter Oktopus in attraktiver Konsistenz und Frische mit Würfeln von gebackenem Schafskäse, Avocado und den markanten Aromenakzenten der Salzzitrone auf einer dünnen marinierten Scheibe Ochsenherztomate tummelten.

Das Talent des Chefs, auf einer sehr soliden, substanzreichen Basis mit relativ einfachen Mitteln schmissige Akzente und Raffinesse zu erzeugen, zeigte sich dann auch bei den Suppen. Namentlich einer intensiven, fruchtigsüßlichen Essenz von Strauchtomaten, in der fluffige Safran-Grießknödel schwammen, sowie einer kraftvollen Paprikaschaumsuppe mit Chorizo, die von einem gerösteten Focacciastreifen begleitet wurde, der mit Frischkäsecreme, gebratenen Chorizowürfeln, Radieschen und verschiedener würziger Kresse bestückt war.

Optimal auf den Punkt gebracht wurde dann bei den Hauptgängen nicht nur das norwegische Lachsfilet mit ringsum goldbrauner Colorierung und schön glasigem Kern, das von saftig-rahmigen Gurkenspaghetti, gebratener sowie zur Creme verarbeiteter Schwarzwurzel und elegant dünnflüssiger Parmesansauce bemerkenswert leicht, aber ausdrucksstark begleitet wurde, sondern auch ein Rehrücken. Die beiden rosazarten Tranchen mit viel Saft und Kraft hatten eine dünne Kruste aus Nuss und Roggen und kamen in herbstlicher Begleitung von Rosenkohl als blanchierte knackige Blätter und geröstete Köpfe und seidig cremigem Kürbispüree daher. Für den zum Wild fast schon obligatorischen süßlich-fruchtigen Kontrast waren hier originellerweise einige Mandarinenfiletstücke verantwortlich, durch die auch das Feinbittere vom Rosenkohl geschickt aufgebrochen wurde.

Das gute Gespür des Teams für Aromen blieb auch bei den Desserts nicht verborgen, wobei uns die nicht nur farblich etwas bunte Liaison aus Zitronencreme, eingelegten Blaubeeren,

Himbeeren (auch als Sorbet), Pistazie und erfrischendem Topfen-/Limetteneis, über der ein Aromenhauch von Rum waberte, nicht ganz so gut gefallen hat wie der sehr pointierte Nachtisch um weiße Schokolade, Fenchel, Nashi-Birne und Eis von Thai-Basilikum. Da war alles sehr schön klar definiert, da griffen die schmelzige Opulenz der weißen Schokoladencreme, das ätherische, an Estragon erinnernde Aroma vom Thai-Basilikum, der mit seinem anishaften Aroma perfekt dazu passende Fenchel und die fruchtige Saftigkeit der Birne ebenso dynamisch wie harmonisch ineinander. Passend zum Gesamtkonzept ist im Esskunst auch die Weinkarte nach dem Prinzip „klein aber fein" zusammengestellt und deckt glaswie flaschenweise ein breites Spektrum im moderaten Preissegment ab. Auf zielsichere Empfehlungen von Tamara Fäller zu den einzelnen Gängen ist Verlass.

Schweinfurt (Bayern)

Kings & Queens
Bauerngasse 101,
97421 Schweinfurt
☎ 09721-533242
www.kings-u-queens.de
⌚ Di–Sa ab 18 Uhr, So u. Mo RT
Hauptgericht: 20–35 €,
Menüs: 35–85 €

Während das Gros der ambitionierten Restaurants gefühlt fast allerorts schon auf drei Servicezeiten und ein einziges Menü umgestellt hat, genießt der Gast im Zentrum Schweinfurts bei Sabine und Marc Wiederer in deren heimelig anmutenden Restaurant nach wie vor an fünf Abenden in der Woche die reiche Auswahl aus den Vollen. Hier namentlich aus drei unterschiedlichen Speisefolgen, von denen eine rein vegetarisch ist und die anderen beiden ebenso vielfältig wie einfallsreich mit allerhand Fisch, Fleisch, Meeresfrüchten und Gemüse überdurchschnittlicher Güte aus Nah und Fern gespickt ist. Gekocht wird das fundiert und zeitgemäß leicht, aber nicht seicht, weder sehr verspielt noch dröge, keine bestimmte Stilrichtung verfolgend und dennoch nicht beliebig und trotz hier und da unkonventioneller Akzente oder Kombinationen grundsätzlich von klassischer Art. Und zu durchwegs moderaten

Preisen! Was auch auf die Weinkarte zutrifft, die eine gute Auswahl fränkischer Gewächse und darüber hinaus genügend Alternativen aus anderen Anbaugebieten offeriert.

Schwendi (Baden-Württemberg)

Esszimmer
im Hotel Oberschwäbischer Hof
Hauptstr. 9–15, 88477 Schwendi
☎ 07353-98490
www.oberschwaebischer-hof.de
⌚ Mi–Fr ab 18.30 Uhr, Sa von 12–13.30 u. ab 18.30 Uhr, So von 12–13.30 Uhr, Mo u. Di RT
Hauptgericht: 29–52 €, Menüs: 79–119 €

Die Dichte an Spitzenrestaurants ist in Oberschwaben längst nicht so hoch wie in anderen Regionen des „Genießerlands" Baden-Württemberg. Und auch die Gemeinde Schwendi ist noch nicht so vielen Kennern ein Begriff – was sich aber nach und nach ändert. Das liegt vor allem an Julius Reisch, dem Gusto-Newcomer des Vorjahres, der nach Wanderjahren an Topadressen zwischen Baiersbronn und Sylt im elterlichen Betrieb „angekommen" ist. Derweil in der Lazarus Stube des Oberschwäbischen Hofs durchaus arrivierte gutbürgerliche Küche geboten ist, werden im Esszimmer ein paar Schippen draufgelegt – mit dem Junior als Küchenchef und seiner Frau Anna Reisch als Gastgeberin und Sommelière. Der hohe Anspruch im edel-behaglichem Ambiente mit sanft glänzendem Holzfußboden wird mit einer selbstbewussten Preisgestaltung des Menüs unterstrichen, das in bis zu sechs Gängen geordert werden kann – ebenso die vegetarische Alternative, die nicht einfach eine Variante ohne Fisch und Fleisch ist.

Zur Einstimmung kamen auf einer Etagere drei Apéros, die durch viel Geschmack auf kleinstem Raum überzeugen konnten: mit angenehmer Schärfe ein Rote-Bete-Baiser mit Meerrettichcreme und Cranberries; mit sanfter Exotik ein Pomme Soufflée mit Paprikamousse, Mango und Curry; mit dichter ausgewogener Süße ein Mürbeteigtörtchen mit Maronen-Mousse, Portwein und Trüffel. Wie aufwendig die Küche zugange ist, zeigten auch die drei Sorten hausgemachten Brots zu gesalzener Butter und einem Frischkäse mit Yuzu und Chili. Mit sehr viel Frische wurde dann noch in Gestalt eines Dreierlei von der Forelle gegrüßt. Dabei wurden in den Schälchen nicht nur die Texturen, sondern auch die Temperaturen schön durchgespielt. Einen spannenden Kontrast zum Tatar setzte ein Algensorbet und ein kleiner Chip, eher säurebetont wie mutmaßlich Yuzu war die gebeizte Interpretation, herb-fruchtig eine größere pochierte Tranche auf einem Fenchelsalat in einem Sud mit Forellenkaviar, Algen und Kräuteröl.

Noch stärker in die fruchtbetonte und ätherische Richtung ging die Vorspeise mit drei Tranchen vom gebeizten und kurz geflämmten Hamachi, denn aus dessen Wellness-Kräuterbad mit Joghurtschaum ragten deutlich die Noten von Kaffirlimette und Zitronenmelisse hervor. Dass es zu lieblich wurde, verhinderten Stückchen von fermentierter Paprika, für spaßige Crunchmomente sorgte aufgepoppter Emmer. Und als kleine Muntermacher waren auch noch winzige Chilistückchen in dem Sud versteckt.

Dass in den Esszimmer-Emulsionen häufig kleine Überraschungen stecken, zeigte auch das nächste Gericht, denn in einen Krustentierfond waren kleine Tupfer von Yuzugel gesetzt. So kam es, dass man auf dem einen Löffel Umami-würzigen Tiefgang schmecken konnte, beim nächsten aber auch zitrische Frische herausragte. Star dieses Zwischengerichts war ein fein-nussiger dänischer Kaisergranat, dessen Schwanz bis auf den Tellerrand ragte. Erdige Zwischentöne gab es durch verschiedene Röllchen vom Hokkaido- und Butternutkürbis, teils pur, teils mit sich selbst gefüllt. In einer akkurat gefalteten Kürbistasche steckte überdies auch noch Tatar vom Kaisergranat und knackiger Crunch war durch geröstete Kürbiskerne geboten.

Als sehr harmonisch erwies sich das Arrangement rund um den kross auf der Haut gebratenen Wolfsbarsch, der jedoch etwas mehr gewürzt hätte sein können. Angenehm zurückhaltende jodige Akzente setzten Herz- und Miesmuscheln in einem cremigen Artischocken-/Safran-Sud, dessen Aroma noch durch zusätzliche Poweradenstücke mit sanftem Biss

potenziert wurde. Apropos: Auch behutsam eingesetzte Passe-Pierre-Algen gaben dem Gericht eine leichte Knackigkeit und zusätzliche Mineralität.

Sehr herzhaft und auch sehr klassisch war das Fleischgericht interpretiert: Rosa gebratenem Rehrücken mit guter Struktur wurde on top durch hauchdünne Blutwurstscheiben sowie Rehschinken eine besonders erdige, würzige, fast rauchige Note mitgegeben, deren dichtes Geschmacksbild durch eine darunterliegende Rotkohl-Maronen-Mousse verstärkt wurde. Rosenkohlblätter setzten einen wichtigen hellgrünen Kontrast zu dem ansonsten von rotbraunen Farbtönen dominierten Gericht. Und für Schwaben das Wichtigste: Es gab reichlich Sauce, angegossen auf dem Teller, aber auch in einem Extra-Schälchen, das Spätzle mit Soß' in Deluxe-Ausführung zu bieten hatte. Denn im Unterschied zu manch schwäbischem Wirtshausklassiker waren die extrabreiten Spätzle hier sattgelb und bei der Sauce handelte es sich natürlich um eine fein abgestimmte Wildjus.

Als Vordessert erfrischte dann ein herbes Sorbet aus gelber Paprika in Holundersud mit Kräuterölspuren. Das eigentliche Dessert war mit Variationen aus der Herzkirsche, als Eis und in Portwein eingelegt, wieder recht klassisch. Dunkle Schokolade mit luftigen Stücken und in einem Riegel mit Bisquit und heller Creme sowie Szechuan-Pfeffer steuerten ihren Anteil dazu bei. Zu was die Patisserie sonst noch alles in der Lage ist, wurde mit einem halben Dutzend sehr unterschiedlicher Petis Fours zum Abschluss demonstriert. Anna Reisch, die ein Faible für französische und deutsche Gewächse hat, serviert zum Menü zwar eine stimmige und lohnende Weinbegleitung, man sollte aber auch ruhig auch mal einen Blick in die Karte werfen, die vor allem eine sehr gute Auswahl an Rieslingen zu bieten hat.

Die Hoteleinträge	
★★★★★S	Superior
★★★★★	Unterkunft für höchste Ansprüche
★★★★	Unterkunft für hohe Ansprüche
★★★	Unterkunft für gehobene Ansprüche
★★	Unterkunft für mittlere Ansprüche
★	Unterkunft für einfache Ansprüche
🏨	Unterkunft ohne Sterne-Klassifizierung

Hotelempfehlung

★★★★

Hotel Oberschwäbischer Hof

Hauptstr. 9–15,
88477 Schwendi
☏ 07353-98490
www.oberschwaebischer-hof.de
Einzelzimmer: 89–99 €
Doppelzimmer: 130–140 €

Die moderne Hotelanlage, die man so in dem kleinen, oberschwäbischen Örtchen im Dreieck zwischen Ulm, Biberach und Memmingen nicht unbedingt erwarten würde, besteht aus zwei Hauptgebäuden, die durch ein Foyer verbunden sind. Ein 4 Sterne-Haus in klarer, reduzierter Architektur, mit viel Liebe für Details und für natürliche Baumaterialien wie Stein und Holz. Es gibt insgesamt 30 komfortable, hell und behaglich, sachlich und funktional eingerichtete Zimmer mit Parkettböden: 7 Frenchbed-Zimmer, 2 Suiten, 2 Appartments und 21 Doppelzimmer, allesamt mit Minibar, Bad/WC, Kabel-TV, Radio und Telefon ausgestattet. Im gesamten Hotel steht WLAN zur Verfügung und nahezu alle Zimmer verfügen über einen Balkon. Außerdem gibt es im Haus eine Sauna und einen Fitnessraum. Restaurant Esszimmer separat erwähnt.

Restaurant Weinhaus Uhle
im Hotel Weinhaus Uhle
Schusterstr. 13–15, 19055 Schwerin
☏ 0385-48939430
www.weinhaus-uhle.de
🕐 Di–Sa ab 17.30 Uhr, So u. Mo RT
Menüs: 60–140 €

In den über 100 Jahre alten Gastraum des Schweriner Traditionsbetriebes einzukehren, ist ein bisschen wie in der Zeit zurückzureisen – aber auf eine gute Art. Denn das Hotelrestaurant des gleichnamigen Gasthofes in der Altstadt schafft es, den Charme vergangener Zeiten zu bewahren, ohne dass das Ambiente altmodisch wirkt.

Die Küche spricht dabei eine klassische Sprache, weiß aber den ein oder anderen Twist einzubauen. In diesem Sinn sehr gelungen war bei unserem jüngsten Testbesuch die Vorspeise rund um das Thema Tomate, die unter einer gläsernen mit Rauch gefüllten Cloche auf den Tisch kam. Im Wesentlichen bestand das Gericht aus einer zur Tomatenattrappe geformten Mousse, mit mayoähnlichem Aroma und schaumiger Textur. Gut passte dazu ein à part gereichter Sud aus Tomate und Brunnenkresse, der eine angenehme Frische beisteuerte. Bei aller Einfachheit ähnlich stimmig präsentierte sich ein kleines Löffelgericht mit gebratenen Lauchbrunoises, Lauchöl und Kartoffelschaum, das die Idee einer klassischen Vichyssoise aufgriff.

Dass die Küchenchefs Ronny Bell und Holger Mootz auch ab und an feinere, edlere Produkte mit ins Menü nehmen, zeigte vor allem ein Gang mit Kaisergranat, Räucheraal, Apfel und Karotten. Die beiden mittelgroßen Krustentiere waren schön glasig auf den Punkt gegart und zeugten von guter Frische. Besonderen Charme entwickelte der Gang dank der wohlgewählten Kombination mit Räucheraal, der in Form einer wunderbar würzigen, mit Apfel verfeinerten Sülze auf den Teller kam. Um in noch höhere Genusssphären vorzudringen, müssten die Tiere von sich aus qua Produktqualität einen festeren, bissigeren Körper mitbringen; um ein herzhaft-feines Gericht zuzubereiten, reichte die Qualität der Kaisergranate aber allemal aus. In kreativere Gefilde wagt sich die Küche mit einem vegetarischen Gang aus dichter geklärter Pilzbrühe vor, die mit ihrer leicht rauchig-süßlichen Art an (hochwertige) Teriyaki-Sauce erinnert. Dazu gab es eine Pilzcreme, kleine Pilze und mit Kräutern abgeschmeckten Biskuit.

Wie bei unserem letztjährigen Besuch paarten Bell und Mootz auch diesmal ein kurzgebratenes Rückenstück mit mehreren nominal weniger edlen aber mindestens genauso schmackhaften Teilen des gleichen Tiers – damals Rinderfilet mit Mark und Schwanz. Nun standen Filet und Rücken vom Salzwiesenlamm dessen Zunge, Leber und Bäckchen zur Seite. Gemeinsam mit grünem und weißem Spargel, einer dunklen Lammjus sowie frischem Kräuterpesto ergab das einen überzeugenden und astrein gekochten Hauptgang. Ähnlich klassisch präsentierte sich im Anschluss das Dessert mit Schokolade, gewürzig abgeschmecktem Cremeeis und einer bittersüßen Zwergorangenmarmelade.

Natürlich könnte im Weinhaus Uhle die ein oder andere Sauce ausdrucksstärker gekocht sein oder einige Gänge durch hochwertigere Produkte an mehr Tiefenschärfe gewinnen. Vorspeisen wie dem Tomatengang würde ein wenig mehr Aussagekraft gut stehen, sei es durch höhere Präsenz natürlicher Produkte oder ausgefeilterem, komplexerem Handwerk. Unterm Strich sehen wir das Weinhaus Uhle aber weiterhin auf einem guten Weg, gerade aufgrund der gleichbleibend soliden Kulinarik ohne große Sperenzchen.

Die Weinkarte spricht eine ebenso klassische Sprache wie die Menükarte, setzt neben den alteingesessenen Weingütern aber auch spannende Betriebe in Szene: wie etwa das Weingut Hey, das derzeit zu einem der Aushängeschilder der ostdeutschen Anbaugebiete gehört.

Hotelempfehlung

★★★★

Hotel Weinhaus Uhle

Schusterstr. 13–15, 19055 Schwerin
☏ 0385-48939430
www.weinhaus-uhle.de
Einzelzimmer: 105–288 €
Doppelzimmer: 105–288 €

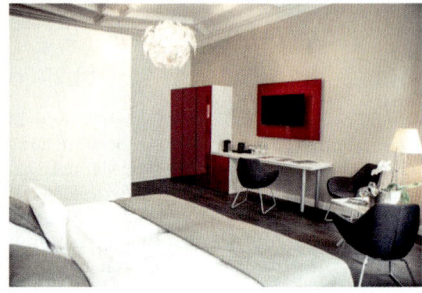

1751 als Weinschenke gegründet und später als Weinrestaurant bereits ein kulinarischer Anziehungspunkt in der Region, wurde das schmucke Anwesen in der Schweriner Innenstadt zu DDR-Zeiten enteignet und erst nach der Wende an die Familie Bühring-Uhle rückübertragen. Seit 2016 hat es nach grundlegender Sanierung als komfortables Hotel mit Restaurant wiedereröffnet – von Gastgeber-Ehepaar Annika und Dirk Frymark mit Liebe gestaltet und kreativ konzipiert. Jedes der insgesamt 16 Zimmer und Suiten (ausschließlich Nichtraucher) ist mit hochwertigen, zeitlosen Möbeln, klaren Formen und individuellen Schnitten einzigartig. Die Räume wirken mit sanften farbigen Akzenten harmonisch und beruhigend. Kostenfreies Highspeed-WLAN, moderne Flatscreen-Fernseher, schöne Bäder und luxuriöse Bad- und Toilettenartikel sind nur einige der Vorzüge, die man hier als Hotelgast genießt. Und auch der kulinarische Genuss hat heute noch einen hohen Stellenwert: sowohl im eleganten Restaurant, als auch in Weinhandlung und Bistro wird das das Weinhaus Uhle gehobenen Ansprüchen gerecht. Restaurant Weinhaus Uhle separat erwähnt.

Schwerte (Nordrhein-Westfalen)

Schwetzingen (Baden-Württemberg)

Rohrmeisterei

in der Rohrmeisterei
Ruhrstr. 20,
58239 Schwerte
☎ 02304–2013001
www.rohrmeisterei-schwerte.de
🕐 Mo–Fr ab 16 Uhr, Sa u. So ab 10 Uhr
durchgehend, kein RT
Hauptgericht: 12–28 €

Dieses originell umgebaute Industriedenkmal, das heute aus drei Hallenbereichen besteht, von denen zwei für verschiedenste Veranstaltungen und einer für die vielfältige Gastronomie genutzt wird, ist nicht bloß eine originelle Location, hier wird auch ansprechend frisch und gut gekocht. Nicht mehr so ambitioniert und Gourmet-like wie zu den Zeiten, als das leicht erhöhte Podest mit rundumlaufender Glasfront, das im Zentrum der hohen Halle mit gewaltigem Deckenkran thront, noch separat als Restaurant Glaskasten bespielt wurde, aber trotzdem klar überdurchschnittlich. Der Unterschied zu durchschnittlicher Gastronomie liegt nicht nur in der Verwendung guter Produkte, sondern auch in deren natürlicher, frischer, handwerklich solider Zubereitung. Die Gerichte sind eher einfach gehalten, kommen hausmannsköstlich und üppig daher. Es gibt weiterhin schlichte und schmackhafte Dinge, die eben durch ansprechende Qualität und fundierte Machart überzeugen. Immer empfehlenswert, wenn preiswerte, vernünftig zubereitete Küche für jeden Tag gefragt ist.

Möbius lebensmittel.punkt

Kurfürstenstr. 22, 68723 Schwetzingen
☎ 06202-6085020
www.dermoebius.com
🕐 Do u. Fr ab 19 Uhr, Sa ab 12 Uhr,
So–Mi RT
Hauptgericht: 9–21 €, Menüs: 29–49 €

Besondere Zeiten bedürfen besonderer Maßnahmen. So hat sich das Konzept des Feinschmeckerbistros im Delikatessenladen mittlerweile auf ein reines Tagesgeschäft beschränkt, das von mittags bis Ladenschluss um 18 Uhr, bzw. donnerstags und freitags sogar bis 20 Uhr und dafür am Samstag nur bis zum Nachmittag eine reelle Frischeküche aus tollen Produkten zu moderaten Preisen anbietet, die aber nicht selten mit dem gewissen Etwas und immer mit viel Substanz daherkommt. Das ist natürlich noch viel weniger Fine Dining als früher, dafür unkompliziert und preiswert zu haben. Klare Empfehlung, wenn gute raffinierte Küche für jeden Tag gefragt ist. Und in der Qualität muss das dem Möbius erst mal jemand nachmachen…

Seegebiet Mansfelder Land
(Sachsen-Anhalt)

Orangerie Seeburg

Schlossstr. 1,
6317 Seegebiet Mansfelder Land OT/
Seeburg
☎ 034774-701780
www.orangerie-seeburg.com/
🕐 Mo, Di u. Fr, Sa ab 17 Uhr,
So 12–14 Uhr u. ab 17 Uhr, Mi u. Do RT
Hauptgericht: 25–60 €,
Menüs: 60–250 €

Der Name Seeburg kommt nicht von Ungefähr, denn der Mittelpunkt dieser Ortschaft im Seegebiet Mansfelder Land, eine knappe halbe Autostunde westlich von Halle, ist tatsächlich eine bereits im Jahre 743 namentlich erwähnt

Burg, die am Ostufer des Süßen Sees steht und das Wahrzeichen der Region ist. Hier findet man hinter einem einladenden Entree mit dem Schriftzug des Restaurants auf massivem altem Gemäuer das Restaurant Orangerie, ein Anbau mit länglichem Gastraum, dessen vollverglaste Front und Terrasse einen unverstellten Ausblick auf den sich direkt davor erstreckenden See ermöglicht.

Auch der Blick ins Restaurant wirkt einladend und lässt sofort erkennen, dass es sich bei der Orangerie nicht um ein gewöhnliches Ausflugslokal handelt: geschmackvolles Interieur, ordentliche Weingläser, Stoffservietten und sogar frische Blumen auf den Tischen. Dazu wird eine Speisekarte gereicht, die vier verschiedene dreigängige Menüs offeriert, die gehobenen Anspruch suggerieren und nach Herzenslust kombiniert werden dürfen. Da findet man regionaltypisch Ostdeutsches wie etwa die Soljanka nach Spreewälder Art, aber auch Delikatessen aus dem Reich der internationalen Gourmandisen, etwa eine Vorspeise um Foie gras und Blutwurst mit Rotweinfeige oder eine bretonische Makrele mit Urkornrisotto und Wurzelgemüse.

So viel vorweg: hier wird bei den Produkten auf Qualität geachtet! Deshalb waren überraschenderweise bei der Vorspeise um Schwertmuscheln mit Grünen Tomaten, Mascarpone und Weißwein ausgerechnet die Muscheln selbst das Beste auf dem Teller. Die Komposition an sich konnte uns nicht geleichermaßen überzeugen, denn die rohen grünen Tomaten waren, genau wie die etwas groblotzigen Karotten und Staudensellerie, als Begleitung relativ sperrig und die mit Mascarpone zur Creme gebundene Weißweinsauce mit Knoblauch wirkte in dem Kontext ebenfalls eher plump als leichtfüßig. In Kombination mit einem etwas robusteren Hauptprodukt (Fleisch) hätte das eventuell besser gepasst – zu den feinen Muscheln war es suboptimal.

Deutlich besser haben uns da die ganz klassischen Trüffelspaghetti gefallen, die mit genügend Biss zur länglichen Rolle gewickelt, satt in schlotzige Trüffelbuttersauce eingelullt und großzügig mit frisch gehobelter Trüffel überhäuft, auch optisch sehr ansprechend waren. Aber das Schönste: Hier überwogen die natürlichen Aromen der Knolle, waren keine penetranten künstlichen Trüffelölnoten im Spiel. Fein! Da hätten wir also als Hauptgang eigentlich doch das Charolais Rinderfilet mit Entenleber, Pflaume und „Barrique-Jus" bestellen können, von dem wir wegen Vorbehalten gegenüber der annoncierten Trüffelmayo zu

den begleitenden Knusperkartoffeln abgesehen hatten…

Allerdings hätten wir dann auch das als Produkt wieder sehr gute, selbstverständlich am Knochen auf den Punkt gleichmäßig rosa gebratene Kalbskotelett verpasst, das mit herzhaftem Baba Ganoush, einem aus gegrillter Aubergine und Tahin, Knoblauch, Kräutern und weiteren Ingredienzien hergestellten Püree, sowie verschiedenen anderen Gemüsen kombiniert wurde. Sowohl das Gemüse als auch die begleitende Jus mit ihren leicht bitteren dunklen Röstpartikeln wirkten handwerklich allerdings wieder recht grob umgesetzt und ließen uns (noch?) von einer 5-Pfannen-Auszeichnung absehen.

Geschmeckt hat das aber ebenso gut wie der schlicht „Feigen-Pudding" genannte Nachtisch, bei dem Verschiedenes von der Feige mit angebräunter cremiger Baiser-Masse und einer Art Mandel-Schlupfer zu einem durchaus ansprechenden süßen Abschluss vermählt waren. Weil auch der Service sehr zuvorkommend und die Weinkarte gut bestückt ist, können wir uns über eine neue Empfehlung in einem kulinarisch dünn besiedelten Gebiet freuen und sind gespannt, wie sich die Küche der Orangerie weiterentwickelt.

Seeheim-Jugenheim (Hessen)

Gasthaus Landgraf

Felsbergstr. 49,
64342 Seeheim-Jugenheim
(Balkhausen)
☎ 06251-788749
www.gasthaus-landgraf.de
◑ Mo u. Do–Sa ab 17.30 Uhr,
So u. Fei von 12–14 Uhr u. ab 17.30 Uhr,
Di u. Mi RT
Hauptgericht: 23–36 €,
Menüs: 69 €

In dem liebevoll aufgehübschten Gasthof am Rande des Odenwalds mit seinem wohnlichen Gastraum wird großer Wert auf ausgesuchte, wenn möglich regionale Produkte gelegt und für ein breites Publikum gekocht. Kulinarisch bestimmt ein Stilmix aus regionalen, mediterranen, französischen und verfeinerten Steakhouse-Klassikern das Bild. Vor allem die Auswahl an überdurchschnittlichem Rindfleisch ist zum Markenzeichen des Hauses geworden. Die mit den Gewächsen vieler regionaler Erzeuger bestückte Weinkarte hat auch international einiges zu bieten.

Selb (Bayern)

Rosenthal Casino

Kasinostr. 4, 95100 Selb
☎ 09287-8050
www.rosenthal-casino.de
◑ Mo–Fr von 11.30–14 Uhr u. ab 18 Uhr,
Sa ab 18 Uhr, So RT, Fei auf Anfrage
Hauptgericht: 14–36 €

Die Villa mit kleinem Retro-Designhotel und Restaurant im ebenso originellen wie originalen 60er-Avantgarde-Stil, die sich etwas unscheinbar hinterhalb des Firmenkomplexes der Rosenthal-Porzellanfabrik befindet, bietet seit vielen Jahren die beste Küche in der Region. Das Kulinarium von Sebastian Körber bewegt sich zuverlässig auf einem sehr soliden Niveau, ist gänzlich klassisch und kommt ohne moder-

ne, technische Spielereien oder zu viel Detailaufwand aus, bietet aber stets anspruchsvollen Genuss. Das Repertoire präsentiert in routinierter Machart, ein paar asiatische Akzente, viel Mediterranes, aber auch mal moderat aufgepeppte heimische Klassiker. Eine kleine Auswahl internationaler Gewächse zu moderaten Preisen rundet das Angebot ab.

Selzen (Rheinland-Pfalz)

Kaupers Restaurant

Kapellenstr. 18a,
55278 Selzen
☎ 06737-8325
www.kaupers-kapellenhof.de
◑ Fr–Di ab 19 Uhr, Mi u. Do RT
Menüs: 86–118 €

Sebastian Kauper in der Küche und Nora Breyer als Gastgeberin sind mit ihrem malerisch und ein wenig versteckt an das Weingut Kapellenhof angegliederte Restaurant mit puristisch und dezent modernisierter hölzerner Bausubstanz und ganz individueller Atmosphäre alles andere als Mainstream. Das bestätigt auch die lockere, unkomplizierte und zugleich sehr niveauvollen Linie, die sich wie ein roter Faden durchzieht. Beide setzen seit mittlerweile über zehn Jahren sehr konsequent ihre ureigene Idee anspruchsvoller Gastronomie um und orientieren sich dabei weniger an Trends und Moden als an dem, was sie persönlich gut finden. Und das bedeutet auf den Tellern eine sehr individuelle Art der Terroir-Küche, bei der alte Gemüsesorten aus dem eigenen Garten genauso zum Einsatz kommen wie seltene Wildkräuter, selbst affinierte Käsesorten oder eingelegte und fermentierte Sachen. Das bewegt sich erfreulich weit abseits der neuen Regionalküchen-Trends und ist immer mit vielen individuellen kreativen Ideen gespickt. Stilistisch setzt das Team dabei eher auf Purismus und Klarheit als auf verspielten Aufwand und fährt damit in den meisten Fällen sehr gut. Wer also im stylisch behaglichen Restaurant oder im Sommer auf der begrünten hölzernen Dachterrasse einen Platz ergattert, kann sich auf einen definitiv spannenden und genussvollen Abend freuen und wird dabei vom Team um Nora Breyer auf ebenso locker-muntere wie kompetente Art umsorgt.

Senden (Nordrhein-Westfalen)

Hasenklee
im Hofhotel Grothues-Potthoff
Hof Grothues Potthoff 4–6,
48308 Senden
☎ 02597-6964241
www.hof-grothues-potthoff.de
◷ Mi–Sa ab 18.30 Uhr, So–Di RT
Hauptgericht: 34 €,
Menüs: 73–90 €

Im ruhig und idyllisch bei Senden vor den südwestlichen Toren Münsters gelegenen Hof Grothues-Potthoff mit fast 800 Jahren Familientradition legt das Team um Küchenchef Daniel Wobbe seit geraumer Zeit alles daran, der Gastronomie im 71 Zimmer großen Hofhotel zu überregionaler Bekanntheit zu verhelfen. Neben Hofladen, Hofbäckerei und Hofcafé gibt es in dem weitläufigen Ensemble eben auch zwei Restaurants, die engagiert betrieben und bekocht werden. Während im Restaurant Hasenpfeffer mit einem bodenständigeren und weitgehend regional ausgerichteten, als solches aber auch durchaus attraktiven Programm die Bedürfnisse der Hotelgäste bedient werden, setzt das mit schönem sandfarbenem Steinboden, dunkel abgesetzten Wänden und modernem Mobiliar ausgestattete Gourmetrestaurant Hasenklee auf gehobene Ansprüche. Wirkt dadurch aber keinesfalls abgehoben oder besonders elitär.

Man kann sich hier unmittelbar sehr wohl fühlen, wozu auch nicht unwesentlich die herzliche Art von Gastgeber und Sommelier Marcel Tekaat und dem jungen Restaurantleiter Daniel Soucek beiträgt. Die Speisekarte von Daniel Wobbe und seinem Team umfasst zwei fünfgängige Menüs, von denen eines vegetarisch ist

und die beide die heimische Produktvielfalt in den Mittelpunkt rücken, dabei aber auch genügend Platz für Spezialitäten aus aller Welt lassen – seien es Trüffel aus dem Piemont, Gewürze aus dem asiatischen Raum oder Fische und Meeresfrüchte aus ferneren Gewässern. Die Küche zeigt sich in Sachen Präsentation und Kreativität äußerst ambitioniert, schießt damit aber bisweilen noch etwas zu sehr über das Ziel hinaus. Um die Pointe gleich vorwegzunehmen: Immer da, wo es auf den Tellern besonders aufwendig und vielgestaltig wurde, überzeugte uns das Ergebnis am wenigsten. Wo jedoch konzentriert und nah am Produkt gearbeitet wird, zeigt das Team, zu was es fähig ist.

Schön präsentiert und aufwendig gestaltet, vor allem aber texturell nicht ganz ausgereift, wirkten etwa schon die Grüße aus der Küche, beginnend mit einer knusprigen Tartelette, die mit Rindertatar gefüllt und mit Pankobröseln getoppt war, was sich am Gaumen als deutlich zu viel trockenes Knusperzeug und zu wenig saftiges Tatar entpuppte. Auch ein klein wenig Rehtatar auf einem Porzellanlöffel ging neben seinen begleitenden Cremes etwas unter; der mit Ziegenfrischkäsecreme gefüllte Kürbiscannellono hatte mit einem dominierenden, arg süßen und klebrig-zähen Macaron zu kämpfen und das Trio aus Kartoffelbaumkuchen, Spinat-/Petersiliencreme und Forellenkaviar wirkte zwar vergleichsweise leichter und differenzierter, wollte aber auch nicht so richtig rund zusammenspielen.

Besser funktionierte dann bei den Variationen von Wildschweinschinken und Topinambur zum Einstieg, wobei das Kleinklein mit vielen Gelees, Cremes, Streifen und Strichen schon sehr bemüht artifiziell gewirkt hat und so nach unserem Geschmack letztlich auch der Charakter des Schinkens zu kurz kam. Das war irgendwie noch zu wenig von der Produktseite gedacht und zu sehr verkopft.

Aufgrund suboptimal gewählter Konsistenzen und Proportionen konnte sich auch der an sich sehr gute Wildlachs nicht optimal entfalten, dessen fleischige Würfel zwischen der gleichen Menge an sehr bissfester Knollensellerie und einem Übergewicht an weichen Texturen von Feldsalat- und Lachsmousse untergingen. Prinzipiell war dieses erdige Geschmacksbild, das von Walnusskernen und Walnussöl noch eine nussige Facette zugespielt bekam, eine sehr schmackhafte Sache und diese Vorspeise in ihrer geometrisch mosaikhaften Art ausgesprochen hübsch angerichtet. Doch hätte man hier mehr nach dem von der Bauhaus-Architektur bekannten Grundsatz form follows function agieren müssen und nicht umgekehrt…

Viel besser und ausgereifter wurde es, als die Küche mit dem weißen Heilbutt nebst Kartoffelcreme, Eigelb und weißer Albatrüffel deutlich klassischer und puristischer blieb und viel weniger Spektakel auf dem Teller veranstaltete. Da hatte plötzlich alles Hand und Fuß: Ein optimal gegarter und akkurat gewürzter Fisch, zart fließendes Eigelb, schön kartoffeliges Püree mit einer wohldosierten Menge Knusperstroh von der Kartoffel on top – dazu eine wirklich nur ganz dezent nach Trüffelöl schmeckende Sauce im Stil einer Beurre blanc mit schönem Säurespiel und alles in gut zueinander passender Proportionierung zusammengestellt. Etwas ausufernder war dann wieder „Feines von der Martinsgans", ein Dreierlei, das aus einem Schichttörtchen von Lebercreme, etwas Rotkohlgel und gebrannter Gänselebermousse on top, einem mit Gänserillettes und mariniertem Rotkohl bestückten Briocheriegel und einer Gänseessenz mit Rotkohlraviolo und Wurzelgemüseperlen als Einlage bestand. Und was die Küche draufhat, wenn sie sich voll auf Produkt und Geschmack konzentriert, konnte man schließlich auch sehr gut am Hauptgang sehen und schmecken, bei dem ein kurzgebratenes Stück vom Roastbeef und ein etwas grobfaseriges geschmortes Teilstück der Hochrippe vom Rind zusammen mit zweierlei zart knackiger (je in weißem und rotem Port eingelegter) und naturbelassener, zum Püree verarbeiteter Schwarzwurzel sowie etwas Apfel und knusprigen Rosenkohlblättern zum Besten gegeben wurden. Hier hätte man einzig über die extrem dichte und intensive Jus diskutieren können.

Rund und harmonisch war auch das in zwei Aufzügen und unterschiedlichen Aggregatzuständen kredenzte Dessert von Birne, Kürbiskernen und Kaffee, dem wir viel abgewinnen konnten. Alles in allem also eine überzeugende Küchenleistung mit klarer Steigerung im Laufe des Menüs, das auf 5-Pfannen-Niveau begann und sich bis zum Hauptgang fast auf 7-Pfannen-Niveau vorarbeitete. Ergibt im Durchschnitt knappe 6 Gusto-Pfannen als Einstandsbewertung und die Gewissheit, dass hier mit etwas weniger Aktionismus und mehr Konzentration auf den guten Geschmack künftig sogar noch mehr drin wäre.

Hotelempfehlung

Hofhotel Grothues-Potthoff

Hof Grothues Potthoff 4–6, 48308 Senden
☎ 02597-6964268
www.hof-grothues-potthoff.de
Einzelzimmer: ab 75 €
Doppelzimmer: ab 104 €

Das großzügige Hotel auf einem weitläufigen Gutshof am Stadtrand von Senden in Nordrhein-Westfalen, rund 15 km südwestlich von Münster, bietet seinen Gästen alles, was an Komfort und Gastfreundschaft für einen angenehmen Aufenthalt nötig ist. Die Kombination von traditionellem Eichenholzboden, warmen Farben und geschmackvollem zeitgemäßem Design sorgt schon beim Betreten eines der 71 Zimmer für Wohlfühlatmosphäre. Diese sind darüber hinaus unter anderem mit einer ebenerdigen Dusche mit Regenbrause, Schreibtisch und Flachbildfernseher ausgestattet. In einigen Zimmern gibt es eine freistehende Badewanne und/oder einen offenen Kamin. Die Suiten verfügen über getrennte Wohn- und Schlafbereiche mit bequemen Sitzecken. Bis zu zwei Kinder im Alter bis einschließlich 18 Jahre übernachten in den Familienzimmern kostenlos. Zur Anlage gehören außerdem ein Wellnessbereich mit Saunen sowie Minigolf- und Swingolf-Plätze, zwei moderne Restaurants („Hasenklee" und „Hasenpfeffer"), eine Bar (der „Dachsbau"), ein gemütliches Café mit Terrasse, ein Hofladen und eine Bäckerei. Acht Tagungsräume mit mobilen Trennwänden und modernster Technik stehen ebenfalls zur Verfügung. Restaurant Hasenklee separat erwähnt.

Serrahn (Mecklenburg-Vorpommern)

Martinus

Dobbiner Weg 24, 18292 Serrahn
☎ 038456-6692225
serrahn.vandervalk.deveranstaltungen/
12211/preis-des-restaurant-martinus
☻ Täglich von 12–17 Uhr u. ab 18 Uhr
kein RT
Hauptgericht: 15–27 €,
Menüs: 33–75 €

Idyllisch versteckt zwischen Feldern, Wäldern und Wiesen im Landesinneren zwischen der Mecklenburgischen Seenplatte und der Ostseeküste, dort direkt am Serrahner See gelegen und an einem 18-Loch Golfplatz angrenzend, befindet sich das Hotel Van der Valk mit seinem Restaurant Martinus. Der inhabergeführte Hotelbetrieb fügt sich mit seinem weißen Gemäuer gut in die Landschaft ein und bietet seinen Gästen – auf einer kleinen Anhöhe – einen schönen Ausblick über die Seenlandschaft. Der gehobene Anspruch des Hauses wird auch in den verschiedenen Gasträumen des Restaurants deutlich, das mit dezent elegantem Interieur ein gediegenes klassisches Setting für kulinarischen Genuss bietet.

Auch die Speisekarte reiht sich da ein, listet etwa zur Mittagszeit in der Tageskarte allerlei Klassiker der internationalen Hotelküche wie beispielsweise ein Club-Sandwich, einen Burger mit Pulled Beef aus 48 Stunden geschmorter Rinderschulter oder ein originales, also in Butter gebratenes Wiener Schnitzel vom Kalb mit Preiselbeeren, Sardelle und Kapernapfel. Aber auch Regionalbetontes wie ein Krabbenbrot mit Rührei und Schnittlauch oder auf der Haut gebratenen Bodden-Barsch mit Remoula-

de und Röstkartoffeln. Am Abend wirkt das Kulinarium auf den ersten Blick etwas aufwendiger und exklusiver, präsentiert sich aber im Grunde – mit etwas anderen Gerichten und Produkten – qualitativ und konzeptionell ganz ähnlich.

Ganz ähnlich wie im letzten Jahr präsentierte sich auch ein zur Vorspeise offeriertes Tatar vom Pommern-Rind, das auch diesmal wieder nicht wie handgeschnitten gewirkt hat, sondern eher wie durch den Fleischwolf gedreht oder zumindest sehr klein gehackt, wodurch es eine eher breiige Textur hatte. Auch die kräftige Würzung mit Essiggurken, Kapern und Tomate, die an Ketchup erinnernde säuerliche Süße sowie die ansonsten treffsichere Würzung, ohne Salz- und Säure-Überhang waren identisch. Diesmal allerdings wurde das Tatar nicht bloß von einem etwas schnöden zwiebackartigen Weißbrot ergänzt, sondern auch von Flocken eines gefrorenen Eigelbs und Leindottercreme, was dem Ganzen nochmal zusätzlichen Schmelz verlieh.

Die im Grunde genommen sehr gute, natürlich schmeckende Consommé vom Schwarzfederhuhn, in deren Fluten neben saftig-fleischigen Würfeln desselben Geflügels auch Wurzelgemüse-Brunoises und Fregola Sarda schwammen, litt dann jedoch leider an einem deutlichen Überhang an Salz, was deren Genuss mit der Zeit etwas anstrengend machte. Wie zum Ausgleich waren beim Fischgang das qualitativ sehr ordentliche und recht punktgenau gebratene Zanderfilet, aber auch das Püree von Lila Kartoffeln äußerst zurückhaltend gewürzt – was sich hier allerdings durch die wiederum recht deftige gebratene Blutwurst, die zusammen mit Apfelkompott dieses „Himmel & Erde"-Gericht komplettierte, kompensiert werden konnte.

Wem zum Hauptgang eher nochmal der Sinn nach Fleisch steht, bekommt mit Lammrücken in Kombination mit Mais, Erbse, Süßkartoffelpüree und Speckcrubles oder einem Rinderfilet mit Zwiebelcreme, Brokkoli und Pastinake ebenfalls schmackhafte Alternativen geboten. Und wer zum Schluss noch etwas Süßes schafft, wird sicher mit einer intensiven Bitterschokoladen-Crème-brûlée im Glas glücklich, die von einem nicht zu süßen Amarena-Kirscheis, Kekscrumbles und Atsinakresse akzentuiert und aufgelockert wird.

Die kleine Weinauswahl beschränkt sich auf Gewächse im günstigen Preissegment, den Service erlebten wir sehr freundlich, flink und aufmerksam.

Alte Schule

im Hotel Alte Schule Siek
Hauptstr. 44, 22962 Siek
☎ 04107-877310
www.alte-schule-siek.de
⌚ Di–Sa ab 17.30 Uhr, So u. Mo RT
Menüs: 42–70 €

Die beiden ehemaligen Klassenzimmer der einstigen Dorfschule in Siek, in denen das von Julia Franke und Kay Franze seit Jahren engagiert geführte Restaurant ihres familiengeführten Hotelbetriebs in Siek untergebracht ist, wurden seit unserem letzten Besuch sehr hübsch umgestaltet und präsentieren sich nun in schickem neuem Outfit. Mit dunkleren Wänden, aufgelockert durch roten Backstein und schwarze Bücherregale, an den blanken dunklen Tischen verschiedenfarbige und -förmige moderne Stühle – alles zeitgemäß und geschmackvoll aufgewertet.

Ob das neue Setting den Chef aktuell beflügelt, oder ob es einfach nur das Ergebnis der konstanten Weiterentwicklung und Präzisierung der Küchenleistung ist, wissen wir nicht und es spielt auch keine Rolle. Jedenfalls können wir in diesem Jahr guten Gewissens die bereits seit längerem avisierte Aufwertung auf 6 Pfannen vollziehen. Denn im Detail präsentierten sich die probierten Gerichte der drei Menüvorschläge „Erdkunde" (Fleisch), „Meeresbiologie" (Fisch) und „Schulgarten" (vegetarisch), aus denen man sich ausdrücklich aus selbst seine eigene individuelle Speisenfolge kombinieren darf, nochmal einen Tick durchdachter und präziser umgesetzt.

Stilistisch zeigt sich das Kulinarium weiterhin bodenständig und doch ambitioniert, mit Gerichten „für jeden Tag", die weit mehr als das Alltägliche bieten. Nach zweierlei Brot mit Kräuterquark, einem weißen Spargelsüppchen mit viel klarem, purem Geschmack und einem cremigen Tatar vom mild geräucherten Lachs in einer kleinen Cornettowaffel, ging es mit dem Carpaccio vom Gelbflossen-Thunfisch gleich attraktiv los. Der recht dünn geschnittene Thuna selbst, den man sich mit einer in der Pipette mitgelieferten Sojasauce und Wasabi selbst aromatisieren konnte, war dabei gar nicht so außergewöhnlich – in Zusammenspiel mit dem Wakame-Algensalat, insbesondere aber mit einer innen zarten und saftigen und außen krossen Croûton-Praline aus Jakobsmuschelfarce, war das dann aber doch eine interessante und niveauvolle Vorspeise.

Genau wie das röstaromatische Fischsüppchen von Skrei und Nordseekrabben, die nicht bloß der Suppenbasis selbst ihr Aroma verliehen, sondern auch als Einlage darin zugegen waren, wobei hier insbesondere der schneeweiße, zarte Winterkabeljau besonders auffällig in positivem Sinne war. Dass die intensive rotbraune Farbe der kraftvollen cremigen Suppe nicht ausschließlich von Kollagen und Röststoffen herrührte, sondern auch von roter Paprika, konnte man schmecken, war aber nicht entscheidend. Ein sehr gutes, aromatisch zupackendes maritimes Intermezzo.

Und damit eine gute Überleitung zu den Fleischgerichten, die gleichermaßen überzeugten. Ausgesprochen gelungen war das „Frikassee" von der Freilandhähnchenbrust, die sich schön festfleischig und eigenaromatisch zusammen mit einem Stück gebratener (ebenfalls schön fester) Gänseleber und einem Püree von grünen Erbsen, in das auch ganze knackige Erbsen eingearbeitet waren, auf einer voluminösen Gänselebervelouté tummelte.

Auch der Hauptgang um ein Duett aus dem Wald, nämlich rosa gebratener Rehrücken und hausgemachte Wildschweinbratwurst, überzeugte voll – wenngleich sich der Teller gegenüber seinen apart angerichteten Vorgängern etwas üppiger und gröber präsentierte. Qualitativ, handwerklich und geschmacklich war das allerdings alles tadellos. Allein der klassisch und naturell gebratene, dadurch herrlich saftige und vor Aroma nur so strotzende Rehrücken hatte den zahllosen laschen sous-vide gegarten Exemplaren der jungen Pinzettenköche aus der Sternefraktion einiges voraus. Und ob diese dann mehrheitlich so eine so gute Wildschweinbratwurst mit lockerem Brät und natürlichem, nur sehr subtil gewürztem Aroma hinbekommen, ist zumindest fraglich. Begleitet von mit Steinpilzen (und etwas Gemüse) vermengtem Kartoffelstampf, geschmortem Spitz-

875

kohl und einer fein ausgewogenen Sauce, die sogar mit einem dezenten Frucht-/Säurespiel aufwarten konnte, war auch das ein rundum gelungener und sehr überzeugender Teller.

Für unseren Geschmack etwas zu bunt zusammengewürfelt hat der Nachtisch rund um einen Schneeball von weißer Schokolade mit flüssigem Kern von Roter Grütze nebst gebackener Waffel mit Lambrusco-Kirschen und einem Sorbet-Duo von Passionsfrucht und Valrhonaschokolade angemutet – mit zusätzlicher weißer Luftschokolade, verschiedenen Cremes und Coulis' sowie Dekorationen wirkte das in Summe mehr wie eine Dessertvariation als wie eine pointierte Komposition. Allerdings war auch hier wieder jede Komponente auf dem Punkt, Dinge wie die weiße Schokoladenkugel, die zartkross-fluffige Waffel und die tatsächlich sehr luftige und schmelzige Luftschokolade gar überdurchschnittlich. Klarer Fall: Aufwertung! In der attraktiven Weinkarte, deren Fokus deutlich auf Gewächsen mit einem guten Preis-Leistungs-Verhältnis liegt, finden sich viele ansprechende Flaschen. Und wer sich glasweise begleiten lassen will, hat in der sympathischen Gastgeberin einen kompetenten Ansprechpartner.

Hotelempfehlung

★★★★

Hotel Alte Schule

Hauptstr. 44, 22962 Siek
☎ 04107-877310
www.alte-schule-siek.de
Einzelzimmer: 85–105 €
Doppelzimmer: 115–140 €

Das familiengeführte Hotel im Ortskern von Siek, ruhig und beschaulich rund 20 km nordöstlich von Hamburg nahe eines Moor- und Seengebiets gelegen, ist in einem ehemaligen Schulgebäude untergebracht. Das 1911 erbau-

te, inzwischen erweiterte und modernisierte Gebäude beherbergt heute 19 wohnlich und zeitgemäß ausgestattete Zimmer, Sauna- und Fitness-Bereich, einen 57 m^2 großen und mit modernster Konferenztechnik ausgestatteten Tagungsraum sowie verschiedene Bankett räume mit Kapazitäten für bis zu 100 Personen. Das macht die Alte Schule zu einer beliebten Hochzeits-Location. Zumal hier seit jeher auch ein besonderes Augenmerk auf das Kulinarische gelegt wird. Neben dem überregional bekannten Restaurant Alte Schule gibt es auch eine Vinothek sowie eine Kochschule, in der Küchenchef Kay Franze sein Können an interessierte Hobbyköche weitergibt. Restaurant Alte Schule separat erwähnt.

Simonswald (Baden-Württemberg)

Hugenhof

Am Neuenberg 14, 79263 Simonswald
☎ 07683-930066
www.hugenhof.de
◔ Mi–Sa ab 18.30 Uhr, So ab 18 Uhr, Mo u. Di RT
Menüs: 62 €

Obwohl hier gegessen werden muss, was auf den Tisch kommt, ist das wunderschöne, bis zum Dachgiebel hin offenen Restaurant mit einem sehr großen, eine wohlige Behaglichkeit ausstrahlenden Kamin und vinophile Freuden verheißendem gläsernem Weinklimaschrank so beliebt, dass es äußerst schwierig ist, hier kurzfristig unterzukommen. Es gibt allabendlich nur ein festes, hier zumeist viergängiges Menü, dessen Auswahloption darin besteht, dass man es um noch einen weiteren Gang auf Empfehlung des Chefs erweitern kann. So kommt der souverän als Einzelkämpfer agierende Klaus Ditz in seiner Küche nicht ins Straucheln und kann ökonomisch bestmöglich einkaufen, während die Gäste von einem unschlagbaren Preis-Leistungs-Verhältnis profitieren. Denn was der Chef hier in konsequent klassischer und schnörkelloser Manier mit sehr viel Liebe zum geschmacklichen Detail und noch mehr Sorgfalt und Substanz kocht, hat Jahr für Jahr ein so beeindruckendes Niveau, dass die aktuell etwas mehr als 60 Euro für das Menü geradezu lächerlich günstig anmuten. Dazu schenkt Petra Ringwald, charmante wie entspannte Gastgeberin, attraktive Weinempfehlungen aus, die auch die Welt kosten und trotzdem immer hohes Niveau ins Glas bringen.

Philipp

Hauptstr. 12, 97286 Sommerhausen
☎ 09333-1406
www.restaurant-philipp.de
⏱ Fr ab 18.30 Uhr, Sa u. So von 12–14 Uhr u. ab 18.30 Uhr, Mo–Do RT
Hauptgericht: 45–70 €,
Menüs: 75–165 €

Es ist für uns schon gute Tradition, vor einem Besuch bei Michael und Heike Philipp eine kleine Spazierrunde in Sommerhausen einzulegen. Einfach, weil es hier so schön ist, und weil der kleine pittoreske, von Wein und Kunst geprägte Ort atmosphärisch sehr gut auf unkompliziertes und doch niveauvolles Genießen einstimmt. Genau das gibt es nämlich seit vielen Jahren in dem familiären kleinen Restaurant mit dem gemütlich-eleganten Gastraum, der fränkische Historie genauso widerspiegelt wie den gehobenen Anspruch. Hier haben die Gastgeber ein sehr stimmiges Gesamtpaket aus klarer, geschmacksstarker Gourmetküche, zugewandtem Service und spannenden Weinempfehlungen geschaffen – und sind damit sehr erfolgreich.

Michael Philipp bietet einerseits ein tagesaktuelles Menü in fünf bis sechs Gängen oder die Option auf „Carte blanche", was spannende Überraschungen für die Gäste und mehr Flexibilität bei den Ressourcen für die Küche mit sich bringt. Dass sich dabei einige Komponenten, Saucen und Akzente überschneiden, ist unausweichlich und spricht letztlich nur dafür,

wie clever und geschmackssicher sich das Team einer Art „Baukastenprinzip" bedient, um unterschiedliche Gerichte zu kreieren. Denn was dann letztlich auf dem Teller landet, überzeugt stets durch eine exakte, klare Linie und harmonischen Geschmack.

Zu Beginn gibt's aber stets erstmal kleine Strudelteighörnchen mit zarter Forellen- und Paprikamousse als unaufgeregte Knusperei, sowie eine kleine selbstgebackene Brötchenauswahl mit handgeschöpfter Butter. Wobei, kleine Kritik am Rande: bei dem eher kompakten und von Hefearomen geprägten Gebäck gäbe es durchaus noch Luft nach oben, oder die Möglichkeiten an dieser Stelle doch auf Spezialisten zurückzugreifen. Deutlich besser als Brotbacken geht dem Team um Michael Philipp das Ausbalancieren feiner Aromen von der Hand, was bereits der zarte, roh marinierte Hamachi mit dezent chilischarfer Mango, mildem Tapioka und frech ätherisch dazwischenfunkendem Bergamotte-Sorbet unter Beweis stellte. Tolle Produktqualität und viel Spannung mit vergleichsweise wenig Aufwand!

Genauso hohe Produktqualität gab es auch bei den dezent in Gin gebeizten Würfeln vom Schottischen Lachs, dessen festes Fleisch mit zartem Schmelz in einem frischgrünen Umfeld aus knackigen Gurkenwürfeln und einem klaren leichten Gurkenfond, Avocadocreme, Sauerklee und Apfel-Wasabi-Sorbet präsentiert wurde – alles wohlproportioniert und harmonisch-lebendig ineinandergreifend.

Dass es innerhalb des Menüs als Zwischengang hausgemachte Agnolotti gibt, hat bereits Tradition. Und so schickte das Team diesmal eine Variante mit gewohnt zartem Teig sowie saftiger Perlhuhnfüllung und kombinierte diese mit kleinen Auslese-Pfifferlingen, Parmesan und einer buttrig cremigen Sauce zu perfektem Soulfood. Eventuell wäre in der Füllung dunkel glasiertes Schmorfleisch vom Perlhuhn noch wirkungsvoller gewesen als die in diesem Fall aus grobem Brät fabrizierte und damit leicht „wurstartig" schmeckende Füllung – aber letztlich passte auch der etwas rustikalere Touch an dieser Stelle sehr gut…

Ebenfalls in die niveauvolle Wohlfühl-Richtung ging es beim zart auf den Punkt gebratenen Seeteufel (vom kleinen Boot), der sich in einem zupackend gemüsefruchtig-würzigen Ragout aus leicht confierten Kirschtomaten, Oliven, Kapern, Fenchel und einem dezenten Safranschaum schmeckbar wohl fühlte. Auch hier wurde ganz ohne großes Gebastel auf dem Teller aber dafür umso mehr Gespür für Aromen und Proportionen gearbeitet. Und genau diese lässige und dennoch überaus exakte Art macht einfach den Reiz der Philipp-Küche aus…

Dieses Prinzip funktionierte auch beim Husumer Salzwiesenlamm mit Artischocke, Hummus und einer leichten eleganten Thymian-Jus ganz prima: Durch die Röstnoten an Fleisch und Artischocken, verstärkt durch die substanzstarke Jus, gab es ordentlich Power – und auch etwas schwarze Knoblauchcreme unterlegte diese Richtung. Zugleich wirkte aber alles sehr aufgeräumt, klar und transparent. Fein!

Die Desserts sind hier in Sommerhausen stets ebenfalls eine lohnende Sache und bewegen sich voll auf dem Niveau der übrigen Gerichte. Unter Beweis stellten das zuletzt geschmorte Aprikosen, deren konzentriertes natürliches Süße-Säure-Spiel neben karamellig-schmelzige Creme aus Valrhonas Dulcey-Schokolade, etwas Verbene-Gel und schwebend leichtes Joghurteis gestellt wurde und damit erneut erfreulich klare Kontraste schaffte.

Zu alldem bieten die Weinempfehlungen von Heike Philipp auch in den Gläsern hohes Niveau und werden exakt auf die Gerichte abgestimmt. Lohnende Entdeckungen sind damit garantiert, auch wenn es statt der glasweisen Begleitung auch lieber mal eine oder mehrere Flaschen sein sollen. Die Auswahl ist reichlich und beschränkt sich beileibe nicht nur auf fränkische Winzer.

Sonnenbühl (Baden-Württemberg)

Hirsch

Romantik Hotel + Restaurant Hirsch
Im Dorf 12,
72820 Sonnenbühl (Erpfingen)
☎ 07128-92910
www.hirsch-sonnenbuehl.de
◐ Do ab 18 Uhr, Fr–So von 12–13.30 Uhr u. ab 18 Uhr, Mo–Mi RT
Hauptgericht: 36–49 €,
Menüs: 58–125 €

Eine der wenigen, aber auch eine der besten und seit vielen Jahren verlässlichsten Genuss-Adressen auf der südlichen Schwäbischen Alb ist der Hirsch von Familie Windhösel. Wer in der kälteren Jahreszeit kommt, wird einen Platz in der gediegenen, ländlich-eleganten Gaststube zu schätzen wissen. Wer das Glück hat, im Sommer hier zu sein, darf im idyllischen Gar-

ten sitzen und dort die dörfliche Ruhe genießen. Gerd Windhösels klassische, bodenständig-ländliche Feinschmeckerküche aus regionalen und internationalen Produkten bietet für jeden Geschmack etwas und überfordert niemanden. Gastgeberin Silke Windhösel leitet mit Umsicht den Service und auf der Weinkarte findet sich viel Gutes aus Württemberg und Baden, aber auch aus anderen deutschen Anbaugebieten und den europäischen Nachbarländern.

Speyer (Rheinland-Pfalz)

AvantGarthe

Ludwigstr. 2,
67346 Speyer
☎ 06232-687359
www.avantgarthe.de
◐ Di–Sa 18 Uhr, So RT
Hauptgericht: 22–55 €,
Menüs: 44–99 €

Das großzügige Lokal von Gastgeber Philipp Garthe im Zentrum von Speyer, unweit des beeindruckenden Doms, dessen Ambiente zwar gehobenen gastronomischen Anspruch, aber nicht zu viel Exklusivität suggeriert, ist seit Jahren in der Stadt eine Hausnummer in Sachen Kulinarik. Früher unter dem Namen Paparazzi und nun auch schon seit einiger Zeit als Avant-Garthe, wird dem lokalen, an gepflegter Weinkultur und gutem Essen interessiertem Publikum hier eine zuverlässige Heimat geboten.

So wie die ansprechende Weinkarte vor allem mit Gewächsen aus Deutschland, Spanien, Italien und Frankreich selektiv gut aufgestellt ist und es dank Coravin auch im Offenausschank immer wieder mal den einen oder anderen höherwertigen Tropfen gibt, macht die Küche ebenfalls einen munteren Zickzackkurs durch Europa: Hier ein Ausflug in mediterrane Gefilde, dort etwas französische Bistroklassik und da eine Portion Regionalität – da ist für jeden Geschmack etwas dabei.

Der große Trumpf der Küche sind die guten, ausgesuchten Produkte wie beispielsweise Eußertaler Lachsforelle, Iberico-Schwein, Husumer Rind oder Rheinzander. Was die kochtechnische Umsetzung angeht, sind die Ideen da, aber es fehlt – zumindest in Hinblick auf eine Auszeichnung – bisweilen etwas an der Präzision bei deren Umsetzung.

So gefiel uns etwa das vorbildlich von Hand geschnittene und angenehm zurückhaltend gewürzte Rindertatar mit schönem Schmelz in seiner schlichten Art, nur von gegrilltem Salzbaguette und einem kleinen Salatbouquet begleitet, deutlich besser als die (an sich sehr guten) gefüllten Kalamari. Die lagen nämlich auf einem Bett aus recht nichtssagendem trockenem Couscous, dem nur von der ihn einrahmenden Chilimayonnaise etwas Schmelz und ein verhaltener aromatischer Akzent zuteilwurde. Das geht mit mehr Schmackes und Saftigkeit.

Licht und Schatten auch beim Zander, der als relativ großes, dickes, korrekt gebratenes Stück auch in puncto Qualität und frische überzeugen konnte, als kleines (eigentlich völlig überflüssiges) Zusatz-Stück, das wohl aus einer anderen Zeit stammte, aber einen erstaunlich dürftigen Eindruck hinterließ. Belugalinsen, im Biss etwas störrischer und im Geschmack etwas derber Lauch und eine eher breite, rahmige Weißwein-Fischsauce waren dem ungleichen Duett solides Beiwerk ohne weiterführende Finessen, bewegten sich aber handwerklich auf einem passablen Niveau.

So wie auch der etwas schludrig angerichtete Teller um gebratene Brust und gebackene, sowie als gefüllte Roulade zubereitete Keule vom Perlhuhn mit sautiertem bissfestem Spitzkohl und auf der Microplane darüber gehobelter schwarzer Trüffel von etwas verhaltenem Aroma. Die etwas trockenen gebratenen Semmelschnitten erwiesen sich als veritabler Schwamm für die reichlich angegossene und gar nicht so schlechte dunkle Sauce auf Geflügelbasis.

Wer vor dem Dessert oder stattdessen gerne Käse isst, bekommt eine Auswahl ausschließlich französischer Sorten und die Lust auf Süßes wird beispielsweise mit einer Variation von Mandel, Apfel und weißer Schokolade oder mit Sekt aufgegossenem Sorbet befriedigt. Die übersichtliche Weinkarte ist in Teilen erfreulich individuell gestaltet, da sich darin nicht nur Pfälzer Schwergewichte finden, sondern auch

Platz für die eine oder andere Neuentdeckung bleibt, deren Förderung Gastgeber Philipp Garthe am Herzen liegt.

St. Goar (Rheinland-Pfalz)

Schlossrestaurant „Auf Scharffeneck"

im Romantik Hotel Schloss Rheinfels
Schloßberg 47, 56329 St. Goar
06741-8020
www.schloss-rheinfels.de
Täglich von 12–14 Uhr u. ab 18 Uhr, kein RT
Hauptgericht: 25–34 €, Menüs: 69 €

Einen imposanteren Ort für ein Hotel als die ehemals mächtigste Festungsanlage hoch über dem Rhein, schräg gegenüber dem Loreleyfelsen, wird man kaum finden. Das Ensemble mit seinen Nebengebäuden, unterirdischen Verbindungen und großem Innenhof ist ein Erlebnis – und noch dazu gibt es hier auch reizvolle Verpflegung auf hohem Niveau. Eigentlich könnten sich Frank Aussem und sein Team voll auf dem Ambiente und dem beeindruckenden Blick über den Rhein ausruhen, machen sie aber nicht, sondern bieten eine grundsolide, seriös zubereitete Küche aus guten Produkten. Größere Finessen sind dabei weniger die Stärke des Teams, dafür hält dieses das Niveau aber von akkuraten Vorspeisen bis zu den Desserts erfreulich konstant und lässt sich die Premiumlage nicht mit Fantasiepreisen vergüten.

Die Hoteleinträge

★★★★★S Superior
★★★★★ Unterkunft für höchste Ansprüche
★★★★ Unterkunft für hohe Ansprüche
★★★ Unterkunft für gehobene Ansprüche
★★ Unterkunft für mittlere Ansprüche
★ Unterkunft für einfache Ansprüche
Unterkunft ohne Sterne-Klassifizierung

Arens Restaurant

Oberst-Barrett-Str. 1, 67487 St. Martin
☎ 06323-9450
www.hausamweinberg.
derestaurant.html
◉ Fr–So ab 18 Uhr, Mo–Do RT
Menüs: 95–125 €

🏧 💳 **VISA** 🅿🅺♿

In der dunklen Jahreszeit beginnt man bei der erstmaligen Anfahrt über die unbeleuchtete Weinbergstraße schnell zu zweifeln, ob man hier nicht etwa auf dem Holzweg ist. Doch nach ein paar hundert Metern taucht Arens Hotel auf und dem Genuss steht nichts mehr im Wege! Im Sommer hat man von hier oben einen herrlichen Ausblick über die Rheinebene, infolgedessen heißt das täglich ab dem Mittag durchgehend geöffnete Hauptrestaurant auch „Panoramarestaurant" und bietet mit herzhafter Regionalküche sowie internationalen Klassikern ein breites Potpourri für ein heterogenes Publikum vom Business-Hotelgast bis zu Ausflüglern. Feinschmecker werden hier vermutlich ins leider nur an drei Abenden in der Woche geöffnete Gourmetrestaurant tendieren, das mit seinem nobel dunklen Ambiente und den großen runden, weiß eingedeckten Tischen auf den ersten Blick Exklusivität ausstrahlt.

Die suggeriert auch unweigerlich die Speisekarte von Philipp Arens, die ein einziges maximal siebengängiges Menü offeriert, das von Gänseleber, bretonischen Fischen, elsässischem Geflügel und Variationen von pfälzischem Gemüse handelt. Ein Blick in die Weinkarte zeigt zudem, dass man sich hier fokussiert der heimischen Winzerszene widmet und die ersten Küchengrüße im Fingerfood-Format zeugen gleich zu Beginn von den großen Ambi-

tionen der Küche. Ihnen folgte ein weiteres Amuse-Bouche: Dünne Scheiben eines butterzart geschmorten und mit einer Art Hoisin-Sauce lackierten Bauchs vom Spanferkel mit der bitter-herben Begleitung von Chicorée und Quitte in unterschiedlichen Texturen – kreativ und originell, aber sehr gegenständlich und schlicht präsentiert.

So wie auch die mit Roter Bete und Granatapfel kombinierte Gänseleber, die zur Vorspeise gleich drei Mal variiert wurde. Schon das gebratene Stück gefiel ob seiner guten Qualität mit fester Textur und sauberem, klarem Geschmack, aber auch die roh marinierte, in Wermut eingelegte Variante machte mit feinen Bitternoten einen sehr guten Eindruck. Der mit etwas Leber gefüllte Raviolo indes war überwiegend teigig und wäre somit eigentlich verzichtbar gewesen; alles in allem und in Kombination mit der gediegen unauffälligen Begleitung, die etwas Erdigkeit und Fruchtsüße beisteuerte, war's aber ein sehr erfreulicher Start.

Erfreulich war auch die Qualität der gebratenen norwegischen Jakobsmuschel, die von in Nussbutter confierter sowie roher und zu hauchdünnen knusprigen Hippen verarbeiteter Kerbelwurzel, geflämmten Papayawürfeln und einem Buttermilchsud begleitet wurde. Auch das war von der kochtechnischen Seite wieder sehr simpel gehalten, aber vom geschmacklichen Ergebnis her gar nicht verkehrt. Im Gegensatz zu den vorangegangenen Gängen wirkte das darauffolgende Zwischengericht in seiner avantgardistischen Optik auf den ersten Blick fast wie aus einer anderen Küche, doch dieses unter einer mit Ziegenkäsecreme betupften Geleefolie aus Rotkohlsaft versteckte fermentierte Rotkraut, zu dem am Tisch noch ein leicht rahmgebundener Rotkohlsud angegossen wurde, war im Grunde ein ähnlich einfach gehaltenes Gericht. Da sieht man, wie gut es dem Chef gelingt, mit schlichten Mitteln für Raffinesse zu sorgen.

Als eine schöne blättrige Tranche, aber tendenziell zu trocken, präsentierte sich der bretonische weiße Heilbutt, der neben kugelförmig ausgestochenen Stücken und Creme vom Kürbis, Hagebuttengel und sehr naturbelassen pur und intensiv nach Feldsalat schmeckender Sauce leider auch als Komposition relativ karg daherkam. Beim von Natur aus schnell mal zur Trockenheit neigenden Fasan gelang es indes ganz ausgezeichnet, die mit schwarzer Trüffel gespickte Brust schön saftig und zart auf den Teller zu bringen. Und das ganz ohne Sous-Vide-Technik, sondern ganz klassisch gebraten. Das aus dem Elsass stammende Tier bot für diesen Hauptgang auch etwas Fleisch seiner geschmorten Keule auf, die in einem zum Ring geformten Raviolo steckte, in dessen Mitte ein säuerlich angemachter Schwarzwurzelsalat mit Trüffelspänen steckte. Die Schwarzwurzel begleitete das Geflügel zudem in zart knackig gegarter und final angerösteter Form sowie als Creme. Das größte und beste Zeugnis für die Substanz der Küche von Philipp Arens stellte allerdings die Sauce dar, die als klassisch reduzierte Jus mit viel Kraft und Tiefe, Balance und animierendem Säurespiel auffällig war und letztlich dafür sorgte, dass der Hauptgang alles andere als eine karg wirkte.

Mit einem Prädessert zum Thema Mandarine, Sesam und Joghurt zeigte die Küche dann, dass sie auch im süßen Bereich vollmundige und ausgewogene Geschmacksbilder kreieren kann. Das ziemlich aufwendig und vielteilig arrangierte Hauptdessert indes war mit relativ massiven Texturen von verschiedener Schokolade, einer Art Flan, Salzkaramell, Baiser und weiteren Komponenten zum Schluss noch eine etwas anstrengende und opulente Sache. Da wäre weniger viel mehr gewesen. Unterm Strich aber ein durchaus ansprechendes Menü, das jedoch durch die relativ langen Wartezeiten zwischen den Gängen nach unserem Empfinden zu sehr in die Länge gezogen wurde.

St. Peter (Baden-Württemberg)

Sonne St. Peter

Zähringerstr. 2, 79271 St. Peter
07660-94010
www.sonneschwarzwald.de
Täglich von 12–14 Uhr u. ab 18 Uhr, kein RT
Hauptgericht: 14–38 €, Menüs: 37–69 €

Das idyllische Klosterdorf St. Peter hat nicht nur eine der schönsten kunsthistorischen Anlagen Süddeutschlands zu bieten, sondern auch das Musterbeispiel eines modernen, nachhaltig arbeitenden Landgasthofs. Familie Rombach hat sich hier sehr konsequent der ökologischen Nachhaltigkeit verschrieben und bietet in der großen, hell und einladend gestalteten Gaststube der Sonne eine hervorragende anspruchsvoll bodenständige Küche, für die Handwerk und Authentizität klar im Vordergrund stehen. Man bekommt ausdrucksstarke, authentische Geschmäcker unverfälschter Viktualien in Bio-

Qualität, die wenn möglich aus der Region stammen. Die einzelnen Speisen aus den unterschiedlichen Menüs gibt es alle auch à la carte und zusätzlich wird eine Badische Karte mit traditionellen Gerichten aufgelegt sowie eine Schiefertafel mit saisonalen Tagesofferten aufgestellt. Die besonderen Stärken von Peter Rombachs Küche sind unserer Ansicht nach vor allem Gerichte aus weniger populären Produkten, zu denen wir beispielsweise auch die Innereien-Spezialitäten zählen. Aber auch für leichte, mediterrane Küche hat der Chef ein Händchen.

St. Wendel (Saarland)

Gourmetrestaurant Kunz

Kirchstr. 22,
66606 St. Wendel (Bliesen)
06854-8145
www.restaurant-kunz.de
Do–Sa ab 18 Uhr, So von 11.30–14 Uhr, Mo–Mi RT
Menüs: 99–139 €

Klassische Küche, sehr sorgfältig und produktorientiert zubereitet, aber nicht übertrieben aufwendig ausgearbeitet: das Gourmetrestaurant im Hotel von Familie Kunz, direkt gegenüber des imposanten Bliesdaloms und dank des wintergartenartigen Vorbaus mit Ausblick auf diesen, ist seit Jahren eine der besten kulinarischen Adressen des Saarlandes. Es bietet in seinen zeitlos-eleganten Räumen oder im Sommer auf der Terrasse französische Haute-Cuisine mit mediterranen Anklängen, die eher auf der konservativen Seite der Kochkunst zuhause sind – was man durchaus positiv deuten kann, wenn die Zubereitungen jenen hohen Grad an Präzision und Feintuning erreichen, wie es hier im besten Falle gegeben ist, wenn etwa die guten, traditionell und aufwendig zubereiteten Saucen im Spiel sind. Denn die Produktqualität ist eigentlich immer sehr zufriedenstellend und wenn die Gerichte dann schön süffig und kraftvoll daherkommen, zeigen sich die besonderen Stärken. Abstriche in der B-Note gibt es für fehlende Kreativität und Raffinesse bei den Kompositionen. In der für alle Bedürfnisse und Geschmäcker gut bestückten Weinkarte findet immer etwas Gutes und der Service agiert freundlich und routiniert.

Starnberg (Bayern)

6

🍴🍴🍴

Gourmetrestaurant Aubergine

im Hotel Vier Jahreszeiten Starnberg
Münchner Str. 17, 82319 Starnberg
📞 08151-4470290
www.aubergine-starnberg.de
☺ Mi–Sa ab 18.30 Uhr, So–Di RT
Menüs: 109–129 €

Seit vielen Jahren besuchen wir das Gourmet-restaurant im modernen Starnberger Tagungshotel Vier Jahreszeiten mit seiner eleganten, stilvoll schlichten Einrichtung, den bequemen silbergrauen Veloursesseln an den runden Tischen, modernen Lampen und einer zeitlosen Farbgestaltung in Aubergine und verschiedenen Grau- und Beigetönen nun schon. Und wir haben hier stets auf recht hohem Niveau gespeist. Es gab zwar immer wieder mal etwas zu kritisieren, vor allem weil das Team um Maximilian Moser sich nach unserem Dafürhalten oft und gerne mal etwas zu sehr verkünstelt, es waren aber stets auch äußerst überzeugende Gerichte dabei, die das Bewertungsniveau stützten.

In sehr guter Erinnerung blieben uns etwa von unserem letztjährigen Testbesuch noch die Tiroler Schlutzkrapfen mit Nussbutter und Eigelb oder ein rösches Mini-Langos mit Knoblauch und Schinken. Doch dazwischen verzettelte man sich wie gesagt auch immer wieder in unnötigen Spielereien, richtete den Blick zu sehr auf technische Lappalien und verlor dabei die wichtigen Dinge wie die Präsenz guter Produkte oder punktgenaues Kochhandwerk aus dem Auge. Gleich mehrere Fragezeichen warf unser jüngster Testbesuch auf, bei dem wir die Küche leider auf überraschend schwachem Niveau er-

lebten, weshalb wir nun nicht mehr umhinkamen, die Bewertung um eine Stufe auf 6 Pfannen nach unten zu korrigieren.

Wie weit das Küchenteam bisweilen an dem vorbeikocht, was in unseren Augen stimmige Kreationen ausmacht, zeigte beispielhaft das Amuse-Gueule in Form von Thunfischtatar mit Spinat-Hummus, einer rund ausgestochenen Geleematte (aufgrund der grünen Farbe schließen wir ebenfalls auf Spinat), einem Paprikaschaum sowie einer roten gelierten Sphäre, die diffus gemüsig-fruchtig-süßlich schmeckte. Groteskerweise versteckte die Küche den edlen und kostspieligen Fisch zwischen der geschmacksneutralen Geleematte und dem Hummus, sodass er nicht ansatzweise herauszuschmecken war. Die Geleesphäre wiederum war so nichtssagend, dass wir ihren Inhalt dreißig Sekunden später schon wieder vergessen hatten. Damit kein falscher Eindruck entsteht: es geht hier nicht darum, dass irgendetwas schlecht geschmeckt hätte. Problematisch ist vielmehr die Belanglosigkeit, die emotionale Kühle, die von Gerichten wie diesem ausgeht. Hier erschloss sich uns weder der Grund, Thunfisch mit fruchtigen Gemüse-Gelees zu kombinieren, noch die grundsätzliche Idee hinter der Komposition.

Auch ein Zwischengang mit frittierter Ochsenschwanzpraline im Engelshaar, Schwarzwurzel und Pistazie machte uns mehr ratlos als begeistert – und war im Grunde genommen auch etwas enttäuschend. Nicht nur, weil das Ochsenschwanzragout völlig zu Brei verkocht und die Teighülle zu fettig und „frittig" war, sondern auch, weil die Rahm-Schwarzwurzeln sowie das Pistazienpüree nur nach generischen Sahne-Butter-Fond-Mixturen schmeckten und keinerlei Eigenaroma besaßen.

Noch weniger konnte uns allerdings der Hauptgang mit Ente, Rotkohl, Kürbis und Buchweizenwaffel überzeugen. Zwar waren sämtliche Beilagen zum Fleisch makellos (wenngleich charakterlos), die Ente selbst aber, die nicht als rosa kurzgebratenes Bruststück serviert wurde, sondern als Tranche eines offenbar ganz traditionell im Ganzen im Ofen zubereiteten Vogels, war gemessen am Eigenanspruch des Restaurants schlicht indiskutabel: Denn statt das Fleisch in saftiger und aromatischer Perfektion auf den Teller zu bringen und damit ein überzeugendes Plädoyer für Traditionsküche auf Gourmetniveau zu halten, war es staubgrau und dabei so trocken und breiig, dass man es mit dem Gabelrücken zu einer mousseartigen Masse zerdrücken konnte.

Doch auch die fehlerfreien und unter objektiven Gesichtspunkten verhältnismäßig guten

Gänge, die dafür sorgten, dass es hinsichtlich der Bewertung unterm Strich für 6 Pfannen reichte, konnten uns subjektiv nicht wirklich begeistern. Beispielsweise ein Carabinero von sehr ordentlicher Produktqualität, saftig gebraten und schon von daher durchaus schmackhaft, der mit al dente gegartem schwarzen Reis und einer hellen Schaumsauce kombiniert war und als solches nicht sonderlich komplex oder raffiniert wirkte. Ähnlich ein vegetarischer Zwischengang mit Zucchini, Ricotta, Granatapfel und Focaccia-Croûtons, der zwar auch ordentlich zubereitet und Gourmet-like angerichtet, aber in seiner recht schlichten Art der die Summe seiner Teile als eine überzeugende Komposition war. Und der damit auch nicht unbedingt das repräsentierte, was raffinierte Küche in unseren Augen ausmacht…

So bleibt uns aktuell tatsächlich nichts anderes übrig, als die Bewertung schweren Herzens nach unten zu korrigieren und zu hoffen, dass sich das Team künftig wieder mehr auf die essenziellen Dinge besinnt. Denn wir täten schon beim nächsten Mal nichts lieber, als sie verdientermaßen wieder anzuheben.

Staufen (Baden-Württemberg)

Ambiente

Ballrechter Str. 8, 79219 Staufen
☎ **07633-802442**
www.restaurant-ambiente.com
⊘ **So–Di ab 12 Uhr durchgehend,
Fr–Sa ab 18 Uhr, Mi u. Do RT**
Hauptgericht: 30–42 €, Menüs: 52–75 €

Per Zufall verirrt sich wahrscheinlich niemand hierher, in das trotz seiner stilvollen Schlichtheit mediterran heiter wirkende Restaurant von Mathias und Melanie Luiz, denn es liegt – für ein zwar bodenständiges, aber durchaus anspruchsvolles Feinschmeckerrestaurant wie dieses eher untypisch – etwas versteckt in einem kleinen Gewerbegebiet außerhalb von Staufen. Dass nicht nur wir seit nunmehr fast 15 Jahren immer wieder den Weg hierher finden, sondern auch eine beträchtliche Schar an treuen Stammgästen sowie durch die einschlägigen Publikationen aufmerksam gewordene reisende Genießer, liegt eindeutig am ebenso höflichen wie zurückhaltenden Service der sympathischen Gastgeberin sowie an der aufgeräumt-akkuraten Küche ihres Mannes.

Der hat einst bei den Steinheuers im Ahrtal, bei Joachim Wissler (damals noch im Rheingau) und im legendären Tantris sein Handwerk verfeinert und dort nicht nur verinnerlicht, wie man das Maximum auch aus vermeintlich simplen Produkten herausholen kann, sondern auch, was man alles getrost weglassen kann. Denn so wie überall im Haus eine beschauliche Klarheit und makellose Sorgfalt vorherrscht, die von den akkurat eingedeckten Tischen über die hübsch arrangierten Blumen bis zu den hausgebackenen Grissini mit Rosmarin und Thymian reicht, welche uns hier noch jedes Mal zum Aperitif gereicht wurden, so zeichnen genau diese Attribute auch die Teller aus der Küche von Mathias Luiz aus.

In seiner handgeschriebenen, knapp verfassten Speisekarte findet man eine vier- bzw. fünfgängige Speisefolge mit Fisch und Fleisch sowie ein dreigängiges vegetarisches Menü, ergänzt um immer zwei, drei weitere Offerten, die von Melanie Luiz am Tisch persönlich offeriert werden. Und auch wenn im Ambiente mit saisonalen Produkten durchaus immer wieder die Region durchschlägt, manchmal sogar ein zarter Hauch von Asien mitschwingen kann, so wähnt man hier doch Baden dem Mittelmeer viel näher als an den meisten anderen Orten dieser Region.

Das Faible der Gastgeber für Italien klingt bei unserem jüngsten Besuch nicht nur mit Eros Ramazzotti im Hintergrund an, sondern ist auch in der Weinkarte deutlich zu erkennen, die neben viel Gutem aus Baden und aus anderen Weinregionen eben auch zahlreiche anspruchsvolle (bezahlbare!) italienische Gewächse listet. Und sie wird – nach einer Vorspeise von wirklich exzellenter gebeizter Lachsforelle nebst mit Senfsaat aromatisierter Rahmgurken und handzahm milder, rahmiger Wasabisauce – dann wie gewohnt auch auf dem Teller schmeckbar: in Gestalt einer herrlich natürlich und klar aber nicht fad schmeckenden Artischocken-Rahmsuppe, in der in edler Schlichtheit eine Tranche vom Seesaibling schwamm. Mehr gibt es nicht und mehr braucht es in dieser Qualität auch nicht unbedingt, um zu einem überzeugenden Ergebnis zu kommen.

Auch der perfekt kross auf der Haut gebratene und währenddessen mit Rosmarin aromatisierte Zander, der auf einem Sockel aus wohlbeschaffenem Bärlauchrisotto ohne jede knofelige Penetranz thront und von optimal auf den Punkt gebrachten weißen Spargelstangen mit ausgeprägtem Eigengeschmack sowie einer diesen Eindruck noch verstärkenden aufgeschäumten Spargelnage eskortiert wird, ist aufs Wesentliche reduziert. Eine Küche ohne Netz und doppelten Boden – da muss alles passen, da kann kein Fehler und keine Produktschwäche kaschiert werden.

Und das ist auch gar nicht nötig, denn dass es Mathias Luiz draufhat, das bewies auch das in bestmöglicher Idealform auf den Teller gebrachte glasierte Kalbsbäckchen, das also nicht zu einem mürben Faserbündel denaturiert war, aber eben auch nicht mit gummihaft widerspenstiger Konsistenz enttäuschte. Hier also in homogener Zartheit auf einem komplex tiefen und zugleich sehr eleganten Saucenspiegel, flankiert von breiten und langen Bohnen mit fein herausgekitzeltem Geschmack und einem sündhaft buttrig-cremigem Kartoffelpüree. Drei-Komponenten-Küche par excellence!

Und die repräsentierte auch der Rhabarber-Crumble mit Vanillesauce und einer Kugel Mandel-Honigeis zum Abschluss: Alles handwerklich souverän auf den Punkt gebracht und ganz wunderbar klar und unverstellt nach dem schmeckend, was es war. Nicht mehr und nicht weniger. Und genau das macht das Kulinarium im Ambiente aus und rechtfertigt auch in diesem Jahr wieder unsere vergleichsweise hohe Bewertung.

Die Krone

Hauptstr. 30, 79212 Staufen
☎ 07633-5840
www.die-krone.de
◐ Mo–Fr ab 18 Uhr, So von 11.30–14 Uhr u. ab 18 Uhr, Sa RT
Hauptgericht: 15–35 €, Menüs: 25–45 €

Seit langer Zeit ist das historische Gasthaus im Herzen des pittoresken Geburtsstädtchens von Dr. Johann Georg Faust mit der hoch über dem Ort thronenden Burgruine in der Region für seine gute bodenständige Küche bekannt. Vor einigen Jahren hat mit Gastgeber und Küchenchef Volker Lahn bereits die nächste Generation der Inhaberfamilie das Ruder am Herd übernommen und das zwischen badischen Traditionsgerichten und aromenstarker mediterraner Leichtigkeit changierende Kulinarium seither nichts von seinem Reiz verloren. Auf der Weinkarte wird der regionalen Spezialität Gutedel eine eigene Sparte gewidmet und auch sonst ausgewählte regionale Erzeuger protegiert. Für alles gilt ein ausgesprochen günstiges Preis-Genuss-Verhältnis.

Stolpe (Mecklenburg-Vorpommern)

ohne Bewertung

Gutshaus Stolpe

Peenstr. 33,
17391 Stolpe
☎ 039721-5500
www.gutshaus-stolpe.de
◐ Mi–Sa ab 18.30 Uhr, So–Di RT
Hauptgericht: 40–50 €,
Menüs: 120–150 €

Die kleine Ortschaft Stolpe, direkt am Naturschutzgebiet Peene, ist ein echtes Idyll: schmucke reetgedeckte Häuser, verwunschene Gärten, eine Klosterruine – und mittendrin der von weiten Wiesen umgebene, ländlich vornehme Gutshof, der ganz unerwartet mit dem Komfort eines „Relais & Châteaux"-Hotels aufwartet. Ein ganz wunderbarer Ort, der wie nur wenige dazu geeignet erscheint, abzutauchen und die Seele baumeln zu lassen. Und trotzdem, oder genau wegen dieser märchenhaften Abgeschiedenheit, zieht es die jungen, ambitionierten Cuisiniers hier immer sehr schnell wieder weiter und es gibt mittlerweile kaum ein zweites ambitioniertes Restaurant in diesem Guide, in dem wir schon mehr unterschiedliche Küchenchefs erlebt haben als das klassisch-eleganten Gutsherrenzimmer in Stolpe, das jedoch trotz des regem Wechsels am Herd konstant zu den wenigen wirklich zuverlässigen Anlaufstationen für Gourmets im Nordosten von Mecklenburg-Vorpommern gilt.

Vielleicht kehrt jetzt mit Christian Somann sogar wieder Beständigkeit auf dem Chefposten ein, denn der neue Küchenchef kommt aus der Region und weiß, auf was er sich einlässt. Außerdem ist auch er dem Vernehmen nach vom Gutshaus begeistert und weiß all die Vorzüge dieses charmant entlegenen Hideaways, die seine Vorgänger vielleicht als Nachteil gesehen haben, offenbar zu schätzen. In der aktuellen Testsaison werden wir es wohl nicht mehr schaffen, ihm noch einen Besuch abzustatten, denn dafür war der Wechsel zu knapp vor unserem Redaktionsschluss. Doch irgendwann im Laufe des Spätsommers wird es im Gusto Online-Guide sicher schon ein Update mit aktueller Bewertung geben.

Unsere Einschätzung, dass die mindestens bei 7 Pfannen liegen wird, hat nichts mit Kaffeesatzleserei zu tun, sondern resultiert aus dem Wissen um die Möglichkeiten, die ein Küchenchef hier hat, sowie den jüngsten Eindrücken bei unserem letzten Testbesuch in Christian Somanns letzter Station, dem Restaurant Belvedere in Heringsdorf auf Usedom. Dort waren wir noch kurz vor seinem Wechsel zu Gast und beeindruckt, wie gut es ihm gelingt, mondäne Produkte an die Ostseeküste zu holen, ohne dass es zu gekünstelt kosmopolitisch wirkt. Wir sind gespannt, ob er am neuen Herd daran anknüpfen wird und setzen die Bewertung bis dahin aus.

Straßlach (Bayern)

Gasthof zum Wildpark

**Tölzer Str. 2,
82064 Straßlach**
☎ 08170-99620
www.gasthof-zum-wildpark.de
◑ Täglich ab 11.30 Uhr durchgehend, kein RT
Hauptgericht: 14–26 €

Seit vielen Jahren schon empfehlen wir den Gasthof von Familie Roiderer mit angeschlossener Traditionsmetzgerei all denjenigen, die nach traditioneller bayerischer Küche in guter Gesamtqualität aus sind. In den weitläufigen Räumlichkeiten, die sich über zwei Stockwerke erstrecken, werden schmackhafte Schmankerl aufgefahren, die weit über das wenig animierend klingende Repertoire der Standartkarte hinausgehen. Auf der Tageskarte und für Innereien-Fans besonders auf der eigenen Schlachtkarte finden sich von Nierchen, Kalbskopf, Leber, Bries & Co. bis zu Wildspezialitäten und Geflügel aus dem Ofen allerhand Spezialitäten, die uns regelmäßig das Wasser im Munde zusammenlaufen lassen. Unser Tipp: Allzu Weltläufiges meiden und Regionales bestellen!

Stühlingen (Baden-Württemberg)

Gasthaus Schwanen

**Talstr. 9,
79780 Stühlingen (Schwaningen)**
☎ 07744-5177
www.gasthaus-schwanen.de
◑ Mo, Di u. Fr, Sa ab 18 Uhr, So von 11.30–13.30 Uhr u. ab 18 Uhr, Mi u. Do RT (i. Sommer nur Mi RT)
Hauptgericht: 14–26 €,
Menüs: 35–49 €

Seit drei Generationen ist dieser Landgasthof bereits in Familienbesitz und wird seit Jahren schon sehr engagiert von Alexandra und Markus Wekerle betrieben. Im Grunde handelt es sich um einen ganz normalen, bodenständigen Gasthof, doch der Chef bietet hier eine immer wieder verblüffend gute, ebenso substanzstark wie qualitativ hochwertig gekochte Landküche, die an manchen Stellen durchaus knapp unter Gourmetniveau angesiedelt ist – und das bei ländlichen Preisen! Besser kann ein Spagat zwischen anspruchsvoller und bodenständiger Küche kaum gelingen. Wer die Küche herausfordert, bekommt nicht nur überraschend gute, feinsinnig arrangierte Kreationen, sondern auch hochwertige Weine glasweise ausgeschenkt. Kompetenter, sympathischer Service; preiswerte Gästezimmer.

Stuttgart

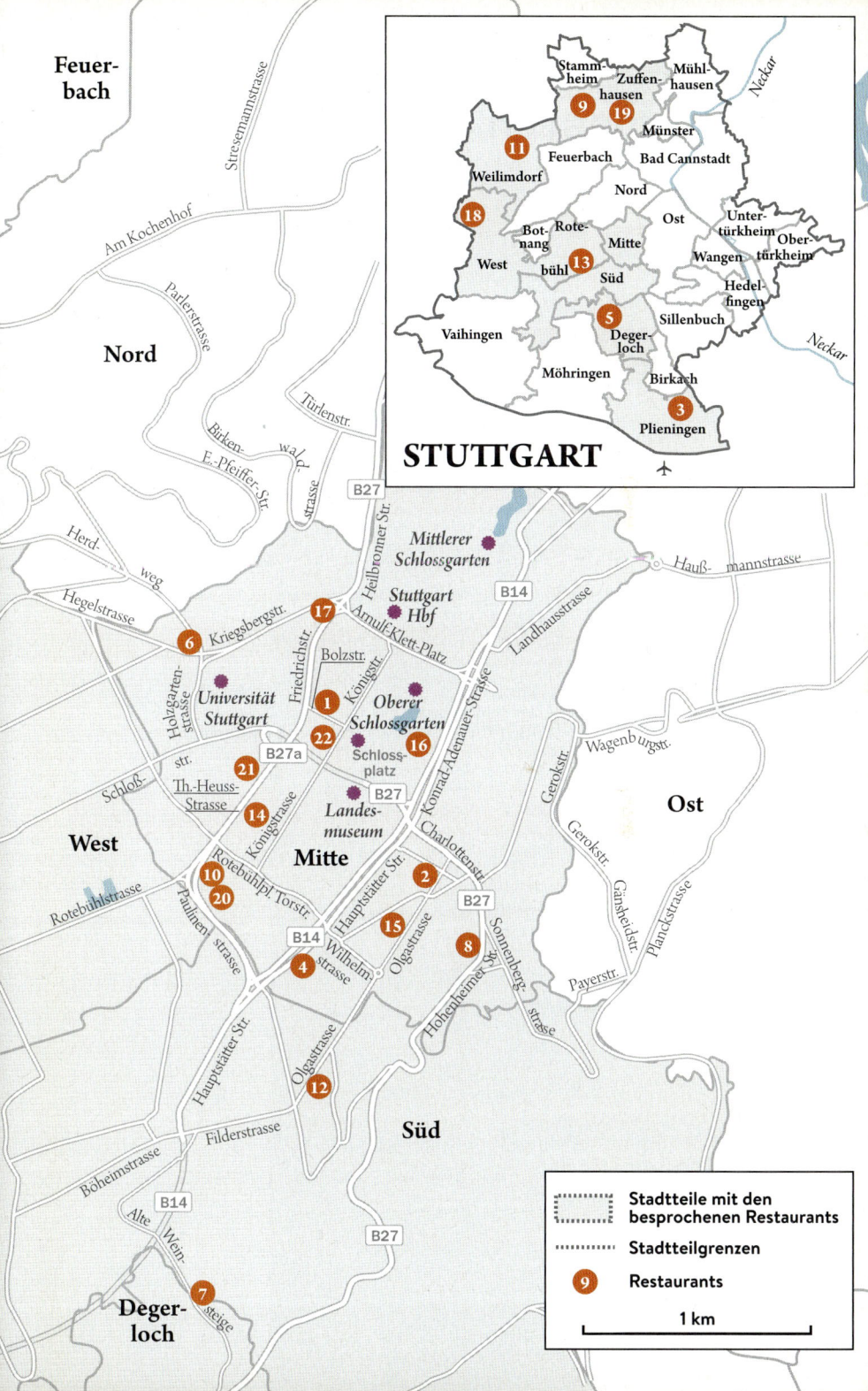

Feuer-
bach

Nord

West

Mitte

Süd

Ost

Deger-
loch

Stresemannstrasse

Am Kochenhof

Parlerstrasse

Türlenstr.

Birken-
E.-Pfeiffer-Str.

wald-
strasse

B27

Herd-
weg

Hegelstrasse

Kriegsbergstr.

Holzgarten-
strasse

Universität
Stuttgart

Schloß-
str.

Th.-Heuss-
Strasse

Königstrasse

Rotebühlstrasse

Rotebühlpl.

Paulinen-
strasse

Hauptstätter Str.

B14

Böheimstrasse

B14

Alte Wein-

steige

Filderstrasse

Olgastrasse

Wilhelm-
strasse

Hauptstätter Str.

Mittlerer
Schlossgarten

Stuttgart
Hbf

Heilbronner Str.

Arnulf-Klett-Platz

B14

Friedrichstr.

Bolzstr.

Königstr.

B27a

Oberer
Schlossgarten

Schloss-
platz

Landes-
museum

Torstr.

B27

Charlottenstr.

Hauptstätter Str.

Olgastrasse

Konrad-Adenauer-Strasse

Landhausstrasse

Hauß- mannstrasse

Gerokstr.

Wagenburgstr.

Gerokstr.

Gänsheidstr.

Plauckstrasse

Payerstr.

Sonnenberg- strasse

Hohenheimer Str.

6 **17** **1** **22** **16** **21** **14** **10** **20** **4** **2** **15** **8** **12** **7**

STUTTGART

Feuer-
bach

Stamm-
heim

Zuffen-
hausen

Mühl-
hausen

Münster

Bad Cannstadt

Nord

Ost

Unter-
türkheim

Ober-
türkheim

Wangen

Hedel-
fingen

Sillenbuch

Degerloch

Birkach

Plieningen

Möhringen

Vaihingen

Süd

Mitte

Rote-
bühl

Bot-
nang

West

Weilimdorf

Neckar

Neckar

9 **19** **11** **18** **13** **5** **3**

Unsere Besten in Stuttgart

8 Gusto-Pfannen

1. 5 Gourmetrestaurant

2. Der Zauberlehrling

3. Speisemeisterei ↑

7 Gusto-Pfannen

4. Délice
5. Fässle le restaurant

6. Hegel Eins ↑
7. Wielandshöhe

8. Zur
　　Weinsteige

6 Gusto-Pfannen

9. Christophorus
10. La Fenice

11. Meister
　　Lampe ↑

12. Schweizers
　　Restaurant

5 Gusto-Pfannen

13. Augustenstüble
14. Da Franco
15. Kicho

16. Plenum
　　am Schlossgarten
17. Ritzi ↑

18. Schloss
　　Solitude
　　Gastronomie

Weitere Restaurants

19. Beef Burger
　　Brothers,
　　Hohenloher Str. 8

20. Beef Burger
　　Brothers,
　　Marienstr. 28

21. Burger
　　House
22. Martha's

5 Gourmetrestaurant

Bolzstr. 8, 70173 Stuttgart
☎ 0711-65557011
www.5.fo
◑ Mi–So ab 18 Uhr, Mo u. Di RT
Menüs: 92–182 €

Zur Beliebtheit dieser Gourmetadresse, die dreimal in Folge Nr. 1 bei der „Tripadvisor Travellers' Choice" unter den gehobenen Restaurants in Deutschland war, trägt sicher die 1-A-Citylage und das stylishe Ambiente mit Vintagemöbeln und Retrochic bei. Man sitzt einfach sehr lässig und unkonventionell im „5". Aber es ist vor allem auch die kreative Küche von Alexander Dinter, der mit den Jahren immer mehr zu sich selbst gefunden hat. Konnte man zuletzt auf hohem Niveau bemängeln, dass manchmal etwas angestrengt alles auf einem Teller gezeigt werden wollte, so wirkt nun vieles deutlich entspannter. Dies ist umso erstaunlicher, da inzwischen nicht nur für die obere Etage gekocht wird, sondern auch unten in der ehemaligen Lounge ein leicht downgeradetes Gourmetmenü angeboten wird.

Das Maß für unsere Bewertung bleibt aber das eigentliche Gourmetrestaurant oben, wo zuletzt als erstes ein Apéro-Bäumchen auf den blanken Holztisch gestellt wurde. Diese Präsentation, die uns andernorts auch schon so oder so ähnlich vorgesetzt wurde, mag man als bloßen Gag sehen – wenn die „Früchte", die man da von dem Bäumchen pflücken darf, aber solche kleinen Geschmacksbomben sind wie hier, kann man dagegen nichts sagen: eine geeiste und im Inneren flüssige Olive, ein heißes Bällchen mit schnittlauchwürziger Frischkäsefüllung und eine falsche Passionsfrucht samt Schale, die nebst ihrer Fruchtsüße auch eine

dezente Räucheraalnote zu bieten hatte. Toller Auftakt!

In einem silbrig schimmernden Schälchen folgte ein „Straßburger Salat à la 5", der mit Dreierlei Urkarotten, paniertem Sellerie, Erbsen, Sprossen, Senfeis, grüner Creme und sardischem Brot vielfältig das Feld bestellte, ehe mit Brot, Grissini, einem Kegel Nussbutter und einem intensiven, aber trotzdem federleichten Baba-Ganoush-Aufstrich eine sehr gute Grundlage für alles Weitere gegeben wurde. Zum Beispiel für das sanft gegarte Exemplar eines südafrikanischen Kaisergranats, mit dessen nussiger Süße sehr behutsam umgegangen wurde. So war das knackige asiatische Gemüse mit unter anderem Navetten, Sprossen, Kräutern und Sesam nicht übermäßig gepickelt, sondern nur mit etwas Ponzu abgeschmeckt. Und auch der angegossene Purple-Curry-Sud hielt sich mit Würze und Schärfe angenehm zurück, sodass sich des Weiteren auch die Süße eines falschen Radieschens mit Papayastückchen, Mandel und Avocado-Creme in einer knusprigen Tartelette voll ausbreiten konnte und somit die Aussage des Hauptprodukts gewinnbringend unterstützte.

Ebenso stimmig ging es mit dem „Dim Sum à la 5" weiter. Die Teigtasche mit einer Füllung aus gehacktem Bauch vom Livar-Klosterschwein und blanchiertem Gemüse lag in einer milden Kimizu-Hollandaise und war umrahmt von einem Gel der Umeboshi-Pflaume. Nebst Takuan-Rettich kamen nun echte Radieschen zum Einsatz. Aber erneut wurden hier die Säurekontraste nicht bis zum Anschlag aufgedreht, sondern fügten sich – adäquat unterstützt von Rauchmandelaroma und etwas Daikon-Öl – zu wärmendem Wohlgeschmack.

Beim folgenden Fischgericht wurde noch etwas mehr auf erdige Würze gesetzt. Nur sanft zu ahnen waren die Tupfer Yuzugel auf dem Dreierlei von Bohnen und ein cremiges Cassoulet mit Edamame, schwarzen und Saubohnen diente als Grundlage. Die gut gewürzte, hohe Tranche vom Wildfang-Zander ließ sich ganz locker mit der Gabel aufblättern und auf der knusprigen Haut des Fischs lag ein mit Chorizo pikant angeschärfter Tapiokachip. Die iberische Rohwurst war auch Basis für einen würzigen Sud, dessen milder Paprikawürze noch etwas Kerbelöl entgegengesetzt wurde.

Ähnlich eingerahmt – hier mit einem Schnittlauch-Oxalis-Öl – war die Jus zum rosa Rehrücken mit Pistazienstücken unter einer schmelzenden Lardo-Scheibe. Auch optisch sehr gut machte sich dazu die Sphäre mit einem Rehragout, die dem Gericht zusätzliche herzhafte Power verlieh. Individuell dosieren ließ ich mich eine süß-säuerliche Geleekugel aus Sanddorn und Passionsfrucht auf einer fluffigen Brioche mit Foie gras. Allein die gebratenen Kräuterseitlinge taten sich bei solch starken Gegenspielern etwas schwer.

Als Predessert schmeichelte ein Zimtparfait mit Zwetschge und deren Sud, ehe Mais, Avocado und Kirsche in verschiedenen Texturen (cremig, kandiert, crunchig...) noch einmal richtig auftrumpften, vor allem mit süßer Verdichtung, aber auch mit leichtem Salzgeschmack. Nur etwas Säure hätte hier vielleicht noch etwas mehr Rückgrat und den letzten Pfiff gegeben. Dennoch: ausreichend Frische war auch so zugegen, nämlich in Gestalt eines Popcorneises, angegossen mit einem Popcorn-/Kirsch-Eistee. Und auch fürs Auge war mit einem nachgebauten Maiskolben mit Avocadocreme als Strunk einiges geboten.

Immer wieder spannend ist, welche Weine Sommelier Dirk Romann, der sehr gute Kontakte zu ausgewählten Winzern unterhält und ein Faible für Magnumflaschen hat, dazu öffnet. Aus solch einem Großformat schenkte er zuletzt auch ein Großes Riesling-Gewächs aus, ein 2011er Forster Ungeheuer vom Reichsrat von Buhl. Oder auch den Parusso Barolo Perarmando aus dem Jahr 2017. Keine Frage: So macht ein Abend im 5 noch mehr Spaß. Die eigentliche Steigerung ist in dieser Saison aber dennoch klar mehr der Küche zuzuschreiben, die wir nun (endlich!) guten Gewissens auf 8 Pfannen aufwerten können. Das Menü übrigens kann in drei bis sieben Gängen geordert und auf Anfrage auch vegetarisch ausgerichtet werden.

Augustenstüble

Augustenstr. 104,
70197 Stuttgart
☎ 0711-621248
www.augustenstüble.de
◑ Di–Sa ab 18 Uhr, So u. Mo RT
Menüs: 58–75 €

Ein Bistro für Besseresser: auf der kleinen, ständig wechselnden Speisekarte dieses bodenständigen, gemütlichen Eckhaus-Gasthauses findet man im besten Wortsinne Gutbürgerliches, das aber absolut fachmännisch und geschmackvoll zubereitet wird. Ohne Gourmetanspruch und optische Verfeinerungskünste, aber geschmacksstark, in sehr fundierter hand-

werklicher Machart und von überdurchschnittlicher Qualität. Hausmannskost für Feinschmecker! Bei der ansprechenden und umfangreichen Weinauswahl raten wir, den Empfehlungen des Gastgebers zu folgen, der Ahnung vom Wein und gute Ideen hat.

Beef Burger Brothers

Hohenloher Str. 8,
70435 Stuttgart
☎ 0711-76165203
beef-burger-brothers.de
◑ Di–Do von 11.30–21,
Fr von 11.30–22 Uhr, Sa von 12–22 Uhr,
So u. Fei von 12–20 Uhr, Mo RT
Hauptgericht: 7–22 €

Burger mit Patties aus Beef von schwäbischen Weiderindern, auf dem Lavagrill zubereitet, mit frischen, natürlichen Zutaten und hausgemachten Saucen.

Beef Burger Brothers

Marienstr. 28,
70178 Stuttgart
☎ 0711-94569794
beef-burger-brothers.de
◑ Mo–Do von 11.30–21.30 Uhr,
Fr von 11.30–22 Uhr, Sa von 12–22 Uhr,
So RT
Hauptgericht: 7–22 €

Burger mit Patties aus Beef von schwäbischen Weiderindern, auf dem Lavagrill zubereitet, mit frischen, natürlichen Zutaten und hausgemachten Saucen.

Burger House

Büchsenstr. 37,
70174 Stuttgart
☎ 0711-72238400
www.theburgerhouse.com
◑ Mo–Fr von 11.30–14.30 Uhr
u. von 17.30–22 Uhr,
Sa u. So von 14–22 Uhr, kein RT
Hauptgericht: 6–16 €

Kreative Burger aus hochwertigen, frischen Zutaten.

Christophorus

im Porsche-Museum

**Porscheplatz 5,
70435 Stuttgart (Zuffenhausen)**
☎ 0711-91125980
www.porsche.com/museum/de/
kulinarischesangebot/
◐ Di–Sa von 11.30–14 Uhr
u. ab 17.30 Uhr, So u. Mo RT
Hauptgericht: 28–84 €,
Menüs: 85–120 €

▮◉▬◎ VISA ℗ ♿

Viele, wenn nicht sogar die meisten Besucher werden einen Besuch des Christophorus wohl entweder mit einem Besuch des futuristisch modernen Porsche-Museums verbinden oder auf den Kauf eines neuen Sportwagens anstoßen – beides fraglos lohnende Kombinationen. Es lohnt sich aber genauso, einfach nur so zum Lunch oder Dinner nach Zuffenhausen zu fahren und mit Blick aus der verglasten Fensterfront auf die imposante Porsche-Skulptur im Kreisverkehr und das umliegende Werksgelände die zeitgemäß pfiffigen Gerichte des Teams rund um Küchenchef Thomas Heilmann zu genießen.

Passend zu dem im edlen American-Diner-Style gehaltenen Ambiente des Restaurants sind dessen Aushängeschilder, die trockengereiften Cuts vom US-Beef in absoluter Premiumqualität, die sich neben dem Eingang im Reifekühlschrank bestaunen und mit verschiedenen Side Dishes von hausgemachten Pommes über Salzzitronen-Blattspinat bis zur Sauce Béarnaise kombinieren lassen. Daneben steht aber stets auch eine kleine Auswahl an Vorspeisen, Hauptgerichte und Desserts zur Wahl, die, ohne zu sehr ins Detail zu gehen, handwerklich akkurat, optisch ansprechend und oft mit einem kleinen kreativen Twist auf die Teller kommen.

So zeigte zum Start schon eine zarte, röstwürzige Krustentier-Panna-Cotta mit nussigem Sesam-Karottensalat, Yuzugel und einer sepiaschwarzen Knusperhippe, wie auf verhältnismäßig schlichte und gut vorzubereitende Art für klare Akzente auf den Tellern gesorgt werden kann. Das funktionierte auch beim klar und frisch gehaltenen Tatar vom Saibling bestens, das als Rondell aus eher festfleischigen gebeizten Scheiben mit einem Topping aus gepopptem Buchweizen und Saiblingskaviar im Zentrum einer tiefen Schale angerichtet war. Von einem kräuterfrischen Buttermilchfond mit Cremigkeit und Säure unterfüttert und von süß-sauer eingelegten Betescheiben und fruchtig-erdiger Betecreme mit überraschendem Kontrast versehen, eine rundum stimmige Angelegenheit, wenngleich hier der üppig-cremige Fond ein klein wenig dominant wirkte.

Dass die Crew bei dem gewählten Angebotsschwerpunkt auf den Punkt braten bzw. grillen kann, verwundert wenig. Bei dem trotz des bemerkenswert mageren Fleischs wunderbar saftig-straffen Straußenfilet stimmte aber nicht nur der Garpunkt, sondern auch die Ausgangsqualität. Mit seinem würzigen dunklen Eigengeschmack fügte sich der Exot zudem gut in die warmwürzige Umgebung aus markant pfeffrigen Wirsing-Bällchen, saftigem Kürbisbaumkuchen und einer kraftvoll viskosen Cassis-Gewürz-Jus ein. Nur die auf dem Tellerboden aufgestrichene Kürbiscreme hätte es nicht gebraucht, da sie eher einen weichen-breiten Eindruck verstärkte und die Wirkung der Sauce ausbremste.

Genauso akkurat wie bei den herzhaften Gerichten endete das Menü auch im süßen Bereich mit luftig-milder Kokos-Espuma in der Schokohalbkugel neben gegrillter Ananas, Passionsfruchtsorbet und zartbitterer Schokoladen-Cremetupfen sowohl optisch als auch geschmacklich gut abgestimmt und auf souveränem Niveau. Auch dass dabei nicht alle Details ganz scharfgestochen herausgestellt werden, ändert nichts am insgesamt stimmigen Gesamtbild.

Zu diesem gehören auch ein stets präsentes und charmant aufmerksames Serviceteam und ein stattliches Weinbuch, das neben einer beachtlichen Auswahl hochwertiger Champagner passend zum Markenanspruch von Porsche auch sonst von spannenden Basisweinen bis zur hochpreisigen Premiumklasse für jeden Anlass und Geldbeutel etwas Passendes bietet.

Da Franco

Calwer Str. 23, 70173 Stuttgart
☎ 0711-291581
www.dafrancostuttgart.de
◉ Di–So von 12–14 Uhr u. ab 18 Uhr,
Mo RT
Hauptgericht: 12–42 €, Menüs: 23–45 €

Der Dauerbrenner in Stuttgarts Gastroszene ist (damals noch im Stuttgarter Westen) bereits seit über 50 Jahren aktiv! Und wer klassische italienische Küche ohne Firlefanz zu schätzen weiß, der kommt in dem gediegenen Ristorante, das nun auch schon seit über 30 Jahren in einer Parallelstraße der Stuttgarter Fußgängerzone residiert, auch heute noch voll auf seine Kosten. Die Gastgeberfamilie Annunziata in Stuttgart einst wahre Pionierarbeit in Sachen Alta Cucina geleistet und steht hier nach wie vor unumstößlich für gehobene mediterrane Gaumenfreuden. Die Küche ist klassisch und traditionell, gekocht wird sehr leicht, die Pasta ist hausgemacht, die Aromen natürlich und die Produkte frisch. Eine sehr solide und zuverlässige Adresse für gehobene Italianità, die auch eine schöne Auswahl an ansprechenden Weinen aus allen Regionen des Landes und flotten, effizienten Service einschließt.

Délice

Hauptstätter Str. 61, 70178 Stuttgart
☎ 0711-6403222
www.restaurant-delice.de
◉ Di–Fr ab 19 Uhr, Sa–Mo RT
Menüs: 138 €

Es ist immer wieder ganz erstaunlich, mit wieviel Ideenreichtum und feinem Gespür, aber auch mit wieviel Präzision und Aufwand Andreas Hettinger in seiner kleinen offenen Küche die Teller im Rahmen seines fünfgängigen Menüs für immerhin eine gute Handvoll nicht selten ausgebuchter Tische im Alleingang finalisiert und anrichtet. Hätten auch die Hintergründe in unsere Bewertung mit einzubeziehen und würden nicht nur das, was – hier in Gestalt substanzreicher französischer Klassik mit schmissigen Ideen und sogar der einen oder anderen kreativen Pointe – aufgetischt vor uns

liegt, müsste das Lokal von Gastgeber und Sommelier Evangelos Pattas, ein kleines, elegantes Gewölberestaurant an der Hauptstätter Straße, ein bis zwei Stufen höher angesiedelt sein. Doch mit starken und sehr stabilen 7 Pfannen ist das, was hier aus immer sehr guten Produkten oft mit mediterranem und manchmal auch mit asiatischem Oberton eher gegenständlich als elaboriert verkünstelt geboten wird, schon sehr treffend bewertet. Gelegentliche Ausreißer nach oben nicht ausgeschlossen – nach unten: Fehlanzeige! Hettingers Stärke ist die Beständigkeit. In Symbiose mit den immer durchdacht und zielsicher zu den Gerichten seines Küchenchefs ausgewählten Empfehlungen, die auch im Glas immer hohes Niveau garantieren, ist das ein rundum stimmiges Gesamtpaket.

Der Zauberlehrling

Rosenstr. 38,
70182 Stuttgart
☎ 0711-2377770
www.zauberlehrling.de
◉ Mo–Fr ab 18.30 Uhr, Sa nur
Themenabende ab 19 Uhr, So RT
Hauptgericht: 40–58 €,
Menüs: 119–168 €

Auch wenn Patron Axel Heldmann immer noch im Restaurant zugegen ist, profund berät und vor allem in Sachen Wein immer gerne behilflich ist, hat schon vor einigen Jahren dessen Sohn Fabian das Kommando als Küchenchef übernommen und bekocht den modernen hellen Gastraum des familiengeführten Designhotels seither nicht nur äußerst ambitioniert, sondern auch perfektioniert. Der einst in den Brigaden von Christian Jürgens in der Überfahrt in Rottach-Egern und bei Christian Bau in Victor's Fine Dining in Perl gestählte Filius brachte nach seinen Wanderjahren nicht nur viel frischen Wind und neue Inspirationen mit nach Hause in den elterlichen Betrieb, sondern auch modernes handwerkliches Know-how und jede Menge Feinschliff.

Hatte man in der Anfangszeit noch hin und wieder das Gefühl, auf Fabian Heldmanns Tellern Abziehbilder der Kreationen seiner Lehrmeister zu erkennen, feilt er mittlerweile immer eifriger und mit wachsendem Erfolg an einem eigenen Profil und seine Küche ist dadurch jüngst noch fokussierter und reduzierter geworden. Das tut den Kreationen aber nicht nur aus stilistischer Sicht, sondern auch geschmacklich sehr gut. Denn hatten wir in den vergangenen drei Jahren immer wieder das Gefühl, hier würde bisweilen etwas zu viel gewollt, wirkte zuletzt alles abgeklärter und schlüssiger, was wir heuer gerne mit einer verdienten Höherstufung honorieren.

Wie feinmotorisch das Team um Fabian Heldmann unterwegs ist und was für ein gutes Händchen der Chef für anspruchsvolle asiatisch inspirierte Aromenbilder hat, bewies zuletzt schon die Vorspeise des „Zaubermenüs" in bis zu sechs Akten, bei der Tristan Languste als sanft gebratenes Schwanzstück und als Tatar im Verein mit einem subtil von Korianderkresse aromatisierten Salat aus Rettich, Ananas, Staudensellerie und Apfel arrangiert war. Verschiedene Zitrusaromen wie Kalamansi oder Fingerlimes, ein schmelziges Koriandereis mit adäquater Süße, die milde Nussigkeit von Sesam, fein dosierte Schärfe von Chili und last but not least die laktische Säure einer Buttermilchvinaigrette mit Korianderöl sorgten hier in perfekt abgestimmtem Zusammenspiel für ein sehr dynamisches und ausgewogenes Geschmacksbild mit Spannungsbogen. Ein starker Auftakt!

Schon davor zeigten drei Fingerfood-Petitessen zum Aperitif, von denen insbesondere eine filigrane, herzhaft gefüllte Pomme Soufflé herausstach, gefolgt von einem Schälchen mit Zitrus-Hummus und Tomatensugo nebst Mini-Fladenbrot und Schinkenchip als Küchengruß, dass es dem Chef in erster Linie um guten Geschmack geht und nicht um größtmögliche Originalität. Wenngleich hier das eine das andere nicht ausschließt und immer auch originelle Finessen im Spiel sind. Und wenn die dann auch geschmacklich Sinn machen, so wie bei der in Schwarzteesud eingelegten und dann gegrillten Aubergine in einer nicht bloß optisch raffinierten Hülle aus in Teriyakisud sous-vide gegarter Aubergine, getoppt mit japanischer Mayonnaise und Kräutern, lässt sich ohnehin nichts dagegen sagen. Flankiert von butterzarten Schweinebauchröllchen und getragen von einer süßlichen Schwarzteeemulsion mit komplexer warmer Würze, war dieses Gericht ebenfalls ein schlagendes Argument für die Höherstufung auf 8 Pfannen.

Und dagegen sprach auch nicht der Fischgang und sein zitrisch-herb mit Kaffirlimette und Senföl verfeinerter Sud auf Basis von Meeresfrüchtefond, der die markante Grundlage für einen saftig-fleischigen Seeteufel in Begleitung von zweierlei Kohlrabi und pikantem Tatar von Kohlrabi, Apfel, Kartoffel und Mandel war. Auch hier hatte man es neben einem sehr guten Hauptprodukt und präzisem Handwerk wieder mit einem reizvollen Spiel aus Säure, Würze und Schärfe zu tun, des jede Menge Spannung und Dynamik aufs Porzellan brachte.

Getoppt wurde dieses Saucenhandwerk aber noch durch eine beeindruckende Jus mit animierender Säure, viel Tiefenschärfe und Zug, die den Rücken und das Bäckchen vom Wagyu-Beef aus Nebraska mit seinem schön reduzierten Beiwerk in Gestalt von Grünkohl, Pastinake und Kirsche in unterschiedlichen Konsistenzen von knusprig bis cremig begleitete. Zwei Mal hochklassiges, perfekt auf den Punkt gebrachtes Fleisch, markantes Gemüse ohne jeden Sättigungsbeilagen-Charakter, dazwischen prononciert aufploppende Kirschfrucht und alles getragen von dieser geschliffenen Sauce mit schlanker Eleganz und barocker Tiefe. Das schreit nach einem anspruchsvollen Weinbegleiter, der in Gestalt des fein gereiften 2013er Coteaux du Languedoc „Puech Noble" von René Rostaing, welcher dieselben Eigenschaften ins Glas brachte, wie die Sauce auf den Teller, auch prompt mitgeliefert wurde.

Wenngleich wir beim Käse eher Puristen sind, können wir der gekonnten Verfeinerung eines Fourme d'Ambert mit Birne und Speck schon auch etwas abgewinnen. Schön finden wir aber, dass Fabian Heldmann trotz seiner Gestaltungsfreude und Kreativität den Käse auch einfach Käse sein lassen kann und die exzellenten gereiften französischen Sorten aus dem Hause des Affineurs Tourette auch naturbelassen vom Brett offeriert.

Dafür darf er sich dann beim süßen Finale um Banane, Rettich und Kokos wieder voll kreativ ausleben, schlägt mit dieser unkonventionellen, jedoch nur vermeintlich schrägen Kombination aber keineswegs über die Stränge, präsentiert vielmehr ein Dessert von der Sorte, wie wird es jederzeit gleich nochmal bestellen würden, müssten wir nicht berufsbedingt maßhalten: vollmundig, aber fein differenziert, kontrastreich, aber weich, spannend kreativ, aber auch harmonisch wohlschmeckend. Und dazu wohlproportioniert und sehr leicht! Unterm Strich also kein Gang unter 8-Pfannen-Niveau – klarer Fall: Aufwertung!

Fässle le restaurant

Löwenstr. 51,
70597 Stuttgart (Degerloch)
☎ 0711-760100
www.restaurant-faessle.de
◑ Di ab 18.30 Uhr,
Mi–Sa von 12–13.30 Uhr u. ab 18.30 Uhr,
So u Mo RT
Hauptgericht: 32–36 €, Menüs: 52–82 €

Schon der Untertitel „le restaurant" signalisiert, dass im Fässle mit Patrick Giboin ein Franzose am Herd steht. Und nicht nur das: Seit mit Pascal Foechterlé einer der besten Gastgeber der Stadt als Mâitre dazugestoßen ist, kann man gleich ein zweifaches „Vive la France!" ausstoßen. Aber das Fässle ist eben immer auch noch ein Stück weit schwäbisch, solide und trotz seines hohen Niveaus überhaupt nicht abgehoben. Es gibt einen Mittagstisch, ein Kindermenü – und schön sitzt man im gediegenen Gastraum mit Parkett, Holzvertäfelung und umlaufenden Sitzbänken auch! Wer so richtig in die kulinarische Welt dieses Kleinods einsteigen will, sollte auf jeden Fall ein Menü nehmen und bekommt hübsch angerichtete Grüße vorneweg. Zuletzt waren dies ein hellgrünes Bällchen Forellenmousse mit einem Relish von Gelber Bete und einem dekorativen Pinselstrich aus Roter Bete. Als vegetarische Variante überzeugte ein Dreierlei vom Kürbis.

„Le Menü" hatte gleich mit der Vorspeise ein Highlight mit überraschenden Textur- und Geschmackserlebnissen zu bieten. Das Hauptprodukt war Thunfisch-Sashimi (der Fisch außen ganz kurz angebraten), und im Gegensatz zu Produktpuristen, die rohen Fisch kaum salzen, waren die fünf Tranchen sehr gut gewürzt und am Rand mit etwas schwarzem Sesam „paniert". Der Wakame-Algen-Salat darunter hatte eine feine, aber nicht penetrante Meeresnote und eine Garnele in knusprigem Engelshaar lieferte als schöner Sideplayer noch warme, süße, nussige Töne. Auf einem marinierten Rettichröllchen tummelten sich zudem kleine grüne Fischrogenperlen, die im Mund platzten, zwei Kugeln aus Ponzugel gaben viel Würzpower dazu und eine Mayonnaise sorgte darüber hinaus für angenehme Schärfe. Nur die Mango im Rettichröllchen konnte sich nicht so recht durchsetzen.

Auf diesen eher kleinteiligen Auftakt folgte ein mehr oder weniger klassisches Drei-Komponenten-Gericht: Eine unter der knusprigen Haut noch leicht glasige Skrei-Tranche – wie der Thunfisch sehr gut gewürzt – eine kompakte Nocke Kartoffelbrandade und eine aromatische Pak-Choi-Knolle sowie ein Krustentierschaum – mehr brauchte es nicht, um ein wohliges Gefühl am Gaumen zu schaffen. Im Hauptgericht wurden schwere Geschütze aufgefahren: Der Hirschkalbsrücken „Rossini" bestand aus einem ziemlich hohen Medaillon – rot, saftig und mit guter Struktur – und gebratener Entenleber auf einer Brioche-Scheibe. Mit Périgordtrüffel wurde nicht gespart, Sellerie in Scheiben und als Püree sowie eine Madeirasauce rundeten das barocke Gericht ab.

Die Gänge des vegetarischen „Menu du Jardin" konnten mit Vielfalt und Raffinesse absolut mithalten. Zum Auftakt eine Tartelette mit Ziegenfrischkäse, Zucchiniröllchen, Oliven und frittierter Petersilie, flankiert von zwei Kreisen aus Tomaten-/Fenchel-Chutneys mit sanfter Schärfe, abgerundet durch Kugeln aus Creme fraîche. Das Zwischengericht war asiatisch inspiriert und dann doch wieder nicht, denn das hier kredenzte Stundenei wurde nicht wie mancherorts mit einer Dashibrühe aus der Teekanne angegossen, sondern mit einer Pilzbouillon, die aber dennoch viel Umami mit ins Spiel brachte. Buchenpilze, Périgordtrüffel, stark geflämmte Schwarzwurzelstückchen und etwas Grün vom Staudensellerie verbündeten sich zu einem starken Wohlfühlgericht. Mit zitrischer Frische und leichter Schärfe ging es beim vegetarischen Hauptgericht in die orientalische Richtung: Körniger, aber eben nicht trockener Couscous, eine Nocke Auberginenmousse und Joghurtschaum unter wildem Brokkoli waren hier auf einem dicken Pinselstrich aus Creme von schwarzem Knoblauch arrangiert.

Mit den Desserts wurden noch einmal spannende Akzente gesetzt. Mit Chili-Schärfe bei der Kreation mit Avocado-Mousse und -Schaum zu einer Art Mini-Bagel und Variationen von der Ananas (eingelegte Stücke, Eis und Granité). Herb, sauer und bitter, vor allem durch Variationen von Grapefruit, überraschte das zweite Dessert mit einer schaumigen Délice aus Roiboos und ätherischen Noten. Ein Macaron mit cremiger Füllung und die versteckte Süße von Karamell waren der klassische Ausgleich dazu.

Zum in Stuttgart kaum zu toppenden Preis-Leistungs-Verhältnis der Speisen serviert Pascal Foechterlé gut ausgewählte Weine wie etwa einen Chardonnay von Dautel zum Fisch oder einen 17 Jahre gereiften Süßwein Rivesaltes Ambré von den Parcé Frères zur Pilzbouillon mit Stundenei. Mit einem „à la bonne heure" vergeben wir erneut 7 wirklich starke Pfannen!

Hegel Eins

Hegelplatz 1,
70174 Stuttgart
☎ 0711-6744360
hegeleins.de
⊘ Di–Sa ab 18 Uhr, So u. Mo RT
Menüs: 70–90 €

EC ◉ VISA X

Das Hegel Eins, das etwas versteckt in Stuttgarts Völkerkundemuseum residiert und dessen schicken länglichen Gastraum mit kleiner Theke an der Stirnseite man durch das Foyer des Linden-Museums erreicht, dürfte nicht mehr lange als Geheimtipp in Stuttgarts Fine-Dining-Szene durchgehen. Die Küche dort hat sich seit unserem letzten Besuch nämlich nochmal erkennbar gesteigert und das Team liefert mittlerweile eine Performance ab, welche im regionalen Vergleich die Darbietungen von so manchem alteingesessenen Platzhirsch mit Michelinstern-Abo etwas alt aussehen lässt. Nicht deshalb, weil das Team von Küchenchef Daniel

Mästling unter anderem auch mit modernen Techniken hantiert und die Teller zumeist recht filigran und aufwendig anrichtet, sondern weil es neben präzisem kunstvollem Handwerk mit unterhaltsamer Gestaltungsfreude auch die Produktqualitäten und den guten Geschmack hochhält.

Außerdem lässt es sich hier auch atmosphärisch sehr angenehm verweilen, denn mit seinen Holzschindeln an der Flanke sowie einem Büffelkopf an der Eingangsseite und einem Eber über der Bar gegenüber erinnert das Hegel Ein an eine behagliche Jagdlodge – die Loungemusik und die lockere Gangart von Inhaber und Gastgeber Jan Tomasic geben dem Ganzen aber auch einen lässigen Rahmen. Tagsüber gibt es hier für Museumsbesucher einen kleinen Mittagstisch sowie Kaffee und Kuchen – abends zwar keine Speisekarte, aber ein spannendes Überraschungsmenü, welches wahlweise in fünf oder sieben Gängen aufgetischt wird. Das ist nicht für einen Pappenstiel zu haben, aber tatsächlich jeden Euro wert – obgleich es nach der mit Holzkohleflavour aromatisierten Butter nebst feinstem andalusischem Olivenöl und frischem Brot gleich ohne weitere Küchengrüße mit der ersten offiziellen Vorspeise losging.

Die drehte sich um „Label Rouge" Lachs, Rettich und Avocado und zeichnete sich nicht nur durch eine sehr ansprechende kleinteilige Optik aus, sondern war auch in jedem Detail präzise und ausdrucksstark abgeschmeckt. Das gebeizte und mit Nori Alge umwickelte Stück Lachs zum Beispiel mit Wasabi, das zur halbrunden Kuppel gelierte Tatar mit Limettenschalenabrieb, der Rettichsalat mit Sesam und Umamiwürze und das Sojagel war mit belebender fruchtiger Säure durchzogen. Auch sonst gab es jede Menge Dynamik auf dem Teller: die geeisten Stickstoffperlen transportierten neben ihrer Fruchtigkeit eine angenehme Süße, ein Gel von Bergamotte setzte daneben zitrischherbe Akzente und die Avocadocreme federte mit ihrem Schmelz und ihrer Buttrigkeit alles harmonisch ab. Ein sehr gelungener Start auf hohem Niveau!

Und es ging ähnlich unterhaltsam, ausdrucksstark und präzise weiter! Nämlich mit einem Fischgang um in Nussbutter saftig gebratenen, festfleischig aufblätterndem Zander von beachtlicher Qualität und Frische, der in ein neu interpretiertes süffiges Himmel-un-Äd-Umfeld gestellt wurde: Die Blutwurst als cremiger Sockel, die Kartoffel als luftige Espuma und als winzige krosse Croûtons on top, der Apfel als Gel und als schaumige Beurre blanc vom Apfelcidre. Dazwischen noch etwas Schnittlauch, der eine angenehme „grüne" vegatabile Schärfe beisteuern konnte und last but not least fruchtig-säuerlich marinierte Knollenziest, die mit ihrem frischen, knackigen Biss auch noch jede Menge für ein differenziertes und ausgewogenes Mundgefühl beitragen konnte.

Diese haptische Vielschichtigkeit ging dem nächsten Zwischengang, der deutlich einfacher gestrickt war, ein wenig ab. Aber trotz einer gewissen diffusen Einförmigkeit am Gaumen präsentierte sich das geschmorte Filder-Spitzkraut, das in Creme von der Sellerieknolle eingekleistert, mit einer Art Mayonnaise von Staudensellerie überzogen, und mit darauf angebrachten Scheiben von schwarzer Trüffel bedeckt war, als originelles und schmackhaftes Gericht. Für einen facettenreicheren und vor allem klarer differenzierteren Eindruck hätte man das ganze nach unserem Gusto eigentlich nur etwas anders arrangieren und proportionieren und eventuell noch ein knuspriges Element einfließen lassen müssen.

Herzlich wenig Optimierungsbedarf sahen wir beim Hauptgang, in dessen Mittelpunkt die ebenso saftige wie eigenaromatische Tranche einer hervorragenden Blutentenbrust mit Gewürzlack stand. Wenngleich man die Fettschicht unter der Haut noch etwas besser hätte abschmelzen lassen können, war das ein fantastisches Stück Fleisch mit hohem Suchtfaktor, das mit verschiedenen Beten und Wurzeln wie Topinambur, dem butterzarten Herz von verbranntem Lauch und einer dichten, kraftvollen Purple-Curry-Jus mit ausgewogener Balance auch noch sehr attraktiv begleitet wurde.

Wie handwerklich und kompositorisch präzise hier gearbeitet wird, konnte man final auch sehr gut am Kürbisdessert erkennen, bei dem verschiedene Spielarten unterschiedlicher Kürbissorten, die zum Beispiel als glatt-schmelziges Eis oder als eingelegter Streifen auf dem Teller zu finden waren, von weiteren Elementen aus Kürbiskern und Kürbiskernöl eskortiert wurden und durch diese gewinnbringende nussige Ergänzung erfuhren. Auch hier war nichts zu viel und nichts zu wenig, eckte nichts an und stach nichts plump hervor, griff alles geschmeidig ineinander. So können wir die Küchenleistung diesmal guten Gewissens höher einstufen und kommen sogar zu dem Schluss, dass das Team in der gegenwärtigen Verfassung kurz- oder mittelfristig sogar noch einen draufsetzen könnte.

Kicho

Jakobstr. 19, 70182 Stuttgart
📞 0711-247687
www.kicho.de
🕐 Di–Sa von 12–14 Uhr u. ab 18 Uhr, So u. Fei ab 18 Uhr, Mo RT
Hauptgericht: 10–44 €,
Menüs: 44–56 €

Dieses sehr klassisch, aber mit einem leicht modernen Touch eingerichtete Restaurant bietet die mit Abstand beste japanische Küche im Raum Stuttgart. Die Zubereitungen sind traditionell und bestechen durch eine für deutsche Standardverhältnisse sehr gute, klar überdurchschnittliche Produktqualität und Präzision bei der Zubereitung. Und das gilt hier nicht nur für Sushi und Sashimi, sondern auch für Nudel- oder Reisgerichte, verschiedene Tempura-Gerichte oder Fleisch sowie Fisch vom Grill. Gutes Preis-Leistungs-Verhältnis!

La Fenice

Rotebühlplatz 29, 70178 Stuttgart
📞 0711-6151144
www.ristorante-la-fenice.de
🕐 Mo, Sa u. Fei ab 18.30 Uhr, Di–Fr von 12–14 Uhr u. ab 18.30 Uhr, So RT
Hauptgericht: 30–39 €, Menüs: 70–75 €

Gehobene italienische Restaurants gibt es in Süddeutschlands Großstädten viele, aber nur selten überzeugt auch deren Küche so sehr wie im 1989 von den Gorgogliones familiengeführten La Fenice in Stuttgarts Innenstadt. Dabei ist das Erfolgsrezept denkbar einfach, denn auf Chefin Rosa Gorgogliones Tellern findet man weder die geschmacklose Massenware der Großlieferanten noch irgendwelchen Überfluss, sondern ausschließlich ausdrucksstarke Aromen natürlicher Produkte und kompromisslose Reduktion aufs Wesentliche. Eben das, was die gute italienische Küche ausmacht. Geradlinig und puristisch, leicht und gut proportioniert präsentiert sich diese authentische Cucina italiana auf den schlicht aber ästhetisch angerichteten Tellern, die mit nicht mehr, aber auch nicht weniger als unverfälschtem Wohlgeschmack begeistern. Der Service unter der Leitung von Gastgeber Vincenzo Gorgoglione agiert mit Gentilezza und Umsicht und die Weinkarte bietet viel Gutes und sogar Gereiftes aus vielen Regionen Italiens.

Martha's

Königstr. 28, 70173 Stuttgart
☎ 0711-72230555
marthas-stuttgart.de
◗ Mo–So von 9–21 Uhr, kein RT
Hauptgericht: 6–15 €

Von vielseitigen Frühstücksvarianten aus guten Produkten über „Oma Marthas Maultaschen" oder Grill- und Siedwürste vom Schwäbisch-Hällischen Landschwein, bis zu Büffel-Burger und Flammkuchen mit hochwertigen Toppings.

Meister Lampe

Solitudestr. 261, 70499 Stuttgart
☎ 0711-9898980
www.restaurant-meisterlampe.de
◗ Di–Sa ab 18 Uhr, So von 12–14 Uhr, Mo RT
Hauptgericht: 30–43 €, Menüs: 58–90 €

So pragmatisch, schlicht und doch stilvoll das kleine Restaurant von Daniel Stübler an der Ortsdurchfahrtstraße des westlichen Stuttgarter Vororts Weilimdorf gehalten ist, so präsentieren sich auch die Gerichte des sympathischen Gastronomen und Küchenchefs, die der meist zwischen Herd und Gastraum hin und her switchende Chef und sein Team hier auftischen. Da ist alles an seinem Platz, da stimmen Zusammenstellung, Qualität, Garpunkte, Würzung, Proportionen, da entsteht unterm Strich auf jedem Teller ganz unauffällig und beiläufig etwas sehr stimmiges Ganzes. Hohes Niveau ganz ohne aufwendige Stilmittel, preistreibende Luxusprodukte oder noch nie da gewesene Kombinationen, sondern einfach mit Können und Substanz auf Basis weitgehend heimischer Produkte, die hier ganz gegenständlich und unverkünstelt, aber eben sehr präzise und mit Know-how zubereitet werden. Und auch das Weinangebot mit Schwerpunkt bei süddeutschen Gewächsen und moderater Kalkulation kann überzeugen.

Plenum am Schlossgarten

Konrad-Adenauer-Str. 3, 70173 Stuttgart
☎ 0711-30000016
www.restaurant-plenum-stuttgart.de
◗ Täglich ab 11 Uhr durchgehend, kein RT
Hauptgericht: 18–33 €

Seit 2019 hat das Restaurant Plenum am Stuttgarter Landtag mit Milos Vujicic einen neuen ambitionierten Pächter und seit Herbst 2021 mit Fabian Wolf auch einen neuen ambitionierten Küchenchef. Der absolvierte seine Ausbildung auf Burg Staufeneck und arbeitete während der obligatorischen Wanderjahre auch im Restaurant auf Schloss Filseck, das ebenfalls von Gastronom Milos Vujicic betrieben und in unserem Guide seit Jahren hoch bewertet wird. Im äußerst weitläufigen und mit seiner durchgängigen Glasfront mit Ausblick auf Staatsoper und Neues Schloss maximal lichtdurchfluteten Gastraum des Plenum wird freilich etwas massentauglicher und nicht so aufwendig und detailreich gekocht – ambitioniert und qualitativ überdurchschnittlich ist die Küche aber dennoch.

Die macht den Spagat zwischen bodenständigen Leibspeisen wie Rinderkraftbrühe mit Markklößchen und Maultäschle, Wiener Schnitzel oder Zwiebelrostbraten auf der einen und etwas exklusiveren internationalen Gerichten wie Rindertatar mit Eigelbcreme und Trüffel oder Entenbrust mit Rosenkohl, glasierten Birnen und Petersilienwurzel-Mousseline auf der anderen Seite. Dazwischen Kleinigkeiten wie Salatbowl mit optionalen Toppings, Smash-Double-Cheeseburger mit Süßkartoffelpommes, kälberne Currywurst aus heimischer Produktion oder ein vegetarisches Thaicurry. Man sieht: Es ist für jeden Geschmack etwas dabei…

Vermutlich hätte selbst mit der Vorspeise unseres Menüs jeder Mensch etwas anfangen können, der Lachs und Bete mag. Der Fisch jedenfalls war mild gebeizt und in einer dicken Tranche auf ein Carpaccio aus süßsauer eingelegter und mit Senfsaat-Vinaigrette nappierter Bete drapiert. Drumherum eine Schlange aus feinwürziger Schmandcreme mit Kräutern, weitere süßsäuerliche Bete-Stücke sowie Radieschenscheiben und Friséespitzen – alles in allem also eine schön leichte und frische Sache und absolut mehrheitsfähig.

Die krosse Tempurahülle des „Crispy Octopus" kaschierte ein wenig die uncharmante Tatsache, dass die Außenhaut des großen frittierten Kraken-Tentakels extrem weich und schlonzig war. Ansonsten gab der auf einem Bett aus korianderwürzigen Papayasalat drapierte und von einem Schälchen Sushireis eskortierte Pulpo im Ganzen aber ebenfalls ein sehr stimmiges und schmackhaftes Bild ab. So wie – gänzlich uneingeschränkt – der Hauptgang um zarten, saftigen Rehrücken aus deutscher Jagd, der ganz unaufgeregt und schmucklos mit zart knackigem Rahmwirsing, fluffigen Schupfnudeln aus selbstredend eigener Fabrikation und einer homogenen Wildjus angerichtet war. Kleine Tupfen von Kirschgel spendeten dem Wildbret adäquate Süße, Säure und Frucht, so dass auch hier ein runder, harmonischer Eindruck entstand.

Und der entsteht auch bei Desserts wie Variation von weißer Valrhona-Schokolade mit Mango, Passionsfrucht und Frischkäse oder einer Tartelette von Rhabarber und Zitrone nebst Zitronensorbet und nimmt selbst beim Begleichen der Rechnung nicht ab, denn das Restaurant Plenum bietet ein sehr stimmiges Preis-Genuss-Verhältnis. Das trifft auch auf die gut sortierte Weinauswahl zu, die selbst im glasweisen Ausschank einige gute Tropfen vor allem regionaler Erzeuger zu bieten hat.

Ritzi

Friedrichstr. 6,
70174 Stuttgart
☎ 0711-5050050
ritzi-stuttgart.de
⊘ Di–Sa ab 18 Uhr, So u. Mo RT
Hauptgericht: 20–38 €,
Menüs: 78–110 €

Wer in Baden-Württembergs Landeshauptstadt Stuttgart anspruchsvolle weltoffene Küche in stylischem, kosmopolitischem Ambiente sucht, kommt an dem sehr zentral nahe Hauptbahnhof, Fußgängerzone und Schlossgarten gelegenen Ritzi kaum mehr vorbei. Der aus Tunesien stammende und bereits im Ludwigsburger Schloss Monrepos als Küchenchef erfolgreiche Ben Benasr hat hier eine modern designte Location gefunden, in edlem Silber und Schwarz, mit kantigen Formen, dazwischen blitzendem pinkem Licht an der Decke und ein klein wenig lauterer Musik, als man es sonst von ambitionierten Restaurants kennt. Coolnessfaktor: ziemlich hoch!

Ebenfalls sehr hoch ist aber auch der kulinarische Anspruch, mit dem der Chef hier antritt. Auch wenn der anfangs separierte Gourmetbereich zum Zeitpunkt unseres Besuchs schon nicht mehr bespielt und stattdessen wieder voll auf das „normale" Restaurant gesetzt wurde – ergänzt von einer markanten, bestens bestückten Bar, die mit den gegenüberliegenden Plätzen eine Seite des Restaurants einnimmt.

Stilistisch bewegt sich die Küche von Ben Benasr klar in (süd-) französischen Gefilden mit Bezügen in die arabische Welt und fundiertem handwerklichen Fundament. Das zeigte sich zuletzt nach knusprig-flaumigem Brot mit nussigem Hummus direkt mit einer erfrischenden, kompakt angerichteten Kombination aus schmalen gebeizten Tranchen vom festfleischigen Schottischen Lachs zwischen gröberen Würfeln von Papaya und (eher unreifer) Avocado, knackigen Radieschen und spicy Cashewkernen. Dazwischen Tupfen von Avocadocreme und einer säurestraffen Mayonnaise und alles verbunden von einem ätherisch duftigen Grapefruitfond, der das Ensemble von einem aufgelockerten „Salat" direkt auf ein höheres Level beamte.

Ebenfalls sehr straight und kompakt kam die folgende Verbindung aus knackig-glasiger Garnele (sehr gutes Produkt!) mit knusprig-zartem Schweinebauch und Schwartenpopcorn daher, kontrastiert von kurz geflämmtem Salatherz mit grüner Bitterkeit und einem dichten, wärmend scharfen Krustentierfond.

Bei der freieren Interpretation eines „Coq au vin" mit (etwas zu) dunkel aufgekrosster Keule und festfleischig-zart gebratener Brust vom Huhn erinnerte vor allem die tiefe Rotwein-Geflügeljus an das Original, während intensiv süßliche Sandmöhren, Pinienkerne und grüne Bohnen mit Blattpetersilie weniger klassisch, aber auf gänzlich unaufgeregte Art stimmig wirkten. Auch hier waren die größten Pluspunkte eine hohe Produktqualität, viel Substanz in der Sauce und eine klare, aufgeräumte Konzeption. Da ist es leicht vorstellbar, dass das Team mit mehr Akkuratesse und feineren Details noch deutlich höher hinauskommen könnte...

Beim Dessert zeigte sich das vor allem in der aromatischen Eleganz und feincremigen Konsistenz des Ananas-/Mango-Sorbets auf einem feingewürfelten exotischen Salat aus unter anderem Papaya, Mango und Passionsfrucht, das den frischen Gegenspieler zu einer eher dunkelschokoladig-nussigen „Opera-Schnitte" darstellte. Auch das auf vergleichsweise eher simple, aber eben schön klare und markante Art sehr gelungen.

Wenn wir uns etwas wünschen dürften, wäre das im Grunde nur eins: größere Servietten! Und wer weiß, vielleicht irgendwann doch wieder ein eigenes Gourmetrestaurant. Aber bis dahin passt hier auch so alles auf niveauvolle Art gut zusammen, bis hin zu den korrespondierend empfohlenen Weinen und der beeindruckenden Auswahl von Flaschenweinen aus Europa und Neuer Welt, in der sich auch echte Granaten finden.

Schloss Solitude Gastronomie

im Schloss Solitude
Solitude 2, 70197 Stuttgart
☏ 0711-4690770
www.joergmink.com
⊘ Mi–Sa von 11.30–14.30 Uhr u. ab 17.30 Uhr, So von 11.30–14.30 Uhr, Mo u. Di RT
Hauptgericht: 14–32 €

Schwellenangst muss im feudalen, aber nicht sonderlich mondänen Schlossrestaurant mit unterschiedlichen Speisesälen trotz des aristokratischen Rahmens keine aufkommen, denn sowohl die Atmosphäre, als auch der Service sind durchaus bodenständig und entspannt. Hier wird eine feinbürgerliche Küche aus ausschließlich regionalen Produkten nach weitgehend traditionellen Rezepturen gekocht – und zwar in guter Produktqualität und routinierter handwerklicher Zubereitung.

Schweizers Restaurant

Olgastr. 133b, 70180 Stuttgart
☏ 0711-60197540
www.schweizers-restaurant.de
⊘ Do–Mo ab 18 Uhr, Di u. Mi RT
Hauptgericht: 28–40 €,
Menüs: 65–105 €

Das Lokal von Gero Schweizer mit seinem denkmalgeschützten Jugendstilambiente Jahrgang 1902, das 2006 unter strengen Auflagen restauriert wurde und seitdem die Gäste mit enormer Raumhöhe, offenem Kamin und lauschigem Innenhof für warme Sommerabende empfängt, hat sich von Anfang an und auch ganz bewusst aus kulinarischer Sicht unterhalb der Spitzenadressen der Landeshauptstadt positioniert, schließt aber immer mehr auf. Und das hat nicht unbedingt damit zu tun, dass in Stuttgart eines an gastronomischer Substanz weggebrochen ist, sondern liegt daran, dass das Team des Schweizers scheinbar ganz unangestrengt immer noch ein bisschen besser wird. Es gibt mittlerweile auch nur noch zwei Menüs, von denen eines nach wie vor vegetarisch ist.

Allerdings sind diese Menüs mit sieben Gängen deutlich länger, so dass der kleine Qualitätssprung auch nicht damit zu erklären ist, dass das Arbeitspensum kleiner wurde. Gekocht wird auch weiterhin ein klassischer, stark mediterraner Stil, schnörkellose Drei-Komponenten-Küche, aber mit geschmacklicher Finesse. Konzentriert und reduziert, schlicht und schmackhaft, gegenständlich, herzhaft. Die Weinkarte glänzt mit Württemberger Lokalmatadoren aber auch mit genügend internationalen Gewächsen zu moderaten Preisen.

Speisemeisterei

**Im Schloss Hohenheim 1b,
70599 Stuttgart (Hohenheim)**
📞 0711-34217979
www.speisemeisterei.de
🕐 Mo u. Do–Sa ab 18 Uhr, So von 12–15 Uhr u. ab 18 Uhr, Di u. Mi RT
Menüs: 145–179 €

Manchmal sind Entwicklungen in der Gastronomie wirklich erstaunlich: Während in manchen Städten und Regionen ungeachtet der krisengeprägten Zeiten beachtlich viele spannende neue Konzepte und Locations entstehen, und das nicht nur in Nürnberg oder München, sondern beispielsweise auch im Hinterwald der Oberpfalz, lässt sich ausgerechnet in Stuttgart ein gegenläufiger Trend zu immer weniger ambitionierten Adressen verzeichnen, obwohl der Südwesten der Republik und insbesondere die baden-württembergische Landeshauptstadt eigentlich sehr genussfreudig gestimmt sind.
Woraus diese Entwicklung resultiert, wird sich kaum sicher ergründen lassen. Fest steht aber, dass die Speisemeisterei im noblen Schloss Hohenheim zunehmend einsam und allein unter den Stuttgarter Top-Adressen dasteht. Ein

Grund mehr für einen Besuch der vornehmen Hallen, die einst von Martin Öxle zu beachtlichem Ruhm gebracht und als Fine-Dining-Hotspot etabliert wurden. Seit einem modernisierenden Facelift wirkt das Ambiente zwar nicht mehr ganz so prunkvoll wie zu diesen Zeiten, aber auf stilvolle Art ebenso elegant und zudem deutlich entspannter. Das wichtigste aber ist: Das Team um den langjährigen Küchenchef Stefan Gschwendtner konnte sich in den letzten Jahren auf ein Niveau steigern, welches die großen Fußstapfen der Vergangenheit nahezu ausfüllt.
Stilistisch zeigte sich dabei zwar in der auf ein maximal siebengängiges Menü beschränkten Karte auch in diesem Jahr noch keine klare rote Linie, sondern ein munteres Aufgreifen verschiedenster Ideen: Asiatische Einflüsse spielen eine größere Rolle, genauso auch selbst angesetzte fermentierte Ingredienzen, aber alles völlig undogmatisch und vor allem bestechend klar und zugespitzt umgesetzt. Wenn dann auch noch stärker an der Dramaturgie des Menüs gearbeitet und kleinere Wiederholungen bestimmter Themen vermieden würde, könnte sich das Team sogar noch weiter steigern!
Aber auch so ist ein Abend voller spannender und intensiver Eindrücke garantiert. Und der startete in unserem Fall zuletzt – besonders idyllisch und entspannt auf der Terrasse im Schlossinnenhof – mit einem festfleischig klaren Forellentatar unter zur Schnecke gerolltem, knackig dünnem Apfel, der zartcremig abgepuffert von einem Hauch pikanter Schärfe und einem floral-flirrenden Dashisud ergänzt wurde.
Direkt nochmal Tatar, aber in einer eher maskulinen Variante, gab es von kräftig eigenaromatischem Rindfleisch unter etwas Crème fraîche und einem filigranen Knuspergitter mit Ponzugel sowie einer leicht und tief zugleich wirkenden Minz-Würzsauce. Das wirkte als Einstimmung zwar im ersten Moment etwas repetitiv, zeigte aber trotz der ähnlichen Form ganz unterschiedliche aromatische Bilder und machte damit gekonnt neugierig auf mehr. Genau wie auch die folgenden Miniaturen mit einer zarten, von hauchdünnen Röstbrotdeckeln gehaltenen Parmesanmousse in Balsamicogelee sowie einem knusprig-saftig gebackenen Schweinebauchwürfel, dessen pikante Spicyness von feinen Säurespitzen und Basilikum erfrischt wurde.
Und ganz beiläufig wurde mit den feinen Appetizern auch schon die stilistische Bandbreite aufgezeigt, in der sich das Team bewegt. Genau diese Weltoffenheit zeigte auch der sanft gegarte, mit Yuzugel und Schnittlauch bedeckte spa-

nische Carabinero, der gemeinsam mit einer Umami beisteuernden Dashi-Mayonnaise, einem klararomatischen Tatar vom Carabinero unter hellem Tomatengelee sowie einem intensiv rauchig und korianderduftig parfümierten Tomatenfond auf den Teller kam. Dabei waren die eher plakativen Noten der geräucherten Tomaten und des Basilikums für das sanft und subtil präsentierte Krustentier beinahe zu dominant – harmonierte insgesamt aber ganz prächtig und war sehr fein abgestimmt.

Ebenfalls leicht rauchig, allerdings deutlich subtiler, wurde das folgende Eigelb ergänzt: Dieses war unter etwas Crunch aus Quinoa und Speck in überraschend klarer und leichter Form mit geschmeidigen Rauchaal-Würfeln, Saiblingskaviar und fermentierten Spargelstreifen in einen kräutrig marmorierten Spargelfond gesetzt, dessen feines Säurespiel es cremig zerfließend aufnahm. Am Ende entstand so erneut ein gleichermaßen transparenter und frischer wie intensiv zugespitzter Eindruck, der allenfalls bei Gästen mit einer Aversion für Geräuchertes eventuell hätte anecken können.

Die anhand der Zutaten eigentlich beim Eigelb erwartete Süffigkeit gab es dann direkt im Anschluss in Gestalt einer kapitalen, fleischig-zarten Auster unter reichlich cremigem „Siberian Kaviar" in einer luftigen, mit Rindermark getunten Beurre blanc. Dieses kraftvoll jodige Trio wurde gekonnt nur von ein wenig knackig grünem Wildbrokkoli und dezent sojasalziger Tapioka um Frische und feine dunklere Schattierungen ergänzt. Der zupackend mutige Gang profitierte außerdem sichtlich von dem begleitend empfohlenen, von aufgeschüttelter Hefe und Holzfasslagerung geprägten Champagner.

Danach brachte die hervorragend zartfleischige, knusprig mit Salzmandel beflockte Tranche vom Zander in der Kombination mit gebratenen Spitzmorcheln, knackigen und cremigen Erbsen und Frühlingslauch eine spätsommerliche Hommage an den Frühling. Allerdings eine auf ihre wiederum voll der Klassik verpflichteten Art äußerst genussvolle Hommage, weil hier alle Komponenten zwischen grüner Frische und würziger Erdigkeit genau abgezirkelt ineinander griffen und außerdem von einer stoffigen Vin-Jaune-Sauce noch einen schmeichelnden, mit feiner Säure hinterlegten Rahmen erhielten.

Den stärksten Eindruck des letzten Besuchs gab es allerdings mit dem straff rosa gegarten Wagyu-Tafelspitz, dessen ausdrucksstarkes Fleisch von einer mit Kalbskopfsalat unterfütterten Jus gestützt wurde und wunderbar aufgeräumt klare Begleiter in Gestalt von mit Kimchi-Mayonnaise und Sesam besprenkeltem grünem Spargel und fruchtig scharfen Paprikanoten an die Seite bekam. Das hatte damit einen ganz leichten Touch von BBQ oder Sommergrillen, aber auf deutlich feinere und schärfer gestellte Art.

Die originelle Überleitung zum süßen Teil des Menüs mit einem „Selleriecchino" kam danach genau richtig. Und zwar in Form von Espresso als Basis für Sellerieeis und Selleriemilchschaum, die sich würzig und feinbitter mit Haselnuss und rohem Keksteig als spannende Hommage an einen Cappuccino verbanden. Das eigentliche Dessert kam dann betont sommerlich und leicht daher, mit einem klar konturierten Aromendreiklang aus konzentriertem Gurkensorbet, Basilikum-Panna-Cotta und -Meringues sowie teils konzentrierten, teils schwebend leichten Erdbeerzubereitungen.

Passend zu den bisweilen mutig originellen Ideen der Küche sind auch die begleitend empfohlenen Weine nicht von der Stange, sondern bieten starken Charakter, oft eine echte Bereicherung für die Gerichte, und werden von dem auch sonst unaufgeregt charmant durch den Abend führenden Serviceteam um Benedikt Doll und Sommelière Johanna Renz kompetent moderiert.

Wielandshöhe

Alte Weinsteige 71, 70597 Stuttgart
☎ 0711-6408848
www.wielandshoehe.de
Di–Sa von 12–13.30 Uhr u. ab 18 Uhr, So u. Mo RT

Auch wenn die exponierte Lage des Restaurants und das Exklusivität suggerierende Anwesen eher an eine elaboriertere Art der Küche mit einschlägigen Luxusprodukten denken lässt – Vincent Klinks Wielandshöhe ist der Hort für Fans einer traditionellen, klassischen Küche ohne aufwendig verspielte Verfeinerung, für Freunde des unverfälschten Geschmacks, des traditionellen Handwerks, der hervorragenden Grundprodukte aus der Region, wenn möglich in Bio-Qualität. Keine Türmchen, keine Schäumchen, keine geeisten Perlen und keine Sphären. Dafür sehr viel regionale Produkte, voll auf den Geschmack hin gekocht, mit viel Sorgfalt und durchaus sehr aufwendig, aber eben ganz schnörkellos und uneitel auf die Teller gebracht. Jegliche Verfremdung und Verkünstelung sind dem Chef fremd. Er mag es gegenständlich, pragmatisch und steht seit jeher für eine unaufgeregte substanzstarke Küche, die Traditionsgerichte mit Hingabe weiterdenkt, ohne sie zu verfremden, die Butter und Röstaromen nicht scheut, aber auch leicht und subtil sein kann, wenn es für die jeweiligen Viktualien Sinn ergibt. Die Weinkarte ist ein Who-is-who der heimischen Winzerschaft, listet aber auch sehr viele gute Tropfen aus Frankreich und anderen europäischen Ländern.

Zur Weinsteige

im Hotel Zur Weinsteige
Hohenheimer Str. 30, 70184 Stuttgart
☎ 0711-2367000
www.zur-weinsteige.de
◔ Di–Sa ab 18 Uhr, So u. Mo RT
Menüs: 53–135 €

Seit vielen Jahren ist der Familienbetrieb an der Weinsteige mit Jörg Scherle als Küchenchef und Andreas Scherle als Serviceleiter eine verlässliche Adresse für Genießer. Trotz der Pflege der Tradition wird hier eine sehr moderne weltoffene Kulinarik geboten, umrahmt vom klassisch gediegenen Ambiente eines Gourmetrestaurants, das einen schönen Außenbereich hat. Geschützt vor der vielbefahrenen Straße sitzt man wie in einer Weinlaube mit Blick auf eine zweite große Leidenschaft des Küchenmeisters: Jörg Scherle ist auch ein sehr erfolgreicher Koikarpfenzüchter. Einige seiner Prachtexemplare tummeln sich in einem großen Aquarium an der Rückseite des kleinen abgegrenzten Innenhofs.

Bei aller Konstanz in der Küche hat es aber doch eine Anpassung gegeben. Statt eine Auswahl an Gerichten auch à la carte zu schreiben, konzentriert man sich inzwischen auf gewohnt hohem Niveau auf drei Menüs: das große „Zur Weinsteige", ein kleineres mit drei Gängen, bei dem der meisterhafte Zwiebelrostbraten nicht fehlen darf, und ein eigenständiges vegetarisches Menü. So oder so – zur Einstimmung kamen zuletzt zügig zwei hübsche Apéros auf den blanken Eichentisch: ein Tapiokachip mit einem mit Yuzu getunten Thunfischtatar sowie ein Quader aus Meerrettichcreme, dessen Frischeeffekt durch grünen Apfel verstärkt wurde. Nach Brot mit dreierlei Salzsorten, aufgeschlagener Butter und einem Olivenöl mit Kaffirlimette ging es mit dem Amuse-Gueule munter weiter. Zum kurz abgeflämmten Saiblingswürfel in Koshu-Fond gab es exotisch-fruchtige Aromen durch Kiwi und Passionsfruchtgel, geerdet durch herbere Noten von Avocado und Kresse.

Ebenso federleicht folgte der erste offizielle Gang mit gebeizten Jakobsmuscheln in Wildkräuteröl und einem Ceviche-Fond, der nicht zu säurebetont, aber dann doch so präsent war, dass sich die winzigen Meerestrauben zwar mit ihrem kaviarähnlichen Platzeffekt im Gaumen bemerkbar machten, geschmacklich aber kaum. Dafür jedoch gepickelte Scheiben und Brunoise von lila Radieschen, die dem sehr sanften Gericht ein bisschen Biss dazugaben, mehr noch die knackigen Erbsenschoten, zu deren dezent süßen Momenten auch die von Erbsencremekugeln beitrug.

Beim vegetarischen Gang des nicht-vegetarischen Menüs konnte man meinen, die Küche hat die Herausforderung, ohne Fisch und Fleisch ein Ausrufezeichen zu setzen, besonders engagiert angenommen, denn das Zwischengericht hatte ziemlich viel Power. Sie rührte vor allem von einer sehr herzhaften Dashi-Beurre-Blanc her, die rund um ein Reisbällchen angegossen wurde. Genauer gesagt: eine in Pankomehl ausgebackene Kugel aus Koshihikari-Reis, die zur Hälfte mit Blättern aus Wasabi-Rotkohl-Gelee (mit Kräutern und Blüten on top) bedeckt war. Als Sockel dienten Edamame, die auf fein geraspelten Rotkohl gesetzt waren, was in der Summe nicht nur ein sehr warmes, dichtes Geschmacksbild ergab, aus dem gelegentlich Wasabischärfe hervorblitzte, sondern beim Löffeln durch die Vermischung von Rotkohl mit der Beurre Blanc auch ein sich interessant wandelndes optisches Bild. Schön anzuschauen war die durch Spinat und Schnittlauch giftgrüne gelierte Kugel zum Steinbutt in einem knusprigen Teigkörbchen. Allerdings ließ sie mit ihrem cremigen Inneren den Artischockenstückchen darin und darunter kaum Raum zur Entfaltung. Die recht kleine gebratene Tranche vom Steinbutt musste sich zudem gegen eine große Scheibe Sommertrüf-

fel und einen sämigen Kaisergranatschaum behaupten.
Filigrane Vielfalt wurde dann zum Flap-Steak vom Wagyu Beef in Szene gesetzt. Zu den drei rosa-saftigen Scheiben wurde eine Sauce angegossen, die dank eingekochter Johannisbeeren (die vereinzelt auch im Ganzen mit angerichtet waren) eine fruchtige Leichtigkeit hatte. Auf und um einen Polentariegel waren „Mixed Pickles" mit unter anderem Blumenkohlröschen, Karottenstücken, Minimais und Zwiebeln drapiert, die mit ihrem Säuregehalt zusätzlich dafür sorgten, dass das Fleischgericht nicht zu schwer wurde.
Die Pâtisserie stellte ihr Können gleich dreimal unter Beweis, wenn man die Petits Fours zum Abschluss mitzählt. Hübsch und kleinteilig war das Pré-Dessert: ein Halbkreis aus weißer Ganache mit grünem Apfel, Fenchel und Gurken, daneben ein Melonensorbet und Joghurtschaum mit Knusper. Etwas kompakter das Dessert mit einem nachgebauten Weinbergpfirsich mit Kakaokern auf einem Mandelcrumble-Bett. Damit es nicht allzu lieblich wurde, gab's dazu ein mit Szechuan-Pfeffer leicht verschärftes Himbeersorbet.
Mit der Weinbegleitung steht Andreas Scherle den komplexen Gerichten seines Bruders in nichts nach, vielleicht eilt er ihm gelegentlich sogar etwas voraus. Jedenfalls pflegt er mit über 1500 Positionen den besten Weinkeller weit und breit. Allein schon die Riesling-Auswahl sucht ihresgleichen – zum vegetarischen Gericht servierte der Sommelier ein gereiftes Gewächs von Frank John, Jahrgang 2016. Aber bei aller Vorliebe für beste deutsche Weine hat er auch ein Auge für internationale Gewächse und schenkte zur Jakobsmuschel einen vielschichtigen Verdejo von Isaac Cantalapiedra ein. Keine Frage: So ein Abend bei den Scherles macht einfach immer wieder Spaß.

Hotelempfehlung

★★★★
Hotel Zur Weinsteige
Hohenheimer Str. 28–30,
70184 Stuttgart
☎ 0711-2367000
www.zur-weinsteige.de
Einzelzimmer: 99–150 €
Doppelzimmer: 120–160 €

Ein in der dritten Generation familiengeführtes und sehr individuell eingerichtetes 4-Sterne-Hotel im Zentrum Stuttgarts, nur fünf Gehminuten vom Schlossplatz, zahlreichen anderen Sehenswürdigkeiten und der Fußgängerzone entfernt. Hier erwartet die Gäste eine gediegene, edel-rustikale Einrichtung im Haupthaus und stilvolles mediterranes Flair im zugehörigen Schlösschen. Die Zimmer, die wie auch das Gourmetrestaurant, die Hotelbar und sämtliche Nebenräume mit individuellen Klimaanlagen ausgestattet sind, bieten alle Annehmlichkeiten eines modernen Hotels, etwa kostenlosen WLAN-Zugang, große HD-Flatscreens oder Gäste-Tablets. Viele Bäder sind zudem mit Whirlpool-Wannen ausgestattet. Auch die Kulinarik wird in dem von den Gebrüdern Scherle engagiert geführten Traditionshaus mit Gourmetrestaurant, einer Restaurantterrasse mit Koi-Karpfenteich und herausragend bestücktem Gewölbe-Weinkeller groß geschrieben. Restaurant Zur Weinsteige separat erwähnt.

Die Hoteleinträge

★★★★★ S	Superior
★★★★★	Unterkunft für höchste Ansprüche
★★★★	Unterkunft für hohe Ansprüche
★★★	Unterkunft für gehobene Ansprüche
★★	Unterkunft für mittlere Ansprüche
★	Unterkunft für einfache Ansprüche
🛏	Unterkunft ohne Sterne-Klassifizierung

Sulzburg (Baden-Württemberg)

Hirschen

Hauptstr. 69,
79295 Sulzburg
☎ 07634-8208
www.hirschen-sulzburg.de
◕ Mi–Sa ab 18 Uhr, So–Di RT
Hauptgericht: 58–68 €,
Menüs: 126–235 €

Die stets sehr elegant und mit feinem Pinsel-strich von leichter Hand ausgeführten Kreationen des gemeinsam als Chefs kochenden Ehepaars Douce Steiner und Udo Weiler begeistern bei aller Zartheit durch alle positiven Eigenschaften der französischen Klassik, wie etwa Geschmackstiefe, Süffigkeit und Opulenz, überzeugen durch Stil, Handwerk und Substanz. Damit ist ihr Traditionshaus mit seiner nostalgischen Atmosphäre in den beiden wohnlich-eleganten Gasträumen weiterhin eine der besten Adressen für hochklassige Küche à la française und gehobene Bewirtung im kulinarisch ohnehin reich gesegneten Südwesten. Mit ihrer sanft modernisierten, gekonnt entschlackten und reduzierten Version klassischer Haute-Cuisine drücken Steiner und Weiler ihrem Hirschen schon seit Jahren einen ganz eigenen, persönlichen Stempel auf und führen das von Vater bzw. Schwiegervater Hans-Paul Steiner übernommene Lebenswerk auf zeitgemäße Art respektvoll weiter. Der familiäre Rahmen, der herzliche Service, eine gute Weinauswahl im Flaschenbereich, die auch viele gereifte Raritäten zu erschwinglichen Kursen offeriert – all das sind weitere gute Gründe, nach Sulzburg zu kommen.

Sylt (Schleswig-Holstein)

Bistro Stadt Hamburg

im Hotel Stadt Hamburg
Strandstr. 2, 25980 Sylt (Westerland)
☎ 04651-8580
www.hotelstadthamburg.com
◕ Täglich ab 12 Uhr durchgehend,
kein RT
Hauptgericht: 11–34 €, Menüs: 40 €

Im nordisch-eleganten, in warmem Gelb gehaltenen Bistro des Patrizierhauses im Zentrum von Westerland wird täglich durchgehend eine sehr sorgfältig zubereitete bürgerliche Küche geboten. Die kann ganz traditionell ausfallen, wie das Labskaus, die Nordseekrabben mit Spiegelei und Friesenbrot oder die lockerleichten Königsberger Klopse, die völlig zurecht nicht mehr von der Karte wegzudenken sind – kann auch mal einen Hauch Exotik mitbringen. Alles was hier aufgetischt wird, zeichnet sich durch sorgfältige handwerkliche Zubereitung, natürliche Aromen und behutsame Würzung aus, was auf den schlicht arrangierten Tellern zu einem harmonischen, frischen Gesamtergebnis führt. Moderate Preise; aufmerksamer, flinker Service.

BODENDORF'S

im Hotel Landhaus Stricker
Boy-Nielsen-Str. 10,
25980 Sylt (Tinnum)
☎ 04651-88990
www.landhaus-stricker.de
◕ Di–Sa ab 19 Uhr,
So u. Mo RT
Menüs: 178–218 €

Das kleine feine Gourmetrestaurant im Landhaus Stricker ist für Gourmets seit langem eine feste Institution auf der Insel. Damit diese Institution aber nicht zur eingefahrenen Gewohnheit wird, lässt sie Gastgeber und Küchenchef Holger Bodendorf in regelmäßigen Abständen umgestalten. Für Frühsommer 2022 steht nun sogar ein Totalumbau an, so dass das acht Tische fassende Lokal schon bei unserem nächsten Besuch wahrscheinlich kaum wiederzuerkennen sein wird. Gleichbleibender präsentiert sich die Küche, die sich zwar in den vergangenen Jahren auch immer wieder mal neuen Einflüssen geöffnet hat, tendenziell aber ihrem weltoffenen Stil auf Basis der modernen französischen Klassik über die Zeit treu geblieben ist. Früher vielleicht noch etwas mediterraner, heute mit ein paar mehr asiatischen Aromen, grundsätzlich aber nicht auf eine bestimmte Richtung festgelegt und somit während eines Menüs erfreulich vielseitig und kurzweilig. Dass der Chef dem Vernehmen nach nunmehr wieder ein sehr gutes und bestens eingespieltes Team zusammen hat, könnte man auf den Tellern von A bis Z deutlich erkennen. Im Gegensatz zur letztjährigen Testsaison präsentierte sich heuer nämlich alles handwerklich noch etwas präziser und aromatisch pointierter umgesetzt, weshalb wir auch nicht zögern, den zuletzt einkassierten Bonuspfeil wieder zu zücken.

Es ging bereits sehr gut los mit Miniaturen wie einem mit Buddahs Hand schön zitrisch herb aromatisierten Stabmuschelsalat, einem Knusperchip mit flüssiger grüner Gazpacho-Praline oder einer nussigen Gänseleberpraline, gefolgt von einer sehr schönen Paella-Interpretation: Auf dem Hauptteller butterzarte Sepiastreifen und festfleischiges Sot-l'y-laisse zusammen mit Kompott von roter geschmorter Paprika und Erbsencreme in einem kraftvollen Geflügelsud und à part noch ein herzhaftes Eis von spanischem luftgetrockneten Schinken mit erfrischendem Staudenselleriesud als gelungener aromatischer Akzent und auflockernder Temperaturkontrast.

Ähnlich vielseitig, aromatisch aber noch etwas mehr auf der säuerlichen, grünfrischen Seite verortet, präsentierte sich die gebeizte Königsmakrele in Kombination mit marinierter Avocado, gelierten Perlen, Creme und Kerngehäuse von der Kumato-Tomate und einem Dashi-Eis auf ätherischem Dillfond. Auch noch leicht und frühlingshaft, allerdings geschmacklich etwas zupackender, mit mehr Herzhaftigkeit und Würze, kam das mit knusprigen Kartoffelstreifen bardierte Kalbstatar auf Bohnenkrautsud daher, auf dessen Fläche sich goldgelb colorierte Kalbsbries-Nuggets und mit Kräuterfarce gefüllte Spitzmorcheln tummelten.

Weil das mit Sinn und Verstand durchkomponierte Menü einer stimmigen Dramaturgie folgt, zog das Aromenlevel zum beherzt in Nussbutter angebratenen Kabeljau aus Leinenfang weiter an und der zarte, filigrane Fisch bekam es mit geschmortem und mit Champignons, Schnittlauch sowie Lardo von Vasco Sassetti getopptem Lauch, einem dunklen, braunaromatischen Champignontatar, sowie heller Velouté von Champignons zu tun. Ein äußerst delikates Arrangement, das uns allerdings in Kombination mit einem kräftigeren, festfleischigeren Fisch wie etwa Seeteufel, oder aber auch zu Geflügel noch besser gefallen hätte, als zu dem doch recht zarten und subtilen Kabeljau. Aber das ist hier schon Mäkeln auf sehr hohem Niveau.

Vollkommen rund und stimmig empfanden wir die Liaison von glasig knackigem geflämmtem Langoustino in beeindruckender Qualität und saftig zarter gegrillter Schulter von Iberico-Schwein, die zusammen mit einem Zylinder aus stückigem und cremigem weißem Spargel und den markanten Aromenakzenten von Yuzu und Korianderkresse in einem zwar druckvollen aber schön transparenten Krustentierfond schwammen. Und erst recht die herrlich traditionelle, dergestalt aber vollkommen zeitlose Kreation von der Wachtel aus der renommierten Geflügelzucht von Jean Claude Miéral, deren Brust zusammen mit Farce, Gänseleber und Périgord-Trüffel als handwerklich perfekt fabrizierte Ballotine aufgefahren wurde. Und als solches nicht bloß von einer mit dem ausgelösten Fleisch der geschmorten Wachtel gefüllten Rote-Bete-Praline, sondern auch von einer vielseitigen Topinambur-Miniatur flankiert wurde. Gemeinsam mit der perfekt ausgewogenen, nicht zu dichten, nicht zu schmalbrüstigen Sauce, war das eine attraktive Präsentation französischer Klassik, wie sie immer seltener wird, wir sie aber gerne öfter serviert bekämen. Weniger klassisch, aber auch nicht wirklich modern, kam das Duett von der Poltinger Ente daher, deren sous-vide garate und dadurch leider minimal mürbe Brust mit einer Knusperbeflockung aus würziger Entenhaut sowie ein krosses Stück aus der Entenkeule zusammen mit knackigem Wildem Brokkoli, Misocreme und Auberginenpüree aufgeboten wurde. Dem wunderbar kernig-saftigen Kurzbratstück vom trockengereiften Westholme-Beef stand dessen geschmorter Ochsenschwanz als Füllung eines Raviolos gegenüber. Gebratene und als Creme verarbeitete Artischocke und Pinienkern-Jus, insbesondere aber eine markant duftig-würzige Oregano-Creme, machten diesen Hauptgang zu einem echten Highlight.

Beim ersten von zwei Desserts bekam der in unterschiedlichen Zubereitungsarten interpretierte Rhabarber mit ausdrucksstark salzig-laktischem griechischem Joghurt, grünem Shiso-Sud und rotem Shiso-Sorbet starke Mitstreiter zur Seite gestellt, die das Zeug dazu hatten, hier einen echten Spannungsbogen zu erzeugen.

Ähnlich wie das mit getrockneten Kalamata-Oliven, Langpfeffer, einem mit Fleur de Sel gewürzten Rahmeis und hausgemachtem Kombucha zu den cremigen und schmelzigen Komponenten von der herbfruchtigen Udzungwa-Bitterschokolade gelang.

Zu allem hat Restaurantleiter und Sommelier in Personalunion Thomas Schreiber gut passende und kurzweilig vorgestellte Weinempfehlungen parat. Der Fundus, aus dem er dafür schöpfen kann, ist beachtlich und hält im Grunde für jeden Anlass und jedes Budget das Passende aus aller Welt parat.

Brot & Bier

Gurtstig 1,
25980 Sylt (Keitum)
☎ 04651-9363743
www.brot-und-bier.de
◉ Di–Sa von 13–19.30,
So u. Mo RT
Hauptgericht: 16–28 €

Hier werden konsequent einfallsreich und aufwendig zubereitete Stullen serviert. Und diese qualitativ bemerkenswerten Brot-Kompositionen, die zumeist sensibel aromatisiert und texturell ideal ausbalanciert sind, können es mit manchem Gang in hoch bewerteten Häusern aufnehmen. Dazu gibt's verschiedene hausgebraute Biere.

Fitschen am Dorfteich

Am Dorfteich 2,
25996 Sylt (Wenningstedt)
☎ 04651-32120
www.fitschen-am-dorfteich.de
◉ Mi–So u. Fei ab 16.30 Uhr,
Mo u. Di RT
Hauptgericht: 21–47 €,
Menüs: 82 €

Hübsche Gasthäuser in toller Lage gibt es ja nicht wenige auf Sylt, aber nur in wenigen wird ähnlich gut gekocht wie hier, bei Familie Fitschen am Wenningstedter Dorfteich. Und das ohne Gourmetambitionen und zu moderaten Preisen. Manfred Fitschen und sein Team bieten in den ländlich-eleganten Gasträumen oder im Garten mit Blick auf den Dorfteich eine sehr sorgfältig zubereitete Regionalküche, die von deftig-bodenständiger Kost bis hin zu maßvoll verfeinerten Gerichten reicht. Verena und Claudia Fitschen leiten sympathisch und erfrischend locker den Service. Brauchbare Weinauswahl mit Schwerpunkt Süddeutschland.

Genuss-Shop
Johannes King

Gurtstig 2,
25980 Sylt (Keitum)
☎ 04651-9677790
www.johannesking.de
◉ Mo–Sa von ab 11 Uhr durchgehend,
So RT

Bei unseren Aufenthalten auf der Insel Sylt kommen wir nie um einen Besuch in Selina und Johannes Kings Genuss-Shop herum, wo es vom halben Dutzend Sylter Royal Austern über „Selinas kleine Wagyu-Burger" bis hin zur geschmorten Kalbsbacke mit Wurzelgemüse allerhand bodenständige, aber sehr attraktiv zubereitete Köstlichkeiten in ungezwungener Atmosphäre gibt. Wenn es das Wetter zulässt sitzt man auf der kleinen windgeschützten Terrasse sehr angenehm. Ansonsten an einem der wenigen und stets stark frequentierten Hochtische zwischen allerhand Delikatessen im Inneren des Shops. Nicht selten ist Johannes King hier selbst anzutreffen.

Hardy's Restaurant

im Hotel Stadt Hamburg
Strandstr. 2, 25980 Sylt (Westerland)
📞 04651-8580
www.hotelstadthamburg.com
✅ Di–Sa ab 18 Uhr, So u. Mo RT
Hauptgericht: 23–56 €,
Menüs: 117–119 €

Das Patrizierhaus im Zentrum von Westerland beherbergt ein stilvolles Hotel mit zwei verschiedenen Gastronomiekonzepten. Im Bistro wird zu günstigen Preisen vorwiegend regional und qualitativ ebenfalls sehr empfehlenswert gekocht und im unlängst verjüngten und legerer gemachten Restaurant mit Barbereich gibt's zu vergleichsweise gehobeneren, aber keinesfalls abgehobenen Preisen eine feinere Küche mit französisch-mediterranen und regionalen Wurzeln. Die ist in ihren Grundzügen traditionell, präsentiert sich aber dennoch stellenweise recht kreativ, wenn das Team mit nicht alltäglichen, zumeist schlagkräftigen Aromenkombinationen schmissige Akzente setzt. Auch den Service erlebten wir wieder sehr zuvorkommend und sympathisch. Wohlsortierte Weinkarte.

Hoog

in Severin's Resort & Spa
Am Tipkenhoog 18, 25980 Sylt (Keitum)
📞 04651-460660
www.severins-sylt.de
✅ Täglich ab 13 Uhr durchgehend,
kein RT
Hauptgericht: 25–57 €

Das Severin's Hotel Resort & Spa am Rande von Keitum an der Wattenmeerküste verfügt über zwei unterschiedliche Restaurantkonzepte. Neben dem nur abends geöffneten Tipken's gibt es im Hoog mit seinem modernen Landhaus-Ambiente (weißgekalktes Holz, karierte Stoffe, bequeme Polstersessel…) ab mittags durchgehend regionale und internationale Küche der klassischen Art. Das schöne ist, dass diese Gerichte – ganz egal ob heimisch oder weltläufig – nicht nur durch eine sehr solide handwerkliche Umsetzung überzeugen können, sondern auch durch Qualität und Frische

der Produkte. Die Weinkarte listet ein kleines, aber qualitativ sehr gutes Sortiment namhafter europäischer Erzeuger. Das Preisniveau von Speis' und Trank ist angemessen.

KAI3

im Hotel Budersand
Am Kai 3, 25997 Sylt (Hörnum)
📞 04651-46070
www.budersand.dede/kulinarik/kai3/
✅ Fr–Di ab 18.30 Uhr, Mi u. Do RT
Hauptgericht: 39–68 €,
Menüs: 98–148 €

Die Insel Sylt ist reich an attraktiven kulinarischen Adressen. Die Südlichste liegt in Hörnum und ist das ebenso großzügige wie lichtdurchflutete Restaurant Kai3 im Hotel Budersand, das sich hinter dem kleinen Hafengelände mit diversen Imbissständen zwischen Kaimauer und exklusiver Golfanlage auftut. Der Speisesaal mit seinen großen Fensterfronten ist so hell und schlicht gestaltet, dass er dem unverstellten Meerblick nicht die Show stiehlt, wird aber am Abend bei Dunkelheit durch ausgefuchstes Lichtdesign sehr stimmungsvoll illuminiert. So oder so ein wunderbarer Ort für die ambitionierte und kreative Küche von Felix Gabel, der hier zwar sehr weltoffen, aber auch stark regionalbetont zugange ist und sich im Vergleich zu den Vorjahren etwas steigern konnte.
Denn schoss der junge Chef früher mit sehr starken Aromen, scharfen Kontrasten und knalligen Kompositionen noch öfter mal ein wenig übers Ziel hinaus, wirkte beim jüngsten Besuch alles noch souveräner und geschmackssicherer umgesetzt – ohne dass sich am Stil etwas verändert hätte. So blieb sich Felix Gabel mit seiner siebengängigen „Großen Aromenreise" und dem fünfgängigen rein vegetarischen

Menü „Kraut & Rüben" grundsätzlich treu, was sehr begrüßenswert ist. Und uns so spannende und geschmackvolle Einstimmungen bescherte wie einen taufrischen Muschelsalat im Knusperkörbchen, ein mit Hummer- und Krabbenfleisch gefülltes gedämpftes und würzig lackiertes Bao-Bröttchen, gekrönt mit Rindertatar und Kaviar, oder mit Fenchelsaat gewürzten Pulpo auf mariniertem Fenchel, roter Paprikacreme und einem pikanten Tomatensud mit Chorizoöl. Alles sehr schön ausdrucksstark und ausgewogen.

So wie die grünfrische Vorspeise um marinierte und zum kreisrunden Mosaik zusammengesetzte Makrele, die mit verschiedenen Meereskräutern und Quellern sowie Austernfleisch, Gurkengel, süßlichem Gurkensorbet und Imperial-Kaviar bestückt und von einer Buttermilchvinaigrette umgeben war. Leicht und erfrischend, mineralisch und fruchtig, salzig und süß – alles in harmonischem Einklang. Und dramaturgisch ein guter Vorgänger für die mit einer Seeigelvelouté und Kanzuri-Mayonnaise vollmundiger, würziger und opulenter bespielte offene Hummermaultasche. Doch nicht zuletzt durch eine straffe und markante Zitrusnote in der voluminösen Sauce war auch das ein elegant zugespitzter Gang mit Schliff.

Dass der Chef und sein Team mit den Kreationen zunehmend besser die Balance halten können, auch wenn es mal expressiv und unkonventionell zugeht, zeigte ein kleiner Exkurs ins vegetarische Menü, wo eine mit Kakaobohnenknusper und Kaffee beflockte, zuvor auch schon mit diesen Aromen vakuumierte und dann im Ofen gebackene Pastinake gemeinsam mit „Barbecue-Ananas" und einer mit Zitronengras und Kaffee abgeschmeckten Beurre blanc aufs Porzellan geschickt wurde. Da griff alles sehr harmonisch und ausgewogen ineinander, das waren alle Geschmäcker klar präsent, aber keiner stach irgendwie dominant hervor.

Dass es aber auch ganz klassisch geht, bewies der Zwischengang um Kalbsbries und Rauchaal, die sich in süffiger Liaison mit flüssiger Polenta und Trüffeljus unter einer Rosette aus schwarzen Trüffelscheiben und Blattspinat auf hauchdünner Parmesanhippe versteckten. Das kann schnell mal zu opulent, breit und würzig werden, war hier aber Dank präziser Konsistenzen und scharfer Konturen richtig elegant und pointiert. So wie auch die saftstrotzende Schnitte vom Rücken eines schleswig-holsteinischen Wagyu-Rindes auf einer zarten, kompakten Schmorfleischscheibe desselben Tieres, die zwar mit einem genialen Saucenduo aus Portweinjus und Gorgonzolaschaum die volle

Umamidröhnung abbekamen, von Essigkirschen und Oxalis aber auch genügend frischen Gegenwind.

Das in zwei Gängen servierte Dreierlei von der Ente begann mit einer zarten gedämpften Teigtasche in kraftvoller Entenessenz, die mit Schmorfleisch aus der Entenkeule gefüllt und mit Blumenkohlcreme, eingelegten Rosinen und Vogelmiere getoppt war. Auf dem Hauptteller gab's die mit zerstoßener Haselnuss und Vadouvan gewürzte Entenbrust sowie ein Stück gebratene Entenleber mit Blumenkohlcreme auf Entenjus – und auf einem kleinen Satellitenteller das krosse Entenhaut als Chip, bestückt mit Rosine, Haselnuss und Blumenkohl. Ein wirklich sehr ansprechender, klar aufs Hauptprodukt zugeschnittener Gang, mit der die Ente in vielen unterschiedlichen Facetten und voller Bandbreite durchdekliniert und überdies ansprechend reduziert begleitet wurde.

Während der Nachtisch des „Aromenreise"-Menüs mit dunkler, tiefer Friis-Holm Schokolade, Joghurt, wilden roten Beeren und dem Duft und Geschmack von Kiefernzapfen sehr markant, schwer und intensiv daherkam, wirkte der ringförmig arrangierte süße Abschluss des vegetarischen Menüs mit Quark, Mandarine, Vanille und weißer Schokolade leichtfüßig und frisch – beides aber gleichermaßen interessant und kompositorisch wohlgelungen.

Und dafür, dass auch der Inhalt in den Gläser gut mit den Speisen harmoniert, sorgt seit kurzem Sommelier Tim Blaszyk, dessen versierte Weindienste wir schon aus mehreren sehr guten Restaurants im Norden kennen und schätzen – auf Wunsch und Dank Coravin-System gibt's übrigens auch sehr hochwertige Gewächse glasweise.

Restaurant JM
im Hotel Jörg Müller
Süderstr. 8,
25980 Sylt (Westerland)
☎ 04651-27788
www.hotel-joerg-mueller.de
◉ Mi–So ab 17 Uhr, Mo u. Di RT
Hauptgericht: 28–68 €,
Menüs: 86 €

In der heimeligen Friesenstube und im einstigen Gourmetrestaurant von Altmeister Jörg Müller wird auf einer relativ umfangreichen

Karte, die von alten frankophilen Klassikern aus exklusiven Produkten wie Steinbutt, Gänseleber und Rinderfilet bis zu herzhafter Regionalküche aus etwas einfacheren und weniger kostspieligen Viktualien reicht, ein sehr attraktiver klassisch-gediegener Stil gekocht. All diese Gerichte profitieren in hohem Maße von der starken Substanz, die Jörg Müllers Küche seit jeher hat. Und so erwartet und bekommt man hier handwerklich fundiert zubereitete gutbürgerliche Küche im besten Sinne, die zwar nicht immer bis ins Letzte ausgefeilt oder verfeinert sind, aber in ihrer schmackhaften, zupackenden Art grundsätzlich großen Spaß machen. Zumal dann, wenn man sich dazu von Gastgeber und Sommelier Benjamin Birkholz einen ehrwürdig gereiften großen Bordeaux oder Burgunder einschenken lässt, die hier Dank rappelvollem Weinkeller und Coravin auch glasweise ausgeschenkt werden.

Sansibar Restaurant

Hörnumer Str. 80,
25980 Sylt (Rantum)
☎ 04651- 964646
www.sansibar.de
◕ Täglich ab 12 Uhr durchgehend, kein RT
Hauptgericht: 16–55 €

Seit Sebastian Prüßmann hier Küchenchef ist, zieht es uns noch freudiger in die berühmte Strandbude auf der Düne zwischen Rantum und Hörnum. Dabei hat sich unter seiner Ägide das kulinarische Konzept natürlich nicht geändert und es gibt weiterhin eine fast beängstigend große Auswahl, die von Herzhaft-Gutbürgerlichem aus der schwäbischen Heimat von Chef Herbert Säckler über asiatische oder mediterrane Vorspeisen, im Ganzen gebratene große Fische mit Sauerrahm-Ofenkartoffel oder allerhand Steak-Cuts vom U.S.-Beef mit klassischen Beilagen nach Wahl, bis zu Sushi und Sashimi reicht. Die Qualität der Speisen ist hier grundsätzlich deutlich besser, als man es an solch einem Szenetreffpunkt erwarten würde, aber der Chef und seine Mitstreiter fühlen sich einfach dem guten Geschmack verpflichtet und behandeln es als Ehrensache, korrekt abzuliefern. Denn Popularität hin oder her – die Sansibar ist nun mal dafür bekannt, dass man hier entspannt und sehr unkompliziert auf sehr vernünftigem Niveau essen kann.

SIEBZEHN84

im Hotel Landhaus Stricker
Boy-Nielsen-Str. 10,
25980 Sylt (Tinnum)
☎ 04651-88990
www.landhaus-stricker.de
◕ Mo–So ab 17 Uhr, kein RT
Hauptgericht: 26–42 €, Menüs: 79–94 €

Das Zweit- bzw. Hauptrestaurant in Holger Bodendorfs Landhaus Stricker, das neben dem überregional bekannten und nach dem Patron und Küchenchef benannten Gourmetrestaurant unter gleichem Dach etwas bodenständiger ausgerichtet ist, aber trotzdem noch gehobenen Anspruch bedient, ist eine veritable Alternative – nicht nur, wenn die Fine-Dining-Abteilung geschlossen hat. In dem sehr wohnlich und etwas rustikal eingerichteten siebzehn84 mit gemütlichem Holzgebälk, warmen Farben und modernen Bildern wird eine Küche geboten, die einerseits dem Status als Hotelrestaurant gerecht wird und versucht, es einer recht heterogenen Klientel mit einer recht breit gefächerten Palette an stilistisch unterschiedlichsten Gerichten recht zu machen, die aber andererseits auch das Zeug dazu hat, den Leuten Lust darauf zu machen, auch mal das namhafte Gourmetrestaurant zu besuchen. Wobei sich das Repertoire an keiner Stelle anbiedernd konventionell gibt, sondern eigentlich durch die Bank den gehobenen kulinarischen Anspruch und den Einfallsreichtum des Teams transportiert. Wer hier trotzdem eher auf handfesten und traditionellen Genuss aus ist, bekommt nach wie vor diverse Steak-Cuts mit klassischen Beilagen à la Speckbohnen, Kartoffelpüree, Cole Slaw & Co., einen Caesars Salad oder den Landhaus-Stricker-Burger mit Patty von der Husumer Färse, mit herzhaftem Deichkäse überschmolzen, karamellisierten Zwiebeln belegt und von Steakhouse-Pommes begleitet. Da kann auch jeder etwas damit anfangen.

Überwiegend wird aber schon recht fein und ambitioniert gekocht. Sehr frisch und leicht zum Beispiel die als Poké annoncierte, auf dem Teller aber apart und Gourmet-like angerichtete Vorspeise um roh marinierten Yellow Fin Thunfisch mit frischer Mango und eingelegter Gartengurke, denen mit einem Hauch Chili sehr maßvoll eingeheizt und mit gepufftem Reis eine knusprige Textur verliehen wurde. Ein wohlproportioniertes und transparentes Gericht mit ausgewogenem Süße-Säure-Spiel, das auch nebenan im Gourmetrestaurant nicht wirklich negativ aufgefallen wäre.

Als süffiges, dichtes Arrangement, das ebenfalls von zarter Süße und Säure aufgelockert wurde, kam ein leicht abgeflämmter halber Hummerschwanz auf etwas Pilzrisotto daher, der mit jungem Lauch und Aprikosenconfit balanciert zwischen herzhaft würzig und erfrischend fruchtig eingestellt war. Auch hier hatte man es wieder mit einem sehr guten Hauptprodukt inmitten eines ausgewogenen Arrangements zu tun. Etwas ähnlich – nicht bloß wegen der glasierten Aprikosen und den gegrillten Lauchzwiebeln – präsentierte sich sodann der glasig aufblätternde Kabeljau, der auf einem cremigen Pastinakenrisotto platziert war und von einer Hummersauce mit viel milder Krustentierpower gewinnbringend ergänzt wurde.

Deutlich attraktiver als die tausendste rosa gebratene Barbarie-Entenbrust war für uns im Hauptgang die Brust einer klassisch im Ofen gebackenen, also komplett durchgegarten Ente, was dergestalt mit krosser Haut und zartem, saftigem Fleisch ganz nebenbei natürlich auch einen höheren Schwierigkeitsgrad hat als perfekt kurzgebratenes Fleisch. Begleitet wurde das Geflügel von Rahmkohlrabi, fluffigen Kartoffelkrapfen eingelegten Zwetschgen und einer milden, würzigen Pfeffersauce, was im Frühherbst geschmackvoll auf die kalte Jahreszeit einstimmte.

Das Dessert um Ziegenquarkmousse, Sauerkirschsorbet, gesalzene Pistazie und Schokoladenerde hätte von der Machart her auch ganz locker das Zeug für eine noch höhere Bewertung gehabt, allerdings blieb der recht sahnig und mild schmeckende Ziegenquark recht blass. Da hatten wir uns markanteren Geschmack und mehr säuerliche Kante erhofft. So war es aber dennoch ein sehr guter und harmonischer, wenngleich eben nur etwas zahmer Nachtisch.

Wer davor oder stattdessen Käse mag, findet neben unterschiedlichen Sorten, die dieses Mal ausschließlich aus der bekannten Backenshol-

zer Hofkäserei stammten, immer auch einen weiteren Käsegang in der Karte – zuletzt ein Eis vom „Friesisch Blue", das mit Röstzwiebel, Schokolade und eingelegter Aprikose spannend umspielt wurde. Und weil die auf dem iPad präsentierte Weinkarte nicht nur dem Gourmetrestaurant vorbehalten ist, sondern auch im siebzehn84 bestand hat, ist auch viel Gutes zu trinken da. Das sehr junge Serviceteam erlebten wir aufmerksam und sehr freundlich.

🍲↑ 🍴🍴🍴🍴

Söl'ring Hof
im Hotel Söl'ring Hof
Am Sandwall 1,
25980 Sylt (Rantum)
📞 **04651-836200**
www.soelring-hof.de
🕐 Di–Sa ab 18.30 Uhr, So u. Mo RT
Menüs: 154–254 €

[EC] [Mastercard] [VISA] [P] [HiTH] [X]

Auch wenn Johannes King, der als Gastgeber und Küchenchef über 20 Jahre lang das Gesicht des Söl'ring Hofs war, mittlerweile nicht nur die gastronomische Leitung, sondern auch die Geschäfte an seinen designierten Nachfolger Jan-Philipp Berner übergeben hat, bleibt er diesem ganz besonderen Haus mitten in den Rantumer Dünen wohl noch sehr lange eng verbunden. Trotzdem steht er der nächsten Generation nicht als Übervater im Weg – und hat das auch in vergangenen Jahren nicht gemacht, während derer er seiner langjährigen rechten Hand am Herd das Vertrauen geschenkt und immer mehr Verantwortung übertragen hat. So konnte Jan-Philipp Berner zuletzt nicht nur den äußerst eigenständigen nordischen Küchenstil des Söl'ring Hofs entscheidend mitprägen, sondern war letztlich auch für das Niveau und die hohe Konstanz im Tagesgeschäft verantwortlich. Deshalb steht es für uns außer Frage, dass hier in Zukunft auch aus kulinarischer Sicht alles beim guten Alten bleiben wird.

Atmosphärisch ist der Söl'ring Hof ohnehin unschlagbar. Es gibt in Deutschland einige exponierte Genuss-Destinationen in besonders schöner Lage, aber nur wenige sind so außergewöhnlich und als gastro-kulinarisches Gesamtkunstwerk so einzigartig wie dieses bodenständig luxuriöse Hideaway, von dem wir seit über zehn Jahren in den höchsten Tönen schwärmen. Von dem besonderen Zauber, der diesem wunderbaren Haus und seinem Restaurant innewohnt, vom Aperitif auf der kleinen Holzbank mit unverstelltem Blick auf das Meer und auf kilometerlangen Sandstrand, vom Menüstart bei Sonnenuntergang auf der windgeschützten Terrasse, vom Ausklang des Abends im nordisch-eleganten Restaurant bei geöffneten Fenstern, durch die ein laues Lüftchen weht…

Doch selbst wenn Sturm und Regen an die geschlossenen Scheiben peitschen, hat das alles seinen besonderen Reiz, wie wir bei unserem jüngsten Besuch erleben durften. Der Aperitif-Champagner wurde diesmal zunächst von vollmundigem Fingerfood begleitet, etwa den auf ein größeres Blatt von der Kapuzinerkresse applizierten und keck mit Malzessig akzentuierten Waldpilz-Komponenten, oder einem cremig-knusprigen und nussbuttrigen Deichkäse-Snack auf Basis von Buchweizen. Den letzten Schluck der Cuvée Luise genossen wir zur bereits in den letzten Jahren erprobten (und immer wieder für sehr gut befundenen) Kombination aus Rindertatar und Kieler Sprotte, die diesmal auf einem verblüffend filigranen und akkuraten eckigen Pommes-Soufflé-Kissen angeschwebt kam, das so transparent war, dass wir es auf den ersten Blick für Gelee gehalten haben.

Der erste reguläre Gang des achtgängigen Menüs bot dann gleich schon mal ein echtes Produkthighlight, nämlich das noch ganz leicht glasige, knackig-feste und doch ganz zarte Fleisch vom Helgoländer Hummer, dessen charakteristische nussig-speckige Süße von einem säuerlich fruchtigen Arrangement aus Rote Bete, Raps und Holunder (mariniert, Sorbet, Sud…) gewinnbringend unterstützt und ergänzt wurde. Und das wirkte als Komposition ebenso unaufgeregt in sich ruhend und dennoch aufregend wie die gebeizte Fjordforelle mit ihrem Kaviar, Rettich, Alge und Apfel. Hier hielten wiederum Süße und säuerliche Frische der Begleiter den nach unserem Geschmack solo grenzwertig deftigen und salzigen Fisch gut in der Spur und sorgten im Verein

dafür, dass man es mit einem zwar recht plakativen, aber doch sehr ausgewogenen und vor allem leichten Zwischengang zu tun hatte.

Überhaupt gelingt es dem Team immer wieder vorzüglich, die maritimen Produkte des Nordens so vollmundig wie möglich, aber so schlank wie nötig in Szene zu setzen. So definiert sich der Stil der Söl'ring-Hof-Küche schon seit Jahren über die gelungene Fusion aus purer nordischer Klarheit und französischer Opulenz, begeistert jedes Mal aufs Neue durch Leichtigkeit, Transparenz und Frische bei gleichzeitig hoher Komplexität und Aromendichte. So wie das zuletzt auch wieder beim Kabeljau gelungen ist, der in blättrigglänzender Perfektion ätherisch über Kohlrabi mit Minzaromen auf dem Teller schwebte und von einer weißen, cremigen Mandelsauce geschmeidig und mildnussig fast wie in Samt und Seide eingefangen wurde. Ein süchtig machendes Geschmacksbild, das in einem dazugehörigen Satelliten-Schälchen nochmal etwas süffiger variiert wurde.

Wirken viele Teller aus Jan-Philipp Berners Küche zumindest optisch relativ bunt und vielseitig, hatten wir es mit dem ersten Fleischgang um Pastrami vom Salzwiesenlamm nebst Bohne, Steinpilz und Schalotte mit einem erstaunlich pointiert und klar strukturiert konzipierten Gang zu tun, der uns optisch wie geschmacklich begeisterte und als überzeugendster Teller des Abends auf 10-Pfannen-Niveau in Erinnerung blieb: Zarte, fleischige Pastrami-Röllchen mit elegantem Lammgeschmack sowie aromatische Steinpilze und glasierte Schalotte waren hier in einem grünen Umfeld aus verschiedenen Bohnen, Zuckerschoten und Grünkohl längs auf engem Raum in der Tellermitte arrangiert – und trennten dort den zweigeteilten Saucenspiegel in Gestalt von kräftigem Bohnensud und purer Lammjus, der das Ganze saftig untermalte. Keine vorder- oder hintergründigen Effekte, keine innovativen Aromenkombinationen, kein zur Schau gestellter Luxus: einfach sehr purer und natürlicher, in jeder Komponente bravourös herausgearbeiteter und freigestellter Charakter im Grunde ganz schlichter, bodenständiger Produkte, die hier zu einem beglückenden und beeindruckenden Ganzen zusammenfanden.

Ähnlich unaufgeregt und schmackhaft, aber nicht ganz so trennscharf und klar umrissen komponiert, kam im Hauptgang die Brust vom Perlhuhn daher, die von zweierlei Karotte und Pfifferlingen mit dem kraftvollen Aromenhauch von Zitronenthymian eskortiert wurde. Und als solches à part in einem Tässchen auch nochmal in einer Variante mit Geschmortem vom Huhn als süffig-cremiges Soulfood zum Löffeln aufgeboten war.

Saisonale Desserts wie das um Sylter Rose mit Gartenkräutern und Buttermilch oder unser herbstlicher Nachtisch mit unterschiedlichen Komponenten von der Zwetschge nebst Haselnuss, Verbene und Friesentee repräsentieren mit sehr viel Leichtigkeit und Frische bei maximaler Ausdruckskraft den Stil der Küche auch zum Schluss ganz unverkennbar. So zieht sich die Handschrift wie ein Roter Faden durchs Menü – was man hierzulande tatsächlich auch bei den Spitzenrestaurants nicht von jedem behaupten kann.

Zusammen mit den stets sehr anspruchsvollen, ebenso eigenständigen wie originellen Weinempfehlungen von Sommelière Bärbel Ring und dem hohen Serviceniveau, das hier auf glaubhaft echter, ungekünstelter Gastlichkeit beruht, ist und bleibt der Söl'ring Hof für uns wirklich jede Reise wert.

5

🍴🍴

Strönholt

Fernsicht 1,
25997 Sylt (Hörnum)
📞 04651-46070
stroenholt.de
🕐 Mi–So ab 12 Uhr durchgehend,
Mo u. Di RT
Hauptgericht: 16–31 €,
Menüs: 52 €

EC 💳 VISA Ⓟ ⛟ ♿

Das dem Budersand-Hotel angeschlossene Restaurant Strönholt liegt nur einen kurzen Fußweg durch die parkähnliche Dünenlandschaft oberhalb des Hotelgebäudes. Von hier aus hat meinen herrlichen Ausblick über den südlichen Teil der Insel und kann diesen bei schönem Wetter auf der Terrasse auch voll auskosten. Wenn die Witterung nicht mitspielt,

findet sich auch in dem länglichen Gastraum mit Fensterfront ein schönes Plätzchen mit Panorama. Die Küche hat sich auf die Fahnen geschrieben, vorwiegend mit heimischen Viktualien, speziell von Erzeugern aus Norddeutschland zu arbeiten. „Mit hochwertigen Produkten und Liebe zum Detail erweitert unser Küchen-Team die Speisekarte hier und da um ausgefallene Kreationen" heißt es in der Karte – ein Versprechen, das durchaus eingelöst wird.

Wobei es mittags mit den ausgefalleneren Kreationen eher mau aussieht, da gibt es eher traditionelle Bistroklassiker wie marinierten Schafskäse mit mediterraner Kräuter-/Honig-Vinaigrette, Rucola, Oliven und Pinienkernen, einen Caesar's Salad, hausgemachte Pasta mit Pesto und Garnelen, Burger und Wiener Schnitzel – wenngleich durchaus mit Anspruch aus frischen Produkten gekocht. Die Abendkarte indes offeriert interessantere Dinge, so kann man sein Mahl etwa mit einem Krustentiersüppchen mit Hummerravioli, Tomate, Basilikum und Röstbrot beginnen, oder mit Tatar vom Glückstädter Matjes nebst Meerrettich-Schmand, Pumpernickel und Apfel. Auch ganz klassische und leicht zugängliche Dinge, aber in der hier gebotenen Form eben nichts, was es überall gibt.

Das galt in unserem Fall genauso auch für den geschmorten und gerösteten Pulpo, dessen zarte, rösch angekrosste Tentakel sich den tiefen Teller mit einer Panzanella-Interpretation teilte, wobei der italienische Brotsalat hier eher unauthentisch aus Rucola und jungem Spinat, Cherrytomaten, Gurke und Orangenfilets bestand und eben um ein paar Brotchips angereichert war. Das war schlicht und schmackhaft, aber ohne weiterführende Raffinesse zubereitet. Sehr fein fanden wir schon ob des hervorragenden Hauptprodukts die erfreulich defensiv gewürzte und eigenaromatische „Premium-Bratwurst" von Tieren aus Freilandhaltung (vom Ravenshof in Lexgaard), die mit Rahmwirsing, Kartoffelstampf, Röstzwiebeln und angenehm natürlicher, unaufdringlicher Trüffeljus ebenfalls als Hausmannskost für Feinschmecker serviert wurde.

Überhaupt wird hier ganz gegenständlich und schnörkellos gekocht, was dann auch Dingen wie dem Duett von gebratenem Wolfsbarschfilet und Riesengarnele auf einem mit Chorizowürfeln schön herzhaft und pikant gestalteten Kartoffel-/Bohnencassoulet guttut. Die begleitende Safransauce hätte allerdings etwas ausdrucksstärker sein können und ob die schmalen Filetchen eines relativ kleinen Loup de mer tatsächlich wie annonciert Angelware waren, ist auch die Frage – änderte aber nichts an der Tatsache, dass wir es auch hier mit einem sehr schmackhaften und qualitativ soliden Gericht auf gutem 5-Pfannen-Niveau zu tun hatten.

Und das galt vollumfänglich auch für den Lammrücken mit Kräuterkruste auf Ratatouille-Gemüse und gebratener Polenta, wobei hier von der einigermaßen trocken und kompakten Maisgrießschnitte über das etwas schludrig gebratene Fleisch bis zum eher simpel gehaltenen Gemüseallerlei schon alles eher grob wirkte – als solches aber durchaus Spaß machte. Und den machte zum Nachtisch auch das mit Nougatcremetupfen getoppte Limettenparfait auf marinierten Erdbeeren, das vom Service am Tisch noch mit Prosecco aufgegossen wurde.

Apropos Service: der hat hier oben zwar gut zu tun, behält aber zumeist den Überblick und ist zuvorkommend, auch wenn es zum „Schichtwechsel" der Gäste (hier werden die Tische doppelt belegt) schon mal etwas hektischer werden kann. Das Preisniveau ist angemessen.

Tellerrand

Sankt-Nicolai-Str. 1,
25980 Sylt (Westerland)
☎ 04651-4465300
www.tellerrand-sylt.de
◷ Mi–Mo ab 18 Uhr, Di RT
Hauptgericht: 23–50 €

Inhaber und Küchenchef Jan Ole Sander bietet in seinem entspannten Lokal im Zentrum von Westerland sehr gute, durchaus anspruchsvolle, aber auch recht unkomplizierte Küche, die richtig Spaß macht und zu moderaten Preisen zu haben ist. In dem im modernen Bistrostil gestalteten Gastraum kommen Gerichte auf die Tische, die oft und gern mit asiatischen Inspirationen gespickt sind, hier und da aber auch mal deftig norddeutsch anmuten, aber immer mit dem Händchen für moderne Präsentation und stimmige Proportionen zubereitet sind. Etwas kreativer und feingliedriger bei den Vorspeisen und Zwischengängen, etwas traditioneller und zupackender bei den meisten Hauptgerichten. Dazu eine schöne Auswahl an internationalen Weinen und zuvorkommender Service.

Hotelempfehlung

★★★★★

Dorint Söl'ring Hof

Am Sandwall 1, 25980 Sylt (Rantum)
☎ 04651-836200
www.soelring-hof.de
Einzelzimmer: 425–665 €
Doppelzimmer: 450–690 €

Schon die Alleinlage auf der Rantumer Düne und der eigene Strandzugang machen den Söl'ring Hof zu etwas ganz Besonderem. Aber auch die private Atmosphäre, die in dem kleinen, luxuriösen Reetdachhaus mit gerade mal 15 Zimmern und Suiten herrscht, vermittelt ein Höchstmaß an Exklusivität. Alle Räume sind mit Fernseher, Telefon, WLAN, Radio und CD-Player von Bang & Olufsen, Minibar und Safe ausgestattet. Im Preis enthalten sind zudem Services wie Abholung am Flughafen oder Bahnhof, Nutzung der hauseigenen Fahrräder, Minibar (Getränke inklusive), privater Strandkorb direkt am Fuße der Düne, Nutzung des Fitnessraumes und des Wellness-Bereiches mit Sauna und Dampfbad. In den Wintermonaten werden diverse Arrangements angeboten; auch die Exklusivbuchung des Hauses für private Feiern oder Familienveranstaltungen ist möglich. Außerdem: regelmäßig Kochkurse mit Gastgeber Johannes King buchbar. Gourmetrestaurant Söl'ring Hof separat erwähnt.

Bezahlkarten-Symbole

⬤ Mastercard
▦ EC-Maestro
⬤ Diners
▦ American Express
VISA Visa

★★★★★ S

LANDHAUS STRICKER

Boy-Nielsen-Str. 10,
25980 Sylt (Tinnum)
☎ 04651-88990
www.landhaus-stricker.de
Einzelzimmer: 160–240 €
Doppelzimmer: 260–340 €

Das „Relais & Châteaux"-Haus verfügt über 38 komfortable Zimmer und Suiten im eleganten Landhausstil. Hier herrschen warme, erdige Farben und behaglicher Luxus vor. Ein besonderes Highlight ist der neu gestaltete Wellnessbereich mit Pool, Saunen und exklusivem Fitnessbereich mit hochwertigen Geräten sowie Entspannungs- und Beautyanwendungen von SENSAI und BABOR. Seit dem Sommer 2013 steht den Gästen auf der Galerie des Restaurant SIEBZEHN84 ein kleines, ganz spezielles Kino (für max. 12 Personen) zur Verfügung: Die CINEMA LOUNGE, in deren privater Atmosphäre zum Lieblingsfilm gut gegessen werden kann. Restaurants SIEBZEHN84 und BODENDORF'S separat erwähnt.

Tangstedt (Schleswig-Holstein)

Gutsküche Wulksfelde

Wulksfelder Damm 15–17,
22889 Tangstedt
☎ 040-64419441
www.gutskueche.de
❂ Di–So ab 12 Uhr durchgehend,
Mo RT
Hauptgericht: 18–29 €

Das ländlich-schicke Restaurant mit seinem weitläufigen Gastraum auf dem Gelände des Biolandguts Wulksfelde bei Tangstedt vor den nördlichen Toren Hamburgs ist ein Hort der gastronomischen Nachhaltigkeit, der guten ökologischen Produkte und unverfälscht authentischen Geschmacks. In der offenen Restaurantküche von Gastgeber und Küchenchef Matthias Gfrörer und seinem Team wird größter Wert auf Bio-Qualität und eine besonders nachhaltige Arbeitsweise gelegt. Das Produkt ist der Star: was nicht offiziell zertifiziert ist, wird zumindest so nachhaltig und artgerecht produziert oder gehalten, dass es den sehr hohen Ansprüchen genügt. Doch trotz aller Wertschätzung für gesunde, traditionell erzeugte Lebensmittel und dem bodenständigen Landküchen-Image wird hier keine dröge Öko-Kost geboten, sondern schon auch kreativ und bisweilen auch Gourmet-like gekocht. Es geht also nicht bloß um authentischen Geschmack, sondern auch um sinnvolle Verfeinerung. Gemüse ist der Star auf den Tellern, hochwertiges Fleisch und Fisch wird zur wertvollen Beilage. Und auch beim Wein und allen anderen Getränken steht der Nachhaltigkeitsgedanke über allem.

Taufkirchen/Vils (Bayern)

Landgasthof Forster

Hörgersdorf 23,
84416 Taufkirchen/Vils
☎ 08084-2357
www.landgasthof-forster.de
❂ Fr–Sa ab 18.30 Uhr, So u. Fei
von 12–15 Uhr u. ab 18.30 Uhr,
Mo–Do RT
Menüs: 30–63 €

Das leidige Personalproblem ist natürlich längst auch im schmucken Landgasthof von Friederike und Alois Forster, dem Leuchtturm in der kulinarischen Diaspora zwischen Ober- und Niederbayern angekommen, und so mussten ten schweren Herzens die Öffnungszeiten auf nurmehr drei Öffnungstage angepasst werden. Hoffentlich nur vorübergehend, denn die unaufgeregte klassische Küche mit mediterranem Oberton, für der der routinierte und erfahrene Chef qualitätsbewusst einkauft und mit seinen Zubereitungen immer nah an den guten Produkten bleibt, wünscht man sich nicht nur am Wochenende. Was hier in geradliniger und puristischer Manier beispielsweise als viergängiges Saisonmenü zu schlanken 65 Euro auf die Tellergebracht wird, will beim Gast nicht durch raffinierte Optik Eindruck schinden, beeindruckt aber nicht selten durch seine sensible Machart und harmonischen Wohlgeschmack. Eine verfeinerte Landküche mit Ausflügen ins Weltläufige, die von einer ausreichend umfangreichen Weinkarte komplettiert wird.

Tegernsee (Bayern)

Alpenbrasserie
im Hotel Das Tegernsee
Neureuthstr. 23,
83684 Tegernsee
☎ 08022–1820
www.dastegernsee.de
◔ Fr–So ab 18 Uhr,
Mo–Do RT
Hauptgericht: 12–32 €

In der Alpenbrasserie, der legereren Restaurantvariante im Hotel Das Tegernsee, wird in zeitlosem Ambiente mit Ausblick auf das Tal und den See eine gehobene alpenländisch geprägte Regionalküche geboten. Prinzipiell ist das rund ein Dutzend Gerichte umfassende Angebot der Speisekarte konzeptionell zum Teilen gedacht, funktioniert aber mit seinen normalen Vorspeisen- und Hauptgerichtgrößen auch problemlos alles als Tellergerichte à la carte. Vorspeisen wie Tatar vom Kalb mit Champignon, schwarzem Rettich und Estragonmayonnaise oder gebratener Zander mit cremiger Boudin Noir auf Champagnerkraut und Gel von der Williamsbirne sind handwerklich sehr solide, schlicht und unkompliziert umgesetzt und überzeugen mit gutem, harmonischem Geschmack und Frische. Wenngleich auch nicht auf jedem Teller immer alles perfekt auf den Punkt gebracht ist, macht das Gebotene durchwegs Spaß, weil die Basis stimmt. Ausgesuchte Weine, ebenfalls mit alpenländischem Schwerpunkt.

Maiwerts Hütte
Ledererweg 9, 83684 Tegernsee
☎ 08022-95379
www.maiwerts.de
◔ Di–So ab 11.30 Uhr durchgehend,
Mo RT
Hauptgericht: 9–35 €, Menüs: 45–90 €

Nicht selbstverständlich, aber sehr erfreulich: Dieter Maiwert ist bereits im zweiten Jahr in seinem neuen Domizil in Rottach-Egern zugegen. Die kleine, in rustikalem Almstil gehaltene Hütte, in welcher der routinierte Chef mittlerweile tätig ist, hat viel urwüchsigen Charme und bietet drinnen wie draußen eine entspannte und unkomplizierte Umgebung.
Und genau das – entspannt, unkompliziert ins doch sehr fundiert – sind auch die Gerichte, mit denen Routinier Maiwert seine treue Fangemeinde hier erfreut. Aber ein Besuch lohnt sich beileibe nicht nur für langjährige Fans, sondern im Grunde für alle, die sich für scheinbar simple und reduzierte Gerichte aus der Hand eines sehr guten Kochs mit langjähriger Erfahrung begeistern können, weil sie eher auf Substanz und Produktqualität ausgelegt sind als auf aufwendige Arrangements.
Der Nachteil des Konzepts ist: einige Sachen sind wirklich sehr einfach gehalten und bieten auf ihre Art zwar vergnüglichen Genuss, aber nicht das Potential für eine höhere Bewertung. Maximal simpel, aber dennoch eine stimmige Angelegenheit war zuletzt beispielsweise der butterzarte und dennoch kompakte (nicht mürbe…) Oktopus, der schlicht mit sautierten Cocktailtomaten und Rucola in einem aromatischen, leicht emulgierten Sud nebst kross aufgeknuspertem Weißbrot auf den Tisch kam.
Auch die Gazpacho zeigte, dass hier ein Könner am Herd steht. Denn so ausgewogen in ihrem schmorgemüsigen Geschmack, mit zupackender Säure, feiner Schärfe und samtiger

Konsistenz, gibt es die mediterrane Sommersuppe nur selten. Entsprechend dem Konzept gab es dazu nur kleine Croûtons und etwas Basilikum. Mehr brauchte es aber auch nicht unbedingt.

Generell bewegt sich das Angebot schwankend zwischen den sehr einfach gehaltenen und manchmal auch etwas rustikaleren Gerichten und den in Sachen Produkt und Aufwand etwas ambitionierteren Sachen. Letztes kann dann zur Vorspeise ein klararomatisch zartes Thunfisch-Sashimi mit Algensalat sein, oder im Hauptgang röstwürzig-glasige Scampi auf Steinpilzrisotto.

Die zarte, perfekt auf den Punkt gebratene und feinaromatische Kalbsleber lag genau zwischen beiden Polen, weil einerseits Produkt und die kraftvolle Balsamicojus viel Klasse hatten, andererseits aber die Begleitung mit schön produktaromatischem Kartoffelpüree und knackigen Brokkoli- und Möhrenstücken betont schlicht gehalten war.

Desserts sind nicht das größte Steckenpferd von Dieter Maiwert, aber die üppig duftende Crème brûlée mit marinierten Beeren ist immer wieder einen Versuch wert. Dagegen wirkten die optisch akkuraten und aufwendig gearbeiteten, geschmacklich aber eher blassen Komponenten der Dessertvariation zuletzt eher wie auf hohem Niveau zugekauft.

Die kleine Weinkarte bietet eine lohnende Auswahl renommierter europäischer Winzer und sowohl glas- als auch flaschenweise für die allermeisten Anlässe und Geschmäcker sicher eine passende Option. Bei der Auswahl berät auch der Chef selbst gern – und kompetent!

Schlossbrennerei Tegernsee

Schlossplatz 1e, 83684 Tegernsee
☏ 08022-4560
schlossbrennerei-tegernsee.de
◔ Mi–So von 12–15 Uhr u. ab 17 Uhr, Mo u. Di RT
Hauptgericht: 19–30 €

In den historischen hohen Gewölben der Schlossbrennerei direkt am Tegernseeufer hat sich der erfahrene Gastronom Johann Rappenglück, der mal Küchenchef bei Heinz Winkler war und danach mit Kompagnon Fabrice Kieffer das Les Deux in München hochzog, eine ab-

solute Premiumlage mit großer Terrasse mit Seeblick gesichert und ein rundum stimmiges Konzept auf die Beine gestellt. Das Lokal ist bodenständig, aber wird aber trotzdem mit gehobenem Anspruch bespielt und bekocht, auch wenn das alles für eine breite Zielgruppe ausgerichtet ist. Alles was aus der Küche kommt hat einen bodenständig-traditionellen Charakter, wird aber akkurater und wohlproportionierter umgesetzt, als man das gemeinhin vom Durchschnitts-Wirtshaus kennt. Was zudem für die kleine, aber feine Auswahl an Flaschen renommierter Weingüter zutrifft, aus denen auch im Offenausschank gute Qualitäten in die Gläser kommt.

MundArt

im Hotel Gut Edermann
Holzhausen 2, 83317 Teisendorf
☏ 08666-92730
www.gut-edermann.de
◔ Täglich von 11–14 Uhr u. ab 17 Uhr, kein RT
Hauptgericht: 11–33 €, Menüs: 32 €

Das auf einer idyllischen Anhöhe gelegene Wellnesshotel Gut Edermann wirkt bereits bei der Anfahrt einladend und mit seinem hochwertig modern-regionalem Interieur mit viel Naturholz und geschmackvollen Details nochmal mehr bei dessen Betreten. Beliebt und bekannt ist das Hotel vor allem als entspannte Wellness-Oase mit nachhaltigem Gesamtkonzept. Zu diesem gehört aber auch ein hoher Anspruch an die Küche, die man wahlweise behaglich-regional in den historischen Bauernstuben oder festlich-elegant im Restaurant MundArt genießen kann.

Die Speisekarte, die hier augenzwinkernd „Mahlbuch" genannt wird, ist in beiden Bereichen identisch und listet neben den vielen regionalen Partnern und Produzenten eine kleine feine Auswahl teils bodenständig traditioneller, teils etwas ambitionierter und kreativerer Gerichte. Was beide Seiten des Angebots gleichermaßen auszeichnet ist der hohe Anspruch an die von Bio-Milchprodukten über Demeter-Brot bis zum Rindfleisch von „Jungbauer Hans" durchweg aus der näheren Umgebung stammenden Produkte sowie eine fundierte, natürlich-frische Zubereitung.

Da verwundert es wenig, dass bereits das servierte Gebäck mit Kräutertopfen, Butter und Hanföl tatsächlich Freude bereitet und sofort Lust auf mehr macht. Und das nicht umsonst, denn auch die dickeren Tranchen von gebeiztem Saibling, die gemeinsam mit einer üppigen Menge von geschmacklich leider etwas derbem Saiblingskaviar, Gurke, Dill, Sauerampfer-Tapioka und Meerrettich-Espuma auf dem Teller landeten, boten zwar keine neuartige Kombination, aber ein harmonisches und gekonnt umgesetztes, aufgelockertes Ganzes.

Bei der akkurat geschichteten Tafelspitzsülze mit reichlich intensivem, zartem Fleisch und zart schmelzendem Gemüsegelee wurde dann der handwerkliche Anspruch besonders deutlich – und mit Sauerrahmtupfen, auffrischendem Kräutersalat und frisch geriebenem Kren auch aromatisch eine runde Sache geschaffen. Genau der handwerkliche Anspruch sorgt dann auch dafür, dass scheinbar simple Zubereitungen wie beispielsweise eine Rinderkraftbrühe mit Eierstich oder ein Wiener Schnitzel mit Petersilienkartoffel, Bundkarotten und Preiselbeeren deutlich über dem Gasthausdurchschnitt liegen.

Klar über diesem lagen auch die sanft und saftig gegarten Saiblingsfilets in einer glatt pürierten und passierten Sauce von Limette, Kapern und Rosinen, deren feines Süße-Säure-Spiel auch dem knackig sautierten Wildbrokkoli und einigen geschmeidigen Linguine einen spannenden Akzent mitgaben. Da störte es auch gar nicht weiter, dass der Saibling eigentlich eine Chiemsee-Renke sein sollte und auf diese kurzfristige Planänderung nicht hingewiesen wurde…

Vergessen war das allerspätestens bei den zart kurzgebratenen Rindfleischstücken mit knackigen Pfifferlingen und Lauch-Tagliatelle in einer formidablen Estragon-Rahmsauce, weil diese mit ihrer Power und dem hocheleganten Säurespiel das Gericht locker und lässig auf 6-Pfannen-Niveau anhob. Und weil auch im süßen Bereich mit dem gleichen Engagement gearbeitet wird wie in allen anderen Bereichen und zuletzt beispielsweise eine in zartem Baumkuchenmantel angerichtete, luftig-lockere Topfencreme mit aromatischen Erdbeeren, Erdbeersorbet und Buttercrumbles einen ebenso üppigen wie geschmeidigen Abschluss schaffte, gibt's diesmal mit dem Bonuspfeil eine verdiente Aufwertung.

Das größte Optimierungspotential sahen wir beim letzten Besuch auch nicht bei der Küchenleistung, sondern eigentlich beim zwar sehr engagierten, teils aber ein wenig übertrieben jovialen und bei vollem Haus leicht gestressten Service. Dann bleibt künftig vielleicht auch mehr Zeit für die Beratung zu dem grundsätzlich attraktiven Weinsortiment, das offen eher einfache Weinen mit gutem Preis-Genuss-Verhältnis bietet und bei den Flaschen auch höherwertige Entdeckungen parat hält.

Hotelempfehlung

Wellness Natur Resort Gut Edermann

Holzhausen 2, 83317 Teisendorf
☎ **08666-92730**
www.gut-edermann.de
Einzelzimmer: 168–178 €
Doppelzimmer: 336–386 €

Das ländlich-elegante SPA-Hotel mit 45 Zimmern im oberbayrischen Voralpenland, liegt im Dreieck zwischen Traunstein, Freilassing und Bad Reichenhall. Gerade mal zwanzig Autominuten von Salzburg und damit auch nicht weit von Chiemsee und Königsee entfernt, ist es der ideale Ausgangspunkt, um die beliebte Urlaubsregion zu erkunden. Die allergikerfreundlichen Zimmer und Suiten sind aus natürlichen Materialien wie Holz und Stein und mit warmen Stoffen und Farben liebevoll gestaltet –

917

alle sind Nichtraucherzonen, bieten einen Flachbildfernseher und kostenloses WLAN, die meisten haben einen Balkon. Die Bäder sind wahlweise mit Dusche oder Wanne ausgestattet und jedes Zimmer ist anders gestaltet: Von urigen Bauernmöbeln bis hin zum modernen Design mit knalliger LED-Bettbeleuchtung ist alles dabei. Mit verschiedenen Saunen und Dampfbädern, großzügigem Indoorpool, Naturbadeteich sowie vielen Anwendungsmöglichkeiten lässt auch der 2700 m² große Wellnessbereich keine Wünsche offen. Für anspruchsvollen kulinarischen Genuss wird in den Restaurants MundArt und Bauernstube und im Panorama-Restaurant gesorgt. Restaurant MundArt separat erwähnt.

Teisnach (Bayern)

ohne
Bewertung

Oswalds Gourmetstube

im Relais & Châteaux Landromantik Hotel Oswald

Am Platzl 2,
94244 Teisnach (Kaikenried)
☎ 09923-84100
www.hotel-oswald.de
⊙ Mi–Sa ab 18.30 Uhr, So–Di RT
Menüs: 89–155 €

EC ⬛ ◉ VISA P ☒ ♿

Gerade nach der Aufwertung im letzten Guide hatten wir uns schon sehr darauf gefreut, endlich wieder eine Tour ins ländliche Hügelland des Bayerwaldes zu unternehmen, wo im 500-Seelen-Dorf Kaikenried, das in etwa auf halber Strecke zwischen Deggendorf und Großem Arber liegt, mit dem Landromantik-Hotel Oswald über Jahrzehnte und Generationen hinweg ein exklusives Wellness-, Genuss- und Feriendomizil der Spitzenklasse entstanden ist, das eben mit dem Fine-Dining-Restaurant Os-

walds Gourmetstuben und seinem Küchenchef Thomas Gerber auch einen echten Hotspot für Feinschmecker unterhält. Leider ist daraus bis zum Redaktionsschluss der jüngsten Testsaison nichts geworden, denn die elegant in dunklen Farbtönen gestaltete Feinschmeckerabteilung mit exklusiver Ausstattung und großen runden und in weitem Abstand gestellten Tischen wurde nach dem Corona-Lockdown noch nicht wieder eröffnet.

Vermutlich waren die überall grassierenden Personalprobleme das Sorgenkind, jedenfalls wurden über Monate hinweg fähige Mitarbeiter für verschiedenste Positionen gesucht – offenbar mit Erfolg: die Wiedereröffnung wurde um unseren Redaktionsschluss herum bereits angekündigt. Und so freuen wir uns auf einen baldigen Wiederbesuch zu Beginn der neuen Testsaison und auf so hervorragende Gerichte wie beim letzten Besuch den Limousin-Lammrücken, der selbst schon vor Saft und Eigengeschmack nur so strotzte und mit einer dünnen, unaufdringlichen Senf-/Kräuter-Haube mit wohldosierter Würze gratiniert war. Umgeben von aparten Komponenten aus Zucchini und Aubergine sowie Gänseschnäbeln und Paprikacreme, süffig unterfüttert von einer fantastischen reinen Lammjus mit Salzzitrone, war das ein großartiges Gericht mit Tiefenschärfe und Ausdruckskraft.

Nichts geändert haben wird sich dann sicher auch an der sehr schönen internationalen Weinkarte mit Schwerpunkt Deutschland, in der aber auch die beiden der Region naheliegenden Nachbarländer Österreich und Tschechische Republik adäquat vertreten sind.

Hotelempfehlung

★★★★ S

Relais & Châteaux Landromantik Hotel Oswald

Am Platzl 2,
94244 Teisnach (Kaikenried)
☎ 09923-84100
www.hotel-oswald.de
Einzelzimmer: 111–200 €
Doppelzimmer: 111–300 €

In der beschaulichen Ortschaft Kaikenried, eingebettet in die sanft auslaufende Hügellandschaft des Nationalparks Bayrischer Wald und nur eine gute halbe Stunde von Deggendorf entfernt, hat die Familie Oswald aus dem einstigen Gasthof mit Metzgerei ein komfortables Landidyll mit spektakulärer Wellness-Oase geschaffen. Die vielfach ausgezeichnete Traditionsmetzgerei gibt es heute noch – und auch gastronomisch hat die Kulinarik mit mehreren geschmackvoll eingerichteten Restaurants, einem großen Weinkeller, Bar und Gastgarten einen sehr hohen Stellenwert. Der sehr zeitgemäß und elegant umgesetzte ländlich-alpine Stil zieht sich wie ein roter Faden durch das ganze Haus mit seinen insgesamt 58 Zimmern und Suiten unterschiedlichster Kategorien. Mit einem Panorama-Hallenbad, Ganzjahres-Außenpools, einer Saunalandschaft mit Finnischer Sauna, Kräuterbad, Aroma-Dampfbad, Soledampfbad, Fußsprudelbecken und Erlebnisduschen, sowie unterschiedlichen Ruhebereichen und Fitness-Area sucht auch das Wellness- und Sport-Angebot seinesgleichen. Oswalds Gourmetstube separat erwähnt.

Bauernstuben
im Hotel Ochsen-Post
F.-J.-Gall-Str. 13,
75233 Tiefenbronn
☎ 07234-95450
www.ochsen-post.de
◉ Mo ab 18 Uhr, Di–Sa von 12–14 Uhr
u. ab 18 Uhr, So RT
Hauptgericht: 15–44 €, Menüs: 22–78 €

Während die Zahl der ambitionierten Gourmetrestaurants mit exklusiver, elaborierter Küche und meist nur einem Menü, trotz Coronakrise immer mehr zunimmt, muss man kulinarisch attraktive Gasthäuser wie dieses, in denen man bodenständige Küche auf hohem Niveau bekommt, leider mittlerweile mit der Lupe suchen. Umso wertvoller sind uns die charmant verwinkelten, authentisch nostalgischen Bauernstuben in der 1694 errichteten Ochsen-Post, zu denen auch ein lauschiger Gastgarten gehört, in dem man im Sommer schattig unter freiem Himmel genießen kann.
Die ebenso heimatverbundene wie weltoffene Küche zeichnet sich in erster Linie durch Produktqualität und handwerkliche Substanz aus. Die eigene Backstube (das hervorragende Brot gibt's auch zum Mitnehmen) und das im Hause trocken oder im Fettmantel gereifte Fleisch sind nur ein Beispiel dessen, was hier an Aufwand betrieben wird. Die Karte ist relativ umfangreich und die Portionen sind mächtig. Besonders lohnenswert scheinen uns hier seit jeher die herzhaft-rustikalen Schmankerl aus der regionalen Ecke, aber man kann auch im internationalen und sogar im maritimen Programm reizvolle Dinge entdecken.
Schon beim hausgebackenen Inhalt des Brotkorbs und den zugehörigen Aufstrichen, insbe-

sondere dem köstlichen Griebenschmalz, wird umgehend deutlich, wie viel Wert das Team um Theo und Peter Jost auf Qualität, Handwerk und Geschmack legt. Man kann hier wie gesagt ganz hervorragend traditionelle schwäbische Gerichte essen, etwa die hausgemachten Maultaschen mit Kartoffelsalat, saure Kutteln oder Nierle mit Spätzle, einen amtlichen Rostbraten vom Rib-Eye oder gleich einen Ochsen „von vorne und hinten", von dem Backe und Schwanz geduldig lange in Rotwein schmoren durften.

Man kann sich auch gänzlich der hochqualitativen Fleischeslust widmen und sich „Unsere Lieblingsstücke" aus den eigenen Reiferäumen zu Gemüte führen: beispielsweise ganze drei Monate am Knochen in einem Mantel aus ausgelassenem Rinderfett trockengereifter Rücken von der fetten alten Kuh in Pfeffersauce mit Spätzle und Gemüse. Oder durch selbiges Reifeverfahren zur Perfektion gebrachtes Entrecôte mit Gemüse, Sauce Béarnaise, Rotweinjus und Pommes. Da bleibt kein Gaumen trocken! Und ganz klar, dass hier auch immer verschiedenste Innereien hoch im Kurs stehen, die wir nur wärmstens empfehlen können, weil sowohl Qualität und Frische als auch das grundsolide Handwerk hohen Ansprüchen genügen.

Beim letzten Mal sind wir zudem nicht an einer Vorspeise von kaltgeräucherter Entenbrust und Wildterrine vorbeigekommen, die beide jeweils zur Hälfte als Carpaccio auf dem Teller ausgelegt und neben einem Salatbouquet sowohl von einem wunderbar zitrisch-herben Mandarinenconfit, als auch von kaltgerührten säuerlichen Preiselbeeren flankiert waren. Durch die milde rauchige Würze der Entenbrust und die verschiedenen Nüsse in der Terrine war das eine sehr schöne, vielseitige Angelegenheit. Dass bei den Josts nicht nur Fleisch hoch im Kurs steht, sondern dass sie auch gut mit Krustentier umgehen können, das bewies einmal mehr die kraftvoll intensive Hummer-Rahmsuppe mit vollem, ausgewogenem Geschmack der gerösteten Schalen, feiner natürlicher Süße und abrundendem alkoholischem Background.

Und obwohl das Steckenpferd der Ochsenpost ganz klar Rindfleisch ist, kann man hier auch ganz hervorragendes Lamm bekommen. So wie wir beim letzten Mal das mustergültig mit Resten vom Fettdeckel knusprig angebratene und mit Lammbutter überbackene Karree mit bestmöglich herausgekitzeltem Eigengeschmack, das von herzhafter Merguez-Wurst sekundiert wurde und nebst grünen Bohnen und Grilltomate ein stimmiges rustikales Gesamtbild abgab. Einziger kleiner Wermutstrop-

fen war beinahe ungenießbar viel Salz an den ebenfalls begleitenden Pommes.

Apropos Steckenpferd: während wir bei Vorspeisen, Zwischengerichten und Hauptgängen hier bei all dem mundwässernd klingenden Überangebot immer gar nicht wissen, was wir bestellen sollen (am liebsten die Karte einmal rauf und runter…), hält sich das bei den seit Jahren recht statischen Nachtisch-Offerten etwas in Grenzen. Neben Panna cotta, Crème brûlée, Apfelküchle, Beerengrütze und den hausgemachten Meringuen mit Erdbeereis und Sahne sprachen uns zuletzt wieder mal die Schokoladenvariationen am ehesten an. Und da kann man wirklich nichts falsch machen, denn vom halbflüssigen Moelleux über kakaoherbes Eis bis zur attraktiv festcremigen Mousse hat das alles Hand und Fuß und schmeckt im besten Sinne üppig schokoladig.

Auf der Weinkarte findet man neben währschaften Tropfen aus Württemberg und Baden auch Hochherrschaftliches, Gereiftes, etwa aus Frankreich – perfekt, um so ein Prachtsteak aus der eigenen Reifemanufaktur zu begleiten, die es übrigens auch als Große, für zwei oder mehrere Personen im Ganzen zubereitete Stücke gibt.

Hotelempfehlung

Ochsen-Post

Franz-Josef-Gall-Str. 13,
75233 Tiefenbronn
☎ 07234-95450
www.ochsenpost.de
Einzelzimmer: 60–140 €
Doppelzimmer: 78–168 €

Die im Jahr 1694 am damals wichtigen Handelsweg zwischen Cannstatt und Speyer errichtete Ochsen-Post kann auf eine geschichtsträchtige Vergangenheit zurücklicken. Wo einst die Umspannstation für die schwerbeladenen Pferdefuhrwerke der Händler war, können heute Gäste in 27 komfortablen, teils modern gestalteten, teils nostalgisch belassenen Hotelzimmern nächtigen: vom romantischen Himmelbett bis zum stylischen Einzelzimmer, ausgestattet mit SAT-TV auf Flachbildschirmen, WLAN, Minibar und modernen Bädern. Bekannt ist die Ochsen-Post auch für ihre kulinarischen Ambitionen, mit hauseigener Premium-Fleischproduktion, einem Backhaus mit täglich frischen Brot- und Backwaren und vielfach ausgezeichneter Gastronomie in unterschiedlichen Räumlichkeiten. Zum Entspannen und Aktivsein steht ein kleiner Wellnessbereich mit Sauna und modern ausgestattetem Kraftraum zur Verfügung. Restaurant Bauernstuben separat erwähnt.

Horizont
im Strandhotel Fontana
Strandallee 47,
23669 Timmendorfer Strand
☎ 04503-870414
www.restaurant-horizont.de
◷ Di–So ab 17.30 Uhr, Mo RT
Hauptgericht: 28–35 €

EC ▭ ◉ **VISA** ⌂ ♿

Mit seiner schönen Lage und der Terrasse direkt an der Flaniermeile des Timmendorfer Strands ist das Restaurant im Strandhotel Fontana im Sommer ein richtiger „Place to be". Aber auch jenseits des Sommers oder bei schlechter Witterung bietet das moderne, schnörkellose Ambiente des Horizont seinen Gästen ein attraktives Umfeld, in dem sich sehr angenehm ein paar genussreiche Stunden ver-

bringen lassen. Der Name des Restaurants ist übrigens in mehrfacher Hinsicht wortwörtlich zu nehmen, denn zum einen genießt der Gast hier tatsächlich fast unverstellten Ostseeblick und zum anderen weitet die Küche schon seit Jahren auch durch die Speisekarte das kulinarische Blickfeld der Gäste, die hier von kreativer Regionalküche über fernöstlich inspirierte Kreationen und Sushi-Zubereitungen, bis hin zu handfesten Steaks vom Holzkohlegrill mit Side-Dishes nach Wahl ein breites Spektrum erwartet.

Und das wird, obwohl Gastgeber und Hotelier Sebastian Hamester am Herd das Zepter zwischenzeitlich an seinen Küchenchef Gioacchino Tranchina abgegeben hat, auch weiterhin in sehr solider und zuverlässiger Manier dargeboten. Dass es hier nun keine Menüs mehr gibt, sondern ausschließlich Gerichte à la carte, mutet in Anbetracht der vielen Fine-Dining-Restaurants mit nur einem einzigen Menü für alle Gäste fast schon revolutionär an. Und daran wird sich auch sicher niemand stören. Denn wer sich hier aus den zahlreichen (aber nicht zu vielen) Offerten, die auch Hauptgänge explizit für zwei Personen wie etwa ein im Ganzen gebratenes Karree vom Iberico-Schwein oder ein komplettes im Ofen gegartes Kikok-Huhn umfasst, selbst sein Menü zusammenstellt, bekommt es nicht mit überladenen Tellern zu tun, sondern mit entsprechenden Portionen, die auch normale Esser vier oder fünf Gänge schaffen lassen.

Zumal es auch keinen obligatorischen Gruß aus der Küche vorneweg gibt – dafür aber exzellentes Brot von Bäcker Gaues mit aufgeschlagener Butter, das allerdings eher zugeteilt (aber gerne nachgereicht) wird. Und so ging es dann in unserem Fall auch gleich schon mit der Wachtel „Peking Style" los, bei der die auf der Haut kross gebratene, akkurat gewürzte, ansonsten aber nicht sonderlich prononciert aromatisierte Brust neben einer mit dem ausgelösten Keulenfleisch der Wachtel, Gurke und Frühlingslauch gefüllten und obenauf mit verschiedenen Kressesorten sowie feinflockigem Knusper der Süßkartoffel dekorieren Rolle aus gedämpftem und mit Hoi-Sin-Sauce glasierten Pfannkuchen angerichtet war. Nicht zuletzt durch die separat angegossene Hoi-Sin-Sauce mit ihrer ausgewogenen, überhaupt nicht plakativen oder wie so oft übermäßig zähflüssigen Art, zeigt das Team, dass es ein gutes Händchen für die asiatischen Einflüsse hat.

Aber auch für Klassiker wie das verfeinerte Leipziger Allerlei, das hier als „Timmendorfer Allerlei" in der Karte stand, aber im Grunde mit allen Ingredienzen aufwartete, die man von dem Traditionsgericht im besten Fall erwartet: Flusskrebsschwänze, Spitzmorcheln, knackige Erbsen und Zuckerschoten, junge Möhrchen und Kohlrabi waren hier auf einer seidigen Kartoffelmousseline ausgebreitet und wurden von einer kraftvollen Flusskrebs-Schaumsauce umspielt, die wie eine gute Bisque zubereitet war. Leider waren die an sich sehr guten Flusskrebsschwänze relativ weich und durchgegart, also vom knackig-glasigen Optimum ein Stück entfernt. Außerdem fehlten dem Gericht ein wenig die Spitzen in Form von Frische, Säure, Ätherik – ein Eindruck, der noch dadurch begünstigt wurde, dass relativ viel Salz im Spiel war und das Ganze dadurch zusätzlich in die Breite ging. Trotzdem ein sehr ansprechender Zwischengang.

Ein ähnliches Defizit, nämlich wenig ausgleichende Frische und Säure gegenüber der durch viel Miso, Buchenpilze und Shiitake allgegenwärtigen Umami-Power, konnte auch dem mit Miso aromatisierten und mit gerösteten Sesamkörnern bestreuten Kabeljau unterstellt werden. Eine Miso-Sabayon und ein „Umami-Sud" brachten ebenfalls nur breite Würze ins Spiel, die auch von dem relativ naturbelassenen Pak-Choi nicht herunterreguliert werden konnte. Wem eher nach Fleisch ist, der bekommt mit einem Entrecôte vom US-Beef, dem auf dem Holzkohlegrill adäquater Flavour und attraktives Finish zuteilwird, ein richtiges Prachtsteak, das je nach persönlichem Gusto mit Kalbsjus, Pfefferrahmsauce oder Sauce Béarnaise (und Beilagen nach Wahl) serviert wird.

Zum Abschluss gibt es die Wahl zwischen einem Sorbet des Tages, einer Käseauswahl vom Affineur Kober und zweier Desserts, zum Beispiel einer cremigen Avocadomousse, der mit Kalamansisorbet, und Shisogel ausreichend säuerlich-fruchtiger Ausgleich und mit Granola ein knuspriges Bett bereitet wurde. Positiv herausgestochen haben auch diesmal wieder nicht nur der zuvorkommende Service, sondern auch die (glasweise) empfohlenen Weine, die gut durchdacht und für den vergleichsweise moderaten Preis qualitativ anspruchsvoll waren.

Orangerie
im Maritim Seehotel
Strandallee 73b,
23669 Timmendorfer Strand
☎ 04503-6052424
www.orangerie-timmendorfer-strand.de
❍ Fr–So ab 18 Uhr, Mo–Do RT
Hauptgericht: 51–59 €,
Menüs: 89–139 €

Dass Timmendorfer Strand zu einem der nobleren Urlaubsorte an der Ostseeküste gehört, ist bekannt. Entsprechend passt auch das Monte-Carlo-Flair der 70er- oder 80er-Jahre dieses Gourmetrestaurants im Erdgeschoss des Maritim Hotels direkt an der Strandpromenade perfekt hierher. Nebenher bietet die Orangerie aber auch einfach ein auf schillernde Art exklusives Ambiente, in dem es sich sehr entspannt genießen lässt. Dafür, dass dies seit vielen Jahren auf beeindruckend hohem Niveau passiert, steht das Team um Lutz Niemann und bietet damit fraglos eines der lohnendsten Ziele für Genießer an der gesamten Ostseeküste. Und das in einem absolut klassischen, fern von Trends und Moden gehaltenen und dennoch inspirierten Stil.

Dabei gehören weltläufige asiatische Akzente genauso dazu wie mediterrane Einflüsse. Der gemeinsame Nenner – und die Stärke der Küche – ist in jedem Fall eine aus viel Erfahrung gewachsene Reduktion auf das Wesentliche, so dass die hohen Produktqualitäten meist mit nur wenige Komponenten ergänzt und auf diese Art dennoch unter Spannung gehalten werden. Dass wirklich jedes Detail eine Funktion auf dem Teller hat, illustrierten bereits die ersten kleinen Appetitmacher in Form eines wolkig luftigen Dashi-Baisers mit Ponzu-Gelee, Pilzcreme und eingelegten Pilzen: feine Säuren, subtiles Umami und präzise Feinabstimmung! Genau das gelang auch bei dem ebenfalls asiatisch inspirierten Küchengruß aus Thunfisch-Carpaccio und Tatar unter mildem Papaya-Chutney, dezenten herbgrünen Akzenten, zitrischer Frische und einen Hauch dunkler Sojawürze ganz ausgezeichnet.

Den offiziellen Auftakt machte dann ein Halbmond von ausdrucksstark aus großen Stücken gearbeiteter Terrine der Périgord-Gänsestopfleber unter hauchdünnem Bitterschokoladendeckel. Diese wurde mutig pikant in einen salzig-nussigen Kontext gestellt, mit dünn aufgepinselter Misocreme, Erdnuss und Zitronenpfeffer ergänzt und – exakt dosiert – nur von einigen Punkten Gel der Goji-Beere aufgebrochen. Das Ergebnis: Handwerklich klassisch im besten Sinn und doch mutig unkonventionell.

Beim folgenden Langoustinen-Carpaccio gefielen zunächst dessen geschmeidig-fleischige Konsistenz und der klare Geschmack, aber auch das gekonnte Spiel mit den natürlichen Bitternoten von knackigem weißem Spargel, Grapefruitgel und kandierter Grapefruit, die vorportioniert noch bessere Effekte erzielt hätte. Die separat servierte Bisque zeigte mit röstig-tiefem Geschmack eine weitere Seite des Krustentiers, wirkte ansonsten durch die gebackenen Langoustino-Stücke darin naturgemäß etwas rustikaler.

Zwar alles andere als rustikal, aber trotz seines eher robusten Fleischs mit einem minimalen Anflug von Trockenheit, wurde danach weißer Heilbutt puristisch von einem warmpfeffrigen Dashisud und Shiitake-Pilz (als Mousse und Scheiben) auf der Umami-Seite ergänzt, während ihm ein feinsäuerliches Gurken-Relish als aufhellender Kontrast diente. Die Idee ging gut auf, aufgrund des nicht ganz optimalen Produkts blieb das aber dennoch nicht der stärkste Eindruck des Abends.

Wieder mehr Anspruch auf diesen Titel hatte der exakt parierte Lammrücken, dessen „weggeputzter" Eigengeschmack durch einen filigranen knusprigen Hautchip teilweise wieder integriert wurde. Das Lamm selbst bot eine perfekt straff-zarte Konsistenz und feine Würze und wurde von knackigen Zucchinilamellen und gebratenen Artischocken mit eleganter grüner Bitterkeit versehen, die von einer zestenherben Zitronenmarmelade mit konzentriert ätherischer Bitterkeit und Säure wieder gebrochen wurde. Hier war nur die Dosierung der aromatisch extremen Zitronenmarmeladen-Nocke etwas schwierig, weil keine logische Proportionierung vorgegeben war und ein klein bisschen zu viel davon sehr schnell sehr dominant wurde. Eine Kleinigkeit, die aber auch angesichts des meisterhaften Handwerks sowohl einer knusprig-saftigen Kartoffel-Millesfeuilles,

als auch der hocheleganten Basilikum-Lamm-Jus, letztlich keine entscheidende Rolle spielte. Wie bereits im letzten Jahr zählte der süße Abschluss erneut zu einem der Highlights des Menüs und verband gekonnt die zart gehaltene Säure von Rhabarber mit Himbeeren und einem sinnvoll wenig gesüßten Mascarponemousse-Törtchen, das mit seinem „frischkäsigen" Schmelz das Fundament für ein cremiges Rhabarbereis und Zitronengrassorbet darstellte. Vor allem durch die Frische und Ätherik des Zitronengrases wirkte das Ganze spannend abwechslungsreich.

Genauso wie die teils traditionell am Tisch portionierten à la carte Gerichte für zwei Personen (die generell klassischer und gegenständlicher gehalten sind), gehören auch die feiner gearbeiteten Petits Fours und ein üppig bestückter Pralinenwagen fest in die Orangerie. Und natürlich das souverän-eloquente Serviceteam und die durchweg lohnenden korrespondierenden Empfehlungen von Sommelier Ralf Brönner, der sich dabei aus einem erfreulich fair kalkulierten Sortiment mit vielen trinkreifen Weinen bedienen kann.

Hotelempfehlung

Maritim Seehotel

**Strandallee 73,
23669 Timmendorfer Strand**
📞 **04503-6050**
**www.maritim.dede/hotels/deutschland/
seehotel-timmendorfer-strand-ostsee/
unser-hotel**
Einzelzimmer: 75–390 €
Doppelzimmer: 135–390 €

Die Lage des Maritim Seehotel, direkt am längsten Strand von Schleswig-Holstein, zeichnet sich nicht nur durch den unverstellten

Meerblick aus, sondern auch durch zahlreiche Attraktionen ganz in der Nähe. Das Haus grenzt an den Kurpark mit Zugang zur Fußgängerzone, so dass man in wenigen Schritten die Einkaufsmeile, die Maritim Seebrücke oder das „Sea Life" Timmendorfer Strand erreichen kann. Die 241 Zimmer, darunter 7 exklusive Penthouses, bieten entweder einen herrlichen Blick über das Meer oder zur Sonnenseite in den grünen Kurpark, sind komfortabel eingerichtet und bieten von kostenfreiem Internet bis zu modernen Flat-TVs zeitgemäße Ausstattung. Ein Highlight ist der große Wellnessbereich mit Meerwasseraußen- und -innenschwimmbad mit Luftsprudelliegen, Gegenstromanlage und Massagedüsen, Saunen, Fitnessbereich und dem exklusiven SPA-Bereich mit Dampfbad, Sanarium, Eisbrunnen, Schlammbad, Thalasso-Wannenbad, Seifenschaummassage, Duft- und Klangraum und vielem mehr. In verschiedenen Bars und Restaurants ist auch vielseitig für das kulinarische Wohl gesorgt. Gourmetrestaurant Orangerie separat erwähnt.

Strandhotel Fontana

Strandallee 47–49,
23669 Timmendorfer Strand
☎ 04503-87040
www.strandhotel-fontana.de
Einzelzimmer: 160–265 €
Doppelzimmer: 180–385 €

Das von Familie Hamester betriebene Privathotel liegt nur 30 m vom Ostseetrand entfernt und ist im Jahr 2017 um einen Neubau in dem für die Ostseeküste typischen Bäderstil erweitert worden. Der klassische und der neue Trakt sind über eine großzügige Lobby miteinander verbunden. Aus vielen der insgesamt 19 Zimmer und Suiten, die elegant und

geschmackvoll mit eigens angefertigten Möbeln, edlen Stoffen, liebevoller Dekoration und echter Kunst eingerichtet sowie mit zeitgemäßem Komfort ausgestattet sind, genießen die Gäste Ausblick auf Meer und Strand. Gediegen entspannen und Kraft tanken lässt sich in dem aus edlen Natursteinen und Hölzern gestalteten SPA-Bereich mit Biosauna, finnischer Sauna, individuellen Duschen und Ruheraum mit Blick in den Atriumgarten. Im Restaurant Horizont bieten Sebastian Hamester und sein Team moderne, kreative Nordische Fischküche mit asiatischen Elementen. Restaurant Horizont separat erwähnt.

Trier (Rheinland-Pfalz)

Beckers Restaurant

in Becker's Hotel & Restaurant
Olewiger Str. 206, 54295 Trier (Olewig)
☎ 0651-938080
www.beckers-trier.de
◉ Do–Sa ab 19 Uhr, So–Mi RT
Menüs: 105–150 €

Der moderne dunkle Kubus, in dem Rezeption, Hotelzimmer und Gourmetrestaurant beheimatet sind, wirkt nicht nur gegenüber dem traditionellen Stammhaus der Beckers als scharfer Kontrast, sondern wirkt auch in dem gediegenen Wohngebiet wie vom anderen Stern. Die Verbindung von Moselschiefer sowie weiteren Naturfarben und -materialien ist auf seine avantgardistische Art ein echter Blickfang – und zugleich klar in der Region verwurzelt. Hier gibt's aber nicht nur fürs Auge, sondern mit der äußerst souveränen Gourmetküche von Wolfgang Becker und Team auch für den Gaumen. Und auch wenn man hier ob der mutigen, in dem Umfeld geradezu ultramodernen Architektur einen sehr expressiven Küchenstil mit scharfen Kontrasten erwarten würde, setzt die Küche von Wolfgang Becker ganz wesentlich auf den unverfälschten Geschmack hervorragender Produkte, die zwar – passend zur Umgebung – modern und aufgeräumt präsentiert werden, aber mehr von ihrer starken Substanz als von scharfen Konturen, filigranen Details oder lauten Effekten leben. Das geht manchmal in die klassische Richtung, mal ins Mediterrane und mitunter auch in exotische Gefilde und bleibt stets ausgewogen und harmonisch. Auch die Weinkarte hält locker das hohe Niveau und selbst glasweise kommen teils gereifte große Gewächse in die Gläser.

Wein- & Tafelhaus

Moselpromenade 4,
54349 Trittenheim
☎ 06507-702803
www.wein-tafelhaus.de
◐ Di–Sa ab 18.30 Uhr, So u. Mo RT
Menüs: 125–180 €

EC ⬤ VISA P ⌂

Daniela und Alexander Oos sind bestens etabliert in einer Region, die zwischen einer verblüffenden Häufung höchstwertiger Gastronomie wie den Restaurants Sonnora und Schanz und einem eklatanten Mangel an gutem Essen schwankt. In Trittenheim selbst kommt nach dem Wein- & Tafelhaus nämlich lange gar nichts und auch dann kaum etwas. Für den Feriengast, der nicht immer auf Gourmetlevel, aber trotzdem auf zuverlässig hohem Niveau essen will, eine schwierige Situation. Feinschmecker indes finden bei diesem Klassiker der Moselgastronomie eine idyllische Terrasse, stilvolle Hotelzimmer, einen „Greißlerei" genannten Feinkostladen und natürlich eine bemerkenswerte Weinkarte, die bei Trittenheimer Winzern besonders stark sortiert ist. Der bestellte restsüße 2001er Riesling von Franz-Josef Eifel etwa passte sehr gut zu den ersten Kleinigkeiten: Rehmousse mit Portweingelee, Spargelsuppe mit steirischem Kürbiskernöl, Räucherforellenmousse mit (erstklassigem!) Kaviar und marinierte Pilze in sehr dünnen Scheiben mit Aceto Balsamico. Das war alles zupackend und eindeutig abgeschmeckt, insgesamt sehr überzeugend. Subti-

ler wirkte das Amuse-Bouche aus Kohlrabi und Saibling – ein Raviolo aus Kohlrabi mit Fischfüllung in einem sehr fein abgeschmeckten, viel Frische vermittelnden Sud.

Der erste Gang des Menus umfasste Kaisergranat und ein Tatar von der Obsiblue-Garnele die mit Avocado, einem Kalamansigelee und Vinaigrette von Holunderblüten kombiniert waren. Das gegarte Krustentier war saftig und gut in Szene gesetzt, das Tatar dagegen verlor sich ein bisschen unter der Avocado, die Vinaigrette wirkte zu allem sehr stimmig. Die für einen Zwischengang relativ große Portion vom Stubenküken schloss sich dem an: und zwar als Zweierlei von saftigen Brustscheiben und einem zarten Ragout. Ein mit Limonenpolenta gefüllter Raviolo mit schön dünnem Teig und cremigem Innenleben nahm das Zentrum des Tellers ein, Frühlingszwiebeln und Kerbelschaum ergänzten diesen Gang perfekt mit ihrer feinen vegetabilen Würze.

Wie viel Wert hier auf die Qualität der Produkte gelegt wird, demonstrierten unter anderem gebratene Jakobsmuschel und Imperial-Kaviar, die mit Blattspinat und Beurre blanc sowie einer Räucherkartoffelcreme kombiniert wurden. Ein klassisch inspiriertes Gericht, das allerdings durch das Spiel aus zarten Räuchernoten und Süße der Muschel die vibrierende Spannung erhielt. Das war in dieser Form klar acht Pfannen wert! Die Tranche vom gebratenen Zander mit knackig gegartem grünem und weißem Spargel sowie einer dynamischen Yuzu-Hollandaise war handwerklich auch deshalb gelungen, weil die Zitrusnote dem Fisch viel adäquate Frische und Leichtigkeit vermittelte. Von eher zupackendem aromatischem Kaliber war dann der Fleischgang, ein Lammrücken mit Bärlauchöl, violetten Artischocken, Chili und Bohnen, der in einer im Vergleich mit anderen Restaurants dieser Klasse geradezu stattlich großen Portion aufgefahren wurde. Mit saftigem, aromatischem Fleisch zu in Streifen geschnittenem Bohnengemüse und einer wohlgelungenen, zur Begleitung des subtilen Lammfleischs nicht zu dominanter Jus. Nur die ausgebackene, in Stäbchenform geschnitzte Kartoffel wirkte etwas laff.

Beim Dessert wurden Rhabarber (knackige, schön säuerlich belassene Stücke) und Erdbeere (als Mousse) mit einem puffernden Schmandeis kombiniert, was ein schönes Spiel zwischen Frucht, Säure und mildernder Creme ergab. Und zum Kaffee schließlich folgte noch ein Teller mit Süßigkeiten wie Cannelé und Fruchtgelee, die ebenfalls klar überdurchschnittliches Niveau hatten und unsere Bewertung final untermauerten.

Insgesamt also ein überzeugendes Ergebnis für eine klassisch geprägte Küche mit sehr guten Produkten und handwerklichem Können, die zumeist zupackend und aromendicht daherkommt. Der Service zeigte sich auch zuletzt wieder einfühlsam, herzlich und nicht zuletzt beim Wein sehr kenntnisreich.

Tröstau (Bayern)

Schmankerl-Restaurant Bauer

Kemnather Str. 22,
95709 Tröstau
☎ 09232–2842
www.bauershotel.de
❤ Mo, Di u. Do ab 18 Uhr,
Fr–So von 11.30–13.30 Uhr u. ab 18 Uhr,
Mi RT
Hauptgericht: 16–22 €

In dem liebevoll dekorierten Gasthaus der Familie Pielorz verbinden sich familiäre Atmosphäre und gute Küche auf charmante Art und schaffen in dieser entlegenen Ecke im Fichtelgebirge eines der wenigen reizvollen Ziele für Genießer. Wobei sich auch die zahlreichen Wanderer, Radfahrer und sonstigen Naturfreunde sicherlich über die frisch und aus ausgesuchten Produkten zubereiteten Gerichte aus der halboffenen Küche von André Pielorz freuen. Der kocht mit handwerklicher Sorgfalt eher schlicht und bodenständig, hält manche Zubereitungen ganz traditionell, andere versieht er mit pfiffigen Akzenten. Für einzelne Gerichte wären sogar 5 Pfannen denkbar, manches liegt knapp darunter. Aber nicht zuletzt aufgrund der günstigen Preise ist das Ganze auch so äußerst attraktiv und die mit Passion zusammengestellte Weinkarte garantiert, dass es dazu auch in den Gläsern etwas Gutes gibt.

Tübingen (Baden-Württemberg)

Schranners Waldhorn

Schönbuchstr. 49,
72074 Tübingen (Bebenhausen)
☎ 07071-61270
www.waldhorn-bebenhausen.de
❤ Mi–So von 12–14 Uhr u. ab 18 Uhr,
Mo u. Di RT
Hauptgericht: 32–37 €,
Menüs: 65–82 €

Würden wir nach dem Musterbeispiel eines Restaurants mit bodenständiger Gourmetküche gefragt, wir würden das Waldhorn in Bebenhausen bei Tübingen nennen. Denn Marie-Luise und Maximilian Schranner bieten in ihren gehoben-ländlichen Stuben ambitionierte Gastronomie mit sehr viel Bodenhaftung und eine Küche, die in ihrer fast schon gutbürgerlichen Art absolut mehrheitsfähig ist, also weder besonders elitär und luxuriös noch überbordend kreativ, aber trotzdem etwas Besonderes und Nichtalltägliches ist. Jeder kann mit dem, was hier in entspannter Atmosphäre aufgetischt wird, etwas anfangen. Das Repertoire des erfahrenen Chefs reicht von verfeinerter Regionalküche der eher traditionellen Art über im besten Sinne opulente und aromensatte französische Klassik bis hin zu leichten mediterran inspirierten Gerichten und er hat sogar ein einfallsreiches vegetarisches Menü im Angebot. All das überzeugt nicht nur mit überdurchschnittlichen Produkten, sondern auch durch seine substanzstarke Art. Dazu der zuvorkommende Service von Marie-Luise Schranner und ihren Mitarbeitern, eine gute Weinauswahl mit Schwerpunkt bei den heimischen Gewächsen und überhaupt ein sehr gutes Preis-Genuss-Verhältnis.

✗

Gasthof Hartl
„Zum Unterwirt"

Duringstr. 5, 82299 Türkenfeld
☎ 08193-999517
www.gasthof-hartl.de
⏰ Mi–Fr von 11.30–14 Uhr u. ab 17 Uhr,
Sa u. So ab 11 Uhr durchgehend,
Mo u. Di RT
Hauptgericht: 10–25 €

EC ⬤⬤ VISA P 🏨

Der in guten Häusern wie dem Süllberg in
Hamburg, der Villa Joya in Portugal und dem
Murnauer Alpenhof geschulte Josef Hartl Junior verleiht seit ein paar Jahren der heimischen Landküche im familiengeführten Gasthof den Reiz der handwerklich fundierten
Zubereitung und gibt den überwiegend traditionellen Gerichten nicht selten auch etwas
Pfiff mit auf den Weg. Wenngleich hier und da
sogar mal ein bisschen Exotik und Kreativität
mit einfließt, bewegt sich das Repertoire im bodenständigen Bereich. Weiterhin gilt: Können
blitzt auf nahezu jedem Teller auf und wird im
Grunde nur durch die üppigen Portionen und
die bisweilen fehlende Detailsorgfalt etwas vernebelt – wobei man hier auch schon aufgrund
der günstigen Preise gar nicht unbedingt
schlank proportionierte Teller oder überdurchschnittliche Präzision erwartet. Somit in jedem
Fall ein solider Tipp!

Anima

In Wöhrden 5, 78532 Tuttlingen
☎ 07461-7803020
www.restaurant-anima.de
⏰ Di–Sa ab 18 Uhr, So u. Mo RT
Menüs: 105–135 €

EC ⬤⬤ VISA 🏨

Seit sechs Jahren halten Janice und Heiko La-
cher mit ihrem modern und lässig designten
Fine-Dining-Restaurant am Donauufer im
Herzen von Tuttlingen nun schon die Fahne

des guten Geschmacks und der ambitionierten
Gastronomie weit hoch – wohlgemerkt in einer
Gegend, die nicht gerade als Gourmethochburg gilt. Mit Konsequenz und Fleiß haben
sich die beiden einen festen Stand erarbeitet,
die schwierige zurückliegende Zeit überstan-
den, und ihre Reputation weiter ausgebaut. Mit
sehr persönlichem, herzlich-zurückhaltendem
Service und einer Küche, die ebenso weltoffen
wie naturverbunden ist und sich in Gestalt eines bis zu achtgängigen Menüs weitgehend
sehr fokussiert und durchdacht präsentiert.
Da Heiko Lacher das Programm nur zusammen mit einem weiteren Koch wuppt und die
Kreationen zwar klug reduziert, aber im Detail
doch oft recht aufwendig gestaltet sind, ist gute
Organisation unabdingbar. Und dass die gegeben ist, kann man in der zum Gastraum hin offenen Küche deutlich sehen, wo bei den konzentriert am Pass arbeitenden Köchen jeder
Handgriff sitzt und alles wie geölte Zahnräder
ineinandergreift, so wie bei einer perfekt einstudierten Choreographie. Dass in dieser Küche während des gesamten Abends wenig brut-
zelt, raucht und zischt, beruht auf guter
Vorbereitung und ist durch moderne Küchen-
technik möglich – verdeutlicht aber auch ein
Defizit, das wir Heiko Lachers Kulinarium ein
wenig ankreiden müssen. Und das auch einer
der Gründe dafür ist, warum wir die Bewertung weiterhin bei (sehr guten) 7 Pfannen belassen: alles wirkt ein wenig zu kühl konstruiert. Es fehlt ein bisschen das Feuer, die
Emotionalität, der Saft, die Ecken und Kanten.
Was die Konzeption der Gerichte und das
Feintuning angeht, bewegt sich vieles im
8-Pfannen-Bereich. Sehr präzise und scharfgestellt waren zum Beispiel schon die Apero-
Snacks, aber insbesondere auch der Auftakt,
ein Rindertatar auf intensivem Gurkensud mit
Jalapeño-Schaum, pinzettenhaft appliziertem
Meerrettich und mikrofeinen eingearbeiteten
Knusperpartikeln. Heiko Lacher ist zudem
hundertprozentig geschmackssicher unterwegs: Mit der vielfach erprobten Kombination
von Entenleber, Rauchaal und grünem Apfel
gelang ihm trotz des (sogar gewinnbringenden!) Mitwirken von weißer Schokolade ein
sehr schön ausbalanciertes, eher frisches,
fruchtiges Foie-Gras-Gericht, das die berühmt-
berüchtigte „Vorspeisendessert" verkörperte. À part dazu verführerisch duftige warme
Brioche mit Aalbutter – einer der wenigen Momente in diesem Menü, wo uns auch der Duft
kurz das Herz aufgehen lässt.
Während die meisten Gerichte ein sehr pointiertes Geschmacksbild verkörpern und sehr
souverän in sich ruhen, wirkte eine weitere

Vorspeise um gezupftes Hummerfleisch, das als cremiger „Salat" im Zentrum des Tellers angerichtet, mit frischen, doppelt gepulten Erbsen getoppt und von einem etwas bunten Vielerlei von Möhre und Kopfsalat sowie einem Garam-Marsala-Schaum eingefasst war, leicht unruhig und diffus. Das war ein mildes, durchaus harmonisches Miteinander, aber eben auch nicht wirklich stringent. Deutlich klarer und pointierter präsentierte sich da schon wieder die mit Kräutern und eigenem Kaviar getoppte, sanft confierte Tranche vom Seesaibling, die in Begleitung einiger ausgelöster kleiner Weinbergschnecken und wie aus dem Ei gepelltem, perfekt knackig-weichem Bruchsaler Spargel auf einem herbfrischen Kopfsalatsud schwamm.

Perfekt vorbereitet, auf dem Punkt sous-vide gegart, final mit einer Algenbutter glasiert und on top mit Herzmuscheln, Tomate, mariniertem Fenchel, Fenchelgrün und Passepierre bestückt, war auch der Saint-Pierre in festfleischiger Idealform klug reduziert und doch sehr facettenreich. Nur von einer Nocke gebackenem Fenchel (sowie weiteren Ingredienzien) und einer milden Pfefferveloué (die wir für Muschelsud gehalten haben) eskortiert, bot die mit vielen Microkomponenten applizierte Tranche selbst schon so viele Eindrücke, dass man rein gar nichts vermisste. Ein wunderbar puristisches, voll umamimäßig aufgeladenes Intermezzo war auch der ausschließlich mit einer Art Parmesan-Crema (dem beim Auskochen der Käserinden entstehenden Schaum) aromatisierte und damit nicht nur extrem würzig, sondern auch schmelzig und geschmeidig gestaltete Risotto von sieben Jahre gereiftem Carnaroli-Reis. Nur mit etwas Zitronenschale und Langpfeffer gewürzt war das ein eindrucksvolles Geschmackserlebnis – mit dem kleinen Schönheitsfehler, dass der Reis partiell noch einen Tick zu körnig war.

Der Hauptgang um geschmorte Querrippe vom Weiderind sah hervorragend aus und war ebenfalls gekonnt puristisch, fast minimalistisch in Szene gesetzt, denn der mit kräuterfrischer Chimichurri lackierte Fleischriegel wurde nur von etwas Ofenzwiebel, einer pikanten und markanten Harissacreme sowie einem kleinen Zylinder gratinierter Kartoffel begleitet. Doch die Konsistenz des Fleischs enttäuschte – denn was beispielsweise zusammen mit knackigen Salaten oder Gemüsen in einem knusprigen Brotfladen seinen großen Reiz hat, wirkte hier als Hauptdarsteller auf dem Teller einfach zu matschig und breiig. Das war Fleisch zum Lutschen, da fehlte der Biss, der Saft, die Präsenz und Ausdruckskraft.

Kritik auf hohem Niveau auch für das Dessert um Erdbeere und Quark unter sanftem Mitwirken von Kaffirlimette. Das war handwerklich tadellos und die Erdbeere kam schön zur Geltung, wirkte aber als Komposition auch etwas nüchtern. Und apropos nüchtern: wer die gut ausgesuchten Weinempfehlungen zum Menü nicht wahrnehmen kann, dem serviert die sympathische Gastgeberin originelle nullprozentige Begleiter wie beispielsweise einen Saft von unreifem Apfel mit Tonkabohne zur Gänseleber oder ein überraschend frisches und wenig süßes Getränk von Litschi, Yuzu und Ingweröl zum Hummer.

Überlingen (Baden-Württemberg)

🍳 5 / 🍴🍴

Bürgerbräu
Aufkircher Str. 20, 88662 Überlingen
📞 07551-92740
www.buergerbraeu-ueberlingen.com
🕐 Täglich 11.30–16.30 Uhr, kein RT
Hauptgericht: 19–29 €, Menüs: 39–65 €

Entgegen dem allgemeinen Trend in der gehobenen Gastronomie, das Restaurant nur noch an wenigen starken Tagen in der Woche und ausschließlich am Abend zu öffnen, machen die Metzlers in ihrem Bürgerbräu, dessen Name zwar auf Stammtisch, Kartenspiel, Bier und rustikale Schmankerl schließen lässt, das aber ein zwar bodenständiges aber durchaus feines Gasthaus mit ambitionierter Küche ist, das genaue Gegenteil. Seit geraumer Zeit haben sie täglich und nur tagsüber geöffnet. Gekocht wird vom Mittag bis zum späten Nachmittag und um sechs wird zugesperrt. Neu sind auch die Tapas, geblieben ist der Spagat zwischen badischen oder französischen Traditionsgerichten, mediterranen Ausflügen und der meist stark asiatisch inspirierten Crossover-Küche, die längst zu Metzlers Markenzeichen geworden ist. So gibt es hier seit vielen Jahren solide klassische Basis, witzige Ideen und pfiffige Pointen – auch und vor allem dann, wenn es auf dem Teller mal etwas exotischer zugeht.

Johanniter-Kreuz

im Romantik Hotel Johanniter-Kreuz
Johanniterweg 11,
88662 Überlingen (Andelshofen)
☎ 07551-937060
www.johanniter-kreuz.de
⊘ Di ab 18 Uhr, Mi–So von 12–14 Uhr
u. ab 18 Uhr, Mo RT
Hauptgericht: 22–35 €, Menüs: 45–88 €

Seit rund 15 Jahren kommen wir regelmäßig hierher ins beschauliche Andelshofen, einer kleinen Ortschaft bei Überlingen am Bodensee, um im Restaurant des Romantik Hotel Johanniter Kreuz reinzuschmecken. Und egal ob im gemütlichen Kaminzimmer, im lichten Wintergarten oder im Sommer auf der Terrasse unter hohen, schattenspendenden Bäumen – wir haben hier eigentlich immer sehr gut gegessen.

Mit der Verkleinerung und Strukturierung der Speisekarte, die nunmehr ein fünfgängiges „Romantik-Menü", eine dreigängige vegetarische Speisefolge und „Liebichs Traditionsgerichte" wie den Bodenseehecht mit Speck und Rotweinsauce nebst Spinat, Pfifferlingen und Lorbeerkartoffeln respektive „Liebichs Classic" (Wiener Schnitzel, Filetspitzen in Cognac-Pfeffersauce…) listet, konnte das Niveau weiter stabilisiert werden. Mit manchen Kostproben kratzte das Team auch diesmal wieder die 6-Pfannen-Hürde. Die ersten Dinge aus der Küche kamen auf einer Étagère, die nicht nur mit zweierlei Sorten qualitativ gutem Brot nebst Butter, Schmalz und Olivenöl bestückt war, sondern auch mit einer keinen würzigen Gazpacho, einem wohlgelungenen Speck-Zwiebelkuchen und einer mit Curry gewürzten Tranche vom Lammfilet nebst etwas Hummus als Löffelhappen.

Das war ein durchgängig ansprechender Auftakt, dem eine prinzipiell ebenfalls ansprechende Vorspeise von roh mariniertem Thunfisch auf Scheiben von der Oktopussülze folgte, die nur den einen Schönheitsfehler hatte, dass es die Küche hier mit Umami etwas zu gut meinte. Nicht nur der Thunfisch selbst war sehr sojawürzig eingelegt, was seine dunkle Farbe schon suggerierte, auch ein ziemlich salzkonzentriertes Sojagel war in Tupfen auf dem Teller zugegen. Zwar milderten einige Gurkenperlen und eine Joghurtcreme diese Wucht etwas ab, aber insgesamt war es schon etwas too much.

Die gebratene (Bio-)Entenleber in angenehm fester Konsistenz und mit gutem, klarem Geschmack kam in einer gar nicht uninteressanten, vom Mundgefühl her aber etwas eindimensional breiigen Melange aus Cassis-Rhabarber und Pastinakenpüree daher – war also, zumal durch das Mitwirken von etwas Jus, schön gleichmäßig zwischen fruchtig und herzhaft ausgemittelt, wirkte aber gleichzeitig etwas diffus. Ein sehr schönes, sowohl geschmacklich als auch haptisch gut ausgewogenes Gericht war beispielsweise der mit einer unaufdringlich dünnen Kräuterbröselkruste gratinierte Saint-Pierre, der mit einer zart bissfesten grünen Spargelstange und einem großen, mit Hummerfarce gefüllten Raviolo auf Hummerschaumsauce gebettet war. Ein eher mildes, weiches Gericht ohne Kontraste, aber als solches sehr harmonisch und gut gelungen.

Ähnlich rund und auf klassischen Wohlgeschmack ausgelegt, aber naturgemäß etwas kraftvoller und dichter, kam im Hauptgang eine sauber ausgelöste und mit getrüffelter und gekräuterter Semmelmasse gefüllte Wachtel daher, die zugleich eindrucksvoll unter Beweis stellte, dass hier noch richtig gekocht und auch vor solchen traditionellen aufwendigeren Zubereitungen nicht zurückgeschreckt wird. Sehr gut! Begleitet wurde der goldbraune, saftige Vogel angenehm reduziert von sautierten Pfifferlingen, ein paar grünen Bohnen und seiner sehr feinen, nicht zu intensiven, aber auch nicht zu schmalbrüstigen dunklen Trüffelsauce auf Geflügelbasis.

Das Dessert „Weiße Schokolade mit Himbeeren und Paprika" war alles in allem auch eine ansprechende Sache, wenngleich hier die kreative Paprika-Komponente, die wir in der Himbeermousse oder in der Himbeer-Fruchtsauce vermuteten, nicht wirklich durchschlagen und letztlich nur erahnt werden konnte. Außerdem war der mit Himbeeren gefüllte weiße Schoko-ladenkuchen ein bisschen zu trocken und mampfig. Aber ersteres trübte nicht den guten Geschmack des Desserts und letzteres konnte mit dem sehr feinen, schmelzigen weißen Schokoladeneis kompensiert werden.

Die Weinkarte ist vom qualitativ anspruchsvolleren Bodensee-Viertele bis zu Klassikern aus dem Bordelais weiterhin gut bestückt und fair kalkuliert. So wie hier überhaupt seit jeher ein moderates Preis-Leistungs-Verhältnis herrscht.

Landgasthof Zum Adler

Hauptstr. 44,
88662 Überlingen (Lippertsreute)
☎ 07553-82550
www.adler-lippertsreute.de
❍ Fr–Di von 11.30–14 Uhr
u. ab 17.30 Uhr, Mi u. Do RT
Hauptgericht: 12–31 €

Die Familie Vögele betreibt ihren wunderschönen alten Fachwerkgasthof mit nostalgischen, authentisch-rustikalen Stuben nun schon in der elften Generation. Und Peter Vögele, der heute am Herd für die kulinarischen Geschicke verantwortlich zeichnet, bietet hier auch schon seit vielen Jahren eine fundiert zubereitete Regionalküche, die neben Altbewährtem auch immer ein paar nicht alltägliche Spezialitäten bietet, zum Beispiel rare Innereien oder Schmorgerichte. Im Sommer sitzt es sich draußen vor dem Haus unter einem schattenspendenden Baum am schönsten, wo solche Dinge wie Schneckenpfännle, Kalbszüngle, Lammbeuscherl oder die famosen hausgemachten Bratwürste gleich nochmal so gut schmecken. Auf der Weinkarte gibt es allerhand Gutes vom See, aber auch Gewächse aus anderen deutschen Anbaugebieten und internationaler Provenienz.

Hotelempfehlung

★★★★

Romantik Hotel Johanniter-Kreuz

Johanniterweg 11,
88662 Überlingen (Andelshofen)
☎ 07551-937060
www.johanniter-kreuz.de
Einzelzimmer: 79–89 €
Doppelzimmer: 146–198De €

Das 400 Jahre alte, ruhig und beschaulich im Weiler Andelshofen bei Überlingen gelegene Landhaus, das einst vom Johanniter-Orden als Poststation bewirtschaftet wurde, ist heute ein moderner Hotelbetrieb. Von hier aus sind es nur fünf Autominuten zum Ufer und zur schönsten und längsten Strandpromenade des Bodensees. In unmittelbarer Nähe befindet sich auch der Golfplatz Lugenhof. Die gepflegten, teilweise klassisch, teilweise modern eingerichteten Zimmer sind hell und geräumig. Darüber hinaus verfügt das Hotel über einen großzügigen Wellness- und Fitness-Bereich, der von Gästen kostenlos genutzt werden kann. Kosmetische Anwendungen sind jederzeit gegen Aufpreis buchbar. In der ehemaligen Scheune befindet sich heute der gastronomische Bereich des Hauses mit seinen verschiedenen Räumlichkeiten. Restaurant Johanniter-Kreuz separat erwähnt.

Restaurant auf Schloss Filseck

Filseck 1, 73066 Uhingen
☎ 07161-28380
www.restaurant-auf-schloss-filseck.de
◑ Di–Fr von 12–13.45 Uhr u. ab 18 Uhr,
Sa ab 18 Uhr, So u. Mo RT
Hauptgericht: 48–68 €,
Menüs: 75–175 €

Das auf einer Anhöhe umgeben von Feldern, Wald und Obstwiesen gelegene Schloss Filseck ist nicht nur für Spaziergänger und Wanderer ein beliebter Anlaufpunkt, sondern seit längerem auch für Genießer. In dem historischen Ambiente des Schlosses, in der warmen Jahreszeit im idyllischen Innenhof, ansonsten zwischen dicken Steinmauern und Holzbalken an elegant gedeckten Tischen, wird hier vom Team um Daniele Corona seit Jahren eindrucksvolle Gourmetküche mit individueller mediterran-italienischer Handschrift geboten. Und damit hebt sich das Restaurant nicht nur durch die besondere Atmosphäre, sondern seine Stilistik vom Gros der ambitionierten Restaurants (nicht nur) in der Umgebung ab. Zwar beschränkt sich das Team nicht auf eine puristische Produktküche, wie sie vielleicht noch typischer für die Cucina Italiana wäre, sondern denkt und interpretiert deren Klassiker gern auch mal neu und etwas avantgardistischer. Besonders spannend wird es aber immer dann, wenn das klassische Fundament der Haute Cuisine und aufwendig moderne Spielereien eher in den Hintergrund treten. Und genau das gelingt, ohne dass sich am Stil grundlegend etwas geändert hätte, zunehmend immer öfter.

So etwa, nach einigen adretten Knuspereien zum Aperitif – darunter Blätterteig mit Rehschinken und ein fluffiges Kartoffelbällchen –, bei den einleitenden Spaghetti mit roh darunter gemischtem Fangschrecken-Krebs, grasigem Olivenöl und einigen gerösteten Bröseln als typisch italienisch-puristischer Geniestreich mit sanftem cremigem Krustentiergeschmack. Oder bei dem ebenso originell und authentisch italienisch wirkenden flaumig gedämpftem Hefeteig-Bällchen, das mit würzigem Honig karamellisiert neben einem fruchtig-pikanten Röstgemüse-Espuma mit Piment d'espelette angerichtet war. Gelungene Einstimmung auf das Menü!

Dieses startete dann mit einer nicht nur optisch markanten Sepia-Präsentation: zum einen als tiefschwarz gebundenes Kichererbsenragout unter erdig-luftigem weißem Bohnenschaum, der von Pulver aus schwarzer Limette feine Säurespitzen und spannende Würze mitbekam. Zum anderen als sous-vide gegarte „Tagliatelle" mit ätherischer Kräuterfrische von Seefenchel. Und schließlich als knusprige frittierte Streifen in einer limettenfrischen Mayonnaise sowie als pfeffriger Lardo rund um dünne Grissini. Alles in sich klar auf dem Punkt, dank des getrennten Anrichtens nicht überladen, und alles zusammen in einer enormen Bandbreite möglicher Facetten des nur selten in den Fokus gerückten Sepia.

Eine spannende winterliche Interpretation von „Risotto" (ganz ohne Reis) folgte mit verschiedenen hellen, nussigen Wurzelgemüsen von Schwarzwurzel bis Topinambur als Creme, hauchdünne Chips und gebackene Stücke. Zwischen diesen wurde ein aus kleinen Würfelchen der gleichen Gemüse und Reiskochwasser gerührter Risotto (der von einer beinahe äquivalenten Menge an Wintertrüffel veredelt wurde) angerichtet und schaffte so einen faszinierenden, mit nussig-erdigen Aromen spielenden Eindruck, den unter anderem eine feine Säure in den Gemüsecremes davor bewahrte, zu sehr ins Erdig-Breite abzudriften. Originell und sehr gut!

Eher in bekannten Bahnen bewegte sich der kraftvolle Fischgang rund um kross auf der Haut gebratenen Adlerfisch, der auf einem knusprig gebackenen Fregola-Rondell nebst Basilikum- und Tomatencremes obenauf, einem Topping aus Tomaten-/Kapern-Tapenade und roh gehobeltem Fenchel in einem konzentrierten mediterranen Fischsud präsentiert wurde. Das ergab enorm verdichtete, warme und starke Aromen, denen der robuste Fisch eben noch standhalten konnte. Nur mögliche feinere Details kamen dabei etwas zu kurz.

Von denen gab es dafür bei der sous-vide gegarten Rebhuhnbrust im Hauptgang wieder
etwas mehr. Das zarte glasierte Fleisch wurde
hier im Hauptteller neben fermentierter roter
Traubencreme, etwas pfeffriger Pikanterie und
einer kräftigen Taubenjus angerichtet, auflockernd frisch ergänzt von einem Salat aus Radicchio, gepickelter Zwiebel und Traube. Separat erweiterten außerdem ein kühler Doppelkeks mit Innereien-Füllung und eine Kokotte
mit gezupftem Keulenfleisch, geschmolzenem
Weichkäse und Polentasespuma als rustikal-lu-
xuriöser Side-Dish das Spektrum. Auf seine unkompliziert-niveauvolle, zum kreuz und quer
Durchprobieren und Kombinieren einladende
Art, war das äußerst gelungen. Einzig mit klassischem Braten an der Karkasse (statt sous-
vide) hätte das Rebhuhn mit noch mehr Charakter auftreten können.

Zum Abschluss bot ein nachvollziehbarerweise
als „Lieblingsdessert des Chefs" angekündigtes
Pré Dessert mit kleinen Nocken aus Vanille-
und Schokoladeneis mit marinierten rotfruchtigen Beeren, einem im Beerenfond eingelegten Baba nebst Schokocrumbe und hauchdünnen Schokoladenhippen einen verführerischen
Übergang ins Süße. Und das Team knüpfte sodann mit einem Traubenmosteis mit Safran-
Quitte, karamelisierter Nuss, Nusslikör und
gezupften Panettone-Stückchen auf winterlich-
weihnachtliche und sehr eigenständige Art daran an.

Damit legte das Team nach den verschiedenen
Corona-Pausen tatsächlich nochmal einen
Zahn zu und müsste nur noch wenige Details
optimieren, um auf ein noch höheres Bewer-
tungslevel zu springen. Auch das bestens eingespielte Serviceteam zeigte sich zuletzt hochmotiviert und sorgte rundum für Wohlfühl-Atmosphäre. Inwiefern sich der neu ins
Team aufgenommene Service-Roboter „Luigi"
etabliert, wird sich erst noch zeigen – zuletzt
hatte er eine amüsante Statistenrolle. Für
die gut abgestimmten Getränkeempfehlungen
und die Pflege des vor allem in Deutschland
und Italien bestens aufgestellten Weinsortiments wird aber wahrscheinlich sowieso eher
das kompetente menschliche Serviceteam zuständig bleiben…

Uhldingen (Baden-Württemberg)

Seehalde
im Hotel Seehalde
Maurach 1,
88690 Uhldingen (Mühlhofen)
☎ 07556-92210
www.seehalde.de
◉ Do–Mo von 11.45–14 Uhr u. ab 18 Uhr,
Di u. Mi RT
Hauptgericht: 23–42 €,
Menüs: 45–78 €

Unter den vielen guten Gasthäusern und Restaurants rund um den Bodensee ist die Uhldin-
ger Seehalde, die direkt am Ufer gelegen ist und
eine wunderschöne Terrasse mit unverstellter
Sicht hat, der vielleicht schönste Platz, um direkt am Wasser zu essen. Noch viel stärker als
die Gunstlage zieht uns aber die Kochkunst
von Markus Gruler hierher, die seit vielen Jahren zu den eigeständigsten und auch originellsten Küchen im weiten Umkreis gezählt werden
darf. Weil die aber nicht in einem dezidierten
Fine-Dining-Restaurant mit einer Handvoll Tischen, wenigen Servicezeiten und durchcho-
reografiertem Ablauf serviert wird, sondern in
einem mittelgroßen Hotelrestaurant, in dem
auch Halbpensionsgäste verpflegt werden und
ein Zwiebelrostbraten oder Wiener Schnitzel
auf der Karte stehen, bewegt sie sich bei sehr
vielen Feinschmeckern nach wie vor unter dem
Radar.

Völlig zu Unrecht! Mit sehr viel Bodenhaftung
und Liebe zur Region und ihren Produkten,
aber mit genau so viel Kreativität und Weltoffenheit, sorgt das Team um Markus und Thomas Gruler hier nämlich für einen äußerst attraktiven Mix aus herzhaften, verfeinert rusti-

kalen Gerichten und sensibel umgesetzten, leichten, ausdrucksstarken Kreationen aus weiter gereisten Viktualien. Sämtliche Zubereitungen zeichnet sehr viel Substanz und ein souveränes Produktverständnis aus – und zwar völlig egal, ob man Felchen mit Spargel, Hollandaise und Kartoffeln aus dem Linzgau oder Steinbutt mit in Molke gegartem Gemüse und Molke-Beurre-blanc bestellt.

Der Schmaus beginnt immer mit sehr gutem selbstgebackenem Brot und einem milden spanischen Olivenöl der besseren Sorte, optional zum Aperitif auch mit Kartoffelschaum und Felchenkaviar. Mit dem kleinen Gruß aus der Küche zeigt Küchenchef Marcus Gruler dann gleich eindrucksvoll, warum wir seine Küche seit Jahren so hoch bewerten: das kleine Weckgläschen mit weißem Schaum sieht nach nicht viel aus, aber darunter ist ein vollaromatisches und maximal schmelziges klares Tomatengelee versteckt und der Schaum selbst entpuppt sich als rahmiger Mozzarellaschaum, auf dem Tomatenflocken, Olivenbrosel und ein paar kleine Blätter Basilikum das Caprese-Flavour komplettieren.

Auch wenn Thomas Gruler eine ansprechend sortierte Weinkarte hegt und pflegt, in der von Baden bis Bordeaux viel Gutes und persönlich Zusammengestelltes zu finden ist, lohnt es sich auch mal sehr, seine alkoholfreien Begleitgetränke zum Menü zu probieren. Die sind allesamt aus eigener Hand, sehr leicht und überhaupt nicht süß. So wie beispielsweise der Trunk aus grünem Tee, Fenchel, Lorbeer und Staudensellerie zur Vorspeise von Bodenseefischen, die sich alle als äußerst gelungen, teilweise sogar richtig originell erwiesen. Einfallsreich war zum Beispiel der gebratene Aal in einem luftigen nussigen Kartoffelschaum mit Kürbiskernen und Kürbiskernöl, aber auch das à la Matjes eingelegte Filet vom Rotauge, das mit Hechtkaviar im Kreise süßsäuerlicher Gurken und Radieschen sowie grünem Apfel und einem Essiggurkengelee auf leichter Sauerrahmcreme eine fein abgestimmte Kreation abgab und sehr viel Spaß machte.

Den macht auch erwartungsgemäß die Bouillabaisse von Bodenseefischen, die nicht etwa ein helles, dünnes, klares Fischsüppchen ist, sondern ihrem Namen alle Ehre macht und als intensiv rotbraune röstaromatisch-maritime Variante mit natürlicher sämiger Bindung begeistert. Darin schwammen diesmal nicht nur punktgenau gegarte, optimal festfleischig-frische Fischfilets, sondern auch – etwas gecrossovert – eine Pimiento de Padrón, Bohnenker-

ne, Kapernäpfel und rohe Tomate, daneben stilecht Röstbrot und Rouille, im Glas äußerst passgenau ein Getränk aus klarem Tomatensaft, Fenchel und Fenchelsaat.

Eine ganz besondere Delikatesse war für uns der Fischgang vom Bodenseehecht, der eine stattlich hohe, auf der Haut kross gebratene Tranche mit wunderbar festem, saftigem und reinem Fleisch, ein zartes Hechtklößchen seine gebratene Leber beisteuerte. In Begleitung eines Flusskrebses, aus dessen Artgenossen Karkassen auch die Schaumsauce zubereitet war, die dieses Gericht umspielte, aber auch von ätherischen Mairübchen, etwas Rübstielgemüse und einem Lauchpüree auf Kartoffelbasis, war das ein Gericht, das so oder auch nur ähnlich wohl kaum ein zweites Mal serviert wird – schon gar nicht in dieser Qualität. So kann man hier eigentlich schon von einer gewissen eigenen Handschrift sprechen. Und aus der Hand von Thomas Gruler gab's dazu als alkoholfreie Begleitung einen Gurkensaft mit Tonic, der mit seiner Leichtigkeit und herben Gurkennote ebenfalls prima korrespondierte.

Ein mit Thymian und Piment d'Espelette markant abgeschmecktes Getränk auf Basis von Kaninchenfond und Tonic machte zum Zweierlei vom Kaninchen spannend Furore. Dessen (etwas zu weichfleischige) Krone und die (sehr gute) glasierte Keule auf frischen Morcheln auf einer schmorwürzigen eigenen Sauce angerichtet. Als Begleitung ließ sich der Chef fluffige Gnocchi und drei ausdrucksstarke und markante Zubereitungen von der Bio-Karotte einfallen, die garantiert auch Leute begeistern können, die normalerweise nicht auf Karotte abfahren.

Nichts als Begeisterung unsererseits auch für das Dessert, einem maximal fluffigen und lockeren Grießknödel, den man schon als „leicht" bezeichnen könnte, in spätfrühlingshafter Kombination mit Rhabarberkompott, einem frischen laktischen Maikraut-Eis und einer mit ihrem karamelligen Schmelz puffernden Creme aus blonder Schokolade. Und auch hier ist jede Komponente perfekt auf den Punkt gebracht, wurde jedes Aroma gut herausgearbeitet und freigestellt. Da kann man nur immer wieder staunen, dass die Küche der Seehalde in den meisten anderen Guides so unter Wert verkauft wird.

Hotelempfehlung

Hotel Seehalde

Maurach 1,
88690 Uhldingen (Mühlhofen)
☎ 07556-92210
www.seehalde.de
Einzelzimmer: 83–93 €
Doppelzimmer: 152–210 €

🏧 P 📶 🖼 hīħ

Generationsübergreifend zählt dieser familiengeführte Betrieb in Maurach bei Uhldingen seit jeher zu den gediegensten Adressen direkt am Bodenseeufer, doch in den vergangenen Jahren ist unter der Ägide von Thomas und Markus Gruler wieder eine Menge passiert. Es wurde viel umgebaut und renoviert, so dass hier nun zahlreiche neue, moderne Zimmer entstanden sind, die zeitgemäße Optik und komfortable Ausstattung bieten. Alle Zimmer haben Seesicht und sind mit Flachbildfernseher/SAT-TV, kostenlosem WLAN, Föhn, Bademantel, Telefon und Radio ausgestattet, haben teilweise auch Sitzecke oder Sofa. Die Komfortzimmer zeichnen sich durch ihr geschmackvolles Interieur mit Eichenholzparkett aus und verfügen über Minibar sowie Loggia oder Balkon. Außerdem: eigener Strand mit Steg und Bootsanleger sowie ein Hallenbad mit Sauna. Zur körperlichen Entspannung bietet „SeeYoga-Massage" verschiedenste Verwöhnmassagen wie Ayurvedische Ölmassagen, Seidenhandschuhmassagen oder Hot Stone-Massagen an. Vielfach ausgezeichnete regionale und internationale Küche. Restaurant Seehalde separat erwähnt.

Seestern

im LAGO hotel & restaurant am see
Friedrichsau 50, 89073 Ulm
☎ 0731-2064000
www.lago-ulm.de
◑ Di–Sa ab 18.30 Uhr, So u. Mo RT
Hauptgericht: 30–48 €,
Menüs: 95–189 €

🏧 ▭ 💳 VISA P hīħ ♿

Mit dem seit dem Sommer 2018 in einem Ergänzungsbau angesiedelten Fine-Dining-Restaurant Seestern ist dem Hotel Lago ein echtes Kunststück gelungen: Obwohl in unmittelbarer Stadtnähe, transportiert das mit Holz und anderen Naturmaterialen einem Bootshaus nachempfundene Restaurant, das durch die bodentiefe Glasfront den Blick auf den kleinen See vor der Haustüre freigibt, eine auf stilvolle Art äußerst idyllische Atmosphäre. Im Sommer kann man sogar auf der unmittelbar ins Restaurant übergehenden Terrasse genießen und ansonsten zeigen warmes Licht, im Winter ein prasselndes Kaminfeuer und im Sommer die unmittelbare Nähe zum Wasser auf sehr angenehme Art ihre Wirkung.
In jedem Fall ist das eine äußerst ansprechende Bühne für das Team um Küchenchef Klaus Buderath, der bereits seit 2013 die Gourmetküche im Lago prägt und immer weiterentwickelt. Und eine solche Bühne verdient die Küche auch, die einerseits viele ausgesuchte Produkte aus der nahen Umgebung, andererseits aber durchaus auch mal weiter gereiste Zutaten zu kreativen und enorm schlagkräftigen Gerichten veredelt und dabei trotz ihres Einfallsreichtums erfreulich klar und zugespitzt auf den Geschmack (und nicht auf eine Idee oder die Optik) hinarbeitet. Das untermauerten zuletzt bereits die ersten Kleinigkeiten mit einem auf

einem Pfeffercracker angerichteten Rindertatar mit Senfkörnern und Crème fraîche, gebeiztem Zander mit deutlicher süß-salziger Würze nebst Kaviar-Haube und eingelegten Kürbiswürfelchen auf einem Krabbenchip, sowie eine Praline aus warmwürzig geschmorter Karottencreme in nussig-knusprigem Amaranth. Noch mehr aber die als Küchengruß präsentierte grüne, luftig-schaumige Nocke mit überraschend hochintensivem Matjesgeschmack, akzentuiert von Dill und gehalten von einem papierdünnen röstigen Chip, neben frischem Gurken-Joghurt mit marinierten Dillspitzen und karamellisiertem Pumpernickel.

Der erste Gang rund um Kaninchen als Crépinette in einer frischgrünen Farce und zartem dünnen Rübenmantel wirkte optisch zunächst wie eine seltsame Rückkehr zur Nouvelle Cuisine. Seinen eigentlichen Reiz entfaltete der Gang aber durch die zauberhaft zartgrüne Umgebung aus Weizengrasöl, Erbsenkeimlingen, Erbsencreme und gerösteter Piemonteser Haselnuss. Separat bündelte eine zarte Sphäre von Erbse und Minze in einem Mürbteig-Tartelette die frischgrüne Seite noch einmal in einer handwerklich perfekten Miniatur und rundete den letztlich gar nicht so minimalistischen, sondern in feinen Nuancen abgestuften Eindruck ab.

Eine mutig eigenständige Idee lieferte das Team dann mit einer komplexen Essenz mit dunklen röstigen Brotnoten, die von Brotcreme-Tupfen und rohen Champignons verstärkt wurde. Dazu setzte Estragonöl eine duftig-ätherische Hintergrundnote, während Erbsenkeimlinge und ein separater papierdünner Brotchip mit Hüttenkäse und Sprossen dem essentielle laktische Frische gegenüberstellte.

Auch der sanft gegarte Saibling mit feinbitterem Löwenzahn, Crème fraîche, säuerlich auffrischenden Noten von Himbeeren, salzigen Kicks von Saiblingskaviar und nussiger Quinoa, die allesamt von einer vollmundig-säurefrischen Bonito-Beurre-blanc getragen wurde, zeigte, wie durchdacht und individuell die Seestern-Gerichte angelegt sind – und wurde außerdem durch einen Mini-Berliner mit Crème fraîche und Saiblingskaviar auch noch auf unkompliziert „leckere" Art bestens ergänzt.

Bei der Taubenbrust, die im Hauptgang in tiefroter Zartheit unter etwas konzentriertem Kirschgel und knusprigem Amaranth eher puristisch präsentiert wurde, schaffte insbesondere das markant mit Szechuanpfeffer getunte Kirschgel, gemeinsam mit einer transparent intensiven Taubenjus und einer glasierten Kirsche, für einen spannungsgeladenen Eindruck fernab von fruchtiger Süße. Einziges Problem

dabei, das noch mehr für den begleitenden Side-Dish galt: die sehr niedrige Serviertemperatur, die vor allem beim auf kraftvoll-süffige Harmonie ausgelegten Buchweizen-Raviolo mit saftig-dunkel geschmortem Taubenragout in einer schaumigen Buchweizenvelouté ein klein wenig Potential verschenkte.

Aber das sind Kleinigkeiten, die für den Gesamteindruck keine wesentliche Rolle spielen und beim abschließenden Rhabarbersorbet auf einem elastisch gelierten weißen Stein aus Schokoladenmousse neben Waldmeister-Sponge sowie Fichtensprossen, Himbeer-Segmenten und Yuzu-Kaviar (für weitere differenzierte Säuregrade) auch schon wieder vergessen sind.

Zu dem Menü in vier, sechs oder acht Gängen, das auch als vegetarische Option angeboten wird, lohnt sich sowohl die Getränkebegleitung aus originellen alkoholfreien Drinks als auch die Weinbegleitung unbedingt – in beiden Fällen nämlich wird charaktervoller und gut abgestimmter Trinkspaß garantiert. Das souverän entspannt agierende Serviceteam berät aber natürlich auch bei der Auswahl einer oder mehrerer Flaschen aus dem beachtlichen Sortiment genauso kompetent wie in allen anderen Fragen.

Siedepunkt

Eberhard-Finckh-Str. 17, 89075 Ulm
☎ 0731-9271666
www.siedepunkt-restaurant.de
⊙ Mi–Sa ab 18 Uhr, So–Di RT
Menüs: 67–116 €

Das zeitlos-modern in Grau-, Schwarz- und Holztönen gestaltete Gourmetrestaurant Siedepunkt, das in Böfingen am nördlichen Stadtrand von Ulm unter dem Dach des Best Western Plus Atrium Hotel residiert, hat erst während der Corona-Phase mit Benedikt Wittek einen neuen Küchenchef bekommen und jetzt einen neuen Betreiber. Dem Vernehmen nach soll personell und konzeptionell alles beim Alten bleiben, allerdings wurde das Restaurant gleich nach dem Betreiberwechsel erst mal für einige Monate geschlossen und die Wiedereröffnung soll nicht vor Herbst 2022 stattfinden. Bis dahin setzen wir die Bewertung aus und freuen uns auf den nächsten Besuch.

Treibgut

im LAGO hotel & restaurant am see
Friedrichsau 50, 89073 Ulm
☎ **0731-206400251**
www.lago-ulm.de
◐ **Täglich ab 14 Uhr durchgehend, kein RT**
Hauptgericht: 12–30 €

Das unweit des kleinen Messezentrums und dem Ulmer Tiergarten an einem kleinen namensgebenden See gelegene Hotel Lago ist ein echtes Phänomen in Sachen regionaler Lieferantennetzwerke, eigener Produktion und nachhaltiger Strukturen. In den letzten Jahren wurde hier mit den Lago Genusswerkstätten ein beeindruckender kleiner Kosmos geschaffen, in dem von Backwaren und Honig bis zu Bier, Pasta und Eiscreme aus eigener Fertigung ein hohes Niveau der Basisqualitäten sichergestellt wird. Da verwundert es dann kaum, dass nicht nur im Gourmetbereich des „Seestern", sondern auch im bodenständigeren „Treibgut" unter Küchenchef Ole Lückstädt ein deutlich überdurchschnittlicher Anspruch angelegt wird. Obwohl das weitläufige, ebenso „cosy" wie stylisch designte Restaurant im Grunde ein Hotelrestaurant mit entsprechend breitem und niedrigschwelligem Angebot ist, mischen sich auf

der Karte ganz traditionelle Sachen wie ein Wiener Schnitzel mit Preiselbeeren und hausgemachtem Kartoffel-/Gurkensalat, Schwäbischer Zwiebelrostbraten mit Bratkartoffeln oder verschiedene Salatvariationen unbekümmert mit deutlich ambitionierteren Gerichten. Entsprechend hat sich das Treibgut auch längst als entspannter Genussort für externe Gäste etabliert.

Unter den ambitionierten Gerichten zeichnen sich vor allem die Vorspeisen und Desserts durch Detailgenauigkeit und kreativere Kombinationen aus, während die Hauptgerichte in der Regel wieder etwas gediegener ausfallen. Das gilt für die mittlerweile als Evergreens fest auf der Karte verankerten Gerichte wie ein Tatar vom Weiderind mit gepickeltem Gemüse, Kapern und Eigelb oder die gebratene Brust vom Kornhuhn mit glasierten Karotten, Baby-Mais und Süßkartoffelpüree genauso wie für die diversen wechselnden Angebote von der Tageskarte.

Von dieser gefielen zuletzt besonders die saftigen Falafel-Bällchen mit hauchdünner knuspriger Kruste, deren markante Kreuzkümmelwürze von akkuratem und ebenfalls prägnantem Gemüse von gelben und grünen Zucchini über Auberginencreme bis zu gebratener grüner Paprika ergänzt wurde. Und die von dünnen Gemüsechips noch zusätzlichen Crunch mitbekamen. Alles zusammen ergab auf lässige Art ein abwechslungsreiches Arrangement mit starken Aromen und immer wieder neuen Kombinationsmöglichkeiten.

Kompakter angerichtet und ebenfalls pfiffig arrangiert waren danach knusprig zarte Oktopusstücke, die gemeinsam mit roter Paprika und Saiblingskaviar auf einen dezent arabisch angehauchten Couscous-Sockel gesetzt waren. Die erhielten von einer prononcierten Chorizocreme sowohl verbindenden Schmelz als auch einen sich gut einfügenden Würze-Boost. Nicht aus den tagesaktuellen Empfehlungen, sondern von der regulären Karte, stammten die mildwürzig gebeizte Lachsranchen, die mit Avocado- und Misocreme, knackigen Radieschenscheiben und süß-sauer eingelegten (gar durchgezogenen) Gartengurken zu einem aufgelockerten und ebenfalls attraktiven Miteinander arrangiert wurden.

Demgegenüber wirken Hauptgerichte aus dem Evergreen-Bereich wie die nussbuttrig gebräunten Schlutzkrapfen mit saftig-kräftiger Füllung aus Blattspinat und Bergkäse deutlich schlichter und rustikaler – bieten aber ebenfalls akkurates Handwerk und schön deutlichen natürlichen Geschmack. Eben ganz genau so, wie man sich das im besten Fall von derartigen

Soulfood-Gerichten erwartet. Und wer sich zu zweit auf ein Hauptgericht einigen kann, findet mit den „Treibhölzern" lohnende größere Steakcuts vom aus Mutterkuhhaltung stammenden bayerischen Rind, oder eine im Ganzen gegrillte Dorade mit Dips und Beilagen nach Wahl…

Angesichts der unterschiedlichen Stilistik zwischen einigen Vorspeisen und den bodenständigeren Hauptgerichten spiegelt die Bewertung einen Durchschnittswert wieder. Einige Vorspeisen und teils auch die Desserts liegen durchaus auch auf einem höheren Level. So beispielsweise zuletzt auch die zarte vanilleduftige Cheesecakemousse, deren üppiger Schmelz gekonnt von einem beerenfruchtigen Sorbet, confierter Zitronenzeste und marinierten Himbeeren, Brombeeren und Johannisbeeren sowie Himbeerbaiser und Amaranthcrumbles kontrastiert wurde und sowohl mit Detailfülle als auch mit Akkuratesse punkten konnte.

Wer am Ende weniger Appetit übrig hat, kann sich aber auch nur durch die guten Eissorten aus der hauseigenen Manufaktur probieren – oder einfach noch ein Glas von der offen wie flaschenweise nicht überbordenden, aber attraktiven Getränkekarte ordern, die im Übrigen auch abseits vom Wein mit den eigenen Craftbieren, Limonaden und anderen „fancy" Getränken gut aufgestellt ist. Gut aufgestellt ist außerdem auch das charmante, immer eine gute Balance zwischen locker und zuvorkommend findende Serviceteam, das den insgesamt stimmigen Gesamteindruck abrundet.

Hotelempfehlung

★★★★

LAGO hotel & restaurant am see

Friedrichsau 50,
89073 Ulm
☎ 0731-2064000
www.lago-ulm.de
Einzelzimmer: 89–148 €
Doppelzimmer: 99–165 €

EC VISA P ♿ ❄ 📶 🅖 🚻

Mitten im Grünen und trotzdem zentrumsnah: das modern gestaltete Vier-Sterne Hotel LAGO in der der Ulmer Friedrichsau ist an das Ulmer Messegelände angebunden und umgeben von einer parkähnlichen Anlage, direkt an einem beschaulichen Natursee. Dennoch sind es nur wenige Minuten bis in die Innenstadt und damit ist das LAGO ein optimaler Ausgangspunkt für den geschäftlichen und privaten Aufenthalt. In den 60 stilvollen, klimatisierten, harmonisch und komfortabel eingerichteten Nichtraucher-Zimmern verschiedener Kategorien findet man als Gast erholsame Ruhe und neue Inspiration. Im Zimmerpreis enthalten sind Softgetränke, Auslandsgespräche im Festnetz, HomeTV, ein Parkplatz pro Zimmer und die Benutzung des Wellnessbereichs mit Sauna, Thermium und Dampfbad. Restaurants Treibgut und Seestern separat erwähnt.

Unterammergau (Bayern)

Dorfwirt & Friends

Pürschlingstr. 2,
82497 Unterammergau
☎ 08822-9496949
www.dorfwirt.bayern
◉ Do–Sa ab 17 Uhr, So ab 12 Uhr durchgehend, Mo–Mi RT
Menüs: 79–149 €
EC VISA P 🚻 ♿

Wer bayerische Wirtshauskultur auf einem völlig neuen Level erleben möchte, der ist in Unterammergau bei Brigitte und Thomas Zwink am richtigen Ort. Wobei der Dorfwirt mit seinem Anspruch und seiner Küche eigentlich gar kein Wirtshaus ist. Aber eben auch kein Gourmetrestaurant im klassischen Sinn. Stattdessen greifen die beiden Vollblut-Gastgeber die Idee eines Wirtshauses mit seinem unkomplizierten Wohlfühlcharakter und von offener Herzlichkeit geprägten Atmosphäre auf, um ganz einfach ihre Idee einer Gastronomie umzusetzen, in der sich jeder unmittelbar wohlfühlen kann und dann auf hohem Niveau mit dem Besten versorgt wird, was Küche und Keller gerade zu bieten haben.

Das unkomplizierte Duzen gehört dabei ebenso dazu wie die Tatsache, dass es keine Speisekarte, sondern einzig und allein ein tagesaktuelles Überraschungsmenü aus ausgesuchten Produkten gibt. Ein wenig Vertrauen in die Fähigkeiten von Thomas Zwink zahlt sich aber in jedem Fall aus, denn der erfahrene Charakterkopf konnte bis jetzt noch bei jedem Besuch mit seinen kraftvoll-markanten Ideen überzeugen. Und spätestens, wenn zum Start in Form einer Brettljause sensationell grobporig-saftiges Weißbrot, beherzt angekrosst und mit Lardo und Kochschinken vom hauseigenen Wollschwein sowie einer (herz-) wärmenden Rindsbrühe serviert wird, sollten auch die größten Skeptiker verstummen und sich in unmittelbarem Wohlbefinden entspannt zurücklehnen.

Unser letzter Besuch startete dann mit einem augenzwinkernd „Hidden Duck" betitelten Teller, der ein locker-saftiges Bulgur-Rondell unter roh mariniertem Rotkraut, sautierten Waldpilzen und Feldsalat mit Hanfsamen präsentiert, unter dem sich die namensgebenden Tranchen von der kernig-zarten Entenbrust inklusive krosser Haut versteckten. Ordentlich angefeuert wurde das Ganze noch von einem schaumig leichten Thai-Curry-Schaum und zeigte so bereits ausgezeichnet den mutig beherzten Stil der Dorfwirt-Küche auf.

Der wurde dann auch bei der sanft temperierten Garnele deutlich, die in überraschender Highend-Qualität mit nussigem Geschmack und knackigem Biss neben eher erdigem Erbsenpüree und frischgrünen rohen Erbsenschoten in eine Emulsion aus Buttermilch und Olivenöl gesetzt wurde. Dazwischen wehte noch ein Hauch libanesischer Gewürze, der das Ganze trotz der in ihrer üppigen Proportion ein wenig grob wirkenden Buttermilch zu einer animierenden Sache machte.

Auch der confierte Saibling auf mit gerösteter Fenchelsaat gewürztem Spitzkraut bekam mit einer dichtcremigen Mousseline von Sellerie und Senf, in Sojasauce und Apfelsaft eingelegten Senfkörnern und einem hintergründig rauchigen Senfschaum alles andere als Leisetreter zur Seite, konnte auf diese markant kantige Art aber ebenfalls überzeugen, weil die Aromen und Proportionen exakt abgestimmt waren.

Für die Freunde von Innereien gab es dann ein Kalbsgeschnetzeltes aus Herz und Niere in einer substanzstark rahmigen Sauce mit goldenem Glanz neben einem filigran geschichteten Kartoffelgratin. Eine Kombination, die überraschend an vergangene Zeiten im Adler in Rosenberg erinnerte, was an dieser Stelle ein uneingeschränktes Kompliment darstellt. Eine feine helle Pfeffrigkeit, frischgrüner Schnittlauch und ein separat serviertes, individuell auf den Punkt gegartes und glasiertes Herbstgemüse von Rosenkohl über Kohlrabi bis Karotte setzten dabei ein weiteres Statement dafür, wie fein Rustikalität in den richtigen Händen geformt werden kann.

Und auch die zart und geschmeidig in einer hellen Butterbröselschicht präsentierten Topfenknödel, die ganz klassisch mit herbfruchtigem Zwetschgenröster – aufgelockert von roh aufgeschnittener Zwetschge mit mehr grüner Säure – und einer Nocke von üppig schmelzigem Vanilleeis begleitet wurden, zielten auf hohem Niveau voll aufs „Wohlfühl-Genusszentrum" und spannten gekonnt wieder den Bogen zum Anfang.

Genau wie bei der Küche lohnt es sich auch in Sachen Wein die Gastgeberin mit ein paar Hinweisen zu individuellen Vorlieben einfach mal machen zu lassen – und eine charakterstarke Getränkebegleitung ist garantiert!

Die Symbole

- Ⓟ gute Parkmöglichkeiten
- 🅿 Hotelgarage
- ♿ barrierefrei
- ❄ klimatisierte Zimmer
- 📶 WLAN-Zugang
- 🏊 Hallen- und/oder Freibad im Haus
- 💆 mit Wellness-Bereich
- 🛗 mit Fahrstuhl zu den Hotelzimmern
- 🐕 Hunde im Hotel nicht erlaubt
- ⛲ mit Garten oder Terrasse

Lenas am See

Seestr. 10,
86919 Utting am Ammersee
☎ 08806-9570957
www.lenasamsee.de
⊙ Do–So von 12–15 Uhr u. ab 17.30 Uhr,
Mo–Mi RT,
Hauptgericht: 19–30 €,
Menüs: 50–70 €

Mit der Wiedereröffnung des direkt neben Strandbad und Dampferanlegestelle gelegenen Restaurants vor ein paar Jahren trat Lena Mielke nicht nur in die Fußstapfen ihrer Großeltern und hat gemeinsam mit Küchenchef Lukas Vavreck einen liebevoll renovierten Ort in Premiumlage geschaffen – sie bietet zudem auch ein anspruchsvolles kulinarisches Ganztagesprogramm.

Das beginnt beim individuellen und sehr niveauvollen Frühstück und reicht dann vom Mittagstisch über Nachmittagskaffee bis zum Dinner. Eigentlich also, passend zur Lage, ein ganz klassisches Ausflugslokal. Aber schon ein Blick in die Karte mit einer kleinen Auswahl einfallsreicher Gerichte zeigt ganz klar, dass hier mit einem deutlich höheren Anspruch gearbeitet wird.

Zwar finden sich auch bodenständige Klassiker wie ein (übrigens sehr lohnenswertes!) locker-wellig soufflliertes Wiener Schnitzel oder ein Spanferkel-Burger in der Karte, der in der von uns probierten Version mit Brioche-Bun, Tomate, Gurke und Kimchi allerdings gar nicht mal so bodenständig daherkam – daneben aber eben auch einige ambitioniertere Sachen, bei denen überwiegend ausgesuchte regionale Produkten mit viel Esprit präsentiert werden. In

der Regel steht dabei der klare natürliche Geschmack im Vordergrund, der markant herausgearbeitet und von wenigen, aber durchaus clever gesetzten Akzenten attraktiv ergänzt wird. Und dass die Mannschaft an den Töpfen und Pfannen auch in diesem moderat gehobeneren Bereich sehr genau weiß, was sie macht, illustrierte zuletzt unter anderem ein schaumig leichtes aber aromensattes und vollmundiges Krustentiersüppchen, das erfreulich klar vom Krustentiergeschmack geprägt und nicht übermäßig lieblich ausgerichtet war. Mit einer knackig-glasigen und schön reintönig schmeckenden Riesengarnele gab es darin auch noch eine qualitativ hochwertige Einlage.

Souverän gelang auch die Kombination aus saftigem und eigenaromatischem Hähnchenfleisch mit einer vanilleduftigen Kohlrabicreme, fluffigen gebackenen Kohlrabibällchen, betont knackig gehaltenen Karottenröllchen und sautierten Trauben. Das alles in akkuraten und optisch ansprechenden Proportionen, vor allem aber gekonnt abseits eines durch die Vanille-Karotte-Kombination assoziierten mild-süßen Charakters. Das gelang nicht zuletzt durch die Zuarbeit einer kräftigen, röstwürzigen Geflügeljus. Ein echtes Highlight, das durchaus auch für eine noch höhere Bewertung gut gewesen wäre, wartete zum Abschluss mit einem auf hauchdünnen Crumble-Boden gesetzten Cheesecake nebst Wildheidelbeerragout und cremigem Pistazieneis, bei dem zwischen zartem Schmelz, dunkler Beerenfrucht und nussigen Noten auf aufgeräumt klare Art genau der richtige Punkt getroffen wurde.

Dass es dabei, vor allem untertags, mitunter recht quirlig zugeht und sich spontane Besucher und Ausflugstouristen munter mit ausgiebig genießenden Gästen und größeren Gruppen oder Feiern mischen, ändert nichts an der entspannten Atmosphäre, die bei Lena am See vorherrscht. Denn zum einen wirken die hellen, lichten Räumlichkeiten mit ihrem schönen Seeblick sehr großzügig und zum anderen fängt der flotte aufmerksame Service auch größeren Andrang souverän auf.

Lamm Rosswag

im Hotel Lamm Rosswag
Rathausstr. 4,
71665 Vaihingen / Enz (Rosswag)
☎ 07042–21413
www.lamm-rosswag.de
☻ Mi ab 18 Uhr,
Do–Sa von 12–13.30 Uhr u. ab 18 Uhr,
So–Di RT
Hauptgericht: 32–48 €,
Menüs: 48–140 €

Für Besucher aus der Gegend und Stammgäste ist das, was im schmucken Landgasthaus Lamm in Rosswag geboten wird, wahrscheinlich gewachsene Selbstverständlichkeit. Alle anderen werden aber genauso wahrscheinlich staunend große Augen machen. Denn was das Team um Inhaber und Küchenchef Steffen Ruggaber hier seit Jahren zelebriert, hat mit „Gasthaus" reichlich wenig zu tun. Die äußerst filigranen, technisch aufwendigen und komplexen Kreationen spielen ganz klar im Gourmetgenre – und das mit einem über die Jahre beeindruckend gesteigerten Grad an aromatischer Präzision und Feinschliff. Die Performance könnte also genauso glaubhaft auch in der kosmopolitischen Umgebung einer größeren Metropole stattfinden, wirkt aber durch den Kontrast zu dem beschaulichen Weinort und dem zumindest auf den ersten Blick traditionsverhafteten Landgasthof letztlich umso eindrücklicher.

Im schlicht elegant gestalteten, mit wenigen modernen Designelementen aufgelockerten Restaurant selbst lenkt dann wenig von der Küche ab, wobei durch den herzlichen Service der Gastgeberin eine insgesamt heitere und lockere Atmosphäre herrscht. Beste Voraussetzungen also für die in flotter, genauer Taktung aus der Küche kommenden Zubereitungen, die stets schon vor dem eigentlichen Menübeginn eine beinahe überbordende Vielzahl an Eindrücken parat halten.

Teils neben und teils nacheinander zeigten zuletzt unter anderem eine knusprig-zarte Fenchelpraline mit hochfeinen Zitrusnoten, eine geeiste Bete-Kugel mit Meerrettich sowie mild gebeizter Arktischer Saibling in Ceviche-Sud mit Maisespuma, Süßkartoffelcreme und -crunch jeweils filigranes Arbeiten mit präzisen Aromen – Attribute, die genauso auch auf eine weitere Einstimmung in Form von nussig-getreidig gebackenen Hirsebällchen mit teils knackig-fruchtig und teils nussig gehaltenen Kürbistexturen, säuerlich dazwischen aufblitzendem Passionsfrucht-Tapioka und einer blumig-frischen Sauce auf Basis von Mumbai-Curry und Passionsfrucht zutrafen.

Und spätestens an dieser Stelle wird auch klar, dass Steffen Ruggaber nicht gerade einen puristischen Stil pflegt, sondern in den meisten Gerichten einen Teil der Komplexität über vielfach variierte Produktzubereitungen von Powder und Crunch bis Cremes und Sponges erarbeitet. Darüber, ob das nötig ist, lässt sich sicherlich streiten. Letztlich gehört es hier aber zum Stil und – noch viel wichtiger – verkommt nie zur reinen Technikparade, sondern ist mit viel zugespitztem Geschmack unterlegt. So auch bei der Gelbschwanzmakrele, die als abgeflämmte Tranchen und Tatar unter Ponzuschaum neben Tofuwürfeln, Rettich- und Gurkenröllchen sowie Gurkeneis mit Reiscrunch präsentiert und von einem Soja-/Basmatireissud unterlegt wurde. Und auf der im Hintergrund dauerhaft präsenten Ingwerschärfe konnten sich die anderen Komponenten gestochen scharf abheben.

Auch bei der Vitello-Tonato-Interpretation ergab die Fülle an intensiven Details ein zupackendes Gesamtbild: zarte rohe Scheiben Kalbscarpaccio wurden hier mit dezenten Tupfen Thunfischsauce und einem kühl-eleganten Thunfischeis in neue elegante Rollen gesetzt. On top gab ein kapernwürziges Kalbstatar einen kräftigeren Akzent, akkurat und prägnant ergänzt von Rucola-Texturen, Pinienkernen, frech dazwischenfunkendem Amalfizitronengel und getrockneten Tomaten für fruchtig-säuerliche Kicks.

Der nächste überarbeitete Klassiker folgte direkt darauf mit einer an Paella-Aromenwelten angelehnten Kombination aus Rotbarbe, Pulpo und einer saftig-knusprigen Muschelkrokette im Mittelpunkt, die von feiner pikanter Brathähnchen- und Chorizowürze sowie gelben, fruchtig-hellen Paprikakomponenten und dezentem Safranduft umspielt wurden – wie alles hier sehr zart und doch schön deutlich. Bestes Beispiel dafür, wie das Team trotz der verspielten Optik wunderbar eingängig-intensive Geschmacksbilder zeichnet.

Bei der schmalen hohen Zander-Tranche mit Röstzwiebelsud und -crunch gelang das ebenfalls, auch wenn hier eher mit herzhaft-rustikalen Akzenten balanciert wurde. Neben den Zwiebelaromen ergänzte ein saftig gebackener Kalbskopfwürfel den Fisch mit einer Extraportion an Schmelz und Power – obgleich dessen millimetergenau gewürfelte Fülle zwar stilecht elegant gearbeitet wurde, dem Produkt aber ein Stück seines schmelzig-rustikalen Charms nahm, oder diesen nur andeutete. Umso gelungener und durchdachter war dafür die sonstige Umgebung von feinstreifigem Spitzkohl über den säurefrischen Kontrast von Apfelessig-Gelee und Apfelwürfelchen bis zu einem Hauch Schwarzkümmel.

Nochmal eine Steigerung in Sachen wohldosierter Power gab es beim Flanksteak vom Westholme Wagyu: Das sous-vide kernig zartrosa gegarte und dann à la Minute kräftig angebratene Fleisch kam mit etwas schaumiger Auberginencreme neben Punkten von salzig-würziger Tofu-/Feta-Creme, schmorfruchtiger roter Paprikacreme und schwarzem Knoblauch in einem zwischen arabisch und mediterran tendierenden Umfeld auf den Teller. Dazwischen sorgten confierte Zitronenzesten und Minzjoghurt für einen Hauch ätherische Frische, während ein saftig knuspriges Bulgurbällchen und eine elegante Gewürzjus ehr warme pikante Noten mit viel Power und Tiefe einbrachten.

Willkommene Erfrischung lieferte dann die ätherisch-fruchtige Kombination aus Dill (Eis, Powder…) und Ananas (Granité, Gel…) mit Kokoswasser-Espuma und Kokos-Baiser, bevor beim rund um einen saftigen Mohnkuchenwürfel angelegten Hauptdessert mit eingelegten Aprikosenspalten und Aprikosengranité, Rosmarin-Malto und -Baiser, einer Mousse von weißer Schokolade und Blaumohn sowie einem kompakt cremigen Weißmohneis einerseits nochmal alle technischen Register gezogen wurden, andererseits aber auch ein differenziert zwischen süßem Schmelz, Fruchtsäure und nussigen Aromen spielender Abschluss geschaffen wurde.

Besonders erwähnens- und lobenswert sind zu alldem auch die von der Gastgeberin korrespondierend empfohlenen Weine, die mit ho-

hen Qualitäten und treffsicherem Pairing das Erlebnis abrunden. Und wer lieber eine oder mehrere Flaschen aussuchen möchte, findet dabei ebenfalls eine reiche Auswahl samt kompetenter Beratung.

Hotelempfehlung

Hotel Lamm Rosswag

Rathausstr. 4,
71665 Vaihingen / Enz (Rosswag)
☎ 07042–21413
www.lamm-rosswag.de
Einzelzimmer: 75–85 €
Doppelzimmer: 95–105 €

EC ⬤ VISA P 📶 ⊞

Das hübsche Fachwerkhaus von Gastgeberfamilie Ruggaber liegt im historischen Ortskern des malerisch von Weinbergen umgebenen Rosswag im Enztal, direkt am beliebten Enztalradweg. Das Haus verfügt über 12 gepflegte Einzel- und Doppelzimmer, die großzügig angelegt und mit Dusche und WC, Telefon, Kabel-TV und WLAN ausgestattet sind. Das reichhaltige Frühstücksbuffet (bei schönem Wetter kann auch auf der Terrasse gefrühstückt werden) lässt keine Wünsche offen, denn das Kulinarische hat im Lamm Rosswag ohnehin einen sehr hohen Stellenwert: von der eigenen Metzgerei über die mehrfach ausgezeichnete kreative Gourmetküche im Restaurant bis hin zur umfangreichen Weinauswahl mit zahlreichen regionalen und internationalen Gewächsen. Für Hausgäste gibt es zudem eine eigene Karte mit schwäbischen Gerichten. Restaurant Lamm Rosswag separat erwähnt.

Vallendar (Rheinland-Pfalz)

Die Traube

Rathausplatz 12,
56179 Vallendar
☎ 0261-61162
dietraube-vallendar.de
◉ Di–Sa von 12–14 Uhr u. ab 17.30 Uhr,
So u. Mo RT
Hauptgericht: 21–46 €

In den stilvollen nostalgischen Stuben kommen zwischen alten Wandvertäfelungen und schwerem Holzgebälk nicht nur Freunde rustikaler Fachwerkromantik auf ihre Kosten, sondern auch Leute, die auf gute, schnörkellose Küche aus sind. Stefan Schleier konzentriert sich nämlich bei seinen Gerichten stets auf wenige, fundiert und sorgfältig zubereitete Elemente und lässt lieber die Viktualien für sich sprechen, als zu viel Zirkus auf den Tellern zu veranstalten. Schlicht und einfach also, ohne kreative Mätzchen, dafür aber mit viel Geschmack. Die Gastgeberin kümmert sich aufmerksam und engagiert um das Wohl der Gäste und empfiehlt treffsicher aus ihrer Weinkarte, die auch mit zahlreichen offenen Offerten aufwartet und ansonsten ein fair kalkuliertes europäisches Sortiment listet.

Velbert (Nordrhein-Westfalen)

Haus Stemberg
Anno 1864

Kuhlendahler Str. 295,
42553 Velbert (Neviges)
☎ 02053-5649
www.stemberg.tv
◉ Mo–Mi ab 18 Uhr, Sa u. So von
12–14 Uhr u. ab 18 Uhr, Do u. Fr RT
Hauptgericht: 18–59 €,
Menüs: 89–120 €

Wer immer noch glaubt, anspruchsvolle Küche auf hohem Niveau ließe sich nur in hochfrequentierten Zentren realisieren und wäre ohne Quersubvention durch einen Hotelbetrieb oder Sponsoren sowieso nicht möglich, der möge mal bei Familie Stemberg auf dem platten Land vorbeischauen. Genauer: in der Nähe von Gut Kuhlendahl, zwischen Velbert und Neviges, was im Dreieck Düsseldorf-Essen-Wuppertal liegt. Dort, wo Sascha Stemberg in bereits fünfter Generation den Familienbetrieb seiner Vorfahren so erfolgreich führt, dass es auch unter der Woche am Mittag nicht leicht ist, kurzfristig einen Tisch zu ergattern, wird den Gästen auch nicht ein einheitliches Menü aufgetischt, das zu einem fixen Zeitpunkt beginnt. Es gibt zwar ein sechsgängiges Degustationsmenü – daneben aber auch eine ganze Reihe an äußerst attraktiv klingenden (und auch so schmeckenden!) Gerichten à la carte, die man sich sogar beliebig und ganz unkompliziert ins Menü einbauen lassen kann.

Man sieht schon: hier steht der Gast im Mittelpunkt. Mit seiner undogmatischen „Zwei Küchen von einem Herd"-Philosophie und der attraktiven Mischung aus heimatverbundener Bodenständigkeit und ambitioniertem Weitblick taugt das Haus Stemberg mittlerweile tatsächlich als Musterbeispiel dafür, wie gut hoher kulinarischer Anspruch und Wirtschaftlichkeit funktionieren können. Und mit „Zwei Küchen von einem Herd" meint der Chef den zweigleisigen Stil zwischen verfeinerten heimischen Traditionsgerichten auf der einen Seite und kreativen Kreationen aus Produkten aus aller Welt auf der anderen – wobei hier für Gourmets das eine genauso interessant ist wie das andere und der besondere Reiz von Stembergs Kulinarium sowieso exakt in dieser Mischung liegt.

Und letztendlich funktioniert die kreative Linie auch gerade deshalb so ausgesprochen gut, weil der Chef die grundsolide Basisküche wie aus dem Effeff beherrscht und er prinzipiell alles, was darauf aufbaut, dem Geschmack unterordnet. Kein angestrengtes Gefrickel auf den Tellern, keine lauwarme Baukasten-Küche mit unzähligen Komponenten ohne echte Aussagekraft und keine halbgaren Experimente. Im Gegenteil, denn Sascha Stemberg kocht heute so klar und aufs Wesentliche reduziert, dass es eine wahre Freude ist. Und trotzdem liegt sein Kulinarium meilenweit von schlichtem Purismus entfernt. Schon die Kleinigkeiten vorweg zeugen einerseits von Bodenständigkeit und

Solidität, gleichzeitig aber von Inspiration und ausgeprägtem Aromengespür.

Und von Heimatverbundenheit! Denn regionaler beziehungsweise lokaler geht es kaum als auf dem Teller der Vorspeise, auf dem der Spargel, der hier in optimaler, noch leicht knackiger Konsistenz und ausgeprägtem Geschmack zusammen mit Tranchen vom kaltgeräucherten Eifellachs und einem kleinen Kräutersalatbouquet zum Besten gegeben wurde, aus dem nur wenige Schritte von Haus Stemberg entfernt gelegenen Gut Kuhlendahl stammte. Auf einem mit aromatischem Schnittlauchöl schön deutlich aromatisierten Buttermilch-Dashisud angerichtet und mit Kalamansigel erfrischend akzentuiert war das ein sehr feiner, ausgewogener Start mit Ausdruckskraft.

Dass Sascha Stemberg kein Freund von seichtem Aromengeplänkel ist, er mit seinen Gerichten aber immer souverän die Balance hält, zeigte beispielhaft der große, mit viel Schmackes auf Holzkohle gegrillte, attraktiv rauchig-würzige und trotzdem noch schön klar und jodig schmeckende Kaisergranat von herausragender Produktgüte (mit Wildreisknusper). Begleitet von gepickeltem Kohlrabi und Eis von Grünem Apfel, die sich mit fruchtiger Süße und säuerlicher ätherisch-erdiger Frische perfekt gegenseitig ergänzten, eingefasst von subtiler Tiefe und dezente Umamiwürze spendendem Nussbutterschaum, war auch das wieder ein sehr ausdrucksstarker und bestens ausgewogener Gang.

Nach einem köstlichen Hummerschaumsüppchen mit Champagner als kleines Intermezzo fand sich im Mittelpunkt des folgenden Tellers eine wirklich fantastische hohe Tranche vom Ijsselmeer-Zander, die unter ihrer sorgfältig eingeschnittenen und kross gebratenen Haut mit sehr festem, sich fast von selbst in seine Lamellen zerlegenden Fleisch und ganz reinem, frischen Geschmack begeisterte. In Begleitung eines kleinen panierten und knusprig ausgebackenen Kalbskopfwürfels (ohne jede Frittierfettnote) und ganz puristisch nur auf einer herben Creme von der Brunnenkresse angerichtet und von voluminösem Meerrettichschaum umgeben, war auch das eine zupackende und zugleich elegante Sache.

Warum wir bei Sascha Stemberg niemals um ein Gericht wie das Kalbsbries mit Erbsenpüree und Sauce Vin Jaune herumkommen? Weil der Chef zunächst mal weiß, wie man Bries perfekt zubereitet: es ist nicht zu dünn geschnitten und perfekt präpariert, hat eine ganz zart biss-

feste Konsistenz, ist also nicht pastös, kommt außen knusprig und innen heiß daher und wird schön süffig in Szene gesetzt. Mit Rauchmandeln und Kumquats hatte unser jüngster Bries-Schmaus zudem einen kontrastreichen Twist. Nur von der mit dem markanten Jurawein abgeschmeckten Sauce hätten wir uns noch etwas mehr Typizität gewünscht…

Und der Chef weiß auch, wie man Rehrücken perfekt zubereitet – was bei den vielen breiigmatschigen Sous-Vide-Fails, die wir das ganze Jahr über auch in höherklassigen Restaurants vorgesetzt bekommen, gar keine Selbstverständlichkeit ist. Hier jedenfalls ist der Rücken eines Rehs aus bayrischer Jagd genau so, wie man sich das wünscht: zart, aber mit einer gewissen Spannung im Fleisch, also ganz leicht knackigem Biss, außerdem mit viel aromatischem Saft und somit auch jeder Menge Eigengeschmack. Das ist so an sich schon so ausdrucksstark, dass das reduzierte Beiwerk in Form von Buchenpilzen, einem Klacks Selleriecreme und einer kleinen knusprigen Aprikosen-Brioche-Schnitte völlig ausreichend ist. Zumal das sommerliche Wildbret auch noch kongenial von einem Saucenduett aus Wildjus und einem klaren, dichten Sud aus den typischen Kräutern der Frankfurter Grünen Sauce eskortiert wurde.

Das ist fast schon genauso leicht und frisch wie das dreiteilige Dessert um Rhabarber, Himbeere, Joghurt und Sauerampfer, bei dem die Produkte in ihren verschiedenen Zubereitungsarten mit erfreulich wenig Zucker auskommen und die Aromen wunderbar klar und deutlich herausgearbeitet sind. Und weil die Stembergs nicht nur sehr gut kochen können, sondern offenbar auch sehr nette und faire Chefs sind, sieht man im Service seit vielen Jahren dieselben freundlichen Gesichter, die sich zuvorkommend um die Gäste bemühen und all das in einer entspannten Atmosphäre auftragen.

Verden (Niedersachsen)

Pades Restaurant

Grüne Str. 15, 27283 Verden
☎ 04231-3060
www.pades.de
⏰ Mo–Sa ab 17.45 Uhr, So von 12–14 Uhr
u. ab 17.45 Uhr, kein RT
Hauptgericht: 17–37 €, Menüs: 37–73 €

Der einst bei Größen wie Witzigmann und Ducasse in die Geheimnisse der Grand Cuisinie eingeweihte Wolfgang Pade ist mit allen Kochwassern gewaschen, hat sich im heimischen Betrieb am Domplatz aber nicht mehr den gehobenen Gourmandisen verschrieben, sondern beitet seinen Gästen eine fundiert zubereitete saisonale Frischeküche ohne größmöglichen Verfeinerungs- und Exklusivitätsanspuch. Die ist dafür zu moderaten Preisen und täglich mittags und abends zu haben. Im Grunde sind das schicke Lokal mit Wandstuck, Art Deco-Mobiliar, viel Holz und bequemen Ledersesseln und die sehr gute entspannte Küche mit vielen heimischen Bezügen und Ausflügen in südliche Gefilde ein schönes Beispiel für ein zeitgemäßes gutbürgerliches Restaurant im allerbesten Sinne. Im Sommer schön zum Draußensitzen, tolles Preis-Leistungs-Verhältnis, netter und flinker Service.

Villingen-Schwenningen
(Baden-Württemberg)

Rindenmühle

im Romantik Hotel Rindenmühle
Am Kneipppad 9, 78052 Villingen-
·Schwenningen (Villingen)
☎ 07721-88680
www.rindenmuehle.de
⏰ Di–Sa von 12–13.30 Uhr u. ab 18 Uhr,
So u. Mo RT
Hauptgericht: 19–36 €, Menüs: 39–75 €

In den vergangenen Jahren hatte sich die Küche dieses gediegenen Hotelrestaurants im gleichnamigen Romantik Hotel am ruhigen Ortsrand

von Villingen-Schwenningen sehr positiv entwickelt. Von oftmals verhältnismäßig aufwendig und verspielt arrangierten Gerichten, die geschmacklich aber nicht immer das hielten, was sie versprachen, hin vergleichsweise einfacheren, geschmacklich und qualitativ aber umso überzeugenderen Gerichten, die schlichter und eher gegenständlich als künstlerisch ambitioniert aufs Porzellan gebracht wurden. Das hatten wir in der letzten Testsaison mit einer Aufwertung auf 6 Pfannen honoriert und daran hat sich im Prinzip auch in diesem Jahr nichts geändert – allerdings wollen wir, ob der mit der höheren Bewertung automatisch gestiegenen Erwartungshaltung dann auch nicht verschweigen, dass wir die Küchenleistung diesmal etwas heterogener erlebten.

Nicht ins Bild passte zum Beispiel die Vorspeise, als Schinkenmousse mit Spargel und geräucherter Entenbrust annonciert: Die Mousse als Fläche in einen tiefen Teller geliert und quer darüber die anderen Komponenten arrangiert, zu denen sich neben dem grünen Spargel und der Entenbrust auch noch kleine halbierte Tomaten, Radieschen, etwas Bronzefenchel und ein Brotchip gesellten. Prinzipiell eine gute Idee und in Teilen auch ansprechend umgesetzt – bei genauerer Betrachtung wirkte das Arrangement um sehr milde, fast etwas ausdruckslose Mousse, gute, aber nach unserem Dafürhalten viel zu dick geschnittene Entenbrusttranchen, gänzlich unmarinierte und ungewürztes Gemüse und einen Brotchip mit dem Charme eines Zwiebacks aber nicht bloß temperaturmäßig (der mit der Mousse vorbereitete Teller kam direkt aus dem Kühlschrank) stark unterkühlt.

Um einiges besser war da schon der Fischgang, bei dem zumindest die tadellose, auf der Haut kross gebratene Tranche von der Dorade selbst und auch eine ausdrucksstarke rauchige Sauce von der roten Paprika das Bewertungsniveau repräsentierten. Das als mediterranes Gemüse annoncierte Allerlei von Zucchini, gelber und roter Paprika, Schalotte, Tomate und Olive wirkte indes so, als wäre es bei der Bestellung gerade erst angefangen worden zuzubereiten, denn die Hälfte der Zutaten waren nur mal kurz durch eine Pfanne gerutscht. Die ähnlichen, allerdings sehr kleingewürfelten Gemüse im Bulgur schmeckten viel besser, aromatischer geschmort und richtig durchgezogen, allerdings war die als Timbale auf den Teller gebrachte Melange sehr matt und trocken. Da hätte es nicht geschadet, vorher noch etwas Olivenöl, einen Spritzer Zitronensäure und vielleicht sogar passende frisch geschnittene Kräuter unterzuheben. Mit etwas mehr Detailarbeit und Sorgfalt hätte das also ganz easy ohne Aufwand noch attraktiver gestaltet werden können.

Der Fleischgang um poeliertes Milchzicklein und kurzgebratenen Rücken vom Älbler Lamm wirkte dann schon allein optisch wie aus einer anderen Küche. Hier passte im Grunde alles: die mit einer lockerflockigen Kräuterbröselhaube bedeckte Scheibe der sanft im Ofen gegarten Zickleinroulade, das ausdruckstarke rosa Lammfleisch, die gut abgeschmeckten und auf den Punkt gegarten grünen Bohnen, das cremige weiße Bohnenpüree und die mit schwarzem Knoblauch ganz dezent abgerundete, für das feine Fleisch auch nicht zu kraftvolle Jus ließen keine Wünsche offen. Allenfalls die gebratene Rosmarinpolenta-Schnitte hätte noch ein bisschen fluffiger sein dürfen. Aber auch so repräsentierte dieses Gericht adäquat 6-Pfannen-Level.

Knapp darunter, aber durchaus ansprechend, war das puristische Dessert, bei dem jeweils recht ausdrucksvolle Schokoladenzubereitungen von warmem Kuchen über Sorbet und weiße Mousse bis zum (sehr harten, trockenen) gebackenen Kakaobaiser von Passionsfruchtespuma aufgehellt und säuerlich-fruchtig erfrischt wurden. Um die aktuelle Bewertung dauerhaft zu halten, muss das Team also dringend wieder einen Zahn zulegen und wieder etwas mehr Feinschliff walten lassen. Das sie es in der Rindenmühle weiterhin draufhaben, hat auch diesmal wieder aufgeblitzt.

Die gut sortierte Weinkarte ist recht international gehalten und listet neben den besten nahegelegenen Erzeugern wie dem Weingut Clauss aus Lottstetten oder Aufricht vom Bodensee auch Gewächse namhafter Châteaux aus Bordeaux, Prestigeträchtiges aus der Toskana und den einen oder anderen Übersee-Wein. Und das alles lässt sich im Sommer auf der lauschigen Terrasse neben dem namensgebenden Mühlrad sogar noch ein wenig stimmungsvoller genießen.

Villmar-Weyer (Hessen)

Wissegiggl
im Carolinger Hüttendorf
Wiesenstr. 3,
65606 Villmar-Weyer
📞 06483-8007765
wissegiggl.de
🕐 Mi–Sa ab 17 Uhr, So ab 11 Uhr
durchgehend, Mo u. Di RT
Hauptgericht: 14–28 €,
Menüs: 25–45 €

Nicht nur auf den ersten Blick bietet dieses mehrteilige Blockhaus-Ensemble mitten im Untertaunus ein gewisses Wild-West-Feeling, denn in dem idyllisch am Laubusbach gelegenen Restaurant wurde – genau wie in den angrenzenden Gästehäusern oder der geräumigen Event-Location – auch in den Innenbereichen voll auf Naturholz gesetzt. Ein geeigneter bodenständiger Rahmen für die geerdeten Angebote der stark auf Nachhaltigkeit und Regionalität ausgerichteten Küche.

Verspielt und filigran sind diese dann natürlich nicht – vielmehr offeriert die Karte einen Mix aus erprobten Burger- und Schnitzel-Varianten, Wirtshausfladen im Flammkuchenstyle und Nudelgerichten aus dem Gusspfännchen, der zudem noch um ein paar ambitioniertere Offerten ergänzt wird. Da es auf den Tellern durchwegs sehr zupackend und üppig zugeht, dürfte man selbst nach nur einem einzigen Gang nicht mehr hungrig den Heimweg antreten. Doch bei aller Opulenz und Rustikalität sind die Gerichte durchaus niveauvoll zubereitet, überzeugen durch Natürlichkeit und Qualität und haben Substanz.

Wenn sich die Küche etwa gegenüber dem Gros an Gerichten beispielsweise mit einem

Garnelenpfännchen nebst mediterranem Gemüse auch mal etwas weltläufiger präsentiert, zeigen gut getroffene Garpunkten und satte authentische Aromen, dass das Team damit keinesfalls überfordert ist. Das galt prinzipiell auch für den Salat von Roter Bete und Kichererbsen mit geräuchertem Forellenfilet, an dem wir uns höchstens ein wenig mehr Säure gewünscht hätten. Und auch wenn das etwas dickflüssige Karotten-/Ingwer-Süppchen ebenfalls eher erdig und breit schmeckte, weil die erhoffte produkttypische Frische und Schärfe des Ingwers weitgehend auf der Strecke blieb, waren doch alle Vorspeisen auf ihre schlichte Art eine durchaus schmackhafte Angelegenheit.

Bei den Hauptgängen konnte man ebenfalls sehr schön sehen und schmecken, dass qualitativ gute Produkte, handwerkliche Kompetenz und Sorgfalt auch auf der rustikaleren Seite der Kulinarik zählen und Garantie für gute Ergebnisse auf den Tellern sind. So war etwa das Lachsfilet vom Grill mit beherzten Röstaromen und leicht glasigem Innenleben genauso schön auf den Punkt gebracht wie ein zart geschmortes, aber eben nicht zu Brei verkochtes Wildgulasch, das ganz traditionell von Apfelrotkohl, Kartoffelklößen und Preiselbeeren begleitet wurde. Und das war genauso blitzsauber umgesetzte Wirtshausküche wie das exakt medium gebratene, saftig-fleischige Rumpsteak vom Argentinischen Rind mit Schmorzwiebeln und Bratkartoffeln, das die Karte in zwei Gewichtsklassen listet.

Und wer danach wirklich noch Platz für etwas Süßes hat, kann sich beispielsweise einen lauwarmen, dünnteigig und fruchtsatt gefertigten Apfelstrudel mit Vanilleeis einverleiben. Die Weinkarte setzt schwerpunktmäßig auf Tropfen aus dem Rheingau, dem Burgenland und Südtirol, was gut zum Gesamtkonzept passt, hinter dem die Betreiber mit Herz und Seele stehen. So wie offenbar auch das freundlich und motiviert auftretende Serviceteam, das selbst bei Vollbelegung entspannt den Überblick behält.

Hotelempfehlung

Carolinger Hüttendorf

Wiesenstr. 5,
65606 Villmar-Weyer
☎ 06483-9196720
carolinger.net/
Einzelzimmer: ab 57 €
Doppelzimmer: ab 84 €

Das Carolinger Hüttendorf liegt im schönen Laubustal zwischen Taunus und Westerwald und ist umrandet von Wäldern und Wiesen. Es besteht aus fünf Chalets, komfortabel und top ausgestatteten Holzhäusern, vier modernen, sternförmig angeordneten Appartements und einer externen Ferienwohnung. Alle Unterkünfte sind mit kostenlosem WLAN, TV, Minibar, Kühlschrank, Espressomaschine, Mikrowelle, Herdplatte und Wasserkocher ausgestattet. Durch die Hanglage kann man vor den Chalets auf kleinen Terrassen relaxen und die Natur mit toller Aussicht genießen. Sie sind ebenerdig und liegen unmittelbar neben dem Café Carolinger, in dem morgens das Frühstück serviert wird. Nachmittags kann dort von hausgemachtem Speiseeis bis zum Kuchen geschlemmt werden und von Mittwoch bis Sonntag ist das benachbarte Blockhaus-Restaurant Wissegiggl mit idyllischem Biergarten geöffnet. Alleinstellungsmerkmal aller Bereiche ist, dass auf das Prinzip Regionalität und Nachhaltigkeit gesetzt wird. Angefangen bei den eigenen Hühnern, über die Lebensmittel, das Mineralwasser, bis hin zur E-Tankstelle mit zwei Schnellladestationen. Das Hüttendorf ist idealer Ausgangspunkt für Ausflüge, Wanderungen und Sightseeing in der Umgebung. Restaurant Wissegiggl separat erwähnt.

Vogtsburg (Baden-Württemberg)

Schwarzer Adler

Badbergstr. 23,
79235 Vogtsburg (Oberbergen)
☎ 07662-933010
www.franz-keller.de
⏰ Mo, Di u. Fr ab 18.30 Uhr, Sa u. So von
12–13 Uhr u. ab 18.30 Uhr, Mi u. Do RT
Hauptgericht: 28–60 €, Menüs: 135 €

Nirgendwo in der Republik wird schon so lange so konstant auf hohem Niveau gewirtet wie im Schwarzen Adler im tiefen Kaiserstuhl. Und nirgendwo lockt eine vergleichbare Weinkarte, die sich sowohl hinsichtlich ihrer klugen Konzeption wie Jahrgangstiefe und ihrer gastfreundlichen Kalkulation von den allermeisten Anderen deutlich abhebt. In erster Linie zieht uns aber die Küche immer wieder mit größter Vorfreude hierher, denn in den authentisch nostalgischen Stuben gibt es tatsächlich jede Menge Gerichte, die es anderswo ebenfalls nicht gibt und die hierzulande schon dramatisch vom Aussterben bedroht sind.

Als erstes kommt einem da natürlich unweigerlich die getrüffelte und mit Gänseleber, Reis und Gemüse gefüllte Poularde in der Schweinsblase in den Sinn, die man vorbestellen muss und deren Duft schon alleine den Weg hierher lohnt. Aber auch die unter der Haut mit Trüffel gefüllte, in der Meersalzkruste gegarte und dann in zwei Gängen servierte Bresse-Poularde ist ein Erlebnis fürs kulinarische Langzeitgedächtnis. Und für die Froschenkel, die Gänseleber mit Feigenconfit und Brioche oder das Filet „Rossini" vom Kaiserstühler Kalb mit einer komplexen, von alkoholisch-süßlich bis tief erdig schmeckenden Sauce von Périgord-Trüffeln, würden wir ebenfalls immer wieder aufs Neue hierherkommen.

All diese Dinge haben auch unter Küchenchef Christian Baur weiterhin einen hohen Stellenwert und werden heute noch in derselben klassischen Perfektion dargeboten, wie einst unter Altmeister Anibal Strubinger. Der hat das Zepter schon vor einiger Zeit an seinen Nachfolger weitergereicht, nachdem er ihn zuvor einige Jahre in die Geheimnisse der perfekten Zubereitung dieser großen Klassiker eingeweiht hatte. Daneben hat Baur aber auch erfolgreich seine eigene Linie etabliert und man erkennt die modernere Handschrift teils in Details, teils in größeren Zusammenhängen.

So etwa schon bei unserem letzten Küchengruß, der von hervorragenden Bouchotmuscheln in einem ebenso kraftvollen wie cremigsüffigen Venere-Risotto handelte. Ein klassischer maritim-mediterraner Auftakt, dem eine Haube aus unaufdringlichem Kokosschaum allenfalls einen Hauch von Exotik verlieh und ihn eben nicht gleich in die Richtung von Fusion-Küche drängte. Solche behutsamen, mit Bedacht und Feingespür gesetzten kreativen Akzente sind typisch für den Stil von Christian Baur, der stets alles hinterfragt und nichts dem Zufall überlässt.

Die aus dünnen Scheiben von eingelegtem schwarzem Rettich, elsässischem Saibling und Périgord-Trüffeln gerollte Roulade zum Beispiel lebt von der exakt bemessenen Menge und Stärke der drei Produkte und hat dadurch nicht nur eine reizvolle Konsistenz zwischen knackig und fleischig, sondern auch einen fein austarierten Geschmack. Der stellt zwar die Erdigkeit von Rettich und Trüffel in den Vordergrund, lässt aber auch dem Fisch genug Raum. Und so harmoniert der mit Topinamburcreme und Trüffelspan gekrönte Chicorée hier ebenso gut wie das Medaillon vom europäischen Hummer, das sich mit seiner natürlichen Süße perfekt ist Geschmacksbild integriert. Ein im Grunde genommen ganz klassisches französisches Gericht, das aber durch die äußerst präzise, scharf gestellte Umsetzung wie von heute oder zumindest völlig zeitlos wirkt.

Der Adlerfisch in kross-saftiger Perfektion schwimmt mit handgemachten Cavatelli, fleischiger Aubergine und Sojabohnen in einem geschmacklich sehr schön transparent gehaltenen, mit Chorizo pikant angeschärften Paprikasud, der das Ganze so kraftvoll wie möglich und so zurückhaltend wie nötig untermalt. Fruchtig-säuerliche Akzente, unter anderem durch Buddahs Hand, leben das herzhafte Geschmacksbild mit wohldosierter Dynamik auf, ohne es unruhig wirken zu lassen. Auch das ein völlig zeitloses, diesmal mediterran geprägtes Gericht.

Die Burgunderschnecken, die sich quasi im Duett mit einem perfekt behandelten Kalbsherzbries die Ehre gaben, waren als Schneckenragout sowie als ein locker-saftiges Schnecken-Nockerl auf dem Teller zu finden, den sie zusammen mit fruchtig säuerlich angemachter Roter Bete (stückig und cremig) und aufgeschäumter Beurre blanc zu einem süffigen Mahl komplettierten. Auch das im Grunde ein für die DNA des Schwarzen Adlers sehr typisches Gericht, welches in dieser Form aber eindeutig schon die Handschrift von Christian Baur trägt.

Und dem ist – zumindest in Teilen – auch die Komposition von Elsässischer Anjou-Taube mit Chanterelles und einem mit reichlich Nussbutter montierten Selleriepüree zuzuschreiben. Die das selbst nur so vor Eigengeschmack strotzende (weil an der Karkasse gebratene) Brustfleisch begleitende Milzschnitte aus krosser Brioche und einer mit den Innereien des Täubchens vermengten Milzfarce, aber auch die herzhaft umamiwürzige Gemüsefüllung eines in Dim-Sum-Stil gefertigten Sellerie-Täschchens stammen in jedem Fall aus dem Ideen- und Erfahrungsschatz des Küchenchefs.

Überhaupt fällt immer wieder auf, wie gut und maßvoll Christian Baur Tradition und Moderne zusammenbringt oder zusammenbringen lässt. So wie auch beim Dessert, das mit eisgefüllter Meringue nebst Sorbet und exotischen Früchten einerseits gute alte Nachtisch-Schule repräsentierte, andererseits aber mit prononcierten Kokos-, Grapefruit- und Ananasaromen so viel Dynamik, Finesse und Leichtigkeit auf den Teller brachte, dass hier rein gar nichts altmodisch gewirkt hat.

Wenn man in der animierenden Weinkarte nicht schon selbst die eine oder andere Bouteille angepeilt hat, gibt man sich zur optimalen Begleitung der Speisen am besten in die Hände von Sommelière Melanie Wagner, die charmant, kompetent und ganz ohne Didaktik in Absprache mit den Gästen individuelle korrespondierende Weine empfiehlt, die garantiert glücklich machen. Und weil sich auch die gesamte Servicebrigade unter Maître Hubert Pfingstag unkompliziert in den Dienst des Gastes stellt und einem so das Wohlfühlen extrem leicht gemacht wird, ist und bleibt der Schwarze Adler eine der attraktivsten Genussziele im Südwesten.

Winzerhaus Rebstock

Badbergstr. 22,
79235 Vogtsburg (Oberbergen)
📞 07662-933011
www.franz-keller.de
⏱ Mi ab 17 Uhr, Do–So ab 12 Uhr durchgehend, Mo u. Di RT
Hauptgericht: 9–30 €, Menüs: 49–56 €

Der Rebstock in Oberbergen ist so etwas wie das Musterbeispiel eines guten badischen Gasthofs. Hier findet man, was man in der Gastronomielandschaft immer sucht, aber gar nicht so oft findet: nämlich eine ganz „normale", preiswerte gutbürgerliche Küche, die nach allen Regeln der Kochkunst zubereitet wird. Oder wie es der hauseigene Slogan tatsächlich ohne Übertreibung formuliert: „Vom Einfachen das Beste". Am liebsten sitzen wir im Sommer im überdachten Innenhof und orientieren uns an der Tageskarte, die in Form einer Tafel angeschrieben ist. Aber auch die Standardkarte des Rebstocks ist kein Sammelsurium einfallsloser Klassiker, sondern vielmehr eine mundwässernde Litanei an attraktiven Schmankerln, die uns jedes Mal die Wahl schwer macht.

Hier gibt's Bodenständiges wie einen Saichersalat (Löwenzahn) mit Kartoffel-Speck-Vinaigrette und pochiertem Ei, verschiedene Flammkuchen-Varietäten, aber auch Klassiker wie das Mistkratzerle aus dem Ofen oder das mit Munsterkäse und luftgetrocknetem Schinken gefüllte Cordon Bleu aus Kalbfleisch von der Metzgerei Feißt aus Teningen.

Man sieht an jedem Detail, wie sauber und präzise gearbeitet wird. So ist beispielsweise das Lachstatar, das auf einem Carpaccio von der Rote Bete dargeboten wird, nicht nur von sehr guter Qualität und akkurat von Hand in exakt gleich große Würfel geschnitten, sondern auch prononciert frisch aromatisiert, mit schneidig scharfen Meerrettichspänen, Schnittlauch und Lauchzwiebeln sowie Crème fraîche getoppt. Die Bete ist nicht muffig und weich, sondern knackig und fruchtig-frisch, ergänzend dazu süßsäuerlich eingelegte Radieschenscheiben und ebenso frische wie aromatische Salate verschiedener Sorten, unter anderem thematisch gut passende Rote-Bete-Blätter.

Gut zubereitet und authentisch war auch das cremige Süppchen von der Petersilienwurzel, das mit unverfälschtem Aroma samt der für das Produkt typischen natürlichen erdigen Süße aufwartete. Diskutieren könnte man allenfalls über die optionalen Gambas im Kartoffelmantel – zum einen darüber, ob man diese als Convenience-Produkt einsetzen oder selber machen sollte und zum anderen, ob es denn in so einem Hort der traditionellen badisch-elsässischen Regionalküche überhaupt Gambas im Kartoffelmantel geben muss.

Überhaupt nicht diskutieren muss man über so ein blitzsauberes Gericht wie den Hauptgang unseres Menüs, bei dem tadellose geschmorte und mit ihrer Schmorjus glasierte Ochsenbäckchen neben mildwürzigem Speckwirsing in Rahm und einem herzhaften Kartoffelgratin mit deutlicher, aber nicht aufdringlicher Note von Knoblauch und Muskatnuss aufgeboten waren. Und auch nicht über die Weinempfehlung dazu, einem mineralischen Spätburgunder aus Familie Kellers neuem Generationenprojekt mit Familie Reinecker, dem Weingut am Klotz im Markgräflerland, der sich hier prima machte.

Auch die Vanille-Panna-Cotta, die nicht etwa als schnittfest gelierte Sahne im Glas stand, sondern richtig cremig, fast schmelzig, hätten wir uns als solches kaum besser vorstellen können. Gedeckelt mit vollaromatischem stückigem Apfelkompott und Crumbles war das ein sehr schöner, schmackhafter Nachtisch. Und dass es im Hause Keller natürlich jede Menge anspruchsvolle Gewächse verschiedenster Qualitäten und nicht bloß aus dem eigenen Weingut gibt, ist ebenso selbstverständlich wie die Tatsache, dass man hier aufmerksam umsorgt wird.

Vöhringen (Bayern)

6

Speisemeisterei
Burgthalschenke

Untere Hauptstr. 4,
89269 Vöhringen (Thal)
☎ 07306-5265
www.burgthalschenke.de
◕ Mi–Sa von 12–13.45 Uhr u. ab 18 Uhr,
So u. Fei von 11.30–13.45 Uhr
u. ab 18 Uhr, Mo u. Di RT
Hauptgericht: 18–34 €, Menüs: 50–70 €

EC ⬤ VISA P ⊞

Schon allein durch das einzigartige Ambiente des über drei Ebenen mit Galerie angelegten Gastraums, der trotz grob verputzter Wände und dicken Holzbalken ausgesprochen luftig und hell wirkt, hat die Burgthalschenke in Vöhringen ein Alleinstellungsmerkmal. Noch mehr als das stimmungsvoll-entspannte Ambiente, das durch den großen gemauerten Kamin in der Mitte und stilvolle Kontraste setzende modernere Kunst geprägt wird, lockt allerdings die seit vielen Jahren durch viel Substanz in den eleganten Versionen bodenständiger Gerichte gekennzeichnete Küche hierher.

Auf der Karte stehen einerseits scheinbar schlichte, aber dennoch mit viel Geschmack und Natürlichkeit überzeugende Traditionsgerichte wie eine Rinderkraftbrühe mit Kräuterflädle, ein Züricher Sahnegeschnetzeltes vom Kalb in feinem Rahm mit Pilzen, Parmesan und hausgemachten Nudeln, oder Rostbraten vom Allgäuer Rind mit Zwiebeln und Spätzle vom Brett. Daneben finden sich allerdings sowohl à la carte als auch in den saisonal wechselnden Menüs immer auch Dinge, die mit dem gleichen handwerklichen Anspruch, aber etwas akkurateren Proportionen und teils exklusiveren Produkten schon klar ins Gourmetgenre wechseln.

So beispielsweise zuletzt eine zarte Terrine aus Meerrettichcreme und dünnen aromatischen Scheiben vom Schweinsbäckchen, die mit frisch geriebenem und gebratenem (deshalb eher bitter-nussigem) Meerrettich neben intensiver Bete als dickere Stücke und zarte Creme, sowie auflockernden Salatspitzen und Kürbiskernen einen bis in die Details gut durchdachten und attraktiv umgesetzten Auftakt schaffte.

Bei der folgenden gelben Paprikaschaumsuppe mit Croûtons wurde vor allem die vom eingesetzten Fond bis zu den natürlich herausgearbeiteten Aromen sorgfältig-fundierte Arbeitsweise sichtbar. Das Ergebnis war eigentlich simpel (und etwas sahnig), vor allem aber war ein sehr schmackhafter, voller und runder Zwischengang.

Wie gut Bodenständigkeit und gehobener Anspruch zusammengehen können, zeigte auch das Zanderfilet von einem beeindruckend riesigen Fisch und entsprechend saftigem Fleisch unter dünner krosser Haut. Mit schnörkellos-geschmackstarken Begleitern in Form von zart blanchierten und behutsam nachgebratenen Stücken von Romanesco, Grünspargel und Karotte, sautiertem Blattspinat und einer leichten Rieslingvelouté gab es hier zwar wenig Überraschendes, dafür aber bis hin zu den nussbuttrigen, geschmacksintensiven Petersilienkartoffeln ein in allen Komponenten genau auf den Punkt gebrachtes Ergebnis.

Eine originellere Variation eines bodenständigen Themas gab es dann zum Abschluss mit den (etwas trockenen) Mini-Buchteln, die den typischen Vanilleduft (sonst in der begleitenden Sauce) im Teig selbst einband und mit herbsäuerlichem Johannisbeerragout und nussigem Kürbiskerneis eine kontraststarke Umgebung im Schlepptau hatten. Tolle Idee, mit nur kleinen Wacklern in der Ausführung.

Gemeinsam mit dem charmanten aufmerksamen Serviceteam und einer im Viertele eher einfach-guten, flaschenweise aber durchaus anspruchsvollen Weinauswahl bleibt es bei einem unverändert positiven und rundum stimmigen Gesamteindruck.

Schwane 1404

im Hotel Romantik Hotel Zur Schwane
Hauptstr. 12, 97332 Volkach
☎ 09381-80660
www.schwane.de
⊙ Täglich von 12–17 Uhr u. ab 18 Uhr, kein RT
Hauptgericht: 17–29 €

Das von Weinbergen umgebene und vom Main touchierte Städtchen Volkach mit seinen kleinen Gassen, Fachwerkhäusern und dicken Stadtmauern hat besonders im Somme einen ganz besonderen Reiz und zieht viele Besucher an. Aber auch in der kälteren Jahreszeit lohnt sich ein Besuch. Denn hier gibt es nicht nur viel Historie zu bestaunen, sondern auch eine lebendige Genusskultur zu entdecken, welcher in der „Schwane" – anspruchsvolles Romantik Hotel mit gleichnamigem VDP-Weingut und zwei unterschiedlichen Restaurantkonzepten – ganz besonderes Augenmerk zuteilwird.

Denn neben den geschmackvoll gestalteten Zimmern und den Paradebeispielen fränkischer Winzerkunst wird auch überdurchschnittlich viel Wert auf anspruchsvolle Kulinarik gelegt. Im Restaurant Weinstock im ersten Stock auf Gourmetniveau – im authentisch nostalgischen Restaurant 1404 im Erdgeschoss und im romantischen Innenhof etwas bodenständiger und alltagstauglicher, aber ebenfalls mit klar gehobenem Anspruch an Produkt und Handwerk.

Mit einer bewussten Fokussierung auf das Schlichte in sehr guter Qualität wird hier aus fast ausschließlich regionalen Produkten eine schnörkellose Küche offeriert, die zumeist mit nur drei tonangebenden Komponenten auskommt. So wie beispielsweise beim herzhaft angemachten Rindertatar mit schönem Säurespiel, feiner Süße und genügend würzigem Gegengewicht, das lediglich mit einer Creme und gehobelten Stücken von fränkischem Winzerkäse und Scheiben von eingelegten schwarzen Walnüssen getoppt war – und als solches voll überzeugen konnte.

Auch an vermeintlich schlichten Sachen wie der Rinderconsommé mit Leberknödel kann man hier ganz besonders gut erkennen, wie solide und substanzstark gekocht wird. Die klare Suppe selbst begeisterte mit sehr viel natürlichem und ausgewogenem Geschmack ohne jedwede „Hilfsmittel" und die darin versenkten Leberknödelchen waren nicht nur so zart und locker, dass sie richtiggehend am Gaumen schmolzen, sondern hatten auch kraftvoll authentisches Aroma. Wirklich sehr fein und ein Musterbeispiel ihrer Art!

Wie schon im vergangenen Jahr bewies auch beim letzten Besuch als Fischgang ein perfekt glasig-kross gebratener Zander, dass hier nicht sehr viel Wert auf Produktqualität und Frische gelegt, sondern auch mit Fischerspitzengefühl für die richtigen Garzeiten gearbeitet wird. Anders als im Vorjahr (Spinatrisotto…) wurde der Fisch diesmal auf wie Risotto zubereitetem Rhöner Dinkelreis mit Birne serviert, der nicht nur schön soft-kernigen Biss und guten, getreidig-fruchtigen Geschmack hatte, sondern dank zweier schaumiger Rahmsaucen mit viel Substanz auch noch wunderbar süffig und vollmundig daherkam.

Beim tadellos geschmorten Böfflamott mit verschiedenen eigenaromatischen und punktgenau gegarten Wurzelgemüsen und einem zwar etwas kompakten, aber letztlich nicht uncharmanten Semmelsoufflé (das eher an einen Auflauf als ein Soufflé erinnerte) störte eigentlich nur die grenzwertig stark reduzierte und somit sehr dichte Jus ein ganz klein wenig den ansonsten auch wieder tadellosen Gesamteindruck. Doch war diese Sauce trotz ihrer Wucht geschmacklich so harmonisch, dass das den Genuss auch nicht wirklich schmälern konnte. Und weil das Team einfach weiß wie's geht, gelingt auch Nachtisch wie ein Joghurt-/Mandarinentörtchen finessenreicher, als man vielleicht annehmen könnte: mit Mandarinenragout gefüllte Joghurtmousse in Form einer Timbale, mit Mandarinengranité getoppt und von einem schmelzigen Mandarinen-Joghurteis flankiert. Cremig, saftig, säuerlich, nicht zu süß – ein erfrischender Abschluss. Wer es zum Finale gerne opulenter mag, wird mit lauwarmem Schokoladenkuchen nebst Rotweinzwetschge und Rotwein-Buttereis aus der hauseigenen „Allegra"-Cuvée glücklich oder nimmt

eine Käseauswahl mit Produkten der Hofkäserei Brunner, die mit Feigensenf und Früchtebrot offeriert wird.

Dass es dazu vor allem die eigenen fränkischen Weine gibt, braucht kaum eigens erwähnt zu werden. Wohl aber, dass diese bis hin zum Großen Gewächs auch glasweise zu sehr fairen Kursen ausgeschenkt werden. Es gibt aber natürlich auch eine kleine Auswahl an Erzeugnissen anderer fränkischer Winzer.

Weinstock

Hauptstr. 12,
97332 Volkach
☏ 09381-80660
www.schwane.dede/restaurants/
restaurant-weinstock/
⏱ Sa–Di ab 18 Uhr, Mi–Fr RT
Hauptgericht: 34–49 €,
Menüs: 105–159 €

Das schmucke Romantik Hotel Zur Schwane im pittoresken Weinort Volkach ist schon seit vielen Jahren ein kulinarischer Fixpunkt in Mainfranken, und zwar sowohl mit dem ebenso bodenständigen wie substanzstarken Angebot im Restaurant „Schwane 1404" als auch seit jüngerer Zeit mit der Gourmetküche im „Weinstock". Mit dem ersten personellen Wechsel an der Herdfront hatte das Traditionshaus für einigen Wirbel gesorgt und auch überregionales Aufsehen erregt. Denn Cornelia Fischer, die hier als Nachfolgerin von Steffen Szabo seit dem Frühjahr 2021 die Hauptverantwortung trägt, machte nach Stationen unter anderem bei Christian Jürgens in der Überfahrt am Tegernsee und als stellvertretende Küchenchefin von Andreas Caminada auf Schloss Schauenstein die Foodies extrem neugierig darauf, was sie bei ihrer ersten eigenen Küchenchefstelle an vorderster Front liefern würde.

Mit dem kleinen, in edel reduziertem Design gestalteten Gourmetbereich im ersten Stock, in dem man auf bequemen Designersessel an lederbezogenen, warm beleuchteten Tischen inklusive Dekor aus Wein-Wurzelstöcken platznimmt, hat die neue Küchenchefin jedenfalls eine sehr stimmungsvolle Bühne. Und die ersten Kleinigkeiten, die diese belebten, machten gleich noch neugieriger: Eine zarte, mit Kalbstatar gefüllte Krautwickelrolle verband gekonnt deftige Anklänge (gekochter Kohl) mit eher zarten und feinsinnigen Aromen im Tatar. Besonders gelungen stach durch seine kühle schneidige Art auch das in eine hauchdünne Knusperrolle gefüllte geeiste Rinderkochfleisch mit Meerrettich heraus, aber auch ein mit Panko frittiertes Mini-Fischlein mit herbfruchtigen Zwetschgen-Geltupfen war ein unbekümmert feiner crunchiger Snack. Nur der roh angerichteten Blauen Garnele stahl der sandig-buttrige Sablé, auf dem das Krustentier angerichtet wurde, ein klein wenig die Show… Nach diesen abwechslungsreichen (und bildhübschen) Miniaturen war einerseits bereits klar, dass regionale Traditionen und Produkte eine wesentliche Rolle spielen. Und andererseits, dass das Team um Cornelia Fischer keinen Mangel an originellen und schlagkräftigen Ideen hat. Zu diesen zählen im Übrigen auch die weiteren kleinen Kostproben, die jeweils die tonangebenden Aromen und Produkte des folgenden Gangs schon mal vorstellen und die Fülle an Eindrücken noch steigern.

So gab es vor dem schlicht mit „Karotte | Petersilie" überschriebenen ersten Gang beispielsweise ein Gläschen mit (auch salztechnisch) hochkonzentrierter Karottenmousse und Petersiliencreme, bevor der sowohl optisch wie aromatisch markante Hauptteller serviert wurde: Puristisch angerichtet standen hierbei eine salzig-intensive Karotten- und Karottengrünmousse in knackiger Kakaobutterhülle neben einer bissfest glasierten Karotte und einem hochkonzentrierten Sorbet von Petersiliengrün und Meerrettich. Das ergab zwei – vor allem pur genossen – durchaus extreme Komponenten, die von Karotte als mildestes Element verbunden wurden und dennoch einen mutig fordernden Einstieg ergaben.

Zum nächsten Gang leiteten gegrillte Artischocke und Artischockencreme mit pronciert stoffigem Kalbsherzschaum – und illustrierten zudem, dass Cornelia Fischer in ihren reduziert angelegten Gerichten ganz wesentlich über die Saucen punktet. Und so verwunderte es kaum, dass dann auch im Hauptteller die samtige Beurre Rouge mit ihrer feinen Würze und nervigen Säure die einerseits geschmorten, anderer-

seits kurzgebratenen Kalbsherz-Tranchen und gegrillten Artischockenstücke reizvoll und gewinnbringend untermalte.

Die bis dahin eindrücklichste Kombination aus einer meisterlichen Sauce und einem erstklassigen Produkt folgte allerdings beim sous-vide gegarten Huchen, der dank exakter Garung sanft temperiert und glasig auf den Teller kam, angerichtet auf zarten Rahmkohlrabi-Lamellen und einer ätherisch schwebenden Verbene-Sauce, bedeckt von knackigen Micro-Kohlrabiwürfelchen, Mirabellengel und getrockneten Kohlrabi-Blättern. Nicht zuletzt durch die prägnanten Microelemente auf dem Fisch bei dem ansonsten eher kompakten, dichten Arrangement, wirkte das Ganze besonders stark. Locker 8 Pfannen!

Wieder eher fordernd und nicht ganz ausgereift wirkte der in zwei Teilen servierte Hauptgang rund um Landschwein und Tomate. Vor allem der in einer kleineren Schüssel puristisch servierte Schweinebauch-Würfel bot zwar einerseits eine (zumindest oberflächlich) krosse Schwarte, war aber ansonsten nur knapp temperiert, mit sehr viel nicht wirklich schmelzigem Fett wenig charmant und von einigen kleinen Essigtomaten-Segmenten nur bedingt aufgelockert. Im Hauptteller machte dafür ein zartrosa gebratenes Filet mit seinem fein nussigen Geschmack eine deutlich bessere Figur. Und wurde von einer fleischig-fruchtsäuerlichen (leider nur arg salzigen) gegrillten gelben Tomate und deutlich zugespitzteren, teils säuerlichen, teils süßen Tomatenzubereitungen ergänzt. Tragendes Fundament und enormer Pluspunkt war auch hier das „Schmorsaftl", das als hochelegante und tiefgründige Sauce angegossen wurde.

Als Einstimmung aufs Dessert kam in Gestalt eines perfekten Mini-Topfensoufflés mit feinem Zitrus-und Vanilleduft sowie einem kleinen Zwetschgensorbet eine Kombination, die durchaus auch in größeren Dimensionen eine gute Figur gemacht hätte. Zumindest optisch eine sehr gute Figur machte aber auch das Hauptdessert, das in einem an Christian Jürgens erinnernden markanten Style eine weiße, mit Gel betupfte Joghurtkugel auf marinierten Zwetschgen-Würfelchen und kräftig rotem Zwetschgenfond präsentierte. Allerdings haperte es hier ein wenig am Feintuning. Unter anderem, weil die relativ dicke gefrorene Joghurtkugel mit fester „strohiger" Konsistenz und einem in Relation dazu sehr kleinen Zwetschgenmousse-Kern ein wenig unproportioniert und zu grob wirkte. Da wäre mit etwas präziserem Feinhandwerk und sensibleren Details noch mehr möglich gewesen.

Unterm Strich ändern solche Kritikpunkte aber nichts daran, dass ein Besuch im Weinstock ebenso spannend wie genussreich ausfällt. Vielmehr wird darin deutlich, dass mit dem mutigen klaren Stil (und den durchweg hervorragenden Saucen!) definitiv ein noch höheres Niveau erreicht werden könnte, wenn sich die Chefin und ihr Team erstmal richtig eingespielt haben. Der mit ausschließlich fränkischen Erzeugnissen gefüllte Weinkeller jedenfalls bietet so oder so nicht nur viel Profil, sondern mit den nach Rebsorten sortierten Flaschen von über 40 bekannten und unbekannteren fränkischen Winzern auch für jeden Geschmack und Anlass etwas Passendes. Mit der korrespondierenden Weinbegleitung sind hohes Niveau und spannende Entdeckungen garantiert – kompetente Beratung durch das charmante Serviceteam inklusive.

Wachenheim (Rheinland-Pfalz)

The Izakaya

Weinstr. 36,
67157 Wachenheim
📞 06322-9593729
www.the-izakaya.com/
⊘ Di–Sa ab 18.30 Uhr, So u. Mo RT
Menüs: 100–130 €

EC ⬤ VISA P ⏚ ♿

Trotz seines jungen Alters hat der erst 35-jährige Benjamin Peifer gastronomisch und kulinarisch schon viel gerissen. Erst ein paar erfolgreiche Stationen als angestellter Küchenchef, dann mit dem Intense in Kallstadt der erste Coup unter eigener Flagge, wenig später mit dem Izakaya in Wachenheim ein zweites Standbein. Und dort findet man den umtriebigen Jungunternehmer und ambitionierten Cuisinier, der die Zeit immer genutzt hat, um sein

Profil immer weiter zu schärfen, gerade am häufigsten an – während im Hintergrund schon am Nachfolger des zwischenzeitlich geschlossenen Intense gearbeitet wird.

Egal ob damals im Urgstein, im Intense, künftig am neuen Standort, oder jetzt gerade in Wachenheim: Der gebürtige Pfälzer hat es sich zum Ziel gemacht, seine Heimat mit der von ihm so geschätzte und verehrte japanischen Küche zu kombinieren, ohne seine Gäste damit zu überfordern. Dass das auch in der Izakaya heuer wieder überzeugend gelang, liegt nicht nur am ausgeklügelten Konzept, regionale und weit angereiste Viktualien in einem japanischen Kontext interpretieren, sondern insbesondere an der mittlerweile fast schon altmeisterlich wirkenden ausgereift-souveränen Herangehensweise des Chefs.

Rauch, Schärfe, Süße und Säure in unterschiedlichen Abstufungen sind Eckpfeiler seiner Küche und sorgen immer wieder für prägnante Kontraste. So auch bei der als „Tamagotofu" annoncierten kalten Erbsensuppe, die mit erdigen und süßlichen Noten von Erbse und Karotte eigentlich sehr pur und gemüsig wirkt, aber zudem von Habanero peppig-scharf angespitzt ist. Oder bei dem mit Holzkohlemayo sowie leicht süßlichem und schön luftigem Pfannkuchenteig unterfütterten „Rohkonomiyaki". Dass dieser Teller zum ersten Menühighlight wurde, lag vor allem auch daran, dass hier jedes Element passgenau zusammenfand. Denn sowohl der topfrische Pfälzer Saibling als üppig portioniertes Sashimi, als auch eine umamisatte Sauce auf Grundlage von Shoyu, Sake, Mirin und den gegrillten Fischkarkassen und nicht zu vergessen ein schärfend-säuerliches Wasabi-Furikake (Wasabisesam, knuspriger Reis, Limettenschale, Nori-Alge…) waren messerscharf auf den Punkt gebracht. In Summe ein süchtig machendes Vergnügen, das mit jeder Gabel in neue Geschmacksverläufe mündet, die Papillen herausfordert und mit seiner dennoch sehr eingängigen Art das Zeug zum Signature-Dish hat.

Kein Aufwand ist dem kleinen Küchenteam, das auch ganz lässig den Service bestreitet und die eigenen Kreationen am Tisch erläutert, zu groß. So erhält beispielsweise der mittags confierte Kräuterseitling genügend Zeit zur Aromenkonzentration, bevor er am Abend kurz gegrillt und zusammen mit Pilz-Duxelles, schmelzig-zarter hausgemachter Eichelschwein-Coppa, spitzer Kalamansi-Ponzu und gegrilltem Frühlingslauch liiert wird. East-West-Crossover? Ja, aber eben in einer souveränen Umsetzung, die nicht auf Gegensätze pocht, sondern die unterschiedlichen Produkte kongenial zusammenführt – und damit die individuelle Handschrift Peifers trägt.

Beim „Dry Ramen crispy Chili" verzichtet er einfach auf die eigentlich unverzichtbare Brühe, glasiert die gekochten Nudeln lediglich in Krustentierfond und Chili-Miso und toppt sie mit ultrakurz blanchierter und anschließend abgeflämmter Hanse-Garnele sowie fleischig-saftigem Wagyu-Hack. Als texturelles Gimmick sorgen bayrische Haselnüsse für Crunch und gegrillte grüne Bohnen nicht nur für Knack, sondern auch für rauchige Noten – zum selbst nachschärfen steht zudem ein „Crispy-Chili-Öl" bereit. Bei einem Ramen-Gericht auf die Brühe zu verzichten, mag seltsam erscheinen, macht in dieser Eigenkreation aber durchaus Sinn. Mehr konzentrierter Wohlgeschmack ist kaum vorstellbar, und man vermisst die Flüssigkeit auch nicht, weil alle Komponenten von herausragender Qualität und perfekt auf dem Punkt gebracht sind.

Auch so ein abgewandeltes und verfeinertes „Street-Food"-Gericht ist der „Wachenheimer Chicken Rice": Sowohl die sanft geräucherten Brusttranchen als auch das gezupfte Keulenfleisch vom Pfälzer Freilandhuhn des Herxheimer Züchters Michael Schwager behalten durch die sanfte Garung in Brühe ihren wunderbaren Charakter und werden von krosser Hühnerhaut (als Crumble) mit animierenden Röst- und Fettnoten ergänzt. Der Koshihikarireis wird ebenfalls in dieser Brühe gar gezogen und erhält so ein köstlich volles Aroma. Im Zusammenspiel mit den knackig mit Ingwer marinierten Gurken und separat servierter scharfer Tomatensauce mit „Birdseye-Chili" und Koriander ergibt das ein ebenso unkompliziertes wie raffiniertes Hauptgericht. Und wer das in der warmen Jahreszeit auf dem Vorplatz des Hauses direkt an der Hauptstraße genießen darf, bekommt sogar noch authentisches Straßenküchen-Feeling dazu…

Den in diesem Jahr wieder hervorragenden Gesamteindruck bestätigte dann auch die Pâtisserie, die zunächst mit einem „Gintense Fizz" grüßte. Dass dieser Gruß fast noch eindrücklicher war als das eigentliche Dessert, lag an der starken Präsenz, die das mit reichlich Botanicals aus dem hauseigenen „Gintense" aromatisierte Sorbet nebst geflämmter Ingwer-/Marshmallow-Creme und ultrasaurer, knallig kontrastierender Yuzu-Marmelade an den Gaumen brachte. Danach hatte es das „Ed von Schleck san" mit seiner Kombination von Erdbeere (Salat, Softeis, Coulis, roh kandiert…) und Rhabarberkompott schwer. Zwar kam dieses Hauptdessert auch mit reizvollen Eindrücken von Süße, Säure und Schmelz ums Eck,

wirkte nach dem „Gintense Fizz" aber doch recht zahm.

Neben den Weinen aus der Region, die in der Weinkarte den klaren Schwerpunkt bilden, blickt man auch gerne ein wenig über den Tellerrand hinaus und hält eine feine Sake-Auswahl bereit. Und wer keine Lust auf Alkohol aber auf eine innovative Getränkebegleitung hat, sollte die nullprozentige Variante wählen: Mit Gurken-Limetten-Cocktail, Tee aus gerösteter Hanfsaat oder einer Vogelbeeren-Hibiskus-Limonade ebenfalls ein anspruchsvolles und genussreiches Vergnügen!

Landhaus Tanner
im Hotel Landhaus Tanner
Aglassing 1,
83329 Waging am See (Aglassing)
☎ 08681-69750
www.landhaustanner.de
◉ Mo ab 17 Uhr, Di–Fr ab 12.30 Uhr durchgehend, Sa ab 12 Uhr durchgehend, So RT
Hauptgericht: 15–35 €, Menüs: 24–49 €

EC ⬤⬤ VISA Ⓟ ₥ ♿

Unweit des Waginger Sees und dort in idyllischer Lage am Ortsrand zwischen Feldern und Wiesen, ist das schmucke Landhaus der Familie Tanner eine feste Größe für alle, die in einladendem ländlich-elegantem Ambiente gut essen gehen wollen und es auch den Tellern zwar nicht kompliziert, aber dennoch anspruchsvoll mögen. Genau das vertritt das Team um Franz Tanner nämlich seit Jahren mit beachtlicher Konstanz. Aber nicht nur das, denn darüber hinaus entwickelt sich das alpenländisch schicke Landhaus, das fest in der Region verankert und konsequent der „Slow

Food"-Philosophie verpflichtet ist, immer noch weiter – sei es mit einem moderneren Anbau oder neuen Angeboten für Business und Erholung im Hotel.

Ein Besuch lohnt sich aber auch allein für eine genussvolle Auszeit im Restaurant mit einer Küche, die das Bodenständige gekonnt verfeinert und an die handwerkliche Zubereitung einen genauso hohen Anspruch legt wie an die Qualität der regionalen Produkte. Auf diese Art überzeugte beim letzten Besuch beispielsweise der mild und fest gebeizte Lachs von ausgezeichneter Qualität in der klassischen Umgebung aus roter Bete und Kren, die hier aber mit zurückhaltend süß-saurer Bete, sanfter Meerrettichcreme und etwas frisch gerissenem Meerrettich gefühlvoll interpretiert war und zudem von etwas frischen Sprossen und Basilikum, vor allem aber durch crunchy Amaranth-Knusperplättchen effektvoll aufgelockert wurde.

Wie sauber und gekonnt das Team handwerklich arbeitet, wurde allerdings bei der luftigen Kohlrabi-Schaumsuppe beinahe noch deutlicher, die mit prägnantem Produktgeschmack, leichter dienlicher Süße und feiner Säure an beste klassische Schule à la Dieter Müller erinnerte. Mit zarten, nur in der Suppe gar gezogenen Rinderfiletstreifen, kleinen Kohlrabi-Würfelchen und Schnittlauch ergab das eine ebenso schlichte wie feine Sache.

Das galt genauso auch für die nicht weniger als perfekt gebratene Hendlbrust mit krosser Haut, fest-zartem Fleisch und einer raffinierten Würze durch Wildkräuter und Salzzitrone unter der Haut. Gemeinsam mit den lockeren Polentastrudel-Scheiben und einer natürlichen, eher kurzen, dafür aber mit Paprikaöl keck marmorierten Jus wäre das durchaus auch für eine höhere Bewertung gut gewesen. Bremsend wirkte eigentlich nur das recht grobe und natürlich-fruchtige Paprikaragout, das enthäutet und etwas feinsinniger arrangiert noch besser gewirkt hätte.

Aber: das ist letztlich eben auch gar nicht das Ziel oder der Stil der Küche und derartige Kleinigkeiten ändern auch überhaupt nichts am Genusswert der Gerichte, der verlässlich auch bei Klassikern wie einem ofenfrischen Krustenbraten vom Bio-Schwein nebst „Weißbiersafterl", Spitzkrautsalat und Kartoffelknödel oder einem kraftvollen Rahmgulasch mit Champignons und Spätzle erfreulich hoch ausfällt.

Zum Abschluss sind die in Referenzqualität zubereiteten Topfenknödel, die in wechselnd fruchtsäuerlicher Begleitung nebst Nussbröseln und Vanilleeis serviert werden, genauso eine sichere Bank wie die zarte Crème brûlée mit herben Rotweinkirschen. Und auch an guten Tropfen zu fairen Preisen herrscht kein Mangel, denn die Weinkarte mit Schwerpunkt in Österreich und Italien bietet sowohl offen als auch flaschenweise viele lohnende Optionen, bei deren Auswahl das Serviceteam um die sympathische Gastgeberin Steffie Tanner kompetent zu helfen weiß.

Hotelempfehlung

★★★★

Hotel Landhaus Tanner

Aglassing 1,
83329 Waging am See (Aglassing)
☎ 08681-69750
www.landhaustanner.de
Einzelzimmer: 94–120 €
Doppelzimmer: 162–201 €

Wer echte Gastfreundschaft und eine beispielhaft moderne Umsetzung der Landgasthaus-Idee erleben möchte, ist bei Familie Tanner in Waging am See genau richtig. Das schmucke Landhaus im modernen alpenländischen Stil hat sich zurecht über viele Jahre einen Namen als kulinarischer Hot-Spot und komfortabler Rückzugsort gemacht. Die Philosophie des Hauses wird getragen vom herzlich-familiären Service der Gastgeber, sie prägt die individuell gestalteten und komfortabel ausgestatteten Zimmer mit gemütlicher Couch, Lesesessel, Schreibtisch mit Internetanschluss, modernem Badezimmer mit Wasserfall-Dusche, Flatscreen, Minibar und Safe, Balkon sowie einer besonderen Auswahl edler Stoffe und Materialien, und natürlich die anspruchsvolle Regionalküche im Sinne des „Slow Food"-Gedankens. Um die Chiemgauer Natur zu erkunden stehen Leihfahrräder und ab 2022 gegen Gebühr auch E-Bikes zur Verfügung. Im Wellnessbereich „Alpin-Garten" laden finnische Sauna,

türkisches Dampfbad, Wärmegrotte und Infrarotkabine, ein Bergpfad, sowie Ruheraum und
Daybeds zum Entspannen ein und an der Wiese am Bach gibt es einen neu gestalteten Bar-
fußpfad mit Kneippmöglichkeit. Diverse Massagen und Anwendungen werden ebenfalls
angeboten. Restaurant Landhaus Tanner separat erwähnt.

bachofer

im Hotel bachofer
Marktplatz 6, 71332 Waiblingen
☎ 07151-976430
www.bachofer.info
◐ Di, Mi u. Fr, Sa ab 18.30 Uhr, Do von
12–14 Uhr u. ab 18.30 Uhr, So u. Mo RT
Hauptgericht: 24–56 €,
Menüs: 56–120 €

Was in deutschen Spitzenküchen immer mehr
auf dem Vormarsch ist, beherrscht Bernd
Bachofer schon seit bald 20 Jahren: das Aromenspiel mit asiatischen und besonders japanischen Elementen. Und auch was das Verständnis von einem zeitgemäßen Fine Dining
angeht, war Bachofer mit seinem Restaurant
Pionier. Keine steife Tischkultur und gestärkte
Tischdecken, sondern lockere Eleganz zu lässigem Loungesound an blanken Holztischen.
Auf telefonische Nachfrage kann man auch auf
Hockern an der Essbar sitzen und hat direkten
Einblick in die gläserne Küche. So ein Setting
würde man eigentlich in Metropolen vermuten, aber wir befinden uns hier im zweitältesten
Haus am Marktplatz einer Kleinstadt mit gerade einmal 50 000 Einwohnern.
Schon mit den Grüßen, die auf ein Schälchen
mit Wasabinüssen und Rauchmandeln folgten,

wurden bei unserem jüngsten Besuch erste
Ausrufezeichen gesetzt: eine Norialgenwaffel
mit zweierlei Kaviar (Saibling und Forelle) und
zweierlei Cremes (Yuzu und Miso), dazu der
erfrischende Säurekick eines Sushireis-Süpp-
chens. Mit Umami begeisterte ein Stundenei in
Dashibrühe – in einer kleinen Tasse mit einem
Schluck zu genießen. Deutlich komplexer im
Süße-Säure-Spiel und fast schon als kleine Vorspeise zu werten war dann der letzte Gruß: eine
Poke-Bowl mit Lachs, Thunfisch, Gelbflossenmakrele und verschiedenen Gemüsen und
Sprossen.
Die eigentliche Vorspeise war eine attraktive
„Bento Box 3.0" mit vier Teilen, die aber noch
in weitere unterteilt waren. Als Highlight blieb
eine festfleischige Gillardeau-Auster in etwas
Ponzu mit Wasabi-Eis in Erinnerung – selten
erlebt man einen so frischen Spaß beim Aus-
ternschlürfen. Aber auch die anderen Box-Ele-
mente machten Lust auf mehr: Etwa der Yellowfin Tuna als Tatar auf Avocadocreme und
als Nigiri, dessen Reis lange nachhallend mit
Kaffirlimettenblättern ätherisch aromatisiert
war. Oder der japanische Eierstich Chawanmushi in Ponzu, zu dem die Kaviarperlen vom
Fliegenfisch lustig im Mund platzten und eingelegter Ingwer serviert wurde. Nicht zu vergessen die Gelbflossenmakrele, einmal als Sashimi samt Krabbenchip zu grünen Sobanudeln
in Dashi, einmal als eingelegte Buttermakrele.
Anschließend begegnete einem ein Carabinero
in seiner ganzen Pracht, denn nicht nur seine
untere Hälfte wurde sanft gegart und kurz angebraten serviert. Auch der Kopf des Krustentiers thronte senkrecht auf dem Teller und war
sozusagen mit sich selbst gefüllt: als Farce verarbeitet und mit einer gewissen Schärfe versehen. Als Solist überzeugte ein angebratener und mit Sojasauce abgelöschter Shiitake-
Pilz mit purem Pilzgeschmack. Geräuchertes
Kartoffelpüree und eine Nocke aus frischen
und eingelegten Gurken waren ausdrucksstarke
Sideplayer.
Als wohlig-warmes Powergericht erwies sich
geräucherter Aal mit gut zwischen Süße und
Würze austariertem Entenleber-Eis, der für
Fruchtmomente sorgenden salzigen Umeboshi-Pflaume und der spitzen Süße von karamellisiertem Apfel zu Sesam-Brioche-Bröseln. Noch
mehr herzhaftes Fisch-Feeling am Gaumen gab
es durch ein weißes Schaumsüppchen vom
Räucheraal à part. Im nächsten Gang mit auf
der Haut gebratenem Seehecht wurden in einer
marokkanischen Interpretation die zitrischen
Säureregler aufgedreht. Über allem schwebte
eine Salzzitronen-Hippe, zusätzlich mit kleinen
Stückchen der sanft-säuerlichen Frucht belegt.

Aber auch aus dem körnigen Bulgur und der Safran-Hollandaise ragten deutlich Zitrusnoten heraus. Etwas besänftigend dazu war ein geschmeidiger Vadouvan-Sud, mehr noch eine Creme von der Miso-Aubergine, die ihn umringte. Auch farblich gut machte sich in dem von gelb-bräunlichen Tönen dominierten Gericht eine knallgrüne Gurkenspirale.

Nach so viel Rauch-, Frucht- und Säurearomen fiel das klassischste und regionalste Gericht etwas zurück. Nicht nur, weil der Rehrücken sous-vide gegart war und es dadurch bei aller Zartheit an Struktur vermissen ließ, sondern weil dem an sich komplexen Gericht irgendwie die geschmackliche Überzeugungskraft fehlte. Bis auf einen weißen Schaum konnte sich das doch eigentlich starke Aroma von Steinpilzen nicht so recht durchsetzen, weder eingelegt und mit leichtem Biss noch in einem säuerlichen Sud im Schnapsglas – zumal dazu noch fette Henne oder krause Glucke, wie man die Badeschwamm-ähnlichen Pilze auch nennt, etwas ablenkte. Die Jus zum Fleisch war ein Purple-Curry-Sud, der sich durch Granatapfel- und Rotkohlsaft recht lieblich ausbreitete. Eine Spur von Grünkohlgel hatte eher dekorativen Zweck, dafür aber konnte zweierlei Kerbelmousse noch ein paar herb-würzige Akzente setzen.

Im Pre- und auch im eigentlichen Dessert wurde die Quitte gefeiert: Zuerst als frisches Süppchen mit einer weißen Mousse und den Aromen von Gewürzkaffee und karamellisiertem Piemonteser Haselnüssen. Anschließend im „Zen-Garten", in dem die Quitte als nachgebaute Frucht mit gelbem Schokomantel und flüssigem Inneren auftauchte, ebenso als Gelee in zwei wundervoll schmelzigen Nougatringen sowie als gedörrte Scheibe. Hübscher Gag dazu war ein „Kieselstein" mit Füllung aus Nashibirne. Ein sehr dekoratives, aber auch etwas gefälliges Dessert, dem vielleicht noch eine kräuterige oder säurehaltige Kante gutgetan hätte.

Insgesamt aber kann und muss man sagen, dass bei Bachofer alles sehr durchdacht ist. Und das trifft auch auf die Getränkebegleitung zu, startend mit einem exotischen Aperitif, weiter mit den Weinen, darunter die weiße Hauscuvée von Jochen Beurer, oder zwischendurch auch mal mit einem Sake. Und das Angebot ist wirklich vielfältig: Das Menü kann man sich aus bis zu neun Gängen selbst zusammenstellen, auch als vegetarische Variante, dann in bis zu sechs Gängen. An einigen Tagen gibt es zudem Sushi- und-Steak-Angebote oder auch „ganz viel Sushi". Aber angesichts der spannenden Kreationen wäre es schade, wenn man sich als Gast nur darauf fokussieren würde.

Hotelempfehlung

Hotel bachofer

Marktplatz 6,
71332 Waiblingen
☎ 07151-976430
www.bachofer.info
Einzelzimmer: 108–145 €
Doppelzimmer: 145–220 €

Das denkmalgeschützte Gebäude im ruhigen Zentrum von Waiblingen war bislang nur für hervorragende Fusion-Küche bekannt, ist seit 2019 aber auch ein modernes Boutiquehotel. In den acht sehr stilvoll und individuell designten Zimmern, die allesamt nach Gewürzen benannt sind und damit eine thematische Verbindung zur gewürzaffinen Küche von Gastgeber Bernd Bachofer schlagen, gehen historische Bausubstanz, moderne Technik und komfortable Ausstattung eine behagliche Liaison ein. Diese reichen vom 19 m² großen Einzelzimmer mit Boxspringbett, Schreibtisch, großem Badezimmer und separatem WC bis hin zur 48 m²-Suite mit King-Size-Bett. Alle Zimmer sind mit großen Flatscreen-TVs, Bluetooth-Soundbar, Kaffeemaschine und modernen Bädern mit Regenwald-Dusche sowie Klimaanlage ausgestattet. Restaurant Bachofer separat erwähnt.

Bezahlkarten-Symbole

Mastercard
EC-Maestro
Diners
American Express
VISA Visa

Waldbronn (Baden-Württemberg)

Schwitzer's Restaurant

in Schwitzer's Hotel am Park
Etzenroter Str. 4,
76337 Waldbronn (Reichenbach)
☎ 07243-354850
schwitzers.com/
🕐 Di–Sa ab 18 Uhr, So u. Mo RT
Hauptgericht: 39–44 €,
Menüs: 99–189 €

Das Gourmetrestaurant der Schwitzers in Waldbronn am Rande des Nordschwarzwalds hat sich aus vielen Gründen etabliert. Weil es großzügig gestaltet ist, weil es Eleganz besitzt, weil das Hotel auch noch über komfortable Zimmer, eine Brasserie und einen To-Go-Shop verfügt. Im Prestige-Outlet des Hauses muss man sich Zeit nehmen um entsprechend würdigen zu können, was Küchenchef Cédric Schwitzer und seine Frau Stephanie an kulinarischer Dramaturgie entworfen haben.

Zum Gesamterlebnis gehört etwa der Aperitifwagen, dessen Angebot durchdachter wirkt als in den meisten anderen vergleichbaren Restaurants und das von Sommelier und Restaurantleiter Felix Daferner kompetent erläutert wird. Klug ausgewählter Champagner, gleich zwei hervorragende Sherrys oder spannender Wermut gehören dazu. Wie exakt das Menü von Cédric Schwitzer und seinem Team mittlerweile von A bis Z komponiert ist, zeigt sich bereits bei den doppelseitig bedruckten Kärtchen, die für jeden Gang auf den Tisch gestellt werden: alle Details des Essens sind hier auf der einen Seite aufgeführt und zeichnerisch dargestellt, während auf der anderen ein Foto zu sehen ist. Der Gast kann diese Kärtchen mitnehmen und sich zu Hause daran erfreuen, der Tester spart

sich weitgehend die heimlichen Notizen und kann so noch entspannter zu Werke gehen.

Die erste Karte galt dem gebackenen Stern mit gebeizter Jakobsmuschel und einer Cocobohnen-Creme, Ananas und einem Hauch von Curry: eine knusprige Sache, welche die rohen, nur leicht marinierten Muschelsegmente gut ergänzte. Dem Brot – eine auch in diesem Segment der Gastronomie unüblich hohe Qualität – mit Misobutter und dem Ei mit Spinat, Kalbsragout, Nussbutter und schwarzer Trüffel waren weitere Karten gewidmet. Wohl aber der ersten richtigen Vorspeise um ein Gänseleberparfait, das fruchtig-süß umrahmt wurde: mit Orangenconfit und Blutorangengelee sowie einem Eis von Orange und Kardamom. Ein Petersilienextrakt setzte da einen aromatischen Kontrapunkt und à part gab es dazu eine wunderbar lockere Brioche mit frisch geriebener Orangenschale.

Bei der Tristan-Languste mit Sot-l'y-laisse, Kürbis, Apfelgel und Rauchschaum war das Krustentier zwar korrekt gegart, aber eigentlich der am wenigsten beeindruckende Teil des Ganges, während alle anderen Zutaten gut zusammenspielten. Der Rheinzander ging mit Périgordtrüffeln, fermentiertem Spitzkohl, gerösteten Walnüssen und Kümmel eine überzeugende Liaison ein, für die der Spitzkohl eher Würze als Säure mitbrachte und bei der der Fisch zeigen konnte, dass die regionalen Produkte in dieser Qualität und Frische locker mit prominenterem Meeresfisch mithalten können.

Das geschmorte Kalbsentrecôte entpuppte sich als hervorragende, saftige Tranche, gepökelt, mariniert, glasiert, von Apfel, Essig und Gewürzaromen durchzogen. Ein Apfelchutney, etwas Rotkohl und in feine Scheiben geschnittene Maronen – endlich mal eine kluge Methode, dieses Produkt einzusetzen! – ergänzten das formidable Fleisch ganz ausgezeichnet. Auch die Brusttranche vom Miéral-Perlhuhn war perfekt gegart und präsentierte sich unter ihrer knusprigen Haut herrlich saftig, wurde von Topinambur, einer hellen Trüffelvelouté, sowie einem Hagebuttengel und einer Hagebuttenvinaigrette sehr harmonisch umrahmt. Eine fruchtig-erdige Entourage, die dem hervorragenden Geflügelfleisch nicht die Show stahl, aber auch nicht bloß beiläufig zugegen war.

Der Käse, der sich ja in vielen Betrieben auf eine Auswahl vom Wagen reduziert, kam hier als eine durchdachte Kombination aus dem französischen Ziegenkäse Valençay sowie gepickelten Quitten, Buchweizen und Weißkraut daher. Beim Dessert indes wurde der „Kaffeestein", eine würzige, aber auch angenehm fruchtige Mousse, von Mandarine in diversen Texturen (Salat, Perlen, Gel, Salat…) umrandet, denen wir allerdings etwas mehr aromatische Präsenz gewünscht hätten. So schmeckte etwa ein Mandarineneis auf Sauerrahmbasis eher nach Sauerrahm als nach Mandarine und auch ein Mandarinenblatt als Dekoration sah zwar sehr schön aus, brachte dem Ganzen aber keinen aromatischen Mehrwert.

Die massive Pfanne, in der zum Abschluss die Petits fours serviert wurden, gehört wiederum zur Dramaturgie, die von vielen Stammgästen geschätzt wird. Ihr Inhalt, saftiger Cannelé, Paris-Brest, Éclair oder Pistazien-Macaron, war insgesamt sehr klassisch geprägt, handwerklich tadellos, und ließ geschmacklich keine Wünsche offen. So dürfte am Schluss auch der kritischste Gast glücklich sein. Was Cédric Schwitzer komponiert, wie er die Produkte behandelt und wie sich das ganze Team um die Gäste bemüht, ist wirklich als außergewöhnlich zu bezeichnen.

Hotelempfehlung

★★★★ S

Schwitzer's Hotel am Park

Etzenroter Str. 4,
76337 Waldbronn (Reichenbach)
☎ 07243-354850
schwitzers.com/
Einzelzimmer: ab 130 €
Doppelzimmer: ab 165 €

Schwitzer's Hotel am Park liegt zentral und gleichzeitig sehr ruhig inmitten von Waldbronn und dort, wie der Name schon verrät, direkt am Rande des Kurparks. Die 20 stilvollen Zimmer mit Aussicht in den Park und teils in das malerische Albtal sind mit schönen Holzböden ausgestattet und verfügen über einen modernen Flachbildfernseher, Minibar und Sitzecke. Einige Zimmer haben einen Balkon und in den eleganten Suiten ist zusätzlich ein separates Wohnzimmer vorhanden. Zum Aktivsein oder entspannen gibt es einen Fitnessraum und eine Sauna, zum Genießen ein elegantes Gourmetrestaurant mit bodentiefen Fenstern und Terrasse. Zum erweiterten gastronomischen Angebot gehören zudem eine moderne Brasserie und eine Bar mit Zigarrenlounge. Frühstück wird gegen Aufpreis angeboten, im Zimmerpreis inbegriffen sind schnelles WLAN, Parkplätze und auch der Zutritt zum nahegelegenen

Thermalbad. Auf Grund der günstigen Lage im Dreieck Karlsruhe-Pforzheim-Baden-Baden kann man sowohl die Sehenswürdigkeiten der Städte als auch das idyllische Albtal ganz aktiv mit Wanderrucksack oder Bike erkunden. Schwitzer's Restaurant separat erwähnt.

Gasthof Krone

Nürtinger Str. 14,
71111 Waldenbuch
☎ 07157-408849
www.krone-waldenbuch.de
◔ Mi–Fr u. So von 12–14 Uhr
u. ab 18 Uhr, Sa ab 18 Uhr, Mo u. Di RT
Hauptgericht: 28–40 €,
Menüs: 61–99 €

Die Geschichte der Krone, die sich ganz bürgernah immer noch Gasthof nennt, reicht bis ins 16. Jahrhundert zurück. Mit Matthias Gugeler als Gastgeber wurde 2008 ein neues Kapitel aufgeschlagen – und ein neues Niveau erreicht, das auch der junge Küchenchef Erik Metzger mit fortschreitender Ausgereiftheit hält. Basis in seiner Kulinarik ist weiterhin die

959

französische Klassik, die aber beim einen oder anderen Gericht mit internationaler Moderne erweitert wird. Dies bei allen Freiheiten für den Gast, der die Wahl zwischen dem „Grand Menu" und einer vegetarischen Speisefolge hat, aber auch einfach nur beliebig Gerichte à la carte bestellen kann.

Bei unserem jüngsten Besuch wurde vorneweg angedeutet, was sich später in den einzelnen Gerichten fortsetzte: nämlich dass die Küche sowohl mit leichten, frischen Momenten, als auch mit etwas schwereren, herzhaften Aromen schöne Akzente setzen kann. Zum getrüffelten Kohlrabischaumsüppchen etwa gab es ein Lachstatar mit Gurke sowie eine kleine Scheibe Roastbeef mit Creme und Kapern. Als vegetarische Alternativen konnten ein knusprig-warmes Falafel-Bällchen nebst Karottenzylinder und Kürbis-Relish überzeugen. Überhaupt die vegetarischen Gerichte: Die sind in der Krone so elegant austariert, dass man eigentlich nie das Gefühl hat, es würde etwas fehlen.

So etwa bei den Tomatenvariationen in roten, gelben, grünen Stücken, teils mit feiner Säure versehen, dazu als Varianten in Gestalt von Mousse, Schaum und Gel nebst Pesto mit intensiver Basilikumnote, aufgefangen von einer Focaccia. Asiatisch aufgetrumpft wurde mit Balfego-Thunfisch, einem sattroten Tatar erster Güte. Auch hier gab es kräftige Akzente mit Koriander in einem Apfelsorbet, Wasabi und Ingwer als rosa Geleekugel, dazu ein kleines Relish sowie eingelegte Gurkenscheiben und -stückchen. Schwarzer Sesam setzte hier kleine Spitzen, eine weiße Mousse und Ayran-Joghurt-Schaum rundeten diese mit ihrer Frische inspirierende Vorspeise ab.

Die Hauptgerichte wiederum umarmten einen mit herzhafter Aromentiefe. Im vegetarischen war dies vor allem der Trüffeldichte zu verdanken, mit großzügig gehobelten schwarzen Scheiben und Trüffeljus nebst erdigem Schalottenschaum. Zuunterst lag ein Ring aus Risonirisotto, bedeckt von gebratenen Pilzen und einem Wachtelspiegelei. Geschmorte Stücke von der Petersilienwurzel und auch eine grüne Creme steuerten einen herb-süßen Touch dazu, ergänzt durch nussige Aromen von Pinienkernen.

In sich sehr stimmig war auch das Fleischgericht mit zartrosa-saftigem Filet und dunkel-mürbe geschmorter Backe vom Kalb. Hier erwiesen sich fluffige Kartoffel-/Thymian-Schnitten, die auch ohne die noch leicht transparente Jus ein Genuss waren, als sehr gute Begleiter. Fein geraspelter Chinakohl mit Pommery-Senf konnte sich mit milder Schärfe

behaupten, ohne das Gesamtbild zu stören, ebenso wie ein Selleriepüree und Birne als angeschmorte Scheiben und Moussetupfen. Das Einzige, das man bei all diesen stimmigen Komponenten auf den Tellern sanft kritisch anmerken könnte, ist die Tatsache, dass sie recht kompakt angerichtet sind und man sich zu so einzelnen Bestandteilen quasi „vorarbeiten" muss.

Klarer erkennbar waren die Player des Desserts mit einer Interpretation von Piña Colada, die aber mit ihrem Kokossorbet, geschmorten Ananasstückchen, einer mit Rum abgeschmeckten Vanillecreme und einer gefüllten weißen Schokoladenkugel auch etwas übersichtlicher war. Dazu serviert Matthias Gugeler sowohl hochwertige heimische Gewächse als auch französische Schätze wie zuletzt einen Pomerol zum Fleischgericht. Das Gediegene, aber keinesfalls Steife des historischen Ambientes tut ein Übriges dazu, dass man sich einfach wohl fühlt und schon an den nächsten Besuch denkt. Dem kommt auch das gute Preis-Leistungs-Verhältnis im Gasthof entgegen.

Waldkirch (Baden-Württemberg)

Gasthaus Löwen

Schwarzwaldstr. 34,
79183 Waldkirch (Buchholz)
℡ 07681-9868
www.loewen-buchholz.com
Mo, Di u. Do–Sa von 11.45–13.45 Uhr u. ab 17 Uhr, So u. Mi RT
Hauptgericht: 9–29 €,
Menüs: 26–39 €

EC **VISA** P ⌂ ♿

In der ländlich-rustikalen Gaststube des Löwen im Waldkircher Ortsteil Buchholz, der neben dem traditionellen Stammhaus auch über einen modernen Hotel-Anbau verfügt, wird eine ansprechende gutbürgerliche Küche geboten, die auf solidem Handwerk und frischen, saisonalen Produkten basiert. Keine kreativen Kapriolen, keine aufwendigen Arrangements, sondern schlicht, aber fundiert gekochte Gerichte in guter Qualität. Das meiste davon entspricht dem, was man in einem guten badischen Gasthaus erwartet, es gibt aber auch Ausflüge in die weite Welt. Bei schönem Wetter gibt's auch draußen auf der Terrasse hinter dem Haus ein schattiges Plätzchen.

✗ ‖ ‖

Herzstück

Marktplatz 19, 94065 Waldkirchen
☎ **08581-6909594**
www.herzstueck-waldkirchen.de
◕ **Täglich ab 11 Uhr durchgehend, kein RT**
Hauptgericht: 12–22 €, Menüs: 29–65 €

Mittlerweile hat sich das direkt am kleinen Waldkirchener Marktplatz gelegene Herzstück mit seiner einladenden Mischung aus einladend „cosy", unkompliziert und doch qualitätsbewusst tatsächlich zu einem kleinen kulinarischen Herzstück der Stadt entwickelt. Der Laden brummt. Und das ist kein Wunder, denn das vom ausgiebigen Frühstück und selbst gebackenen Kuchen und Torten bis zu einer abwechslungsreichen Karte reichende Angebot hält vom spontanen Walk-In bis zu ausgiebigem Genießen für beinahe jeden Anlass etwas bereit.

Entsprechend umfasst die Karte ein breites Spektrum, das von schlichter Brotzeit über abwechslungsreiche Salate und kreative Burger bis hin zu ausgewählten Premium-Steaks und pfiffigen, mit einfachen Mitteln interessant gestalteten gehobeneren Gerichten reicht. Letztere spielen dann gern mit mediterranen oder asiatischen Aromen – wer es lieber traditionell mag, bekommt aber auch einen sehr ordentlichen Schweinebraten mit Dunkelbiersauce und zweierlei Knödel oder ein in Butterschmalz souffliertes Wiener Schnitzel nebst Petersilienkartoffeln (oder Pommes) und Preiselbeeren. Dass das Team auch bei aufwendigeren Sachen auf Kurs bleibt, zeigte beim letzten Besuch das modern und etwas wild angerichtete Rindertatar, das allein schon durch den kraftvollen Fleischgeschmack und eine prägnante Würze

zwischen Zwiebel, Kapern und Gewürzgurke viel Spaß machte. Noch einmal mehr aber, weil mit eingelegten gebratenen Champignons, gebackenen Kapernäpfeln, Tupfen von (dezenter) Trüffelmayo und Avocadocreme sowie dünnen knusprigen Olivenbrot-Chips für viel Abwechslung und immer wieder neue Kombinationsmöglichkeiten gesorgt wurde.

Andere Gerichte wiederum werden absolut geradlinig und simpel gehalten, sind damit vielleicht weniger spannend, aber dank guter Produkte und frischer natürlicher Zubereitung dennoch stets lohnend. Unter Beweis stellten das zuletzt mustergültig knusprig-saftige Backhendlstücke mit eher dezenter und nicht zu plakativer Würze. Dazu gab's ganz klassisch Kartoffel-Gurkensalat, der hier aus eher groben Stücken in zarter eigener Stärkebindung gearbeitet wurde und durch frittierte Petersilie einen herbalen Akzent mit auf den Weg bekam.

Zum Abschluss stehen neben hausgemachten Kuchen und Torten auch typisch unkomplizierte Desserts zur Wahl, die vom Zitronensorbet mit Erdbeer-/Mango-Ragout und Nusscrumble bis zum warmen Apfelstrudel mit Vanilleeis nahtlos an das sonstige, durchweg überdurchschnittliche Niveau anschließen. Und auch die Gläser bleiben nicht lange leer, sondern können mit spannenden Bieren, Limonaden und sowohl offen wie auch glasweise anspruchsvollen Weinen aus Österreich und Italien zu fairen Preisen gefüllt werden.

♨🍴 ‖ ‖ ‖

Johanns

Marktplatz 24, 94065 Waldkirchen
☎ **08581-2082000**
www.restaurant-johanns.de
◕ **Mo–Sa von 12–14.30 Uhr u. ab 18 Uhr, So RT**
Hauptgericht: 16–36 €, Menüs: 35–95 €

Mittlerweile ließe sich wahrscheinlich sogar darüber streiten, ob eher das seit Jahren überregional bekannte Modehaus Garhammer oder aber dessen nach dem Gründer des Modehauses benannte Gourmetrestaurant die größere Anziehungskraft für einen Abstecher in das kleine Waldkirchen hat. Für Foodies ist die Antwort vermutlich leicht, für viele Besucher aber auch die Kombination aus beidem, nämlich anspruchsvolles Shopping und anspruchsvollen kulinarischem Genuss, sehr attraktiv. Sicher ist jedenfalls: Ein Besuch in dem in der obersten Etage des Hauses angesiedelten Restaurant, mit seinem stylisch-modernem Ambiente und dem weiten Blick übers Land, lohnt sich so oder so. Denn was das Team um Michael Simon Reis hier in ideenreicher und individueller Art auf die Teller bringt, bietet seit vielen Jahren verlässlich einen ebenso hohen Unterhaltungs- wie Genusswert.

Dabei scheint stilistisch teilweise noch die Prägung aus der Zeit des Chefs im Wiener Steiereck durch, was in diesem Fall aber nur heißt, dass es einen auffallend raffinierten und teils unkonventionellen Umgang mit Gemüse und Getreide gibt und sich die Gerichte durch eine sehr markante Optik und Tellersprache auszeichnen. Und apropos „markante Optik": Die bot zuletzt schon der neckisch augenzwinkernde Start mit einem „Biergarten" inklusive Miniatur-Maß in Form schaumgekrönter Zwiebelbouillon, kleinem Flussbarsch-Steckerlfisch mit Senfgurke und Dill sowie einer Emmentaler-Mürbteig-Brezn – alles nicht bis aufs Letzte detailgenau, aber mit hohem Spaß-Faktor und uneingeschränkt animierend.

Bereits deutlich komplexer gearbeitet eröffnete ein kompakt angerichteter (fast) vegetarischer Gang das Menü: Auf einer milden Selleriemousse sorgte hierbei ein knackig-frisches Apfel-/Staudensellerie-Ragout für Auflockerung und ein erweitertes „Selleriespektrum", während kleine Croûtons, geröstete Haselnüsse und Emulsionen aus Haselnussöl und Sudachi-Sauce für subtil nussige und zitrisch-würzige Akzente sorgten. Aus dem vegetarischen Genre heraus wurde das Ganze durch lockerflockig darüber geraspelte (gefrorene) Kalbsleber bewegt. Neben feinem Schmelz brachte diese auch eine mutige aromatische Rustikalität und erhöhte die Spannung.

In absoluter Bestform zeigte sich das Team anschließend beim zart aufblätternden, in brauner Butter gegarten Zander. Dessen elegante Aroma wurde von feinbitter-nussig gehaltenem Zuckerhut (als Basis auf dem Teller) sowie einem Topping aus erdig-knackigen Streifen von Saubohnenkernen, einer langsam schmelzenden Lardo-Scheibe und dünnen Fäden von Chorizo-Emulsion auf spannende Art erweitert, während eine mild duftige Lorbeer-Schaumsauce den verbindenden Rahmen schaffte. Klare 8 Pfannen!

Beinahe ebenso eindrucksvoll gelangen die Kalbsbackerl in hauchdünnen, kräftig gerösteten Brotscheiben auf dichtcremiger Liebstöckel-Petersiliencreme. Als heller nussiger Kontrast dazu fungierte kleinwürfeliger Topinambur, während ein ebenso kraftvolle wie schwebend elegante Trüffeljus für Tiefe und Power sorgte. Mit einem Topping aus aromatischer schwarzer Trüffel, säuerlichen Taglilien und kandierter Zitronenschale gab es weitere Akzente, wobei hier insbesondere die ätherisch süß-herbe Zitronenaromatik für viel Dynamik sorgte.

Beim rosazart gegarten Lamm war wiederum ein Topping aus dünn geraspelter Nuss für einen spannenden hellen Akzent neben dunkler Auberginencreme, schwarzem Knoblauch und einem Paprikaconfit, auf dem ein knusprig gebackenes Fleischtascherl thronte, verantwortlich. Und eine transparent elegante Jus rundete das alles harmonisch und mit genau richtig dosierter Kraft ab.

Genau richtig dosiert war dann auch auf dem Teller des Desserts die Balance zwischen Süße und Säure bei der Variation von roter Johannisbeere als Sorbet, Mousse und Beeren, deren knackige Frische von volleren gelbfruchtigen Akzenten, vor allem aber milchig-cremiger Süße abgepuffert wurde. So entstand ein wunderbar sommerlicher Abschluss – nicht ganz auf dem Niveau der besten herzhaften Gänge, aber dennoch uneingeschränkt köstlich und lohnend.

Und das sind auch die glasweise empfohlenen Weine, bei deren Auswahl sich das Team aus einem spannenden Fundus zwischen Österreich, Deutschland und Italien bedienen kann – und diese Aufgabe genauso kompetent und aufmerksam bewältigt, wie alles andere.

Hotelempfehlung

★★★S

Hotel Herzstück

Marktplatz 19,
94065 Waldkirchen
📞 08581-6909594
www.herzstueck-waldkirchen.de
Einzelzimmer: 79 €
Doppelzimmer: 68–230 €

Das Hotel und Restaurant Herzstück liegt mitten im Herzen des niederbayrischen Städtchens Waldkirchen, ist mit seinem modernen, jungen Style ein geschmackvoller Gegenentwurf zu den mehrheitlich ländlich-traditionellen Betrieben der Gegend, fügt sich aber trotzdem prima in die Region ein. Die insgesamt 24 Zimmer und Suiten mit zeitgemäßen Bädern – alles Nichtraucherzimmer und davon 16 klimatisiert – zeichnen sich durch eine ideale Kombination aus Design, Komfort und Liebe zum Detail aus. Man schläft in nagelneuen Boxspringbetten mit Bettwäsche nach Biostandard, hat einen großen Flatscreen mit SAT-TV und schnelles WLAN zur Verfügung und genießt Annehmlichkeiten wie Minibar, Safe und einen großzügigen Schreibtisch. Alle Suiten verfügen sogar über eine eigene Sauna und Dachterrasse. Besonderer Wert wird auch auf ein hochwertiges Frühstück gelegt: frisch gebackenes Brot, hausgemachte Aufstriche, regionale Wurstspezialitäten, zahlreiche Käsesorten, ausgewählte Kaffee-Spezialitäten und Tee-Sorten, Bio-Säfte… Im täglich durchgehend geöffneten Restaurant gibt's ein stilistisch breit gefächertes, aber nicht zu umfangreiches Programm vom Spezial-Burger über Zwiebelrostbraten bis zum Thai-Curry.

Brauerei Walter Restaurant

Hauptstr. 23, 79761 Waldshut-Tiengen
📞 07741-83020
www.brauereiwalter.de
🕐 Di ab 17 Uhr, Mi–Fr von
11.30–13.30 Uhr u. ab 17 Uhr, Sa u. So
ab 11.30 Uhr durchgehend, Mo RT
Hauptgericht: 23–36 €, Menüs: 37–69 €

In dem weithin bekannten Hotel-Restaurant von Familie Hoferer im beschaulichen Tiengen, geht es im besten Wortsinne gutbürgerlich zu. Schon der ländlich-adrette Gastraum strahlt bereits auf den ersten Blick sehr gepflegte, gehobene Gastronomie aus, zugleich aber auch angenehme Bodenständigkeit: keine übertriebene Eleganz, keine steife Gangart des sympathischen Serviceteams und somit auch keine Hemmschwelle. Und auch die Küche repräsentiert hier genau das, was man im positiven Sinn unter gutbürgerlichen Gerichten versteht: keine modischen Extravaganzen, keine kreativen Auswüchse, sondern ganz traditionelle, unaufgeregte Gerichte – allerdings in einer Qualität, die man sie so nur noch selten bekommt.

Kaminrestaurant

im Hotel Vorfelder
Bahnhofstr. 28, 69190 Walldorf
📞 06227-6990
www.hotel-vorfelder.de
🕐 Mo–Sa ab 17.30 Uhr, So RT
Hauptgericht: 13–27 €, Menüs: 41–56 €

Der Spagat zwischen aufwendigem Programm für Haus- und Tagungsgäste und ambitionierterer Küche für à-la-carte-Esser ist für viele Hotels eine Herausforderung. Und auch das schmucke Business-Hotel Vorfelder unweit der SAP-Zentrale muss sich dieser vielfältigen Aufgabe stellen. Dass die internationale Klientel und deren Vorlieben das kulinarische Angebot von Küchenchef Fabio Pruscini in dessen Kaminrestaurant beeinflussen, liegt auf der Hand. Die hiesige Mischung aus mehrheitsfähigen Allroundern, deutscher Traditionsküche und ambitionierteren Gourmetofferten reicht in der Karte vom „100%-Beef-Burger" über argentinisches Rumpsteak und Wiener Schnitzel bis zu avancierteren Offerten – wobei uns heuer Letztere leider nicht wirklich überzeugen konnten.

Zu Beginn grüßte die Küche noch mit präsenter Aromatik und feinen Nuancen, mit denen ein von Pancetta- und Parmesanchips begleitetes Maronenschaumsüppchen daherkam, während das anschließende „Dreierlei vom Kürbis" schon recht eindimensional geriet. Denn hier fehlte es einfach an Frische und Säure, um den zwar schön dünnteigig-bissigen, mit einer Kürbiscreme auf Ricottabasis gefüllten Ravioli nebst süßlicher Creme und nur ganz dezent säuerlichem Relish den nötigen Gegenpart zu bieten.

Solch einen Akzent vermissten wir dann auch beim neutral-wässrig schmeckenden Carpaccio vom Weiderind, denn der annoncierte Parmesanschaum entpuppte sich hier letztlich als sahniger Klecks ohne jedes Käsearoma und das plakativ süße Tomatenkompott wirkte ebenso simpel – ein Teller mit vielen Fragezeichen, den wir ob der Erfahrungen aus den Vorjahren hier so nicht erwartet hatten.

Und das Bild hellte sich dann auch bei den Hauptgängen, die uns im Vorjahr noch rundum überzeugen konnten, nicht auf. Denn das mit einer aufdringlich marzipanhaft-krümeligen Salzmandelkruste getoppte Medaillon vom Hirschrücken erschien mit flachsigen Randbereichen und widerspenstigem Biss auf seltsam grob gelierter Pflaumenjus nebst sehr süßen Dörrpflaumen. Auch der durchgegarte und entsprechend trockene Bachsaibling unter erschlaffter Haut, der ohne die angekündigte Beurre blanc, aber mit einer Übermacht an naturbelassen schmeckenden Rote-Bete-Scheiben serviert wurde, bot leider nicht den erwarteten Gaumenkitzel. Und den konnte auch der schön schlotzige Kräuterrisotto, der den Fisch ebenfalls eskortierte, nicht alleine herstellen. Schade…

Die Pâtisserie knüpfte mit einem im Kern tiefgefrorenen Vanilleparfait, das nebst eingelegten Zwetschgen und Himbeercoulis zudem plakativ süß daherkam, an eben dieses Bild an, so dass eine Auszeichnung mit 5 Pfannen leider erst mal nicht mehr gerechtfertigt ist. Wir würden uns freuen, wenn die Küche kurzfristig wieder zurück in die Spur und zu dem hier bislang gewohnten Niveau zurückfindet, denn grundsätzlich ist das Kaminrestaurant ein sehr angenehmer Ort. Das Serviceteam begleitet mit erfrischend jungem Charme, wenn auch ohne große fachliche Expertise, und in der kleinen Weinkarte findet man neben Erzeugnissen aus dem Kraichgau und der Pfalz auch den ein oder anderen guten internationalen Tropfen.

Wallerfangen (Saarland)

⏱ 7 — 🍴🍴🍴

Landwerk
im Hotel Landwerk
Estherstr. 1, 66798 Wallerfangen
📞 06831-62622
www.land-werk.de
🕐 Mi u. Do ab 18.30 Uhr,
Fr u. Sa von 12–14 Uhr u. ab 18.30 Uhr,
So von 12–16 Uhr, Mo u. Di RT
Menüs: bis 145 €

EC ⬤ VISA P 🅿 Ⓚ

Einst Teil des Keramikwerks von Villeroy & Boch, heute modernes Hotel und ambitioniertes Restaurant: Das Landwerk in Wallerfangen bietet in seinen in schlichter Eleganz gestalteten Räumlichkeiten oder im Sommer auf der begrünten Terrasse anspruchsvolle und passend zum Ambiente ebenfalls eher puristischreduzierte Gourmetküche. Verantwortlich dafür ist schon seit einigen Jahren Küchenchef Marc Pink, dessen klar konturierten Gerichten man die Zeit bei Klaus Erfort durchaus ansieht – was in diesem Fall durchweg positiv gemeint ist und nichts an der Eigenständigkeit der Gerichte ändert, die das Team hier auf die Teller bringt.

Denn an guten Ideen mangelt es nicht, das zeigten zuletzt bereits zur Einstimmung vor allem der mit Essig und Öl knackig leicht gehaltene „Waldorfsalat" unter einer vibrierend frischen Espuma aus Grüne-Sauce-Kräutern und eine knusprige Tartelette mit Grünem Apfel und einer spannenden Kombination aus Frucht, frischer Säure und markanter Schärfe.

Von viel Frische war auch das Amuse-Bouche geprägt, das Thunfischtatar in größeren reintönigen Würfeln und angebratenen Scheiben mit einem leicht gebundenen Sud von Gurke und Wasabi, Crème fraîche und Wasabicreme verband. Eine unaufgeregte und wohlgelungene Kombination, bei der nur die sanft, aber dafür ziemlich weit gebratenen Thunfischscheiben ein wenig plumper wirkten, als dies im Idealfall möglich gewesen wäre. Da hätten deutlichere Röstnoten und dafür ein weniger stark durchgegarter Rand einen noch exakteren und eleganteren Eindruck gemacht.

Überraschend kräftig, beinahe deftig wurde dann im ersten offiziellen Gang ein Salat vom Taschenkrebs präsentiert. Dessen pikante, entfernt an Sardelle erinnernde Würze wurde durch Grapefruit-Elemente und Haselnuss mit markanten Kontrasten begleitet, die in ihrer intensiven Ausarbeitung letztlich das Gericht sogar stärker prägten als der eigentliche Geschmack des Taschenkrebses.

Von Haus aus eher einen rustikalen Charakter brachte die kross auf der Haut gebratene und mit Chorizo-Crumble bestreute Makrele mit – und wurde mit Paprika als Ragout und rotfruchtige Sphäre sowie gebratener und zur Creme verarbeiteter Artischocke auf Gemüseseite passend aromenstark ergänzt. So entstand ein zupackender mediterraner Sommergang, der nur durch das kompakte Anrichten vieler cremiger Komponenten in einem tiefen Teller einen minimal behäbigen Anstrich bekam.

Der bis dahin stärkste, weil besonders aufgeräumt klare Eindruck folgte mit den kurz kolorierten Wagyu-Tranchen, die mit ihrem satten Geschmack und zartem Schmelz die kräftig konzentrierte Jus gar nicht unbedingt gebraucht hätten, welche das Premiumfleisch neben einem dunkelwürzigen Auberginenconfit mit feinen Bitternoten, hellerer Auberginencreme und einer saftig-knusprigen Kartoffelspirale mit glasierten Perlwiebeln begleitete. Aber

auch mit dem Zusammenwirken der Jus war das ein rundum gelungener Hauptgang mit einem tollen Produkt im Zentrum des Geschehens.

Beim Dessert gab es mit der markanten Optik einer gefrorenen Vanilleschmand-Kugel, die beim Angießen mit einem heißen Aprikosenfond ein raffiniert aufgebautes Innenleben aus saftigem Biskuit, Buttercrumble und Aprikosensorbet freigab, zunächst sehr viel fürs Auge. Aber auch geschmacklich wurde mit dem gewinnbringenden Zutun konzentrierter eingelegter Aprikosenspalten gekonnt die Balance zwischen süßem Schmelz und fruchtiger Frische getroffen. Super!

Abgerundet wird ein Besuch auf jeweils ebenfalls hohem Niveau von einem ungezwungenaufmerksamen Serviceteam und einer beeindruckenden Weinkarte, mit der von spannenden Einstiegsweinen bis zu großen Namen und Preisen für jeden Anlass etwas geboten wird. Und auch glasweise wird im Landwerk ein recht hohes Niveau geboten.

Hotelempfehlung

★★★ S

Hotel Landwerk
Estherstr. 1, 66798 Wallerfangen
☎ **06831-62622**
www.land-werk.de
Einzelzimmer: ab 120 €
Doppelzimmer: ab 150 €

Dieses gemütliche Hotel wurde mit viel Holz, Beton und Liebe zum Detail im romantischurbanen Stil erbaut und ausgestattet. Die acht Zimmer sind auf drei Etagen verteilt und verfügen über eine Sitzecke, ein modernes Badezimmer mit Badewanne/Dusche, Handtuchwärmer, Bademantel, Fön und Ganzkörper- sowie Kosmetikspiegel. Bügeleisen und Bügelbrett sind ebenfalls vorhanden. Ferner haben die Zimmer einen Safe, einen Schreibtisch mit Telefon, einen DVD-Player, Kabel-TV und DSL-/Highspeed-Internetanschluss. Das Hotel liegt nahe dem Einkaufs- und Touristenzentrum Saarlouis in Wallerfangen mit kurzer Autobahnanbindung. In der näheren Umgebung gibt es interessante Ausflugsziele, wie etwa die Ausgrabungsstätte Sudelfels, ein Quellheiligtum aus römischer Zeit, welches zu den wichtigsten Kultplätzen der römischen Zeit im Saarland gehört. Auch einen Besuch wert ist der Emilianusstollen in St. Barbara, ein unverändertes und unberührtes Bergwerk aus der Römerzeit. Naturliebhaber kommen hier im Saargau aufgrund der zahlreichen Rad- und Wanderwege ebenfalls auf Ihre Kosten. Restaurant Landwerk separat erwähnt.

Wartenberg (Bayern)

Schweiger's Landgasthof

Manhartsdorf 2–4,
85456 Wartenberg
☎ 08762-73070
www.schweigers-landgasthof.de
✆ Mo–Sa ab 17 Uhr, So u. Fei
von 11–14 Uhr u. ab 17 Uhr,
kein RT
Hauptgericht: 12–39 €,
Menüs: 31–59 €

Es gibt fraglos viele Wirtshäuser in Bayern, die auf eine lange Historie und Tradition zurückblicken können. Aber nur wenige, denen das Bewahren der Tradition und der Schritt ins Hier und Heute so ansprechend und niveauvoll meistern wie der schmucke, in einem kleinen Weiler unweit von Erding gelegene Landgasthof, der noch immer den Namen der prägenden Gründerfamilie trägt – allerdings seit 2016 von Familie Seibert engagiert weitergeführt wird. Wohlfühlen mit Niveau ist angesagt und wird in der großzügigen Gaststube mit ihrem weiß gekalkten Gewölbe, hellem Holz und fein gedeckten Tischen leicht gemacht. Liebevolle Details und ein entspannter Gastgarten unter alten Kastanienbäumen runden das Gesamtbild ab.

Allerdings gibt es hier eben nicht nur Wohlfühl-Atmosphäre, sondern auch gute Küche, in der Basis ganz traditionell, mit nur leichten Optimierungen und aufwendigeren Details – aber immer mit dem Anspruch an eine frische, natürliche und klare Zubereitung. Dabei sind manche Gerichte bewusst ganz einfach und schlicht gehalten, andere aber auch handwerklich akkurater. So verarbeitet das Team den herbstlichen Kürbis beispielsweise nicht nur zur allgegenwärtigen Kürbis-Cremesuppe (die hier aber durch süßsauer eingelegten Kürbis gekonnt aus der mild-braven Ecke gebracht wird), sondern auch zu einer zarten Terrine aus einer homogenen Mousse von Kürbis und Ziegenkäse, bei der die feine Käsewürze die nussig-süßliche Seite des Kürbis gut ergänzt und zudem mit einem säurebetont marinierten Salatbouqet, dunklem Pumpernickel-Nuss-Crumble und roh getrocknetem Hirschschinken ein ansprechendes Arrangement ergab.

Generell zeigt sich die Küche vor allem bei den Vorspeisen ein bisschen verspielter und kreativer und präsentiert einen Schweinsbraten etwa unkonventionell in der Frühlingsrolle mit mariniertem Weißkraut und Dip von Roter Zwiebel und Bier, während die Hauptgerichte etwas gediegener gehalten sind. Das ändert aber nichts daran, dass beispielsweise auch die beherzt rosa gebratenen Hirschrücken-Medaillons (denen eine etwas längere Ruhezeit gutgetan hätte…) mit fluffigen Kartoffelplätzchen, mild-cremigem Rahmkohl und einer kräftigen und rustikalen dunklen Jus sowohl qualitativ als auch handwerklich überzeugen können. Klar: das ist eher zünftig als elegant. Aber auf diese Art durchaus gelungen!

Und auch im süßen Bereich kommt hier nichts von der Stange, sondern wird vom herbfruchtigen Zwetschgeneis über würzig-duftigen Zwetschgenröster bis zum saftigen und lockeren warmen „Rührkuchen-Eckle" alles souverän selbst fabriziert und stimmig auf die Teller gebracht. Dazu gibt's neben frisch gezapftem Bier auch eine ansprechende kleine Weinauswahl, die sich auf ausgesuchte renommierte Erzeuger konzentriert, und einen ebenso flotten wie kompetenten Service.

Wasserburg (Bayern)

CARALEON
im Hotel CARALEON
Halbinselstr. 70,
88142 Wasserburg (Bodensee)
☎ 08382-9800
caraleon.de
🍴 Mi–Fr ab 17 Uhr, Sa u. So
von 12–14.30 Uhr u. ab 17 Uhr,
Mo u. Di RT
Hauptgericht: 20–50 €,
Menüs: 55–130 €

Das schmucke Hotel und Restaurant direkt am Bodenseeufer bietet nicht nur eine malerische Lage und ein klassisch-elegantes, dezent künstlerisch modernisiertes Ambiente, sondern auch attraktive und niveauvolle Küche. Zwar wurde das dezidierte Fine-Dining-Angebot seit den verschiedenen Coronawellen auf unbestimmte Zeit eingeschläfert – aber gut gekocht, mit hohem Anspruch an die Produkte und eine natürliche, akkurate Zubereitung, wird hier nach wie vor.
So zeigte – nach gutem Baguette mit Salzbutter und Olivenöl – eine samtige Spargelsuppe mit intensivem Produktgeschmack und vollem Körper das handwerkliche Können des Teams. Und mit der Erweiterung um knackige, limonenfrisch marinierte Spargelstücke, eine saftigknusprige Garnelenkrokette und Kräuteröl wurde außerdem auch das Verständnis für gut balancierte Kombinationen deutlich, die auch ohne zu großen Detailaufwand ihre Wirkung entfalten.
Das gelang auch bei dem topfrischen und perfekt saftig-kross auf der Haut gebratenen Adlerfischfilet ganz prima: Hier formten ein mildwürziges, flächig auf dem Teller angerichtetes Bärlauchrisotto mit dezenter Parmesanwürze die Grundlage, auf der mit süßsäuerlich glasiertem Jungfenchel und kandierten Apfelchips (mit etwas zu krasser Süße) eine gewisse Dynamik erzeugt wurde. Das größte Plus war hier aber ganz klar die hohe Qualität des Hauptprodukts.
Genauso souverän souffliert das Team ein Wiener Schnitzel zu lockerwelliger Perfektion und serviert es nebst Petersilienkartoffeln und Preiselbeeren oder brät ein charakterstarkes Flanksteak in der Kombination mit Bärlauchbutter, hauseigenen spicy Kartoffelwedges und herbem Kräutersalat auf den Punkt.
Bis hin zu Desserts wie der zarten, vanilleduftigen Crème brûlée mit dünner, gleichmäßiger Zuckerkruste, dezent rumwürzig marinierten Beeren und kompakt-cremigem Kokoseis wird bei allen Zubereitungen auch mit der aktuell bodenständigeren Küchenlinie ein deutlich überdurchschnittliches Niveau geboten. Und das lässt durchaus vielversprechend erahnen, in welche Richtung es hier auch mit einem anderen, noch exklusiveren Konzept gehen könnte. Dazu gibt's einen aufmerksam zugewandten Service sowie eine nicht überbordende, aber im Einstiegsbereich und mittleren Qualitätsniveau gut sortierte Weinauswahl mit Gewächsen aus der Region, den umliegenden Weinbaugebieten und auch grenzüberschreitend darüber hinaus.

Hotelempfehlung

Hotel CARALEON
Halbinselstr. 70,
88142 Wasserburg (Bodensee)
☎ 08382-9800
caraleon.de
Einzelzimmer: ab 120 €
Doppelzimmer: ab 140 €

Das Hotel & Restaurant Caraleon, das direkt an der Wasserburger Bucht liegt und über einen eigenen Strandabschnitt am Bodenseeufer mit beeindruckendem Bergpanorama verfügt, besteht aus vier zusammenliegenden Häusern, die sehr liebevoll und aufwendig renoviert wurden. Der neue, schlicht-elegante und schnörkellose Stil zieht sich durch alle Räume. Die lichtdurchfluteten Zimmer und Suiten sind mit modernen Flatscreen-TVs mit Satellitenempfang, Minibar, Safe, Telefon und Balkon ausgestattet, es gibt kostenloses WLAN und für die Gäste stehen flauschige Bademäntel, Badeslipper, Pool-Tüchern und Föhn bereit. Denn wenn man im Winter oder wegen schlechten Wetters mal nicht im See vor der Haustüre baden kann, gibt es auch einen Indoor-Pool. Gerne kann man sich auch in der hauseigenen Sauna aufwärmen. Zeitgemäße saisonal geprägte Küche und andere authentische Gaumenfreuden in einem besonderen Ambiente werden im Restaurant mit Seeblick geboten, Restaurant Caraleon separat erwähnt.

der Küche, dass sie nicht zu viel versucht, sondern die Gerichte einfach hält. Drei Komponenten, elegante Proportionen und die eine oder andere clevere Idee – mehr braucht es da manchmal gar nicht. Gemeinsam mit dem charmanten und angenehm natürlich auftretenden Service und einer ansprechenden Weinkarte, aus der auch offen niveauvoll ausgeschenkt wird, entsteht ein absolut runder Gesamteindruck.

Weigenheim (Bayern)

Le Frankenberg

**Schloss Frankenberg 1,
97215 Weigenheim
☏ 09339-9714571
schloss-frankenberg.de
⊙ Mo, Di u. Fr, Sa ab 17.30 Uhr,
Mi, Do u. So RT
Menüs: 95–180 €**

Das mit seinen dicken Steinmauern und massiven Türmen beinahe mehr wie eine trutzige Burg als wie ein „Schloss" wirkende Schloss Frankenberg ist ein besonderer Ort mit einer gewissen mittelalterlichen Ritterromantik und dank aufwendiger Restauration auch viel fürstlicher Grandezza. Verantwortlich dafür, dass dieses besondere historische Anwesen zu neuem Leben erweckt wird, ist mit Prof. Dr. Dr. Peter Löw ein äußerst engagierter neuer Besitzer, der nicht nur das Potential der zum Schloss gehörenden Weinberge erkannt hat, sondern den Ort auch gastronomisch neu belebt. Dafür hat er mit Steffen Szabo ein alles andere als unbekanntes Talent gewonnen. Vor allem Gäste aus der weiteren Umgebung kennen den jun-

Wasserburg am Inn (Bayern)

Herrenhaus

**Herrengasse 17,
83512 Wasserburg am Inn
☏ 08071-5971170
www.restaurant-herrenhaus.de
⊙ Di–Sa von 12–14 Uhr u. ab 18 Uhr,
So u. Mo RT
Hauptgericht: 16–39 €,
Menüs: 40–57 €**

Das schmale Altstadthaus mitten im pittoresken Ortskern von Wasserburg birgt hinter seinen dicken Mauern nicht nur eine einladend atmosphärische Mischung aus ebenso behaglichem wie elegantem Ambiente mit charmant nostalgischem Touch, sondern auch pfiffige, ambitionierte Küche ohne übertriebenen Exklusivitätsdrang. Im Sommer kann man die auch draußen auf der Straßenterrasse mit viel Flair genießen. Das junge Team trägt ebenfalls zur Wohlfühlatmosphäre bei, indem es den eigenen Anspruch in einer lockeren Gangart umsetzt. Neben dem grundsoliden und sehr sorgfältigen Arbeiten ist es eine der größten Stärken

gen Chefkoch sicherlich noch aus seiner erfolgreichen Zeit in der Goldenen Traube in Coburg oder aus dem Weinstock im Hotel zur Schwane in Volkach, wo er zuletzt bis 2021 am Herd stand.

Hier auf Schloss Frankenberg können sich Besucher nun entweder bei substanzstarker Regionalküche im Amtshaus oder seit neuestem auch bei einem Gourmetmenü im Le Frankenberg davon überzeugen, dass die vorherigen Erfolge kein Zufallsprodukt waren. Dafür bietet das Team um Steffen Szabo ein spannend eigenständiges Konzept, das sich auf Basis klassischer Kochtechnik mit allseits bekannten Traditionsgerichten auseinandersetzt und diese in einem neuen, zeitgemäß leichten Gewand präsentiert.

Das begann beim letzten Besuch schon bei einem Sauerkrautespuma mit geröstetem Brotkrokant als neckischem erstem Eindruck, gefolgt von zart-duftigem Bete-/Hibiskus-Tatar unter hellwürziger Ziegenquarkcreme, Kakaoerde und Hanfsamen als kontraststarke Miniatur, die allerdings ein bisschen zu sehr von den schokoladig-dunklen Noten dominiert wurde. Aber genau wie beim authentisch rustikal gehaltenen „Plootz", einem saftigen Lauch-Hefekuchen mit Crème fraîche, wurde das Konzept der Küche schon sehr gut eingeführt.

Ganz passend wird das Menü auch mit „Gerichte mit Geschichte" überschrieben. Und tatsächlich gelingt es damit auf clevere Art schon konzeptionell, durch das kreative Herausarbeiten der typischen Aromen bekannter Gerichte, so etwas wie eine eigene Handschrift zu prägen. Die zeigte sich dann auch bei der frühsommerlichen Vorspeise rund um ein knuspriges Silvaner-Hippenkörbchen mit Füllung aus säurefrischem Rhabarberchutney neben würzigem Ziegenfrischkäse und einem viel kühlen Schmelz beisteuernden Ziegenquarkeis. Daneben sorgten Johannisbeer-Crumble und gegrillter grüner Rhabarber für feine begleitende Akzente und rundeten den optisch eher oldschool wirkenden, geschmacklich jedoch feinsinnig-frischen und animierenden Teller ab.

Die folgende Interpretation von „Forelle Müllerin" wurde dann maßgeblich von einem fordernden, konzentriert-ätherischen Zitronenfond geprägt, der wie eine mit Butter und Zitronenöl montierte Zitrusreduktion wirkte, in jedem Fall aber enorm viel Power und konzentrierte Säure mitbrachte. Damit machte es die Sauce der in Buttermilch zart pochierten Forelle nicht eben leicht, obwohl diese mit einem Topping aus Petersiliencreme, krossem Kartoffelbrot, knusprigen Forellenhautsplittern, Mandel und Forellenkaviar ebenfalls reichlich Charakter und Kraft mitbrachte. Aber auch wenn mit kleinen Justierungen die Forelle noch stärker hätte wirken können, war das eine gelungene Interpretation des Klassikers.

Interessanterweise waren auch die „Sauren Zipfel" vor allem von dem leicht (vermutlich mit Xanthan) gebundenen Essigsud und dessen süßsäuerlich zugespitzter Aromatik geprägt. Die aus einer kräuterwürzigen Saiblingsfarce mit leichtem Biss gefertigten „Würste" ergänzten gemeinsam mit knackigen hauchdünnen Karotten- und Selleriejuliennes den Sud zwar durchaus harmonisch – aber eben nicht andersherum! Da wäre etwas mehr Zurückhaltung anstelle von Vollgas besser gewesen.

Willkommene Abwechslung von der Dominanz krasser Saucen kam dann bei den feinaromatischen Kalbsnierchen in einer samtigen Beurre monté, die von würzbetonten Petersilienwurzel-Zubereitungen als Creme, geröstete Stücke, Chips und feingeraspelten Flocken sowie dem markanten Kontrast von getrocknetem Johannisbeercrunch begleitet wurden. Insbesondere durch die säurefrisch-rotfruchtigen Kicks der Johannisbeere erhielten die „Rahmnierchen" einen ausgeprägten Spannungsbogen. Super!

Genau dieses Prädikat verdiente auch die anschließende süße Interpretation von „Fürst Pückler" in Form eines fruchtig-knusprigen Tartelettes aus Erdbeer-Mürbteig, gefüllt mit zarter Vanillecreme, säurefrischem Erdbeersorbet und zarter Schokoladenmousse, die von etwas Limonenkresse, konzentriert dunklen Schokoladendrops und gefriergetrocknetem Erdbeercrunch ergänzt wurde und damit viele fein abgestufte Nuancen auf engem Raum bündelten.

Damit lieferte das Team relativ kurz nach der Eröffnung des Gourmetrestaurants bereits einen beachtlichen Einstand, der insbesondere durch die vielen originellen Ideen, die außergewöhnliche Umgebung und die herzlich entspannte, dabei aber hochkompetente Art von Restaurantleiterin und Sommelière Sandra Tober ein eindrückliches Gesamterlebnis garantiert. Die aktuelle Bewertung steht noch ein klein wenig wacklig, aber wenn das Team seine Ideen aromatisch noch etwas feinfühliger ausarbeitet, sieht das in naher Zukunft sicherlich schon anders aus.

Elements

Paul-Engel-Str. 1,
92729 Weiherhammer
📞 09605-9199210
elements-bhs.de
⊘ Di–Sa ab 17 Uhr, So u. Mo RT
Hauptgericht: 24–29 €,
Menüs: 51–68 €

In einer der oberen Etagen des modernen Firmenkomplexes der BHS (Maschinen- und Anlagenbau) mit viel Beton, Glas und klaren modernen Linien bietet das Restaurant Elements ein ebenfalls sehr modernes und stylisches Ambiente: graue Velours-Sessel und hellbraunes Leder, ein markanter Kamin in der Raummitte und Ausblick über den namensgebenden Weiher. Sehr schick! Das Restaurant ist quasi die Speerspitze eines ganztägigen Gastronomie-Angebotes der BHS und klar auf den besonderen Anlass zum Genießen ausgerichtet. Aus der klug übersichtlich gehaltenen Karte mit teils klassischen, teils kreativeren, aber in jedem Fall immer mehrheitsfähigen Offerten werden jeweils zwei Menüs zusammengestellt, eines davon vegetarisch. Der Service ist auf Zack und hat die nicht wenigen Plätze umsichtig im Blick. Kleinere Weinauswahl zu fairen Kursen und auch glasweise mit Niveau.

Die Besteck-Symbole

🍴🍴🍴🍴🍴 luxuriöses Restaurant mit höchstem Komfort und formvollendetem Service, edler Ausstattung und einer Weinkarte, die höchsten Ansprüchen genügt

🍴🍴🍴🍴 elegantes Restaurant mit hohem Komfort und exzellentem Service, sehr gute Ausstattung, hervorragende Weinkarte

🍴🍴🍴 gehobenes Restaurant mit gutem Komfort und versiertem Service, umfangreiche Weinkarte

🍴🍴 besser ausgestattetes Restaurant mit ordentlichem Service, ausgewählte Weine

🍴 schlichtes Restaurant, Gasthof oder Bar

Laurentius

Marktplatz 5, 97990 Weikersheim
📞 07934-91080
www.hotel-laurentius.de
⊘ Mi–Sa ab 18.30 Uhr, So von 12–14 Uhr,
Mo u. Di RT
Hauptgericht: 26–42 €,
Menüs: 75–126 €

Das ebenso beschauliche wie pittoreske Weikersheim mit seinem historischen Ortskern und dem hübschen Renaissanceschloss, umgeben von einem kunstvoll gepflegten Schlosspark, bietet eine tolle Kulisse für das schicke Gewölberestaurant von Familie Koch. Das Ambiente des über 400 Jahre alten Gewölbekellers mit seinen dicken Natursteinmauern neben modernem Design stellt wiederum das perfekte Ambiente für die feine und unverkünstelte Küche der Gastgeber, die primär auf Handwerk und Geschmack abzielt.
Das direkt am Marktplatz gelegene Hotel Laurentius kann man getrost als Genuss-Zentrum des Ortes und des nahen Taubertals bezeichnen, denn zum einen bietet das schmucke Haus selbst mit „Lädle", Bistro, Terrasse und einladenden Zimmern ein breites gastronomisches Portfolio. Zum anderen ist Patron Jürgen Koch in der gesamten Region bestens vernetzt und bringt entsprechend viele lokale Spezialitäten ins Angebot. Das transportiert den Charakter der Region tatsächlich ganz prima, zumal auch im Gourmetrestaurant sehr gekonnt mit Regionalität und verfeinerter Rustikalität gepunktet wird.
Auch bei unserem jüngsten Besuch haben wir wieder sehr gut gegessen und das Kulinarium stellenweise immer wieder auf dem aus den letzten Jahren gewohnten hohen Niveau er-

lebt – wenngleich der Start des bis zu fünfgängigen Menüs, das prinzipiell für alle Gäste einheitlich ausfällt und nur bei Vorspeise und Hauptgang etwas Auswahlmöglichkeit bietet, überraschend simpel wirkte. Denn die Küche grüßte mit einem zwar durchaus netten und schmackhaften, aber verblüffend unambitioniert wirkenden „Salat" aus recht großen ausgestochenen Melonen- und Gurkenkugeln nebst ein paar Bröckchen Frischkäse.

Auch das jeweils identische Arrangement der Vorspeise, die wir einmal mit gebratener Entenleber und einmal mit Pulpo als optionales Hauptprodukt ausgewählt hatten, blieb ein wenig hinter den Erwartungen zurück. Und zwar deshalb, weil auf beiden Tellern nicht nur die Maiskomponenten relativ naturbelassen wirkten, sondern auch der als „Wiesenkräuter in Champagnervinaigrette" annoncierte Salat, der nahezu ausschließlich aus unmarinierten Frisée-Blättern bestand und entsprechend karg wirkte. So blieben die einzigen Komponenten, die hier die angekündigte „orientalische Anmutung" auf den Teller transportierten, ein sehr gutes Auberginenconfit mit Sesam und die etwas spärlich auf den Teller getröpfelte, mit Raz-El-Hanout abgeschmeckte Jus. Sowohl die dünn panierte und kross gebratene Leber als auch im anderen Fall der Pulpo waren qualitativ überzeugend und passten thematisch beide relativ gut ins Bild.

Auch die als relativ grob geschnittenes, nur ganz dezent temperiertes und somit schön festfleischiges Tatar auf den Teller gebrachten Wildgarnelen waren qualitativ eindeutig von der besseren Sorte. Und sie machten neben knackigem Safran-Blumenkohl, Edamame-Bohnen und zarten, dünnteigigen Schnittlauch-Maultäschle als solches eine gute Figur. Allerdings hätten wir hier eine etwas leichtere, transparentere Sauce stimmiger gefunden als die an sich zwar wirklich sehr gute, in diesem Kontext aber etwas zu konzentrierte und röstaromatische Krustentierjus, die der Service am Tisch angegossen hatte – und die das feine glasige Krustentierfleisch nach unserem Dafürhalten dann doch etwas zu sehr dominierte.

Rein gar nichts zu kritisieren gab es am Hauptgang, insbesondere bei der mit perfekt Geschmortem und auf den Punkt Kurzgebratenem vom Bœuf de Hohenlohe ausgestatteten Variante. Hier standen die Begleiter in Gestalt von festen Pfifferlingen, seidiger Pastinakencreme, schön buttrigen und mit der orientalischen Gewürzmischung Vadouvan aromatisierten Spätzle sowie etwas Stängelkohl mit Ducca neben in Tauberschwarz-Wein geschmorter Schulter und schmelzigem Filet des Hohenloher Rinds und machten in Kombination einen sehr stimmigen Eindruck. Auch die (ansonsten identische) Alternative mit Rücken und Ragout vom Wildschwein aus Karlsberger Jagd war ein sehr guter, eher bodenständig als artifiziell arrangierter Teller in einer für ein Gourmetmenü durchaus sehr großzügigen Portionierung.

Das Highlight ebendieses Menüs folgte jedoch mit dem hervorragenden Dessert, einer Interpretation der berühmten Baiser-Torte „Pavlova", bei dem das zartkrosse Eischneegebäck mit den obligatorischen Sommerbeeren, aber eben auch mit schmelzigem Sauerrahmeis, einer Nocke Kornellkirschensorbet, Vanilleschaum und etwas Vogelmiere zusammenkam. Hier offenbarte sich ein sehr gut abgestimmtes und animierendes Spiel von Süße und Säure, von knusprigen, saftigen und cremigen Komponenten, die zu einem nicht nur harmonischen, sondern auch ansprechend dynamischen Ganzen zusammenfanden.

Zu allem bringt Sommelier Sebastian Koch viele sonst kaum bekannte Gewächse aus dem Taubertal und Franken in die Gläser, hat aber natürlich auch spannende Alternativen aus dem Rest Deutschlands oder Frankreichs parat.

Hotelempfehlung

Hotel Laurentius

Marktplatz 5, 97990 Weikersheim
📞 07934-91080
hotel-laurentius.de
Einzelzimmer: ab 79 €
Doppelzimmer: ab 99 €

Hotel, Design und Wein in Weikersheim – so lautet das Motto des individuell und familiär geführten Laurentius das idyllisch am Marktplatz und Schloss der malerischen Ortschaft im Herzen des Taubertals liegt. Entspannung, Genuss und Kultur werden hier großgeschrieben. Von den Zimmern aus hat man einen traumhaften Ausblick auf die umliegenden Weinberge, viele Räume wurden vom Thema Wein inspiriert gestaltet und so ist ein sehr schönes und individuelles Ambiente entstanden. Es gibt neun „Kabinett-Petite"-Zimmer, zwei „Grand Cru"-Juniorsuiten, eine „Private Spa"-Suite und die Mini-Suite „Cuvée Weinspitz". In wenigen Gehminuten erreicht man die historische Altstadt mit Dorfmuseum und Dorfschmiede, das Renaissance-Schloss mit Garten und die Tauberphilharmonie. Zudem gibt es mit den Städten Rothenburg ob der Tauber und Schwäbisch-Hall sowie Kloster Bronnbach oder den Weinbergen in Tauberzell interessante Ziele in der weiteren Umgebung. Das überregional bekannte Restaurant Laurentius bietet Gourmetküche zu fairen Preisen und für Hausgäste gibt's ein hervorragendes Frühstück. Restaurant Laurentius separat erwähnt.

Weil a. Rhein (Baden-Württemberg)

Krone

Hauptstr. 58,
79576 Weil a. Rhein
📞 07621-71164
kroneweil.de
⊙ Di–Fr ab 18 Uhr, Sa von 12–14 Uhr
u. ab 18 Uhr, So u. Mo RT
Hauptgericht: 30–55 €,
Menüs: 65–120 €

EC ⬤⬤ VISA Ⓟ ⛫ ♿

Das von Familie Hechler engagiert betriebene traditionelle Gasthaus mit modernem Hotelanbau, das nur ein paar Schritte von der Schweizer Grenze entfernt liegt, strahlt auf den ersten Blick gehobene Gastlichkeit aus und

wirkt mit seinen behaglichen Gasträumen, in denen das ursprüngliche Interieur und moderne Gestaltungsaccessoires eine stilvolle Verbindung eingehen, unmittelbar einladend. Zusammen mit der unaufdringlich zuvorkommenden Art der sympathischen Gastgeberin Sonja Hechler, die aus einer generationsübergreifenden Gastronomenfamilie stammt, muss man sich hier zwangsläufig wohl fühlen.
Und auch die Küche trägt zum Wohlgefühl bei. Küchenchef Peter Prüfer und sein Team arbeiten ausgesprochen nachhaltig, beziehen beispielsweise alles Gemüse unverpackt ausschließlich von zertifizierten Bio-Betrieben aus der Region, sie setzen beim Fisch auf Wild- und Leinenfang und achten auch sonst sehr glaubhaft auf Umwelt und Ressourcen. Einige Offerten in der Karte sind vegetarisch oder sogar vegan – auch eine sechsgängige Speisefolge ist voll und ganz dem fleischlosen Genuss gewidmet. Daneben gibt es auch ein klassisches Menü mit Krustentier, Fisch und Fleisch, das uns, insbesondere ob der hervorragenden Produktqualitäten und ihrer puristischen, präzisen und unverfälschten Zubereitung, durchaus überzeugen konnte.
Nach sehr gutem saftigem Weißbrot mit luftiger Krume und knuspriger Kruste grüßte die Küche en miniature in Gestalt eines kleinen Stücks von mit Nori-Alge bardierter Lachsforelle, gekrönt mit ihrem Kaviar, umsäumt von Rote-Bete-Cremetupfen und feinen Meerrettichflocken. Und auch die erste Vorspeise des omnivoren Menüs „Krone", das in ansprechend klarer Optik einen mit Ossietra-Kaviar bedeckten und mit Postelein (Winterportulak) tapezierten Zylinder aus cremig angemachtem geräuchertem Heilbuttfleisch auf Dillöl präsentierte, war ein ähnlich puristisches Gericht aus nur drei tonangebenden Produkten, das allerdings à part noch von einem mit Kräutern applizierten Knusperbrot begleitet wurde.
Ganz nah am sehr guten Produkt blieb die Küche auch mit der bretonischen Jakobsmuschel, deren Muskel in optimal glasig-festfleischiger Konsistenz mit klarem, sauberem Geschmack nebst Sellerie-Texturen auf etwas Korianderöl angerichtet war – und deren geschmacklich ausdrucksstärkeres Corail auf kraftvoll reduzierter Krustentierjus wieder à part in der Jakobsmuschelschale mitgeliefert wurde. Solche Dinge funktionieren nur deshalb so gut, weil die Viktualien überdurchschnittlich sind und das Team exakt arbeitet. Selbes Spiel beim Skrei mit Wintergemüse und Safransud: das war im Grunde nicht mehr als ein Stück Fisch mit ein paar weichen und knackigen Kompo-

nenten aus verschiedenen Wurzelgemüsen und ein leichter Safransud. Weil aber schon allein der perfekt glasig gegarte, zart abgeflämmte und in seiner festfleischig-frischen Art fast von selbst in die einzelnen Lamellen aufblätternde Lofoten-Skrei hervorragend war, das Gemüse vor Aroma strotzte, und auch die Sauce trotz ihrer Leichtigkeit auch viel Tiefe und Substanz hatte, funktionierte das prima.

Ein köstlich süffiges Zwischengericht, das sich bis auf ein paar Tupfen Erbsencreme und ein paar Erbsensprossen ausschließlich Perlhuhn widmete, war das saftig-zarte Ragout aus dessen Keule, das auf einer konzentrierten dunklen Perlhuhnjus und unter einer Schaumhaube aus rahmig-voluminöser Perlhuhnvelouté in einem Schälchen serviert wurde. Ergänzt von einem großen, krossen, mit der Erbsencreme betupften Chip aus Hühnerhaut, hatte man es auch hier wieder mit einer äußerst gelungenen Kostprobe zeitloser puristischer Regionalküche auf klassischer Basis zu tun.

Ebenfalls sehr gut, im Detail nur nicht ganz so präzise ausgeführt wie die vorausgegangenen Gänge, war schließlich der Hauptgang. In dessen Mittelpunkt standen zwei sehr schöne, perfekt rosa gegarte und nur minimal zu mürbe Tranchen vom Rücken eines Schwarzwälder Rehs. Das begleitende Kartoffel-/Maronenpüree empfanden wir allerdings etwas flach, die mit Pilz-Duxelles gefüllten Lauchringe etwas zu zäh und die Rosenkohlblätter unspektakulär naturbelassen – was aber im Grunde schon als Kritik auf hohem Niveau ist. Denn alles in allem konnte man auch hier von einem anspruchsvollen Gericht sprechen, woran auch die wohlgelungene, mit Wacholder aromatisierte Wildjus ihren nicht unwesentlichen Anteil hatte.

Optisch durchaus raffiniert, geschmacklich aber vielleicht am wenigsten aufregend, empfanden wir das Dessert, ein auf Meringue aufgebautes Türmchen aus Eis, Creme und weißer Schokolade rund um Mokka, Karamell und Orange, das sich sehr rahmig-mild präsentierte. Da hätte man die Aromen etwas deutlicher anklingen lassen können. In der Weinkarte dominieren selbstverständlich die Gewächse Badens und im Besonderen die des Markgräflerlands, das mit all seinen Local Heroes vertreten ist. Gerade im Rotweinbereich sind aber Frankreich und Italien stark bestückt.

Oberbräu

Obere Stadt 31,
82362 Weilheim i. Oberbayern
☎ 0881-2316
🕑 Mo u. Mi–Sa ab 17.30 Uhr, So von 11.30–13.30 Uhr u. ab 17.30 Uhr, Di RT

Winkler-Schüler Alois Jobst kocht in der traditionellen Wirtschaft, die seit Generationen in Familienbesitz ist, einen souveränen Mix aus pfiffiger bayrischer Schmankerlküche und spanisch-mediterranen Gerichten. Die kommen jeweils ohne unnötigen Firlefanz aus, lassen aber in allen wichtigen Details erkennen, dass der Chef sehr genau weiß, worauf es ankommt. Von sorgfältig behandelten Produkten und korrekten Garzeiten bis zu gehaltvollen, aber immer auch elegant ausgewogenen Saucen, Fonds und Vinaigrettes zeigt sich die Souveränität des Könners.

Andreas Scholz

im Hotel Alt Weimar
Prellerstr. 2, 99423 Weimar
☎ 03643-861922
restaurant-andreas-scholz.de
🕑 Mi–So ab 18 Uhr, Mo u. Di RT
Hauptgericht: 21–32 €,
Menüs: 46–169 €

Der nicht nur den Weimarer Gourmets aus seiner Zeit im Restaurant Anastasia bekannte Koch Andreas Scholz hat sich mittlerweile in seinem neuen, selbstbewusst nach ihm selbst benannten Domizil im Hotel Alt Weimar – allen Corona-Herausforderungen zum Trotz – bestens etabliert. Dort, wo einst Rudolf Steiner gewohnt und die Grundlagen der Anthroposophie entwickelt hat, die erhaltene alte Holztäfelung sogar immer noch viel Charme vergangener Zeiten versprüht, bringt der erfahrene Chefkoch unverändert schnörkellos substanzstarke Gerichte auf klassischer französischer Basis auf die elegant gedeckten Tische.

Auch wenn es immer mal kleine Schlenker in mediterrane oder asiatische Gefilde gibt, bleibt die klare klassische Produktküche im Zentrum und macht letztlich auch die größte Stärke der Küche aus. Genau das zeigte zuletzt bereits ein Sellerie-Trüffelragout in kleinen Würfelchen, das abgesehen von einer etwas klebrigen Bindung mit dem erdig-würzigen Geschmack ebenso saftig wie knusprig gebackener Pralinen aus geschmortem Lammfleisch und frischgrünen Erbsensprossen kraftvoll auf den Abend einstimmte.

Eher unkonventionell ging es genauso kraftbetont weiter mit Gans, die als gepökelte und kross ausgebratene Brust auf mildem Rotkrautsalat neben einem knusprigen Strudelsäckchen mit geschmortem und gezupftem Keulenfleisch angerichtet und von herbsäuerlichen und scharfen Akzenten pfiffig ergänzt wurde. Als üppig einrahmende Komponente stand noch eine luftige Gänselebermousse in Trüffelgelee zur Seite, während ein Gewürzpflaumen-Chutney eher dunkelwürzige Akzente beisteuerte.

Nicht ganz so balanciert und etwas zergliedert wirkte die folgende Forellenvariation in Form kräftig gebeizter, festfleischiger Tranchen, die neben einer akkuraten, aromatisch cremig-mild gehaltenen Forellenterrine sowie ebenfalls cremig gebundenem Forellentatar angerichtet waren. Dazwischen setzten Sauerrahmtupfen und Forellenkaviar punktuelle Akzente und im Zentrum lieferte fermentiert-herber, dergestalt entfernt an Sauerkraut erinnernder Fenchelsalat auflockernde Frische.

Was der Forelle ein stückweit fehlte, gab es dafür beim folgenden vegetarischen Einschub umso mehr: Mit ebenso viel Harmonie wie kraftvoller Tiefe wurden hier zarte Kartoffel-Maronen-Gnocchi gemeinsam mit einem „Gröstl" aus Marone, reichlich Pinienkernen und angetrockneten Preiselbeeren sowie einem duftigen Trüffelschaum samt frisch gehobelter

Trüffel zu einem erdig-nussigen Wohlfühlgericht kombiniert, das außerdem mit abwechslungsreicher Struktur und belebenden Frischekicks durch die Preiselbeeren punkten konnte. Allein vom Produkt her hätte auch der Heilbutt mit seiner krossen Bratseite und saftig aufblätterndem Fleisch in deutlich höher bewerteten Häusern eine gute Figur gemacht. Begleitet wurde der Plattfisch von mildem grünem Lauchpüree, einem eher fruchtig-umamistarken gelben Tomatenconfit und säuerlich aufplatzenden Beerentomaten. Das ergab einen zwar gröber gefassten, aber durchaus sehr stimmigen Rahmen. Nur die gebratenen, noch relativ knackig und entsprechend derb belassenen Lauchrondelle, die es außerdem dazu gab, torpedierten das Ganze mit ein bisschen zu viel Rustikalität.

An solchen Stellen würde sogar dem im Grunde erfreulich produktorientiert arbeitenden Andreas Scholz ein „weniger ist mehr" zu noch besseren Ergebnissen verhelfen. Letztlich sind das aber nur kleine Details, die nichts an dem stimmigen Gesamtbild ändern, das zuletzt bis hin zu der mit herbem, glühweinfruchtigem Kontrast belebten Schokoladenvariation im Dessert reichte.

Außerdem gibt es stets gut von Gastgeberin Stefanie Scholz ausgewählte Weine zur korrespondierenden Begleitung und in der Flaschenweinkarte noch viele weitere lohnende Alternativen, insbesondere Weine aus Saale-Unstrut und Sachsen, die man sonst eher selten zu Gesicht bekommt.

AnnA
im Hotel Elephant
Markt 19,
99423 Weimar
☎ 03643-802639
www.hotelelephantweimar.com
◐ Täglich von 12–14 Uhr u. ab 18 Uhr,
kein RT
Hauptgericht: 25–39 €,
Menüs: 29–79 €

Das direkt am historischen Markt gelegene Traditionshaus blickt nicht nur auf eine lange Geschichte als komfortables und nobles Hotel zurück, sondern ist – als Begegnungsstätte und Veranstaltungsort – bis heute auch so etwas wie ein kulturelles Zentrum Weimars. Besonders erfreulich ist dabei, dass auch die Kulinarik als kultureller Wert hochgehalten wird. Nachdem sich das Hotel vor einigen Jahren vom Konzept eines dezidierten Gourmetrestaurants verabschiedet hat, passiert das fortan im Restaurant AnnA, in einer urbaneren Gangart und mit einer gelungenen Verbindung aus gleichsam unkomplizierten wie anspruchsvollen Gerichten auf den Tellern.

Entsprechend geht es in dem geschmackvoll neu gestalteten und dabei an den Stil der 20er- und 30er-Jahre angelehnten Restaurant und dem idyllischen Gastgarten oft etwas quirliger zu und auf der Karte mischen sich einfacher gehaltene Gerichte munter mit ambitionierteren Sachen und einem bis zu 6-gängigen Menü am Abend. Die Gerichte sind dabei nicht übermäßig aufwendig oder verspielt, aber mit individuellen Ideen angereichert und durchweg inspiriert. Vieles würde vom Ansatz her durchaus auch auf eine noch höhere Bewertung abzielen, die Ansatzpunkte für Kritik – so viel bereits vorab – lagen zuletzt eher bei gewissen Details, teilweise aber auch bei den Produkten.

Was aber zunächst weder für das gute Brot von einem lokalen Bäcker noch für das fein akzentuierte Gemüseconfit dazu galt. Und auch nicht für das wacholderwürzige Rindertatar, das ansonsten eher leicht und subtil gehalten war und in der sommerlichen frischen Umgebung aus Melone und Dill seinen Auftritt hatte. Modische Spielereien wie das nur verhalten aromatische Wacholder-Malto müssten dabei nicht unbedingt sein – dann doch lieber die tonangebenden Akzente an sich noch klarer herausarbeiten…

Davon hätte auch die kraftvolle Kombination aus gebratener Entenleber (sehr gute, homogen schmelzende Qualität!) auf fluffiger Brioche mit Sülze und Carpaccio vom Juvenilferkel profitiert. Denn die einzeln gut gelungenen Fleischzubereitungen wurden durch aromatisch eher breites Erbsen-/Pfifferlings-Gemüse und vor allem durch eine uncharmant pastöse, sehr stark reduzierte Jus mit deutlichen Noten von einem tomatisierten Ansatz zu sehr dominiert.

Beim Perlhuhn mit Fenchel und Orange gelang das Gesamtbild leichter und transparenter: hier wurden ein saftiges Confit und gebratene Brust in ebenfalls kraftvoller Geflügeljus durch die ätherischen Noten von confiertem Fenchel und Orange aufgefrischt. Nur die Perlhuhnbrust selbst hatte einen etwas trockenen und nicht ganz so glanzvollen Auftritt.

Ein gelungener Beweis für die guten Ideen des Teams kam mit dem gebratenen Seeteufel, der kontraststark von dunkelwürziger gebratener Aubergine und den ebenfalls dunklen Umaminoten einer fermentierten Knoblauchcreme sowie einem hell und fruchtig dagegenhaltenden Orangenschaum begleitet wurde. Hier waren nur die kleineren Seeteufelstücke selbst zwar schmeckbar frisch, aber mit ihrer leicht faserigen Konsistenz nicht ganz optimal.

Die deutlichsten Abstriche auf der Produktseite gab es allerdings beim Rehrücken mit zwar prägnantem aber eher undifferenziert weichem Pfifferlings-/Paprika-Sauté und kraftvoller Schalottenjus. Die Tranchen vom Reh waren zwar exakt auf den Punkt gebraten, hatten aber eine allzu weiche, mürbe Konsistenz und einen leichten Leberton, wie sie durch Stresshormone bei der Jagd oder teils auch durch Sous-Vide-Garung entstehen können. Vom saftigstraffen und feinaromatischen Idealzustand eines Rehrückens lag das leider ein ganzes Stück entfernt.

Dafür ging am Ende die einfach umgesetzte, aber aromatisch schlüssige Kombination von abgeflämmtem Ziegenfrischkäse mit Aprikose, frittierten Kapern und subtiler Anisnote voll auf. Und auch bei süßen Abschlüssen wie den hocharomatischen und geschmeidigen Sorbets oder kleinen fluffigen Quarkknödeln mit Haselnussbröseln, Aprikosen und Vanilleeis zeigt das Team Souveränität.

Im durchweg freundlichen und präsenten Service könnten – gerade bei vollem Haus – manche Abläufe noch ein wenig koordinierter und ruhiger gestaltet werden. Kompetente Betreuung und treffsichere Empfehlungen zur ansprechenden Weinauswahl mit vielen sonst eher seltenen Gewächsen aus Saale-Unstrut und Sachsen, die alle Gerichte adäquat begleiten können, gibt es aber auch so.

Weinbar Weimar

Humboldstr. 2, 99423 Weimar
☎ 03643-4699533
weinbar-weimar.de
◉ Di–Sa ab 18 Uhr, So u. Mo RT

Erst vor zwei Jahren haben diese ambitionierte Weinbar mit rund einhundert attraktiven glasweisen Offerten und attraktiver Küche neu aufgenommen, weil hier ein hervorragender Koch mit jahrzehntelanger Gourmeterfahrung, den wir schon aus seiner Zeit im Anna Amalia des Hotel Elephant kennen und schätzen gelernt hatten, am Herd stand. Leider verlässt Marcello Fabbri die lässige Weimarer Weinbar mit gemütlicher dunkler Holzvertäfelung und dekorativen Weinregalen im Sommer 2022 schon wieder, um künftig im Weimarer Umland etwas Neues, Eigenes auf die Beine zu stellen. Wie und mit welchem Küchenkonzept es hier nach der Sommerpause weitergeht? Wir sind selbst gespannt und setzen die Bewertung bis dahin aus.

Hotelempfehlung

Hotel Elephant

Markt 19, 99423 Weimar
☎ 03643-8020
www.hotelelephantweimar.com
Einzelzimmer: 170–290 €
Doppelzimmer: 170–710 €

Das Traditionshotel Elephant in Weimar, direkt am historischen Marktplatz gelegen, ist mehr als nur ein renommiertes Grandhotel: als Kulturinstitution bietet es eine Plattform für Events und die regionale Kunst- und Kulturszene. Und dieser offene kosmopolitische Geist prägt das gesamte Haus, nicht nur im beeindruckenden Lichtsaal, in dem die meisten der Konzerte und Veranstaltungen stattfinden. Seit der aufwendigen, im Jahr 2018 fertiggestellten Renovierungs- und Umbauphase ist das Haus einen weiteren Schritt in die Moderne gegangen: In den 99 Zimmern und 6 Suiten verbinden sich der Baustil der 20er- und 30er-Jahre mit modernem Komfort, Eleganz und Design.

Jedes Zimmer ist geprägt von ausgewählter Kunst. Sie reichen von „Classic" über „Deluxe" und „Grand Deluxe" bis hin zu exklusiven Suiten. Ein großes bequemes Doppelbett, ein moderner Flatscreen-TV, ein Schreibtisch und schnelles WLAN gehören bereits zur Grundausstattung. Zum Entspannen lädt der neue Fitness- und Saunabereich ein, der erst Anfang 2020 fertiggestellt wurde. Und kulinarisch werden die Gäste im Restaurant AnnA mit unkompliziert raffinierter Küche verwöhnt. Restaurant AnnA separat erwähnt.

Weingarten (Baden-Württemberg)

KOSTBAR

Ravensburger Str. 56,
88250 Weingarten
☎ 0751-56163714
syrlin-speisewelt.de
◉ Di–Fr von 11.45–13.30 Uhr
u. ab 18 Uhr, Sa ab 18 Uhr,
So u. Mo RT
Hauptgericht: 24–39 €,
Menüs: 49–99 €

Trotz der modernen Optik mit dynamischer Form auf dreieckigem Grundstückszuschnitt würde man in dem Geschäftsgebäude an einer Durchfahrtsstraße von Weingarten nicht unbedingt ein derart stilvolles Restaurant vermuten. Und erst recht nicht eines wie die Syrlin Speisewelt, in dem in zwei konzeptionell getrennten Restaurantbereichen jeweils ambitioniert auf hohem Niveau gekocht wird. Wenn man allerdings weiß, dass es sich bei den sehr individuell mit viel Holz designierten Räumlichkeiten um das neue Gastronomie-Projekt von Nadine und Marco Akuzun handelt, liegt es auf der Hand, dass man sich auch kulinarisch nicht lumpen lässt. Und zwar nicht nur im ausgewiesenen Gourmetrestaurant mit Ein-Menü-Konzept, sondern auch in der Kostbar, dem größeren Restaurantbereich in der Syrlin Speisewelt, wo zwar im Vergleich etwas niederschwelliger und preisgünstiger, aber dennoch überdurchschnittlich anspruchsvoll aufgetischt wird.

An machen Stellen hat man sogar den Eindruck, dass die Übergänge nahezu fließend sind, etwa wenn der Hausklassiker Bouillabaisse serviert wird, den wir als einen von mehreren Küchengrüßen in Mini-Portion im Gourmetbereich nahezu identisch bekommen hatten wie in größeren Dimensionen hier in der Kostbar. Und auch bei manch anderen Gerichten gibt es durchaus Überschneidungen bis hin zu identischen Kompositionen – was keinesfalls gegen das MARKOS als vielmehr für die KOSTBAR spricht.

Nach zwei Sorten gutem Brot mit Olivenöl und Nussbutter starteten wir bei unsrem Antrittsbesuch mit einer Vorspeise um gebeizten Lachs mit Gurke, Apfel und verschiedenen Algen, die mit zahmer Wasabieiscreme, einer an Ponzu erinnernden zitrisch-umamiwürzigen Vinaigrette und einer Moussekugel, die wiederum ein wenig an Tom-Kha-Gai denken ließ, auf Fernost gedreht war. Und die noch etwas feinsinniger und tiefenschärfer arrangiert auch nebenan im Gourmetbereich locker hätte mitlaufen können. Weitere harmonisch ineinandergreifende Komponenten wie Zitrus- und Keta-Kaviarperlen oder Korianderkresse ließen das Ganze aber auch schon so durchaus komplex und vielschichtig wirken. Ein sehr ansprechender Start! Etwas einfacher und bodenständiger konzipiert, aber als solches keinesfalls weniger attraktiv, kam der Tomaten-Brotsalat mit Büffelmozzarella von Büffel Bill daher, der mit verschiedenen aromatischen (frischen und getrockneten) Tomaten, Basilikumöl und -kresse sowie feiner säuerlicher Süße eine ansprechende Sache war. Allerdings hätte hier in unserem Fall die ebenfalls in der Karte annoncierte Salsiccia ruhig etwas präsenter sein dürfen, denn man hat im Grunde nicht viel von ihr gesehen oder geschmeckt...

Völlig zurecht genießt Marco Akuzuns bereits einleitend von uns ausgelobte Bouillabaisse binnen kürzester Zeit bereits Kultstatus in der Region. Denn die röstwürzige, kraftvoll intensive und als solches bestens ausgewogene mediterrane Fischsuppe, die aus Salz- und Süßwasserfischen zubereitet ist und nicht nur verschiedene punktgenau gebratene Filetstückchen dieser Fische als Einlage intus hat, sondern auch Brechbohnen und gegrillte Stücke sowie seidiges Püree von Artischocken, setzt Maßstäbe.

Sein Händchen für starke, kontrastreiche Aromen bewies das Team auch mit einer Art Freestyle-Thaicurry, bei dem der mit Safran aromatisierte und von würzig-pikanter Tandoorisauce umgebene Reis von sautiertem Pak-Choi und glasig-knackigen Garnelen eskortiert wurde. Das Limettenaroma, das über dem gesamten Gericht wabelte, hatte zwar eine grenzwertige Intensität, bewegte sich aber durchaus noch in geschmackssicheren Bahnen und verlieh dem Gericht so einen spannenden herb-frischen Punch.

Nichts zu viel und nichts zu wenig und außerdem alles fein auf den Punkt gebracht beim Hauptgang, der sich um köstliches, saftspritzendes Rückenfleisch vom Iberico-Schwein mit viel aromaspendendem schmelzigem Fett und einer unaufdringlichen dünnen Bärlauchkruste drehte. Begleitet von weißem und grünem Spargel in einem Kräuterflädle, knackige Erbsen und eine dezent mit Minze abgeschmeckte Erbsencreme, Kartoffelpüree und mustergültiges Kartoffelgratin, alles in stimmigen Proportionen zueinander und mit einer nicht zu intensiven, Rückgrat und Tiefe verleihenden mittelbraunen Sauce perfekt untermalt. Da bleibt kein Wunsch an ein solches frühlingshaftes Gericht offen.

Erst recht keine Wüsche offen blieben beim Dessert, einer Kreation von Passionsfrucht, Thai-Mango, Macadamianuss und Valrhonas karamelliger blonder Dulcey-Schokolade, die beispielsweise als Sorbet, Fruchtcoulis, Ragout, Mousse und einer fluffigen Schnitte mit feinkörnig krokantigem Boden auf dem Teller zu finden waren und offenbar auch aus dem Gourmetprogramm in die Kostbar herübergerutscht sind. Kein Wunder, ist Chef Patissière Sophia Rodermond doch für beide Bereiche gleichermaßen verantwortlich und hält somit natürlich hier wie dort nicht mit ihren Fähigkeiten hinterm Berg.

Weil zudem auch die Atmosphäre gleichermaßen stilvoll ist, der Service nicht weniger zuvorkommend agiert und die Wein- und Getränkeauswahl breit gefächert ist, können wir auch das Zweitrestaurant im Hause Akuzun nur wärmstens empfehlen.

MARKOS – Das Restaurant

Ravensburger Str. 56,
88250 Weingarten
☎ 0751-56163714
syrlin-speisewelt.de
◉ Di–Sa ab 19 Uhr, So u. Mo RT
Menüs: 110–210 €

Alles auf Neu, aber wie gewohnt mit Vollgas! Nachdem das Top Air im Flughafen Stuttgart als eines der ersten Gourmetrestaurants hierzulande coronabedingt geschlossen wurde, hieß es für Marco und Nadine Azukun, die dort für über sieben Jahre extrem hohes Niveau geboten hatten, eine attraktive Alternative zu suchen. Fündig wurden die beiden im neuen Syrlin Quartier in Weingarten, einem modernen Dienstleistungs- und Bürokomplex mit markanten umlaufenden Fensterbändern. Gemeinsam mit einem anonymen Investor wurde dort von Null auf Hundert mit enormem Aufwand ein komplett neues Restaurant gestaltet, das im gleichen Raum zwei dezent separierte Konzepte aus einer Küche vereint.

Klar ist: Das neue Restaurant kann sich sehen lassen! Mit seinem futuristischen Design mit raumhohen organisch geformten Installationen aus hellem Holz, dem warmen Licht und bequemen Sesseln an blanken Holztischen bietet es eine bestens gelungene Verbindung aus moderner Eleganz und Behaglichkeit. Und das sowohl für den bodenständigeren Bereich der „Kostbar", wo substanzstarke und einfallsreiche Gerichte aus einer eher regionalen Pro-

duktpalette geboten werden, als auch für den Fine-Dining-Bereich des „Markos", in dem sich das Team um Marco Akuzun mit deutlich höherem Detailaufwand, internationalen Produkten, Inspirationen und auch mehr Mut zum Risiko genauso ins Zeug legt, wie zuvor im Top Air.

Auch stilistisch bleibt sich der Chef weitestgehend treu und setzt auf akkurat und filigrane ausgearbeitete Arrangements, die mal mehr in der französischen Klassik verhaftet, mal weltoffen asiatisch angehaucht daherkommen, aber immer mit intensiven Aromen und teils überraschenden Pointen punkten. So auch bereits die ersten kleinen Snacks, darunter ein Sesamchip mit pfeffriger, durch Lardo cremig abgebundener Blumenkohlcreme und ein papierdünner Pomme Soufflé, gefüllt mit flüssiger, von Petersilie geprägter Kräutercreme. Die bereits im Top Air optimierte und zurecht zu einer Art Signature-Dish avancierte, konzentriert röstwürzig-braune Bouillabaisse mit tiefem, vielschichtigem Geschmack, setzte dann ein klares Statement in Sachen modernisierter Klassik – ergänzt von weißer Bohnencreme, Artischocke, bissfesten Muschelnudeln und zarten kleinen Fischwürfelchen war das eine begeisternde Reminiszenz an perfektes Handwerk!

Der erste reguläre Gang setzte dann einerseits mit einem kraftvollen Gänseleberparfait (in Blumenform) auf klassische Handwerkskunst, ging mit konzentrierten Akzenten von grünem Apfel und Staudensellerie neben kleinen Rauchaalwürfeln, einer säuerlich gestrafften Gänselebercreme (als Praline) und einem kräutrig-frisch wirkenden grünen Powder zum Selbstwürzen allerdings in eine eher moderne und unkonventionelle Richtung, fernab von tradierten fruchtsüßen Gänseleber-Arrangements. Und das mit Erfolg: das Ganze wirkte nämlich wunderbar fokussiert, durch den Aal mit katalysierter Power und einem ansonsten sehr zarten, frischgrünen Kontext.

Optisch genauso „catchy" folgten drei gestapelte Röllchen aus hauchdünnem zartem Schweinebauch mit Thunfischtatar-Füllung, ergänzt von einer salzig-grünen (Algen-)Creme, verzögert einsetzender Pfeffrigkeit, marinierten Algen und knuspriger Lotusblüte. Das Ergebnis bot einerseits dichten Geschmack mit viel Umami und Jodigkeit, allerdings dominierte der leicht gepökelt wirkende Schweinebauch und seine Thunfischfüllung ziemlich stark, so dass diese kaum, beziehungsweise erst im zweiten Moment spürbar wurden. Vielleicht gewollt, aber hinsichtlich der hohen Fischqualität beinahe ein wenig schade…

Welch hohen Stellenwert eine optisch markante Präsentation für das Team hat, zeigte auch der folgende Heilbutt mit seinen hauchdünnen konzentriert-angetrockneten Shiitake-Schuppen. Kombiniert wurde der reinweiße, festfleischige Fisch mit sautierten Shiitake-Pilzen, einer Art „Gemüsetatar-Sockel" mit knackiger Erbse, Korianderöl und einer röstig-nussigen Sesamschaumsauce. Auch auf diese Art entstand viel Power, aber klarer akzentuiert zwischen den dunkleren und kräuterduftig-frischen Noten mit dem festfleischig zarten Heilbutt als eindeutigem Mittelpunkt. Sehr stark!

Im ersten reinen Fleischgang präsentierte das Team Silverhill-Entenbrust mit straffem, feinwürzigem Fleisch, perfekt ausgebratener krosser Haut und einer Glasur mit konzentrierter Entenjus, deren dezent süßliche Grundierung die Brücke zu verschiedenen intensiven Karottenzubereitungen baute. Diese allerdings lagen völlig abseits von der typisch milden Süße, kam teils pikant zugespitzt, teils ingwerscharf, teils knackig-frisch zur Sache und wurden von kleinen Buchenpilzköpfen und Pak Choi zusätzlich aufgelockert und aufgefrischt. Zusammen ergab das ein kontraststarkes, fein akzentuiertes Gesamtbild, das einmal mehr zeigte, wie sehr sich eine aromatisch präzise Detailarbeit auszahlt.

Zurück zur modernen, technisch akkuraten Klassik ging es dann bei der als Doppelfilet im Spinatmantel sanft gegarten Wachtelbrust mit einer Füllung aus Périgord-Trüffel. Die Trüffel gab es auch mit viel dunkler erdiger Tiefe und Eleganz in der zentral angegossenen Trüffeljus, während demgegenüber fein differenzierte bittergrüne Noten von teils gerösteten, teils cremigem Brokkoli und Gartenkresse sowie einer sanften Zitrusnote in einer Art Zitronen-Mayonnaise als Kontraste standen. Volltreffer!

Und auch die süßen Offerten aus der Hand von Patissière Sophia Rodermond schlossen auf gleichem Niveau an. Zunächst mit einem erfrischenden Pré-Dessert rund um Granatapfel und weiße Schokolade und dann mit dem bildhübschen Abschluss rund um Mandarine, Mandel und Rosmarin, bei dem die fein aufgefächerten ätherisch-blumigen Zitrusnoten neben den teils gebrannten nussigen Mandelnoten und der subtilen Rosmarinwürze sowohl aromatisch als auch mit abwechslungsreichen Texturen präsentiert wurden.

Insgesamt zeigen Marco Azukun und sein Team damit durchaus die gleichen hohen Ambitionen und beinahe das gleiche Niveau wie am alten Standort. Und das, obwohl aus derselben Küche parallel nicht eben wenige Teller für das Restaurant „Kostbar" geschickt werden. Im Grunde bräuchte es nur ein bisschen mehr Detailschärfe an einigen Stellen oder leicht veränderte Proportionen, damit die Gerichte geschmacklich durchgängig mit ihrer akkuraten, markanten Optik mithalten und eine noch höhere Bewertung rechtfertigen. Eine große kulinarische Bereicherung für die Region ist die „Syrlin Speisewelt" so oder so. Nicht zuletzt auch aufgrund des Serviceteams rund um Gastgeberin Nadine Azukun, das für eine entspannt komfortable Atmosphäre genauso wie für niveauvoll gefüllte Gläser sorgt.

Weingarten (Baden-Württemberg)

Zeit I Geist
im Walk'schen Haus
Marktplatz 7,
76356 Weingarten
☎ 07244-70370
www.walksches-haus.de
◐ Di–Sa ab 18 Uhr, So u. Mo RT
Hauptgericht: 24–45 €,
Menüs: 59–106 €

▮⬤ **VISA** ℗ ⊞

Das Feinschmeckerrestaurant im ersten Stock des imposanten jahrhundertealten Fachwerkhauses, in dem Teilbereiche mit Fotoprints und Kunstblumen in einer Glaswand modern aufgehübscht wurden, präsentiert sich nicht nur mit seiner Sharing-Kultur zeitgeistig, sondern auch mit seinen Überraschungsmenüs. Und auf den Tellern selbst mit einem Mix aus gediegeneren heimatlichen und französischen Anklängen sowie asiatischen Einflüssen – wobei diese Akzente zwar nicht konzeptionell, aber aromatisch zunehmend zurückhaltend zum Einsatz kommen, so dass man sich hier und da durchaus etwas mehr Mut zu markanteren Aromen wünscht. Im Vergleich früheren Jahren wirken die Kreationen mittlerweile nicht nur zahmer, sondern auch schlichter und lassen bisweilen Präzision und Tiefenschärfe vermissen. Ausgewogen und vor allem mehrheitsfähig ist die Küche nach wie vor. Und auch in der sehr gut sortierten und wie übrigens auch die Küche gastfreundlich moderat kalkulierten Weinkarte findet sich für jeden Geschmack und für jedes Budget problemlos etwas Gutes.

Weinheim (Baden-Württemberg)

EssZimmer

Alte Postgasse 53, 69469 Weinheim
☎ 06201-8776787
www.esszimmer-weinheim.de
◗ Mi–Sa ab 18.30 Uhr, So–Di RT
Menüs: 89–119 €

Seit Philipp Weigold vor einigen Jahren vom Weinheimer Marktplatz in die Alte Post etwas abseits der Innenstadt gezogen ist, hat sich das kleine inhabergeführte Restaurant sehr erfreulich entwickelt. Im elegant aber heimelig gestalteten Umfeld serviert Weigold weitläufig inspirierte zeitgenössische Haute-Cuisine, vermählt klassische Produkte der Region mit japanischen Aromen. Dass das meist gut funktioniert, zeigte bei unserem jüngsten Testbesuch unter anderem ein Fischgang, für den das Küchenteam Zander aus dem Rhein mit japanischem Shio Koji beizt, um ihn anschließend über Holzkohle zu grillen und mit geräucherter Beurre blanc zu servieren. Ab und an geht es uns auf dem Teller aber auch etwas zu ungestüm zu, wie etwa beim Saibling, der mit Nori, Koriander, Thaichili, Shisoöl und Yuzumayonnaise den Fokus vermissen ließ. Sehr gut kuratiert ist die kompakte Weinkarte mit Fokus auf Deutschland, Österreich und das Burgund.

Pizzeria Zur Turnhalle

Sommergasse 154, 69469 Weinheim
☎ 06201-51798
www.pizzeriazurturnhalle.de
◗ So–Mi von 17–20.30 Uhr, Do u. Fr von 11–14 Uhr u. von 17–20.30 Uhr, Sa RT
Hauptgericht: 8–17 €

Die Pizza Napoletana von Antonino Lo Piccolo setzt in der Region Maßstäbe: Teig auf Basis von Biga mit 24 Stunden Teigruhe und ausgesuchte Zutaten wie 5-Stagioni-Mehl, Fior di Latte, San-Marzano-Tomaten oder Salami Calabrese bilden die Grundlage für die soft-krossen, ganz kurz bei 450 Grad im Steinbackofen gebackenen Pizzen mit den authentischen Hitzeblasen. Al-forno-Gerichte alla Mamma und hausgemachte Dolci runden das Angebot der idyllisch am Waldrand gelegenen Pizzeria authentisch ab.

Weinstadt (Baden-Württemberg)

Gasthaus Rössle

Forststr. 6,
71384 Weinstadt (Baach)
☎ 07151-66824
www.roessle-baach.de
◗ Mo, Di u. Fr von 11.30–13.30 Uhr u. ab 17 Uhr, Sa ab 11.30 Uhr durchgehend, So u. Fei von 11.30–17 Uhr, Mi u. Do RT
Hauptgericht: 10–25 €

Ein von Familie Welte ganz bodenständig in fünfter Familiengeneration seit 1890 geführtes Lokal am Tor zum Remstal mit schlichter, aber gepflegter Einrichtung und einem traditionellen schwäbischen Speiseangebot, das sich zwischen verschiedenen Allerweltsgerichten, wie sie hier in jedem zweiten Gasthof zu haben sind (allerdings selten in der hier gebotenen Qualität!) auch recht originell präsentiert. Gerade wer Innereien-Spezialitäten etwas abgewinnen kann und bei Metzelsuppe, frischen Blut- und Leberwürsten oder Kalbsbries nicht die Nase rümpft, wird hier freudig einkehren. Aber auch sonst gibt's auf der Tageskarte immer wieder auch sehr attraktive regionale Gerichte, die nicht selten mit verfeinerter Rustikalität einhergehen. Darüber hinaus bietet die Weinkarte viele gute lokale und regionale Gewächse namhafter Winzer.

Weißenbrunn (Bayern)

Gasthof Alex

Gösserdorf 25,
96369 Weißenbrunn
☎ 09223-1234
www.gasthofalex.de
◗ Mi–Sa ab 18 Uhr, So–Di RT
Menüs: 78–90 €

Eine tolle Neuentdeckung, die man aber erst mal finden muss! Nicht weit von der „heimlichen Hauptstadt des Bieres" Kulmbach entfernt, dort aber ziemlich im Off gelegen, wird der seit dem Jahr 1886 in Familienbesitz befindliche Gasthof Alex mittlerweile ziemlich ambitioniert in der fünften Generation geführt. Nämlich von Gastgeberin Madlen Häckel und Küchenchef Domenik Alex, der Erfahrungen unter anderem bei Joachim Wissler und Christian Bau gesammelt hat. Und damit hält der Cuisinier auch im heimischen Familienbetrieb, wo das renovierte und wohltuend aufgeräumt wirkende Gasthofambiente durch schöne blanke Holztische, kleine Kupferfarbene Lampenschirme, vernünftige Gläser und Wasser in Karaffen zeitgemäß aufgelockert wird, auch nicht hinterm Berg.

Offeriert wird eine bis zu sechsgängige Menüfolge und daneben drei, vier Alternativen à la carte, es gibt viele regionale Produkte, aber die Küche wirkt dennoch weltoffen international. Trotzdem hat alles auch viel Lokalkolorit: Los ging's mit selbstgebackenem Laugenbrötchen und Schnittlauchbutter, die beide tadellos waren. Das Gebäck mit dünner Kruste und saftiglockerer Krume, die aufgeschlagene Butter mit ausdrucksstarkem Aroma. Als Amuse knüpfte an diese heimatlichen Geschmäcker ein Tapiokachip mit Meerrettichcreme und mariniertem Krautsalat im Fingerfood-Format an.

Akkurat angerichtet und stimmig proportioniert kam sodann prononciert pfeffriges, ansonsten aber schön pur gehaltenes und selbstverständlich sorgfältig von Hand geschnittenes Rindertatar als kreisrunder Sockel mit einem Topping aus süßsauer eingelegten Buchenpilzen und roten Zwiebeln, Crème-fraîche-Tupfen, Kerbel und Friséespitzen, sowie einer filigranen Hippe in Blattform. Da griff alles gut ineinander und dem rohen Fleisch wurde Säure, Süße und Schmelz in genau der richtigen Dosierung zuteil. Das schmeckte schön frisch und animierend und machte sofort Lust auf mehr.

Genauso proper und exakt war dann auch der Kabeljau mit Rote Bete und Kartoffel zubereitet: Der sanft pochierte, mit verschiedener Kresse und Salatspitzen dekorierte Fisch schneeweiß, saftig und festblättrig, die Bete als zur aparten Rose gewickelte, gut abgeschmeckte Scheiben und als Sauce, die Kartoffel als buttriges Püree mit knusprigen Kartoffelfäden on top – und alles umschmeichelt von einer Art Beurre blanc, die nach unserem Gusto nur gerne noch etwas säuerlicher abgeschmeckt hätte sein können.

Der leider noch einen Tick zu kompakten geschmorten Kalbshaxenscheibe auf einem Sockel aus süffigen Fregola Sarda verliehen Schnittlauch und kleine knusprige Karottenchips ein aromatisches Finish. Begleitet wurde sie von einer halbierten, in Ochsenmark geschmacksstark confierten Purple-Haze-Karotte, die mit diversen knusprigen und cremigen Komponenten ihrer selbst bestückt war, abermals sehr feinsinnig arrangiert und schön pointiert in Szene gesetzt. Da findet man keine Verlegenheitsbeilage auf dem Teller, da wirkt nichts gekünstelt, da ist nichts zu viel und nichts zu wenig. Und letztendlich kann auch jeder Gast etwas damit anfangen – allzu kühne Experimente würden hier nämlich sicher nicht ausreichend Publikum finden. Doch es ist in diesem Zusammenhang auch erstaunlich, wie weit sich Madlen Häckel und Domenik Alex im einstmals bodenständigen Dorfwirtshaus doch schon auf Gourmetterrain vorwagen können.

In ländlichen oberfränkischen Gefilden möglichst viele Gäste mitzunehmen ist dennoch das A und O. Und das gelingt auch spielend mit Nachtisch wie dem saftigen „Sticky Toffee Pudding" nebst cremig-voluminösem Vanilleeis und leichter Karamellsauce, der sich hier als Dessert deutlich weniger Opulent präsentiert als man vielleicht vermutet. In der kleinen, aber durchaus ansprechenden Weinauswahl findet man für alles ausreichend Begleitstoff und die sympathische Gastgeberin behält auch bei viel Betrieb alles gut im Blick. Das Preis-Leistungs-Verhältnis ist übrigens bemerkenswert!

Weissenhaus (Schleswig-Holstein)

**ohne
Bewertung**

Bootshaus

im Hotel Weissenhaus
(Grand Village Resort & SPA)
Parkallee 1,
23758 Weissenhaus
☎ 04382-92620
www.weissenhaus.de
◔ Täglich von 12–16.30 Uhr u. ab 18 Uhr,
kein RT
Hauptgericht: 36–49 €, Menüs: 79 €

EC 〓 ⦿ VISA P ⌂ ♿

der unser Glück – bis dahin muss das Restaurant leider vorübergehend ohne Bewertung auskommen.

**ohne
Bewertung**

Courtier

im Hotel Weissenhaus
(Grand Village Resort & SPA)
Parkallee 1, 23758 Weissenhaus
☎ 04382-92620
www.weissenhaus.de
◔ Täglich ab 18.30 Uhr, kein RT
Hauptgericht: 70–85 €,
Menüs: 169–209 €

EC 〓 ⦿ VISA P ⌂ ♿

Es war für uns schon immer schwierig und nervenaufreibend, in dem zum luxuriösen Weissenhaus Grand Village Resort & Spa gehörende, aber etwas abseits des weitläufigen eingezäunten Grundstücks direkt am Strand gelegene Restaurant Bootshaus einen Tisch zu bekommen. In dieser Testsaison war es schlichtweg unmöglich, denn zu keiner Zeit des vergangenen Jahres wurden Reservierungen von externen Gästen angenommen – ausschließlich Hausgäste kamen in den Genuss der begehrten Plätze in dem behaglich eingerichteten und illuminierten Lokal mit unverstelltem Meerblick und der Küche von Küchenchef Christopher Schlang. Zur Mittagszeit gibt es hier Klassiker à la Wiener Schnitzel mit Kartoffel-Gurkensalat und ausschließlich am Abend eine ambitionierte und sogar überraschend elaborierte Küche, die thematisch deutlich in Richtung Italianità ausgerichtet ist. Allerdings ohne folkloristische Züge und mit gelegentlichen Schlenkern in die internationale Moderne. Dazu sorgt sich ein engagiertes junges Serviceteam um die Belange der Gäste und eine attraktive Weinkarte, in der man zwar keine Schnäppchen, aber europaweit viele gute Begleiter für die Küche finden kann, listet genug attraktiven Stoff fürs Glas. Gerne versuchen wir in kommenden Testsaison wie-

Das Gourmetrestaurant im Weißenhaus Grand Village Resort & Spa am Meer, das zweifelsohne zu den exklusivsten und exponiertesten Hotels in Deutschland gezählt werden darf, blieb für uns in der vergangenen Testsaison leider eine uneinnehmbare Festung. Etliche Reservierungsversuche zu jeder Jahreszeit wurden entweder gleich von der Rezeption oder direkt von Gastgeberin Nathalie Scharrer abgeschmettert, denn das in vielerlei Hinsicht nach Art eines klassischen Feinschmecker-Tempels eingerichtete und mit großformatigen historischen Schlachtengemälden behängte Courtier blieb das ganze Jahr über exklusiv nur den Hausgästen dieses traumhaften Hideaways vorbehalten.
Die dinieren dort in den beiden feudalen Speisesalons des früheren Herrenhauses dieser einstigen Gutsanlage aus dem frühen 17. Jahrhundert oder auf der prächtigen Terrasse mit Blick in den Park, auf unendliche Flurweiten und eine kleine Waldschneise, durch die man in der Ferne sogar das Meer glitzern sieht. Eine Traumkulisse für das feudale Kulinarium von Christian Scharrer, das seit jeher auf den Grundfesten der französischen Klassik basiert, kompositorisch aber alles andere als traditio-

nell wirkt. Vielmehr bewegen sich die Kreationen des einst bei Harald Wohlfahrt gestählten, über die Jahre aber längst zu sehr viel Souveränität und einer eigenen Handschrift gekommene Sympathieträger aus Südbaden handwerklich und technisch voll und ganz auf der Höhe der Zeit. Sich dem Zeitgeist anzubiedern, liegt dem bodenständigen Cuisinier allerdings ebenso fremd wie das bloße Protzen mit Luxusprodukten. Der Chef komponiert sehr überlegt und ordnet letztlich alles dem guten Geschmack unter.

Ob das nach wie vor noch so ist und ob wir Christian Scharrers Küche auch künftig wieder mit unserer Höchstbewertung auszeichnen können? Wir werden in der kommenden Testsaison natürlich wieder alles versuchen, einen Fuß in die Tür zu bekommen! Bis dahin aber können wir das Restaurant leider nur „ohne Bewertung" aufführen.

Hotelempfehlung

Weissenhaus

Grand Village Resort & Spa am Meer
Parkallee 1, 23758 Weissenhaus
☎ 04382-92620
www.weissenhaus.net
Einzelzimmer: 425–1840 €
Doppelzimmer: 465–1840 €

🏧 🅿 VISA 🅿 ♿ 🛜 🖼 ⚙ 🚹 HtH

Das historische Schlossgut am Meer bietet unberührte Natur, grenzenlose Weite und Ruhe für eine Auszeit allein oder zu zweit, für den luxuriösen Wellnessurlaub zum Entspannen oder als inspirierende Umgebung für Events. Die Gäste erwartet ein 75 Hektar großes Privatgrundstück im Naturidyll Schleswig-Holstein, direkt am 3 km langen Naturstrand der Ostsee. Das Gelände beherbergt 40 historische Gebäude mit Schloss, in denen sich zeitlos elegante, mit viel Liebe zum Detail gestaltete Zimmer

und Suiten befinden, die höchsten Komfort bieten. Alle Gebäude und jedes Zimmer sind individuelle Unikate. Der Wellness- und SPA-Bereich mit verschiedenen Schwimmbädern und Saunen, Dampfbädern, Banja, Schneegrotte, Fitness-Areal und unzähligen Anwendungsmöglichkeiten lässt ebenfalls keine Wünsche offen. Vier verschiedene Restaurants, Bars und eine Weindegustations-Lounge machen Weissenhaus auch kulinarisch zu einem vielseitigen Erlebnis. Restaurants Bootshaus und Courtier separat erwähnt.

Gasthaus Egertal

Wunsiedler Str. 49, 95163 Weißenstadt
☎ 09253-237
www.gasthaus-egertal.de
🕐 Mo u. Do–Sa ab 17.30 Uhr, So von 12–13.30 Uhr u. ab 17.30 Uhr, Di u. Mi RT
Hauptgericht: 14–49 €, Menüs: 39–69 €
🏧 🅿 VISA 🅿 HtH ♿

Das Gasthaus Egertal von Familie Rupprecht ist seit sehr vielen Jahren eine feste Größe in der mit lohnenden Genusszielen nicht gerade reichlich bestückten Region Oberfrankens. Und daran hat sich auch unter der Leitung der beiden Theodors – Senior im Service, Junior und Neffe des Gastgebers in der Küche – rein gar nichts geändert. Der Qualitätsanspruch bleibt durchwegs hoch, zugleich aber auch der Anspruch, nichts anderes als ein gepflegtes Gasthaus sein zu wollen. Nur eben eines, in dem frisch und mit Pfiff auf überdurchschnittlichem Niveau gekocht wird.

Der Aufwand, mit dem das geschieht, hat sich in den vergangenen Jahren immer mal verändert. Und beim letzten Besuch, vielleicht auch bedingt durch die Corona-Schwierigkeiten, ging die Küche noch stärker den Weg einer radikalen Reduktion auf das Wesentliche und eher in Richtung anspruchsvoller Bistro-Küche. Das kann in manchen Fällen dann eher bodenständig und einfach wirken (aber dennoch deutlich über Gasthaus-Durchschnitt!), bei der Verwendung exklusiver Produkte aber teils auch sehr niveauvoll sein.

So etwa beim zart in Nussbutter confierten Label Rouge Lachs schottischer Provenienz, denn dieser hatte tatsächlich nur seine ausgezeichnete Qualität mit dem eher mageren Fleisch und die Akzente von Zitrone, Nussbutter und Schnittlauch zu bieten. Das muss man sich erstmal trauen, funktionierte aber dank des Top-Produktes ganz ausgezeichnet. Ein noch klareres Statement dafür, wie handwerklich fundiert und geschmackssicher das Team arbeitet, war allerdings die exotisch-blumige Curry-Kokos-Schaumsuppe, die mit leichter Ingwerschärfe und schlanker Konsistenz punkten konnte. Darin sorgten zart glasierte Rübchen für eine bodenständige Einlage, die sich mit ihren ätherisch-erdigen Aromen aber gut einfügte.

Souveränes Handwerk und einen scharfen Blick für Details, auch bei eher gegenständlicher, im besten Sinne rustikalerer Stilistik, zeigte die goldknusprig-saftig gebratene Hendlbrust auf jeweils auf den Punkt gegartem Gemüse (Zucchini, Bete, Karotte) und einer eleganten natürlichen Portweinjus. Und auch die regionale Traditionsbeilage „Kartoffelbaggala" in Form fluffig-cremiger Kartoffelplätzchen fügten sich da authentisch und gut passend ein. Überhaupt ist auf die Substanz und handwerkliche Akkuratesse auch bei scheinbaren Nebensächlichkeiten absolut Verlass und so sind auch bodenständigere Gerichte wie die geschmorten Rinderbäckchen mit Kartoffelcreme und aromatisch ausdrucksstarkem Wintergemüse jederzeit einen Versuch wert.

Das gilt auch für die Desserts wie zarte Crêpes Suzettes mit Grand Marnier und Tahiti-Vanille oder einen Valrhôna-Schokoladenkuchen mit flüssigem Kern, die zwar keine Innovationen oder Überraschungen, aber blitzsaubere Umsetzung und einmal mehr hochwertige Grundprodukte zeigen. Ergänzt von einer attraktiven, fair kalkulierten Weinauswahl und der charmant gelebten Gastgebermentalität von Senior Rupprecht bleibt auch nach dem jüngsten Besuch ein rundum stimmiger Gesamteindruck.

Zum deutschen Haus

Marktplatz 8,
95163 Weißenstadt
09253-9543760
www.gasthof-deutscheshaus.de
Do–Di von 12–14 Uhr u. ab 17 Uhr, Mi RT
Hauptgericht: 12–25 €

Das seit Jahren engagiert geführte Haus am Weißenstädter Marktplatz ist in Zeiten von Convenience und Systemgastronomie ein erfreuliches Beispiel dafür, dass man auch als bodenständiges Gasthaus mit günstigen Preisen eine frische, handwerkliche Küche realisieren kann, wenn man nur will. Deren Spektrum reicht von fränkischer Tradition bis zu deutschen Klassikern, alles ohne Exklusivitäts- und Kreativitätsanspruch, aber mit dem Blick für die wesentlichen Dinge zubereitet. Dazu gibt es eine kleine Wein- und Getränkeauswahl und freundlichen Service. Was will man manchmal mehr?

Werder an der Havel (Brandenburg)

Alte Überfahrt

Fischerstr. 48b
(Zugang über Uferstraße),
14542 Werder an der Havel
03327-7313336
www.alte-ueberfahrt.de
Di–Fr ab 18 Uhr, Sa u. So von 12–15 Uhr u. ab 18 Uhr, Mo RT
Menüs: 79–112 €

Was Gastgeber Patrick Schwatke in seinem schlicht-elegant in Grüntönen und Naturfarben gehaltenen Restaurant der auch von außen stilvoll anmutenden Alten Überfahrt oder bei Sommerwetter vis-a-vis an den sauber eingedeckten Tischen am beschaulichen Ufer der Halbinsel Werder kredenzt, ist ebenso kreativ wie schnörkellos. Mit verhältnismäßig einfachen Mitteln aber dem nötigen Ideenreichtum, Gespür und Know-how von Küchenchef Thomas Hübner raffiniert umgesetzt, stellt die Küche konsequent und mit großer handwerklicher Sorgfalt die guten Produkte in den Mittelpunkt, die nicht selten aus der näheren Umgebung, zumindest aber aus den umliegenden Bundesländern stammen. Originell, überraschend, leicht und sehr zeitgemäß interpretierte Regionalküche zu einem äußerst günstigen Preis-Genussverhältnis. Und letzteres trifft auch auf die vom Chef kurzweilig vorgestellten und mit Bedacht und Kennerschaft ausgewählten Tropfen aus der Weinbegleitung zu.

Wernberg-Köblitz (Bayern)

Landgasthof Burkhard

Marktplatz 10,
92533 Wernberg-Köblitz
☎ 09604-92180
www.hotel-burkhard.de
⌚ Mo–Mi von 11.30–14 Uhr u. ab 18 Uhr,
Do u. So von 11.30–14 Uhr,
Sa ab 17.30 Uhr, Fr RT

In dem traditionellen Gasthof mit Hotelbetrieb in der Ortsmitte von Wernberg-Köblitz wird in den gepflegten ländlichen Gaststuben eine durchaus sehr schmackhafte, sorgfältig zubereitete Küche serviert. Das Repertoire reicht von regionalen Schmankerln bis hin zu moderat gehobener internationaler Küche. Hier wird ohne übertriebenen Aufwand und Verfeinerungsanspruch gekocht und trotzdem auf die elementaren Feinheiten wie Ausgewogenheit von Saucen und Suppen oder korrekte Garzeiten geachtet. Und das zu sehr moderaten Preisen.

Die Hoteleinträge

★★★★★S Superior
★★★★★ Unterkunft für höchste Ansprüche
★★★★ Unterkunft für hohe Ansprüche
★★★ Unterkunft für gehobene Ansprüche
★★ Unterkunft für mittlere Ansprüche
★ Unterkunft für einfache Ansprüche
🛏 Unterkunft ohne Sterne-Klassifizierung

Gaststuben Gothisches Haus

im Travel Charme Hotel Gothisches Haus
Marktplatz 2, 38855 Wernigerode
☎ 03943-6750
www.travelcharme.com/hotels/
gothisches-haus
⌚ Täglich von 12–14 Uhr u. ab 18 Uhr,
kein RT
Hauptgericht: 19–36 €, Menüs: 37–59 €

Die schmucken Fachwerkhäuser in den kleinen verwinkelten Gassen machen den großen Reiz des Städtchens Wernigerode im Harz aus – und das direkt am historischen Rathaus gelegene Hotel Gothisches Haus ist ein besonders schönes Exemplar! Entsprechend locken auch die gemütlichen Stuben im Inneren mit viel historischem Charme, gepaart mit nobler Eleganz. Bis Herbst letzten Jahres war hier die als separates Gourmetrestaurant geführte Bohlenstube das kulinarische Aushängeschild. Nach einer von längerer Hand geplanten konzeptionellen Neuausrichtung der Gastronomie setzt das Team unter der bewährten und souveränen Leitung von Küchenchef Ronny Kallmeyer fortan unter dem Namen Gaststuben Gothisches Haus auf eine etwas bodenständigere und deutlich regionalbetontere Linie.
So gibt es in allen Gasträumen an sieben Tagen in der Woche mittags und abends die gleiche Karte, die neben teils ganz traditionell gehaltenen, teils aber auch durchaus kreativ aufgepeppten Gerichten à la carte abends auch ein preiswertes viergängiges „Signatur-Menü" in diesem Stil offeriert. Die geräucherte Brust, die zur Mousse verarbeitete Leber und die knusprig gebratene Haut vom Prignitzer Maishähn-

chen etwa gibt es da in Kombination mit grünem Spargel, gerösteten Haselnüssen, Apfel und geliertem Hühnerfond als ambitionierte Vorspeise. Und auch die zusammen mit Blaubeeren gebeizte Lachsforelle, auf deren schön dick geschnittene, fleischig-feste Tranchen etwas Fichtensprossenpesto, ein Gel von Harzer Gin, Forellenkaviar und Kartoffelknusper appliziert waren, zählte eindeutig zur kreativeren Linie der Küche. Das herbsüße Zusammenspiel von Wacholder und Tannenwipfel korrespondierte hier sehr gut mit dem final am Tisch angegossenen Staudenselleriesud.

Als Hommage an Ronny Kallmeyers Ur-Oma kreiert und eher der traditionellen Sparte zuzuordnen, deshalb aber nicht weniger attraktiv, war eine Nudelsuppe, in deren Fluten von kraftvoller Perlhühnerbrühe neben dem ausgelösten Perlhuhnfleisch, verschiedenem Wurzelgemüse, unterschiedlichen Pilzen und Kräutern auch breite hausgemachte Bandnudeln mit gutem Biss und ein sorgfältig pochiertes, zart fließendes Hühnerei zu finden waren. Eine sehr reiche und vielfältige Einlage, die Kallmeyers Nudelsuppe fast schon wie eine heimische Version der fernöstlichen Ramen-Suppe wirken ließ. Sehr fein!

Tendenziell eher klassisch sind die Hauptgänge konzipiert. Egal ob Forellenfilets mit Gurken-/Fenchelsalat und gedämpften Drillingen oder à la bourguignonne zubereitete Hirschbäckchen mit Champignons, Speck und Schalotten nebst Selleriepüree – man kann sich stets auf gute Produktqualitäten und fachmännische Zubereitung freuen. Auch die gebratene Perlhuhnbrust mit ihrem saftigen und aromatischen Fleisch, die zusammen mit zart knackigem Rahmwirsing, festen frischen Pfifferlingen und einer Kartoffelkuchenschnitte aufgeboten wurde, war eine grundsolide, wohlschmeckende Geschichte. Allenfalls die relativ kräftige, dicht reduzierte Jus hätten wir uns in dem Fall etwas leichter und transparenter gewünscht.

Bei verspielten Desserts wie „Unser Wald", bei dem ein aus Schokoladenmousse und Vanilleparfait zubereiteter Pilz mit dunkelbrauner, kakaopulverbestäubter Samtkappe und ein erfrischendes Fichtensprossensorbet zusammen mit unterschiedlichen Beeren, Haselnusskernen, Moos und Schokoladengehölz auf jeder Menge krümeliger Schokoladenerde alias Waldboden angerichtet waren, werden zum Finale sogar noch sehr authentische Erinnerungen an die ehemalige Bohlenstube wach. Wobei man gar nicht wehmütig sein muss, denn trotz dem Aus des separaten Gourmetrestaurants wird im Hotel Gothisches Haus nach wie vor sehr gut und auch durchaus motiviert gekocht!

PIETSCH

Breite Str. 53a, 38855 Wernigerode
☎ 03943-5536053
www.pieket.de
🕐 Mi–Sa ab 19 Uhr, So–Di RT
Menüs: 99–120 €

Etwas versteckt inmitten Wernigerodes nostalgischer Innenstadt mit ihren unzähligen Fachwerkhäusern offenbart sich in Robin Pietschs Tresen-Restaurant mit viel Sichtbeton, grau verputzten Wänden, verchromten Abluftrohren sowie den blanken Edelstahlflächen der voll ins Geschehen integrierten Küchenschränke- und Geräte ein architektonisches Kontrastprogramm: puristisch, geradlinig, clean. Doch das minimalistische und schnörkellose Setting passt sehr gut zum Konzept und zu dem, was das junge Team hier während des kurzweiligen Abends auf die Teller bringt. Das allabendlich einheitliche Menü hat eine asiatische Färbung, ohne jedoch dezidiert fernöstlich zu sein. Vielmehr orientiert man sich an der Klarheit der Geschmacksverläufe und den pointierten Purismus der japanischen Küche und mischt die typischen Aromen und Produkte mit Dingen, die in der Region wachsen und gedeihen. Und komponiert so eine Gangfolge sehr unterschiedlicher spannender Eindrücke, die aber in ihrer bestechend klaren und präzisen Art alle auf einer Linie sind.

Zeit Werk – by Robin Pietsch

Große Bergstr. 2a,
38855 Wernigerode
☎ 03943-6947884
www.dein-zeitwerk.de
🕐 Mi–Sa ab 19 Uhr, So–Di RT
Menüs: 120–160 €

Das sehr wohnlich gestaltete Lokal des mittlerweile aus Funk und Fernsehen einem breiten Publikum bekannten Robin Pietsch, in dem gemütliches dunkles Fachwerkgebälk und moderne helle Raumgestaltung eine geschmackvolle Verbindung eingehen, ist der atmosphärische Gegenentwurf zu seinem zweiten Restaurant „Pietsch", das clean und puristisch gestaltet ist. Und auch kulinarisch unterscheiden sich die beiden Konzepte deutlich, denn im Zeitwerk dreht sich das umfangreiche Menü ausschließlich um regionale Produkte und Geschmacksbilder, die hier kreativ und im Detail zwar äußerst puristisch und schnörkellos, in Summe aber durchaus facettenreich und ausladens präsentiert werden. Rund zehn Jahre gibt es das Zeitwerk nun schon und in dieser Zeit hat das kreative Team das Profil des Kulinariums immer deutlicher geschärft. Hier wird nicht im Gourmetmainstream mitgeschwommen, sondern ein klares und sehr eigenständiges, von der Region und ihren Produkten inspiriertes Konzept verfolgt, das es in dieser Konsequenz und in einer vergleichbar modernen Art in Gegend kein zweites Mal gibt.

Hotelempfehlung

★★★★ S

Travel Charme Hotel Gothisches Haus

Marktplatz 2,
38855 Wernigerode
☎ 03943-6750
www.travelcharme.com/hotels/
gothisches-haus
Einzelzimmer: 92–104 €
Doppelzimmer: 128–208 €

Direkt am pittoresken Marktplatz Wernigerodes gelegen, mit Blick auf das historische Rathaus und den Brunnen, bietet das Hotel Gothisches Haus hinter seiner schmucken denkmalgeschützten Fachwerkfassade den Komfort eines exklusiven Premium-Hotels. Der individuelle Service schafft beste Voraussetzungen vom Kurzaufenthalt über die Märchenhochzeit und große Tagungen bis zum Familienurlaub. Die individuellen Zimmer, viele historisch anmutend mit Holzbalken, Dielen oder freigestelltem Fachwerk, verbinden edle Materialien mit eleganter Moderne. Wohlfühlen, entspannen und aktivsein ist im „PURIA-Spa" mit seinen vielfältigen Saunen, Wellness- und Fitness-Möglichkeiten angesagt. Neben Massagen, Anwendungen und Kosmetik kommt aber auch das kulinarische Wohlbefinden nicht zu kurz: anspruchsvolle Traditionsküche und gehobene regionale Gerichte gibt's im einzigartigen historischen Ambiente des Restaurants Gaststuben Gothisches Haus und

bei warmem Wetter auf der idyllischen Sommerterrasse am Markt. Restaurant Gaststuben Gothisches Haus separat erwähnt.

Westerheim (Bayern)

Brauerei-Gasthof-Hotel Laupheimer

Dorfstr. 19,
87784 Westerheim (Günz)
☎ 08336-7663
www.laupheimer.de
⊘ Täglich von 11–14 Uhr u. ab 17.30 Uhr, kein RT
Hauptgericht: 13–33 €,
Menüs: 23–85 €

Der „Laupheimer" ist ein gewaltiger gastronomischer Betrieb in fünfter Generation mit beachtlichen Kapazitäten für Catering, der dennoch im traditionellen gastronomischen Herzstück seiner Gaststuben unbeirrt und souverän eine ebenso gestandene wie gelungene Spielart regionaler Küche auf die Tische bringt. Und dazu mit der vorderen Gaststube oder dem weiß gekalkten Gewölberestaurant mit dezentem Schwemmholz-Dekor und indirektem Licht auch noch einen einladenden Rahmen bietet.

Verantwortlich ist mit Martin Laupheimer ein echter Tausendsassa, vor allem aber ein guter Koch, der – mittlerweile in der Küche von Sohn Markus unterstützt – genau weiß, wie er in dem gegebenen Rahmen für substanzstarke, kraftvoll-natürliche Eindrücke sorgen kann. Ein solcher war beispielsweise beim letzten Besuch eine konzentriert salzige aber trotzdem natürlich wirkende Fischsuppe mit Einlage aus Gemüsebrunoise und kleinen, saftig zarten Filetstücken unterschiedlicher frischer Fischarten.

Von der gleichen Tiefe und Power war auch das mit zartem (aber nicht zerkochtem) Fleisch und einer kraftvoll sämigen Schmorsauce auftrumpfende Rehgulasch nebst gebratenen Pilzen und lockerem Semmelknödel, das bis hin zu den in diesem Fall erfreulich herben Preiselbeeren absolut traditionell blieb und dennoch mehr zu bieten hatte, als ähnliche Offerten in vielen anderen Wirtshäusern.

Generell liegt man im Hause Laupheimer mit Hausklassikern wie dem Schwäbischen Zwiebelrostbraten mit Röstzwiebeln und Kässpätzle oder dem zunächst in Rotwein gebeizten und dann darin sanft geschmorten Rinderbraten „Böfflamot" mit feinsäuerlich tiefer Sauce und fluffigen Semmelknödeln so gut wie nie verkehrt und kann sich auf fundiert und schnörkellos zubereitetes traditionelles Soulfood freuen.

Und weil auch die luftige, von Vanille- und Zitrusaromen geprägte Topfenmousse mit Erdbeeren am Abschluss ebenso schlicht wie souverän gelang, bleibt es bei einer klaren Empfehlung unsererseits, vor allem wenn Regionalküche der etwas zupackenderen Art gefragt ist. Zu denen passen zumeist sehr gut die frisch gezapften Biere, daneben gibt es aber auch eine kleinere Weinauswahl und sehr zuvorkommenden Service durch ein gut organisiertes Team.

Hotelempfehlung

★★★ S

Brauerei-Gasthof-Hotel Laupheimer

Dorfstr. 19,
87784 Westerheim (Günz)
☎ 08336-7663
www.laupheimer.de
Einzelzimmer: 59–63 €
Doppelzimmer: 88–96 €

Dieser stattliche Brauereigasthof in Günz ist nicht nur für seine gute Regionalküche bekannt, sondern beherbergt auch einen Hotelbetrieb der Klassifizierung 3-Sterne-Superior. Die insgesamt 9 Einzel- und Doppelzimmer sind mit Dusche oder Bad, Haartrockner, Zimmer-Safe, WLAN-Hotspot, Telefon und TV ausgestattet und bieten den Gästen mit ihrer freundlichen und modernen Einrichtung einen angenehmen Aufenthalt. Für grössere Veranstaltungen wie Hochzeiten oder Betriebsfeiern gibt der Feststadl bis 500 Personen oder der Festsaal mit rund 160 Plätzen den passenden Rahmen. Für kleinere Feiern, Seminare oder Konferenzen (bis zu 36 Personen) steht das neu gestaltete Herrenzimmer auch mit entsprechender Technik zur Verfügung. Restaurant Brauerei-Gasthof-Hotel Laupheimer separat erwähnt.

Holzfellas

Industriestr. 8,
95676 Wiesau
☎ 09636-92094800
www.holzfellas.restaurant/
◑ Di–Sa ab 18 Uhr, So u. Mo RT
Hauptgericht: 17–29 €,
Menüs: 35–62 €

Nicht erst seit diesem Jahr hat sich die Oberpfalz mehr und mehr zu einer auch kulinarisch reizvollen Region mit spannenden jungen Konzepten entwickelt. In diese Reihe passt auch das schon im Namen „Holzfellas" augenzwinkernd mit Lokalkolorit spielende Restaurant am Stadtrand von Wiesau ganz ausgezeichnet. In einem ehemaligen Industriegebäude, zwischen rohen Ziegelwänden, hellem Holz und stylischen Designelementen, bietet das junge Team seit 2019 eine einfallsreiche heimatverbundene Küche mit Anspruch, aber ohne Übermut.

Ganz im Gegenteil: Das was hier auf die Tische kommt, bleibt sowohl konzeptionell als auch preislich erfreulich bodenverhaftet – und hat trotzdem hohen Unterhaltungs- und Genusswert. Nachdem in der Anfangszeit teils auch weltoffenere Gerichte mit weiter gereisten Produkten auf der Karte standen, ist der Fokus mittlerweile klar regional, mit einem passend „Heimat" überschriebenen Menü, einer vegetarischen Variante und einigen Alternativen à la carte.

Wie das dann aussieht, zeigte das Team – akkurat und bestechend klar! – beim hauchdünn aufgelegten Semmelknödel-Carpaccio in einer klaren, mit zarter Süße spielenden Vinaigrette als Basis für dickere Tranchen vom rosa gebra-

tenen Kalbsrücken, knackig marinierte Rübenröllchen, Kresse und eine Maronencreme und erzielte dabei mit eigentlich einfachen Mitteln große Wirkung.

Ebenfalls humorvoll und gekonnt spielte der nächste Gang mit dem Thema „Karpfen Blau": der Karpfen kam hier als sous-vide sanft gegartes (dennoch minimal trocken und etwas „unnatürlich" wirkendes) abgeflämmtes Filet neben zarten Wurzelgemüse-Juliennes, knusprigem Kartoffelstroh und Petersilienblättern in einer klaren, würzig-frischen Blausud-Vinaigrette nebst einer mayonnaiseartigen Creme, die zusätzlichen Schmelz lieferte. Super umgesetzt und außerdem sehr fotogen angerichtet.

Das galt ebenfalls für das Zweierlei vom Fleckvieh, sprich: kerniges, zartrosa gebratenes Filet und separat geschmortes Gulasch in einer milden zwiebeligen Schmorsauce mit Sauerrahmtupfen und crunchy Pankobrösel-Topping. Dem Filet auf dem Hauptteller wurden ein weiteres Mal pfiffig interpretierte Traditionsbeilagen zur Seite gestellt, hier in Form von im Ganzen zart gegartem Rotkohl und einem in Birnenform gebackenen Kartoffelkrapfen, der sich auf seine dottrig-softe Art ausgezeichnet als Transporteur der röstwürzigen Sauce machte.

Sogar zum Abschluss gelang es bestens, rustikale Anleihen in elegante Form zu bringen, indem eine saftig-rosinensüße Apfelstrudelfüllung in eine gebratene Teighülle aus geriebener Kartoffel gepackt, von zarter Meringue bedeckt und von säurefrischem grünem Apfelgel und üppig cremigem Zimteis ergänzt wurde. Das schmeckte ein klein wenig wie Reibekuchen mit Apfelstrudel-Mus, war durch die feineren Komponenten aber eben nur im Ansatz rustikal.

Begleitend gibt es eine kleine, aber mit Bedacht ausgewählte Selektion von Weinen aus Deutschland und der Welt, unter denen sich nicht unbedingt Weinmomente für die Ewigkeit, aber in jedem Fall anspruchsvolle und gut passende Begleiter zu den Gerichten finden. Bei der Auswahl hilft der charmante und präsente Service kompetent.

7↑ 🍴🍴🍴🍴

Ente

im Hotel Nassauer Hof
Kaiser-Friedrich-Platz 3–4,
65183 Wiesbaden
📞 0611–133666
www.hommage-hotels.com/nassauer-hof-wiesbaden/kulinarik/restaurant-ente
🕐 Di–Sa ab 18 Uhr, So u. Mo RT
Menüs: 120–165 €

Das Restaurant im ehrwürdigen Nassauer Hof in Wiesbaden gehört zu den legendären Orten der deutschen Spitzengastronomie. 1979 von Hans-Peter Wodarz unter dem Namen „Die Ente vom Lehel" eröffnet, wurde hier Küchengeschichte geschrieben. Mit diesem Wissen betritt man die wunderschönen Räumlichkeiten mit einer gewissen Ehrfurcht – was insofern nicht angebracht ist, als der junge, gut gelaunte Service keinerlei Anzeichen von altmodischer Steifheit verbreitet. Es herrscht eine lässig-elegante Genussatmosphäre, die dem gehobenen Ambiente und der Historie ebenso angemessen ist, wie einer zeitgemäßen Form von Spitzengastronomie. Dass sich dies auch auf den Tellern zeigt, verantwortet seit nunmehr 16 Jahren Michael Kammermeier. Sein Stil lässt sich am besten unter „klassische Moderne" subsumieren, denn er würdigt und wertschätzt die Traditionen und traditionelle Luxusprodukte wie Auster, Hummer und Kaviar, gibt seine Kreationen aber stets einen modernen Dreh.
Das zeigt sich schon bei den ersten Einstimmungen. Da wird ein Shot von geeistem Beeftea mit einem simplen Minzeblättchen in eine überraschend frische, beinahe etwas orientalisch anmutende Richtung verschoben, während eine in Kirschgelee gehüllte Entenbleberpraline durch ein paar Kakao-Nibs einen ori-

ginell-crunchigen Twist bekommt, und eine kräftige Mousse von der Räucherforelle auf einem zarten Macaron mit Apfel elegant-säuerlich eingefasst wird. Nicht weniger überzeugend geraten ein hervorragend abgeschmecktes, in perfekt krossen Filloteig gewickeltes Rindertatar mit etwas Eigelb und Kresse, sowie ein paar Scheiben exquisiter Entenschinken, eine ganz pur servierte Verneigung vor dem geschichtsträchtigen Namen des Restaurants. Tatsächlich bietet Kammermeier seit jeher auch ein Menü an, das nahezu vollständig dem namengebenden Geflügel gewidmet ist. Wir entscheiden uns dennoch für das etwas umfangreichere, „Küchenrunde" betitelte Degustationsmenü.
Das startet fulminant, mit mariniertem Thunfischbauch in Referenzqualität, hauchdünn wie ein Carpaccio aufgeschnitten, wodurch das hocharomatisch-fettreiche Bauchfleisch am Gaumen förmlich schmilzt. Dazu gibt es ein exzellentes Gurkensorbet, das mit neckischer Schärfe überrascht, und perfekt gereifte Avocado als Scheibchen und Creme. Diesem südamerikanischen Akzent setzen Ingwer und Soja einen sanft japanischen Hauch entgegen, ohne dass es zu aromatischen Dissonanzen führt, im Gegenteil. Als Clou gibt es sämtliche Komponenten auch als in Dashi-Gelee gehüllte Nocke auf dem Teller – und durch diese Mischung ergibt sich tatsächlich ein anderes Textur- und Geschmackserlebnis: same-same but different.
Der nächste Gang mutet karibisch an: in einer sattgelben Passionsfruchtgazpacho thronen saftige Tranchen vom kanadischen Hummer, dessen nussige Krustentiersüße prächtig mit der säuerlichen Fruchtigkeit harmoniert. Winzige Mangowürfel und ein Mangosorbet verstärken das sommerliche Strandfeeling dieses Gerichts, ohne dass es ins Plakative abgleitet, Olivenöl kontert die Fruchtigkeit mit feinen Bitternoten. Es ist nicht einfach, ein fruchtbasiertes Gericht so auszubalancieren, dass es immer noch herzhaft und nicht wie ein verfrühtes Pre-Dessert schmeckt – hier gelingt es mustergültig.
Der galizische Schweinenacken im nächsten Gang ist so zart, dass er sich mit der Gabel zerteilen lässt. Bedeckt ist die üppige Portion mit einem hauchdünnen, leider schnell aufweichenden Baguette-Chip, saftigen Fenchelspänen und fruchtigen gelben Birnchentomaten. Dazu gibt es eine exzellente, mit Safran mild aromatisierte Jus – so weit, so stimmig mediterran. Eine Unwucht bekommt das ansonsten so runde Ensemble aber durch einige Tupfer allzu intensiver Safranmayonnaise. Zu hoch dosiert, entwickelt das edle Gewürz eine metallisch-

medizinische Note, die hier den Teller zwar nicht dominiert, das Vergnügen aber doch ein wenig mindert.

Ein im besten Sinne beruhigender Gang folgt mit den Kärntner Kasnudeln. Drei löffelgroße Exemplare werden von Scheiben marinierter Jakobsmuscheln, Imperial Kaviar und Schnittlauch getoppt, eine so klassische wie köstliche Kombination. Die mit mildem Frischkäse gefüllten, samtig schmelzenden Kartoffelnocken machen jeden Bissen vollmundig und bilden eine perfekte Grundierung für den zarten Biss der Muscheln und die Nussigkeit des Kaviars. Eine leichte Beurre Blanc vollendet die Eleganz dieses unaufgeregt luxuriösen Zwischenrichts, das mit dem Thunfisch das Highlight dieses Testmenüs bildet.

Was die Güte des Hauptgerichts nicht schmälern soll. Ein Schulterstück vom australischen Rind bekommt durch eine Teriyaki-Glasur eine elegante, sanft exotische Note und gefällt durch kraftvollen, zwischen feiner Süße und sattem Umami changierendem Geschmack, sowie durch eine mürbe, dabei angenehm bissfeste Textur. Kammermeier flankiert die großzügig bemessene Tranche mit spannungsvoll variiertem Blumenkohl (gedünstet, gehobelt, als Püree), knackigen Radieschen und kleinen Pfifferlingen von außerordentlicher Qualität. Senfkörner potenzieren die Würze der Glasur, und als i-Tüpfelchen gibt es noch ein kross frittiertes, im Stil einer Schweineschwarte aufgeplopptes Sehnenstück dazu. Ähnlich wie beim Schweinenacken wird die Harmonie dieses vielfältigen Ensembles lediglich durch ein aromatisches Detail etwas aus dem Gleichgewicht gebracht, denn die angegossene, enorm dichte Teriyaki-Jus wurde mit Limettenblättern aromatisiert, was ihr zunächst eine angenehme Zitrusfrische verleiht, auf Dauer aber – wie so oft bei Limettenblättern – etwas parfümiert schmeckt. Zusammen mit dem Fleisch funktioniert das immer noch recht gut, nur zum puren Weglöffeln laden die Saucenreste am Ende nicht unbedingt ein.

Recht traditionell wird es beim Dessert, das Schokolade in verschiedenen Zubereitungen (u. a. als Mousse, Törtchen und Knusperblatt) mit frischen Kirschen kombiniert – eine im besten Sinne bewährte Kombination, die von einem feinherb-fruchtigen Kakao-Kirschfond einen originellen Twist bekommt. Womit wir wieder beim typischen Merkmal von Michael Kammermeiers Küche wären, der es in den besten Momenten gelingt, Vertrautes durch einen kleinen Dreh aufzufrischen, die stets mehrheitsfähig bleibt, ohne zu langweilen. Auch die Weinkarte ist in jeder Hinsicht mehrheitsfähig,

sowohl was die großen Namen angeht als auch was die preisliche Bandbreite betrifft. Kurzum: Die Ente ist ein legendäres Restaurant, aber noch viel wichtiger ist sie eine kulinarisch sichere Bank.

Wilhelmshaven (Niedersachsen)

Artischocke

Peterstr. 19,
26382 Wilhelmshaven
☎ 04421-34305
www.artischocke-whv.de
◷ Di–Sa von 12–14 Uhr u. ab 18 Uhr,
So u. Mo RT
Hauptgericht: 15–28 €,
Menüs: 39–42 €

Eigentlich ist das Restaurant im imposanten Bau der Landesbühne bereits seit vielen Jahren eine Institution für Genießer in und um Wilhelmshaven, doch für uns stellte es im Vorjahr eine erfreuliche Neuentdeckung dar. Schon beim ersten Besuch waren wir von der Küche, die hier in hohen und hellen, markant mit großformatiger moderner Kunst gestalteten Räumen bei entspannt beschwingter Atmosphäre aufgetragen wird, recht angetan – dieses Jahr hat sich der positive Eindruck sogar noch deutlich verstärkt. Dabei wirkt das Kulinarium beim ersten Blick in die Karte zunächst mal sehr gediegen und nicht gerade aufregend, ist ein bisschen mediterran inspiriert, im Grunde aber auf französische und internationale Traditionsgerichte fokussiert.

Aber genau da liegen die besonderen Stärken von Küchenchef Klaus Schweiß, der hier vor rund zwölf Jahren als Sous-Chef seines Vorgängers angefangen hat und die Artischocke dann 2017 als Pächter und Küchenchef übernahm.

Wir würden sogar sagen, dass man Klassiker wie Coq au vin, Bœuf bourguignon oder Ragout fin, die hier quasi im Tapas-Format in der Mini-Cocotte angeboten werden, in dieser unverkünstelten gutbürgerlichen Art eigentlich kaum besser machen kann. Fleisch und Gemüse perfekt auf dem Punkt und jede Sauce für sich ein großer Gaumenkitzel mit Tiefe, Komplexität und Finesse. Man schmeckt die jeweils unterschiedliche Basis, man schmeckt den Wein oder die Spirituose, mit dem das Gericht abgerundet ist... Auch sämtliche Gemüsebeilagen, die man dazu ebenfalls frei auswählt und dann in der Cocotte serviert bekommt, sind mit sehr viel Feingespür zubereitet und individuell abgeschmeckt.

Es gibt aber natürlich daneben auch ganz normal dimensionierte Tellergerichte, sogar ein viergängiges Menü – und der Chef kann nicht nur Fleisch, sondern auch Fisch, wie der fantastische Wolfsbarsch mit maximal knusprig-krosser, prononciert gewürzter Haut und perfekt saftigem Fleisch eindrucksvoll unter Beweis stellte. Getoppt von ein paar knackig frischen Passepierre-Quellern und überraschend guten Flusskrebsschwänzen und gebettet auf eine grandiose Krustentiersauce kam der Loup de mer außerdem in Begleitung von geschmortem Fenchel und Knollenziest sowie kleinen gerösteten Frühkartoffeln angeschwommen. Auch die waren allesamt wie aus dem Ei gepellt.

Schon davor begeisterte eine kräftige klare Fischsuppe mit etwas Wurzelgemüse und allerlei maritimer Einlage, ebenfalls von sehr guter Qualität. Und auch für Vorspeisen wie das mit Tapenade von grünen Oliven, eingelegten roten Zwiebeln, marinierten Karottenschleifen und allerlei Salatspitzen getoppte Lachstatar oder das Miteinander von gebratenen Artischockenherzen, Avocado und Garnele hat der Chef definitiv ein Händchen, denn das alles kommt mit viel Sorgfalt bis ins Detail zubereitet und locker flockig arrangiert zum Gast. Alles ohne Kreativitätsanspruch und moderne Akzente, aber eben überdurchschnittlich fundiert und präzise auf die Teller gebracht, dass wir die Bewertung guten Gewissens aufstocken können.

Im glasweisen Ausschank gibt es dazu eher einfache aber durchaus gute Weine, bei den Flaschen ist auch eine kleine Auswahl höherwertiger Tropfen dabei. Und genau wie die Speisen sind auch die Getränke in der Artischocke äußerst gastfreundlich kalkuliert.

Wilthen (Sachsen)

Erbgericht Tautewalde

Hauptstr. 25,
2681 Wilthen (Tautewalde)
📞 03592-38300
www.tautewalde.de
⊙ Mo–Do ab 17.30 Uhr, Fr u. Sa von 11.30–14 Uhr u. ab 17.30 Uhr, So RT
Hauptgericht: 20–29 €,
Menüs: 34–41 €
EC · VISA P ⌂ ♿

In ländlich-dörflicher Lage mit anspruchsvoller Frischeküche zu bestehen, ist in den meisten Regionen des Landes alles andere als einfach, wirkt hier, in der Lausitz, aber nochmal bemerkenswerter als im gastronomisch verwöhnteren Süden der Republik. Respekt also schon mal allein dafür, dass die Familie Schulz in dem historischen Erbgericht seit vielen Jahren so engagiert und souverän Bodenständigkeit mit gehobenem Anspruch verbindet.

Bereits der große helle Gastraum mit dem Kontrast aus weiß gekalkten Wänden und dunklen Holzbalken, schlicht-elegantem Mobiliar und dezenten modernen Akzenten macht einiges her. Das macht aber genauso eben auch die Speisekarte, auf der es einerseits ganz traditionelle regionale Gerichte zu verhältnismäßig günstigen Preisen gibt, die dank der sorgfältigen und frischen Zubereitung in dieser Kategorie durchaus Referenzen setzen können.

Überdies stehen aber auch gehobene Gerichte aus dem bodenverhafteten Gourmetgenre auf der Karte, meist aus ausgesuchten regionalen Produkten, teils aber auch mit einem offenen Blick in die große weite Welt. Diesen zeigte zuletzt beispielsweise bereits der Süßkartoffel-chip mit fruchtig-würzigem Garnelen-Confit als Küchengruß, der dank größerer Garnelen-stücke mit saftigem Biss und einem spannenden Akzent durch getrocknete schwarze Olive unkompliziert, aber gekonnt in den Abend einstimmte.

Den eigentlichen Start in das ambitioniertere der beiden angebotenen Menüs, die hier neben weiteren Gerichten à la carte angeboten werden, gestaltete das Team vegetarisch mit einer mediterranen Gemüseterrine aus gebratenen Zucchini, Aubergine und Tomate, verbunden mit kräftig-stückigem Pesto und zudem von dünnen Gemüse-Chips mit etwas Crunch versehen. Dazu lieferte eine wie kandiert wirkende, aber salzig herb schmeckende Frucht einen spannenden Kick, während die für ein etwas überladenes Bild sorgenden dunkelwürzig ge-schmorten Champignons, Kapernbeeren und Physalis hier für ein stimmiges Ganzes gar nicht zwingend notwendig gewesen wären. Ein schönes Detail am Rande war allerdings der auflockernde Salat aus Feldsalat und Dill, der nur mit etwas zu spitzer Essigsäure daherkam.

Souveränes Handwerk zeigte der dünn melierte und knusprig auf der Haut gebratene Kabel-jau, der von Haut und Fleischstruktur her eigentlich eher wie Zander gewirkt hat. Die knusprig-brutzelige Schmelze aus Zwiebel und Coppa di Parma obenauf hatte zwar etwas zu viel Hitze abbekommen, machte ansonsten auf diese rustikale Art aber eine gute Figur. Der begleitende Risotto mit grünen Oliven und Limette indes war deutlich zu kompakt und die safrangelbe Sauce aromatisch recht blass. Auch in Anbetracht der nur kurz angeschwenkten Tomaten inklusive Strunk waren das über das gute Hauptprodukt hinaus ein paar Ecken, Kanten und rustikale Details zu viel.

Weil so etwas im Erbgericht aber eher die Ausnahme als die Regel ist und das Gebotene trotzdem weit über dem landläufigen Durchschnitt liegt, lassen wir unsere Bewertung unverändert bestehen. Eine Entscheidung, die uns auch durch den gelungenen Abschluss mit einer zarten, dünn überzuckerten Crème brûlée nebst ätherischen Zitrusfrüchten und einem halbierten kleinen Cheesecake-Tartelette nochmal leichter gemacht wurde. Und auch der herzliche Service durch die Gastgeberin und eine lohnende kleine Weinauswahl runden den weiterhin positiven Gesamteindruck ab.

Hotelempfehlung

★★★★ S

Landidyll Hotel Erbgericht Tautewalde

Tautewalde 61,
2681 Wilthen (Tautewalde)
☎ 03592-38300
www.tautewalde.de
Einzelzimmer: 78 €
Doppelzimmer: 109–130 €

Das familiär geführte Landhotel Erbgericht Tautewalde liegt inmitten der Oberlausitz, an der Grenze zu Polen und der Tschechischen Republik, nicht weit von Dresden entfernt. Die 31 komfortabel eingerichteten Zimmer mit Blick in die beschauliche Landschaft verfügen unter anderem über kostenloses WLAN und moderne Flachbild-TVs, die Studios haben außerdem ein Wohnzimmer und eine Pantry-küche. Zu den weiteren Einrichtungen des Hotels gehört ein SPA-Bereich mit Sauna (gegen Aufpreis). Eine Besonderheit des Hauses ist die historische Feldsteinscheune mit angrenzender Kräutergartenterrasse, die Tagungen und Veranstaltungen jeglicher Art eine besonders originelle Note verleiht. Das Landhotel ist ein idealer Ausgangspunkt für ausgedehnte Spaziergänge und Radtouren und damit ein perfekter Standort für Naturliebhaber und Freizeitsportler. Die ruhigen Landstraßen, die sich durch die hügelige Landschaft schlängeln, laden zu Ausflügen und Motorradtouren in die umliegenden Dörfer ein. Für den kulinarischen Genuss stehen ein stilvolles Restaurant mit Wintergarten, ein historischer Weingewölbe-keller und eine gemütliche Sonnenterrasse zur Verfügung. Restaurant Erbgericht Tautewalde separat erwähnt.

Wirsberg (Bayern)

~~~ 8↑ ~ ❙❙ ❙❙ ❙❙

Restaurant Alexander Herrmann by Tobias Bätz

im Posthotel
Alexander Herrmann
Marktplatz 11,
95339 Wirsberg
☎ 09227-2080
herrmanns-posthotel.de
◑ Mi–Sa ab 18 Uhr, So–Di RT
Menüs: 215–245 €

Es ist erstaunlich, wie sich das Gourmetrestaurant von Patron Alexander Herrmann innerhalb der vergangenen zehn Jahre zu einer echten Kreativmaschinerie für innovative Regionalküche entwickelt hat. Treibende Kraft hinter dem Projekt und der immer stärkeren Profilierung und Spezialisierung des hochspannenden Kulinariums ist Tobias Bätz, der Küchenchef und eigentliche Macher des Fine-Dining-Restaurants im Posthotel Wirsberg, der hier mit hohem Aufwand nach den besten Produkten aus der Region fahndet, viel in neuartige Zubereitungen und Prozesse investiert und die teils genialen Ideen der Küche, deren Stil wir schon in den vergangenen Jahren immer wieder als enorm ausdrucksstark und kontrastreich charakterisiert hatten, zu einer eigenen Handschrift formt. Säure ist mittlerweile zu einem festen Bestandteil geworden und zieht sich – perfekt ausgewogen und eingebunden, so dass die stets hervorragenden Produkte nicht torpediert werden – stringent wie ein roter Faden durch die Speisefolge. In der Karte liest sich manche Kreation zwar so, als könnte sie aromatisch überfrachtet oder zu plakativ sein, aber auf den Tellern zeigt sich, dass trotz der Vielzahl an Komponenten jedes einzelne Element seinen kalkulierten Zweck hat und optimal in Szene gesetzt ist. Auch die Weinbegleitung zum Menü wirkt sehr durchdacht und folgt einer stimmigen Dramaturgie.

Wolfsburg (Niedersachsen)

~~~ 10↑ ~ ❙❙ ❙❙ ❙❙ ❙❙ ❙❙

Aqua

im Hotel Ritz-Carlton
Parkstr. 1, 38440 Wolfsburg
☎ 05361-606056
www.restaurant-aqua.com
◑ Mi–Sa ab 18 Uhr, So–Di RT
Menüs: 195–255 €

Für die meisten Menschen ist die Industriestadt Wolfsburg alles andere als ein attraktives Ziel, wenn man dort nicht zufällig gerade sein neues Auto abholen darf. Für Gourmets allerdings ist es seit über 20 Jahren eine Reise wert. Denn die Attraktion, die dort auf dem schnörkellos modern gestalteten, akkurat getrimmten Gelände um die VW-Autostadt auf diese kleine, eingeschworene Gemeinde lauert, ist nicht weniger als eines der besten Restaurants Deutschlands. Namentlich das Aqua im Hotel Ritz-Carlton, das seit seiner Eröffnung im Juni 2000 federführend von dem gebürtigen Hessen Sven Elverfeld auf höchstem Niveau bekocht wird und in jeder Hinsicht einen hohen Erlebniswert bietet.
Schon der Streifzug über das am Abend effektvoll beleuchtete Gelände, das mit seiner Szenerie zwischen moderner Industrie, glattem Design und zurechtgestutzter Natur faszinierend und fast schon etwas surreal anmutet, stimmt eindrucksvoll auf den Abend in dem großzügig und zeitlos elegant angelegten Gourmetrestaurant ein. Und Elverfelds Küche, die es weiterhin in Gestalt zweier gänzlich unterschiedlicher Menüs in jeweils bis zu acht Gängen gibt, passt sich in ihrer modernen, aufgeräumten und perfektionistisch abgezirkelten Art perfekt diesem Umfeld an.
Geschmacklich wirken die Tellerkunstwerke aber weder kühl konstruiert und technisiert,

noch verkopft und elaboriert, auch wenn ihre bis ins letzte Detail beeindruckend ebenmäßige Art keinerlei Zweifel am enormen Aufwand und dem hohen Grad an minutiöser Präzision aufkommen lassen. Und während wir zuletzt noch über etwas arg vornehm zurückhaltende, fast schon zu elegant anmutende Kompositionen mit schüchtern angedeuteten Akzenten resümierten, können wir von unserem jüngsten Besuch berichten, dass die Kompositionen wieder verstärkt kraftvoller, herzhafter und auch emotionaler ausfallen. Trotzdem lässt Elverfeld die Produkte und ihre Aromen auf ganz natürliche, unverstellte Art wirken und schießt zu keiner Zeit mit Vollgas übers Ziel hinaus.

Ein Abend im Aqua ohne die karamellisierte Kalamata-Olive (mit regionalem Ziegenkäse) gleich zu Beginn wäre nichts Halbes und nichts Ganzes. Und so grüßt dieser liebgewonnene Ausbund an komprimiertem Geschmack seit Anbeginn der Ära als feste Konstante jeden Gast als erste Kostprobe des Ausnahmekochs. Dass Sven Elverfeld und sein Team das Spiel mit Säure meisterlich beherrschen, zeigte bei unserem jüngsten Besuch nicht nur der kleine Sauerfleisch-Snack auf hauchfeinem krossem Brotchip und rahmig mariniertem Kraut on top, sondern auch der vegetarische Küchengruß von Kohlrabi und Lauch die mit Senfkörnern, Rauchmandel und Wasabi-Sesam behutsam akzentuiert und sanft mit sublimem Meerrettichschaum überzogen waren. Ein weiteres Amuse drehte sich ganz pointiert um weißen Heilbutt, der hier gebeizt, geräuchert und als Schaum zu einem kleinen Türmchen geschichtet war und von Sanchopfeffer und etwas Meeresspargel tatsächlich wieder nur ganz elegant unterstrichen wurde.

Bei der marinierten Gänseleber mit Mango und Litschi gelang das Kunststück, diese im Grunde ja klassisch fruchtbetonte Foie-Gras-Vorspeise nicht desserthaft wirken zu lassen, was zum einen an den optimal bemessenen Proportionen der Fruchtkomponenten gegenüber der Leber lag, zum anderen an genügend Säure. Aber auch durch die unterschiedlichen Spielarten, in denen die Produkte durchdekliniert waren – geeiste Perlen, geflämmte Mangowürfel, eine mit Miso herzhaft abgerundete Mangocreme oder ein sehr frisch und schlank gestalteter Litschisud – wurde diesem Eindruck gekonnt entgegengesteuert. Weniger relevant dafür war der ebenfalls annoncierte Javapfeffer, von dem wir uns eine etwas markantere Präsenz erwartet hatten, der hier aber tatsächlich nur als Idee im Hintergrund mitschwang.

Ein extrem gutes Beispiel für höchste Verfeinerung herzhafter, fast rustikaler Aromen war der kross auf seiner Haut gebratene Flusszander, der mit Lauch und Blutwurst kombiniert wurde und nebenbei eine Qualität und Frische aufs Porzellan brachte, wie man sie nur sehr selten bekommt. Der Lauch und die Blutwurst wieder in sublimer Zubereitung (cremig, schaumig, mit zartem Biss…) und perfekter Proportionierung, wieder mit strafferer, aber sehr gut eingebundener Säure, etwas Zitrusfrische und generell sehr leichter, fast schon ätherischer Anmutung. Auf dem Fisch sorgten zudem scharf angeröstete Lauchwurzeln und -streifen als charmant rauchiges, fast etwas kokeliges „Gewürz" für einen sehr schönen Akzent und am Tellerboden ein Streifen von cremig püriertem Brunnenkresse-Pesto für einen herbfrischen Hintergrundanstrich.

Von ähnlich zupackendem und dennoch hochelegantem Charakter, diesmal aber in asiatischen Aromenwelten verortet, kam der mit Teriyakisauce unaufdringlich lackierte Kaisergranat, seine artverwandter Verstärkung von Kustentiermayonnaise, Krustentierschaum und kleinen Kroepoeks von Krustentieren daher. Und zwar in Kombination mit einem ausdrucksstark aromatisierten geschmorten Chinakohl, der von expressiver pikanter Würze über feine, an Kimchi erinnernde Fermentationsnoten bis zu zitrusfrischem Background dem Langostino ein äußerst spannendes Geleit stellte und vom Gaumen direkt ins Herz traf. Genau solche Momente hatten wir hier, bei aller Perfektion, in jüngerer Vergangenheit ein klein wenig vermisst.

Und einen solchen herzerwärmenden Moment bescherte auch der Zwischengang um kurz in Sojasud gegartes, im Inneren noch flüssiges Eigelb, das in Begleitung einer Waffel aus seinem knusprig frittierten Eiweiß auf einem milden Umami-Bett aus Champignoncreme, -schaum, -duxelles und roh gehobelten Scheiben lag. Das lebte nicht bloß von seinem naturgemäßen Soulfood-Charakter, sondern zu einem nicht unwesentlichen Anteil auch einem überraschend raffinierten Spiel der natürlichen Texturen, zu denen auch noch vereinzelte im Dickicht versteckte knackige Zuckermaiskörner das Ihre beitrugen. Zusätzliche Tiefe schenkte der Komposition eine Creme von fermentiertem schwarzem Knoblauch mit ihrer charakteristischen süßlichen Würze, die nebenbei auch noch sehr gut mit dem Mais zusammenspielte.

Beim Schweinebauch vom Holzkohlegrill mit Spargel und Barbecuearomen nahm das Fleisch nicht wie vermutet als saftig-schmelziger Hauptakteur den meisten Platz ein, sondern fungierte mehr als Aromatisierung der weißen Spargelstange, die in der Mitte aufgeschlitzt und quasi mit dünnen Scheiben des Schweine-bauchs gefüllt war. Gebettet auf einer schau-mig-vollmundigen Hollandaise, eingefasst von einem estragonduftenden Kräuteröl und getoppt mit einer knusprig gepufften Schweineschwar-te, war auch das wieder High-End-Seelenfutter. Mit einem so beherzt wie nötig und so zurück-haltend wie möglich eingewobenem Punch durch die würzig-rauchige Barbecue-Note, die freilich so gar nichts Plakatives und Plumpes an sich hatte.

Im Hauptgang gab es für uns Rehrücken, pro-nonciert pfeffrig aromatisiert, mit angerösteten Blütenknospen von wildem Brokkoli bestückt und konsequent minimalistisch nur von roh mariniertem und geschmortem Brokkoli sowie einer Walnusscreme eskortiert. Der Clou war hier – neben dem als nicht weniger als perfekt zu bezeichnenden Rehfleisch selbst und seiner pointierten nussig-kohligen Begleitung – die Wildjus, die mit winzigen Würfeln einer Wild-salami aus der Hand desselben Jägers verfeinert war, der auch das Reh geschossen hatte. Und die dem Wildbret noch mehr Tiefe und Pro-duktcharakter zuspielte.

Nach einer Auswahl vom tipptopp kuratierten Käsewagen, der von den wichtigsten französi-schen Klassikern bis zu raren Besonderheiten aus Deutschland ein gut strukturiertes und in-teressantes Angebot beinhaltet, präsentierte sich final auch die Pâtisserie auf Augenhöhe mit den anderen Posten. Zunächst etwas klassi-scher, mit einem Türmchen aus Zitrusfrucht-savarin, Joghurtmousse und Basilikumsorbet auf einem Spiegel aus Erdbeersauce mit Erd-beeren. Danach schon etwas progressiver, mit einer Interpretation der Berliner Weiße mit Schuss. Und auf dem Pralinenwagen mit sehr kreativen, kontrastreichen Kombinationen, de-ren Aromen richtig schön markant ausgearbei-tet waren und so zum Abschluss tatsächlich nochmal ein kleines Feuerwerk abfackelten.

Das bestens eingespielt und harmonierend wir-kende Team unter der Leitung von Marcel Runge als Chef-Sommelier und Restaurant-leiter in Personalunion sorgt außerdem dafür, dass das Aqua auch in puncto Wein und Ser-vicequalität höchsten Ansprüchen genügen kann.

Alte Feuerwache Bistro-Restaurant

**Oppener Str. 115,
52146 Würselen**
📞 02405-4290112
www.alte-feuerwache-wuerselen.de
🕐 Di von 12–13.45 Uhr, Mi–Fr von
12–13.45 Uhr u. ab 18 Uhr, Sa ab 18 Uhr,
So u. Mo RT
**Hauptgericht: 26–32 €,
Menüs: 59–84 €**

EC ▪▪ ⬤⬤ VISA Ⓟ ♿

Die Alte Feuerwache im beschaulichen Würse-len bei Aachen ist seit Jahren ein gutes Beispiel für eine Gastronomie mit Ansprüchen, die sich dennoch an einen breiten Gästekreis wendet. Man geht hier essen auf eine unkomplizierte Weise, mal im großen Gastraum vorne, mal in der kleinen separaten, aber nicht mehr eigens bekochten Gourmetstube hinten, zum Lunch oder abends.

Das Menü ist zweigleisig konzipiert, enthält eher unkomplizierte, aber durchdachte Speisen wie das Wiener Schnitzel vom Milchkalbs-rücken, in Butterschmalz gebraten, oder die Lammhaxe aus der Region Husum mit Boh-nencassoulette. Auf der anderen Seite lässt sich auch das Degustationsmenü wählen – zum Zeitpunkt unseres Besuches mit 78 Euro in einem Preissegment angesiedelt, das nicht abschreckt, sondern zum Wiederkommen ver-führt.

Zumal an der Qualität der Produkte nicht im Geringsten gespart wird! Nach gutem, krossem Brot und Butter sowie Olivenöl serviert die herzliche, einen motivierten Service leitende Chefin Monika Podobnik das Tatar vom Al-mochsen mit confierten Wildgarnelen und einer Tomaten-/Olivenöl-Emulsion, das von Frieseespitzen, gebackenen Kapern und Radieschen auf kluge Weise ergänzt wird. Das Tatar selbst ist ebenfalls sehr gut, nicht zu fein von Hand geschnitten und so prononciert wie nötig, aber so zurückhaltend wie möglich gewürzt.

Der Steinbutt erreicht sogar ein noch höheres Niveau, denn es handelt sich um eine qualitativ hervorragende, saftig gegarte und perfekt gewürzte Tranche in Kombination mit Spargelstreifen und dem angenehm weichen und schlotzigen Kalbskopf – und alles wird von einem gut balancierten, stoffigen Krustentierschaum zusammengehalten, der prononciert mit Safran abgeschmeckt ist. Nur über den Sinn des Erbsenpürees kann man streiten: Es wäre strenggenommen nicht nötig gewesen.

Das Rhabarber-Buttercreme-Eis als erfrischendes Intermezzo erinnert dann an jene Zeiten, in denen Sorbet und ähnliche gefrorene Delikatessen obligatorisch waren in der Gastronomie; hier hat das Eis viel Schmelz und Fülle, wird von einem erfrischenden Erdbeersüppchen, Erdbeeren und Minze kontrastiert. Wunderbar auf den Punkt gegart ist im Anschluss daran der Rehbockrücken mit einer angenehm säuerlich-würzigen Balsamicojus in ausreichender Menge, Spitzkohlgemüse, einem tollen Spitzmorchel-Buchenpilz-Ragout à part und Serviettenknödelscheiben. Klingt alles nicht aufregend, ist aber alles so fein auf den Punkt gewürzt und perfekt zubereitet, dass man sich fragt, wie man ein solches Gericht weiter steigern soll…

Zum Schluss dann jene Frische, die oft fehlt beim Dessert: Ananastatar mit Schafsjoghurt-Jus, einem Himbeer- und einem Ananassorbet, alles angenehm fruchtig, säuerlich, nicht übertrieben süß. Unterm Strich wirklich ein höchst erfreuliches Menü, das von dem alten Hasen Kurt Podobnik auf handwerklich überzeugende Weise zubereitet wurde. Der erfahrene Küchenchef holt seine Gäste ab, weiß ziemlich gut, was ankommt.

Die Weinauswahl ist nicht übertrieben riesig, umfasst aber fair kalkulierte Flaschen, nicht nur aus Deutschland. Einen reifen Bandol zu einem sehr sympathischen Preis findet man hier, nach übeteuerten Prestigegewächsen muss man anderswo Ausschau halten.

Würzburg (Bayern)

Bürgerspital-Weinstuben

Theaterstr. 19,
97070 Würzburg
☎ 0931-352880
www.buergerspital-weinstuben.com
◔ Täglich ab 10 Uhr durchgehend, kein RT
Hauptgericht: 8–30 €,
Menüs: 25–50 €

In den urigen Weinstuben des Würzburger Bürgerspitals von Gastgeberfamilie Wiesenegg, die von dicken Mauern über holzvertäfelte Sitzecken bis zu Butzenscheiben alles bietet, was man von einer fränkischen Traditionsadresse erwarten kann, wird seit vielen Jahren von der hausgemachten Schweinskopfsülze mit Vinaigrette und Röstkartoffeln über Blaue Zipfel im Zwiebelsud bis zum knusprigen Schweineschäufele mit Kartoffelklößen und Krautsalat die heimische kulinarische Tradition hochgehalten, sondern vor allem qualitätsbewusst und anspruchsvoll aufgekocht. Insbesondere angesichts der Anzahl der Plätze in den weitläufigen Stuben und dem idyllischen Innenhof ist das gebotene Niveau immer wieder erstaunlich hoch.

Aber letztlich gar nicht so verwunderlich vor dem Hintergrund, dass Küchenchef Alexander Wiesenegg vor seiner Rückkehr an den heimischen Herd unter anderem bei Alfons Schuhbeck und Heinz Winkler die Grundlagen anspruchsvoller und substanzstarker Küche verinnerlichen konnte. Und die gute klassische Schule sieht und schmeckt man sowohl bei den genannten rustikalen Traditionsgerichten als auch bei den moderneren Ideen.

Zu letzteren zählte beispielsweise – auf unkomplizierte, aber trotzdem pfiffig und akkurate

Art – der erste Gang des letzten Besuchs in Form von topfrischem, kross auf der Haut gebratenem Forellenfilet, das zwischen einem hauchdünnen knusprigen Bauernbrot-Chip auf fruchtig-ätherischem Birnen-/Kohlrabi-Ragout angerichtet war. Mild marinierter Feldsalat und ein leichter, säurefrischer Saucenschaum ergänzten das Ganze mit auflockernder Frische und schafften einen animierenden Einstieg ins attraktive Weinstuben-Kulinarium.

Die gute handwerkliche Basis kam auch bei einem sämig-samtigen Kürbissüppchen zum Tragen, das erfreulicherweise nicht babybreisüß, sondern eher mit einer nussig gehalten und mit einer natürlich kräftigen Basis auf den Tisch kam, also auch nicht durch zu viel Sahne „verwässert" wurde. Genau wegen der Skills, die dabei sichtbar werden, lohnen sich auch jederzeit Kostproben im traditionellen Fach wie Zum Beispiel ein knusprig-saftiges fränkisches „Knöchle" (Eisbein), das mit Sauerkraut und Klößen in besserer Qualität erlebbar wird als in vielen reinen Traditionsadressen.

Daneben gibt es aber beispielsweise auch Hirschrücken, der zuletzt zartrosa und in feinfaserig-straffer Konsistenz erfreute und dessen feine Würze ganz klassisch von konzentriert glasiertem Rotkraut und knackigem Rosenkohl, natürlich-herben Preiselbeeren und mit einer dunklen voluminösen Wildsauce aufgefangen wurde. Letztere vertrug sich dann auch besonders gut mit den zarten kleinen Schupfnudeln, die das gleichermaßen bodenverhaftete wie edle Hauptgericht ebenfalls schmackhaft ergänzten.

Und weil auch scheinbar schlichte Desserts wie eine herb säuerliche Rote Grütze mit Waldmeistergelee und Vanilleschaum oder Topfenknödel mit Rhabarber-Erdbeerragout in souveräner Art umgesetzt werden, bleibt es bei einem unverändert positiv-stimmigen Gesamteindruck, zu dem auch der selbst bei vollem Haus flott und aufmerksam agierende Service und eine lohnende Weinauswahl gehören. Letztere natürlich vor allem (aber nicht nur) vom Schoppen bis zum Großen Gewächs aus den hauseigenen Weinkellern des Bürgerspitals.

KUNO 1408

im Hotel Rebstock
Best Western Premier
Neubaustr. 7,
97070 Würzburg
☎ 0931-30931408
www.restaurant-kuno.de
◉ Mi–Sa ab 18 Uhr, So–Di RT
Menüs: 99–149 €

Im modern und nobel dunkel gestalteten Gourmetrestaurant Kuno 1408, das nach dem ersten Besitzer des „Hofes zum Rebstock" und dem Jahr der ersten Beurkundung benannt ist, wirkt Küchenchef Daniel Schröder mittlerweile im dritten Jahr. Während seiner obligatorischen Lehr- und Wanderjahre hatte es den Cuisinier unter anderem ins Restaurant Dirk Maus, ins Gourmetrestaurant Ars Vivendi im Jagdhof Glashütte und zu Harald Rüssel nach Naurath verschlagen. Seine erste Küchenchefstelle im Gourmetrestaurant im Landgasthof Karner im Chiemgau war zwar nur ein kurzes Gastspiel – im renommierten Würzburger Hotel Rebstock scheint es nun aber gut zu passen. Und die Pointe gleich vorweg: im Vergleich zu unserem letzten Besuch hat die Küchenleistung merklich angezogen.

Und das hat nichts damit zu tun, dass man sich vom Fokus auf Franken mittlerweile weiterstgehend verabschiedet hat und ein weltoffenes Konzept mit nunmehr einem bis zu siebengängigen Menü fährt, sondern liegt vielmehr daran, dass die Kreationen detaillierter ausgearbeitet werden. Schon länger hat man sich hier vom ausschließlich regionalen Konzept verabschiedet und das Kulinarium zunehmend internationaler gestaltet. Dazu passt auch der Fingerfood-Auftakt zum Apero, der uns einmal etwas gebeiztes Rohfleisch vom Flank-Steak mit Süßkartoffel und Mais und zum Anderen eine mit aromatischem, adäquate Süße spendendem Portweingelee überzogene Entenleberpraline auf knusprigem Brioche-Boden bescherte.

Schon davor gab's dreierlei hausgebackenes Brot mit Salzbutter und danach die Vorspeise um fränkische Lachsforelle mit Frankfurter Grüner Sauce, Rettich und Creme von Sonnenblumenkernen auf Gurkensud, die sich raffinierter präsentierte als erwartet: die dünnen Tranchen des kurz und mild säuregebeizten Fischs mit sehr sauberem und klarem Grundgeschmack schwammen nicht nur in einer Gurkensud-Vinaigrette mit Öl aus den typischen Kräutern der Frankfurter Grünen Sauce und waren mit Cremetupfen von denselben bestückt, sondern auch mit den einzelnen Kräutern, was das grünfrische Geschmacksbild in immer wieder etwas anderen Facetten an den Gaumen brachte. Dazwischen sorgten hauchdünne saftig-knackige Rettichröllchen für Biss und eine Creme von Sonnenblumenkernen für genau die richtige Dosis an nussigem Schmelz. Dass Daniel Schröder und sein Team Sinn für lebhafte und ausgewogene Geschmacksbilder haben, zeigte auch der Fischgang um ein saftiges, fleischiges Medaillon vom Seeteufel auf weißem und grünem Spargel in Zitronen-/Olivenölvinaigrette. Denen verliehen geröstete Pinienkerne und feinflockig über den Spargel gehobelter Parmigiano genau die richtige Dosis Schmelz und Umami, ein herzhaftes intensives Tomatenchutney Fruchtigkeit, Säure, Süße und eine sehr gute Sauce Choron nochmal all das zusammen. Das war einerseits leicht und frisch, andererseits opulent und vollmundig. Ähnlich dynamisch und ausdrucksvoll, diesmal aber mit noch kräftigeren Aromen, folgte ein vegetarischer Gang, bei dem geräucherte Rote und säuerlich eingelegte Gelbe Bete auf einen intensiven Röstzwiebelsud trafen. Eigentlich eine ziemlich breite Wuchtbrumme, doch ausgleichend kühlend mild und schmelzig eingefangen wurde das in reichlich Ziegenfrischkäsecreme, kernig und nussig aufgeladen von einer Pecannusscreme und dazwischen setzte ein Cassisgel gewinnbringend säuerlich-herbe fruchtige Nadelstiche. So entstand dann unterm Strich ein sehr ausgewogener Power-Gang.

Ähnlich Zupackendes und aromatisch Sättigendes suggerierte schon qua Lektüre der Zwischengang mit Secreto vom Iberico-Schwein, Maultasche, Dicken Bohnen, Sauerkraut, Radieschen und Bärlauchmayonnaise, der sich dann allerdings in sehr eleganten Proportionen und reduzierten Dimensionen weitaus graziler präsentierte als befürchtet. Und tatsächlich auch so schmeckte, wenngleich wir uns hier deutlich mehr Sauerkrautsäure hätten vorstellen können. Einzig das zwar schön fett marmorierte, aber relativ festfleischig-kompakte und weniger schmelzig, zart und saftspritzend als erhoffte „geheime Filet" ließ den Gang dann doch etwas gröber wirken.

Was bei den ersten Gängen so wunderbar funktionierte, blieb beim Hauptgang leider aus. Denn das Dreierlei vom Lamm (kräuterbröselüberkrusteter Rücken, naturell gebratenes Filet und geschmortes Schulterstück) nebst Falafel-Bällchen, einem mit Hummus gefüllten Auberginenröllchen sowie geschmorter und zur Creme verarbeiteter Aubergine, Salat von roten Zwiebeln und Papadam, präsentierte sich arg breit und stumpf, hätte mehr Balance und Kontraste vertragen. Die relativ dichte und salzige Jus auf Kalbsknochenbasis, die mit schwarzem fermentiertem Knoblauch noch etwas tiefer und dunkler gemacht wurde, trug auch das Ihre zu diesem nicht ganz ausgewogenen Eindruck bei.

Aufgelockerter wirkte wieder das Dessert, wenngleich hier mit Banane, Nougat und Kaffee die drei Hauptprodukte bzw. -aromen auch eher für opulenten Nachtisch standen. Doch Passionsfrucht (als Gel, Schaum und Röllchen) sowie eine mit Estragon aromatisierte Joghurtmousse als sphärischer Drop wirkten erfrischend dagegen an. Nur die relativ große Menge an fester Bananencreme mit einem Deckel aus Nougatkrokant, die hier das Podest für alle anderen Komponenten war, brachte die Balance etwas ins Wanken.

Zu jedem Gang gibt's glasweise den passenden Wein, vorzugsweise von den besten fränkischen Erzeugern. In der Weinkarte ist darüber hinaus auch einiges an nationalen und internationalen Alternativen gelistet – alles im moderaten Preissegment.

Die Symbole

- 🅿 gute Parkmöglichkeiten
- 🅟 Hotelgarage
- ♿ barrierefrei
- ❄ klimatisierte Zimmer
- 📶 WLAN-Zugang
- 🏊 Hallen- und/oder Freibad im Haus
- 👐 mit Wellness-Bereich
- 🛗 mit Fahrstuhl zu den Hotelzimmern
- 🐕 Hunde im Hotel nicht erlaubt
- 🏡 mit Garten oder Terrasse

Reisers am Stein
im Weingut Ludwig Knoll
Mittlerer Steinbergweg 5,
97080 Würzburg
☎ 0931-286901
www.der-reiser.de
◐ Mo–Sa ab 17.30 Uhr, So RT
Menüs: 115–125 €

Die traurige Nachricht zuerst: Bernhard Reiser wird sein nach ihm benanntes Restaurant auf dem Weingut Knoll an Würzburger Stein nur noch bis April 2023 führen. Mit seinen weiteren Standbeinen „Aifach REISER" und „REISERS Zehnthof" ist der umtriebige Chef aber weiter am Start und ein drittes, neues Konzept sei dem Vernehmen nach schon in der Pipeline. Man darf also weiter gespannt bleiben. Bis dahin ist das bisherige Stammhaus auf dem Gelände des Weinguts am Stein von Ludwig Knoll mit dem weiten Blick über Würzburg auf der einen Seite und den steilen Weinbergen auf der anderen Seite aber nach wie vor ein lohnender Anlaufpunkt für Genießer.

Denn dieser architektonisch markant die Tradition mit der Moderne verbindende Ort ist eben nicht nur Weingut, sondern bietet seit 25 Jahren auch Bernhard Reiser mit dem „Reisers am Stein" den Rahmen, um seine gastronomischen Visionen zu verwirklichen. In den letzten Jahren hat sich der engagierte Chef insbesondere innovativen Ausbildungsprojekten gewidmet, die sogar so weit gehen, dass an mittlerweile drei Öffnungstagen dem Kochnachwuchs eine Bühne gegeben wird, um sich in voller Verantwortung auszuprobieren. Von Donnerstag bis Samstag öffnet aber nach wie vor auch das „normale" Gourmetrestaurant, in dem Domenico Allegretto das Reiser-Team als Küchenchef sowohl mit kreativen Ideen als auch in der Exekutive bereichert. Und

das mit beachtlichem Erfolg. Denn die zwei angebotenen Menüs – eins mit innovativeren Kreationen, eins als „best of" der letzten 25 Jahre – bieten durchweg markante, pointierte Eindrücke und hohe Produktqualitäten. Und nicht zuletzt, weil dabei auch bei ungewöhnlicheren Kombinationen klug auf unnötige Spielereien verzichtet wird, wirken die Gerichte sowohl eingängig als auch anspruchsvoll.

Den vielleicht gewagtesten Einfall gab es zuletzt direkt zu Beginn in der Kombination von Ziegenkäse mit Nougat und Haselnuss als experimentelle Praline. Deutlich eingängiger und etwas simpler kamen zum Start ein krosser Brotchip mit dünner Entenbrust und Preiselbeer-Gel sowie ein klassisch aufgebauter Waldorfsalat daher, der dank Granny-Smith-Gel und fehlender Mayo-Schwere angenehm erfrischend wirkte.

Erfrischend wirkte dann auch die für 24 Stunden in Ponzu gebeizte und kräftig auf der Haut geflämmte Makrele. Die Würze und Säure von Sojasauce und Yuzu standen dem fetteren, klararomatischen Fisch dabei ganz prima und wurden außerdem von Birnen, einem zarten Birnen-Wasabi-Sorbet und Pak Choi für feine Bitterkeit markant ergänzt. Und spätestens an dieser Stelle ist klar: das Team mag kräftige Aromen und klare Kante lieber als übertriebene Spielereien und lebt das auf sehr geschmackssichere Art und Weise aus.

Genau das zeigte sich auch bei der „Taube komplett", nämlich als rosazarte Brust und einer Sauce, die durch gebratene Stücke von Leber, Herz und Keule verstärkte wurde. Passend zum Dunklen, Kraftvollen gab es dazu ein mit Dukkah arabisch angehauchtes Linsen-Ragout. Der entscheidende Dreh kam allerdings von Ananas (als dünne Scheibe und Gel…), die das Ganze mit ihrer Frucht und Säure pointiert belebte.

Danach wurde es etwas ruhiger mit einer dünn aufgestrichen Creme aus Blattspinat, welcher auch als konzentrierte Füllung eines Nudelteig-Rings fungierte und den Rahmen für flüssiges Eigelb und Belper Knolle stellte – sogar etwas zu ruhig, denn die Kombination wirkte trotz der Süffigkeit versprechenden Zutaten ein wenig karg und konnte nicht ganz an das bisherige Niveau anschließen.

Mutiger wurde es dann wieder im Hauptgang mit nussig schmelzendem Iberico Presa und markant geflämmten Jakobsmuscheln, die eher rustikal und dennoch spannend akzentuiert auf einem knusprig saftigem Topinambur-Brot mit geschmortem Spitzkraut und knackigen, in Karotten gewickelten Spitzkohlröllchen präsentiert wurden. „Surf and Turf" mit Ecken und Kanten und nicht in jedem Detail bis aufs Letzte perfektioniert, aber auf diese Art wieder ganz im typischem Reiser-Style.

Souverän gelang auch der Abschluss mit einem supercremigen Calvados-Eis nebst offenem Cannellono aus frittiertem Teig mit Apfelragout und Pistaziencreme als eine Art moderne Apfelstrudel-Interpretation, die von einem klaren, leicht gebundenen Fond aus Thaibasilikum und Limone noch gekonnt aufgefrischt wurde.

Dass es in einem quasi direkt ins Weingut integrierten Restaurant keinen Mangel an hochwertigen Tropfen gibt, ist im Grunde klar. Neben dem vom Gutswein bis zum Großen Gewächs offen ausgeschenkten Erzeugnissen von Ludwig Knoll finden sich aber auch viele weitere lohnende und fair kalkulierte Weine, bei deren Auswahl das Serviceteam kompetent zur Seite steht.

Hotelempfehlung

★★★★

Hotel Rebstock
Best Western Premier

Neubaustr. 7,
97070 Würzburg
☎ 0931-30930
www.rebstock.com/
Einzelzimmer: 113–149 €
Doppelzimmer: 157–179 €

Mitten im Zentrum der Barockstadt Würzburg finden hinter der denkmalgeschützten Rokokofassade des Stammhauses von 1408 und dem 2019 fertiggestellten angrenzenden Neubau historische Bausubstanz, modernes Design und zeitgemäßer Komfort zusammen. Der Familienbetrieb verfügt im Altbau über 72 ge-

mütliche, individuell eingerichtete Zimmer, von denen jährlich einige rundum neugestaltet werden – etwa im modernen Lounge-Stil mit warmen Erdtönen und kuscheligen Möbeln. Im Neubau kamen 54 weitere Gästezimmer und Suiten sowie ein neuer multifunktionaler Konferenzbereich für bis zu 180 Gäste und eine eigene Tiefgarage hinzu. Alle Zimmer im Rebstock verfügen über Safe, SAT-TV, Verdunklungsmöglichkeit, Schreibtisch, Minibar und Zubereitungsmöglichkeit für Kaffee/Tee, manche Komfortzimmer über Extras wie größere Betten, Badewanne und Klimaanlage. Im modernen SALON erwarten die Gäste feine Speisen in Wohnzimmeratmosphäre und kreative fränkische Cocktails an der Bar. Im Gourmetrestaurant KUNO 1408 wird kreative Feinschmeckerküche in Menüform kredenzt. Restaurant KUNO 1408 separat erwähnt.

Xanten (Nordrhein-Westfalen)

Landhaus Köpp

Husenweg 147,
46509 Xanten (Obermörmter)
☎ 02804-1626
www.landhauskoepp.de
⏱ Di–Fr von 12–14.30 Uhr u. ab 18 Uhr,
Sa ab 18 Uhr, So von 12–14.30 Uhr,
Mo RT
Hauptgericht: 33–40 €

Das etwas versteckt hinterm Rhein-Deich zwischen Campingplätzen und Kleingärten gelegene Landhaus von Patron und Küchenchef Jürgen Köpp ist längst ein Gourmetklassiker und beständig das beste Restaurant im weiten Umkreis. An fein eingedeckten Tischen mit weißem Damast, edlem Besteck und guten Weingläsern kredenzt das Team hier eine sehr klassische nach alter Schule zubereitete Gourmetküche. Für eine höhere Bewertung fehlt es uns an Esprit und an Präzision im Detail, wer aber auf hochwertige Produkte in harmonischer, wohlproportionierter Fassung aus ist, wird hier nicht enttäuscht. Außerdem wird man dank gastfreundlicher Menüpreise nicht arm und kann sich ganz entspannt etwas Passendes aus dem lohnenden internationalen Weinangebot mit Schwerpunkt Deutschland, Frankreich und Italien auswählen.

Park-Restaurant Vogelherd

Lindauer Str. 78,
39261 Zerbst
☎ 03923-780444
⊘ Mi–So von 11.30–15 Uhr u. ab 18 Uhr,
Mo u. Di RT
Hauptgericht: 16–29 €,
Menüs: 30–70 €

An einem kleinen springbrunnenplätschern-
den Teich im Grünen und etwas außerhalb von
Zerbst, steht mit der historischen Villa Vogel-
herd einer der beliebtesten Genuss-Plätze im
weiten Umfeld. Für Feiern, Jubilare und wichtige Termine führt kein Weg am Lokal von Familie Erdmann vorbei. Ein Abstecher lohnt sich
aber auch so, denn denn auf der Terrasse über
dem Teich sitzt es sich idyllisch, und wer es
festlicher mag, wird im hohen Saal glücklich.
Vor allem aber gibt es ein kulinarisches Angebot, dass sich deutlich vom landläufigen Durchschnitt abhebt – mit einer klassisch-regionalen
Linie, oft sehr ambitioniert, an vielen Stellen
etwas bürgerlicher und gröber gefasst. Kleine
Auswahl einfacher, guter Weine im glasweisen
Ausschank.

Leutloff's am See

Schulzendorfer Str. 5–6,
15738 Zeuthen
☎ 033762-72366
www.wirtshaus-zeuthen.de
⊘ Mi–So ab 12 Uhr durchgehend,
Mo u. Di RT
Hauptgericht: 19–30 €,
Menüs: 43–71 €

Das in den vergangenen Jahren sukzessive renovierte und mittlerweile rundum hübsch
herausgeputzte Gasthaus von Familie Leutloff,
das nur durch einen kleinen Badestrand vom
Ufer des Miersdorfer Sees getrennt ist und von
dessen Wintergarten-Anbau und Terrasse aus

man den Ausblick auf diese beschauliche Szenerie genießen kann, ist seit Jahren eine sichere
Bank für gepflegte Gastronomie im Berliner
Südosten. Auch wenn sich die Küche über die
gesamte Zeit und über wechselnde Küchenchefs hinweg immer etwas schwankend präsentiert hat, hält sie doch ein grundsätzlich solides
Niveau, denn der Anspruch an höherwertige
Produkte, Natürlichkeit und Frische sowie eine
ehrliche, handwerkliche Umsetzung ist schon
allein durch die Gastgeber immer gegeben.
Für die Umsetzung dieser Vorstellung am Herd
ist nun schon seit etwa zwei Jahren Küchenchef
Andrew Boyle verantwortlich. Den ersten guten Eindruck machten er und sein Team zuletzt
mit einem rustikalen Klassiker im aparten Miniaturformat, nämlich der Kartoffel mit Quark,
die hier mit etwas mariniertem Rotkohl, Sesam, Kräutern und pikantem Öl getoppt war.
Ein kleiner Appetizer vorneweg, der den ersten
Hunger stillt und neugierig macht. Wie es weitergeht, ob eher international, beispielsweise
mit einer Vorspeise um gebratene Entenmast-
leber mit grünem Spargel, karamellisiertem
Apfel und Geflügeljus, oder eher regionalbetont, wie bei dem im Blätterteig servierten
und mit Käse überbackenen Würzfleisch vom
Brandenburger Wild mit Wildpreiselbeere,
bleibt jedem selbst überlassen.
Man kann sich auch für ein fünfgängiges Menü
entscheiden, das in unserem Fall mit einer Vorspeise um einen mit zerstoßenen Walnusskern-
nen ummantelten Ziegenfrischkäse aus dem
Périgord startete. Begleitet von Segmenten einer Portweinbirne und Tupfen von altem gereiftem Balsamicoessig eine erfreuliche Sache –
wenngleich der eigentliche Star auf dem Teller
der Wildkräutersalat war, der seinen Namen
wirklich verdient hatte und aus verschiedenen
sehr frischen aromatischen Sorten bestand, die
mal nussig, mal ätherisch scharf, Akzente setzen konnten.
Ganz so markant war die pürierte cremige To-
matensuppe, in deren warmen Fluten kleine
Fetawürfelchen langsam anschmolzen, leider
nicht. Doch sie hatte mit Petersilien- und Zitronenöl sowie einem Hauch Piment d'Espelette
trotzdem einen dezent unkonventionellen
Dreh und war nicht bloß tomatenfruchtig. Einen solchen Twist musste das mit Koriandergrün und Chili aufgepeppte Mangochutney
den beiden gebratenen Jakobsmuscheln nahezu im Alleingang verleihen, denn das ebenfalls
eskortierende Artischockenpüree schmeckte
ziemlich naturbelassen – was jetzt nicht per
se schlecht ist, hier aber doch etwas blass gewirkt hat. Da hätte man den Eigengeschmack
spielend noch etwas besser unterstützen und

herauskitzeln können. Wobei jetzt Mango und Artischocke auch nicht unbedingt als Traumpaar in die kulinarische Geschichte eingehen werden.

Licht und Schatten der Küche wurden wohl am besten beim Hauptgang deutlich, einem Zweierlei von der Barbarie-Ente. Auf der Habenseite verbuchten wir die sehr gute ausgewogene Sauce, ein Türmchen aus grobem Kartoffelstampf und süffigem Schmorkompott aus der Keule, sowie die generell gute Qualität der kurzgebratenen Brust. Auf der Sollseite, dass diese Brust schon recht matt daherkam und wie lange warmgehalten gewirkt hat, aber auch den etwas ausgelaugten, leicht dehydrierten Zustand des angebratenen Gemüses (Karotte, Brokkoli, Blumenkohl). Geschmacklich war an dem Gericht allerdings wenig auszusetzen.

Auch nicht am Nachtisch, einer Schokoladenbrownie-Schnitte, die mit einer Kugel Ein vom Cheesecake getoppt und von zimtwürzigen Cremetupfen sowie einer salzigen Karamellsauce flankiert war. Ein grundsolider Abschluss. Uneingeschränkt Spaß bieten immer auch die Weinempfehlungen von Gastgeber Hartmut Leutloff, der oft mit guten, gerne auch mal gereifteren Gewächsen aus weniger populären Regionen aufwartet.

Die Hoteleinträge

★★★★★ S	Superior	
★★★★★	Unterkunft für höchste Ansprüche	
★★★★	Unterkunft für hohe Ansprüche	
★★★	Unterkunft für gehobene Ansprüche	
★★	Unterkunft für mittlere Ansprüche	
★	Unterkunft für einfache Ansprüche	
🛏	Unterkunft ohne Sterne-Klassifizierung	

Zusmarshausen (Bayern)

dahoim by alte Posthalterei
im Hotel Alte Posthalterei
Augsburger Str. 2, 86441 Zusmarshausen
📞 08291-858220
posthalterei.com/restaurant-und-bar/
🕐 Mo–Fr ab 17 Uhr, Sa ab 11.30 durchgehend, So RT
Hauptgericht: 18–34 €,
Menüs: 59–99 €

So stellt man sich ein zeitgemäßes bodenständiges Gasthaus vor! Die reizvolle Mischung aus Tradition und Moderne, aus historischer Bausubstanz und aktueller Architektur, macht die Posthalterei im Herzen von Zusmarshausen, etwa 30 km westlich von Augsburg nahe der A8 gelegen, zu einem angenehmen Ort. Nach einer aufwendigen und umfassenden Renovierung versprüht das erste Haus am Platz mit seinem stattlichen Gebäude von 1648, wo schon damals Gäste bewirtet wurden, sehr viel Flair. Die Gasträume, die vom stimmungsvollen Gewölbekeller über den lichtdurchfluteten und sich weitläufig auf zwei Ebenen erstreckenden Hauptraum mit Barbereich bis hinaus in den lauschigen Innenhof reichen, werden seither unter der Regie von Manuela und Marc Schumacher und ihrem Team ambitioniert bespielt. Ein Blick in die nicht überladene Speisekarte, in der neben traditionellen Klassikern wie Wiener Schnitzel mit Pommes, Zwiebelrostbraten oder Kässpatzen auch interessante und unkonventionelle Gerichte offeriert werden, verrät den Anspruch der Gastgeber, mit überdurchschnittlichem Anspruch an Regionalität und Nachhaltigkeit punkten zu wollen. Die Verwendung überwiegend heimischer Viktualien, deren Herkunft explizit genannt wird, wirkt sympathisch und vertrauenerweckend – und so kann man sich hier guten Gewissens auch Fleisch und sogar heiklen Dingen wie Innereien widmen.

Wir tendieren hier mittlerweile generell mehr zu den bodenständigeren Gerichten wie etwa einem Schmorragout vom Reh mit hausgemachten Hauberlingen oder einer halben Ente aus dem Rohr mit Blaukraut, Kartoffelknödel und Blaukraut, als zu den forcierteren Gerichten, von denen auch welche zu einem fünfgängigen Feinschmeckermenü zusammengefasst sind. Denn diverse Kostproben in der aktuellen Testsaison haben uns gezeigt, dass die Stärken der Küche eher bei der soliden Produktwahl und den seriösen Grundzubereitungen liegen als bei Kreativität und handwerklicher Präzision. Letzteres wurde vor allem bei den bisweilen suboptimalen Garzeiten von Fisch und Fleisch deutlich.

Mangelnden Einfallsreichtum zeigte beispielsweise die Menüvorspeise „Rübenfeld", bei der diverse Rüben-Varietäten als recht penetrant süßsauer eingelegte Streifen zusammen mit etwas Topfen und knusprigem Brot eher den Charme eines Rohkosttellers versprühten als den einer gelungenen Vorspeisenkreation eines ambitionierten Menüs – zumal bereits davor süßsauer eingelegte Rohkost-Gemüsestreifen als Küchengruß serviert wurden. Ungleich besser gefiel uns ein anderes Mal eine Vorspeise mit dem Titel „Wald der Pilze", bei der unterschiedliche Pilze und eine Art Pilz-Erde zusammen mit Selleriecreme, Fichtensprossenöl und etwas Jus ein ebenso leichtes wie aromatisch ausdrucksstarkes Fundament für saftig-krossen Schweinebauch war.

Auf der Habenseite verbuchten wir auch eine feine, natürlich schmeckende, nur dezent mit Thymian aromatisierte Wildconsommé, in der zwei lockere Grießnockerl schwammen. Eher enttäuschend waren die nur sehr spärlich und aromatisch ausdruckslos gefüllten „Wiesenkalbs-Ravioli" mit Salbeibutter und ein trocken durchgebratenes Kalbskotelett auf einer Melange aus Süßkartoffelwürfeln und einer mit Curry und Kokosmilch abgeschmeckten Süßkartoffelcreme sowie einem relativ simpel und naturbelassen anmutenden Gemüsepotpourri aus Paprika und Zucchini. Das erinnerte eher an Hausmannskost als an ambitionierte Küche. Ähnlich erging es uns mit Brust und Keule von der Taube, die etwas gummihaft und nahezu ohne Röstaromen auf einem unruhig und diffus schmeckenden Gemisch aus Linsen, geröstetem und zur Creme verarbeitetem Blumenkohl sowie Himbeeren und Brombeeren angerichtet waren. Licht und Schatten aber auch bei Traditions-Klassikern wie dem Zwie-

belrostbraten oder einer Kalbsleber Berliner Art: Zum offenbar sous-vide gegarten Rindfleisch, das nahezu ohne Bratspuren unter seiner obligatorischen Zwiebelhaube auf dem Teller lag, wirkte die Sauce seltsam subtanzlos und dünn. Die leider komplett grau durchgegarte Kalbsleber mit seinen offenbar stark mehlierten, weil uncharmant schmierig aufgeweichten Bratflächen, hatte neben trockenen Röstzwiebeln ein sehr gutes Kartoffelpüree und schön natürlich schmeckende Sauce zur Seite.

Gerne hätten wir die 5 Pfannen aus dem letzten Jahr auch heuer wieder bestätigt, aber in Summe lag das Gebotene bei zwei Besuchen doch eher unterhalb dieses Auszeichnungslevels. Empfehlenswert bleibt die Küche der Alten Posthalterei aber weiterhin. Die Weinkarte konzentriert sich auf preiswürdige Gewächse aus Deutschland und den Alpenländern, und auch im alkoholfreien Bereich gibt es ansprechende Alternativen zur allgemein üblichen Saft- und Softdrink-Palette.

Hotelempfehlung

Hotel Alte Posthalterei

Augsburger Str. 2, 86441 Zusmarshausen
📞 08291-858220
posthalterei.com/
Einzelzimmer: ab 80 €
Doppelzimmer: ab 108 €

Im Städtchen Zusmarshausen, ruhig und doch verkehrsgünstig nahe der A8 im Naturpark Westliche Wälder gelegen, trifft in der aufwendig renovierten Alten Posthalterei von 1648 jahrhundertealte Tradition auf modernes Ambiente und zeitgemäßen Komfort. Die Atmosphäre spiegelt sich auch in den insgesamt 66 Zimmern unterschiedlicher Kategorien wieder – darunter 45 „Posthalterzimmer", acht

„Adelszimmer", zwei „Fürstenzimmer" und ein Apartment mit eigener Küchenzeile. Alle wurden liebevoll mit vielen kleinen Details gestaltet. Im Zimmerpreis enthalten sind das Frühstücksbuffet, WLAN und ein Parkplatz. Zu den wichtigsten Annehmlichkeiten des Traditionshauses gehören neben einem Wellness- und Fitnessbereich, einer Bibliothek, einer 24-Stunden-Rezeption, modernen und technisch voll ausgestatteten Tagungsräumen sowie einem Textilreinigungsservice auch das Restaurant mit regionaler wie saisonaler nachhaltiger Küche. Bei den Freizeitangeboten stehen sich Natur, Kultur und Kinderfreizeit in unmittelbarer Nähe gegenüber: Der „Western Woods Nature"-Park ist nur eine Gehminute entfernt, römisches Museum, Mozarthaus und Stadttheater Augsburg sowie das Legoland jeweils nur etwa 30 km. Restaurant Alte Posthalterei separat erwähnt.

Zweiflingen (Baden-Württemberg)

Le Cerf
im Wald- & Schlosshotel Friedrichsruhe
Kärcherstr. 11,
74639 Zweiflingen (Friedrichsruhe)
☎ 07941-60875402
www.schlosshotel-friedrichsruhe.de
⏱ Mi–Fr ab 18.30 Uhr, Sa–Di RT
Hauptgericht: 36–58 €,
Menüs: 108–174 €

Die große kulinarische Oper hat trotz aller Moden und Trends immer noch genügend Anhänger, um Konzepte wie das von Küchenchef Boris Rommel im idyllisch gelegenen Schlosshotel Friedrichsruhe zu rechtfertigen. Und das ist in keiner Weise despektierlich gemeint, denn was hier auf die weiß eingedeckten Tische im feudalen Salon kommt, ist im besten Sinn „klassische" Kochkunst, die sich aber dennoch ganz auf der Höhe der Zeit bewegt. Denn auch wenn durchweg tradierte, vor allem französische Rezepte und Zubereitungsarten die Grundlage der hiesigen Kreationen bilden, nutzt die Küche dennoch scheuklappenfrei alle Vorzüge einer weltoffenen Kulinarik und bespielt das herrlich exklusive Ambiente auch mal dezent exotisch oder mediterran.

Dass für Rommel die Produkte immer höchsten qualitativen Ansprüchen genügen müssen, war auch hier wieder ausnahmslos zu vermerken – und zwar nicht nur bei den „üblichen Verdächtigen" rund um Kaviar, Hummer und Co., sondern eben auch bei einem Stammgast wie dem Mäusdorfer Landgockel, den Rommel in Demeter-Qualität vom nur einen Steinwurf entfernten Brunnenhof bezieht. Ein wenig Lokalkolorit im ansonsten doch sehr internationalen Warentableau, das sicher auch Inhaber Reinhold Würth gefallen dürfte, der sich ja voller Überzeugung für das Hohenloher Land und dessen Erzeugnisse einsetzt und diese gerne auch im eigenen Haus fördert.

Ganz und gar nicht regional, aber äußerst genussreich, geriet zuletzt schon das Entrée in Form des Kontrasts von kalten und warmen Petitessen. So grüßte die Küche dieses Mal zum Beispiel mit einem von Mango und Schwarztee parfümierten Hummertatar, einem intensiven schmelzigen Gänseleberkügelchen, einem „Strammen Max" vom Wachtelei oder einer mit üppig getrüffelter Blätterteighaube gekrönten Ochsenschwanzessenz, die süffig, reintönig und aromensatt gleich auch noch die handwerkliche Kompetenz des Chefs dick unterstrich. In Summe ein sehr überzeugender und trotz der schieren Menge erfreulicherweise nicht zu sättigender Auftakt, der das Feld abwechslungsreich absteckte.

Und auch wenn mittlerweile neben dem „Chef-Menü" auch eine vegetarische „Legumes"-Variante zur Auswahl steht, erlebt man die Küche eben doch nur im großen Menü wirklich in ganzer Bandbreite – und auch heuer wieder bestens aufgelegt! So zum Beispiel schon bei der Kombination von Ora-King-Lachs und Wurzelgemüse, bei der die sanft gebeizte, hauchzarte und generös portionierte Tranche von spitzsäurigem Weißweinsorbet gekonnt animiert wurde. Die weitere Umgebung von einem bissfesten Karottensalattaler, dezent scharfen Navetten und geflämmten süß-säuerlichen Perlzwiebeln erhielt punktuell noch Verstärkung von einer Creme auf Basis eines körnigen Senfs und einer duftig-kräutrigen Kerbelvinaigrette, während falscher Kaviar von der lila Karotte das Ganze letztlich eher optisch finalisierte. Im Ergebnis ein ebenso aromatisch durchdachter wie handwerklich souverän umgesetzter Start, der zeigte, wie punktgenau Rommel arbeitet. Und das ganz ohne Tüpfchen und Schäumchen, sondern vielmehr mit inhaltlich perfekt justierten Ecken und Kanten und einem Aromen- und Texturenrad, das völlig rund und stimmig läuft.

Weniger kleinteilig, aber genauso eindrücklich, geriet auch die schön waldig-erdige Morchelessenz, die lediglich mit einigen rohen Scheibchen roter und gelber Bete gekontert wurde. Das auf der Tellerfahne platzierte Brandteiggitter, das, mit Kerbelcreme und -blättchen garniert, das Ganze optisch auflockerte, blieb da zwar bloßes Zierwerk ohne großen gustatorischen Mehrwert – wenngleich die vier in Butter geschwenkten Morcheln, die dort ebenfalls fixiert waren, für geschmacksboosternde Kicks sorgten. Klingt inhaltlich vielleicht zunächst nach wenig, geriet aber auf dem Teller zum großen Showdown des exquisiten Produkts.

Ganz nah am Originalrezept platzierte das Küchenteam auch die Bretonische Seezunge „Finkenwerder Art", die nur minimal variiert war. Dem saftig-zarten, punktgenau in Beurre noisette gebratenen Franzosen arbeiteten ganz traditionell feinjodige Büsumer Krabben und Mikro-Speckwürfelchen zu, die noch mit kecker Säure in Form von Zitronenbits und seidiger Blumenkohlcreme ergänzt wurden. Einzig die tellerbodendeckende Nussbutter, die das Ganze zu buttrig-ölige wirken ließ, würden wir beim nächsten Mal nicht wirklich vermissen – auch wenn dies natürlich den Eindruck nur punktuell schmälerte.

Den bereits erwähnten Lokalhelden, den Rommel gerne im Fleischhauptgang serviert, bekamen wir beim letzten Besuch wieder einmal „neu" variiert und doch ganz klassisch begleitet auf den Tisch. Während hier die mit Gänseleber gepimpte, schön paprikawürzige Albufera-Sauce dem saftigen, auf der Haut gebratenen Gockelfilet die nötige Kante verpasste und der ebenfalls aufgelegte Kartoffel-Cannellono aus frittierten Kartoffelspaghettini und Kartoffelcremefüllung den erdigen Part erledigte, sorgten etwas Mini-Gemüse (Zuckerschoten, Radieschen, Karotten…) sowie kleine gebratene Buchenpilze für vegetabile Auflockerung. In Summe ein überzeugendes Argument nicht nur „pro Region", sondern auch für das Featuren von hochwertigem Geflügel an Stelle von Rind, Schwein oder Wild – in dieser Form stellt sich die Frage nach der Daseinsberechtigung eines solch exquisiten Produktes auch in der

anspruchsvollen Gourmetetage nämlich sicher nicht.

Exotisch wurde es zu guter Letzt im süßen Finale, das vor allem durch den Auftritt von Purple Curry, Yuzu und Shiso bestimmt wurde. Das currywürzige Schokoladenküchlein rieb sich da nämlich gewinnbringend an einem straff säuerlichen Gel und einer Creme aus der intensiv spitzen Zitrusfrucht und wurde von roter Bete (roh, gepufft, Macaron…) wieder erdig eingefangen. Den letzten öffnenden Akzent setzte die dezent integrierte, duftig-minzige Kräuternote der Asia-Kresse, die noch für ätherischen Überbau und Leichtigkeit sorgte. Für Le-Cerf-Verhältnisse ein fast schon mutig arrangiertes Dessert, das aber trotz aller Exotik niemanden überfordern dürfte. Schon allein deshalb nicht, weil sich im Zusammenspiel der einzelnen Elemente ein gänzlich harmonisches und ungemein schmackhaftes Ganzes ergab.

Die kompetente und fachkundige Begleitung von Sommelier Oliver Adler ist übrigens ebenfalls eine hauseigene Konstante, die unbedingt erwähnenswert ist. Denn auf der gerade im Bereich von gereiften französischen und italienischen Wein sehr gut bestückten Karte oder auch bei den vielen regionalen Alternativen sorgt dessen persönliche Einschätzung für Orientierung und einen klaren Zugewinn, der das konzeptionelle Gesamtpaket formvollendet abrundet und auch auf diesem Feld das Haus ohne Zweifel auszeichnet.

Hotelempfehlung

★★★★★S

Wald & Schlosshotel Friedrichsruhe

**Kärcherstr. 11,
74639 Zweiflingen (Friedrichsruhe)**
☏ 794160870
www.schlosshotel-friedrichsruhe.de
Einzelzimmer: 250–350 €
Doppelzimmer: 340–630 €

Das von einer großen gepflegten Parklandschaft umgebene 5-Sterne-Superior-Hotel zählt zu den schönsten Hideaways in Deutschland und gilt zudem seit Jahrzehnten als Hochburg des Genusses. Im idyllischen Hohenloher Land begeistert es seit jeher die Gäste mit Stil, Exklusivität und außergewöhnlichem Service in allen Bereichen. Im Haupthaus sind alle Zimmer im englischen Landhaus-Stil eingerichtet – elegant, herrschaftlich und in frischen Farben. Die Hotelzimmer im SPA-Haus folgen hingegen dem Prinzip einer minimalistischen Formenwelt mit warmer Farb- und Materialkomposition, die für einen modernen und harmonischen Charakter sorgt. Romantisch und nostalgisch sind die Räume im Jagdschloss und im Gartenhaus gestaltet. Alle sind modern ausgestattet mit Flat-TV, WLAN, Fußbodenheizung, beleuchtetem Kleiderschrank und vielen weiteren Annehmlichkeiten. Auch die prämierte SPA- & Wellnesswelt begeistert mit ihrer besonders hochwertigen Ausstattung. Im eleganten Gourmetrestaurant „Le Cerf" und drei weiteren Restaurants wird ein anspruchsvolles kulinarisches Programm geboten. Restaurant Le Cerf separat erwähnt.

$\stackrel{\text{))) }}{5}$ ⫟ 🍴🍴

Steakhouse El Rancho
Leipziger Str. 180,
8058 Zwickau
📞 0375-30333400
elrancho-zwickau.de
⊘ Di–Sa ab 17 Uhr, So u. Mo RT
Hauptgericht: 14–50 €,
Menüs: 59–109 €

💳 ⊙ ▨ ⊙ **VISA** Ⓟ ⫟ ♿

Derartige Entdeckungen sind für uns ganz besonders erfreulich: Sowohl der Standort in einem Business-Hotel am Rande von Zwickau als auch der eher an ein zünftiges Steakhouse im Western-Style erinnernde Name „El Rancho" wecken nämlich zunächst keine besonderen Erwartungen. Doch das ändert sich schon beim Blick in die Karte, die neben einer individuellen Auswahl von Premium-Cuts unterschiedlicher Rinderrassen auch einfallsreiche

Vorspeisen und Zwischengerichte listet. Und auch das Ambiente, das unkomplizierte Bistro-Atmosphäre mit schlichtem Design und stimmigen Dekor-Details (Schwemmholz-Elemente, Rinderhorn…) verbindet, wirkt freundlich und einladend.

Im Zentrum des Angebotes, das von Sascha Ludwig verantwortet wird, den wir bereits als Küchenchef aus dem Berliner Restaurant Filetstück kennen, stehen ganz klar die verschiedenen Steaks und BBQ-Zubereitungen, die traditionell mit diversen Beilagen nach Wahl geordert werden können. Der Unterschied zu vergleichbaren Konzepten ist dabei allerdings neben der klar überdurchschnittlichen Qualität der Hauptprodukte, dass auch die Beilagen und Saucen nicht von der Stange sind: durchweg frisch und natürlich zubereitet und teils sogar recht pfiffig, wie etwa bei dem mit eingelegten Vogelbeeren herb aufgefrischten Mangoldgemüse oder gebratenem Kürbis mit Kürbiskernen, Mandelmilch und Rucola. Dass auch die Steakhouse-Pommes mit viel Geschmack punkten können und das Ketchup selbstgemacht ist, verwundert da nur noch wenig.

Aber auch die kleine Auswahl sonstiger Gerichte wird ohne übermäßigen Detailaufwand interessant gehalten und auch handwerklich souverän umgesetzt. Zum Start überzeugte zuletzt beispielsweise ein konzentrierter luftiger Kartoffelschaum in der klassischen Kombination mit Spinatcreme, Onsenei und australischer Wintertrüffel als süffiges Wohlfühlgericht. Nicht ganz so überzeugend geriet die effektvoll aus der Teekanne angegossene Heusuppe, weil die recht flache und mit Mehl oder Stärke gebundene Basis weder besonders lebendig noch komplex wirkte. Deutlich besser war die Einlage in Form eines mit Gerste, Kräutersaitling und Hüttenkäse gefüllten Cannellono und dessen Topping aus verschiedenen cremig-knusprigen Kürbiszubereitungen.

Dass allerdings durchaus die handwerkliche Basis für ausdrucksstarke Suppen und Saucen vorhanden ist, wurde beim folgenden knusprig auf der Haut gebratenen Müritz-Zander deutlich. Dieser bekam nämlich neben gebranntem Spitzkohl, der dunklen Würze von schwarzen Walnüssen und kleinen Säurekicks durch Apfelperlen auch einen eleganten schneidigen Meerrettich-Schaum zur Seite und damit einen zugleich harmonischen und differenziert aromatischen Auftritt. Fein!

Und da auch ein Test des angebotenen Tatra-Rinds in der Kombination mit Portwein-Schalotten und Café-de-Paris-Butter sowohl sehr gute Fleischqualität als auch exakte Zubereitung zeigte und außerdem die verschiedenen hausgemachten Sorbets mit natürlich-intensivem Geschmack punkteten, gibt es für das El Rancho auf Anhieb verdiente 5 Pfannen – in der zuversichtlichen Erwartung, dass die einfallsreichen Steak-Alternativen erhalten bleiben und kleinere Unstimmigkeiten weiter die Ausnahme bleiben.

Das größte Entwicklungspotenzial hat derzeit allerdings die Weinauswahl, denn das kleine internationale Sortiment bietet aktuell nur unterschiedliche Stile in einfacher Basisqualität. Mit ein paar individueller ausgewählten und anspruchsvolleren Flaschen könnte das Gesamterlebnis auch von der Weinseite aus ganz leicht noch ein bisschen gesteigert werden.

Zwingenberg (Hessen)

5↑ — 🍴🍴

Kaltwassers Wohnzimmer

Obergasse 15,
64673 Zwingenberg
☎ 06251–1058640
www.kaltwassers-wohnzimmer.de
⊘ Mi–Sa ab 18 Uhr, So von 12–14 Uhr
u. ab 18 Uhr, Mo u. Di RT
Hauptgericht: 21–33 €,
Menüs: 45–65 €

🏧 💳 **VISA**

Ein paar Schritte vom historischen Marktplatzbrunnen der ältesten Stadt an der hessischen Bergstraße entfernt, setzt das fein herausgeputzte „Wohnzimmer" von Gastgeber und Küchenchef Marc-André Kaltwasser schon von außen einen hellen und freundlichen Kontrastpunkt zu den umliegenden Fachwerkhäusern von Anno dazumal. Im Entrée sorgt tatsächlich ein museal anmutendes Wohnzimmer für eine augenzwinkernd nostalgische Stimmung, die sich im Gastraum fortsetzt. Kulinarisch bietet die Küche allerdings einen überzeugenden Gegenentwurf, denn die modern verschlankte, eher leichte als üppige Regionalküche, die auf den Tellern zumeist mit recht sicherem Gespür für Proportionen arrangiert wird, hat wenig mit der meist deutlich gröber umgesetzten Regionalküche eines gutbürgerlichen Wirtshauses gemein. Die kleine Weinkarte präsentiert neben einigen Bergsträßer Winzern auch Gewächse aus der nahen Pfalz oder Rheinhessen.

ÄNEMARK

Rügen

Ostseebad Dierhagen

Kühlungsborn

Bad Doberan
(Heiligendamm) **Rostock**

Greifswald

Heringsdorf

MV

Stolpe

Schwerin

Hohen-Demzin

Krakow
am See Serrahn

Groß-Nemerow

Neustrelitz

Fürstenhagen

POLEN

Ludwigslust

Rheinsberg

Lüchow

Falkensee

BERLIN

BE

Brandenburg
an der Havel

POTSDAM

Werder (Havel) Zeuthen

MAGDEBURG

Neuzelle

BB

Zerbst

Dessau

Cottbus

Quedlinburg

Finsterwalde

Seegebiet
Mansfelder Land/OT
Seeburg

SN

Halle/Saale

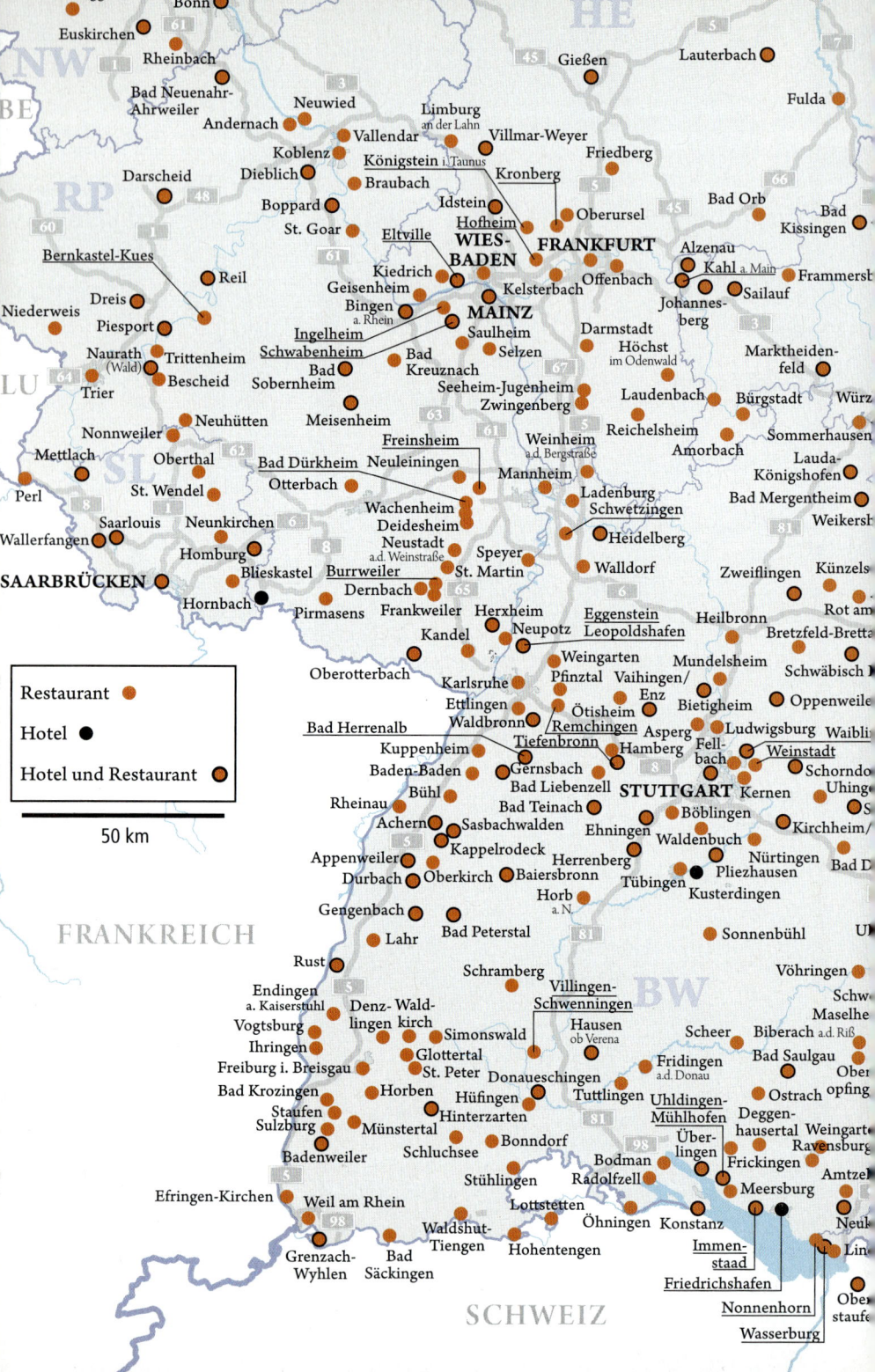

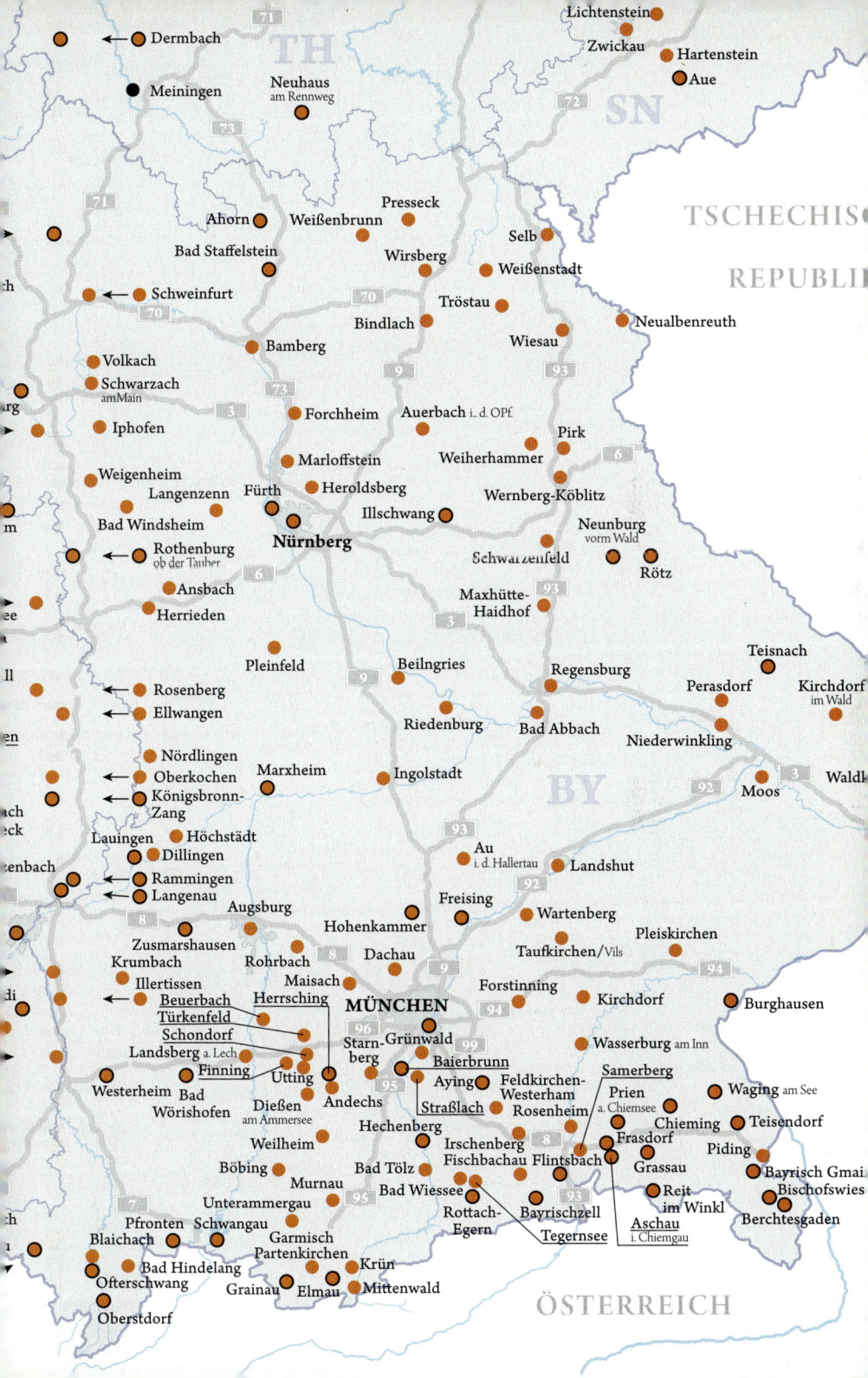

Restaurant ●
Hotel ●
Hotel und Restaurant ◉

50 km

NIEDERLANDE

Krummhörn
Buxtehude
Buchholz
Leer
Oldenburg
Bad Zwischenahn
BREMEN
Verden
HB
NI
Langenhagen
Gehre
Barsinghausen
Osnabrück
Bünde
Emsdetten
Billerbeck
Aerzen
Bielefeld
Münster
Senden
Detmold
Haltern am See
Rheda-Wiedenbrück
Horn-Bad Meinberg
Bocholt
Schermbeck
Paderborn
Xanten
Dorsten
Herne
Dortmund
Essen
Duisburg
Schwerte
Mülheim a.d.Ruhr
Velbert
Krefeld
Arnsberg
Brilon
NW
Kassel
DÜSSELDORF
Korschenbroich
Hilden
Remscheid
Schmallenberg
Erkelenz
Odenthal
Gummersbach
Frankenberg
Pulheim
Bergisch Gladbach
Würselen
Köln
Bad Hersfeld
Kerpen
Aachen
Niederkassel
Lauterbach
Nideggen
Bonn
Euskirchen
Rheinbach
Gießen
HE
Bad Neuenahr-Ahrweiler
Neuwied
Limburg an der Lahn
Villmar-Weyer
Andernach
Vallendar
Friedberg
BE
Koblenz
Königstein i.Taunus
Kronberg
Darscheid
Dieblich
Braubach
Oberursel
Bad Orb
RP
Boppard
Idstein
St. Goar
Hofheim
WIES-BADEN
FRANKFURT
Alzenau
Bernkastel-Kues
Eltville
Reil
Kiedrich
Offenbach
Sailauf
Dreis
Geisenheim
Kelsterbach
Johannes-berg
Frammer-bach
Niederweis
Bingen a. Rhein
MAINZ
Kahl a. Main
Piesport
Ingelheim
Schwabenheim
LU

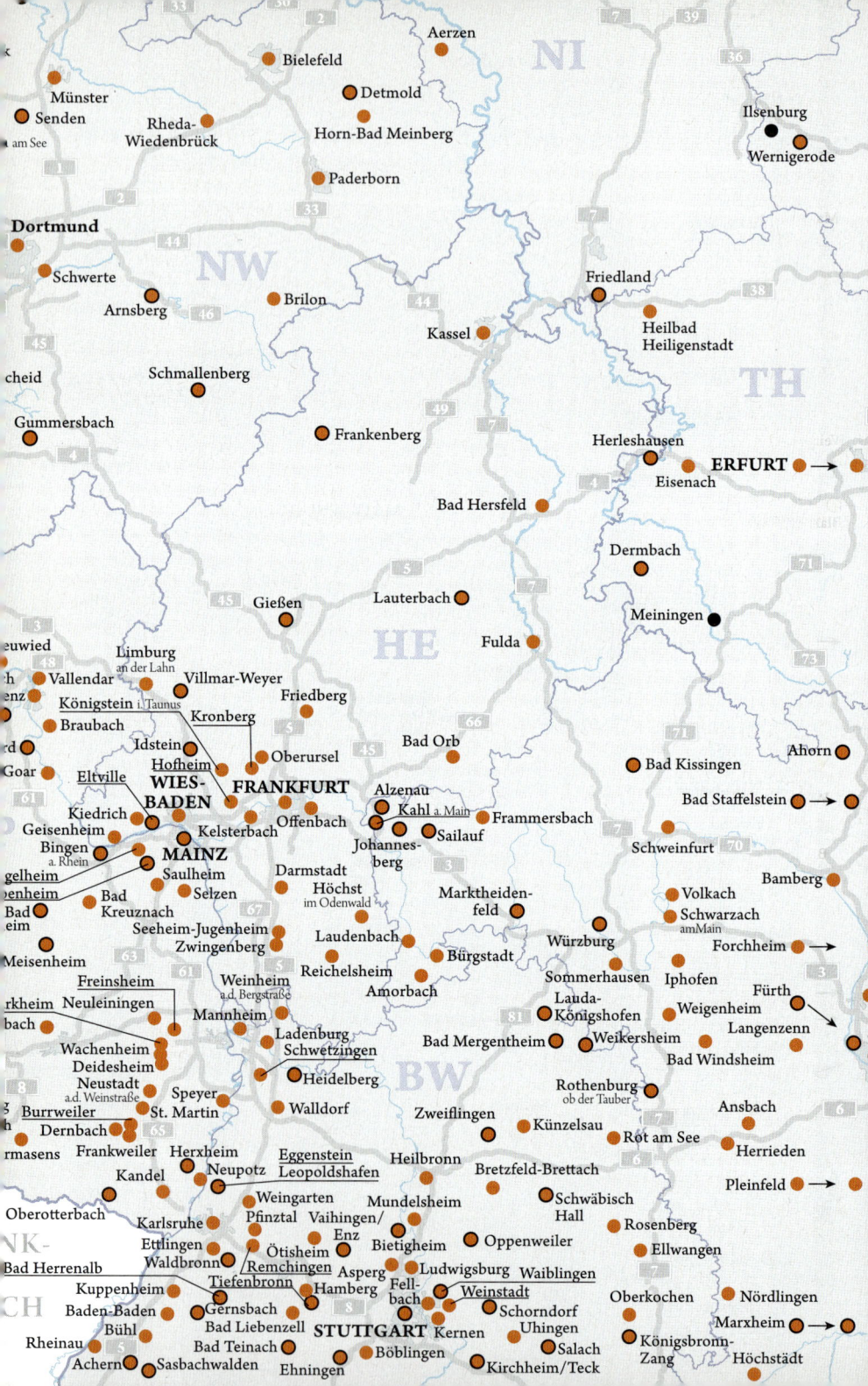

MAGDEBURG

Neuzelle

Zerbst

Dessau

Cottbus

Quedlinburg

Seegebiet
Mansfelder Land/OT
Seeburg

Finsterwalde

Halle/Saale

Leipzig

Naumburg

Radeburg

Radebeul

Wilthen   Kirschau

DRESDEN

Hohnstein

Weimar

Jena

Ronneburg

Blankenhain

Gera

Chemnitz

Lichtenstein

Zwickau

Hartenstein

Aue

Neuhaus
am Rennweg

TSCHECHISCHE

REPUBLIK

Presseck

Weißenbrunn

Selb

Wirsberg

Weißenstadt

Tröstau

Bindlach

Neualbenreuth

Wiesau

Auerbach
i. d. OPf.

Weiherhammer

Pirk

Marloffstein

Heroldsberg

Wernberg-Köblitz

Illschwang

Neunburg
vorm Wald

Nürnberg

Schwarzenfeld

Rötz

Maxhütte-
Haidhof

Beilngries

Teisnach

Regensburg

Perasdorf

Kirchdorf
im Wald

Riedenburg

Bad Abbach

Freyung

Niederwinkling

Ingolstadt

Moos

Waldkirchen

Restaurant	●
Hotel	●
Hotel und Restaurant	◉

50 km

Register der Hotels

Register der Personen

Register der Personen

Register der Personen

Register der Restaurants

Register der Restaurants

IMPRESSUM

Hinter jedem tollen Buch steckt ein starkes Team

Gesamtproduktion: *ppp.services, Freising*

Satz: *Reemers Publishing Services, Krefeld und Anja Dengler, Werkstatt München*

Schlussredaktion: *Karen Dengler und Martin Waller, Werkstatt München*

Karthografie: *Anneli Nau Computergraphik — Buchillustrationen — Kartographie, München*

Gestaltung: *Katharina Fesl*

Herstellung: *Frank Jansen*

Producing: *Jan Russok*

Druck & Bindung: *Parzeller print & media GmbH & Co. KG, Fulda*

1. Auflage 2022
© 2022 Edel Verlagsgruppe GmbH
Kaiserstraße 14 b
D–80801 München
ISBN: 978-3-96584-274-8

REDAKTIONSBÜRO GUSTO MEDIA

ViSdP: Markus Oberhäußer
Siemensstraße 12
D-86899 Landsberg am Lech
TEL: 0049 (0) 8191- 91 57 852
FAX: 0049 (0) 8191- 91 57 853
E-Mail: mail@gusto-online.de
Internet: www.gusto-online.de

Inhaltlich Verantwortlicher gemäß § 6 MDStV: Markus Oberhäußer

„Gusto — Der kulinarische Reiseführer" ist eine unter der Registernummer: 302019233450 beim Deutschen Patent- und Markenamt eingetragene Wort-Bildmarke (Individualmarke). Inhaber ist Markus Oberhäußer, Geschäftsanschrift: Siemensstraße 12, 86899 Landsberg am Lech

ANZEIGENMARKETING

KV Kommunalverlag GmbH & Co. KG
Alte Landstr. 23
85521 Ottobrunn

LIEBE LESER*INNEN

wie schön, dass Sie ein Buch von ZS in den Händen halten. „jetzt leben!" ist das Motto unseres Verlages. Es steht für Genuss und Inspiration, Unterstützung und Motivation. Ob Kulinarik oder Fitness, Gesundheit oder Lebenshilfe — seit über 30 Jahren bieten wir kompetente Ratgeber für (fast) alle Lebenslagen. Wir lieben Tradition genauso wie Innovation — sie treiben uns an. Unsere Autor*innen sind Menschen, die zu ihrem Thema wirklich etwas zu sagen und zu schreiben haben. Unsere Produkte sind erzählerisch, appetitmachend und als gedruckte Bücher haptisch echte Erlebnisse. Für Sie mit ganz viel Liebe gemacht! Entdecken Sie mehr aus unserer wunderbaren Welt!

UNSER VERLAGSHAUS

Mit Standorten in München, Hamburg und Berlin zählt die Edel Verlagsgruppe zu den größten unabhängigen Buchanbietern Deutschlands. Zur Edel Verlagsgruppe gehört unter anderem ZS mit seinen Lizenzmarken Dr. Oetker Verlag, Kochen & Genießen und Phaidon by ZS.

ZS – Ein Verlag der Edel Verlagsgruppe
www.zsverlag.de
www.facebook.com/zsverlag
www.instagram.com/zsverlag

FÜR DIE UMWELT

ZS unterstützt bei der Produktion dieses Buches das Projekt „Junge Riesen für die nächsten 100 Jahre" im Naturpark Nossentiner/Schwinzer Heide. Damit wird ein Anteil der unvermeidbaren CO_2-Emissionen im direkten Umfeld des Produktionsstandortes kompensiert.

NEWSLETTER

Was koche ich denn heute Feines? Und wie geht das — schmackhaft und gesund?

Melden Sie sich jetzt zum ZS-Genuss-Service an und verpassen Sie keine kulinarischen und gesundheitlichen Trends mehr.
Wir informieren regelmäßig über unsere Neuerscheinungen, Aktionen oder Gewinnspiele und verraten unsere Lieblingsrezepte!

Unter allen Neuabonnierenden verlosen wir jeden Monat eine *ZS-Genuss-Box* im Wert von 75,00 €.

GEWINNEN

Jetzt anmelden unter:
www.zsverlag.de/newsletter

oder den QR Code scannen:

ANMELDEN!

Ob zuhause oder unterwegs – mit Online-Guide & APP immer up to date!

Ständig aktuelle Kritiken und Bewertungen

Verschiedene Funktionen und Filter

Mobile Standort- und Umkreissuche

Dynamisches Kartenmaterial

Öffnungszeitensuche

Online-Tischreservierung

Gourmet-News

www.gusto-online.de

App Store

Google Play

Der Gusto Online-Guide und die Gusto-APP sind ein Angebot vom Redaktionsbüro Gusto Media, Siemensstraße 12, 86899 Landsberg am Lech. Inhaber und V.i.S.d.P. ist Markus Oberhäußer.